DICTIONNAIRE

DES

PARLEMENTAIRES

TOME QUATRIÈME

DICTIONNAIRE

DES

PARLEMENTAIRES

FRANÇAIS

COMPRENANT

tous les Membres des Assemblées françaises et tous les Ministres français

Depuis le 1er Mai 1789 jusqu'au 1er Mai 1889

AVEC LEURS NOMS, ÉTAT CIVIL, ÉTATS DE SERVICES, ACTES POLITIQUES
VOTES PARLEMENTAIRES, ETC.

PUBLIÉ SOUS LA DIRECTION DE

MM. Adolphe ROBERT
Edgar BOURLOTON & Gaston COUGNY

LAV — PLA

PARIS

BOURLOTON, ÉDITEUR

46, RUE DE VAUGIRARD, 46

1891

DICTIONNAIRE

DES

PARLEMENTAIRES

L

LAVERGNE (Louis-Gabriel-Léonce Guil-
laud de), député de 1846 à 1848, représentant
en 1871, sénateur de 1875 à 1880, né à Bergerac
(Dordogne) le 24 janvier 1809, mort à Versailles
(Seine-et-Oise) le 18 janvier 1880, fit ses études
à Toulouse et collabora de bonne heure à divers journaux et recueils, entre autres au
Journal de Toulouse et à la *Revue du Midi.*
Maître et mainteneur des Jeux floraux (1830),
il poursuivit ses travaux littéraires, et fut
nommé (1838) professeur de littérature étrangère à la faculté des lettres de Montpellier;
mais il déclina ces fonctions, vint à Paris, entra au ministère de l'Intérieur comme chef de
cabinet de M. de Rémusat, puis au conseil
d'Etat comme maître des requêtes en 1842, et
au ministère des Affaires étrangères comme
chef de division (1844). Il s'était déjà présenté,
le 9 juillet 1842, dans le 4e collège du Gers
(Lombez), comme candidat à la Chambre des
députés, et avait réuni 133 voix, contre 130 à
l'élu, M. de Panat. Il fut plus heureux le 1er
août 1846, et devint député de cette circonscription avec 162 voix (324 votants, 358 inscrits),
contre 160 au député sortant. Il vota avec
la majorité conservatrice, et rentra dans la
vie privée en 1848. Il devint alors un des
principaux collaborateurs de la *Revue des
Deux Mondes*, à laquelle il donna un très
grand nombre d'articles sur l'histoire contemporaine et les affaires extérieures, des relations
de voyages, des études d'économie politique, etc. En janvier 1850, il obtint, au concours,
la chaire d'économie rurale à l'Institut agronomique de Versailles qui fut supprimé en
1852. Rédacteur du *Journal des Economistes*,
il entra en 1855 à l'Institut, comme membre de
l'Académie des sciences morales et politiques,
et publia d'importants ouvrages : un *Essai sur
l'Economie rurale en Angleterre, en Ecosse et
en Irlande*; une *Etude sur l'agriculture et
la population en 1855 et 1856* ; *Economie rurale de la France depuis 1789* (1860), etc. Le
1er juin 1863, il posa sa candidature d'opposition au Corps législatif dans la 1re circonscription du Gers, et obtint 6,930 voix, contre 16,066
à M. Belliard, candidat officiel, élu. Ce ne fut
qu'après la chute de l'Empire que M. L. de
Lavergne rentra au parlement. Elu, le 8 février 1871, représentant de la Creuse à l'Assemblée nationale, le 4e sur 5, par 30,115 voix
(50,111 votants, 80,083 inscrits), il siégea au
centre droit, et vota avec les orléanistes de ce
groupe : *pour* la paix, *pour* les prières publiques, *pour* l'abrogation des lois d'exil, *pour* le
pouvoir constituant, *contre* la dissolution. Il
combattit vivement le gouvernement de Thiers,
contre lequel il se prononça le 24 mai 1873. Il
continua d'opiner avec la droite, tant qu'il
conserva l'espoir de voir rétablir la monarchie
constitutionnelle. Après l'échec des tentatives
de restauration, il se prononça *pour* le septennat et vota encore *pour* le cabinet de Broglie
le 16 mai 1874; mais, peu après, ses idées *se*
modifièrent et, de concert avec quelques députés flottant entre le centre droit et le centre
gauche, dont était M. Wallon, il fonda un
nouveau groupe de représentants, le « groupe
Lavergne », qui ne laissa pas de contribuer
par son attitude au vote définitif de la Constitution du 25 février 1875. Dès le mois de juillet
1874, lors de la discussion de la proposition
Périer, demandant l'organisation des pouvoirs
publics, M. Léonce de Lavergne écrivait :
« Comme M. de Montalivet, j'aurais préféré la
monarchie constitutionnelle et parlementaire,
qui est à mon sens le meilleur des gouvernements. Comme lui aussi, voyant cette monarchie impossible, j'accepte la République. » Il
se prononça vers la même époque, dans une
lettre publiée par le *Journal des Economistes*,
pour le maintien du suffrage universel. Après
le vote de la Constitution, il fut nommé (mai
1875) président de la nouvelle Commission des
Trente, chargée de préparer les lois constitutionnelles complémentaires, et, dans l'allocution qu'il prononça en prenant possession du
fauteuil, il dit : « Nous avons été conduits par
un concours de circonstances imprévues à donner à ce gouvernement la forme républicaine ;
tous les bons citoyens doivent s'y rallier, puisque l'Assemblée souveraine a prononcé. » M. L.
de Lavergne vota lui-même avec le centre
gauche dans les derniers scrutins de la législature. Elu, le 13 décembre 1875, par l'Assemblée
nationale, sénateur inamovible, le 33e sur 75,
avec 353 voix (689 votants), il observa la même
attitude au Sénat, et, après l'acte du 16 mai
1877, se prononça *contre* la demande de dissolution de la Chambre des députés ; puis il approuva, au cours de la période électorale qui
suivit cette dissolution, la politique des 363.
Après le 14 octobre, M. de Lavergne vota encore *contre* l'ordre du jour de Kerdrel (19 no-

vembre); mais bientôt l'état de sa santé le tint à l'écart des discussions du Sénat. Après avoir silencieusement appuyé de son vote le cabinet Dufaure, il mourut à Versailles le 18 janvier 1880. Il fut remplacé au Sénat, le 23 février suivant, par M. John Lemoinne. Membre de la Société centrale d'agriculture, il appartenait en outre au conseil supérieur de l'agriculture, du commerce et de l'industrie. En 1876, il avait repris, à l'Institut agronomique réorganisé, la chaire d'économie rurale. On lui doit, outre les ouvrages déjà cités : *Éloge historique du duc Decazes* (1863); *Éloge historique de M. de Gasparin* (1864); les *Économistes français du XVIIIe siècle* (1870); les *Assemblées provinciales sous Louis XVI* (1879), etc. — Commandeur de la Légion d'honneur.

LAVERGNE (Bernard-Barthélemy-Martial), représentant en 1849, député de 1876 à 1889, membre du Sénat, né à Montredon (Tarn) le 11 juin 1815, étudia la médecine, fut reçu docteur et s'établit à Montredon. En même temps, il s'occupait activement de politique et faisait une vive opposition au gouvernement de Louis-Philippe. Il était un des chefs du parti démocratique dans le département, lorsque ce département l'élut (13 mai 1849) représentant du peuple à l'Assemblée législative, le 8e et dernier, par 44,962 voix (79,583 votants, 107,875 inscrits). M. Bernard Lavergne prit place à la Montagne, opina constamment avec la minorité républicaine : *contre* l'expédition de Rome, *contre* la loi Falloux-Parieu sur l'enseignement, *contre* la loi restrictive du suffrage universel, combattit la politique de l'Élysée, et se montra l'adversaire du coup d'État. Il reprit, après le 2 décembre, l'exercice de la médecine, et collabora, sous l'Empire, à divers journaux d'opposition, comme le *Temps* et la *Gironde*. Aux élections du 24 mai 1869, sa candidature démocratique réunit, dans la 2e circonscription du Tarn, 2,651 voix contre 15.453 à l'élu officiel, M. Reille, et 11,963 à M. Pereire. Il se représenta, le 8 février 1871, comme candidat à l'Assemblée nationale, obtint, sans être élu, 18,075 voix sur 78,096 votants, et ne rentra dans la vie politique qu'aux élections législatives du 20 février 1876 ; élu député de l'arrondissement de Gaillac, par 10,324 voix (16,889 votants, 21,953 inscrits), contre 6.220 à M. de Gélis, monarchiste, il alla siéger à la gauche modérée, et fut des 363. Il attaqua avec ardeur la gouvernement du 16 mai dans son département, où il répandit une série de petites brochures politiques, rédigées par lui en patois sous forme de lettres aux paysans : elles lui valurent des poursuites de la part du ministère et deux condamnations à l'amende. Réélu député le 14 octobre 1877, malgré les efforts de l'administration, par 9,968 voix (18,266 votants, 22,174 inscrits), contre 8,233 au baron Decazes, candidat officiel du Maréchal, il reprit sa place dans la majorité républicaine, devint président du groupe de la gauche, soutint le ministère Dufaure, vota *pour* l'article 7, *pour* les lois Ferry sur l'enseignement, *pour* l'amnistie, etc., et publia dans le journal le *Télégraphe* une série d'articles remarqués. Le 21 août 1881, il obtint encore sa réélection par 10,491 voix (17.013 votants, 21,815 inscrits), contre 6,254 à M. Prouho. Pendant la législature, il se montra le partisan d'une politique modérée et libérale, se déclara *pour* le scrutin d'arrondissement, fit preuve à l'égard de l'opportunisme d'une certaine indépendance d'opinion, et parut plusieurs fois à la tribune, notamment pour demander (juin 1884) l'élection

des sénateurs par le suffrage universel (rejetée par 265 voix contre 235); il renouvela cette proposition au Congrès (août) qui vota la question préalable par 410 voix contre 317. Après le rétablissement du scrutin de liste, il fut élu, le 4 octobre 1885, député du Tarn, le second de la liste républicaine, par 47,999 voix (94,149 votants, 110,561 inscrits). Il soutint les ministères républicains, parla (février 1887) *contre* la surtaxe des céréales, vota l'expulsion des princes, et se prononça, en dernier lieu, *pour* le rétablissement du scrutin d'arrondissement (11 février 1889), *pour* l'ajournement indéfini de la revision de la Constitution, *pour* les poursuites contre trois députés membres de la Ligue des patriotes, *pour* le projet de loi Lisbonne restrictif de la liberté de la presse, *pour* les poursuites contre le général Boulanger.

LAVERTUJON (Justin-André), membre du Sénat, né à Périgueux (Dordogne) le 26 juillet 1827, débuta dans le journalisme en 1849, au journal le *Républicain de la Dordogne*, se déclara républicain socialiste, et appartint, avant le 2 décembre 1851, aux comités démocratiques avancés. Le coup d'État le détermina à s'absenter de France et à voyager quelque temps dans les Principautés danubiennes. A son retour, il reprit ses travaux de publiciste, et fut appelé (1855) par son beau-frère, M. Gounouilhou, devenu propriétaire de la *Gironde*, à la rédaction en chef de ce journal. La *Gironde* était à l'origine un organe conservateur; M. A. Lavertujon en fit l'un des principaux instruments de la politique libérale et démocratique modérée en province. Cette feuille ayant pris toute la région du Sud-Ouest et même à Paris un grand essor, auquel ne nuisit point le nombre considérable des avertissements et des procès que le gouvernement lui prodigua, la personnalité de son directeur se trouva mise en relief, et M. Lavertujon, après avoir fait élire député en 1857 à Bordeaux M. Curé, indépendant, contre le candidat officiel, M. Montané, essaya d'être nommé lui-même, en 1863, dans cette circonscription : il ne lui manqua que 41 voix pour réussir. En 1869, il n'obtint pas moins de 15,101 voix, contre 16,075 au candidat officiel élu. Fondateur de la *Tribune*, avec MM. Pelletan et Glais-Bizoin, président (septembre 1869) du syndicat de la presse démocratique de Paris et des départements, il poursuivit sans relâche la lutte électorale, parut, jusqu'à la fin de l'Empire, dans plusieurs réunions publiques, se mêla activement à la propagande antiplébiscitaire, comme membre du Comité central de Paris, et fut nommé (1870) conseiller général de la Gironde par le 1er canton de Bordeaux : il ne put siéger à cause des événements de septembre. Il fut alors appelé aux fonctions de secrétaire général du gouvernement de la Défense Nationale. Directeur de l'*Officiel* le 7 septembre, il assuma en outre, après la retraite de M. de Kératry, la tâche de présider la commission chargée de classer les papiers saisis aux Tuileries, commission dont il avait été précédemment le vice-président. A la signature de l'armistice, le gouvernement le délégua auprès de M. Jules Simon à Bordeaux ; il abandonna alors la direction politique de l'*Officiel*. Candidat aux élections du 8 février 1871 pour l'Assemblée nationale dans la Gironde, il réunit, sans être élu, 30,880 voix sur 132,349 votants. Tout dévoué aux idées conservatrices et modérées qui triomphèrent avec M. Thiers, M. A. Lavertujon fut envoyé (avril 1871) comme consul général à Amsterdam. L'atténuation singulière, subie par les opinions socialistes professées au début de sa carrière par le publiciste girondin, inspira un jour à M. Etienne Arago un à-peu-près caractéristique : « Lavertujonc, c'est la vertu qui plie! » Démissionnaire, lors de la chute de M. Thiers, il rentra dans le journalisme, donna des articles au *Temps*, fut, sans succès, en avril 1879, candidat opportuniste contre Blanqui, puis redevint consul général, cette fois à Anvers (1880), d'où il passa à Naples avec le même titre. Il refusa ensuite le poste de ministre plénipotentiaire près la République Argentine, se laissa nommer envoyé extraordinaire à Mexico (1881), mais, ne se décidant pas à rejoindre son poste, fut appelé comme ministre plénipotentiaire à la présidence de la commission de délimitation des Pyrénées, et ne quitta ces fonctions que pour accepter des électeurs de la Gironde, le 31 juillet 1887, par 670 voix (1,263 votants), contre 435 à M. Gasqueton, le mandat de sénateur. M. Lavertujon remplaçait à la Chambre haute M. Issartier, décédé. Il siégea dans les rangs de la gauche modérée, obtint sa réélection, le 5 janvier 1888, par 659 voix (1,262 votants), fut élu (22 avril 1889) le 8e, par 179 voix, membre de la Commission des Neuf chargée de l'instruction et de la mise en accusation dans le procès du général Boulanger, vota *pour* la politique ministérielle, et, en dernier lieu, *pour* le rétablissement du scrutin d'arrondissement (13 février 1889), *pour* le projet de loi Lisbonne restrictif de la liberté de la presse, *pour* la procédure à suivre contre le général Boulanger. Chevalier de la Légion d'honneur (juillet 1881). En dehors des nombreux articles qu'il a publiés dans la *Gironde* et ailleurs, M. André Lavertujon a donné : une *Monographie des produits du département de la Gironde au Palais de l'Industrie* (1856); *L'An 1862; Lettre à M. le Préfet* (1863); une *Histoire de la législature de 1857 à 1863*, etc.

LAVIALLE DE MASMOREL (ANTOINE-SÉBASTIEN), député de 1831 à 1834, et de 1837 à 1839, né à Donzenac (Corrèze) le 21 septembre 1781, mort à Brive (Corrèze) le 17 juin 1852, président du tribunal de Brive et conseiller général de la Corrèze sous la Restauration, fit de l'opposition au ministère Polignac, et se présenta comme candidat d'opposition, le 23 juin 1830, dans le 1er collège de la Corrèze, où il échoua avec 59 voix, contre 134 à l'élu, M. Alexis de Noailles, et 30 à M. de Martignac. Mais, à une élection partielle du 6 septembre 1831, il fut élu député du 2e collège de la Corrèze (Brive), en remplacement de M. Rivet, dont l'élection avait été annulée, par 106 voix (143 votants, 190 inscrits), contre 82 à M. Lacoste. Il échoua aux élections générales de 1834, mais fut réélu dans le même collège, le 4 novembre 1837, par 169 voix (278 votants, 328 inscrits), contre 97 à M. Rivet. Un dernier échec, le 2 mars 1839, avec 126 voix contre 164 à l'élu, M. Rivet, mit fin à sa carrière politique. M. Lavialle avait fait partie de la majorité; il avait voté cependant contre l'hérédité de la pairie, mais il avait appuyé le ministère du 15 avril 1837 et s'était prononcé en faveur de la loi d'apanage.

LAVICOMTERIE DE SAINT - SANSON (LOUIS-THOMAS-HÉBERT), membre de la Convention, né à Saint-Sanson de Bon-Fossé (Manche) en 1732, mort à Paris le 24 janvier 1809, fit de bonnes études et s'essaya à la littérature. Il débuta en 1779 par un *Eloge de Voltaire*, en vers; puis il publia le *Code de la Nature*,

poème de *Confucius* (1788), traduction supposée. A la Révolution, dont il était enthousiaste, il lança des publications assez hardies, telles que la *Liberté*, ode (1789); *Du Peuple et des Rois* (1790); *Droits du peuple sur l'Assemblée nationale* (1791); *Crimes des rois de France, depuis Clovis jusqu'à Louis XVI* (1791); *Crimes des papes* (1792), etc. Ces ouvrages l'avaient signalé à l'attention publique, et, le 9 septembre 1792, il fut élu membre de la Convention par le département de Paris, le 8e sur 24, avec 384 voix (531 votants). Dans le procès de Louis XVI, il vota pour la mort sans appel ni sursis, en disant : « Tant que le tyran respire, la liberté est en péril; le sang des citoyens crie vengeance. Je vote pour la mort. » Peu de temps après, il fit partie du comité de sûreté générale. Il y resta jusqu'au 9 thermidor : à cette époque, la majorité l'accusa de s'être absenté de la Convention lors de la chute de Robespierre pour ne pas se compromettre. Il rentra en grâce en prononçant un discours contre « le tyran ». Quelques jours après, le rapport qu'il lut à la Convention, sur la *morale calculée*, attaquait les systèmes théologiques et philosophiques sur les récompenses et les châtiments de l'autre vie, et se terminait en proposant à l'Assemblée de décréter que « les savants fussent invités à donner une échelle des crimes qui se commettent dans la société, et des tourments qu'ils entraînent après eux sur la terre. » Le 28 mai 1795, le représentant Gouly l'accusa d'avoir participé à l'insurrection du 1er prairial; décrété d'arrestation et gardé chez lui à vue, il bénéficia de l'amnistie du 4 brumaire an IV, fut remis en liberté et ne rentra plus dans la vie politique. On a encore de lui de curieux ouvrages : *Acte d'accusation des rois* (1794), rédigé sur la demande du club des Jacobins; la *République sans impôts* (1792), etc.

LAVIE (MARC-DAVID), député en 1789, né à Montbéliard (Doubs) le 14 novembre 1737, mort à Damjustin près de Belfort en 1793, était le fils d'un perruquier. Il fut élevé par les Jésuites de Nancy et destiné à entrer dans leur congrégation; mais il s'enfuit du collège avant la fin de son noviciat. Après quelques études de chirurgie, il s'embarqua pour les Antilles et s'établit dans l'île de Saint-Domingue, où il acquit une fortune considérable. Ses plantations furent d'ailleurs entièrement détruites pendant la Révolution. Elu, le 4 avril 1789, député du tiers aux Etats-Généraux par le bailliage de Belfort, il opina avec la majorité de la Constituante, publia quelques pamphlets politiques sous le voile de l'anonyme, et mourut à la fin de 1793, à Damjustin, où il avait acheté un petit domaine.

LAVIE (PAUL-MARIE-ARNAULD DE), député en 1789 et au Conseil des Anciens, né à Bordeaux (Gironde) le 2 avril 1747, mort au Taillan (Gironde) le 22 mai 1801, « fils de Jean-Charles de Lavie, chevalier, conseiller du roi, président au parlement, et de Bernardine Arnauds, était président, à mortier au parlement de Bordeaux depuis le 20 avril 1765, quand il fut élu député de la noblesse aux Etats-Généraux par la sénéchaussée de Bordeaux, le 8 avril 1789. Il avait été chargé de la rédaction des cahiers de son ordre, et, partisan des principes modérés de la Révolution, fut un des premiers à se réunir aux députés du tiers. Il accusa la noblesse et le clergé d'Alsace d'exiger des servitudes personnelles, proposa de suspendre l'ordination des prêtres et de réglementer le traitement des curés, devint commissaire pour l'aliénation des domaines, s'opposa aux poursuites contre Westermann, proposa de soumettre les avoués et les médecins au droit de patente, dénonça les agissements des moines dans les départements de l'Est, demanda que les ministres ne pussent prendre l'initiative des lois sur l'impôt, eut maille à partir avec le côté droit de l'Assemblée qu'il dit n'être composé que de « brigands », et s'éleva contre les communications des administrations avec les sociétés populaires. De retour à Bordeaux après la session. il demanda, le 25 juillet 1792, un passeport pour se rendre à Londres, n'en profita probablement pas, puisque, sous la Terreur, il fut arrêté par ordre de la commission militaire de Bordeaux, qui le fit bientôt relâcher. Elu haut-juré de la Gironde à la Haute-Cour de Vendôme le 25 vendémiaire an IV, il devint député de ce département au Conseil des Anciens, le 23 germinal an V, avec 452 voix sur 531 votants. Cette dernière élection ayant été annulée au 18 fructidor, comme entachée de royalisme, il renonça à la vie politique pour terminer ses jours dans son château du Taillan, où il avait formé une très belle bibliothèque.

LA VIEILLE (François-Sébastien), député de 1877 à 1885, né à Urville-Hague (Manche) le 20 janvier 1830, mort à Panama le 24 août 1886, entra dans le commissariat de la marine en 1845. Aide-commissaire (16 avril 1850), sous-commissaire (28 avril 1860), il fit les campagnes de la Baltique, de la mer Noire et de la Chine, et fut, à la guerre de 1870, intendant en chef du camp du Cotentin. La commission de revision des grades ne le maintint pas dans l'intendance, et il quitta le service avec le grade de commissaire-adjoint de la marine. Il songea alors à aborder la vie politique, et se présenta pour la première fois. le 20 février 1876, comme candidat républicain à la Chambre des députés, dans l'arrondissement de Cherbourg : il réunit 6,861 voix contre 7,195 à l'élu M. de Tocqueville et 2,110 à M. de Germonière. M. La Vieille fut plus heureux le 14 octobre 1877 : le même arrondissement l'élut député par 9,559 voix (17,702 votants, 21,922 inscrits), contre 7,986 au député sortant. Il prit place à gauche, opina pour l'article 7, pour l'amnistie partielle, pour l'invalidation de Blanqui, etc., parut à la tribune, avec un médiocre succès, pour reprocher au ministre de la Marine, M. Cloué, ses antécédents politiques, et fut réélu député, le 21 août 1881, par 14,089 voix (14,976 votants, 22,872 inscrits), contre 112 à M. de Tocqueville. Il prit part aux principaux actes de la majorité opportuniste, et vota notamment pour les crédits de l'expédition du Tonkin, etc. Candidat malheureux à l'élection sénatoriale dans la Manche, le 7 juin 1885, il accepta, le 16 août suivant, les fonctions de consul général à Panama, où il mourut l'année suivante.

LAVIELLE (Nicolas), député de 1834 à 1848, né à Pau (Basses-Pyrénées) le 1er janvier 1788, mort à Portet (Basses-Pyrénées) le 21 juillet 1874, avocat à Pau, fut le chef du parti légitimiste dans son département sous la Restauration et dans les premières années du règne de Louis-Philippe. Elu, le 22 novembre 1834, député du 1er collège des Basses-Pyrénées (Pau), par 126 voix (137 votants, 199 inscrits), en remplacement de M. Dufau nommé procureur général, il changea d'opinions à partir de cette époque et devint un ministériel fervent. Réélu dans le même collège, le 4 novembre 1837, par 171 voix (172 votants, 234 inscrits), il fut nommé

directeur des affaires civiles au ministère de la Justice le 20 juillet 1838, dut se représenter de ce chef devant ses électeurs, et fut réélu, le 18 août 1838, par 171 voix sur 176 votants, puis, le 2 mars 1839, par 179 voix, sur 186 votants. Appelé aux fonctions de premier président à la cour de Riom le 2 novembre 1839, M. Lavielle dut encore une fois solliciter les suffrages de ses électeurs qui le renommèrent, le 7 décembre 1839, avec 156 voix (216 votants), contre 59 à M. Nogué, maire de Pau. Durant cette session, M. Lavielle avait voté pour l'adresse de 1839, pour la dotation du duc de Nemours, pour les fortifications de Paris, pour le recrutement, contre les incompatibilités et contre l'adjonction des capacités. Réélu, le 9 juillet 1842, par 194 voix (262 votants, 306 inscrits) contre 55 à M. Nogué, il vota pour l'indemnité Pritchard, et fut nommé conseiller à la cour de Cassation le 18 août 1844. Obligé, pour la troisième fois, de se représenter devant ses électeurs, il fut de nouveau réélu le 22 septembre 1844, par 247 voix (253 votants), et, aux élections générales du 1er août 1846, par 268 voix (290 votants, 356 inscrits). La révolution de février 1848 le rendit à la vie privée. Admis à la retraite, comme conseiller à la cour de Cassation, le 20 mai 1863, il était chevalier de la Légion d'honneur.

LAVIGNE (Jean), député en 1791, né et mort à des dates inconnues, négociant à Tonneins et administrateur du département de Lot-et-Garonne, fut élu, le 1er septembre 1791, député de ce département à l'Assemblée législative, le 4e sur 9, par 191 voix sur 364 votants. Il s'occupa surtout de questions monétaires, fit un rapport sur la fabrication des assignats et sur l'achat du papier destiné à cet usage, obtint des fonds pour la recherche des faux assignats, parla sur l'échange des assignats et du numéraire et sur l'échange des billets de confiance et des assignats. Sa vie politique n'a pas laissé d'autres traces.

LAVIGNE (Etienne-Jacques-Marie), représentant du peuple en 1848, né à Ambert (Puy-de-Dôme) le 8 juin 1813, petit-fils du précédent, exerça les fonctions de notaire à Ambert ; il avait vendu son étude et était conseiller d'arrondissement au moment de la révolution de 1848. Sous-commissaire du gouvernement provisoire à Ambert, il fut élu, le 23 avril, représentant du Puy-de-Dôme à l'Assemblée constituante, le 6e sur 15, par 67,678 voix (125,432 votants, 173,000 inscrits). Il prit place à gauche, fit partie du comité de la marine, et vota pour le bannissement de la famille d'Orléans, contre les poursuites contre Caussidière, contre l'abolition de la peine de mort contre l'impôt progressif, contre l'incompatibilité des fonctions, contre l'amendement Grévy, contre la sanction de la Constitution par le peuple, pour l'ensemble de la Constitution, contre la proposition Rateau, contre l'expédition de Rome. Non réélu à la Législative, il rentra dans la vie privée.

LAVIGNÈRE (Théodore), député de 1876 à 1877, né à Saint-Bonnet (Haute-Vienne) le 30 avril 1806, mort à Bussière-Poitevine (Haute-Vienne) le 12 novembre 1879, étudia le droit et se fit inscrire au barreau de Bellac. Officier de la garde nationale, chef du parti libéral à Bellac sous Louis-Philippe, il conquit ce collège électoral à l'opposition à partir de 1839, et fut nommé, à la révolution de 1848, procureur de la République à Bellac. Révoqué en 1850, il fut inquiété au coup d'Etat de décembre 1851 et menacé d'internement. Il continua, sous l'Empire, avec prudence, son opposition libérale, fut nommé sous-préfet de Bellac par le gouvernement du 4 septembre, et mis en disponibilité (15 février 1873) par le ministre de l'Intérieur, M. de Goulard. Il se présenta à la députation, aux élections générales du 20 février 1876, comme candidat républicain constitutionnel, dans l'arrondissement de Bellac, et fut élu, au 2e tour de scrutin, le 5 mars, par 7,746 voix (14,214 votants, 21,726 inscrits) contre 6,315 à M. de Bouville, conservateur, ancien préfet. M. Lavignère siégea dans la majorité républicaine et fut des 363. A ce titre, il se représenta devant ses électeurs, le 14 octobre 1877 ; mais il échoua avec 7,191 voix contre 8,092 à l'élu M. Lezaud, candidat officiel du gouvernement du 16 mai.

LA VIGUERIE (JEAN), député en 1789, né à Muret (Haute-Garonne) le 7 novembre 1746, mort à Muret le 19 mai 1802, juge royal et président de l'élection de Muret, fut élu, le 24 avril 1789, député du tiers aux Etats-Généraux par le pays de Comminges et Nébouzan. Il vota avec la majorité de l'Assemblée constituante. Le gouvernement consulaire le nomma (4 prairial an VIII) commissaire près le tribunal civil de Muret.

LAVILLA DE VILLES STELLONI (VICTOR-HERCULE-JOSEPH-FERDINAND, COMTE), membre du Sénat conservateur, né à Turin (Italie) le 27 novembre 1753, mort à Paris le 13 juin 1826, ancien chambellan du roi de Sardaigne, fut nommé, par le général Berthier, membre de la Consulta du gouvernement provisoire italien en messidor an VIII. Préfet du département du Pô de l'an IX à l'an XIV, membre de la Légion d'honneur le 25 prairial an XII, chambellan de Madame, mère de l'empereur, le 14 floréal an XIII, il fut créé chevalier de l'empire le 3 juin 1808, nommé membre du Sénat conservateur le 14 décembre 1809, comte de l'empire le 9 mars 1810, officier de la Légion d'honneur le 6 avril 1813, et commandeur de l'ordre de la Réunion la même année. Il siégea au Sénat jusqu'à la chute de l'empire.

LA VILLARMOIS (JACQUES-RENÉ-JEAN-BAPTISTE-ARTHUR, CHEVALIER DE), député en 1789, né à Avranches (Manche) le 22 avril 1748, mort à Avranches le 6 septembre 1822, propriétaire dans cette ville, fut élu, le 30 mars 1789, par le bailliage de Coutances, député de la noblesse aux Etats-Généraux. Son rôle parlementaire n'a pas laissé de traces.

LAVILLE (ANDRÉ-GILBERT-ADOLPHE), député de 1881 à 1889, né à Montaigut (Puy-de-Dôme) le 6 janvier 1831, propriétaire, conseiller général du Puy-de-Dôme depuis juillet 1856, conseiller municipal de Montaigut de 1860 à 1878, adjoint en 1870, maire de cette ville en 1876, membre de la commission départementale du Puy-de-Dôme en 1872 et 1873, secrétaire du conseil général en 1873, membre de la commission des hospices de Montaigut, chevalier de la Légion d'honneur, fut élu, le 21 août 1881, député de la 2e circonscription de Riom, par 12,078 voix (12,714 votants, 23,245 inscrits). Inscrit à l'Union républicaine, il soutint la politique ministérielle, et, porté, aux élections du 4 octobre 1885, sur la liste de concentration républicaine du Puy-de-Dôme, fut réélu, le 3e sur 9, par 78,063 voix (132,128 votants, 169,883 inscrits). Il reprit sa place à l'Union républicaine, vota constamment en faveur des ministres au pouvoir, et se prononça, en dernier lieu, pour le rétablissement du scrutin d'arrondissement (11 février 1889), contre l'ajournement indéfini de la révision de la Constitution, pour les poursuites contre trois députés membres de la Ligue des patriotes, contre le projet de loi Lisbonne restrictif de la liberté de la presse, pour les poursuites contre le général Boulanger.

LAVOCAT (GASPARD), député de 1834 à 1848, né à Montigny (Ardennes) le 10 décembre 1794, mort à Paris le 8 novembre 1860, suivit la carrière des armes, fit les campagnes de 1814 et de 1815 comme sous-lieutenant dans la garde impériale, et, à la seconde Restauration, entra aux cuirassiers de Berry. Mais, hostile aux Bourbons, il fut deux fois impliqué dans des complots militaires, en 1820 et en 1824, deux fois condamné à mort par la Chambre des pairs et par la cour d'assises de la Seine, et il n'obtint sa grâce qu'en 1826, par l'intervention de M. de Peyronnet. Rendu à la vie civile, il fonda une tannerie qu'il exploita jusqu'en 1833. Son hostilité contre les Bourbons ne désarma pas : il se battit sur les barricades en 1830 et fut décoré de juillet. Lieutenant-colonel de la 12e légion de la garde nationale de Paris sous le gouvernement nouveau, commandant supérieur du Luxembourg pendant le procès des ministres de Charles X, il fut chargé de conduire à Ham ces mêmes ministres condamnés par la Chambre des pairs. Ami de M. Barrot, membre de la commission des grâces, directeur de la manufacture des Gobelins en 1833, il se rallia complètement à la monarchie de juillet, et se présenta à la députation le 23 juin 1834, comme candidat « agréable », dans le 2e collège des Ardennes (Rethel), où il échoua avec 83 voix contre 170 à l'élu, M. Clauzel, député sortant. Il fut plus heureux, le même jour, dans le 4e collège du même département (Vouziers), où il fut élu par 112 voix (208 votants, 255 inscrits) contre 53 à M. Robin ; son mandat lui fut successivement renouvelé : le 4 novembre 1837, par 143 voix (263 votants, 303 inscrits) ; le 2 mars 1839, par 153 voix (286 votants) ; le 9 juillet 1842, par 240 voix (377 votants, 433 inscrits), contre 131 à M. Tirman ; le 1er août 1846, par 242 voix (512 votants, 525 inscrits), contre 234 à M. de Ladoucette. Ministériel obstiné, il vota pour la dotation du duc de Nemours, pour les fortifications de Paris, pour le recensement, contre les incompatibilités, contre l'adjonction des capacités, pour l'indemnité Pritchard, et repoussa toutes les mesures libérales émanées de l'opposition. La révolution de 1848 n'eut pas ses sympathies, pas plus que la politique du Prince-président. Candidat indépendant au Corps législatif dans la 1re circonscription des Ardennes, aux élections du 29 février 1852, il échoua avec 469 voix contre 30,271 à M. de Ladoucette, candidat officiel, et 1,697 à M. de Chabrillan. M. Lavocat était officier de la Légion d'honneur et conseiller général de la Seine.

LAVRIGNAIS (ALEXANDRE-AUGUSTE-GUSTAVE ROBIOU DE), sénateur de 1876 à 1886, né à Santiago-de-Cuba (Ile-de-Cuba) le 2 septembre 1805, mort au château de Bois-Chevalier (Loire-Inférieure) le 11 juin 1886, fit ses études au lycée de Nantes et entra à l'Ecole polytechnique. Sorti dans le génie maritime, il devint sous-ingénieur en 1834, fut promu, en 1848, ingénieur de 1re classe et, en 1854, directeur des constructions navales. M. de Lavrignais fut attaché à plusieurs ports, remplit, pendant la guerre de Crimée, les fonctions de directeur du matériel au ministère de la Marine, et, nommé membre du conseil de l'Amirauté, termina sa carrière comme inspecteur général du génie maritime. Il était admis à la retraite depuis 1875, lorsque les élections sénatoriales du 30 janvier 1876 le firent entrer à la Chambre haute, par 166 voix sur 321 votants, comme sénateur de la Loire-Inférieure; il avait recueilli les suffrages légitimistes. Il prit place à l'extrême droite, se prononça *pour* la dissolution de la Chambre des députés (juin 1877), puis *contre* le ministère Dufaure, et obtint sa réélection, au renouvellement triennal du 5 janvier 1879, par 184 voix (320 votants). Il vota *contre* l'article 7, *contre* les lois sur l'enseignement, *contre* la réforme du serment judiciaire, *contre* le rétablissement du divorce, *contre* les crédits du Tonkin, et mourut le 11 juin 1886. Conseiller général de la Loire-Inférieure; commandeur de la Légion d'honneur du 1er janvier 1857.

LAW. — *Voy.* LAURISTON (MARQUIS DE).

LAW OU **LAU** (DU). — *Voy.* LUSIGNAN (DE).

LA WŒSTINE (ANATOLE-CHARLES-ALEXIS BECELAIR, MARQUIS DE), sénateur du second Empire, né à Paris le 14 décembre 1786, mort à Paris le 24 avril 1870, d'une famille d'origine flamande, petit-fils de Mme de Genlis, entra à l'Ecole militaire de Fontainebleau le 23 décembre 1804, devint sous-lieutenant au 9e dragons (19 avril 1806), aide-de-camp du général de France, puis du général Valence, son oncle, fit les campagnes de Prusse et de Pologne, et se battit à Iéna et à Friedland. Envoyé à l'armée d'Espagne en 1809, il fut blessé à la bataille d'Almonacid (9 août 1809), cité à l'ordre du jour de l'armée, et nommé aide-de-camp du général Sébastiani. Promu capitaine le 22 juin 1810, il se signala au passage de la Sierra-Morena. Il quitta l'Espagne pour prendre part à la campagne de Russie (1812), assista à la bataille de la Moskowa, fit la campagne de Saxe, se distingua à Lützen, à Bautzen à Leipsig, et, le 27 janvier 1814, à Saint-Dizier; il était chef d'escadron depuis le 8 juillet 1813. Colonel au 3e chasseurs à cheval au moment où se signalait la capitulation de Paris, il fit de l'opposition aux Bourbons, et, pour se moquer des nobles qui rentraient à la suite des alliés, il s'asseyait, revêtu de l'uniforme des émigrés, chez Tortoni, où se réunissaient ses camarades de l'ancienne armée impériale. Quand Napoléon revit La Wœstine au retour de l'île d'Elbe, il lui dit en souriant : « C'est donc vous, monsieur, qui faites le voltigeur de Louis XIV ? » La Wœstine fit des prodiges de valeur à Waterloo et, à la tête des chasseurs et des dragons, mit en déroute les cavaliers anglais. Il achevait la défaite de Wellington, et déjà les soldats sabraient les fuyards sur les pentes de Mont-Saint-Jean, quand apparurent les Prussiens de Blücher. Il suivit l'armée sur la Loire et, après le licenciement, envoya sa démission au ministre de la Guerre, prétextant de son dévouement à l'empereur. Il fut exilé de ce chef, et se retira en Belgique où il chercha à gagner sa vie dans le commerce des vins; mais ses affaires ne prospérèrent pas. Rentré en France en 1829, il assista à la révolution de juillet, et reprit du service à la demande du maréchal Gérard, comme colonel du 6e hussards (12 août 1830). Maréchal-de-camp (2 avril 1831), lieutenant-général (21 avril 1841), il fut rayé des cadres

de l'armée active, en 1848, par le gouvernement provisoire. Réintégré le 11 août 1849, et nommé président du comité de cavalerie, il devint, la veille du 2 décembre 1851, commandant supérieur de la garde nationale de Paris. Il fut nommé sénateur le 26 janvier 1852, et admis à la retraite, comme général de division, le 19 février suivant. L'empereur l'appela le 22 octobre 1863 aux fonctions de gouverneur des Invalides avec le titre d'Excellence, en remplacement du maréchal d'Ornano décédé. Grand-officier de la Légion d'honneur (24 avril 1847), et grand-croix (14 janvier 1853).

LAWTON (JEAN-EDOUARD), député de 1846 à 1848, né à Bordeaux (Gironde) le 6 novembre 1791, mort à Bordeaux en 1863, appartenait à une famille d'origine anglaise qui s'établit dans cette ville en 1739 pour s'occuper du courtage des vins. Elu, le 1er août 1846, député du 7e collège de la Gironde (Lesparre), par 125 voix sur 232 votants et 270 inscrits, contre 105 à M. Bruno Devès, il siégea dans la majorité conservatrice, soutint la politique de Guizot, et rentra dans la vie privée en 1848.

LAZERME (JOSEPH-JEAN-JACQUES DE), député de 1827 à 1830, né à Perpignan (Pyrénées-Orientales) le 14 mars 1787, mort à Perpignan le 13 avril 1853, d'une ancienne famille du Roussillon dont le nom primitif était DE LAS HERMES, était fils de Joseph de Lazerme, avocat au conseil souverain de Roussillon. Capitaine de voltigeurs volontaires de la garde nationale d'élite en 1815, il ferma les portes de Perpignan aux Espagnols qui voulaient prendre possession de cette place au nom des Bourbons, y arbora lui-même le drapeau blanc et se prépara à soutenir un siège. Le gouvernement royal le fit conseiller général des Pyrénées-Orientales : il était alors le propriétaire le plus imposé du Roussillon. Le 17 novembre 1827, il fut élu député du collège de département par 205 voix sur 377 votants et 435 inscrits. Sans aborder la tribune, M. de Lazerme se fit apprécier dans les commissions et dans les conseils de la droite ministérielle où il siégea. Charles X lui accorda le titre de comte et la croix de la Légion d'honneur, et le ministère Polignac le nomma (1er mars 1829) conseiller de préfecture à Perpignan. Son attachement à la branche aînée lui valut, en juillet 1830, à Perpignan un charivari qui faillit lui coûter la vie. Il se retira alors de la vie politique, et ne conserva que le mandat de conseiller général que l'administration d'alors ne put lui faire perdre jusqu'en 1848; il s'en démit, à cette date, en faveur de son fils.

LEBARILLIER (LOUIS-CONSTANT), représentant en 1848, né à Lebisey, près Caen (Calvados), le 29 novembre 1805, mort à Genillé (Indre-et-Loire) le 2 janvier 1880, fils d'un propriétaire cultivateur, se destina d'abord à l'état ecclésiastique, mais y renonça sur les instances de sa famille. Riche propriétaire, il s'occupa alors d'agriculture à Lebisey, fit de l'opposition aux Bourbons et au gouvernement de Louis-Philippe, et fut nommé, à la révolution de février 1848, commissaire du gouvernement provisoire dans le Calvados. Le 23 avril suivant, il fut élu représentant de ce département à l'Assemblée constituante, le 3e sur 12, par 80,322 voix; il siégea à gauche, fit partie du comité de l'agriculture, et vota *pour* le bannissement de la famille d'Orléans, *contre* les poursuites contre L. Blanc et Caussidière, *contre* l'abolition de la peine de mort, *pour* l'incompatibilité des fonctions, *contre* l'amendement Grévy, *contre* la sanction de la Constitution par le peuple, *pour* l'ensemble de la Constitution, *contre* la proposition Rateau, *contre* l'interdiction des clubs, *contre* la campagne de Rome, et *pour* a demandé de mise en accusation du président et des ministres. Non réélu à la Législative, il se retira en Touraine où il s'occupa d'une vaste exploitation agricole.

LE BAS (Philippe-François-Joseph), membre de la Convention, né à Frévent (Pas-de-Calais) en 1765, mort à Paris le 28 juillet 1794, était le fils d'un notaire. Ses études terminées à Paris, au collège de Montaigu, il se fit recevoir avocat au parlement (1789), et alla, l'année suivante, s'établir à Saint-Pol, dont il représenta les habitants à la fédération du 14 juillet 1790 : ce fut son début dans la carrière politique. Partisan enthousiaste de la Révolution, il fut nommé, dans le cours de l'année 1791, administrateur du district de Saint-Pol, puis, en décembre de la même année, à la suite d'un brillant succès obtenu par lui au barreau d'Arras dans une cause politique, fut appelé à faire partie de l'administration départementale. Le 6 septembre 1792, le département du Pas-de-Calais, par 515 voix sur 782 votants, l'envoya, le 4e sur 11, siéger à la Convention nationale. Condisciple et ami de Maximilien Robespierre, dont il partageait les idées, il se déclara dès le début son partisan et lui resta fidèle jusqu'à la dernière heure. Malgré le talent oratoire dont il avait donné des preuves comme avocat, Le Bas évita de paraître à la tribune et se montra peu ambitieux de briller dans les discussions. « Trop de grands talents, écrivait-il à son père à la date du 3 octobre 1792, se font distinguer à la Convention pour que j'émette une opinion que d'autres développent mieux que moi. L'essentiel est de bien faire, de bien écouter pour bien opiner et de ne parler que quand on a à dire une vérité qui, sans vous, échapperait aux autres. Ce n'est pas de notre gloriole personnelle qu'il s'agit aujourd'hui, mais du salut de la république. Voilà mes principes, et j'y tiens d'autant plus fortement qu'ils sont ceux de beaucoup de députés à la supériorité desquels je me plais à rendre hommage. » Assis à la Montagne, Le Bas se prononça dans le procès de Louis XVI, *pour* la mort, sans appel ni sursis, et développa ainsi ses motifs, sur la question de l'appel au peuple : « Je pense que le peuple ne peut jamais prononcer comme souverain sur un objet particulier, lorsque la loi a prononcé sur les crimes d'un coupable, je pense que renvoyer son jugement aux assemblées primaires, c'est supposer que le peuple puisse, comme magistrat, avoir une volonté différente de celle du souverain. Je ne lui fais pas cet outrage, je dis *non*. » Sur l'application de la peine : « Et moi aussi, je suis l'ami des lois. Quand elles prononcent la peine de mort contre un conspirateur, je ne sais pas, sous prétexte que ce conspirateur fut roi, parler de réclusion et de bannissement. On a parlé de politique, je n'en connais pas d'autre que la justice pour un peuple fort et libre. On parle des puissances étrangères, nos armées sont là. On parle de l'ambitieux, le peuple est là. Je vote pour la mort. » Bientôt après, Le Bas fut envoyé en mission aux armées du Nord, des Ardennes, de la Moselle et du Rhin. On lui avait donné pour collègue Duquesnoy (*v. ce nom*), dont il était le parent. Cette mission, à laquelle furent dus d'importants résultats, était un sacrifice que Le Bas faisait à ses devoirs. Robespierre,

quelques mois auparavant, l'avait présenté à son hôte Duplay ; Le Bas avait vu et aimé la plus jeune de ses filles, et avait demandé sa main, qui lui avait été accordée. Le jour du mariage était fixé, quand, sur un ordre de la Convention, il dut se rendre aux armées. Il ne revint à Paris qu'à la fin d'août ; il se maria alors, fut nommé, le 14 septembre 1793, membre du comité de sûreté générale, et repartit presque aussitôt pour l'armée du Rhin. Robespierre l'avait associé cette fois à Saint-Just. Les deux représentants, envoyés comme délégués extraordinaires, commencèrent (22 octobre 1793) par organiser une commission militaire composée, à leur demande, de « six hommes révolutionnaires et incorruptibles », qui furent désignés par le club des Jacobins de Strasbourg ; ils réclamèrent en même temps une liste des suspects, qu'ils redemandèrent, le 30, en s'étonnant de ne pas l'avoir encore reçue. Le 22 octobre, ils érigèrent le tribunal militaire en commission révolutionnaire « pour juger, sans forme de procédure, les agents et partisans de l'ennemi ». Le 3 novembre, ils cassèrent les administrations, et firent exécuter quelques suspects : « Nos collègues Saint-Just et Le Bas, écrivaient Guyardin et Milhaud le 13 novembre, ont fait déporter tous les corps administratifs ; plusieurs officiers supérieurs et soldats ont été fusillés à la tête des camps, » pour avoir mal parlé de la République. Le 7 novembre, arrestation de la municipalité de Neuf-Brisach ; le 8, emprunt forcé de 9 millions sur une liste d'habitants dressée par les représentants ; le 16, réquisition de 10,000 paires de souliers : « Il faut, écrivaient-ils, que vous déchaussiez tous les aristocrates de Strasbourg »; le 18, réquisition de tous les manteaux des citoyens de Strasbourg. On trouva, après thermidor, ces souliers et ces manteaux dans les magasins. Parmi les arrêtés de décembre, on rencontre celui-ci : « Les représentants chargent la municipalité de Strasbourg de faire abattre dans la huitaine toutes les statues de pierre qui sont autour du temple de la Raison (la cathédrale) ». Tout cela ne se fit pas sans heurter les autres représentants en mission ordinaire en Alsace, et l'un deux, Lacoste, écrivait le 18 décembre : « Bien loin de venir se réunir avec leurs collègues, de leur donner un degré de force de plus, qu'ont fait Saint-Just et Le Bas ? Ils se sont refusés à toutes les communications fraternelles, ils ont affiché des avis insultants pour leurs collègues, ils se sont qualifiés de députés extraordinaires, et se sont érigés en véritables censeurs. » De retour à Paris, au mois de janvier 1794, Le Bas et Saint-Just furent, le mois suivant, envoyés à l'armée de Sambre-et-Meuse, qui reprit alors vigoureusement son offensive, remporta sur les Autrichiens d'importants avantages, leur enleva Charleroi, dont ils s'étaient emparés, et gagna la bataille de Fleurus. Le succès de cette expédition fit confier à Le Bas la surveillance de *l'Ecole de Mars*, établie dans la plaine des Sablons. Il reprit alors sa place à la Montagne. Le 9 thermidor an II, lorsque Robespierre eut été décrété d'accusation par l'Assemblée, avec Couthon et Saint-Just, ce fut en vain que des mains officieuses essayèrent de retenir Le Bas, s'élançant vers la tribune pour y annoncer sa résolution de partager le sort de ses amis : il se débattit avec tant de violence que son habit était en pièces, lorsqu'il s'écria : « Je ne veux point partager l'opprobre de ce décret ! Je demande aussi à être arrêté! » Cette demande lui fut aussitôt accordée. Il était en ce moment cinq heures et demie. La séance de la Convention fut suspendue jusqu'à sept heures. Les gendarmes, requis par le président, mirent la main sur les représentants, et Le Bas fut conduit à la prison de la Force, tandis que Robespierre aîné était enfermé au Luxembourg, son frère à Saint Lazare, Saint-Just aux Écossais, et Couthon à la Bourbe. Cependant le triomphe des Thermidoriens était loin d'être complet. Délivrés par la Commune, Le Bas et ses amis furent tirés de leurs prisons respectives; ils se rendirent avec Henriot à l'Hôtel de Ville. Il s'agissait d'appeler aux armes les sections et de marcher sur la Convention. Mais pendant que Robespierre hésitait, les Thermidoriens, sous la conduite de Léonard Bourdon, envahissaient déjà la place de Grève. « Il ne reste donc plus qu'à mourir ! » s'écria Le Bas, et, jetant un pistolet à Maximilien, il en saisit un autre, qu'il se déchargea sur le cœur. Robespierre ne réussit qu'à se fracasser la mâchoire. La main de Le Bas avait été plus sûre; il tomba mort. Ses ennemis ne ménagèrent pas sa famille. Sa jeune femme, son fils âgé alors de six semaines, qui devint le savant historien Philippe Le Bas (1794-1860), furent jetés en prison. Son vieux père, infirme, et que la mort de Le Bas avait privé de la raison, fut enfermé pendant trois mois dans la citadelle de Doullens.

LEBAS (Anselme-Pascal-Louis), représentant en 1871, né à Decize (Nièvre) le 1er décembre 1815, mort à Devay (Nièvre) le 17 décembre 1874, étudia le droit, et, reçu avocat, s'inscrivit au barreau de Nevers. D'opinions républicaines très modérées, il fut élu, le 8 février 1871, représentant de la Nièvre à l'Assemblée nationale, le 2e sur 7, par 41,037 voix (64,512 votants, 97,485 inscrits). Il vota avec le centre gauche : *pour* la paix, *contre* le pouvoir constituant de l'Assemblée, *pour* le retour à Paris, *contre* la chute de Thiers au 24 mai, *contre* le ministère de Broglie, *contre* le septennat, etc., et mourut avant la fin de la législature (décembre 1874). En raison de la proximité des élections de la future Chambre des députés, il ne fut pas immédiatement remplacé.

LE BASCLE (Edme), marquis d'Argenteuil, député en 1789, né au château de Courcelles (Côte-d'Or) le 19 avril 1721, mort en 1793, entra de bonne heure au service, fut fait brigadier de cavalerie le 16 mars 1767 et maréchal de camp le 1er mars 1780. S'étant retiré dans sa province, il fut élu, le 31 mars 1789, député de la noblesse du bailliage de l'Auxois aux Etats-Généraux, par 88 voix sur 158 votants, contre 67 au baron du Bois-d'Aisy. Il tint pour l'ancien régime, signa les protestations des 12 et 15 septembre 1791 contre les décrets de l'Assemblée, émigra après la session, rejoignit l'armée des princes au delà du Rhin, et y mourut en 1793.

LE BASTARD (Edgar-Denis-Marie-François), sénateur de 1879 à 1888, né à Tinchebrai (Orne) le 21 janvier 1836, arrière-petit-fils du conventionnel Lemaréchal, fit ses classes au lycée de Rennes, suivit dans cette ville les cours de la faculté de droit, et y fut reçu licencié; mais il laissa le barreau pour l'industrie, prit la direction d'un établissement de tannerie auquel il donna une extension considérable, et devint président de la chambre de commerce de Rennes. Républicain, il fut nommé, après le 4 septembre 1870, adjoint puis maire de Rennes, obtint, le 8 février 1871, sans être élu, 17,377 voix sur 109,672 votants comme candidat à l'Assemblée nationale, et entra, le 4 novembre 1877, au conseil général d'Ille-et-Vilaine, pour le canton nord-est de Rennes. Il avait, pendant la période du Seize-Mai, vivement combattu le ministère et ses candidats officiels. Lors des élections sénatoriales du 5 janvier 1879, le parti républicain le désigna comme candidat, et M. Le Bastard fut élu sénateur d'Ille-et-Vilaine par 237 voix sur 452 votants. Il se fit inscrire d'abord au groupe de la gauche républicaine, fut rapporteur (mai 1883) de la loi sur l'élection des juges consulaires, vota *pour* l'article 7, *pour* les lois Ferry sur l'enseignement, *pour* les lois nouvelles sur la presse et le droit de réunion, *pour* la modification du serment judiciaire, *pour* la réforme du personnel de la magistrature, *pour* le rétablissement du divorce, puis accentua ses votes dans le sens radical, et opina plusieurs fois avec le groupe avancé de la Chambre haute. Il inclina en dernier lieu vers le parti « boulangiste » et ne se représenta pas en 1888.

LE BASTARD DE KERGUIFINNEC (Jean-Marie-Pierre), député de 1830 à 1834 et de 1837 à 1839, né à Tréguennec (Finistère) le 20 avril 1771, mort à Quimper (Finistère) le 13 mars 1850, ancien capitaine de frégate, conseiller de préfecture, chevalier de la Légion d'honneur, se porta candidat à la députation aux élections générales du 30 juin 1830, comme partisan du ministère Polignac, dans le 4e arrondissement électoral du Finistère (Quimper), où il échoua avec 75 voix, contre 100 au député sortant réélu, M. de Marhallach. Mais il profita d'une élection partielle pour entrer à la Chambre, le 13 octobre de la même année, élu dans le même arrondissement par 118 voix (145 votants, 217 inscrits). Mis à la retraite, comme capitaine de frégate, le 31 mai 1831, M. Le Bastard fut réélu, aux élections générales du 5 juillet 1831, par 118 voix (203 votants, 252 inscrits), contre 63 à M. Kermorial. Légitimiste intransigeant, il vota constamment avec l'opposition de droite, et repoussa systématiquement toutes les propositions du gouvernement. Aux élections du 21 juin 1834, il n'obtint que 95 voix contre 102 à M. Le Gogal-Toulgoët; il rentra au parlement, le 4 novembre 1837, avec 135 voix (265 votants, 305 inscrits); puis il échoua successivement : le 2 mars 1839, avec 110 voix, contre 145 à M. de Carné, élu; le 5 juillet 1842, avec 43 voix contre 182 au député sortant, réélu, M. de Carné, et 61 à M. de Chatellier; et, le 1er août 1846, avec 90 voix contre 234 à l'élu, M. de Carné.

LEBAUDY (Jean-Gustave), député de 1876 à 1885, né à Paris le 26 février 1827, mort à Paris le 19 décembre 1889, fit de brillantes études au collège Rollin et prit la direction d'une importante raffinerie de sucre. Membre de la chambre de commerce de Paris, il fut, en raison de sa haute situation dans le monde industriel, appelé par l'Empire (1860) à faire partie de la commission municipale de Paris (1860-1869). En 1867, il fut décoré de la Légion d'honneur à l'occasion de l'Exposition universelle. Conseiller général de Seine-et-Oise pour le canton de Mantes, il se présenta, comme candidat républicain conservateur, aux élections législatives du 20 juin 1876, dans l'arrondissement de Mantes, et fut élu député au second tour (5 mai), par 7,217 voix sur 14,214 votants et 16,622 inscrits, contre 6,951 à M. Hèvre, radical. Il prit place au centre gauche et fut des 363. Réélu à ce titre, le 14 octobre 1877, avec 8,669 voix sur 13,514 votants et 16,711 inscrits, contre 4,316 à M. Hèvre, M. Lebaudy reprit sa place dans la fraction la plus modérée de la majorité républicaine, se prononça *pour* le ministère Dufaure, *pour* le retour du parlement à Paris, *contre* l'amnistie, *pour* l'invalidation de l'élection Blanqui, etc., et fut encore réélu député de Mantes, le 21 août 1881, par 7,551 voix (13,997 votants, 16,443 inscrits), contre 6,267 à M. H. Hèvre. M. Lebaudy parla (juin 1884) sur la question des sucres, déposa (juin 1885) un amendement à la loi sur la surtaxe des céréales tendant à la remplacer par une surtaxe du double sur l'alcool applicable au dégrèvement du principal de l'impôt foncier (rejeté par 297 voix contre 112), soutint la politique de M. J. Ferry, et vota dans la législature : *contre* l'élection de la magistrature par le peuple, *contre* la séparation de l'Eglise et de l'Etat, *pour* les crédits du Tonkin. Aux élections d'octobre 1885, porté sur la liste opportuniste dans Seine-et-Oise, il échoua avec 36,075 voix sur 119,995 votants.

LEBEAU (Emmanuel-Marie-Amédée), député de 1825 à 1827, né à la Nouvelle-Orléans (Etats-Unis) le 7 septembre 1765, mort à Paris le 14 mai 1846, était avocat général à la cour de Cassation, et maître des requêtes attaché au comité du contentieux, lorsqu'il fut élu, le 23 janvier 1825, député du 1er arrondissement de Seine-et-Oise (Pontoise), par 180 voix sur 251 votants, et 288 inscrits. « Son concurrent, écrivait alors un biographe royaliste, était M. Alexandre de Lameth, dont toute la France a connu l'ingratitude envers la reine Marie-Antoinette et la conduite révolutionnaire. » M. Lebeau prit place à droite. Son élection fut attaquée dans la séance du 4 février suivant par le général Foy, qui soutint qu'elle n'était due qu'à l'intrigue et aux menaces des amis du ministère. MM. Bonnet et de Bouthillier la défendirent, ainsi que M. de Corbière, ministre de l'Intérieur. Sur la proposition de M. de Berbis, la validation fut ajournée. M. Lebeau finit pourtant par être admis ; il soutint le gouvernement jusqu'à la fin de la session. Rallié plus tard à la monarchie de Louis-Philippe, il fut nommé, le 21 avril 1832, conseiller à la cour de Cassation. Commandeur de la Légion d'honneur.

LEBÈGUE. — *Voy.* Germiny (comte de).

LEBÈGUE DE PRESLES. — *Voy.* Duportail.

LE BERTHON (André-Benoit-François-Hyacinthe), député en 1789, né à Bordeaux (Gironde) le 7 janvier 1713, mort à Paris le 17 avril 1800, fils d'un premier président du parlement de Bordeaux à qui le roi avait offert en 1751 les fonctions de chancelier de France, suivit la carrière paternelle. Premier président au parlement de Bordeaux en 1766, il siégeait en cette qualité, quand le duc de Richelieu, gouverneur de Guyenne, vint signifier au parlement, le 4 septembre 1771, l'édit Maupeou qui détruisait l'ancienne organisation judiciaire. Il se retira alors à son château d'Aiguilhe où il avait plus d'une fois reçu Montesquieu son ami. Lorsque Louis XVI rétablit, à son avènement, les anciens corps judiciaires, M. Le Berthon reprit ses fonctions au parlement de Bordeaux. Sympathique aux idées de réforme, il fut élu, le 8 avril 1789, député de la noblesse aux Etats-Généraux par la sénéchaussée de Bordeaux. Il y prit la parole à plusieurs reprises, notamment pour s'opposer à la lecture du message du roi sur la sanction, pour donner la définition des pouvoirs politiques, pour refuser au pouvoir exécutif le droit d'interpréter les lois. Après la Constituante, il vendit ses propriétés du Bordelais, et se fixa à Paris, où il mourut.

LEBESCHU DE CHAMPSAVIN (Louis-Joseph), député de 1815 à 1816, et de 1822 à 1827, né à Fougères (Ille-et-Vilaine) le 10 juin 1755, mort à une date inconnue, entreposeur particulier des tabacs à Fougères, chevalier de Saint-Louis, conseiller général d'Ille-et-Vilaine, fut élu, le 22 août 1815, député du collège de département de l'Ille-et-Vilaine, par 95 voix (188 votants, 247 inscrits). Il fit partie de la majorité de la Chambre introuvable et fut réélu, par le 3e collège électoral d'Ille-et-Vilaine (Fougères), le 9 mai 1822, avec 166 voix (287 votants, 318 inscrits), et, le 25 février 1824, avec 181 voix 291 votants, 336 inscrits), contre 101 à M. Legraverand. Légitimiste et clérical, M. Lebeschu vota constamment pour les ministres.

LEBEUF (Louis-Martin), député de 1837 à 1842, représentant en 1849, sénateur du second Empire, né à Laigle (Orne) le 26 mai 1792, mort au château de Montgermont (Seine-et-Marne) le 11 novembre 1854, appartenait à une famille qui, depuis plus de deux cents ans, exerçait le notariat. Destiné lui-même à cette carrière, il préféra le commerce, et, dès l'âge de dix-neuf ans, devint à Paris un des chefs d'une maison de banque où il était entré comme simple commis. Appelé aux fonctions électives de juge au tribunal de commerce et de membre de la chambre de commerce de Paris, il fut nommé, en 1835, régent de la Banque de France. En même temps il occupait dans l'industrie une place importante comme directeur des établissements manufacturiers de Creil et de Montereau (faïences). Vice-président du conseil général des manufactures et des associations pour la défense du travail national, il combattit les théories libre-échangistes. M. Lebeuf entra dans la vie politique le 4 novembre 1837 : élu député du 3e collège de Seine-et-Marne (Fontainebleau), par 182 voix (353 votants, 414 inscrits), contre 167 à M. de Beaumont, il fit partie de la majorité conservatrice, et fut membre de presque toutes les commissions où se traitaient les questions de finances et d'industrie. Réélu, le 2 mars 1839, par 178 voix sur 336 votants, il quitta la Chambre des députés en 1842, ayant échoué au renouvellement du 9 juillet, avec 215 voix contre 315 à l'élu, M. de Ségur. Il se représenta encore le 1er août 1846, et n'obtint que 237 voix, contre 299 au député sortant. M. Lebeuf rentra au parlement lors des élections du 13 mai 1849 pour l'Assemblée législative : représentant de Seine-et-Marne, élu le 3e sur 7, par 38,347 voix (70,887 votants, 98,983 inscrits), il siégea à droite, opina avec la majorité antirépublicaine *pour* l'expédition de Rome, *pour* la loi Falloux-Parieu sur l'enseignement, et se rallia en 1851 à la politique du coup d'Etat. Il fit partie de la Commission consultative, et, le 26 janvier 1852, fut appelé au Sénat. Il prit part au rétablissement du régime impérial, et continua de se montrer, en matière économique, le champion zélé des idées protectionnistes. Il mourut en 1854. M. Lebeuf avait appartenu sous Louis-Philippe au conseil général de Seine-et-Marne. Officier de la Légion d'honneur.

LEBLANC (Charles-Christophe), député en 1789, dates de naissance et de mort inconnues, fut, sous l'ancien régime, conseiller au présidial et maire de Senlis. Elu, le 24 mars 1789, député du tiers aux Etats-Généraux par le bailliage de Senlis, avec 84 voix sur 142 votants, il opira avec la majorité réformatrice de la Constituante. Le 8 octobre 1790, il fut nommé juge au tribunal de district de Senlis (Oise).

LEBLANC (Charles-François), député au Conseil des Cinq-Cents et au Corps législatif de l'an VIII à 1803, né à Senlis (Oise) le 5 décembre 1760, mort à Paris le 8 janvier 1807, de la même famille que le précédent, fut reçu avocat en 1780. En 1789, il appartenait à la garde nationale de Senlis. Successivement procureur-syndic du district (1790), président du tribunal (1791), juge au tribunal civil de l'Oise en l'an V, et commissaire du gouvernement en l'an VI, il fut élu, le 26 germinal an VII, député de l'Oise au Conseil des Cinq-Cents, où il se fit peu remarquer, se déclara partisan du coup d'Etat de brumaire, et, le 4 nivôse an VIII, fut désigné par le Sénat conservateur pour représenter le département de l'Oise au nouveau Corps législatif. Il y siégea jusqu'en 1803.

LEBLANC (Jean-Marie), député au Conseil des Cinq-Cents, né à Vannes (Morbihan) le 19 janvier 1761, mort à Vannes le 12 juillet 1806, était juge au tribunal civil du Morbihan, lorsque ce département l'envoya (27 germinal an VII) siéger au Conseil des Cinq-Cents. Leblanc ne se montra point hostile au coup d'Etat de Bonaparte et fut renommé juge à Vannes le 1er floréal an VIII.

LEBLANC (Aimé-Jean-Marie), représentant en 1848, né à Lorient (Morbihan) le 5 novembre 1813, mort à Auray (Morbihan) le 4 février 1851, entra dans les ordres, et professa la rhétorique au petit séminaire de Sainte-Anne d'Auray. Prédicateur estimé, il fut obligé, par raison de santé, de rentrer dans le professorat, et occupa la chaire de mathématiques au petit séminaire. Le 23 avril 1848, il fut élu représentant du Morbihan à l'Assemblée constituante, le 5e sur 12, par 61,185 voix (105,877 votants, 123,200 inscrits). Légitimiste comme presque toute la représentation du Morbihan, et membre du comité de l'instruction publique, il vota *contre* le bannissement de la famille d'Orléans, *pour* les poursuites contre L. Blanc et Caussidière, *contre* l'abolition de la peine de mort, *contre* l'impôt progressif, *contre* l'incompatibilité des fonctions, *contre* l'amendement Grévy, *pour* la sanction de la Constitution par le peuple, *pour* l'ensemble de la Constitution, *pour* l'interdiction des clubs, *pour* la campagne de Rome, *contre* la demande de mise en accusation du président et des ministres. Il quitta la vie politique après la session.

LEBLANC (Edmond-Marie-Lucien), député de 1885 à 1889, né à Riley (Mayenne) le 9 mars 1844, propriétaire, avocat à Mayenne, et membre du conseil général de la Mayenne pour le canton du Horps, fut porté, le 4 octobre 1885, comme candidat à la Chambre des députés, par le parti conservateur de son département, et fut élu, le 1er sur 5, député de la Mayenne, par 41,467 voix (72,815 votants, 91,008 inscrits). M. Leblanc siégea à droite, vota *contre* les divers ministères de la législature et se prononça, en dernier lieu, *contre* le rétablissement du scrutin d'arrondissement (11 février 1889), *pour* l'ajournement indéfini de la revision de la constitution, *contre* les poursuites contre trois députés membres de la Ligue des patriotes, *contre* le projet de loi Lisbonne restrictif de la liberté de la presse, *contre* les poursuites contre le général Boulanger.

LEBLANC DE PRÉBOIS (Louis-Frédéric-François, comte), représentant en 1848, né à Yverdun (Suisse) le 2 novembre 1804, mort à Paris le 21 février 1875, d'une vieille famille de noblesse militaire du Dauphiné, fils d'un officier supérieur d'artillerie, entra à Saint-Cyr en 1822, en sortit dans l'état-major en 1824, fit partie en 1830 de l'armée expéditionnaire d'Alger, et resta en Afrique jusqu'en 1843. Capitaine, il fut rappelé à cette époque pour avoir publié un livre intitulé : *De la nécessité de substituer le gouvernement civil au gouvernement militaire pour la prospérité de l'Algérie*. Il fonda, la même année, le journal l'*Algérie*, organe libéral dont les Saints-Simoniens s'emparèrent, et fit paraître, l'année suivante, les *Départements Algériens*, livre qui fit quelque bruit. Elu, le 23 avril 1848, représentant de l'Algérie à l'Assemblée constituante, le 4e et dernier, par 3,335 voix sur 14,131 inscrits, le capitaine Leblanc de Prébois prit place parmi les républicains modérés, fit partie du comité de l'Algérie, et vota *pour* le bannissement de la famille d'Orléans, *pour* les poursuites contre L. Blanc et Caussidière, *contre* l'abolition de la peine de mort, *contre* l'impôt progressif, *contre* l'incompatibilité des fonctions, *contre* l'amendement Grévy, *contre* la sanction de la Constitution par le peuple, *pour* l'ensemble de la Constitution, *pour* la proposition Rateau, *pour* l'expédition de Rome, *contre* la demande de mise en accusation du président et des ministres. Il ne fut pas réélu à la Législative et fut admis à la retraite, comme capitaine, le 8 janvier 1862. On a encore de lui : *Cent cinquante millions d'économie sur le budget de la guerre, ou réorganisation de l'armée avec amélioration de la solde* (1848).

LEBLEU (Philippe-Ezéchiel), représentant du peuple en 1848, né à Dunkerque (Nord) le 29 décembre 1804, fils d'un médecin distingué, fit ses études au collège de Douai, passa par l'Ecole polytechnique, et en sortit (1826) comme officier du génie. En 1830, il était lieutenant au 2e régiment de cette arme, en garnison à Arras ; à la première nouvelle des Ordonnances de juillet, il se prononça ouvertement pour la résistance, et, de concert avec Cavaignac, fit marcher son régiment sur Paris, pour prêter main-forte à l'insurrection. Envoyé à Lyon comme officier d'état-major, il se concilia (1832) les sympathies de la population ouvrière, fut attaché à Dunkerque, en 1833, comme capitaine de génie, au service des places de guerre, et profita de son séjour pour concourir à la fondation du journal républicain la *Vigie* de Dunkerque. Il passa successivement à Montpellier, à Oran, à Saint-Venant, et à Béthune. Il avait reçu en 1845 la croix de la Légion d'honneur. Capitaine du génie à Béthune lors de la révolution de février, il fut, en raison de ses opinions démocratiques, élu, le 23 avril 1848, représentant du Pas-de-Calais à l'Assemblée constituante, le 11e sur 17, par 75,802 voix

(161,957 votants et 188,051 inscrits). Dans sa circulaire aux électeurs (22 mars 1848), il disait vouloir « une république radicale largement populaire, mais aussi modérée, libérale, pure de toute réaction violente. » Il appartint au comité de la guerre et vota souvent avec la droite : *pour* le rétablissement du cautionnement et de la contrainte par corps, *pour* les poursuites contre Louis Blanc et Caussidière, *contre* l'abolition de la peine de mort, *contre* l'amendement Grévy, *contre* l'abolition du remplacement militaire, *contre* le droit au travail, *pour* l'ordre du jour en l'honneur de Cavaignac, *pour* la proposition Rateau, *contre* l'amnistie, *pour* l'interdiction des clubs, *contre* l'abolition de l'impôt des boissons. Il ne fut pas réélu à l'Assemblée législative, et l'on trouverait sans doute l'explication de cet échec dans sa circulaire du 17 mars 1849, comme candidat à cette Assemblée : « Pendant la longue et laborieuse session de l'Assemblée constituante, je me suis fait une loi de consacrer toutes mes journées aux intérêts généraux, et de n'en distraire aucune pour la satisfaction de mes intérêts personnels. J'ai assisté à toutes les séances, j'ai pris part à tous les scrutins. Dans les bureaux, dans les comités, dans les commissions dont je fus membre, j'ai travaillé, en dehors de tout esprit de parti, au triomphe des idées utiles. Pour accomplir loyalement cette tâche, j'ai compris que c'était pour moi un impérieux devoir de conserver toute mon indépendance : aussi je n'ai rien demandé aux ministres, même quand j'avais d'anciens amis au pouvoir, et jamais on ne m'a vu, dans les antichambres des chefs de bureau des ministères, compromettre en ma personne la dignité de la représentation nationale. Mais si je me suis toujours refusé à solliciter des faveurs, je n'ai jamais hésité à réclamer contre des injustices : j'avais le droit alors de me montrer exigeant, et les destitutions inméritées que je suis parvenu à empêcher ne sont pas mon moindre titre à vos suffrages. » M. Lebleu revint en 1850 se fixer à Dunkerque, où il a été à plusieurs reprises conseiller municipal, et maire de 1878 à 1884.

LEBLOND (GASPARD-MICHEL), député au Corps législatif en l'an VIII, né à Caen (Calvados) le 24 novembre 1738, mort à Laigle (Oise) le 17 juin 1809, entra dans les ordres et, en 1772, fut adjoint à l'abbé de Vermont, bibliothécaire du collège Mazarin. Quelques travaux d'archéologie et de numismatique lui ouvrirent, la même année, les portes de l'Académie des Inscriptions et Belles-Lettres. En 1789, il devint membre de la commission chargée de dépouiller les archives et de dresser l'inventaire des bibliothèques des couvents supprimés. Nommé conservateur de la Bibliothèque Mazarine en 1791, compris dans la nouvelle organisation de l'Institut (1796), il fut élu par le Sénat conservateur, le 4 nivôse an VIII, député au nouveau Corps législatif. Il donna sa démission de député le 16 frimaire an X, puis de bibliothécaire, et se retira dans l'Oise, à Laigle, pour se livrer plus librement à ses travaux historiques. L'abbé Leblond a publié : *Observations sur les médailles du cabinet de M. Pellerin* (1771); il a édité : *Description des pierres gravées du cabinet du duc d'Orléans* (1780), et a écrit un grand nombre d'articles dans les *Mémoires de l'Académie des Inscriptions et Belles-Lettres*, dans le *Recueil de l'Institut* et le *Journal de Paris*, etc. Quelques jours avant sa mort, il anéantit ses manuscrits.

LEBLOND (DÉSIRÉ-MÉDÉRIC), représentant en 1848, en 1871, député de 1876 à 1879, sénateur de 1879 à 1886, né à Paris le 9 mai 1812, mort à Paris le 21 juillet 1886, fils d'un ancien conseiller à la cour de Paris, se fit recevoir avocat et exerça cette profession avec succès. Inscrit au barreau de Paris en 1833, secrétaire de Merlin (de Douai), il ne tarda pas à se distinguer personnellement par sa science et par son talent. D'opinions libérales et démocratiques, il plaida pour des sociétés ouvrières, pour des journaux républicains, entre autres pour l'*Atelier*, et fut mêlé, sous Louis-Philippe, à toutes les luttes du parti avancé. La révolution de 1848, à laquelle il applaudit, le fit substitut du procureur général près la cour d'appel de Paris. Mais il résigna ces fonctions dès qu'il eut été élu (23 avril) représentant de la Marne à l'Assemblée constituante, le 8e sur 9, par 48,540 voix (93,164 inscrits). Il prit place au centre, soutint la politique suivie par le général Cavaignac au pouvoir, fit partie du comité du travail, et vota beaucoup plus souvent avec la droite qu'avec la gauche : *pour* le rétablissement du cautionnement, *pour* les poursuites contre Louis Blanc et Caussidière, *pour* le rétablissement de la contrainte par corps, *contre* l'amendement Grévy, *contre* le droit au travail, *pour* l'ordre du jour en l'honneur du général Cavaignac, *contre* la proposition Rateau, *contre* l'amnistie, *pour* l'interdiction des clubs, *pour* les crédits de l'expédition de Rome, *contre* la mise en accusation du président et de ses ministres. Au cours du débat sur la Constitution, M. Leblond avait présenté, concurremment avec l'amendement Grévy relatif à l'institution de la présidence, une rédaction ainsi conçue : « Le président de la République est nommé par l'Assemblée nationale au scrutin secret et à la majorité absolue des suffrages. » Il le défendit en ces termes : ... « La question a été envisagée sous un triple aspect. Les uns viennent vous dire : Il ne faut pas de président de la République : il faut un magistrat amovible, pas même temporaire, en ce sens qu'il n'aura pas la durée pour lui, un magistrat que vous pourrez révoquer le lendemain du jour où vous l'aurez investi de ses fonctions. D'autres vous disent au contraire : Il faut un président qui ait une autorité considérable, un président qui puisse dominer le pays, et, pour arriver à ce résultat, il faut que ce président, représentant à quelques égards la royauté déchue, soit nommé par le pays lui-même. Entre ces deux opinions se place un système moyen, et celui-ci consiste à faire nommer le président de la République par l'Assemblée. Pour que votre œuvre soit complète, il faut que toute l'autorité du pays se résume dans une assemblée unique, pour consacrer le principe de la division du pouvoir, pour confier à un magistrat, à un président de la République, les fonctions exécutives. Voilà comment je comprends, sous la démocratie pure, l'organisation du pouvoir exécutif. » L'amendement Leblond, auquel se rallia M. Flocon, fut repoussé par 602 voix contre 211. Non réélu à l'Assemblée législative, M. Leblond, qui avait fait très peu d'opposition, dans les derniers temps de la Constituante, au gouvernement présidentiel, reprit sa place au barreau, fut élu, sous l'Empire, membre du conseil de l'ordre, et fit partie du conseil de surveillance du journal le *Siècle*, dont il prit la direction politique à la mort de M. Havin. Plusieurs fois candidat indépendant au Corps législatif dans la 2e circonscription de la Marne, il échoua, le 22 juin 1857, avec 731 voix seulement contre

23,112 à l'élu officiel M. Parchappe; le 1er juin 1863, avec 4,143 voix contre 24,305 au député sortant; le 24 février 1866, avec 7,261 voix contre 18,037 à l'élu officiel, M. Charles Perrier (il s'agissait de remplacer M. Parchappe, décédé); enfin, le 24 mai 1869, avec 8,627 voix contre 22,272 au député sortant, M. Perrier, réélu. Nommé procureur général près la cour d'appel de Paris le 5 septembre 1870, M. Leblond conclut aux poursuites contre les chefs de l'insurrection du 31 octobre. Le 8 février 1871, il fut élu représentant de la Marne à l'Assemblée nationale, le 2e sur 8, par 54,900 voix (68,852 votants, 112,180 inscrits.) Il donna alors sa démission de magistrat, en dépit des instances de M. Thiers, siégea dans la gauche républicaine, dont il devint le président, et se prononça : *pour* la paix, *contre* le pouvoir constituant, *pour* le retour à Paris, *contre* la chute de Thiers au 24 mai, *contre* le septennat, la loi des maires, l'état de siège, etc.; *contre* le ministère de Broglie et *pour* toutes les mesures qui aboutirent à la Constitution du 25 février 1875. Le 30 janvier 1876, M. Leblond réunit comme candidat au Sénat, dans la Marne, sans être élu, 331 voix sur 752 votants. Il se présenta avec plus de succès aux élections législatives du 20 février suivant, et fut élu député de la 1re circonscription de Reims par 12,188 voix (15,099 votants, 21,127 inscrits), contre 1,884 à M. Barbat. Il reprit sa place à la tête du même groupe, et, le 2 mai 1877, il déposa, au nom de la nouvelle majorité, une demande d'interpellation qui visait les « menées ultramontaines » : cette interpellation donna lieu à une discussion des plus vives, terminée par le vote d'un ordre du jour invitant le gouvernement à une action énergique. Peu de jours après; le maréchal de Mac-Mahon renversait le cabinet Jules Simon pour donner sa confiance à un ministère Fourtou-de Broglie. Réélu, le 14 octobre 1877, par 13,569 voix (18,271 votants, 23,946 inscrits), contre 4,493 au général Susbielle, candidat officiel et monarchiste, M. Leblond suivit la même ligne politique que précédemment. Il déposa une proposition tendant à apporter au règlement de la Chambre des modifications qui eurent l'agrément de la majorité. Partisan du ministère Dufaure, il se prononça toutefois pour l'adoption d'une politique plus accentuée, et fut délégué auprès du chef du cabinet par ses collègues pour tâcher d'obtenir de lui la réalisation de quelques réformes. Le 5 janvier 1879, il fut élu sénateur de la Marne par 484 voix sur 742 votants. (M. Diancourt le remplaça à la Chambre le 20 avril suivant.) Au Sénat, comme à la Chambre, M. Leblond défendit les idées républicaines modérées Il se prononça *pour* l'article 7, *pour* l'application des lois aux congrégation non autorisées, *pour* les lois nouvelles sur la presse et le droit de réunion, *pour* la modification du serment judiciaire, *pour* la réforme du personnel de la magistrature, *pour* le rétablissement du divorce, et *pour* les crédits de l'expédition du Tonkin.

LEBOBE (Auguste-Stanislas), député de 1842 à 1846, né à Couilly (Seine-et-Marne) le 19 décembre 1790, mort à Couilly le 9 avril 1858, entrepreneur de bâtiments à Paris, président du tribunal de commerce de la Seine, fut élu, le 9 juillet 1842, député du 2e collège de Seine-et-Marne (Meaux), par 424 voix (819 votants, 886 inscrits), contre 389 à M. Portalis, député sortant. Il s'était présenté à ses électeurs comme candidat indépendant; mais, entré à la Chambre, il siégea au milieu des ministériels et vota avec eux, notamment *pour* l'indemnité Pritchard. Les élections du 1er août 1846 lui furent défavorables; il échoua, dans le même collège électoral, avec 446 voix contre 459 à l'élu, M. Oscar de La Fayette.

LEBŒUF (Nicolas-Joseph, chevalier), député en 1791, né à Vassy (Haute-Marne) le 17 mars 1753, mort à Orléans (Loiret) le 2 janvier 1811, était administrateur du département du Loiret, lorsqu'il fut élu, le 6 septembre 1791, député de ce département à l'Assemblée législative, le 7e sur 9, par 196 voix sur 312 votants. Il vota avec la majorité réformatrice. Devenu, après le coup d'État de brumaire, juge au tribunal d'appel du Loiret (20 floréal an VIII), il reçut, le 25 prairial an XII, la croix de la Légion d'honneur, et fut créé chevalier de l'Empire le 20 août 1809.

LEBŒUF (Edmond), sénateur du second Empire et ministre, né à Paris le 5 décembre 1809, mort au château du Moncel-en-Trun près d'Argentan (Orne) le 7 juin 1888, entra à dix-neuf ans à l'Ecole polytechnique, contribua à la prise de la caserne de Babylone lors du renversement de Charles X, fut décoré de juillet, et, sous-lieutenant d'artillerie (6 août 1830), alla passer deux années à l'Ecole d'application de Metz d'où il sortit avec le no 1. Lieutenant en premier en 1833, capitaine en second en 1837, il fut envoyé en Algérie, prit part au siège de Constantine où il fut décoré, au combat de l'Oued-Lalleg, et aux expéditions de Médéah et de Milianah où il fut cité deux fois à l'ordre du jour d'officier et gagna la croix d'officier. Capitaine en premier (1841), chef d'escadron en 1846, il revint en France, exerça (avril 1848-octobre 1850) le commandement en second de l'Ecole polytechnique, et fut nommé lieutenant-colonel en 1860 et colonel en 1852. Deux ans après, il partait pour la Crimée en qualité de chef d'état-major de l'artillerie de l'armée d'Orient. Général de brigade le 24 novembre 1854, il commanda (1855) l'artillerie du 1er corps chargé des travaux du siège de Sébastopol, fut promu commandeur de la Légion d'honneur et cité trois fois à l'ordre du jour de l'armée. En 1856, il fut placé à la tête de l'artillerie de la garde, et, la même année, attaché à l'ambassade extraordinaire de M. de Morny en Russie. A son retour à Paris, il fut élevé au grade de général de division (1857). Lorsqu'en 1859 éclata la guerre d'Italie, le général Lebœuf reçut le commandement en chef de l'artillerie, qu'il exerça pendant toute la campagne. Il contribua puissamment au succès de la bataille de Solférino; aussi l'empereur l'attacha-t-il à cette époque à sa personne en qualité d'aide-de-camp, le nomma-t-il grand officier de la Légion d'honneur. Le général présida, de 1864 à 1866, le comité d'artillerie, et fut désigné (1864) comme inspecteur-général de l'Ecole polytechnique. En 1866, lors de la cession par l'Autriche de la Vénétie à l'Italie, il fut envoyé comme commissaire impérial chargé de remettre cette province au roi Victor-Emmanuel. Il commanda en 1868 le camp de Châlons, et, au mois de janvier 1869, fut appelé à remplacer le général de Goyon à la tête du 6e corps d'armée, à Toulouse. Au bout de huit mois de ce nouveau commandement, le général Lebœuf reçut (21 août de la même année) le portefeuille de la Guerre, en remplacement du maréchal Niel. Le 27 décembre suivant, il donna sa démission avec tous ses collègues pour faire place au nouveau cabinet formé par M. E. Ollivier ; mais, le 3 janvier 1870, son portefeuille lui fut rendu. La veille de son élévation à la dignité de maréchal, dans la séance du Corps législatif du 23 mars 1870, abordant la question de l'organisation de la garde mobile, il prononça ces paroles : « Ma seule politique la voici : c'est d'être toujours prêt... Quant à me mêler de la paix et de la guerre, cela ne me regarde pas. Si la guerre arrive, je dois être prêt ; tel est mon devoir et je le remplirai. » Ce langage fut vivement applaudi. Le lendemain (24 mars), le ministre de la Guerre, promu maréchal de France, entrait de droit au Sénat impérial. La question de l'Algérie mit le maréchal Lebœuf aux prises à la fois que Jules Favre et le comte Lehon qu'une récente mission dans la colonie avait converti à la cause du gouvernement civil. Pour donner une sorte de satisfaction à l'opinion publique, le maréchal présenta à l'empereur, le 31 mai, un décret rétablissant dans chacun des territoires civil et militaire de l'Algérie, l'indépendance respective des généraux et des préfets. A l'occasion du plébiscite et des élections partielles au Corps législatif, il interdit les réunions électorales aux militaires, et il expliqua à la Chambre, à la suite d'une interpellation de la gauche, les sévérités exercées contre ceux qui avaient enfreint ses instructions. Lors de la déclaration de guerre à la Prusse, la responsabilité du maréchal Lebœuf fut considérable. Son langage, souvent rapporté, témoignait de la plus inaltérable assurance, et, à ceux des députés qui craignaient que la France ne fût pas prête, il répondit, a-t-on prétendu, par cette phrase, qui est restée tristement célèbre : « Nous sommes tellement prêts, que si la guerre durait deux ans, nous n'aurions pas même à acheter un bouton de guêtre ! » Peu de jours après, le 19 juin, il fut nommé major-général de l'armée du Rhin, tout en conservant le portefeuille de la guerre, dont l'intérim fut confié au général Dejean. Après les désastres de Wissembourg, Wœrth, Reichshoffen et Forbach, le maréchal fut obligé de résigner ses fonctions de major-général et demeura provisoirement sans emploi (12 août). A ce moment, M. de Kératry proposa à la Chambre l'institution d'une commission d'enquête appelant à sa barre l'ex-ministre de la Guerre, et les principaux fonctionnaires de l'intendance, dont le désordre était attribué par l'opinion publique à l'incurie de l'ancienne administration de la guerre. Cependant, au moment où l'empereur quittait le commandement en chef et où Bazaine était nommé généralissime, M. Lebœuf remplaça, à la tête du 3e corps, le général Decaen qui venait d'être mortellement blessé à Borny. On assure que le maréchal tenta vainement de se faire tuer dans divers engagements, aux points les plus périlleux : il se distingua notamment à Mars-la-Tour et à Noiseville. Investi dans Metz, il se prononça avec force, le 28 août, dans une réunion présidée par Bazaine, contre la capitulation. Obligé de capituler, le 29 octobre, avec les troupes qu'il commandait, il se rendit en captivité en Allemagne, et alla, après la paix, se fixer en Hollande. Il habitait La Haye quand il fut, au mois de décembre 1871, appelé à déposer devant la commission d'enquête sur les actes du gouvernement de la Défense nationale, et devant le conseil d'enquête chargé de juger les capitulations. Ses dépositions furent accablantes pour l'ex-commandant en chef de l'armée de Metz. Le maréchal Lebœuf avait fait

partie du conseil général de l'Orne. Fixé dans sa résidence du Moncel, il y vécut dans la retraite jusqu'à sa mort. Grand-croix de la Légion d'honneur depuis 1866, décoré de la médaille militaire (1867) et d'un grand nombre d'ordres étrangers, et il était l'un des trois derniers maréchaux de France.

LEBŒUF. — *Voy.* Osmoy (comte d').

LE BON (Joseph-Ghislain-François), membre de la Convention, né à Arras (Pas-de-Calais) le 25 septembre 1765, exécuté à Amiens (Somme) le 14 octobre 1795, fils d'un sergent à verge chargé d'enfants, fit ses études chez les Oratoriens d'Arras et de Juilly, et entra dans cette congrégation en 1784, comme professeur au collège de Beaune, où il acquit une réputation bien différente de la célébrité maudite qui l'attendait dans sa carrière politique : ses compagnons l'avaient surnommé le « Bien nommé. » Ses élèves s'étant échappés, le 5 mai 1790, pour assister à une fête de la fédération à Dijon, Le Bon fut blâmé par ses supérieurs, courut en voiture après ses élèves, les ramena au collège, mais déclara en même temps, en déchirant ses habits, qu'il quittait la congrégation. En vain revint-il le lendemain sur ce mouvement de colère ; on refusa de le reprendre. Il se retira à Ciel, près de Beauvais, chez le père d'un de ses élèves, où il reçut, le 8 juin 1791, la nouvelle qu'il était nommé à la fois curé constitutionnel de Neuville-Vitasse (Pas-de-Calais) et du Vernois, près de Beaune. Il opta d'abord pour le Vernois, mais, apprenant que sa mère était devenue folle à la nouvelle qu'il avait prêté le serment constitutionnel, il accepta Neuville-Vitasse, pour se trouver auprès de sa famille. Il venait de renoncer au sacerdoce, lorsque, après le 10 août 1792, il fut, à 27 ans, élu maire d'Arras et administrateur du département ; il s'empressa d'arrêter et de chasser d'Arras les commissaires envoyés de Paris pour vanter les massacres de septembre, et, Guffroy, qui devait plus tard le dénoncer comme ultra-révolutionnaire, commença par le signaler comme suspect de modérantisme. Suivant un témoignage royaliste (*Souvenirs d'une actrice*, par Mme Louise Fusil), il avait une figure douce et agréable ; il portait toujours du linge très blanc ; ses mains étaient fort soignées et sa mise trahissait une sorte de coquetterie. Ses concitoyens lui donnèrent une nouvelle marque de confiance en le nommant procureur-syndic du département, puis, le 9 septembre 1792, second suppléant du Pas-de-Calais à la Convention, par 400 voix sur 609 votants. Il épousa, le 5 novembre 1792, sa cousine germaine, Elisabeth Reguiez, de Saint-Pol, et ne fut admis à siéger à la Convention que le 1er juillet 1793, en remplacement de Magniez. Envoyé, une première fois (9 août 1793), en mission dans le département de la Somme avec André Dumont, il fut nommé membre du comité de sûreté générale (14 septembre) et se vit dénoncé par Bernard de Saintes comme fédéraliste pour avoir défendu comme représentant, en mission dans la Côte-d'Or, les membres du conseil général de la commune de Beaune. Il refusa une mission dans l'Orne à cause de la santé de sa femme, et fut envoyé (29 octobre) dans le Pas-de-Calais ; il s'y montra assez modéré pour que Guffroy pût l'accuser de tiédeur une fois de plus, et le représenter à la Convention comme le protecteur des contre-révolutionnaires. Le comité de salut public se hâta de le rappeler ; mais, sur sa promesse de travailler à faire oublier son indulgence, il fut presque aussitôt après renvoyé avec les mêmes pouvoirs dans le même département (6 mars 1794). En proie dès lors à la fièvre révolutionnaire excitée par l'ennemi à quelques lieues d'Arras, il se mit à sévir avec la dernière rigueur contre les partisans de l'ancien régime. Le 17 nivôse an II, il écrivait au comité de salut public qu'il « faudrait visiter les campagnes. Mandez-moi si vous voulez que j'entreprenne cette mission ; elle ne coûtera pas cher à la République, car je sais voyager à pied, à cheval et en voiture. Au surplus, les coquins, dont je fais confisquer les biens et la tête, dédommageront amplement la patrie ! » Son éternel accusateur, Guffroy, le dénonça bientôt comme terroriste exagéré, mais le peu de probité du dénonciateur fut la principale cause de l'inutilité de sa démarche. « Joseph Le Bon, qui représentait le pouvoir du comité de salut public, a écrit Louis Blanc, portait toujours un pistolet à sa ceinture. Figuraient comme juges ou jurés du tribunal redoutable où s'appuyait sa puissance son beau-père et trois oncles de sa femme. Il exerçait autour de lui un tel despotisme, et ce despotisme était si soupçonneux, qu'on put citer un arrêté de lui qui défendait aux femmes d'Arras de s'endimancher. » (Histoire de la Révolution, tome IX.) Quant aux forfaits exécrables dont la dénonciation conduisit Le Bon à l'échafaud et dont l'horreur est restée attachée à son nom, il est aujourd'hui prouvé qu'ils ne furent qu'une exagération de la haine. Guffroy (v. ce nom) ayant attaqué, dans son journal le Rougiff, l'accusateur public d'Arras Demuliez, celui-ci avait répondu en exhumant du greffe un faux billet de 6,000 francs qu'il prétendait avoir été fabriqué par Guffroy. Ce dernier, inquiet, se rendit à Arras ; les poursuites furent discontinuées ; d'ennemis qu'ils étaient, Demuliez et Guffroy devinrent amis. Bientôt il arriva que, soupçonnant Demuliez d'intelligences secrètes avec la contre-révolution, Joseph Le Bon le fit arrêter et transporter à Paris. Ce dernier, furieux, appela à lui Guffroy, auquel il dépeignit le proconsul d'Arras comme un monstre, et qui, sur les renseignements venus de cette source, composa une brochure intitulée Censure républicaine. C'était un libelle, dont ses ennemis, une fois les maîtres, firent un arrêt de mort. Cependant, le 25 juillet 1794, Guffroy ayant porté à la tribune ses attaques contre Joseph Le Bon, l'affaire avait été renvoyée à l'examen du comité de salut public, et Barère, dans un rapport présenté quelques jours après, s'était exprimé en ces termes : « Le résultat et les motifs de conduite, voilà ce que nous recherchons. Les motifs sont-ils purs, le résultat est-il utile à la Révolution, profite-t-il à la liberté? Les plaintes ne sont-elles que récriminatoires, ou ne sont-elles que le cri vindicatif de l'aristocratie ? C'est ce que le comité a vu dans cette affaire. Des formes un peu âcres ont été rédigées en accusation, mais ces formes ont détruit les pièges de l'aristocratie. Une sévérité outrée a été reprochée au représentant, mais il n'a démasqué que de faux patriotes, et pas un patriote n'a été frappé. » Le Bon avait, d'ailleurs, à son actif, sa conduite énergique à l'égard des Autrichiens qui menaçaient Cambrai. Appelé dans cette ville par Saint-Just et Le Bas au moment où l'ennemi se croyait sûr de franchir le dernier boulevard de notre pays, Le Bon, en ranimant les courages, avait commencé l'œuvre de la délivrance qui se termina par la victoire de Fleurus. Mais, le 15 thermidor an II, de nouvelles dénonciations dirigées contre Joseph Le Bon aboutirent cette fois à un décret d'arrestation. Son affaire occupa à plusieurs reprises la Convention ; le 18 floréal (7 mai 1895), l'Assemblée chargea une commission de 21 membres d'examiner sa conduite. Quiriot, rapporteur de cette commission, présenta, le 1er messidor an III (19 juin suivant), le résultat de son enquête. Il avait divisé en quatre classes les faits imputés à Le Bon : 1° assassinats juridiques; 2° oppression des citoyens en masse ; 3° exercice de vengeances personnelles; 4° vols et dilapidations. Il conclut à l'accusation. Admis à présenter à la tribune ses moyens de défense, Le Bon ne cessa de réclamer trois paniers de papiers qui avaient été enlevés de son domicile et dont ses ennemis s'étaient emparés. De nombreuses séances furent employées à entendre sa défense, puis, cette procédure traînant en longueur, il fut décidé que le rapport de Quiriot serait lu article par article et que l'accusé y répondrait dans le même ordre. Le Bon nia la plupart des faits qu'on lui reprochait, en atténua d'autres, se défendit surtout en soutenant qu'il n'avait fait qu'exécuter les décrets de la Convention, et, lorsqu'on fut arrivé au quatrième chef d'accusation, vols et dilapidations, l'Assemblée refusa d'entendre la suite du rapport, en déclarant que Le Bon s'était pleinement justifié à cet égard. Il n'en fut pas moins traduit devant le tribunal criminel d'Amiens. Pendant les quatorze mois de captivité qu'il eut à subir, il écrivit à sa femme une série de lettres qu'a recueillies et publiées, en 1815, M. Emile Le Bon, leur fils, juge d'instruction à Chalon-sur-Saône. On y trouve ce passage : « O mon amie, ne dis plus que je vais mourir, je vais commencer une nouvelle vie dans tous les cœurs dévoués à la République. » Condamné à mort, il fut exécuté à Amiens le 14 octobre 1795. Le tribunal criminel avait jugé sans appel, en vertu de la loi du 12 prairial ; vainement Le Bon demanda à profiter du bénéfice de la Constitution qui venait d'être achevée, et à être autorisé à se pourvoir en cassation : la Convention passa à l'ordre du jour.

LEBORGNE DE BOIGNE (CLAUDE-PIERRE-JOSEPH), député au Conseil des Cinq-Cents, né à Chambéry (Savoie) le 8 mars 1762, mort à Paris le 1er mars 1832, entra d'assez bonne heure dans l'administration des colonies et fut nommé, en 1791, secrétaire de la commission envoyée à Saint-Domingue pour assurer la pacification ; il y fut laissé, comme agent central de l'administration, quand les commissaires, dont les pouvoirs avaient été contestés, revinrent en France. Leborgne signala son administration par la promulgation, en 1792, de la loi qui reconnaissait aux nègres des droits politiques; mais les planteurs et les colons s'opposèrent à la mise en vigueur de cette loi. A l'arrivée à Saint-Domingue des nouveaux commissaires, il fut envoyé à la Martinique avec Rochambeau, et prit une part active à la défense de cette île contre la flotte anglaise. En 1793, à peine revenu en France, il fut arrêté comme girondin et incarcéré à la Conciergerie. Remis peu après en liberté, il fut nommé (1796) commissaire-ordonnateur du corps expéditionnaire de Saint-Domingue, aida, dans la mesure de ses pouvoirs, Rigaud et Sonthonax dans leur mission, et fut élu, le 21 germinal an VI, député de la colonie de Saint-Domingue au Conseil des Cinq-Cents, par 59 voix (75 votants). Il y prit la parole pour demander la réorganisation de la marine française et exposer un projet de descente en Angleterre, réclama l'annulation des nouvelles élections de Saint-Domingue parce qu'elles avaient été influencées par Toussaint-Louverture, obtint (7 septembre 1799) que l'on favorisât par des primes l'armement en course : mais la proposition, votée aux Cinq-Cents, fut rejetée au Conseil des Anciens. Il prit parti contre les députés frappés au lendemain de fructidor. Le 18 brumaire l'eut également pour adversaire; aussi perdit-il sa place d'ordonnateur. Il n'exerça aucune fonction publique jusqu'en 1813. A cette époque, il fut envoyé à l'armée d'Allemagne et fait prisonnier. Il ne rentra en France qu'en 1814, fut mis à la demi-solde, et, après les Cent-Jours, fut réduit, avant l'âge requis, à la pension de retraite. On a de lui : *L'Ombre de la Gironde à la Convention nationale ou note sur ses assassins*, par un détenu à la Conciergerie (Paris 1794); *Essai de conciliation de l'Amérique et de la nécessité de l'union de cette partie du monde avec l'Europe* (Paris 1817); *Nouveau système de colonisation pour Saint-Domingue* (id. 1817).

LEBORGNE. — *Voy.* TOUR (DE LA).

LE BORLE DE GRANPRÉ (PHILIPPE), député en 1789, né à Magnac-Laval (Haute-Vienne) le 26 novembre 1748, mort à une date inconnue, était curé d'Oradour-Fanais, lorsqu'il fut élu, le 20 mars 1789, député du clergé de la sénéchaussée de la Basse-Marche aux États-Généraux. Le *Moniteur* n'a pas mentionné son nom.

LEBOUCHER DES LONGPARES (FRANÇOIS-JEAN-BAPTISTE), député au Conseil des Cinq-Cents, représentant à la Chambre des Cent-Jours, né à Bayeux (Calvados) le 20 février 1750, mort à Bayeux le 1er mars 1835, « fils de Laurent-Pierre Leboucher, apothicaire, bourgeois de Bayeux, et de demoiselle Françoise Leloup, » était juge au tribunal de district de Bayeux, lorsqu'il fut élu, le 24 vendémiaire an IV, député du Calvados au Conseil des Cinq-Cents, par 339 voix sur 418 votants. Il siégea jusqu'en l'an VIII, et devint, le 22 germinal suivant, juge au tribunal civil de Bayeux. Aux Cent-Jours (13 mai 1815), il fut élu à la Chambre des représentants, par l'arrondissement de Bayeux, avec 64 voix sur 74 votants et 144 inscrits, contre 7 à M. Bunouf-Bunonville. Après la session, il revint à Bayeux et vécut dans la retraite.

LEBOUCHER-DULONCHAMP (PIERRE-CLAUDE-CHARLES), député en 1791, né à Argentan (Orne) le 31 décembre 1758, mort à une date inconnue, « fils de maître Pierre-Claude Leboucher, avocat, et d'Anne Petron, » était procureur-syndic du district d'Argentan, quand il fut élu, le 8 septembre 1791, député de l'Orne à l'Assemblée législative, le 6e sur 10, par 256 voix (370 votants). Il prit quelquefois la parole pour demander des secours au profit des inondés de l'Orne, pour faire autoriser les échangistes de biens domaniaux à opérer des coupes de bois, etc., et quitta la scène politique après la session.

LEBOUHELEC (PIERRE-JEAN), représentant à la Chambre des Cent-Jours, né à Bignan (Morbihan) le 14 novembre 1763, mort à Vannes (Morbihan) le 10 décembre 1838, « fils de maître Yves-François Lebouhelec, sénéchal de Cargrois, notaire, et procureur, demeurant à Bi-

gnan, et de demoiselle Jeanne Seveno, son épouse, de ce bourg, » était avocat avant la Révolution. Deveuu, après 1789, administrateur du département du Morbihan, puis président de canton, et, le 4 floréal an VIII, conseiller de préfecture, il remplit encore les fonctions de juge suppléant au tribunal de première instance de Vannes. Le 12 mai 1815, Lebouhelec fut élu représentant à la Chambre des Cent-Jours par le collège de département du Morbihan, avec 68 voix sur 99 votants. Il n'appartint pas à d'autres assemblées.

LEBOURGEOIS (ARMAND), représentant en 1871 et député de 1876 à 1879, né à Dieppe (Seine-Inférieure) le 22 janvier 1815, mort à Versailles (Seine-et-Oise) le 16 mars 1879, avocat à Dieppe et maire de cette ville sous l'empire, se présenta, dans la Seine-Inférieure, à l'élection partielle du 2 juillet 1871, pour l'Assemblée nationale, motivée par l'option de quatre représentants pour d'autres départements; il fut élu, le 2e sur 4, par 60,623 voix (115,759 votants, 206,414 inscrits), prit place au centre droit libéral, refusa de répondre à ses électeurs qui lui demandaient (octobre 1873) comment il voterait si une proposition de restauration monarchique était présentée à l'Assemblée, et vota *contre* l'amendement Barthe, *pour* l'arrêté sur les enterrements civils, *pour* la prorogation des pouvoirs du maréchal, *pour* l'état de siège, *pour* le ministère de Broglie, *pour* les lois constitutionnelles, *contre* le retour à Paris, *contre* le 24 mai, *contre* la dissolution, *contre* la proposition du centre gauche, *contre* l'amendement Wallon. Réélu, le 20 février 1876, comme candidat conservateur constitutionnel, dans la 2e circonscription de Dieppe, avec 5,716 voix (11,024 votants, 14,112 inscrits), contre 5,251 à M. Cruzel, il continua de siéger au centre droit, vota *contre* l'amnistie plénière, *contre* la proposition Gatineau et *pour* le ministère de Broglie *contre* les 363. Il fut réélu, le 14 octobre 1877, par 8,098 voix (12,155 votants, 14,362 inscrits), contre 4,015 à M. Desmarets, continua de voter *contre* les ministères républicains, et mourut en mars 1879. Il fut remplacé, au mois de juin suivant, par M. Trouard-Riolle.

LEBOURGEOIS. — *Voy.* DUCHERRAY.

LE BOYS DES GUAYS (JACQUES-FRANÇOIS, CHEVALIER), député en 1789, né à Montargis (Loiret) le 7 décembre 1740, mort à Bléneau (Yonne) le 18 mars 1832, était lieutenant particulier au bailliage de Montargis, quand il fut élu, le 18 mars 1789, député du tiers du bailliage de Montargis aux États-Généraux, par 44 voix (72 votants). Il protesta contre la formule de serment de l'évêque de Clermont, parla sur l'avancement des militaires députés, et sur un placard demandant l'abolition de la royauté, et répondit à la dénonciation de Goupil contre les Jacobins. Commissaire près le tribunal criminel d'Auxerre en l'an VIII, puis procureur général près la cour criminelle de l'Yonne, il fut créé chevalier de l'empire le 18 juin 1809.

LEBRALY (CHARLES-EUGÈNE), représentant en 1848, né à Courteix (Corrèze) le 14 janvier 1809, mort à Aigurande (Indre) le 3 juillet 1888, fils d'un marchand de bœufs, se livra d'abord à la poésie, concourut aux Jeux floraux et y obtint l'églantine d'or. Nommé, sous Louis-Philippe, conseiller de préfecture de la Corrèze, puis sous-préfet de Boussac (Creuse), il fut élu, le 23 avril 1848, représentant de la Corrèze à l'Assemblée constituante, le 3ᵉ sur 8, par 24,244 voix. Il fit partie du comité de l'administration départementale et communale, et vota en général avec la droite, *contre* le bannissement de la famille d'Orléans, *pour* les poursuites contre Louis Blanc et Caussidière, *contre* l'abolition de la peine de mort, *contre* l'impôt progressif, *pour* l'incompatibilité des fonctions, *contre* l'amendement Grévy, *pour* la sanction de la Constitution par le peuple, *pour* l'ensemble de la Constitution, *pour* la proposition Rateau, *pour* l'interdiction des clubs, *pour* l'expédition de Rome; il s'était rallié, après l'élection du 10 décembre, à la politique du prince-président. Non réélu à la Législative, il devint conseiller général de la Corrèze et fut décoré de la Légion d'honneur en 1853. Le 22 juin 1857, il posa sa candidature indépendante au Corps législatif, dans la 1ʳᵉ circonscription de la Corrèze; mais il échoua avec 3,574 voix contre 24,746 au candidat officiel, élu, M. Lafon de Saint-Mur, et 1,644 à M. Sage, ancien représentant, républicain. M. Lebraly vécut dès lors dans la retraite.

LEBRALY (CHARLES-MARIE-GABRIEL), représentant de 1871, né à Latour-d'Auvergne (Puy-de-Dôme) le 15 avril 1843, fils du précédent, avocat et auteur d'ouvrages de jurisprudence assez estimés, fut élu, le 8 février 1871, représentant de la Corrèze à l'Assemblée nationale, le 3ᵉ sur 6, par 28,491 voix (54,642 votants. 83,707 inscrits). Il prit place au centre droit, fit partie de la commission de revision des grades et de la commission d'examen du projet de loi relatif à l'élection des juges aux tribunaux de commerce, signa l'adresse des députés syllabistes au pape, fut recréteur de la réunion Saint-Marc-Girardin, et vota *pour* la paix, *pour* les prières publiques, *pour* l'abrogation des lois d'exil, *pour* le 24 mai, *pour* la démission de Thiers, *pour* l'arrêté sur les enterrements civils, *pour* la prorogation des pouvoirs du Maréchal, *pour* l'état de siège, *pour* la loi des maires, *pour* le ministère de Broglie, *pour* les lois constitutionnelles, *contre* l'amendement Barthe, *contre* le retour à Paris, *contre* la dissolution, *contre* la proposition du centre gauche, *contre* l'amendement Wallon. Il échoua ensuite successivement, comme candidat conservateur, le 20 février 1876, avec 5,227 voix contre 5,577 à l'élu républicain, M. Laumond; le 14 octobre 1877. avec 6,100 voix contre 6,428, au député sortant, M. Laumond, et, le 4 octobre 1885, sur la liste de l'union conservatrice, avec 15,919 voix sur 58,252 votants. M. Lebraly avait été élu conseiller général du canton d'Ussel le 8 octobre 1871.

LE BRETON (PIERRE-JEAN), député en 1789, né à Rostrenen (Côtes-du-Nord) le 8 mars 1752, mort à Paris le 17 février 1814, fils d'un bailli de Quimperlé, fit ses études à Quimper et les termina chez les Bénédictins de Tours, dans la congrégation desquels il entra en 1769. Professeur de rhétorique à Marmoutiers (1779), professeur de philosophie au Mans en 1780, de théologie et de morale (1782), puis de théologie à Compiègne en 1785, il fut nommé, en 1786, secrétaire-greffier de la commission de réforme de l'École militaire de Beaumont-en-Auge, et fut appelé à la chaire de droit canon de la congrégation à Paris. Prieur d'Évron (Mayenne) le 1ᵉʳ janvier 1788, prieur de l'abbaye bénédictine de Saint-Sauveur de Redon (septembre suivant), il fut élu, le 18 avril 1789, député suppléant du clergé de la sénéchaussée de

Vannes aux États-Généraux. Admis à siéger, le 6 octobre 1789, en remplacement de l'abbé Loaisel démissionnaire, il se montra ardent partisan des réformes, réclama (février 1790) l'indulgence de l'Assemblée en faveur des incendiaires et pillards qui dévastaient les campagnes, fit partie (7 février 1790) du comité ecclésiastique dont il devint le secrétaire, et profita du décret du 13 février qui abolissait les vœux monastiques, pour déclarer par écrit qu'il quittait le cloître. Il prêta serment à la constitution civile du clergé, et, après la session, fut nommé curé constitutionnel de Loudéac (octobre 1791). M. René Kerviler, qui a donné une biographie très curieuse de ce député, raconte qu'il inaugura son presbytère en y donnant un bal le jour de la Toussaint. Quelques jours après, il était élu membre du conseil général de la commune de Loudéac, puis, en septembre 1792, président du district. Le 8 pluviôse an II, il fut appelé aux fonctions d'agent de la fabrication des salpêtres, puis (6 pluviôse an III) à celles de préposé aux triages des titres du district de Quimper. Commis à l'administration centrale du département (vendémiaire an IV), il devint, en ventôse, conservateur des hypothèques à Quimper. Le rétablissement du culte ayant rendu sa situation difficile dans la catholique Bretagne, il obtint, en fructidor an VIII, la place de conservateur de la bibliothèque de la cour de Cassation à Paris. Il en publia le catalogue en 1819, et fit partie de l'Académie celtique et de la Société des Antiquaires de France qui prit la place de cette Académie. Le *Moniteur* l'a confondu avec son homonyme, Roch-Pierre-François Lebreton, conventionnel d'Ille-et-Vilaine.

LEBRETON (DENIS), député en 1791, né à Montfort-l'Amaury (Seine-et-Oise) le 18 août 1731, mort à Montfort-l'Amaury le 16 mars 1814, était président du tribunal de ce district, quand il fut élu, le 2 septembre 1791, député de Seine-et-Oise à l'Assemblée législative, le 1ᵉʳ sur 14, par 288 voix (570 votants). Il ne siégea que quelques semaines, et, le 11 octobre 1791, adressa au président la lettre suivante :

> « Monsieur le Président,
>
> « Je vous prie de faire agréer à l'Assemblée nationale ma démission de député du département de Seine-et-Oise. Je suis avec respect, monsieur le Président, votre très humble et très obéissant serviteur.
>
> « LEBRETON. »

Il fut remplacé, le 18 novembre, par le premier suppléant de Seine-et-Oise, M. Chéron.

LEBRETON (ROCH-PIERRE-FRANÇOIS), député en 1791, membre de la Convention, député au Conseil des Anciens, né à Fougères (Ille-et-Vilaine) le 11 décembre 1749, mort à Paris le 12 janvier 1806, était homme de loi à Fougères avant la Révolution. Procureur-syndic du district de cette ville en 1790, il fut élu, le 1ᵉʳ septembre 1791, député d'Ille-et-Vilaine à l'Assemblée législative, le 4ᵉ sur 10, à la pluralité des voix. Il fit partie du comité des contributions publiques, et siégea silencieusement dans la majorité. Réélu, le 6 septembre 1792, député d'Ille-et-Vilaine à la Convention, le 6ᵉ sur 10, à la pluralité des voix, il siégea parmi les Girondins, et, dans le procès du roi, vota contre l'appel au peuple, contre le sursis, et répondit au 3ᵉ appel nominal : « Sans doute Louis XVI mérite la mort ; ses crimes sont ceux sur lesquels s'appliquent les dispositions les plus sévères du code pénal. Si donc je prononçais, je voterais pour la mort; mais alors je voudrais qu'il y eût les deux tiers des voix. Mais, comme législateur, je pense que Louis peut être un otage précieux et un moyen d'arrêter tous les ambitieux. Je vote pour la réclusion à perpétuité. » Ayant signé la protestation du 6 juin contre l'arrestation des Girondins au 31 mai 1793, il fut compris dans le rapport d'Amar du 3 octobre, décrété d'accusation le 25, et jeté en prison. Rappelé à la Convention le 18 frimaire an III, il demanda sans succès qu'on obligeât les représentants à rendre compte de leur fortune, fit décréter (16 floréal) des indemnités de secours aux maîtres de poste pour le maintien du service des relais, fit un rapport (fructidor) au nom du comités des postes et messageries, et s'opposa (3 brumaire an IV) à la mise en liberté de Rossignol et de Daubigny. Il fut réélu député d'Ille-et-Vilaine au Conseil des Anciens, à la pluralité des voix sur 321 votants, le 23 vendémiaire an IV, présenta un rapport (6 nivôse) sur les tarifs des postes et messageries, fut nommé (15 brumaire an V), membre de la commission chargée d'examiner la surtaxe proposée sur le port des lettres et des journaux, conclut (5 frimaire) au rejet de cette augmentation, et fut élu secrétaire du Conseil (1er fructidor) ; dans la journée du 18 fructidor, il occupa son siège de secrétaire au bureau. Il sortit du Conseil en l'an VI, et vécut à Paris dans la retraite jusqu'à sa mort.

LEBRETON (JOACHIM), membre du Tribunat, né à Saint-Méen (Ille-et-Vilaine) le 7 avril 1760, mort à Rio-Janeiro (Brésil) le 9 juin 1819, fils d'un maréchal-ferrant chargé d'une nombreuse famille, fut placé comme boursier chez les Théatins, y fit de bonnes études, et, entré dans la congrégation, fut chargé de professer la rhétorique au collège de Tulle. La Révolution qui survint l'empêcha de recevoir les ordres. Partisan des idées nouvelles, il vint à Paris, s'y maria avec la fille ainée de Darcet, inspecteur général de la monnaie, et fut nommé, sous le Directoire, chef du bureau des Beaux-Arts au ministère de l'Intérieur. Son adhésion à la politique de Bonaparte le fit appeler au Tribunat le 7 nivôse an VIII ; il n'eut dans cette assemblée qu'un rôle effacé. Mais Lebreton, qui était devenu, en 1803, membre de la 3e classe de l'Institut (histoire et littérature ancienne), et secrétaire perpétuel de la 4e classe (beaux-arts), déploya beaucoup de zèle et d'activité dans les affaires qui intéressaient les arts et les lettres, et s'occupa spécialement des musées. Le 18 octobre 1815, à propos d'une prétendue leçon de morale que nous avait donnée Wellington lors de la restitution aux musées étrangers des chefs-d'œuvre amenés à Paris par Napoléon, Lebreton repoussa ces insinuations et rappela que lord Elgin avait enlevé les marbres du Parthénon. Exclu de l'Institut par le gouvernement de la Restauration, il s'expatria et se rendit (1816) au Brésil dans le dessein d'y former une colonie d'artistes français. Bien accueilli par le roi, il n'eut pas moins dans son œuvre des difficultés imprévues, et mourut à Rio-Janeiro en 1819. — On a de Lebreton plusieurs articles et notices sur des sujets de littérature et d'art, et un *Rapport sur l'état des Beaux-Arts* (1810). — Chevalier de la Légion d'honneur du 4 frimaire an XII.

LEBRETON (EUGÈNE-CASIMIR), représentant en 1848 et en 1849, député au Corps législatif de 1853 à 1870, né à Nogent-le-Rotrou (Eure-et-Loir), le 18 janvier 1791, mort à Paris le 4 mars 1876, fils d'un laboureur, s'enrôla comme volontaire en 1813, fit la campagne de 1814, assista à Waterloo, resta dans l'armée à la seconde Restauration, et devint, en 1828, capitaine-rapporteur au conseil de guerre de Paris. Nommé chef de bataillon au 53e de ligne en 1830, il fut pendant quelque temps chargé de surveiller les menées légitimistes en Vendée et en Bretagne, puis appelé au commandement en second et à la direction des études au collège militaire de la Flèche en 1846. Colonel du 22e de ligne en 1840, il partit pour l'Algérie l'année suivante et y resta jusqu'en 1846, prenant part aux différentes campagnes dont notre colonie était le théâtre. Général de brigade le 23 novembre 1847, il fut élu, le 23 avril 1848, représentant d'Eure-et-Loir à l'Assemblée constituante, le 5e sur 7, par 30,439 voix (72,675 votants, 87,002 inscrits). Nommé questeur de l'Assemblée, il combattit l'insurrection de juin, demanda (23 juin 1848) que l'Assemblée choisît quelques-uns de ses membres pour se rendre au milieu des troupes afin de leur prêter le secours de leur autorité morale, et que l'on appelât de province les renforts nécessaires, et se signala à l'attaque du clos Saint-Lazare. Il siégea au comité de la guerre et vota en général avec la majorité de la Constituante, *contre* le bannissement de la famille d'Orléans, *pour* les poursuites contre L. Blanc et Caussidière, *contre* l'abolition de la peine de mort, *contre* l'impôt progressif, *contre* la sanction de la Constitution par le peuple, *pour* l'ensemble de la Constitution, *pour* la proposition Rateau, *pour* l'interdiction des clubs, *contre* la demande de mise en accusation du président et des ministres. Réélu à la Législative, le 13 mai 1849, par le même département, le 1er sur 6, avec 45,335 voix (63,593 votants, 84,674 inscrits), il se rallia à la politique napoléonienne et vota avec la majorité. Grand-officier de la Légion d'honneur (13 juin 1850), général de division (28 décembre 1852), il fut élu député au Corps législatif comme candidat officiel, d'abord dans la 3e circonscription de la Vendée, le 4 septembre 1853, en remplacement de M. Bouhier de l'Ecluse démissionnaire, par 11,248 voix (11,514 votants, 34,528 inscrits), puis, le 22 juin 1857, par 14,878 voix (15,025 votants, 34,477 inscrits); ensuite dans la 2e circonscription d'Eure-et-Loir, le 4 juin 1863, par 21,337 voix (33,280 votants, 39,939 inscrits), contre 6,337 à M. Henri Bosselet et 5,512 à M. Vingtain, le 24 mai 1869, par 16,463 voix (33,152 votants, 39,645 inscrits) contre 7,608 à M. Bosselet et 9,080 à M. Vingtain. Questeur du Corps législatif, contre lequel vota quelquefois avec le parti libéral. Il fut admis à la retraite, comme général de division, le 14 juin 1853. M. Lebreton était conseiller général du canton de Nogent-le-Rotrou.

LEBRETON (CHARLES-LOUIS-BAPTISTE), représentant en 1848 et en 1871, né à Ploërmel (Morbihan) le 15 décembre 1800, fils d'un percepteur de Pleyben (Finistère), entra comme élève chirurgien de marine à l'Ecole de Brest en 1824, servit à bord de *la Guerrière*, et, après avoir été reçu docteur à Paris en 1834, se fixa comme médecin à Pleyben. D'opinions libérales, il devint dans sa région le correspondant du *National* et fut chargé de recueillir les souscriptions pour les délits de presse et les détenus politiques. Elu, le 23 avril 1848, représentant du Finistère à l'Assemblée constituante, le 5e sur 15, par 99,416 voix, il fut secrétaire du comité de la marine, et vota en général avec le parti du *National*, *pour* le bannissement de la famille d'Orléans, *pour* les poursuites contre L. Blanc et Caussidière, *pour* l'abolition de la peine de mort, *contre* l'impôt progressif, *contre* l'incompatibilité des fonctions, *contre* l'amendement Grévy, *contre* la sanction de la Constitution par le peuple, *pour* l'ensemble de la Constitution, *contre* la proposition Rateau, *contre* l'interdiction des clubs, *contre* l'expédition de Rome. Adversaire modéré mais très ferme de la politique de l'Elysée, il ne fut pas réélu à la Législative et reprit en Bretagne l'exercice de sa profession. Il ne reparut au parlement qu'après l'Empire. Il échoua d'abord dans le Finistère aux élections du 8 février 1871, comme candidat républicain, avec 38,774 voix sur 76,088 votants; mais il fut élu, à l'élection complémentaire du 2 juillet suivant, dans le même département, le 3e sur 4 de la liste républicaine, par 58,331 voix (93, 916 votants, 169,980 inscrits). Il se fit inscrire à la gauche républicaine et vota *pour* le retour à Paris, *pour* la dissolution, *pour* la proposition du centre gauche, *contre* la démission de Thiers, *contre* la prorogation des pouvoirs du maréchal, *contre* la loi des maires. Conseiller général du canton de Pleyben (Finistère), du 8 octobre 1871, il rentra dans la vie privée après la dissolution de l'Assemblée nationale.

LEBRETON (Eloi-Théodore), représentant en 1848, né à Rouen (Seine-Inférieure) le 1er décembre 1803, mort à Rouen le 10 décembre 1883, fils d'un journalier et d'une blanchisseuse, entra à sept ans dans une fabrique d'indienne comme « tireur », apprit seul à lire et à écrire, et composa des vers que Mme Desbordes-Valmore trouva agréables, par leur tour naïf et harmonieux; grâce à sa protection, il put les faire insérer dans un journal de Rouen et entra bientôt en relations avec Châteaubriand. Lamartine, Hugo et Béranger, qui se mirent à flatter à l'envi l'ouvrier-poète. Il publia, en 1837, les *Heures de repos d'un ouvrier*, et fut nommé, en 1840, conservateur de la bibliothèque de Rouen. Républicain avancé, imbu depuis longtemps des théories de Louis Blanc, ses idées s'adoucirent avec sa situation, et, lorsqu'il eut été élu, le 23 avril 1848, représentant de la Seine-Inférieure à l'Assemblée constituante, le 5e sur 19, par 140,063 voix, il vota avec la majorité, *pour* le bannissement de la famille d'Orléans, *pour* les poursuites contre Louis Blanc, *contre* celles contre Caussidière, *pour* l'abolition de la peine de mort, *contre* l'impôt progressif, *contre* l'incompatibilité des fonctions, *contre* l'amendement Grévy, *contre* la sanction de la Constitution par le peuple, *pour* l'ensemble de la Constitution, *pour* la proposition Rateau, *pour* l'interdiction des clubs, *pour* l'expédition de Rome, *contre* la demande de mise en accusation du président et des ministres. Non réélu à la Législative, Lebreton rentra dans la vie privée. On a encore de lui : *Nouvelles heures de repos d'un ouvrier* (Rouen 1842); *Espoir*, poésies (Rouen 1845); *La Fraternité, revue de la Franc-Maçonnerie rouennaise* (1843-1848); *Biographie normande* (1856-1861).

LEBRETON (Pierre-Jules), représentant en 1848, né à la Suze (Sarthe) le 6 août 1814,

mort au Mans (Sarthe) le 15 février 1871, marchand de vins en gros, adjoint au maire du Maus, juge au tribunal de commerce et administrateur de la succursale de la Banque de France de cette ville, fut élu, le 23 avril 1848 représentant de la Sarthe à l'Assemblée constituante, le 3e sur 12, par 108,244 voix sur 114,2 votants. Républicain modéré, il vota *pour* bannissement de la famille d'Orléans, *pour* les poursuites contre L. Blanc et Caussidière, *contre* l'abolition de la peine de mort, *contre* l'impôt progressif, *contre* l'incompatibilité des fonctions, *contre* l'amendement Grévy, *contre* la sanction de la Constitution par le peuple, *contre* l'interdiction des clubs, *contre* l'expédition de Rome, *contre* la demande de mise en accusation du président et des ministres. ne prit pas part au vote sur l'ensemble de la Constitution et rentra dans la vie privée après la session.

LE BRETON (Paul-Anselme), membre du Sénat, né à Laval (Mayenne) le 12 septembre 1833, propriétaire et président de l'Association des agriculteurs de la Mayenne, fut élu, comme conservateur, le 5 janvier 1888, sénateur de ce département par 399 voix sur 689 votants, contre 280 à M. Lecomte, ancien député, républicain. Il prit place à droite et vota, en dernier lieu, *contre* le rétablissement du scrutin d'arrondissement (13 février 1889), *contre* le projet de loi Lisbonne restrictif de la liberté de la presse, *contre* la procédure à suivre devant le Sénat contre le général Boulanger.

LE BRUN (François), député en 1789, dates de naissance et de mort inconnues, entra dans les ordres et fut successivement vicaire de la paroisse de Saint-Louis en l'Isle à Paris, et curé de Lyons-la-Forêt (Eure). Le 24 avril 1789, le bailliage de Rouen l'envoya comme député du clergé aux Etats-Généraux. Le Brun n'y joua qu'un rôle très effacé.

LEBRUN (Léon-Henri-Léonor), député en 1789, né à Jaligny (Allier) le 12 janvier 1734, mort à une date inconnue, « bourgeois à Peuillet, » fut élu, le 18 mars 1789, député du tiers aux Etats-Généraux par la sénéchaussée de Moulins, avec 58 voix sur 108 votants. Il vota obscurément avec la majorité.

LE BRUN (Marie-Lucien), député en 1791, né à Vernon (Eure) le 4 décembre 1746, mort à une date inconnue, était administrateur à Vernon-sur-Seine, lorsqu'il fut élu, le 2 septembre 1791, deuxième suppléant à l'Assemblée législative par le département de l'Eure, avec 227 voix (312 votants). Admis à siéger comme titulaire le 1er mai 1792, en remplacement de M. Legendre démissionnaire, il n'eut qu'un rôle effacé jusqu'à la fin de la session.

LEBRUN (Benoit), représentant à la Chambre des Cent-Jours, né à Paris le 12 décembre 1754, mort à Châteauneuf-sur-Loire (Loiret) le 29 septembre 1819, avocat à Orléans, fut conseiller municipal de cette ville et conseiller de préfecture du Loiret. Il avait rempli aussi les fonctions d'architecte de la ville. Le 11 mai 1815, Lebrun fut élu représentant à la Chambre des Cent-Jours, par le collège de département du Loiret, avec 38 voix (66 votants). Il n'appartint pas à d'autres assemblées.

LEBRUN (Charles), dit Lebrun de Saisseval, député de 1820 à 1822, né à Paris le 13 mai 1769, mort au château de Saint-Christophe-du-Japonet (Somme) le 26 septembre 1851, fut nommé par le gouvernement de la Restauration chevalier de la Légion d'honneur et maire du 4e arrondissement de Paris (27 mars 1816). Il était conseiller à la cour des Comptes. Le 14 novembre 1820, il fut élu député de la Seine, au collège de département, par 998 voix sur 1,986 votants et 2,206 inscrits. Il prit place au centre et vota avec le gouvernement, sans paraître à la tribune. Promu, le 10 août 1827, conseiller-maître à la cour des Comptes, il termina sa carrière avec le titre de conseiller-maître honoraire. Officier de la Légion d'honneur.

LEBRUN (PIERRE-ANTOINE), pair de France, sénateur du second empire, né à Paris le 29 novembre 1785, mort à Paris le 27 mai 1873, s'adonna de bonne heure à la littérature et particulièrement à la poésie et composa une tragédie : *Coriolan*, qui lui valut la protection de François de Neufchâteau ; celui-ci le fit entrer au Prytanée en 1797. Il fit, après Austerlitz, une *Ode à la Grande armée* que Napoléon récompensa d'une pension de 1200 francs, et, après Iéna et Friedland, la *Guerre de Prusse*. Il fut nommé receveur des contributions au Havre. A la Restauration, il ne cessa de célébrer les gloires impériales et publia *Super flumina*, *Le vaisseau de l'Angleterre*, *Poème sur la mort de l'Empereur*, etc. Le gouvernement lui supprima sa pension et lui retira la recette du Havre ; il aborda alors le théâtre. Déjà, en 1814, il avait composé une tragédie : *Ulysse* ; il partagea avec Saintine, en 1817, le prix de poésie de l'Académie française. Il fit jouer, le 6 mars 1820, au Théâtre-Français, *Marie Stuart*, qui eut beaucoup de succès et qui est restée au répertoire. Les romantiques surtout firent bon accueil à l'œuvre dans laquelle ils applaudissaient le triomphe de leurs idées. Le *Cid d'Andalousie*, en 1825, ne réussit pas, mais le *Voyage en Grèce* plut davantage. Lebrun entra à l'Académie française en 1828, pour remplacer François de Neufchâteau. Nommé, en 1830, directeur de l'Imprimerie royale, situation qu'il garda jusqu'en 1848, il fut appelé, le 7 novembre 1839, à la Chambre des pairs, et, le 8 mars 1853, au sénat du second empire. Grand-officier de la Légion d'honneur (14 août 1868). Il mourut subitement à Paris. On a encore de lui *Œuvres de P. Lebrun* (1844-1863), cinq volumes en deux parties. Il eut pour successeur à l'Académie française M. Alexandre Dumas fils.

LEBRUN (PIERRE-SIMON-LOUIS-AUGUSTE), dit SIMON-LEBRUN, représentant en 1871, né à Blet (Cher) le 7 janvier 1816, parent de Michel de Bourges, étudia le droit et se fit recevoir avocat. Propriétaire dans le canton de Néroudes, d'opinions conservatrices libérales, il fut porté sur la liste monarchiste du Cher, le 8 février 1871, et élu, le 1er sur 7, par 54.935 voix (76,432 votants, 95,825 inscrits). Mais il donna aussitôt sa démission, pour raison de santé, et fut remplacé, le 2 juillet suivant, par M. Ernest Duvergier de Hauranne.

LEBRUN (CHARLES-FRANÇOIS), DUC DE PLAISANCE, député en 1789, membre du Conseil des Anciens, pair de France, né à Saint-Sauveur-Lendelin (Manche) le 19 mars 1739, mort au château de Saint-Mesme (Seine-et-Oise) le 16 juin 1824, « fils M. Paul Lebrun et de Louise

Lecrosnier », commença ses études à Coutances et les acheva au collège des Grassins à Paris. Il manifesta de bonne heure une aptitude singulière pour les langues et apprit non seulement le grec et le latin, mais encore l'italien, l'allemand et l'anglais. Il se livra aussi à la culture du droit et des législations comparées : son livre préféré était l'*Esprit des lois* de Montesquieu. De 1761 à 1763, il voyagea en Hollande et en Angleterre, observant, étudiant, comparant. A son retour en France, il devint avocat, sur les instances de sa famille, et suivit les cours de Lorry qui le recommanda à Maupeou. Ce fut là l'origine de sa fortune politique. Maupeou lui confia l'éducation de son fils aîné et la rédaction de ses discours et de ses écrits. Pour l'en récompenser, il lui obtint une place de censeur royal, que Lebrun accepta pour ne pas désobliger son bienfaiteur, mais qu'il s'efforça de remplir avec autant de justice que de modération. Devenu chancelier, Maupeou n'eut garde d'oublier son protégé qui fut nommé inspecteur général des domaines de la couronne. En réalité, il dirigeait la chancellerie, ce qui explique le mot de Louis XV : « Que ferait Maupeou sans Lebrun ? » Ce fut lui, en effet, qui composa le discours du chancelier sur la réforme des parlements et sur la nouvelle organisation judiciaire. Deux ans après, en 1773, Lebrun épousa Mlle de Lagoutte, mariage qui lui permit de vivre indépendant quand Maupeou quitta le ministère (24 août 1774). Il se retira alors en sa terre de Grillon, près Dourdan, où il se consacra exclusivement à la culture des lettres. De 1774 à 1789, il publia diverses traductions, plus élégantes que fidèles, notamment la *Jérusalem délivrée* et l'*Iliade*. Mais la réunion des Etats-Généraux vint tirer Lebrun de sa retraite volontaire. Il fit paraître à cette époque la *Voix du citoyen* qui contient de prophétiques aperçus sur les périodes qui suivirent et particulièrement sur les événements qui devaient amener l'établissement d'une dictature militaire. Elu, le 29 mars 1789, député du tiers aux Etats-Généraux par le bailliage de Dourdan, il parut assez souvent à la tribune. Quoiqu'il se réservât de préférence aux discussions des comités, il parla sur la vente des biens du clergé, s'opposa à la création du papier-monnaie et fut le rapporteur et souvent le rédacteur des importantes lois financières que vota l'Assemblée. Lorsqu'il s'agit de l'organisation des pouvoirs politiques, il défendit avec énergie le système anglais et le principe des deux Chambres. Mais ses arguments ne purent résister aux attaques de Sieyès ni à l'éloquence de Mirabeau. Président du directoire de Seine-et-Oise après la clôture de la Constituante, il eut à réprimer des troubles assez graves au commencement de 1792. Au 10 août, il donna sa démission. Devenu suspect, il fut arrêté en septembre 1793 et enfermé à Versailles. Des habitants de Dourdan s'interposèrent auprès du représentant en mission pour que Lebrun fût relâché. On le fit en effet sortir de prison, mais en lui disant : « Tu peux retourner chez toi, on va te donner un fidèle sans-culotte que tu paieras, que tu nourriras, et qui te surveillera. » Il ne tarda pas à être de nouveau incarcéré. Il ne dut la vie qu'au 9 thermidor qui lui valut en même temps la liberté. A la sollicitation de ses amis, il reprit alors la présidence du département de Seine-et-Oise, fut élu député de ce département au Conseil des Anciens, le 27 vendémiaire an IV, par 247 voix sur 355 votants, et réélu le 25 germinal an VII. Il y prit la défense des parents des émigrés, combattit les emprunts forcés et fut le rapporteur d'un certain nombre de lois financières. Il ne prit aucune part directe au 18 brumaire ; mais, le 19, il fut nommé membre de la Commission intermédiaire des Anciens, et devint troisième consul le 22 frimaire an VIII. Tandis que Bonaparte se réservait la diplomatie et la guerre, il confia à Cambacérès la direction de la justice et à Lebrun la réorganisation des finances et de l'administration intérieure. Il lui avait dit toutes les difficultés du moment et n'eut qu'à se louer de cet heureux choix. Quand M. de Barante alla remercier Lebrun de l'avoir nommé préfet de l'Aude (an VIII), celui-ci lui dit : « Il est possible que vous soyez quelque peu aristocrate : il n'y a pas de mal quand on l'est dans une juste mesure. » Lebrun avait de nombreuses relations dans le monde de l'ancienne noblesse, et Louis XVIII essaya, à cette époque, de le gagner, par Mme de Pracomtal, « aux vrais principes de la monarchie ». Lebrun mit fin aux négociations par une lettre qu'il adressa à Louis XVIII, le 20 fructidor an VIII : « C'est pour aider à sauver la patrie, écrivit-il, que j'ai accepté la place que j'occupe ; mais il faut vous le dire et je vous crois le courage de l'entendre, ce n'est pas en lui donnant un roi qu'on peut la sauver aujourd'hui. » Nommé architrésorier le 28 floréal an XII, à l'avènement de l'Empire, et grand-cordon de la Légion d'honneur le 10 pluviôse an XIII, Lebrun conserva vis-à-vis de l'Empereur une certaine indépendance. Bien qu'il acceptât, le 19 mars 1808, le titre de duc de Plaisance, il chercha à s'opposer à la création de la noblesse impériale et à l'abolition du Tribunat, sans y réussir. En 1805, il fut chargé de l'organisation de la République de Gènes réunie à l'empire, et nommé gouverneur général de son territoire. En 1810, après l'abdication du roi Louis de Hollande, il reçut une mission extraordinaire dans ce pays et partit, avec le titre de lieutenant-général de l'empereur, pour y organiser toutes les branches des services publics. En quinze mois, cette lourde besogne fut menée à bonne fin. Il y resta quelque temps encore comme gouverneur général, et son administration fut si paternelle que les Hollandais l'appelaient : « le bon Stathouder ». Mais les malheurs vinrent bientôt fondre sur lui. Son fils cadet, colonel de lanciers, périt pendant la retraite de Russie. L'année suivante, après Leipsig, les alliés envahirent la Hollande, une grave insurrection éclata à Amsterdam et il dut se retirer ; mais il le fit dignement et en plein jour. En raison de son âge, il ne prit aucune part aux événements de 1814 et resta fidèle à l'Empereur. Cependant, après l'abdication de Napoléon, il consentit à signer le rappel des Bourbons et fut nommé pair de France le 4 juin 1814. Au retour de l'île d'Elbe, il devint grand-maître de l'Université et pair de Cent-Jours (2 juin 1815) ; mais la seconde Restauration le raya de la liste des pairs, et il ne rentra à la Chambre haute que le 5 mars 1819. Cette même année, à 80 ans passés, il adressa encore un discours au duc d'Angoulême à l'installation du conseil des prisons. Peu de temps après, il se retira définitivement à Saint-Mesme, où il mourut. Membre de l'Académie des Inscriptions et Belles-lettres depuis 1803, Lebrun a publié : *Jérusalem délivrée*, poème du Tasse (traduction, 1774) ; *L'Iliade d'Homère* (traduction, 1776 et 1809) ; *La voix du citoyen* (1789-1804) ; *Lettres sur la finance* (1791) ; *L'Odyssée d'Homère* (traduction, 1809), etc.

LEBRUN (ANNE-CHARLES), DUC DE PLAISANCE, représentant à la Chambre des Cent-Jours, pair de France, sénateur du second Empire, fils du précédent, né à Paris le 28 décembre 1775, mort à Paris le 21 janvier 1859, suivit la carrière des armes. Sous-lieutenant au 5e dragons en 1798, il fit partie, en 1799 et 1800, de l'armée de réserve. Aide-de-camp du premier consul qu'il accompagna en Italie, il reçut dans ses bras, à Marengo, le général Desaix frappé à mort. Capitaine le 17 mars 1801, chef d'escadron le 31 octobre suivant, il fut envoyé, en 1802, dans la Gironde et, en 1803, au camp de Montreuil, où il resta jusqu'au départ de la Grande-Armée. Promu colonel du 1er hussards le 1er février 1804, il fit la campagne de 1805, se signala dans la poursuite de l'armée autrichienne, et fut chargé de porter à Paris la nouvelle de la victoire d'Austerlitz. Revenu à l'armée pour la campagne de Prusse, il assista à Iéna, où il sabra, à la tête de ses hussards, plusieurs bataillons d'infanterie saxonne et s'empara de ses drapeaux. Général de brigade le 1er mars 1807, inspecteur général de cavalerie le 6 octobre suivant, aide-de-camp de l'empereur, il prit encore part aux campagnes de 1807 et de 1809, et chargea l'infanterie russe à Eylau, et l'artillerie autrichienne à Wagram. A la fin de 1809, il dut pourvoir à la défense d'Anvers et à l'approvisionnement de Bréda, Berg-op-Zoom, et autres places. Général de division le 23 février 1812, grand-croix de l'ordre de la Réunion le 3 avril 1813, il fut appelé au commandement des 1re et 3e divisions de réserve à la Grande-Armée, puis devint gouverneur d'Anvers le 7 octobre 1813, et, lors de la campagne de France en 1814, reprit auprès de Napoléon ses fonctions d'aide-de-camp (25 janvier). A la première Restauration, Louis XVIII le nomma commissaire extraordinaire dans la 14e division militaire, et, le 14 juillet suivant, inspecteur général des hussards. Au retour de l'île d'Elbe, il exerça d'abord le commandement provisoire du 3e corps à l'armée d'observation, redevint aide-de-camp de l'empereur, et fut élu, le 10 mai 1815, représentant à la Chambre des Cent-Jours, par le collège du département de Seine-et-Marne, avec 42 voix (79 votants) ; la veille (9 mai), il avait échoué dans l'arrondissement de Melun avec 16 voix contre 42 à l'élu, M. Guyardin. Mis en non-activité à la seconde Restauration, puis replacé dans le cadre de la disponibilité le 30 octobre 1818, il fut admis à siéger à la Chambre des pairs, le 16 juillet 1824, par droit héréditaire, en remplacement de son père décédé. Le gouvernement de Louis-Philippe le maintint en disponibilité, lui conféra la grand-croix de la Légion d'honneur (27 avril 1833), et le plaça dans la réserve, le 29 octobre 1840. Admis d'office à la retraite, comme général de division, le 8 juin 1848, par le gouvernement provisoire, il fut appelé au Sénat du second empire le 26 janvier 1852, et à la dignité de grand-chancelier de la Légion d'honneur le 26 mai 1853.

LEBRUN (AUGUSTE-CHARLES), BARON DE PLAISANCE, représentant à la Chambre des Cent-Jours, né à Paris le 20 février 1789, mort à Paris le 23 avril 1849, frère du précédent, second fils de Charles-François Lebrun (*V. pl. haut*), et « de dame Anne Delagoutte », suivit, de même que son frère, la carrière des armes, quitta l'armée après avoir été admis à la retraite comme officier, et fut élu, le 11 mai 1815, représentant à la Chambre des Cent-Jours, par le collège de département de Seine-et-Oise, avec 53 voix (78 votants, 226 inscrits). Il se fit peu remarquer dans cette courte législature, et rentra ensuite dans la vie privée.

LEBRUN(CHARLES-LOUIS-ALEXANDRE-JULES), DUC DE PLAISANCE, député de 1846 à 1848, né à Paris le 19 avril 1811, mort à Paris le 15 janvier 1872, neveu d'Anne-Charles Lebrun, duc de Plaisance (*V. pl. haut*), prit le titre de duc par succession de son oncle le 21 janvier 1859. Propriétaire à Paris, il n'avait que le titre de comte de Plaisance lorsqu'il fut élu, le 1er août 1846. député du 2e collège de la Manche (Carentan). par 217 voix (353 votants, 402 inscrits), contre 131 à M. Vieillard. Il fit partie de la majorité conservatrice jusqu'à la révolution de 1848 qui le rendit à la vie privée. M. Charles-Louis-Alexandre-Jules Lebrun avait épousé Mlle Marie-Anne-Wilhelmine-Elisabeth Berthier de Wagram : il a eu d'elle une fille, Anne-Elisabeth-Jeanne, mariée au comte Armand de Maillé, dont le fils aîné a été substitué au titre de duc de Plaisance.

LEBRUN DE ROCHEMONT(JEAN-BAPTISTE, COMTE), député au Corps législatif en l'an IX, membre du Sénat conservateur et pair de France, né à Saint-Sauveur-Lendelin (Manche) le 18 décembre 1736, mort à Paris le 23 janvier 1822, frère du premier duc de Plaisance, abandonna l'étude de la médecine pour devenir intendant du duc de Penthièvre. L'élévation de son frère au consulat fut l'origine de sa fortune politique. Elu par le Sénat conservateur député au Corps législatif, le 24 frimaire an IX, nommé membre du Sénat conservateur, sur la présentation de Bonaparte, le 10 brumaire an XII, membre de la Légion d'honneur le 4 frimaire suivant, et commandeur de l'Ordre le 25 prairial, créé comte de l'Empire le 26 avril 1808, il n'en adhéra pas moins à la déchéance de Napoléon et à la restauration des Bourbons, et devint, sur suite, pair de France, le 4 juin 1814. S'étant tenu à l'écart pendant les Cent-Jours, il ne fut pas éliminé à la seconde Restauration, vota pour la mort dans le procès du maréchal Ney, et fit partie, en 1816, de la commission chargée de présenter les félicitations de la Chambre-Haute à Louis XVIII à l'occasion du mariage du duc de Berry.

LEBRUN-TONDU (PIERRE-HÉLÈNE-MARIE), ministre, né à Noyon (Oise) en 1763, exécuté à Paris le 27 décembre 1793, fit ses études au lycée Louis le-Grand à Paris, et entra dans les ordres sous le nom de « l'abbé Tondu ». Il occupait à l'Observatoire un emploi qui lui permettait de s'adonner à l'étude des mathématiques, lorsqu'il se fit soldat; mais il sollicita bientôt sa libération, se rendit dans les Pays-Bas comme compositeur d'imprimerie et journaliste, eut un rôle assez actif dans la révolution liégeoise en 1787 et, après avoir exercé à Herve (Limbourg) la profession d'imprimeur, revint à Paris où l'appelaient Dumouriez et Brissot. Entré, grâce à eux, dans les bureaux du ministère des Affaires étrangères, il parvint, à force de travail et d'activité, à devenir, après le 10 août 1792, ministre de ce département. Lebrun-Tondu fit plusieurs communications à la Convention sur les relations diplomatiques de la France, et présenta un tableau politique de l'Europe (25 septembre). En octobre, il fut provisoirement chargé du portefeuille de la Guerre abandonné par Servan; il déposa (19 et 31 décembre) des rapports sur les projets hostiles de

l'Angleterre, et fit connaître les protestations de l'Espagne en faveur de Louis XVI. Ce fut Lebrun-Tondu qui, président de quinzaine du conseil exécutif lors de l'exécution du roi, eut à signer cet ordre, le 20 janvier 1793. Le 7 mars, il fit part à l'Assemblée de la rupture des relations diplomatiques avec l'Espagne et de l'imminence de la guerre; personnellement, il était favorable à l'alliance anglaise. Ses relations avec les Girondins le rendirent suspect à Robespierre; certaines mesures qu'il s'empressa de prendre pour mériter la confiance de la Montagne,telles que la destitution de Sémonville, ne parurent pas suffisantes au comité de sûreté générale, et, le 2 juin 1793, la Convention décréta l'arrestation du ministre et celle de son collègue Clavière. Mis en jugement le 5 septembre, il parvint à s'évader le 9, mais il fut découvert par l'agent Héron, arrêté de nouveau le 24 décembre, traduit devant le tribunal révolutionnaire et condamné à mort le 27 « comme ayant été appelé au ministère par Roland, Brissot, Dumouriez, et ayant à cette époque été l'âme du parti d'Orléans et appuyé de tous ses efforts, avec Clavière et Roland, la proposition de Kersaint de fuir au delà de la Loire avec l'Assemblée législative, le conseil exécutif et Capet. »

LE CALVEZ (JEAN-FRANÇOIS), député au Corps législatif de 1868 à 1870, né à Louargat (Côtes-du-Nord) le 15 février 1799, mort à Guingamp (Côtes-du-Nord) le 5 mars 1880, était notaire, maire de Guingamp et conseiller général, lorsqu'il fut élu, le 13 décembre 1868, député des Côtes-du-Nord au Corps législatif, dans la 3e circonscription, par 13,263 voix (20,199 votants, 32,685 inscrits), contre 6,150 voix à M. L. Ollivier avocat, et 759 à M. Le Méhauté. Il remplaçait M. Le Gorrec, décédé. M. Le Calvez fit partie de la majorité dynastique, fut réélu, le 24 mai 1869, par 15,305 voix (17,867 votants, 29,535 inscrits), contre 2,411 à M. de Couaridoux, et se prononça *pour* la déclaration de guerre à la Prusse. Il rentra dans la vie privée au 4 septembre.

LECAMUS (ALEXANDRE-VICTOR), représentant en 1871, né à Mayenne (Mayenne) le 4 avril 1807, mort à Castres (Tarn) le 4 avril 1886, étudia la physique et la chimie et débuta à Paris comme essayeur du commerce. Il alla au Pérou en 1830, rentra en France en 1834, et acheta à Castres une filature de laines à laquelle il donna une grande extension. Conseiller municipal, ancien président de la chambre consultative des arts et manufactures, ancien juge au tribunal de commerce (1836-1852), il se présenta aux élections législatives du 8 février 1871 à l'Assemblée nationale, et fut élu représentant du Tarn, le 2e sur 7, par 58,181 voix (78,096 votants, 112,556 inscrits). Il siégea au centre gauche, fit partie de plusieurs commissions, notamment de celle sur le travail des enfants, et vota *pour* la paix, *pour* les prières publiques, *pour* l'abrogation des lois d'exil, *pour* l'amendement Barthe, *pour* le retour à Paris, *pour* la dissolution, *pour* la proposition du centre gauche, *pour* l'amendement Wallon, *pour* les lois constitutionnelles, *contre* le 24 mai, *contre* la démission de Thiers, *contre* l'arrêté sur les enterrements civils, *contre* le ministère de Broglie ; il *s'abstint* sur la prorogation des pouvoirs du maréchal et sur la loi des maires. Il quitta la vie politique après la législature.

LECARLIER D'ARDON (MARIE-JEAN-FRANvois-Philibert), député en 1789, membre de la Convention, député au Conseil des Cinq-Cents et au Conseil des Anciens, né à Laon (Aisne) le 20 novembre 1752, mort à Paris le 22 août 1799, était secrétaire du roi et maire de (Laon), et l'un des plus riches propriétaires de la province, quand il fut élu député du tiers aux États-Généraux par le bailliage de Vermandois, le 22 mars 1789. Il siégea parmi les partisans des réformes, parla sur l'exportation des grains, et fut secrétaire de l'Assemblée (juin 1791). Président du district de Chauny après la session, il fut réélu, le 6 septembre 1792, par le département de l'Aisne, membre de la Convention, le 10e sur 12, avec 423 voix (657 votants). Lors du procès de Louis XVI, il vota *oui* sur la question de l'appel au peuple, *non* sur celle du sursis ; bien que le *Moniteur* soit muet en ce qui concerne son vote sur la peine, il est constant que Lecarlier a voté *la mort*. Lors de la déclaration d'âge réclamée des conventionnels à la fin de la législature (1795), il dit qu'il n'accepterait pas une nomination à l'un des deux Conseils. Élu quand même, par ses collègues de la Convention, au Conseil des Cinq-Cents, le 4 brumaire an IV, il donna sa démission six jours après. Porté, le 18 fructidor, sur la liste des candidats au Directoire, en remplacement de Carnot et de Barthélemy condamnés à la déportation, il ne fut pas choisi, et, réélu par le département de l'Aisne au Conseil des Anciens, le 23 germinal an VI, il fut nommé commissaire plénipotentiaire près l'armée française en Suisse et chargé de l'organisation de la République Helvétique. Il adressa, en cette qualité, une proclamation aux montagnards et coopéra au traité d'alliance passé entre les deux républiques voisines. Nommé ministre de la police, le 11 brumaire an VII, en remplacement de Dondeau, il quitta ces fonctions le 11 brumaire an VII, fut nommé commissaire général en Belgique, et fut réélu par son département, au Conseil des Anciens, le 23 germinal suivant ; il mourut quelques jours avant le 18 brumaire. Son éloge fut prononcé par Jean Debry.

LECARLIER D'ARDON (Marie-Charles-Henri-Philibert), représentant aux Cent-Jours, député de 1819 à 1824, et de 1827 à 1834, né à Laon (Aisne) le 19 septembre 1778, mort à Presles (Aisne) le 24 janvier 1860, fils du précédent et de dame Jeanne-Henriette-Geneviève Mahieu, propriétaire et maire de Laon, fut élu par le collège de département de l'Aisne, le 8 mai 1815, représentant à la Chambre des Cent-Jours, avec 57 voix (104 votants, 280 inscrits). D'opinions «constitutionnelles », il se fit peu remarquer dans cette courte législature. Élu de nouveau député de l'Aisne, au grand collège, le 11 septembre 1819, par 761 voix (1,089 votants, 1,495 inscrits), Lecarlier d'Ardon prit place à gauche et opina *contre* la suppression de la liberté individuelle, *contre* les lois sur la presse et *contre* le nouveau système électoral. Il quitta la Chambre en 1824, n'ayant obtenu, le 25 février de cette année, dans le 1er collège de l'Aisne, que 129 voix contre 153 à l'élu, M. d'Aboville ; mais il y rentra le 17 novembre 1827, comme député de cette circonscription, élu par 157 voix sur 276 votants et 297 inscrits, contre 108 à M. d'Aboville. M. Lecarlier d'Ardon combattit, dans les rangs de l'opposition libérale, le ministère Polignac, fut des 221, et obtint le renouvellement de son mandat, le 23 juin 1830, par 202 voix (297 votants, 307 inscrits), puis, le 5 juillet 1831, par 335 voix (360 votants, 429 inscrits), contre 12 à

M. J. Laffitte. Il avait pris part à l'établissement de la monarchie de Louis-Philippe, et il appartint sous le gouvernement nouveau à la majorité conservatrice, jusqu'aux élections générales de 1834 : il rentra alors dans la vie privée. Conseiller général de l'Aisne.

LECARLIER DE COLLIGIS (Jean-Charles-Louis), député de 1823 à 1827, né à Laon (Aisne) le 18 février 1767, mort à Laon le 12 octobre 1836, propriétaire, chevalier de Saint-Louis, fut élu député du collège de département de l'Aisne, le 18 mars 1823, par 104 voix (200 votants, 292 inscrits), contre 89 à M. de Talleyrand, et fut réélu, le 6 mars 1824, par 155 voix (272 votants, 342 inscrits), contre 95 à M. Labbey de Pompières. Il vota obscurément à la Chambre parmi les partisans des ministres.

LECARON DE MAZANCOURT (Jean), député en 1791, né à Compiègne (Oise) le 17 novembre 1735, mort à Compiègne le 28 septembre 1809, commandait la garde nationale de Compiègne, quand il fut élu, le 1er septembre 1791, député de l'Oise à l'Assemblée législative, le 3e sur 12, par 221 voix (427 votants). Lecaron de Mazancourt n'avait pas adopté sans réserves les idées de la Révolution. Il émigra ; mais plus tard il réussit à se faire rayer de la liste des émigrés, et rentra en France (1796).

LE CARPENTIER (Jean-Baptiste), membre de la Convention, né à Hiesville (Manche) le 1er juin 1759, mort au Mont-Saint-Michel (Manche) le 27 janvier 1829, était huissier à Valognes avant 1789. Partisan des idées nouvelles, il devint chef de légion du district de Valognes, et fut élu, le 7 septembre 1792, membre de la Convention par le département de la Manche, le 7e sur 13, avec 425 voix (647 votants). Il prit place à la Montagne, demanda que la Convention jugerait Louis XVI, ajouta aux griefs reprochés au roi, et, lors du jugement, opina ainsi au 2e appel nominal : « Je croirais servir les modérés, les endormeurs, les intrigants, les aristocrates, les royalistes ; je croirais manquer au devoir sacré de représentant du peuple ; enfin je trahirais les sentiments républicains qui m'animent, si j'hésitais un seul instant à prononcer *non*. » Au 3e appel : « Comme je n'écoute que la voix de l'impérissable justice, que le cri de ma conscience, je vote pour la mort de Louis Capet. » Il se signala par son ardeur à poursuivre les Girondins, dénonça Brissot, prit part aux événements des 31 mai, 1er et 2 juin, etc., et fut envoyé (août) en mission extraordinaire dans les départements de la Manche, d'Ille-et-Vilaine et des Côtes-du-Nord. Il y prit des mesures rigoureuses contre les aristocrates, fit arrêter les prêtres et les sœurs de charité, suspendit les administrations, institua une commission militaire qui, dès le premier jour de son installation, envoya treize personnes à l'échafaud, et installa la Terreur à Avranches : « A quoi bon toutes ces lenteurs, disait-il ; où vous mènent ces éternels interrogatoires ? Qu'avez-vous besoin d'en savoir si long ? Le nom, la profession, la culbute, et voilà le procès terminé. » Il dirigea lui-même la défense de Granville contre l'armée vendéenne, qui fut obligée de battre en retraite, et envoya à l'assemblée lettre sur lettre, pour rendre compte de ses opérations à « Port Malo, » Coutances, Carentan et Mortain. De retour à la Convention après le 9 thermidor, il n'abandonna pas le parti jacobin. Dénoncé (4 floréal an III) par des habitants de Port-Malo, comme « l'émule de Carrier et de Joseph Le Bon, » il demanda le renvoi de la dénonciation aux comités réunis, en disant qu'il prouverait la légalité de sa conduite. Le 25 floréal, une députation de la commune de Coutances vint renouveler les accusations portées contre lui, il répondit qu'il était calomnié par l'aristocratie : « Toutes mes opérations sont marquées au coin de la pureté (*Bruit*). J'ai été très indulgent (*Bruit*), et je ne serai pas embarrassé de me justifier (*On rit*). » Quelques jours après, il fut impliqué dans le mouvement insurrectionnel du 1er prairial. Décrété d'arrestation le même jour et d'accusation deux jours plus tard, il fut conduit au château du Taureau et bénéficia de la loi d'amnistie du 4 brumaire an IV. Il se retira alors à Valognes, où il exerça durant l'Empire la profession d'agent d'affaires. Exilé à Jersey par la loi de 1816, il essaya de rentrer en France, mais la police l'arrêta ; traduit en cour d'assises, il fut condamné à la déportation qu'il subit au Mont-Saint-Michel, où il mourut en 1829.

LECARPENTIER. — *Voy.* CHAILLOUÉ (DE).

LECERF (FRANÇOIS), député au Conseil des Cinq-Cents, aux Anciens et au Corps législatif de l'an VIII à 1803, dates de naissance et de mort inconnues, était procureur général syndic de l'Eure, quand il fut élu, le 24 vendémiaire an IV, député de ce département au Conseil des Cinq-Cents, par 153 voix sur 324 votants. Ses antécédents le firent d'abord, par application de la « loi du 3 brumaire », exclure de l'Assemblée. Il avait en effet été porté sur une liste d'émigrés. Mais, dans la séance du 6 germinal, sur un rapport de Colombel poussant que Lecerf avait obtenu, depuis sa radiation, le député de l'Eure fut réintégré dans les fonctions législatives. Il avait, d'ailleurs, fait lui-même, en conformité de la loi, la déclaration suivante :

Paris, 11 brumaire an IV de la république une et indivisible.

« Je soussigné déclare n'avoir provoqué ni signé aucun arrêté séditieux et contraire aux lois.

« Je déclare de plus *avoir été porté sur la liste des émigrés* de mon département.

Jusqu'à l'époque du 31 mai 1793, j'ai sans interruption rempli des fonctions publiques à la nomination du peuple.

Le 6 juin, un décret de la Convention nationale me suspendit de mes fonctions de président de département, ordonna mon arrestation et ma traduction à la barre. Je me cachai alors. Six mois après, je fus inscrit sur la liste des émigrés. Au mois de brumaire an III, j'obtins ma mise en liberté.

Deux mois après, je fus rayé provisoirement par le représentant du peuple Bernier, en mission dans mon département, et nommé agent national du district d'Evreux ; peu de temps après, procureur général syndic, et j'ai rempli cette fonction jusqu'au moment de ma nomination à la législature.

Dans le courant de thermidor dernier, l'administration du département prononça ma radiation définitive. Mes pièces ont été envoyées au comité de législation, *afin d'obtenir la ratification, mais un décret a suspendu toute radiation*. Les choses étaient en cet état, lorsque j'ai été nommé à la législature par l'assemblée électorale de l'Eure. Je suis à mon poste, je demande à entrer en fonctions : une loi postérieure à ma nomination s'y oppose. Cet obstacle doit disparaître devant la volonté du peuple, qui doit être représenté et qui a voulu l'être avec moi. Je déclare enfin n'avoir point à ma connaissance de parents ou alliés d'émigrés déterminés par l'article 2 de la loi du 3 brumaire dernier.

Signé LECERF. »

Le 24 germinal an VII, il passa, comme député du même département, au Conseil des Anciens. S'étant montré favorable au coup d'Etat de brumaire, il fut compris par le Sénat conservateur (4 nivôse an VIII) au nombre des membres du nouveau Corps législatif, où il siégea jusqu'en 1803.

LE CERF (ALFRED-LOUIS-RENÉ), député depuis 1888, né à Paris le 21 novembre 1846, d'une vieille famille de robe fixée en Bretagne et comptant Alain Chartier parmi ses ascendants, se fit recevoir docteur en droit. Propriétaire à Mur (Côtes-du-Nord), il fit la guerre franco-allemande comme officier au 4e bataillon de mobiles de ce département. Maire de Mur, conseiller général du canton depuis 1876, secrétaire du conseil général, il se présenta à la députation, le 25 novembre 1888, à l'élection partielle motivée dans les Côtes-du-Nord par le décès de M. de Bélizal, et fut élu par 70,938 voix, sur 87,609 votants et 163,982 inscrits. Il prit place à la droite royaliste, vota *contre* les ministres républicains, et, en dernier lieu, *contre* le rétablissement du scrutin d'arrondissement (11 février 1889), *pour* l'ajournement indéfini de la revision de la Constitution, *contre* les poursuites contre trois députés membres de la Ligue des patriotes, *contre* le projet de loi Lisbonne restrictif de la liberté de la presse, *contre* les poursuites contre le général Boulanger. On a de lui : *Le général d'une paroisse bretonne*.

LE CESNE (JULES-NICOLAS-ALEXANDRE), député au Corps législatif de 1869 à 1870, député de 1876 à 1878, né à Alençon (Orne) le 7 septembre 1818, mort à Paris le 2 février 1878, était armateur au Havre et avait gagné une grosse fortune, lorsqu'il fut, le 24 mai 1869, élu, comme candidat de l'opposition démocratique, député de la 6e circonscription de la Seine-Inférieure au Corps législatif, par 15,775 voix (28,026 votants, 36,557 inscrits), contre 11,926 à M. Ancel. Il vota avec la minorité indépendante et se prononça en 1870 *contre* la déclaration de guerre. Nommé président de la commission d'armement instituée après le 4 septembre par la délégation de Tours, il déploya dans l'accomplissement de cette tâche un zèle et un dévouement patriotiques que la commission d'enquête de l'Assemblée nationale reconnut dans son rapport. Candidat aux élections générales du 8 février 1871, puis à l'élection partielle du 2 juillet suivant, M. Le Cesne réunit dans la Seine-Inférieure, sans être élu : la première fois 21,217 voix sur 120,899 votants, la seconde 12,456 voix sur 115,759 votants. Mais aux élections du 20 février 1876, les électeurs de la 1re circonscription du Havre, par 7,332 voix (8,362 votants, 16,597 inscrits), envoyèrent M. Le Cesne à la Chambre au second tour de scrutin (5 mars). Très versé dans les questions commerciales, industrielles et financières, il conquit rapidement une réelle autorité, intervint dans plusieurs débats spéciaux, réclama, avec beaucoup de verve (mars 1877) le rachat des chemins de fer par l'Etat, appartint, en politique, à la majorité des 363, et fut réélu, comme tel, le 14 octobre 1877, par 10,789 voix (13,956 votants, 17,974 inscrits), contre 3,101 à M. Masquelier. Il revint siéger dans les rangs de la gauche avec laquelle il vota jusqu'à sa mort, survenue brusquement le 2 février 1878 : une congestion cérébrale l'emporta en quarante-huit heures. Le journal *le Havre* cita au sujet de M. Le Cesne le trait suivant : son grand-père maternel s'était ruiné en 1824, et, même en faisant abandon de tous ses biens, il n'avait pu désintéresser tous ses créanciers. Les frères Le Cesne ne voulurent pas laisser cette tache sur le nom de leur mère. Après des démarches sans nombre, ils réussirent à retrouver tous les créanciers et ils leur comptèrent près d'un million de francs, à titre de remboursement du capital et des intérêts depuis 1824, pendant une période de vingt années.

LECESVE (René), député en 1789, né à Poitiers (Vienne) le 24 septembre 1733, mort à Poitiers le 23 avril 1791, entra dans les ordres et fut nommé curé de Sainte-Triaise à Poitiers. En 1775, il eut un procès, accompagné de voies de fait, avec l'un de ses neveux, pour la succession de ses sœurs : dans le dossier, figure un certificat qui lui fut délivré, le 9 mai 1775, par l'évêque de Poitiers, et dans lequel il est dit que « le curé de Sainte-Triaise annonce fréquemment la parole de Dieu avec succès, étant doué d'un talent particulier pour cette partie du saint ministère. » Ce talent particulier le mit précisément en vue lors de l'assemblée du clergé de la sénéchaussée du Poitou pour l'élection des députés aux Etats-Généraux, et, le 27 mars 1787, Lecesve fut élu, le premier de son ordre, député du clergé. Il fut des premiers à demander la vérification des pouvoirs par l'assemblée des trois ordres; Jallet raconte dans son *Journal* qu'à l'issue de la conférence du 4 juin entre les commissaires des trois ordres pour arriver à une entente, le comte d'Antraigues ayant dit assez haut : « Ce sont 160 b... de curés qui nous perdront ! » Lecesve répliqua : « Ce sont ces 160 curés qui sauveront l'Etat. Le 13 juin, il se rendit dans la salle du tiers, avec Ballart et Jallet (*Voy.* ces noms).

Les députés du tiers applaudirent chaleureusement à cette démarche qui fut vivement attaquée par les deux autres ordres. Lecesve, Ballart et Jallet publièrent une réponse à ces attaques, sous le titre: *Les trois curés du Poitou, membres de l'Assemblée nationale et de la Chambre du clergé, à messeigneurs les prélats députés du clergé.* A la séance du 15 juin, Lecesve s'expliqua de nouveau : « La religion, dit-il, n'est point l'objet des Etats-Généraux; le roi, qui a appelé les curés, ne les a pas rendus éligibles pour savoir la religion des peuples, mais leurs besoins ; pour réformer les abus, pour régénérer la nation, le clergé ne suffit pas; mais il faut, pour remplir ces grands objets, non des évêques, non des chanoines, non des religieux, non des curés, mais des citoyens et uniquement des citoyens. » Le 20 juin, il prêta le serment du Jeu de Paume, et soutint constamment la majorité réformatrice avec laquelle il vota. Le 27 février 1791, il fut élu évêque constitutionnel de la Vienne. Intronisé le 1er mars, sacré le 27 à Paris, par Gobel, il demanda, le 29, à l'Assemblée, un congé pour aller prendre possession de son siège, fit son entrée à Poitiers dans les premiers jours d'avril, et mourut subitement, quelques jours après, dans la matinée

du vendredi saint (23 avril 1791). On l'inhuma dans la chapelle des évêques, à la cathédrale, où l'on put lire, pendant quelques années, sur sa pierre :

> *Dum comitiorum proceres*
> *Populum in diversa concilia deducebant*
> *Ut eum magis ac magis in dedecore mergerent,*
> *Renatus Lecesve conutibus illorum*
> *Vehementer primus obstetit,*
> *Eosque ad gloriosum civis titulum*
> *Fraternè revocavit.*
>
> *Diem obiit supremum*
> *Anno secundo gallicæ libertatis*
> *Aprilis 23*
> *Ætatis 58.*

En 1802, lors du rétablissement du culte, la pierre fut retournée; retrouvée lors de la réfection du pavé de la cathédrale en 1834, elle fut replacée de même, la face en dessous.

LE CHAPELIER (Isaac-René-Guy), député en 1789, né à Rennes (Ille-et-Vilaine) le 12 juin 1754, exécuté à Paris le 22 avril 1794, d'une vieille famille de magistrats bretons vivant noblement dès le xvie siècle, et anoblie en 1769, était le second des quatre enfants de Guy-Charles Le Chapelier, sieur du Plessis, bâtonnier de l'ordre des avocats de Rennes et avocat-conseil des Etats de Bretagne, et de Madeleine-Olive Chambon de la Jariais. Reçu avocat de bonne heure, Isaac-René-Guy acquit bientôt de la réputation, et fut mêlé aux événements qui précédèrent en Bretagne l'élection des députés aux Etats-Généraux, auxquels il fut élu lui-même, le 17 avril 1789, comme député du tiers-état de la sénéchaussée de Rennes. Ardent partisan des réformes, il fut l'un des fondateurs du club breton, réclama, le 13 mai, la vérification des pouvoirs en commun, et demanda qu'on ne reconnût comme représentants que ceux dont les pouvoirs auraient été vérifiés en assemblée générale. Le 17 juin, il proposa de mettre les créanciers de l'Etat sous la sauvegarde de l'honneur et de la loyauté du peuple français, et de nommer une commission chargée de soulager de suite la misère du peuple. Le 20, il prêta le serment du Jeu de Paume. Elu secrétaire de l'assemblée le 3 juillet, il parla, le 18, sur « la nécessité d'armer les citoyens », fut nommé, le 20, membre du comité de constitution, et, le 3 août, fut appelé à présider l'Assemblée, sur le refus de Thouret, élu avant lui. A cette occasion, la municipalité de Rennes donna le nom de Le Chapelier à la place Neuve. La première séance qu'il présida fut celle de la nuit du 4 août, et ce fut lui qui présenta à Louis XVI, le 13, à Versailles, les décrets pris à la suite de cette nuit mémorable, et entre autres celui qui décernait au roi le titre de « Restaurateur de la liberté française ». Le Chapelier prit ensuite une part des plus actives aux travaux de l'Assemblée; le 14 septembre, il entra au nouveau comité de constitution, et demanda, le 12, à propos des décrets du 4 août, la substitution du mot « promulgation » au mot « sanction ». Reconnu sur la route de Versailles, le 5 octobre, il fut acclamé par la foule qui se rendait au château; il combattit (2 novembre) la propriété des biens du clergé; obtint (2 janvier 1790) qu'on enverrait une députation au roi pour lui demander de fixer lui-même le chiffre de sa liste civile; réclama (28 janvier) le maintien des droits de citoyen aux juifs de Bordeaux; fit décréter (25 février) l'abolition de l'inégalité des partages; appuya (2 mars) la formation d'un comité colonial; vota (5 mai) l'institution des juges par le peuple; proposa (9 juin) l'abolition de la noblesse et des titres quels qu'ils fussent; demanda (7 août) la publication des charges contre les députés impliqués dans l'affaire du 6 octobre; accusa les ministres (29 octobre), et fit décréter que Montmorin seul n'avait pas perdu la confiance de la nation; vota (21 octobre) pour le drapeau tricolore; provoqua (1er janvier 1791) un décret sur la liberté des théâtres et sur la propriété des œuvres dramatiques; fit exempter (22 février) les sexagénaires du service personnel de la garde nationale; et obtint (4 avril) un décret général sur les honneurs à rendre aux grands hommes. Il parla, le 6 avril, en faveur de la nomination des ministres par le roi, le 29 pour faire autoriser les soldats à assister aux séances des sociétés patriotiques, le 21 mai contre la contrainte par corps contre les députés, le 4 août contre un projet de décret contre les prêtres réfractaires, le 15 sur la faculté à accorder aux ministres de pouvoir présenter des observations au Corps législatif. Le 29 août, il proposa la convocation d'une Convention pour reviser la Constitution en l'an 1800, demanda (25 septembre) la nullité des actes revêtus de titres abolis, et fit rendre un décret, le lendemain, contre ceux qui prendraient ces titres. Tandis que des pamphlets tels que : l'*ie privée et politique du roi Isaac Le Chapelier*, *premier du nom et chef des rois de France de la quatrième race*, s'efforçaient de ruiner la haute situation qu'il avait acquise à l'Assemblée, dix-huit graveurs du temps se disputaient l'honneur de reproduire ses traits; mais sa popularité succomba aussi vite qu'elle avait grandi, lorsqu'il crut nécessaire de résister à l'élan révolutionnaire. Après la fuite du roi, il quitta le club des Jacobins pour entrer aux Feuillants, réserva les droits électoraux pour les propriétaires seulement, combattit l'indemnité allouée aux députés, et parla contre la déportation en masse des prêtres insermentés, contre la non-rééligibilité des membres de la Constituante à l'Assemblée législative, et contre le droit que s'arrogeaient les clubs d'exercer un contrôle sur l'administration par pétitions, députations ou autrement. De retour au barreau de Rennes après la session, il se fit admettre avec peine dans la « Société des amis de la Constitution » de cette ville, et son entrée provoqua la scission de cent vingt membres. Obligé d'aller en Angleterre en 1792 pour les affaires de ses clients, il fut considéré comme émigré, fut inquiété comme suspect sous la Terreur, et écrivit à ce sujet au comité de salut public une lettre singulière (26 pluviôse an II) dans laquelle il offrait d'aller espionner les Anglais. Le comité répondit par un ordre d'arrestation (février 1794). Traduit devant le tribunal révolutionnaire, en même temps que d'Esprémenil et Thouret, Le Chapelier fut, comme eux, condamné à mort et exécuté, sous la prévention « d'avoir conspiré depuis 1789 en faveur de la royauté ». Sa veuve, Marie-Esther de la Marre, se remaria, le 10 nivôse an VIII, avec M. de Corbière, qui fut plus tard ministre de la Restauration.

LE CHAPELLIER DE GRANDMAISON

(CHARLES-ADRIEN), député de 1824 à 1827, né à Chartres (Eure-et-Loir) le 31 août 1776, mort le 21 mars 1851, propriétaire et maire d'Uverre

(Eure-et-Loir), conseiller général de ce département, fut élu, le 15 février 1824, député du 2e arrondissement électoral de ce département (Nogent-le-Rotrou), par 267 voix (395 votants, 467 inscrits), contre 125 à M. Dalartre. Il ne prit jamais la parole à la Chambre, vota fidèlement selon les vœux des ministres, et ne fit pas partie d'autres législatures.

LECHATELAIN (ERNEST), représentant en 1871, né à Mayenne (Mayenne) le 1er juillet 1825, mort à Mayenne le 15 février 1890, ancien juge de paix dans sa ville natale, fut élu, le 8 février 1871, représentant de la Mayenne à l'Assemblée nationale, le 3e sur 7, par 62,428 voix (72,352 votants, 98,165 inscrits). Légitimiste et catholique, il siégea à droite, fit partie du cercle des Réservoirs et vota *pour* la paix, *pour* les prières publiques, *pour* l'abrogation des lois d'exil, *pour* le 24 mai, *pour* la démission de Thiers, *pour* l'arrêté sur les enterrements civils, *pour* la prorogation des pouvoirs du maréchal, *pour* l'état de siège, *pour* la loi des maires, *pour* le ministère de Broglie, *contre* l'amendement Barthe, *contre* le retour à Paris, *contre* la dissolution, *contre* la proposition du centre gauche, *contre* l'amendement Wallon, *contre* les lois constitutionnelles. Il rentra dans la vie privée après la législature.

LÉCHELLE (PIERRE), député en 1791, né à Puereaux (Charente) le 11 décembre 1756, mort à La Rochefoucauld (Charente) le 26 septembre 1836, était commissaire du roi près le tribunal du district de La Rochefoucauld. Le 3 septembre 1791, il fut élu député de la Charente à l'Assemblée législative, le 3e sur 9, par 215 voix (340 votants). Son rôle parlementaire fut très effacé.

LE CHERBONNIER (AUGUSTE), député de 1876 à 1881, membre du Sénat, né à Issoudun (Indre) le 9 septembre 1822, étudia le droit à Paris et fut, en 1843, un des fondateurs d'une feuille républicaine du quartier Latin, le *Journal des Écoles*. Reçu avocat, il fut nommé, en 1848, à cause de ses opinions avancées, secrétaire général de la préfecture de l'Indre; mais le gouvernement de 1849 le destitua. Son opposition active contre « la réaction » lui valut même alors huit mois de prison. Détenu, puis expulsé du département après le coup d'État de 1851, M. Le Cherbonnier se fixa à Brive, dans la Corrèze, obtint avec peine son inscription au barreau de cette ville, et se montra l'adversaire déclaré du gouvernement impérial. Membre du conseil municipal en 1865, il se présenta, le 24 mai 1869, au 2e circonscription de la Corrèze, comme candidat de l'opposition, au Corps législatif; il échoua avec 374 voix seulement contre 24,796 à l'élu officiel, M. Mathieu, 4,589 à M. de Latrade et 2,278 à M. de Cosnac. Au lendemain du 4 septembre 1870, il fonda un journal démocratique intitulé *République de Brive*, qui lui valut une certaine popularité et contribua à le faire élire, aux élections du 20 février 1876, au second tour de scrutin (5 mars), député de la 1re circonscription de Brive, par 8,138 voix (11,784 votants, 17,833 inscrits). M. Le Cherbonnier siégea dans la majorité de gauche et fut des 363. Réélu, à ce titre, le 14 octobre 1877, par 8,370 voix (14,241 votants, 17,392 inscrits), contre 5,735 à M. Chauviniat, candidat officiel, il reprit sa place à gauche, et vota *pour* les invalidations, *pour* l'élection de

M. Grévy à la présidence de la République, *pour* le retour du parlement à Paris (au Congrès), *pour* les lois nouvelles sur la presse et le droit de réunion, etc. Il obtint encore sa réélection, comme député, le 21 août 1881, par 8,610 voix (12.629 votants, 17,663 inscrits), contre 3,358 à M. Maillard, radical, s'inscrivit à l'Union républicaine, et soutint de ses votes la politique opportuniste. Partisan des ministères Gambetta et J. Ferry, M. Le Cherbonnier se prononça *pour* les crédits de l'expédition du Tonkin. Candidat au renouvellement triennal du Sénat du 25 janvier 1885, il fut élu sénateur de la Corrèze, au 3e tour de scrutin, le second sur 2, par 328 voix (707 votants). Il suivit la même ligne politique au Sénat qu'à la Chambre, et vota : *pour* l'expulsion des princes, *pour* la nouvelle loi militaire, et, en dernier lieu, *pour* le rétablissement du scrutin d'arrondissement (13 février 1889), *pour* le projet de loi Lisbonne restrictif de la liberté de la presse, *pour* la procédure à suivre devant le Sénat contre le général Boulanger.

LECHEVALIER (Ferdinand-Edmond), député de 1881 à 1889, né à Bolbec (Seine-Inférieure) le 26 janvier 1840, membre de la Chambre de commerce de Rouen, manufacturier à Yvetot, et maire d'Yvetot, y fonda la Société de prévoyance mutuelle qu'il présida, créa un service d'eau, construisit des écoles, et restaura l'église et le marché. Il se présenta, le 21 août 1881, comme candidat républicain modéré, aux élections législatives dans la 1re circonscription d'Yvetot, qui l'élut député par 6,084 voix (11,352 votants, 15,461 inscrits), contre 5,142 à M. Anisson-Duperron, monarchiste, député sortant. Il fit partie de la majorité qui soutint les cabinets Gambetta et J. Ferry, défendit les théories protectionnistes (janvier 1884) lors de la discussion de l'interpellation Langlois sur la crise économique, et se prononça *contre* la séparation de l'Eglise et de l'Etat, *pour* les crédits de l'expédition du Tonkin, etc. l'orté, le 4 octobre 1885, sur la liste républicaine de la Seine-Inférieure, M. Lechevalier fut élu député de ce département, le 2e sur 12, par 80,581 voix (149,546 votants, 195,467 inscrits). Reprenant sa place à gauche, il soutint les ministères Rouvier et Tirard, se montra opposé à la revision de la Constitution, parla sur les questions agricoles en faveur des idées protectionnistes, vota avec les opportunistes *pour* les crédits du Tonkin, *pour* l'expulsion des princes, et, en dernier lieu, *pour* le rétablissement du scrutin d'arrondissement (11 février 1889), *pour* l'ajournement indéfini de la revision de la Constitution, *pour* les poursuites contre trois députés membres de la Ligue des patriotes, *pour* le projet de loi Lisbonne restrictif de la liberté de la presse, *pour* les poursuites contre le général Boulanger.

LECLER (Pierre-Anne-Jean-Félix), représentant en 1848, sénateur en 1889, né à Aubusson (Creuse) le 30 juillet 1814, fit ses études au petit séminaire d'Ajain (Creuse), puis au collège de Clermont-Ferrand, alla étudier le droit à Paris, et, pendant son stage, se livra à la littérature, et collabora à l'*Artiste*, à la *Revue Dramatique* et au *Siècle*. Inscrit au barreau d'Aubusson (1838), il écrivit dans l'*Album de la Creuse*, et y soutint avec succès la candidature du directeur de la plus importante fabrique de tapisserie d'Aubusson, M. Sallandrouze-Lamormaix. Comme il avait fait une opposition assez vive au gouvernement de Louis-Philippe et défendu les idées libérales, il fut nommé, en 1848, commissaire du gouvernement provisoire dans la Creuse; mais les attaques des socialistes de Boussac inspirés par Pierre Leroux lui firent donner sa démission au bout de huit jours. Elu, le 23 avril 1848, représentant de la Creuse à l'Assemblée constituante, le 4e sur 7, par 19,743 voix sur 49,820 votants, il prit place parmi les républicains modérés, fut secrétaire du comité des finances et vota *pour* le bannissement d: la famille d'Orléans, *pour* les poursuites contre L. Blanc et Caussidière, *contre* l'abolition de la peine de mort, *contre* l'impôt progressif, *pour* l'incompatibilité des fonctions, *contre* l'amendement Grévy, *contre* la sanction de la Constitution par le peuple, *pour* l'ensemble de la Constitution, *contre* la proposition Rateau, *pour* l'expédition de Rome. Non réélu à la Législative, il reprit sa place au barreau d'Aubusson, fut nommé en 1850, rédacteur au contentieux du ministère des Finances, puis payeur à Rodez, à Niort et à Angers. Lors de la suppression des payeurs (1866), il revint au ministère des Finances comme chef de bureau du contentieux. Sous la présidence de M. J. Grévy, il devint directeur général de l'administration de l'enregistrement et des domaines. S'étant présenté comme candidat au Sénat, dans la Creuse, au renouvellement triennal du 6 janvier 1885, il échoua avec 151 voix sur 616 votants. Nommé conseiller-maître à la cour des Comptes, il se porta de nouveau candidat au Sénat, le 27 janvier 1889; il échoua encore avec 317 voix contre 320 à l'élu, M. Sauton, radical; mais, cette dernière élection ayant été invalidée, M. Lecler fut élu sénateur de la Creuse, le 17 mars suiva.t, par 345 voix sur 639 votants, contre M. Sauton qui ne réunit plus que 288 suffrages. M. Lecler vota, le 29 mars 1889, *pour* la procédure à suivre devant le Sénat contre le général Boulanger. Officier de la Légion d'honneur.

LECLERC (Charles-Guillaume), député en 1789, né à Paris le 28 octobre 1723, mort à Paris le 26 septembre 1795, était libraire sous l'ancien régime. Il fut adjoint puis syndic de la corporation, juge-consul en 1773, et chef de la juridiction consulaire en 1784. Désigné par le roi pour présider la réunion des électeurs de le Sorbonne à Paris, il fut élu, le 17 mai 1789, député du tiers aux Etats-Généraux par la ville de Paris, avec 132 voix. Inspecteur de l'imprimerie de l'Assemblée, il n'y prit que rarement la parole, présenta quelques observations (1790) sur l'organisation des tribunaux de commerce et, en 1791, sur la fabrication des assignats. Après la session, il fut nommé juge. On l'accusa de relations suspectes avec M. de Sartines, ancien lieutenant général de police, auquel il faisait passer à Vienne le produit de la vente de la bibliothèque laissée par ce dernier. Mais l'accusation n'ayant pas été poursuivie, Leclerc n'eut pas à souffrir de la Terreur; il mourut peu de temps après l'établissement du Directoire. On a de lui : *Instruction sur les affaires contentieuses des négociants; la manière de les prévenir ou de les suivre devant les tribunaux* (1784-1789); — Leclerc a publié, en 1794, une édition du *Dictionnaire Vosgien* qui contient les noms nouveaux donnés pendant la Révolution à quelques villes françaises.

LECLERC (Jean-Antoine), député en 1789,

ne à Moyenneville (Oise) le 28 mars 1728, mort à une date inconnue, « laboureur et propriétaire à Launoy », fut élu, le 23 mars 1789, député du tiers aux Etat-Généraux par le bailliage de Vermandois. Il opina silencieusement avec la majorité de l'Assemblée.

LECLERC (Guillaume-Gabriel), député en 1789, né à Argentan (Orne) le 29 avril 1743, mort à Séez (Orne) le 24 janvier 1832, était curé de la Combe (Orne) quand il fut élu, le 27 mars 1789, député du clergé aux Etats-Généraux par le bailliage d'Alençon. Attaché à l'ancien régime, il prit la parole dans l'Assemblée pour appuyer la demande d'un concile national, et sur le traitement des titulaires ecclésiastiques; il refusa de prêter le serment civique, et disparut de la scène politique après la session.

LECLERC (Jean-Baptiste), député en 1789, membre de la Convention, député au Conseil des Cinq-Cents et au Corps législatif, de l'an VIII à 1802, né à Angers (Maine-et-Loire) le 29 février 1756, mort à Chalonnes (Maine-et-Loire) le 16 novembre 1826, fils de Vincent-Honoré-Augustin Leclerc, huissier audiencier au consulat d'Angers, et d'Anne Lemaistre, prit la licence de droit civil et canon en l'Université d'Angers le 15 juillet 1775, et fut pourvu, le 11 janvier 1781, d'un office de conseiller à l'Election, qui, lui laissant des loisirs, lui permit de se livrer à son goût pour la poésie. Des petits vers et des chansons le mirent à la mode. En 1786, son premier livre, imprimé sous le titre de : *Mes promenades champêtres ou poésies pastorales*, le fit recevoir, le 26 juillet, à l'académie d'Angers. Vers la même époque, il s'occupait de botanique sous la direction de son ami La Réveillière-Lépeaux. Partisan des idées nouvelles, il accueillit avec joie la Révolution. Député du tiers aux Etats-Généraux pour la sénéchaussée de l'Anjou (21 mars 1789), il fut appelé à siéger comme titulaire, après la démission de Milcent, le 21 octobre 1790, prit place parmi les réformateurs, et fut, sans se signaler d'ailleurs à l'Assemblée, le principal rédacteur, avec Pilastre, de la *Correspondance de MM. les Députés des communes de la province d'Anjou à leurs commettants*. De retour à Chalonnes, il y organisa un club en relations constantes avec les *Amis de la Constitution d'Angers*, publia une *Apologie de l'Assemblée nationale et de la Constitution française* (Angers, 1791), fut nommé administrateur du département, et fut réélu, le 5 septembre 1792, député de Maine-et-Loire à la Convention, le 6e sur 11, par 495 voix (622 votants, 645 inscrits). Il siégea dans les rangs de la Plaine avec La Réveillière-Lépeaux et Pilastre, soutint la mise en accusation de Marat, mais se prononça pour la condamnation de Louis XVI : au 3e appel nominal, Leclerc répondit : « Je vote pour la mort. » Il avait publié à l'avance son vote dans un petit écrit, moitié vers et moitié prose, qu'il fit distribuer (10 janvier 1793) à la Convention sous ce titre : *De la poésie dans ses rapports avec l'éducation nationale*. Il s'attacha ensuite au parti des Girondins, protesta contre le 31 mai, et envoya sa démission de représentant le 12 août. Décrété d'arrestation, il fut surpris dans sa retraite en janvier 1794 et conduit à la maison de détention de la Bourbe, d'où le tira le 9 thermidor. A quelques mois de là, il épousa la fille de son ami, le directeur du Jardin des Plantes, Marguerite-Louise Thouïn. La commission de l'Instruc-

tion publique l'avait attaché au bureau des Musées, quand il fut élu de nouveau (23 vendémiaire an IV) membre du Conseil des Cinq-Cents. Le 14 fructidor an V, il y développa une motion d'ordre en faveur de l'établissement d'un culte fondamental et politique, qui fut rejetée par la question préalable. C'est la même idée qu'il revint exposer le 20 brumaire an VI (10 novembre 1797), au nom de la commission des institutions républicaines, dans un rapport très étendu dont le but principal était de prouver la nécessité de créer de nouvelles mœurs en harmonie avec les lois nouvelles, en réglant les solennités qui devaient à l'avenir, sous les auspices de l'Eternel et du gouvernement, présider aux naissances, aux inscriptions civiques, aux mariages, aux divorces, aux sépultures. Discuté le 28 frimaire, ce projet fut renvoyé à la commission et ne reparut plus. Un autre projet, qu'il présenta sans plus de succès, fut la construction d'un cirque au Champ-de-Mars pour 400,000 spectateurs (9 vendémiaire an VII) : du moins, il eut la satisfaction de voir réaliser, conformément à son rapport du 3 frimaire suivant (23 novembre), la création du Conservatoire de musique. Dans le même temps, il publiait un *Essai sur la propagation de la musique en France, sa conservation et ses rapports avec le gouvernement*, qui resta sa meilleure œuvre et qui obtint un réel succès (Paris, an VI). Secrétaire, puis président du Conseil des Cinq-Cents (1er pluviôse an VII), il se trouva chargé, en prenant possession du fauteuil, de prendre la parole à la fête anniversaire de la mort de Louis XVI, et le fit avec une ardeur révolutionnaire, qui ne l'empêcha point d'adhérer au coup d'Etat de brumaire et d'être inscrit par le Sénat conservateur, le 4 nivôse an VIII, sur la liste des membres du nouveau Corps législatif, comme député de Maine-et-Loire. Il fut encore appelé à la présidence de cette assemblée où il siégea jusqu'en 1802. Rentré alors dans la vie privée, il reçut, le 4 frimaire an XII, la croix de la Légion d'honneur, et consacra exclusivement ses dernières années à des études de littérature et de botanique. Nommé maire de Chalonnes le 8 thermidor an XIII, il déclina ces fonctions pour conserver sa liberté, et ne quitta sous l'Empire sa modeste résidence que pour venir de temps à autre à Paris auprès de son beau-père. Obligé de s'expatrier en 1816, il passa quelques années à Liège, où il traduisit l'*Art poétique* d'Horace, obtint, en 1819, du ministère Decazes, l'autorisation de rentrer en France, et se fixa de nouveau à Chalonnes, où il mourut le 16 novembre 1826. Il fut inhumé, comme il l'avait demandé, sans l'assistance d'aucun prêtre. J.-B. Leclerc avait produit un grand nombre d'ouvrages. Outre ceux déjà cités, on lui doit encore : des *Idylles et contes champêtres* (1798); la *Chronique d'un petit village et de ses environs* (Chalonnes, 1795); une étude sur *René d'Anjou, roi, duc, comte, peintre, poète, musicien et fleuriste*, des dissertations sur divers sujets, des articles, des notices et plusieurs compositions musicales inédites. D'abord associé de la classe de littérature et beaux-arts de l'Institut, J.-B. Leclerc était devenu correspondant de l'Académie des Inscriptions et Belles-Lettres.

LECLERC (Claude-Nicolas), membre de la Convention, député au Conseil des Cinq-Cents, né à Villedieu (Loir-et-Cher) le 25 juillet 1738, mort le 20 novembre 1808, homme de loi avant la Révolution, devint en 1790 juge de paix à

Blois, puis accusateur public dans la même ville. Le département de Loir-et-Cher l'élut en septembre 1791 député suppléant à l'Assemblée législative, où il ne fut pas appelé à siéger, et le réélut à la Convention nationale, le 5 septembre 1792, le 5e sur 6, « à la pluralité des voix » sur 262 votants; il siégea parmi les modérés, et, lors du procès de Louis XVI, se prononça contre la mort, en ces termes : « Je suis convaincu que Louis est coupable de conspiration contre la patrie; mais nos pouvoirs ne sont pas sans bornes. Le salut public peut seul consacrer des mesures de sûreté générale. La mort ne peut être rangée dans cette classe; c'est un outrage à l'humanité. Dans un état républicain, la haine et l'expulsion me paraissent les seules peines à infliger aux tyrans détrônés. Dans l'état de crise où se trouve la République, nous devons considérer quelles peuvent être les suites funestes de cette mort. Je pense que la détention peut les prévenir. Je vote pour la détention. » Leclerc prit rarement la parole dans l'Assemblée, dont il devint secrétaire. Réélu, le 22 vendémiaire an IV, député de Loir-et-Cher au Conseil des Cinq-Cents, par 136 voix (188 votants), il y remplit encore les fonctions de secrétaire, se montra opposé au système d'affermage des salines, et sortit du Conseil en l'an VII. Le 28 floréal an VIII, il fut nommé juge au tribunal civil de Vendôme.

LECLERC (Edme-Charles-François), député au Conseil des Cinq-Cents, né à Auxerre (Yonne) le 31 décembre 1754, mort à Auxerre le 23 mai 1805, était président du tribunal criminel d'Auxerre, lorsqu'il fut élu, le 23 germinal an V, député de l'Yonne au Conseil des Cinq-Cents, par 270 voix (289 votants). Il prit plusieurs fois la parole, notamment pour raconter les troubles d'Auxerre à propos de la fondation d'un cercle constitutionnel, et pour appuyer la proposition de Thibaudeau demandant la suppression des commissaires de trésorerie. Son élection fut annulée au 18 fructidor comme entachée de royalisme. Rallié au 18 brumaire, il fut nommé, le 16 germinal an VIII, juge au tribunal d'Auxerre.

LECLERC (Jean-Louis, comte), député au Corps législatif en l'an VIII, né à Pontoise (Seine-et-Oise) le 8 août 1767, mort au château de Moutiers le 1er avril 1821, frère du général Leclerc beau-frère de Bonaparte et commandant de l'expédition de Saint-Domingue, servit sur le continent et prit part aux campagnes d'Italie comme officier d'infanterie. Nommé par le Sénat conservateur, le 4 nivôse an VIII, député de Seine-et-Oise au Corps législatif, il devint membre de la Légion d'honneur le 25 prairial an XII, et fut appelé, le 29 germinal suivant, à la préfecture de la Meuse, fonctions qu'il occupa jusqu'en 1813. Comte de l'Empire (31 décembre 1809), il se désintéressa des affaires publiques après la première abdication de l'empereur et refusa une préfecture importante que Napoléon lui offrit pendant les Cent-Jours.

LECLERC (Pierre-Léon), député de 1815 à 1816, et de 1824 à 1830, né à Riaillé (Loire-Inférieure) le 8 décembre 1781, mort à Livré (Mayenne) le 8 septembre 1858, propriétaire et adjoint au maire de Forié (Mayenne), fut élu, le 12 août 1815, député du collège de département de la Mayenne, par 127 voix (194 votants, 255 inscrits). Après la séparation de la Chambre introuvable où il avait voté avec la majorité, il resta quelques années éloigné du parlement. Il y reparut en 1824, ayant été élu, le 25 février, député du 1er arrondissement de Mayenne (Laval), dont il présidait le collège électoral, par 225 voix (317 votants, 337 inscrits), contre 90 à M. Leclerc-Delaunay. Il continua à siéger silencieusement au centre. S'il faut en croire un biographe du temps, « la politique l'occupa fort peu; ses seuls travaux, ses seuls loisirs se rattachent à l'étude des insectes microscopiques; vingt bocaux rangés dans son cabinet, et qui paraissent vides aux yeux du vulgaire, sont l'objet de ses délassements ». Réélu, comme ministériel, le 17 novembre 1827, dans le même arrondissement, par 163 voix (296 votants, 328 inscrits), contre 131 à M. Prosper Delaunay, il resta partisan convaincu des Bourbons, mais n'appuya pas sans réserve le ministère Polignac; il échoua, après la dissolution de la Chambre par ce ministère, aux élections du 13 juillet 1830, avec 158 voix contre 199 à M. de Lézardière.

LECLERC (Laurent), député de 1824 à 1827, né à Saint-Mihiel (Meuse) le 2 juillet 1768, mort à Saint-Mihiel le 10 mai 1844, receveur de l'enregistrement à Saint-Mihiel, fut élu, le 25 février 1824, député du 1er arrondissement électoral de la Meuse (Bar-le-Duc), par 168 voix (246 votants, 265 inscrits), contre 73 à M. Etienne. Il vota silencieusement pour le ministère Villèle, et il échoua dans le même arrondissement, aux élections du 17 novembre 1827, avec 101 voix, contre 126 à l'élu, M. Etienne.

LECLERC (Jacques-Edouard), député de 1827 à 1831, de 1837 à 1842, et pair de France, né à Falaise (Calvados) le 18 octobre 1767, mort à la Hoguette (Calvados) le 2 juillet 1852, « fils de monsieur Jacques Philippe François Leclerc, marchand, et de Françoise-Catherine Manoury, » négociant à Falaise, devint président du tribunal de commerce de cette ville, et fut élu, le 24 novembre 1827, député du Calvados au collège de département, par 273 voix (492 votants, 610 inscrits). Il appartint à la gauche constitutionnelle, fut des 221, et obtint sa réélection, le 3 juillet 1830, avec 303 voix (525 votants et 600 inscrits). M. Leclerc prit part à l'établissement de la monarchie de juillet, et vota avec la majorité conservatrice jusqu'en 1831. Il reparut à la Chambre, le 4 novembre 1837, comme député du 4e collège du Calvados (Falaise), élu par 241 voix (390 votants, 471 inscrits), contre 142 à M. Fleury. Il reprit sa place dans la majorité, et fut réélu, le 2 mars 1839, par 294 voix sur 355 votants. Il quitta définitivement la Chambre en 1842. Le 19 mai 1845, une ordonnance royale l'appela à siéger dans la chambre des pairs, où il défendit, jusqu'à la révolution de février, le gouvernement qui l'avait nommé. Conseiller général du Calvados et chevalier de la Légion d'honneur.

LECLERC (Jean-Louis), député de 1831 à 1834, né au Havre (Seine-Inférieure) le 3 septembre 1786, mort à Fécamp (Seine-Inférieure) le 22 novembre 1873, maire de Fécamp, fut élu, le 5 juillet 1831, député du 6e collège de la Seine-Inférieure (Bolbec), par 162 voix (319 votants, 474 inscrits) contre 157 à M. Aroux. Il siégea dans la majorité jusqu'en 1834.

LECLERC (François), représentant du peuple en 1848, né à Nancy (Meurthe). le 30 novembre 1796, mort à Nancy le 29 juillet 1875, fils d'un serrurier, travailla d'abord dans l'atelier de son père. Grâce à son travail et à son économie, il devint maître-serrurier à Nancy, et acquit une petite fortune. Très estimé des ouvriers et de ses concitoyens, il fut élu, le 23 avril 1848, représentant de la Meurthe à l'Assemblée constituante, le 6e sur 11, par 75,064 voix (100,120 votants). Il prit place parmi les républicains, fit partie du comité de la guerre, et vota *pour* le bannissement de la famille d'Orléans, *pour* les poursuites contre L. Blanc, *contre* les poursuites contre Caussidière, *contre* l'abolition de la peine de mort, *contre* l'impôt progressif, *contre* l'incompatibilité des fonctions, *contre* l'amendement Grévy, *contre* la sanction de la Constitution par le peuple, *pour* l'ensemble de la Constitution, *contre* la proposition Rateau, *contre* l'interdiction des clubs, *contre* l'expédition de Rome, et *pour* la demande de mise en accusation du président et des ministres. Non réélu à la Législative, il continua à Nancy son métier de serrurier.

LECLERC. — *Voy.* JUIGNÉ (DE).

LECLERC DE BEAULIEU (FRANÇOIS), député de 1820 à 1828, né à Laval (Mayenne) le 10 juin 1769, mort à Laval le 10 novembre 1828. propriétaire, maire de Beaulieu (Mayenne), et conseiller général de la Mayenne, fut élu, le 13 novembre 1820, député du collège de département de la Mayenne par 172 voix (276 votants, 303 inscrits). Il prit une part active aux discussions de la Chambre, et se fit remarquer par sa modération relative, tout en restant attaché aux principes monarchiques et religieux. Le 12 avril 1821, à propos de la loi sur la presse, il s'étonna qu'on y eût omis le nom de Dieu; le 5 juin suivant, il demanda que la loi du 19 janvier 1816 fût enfin mise en vigueur, particulièrement en ce qui concernait les monuments expiatoires à élever à la mémoire de Louis XVI et de Marie-Antoinette; le 2 avril 1823, il réclama une réduction des gros traitements et proposa même de n'en accorder aucun aux titulaires des fonctions qui pouvaient être gratuitement remplies; le 8 avril, il demanda que le clergé fût convenablement doté, en remplacement des pertes qu'il avait subies; il fut aussi de ceux qui appuyèrent la proposition de M. de la Bourdonnaye tendant à expulser Manuel de la Chambre, et la proposition Jankovics sur la réélection des députés nommés pendant la législature à des fonctions publiques. Une biographie favorable disait alors de lui « qu'il n'a peut-être point une étendue de lumières égale à sa probité ». Réélu député, le 6 mars 1824, par 164 voix (194 votants, 228 inscrits), il parla et vota contre le projet de loi relatif à la conversion des rentes, et, au mois d'avril 1825, vota contre la loi sur le sacrilège. Lors de la discussion du budget de l'exercice 1826, il proposa la suppression du garde des sceaux, ministre de la justice, puisqu'il existait un chancelier, avec lequel il faisait évidemment double emploi; le 11 mai, il blâma la destitution de M. Fréteau de Peny, avocat-général à la cour de Cassation, qui n'avait pas cru devoir condamner l'*Aristarque*, journal satirico-politique. De nouveau réélu, le 24 novembre 1827, par 157 voix (192 votants, 233 inscrits), il parut peu à la Chambre et mourut moins d'un an après.

LECLERC D'OSMONVILLE (JULES-OLIVIER) député au Corps législatif de 1853 à 1870, né à Laval (Mayenne) le 26 avril 1797, mort à Laval le 16 janvier 1871, d'une ancienne famille noble de Normandie, négociant, propriétaire de mines de charbon dans la Sarthe et la Mayenne, maire de Laval (1844-1847), où il obtint l'installation d'un évêché, se rangea parmi les partisans de la politique napoléonienne après l'élection du 10 décembre 1848. Conseiller général de la Mayenne, il se présenta, comme candidat au Corps législatif dans la 1re circonscription de la Mayenne, aux élections du 29 février 1852, et il échoua avec 2.784 voix, contre 16.568 à l'élu, le général Duvivier, 3,279 à M. de Berset et 2,316 à M. Ch. Muller. Il fut plus heureux dans la même circonscription, le 30 janvier 1853, à l'élection partielle motivée par le décès du général Duvivier, et il fut élu par 15,931 voix (16,503 votants, 39,743 inscrits). Il prit place dans la majorité dynastique, et vit renouveler successivement son mandat : le 22 juin 1857, par 14,799 voix (17,471 votants, 39.142 inscrits), contre 2.403 à M. Courtois-Duverger; le 1er juin 1863, par 17,819 voix (25,855 votants, 39,460 inscrits), contre 7,935 à M. Goyet-Dubignon, ancien représentant, candidat d'opposition; le 24 mai 1869, par 21,743 voix (29,191 votants, 40,192 inscrits), contre 7.428 à M. Garnier-Pagès, candidat d'opposition. M. Leclerc d'Osmonville prit quelquefois la parole, notamment en 1858, pour protester contre la part attribuée à la ville de Paris dans le budget de l'Etat pour l'achèvement du boulevard Sébastopol. Il rentra dans la vie privée à la révolution du 4 septembre. Chevalier de la Légion d'honneur (20 février 1817), officier (13 août 1864), il avait demandé, en 1850, l'autorisation d'ajouter à son nom patronymique le nom de son beau-père, M. d'Osmonville, autorisation qui lui fut accordée par décret impérial en date du 17 juillet 1857.

LECLÈRE (CHARLES), député de 1877 à 1878, né à Granville (Manche) le 10 juin 1822, n'avait pas d'antécédents politiques, lorsqu'il fut élu, le 14 octobre 1877, comme candidat officiel du maréchal de Mac-Mahon, député de la 2e circonscription d'Avranches, par 6,167 voix (12,262 votants, 14,780 inscrits), contre 6,000 à M. Riotteau. Il prit place à droite; mais son élection fut invalidée par la majorité de la Chambre des députés, et il ne se représenta pas.

LE COAT. — *Voy.* KERVÉGUEN (VICOMTE DE).

LECOINTE (ALPHONSE-THÉODORE), membre du Sénat, né à Evreux (Eure) le 12 juillet 1817, entra à Saint-Cyr le 15 novembre 1837 et devint successivement sous-lieutenant d'infanterie 1er octobre 1839), lieutenant (9 octobre 1842), capitaine (20 avril 1848), et major (10 août 1854). Il prit part à la campagne de Crimée comme chef de bataillon, fut attaché au corps du général Bosquet, et assista à la bataille de l'Alma et à l'assaut de Malakof, le 8 septembre 1855. Chevalier de la Légion d'honneur le 2 juin 1856, il alla prendre part en Algérie à l'expédition de la Grande-Kabylie, s'empara du Fort l'Empereur, et revint en France au moment de la guerre d'Italie. Sa division, qui appartenait au 3e corps, sous les ordres de Mac-Mahon, contribua au succès de la journée de Magenta, en dégageant à Buffalora la division des grenadiers de la garde, très éprouvée. Blessé le même jour et promu lieutenant-colonel le 18 juin, il vint en garnison à Paris après la guerre, et fut promu colonel

(12 août 1864) et officier de la Légion d'honneur (4 décembre 1866). Appelé, en 1866, au commandement du 2e régiment de grenadiers de la garde impériale, il fit, à la tête de ce régiment, la campagne de 1870 à l'armée du Rhin; enfermé dans Metz, il fut blessé à Rezonville, s'échappa au moment de la capitulation, et rejoignit l'armée du Nord où il fut nommé, le 14 novembre, au commandement d'une brigade du 22e corps. Après la retraite d'Amiens, commandant du 22e corps dédoublé, il assista aux combats de Pont-Noyelles, Bapaume et Saint-Quentin. Toutes communications étant alors coupées entre l'armée du Nord et le reste de la France, le 22e corps, qui comptait encore 18,000 combattants et 60 bouches à feu, eut ordre de s'embarquer à Dunkerque pour rallier Cherbourg et l'armée de Normandie. Promu général de division, le 16 septembre 1871, le général Lecointe fut mis en disponibilité, puis rappelé à l'activité en 1873, comme commandant de la 1re division du 1er corps à Lille. Placé à la tête du 17e corps à Toulouse en 1878, puis du 14e corps (Lyon) l'année suivante, il devint (janvier 1880) gouverneur militaire de Lyon, et, en 1881, remplaça le général Clinchant au gouvernement militaire de Paris. Grand-officier de la Légion d'honneur le 12 juillet de la même année, il fut élu, le 26 février 1882, sénateur de l'Eure, en remplacement de M. Lepouzé invalidé, par 406 voix (782 votants). Il siégea à gauche, soutint les ministères républicains, et fut réélu, au renouvellement triennal du 6 janvier 1885, par 533 voix (1,064 votants). Il reprit sa place à gauche, et continua de voter avec les républicains de la Chambre haute, tout en s'abstenant (juin 1886) sur l'expulsion des princes. En dernier lieu, il s'est prononcé *pour* le rétablissement du scrutin d'arrondissement (13 février 1889), *pour* le projet de loi Lisbonne restrictif de la liberté de la presse, *pour* la procédure à suivre devant le Sénat contre le général Boulanger. Le général Lecointe a été maintenu dans le cadre d'activité, sans limite d'âge, comme ayant commandé en chef devant l'ennemi.

LECOINTE-PUYRAVEAU (MICHEL-MATHIEU), député en 1791, membre de la Convention, député au Conseil des Cinq-Cents et membre du Tribunat, né à Saint-Maixent (Deux-Sèvres) le 13 décembre 1764, mort à Ixelles-les-Bruxelles (Belgique) le 15 janvier 1827, était homme de loi à Saint-Maixent avant la Révolution. Nommé (1790) administrateur du département des Deux-Sèvres, et partisan enthousiaste des idées nouvelles, il fut élu, le 3 septembre 1792, député des Deux-Sèvres à l'Assemblée législative, le 3e sur 7, par 169 voix sur 299 votants; il prit place parmi les plus avancés; appuya (10 décembre) une adresse contre le veto mis par le roi à la loi contre les émigrés; présenta (26 janvier 1792) une motion en faveur des gardes-françaises révoltés; s'opposa (27 mars) à la célébration d'une messe en musique en l'honneur de Mirabeau; fit rendre un décret (11 avril) sur le paiement de la contribution patriotique par les députés; réclama (16 mai) la déportation des prêtres réfractaires; et, le 10 juillet, dit en parlant de Collot d'Herbois : « Quel est le citoyen qui ne connaisse Collot d'Herbois? Quel est le département, la ville, le canton, où le nom de Collot d'Herbois ne soit connu, chéri? Collot d'Herbois a fait connaître et aimer la Constitution à tous les habitants des campagnes.» Le 1er août, il appuya l'armement avec des

piques, et dénonça (19 août) les « chevaliers du poignard ». Le département des Deux-Sèvres l'envoya siéger à la Convention, le 2 septembre 1792, le 1er sur 7, par 322 voix sur 403 votants. Il siégea avec les Girondins, fit décréter (29 septembre) que les ministres ne pourraient être pris parmi les députés, dénonça (4 octobre) Marat comme l'un des auteurs des massacres de septembre, fut traité dans l'*Ami du peuple* de fédéraliste et de girondin, fut envoyé avec Biroteau dans l'Eure-et-Loir pour pacifier le département, mission qui ne fut pas sans danger, et, à son retour, répondit dans le procès du roi, au 3e appel nominal : « Je déclare que je ne me présente point en qualité de juge, mais avec le caractère de représentant du peuple. C'est en cette qualité que je vais exprimer mon vœu. Mardi, j'ai voté pour l'appel au peuple. Vous avez rejeté cet appel; je respecte votre décision; le peuple la jugera. Je représente le peuple, le peuple a été assassiné par le tyran. Je vote pour la mort du tyran. » Le 4 février 1793, il présenta la défense des députés à l'Assemblée législative compromis dans les papiers de l'armoire de fer. Envoyé en mission dans l'Ouest le 10 mai, il blâma (29 juin) la rigueur du décret de la Convention contre les soldats remis en liberté par les Vendéens, et, à son retour, bien que dénoncé par Marat, s'efforça de justifier, à la tribune, la destitution du général Rossignol. Compromis avec les Girondins, il fut attaqué, avec demande de mise en accusation, par Amar, sur la foi d'une lettre, sans signature, datée de Rouen et qui accusait Lecointe de participation aux troubles de l'Ouest. Lecointe fit observer que cette lettre serait arrivée à Paris avant la distribution du courrier de Rouen, et ne fut pas inquiété. Il prit parti, au 9 thermidor, contre Robespierre, attaqua les Jacobins (12 germinal an III) qu'il appela des « royalistes masqués », s'opposa (13 fructidor) à l'adoucissement des lois portées contre les émigrés, et s'écria de sa place, dans la journée du 13 vendémiaire an IV : « Président, il faut que tous les représentants restent dans cette enceinte, ou que tous se mettent à la tête des républicains qui combattent pour la liberté. » Il s'opposa (29 vendémiaire) à la nomination du Directoire par la Convention. Réélu au Conseil des Cinq-Cents le 22 vendémiaire an IV, dans les Deux-Sèvres, par 52 voix sur 150 votants, il échoua aux élections de l'an V avec 26 voix sur 210 votants, et rentra au Conseil des Cinq-Cents le 20 germinal an VI, élu par 127 voix sur 220 votants; il attaqua (ventôse an V) les magistrats qui refusaient de prêter le serment de haine à la royauté, réclama la mise sous séquestre des biens des pères et mères d'émigrés, appuya (nivôse an VI) la création d'un ministère de la Police et, par des motions successives, fit sortir du Corps législatif, en vertu de la loi du 3 brumaire an IV qui excluait des fonctions publiques les parents d'émigrés, Mersan, Ferrand-Vaillant, Polissart, Le Cerf, Palhier, Doumere, Gau, Bodinier et Gaillard. Secrétaire du Conseil (1er frimaire il en fut élu président (1er germinal), fut envoyé en mission dans les Deux-Sèvres pour rendre compte de la situation du département, fut réélu président le 1er thermidor, et, sept jours après, prononça, en cette qualité, un discours commémoratif des journées des 9 thermidor, 13 vendémiaire et 18 fructidor, discours qui, par ordre du Conseil, fut traduit en plusieurs langues. En fructidor, il proposa une levée de 200,000 hommes, vota la confiscation des biens des déportés du 18 fructidor an V qui s'étaient évadés, fit décréter (22 vendémiaire) la vente de 125 millions de biens nationaux, et réclama, comme il l'avait fait plusieurs fois déjà, des rigueurs contre la presse, qu'il accusa de tous les excès de la révolution. Le 18 brumaire ne le compta pas parmi ses adversaires, et son attitude lui valut, le 5 nivôse an VIII, d'être nommé membre du Tribunat ; il en sortit à la première épuration de 1802, fut, quelques mois, commissaire de police à Marseille, et refusa les fonctions de gouverneur de la Louisiane. Il vécut dans la retraite sous l'Empire, mais, aux Cent-Jours, fut nommé lieutenant-général de police dans la région du Sud-Est, en résidence à Lyon. A la nouvelle du désastre de Waterloo, il gagna à la hâte Toulon, et s'embarqua ; son navire, pris un moment par les croiseurs anglais, leur échappa à la faveur d'une violente tempête, et ne put que le débarquer à Toulon, qu'il ne fit que traverser pour se cacher dans les montagnes de l'Esterel. Arrêté à Priano, il fut ramené à Marseille, où la population faillit le massacrer, et fut enfermé au château d'If. Il fut remis en liberté au bout de six semaines, et revint à Paris ; mais, atteint par la loi du 12 janvier 1816, il se réfugia en Belgique, où il mourut. On a de lui : *Opinion dans l'affaire du roi* (1792).

LECOINTRE (LAURENT), député en 1791, membre de la Convention, né à Versailles (Seine-et-Oise) le 1er février 1744, mort à Guignes (Seine-et-Marne) le 4 août 1805, était marchand de toiles à Versailles au moment de la Révolution. Commandant en second de la garde nationale du département de Seine-et-Oise, il manifesta des opinions avancées, devint administrateur du département, et se fit élire, le 2 septembre 1791, député de Seine-et-Oise à l'Assemblée législative, le 2e sur 14, par 423 voix (607 votants). Il siégea à gauche et prit une part active aux discussions. Il dénonça Duportail, s'opposa à l'impression d'un rapport de Cahier sur la situation de la France, combattit l'envoi de troupes à Versailles et à Rambouillet, fit rendre plusieurs décrets d'accusation, vota la mise hors la loi des prêtres insermentés, inculpa Narbonne, Dillon et autres, mais se montra plus indulgent à l'égard de Dumouriez. Commissaire dans la Seine-Inférieure, il eut à prendre des mesures pour accélérer la levée des volontaires. Laurent Lecointre fut réélu, le 6 septembre 1792, député de Seine-et-Oise à la Convention, le 1er sur 14. par 508 voix (710 votants). Il prit encore plusieurs fois la parole sur des questions politiques et militaires, fit décréter que Louis Capet ne pourrait communiquer qu'avec ses enfants, et, lors du procès du roi, se prononça pour la mort sans appel ni sursis. Il se montra aussi l'adversaire acharné des Girondins et pressa le jugement de la reine. En mission en Seine-et-Marne (avril 1794), il demanda au comité de salut public « un décret très urgent pour détruire le fanatisme, forçant les prêtres âgés de moins de 60 ans à se marier dans les trois mois ». Le comité ne fit aucune réponse. Au mois de juin 1794, comme Robespierre présidait aux Tuileries à la reconnaissance solennelle « par la nation française de l'Être suprême et de l'immortalité de l'âme », Lecointre ne cessa d'injurier le président de la Convention et de l'appeler « tyran », assez haut pour être entendu ; cependant il ne fut point inquiété. En thermidor, cinq jours après la chute de Robespierre, il fit rapporter par la

Convention la loi du 22 prairial qui avait institué le tribunal révolutionnaire. Le 22 fructidor suivant, il dénonça comme complices de Robespierre non encore punis, Billaud, Collot, Barère, Vadier, Amar, Voulland, David. Ses accusations furent à ce moment jugées calomnieuses, et il fut obligé de quitter le bureau des secrétaires qu'il occupait, tandis que les Jacobins l'excluaient de leur club. Mais lorsque Lecointre fit paraître ces accusations en brochure (brumaire an III) sous le titre : *Les crimes des sept membres des anciens comités de salut public et de sûreté générale*, la Convention donna suite à cette nouvelle dénonciation. et nomma une commission d'enquête qui aboutit, le 22 ventôse an III, au rapport favorable de Saladin (*Voy. ce nom*). Décrété d'arrestation à son tour pour avoir pris part au mouvement de germinal an III, Lecointre bénéficia de l'amnistie de brumaire an IV. Lorsque l'établissement du gouvernement consulaire et l'acceptation de la nouvelle Constitution de l'an VIII furent soumis au vote populaire, Lecointre fut le seul des habitants de Versailles qui répondit « non » sur les registres, en motivant longuement son avis. Frappé d'exil par ce fait, il tomba, à la fin de sa vie, dans une gêne extrême. On a de lui divers écrits politiques parmi lesquels : *Conjuration formée dès le 6 prairial, par neuf représentants du peuple contre Maximilien Robespierre, pour l'immoler en plein Sénat* (1794 ; les conjurés désignés et nommés par Lecointre étaient Barras, Fréron, Courtois, Garnier de l'Aube, Rovère, Thirion, Tallien, Guffroy et Lecointre lui-même.

LECOINTRE (MARIE-FRANÇOIS-LOUIS), député de 1885 à 1889, né à Poitiers (Vienne) le 8 septembre 1840, d'une famille originaire de Normandie et connue depuis longtemps en Poitou par ses fondations charitables, petit-fils de Dupont-Minoret et neveu de Charles Dupont, anciens députés de la Vienne, s'occupa de l'exploitation de ses grandes propriétés. Engagé volontaire pendant la guerre de 1870-1871, administrateur des hospices de Poitiers, conseiller municipal de cette ville, maire d'Antrain où il possède le château de Maisonneuve, et, depuis 1880, conseiller-général de la Vienne pour le canton de Leigné-sur-Usseau, M. Lecointre fut élu, le 4 octobre 1885, le second de la liste conservatrice, député de la Vienne par 42,774 voix (80,919 votants, 101,883 inscrits). Il siégea à droite, fit partie de plusieurs commissions, prit part aux discussions du budget, et se prononça *contre* l'expulsion des princes, *contre* la loi donnant à l'État le monopole de l'instruction primaire, *pour* la suppression des sous-préfectures, *pour* la surtaxe des céréales et des bestiaux venant de l'étranger, *pour* la réduction des crédits du Tonkin, etc. En dernier lieu, il s'est abstenu sur le rétablissement du scrutin d'arrondissement (11 février 1889), et a voté *pour* l'ajournement indéfini de la révision de la Constitution, *contre* les poursuites contre trois députés membres de la Ligue des patriotes, *contre* le projet de loi Lisbonne restrictif de la liberté de la presse, *contre* les poursuites contre le général Boulanger.

LE COMPASSEUR-CRÉQUI-MONTFORT — *Voy.* COURTIVRON (MARQUIS DE).

LECOMTE (PIERRE), membre de la Convention, né en 1746, mort à une date inconnue, fut d'abord employé au tribunal de commerce de Rouen, et devint, en 1791, substitut du procureur de la commune dans la même ville. Le 12 septembre 1792, il fut élu premier suppléant à la Convention par le département de la Seine-Inférieure, à la pluralité des voix. Admis à siéger le 25 juillet 1793, en remplacement de Delahaye démissionnaire, il prit part à la discussion du projet sur les écoles primaires, se prononça contre Robespierre au 9 thermidor, défendit Robert Lindet, fit une sortie contre les agioteurs, demanda l'examen de la conduite de Cavaignac, et prit encore la parole sur diverses questions. Il rentra dans la vie privée après la session.

LECOMTE (Eugène-Louis-Jean), représentant en 1849, député au Corps législatif de 1852 à 1870, né à Guillerval (Seine-et-Oise) le 1er mai 1803, mort à Paris le 30 juin 1883, fit ses études au collège Sainte-Barbe et son droit à Paris. Il se destinait aux fonctions publiques, mais l'hostilité du gouvernement de la Restauration le fit entrer dans l'industrie des transports. Après la révolution de juillet, il devint chef d'escadron dans la garde nationale à cheval et chevalier de la Légion d'honneur (1837). Une nouvelle élection dans la garde nationale l'ayant remplacé dans ce grade par M. Gauthier, pair de France, il rentra dans le rang ; la révolution de 1848 l'éleva au grade de lieutenant-colonel. Elu, le 13 mai 1849, représentant de l'Yonne à l'Assemblée législative, le 2e sur 8, par 37,238 voix (80,826 votants, 111,917 inscrits), il vota avec la majorité monarchique, soutint la politique du prince Louis-Napoléon, fut membre de la Commission consultative après le coup d'Etat de 1851, et passa officier de la Légion d'honneur (même année). Conseiller général de l'Yonne pour le canton de Noyers (1852), il fut candidat officiel au nouveau Corps législatif, et fut successivement élu député dans la 3e circonscription de l'Yonne, le 29 février 1852, par 26,371 voix (28,476 votants, 36,574 inscrits), contre 1,679 à M. Raudot ; le 22 juin 1857, par 20,116 voix (25,553 votants, 35,151 inscrits), contre 3,746 à M. Charton, ancien représentant, et 1,578 à M. Honoré Gariel ; le 1er juin 1863, par 22,305 voix (29,378 votants, 35,786 inscrits), contre 4,933 à M. Rathier et 2,063 à M. le marquis de Clermont-Tonnerre ; le 24 mai 1869, par 18,068 voix (29,346 votants, 35,705 inscrits), contre 11,140 à M. Dupont-Delporte. Commandeur de la Légion d'honneur (14 août 1866), M. Lecomte vota constamment avec la majorité dynastique et se retira de la politique après la révolution du 4 septembre.

LECOMTE (Charles-François), député de 1876 à 1877 et de 1878 à 1885, né à Laval (Mayenne) le 14 juillet 1805, dirigea avec succès dans les environs de sa ville natale, à Avesnières, un vaste établissement de tissage mécanique pour laines et cotons. Récompensé aux Expositions de Paris, de Londres, de Vienne, etc., il fut nommé, après la révolution de 1848, maire du Ve arrondissement de Paris correspondant au Xe arrondissement actuel et comprenant les quartiers du faubourg Saint-Denis, de Bonne-Nouvelle, de Montorgueil et de la Porte-Saint-Martin. (M. Lecomte, également établi comme manufacturier à Paris, habitait, 62, rue de Bondy.) Il se signala par son zèle lors de l'épidémie cholérique de 1849, sauva la vie au général Lamoricière en 1850,

et donna sa démission de maire à la suite du coup d'Etat du 2 décembre 1851. Il ne rentra dans la vie politique qu'aux élections législatives du 20 février 1876, s'étant présenté à la députation comme candidat républicain, dans la 2e circonscription de Laval, où il fut élu par 6,295 voix (10,745 votants, 13,427 inscrits), contre 3,713 à M. Lorière et 730 à M. Vilfeu, tous deux candidats monarchistes. « Après tous les désastres que nous avons éprouvés, avait-il dit dans sa profession de foi, la République conservatrice, si sagement inaugurée par M. Thiers, peut seule nous assurer un avenir tranquille et prospère. » Il siégea au centre gauche et, après l'acte du 16 mai 1877, fut des 363. Il échoua aux élections du 14 octobre suivant, avec 5,508 voix, contre 6,022 à l'élu, M. Bernard-Dutreil, candidat officiel du maréchal de Mac-Mahon. Mais l'élection de ce dernier ayant été invalidée, M. Lecomte se représenta avec succès, le 7 juillet 1878, et obtint 5,749 voix (6,216 votants, 14,138 inscrits). Il reprit sa place dans la gauche républicaine, avec laquelle il vota : *pour* les ministères qui se succédèrent au pouvoir, *pour* l'article 7, *pour* le retour au parlement à Paris, *pour* l'invalidation de Blanqui, etc. Le 21 août 1881, M. Lecomte fut réélu par 5,502 voix (10,389 votants, 13,568 inscrits), contre 3,103 au colonel de Plazanet et 1,736 à M. Bernard-Dutreil. Partisan des ministères Gambetta et J. Ferry, il opina dans la législature *contre* la séparation de l'Eglise et de l'Etat, *pour* les crédits de l'expédition du Tonkin, etc. Porté en octobre 1885 sur la liste républicaine opportuniste de la Mayenne, il échoua avec 30,981 voix sur 72,815 votants. Administrateur de la caisse d'épargne de Paris et chevalier de la Légion d'honneur.

LECOMTE (Maxime-Emmanuel), député de 1884 à 1885 et depuis 1887, né à Bavai (Nord) le 1er mars 1846, fit son droit à la faculté de Douai, y fut reçu docteur en 1870, fit partie, pendant la guerre, du 45e de marche, se battit à l'armée du Nord, et fut nommé lieutenant après la bataille de Bapaume. Inscrit au barreau d'Amiens en 1876, il fut, en 1878, chargé de la chaire de droit commercial à la Société industrielle de cette ville, fut nommé (1880) président de la « Conférence littéraire et scientifique de la Picardie », membre de l'Académie d'Amiens, et de la Société des agriculteurs du Nord, etc. Le 21 août 1881, il se présenta dans la 2e circonscription d'Avesnes, comme candidat radical, et échoua avec 5,012 voix contre 10,173 à l'élu, M. de Marcère, député sortant. Il fut plus heureux à l'élection partielle du 6 avril 1884, motivée par la nomination de M. de Marcère au Sénat, et fut élu député d'Avesnes par 8,936 voix sur 16,605 votants et 23,041 inscrits, contre 6,904 à M. Walrand. Il siégea à l'Union républicaine dont il fut le secrétaire l'année suivante, et se représenta, aux élections du 4 octobre 1885, sur la liste républicaine du Nord qui échoua tout entière ; il recueillit pour sa part 116,636 voix sur 292,696 votants ; le dernier élu de la liste conservatrice, M. Delelis, avait obtenu 161,099 suffrages. Mais l'élection partielle du 27 novembre 1887, destinée à pourvoir au remplacement de MM. Bottieau et Legrand de Lecelles décédés, lui rouvrit les portes du parlement ; il fut élu député du Nord, le 2e et dernier, par 146,128 voix sur 275,713 votants et 356,918 inscrits. Ardent adversaire du boulangisme dans son département, M. Lecomte reprit sa place à gauche, vota *pour* les droits protecteurs sur les céréales et les bestiaux, *pour* la nouvelle loi militaire, contribua à l'adoption d'une réforme de la loi des faillites, à l'augmentation du traitement des facteurs ruraux, et parla (11 février 1889) en faveur du scrutin d'arrondissement. Il s'est prononcé, à la fin de la législature, *contre* l'ajournement indéfini de la revision de la Constitution, *pour* les poursuites contre trois députés membres de la Ligue des patriotes, *pour* le projet de loi Lisbonne restrictif de la liberté de la presse. *pour* les poursuites contre le général Boulanger. On a de lui : *Souvenirs de la campagne du Nord* (1872); *La vie commerciale dans ses rapports avec la loi* (1879); *Leçons d'un père à son fils sur la Constitution et la loi; Etude sur les législations européennes en matière de faillite*, etc.

LECONTE (Louis-Thomas), représentant en 1849, député au Corps législatif de 1852 à 1857, né à Dinan (Côtes-du-Nord) le 16 juillet 1799, fut maire de cette ville, où il dirigeait une maison de banque. Elu, le 13 mai 1849, représentant des Côtes-du-Nord à l'Assemblée législative, le 13e et dernier de la liste conservatrice, par 37,957 voix (110,201 votants, 164,242 inscrits), il prit place à droite. opina : *pour* l'expédition de Rome, *pour* la loi Falloux-Parieu sur l'enseignement, etc., et soutint la politique de l'Elysée. Désigné, après le coup d'Etat, comme candidat officiel du gouvernement au Corps législatif dans la 2e circonscription des Côtes-du-Nord, il fut élu, le 29 février 1852, par 10,278 voix sur 22,416 votants et 32,700 inscrits, contre 5,336 à M. Lesage, 4,511 à M. de Largentaye et 2,215 à M. Dutertre. Il s'associa au rétablissement de l'Empire et vota avec la majorité dynastique. Il quitta la vie politique après cette législature.

LECONTE (Alfred-Etienne), député de 1876 à 1885, né à Vatan (Indre) le 21 décembre 1824, fit ses études au collège de Bourges, suivit à Paris les cours du Conservatoire, puis, par ordre de sa famille, ceux de l'Ecole de pharmacie, et s'établit pharmacien de 1re classe à Issoudun en 1852. Il manifesta sous l'Empire des opinions démocratiques qu'il exprimait volontiers dans des pièces de vers, des fables et surtout des chansons. Juge au tribunal de commerce d'Issoudun, conseiller municipal (1885), et conseiller général de l'Indre pour le canton de Vatan (1871), il se fit élire, le 20 février 1876, député de l'arrondissement d'Issoudun, par 6,674 voix (12,504 votants, 14,701 inscrits), contre 5,772 à M. Jean Dufour, conservateur, représentant sortant. M. Alfred Leconte s'inscrivit aux groupes de l'Union républicaine et de l'extrême gauche, vota *pour* l'amnistie plénière, *pour* la suppression du budget des cultes, et fut des 363. La même année il prit la direction d'une feuille intitulée la *Chanson française*, organe de diverses sociétés littéraires. Réélu, après la dissolution de la Chambre, le 14 octobre 1877, député d'Issoudun par 7,326 voix (12,870 votants, 14,932 inscrits), contre 5,463 au même concurrent, il reprit sa place à gauche, opina *pour* les invalidations des députés de la droite, *pour* l'article 7, *pour* l'amnistie, *pour* la liberté de réunion, de la presse et d'association, etc., et obtint encore sa réélection, le 21 août 1881, par 7,820 voix (11,932 votants, 15,173 inscrits), contre 2.407 à M. Daussigny, et 1,613 à M. Cotard. Dans cette nouvelle législature, M. A. Leconte vota le plus souvent avec les radicaux, mais se rapprocha

en quelques circonstances, par ses votes ou par ses abstentions, du parti opportuniste. Inscrit. le 4 octobre 1885, en raison de ces concessions, sur la liste républicaine de l'Indre où la nuance opportuniste dominait, M. Alfred Leconte échoua avec 33,610 voix (69,748 votants). Un incident extra-parlementaire avait, peu de temps auparavant, attiré sur lui l'attention : on lui reprocha d'avoir essayé de faire profiter une personne de sa famille du permis de circulation sur les chemins de fer qui lui était attribué comme député. Membre du Caveau, M. Leconte a publié des chansons, dont quelques-unes sont devenues populaires, des travaux de littérature et d'histoire, et sa thèse de pharmacie : *Considérations philosophiques sur la pharmacie* (1851).

LECONTE DE BETZ (Jacques-Auguste-Léonor), député en 1791, né à Alençon (Orne) le 17 novembre 1736, mort à Alençon le 25 avril 1821, maire d'Alençon, représenta à l'Assemblée législative le département de l'Orne, qui l'avait élu député, le 7 septembre 1791, le 4e sur 10, par 278 voix sur 417 votants. Son rôle parlementaire n'a pas laissé de traces au *Moniteur*.

LECONTE-ROUJOUX (Joseph-Louis), député au Conseil des Anciens, né à Blois (Loir-et-Cher) en 1739, mort à Blois le 9 octobre 1803. était commissaire près le tribunal criminel de Loir-et-Cher, lorsque ce département l'envoya (25 germinal an VII) siéger au Conseil des Anciens. Leconte-Roujoux fut nommé, le 25 floréal an VIII, commissaire près le tribunal civil de Blois.

LE CORDIER-VALENCOURT (Louis-Hippolyte), député au Conseil des Anciens, né à Lisieux (Calvados), le 18 août 1751, mort à Lisieux le 16 décembre 1836, « fils de François Le Cordier, marchand, et de Geneviève Hauvel, » était marchand de toiles à Lisieux. Elu, le 5 juillet 1790, membre du directoire du district de Lisieux, il remplit ensuite les fonctions de procureur syndic jusqu'en nivôse an III. Le 24 vendémiaire an IV, Le Cordier-Valencourt fut élu député du Calvados au Conseil des Anciens, par 250 voix (418 votants). Il en sortit en l'an VIII pour occuper le poste de sous-préfet de Lisieux, qu'il conserva jusqu'en 1816.

LECORGNE. — *Voy.* Bonabry (comte de).

LECOUR (Louis-Didier), député de 1831 à 1834, né à Nantes (Loire-Inférieure) le 9 septembre 1772, mort à Mayenne (Mayenne) le 20 novembre 1849, maire de Mayenne et conseiller général du département, fut élu, le 5 juillet 1831, député du 3e collège de la Mayenne, par 80 voix (147 votants, 185 inscrits), contre 57 à M. de Pommereuil. Membre de la majorité conservatrice, il échoua aux élections du 21 juin 1834, dans le même collège, avec 56 voix contre 82 à l'élu, M. de Puizard.

LECOUR DE GRANDMAISON (Adolphe), représentant du peuple en 1849, né à Nantes (Loire-Inférieure) le 1er janvier 1801, mort à Nantes le 18 mars 1851, négociant et armateur dans sa ville natale, fut élu, le 31 janvier 1849, représentant des Indes françaises à l'Assemblée constituante, par 12,774 voix. Admis le 24 avril 1849, il ne prit part à aucun vote et donna sa démission le 7 mai suivant, par une lettre dans laquelle il disait que : « l'Assemblée, ayant passé à l'ordre du jour sur sa proposition de

donner une représentation légale aux établissements français de l'Inde, il ne pouvait plus longtemps conserver son mandat. »

LECOUR DE GRANDMAISON (FRANÇOIS-
JEAN-BAPTISTE-CHARLES), député depuis 1885,
né à Nantes (Loire-Inférieure) le 12 février 1848,
fils d'un armateur de Nantes et neveu du précédent, fit ses études de droit, fut reçu docteur,
et, engagé volontaire pour la guerre de 1870-
1871, prit part à la défense de Paris dans les
mobiles de son département. Armateur à Nantes
comme son père, juge au tribunal de commerce,
membre de la chambre de commerce, conseiller général du canton de Vertou, et secrétaire de ce conseil depuis 1877, il fut porté, aux
élections du 4 octobre 1885, sur la liste conservatrice de la Loire-Inférieure, et fut élu député,
le 5e sur 9, par 70,477 voix sur 121,474 votants
et 165,624 inscrits. Il siégea à la droite monarchiste, combattit la politique scolaire et coloniale des ministères républicains, fut élu secrétaire de la Chambre (10 janvier 1889) et vota,
en dernier lieu, *contre* le rétablissement du
scrutin d'arrondissement (11 février 1889), *pour*
l'ajournement indéfini de la revision de la
Constitution, *contre* les poursuites contre trois
députés membres de la Ligue des patriotes,
contre le projet de loi Lisbonne restrictif de la
liberté de la presse, *contre* les poursuites contre
le général Boulanger. M. Lecour de Grandmaison a publié, dans des revues, des articles remarqués d'économie politique et sociale, notamment sur les tarifs des douanes, sur les traités
de commerce, les syndicats professionnels, etc.
Commandeur de Saint-Grégoire-le-Grand.

LECOURBE (JACQUES-FRANÇOIS), député au
Corps législatif de l'an IX à 1804, frère du suivant, né à Ruffey (Jura) le 12 septembre 1768,
mort à Ruffey le 20 septembre 1827, fut élu, le
8 ventôse an IX, par le Sénat conservateur,
député du Jura au Corps législatif, où il siégea
jusqu'en 1804.

LECOURBE (CLAUDE-JACQUES, comte), pair
des Cent-Jours, né à Ruffey (Jura) le 23 fé-
vrie 1759, mort à Belfort (Haut-Rhin) le 22
octobre 1815, fils d'un ancien officier d'infanterie, s'engagea, avant la fin de ses études,
dans le régiment d'infanterie d'Aquitaine (1777),
et fut libéré en juillet 1785 étant caporal.
Élu, en 1789, commandant de la garde nationale de Ruffey, et, le 24 novembre 1791, chef
du 7e bataillon des volontaires du Jura, il
partit avec ses frères pour l'armée du Rhin, fit
la campagne de 1792, passa à l'armée du Nord
(1792), et se signala particulièrement à Hondschoote et à Wattignies. Envoyé en Vendée au
mois de frimaire an II, il fut dénoncé comme
hostile au gouvernement, décrété d'arrestation
par le représentant du peuple Duquesnoy, et
traduit à Nantes devant une commission militaire qui l'acquitta. Il alla alors à l'armée de
la Moselle, fut promu peu après général de
brigade provisoire, se distingua à Fleurus, s'empara de Namur, passa la Roër et occupa les
environs de Nimègue. Général de brigade à
titre définitif le 25 prairial an III, il fut successivement attaché à l'armée de Sambre-
et-Meuse et à l'armée du Rhin, dont il eut à
couvrir la retraite, au commencement de l'an
IV. Destitué le 24 germinal, il fut maintenu
par Moreau, appelé au commandement de l'armée du Rhin-et-Moselle, et se fit remarquer
par son courage et son habileté aux batailles
de Rastadt (juillet 1796) et de Néresheim. En

l'an V, durant le siège de Kehl, il se signala
encore à l'affaire de l'île d'Ehrlenheim en contenant les fuyards et en repoussant les Autrichiens dans leurs tranchées. En l'an VI, il fut
successivement attaché à l'armée de Mayence et
à l'armée d'Angleterre. Général de division le
17 pluviôse an VII, il fut chargé, à l'armée du
Danube, de la direction des opérations dans
l'Engadine et la Valteline; il franchit d'abord
heureusement le Funstenmütz en faisant 1,300
prisonniers à l'ennemi, mais fut repoussé à
Mastriesbrück. Sur l'ordre de Masséna, il se
cantonna dans l'Engadine où il battit les Autrichiens à Mavors et à Rémus, et le prince de
Rohan près de Brünnen. Après l'affaire de
Cassano, Lecourbe chercha à couvrir la haute
Engadine contre les Austro-Russes, et fut blessé
à l'affaire de Wasen. Au mois de messidor an
VII, à la tête de deux divisions, il occupa le
massif du Saint-Gothard et de la Furca, et,
dans les premiers jours de vendémiaire an VIII,
parvint à contenir avec 1,500 hommes, Souvarow
et 30,000 Russes près de Seerdorf. Grâce à la
contre-attaque qu'il exécuta du côté d'Altorf,
il occupa la vallée de la Reuss et le canton
de Glaris. Commandant provisoire de l'armée
du Rhin le 19 vendémiaire de la même année,
il passa ce fleuve à Schaffhouse et battit Gorger
sur le Neckar (25 brumaire). Lorsque Moreau
se mit à la tête de l'armée du Rhin en floréal,
il donna à Lecourbe le commandement de
l'aile droite, forte de 40,000 hommes. Ce général força le passage du Rhin à Reutlingen le
9 floréal, prit une part glorieuse aux batailles
d'Eugen et de Mœskisch, s'empara de Mem-
mingen, et contribua, en écrasant les Autrichiens de Klinglin, à la victoire d'Hochstedt.
En messidor, il fut chargé de maintenir les
communications, par le Voralberg et les Grisons, entre l'armée du Rhin et l'armée d'Italie.
Inspecteur général d'infanterie (5 thermidor
an IX) après la paix de Lunéville, membre de
la Légion d'honneur (19 frimaire an XII),
Lecourbe fut mis à la retraite, le 14 fructidor
de cette même année, lors du procès de Moreau,
et placé à Bourges sous la surveillance de la
haute police. Très lié avec Pichegru et avec
Moreau, il avait pu, en effet, être initié aux
projets de ces deux conspirateurs, et ce fut
sans doute une des raisons pour lesquelles
Moreau avait refusé de se séparer de son lieutenant au moment de la campagne de Marengo.
Lecourbe fut remis en activité à la rentrée des
Bourbons, nommé inspecteur général d'infanterie dans les 6e et 18e divisions militaires, créé
chevalier de Saint-Louis le 8 juin 1814, et grand
officier de la Légion d'honneur le 29 juillet. Au
retour de l'île d'Elbe, il refusa d'abord de se
rallier à l'empereur; puis il s'offrit pour défendre la France menacée, reçut le commandement de la 18e division, puis du corps d'observation du Jura, fut nommé pair des Cent-Jours
le 2 juin 1815, et créé comte de l'Empire. Il
défendit les issues de la Suisse et de la Franche-
Comté avec la plus grande valeur et n'arrêta
les hostilités qu'à la nouvelle officielle de la
rentrée de Louis XVIII. La seconde Restauration le mit à la retraite. Resté à Belfort, où il
avait son quartier général pendant les Cent-
Jours, il mourut, peu après, des suites des
fatigues de la dernière campagne.

LE COURIAULT. — *Voy.* QUILIO (DU).

LECOUSTURIER D'ARMENONVILLE (RO-
BERT-ANTOINE-MARIE, vicomte), député au
Corps législatif de 1813 à 1815, né à Paris le 7

mars 1745, mort à Paris le 8 juillet 1818, « fils de maître Nicolas-Robert Lecousturier d'Armenonville, écuyer, contrôleur de la vénerie, des chasses et fauconnerie du roi, sieur d'Armenonville, et de dame Marie-Geneviève Lecousturier, » entra, le 10 mai 1757, au service de la compagnie des gardes du prince de Conti, généralissime des armées de Louis XV. Volontaire au régiment de Picardie en 1760, enseigne au même régiment le 7 mars 1761, il franchit successivement tous les grades jusqu'à celui de colonel, fut promu, le 23 pluviôse an III, maréchal de camp, et entra dans la vie politique sous l'Empire, ayant été élu, le 6 janvier 1813, par le Sénat conservateur, député de l'Eure au Corps législatif. Il adhéra à la déchéance de Napoléon et fut créé vicomte par le gouvernement de la Restauration, le 3 février 1815.

LECOUTEULX DE CANTELEU (JEAN-BAR-THÉLEMY, COMTE), député en 1789, et au Conseil des Anciens, membre du Sénat conservateur, pair de France, né à Canteleu (Seine-Inférieure) le 4 mars 1746, mort à Ferceaux (Eure) le 18 septembre 1818, fils d'un premier président de la chambre des comptes de, Normandie, était banquier à Rouen et échevin au moment de la Révolution. Élu, le 21 avril 1789, député du tiers aux États-Généraux par la ville de Rouen, il s'occupa principalement de questions financières, soutint les idées et les plans de réforme de Necker, et fut rapporteur du projet de vente de 400 millions de biens du clergé; il refusa, en 1790, le poste de caissier général de l'extraordinaire, demanda qu'il fût interdit à un député d'accepter une place du gouvernement, exposa son projet de banque territoriale, appuya la proposition de Necker relative à l'emprunt immédiat de 40 millions, et, au nom de la commission spéciale, donna lecture du résultat de la contribution patriotique. Il fit en outre décréter l'admission, aux caisses de l'État, des billets de la caisse d'escompte, et réclama la création d'une monnaie de cuivre et de petits assignats. Après la session, il s'installa à Paris et ne fut pas inquiété pendant la Terreur. Élu, le 23 vendémiaire an IV, député de la Seine au Conseil des Anciens, par 237 voix (685 votants), il prit part à la plupart des discussions économiques et financières, approuva l'emprunt forcé et l'impôt des patentes, demanda le rétablissement des loteries, prit la défense de ses collègues proscrits au 18 fructidor, vota en faveur des créanciers des émigrés et contre la pension accordée aux veuves des défenseurs de la patrie, fut l'un des promoteurs de l'impôt sur le sel, attaqua avec vivacité les journalistes royalistes qui l'avaient surnommé « Lecouteulx le Cauteleux », et sortit du Conseil en floréal au VII, pour prendre la présidence de l'administration départementale de la Seine. Il se rallia avec empressement au 18 brumaire, fut nommé, des premiers, membre du Sénat conservateur, le 3 nivôse an VIII, et régent de la Banque de France, puis membre de la Légion d'honneur le 9 vendémiaire an XII, commandeur de l'ordre le 25 prairial suivant, comte de l'Empire le 26 avril 1808, et titulaire de la sénatorerie de Lyon. Commissaire extraordinaire de la 22e division militaire en 1814, il fut nommé pair de France à la première Restauration, le 4 juin, et, s'étant tenu à l'écart pendant les Cent-Jours, reprit sa place à la Chambre haute après le retour de Gand. Il vota pour la mort dans le procès du maréchal Ney, mais ne siégea que peu de temps parmi les royalistes ultras et vota par la suite avec

les libéraux. On a de lui : *Essai sur les contributions proposées en France pour l'an VII*, et des discours, des rapports et des brochures de circonstance.

LECOUTEULX DE CANTELEU (BARTHÉLEMY-ALPHONSE, COMTE), pair de France, né à Canteleu (Seine-Inférieure) le 2 août 1786, mort à Farceaux (Eure) le 30 octobre 1840, fils du précédent et de « noble dame Catherine-Charlotte-Alexandrine Cléronde de Sermoutet », commandeur de la Légion d'honneur, fut admis à siéger à la Chambre des pairs, le 30 décembre 1818, en remplacement de son père décédé; il vota silencieusement avec la majorité, et donna sa démission de pair le 2 janvier 1832.

LECOUTEULX DE MOLAY (BÉNIGNE-LÉON, BARON), député de 1846 à 1848, né à Dijon (Côte-d'Or) le 4 novembre 1810, mort à Courcelles (Seine-et-Oise) le 13 novembre 1878, entra tout jeune dans la carrière diplomatique et accompagna M. de Talleyrand à Londres comme 3e secrétaire. Il donna bientôt sa démission, se fixa dans le Loiret où il possédait de grandes propriétés, fut maire de Meung et conseiller général de ce canton de 1836 à 1871. Élu, le 1er août 1846, député du 3e collège du Loiret (Orléans), par 286 voix (545 votants, 655 inscrits), contre 140 à M. Danicourt, 74 à M. Meynard de Franc, et 44 à M. Jousselin, il vota avec la majorité conservatrice, et quitta la vie politique à la révolution de 1848. Membre de la commission supérieure des haras, il reçut en cette qualité la croix de la Légion d'honneur, le 14 août 1865.

LE COZ (CLAUDE, COMTE), député en 1791, né au Rodon-Glass, en Plounevez-Porzay (Finistère) le 22 décembre 1740, mort à Villevieux (Jura) le 3 mai 1815, fils d'un tisserand, fit ses études chez les Jésuites de Quimper, et devint plus tard, après la dispersion de ceux-ci, professeur, puis directeur de ce collège. Épris des idées de la Révolution, il fut élu (1790) procureur-syndic du district de Quimper, appuya dans plusieurs brochures la Constitution civile du clergé et fut élu (février 1791) évêque constitutionnel d'Ille-et-Vilaine. Le 3 septembre suivant, le département d'Ille-et-Vilaine l'envoya siéger à l'Assemblée législative, le 9e sur 10, à la pluralité des voix. Le 19 octobre, il parla contre le mariage des prêtres : « Ceux qui ont dit que le célibat était contraire à la nature ont avancé une erreur. D'ailleurs vous vous occupez en ce moment d'éteindre ce feu qui consume l'empire, et, par l'impolitique motion qui a été faite, vous l'alimentez de plus fort. » Le 10 novembre, s'étant plaint des députés qui « aboient contre les ministres », il fut rappelé à l'ordre par le président; le 13, il traita Isnard « d'athée » après son discours contre les prêtres insermentés; le 30 janvier 1792, il défendit la loi sur les passeports, et, le 5 février, il réclama la suppression de certaines congrégations religieuses : « Je demande, moi, dit-il, que l'Assemblée fasse enfin que la nation jouisse des droits dont elle s'est mise en possession, et qu'elle détruise ces associations de religieux séculiers qui ont fait de tous les séminaires des repaires de l'aristocratie ecclésiastique. Ces anciens corps ne veulent pas nous présenter leurs registres, et il nous est impossible de donner aux directoires des départements les états des fondations. Je demande que ces associations soient dissipées et que les séminaires soient enfin mis à la disposition de la nation. » Le 6 avril, il revint sur cette motion, mais s'opposa à la suppression des congrégations enseignantes. Peu après, il rédigea le mémoire des évêques constitutionnels en réponse à l'*Exposition des principes* des évêques orthodoxes. Il parla, après le 10 août, contre la suspension du roi, et, après la session, fut nommé membre du directoire du département d'Ille-et-Vilaine. Hostile à Carrier, et inflexible sur la question du mariage des prêtres, il fut enfermé au Mont-Saint-Michel jusqu'au 9 thermidor. De retour à Rennes, il écrivit à l'abbé Grégoire, le 14 septembre 1796, qu'il ne pouvait le rejoindre à Paris, « en raison de sa pauvreté qui l'astreint à un régime des plus sobres, et puis le soin de son troupeau qui exige sa présence continuelle. » Il se plaint des projets de Cambacérès : « On crie liberté pour le culte et jamais on ne travailla plus à l'enchaîner. On veut faire régner la tranquillité, la sûreté, et les moyens de les altérer, de tout bouleverser, semblent recherchés et pris avec affectation. La suppression de l'habit ecclésiastique est d'une inconséquence, d'une bêtise qui révolte. Par là, on a facilité non pas seulement aux prêtres séditieux, mais à une foule de scélérats qui se donnent pour prêtres, les moyens d'égarer, de séduire, de ruiner le peuple et de le tenir dans une sorte d'insurrection. » Le Coz présida à Paris le concile national de 1797, et envoya, le 5e jour complémentaire de l'an VI, son serment civique et celui du concile au Conseil des Cinq-Cents, qui passa à l'ordre du jour, par la raison que le Conseil ne pouvait pas reconnaître de corporation religieuse. Il présida encore le second concile national de Paris en 1801, adhéra au Concordat en donnant sa démission d'évêque de Rennes, et fut appelé (1802) à l'archevêché de Besançon. Il signa entre les mains du pape, en 1804, une formule de soumission aux brefs du Saint-Siège, et ne manqua aucune occasion de manifester son admiration pour Napoléon. Le ministre de l'Intérieur lui accorda, en 1807, une médaille pour avoir aidé à la propagation de la vaccine dans son diocèse, et, en 1809, M. Le Coz obtint, la création d'une académie d'enseignement à Besançon. Hostile à la Restauration, il reçut défense du duc d'Angoulême de se présenter devant lui lors du voyage de ce prince dans l'Est en 1814. Aussi, au retour de l'île d'Elbe, il se déclara immédiatement pour l'empereur, et vint lui présenter ses hommages à Paris ; une lettre qu'il adressait, le 8 avril 1815, à Cambacérès, témoigne assez de ses sentiments : « Notre immortel Napoléon pendant plusieurs années se montra le plus grand capitaine de l'Europe ; aujourd'hui il veut se montrer le plus sage philosophe, le législateur le plus sublime, et c'est vous, Monseigneur, qu'il fait asseoir à ses côtés pour le seconder dans cette étonnante conception. Nous, nous levons les mains au ciel, nous le prions de bénir cet admirable projet d'une vraie restauration de notre patrie » M. Le Coz n'eut pas le temps de voir la chute définitive de l'empereur ; il mourut moins d'un mois après, d'une fluxion de poitrine, dans une tournée pastorale. Membre de l'Académie celtique et de l'Académie de Besançon, il a publié : *Observations sur les Zodiaques d'Égypte* (1802) ; *Défense de la révélation chrétienne* (1802) ; *Quelques détails sur La Tour d'Auvergne, premier grenadier de France* (1815) ; on lui attribue également : *Catéchisme sur le célibat ecclésiastique* (1808).

LECREPS (Abel-Frédéric-Léopold), dé-

puté de 1831 à 1834, né à Caen (Calvados) le 11 avril 1787, mort à Caen le 10 avril 1850, fit ses études à l'École centrale du Calvados, puis devint l'élève et le commensal du chimiste Vauquelin. Après avoir étudié avec lui les sciences physiques, il se rendit auprès de M. Lair, nommé, par Napoléon, directeur des constructions navales à l'arsenal d'Anvers, et dont il épousa la fille peu de temps après. Revenu à Caen en 1809, il s'y occupa d'agronomie et d'horticulture et fut l'un des fondateurs de la Société d'horticulture de cette ville. Adjoint au maire puis maire de Caen en 1830, il fut élu, le 5 juillet 1831, député du 2e collège du Calvados (Caen), par 132 voix (239 votants, 403 inscrits), contre 106 à M. de Chatry-Lafosse ; il siégea parmi les ministériels et ne prit la parole que pour réclamer des économies. Il ne se représenta point en 1834, et vécut paisiblement en cultivant ses fleurs jusqu'en 1850. La révolution de février l'impressionna péniblement et contribua peut-être à hâter sa mort.

LE CROM (Marie-Mathurin), représentant en 1849, né à Crédin (Morbihan) le 27 septembre 1800, mort à Vannes (Morbihan) le 17 avril 1876, se destina à l'état ecclésiastique et, ses études terminées au séminaire, fut ordonné prêtre et devint professeur de théologie au grand séminaire de Vannes. Chanoine titulaire de la cathédrale, il fut désigné, aux élections du 13 mai 1849, par les conservateurs royalistes du Morbihan, comme un de leurs candidats à l'Assemblée législative, où il fut élu, le 9e sur 10, par 54,241 voix (86,060 votants, 127,169 inscrits). Il siégea à droite, appuya toutes les propositions et les mesures de la majorité, vota pour l'expédition de Rome, pour la loi Falloux-Parieu sur l'enseignement, pour la loi restrictive du suffrage universel, etc., sans adhérer complètement à la politique particulière du prince-président. Après le coup d'État de 1851, il reprit à Vannes sa double situation de professeur et de chanoine.

LÉCUREL-DESCORAUX (Claude-Louis-Salomon), député en 1791, né à Besançon (Doubs) le 23 novembre 1756, mort à Luxeuil (Haute-Saône) le 14 juillet 1803, avocat dans sa ville natale, se mêla aux luttes du barreau et du parlement et publia à cette occasion, en 1784, son *Histoire des révolutions et de la discipline du barreau français*. Il fit ensuite paraître quelques brochures contre les abus les plus criants, et, partisan de la Révolution, devint capitaine de la garde nationale et, peu après, juge au tribunal du district de Champlitte. Élu, le 28 août 1791, député de la Haute-Saône à l'Assemblée législative, le 2e sur 7 par 189 voix (365 votants), il prit place parmi les modérés et ne parut à la tribune que pour donner lecture d'un rapport sur l'administration des colonies. Après la session, il reprit ses fonctions judiciaires à Champlitte, mais suspect de royalisme, fut arrêté, conduit à Paris et ne dut sa liberté qu'au 9 thermidor. Il revint alors à Champlitte comme président du tribunal, et ne tarda pas à se signaler par la rigueur avec laquelle il poursuivit les terroristes. Partisan du 18 brumaire, il fut nommé juge au tribunal d'appel de Besançon le 18 floréal an VIII ; exerçait ces fonctions quand il mourut aux eaux de Luxeuil. On a de lui : *Essais sur l'origine du droit public et du pouvoir judiciaire* (1788).

LÉCUYER (Victor-Alfred), représentant

du peuple en 1848, né à Corbeil (Seine-et-Oise) le 31 décembre 1814, mort à Corbeil le 7 juin 1790, fils d'un menuisier, travailla d'abord dans une fabrique d'indiennes à Essonnes, puis à Corbeil, fit son apprentissage d'ouvrier serrurier à Soisy-sous-Etioles, et entra, au mois d'octobre 1834, comme ouvrier mécanicien, dans les ateliers de construction de la fabrique de Chantemerle à Essonnes. Il ne devait qu'à lui son instruction, prise sur ses heures de loisir, et il s'était épris des idées qui avaient cours alors sur l'amélioration du sort des classes pauvres. il se fit recevoir de la Société de secours mutuels de Corbeil, devint secrétaire puis président de cette société, et acquit une réelle influence sur ses concitoyens. Reçu franc-maçon à la loge chapitrale Mars et des Arts de Paris, caporal des pompiers de la garde nationale de Corbeil, il se signala par des actes de courage personnel, et fut nommé conseiller municipal de Corbeil le 26 février 1848. Quelques jours plus tard, on eut quelque peine à lui faire accepter une candidature à l'Assemblée constituante. Il fut élu, le 23 avril, représentant de Seine-et-Oise, le 4e sur 12, par 69,925 voix. Il siégea à gauche, fit partie du comité du travail, et vota *pour* les poursuites contre L. Blanc, *contre* les poursuites contre Caussidière, *contre* l'impôt progressif, *contre* l'amendement Grévy, *contre* la sanction de la Constitution par le peuple, *pour* l'ensemble de la Constitution, *contre* la proposition Rateau, *contre* l'interdiction des clubs, *contre* l'expédition de Rome. Non réélu à la Législative, il reprit sa profession de mécanicien, et, après la chute de l'Empire, fut nommé commissaire de surveillance des chemins de fer. Il jouissait de cette qualité quand il mourut à 76 ans.

LEDANOIS DE LA SOISIÈRE (ANDRÉ-BAZILE), député au Conseil des Anciens, au Corps législatif en l'an X et en 1807, et représentant à la Chambre des Cent-Jours, né à Bernay (Eure) le 8 mars 1750, mort à Paris le 18 juin 1827, subdélégué, lieutenant-général au bailliage de Bernay, et conseiller au conseil de Monsieur avant la Révolution, fut nommé, en 1789, maire et commandant de la garde nationale de Bernay, puis (1791) président de l'administration de ce district. Élu, le 24 vendémiaire an IV, député de l'Eure au Conseil des Anciens, par 167 voix (322 votants), il y traita principalement des questions financières, parla sur les emprunts, et fut secrétaire du Conseil en l'an V. Rallié au 18 brumaire, il fut nommé conseiller de préfecture de l'Eure le 9 germinal an VIII, et fut élu député du département au Corps législatif par le Sénat conservateur, le 6 germinal an X, et réélu le 10 février 1807. En 1814, il adhéra à la déchéance de l'empereur, reçut de Louis XVIII des lettres de noblesse, et, pendant les Cent-Jours, fut élu (8 mai 1815) à la Chambre des représentants par l'arrondissement de Bernay, avec 43 voix (65 votants, 141 inscrits). La seconde Restauration appela M. Ledanois de la Soisière à la présidence du tribunal de première instance de Bernay, puis aux fonctions de conseiller à la cour d'appel de Rouen. On a de lui : *Des vices de la législation sur la contrainte par corps pour délits* (1819).

LE DÉAN (FRANÇOIS-JÉROME, BARON), député en 1789, représentant aux Cent-Jours, né à Douarnenez (Finistère) le 10 février 1744, mort à Quimper (Finistère) le 26 février 1823, était fils de Louis-Jean-Marie Le Déan du Glascoët

qui fut receveur des fermes à Douarnenez, et de Marie-Renée Gondrel de la Gourberie. Il s'occupa d'abord de commerce, naviqua comme subrécargue de la compagnie des Indes, et, vers 1780, s'établit à Quimper, où il devint membre du conseil de ville, et fit partie, en novembre 1788, de la députation chargée de porter à Versailles les plaintes du tiers-état breton. Aux Etats de Bretagne, où il fut nommé commissaire (décembre 1788), il réclama le vote par tête; le 22 avril 1789, il fut élu par le tiers-état de la sénéchaussée de Quimper député aux Etats-Généraux. Il siégea silencieusement à gauche, fut membre du comité des recherches, et vota toutes les réformes proposées. Elu maire de Quimper (septembre 1791), il conserva ces fonctions jusqu'en 1793, se pourvut de biens nationaux, et, ayant offert un asile aux Girondins proscrits, dut se cacher à son tour pour échapper aux poursuites. Il fut nommé membre du directoire du département après le 9 thermidor, et, favorable au 18 brumaire, fut nommé par le gouvernement consulaire conseiller de préfecture du Finistère (22 germinal an VIII). L'empereur le créa baron de l'Empire (11 juin 1810), et le nomma président du collège électoral du Finistère. Le 16 mai 1815, le collège de département l'élut représentant à la Chambre des Cent-Jours par 43 voix sur 84 votants. Il quitta la vie politique après cette courte législature, et mourut à 79 ans.

LE DÉAN (AIMÉ-JEAN-LOUIS-NICOLAS-RENÉ), député de 1834 à 1842, né à Quimper (Finistère) le 27 juin 1776, mort à Vichy (Allier) le 6 juin 1841, fils du précédent, entra en 1794 à l'Ecole polytechnique, fut nommé ingénieur de la marine à Brest le 21 novembre 1797, passa en la même qualité à Lorient, et devint conseiller municipal de Lorient, et conseiller général du Morbihan. Successivement élu député du 3e collège de ce département (Lorient) : le 21 juin 1834, par 103 voix (169 votants, 188 inscrits), contre 47 à M. Villemain ; le 4 novembre 1837, par 111 voix (201 votants, 234 inscrits) ; le 2 mars 1839, par 109 voix (198 votants), il fit constamment partie de la majorité ministérielle, et vota pour le ministère du 15 avril 1837, *pour* la loi d'apanage, *contre* la coalition. Admis à la retraite comme ingénieur des constructions navales de 1re classe, le 26 octobre 1837, il mourut en juin 1841, et fut remplacé, le 24 juillet suivant, par M. Laurent. On a de lui quelques publications techniques : *Lettres sur la rareté toujours croissante des bois de construction; Description des nouvelles études propres à plier les bois; Notes sur les feuilles de cuivre employées au doublage des vaisseaux;* etc.

LE DEIST DE BOTIDOUX (JEAN-FRANÇOIS), député en 1789, né au château de Beauregard en Saint-Hervé (Côtes-du-Nord) le 31 août 1762, mort à Saint-Brieuc (Côtes-du-Nord) le 19 novembre 1823, d'une ancienne famille de négociants en toiles anoblis par des charges publiques, était fils d'un contrôleur de la chancellerie près le parlement de Bretagne, et de Suzanne Martin. Il s'occupait de travaux littéraires, lorsqu'il fut élu, le 17 avril 1789, député suppléant aux Etats-Généraux par le tiers-état de la sénéchaussée de Ploërmel ; il fut admis à siéger le 14 février 1790, en remplacement de Robin de Morhéry démissionnaire. Votant tantôt avec la gauche, tantôt avec la droite, il protesta contre les atermoiements proposés par l'abbé Maury sur la vente immédiate des biens du clergé, attaqua les réformes financières de Necker, s'éleva contre la loi contre les émigrés, et appuya la création des assignats. Après la session, il s'enrôla dans l'armée du Nord avec le grade de capitaine au 34e de ligne, refusa de signer l'adresse inspirée par Lafayette contre le 20 juin 1792, donna sa démission, et vint, après le 10 août, à l'Assemblée législative, dénoncer M. de Latour-Maubourg. Réintégré dans son grade par un décret de l'Assemblée (22 août), il vit sa candidature à la Convention combattue dans l'*Ami du peuple*, qui le comptait parmi les « sujets déméritants » et l'appelait « sableur de champagne ». En décembre, Le Deist de Botidoux présidait à Paris le club des Marseillais. Nommé commissaire ordonnateur en chef à l'armée des Alpes, il fut destitué après l'arrestation dont il était l'ami (31 mai 1793), et se mit à la tête d'un bataillon de l'armée fédéraliste à Caen. Il guida jusqu'à Fougères les Girondins en fuite. Louvel, qui était du nombre, accuse Le Deist d'avoir songé alors à les trahir et à les livrer ; mais cette assertion manque de preuves suffisantes. Converti ensuite au royalisme, Le Deist était, en 1794, secrétaire du comité royaliste insurrectionnel du Morbihan ; en décembre, il accepta l'amnistie offerte par Hoche, et signa le traité de la Mabilais (20 avril 1795). Retiré dans sa terre de Beauregard, il se mit à traduire en vers les satires d'Horace ; n'ayant échappé que grâce à sa force et à son agilité à un guet-apens tenté contre lui par les Chouans qui l'accusaient de défection, il quitta la campagne, et se fit nommer (an V) professeur à la nouvelle école centrale de Saint-Brieuc qui ne fut ouverte qu'en prairial an VII, et qui fut fermée en 1803. Sans emploi sous l'Empire, il publia, en 1807, une traduction des *Commentaires de César*, des fragments de l'*Art poétique* d'Horace en 1812, et des morceaux de Cicéron et de Salluste ; d'autre part, des documents de cette époque le qualifient toujours de négociant. En souvenir des services d'autrefois, la Restauration le nomma messager de la Chambre des pairs ; il fut admis aussi à l'Académie celtique. De retour à Saint-Brieuc vers 1820, il se retira à l'hôpital de cette ville comme pensionnaire, et il y mourut, célibataire, à 62 ans, « avec la réputation, dit M. Kerviler à qui nous devons la plupart des éléments de cette notice, d'un aimable épicurien et d'un esprit indépendant et original. »

LE DENMET. — *Voy.* KERVERN.

LEDESVÉ (LOUIS-JACQUES), député au Conseil des Cinq-Cents, né à Rouen (Seine-Inférieure) le 30 octobre 1756, mort à une date inconnue, était juge de paix, quand il fut élu, le 23 germinal an V, par 277 voix (301 votants), député de la Seine-Inférieure au Conseil des Cinq-Cents ; il siégea jusqu'en l'an VII. Ledesvé, dont le rôle politique fut obscur, demeurait à Paris rue de Suresnes, n° 1059.

LEDIER (STANISLAS-XAVIER-SYLVAIN), député au Corps législatif de 1852 à 1870, né à Bacqueville (Seine-Inférieure) le 29 octobre 1798, mort à Paris le 1er mars 1873, propriétaire, maire de Bacqueville, conseiller général, fut désigné, le 29 février 1852, comme candidat du gouvernement au Corps législatif dans la 4e circonscription de la Seine-Inférieure, et élu député par 16,641 voix (20,769 votants, 34,455 inscrits), contre 3,612 à M. d'Aubermesnil, ancien repré-

sentant. Il prit part à l'établissement du régime impérial qu'il soutint de ses votes, ayant obtenu successivement sa réélection : le 22 juin 1857, par 15,068 voix (17,660 votants, 31,990 inscrits), contre 875 à M. Deschamps, de l'opposition démocratique ; le 1er juin 1863, par 17,701 voix (25,545 votants, 33,209 inscrits), contre 7,637 à M. Laribe ; mais il fut battu, le 24 mai 1869, avec 11,727 voix (26,347 votants, 32,199 inscrits) par M. Estancelin, orléaniste (14,486 voix). Il rentra dans la vie privée.

LEDIGNAN SAINT-MICHEL. — *Voy.* ROYS (COMTE DE).

LE DISSEZ DE PENANRUN (PIERRE-CLAUDE-FRANÇOIS), député de 1820 à 1827, né à Rostrenen (Côtes-du-Nord) le 10 octobre 1766, mort à Paris le 19 décembre 1834, était directeur des contributions indirectes dans le Finistère, lorsqu'il fut élu député du collège de département du Finistère, le 14 novembre 1820, par 120 voix (205 votants, 223 inscrits), et réélu le 13 novembre 1822, dans le 2e arrondissement électoral du même département (Morlaix), avec 124 voix (198 votants, 214 inscrits), contre 70 à M. Borgnis-Desbordes. Ce même jour, il était également nommé dans le 3e arrondissement du Finistère (Châteaulin), par 84 voix (114 votants, 128 inscrits), contre 29 à M. de Kératry. M. Le Dissez de Penanrun opta pour Châteaulin et fut remplacé à Morlaix par M. de Kerouvriou. Il siégea dans la majorité, appuya le projet de M. de Villèle sur la conversion des rentes, vota la loi sur le sacrilège, mais s'opposa, dit-on, à la vente des terrains du ministère de la Guerre parce qu'ils avaient autrefois appartenu à des religieux ; il avait été réélu à Châteaulin le 25 février 1824, par 84 voix (136 votants, 148 inscrits), contre 29 à M. Conen-Saint-Luc. Les élections générales de 1827 le rendirent à la vie privée.

LEDRU (JEAN-MARIE), représentant du peuple en 1848, né à Paimpol (Côtes-du-Nord) le 7 mars 1801, mort à Paimpol le 4 mai 1870, juge de paix à Paimpol sous le gouvernement de Louis-Philippe, conseiller municipal de Lannion et connu pour ses idées libérales, fut nommé, à la révolution de février, sous-commissaire du gouvernement provisoire dans l'arrondissement de Lannion. Le 23 avril suivant, il fut élu représentant des Côtes-du-Nord à l'Assemblée constituante, le 15e sur 16, par 64,885 voix (144,377 votants, 167,673 inscrits). Il siégea parmi les républicains modérés, fut secrétaire du comité de l'instruction publique, et vota *pour* le bannissement de la famille d'Orléans, *contre* les poursuites contre Louis Blanc et Caussidière, *contre* l'abolition de la peine de mort, *contre* l'impôt progressif, *contre* l'incompatibilité des fonctions, *contre* l'amendement Grévy, *contre* la sanction de la Constitution par le peuple, *pour* l'ensemble de la Constitution, *contre* la proposition Rateau, *contre* l'interdiction des clubs, *contre* l'expédition de Rome, *pour* la demande de mise en accusation du président et des ministres. Non réélu à la Législative, il rentra dans la vie privée après la session.

LEDRU DES ESSARTS (FRANÇOIS-ROCH, BARON), pair de France, né à Chantenay (Sarthe) le 16 août 1765, mort à Champrosay (Seine) le 23 avril 1844, « fils de maître André-Jean Ledru, notaire royal de la paroisse de Chantenay, et de demoiselle Madeleine Lenoir », fit ses études au Mans chez les Oratoriens, et s'engagea, en 1792, dans le 2e bataillon de la Sarthe. Il fit campagne dans le Nord, et assista au bombardement de Lille et aux batailles d'Hondschoote et de Wattignies. Chef de bataillon le 18 prairial an II, il se distingua au passage du Tagliamento, et à la prise de Gradisca, et suivit la campagne des Abruzzes avec Championnet. Blessé à la bataille de la Trebbia et nommé chef de brigade le 1er messidor an VII, il fit successivement partie de l'armée d'Italie avec Masséna, de la division de Bruges et de l'armée du camp de Boulogne. Nommé membre de la Légion d'honneur (19 frimaire an XII), et officier (15 prairial), il prit part à la campagne d'Austerlitz en qualité de colonel du 55e de ligne, et contribua au succès de la bataille, en s'emparant, à la tête de quelques bataillons, du plateau de Pratzen. Nommé, peu après, général de brigade, il fit encore la campagne de 1806 et de 1807, assista à Iéna, fut blessé à Nordhausen, et combattit à Hoff et à Eylau où il fut si grièvement blessé qu'il passa pour mort. Le 10 juin de la même année, il se signala à Heilsberg, fut nommé commandeur de la Légion d'honneur (11 juillet), et coopéra à la prise de Kœnigsberg. Créé baron de l'empire le 24 février 1809, sous le titre de baron des Essarts, il fit la campagne du Danube dans le corps d'armée de Masséna, et combattit à Eckmühl, à l'île Lobau et à Aspern où une balle lui traversa le cou. Envoyé alors en France, il fut nommé général de division (juillet 1811), et reçut, au moment de la campagne de Russie, le commandement d'une division du corps de Ney. Il assista aux batailles de Krasnoï, de Smolensk et de la Moskowa, forma, lors de la retraite, l'arrière-garde de l'armée, échappa à Kutusoff par une habile marche de flanc, et franchit le dernier la Bérésina. En 1813, il se distingua à Bautzen, à Leipsig et à Hanau, avec le 11e corps d'armée, et en 1814, combattit sous les murs de Paris. Il protesta contre la défection du duc de Raguse, et s'interposa pour empêcher le général Souham d'être maltraité par ses troupes ; mais il ne put, avec ses troupes, gagner Fontainebleau, dont les alliés avaient déjà coupé les communications. A la première Restauration, il fut chargé de la réorganisation des 1er et 2e de ligne et des 1er et 2e légers. Pendant les Cent-Jours, l'empereur l'envoya à l'armée des Alpes, sous les ordres de Suchet. En 1817, il constitua les trois régiments suisses à la solde de la France, fut nommé, en 1818, inspecteur général d'infanterie, et refusa, en 1819, le commandement de la 19e division (Lyon) ; mais Gouvion Saint-Cyr le nomma d'office à Grenoble pour rétablir l'ordre après le procès et la condamnation de Didier. Depuis cette époque, il fut employé aux inspections, et, en 1830, il était, en cette qualité, à la division de Paris. Le gouvernement de juillet lui confia la mission délicate de licencier les régiments dits « de la Charte », nés des trois journées ; il en forma neuf bataillons d'infanterie légère, et versa également les anciens soldats de la garde royale dans les 65e et 66e de ligne qui se battirent à Anvers, à Ancône et à Oran. Admis à la retraite, comme lieutenant-général, le 11 juin 1832, il fut nommé pair de France le 11 septembre 1835. Il siégea à la Chambre haute, dans la majorité ministérielle, jusqu'à sa mort

LEDRU-ROLLIN (ALEXANDRE-AUGUSTE), député de 1841 à 1848, membre du gouvernement provisoire, ministre, représentant en 1848, en 1849, en 1871 et en 1874, né à Paris le 2 février 1807, mort à Fontenay-aux-Roses (Seine) le 31 décembre 1874, était fils du docteur Ledru, médecin et antiquaire, et petit-fils du célèbre prestidigitateur Ledru, surnommé Comus, qui fut, sous Louis XV, professeur de physique des enfants de France, et qui se signala par ses expériences sur l'électricité et par les travaux qu'il fit avec Franklin pour arriver à la découverte du paratonnerre. Alexandre-Auguste fit de bonnes études classiques et fut un des élèves les plus distingués de la faculté de droit de Paris. Reçu brillamment licencié, puis docteur (1828), il prêta serment comme avocat en 1830 : il n'avait que vingt-deux ans. C'est à cette époque qu'il ajouta à son nom celui de Rollin, qui appartenait à sa bisaïeule maternelle, voulant éviter la confusion qui n'aurait pas manqué de s'établir entre lui et un autre avocat, M. Charles Ledru. Deux ans après son entrée au barreau, Ledru-Rollin donna son premier gage au parti démocratique en protestant, dans une consultation retentissante, contre l'état de siège. Cette voix isolée trouva un écho dans la magistrature : la cour de Cassation rendit un arrêt sous lequel l'état de siège tomba. Un mémoire sur les massacres de la rue Transnonain, publié par lui après les journées d'avril 1834, contribua aussi à signaler le nom du jeune avocat à l'attention publique. Dès ce moment, il commença aussi à s'acquérir, au palais, une réputation qui devait grandir de jour en jour. Quand vint le procès des détenus d'avril 1834, Ledru-Rollin fut chargé de la défense de Caussidière ; puis il offrit en mainte circonstance son concours désintéressé aux journaux de l'opposition poursuivis par le pouvoir. « Ledru, écrit un de ses biographes, était toujours là, prêt à intervenir en faveur de la presse attaquée, et plus d'une fois son éloquente parole obtint d'honorables acquittements. » Il plaida notamment pour la *Nouvelle Minerve* (octobre 1835), accusée de diffamation envers le duc de Broglie. Le journal le *Réformateur*, rendant 'compte alors de ce procès, qualifia « d'admirable » la plaidoirie du jeune avocat radical. En 1837, Ledru-Rollin fit acquitter par la cour des pairs Laveaux, prévenu de complicité dans la tentative d'assassinat dirigée par Meunier contre Louis-Philippe ; cet acquittement fut considéré comme un succès personnel d'autant plus vif pour le défenseur que, dans une délibération préparatoire, l'accusé avait d'abord été condamné à la peine de mort. En 1838, le *Journal du Peuple* comparaissait devant la cour d'assises pour avoir publié une adresse démocratique des travailleurs anglais aux travailleurs français : Ledru obtint encore l'acquittement, Il ne fut pas moins heureux dans son intervention en faveur du *Charivari* traduit, une semaine plus tard, aux mêmes assises, pour un piquant article intitulé : *Un petit million, s. v. p.*, et qui visait le système des dotations, cher au roi Louis-Philippe. Le temps qu'il consacrait à la défense judiciaire de la démocratie n'empêchait point Ledru-Rollin de se livrer à de sérieux travaux de jurisprudence : il prit la direction du *Journal du Palais, recueil le plus ancien et le plus complet de la Jurisprudence française*, dont il donna une édition nouvelle, avec une table générale et une remarquable introduction ; il attacha également son nom au journal judiciaire le *Droit* et en fut pendant plusieurs années le rédacteur en chef. Aussi, à moins de trente ans, fut-il élu à Paris, par ses confrères, membre du conseil de l'ordre. Vers cette époque, il acheta, de Dalloz, moyennant 300.000 francs, sa charge d'avocat aux conseils du roi et à la cour de Cassation, sans cesser d'offrir son appui aux prévenus politiques ; c'est ainsi que dans l'affaire Raban dite des poudres, on le vit quitter le banc du barreau de la cour suprême pour venir défendre, devant la police correctionnelle, son ami et coreligionnaire Dubosc, rédacteur du *Journal du Peuple*, accusé de détention de munitions de guerre.

A quelque temps de là, fort de ses opinions radicales et de ses antécédents d'homme politique et d'avocat, Ledru-Rollin tenta pour la première fois la chance de la députation : il se présenta, en 1839, devant le collège de Saint-Valery (Seine-Inférieure) sous le patronage d'Odilon Barrot qui écrivit aux électeurs : « Je vous recommande M. Ledru-Rollin, dont j'ai pu apprécier le talent et le patriotisme, je vous le recommande, bien que ses opinions soient beaucoup plus avancées que les miennes. » Des électeurs influents ayant vainement tenté de faire « adoucir » par le candidat quelques-unes des passages de sa profession de foi, et particulièrement de l'empêcher de déclarer qu'il était républicain, il échoua faute de onze voix, n'en ayant obtenu que 132 voix contre 151 à M. Mallet, député sortant, élu. Il se remit alors avec ardeur à ses travaux de jurisprudence, dans lesquels il était très heureusement servi par sa vive compréhension des affaires et par l'intelligente activité de son secrétaire, M. Jamet. Mais il n'avait pas dit adieu à la politique active. Bientôt, la mort de Garnier-Pagès l'aîné vint ouvrir à Ledru-Rollin l'entrée de la Chambre. « Le 2e collège de la Sarthe, observe un écrivain, était alors en quelque sorte une île républicaine au milieu de la France monarchique : Sieyès, Carnot, et, depuis la Restauration, Benjamin Constant, La Fayette, Picot-Désormeaux, Garnier-Pagès en étaient tous sortis. » Les amis du *National*, MM. Duclerc, Pagnerre, Dornès, etc., songèrent pour succéder au défunt, à Garnier-Pagès jeune ; d'autres, comme MM. Baune, Félix Avril, mettaient en avant la candidature de M. Pance, homme de lettres, ancien agréé au tribunal de commerce de Paris, alors démocrate fougueux et qui fut plus tard préfet conservateur du département de la Sarthe ; mais Caussidière se souvient de son défenseur devant la cour des pairs ; il s'entendit avec M. Trouvé-Chauvel, alors maire du Mans, avec MM. Elias Regnault et Hauréau, rédacteurs du *Courrier de la Sarthe*, et, comme l'écrit malicieusement un biographe, « on persuada au 2e collège de la Sarthe qu'il avait choisi M. Ledru-Rollin. » Celui-ci accepta la candidature ; le 23 juillet 1841, il arrivait au Mans et là, devant une réunion de ses électeurs et de nombreux citoyens accourus pour l'entendre, il prononçait cette profession de foi qui lui valut le baptême parlementaire et qui eut dans toute la France un si profond retentissement. Il débutait ainsi :

« En répondant à votre appel, en venant à vous, je vous dois compte de ma foi politique. Cette foi vive, inébranlable, je la puise dans mon cœur et dans ma raison. Dans mon cœur, qui me dit, à la vue de tant de misères dont sont assaillies les classes pauvres, que Dieu n'a pas pu vouloir les condamner à des douleurs éternelles, à un ilotisme sans fin. Dans ma raison, qui répugne à l'idée qu'une société puisse imposer au citoyen des obligations, des devoirs, sans lui départir, en revanche, une portion quelconque de souveraineté. La souveraineté du peuple, tel est, en effet, le grand principe qu'il y a près de cinquante années, nos pères

ont proclamé. Mais cette souveraineté qu'est-elle devenue? reléguée dans les formules d'une Constitution, elle a disparu du domaine des faits. Pour nos pères, le peuple était la nation tout entière, chaque homme jouissant d'une part égale de droits politiques, comme Dieu lui a fait une part égale d'air et de soleil. Aujourd'hui le peuple, c'est un troupeau conduit par quelques privilégiés comme vous, comme moi, Messieurs, qu'on nomme électeurs, puis par quelques autres privilégiés encore qu'on salue du titre de députés. Et si ce peuple, qui n'est point représenté, se lève pour revendiquer ses droits, on le jette dans les cachots. S'il s'associe pour ne pas périr de misère et défendre son salaire insuffisant, on le jette dans les cachots. Si, comme à Lyon, dans des jours de funèbre mémoire, il écrit sur son étendard : « Du pain ou la mort, » on le mitraille, et l'on calomnie ses restes mutilés. Et, à ses cris de désespoir, on entend quelques voix parties de la tribune répondre : Peuple, que veux-tu, que demandes-tu? n'es-tu point souverain, peuple, n'es-tu point roi? Insultante dérision, misérable ironie! le peuple-roi! ils l'appelaient roi aussi, les Pharisiens d'une autre époque, ce révélateur d'une religion nouvelle qui venait prêcher aux hommes l'égalité et la fraternité! Ils l'appelaient roi, mais en le flagellant, en le couronnant d'épines, en lui jetant à la face l'injure et le blasphème. Le peuple, Messieurs, c'est l'*ecce homo* des temps modernes, mais soyez convaincus que sa résurrection est proche; il descendra aussi de sa croix pour demander compte de leurs œuvres à ceux qui l'auront trop longtemps méconnu... » Puis, Ledru-Rollin entrait dans les détails de son programme, il affirmait que « la régénération politique ne peut être qu'un acheminement et un moyen d'arriver à de justes améliorations, et que le parti démocratique se distinguait profondément des « partis éclos de la révolution de juillet ». Chemin faisant, il condamnait la « phalange doctrinaire, » le « parti Thiers, » la « faction Barrot, » le parti légitimiste, réclamait, comme la plus capitale des réformes, la revision de l'impôt, demandait aussi l'abolition du remplacement militaire, déclarait le gouvernement impuissant à résoudre la question des salaires « d'où dépend l'avenir des sociétés modernes, » et tout aussi incapable de faire respecter le drapeau français à l'étranger; protestait contre les procès de presse, et concluait : « Mais, Messieurs, en mettant en regard de ce douloureux tableau le programme de mes vœux, de ma foi politique, n'ai-je point oublié, pour m'abandonner à de chères espérances, les hommes au milieu desquels votre confiance m'enverra? Non, j'ai tout pesé. Je sais que ces doctrines de dévouement sont traitées de folies par la majorité acquise à tous les ministères, quels que soient leurs dilapidations, leur aveugle égoïsme. Je sais que la vénalité, que la peur, la peur surtout, a tout infecté, et qu'entraînées par ce débordement de corruption, des natures d'élite se sont livrées au découragement. Je sais que, de toutes parts, les hommes qui vivent de cette honte se sont coalisés pour étouffer le moindre cri d'alarme. Mais, loin de me laisser abattre par ces obstacles, je puiserai dans le sentiment du devoir que votre mandat m'imposera la force de les surmonter. Je serai soutenu par l'illustre souvenir des grands citoyens que, selon les temps et les circonstances, votre patriotisme a envoyés à la représentation nationale ; et si ma voix se brise dans le tumulte de tant de résistances intéressées, l'avenir, Messieurs, l'avenir qui est à nous, se chargera de développer les germes dont j'aurai, dans la mesure de mes forces, contribué à jeter la semence!... »

Ce langage, auquel la France de Louis-Philippe n'était plus accoutumée, émut violemment le pouvoir : élu, le lendemain, 24 juillet 1841, député du Mans par 123 voix sur 127 votants, Ledru-Rollin vit presque aussitôt ses paroles incriminées par la cour d'Angers, sous l'inspiration de l'autorité supérieure, qui redoutait un acquittement devant le jury de la Sarthe. Le procureur général d'Angers dut demander ce renvoi à la cour de Cassation, qui l'accorda : Ledru-Rollin avait plaidé sa cause lui-même dans des termes qui n'avaient rien d'insinuant : «Procureur général, qui vous donne l'investiture? Le ministère. Moi, électeur, je chasse les ministres. Au nom de qui parlez-vous? Au nom du roi. Moi, électeur, l'histoire est là pour le dire, je fais et je défais les rois. Procureur général, à genoux donc devant ma souveraineté! Discuter mon impartialité, c'est porter la main sur ma couronne électorale... » Le 23 novembre 1841, le député de la Sarthe comparut devant la cour d'assises d'Angers, assisté d'un conseil de défense formé d'Odilon Barrot, de Fr. Arago, de Berryer et de Marie; une foule immense assistait aux débats. Ledru présenta quelques observations. Après avoir entendu la défense de la prérogative électorale présentée par les conseils du prévenu, le jury d'Angers esquiva la difficulté en déclarant le discours non coupable et en condamnant cependant la publication qu'en avait faite le *Courrier de la Sarthe*. La peine de quatre mois d'emprisonnement et de trois mille francs d'amende fut prononcée contre Ledru-Rollin, qui se pourvut d'ailleurs en cassation pour vice de forme et obtint gain de cause. En décembre 1841, il parut au Palais-Bourbon, et prit place à l'extrémité gauche de la salle. Son nom inspirait déjà de si vives craintes au parti conservateur que le centre songea un moment à refuser au nouvel élu l'entrée de la Chambre pour « indignité »; mais ce projet n'eut pas de suites. A peu près au même moment, il fut désigné d'office par la Cour des pairs pour la défense de Dupoty, taxé de « complicité morale » dans l'attentat de Quénisset. Les débuts parlementaires de Ledru-Rollin, attendus avec impatience, n'eurent lieu que dans la séance du 10 mars 1842. On discutait une proposition tendant à allouer au ministère un supplément de plusieurs centaines de mille francs pour fonds secrets. Ledru ouvrit le feu contre le projet ministériel, et, dès ce jour, sa place fut marquée au premier rang des orateurs de la Chambre. Il s'était attaché à prouver que les hommes qui se disaient conservateurs ne conservaient aucune de nos libertés, et il leur avait jeté, à la fin, cette apostrophe : « Vous n'êtes pas un ministère de conservation; vous êtes un ministère de contre-révolution! » Il parla ensuite plusieurs autres fois pendant la même session : protestant contre la latitude absolue que le code d'instruction criminelle laissait au juge d'instruction pour la mise en liberté sous caution des prévenus, il réussit à faire adopter par la Chambre un amendement en vertu duquel on reconnut le droit qu'avait, après son interrogatoire, tout prévenu, de communiquer avec son avocat, hors le cas de secret. Le 3 mai 1842, il défendit, à propos du projet de loi sur les grandes lignes de chemin de fer, l'intérêt des départements de l'Ouest. Le 14 mai, il soutint une pétition contre la loi sur les annonces judiciaires. Le 17, il reprocha à M. Hébert, procureur général, sa « partialité » en faveur de la presse monarchique, et notamment du *Globe*, qui paraissait impunément sans cautionnement. Le 23, il prit avec chaleur la défense des condamnés républicains que le ministère avait soumis au système cellulaire du Mont-Saint-Michel. Le 27, il dénonçait au pays les travaux de fortifications faits à Vincennes, et s'écriait : « La vérité, la logique m'autorisent donc à conclure ainsi : Non, le canon de Vincennes n'est pas dirigé contre l'invasion étrangère, il est dirigé contre les libertés de Paris! » Enfin, le 3 juin, il signalait comme un abus criant, la perception à son profit personnel par le secrétaire général de la préfecture de la Seine, M. de Jussieu (*V. ce nom*), d'une taxe d'une douzaine de mille francs sur les brevets d'invention. Réélu, après cette laborieuse session, par le 2e collège de la Sarthe, le 9 juillet 1842, avec 125 voix (131 votants, 193 inscrits, Ledru-Rollin reparut bientôt à la tribune pour attaquer la loi de régence, qu'il appela une « téméraire usurpation », et pour se faire le vigoureux interprète des préventions des radicaux contre le rédacteur en chef de la *Presse* : il demanda l'annulation de l'élection de M. Emile de Girardin, comme ayant été élu sous un nom qui n'était pas le sien. Le 1er mars 1843, on le retrouve sur la brèche à l'occasion de cette question annuelle des fonds secrets qui permettait d'examiner la politique extérieure et intérieure du cabinet : l'orateur montra le gouvernement sapant la liberté dans les quatre institutions qui sont ses racines, le jury, la presse, les élections, la garde nationale : « Vous seriez effrayés, messieurs, fit-il, si j'évoquais ici le nom de toutes les villes où, à l'heure qu'il est, la garde nationale est désarmée, désorganisée, dissoute... Et en cela on a été logique; c'est au patriotisme, au courage de la garde nationale, que la Constitution avait confié les grandes institutions, et les gardiens ne sont plus nécessaires du moment qu'il n'y a plus rien à garder. » Après avoir déclaré que le pouvoir était avili dans les mains qui le détenaient, avili dans les hautes régions, avili dans les régions infimes, parce que les hommes d'État de la royauté n'avaient point le secret du véritable sentiment national, Ledru attaquait au vif la question des personnes et posait le parti démocratique bien au-dessus des ambitions de portefeuille. Il ajoutait ces mots : « Messieurs, nous avons trop de confiance dans le pays pour désespérer; nous ne pouvons penser que, pendant quelques mois de plus, la présence aux affaires d'un homme quelconque, si fatale que soit son influence, puisse compromettre les hautes destinées de la France à l'extérieur, et consolider son abaissement à l'étranger. Sans s'exagérer la force d'expansion de la France, il est permis de croire qu'elle ressemble un peu à ces hôtes gigantesques de l'Océan qui, d'un mouvement, d'un seul mouvement, remuent jusque dans leurs profondeurs les eaux au milieu desquelles ils paraissent sommeiller. Le parti démocratique croit encore à la vertu de cette magnifique réponse : La République est comme le soleil, aveugle qui la nie! » Le 30 mai, au cours de la discussion sur le projet de la refonte des monnaies françaises et sur la centralisation des hôtels des monnaies des départements que l'on aurait tous supprimés et réunis à celui de Paris, il traita d'une manière approfondie cette question économique, et se prononça contre la centralisation projetée. Le 8 juin, il reprocha durement au ministre Lacave-Laplagne d'avoir laissé prévaloir sur les intérêts de l'État ceux du duc d'Aumale. Il parla encore, en 1843, contre la nomination, trop significative selon lui, de M. Jacqueminot au commandement en chef de la garde nationale. Le 27 janvier 1844, la discussion de l'adresse lui inspira une de ses plus mordantes improvisations. Repoussant le paragraphe qui prononçait une *flétrissure* contre les pèlerins de Belgrave-Square, il rappela ironiquement tous les abus, toutes les illégalités qui avaient dû encourager les légitimistes à rêver le retour du passé. Il conclut en engageant le gouvernement, comme seul remède à la situation, à revenir au principe de la révolution de juillet, à développer, au lieu de l'éteindre, le principe de la démocratie : « Ce principe tout-puissant est le seul vrai. Non, non, il n'a pas brillé il y a cinquante ans sur le monde, il ne s'est pas promené à travers tant de champs de bataille, pour ne pas pousser jusqu'au bout les conséquences de son œuvre. Un gouvernement peut le comprimer, le méconnaître ; mais soyez convaincus que le triomphe n'est que d'un jour. » Le 12 avril suivant, l'infatigable champion des idées radicales demandait au ministère le dépôt des pièces qu'il avait reçues de Taïti à propos de l'affaire Pritchard, et il réitérait sa motion le lendemain, en accusant le cabinet de n'avoir ni sincérité ni loyauté dans ses rapports avec les Chambres. Huit jours après, il fit une nouvelle sortie contre les réticences ministérielles, et, comme la gauche protestait contre d'injurieuses interruptions parties du centre, l'orateur s'écria : « Je remercie l'opposition de sa sollicitude pour moi ; des clameurs collectives et vagues ne peuvent ni m'émouvoir ni m'atteindre ; elles ne méritent pas la peine d'être relevées. Un homme d'honneur se lèverait pour faire tout haut son articulation, s'il en avait le courage, et mon cœur me dit que je saurais y répondre... » Les questions économiques et ouvrières ne le laissaient point indifférent : le sang ayant coulé à Rive-de-Gier, où la force armée avait eu à réprimer la coalition des mineurs, il demanda, le 17 mai, à interpeller le gouvernement ; mais la Chambre n'autorisa pas l'interpellation. Le 26 juillet, l'impôt direct lui fournit une occasion nouvelle de parler du « paupérisme », et ce ne fut pas sans frémir et murmurer que la majorité de la Chambre entendit ces paroles : « De l'aveu de tous, l'impôt indirect n'est-il point arrivé, pour les classes ouvrières, aux dernières limites du possible ? Peut-il être supporté plus longtemps par l'immense majorité du pays sans danger, sans danger imminent pour le pays même ?... Oui, messieurs, croyez-moi, il est temps, il est grand temps de sonder ces difficiles problèmes ; car les coalitions ne sont point, comme le gouvernement paraît le penser, un fait passager qu'il faut oublier dès qu'il est réprimé ; c'est le symptôme incessant, continuellement renouvelé, la manifestation diverse en apparence d'un fait toujours le même, d'un malaise profond au sein des classes pauvres. C'est la question du paupérisme, du prolétariat qui bouillonne et s'agite, non seulement sur la surface de notre France, mais dans toute la civilisation de la vieille Europe !... » Comme solution, Ledru parlait à la Chambre étonnée de la réduction de l'intérêt de la rente, de la suppression de l'impôt du sel, d'un droit d'enregistrement proportionnel sur les successions, de l'exploitation des chemins de fer par l'État ; d'une nouvelle constitution des banques supprimant autant que possible des intermédiaires, et de la mise en culture des communaux stériles et improductifs.

A chaque discours nouveau, l'éloquence vé-

hémente et passionnée du tribun produisait sur ses auditeurs une émotion plus profonde ; mais elle était faite pour agir sur les masses plutôt que sur une assemblée délibérante, et Ledru-Rollin, isolé, par ses opinions républicaines, au milieu des partis parlementaires que divisait seule la lutte des intérêts, avait à combattre, la plupart du temps, non seulement l'hostilité déclarée des centres, mais encore la tiédeur de la gauche dynastique et des différentes fractions du « libéralisme ». Il n'était pas mieux soutenu dans la presse : le seul journal démocratique, le *National*, qui avait combattu dès l'origine sa candidature auprès des électeurs du Mans, ne pouvait se résigner à l'avouer ensuite pour son chef, et, bien que les « hommes du *National* » eussent convié Ledru au banquet offert par eux à O'Connell, l'agitateur de l'Irlande, banquet dont il fut le principal orateur, ils n'en passaient pas moins pour miner sourdement la prépondérance du député de la Sarthe, qui résolut alors d'avoir un journal à lui. Il fonda une feuille républicaine plus avancée, la *Réforme*, qu'il soutint à la fois de sa plume, de sa parole devant le jury, et de sa bourse, et où il put développer librement ses vues politiques et aussi ses théories ou plutôt ses tendances de réforme sociale. En même temps il se multipliait à la Chambre et au dehors ; il déposait au Palais-Bourbon, le 17 février 1845, de nombreuses pétitions contre l'exercice sur les boissons ; réclamait (mars) l'éligibilité pour tout Français, jouissant de ses droits civils et politiques, inscrit au rôle de la contribution foncière ; combattait la loi sur le domicile, restrictive du droit électoral ; demandait la suppression du timbre sur les journaux ; remettait au bureau (10 avril) des pétitions tendant à l'organisation du travail ; et protestait (30 avril) contre le droit de visite que, malgré les traités, l'Angleterre avait exercé dans la Gambie sur un navire français. Après avoir prononcé sur la tombe de Godefroy Cavaignac (mai 1845) un pathétique discours, il reparut à la tribune de la Chambre pour attaquer l'esclavage des noirs, pour retracer le triste état de notre marine, pour signaler des abus dans la distribution des bourses des collèges royaux, etc. La session terminée, il signa, en compagnie de plusieurs personnalités marquantes de la démocratie avancée, le manifeste de la *Réforme*, par lequel ce journal rompait hautement avec l'opposition dynastique, et formulait les propositions suivantes : « Les travailleurs ont été esclaves ; ils ont été serfs, ils sont aujourd'hui salariés ; il faut hâter de les faire passer à l'état d'associés. Il importe de substituer, à la commandite du crédit individuel, celle du crédit de l'État. L'État, jusqu'à ce que les propriétaires soient émancipés, doit se faire le banquier des pauvres. Le travailleur a le même titre que le soldat à la reconnaissance de l'État. Au citoyen vigoureux et bien portant, l'État doit le travail ; au vieillard, à l'indigent, il doit aide et protection. » Ledru-Rollin redoubla de hardiesse dans la session de 1846, tint tête à la fois à Thiers et à Odilon Barrot, posa de nouveau la question sociale (avril 1846) à propos des troubles de Saint-Étienne, intervint dans la discussion du budget, et, s'adressant à l'opposition de gauche, lui dit nettement : « Si vous vous présentez sans principes, sans remède, sans programme enfin, croyez bien que le pays est disposé à ne plus se laisser tromper et à ne donner rien pour rien ! » La même année, pour se livrer tout entier à son rôle public, Ledru-Rollin vendit, avec perte, sa charge d'avocat à la cour de Cassation. Au surplus, sa fortune personnelle se trouvait alors compromise assez gravement par ses préoccupations politiques, malgré le surcroît de ressources que lui avait apporté (en 1843) un mariage brillant et romanesque. Les sentiments républicains du successeur de Garnier-Pagès, l'éloquente énergie avec laquelle il les exprimait, avaient excité la plus vive sympathie chez une jeune et riche personne, fille d'un Français et d'une Anglaise, et qui ne connaissait de Ledru-Rollin que son nom et ses discours : des amis communs amenèrent une courte entrevue qui eut lieu au Salon de peinture, et le mariage fut décidé. La cérémonie religieuse se fit dans la chapelle de la Chambre des députés, avec Arago et Lamartine pour témoins. Le 1er août 1846, le 2e collège de la Sarthe réélut pour la troisième fois Ledru-Rollin, avec 140 voix (207 votants, 228 inscrits), contre 66 à M. de Nicolaï. Il avait inséré dans la *Réforme* des premiers jours de mars, sous le titre *Appel aux travailleurs*, une brillante profession de foi qui se terminait ainsi : « Vos intérêts peuvent-ils être à jamais sacrifiés? Resterez-vous constamment privés de toute participation à l'héritage commun? Etes-vous condamnés à vivre et à mourir courbés sous le joug, sans ne pouvoir jamais jeter vers le ciel qu'un regard de reproche? Non, cela n'est pas possible. L'homme n'a point été organisé pour le rôle de la brute; il ne porterait point en lui le sentiment de la dignité et de la justice, s'il ne devait y trouver qu'un supplice plus cruel encore que toutes les douleurs matérielles! » Apôtre du suffrage universel, Ledru-Rollin affirma nettement le caractère de sa politique particulière dans la fameuse campagne des banquets réformistes. A son appel, les républicains de la Sarthe avaient organisé, pour le 20 septembre 1846, un banquet auquel furent conviés les députés du département et les journaux de l'opposition : mais le banquet, interdit par le ministère, n'eut pas lieu. Le 9 février 1847, l'élu de la Sarthe aborda à la tribune de la Chambre la question financière, et représenta le gouvernement comme entièrement soumis à la domination du capital ; puis il traita encore de l'esclavage, de la crise des céréales, de la question extérieure, à propos des tentatives faites en Suisse par le *Sonderbund*, et appuyées ostensiblement par Guizot. Enfin l'agitation des banquets, soutenue cette fois par la gauche dynastique, succéda, vers la fin de 1847, à la lutte parlementaire. Ledru assista aux banquets de Lille, de Dijon et de Chalon-sur-Saône, évitant de paraître aux agapes « constitutionnelles » du Château-Rouge; les discours qu'il prononça furent de véritables philippiques contre le pouvoir et comme les programmes de la prochaine révolution. A Dijon, où se trouvèrent avec lui Louis Blanc et Flocon, il dit : « Nous sommes des ultra-radicaux! »

Lorsque, à la suite des complications amenées par l'interdiction du banquet du 12e arrondissement, les coups de fusil de la rue eurent commencé (24 février 1848) de jeter l'alarme parmi les députés, Ledru-Rollin, qui avait suivi toutes les phases de la lutte populaire, acheva la déroute de la majorité parlementaire, en se rendant maître de la tribune autour de laquelle se livrait un véritable assaut, et en opposant sa proposition de déchéance aux tentatives de régence en faveur de la duchesse d'Orléans, qui ralliaient déjà la gauche parlementaire : tandis que Ledru-Rollin traînait à dessein son discours en longueur, le peuple envahissait la salle des séances. Porté à l'Hôtel de Ville par l'acclamation des « vainqueurs de février », il reçut, en même temps que le titre de membre du gouvernement provisoire, les fonctions de ministre de l'Intérieur. Il observa, dans le conseil, une attitude en quelque sorte intermédiaire entre le parti du *National* qui y dominait, et les deux représentants directs du socialisme, Louis Blanc et Albert, pencha toutefois plus souvent du côté des derniers, et personnifia en somme, aux yeux de ses amis comme de ses adversaires, le parti de l'action, par opposition à celui de la « modération » qui se personnifiait en Lamartine. Mais les tiraillements sans nombre auxquels il se trouva exposé, certaines contradictions entre ses paroles et ses actes, et une « suite de sacrifices, écrit un biographe, à des nécessités opposées », nuisirent gravement à sa popularité auprès des masses, sans que la bourgeoisie cessât de le considérer comme un objet d'épouvante. Ledru-Rollin eut sa part dans toutes les mesures prises par le gouvernement provisoire, telles que la proclamation immédiate de la République, l'abolition de l'esclavage, l'organisation de la commission pour les travailleurs, etc. Personnellement, il se montra très opposé à l'idée de l'impôt des 45 centimes présentée par Garnier-Pagès, et demanda qu'on adoptât de préférence un impôt de un franc cinquante centimes sur les classes riches. Comme ministre de l'Intérieur, il présida à l'établissement du suffrage universel et à l'immense travail d'organisation que cette nouveauté nécessita. On sait avec quelle persistance le parti conservateur lui reprocha l'envoi qu'il fit de commissaires extraordinaires dans les départements, et les « pouvoirs illimités » que leur attribuaient les circulaires du ministre. Le retard apporté aux élections pour l'Assemblée constituante lui fut aussi imputé par quelques-uns comme une faute grave dont la responsabilité lui revient en grande partie. « Ledru, écrit M. Napoléon Gallois, eut, aux yeux du parti républicain, une large part de l'impopularité que la marche faible et hésitante du gouvernement provisoire attirait sur celui-ci. Pourtant, il était loin d'approuver tout ce qui se faisait. Dans la conversation intime, il avouait douloureusement les fautes auxquelles il était obligé de s'associer, lui, membre de la minorité du gouvernement provisoire où dominaient en majorité ceux dont la proclamation de la régence avait, le 24, à midi, satisfait le républicanisme peu radical. Deux fois le pouvoir pouvait être à lui, le 17 mars et le 16 avril; deux fois des manifestations furent dirigées contre la fraction *modérée* du gouvernement provisoire, deux fois Ledru refusa de s'associer à ces manifestations, et de s'emparer du pouvoir: il préféra laisser s'accumuler sur sa tête une impopularité qui grandissait chaque jour, plutôt que de jouer le rôle de Cromwell. » Au 16 avril, ce fut de lui que vint l'ordre de faire battre le rappel. Il en donna plus tard, au procès de Bourges, la raison suivante : « Je ne voulais pas, dit-il, qu'une coterie quelconque s'emparât d'une manifestation pacifique pour la tourner contre le gouvernement. Dans cette position, j'ordonnai de battre le rappel, non pas pour la garde bourgeoise seulement; non, c'était pour le peuple entier qui composait alors la garde nationale. Je dois dire que les premiers venus pour défendre le gouvernement étaient de sincères républicains. La 12e légion arriva la première, précédée de son chef Barbés, et plusieurs clubs armés vinrent offrir leurs services au gouvernement provisoire... » L'oursuivi dès lors par les attaques de la presse, Ledru-Rollin, qui s'était porté candidat dans un grand nombre de départements, lors des élections pour l'Assemblée constituante, ne fut élu que dans trois : en Saône-et-Loire, le 13e sur 14, par 68,462 voix (131,092 votants); dans la Seine, le 24e sur 34, par 131,587 voix (267,888 votants), et en Algérie, le 3e sur 4, par 3,412 voix (14,131 votants). L'Assemblée réunie, il lui rendit compte, comme ses collègues, de ses deux mois de pouvoir, mais il reçut d'elle un accueil dont la froideur fut remarquée. Toutefois l'autorité de son nom n'était pas encore tellement ébranlée que la majorité ne crût devoir le nommer membre de la commission exécutive; mais il vint le dernier sur la liste, et n'obtint que 458 voix sur 794 votants. À peu près seul contre ses quatre collègues, prêt à chaque instant à résigner ses fonctions, il les garda cependant jusqu'au 24 juin; il chercha inutilement, le 15 mai, à calmer le peuple qui avait envahi l'Assemblée; il se rendit à l'Hôtel de Ville avec Lamartine, et protesta d'ailleurs, le soir même, dans la commission exécutive, contre l'arrestation du général Courtais. Il protesta également, le 3 juin, contre la première demande, formulée par MM. Landrin et Portalis, en autorisation de poursuites contre Louis Blanc et Caussidière. Quelques jours après, seul des membres de la commission exécutive, il combattit avec une entraînante logique l'admission, qui fut pourtant votée, de Louis Bonaparte comme représentant du peuple. Enfin, lorsque les journées de juin eurent valu au général Cavaignac la dictature, Ledru-Rollin quitta le pouvoir, et, revenant à ses aspirations démocratiques, sembla grandir encore comme orateur et comme tribun. Le rapport de M. Quentin Bauchart le rappela sur la brèche et lui inspira une virulente réplique aux insinuations dirigées contre lui. On lui reprochait surtout la publication des *Bulletins de la République*, rédigés sous son inspiration quand il était ministre : « Ainsi donc, j'ai lancé un bulletin incendiaire. Avez-vous dit au milieu de quelle situation je me trouvais? Je suis obligé de le rappeler moi-même, car enfin, je me défends. J'organisais la garde nationale sédentaire, c'est-à-dire un million d'hommes, la garde nationale mobile, j'organisais le suffrage de la garde nationale, j'organisais les gardiens de Paris, j'organisais le suffrage universel, que vous aviez déclaré impraticable; je veillais, quoi que vous en disiez, à la sécurité de Paris; car Paris, pendant tout ce temps, n'a pas été profondément troublé. Et quand je faisais tout cela, quand ma journée et ma nuit suffisaient à peine, on vient me dire que je lançais je ne sais quel bulletin qui était contraire au droit! Le droit, je l'ai professé toute ma vie; c'est pour lui que je veux mourir... » Quelques jours après, il défendit la presse contre l'entrave fiscale du cautionnement. Le 21 août, le rapport Creton sur les comptes du gouvernement provisoire lui fournit l'occasion de justifier sa gestion devant l'Assemblée : le rapport constatait que « M. Ledru-Rollin n'a touché aucun traitement pendant qu'il était ministre de l'Intérieur. » Le 25 août, il présenta une nouvelle défense de Caussidière et de Louis Blanc, qui, cette fois, furent décrétés d'accusation, en raison des événements du 15 mai et du 23 juin; indirectement visé lui-même, il en profita pour revenir sur ses actes au pouvoir et sur son rôle

personnel dans le gouvernement. Le 4 septembre, il réclama, dans une chaleureuse improvisation, la levée de l'état de siège établi à Paris après juin. Le 16 octobre, il interpella avec vigueur le gouvernement de la République sur l'entrée au ministère de MM. Dufaure et Vivien : mais les interruptions du centre le forcèrent à descendre de la tribune sans avoir pu finir son discours. Peu de jours après (un mois avant l'élection présidentielle), il signait le manifeste de la Montagne. Le 25 novembre, les attaques dirigées contre le général Cavaignac, à propos des journées de juin, obligèrent Ledru-Rollin à entrer dans des explications personnelles. Le 30 novembre, il attaqua pour la première fois le projet primitif d'intervention à Rome, conçu et à demi exécuté par le général Cavaignac; il défendit les droits de la République romaine, et exposa les difficultés qu'entraînerait à sa suite même le triomphe. À quelque temps de là, il fit entendre sa parole révolutionnaire au banquet des écoles, et dans diverses réunions démocratiques. Le 8 décembre, à l'Assemblée, il protestait en faveur de la liberté des réunions électorales préparatoires; le 10, il obtenait dans le pays, 370,119 suffrages pour la présidence de la République; le 26, il interpellait le ministère sur les pouvoirs extra-légaux qu'il avait confiés au général Changarnier. Le 8 janvier 1849, il prononçait un discours contre la politique extérieure du cabinet; le 20 janvier, il repoussait énergiquement le projet tendant à attribuer à la haute cour le jugement des accusés du 15 mai; le 27 janvier, il s'élevait contre la réglementation de la liberté d'association, et, à la fin de la séance, il déposait sur le bureau de l'Assemblée une demande de mise en accusation des ministres. C'est à cette occasion que le mélancolique et malade Léon Faucher disait de lui : « Quand on est à peine l'ombre du voluptueux Barras, on a mauvaise grâce à faire appel aux souvenirs les plus austères et les plus patriotiques de la Convention. » Le 20 février, il posait de nouveau la question de Rome. Le 3 mars, attaqué par M. V. Grandin à l'occasion d'un récent discours au banquet du Chalet, il ripostait avec feu et criblait d'épigrammes Odilon Barrot, président du conseil des ministres. Le 12, le 30, le 31 mars, les affaires d'Italie le ramenaient à la tribune; le 11 avril, il repoussait, au bruit des apostrophes de M. Denjoy, le projet de supprimer les clubs, et quelques paroles acrimonieuses échangées avec son interrupteur amenèrent, le surlendemain, 13, entre l'orateur de la Montagne et le député girondin un duel auquel la pluie, qui tombait ce jour-là à torrents, vint d'ailleurs mettre obstacle. Le 16, Ledru-Rollin s'opposait de toutes ses forces à l'allocation du crédit de 1,200,000 francs demandé pour l'expédition romaine. Le 9 mai, il flétrissait la marche de ceux qui avaient lancé sur Rome l'expédition française; il y revenait avec une constance infatigable le 10 et le 11. Le 22, il dénonçait le manifeste du czar; le 23, il tonnait contre la désobéissance du général Changarnier aux ordres de l'Assemblée nationale. Il est à peine besoin de dire que Ledru-Rollin avait voté avec la fraction la plus avancée du parti républicain : *contre* le rétablissement du cautionnement, *contre* les poursuites contre Louis Blanc et Caussidière, *contre* le rétablissement de la contrainte par corps, *pour* l'abolition de la peine de mort, *pour* l'amendement Grévy, *pour* le droit au travail, *contre* la proposition Rateau, *pour* l'amnistie, *contre* l'interdiction des clubs, *contre* l'expédition de Rome, etc. En même temps, il provoquait dans les départements une nouvelle agitation électorale. Les banquets du Mans, de Châteauroux, de Moulins réunissaient autour de lui des milliers d'auditeurs et attestaient l'influence que ses derniers discours lui avaient permis de ressaisir. A la suite du banquet de Moulins, au sortir des plus bruyantes ovations, il faillit être, sur la place même de l'Hôtel-de-Ville, la victime d'une tentative d'assassinat à laquelle il n'échappa que par miracle. Il en fit le récit lui-même, le 2 mai, à l'Assemblée... « A peine débouchions-nous sur la place de l'Hôtel-de-Ville, que nous vîmes 150 à 200 gardes nationaux, pompiers, artilleurs, rangés en bataille, tous en uniforme. La voiture n'avait pas eu le temps de paraître, que plusieurs d'entre eux s'étaient précipités à la tête des chevaux ; ils avaient, d'un mouvement, détourné le timon de la voiture pour l'empêcher de partir, et nous n'avions pas eu le temps d'ouvrir la bouche, que nous fûmes couchés en joue; d'autres dirigeaient leurs baïonnettes sur nous, d'autres la pointe de leurs sabres. Ils poussaient d'horribles vociférations : *A bas les brigands! A bas les rouges! Qu'on les descende et qu'on les fusille sur place!* » Les panneaux et la capote de la voiture furent percés de coups de baïonnette, et Ledru-Rollin eut ses vêtements traversés par le sabre d'un lieutenant. « Une scélératesse de ces gens nous sauva. Pour faire abandonner les guides au postillon, ils lui assénèrent un coup violent sur la main, la bouche des chevaux s'en ressentit, et l'un d'eux fut piqué en même temps par un tel coup de baïonnette, qu'ils partirent comme l'éclair... »

Ce revirement de l'opinion démocratique en faveur de Ledru-Rollin fut manifeste lors des élections du 13 mai 1849 à la Législative : il y fut envoyé par cinq départements : 1° par l'Allier, le 5e sur 7, avec 40,407 voix (65,596 votans); 2° par l'Hérault, le 8e et dernier, par 31,202 voix (82,706 votants); 3° par Saône-et-Loire, le 1er sur 12, avec 75,510 voix (109,200 votants); 4° par la Seine, le 2e sur 28, avec 129,068 voix (281,140 votants); 5° par le Var, le 3e sur 7, avec 27,751 voix (101,516 inscrits). Dès les premières séances de la nouvelle assemblée, le combat se représenta pour lui plus âpre, plus ardent. Au nom de la Montagne, dont il était le chef reconnu, il protesta contre l'attitude du président d'âge, M. de Kératry (*Voy. ce nom*); puis il demanda, le 30 mai, sur les actes du général Changarnier, une enquête qui ne fut pas accordée. Deux jours après, les forces du parti avancé dans l'Assemblée législative se comptèrent en portant Ledru à la présidence : 190 suffrages lui furent acquis. Ce fut à la tête de cette armée active de la démocratie qu'il reprit, le 11 juin, en faveur de la république romaine, une bataille qui devait aboutir pour lui à l'exil. Il prononça, ce jour-là, un de ses plus entraînants discours, qu'il termina par cette péroraison brûlante : « Pas de phrases! Pour effacer la tache honteuse que vous avez imprimée sur le front de la France, il ne suffit plus de prononcer quelques vaines paroles; vous avez violé l'article 5 de la Constitution, et nous ne voulons pas vous laisser continuer vos attentats. Pour vous débarrasser de notre accusation, vous nous demandez si nous avons l'intention de rester sur le terrain de la légalité, eh bien, je vais répondre : *la Constitution est violée, nous la défendrons par tous les moyens, même par les armes !* » Et à cette menace Ledru joignait le dépôt d'une demande de mise en accusation du président de la République, L.-N. Bonaparte, et de ses ministres responsables : cette demande était signée de lui et de toute la gauche. Le lendemain, 12 juin, il abordait pour la dernière fois la tribune de la Législative, protestant encore, au nom du « droit éternel », contre l'expédition de Rome. M. Thiers, qui répliqua, s'attira de l'orateur républicain cette apostrophe : « Citoyen Thiers, vos paroles ne sont point de vous, elles sont de l'empereur de Russie, et vous êtes du parti des Cosaques! » Le surlendemain, 13 juin, le chef de la Montagne, après avoir rédigé de concert avec Félix Pyat, M. Considérant et autres, un appel aux armes qui fut revêtu également des signatures des représentants de la gauche, descendit dans les rues de Paris pour tenter, sans confiance, la fortune de la révolution. Parti du palais national avec un petit nombre de ses collègues, et une centaine d'artilleurs, il se rendit au Conservatoire des Arts et Métiers, où il fut bientôt cerné par les troupes. On prétendit qu'il se sauva par un vasistas, lors de l'arrivée du 62e de ligne au Conservatoire; mais les débats du procès du 13 juin ont établi qu'il marcha au-devant des troupes; que, refoulé dans la première cour des Arts et Métiers, il fut couché en joue par des soldats avec tous ceux qui s'y trouvaient, qui son sang-froid ne se démentit pas dans ce moment solennel. Mais Ledru-Rollin ne crut pas devoir se constituer prisonnier ; sorti du Conservatoire par la porte du jardin, il resta pendant 23 jours dans la banlieue de Paris chez un ami qui lui avait donné asile ; le 6 juillet, avec plusieurs autres compromis comme lui, il gagna la Belgique et passa quelques jours après en Angleterre. C'est de Londres que, conjointement avec d'autres réfugiés du 13 juin, Etienne Arago, Martin Bernard, Landolphe, Rattier, Ribeyrolles, Ed. Madier de Montjau, il fit connaître, un peu avant le procès de la Haute-Cour de Versailles, leur résolution de ne point « accepter comme accusateurs ceux ou les serviteurs de ceux que nous avons dénoncés au pays comme atteints et convaincus d'avoir violé la Constitution. » C'est de Londres aussi qu'il data deux brochures : *Le 13 juin 1849*, et *Le 24 février*, que le parquet de Paris fit saisir dès leur apparition. La cour de Versailles le condamna par contumace à la déportation. Ledru-Rollin vécut à Londres pendant toute la durée de l'Empire, des restes de sa fortune et du produit de sa plume. Après un important ouvrage : *De la décadence de l'Angleterre*, auquel collabora Ch. Ribeyrolles, il donna deux autres volumes sous ce titre : *la Loi anglaise*, fut un des principaux rédacteurs de la *Voix du proscrit*, et contribua avec Kossuth, Mazzini, Ruge, etc., à la formation d'un grand comité révolutionnaire international. En 1857, il fut impliqué avec Mazzini dans un complot contre la vie de l'empereur, et fut condamné de nouveau, par contumace, à la déportation ; mais l'Angleterre refusa l'extradition, faute de « preuves suffisantes pour justifier l'arrestation ». Cette nouvelle condamnation eut néanmoins pour effet d'excepter Ledru-Rollin de l'amnistie de 1859, puis de celle de 1869. Aux élections législatives partielles de novembre de cette dernière année, la fraction la plus « irréconciliable » du parti républicain songea à poser sa candidature dans la 4e circonscription de la Seine, à titre de protestation contre l'obligation du serment : il ne réunit qu'un petit nombre de voix. Autorisé à rentrer en France par un des premiers décrets du ministère Ollivier (10 janvier

1870), il se tint à l'écart de la politique militante et refusa de porter la parole devant la « haute cour » de Tours, pour la famille de Victor Noir, ne voulant pas, dit-il, « amnistier par sa présence des juges prévaricateurs. » Installé, en juin, à Fontenay-aux-Roses, dans une ancienne propriété de sa famille, il salua avec joie au 4 septembre, la proclamation de la République, mais non l'avènement des hommes dont le gouvernement de la Défense nationale était composé. Ceux-ci ne lui fournirent d'ailleurs aucune occasion de jouer un rôle politique quelconque. Ledru-Rollin passa dans Paris le temps du siège. S'étant déclaré favorable aux élections immédiates pour la Commune, il se trouva, le 31 octobre, à l'Hôtel de Ville, parmi les envahisseurs, et son nom y fut acclamé comme membre du comité de salut public, mais il ne fut point poursuivi. Bien qu'il eût décliné d'avance toute candidature aux élections de l'Assemblée nationale, il n'en fut pas moins élu, le 8 février 1871, représentant des Bouches-du-Rhône, le 11ᵉ et dernier, avec 46,418 voix (75,803 votants); de la Seine, le 37ᵉ sur 43, avec 75,784 voix (328,970 votants); et du Var, le 4ᵉ sur 6, avec 25,892 voix (41,928 votants). Il adressa sa démission au président dès le 19 février, en alléguant le manque d'indépendance et de spontanéité dont le vote lui paraissait entaché. Souffrant depuis plusieurs années d'une maladie de foie qui avait beaucoup contribué à l'éloigner des affaires publiques, il y rentra néanmoins, mais pour peu de temps, le 1ᵉʳ mars 1874 : une élection partielle, motivée dans le département de Vaucluse par le décès de M. Monier, l'engagea à poser sa candidature républicaine intransigeante : il fut élu par 31,534 voix (60,291 votants, 83,574 inscrits), contre 27,953 à M. de Biliotti, monarchiste. Ledru-Rollin prit place à l'extrême-gauche, à côté de Louis Blanc, et prononça, lors de la discussion des lois électorales, son dernier discours fréquemment interrompu par la droite, et qui fut une défense du suffrage universel.

En effet, le suffrage universel avait été jusqu'au bout chez Ledru-Rollin l'objet d'une foi inaltérable. Il l'avait désiré, préparé, acclamé et organisé ; il ne cessa d'y voir la loi essentielle et fondamentale de la République. Plus incertaines peut-être et plus vagues furent ses aspirations socialistes : bien qu'il eût compris, sous Louis-Philippe, toute la force que l'opposition radicale pouvait trouver contre le gouvernement dans le sentiment du malaise social, il ne concevait guère, semble-t-il, d'autre remède à la situation des classes laborieuses et souffrantes, avec quelques institutions de protection et d'assistance, qu'un changement d'assiette de l'impôt et une répartition équitable de toutes les charges de la société. Homme d'Etat, on l'a quelquefois jugé au-dessous de sa tâche ; orateur, il laisse une réputation de tribun : son allure athlétique, son geste passionné, sa parole puissante rappellent parfois la fougue de Danton, mais avec plus de lucidité, plus de conviction aussi, et plus de droiture. Homme privé, il dépensa, sans compter, sa fortune personnelle pour hâter l'avènement de son parti, et, loin de chercher jamais dans le Trésor public un moyen de payer ses dettes, il n'y puisa même pas, durant son passage au pouvoir, la juste rémunération de ses services. Outre les publications citées plus haut, on a encore de lui : plusieurs *Discours et plaidoyers*, imprimés séparément, une *Lettre à M. de Lamartine sur l'Etat, l'Eglise, et l'Enseignement* (1844) ; *du Paupérisme dans les campagnes et des réformes que nécessite*

l'extinction de la mendicité, et diverses brochures sur le gouvernement direct. Le recueil complet de ses écrits et de ses discours a été publié en 1879 par sa veuve. Ledru-Rollin, mort à Fontenay-aux-Roses le 31 décembre 1874, fut inhumé au Père-Lachaise, à Paris : Victor Hugo et Louis Blanc présidèrent, le 24 février 1878, à l'inauguration solennelle du monument élevé à sa mémoire.

LE DUFF. — *Voy.* Mésonan (de).

LE FAURE (Jean-Amédée), député de 1879 à 1881, né à Paris le 20 octobre 1838, mort à Paris le 23 novembre 1881, d'une famille originaire de la Creuse, se fit connaitre de bonne heure comme publiciste, par divers ouvrages de politique et d'histoire : *Reconstitution de la Hongrie* (1859) ; *le Socialisme pendant la Révolution française* (1863), etc. Il étudia spécialement les questions militaires, dont il se fit une spécialité. Il entra, pour les traiter, à *la France*, en 1870, et il adressa à ce journal une correspondance suivie sur les événements de la guerre de 1870-71. Puis il publia : *Commentaire sur le code de justice militaire* (1873), en collaboration avec M. Pradier-Fodéré ; *Histoire de la guerre franco-allemande* (1874) ; *Procès du maréchal Bazaine* (1874) ; *les Lois militaires de la France commentées et annotées* (1876) ; *l'Année militaire* (1878-1879), etc. Sans abandonner le journalisme, il fut pendant quelque temps secrétaire-rédacteur de la Chambre des députés. En avril 1879, à la mort de M. Bandy de Nalèche, M. Amédée Le Faure, recommandé par M. Emile de Girardin et par un groupe de députés de la gauche, se porta comme candidat républicain opportuniste à la députation, dans la 2ᵉ circonscription d'Aubusson ; au premier tour de scrutin, il n'avait pas moins de sept concurrents, également républicains, et de nuances différentes. Au scrutin de ballottage, il resta seul candidat, et l'emporta définitivement ; le 20 avril, avec 4,354 voix (4,814 votants, 11,996 inscrits). Il se fit inscrire au groupe de l'Union républicaine, et prit une part très active aux discussions relatives à l'organisation de l'armée. Lorsque le *Petit Parisien*, journal de M. Laisant député, et l'*Intransigeant*, de M. Henri Rochefort, réclamèrent la mise en accusation du général de Cissey, à cause de ses relations avec Mme de Kaulla, soupçonnée d'être au service de l'Allemagne, M. Le Faure saisit la Chambre de cette question en demandant et en obtenant la nomination d'une commission d'enquête sur les actes de l'ancien ministre (décembre 1880). En juillet 1881, il déposa un amendement à la loi militaire, amendement qui consacrait légalement la situation de fait déjà créée par le ministre sur le service de trois ans dans l'armée active, et de deux ans dans la disponibilité, et qui fut accepté par la commission, et plus tard par la Chambre. Réélu député, le 21 août 1881, par 5,605 voix (5,990 votants, 12,030 inscrits), M. Le Faure avait acquis sur ses collègues de la majorité une autorité réelle, lorsque la mort vint briser sa carrière parlementaire. A la suite de dissentiments avec M. Emile de Girardin, il avait quitté la *France*, et, après avoir collaboré à plusieurs journaux du matin, il était entré au *Télégraphe*, comme écrivain militaire. Envoyé en Tunisie, sur le théâtre des opérations, il succomba à une maladie contractée au cours de l'enquête dont il s'était imposé l'obligation pendant le mois qui avait précédé la rentrée du parlement, maladie qu'aggravèrent encore le nombre et l'étendue des correspondances qu'il adressait quotidiennement à son journal, et l'interpellation qu'il soutint, relativement aux affaires de Tunisie, dans les premiers jours de la session. « Je suis revenu de Tunisie littéralement empoisonné, écrivait-il au *Télégraphe* quelques jours avant de mourir ; la fièvre paludéenne s'est compliquée d'une rechute de péritonite. Actuellement il n'y a plus l'ombre de danger ; les médecins qui me soignent sont pour moi des amis et savent qu'ils peuvent me parler comme il convient. Ce n'est donc plus qu'une affaire de souffrances et de soins. Quand tout cela se terminera-t-il ? Je n'en sais rien. Cinq jours et cinq nuits de délire ne peuvent me rendre bien optimiste. Mais je le répète, ce n'est plus qu'une question de temps. » L'avenir ne justifia pas ses prévisions. M. A. Le Faure, décédé le 23 novembre 1881, fut remplacé le 29 janvier 1882, comme député d'Aubusson, par M. Cornudet. On lui doit, outre les ouvrages déjà cités, un remarquable *Dictionnaire militaire*, rédigé sous sa direction.

LEFAVERAIS (JULIEN-FRANÇOIS-HENRI), représentant en 1849, né à Lonlay-l'Abbaye (Orne) le 21 octobre 1790, mort à Lonlay-l'Abbaye le 26 février 1869, étudia la médecine, et s'établit dans sa ville natale, dont il fut maire. Conseiller général de l'Orne, il fut élu, le 13 mai 1849, comme conservateur monarchiste, représentant de ce département à l'Assemblée législative, le 8e sur 9, par 38,210 voix (94,068 votants, 126,096 inscrits). M. Lefaverais siégea dans la majorité anti-républicaine et vota *pour* l'expédition de Rome, *pour* la loi Falloux-Parieu sur l'enseignement, *pour* la loi du 31 mai contre le suffrage universel, etc. Il rentra dans la vie privée en 1851.

LEFÉBURE (JEAN-BAPTISTE-CHARLES-EUGÈNE), député au Corps législatif de 1852 à 1869, né au Havre (Seine-Inférieure) le 15 avril 1808, mort à Paris le 2 janvier 1875, était propriétaire-agriculteur, maire d'Orbey (Haut-Rhin), conseiller général du canton de Lapoutraye, et fabricant de calicots à Orbey. « Assez indifférent, écrivait un biographe, aux choses de la politique qui ne menaçait pas les intérêts commerciaux, il s'est ému en présence de la démocratie armée ou menaçante, des propositions des libre-échangistes, d'Etat manufacturier, d'impôt progressif et de communauté des biens. » M. Lefébure fut élu, le 29 février 1852, avec l'appui du gouvernement, député au Corps législatif dans la 1re circonscription du Haut-Rhin (Altkirch), par 19,765 voix (23,099 votants, 48,28¼ inscrits), contre 2,540 à M. Léon Schneider, propriétaire. Il appartient à la majorité dynastique, et fut réélu d'abord, le 22 juin 1857, par 24,172 voix (25,567 votants, 45,434 inscrits), contre 655 à M. Ruhland, ancien maire de Munster, puis, le 1er juin 1863, par 19,412 voix (23,661 votants, 37,838 inscrits). Il quitta le Corps législatif en 1869 et fut remplacé par son fils. Chevalier de la Légion d'honneur.

LEFÉBURE (LÉON-ALBERT), député au Corps législatif de 1869 à 1870, représentant en 1871, né à Wintzenheim (Haut-Rhin) le 31 mars 1838, fils du précédent, fit son droit à Paris, parcourut la plus grande partie de l'Europe et visita plusieurs fois l'Algérie, où il avait des propriétés. Membre et secrétaire du conseil général d'Oran (1863), et auditeur au conseil d'Etat (1864)

(section du contentieux et des finances), il devint (1867) membre et secrétaire du conseil général du Haut-Rhin, fut délégué comme secrétaire du jury spécial à l'Exposition universelle de 1867, décoré à cette occasion (30 juin), et fut également secrétaire de la commission de l'enquête agricole (1869). Le 24 mai de cette dernière année, il fut élu député au Corps législatif, comme candidat officiel, en remplacement de son père, par la 1re circonscription du Haut-Rhin (Colmar), avec 18,612 voix (30,557 votants, 37,771 inscrits) contre 11,746 à M. Frédéric Hartmann. Membre de plusieurs commissions, il parla sur l'Algérie, signa l'interpellation des 116, fut secrétaire de la commission d'enquête sur le régime économique, et rapporteur de la loi sur les admissions temporaires. Il vota d'ailleurs avec la majorité, et *pour* la guerre contre la Prusse. Il servit pendant la guerre dans la mobile du Haut-Rhin, opta pour la France en 1871, et fut réélu, à l'élection complémentaire du 2 juillet 1871, député de la Seine à l'Assemblée nationale, le 16e sur 21, par 106,502 voix (290,823 votants, 458,774 inscrits). Il prit place au centre droit, fit partie de la commission des établissements parlementaires, parla sur la libération du territoire, sur le travail des enfants dans les manufactures, et vota *pour* la démission de Thiers, *pour* la prorogation des pouvoirs du maréchal, *contre* la loi des maires, *contre* le retour à Paris, *contre* la dissolution, *contre* l'amendement Wallon, *pour* les lois constitutionnelles. Il avait été l'un des signataires de l'ordre du jour Ernoul (24 mai 1873). Membre du conseil supérieur de l'agriculture, du commerce et de l'industrie (1873), il fut nommé sous-secrétaire d'Etat aux Finances sous M. Magne (novembre 1873), et, pendant son passage au ministère, il défendit le budget de 1874, et contribua à la conclusion de la convention postale avec les Etats-Unis. Il quitta ce poste en juillet 1874, et ne se représenta pas après la législature. Fondateur, en Alsace, de la Société pour la propagation des bibliothèques populaires (1866), secrétaire général, à Paris, de la Société de protection des apprentis, président de la Société de patronage des détenus libérés. M. Lefébure a collaboré à *la France*, au *Temps*, à la *Presse*, à la *Revue contemporaine*, et publié : *Economie rurale de l'Alsace; L'Allemagne nouvelle* (1872); *Questions vitales* (1875); *La Renaissance religieuse en France* (1886), etc.

LEFÉBURE. — *Voy.* CHÉVERUS (COMTE DE).

LEFEBVRE (CHARLES), député en 1791, né à Catillon (Nord) le 6 novembre 1752, mort à une date inconnue, officier municipal au Quesnoy, fut élu, le 31 août 1791, député du Nord à l'Assemblée législative (le procès-verbal de l'élection manque aux Archives). Il vota avec la majorité. Plus tard il devint conseiller d'arrondissement, et (9 messidor an VIII) juge suppléant au tribunal civil de Valenciennes.

LEFEBVRE (JEAN-RENÉ), député en 1791, dates de naissance et de mort inconnues, homme de loi à Janville, vice-président du directoire d'Eure-et-Loir, fut envoyé par ce département à la Législative (28 août 1791), le 8e sur 9, avec 202 voix (285 votants). Lefebvre siégea à gauche et ne prit qu'une fois la parole, pour demander que les châteaux fussent rasés; le 29 août 1792, il fut envoyé en mission dans son département pour hâter la levée des troupes. Il ne fit point partie d'autres assemblées.

LEFEBVRE (Julien), membre de la Convention, député au Conseil des Cinq-Cents, né en 1757, mort en 1816, était jurisconsulte à Nantes avant la Révolution. Il était devenu procureur-syndic de la ville de Nantes, lorsqu'il fut élu, le 5 septembre 1792, député de la Loire-Inférieure à la Convention, le 2e sur 8, par 238 voix (461 votants). Il signala à ses collègues les troubles entretenus dans sa région par les prêtres et les familles des émigrés, et, dans le procès de Louis XVI, se prononça contre l'appel au peuple et pour la déportation. Lié avec les Girondins, il protesta contre le 31 mai et fut un des 73 députés « fédéralistes » mis en état d'arrestation. Il sortit de prison après le 9 thermidor, fut réintégré à la Convention le 18 frimaire an III, et applaudit à la répression de l'insurrection de prairial. En 1795, Lefebvre (de Nantes) fut, avec son collègue Ramel, envoyé en mission en Belgique; il proclama la liberté de la navigation de l'Escaut, et fut activement mêlé à la réunion des Pays-Bas à la France. Réélu, le 23 vendémiaire an IV, député de la Loire-Inférieure au Conseil des Cinq-Cents, par 62 voix (239 votants), il y parla sur l'organisation des conseils de santé, quitta l'assemblée en 1798, et termina ses jours dans la retraite.

LEFEBVRE (Pierre-Louis-Stanislas), membre de la Convention, député au Conseil des Cinq-Cents, né à Méru (Oise) le 16 mars 1752, mort à Gournay (Seine-Inférieure) le 7 mai 1817, était receveur de district à Gournay, lorsqu'il fut élu, le 7 septembre 1792, membre de la Convention par le département de la Seine-Inférieure, le 9e sur 16, « à la pluralité des voix ». D'opinions modérées, il opina, dans le procès du roi, pour l'appel au peuple, pour le sursis, pour la détention et pour le bannissement à la paix. Du parti des Girondins, il fut, en raison de son attitude au 31 mai et de ses protestations contre la Montagne, décrété d'arrestation, et ne dut la liberté qu'à la réaction qui suivit le 9 thermidor. Il put rentrer à la Convention (18 frimaire an III) et prit part aux derniers travaux de l'assemblée. Le 25 vendémiaire an IX, il passa au Conseil des Cinq-Cents, toujours comme député de la Seine-Inférieure, qui s'avait réélu par 127 voix sur 485 votants. Lefebvre siégea jusqu'en l'an VIII, après avoir encore obtenu sa réélection, le 24 germinal an VI, dans le même département.

LEFEBVRE (François-Joseph), duc de Dantzig, membre du Sénat conservateur, pair en 1814, pair des Cent-Jours et pair de France, né à Rouffach (Haut-Rhin) le 25 octobre 1755, mort à Paris le 14 septembre 1820, s'engagea dans les gardes-françaises le 10 septembre 1773, et y devint premier sergent (9 avril 1788). Le 12 juillet 1789, il sauva quelques-uns de ses officiers fort maltraités par la foule. Après le licenciement des gardes-françaises, il fut versé comme instructeur au bataillon de la garde nationale des Filles-Saint-Thomas, il fut même deux fois blessé, en protégeant la rentrée aux Tuileries de la famille royale après sa tentative de départ pour Saint-Cloud, et en favorisant la fuite des tantes du roi. Capitaine, puis adjudant-général (3 septembre 1793), général de brigade, (2 décembre suivant), il fut envoyé à l'armée de la Moselle sous les ordres de Hoche qui avait été dans son peloton d'instruction aux gardes-françaises. Après l'affaire de Lambach, Lefebvre fut promu général de division (le 10 janvier 1894), et commanda l'avant-garde aux armées de Rhin-et-Moselle, de Sambre-et-Meuse et du Danube. Il sut s'y faire remarquer par sa décision et son intrépidité. Chargé du siège du fort Vauban, il en chassa promptement les Autrichiens, bloqua la tête-de-pont de Manheim, et rejoignit ensuite l'armée de réserve sous Charleroi; à Fleurus, il eut un cheval tué sous lui. Il prit part à l'affaire de la Roër, franchit le Rhin à Eichelkamp, sous les yeux de l'ennemi, le 6 septembre 1795, battit les Autrichiens à Hénef, arriva jusqu'à la Sieg au mois de novembre, mais dut se replier devant la marche de Boroz. Il fit la campagne de 1796 sous les ordres de Jourdan, à l'armée de Sambre-et-Meuse, assista à Siesgberg et à Altenkirchen, puis, sous le commandement de Hoche aux batailles de Bamberg et de Salzbach et à la prise de Kœnigshofen. Après la mort de Hoche, Lefebvre prit le commandement provisoire de l'armée de Sambre-et-Meuse, et fut ensuite désigné pour diriger l'expédition contre le Hanovre, expédition qui n'eut du reste pas lieu. A l'armée du Danube, en 1799, sous Jourdan, il fut grièvement blessé à Stoekoch et revint à Paris où, en témoignage d'estime, le Directoire lui remit une arme d'honneur. Il fut même désigné, le 11 mai 1799, par le Conseil des Cinq-Cents, comme candidat au Directoire à la place de Treilhard, membre sortant, mais ne fut point élu, et reçut, le 13 août suivant, le commandement de la 17e division militaire (Paris). Il prit une part assez active au 18 brumaire, conserva le commandement de la division de Paris, contribua à maintenir l'ordre dans l'Orne, la Manche, le Calvados et l'Eure et fut nommé (11 germinal an VIII) membre du Sénat conservateur, dont il resta l'un des présidents jusqu'en 1814. Maréchal de France au 30 floréal an XII, chef de la 5e cohorte de la Légion d'honneur, et grand-aigle (10 pluviôse an XIII), il reçut, en 1805, le commandement supérieur des bataillons de gardes nationaux de la Roër, du Mont-Tonnerre et du Rhin-et-Moselle. Durant la campagne de 1806, il commanda l'infanterie de la garde, assista à Iéna et, au moment de la campagne de Pologne, dut protéger les flancs de l'armée sur la rive gauche de la Vistule. Après Eylau, le corps du maréchal Lefebvre fut chargé du siège de Dantzig, où s'était réfugié Kalkreuth. Au bout de trois mois de tranchées ouvertes, la ville capitula, malgré les secours que les Russes cherchèrent à jeter dans la place. Le maréchal Lefebvre prit une part personnelle à ce succès en s'emparant, à la tête d'un bataillon, des hauteurs de Holzenberg. Le 10 septembre 1808, il reçut en récompense le titre de duc de Dantzig. Il suivit l'empereur en Espagne en 1808, battit La Romana à Durango (31 octobre), s'empara de Bilbao et de Santander, et concourut à la victoire d'Espinosa. En 1809, il commanda, à l'armée du Danube, le contingent bavarois, et se signala à Thann, à Abensberg à Eckmühl et à Wagram. Lancé à la poursuite de Jellachich, il le battit et s'empara d'Inspruck. Il fit, en 1812, la campagne de Russie comme commandant de la garde impériale, assista à la Moskowa, et, lors de la retraite, marcha constamment à pied, en tête des débris de ses troupes. La campagne de 1814 le vit encore au feu. A Champaubert il eut un cheval tué sous lui. Après la capitulation de Paris, il adhéra à la déchéance de l'empereur, et fut nommé pair de France le 4 juin 1814. Au retour de l'île d'Elbe, l'empereur le fit pair des Cent-Jours (2 juin 1815). La seconde Restauration l'élimina pour ce motif de la Chambre haute où il ne fut rappelé que le 5 mars 1819. Il y vota pour le maintien de la loi du 5 février 1817, relative aux élections, et mourut peu après. Le maréchal Lefebvre s'était marié, n'étant encore que sergent aux gardes-françaises, avec la blanchisseuse de sa compagnie, laquelle conserva dans les grandeurs l'allure et le langage de son origine. Sous le Directoire, elle portait des robes au bas desquelles on avait brodé, sur un large ruban : « Unité, indivisibilité de la République française; liberté, égalité, fraternité ou la mort. » Plus tard, la duchesse de Dantzig parla imperturbablement à la cour la langue des casernes; des amis conseillèrent le divorce au maréchal, qui refusa toujours de prêter l'oreille à ces avis. Il eut de sa femme 14 enfants, dont 12 fils, qui moururent tous avant leur père.

LEFEBVRE (Paul), représentant à la Chambre des Cent-Jours, né à Vitry-le-François (Marne) le 18 février 1768. mort à une date inconnue, propriétaire et maire de Norrois (Marne), fut élu, le 11 mai 1815, représentant à la Chambre des Cent-Jours, par le collège de département de la Marne, avec 59 voix sur 111 votants. Son rôle parlementaire, peu important, prit fin avec cette courte législature.

LEFEBVRE (François-Gilbert-Jacques), député de 1827 à 1846, né à Riom (Puy-de-Dôme) le 1er mars 1773, mort à Paris le 9 mai 1856, était banquier, régent de la Banque de France, chevalier de la Légion d'honneur et président de la chambre de commerce de la Seine, lorsqu'il fut élu, le 24 novembre 1827, député du collège de département de la Seine, par 1,508 voix (1,940 votants, 2,195 inscrits). Il soutint le ministère Martignac, puis passa dans l'opposition constitutionnelle, et signa l'Adresse des 221. Réélu, le 19 juillet 1830, par 1,684 voix (2,158 votants), il ne se montra pas d'abord favorable à la révolution de juillet, mais il se résigna vite au fait accompli et se rallia aux conservateurs ministériels. Candidat agréable à la cour, il fut successivement réélu député : le 3 octobre 1831, dans le IIe arrondissement de Paris, en remplacement de M. J. Laffitte qui avait opté pour Bayonne, par 795 voix (1,345 votants); le 21 juin 1834, par 920 voix (1,639 votants, 2,203 inscrits), contre 702 à M. J. Laffitte; le 4 novembre 1837, par 1,106 voix (2,207 votants, 2,547 inscrits), contre 1,095 à M. J. Laffitte; le 2 mars 1839, par 1,174 voix (2,314 votants), contre 1.126 à M. J. Laffitte; le 9 juillet 1842, par 1,196 voix (2,380 votants, 2,873 inscrits), contre 501 à M. Delangle. Il traita particulièrement à la Chambre les questions financières, parla sur les douanes (1835), fut rapporteur du budget des cultes (1836) et du budget des dépenses (1838), combattit le remboursement des rentes (1839), prononça des discours sur l'organisation des tribunaux de commerce, sur la prorogation du privilège de la Banque de France, sur les sucres, sur les chemins de fer, contre le droit de visite (1842) sur les patentes, sur les caisses d'épargne, fut rapporteur du projet sur la conversion des rentes et conclut contre la proposition (1846). Il vota *pour* la dotation du duc de Nemours, *pour* les fortifications de Paris, *pour* le recensement, *pour* l'indemnité Pritchard, *contre* les incompatibilités, *contre* l'adjonction des capacités. Non réélu aux élections

du 1er août 1846, avec 1,115 voix contre 1,221 à M. Berger, il ne rentra plus dans la vie politique; il avait à plusieurs reprises refusé la pairie.

LEFEBVRE (Denis-François-Etienne), représentant du peuple en 1848, né à Thionville (Seine-et-Oise) le 8 avril 1796, mort à Rambouillet (Seine-et-Oise) le 14 août 1867, d'une famille de laboureurs, devint maître de poste à Rambouillet et s'intéressa particulièrement au sort des nombreux ouvriers qu'il employait. Républicain, il fut élu, le 23 avril 1848, représentant de Seine-et-Oise à l'Assemblée constituante, le 7e sur 12, par 60,019 voix : on attribua alors cette élection à une entente entre les républicains et les royalistes, qui n'auraient mis en avant le nom de M. Lefebvre que pour amener les ouvriers à voter pour la totalité de la liste. A l'Assemblée, M. Lefebvre siégea parmi les modérés, fit partie du comité de l'agriculture, et vota en général avec la droite, *pour* le bannissement de la famille d'Orléans, *contre* l'abolition de la peine de mort, *contre* l'impôt progressif, *contre* l'incompatibilité des fonctions, *contre* l'amendement Grévy, *contre* la sanction de la Constitution par le peuple, *pour* l'ensemble de la Constitution, *pour* la proposition Rateau, *pour* l'interdiction des clubs. Il ne prit pas part au vote sur l'expédition de Rome, et, non réélu à la Législative. revint dans son département.

LEFEBVRE (Charles-Auguste), député de 1881 à 1889, né à Lille (Nord) le 9 septembre 1821, maire d'Avon et conseiller général de Seine-et-Marne pour le canton de Fontainebleau, se présenta, comme candidat républicain, aux élections législatives de 1881, dans l'arrondissement de Fontainebleau, et fut élu député par 11,154 voix (13,030 votants, 23,643 inscrits), le 4 septembre, au second tour de scrutin. M. Ch. Lefebvre se fit inscrire au groupe de la gauche radicale, et, pour se conformer à l'engagement qu'il avait pris, il résigna ses fonctions de conseiller général. Il vota généralement avec les radicaux, notamment *pour* la séparation de l'Eglise et de l'Etat, *contre* les crédits de l'expédition du Tonkin, signa le programme des 83 députés réunis rue Cadet le 20 juin 1885, et, porté, le 4 octobre suivant, sur la liste républicaine radicale de Seine-et-Marne, devint député du département, le 2e sur 5, avec 43,969 voix (73,741 votants, 98,824 inscrits). « Très actif malgré ses soixante ans, écrivait un biographe de 1886, c'est un des travailleurs de l'Assemblée. » Il se prononça *contre* les ministères Rouvier et Tirard, *pour* l'expulsion des princes, *pour* le ministère Floquet, et, en dernier lieu, *pour* le rétablissement du scrutin d'arrondissement (11 février 1889). *contre* l'ajournement indéfini de la révision de la Constitution, *pour* les poursuites contre trois députés membres de la Ligue des patriotes, *contre* le projet de loi Lisbonne restrictif de la liberté de la presse, *pour* les poursuites contre le général Boulanger.

LEFEBVRE. — *Voy.* Laboulaye (de).

LEFEBVRE. — *Voy.* Vatimesnil (de).

LEFEBVRE-CAYET (François-Joseph-Barthélemy-Auguste-César), député au Conseil des Anciens et au Corps législatif de l'an VIII à l'an XII, né à Blaringhem (Nord) le 28 mai 1748, mort à Arras le 8 mars 1811, exerçait la profession d'avocat à Arras avant la Révolution

4

Il avait été échevin de la ville d'Arras, député à la cour sous Louis XVI et député aux États d'Artois. Il fut élu député suppléant aux États-Généraux sans être appelé à y siéger. Devenu procureur général syndic du département du Pas-de-Calais en 1790, il se démit de ses fonctions pour n'avoir pas à exécuter les lois relatives au serment des prêtres. En l'an V, il fut nommé président du département et, le 25 germinal an VI, élu député du Pas-de-Calais au Conseil des Anciens, dont il fut secrétaire. Il y appuya les motions contre-révolutionnaires, applaudit au coup d'État de brumaire, et, le 4 nivôse an VIII, fut inscrit, par le Sénat conservateur, sur la liste des membres du nouveau Corps législatif. Il y représenta, jusqu'en l'an XII, le département du Pas-de-Calais. Lefebvre-Cayet présidait cette assemblée au moment de la clôture de la première session; il répondit au discours des orateurs du gouvernement en retraçant les « bienfaits » accomplis depuis le 18 brumaire, et en félicitant le Corps législatif d'y avoir contribué. Le 4 frimaire an XII, il fut nommé membre de la Légion d'honneur et, le 16 messidor de la même année, chancelier de la 2e cohorte.

LEFEBVRE DE CHAILLY (Simon-Robert), député en 1789, né à Gamaches (Eure) le 19 février 1720, mort à Gamaches le 21 octobre 1807, propriétaire à Gamaches, fut élu, le 23 avril 1789, député du tiers aux États-Généraux par le bailliage de Rouen. Il marqua peu dans la Constituante, où il opina avec la majorité; il devint conseiller général de l'Eure le 14 floréal an VIII.

LEFEBVRE-DESNOUETTES (Charles, comte), pair des Cent-Jours, né à Paris le 14 septembre 1773, mort à bord de l'*Albion* près Kingsdale (Irlande) le 22 avril 1822, fils d'un marchand de drap, s'échappa du collège des Grassins, où il faisait ses études, pour s'engager dans un régiment d'infanterie. Trois fois ses parents achetèrent son congé; il se rengagea et, à la Révolution, entra dans la légion allobroge. Sous-lieutenant de dragons en 1793, il fit une partie des campagnes de Sambre-et-Meuse et d'Italie et prit part à la bataille de Marengo, comme aide de camp du premier consul. Chef d'escadron dans la garde consulaire, commandeur de la Légion d'honneur (19 frimaire an XIII), il servit dans la campagne d'Autriche, en qualité de colonel de dragons, se distingua à Austerlitz et eut une mention spéciale dans les bulletins de la grande armée. Général de brigade le 19 septembre 1806, il resta quelque temps au service du roi Jérôme, fut promu général de division le 28 août 1808, créé comte de l'Empire le 10 septembre suivant, alla en Espagne, fut blessé au combat de Benavent (janvier 1809), tomba entre les mains des Anglais, d'où il s'échappa, revint en France, et reçut (1809) le commandement des chasseurs à cheval de la garde. En 1812, il resta attaché à la personne de l'empereur, fit la retraite de Russie à ses côtés, prit part à la campagne de Saxe, se distingua à Bautzen, fut battu à Altenbourg, et fut nommé grand-croix de l'Ordre de la Réunion (3 avril 1813); il fut blessé à Brienne (29 janvier 1814). Après l'abdication, il commanda l'escorte qui accompagna Napoléon jusqu'à Beaune, reçut la croix de Saint-Louis de Louis XVIII, et fut maintenu à la tête des chasseurs de la garde, devenus chasseurs royaux. En apprenant le débarquement de l'île d'Elbe, il souleva son régiment, rejoi-

gnit le général Lallemand et se porta sur La Fère afin de s'emparer de l'arsenal. La résistance du général d'Aboville empêcha ce projet de réussir. Lefebvre-Desnouettes se dirigea alors vers Compiègne, où il tenta vainement d'entraîner le régiment des chasseurs de Berry. Voyant déjà se manifester quelque hésitation dans sa troupe, il l'abandonna, parvint à échapper aux poursuites de la police et se réfugia chez le général Rigaud, commandant du département de la Marne. Nommé pair des Cent-Jours le 2 juin 1815, il partit avec Napoléon pour l'armée du Nord, se battit à Fleurus et chargea une dernière fois à Waterloo. Compris à la seconde rentrée des Bourbons, dans l'article 1er de l'ordonnance du 24 juillet 1815, il fut condamné à mort par contumace, en 1816, par le deuxième conseil de guerre de la première division militaire; il avait pu se réfugier aux États-Unis. En 1822, le désir de revoir sa femme, alors en Belgique, lui fit prendre passage sur l'*Albion* qui faisait voile vers ce pays, mais le navire sombra en vue des côtes d'Irlande, et il périt dans ce naufrage. L'empereur Napoléon lui avait laissé par testament 150,000 francs.

LEFEBVRE-DUGROSRIEZ (Thomas-Charles-Edouard), représentant en 1849, né à Abbeville (Somme) le 12 août 1799, mort à Paris le 8 avril 1861, propriétaire à Agenvillier (Somme) et maire de cette commune, dut à ses opinions conservatrices d'être élu, le 13 mai 1849, par les monarchistes de la Somme, représentant à l'Assemblée législative, le 8e sur 12, avec 76,212 voix (106,444 votants, 109,321 inscrits). Il siégea à droite, et vota constamment avec la majorité : *pour* l'expédition de Rome, *pour* la loi Falloux-Parieu sur l'enseignement, *pour* la loi du 31 mai, restrictive du suffrage universel, etc. Il rentra dans la vie privée au 2 décembre 1851, et n'appartint pas à d'autres assemblées.

LEFEBVRE DU PREY (Edmond-Marie), député de 1882 à 1889, né à Saint-Omer (Pas-de-Calais) le 17 août 1831, d'une ancienne famille du pays, fut nommé administrateur adjoint des hospices de Saint-Omer, puis appelé à remplir dans cette ville les fonctions de maire. Il les conserva jusqu'au 4 septembre 1870, et les reprit quelque temps, en 1874, sous le ministère de Broglie. Conservateur militant, il fut désigné, aux élections législatives du 14 octobre 1877, comme le candidat officiel du gouvernement du Seize-Mai dans la 1re circonscription de Saint-Omer; il réunit 5,387 voix contre 5,628 à M. Devaux député sortant, réélu. M. Lefebvre du Prey fut plus heureux, dans le même collège, en 1882, lorsque la nomination de M. Devaux, son ancien concurrent, comme sénateur, eut rendu son siège vacant. Il fut élu, au second tour de scrutin, le 12 mars, par 5,711 voix (10,660 votants, 13,587 inscrits) contre 4,831 à M. Fontenier, prit place à droite, fit de l'opposition au gouvernement et repoussa les crédits du Tonkin. En août 1883, il devint conseiller général du Pas-de-Calais. Porté, le 4 octobre 1885, sur la liste conservatrice du Pas-de-Calais, il fut élu député de ce département, le 4e sur 12, par 101,916 voix (180,439 votants, 216,227 inscrits). M. Lefebvre du Prey suivit la même ligne politique que précédemment, combattit les divers ministères de la législature et se prononça en dernier lieu *contre* le rétablissement du scrutin d'arrondissement (11 février 1889), *pour* l'ajournement indéfini d., la revision de la Constitution, *contre* les poursuites contre trois députés membres de la Ligue des patriotes, *contre* le projet de loi Lisbonne restrictif de la liberté de la presse, *contre* les poursuites contre le général Boulanger.

LEFEBVRE-DURUFLÉ (Noel-Jacques), représentant en 1849, ministre, sénateur du second Empire, né à Pont-Audemer (Eure) le 19 février 1792, mort à Pont-Authou (Eure) le 3 novembre 1877, fit de bonnes études au collège de sa ville natale et vint à Paris en 1812 pour faire son droit. Une brochure intitulée *Lettre de Nicolas Boileau à M. Etienne*, dont il était l'auteur, le mit en relations avec ce dernier qui le présenta au duc de Bassano, et lui fit obtenir un emploi au ministère d'Etat. Il venait d'entrer au conseil d'Etat (1814), quand il fut révoqué par la Restauration. Il se mêla aux luttes du parti libéral, concourut à la fondation du *Nain Jaune*, et collabora au *Mercure de France*; puis, ayant épousé, en 1822, la fille de M. Duruflé, riche manufacturier d'Elbeuf, il devint son associé, se consacra à l'industrie, et introduisit dans ses usines divers procédés de fabrication employés avec succès en Angleterre et en Amérique. En 1847, il quitta les affaires. Après s'être porté plusieurs fois, sous Louis-Philippe, candidat de l'opposition dynastique à la Chambre des députés, contre M. Ern. Hébert, dans la circonscription de Pont-Audemer, il échoua encore, au lendemain de la révolution de 1848, lors des élections à la Constituante. Mais il réussit à se faire nommer conseiller général de l'Eure, et, le 13 mai 1849, il entra à l'Assemblée législative, comme représentant de ce département, élu, le 6e de la liste conservatrice, par 53,568 voix (93,065 votants, 125,952 inscrits). Membre de la majorité, il fut rapporteur du projet de loi sur les associations ouvrières, membre de la commission de l'enquête agricole, commerciale et industrielle, et vota *pour* l'expédition de Rome, et *pour* la loi Fallous-Parieu sur l'enseignement. En 1850, il contribua à faire voter l'augmentation du traitement du président de la République. Il fut récompensé de son dévouement à la politique personnelle du prince-président par le porte-feuille de l'Agriculture et du Commerce (23 novembre 1851), qu'il échangea, après le coup d'Etat, le 25 janvier 1852, contre celui des Travaux publics. Il avait été nommé, après le coup d'Etat, membre de la Commission consultative. Son passage au ministère fut marqué par l'établissement de la ligne télégraphique entre Turin et la France, par la concession de paquebots sur la Méditerranée, par la construction de 2,000 kilomètres de chemins de fer, etc. Le 28 juillet suivant, M. Lefebvre-Duruflé quitta le ministère et fut appelé au Sénat. Il siégea dans cette assemblée jusqu'à la fin de l'Empire, qu'il soutint constamment de ses discours et de ses votes, et fut promu, le 14 août 1862, grand-officier de la Légion d'honneur. La révolution du 4 septembre l'avait rendu à la vie privée, lorsque des opérations financières irrégulières l'amenèrent, comme administrateur de la « Société industrielle », devant la police correctionnelle. M. Lefebvre-Duruflé, poursuivi pour escroquerie, fut déclaré coupable d'infraction à la loi sur les sociétés et condamné le 2 décembre 1873, à 10,000 francs d'amende. Cette condamnation entraîna, en décembre 1874, sa radiation de la liste des membres de la Légion d'honneur. M. Lefebvre-Duruflé, mort en 1877, a laissé quelques travaux littéraires et

économiques parmi lesquels : *Tableau historique de la Russie* (1812); *Almanach des modes* (1814 à 1817); *Ports et côtes de France de Dunkerque au Havre* (1831); *Considérations sur la nécessité de donner en France un nouvel essor au commerce d'exportation* (1843), etc. De son mariage avec Mlle Duruflé, M. Lefebvre avait eu neuf enfants. Après la déconfiture industrielle de son père, l'un d'eux, peu disposé à entrer dans le commerce, et épris d'études théologiques et religieuses, fut séduit par la religion des Mormons, et s'embarqua pour les Etats-Unis. Il se fit recevoir citoyen de l'Utah, après avoir abjuré le catholicisme, mais, deux ans après, il alla demander à Rome le pardon de ses erreurs. Peu après, il songea à se faire musulman, partit pour Tunis, où, six mois après, il fut nommé iman de la mosquée de cette ville, sous le nom de Si-Ahmed. Il devint, vers 1880, iman de la mosquée des Sabres à Kairouan, et, lors de l'expédition de Tunisie, ce fut grâce à son intervention que la « ville sainte » ouvrit ses portes sans conditions et sans coup férir à nos soldats, le 26 octobre 1881.

LEFEBVRE-HERMANT (Narcisse), député de 1846 à 1848 et de 1852 à 1860, né à Arras (Pas-de-Calais) le 4 mars 1795, mort à Saint-Omer (Pas-de-Calais) le 25 octobre 1860, fils de Lefebvre-Cayet (*V. p. haut*), se livra à l'étude des questions administratives et économiques. Nommé, le 9 novembre 1828, adjoint au maire de Saint-Omer, il occupa ce poste jusqu'au 18 juillet 1830, époque à laquelle il donna sa démission. Il entra, le 27 septembre de la même année, au conseil municipal, fut membre du comité de bienfaisance, de la commission sanitaire, conseiller d'arrondissement en 1839, conseiller général du 10 avril 1842 à sa mort, administrateur des hospices et des prisons, etc., et reçut, le 13 février 1842, la croix de chevalier de la Légion d'honneur. Le 1er août 1846, les électeurs du 7e collège du Pas-de-Calais (Saint-Omer) le nommèrent député par 301 voix sur 554 votants et 623 inscrits, contre 132 à M. Dekeiser et 120 à M. Baudens. M. Lefebvre-Hermant siégea jusqu'en 1848 dans les rangs de la majorité conservatrice. Rallié à la politique présidentielle de L.-N. Bonaparte, il fut désigné, le 29 février 1852, comme le candidat du gouvernement au Corps législatif dans la 4e circonscription du Pas-de-Calais, et fut élu député par 29,375 voix (24,789 votants, 36,092 inscrits) contre 3,481 à M. de Saint-Amour, ancien représentant, et 884 à M. Papeleu. Il s'associa au rétablissement de l'empire et fit partie de la droite dynastique jusqu'à sa mort, après avoir obtenu sa réélection, le 22 juin 1857, par 22,880 voix (22,960 votants, 35,283 inscrits). Le 13 août de la même année, il avait été promu officier de la Légion d'honneur. La ville de Saint-Omer lui doit, entre autres fondations, celle de la Société des Antiquaires de la Morinie, celle d'un établissement de bains, des lavoirs publics, etc., M. Lefebvre-Hermant fut remplacé comme député, le 9 décembre 1860, par M. Le Sergeant de Monnecove.

LEFEBVRE-LAROCHE (Pierre-Louis), député au Corps législatif de l'an VIII à 1803, dates de naissance et de mort inconnues, entra dans les ordres, puis se déclara pour la Révolution. Il eut personnellement, à la prise de la Bastille et à plusieurs circonstances de la journée du 14 juillet, une part importante, dont fait mention, à plusieurs reprises, la relation officielle publiée par le *Moniteur*. Le peuple ayant découvert, au port Saint-Nicolas, un bateau chargé de cinq milliers de poudre, cette poudre, portée en triomphe à l'Hôtel de Ville, y fut déposée dans une salle basse, et confiée à la surveillance de l'abbé Lefebvre, qui fut chargé d'en faire la distribution : « Cette dangereuse commission, lit-on dans le *Moniteur*, mit plusieurs fois ce brave et respectacle abbé à deux doigts de sa perte. Le jour même on tira un coup de fusil sur les tonneaux dont il était gardien, et un coup de pistolet sur sa propre personne. Pendant la nuit, la porte de la salle qui lui servait de magasin fut brisée sous ses yeux à coups de hache qui faisaient feu sur les clous dont elle était garnie. Enfin, un homme ivre entra peu de temps après dans ce magasin ou plutôt cette mine, située sous la salle des électeurs toujours remplie de citoyens, y entra, la pipe à la bouche, et continua de fumer sur les barils ouverts, malgré les plus instantes représentations; heureusement l'abbé s'avisa de lui acheter sa pipe allumée, et la lança dans la cour. » Le comité permanent de la milice parisienne déclara qu'il « applaudissait aux vertus peu communes de M. l'abbé Lefebvre ». D'autre part, il proclama, quelques jours après, que « les sollicitudes de M. l'abbé Lefebvre ne s'étaient point bornées à la garde des poudres; que sa charité l'avait porté, dans la journée du mardi, jusqu'à faire distribuer, de ses deniers, du pain et du vin aux hommes affamés qui venaient assiéger son magasin ». Le *Moniteur* ajoute : « MM. les députés de l'Assemblée nationale ont été émus de tant de preuves d'un si grand zèle : ils ont chargé le comité permanent d'en témoigner leur satisfaction à M. l'abbé Lefebvre, et de conserver à la commune, par tous les procédés chers au patriotisme, les services inappréciables d'un si vertueux citoyen. » Membre de la commune, il courut encore les plus grands dangers à l'Hôtel de Ville dans les journées des 5 et 6 octobre. Les envahisseurs lui avaient déjà passé une corde au cou, quand une femme coupa la corde et lui sauva la vie. Lefebvre-Laroche, qui s'était fait connaître encore par la publication des œuvres complètes d'Helvétius, était devenu curé constitutionnel de *Franciade*-Auteuil (Seine), lorsqu'il fut appelé, le 4 nivôse an VIII, par le Sénat conservateur, à faire partie, comme député de la Seine, du nouveau Corps législatif. Il y siégea jusqu'en 1803.

LEFEBVRIER (François-Anne-Joseph), député au Conseil des Cinq-Cents, et au Corps législatif de l'an VIII à 1803, né à Josselin (Morbihan) le 4 juin 1767, mort à une date inconnue, « fils de M. Mathurin Lefebvrier, notaire et procureur au comté de Porhoët, et de demoiselle Julienne-Jeanne Gautier », était avocat et occupait le poste d'administrateur du Morbihan, lorsque, le 25 germinal an VI, il fut élu député de ce département au Conseil des Cinq-Cents. Favorable au coup d'État de brumaire, il fut désigné, le 4 nivôse an VIII, par le Sénat conservateur pour représenter le même département au nouveau Corps législatif, où il siégea jusqu'en 1803. Peu après (3 frimaire an XII), il fut nommé conseiller de préfecture du Morbihan.

LE FESSIER (Jacques-André-Simon), député en 1791, né à Argentan (Orne) le 23 février 1738, mort à Argentan le 2 décembre 1806, entra dans les ordres, puis adhéra à la Révolution. Évêque constitutionnel de l'Orne (février

1791), il fut élu, le 7 septembre 1791, député de ce département à l'Assemblée législative, le 3e sur 10, par 265 voix (477 votants). Il prit peu de part aux discussions, et vota avec la majorité réformatrice: mais un sieur La Houardière, procureur de la commune de Séez, ayant fait parvenir à l'Assemblée une dénonciation contre M. Le Fessier, celui-ci riposta par un écrit intitulé : *Je ne m'y attendais pas*, ou *Réponse de M. Le Fessier, évêque du département de l'Orne et député à l'Assemblée nationale, à la dénonciation du sieur La Houardière.* Ce fonctionnaire accusait l'évêque et son conseil « d'intolérance » et de « persécution fanatique » à l'égard des sœurs de la Providence et de l'Hôtel-Dieu. M. Le Fessier, dans sa brochure, s'exprime ainsi à cet égard : « L'évêque et son conseil vous ont dit : Vos sœurs de la Providence égarent vos enfants; elles leur inspirent l'horreur de la Constitution; elles font chanter, en guise de cantiques spirituels, des chansons contre les prêtres qui ont prêté serment. Qu'avez-vous répondu ? Rien ; et la jeunesse a été perdue, parce que la loi a été négligée. Réclamer l'exécution de la loi, est-ce donc à vos yeux intolérance, persécution fanatique ? L'évêque et son conseil vous ont représenté que vos Sœurs Hospitalières, égarées jusqu'au fanatisme, environnaient vos malades de leurs séductions ; qu'elles détournaient ces infortunés de recevoir les consolations de la religion offertes par les prêtres assermentés, qu'elles n'avertissaient point pour porter les sacrements. Ils vous ont dit qu'il était scandaleux de voir des filles qui doivent l'exemple, fuir jusqu'au fond des caves, de peur que la bénédiction des ministres, dont les mains se sont élevées pour jurer fidélité à la patrie, ne les atteignît. Ils vous ont dit : Faites cesser ce contraste désolant. Des filles honnêtes, pieuses et zélées se présentent; acceptez-les pour concourir à l'observation de la loi. Qu'avez-vous répondu : Rien. Que répondez-vous maintenant ? Des horreurs. Ici mon sang bouillonne... » L'évêque terminait ainsi : « En parlant du fanatisme et un peu des fanatiques, vous dites avec beaucoup d'esprit, M. de La Houardière : *La bête est dans le piège, qu'on l'assomme !* Le mot seul un peu de l'intolérance. Et moi, parlant de la calomnie et un peu du calomniateur, je dis tout bonnement : *La bête est dans le piège, qu'on lui pardonne.* C'est à quoi je conclus, et certes, M. de la Houardière, avec toute votre tolérance, vous ne vous y attendiez pas. » M. Le Fessier disparut de la scène politique après la session.

LEFEUVRE (Claude-François), député au Corps législatif de 1811 à 1815, représentant aux Cent-Jours, né à Dammartin (Seine-et-Marne le 29 septembre 1748, mort à Paris le 5 novembre 1818, « fils de messire Hilaire Lefeuvre, avocat, et de Jeanne Bonnet-Billard, » commissaire ordonnateur à Fontainebleau, fut choisi par le Sénat conservateur, le 8 mai 1811, comme député de Seine-et-Marne au Corps législatif impérial. Il y siégea jusqu'en 1815, et fut, le 10 mai de cette année, élu représentant à la Chambre des Cent-Jours par l'arrondissement de Fontainebleau, avec 45 voix sur 53 votants et 113 inscrits, contre 6 à M. Sédillez. Il rentra dans la vie privée à la seconde Restauration. Chevalier de l'Empire.

LEFÈVRE (Pierre-Nicolas-Pascal), représentant du peuple en 1848, né à Yvetot (Seine-Inférieure) le 10 avril 1798, mort à Yvetot le 27 février 1865, filateur dans sa ville natale, fils de ses œuvres, s'occupa de questions ouvrières, et fut élu, le 23 avril 1848, représentant de la Seine-Inférieure à l'Assemblée constituante, le 11ᵉ sur 19, par 125,250 voix. Membre du comité du travail et du comité de l'industrie, il vota en général avec la fraction monarchiste de la Chambre, *pour* le bannissement de la famille d'Oléans, *pour* les poursuites contre L. Blanc et Caussidière, *contre* l'abolition de la peine de mort, *contre* l'impôt progressif, *contre* l'incompatibilité des fonctions, *contre* l'amendement Grévy, *pour* l'ensemble de la Constitution, *pour* la proposition Rateau, *pour* l'interdiction des clubs, *pour* l'expédition de Rome, *contre* la demande de mise en arrestation du président et des ministres. Non réélu à la Législative, il rentra dans la vie privée.

LEFÈVRE (HENRI), représentant en 1871 et député de 1876 à 1877, né à Blois (Loir-et-Cher) le 29 août 1825, mort à Cauterets (Hautes-Pyrénées) le 4 juillet 1877, ingénieur civil, fut chargé de la construction d'un chemin de fer dans les Alpes-Maritimes où il se fixa. Il se présenta pour la première fois, le 8 février 1871, comme candidat républicain, dans les Alpes-Maritimes où il obtint, sans être élu, 6,284 voix sur 29,928 votants. La démission de Garibaldi et l'option de M. Marc-Dufraisse pour la Seine ayant amené une élection complémentaire dans le même département, il fut élu représentant à l'Assemblée nationale, le 2 juillet 1871, par 13,579 voix (30,319 votants, 57,858 inscrits.) M. Henri Lefèvre se fit inscrire à la gauche et à l'Union républicaine et vota : *pour* la dissolution de l'Assemblée, *contre* la chute de Thiers au 24 mai, *contre* le septennat, *contre* l'état de siège, *contre* la loi des maires, *contre* le ministère de Broglie, *pour* les amendements Wallon et Pascal Duprat et *pour* l'ensemble des lois constitutionnelles. Lors des élections sénatoriales du 30 janvier 1876, il adressa aux conseillers municipaux des Alpes-Maritimes une lettre leur recommandant de ne voter que pour des candidats républicains ; il se représenta aux élections du 20 février suivant pour la Chambre des députés civil, dans l'arrondissement de Puget-Théniers, par 3,610 voix (4,657 votants, 6,738 inscrits), contre 371 à M. Tancrède de Hauteville. Il revint siéger parmi les radicaux de la Chambre, et s'associa à la protestation des 363 contre le gouvernement du Seize-Mai. Il mourut peu après la dissolution de la Chambre (4 juillet 1877), et fut remplacé, le 14 octobre suivant, par le duc Decazes.

LEFÈVRE (FRANÇOIS-ERNEST), député de 1881 à 1889, né au Havre (Seine-Inférieure) le 15 août 1833, mort à Paris le 9 novembre 1889, étudia le droit et se fit recevoir avocat. Inscrit au barreau de Paris, il publia, en 1858, un ouvrage intitulé : *Des légistes et de leur influence aux XIIᵉ et XIIIᵉ siècles*. Il s'occupa aussi de politique, fit de l'opposition à l'Empire dans les rangs du parti républicain, et, lors de la fondation du journal *le Rappel*, devint rédacteur et gérant de la nouvelle feuille. Il eut une part active à toutes ses polémiques et, en 1875, il entra au conseil municipal de Paris comme représentant du quartier des Epinettes. Président du conseil municipal et aussi du conseil général de la Seine, il fut, en 1879, remplacé, dans le quartier des Epinettes, par M. Henry Maret. Lors des élections législatives de 1881, M. E. Lefèvre se présenta d'abord comme candidat radical dans la 1ʳᵉ circonscription du Havre, son pays natal : il n'y obtint que 5,758 voix contre 6,507 à M. Peulevey, député sortant, réélu. Mais, le 4 décembre 1881, l'option de M. Camille Pelletan pour Aix ayant déterminé une vacance dans la 1ʳᵉ circonscription du 19ᵉ arrondissement de Paris, M. Ernest Lefèvre fut élu dans cet arrondissement par 3,935 voix sur 7,902 votants et 15,496 inscrits, contre 2,617 à M. André Murat et 630 à M. Dujarrier. Il siégea à l'extrême-gauche, proposa (juin 1882) d'enlever au ministre le droit d'expulser les « réfugiés politiques » sans la ratification du décret par le conseil d'Etat : interpella le gouvernement (mars 1883), lors des affaires de Montceau-les-Mines, sur les mesures à prendre pour assurer la liberté politique et religieuse des travailleurs dans les concessions de mines faites par l'Etat, et parla (avril 1884) en faveur du scrutin de liste par arrondissement pour l'élection des conseillers municipaux de Paris, avec une représentation proportionnelle à la population. Avec la fraction avancée du parti républicain, il se prononça *contre* les ministères Gambetta et J. Ferry, *pour* la séparation de l'Eglise et de l'Etat, *pour* l'élection de la magistrature par le peuple, *contre* les crédits de l'expédition du Tonkin. En dehors du parlement, M. E. Lefèvre fut un des principaux membres de la *Ligue pour la revision de la Constitution*. Parent de M. Auguste Vacquerie et intimement lié avec la famille de Victor Hugo, il fut désigné par le grand poète comme l'un de ses exécuteurs testamentaires. Porté sur plusieurs listes républicaines et radicales dans le département de la Seine, aux élections d'octobre 1885, il réunit au premier tour de scrutin 188,475 voix, et, admis sur la liste unique, dite de conciliation, qui fut présentée au second tour, il fut élu député de la Seine, le 6ᵉ sur 34, par 288,146 voix (416,886 votants, 564,338 inscrits). Lors de la constitution du bureau de la nouvelle Chambre, M. Ernest Lefèvre, candidat du parti radical, fut nommé, par ses collègues, vice-président, avec 335 voix, et fut plusieurs fois réélu depuis, notamment le 8 janvier 1889. Il opina *contre* les ministères opportunistes de la législature, soutint le ministère Floquet, se prononça *contre* la politique boulangiste et, en dernier lieu, s'abstint sur le rétablissement du scrutin d'arrondissement (11 février 1889), et vota *contre* l'ajournement indéfini de la revision de la Constitution, *pour* les poursuites contre trois députés membres de la Ligue des patriotes, *contre* le projet de loi Lisbonne restrictif de la liberté de la presse, *pour* les poursuites contre le général Boulanger.

LEFÈVRE. — *Voy.* ORMESSON (D').

LEFÈVRE-GINEAU (LOUIS, CHEVALIER D'AINELLES, BARON), député au Corps législatif de 1807 à 1815, représentant aux Cent-Jours, député de 1820 à 1824 et de 1827 à 1829, né à Authe (Ardennes) le 7 mars 1751, mort à Paris le 3 février 1829, fut élevé par un oncle, curé dans les Ardennes et termina ses études à Reims. Grâce à la recommandation de l'évêque de Pamiers son parent, il devint professeur de mathématiques des enfants du baron de Breteuil. Il put cependant suivre les cours du collège royal et de l'école des ponts et chaussées, fut quelque temps adjoint à la Bibliothèque royale et obtint, en 1788, la chaire de physique expérimentale qui venait d'être créée au Collège de France. Pour sa leçon d'ouverture, il fit devant ses auditeurs la synthèse de l'eau. Au moment de la Révolution, Lefèvre-Gineau fut nommé administrateur des subsistances à Paris. Il fit ensuite partie de la commission du système décimal et devint inspecteur général des études. Membre de l'Institut (section de physique), administrateur du collège de France, membre de la Légion d'honneur (4 frimaire an XII), créé baron de l'Empire le 2 juillet 1808, M. Lefèvre avait été nommé, le 17 février 1807, par le Sénat conservateur, député des Ardennes au Corps législatif : son mandat lui fut renouvelé le 6 janvier 1813. Il adhéra à la déchéance de l'empereur en 1814, se prononça à la Chambre *contre* la censure, *contre* la restitution aux émigrés de leurs biens non vendus, et *pour* la réduction du nombre des membres de la cour de Cassation. Il fut réélu, le 10 mai 1815, représentant à la Chambre des Cent-Jours, dans l'arrondissement de Mézières, par 55 voix (78 votants), et fit partie de la commission chargée de la revision des lois constitutionnelles. Réélu, le 4 novembre 1820, dans les deux arrondissements des Ardennes, à Mézières, avec 154 voix (302 votants, 365 inscrits), contre 145 au vicomte de Rémont. et à Vouziers avec 188 voix (326 votants, 396 inscrits), contre 100 à M. de la Tour du Pin, il opta pour Mézières, fut remplacé à Vouziers, le 8 mars 1821, par M. Veilande, siégea dans les rangs de l'opposition libérale, et se prononça nettement contre les lois d'exception. Le ministère le raya en 1824 de la liste des professeurs du collège de France, mais avec réserve du traitement. Après avoir échoué aux élections de 1824, il rentra au parlement, le 17 novembre 1827, réélu dans l'arrondissement de Vouziers, par 134 voix (209 votants, 256 inscrits), contre 60 à M. Harmand d'Abancourt; il reprit place dans l'opposition, mourut en février 1829, et fut remplacé, le 26 mai suivant, par M. Clausel. M. Lefèvre-Gineau n'a publié que la leçon d'ouverture, déjà citée, dans le tome XXXIII du *Journal de physique*, et quelques notes scientifiques, à la suite du poème de Delille : *Les Trois règnes de la nature*.

LEFÈVRE-PONTALIS (GERMAIN-ANTONIN), député au Corps législatif de 1869 à 1870, représentant en 1871, député de 1885 à 1889, né à Paris le 19 août 1830, fils d'un ancien notaire de cette ville, descendant par sa mère du célèbre architecte Soufflot, et dont le grand-père maternel siégea au Corps législatif du premier Empire, fit de très brillantes études classiques au collège Bourbon, prit sa licence ès-lettres (août 1852) et fut reçu docteur en droit en 1855, avec une thèse remarquée sur la *Condition légale de la femme mariée*. Déjà auditeur au conseil d'Etat (1852), il devint auditeur de première classe en 1857, et collabora à la *Revue des Deux-Mondes*, au *Journal des Débats*, où il fit alors, dans les rangs du parti conservateur libéral, une opposition modérée à l'Empire. Il quitta le conseil d'Etat pour se présenter, le 31 mai 1863, comme candidat indépendant au Corps législatif, dans la 3e circonscription de Seine-et-Oise, où il réunit 13,412 voix contre 16,657 à l'élu, M. Dambry, candidat officiel, député sortant. Diverses publications importantes, comme la *Hollande au XVIIe siècle*, *Les lois et les mœurs électorales en France et en Angleterre* (1864), *La liberté individuelle*, achevèrent de le mettre en évidence. Il se présenta aux élections législatives du 24 mai 1869, dans la même circonscription, avec un très grand nombre de concurrents : MM. Eugène Rendu, Léon Say, Grégory

Ganesco, le duc d'Ayen, etc.; mais, ayant obtenu au premier tour 11,493 voix contre 11,52. à M. Eugène Rendu, candidat officiel, il engagea avec succès la lutte au scrutin de ballottage : 15,595 voix sur 30,307 votants et 34,867 inscrits, contre 14,505 à M. Eugène Rendu, l'envoyèrent siéger au Corps législatif Il prit place au centre, dans le tiers-parti, fut un des premiers signataires de la demande d'interpellation des 116 (juillet 1869), parla dans la session de 1870, sur l'enquête agricole, sur le budget de l'instruction publique, sur l'amélioration du traitement des instituteurs sur l'élection des maires par les conseils municipaux, et, après la chute de l'Empire, se prononça pour la prompte convocation d'une Assemblée nationale. Elu, le 8 février 1871, représentant de Seine-et-Oise à l'Assemblée nationale, le 3e sur 11, par 25,472 voix (53,336 votants, 123,875 inscrits), il se fit inscrire à la réunion présidée par M. Feray, demanda (février 1872) la nomination d'une commission chargée d'examiner les projets de libération du territoire, et soutint jusqu'au 24 mai le gouvernement de Thiers; sous le ministère de Broglie, il se rapprocha de la droite, avec laquelle il vota pour le septennat, et se rallia à l'amendement Wallon, ainsi qu'à l'ensemble des lois constitutionnelles. A deux reprises, il fut chargé des rapports sur l'organisation et les attributions du Sénat. Membre de plusieurs commissions importantes, notamment de celle des finances et des lois constitutionnelles, il fut rapporteur du projet de loi Savary sur les conditions d'éligibilité, et prit la parole dans plusieurs discussions, sur les lois concernant les conseils municipaux, les conseils généraux, le conseil d'Etat, l'organisation de la magistrature, la suppression de la mairie centrale de Lyon, la loi électorale. etc. Il fut porté, en décembre 1875, sur la liste des sénateurs inamovibles qui fut battue par la liste de gauche, et fit partie du conseil supérieur de commerce, de l'agriculture et de l'industrie. Aux élections législatives du 20 février 1876, il fut le candidat du parti conservateur dans la 1re circonscription d'Avesnes (Nord), où il réunit 7,633 voix contre 8,484 à l'élu républicain, M. Guillemin. De nouveau candidat, avec l'appui du maréchal de Mac-Mahon, le 14 octobre 1877, dans le même collège, il échoua avec 8,791 voix contre 9,279 au député sortant, un des 363, M. Guillemin. Mais, les élections du 4 octobre 1885 ramenèrent M. Lefèvre-Pontalis au parlement; inscrit sur la liste conservatrice du Nord, il passa, au premier tour de scrutin, le 12e sur 20, avec 161,653 voix (292,696 votants, 348,224 inscrits). Il prit place au centre droit, parut plusieurs fois à la tribune, proposa sans succès (20 février) avec M. Lockroy que les élections au scrutin de liste n'eussent lieu que lorsque plusieurs sièges seraient vacants, demanda vainement la réduction de l'indemnité parlementaire, combattit (mars 1886) la proposition relative à l'expulsion des princes, ainsi que l'indemnité demandée pour les victimes du 24 février 1848, réclama l'intervention des conseils municipaux dans le choix des instituteurs et des institutrices laïques ou congréganistes, présenta et défendit (29 novembre 1888 et 19 janvier 1889) deux amendements à la loi militaire, l'une en faveur des dispenses intéressant les écoles françaises d'Orient ou d'Afrique et les œuvres des missions, l'autre tendant à verser les étudiants en médecine et les ecclésiastiques dans le service de santé en cas de mobilisation (rejeté par 329 voix contre 227). Il proposa et fit voter la loi contre les cris publics, préconisa le vote sous enveloppe, parla dans la discussion sur le transfert au Panthéon des cendres de Carnot et de Baudin, intervint dans les débats relatifs au rétablissement du scrutin d'arrondissement et à l'organisation de la haute cour de justice, et fut chargé (1888) du rapport sur le budget de la Chambre, où il proposa d'importantes économies, et du rapport qui concluait contre le mandat impératif qu'il représenta comme contraire au régime parlementaire. M. Lefèvre-Pontalis a voté contre la politique coloniale et scolaire des ministères républicains, et, en dernier lieu, *contre* le rétablissement du scrutin d'arrondissement (11 février 1889), *pour* l'ajournement indéfini de la revision de la Constitution, *contre* les poursuites contre trois députés membres de la Ligue des patriotes, *contre* le projet de loi Lisbonne restrictif de la liberté de la presse, *contre* les poursuites contre le général Boulanger. M. Lefèvre-Pontalis a fait paraître, en 2 volumes (1885), un ouvrage sur le grand pensionnaire *Jean de Witt*, couronné par l'Académie française, et a été élu, au premier tour, le 2 juin 1888, membre de l'Académie des sciences morales et politiques.

LEFÈVRE-PONTALIS (JULES-AMÉDÉE), représentant en 1871, né à Paris le 20 juin 1833, frère du précédent, fit de brillantes études classiques et suivit les cours de la faculté de droit de Paris. En 1855, l'année même où il fut reçu avocat, il débuta dans les lettres par un discours sur les écrits du duc de Saint-Simon, qui obtint le prix d'éloquence à l'Académie française. L'Académie avait proposé ce sujet dès 1854, mais elle n'avait pas cru devoir décerner de récompense cette année-là, et M. Villemain, secrétaire perpétuel, écrivit à ce propos, dans son rapport : « Il faut un grand travail pour répondre à son appel et pour la justifier de l'avoir fait ; il faut ce sérieux précoce qui vient par l'ardeur de l'étude et qui colore de la vérité même des faits la réflexion et le style d'un jeune écrivain. » M. Amédée Lefèvre-Pontalis concourut et partagea le prix avec M. Eugène Poitou, conseiller à la cour d'appel d'Angers. « L'auteur, écrivit encore M. Villemain, a su bien louer à la fois Saint-Simon et Louis XIV ; et il réunit quelques vues saines et nouvelles en histoire à l'admiration finement instructive d'une des œuvres de notre grande prose française du XVIII° siècle. » Ces succès académiques ouvrirent à M. Amédée Lefèvre-Pontalis l'accès de la *Revue des Deux-Mondes* où il publia quelques études sur Chateaubriand, etc..., il collabora aussi au *Correspondant*. Il avait donné en librairie un ouvrage intitulé la *Liberté de l'histoire* (1860), et s'était acquis, dans les cercles légitimistes, une certaine notoriété. Lorsqu'il fut désigné, après la chute de l'Empire, par les conservateurs d'Eure-et-Loir, comme candidat à l'Assemblée nationale. Élu, le 8 février 1871, le 3° sur 6, par 27,964 voix (54,301 votants, 85,164 inscrits), il prit place à droite, fit partie du bureau de la réunion des Réservoirs, prit une part active aux tentatives de restauration monarchique (1873), réclama une indemnité exceptionnelle pour la ville de Châteaudun, fit partie des commissions de décentralisation, d'enquête sur les établissements pénitentiaires, de la commission des Trente, des commissions d'organisation municipale de Paris, des délits politiques, du jury en matière de presse, de la restitution des biens de la famille d'Orléans, etc. Rapporteur du projet Raudot portant suppression

des conseils de préfecture (1872), du projet de prorogation de l'Assemblée (1875), il parla dans les discussions sur les conseils généraux (juillet 1871), sur la nomination des maires (janvier 1874), sur les conseils municipaux (juin-juillet), sur le mode d'élection des sénateurs (21 juillet 1875), combattit la proposition Rivet (août 1871), et, dans un discours qui fut très remarqué, demanda (10 mars 1873), lors de la discussion sur les attributions des pouvoirs publics, qu'on sortît du provisoire et qu'on se prononçât résolument entre la monarchie et la république. Il vota : *pour* la paix, *pour* les prières publiques, *pour* l'abrogation des lois d'exil, *pour* le pouvoir constituant de l'Assemblée, *contre* la dissolution, *pour* la chute de Thiers au 24 mai, *pour* le septennat, *pour* l'état de siège, *pour* la loi des maires, *pour* le ministère de Broglie, *contre* les amendements Wallon et Pascal Duprat et *contre* l'ensemble des lois constitutionnelles. M. Amédée Lefèvre-Pontalis déposa une proposition tendant à ordonner la revision de tous les décrets législatifs du gouvernement de la Défense nationale. Après la dissolution de l'Assemblée, il se représenta, le 20 février 1876, comme candidat monarchiste, dans l'arrondissement de Châteaudun, où il n'obtint que 3,907 voix contre 10,510 à M. Dreux, républicain, élu. Devenu, aux élections du 14 octobre 1877, le candidat officiel du maréchal de Mac-Mahon, il réunit en cette qualité 4,226 voix contre 11,074 au même concurrent, M. Dreux, des 363, réélu. Porté, le 4 octobre 1885, sur la liste conservatrice d'Eure-et-Loir, il échoua avec 25,146 suffrages sur 63,940 votants. Président du comité conservateur de Châteaudun, vice-président de la Société d'agriculture, président du comité des écoles libres d'Eure-et-Loir, il s'est retiré du barreau en 1876, et a accepté les fonctions de président du conseil d'administration des mines de la Loire, d'administrateur des Messageries maritimes, des Messageries nationales, de la Société générale, et de censeur de la Société de Crédit industriel et commercial.

LEFIOT (JEAN-ALBAN), membre de la Convention, né à Lormes (Nièvre) le 27 février 1755, mort à Paris le 15 février 1839, fils de maître Paul Lefiot, contrôleur des actes, et de demoiselle Anne Berle, était, avant la Révolution, avocat au présidial et bailliage royal de Saint-Pierre-le-Moutier. Devenu, en 1790, procureur syndic du district de la même ville, il fut, le 5 septembre 1792, élu membre de la Convention par le département de la Nièvre, le 3° sur 7, avec 326 voix (387 votants). Révolutionnaire ardent, Lefiot prit place à la Montagne, vota « la mort » dans le procès de Louis XVI, et fut envoyé en mission à l'armée des Pyrénées, où il se lia avec La Tour d'Auvergne ; ils expliquaient ensemble dans les loisirs de la vie militaire, les *Commentaires* de César. En l'an II, il prit la parole à la Convention sur le gouvernement révolutionnaire, qu'il fut chargé d'organiser dans les départements du Cher, de la Nièvre et du Loiret. Lefiot avait reçu des pouvoirs illimités : il en usa avec une modération qui lui valut, du comité de salut public, des reproches et son rappel (27 mars 1794), notamment pour avoir fait mettre, à Cosne, les détenus en liberté. Plusieurs personnes suspectes ou compromises, entre autres Mme de Berny, mère d'un conseiller à la cour royale de Paris, lui avaient dû la vie et la liberté ; il avait également apaisé, par la seule persuasion, des émeutes provoquées par la disette, et pré-

servé Nevers de la famine (germinal an II).
Rappelé comme modéré, il crut devoir se couvrir en lançant une proclamation dans laquelle
il n'était question que « d'arrêter les tièdes,
d'écraser les coupables », etc. De plus, il
adressa à la Convention, sur la mission qu'il
avait remplie, un rapport qui contenait ce passage : « Après avoir comparé mes opérations
avec les décrets existants, les moyens que j'ai
employés pour former l'esprit public avec la
direction que la Convention y donnait elle-
même, s'il se trouve quelqu'un qui dise : *J'ai
mieux fait que cet homme-là*, je le croirai sous
le rapport des talents ; mais s'il entend parler
des intentions louables, du saint amour de la
patrie, de l'enthousiasme pour la justice, des
principes sévères de la probité, du désir de
voir les Français heureux, je jure que mon
détracteur ment à sa conscience ! » Dans l'assemblée, où il ne fut d'ailleurs pas inquiété, il
prit une part assez active aux discussions relatives à l'instruction publique ; il se prononça
contre la réaction thermidorienne, et invoqua
la question préalable sur la proposition de
mettre en arrestation plusieurs représentants,
à la suite de l'émeute du 12 germinal. Cette
attitude le désigna aux attaques de la nouvelle
majorité : Dubois-Crancé le dénonça « pour
avoir envoyé quatre des signataires de la lettre
des citoyens de Montargis contre la journée
du 20 juin, au tribunal révolutionnaire, prononcé la détention d'un très grand nombre
jusqu'à la paix, et infligé à tous les autres un
blâme public, avec menace de la guillotine au
moindre acte d'incivisme. » Lefiot reconnut les
faits, mais rejeta tout sur les ordres reçus du
comité de salut public. Il n'en fut pas moins,
malgré l'intervention de Lanthenas, décrété
d'arrestation le 21 thermidor an III. Il resta
près de trois mois en prison, fut rendu à la
liberté par l'amnistie du 4 brumaire an IV, et
refusa une place de chef de division au ministère de la justice, que lui offrait Merlin (de
Douai), pour se fixer à Nevers où il reprit la
profession d'avocat. Élu juge au tribunal de
cassation pour la Nièvre (25 germinal an VI),
il vit cette élection annulée. Il accepta, aux
Cent-Jours, les fonctions gratuites de conseiller
de préfecture. Atteint par la loi du 12 janvier
1816 contre les régicides, il se réfugia à Aix-
la-Chapelle, puis à Liège où il se fit inscrire
comme avocat. Il rentra en France après la
révolution de juillet, et reçut du gouvernement
une pension viagère. Il mourut à Paris, plein
de vigueur encore, dans sa 84e année.

LE FLO (Adolphe-Charles-Emmanuel), représentant en 1848 et en 1849, ministre, représentant en 1871, né à Lesneven (Finistère) le
2 novembre 1804, mort au château de Néchoât,
près Morlaix (Finistère), le 16 novembre 1887,
entra à l'École de Saint-Cyr en 1823, et en
sortit sous-lieutenant au 2e léger le 1er octobre
1825. Passé en Afrique comme lieutenant (5
novembre 1830), il se conduisit brillamment à
la prise de Constantine, devint capitaine
le 20 janvier 1836, se battit au col de la
Mouzaïa, et fut nommé (21 juin 1840) chef de
bataillon aux zouaves, puis lieutenant-colonel
du 22e de ligne (31 décembre 1841), et colonel du
32e le 29 octobre 1844. Promu général de brigade par le gouvernement de la République,
le 12 juin 1848, il fut, quelques jours après,
nommé commandant de la subdivision de Bône
et envoyé (23 août) comme ministre plénipotentiaire à Saint-Pétersbourg. Moins d'un mois
après (17 septembre) il fut élu représentant du

Finistère à l'Assemblée constituante par 24,016
voix (33,033 votants, 141,371 inscrits), en remplacement de M. de Quatrebarbes dont l'élection
avait été annulée. Il prit très peu de part aux
travaux de l'Assemblée, et ne put siéger qu'au
retour de sa mission, en mars 1849. M. Le Flô
prit alors place dans les rangs de la droite, et
vota : *pour* l'interdiction des clubs, *pour* les
crédits de l'expédition romaine, *contre* l'amnistie des transportés, *contre* l'abolition de
l'impôt des boissons. Réélu, le 13 mai 1849,
représentant du Finistère à l'Assemblée législative, le 2e sur 13, par 58,102 voix (86,649 votants, 150,165 inscrits), il fit partie de la majorité antirépublicaine, jusqu'au moment de
la scission entre les monarchistes parlementaires et l'Elysée. Il combattit alors la politique de Louis-Napoléon, qu'il avait soutenue
dans la législature précédente, fut nommé
questeur de l'Assemblée, et devint en cette
qualité un des adversaires les plus en vue du
président. Le général Le Flô soutint énergiquement la proposition faite par son collègue à la
questure, M. Baze, de donner au président de
la Chambre le droit de requérir directement la
force armée. Aussi, dans la nuit du coup d'Etat
(2 décembre 1851), fut-il arrêté au palais de la
Chambre, incarcéré à Vincennes, puis à
Ham, et expulsé de France par un décret du
9 janvier 1852. Il passa alors en Belgique,
puis en Angleterre. En 1853, on liquida à 4,000
francs sa pension de retraite. Autorisé à rentrer en France dès 1857, il vécut à l'écart tant
que dura l'Empire, dans son château de Néchoât (Finistère). Au début de la guerre franco-
allemande, il demanda au ministre de la
Guerre d'être réintégré dans les rangs de
l'armée ; on le lui refusa. Mais, au lendemain
du 4 septembre 1870, et bien que ses opinions
orléanistes fussent notoires, le gouvernement
de la Défense nationale l'appela aux difficiles
fonctions de ministre de la Guerre. Quelques
jours après, il était replacé dans l'armée
avec le grade de général de division « à
la date du 2 décembre 1851 ». Resté à Paris
pendant la guerre, le général Le Flô eut à s'occuper de l'armement de l'armée active et de
la garde nationale : à différentes reprises, il
se prononça, dit-on, pour l'offensive, et on lui
prête plusieurs projets énergiques restés d'ailleurs sans effet. Après la capitulation, M. Le
Flô fut élu par les conservateurs du Finistère
(8 février 1871), représentant de ce département
à l'Assemblée nationale, le 2e sur 13, par
62,145 voix (76,088 votants, 162,667 inscrits).
Arrivé à Bordeaux, il se démit de son portefeuille en même temps que Jules Favre, Gambetta, etc. ; mais M. Thiers le maintint,
comme ministre de la Guerre, dans le cabinet,
dit de conciliation, du 19 février. Le 17 mars,
il revint à Paris et assista au conseil des ministres qui décida d'enlever les canons restés
à Montmartre. Mais son autorité, comme chef
d'une armée vaincue, était précaire ; le plan
du général Vinoy fut accepté par le conseil,
malgré l'avis de son supérieur immédiat. Pendant le second siège de Paris, le général Le Flô
seconda le gouvernement de Thiers dans sa
lutte contre la Commune. Après l'entrée des
troupes dans Paris, il donna sa démission de
ministre, fut remplacé par le général de Cissey,
et appelé au poste d'ambassadeur de France
à Saint-Pétersbourg (1er juin). Il fut cordiale-
ment accueilli par l'empereur Alexandre, et
ses relations personelles avec le tsar profitè-
rent aux intérêts de la France. Le 1er juin 1874,
il signa à Saint-Pétersbourg un traité de com-

merce et de navigation avec la Russie, une convention consulaire et une convention pour le règlement des successions. En 1875, il se trouva directement mêlé aux négociations où le tsar intervint lui-même, et qui eurent pour conséquence d'empêcher un nouveau conflit entre la France et l'Allemagne. Constamment absent de l'Assemblée nationale en raison de ses fonctions diplomatiques, le général Le Flô fut étranger à ses délibérations. Il refusa, en 1875, la candidature à un siège de sénateur inamovible, qui lui était offerte par le centre gauche. Admis à la retraite en 1879, il fut remplacé à Saint-Pétersbourg par le général Chanzy. Depuis lors, il vécut dans la retraite, aux environs de Morlaix, et déclina plusieurs fois encore diverses candidatures. Chevalier de la Légion d'honneur en 1837, officier en 1841, commandeur en 1848, il avait été promu à la dignité de grand-officier le 6 novembre 1877. Comme ministre de la Guerre, il serait téméraire d'affirmer que le général Le Flô ait été à la hauteur des fonctions acceptées par lui dans les terribles circonstances de 1870. En revanche, comme diplomate, son souvenir vivra en raison des qualités d'habileté, de perspicacité et de patriotisme qu'il a montrées à l'étranger.

LE FLOC'H (CORENTIN), député en 1789, né à Quanquisern en Liguol (Morbihan) le 31 janvier 1754, assassiné au même lieu en 1796, était un riche propriétaire cultivateur avant la Révolution. Élu, le 22 avril 1789, député aux États-Généraux par le tiers-état de la sénéchaussée d'Hennebont, avec 102 voix sur 174 votants, il vint à Versailles en costume breton, siégea à gauche, et vota silencieusement avec la majorité réformiste. Après la session, il fut nommé maire de Liguol (septembre 1791) : il occupait encore ces fonctions lorsqu'un parti de chouans envahit sa maison, l'arracha de son lit, et le fusilla sur place, à bout portant (1796).

LEFOLLET (HERVÉ-FRANÇOIS), député au Conseil des Cinq-Cents, représentant aux Cent-Jours, né à Saint-Lô (Manche) le 7 mars 1758, mort à Caen (Calvados) le 20 novembre 1827, « fils de François Lefollet, laboureur, et de Foy Le Mercier », était président du tribunal criminel de Saint-Lô, lorsqu'il fut élu, le 25 germinal an VII, député de la Manche au Conseil des Cinq-Cents ; il se montra favorable au coup d'État du 18 brumaire, et fut nommé, le 22 germinal an VIII, président du tribunal criminel de la Manche, le 25 prairial an XII membre de la Légion d'honneur, et le 12 mai 1811 président de chambre à la cour impériale de Caen. Après avoir représenté à la Chambre des Cent-Jours l'arrondissement de Valognes, qui l'y avait envoyé, le 13 mai 1815, par 39 voix sur 65 votants, contre 14 à M. Salley, maire de Barfleur, M. Lefollet reprit à la cour son siège de président, qu'il conserva sous la seconde Restauration. Il mourut à Caen, en 1827, président honoraire.

LEFORESTIER (RAYMOND), COMTE DE VENDEUVRE, député de 1877 à 1881, né à Manneville (Calvados) le 23 septembre 1813, mort à Paris le 20 mars 1887, entra à Saint-Cyr le 18 novembre 1831, en sortit sous-lieutenant, passa à l'école de Saumur (27 décembre 1833), et fut nommé lieutenant (20 décembre 1840), et capitaine instructeur (14 juillet 1844). Il fut envoyé en Afrique, où il devint capitaine commandant (10 décembre 1849) et chevalier de la Légion d'honneur. Revenu en France cette

même année, chef d'escadron (10 août 1853), il entra, en 1856, dans les cuirassiers de la garde impériale, fut promu lieutenant-colonel le 14 mars 1859, prit part à la campagne d'Italie et assista à Solferino. Officier de la Légion d'honneur (23 août 1861), colonel (13 août 1865), commandeur de l'ordre (10 septembre 1868), il tenait garnison à Lunéville lors de la rupture avec la Prusse ; il fit partie de la division de cavalerie de réserve Bonnemains, et chargea à Moorsbron (Reichshoffen). Général de brigade quelques jours après (25 août), il battit en retraite sur Châlons, assista à Sedan, où, sur la fin de la journée, ses cuirassiers chargèrent encore en désespérés, et fut emmené prisonnier en Allemagne. En 1871, il commanda la subdivision du Calvados, puis, en 1874, la brigade de cavalerie du 3e corps, et passa dans le cadre de réserve en 1875. Le 14 octobre 1877, il fut élu, comme candidat du gouvernement du 16 mai, député de la 1re circonscription de Caen (Calvados), avec 6,609 voix (12,017 votants, 14,579 inscrits) contre 5,372 à M. Houyvet. Il siégea dans la minorité conservatrice, vota contre les ministères républicains, ne se représenta pas aux élections d'août 1881, et fut mis à la retraite, comme général de brigade, le 12 novembre suivant.

LEFORT (DENIS), député en 1789, né à Canteleu (Seine-Inférieure) le 31 décembre 1733, mort à une date inconnue, propriétaire à Canteleu, fut élu, le 22 avril 1789, député du tiers aux États-Généraux par le bailliage de Rouen. Il opina silencieusement avec la majorité de la Constituante et n'appartint pas à d'autres assemblées.

LEFORT (LIPHARD-JULIEN), député en 1789, né à Orléans (Loiret) en 1737, mort à Orléans le 17 mars 1812, négociant dans cette ville, fut, le 26 mars 1789, élu député du tiers aux États-Généraux par le bailliage d'Orléans avec 123 voix sur 158 votants. Il n'eut qu'un rôle parlementaire peu important, et se borna à voter avec la majorité. Plus tard, il devint président du tribunal de commerce d'Orléans. Il était administrateur de l'hôpital général.

LEFORT (JACQUES, CHEVALIER), député au Corps législatif de l'an XII à 1810, né à Genève (Suisse) le 1er septembre 1757, mort à une date inconnue, « fils de Abraham Lefort, citoyen, et de Louise Auriol », exerçait la double profession de professeur et d'avocat. Président du tribunal criminel du département du Léman, membre de la Légion d'honneur (25 prairial an XII), il fut désigné, le 29 thermidor de la même année, par le Sénat conservateur, pour représenter le département du Léman au Corps législatif. Il quitta cette Assemblée en 1810, après avoir été créé chevalier de l'Empire (21 décembre 1808). Il exerça, jusqu'à la fin du règne, les fonctions de président du tribunal de première instance du Léman.

LEFORT-GONSSOLIN (ALPHONSE-EDOUARD), député de 1846 à 1848, représentant du peuple en 1848, né à Paris le 24 mars 1802, mort à Nice (Alpes-Maritimes) le 12 avril 1863, fils d'un fabricant de drap, fut commissionnaire en toiles, puis banquier à Rouen, et noté parmi les libéraux intransigeants de la région. Il fut élu, le 1er avril 1846, député du 3e collège de la Seine-Inférieure (Rouen), par 433 voix (856 votants, 932 inscrits), contre 400 à M. Keittinger. Il prit place à l'extrême-gauche, dénonça énergiquement les marchés scandaleux de l'administration de la marine, et vota contre le ministère Guizot. Le 23 avril 1848, il fut élu représentant de la Seine-Inférieure à l'Assemblée Constituante, le 3e sur 19, par 142,700 voix. Membre du comité des finances, il vota partois avec la droite, *pour* le bannissement de la famille d'Orléans, *pour* les poursuites contre Louis Blanc et Caussidière, *pour* l'incompatibilité des fonctions, *contre* l'amendement Grévy, *contre* la sanction de la Constitution par le peuple, *pour* l'ensemble de la Constitution, *pour* la proposition Rateau, *pour* l'interdiction des clubs, *pour* l'expédition de Rome, *contre* la demande de mise en accusation du président et des ministres. Non réélu à la Législative, il ne rentra plus dans la vie politique.

LEFRANC (JEAN-BAPTISTE), membre de la Convention, député au Conseil des Cinq-Cents, né à Mont-de-Marsan (Landes) le 12 juillet 1758, mort à une date inconnue, était administrateur du département et procureur-syndic du district de Mont-de-Marsan, lorsqu'il fut élu, le 4 septembre 1792, député des Landes à la Convention nationale, le 2e sur 6, par 183 voix (335 votants). Il prit place parmi les modérés et s'exprima ainsi dans le procès du roi, au 3e appel nominal : « Je n'ai jamais cru voter que comme législateur. Je crois que la mesure de sûreté préférable est le bannissement, et préalablement la réclusion, jusqu'à la paix. » Il prit quelquefois la parole pour proposer de faire conduire en France les étalons et béliers de race espagnole ; pour se plaindre d'être calomnié par Fréron ; pour demander l'armement des patriotes du département des Landes. Réélu, le 4 brumaire an IV, par ses collègues de la Convention député au Conseil des Cinq-Cents, il donna son opinion sur la répartition de l'emprunt forcé, sur l'établissement d'une banque, sur le mode de paiement du milliard promis aux défenseurs de la patrie, etc. Sous l'Empire, J.-B. Lefranc devint procureur impérial à Mont-de-Marsan.

LEFRANC (JACQUES), député au Corps législatif en l'an X, né à Mont-de-Marsan (Landes) le 4 novembre 1750, mort à Malaga (Espagne) le 5 novembre 1809, entra comme simple soldat au régiment de Béarn le 26 février 1769, et termina son congé le 11 novembre 1775. Le 13 mai de l'année suivante, il rengagea au régiment de Dauphiné, devint sergent au mois de 1780, sous-lieutenant aux grenadiers le 31 juillet 1787, passa dans la garde nationale à la Révolution, et fut nommé chef du 3e bataillon des Landes le 15 janvier 1793. Appelé au commandement de la 4e demi-brigade le 30 vendémiaire an II, il fut envoyé à l'armée des Pyrénées-Orientales, et se distingua à Ittariette, à Bedarritz et dans la vallée de Bastan. A l'armée de l'Ouest en l'an IV, au corps expéditionnaire d'Irlande en l'an V, il fut attaché, au retour de cette tentative de débarquement, à l'armée des côtes de l'Océan, puis à l'armée du Rhin, sous les ordres de Moreau, en l'an VIII. Placé dans la division Richepanse, il prit part au combat d'Erbach (26 floréal), aux batailles d'Hohenlinden et de Lambach, et reçut, pour sa brillante conduite, un sabre d'honneur du premier consul (le 15 ventôse an IX). Elu par le Sénat conservateur, le 6 germinal an X, député des Landes au Corps législatif, il fut promu général de brigade le 3 germinal an XI, commandeur de la Légion d'honneur le 25 prairial an XII, fut attaché à

l'armée du Nord en l'an XIV, fit la campagne de 1806 au 2e corps de réserve, fut blessé à Galymin, rentra en France et y resta en convalescence jusqu'à Tilsitt. Le 6 novembre 1807, il était appelé au corps d'observation des côtes de l'Océan, qu'il suivit en Espagne. Il s'empara de l'arsenal de Madrid, et fut versé dans le corps du général Dupont. Fait prisonnier après la malheureuse capitulation de Baylen, il mourut des suites des mauvais traitements qu'il subit dans les prisons de Malaga.

LEFRANC (BERNARD-EDME-VICTOR-ETIENNE), représentant en 1848, en 1849, en 1871, ministre, député de 1876 à 1877, sénateur de 1881 à 1883, né à Garlin (Basses-Pyrénées) le 2 mars 1809, mort à Saint-Sever (Landes) le 12 septembre 1883, neveu du conventionnel Lefranc (*v. p. haut*), fut élevé chez des religieux à Aire, puis alla étudier le droit à la faculté de Paris, et revint s'inscrire au barreau de Mont-de-Marsan. Il fit de l'opposition au gouvernement de Louis-Philippe, appartint au conseil municipal, et manifesta des opinions démocratiques qui le firent nommer, après la révolution de février, commissaire général du gouvernement provisoire dans les Landes. Elu, le 23 avril 1848, comme républicain modéré, représentant de ce département à l'Assemblée constituante, le 1er sur 7, par 57,156 voix. M. Victor Lefranc soutint la politique du général Cavaignac, et vota, tantôt avec la droite tantôt avec la gauche : *contre* le rétablissement du cautionnement, *contre* les poursuites contre Louis Blanc ; à raison des événements du 15 mai et *pour* les poursuites contre Caussidière, *pour* le rétablissement de la contrainte par corps, *pour* l'abolition de la peine de mort, *contre* l'amendement Grévy, *contre* le droit au travail. *Absent* le jour du vote de l'ordre du jour en l'honneur de Cavaignac (25 novembre 1848), il écrivit qu'il regrettait de n'avoir pu s'associer « à cet acte de justice et de reconnaissance ». Il se prononça encore *contre* la réduction de l'impôt du sel, *contre* la proposition Rateau, *pour* l'interdiction des clubs, *contre* les crédits de l'expédition romaine, *contre* l'amnistie, etc. M. Victor Lefranc fut renvoyé par le même département à l'Assemblée, législative (13 mai 1849), le 1er sur 6, avec 34,440 voix (49,762 votants, 82,019 inscrits). Il combattit alors, quoique assez timidement, la politique de l'Elysée, prit plusieurs fois la parole dans l'Assemblée et vota généralement avec la minorité démocratique. Le coup d'Etat du 2 décembre le rendit à la vie privée. Sous l'Empire, il prit au barreau de Paris une place assez distinguée, et devint membre du conseil de l'ordre. Candidat indépendant au Corps législatif dans la première circonscription des Landes, il échoua : le 1er juin 1863, avec 13,320 voix, contre 18,948 à M. de Guilloutet, candidat officiel, élu ; et, le 24 mai 1869, avec 15,205 voix contre 21,917 au député sortant, réélu. La révolution du 4 septembre 1870 rappela M. Victor Lefranc à la vie politique. Nommé tout d'abord, par le gouvernement de la Défense nationale, membre de la commission provisoire chargée de remplacer le conseil d'Etat, il se démit de cette fonction le 27 septembre, et posa dans les Landes sa candidature à la future Assemblée nationale : il fut élu représentant de ce département, le 8 février 1871, le 1er sur 7, par 57,586 voix (74,902 votants, 84,409 inscrits). Il siégea au centre gauche, et ne tarda pas à prendre dans la nouvelle assemblée une situation importante. **Rapporteur** de la proposition qui confiait à Thiers le pouvoir exécutif (19 février), puis de la commission chargée de rouvrir les négociations du gouvernement avec la Prusse en vue de la conclusion de la paix, il se montra très favorable (1er mars) à l'acceptation des conditions imposées par l'ennemi : on remarqua le discours dans lequel il s'efforça, non sans habileté, de combattre sur ce point les préventions et l'hostilité de la gauche, et celui qu'il prononça *contre* le projet de donner aux villes une représentation distincte de celle des campagnes. Après le second siège de Paris, le 9 juin 1871, M. Victor Lefranc fut nommé ministre de l'Agriculture et du Commerce. En cette qualité, il eut à remplir à Londres, auprès du ministère Gladstone, une délicate mission relative à la revision des traités de commerce : cette mission n'eut pas tout le succès qu'en espérait le gouvernement. M. V. Lefranc représenta la France à l'inauguration du tunnel du Mont-Cenis. Le 6 février 1872, il remplaça, au ministère de l'Intérieur, M. Casimir Périer démissionnaire, et se montra particulièrement soucieux, dans ce poste, de se concilier les suffrages de la droite et de prévenir, s'il était possible, toute opposition systématique de sa part ; il ne put y parvenir, malgré des concessions telles que le maintien de l'état de siège, dont il se déclara partisan, la présentation, pour la répression des délits de presse, d'un projet de loi rigoureux, la remise en vigueur de la loi de 1814 sur l'obligation du repos du dimanche, en ce qui concernait les travaux entrepris pour le compte de l'Etat, etc. Le 30 novembre 1872, les adresses envoyées à M. Thiers par plusieurs conseils municipaux de France donnèrent lieu, de la part de la majorité monarchiste, au vote d'un ordre du jour contraire à la politique du ministre de l'Intérieur qui remit, séance tenante, sa démission et reprit sa place dans les rangs du centre gauche. M. Victor Lefranc se rapprocha alors du parti républicain, avec lequel il vota : *contre* la chute de Thiers au 24 mars, *contre* le ministère de Broglie, *pour* l'amendement Wallon et *pour* l'ensemble des lois constitutionnelles. Candidat, sans succès, aux élections sénatoriales du 30 janvier 1876, qui ne lui donnèrent, dans les Landes, que 179 voix sur 393 votants, contre 197 à M. de Gavardie monarchiste, il fut porté, comme candidat républicain, aux élections législatives suivantes (20 février), dans la circonscription de Mont-de-Marsan. Elu, par 5,043 voix (9,291 votants, 13,064 inscrits), contre 2,108 à M. Pidoux, 1,645 à M. Pazat, et 456 à M. Dupont, il siégea dans la nouvelle Chambre, comme à l'Assemblée précédente, au centre gauche, et s'associa à la protestation des 363 contre le gouvernement du Seize-Mai. Aux élections du 14 octobre 1877, sa candidature échoua avec 5,157 voix contre celle du candidat bonapartiste et officiel, M. Castaignède, qui eut 5,722 suffrages. Dès lors, les gauches du Sénat songèrent à offrir à M. V. Lefranc, en compensation de cet échec, un siège de sénateur inamovible : mais son nom, plusieurs fois adopté par elles, ne réunit, le 24 novembre 1877, que 135 voix contre 143 à M. Grandperret, élu ; le 4 décembre, que 133 voix sur 280 votants ; le 19 février 1878, que 135 contre 140 à M. de Carayon-Latour, élu. Enfin, la majorité de la Chambre haute s'étant déplacée à la suite du renouvellement triennal de 1879, — renouvellement qui avait été pour l'ancien ministre l'occasion d'un nouvel échec dans les Landes, contre son concurrent, M. de Gavardie, — M. Victor Lefranc put succéder, le 21 mai 1881, avec 151 voix

sur 255 votants, à M. Oscar de La Fayette décédé. Il s'assit au centre gauche et participa aux derniers votes du groupe le moins avancé du parti républicain, jusqu'à l'époque de sa mort. M. Victor Lefranc fut remplacé au Sénat, le 17 novembre 1883, par M. de Pressensé. Il avait présidé longtemps le conseil général des Landes où il représentait le canton de Saint-Sever. Protectionniste convaincu, il était membre de la Société des Agriculteurs de France ; il a collaboré au *Journal d'Agriculture pratique* et a publié un *Traité sur l'éducation agricole*, très estimé.

LEFRANC (PIERRE-JOSEPH), représentant en 1848, en 1849 et en 1871, sénateur de 1876 à 1877, né à Moutmiray-la-Ville (Jura) le 26 novembre 1815, mort à Versailles (Seine-et-Oise) le 16 juin 1877, fils d'un cultivateur qui avait été volontaire de 1792, consacra à l'étude les loisirs que lui laissaient les travaux agricoles, et, étant entré dans une étude de notaire, apprit, sans maître, les langues classiques. Il vint ensuite étudier le droit à Paris, fut reçu avocat, et collabora (1844), sous le pseudonyme de Jean Bonhomme, à la *Revue indépendante*. Le choix des Arago l'appela à la rédaction en chef du journal l'*Indépendant des Pyrénées-Orientales*, fondé à Perpignan : M. Pierre Lefranc y mena contre le gouvernement de Louis-Philippe, contre le préfet du département et contre le général de Castellane, qui y commandait, une série de vigoureuses campagnes, qui lui valurent quatorze procès politiques, et 25,000 francs d'amendes. Républicain, il salua avec joie la révolution de février 1848, fit partie de la commission administrative du département, et fut élu, le 23 avril 1848, représentant des Pyrénées-Orientales à l'Assemblée constituante, le 5e et dernier, par 15,442 voix (36,573 votants, 45,700 inscrits). Membre du comité des finances, il alla siéger dans le groupe le plus avancé du parti démocratique, avec lequel il vota : *contre* le rétablissement du cautionnement et de la contrainte par corps, *contre* les poursuites contre Louis Blanc et Caussidière, *pour* l'abolition de la peine de mort, *pour* l'amendement Grévy, *pour* le droit au travail, *contre* l'ensemble de la Constitution, *contre* l'ordre du jour en l'honneur de Cavaignac, *contre* la proposition Rateau, *pour* l'amnistie, *pour* la mise en accusation du président L.-N. Bonaparte et de ses ministres, etc. Il s'était associé, en juin 1848, aux protestations de la Montagne contre l'état de siège. Son opposition ne se démentit pas dans l'Assemblée législative, où le même département le renvoya (13 mai 1849), le 3e sur 4, avec 20,732 voix (32,466 votants, 47,330 inscrits). Il appartint à la minorité républicaine, s'associa à tous ses votes comme à toutes ses manifestations : *contre* l'expédition romaine, *contre* la loi Falloux-Parieu sur l'enseignement, *contre* la loi restrictive du suffrage universel, etc., et se montra très hostile au coup d'Etat de 1851, qui l'expulsa de France. Il s'occupa alors de commerce et reprit, plus tard, à Perpignan la direction d'un journal. Le gouvernement du 4 septembre 1870 l'appela à la préfecture des Pyrénées-Orientales ; ayant quitté ces fonctions pour se présenter, le 8 février 1871, comme candidat républicain, à l'Assemblée nationale, il fut élu représentant de son département, le 3e sur 4, par 20,691 voix (29,916 votants, 54,120 inscrits), s'assit à gauche et vota : *contre* les préliminaires de paix, *contre* l'abrogation des lois d'exil, *pour* la dissolution de l'Assemblée, *contre* la chute de Thiers au 24 mai, *contre* le septennat, la loi des maires, le ministère de Broglie, *pour* les amendements Wallon et Pascal Duprat et *pour* l'ensemble des lois constitutionnelles. Il parut quelquefois à la tribune, notamment pour combattre le système du cautionnement des journaux, et, pour répondre aux attaques du général Ducrot (*v. ce nom*), qui avait dénoncé, en mars 1872, à ses collègues, un article publié par le député des Pyrénées-Orientales dans l'*Indépendant*, article que le général estimait injurieux pour l'Assemblée. M. P. Lefranc revendiqua la responsabilité de son article et demanda à être renvoyé devant le jury ; mais le général Changarnier proposa à la majorité « l'amnistie du dédain. » Lors des élections sénatoriales du 30 janvier 1876, M. Pierre Lefranc, porté candidat par les républicains en compagnie de M. Emmanuel Arago, se présenta, comme lui, en qualité « d'auteur et conservateur de la Constitution du 25 février. » Il fut élu sénateur des Pyrénées-Orientales par 155 voix sur 278 votants, appartint, dans la Chambre haute, à la gauche républicaine, et mourut à Versailles en 1877. Le 2 décembre de cette année, il fut remplacé, comme sénateur, par M. Massot. On a de M. Pierre Lefranc quelques romans et brochures politiques : *La République et les partis* (1851) ; *Le Mariage du vicaire* (1863) ; *Le Rastel électoral* (1868), etc.

LEFRANC DE POMPIGNAN (Jean-Georges), député en 1789, et ministre, né à Montauban (Tarn-et-Garonne) le 22 février 1715, mort à Paris le 29 décembre 1790, frère du poète lyrique Jean-Jacques Lefranc de Pompignan (1709-1784), fit de bonnes études au collège Louis-le-Grand, les continua au séminaire de Saint-Sulpice, entra dans les ordres, fut pourvu d'un canonicat avec le titre d'archidiacre, et fut appelé, de très bonne heure (25 décembre 1742) à l'évêché du Puy. Abbé commendataire de Saint-Chaffre en son diocèse (1747), il fit partie, en 1755, de l'Assemblée du clergé, et suivit les inspirations du cardinal de la Rochefoucauld, qui tenait alors la feuille des bénéfices, ce qui valut aux partisans de ce prélat le surnom de *feuillants*, par opposition avec le groupe des *théatins*, amis du théatin Boyer, ex-évêque de Mirepoix. Désigné par l'Assemblée pour adresser au pape les articles qu'elle arrêta, il fut encore membre de celle de 1760, éleva la voix en faveur des ecclésiastiques bannis par le parlement, présenta à ce sujet des *Remontrances* au roi, et publia vers la même époque « contre les philosophes et l'incrédulité », plusieurs écrits qui furent remarqués : *Questions diverses sur l'incrédulité* (1753) ; le *Véritable usage de l'autorité séculière dans les matières qui concernent la religion* (1753) ; l'*Incrédulité convaincue par les prophètes* (1759) ; la *Religion vengée de l'incrédulité par l'Incrédulité elle-même* (1772), etc. En février 1774, Lefranc de Pompignan, qui avait prononcé, quelques années auparavant, l'oraison funèbre de Marie Leczinska, fut nommé par Louis XV à l'archevêché de Vienne. Présent, en cette qualité, à la réunion des Etats du Dauphiné, il s'y prononça pour les revendications du tiers, et fut aussi désigné, l'année suivante (2 janvier 1789), aux suffrages des électeurs du clergé de cette province, qui l'envoyèrent siéger aux Etats-Généraux. Là, il fut, avec Champion de Cicé, archevêque de Bordeaux, le premier à se prononcer pour la vérification des pouvoirs en commun, et compta

114 adhérents contre 133. Il se réunit peu apr[è] aux communes et prit une part active aux pr[e] miers travaux de l'Assemblée nationale, do[n] il fut bientôt élu président. Le 4 août, le r[e] le chargea de la feuille des bénéfices dont ven[a] de se démettre M. de Marbœuf, archevêque d[e] Lyon ; il en instruisit ses collègues de l'Assen[] blée. Pourvu du titre de ministre d'Etat [le] 5 août, il prit séance au conseil, et quitta s[on] siège épiscopal par suite de l'impossibilité o[ù] il était de résider dans le diocèse ; il reçut e[n] échange l'abbaye de Buzai. Mais bientôt l[es] nominations aux bénéfices ecclésiastiques fure[nt] suspendues (9 novembre) ; Lefranc de Pom[pi]gnan devint alors ministre sans portefeuill[e.] Lors de la discussion de la constitution civi[le] du clergé, souffrant déjà de la maladie qui l'e[m]porta, il dut s'abstenir d'assister aux séances d[u] conseil et ne put faire prévaloir, conforméme[nt] aux instructions que lui avait adressées l[e] Pie VI, son opinion, laquelle était contrai[re] aux nouveaux décrets : la constitution civi[le] reçut, le 25 août, la sanction royale. Lefra[nc] de Pompignan mourut le 29 décembre suiva[nt.] On lui doit encore de nombreux *Mandemen[ts,] Lettres pastorales* et *Rapports à l'Assemblé[e] du clergé*, et un ouvrage posthume, imprim[é] en 1802 : *Lettres à un évêque sur plusieur[s] points de morale et de discipline.*

LEFRANÇOIS (Joseph-Etienne-Benoit), d[é]puté en 1789, né à Caen (Calvados) le 17 o[c]tobre 1733, mort à Caen le 26 décembre 182[] curé de Mutrécy, fut élu, le 26 mars 178[] député du clergé aux Etats-Généraux par [le] bailliage de Caen. Son rôle à l'Assemblée n[e] pas laissé de trace au *Moniteur.*

LEFRANÇOIS (Jean), représentant du peup[le] en 1848, né à la Membrolle (Maine-et-Loire) [le] 17 octobre 1790, mort à la Membrolle le 24 févri[er] 1852, était fils d'un maçon qui lui fit donn[er] de l'instruction. Reçu chirurgien militaire, il [fit] la campagne de Saxe en 1813, fut fait priso[n]nier à Leipsig, resta dix mois en captivité, [et] à son retour, fut attaché à l'hôpital militai[re] de Strasbourg. Il se fit alors recevoir docteur, [et] alla exercer sa profession à la Membrolle. [Là] il resta 13 ans, puis à Angers, où il acquit u[ne] certaine réputation. Il était resté bonapartis[te] jusqu'en 1815 ; à cette époque même, il [se] maille à partir avec la justice et fit quelqu[es] mois de prison pour un écrit jugé séditi[eux.] Hostile au gouvernement qui l'avait fait co[n]damner, il s'affilia aux sociétés secrètes et m[a]nifesta des opinions républicaines. Conseill[er] municipal d'Angers (1831), conseiller d'arro[n]dissement (1833), conseiller général (1840), [il] fut élu représentant de Maine-et-Loire à l'A[s]semblée constituante, le 23 avril 1848, le [] sur 12, par 69,292 voix. Il prit place à gauch[e] fit partie de comité de l'administration dép[ar]tementale et communale, et vota *pour* le ba[n]nissement de la famille d'Orléans, *contre* l[es] poursuites contre Louis Blanc et Caussidiè[re,] *pour* l'abolition de la peine de mort, *po[ur]* l'impôt progressif, *pour* l'incompatibilité d[es] fonctions, *pour* l'amendement Grévy, con[tre] la sanction de la Constitution par le peup[le,] *pour* l'ensemble de la Constitution, *contre* [la] proposition Rateau, *contre* l'interdiction d[es] clubs, *contre* l'expédition de Rome, *pour* [la] demande de mise en accusation du préside[nt] et des ministres. Non réélu aux élections gén[é]rales du 13 mai 1849 pour l'Assemblée législa[]tive, il posa, le 8 juillet 1849, sa candidat[ure] républicaine dans une élection partielle de Maine-et-Loire, mais il échoua avec 7,960 voix, contre 47,561 à l'élu conservateur, M. Du Petit-Thouars ; il reprit alors, à Angers, l'exercice de la médecine.

LEFRANCQ (CHARLES-FRANÇOIS-JOSEPH , député en 1791, fils de François Lefrancq, officier de l'amirauté, et de Marie-Joseph Haigneré, né à Calais le 13 mars 1751, mort à une date inconnue, fut délégué du tiers pour les élections aux États-Généraux en 1789. Élu, le 16 mai 1790, procureur-syndic du district de Calais, il se fit remarquer par l'appui qu'il prêta aux curés constitutionnels, lors de leur élection à Calais le 7 août 1791, et prononça un discours dont les électeurs ordonnèrent l'impression. Le 30 août, il fut élu député du Pas-de-Calais à l'Assemblée législative, le 5e sur 11, par 376 voix sur 585 votants. Rentré dans le Pas-de-Calais après la session, il continua de remplir des fonctions publiques. Administrateur du département (12 juillet 1799), il adhéra au 18 brumaire, et fut nommé commissaire du gouvernement près l'administration du département. Il se retira de la vie publique en donnant sa démission de ce poste, le 7 décembre 1799.

LEFRÈRE DES MAISONS (JACQUES-CLAIR), député de 1822 à 1824, né à Ménil-Gondouin (Orne) le 11 août 1773, mort à Ménilglaise (Orne) le 8 décembre 1859, fils de Jacques-Philippe-Louis Lefrère des Maisons, seigneur et patron de Mesnil-Gondouin, Sainte-Honorine, la Petite-Croix-sur-Orne, Mesnilglaise, etc., et de dame Marie-Anne-Jeanne Le Carpentier de Sainte-Opportune, commença ses études au petit collège de Beaumont-en-Auge et les termina à l'académie de Caen, au moment de la Révolution. Il émigra avec son frère aîné en 1791, pour rejoindre l'armée des princes. Il y resta fort peu de temps, et passa en Angleterre, où il exerça pour vivre le métier de bijoutier-orfèvre. Les méthodes agricoles étaient à cette époque beaucoup plus perfectionnées dans la Grande-Bretagne qu'en France. M. Lefrère des Maisons étudia avec soin ces méthodes dans le but de les appliquer plus tard. Rentré en France sous le Consulat et remis en possession de ses biens, il commença, dans sa propriété de Ménilglaise, à mettre en pratique ce qu'il avait appris. Il irrigua de vastes prairies le long de l'Orne, construisit des aqueducs et contribua à faire connaître et à propager l'usage des machines agricoles et spécialement de la batteuse Hoffmann. Maire de Ménilglaise, il fut élu, le 16 mai 1822, député du collège de département de l'Orne, par 210 voix (229 votants, 357 inscrits). Il fit partie de la commission chargée d'élaborer les lois de douanes, et obtint que les animaux de boucherie importés fussent frappés d'un droit protecteur. Il reçut, en 1822 et en 1823, une médaille d'or de la Société royale et centrale d'agriculture de France pour ses travaux d'irrigation, devint vice-président de la chambre consultative d'agriculture de son arrondissement, et fut un des fondateurs du comice agricole d'Argentan. Il quitta la vie politique aux élections générales de 1824.

LEGAGNEUR (HUBERT-MICHEL-FORTUNÉ), pair de France, né à Hattonchâtel (Meuse) le 17 février 1797, mort à Paris le 10 janvier 1876, « fils du citoyen Jean-François-Michel Legagneur, propriétaire et rentier, domicilié à Hattonchâtel, et de la citoyenne Marguerite Aubert,

son épouse », entra dans la magistrature sous la Restauration comme substitut du procureur du roi à Vouziers (28 juillet 1820). Substitut à Metz (13 décembre 1820), procureur du roi à Charleville (21 décembre 1825), avocat général à la cour de Metz (21 janvier 1826), président de chambre à la même cour (6 août 1833), procureur général à Grenoble (14 octobre 1836) et à Douai (19 décembre 1839), il occupait encore ce dernier poste lors de la tentative du prince Louis-Napoléon à Boulogne : il ordonna les premières poursuites et suivit l'affaire jusqu'à la comparution du prétendant devant la Chambre des pairs. Nommé vice-président à la cour royale de Grenoble le 7 juillet 1840, puis à la cour de Toulouse le 7 août 1843, il fut élevé à la dignité de pair de France le 23 septembre 1845. Conseiller à la cour de Cassation en 1847, attaché à la chambre criminelle et rapporteur dans un grand nombre de causes importantes, il conserva ces fonctions sous le second Empire, devint président de chambre à la cour de Cassation en 1868, et fut admis à la retraite, en cette qualité, le 6 juin 1872. Chevalier de la Légion d'honneur du 7 mai 1834, officier du 13 septembre 1842, commandeur du 11 août 1866, M. Legagneur était en outre membre de l'Académie des jeux floraux de Toulouse depuis 1846.

LEGAL-LASALLE (MATHURIN-MARIE), représentant en 1872, né à Saint-Brieuc (Côtes-du-Nord) le 20 mars 1814, médecin, conseiller général du canton du Pléneuf, fut élu représentant des Côtes-du-Nord à l'Assemblée nationale, le 11 février 1872, comme candidat républicain, en remplacement de M. de Foucaud, décédé, par 46,710 voix (88,544 votants, 164,258 inscrits) contre 40,179 voix à M. Garnier de Krigant. Il prit place au centre gauche, fut un des députés qui demandèrent, le 24 mai 1873, que la démission de M. Thiers ne fût pas acceptée, et vota *pour* le retour à Paris, *pour* la dissolution, *contre* la prorogation des pouvoirs du Maréchal, *contre* la loi des maires, *pour* l'amendement Wallon, *pour* les lois constitutionnelles.

LEGALL (NICOLAS-JOSEPH-MARIE), député de 1834 à 1837, né à Auray (Morbihan) le 8 août 1787, mort à Rennes (Ille-et-Vilaine) le 28 avril 1860, étudia le droit et entra dans la magistrature. Devenu conseiller à la cour royale de Rennes, il fut élu, le 21 juin 1834, député du 4e collège du Morbihan (Hennebont) par 95 voix sur 159 votants, 221 inscrits), contre 56 à M. de Robien. Il siégea parmi les partisans du « juste milieu », et soutint le ministère jusqu'en 1837. M. Legall fut admis à la retraite, le 12 octobre 1858, comme conseiller à la cour impériale de Rennes. Chevalier de la Légion d'honneur.

LE GALLIC DE KERISOUET (LOUIS-FRANÇOIS), député de 1816 à 1820, né à Rostrenen (Côtes-du-Nord) le 20 janvier 1747, mort à Lorient (Morbihan) le 20 octobre 1834, « fils de Corentin-Philippe Le Gallic et de Renée-Gabrielle Le Gogal, » fut successivement avocat, procureur fiscal, puis, à partir du 12 floréal an VIII, président du tribunal civil de Lorient. Confirmé dans ces fonctions le 20 mars 1816, par le gouvernement de la Restauration, il les exerça jusqu'à la révolution de 1830. Le 4 octobre 1816, Le Gallic de Kerisouet fut élu député du Morbihan, au collège de département, par 103 voix sur 133 votants et 257 inscrits. Il siégea au centre, près de la gauche, et vota avec les royalistes modérés jusqu'en 1820, époque à laquelle il quitta la vie parlementaire.

LE GAVRIAN (Paul-Floride), député de 1885 à 1889, né à Meung-sur-Loire (Loiret) le 28 février 1832, fils d'un constructeur mécanicien de Lille, se prépara à la même carrière, et sortit un des premiers de l'Ecole centrale des Arts et Manufactures (1853) avec le diplôme d'ingénieur. La mort de son père le mit de bonne heure (1855) à la tête d'un important établissement industriel; il s'y consacra tout entier, perfectionna la construction des machines à vapeur, introduisit en France le système américain Corliss, et obtint les plus hautes récompenses à nos différentes Expositions universelles. En 1882, il céda son entreprise à ses principaux employés après avoir assuré par des pensions de retraite le sort des plus anciens ouvriers. Longtemps membre du tribunal de commerce et de la chambre de commerce de Lille, il fut porté, aux élections générales du 4 octobre 1885, sur la liste conservatrice du Nord, et fut élu député, le 9e sur 20, par 161,910 voix (292,696 votants, 348,224 inscrits). Inscrit à l'Union des droites, mais beaucoup plus député d'affaires qu'homme politique, M. Le Gavrian ne s'occupa que des questions industrielles, fit partie de la plupart des commissions techniques de la Chambre, telles que celles des prud'hommes et de l'arbitrage, de la représentation commerciale, des sociétés de secours mutuels, de la réglementation du travail, etc. Il aborda fréquemment la tribune, pour demander (21 avril et 6 juillet 1886) que les travaux publics et spécialement ceux de l'Exposition universelle de 1889 fussent exécutés exclusivement avec des matériaux et par des ouvriers français; pour protester (21 octobre) contre l'indication, dans les cahiers des charges des adjudications, de la clause de provenance étrangère des charbons; pour réclamer (5 février 1887) la mise au concours de l'accrochage automatique des wagons, cause de dangers terribles pour les ouvriers des chemins de fer; pour appuyer (24 mars 1888) le projet des caisses de retraite et de prévoyance des ouvriers mineurs. Il parla (19 juin) sur la durée du travail des femmes et des enfants, proposa (2, 7, 10 juillet 1888) de nombreux amendements à la loi des accidents du travail, prit part aux discussions des budgets, fit repousser (15 mars 1888) le projet d'augmentation de la licence des débitants, demanda à trois reprises (8, 30 novembre et 15 décembre 1888) et obtint un secours de 50,000 francs pour les naufragés de la campagne de la pêche à la morue; exposa et défendit avec succès (13 et 15 novembre 1888) les réclamations des sous-agents des postes et des télégraphes; réclama (22 janvier 1889) l'assimilation de l'Ecole centrale à l'Ecole polytechnique au point de vue de la loi militaire; demanda (22 janvier) l'exécution du Grand canal du Nord avant celle des travaux de la Basse-Seine, et adressa (11 avril) une question au ministre de l'Intérieur au sujet du travail dans les prisons. Très protectionniste, il s'est prononcé *pour* les surtaxes sur les céréales et sur les bestiaux, a voté *contre* les crédits du Tonkin, a soutenu le ministère Rouvier et le premier cabinet Tirard, a combattu les ministères radicaux, et a opiné, en dernier lieu, *contre* le rétablissement du scrutin d'arrondissement, *pour* l'ajournement indéfini de la revision de la Constitution, *contre* les poursuites contre trois députés membres de la Ligue des patriotes, *contre* le projet de loi Lisbonne restrictif de la liberté de la presse, *contre* les poursuites contre le général Boulanger.

LEGEARD DE LA DIRYAIS (Joseph-Prudence), représentant du peuple en 1848, né à Retiers (Ille-et-Vilaine) le 31 mai 1788, mort à Rennes (Ille-et-Vilaine) le 19 février 1862, fit sa carrière dans la magistrature. Procureur du roi à Saint-Brieuc de 1816 à 1823, conseiller à la cour royale de Rennes de 1823 à 1838, président de chambre à cette même cour depuis lors, il présida, en 1836, les débats de l'affaire Danisaunais qui n'occupa pas moins de 55 audiences et dans laquelle plaida Odilon Barrot. Profondément conservateur, catholique et monarchiste, il garda, sous la république de 1848, ses hautes fonctions judiciaires, et fut élu, le 23 avril 1848, représentant d'Ille-et-Vilaine à l'Assemblée constituante, le 10e sur 14, par 78,973 voix (132,609 votants, 152,985 inscrits). Président du comité de la justice, il prit place à droite et vota *contre* le bannissement de la famille d'Orléans, *pour* les poursuites contre L. Blanc et Caussidière, *contre* l'abolition de la peine de mort, *contre* l'impôt progressif, *contre* l'incompatibilité des fonctions, *contre* l'amendement Grévy, *contre* la sanction de la Constitution par le peuple, *pour* l'ensemble de la Constitution, *pour* la proposition Rateau, *pour* l'interdiction des clubs, *pour* l'expédition de Rome, *contre* la demande de mise en accusation du président et des ministres. Depuis l'élection du 10 décembre, il s'était rallié à la politique de l'Elysée; le gouvernement impérial le maintint dans ses fonctions de président de chambre; il ne fut mis à la retraite, en cette qualité, que le 20 avril 1859. Conseiller général d'Ille-et-Vilaine, chevalier de la Légion d'honneur (30 avril 1821).

LEGENDRE (Laurent-François), député en 1789, né au Petit-Gorréquer en Lannilis (Finistère) le 26 avril 1741, mort à Lambézellec (Finistère) le 30 juin 1802, était fils de Guillaume Legendre et de Marie Latrian. Reçu avocat au parlement, il se fixa à Brest, et fut élu, le 8 avril 1789, député du tiers-état de la sénéchaussée de Brest aux Etats-Généraux par 68 voix sur 117 votants. Il siégea silencieusement dans la majorité réformiste, et, pour se conformer aux vœux de ses commettants, fut un des rédacteurs assidus du *Bulletin de la correspondance de la députation du tiers-état de la sénéchaussée de Brest*, qui parut trois fois par semaine pendant toute la durée de la Constituante. Dans la notice qu'il a donnée sur ce député, M. René Kerviler a cité de nombreux extraits des lettres de Legendre qui dénotent un caractère droit et naïf, hésitant et facile à entraîner, sans initiative, et, comme il l'écrit d'ailleurs, «d'inertie prudente.» Legendre y traite Mirabeau de « forcené », se plaint de la *Gazette de Leyde* qui a accusé les députés de Bretagne de seconder toutes les motions de Mirabeau, et de vouloir former une « cabale démocratique », etc. Dans la discussion qui précéda la formation du département du Finistère, Legendre demanda que le chef-lieu du département fût fixé à Landerneau plutôt qu'à Quimper. L'état de sa santé, « altérée par de longs travaux », ne lui permit pas de poursuivre la rédaction du *Bulletin* au delà du mois d'avril 1790; il fit partie du comité de la marine, fut élu, en octobre, membre du tribunal de district de Brest et, le 16 mars 1791, juge au tribunal de cassation pour le département du Finistère. Il ne fit pas partie d'autres assemblées.

LEGENDRE (Pierre-Nicolas-Chrysostome).

député en 1791, né à Heuqueville (Eure) le 4 novembre 1759, mort à une date inconnue, exerçait la profession de notaire et les fonctions d'administrateur à Heuqueville, lorsqu'il fut élu, le 1er septembre 1791. député de l'Eure à l'Assemblée législative, le 6e sur 11, par 318 voix (525 votants). Il vota avec la majorité, sans paraître à la tribune. Legendre fut ensuite maire d'Heuqueville et conseiller d'arrondissement sous l'Empire.

LEGENDRE (FRANÇOIS-PAUL), membre de la Convention, député au Conseil des Cinq-Cents, né à Donzy (Nièvre) le 25 janvier 1759, mort à Constance (Suisse) le 26 décembre 1817, fils de Paul Legendre notaire et procureur de Donzy, et d'Anne-Cécile Serizier, fut ondoyé aussitôt après sa naissance, « à cause de danger de mort » dit l'acte de baptême, et baptisé le lendemain ; il eut pour marraine sa bisaïeule, madame Anne Usquin, veuve de M. Guillaume Thierriat. L'aîné d'une famille nombreuse, il reçut une brillante éducation, et fut avocat au présidial d'Auxerre avant la Révolution. Fermier des forges de la Vernière, près la Charité-sur-Loire, il embrassa avec ardeur les idées nouvelles, devint administrateur de la Nièvre, et fut élu, le 7 septembre 1792, membre de la Convention par ce département, le 5e sur 7, avec 246 voix sur 385 votants. Il prit peu de part aux luttes des partis, répondit au 3e appel nominal, dans le procès de Louis XVI : « Je vote pour la mort », et fut l'un des commissaires nommés par l'assemblée pour veiller dans la Nièvre à l'exécution du décret du 23 août 1793 sur la levée en masse. Rappelé de sa mission sur la motion de Barère (14 octobre 1793). en vertu du décret qui interdisait d'envoyer un représentant dans le département qui l'avait élu, il fut remplacé par Noël Pointe, mais n'en fut pas moins renvoyé dans la Nièvre six mois après (mars 1794), pour y établir le gouvernement révolutionnaire: l'application de la loi du 14 frimaire an II sur la liberté des cultes provoqua à ce moment un certain nombre d'arrestations dans ce département. De retour à la Convention, il présenta (6 vendémiaire an III) un rapport sur les moyens de revivifier le commerce et l'agriculture, et se mêla aux discussions économiques et financières. Le 21 floréal an IV, il fut admis à siéger au Conseil des Cinq-Cents avec six autres anciens conventionnels, pour combler les vides occasionnés par des démissions (art. 14 du décret du 30 vendémiaire sur l'organisation du Corps législatif). Le département de la Nièvre le réélut au même Conseil le 25 germinal an VI; il proposa la création de 600 millions de billets de banque (14 vendémiaire an VII), combattit le projet d'aliénation des halles publiques, et fut élu (1er pluviôse) secrétaire du Conseil. Il sortit du Corps législatif en l'an VIII, et reprit ses occupations de maître de forges qu'il conserva jusqu'aux Cent-Jours. Lié avec le peintre David, il l'attira en Nivernais, où celui-ci crayonna le portrait de son hôte et celui de sa femme, œuvres qui sont encore dans la famille Legendre. Aux Cent-Jours, Legendre signa l'acceptation de l'Acte additionnel aux Constitutions de l'Empire, et, le 25 mai suivant, fut nommé par l'Empereur sous-préfet de Nogent-le-Rotrou. A cette occasion il adressa la lettre qui suit au ministre de l'intérieur:

« *A Son Excellence Monseigneur le comte Carnot, ministre de l'Intérieur.*

« Monseigneur,

« Votre lettre du 29 mai par laquelle Votre Excellence me fait l'honneur de m'annoncer que Sa Majesté l'Empereur a daigné me nommer à la sous-préfecture de Nogent-le-Rotrou, département d'Eure-et-Loir, ne m'étant parvenue qu'hier soir, j'ai celui d'assurer Votre Excellence que j'exécuterai ses ordres avec le plus de célérité possible, et que je ferai en sorte d'être rendu du 8 au 9 à Chartres, pour y prêter mon serment entre les mains de M. le Préfet, et le 10 à ma destination.

« Je vous prie, Monseigneur, d'avoir la bonté d'assurer l'Empereur que je ferai tout ce qui dépendra de moi pour justifier la confiance dont Sa Majesté daigne m'honorer, ce que je crois être le seul moyen de mériter celle particulière de Votre Excellence, que je supplie d'agréer l'hommage de ma reconnaissance et du profond respect avec lesquels j'ai l'honneur d'être, de Votre Excellence, Monseigneur, le très humble et très obéissant serviteur.

LEGENDRE (de la Nièvre) ex-législateur. »

3 juin 1815.

A la seconde Restauration. Legendre adressa au nouveau ministre de l'Intérieur une nouvelle missive :

« LEGENDRE (de la Nièvre), *ex-législateur, sous-préfet de Nogent-le-Rotrou, département d'Eure-et-Loir, à Son Excellence Monseigneur le ministre de l'Intérieur.*

« Monseigneur,

« Ayant appris hier soir de M. le baron de Roujoux, préfet de ce département, que j'étais venu prendre les conseils, qu'une ordonnance du roi, insérée au *Moniteur* de ce jour, et dont il m'a donné communication, rétablissait dans leurs fonctions des préfets et sous-préfets qui en avaient été éloignés par le gouvernement provisoire, j'ai l'honneur de prévenir Votre Excellence que j'ai prié sur-le-champ M. le préfet de me remplacer provisoirement, et que je me retire dans mes foyers pour y attendre les ordres de Votre Excellence.

« Éloigné depuis 14 ans de toute espèce de fonctions publiques, et ayant même été souvent persécuté sous le règne de Napoléon, je n'avais d'après mes principes bien connus accepté la place de sous-préfet de Nogent-le-Rotrou que par obéissance et dans le seul dessein d'être utile à ma patrie et à l'arrondissement dont l'administration m'était confiée.

« Je crois avoir rempli mes devoirs, et si je n'ai pas pu faire beaucoup de bien en 25 jours, au moins suis-je assuré de n'avoir point fait de mal, ainsi que peuvent le témoigner les autorités locales.

« Je supplie Votre Excellence, Monseigneur, d'avoir la bonté de déposer ma soumission aux pieds du trône de Louis XVIII et d'exprimer à Sa Majesté, que, n'ayant jamais été le partisan du tyran de la France, je veux être et serai l'un de ses plus fidèles sujets.

J'ai l'honneur d'être avec respect.

De Votre Excellence,

Monseigneur,

Le très humble et très obéissant serviteur,

LEGENDRE,

à Grossouve, près Sancoins, par Saint-Pierre-le-Moutier, département de la Nièvre, à Sancoins.

« Chartres, le 10 juillet 1815. »

Atteint par la loi du 12 janvier 1816 contre les régicides, Legendre se retira à Constance

(Suisse), où il mourut à la fin de l'année suivante.

LEGENDRE Louis, membre de la Convention, député au Conseil des Cinq-Cents, né à Versailles (Seine-et-Oise) le 22 mai 1752, mort à Paris le 13 décembre 1797, « fils de Pierre Legendre, marchand boucher, et de Françoise Marche ». fut d'abord matelot pendant dix ans, puis vint s'établir boucher à Paris avant la Révolution. Son caractère remuant et l'influence qu'il avait acquise le mirent en relations avec plusieurs personnages marquants de l'époque, et notamment avec les Lameth dont il était le fournisseur ; le 13 juillet, il conduisit à travers les rues une manifestation en l'honneur de Necker et du duc d'Orléans ; le 14, il eut part à la prise de la Bastille. Mêlé ensuite aux événements du 5 octobre, il fut avec Danton, Camille Desmoulins, Fabre d'Eglantine, un des principaux instigateurs du mouvement dont le résultat devait être la signature par le peuple et la présentation à l'Assemblée nationale d'une pétition demandant la déchéance du roi. Legendre s'abstint d'ailleurs de paraître au Champ de Mars où les pétitionnaires furent sabrés et fusillés en exécution de la loi martiale. Ce fut vers cette époque que commença la liaison de Legendre avec les hommes politiques qui fondèrent le club des Cordeliers. Il fut aussi l'un des principaux acteurs des journées des 20 juin et 10 août 1792, et ce fut lui qui, dans la première de ces deux journées, présenta le bonnet rouge à Louis XVI. Elu, le 10 septembre 1792, membre de la Convention par le département de Paris, le 9e sur 24, avec 661 voix (749 votants), il siégea sur les mêmes bancs que les Dantonistes, ses amis ; envoyé à Lyon en qualité de commissaire, il prit plusieurs fois la parole à l'Assemblée à propos du procès du roi : il fit décréter par exemple que tous les discours relatifs à ce procès seraient imprimés ; demanda, qu'attendu les pièces trouvées dans l'armoire de fer, tous les membres de l'Assemblée législative se récusassent, et s'écria qu'il fallait que « le silence des tombeaux effrayât Louis XVI lorsqu'il serait à la barre » ; enfin, il s'opposa à l'expertise des pièces déniées par ce prince, et pressa vivement la date du jugement. Il vota la mort du roi, sans appel ni sursis, en répondant au 2e appel nominal : « Intimement convaincu qu'il reste assez de républicains pour combattre les tyrans ; convaincu qu'il y a assez d'acier en France pour forger des poignards destinés à frapper ceux qui voudraient monter au trône, ou s'y faire porter par une cabale quelconque ; que je me sens assez de courage pour les frapper moi-même ; qu'il est un grand nombre de citoyens qui me ressemblent, je dis non ! » Et au 3e appel nominal : « Je me suis voué depuis la Révolution à la poursuite des tyrans. Le sang du peuple a coulé. J'étais un de ceux qui, à la journée du Dix Août, dirigeaient les efforts des citoyens contre la tyrannie ; je les invitai à respecter les jours de Louis, pour que les représentants donnassent, dans sa personne, un grand exemple. Je vote pour la mort. Je respecte l'opinion de mes collègues qui, par des considérations politiques, ont voté pour une autre peine. Cette même politique me fait voter la mort. » On prétendit que la veille de l'exécution, le 20 janvier, à la tribune des Jacobins la motion que le corps de l'ex-roi fût divisé en 84 morceaux afin qu'on pût en envoyer un à chacun des 84 départements de la République. Devenu membre du comité de

sûreté générale, il fut envoyé en mission dans la Seine-Inférieure (15 août), au sujet des subsistances, y renouvela les administrations, passa de là à Lyon et, à son retour, formula plusieurs motions violentes contre les Girondins. Il attaqua le président Isnard, demanda l'arrestation des représentants qui avaient voté l'appel au peuple dans le procès du roi, contribua à la chute du parti modéré dans les journées des 31 mai et 2 juin, et menaça brutalement Laujuinais (v. ce nom) de le jeter en bas de la tribune, s'il persistait à vouloir défendre la commission des Douze. Lié alors avec Hébert, il fut menacé, en janvier 1794, d'être exclu des Jacobins, lors d'une épuration de ce club ; mais il se défendit en se réclamant de l'amitié de Marat et parvint à se faire maintenir sur la liste des membres de la société, dont il devint l'un des présidents. Lors de l'arrestation de Danton, il commença par essayer de le défendre, ne doutant pas que la Convention lui donnerait raison ; mais voyant qu'elle lui était contraire, il se hâta de se dérober, et déclara qu'à l'avenir il ne se porterait plus garant du patriotisme de personne. Robespierre le trouva, dans la journée du 9 thermidor, parmi ses ennemis les plus acharnés ; toutefois, craignant sans doute l'issue de la lutte, Legendre ne se montra que lorsque la victoire ne fut plus douteuse. Le décret d'accusation contre Robespierre et les siens était à peine porté, que Legendre s'élança à la tribune, s'emporta en discours d'une violence inouïe contre les vaincus ; puis, courant à la salle des Jacobins, il en fit expulser tous les membres, en ferma lui-même les portes et en saisit les clefs qu'il remit à la Convention. A partir de cette époque, Legendre ne cessa de poursuivre avec acharnement comme « terroristes » et « buveurs de sang ». les membres du parti de la Montagne ; il réclama l'arrestation de David, contre lequel, dit-il, « il y a de grands griefs » ; provoqua celle de Lebon ; fit de nombreuses sorties contre les « complices de Robespierre », attaqua Billaud-Varennes, Collot-d'Herbois et Barère, et demanda surtout la proscription des anciens membres du gouvernement, « de ces grands coupables, qui obscurcissaient l'horizon des vapeurs du crime ». Il devint président de la Convention, et on le vit à la fois s'opposer à la marche d'une réaction qui eut pu le menacer à son tour, et continuer ses attaques contre un grand nombre de ses collègues taxés de terrorisme. Il appuya une pétition contre les Jacobins, mais s'opposa à la réintégration des députés proscrits, et opina pour le maintien des mesures contre les prêtres et les émigrés. Plusieurs fois réélu membre du comité de sûreté générale, il redoubla de violence, multiplia les dénonciations et, dans les journées du 12 germinal et du 1er prairial, se mit à la tête de la force armée pour combattre l'insurrection jacobine. Il fit décréter alors que les représentants délibéreraient en costume et armés ; demanda un rapport général sur les événements de prairial ; dénonça Laignelot ; réclama la traduction de Ronme et de ses amis devant le tribunal criminel de la Seine ; s'opposa à l'arrestation de Guffroy ; invita la Convention à « mépriser les injures des journalistes » ; fit décréter 15 d'arrestation ; prit la défense de Fouché, et eut parfois à répondre à son tour aux attaques dirigées contre lui. Il éprouva surtout le besoin de se défendre d'avoir jamais « demandé la mise en liberté des terroristes », et parla à plusieurs reprises contre les sections de Paris : il soutint même un jour, qu'il s'était opposé de toutes ses forces au « 31 mai ». Enfin il accusa Rovère et Aubry et proposa contre eux des mesures sévères. Entré au Conseil des Anciens, le 23 vendémiaire an IV, comme l'élu de dix-sept départements, Legendre joua dans cette nouvelle assemblée un rôle moins important qu'à la Convention. Cependant on le vit reparaître à la tribune, le 17 février 1796, pour se plaindre de l'indulgence du gouvernement à l'égard des émigrés et pour menacer Portalis de « la hache de la raison ; » un autre jour à propos de la conspiration de Babœuf, il proposa que tous les ex-conventionnels fussent expulsés de Paris. « Que les conspirateurs, s'écria-t-il, ne vantent pas les services rendus en d'autres temps ; ce n'est point pour les services passés, mais pour les crimes présents que Manlius fut précipité de la roche Tarpéienne. » Ce fut la dernière motion de Legendre, qui semblait s'être appliqué, durant sa carrière politique, à prouver la sagesse des lois anglaises, en vertu desquelles les bouchers sont exclus des fonctions de juges. Il mourut à Paris le 13 décembre 1797, léguant son corps à la faculté de médecine.

LEGENDRE (FRANÇOIS-CÉSAR), député au Conseil des Cinq-Cents, né à Rouen (Seine-Inférieure) le 24 octobre 1743, mort à Rouen le 31 janvier 1815, était président du tribunal criminel de Rouen, lorsqu'il fut élu député de la Seine-Inférieure au Conseil des Cinq-Cents, le 25 germinal an VI. Le *Moniteur* le signale seulement parmi les adversaires du projet relatif à la propriété des halles publiques.

LEGENDRE (ALEXANDRE-JOSEPH), député de 1829 à 1834, en 1837, et de 1842 à 1866, représentant du peuple en 1848, né à Pont-Audemer (Eure) le 10 novembre 1782, mort à Paris le 19 mai 1861, exerça d'abord la profession d'avocat. Ami de Dupont de l'Eure, libéral et républicain, il fut élu, le 29 septembre 1829, député du 2e arrondissement électoral de l'Eure (Pont-Audemer), en remplacement de M. Le Voyer d'Argenson, démissionnaire, par 301 voix (333 votants, 526 inscrits), contre 25 à M. Le Pesant de Bois-Guilbert. Il siégea dans l'opposition libérale et signa l'adresse des 221. Réélu, le 12 juillet 1830, par 367 voix (476 votants, 571 inscrits), contre 103 à M. Levasseur-Dumont, et, le 5 juillet 1831, par 277 voix (394 votants, 484 inscrits), contre 98 à M. Villemain, il soutint d'abord la monarchie de juillet, mais ne tarda pas à devenir son adversaire en raison de ses tendances réactionnaires. Combattu par le ministère, aux élections du 21 juin 1834, il échoua, dans son arrondissement, avec 153 voix contre 204 à l'élu ministériel, M. Hébert, et ne fut pas plus heureux, le 4 novembre 1837, avec 217 voix contre 265 au député sortant, M. Hébert ; il avait bien été élu dans le 6e collège de la Sarthe (Mamers) le 21 mai précédent, en remplacement de M. Comte, décédé, par 120 voix (202 votants, 289 inscrits), contre 77 à M. Caillard d'Aillières, mais il échoua dans ce dernier collège comme à Pont-Audemer, le 4 novembre 1837, avec 116 voix contre 130 à l'élu, M. Caillard d'Aillières. Ses échecs se renouvelèrent à Pont-Audemer, le 2 mars 1839, avec 214 voix contre 267 à l'élu, M. Hébert, et, le 6 novembre 1841, avec 133 voix contre 360 au même M. Hébert. Il rentra cependant au parlement le 24 septembre 1842, élu dans le 7e collège de l'Eure (Brionne), en remplacement de M. Dupont de l'Eure qui avait opté pour Evreux ; la recommandation de Dupont put seule le faire triompher de la pression que le gouvernement exerça contre son élection. Non réélu en 1846, il prononça, en 1847, au banquet de Neubourg, un discours sur « la renaissance de l'esprit public parmi les électeurs », qui fit du bruit. Aussi, lors des événements de février, fut-il nommé commissaire du gouvernement provisoire dans le département de l'Eure ; il exerça ces fonctions avec dévouement et modération, et fut élu, le 23 avril 1848, représentant de l'Eure à l'Assemblée constituante, le 3e sur 11, par 91,264 voix (99,709 votants). Il siégea à gauche, fit partie du comité de législation, et vota *pour* le bannissement de la famille d'Orléans, *contre* les poursuites contre L. Blanc (il s'abstint au sujet des poursuites contre Caussidière), *pour* l'abolition de la peine de mort, *contre* l'impôt progressif, *pour* l'amendement Grévy, *contre* la sanction de la Constitution par le peuple, *pour* l'ensemble de la Constitution, *contre* la proposition Rateau, *contre* l'interdiction des clubs, *contre* l'expédition de Rome. Non réélu à la Législative, il quitta la vie politi que sans cesser de faire de l'opposition au gouvernement du prince Louis-Napoléon, dans le conseil général de l'Eure dont il fit partie jusqu'au coup d'État.

LEGENTIL (CHARLES), député de 1837 à 1842, et pair de France, né à Rouen (Seine-Inférieure) le 9 mars 1788, mort au château de Saint-Ouen (Seine-Inférieure) le 1er octobre 1855, « fils de M. François Legentil négociant, demeurant rue de l'Épicerie, et de dame Madeleine-Geneviève-Adéla de Prédicant, » était négociant en nouveautés à Paris. Son importante situation commerciale l'appela de bonne heure à faire partie de diverses commissions spéciales instituées par le gouvernement ; en 1833, il fut membre du conseil général du commerce. Auteur d'un intéressant rapport sur la question des laines, qui fut imprimé aux frais de l'État, c'est principalement à son initiative que l'on doit l'établissement de la condition des soies et des laines de Paris, la publication de la *Statistique de l'industrie parisienne* et la création d'un cours de teinture et d'impression au Conservatoire des Arts-et-Métiers. Le 4 novembre 1837, il fut élu, avec l'appui du gouvernement de Louis-Philippe, député du 3e arrondissement de Paris, par 711 voix (1,297 votants, 1,521 inscrits), contre 569 à M. Nicod, libéral. M. Legentil siégea dans la majorité conservatrice, puis se rapprocha de l'opposition pour entrer dans celle-ci contre le ministère Molé ; après avoir obtenu sa réélection, le 2 mars 1839, par 756 voix (1,396 votants), contre 648 à M. Decan, il vota, conformément aux vœux du pouvoir, *pour* la dotation du duc de Nemours, *pour* le projet de loi des fortifications de Paris, *contre* l'incompatibilité des fonctions publiques avec le mandat de député, *contre* l'adjonction des capacités. Il présenta un remarquable rapport sur le projet de loi relatif aux sociétés en commandite. Non réélu en 1842, M. Legentil fut nommé pair de France le 21 juillet 1846. Il soutint, à la Chambre haute, la monarchie de Louis-Philippe jusqu'à la révolution de février 1848, qui le rendit à la vie privée. Membre du jury central aux Expositions industrielles de 1827, 1834, 1839, 1844, 1849, il présida, en 1855, la 22e classe du jury de l'Exposition Universelle. Président de la chambre de commerce, régent de la Banque de France, commandeur de la Légion d'honneur (17 octobre 1851).

LE GENTIL. — *Voy.* PAROY (MARQUIS DE).

LEGGE (Henri-Alexandre-Joseph, comte de), représentant en 1871, député de 1885 à 1889, né à Rennes (Ille-et-Vilaine) le 29 juin 1836, d'une ancienne famille noble d'origine anglo-saxonne, fixée en Bretagne depuis 1668, suivit la carrière militaire. Engagé volontaire (1853), il conquit rapidement le grade d'officier et fit en cette qualité la campagne d'Italie (1859) au 1er lanciers. En 1863, il donna sa démission pour se marier, et s'occupa d'agriculture dans son département. Étranger à la politique jusqu'à la fin de l'Empire, il avait pris part, comme commandant du 3e bataillon des mobiles du Finistère, à la défense de Paris, et notamment à la reprise de l'Hôtel-de-Ville le 31 octobre 1870, lorsqu'il se présenta aux élections du 8 février 1871 pour l'Assemblée nationale. Il fut élu représentant du Finistère, le 13e et dernier, par 46,011 voix (76,088 votants, 162,667 inscrits.) M. de Legge siégea à l'extrême droite et vota avec les conservateurs monarchistes : *pour* la paix, *pour* les prières publiques, *pour* l'abrogation des lois d'exil, *pour* le pouvoir constituant de l'Assemblée, *contre* la dissolution, *pour* le gouvernement du 24 mai, *pour* le septennat, *pour* l'état de siège, *contre* les amendements Wallon et Pascal Duprat et *contre* l'ensemble des lois constitutionnelles. Il se représenta, le 20 février 1876, dans la 2e circonscription de Châteaulin, mais n'obtint que 3,107 voix, contre 5,331 à l'élu républicain, M. Nédellec. Le 14 octobre 1877, après la dissolution de la Chambre par le cabinet du 16 mai, il échoua encore, malgré l'appui officiel du maréchal de Mac-Mahon, avec 4,656 voix, contre 7,516 à M. de Pompéry, républicain, élu. Il rentra à la Chambre des députés, le 4 octobre 1885, porté sur la liste conservatrice du Finistère, et élu, le 5e sur 10, par 61,362 voix (121,996 votants, 167,617 inscrits). Il reprit sa place à droite, combattit successivement tous les ministères républicains de la législature et se prononça, en dernier lieu, *contre* le rétablissement du scrutin d'arrondissement (11 février 1889), *pour* l'ajournement indéfini de la revision de la Constitution, *contre* les poursuites contre trois députés membres de la Ligue des patriotes, *contre* le projet de loi Lisbonne restrictif de la liberté de la presse, *contre* les poursuites contre le général Boulanger. Chevalier de la Légion d'honneur.

LEGIER (Nicolas-Vincent), député au Conseil des Cinq-Cents, membre du Tribunat, né à Provins (Seine-et-Marne) le 6 décembre 1754, mort en 1827, resta muet jusqu'à 11 ans. En 1765, une opération lui ayant rendu la parole, il alla au collège de Pontlevoy, où il fit péniblement ses études. Il devint ensuite procureur au parlement de Paris (1780) ; il était avocat au moment où éclata la Révolution. Il en embrassa les principes avec ardeur, et, le 9 juillet 1789, fut nommé président de l'assemblée primaire de Saint-Eustache. Au mois de juin 1790, il prit l'initiative d'une pétition, demandant que tous les départements fussent représentés et convoqués à la fédération du 14 juillet. Au mois d'août suivant, il fut élu juge de paix et garda ces fonctions jusqu'au 10 août 1792. Quelques mois plus tard, on l'envoya dans le Hainaut, en qualité de commissaire extraordinaire, pour veiller à l'exécution des décrets de la Convention des 15, 17 et 22 décembre. Nommé, en 1793, accusateur militaire près l'armée du Rhin, il eut à visiter les prisons de Landau, Strasbourg et Haguenau, et y fit prendre des mesures sanitaires qui mirent un terme à l'épidémie qui y sévissait. Ayant eu quelques difficultés avec les représentants en mission, il revint à Provins. Peu de temps après, il fut envoyé à Luxembourg, dans le nouveau département, pour y organiser les autorités judiciaires et administratives, et reçut le titre de commissaire du Directoire près l'administration centrale du département des Forêts. Élu député de ce département au Conseil des Cinq-Cents, le 4 germinal an V, par 43 voix (52 votants), il ne prit la parole que sur l'organisation des greffes, des hypothèques et sur le paiement des contributions. Nommé membre du Tribunat, le 4 nivôse an VIII, il fut éliminé dès 1802, en raison de ses opinions libérales, en compagnie de Chénier et de B. Constant. Il se retira alors à Luxembourg où il s'occupa d'agriculture. Durant le siège de cette place par les alliés, il avança au commandant militaire les fonds de réquisition, dont il n'obtint le remboursement qu'en 1816.

LEGIER (Thomas-Philippe), député au Conseil des Cinq-Cents, et au Corps législatif de l'an VIII, né à Blois (Loir-et-Cher), le 21 décembre 1756, mort à Orléans (Loiret) le 8 août 1838, frère du précédent, président du tribunal de district d'Orléans pendant la Révolution, fut élu, le 26 germinal an VII, député du Loiret au Conseil des Cinq-Cents, par 10 voix (131 votants). Il y parla sur la proposition d'interdire à toute autorité de disposer, sans une loi formelle, de la garde des Conseils, appuya le projet de dépense pour l'an VIII et la résolution du bail de la poste aux lettres. Rallié au 18 brumaire, il fut réélu, par le Sénat conservateur, député du Loiret au nouveau Corps législatif, le 4 nivôse an VIII. Nommé conseiller à la cour impériale d'Orléans, le 8 mars 1811, lors de la réorganisation des cours et des tribunaux, il fut confirmé dans ce dernier poste, par la Restauration, le 14 février 1816.

LÉGLISE (Félix), député de 1881 à 1885 et de 1886 à 1889, né à Bayonne (Basses-Pyrénées) le 13 décembre 1846, se fit connaître dans sa région par ses opinions républicaines et les dut son élection d'abord comme conseiller d'arrondissement dans les Landes, puis, le 21 août 1881, comme député de la 2e circonscription de Dax, par 7,055 voix (12,182 votants, 15,19 inscrits), contre 5,000 à M. Boulart, bonapartiste, député sortant. M. Léglise siégea dans l'Union républicaine, et vota avec ce groupe notamment *contre* la séparation de l'Église et de l'État, et *pour* les crédits de l'expédition du Tonkin. Inscrit, aux élections du 4 octobre 1885 sur la liste opportuniste des Landes, il échoua avec 33,830 voix sur 71,339 votants ; mais la validation en bloc des élus conservateurs lui permit de se représenter, et, le 14 février 1886, il fut renvoyé à la Chambre, le 1er sur 5, par 38,313 suffrages (72,400 votants, 83,105 inscrits). M. F. Léglise reprit alors sa place dans la majorité, soutint les cabinets Rouvier et Tirard, vota *pour* l'expulsion des princes, et se prononça, à la fin de la législature, *pour* le rétablissement du scrutin d'arrondissement (11 février 1889), *pour* l'ajournement indéfini de la revision de la Constitution, *pour* le projet de loi Lisbonne restrictif de la liberté de la presse, *pour* les poursuites contre le général Boulanger.

LEGLUDIC (Léon-Prosper), député de 18.. à 1889, né à Angers (Maine-et-Loire) le 16 av...

1843, étudia la médecine et vint exercer son art à Sablé (Maine-et-Loire), peu de temps avant les événements de 1870. Il prit part à la guerre franco-allemande avec les mobilisés du canton qu'il habitait, devint maire de Sablé, président du conseil d'arrondissement et manifesta des opinions républicaines qui le firent élire député de l'arrondissement de la Flèche, le 15 mars 1885, par 12,024 voix (21,411 votants, 27,552 inscrits), contre 9,254 à M. de Neufbourg, en remplacement de M. Auguste-Clément Galpin, décédé. M. Legludic vota le plus souvent avec le groupe de la gauche radicale, dont il faisait partie. Porté, aux élections générales du 4 octobre suivant, sur la liste républicaine opportuniste de la Sarthe, il fut réélu, le 5e sur 7, député de ce département, par 53,859 voix (107,837 votants, 127,345 inscrits). Il appartient, comme précédemment, à la gauche radicale, fit partie de plusieurs commissions, prit part à quelques discussions, se prononça nettement contre le mouvement boulangiste, soutint les divers ministères de gauche, et vota, en dernier lieu, *pour* le rétablissement du scrutin d'arrondissement (11 février 1889), *contre* l'ajournement indéfini de la revision de la Constitution, *pour* les poursuites contre trois députés membres de la Ligue des patriotes, *contre* le projet de loi Lisbonne restrictif de la liberté de la presse, *pour* les poursuites contre le général Boulanger.

LE GOAZRE. — *Voy.* KERVÉLÉGAN.

LE GOGAL-TOULGOUET (THÉODORE-JOSEPH), député au Conseil des Anciens et au Corps législatif de l'an VIII à 1805, né à Carhaix (Finistère) le 6 octobre 1748, mort à une date inconnue, remplit dans son pays diverses fonctions administratives et judiciaires parmi lesquelles celles de procureur-général syndic du Finistère, et de commissaire près des tribunaux civil et criminel. Le 25 germinal an VII, il fut élu député de ce département au Conseil des Anciens. Le Gogal-Toulgouët se montra favorable au coup d'État de Bonaparte et fut, le 4 nivôse an VIII, désigné par le Sénat conservateur pour représenter le Finistère au Corps législatif. Il y siégea jusqu'en 1805. Le 5 germinal an XII, il fut appelé au poste de directeur des droits réunis dans le département du Finistère.

LE GOGAL-TOULGOUET (JEAN-FRANÇOIS), député au Corps législatif de 1808 à 1813, né à Carhaix (Finistère) le 12 juin 1751, mort à Paris le 24 mars 1813, fils, comme le précédent, de « noble maître Jean François Le Gogal, conseiller du roi et son procureur au siège royal de Carhaix, et de dame Vincente-Jeanne Le Roux », fut, sous l'ancien régime, sénéchal de la principauté de Guéménée. Devenu, à la Révolution, commandant de la garde nationale de Pontivy, maire de cette commune, juge au district, puis, sous l'Empire, juge de paix dans la même localité appelée alors Napoléonville, il fut, le 3 octobre 1808, choisi par le Sénat conservateur comme député du Morbihan au Corps législatif. Il appartint à cette assemblée jusqu'en 1813, date de son décès.

LE GOGAL-TOULGOUET (JOSEPH-PIERRE-MARIE), député de 1834 à 1837, né à Carhaix (Finistère) le 15 février 1781, mort à Quimper (Finistère), le 7 septembre 1853, fils du précédent, entra dans l'administration de l'intendance et fut admis à la retraite, le 3 juin 1852,

avec le grade de sous-intendant militaire. Conseiller municipal de Quimper, conseiller général du Finistère en 1833, il fut élu, le 21 juin 1834, député du 5e collège du Finistère, par 102 voix sur 197 votants et 239 inscrits, contre 95 à M. Le Bastard Le Kerguiffinec. Il vota dans la législature avec le « tiers-parti », et ne fut pas réélu en 1837.

LE GOLIAS DE ROSGRAND (JEAN-MARIE), député en 1789, né à Brasparts (Finistère) le 17 novembre 1738, mort à Châteaulin le 20 novembre 1800, fils d'Yves Le Golias et de Louise-Rose Cozic, était avocat à Châteaulin avant la Révolution. Le 10 avril 1782, le tiers-état de la sénéchaussée de Quimperlé-Carhaix l'élut député aux Etats-Généraux, où il siégea silencieusement dans la majorité. Elu juge au tribunal de Châteaulin en septembre 1791, il donna sa démission deux mois après, et exerça, de décembre 1792 à l'an V, les fonctions d'administrateur du district de Châteaulin. Le gouvernement consulaire le nomma, le 22 germinal an VIII, premier sous-préfet de Châteaulin; il mourut, à ce poste, huit mois après.

LE GONIDEC DE KERDANIEL (JOSEPH-JULIEN), membre du Tribunat, né à Lannion (Côtes-du-Nord) le 18 octobre 1763, mort à Paris le 11 février 1844, fit ses études au collège Louis-le-Grand, son droit à Paris, et fut avocat d'abord dans cette ville, puis à Saint-Domingue, près le conseil supérieur de Port-au-Prince (1791); il y fut ensuite chargé des fonctions de procureur général. Proscrit par les commissaires civils du gouvernement, il dut quitter l'île, habita quelque temps les Etats-Unis, où il donna des leçons, et parvint à se faire nommer chancelier du consulat français à Boston. De retour en France (1797), il gagna la confiance de Lambrechts, ministre de la Justice, qui lui confia les fonctions du ministère public près le tribunal criminel des Landes. Membre du Tribunat à la création (4 nivôse an VIII), Le Gonidec de Kerdaniel y prit plusieurs fois la parole, sur les finances, *contre* le projet de loi relatif au droit de tester, *pour* le projet de traité avec les Etats-Unis. Il quitta l'assemblée dès 1802, avec la première série sortante, et fut nommé à cette époque (27 frimaire an XI) juge au tribunal d'appel de Trèves, puis (20 ventôse an XI) « commissaire de justice » aux îles de France et de la Réunion. Il était sans emploi en 1810, lorsqu'il fut envoyé, le 14 juin, à Rome en qualité de procureur général; il exerça ces fonctions près la cour d'appel jusqu'à l'occupation de cette ville par l'armée napolitaine en 1814. Le Gonidec, qui s'était concilié les bonnes grâces du clergé, réussit à se faire maintenir par le gouvernement de la Restauration dans les hauts postes de la magistrature. Conseiller à la cour de Cassation le 15 juillet 1815, il y siégeait encore comme doyen de la chambre civile à l'époque de sa mort, en 1844. Officier de la Legion d'honneur.

LE GONIDEC DE PENLAU (CONSTANTIN-GUY), député de 1820 à 1827, né à Caen (Calvados) le 12 novembre 1764, mort à une date inconnue, « fils de messire Guy-François Le Gonidec de Penlau, écuyer, et de dame Marie-Elisabeth-Françoise Auvray », émigra au moment de la Révolution, servit à l'armée des princes et ne rentra en France qu'en 1803. Peu de temps après, il devint conseiller général du Calvados. Receveur des contributions sous la Restauration, maire de Sainte-Honorine-la-Chardonne (Orne), il fut élu député, le 13 novembre 1820, par le collège de département de l'Orne, avec 216 voix (334 votants, 356 inscrits). Il siégea au centre ministériel, et obtint sa réélection, le 9 mai 1822, dans le 3e arrondissement électoral de l'Orne (Domfront), avec 114 voix (193 votants, 222 inscrits), contre 69 au baron Rémon, et, le 25 février 1824, avec 101 voix (157 votants, 179 inscrits), contre 54 au prince de Broglie. Au moment de cette dernière élection, M. Le Gonidec était président du collège électoral de Domfront. Il continua de soutenir, durant ces diverses législatures, les ministres et le gouvernement des Bourbons, et quitta la vie politique aux élections de 1827.

LE GONIDEC DE TRAISSAN (OLIVIER-MARIE-MÉRIADEC COMTE), député de 1876 à 1885, né à Vitré (Ille-et-Vilaine) le 24 février 1839, d'une des premières familles de Bretagne, se fit connaître de bonne heure par l'ardeur de ses sentiments royalistes et catholiques ; il servit, en qualité de capitaine, dans les zouaves pontificaux, prit part aux combats de Castelfidardo et de Mentana, puis fit la campagne de la Loire dans le corps de Charette, et fut décoré de la Légion d'honneur. Conseiller municipal de Vitré, il se présenta, comme candidat monarchiste, aux élections législatives de 1876, et fut élu, le 5 mars, au second tour de scrutin, député de l'arrondissement de Vitré, par 9,997 voix (14,803 votants, 19,692 inscrits), contre 4,841 à M. de Montluc. Il prit place à l'extrême droite, fut l'un des secrétaires de la Chambre, vota constamment avec la minorité, et soutint, contre les 363, le gouvernement du Seize-Mai. Réélu, le 14 octobre 1877, par 13,022 voix (17,316 votants, 20,391 inscrits), contre 4,237 à M. de Montluc, il suivit la même politique que précédemment, se prononça *contre* les invalidations des députés de la droite, *contre* le ministère Dufaure, *contre* l'article 7, *contre* les lois Ferry sur l'enseignement, *contre* l'amnistie, etc., et obtint encore sa réélection, dans la même circonscription, aux élections du 21 août 1881, avec 10,319 voix (15,555 votants, 20,350 inscrits) contre 5,142 à M. Ragot. Adversaire de tous les cabinets qui se succédèrent au pouvoir pendant la législature, il opina *contre* les crédits de l'expédition du Tonkin. Aux élections du 4 octobre 1885, porté sur la liste conservatrice d'Ille-et-Vilaine, il échoua avec 59,414 voix (124,652 votants, 153,125 inscrits).

LE GORREC (GUILLAUME), député au Conseil des Cinq-Cents, né à Montallot (Côtes-du-Nord) le 27 octobre 1764, mort à Saint-Brieuc (Côtes-du-Nord) le 30 août 1812, administrateur de son département, puis commissaire du gouvernement près le tribunal de Saint-Brieuc, fut élu, le 25 germinal an VI, député des Côtes-du-Nord au Conseil des Cinq-Cents. Il y présenta un rapport sur les élections du Doubs, quitta l'assemblée en l'an VII, et devint conseiller général des Côtes-du-Nord.

LE GORREC (CLAUDE), représentant à la Chambre des Cent-Jours, né à Montallot (Côtes-du-Nord) le 21 août 1768, fils, comme le précédent, du « sieur Claude Le Gorrec et de Marie-Yvonne Kaimbrun », commença par être (1788-89) secrétaire particulier d'un commissaire des Etats de Bretagne, puis devint commis aux écritures chez un négociant du pays. Secrétaire (13 juillet 1790) de l'administration du district de Pontrieux, il exerça successivement les fonc-

tions de conservateur des hypothèques du même district (9 brumaire an IV), de secrétaire en chef de l'administration centrale des Côtes-du-Nord, et celles de secrétaire-général de la préfecture de ce département (23 prairial an IX). Le 14 mai 1815, Claude Le Gorrec fut élu, par le collège de département des Côtes-du-Nord, représentant à la Chambre des Cent-Jours, avec 118 voix (150 votants, 283 inscrits). Il ne fit pas partie d'autres assemblées.

LE GORREC (CLAUDE-JEAN-MARIE), député de 1839 à 1848, représentant en 1848 et 1849, député au Corps législatif de 1852 à 1868, de la même famille que les précédents, né à Saint-Brieuc (Côtes-du-Nord) le 5 mai 1800, mort à Pontrieux (Côtes-du-Nord) le 10 novembre 1868, fit ses études de droit, et, reçu avocat, se fixa à Pontrieux, où il était propriétaire. Maire de cette commune, il devint, après 1830, membre du conseil général des Côtes-du-Nord pour le canton, et manifesta des opinions libérales qui le firent élire, le 2 mars 1839, député du 4e collège des Côtes-du-Nord (Guingamp), par 148 voix (236 votants). Il prit place à gauche et vota avec l'opposition dynastique. Successivement réélu, le 9 juillet 1842, par 177 voix (226 votants, 298 inscrits), contre 30 à M. Hello, et, le 1er août 1846, par 231 voix (286 votants, 348 inscrits), contre 31 à M. Delfloyd, et 16 à M. Hello, il ne cessa, jusqu'à la fin du règne de Louis-Philippe, de combattre, par son suffrage, la politique doctrinaire des ministres du roi ; il se prononça notamment *contre* l'indemnité Pritchard, et *pour* l'adjonction des capacités. Après la révolution de février 1848, le département des Côtes-du-Nord le nomma (23 avril), le 6e sur 16, par 91,154 voix (144,377 votants, 167,673 inscrits), représentant à l'Assemblée constituante. Il fit partie du comité de l'agriculture et du crédit foncier, et, sans paraître à la tribune, se plus souvent avec la droite, *pour* le rétablissement du cautionnement, *contre* l'abolition de la peine de mort, *contre* l'amendement Grévy, *contre* le droit au travail, *pour* la proposition Rateau, *contre* l'amnistie, *pour* l'interdiction des clubs, *pour* les crédits de l'expédition de Rome, *contre* l'abolition de l'impôt des boissons, etc. « On le dit d'une assez faible santé », écrivait de lui, à cette époque, un biographe parlementaire. Aux élections du 13 mai 1849, M. Le Gorrec fut renvoyé par le même département à l'Assemblée législative, le 2e sur 13, par 78,146 voix (110,201 votants, 161,242 inscrits). Il se montra très favorable à la politique de l'Elysée, et, après avoir voté *pour* l'expédition de Rome, *pour* la loi Falloux-Parieu sur l'enseignement, *pour* la loi du 31 mai restrictive du suffrage universel, il se prononça *pour* la révision de la Constitution et applaudit au coup d'Etat du 2 décembre 1851. Le 29 février 1852, il se présenta, comme candidat du gouvernement au Corps législatif, dans la 3e circonscription des Côtes-du-Nord, qui l'élut par 10,845 voix sur 20,242 votants et 32,574 inscrits, contre 4,123 à M. de Saisy, 1,772 à Glais-Bizoin, 1,757 à M. de Botmilliau et 1,214 à M. Loyer. M. Le Gorrec prit part au rétablissement de l'Empire, et fit partie, jusqu'à sa mort, de la majorité dynastique, ayant obtenu, toujours comme candidat officiel, le renouvellement de son mandat, le 22 juin 1857, avec 16,748 voix (23,362 votants, 40,433 inscrits), contre 6,525 à M. Glais-Bizoin ; et, le 1er juin 1863, avec 14,715 voix (21,433 votants, 31,622 inscrits), contre 6,632 à M. Ropartz. Chevalier de la Légion d'honneur.

LEGOT (ALEXANDRE), membre de la Convention, député au Conseil des Cinq-Cents, né à Falaise (Calvados) le 21 octobre 1747, mort en 1813, homme de loi dans sa ville natale avant la Révolution, et chef de légion à Falaise (1790), fut élu, le 9 septembre 1792, député du Calvados à la Convention nationale, le 12e sur 13, par 279 voix (527 votants). D'opinions modérées, il s'exprima ainsi dans le procès du roi, au 3e appel nominal : « Je crois que Louis mérite la mort, mais je le crois contraire à l'intérêt de ma patrie. Je vote pour la détention. » Envoyé en qualité de commissaire à l'armée du Nord, il rendit compte de sa mission dans diverses communications à l'Assemblée, et fut réélu, le 22 vendémiaire au IV, au Conseil des Cinq-Cents, par le même département, qui lui renouvela ce mandat le 23 germinal an VI. Legot remplit encore une mission dans le département de l'Ain. A la séance du 11 brumaire an V, il eut une vive altercation avec plusieurs de ses collègues à propos de la loi dite du 3 brumaire. Son opposition au coup d'Etat de Bonaparte le fit exclure de la représentation nationale. Le 9 prairial an VIII, il devint avoué près le tribunal de cassation.

LEGOUEST (NICOLAS-LOUIS), représentant à la Chambre des Cent-Jours, né à Ervy (Aube) le 31 mars 1741, mort à Bar-sur-Seine (Aube) le 30 mai 1833, « fils de Charles Legouest, régisseur des biens de la succession de Villiers, et de dame Joubert », était avocat avant la Révolution. Successivement procureur-syndic du district de Bar-sur-Seine, procureur-général syndic du département de l'Aube, commissaire du gouvernement près l'administration cantonale de Bar-sur-Seine, et (9 germinal an VIII) sous-préfet de cet arrondissement, Legouest fut élu, le 13 mai 1815, représentant de Bar-sur-Seine à la Chambre des Cent-Jours, par 45 voix sur 77 votants. Il rentra dans la vie privée après cette courte législature.

LEGOUPIL-DUCLOS (JEAN-BAPTISTE), député au Conseil des Cinq-Cents, membre du Tribunat, né en 1740, mort le 15 mars 1820, exerçait les fonctions d'accusateur public près le tribunal de Caen, lorsqu'il fut nommé, le 23 germinal an VI, par 282 voix sur 308 votants, député du Calvados au Conseil des Cinq-Cents; il obtint, le 24 germinal an VII, des mêmes électeurs, le renouvellement de son mandat, applaudit au coup d'Etat du 18 brumaire, et entra au Tribunat, à la création, le 4 nivôse suivant. Legoupil-Duclos quitta cette assemblée en 1804, et fut nommé, le 12 mai 1811, conseiller à la cour impériale de Caen. La Restauration le confirma dans ces fonctions.

LE GRAET. — *Voy.* KÉROUVRIOU (DE).

LEGRAND (JÉROME), député en 1789 au Conseil des Anciens et au Corps législatif en l'an VIII, né à Argenton (Indre) le 15 mars 1748, mort à Châteauroux (Indre) le 4 juillet 1817, avocat du roi au bailliage de Châteauroux avant la Révolution, fut élu député du tiers aux Etats-Généraux par le bailliage du Berry, le 26 mars 1789. Il prit une part active aux débats de cette assemblée, proposa le 19 juin de se constituer en *Assemblée nationale*, fut membre du comité de Constitution, appuya la formation des municipalités, parla dans la nuit du 4 août sur les droits féodaux, présenta des rapports au nom du comité ecclésiastique, approuva la constitution civile du clergé, demanda des mesures contre les prêtres non assermentés, et hâta la suppression des droits féodaux. Il passa dans la retraite le temps de la Terreur, fut nommé juge au tribunal de Châteauroux, et fut élu député de l'Indre au Conseil des Anciens, le 23 vendémiaire an IV, par 99 voix (175 votants); il devint secrétaire du Conseil et n'y prit la parole que sur des questions financières, notamment sur l'emprunt forcé, le transfert de la dette, l'emploi des 125 millions provenant de la vente des biens nationaux, et vota l'impôt sur le timbre, sur le tabac et sur les portes et fenêtres. A sa sortie du Conseil en l'an VIII, il fut nommé commissaire du pouvoir exécutif dans l'Indre, et, le 4 nivôse, fut choisi par le Sénat conservateur comme député de l'Indre au nouveau Corps législatif. Il en sortit en l'an XIV, et fut appelé par l'empereur aux fonctions de conseiller à la cour impériale de Bourges; il occupait encore ce poste au moment de sa mort. Son gendre et ses petits-fils, MM. Charlemagne, ont siégé dans la plupart de nos assemblées depuis 1814

LEGRAND (JUST-CLAUDE-ALEXANDRE-LOUIS, COMTE), membre du Sénat conservateur et pair de France, né au Plessier-sur-Saint-Just (Oise) le 22 février 1762, mort à Paris le 8 janvier 1815, entra au régiment de Dauphin-infanterie le 16 mars 1777, et en sortit, le 1er juin 1786, avec le grade de sergent-major. En 1790, il reprit du service dans la garde nationale de Metz, et devint, le 1er mai 1791, chef de bataillon des volontaires de la Moselle. Inspecteur des troupes de cette armée, général de brigade le 20 septembre 1793, il accompagna en Vendée un détachement de l'armée de Mayence, puis rejoignit l'armée de Sambre-et-Meuse, avec laquelle il se distingua à Fleurus. Durant la campagne de l'an III, il franchit le Rhin à Dusseldorf, essuya le feu des Autrichiens, ce qui lui valut les éloges de Jourdan. En l'an IV, il combattit à Lainhoffen, à Neuvic, à Wurtzbourg, et, l'année suivante, à la Lahn. Général de division le 1er floréal an VII, il prit le commandement des troupes stationnaires sur la rive droite du Rhin, servit sous les ordres de Masséna, puis revint à l'armée du Rhin, où il se signala à Offenbourg. En l'an VIII, placé à la tête d'une division de l'armée d'Allemagne, il soutint à Erbach, le 1er floréal, le choc des ennemis, et prit une part glorieuse, l'année suivante, à la victoire d'Hohenlinden. Après la paix de Lunéville, il commanda la 27e division (Piémont), où il fit accepter l'occupation par sa sagesse et sa fermeté, puis fut nommé inspecteur général d'infanterie le 5 germinal an XI. Commandant de la 3e division du camp de Saint-Omer, grand-officier de la Légion d'honneur (25 prairial an XII), il commanda, pendant la campagne d'Austerlitz, une des divisions du camp de Soult. A cette bataille, il soutint tous les efforts de l'aile gauche de l'armée russe, et fut nommé grand'aigle de la Légion d'honneur (17 nivôse an XIV). En 1806, il combattit à Iéna, en 1807 à Eylau, à Hedsberg et à Kœnigsberg. Créé comte de l'Empire le 2 juillet 1808, il reçut en même temps de Napoléon une dotation de 30,000 fr. En 1809, il prit part au combat d'Ebersberg, aux batailles d'Essling et de Wagram. Mis en disponibilité le 23 juillet 1810, inspecteur général le 30 août 1811, il fut envoyé au corps d'observation de l'Elbe à la fin de cette dernière année, et prit part, avec le 2e corps, à la campagne de Russie. Ce fut lui qui, en forçant le passage de la Bérésina, le 12 novembre 1812, sauva les débris de l'armée; il fut grièvement blessé dans le combat. Nommé membre du Sénat conservateur le 5 avril 1813, il organisa, en 1814, la défense de Chalon-sur-Saône. La Restauration l'appela à la dignité de pair de France le 4 juin 1814. Chevalier de Saint-Louis le 27 juin suivant, il mourut un mois après, des suites de la blessure reçue au passage de la Bérésina.

LEGRAND (Louis-Victorin), député de 1831 à 1848, né à Saint-Just (Oise) le 20 janvier 1791, mort à Saint-Just le 2 avril 1878, d'une famille de cultivateurs qui compte parmi ses membres l'abbé Haüy, le général Legrand et le comte Dauchy, était fils de Pierre-Charles Legrand et de Marie-Marguerite-Elisabeth Dauchy. Il fit ses études à Louis-le-Grand, et entra en 1809 dans l'administration des finances. Inspecteur en 1811, il donna sa démission en 1824 pour s'occuper d'agriculture. Maire de Saint-Just, il entra dans la vie politique le 5 juillet 1831, ayant été élu député du 4e collège de l'Oise, par 249 voix (425 votants, 518 inscrits), contre 164 à M. Alexandre de La Rochefoucauld. M. L.-V. Legrand siégea au centre gauche et vota parfois avec l'opposition constitutionnelle; il protesta (1832) contre l'emploi, par les ministres, de la dénomination inconstitutionnelle de « sujets du roi », mais il ne fut pas du nombre des signataires du Compte rendu de 1832. Réélu député, le 21 juin 1834, par 341 voix (373 votants, 597 inscrits), contre 16 à M. de Fitz-James, il fut, à l'avènement du cabinet du 22 février 1836, nommé secrétaire général du ministère du Commerce et directeur des haras et de l'agriculture. Obligé, par suite, de se représenter devant ses électeurs, il obtint d'eux le renouvellement de son mandat, le 25 mars, par 316 voix (337 votants, 611 inscrits). Il dut le solliciter à nouveau le 14 août de la même année, après avoir été appelé au poste de directeur des eaux et forêts : 306 voix (319 votants, 604 inscrits) le maintinrent à la Chambre. Administrateur habile, M. Legrand réorganisa la direction des eaux et forêts, qu'il garda jusqu'au 1er octobre 1838, époque à laquelle il donna sa démission. Dans l'intervalle, il avait été réélu député, le 4 novembre 1837, par 349 voix (402 votants, 670 inscrits). Il reprit sa place dans les rangs du tiers-parti, se prononça contre les fortifications de Paris, etc., fut encore réélu, le 2 mars 1839, par 365 voix (494 votants, 662 inscrits), contre 108 à M. Dinval, et se vit replacé, par le cabinet du 12 mai, à la tête de l'administration des forêts, qu'il quitta à la chute de ses amis politiques, le 1er mars 1840. Le ministère du 29 octobre 1840 nomma M. Legrand directeur général des contributions directes, et le rappela, en 1843, à la direction générale des forêts. Il s'occupa du reboisement des terrains vagues et des terrains en pente, et contribua surtout à la présentation de la loi sur la police de la chasse. Il ne cessa de faire partie de la Chambre des députés jusqu'à la fin du règne, ayant obtenu sa réélection : le 15 juillet 1839, par 309 voix (326 votants, 658 inscrits); le 25 décembre 1840, par 301 voix (353 votants, 747 inscrits); le 9 juillet 1842, par 389 voix (525 votants, 726 inscrits); et le 1er août 1846, par 453 voix (738 votants, 814 inscrits), contre 279 à M. de Noailles de Mouchy. Dans les dernières années, il s'était sensiblement rapproché du parti « doctrinaire » et il avait voté, en 1845, pour l'indemnité Pritchard, et contre les projets de réforme électorale. Cette évolution fut sévèrement appréciée par les journaux de l'opposition, et le National écrivait en 1846 (Galerie des Pritchardistes) : « Il se trouva que le ci-devant puritain, s'éloignant des bancs de la gauche, finit par se trouver englouti au plus épais des marais ministériels. Ce fut en qualité de directeur des contributions directes que M. Legrand écrivit qu'il fallait faire rendre à l'impôt tout ce qu'il pouvait rendre, phrase malheureuse dont M. Humann porta la responsabilité, et qui engendra tous les troubles du recensement. M. Legrand n'est pas homme à s'affecter pour si peu; il est sûr de son élection et cela n'est pas difficile à concevoir. Jamais député n'a eu, groupés autour de son clocher, plus de tenants, de clients, et surtout de parents. Tous les cousins de M. Legrand sont casés dans l'arrondissement : aussi peut-on dire avec raison que l'élection de M. Legrand est une affaire de famille. » M. Legrand conserva sa direction après la révolution de février. Il exerça encore les fonctions de secrétaire général du ministère des Finances. Commandeur de la Légion d'honneur (1844), M. Legrand vivait dans la retraite depuis plusieurs années, lorsqu'il mourut le 2 avril 1878.

LEGRAND (Alexis-Baptiste-Victor), député de la Manche de 1832 à 1848, né à Paris le 20 janvier 1791, mort aux eaux d'Uriage (Isère) le 25 août 1848, fit de brillantes études au Lycée Impérial et obtint, en 1806, au concours général, cinq premiers prix. Entré à l'Ecole polytechnique le 28 septembre 1809, il devint ingénieur des ponts et chaussées, et fut envoyé (1812) dans le département de l'Ombronne. Rappelé à Paris comme secrétaire du conseil général des ponts et chaussées (1815), les remarquables qualités de son esprit ne tardèrent pas à le mettre en évidence. Après avoir rempli avec succès les fonctions de secrétaire de la grande commission des canaux présidée par M. de Martignac, il fut nommé maître des requêtes au conseil d'Etat (1820). Chargé de la direction générale des ponts et chaussées et des mines, et nommé conseiller d'Etat (1831), il fut élevé, en 1832, au grade d'inspecteur général. En 1837, la direction générale des ponts et chaussées et des mines fut supprimée et remplacée par le ministère des Travaux publics. Le portefeuille de ce nouveau département ministériel lui fut offert; mais il refusa, désireux de rester autant que possible étranger à la politique, et voulant se consacrer tout entier à sa profession d'ingénieur. C'est alors que fut institué pour lui le poste de sous-secrétaire d'Etat aux Travaux publics qu'il conserva jusqu'à la fin de 1847, époque à laquelle il fut nommé président au conseil d'Etat. Il avait d'abord siégé à la Chambre des députés et à la Chambre des pairs comme commissaire du gouvernement. Le 27 décembre 1832, le 7e collège de la Manche (Mortain) lui confia le mandat de député, par 94 voix sur 161 votants et 270 inscrits, contre 66 à M. Chardel, en remplacement de M. Leverdays démissionnaire, et lui renouvela ce mandat, le 21 juin 1834, par 166 voix sur 292 votants et 322 inscrits, contre 71 à M. de Chateaubriand et 55 à M. Chardel; le 4 novembre 1837, par 196 voix sur 235 votants et 322 inscrits, contre 29 à M. Chardel; le 2 mars 1839, par 183 voix sur 277 votants et 326 inscrits, contre 60 à M. Achard de Bonvouloir et 31 à M. Odilon Barrot; le 9 juillet 1842, par 144 voix sur 265 votants et 338 inscrits, contre 121 à M. Demézange; le 1er août

1846. par 238 voix sur 357 votants et 399 inscrits. contre 83 à M. Demézange et 35 à M. Achard de Bonvouloir. M. Alexis Legrand fut donc constamment réélu dans cet arrondissement dont il ne voulut pas se séparer dans la suite, car la députation lui fut à diverses reprises offerte dans l'Aveyron et dans les Bouches-du-Rhône. Pendant sa laborieuse carrière, il fut sous des titres divers le promoteur et le défenseur de tous les grands projets de loi concernant les routes, les canaux, les postes et les chemins de fer. La plupart des exposés des motifs soumis aux Chambres portent l'empreinte de son talent d'exposition. Les lois de 1833 et de 1841 sur l'expropriation pour cause d'utilité publique, de 1845 sur la police des chemins de fer, etc., sont son œuvre. On conserve notamment aux nouvelles Archives du conseil d'Etat l'exposé des motifs de la loi de 1833 entièrement écrit de sa main. C'est sous son administration que fut tracé, après de longues et difficiles discussions devant les Chambres, le réseau des grandes lignes de chemins de fer si admirablement conçu. On peut ajouter que c'est aussi pendant cette même période de temps que furent étudiés et commencés la plupart des grands travaux publics qui ont eu de si heureuses conséquences pour la prospérité de Paris. M. Alexis Legrand avait été, en 1842, élevé à la dignité de grand officier de la Légion d'honneur. M. Villemain a écrit que, lors de cette décision prise en conseil des ministres, l'un des membres du conseil avait dit : « Legrand est un homme qu'il faut absolument récompenser et qu'on ne peut récompenser qu'avec de l'honneur. » Nommé sous-secrétaire d'Etat au ministère des Travaux publics en 1847, M. Legrand dut, par suite de cette nomination, se représenter devant ses électeurs, qui lui confirmèrent son mandat, le 15 janvier 1848, par 215 voix sur 225 votants et 399 inscrits. La révolution de 1848 le maintint au poste de président du comité des travaux publics au conseil d'Etat, qu'il occupait depuis moins d'un an ; mais le contre-coup des événements politiques d'alors altéra sa santé ; parti de Paris, en août 1848, sur le conseil des médecins, pour prendre les eaux d'Uriage, il fut saisi d'une fièvre cérébrale qui l'enleva en quelques jours, à cinquante-sept ans.

LEGRAND (ANDRÉ-ALEXANDRE), dit LEGRAND DE GUITRY, représentant en 1849, né à Anthevernes (Eure) le 23 octobre 1796, mort à Guitry (Eure) le 28 novembre 1862, propriétaire-cultivateur dans cette commune, et d'opinions conservatrices, fut élu, le 13 mai 1849, représentant de l'Eure à l'Assemblée législative, le 8e sur 9, par 52.697 voix (93,065 votants, 125,952 inscrits). Il siégea à droite, et vota constamment avec la majorité antirépublicaine : pour l'expédition de Rome, pour la loi Falloux-Parieu sur l'enseignement, pour la loi restrictive du suffrage universel, etc. Il rentra dans la vie privée en 1851.

LEGRAND (PIERRE), député au Corps législatif de 1852 à 1859, né à Lille (Nord) le 2 juin 1804, mort à Lille le 13 avril 1859, étudia le droit et se fit inscrire comme avocat à Lille. Conseiller municipal de Lille, et conseiller de préfecture du Nord sous Louis-Philippe, il se rallia, après février 1848, au gouvernement républicain, et entra, le 29 février 1852, dans la vie politique : sa candidature indépendante au Corps législatif dans la 1re circonscription du Nord, adoptée par le parti démocratique mo-

déré, triompha, au second tour de scrutin, avec 13,515 voix (25,582 votants, 37,610 inscrits), contre 11,739 au candidat officiel, M. Richebé : M. Kolb-Bernard, légitimiste, avait retiré sa candidature avant le ballottage. « M. Pierre Legrand, observait un biographe, voilà un nom qui grandit un homme de six pieds. » D'un caractère timide, et indépendant plutôt que républicain, le député du Nord ne fit au gouvernement impérial qu'une opposition très modérée, et prit une part assez active aux travaux de la législature. En 1852, il discuta, sans l'attaquer de front, la loi du 4 juin 1852 sur les crimes et délits commis à l'étranger et, lors du vote du contingent (session de 1856) s'efforça de prouver que la France n'avait pas besoin de 600,000 hommes, et qu'il attendrait sur ce point l'accord des autorités militaires compétentes. Réélu, le 22 juin 1857, par 12.257 voix (24,025 votants, 33,945 inscrits), contre 11,652 à M. Loiset, il observa la même ligne politique que précédemment, parla contre l'art. 2 de la loi de sûreté générale (janvier 1858), en demandant une rédaction moins vague ; « chaque régime faisant tour à tour entrer ses adversaires dans la catégorie des malhonnêtes gens » ; et attaqua (février suivant) la loi sur les titres de noblesse, contestant à l'empereur, au nom de la Constitution, le droit régalien de créer des nobles, depuis que « le suffrage universel a remplacé les parchemins par une carte d'électeur ». Il mourut le 13 avril 1859, et eut pour successeur à la Chambre M. Kolb-Bernard. On a de lui : Le Bourgeois de Lille, tableau de mœurs flamandes (1831) ; Voyages en Hollande, en Suisse et dans le midi de la France (1833) ; Essai sur la législation militaire et sur la jurisprudence des conseils de guerre et de revision (1835) ; Législation des portions ménagères, où se traite la question des biens communaux dans le nord de la France (1850) ; Essai d'un code criminel de l'armée (1857). Il était membre de la Société des sciences de Lille, et il a collaboré aux Annales de Législation et de Jurisprudence.

LEGRAND (PIERRE), député de 1876 à 1885, et ministre, né à Lille (Nord) le 13 mai 1834, fils du précédent, étudia le droit, se fit recevoir avocat et plaida avec distinction au barreau de Lille. Plusieurs fois bâtonnier de l'ordre, membre du conseil municipal de Lille, adjoint au maire à la fin de l'Empire, et conseiller général du Nord, il fut, en raison de ses opinions libérales, désigné par le gouvernement de la Défense nationale, le 6 septembre 1870, pour le poste de secrétaire général de la préfecture du Nord et, le 10 septembre, pour celui de préfet du Nord, où il n'y resta que peu de temps (jusqu'au 21 octobre), s'étant trouvé en désaccord avec la délégation de Tours sur plusieurs points, notamment sur le décret de dissolution des conseils généraux, dont il ne voulut pas se faire l'exécuteur. Après avoir réuni, le 8 février 1871, sans être élu, 60,581 voix sur 262,927 votants, comme candidat à l'Assemblée nationale, il fut révoqué des fonctions d'adjoint en janvier 1874, et se représenta, comme républicain modéré, aux élections de la Chambre des députés, le 20 février 1876, dans la 1re circonscription de Lille, où il fut élu par 9,127 voix (10,384 votants, 16,029 inscrits). Il siégea à gauche et fut des 363. Réélu, le 14 octobre 1877, par 8,978 voix (12,932 votants, 15,276 inscrits), contre 3,847 à M. H. Bernard, il reprit sa place dans la majorité, soutint les ministères Dufaure et J. Ferry, vota pour l'art. 7, *pour* l'élection de M. Grévy à la présidence de la République (au Congrès), *pour* l'invalidation de l'élection de Blanqui, *contre* l'amnistie plénière, etc., appuya la politique opportuniste et parut plusieurs fois à la tribune. Réélu le 21 août 1881, par 9,229 voix (12,208 votants, 16,159 inscrits, contre 2,799 à M. Clouet des Perruches. M. Pierre Legrand eut dans la législature nouvelle un rôle plus marqué. Rapporteur de la commission chargée d'examiner les projets de réforme de la magistrature (juin 1882), il eut à traduire devant la Chambre les résolutions quelque peu confuses et contradictoires de cette commission, et fit connaître qu'elle s'était prononcée pour la suppression de l'inamovibilité, et pour la nomination des juges amovibles, non par le pouvoir, mais « pour un temps à fixer, par un corps électoral spécial choisi dans des conditions à déterminer ». L'honorable rapporteur ne s'expliquait pas davantage. Il prit part à la discussion contradictoirement avec M. Martin-Feuillée et avec M. Humbert, garde des sceaux (*v. ce nom*), qui combattit énergiquement le système de la commission (juillet 1882). Le 7 août suivant, lors de la constitution du cabinet Duclerc, M. Pierre Legrand fut appelé à y prendre le portefeuille du Commerce. Il y représenta les idées protectionnistes et fut maintenu au pouvoir dans le cabinet Fallières, formé le 29 janvier 1883, et qui dura jusqu'au 20 février de la même année. Tombé avec ses collègues sur la question de l'expulsion des princes, il revint à son siège de député et opina comme précédemment, dans le sens opportuniste : *contre* la séparation de l'Eglise et de l'Etat, *pour* les crédits du Tonkin, etc. Il fut rappelé au ministère du Commerce, le 6 avril 1885, dans la combinaison H. Brisson : son troisième passage aux affaires dura jusqu'au 6 janvier 1886. Les élections du 4 octobre 1885 n'avaient pas été favorables à M. Pierre Legrand, qui ne rentra à la Chambre nouvelle, comme député du Nord, qu'à la faveur d'une élection partielle, le 27 novembre 1887 : à cette date, il fut élu avec 146,495 voix (275,713 votants et 356,918 inscrits), et reprit sa place à gauche jusqu'au jour où, pour la quatrième fois, il fut nommé ministre du Commerce, le 3 avril 1888, dans le cabinet Floquet. Il quitta le pouvoir avec ses collègues, le 22 février 1889; il vota, en dernier lieu, *pour* le rétablissement du scrutin d'arrondissement, *contre* l'ajournement indéfini de la Constitution (chute du ministère dont il faisait partie), *pour* les poursuites contre trois députés membres de la Ligue des patriotes, *pour* le projet de loi Lisbonne restrictif de la liberté de la presse, *pour* les poursuites contre le général Boulanger.

LEGRAND (ARTHUR-MARIE-ALEXIS), représentant en 1871, député de 1876 à 1885, né à Paris le 28 octobre 1833, fils de M. Alexis-Baptiste-Victor Legrand (*Voy. plus haut*), fit son droit, fut reçu, au concours, auditeur au conseil d'Etat, attaché à la section des travaux publics que son père avait présidée, et devint secrétaire d'un grand nombre de commissions, de la marine marchande, de l'échelle mobile, du code rural, des établissements de crédit, de la législation des mines, etc. Chargé, en 1862, d'une mission en Angleterre, à l'occasion de l'Exposition universelle, il fut, à son retour, décoré de la Légion d'honneur. En 1865 et 1866, il coopéra, comme attaché au conseil supérieur du commerce, à la grande enquête sur la circulation fiduciaire et monétaire, et fut élu (1866) conseil-

ler général du canton de Barenton (Manche), nommé maître des requêtes la même année. Lors de la dissolution des conseils généraux par Gambetta (26 décembre 1870), il prit, avec le comte Daru, l'initiative d'une protestation contre cette mesure. Il était maire de Milly, lorsqu'il fut élu, le 8 février 1871, représentant de la Manche à l'Assemblée nationale, le 4e sur 11, par 72,427 voix sur 98,856 votants, et 153,878 inscrits. Il prit place au groupe de l'Appel au peuple, dont il fut l'un des dix premiers fondateurs, fit partie de la commission des chemins de fer, de la commission des marchés, de la commission du Sacré-Cœur de Montmartre, à laquelle il soumit une rédaction qui est devenue la loi, rapporteur des commissions des chemins de fer d'intérêt local, des canaux, du mode de nomination du gouverneur de la Banque de France, etc.; il proposa de nombreux amendements sur les lois concernant l'enseignement primaire, la marine marchande, l'amélioration de la situation des gendarmes, etc., et parla notamment contre l'exercice des bouilleurs de cru dont il défendit les intérêts en toute occasion, en faveur de la création de la caisse d'épargne postale dont la proposition était due à son initiative, *contre* le privilège de l'Imprimerie nationale, etc. Il vota *pour* l'abrogation des lois d'exil, *pour* la pétition des évêques, *contre* le service militaire de trois ans, *pour* la démission de Thiers, *pour* l'arrêté contre les enterrements civils, *pour* le septennat, *contre* l'amendement Wallon, *contre* les lois constitutionnelles, *pour* la loi sur l'enseignement supérieur. Candidat aux élections du 20 février 1876 dans l'arrondissement de Mortain, il fut réélu par 9,898 voix sur 13,923 votants et 17,929 inscrits, contre 3,904 voix à M. Labiche, républicain, reprit sa place à la droite bonapartiste et soutint le cabinet du 16 mai. Aux élections qui suivirent la dissolution de la Chambre, les électeurs de Mortain lui renouvelèrent son mandat (14 octobre 1877) par 9,577 voix sur 15,353 votants et 18,232 inscrits, contre 5,720 voix à M. Labiche. Il appuya les derniers efforts de résistance du cabinet du 16 mai, et vota *pour* la proposition Touchard (janvier 1878) et *contre* les ministères républicains qui suivirent. Réélu aux élections générales du 21 août 1881, par 7,597 voix sur 14,572 votants et 18,132 inscrits, contre 6,906 voix à M. Alfred Lefresue, il combattit les lois scolaires et la politique coloniale et financière des ministères opportunistes. Il refusa de se représenter aux élections de 1885 parce que la liste ne put être composée au point de vue politique comme il l'aurait souhaitée. Officier d'académie, membre de la Société d'Economie politique, M. Arthur Legrand a collaboré à la *Revue Contemporaine*, à l'*Economiste français*, à la *Revue Britannique*, et a publié notamment: *De la législation sur les brevets d'invention* (1862); *De la législation relative au prêt à intérêts* (1864); *Résumé de l'enquête sur la circulation fiduciaire et monétaire* (1872); *Le billet de banque fiduciaire* (1880); *Etudes économiques* (1881); *L'industrie chevaline* (1883); *Les Bouilleurs de cru* (1884); *L'impôt foncier sur les propriétés non bâties; Le Crédit agricole* (1886), etc.

LEGRAND (LOUIS-DÉSIRÉ), député de 1876 à 1882, né à Valenciennes (Nord) le 30 mars 1842, fit de bonnes études au lycée Louis-le-Grand, puis étudia le droit et fut reçu docteur. Il poursuivit, d'autre part, ses études littéraires jusqu'au grade de docteur ès lettres, qu'il conquit avec une thèse latine sur Leibniz, et une thèse française sur Sénac de Meilhan et l'intendance du Hainaut et du Cambrésis sous Louis XVI. Avocat à Valenciennes, il manifesta des opinions libérales qui le firent nommer, après le 4 septembre 1870, sous-préfet de sa ville natale. Après avoir vainement tenté de se faire élire, le 8 février 1871, représentant du Nord à l'Assemblée nationale, il n'obtint que 52,000 voix sur 262,927 votants, il donna sa démission de sous-préfet (avril), et devint conseiller municipal de Valenciennes et conseiller général du canton sud de cette ville. En outre il était au nombre des administrateurs d'une des grandes compagnies houillères de la région. Élu, le 20 février 1876, comme républicain, député de la 1re circonscription de Valenciennes, par 9,014 voix (14,476 votants, 18,441 inscrits), contre 5,244 à M. le baron Michel, bonapartiste, il prit place à gauche, intervint dans la discussion du budget pour défendre les intérêts agricoles du Nord, et fut un des 363 adversaires du gouvernement du Seize-Mai. Il fut réélu, le 14 octobre 1877, par 9,476 voix (15,961 votants, 18,984 inscrits), contre 6,444 à M. Mariage, candidat officiel du Maréchal. Il reprit alors sa place dans les rangs de la gauche républicaine, avec laquelle il vota *pour* l'article 7, *pour* l'invalidation de l'élection de Blanqui, *contre* la liberté absolue de réunion, d'association et de presse, etc., et *pour* la politique opportuniste. En juin 1880, il préconisa, comme solution de la question d'Orient, la constitution des nationalités chrétiennes en États indépendants, et conseilla de reprendre à l'extérieur une politique active, avec beaucoup de prudence. En novembre de la même année, il développa, au nom de son groupe, une interpellation destinée à obtenir un vote de confiance au cabinet Ferry reconstitué. En janvier 1881, il combattit très vivement la proposition Naquet tendant au rétablissement du divorce. Il fit voter, en juillet, que les membres de tout syndicat professionnel chargés de la direction de ce syndicat devraient être Français. Réélu de nouveau, le 21 août 1881, par 9,843 voix (12,097 votants, 19,616 inscrits), il prit la parole l'année d'après, comme rapporteur de la loi sur l'expulsion des étrangers. Mais, ayant été nommé, le 30 octobre 1882, ministre plénipotentiaire de France à La Haye, il donna sa démission de député et fut remplacé à la Chambre par M. A. Giard, radical. M. Louis Legrand fut porté, aux élections du 4 octobre 1885, sur la liste opportuniste du Nord, où il réunit, sans être élu, 118,206 voix (292,696 votants). On a de lui un *Traité sur le mariage au point de vue moral et social, légal et religieux*, couronné par l'Académie des sciences morales et politiques (1879).

LEGRAND (LOUIS-HUBERT-JOSEPH), dit LEGRAND DE LECELLES, député de 1885 à 1887, né à Lecelles (Nord) le 29 octobre 1826, mort à Lecelles le 26 octobre 1887, fit de bonnes études, se fit recevoir avocat et débuta au barreau de Douai. Membre du conseil de l'ordre pendant dix-huit ans, et trois fois bâtonnier, il représenta, depuis 1868, le canton de Saint-Amand (rive gauche) au conseil général du Nord, dont il fut, à diverses reprises, vice-président. M. Legrand de Lecelles, qui possédait dans le département d'importantes propriétés, fut porté, le 4 octobre 1885, sur la liste monarchique du Nord, et élu député, le 3e sur 20, par 162,730 voix (292,696 votants, 348,224 inscrits). Il siégea à droite, prit une part assez active à plusieurs discussions, notamment à celle de l'enseigne-ment primaire, et vota constamment avec le parti conservateur, jusqu'au moment où il mourut des suites d'une attaque d'apoplexie. Il était vice-président du conseil d'administration des mines de Donchy.

LEGRAND (GÉRY), membre du Sénat, né à Lille (Nord) le 28 mai 1837, homme de lettres, chevalier de la Légion d'honneur et maire de Lille, fut désigné, lors de l'élection sénatoriale partielle qui eut lieu dans le Nord, le 21 juin 1888, comme candidat du parti républicain modéré, par suite de l'attribution au département du Nord, conformément à la loi du 9 décembre 1884, du siège d'inamovible rendu vacant par le décès de M. Hippolyte Carnot. Au premier tour de scrutin, M. Géry Legrand, opportuniste, obtint 1,043 voix; M. Giard, radical, 225; le général L'Hérillier, conservateur, 1,058. Le second tour donna 1,194 voix à M. Géry Legrand, élu; 78 à M. Giard, et 1,059 à M. L'Hérillier. Dans l'intervalle des deux tours de scrutin avait eu lieu une réunion où les délégués radicaux avaient été laissés libres de leurs votes, mais sous réserve de s'organiser à l'avenir en dehors de toute alliance avec les opportunistes. M. Géry Legrand prit place à la gauche du Sénat et vota, avec la majorité, *pour* le rétablissement du scrutin d'arrondissement (13 février 1889), *pour* le projet de loi Lisbonne restrictif de la liberté de la presse, *pour* la procédure à suivre devant le Sénat contre le général Boulanger.

LEGRAND. — *Voy.* BOISLANDRY (DE).

LEGRAS (JEAN-BAPTISTE), député en 1791, né à Paris le 5 février 1749, mort à une date inconnue, était juge au tribunal de Saint-Germain-en-Laye. Élu, le 8 septembre 1791, député de Seine-et-Oise à l'Assemblée législative, le 14e et dernier, par 262 voix sur 376 votants, il n'y prit jamais la parole, et vota avec la majorité.

LEGRAVERAND (JEAN-MARIE-EMMANUEL-FRANÇOIS), représentant à la Chambre des Cent-Jours, né à Rennes (Ille-et-Vilaine) le 8 mai 1776, mort à Paris le 23 décembre 1827, fils de Emmanuel-André Legraverand, avocat, et de Françoise-Julienne-Pauline Malherbe, se destina d'abord à la médecine; il renonça bientôt à cette carrière pour entrer dans l'administration et fut secrétaire de l'administration départementale d'Ille-et-Vilaine, puis chef de bureau au ministère de la Justice. Promu, en 1813, chef de la division des affaires criminelles et des grâces, il conserva ces fonctions sous la première Restauration, et fut élu, le 12 mai 1815, par l'arrondissement de Rennes, avec 70 voix sur 85 votants, représentant à la Chambre des Cent-Jours, où il n'eut d'ailleurs qu'un rôle effacé. Après la session, il reprit la direction des affaires criminelles et des grâces, fut appelé (1819) à faire partie du conseil d'État en qualité de maître des requêtes en service extraordinaire, et fut remplacé dans sa direction, en 1822, par M. Rives. Chevalier de la Légion d'honneur, Legraverand, après avoir quitté la chancellerie, s'était fait inscrire comme avocat à la cour royale de Paris.

LEGRAVERAND (GUILLAUME-MARIE-JEAN-RENE), député de 1817 à 1822, né à Rennes (Ille-et-Vilaine) le 9 février 1765, mort à Rennes le 27 mai 1834, cousin du précédent, avec lequel tous les biographes l'ont jusqu'à présent confondu, s'occupa aussi de jurisprudence et fut nommé, le 17 janvier 1806, professeur à la faculté de droit de Rennes. Devenu avocat général près la cour impériale de cette ville, il fut promu conseiller à la même cour par le gouvernement de la Restauration le 4 août 1818. Dans l'intervalle, il avait été élu (20 septembre 1817) député d'Ille-et-Vilaine, au collège de département, par 450 voix (882 votants, 1,010 inscrits). Il prit place au côté gauche, parut plusieurs fois à la tribune, parla sur le régime de la presse, combattit la loi des élections, et accusa les hommes du côté droit de « s'isoler des réunions électorales pour avoir le droit de les calomnier ». Il vota contre le monopole du tabac, et, dans la session de 1819, contre les lois d'exception (loi suspensive de la liberté individuelle). Il proposa, sans succès, un amendement portant que les députés qui seraient promus par le gouvernement à un emploi amovible cesseraient de faire partie de la Chambre, à moins qu'ils ne se soumissent à la réélection. Legraverand échoua, le 9 mai 1822, dans le 2e arrondissement d'Ille-et-Vilaine, avec 181 voix contre 282 à M. de Corbière, contre lequel il se représenta encore vainement en 1824 et en 1827. La révolution de 1830 le fit président de chambre à Rennes. On lui doit un assez grand nombre d'ouvrages de jurisprudence estimés, particulièrement sur le droit criminel. Chevalier de la Légion d'honneur.

LEGRAVERAND (Hippolyte-Jean-Henri-François), député de 1842 à 1848, représentant en 1848, né à Rennes (Ille-et-Vilaine) le 7 avril 1806, mort à Paris le 11 juin 1870, fils du précédent, était avocat à la cour royale de Paris, lorsqu'il fut élu, le 9 juillet 1842, député du 2e collège d'Ille-et-Vilaine (Rennes), par 190 voix (287 votants, 332 inscrits), contre 97 à M. Jollivet. Il prit place dans le parti libéral, siégea à la gauche dynastique à côté de Boulay de la Meurthe, fut réélu, le 1er août 1846, par 164 voix (170 votants, 244 inscrits), et vota contre l'indemnité Pritchard, pour la proposition relative aux députés fonctionnaires, contre le cabinet Guizot. Le 23 avril 1848, le département de l'Ille-et-Vilaine l'élut représentant à l'Assemblée constituante, le 1er sur 14, par 125,542 voix (132,609 votants, 152,985 inscrits). Il prit place au centre, fit partie du comité de législation, et vota presque toujours avec la majorité, pour le bannissement de la famille d'Orléans, pour les poursuites contre Louis Blanc, contre les poursuites contre Caussidière, contre l'amendement Grévy, contre la sanction de la Constitution par le peuple, pour l'ensemble de la Constitution, pour la proposition Rateau, pour l'interdiction des clubs, pour l'expédition de Rome, contre la demande de mise en accusation du président et des ministres. Il s'éleva cependant contre la politique de l'Élysée et, le 29 février 1852, posa sa candidature d'opposition au Corps législatif, dans la 1re circonscription d'Ille-et-Vilaine ; mais il échoua avec 2,102 voix contre 7,932 à l'élu officiel, M. Pongérard, et 3,877 à M. de Kermarec, légitimiste et ancien représentant. Une nouvelle tentative, aux élections générales du 24 mai 1869, ne lui donna encore que 5,653 voix contre 23,302 au candidat officiel élu, M. de Piré.

LE GRESSIER DE BELLANNOY (François-Joseph-Alexis), député à l'Assemblée législative de 1791, né à Boulogne-sur-Mer le 17 juillet 1746, mort à Samer, arrondissement de Boulogne-sur-Mer, le 4 octobre 1816, fils du greffier de la sénéchaussée de Boulogne, était

avocat au parlement et à la sénéchauss... Boulonnais, et bailli de Tingry depuis ... quand eurent lieu les élections aux État... néraux de 1789. Il fut un des délégués ... paroisse de Samer, commissaire à la réda... des cahiers du tiers-état du Boulonnais, ... le 30 mars 1789, premier député supplé... tiers-état de cette sénéchaussée aux États-... raux. Il n'eut pas à siéger à la Constit... ce qui lui permit d'être candidat à l'Assemb... législative. Il était à cette époque adminis... teur du district de Boulogne-sur-Mer. Il ... élu député du Pas-de-Calais, le 30 août 17... 4e sur 11, par 320 voix sur 633 votants. Il ... clara après son élection « qu'il abandonne... sa famille et ses jours s'il le fallait pour ... bonheur de ses électeurs et le bien de sa ... trie ». Il siégea parmi les modérés et ce ... à Samer après la session.

LEGRIX DE LASALLE (Jean-Baptiste-Jacques), député au Corps législatif de l'an XI 1811, député de 1827 à 1831, né à Bordeau... (Gironde) le 10 mai 1766, mort à Bordeau... 17 juillet 1840, « fils de messire Jacques Legri... chevalier, président, trésorier de France, et dame Madeleine Mathieu », propriétaire à B... deaux, fut élu, le 9 thermidor an XI, par le ... nat conservateur, député de la Gironde ... Corps législatif. Ce mandat lui ayant été ... nouvelé le 18 février 1808, Legrix de Lasalle... gea jusqu'à la fin de l'Empire. Conseiller ... néral de la Gironde (1811-1828 et 1831-183... adhéra à la déchéance de Napoléon, se p... de nouveau candidat à la députation le 24 ... vembre 1827, et fut élu, par le collège de ... partement de la Gironde, avec 268 voix ... 526 votants et 637 inscrits. Il vota l'adresse ... 221 contre le cabinet Polignac, obtint sa r... lection, comme royaliste constitutionnel... 3 juillet 1830, avec 291 voix 562 votants... quitta la Chambre en 1831, après avoir pr... serment au gouvernement de Louis-Philipp... Il avait épousé la fille de M. Journu-Aube... sénateur.

LEGROS (Jean-Charles-François), dép... en 1789, né à Paris le 15 décembre 1712, m... à Paris le 21 janvier 1790, chanoine de ... Sainte-Chapelle, était prévôt de Saint-Lo... du Louvre, et directeur de la maison et soci... royale de Navarre, quand il fut élu, le 30 av... 1789, par la ville de Paris, député du cle... aux États-Généraux. Il marqua peu dans l'... semblée et mourut au cours de la session.

LEGROS-DEVOT (Nicolas-Auguste), re... sentant en 1849, né à Calais (Pas-de-Calais... 15 août 1803, mort à Calais, le 29 juillet 18... propriétaire dans cette ville, avait été succ... sivement, comme il le dit dans sa circulaire... 5 avril 1849, chef de la garde nationale, admi... trateur d'établissement de bienfaisance, mem... des comités local et supérieur d'instruct... ou ... maire, maire, conseiller général du départem... et membre du conseil général du commer... lorsqu'il fut inscrit, le 13 mai 1849, sur la li... conservatrice, comme candidat à l'Assem... législative, et élu représentant du Pas-... Calais, le 7e sur 15, par 79,756 voix (129,691 ... tants, 194,088 inscrits). Il siégea à droite et ... prononça : pour l'expédition de Rome, pou... loi Falloux-Parieu sur l'enseignement, pou... loi restrictive du suffrage universel, etc. Il ... fit pas partie d'autres assemblées. Chevalier ... la Légion d'honneur.

LE GUAY (Albert-Léon, baron), membre

énat, né à Paris le 3 juillet 1827, riche propriétaire dans Maine-et-Loire, s'était spécialement
occupé d'agriculture lorsqu'il entra dans l'administration, le 28 mars 1871, comme préfet de ce
département. Le gouvernement de « l'ordre
moral » lui donna de l'avancement : M. Beulé
le nomma secrétaire général du ministère de
l'Intérieur, poste qu'il occupa du 17 juin 1873
au 21 décembre suivant ; il eut en même temps
le titre de conseiller d'Etat en service extraordinaire. Envoyé ensuite à la préfecture du Nord,
il fut candidat des conservateurs-monarchistes
de Maine-et-Loire aux élections sénatoriales du
30 janvier 1876, et fut élu sénateur, le 3e et dernier, par 328 voix (465 votants). Le baron Le
Guay prit place à droite, vota *pour* la dissolution de la Chambre des députés, soutint le gouvernement du Seize-Mai, combattit le ministère
Dufaure, et fut réélu sénateur de Maine-et-
Loire, le 5 janvier 1879, par 318 voix (460 votants). Il continua d'opiner avec le parti conservateur : *contre* l'article 7, *contre* les lois Ferry
sur l'enseignement, *contre* la modification du
serment judiciaire, *contre* la réforme du personnel de la magistrature, *contre* le divorce,
contre les crédits du Tonkin, etc., et obtint
encore le renouvellement de son mandat, le
5 janvier 1888, par 703 voix sur 960 votants ;
il se prononça, en dernier lieu, *contre* le rétablissement du scrutin d'arrondissement (13 février 1889), *contre* le projet de loi Lisbonne
restrictif de la liberté de la presse, *contre* la
procédure de la Haute-Cour contre le général
Boulanger. Officier de la Légion d'honneur
(11 octobre 1873), commandeur de Saint-Grégoire-le-Grand.

LE GUAY (GILBERT-LOUIS), député de 1885 à
1889, né à Clermont-Ferrand (Puy-de-Dôme) le
12 mai 1839, fut d'abord notaire à Randan, dans
son département. Conseiller général pour ce
canton et secrétaire du conseil, il entra dans
l'administration, en 1876, comme secrétaire
général de la Haute-Savoie. Sous-préfet de
Verdun en 1877, il fut révoqué par le gouvernement du Seize-Mai, et promu, en décembre,
préfet de la Haute-Savoie. Il passa de là (1879)
à la préfecture du Finistère, puis à celle de la
Corse (1881). La faveur de Gambetta le fit
appeler, en 1882, aux fonctions de directeur de
l'administration départementale et communale
au ministère de l'Intérieur, avec le titre de
conseiller d'Etat en service extraordinaire. Il
donna sa démission de ces fonctions en
avril 1885, pour poser sa candidature aux prochaines élections législatives d'octobre : porté,
par le « congrès républicain », sur la liste opportuniste du Puy-de-Dôme, il fut élu député, le
18 octobre, au second tour de scrutin, le 4e sur 9,
par 78,063 voix (132,128 votants, 169,883 inscrits). Il s'assit à la gauche de la Chambre, vota
avec la majorité *pour* les divers ministères de
la législature, et, en dernier lieu, *pour* le rétablissement du scrutin d'arrondissement, *pour*
l'ajournement indéfini de la revision de la Constitution (14 février 1889), *pour* les poursuites
contre trois députés membres de la Ligue des
patriotes, *pour* le projet de loi Lisbonne restrictif de la liberté de la presse, *pour* les poursuites contre le général Boulanger. Commandeur de la Légion d'honneur.

LE GUEN (PIERRE-MARIE), député en 1789. né
à Rennes (Ille-et-Vilaine) en 1722, mort à Versailles (Seine-et-Oise) le 24 juin 1789, avait été,
avant la Révolution, curé d'Argenteuil (9 mai
1764), et doyen rural de Montmorency (19 octo-

bre 1787. Le 21 avril 1789, il fut élu par la
prévôté et vicomté de Paris député du clergé
aux Etats-Généraux ; à peine eut-il le temps de
siéger, étant mort à Versailles dès le 24 juin
suivant, ainsi qu'en fait foi son acte de décès.
« L'an mil sept cent quatre-vingt-neuf, le vingt-
cinq juin, M. Pierre-Marie Le Guen, curé
d'Argenteuil, diocèse de Paris, décédé hier, âgé
d'environ soixante-sept ans, premier député aux
Etats-Généraux à Versailles pour la vicomté de
Paris hors les murs, a été inhumé sur le bon du
roi, dans l'ancienne église de cette paroisse,
par nous soussigné curé, etc... »

LE GUEN (EDOUARD-MARIE), membre du
Sénat, né à Brest (Finistère) le 31 août 1826,
étudia le droit, se fit recevoir avocat, et s'inscrivit au barreau de sa ville natale. D'opinions
conservatrices, il se présenta, comme candidat
monarchiste, à l'Assemblée nationale, lors de
l'élection complémentaire du 2 juillet 1871 dans
le Finistère : il obtint 33,528 voix (93,916 votants), contre 57,571 au dernier élu, républicain.
Le 14 décembre 1873, il échoua encore, à une
élection partielle, motivée par le décès de M. de
Tréveneuc, avec 43,337 voix contre 62,788 à
l'élu républicain, M. Swiney. Mais, le 5 novembre 1882, le décès de M. de Forsanz ouvrit à
M. Le Guen les portes du Sénat : élu sénateur
du Finistère par 197 voix (385 votants), il siégea
à droite, et vota constamment avec la minorité
monarchiste, *contre* le rétablissement du divorce
et *contre* les crédits de l'expédition du Tonkin.
Il obtint le renouvellement de son mandat, le
25 janvier 1885, avec 595 voix (1,170 votants),
vit son élection invalidée comme celle de ses
collègues du même département le 26 juin suivant, et fut, d'ailleurs, définitivement réélu, le
26 juillet, par 594 voix sur 1,171 votants. Il
reprit alors sa place à droite, se prononça
contre l'expulsion des princes, *contre* la nouvelle loi militaire, etc., et vota, en dernier lieu,
contre le rétablissement du scrutin d'arrondissement (13 février 1889), *contre* le projet de loi
Lisbonne restrictif de la liberté de la presse,
contre la procédure de la Haute-Cour contre le
général Boulanger. Chevalier de la Légion
d'honneur.

LE GUEN DE KERANGAL (GUY-GABRIEL-
FRANÇOIS-MARIE), député en 1789, né à Landivisiau (Finistère) le 25 mars 1746, mort à Landivisiau le 16 avril 1817, fils de Guy Le Guen
et d'Anne de Kérangal, était marchand de toiles
et négociant en vins à Landivisiau avant la Révolution. Député, en février 1789, aux Etats de
Bretagne, il fut élu, le 4 avril suivant, député
aux Etats-Généraux par le tiers-état de la sénéchaussée de Lesneven, avec 109 voix. Il ne
monta à la tribune que pour appuyer, dans la
nuit du 4 août, la généreuse initiative du vicomte de Noailles et du duc d'Aiguillon pour la
suppression des droits féodaux, et son discours,
très applaudi, décida des sacrifices consentis
dans cette mémorable séance : « Soyons justes,
Messieurs, s'écria-t-il à un moment ; qu'on nous
apporte ici les titres qui outragent non seulement la pudeur mais l'humanité même. Qu'on
nous apporte ces titres qui humilient l'espèce
humaine, en exigeant que les hommes soient
attelés à une charrette comme les animaux du
labourage. Qu'on nous apporte ces titres qui
obligent les hommes à passer les nuits à battre
les étangs pour empêcher les grenouilles de
troubler le sommeil de leurs voluptueux seigneurs. »

« Qui de nous, Messieurs, dans ce siècle de lumières, ne ferait pas un bûcher expiatoire de ces infâmes parchemins, et ne porterait pas le flambeau pour en faire un sacrifice sur l'autel du bien public? » Le Guen entretint une correspondance suivie avec ses électeurs. Il revint à Landivisiau après la session, et fut nommé procureur-syndic de cette commune. Suspect pendant la Terreur, il fut arrêté, jeté en prison, et ne fut élargi qu'un an après (18 novembre 1794). Rendu à ses occupations commerciales, il se tint à l'écart de la politique, et mourut sous la Restauration, à 71 ans.

LEGUEVEL DE LA VILLE-ÈS-JOUX (Jean-Marie-Jules-Paschal), représentant à la Chambre des Cent-Jours, né à Josselin (Morbihan) le 25 novembre 1779, mort à une date inconnue, « fils de noble-maître Mathurin-Jean Leguevel de la Ville-ès-Joux, avocat, et de dame Françoise-Elisabeth Le Viavant », était fabricant de toiles à Landivisiau, quand il fut élu, le 11 mai 1815, représentant de l'arrondissement de Ploërmel à la Chambre des Cent-Jours, par 42 voix sur 59 votants. Il fit sans succès, dans cette courte législature, une proposition tendant à réprimer les « délits commis par les brigands prenant le titre de bandes royales »; il demandait que tous les révoltés, leurs ascendants et descendants, fussent mis hors la loi. L'ordre du jour fut prononcé.

LE GUILLOU DE KERINCUFF (Joseph-Jean-Marie), député en 1789, né à Coray (Finistère) le 19 mars 1748, mort à Quimper (Finistère) le 2 juillet 1823, était avocat à Quimper et échevin de cette ville (1785) avant la Révolution. Il se mit à la tête, à Quimper, du mouvement réformiste qui précéda les élections aux États-Généraux, assista aux États de Bretagne (décembre 1788), et, le 22 avril 1789, fut élu, par le tiers-état de la sénéchaussée de Quimper, député aux États-Généraux. Les incidents révolutionnaires qui se déroulèrent en juillet à Paris et en octobre à Versailles lui firent remettre sa démission de député dès le 6 novembre 1789. Il revint à Quimper, fut nommé maire (1790), et dirigea avec tant de zèle les opérations électorales nécessitées par l'organisation des administrations nouvelles, qu'on lui vota des remerciements officiels. Élu au tribunal de Quimper en 1791, il fut encore élu, en janvier 1792, président du tribunal criminel du Finistère. Lorsque les représentants en mission « épurèrent » les administrations du département, Le Guillou, trouvé trop tiède, fut non seulement remplacé, mais encore jeté en prison; il obtint promptement sa mise en liberté, et, après le 9 thermidor, reprit ses fonctions de président du tribunal criminel; il y fit preuve d'une certaine modération, et fut maintenu sur son siège à la nouvelle élection du 26 vendémiaire an IV. Le gouvernement consulaire le nomma, le 12 floréal an VIII, juge au tribunal d'appel de Rennes. Membre de la Légion d'honneur (25 prairial an XII), il fut créé chevalier de l'Empire le 24 juin 1809, et, lors de la réorganisation des cours et des tribunaux, devint (14 avril 1811) premier président à la cour impériale de Rennes. Il fut admis à la retraite le 3 janvier 1816.

LEHARDY (Pierre), membre de la Convention, né à Dinan (Côtes-du-Nord) le 10 février 1758, exécuté à Paris le 31 octobre 1793, exerçait la profession de médecin et les fonctions de procureur-syndic de district à Josselin. Président de l'assemblée électorale d'Auray pour l'élection des députés à la Convention, il fut élu lui-même, le 5 septembre 1792, député du Morbihan à la Convention, le 2ᵉ sur 8, par ... voix (415 votants). Il parla sur le mode de procéder à l'inventaire et à l'examen des papiers du comité de surveillance de Paris, combattit Manuel qui attaquait la constitution civile du clergé, et déclara à ce propos que « sans les évêques, la république serait perdue »; puis dénonça (1793) le ministre Pache, et, lors du procès de Louis XVI, présenta une série de questions qui furent toutes écartées. Il vota pour l'appel au peuple en motivant ainsi son opinion:

« On nous dit qu'il faut éviter la guerre civile en n'appelant pas au peuple. Moi je n'ai pas si mauvaise opinion de notre souveraineté. Gardons-nous de penser comme les anarchistes. Je suis persuadé que cette faction a l'intention d'exciter la guerre civile. Je dis oui. » Sur l'application de la peine (3ᵉ appel nominal), il répondit: « Je regarderais la liberté de mon pays comme entièrement anéantie, si nous étions à la fois accusateurs, juges et législateurs. Nous ne sommes pas juges. Si je considérais la Convention comme juge, je demanderais qu'elle exclût au moins soixante de ses membres. La malheureuse histoire de tous les peuples nous apprend que la mort des rois n'a jamais été utile à la liberté. Je désire que Louis soit mis en état de détention tant que la république courra quelques risques, et jusqu'au moment où le peuple aura accepté la Constitution; alors et seulement alors, vous décréterez le bannissement. »

Ardent à réclamer, le 26 février suivant, la mise en accusation de Marat, il s'opposa, le ... mars, à la suppression de la maison de Saint-Cyr, et reprocha amèrement à ses collègues de la Montagne de toujours chercher à détruire, jamais à édifier. Lié avec les Girondins, il s'attira de vives attaques de la part du club Jacobin et des sections de Paris (15 avril), qui n'empêcha pas l'assemblée de le choisir pour secrétaire trois jours après. Le 19 mai, il prit la parole pour appuyer une pétition d'habitants d'Orléans qui protestaient contre les agissements de Léonard Bourdon; il ajouta que « les noms de royalistes et de contre-révolutionnaires étaient devenus synonymes de ceux d'amis de l'ordre et des lois ». Le 31 mai, il demanda qu'on en appelât aux « bons citoyens de Paris. » Son attitude dans cette journée amena son arrestation, surlendemain 2 juin. Décrété d'accusation 3 octobre, il fut, le 30, traduit devant le tribunal révolutionnaire, condamné à mort et exécuté le lendemain. Au moment où le couteau tombait, il cria: « Vive la République! »

LE HARIVEL (François), député au Corps législatif de 1853 à 1859, né à Fougères (Ille-et-Vilaine) le 8 janvier 1812, mort à Paris le 15 novembre 1859, négociant en toiles, fut désigné par le gouvernement impérial comme candidat officiel au Corps législatif dans la 3ᵉ circonscription d'Ille-et-Vilaine, lors de l'élection partielle motivée par la démission de M. Audren de Kerdrel. Il fut élu député, le 30 janvier 1853, par 20,034 voix sur 24,893 votants (43,869 inscrits), contre 2,648 à M. Corbineau et 2,137 à M. Bertin. Il siégea dans la majorité parmi les partisans zélés du gouvernement avec lesquels il vota constamment, fut réélu le 22 juin 1857, par 25,993 voix (26,746 votants).

40,050 inscrits), contre 651 à M. Jumelais, et, étant décédé au cours de la législature, eut pour successeur à la Chambre, le 18 décembre 1859, M. de Dalmas.

LEHAULT (Bernard-Pierre), membre de la Convention, député au Conseil des Anciens, né à Beaumont-sur-Sarthe (Sarthe) le 14 février 1752, mort à Mamers (Sarthe) le 31 décembre 1827, juge, puis receveur du district à Mamers, fut élu, le 7 septembre 1792, 1er suppléant de la Sarthe à la Convention, « à la pluralité des voix » sur 523 votants. Admis à siéger le 16 pluviôse an II, en remplacement de Chevalier démissionnaire, il vota contre Robespierre au 9 thermidor, dénonça le jury de l'Ardèche, et courut des dangers lors de l'insurrection de prairial. Le 22 vendémiaire an IV, Lehault fut réélu député de la Sarthe au Conseil des Anciens, par 176 voix (303 votants). Ce mandat lui fut renouvelé le 25 germinal an VI. S'étant montré favorable au coup d'État de Bonaparte, il fut nommé (3 floréal an VIII) adjoint au maire de Mamers et, quelques jours après 9 floréal), juge au tribunal civil de la même ville, dont il devint plus tard président. La Restauration lui accorda, le 27 mars 1816, le titre de président honoraire du tribunal de Mamers.

LE HÉRISSÉ (René-Félix), député de 1886 à 1889, né à Antrain (Ille-et-Vilaine) le 14 décembre 1857, entra à l'Ecole militaire de Saint-Cyr, en sortit, le 1er octobre 1878, dans le 8e cuirassiers avec le grade de sous-lieutenant, et fut promu lieutenant le 16 mars 1883, au 24e régiment de dragons. Riche propriétaire dans le département d'Ille-et-Vilaine, il fut choisi comme candidat républicain, lors de l'élection partielle qui eut lieu, le 14 février 1886, pour remplacer M. de la Riboissière, démissionnaire, et fut élu député du département par 56,126 voix (63,613 votants. 151,011 inscrits). Il donna alors sa démission d'officier au moment où il venait d'être proposé pour le grade de capitaine, et prit place au Palais-Bourbon à la gauche radicale. L'un des plus jeunes membres de la Chambre des députés, il siégea au bureau, en 1887, comme secrétaire provisoire. La même année, il adressa au ministre de la Guerre une question sur la divulgation du sujet d'une composition des examens pour l'Ecole spéciale militaire, prit une part active à la discussion du projet de loi organique sur l'armée, présenta un amendement tendant au renvoi, après un an de service, des soldats du train des équipages et de ceux des sections d'ouvriers et d'infirmiers, et parla sur le projet de loi portant création de nouveaux régiments de cavalerie et suppression du 6e escadron dans chacun des quatre régiments de chasseurs d'Afrique. En 1888, M. Le Hérissé fut élu secrétaire de la Chambre. Il déposa une proposition tendant à rendre inéligibles, en cas d'élections partielles, les ministres en exercice ou démissionnaires depuis moins de six mois, prit part à la discussion du budget de la guerre et de celui des postes et télégraphes, etc., et donna une entière adhésion à la politique préconisée par le général Boulanger. Il fit partie du comité dit « républicain national », s'associa à tous ses actes, mena, dans le département de l'Aisne, la campagne qui aboutit à la première élection législative du général Boulanger, donna sa démission de député (octobre 1888) lors du conflit qui éclata entre les questeurs et les journalistes parlementaires, et, en dernier lieu,

s'abstint sur le rétablissement du scrutin d'arrondissement (11 février 1889), et vota pour l'ajournement indéfini de la revision de la constitution, contre les poursuites contre trois députés membres de la Ligue des patriotes, contre le projet de loi Lisbonne restrictif de la liberté de la presse, contre les poursuites contre le général Boulanger. Conseiller municipal d'Antrain, maire de cette ville révoqué en raison de son attitude boulangiste, conseiller général d'Ille-et-Vilaine, directeur politique du journal La Cocarde.

LEHIR (César-Marie), député au Corps législatif de 1811 à 1815, né à Ploudelmézeau (Finistère) le 20 décembre 1764, mort à Brest (Finistère) le 15 décembre 1849, « fils de maître Yves-César Lehir, avocat à la cour et procureur fiscal de la juridiction de Kleck, et de dame Marie-Josèphe Provost », était avocat avant la Révolution. Il remplit successivement les fonctions d'administrateur du district de Brest, de procureur-syndic, de commissaire auditeur à la cour martiale de Brest, de juge-suppléant au tribunal civil, puis conseiller municipal de la ville de Brest, et se vit désigné, le 4 mai 1811, par le Sénat conservateur, pour représenter au Corps législatif le département du Finistère. Il siégea jusqu'en 1815, vota la déchéance de Napoléon, et, dans la session de 1814, présenta, à propos de la discussion des douanes, un projet sur les laines.

LEHON (Louis-Xavier-Léopold-Alfred, comte), député de 1857 à 1870, né à Paris le 16 février 1832, mort à Paris le 31 octobre 1879, était le fils aîné de Charles-Aimé-Joseph Lehon diplomate et homme politique belge, qui avait épousé une demoiselle Mosselmann, célèbre à Paris sous Louis-Philippe par sa beauté, son esprit et par ses relations avec le comte de Morny. Le comte Louis-Xavier-Léopold entra de très bonne heure au conseil d'État comme auditeur, et devint maître des requêtes; lors du coup d'État du 2 décembre 1851, il remplissait auprès de M. de Morny, son protecteur naturel, les fonctions de chef du cabinet. En cette qualité, il fut chargé de surveiller le départ pour l'exil du colonel Charras expulsé de France, et s'attira du colonel (v. Charras) une apostrophe que Victor Hugo a rapportée. L'Empire servit puissamment la fortune politique de M. Lehon, qui se présenta, le 7 mars 1857, avec le patronage officiel, pour recueillir la succession au Corps législatif comme député de la 1re circonscription de l'Ain, de M. Benoit-Champy, nommé à des fonctions dans la magistrature. Elu député par 17,391 voix (17,465 votants, 29,853 inscrits), il prit place dans la majorité dynastique, obtint sa réélection, le 22 juin suivant, par 17,746 voix (18,108 votants, 30,341 inscrits), contre 392 à Edgar Quinet, vota constamment selon les vœux du pouvoir, et fut encore réélu : le 1er juin 1863, avec 22,583 voix (22,669 votants, 31,172 inscrits), et, le 24 mai 1869, avec 23,320 voix (25,740 votants, 31,670 inscrits), contre 1,513 à M. Puthod, et 826 à M. Guigues de Champvans. A la suite d'un voyage en Algérie (1868), le comte Lehon fit au Corps législatif, en faveur de l'établissement du gouvernement civil dans la colonie, plusieurs discours qui furent remarqués. Il se prononça, en 1869, pour l'Empire « libéral », signa l'interpellation des 116, vota la déclaration de guerre à la Prusse, et rentra dans la vie privée au 4 septembre 1870. A deux reprises, mais sans succès, il tenta, depuis lors, de rentrer au parlement : le 20 février 1876, il échoua dans la 2ᵉ circonscription de Bourg avec 5,665 voix, contre 8,353 à l'élu républicain, M. Tondu, et, le 14 octobre 1877, avec 982 voix seulement, contre 8,898 au même concurrent, réélu. Commandeur de la Légion d'honneur (15 août 1869).

LEISSÈGUES DE ROSAVEN (JEAN-MARIE DE), député en 1789, né à Locronan (Finistère) le 1ᵉʳ juillet 1732, mort en émigration, près de Vienne (Autriche) en 1802, d'une famille originaire d'Auvergne fixée à Quimper à la fin du XVIIᵉ siècle, entra dans la Compagnie de Jésus. Professeur de philosophie au collège des jésuites à Caen au moment de leur suppression en 1763, il revint dans son pays natal comme prêtre séculier, et fut successivement recteur de Châteaulin, de Plouhinec, et prieur-recteur de Plogonnec. Le 22 avril 1789, le clergé de la sénéchaussée de Quimper l'élut député aux Etats-Généraux. Il fut des premiers à se réunir au tiers-état, et vota le plus souvent avec les partisans des réformes. Il prêta le serment civique (3 janvier 1791), mais il le rétracta trois jours après, et se vit, après la session, chassé de sa paroisse par l'évêque constitutionnel du Finistère. Il émigra, gagna Jersey et passa de là en Angleterre, puis en Allemagne. Retiré d'abord à Paderborn, il essayait avec quelques-uns de ses confrères d'organiser, aux portes de Vienne (Autriche), une communauté de jésuites, lorsque la mort le surprit, à 70 ans.

LEJAULNE (GEORGES), député au Conseil des Cinq-Cents, né le 4 novembre 1732, mort à une date inconnue, administrateur de la Seine-Inférieure, fut élu, le 23 germinal an V, député de ce département au Conseil des Cinq-Cents, par 288 voix (394 votants). Son rôle dans cette assemblée fut très effacé, et prit fin l'année suivante.

LEJÉANS (LOUIS-HONORÉ), député en 1789, né à Marseille (Bouches-du-Rhône) le 20 mai 1731, mort à Paris le 14 mars 1802, négociant dans sa ville natale, fut élu, le 4 avril 1789, député du tiers aux Etats-Généraux par la sénéchaussée de Marseille. Le Moniteur ne cite son nom qu'à l'occasion de l'adoption d'un décret relatif à la construction du palais de justice d'Aix.

LEJÉANS (GUILLAUME-LABARE), membre du Sénat conservateur, né à Marseille (Bouches-du-Rhône) le 27 janvier 1738, mort à Paris le 12 janvier 1803, frère du précédent, appartenait comme lui au haut commerce. Il dut à cette situation d'être appelé, le 4 nivôse an VIII, par l'empereur, à faire partie du Sénat conservateur. Il siégea dans cette assemblée jusqu'à sa mort (1803). Lazare Lejéans demeurait à Paris, « rue de la Concorde, nᵒ 27 ».

LEJÉAS-CARPENTIER (MARTIN, COMTE), député au Corps législatif de l'an X à 1807, membre du Sénat conservateur, pair des Cent-Jours, né à Paris le 16 octobre 1748, mort au château d'Aiserey (Côte-d'Or) le 12 décembre 1831, fils d'Antoine Lejéas, bourgeois de Paris, et de Marie-Anne Carpentier, fut reçu avocat au parlement de Dijon à l'âge de vingt ans. Au moment de la Révolution, il était receveur général des fermes de cette ville. Le gouvernement consulaire le nomma maire de Dijon. Elu, le 6 germinal an X, par le Sénat conservateur, député de la Côte-d'Or au Corps législatif, il siégea parmi les zélés partisans du régime impérial jusqu'au 19 août 1807,

époque à laquelle, un décret de Napoléon l'appela au Sénat conservateur. Il faisait partie de ce corps en 1814, mais il n'assistait point à la séance où fut votée la déchéance de l'empereur. La première Restauration l'appela pas à la Chambre des pairs ; il y prit place pendant les Cent-Jours, le 2 juin ; puis il revint dans la Côte-d'Or, après Waterloo, et renonça à la politique. Officier de la Légion d'honneur.

LEJEUNE (PIERRE), député en 1791, date de naissance et de mort inconnues, ancien officier à l'élection de Pithiviers, fut élu, le 4 septembre 1791, du Loiret à l'Assemblée législative, le 3ᵉ sur 9, par 132 voix (259 votants). Son rôle parlementaire n'a laissé aucune trace.

LE JEUNE (RENÉ-FRANÇOIS), membre de la Convention, né à Mayenne (Mayenne) le 19 juillet 1729, mort à Mayenne le 5 décembre 1795, était avocat et vice-président de l'administration du district, lorsqu'il fut élu, le 7 septembre 1792, député de la Mayenne à la Convention, le 8ᵉ et dernier, par 195 voix (363 votants). Il prit place parmi les modérés et, lors du procès de Louis XVI, répondit au 3ᵉ appel nominal : « C'est comme législateur que je propose la mesure de sûreté générale. La peine de mort est moins établie pour punir un coupable que pour effrayer les autres ; cette loi n'a pas d'application au cas particulier dont il s'agit. » Je conclus à la réclusion perpétuelle. » Il se prononça ensuite pour le sursis. Le 10 juin 17.., vint au secours des deux commissaires de la ville de Laval, Jourdain et Hubert, qui avaient apporté à la Convention une adresse contre les événements du 31 mai, et qui se trouvaient menacés d'un décret d'accusation : il les emmena chez lui, où ils restèrent jusqu'à deux heures du matin. Le Jeune se fit ensuite oublier jusqu'à la fin de la législature, et revint mourir à Mayenne.

LEJEUNE (SILVAIN-PHALIER), membre de la Convention, né à Issoudun (Indre) le 19 .. 1758, mort à Bruxelles (Belgique) le 7 février 1827, était administrateur du district d'Issoudun et dévoué aux idées révolutionnaires, lorsqu'il fut élu, le 7 septembre 1792, député de l'Indre à la Convention, le 5ᵉ sur 6, par 183 voix (321 votants). Il s'éleva contre la proposition faite, le 3 décembre, de punir de mort quiconque tenterait de rétablir la royauté, ou plutôt contre la forme donnée par Buzot à cette proposition et s'écria : « Pourquoi remettre en question ce qui a été solennellement décidé ? » Lejeune, qui siégeait à la Montagne, vota ensuite la mort du roi sans appel ni sursis. Il repoussa l'appel au peuple en disant : « Et moi je me crois coupable de tout le sang que cette mesure pourrait faire couler : je dis : non. » Sur la question de la peine, il répondit : « La déclaration des droits dit expressément que la loi doit être égale pour tous, soit qu'elle punisse, soit qu'elle protège. Je vote la mort du tyran, sans craindre les reproches de mes contemporains, ni de la postérité. » D'abord très modéré, dit-on, d'homme, bientôt il ne respira plus que le sang. Il applaudit aux événements du 31 mai et à la chute des Girondins, le 8 juin, à la suite du rapport de Barère sur les « mesures de salut public », il prononça un long discours tendant à prouver que les mesures proposées étaient faibles et insuffisantes. Envoyé en mission dans les départements de l'Indre, de la Vienne, puis de l'Oise et de l'Aisne, il se signala par la rigueur avec laquelle il poursuivit

ristocrates; il provoqua un décret d'accusation contre Sillery, le mari de Mme de Genlis, qui avait, dit-il, suivi à l'étranger le « traître d'Orléans ». Chargé de faire exécuter dans l'Oise la loi sur les subsistances, il s'acquitta de sa mission avec la même sévérité. Lejeune fut secrétaire de la Convention. A maintes reprises, tant à l'assemblée qu'aux Jacobins, il se plaignit de la persécution qui frappait les ennemis de la liberté, et de la tiédeur de certains Montaguards. Peu de temps après, il dénonça comme royaliste un ouvrage intitulé *Almanach du bon vieux temps*. En février 1794, il remplaça, dans le département du Doubs, Bassal accusé de modérantisme, poursuivit avec acharnement les prêtres réfractaires, enseigna dans le Jura les principes de la morale à 4 ou 5,000 citoyens « pénétrés jusqu'aux larmes », écrit-il ; accusa (5 thermidor an II) Théodore Lameth d'exciter des désordres dans les montagnes du Jura, fut accusé par son collègue Prost d'avoir gardé huit cents louis saisis sur la frontière, etc. Ses actes durant cette mission lui attirèrent, après le 9 thermidor, de nombreuses dénonciations, dont Durand de Maillanne se fit l'écho à la tribune : « Pour repaître son imagination sanguinaire, prétendit ce dernier dans son rapport, Lejeune avait fait construire une petite guillotine avec laquelle il coupait le cou à toutes les volailles destinées pour sa table ; il s'en servait même pour couper les fruits, en faisant remarquer à ses convives « l'utilité générale de la machine. » Lejeune nia le fait, mais il n'en fut pas moins décrété d'accusation par la majorité thermidorienne (1er juin 1795). L'amnistie du 4 brumaire le rendit à la liberté. Il fut nommé, peu de temps après, contrôleur principal des droits réunis à Murat (Cantal), d'où il passa avec le même titre à Saint-Affrique (Aveyron). L'empereur le priva de cet emploi, et la Restauration l'exila comme régicide. Lejeune se retira alors à Bruxelles, où il mourut.

LEJEUNE (HIPPOLYTE), dit LEJEUNE DE BELLECOUR, député de 1837 à 1839, né à Pithiviers (Loiret) le 5 mars 1779, mort au château de Bellecour (Loiret) le 25 juillet 1863, négociant-commissionnaire en laines et safrans à Bellecour, fut élu, le 4 novembre 1837, député du 1er collège du Loiret (Pithiviers), par 217 voix (433 votants, 492 inscrits), contre 207 à M. de La Rochefoucauld. M. Lejeune s'était présenté aux électeurs comme candidat d'opposition et avait promis de voter pour la réforme électorale et pour l'abrogation des lois de septembre. Mais, une fois élu, il se rangea parmi les ministériels. Il fit destituer le sous-préfet de Pithiviers qui avait cherché à empêcher son élection et vota à la Chambre avec le parti de la cour. Aussi échoua-t-il au renouvellement du 2 mars 1839, avec 201 voix contre 267 à l'élu, M. de Loynes. Cette élection ayant été annulée, M. Lejeune se représenta aux électeurs, le 13 mai suivant, mais il ne fut pas plus heureux, avec 96 voix contre 240 à M. de Loynes, élu, et 57 à M. Dumesnil. Une dernière tentative aux élections générales du 9 juillet 1842 ne lui donna encore que 99 voix contre 311 à l'élu, M. de Loynes, député sortant.

LEJEUNE (PIERRE-LOUIS), député de 1885 à 1889, né à Paris le 10 janvier 1842, se fixa dans le département de l'Indre, à sa propriété de la Brosse, près de Buzançais. A l'époque de la guerre franco-allemande, il s'engagea dans les mobiles de l'Indre et servit comme capitaine, puis comme chef de bataillon. Après la bataille de Champigny, où il s'était distingué, il reçut la croix de la Légion d'honneur. Il commandait le bataillon de l'Indre le 31 octobre 1870, et il contribua, à ce titre, à la victoire du gouvernement de la Défense nationale à l'Hôtel de Ville. Membre du conseil général de l'Indre pour le canton de Buzançais (1871), il y opina constamment avec les conservateurs : cette attitude et la situation de maire de Buzançais et de propriétaire-agriculteur firent adopter une première fois sa candidature, aux élections législatives du 20 février 1876, par les monarchistes de la 1re circonscription de Châteauroux : il obtint, sans être élu, 4,819 voix contre 5,085 à M. Bottard, républicain, élu, et 4,248 à M. Balsan. Inscrit, aux élections du 4 octobre 1885, sur la liste conservatrice de l'Indre, il fut élu, le 4e sur 5, par 35,248 voix (69,748 votants, 83,936 inscrits). Il siégea à droite, combattit divers ministères de la législature, parla (avril 1887) en faveur de la surtaxe sur les céréales, se montra favorable à la politique du général Boulanger, qu'il soutint à la Chambre et dans son département, et vota en dernier lieu, *contre* le rétablissement du scrutin d'arrondissement (11 février 1889), *pour* l'ajournement indéfini de la revision de la Constitution, *contre* les poursuites contre trois députés membres de la Ligue des patriotes, *contre* le projet de loi Lisbonne restrictif de la liberté de la presse, *contre* les poursuites contre le général Boulanger. Dans les derniers mois de la législature, le nom de M. Lejeune se trouva mêlé à une affaire correctionnelle relative à une agence de courses.

LEJOINDRE (JOSEPH-FRANÇOIS-XAVIER), député de 1834 à 1836, né à Haguenau (Bas-Rhin) le 1er juillet 1798, mort à Wissembourg (Bas-Rhin) le 8 juillet 1858, était juge d'instruction au tribunal de Wissembourg, lorsque le 6e collège électoral du Bas-Rhin l'envoya siéger à la Chambre des députés, le 21 juin 1834, par 95 voix (118 votants, 150 inscrits). M. Lejoindre prit place au centre gauche et vota avec le « tiers-parti ». Ayant donné sa démission de député au cours de la législature, il fut remplacé, le 23 janvier 1836, par le général Schramm. Il se consacra entièrement à ses fonctions judiciaires, fut nommé président du tribunal de Wissembourg, et retraité, avec ce titre, le 16 février 1859. Chevalier de la Légion d'honneur.

LEJOINDRE (JEAN-BAPTISTE-FRANÇOIS-CHARLES), député au Corps législatif de 1869 à 1870, né à Haguenau (Bas-Rhin) le 9 janvier 1805, mort à Paris le 6 janvier 1877, frère du précédent, fut élève de l'Ecole polytechnique et en sortit ingénieur des ponts et chaussées. Il passa par les grades d'ingénieur ordinaire, d'ingénieur en chef de seconde, puis de première classe, et d'inspecteur général des ponts et chaussées. Elu, le 24 mai 1869, député au Corps législatif dans la 3e circonscription de la Moselle par 23,396 voix sur 24,473 votants et 32,827 inscrits, il se prononça *pour* la déclaration de guerre à la Prusse, et rentra au 4 septembre dans la vie privée. Officier de la Légion d'honneur.

LE JOLIS DE VILLIERS (FRANÇOIS-ALEXANDRE-LÉONOR), député de 1817 à 1824, né à Villiers-Fossard (Manche) le 13 juillet 1769, mort à Saint-Lô (Manche) le 21 mai 1845, d'une ancienne famille du Cotentin, « fils de messire

Alexandre-Léonor Le Jolis, écuyer, sieur de Villiers, et de noble dame Mathurine-Marie-Anne Germain de la Conté x, fit ses études au collège de la Flèche, et en sortit, à seize ans, pour entrer, en qualité de cadet gentilhomme, dans le régiment de Vermandois (infanterie). L'ancien colonel de ce régiment, le marquis de Timbrune, alors gouverneur de l'École militaire, protégea le jeune de Villiers et le fit recevoir, après un an de service, officier au même régiment, avec lequel il alla en Corse. Démissionnaire en 1787, il s'occupa de sciences et de beaux-arts, n'émigra point pendant la Révolution, et devint, en 1790, maire de Villiers-Fossard (Manche), son pays natal. Mais un décret le priva bientôt de ces fonctions, comme ci-devant noble. Il fut cependant appelé en l'an III, à faire partie du directoire de district de Saint-Lô, dont il devint maire de l'an VIII à 1803. Le 4 décembre 1809, il accepta les fonctions de conseiller de préfecture. Le 10 septembre 1817, il fut élu député du collège de département de la Manche, par 615 voix (1,128 votants, 2,031 inscrits). Il soutint le ministère, obtint sa réélection, le 20 octobre 1818, avec 727 voix (1,371 votants, 2,137 inscrits), et siégea dans la majorité jusqu'en 1824 : il échoua alors dans le 1er arrondissement de la Manche (Saint-Lô), avec 88 voix contre 184 à l'élu, M. Yver. « Une chose à remarquer, écrit de lui un biographe, sur la manière dont Le Jolis remplit son mandat de 1816 à 1824, c'est qu'il donna constamment l'exemple de l'exactitude, en arrivant dans la salle des séances aux heures indiquées par les convocations, et en ne quittant sa place qu'après avoir entendu proclamer la clôture par le président. Dès ce temps-là une telle ponctualité était rare. » Nommé chevalier de la Légion d'honneur, il rentra dans la vie privée, et ne conserva que quelques places honorifiques. Il était membre du conseil général de la Manche, Il avait épousé, en 1787, la fille aînée du marquis de Géraldin (Fitz-Gérald), brigadier des armées du roi.

LEJOSNE (Étienne-Philippe-Marie), député en 1791, né à Douai (Nord) le 5 août 1755, mort à Santes (Nord) le 8 octobre 1841, professeur de droit, fut administrateur du district de Douai en 1790. Le 31 août 1791, il fut élu député du Nord à l'Assemblée législative, le 6e sur 12, par 594 voix (910 votants). Il se prononça pour la suppression des titres de noblesse et du costume religieux, proposa de rendre les tribunaux ambulants et fit licencier les pensionnats des maisons religieuses. Après la Législative, il rentra dans ses foyers et ne reparut plus sur la scène politique.

LEJOURDAN (Étienne-Jean), député au Conseil des Anciens et membre du Tribunat, né à Marseille (Bouches-du-Rhône) en 1756, mort à une date inconnue, avocat au parlement de Provence en 1775, fut nommé, en 1785, avocat et conseiller du roi au siège de l'amirauté de Marseille et devint conseiller à ce tribunal en 1787, situation qu'il garda jusqu'à sa suppression en 1790. Partisan de la Révolution, il prit part à la discussion qui s'éleva entre le grand-prévôt de Marseille, M. de Bournissac, et le conseil de la ville, et, décrété d'ajournement personnel, se rendit à Paris, où il fournit à Mirabeau les matériaux de ses discours sur cette querelle. Lors de la réorganisation des municipalités, en 1790, il fut nommé procureur de la commune de Marseille. Après le siège et

la reprise de Toulon, il refusa de faire partie du tribunal révolutionnaire, où le représentant Albitte l'avait appelé, et, lors de l'entrée à Marseille du général Carteaux, il obtint, non sans peine, que l'hôtel de ville ne fût pas démoli. On le nomma, après le 9 thermidor, accusateur public ; mais il refusa cette charge, malgré le décret de la Convention qui déclarait suspects ceux qui n'accepteraient pas les fonctions publiques dont on avait jugé bon de les investir. On fit cependant une exception en sa faveur, car, peu de temps après, il fut nommé commissaire du pouvoir exécutif près le tribunal civil, puis commissaire du gouvernement près le tribunal criminel des Bouches-du-Rhône. Élu, le 23 germinal an IV, député de ce département au Conseil des Anciens, par 123 voix (132 votants), il devint secrétaire de cette assemblée et, le 4 nivôse an VIII, fut nommé membre du Tribunat. Il fit partie de la minorité qui vota contre le consulat à vie, et participa, en l'an X, à la première discussion du code civil. Éliminé en l'an XI, il fut appelé, le 16 brumaire, aux fonctions de commissaire des tribunaux civil et criminel du département des Bouches-du-Rhône, et fut maintenu ce poste jusqu'à sa suppression en 1812. Il ouvrit alors un cabinet d'avocat consultant, et ne reparut plus sur la scène politique.

LE LASSEUX (Ernest-Louis), représentant en 1871, né à la Flèche (Sarthe) le 14 mars 1813, mort à Laval (Mayenne) le 1er juin 1878, propriétaire et agriculteur distingué, président du comice agricole de Laval, membre du conseil de la Société des agriculteurs de France, maire de L'Huisserie (Mayenne) depuis 1846, conseiller général de Grez-en-Bouère depuis 1867, fut élu, le 8 février 1871, représentant de la Mayenne à l'Assemblée nationale, le 4e sur 7, par 63,379 voix (72,352 votants, 98,165 inscrits). Il siégea à la droite monarchiste, fut inscrit au cercle des Réservoirs et vota pour la paix, pour l'abrogation des lois d'exil, pour la pétition des évêques, pour le pouvoir constituant de l'Assemblée, pour la démission de Thiers, pour l'arrêté contre les enterrements civils, pour le septennat, pour l'admission des princes d'Orléans à titre définitif dans l'armée, contre le retour à Paris, contre la dissolution, contre les lois constitutionnelles. Il ne fit pas partie d'autres assemblées.

LE LAY DE GRANTUGEN (Guillaume), député en 1789, né à Lannéassou (Finistère) 22 avril 1742, mort à une date inconnue, était avant la Révolution, cultivateur et premier lieutenant du guet à Ploviguneau. Le 24 avril 1789, le tiers-état des sénéchaussées de Lannion et Morlaix l'élut député aux États-Généraux. Il vota avec la gauche constitutionnelle de l'assemblée où son rôle fut d'ailleurs assez effacé. On perd sa trace après la session.

LELEU DE LA VILLE-AUX-BOIS (Claude-Antoine), député en 1789, né à Laon (Aisne) le 13 mars 1750, mort à Laon le 7 mai 1792, était subdélégué à Laon, lorsqu'il fut élu, le 23 mars 1789, député du tiers aux États-Généraux par le bailliage de Vermandois. Il vota avec les partisans de la monarchie constitutionnelle et ne parut à la tribune que pour discuter des questions de police et de législation administrative. Il proposa en particulier d'exclure les serviteurs et les domestiques des assemblées primaires, et indiqua comment il fallait comprendre l'éligibilité à l'électorat l'élection des députés. Nommé président du tribunal criminel de l'Aisne le 19 septembre 1791, et maintenu dans les mêmes fonctions le 8 septembre 1792, il mourut six ans après.

L'ELEU-LA-SIMONE (André-Simon, cheva-lier), député au Corps législatif de 1807 à 1815, né à Laon (Aisne) le 12 avril 1767, mort à Paris le 25 novembre 1814, « fils de monsieur André Joseph l'Eleu, conseiller du roi au bailliage de Vermandois et siège présidial de cette ville, et de dame Marie-Madeleine-Elisabeth Daryé », fut nommé commissaire près le tribunal criminel de l'Aisne en l'an VIII, puis procureur général à Laon. Membre de la Légion d'honneur (25 prairial an XII), il fut élu, le 17 février 1807, député de l'Aisne au Corps législatif par le Sénat conservateur, et réélu le 6 janvier 1813. Il fut nommé avocat général à la cour d'Amiens le 2 avril 1811, et créé chevalier de l'Empire le 13 août de la même année.

LELIÈVRE (Ferdinand), sénateur de 1876 à 1885, né à Trèves (Prusse) le 7 novembre 1799, mort à Alger (Algérie) le 27 décembre 1885, appartenait à une famille originaire de la Lorraine. Il étudia le droit et se fit recevoir licencié. Ses opinions démocratiques l'ayant fait transporter en Algérie (1858) en vertu de la loi de sûreté générale, il resta à Alger, où il acquit une grande influence personnelle. Propriétaire dans le pays, il devint conseiller municipal d'Alger, puis conseiller général du département, se signala par l'ardeur de son opposition au régime impérial, contribua à la création de plusieurs journaux indépendants, et prit une part active à la campagne anti-plébiscitaire (1870). Candidat républicain au Sénat, le 30 janvier 1876, il fut élu sénateur de l'Algérie par 50 voix sur 94 votants, contre 43 à M. Bourlier. M. F. Lelièvre s'inscrivit au groupe de l'Union républicaine et prit plusieurs fois la parole à la Chambre haute en faveur de l'établissement, dans notre colonie, du régime civil et de l'assimilation des départements algériens aux départements français. Il se prononça contre la dissolution de la Chambre des députés (en juin 1877) et combattit le gouvernement du Seize-Mai. Il vota : pour l'article 7 et les lois Ferry sur l'enseignement, pour l'amnistie, pour les lois nouvelles sur la presse et le droit de réunion, pour les divers ministères qui se succédèrent au pouvoir, pour la réforme du personnel judiciaire, pour le rétablissement du divorce, etc. Au renouvellement du 25 janvier 1885, M. Ferdinand Lelièvre se représenta devant les électeurs sénatoriaux d'Alger, mais il n'obtint que 105 voix contre 130 à l'élu, M. Mauguin. Il fut encore porté, sans succès, aux élections suivantes pour la Chambre des députés, sur une liste radicale; il échoua de nouveau, avec 2,699 voix sur 14,840 votants. M. Lelièvre était, en 1881, le doyen du conseil général du département d'Alger.

LELIÈVRE (Adolphe-Achille), député de 1876 à 1885, né à Besançon (Doubs) le 25 juillet 1836, termina son droit à Dijon (1858) et entra dans l'enregistrement, où il resta jusqu'en 1869, successivement receveur à Grésy (Savoie), puis à Saint-Laurent (Jura), premier commis de la direction à Lons-le-Saulnier, et vérificateur à Privas. A cette date, il donna sa démission et s'inscrivit au barreau de Lons-le-Saulnier, où il devint un des membres les plus actifs. Il fit campagne contre le plébiscite en 1870, puis se présenta comme candidat

républicain à l'Assemblée nationale dans le Jura, le 8 février 1871 : il réunit alors 8,507 voix seulement, sur 49,963 votants. Elu conseiller général du canton de Conliège le 8 octobre suivant, il se présenta de nouveau à la députation, le 20 février 1876, dans l'arrondissement de Lons-le-Saulnier, et fut élu par 14,952 voix sur 22,360 votants et 27,521 inscrits, contre 7,293 à M. Moreau, bonapartiste. Il siégea à gauche et fut des 363. Réélu, à ce titre, le 14 octobre 1877, par 16,438 voix (23,475 votants, 28,395 inscrits), contre 6,877 à M. Piquet, candidat officiel du gouvernement du Seize-Mai, il reprit sa place dans la majorité et vota : pour les invalidations des députés de la droite, pour l'article 7, pour les lois nouvelles sur l'enseignement, la presse et le droit de réunion, etc. Il obtint encore sa réélection, le 21 août 1881, avec 15,691 voix (22,348 votants, 28,392 inscrits), contre 6,289 à M. de Mérona, soutint dans la législature, la politique opportuniste des ministères Gambetta et Ferry, et se prononça notamment pour les crédits du Tonkin. Il parut quelquefois à la tribune, demanda sans succès (novembre 1883) que les militaires pussent se faire élire à la Chambre comme au Sénat, intervint (février 1884) par un contre-projet, dans le débat sur la répression des délits de presse, et soutint (mai 1885) le projet contre les récidivistes. M. Lelièvre fut porté, aux élections du 4 octobre 1885, sur la liste républicaine modérée du Jura; mais il échoua avec 19,229 voix sur 68,240 inscrits, contre 39,299 au dernier élu de la liste radicale, M. Jean-Baptiste Bourgeois. Il est entré à la Chambre haute, le 25 janvier 1888, comme sénateur du Jura, élu par 567 voix sur 889 votants. M. Lelièvre a pris part à la discussion du budget et s'est prononcé, en dernier lieu, pour le rétablissement du scrutin d'arrondissement (13 février 1889), pour la procédure de la Haute-Cour contre le général Boulanger; il s'est abstenu sur le projet de loi Lisbonne restrictif de la liberté de la presse.

LELIÈVRE (Jean-Baptiste), député de 1885 à 1886, né à Loheac (Ille-et-Vilaine) le 11 mars 1819, mort le 28 février 1886, étudia la médecine et exerça la profession d'officier de santé à Pipriac, dont il devint maire. Conseiller général républicain d'Ille-et-Vilaine pour ce canton, il fut porté, aux élections d'octobre 1885, sur la liste républicaine du département, et élu député, au second tour de scrutin, le 8e sur 9, par 63,889 voix (123,294 votants, 153,125 inscrits). Il siégea à la gauche radicale et prit part aux premiers votes de ce groupe; mais il mourut dès le 28 février 1886, et fut remplacé par M. Carron.

LELIÈVRE. — Voy. Lagrange (Marquis de).

LELONG (Pierre-Arsène), député de 1830 à 1831, et de 1837 à 1842, né à Château-du-Loir (Sarthe) le 12 août 1795, mort au même lieu le 29 décembre 1889, était avocat dans sa ville natale, lorsqu'il fut élu, le 28 octobre 1830, député du collège de département de la Sarthe, en remplacement de M. Bouthier de Rochefort, démissionnaire, par 468 voix (929 votants, 1,324 inscrits). Il se rallia nettement au gouvernement issu de la révolution de juillet; mais il ne tarda pas à lui devenir hostile, repoussant les tendances réactionnaires du nouveau régime. Combattu par l'administration, il échoua successivement : aux élections du 5 juillet 1831, dans le 3e collège de la Sarthe (La Flèche), avec

6

84 voix contre 136 à l'élu, M. Fournier, et dans le 4e collège du même département (Saint-Calais), avec 103 voix contre 190 à l'élu, M. La Goupillière de Dollon ; le 11 juin 1834, dans ce dernier collège, avec 137 voix contre 148 à l'élu, M. Anatole de Montesquiou ; le 3 janvier 1835, à une élection partielle, dans le 2e collège de la Sarthe (Le Mans), avec 73 voix contre 91 à l'élu, M. Garnier-Pagès. Il rentra au parlement le 4 novembre 1837, élu dans deux collèges de la Sarthe ; le 3e (Le Mans), avec 122 voix (233 votants, 335 inscrits), et le 5e (La Flèche), avec 203 voix (325 votants), contre 122 à M. Franck-Carré. Il opta pour La Flèche, fut remplacé au Mans par M. Paillard-Ducléré et reprit sa place dans l'opposition libérale. Réélu à la Flèche, le 2 mars 1839, par 181 voix (358 votants), il continua de siéger au centre gauche, fit de l'opposition en 1837 et 1838 au ministère Molé-Montalivet, et vota *pour* les fortifications de Paris, *pour* les incompatibilités, *pour* l'adjonction des capacités, *contre* la dotation du duc de Nemours, *contre* le recensement. Il ne se représenta pas après cette législature. Il devint par la suite maire et conseiller de Château-du-Loir, et mourut à 95 ans.

LELORGNE (Elisabeth-Louis-François), baron d'Ideville, député de 1837 à 1839, et de 1842 à 1848, né à Paris le 4 octobre 1780, mort à Paris le 30 mai 1852, fut auditeur au conseil d'Etat sous le premier empire et secrétaire-interprète de Napoléon. La première Restauration le créa baron, le 11 novembre 1814, mais ne le maintint pas au conseil d'Etat; il ne devint maître des requêtes en service ordinaire qu'à la révolution de 1830. Déjà conseiller général, il entra, à cette époque, dans la carrière politique. Ses débuts ne furent pas heureux, car il échoua successivement, le 5 juillet 1831, dans le 2e collège de l'Allier (La Palisse), avec 81 voix, contre 164 à l'élu, M. de Tracy; le 21 juin 1834, avec 72 voix, contre 126 à l'élu, M. de Tracy, député sortant; et le 10 janvier 1835, dans une élection partielle, avec 91 voix contre 104 à l'élu, M. Bureaux de Puzy. Il entra au parlement comme député du même collège, le 4 novembre 1837, avec 130 voix (255 votants, 370 inscrits). Il prit place au centre, et fut l'un des 221 députés qui approuvèrent la politique du ministère Molé. Après la dissolution de la Chambre, il échoua de nouveau, le 2 mars 1839, avec 145 voix, contre 177 à l'élu, M. Moulin-Debord. Les élections du 9 juillet 1842 le renvoyèrent à la Chambre par 162 voix (317 votants, 406 inscrits), contre 136 à M. Arloing, et 14 à M. Bureaux de Puzy, et il fut encore réélu, le 1er août 1846, par 165 voix 341 votants, 441 inscrits), contre 98 à M. Arloing et 75 à M. Moulin-Debord. Il continua de faire partie de la majorité ministérielle et vota *pour* l'indemnité Pritchard. Il fut admis à la retraite, comme maître des requêtes, le 23 septembre 1851. Son fils, Henri-Amédée d'Ideville, créé comte par le pape Pie IX, et mort le 15 juin 1887, s'est fait connaître de nos jours comme diplomate et surtout comme écrivain.

LELOUP. — *Voy.* Biliais (de la).

LE LUBOIS (Jacques-François-Louis), député en 1789, né à Creully (Calvados) le 28 avril 1736, mort à une date inconnue, curé de Fontenay (Manche), fut élu, le 26 mars 1789, député du clergé aux Etats-Généraux par le bailliage de Coutances. Son rôle parlementaire

fut très secondaire. Il fut admis à la retraite comme curé de Fontenay, le 31 août 1810.

LÉLUT (Louis-François-Francisque), r présentant en 1848 et en 1849, député au Cor législatif de 1852 à 1863, né à Gy (Haute-Saône le 15 avril 1804, mort à Gy le 25 janvier 187 fit à Paris ses études médicales, et s'occup spécialement des rapports de la physiolog avec la philosophie des maladies mentales. Me decin à Bicêtre, à la Salpêtrière et à la Ro quette, membre du conseil d'hygiène publiqu et de salubrité, il se fit connaître par div Mémoires, dont l'un, publié en 1834 dans l Gazette médicale, avait pour titre : Recher ho des analogies de la folie et de la raison. Pu il s'attacha à réfuter la doctrine de Gall, dan plusieurs ouvrages : (Qu'est-ce que la phrénot yie? (1835); De l'organe phrénologique de l destruction chez les animaux (1838), Rejet d l'organisation phrénologique (1843). Il publi aussi le Démon de Socrate (1836) et l'Amulet de Pascal (1846). Ces travaux, dont l'originalit avait obtenu un vif succès, et qui plaçaien M. Lélut entre l'école purement physiologiqu et celle de Th. Jouffroy, lui ouvrirent, en 184 malgré la vive opposition de l'éclectisme alor dominant, les portes de l'Institut ; il devin en remplacement du baron de Gérando, mem bre de l'Académie des sciences morales e politiques. Conseiller général de la Haute Saône, il brigua aussi, après la révolution de février, les suffrages des électeurs de ce dé partement, comme candidat à l'Assemblée constituante, et il fut élu représentant, le 2 avril 1848, le 8e sur 9, par 22,028 voix. Il pri place au centre, et vota : *pour* le rétablisse ment du cautionnement et de la contrainte pa corps, *pour* les poursuites contre Louis Blanc et Caussidière, *contre* l'abolition de la peine de mort, *contre* l'amendement Grévy sur la présidence, *contre* le droit au travail, *pour* l'ordre du jour en l'honneur de Cavaignac, *pour* la proposition Rateau, *contre* l'amnistie, *pour* l'interdiction des clubs, *pour* les crédits de l'expédition de Rome, etc. Rallié à la politique présidentielle de L. N. Bonaparte, il continua de la soutenir à l'Assemblée législative où il même département l'envoya siéger, le 13 mai 1849, le 5e sur 7, par 27,692 voix (63,844 vo tants, 98,904 inscrits). Il appuya la politique intérieure et extérieure du gouvernement, donna son suffrage à toutes les lois restrictives de la liberté et applaudit au coup d'Etat du 2 décembre, après lequel il fit partie de la Commission consultative. Désigné, aux élec tions du 22 février 1852, comme candidat offi ciel au Corps législatif dans la 2e circonscrip tion de la Haute-Saône, il y obtint 18,409 voix (18,886 votants, 25,247 inscrits), et alla prendre place dans la majorité qui vota le rétablisse ment de l'Empire. M. Lélut fut nommé, vers la même époque, membre du conseil de l'ins truction publique, puis, en 1854, inspecteur gé néral de l'enseignement. « Il s'est occupé sur tout de l'étude des maladies mentales, » écrivait alors un biographe parlementaire, qui ajoutait avec irrévérence : « sa spécialité le fit paraître utile pour une assemblée politique aux yeux des électeurs de la Haute-Saône, ses compa triotes qui, aux trois dernières élections, lui ont confié leur mandat. » Au Corps législatif, où il fut réélu le 22 juin 1857, par 18,455 voix (18,686 votants, 23,824 inscrits), M. Lélut opina constamment avec la majorité dynastique. Il parut souvent à la tribune et se fit remarquer par des discours en faveur du système pénitentiaire cellulaire, par des rapports sur la taxe des chiens, sur l'aménagement des eaux minérales, sur la réforme du code forestier, etc. Il prit également part à la discussion de la loi relative aux titres de noblesse, et en combattit les principes et les conséquences. M. Lélut, toujours appuyé par le gouvernement, se représenta aux élections du 1er juin 1863, mais il échoua avec 8,949 voix, contre 11,241 à l'élu indépendant, M. de Marmier. Le 24 mai 1869, il ne réunit plus que 384 voix, sur 20,517 votants. Quoique médecin des aliénés de la Salpétrière et membre de l'Académie de médecine. M. Lélut ne pratiqua guère son art qu'en 1854, dans son département, pendant une épidémie cholérique. On lui doit encore : *Inductions sur la valeur des altérations de l'encéphale dans le délire aigu et dans la folie* (1836). cette valeur y est presque réduite à rien; — *Un mot sur la valeur intellectuelle de la femme* (1840); *Traité de l'égalité* (1849); *Traité de la santé du peuple* (1859); *Lettre sur l'emprisonnement cellulaire*; enfin la *Physiologie de la pensée*, publiée en 1861 et qui est incontestablement son ouvrage capital. Officier de la Légion d'honneur (14 août 1852).

LE MAGUET (Louis-Joachim-Marie), député de 1879 à 1881, né à Cléguérec (Morbihan) le 2 janvier 1833, étudia la médecine et se fit recevoir docteur. Candidat républicain, le 27 août 1876, dans l'arrondissement de Pontivy, à l'élection complémentaire motivée par l'invalidation de M. de Mun, il obtint 9,466 voix, contre 9,789 au député sortant, réélu. Il se représenta, sans plus de succès, après la dissolution de la Chambre, le 14 octobre 1877, et n'eut que 6,822 suffrages, contre 12,512 à M. de Mun, encore réélu, et 1,678 à M. Lefebvre. Mais une nouvelle invalidation de M. de Mun permit à M. Le Maguet de tenter de nouveau la fortune électorale, et, le 2 février 1879, il devint député de Pontivy par 10,392 voix (20,239 votants, 24,613 inscrits), contre 9,870 à M. de Mun. M. Le Maguet siégea à gauche et vota avec la majorité jusqu'à la fin de la législature. Il présenta un projet ayant pour but de remplacer les conseils d'arrondissement par des conseils de canton. Le renouvellement du 21 août ne lui fut pas favorable : il échoua avec 4,948 voix, contre 7,042 à M. de Lanjuinais, élu. Depuis M. Le Maguet a fait acte d'adhésion au « boulangisme ».

LEMAIGNAN (Julien-Camille), député en 1789, membre de la Convention, député au Conseil des Cinq-Cents, né à Baugé (Maine-et-Loire) le 24 juin 1746, mort à Paris le 12 octobre 1812, exerçait, en 1789, les fonctions de lieutenant-criminel à Baugé, lorsqu'il fut élu, le 20 mars, député du Tiers aux Etats-Généraux par la sénéchaussée d'Anjou. Il vota obscurément avec la majorité. Le 6 septembre 1792, le département de Maine-et-Loire l'envoya siéger à la Convention, le 11e et dernier, par 324 voix (614 votants, 645 inscrits). Lemaignan prit place parmi les modérés, et, dans le procès de Louis XVI, s'exprima ainsi : « Je vote pour la réclusion. » Ses relations avec les Girondins et son hostilité contre la politique de la Montagne le rendirent l'objet, de la part de Fayau, de dénonciations qui n'eurent d'ailleurs pas de suites. Après la session conventionnelle, il fut compris dans les députés réélus au Conseil des Cinq-Cents (4 brumaire an IV). Il appartint à cette assemblée jusqu'au 20 mai 1798. L'année suivante, le Directoire nomma Lemaignan commissaire près l'administration des hospices civils : le gouvernement consulaire le fit sous-préfet de Baugé.

LEMAIRE (Hubert), député au Conseil des Cinq-Cents, né à Cheminot (Moselle) le 18 octobre 1750, mort à Metz (Moselle) le 19 août 1825, entra très jeune comme petit clerc chez un procureur de Metz, puis devint lui-même procureur au parlement de cette ville en 1777. Avocat consultant après la Révolution, il fut élu, le 24 vendémiaire an IV, député de la Moselle au Conseil des Cinq-Cents, par 188 voix (215 votants); son élection fut annulée le 18 fructidor comme entachée de royalisme. Il devint ensuite secrétaire de la mairie de Metz, où on lui doit la mise en ordre et le catalogue des archives de la commune; puis il passa juge au tribunal civil de Metz et commissaire près le même tribunal, le 28 floréal an VIII. Sa vie politique n'a pas laissé d'autres traces.

LEMAIRE (Paul-André-Louis), député de 1830 à 1833, né à Dunkerque (Nord) le 9 décembre 1768, mort à Dunkerque le 12 mai 1841, appartient à l'armée et la quitta avec le grade d'officier. Fixé à Dunkerque, où il était propriétaire, il fut élu, le 28 octobre 1830, député du Nord, au collège de département, par 994 voix sur 1,446 votants et 2,895 inscrits. Il siégea dans la majorité conservatrice et gouvernementale, fut réélu, le 5 juillet 1831, dans le 7e collège du Nord (Bergues), par 190 voix (381 votants, 473 inscrits), contre 181 à M. de Lamartine, et donna sa démission de député au cours de la législature. Il fut remplacé, le 7 janvier 1833, par M. de Lamartine.

LEMAIRE (Théodore-Eugène), député de 1832 à 1848, représentant en 1849, député au Corps législatif de 1852 à 1855, né à Saint-Pierre-Aigle (Aisne) le 24 avril 1785, mort à Nanteuil (Oise) le 14 août 1865, d'une famille de cultivateurs, se fit maître de poste sous l'empire et exerça plus de trente ans ce métier. Maire de Nanteuil-le-Haudoin et conseiller général de l'Oise, il se présenta, le 15 novembre 1832, comme candidat à la députation, pour remplacer le maréchal Gérard, et fut élu député du 3e collège de l'Oise (Senlis), par 246 voix (386 votants, 560 inscrits), contre 182 à M. Desormes. Bien que sa profession de foi fût assez nettement démocratique, M. Lemaire alla siéger dans la majorité conservatrice, avec laquelle il ne cessa de voter depuis lors, jusqu'à la fin du règne de Louis-Philippe, ayant obtenu successivement sa réélection : le 21 juin 1834, par 228 voix (443 votants, 581 inscrits), contre 161 à M. Desormes ; le 4 novembre 1837, par 271 voix (516 votants, 660 inscrits), contre 182 à M. Desormes ; le 2 mars 1839, par 316 voix (546 votants, 649 inscrits), contre 95 à M. Marquis ; le 9 juillet 1842, par 321 voix (557 votants, 703 inscrits), contre 149 à M. Desorues et 80 à M. Vatin; et, le 1er août 1846, par 347 voix (558 votants, 730 inscrits), contre 191 à M. Gérard de Blincourt. Tous les ministres le comptèrent parmi leurs partisans, et il donna son suffrage aux lois de disjonction, de dotation et d'apanage, à l'indemnité Pritchard, etc. « M. Lemaire, écrivait un biographe de 1846, est d'une obligeance rare dans son arrondissement; c'est la providence des commerçants, braconniers, rouliers en contravention, le protecteur né des tabellions dans l'embarras... En fait de travaux parlementaires, M. Lemaire a présidé une seule commission : celle qui fut chargée d'examiner le projet des bêtes à cornes. » La révolution de février 1848 l'avait rendu à la vie privée; mais il se fit élire, le 13 mai 1849, représentant de l'Oise à l'Assemblée législative, le 8e et dernier, par 31,526 voix sur 120,920 inscrits. M. Lemaire siégea dans la majorité composée des « anciens partis » et, sans paraître à la tribune, se prononça : *pour* l'expédition romaine; *pour* la loi Falloux-Parieu sur l'enseignement, et *pour* toutes les lois de compression ; puis il se rallia à la politique de l'Elysée, applaudit au coup d'Etat du 2 décembre, et fut désigné par le gouvernement, le 29 février 1852, comme son candidat au Corps législatif dans la 3e circonscription de l'Oise. Elu par 22,195 voix (26,955 votants, 40,599 inscrits), contre 3,341 à M. de Tocqueville, il s'associa à l'établissement du régime impérial, ainsi qu'à tous les votes ultérieurs de la majorité dynastique. M. Lemaire obtint sa réélection, toujours avec l'appui officiel de l'administration, le 22 juin 1857, par 20,483 voix (26,715 votants, 38,720 inscrits), contre 5,764 à M. Leroux ; et, le 1er juin 1863, par 23,791 voix (30,503 votants, 39,694 inscrits), contre 6,455 à M. Buffard. Il mourut en août 1865 et fut remplacé, le 23 septembre suivant, par M. Barillon. Chevalier de la Légion d'honneur en 1836, il avait été promu officier du même ordre en 1852.

LEMAIRE (André-Jean-Paul), représentant en 1848, né à Dunkerque (Nord) le 30 novembre 1798, mort à Dunkerque le 18 décembre 1863, propriétaire, conseiller d'arrondissement, colonel de la garde nationale de Dunkerque, obtint d'un de ses biographes cette appréciation : « Cœur de bronze, bras de fer, épée d'or! » Un autre biographe dit, plus simplement, que M. Lemaire est un « républicain honnête et sincère, mais n'a guère l'étoffe d'un législateur. On le dit pétri de bonnes intentions. » Le 23 avril 1848, M. Lemaire fut élu représentant du Nord à l'Assemblée constituante, le 19e sur 28, par 127,439 voix (234,867 votants, 278,352 inscrits). Il fit partie du comité de l'intérieur, et vota, avec les républicains modérés, *pour* le bannissement de la famille d'Orléans, *pour* les poursuites contre L. Blanc et Caussidière, *contre* l'abolition de la peine de mort, *contre* l'impôt progressif, *pour* l'incompatibilité des fonctions, *contre* l'amendement Grévy, *contre* la sanction de la Constitution par le peuple, *pour* l'ensemble de la Constitution, *contre* la proposition Rateau, *pour* l'interdiction des clubs, *contre* la demande de mise en accusation du président et des ministres. Non réélu à la Législative, il ne reparut plus sur la scène politique.

LEMAIRE (Pierre-Joseph-Maxime), représentant en 1848, né à Saint-Pierre (Aisne) le 26 septembre 1786, mort à une date inconnue, ancien notaire, propriétaire-cultivateur à Saint-Pierre-l'Aigle et conseiller général de l'Aisne, s'était signalé, sous le gouvernement de Louis-Philippe, par ses opinions libérales; il avait refusé, en 1846, la candidature d'opposition qui lui avait été offerte dans l'arrondissement de Soissons. Le 23 avril 1848, il fut élu représentant de ce département à l'Assemblée constituante, le 9e sur 14, par 77,620 voix (130,363 votants, 154.878 inscrits). Il fit partie du comité des travaux publics, et vota en général avec la majorité, *pour* le bannissement de la famille d'Orléans, *pour* les poursuites contre L. Blanc et Caussidière, *contre* l'abolition de la peine de mort, *contre* l'impôt progressif, *contre* l'incompatibilité des fonctions, *contre* l'amendement

Grévy, *contre* la sanction de la Constitution par le peuple, *pour* l'ensemble de la Constitution, *contre* la proposition Rateau, *pour* l'interdiction des clubs, *pour* l'expédion de Ro contre la demande de mise en accusation président et des ministres. Il rentra ensuite la vie privée.

LEMAIRE (Philippe-Joseph-Henri), dép au Corps législatif de 1852 à 1863, né à Val ciennes (Nord) le 8 janvier 1798, mort à Pa le 2 août 1880, était fils d'un tailleur. Très h reusement doué pour les arts, il suivit, tou exerçant la profession de peintre en voitur les cours de dessin de l'académie de Vale ciennes, et en 1816, partit, en qualité de sionnaire de sa ville natale, pour Paris, où sculpteur, son compatriote, Milhomme, dev son premier maître. On assure qu'il avait s son goût et son ambition s'éveiller au specta de la réception faite au valenciennois Abel Pujol, lorsqu'il revint de Paris vainqueur d le concours pour le prix de Rome. Il fre aussi les leçons de Cartellier. En 1821, ap des travaux opiniâtres, M. Henri Lemaire obti à son tour le grand prix de Rome, avec ce jet : *Alexandre chez les Oxydraques.* Dur son séjour en Italie, il exécuta une de œuvres les plus importantes : le *Titan f droyé.* Après avoir exposé, avec succès, au Sa de 1831, la *Jeune fille effrayée par un serpe* il résolut de prendre part au concours ouv (1836) pour l'exécution du fronton de la Mad leine. Bien que Pradier fût au nombre des co currents, Lemaire sortit vainqueur de ce épreuve. « Le fronton de la Madeleine, » M. Louis Legrand, dans les paroles qu'il pr nonça sur la tombe de Lemaire, est une œuv classique où se révèle un ciseau à la fois él gant et ferme. Ce Christ sévère et doux qui s pare les bons des méchants, cette charman pécheresse qui, agenouillée à ses pieds, symb lise le repentir; tous ces personnages si harm nieusement groupés, d'une allure si nob d'une inspiration si idéale, constituent une co position de premier ordre vraiment religie et vraiment sculpturale. » Dès lors, de nom breux ouvrages lui furent commandés. Pou l'*Arc de Triomphe*, il exécuta le bas-relief r présentant la *Mort du général Marceau*, por l'une des places de Versailles, *la Statue d général Hoche*; pour la Madeleine, un *Sai Marc.* Il produisit encore quelques buste d'hommes politiques; un *Archidamas se prépa rant à lancer le disque* (1847); un *Buste de l Vierge*, etc. Sa ville natale lui doit les tombea de Léonce de Fieuzal, de Ledieu, de Mme D chesnois, et surtout le beau monument élevé à la mémoire de Froissart. M. Henri Lemaire, q avait obtenu aux salons plusieurs récompenses qui avait été fait, en 1843, officier de la Légio d'honneur, et qui appartenait à l'Institut depu 1815, entra, le 29 février 1852, dans la vie poli tique. Désigné par le gouvernement comm candidat officiel au Corps législatif dans la 3e circonscription du Nord, il fut élu députe par 21,170 voix (24,027 votants, 38,159 inscrits contre 2,725 à M. Cucheval-Clarigny. Il s'asso cia à l'établissement du régime impérial, et vota constamment avec la majorité dynastique Il obtint sa réélection, le 22 juin 1857, par 21,015 voix (21,148 votants, 36,912 inscrits quitta l'assemblée en 1863, et fut quelque temps chef de bataillon de la garde nationale de Paris. Suivant sa volonté dernière, M. Henri Lemaire fut inhumé au cimetière de Valen ciennes.

LEMAIRE-DARION (Antoine, baron, député au Corps législatif de l'an XI à 1811, né à Beauvais (Oise) le 26 juin 1759, mort à Nivillers (Oise) le 12 juillet 1833. « fils de messire Antoine Lemaire, seigneur de Lamarre, de Compiègne, Saint-Lunevis, d'Avron, Bois-Bailly, et Haye-Bocquelot, avocat au parlement et notaire à Beauvais, et de demoiselle Marie-Suzanne-Thérèse-Ursule Ricard », était avocat au parlement. La Révolution le fit juge au tribunal de district de Beauvais. Devenu juge au tribunal civil du département en l'an VIII, puis juge au tribunal criminel, il fut élu, le 8 frimaire an XII, par le Sénat conservateur, député de l'Oise au Corps législatif. Confirmé dans ce mandat le 2 mai 1809 il siégea jusqu'en 1811. Chevalier de l'empire le 2 juillet 1808, et baron le 26 avril 1811, il fut, comme magistrat, promu, le 2 avril 1811, conseiller impérial à la cour d'Amiens, et admis à la retraite, en cette qualité, le 18 juillet 1816.

LEMAISTRE (Adrien-François), député de 1834 à 1837, né au Havre (Seine-Inférieure) le 17 juin 1783, mort à Berne (Suisse) le 11 juillet 1853, propriétaire et maire du Havre, fut élu, le 3 février 1834, député du 5e collège de la Seine-Inférieure (le Havre), par 194 voix sur 349 votants et 535 inscrits, contre 116 à M. Delaunay ; il remplaçait M. de Laroche, démissionnaire. Aux élections générales suivantes (21 juin 1834), il obtint le renouvellement de son mandat par 189 voix (318 votants, 525 inscrits), contre 60 à M. Eug. Janvier. M. Lemaistre siégea, jusqu'en 1837, dans les rangs du « tiers-parti ». Chevalier de la Légion d'honneur.

LEMAITRE (Louis-Charles-Etienne), député en 1791, né à Houssay (Loir-et-Cher) le 14 septembre 1760, mort à une date inconnue, « fils de Louis-Pierre Lemaitre, bourgeois, et de dame Catherine-Jacques Saisy, » était juge des gabelles en 1782. Administrateur de district, administrateur du département de Loir-et-Cher, puis administrateur d'Indre-et-Loire pendant la Révolution, il fut, le 2 septembre 1791, élu député de Loir-et-Cher à l'Assemblée législative, le 6e sur 7, « à la pluralité des voix ». Il n'eut qu'un rôle effacé. Nommé, le 12 floréal an VIII, sous-préfet de Loches, il conserva longtemps ces fonctions et fut admis à la retraite, comme sous-préfet, le 19 mai 1825.

LE MALLIAUD DE KERHARNOS (Joseph-François), député en 1791, membre de la Convention, député au Conseil des Cinq-Cents et au Corps législatif, né à Locminé (Morbihan) le 14 novembre 1753, mort à Vannes (Morbihan) le 6 janvier 1830, était fils de Yves-Vincent Le Malliaud de Kerharnos, avocat, et de Julienne Corbel. Avocat à Vannes avant la Révolution, il fut nommé, lors de la suppression des parlements (1789), membre de la cour supérieure qui les remplaça provisoirement, et fut élu (25 mai 1790) procureur général-syndic de son département. En cette qualité, il rédigea, dit M. R. Kerviler qui a publié la notice la plus complète qui ait encore paru sur ce député, un grand nombre de proclamations, notamment celle du 18 février 1791, dans laquelle il s'efforçait de concilier la constitution civile du clergé avec les devoirs les plus étroits du catholicisme romain. Le 30 août 1791, le département du Morbihan l'élut député à l'Assemblée législative, le 2e sur 8, par 276 voix sur 390 votants. Membre du comité féodal, Le Malliaud demanda le rétablissement de la loi des passeports, fit régler (10 août 1792) le mode de rachat des droits casuels, et se tint en correspondance suivie avec ses commettants, qui, le 5 septembre 1792, l'envoyèrent siéger à la Convention. le 1er sur 6, par 304 voix sur 451 votants. Dans le procès du roi, il répondit au 2e appel nominal : « Nos pouvoirs sont illimités ; il faut épargner au peuple de nouvelles factions. Je dis non. » Et au 3e appel : « J'ai pensé que l'existence honteuse de Louis était moins dangereuse que sa mort. Je vote pour la réclusion provisoire et le bannissement à la paix. » Envoyé (mars 1793) en mission avec Guermeur dans le Morbihan et le Finistère, il s'emporta contre les nobles et les prêtres « également féroces et sanguinaires », fit arrêter nombre de suspects parmi lesquels les servantes des prêtres réfractaires, et écrivit à la Convention pour demander des forces destinées à disperser les rebelles d'Ille-et-Vilaine. Elu, le 21 vendémiaire an IV, député du Morbihan au Conseil des Cinq-Cents à la pluralité des voix sur 132 votants, il sortit du Conseil l'année suivante, et fut nommé commissaire du Directoire exécutif près l'administration centrale du Morbihan. Il quitta ces fonctions après son élection (20 germinal an VII) au Conseil des Anciens comme député du Morbihan, et, favorable au coup d'Etat de brumaire, fut choisi par le Sénat conservateur comme député de son département au nouveau Corps législatif, le 4 nivôse an VIII. Sorti du Corps législatif en l'an XI, il fut nommé juge d'instruction à Vannes et conseiller général du Morbihan. Il adhéra à l'Acte additionnel pendant les Cent-Jours, et fut atteint de ce chef par la loi « d'amnistie » du 12 janvier 1816. Forcé de s'expatrier, il se retira d'abord à Jersey, puis en Prusse, et enfin en Belgique, à Alost, d'où il demanda au gouvernement, en 1818, l'autorisation de rentrer en France, autorisation qui lui fut accordée l'année suivante par une ordonnance royale en date du 25 mai 1819.

LÉMANE (Antoine), membre de la Convention, député au Conseil des Cinq-Cents, né à Porrentruy (Suisse) en 1749, mort à une date inconnue, habitait sa ville natale, lorsque la Révolution éclata. En 1793, la Rauracie, petite république enclavée dans l'évêché de Bâle, l'envoya près de la Convention pour solliciter d'elle la réunion de ce pays à la grande République. Cette réunion ayant été opérée, la Rauracie et le Montbelliard furent organisés en département, et Lémane fut élu, le 25 avril 1793, le 1er et dernier, « à la pluralité des voix » sur 75 votants, député du département du Mont-Terrible à la Convention. Envoyé en mission à l'armée de Rhin-et-Moselle (3 novembre 1793), il y fit exécuter les ordres des comités. Dans l'assemblée, son rôle fut peu important. Réélu, le 21 vendémiaire an IV, député du Mont-Terrible au Conseil des Cinq-Cents, par 27 voix sur 50 votants, il siégea jusqu'en l'an VI, et rentra ensuite dans la vie privée. Fixé à Paris, il y exerça la profession de jurisconsulte, et c'est là probablement qu'il mourut.

LEMARCHANT DE GOMICOURT (Antoine-Joseph, chevalier), député au Conseil des Cinq-Cents, au Corps législatif de 1811 à 1815, député de 1820 à 1824, né à Albert (Somme) le 13 février 1763, mort à Paris le 23 mai 1827 « fils de monsieur Noël-Antoine Lemarchant' et de dame Marie-Josèphe Audouart », fit ses études au collège de Juilly, et devint président au bureau des finances de la généralité d'Amiens. Il occupait encore ces fonctions quand la Révolution éclata. Il émigra en 1792 et rentra en France l'année suivante; mais, arrêté et incarcéré, il resta en prison pendant la Terreur, et ne dut sa liberté qu'à la chute de Robespierre. Il revint dans son pays et, peu après, fut élu député de la Somme au Conseil des Cinq-Cents, le 26 vendémiaire an IV, par 153 voix (268 votants). Il prit la parole à propos de la discussion sur les primes à accorder aux chasseurs-louvetiers, en cherchant à faire ainsi allusion aux décisions prises à l'égard des sociétés populaires. Cette allusion n'ayant pas été goûtée, M. Lemarchant s'en tint là. Suspect de royalisme, il fut déporté au 18 fructidor, parvint à s'évader et resta quelque temps en Prusse, puis se rendit à l'île d'Oléron, où Bonaparte lui rendit la liberté. Entièrement dévoué au premier Consul, il devint, après le 18 brumaire, conseiller général de la Somme et maire d'Albert, fut candidat au Corps législatif en 1810, et fut élu par le Sénat conservateur, le 4 mai 1811, député de la Somme au Corps législatif, dont il fut secrétaire en 1813. Nommé conservateur des forêts, fonctions qu'il occupa jusqu'à sa mort, membre de l'académie des sciences d'Amiens en 1812, créé chevalier de l'empire le 21 février 1814, il adhéra cependant à la déchéance de Napoléon et au rappel des Bourbons. Aussi reçut-il de Louis XVIII la croix de chevalier de la Légion d'honneur le 2 novembre 1814, et celle d'officier le 11 novembre suivant. Rallié à la légitimité, il fut élu, le 22 août 1815, député du collège du département de la Somme, le 22 août 1815, par 108 voix (183 votants, 259 inscrits). Il fit partie de la majorité de la Chambre introuvable, fut nommé président de son collège électoral (1816), et fut réélu par le même collège, le 4 octobre, avec 106 voix (186 votants, 252 inscrits), et, le 13 novembre 1820, avec 248 voix (275 votants). Il vota constamment avec les ultra-royalistes *pour* les lois d'exception, *pour* le nouveau système électoral, etc. Il ne fut pas réélu en 1824.

LEMARCIS (Pierre-Marie-Louis), député au Conseil des Cinq-Cents, né à Rouen (Seine-Inférieure) en 1762, mort à Paris le 7 mars 1826, fils d'un riche négociant de Bolbec anobli par Louis XV pour la générosité dont il avait fait preuve lors d'un incendie qui avait détruit la plus grande partie de Bolbec, fut nommé, à vingt-deux ans, secrétaire général de l'intendance d'Orléans. Envoyé par Cypierre, son supérieur, auprès de Necker, pour présenter à ce ministre un projet d'approvisionnement de Paris, il fut favorablement accueilli à la cour, et se vit bientôt appelé aux fonctions de procureur syndic du district d'Orléans. Suspect en 1793, il fut traduit devant le tribunal révolutionnaire; mais sa bonne humeur et son sang-froid le sauvèrent de l'échafaud. Menacé de nouveau, il se réfugia à Bolbec où les habitants le protégèrent. Le 23 vendémiaire an IV, le département du Loiret l'envoya, par 183 voix (259 votants), siéger au Conseil des Cinq-Cents. Il y vota le plus souvent avec le parti de la réaction, et en sortit en l'an VIII. Nommé, en 1804, directeur des contributions directes du département de la Seine, il remplit ces fonctions jusqu'à sa mort (1826). On a de lui quelques publications : *Conseils à une jeune femme* (1797), et une traduction libre en vers français des *Amours* d'Ovide, suivis du *Remède d'Amour, poème deux chants, imité d'Ovide* (1799).

LEMARÉCHAL (Denis), député en 17.. membre de la Convention, député de 1815 1816, né à Rugles (Eure) le 2 janvier 17.. mort à Rugles le 20 mars 1851, était négocia et maire de Rugles à l'époque de la Révoluti.. Élu, le 27 mars 1789, député du tiers aux États Généraux par le bailliage d'Evreux, il s'y peu remarquer à la tribune; mais il travail avec zèle dans le comité d'aliénation des d maines. Il devint, en 1791, secrétaire de l'A semblée. La même année, il fut nommé (4 se tembre) haut juré par son département qui l'e voya ensuite (6 septembre 1792) siéger à l Convention nationale, le 6e sur 11, par 353 voi (569 votants). Lemaréchal opina avec la droi et, lors du procès du roi, se prononça po l'appel au peuple, et pour la détention ou bannissement. Il motiva longuement son avi Au 1er appel nominal : « Je déclare que n'entends prononcer qu'une mesure de sûret générale, je déclare que Louis est convaincu d haute trahison contre la liberté du peuple. J déclare en même temps que votre décision do être soumise à la sanction du peuple. » Au 2 appel nominal : « Je crois que dans le cas o la Convention nationale porterait un jugemer sur Louis, il ne peut être mis à exécution ava d'avoir été ratifié par le peuple réuni en as semblées primaires. » Au 3e appel nominal « Je n'étais point à l'assemblée électorale d département de l'Eure, lorsqu'elle m'a donn sa confiance, en m'honorant du titre de re présentant du peuple; mais j'ai su par mes col lègues, et l'opinion de plusieurs me le prouve que nous n'avons point été chargés de juge Louis XVI. D'ailleurs, l'assemblée électorale n'avait pas le droit de nous donner ce pouvoir puisqu'elle était elle-même composée de délé gués, dont l'unique objet était de nommer le membres qui devaient faire partie de la repré sentation nationale. Je persiste donc dans l'opinion que j'ai déjà manifestée sur les deux premières questions et je n'entends prononcer sur la troisième que relativement aux mesures de sûreté générale, et que je crois nécessaires et indispensables pour le salut de la République. Je ne suis point arrêté par la crainte de ma responsabilité personnelle; mais je sais qu'elle ne peut compenser les malheurs que je prévois, dans le cas où la Convention nationale prononcerait irrévocablement la peine de mort contre Louis. D'ailleurs, il y a tant de moyens pour éluder toutes les responsabilités, surtout pour ceux qui ne tiennent à la société par aucun lien moral, que je ne suis point surpris de voir un certain nombre d'individus en présenter l'offre comme un acte de courage. Je dis encore que la chance ridicule de cette prétendue responsabilité sur une seule tête, et même sur celle de tous les membres qui composent la Convention nationale, ne peut balancer la perte inévitable de plusieurs milliers d'hommes, si la guerre continue. Je crois donc que, pour arrêter ce fléau désastreux, pour épargner le sang de nos frères, et sauver en même temps la fortune publique de la chute terrible dont elle est menacée, je crois, dis-je, que pour faire taire nos calomniateurs, pour donner aux nations un grand exemple de justice et de générosité, et les détacher des tyrans qui voudraient se servir de faux prétextes pour nous faire la guerre, nous devons conserver Louis et sa famille en lieu de sûreté, jusqu'à ce que nous ayons amené nos ennemis à la conclusion d'une paix glorieuse et durable. En suivant cette marche, on n'aura point à nous reprocher de nous être écartés de notre mission, et d'avoir donné l'exemple de la plus monstrueuse tyrannie, en méconnaissant la séparation des pouvoirs, sans laquelle il n'y a point de constitution ni de liberté. Je la vois écrite, cette séparation des pouvoirs, en caractères ineffaçables dans la déclaration des droits que j'ai juré de maintenir de tout mon pouvoir; j'y vois aussi que nul ne peut être puni qu'en vertu d'une loi établie et promulguée antérieurement au délit, et légalement appliquée. Je ne trahirai point mon serment. Je demande que Louis et sa famille soient mis en lieu de sûreté; qu'ils y soient gardés jusqu'après la conclusion de la paix entre la France et les puissances ennemies; qu'ensuite ils soient déportés hors du territoire de la République. » Lemaréchal donna sa démission de député le 27 septembre 1793, et reprit son commerce. Il devint conseiller général de l'Eure sous l'Empire, et rentra, le 22 août 1815, à la Chambre des députés, comme l'élu du département de l'Eure, avec 305 voix sur 440 votants. Il fit partie dans la Chambre introuvable de la minorité constitutionnelle, et quitta la vie politique en 1816. Il mourut à Rugles, en 1851, âgé de plus de quatre-vingt-seize ans.

LE MAROIS (Jean-Léonor-François, comte), député au Corps législatif de 1807 et pair des Cent-Jours, né à Bricquebec (Manche) le 17 mars 1776, mort à Paris le 15 octobre 1836, « fils de Guillaume Le Marois et de Renée Leclerc », entra, en 1774, à l'Ecole de Mars, puis, à la suppression de cette école, devint aide-de-camp de Letourneur envoyé à Toulon. Nommé lieutenant après le 13 vendémiaire, il passa sous les ordres de Bonaparte, qui se l'attacha d'une manière toute particulière. Capitaine lors de la campagne d'Italie, il se distingua à Lodi et à Roveredo, où il fut blessé grièvement, puis à Arcole. Ce fut lui que Bonaparte envoya à Paris pour présenter au Directoire les drapeaux pris à l'ennemi. Nommé chef de bataillon quelques jours plus tard, il ne put, en raison de ses blessures, prendre part à l'expédition d'Egypte. Colonel après Marengo, général de brigade en l'an X, il reçut du premier Consul le commandement des Côtes-du-Nord. Membre de la Légion d'honneur (23 vendémiaire an XII), commandeur de l'ordre (25 prairial), il fut nommé général de division le lendemain d'Austerlitz, participa à la campagne de Prusse, fut blessé à Iéna, et devint gouverneur du cercle de Wittemberg, où il eut à réprimer l'insurrection de Torgau. Successivement gouverneur de Stettin, de Varsovie et d'Ancône après Tilsitt, il fut élu, le 7 mars 1807, par le Sénat conservateur, député de la Manche au Corps législatif, créé comte de l'Empire le 15 juin 1808, et élevé à la dignité de grand-officier de la Légion d'honneur le 23 août suivant. Gouverneur de Rome en 1810, il fut appelé au commandement des troupes à Boulogne pour protéger les côtes de France contre les tentatives des Anglais; il désapprouva la campagne de Russie en disant « qu'il ne fallait plus compter revoir Paris, à moins que ce ne soit au retour de la Chine, car on ne peut plus s'arrêter. » Il fut chargé, en 1814, de la défense de Magdebourg, dont il s'acquitta avec la plus grande valeur. Louis XVIII lui accorda la croix de Saint-Louis. Au retour de l'île d'Elbe, Napoléon nomma Le Marois pair des Cent-Jours, le 2 juin 1815, puis le mit à la tête

des 14e et 15e divisions, qu'il quitta bientôt pour diriger le 5e corps avec lequel il combattit à Fleurus et à Waterloo. Il était à Rouen, occupé à réorganiser la garde nationale pour la faire marcher à l'ennemi, quand il apprit la seconde rentrée des Bourbons; il abandonna alors son commandement et se retira dans ses propriétés de Normandie. Il fut admis à la retraite, comme lieutenant général, le 13 août 1832.

LE MAROIS (Jules-Polydore, comte), député de 1834 à 1839, représentant en 1849, sénateur du second Empire, né à Paris le 15 décembre 1802, mort à Paris le 3 avril 1870, fils du précédent, entra, fort jeune encore, dans la carrière diplomatique comme secrétaire d'ambassade. Propriétaire dans la Manche et conseiller général de ce département, il fut élu député du 4e collège (celui de Valognes). le 21 juin 1834, avec 199 voix (351 votants, 574 inscrits), contre 144 à M. Ernest Sivard de Beaulieu. M. J.-P. Le Marois prit place au centre gauche, et vota avec le tiers-parti. Il obtint sa réélection, le 4 novembre 1837, avec 245 voix (419 votants, 628 inscrits), contre 200 à M. Al. de Tocqueville, combattit le ministère Molé, puis échoua, le 2 mars 1839, avec 241 voix, contre 317 à M. de Tocqueville, élu. Il se représenta sans plus de succès aux élections suivantes, et le 9 juillet 1842, réunit 177 voix contre 465 au député sortant, réélu, et, le 1er août 1846, 70 voix seulement, contre 409 au même concurrent, encore réélu. Candidat d'une fraction du parti conservateur à l'Assemblée constituante, le 7 janvier 1849, en remplacement de M. Reibell, démissionnaire, il obtint 9,713 voix dans la Manche, contre 15,514 à M. Daru, qui l'emporta, 3,525 à M. Heury (de Cherbourg), 2,417 à M. Hipp. de Tocqueville et 1,650 à M. Dupetit-Thouars. Il fut plus heureux le 13 mai suivant, aux élections pour la Législative, et fut élu représentant de la Manche, le 7e sur 13, par 68,310 voix (94,481 votants, 163,192 inscrits). Il appartint à la majorité, opina *pour* l'expédition de Rome, *pour* la loi Falloux-Parieu sur l'enseignement, etc., et soutint le gouvernement présidentiel et la politique personnelle de L.-N. Bonaparte. Après le coup d'Etat, il fut nommé sénateur (26 janvier 1852). Il s'associa, dans la chambre haute, au rétablissement de l'Empire, puis à tous les votes du Sénat en faveur du régime nouveau. Officier de la Légion d'honneur.

LE MAROIS (Jean-Polydore, comte), député de 1876 à 1881, fils du précédent, né à Paris le 1er août 1839, mort à Paris le 26 décembre 1889, s'engagea, au moment de la guerre d'Italie, au 6e hussards, devint officier, passa dans les guides, et donna sa démission à la fin de la campagne. Il se maria alors, se fixa dans les vastes propriétés qu'il possédait aux environs de Valognes, et dirigea dans le canton de Quettehou, autour du château de Pépinvast, près du Vicel, une grande exploitation agricole, où il s'occupa surtout très activement d'élevage. Maire du Vicel (1870), conseiller général de la Manche pour le canton de Bricquebec, le comte Le Marois se présenta, le 20 février 1876, dans l'arrondissement de Valognes, comme candidat bonapartiste à la Chambre des députés, avec une profession de foi où il disait : « Je suis persuadé qu'il faudrait revenir à ces institutions fortes qui ont donné au peuple, pendant de longues années, la sécurité et le bien-être sous un gouvernement si souvent acclamé par l'immense majorité de la France. » Il fut élu par

9,713 voix (15,074 votants, 20,867 inscrits), contre 3,452 a M. Séhire et 1,792 à M. Pain. M. Le Marois siégea dans le groupe de l'Appel au peuple, avec lequel il soutint, contre les 363, le gouvernement du Seize-Mai. Le ministère patronna officiellement sa candidature le 14 octobre 1877, et la fit triompher avec 11,354 voix (16,762 votants, 21,135 inscrits), contre 5,349 à M. Hervé Mangon, républicain. Reprenant sa place dans la minorité conservatrice et impérialiste, M. Le Marois combattit de ses votes, jusqu'à la fin de la législature, les divers ministres qui se succédèrent au pouvoir, et se prononça : *contre* l'article 7, *contre* l'amnistie, etc. Il ne fut pas réélu en 1881.

LEMASSON (LOUIS-CHARLES-THÉODORE), député de 1846 à 1848, né à Versailles (Seine-et-Oise) le 11 janvier 1739, mort à Metz (Moselle) le 30 octobre 1858, fut élève de l'École polytechnique, et en sortit ingénieur des ponts et chaussées. Il franchit successivement tous les degrés de la hiérarchie, et devint, sous Louis-Philippe, ingénieur en chef à Metz, puis inspecteur divisionnaire-adjoint. Il était attaché, en cette dernière qualité, au service des chemins de fer, et était spécialement préposé à l'inspection des lignes de Paris sur Strasbourg, de Paris sur Dijon, de Dijon à Mulhouse, etc., lorsqu'il fut élu, le 1er août 1846, député du 3e collège du Bas-Rhin (Haguenau), par 429 voix (705 votants, 796 inscrits), contre 274 à M. Coulmann. M. Lemasson, élu comme conservateur, siégea dans la majorité ministérielle et gouvernementale jusqu'à la révolution de février 1848, qui mit fin à sa carrière politique. Il fut promu, dans la suite, inspecteur général des ponts et chaussées, et il remplissait encore ces fonctions lorsqu'il mourut (1858). Officier de la Légion d'honneur.

LEMÉE (MATHIEU-JEAN), député au Conseil des Anciens et au Corps législatif de l'an VIII à 1840, né à Saint-Brieuc (Côtes-du-Nord) le 27 décembre 1739, mort à Saint-Brieuc le 13 janvier 1816, négociant dans cette ville, fut élu, le 25 germinal an VII, député des Côtes-du-Nord au Conseil des Anciens. Il se montra partisan du coup d'État de Bonaparte, et fut, le 4 nivôse an VIII, désigné par le Sénat conservateur pour représenter au nouveau Corps législatif le département des Côtes-du-Nord. Lemée y siégea jusqu'en 1804.

LEMÉLOREL DE LA HAICHOIS (JOSEPH-HONORAT-ANDRÉ), député au Corps législatif de 1852 à 1869, né à Rennes (Ille-et-Vilaine) le 17 février 1807, mort à Lorient (Morbihan) le 23 janvier 1869, étudia le droit, entra au barreau, et devint juge-suppléant. Maire de Lorient en 1850, et membre du conseil général du Morbihan pour le 1er canton de cette ville, il fut, le 29 février 1852, élu, comme candidat du gouvernement, par la 2e circonscription du Morbihan au Corps législatif, par 12,360 voix (20,837 votants, 41,744 inscrits), contre 7,084 à M. de Kéridec, 769 à M. Beauvais et 341 à M. de Perrien. Il prit part à l'établissement de l'Empire, ainsi qu'à tous les votes de la majorité dynastique. Réélu successivement: le 22 juin 1857, par 20,203 voix (24,825 votants, 38,931 inscrits), contre 3,857 au général Cavaignac, et 704 à M. de Dalmas; puis, le 1er juin 1863, par 22,383 voix (29,868 votants, 41,407 inscrits), contre 7,155 à M. Fresneau et 244 à M. Levret, il vota jusqu'à sa mort, survenue en 1869, conformément aux vœux du pouvoir.

LEMENUET (PIERRE-ISRAEL), représentant à la Chambre des Cent-Jours, né à Saint-Lô (Manche) le 5 août 1771, mort à une date inconnue, fils du suivant et de « demoiselle Marie-Charlotte Lefébure », appartint à la magistrature. Procureur impérial à Caen, il fut élu, le 13 mai 1815, représentant à la Chambre des Cent-Jours pour l'arrondissement de Caen, avec 36 voix (50 votants), contre 10 à M. Rousselin. Il ne fit point partie d'autres législatures, et abandonna également les fonctions de magistrat sous la Restauration.

LEMENUET DE LA JUGANNIÈRE (PIERRE, BARON), député au Conseil des Anciens, né à Vaudrimesnil (Manche) le 10 septembre 1746, mort à Caen (Calvados) le 15 août 1835, était magistrat au moment de la Révolution. Quoique partisan des réformes, il dut se cacher pour échapper aux dangers de la Terreur. Après le 9 thermidor, il devint président du tribunal criminel de la Manche, puis fut élu, le 25 germinal an VI, député de ce département au Conseil des Anciens, par 73 voix (84 votants). Il ne s'y occupa que de travaux de législation et en particulier du paiement des intérêts de la dette publique, et devint secrétaire de cette assemblée en l'an VII. Partisan du 18 brumaire, il fut nommé président du tribunal d'appel à Caen le 22 germinal an VIII, décoré de la Légion d'honneur, créé baron de l'empire le 6 septembre 1810, et appelé aux fonctions de premier président de la cour impériale de Caen, à la réorganisation des cours et tribunaux, le 12 mai 1811. La Restauration le maintint dans ses fonctions.

LEMERCHER DE LONGPRÉ. — *Voy.* HAUSSEZ (BARON D').

LEMERCIER (LOUIS-NICOLAS, COMTE), député en 1789, et au Conseil des Anciens, membre du Sénat conservateur, pair de France, né à Saintes (Charente-Inférieure) le 23 décembre 1755, mort à Paris le 11 janvier 1849, d'abord conseiller du roi, succéda à son père, vers 1778, dans la charge de lieutenant général criminel de la sénéchaussée de Saintonge et siège présidial de Saintes. Partisan, comme beaucoup de juristes, des principes de la Révolution, il fut chargé, en 1789, de résumer les doléances du tiers-état de sa sénéchaussée, et fut élu, le 21 mars, député du tiers aux États-Généraux. Il prit place parmi les constitutionnels, vota l'abolition de l'hérédité des charges judiciaires, et défendit la constitution civile du clergé. Élu, le 11 septembre 1792, après la session, juge au tribunal de district de Montlieu, puis président du tribunal criminel de la Charente-Inférieure, il traversa la Terreur sans être inquiété, et fut rappelé aux mêmes fonctions au tribunal criminel de son département, du 24 vendémiaire an IV à l'an VI. Le 21 germinal de la même année, il fut élu député de la Charente-Inférieure au Conseil des Anciens par 282 voix (305 votants). Secrétaire de cette assemblée en l'an VII, il fit plusieurs discours en l'honneur de l'armée d'Égypte, lut des rapports sur les droits de bac, sur le commerce de l'horlogerie, sur l'établissement des conseils de guerre, combattit l'impôt sur le sel, demanda une réduction du traitement des fonctionnaires publics applicable aux frais de guerre, et dénonça à la vindicte des bons citoyens l'assassinat des plénipotentiaires français à Rastadt. Devenu président des Anciens, il occupa précisément le fauteuil le 18 brumaire, et il seceda de tout son pouvoir le coup d'État du général Bonaparte. Il fit partie le lendemain, 19 brumaire, de la Commission intermédiaire des Anciens, et fut nommé membre du Sénat conservateur, le 3 nivôse suivant, à la création de ce corps. Le *Publiciste* du 25 brumaire avait publié sur son compte un panégyrique des plus élogieux, auquel un de ses compatriotes répondit par un pamphlet qui donne le ton de la polémique à cette époque. « Dans un temps où les vues avaricieuses de la cupidité pouvaient être secondées par la dévotion, l'astucieux Lemercier eut constamment soin d'en appliquer le masque : il ne paraissait jamais en public que la tête penchée, les yeux inondés des larmes de la componction; sa démarche était lente et modeste, son langage mielleux et séduisant. Habituellement prosterné au pied des autels, il ne cessait de fatiguer le ciel par ses longs soupirs et ses humbles gémissements. Point de confrérie dont il ne fût associé, point de processions qu'il n'accompagnât. Il portait la bigoterie à un tel point d'exactitude que sa sainte face était, le dimanche et les fêtes, absolument inaccessible au rasoir de son barbier ; il était en un mot un répertoire complet de toutes les vertus évangéliques. Mais que de si belles espérances cachaient de vices et de noirceurs! *Tantœne animis cœlestibus iræ !*

« A peine l'Eglise gallicane eut-elle tombé sous les coups de la philosophie, que Lemercier, à qui désormais l'extérieur de la religion devenait inutile et même dangereux, figura parmi ses ennemis les plus acharnés; il ne quitta point ce ton insinuant, cet air doucereux dont il s'était flatté de tirer un si bon parti sous l'ancien régime; il les convertit en une charlatanerie populacière qui lui valut l'honneur de siéger avec les premiers représentants de la nation. Nous n'arrêterons point l'attention du lecteur sur sa conduite dans cette nouvelle carrière ; il nous suffira de remarquer que l'Assemblée constituante était composée d'un trop grand nombre d'hommes illustres pour que Lemercier y pût paraître avec quelque distinction; hâtons-nous de le reporter dans sa ville natale; c'est là que nous l'allons voir briller de tout son éclat.

« Il revint à Saintes dans ces terribles jours où le trop fameux Robespierre jetait les premiers fondements de son affreuse puissance. Les Jacobins le serrèrent dans leurs bras comme un frère vraiment digne d'être associé à leurs exploits; et plus d'une fois il eut la gloire de présider leurs sanguinaires délibérations. Il se familiarisa de plus en plus avec les individus qui composaient la tourbe révolutionnaire de ces contrées : les Exclusifs tressaillaient de joie en le voyant dans la rue, dans les places publiques, entouré de leurs sicaires, et tendant amicalement la main à des assassins avérés, à des êtres couverts depuis longtemps d'opprobre et d'ignominie. Cet héroïque dévouement aux sectaires effrénés de l'anarchie et du brigandage ne demeura pas sans récompense; ils lui conférent différents emplois qu'il remplit à leur grande satisfaction. Le 9 thermidor, qui étourdit quelques instants les complices de la tyrannie qui venait d'être écrasée, ne déconcerta pas notre caméléon : toujours attentif à prendre le ton et le langage de la faction dominante, il accueillit cette journée avec la même allégresse que depuis il manifesta en apprenant les désastreux attentats du 18 fructidor. »

Ces attaques n'entravèrent point la carrière politique de M. Lemercier, que son dévoue-

ment au nouveau régime protégeait suffisamment. Président du Sénat en l'an X, chevalier de la Légion d'honneur, commandeur de l'ordre en l'an XII, doté de 14 sénatorerie d'Angers la même année, membre de la commission administrative du Sénat en 1806, créé comte de l'Empire le 26 avril 1808, et grand-officier de la Légion d'honneur le 30 juin 1811, il fut un des plus empressés à adhérer à la déchéance de l'empereur (avril 1814) et au retour des Bourbons, qui récompensèrent ce dévouement toujours en éveil par le titre de pair de France (4 juin 1814). Ayant été tenu à l'écart pendant les Cent-Jours, il reprit sa place à la Chambre haute à la seconde Restauration, vota pour la déportation dans le procès du maréchal Ney, et prit fréquemment la parole, notamment dans les discussions sur la liberté de la presse, sur la contrainte par corps, sur le serment des fonctionnaires, etc. Il vota la loi du sacrilège, et, en 1828, demanda la révision annuelle des listes électorales. La révolution de juillet demanda à son dévouement un nouveau sacrifice : il prêta serment au gouvernement de Louis-Philippe, se prononça contre le procès des ministres de Charles X, et siégea peu au Luxembourg en raison de son grand âge. Grand-croix de la Légion d'honneur en 1837, il fut rendu à la vie privée par la révolution de 1848, et mourut moins d'un an après. à 94 ans.

LEMERCIER (AUGUSTIN-LOUIS, COMTE), député de 1827 à 1831 et de 1834 à 1842, pair de France, sénateur du second Empire, né à Saintes (Charente-Inférieure) le 22 février 1787, mort à Paris le 4 mai 1864, « fils du précédent et de dame Marie l'annetier », entra à l'Ecole militaire de Fontainebleau, servit dans les pages de Napoléon Ier et fut nommé lieutenant au 9e chasseurs à cheval. Capitaine au 8e hussards après Iéna, puis chef d'escadron commandant une compagnie des chasseurs à cheval de la garde impériale, il fit les campagnes de 1809 sur le Danube, de 1812 en Russie, de 1813 en Saxe, de 1814 en France et fut licencié après Waterloo. Pendant quelques années, il se tint éloigné de la vie publique. Elu, le 17 novembre 1827, député du 3e arrondissement électoral de l'Orne, par 82 voix (144 votants, 177 inscrits), contre 49 au marquis de Frotté, il siégea dans l'opposition, et fut réélu, le 23 juin 1830, par 86 voix (151 votants, 164 inscrits), contre 65 à M. Druet-Desvaux. Il signa l'adresse des 221, et, partisan de la monarchie de juillet, fut successivement réélu député dans le même collège, le 5 juillet 1831, par 158 voix (214 votants, 315 inscrits), contre 52 au général Rémond ; le 21 juin 1834, par 148 voix (228 votants, 348 inscrits), contre 77 à M. Plet ; le 4 novembre 1837, par 155 voix (288 votants, 430 inscrits); le 2 mars 1839, par 219 voix (375 votants). Appartenant au parti de la cour, il soutint constamment la politique ministérielle et vota *pour* la dotation du duc de Nemours, *contre* l'adjonction des capacités et *contre* les incompatibilités. Il échoua aux élections du 9 juillet 1842, avec 212 voix, contre 217 à l'élu, M. Aylies. Le roi le nomma pair de France, le 9 juillet 1845; il était colonel de la 10e légion de la garde nationale de Paris, depuis 1830 et conseiller général de l'Orne. Après la révolution de 1848 qui l'avait rendu à la vie privée, il se rallia à la politique du prince Louis-Napoléon qui le fit entrer dans la Commission consultative créée après le coup d'État de décembre, et le nomma membre du

Sénat, le 26 janvier 1852. Commandeur de la Légion d'honneur et médaillé de Sainte-Hélène, il se mêla peu aux débats de la haute assemblée et se contenta d'y soutenir de ses votes le gouvernement impérial.

LEMERCIER (JEAN-BAPTISTE-NICOLAS, BARON), député de 1842 à 1846, représentant en 1849, député au Corps législatif de 1852 à 1854, né à Saintes (Charente-Inférieure) le 10 janvier 1789, mort à Saintes le 14 octobre 1854, second fils du comte Louis-Nicolas Lemercier (V. p. haut), suivit la carrière militaire, passa quelque temps dans la marine, combattit à la Hogue et à Trafalgar, puis échangea en 1809 le grade d'enseigne de vaisseau contre une lieutenance dans un régiment de dragons. Il fit les campagnes de Wagram, d'Espagne et de France, et parvint au grade de colonel d'état-major. Admis à la retraite, il devint maire de la ville de Saintes et membre du conseil général de la Charente-Inférieure ; puis il se fit élire, le 9 juillet 1842, au collège du 3e collège de la Charente (Cognac), par 273 voix, sur 522 votants, 570 inscrits, contre 243 à M. Gabriel Martell. Il prit place au centre gauche, mais il vota presque toujours avec la majorité conservatrice, notamment pour l'indemnité Pritchard. Aux élections du 1er août 1846, il échoua avec 303 voix, contre 393 à M. Martell, élu. M. Lemercier reparut à l'Assemblée Législative, élu, le 13 mai 1849, représentant de la Charente par les conservateurs, le 8e et dernier, avec 28,836 voix (79,163 votants, 114.411 inscrits) ; il siégea dans la majorité antirépublicaine, se prononça pour l'expédition romaine, pour la loi Falloux-Parieu sur l'enseignement, etc., et appuya la politique de l'Élysée et du coup d'État. Candidat du gouvernement le 29 février 1852, il fut envoyé au Corps législatif par la 2e circonscription de la Charente avec 24,151 voix (24,810 votants, 36,320 inscrits). M. Lemercier s'associa au rétablissement de l'Empire, et vota avec la droite dynastique jusqu'à sa mort, survenue en 1854. — M. Lemercier était le gendre du maréchal Jourdan (V. ce nom), comte de l'Empire et pair de France. Commandeur de la Légion d'honneur.

LEMERCIER (JEAN-LOUIS-ANATOLE, COMTE), député au Corps législatif de 1852 à 1863, né à Coudray-sur-Seine (Seine-et-Oise) le 25 juin 1820, fils du précédent et de Catherine-Victoire-Sophie Jourdan, fut de très bonne heure attaché à l'ambassade de France à Lisbonne. Membre du conseil général de la Charente-Inférieure pour un des cantons de Saintes, il fut élu avec l'appui du gouvernement, le 29 février 1852, député de la 4e circonscription de la Charente-Inférieure au Corps législatif, par 22,724 voix (23,104 votants, 34,379 inscrits). M. Lemercier, qui était un des plus jeunes membres de l'Assemblée, siégea comme son père dans la majorité dynastique ; il prit part à plusieurs discussions, et, dans la séance de 1856, lors de l'absorption du Grand Central par les Compagnies d'Orléans et de Lyon, protesta contre cette combinaison et contre l'augmentation des monopoles. Réélu, le 22 juin 1857, par 19,671 voix, (20,016 votants, 33,711 inscrits), il demanda (mai 1859), avant de voter l'emprunt de 500 millions pour la guerre d'Italie, l'assurance, de la part du gouvernement, qu'il sauvegarderait contre tous l'indépendance du pape et l'intégrité de ses États, assurance qui lui fut donnée par M. Baroche ; le 11 avril 1860, il reprocha à l'empereur d'avoir permis l'annexion des Ro-

magnes et demanda « si le gouvernement était toujours disposé, comme on a le droit de l'espérer après des promesses solennelles maintes fois répétées, à faire respecter le domaine temporel dans toute son intégrité. » Cette insistance à rappeler des engagements solennels, mais qu'on ne voulait plus tenir, fit perdre au comte Lemercier les bonnes grâces du gouvernement. Assuré qu'il n'aurait plus l'appui officiel aux élections générales de 1863, M. Lemercier n'eut plus de ménagements à garder ; dans la discussion de l'adresse, en février 1863, il protesta contre le pouvoir discrétionnaire exercé par les préfets vis-à-vis de la presse, contre le remaniement arbitraire des circonscriptions électorales, et, en avril, blâma énergiquement les agissements de M. de Persigny, ministre de l'Intérieur, en vue des élections prochaines : proposa à la Chambre, par mesure de blâme de rejeter la section première du budget du ministère de l'Intérieur. Le scrutin du 1er juin 1863 ne lui donna plus que 5,941 voix contre 17,307 à l'élu officiel, M. Roy de Loulay et 6,902 à M. Simonot. Il rentra alors dans la vie privée, s'occupa d'affaires industrielles et devint président d'administration de la compagnie du chemin de fer des Charentes. Le 8 février 1871, il réunit, comme candidat à l'Assemblée nationale, dans la Charente-Inférieure 28,686 voix, sur 105,000 votants. Le 30 janvier 1876, il se présenta, comme « conservateur constitutionnel », aux élections sénatoriales dans le même département : il obtint, sans être élu, 246 voix sur 573 votants. Puis il tenta avec le même programme, la fortune des élections législatives du 20 février dans la 2e circonscription de Saintes : il recueillit 6,536 voix contre 6,933 au candidat purement impérialiste M. Jolibois, qui fut élu. Après la dissolution de la Chambre, M. Lemercier engagea de nouveau la lutte : il n'obtint cette fois que 5,758 voix, contre 8,994 au député sortant, réélu. Le 6 janvier 1889, candidat des conservateurs libéraux et es républicains modérés à l'élection partielle de la Charente-Inférieure, il échoua encore une fois avec 41,097 voix contre 51,991 à l'élu, M. Duport, candidat boulangiste. Conseiller général de la Charente-Inférieure depuis 1850, maire de Saintes depuis 1871, président du conseil général depuis 1885, le comte Lemercier est chevalier de la Légion d'honneur et commandeur de l'ordre de Pie IX. On a de lui : Études sur les associations ouvrières (1857) ; Quelques mots de vérité sur Naples (1860), etc.

LEMERCIER DE MAISONCELLE-VERTILLE — Voy. RICHEMONT (VICOMTE DE).

LEMERER (ROLAND-GASPARD), député au Conseil des Cinq-Cents, né à Rennes (Ille-et-Vilaine) le 18 juin 1757, mort à Rennes le 4 juillet 1820, était avocat à Rennes avant la Révolution. Il se montra partisan des réformes et fut élu juge suppléant au tribunal de Rennes (16 août 1790), puis député suppléant d'Ille-et-Vilaine à l'Assemblée législative ; il ne fut pas appelé à y siéger. Commissaire du roi près le tribunal criminel du département à la fin de 1791, il fut élu, le 25 vendémiaire an IV, député d'Ille-et-Vilaine au Conseil des Cinq-Cents, à la pluralité des voix (344 votants). Il s'opposa à l'adjonction complémentaire au corps législatif des ex-conventionnels, parla en faveur de la liberté de la presse, et, nommé secrétaire proposa de n'appliquer les peines prononcées par la loi que contre les prêtres qui auraient refusé le serment de fidélité à la République.

Il vota en faveur de l'amnistie pour les délits relatifs à la révolution, fit approuver une résolution concernant les domaines congéables, et chercha à prendre la défense des prévenus de conspiration royaliste. Adversaire du Directoire, soupçonné d'être un des agents secrets de Louis XVIII, il fut arrêté au 18 fructidor et condamné à la déportation; mais il parvint à s'évader et gagna la Suisse, puis l'Allemagne. C'est de là qu'il publia l'*Appel à la nation française* contre le Directoire. Rentré à l'époque du Consulat et nommé juge au tribunal criminel d'Ille-et-Vilaine le 12 floréal an VIII, il revint à Paris, en 1804, s'offrir comme défenseur au général Moreau; le gouvernement le retint de ce chef quelque temps en prison, et l'exila à Rennes. Sans fonctions sous l'Empire, il reçut de la Restauration la croix de chevalier de la Légion d'honneur, les fonctions de conseiller à la cour royale de Rennes (24 janvier 1815), et des lettres de noblesse (1818).

LEMESLE (CHARLES-LOUIS), député au Conseil des Cinq-Cents, et, au Corps législatif de l'an VIII à 1805, né à Rouen (Seine-Inférieure) le 2 septembre 1731, mort à Rouen le 2 janvier 1814, négociant au Havre, fut maire de cette ville, et, le 24 germinal an VI, fut élu député de la Seine-Inférieure au Conseil des Cinq-Cents. Il ne s'y montra pas hostile au coup d'Etat de Bonaparte; aussi fut-il appelé, le 4 nivôse an VIII, par le Sénat conservateur, à représenter la Seine-Inférieure au nouveau Corps législatif, d'où il sortit en 1805.

LEMESRE (JEAN-BAPTISTE), député en 1791, né à Houplines (Nord) le 6 juillet 1748, mort à une date inconnue, fermier à Houplines, fut élu, le 30 août 1791, député du Nord à l'Assemblée législative, le 4ᵉ sur 12, par 601 voix (889 votants). Il ne prit la parole que pour demander un rapport sur les causes des troubles qui agitaient les colonies. Là se borna son rôle parlementaire; il devint plus tard juge de paix et conseiller général du Nord.

LEMESRE-DUBRULLE (ALEXANDRE-ERNEST-JOSEPH), député en 1830, né à Lille (Nord) le 21 février 1788, mort à Arsy (Oise) le 11 novembre 1841, était administrateur des hospices à Lille, et appartenait à l'opinion royaliste. Le 23 juin 1830, il fut élu député du 3ᵉ arrondissement du Nord (Lille), par 242 voix (443 votants, 481 inscrits), contre 183 à M. Barrois-Vinot. Mais la révolution de juillet brisa presque aussitôt sa carrière parlementaire. M. Lemesre-Dubrulle ne crut pas pouvoir prêter serment au nouveau roi, et, le 11 août, il adressa au président de la Chambre la lettre qui suit:

« Monsieur le Président,

« Les événements survenus depuis ma nomination me faisant regarder mon mandat comme insuffisant, je vous prie de faire agréer à la Chambre ma démission.

« J'ai l'honneur, etc.

« LEMESRE, député du Nord. »

LE MICHAUD. — *Voy.* ARÇON (D').

LEMOAL (GUILLAUME), député au Conseil des Cinq-Cents, né à Plouzevédé (Finistère) en 1769, mort à une date inconnue, homme de loi, fut élu député du Finistère au Conseil des

Cinq-Cents, le 25 germinal an V, par 33 voix (71 votants). Le *Moniteur* ne cite de lui qu'un rapport sur un référé du tribunal de cassation, relatif à l'application de la loi d'amnistie.

LEMOINE (ALEXANDRE-NICOLAS), député en 1789, né à Paris le 23 octobre 1736, mort à Paris le 29 janvier 1816, était orfèvre dans cette ville. Elu, le 18 mai 1789, par 116 voix, député du tiers aux Etats-Généraux pour la ville de Paris, il n'eut qu'un rôle parlementaire effacé, dont le *Moniteur* n'a gardé aucune trace. Sous le premier Empire, il devint juge au tribunal de commerce et premier adjoint au maire du onzième arrondissement de Paris, qui comprenait alors les « divisions des Thermes, du Luxembourg, du Théâtre-Français et du Pont-Neuf, » et dont la mairie était sise rue du Vieux-Colombier. M. Alexandre-Nicolas Lemoine demeurait rue de Nazareth, nº 1.

LEMOINE (JOACHIM-THADÉE-LOUIS), membre de la Convention, député au Conseil des Cinq-Cents et au Corps législatif de l'an VIII à 1806, né à Vire (Calvados) le 27 août 1745, mort à une date inconnue, fut élu, le 11 septembre 1792, 3ᵉ suppléant à la Convention « à la pluralité des voix ». Admis à siéger en titre, le 9 pluviôse an II, à la place de Fauchet condamné à mort, il prit parti contre Robespierre dans la journée du 9 thermidor, intervint dans plusieurs discussions, notamment pour combattre le projet d'Aubry sur l'organisation de la garde nationale parisienne, fut nommé secrétaire de l'assemblée le 19 juillet 1795, et, le 27, présenta à la Convention un sabre que David, dit-il, avait fait exécuter sur un dessin de lui, pour l'usage de Robespierre; il ajouta que « ce roi des sans-culottes ne haïssait pas le faste » et observa que le sabre était de la même forme que ceux des élèves du camp de Sablons, « dont Robespierre, dit-il, avait eu la pensée de se former une garde prétorienne. » Lemoine prit encore part à plusieurs discussions, fit rendre générale pour toute la France une loi de police relative aux émigrés et proposée seulement pour la ville de Paris, et, après les événements du 13 vendémiaire an IV, demanda la destitution de tous les fonctionnaires publics et tous les employés qui n'étaient pas à leur poste lors des dangers qu'avait courus le gouvernement. Réélu, le 22 vendémiaire an IV, député du Calvados au Conseil des Cinq-Cents, par 216 voix sur 392 votants, il proposa des amendements au projet de Gossuin relatif à la réquisition. Sorti du Conseil en 1798, il fut un des candidats à la place de commissaire de la comptabilité nationale (plus tard cour des Comptes), fut appelé, à la même époque, aux fonctions d'administrateur des hospices civils de Paris (26 prairial an VI), fut destitué l'année d'après, et fut choisi, le 4 nivôse an VIII, par le Sénat conservateur comme député du Calvados au nouveau Corps législatif, où il siégea jusqu'en 1806.

LEMOINE DE BELLE-ISLE (JEAN-BAPTISTE), député en 1789, né en 1717, mort à une date inconnue, ancien chancelier de la maison d'Orange, fut élu, le 19 mars 1789, député de la noblesse aux Etats-Généraux par le bailliage de Chaumont-en-Vexin. Il fut un des premiers membres de son ordre qui se réunirent avec le clergé au tiers-état; mais il ne parut point à la tribune. A la fin de la session, Lemoine de Belle-Isle rentra dans la vie privée.

LEMOINE DE LA GIRAUDAIS (Denis-Jean-Marie), député en 1789, né à Saint-Brice (Ille-et-Vilaine) le 10 mars 1739, mort à Fougères (Ille-et-Vilaine) le 22 janvier 1814, fut reçu avocat au parlement de Bretagne en 1762. Il exerça à Fougères, devint bâtonnier de l'ordre en 1782, maire de la ville en janvier 1789, et fut élu, le 17 avril suivant, député du tiers-état de la sénéchaussée de Fougères aux Etats-Généraux. Il siégea silencieusement parmi les modérés de la majorité, et, après la session, fut nommé président du tribunal de district le Fougères (1791). Président de l'administration des hospices, membre du jury d'instruction, il présida le tribunal de Fougères jusqu'à la réorganisation de la magistrature sous le Consulat, et reprit ensuite sa place au barreau de Fougères.

LEMOINE DES FORGES (Toussaint-François), député au Conseil des Anciens, né à Rennes (Ille-et-Vilaine) le 16 mai 1744, mort à une date inconnue, était accusateur public près le tribunal criminel de Rennes, quand il fut élu, le 25 germinal an VI, député d'Ille-et-Vilaine au Conseil des Anciens. Il prit la parole contre la résolution relative aux personnes qui cachaient les déserteurs, sur l'organisation de l'ordre judiciaire, sur le paiement des frais de procédure criminelle, et s'éleva contre la motion concernant la liberté civile et politique. Dans la séance du 19 brumaire an VIII, il demanda que les députés condamnés la veille à la déportation fussent entendus; mais cette proposition ne fut pas accueillie. Quelques mois plus tard, le 12 floréal de la même année, il fut nommé vice-président du tribunal d'appel de Rennes; il exerçait par intérim les fonctions de président, quand il fut mis à la retraite, le 2 mai 1807. M. Lemoine des Forges était devenu presque aveugle.

LEMOINE DES MARES (Gilles-Robert-Pierre), député de 1822 à 1827, né à Avranches (Manche) le 9 décembre 1774, mort aux Mares (Manche) le 18 avril 1852, manufacturier, conseiller municipal de Sedan, membre du conseil général et chevalier de la Légion d'honneur, fut élu, le 13 novembre 1822, député du 2e arrondissement électoral de la Manche (Avranches), par 291 voix (366 votants, 472 inscrits), contre 63 au général Le Marois. Réélu, le 25 février 1824, par 200 voix (354 votants, 460 inscrits), contre 50 à M. Sivard de Beaulieu, il siégea au centre ministériel et se montra constamment dévoué à la monarchie. Dans la session de 1825, il proposa, de concert avec M. de Cambou, un amendement à la loi du milliard des émigrés, demandant que le bénéfice de cette loi fût étendu aux populations de l'Ouest et de la Vendée qui, « elles, avaient réellement souffert et combattu pour la cause des rois légitimes. » Cet amendement fut repoussé, et M. Lemoine perdit du coup les bonnes grâces du ministère. Aussi échoua-t-il, le 17 novembre 1827, avec 161 voix contre 180 à l'élu, M. Angot; il ne fut pas plus heureux, le 23 juin 1830, avec 175 voix contre 206 à l'élu M. Angot, député sortant.

LEMOINE-VILLENEUVE (Jean-Angélique), député en 1791, membre de la Convention, né à Mortain (Manche) le 24 janvier 1754, mort à une date inconnue, était juge au tribunal de Mortain, lorsqu'il fut élu, le 8 septembre 1791, député de la Manche à l'Assemblée législative,

le 4e sur 13, par 501 voix (526 votants): il siégea dans la majorité conservatrice. Le 5 septembre 1792, il fut réélu député de la Manche à la Convention, le 3e sur 13, par 506 voix (648 votants). Il se prononça *pour* la mort dans le procès de Louis XVI, en disant : « Une loi de l'Etat a déclaré Louis coupable de trahison, une autre loi condamne à la mort tout conspirateur contre la sûreté de l'Etat : comme représentant de la nation, je vote pour le dernier supplice. » Le gouvernement consulaire, toujours disposé à ramener à lui les anciens membres des assemblées de la Révolution, replaça Lemoine-Villeneuve dans la magistrature, le 22 germinal an VIII, comme juge suppléant au tribunal civil de Mortain.

LEMOINNE (John-Marguerite-Émile), membre du Sénat, né à Londres (Angleterre) de parents français, le 17 octobre 1815, termina en France des études commencées en Angleterre, et se rendit également familières la langue et la littérature de l'un et l'autre peuple. Chargé, en 1840, de la correspondance anglaise au journal des *Débats*, dont il est resté, depuis, le fidèle collaborateur, il y traita longtemps avec une compétence toute spéciale les questions de politique étrangère ; il consacra aussi aux écrivains d'outre-Manche une série d'articles qui furent très remarqués. En même temps, il donnait à la *Revue des Deux-Mondes* d'importants travaux parmi lesquels il faut citer *De la monarchie des Afghans*; les *Druses et les Maronites*; les *Anglais et les Russes dans le Caboul* (1842); *Mœurs électorales de la Grande-Bretagne*; *De la législation anglaise sur les céréales*; *De l'éducation religieuse des classes manufacturières*; l'*Église d'Irlande*; *l'Irlande et le Parlement anglais* (1847), et des études biographiques sur *Brummel*, la *Cour de Berlin*, la *Cour de Saint-Pétersbourg*, *Caroline de Brunswick* (1846), etc. M. John Lemoinne appartenait alors à l'opinion orléaniste. Devenu rédacteur en chef du *Journal des Débats*, il maintint d'abord cette feuille dans les voies de la monarchie constitutionnelle, oscilla, pendant les premiers temps de la présidence de Thiers, entre la politique du centre droit et celle du centre gauche, puis se prononça décidément (1873) pour la République conservatrice et se rangea parmi les adversaires du gouvernement « de combat ». Ses polémiques incisives, dont la finesse et la modération étaient très appréciées, aidèrent à l'établissement des institutions que l'Assemblée nationale sanctionna le 25 février 1875. La même année (13 mai), M. John Lemoinne fut élu membre de l'Académie française en remplacement de Jules Janin. Il prit séance le 2 mars 1876, fut reçu par M. Cuvillier-Fleury et prononça un discours qui débutait ainsi : « Simple journaliste, et succédant à un des princes et des maîtres du journalisme, je dois regarder l'honneur que vous me faites comme s'adressant à ma profession plus qu'aux humbles titres avec lesquels je me présente devant vous. Vous reconnaissez et vous admettez toutes les formes représentatives de l'intelligence ; vous rendez justice à la science, à l'éloquence comme aux lettres pures. Je me dis qu'en m'honorant de vos suffrages vous avez voulu donner le droit de cité à ce qu'on a appelé le quatrième pouvoir. Vous avez bien voulu voir en moi un des plus anciens et des plus fidèles soldats de la presse. Ce qui peut contribuer à me rassurer, c'est qu'en regardant autour de moi, je trouve ici des confrères, des protecteurs et des amis, dont beaucoup ont passé par cette voie rude et laborieuse, et ceux-là savent que le journalisme n'est pas une œuvre d'indolence... » Plus loin il disait : « Le journal, c'est-à-dire la parole quotidienne, instantanée, est venu répondre aux exigences d'une civilisation moderne dont la vitesse a été décuplée, centuplée par les miracles de la science. La presse a suivi une marche parallèle à celle de la vapeur et de l'électricité. Il a fallu parler et écrire à grande vitesse. et faire la photographie de l'histoire courante. Je sais bien que l'homme ne peut pas grandir sa taille d'une coudée, mais il multiplie ses moyens d'action et d'expression. Il est possible que la maturité de la pensée et la correction de la langue perdent à cette production hâtive, mais combien d'idées mourraient sans cette incorporation soudaine et incessante!... » Le nouvel académicien resta à la tête du *Journal des Débats*, et, pendant la période du 16 mai 1877, il se signala par son zèle à combattre le cabinet de Broglie-Fourtou. Le 23 février 1880, après la mort de M. Léonce de Lavergne, sénateur inamovible, sa candidature, adoptée par les gauches du Sénat, l'emporta à la majorité de 142 voix (160 votants), contre 6 voix au général de Rivière, et 3 à M. Vacherot. La droite s'était abstenue. M. J. Lemoinne prit place au centre gauche et vota *pour* l'article 7. Nommé ministre plénipotentiaire à Bruxelles le 17 avril de la même année, il donna sa démission de ce poste dès le 1ᵉʳ mai suivant, et se consacra, dès lors, exclusivement à ses occupations du Sénat et de la presse. Comme publiciste, il a donné récemment au *Matin* des articles de politique extérieure. Comme sénateur, sans paraître à la tribune, il a voté le plus souvent avec la majorité de la Chambre haute, notamment : *pour* la réforme du personnel judiciaire, *pour* le divorce, *pour* les crédits de l'expédition du Tonkin, *contre* l'expulsion des princes, *pour* le ministère Ferry. *pour* la nouvelle loi militaire, et, en dernier lieu, *pour* le rétablissement du scrutin d'arrondissement (13 février 1889), *pour* le projet de loi Lisbonne restrictif de la liberté de la presse ; il s'est abstenu sur la procédure à suivre devant le Sénat contre le général Boulanger.

LEMONNIER (JEAN-NICOLAS), représentant en 1848, né à Rouen (Seine-Inférieure) le 13 juin 1815, mort à Falaise (Calvados) le 8 avril 1885, fils d'un ouvrier serrurier, fut jugé trop débile par sa famille pour exercer le métier paternel et fut placé comme petit clerc chez un avoué; mais il se lassa vite d'un métier si peu rétribué, et commença son apprentissage comme ouvrier tourneur en fer à Rouen. Il entra en peu de temps dans plusieurs ateliers, successivement limeur, serrurier et mécanicien; ayant eu le pied pris dans un engrenage, il resta infirme, et revint en cet état à Falaise où il végéta. Les événements de 1848 changèrent sa situation. Médiocre orateur mais théoricien ardent, imbu des utopies sociales qui avaient cours alors, il lança un programme électoral dans lequel il demandait : « le respect de la propriété; le retour à l'Etat des grandes voies de communication; la liberté des cultes rétribués par l'Etat; une nouvelle organisation du travail d'après des vues qui lui étaient propres mais qu'il négligea d'exposer; l'instruction obligatoire pour l'ouvrier; la réduction de la journée de travail à 11 heures; l'organisation d'ateliers nationaux, de caisses de prévoyance et de retraite pour les ouvriers invalides; la moralisation du prisonnier par l'éducation et le travail; le service militaire obligatoire pour tous, enfin des récompenses pour tous les services, différenciées par des rubans de nuances diverses suivant les mérites ». Il ajoutait en terminant : « Je ne refuse pas d'aller à la Chambre, mais je suis encore plus loin de le désirer, parce qu'il me semble que la Constitution peut se faire sans moi. » Tel ne fut pas, sur ce dernier point, l'avis des électeurs du Calvados qui, le 23 avril 1848, l'élurent représentant à l'Assemblée constituante, le 12ᵉ et dernier, par 44,508 voix. On accusa M. Lemonnier d'avoir fêté son élection par des libations un peu trop copieuses; il reconnut le fait de bonne grâce, en faisant toutefois remarquer qu'une fois n'était pas coutume. A l'Assemblée, il siégea à la gauche avancée; il fit partie du comité du commerce, et vota *pour* le bannissement de la famille d'Orléans, *contre* les poursuites contre L. Blanc et Caussidière, *contre* l'impôt progressif, *pour* l'incompatibilité des fonctions, *pour* l'amendement Grévy, *contre* la sanction de la Constitution par le peuple, *pour* l'ensemble de la Constitution, *contre* la proposition Rateau, *contre* l'expédition de Rome, *pour* la demande de mise en accusation du président et des ministres. Non réélu à la Législative, il rentra dans la vie privée.

LEMONNIER (PIERRE-JEAN-BAPTISTE), député de 1876 à 1882, et membre du Sénat, né à Lucé (Sarthe) le 5 septembre 1815, étudia la médecine, fut reçu docteur en 1839 et exerça à Château-du-Loir. Ses opinions républicaines le firent, sous le second Empire, transporter en Afrique par mesure de sûreté générale (1858). Candidat une première fois, le 8 février 1871, à l'Assemblée nationale, il obtint, sans être élu, 24,425 voix sur 84,400 votants. Il fut plus heureux le 20 février 1876, et devint député de l'arrondissement de Saint-Calais avec 10,776 voix (14,809 votants, 17,654 inscrits), contre 3,886 à M. Gruau. Il siégea à l'Union républicaine et fut des 363. Réélu, le 14 octobre 1877, par 10,313 voix (15,230 votants, 18,174 inscrits) contre 4,795 à M. Chauveau, candidat officiel, il reprit sa place dans la majorité et vota : *pour* l'article 7, *pour* les lois sur l'enseignement, *pour* l'amnistie partielle, *pour* l'invalidation de Blanqui, etc. Le 21 août 1881, M. Lemonnier obtint encore sa réélection par 10,824 voix (12,375 votants, 18,266 inscrits), contre 929 à M. Caillard d'Aillières. Il soutint la politique opportuniste, et, le 8 janvier 1882, passa du Palais-Bourbon au Luxembourg, ayant été élu sénateur de la Sarthe par 244 voix sur 455 votants. M. G. Cavaignac le remplaça à Saint-Calais comme député. Au Sénat, M. Lemonnier s'est prononcé : *pour* la réforme du personnel de la magistrature, *pour* le rétablissement du divorce, *pour* les crédits du Tonkin, *pour* l'expulsion des princes, *pour* la nouvelle loi militaire, et, en dernier lieu, *pour* le rétablissement du scrutin d'arrondissement (13 février 1889), *pour* le projet de loi Lisbonne restrictif de la liberté de la presse, *pour* la procédure de la Haute Cour contre le général Boulanger.

LEMONTEY (PIERRE-EDOUARD), député en 1791, né à Lyon (Rhône) le 14 janvier 1762, mort à Paris le 26 juin 1826, fils d'un épicier de Lyon, fit de brillantes études, obtint quelques succès littéraires et entra à 20 ans au barreau de Lyon. Il avait remporté deux fois le prix d'éloquence à l'académie de Marseille ; en 1785, pour son *Éloge de Fabry de Peyresc*, et en 1788, pour son *Éloge du capitaine Cook*. La convocation des États-Généraux fit de lui un publiciste. Il prit d'abord la défense des protestants pour lesquels il réclamait les mêmes droits politiques qu'aux autres citoyens ; il rédigea les cahiers de l'assemblée électorale de la banlieue de Lyon, et l'adresse des Lyonnais au roi demandant le rappel de Necker : « Nous avons un Henri IV, y était-il dit, il nous faut un Sully. » Il publia aussi des brochures de circonstance qui firent quelque bruit : *Quelques demandes pour les campagnes*, et, l'année suivante (1790), *Avis aux électeurs sur le choix des juges*. Au moment de la formation des municipalités, il fut nommé substitut du procureur de la commune de Lyon, puis fut élu, le 4 septembre 1791, député de Rhône-et-Loire à l'Assemblée législative, le 15e et dernier, par 346 voix (479 votants). Ne souhaitant qu'une monarchie tempérée, il prit place parmi les constitutionnels, devint président de l'Assemblée le 10 décembre 1791, fut membre du comité diplomatique, s'opposa, à différentes reprises, aux lois contre les émigrés, demanda que l'on fît au moins exception en faveur des savants et des artistes, et que l'on modifiât, dans un sens plus libéral, le serment imposé aux prêtres. Au dix août, il rentra à Lyon, prit les armes au moment de l'insurrection, chercha à défendre la ville contre les armées républicaines, assista à la défaite de son parti, vit quelques-uns des membres de sa famille périr sur l'échafaud, put enfin et à grand'peine s'évader et gagner la Suisse. Rentré en 1795, il publia une ode sur les *Ruines de Lyon*, fut nommé administrateur du district, chercha à obtenir la restitution des biens des condamnés, et se rendit à Paris pour y obtenir du gouvernement quelques secours contre la disette dont Lyon souffrait alors cruellement. Sa mission remplie, il resta à Paris (1797), abandonna ses fonctions publiques et se consacra exclusivement à la littérature. Il publia successivement : *Palma ou le voyage en Grèce* (1798), opéra ; *Romagnesi*, opéra : en 1801, *Raison, folie, chacun son mot, petit cours de morale mis à la portée des vieux enfants* ; enfin, en 1802, les *Observateurs de la femme*. Nommé, en l'an XII, par la protection de Français de Nantes, membre du conseil d'administration des droits réunis et censeur attaché au ministère de la police (pour les pièces de théâtre), il s'acquitta de ces fonctions avec conscience. En 1806, par exemple, il passa dix jours à mettre *Athalie* en état d'être jouée. Il supprima plus de soixante vers, tels que :

Le sang de vos rois crie et n'est point écouté...
Les morts après huit ans sortent-ils du tombeau ?...

il les remplaça par des vers de sa façon, et l'autorisation de jouer fut donnée par Saulnier, secrétaire général du ministère de la police, le 12 mai 1806. Lemontey songea encore à faire traiter par les journaux « des sujets innocents, afin d'en faire les frais de toutes les conversations. » Une lettre de Lemontey au comte Dejean, du 18 janvier 1811, apprend qu'il avait été chargé aussi, par le ministre de la police, sur les ordres de l'Empereur, d'écrire l'Histoire de France depuis la mort de Louis XIV, « afin de donner à ce tableau de la décadence de la dernière dynastie un caractère d'authenticité et d'impartialité qui le rendît classique pour les Français. » On doit à Lemontey quelques ouvrages anonymes, mêlés de prose et de vers :

La famille du Jura, ou irons-nous à Paris, publié à propos du couronnement de l'empereur Napoléon: *Thibaut ou la naissance d'un comte de Champagne*, à propos de la naissance du roi de Rome. A la première Restauration, en 1814, Lemontey fut nommé chevalier de la Légion d'honneur et maintenu (le 24 octobre dans ses fonctions de censeur, aux appointements de 6,000 francs. En 1818, il publia *Essai sur l'établissement monarchique de Louis XIV* ouvrage qui n'était qu'une introduction à une *Histoire critique de la France*, qui ne vit jamais complètement le jour. Il fut nommé membre de l'Académie française en 1819 à la place de Morellet, et y fit un discours de réception très applaudi. Sa vie eût été sans nuage, si une injuste accusation d'avarice ne l'avait poursuivi longtemps ; il en reste cette innocente épigramme, du temps du péage du pont des Arts :

Lemontey, le roi des musards,
Pousse si loin l'économie
Qu'il passe *sous* le pont des Arts
Pour aller à l'Académie.

Frappé d'une attaque d'apoplexie en revenant à pied de Sceaux, où il avait dîné chez l'amiral russe Tschitscharkhof, il mourut à 64 ans. Ses œuvres complètes ont été publiées en six volumes in-8° (1829).

LEMORO DE LAFAYE (Louis-Christophe), député au Corps législatif de 1810 à 1814, né à Tence (Haute-Loire) le 14 décembre 1760, mort au Puy (Haute-Loire) le 10 novembre 1814, « fils à Louis Lemoro de Lafaye, avocat au parlement de la ville de Tence, et à demoiselle Thérèse Ferrapie », était avocat avant la Révolution. Successivement administrateur du département de la Haute-Loire, puis président du tribunal de district d'Yssingeaux, juge au tribunal civil, président du tribunal criminel de la Haute-Loire et enfin conseiller général de ce département, il fut, le 10 août 1810, élu par le Sénat conservateur député de la Haute-Loire au Corps législatif, où il siégea jusqu'en 1814. Chevalier de l'Empire et chevalier de la Légion d'honneur.

LEMOSY (Antoine), député au Corps législatif de l'an X à 1814, né à Prayssac (Lot) le 6 mai 1741, mort à Paris le 7 juillet 1814, « fils à M. Jean Lemosy et à dame Anne Bilhan, mariés, du lieu de Prayssac », fut élu, le 6 germinal an X, par le Sénat conservateur, député du Lot au Corps législatif. Ayant obtenu, le 10 mai 1810, le renouvellement de son mandat, il siégea jusqu'à sa mort (1814).

LEMOTHEUX-DAUDIER (Laurent-François-Nicolas), député au Corps législatif de 1809 à 1815, né à Château-Gontier (Mayenne) le 9 août 1762, mort à Château-Gontier le 19 novembre 1824, « fils de maître Élie-Laurent Lemotheux, avocat au parlement et aux sièges royaux de cette ville, et de dame Renée Gatineau », était magistrat de sûreté à Château-Gontier, quand il fut élu, le 2 mai 1809, par le Sénat conservateur, député de la Mayenne au Corps législatif. Il appartint à cette assemblée jusqu'en 1815. (Il avait voté en 1814 la déchéance de Napoléon.) Le 24 août 1819, Lemotheux-Daudier, rallié à la Restauration, fut nommé juge au tribunal de Château-Gontier. A sa mort (1824), il était juge d'instruction et officier de la Légion d'honneur.

LEMOYNE (Simon-Sylvestre-Clément), député au Conseil des Anciens, né à Dieppe (Seine-Inférieure) le 31 décembre 1727, mort à Bretteville (Seine-Inférieure) le 28 juillet 1806, maire de Dieppe, fut élu député de la Seine-Inférieure au Conseil des Anciens, le 26 vendémiaire an IV, par 371 voix (508 votants); il ne s'y fit point remarquer. Le *Moniteur* dit seulement qu'il opina pour l'admission des cousins germains dans la même administration.

LEMOYNE. — *Voy.* Aubermesnil (d').

LEMOYNE. — *Voy.* Borderie (de la).

LEMOYNE DE VERNON (Jean-Claude), membre de la Convention, né à Dunières (Haute-Loire) le 10 août 1749, mort à Lyon le 9 août 1812, « fils de noble Louis Lemoyne de Vernon, et de demoiselle Marie Rousset, mariés, habitants du bourg de Dunières », avait lui-même, avant la Révolution, le titre d'écuyer. Il fut, le 6 septembre 1792, élu par le département de la Haute-Loire, second suppléant à la Convention. Admis à siéger le 1er octobre 1793, en remplacement de Rongier, démissionnaire, il ne put prendre part au jugement de Louis XVI, et les tables du *Moniteur* ne mentionnent pas son nom. Lemoyne termina sa carrière sous le premier Empire, à Lyon. Il était alors caissier de la Monnaie, ainsi qu'en témoigne la lettre de faire part suivante, adressée à l'occasion de son décès : « Vous êtes prié de la part des enfants de M. Lemoyne d'assister aux funérailles de M. Jean-Claude Lemoyne, leur père, caissier de la Monnaie, décédé hier 9. Le convoi partira de son domicile, Hôtel de la Monnaie, demain mardi, etc. — Un *De Profundis*. Lyon, le 10 août 1812. »

LEMPEREUR DE SAINT-PIERRE (Claude-François-Joseph), député de 1831 à 1834, représentant du peuple en 1848, né à Paris le 27 octobre 1782, mort au château de Saint-Pierre-Langers (Manche) le 26 novembre 1859, propriétaire à Dôle (Jura) et connu pour ses opinions libérales, fut élu, le 5 juillet 1831, député du 1er collège du Jura (Dôle), par 110 voix (217 votants, 274 inscrits), contre 93 au général Bachelu; il siégea au centre près de la gauche, sans s'inféoder à la politique ministérielle. Il rentra en 1834 dans la vie privée pour n'en sortir qu'au lendemain des événements de février. Le 23 avril 1848, il fut élu représentant de la Manche à l'Assemblée constituante, le 12e sur 15, par 52,705 voix. Indépendant, il fit partie du comité de la justice, et vota *pour* le bannissement de la famille d'Orléans, *contre* les poursuites contre L. Blanc et Caussidière, *contre* l'abolition de la peine de mort, *contre* l'impôt progressif, *pour* l'incompatibilité des fonctions, *contre* l'amendement Grévy, *contre* la sanction de la Constitution par le peuple, *pour* l'ensemble de la Constitution, *contre* la proposition Rateau. Il donna sa démission le 24 janvier 1849, et quitta définitivement la vie politique.

LEMPEREUR DE SAINT-PIERRE (Louis), représentant en 1871, né à Dôle (Jura) le 4 février 1825, mort le 2 février 1889, fils du précédent, avocat, ancien conseiller général et maire de Dôle, président du comice agricole de Sartilly (Manche), fut élu, le 8 février 1871, représentant de la Manche à l'Assemblée nationale, le 3e sur 11, par 73,743 voix (98,856 votants, 153,878 inscrits). Monarchiste et catholique, il fit partie du cercle des Réservoirs et de la réunion Colbert, et signa l'adresse des députés syllabistes au pape. Il avait déclaré « qu'il attendrait avec patience le dernier mot du suffrage universel ». Il vota *pour* la paix, *pour* l'abrogation des lois d'exil, *pour* la pétition des évêques, *pour* le pouvoir constituant de l'Assemblée, *contre* le service de trois ans, *pour* la démission de Thiers, *pour* la prorogation des pouvoirs du maréchal, *pour* le ministère de Broglie, *contre* le retour à Paris, *contre* la dissolution, *contre* les lois constitutionnelles. Nommé conseiller général du canton de Sartilly, le 8 octobre 1871, il obtint, sans être candidat, le 20 février 1876, dans la 2e circonscription d'Avranches, 203 voix sur 11,014 votants; il avait renoncé à la vie politique.

LEMULIER (Henri), représentant en 1849, né à Semur (Côte-d'Or) le 6 avril 1803, mort à Paris le 26 mars 1872, appartint à l'armée et parvint au grade de chef d'escadron d'artillerie. Porté, par les conservateurs de la Côte-d'Or, le 19 août 1849, comme candidat à l'Assemblée législative, en remplacement de M. James Demontry décédé, il fut élu représentant par 28,303 voix (48,846 votants, 116,530 inscrits), contre 16,547 à M. Grapin et 2.727 à M. Carnot. M. Lemulier opina le plus souvent avec la majorité monarchiste, et ne fit pas partie d'autres assemblées. Il fut admis à la retraite, en qualité de chef d'escadron d'artillerie, le 12 août 1863.

LE MULIER DE BRESSEY (Jean), député en 1789, né le 19 décembre 1739, mort à Dijon (Côte-d'Or) le 26 mai 1799, conseiller honoraire au parlement de cette ville, fut élu député de la noblesse aux Etats-Généraux par le bailliage de Dijon, le 7 avril 1789. Sa vie politique est assez obscure. On sait seulement qu'il se lia avec Cazalès, et qu'il le félicita chaudement après son discours sur l'installation des juges.

LENGLÉ (Paul-Emile), député de 1876 à 1881, né à Fresnes (Nord) le 19 décembre 1836, fils d'un ancien préfet de l'Empire, débuta dans la carrière administrative comme chef du cabinet de son père, puis fut successivement auditeur au conseil d'Etat, sous-préfet de Commercy, secrétaire général de la préfecture d'Indre-et-Loire et sous-préfet de Saint-Gaudens. Il occupait ce dernier poste à la révolution du 4 septembre; il donna immédiatement sa démission, pour se consacrer à des travaux politiques et littéraires. Bonapartiste militant, il publia, en 1871, sous ce titre : *Lettres à un député*, une brochure où il contestait à l'Assemblée le pouvoir constituant : « Reportez-vous, disait-il, comme je l'ai fait, aux circonstances qui ont précédé les élections du 8 février, et vous reconnaîtrez que ces élections ont été dominées par deux seuls sentiments : le besoin de paix qui s'imposait à tous, et qui, malgré les difficultés créées aux électeurs par le vote au chef-lieu de canton, a fait affluer au scrutin tous les habitants de nos campagnes; le désir de rendre la France à elle-même, en l'arrachant aux périls à travers lesquels l'avaient jetée les ambitions impuissantes qui, sous un prétexte de défense nationale, s'étaient arrogé le pouvoir. » Il y affirmait aussi le principe de l'appel au peuple. La même année il publiait un poème intitulé : *Nos pères !*

(1792-1804). En 1872, il faisait paraître sous ce titre : *De la République à l'Empire, trajet direct en 20 heures*, une nouvelle brochure, où il s'efforçait de répondre, sous une forme originale, aux griefs formulés contre l'Empire. Candidat impérialiste aux élections du 20 février 1876, dans la 1re circonscription de Saint-Gaudens (Haute-Garonne), il fut élu député par 8,234 voix (15,664 votants, 20,208 inscrits), contre 7,101 à M. Thévenin, républicain. Il s'était déclaré favorable à « la politique conservatrice du maréchal de Mac-Mahon, notre meilleure sauvegarde contre les passions anti-sociales dont le triomphe entraînerait la perte des deux plus précieux de nos biens : l'ordre et la paix. » Il ajoutait : « Vous savez que je ne suis pas républicain », et indiquait encore l'Appel au peuple comme le seul moyen propre à fonder un « pouvoir fort et durable ». M. Lenglé siégea dans le groupe bonapartiste de la Chambre, et soutint, contre les 363, le gouvernement du Seize-Mai. Réélu, avec l'appui de ce gouvernement, le 14 octobre 1877, par 9,320 voix (17,077 votants, 20,370 inscrits), contre 7,630 à M. Thévenin, républicain, il reprit sa place dans la minorité impérialiste, avec laquelle il opina, jusqu'à la fin de la législature : *contre* les ministère Dufaure et J. Ferry, *contre* l'amnistie, *contre* l'élection de M. J. Grévy à la présidence de la République, etc. Il parut plusieurs fois à la tribune, intervint dans la discussion de l'élection de M. de Biliotti à Orange, posa une question au garde des sceaux sur la révocation de M. Godelle, avocat général à la cour de Cassation, parla encore sur les chemins de fer, sur l'enseignement supérieur, sur les pensions des officiers, sur le budget, développa (1880) une interpellation relative à la conversion de la rente 5 p. 100, combattit les vues de M. de Freycinet, président du conseil, relativement à l'amnistie, se rallia à la politique particulière du prince Jérôme Napoléon, donna (novembre 1880) sa démission de membre du groupe de l'Appel au peuple, déposa (janvier 1881) une proposition de revision de la Constitution avec ce programme : responsabilité du président de la République, ministres pris en dehors des Chambres, élection des sénateurs par le suffrage universel, ratification des lois constitutionnelles par le peuple; et se montra, en toute occasion, l'adversaire du gouvernement. Le 21 août 1881, il échoua avec 5,077 voix contre 9,969 à l'élu républicain, M. Bougues. M. Lenglé s'est occupé activement depuis, en dehors du parlement, de propagande bonapartiste, dans l'intérêt du prince Jérôme-Napoléon, dont il est un des familiers. Il adhéra en 1888 au mouvement boulangiste, au nom d'un groupe de « bonapartistes républicains » qui le considèrent comme leur chef.

LENGLET (ÉTIENNE-GÉRY), député au Conseil des Anciens, né à Arras (Pas-de-Calais) le 25 mars 1757, mort à Douai (Nord) le 18 octobre 1834, était avocat à Arras lors de la Révolution. Il fut appelé à diverses fonctions publiques, suivit le parti des Girondins et protesta contre le 31 mai. Élu plus tard (24 germinal an VI) député du Pas-de-Calais au Conseil des Anciens, il monta plusieurs fois à la tribune, appuya les mesures restrictives de la liberté de la presse et de la liberté individuelle, inclina vers le royalisme, se montra d'abord opposé au coup d'État de Bonaparte, puis se rallia au fait accompli, et accepta (7 messidor an VIII) le poste de président du tribunal d'appel de Douai. Il échangea ce titre, le 6 avril 1811, contre celui de président de chambre à la cour impériale et resta président à la cour royale sous la Restauration comme sous le gouvernement de juillet. Il mourut en 1834. On a de lui : *Essai ou observations sur Montesquieu* (1792); *Essai sur la législation du mariage, suivi d'observations sur les dernières discussions du Conseil des Cinq-Cents, concernant le divorce* (an VI); *De la propriété et de ses rapports avec les droits et avec la dette du citoyen* (an VI), etc.

LENGLET (LUCIEN-THRASYBULE), fils du précédent, représentant en 1848, né à Arras (Pas-de-Calais) le 17 mars 1796, mort à Arras le 2 mars 1874, manifesta de bonne heure des opinions libérales. Ses études de droit terminées, il s'inscrivit au barreau de Douai, et, en même temps, collabora activement au *Progrès du Pas-de-Calais*, feuille démocratique. En 1830, Dupont de l'Eure le nomma procureur du roi à Saint-Omer, puis conseiller à la cour de Douai; mais il resta dans l'opposition sous Louis-Philippe, et prit part à la campagne des banquets réformistes. Il fut, le 1er août 1846, le candidat des libéraux dans le 10e collège du Nord (Valenciennes), où il obtint 111 voix contre 43 à l'élu, M. de Maingoval, député sortant, 188 à M. Portalis et 110 à M. Boulanger. Promu, après la révolution de février, procureur général près la cour d'appel d'Amiens, il fut élu, le 23 avril 1848, représentant du Nord à l'Assemblée constituante, le 24e sur 28, par 118,000 voix (234,867 votants, 278,352 inscrits). Il siégea à gauche et vota avec la fraction modérée du parti républicain : *pour* le rétablissement du cautionnement, *pour* les poursuites contre Louis Blanc et Caussidière, *contre* le rétablissement de la contrainte par corps, *contre* l'abolition de la peine de mort, *contre* l'amendement Grévy, *contre* le droit au travail, *pour* l'ordre du jour en l'honneur de Cavaignac, *contre* la proposition Rateau, *contre* l'interdiction des clubs, *pour* l'amnistie, etc. Non réélu à la Législative, M. Lenglet reprit son siège à la cour de Douai, jusqu'à sa mise à la retraite, le 28 juillet 18..

LENGLET (EUGÈNE-ÉMILE), représentant en 1848, né à Arras (Pas-de-Calais) le 1er avril 1811, mort à Arras le 26 mai 1878, d'une famille de négociants, étudia le droit à Paris, après avoir terminé ses études au collège de sa ville natale, et prit une part active à l'insurrection de juillet 1830, à côté du colonel Charras à la caserne de Babylone. Reçu avocat, il revint à Arras (1836), professa des opinions démocratiques, fut un des chefs du parti radical dans la région et plaida plusieurs fois pour le *Progrès du Pas-de-Calais*, organe républicain, auquel il collaborait lui-même. Membre du conseil municipal d'Arras et premier adjoint, il fut désigné, le 27 février 1848, pour porter au gouvernement provisoire l'adhésion de ses compatriotes, et fut élu, le 23 avril, représentant du Pas-de-Calais à l'Assemblée constituante, 16e sur 17, par 72,900 voix (161,957 votants, 188,051 inscrits). Il prit place à gauche, fut secrétaire de l'Assemblée et parut quelquefois à la tribune. Avec le parti démocratique modéré, il se prononça : *contre* le rétablissement du cautionnement, *pour* le rétablissement de la contrainte par corps, *pour* l'abolition de la peine de mort, *contre* l'amendement Grévy, *contre* le droit au travail, *pour* l'ordre du jour en l'honneur du général Cavaignac. Après l'élection présidentielle du 10 décembre, M. Lenglet cessa de prendre part aux travaux de l'Assemblée et donna sa démission le 3 janvier 18..

Lors du coup d'Etat de décembre, le préfet de Louis-Napoléon Bonaparte dans le Pas-de-Calais chargé de donner des renseignements sur son compte, écrivait : *Trop honnête pour ne pas être très dangereux*. Il redevint avocat au barreau d'Arras, et resta, sous l'Empire, à l'écart de la politique active. M. Lenglet accepta d'être préfet du gouvernement de la Défense nationale à Arras, du 6 septembre 1870 à février 1871, se voua activement, malgré son état de santé, à l'organisation de la défense, et, lorsque le Pas-de-Calais fut en par. le occupé par les Allemands, obtint du général Von Gœlsen la remise d'une contribution de guerre de 70,000 francs imposée au canton de Croisilles. Ses adversaires ont maintes fois rendu hommage à l'intelligence et au dévouement dont il fit preuve dans ces circonstances difficiles. Candidat républicain aux élections pour l'Assemblée nationale, il échoua, dans le Pas-de-Calais, le 8 février 1871, avec 43,873 voix (149,532 votants), et ne fut pas plus heureux, à l'élection partielle du 7 janvier 1872 motivée par la démission du général Faidherbe, avec 57,248 voix contre 74,629 accordées au candidat bonapartiste élu, M. Levert. Au moment de sa mort, M. Lenglet était conseiller général du canton nord d'Arras et conseiller municipal de cette ville.

LENIENT (CHARLES-FÉLIX), député de 1882 à 1885, né à Provins (Seine-et-Marne) le 4 novembre 1826, d'une famille d'artisans, fils de Edme-Louis Lenient et de Marie-Thérèse Garré, commença ses études au collège de Provins aux frais de la ville, et vint les achever brillamment au collège Henri IV. Il obtint le prix d'honneur de rhétorique et deux prix de philosophie aux concours généraux de 1846 et de 1847, et fut reçu le premier à l'Ecole normale supérieure, puis à la licence ès lettres, et, deux ans après, à l'agrégation des lettres. Nommé professeur de seconde au lycée de Montpellier, il fut bientôt appelé à Paris comme professeur suppléant de troisième au lycée Napoléon. En 1854, il devint professeur adjoint de rhétorique au même lycée. Docteur ès-lettres l'année suivante avec deux thèses très remarquée: sur *Bayle* et *de Ciceroniano bello*, il publia en 1859 : *La Satire en France au moyen âge*, ouvrage couronné par l'Académie française, puis : *La Satire en France, ou la littérature militante au XVIe siècle* (1866), suite de l'ouvrage précédent. Il donna aussi, vers la même époque, un grand nombre d'articles à la *Revue de l'Instruction publique*. Le succès de ces divers travaux fit appeler M. Lenient à l'Ecole normale supérieure (1865) comme maître des conférences. Suppléant de Saint-Marc-Girardin à la Sorbonne en 1867, il devint, en 1873, titulaire de la chaire de poésie française. Le 12 février 1882, M. Ch. Lenient aborda la carrière parlementaire. Etranger jusque-là à la politique militante, son adhésion aux idées républicaines modérées le fit désigner comme candidat opportuniste dans l'arrondissement de Provins, lors de l'élection qui eut lieu, le 12 février 1882, pour remplacer M. Sallard décédé : il fut élu par 7,046 voix (12,824 votants, 15,880 inscrits), contre 5,573 à M. Prévet, radical. En annonçant sa candidature aux lecteurs du *XIXe Siècle*, son ancien condisciple, Edmond About, l'avait chaudement recommandée en ces termes : « S'il est vrai, écrivait-il le 5 février, que la vie active, la vie utile, la vie proprement dite, ne commence qu'au sortir du collège, je puis dire que ce scélérat de Lenient a abrégé ma

vie de trois cent soixante-cinq jours. S'il n'avait pas eu le prix d'honneur de rhétorique en 1846, c'est à moi qu'on l'aurait donné : je n'aurais pas été forcé de redoubler ma rhétorique, je serais sorti du collège un an plus tôt, entré un an plus tôt à l'Ecole normale, émancipé un an plus tôt. L'homme qui nous a joué un pareil tour ne peut pas nous être indifférent : bon gré mal gré, nous le suivons des yeux, nous comptons tous les pas qu'il fait dans sa carrière, nous l'observons en ennemi, à moins qu'une conduite exemplaire et des mérites éminents forcent notre sympathie et nous entraînent à devenir ses amis. Tel est mon cas; telle est l'estime et l'amitié que Lenient m'a pour ainsi dire imposée; j'avoue cette faiblesse et je ne la regrette pas! A l'Ecole normale, Lenient était chef de la première section lorsque j'entrais dans la troisième. Force me fut de reconnaître en lui un de ces hommes intelligents, laborieux, modestes, qui honorent leur génération. Il parlait avec dignité, avec tendresse, de la famille d'artisans provinois dont il était sorti. Il professait aussi une reconnaissance filiale pour cette jolie ville de Provins qui l'avait adopté en se chargeant des frais de son éducation. « Je lui dois, disait-il, le peu que je suis et tout ce que je pourrai être un jour. » A la Chambre, M. Ch. Lenient vota avec la gauche modérée et soutint la politique de M. J. Ferry; il se prononça notamment *contre* la séparation de l'Eglise et de l'Etat et *pour* les crédits du Tonkin; en mars 1884, il demanda que la nomination des instituteurs fût remise aux recteurs, seule autorité universitaire, et non aux préfets (rejeté par 302 voix contre 202); il prit aussi une part active à la discussion de la loi militaire. Porté, le 4 octobre 1885, sur la liste opportuniste de Seine-et-Marne, il échoua avec 19,013 voix (73,741 votants), contre 40,604 au dernier élu de la liste radicale. Chevalier de la Légion d'honneur depuis le 14 août 1863, M. Ch. Lenient a été promu officier du même ordre le 10 juillet 1886.

LENOBLE-CHATAUX (CHARLES-FRANÇOIS), député de 1842 à 1848, né à Vitry-le-François (Marne) le 4 mars 1789, mort à Reims (Marne) le 21 février 1853, fut reçu avocat à Paris (janvier 1813), après de brillantes études de droit, afficha, sous la Restauration, des opinions libérales, et se rallia au gouvernement issu de la révolution de juillet. Nommé procureur du roi à Vitry-le-François en 1834, il fut élu, le 9 juillet 1842, député du 6e collège de la Marne (Vitry-le-François), par 201 voix (393 votants, 476 inscrits), contre 144 à M. Paul Royer-Collard. Cette élection ayant été annulée, car le candidat était inéligible en raison de ses fonctions, M. Lenoble se représenta devant ses électeurs le 24 septembre 1842, et fut réélu; invalidé de nouveau, il fut enfin définitivement élu, le 4 février 1843, par 328 voix (402 votants) contre 69 à M. Royer-Collard. Il siégea parmi les ministériels. Réélu, le 1er août 1846, par 258 voix (489 votants, 559 inscrits), contre 214 à M. Jean Bertrand, il continua de siéger au centre, fut rapporteur de la loi sur la police de la chasse, membre de la commission des pétitions, et vota *contre* l'indemnité Pritchard, *contre* la proposition contre les députés fonctionnaires, *contre* la proposition sur les annonces judiciaires. Conseiller général de la Marne depuis 1833, chevalier de la Légion d'honneur en 1839, M. Lenoble rentra dans la vie privée à la révolution de 1848.

7

LENOEL (ÉMILE-LOUIS), représentant en 1871, membre du Sénat, né à Carentan (Manche) le 23 mars 1827, étudia le droit à Paris, où il se fit inscrire comme avocat en 1848, et prit le grade de docteur le 28 août 1849. Nommé, en 1851, chef de cabinet par M. de Thorigny ministre de l'Intérieur, M. Lenoël se trouvait au ministère lorsque, dans la nuit du 2 décembre 1851, M. de Morny vint l'occuper. Il protesta, refusa les offres qui lui furent faites pour le rallier à l'auteur du coup d'Etat et reprit sa profession d'avocat. En 1852, il acheta une charge d'avocat au conseil d'Etat et à la cour de Cassation, charge qu'il céda en 1855 pour revenir au barreau de la cour d'appel. Nommé, en 1865, conseiller d'arrondissement de Saint-Jean-de-Daye (Manche), il se porta candidat de l'opposition libérale au Corps législatif, le 2 janvier 1869, en remplacement de M. Havin, décédé, et réunit, sans être élu, 10,679 voix contre 17,719 au candidat officiel, M. Auvray. Après le 4 septembre 1870, le gouvernement de la Défense nationale, sur la demande du conseil municipal de Saint-Lô, nomma M. Lenoël préfet de la Manche. Il se démit de ces fonctions en janvier 1871 pour se présenter aux élections de l'Assemblée nationale : élu représentant de la Manche, le 8 février, le 10e sur 11, par 63,073 voix (98,856 votants, 153,878 inscrits), il alla siéger au centre gauche, parmi les républicains conservateurs, fit également partie du groupe de la gauche républicaine, refusa, à Bordeaux, les fonctions de sous-secrétaire d'Etat à l'Intérieur que lui offrit Ernest Picard, et vota : *pour* la politique de Thiers, *contre* sa chute au 24 mai, *contre* le septennat, *contre* la loi des maires, *contre* l'état de siège, *contre* le ministère de Broglie, *pour* l'amendement Wallon, *pour* l'ensemble des lois constitutionnelles. M. Lenoël fut un des membres les plus actifs de l'Assemblée. Parmi les propositions dont il fut l'auteur, il faut citer celle que l'Assemblée adopta, sur la protection des enfants employés dans les professions ambulantes, et une autre, également votée, sur l'inéligibilité des fonctionnaires. Candidat républicain modéré aux élections législatives du 20 février 1876, dans l'arrondissement de Saint-Lô, il échoua avec 7,369 voix contre 9,386 à l'élu bonapartiste, M. Rauline. Nommé, le 8 mars 1877, directeur des affaires criminelles et des grâces au ministère de la Justice, avec le titre de conseiller d'Etat en service extraordinaire, M. Emile Lenoël quitta cette fonction au 16 mai. Lors des élections du 5 janvier 1879, pour le premier renouvellement triennal du Sénat, il fut élu sénateur de la Manche, par 422 voix sur 739 votants. M. Lenoël prit place dans la gauche modérée, et vota avec ce groupe : *pour* l'article 7, *pour* la réforme du personnel judiciaire, *pour* le rétablissement du divorce, *pour* la politique opportuniste, *pour* les crédits du Tonkin, etc. Il prit fréquemment la parole, pour soutenir (1879) un projet de loi sur le conseil d'Etat; pour intervenir dans les discussions relatives à l'interdiction du travail du dimanche, à la répression des crimes commis à l'intérieur des prisons, à l'inamovibilité des desservants de paroisses (1880), au code rural, à la réforme du code d'instruction criminelle, aux syndicats professionnels (1882), à l'abrogation des livrets d'ouvriers (1883), à la loi municipale, au divorce, au projet de loi sur les sociétés, au projet portant modification de l'organisation du Sénat (1884), au budget, aux questions coloniales, à l'enseignement primaire, aux aliénés (1885),

aux lois de finances (1887); il vota (juin 1888) contre l'expulsion des princes. Il obtint sa réélection comme sénateur, le 5 janvier 1888 avec 790 voix sur 1,247 votants, et continua d'opiner le plus souvent avec la majorité, notamment, en dernier lieu, *pour* le rétablissement du scrutin d'arrondissement (13 février 1889), *pour* le projet de loi Lisbonne restrictif de la liberté de la presse, *pour* la procédure à suivre devant le Sénat contre le général Boulanger. On cite de lui de nombreux articles de jurisprudence insérés dans les recueils spéciaux, et des ouvrages estimés : *Des sciences politiques et administratives et de leur enseignement* (1864) ouvrage couronné par l'Institut; *Les actionnaires ruinés par la jurisprudence* (1867) *Qu'est-ce que la République?* etc.

LENOIR-LAROCHE (JEAN-JACQUES, COMTE), député en 1789, et au Conseil des Anciens, ministre, membre du Sénat conservateur, pair de France, né à Grenoble (Isère) le 29 avril 1749, mort à Paris le 17 février 1825, fils d'un avocat distingué de Grenoble, embrassa la carrière paternelle, et, ami et condisciple de Servan et de Savoie-Rollin, vint, en 1783, prendre place au barreau de Paris. Il ne tarda pas à se lier avec Laharpe, Marmontel et Ginguené, prit, en 1788, une part active aux événements de Vizille, et publia un écrit en faveur de la délibération par tête, au lieu de la délibération par ordre, suivant le vœu des Etats du Dauphiné. Le 3 mai 1789, il fut élu député du tiers aux Etats-Généraux, par la prévôté et la vicomté de Paris. Il ne parut que très rarement à la tribune, soutint le principe des deux chambres, et rédigea le *Journal de Perlet*. Après la session, il défendit ses idées dans le *Mercure de France* et le *Moniteur*, et publia, au moment du procès de Louis XVI, une brochure pour démontrer que la Convention n'avait pas le droit de juger le roi. Garat lui rendit alors le service de l'envoyer en mission à Grenoble, ce qui le mit à l'abri des poursuites. Puis ses idées politiques se modifièrent peu à peu; il reconnut la forme républicaine (numéro du *Moniteur*, 17 messidor an III), et, après les élections de l'an V, qui amenèrent une majorité royaliste, il combattit les propositions qui tendaient à préparer le retour des Bourbons. Aussi le Directoire le nomma-t-il ministre de la police, le 28 messidor an V. Lenoir-Laroche abandonna sa chaire de législation à l'école centrale du Panthéon pour prendre ces fonctions qu'il ne garda que jusqu'au 8 thermidor; son manque de décision et d'énergie le fit remplacer alors par Sotin. Il reprit ses fonctions de professeur, et fut élu député de la Seine au Conseil des Anciens, le 3 germinal an VI. Rallié au 18 brumaire, il fit partie, le lendemain 19, de la commission intermédiaire des Anciens, et le 3 nivôse an VIII, entra au Sénat conservateur. Membre de la Légion d'honneur le 9 vendémiaire an XII, commandeur de l'ordre le 25 prairial, il fit partie comme président (novembre 1806) de la commission de surveillance de la liberté individuelle, et fut créé comte de l'empire le 7 juin 1808. Ayant adhéré, en avril 1814, à la déchéance de Napoléon, il fut nommé par Louis XVIII pair de France, le 4 juin 1814, dignité qui fut rendue héréditaire dans sa famille par lettres patentes du 31 août 1817. A la Chambre haute, il vota pour la déportation dans le procès du maréchal Ney, siégea dans la minorité libérale, et demanda, en 1819, l'ajournement de la proposition Barthélemy, qui introduisait le double vote dans la loi électorale. On a de lui : *Considérations sur la Constitution d'état du Dauphiné applicables aux États-Généraux* (1789); *De l'Esprit de constitution qui convient le mieux à la France* 1795); *Coup d'œil raisonné sur les assemblées primaires de Paris* (1795) ; etc.

LENORMAND (PIERRE-JEAN-RENÉ), député au Conseil des Cinq-Cents et au Corps législatif, né à Condé-sur-Noireau (Calvados) le 12 juin 1765, mort à une date inconnue, était avocat au moment de la Révolution. Partisan des idées nouvelles, il devint président de l'administration du district de Vire en 1792, et, quelques mois plus tard, président de l'administration centrale du département du Calvados. Il prit, dans ce département, une part active à l'insurrection girondine de 1793, en qualité de commissaire près l'armée fédéraliste. Proscrit après la défaite de Wimpfen, et ayant perdu toute sa fortune, il dut se cacher pour échapper aux poursuites et ne reparut qu'à l'époque du Directoire. En brumaire an VI, il redevint président de l'administration centrale de son département, puis, le 23 germinal de la même année, fut élu député du Calvados au Conseil des Cinq-Cents, par 318 voix (341 votants). Il parla sur le droit de chasse, contre le projet sur les domaines engagés, sur la répression du brigandage, approuva la suppression des termes *Sieur* et *Monsieur* dans les lettres de change, combattit la responsabilité des communes en cas d'émeute, devint secrétaire du Conseil, et protesta contre les bons de fourrages touchés par certains députés. Favorable au 18 brumaire, il fut élu, le par le Sénat conservateur, député du Calvados au nouveau Corps législatif, le 4 nivôse an VIII, devint secrétaire de l'assemblée le 1er pluviôse an IX, et en sortit l'année suivante. Nommé receveur principal des droits réunis à Vire, il exerça ces fonctions jusqu'en 1815, et prit alors sa retraite.

LE NORMANT. — *Voy.* FLAGHAC (BARON DE).

LENOUVEL (PIERRE-AUGUSTIN), représentant à la Chambre des Cent-Jours, député de 1831 à 1834, né à Falaise (Calvados) le 15 février 1767, mort à Vire (Calvados) le 12 avril 1850, « fils de Pierre Lenouvel et de dame Jacqueline-Marguerite Le Paulmier, » était propriétaire à Vire et maire de cette ville, lorsqu'il fut élu, le 13 mai 1815, par 56 voix sur 85 votants, représentant de l'arrondissement de Vire à la Chambre des Cent-Jours; il y siégea sans éclat, et reparut, le 5 juillet 1831, à la Chambre des députés, ayant été élu député du 6e collège du Calvados (Vire), par 214 voix (286 votants et 411 inscrits), contre 70 à M. Gustave de Pontécoulant. Il prit place dans l'opposition dynastique, vota *contre* les ordonnances du 31 novembre 1831 relatives à la nomination de trente-six nouveaux pairs, *contre* la dénomination inconstitutionnelle de « roi de France » et de « sujets du roi », et signa le Compte-rendu de 1832. En 1833, M. Lenouvel fut du nombre des députés de la gauche qui se récusèrent dans l'affaire de la *Tribune*. Ayant, peu de temps après, donné sa démission de député, il fut remplacé, le 1er février 1834, par M. Deslongrais.

LENTILHAC (LOUIS-VICTOR, MARQUIS DE), député en 1830, né au château de Lentilhac

(Lot) le 3 mars 1788, mort à Moutastruc (Lot-et-Garonne) le 15 décembre 1871, entra aux chevau-légers de la garde du roi sous la Restauration. Capitaine aux cuirassiers de Condé le 20 janvier 1816, aide-de-camp du lieutenant-général comte d'Ambrugeac, il prit part à la guerre d'Espagne, et reçut, à la fin de la campagne, la croix de la Légion d'honneur (25 décembre 1823), et celle de l'ordre de Saint-Ferdinand d'Espagne (13 juillet 1824). M. de Lentilhac passa, comme capitaine, au corps royal d'état-major, devint aide-de-camp du ministre de la Guerre Bourmont, et se fit élire, comme royaliste, député du Lot, le 3 juillet 1830, au collège de département, par 63 voix (119 votants, 139 inscrits). La chute de Charles X lui fit donner sa démission presque aussitôt. Il fut remplacé à la Chambre par le général Dufour.

LÉON (ADRIEN), représentant en 1871, né à Bordeaux (Gironde) le 4 août 1827, fils d'un riche armateur de Bordeaux, se destina à la carrière militaire, entra à Saint-Cyr en 1848, en sortit officier, et donna sa démission en 1852 pour reprendre la maison de son père. Il fit la campagne de 1870 comme lieutenant-colonel d'un régiment auxiliaire. Républicain modéré, il fut élu, le 8 février 1871, représentant de la Gironde à l'Assemblée nationale, le 12e sur 14, par 96,416 voix (132,349 votants, 207,101 inscrits), prit place au centre droit, fut tour à tour secrétaire et questeur de ce groupe, fit partie des réunions Feray et Saint-Marc-Girardin, vota *pour* la paix, *pour* l'abrogation des lois d'exil, s'abstint sur la pétition des évêques, et se prononça *pour* le pouvoir constituant de l'Assemblée, *contre* le service de trois ans, *pour* la démission de Thiers, *pour* le septennat, *pour* le ministère de Broglie, *contre* l'amendement Wallon, *contre* les lois constitutionnelles. Après la législature, il se présenta, le 30 janvier 1876, aux élections sénatoriales dans la Gironde, où il échoua, avec 293 voix (669 votants), puis aux élections législatives d'octobre 1877, dans l'arrondissement de Bazas, où il ne fut pas plus heureux avec 6,044 voix contre 7,404 à l'élu, candidat du maréchal, M. Jérôme David, bonapartiste. Cette élection ayant été invalidée, M. Léon se représenta de nouveau et sans plus de succès, le 7 juillet 1878 ; il réunit 6,204 voix contre 6,475 à M. J. David réélu. Nommé, en 1880, trésorier-général du département de l'Oise, il donna sa démission au moment de l'expulsion des princes. Chevalier de la Légion d'honneur (1882).

LÉON (LOUIS-FRANÇOIS-AUGUSTE, DUC DE ROHAN-CHABOT, PRINCE DE), pair de France, né à Paris le 29 février 1788, mort à Chenecey (Doubs) le 8 février 1833, fils aîné de M. Alexandre-Louis-Auguste de Rohan-Chabot, duc de Rohan-Chabot, officier, et de Anne-Louise-Madeleine-Elisabeth de Moutmorency, fut attaché par Napoléon, comme chambellan, à sa sœur Pauline, puis à Mme Murat, et enfin à sa personne, sous le nom de comte Auguste de Chabot. Très catholique, il alla présenter ses pieux hommages à Pie VII, pendant le séjour du pape à Fontainebleau ; puis il se rendit en Italie, d'où il ne revint qu'au avril 1814. Il prit alors le titre de prince de Léon, qui lui appartenait comme à l'aîné de la famille, et reçut un commandement dans les compagnies rouges, puis un brevet de colonel de cavalerie. En 1815, il eut la douleur de perdre sa femme, née de Sérent, qu'il avait épousée le 2 mai 1808, et qui périt, dans d'horribles souffrances, brûlée devant la cheminée de sa chambre. Le prince de Léon accompagna le duc d'Angoulême en 1815 dans sa tournée dans le Midi. A son retour à Paris, son père étant mort, il lui succéda (23 novembre 1816) comme pair de France et comme duc de Rohan-Chabot. Trois ans après, il se décida à entrer au séminaire de Saint-Sulpice (28 mai 1819), fit ses études théologiques sous la direction de l'abbé Hamon, plus tard curé de Saint-Sulpice, fut ordonné prêtre le 1er juin 1822, et nommé chanoine et vicaire général de Paris. Le 13 mars 1828, Charles X le nomma archevêque d'Auch, puis, le 6 juillet de la même année, archevêque de Besançon. Le prince de Léon duc de Rohan-Chabot ne négligeait pas pour cela ses fonctions parlementaires; il parut plusieurs fois à la tribune de la Chambre des pairs. Elevé au cardinalat le 5 juillet 1830, il se trouva à Paris lors de la révolution, et, comme il se hâtait de quitter la capitale, il fut reconnu à Vaugirard et quelque peu maltraité. Il refusa le serment à Louis-Philippe et dut se retirer de la Chambre haute. Après avoir assisté au conclave qui élut Grégoire XVI, il revint dans son diocèse le 24 mai 1832, y éprouva des difficultés par suite de son attitude politique, et succomba bientôt (février 1833) aux atteintes d'un rhumatisme inflammatoire.

LÉON (ALAIN-CHARLES-LOUIS DE ROHAN-CHABOT, PRINCE DE), député de 1876 à 1889, né à Paris le 1er décembre 1844, de la famille du précédent dont la filiation est suivie depuis 1040, et qui descend des ducs d'Aquitaine, fit, en 1870, la campagne franco-allemande, comme capitaine des mobiles du Morbihan. Grand propriétaire dans le Morbihan, où il habite le château historique de Josselin, conseiller municipal de Gaillac, il fut élu député, le 20 février 1876, par les monarchistes de l'arrondissement de Ploërmel, avec 11,434 voix (18,381 votants, 23,547 inscrits), contre 5,096 à M. Magon de la Ballue, 1,500 à M. Paul de Champagny, et 250 à M. Carouge. Il prit place à l'extrême-droite, vota constamment avec la minorité, et soutint contre les 363 le gouvernement du Seize-Mai, dont il fut avec succès le candidat officiel, le 14 octobre 1877, élu par 13,148 voix (20,509 votants, 23,526 inscrits), contre 7,301 à M. Carouge, républicain. Le prince de Léon siégea à plusieurs reprises au bureau comme secrétaire de la Chambre des députés. Il continua de voter avec la droite : *contre* les invalidations de ses collègues conservateurs, *contre* l'article 7, *contre* les lois sur l'enseignement, *contre* les divers ministères de gauche qui se succédèrent au pouvoir. Réélu député du Morbihan, le 21 août 1881, par 12,050 voix (19,699 votants, 24,658 inscrits), contre 7,621 à M. Carouge, il suivit la même ligne politique que précédemment, combattit les ministères Gambetta, Freycinet, Ferry, se prononça *contre* la politique coloniale et *contre* les crédits du Tonkin, monta quelquefois à la tribune, et, après le rétablissement du scrutin de liste, fut porté, le 4 octobre 1885, sur la liste monarchiste du Morbihan, dont il fut élu député, le 2e sur 8, par 60,347 voix (95,198 votants, 130,336 inscrits). Le prince de Léon a opiné *contre* la loi sur l'enseignement primaire, *contre* la nouvelle loi militaire, et, en dernier lieu, *contre* le rétablissement du scrutin d'arrondissement (11 février 1889), *pour* l'ajournement indéfini de la revision de la Constitution, *contre* les poursuites contre trois députés membres de la Ligue des patriotes, *contre* le projet de loi Lisbonne restrictif de la

liberté de la presse, *contre* les poursuites contre le général Boulanger.

LEONETTI (FÉLIX-ANTOINE), député en 1791, dates de naissance et de mort inconnues, « propriétaire, et commandant de la garde nationale », fut élu, le 17 septembre 1791, député de la Corse à l'Assemblée législative, le 1er sur 6, par 198 voix (375 votants). Son nom ne figure pas au *Moniteur*.

LÉOPOLD (RENÉ-MARTIN-MAXIMILIEN), député en 1791, dates de naissance et de mort inconnues, homme de loi à la Ferté-Vidame, devint vice-président de son département, et fut élu, le 28 août 1791, député d'Eure-et-Loir à l'Assemblée législative, le 9e et dernier, avec 153 voix (285 votants). Il s'opposa à ce que l'on fît une loi particulière contre les princes émigrés, parla sur le mode de remplacement des officiers, sur les incompatibilités, sur la mise en accusation de Chollet et de Dusaillant, réclama la suppression des couvents de religieuses, demanda la censure pour les députés qui n'assisteraient pas aux séances, et combattit une adresse de Marseille contre la royauté. Il quitta la vie politique après la session.

LEPAGE DE LINGERVILLE (LOUIS-PIERRE-NICOLAS-MARIE), membre de la Convention, né à Montargis (Loiret) le 12 juillet 1762, mort à Paris le 7 septembre 1823, exerçait la médecine à Montargis. Elu, le 5 septembre 1792, député du Loiret à la Convention, le 3e sur 9, par 293 voix (402 votants), il prit place parmi les modérés, remplit une mission à Orléans dans les premiers temps de la législature, et, lors du procès du roi, s'exprima en ces termes : « La nature a mis dans mon cœur une invincible horreur pour l'effusion du sang ; je pense que l'homme n'a pas le droit de condamner l'homme à la mort. Je demande que le tyran soit détenu pendant la guerre, et banni à la paix. » Le 20 mars 1793, il dénonça à la Convention l'émeute de Montargis dans laquelle Manuel avait été blessé pour avoir voté en faveur de Louis XVI ; puis il se tint à l'écart des luttes de parti. Après la session, il fut nommé chef de bureau dans l'administration de la loterie, et conserva ces fonctions jusqu'en 1810. Il mourut d'une attaque d'apoplexie. Très versé dans la littérature grecque et latine, il a laissé un *Traité de la médecine par Celse, latin-français en regard* (1821).

LEPAIGE (JOSEPH-SÉBASTIEN), député au Conseil des Anciens, né à Darney (Vosges) le 15 avril 1747, mort à Darney le 4 février 1820, entra dans la magistrature au moment de l'organisation des municipalités et devint président du tribunal d'Epinal. Elu, le 22 vendémiaire an IV, député des Vosges au Conseil des Anciens, par 181 voix (268 votants), il fut nommé secrétaire du Conseil, fit approuver la résolution relative aux oppositions formées par l'agent du trésor public sur les sommes pour lesquelles les comptables étaient inscrits au grand-livre, et approuva la motion concernant les opérations des diverses assemblées primaires.

LEPAIGE (MARC-ANTOINE-FORTUNÉ), député au Corps législatif de 1809 à 1813, né à Anvers (Belgique) le 23 août 1765, mort à une date inconnue, était juge de paix à Anvers. Le 2 mai 1809, le Sénat conservateur le désigna pour représenter au Corps législatif le département des Deux-Nèthes, Lepaige siégea dans cette assemblée jusqu'en 1813.

LEPAIGE (Charles-Thomas-Joseph-Ga-briel), député de 1824 à 1827, né à Darney (Vosges) le 22 janvier 1781, mort à Darney le 6 août 1865, fils de Joseph-Sébastien Lepaige (*V. plus haut*), propriétaire et maire de Darney, fut élu, le 6 mars 1824, député du collège de dé-partement des Vosges, par 60 voix (105 votants, 248 inscrits); il ne se fit pas remarquer dans la majorité ministérielle dont il faisait partie, et ne fut pas réélu en 1827.

LE PAYS. — *Voy.* Bourjolly (de).

LEPELETIER (Louis), vicomte de Rosambo, pair de France, né à Paris le 23 juin 1777, mort au château de 1824 à 1827, petit-fils de Malesherbes, vit sa famille périr presque tout entière sur l'échafaud et n'échappa à la Terreur qu'en se faisant oublier dans la plus profonde retraite. A la rentrée des Bourbons, il fut nommé pré-sident du collège électoral du Finistère, et pair de France le 17 août 1815. Il vota pour la mort dans le procès du maréchal Ney, et, légi-timiste convaincu, se retira de la Chambre des pairs à la révolution de 1830, ne voulant pas prêter serment de fidélité à Louis-Philippe.

LEPELETIER DE SAINT-FARGEAU (Louis-Michel), député en 1789, membre de la Con-vention, né à Paris, le 29 mai 1760, assassiné à Paris le 20 janvier 1793, appartenait à une riche famille de noblesse de robe et était l'ar-rière-petit-fils de Michel-Robert Lepeletier des Forts, comte de Saint-Fargeau, qui fut contrô-leur général des finances (1726-1730). Président à mortier au parlement de Paris lorsque éclata la Révolution, il fut élu, le 16 mai 1789, dé-puté de la noblesse aux Etats-Généraux par la ville de Paris, se montra d'abord assez hésitant sur le parti à suivre, et devint, en juillet, dans l'Assemblée constituante, un des plus zélés défenseurs de la cause populaire. Membre du comité de la jurisprudence crimi-nelle, il présenta au nom de ce comité, en 1790, un projet très complet de code pénal, dont le trait caractéristique était l'abolition de la peine de mort, qu'il proposait de remplacer par la peine du cachot. Lorsque la Constituante sup-prima les titres de noblesse (17 juin 1790), Le-peletier de Saint-Fargeau, qui avait celui de marquis, fit décider qu'aucun citoyen ne pour-rait porter que le vrai nom de sa famille; à dater de ce jour il signa *Michel Lepeletier*. Il prit part encore à un certain nombre de dé-bats importants : sur les municipalités, sur la dégradation des forêts, sur le droit de paix et de guerre, etc., et fut président de l'Assemblée. Membre et président de l'administration dé-partementale de l'Yonne, Lepeletier de Saint-Fargeau fut élu, le 6 septembre 1792, député de ce département à la Convention nationale, le 2e sur 9, par 440 voix (542 votants). Désigné comme secrétaire, il se mêla activement aux délibérations du premier mois de la session, prononça (30 octobre) un remarquable discours sur la liberté de la presse, et, dans le procès du roi, vota « pour la mort » en accompagnant son vote de ces paroles, qui décidèrent, croit-on, un certain nombre d'hésitants : « S'il ar-rivait que nous vinssions à prononcer sur le sort de Louis d'une manière évidemment con-traire à la conscience intime du peuple fran-çais, serait-ce contre Louis au Temple, que ce même peuple devrait exercer sa vengeance ?

Non, car là est la trahison désarmée. Ce serait contre les mandataires infidèles de la nation que l'insurrection deviendrait légitime, parce que là seraient réunies la trahison et la puis-sance. » Bien qu'il ne fit pas partie du comité d'instruction publique, la question de l'éduca-tion nationale prit bientôt la première place dans ses préoccupations. Le comité avait pré-senté, au commencement de décembre 1792, un plan d'organisation de l'instruction publi-que, reproduction de celui de Condorcet; ce fut à cette occasion que Lepeletier rédigea le mémoire célèbre dans lequel il a résumé ses idées sur l'éducation commune de l'enfance. Il ne vécut pas assez pour pouvoir les exposer lui-même à la tribune de la Convention. Un garde-du-corps avait résolu de venger la mort de Louis XVI sur un de ses juges. Or, Lepele-tier de Saint-Fargeau avait excité plus de co-lère chez les royalistes, en raison même de la classe à laquelle il appartenait. Le 20 janvier 1793, au soir, chez Février, restaurateur au Palais-Royal, on le montra au garde-du-corps Pâris, au moment où il se mettait à table. Le jeune homme, couvert d'une grande houppe-lande, sous laquelle il cachait un sabre, se pré-senta et lui dit : « C'est toi, scélérat de Lepele-tier, qui as voté la mort du roi? — J'ai voté, répondit celui-ci, selon ma conscience; et que t'importe ? — Tiens, reprend Pâris, voilà pour ta récompense. » Et il lui enfonça son épée dans le côté. Lepeletier tomba et Pâris disparut. Dix jours après, il se brûlait la cer-velle à Forges-les-Eaux (Seine-Inférieure), au moment où on allait l'arrêter. Lepeletier, blessé à mort, ne proféra que ces seules paroles : « J'ai froid ! » Transporté aussitôt dans son hôtel au Marais, il expira peu de temps après. Ses obsèques eurent lieu le 24 janvier et furent l'occasion d'une fête funèbre, à laquelle la Convention donna la plus grande solennité. Ses collègues lui décernèrent les honneurs du Pan-théon; mais le décret fut rapporté le 8 février 1795, et le corps retiré par la famille. Les représentants adoptèrent sa fille âgée de huit ans; celle-ci épousa en 1798 M. de Witt, riche Hollandais, et s'en sépara en 1800 pour se remarier avec son cousin, M. Lepeletier de Mortefontaine. Le *Moniteur* raconte ainsi qu'il suit la pompe fu-nèbre célébrée le 24 janvier. « A dix heures du matin, son lit de mort a été placé sur le piédestal où était ci-devant la statue équestre de Louis XIV, place Vendôme, aujourd'hui place des Piques. On montait au piédestal par deux escaliers, sur les rampes desquels étaient deux candélabres à l'antique. Le corps était exposé sur le lit avec les draps ensanglantés, et le glaive dont il a été frappé. Il était nu jusqu'à la ceinture, et l'on voyait à découvert sa large et profonde plaie. Ce lit, ce sang, cette blessure, ces restes inanimés, étaient la partie lugubre et la plus attachante de ce grand spectacle. Il n'y manquait que l'auteur du crime chargé de chaînes et commençant son supplice par l'aspect du triomphe de Saint-Fargeau. Dès que la Convention nationale et tous les corps qui devaient former le cortège ont été rassemblés sur la place, une musique lugubre s'est fait entendre. Elle était, comme presque toutes celles qui ont embelli nos fêtes révolutionnaires, de la composition du citoyen Gossec. La Convention était rangée autour du piédestal. Le citoyen chargé des cérémonies a remis au président de la Conven-tion une couronne de chêne et de fleurs; alors le président, précédé des huissiers de la Con-vention et de la musique nationale, a fait le tour du monument, et est monté sur le piédestal pour déposer sur la tête de Lepeletier la couronne civique. Pendant ce temps, un fédéré a prononcé un discours; le président descendu, le cortège s'est mis en marche dans l'ordre suivant (suit la description du cortège et de sa marche jusqu'au Panthéon). Arrivé au Panthéon, le corps a été déposé sur l'estrade préparée pour le recevoir. La Convention nationale s'est rangée autour; la musique, placée dans la tribune, a exécuté un superbe chœur religieux; le frère de Lepeletier a prononcé ensuite un discours, dans lequel il a annoncé que son frère avait laissé un ouvrage presque achevé sur l'éducation nationale, et qui sera bientôt rendu public; il a fini par ces mots : Je vote, comme mon frère, la mort des tyrans. Les représentants du peuple, rapprochés du corps, se sont promis union et ont juré le salut de la patrie. Un grand chœur à la Liberté a terminé la cérémonie. »

Par suite de l'ajournement de la discussion sur l'instruction publique, ce fut seulement en juillet, six mois après la mort de l'auteur, que fut rendu public le travail de Michel Lepeletier sur l'éducation nationale. Dans la séance du 3 juillet 1793, où la Convention rejeta le plan Sieyès-Daunou-Lakanal et chargea six commissaires de lui présenter sous huit jours un nouveau plan d'éducation et d'instruction publique, Chabot demanda que l'assemblée fixât un jour pour entendre la lecture de l'ouvrage de Lepeletier. La Convention se borna alors à décréter que l'ouvrage serait imprimé. Mais bientôt Robespierre ayant, le 12 juillet, rencontré Félix Lepeletier aux Tuileries, le pria de lui prêter le manuscrit de son frère, qu'il ne connaissait pas encore; lorsqu'il l'eut entre les mains, il le porta à la tribune de la Convention où il en fit lecture, le lendemain 13. Ce plan donna lieu, dans la Convention et aux Jacobins, à de longues et intéressantes discussions. Etabli par son auteur, à la fin de 1792, il était destiné à servir de complément à celui de Condorcet. Lepeletier demandait seulement une organisation plus efficace du premier degré d'instruction des écoles primaires. Ces écoles, disait-il, ne pourraient donner une éducation vraiment et universellement nationale qu'à la condition d'être transformées en « maisons d'éducation », où tous les enfants seraient élevés en commun, de cinq à douze ans, aux frais de la République, « sous la sainte loi de l'égalité, recevant mêmes vêtements, même nourriture, même instruction, mêmes soins. » A la suite des maisons d'éducation commune où ils auraient reçu l'instruction primaire, ceux des élèves auxquels leurs parents voudraient faire poursuivre leurs études, auraient parcouru successivement les trois degrés supérieurs de l'instruction du plan Condorcet, écoles secondaires, instituts et lycées. Lepeletier proposait que la République prît à sa charge les frais de l'instruction et de l'entretien d'un certain nombre d'élèves désignés au concours parmi les plus méritants; ces pensionnaires de la République auraient été choisis dans la proportion de un sur cinquante, parmi les élèves des maisons d'éducation commune, pour suivre les cours des écoles secondaires; la moitié des élèves des écoles secondaires seraient ensuite devenus pensionnaires de la République dans les instituts; et la moitié des élèves des instituts, pensionnaires de la République dans les lycées. « Ne pourront être admis à concourir, ajoutait Lepeletier, ceux qui, par leurs facultés personnelles ou celles de leurs parents, seraient en état de suivre sans le secours de la République, ces trois degrés d'instruction. » Amendé par la commission des six (séance du 1er août), le plan de Michel Lepeletier fut adopté le 13 avec cette double réserve que les maisons d'éducation commune seraient destinées aux garçons seulement, et que le placement des enfants dans ces maisons communes serait facultatif pour les familles. Mais, le 20 octobre, sur la proposition de Léonard Bourdon, la Convention rapporta le décret du 13 août, et décida de s'en tenir à l'organisation de simples écoles primaires. La mort de Lepeletier avait inspiré à David un de ses plus beaux tableaux, placé dans la salle de la Convention. On l'en retira après le 9 thermidor, et la fille de Lepeletier, s'il faut en croire Le Bas, fit acheter le tableau aux héritiers de David et le détruisit.

LEPELETIER DE SAINT-FARGEAU (FERDINAND-LOUIS-FÉLIX), représentant à la Chambre des Cent-Jours, né à Paris le 1er octobre 1767, mort à Paris le 3 janvier 1837, frère du précédent, suivit la carrière militaire, et fut d'abord aide-de-camp du prince de Lambesc. Il adopta, à l'exemple de son frère, et avec le même enthousiasme, les principes de la Révolution, et fit partie du club des Jacobins. Après l'assassinat de Michel Lepeletier, il prononça sur son cercueil, au Panthéon, en présence de la Convention nationale, un émouvant discours qu'il termina par ces mots : « Je vote comme mon frère, la mort des tyrans ! » Le 21 février 1793, il offrit à l'Assemblée un buste de Michel Lepeletier, œuvre d'un jeune artiste nommé Fleuriot : sur la motion de David, la Convention plaça ce buste dans la salle de ses séances, à côté de celui de Brutus. En même temps, Félix Lepeletier présenta un ouvrage posthume de Michel, sur l'éducation nationale et demanda à être « l'organe de son frère, au moment où la Convention s'occuperait de l'instruction publique. » Un autre jour, il réclama à la tête d'une députation, la fixation du prix du pain. Aux Jacobins, il fit une motion en faveur du plan d'instruction publique dont Bouquier (v. ce nom) était l'auteur; il prononça aussi un long discours sur « les crimes du gouvernement anglais. » Atteint par la décision qui excluait tous les ci-devant nobles du club des Jacobins, il se retira (16 pluviôse an II), en disant : « Bien jeune encore, il m'est réservé sans doute d'offrir l'exemple du malheur et des grands sacrifices à la patrie. Eh bien ! si on me vit montrer quelque énergie lorsque le poignard des royalistes vint frapper mon frère et me l'enlever, on me verra recevoir avec philosophie la coupe d'amertume qui m'est présentée par des républicains que je chéris. Citoyens, lorsque vous m'admîtes dans votre sein, vous me donnâtes cette carte, signe de fraternité. Je vous la remets. Je vous avais alors voué toutes mes affections, mais jamais je ne reprendrai mon cœur : il sera toujours jacobin jusqu'à la mort ! » En effet, l'attachement de Félix Lepeletier au parti de la Montagne le rendit suspect aux thermidoriens. Ordre fut donné de l'arrêter comme coupable d'avoir trempé dans la conspiration de Babœuf; il fut impliqué dans la procédure comme contumace et d'ailleurs acquitté. Après l'exécution de Babœuf, il adopta un de ses enfants. Félix Lepeletier était membre de la Société jacobine du Manège, où il prit plusieurs fois la parole dans un sens révolutionnaire et peu favorable à la majorité des Conseils. Adversaire du coud'État de Bonaparte, il fut poursuivi, à l'occasion de l'affaire de la machine infernale (3 nivôse an IX), et transféré à l'île de Ré, puis envoyé en surveillance en Suisse (1803). Ayant obtenu, deux ans plus tard, l'autorisation de rentrer en France, il se tint à l'écart de la politique jusqu'en 1815. Le 10 mai, il fut élu représentant de l'arrondissement de Dieppe, à la Chambre des Cent-Jours, par 52 voix sur 68 votants. Confiant dans les déclarations de Napoléon Ier, il adhéra à l'Acte additionnel, et, à la Chambre, demanda, en juin, que l'adresse en réponse au discours impérial promît formellement à l'empereur, au nom du peuple, les sacrifices nécessaires à la cause commune. Il proposa aussi l'établissement d'un journal logotachygraphique, « vu la manière indécente dont certains journaux rendent compte des séances, » demanda l'impression et la publication des proclamations de Louis XVIII, et attaqua les partisans de la royauté. La Restauration l'exila en vertu de la loi du 12 janvier 1816. De retour à Paris, il y mourut dans la retraite, le 3 janvier 1837. On a de lui quelques brochures politiques.

LEPELLETIER (FRANÇOIS-LOUIS-ÉMILE), ministre en 1877, né à Villedieu (Manche) le 22 décembre 1826, étudia le droit et fut reçu docteur à Caen le 1er décembre 1852, avec une thèse sur la *Saisine héréditaire dans le droit barbare*. Après avoir exercé pendant plusieurs années la profession d'avocat, il entra dans la magistrature en 1856, comme substitut du procureur impérial à Lourdes, passa avec le même titre à Tarbes en 1857, et à Marseille en 1859. Procureur impérial à Draguignan en 1860, il fut appelé à Paris en 1863, comme substitut, et devint substitut du procureur général le 22 mai 1868. Révoqué, le 16 novembre 1870, par le gouvernement de la Défense nationale, M. Lepelletier rentra bientôt dans la magistrature comme procureur-général à Amiens (29 juin 1874), fut appelé, le 6 juin 1873, aux mêmes fonctions près la cour de Rouen, et nommé conseiller à la cour de Cassation (31 décembre 1874). Il occupait ce poste, lorsque ses opinions notoirement conservatrices lui firent donner par le maréchal de Mac-Mahon le portefeuille de la Justice dans le cabinet extraparlementaire présidé par le général de Rochebouët et qui tenta, sans succès, de tenir tête à la nouvelle Chambre des députés. M. Lepelletier ne resta au pouvoir, ainsi que ses collègues, que du 23 novembre au 12 décembre 1877. Ayant donné sa démission avec eux, il fut rappelé par M. Dufaure à la cour suprême le jour même où il quittait le ministère; il fut installé à nouveau, et compta au rang d'ancienneté à partir de cette dernière date. Outre sa thèse de doctorat, M. Lepelletier est l'auteur d'une étude philosophique intitulée : *De la justice et de la loi*. On cite aussi de lui un volume de poésies : les *Violettes* (1841), et une étude littéraire intitulée : *La tragédie et le drame modernes; Oreste et Hamlet*. Chevalier de la Légion d'honneur du 13 août 1867.

LEPELLETIER D'AUNAY (LOUIS-HONORÉ-FÉLIX, BARON), député de 1827 à 1848, représentant en 1849, né à Paris le 10 avril 1782, mort à Paris le 16 janvier 1855, d'une famille noble apparentée au philosophe de Maistre, fut élève de l'École militaire d'Auxerre, et, en l'an XIV, garde d'honneur de la ville de Paris. Entré au conseil d'État comme auditeur sous le premier empire (mars 1806), il en sortit pour administrer, en qualité de préfet, le département de Tarn-et-Garonne (25 novembre 1808), puis celui d'Eure-et-Loir (12 mars 1813), et celui de la Stura (25 mars de la même année). Chevalier de Malte, chevalier de la Légion d'honneur, baron de l'empire du 9 janvier 1809, il rentra dans la vie privée en 1814, et combattit le gouvernement de la Restauration dans les rangs de l'opposition constitutionnelle. Le 17 novembre 1827, il entra au parlement. Élu député du 3e arrondissement de Seine-et-Oise (Monfort-l'Amaury), par 139 voix (241 votants, 283 inscrits), contre 97 au marquis de Bouthillier, il se rallia au cabinet Martignac, qui le fit conseiller d'État, vota contre les « ultras », et fut, sous le cabinet Polignac, des 221. Il obtint sa réélection, le 12 juillet 1830, par 194 voix (288 votants, 334 inscrits), contre 89 au comte Laugier, adhéra à la monarchie de Louis-Philippe, et fut encore réélu, le 5 juillet 1831, cette fois par le 6e collège de Seine-et-Oise (Rambouillet), avec 291 voix (368 votants, 447 inscrits), contre 66 à M. Arrighi de Padoue. M. Lepelletier d'Aunay siégea dans la majorité conservatrice, avec laquelle il vota le plus souvent; en certaines circonstances, toutefois, il se rapprocha, comme son ami Royer-Collard, de la fraction la plus modérée de l'opposition. Le 21 avril 1832, il s'opposa à une demande d'appel nominal, par la raison que « cet appel n'aurait d'autre objet que de jeter l'inquiétude dans les familles de ceux qui n'y répondraient pas. » Réélu, le 21 juin 1834, par 229 voix (309 votants, 411 inscrits), contre 37 à M. d'Albert de Luynes, et 22 à M. Arrighi de Padoue, il n'approuva pas les lois de septembre (1835) ni la loi de disjonction. Par contre, il se montra favorable au ministère Molé, sollicita avec succès le renouvellement de son mandat, qu'il obtint, le 4 novembre 1837, avec 218 voix (284 votants, 423 inscrits), et, le 2 mars 1839, avec 238 voix (335 votants), et se prononça *pour* la dotation du duc de Nemours, à l'occasion du mariage de ce dernier avec la princesse Victoire, *pour* le recensement général des propriétés imposables, etc. Il opina cependant *pour* l'adjonction des capacités au cens électoral, et *pour* l'incompatibilité de certaines fonctions publiques avec le mandat de député. Réélu, le 9 juillet 1842, par 207 voix (294 votants, 423 inscrits), contre 68 à M. Vidal, M. Lepelletier d'Aunay devint, dans cette législature, vice-président de la Chambre. Il suivit la même politique que précédemment, et observa à l'égard du ministère Guizot une neutralité plutôt bienveillante. Il *s'abstint* dans le scrutin sur l'indemnité Pritchard. La révolution de 1848 interrompit la carrière politique de M. Lepelletier d'Aunay. Il fut rappelé à l'Assemblée législative, le 13 mai 1849, par les électeurs conservateurs de Seine-et-Oise, le 7e sur 10, par 45,395 voix (96,950 votants, 139,436 inscrits). Il y fit partie de la majorité monarchiste, vota *pour* l'expédition de Rome, *pour* la loi Falloux-Parieu sur l'enseignement, soutint la politique de l'Élysée jusques et y compris le coup d'État, et fit partie de la Commission consultative. Le 29 février 1852, sans s'être porté candidat, il obtint dans la 4e circonscription de Seine-et-Oise, lors des élections au Corps législatif, 917 voix, tandis que M. Delapalme, désigné comme candidat officiel par le gouvernement, était élu par 14,742 suffrages et qu'un autre candidat, M. Thil, en obtenait 2,674.

LEPELLETIER D'AUNAY (LOUIS-ÉTIENNE-HECTOR, COMTE), député de 1830 à 1837, frère du précédent, né à Aunay (Nièvre) le 3 octobre

1777, mort à Paris le 10 janvier 1851, propriétaire à Cervon (Nièvre), fut élu, le 3 juillet 1830, député de la Nièvre, par le collège de département, avec 86 voix sur 152 votants et 166 inscrits. Il prit part à l'établissement de la monarchie de Louis-Philippe, siégea dans la majorité conservatrice, et obtint le renouvellement de son mandat le 5 juillet 1831, dans le 2e collège de la Nièvre (Château-Chinon), avec 64 voix (117 votants, 165 inscrits), contre 44 au colonel Sautereau. M. Lepelletier d'Aunay, qui était désigné habituellement à la Chambre sous le nom de comte Hector d'Aunay, fut encore réélu, le 21 juin 1834, par 80 voix (154 votants, 194 inscrits), contre 71 à M. Buteau. Il opina, comme précédemment, avec le parti du « juste-milieu », et quitta la Chambre en 1837.

LEPELLETIER D'AUNAY (Honoré-Joseph-Octave, comte), député au Corps législatif de 1852 à 1870, député de 1876 à 1881, né à Paris le 27 juin 1816, fils du précédent, fut nommé en 1840, auditeur de seconde classe au conseil d'État. Promu à la première classe deux ans plus tard, il devint maître des requêtes, et fut destitué à la révolution de février 1848. C'est par erreur que le *Dictionnaire des contemporains* de M. Vapereau, le confondant avec son oncle Louis-Honoré-Félix (V. pl. haut), le fait représentant de Seine-et-Oise à la Législative en 1849. M. H.-J.-O. Lepelletier d'Aunay n'entra dans la vie parlementaire que le 29 février 1852, comme député au Corps législatif, élu, dans la 2e circonscription de la Nièvre, où il possédait des propriétés, par 29,212 voix (29,891 votants, 42,274 inscrits), contre 456 à M. Eug. Dupin. Le gouvernement avait soutenu sa candidature. M. Lepelletier d'Aunay s'associa à l'établissement du régime impérial, et vota pendant toute la durée du règne avec la majorité dynastique. Il obtint successivement sa réélection, toujours comme candidat officiel : le 22 juin 1857, par 24,486 voix (25,605 votants, 39,637 inscrits), contre 1,032 à M. de la Bédollière; le 1er juin 1863, par 19,539 voix (21,901 votants, 29,649 inscrits), contre 1,757 à M. Labot et 571 à M. Dupont; le 24 mai 1869, par 16,056 voix (24,616 votants, 30,834 inscrits), contre 4,618 à M. Tenaille-Saligny, 2,381 à M. Eug. Dupin et 1,543 à M. Labot. Il se montra le constant défenseur des idées autoritaires et vota, en 1870, *pour la déclaration de guerre à la Prusse.* La révolution du 4 septembre l'avait éloigné de la scène politique. Il y reparut le 20 février 1876, ayant été élu, sur un programme impérialiste, député de l'arrondissement de Clamecy, par 10,142 voix (16,882 votants, 21,320 inscrits), contre 6,589 à M. Tenaille-Saligny, républicain modéré. M. Lepelletier d'Aunay siégea sur les bancs de l'Appel au peuple et soutint, contre les 363, le gouvernement du Seize-Mai, dont il fut, le 14 octobre 1877, le candidat officiel dans la même circonscription. Réélu par 10,631 voix (18,210 votants, 21,742 inscrits), contre 7,531 à M. Tenaille-Saligny, il reprit sa place dans le groupe bonapartiste, qu'il présida, et opina régulièrement avec la minorité : *contre* les invalidations des députés de la droite, *contre* le ministère Dufaure, *contre* l'amnistie, et, en toute occasion, *contre* les ministères républicains. Le renouvellement du 21 août 1881 ne lui fut pas favorable : il échoua avec 8,040 voix, contre 8,916 à M. Hérisson (Sylvestre), républicain. Il se représenta, sans plus de succès, après le rétablissement du scrutin de liste, et, porté sur la liste conservatrice de la Nièvre, il réunit, le

18 octobre 1885, au second tour de scrutin sans être élu, 39,681 voix sur 83,419 votants. Commandeur de la Légion d'honneur.

LEPELLETIER DE FEUMUSSON (Charles-Emmanuel), député en 1789, né à Yvré (Sarthe) le 10 septembre 1740, mort au Mans (Sarthe) le 17 janvier 1817, chanoine régulier, prieur et curé de Domfront-en-Champagne, fut élu, le 25 mars 1789, député du clergé aux États-Généraux par la sénéchaussée du Maine. Il n'eut qu'un rôle politique effacé et n'aborda pas la tribune.

LE PELLEY-DUMANOIR (Pierre-Étienne-René-Marie, comte), député de 1815 à 1822, né à Granville (Manche) le 2 août 1770, mort à Paris le 6 juillet 1829, entra dans la marine en 1787 comme élève de port, devint sous-lieutenant l'année suivante, et fit campagne sur les côtes d'Afrique et à la Guyane. Lieutenant en 1790, adjoint à l'état-major de l'amiral Martin, il assista au combat du *Sans-Culotte* contre les Anglais. Capitaine de vaisseau en l'an III et commandant du *Berwick*, il fit partie de l'escadre du contre-amiral Richery, qui s'empara d'un convoi dans la Méditerranée, et fut ensuite chargé d'aller ruiner les établissements anglais de Terre-Neuve. En l'an V, il assista à la malheureuse expédition d'Irlande et eut à recueillir l'équipage du *Scévola*, abordé par la *Révocation*; en l'an VI, il prépara l'expédition d'Égypte, dirigea le convoi attaché à l'armée et fut nommé commandant du port d'Alexandrie. Il accompagna Bonaparte lors du retour en France (17 vendémiaire an VIII). Contre-amiral peu de temps après, il commanda, de l'an IX à l'an XI, plusieurs divisions à Brest et à Saint Domingue; il était à Cadix lors du combat d'Algésiras, et il encourut le reproche de n'avoir pas secouru à temps l'amiral Linois. Membre de la Légion d'honneur (19 frimaire an XII), commandeur de l'ordre (25 prairial), il fut mis provisoirement à la tête de l'escadre de Toulon après la mort de l'amiral Latouche (2 fructidor an XII), fut remplacé bientôt par Villeneuve, assista au combat du 3 thermidor an XIII, contre l'amiral Calder, resta immobile à Trafalgar, bien qu'il eût quatre vaisseaux sous ses ordres, perdit ces vaisseaux au combat de Villano, le 13 frimaire an XIV, fut blessé et tomba entre les mains des Anglais. Rentré en France en 1808, il passa devant un conseil de guerre qui l'acquitta. En 1811, l'empereur le nomma commandant de la marine à Dantzig; il fut blessé pendant le siège et, à la capitulation, fut emmené prisonnier à Kiew; c'est de là qu'il envoya son adhésion à la déchéance de l'empereur. Mis en liberté en juillet 1814, nommé, par le roi chevalier de Saint Louis, et créé comte le 2 décembre de la même année, il fut, le 22 août 1815, élu député du collège de département de la Manche, par 112 voix (171 votants, 276 inscrits), et successivement réélu, le 20 septembre 1817, par 1,042 voix (1,218 votants, 2,031 inscrits), et, le 20 octobre 1818, par 866 voix (1,382 votants, 2,137 inscrits). Il siégea obscurément au centre. Grand-croix de la Légion d'honneur (27 avril 1816), il fut nommé vice-amiral le 27 janvier 1819, et commandeur de Saint-Louis le 23 août 1820.

LEPÈRE (Edme-Charles-Philippe), représentant en 1871, député de 1876 à 1885, ministre, né à Auxerre (Yonne) le 1er février 1823, mort à Auxerre le 6 septembre 1885, étudia le droit à Paris, se fit recevoir avocat, et s'inscrivit au barreau de sa ville natale, où il conquit bientôt une place distinguée. Il faisait en même temps une assez vive opposition au gouvernement impérial, comme rédacteur du journal démocratique l'*Yonne*, et comme membre du conseil municipal d'Auxerre et du conseil général du département. En 1867, le journal de Jules Vallès, la *Rue*, ayant tenu ses lecteurs au courant du débat survenu entre deux hommes de lettres, MM. Antonio Watripon et Choux, qui se disputaient la paternité d'une chanson célèbre parmi les étudiants, et intitulée le *Vieux quartier latin*, M. Charles Lepère écrivit d'Auxerre à Jules Vallès pour s'avouer le véritable auteur de ces couplets :

« Hélas! oui, monsieur, disait le futur ministre, c'est moi qui suis l'auteur de la chanson du *Vieux quartier latin*, et c'est vous dire qu'il y a vingt ans que j'étais jeune! Je ne suis pas de ceux qui, ne pouvant plus l'être, veulent ne l'avoir jamais été; en vous confessant ce péché de jeunesse, je ne fais même aucune difficulté de vous avouer que je l'ai commis à la suite d'une de ces soirées du quartier latin que de mon temps on appelait des *noces*, et dont on n'a jamais été tenté de dire que la *Mère sans danger*, etc., etc. Cette soirée-là s'était prolongée jusqu'à six heures du matin : il était un peu tôt pour rentrer chez soi : ce fut mon avis et celui de trois de mes camarades qui vinrent avec moi frapper à la porte de Dagnaux. C'est dans la salle de ce café-restaurant (rue de l'Ancienne-Comédie), ornée d'un immense divan en équerre, sur lequel j'ai souvent vu Nadar étendre à l'aise ses immenses pattes de faucheux, que nous fîmes rallumer le gaz (c'était en décembre 1846), et qu'on nous servit un déjeuner de ceux duquel quelques verres de Chablis m'induisirent en cantilènes. La conversation roulait, depuis quelque temps, sur la tendance qu'avaient certains étudiants à déserter le quartier latin pour descendre au faubourg Saint-Germain et même pour passer sur la rive droite. Mes amis, à ce propos, s'indignaient et criaient si fort, que, pour me mettre à leur diapason, j'entonnai sur l'air : *Dis-moi, soldat, dis-moi, t'en souviens-tu!* la complainte en question dont j'improvisai trois couplets, je ne sais plus lesquels. J'en aurais peut-être improvisé quatre, si le père Dagnaux, éveillé par ce chant matinal, n'avait jugé à propos de mettre une sourdine à ma lyre, en gourmandant ses garçons de nous avoir servi un déjeuner à cette heure indue. Le lendemain, mes amis, qui conservaient un vague souvenir de mes couplets, m'engagèrent à les retoucher et à les faire suivre de quelques autres. Je repassais alors mon second examen de droit que j'avais, quatre mois avant, subi avec un succès négatif : je m'étais volontairement mis aux arrêts, dans une petite chambre que j'occupais en face du passage du Commerce, à l'entresol du n° 78 de la rue Saint-André-des-Arts; là, quand le code de procédure me sortait par les yeux, j'allumais une pipe et j'écrivais, tant bien que mal, un nouveau couplet. J'en commis douze. C'est ainsi que je perpétrai cette chanson... » Après la chute de l'Empire, M. Lepère devint, le 8 février 1871, représentant de l'Yonne à l'Assemblée nationale, le 5e sur 7, par 36,592 voix (61,853 votants, 113,657 inscrits). Il siégea à l'Union républicaine et vota : *contre* la paix, *contre* les prières publiques, *contre* l'abrogation des lois d'exil, *contre* le pouvoir constituant de l'Assemblée, *pour* la dissolution, *pour* le gouvernement de Thiers, *contre* sa chute au 24 mai, *contre* le septennat, *contre* l'état de siége, *contre* la loi des maires, *pour* les amendements Wallon et Pascal Duprat,

pour l'ensemble des lois constitutionnelles. Il fut un des plus empressés parmi les membres du groupe radical de l'Union républicaine à soutenir la politique « modérée » suivie par M. Thiers au pouvoir, et parut plusieurs fois à la tribune où il se fit remarquer par un certain talent d'orateur et par une vive connaissance des affaires. Il prit notamment la parole : pour protester contre la rentrée des princes en France (8 juin 1871); pour défendre Gambetta contre les attaques de la droite (13 juin 1872); pour reprocher à M. de Goulard sa partialité en faveur des frères maristes de Castelsarrasin (18 janvier 1873); pour interpeller le gouvernement (10 juin) sur la suppression du journal *le Corsaire*; pour appuyer le projet de loi tendant à ramener au chiffre réglementaire le nombre des membres de la Légion d'honneur. Il parla encore sur les traités de commerce, les taxes télégraphiques, les bouilleurs de cru, etc.

Réélu, le 20 février 1876, député de la 1re circonscription d'Auxerre, par 9,633 voix (11,660 votants, 16,323 inscrits), il fut choisi par ses collègues pour l'un des vice-présidents de la Chambre, ne se fit pas inscrire à l'extrême-gauche et devint un des plus zélés partisans de l'opportunisme préconisé par Gambetta. Des 363, il combattit vivement le gouvernement du Seize-Mai, qui de son côté mit tout en œuvre pour faire échouer sa candidature, le 14 octobre 1877, dans la 1re circonscription d'Auxerre : mais M. Lepère obtint le renouvellement de son mandat à la forte majorité de 10,218 voix (13,885 votants, 16,541 inscrits) contre 3,524 au candidat officiel, M. Remacle. Il fit partie, lors de la réunion de la Chambre nouvelle, du comité des dix-huit chargé de diriger la résistance de la majorité républicaine contre les entreprises extra-parlementaires du cabinet de Rochebouët. Républicain « de gouvernement », M. Lepère fut nommé, dès la formation du cabinet Dufaure, le 14 décembre 1877, sous-secrétaire d'État au ministère de l'Intérieur. Plusieurs fois il prit la parole en cette qualité devant l'une et l'autre Chambre, et l'on remarqua surtout, en décembre 1878, la vivacité de sa réplique aux orateurs de la droite qui reprochaient au cabinet de pratiquer la candidature officielle. Le 4 février 1879, peu de jours après l'avénement de M. Grévy à la présidence de la République, M. Ch. Lepère fut chargé du portefeuille de l'Agriculture et du Commerce. Un mois après, le 4 mars, il passait au ministère de l'Intérieur et des Cultes, en remplacement de M. de Marcère. M. Lepère débuta dans ses nouvelles fonctions en essayant, d'ailleurs sans succès, d'empêcher la commission d'enquête sur les agissements du 16 mai de conclure à la mise en accusation des ministères Fourtou de Broglie et de Rochebouët. Mais, après avoir été maintenu à son poste dans le cabinet reconstitué, le 28 décembre 1879, sous la présidence de M. de Freycinet, il eut surtout à s'occuper de la question religieuse, qui atteignait alors son maximum d'acuité. Comme ministre de l'Intérieur, il eut une grande part de responsabilité dans les décrets du 29 mars 1880, dont l'un, comme on sait, enjoignait à la Société de Jésus de se dissoudre dans les trois mois, prorogeant le délai jusqu'au 31 août pour ses établissements d'enseignement; le second donnait trois mois aux autres congrégations pour déposer une demande d'autorisation. La légalité de ces décrets donna lieu, au parlement et dans la presse, aux débats les plus ardents. M. Lepère fit suivre leur promulgation d'un commentaire immédiat sous la forme d'une circulaire qu'il adressa aux préfets, le 2 avril. Cette circulaire débutait ainsi : « Au moment où la publication des deux décrets du 29 mars 1880 soulève de la part des adversaires de nos institutions républicaines les attaques les plus violentes et les plus injustes, j'estime qu'il est de mon devoir d'éclairer les populations sur le sens et la portée de ces actes et de les prémunir contre certaines calomnies que les partis hostiles s'efforcent de propager. » M. Lepère se défendait contre le double grief : de porter atteinte aux droits et prérogatives de la religion catholique et de persécuter une classe de citoyens. La circulaire du ministre provoqua les protestations les plus vives de la part de l'épiscopat, et notamment de Mgr Guibert, archevêque de Paris, qui n'hésitait pas à mettre en doute la bonne foi du gouvernement. Le ministre frappa d'appels comme d'abus les écrits ou les actes de plusieurs prélats. Interpellé (avril 1880) à la Chambre par M. Godelle sur les actes du gouverneur général de l'Algérie M. Albert Grévy, le ministre de l'Intérieur déclara couvrir ces actes de sa responsabilité. Il fut mêlé très activement aux deux délibérations sur le projet de loi relatif au droit de réunion et d'association. La première ne se passa pas tout à fait sans encombre ; après s'être prononcé contre le système de la liberté absolue éloquemment défendu par Louis Blanc, M. Lepère entama sur plusieurs points de détail diverses explications, et éprouva un premier échec à l'article 4 de la loi : cet article avait trait à l'ordre du jour des réunions, et le gouvernement demandait que, dans la déclaration, l'objet de la réunion fût précisé sans qu'il fût possible de s'en écarter. La Chambre écarta cette proposition. Le ministre eut plus de succès en faisant repousser (art. 7) les réunions publiques périodiques ou clubs. Mais la seconde délibération fut beaucoup plus pénible pour le gouvernement : adoptée à la fin de janvier en première lecture, la loi revint au Palais-Bourbon au mois de mai 1880, et donna lieu, cette fois, à de vifs incidents qui entraînèrent la démission du ministre de l'Intérieur. Aux termes de l'article 9 du projet, un fonctionnaire de l'ordre administratif pouvait être délégué pour assister à la réunion, avec pouvoir d'en prononcer la dissolution dans certaines circonstances déterminées. L'article 10 apportait de son côté une restriction à l'exercice du droit de réunion ; il était ainsi conçu : « En cas de troubles imminents, les préfets de police, préfets et sous-préfets, pourront ajourner les réunions publiques, à la charge par eux d'en référer immédiatement au ministère de l'Intérieur. La faculté d'ajournement n'est pas applicable aux réunions électorales. » La Chambre avait, lors de la première délibération, manifesté sa répugnance à voter ces deux articles, bien qu'ils fussent vivement approuvés par le gouvernement. Le projet revenu, le dissentiment s'accentua. L'article 9 fut renvoyé à la commission, qui devait chercher un terrain de conciliation et proposer une nouvelle rédaction. Quant à l'article 10, il fut purement et simplement rejeté par 250 voix contre 126. Mis en échec par ce vote assez imprévu, le gouvernement se rejeta sur l'article 9 et réclama avec insistance, par l'organe de M. Lepère, le maintien de la rédaction primitive. La thèse de M. Lepère, appuyée par M. Ribot, parut assez compromise auprès de la majorité pour que le président du conseil jugeât bon d'intervenir. Mais l'habile intervention de M. de Freycinet ne réussit pas à sauver la rédaction

du gouvernement. M. Lepère, plus particulièrement atteint par le vote de la Chambre, quitta le ministère de l'Intérieur où il fut remplacé par son sous-secrétaire d'Etat, M. Constans. Il reprit alors sa place à gauche, et fut réélu député d'Auxerre, le 21 août 1881, par 7,832 voix (10,145 votants, 16,644 inscrits). Dans la Chambre nouvelle, M. Ch. Lepère sembla accentuer sa politique, et désirer revenir au pouvoir à la faveur de certaines déclarations plus libérales que ses actes précédents, et qui n'eurent d'ailleurs qu'un médiocre succès. Président du groupe de la gauche radicale, il fit une opposition intermittente aux ministères de la législature, intervint (1882) dans la discussion des articles de la loi sur le divorce, pour combattre (juin 1882) un amendement de M. de la Rochefoucauld-Bisaccia (*V. ce nom*), et prit part, la même année, comme président de la commission de la réforme de la magistrature, aux débats confus qui occupèrent plusieurs séances des mois de juin et de juillet. Les polémiques de M. Ch. Lepère et de son journal l'*Yonne* avec des adversaires personnels de son influence dans le département, occupèrent aussi l'attention. Il se préparait à recommencer la lutte en vue des élections d'octobre 1885, quand il succomba (septembre) à un érysipèle infectieux.

LEPESCHEUX (FRANÇOIS-JEAN), représentant à la Chambre des Cent-Jours, député de 1819 à 1824, né à Mayenne (Mayenne) le 13 novembre 1766, mort à Mayenne le 30 décembre 1837, fut administrateur de son département sous le Directoire, et, plus tard, contrôleur de contributions directes à Mayenne. Elu, le 11 mai 1815, représentant de l'arrondissement de Mayenne à la Chambre des Cent-Jours, par 44 voix (62 votants, 164 inscrits), contre 8 à M. Cheminant, il se fit peu remarquer durant cette courte législature. Il reparut à la Chambre, le 11 septembre 1819, comme député de Mayenne, élu au collège de département, par 615 voix (970 votants, 1,367 inscrits). Il vota avec l'opposition constitutionnelle, notamment en 1820, *contre* les lois d'exception, et, avec 95, *contre* le nouveau système électoral ; quitta la Chambre en 1824.

LEPETIT (JACQUES-FRANÇOIS-ALPHONSE), représentant en 1874, sénateur de 1875 à 187., né à Poitiers (Vienne) le 25 novembre 181., mort à Poitiers le 31 août 1877, d'une famille originaire de Normandie établie en Poitou dans le courant du siècle dernier, était fils d'un ancien chirurgien de marine, docteur-médecin à Poitiers depuis 1815. Ses études terminées au lycée de Poitiers, il fit son droit à la faculté de cette ville, et fut reçu licencié en 1838, docteur l'année suivante. Nommé au concours en 1844, professeur suppléant à la faculté de droit de Poitiers, il se fit inscrire au barreau de la cour royale, et remplit un moment, en 1848, les fonctions de conseiller de préfecture de la Vienne. Professeur titulaire de la faculté de droit en 1859, bâtonnier (la même année) de l'ordre des avocats, il fut élu, en 1860, conseiller municipal, et remplit les fonctions d'adjoint au maire de 1865 à 1870. Conseiller général d'Availles en 1870, doyen de la faculté de droit en 1871, il posa sa candidature à l'Assemblée nationale, le 1er mars 1874, à l'élection partielle motivée par le décès de M. Laurenceau, et fut élu représentant de la Vienne par 34,189 voix, sur 66,040 votants contre 31,214 voix à M. de Beauchamp. Son élection, qui avait rencontré dans le pays de nombreuses sympathies personnelles, et qui fut la première victoire du parti républicain dans la Vienne, avait été soutenue par M. Thiers ; dans une lettre destinée à être publiée, celui-ci lui avait écrit : « Je fais des vœux pour l'élection de républicains comme vous, républicains de raison et non de passion. » M. Lepetit prit place au centre gauche, fit partie de plusieurs commissions, présenta (9 juillet 1875) et défendit avec talent, à la tribune, un amendement à la loi sur la liberté de l'enseignement supérieur, portant que « les élèves des facultés libres devront se présenter pour l'obtention des grades universitaires devant les facultés de l'État », et vota *contre* les nouveaux impôts sur le gaz, sur le sucre et sur le sel, *contre* le ministère de Broglie, *pour* la dissolution de l'Assemblée, *pour* l'amendement Wallon, *pour* la levée de l'état de siège, *pour* les lois constitutionnelles. Le 15 décembre 1875, M. Lepetit fut élu sénateur inamovible par l'Assemblée nationale, le 51e sur 75, avec 343 voix sur 676 votants. Il prit place au centre gauche de la Chambre haute, vota avec les républicains, refusa au ministère du Seize-Mai la dissolution de la Chambre, et mourut pendant les vacances parlementaires de 1877. Chevalier de la Légion d'honneur (1867), officier de l'instruction publique.

LEPIC (Louis-Joseph-Napoléon, baron), représentant en 1849, né à Maurecourt, près Andrésy (Seine-et-Oise), le 5 août 1810, mort à Paris le 7 avril 1875, fils du général comte Louis Lepic (1765-1828), suivit, à l'exemple de son père, la carrière militaire. Il était capitaine d'état-major et officier d'ordonnance du prince L.-N. Bonaparte, lorsqu'il fut élu, le 8 juillet 1849, par les conservateurs de Seine-et-Oise, représentant à l'Assemblée législative, avec 40,905 voix (50,934 votants, 140,269 inscrits), contre 8,269 à M. Erambert, 475 à M. Archambault, et 351 à M. H. Durand. Il s'agissait de remplacer le général Changarnier, qui avait opté pour la Somme. M. Lepic prit place à droite, vota avec la majorité monarchiste, soutint la politique de l'Élysée et applaudit au coup d'État de 1851. Promu chef de bataillon, puis colonel, il resta attaché à la personne du président devenu empereur, et fut élevé au grade de général de brigade le 11 août 1864. Il avait été admis dans le cadre de réserve, lorsqu'il mourut, le 7 avril 1875. Ancien conseiller général de Seine-et-Oise et commandeur de la Légion d'honneur.

LEPIDI (Ignace-Joseph), député au Conseil des Cinq-Cents, né à Tallone (Corse) en 1752, mort à une date inconnue, avait rempli les fonctions de commissaire des guerres, lorsqu'il fut élu, le 21 germinal an VII, député au Conseil des Cinq-Cents par le département du Golo (l'un des deux que formait alors la Corse). Il siégea dans cette assemblée jusqu'en l'an VIII et disparut de la scène politique.

LEPIGEON DE BOISVAL (Jean-François), député en 1791, né à Avranches (Manche) le 3 juin 1759, mort à Coutances (Manche) le 13 avril 1831, fut reçu en 1780 avocat au parlement de Paris. Devenu, en 1786, président de l'élection de Coutances, il appartint encore à la magistrature sous la Révolution, comme juge-suppléant (1790) au tribunal civil de la Manche. Le 11 septembre 1791, Lepigeon de Boisval fut élu député de la Manche à l'Assemblée législative, le 12e sur 13, par 266 voix (415 votants). Il s'y fit peu remarquer, et devint, sous la Révolution, juge au tribunal civil de Coutances, et vice-président de ce tribunal.

LÉPINNE-BEAULIEU (Paul-Louis-François), député en 1789, dates de naissance et de mort inconnues, propriétaire à Joué (Maine-et-Loire), fut élu, le 24 mars 1789, député du tiers aux États généraux par le bailliage de la Touraine. Le *Moniteur* est muet sur son rôle au parlement.

LE PLAY (Pierre-Guillaume-Frédéric), sénateur du second Empire, né à la Rivière-Saint-Sauveur (Calvados) le 11 avril 1806, mort à Paris le 6 avril 1882, entra à l'École polytechnique en 1825, en sortit dans le corps des mines en 1829, et devint successivement ingénieur ordinaire de 2e classe en 1834, de 1re classe en 1836, ingénieur en chef de 2e classe en 1840, de 1re classe en 1848. Désigné pour une chaire à l'École des mines, il y devint sous-directeur et inspecteur des études. Membre, en 1853, de la sous-commission chargée de préparer l'Exposition universelle, il en prit un peu plus tard la direction, et entra au conseil d'État en 1855. Commissaire du gouvernement à l'Exposition universelle de Londres en 1852, il fut premier commissaire général de l'Exposition universelle de 1867, et fut élevé, le 29 décembre de la même année, à la dignité de sénateur. Retraité comme conseiller d'État le 9 janvier 1868, il soutint au Luxembourg le régime impérial jusqu'à la révolution de 1870. Il publia dans les recueils spéciaux tels que les *Annales des Mines*, l'*Encyclopédie nouvelle*, etc., de nombreux mémoires scientifiques ; on a aussi de lui d'importants ouvrages d'économie politique : *Observations sur l'histoire naturelle et la richesse minérale de l'Espagne* (1834) ; — *Vues générales sur la statistique, suivies d'un aperçu d'une statistique générale de la France* (1840) ; — *Description des procédés métallurgiques dans le pays de Galles pour la fabrication du cuivre* (1848) ; — *Les ouvriers européens, études sur les travaux, la vie domestique et la condition morale des populations ouvrières de l'Europe, précédées de la méthode d'observation* (1855) ; — *Album de l'Exposition universelle* (1856) ; — *La Réforme sociale en Europe déduite de l'observation des peuples européens* (1864) ; — *Organisation du travail selon la coutume des ateliers et la loi du Décalogue* (1870) ; — *Les Ouvriers et la Réforme sociale* (1871). Il avait collaboré, en 1837, à l'ouvrage du comte Demidoff : *Voyage dans la Russie méridionale et le Caucase, par la Hongrie, la Valachie et la Moldavie*. — Conservateur et catholique, M. Le Play professait en économie politique des idées particulières qu'il développa dans les ouvrages cités plus haut et dans une revue spéciale dont il a été l'inspirateur : *La Réforme sociale*. Par un contraste assez étrange, le même homme qui avait rassemblé aux Champs-Élysées et au Champ-de-Mars toutes les merveilles de l'industrie moderne, ne cessait d'exalter dans ses œuvres les mérites de la tradition et les bienfaits de la coutume. « L'ancien commissaire général de nos deux premières expositions ne fut jamais un homme populaire, écrivait de lui M. Raoul Frary. Sa réputation ne dépassait guère le cercle de ses lecteurs, et ses livres pleins de choses n'étaient pas d'une lecture agréable. Ses opinions choquaient les idées à la mode, et son style modeste ne séduisait pas ceux que heurtaient ses opinions... Vraies ou fausses, les idées de Le Play étaient à lui. Observateur attentif, penseur solitaire, étranger aux querelles des partis et aux passions politiques, il tourna résolument le dos à son siècle, sans dépit, sans colère, sans fanfaronnade. Il doutait de ce que nous appelons le progrès, la civilisation, les idées modernes, et il exprimait son incrédulité avec la gravité mélancolique d'un rêveur sans élan et d'un prophète sans lyrisme ». — Grand officier de la Légion d'honneur (30 juin 1867).

LEPOITEVIN (ALEXANDRE-FRANÇOIS-LAURENT), pair de France, né à Rennes (Ille-et-Vilaine) le 10 août 1745, mort à Paris le 10 juin 1840, « fils de Thibaut-Jean Lepoitevin de la Planche et de Georgine-Jeanne Chalmel », fit sa carrière dans la magistrature. Juge au tribunal d'appel de la Seine, il fut nommé, lors de la réorganisation judiciaire de 1811, conseiller à la cour impériale de Paris, conserva son siège à la cour royale sous la Restauration, et fut promu officier de la Légion d'honneur puis président de chambre à la même cour. Rallié au gouvernement de Louis-Philippe, il fut élevé à la pairie par une ordonnance royale du 19 novembre 1831. Il soutint de ses votes la monarchie de juillet, et mourut à Paris, âgé de quatre-vingt-quinze ans, président honoraire, et grand-officier de la Légion d'honneur.

LE POMMELEC (FRANÇOIS-MARIE), député de 1876 à 1877, né à Saint-Brieuc (Côtes-du-Nord) le 2 décembre 1831, mort à Menton (Alpes-Maritimes) le 13 février 1877, fut élevé au petit séminaire de Saint-Méen et au collège Saint-Vincent. Avocat, puis armateur depuis 1834, il refusa sous l'Empire, en 1863, la candidature officielle qui lui était offerte par le préfet des Côtes-du-Nord, et fut nommé, en 1864, vice-président de la chambre de commerce. Le 20 février 1870, ce fut comme candidat indépendant qu'il engagea la lutte dans la 2e circonscription d'Ille-et-Vilaine, après l'annulation de l'élection de M. Rouxin; il obtint 11,455 voix contre 14,380, à M. Rouxin, candidat officiel, réélu. Maire de Saint-Servan et conseiller général d'Ille-et-Vilaine pour le canton de ce nom, il n'obtint, aux élections du 8 février 1871, pour l'Assemblée nationale, que 16,635 voix sur 109,672 votants. Il fut plus heureux aux élections du 20 février 1876, et fut élu député de la 2e circonscription de Saint-Malo, par 6,593 voix (13,000 votants, 16,908 inscrits), contre 6,336 à M. Apuril de Kerloguen. Il s'était déclaré, dans sa profession de foi, le partisan déterminé de la Constitution votée le 25 février 1875 par l'Assemblée nationale, et s'était prononcé pour l'attribution aux conseils municipaux du droit d'élire leurs maires, pour l'obligation de l'instruction primaire, etc. M. Le Pommelec prit place au centre gauche, présenta (juillet 1876), sous l'inspiration de Gambetta, un amendement à la loi municipale tendant à l'ajournement de la discussion, et s'associa aux premiers votes de son groupe; il mourut au cours de la législature, trois mois avant les événements du 16 mai.

LEPORCHÉ (ALPHONSE-JOSEPH-FRANÇOIS-JULES), député de 1882 à 1889, né à Noyen-Sarthe (Sarthe) le 21 février 1840, était conseiller général de ce département pour le canton de Malicorne, secrétaire du conseil maire de Noyen, lorsqu'il se présenta comme candidat républicain à la Chambre des députés, le 21 août 1881, dans la 1re circonscription de Mamers, où il obtint, sans être élu, 4,148 contre 6,471 à l'élu royaliste, M. de La Rochefoucauld, et 2,037 à M. Granger. Bientôt après un des députés du département, M. Rubillard, ayant été nommé sénateur, M. Leporché porta sa candidature dans cette circonscription (la 1re du **Mans**), et fut élu par 12,289 voix sur 13,610 votants et 25,700 inscrits. Il s'inscrivit à la gauche radicale et vota parfois avec les opportunistes, le plus souvent avec les radicaux. Il ne s'associa pas au vote des crédits pour l'expédition du Tonkin. Porté, le 4 octobre 1885, sur la liste républicaine de la Sarthe, M. Leporché fut élu député de département, le 18 octobre sur 7, par 54,337 voix (107,837 votants, 125,000 inscrits). Il reprit sa place dans la majorité où il a voté, en dernier lieu : *pour* le rétablissement du scrutin d'arrondissement (11 février 1889), *contre* l'ajournement indéfini de la revision de la Constitution, *pour* les poursuites contre trois députés membres de la Ligue des patriotes, *contre* le projet de loi Lisbonne restrictif de la liberté de la presse, *pour* les poursuites contre le général Boulanger.

LEPOUTRE (PIERRE-FRANÇOIS), député de 1789, né à Lille (Nord) le 5 octobre 1735, mort à une date inconnue, était fermier à Linselles (Nord), lorsqu'il fut élu, le 3 avril 1789, député du tiers aux Etats-généraux par le bailliage de Lille. On ne connaît de lui qu'une lettre à ses commettants, mentionnée par le *Moniteur*.

LEPOUTRE (AUGUSTE-LOUIS), député de 1885 à 1889, né à Lomme (Nord) le 28 mai 1825, de famille du précédent, fit son droit et se destinait au notariat; mais il y renonça pour s'occuper d'industrie et d'agriculture. Propriétaire de houillères, il devint aussi un des grands fabricants de tissus de Roubaix. D'opinions conservatrices, M. A. Lepoutre fut porté, le 4 octobre 1885, sur la liste monarchiste du Nord, et élu député, le 18 sur 20, par 161,134 voix (292,696 votants, 352,000 inscrits). Il alla siéger au centre droit, et vota régulièrement, dans les premiers mois de la législature, avec la minorité, contre le gouvernement républicain. Mais à l'instigation de M. Raoul Duval et à l'exemple de son collègue de la Somme, M. Deberly, et de quelques autres, il déclara renoncer à l'opposition systématique et se rapprocha en mainte circonstance de la gauche opportuniste. Dans les questions économiques, M. Lepoutre se prononça du système protectionniste. En août 1886, il travailla activement avec M. Raoul Duval au rapprochement entre les fractions modérées de la majorité et de la minorité. Le *Temps* traçait alors le programme du nouveau groupe constitutionnel en perspective, qui ne put pas toutefois réussir à s'organiser. En dernier lieu, M. Lepoutre s'est abstenu sur le rétablissement du scrutin d'arrondissement (11 février 1889), et a voté : *pour* l'ajournement indéfini de la revision de la Constitution, *contre* les poursuites contre trois députés membre de la Ligue des patriotes, *contre* le projet de loi Lisbonne restrictif de la liberté de la presse, *contre* les poursuites contre le général Boulanger.

LEPOUZÉ (Jean-Louis), représentant en 72, député de 1876 à 1882, sénateur en 1882, à Cintray (Eure) le 20 janvier 1821, mort à Évreux (Eure) le 16 février 1882, fut avoué à Évreux sous le second Empire. Maire de cette ville pendant l'occupation prussienne, il devint populaire dans la région par les services qu'il rendit dans ces circonstances difficiles, et, après avoir échoué comme candidat républicain aux élections de l'Assemblée nationale, le 8 février 1871, avec 16,151 voix (59,749 votants), il se fit élire conseiller général de l'Eure pour le canton de Saint-André (8 octobre de la même année). Bientôt après, l'élection partielle motivée par le décès de M. Dupont de l'Eure lui ouvrit les portes du parlement. Élu, le 11 février 1872, par 33,261 voix (71,641 votants, 119,931 inscrits), contre 20,566 à M. Fouquet et 15,862 à M. de Blosseville, il prit place à gauche et vota : contre la chute de Thiers au 4 mai, contre le septennat, contre l'état de siège. contre la loi des maires, contre le ministère de Broglie, pour la dissolution, pour l'amendement Wallon, pour l'ensemble des lois constitutionnelles. Candidat républicain aux l'Eure aux élections sénatoriales du 30 janvier 1876, il échoua avec 326 voix sur 785 votants. Il fut plus heureux aux élections législatives du 20 février suivant, et devint député de la 1re circonscription d'Évreux, avec 8,732 voix (13,543 votants, 17,086 inscrits), contre 5,949 à M. Deschamps et 571 à M. le duc d'Albuféra, ancien député. M. Lepouzé fut des 363. Le 14 octobre 1877, il se représenta et obtint, par 9,792 voix sur 14,866 votants et 17,344 inscrits, contre 4,930 à M. Trutat, le renouvellement de son mandat. Comme précédemment, il opina avec la gauche modérée, vota pour l'article 7, pour l'amnistie partielle, pour le retour des Chambres à Paris. pour l'élection de M. Grévy à la présidence de la République au Congrès, pour les lois nouvelles sur la presse et le droit de réunion, etc., et fut encore réélu député le 21 août 1881, par 8,029 voix 11,838 votants, 17,254 inscrits), contre 1,027 à M. Bully et 272 à M. Labbé. M. Lepouzé avait repris sa place dans la majorité opportuniste, avec laquelle il soutint le ministère Ferry, lorsque, le 8 janvier 1882, il quitta le Palais-Bourbon pour se présenter à l'élection sénatoriale de l'Eure, en remplacement de l'amiral la Roncière le Noury, décédé. Il obtint 394 voix sur 787 voix, contre 389 à M. Pouyer-Quertier, conservateur. Mais l'élection fut annulée, et M. Lepouzé mourut le 16 février, avant d'avoir pu tenter la fortune d'un nouveau scrutin. Ce fut le général Lecointe qui le remplaça comme sénateur.

LE PRÉDOUR (Fortuné-Joseph-Hyacinthe), sénateur du second Empire, né à Châteaulin (Finistère) le 16 février 1793, mort à Paris le 20 février 1866, fils de Louis-Joseph-Marie Le Prédour, administrateur du Finistère, qui fut guillotiné à Brest, le 22 mai 1794, pour la part qu'il prit à la résistance armée des Girondins, entra à 11 ans dans la marine, devint enseigne en 1812, lieutenant de vaisseau en 1822, capitaine de corvette en 1831, capitaine de vaisseau en 1838, et, après avoir fait de nombreuses campagnes, fut nommé commandant de l'École navale. Contre-amiral le 27 mars 1847, il fut placé à la tête de la station du Brésil où il eut à surveiller le blocus de Buenos-Ayres et à négocier avec Rosas une convention qui maintenait la libre navigation du Parana et le statu quo dans les républiques sud-américaines. Promu vice-amiral le 3 février 1853, il fut, la même année, nommé membre du conseil d'amirauté et de la commission mixte des travaux publics. Admis à la retraite quelque temps après, il fut nommé sénateur, le 8 février 1858, et prit part à toutes les discussions qui eurent pour objet les questions maritimes ou coloniales. Grand-officier de la Légion d'honneur du 11 août 1855, et membre du conseil de l'ordre du 28 février 1862. On a de lui : Instructions nautiques sur la mer de Chine (1824); Instructions nautiques sur la mer de l'Inde (1837-1839), traduites de J. Horsburg; il collabora aussi aux Annales maritimes.

LE PRESTRE. — Voy. Chateaugiron (Marquis de).

LEPRÉVOST (Auguste), député de 1834 à 1848, né à Bernay (Eure) le 2 juin 1787, mort à la Vaupalière (Seine-Inférieure) le 14 juillet 1859, entra dans l'administration, fut nommé sous-préfet de Rouen en 1814, fut remplacé l'année suivante et s'occupa d'histoire et d'archéologie. Conseiller général de la Seine-Inférieure, archéologue distingué, membre de l'Académie normande, il se présenta à la députation, à l'élection partielle du 2 mars 1834, dans le 4e collège de l'Eure (Bernay), en remplacement de M. Dupont de l'Eure, démissionnaire; il échoua avec 113 voix contre 132 à l'élu, M. Lys. Il fut plus heureux aux élections générales du 26 juin suivant, dans le même collège, et fut élu député, par 172 voix (316 votants, 368 inscrits), contre 74 à M. Georges de La Fayette et 63 à M. Fouquier-Long. Réélu successivement : le 4 novembre 1837, par 192 voix (361 votants, 447 inscrits); le 2 mars 1839, par 298 voix (334 votants); le 24 septembre 1842, par 301 voix (332 votants); le 1er août 1846, par 279 voix (535 votants, 594 inscrits), contre 247 à M. de Saint-Germain, il siégea au centre, compta parmi les partisans les plus dévoués de M. Guizot et vota pour les fortifications de Paris, pour le recensement, pour l'indemnité Pritchard, contre la dotation du duc de Nemours, contre les incompatibilités, contre l'adjonction des capacités, contre la proposition dirigée contre les députés fonctionnaires. La révolution de 1848 le rendit à la vie privée. Membre libre de l'Académie des Inscriptions et Belles-Lettres depuis 1838, correspondant du ministère de l'Instruction publique, M. Leprévost a publié un certain nombre de travaux estimés sur l'histoire locale, des notices dans les Mémoires de la Société des Antiquaires de Normandie, et des lettres dans le Moniteur, au sujet de la découverte du cœur de saint Louis dans la Sainte-Chapelle de Paris (1844-1846).

LEPROUX (Marin-Arnould-Jules), représentant du peuple en 1848, né à Vervins (Aisne) le 20 août 1808, mort à Saint-Quentin (Aisne) le 21 janvier 1883, fils d'un receveur des contributions indirectes de Vervins, et de la famille de Fouquier-Tinville, se fixa comme avocat dans sa ville natale, devint juge suppléant, manifesta des opinions avancées, et, compromis dans la conspiration dite de Mademoiselle Grouvelle, fut arrêté, gardé quelque temps en prison, et destitué de ses fonctions de juge-suppléant. Ce fut Teste qui le défendit et le fit acquitter. Propriétaire et conseiller-général de

Vervins, il fut élu, le 23 avril 1848, représentant de l'Aisne à l'Assemblée constituante, le 13ᵉ sur 14, par 52,683 voix (130,363 votants, 154,878 inscrits. Il fit partie du comité de l'intérieur, et vota généralement avec le parti du *National*, *pour* le bannissement de la famille d'Orléans, *contre* les poursuites contre L. Blanc et Caussidière, *contre* l'abolition de la peine de mort, *contre* l'impôt progressif, *contre* l'incompatibilité des fonctions, *contre* l'amendement Grévy, *contre* la sanction de la Constitution par le peuple, *pour* l'ensemble de la Constitution, *contre* la proposition Rateau, *pour* l'interdiction des clubs, *contre* l'expédition de Rome. Non réélu à la Législative, il rentra dans la vie privée.

LE PROVOST DE LAUNAY (Pierre- Marie), député de 1830 à 1831 et de 1832 à 1837, né à Pontrieux (Côtes-du-Nord), le 23 novembre 1785, mort en 1847, était propriétaire, et maire de Pontrieux, lorsqu'il fut élu, le 6 novembre 1830, député du collège de département des Côtes-du-Nord, en remplacement de M. de Bagueux, démissionnaire, par 282 voix (522 votants, 878 inscrits), contre 237 à M. Lesaulnier-Saint-Jouan. Il prit place au centre, et, aux élections qui suivirent la dissolution de la Chambre, échoua, le 5 juillet 1831, dans le 1ᵉʳ collège des Côtes-du-Nord (Saint-Brieuc), avec 51 voix, contre 216 à M. Tueux (le), élu, et 22 à M. Rouxel. Candidat à l'élection partielle motivée, dans le 4ᵉ collège du même département (Guingamp), par la mort de M. Loyer, il fut élu député, le 27 mai 1832, par 99 voix (177 votants, 253 inscrits), contre 71 à M. Armez, et fut réélu, le 21 juin 1834, dans le 5ᵉ collège (Lannion), par 201 voix (281 votants, 343 inscrits), contre 61 à M. Bernard de Rennes. Conseiller-général des Côtes-du-Nord, M. Le Provost de Launay fit partie de la majorité ministérielle et quitta la vie politique aux élections générales de 1837.

LE PROVOST DE LAUNAY (Auguste-Pierre-Marie), représentant en 1874, député de 1877 à 1881, sénateur de 1885 à 1886, né à Saint-Brieuc (Côtes-du-Nord) le 25 janvier 1823, mort à Pommerit (Côtes-du-Nord) le 30 mars 1886, appartint à l'administration sous le second Empire comme préfet du Calvados, puis de la Haute-Garonne. Il occupait ce dernier poste au moment de la révolution du 4 septembre 1870. Révoqué par le gouvernement de la Défense nationale, M. Le Provost de Launay fit une vive opposition à la République et se présenta avec le programme impérialiste de l'Appel au peuple, à l'élection partielle motivée dans le Calvados par le décès de M. Paris. Élu représentant à l'Assemblée nationale, le 16 août 1874, par 40,834 voix (77,608 votants, 123,901 inscrits), contre 27,439 à M. Aubert, et 9,030 à M. de Fontette, il s'inscrivit au groupe de l'Appel au peuple, et se prononça *contre* l'amendement Wallon, et *contre* l'ensemble des lois constitutionnelles. Il se représenta sans succès aux élections sénatoriales du 30 janvier 1876, et ne réunit, dans le Calvados, que 246 voix sur 861 votants. Mais, après la dissolution de la Chambre des députés par le gouvernement du Seize-Mai, il affronta de nouveau la lutte, le 14 octobre 1877, dans l'arrondissement de Bayeux, avec l'appui officiel du gouvernement, et il fut élu député par 9,894 voix (15,187 votants, 19,435 inscrits), contre 5,244 à M. Pilet des Jardins, républicain, des 363. Il

reprit sa place dans le groupe bonapartiste se signala par la vivacité de ses interr tions dans les débats parlementaires. Il v *contre* les invalidations des députés de la droi *contre* le ministère Dufaure, *contre* l'article *contre* l'élection de M. Grévy (au Congrè comme président de la République, *contre* l'a nistie, etc. Il ne se représenta pas aux élec tions législatives du 21 août 1881. Mais, ap la mort de M. de Champagny, sénateur d Côtes-du-Nord, il fut le candidat des par monarchistes coalisés au scrutin partiel 5 juillet 1885 dans ce département, et entra la Chambre haute avec 761 voix contre 5 accordées au candidat républicain, M. Arme M. Le Provost de Launay siégea à droite, v *contre* les ministères républicains, et mour l'année suivante. Commandeur de la Légi d'honneur (14 août 1868).

LE PROVOST DE LAUNAY (August Louis-Marie), député de 1876 à 1889, fils précédent, né à Libourne (Gironde) le 8 ju 1850, étudia le droit à Paris, se fit recevoir cencié, et fut quelque temps secrétaire M. Graudperret. Engagé volontaire aux cha seurs d'Afrique au début de la guerre de 18 71, il fit la campagne de l'Est, comme sold et comme sous-officier. Docteur en droit inscrit au barreau en 1872, il vint habiter Bretagne en 1875, devint conseiller-génér des Côtes-du-Nord pour le canton de la Roch Derrien, et fut élu comme candidat du « C mité national conservateur », le 20 février 187 à l'âge de vingt-six ans, député de la 2ᵉ c conscription de Lannion (Côtes-du-Nord) p 7,076 voix (11,339 votants, 14,838 inscrits contre 4,237 à M. Le Gac. M. Le Provost Launay fils était un des plus jeunes membr de l'assemblée nouvelle. Bonapartiste comm son père, il appartint au groupe de l'Appel peuple et à la minorité de droite, et soutin contre les 363, le gouvernement du Seize-Ma Réélu, le 14 octobre 1877, sans concurrent, p 10,001 voix (11,056 votants, 15,114 inscrits) siégea dans le même groupe, vota *contre* ministère Dufaure, *contre* les cabinets de gauch qui lui succédèrent, *contre* l'amnistie, etc., obtint sa réélection, le 21 août 1881, par 7,8 voix (9,082 votants, 14,911 inscrits), toujou sans concurrent. M. Louis Le Provost de Lau nay revint s'asseoir à droite, prit la parole su les divers chapitres du budget, sur l'instructio publique, sur la politique coloniale, sur le chemins de fer de l'Etat, proposa (1883) de su primer pour les communes l'obligation d'avo un garde champêtre, disposition qui passa dan la loi municipale de 1884, et déposa un proj de loi tendant à interdire aux ministres démi sionnaires de procéder à des distributions de décorations autres que pour services militair (avril 1885) : il demanda pour ce dernier proj la déclaration d'urgence, qui fut adoptée l'unanimité ; le projet de loi fut voté par l Chambre, mais rejeté par le Sénat. M. Le Pr vost de Launay vota *contre* les ministère Gambetta, Freycinet, J. Ferry, et *contre* l crédits du Tonkin. Inscrit, le 4 octobre 188 sur la liste conservatrice des Côtes-du-Nord, fut élu, le 1ᵉʳ sur 9, par 71,299 voix (113,47 votants, 163,318 inscrits). Il se prononça ave la droite, *contre* les ministères républicains d la législature, attaqua (octobre 1886) la loi su l'organisation de l'enseignement primaire, vota, en dernier lieu, *contre* le rétablissemen du scrutin d'arrondissement (11 février 1889 *pour* l'ajournement indéfini de la revision d la Constitution, *contre* les poursuites contre trois députés membres de la Ligue des patriotes, *contre* le projet de loi Lisbonne restrictif de la liberté de la presse, *contre* les poursuites contre le général Boulanger.

LE PUILLON DE BOBLAYE (Emile), député de 1842 à 1843, né à Pontivy (Morbihan) le 16 novembre 1792, mort à Paris le 4 décembre 1843, entra à l'École polytechnique, et en sortit dans le corps des ingénieurs-géographes. Il se livra avec ardeur à l'étude de la géologie, fut attaché comme géologue à l'expédition de Morée, en deviut, en 1840, chef d'escadron d'état-major. Bientôt après, le 9 juillet 1842, le 5e collège du Morbihan (Pontivy) l'envoya siéger à la Chambre des députés, avec 166 voix sur 280 votants et 297 inscrits, contre 114 à M. Ch. Beslay. Il prit place au centre et soutint de ses votes le gouvernement de Louis-Philippe. Décédé en décembre 1843, il fut remplacé comme député, le 13 janvier 1844, par son frère, Théodore (*V. p. bas*). On lui doit : *Description de l' le d'Égine ; Recherches géographiques sur les ruines de la Morée* (1835), etc.

LE PUILLON DE BOBLAYE (Théodore), député de 1844 à 1848, né à Pontivy (Morbihan) le 17 novembre 1795, mort à Metz (Moselle) le 4 mars 1857, frère du précédent, entra à l'École polytechnique en 1813, se battit sous les murs de Paris en 1814 et 1815, et fit partie comme sous-lieutenant de l'École d'artillerie de Metz. Il suivit la campagne d'Espagne (1823), et fut incorporé dans la garde royale trois ans après. Le corps fut licencié en 1830, mais M. Le Puillon de Boblaye fut maintenu en activité, coopéra au siège d'Anvers et fut décoré (19 janvier 1833). Capitaine en premier (5 juillet 1834), chef d'escadron (1843), lieutenant-colonel (1846), il fut élu, le 13 janvier 1844, député du 5e collège du Morbihan (Pontivy), par 221 voix sur 228 votants, en remplacement de son frère décédé. Il siégea dans la majorité conservatrice, et vota *pour* l'indemnité Pritchard. L'auteur de la *Galerie des Pritchardistes* dit de lui : « Vers la fin de la présente session, nous l'avions remarqué se joignant à Bussières, à M. Christian Dumas, et répétant avec eux ce beau chœur si cher aux centres : *Aux voix! Aux voix* ! Un jour même nous l'entendîmes très distinctement prononcer cette éloquente parole: *Finissons-en!* C'est l'unique solo qu'il ait chanté, et nous nous demandions pourquoi cet oisif parlementaire était si pressé d'en finir. Nous avons eu le mot de l'énigme. Au terme de la session, M. de Boblaye, chef d'escadron d'artillerie seulement depuis 1843, et qui figure le 95e sur une liste de 152 officiers du même grade, devait être nommé lieutenant-colonel pour ses deux campagnes parlementaires. Il lui tardait de jouir ; et comme les électeurs de Pontivy doivent tenir à faire d'un Boblaye un général, ils auront sans doute la bonté de lui continuer un mandat qui mène si vite à la fortune. » Réélu, le 1er août 1846, par 150 voix (285 votants), 325 inscrits), il continua de soutenir de ses votes la politique de Guizot jusqu'à la révolution de février. M. Le Puillon de Boblaye, qui avait été appelé aux fonctions de sous-directeur d'artillerie à Paris le 21 décembre 1847, fut mis en disponibilité après la révolution de février (1er mars 1848); puis le général Cavaignac lui donna la place de sous-directeur à Strasbourg, d'où il passa (30 mai 1850), au commandement en second de l'École d'application de Metz, avec le grade de colonel. Nommé général de brigade le 1er novembre 1853, et commandant titulaire de l'École, il fut promu, le 16 juin 1856, à la dignité de commandeur de la Légion d'honneur, et mourut l'année suivante. Il a laissé quelques mémoires sur l'art militaire et traduit le traité de Congrève sur les *Fusées de guerre*, avec des notes techniques.

LEQUIEN (Arthur-Félix-Augustin), représentant en 1849, député au Corps législatif de 1852 à 1860, né à Saint-Omer (Pas-de-Calais) le 15 août 1798, mort à Paris le 23 mars 1862, fils d'un homme de loi, étudia le droit et se fit inscrire comme avocat au barreau de Béthune (1820). En 1830, il débuta dans l'administration. Adjoint au maire de Béthune, puis (1838) sous-préfet de cet arrondissement, il reçut du gouvernement de Louis-Philippe la croix de chevalier de la Légion d'honneur, puis celle d'officier. Rendu momentanément à la vie privée par la révolution de février 1848, il se retira à Douai et fut appelé, au mois d'août de la même année, à représenter le canton d'Houdain au conseil général du Pas-de-Calais. Son passé et ses opinions politiques le firent inscrire, le 13 mai 1849, sur la liste des candidats conservateurs à l'Assemblée législative, et il fut élu représentant du Pas-de-Calais, le 9e sur 15, par 78,019 voix (129,691 votants, 194,088 inscrits). M. Lequien siégea à droite, et vota régulièrement avec la majorité monarchiste dont il ne se sépara que pour se rallier à la politique personnelle de L.-N. Bonaparte. Désigné, après le coup d'État, comme candidat officiel du gouvernement au Corps législatif dans la 2e circonscription du Pas-de-Calais, il fut élu député, le 29 février 1852, par 18,767 voix (25,559 votants, 35,417 inscrits), contre 6,375 à M. Douai et 389 à M. Delcloque. Membre de la majorité dynastique, il donna tous ses suffrages au régime impérial ; son aptitude spéciale pour les questions de finances le fit nommer plusieurs fois par ses collègues rapporteur ou président de la commission du budget. En 1860, M. Lequien fut appelé à remplir les fonctions de conseiller maître à la cour des Comptes. Il quitta alors la Chambre et mourut peu de temps après (1862). On doit à M. F. Lequien d'intéressants travaux historiques, archéologiques et administratifs.

LEQUINIO DE KERBLAY (Joseph-Marie), député en 1791, membre de la Convention, né à Sarzeau (Morbihan) le 15 mars 1755, mort à Newport (Amérique) en 1813, fils d'un chirurgien de Rhuys, fut avocat à Sarzeau, et s'occupa surtout d'agriculture et de journalisme. Partisan, alors modéré, des idées nouvelles, maire de Sarzeau à la Révolution, Lequinio de Kerblay publia quelques pamphlets contre la noblesse et contre les prêtres, et devint (1790) juge au tribunal de Vannes. Le 2 septembre 1791, le département du Morbihan l'élut à l'Assemblée législative, le 6e sur 8, par 258 voix sur 389 votants ; Lequinio se mêla fréquemment aux débats de l'Assemblée, réclama (6 octobre 1791) la suppression du titre de « Majesté » dans le cérémonial à observer avec le roi ; demanda (8 octobre) que les ministres rendissent compte chaque mois de leur gestion, et (19 octobre) que les prêtres qui se marieraient conservassent leur traitement. Le 18 dé-

pulation est immense, elle s'élève encore à plus de 400.000 hommes... »

« Il faut, entre autres moyens, défanatiser le peuple, il faut que des prédicateurs de morale parfaitement honnêtes courent les bourgades pour y former l'esprit public. Je voudrais que, dans leurs courses dans ce pays, les représentants fussent toujours accompagnés de quelques musiciens, donnassent des banquets civiques, au milieu des danses, des fêtes, des réjouissances... » et il rappelle « les miracles d'Orphée. » Il faut encore « rendre les généraux très soumis aux représentants, qui devront toujours être en costume : j'en connais plusieurs qui, cédant maladroitement au juste sentiment de mépris pour tous les colifichets, oublient que le peuple n'est pas encore philosophe, que ses yeux le guident encore plus souvent que la réflexion, et que les épaulettes de général font perdre de vue le représentant qui passe avec lui sans costume. » De retour à la Convention, Lequinio demanda (25 germinal) les honneurs du Panthéon pour J.-J. Rousseau, réclama (1er fructidor) des garanties pour la liberté de la presse, et, le 3 frimaire an III, se prononça en ces termes sur la mise en accusation de Carrier : « Je dois hommage à la vérité dans tous ses points ; je n'ai pas vu d'orgies chez Carrier pendant les trois jours que j'ai passés dans sa maison à Nantes ; et c'est ce que je voulais répondre à l'interpellation qu'il m'a faite sur ce sujet ; mais j'accuse Carrier d'avoir ordonné, ou du moins toléré une série de mesures contre-révolutionnaires il ne se peut plus propres à faire détester le gouvernement républicain ; or, dans l'un comme dans l'autre cas, il est coupable. Je l'accuse encore d'avoir attenté à la souveraineté du peuple en défendant à des citoyens, à des autorités constituées, de reconnaître le représentant du peuple Trichouard ou de lui obéir, et je dis oui. » Le 8 nivôse an III, il provoqua l'expulsion de France « du dernier rejeton du tyran ». Peu rassuré sur les intentions de la réaction thermidorienne, il protesta (13 prairial) de son horreur pour les terroristes, les ambitieux et les royalistes ; mais dénoncé (thermidor) par la commune de Rochefort, « pour ses orgies, pour l'établissement du tribunal révolutionnaire et de la guillotine en permanence, pour l'admission fréquente du bourreau à sa table, etc. », il ne put, malgré le curieux mémoire justificatif par lequel il répondit à ses accusateurs, échapper au décret d'arrestation (21 thermidor). A ce décret était joint l'ordre de mettre les scellés chez son frère à qui il avait expédié, lors de la disette de numéraire, deux tonnes d'écus. Lequinio bénéficia de l'amnistie générale du 4 brumaire an IV. Elu, en germinal an VI, député du Nord au conseil des Cinq-Cents, il en fut exclu par le coup d'Etat directorial du 22 floréal an VI contre les Jacobins. Rallié au 18 brumaire, il sollicita une place de préfet, mais on ne lui donna qu'une inspection forestière à Valenciennes ; puis, quelque temps après, le gouvernement consulaire l'envoya comme sous-commissaire des relations commerciales à New-Port (Etats-Unis) ; il y mourut en 1813. Outre les ouvrages déjà cités, on a de lui : *La Richesse de la République* (1792) ; *Philosophie du peuple ou Eléments de philosophie politique et morale à la portée des habitants des campagnes* (1796) ; *Voyage pittoresque et physico-économique dans le Jura* (1801), etc.

LERAY (Théodore-Constant), député de 1836 à 1837 et de 1841 à 1845, né à Brest (Finistère) le 13 novembre 1795, mort à Paris le

23 avril 1849, prit passage, à 9 ans, sur la [?] de *Mayenne*, qui appartenait à la flottille de Boulogne, en qualité de mousse. L'année suivante (1805), on l'envoya au collège de Rennes d'où il sortit aspirant de 2e classe, le 28 janvier 1812. La même année, étant en croisière à bord de la frégate le *Rubis*, il fit naufrage et faillit périr. Enseigne le 8 janvier 1817, il fut attaché à la station navale des Antilles, et signala par son courage et son dévouement dans une épidémie de fièvre jaune qui sévit parmi les équipages. Nommé lieutenant de vaisseau le 25 août 1823, et attaché à l'état-major de l'amiral de Rigny, il fut chargé, au mois de mai 1827 de veiller à l'exécution de la capitulation d'Athènes, consentie par Raschid-Pacha, et, au besoin, de protéger les Grecs vaincus contre les entreprises des Albanais. En récompense de l'énergique décision dont il fit preuve en cette circonstance, Leray fut nommé chevalier de la Légion d'honneur, le 1er août 1827. De 1829 à 1831, commandant du brick le *Grenadier*, il resta dans le Levant en mission de surveillance. Passé, en 1832, sur la corvette l'*Ariane*, il fit campagne dans la mer du Nord pendant le blocus des côtes hollandaises et le siège d'Anvers ; en 1833, il alla dans la Méditerranée, lors de l'expédition contre Bougie. Officier de la Légion d'honneur et capitaine de vaisseau le 17 mai 1834, il fut élu, le 6 février 1836, député du 6e collège de la Loire-Inférieure par 65 voix (105 votants, 152 inscrits), en remplacement de M. Maës, démissionnaire ; mais aux élections générales du 4 novembre 1837, il échoua dans le même collège, avec 53 voix contre 55 à M. Cossin. Appelé, le 4 mai 1838, au commandement de la frégate la *Médée*, il fit partie de la division de l'amiral Baudin qui se rendait au Mexique, fut chargé d'aller à Mexico demander satisfaction au nom du gouvernement français, et, sur le refus du gouvernement mexicain, monta, à la tête de son équipage, à l'assaut de la Vera-Cruz ; il reçut, peu de temps après, la cravate de commandeur de la Légion d'honneur, et, en octobre 1839, le commandement du *Neptune*, vaisseau de 86 canons, avec lequel il se rendit à l'escadre du Levant.

L'année suivante, il rallia les eaux de Tunis où l'on croyait que la Porte allait diriger une expédition. Elu de nouveau, le 20 mars 1841, député du collège de Paimbœuf, par 72 voix (110 votants), en remplacement de M. Benoist, démissionnaire, il fut promu contre-amiral le 10 décembre de la même année, et dut se représenter devant ses électeurs qui lui confirmèrent son mandat, le 25 décembre suivant, par 79 voix (85 votants, 163 inscrits). Réélu, le 9 juillet 1842, par 72 voix (122 votants, 165 inscrits), contre 48 à M. Maës, ancien député, il ne se signala à la Chambre qu'en réclamant une meilleure organisation de nos forces navales et l'amélioration du sort des matelots ; ministériel, il vota l'indemnité Pritchard. Après avoir commandé quelques mois la station du Levant, il refusa (août 1843) de soumettre son autorité au contrôle, nouvellement établi, de nos agents diplomatiques, et demanda qu'on lui désignât un successeur. Rappelé en France, il reprit sa place à la Chambre, entra au conseil d'amirauté en remplacement de l'amiral Lalande décédé, et y montra une grande activité. Aux élections législatives du 1er août 1846, il échoua dans le collège de Paimbœuf avec 73 voix contre 79 à l'élu, M. Colombel. Il mourut du choléra en 1849.

LEREBOURG DE LA PIGEONNIÈRE (Jac-

QUES-ANNE), député en 1791, né à Saint-Hilaire-du-Harcouet (Manche) le 2 novembre 1749, mort à Saint-Hilaire-du-Harcouet le 10 août 1826, était avocat au bailliage de Mortain au moment de la Révolution. Il devint maire de cette ville à l'organisation des municipalités, puis juge au tribunal de district de Mortain, et administrateur du département de la Manche. Le 10 septembre 1791, il fut élu député du département à l'Assemblée législative, le 11e sur 13, par 349 voix (461 votants). Il n'y prit la parole que pour demander l'envoi des troupes contre les nègres révoltés de Saint-Domingue. Après le 18 brumaire, il fut appelé aux fonctions de juge de paix à Saint-Hilaire-du-Harcouet; il exerça ces fonctions de 1799 à 1816.

LEREMBOURE (SALVADOR-PAUL), député en 1791, né à Saint-Jean-de-Luz (Basses-Pyrénées) en 1759, mort à Saint-Jean-de-Luz le 16 mai 1840, fut élu député des Basses-Pyrénées à l'Assemblée législative, le 8 septembre 1791, le 2e sur 6, par 182 voix (317 votants); il ne prit que rarement la parole, pour attaquer Blanchelande et pour faire rapporter le décret d'accusation rendu contre M. de Noailles. Il parla aussi sur le traitement des religieux. M. Leremboure devint, après la session, membre du directoire des Basses-Pyrénées et conseiller général.

LEREMBOURE (AUGIER-ALEXANDRE-HYACINTHE), représentant du peuple en 1848, né à Saint-Jean-de-Luz (Basses-Pyrénées) le 14 janvier 1799, mort à Saint-Jean-de-Luz le 10 avril 1868, fut d'abord avocat à Pau où il rédigea, en 1830, la protestation du barreau de cette ville contre la prestation du serment; il se fixa ensuite à Bayonne où il se fit une belle clientèle. Conseiller d'arrondissement de Bayonne en 1834, puis juge suppléant au tribunal de 1re instance de cette ville, il siégea, en cette qualité, dans l'affaire d'Armand Marrast contre les juges d'Orthez. Nommé sous-commissaire du gouvernement provisoire dans son département le 24 février 1848, il fut élu, le 23 avril suivant, représentant des Basses-Pyrénées à l'Assemblée nationale, le 6e sur 11, par 55,176 voix (90,262 votants, 116,890 inscrits). Il prit place au centre, fit partie du comité de l'Intérieur, prit quelquefois la parole, et, assez indépendant, vota *contre* le bannissement de la famille d'Orléans, *pour* les poursuites contre L. Blanc, *contre* les poursuites contre Caussidière, *contre* l'abolition de la peine de mort, *contre* l'impôt progressif, *contre* l'incompatibilité des fonctions, *pour* l'amendement Grévy, *contre* la sanction de la Constitution par le peuple, *pour* l'ensemble de la Constitution, *pour* la proposition Rateau, *contre* l'interdiction des clubs, *contre* l'expédition de Rome, *contre* la demande de mise en accusation du président et des ministres. Non réélu à la Législative, il reprit, à Bayonne, son cabinet d'avocat.

LERET D'AUBIGNY (ALPHONSE), député au Corps législatif de 1863 à 1870, né au Mans (Sarthe) le 13 août 1804, mort au Mans le 15 janvier 1878, entra dans l'administration au début du règne de Louis-Philippe. Conseiller de préfecture de la Sarthe (octobre 1830), sous-préfet de Calais (1832), puis conseiller de préfecture de Seine-et-Oise (1844), il aborda, sous l'empire, la carrière parlementaire. La nomination de M. Langlais au poste de conseiller d'État ayant produit au Corps législatif une vacance dans la

2e circonscription de la Sarthe, M. Leret d'Aubigny se présenta, le 22 novembre 1857, comme candidat du gouvernement, et fut élu député par 20,691 voix (27,616 votants, 35,121 inscrits), contre 4,563 à Jules Favre et 2,288 à M. Richer-l'Évêque. Il siégea dans la droite dynastique, vota avec la majorité, et obtint successivement sa réélection, toujours comme candidat officiel : le 1er juin 1863, avec 21,911 voix (28,013 votants, 35,611 inscrits), contre 5,969 à M. Caillard d'Aillières; puis, le 24 mai 1859, avec 17,144 voix (29,873 votants, 35,155 inscrits), contre 5,135 à Jules Favre, 3,718 à M. de la Rochefoucauld, 2,803 à M. Caillard d'Aillières et 1,024 à M. de Saint-Albin. M. Leret d'Aubigny soutint jusqu'au bout le gouvernement impérial et vota *pour* la déclaration de guerre à la Prusse. Officier de la Légion d'honneur et conseiller général de la Sarthe.

LE RIDANT (JEAN-MARIE DE), député de 1827 à 1831, né à Vannes (Morbihan) le 18 juillet 1776, mort à Vannes le 5 juillet 1837, appartenait à l'armée. Ancien colonel du 48e de ligne, conseiller de préfecture sous la Restauration, il fut élu, le 24 novembre 1827, avec l'appui du gouvernement, député du Morbihan, au grand collège, par 77 voix sur 142 votants et 169 inscrits. Il siégea au centre droit et vota d'ordinaire avec les royalistes constitutionnels. Après avoir échoué, le 23 juin 1830, dans le 1er arrondissement du Morbihan (Vannes), avec 82 voix contre 148 à l'élu, M. de Francheville, M. de Le Ridant se fit élire de nouveau, le 28 octobre de la même année, député du Morbihan, au collège de département, en remplacement de M. de Margadel démissionnaire. Il se rallia au gouvernement de Louis-Philippe, fut promu maréchal de camp le 13 décembre 1830, et, par suite de cette promotion, dut solliciter de ses électeurs le renouvellement de son mandat, qu'il obtint le 27 mars 1831. Mais il ne se représenta pas aux élections générales du 5 juillet suivant. Commandeur de la Légion d'honneur.

LEROUGE (BERNARD-MICHEL-HENRI), député de 1834 à 1837, né à Dijon (Côte-d'Or) le 19 décembre 1786, mort à Chalon-sur-Saône (Saône-et-Loire) le 31 mai 1841, étudia le droit et entra dans la magistrature. Conseiller à la cour royale de Dijon, il se présenta pour la première fois à la députation, le 5 juillet 1831, dans le 4e collège de Saône-et-Loire (Chalon-sur-Saône) et échoua avec 147 voix, contre 236 à l'élu, le général Thiard. Celui-ci ayant opté pour le 3e collège du même département, les électeurs du quatrième furent convoqués à nouveau le 1er octobre suivant : M. Lerouge se représenta et n'obtint encore que 134 voix, contre 189 à l'élu, M. de Courcelles. Il échoua une troisième fois, le 1er juin 1833, dans la 7e circonscription du même département (Louhans), avec 109 voix contre 162 à M. de Chapuys-Montlaville, élu. Enfin le collège de Chalon-sur-Saône, par 192 voix contre 164 au général Thiard, député sortant, ouvrit à M. Lerouge, le 21 juin 1834, les portes du parlement. Élu avec l'appui du gouvernement, il siégea dans la majorité dévouée au ministère, parmi les partisans du « juste-milieu ». Le renouvellement du 4 novembre 1837 ne lui fut pas favorable : il ne réunit à Chalon que 203 voix contre 221 à l'élu, M. Thiard, et, après l'option de ce dernier pour un autre collège, échoua encore, le 3 mars 1838, avec 176 voix contre 206 à l'élu, le général Bachelu. Chevalier de la Légion d'honneur.

pulation est immense, elle s'élève encore à plus de 400.000 hommes... »

« Il faut, entre autres moyens, défanatiser le peuple, il faut que des prédicateurs de morale parfaitement honnêtes courent les bourgades pour y former l'esprit public. Je voudrais que, dans leurs courses dans ce pays, les représentants fussent toujours accompagnés de quelques musiciens, donnassent des banquets civiques, au milieu des danses, des fêtes, des réjouissances... » et il rappelle « les miracles d'Orphée. » Il faut encore « rendre les généraux très soumis aux représentants, qui devront toujours être en costume : j'en connais plusieurs qui, cédant maladroitement au juste sentiment de mépris pour tous les colifichets, oublient que le peuple n'est pas encore philosophe, que ses yeux le guident encore plus souvent que la réflexion, et que les épaulettes de général font perdre de vue le représentant qui passe avec lui sans costume. » De retour à la Convention, Lequinio demanda (25 germinal) les honneurs du Panthéon pour J.-J. Rousseau, réclama (1er fructidor) des garanties pour la liberté de la presse, et, le 3 frimaire an III, se prononça en ces termes sur la mise en accusation de Carrier : « Je dois hommage à la vérité dans tous ses points ; je n'ai pas vu d'orgies chez Carrier pendant les trois jours que j'ai passés dans sa maison à Nantes ; et c'est ce que je voulais répondre à l'interpellation qu'il m'a faite sur ce sujet ; mais j'accuse Carrier d'avoir ordonné, ou du moins toléré une série de mesures contre-révolutionnaires il ne se peut plus propres à faire détester le gouvernement républicain ; or, dans l'un comme dans l'autre cas, il est coupable. Je l'accuse encore d'avoir attenté à la souveraineté du peuple en défendant à des citoyens, à des autorités constituées, de reconnaître le représentant du peuple Trichouard ou de lui obéir, et je dis oui. » Le 8 nivôse an III, il provoqua l'expulsion de France « du dernier rejeton du tyran ». Peu rassuré sur les intentions de la réaction thermidorienne, il protesta (13 prairial) de son horreur pour les terroristes, les ambitieux et les royalistes ; mais dénoncé (thermidor) par la commune de Rochefort, «pour ses orgies, pour l'établissement du tribunal révolutionnaire et de la guillotine en permanence, pour l'admission fréquente du bourreau à sa table, etc. », il ne put, malgré le curieux mémoire justificatif par lequel il répondit à ses accusateurs, échapper au décret d'arrestation (21 thermidor). A ce décret était joint l'ordre de mettre les scellés chez son frère à qui il avait expédié, lors de la disette de numéraire, deux tonnes d'écus. Lequinio bénéficia de l'amnistie générale du 4 brumaire an IV. Elu, en germinal an VI, député du Nord au conseil des Cinq-Cents, il en fut exclu par le coup d'Etat directorial du 22 floréal an VI contre les Jacobins. Rallié au 18 brumaire, il sollicita une place de préfet, mais on ne lui donna qu'une inspection forestière à Valenciennes ; puis, quelque temps après, le gouvernement consulaire l'envoya comme sous-commissaire des relations commerciales à New-Port (Etats-Unis) ; il y mourut en 1813. Outre les ouvrages déjà cités, on a de lui : La Richesse de la République (1792) ; Philosophie du peuple ou Eléments de philosophie politique et morale à la portée des habitants des campagnes (1796) ; Voyage pittoresque et physico-économique dans le Jura (1801), etc.

LERAY (THÉODORE-CONSTANT), député de 1836 à 1837 et de 1841 à 1845, né à Brest (Finistère) le 13 novembre 1795, mort à Paris le

23 avril 1849, prit passage, à 9 ans, sur la *de Mayenne*, qui appartenait à la flottille Boulogne, en qualité de mousse. L'année suivante (1805), on l'envoya au collège de Rei d'où il sortit aspirant de 2e classe, le 28 jan 1812. La même année, étant en croisière bord de la frégate le *Rubis*, il fit naufrag faillit périr. Enseigne le 8 janvier 1817, il attaché à la station navale des Antilles, il signala par son courage et son dévouement une épidémie de fièvre jaune qui sévit parmi équipages. Nommé lieutenant de vaisseau 25 août 1823, et attaché à l'état-major de l ral de Rigny, il fut chargé, au mois de mai 18 de veiller à l'exécution de la capitula d'Athènes, consentie par Raschid-Pacha, e besoin, de protéger les Grecs vaincus co les entreprises des Albanais. En récompense l'énergique décision dont il fit preuve en ce circonstance, Leray fut nommé chevalier d Légion d'honneur, le 1er août 1827. De 182 1831, commandant du brick le *Grenadier* resta dans le Levant en mission de surve lance. Passé, en 1832, sur la corvette l'*Arie* il fit campagne dans la mer du Nord pend le blocus des côtes hollandaises et le s d'Anvers ; en 1833, il alla dans la Médite née, lors de l'expédition contre Bougie. Offi de la Légion d'honneur et capitaine de vaiss le 17 mai 1834, il fut élu, le 6 février 1836, puté du 6e collège de la Loire-Inférieure 65 voix (105 votants, 152 inscrits), en rem cement de M. Maës, démissionnaire ; n aux élections générales du 4 novembre 183 échoua dans le même collège, avec 53 voix co 55 à M. Cossin. Appelé, le 4 mai 1838, au c mandement de la frégate la *Médée*, il fit pa de la division de l'amiral Baudin qui se ren au Mexique, fut chargé d'aller à Mexico dem der satisfaction au nom du gouvernemen français, et, sur le refus du gouvernem mexicain, monta, à la tête de son équipag l'assaut de la Vera-Cruz ; il reçut, peu de te après, la cravate de commandeur de la Lég d'honneur, et, en octobre 1839, le comma ment du *Neptune*, vaisseau de 86 canons, a lequel il se rendit à l'escadre du Levant.

L'année suivante, il rallia les eaux de T où l'on croyait que la Porte allait diriger expédition. Elu de nouveau, le 20 mars 1841 puté du collège de Paimbœuf, par 72 v (110 votants), en remplacement de M. Benc démissionnaire, il fut promu contre-amira 10 décembre de la même année, et dut se présenter devant ses électeurs qui lui con mèrent son mandat, le 25 décembre suiva par 79 voix (85 votants, 163 inscrits). Réélu 9 juillet 1842, par 72 voix (122 votants, 165 crits), contre 48 à M. Maës, ancien député ne se signala à la Chambre qu'en réclam une meilleure organisation de nos forces vales et l'amélioration du sort des matelo ministériel, il vota l'indemnité Pritchard. Ap avoir commandé quelques mois la station Levant, il refusa (août 1843) de soumettre autorité au contrôle, nouvellement établi, nos agents diplomatiques, et demanda qu'on désignât un successeur. Rappelé en France reprit sa place à la Chambre, entra au cons d'amirauté en remplacement de l'amiral lande décédé, et y montra une grande activ Aux élections législatives du 1er août 1846 échoua dans le collège de Paimbœuf a 73 voix contre 79 à l'élu, M. Colombel. Il m rut du choléra en 1849.

LEREBOURG DE LA PIGEONNIÈRE (J

ques-Anne), député en 1791, né à Saint-Hilaire-du-Harcouet (Manche) le 2 novembre 1740, mort à Saint-Hilaire-du-Harcouet le 10 août 1826, était avocat au bailliage de Mortain au moment de la Révolution. Il devint maire de cette ville à l'organisation des municipalités, puis juge au tribunal de district de Mortain, et administrateur du département de la Manche. Le 10 septembre 1791, il fut élu député du département à l'Assemblée législative, le 11e sur 13, par 349 voix (461 votants). Il n'y prit la parole que pour demander l'envoi des troupes contre les nègres révoltés de Saint-Domingue. Après le 18 brumaire, il fut appelé aux fonctions de juge de paix à Saint-Hilaire-du-Harcouet; il exerça ces fonctions de 1799 à 1816.

LEREMBOURE (Salvador-Paul), député en 1791, né à Saint-Jean-de-Luz (Basses-Pyrénées) en 1759, mort à Saint-Jean-de-Luz le 16 mai 1840, fut élu député des Basses-Pyrénées à l'Assemblée législative, le 8 septembre 1791, le 2e sur 6, par 182 voix (317 votants); il ne prit que rarement la parole, pour attaquer Blanchelande et pour faire rapporter le décret d'accusation rendu contre M. de Noailles. Il parla aussi sur le traitement des religieux. M. Leremboure devint, après la session, membre du directoire des Basses-Pyrénées et conseiller général.

LEREMBOURE (Augier-Alexandre-Hyacinthe), représentant du peuple en 1848, né à Saint-Jean-de-Luz (Basses-Pyrénées) le 14 janvier 1799, mort à Saint-Jean-de-Luz le 10 avril 1868, fut d'abord avocat à Pau où il rédigea, en 1830, la protestation du barreau de cette ville contre la prestation du serment; il se fixa ensuite à Bayonne où il se fit une belle clientèle. Conseiller d'arrondissement de Bayonne en 1834, puis juge suppléant au tribunal de 1re instance de cette ville, il siégea, en cette qualité, dans l'affaire d'Armand Marrast contre les juges d'Orthez. Nommé sous-commissaire du gouvernement provisoire dans son département le 24 février 1848, il fut élu, le 23 avril suivant, représentant des Basses-Pyrénées à l'Assemblée nationale, le 6e sur 11, par 55,176 voix (90,262 votants, 116,890 inscrits). Il prit place au centre, fit partie du comité de l'Intérieur, prit quelquefois la parole, et, assez indépendant, vota contre le bannissement de la famille d'Orléans, pour les poursuites contre L. Blanc, contre les poursuites contre Caussidière, contre l'abolition de la peine de mort, contre l'impôt progressif, contre l'incompatibilité des fonctions, pour l'amendement Grévy, contre la sanction de la Constitution par le peuple, pour l'ensemble de la Constitution, pour la proposition Rateau, contre l'interdiction des clubs, contre l'expédition de Rome, contre la demande de mise en accusation du président et des ministres. Non réélu à la Législative, il reprit, à Bayonne, son cabinet d'avocat.

LERET D'AUBIGNY (Alphonse), député au Corps législatif de 1863 à 1870, né au Mans (Sarthe) le 13 août 1804, mort au Mans le 15 janvier 1878, entra dans l'administration au début du règne de Louis-Philippe. Conseiller de préfecture de la Sarthe (octobre 1830), sous-préfet de Calais (1832), puis conseiller de préfecture de Seine-et-Oise (1844), il aborda, sous l'empire, la carrière parlementaire. La nomination de M. Langlais au poste de conseiller d'Etat ayant produit au Corps législatif une vacance dans la

2e circonscription de la Sarthe, M. Leret d'Aubigny se présenta, le 22 novembre 1857, comme candidat du gouvernement, et fut élu député par 20,601 voix (27,616 votants, 35,121 inscrits), contre 4,568 à Jules Favre et 2,288 à M. Richer-l'Evêque. Il siégea dans la droite dynastique, vota avec la majorité, et obtint successivement sa réélection, toujours comme candidat officiel : le 1er juin 1863, avec 21,911 voix (28,013 votants, 35,611 inscrits), contre 5,969 à M. Caillard d'Aillières; puis, le 24 mai 1869, avec 17,144 voix (29,873 votants, 35,155 inscrits), contre 5,135 à Jules Favre, 3,718 à M. de la Rochefoucauld, 2,803 à M. Caillard d'Aillières et 1,024 à M. de Saint-Albin. M. Leret d'Aubigny soutint jusqu'au bout le gouvernement impérial et vota pour la déclaration de guerre à la Prusse. Officier de la Légion d'honneur et conseiller général de la Sarthe.

LE RIDANT (Jean-Marie de), député de 1827 à 1831, né à Vannes (Morbihan) le 18 juillet 1776, mort à Vannes le 5 juillet 1837, appartenait à l'armée. Ancien colonel du 43e de ligne. conseiller de préfecture sous la Restauration, il fut élu, le 24 novembre 1827, avec l'appui du gouvernement, député du Morbihan, au grand collège, par 77 voix sur 142 votants et 169 inscrits. Il siégea au centre droit et vota d'ordinaire avec les royalistes constitutionnels. Après avoir échoué, le 23 juin 1830, dans le 1er arrondissement du Morbihan (Vannes), avec 82 voix contre 148 à l'élu, M. de Francheville, M. de Le Ridant se fit élire de nouveau, le 28 octobre de la même année, député du Morbihan, au collège de département, en remplacement de M. de Margadel démissionnaire. Il se rallia au gouvernement de Louis-Philippe, fut promu maréchal de camp le 13 décembre 1830, et, par suite de cette promotion, dut solliciter de ses électeurs le renouvellement de son mandat, qu'il obtint le 27 mars 1831. Mais il ne se représenta pas aux élections générales du 5 juillet suivant. Commandeur de la Légion d'honneur.

LEROUGE (Bernard-Michel-Henri), député de 1834 à 1837, né à Dijon (Côte-d'Or) le 19 décembre 1786, mort à Chalon-sur-Saône (Saône-et-Loire) le 31 mai 1841, étudia le droit et entra dans la magistrature. Conseiller à la cour royale de Dijon, il se présenta pour la première fois à la députation, le 5 juillet 1831, dans le 4e collège de Saône-et-Loire (Chalon-sur-Saône) et échoua avec 147 voix, contre 236 à l'élu, le général Thiard. Celui-ci ayant opté pour le 3e collège du même département, les électeurs du quatrième furent convoqués à nouveau le 1er octobre suivant : M. Lerouge se représenta et n'obtint encore que 134 voix, contre 189 à l'élu, M. de Courcelles. Il échoua une troisième fois, le 1er juin 1833, dans la 7e circonscription du même département (Louhans), avec 109 voix contre 162 à M. de Chapuys-Montlaville, élu. Enfin le collège de Chalon-sur-Saône, par 192 voix contre 164 au général Thiard, député sortant, ouvrit à M. Lerouge, le 21 juin 1834, les portes du parlement. Élu avec l'appui du gouvernement, il siégea dans la majorité dévouée au ministère, parmi les partisans du « juste-milieu ». Le renouvellement du 4 novembre 1837 ne lui fut pas favorable : il ne réunit à Chalon que 203 voix contre 221 à l'élu, M. Thiard, et, après l'option de ce dernier pour un autre collège, échoua encore, le 3 mars 1838, avec 176 voix contre 206 à l'élu, le général Bachelu. Chevalier de la Légion d'honneur.

LEROUGE-COLLINET (Gilles-Félix), député au Conseil des Anciens et au Corps législatif en l'an VIII, né à Troyes (Aube) le 30 mai 1749, mort à Troyes le 4 mars 1818, fut d'abord avocat à Troyes, puis devint, pendant la Révolution, président du tribunal de cette ville. Nommé, peu après, membre de l'administration du département de l'Aube, il fut élu, le 25 germinal an VII, député de ce département au Conseil des Anciens, et n'y prit la parole que rarement, une fois entre autres pour demander une indemnité en faveur des familles des ministres assassinés à Rastadt. Rallié au 18 brumaire, il fut réélu par le Sénat conservateur député de l'Aube au nouveau Corps législatif, le 4 nivôse an VIII. Son mandat expiré, il revint à Troyes, où il reprit sa profession d'avocat. Il fut plus tard conseiller municipal de cette ville en 1812 et 1813.

LE ROULX ou **LE ROUX** (Jacques-Joseph), député en 1789, date de naissance inconnue, mort à Saint-Pol (Pas-de-Calais) le 24 décembre 1790, était curé de Saint-Pol en Artois au moment de la Révolution. Il fut commissaire à la rédaction du cahier général du clergé d'Artois. La composition de l'assemblée électorale de cette province assurait la prédominance des curés sur les représentants des abbayes et des chapitres; aussi ceux-ci se retirèrent-ils de l'assemblée après avoir fait une déclaration : « Ne voulant pas être réduits à n'être que les « témoins de l'exécution arrêtée d'avance par « MM. les curés... » M. Le Roulx fut ainsi élu, le 29 avril 1789, député du clergé d'Artois aux Etats-Généraux. Il n'eut qu'un rôle effacé dans l'Assemblée constituante, et signa la protestation du chapitre de la cathédrale d'Arras contre la constitution civile du clergé (21 décembre 1790). Après sa mort, survenue au cours de la session, il fut remplacé dans sa cure par M. Duflos, curé d'Hesmond, prêtre constitutionnel, qui avait refusé le siège épiscopal d'Arras auquel il avait été élu.

LE ROUVILLOIS (François-Germain), député en 1789, né à Saint-Germain-le-Gaillard (Manche) le 17 août 1732, mort à une date inconnue, curé de Carantilly (Manche), fut élu, le 27 mars 1789, député du clergé aux Etats-Généraux par le bailliage de Coutances. Son rôle parlementaire n'a pas laissé de traces au *Moniteur*.

LEROUX (Charles-Florimond), député en 1769, né à Amiens (Somme) le 25 décembre 1716, mort à Amiens le 16 décembre 1793, fils de Louis-Etienne Leroux et de Marie-Françoise Merelle, était négociant à Amiens. Consul à Amiens en 1750, échevin de la ville en 1760, 1761, 1766 et 1767, conseiller de ville en 1765, juge en 1773, maire de 1779 à 1781, membre de la chambre de commerce de Picardie depuis 1767, de la commission des hospices en 1785, il fut élu, le 4 avril 1789, député du tiers-état du bailliage d'Amiens aux États-Généraux, par 130 voix (230 votants); il se trouva être le doyen d'âge des « communes », et, en cette qualité, il fut chargé de la police intérieure de la chambre de son ordre, et de la direction des conférences pour la réunion de l'Assemblée. Il s'acquitta de cette mission avec tact et dignité, et soumit à ses collègues plusieurs articles réglementaires. Après la session, il se retira à Amiens où il mourut pendant la Révolution. A Paris, il habitait rue des Mauvaises-Paroles,

chez M. Etienne Leroux, négociant, probablement son parent, et dont la notice suit.

LEROUX (Etienne), député au Conseil des Cinq-Cents et au Corps législatif de l'an VIII à 1803, dates de naissance et de mort inconnues, était négociant à Paris. Elu, le 26 germinal an VII, député de la Seine au Conseil des Cinq-Cents, il se montra favorable au coup d'Etat de Bonaparte, et fut inscrit par le Sénat conservateur, le 4 nivôse an VIII, sur la liste des députés au nouveau Corps législatif. Il y représenta sans éclat le département de la Seine jusqu'en 1803. A cette époque (2 floréal an XI) Leroux fut nommé membre du conseil général du commerce à Paris. Il resta désormais étranger à la politique.

LEROUX (Emile-Auguste), représentant en 1848, en 1849 et en 1871, né à Epineuse (Oise) le 10 juin 1804, mort à la Maronnière (Loiret) le 20 août 1872, étudia le droit, et exerça avec distinction la profession d'avocat à Beauvais. Il devint bâtonnier de son ordre, prit part aux luttes de l'opposition modérée contre la monarchie de juillet, et fut élu membre du conseil général de l'Oise. Il fut aussi maire de Beauvais. Elu, le 23 avril 1848, représentant de l'Oise à l'Assemblée constituante, le 3e sur 8, par 77,131 voix, il vota le plus souvent avec la droite : *pour* le rétablissement du cautionnement et de la contrainte par corps, *pour* les poursuites contre Louis Blanc, *contre* les poursuites contre Caussidière, *contre* l'abolition de la peine de mort, *contre* l'amendement Grévy, *contre* le droit au travail, *pour* l'ordre du jour en l'honneur de Cavaignac, *contre* la réduction de l'impôt du sel, *pour* la proposition Rateau, *contre* l'amnistie, *pour* l'interdiction des clubs, *pour* les crédits de l'expédition romaine, *contre* l'abolition de l'impôt des boissons, etc. M. Emile Leroux appartenait, dans la Constituante, au comité de la justice, dont il fut le secrétaire, et au nom duquel il présenta plusieurs rapports : sur la loi relative au jury, et sur la peine de mort dont il réclama le maintien, le 18 septembre 1848, en ces termes : « On parle d'humanité, mais l'humanité ne consiste pas à garantir seulement la vie des coupables, elle consiste aussi à préserver la vie des honnêtes gens des attaques des assassins. Si la société, en présence des crimes qui la menacent, restait désarmée, ce ne serait pas un acte d'humanité qu'aurait fait le législateur, ce serait un acte d'imprévoyance. » Il dit encore : « Comment établirez-vous une proportion dans vos lois pénales, si vous n'admettez pas la peine de mort pour les crimes d'assassinat, d'empoisonnement et de parricide? Quel serait le moyen d'établir cette proportion? Il faudrait nécessairement diminuer la peine de certains crimes pour arriver à l'échelle exacte de la pénalité. N'apercevez-vous pas que ce serait là un système complet de réformation? Ce ne serait pas seulement une loi prononçant l'abolition de la peine de mort qu'il faudrait faire, mais une loi portant la réforme totale du code pénal. » L'Assemblée accepta ces raisons et rejeta par 498 voix contre 210 l'amendement Buvignier et Athanase Coquerel, qui portait abolition de la peine de mort. M. Emile Leroux parla encore sur la question du timbre des effets de commerce, etc. Réélu, le 13 mai 1849, représentant du même département à l'Assemblée législative, le 6e sur 8, par 37,082 voix (120,920 inscrits), il prit place au centre et, suivant les inspirations de Dufaure, se montra l'adversaire déclaré de la Montagne et du socia-lisme, sans appuyer la politique personnelle de l'Elysée. Il protesta contre le coup d'État du 2 décembre 1851, à la mairie du 10e arrondissement, et, comme la force armée menaçait les représentants de les emmener à Mazas, il proposa que l'Assemblée s'y rendit en corps et à pied. A plusieurs reprises, sous l'Empire, M. E. Leroux, qui s'était fait inscrire comme avocat au barreau de Paris, tenta de rentrer dans la vie parlementaire; il obtint, comme candidat indépendant au Corps législatif, le 22 juin 1857, dans la 3e circonscription de l'Oise, 5,764 voix contre 20,483 à M. Lemaire, député sortant, réélu ; et, le 24 mai 1869, dans la 2e circonscription, 13,911 voix contre 17,793 à M. de l'lancy, député sortant, réélu. Après la chute du gouvernement impérial, les conservateurs de l'Oise, unis aux républicains de la nuance la plus modérée, adoptèrent la candidature de M. Emile Leroux à l'Assemblée Nationale : il fut élu, le 1er sur 8, représentant de ce département, par 54,421 voix (73,957 votants, 118,866 inscrits). Il vota avec le centre droit, *pour* la paix, *pour* l'abrogation des lois d'exil, et fit adhésion à la politique de Thiers, chef du pouvoir exécutif; mais une maladie dont il souffrait depuis longtemps déjà l'obligea d'aller à Vichy, d'où il revint mourant (1872).

LEROUX (PIERRE-HENRI), représentant en 1848 et 1849, né à Bercy (Seine) le 6 avril 1797, mort à Paris le 12 avril 1871, fils d'un artisan, commença ses études au collège Charlemagne à Paris et les termina à Rennes. Admis à l'Ecole polytechnique, il renonça à la carrière qu'elle lui ouvrait pour soutenir sa mère devenue veuve et ses trois jeunes frères. Il se fit alors maçon, puis se mit en apprentissage chez un imprimeur, son cousin. Devenu prote à l'imprimerie Panckoucke, où fut fondé en 1824 par Dubois le journal le *Globe*, Pierre Leroux fut chargé d'abord de la « cuisine » du journal, puis publia des articles remarqués, principalement sur des matières philosophiques. La révolution de 1830 ayant dispersé les rédacteurs du *Globe*, devenus pour la plupart de hauts fonctionnaires, l'ancienne feuille doctrinaire fut vendue aux enchères, et le petit groupe des adeptes de la doctrine de Saint-Simon s'en rendit adjudicataire. Pierre Leroux embrassa d'abord avec ardeur les doctrines saint-simoniennes, mais il se sépara d'Enfantin (21 novembre 1831) à propos de ses idées sur « l'affranchissement » de la femme et les fonctions du couple-prêtre. Avec Jean Reynaud, il prit alors la direction de la *Revue encyclopédique*, où il publia des études littéraires et des travaux d'érudition, et qui servit d'organe à ce qu'on appela le néo-saint-simonisme (1832-1835). En 1833, Pierre Leroux fonda, avec MM. Carnot et Reynaud, l'*Encyclopédie nouvelle*, vaste recueil illustré; puis il affirma son rôle de novateur dans trois ouvrages publiés de 1838 à 1840, sous les titres de : l'*Egalité*; *Réfutation de l'éclectisme*, et l'*Humanité*. Il avait donné aussi à la *Revue des Deux-Mondes*, tant qu'elle affecta des tendances démocratiques, c'est-à-dire pendant les six ou sept premières années du règne de Louis-Philippe, divers articles de philosophie sociale. Quand la *Revue des Deux-Mondes* se convertit à l'optimisme ministériel, Pierre Leroux essaya de créer en concurrence la *Revue Indépendante*, qui, malgré la collaboration active de George Sand, ne dura que deux ans. Le système développé par le philosophe était, par certains côtés, emprunté aux théories pythagoriciennes et

bouddhistes, rajeunies par le socialisme contemporain. Dans son livre capital, l'*Humanité, de son principe et de son avenir* (1839), il exposait un système philosophique se résumant dans la négation de la personnalité humaine, dans l'absorption de l'individu par la volonté générale; sa religion était faite de panthéisme et de métempsycose; en politique, il n'admettait que l'égalité absolue. L'ouvrage est dominé par la conception du progrès continu de l'homme et de la nature s'effectuant à l'infini dans un cercle uniforme; or, pour Pierre Leroux, qui se plaisait à mêler la théologie à la métaphysique, la perfection consiste dans une sorte de trinité, dans la mystérieuse *Triade*, au sein de laquelle s'harmonisent la sensation, le sentiment et l'intelligence. A partir de 1843, Pierre Leroux se montra de plus en plus préoccupé des applications de la philosophie pure à la science sociale. Ayant pris, en 1845, la direction d'une imprimerie à Boussac (Creuse), il composa et édita lui-même plusieurs traités et continua dans la *Revue sociale* l'exposition de ses idées humanitaires. La *Revue sociale* et son système devaient subir de violentes attaques de la part de Proudhon, l'adversaire décidé de la philosophie de Pierre Leroux, et qui l'accusait de vouloir faire de la société un couvent laïque. D'un autre côté, sa loi du *circulus*, en vertu de laquelle il établissait le droit de vivre sur le caractère reproductif de la consommation, excita la verve des journaux satiriques du temps qui le criblèrent d'épigrammes. George Sand, qui partageait alors les aspirations égalitaires et communistes du philosophe, écrivit, pour populariser la doctrine, plusieurs romans, *Consuelo, Spiridion*, le *Péché de M. Antoine*, le *Compagnon du tour de France*. Républicain, Pierre Leroux proclama, en février 1848, à Boussac, le gouvernement nouveau, fut nommé maire de cette commune, et, lors d'un voyage qu'il fit à Paris peu de temps après, reçut des socialistes les plus avancés un accueil chaleureux. Au 15 mai, son nom fut porté sur plusieurs des listes qui circulèrent parmi les envahisseurs, comme membre du futur gouvernement provisoire. Impliqué dans les poursuites, bien qu'il n'eût pris aucune part personnelle à cette « journée », il fut arrêté et emprisonné pendant trois jours, puis rendu à la liberté, grâce à Caussidière. Le 4 juin, le département de la Seine, appelé à pourvoir au remplacement de onze représentants optants ou démissionnaires, élut Pierre Leroux, comme candidat des démocrates-socialistes, représentant à la Constituante, le 6e sur 11, par 91.375 voix (248,392 votants, 414,317 inscrits). Il siégea à la Montagne et prononça plusieurs discours sur la fixation des heures de travail, sur l'émancipation politique et sociale de la femme, etc. Le 30 août 1848, réclamant le maintien du décret du 2 mars qui avait fixé à 10 heures la journée de travail, il parla très longuement, invoqua de nombreux auteurs à l'appui de sa thèse, multiplia les exemples et les chiffres et s'écria : « Que les chefs d'industrie qui encouragent ou exigent un travail de quatorze heures ne viennent pas dire que leurs ouvriers y consentent, et couvrir l'homicide de ce beau nom de liberté des contrats. de liberté des transactions. On peut toujours leur répondre : Vous n'avez pas le droit d'attenter à la vie de votre semblable, même avec son consentement. La loi vous le défend. La vie humaine est sacrée et la société est instituée pour la protéger. Mais, disent enfin les adversaires du décret, puisque ces ouvriers mourraient de faim s'ils ne travaillaient pas quatorze heures par jour (l'industrie ayant besoin, pour soutenir la concurrence, de ces quatorze heures), ne voyez-vous pas que la loi doit nous accorder ce droit d'homicide sur nos ouvriers, parce que c'est un moindre mal pour eux-mêmes, après tout, que la mort instantanée qui viendrait les saisir? Toute la question économique est là, en effet; mais nous la traiterons tout à l'heure!..... Et vous auriez le droit de livrer des hommes à un travail mortel sans aucune intervention de l'Etat, abusant ainsi de l'ignorance et du malheur des hommes? Non, mille fois non, à moins que vous ne fassiez déclarer par cette Assemblée, nommée par le peuple tout entier, et chargée de ses destinées et de son bonheur, que les travailleurs dont il s'agit ne sont pas des hommes, ou du moins ne sont pas des citoyens, qu'ils sont encore exclus de la cité et que l'Etat abdique à leur égard son droit tutélaire! » Mais la théorie de l'orateur fut combattue successivement, dans les séances des 30 et 31 août, 1er, 4 et 8 septembre, par MM. Buffet, Charles Dupin, Pascal Duprat, Léon Faucher, Sénard ministre de l'Intérieur, Victor Grandin, Levavasseur et Wolowski, et finalement la journée de travail fut portée de dix heures à douze heures par l'Assemblée.

Avec le groupe le plus avancé du parti démocratique, Pierre Leroux vota : *contre* le rétablissement du cautionnement et de la contrainte par corps, *contre* les poursuites contre Louis Blanc et Caussidière, *pour* l'abolition du remplacement militaire, *pour* le droit au travail, *contre* l'ensemble de la Constitution, *contre* l'ordre du jour en l'honneur de Cavaignac, *pour* la suppression de l'impôt du sel, *contre* la proposition Rateau, *pour* l'amnistie, *contre* l'interdiction des clubs, *contre* les crédits de l'expédition romaine, *pour* la mise en accusation du président et de ses ministres, *pour* l'abolition de l'impôt des boissons. Réélu, le 13 mai 1849, représentant de la Seine à l'Assemblée Législative, le 22e sur 28, par 110,127 voix (281,140 votants, 378,043 inscrits), il siégea comme précédemment à la Montagne, et se montra l'adversaire déclaré de toutes les lois répressives et réactionnaires. Très opposé à l'expédition de Rome, à la politique de l'Elysée et au coup d'Etat, il s'abstint cependant de tout rôle actif dans la manifestation du 13 juin 1849, comme dans les tentatives de résistance à l'acte du 2 décembre, son socialisme purement spéculatif condamnant systématiquement les appels à la force. Il parvint, dans l'Assemblée Législative, par un amendement qui porte son nom, à faire inscrire la condamnation pour cause d'adultère parmi les causes qui font perdre l'exercice des droits politiques. Le coup d'Etat, en l'obligeant à résider à Jersey pendant plusieurs années, le rendit au culte des lettres et de la philosophie; il s'occupa aussi d'agriculture, habita ensuite Lausanne, et revint en France en 1869. Il mourut à Paris, pendant la Commune, le 14 avril 1871, d'une attaque d'apoplexie; il avait eu neuf enfants, de deux mariages. La Commune décida l'envoi d'une délégation aux obsèques du philosophe socialiste, non sans émettre, dans sa délibération, certaines réserves à l'égard du caractère religieux et métaphysique de ses doctrines. A ceux de ses ouvrages qui sont cités plus haut, il faut ajouter les suivants: *Projet d'une Constitution démocratique et sociale* (1848) ; *Le Carrosse de M. Aguado; De la Ploutocratie ou du gouvernement des riches* (1848) ; *Du Christianisme et de ses origines démocratiques* (1848) ; *De l'Egalité* (1848) ; *Malthus et les économistes ou Y*

aura-t-il toujours des pauvres? (1849), etc.; et une traduction du *Werther* de Gœthe, avec une préface de George Sand.

LEROUX (CHARLES-JULES), représentant du peuple en 1849, né à Paris le 3 septembre 1805, mort le 7 novembre 1883, frère du précédent. exerçait la profession d'imprimeur. Elu, le 13 mai 1849, représentant à l'Assemblée législative, par les républicains démocrates-socialistes de la Creuse, le 3e sur 6, avec 16,888 voix (39,471 votants, 73,014 inscrits), il prit place à la Montagne et vota *contre* l'expédition de Rome, *contre* la loi Falloux-l'arieu sur l'enseignement, *contre* la loi restrictive du suffrage universel, etc. Il combattit la politique de l'Elysée et rentra dans la vie privée au 2 décembre 1851. « M. Jules Leroux, écrivait un biographe conservateur en 1849, est particulièrement connu par les discours qu'il a prononcés dans les divers banquets qui ont eu lieu à Paris depuis le 10 décembre. Mais avant tout, c'est une réputation de reflet; il est tout simple qu'il en profite et qu'il se pare de son mieux, en présence des électeurs, des plumes de son frère, le grand *triadiste* Pierre. »

LE ROUX (PAUL-AUGUSTIN-ALFRED), député au Corps législatif de 1852 à 1870, ministre, député de 1877 à 1879, né à Paris le 11 décembre 1815, mort à Paris le 1er juin 1880, fils d'un banquier de la capitale, s'adonna d'abord à la poésie, dédia des vers au comte de Chambord exilé, puis prit la direction de la maison paternelle. Sa situation dans le monde des affaires le fit entrer au conseil d'administration du chemin de fer de l'Ouest (1864) et lui valut les fonctions de président du conseil d'administration de la « Société générale pour le développement du commerce et de l'industrie ». Riche propriétaire en Vendée, il fut élu conseiller général de ce département pour le canton de Saint-Michel-en-l'Herm, et présida constamment le conseil. Des services pécuniaires rendus au prince Louis-Napoléon pendant la période présidentielle le firent choisir, le 29 février 1852, comme candidat du gouvernement au Corps législatif, dans la 2e circonscription de la Vendée : il fut député par 16,735 voix (20,145 votants, 33,813 inscrits), contre 3,173 à M. Guy de Fontaine, ancien représentant, il prit place dans la majorité qui vota le rétablissement de l'Empire, et opina constamment avec la droite dynastique. Il s'attacha d'ailleurs principalement à traiter, dans l'assemblée, les questions d'affaires, où sa compétence était généralement reconnue. Cette compétence, jointe à l'aménité de sa parole, le firent appeler souvent aux fonctions de secrétaire et de rapporteur de la commission du budget. Réélu, toujours avec l'appui officiel du gouvernement : le 22 juin 1857, par 15,940 voix (16,076 votants, 34,056 inscrits); le 1er juin 1863, par 19,491 voix (20,574 votants, 35,772 inscrits), et, le 24 mai 1869, par 24,830 voix (31,537 votants, 41,631 inscrits), contre 6,422 à M. Laval, M. Alfred Le Roux, rapporteur du budget de 1858, mit la Chambre en garde contre « l'illusion des éléments de recettes transitoires qu'il serait peut-être difficile de retrouver dans les exercices prochains, » Il fut appelé, dans la session de 1863, à la vice-présidence du Corps législatif; plus tard, il fut encore désigné pour cette fonction dans la courte session de juin 1869. Les bonapartistes lui reprochèrent cette fois une trop grande condescendance pour Thiers, dans la discussion du budget de 1870. Nommé ministre de l'Agriculture et du Commerce le 14 juillet 1869, après le sénatus-cousulte qui modifiait la constitution impériale dans le sens parlementaire, il dut solliciter le renouvellement de son mandat législatif, qu'il obtint, le 22 novembre, par 23,138 voix (27,249 votants. 41.214 inscrits), contre 4,022 à M. Laval. M. Alfred Le Roux quitta le pouvoir, avec tous ses collègues du cabinet, devant le ministère nouveau formé en janvier 1870 par M. Emile Ollivier. Il vota *pour* la déclaration de guerre à la Prusse. Chargé par la Chambre, le 4 septembre, avec M. Estancelin, de voir le général Trochu pour aviser au salut de la dynastie, il dit, en rendant compte de sa mission : « Là aussi, nous avons reconnu qu'il était trop tard. » Rentré dans la vie privée à la chute de l'Empire, il en sortit pour peu de temps, aux élections du 14 octobre 1877. Candidat officiel du gouvernement du maréchal de Mac-Mahon dans la 2e circonscription de Fontenay-le-Comte, il fut élu député de ce collège par 9,806 voix (17,369 votants, 20,566 inscrits), contre 7,598 à M. Beaussire, député sortant, des 363. M. Alfred Le Roux siégea à droite, dans le groupe de l'Appel au peuple. Mais son élection fut invalidée et les électeurs convoqués à nouveau le 2 février 1879, ne donnèrent plus à M. Le Roux, qui d'ailleurs ne se représentait pas, que 1,333 voix contre 9.085 à M. Beaussire, élu. Commandeur de la Légion d'honneur le 13 août 1864, grand officier de l'ordre le 13 août 1868. On doit à M. Alfred Le Roux un volume de *Poésies* (1842); *Edouard Aubert*, roman (1843), et une nouvelle publiée dans la *Revue des Deux-Mondes : Henriette* (1844). La fille de M. Le Roux a épousé le comte de La Grange.

LE ROUX (MARIE-GUILLAUME-CHARLES), député de 1860 à 1870, né à Nantes (Loire-Inférieure) le 25 avril 1814, fut reçu avocat en 1830; mais un goût très prononcé pour la peinture lui fit abandonner la carrière du barreau. Elève de Corot, il exposa à la plupart des salons depuis 1834, et reçut (1840) une troisième médaille, et une seconde (1846) pour des paysages assez remarqués. Riche propriétaire à Soullieu (Deux-Sèvres), il s'occupa en même temps d'améliorations agricoles; il avait déjà été (1852) maire de Corsept (Loire-Inférieure), lorsqu'il se fixa dans les Deux-Sèvres, où il fut nommé maire de Cérizay et conseiller général de Châtillon-sur-Sèvre. Il était vice-président du conseil général, lorsqu'il se présenta à la députation avec l'appui officiel, dans la 3e circonscription des Deux-Sèvres, vacante par le décès de M. Chauvin de Lénardière. Elu, le 4 mars 1860, par 20,889 voix sur 21,141 votants et 27,466 inscrits, il siégea dans la majorité dynastique, et fut successivement réélu, le 1er juin 1863, par 17,849 voix sur 23,795 votants et 29,233 inscrits, contre 5,871 à M. Morin, et, le 24 mai 1869, par 15,224 voix sur 27,239 votants et 31,457 inscrits, contre 9,603 à M. de La Rochejaquelein et 2,263 à M. Couteleau. Durant ces diverses législatures, il avait fait partie de plusieurs commissions, avait appuyé la construction des chemins de fer de Bressuire à la Roche-sur-Yon, etc. Il vota *pour* la guerre contre la Prusse, et quitta le parlement à la chute de l'Empire. Il essaya d'y rentrer, aux élections législatives du 20 février 1876, et posa sa candidature bonapartiste dans l'arrondissement de Bressuire; il n'obtint, au premier tour, que 2,771 voix contre 7,201 à M. de la Rochejaquelein. et 7,009 au candidat républicain M. Ber-

nard, et se désista purement et simplement avant le second tour. Chevalier de la Légion d'honneur (1859), officier (1868). officier de l'Instruction publique.

LEROUX (HENRI-AIMÉ), représentant en 1871, député de 1876 à 1881, né à Notre-Dame-de-Liesse (Aisne) le 14 octobre 1825, fit son droit à Paris, fut reçu docteur et alla se fixer à Laon comme avocat. Il y fit de l'opposition à l'empire et se présenta, comme candidat indépendant, au Corps législatif le 24 mai 1869, dans la 1re circonscription de l'Aisne, mais il échoua avec 8,041 voix contre 20,140 au candidat officiel élu, M. Hébert, 5,060 à M. Houssaye et 949 à M. Binet-Blot. Le 8 février 1871, il fut élu représentant de l'Aisne à l'Assemblée nationale, le 4e sur 11, par 65,860 voix (87,823 votants, 157,845 inscrits). Il prit place au centre gauche, dont il fut l'un des vice-présidents, et vota *pour* la paix, *contre* l'abrogation des lois d'exil, *contre* la pétition des évêques, *contre* le pouvoir constituant de l'Assemblée, *contre* le service de trois ans, *contre* la démission de Thiers, *contre* l'arrêté sur les enterrements civils, *contre* le septennat, *contre* le ministère de Broglie, *pour* l'amendement Wallon, *pour* les lois constitutionnelles. Conseiller général du canton de La Fère en octobre 1871, il fut réélu député de la 1re circonscription de Laon, le 20 février 1876, par 13,356 voix (16,253 votants, 22,634 inscrits), contre 1,506 à M. de la Tour du Pin. Il continua de figurer parmi les républicains modérés, vota *contre* l'amnistie pleine et entière, *contre* la proposition Gatineau, et fut l'un des 363 députés qui repoussèrent l'ordre du jour de confiance au ministère de Broglie. Réélu comme un des 363, le 14 octobre 1877, par 14,853 voix (19,286 votants, 22,954 inscrits), contre 4,271 à M. de Grilleau, il fit encore partie de la majorité opportuniste, et quitta la vie politique aux élections générales du 21 août 1881.

LE ROUX (GEORGES-ANNE-JEAN-PAUL), député de 1881 à 1889, né à Paris le 26 septembre 1850, fils de M. Paul-Augustin-Alfred Le Roux (Voy. *plus haut*), étudia le droit, fut reçu licencié, devint, en 1869, secrétaire de son père alors ministre du Commerce, et prit part, en qualité de secrétaire, aux travaux de la commission d'enquête monétaire. Incorporé, lors de la guerre franco-allemande, au 2e cuirassiers, il passa maréchal des logis au 1er dragons, et prit part à la défense de Paris. Il entra, après la guerre, au ministère des Affaires étrangères, fut attaché aux ambassades de Rome, puis de Madrid, et, après la mort de son père, fut élu, le 21 août 1881, comme candidat bonapartiste, député de la 2e circonscription de Fontenay-le-Comte, par 8,033 voix (15,916 votants, 21,083 inscrits), contre 7,769 à M. Achille Auger, républicain; il prit place dans le groupe de l'Appel au peuple, avec lequel il vota *contre* les divers ministères de la législature, *contre* la politique intérieure et extérieure du gouvernement, etc., sans prendre jamais la parole. Porté, le 4 octobre 1885, sur la liste conservatrice de la Vendée, M. Le Roux fut réélu député de ce département, le 2e sur 7, par 51,866 voix (92,162 votants, 120,430 inscrits). Il reprit sa place à droite, dans la minorité impérialiste, fit partie du groupe de l'Union des droites, dont il fut trésorier, et continua de s'associer silencieusement aux votes de ce groupe *contre* les cabinets qui se succédèrent au pouvoir, *pour* les droits protecteurs sur les céréales et les bestiaux, et, en dernier lieu, *contre* le rétablissement du scrutin d'arrondissement (11 février 1889), *pour* l'ajournement indéfini de la revision de la Constitution, *contre* les poursuites contre trois députés membres de la Ligue des patriotes, *contre* le projet de loi Lisbonne restrictif de la liberté de la presse, *contre* les poursuites contre le général Boulanger. M. Paul Le Roux a épousé la fille de M. Levert, ancien préfet de l'Empire, député du Pas-de-Calais.

LEROUX-DELAVILLE. — *Voy.* DELAVILLE-LEROUX.

LEROUX DES TROIS-PIERRES (JACQUES-CHARLES), député au Conseil des Cinq-Cents, né à Auberville-la-Renault (Seine-Inférieure) le 19 janvier 1751, mort aux Trois-Pierres (Seine-Inférieure) le 28 septembre 1831, fils de Pierre-Jacques-François-Alexandre Leroux et de Marie-Angélique-Charlotte d'Hervière, propriétaire, fut élu, le 24 germinal an V, par 282 voix (308 votants), député de la Seine-Inférieure au Conseil des Cinq-Cents, où il siégea jusqu'en l'an VII, sans s'y faire remarquer.

LEROUX DU CHATELET (MARIE-PHILIPPE-ONUPHRE-DÉSIRÉ-LOUIS), député de 1815 à 1816 et de 1821 à 1827, né à Arras (Pas-de-Calais) le 26 janvier 1763, mort à Roeux (Pas-de-Calais) le 19 novembre 1834, appartenait à une famille de magistrats. Il fit ses études au collège de Navarre à Paris, et fut appelé, en 1788, au conseil supérieur d'Artois en qualité de conseiller et à la chancellerie de ce même conseil en qualité de garde des sceaux. Devenu, au début de la Révolution, officier municipal d'Arras, il donna sa démission au bout de neuf mois, et fut emprisonné en 1793, comme suspect et frère d'émigré. Très attaché lui-même à la cause de l'ancien régime, il se prononça, en 1814, contre Napoléon, remplit, à la première Restauration, les fonctions de sous-préfet d'Arras par intérim, et protesta, pendant les Cent-Jours, contre l'Acte additionnel. Le 22 août 1815, il fut élu, par 121 voix (223 votants, 303 inscrits), député du Pas-de-Calais, au collège de département. Leroux du Chatelet vota avec la majorité de la Chambre introuvable, prit la parole sur les questions de finances, et n'obtint pas sa réélection après la dissolution en date du 5 septembre 1816. Il ne revint à la Chambre que le 10 octobre 1821, comme l'élu du même collège, avec 199 voix sur 376 votants et 527 inscrits, contre 165 au général Garbé. Huit jours auparavant, il avait échoué dans le 1er arrondissement, celui d'Arras, avec 155 voix contre 193 à M. Harlé, élu. Leroux du Chatelet prit place à droite, et soutint le ministère Villèle. A la séance du 22 février 1823, il appuya une pétition d'un M. Demailly, propriétaire à Lille, demandant « la prohibition de l'usage du gaz hydrogène en France, à cause des dommages qu'il causait aux fabricants d'huile ». M. Leroux du Chatelet demanda, sans succès, « qu'au moins le gaz fût prohibé dans tous les établissements publics ». Réélu dans la circonscription d'Arras, le 25 février 1824, par 269 voix (465 votants, 526 inscrits) contre 188 à M. Harlé père, il quitta le parlement en 1827, ayant échoué, à cette date, le 24 novembre, au collège de département, avec 124 voix contre 158 à M. Dutertre, élu, puis, le 23 juin 1830, dans l'arrondissement d'Arras, avec 173 voix contre 295 à l'élu, M. Harlé. Leroux du Chatelet a publié : *Des assemblées provinciales, ou de la nécessité de réorganiser les administrations municipales*

de les mettre en harmonie avec les princip[es] de la charte (1818); *Des finances, depuis [le] système présenté par Sully à Henri le Gran[d] adapté à la situation de la France.*

LEROY (JEAN-FRANÇOIS), député en 179[1,] à Baynes (Calvados) le 13 décembre 1759, assassiné à Fresney-sur-Sarthe (Sarthe) le 18 févri[er] 1799, était homme de loi dans sa ville natale quand il fut élu, le 10 septembre 1791, dépu[té] du Calvados à l'Assemblée législative, le 13e [et] dernier, par 236 voix (442 votants). Son rô[le] politique fut assez effacé. Il fut un instan[t] inquiété comme suspect, sous la Terreur, [et] entra, sous le Directoire, dans l'administration [.] Le *Moniteur* annonça sa mort en ces termes : « Décadi, 30 pluviôse an VII. Assassinat d[u] citoyen Leroy, ex-législateur, et commissa[ire] du gouvernement près l'administration mun[i]cipale du canton de Fresney. »

LEROY (JOSEPH-BAPTISTE), dit LEROY [de] FLAGIS, député en 1791, dates de naissance [et] de mort inconnues, était président de la commune de Puylaurens (Tarn), lorsqu'il fut él[u,] le 30 août 1791, député du Tarn à l'Assemblée législative, le 7e sur 11, « à la pluralité d[es] voix ». A la séance du 4 juin 1792, Chabot [le] dénonça comme ayant signé, avec ses collègu[es] du même département, un libelle de nature [à] « avilir » l'Assemblée et à la faire regarde[r] « comme ennemie du pouvoir exécutif, c'est-[à-]dire de la Constitution ». Ce factum vint excit[er,] disait Chabot, l'indignation des citoyens [de] Rabasteins, de Vabre, de Sénégas et de Castre[s.] Le même député revint à la charge cont[re] Leroy de Flagis, à la séance du 10 août suivant, pour lui reprocher d'être l'auteur d'[un] autre pamphlet, imprimé dans l'*Ami des Patriotes*, et intitulé : *De la nature et des bornes [du] pouvoir législatif*, lequel contenait, entre autres, la phrase suivante : « Qu'est-ce que [ce] serait en France que l'Assemblée national[e] s'emparant de tous les pouvoirs, introduisa[nt] l'anarchie dans les municipalités, intercepta[nt] le cours de la justice, entreprenant tout [et] oser pourvoir à rien ! » L'Assemblée décré[ta] que Leroy de Flagis serait mandé sur-le-cham[p] et sommé de déclarer s'il était l'auteur de l'éc[rit] incriminé. Peu de temps après, Leroy de Flag[is] écrivit à l'Assemblée pour reconnaître l'err[eur] dans laquelle il était tombé. « La trahison d[u] pouvoir exécutif étant prouvée », il disait a[p]plaudir aux mesures prises par l'Assembl[ée] nationale, et être prêt à combattre le tyra[n.] Il terminait en « désavouant en entier l'éc[rit] qu'il avait publié ». Il disparut de la scène p[o]litique après la session.

LEROY (FRANÇOIS-PIERRE), député en 179[1,] né à Saint-Désir (Calvados) le 13 octobre 175[?,] mort à Lisieux (Calvados) le 23 octobre 18[?,] homme de loi dans cette ville, y remplissa[it] aussi les fonctions de maire, lorsqu'il fut él[u,] le 7 septembre 1791, député du Calvados [à] l'Assemblée législative, le 3e sur 13, par 236 v[oix] contre 308 votants. Il s'y fit peu remarquer, [et] après la session, se fixa à Lisieux, où il mourut.

LEROY (JEAN-FRANÇOIS-CHARLES), dépu[té au] Conseil des Cinq-Cents et au Corps législatif [de] l'an VIII, né à Pacy-sur-Eure (Eure) le 28 oc[tobre ?,] mort à Evreux (Eure) le 7 mai 18[?,] était président du tribunal criminel d'Evreu[x] quand il fut élu, le 26 germinal an VI, dépu[té] de l'Eure au Conseil des Cinq-Cents, par 1[?]

voix (205 votants). Il prit seulement la parole pour donner son opinion sur le jugement à huis clos des viols. Rallié au 18 brumaire, il fut réélu par le Sénat conservateur député de l'Eure au nouveau Corps législatif, le 4 nivôse an VIII.

LEROY (Nicolas-Marie), député au Conseil des Cinq-Cents, né à Saulces-Champenoise (Ardennes) le 13 juin 1760, mort à Reims (Marne) le 31 août 1832, avocat, fut, en 1790, procureur-syndic du district de Reims, puis administrateur de la Marne. Elu, le 24 vendémiaire an IV, député de ce département au Conseil des Cinq-Cents, par 183 voix (286 votants), il se montra favorable au coup d'Etat de brumaire, et fut nommé, le 8 germinal an VIII, sous-préfet de Reims. Il occupa ce poste jusqu'à la fin de l'Empire.

LEROY (Jean-Dominique), membre du Tribunat, né à Longny (Orne) à une date inconnue, mort à Pau (Basses-Pyrénées) le 27 avril 1837, fit partie de l'expédition d'Egypte, et fut préfet maritime dans ce pays. De retour en France, il entra (4 nivôse an VIII) au Tribunat, où il fut rapporteur de plusieurs pétitions. Il fut nommé, le 19 frimaire an XI, préfet de l'Aude, puis devint préfet du Var le 22 juin 1811. Il quitta l'administration en 1814, fut replacé, pendant les Cent-Jours, à la tête de la préfecture du Loiret, et, après Waterloo, suivit l'armée au delà de la Loire. La seconde Restauration le laissa sans emploi. Il administra encore, sous le gouvernement de Louis-Philippe, le département d'Ille-et-Vilaine (6 août 1830), puis celui des Basses-Pyrénées. Il mourut à Pau (1837) dans l'exercice de ces dernières fonctions. Commandeur de la Légion d'honneur (2 février 1836)

LEROY (Jean-Joseph, baron), député de 1822 à 1827, né à Paris le 7 octobre 1771, mort à Colombes (Seine) le 2 septembre 1849, agent de change, conseiller général de la Seine et chevalier de la Légion d'honneur, fut élu, le 9 mai 1822, député du 8e arrondissement de Paris, par 245 voix (481 votants, 539 inscrits) contre 233 à M. Gaspard Got. Réélu, le 25 février 1824, par 296 voix (456 votants), il siégea parmi les libéraux constitutionnels, et proposa sans succès (avril 1824) un amendement transactionnel à la loi sur la conversion des rentes. Les élections du 17 novembre 1827 ne lui furent pas favorables; il échoua, dans le même arrondissement, avec 229 voix, contre 254 à l'élu, M. Louis, et, ne fut pas plus heureux, le 12 juillet 1830, avec 164 voix, contre 366 à l'élu, M. Charles Dupin.

LEROY (Paul-Arthur), député de 1877 à 1889, né à Châtillon-sur-Seine (Côte-d'Or) le 8 juillet 1828, exerça la profession d'avoué. Conseiller municipal de Châtillon (1860), adjoint au maire (1865), il donna sa démission en janvier 1870, et fut nommé, après le 4 septembre, sous-préfet de Châtillon, à la demande du conseil municipal; il occupa ce poste jusqu'en avril 1871. Membre, pour le canton de Châtillon, et secrétaire du conseil général de la Côte-d'Or, il se porta comme candidat républicain aux élections législatives de 1876, dans l'arrondissement de Châtillon-sur-Seine, mais il échoua avec 6.203 voix, contre 6,588 à l'élu, conservateur, M. Bordet. Il fut plus heureux le 14 octobre 1877, en présence du même concurrent, député sortant, soutenu cette fois par le gouvernement du Maréchal, et fut élu député de Châtillon-sur-

Seine par 7,014 voix (13.132 votants, 14,918 inscrits), contre 6,040 à M. Bordet. Inscrit au groupe de la gauche, il se prononça *pour* les invalidations des députés de la droite, *pour* la politique opportuniste, *contre* l'amnistie plénière, *pour* l'invalidation de l'élection de Blanqui, etc., et fut réélu, le 21 août 1881, par 6,420 voix (10,640 votants, 14,802 inscrits), contre 3,460 à M. Cernesson, radical; il fit partie du groupe de l'Union républicaine, et se montra le zélé partisan de la politique coloniale suivie par M. J. Ferry: ce fut lui qui présenta, en 1884, le rapport concluant à l'adoption des crédits proposés pour l'expédition du Tonkin; il vota aussi *contre* l'élection des magistrats par le peuple, et *contre* la séparation de l'Eglise et de l'Etat. Porté sur la liste républicaine opportuniste de la Côte-d'Or en octobre 1885, M. A. Leroy fut réélu député de ce département, au scrutin de ballottage, le 18 octobre, par 54,912 voix (91,997 votants, 113,471 inscrits). Il appartint, comme précédemment, à la majorité, fut à plusieurs reprises membre de la commission du budget, rapporteur du budget colonial, du projet de code rural, du projet de modification des circonscriptions électorales, du tarif postal, parla sur les chemins de fer du Sénégal, sur le service militaire aux colonies, etc., et vota *pour* l'expulsion des princes, *pour* les ministères Rouvier et Tirard, et, en dernier lieu, *pour* le rétablissement du scrutin d'arrondissement (11 février 1889), *pour* l'ajournement indéfini de la revision de la Constitution, *pour* les poursuites contre trois députés membres de la Ligue des patriotes, *pour* le projet de loi Lisbonne restrictif de la liberté de la presse, *pour* les poursuites contre le général Boulanger. M. Leroy est membre du conseil supérieur des colonies, et membre associé correspondant de la commission des antiquités de la Côte-d'Or.

LE ROY (Félix), député de 1885 à 1889; né à Douai (Nord) le 7 mars 1826, fils de M. Le Roy de Falvy, qui fut président de chambre à la cour d'appel de Douai, et magistrat lui-même, débuta comme substitut à Boulogne-sur-Mer (30 avril 1852). Nommé ensuite substitut au tribunal de première instance de Lille, il y devint successivement juge, juge d'instruction, vice-président, et enfin président le 14 octobre 1871. En cette dernière qualité, le lendemain de l'exécution des décrets prescrivant la dispersion des congrégations religieuses, il rendit, à la date du 1er juillet 1880, la première ordonnance de référé prononcée à cette occasion, et « plaçant le domicile des citoyens sous la protection de l'autorité judiciaire. » Cette décision fit aussitôt jurisprudence. Elle motiva naturellement la révocation de M. Le Roy en 1883, à la suite de la loi qui suspendit l'inamovibilité de la magistrature. Aux élections générales du 4 octobre 1885, M. Félix Le Roy figura sur la liste conservatrice du département du Nord, et fut élu député par 161,619 voix sur 292,696 votants et 348,224 inscrits. Il fit partie de l'Union des Droites, combattit la politique scolaire et coloniale des ministères républicains, et se prononça en dernier lieu *contre* le rétablissement du scrutin d'arrondissement (11 février 1889), *pour* l'ajournement indéfini de la revision de la Constitution, *contre* les poursuites contre trois députés membres de la Ligue des patriotes, *contre* le projet Lisbonne restrictif de la liberté de la presse, *contre* les poursuites contre le général Boulanger. A l'occasion de ces poursuites, il présenta et soutint plusieurs amendements contre le projet de loi relatif à l'organisation de la procédure devant la Haute-Cour. Il est l'auteur de la proposition tendant à imputer la détention préventive sur la durée des peines prononcése, proposition votée par la Chambre et sur laquelle le Sénat n'a pas encore statué. Il a également présenté une proposition ayant pour objet de faciliter le mariage des indigents, en simplifiant, comme l'a déjà fait la législation belge, les formalités exigées par la loi. Mais cette proposition, après avoir reçu, dans un rapport favorable, l'approbation de la commission nommée, n'a pu être discutée au cours de la législature.

LEROY-BEAULIEU (PIERRE), représentant en 1849, député au Corps législatif de 1852 à 1857, né à Lisieux (Calvados) le 4 août 1798, mort à Lisieux le 25 août 1859, appartint, sous Louis-Philippe, à l'administration, et fut sous-préfet de Saumur (Maine-et-Loire), puis préfet. Tout dévoué à la politique de Guizot, «il lui rendait, dit un biographe, en zèle électoral et préfectoral ce qu'il en recevait de marques de bienveillance.» Rentré dans la vie privée à la révolution de 1848, il fut porté, le 8 juillet 1849, comme candidat à l'Assemblée législative par les conservateurs-monarchistes du Calvados, en remplacement de M. Deslongrais, décédé, et fut élu représentant par 33,676 voix (49,609 votants, 138,084 inscrits), contre 14,035 à M. Dupont de l'Eure. M. Leroy-Beaulieu siégea à droite, s'associa à tous les votes de la majorité de l'assemblée en faveur des lois de réaction et de répression, et se rallia à la politique de l'Elysée. Après le coup d'Etat, il accepta le patronage de l'administration, lors des élections de 29 février 1852 au Corps législatif, dans la 3e circonscription du Calvados, dont il devint député, par 12,517 voix (15,034 votants, 37,004 inscrits), contre 1,740 au comte de Colbert. Il contribua au rétablissement du régime impérial et vota avec la majorité dynastique. Toutefois, ses attaches orléanistes lui firent perdre, le 22 juin 1857, le bénéfice de la candidature officielle, et il échoua alors avec 2,802 voix seulement, contre 13,038 au favori du gouvernement, M. Renée, élu, et 2,493 à M. Le Metayer-Desplanches. Il mourut à Lisieux en 1860. Chevalier de la Légion d'honneur. M. Pierre Leroy-Beaulieu était le père du célèbre économiste, membre de l'Institut, M. Pierre-Paul Leroy-Beaulieu, né à Saumur en 1843.

LE ROY DE BOISAUMARIÉ (PIERRE-THOMAS, CHEVALIER), membre du Tribunat, député au Corps législatif de 1809 à 1812, né à Longny (Orne) le 12 février 1773, mort en 1837, s'engagea au moment de la Révolution, devint lieutenant peu de temps après, puis officier d'état-major dans le 3e bataillon de l'Orne. Il fut attaché à l'état-major de Marceau, puis, en 1799, fut appelé aux fonctions de capitaine rapporteur près du conseil de guerre de la division de Paris. Il remplit cette charge pendant trois ans, et fut nommé membre du Tribunat le 6 germinal an X. Secrétaire de cette assemblée, il fit partie d'un grand nombre de commissions; il était absent au moment où l'on proposa d'élever le premier Consul à la dignité impériale, mais il donna par lettre son adhésion; il prit part aux travaux du code civil, et fut rapporteur du titre 10 relatif à la minorité, la tutelle et l'émancipation, et des sept premiers titres du code de commerce. Membre de la Légion d'honneur (25 prairial an XII), il entra,

en 1807, au Corps législatif, fit plusieurs fois partie de la commission des finances, fut candidat à la questure, et fut créé chevalier de l'empire le 10 septembre 1808, puis baron. Il sortit du Corps législatif en 1811. Il accompagna l'empereur jusqu'à Fréjus, lors de son départ pour l'île d'Elbe, et ne cessa de lui témoigner dans l'adversité le même attachement que durant son règne. Il fut mis à la retraite, comme capitaine d'infanterie, le 20 octobre 1819.

LE ROY DE BOISAUMARIÉ (ERNEST-HILAIRE, BARON), sénateur du second empire, né à Longuy (Orne) le 3 juin 1810, mort à Fleurus (Landes) le 9 juillet 1872, «fils du précédent et de Mélanie Belloc», étudia le droit à Paris, puis entra dans l'administration. Successivement sous-préfet de Villefranche (Haute-Garonne), puis de Saint-Sever en 1836, de Bayonne en 1842, préfet des Landes en 1847, il donna sa démission à la révolution de février 1848. Le gouvernement présidentiel de L. Napoléon Bonaparte l'appela, en 1849, à la préfecture de la Seine-Inférieure. Administrateur énergique, il étouffa les tentatives d'insurrection à Rouen et à Elbeuf après le 2 décembre, puis, la pacification faite, se consacra exclusivement et avec intelligence à l'administration de son département. Il fit ouvrir de nouveaux bassins au Havre, à Dieppe, à Honfleur, organisa la bibliothèque et le musée de Rouen, et présida, en 1868, l'exposition régionale qui se tint dans cette dernière ville. En récompense de ses services, M. le baron Le Roy fut nommé sénateur le 9 juin 1857, et grand-officier de la Légion d'honneur en 1860. Au 4 septembre 1870, il donna sa démission. et se retira au château de Fleurus (Landes) où il mourut peu de temps après: la descendance du baron Le Roy s'est alliée notamment aux Grandins de L'Eprevier, de Favernay, de Lestapis, de Pelleport-Burète, Barons Le Febvre, etc.

LEROY D'ALLARDE (PIERRE-GILBERT, BARON), député en 1789, né à Montluçon (Allier) le 8 août 1752, mort à Besançon (Doubs) le 9 septembre 1809, s'engagea fort jeune et devint capitaine au régiment des chasseurs de Franche-Comté. Elu député de la noblesse aux Etats-Généraux par le bailliage de Saint-Pierre-le-Moutier, le 18 avril 1789, il se fit remarquer dans les questions financières et économiques, combattit les idées de Necker, fut chargé d'examiner la situation de la caisse d'escompte, s'opposa au cours forcé des billets, fit décréter le paiement des appoints par les débiteurs, et allouer des fonds au receveur général du clergé pour parer aux frais de comptabilité. En 1791, il obtint que les receveurs de décimes fournissent des comptes, proposa la suppression des maîtrises et jurandes et l'établissement des patentes, exposa un système de contribution foncière, et parla contre les petits assignats. Après la session, il s'occupa d'affaires commerciales, et se tint à l'écart de la politique pendant la Terreur. En 1803, il fut nommé régisseur de l'octroi municipal de Paris. Mais n'ayant pu tenir ses engagements à cause du retard que le gouvernement mit à lui restituer ses avances, il fut déclaré en faillite, et dut vendre ses propriétés pour désintéresser ses créanciers. Il obtint sa réhabilitation en 1807.

LEROY DE LA POTHERIE (LOUIS, COMTE), député de 1824 à 1831, né à Angers (Maine-et-Loire) le 22 avril 1762, mort à Paris le 18 janvier 1847, était officier d'infanterie en 1789; il

LER 123 LER

at décoré de la croix de Saint-Louis en 1790 pour sa conduite pendant l'insurrection militaire de Nancy. Il émigra peu après, et rejoignit l'armée des princes où il servit durant les campagnes de 1792 à 1795. Rentré en France en 1801, il resta sans emploi jusqu'en 1814, prit les armes pendant les Cent Jours en Vendée, et, sous la première Restauration, devint (1815) colonel du 4ᵉ régiment d'infanterie de la garde royale. Après avoir fait la campagne d'Espagne en 1823, il reçut le brevet de maréchal de camp. Le 6 mars 1824, le collège de département de Maine-et-Loire l'élut député par 174 voix (322 votants, 383 inscrits), contre 113 à M. de la Blanchaye, 57 à M. Gautret, 45 à M. Eugène de Beaumont, 23 à M. Pilastre et 13 à M. Bodin. Il siégea silencieusement dans la majorité ultra-royaliste, et fut réélu, le 24 novembre 1827, par 174 voix (291 votants, 333 inscrits), contre 89 à M. Eugène de Beaumont. Il reprit sa place à l'extrême droite, vota pour le ministère Polignac, et vit son mandat renouvelé, le 19 juillet 1830, par 201 voix (354 votants, 387 inscrits). Il refusa de prêter serment au gouvernement issu de la révolution de juillet, dans les termes suivants :

« Paris 2 août 1830.

« Monsieur le président,

« Ayant été nommé, pour la troisième fois, membre de la Chambre des députés, pour y défendre la Charte contre toute agression, et m'étant trouvé dans l'impossibilité de me rendre à l'ouverture de la session, où elle a éprouvé de si étonnants changements, je crois mon mandat fini, et j'ai l'honneur de vous envoyer ma démission, que je vous prie de faire agréer à la Chambre.

« J'ai l'honneur, etc.

« Comte de la POTHERIE. »

Il fut mis à la retraite, comme maréchal-de-camp, le 3 juin 1832.

LEROY DE LA TOURNELLE (ADRIEN), député de 1840 à 1848, né à Lyon (Rhône) le 20 février 1803, mort à Coligny (Ain) le 20 août 1860, entra de bonne heure dans la magistrature, fut substitut à Lyon en 1830, puis assesseur du procureur général près la Chambre des pairs, lors du procès des accusés d'avril. En récompense des services qu'il rendit alors au gouvernement, il fut nommé, peu après, substitut du procureur général à Paris, puis procureur général à Nîmes et à Orléans. Élu, le 11 janvier 1840, député du 2ᵉ collège de l'Ain (Bourg), en remplacement de M. Bernard décédé, par 166 voix (198 votants, 287 inscrits), il siégea parmi les ministériels, et fut réélu, le 9 juillet 1842, par 141 voix (218 votants, 289 inscrits), contre 74 à M. Chevrier de Corcelles. Appelé, en 1844, aux fonctions de premier président de la cour royale de Dijon, il dut se représenter devant ses électeurs, qui lui confirmèrent son mandat le 3 juin de la même année, par 138 voix (178 votants), et le lui renouvelèrent, le 1ᵉʳ août 1846, par 152 voix (227 votants, 284 inscrits), contre 6 à M. Quinet, candidat de l'opposition. M. Leroy continua à siéger dans la majorité ministérielle et vota *pour* l'indemnité Pritchard, *contre* la proposition sur les députés fonctionnaires, etc. La révolution de 1848 l'éloigna de la vie politique.

LEROY DE SAINT-ARNAUD (ARMAND-JAC-QUES), ministre et sénateur du second Empire, né à Paris le 20 août 1801, mort en mer, à bord du *Berthollet*, le 29 septembre 1854, était fils d'un ancien avocat au parlement de Paris qui fut préfet sous le Consulat; sa mère, issue de la famille Papillon de la Tapy, étant restée veuve, se remaria en 1811 avec M. de Forcade la Roquette. Le jeune Saint-Arnaud entra, à la fin de 1816, dans les gardes du corps. Passionné pour les aventures, il ne tarda pas à faire des dettes, fut envoyé, comme sous-lieutenant, dans la légion corse, puis passa successivement dans la légion des Bouches-du-Rhône et dans le 49ᵉ de ligne. En 1827, il quitta l'armée pour se rendre en Grèce, visita Constantinople, Smyrne, Gallipoli, revint en France, puis, lancé dans les hasards et les expédients de la vie nomade, fut successivement commis-voyageur en France, comédien à Paris et à Londres, prévôt d'armes à Brighton. Après la révolution de juillet, il obtint sa réintégration dans l'armée avec le grade de sous-lieutenant (22 février 1831), passa lieutenant en décembre suivant, et prit part à la répression de l'insurrection royaliste qui venait d'éclater en Vendée. Officier d'ordonnance du général Bugeaud, il le suivit à Blaye et fut avec lui le gardien de la duchesse de Berry. Après les couches de la duchesse, Saint-Arnaud fit partie des personnes désignées pour l'accompagner à Palerme. De retour en France, il mena pendant quelques années la vie de garnison, se livrant à des prodigalités qui le mettaient souvent dans une situation difficile, puis il entra dans la légion étrangère en Afrique (1836) et devint capitaine l'année suivante. Il prit part à l'assaut de Constantine, à la prise de Djidjelli, au passage du col de Mouzaïa, fut promu, en 1840, chef de bataillon au 18ᵉ léger, se signala dans plusieurs expéditions, devint lieutenant-colonel du 53ᵉ de ligne le 25 mars 1842, puis colonel le 1ᵉʳ octobre 1844, et fut appelé au commandement de la subdivision d'Orléansville. Pendant la levée de boucliers dirigée par Bou-Maza, le colonel Saint-Arnaud, à la tête d'un corps surnommé la colonne infernale, soumit le Dahra, fit Bou-Maza prisonnier, et fut promu commandeur de la Légion d'honneur. Nommé au grade de maréchal de camp le 3 novembre 1847, il se trouvait en congé à Paris lors de la révolution de février 1848. Dans la nuit du 23 au 24, le maréchal Bugeaud lui donna le commandement d'une brigade. Chargé, le 24 février, de dégager les abords du Carrousel, il enleva, avec deux bataillons, les barricades de la rue de Richelieu. Il commandait la colonne qui occupait la Préfecture de police, lorsque cette colonne, forcée de capituler, fut dirigée vers Vincennes par des gardes nationaux. En passant par le quai de Gesvres, Saint-Arnaud, précipité de son cheval, fut assailli par le peuple. Il se jeta dans l'Hôtel de Ville et fut protégé par le maire de Paris. Peu après, il retourna en Algérie, où il reçut le commandement de la subdivision de Mostaganem, puis de la subdivision d'Alger en 1849. En 1851, il commanda en chef les nouvelles opérations militaires dirigées contre les Kabyles; après une série de combats sanglants, la colonne expéditionnaire réduisit les tribus insoumises. Ce succès valut à Leroy de Saint-Arnaud, le 10 juillet 1851, le brevet de général de division. Le 26 du même mois, il fut appelé à commander la 2ᵉ division de l'armée de Paris. Saint-Arnaud avait la réputation d'un caractère décidé : en Algérie, il n'avait pas hésité à enfumer une troupe d'Arabes dans la caverne du Shelas. L.-N. Bonaparte, qui préparait son coup d'État, le fit venir à l'Elysée, l'admit aux conférences secrètes qu'il avait alors avec MM. de Morny et Magnan, et lui confia, le 27 octobre, le portefeuille de la Guerre dans le ministère qui fut alors constitué. Son premier soin fut d'adresser à l'armée un ordre du jour qui était une violente protestation contre le droit de requérir la force publique, attribué par la Constitution au pouvoir législatif. Cet ordre du jour produisit une vive émotion et donna lieu à la célèbre proposition, dite des questeurs. Saint-Arnaud y répondit en donnant l'ordre d'arracher le décret du 11 mai 1848, affiché depuis 1849 dans toutes les casernes de Paris, et déclara que, en fait de réquisition militaire, il ne reconnaissait pas à l'Assemblée d'autre droit que celui de fixer le nombre de troupes pour sa garde et de leur faire donner le mot d'ordre par les questeurs. Lors de l'orageuse séance pendant laquelle fut discutée et repoussée la proposition de ces derniers, le général Saint-Arnaud quitta le palais législatif en disant au ministre de l'Intérieur : « On fait trop de bruit dans cette maison ; je vais chercher la garde ! » Quelques jours plus tard avait lieu le coup d'État du 2 décembre, et on sait le concours actif que Saint-Arnaud prêta à l'acte du prince-président ; pendant que M. de Morny faisait procéder aux arrestations, Saint-Arnaud prenait toutes les dispositions militaires pour assurer le succès de l'entreprise. Ce fut lui qui donna l'ordre aux troupes de fusiller quiconque serait pris les armes à la main. Victor Hugo, dans l'*Histoire d'un crime*, a dit de lui : « Saint-Arnaud était un général qui avait commencé par être figurant à l'Ambigu. Il avait débuté par être comique à la banlieue ; tragique, plus tard. Signalement : haute taille ; sec, mince, anguleux, moustaches grises, cheveux plats, mine basse. C'était un coupe-jarret, mais mal élevé. Il prononçait : *peuple souverain*. Morny en riait : « Il ne prononce pas mieux le mot qu'il ne comprend la chose », dit-il. L'Elysée, qui se piquait d'élégance, n'acceptait qu'à demi Saint-Arnaud. Son côté sanglant lui faisait pardonner son côté vulgaire. Saint-Arnaud était brave, violent et timide. Il avait l'audace d'un soudard galonné et la gaucherie de l'ancien pauvre diable. Nous le vîmes un jour à la tribune blême, balbutiant, hardi. Il avait un long visage osseux et une mâchoire inquiétante. Son nom de théâtre était Florival. C'était un cabotin passé reître. Il est mort maréchal de France. Figure sinistre. » Le 2 décembre 1852, jour anniversaire du coup d'État, Saint-Arnaud fut nommé maréchal de France. Il était sénateur depuis le 26 janvier. Grand-écuyer (31 décembre), grand-croix de la Légion d'honneur, il conserva le portefeuille de la Guerre jusqu'au 11 mars 1854, époque à laquelle il fut remplacé par le maréchal Vaillant. Il prit, comme ministre, plusieurs mesures, telles que la reconstitution du cadre d'état-major, la réorganisation de la gendarmerie, de l'artillerie, du corps de santé, de l'Ecole polytechnique, du Prytanée, de l'École de cavalerie. A cette époque, Saint-Arnaud eut avec le général Cornemuse, aux Tuileries mêmes, un duel au sujet de la disparition d'une somme de 200,000 francs, faisant partie d'une liasse de billets de Banque déposée par le prince-président sur la cheminée de son cabinet. Ce duel, dans lequel Cornemuse trouva la mort, eut un fâcheux retentissement. Lorsque éclata la guerre d'Orient, le maréchal Saint-Arnaud reçut le commandement de l'armée française, qui s'embarqua du 24 au 29 avril 1854. Après avoir franchi les Dardanelles, il

débarqua en Crimée le 14 septembre, et, de concert avec les troupes alliées, il remporta, le 20, la victoire de l'Alma, qui ouvrit la route de Sébastopol. Mais, accablé par une maladie dont il souffrait depuis longtemps, il dut remettre le commandement de l'armée au général Canrobert. Il s'embarqua pour la France sur le *Berthollet*, et mourut en mer le 29 septembre. Ses restes furent déposés à l'hôtel des Invalides. On a de lui une piquante correspondance avec sa famille : ces *Lettres* ont été publiées par son frère, M. Adolphe Leroy de Saint-Arnaud. (*V. p. bas.*)

LEROY DE SAINT-ARNAUD (Louis-Adolphe), sénateur du second Empire, né à Paris le 14 octobre 1807, mort au château de Mabronié (Gironde) le 17 mai 1873, frère du précédent, étudia le droit, se fit recevoir licencié et s'inscrivit en 1825 au barreau de Paris. Avocat obscur jusqu'en 1851, il profita de l'importance prise par son frère le général et du crédit dont celui-ci jouissait auprès de Louis-Napoléon pour se faire nommer, au lendemain du coup d'État, maire du XIIe arrondissement de Paris (qui comprenait alors les quartiers de Saint-Jacques, de l'Observatoire, du Jardin des Plantes et de Saint-Marcel). Membre du conseil d'Etat (1852), M. Adolphe Leroy de Saint-Arnaud fut appelé à faire partie du Sénat impérial le 26 décembre 1857. Il n'eut qu'un rôle peu important dans cette assemblée, donna son approbation, muette le plus souvent, aux mesures proposées par le pouvoir ; demanda cependant, en mai 1868, dans les discussions de la loi sur la liberté de la presse, qu'on maintînt la législation de 1852, et siégea jusqu'à la révolution du 4 septembre 1870, qui le rendit à la vie privée. Commandeur de la Légion d'honneur.

LEROY-MYON (Simon), député de 1830 à 1837, né à Reims (Marne) le 14 octobre 1790, mort à Reims le 15 août 1839, propriétaire, élu, pour la première fois, député de la Marne, au grand collège, le 28 octobre 1830, en remplacement de M. Ruinart de Brimont démissionnaire, par 101 voix sur 124 votants. M. Leroy-Myon siégea dans les rangs des conservateurs et vota constamment avec eux. Réélu, le 5 juillet 1831, dans le 1er collège de la Marne (Reims), par 235 voix sur 442 votants et 575 inscrits, contre 180 à M. Jacques Laffitte, il continua de soutenir le gouvernement et d'opiner avec la majorité, obtint encore une réélection, le 21 juin 1834, par 215 voix (429 votants, 528 inscrits), contre 160 à M. J. Laffitte, et rentra dans la vie privée en 1837.

LE ROYER (Philippe-Elie), représentant en 1871, membre du Sénat et ministre, né à Genève (Suisse) le 27 juin 1816, de parents français appartenant à la religion réformée, vint étudier le droit à Paris et, reçu avocat, s'inscrivit au barreau de cette ville, puis à ceux de Chalon-sur-Saône et de Lyon (1855). Nommé, après le 4 septembre 1870, procureur-général à Lyon, il concourut à la répression des troubles qui agitèrent la population vers la fin de la guerre, donna sa démission en janvier 1871, et fut élu, le 8 février 1871, représentant du Rhône à l'Assemblée nationale, le 2e sur 13, par 77,546 voix (117,523 votants, 185,134 inscrits). M. Le Royer fit partie du groupe de la gauche républicaine, dont il fut un des présidents et prit une part active, à la tribune de l'Assemblée, à plusieurs discussions importantes, dans lesquelles il se il remarquer comme orateur. Il se prononça : pour la paix, contre l'abrogation des lois d'exil, contre le pouvoir constituant de l'Assemblée, contre la chute de Thiers au 24 mai, contre le septennat, contre l'état de siége, contre la loi des maires, contre le ministère de Broglie, pour les amendements Wallon et Pascal Duprat, pour l'ensemble des lois constitutionnelles. Le 1er avril 1873, il intervint dans le débat du projet de loi relatif à la réorganisation de la municipalité lyonnaise, et combattit vivement les conclusions du rapporteur, M. de Meaux. « Le véritable but, dit-il, conscient ou inconscient que se propose la commission est maintenant aussi clair que le jour : ce n'est pas un état transitoire qui va être imposé à la ville de Lyon, en raison des circonstances morales et matérielles dans lesquelles elle se trouve, et qui va être seulement le résultat de cette loi, c'est plus loin qu'on veut atteindre; c'est une expérience et un ballon d'essai pour attaquer et frapper toutes les grandes villes de la République! » Après avoir examiné les griefs articulés dans le rapport contre la municipalité lyonnaise, l'orateur, voulant passer aux arguments contenus dans le discours du rapporteur, dit : « J'arrive maintenant à l'examen de ce qu'a ajouté M. le rapporteur, à ce bagage du rapport... » Ce mot de bagage eut le don de soulever à droite une tempête de réclamations et de protestations. On cria : A l'ordre! M. Rivaille déclara : « Ce mot de bagage n'est pas parlementaire! Il n'est pas digne de l'Assemblée! » — « Messieurs, répondit M. Le Royer, vous êtes bien susceptibles (Oui! oui! il y a de quoi!)... et il me semble qu'avant de suspecter l'intention d'un de vos collègues qui n'a pas l'habitude de se servir d'expressions injurieuses à la tribune... (Prouvez-le!), il aurait fallu au moins connaître son intention. Puis, en second lieu, vous auriez à vous demander si dans des assemblées, non pas aussi souveraines que la vôtre, mais aussi littéraires, le mot « bagage » n'est pas employé dans un sens parfaitement acceptable... » Cependant le tumulte ne s'apaisait point et M. de Grammont (V. ce nom) se signalait au premier rang des interrupteurs : « Retirez votre expression, criait-il à M. Le Royer, et il ajouta : « C'est une impertinence! » On sait quelles furent les suites de cet incident. M. Grévy, alors président de l'Assemblée nationale, ayant rappelé à l'ordre M. de Grammont, un certain nombre de membres de la droite renouvelèrent leurs bruyantes protestations et parurent « disposés, dit l'Officiel, à quitter la salle ». Le président dut entrer dans de longues explications sur le rappel à l'ordre qu'il venait d'infliger, ainsi que sur les diverses acceptions dont le mot « bagage » est susceptible, et, comme le bruit allait croissant, M. Grévy finit par prononcer ces paroles sur lesquelles fut levée la séance : « Puisque je ne trouve pas chez vous, messieurs, la justice à laquelle je crois avoir droit, je saurai ce qui me reste à faire! » Le lendemain, en effet, il adressait par lettre sa démission de président, et, le 3 avril, M. Buffet lui était donné pour successeur. On remarqua beaucoup aussi, le 24 juin de la même année, une interpellation de M. Le Royer sur l'arrêté de M. Ducros, préfet du Rhône, relatif aux enterrements civils. L'orateur débuta par une sorte de profession de foi philosophique : « Je ne veux entreprendre ici, dit-il, aucune campagne contre telle ou telle croyance, pour ou contre telle ou telle cérémonie du culte. Non, je respecte toutes les convictions, les convic-

tions sincères et désintéressées. Je m'incline devant elles, même quand elles sont le plus antipathiques à ma nature ou à mes propres croyances. Je ne viens ni attaquer, ni défendre les enterrements civils, qui sont cependant l'objectif de l'arrêté de M. le préfet du Rhône; et quoique je ne vous doive aucune profession de foi, je tiens à déclarer que croyant à la liberté et à la responsabilité de l'homme, je ne suis ni un athée ni un matérialiste. Je viens donc ici, sans parti pris, sans préoccupation politique, mettre sous la protection de l'Assemblée nationale le droit le plus sacré du for intérieur, la conquête de la Révolution française, acquise au prix de tant de sang et de tant de douleurs, la liberté de conscience. » M. Le Royer discuta point par point l'acte administratif publié et affiché le 18 juin par le préfet du Rhône, et l'attaqua surtout comme l'indice d'une tendance à rétrograder de quatre-vingts ans en arrière. « Or, s'il y a une vérité éclatante c'est celle-ci : dans l'ordre moral, il n'y a pas de restauration possible de ce qui est tombé naturellement, ce qui est usé est bien usé, ce qui est mort est bien mort. » Il souleva encore, malgré la modération de son langage, de violentes protestations à droite; après lui, M. du Barail, ministre de la Guerre, parut à la tribune; puis M. Beulé, ministre de l'Intérieur, MM. de Pressensé, Ed. Laboulaye, prirent successivement la parole. Enfin l'Assemblée adopta, par 413 voix contre 251, un ordre du jour de M. Cornélis de Witt, contraire au but de l'interpellation. Après le vote des lois constitutionnelles, auxquelles il avait particulièrement coopéré, comme membre et vice-président de la dernière commission des Trente, M. Le Royer fut élu, le 13 décembre 1875, sénateur inamovible par l'Assemblée nationale, le 34e sur 75, avec 352 voix (689 votants). Il siégea à la gauche de la Chambre haute, et vota contre la dissolution de la Chambre des députés en juin 1877. Il refusa, en janvier 1878, le poste de procureur général à la cour des Comptes. En janvier 1879 il déclina l'honneur de la même fonction à la cour de Cassation. Le 4 février, il entra dans le premier cabinet formé par M. Grévy, président de la République, comme ministre de la Justice, garde des sceaux. Il prit plusieurs mesures importantes, renouvela le personnel des parquets, et présenta un projet de loi sur la réorganisation du conseil d'Etat.

Devant le parlement, il combattit la proposition d'amnistie plénière soutenue au Sénat par Victor Hugo, à la Chambre par Louis Blanc, prépara lui-même un projet d'amnistie partielle qu'il défendit et fit voter, se déclara l'adversaire des poursuites contre les membres du gouvernement du Seize Mai, et se trouva plusieurs fois en contradiction avec la fraction la plus avancée de la majorité républicaine de la Chambre. Le 16 décembre 1879, il repoussa nettement l'interpellation de M. Labadié, des Bouches-du-Rhône, qui réclamait des mesures de rigueur contre le premier président de la cour d'Aix, et fit entendre cette déclaration : « Je ne peux, ni ne veux, ni ne dois poursuivre. » Vers la même époque, M. Le Royer donna sa démission de ministre : le 27 décembre il fut remplacé par M. Cazot. Il reprit sa place à gauche, se montra partisan décidé de la politique opportuniste et parut plusieurs fois à la tribune du Sénat. Il se prononça pour l'article 7 et pour les lois sur l'enseignement, et fit adopter (juin 1881) un amendement substituant au certificat d'instruction délivré dans les familles un examen passé à l'âge de dix ans devant un jury de trois membres dont un choisi par la famille. Vice-président du Sénat, il en fut élu président le 2 février 1882, par 188 voix sur 175 suffrages exprimés et, depuis lors, il n'a pas cessé de remplir cette haute fonction, avec des qualités de fermeté que les partis ont diversement appréciées. Les radicaux et la droite ont reproché au président du Sénat son attitude en août 1884, lorsqu'il dirigea à Versailles les débats de l'Assemblée nationale, au Congrès réuni pour statuer sur la revision partielle de la Constitution. M. Le Royer déclara, le 4 août, l'Assemblée nationale constituée, proposa l'adoption du règlement de 1871, eut à donner communication des diverses propositions, amendements ou contre-projets relatifs à la revision des lois constitutionnelles déposés par MM. Cunéo d'Ornano, Raoul Duval, Andrieux, Bernard Lavergne, Marcou, Boutoux, Marius Poulet, Baudry d'Asson, Jules Roche, Ordinaire, Camille Pelletan, Laguerre, Barodet et Schœlcher (*V. ces noms*), fit connaître en outre les amendements dus à MM. Roques (de Filhol) et Thurel, ainsi qu'une proposition de M. Ern. Dréolle tendant à la suppression des fonctions de président de la République, et fut mêlé personnellement à d'assez graves incidents parlementaires, principalement dans la journée du 4 août. Le *Temps* du 6 rendit compte ainsi qu'il suit du premier de ces incidents : « M. le président Le Royer venait de donner la parole à M. le président du conseil pour lui permettre de déposer le projet de revision et M. Jules Ferry était déjà à la tribune, lorsque de véritables clameurs partirent des bancs de l'extrême gauche et de la droite. M. de Douville-Mailleteu, M. de Baudry d'Asson, M. Cunéo d'Ornano se lèvent et crient à tue-tête : « Le tirage au sort des bureaux ! Il nous faut d'abord le tirage au sort des bureaux ! » M. le président du conseil ne peut prendre la parole. Le bruit est intense. Aux clameurs de l'extrême gauche et de l'extrême droite répondent les clameurs du centre. M. Le Royer agite en vain sa sonnette. M. Andrieux, debout dans l'hémicycle, demande la parole pour un rappel au règlement. Tantôt il s'adresse au président, tantôt à M. Jules Ferry, qui reste impassible à la tribune; les applaudissements retentissent à droite et à l'extrême gauche, pendant que des protestations prolongées se produisent au centre. Encouragé par les applaudissements, M. Andrieux s'élance à la tribune et demande à M. Jules Ferry, avec une grande animation dans les gestes et dans la voix, de lui céder la place... M. Le Royer cherche vainement à s'entremettre du haut de son fauteuil et, ne pouvant plus dominer le tumulte, finit par se couvrir. Cette attitude du président est saluée par les applaudissements du centre. Le bureau quitte la salle et la séance est suspendue. » A la reprise de la séance, il fut d'ailleurs procédé au tirage au sort des bureaux et le tumulte s'apaisa. M. Le Royer présida encore le Congrès dans d'autres circonstances solennelles, le 28 décembre 1885 (réélection de M. Grévy comme président de la République), et, le 3 décembre 1887, après la démission de M. Grévy, lorsque l'Assemblée nationale eut à élire un autre président de la République et fit choix de M. Sadi Carnot; il présida aussi de droit la Haute-Cour constituée pour juger le général Boulanger. Comme président du Sénat, M. Le Royer s'est abstenu de prendre part aux votes de la Chambre haute.

LERREFFAIT (Jean-Hubert), député 1789, né à Rougemontier (Eure) le 31 mai 1[...] mort à Rougemontier en 1812, propriét[...] dans cette commune dont il fut maire, fut [...] le 22 avril 1789, député du tiers aux Etats-néraux par le bailliage de Rouen. Il y [...] obscurément avec la majorité. Après la s[...] il devint (4 septembre 1791) administra[...] l'Eure, et, prévenu d'émigration, fut ray[...] liste des émigrés le 8 pluviôse an V. Le gou[...] nement consulaire le nomma (14 floréal an [...] conseiller général de l'Eure.

LE SACHER DE LA PALIÈRE (Denis-[...] briel), député en 1789, né à une date inc[...] nue, mort à Romagny (Manche) le 23 mai 1[...] avocat à Mortain, fut élu, le 27 mars 178[...] puté du tiers aux Etats-Généraux par le b[...] liage de Coutances. Il se fit peu remar[...] dans l'assemblée, et revint, après la ses[...] dans son département, où il remplit les fo[...] tions de juge.

LESAGE (Denis-Toussaint), membre de [...] Convention et député au Conseil des C[...] Cents, né en 1758, mort à Paris le 9 juin 1[...] était avocat lors de la Révolution, et dev[...] président du tribunal de district de Chart[...] puis (5 septembre 1792) député d'Eure-et-[...] à la Convention nationale, le 5e sur 9, [...] 202 voix (325 votants), siégea parmi les [...] dérés et prit plusieurs fois la parole dans l'[...] semblée dont il fut quelque temps un des [...] crétaires. Il demanda l'expertise des pi[...] déniées par Louis XVI et, lors du procè[...] roi, se prononça en ces termes *pour* l'ap[...] au peuple, puis *pour* la mort : au 2e ap[...] nominal : « Citoyens, ne disputons point [...] courage, disputons de principes. Les p[...] cipes et les raisons se trouvent dans la sou[...] raineté du peuple. Je n'examine point ici [...] quelques-uns de nos collègues, profitant d[...] liberté que nous avons de manifester nos [...] nions, se sont permis de laisser échapper q[...] ques mots de reproche, peut-être des inju[...] Je n'examinerai pas non plus s'il y a d[...] lâcheté à dire oui plutôt que non; je le dis [...] présence de ceux qui ont avancé une t[...] maxime, j'ai motivé mon opinion sur la [...] mière question; je l'ai fait sans crainte, p[...] que je jugeais sans passion; j'étais convai[...] ma conscience m'a crié *oui*. Sur la seco[...] question, la ratification du peuple sera-t-[...] adoptée ? voici mon opinion. Nos pouvoirs [...] illimités; je crois donc pouvoir exercer tou[...] pouvoir que le peuple m'a transmis; je [...] donc avoir le droit de prononcer sur l'aff[...] de Louis. Mais le peuple est-il souverain o[...] l'est-il pas? Il l'est. Un décret a consacr[...] principe; le peuple n'a donc pu vous transme[...] sa souveraineté. Lorsque je considère que [...] Français sont tous dévoués au maintien [...] gouvernement républicain; que plusieurs c[...] munes ont déjà approuvé l'abolition de [...] royauté; qu'elles ne souffriront jamais qu[...] voulût leur donner un roi, et que toutes [...] factions qui pourraient en former l'entrepr[...] ne pourraient s'en promettre aucun succè[...] crois devoir me dispenser de voter contre [...] sanction; je dis *oui*. » Et au 3e appel nomi[...] « Comme ceux de nos collègues qui m'ont [...] cédé à cette tribune, je demandais aussi l'[...] pel au peuple; mais ne croyez pas que ce [...] par l'effet d'un sentiment de crainte pour [...] même, ou par faiblesse; d'autres dangers [...] déterminaient. J'aurais vu avec plaisir [...] peuple entier associé au jugement de Lo[...]

mais, obligé maintenant par votre décret de prononcer entre la mort et la réclusion, je condamne Louis à mort, après la conviction intime qu'il a encouru cette peine. Mais je demande que l'on examine ensuite la question du sursis. »

Il fit décréter des fonds pour les travaux publics, demanda l'impression du projet de constitution de Condorcet, défendit Wimpfen, et, ayant adhéré au parti des Girondins, fut décrété d'accusation, arrêté le 21 mai 1793, et remplacé le 15 juillet. Il réussit à s'évader et, après le 9 thermidor, on parla de son rappel à la Convention : Merlin proposait de le tenir exclu de l'assemblée, mais sans qu'il pût être inquiété. Sur une nouvelle motion produite en sa faveur, ses collègues le rappelèrent, et, le 19 ventôse au III, il leur adressa à la tribune un discours de remerciements, où il attaquait à la fois « le royalisme en délire et le terrorisme en fureur », et qui débutait ainsi : « Représentants, le peuple, dont la tyrannie de Robespierre et ses complices n'a pu nous faire perdre la confiance; le peuple, dont les conjurés ont longtemps étouffé la voix sans en changer l'opinion, nous rappelle par votre organe à nos fonctions; fidèles aujourd'hui comme au 31 mai, le triomphe de la liberté et le bonheur de la patrie seront le mobile de nos actions... » Il s'associa aux mesures prises par la majorité thermidorienne, signala les « atrocités » du tribunal révolutionnaire, combattit la loi sur les successions, fut nommé membre de la commission des lois organiques de la Constitution et membre du comité de salut public, fit reprendre leur ancienne forme aux administrations de département et de district, autoriser les communes à emprunter les sommes nécessaires à l'achat de leurs subsistances, et placer Hoche et Dubayet à la tête des armées des côtes de Brest et de Cherbourg. Il parla fréquemment sur les opérations militaires en Vendée, annonça la fin de la guerre des Chouans, et obtint l'approbation des arrêtés pris par les représentants envoyés en mission dans cette région. Lesage donna longuement son opinion sur « l'organisation du gouvernement », présenta un projet de Constitution, proposa de traduire Romme et ses amis devant le tribunal criminel de la Seine, dénonça encore plusieurs de ses collègues, fit rentrer Daubermesnil à la Convention, et combattit, dans plusieurs séances, au milieu des murmures, le projet de réunion de la Belgique à la France. Réélu, le 23 vendémiaire an IV, député au Conseil des Cinq-Cents, par 54 départements, au nombre desquels ne se trouva pas celui d'Eure-et-Loir, Lesage y prit la défense de Miranda et se montra opposé à de nouvelles lois contre les émigrés. Il mourut au cours de la session (juin 1796).

LESAGE (CASIMIR), député de 1885 à 1889, né à Vornay (Cher) le 19 décembre 1835, s'était exclusivement occupé d'agriculture à Verneuil, dont il était maire, lorsqu'il se fit élire, comme républicain, conseiller général du Cher pour le canton de Dun-le-Roi. Il soutint dans son département la politique opportuniste, et fit au conseil général une proposition qui eut pour effet de faire changer le nom de Dun-le-Roi en celui de Dun-sur-Auron. Porté, en octobre 1885, sur la liste opportuniste du Cher, en tête de laquelle figurait M. Henri Brisson, alors président du conseil des ministres, M. Casimir Lesage, après le désistement de la liste répu-

blicaine socialiste et de la liste radicale anti-opportuniste, fut élu député, au second tour de scrutin, le 4e sur 6, par 43,825 voix (82,866 votants, 101,195 inscrits). Les premiers votes de M. Lesage furent d'accord avec ceux de la majorité opportuniste, puis il se rapprocha en plusieurs circonstances du parti radical, soutint le ministère Floquet et vota, en dernier lieu, *pour* le rétablissement du scrutin d'arrondissement (11 février 1889, *contre* l'ajournement indéfini de la révision de la Constitution, *pour* les poursuites contre trois députés membres de la Ligue des patriotes, *pour* le projet de loi Lisbonne restrictif de la liberté de la presse, *pour* les poursuites contre le général Boulanger.

LESAGE D'HAUTEROCHE (MARIE-JEAN-ANDRÉ-HYACINTHE), député de 1820 à 1827, né à Béziers (Hérault) le 14 août 1762, mort à Béziers le 17 mars 1834, propriétaire et viticulteur à Béziers, conseiller général, fut successivement élu député du collège de département de l'Hérault : le 13 novembre 1820, par 216 voix (344 votants, 470 inscrits; du 2e arrondissement électoral de l'Hérault (Béziers), le 9 mai 1822, par 424 voix (616 votants, 781 inscrits), contre 189 à M. Saluc, et du même collège, le 25 février 1824, par 348 voix (471 votants, 728 inscrits), contre 74 à M. Royer-Collard. Membre de la majorité ministérielle, M. Lesage ne se fit point remarquer à la Chambre où il ne prit jamais la parole.

LESAGE-SÉNAULT (GASPARD-JEAN-JOSEPH), membre de la Convention, député au Conseil des Cinq-Cents, né à Lille (Nord) le 22 novembre 1730, mort à Tournai (Belgique) le 30 avril 1823, était négociant à Lille avant la Révolution. Élu, le 3 septembre 1791, haut juré du Nord, puis administrateur du directoire de Lille, il fut envoyé (septembre 1792) par son département à la Convention, le 6e sur 12, à la pluralité des voix. Il prit place à la Montagne et, dans le procès du roi, répondit au 3e appel nominal : « Un juge national, un citoyen libre, ne peut pas condamner le tyran à mort. Je demande qu'il soit exécuté dans les vingt-quatre heures. » Envoyé en mission à l'armée du Nord (avril 1793), il adressa à l'assemblée les preuves de la défection de Dumouriez, annonça que nos soldats s'étaient repliés sur les places de deuxième ligne, écrivit que les habitants du Nord étaient prêts à se lever en masse contre les ennemis, et destitua le général Lavalette que protégeait Robespierre. Ce ne fut pas la seule circonstance où Lesage-Sénault se trouva en opposition avec ce dernier. Après le 9 thermidor, il fut placé au nouveau comité de sûreté générale, favorisa la réaction thermidorienne, mais n'échappa point lui-même à l'accusation de « terrorisme ». Il se rapprocha alors des derniers montagnards. Dans les séances des 27 et 29 décembre 1794, il fut rappelé deux fois à l'ordre pour avoir apostrophé le président en criant : « Assassinez-nous! » et avoir dit à Girot-Pouzol, qui était à la tribune : « Tu en as menti! » Accusé, en avril 1795, dans un rapport de Pémartin sur les événements du 12 germinal, il fut défendu par Bion et Legendre, qui réussirent à faire écarter l'accusation. A la fin de la session, il demanda la mise en liberté de Duhem, Choudieu et autres jacobins. Le 22 vendémiaire an IV, Lesage-Sénault fut réélu député du Nord au Conseil des Cinq-Cents, par 321 voix sur 620 votants; en même temps il obtint la majorité dans la Loire-Inférieure et dans le Puy-de-Dôme. Il prononça dans la nouvelle assemblée plusieurs discours passionnés : sur les élections, sur les troubles du Midi, sur les envahissements du royalisme, etc. Le 12 avril 1796, au milieu d'une discussion très vive qui s'éleva sur l'impunité dont jouissaient les « écorcheurs » des jacobins dans le Midi de la France, il s'élança sur les défenseurs de la contre-révolution, en vint aux mains et fut reporté à sa place tout meurtri et couvert de contusions. Le 8 octobre, il provoqua encore une scène violente en déclarant que les royalistes étaient partout, dans les autorités constituées, dans le Directoire même et dans les Conseils. Sorti du Conseil des Cinq-Cents en mai 1797, Lesage-Sénault devint ensuite président du directoire du département du Nord, et fut réélu, le 23 germinal an VI, député de ce département aux Cinq-Cents. Il y apporta les mêmes sentiments que précédemment, s'opposa au rétablissement des impôts indirects et des maisons de prêts sur gages désignées sous le nom de Monts-de-Piété, et se montra très attaché aux institutions républicaines. Il concourut à faire supprimer (en 1799) dans le serment civique la formule de haine à l'anarchie, qui favorisait, dit-il, les prétentions des royalistes, appuya (18 brumaire) la déclaration de « la patrie en danger », et, dans la séance du 19, à Saint-Cloud, fut un des députés qui s'élevèrent avec le plus d'énergie contre le coup d'Etat. Exclu du Corps législatif, il fut déporté par Bonaparte dans la Charente-Inférieure, et vécut dans la retraite pendant le règne de Napoléon Ier; frappé par la loi de 1816 comme régicide, il passa en Belgique et se fixa à Tournai, où il mourut.

LESAIGE. — *Voy.* VILLEBRUNE (DE LA).

LESCOT DE LA MILLANDERIE (JOSEPH-ARISTIDE), député de 1837 à 1848, né à Saint-Gaultier (Indre) le 25 avril 1796, mort à Saint-Gaultier en 1861, juge de paix à Saint-Gaultier et conseiller général, fut élu, le 4 novembre 1837, député du 4e collège de l'Indre (Le Blanc), par 124 voix (209 votants, 287 inscrits) ; il siégea dans l'opposition constitutionnelle et obtint successivement sa réélection : le 2 mars 1839, par 170 voix (192 votants) ; le 9 juillet 1842, par 170 voix (238 votants ; 301 inscrits) ; le 1er août 1846, par 168 voix (299 votants, 332 inscrits), contre 84 à M. Bethmont et 43 à M. Tillière de Taupinarde. Il repoussa l'adresse de 1839, protesta contre le ministère du 29 octobre 1840, et vota *pour* les incompatibilités, *pour* l'adjonction des capacités, *pour* les fortifications de Paris, *contre* la dotation du duc de Nemours, *contre* le recensement, *contre* l'indemnité Pritchard, *pour* la proposition sur les députés fonctionnaires. Il rentra dans la vie privée à la révolution de 1848.

LESCOURS (CHARLES-LÉON, COMTE DE), représentant en 1849, né à Poitiers (Vienne) le 15 décembre 1803, mort à Paris le 1er juillet 1868, fils de Jean-Baptiste Junien comte de Lescours, et de dame Agathe-Simonne de Rechignevoisin, entra à l'école de Saint-Cyr en 1820, et en sortit pour aller à l'Ecole de Saumur, sous-lieutenant au 18e chasseurs à cheval. Il donna sa démission à la chute de Charles X, et vint se fixer dans les Deux-Sèvres, au château de Salles, où il créa une importante filature de laines. Maire de Salles, il vit sans regret la révolution de 1848, et posa sa candidature à l'Assemblée constituante dans les Deux-Sèvres, sur la liste légitimiste, avec une déclaration assez enthousiaste : « Du sein même des ruines du vieil édifice social surgit une société nouvelle ; sur sa bannière sont inscrits trois mots sublimes : Liberté, Egalité, Fraternité... » etc. Il n'obtint, le 23 avril, que 8,538 voix sur 78,335 votants. Il fut plus heureux au scrutin du 13 mai 1849 pour les élections à l'Assemblée législative, et, sur une profession de foi des plus favorables à l'élu du 10 décembre, « à l'héritier d'un nom glorieux, symbole de l'ordre », il fut élu représentant des Deux-Sèvres, le 5e sur 7, par 21,529 voix sur 56,851 votants et 93,149 inscrits. Il siégea à l'extrême-droite et suivit la majorité royaliste lors de sa scission avec « l'héritier d'un nom glorieux ». Le coup d'Etat le rendit à la vie privée. Lors des élections du 29 février 1852 au nouveau Corps législatif, il réunit sur son nom, sans être candidat, dans la 1re circonscription des Deux-Sèvres, 263 voix, contre 32,218 au candidat officiel élu, M. F. David, 306 à M. Bouchet de Grandmay, et 274 à M. J. Failly.

LESCURE (JEAN-PHILIPPE), député au Conseil des Anciens, né à Séverac (Aveyron) le 4 juin 1749, mort à une date inconnue, avocat avant la Révolution, puis juge au tribunal civil de l'Aveyron, fut élu, le 25 germinal an VII, député de ce département au Conseil des Anciens. Partisan du coup d'Etat de Bonaparte, il fit connaître par la lettre suivante son adhésion à la Constitution nouvelle :

« Lavergne, le 5 nivose an VIII.

« LESCURE, *député de l'Aveyron au Conseil des Anciens, au président de la Commission législative du même conseil.*

« Citoyen Président,

« Au premier moment que j'ai eu connaissance de la nouvelle Constitution française, je me suis empressé de consigner mon acceptation sur le registre ouvert chez l'agent municipal de ma commune ; c'est avec le même empressement que je me réunis à mes collègues à qui leurs affaires ont permis de rester à Paris pendant l'ajournement du corps législatif, pour applaudir au nouveau pacte social, dont la sagesse et la force heureusement combinées vont fixer enfin les destinées du peuple français sur les bases sacrées de la liberté et de la sûreté.

« J'accepte la Constitution de l'an VIII.

« Salut et respect,

« LESCURE ».

Lescure fut nommé, le 22 germinal suivant, conseiller de préfecture de l'Aveyron.

LESCURIER DE LAVERGNE (ANTOINE), député en 1789, né à Salers (Cantal) le 2 juin 1744, mort à une date inconnue, était lieutenant-général civil et criminel au bailliage de Salers avant la Révolution. Le 26 mars 1789, le bailliage de Saint-Flour l'envoya siéger aux Etats-Généraux comme député du tiers. Il marqua peu dans l'Assemblée constituante et se borna à voter avec la majorité de son ordre. Il fut nommé, le 28 floréal an VIII, juge au tribunal d'appel de Riom.

LESCUYER D'ATTAINVILLE (JULES-ERNEST), député au Corps législatif de 1855 à 1869, né à Beauvais (Oise) le 26 juin 1809, mort à Nice (Alpes-Maritimes) le 22 novembre 1882, fit ses études au collège de sa ville natale, puis entra à vingt ans dans l'administration des eaux et forêts, où il devint inspecteur. Il s'occupa ensuite d'agriculture, et fut longtemps maire de la commune de Notre-Dame-du-Thil (Oise). En 1852, il épousa Mlle Marie Masséna d'Essling, petite-fille du maréchal de ce nom. Membre du conseil général du Var pour le canton de Comps, il se présenta, le 20 octobre 1855, avec l'appui officiel du gouvernement impérial, pour succéder, comme député de la 1re circonscription du Var, à M. Partouneaux, décédé. Élu par 22,553 voix (22,568 votants, 31,35*) inscrits), M. Lescuyer d'Attainville siégea au Corps législatif, dans la majorité dynastique, avec laquelle il vota constamment. Il fut successivement réélu, comme candidat officiel, le 22 juin 1857, par 20,397 voix (23,579 votants et 32,415 inscrits), contre 3,160 à M. Dominique Coute, ancien représentant, et, le 1er juin 1863, par 18,341 voix (25,932 votants, 36,831 inscrits), contre 5,649 à M. Émile Ollivier et 1,937 à M. E. Poulle. Au renouvellement de 1869, M. Émile Ollivier étant devenu le favori du gouvernement, M. Lescuyer d'Attainville dut se retirer devant sa candidature. Chevalier de la Légion d'honneur le 15 avril 1855, et officier du même ordre le 13 août 1861.

LESEIGNEUR (ABRAHAM-THOMAS), représentant à la Chambre des Cent-Jours, député de 1819 à 1824, né à Saint-Valery (Seine-Inférieure) le 9 novembre 1759, mort à Saint-Valery le 24 mai 1835, était négociant dans cette ville et président du tribunal de commerce. Le 13 mai 1815, il fut élu représentant du commerce et de l'industrie à la Chambre des Cent-Jours, par 45 voix sur 53 votants. Conseiller général de la Seine-Inférieure, il se vit destitue par la Restauration, qu'il combattit dans les rangs du parti libéral. Envoyé à la Chambre des députés le 11 septembre 1819, par le collège de département de la Seine-Inférieure, avec 1,482 voix (2,473 votants, 4,812 inscrits), Leseigneur siégea à gauche, vota *contre* les lois d'exception, *contre* la nouveau système électoral, et parut quelquefois à la tribune. Le 26 avril 1820, il intervint dans la discussion de la loi des douanes et proposa, sans succès, l'abolition des droits sur les graines de lin. Le 5 juin, il raconta les outrages faits l'avant-veille à plusieurs députés libéraux et particulièrement à lui et à son collègue Girardin : un chevalier de Saint-Louis qui criait *Vive le roi!* lui avait dit que *Vive la Charte!* était un cri séditieux : on assommait ceux qui poussaient ce prétendu cri de sédition. Leseigneur conclut en demandant que toute discussion fût suspendue jusqu'à ce qu'il eût été fait une enquête et qu'on eût donné raison à la Chambre de ces excès. Il parla encore, assez fréquemment, sur le budget, proposa de rattacher les consuls au ministère de la Marine, au lieu de les laisser au ministère des Affaires étrangères, réclama diverses réductions, et, lors du débat sur le budget des « voies et moyens », présenta de vives observations relativement à l'instruction publique, critiquant amèrement l'esprit qui présidait au choix des professeurs. « On ne peut voir sans peine, dit-il, qu'aujourd'hui les prêtres soient chargés de la moitié de l'éducation; seuls ils occupent la moitié des chaires. » Il proposa aussi l'établissement d'une maison de retraite pour les vieux professeurs. Leseigneur opina avec la gauche constitutionnelle jusqu'en 1824, date à laquelle il quitta la vie politique.

LESEIGNEUR (ADOLPHE-PIERRE), député de

1842 à 1848, fils du précédent, né à Saint-Valery (Seine-Inférieure) le 2 juillet 1795, mort à Saint-Valery le 18 mai 1870, était armateur dans cette localité. Le 9 juillet 1842, il fut élu député du 11e collège de la Seine-Inférieure, avec l'appui du gouvernement, par 172 voix sur 314 votants et 361 inscrits, contre 130 à M. de Martainville. Il prit place dans la majorité conservatrice, avec laquelle il opina *pour* l'indemnité Pritchard et *contre* les propositions de réforme électorale. Réélu, le 1er août 1846, par 211 voix (372 votants, 414 inscrits), contre 141 à M. Fonet, il continua de soutenir la politique de Guizot jusqu'à la révolution de février 1848 qui le rendit à la vie privée.

LE SERGENT DE BAYENGHEM (FIDÈLE-HENRI-FRANÇOIS-MARIE), député de 1827 à 1834, et pair de France, né à Saint-Omer (Pas-de-Calais) le 13 décembre 1786, mort à Saint-Omer le 3 mars 1842, « fils de M. Célestin Fidèle Le Sergent, écuyer seigneur de Bayenghem et autres lieux, capitaine de cavalerie à la suite des chevau-légers de la garde du roi, lieutenant de messieurs les maréchaux de France, gouverneur de Saint-Amand, et de noble dame Henriette-Catherine-Florence-Josèphe de Levigne, dame de la Deville et autres lieux, son épouse », était le neveu de Le Sergent d'Isbergues (*V. p. bas*) qui fut député en 1789. Admis en 1803 à l'École spéciale militaire de Fontainebleau, il fut ensuite officier au 18e régiment d'infanterie légère, capitaine adjudant-major de la garde nationale; puis il devint membre du conseil municipal, membre du conseil d'arrondissement, du conseil général qu'il présida, et maire de Saint-Omer (1817). Élu, le 17 novembre 1827, député du 4e arrondissement du Pas-de-Calais (Aire) par 166 voix sur 308 votants et 376 inscrits, contre 85 à M. Malet de Coupigny, il se montra partisan de la monarchie constitutionnelle, vota *pour* la liberté de la presse, appuya les motions du côté gauche, combattit le ministère Polignac, et donna, le 1er juillet 1830, sa démission de maire. Deux jours après, le 3 juillet, il fut réélu député au collège de département, par 190 voix (369 votants, 425 inscrits). Pleinement rallié au gouvernement de Louis-Philippe, il appartint dès lors à la majorité conservatrice, obtint sa réélection, le 5 juillet 1831, dans le collège de Saint-Omer, par 151 voix (235 votants, 276 inscrits), contre 79 au baron Olivier, et prit plusieurs fois la parole à la Chambre dans l'intérêt de son arrondissement. Louis-Philippe l'avait appelé depuis peu à la Chambre des pairs (par une ordonnance du 25 décembre 1841), lorsqu'il mourut à Saint-Omer, le 3 mars 1842. — Chevalier de la Légion d'honneur.

LE SERGENT DE MONNECOVE (JEAN-MARIE-ÉDOUARD), député de 1834 à 1842 et pair de France, né à Londres (Angleterre) le 25 décembre 1798, mort à Paris le 12 mai 1876, « fils de Antoine-Alexis-Joseph Le Sergent de Monnecove, ancien capitaine commandant au 21e régiment de cavalerie, demeurant en cette ville de Saint-Omer, et de dame Marie-Alexandrine-Constance Debrandt, son épouse », fut admis, en 1816, comme surnuméraire, aux gardes du corps de Monsieur, frère du roi, compagnie de Puységur, et, en 1817, fut nommé définitivement audit emploi. Sous-lieutenant aux chasseurs de la Corrèze (septembre 1819), aux chasseurs des Vosges (septembre 1822), aux chasseurs de la garde royale, il donna sa démission en 1826, et se retira à Saint-Omer. Après la révolution de juillet, M. Le Sergeant de Monnecove aborda la carrière politique. Élu, le 21 juin 1834, député du 7e collège du Pas-de-Calais, par 188 voix (268 votants, 405 inscrits), contre 76 à M. Quenson, il prit place dans la majorité conservatrice et vota constamment avec elle, ayant obtenu sa réélection, le 4 novembre 1837, par 200 voix (281 votants, 499 inscrits), et, le 2 mars 1839, par 211 voix (390 votants). Aux élections du 9 juillet 1842, il ne réunit que 239 voix contre 273 à l'élu, M. Dekeisère; mais le gouvernement le dédommagea de cet échec par la décoration de la Légion d'honneur (31 juillet 1842), et, plus tard (19 mai 1845) par la pairie. Rentré dans la vie privée en 1848, il s'occupa de finance et d'industrie et fut un des fondateurs des compagnies d'éclairage et de chauffage par le gaz de la ville de Paris.

LE SERGEANT DE MONNECOVE (FÉLIX-ANTOINE-HENRI), député au Corps législatif de 1860 à 1863, né à Saint-Omer (Pas-de-Calais) le 14 avril 1827, fils du précédent, étudia le droit, se fit recevoir avocat et appartint quelque temps à l'administration comme sous-préfet. Le 9 décembre 1860, en remplacement de M. Lefebvre-Hermant décédé, M. Le Sergeant de Monnecove fut élu, avec l'appui officiel du gouvernement, député de la 4e circonscription du Pas-de-Calais, par 17,623 voix (26,447 votants, 36,123 inscrits), contre 5,197 à M. de Saint-Amour et 3,620 à M. Derbesse. Il fit partie de la majorité dynastique, et échoua, le 4 juin 1863, dans la 5e circonscription du même département, avec 12,045 voix, contre 13,860 à l'élu indépendant, M. Martel. Il fut longtemps conseiller général du canton de Fauquembergues.

LE SERGEANT D'ISBERGUES (LOUIS-JOSEPH-THOMAS), député en 1789, né à Saint-Omer (Pas-de-Calais) le 5 juillet 1747, mort à Saint-Omer le 16 mai 1807, « fils d'Emmanuel-François-Joseph Le Sergeant et de dame Marie-Jeanne-Louis-Dauvin, son épouse », suivit la carrière militaire, devint capitaine de cavalerie, chevalier de Saint-Louis, puis gouverneur de Lens en Artois et lieutenant des maréchaux de France. En Artois, la haute noblesse comme le haut clergé (voir Le Roulx), n'ayant aucune chance de voir ses représentants nommés, ne prit pas part au vote et, le 30 avril 1789, Le Sergeant d'Isbergues fut un des quatre députés de la noblesse d'Artois aux Etats-Généraux, élu par 221 voix contre 67. Dans un pamphlet du temps écrit par Fourdrin, notaire à Frévent, sous le titre : *Nos députés aux Etats-Généraux. — Allégorie.* — On lit :

« On peut voir dans la cour de l'hôpital d'Arras trois attelages, l'un de 8, les autres de 4 chevaux chacun, destinés pour les Etats-Généraux dont voici la description :

« 2e écurie.....I.....II.....III.....

« IV. Le Sergent, l'honnête cheval de race, réunit toutes les qualités : de l'ardeur sans avoir la vivacité ; doux, sage, les mouvements tendres ; supérieurement dressé ; il aura peut-être quelquefois besoin de l'éperon, mais comme il y sera probablement trop sensible, il suffira d'approcher les jambes. » Le Sergeant d'Isbergues n'adopta qu'avec beaucoup de réserve les idées nouvelles et se montra partisan d'une monarchie constitutionnelle. Après s'être fait oublier sous le régime révolutionnaire, il devint, à l'époque du Directoire, président de l'administration municipale ; mais un

arrêté du 29 septembre 1797 le révoqua de ces fonctions comme royaliste. Il y fut replacé, avec le titre de maire de Saint-Omer, le 14 mai 1800, fut encore destitué le 2 juillet 1802, et obtint une seconde fois sa réintégration le 21 octobre 1806. Le Sergeant d'Isbergues mourut l'année suivante, conseiller général du Pas-de-Calais.

LESGUILLIER (DÉSIRÉ-JULES), député de 1881 à 1889, né à Llinis (Aisne) le 15 juillet 1825, mort à la Fère-en-Tardenois (Aisne) le 26 septembre 1889, entra à l'Ecole polytechnique et sortit de l'Ecole des ponts et chaussées en 1846, comme ingénieur, avec le n° 1. Il prit une part importante à la construction des chemins de fer espagnols. Nommé, en 1866, ingénieur de première classe, puis, le 12 août 1871, ingénieur en chef de la Haute-Vienne, il fut chargé, en 1878, de la direction du chemin de fer de l'Etat. Républicain, il se présenta à la députation, après la mort de M. de Tillancourt, dans l'arrondissement de Château-Thierry (Aisne), et fut élu, le 6 février 1881, par 8,105 voix (15,329 votants, 16,860 inscrits), contre 4,911 à M. Lasse. Il siégea à gauche et fut réélu sans concurrent, aux élections générales du 21 août de la même année, par 8,441 voix (10,831 votants, 16,957 inscrits). M. Lesguillier s'inscrivit au groupe de l'Union républicaine. Le 14 novembre 1881, Gambetta l'appela à remplir, dans le « grand ministère », le poste de sous-secrétaire d'Etat aux Travaux publics (M. Raynal étant ministre). Il se retira avec ses collègues en janvier 1882, à la suite du rejet du scrutin de liste. M. Lesguillier fut, pendant quelque temps, directeur du journal la *Presse* où il traita spécialement les questions de travaux publics ; il y mena une campagne assez vive contre les compagnies de chemins de fer, et il ne compta point, à la Chambre, parmi les approbateurs sans réserve des conventions de 1883. « De l'aveu de tous les hommes impartiaux, écrit un biographe, les critiques parfois acerbes de M. Lesguillier et autres *sages ennemis* ont été en plus d'une occasion un stimulant utile et le pourront l'être encore... » Porté, en octobre 1885, sur la liste de concentration républicaine dans l'Aisne, M. Lesguillier fut élu, au second tour de scrutin, le 18 octobre, le 8e et dernier, par 63,232 voix (117,821 votants, 147,808 inscrits), député de ce département. Il prit place à la gauche radicale, soutint les divers ministères républicains de la législature, et vota *pour* l'expulsion des princes ; dans la dernière session, il s'abstint sur le rétablissement du scrutin d'arrondissement et sur les poursuites contre trois députés membres de la Ligue des patriotes, et se prononça *contre* l'ajournement indéfini de la révision de la Constitution, *contre* le projet de loi Lisbonne restrictif de la liberté de la presse ; il s'abstint aussi sur les poursuites contre le général Boulanger. Admis à la retraite, comme ingénieur en chef des ponts et chaussées, le 10 décembre 1885, M. Lesguillier était chevalier de la Légion d'honneur.

LESGUILLON (PIERRE-EUGÈNE), représentant en 1873, député de 1876 à 1880, né à Gien (Loiret) le 28 octobre 1811, mort à Paris le 23 décembre 1880, étudia le droit, et exerça à Blois la profession d'avocat. D'opinions républicaines modérées, il fut nommé, par le gouvernement de la Défense nationale, procureur de la République à Blois. Élu, le 11 mai 1873, en remplacement de M. Duconx décédé, représentant de Loir-et-Cher à l'Assemblée nationale, par

25,821 voix (55,098 votants, 76,180 inscrits, contre 10,227 à M. Conteau et 8,237 à M. Martinet, il siégea à la gauche républicaine, et vota *contre* le septennat, *contre* l'état de siége, *contre* la loi des maires, *contre* le ministère de Broglie, *pour* les amendements Wallon et Pascal Duprat et *pour* l'ensemble des lois constitutionnelles. Aux élections législatives de 1876, M. Lesguillon se représenta dans l'arrondissement de Romorantin, qui l'élut député, au second tour de scrutin, le 5 mars, par 5,672 voix (11,024 votants, 14,463 inscrits, contre 5,283 à M. Martinet, candidat « constitutionnel ». M. Lesguillon vota avec la majorité républicaine et fut des 363. A ce titre, il obtint sa réélection, le 14 octobre 1877, par 7,038 voix (12,295 votants, 14,809 inscrits), contre 5,190 à M. le comte d'Orléans, candidat officiel et légitimiste. Il reprit sa place à gauche, se prononça *pour* les invalidations des députés de la droite, *pour* le ministère Dufaure, *pour* l'article 7, *pour* l'invalidation de l'élection Blanqui, etc., et mourut en 1880, au cours de la législature.

LESNE-HAREL (EDOUARD-JACQUES), BARON DE KESSEL, député au Corps législatif de 1811 à 1814, dates de naissance et de mort inconnues, appartint à l'armée hollandaise et parvint au grade de colonel. Il remplit en Hollande, son pays d'origine, les fonctions de conseiller d'Etat, et, le 19 février 1811, fut nommé directement par l'empereur, sur une liste dressée par le préfet, député du nouveau département des Bouches-de-la-Meuse au Corps législatif, où il siégea jusqu'en 1814. Il avait reçu en 1812 la décoration de l'ordre de la Réunion.

LESOINNE (PIERRE-JEAN-ABRAHAM), député au Conseil des Anciens et au Corps législatif de l'an VIII à 1804, né à Mélen (Belgique) le 1er septembre 1739, mort à Liége (Belgique) le 1er juin 1820, était, dans cette dernière ville, inspecteur des contributions. Le 26 germinal an VII, il fut élu, par le département de l'Ourthe, député au Conseil des Anciens. Puis, son adhésion au coup d'état de Bonaparte le fit admettre, le 4 nivôse an VIII, au nombre des membres du nouveau Corps législatif, où il représenta, jusqu'en 1804, le même département.

LESOUEF (PIERRE-JULES), député de 1885 à 1889, né au Havre (Seine-Inférieure) le 19 août 1831, étudia la médecine, se fit recevoir docteur, mais n'exerça point son art. Conseiller général de la Seine-Inférieure pour le canton de Yerville, il s'occupa de travaux agricoles, fut président de la société d'agriculture et de la société des courses de Rouen, et se présenta une première fois à la députation comme candidat républicain, le 21 août 1881, dans la 2e circonscription d'Yvetot : il échoua avec 4,311 voix contre 4,705 à M. Desson de Saint-Aignan, conservateur, élu. Mais, au scrutin du 4 octobre 1885, M. Lesoueff, porté sur la liste opportuniste de la Seine-Inférieure, fut élu député de ce département, le 4e sur 12, par 89,297 voix (149,546 votants, 195,467 inscrits). Il prit place dans les rangs de la majorité républicaine, avec laquelle il soutint les divers ministères de la législature. En dernier lieu, il se prononça : *pour* le rétablissement du scrutin d'arrondissement (11 février 1889), *pour* l'ajournement indéfini de la revision de la Constitution, *pour* les poursuites contre trois députés membres de la Ligue des patriotes, *pour* le projet de loi Lisbonne restrictif de la liberté de la presse, *pour* les poursuites contre le général Boulanger.

LESPÉRUT (FRANÇOIS-VICTOR-JEAN, BARON, député au Corps législatif en l'an X, représentant à la Chambre des Cent-jours, né à Laval (Mayenne) le 1er mars 1772, mort à Paris le 12 janvier 1848, se montra un adversaire déclaré de la Révolution; il collabora au *Messager du soir*, journal réactionnaire, et subit quelques années d'emprisonnement. Rallié au 18 brumaire, il devint peu après secrétaire de Berthier, alors ministre de la Guerre. Il suivit ce général en Italie, pendant la campagne de Marengo, puis en Espagne, où le premier Consul l'envoya dans le but de négocier l'acquisition de la Louisiane et de la flotte espagnole. De retour en France, Lespérut reprit ses fonctions au ministère de la Guerre. Il fut élu député de la Mayenne au Corps législatif par le Sénat conservateur, le 27 germinal an X. Membre de la Légion d'honneur (2 messidor an XII), il fut appelé aux fonctions d'administrateur des principautés de Lucques et de Piombino, puis à celles de gouverneur de Neuchâtel. En 1810, il fit partie de l'ambassade qui alla demander à l'empereur d'Autriche la main de l'archiduchesse Marie-Louise, et, l'année suivante, fut créé baron de l'empire (25 mai 1811). En 1814, lors de l'invasion, étant maire d'Eurville, il fit sauter un pont sur la Marne, pont qui était sa propriété, pour retarder la marche des alliés sur Paris. Arrêté, brutalisé, condamné à mort comme non belligérant, il vit sa peine commuée par l'empereur de Russie en un exil en Suisse, où les Neuchatelois lui firent bon accueil, en souvenir de ses anciennes fonctions, et cherchèrent à s'interposer en sa faveur auprès des souverains alliés. Rentré en France à la paix, il fut élu, le 10 mai 1815, représentant à la Chambre des Cent-jours, par le collège de département de la Haute-Marne, avec 61 voix (109 votants). Sous la seconde Restauration, M. Lespérut devint conseiller général de la Haute-Marne.

LESPÉRUT (FRANÇOIS, BARON DE), représentant en 1849, député au Corps législatif de 1852 à 1870, représentant en 1871, né à Paris le 5 août 1813, mort à Chaumont (Haute-Marne) le 9 octobre 1873, fils du précédent et neveu par alliance de Sieyès, était agronome et maître de forges. Sous Louis-Philippe, il appartint à l'opinion orléaniste, devint maire d'Eurville et conseiller général de la Haute-Marne pour le canton de Poissons, et se présenta comme candidat à la Chambre des députés, le 1er août 1846, dans le 4e collège de ce département (Vassy); il échoua avec 119 voix, contre 251 à M. Peltereau-Villeneuve, député sortant réélu. Après février 1848, il se représenta, avec l'appui du clergé, aux élections de l'Assemblée constituante et échoua de nouveau. Mais le parti conservateur fit triompher, le 13 mai 1849, sa candidature à l'Assemblée législative, où il entra comme représentant de la Haute-Marne, le 2e sur 5, avec 33,723 voix (57,693 votants, 80,385 inscrits). Il siégea à droite et opina avec la majorité monarchiste, notamment *pour* l'expédition de Rome, *pour* la loi Falloux-Parieu sur l'enseignement, *pour* la loi restrictive du suffrage universel, et *pour* la proposition des questeurs. M. de Lespérut ne soutint pas la politique personnelle de L.-N. Bonaparte et protesta contre le coup d'Etat du 2 décembre 1851. Arrêté alors, il fut détenu quelque temps au Mont-Valérien. Mais il ne tarda pas à se rallier, et le gouvernement présidentiel appuya sa candidature au Corps législatif le 29 février 1852, dans la 1re circonscription de la Haute-Marne, qui l'élut député par 24,400 voix (28,997 votants, 40,691 inscrits), contre 678 à M. de Montrol, 303 à M. de Vandeul, et 689 à M. Peltereau-Villeneuve. Un biographe écrivit à ce propos : « M. de Lespérut se souciait peu du patronage du gouvernement pour le Corps législatif. Quelques jours avant les élections, il écrivait une lettre pour désavouer formellement les moyens employés par le préfet pour le faire réussir. Il écrivait aussi aux journaux des départements une lettre que la censure rayait impitoyablement, dans laquelle il déclarait de la manière la plus formelle, qu'en se rendant au Corps législatif, s'il y était appelé, « c'était avec la plus parfaite indépendance qu'il agirait. » M. de Lespérut soutint cependant le gouvernement impérial, mais il fut un des trois députés qui votèrent contre la confiscation des biens des princes d'Orléans et contre les poursuites intentées à Montalembert. Réélu successivement, avec l'appui officiel et d'ailleurs superflu de l'administration : le 22 juin 1857, par 24,035 voix (24,935 votants, 37.714 inscrits), contre 240 à M. Valferdin; le 1er juin 1863, par 21,696 voix (32,217 votants, 39,639 inscrits), contre 10,322 à M. Danelle-Bernardin; le 24 mai 1869, par 30,022 voix (32,253 votants, 40,236 inscrits), M. de Lespérut fit partie de la majorité, sans dissimuler ses préférences orléanistes, se prononça dans les questions économiques pour le système de la protection, et le soutint plusieurs fois à la tribune du Corps législatif. Dans la courte session de 1869, il signa la demande d'interpellation des 116 ; puis il s'associa à tous les votes des membres du tiers-parti libéral. Après les événements de 1870, M. de Lespérut fut encore élu (8 février 1871) représentant de la Haute-Marne à l'Assemblée nationale, le 2e sur 5, par 42,865 voix (59.334 votants, 76,862 inscrits). Il prit place au centre droit, parmi les partisans de la monarchie constitutionnelle et vota : pour la paix, pour les prières publiques, pour l'abrogation des lois d'exil, pour le pouvoir constituant de l'Assemblée, contre la politique de Thiers et pour sa chute au 24 mai, et mourut pendant la législature (octobre 1873). Possesseur d'une fortune considérable, M. de Lespérut avait été réélu, en 1871, conseiller général de la Haute-Marne, il était chevalier de la Légion d'honneur depuis 1859.

LESPINASSE (ABEL, DOM), député en 1789, dates de naissance et de mort inconnues, était prieur titulaire de Saint-Pierre-le-Moutier (Nièvre). Élu, le 25 mars 1789, par ce bailliage, député-suppléant du clergé aux États-Généraux, il fut admis à siéger dans l'Assemblée le 29 août suivant, en remplacement de M. de Damas-Crux, démissionnaire. Le Moniteur est muet sur son rôle parlementaire.

LESPINASSE (AUGUSTIN, COMTE DE), membre du Sénat conservateur, pair de France, né à Pouilly-sur-Loire (Nièvre) le 8 octobre 1736, mort à Paris le 21 novembre 1816, servit d'abord comme mousquetaire noir dans la maison du roi, devint cornette aux carabiniers en 1769, et fit, comme lieutenant, les dernières campagnes de la guerre de Sept Ans. Mis à la réforme en 1763, il entra dans le corps royal de l'artillerie, où il reçut le brevet de lieutenant la même année, et fut chargé par le duc de Choiseul de composer un traité sur la Théorie

de la trigonométrie et du nivellement : cet... ne parut qu'en 1768. Capitaine du 24 mars 176... il fut envoyé en Corse où il aida à la pa... de l'île, puis attaché à la place et à l'arsena... de Strasbourg. Major d'artillerie le 25 mai 178... lieutenant-colonel en 1791, il fut chargé, ce... même année, d'organiser des batteries de cam... pagne à Saint-Etienne, et de commander l'ar... née suivante, l'artillerie de l'armée du Rhi... Promu colonel au 2e régiment d'artillerie... pied le 26 mars 1793, il alla à l'armée des Pyré... nées-Occidentales, où il fit construire l'arsen... de Bayonne, et se distingua en diverses ren... contres; il venait d'être nommé général de bri... gade par les représentants en mission, quan... il fut suspendu de ses fonctions par ordre d... comité de salut public. Peu de temps aprè... en thermidor an II, il reprit du service et s'em... para de Fontarabie. Revenu à Paris, il ne f... point nommé général de division comme on lui avait promis; il resta même quelque temp... sans emploi. Le Directoire l'envoya cependan... à l'armée d'Italie, où Bonaparte lui confia... direction du siège de la citadelle de Mila... Après la chute de cette place, il suivit l'arm... de campagne, et prit une part glorieuse aux ba... tailles de Castiglione, de Roveredo, d'Arco... et au siège de Mantoue. Bonaparte obtint po... lui le grade de général de division. Les... nasse se signala encore au passage du Tagl... mento, et accompagna Berthier, en qualité... commandant de l'artillerie, dans son expéditi... contre Rome; de là, il fut envoyé à l'arm... d'Angleterre. Partisan du 18 brumaire, il... partie des premières nominations au Sénat co... servateur (3 nivôse an VIII), devint memb... de la Légion d'honneur (9 vendémiaire an X... et grand-officier de l'ordre (25 prairial). Il o... tint, peu après, la sénatorerie de Pau, puis ce... de Dijon, présida le collège électoral de... Nièvre, et fut créé comte de l'Empire le 23 n... 1808. Il ne fut pas un des derniers à adhér... la déchéance de Napoléon, et reçut... Louis XVIII la croix de chevalier de Sai... Louis et la dignité de pair de France, le 4 ju... 1814. Sans fonctions durant les Cent-Jours... reprit sa place à la Chambre haute après le r... tour de Gand, vota pour la mort dans le pro... du maréchal Ney, et mourut l'année suivan... de chagrin, dit-on. M. de Lespinasse a publi... Essai sur l'organisation de l'arme de l'arti... lerie (1801).

LESPINASSE (LOUIS-NICOLAS), déput... Corps législatif de l'an XII à 1808, né à Pouil... sur-Loire (Nièvre) le 14 octobre 1754, mor... Paris le 17 novembre 1808, « fils de mai... François-Edme de Lespinasse des Pivot... avocat au parlement, bailli de Pouilly, e... dame Marie Fouineau », suivit la carrière... litaire et appartint à l'arme du génie. Réfo... avec le grade de chef de bataillon, il fut... maire de Varennes-lès-Nevers, et fut élu... 8 frimaire an XII, par le Sénat conservate... député de la Nièvre au Corps législatif. L... Lespinasse siégea jusqu'à sa mort (1808)... les partisans dévoués et silencieux du rég... impérial.

LESPINASSE (RAYMOND), représentant... 1871, né à Moissac (Tarn-et-Garonne) le 24... vembre 1811, avocat dans sa ville natale... l'un des chefs du parti conservateur mon... chique, fut élu, le 8 février 1871, représen... du Tarn à l'Assemblée nationale, le 4e et... nier, par 32,666 voix (53,345 votants, 74... inscrits). Il siégea à droite, fit partie de la...

nion des Réservoirs, fut des 94 signataires de la protestation contre l'exil des Bourbons, et vota *pour* la paix, *pour* la pétition des évèques, *pour* l'abrogation des lois d'exil, *pour* le pouvoir constituant de l'Assemblée, *contre* le service de trois ans, *pour* la démission de Thiers, *pour* le septennat, *pour* le ministère de Broglie, s'abstint sur le retour à Paris, et se prononça *contre* l'amendement Wallon, *contre* les lois constitutionnelles. Il quitta la vie politique après cette législature.

LESPINAY (ALEXIS-LOUIS-MARIE DE), chevalier de PAILLY, député au Corps législatif en 1811, né à Chantonnay (Vendée) le 24 août 1752, mort à Poitiers (Vienne) le 15 février 1837, « fils de messire Alexis-Samuel de Lespinay, chevalier, seigneur de Pailly et autres lieux, et de demoiselle Marie-Louise-Félicité Cicoteau », était propriétaire à Chantonnay. Il fut élu, le 4 mai 1811, par le Sénat conservateur, député de la Vendée au Corps législatif ; il avait été créé chevalier de l'Empire.

LESPINAY (HENRI-VICTOR DE), représentant en 1848 et en 1849, né au château des Moulinets, près Sainte-Cécile (Vendée) le 26 juillet 1808, mort à Nantes (Loire-Inférieure) le 19 avril 1878, commença ses études au petit séminaire de Luçon, les continua au petit séminaire de Sainte-Anne d'Auray, et les acheva à Paris. De retour aux Moulinets, il épousa sa cousine, Mlle de Cornulier ; veuf après six mois de mariage, il entra, peu après, au séminaire de Saint-Sulpice, fut ordonné prêtre le 5 juin 1841, et, après avoir dirigé à l'église Saint-Sulpice le catéchisme de persévérance, fut nommé curé des Essarts (Vendée). Il fonda une école de garçons, soutint l'école des filles, et, lors de la nomination de M. Baillès à l'évêché de Luçon (1845), fut appelé auprès de lui comme vicaire général (mars 1846). L'influence qu'il avait acquise le désigna, le 23 avril 1848, aux suffrages des électeurs conservateurs de la Vendée pour les représenter à l'Assemblée constituante ; il fut élu, le 1er sur 9, par 50,072 voix sur 86,221 votants et 104,486 inscrits, siégea à droite, mais vota parfois avec la gauche, notamment *pour* l'abolition de la peine de mort, et *contre* le maintien de l'état de siège, et se prononça *pour* la loi sur les attroupements, *pour* le décret contre les clubs, *contre* la proposition Proudhon, *contre* le rétablissement de la contrainte par corps, *contre* l'impôt progressif, *contre* l'amendement Grévy, *contre* le droit au travail, *pour* la réduction de l'impôt du sel, *pour* le renvoi des accusés du 15 mai devant la haute cour, *pour* l'ordre du jour Oudinot, *pour* l'interdiction des clubs, *pour* le blâme de la dépêche Léon Faucher, *contre* l'abolition de l'impôt des boissons. Réélu, le 13 mai 1849, représentant de la Vendée à l'Assemblée législative, le 1er sur 8, par 44,642 voix sur 61,522 votants et 103,432 inscrits, il reprit sa place à droite, s'associa à tous les votes de la majorité monarchiste, *pour* la loi Falloux-Parieu sur l'enseignement, *pour* la loi du 31 mai restrictive du suffrage universel, ne se rallia pas à la politique personnelle du prince-président et protesta contre le coup d'Etat de 1851. Le 29 février 1852, M. de Lespinay posa sa candidature indépendante au Corps législatif dans la 1re circonscription de la Vendée ; mais les partisans de son concurrent, M. de Sainte-Hermine, propagèrent le bruit qu'il refusait de prêter serment et que l'élection serait à recommencer. Dans ces conditions il échoua avec

6,905 voix, contre 9,367 à l'élu, M. de Sainte-Hermine, dont l'élection fut validée par le Corps législatif malgré une très vive opposition de M. Bouhier de l'Ecluse. M. de Lespinay renonça dès lors à la politique, se livra à la prédication, fut proposé en 1856 pour le poste de vicaire général de l'évêque de Nantes, redevint vicaire général de l'évêque de Luçon, fut nommé supérieur des communautés du Carmel et de l'Union chrétienne et acquit de la réputation comme orateur. Nommé protonotaire apostolique en 1864, M. de Lespinay résigna ses fonctions de vicaire général en 1869 pour raison de santé, refusa les fonctions de conseiller général du canton de Challans, accepta celles de conseiller municipal de Luçon, mais se retira bientôt à Nantes où il mourut en 1878.

LESSART (CLAUDE-ANTOINE VALDEC DE), ministre, né en 1742, tué à Versailles (Seine-et-Oise) le 9 septembre 1792, était originaire de la province de Guyenne ; il devint l'héritier du président de Gasq, célèbre magistrat du parlement de Bordeaux, dont on a prétendu qu'il était le fils naturel. Admis, à Paris, auprès de Necker qui en fit son confident, il obtint de lui, en 1768, la charge de maître des requêtes, et, en cette qualité, fut un des commissaires conciliateurs dans les secondes conférences que Necker imagina, après l'insuccès des premières, pour rapprocher les trois ordres des Etats-Généraux : mais le résultat de ces démarches ne fut pas tel que l'espéraient les partisans de la « conciliation ». De Lessart n'eut qu'un rôle assez obscur jusqu'à l'époque où il remplaça (4 décembre 1790) le conseiller d'Etat Lambert au poste de contrôleur général des finances. Il lança une circulaire pour l'accélération du recouvrement des impôts, une lettre aux départements relative à la vente des biens nationaux et des instructions touchant le traitement du clergé et la caisse de l'extraordinaire, et, au bout d'un mois, fut appelé (25 janvier 1791) aux fonctions de ministre de l'Intérieur. Comme tel, il eut de fréquents rapports avec l'Assemblée constituante puis avec l'Assemblée législative, donna des détails sur l'adjudication du bail des messageries, annonça l'arrestation de « Mesdames » à Arnay-le-Duc, communiqua les ordres donnés pour assurer leur liberté, annonça le rétablissement de la tranquillité à la Martinique, fit un rapport sur les ponts et chaussées, les mines et les subsistances, et rendit compte des événements du Calvados, de la situation d'Avignon, etc. La gauche de l'Assemblée législative ayant attaqué avec une grande vivacité les ministres de la Guerre et des Affaires étrangères, ceux-ci prirent peur et donnèrent leur démission. C'est alors que de Lessart fut chargé (20 novembre 1791) du portefeuille des Affaires étrangères, que quittait le comte de Montmorin, et où il fut remplacé à son tour, le 6 décembre suivant, par M. de Narbonne. Puis il eut à exercer l'intérim de la Guerre, du 11 décembre 1791 au 8 janvier 1792. Le parti républicain, qui avait résolu la guerre, poussait les ministres à délibérer sur cet objet, et, parmi eux, le comte de Narbonne s'en déclarait partisan ; mais Louis XVI, très opposé à cette mesure, renvoya le comte de Narbonne, et chargea de Lessart de le remplacer provisoirement. Une pareille décision, loin de changer le cours des événements, n'eut d'autre effet que de les précipiter : l'assemblée décréta que le ministre de la Guerre disgracié emportait les regrets de la nation. De Lessart était déjà compromis près de la majorité réformatrice, lorsqu'il fut nommé, en titre, ministre des Affaires étrangères, le 30 novembre 1791; il fit part de l'issue des négociations avec le dey d'Alger, rendit compte des dispositions des puissances, présenta le tableau des dépenses de son ministère, annonça la dispersion des émigrés rassemblés à Trèves, etc. Mais il se vit bientôt l'objet des accusations les plus graves : le bruit se répandit que les pièces diplomatiques sur lesquelles le ministre s'était appuyé pour répondre des intentions pacifiques de l'empereur Léopold étaient supposées, et le comité diplomatique fut chargé d'examiner ces pièces, sur lesquelles Brissot fit un rapport écrasant. La gauche tout entière accabla de Lessart de ses reproches et Becquey se leva à peu près seul pour le défendre; mais il ne put le sauver du décret d'accusation prononcé contre lui le 10 mars 1792. A peine cet arrêt était-il rendu que de nombreux rassemblements entourèrent l'hôtel du ministre : des menaces de mort retentirent. De Lessart tenta vainement de quitter la France; saisi par les gendarmes, il fut emprisonné et transféré à Orléans, puis à Versailles, où il périt, le 9 septembre 1792, dans le massacre des prisonniers de la haute cour. Bertrand de Molleville a dit de lui : « Il avait le sens droit, l'âme honnête et délicate; peut-être aurait-il eu de l'énergie dans le caractère, s'il avait eu une meilleure santé. »

LESSEPS (Jean-Charles de), député de 1846 à 1848, né à Bayonne (Basses-Pyrénées) le 2 avril 1804, mort à Philippeville (Algérie) le 22 janvier 1880, fit ses études à Paris, entra dans le journalisme sous Louis-Philippe, appartint quelque temps à la rédaction de la *Tribune*, fut attaché à Mauguin comme secrétaire, et collabora avec lui au *Commerce*, journal bonapartiste, dont il devint bientôt le rédacteur en chef. Il faisait une guerre des plus vives au gouvernement de Louis-Philippe : on remarqua surtout sa campagne contre les fortifications de Paris. Le 9 juillet 1842, il se présenta pour la première fois à la députation comme candidat de l'opposition, dans le 5e collège de Lot-et-Garonne (Villeneuve), où il réunit 335 voix, contre 530 à l'élu, M. Paganel, député sortant. Passé en 1845 à l'*Esprit public*, feuille démocratique, il engagea de nouveau la lutte électorale le 1er août 1846, dans le même collège, dont il devint député par 454 voix sur 848 votants et 950 inscrits, contre 382 à M. Paganel. M. Ch. de Lesseps prit place à gauche. « C'est un de nos meilleurs journalistes, écrivait de lui la *Biographie satirique des Députés*. Seulement il aurait dû attendre que la législature fût mieux composée pour en faire partie. Que va-t-il faire dans cette galère? Je sais bien qu'il nous a débarrassés de l'homme-centaure (Paganel); mais ce n'était pas une raison pour faire partie d'une minorité trop faible et trop nombreuse pour savoir se grouper et avoir de l'énergie. » Il parla sur les mariages espagnols et donna sa démission quelques jours avant la révolution de février. Admis dans les conseils du gouvernement provisoire, il fut de ceux, a-t-on dit, qui lui inspirèrent le décret portant abolition de la peine de mort en matière politique. Républicain modéré, M. de Lesseps fut désigné par la majorité de l'Assemblée constituante comme un des conseillers d'État qu'elle eut à choisir. La Législative ne le maintint pas en fonctions. Alors M. de Lesseps se rapprocha du parti avancé et contribua à la fondation du *Vote universel*, organe de la Montagne. Ce journal fut supprimé lors du coup

d'État du 2 décembre 1851. Sous l'Empire M. de Lesseps s'occupa de travaux littéraires, surveilla la réimpression de la *Biographie universelle* des frères Michaud et, devenu concessionnaire de la forêt de Beni-Salah, se fixa en Algérie, où il mourut en 1880.

LESSEPS (Théodore-Antoine Lopez de la Sainte-Trinité, comte de), sénateur du second Empire, né à Cadix (Espagne) le 25 septembre 1802, mort à Saint-Germain-en-Laye (Seine-et-Oise) le 21 mai 1874, fils de Mathieu-Maximilien-Prosper de Lesseps (1774-1832), et frère aîné du célèbre promoteur Ferdinand de Lesseps, suivit, à l'exemple de la plupart des siens la carrière diplomatique. Après avoir occupé divers postes à l'étranger, et notamment à Alep, lors du grand tremblement de terre qui renversa cette ville de fond en comble, il entra dans l'administration centrale des affaires étrangères comme rédacteur. Appelé, après la révolution de février 1848, aux fonctions de directeur des consulats, M. Théodore de Lesseps, qui se montra tout dévoué à la politique de L.-N. Bonaparte, fut nommé, en 1853, ministre plénipotentiaire de 1re classe. Le 29 septembre 1860, il fut élevé à la dignité de sénateur. Il siégea jusqu'au 4 septembre 1870, parmi les zélés partisans du régime impérial. Commandeur de la Légion d'honneur depuis le 9 décembre 1850, M. Th. de Lesseps était décoré d'un très grand nombre d'ordres étrangers grand-officier de l'ordre de Léopold, commandeur des ordres d'Isabelle-la-Catholique, de Saints-Maurice-et-Lazare, etc.

LESSERT (Jules-Paul-Benjamin, baron de représentant aux Cent-Jours, député de 18.. à 1824 et de 1827 à 1842, né à Lyon (Rhône) le 14 février 1773, mort à Paris le 1er mars 184. appartenait à une famille protestante, originaire du canton de Vaud, où elle était fixée bien avant la Saint-Barthélemy, dès 1450. Il est dépit de nombreuses biographies, et de l'article nécrologique publié dans le *Journal des Débats* par M. Guizot sur François de Lessert cette famille n'a jamais eu à souffrir de persécutions religieuses; son nom a également été défiguré, et nous l'orthographions d'après les actes de naissance authentiques délivrés tant dans le pays de Vaud qu'en France, d'après les brevets officiels établis avant et après la Révolution, et d'après la signature constante des intéressés. « Fils d'Etienne de Lessert, bourgeois de Genève, Cossonaz et Arabonne, et de dame Madeleine-Catherine Roy de la Tour, Jules-Paul-Benjamin, bien que né à Lyon, où son père était banquier, fut également inscrit sur les registres de l'état civil de Cossonaz (Suisse), par son père qui avait conservé sa nationalité suisse et qui vint ouvrir une banque à Paris en 1777. Là, Benjamin connut Berquin l'habitué de la maison, et reçut des leçons de botanique de J.-J. Rousseau, qui écrivit pour ses frères et pour lui ses *Lettres sur la botanique*; puis, en 1784, il se mit à voyager avec son frère aîné, visita l'Angleterre, suivit à l'université d'Edimbourg les leçons d'Adam Smith et de Dugald-Stewart, connut Watt à Birmingham, et rentra en France au moment de la Révolution. A dix-sept ans, il s'enrôla (8 janvier 1790) dans la 3e compagnie du 5e bataillon de la 4e division des volontaires de la garde nationale parisienne; en 1793, il entra à l'école d'artillerie de Meulan, et en sortit l'année suivante, avec ce brevet :

LIBERTÉ ARSENAL DE MEULAN ÉGALITÉ

Mort	*Décret*	*Paix*
aux	*du 22*	*au*
tyrans	*Vendémiaire*	*Peuple*
—	*2ᵉ année*	—

CANONNIERS MONTAGNARDS DE MEULAN

A Meulan, ce 9 thermidor,
L'an 2ᵉ de la République une et indivisible.

« Nous soussigné Directeur de l'Arsenal de Meulan, chef de bataillon d'artillerie, certifions que le citoyen Benjamin de Lessert, capitaine commandant d'une compagnie de canonniers montagnards de Meulan, a servi avec zèle et exactitude depuis le 5 septembre 1793 vieux stile jusqu'au 14 floréal en qualité de canonnier dans le corps susdit et qui a été choisy ensuitte par ses camarades au terme de la Loy pour Capitaine Commandant de la Compagnie qui sert actuellement les pièces de 16 auprès de l'armée du Nord. Certifions en outre que le zèle et l'intelligence de cet officier luy ont valu les applaudissements de ses Chefs, l'amitié de ses Camarades et la Reconnaissance de tout bon citoyen ; et ayant pu dans quelques occasions être consacré à tout autre genre de service dans l'intérieur de la République, il a constamment préféré la carrière qu'il suit et a donné dans toutes les occasions des Preuves réitérées d'un service irréprochable.

Signé : J. GROBER. »

Le capitaine de Lessert fit la campagne de Belgique sous Pichegru, se distingua aux sièges d'Ypres, de Maubeuge et d'Anvers, et commanda la citadelle de cette dernière place. Mais la mort de son frère aîné le fit rappeler par son père, et il quitta la carrière militaire pour prendre (1795) la direction de la maison paternelle. Maire du 3ᵉ arrondissement de Paris (9 mars 1800), il créa, en 1801, à Passy une filature de coton qui rendit à France moins tributaire de l'Angleterre, et une raffinerie de sucre, et fut nommé (1802) régent de la Banque de France et membre de la chambre de commerce (1804) ; en 1806, lorsque l'Angleterre coupa nos communications avec nos colonies, il obtint à Passy le premier sucre de betterave bien cristallisé. L'empereur alla constater à la raffinerie de Passy ce succès alors considérable, remit à M. de Lessert la croix de la Légion d'honneur, et le créa, le 19 septembre 1812, baron de l'Empire. En 1814, au moment de l'invasion, le baron de Lessert fut nommé commandant de légion dans la garde nationale, et officier de la Légion d'honneur (19 novembre 1814), et, le 8 mai 1815, fut élu représentant de l'industrie du département de la Seine à la Chambre des Cent-Jours par 76 voix sur 113 votants et 216 inscrits ; il fit partie du comité de Constitution. Associé libre de l'Académie des sciences (8 juillet 1816), il fut élu, le 20 septembre 1817, député du collège de département de la Seine par 5,347 voix sur 7,030 votants et 9,677 inscrits ; il siégea dans l'opposition constitutionnelle, fit partie de la commission de comptabilité, de celle du budget, parla sur la proposition d'une caisse hypothécaire, sur les douanes, sur le budget, sur le projet de loi électorale, pour la création de petites inscriptions de rentes, pour l'abolition de la loterie, et fut nommé conseiller-général de la Seine (1818), conseiller du roi au conseil du commerce (1819) et membre du conseil de perfectionnement du Conservatoire des Arts-et-Métiers. En 1818, il importa d'Angleterre l'idée des caisses d'épargne et popularisa en France cette institution. Réélu, le 9 mai 1822, dans le 5ᵉ arrondissement de Paris, par 681 voix sur 1,094 votants et 1,217 inscrits contre 384 à M. Walckenaër, il parla sur la liquidation de l'arriéré, et ne rentra pas au parlement aux élections générales du 25 février 1824, ayant échoué dans le même arrondissement avec 522 voix, contre 549 à l'élu, M. Héricart de Thury. Le scrutin du 17 novembre 1827 le renvoya à la Chambre comme député du 2ᵉ arrondissement électoral de Maine-et-Loire (Saumur) par 260 voix sur 329 votants et 375 inscrits, contre 119 à M. de Charnières, maire de Nueil. Membre de toutes les commissions financières, il combattit encore la loterie, et parla sur les caisses d'épargne. Les électeurs de Saumur lui renouvelèrent son mandat, le 12 juillet 1830, après la dissolution de la Chambre par le cabinet Polignac, avec 275 voix sur 395 votants et 452 inscrits, contre 113 à M. de Charnières, et M. de Lessert représenta cet arrondissement jusqu'en 1846, ayant été successivement réélu : le 5 juillet 1831, par 329 voix sur 258 votants et 320 inscrits contre 12 à M. Boutiller de Beauregard ; le 21 juin 1834, par 179 voix sur 249 votants et 319 inscrits, contre 15 à M. Oudinot ; le 4 novembre 1837, par 152 voix sur 304 votants et 351 inscrits, contre 145 à M. Thiers ; le 2 mars 1839, par 183 voix sur 320 votants et 346 inscrits, contre 135 à M. Treilhard. Dans la session de 1830-1831, il fit partie de la commission chargée de reviser plusieurs articles de la Charte de 1814, fut longtemps vice-président de la Chambre, et signa, en cette qualité, au contrat de mariage du duc d'Orléans (30 mai 1837). Il prit fréquemment la parole sur la loi municipale (6 septembre 1830), sur les Enfants trouvés (2 novembre 1830), sur les monuments publics (1ᵉʳ mars 1832), fut rapporteur (21 mars 1833) du projet d'organisation départementale et municipale de Paris, parla (4 février 1836) sur la conversion des rentes, et présenta (5 mai 1838) un amendement pour excepter de la conversion les petites rentes. Il renonça à se présenter aux élections du 9 juillet 1842, sa santé exigeant du repos ; il recueillit quand même 137 voix, contre 224 à l'élu, M. Oudinot, et, le 1ᵉʳ août 1846, 10 voix lui restèrent encore fidèles contre 255 au député sortant réélu, M. Oudinot et 7 à M. Louvet. Vers la fin de 1846, la maladie organique du cœur dont il était atteint fit des progrès rapides, et il mourut le 1ᵉʳ mars 1847. Protecteur des lettres et des arts, M. de Lessert avait recueilli un herbier de plus de 86,000 plantes, formé une remarquable collection conchyologique et une belle galerie de tableaux, et il avait été le créateur ou le bienfaiteur de nombreuses fondations philanthropiques. On a de lui un recueil de *Pensées* et de *Maximes* ; *Le Guide du bonheur* ; et un opuscule : *Fondations qu'il serait utile de faire.*

LESSERT (FRANÇOIS-MARIE DE), député de 1831 à 1837 et de 1838 à 1848, né à Paris le 2 avril 1780, mort à Passy (Seine) le 15 octobre 1868, frère du précédent, fut élevé à Genève jusqu'à l'âge de 15 ans ; puis il entra dans la maison de banque de son père, dont il devint le chef après lui. Président de la chambre de commerce de Paris et de la caisse d'épargne, il fut, aux élections législatives du 5 juillet 1831, l'élu du 6ᵉ arrondissement de Paris avec 788 voix sur 1,365 votants. Il siégea dans la majorité ministérielle, et fut réélu, le 21 juin

1834, par 690 voix sur 1,135 votants et 1,395 inscrits. Les élections du 4 novembre 1837 ne lui furent pas favorables ; il échoua avec 641 voix, contre 812 au candidat de l'opposition de gauche, M. François Arago. Mais le décès de M. Pouyer ayant ouvert une vacance dans le 4ᵉ collège du Pas-de-Calais (Boulogne-sur-Mer), M. de Lessert devint député de Boulogne, le 31 mars 1838, par 340 voix sur 371 votants et 812 inscrits. Il siégea au centre jusqu'à la fin du règne, successivement réélu : le 2 mars 1839, par 412 voix sur 630 votants et 875 inscrits, contre 161 à M. Thiers ; le 9 juillet 1842, par 474 voix sur 715 votants et 915 inscrits, contre 139 à M. Berryer et 93 à M. Vivien ; le 1ᵉʳ août 1846, par 438 voix sur 774 votants et 947 inscrits, contre 188 à M. Gros et 134 à M. Vivien. Il était vice-président de la Chambre, quand la révolution de février vint mettre un terme à sa carrière politique.

LESSERT (Abraham-Gabriel-Marguerite de), pair de France, né à Paris le 17 mars 1786, mort à Passy (Seine) le 29 janvier 1858, frère des précédents, fut nommé, ses études terminées, adjudant-commandant dans la garde nationale, prit part, en 1814, à la défense de Paris, et resta associé à la maison de banque De Lessert jusqu'en 1830. Colonel d'état-major de la garde nationale (12 août 1830), il fit partie de la commission chargée (le 17) de préparer la réorganisation des gardes nationales du royaume. Le 18 août, il écrivait au comte de Forbin : « Nous avons traversé ces immenses événements (révolution de juillet) sans aucun inconvénient personnel. Maintenant tout est tranquille et le nouveau roi a l'assentiment unanime de tous les honnêtes gens ; il était le seul et unique moyen de sauver la France de l'anarchie. » Nommé général de brigade dans la garde nationale, il se signala dans la répression de l'émeute des 5 et 6 juin 1834 ; il venait d'être nommé préfet de l'Aude (12 février). Il passa, le 27 septembre, à la préfecture d'Eure-et-Loir, et fut appelé, le 10 septembre 1836, à la préfecture de police du département de la Seine, avec le titre de conseiller d'Etat. A ce poste, il apporta, dans les services des transports, des prisons, de la voirie, des secours, de notables améliorations. En reconnaissance « des services rendus à l'Etat par Gabriel de Lessert » le roi l'éleva à la pairie, le 24 mars 1844, et le promut un mois après (27 avril) à la dignité de grand-officier de la Légion d'honneur. A la révolution de février, M. de Lessert se retira du monde politique. Grand-croix de l'ordre d'Isabelle la Catholique, chevalier de l'ordre royal de Léopold de Belgique. On a de lui : *Collection officielle des ordonnances de police de 1830 à 1844* (1814).

LESSERT (François-Benjamin-Marie de), représentant en 1849, né à Paris le 15 novembre 1817, mort à Passy-Paris le 25 janvier 1868, neveu des précédents, fils de François-Marie de Lessert membre de l'Institut et de dame Julie-Elisabeth-Sophie Gauthier, entra dans la maison de banque qui portait son nom, et devint juge au tribunal de commerce et chevalier de la Légion d'honneur. Candidat du comité de la rue de Poitiers à l'Assemblée constituante de 1848, lors de l'élection partielle destinée à remplacer à Paris trois représentants décédés ou démissionnaires, il échoua, le 17 septembre, avec 49,337 sur 247,242 votants. Il fut plus heureux, le 8 juillet 1849, à l'élection complémen-

taire de la Seine, et fut élu représentant de ce département à l'Assemblée législative, le 6ᵉ sur 11, par 118,938 voix sur 234,585 votants. Il prit place dans la majorité, vota *pour* l'expédition de Rome, *pour* la loi Falloux-Parieu sur l'enseignement, *pour* la loi du 31 mai restrictive du suffrage universel, et rentra dans la vie privée au coup d'Etat de 1851. Il tenta encore une fois la fortune politique, dans la 1ʳᵉ circonscription de la Seine, aux élections du 1ᵉʳ juin 1863, mais il n'obtint que 7,305 voix contre 15,359 à M. Havin, élu, 1,425 à M. F. de Lasteyrie et 342 à M. Blanc. M. de Lessert, qui s'occupait surtout d'art, de sciences et de finances, a été l'un des promoteurs de la photographie.

LESTAPIS (Pierre-Firmin), député de 1833 à 1834, né à Orthez (Basses-Pyrénées) le 25 septembre 1786, mort le 27 mai 1866, devint l'associé de la grande maison Hope d'Amsterdam, et fonda, en 1808, à Bordeaux, avec ses deux frères, la maison de commerce « Lestapis frères ». Il habitait Paris, lorsqu'il fut élu, le 10 août 1833, député du 5ᵉ collège des Basses-Pyrénées (Orthez), en remplacement de M. de Saint-Cricq, nommé pair de France, par 96 voix (124 votants, 176 inscrits), contre 12 à M. Liadières. Il prit place dans les rangs de la majorité, mais pour peu de temps. Bientôt démissionnaire, il fut remplacé, le 4 mars 1834, par M. Liadières.

LESTAPIS (Paul-Jules-Sévère de), représentant en 1848 et en 1849, sénateur de 1876 à 1882, né à Pau (Basses-Pyrénées) le 3 février 1814, fils du receveur général de ce département, et neveu du précédent, entra à l'Ecole de Saint-Cyr en 1831, à l'Ecole d'état-major en 1833, et passa comme lieutenant au 24ᵉ de ligne en 1836. Lieutenant d'état-major aux spahis d'Oran en 1837, capitaine au 3ᵉ chasseurs d'Afrique en 1840, il donna sa démission en 1841 ; il comptait dix campagnes et une citation et avait été décoré de la Légion d'honneur le 23 novembre 1839, pour faits de guerre, pendant l'expédition des Portes de Fer, où il avait été grièvement blessé. Revenu dans les Basses-Pyrénées, M. de Lestapis s'occupa d'agriculture, et se fit élire, le 23 avril 1848, représentant de ce département à l'Assemblée constituante, le 9ᵉ sur 11, par 43,599 voix (90,262 votants, 116,890 inscrits). Membre du comité d'agriculture, il vota ordinairement dans les questions politiques avec le parti du général Cavaignac, *pour* les poursuites contre Louis Blanc et Caussidière, *pour* le rétablissement de la contrainte par corps, *contre* l'abolition de la peine de mort, *pour* l'incompatibilité des fonctions, contre l'amendement Grévy, *contre* le droit au travail, *pour* l'ordre du jour en l'honneur de Cavaignac, *pour* la réduction de l'impôt du sel, *contre* la proposition Rateau, *contre* l'amnistie, *contre* l'interdiction des clubs, *pour* les crédits de l'expédition de Rome, etc. Il ne fut pas réélu à la Législative. En 1852, il entra au conseil général de son département pour le canton d'Orthez. Jusqu'à la fin de l'empire, il prit peu de part aux affaires publiques ; mais, le 8 février 1871, il fut élu représentant des Basses-Pyrénées à l'Assemblée nationale, le 3ᵉ sur 9, par 51,615 voix (61,049 votants, 110,425 inscrits). Il prit place au centre gauche, dont il se sépara d'ailleurs assez fréquemment pour voter avec la droite, et se prononça *pour* la paix, *pour* les prières publiques, *pour* l'abrogation des lois d'exil, *pour* l'érection de l'égli-

du Sacré-Cœur, *contre* la chute de Thiers au 24 mai, etc., observa à l'égard du ministère de Broglie une attitude réservée, et se rallia à l'amendement Wallon, ainsi qu'à l'ensemble des lois constitutionnelles; puis il vota *pour* la loi sur l'enseignement supérieur. Porté à la fois par les conservateurs monarchistes et par les républicains de la nuance la plus modérée, lors des élections sénatoriales du 30 janvier 1876, dans les Basses-Pyrénées, M. de Lestapis fut élu sénateur, le premier de la liste, par 505 voix sur 540 votants. Il fit partie, dans la Chambre haute, du groupe dit « constitutionnel, » qui tout d'abord opina généralement avec la droite, et vota, le 23 juin 1877, *pour* la dissolution de la Chambre des députés. Mais il fut un des 22 sénateurs de ce groupe qui se détachèrent, en 1879, de l'ancienne majorité monarchiste, pour soutenir le ministère Dufaure. Sans se montrer, dès lors, ouvertement hostile au régime républicain, il n'en repoussa pas moins l'article 7 de la loi nouvelle sur l'enseignement supérieur (1880), et refusa plus d'une fois son adhésion aux votes de la gauche sénatoriale. Aux élections de 1882, M. de Lestapis ne demanda pas le renouvellement de son mandat.

LESTERPT (Jacques), député en 1789, membre de la Convention, député au Conseil des Cinq-Cents, né au Dorat (Haute-Vienne) le 21 mars 1745, mort au Dorat le 31 janvier 1823, « fils de François Lesterpt, avocat, et de demoiselle Dorothée Cœur-Deroy, » exerçait les fonctions de juge-sénéchal au Dorat avant la Révolution. Élu, le 20 mars 1789, député du tiers aux États-Généraux par la sénéchaussée de la Basse-Marche, il vota régulièrement avec la majorité de la Constituante. Après la session, il retourna dans le département de la Haute-Vienne, où il devint président du tribunal du Dorat, et fut élu, le 2 septembre 1792, 1er député suppléant à la Convention. Le 9 ventôse an III, Jacques Lesterpt fut admis à siéger ; il prit peu de part aux travaux de l'assemblée, et passa, le 4 brumaire au IV, au Conseil des Cinq-Cents, élu par ses collègues de la Convention. Lesterpt y siégea jusqu'en l'an VI, et fut nommé, le 29 messidor de cette année, « commissaire-liquidateur de la comptabilité intermédiaire ». Favorable au coup d'État de Bonaparte, il devint, le 18 floréal an VIII, juge au tribunal criminel de la Haute-Vienne. Il exerça ces fonctions jusqu'en 1811.

LESTERPT-BEAUVAIS (Benoit), député en 1789, membre de la Convention, né au Dorat (Haute-Vienne) le 22 août 1750, mort à Paris le 31 octobre 1793, frère du précédent, était avocat au Dorat en 1789. Élu, le 20 mars 1789, comme son frère, député du tiers aux États-Généraux par la sénéchaussée de la Basse-Marche, il se prononça pour les réformes. Devenu receveur du district du Dorat, il fut élu, le 2 septembre 1792, membre de la Convention par le département de la Haute-Vienne, le 2e sur 7, et vota en ces termes, dans le procès de Louis XVI, pour la peine capitale : « Le vœu de ma conscience est de concilier la punition d'un grand coupable avec l'affermissement et l'intérêt de la république. Ainsi j'opine à la mort de Louis Capet, mais à la condition que l'exécution sera suspendue jusqu'à l'époque où les ennemis qu'il a suscités contre le peuple français feront une incursion sur son territoire, et, en cas de paix, jusqu'à telle autre époque qui sera fixée par la Convention nationale ou le

Corps législatif.... Cette condition est inséparable de mon opinion à la mort. » Lié avec les Girondins, Lesterpt-Beauvais s'inspira, dans plusieurs missions dont il fut chargé, d'un « modérantisme » qui le rendit suspect à la Montagne. Le 21 août 1793, il fut dénoncé pour avoir permis aux Lyonnais insurgés d'enlever un grand nombre de fusils de la manufacture d'armes de Saint-Etienne, et pour s'être insurgé lui-même contre la Convention : on cita un écrit de Lesterpt-Beauvais où il disait, qu'après les événements du 31 mai, les décrets de l'assemblée ne pouvaient plus être reconnus. Bien qu'il réclamât contre ces imputations, il fut décrété d'accusation comme fédéraliste, envoyé à Paris, jugé et condamné à mort, avec les chefs de la Gironde, par le tribunal révolutionnaire, et exécuté le 31 octobre 1793.

LESTIBOUDOIS (Gaspard - Thémistocle), député de 1839 à 1848, représentant en 1849, né à Lille (Nord) le 12 août 1797, mort à Paris le 22 novembre 1876, fils de François-Joseph Lestiboudois, botaniste distingué, étudia la médecine, se fit recevoir docteur en 1818, et se fixe dans sa ville natale où il enseigna la botanique à l'école secondaire et devint médecin en chef de l'asile des aliénés. Correspondant de l'Académie des sciences et de l'Académie de médecine, il se distingua par la publication de divers mémoires scientifiques, et rédigea un remarquable *Rapport général sur l'épidémie de choléra qui a régné à Lille en 1832* (1833). D'opinions libérales sous la Restauration, M. Lestiboudois, qui avait applaudi à la révolution de 1830, et qui était devenu membre du conseil municipal de Lille, se présenta, le 2 mars 1839, dans le 2e collège du Nord (Lille), comme candidat à la députation : il fut élu par 365 voix sur 730 votants. Il siégea dans les rangs de l'opposition dynastique et vota presque toujours avec la gauche, *pour* les propositions de réforme électorale, *pour* la réduction du nombre des députés fonctionnaires, etc. Réélu, le 9 juillet 1842, par 425 voix (895 votants, 944 inscrits), contre 367 à M. Godefroy, il demanda, en 1844, la suppression de l'impôt du timbre pour les journaux et les écrits périodiques, et se prononça, en 1845, *contre* l'indemnité Pritchard. Le 8 juillet 1846, M. Lestiboudois, ayant pris le chemin de fer du Nord pour retourner à Lille, fut une des victimes du terrible accident de Rœux : jeté dans les marais de Fampoux, blessé, presque asphyxié, il parvint à briser une glace et à sortir du compartiment où il se trouvait. Parvenu à la surface, il fut recueilli dans un bateau, et, dès qu'il eut repris ses sens, il s'empressa de porter secours, comme médecin, aux autres victimes de la catastrophe. M. Lestiboudois fut encore réélu député, le 1er août 1846, par 538 voix (589 votants, 1,002 inscrits). Il continua de voter avec l'opposition : cependant on ne trouve pas son nom parmi les signataires de la demande de mise en accusation du ministère Guizot (février 1848). La proclamation de la République rejeta M. Lestiboudois dans le parti de la résistance. Candidat, sans succès, des conservateurs à la Constituante, il fut chargé en 1849 du cours d'anatomie et de physiologie végétales à la faculté des sciences de Paris. Le 13 mai de la même année, le département du Nord l'envoya siéger à l'Assemblée législative, le 20e sur 24, par 79,817 voix (183,521 votants, 290,196 inscrits). Il y vota avec la majorité monarchiste, *pour* l'expédition romaine, *pour* la loi Falloux-Parieu sur l'enseignement, fut nommé (1850) membre du Conseil central d'agriculture pour l'Algérie, et parut plusieurs fois à la tribune, pour proposer la création d'une caisse de retraite en faveur des ouvriers, et pour déposer, en 1851, lorsque le général Changarnier eut perdu son commandement, un amendement qu'il signèrent avec lui MM. Leboeuf et Minneret et qui tendait à « voter des remerciments au général », pour conserver l'harmonie entre les pouvoirs. Quelque temps après, il défendit, au nom des doctrines protectionnistes, les intérêts du sucre indigène. Partisan de la loi du 31 mai restrictive du suffrage universel, loi qu'il appelait « la dernière forteresse dans laquelle pussent s'enfermer les amis de l'ordre », il se rallia cependant à la politique particulière de l'Élysée, et fut appelé, le 2 décembre 1851, à faire partie de la Commission consultative. En janvier 1852, il passa comme maître des requêtes de première classe au conseil d'État ; puis il fut nommé conseiller d'État le 25 juillet 1855. Propriétaire à Oued-el-Amar en Algérie, M. Lestiboudois fut nommé, en 1859, président du conseil général de la province de Constantine. On a encore de lui : *Des colonies sucrières et des sucreries indigènes* (1839) ; *Études sur l'Anatomie et la Physiologie des végétaux* (1840) ; *Économie pratique des nations ou système économique applicable aux différentes contrées et spécialement à la France* (1847) ; *Voyage en Algérie* (1853), etc. Commandeur de la Légion d'honneur du 14 août 1868.

LESTOURGIE (MARIE-CASIMIR-AUGUSTE DE), représentant en 1871, né à Argentat (Corrèze) le 12 novembre 1833, mort à Argentat le 10 mai 1885, publiciste et poète de talent, lauréat des jeux floraux, maire de sa commune de 1858 au 4 septembre 1870 et depuis le 8 mai 1871, conseiller général de la Corrèze depuis 1865, fut élu, le 8 février 1871, représentant de ce département à l'Assemblée nationale, le 1er sur 6, par 35,005 voix (54,642 votants, 83,707 inscrits). Il prit place à droite, fit partie de la réunion des Réservoirs, et vota *pour* la paix, *pour* l'abrogation des lois d'exil, *pour* la pétition des évêques, *pour* le pouvoir constituant de l'Assemblée, *pour* le service de trois ans, *pour* la démission de Thiers, *pour* le septennat, *pour* le ministère de Broglie, *pour* la loi des maires, *contre* le retour à Paris, *contre* la dissolution, *contre* les lois constitutionnelles. Candidat dans la 1re circonscription de Tulle, le 20 février 1876, il échoua avec 5,878 voix, contre 6,847 à l'élu, M. de Chanal, républicain, et ne fut pas plus heureux le 14 octobre 1877, avec 6,173 voix, contre 6,584 à l'élu, député sortant, M. de Chanal. Il ne se représenta plus. On a de lui : *Près du Clocher*, poésies (Paris, 1853) ; *Rimes limousines* (Limoges, 1863).

LESUEUR (JEAN-BAPTISTE), député en 1791, dates de naissance et de mort inconnues, avocat, et administrateur de l'Orne, fut élu, le 5 septembre 1791, député de ce département à l'Assemblée législative, le 2e sur 10, par 258 voix (521 votants). Appelé, le 20 juin 1792, à raison de ses fonctions de député, près du roi au château des Tuileries, il fut tellement ému de l'invasion populaire que ses forces l'abandonnèrent et qu'il s'évanouit. Mme Élisabeth le rappela, dit-on, à la vie en lui faisant respirer des sels. De retour dans son pays natal, il tomba blessé grièvement par les chouans à l'affaire de Tinchebrai, le 31 mars 1796, en disant : « J'ai protégé le roi aux Tuileries et ce sont ses défenseurs qui me tuent ! »

LESUEUR (JOSEPH-GEORGES), membre du Sénat, né à Bordeaux (Gironde) le 15 avril 1834, membre et président du conseil général de Constantine, membre du Conseil supérieur du gouvernement de l'Algérie, et chevalier de la Légion d'honneur, fut élu, le 5 janvier 1888, sénateur de Constantine par 94 voix sur 183 votants, contre 89 au sénateur radical sortant, M. Forcioli. M. Lesueur siégea au centre gauche. Son élection donna lieu, le 10 mars 1888, à un très long débat. M. Alfred Naquet attaqua vivement la validité du scrutin : il prétendit que des faits de manœuvres très graves, très concluants, s'étaient produits dans la période électorale ; il parla d'un voyage du préfet de Constantine avec M. Lesueur dans plusieurs communes du département, de subventions accordées à certaines communes à la veille de l'élection, etc. Il ajouta que parmi les électeurs il y avait eu « certainement un incapable et peut-être un étranger. » M. Penicaud, rapporteur, répondit à M. Naquet. M. Bozérian intervint au débat qui s'était généralisé et concentra ses observations sur ce point : « En matière d'élection, y a-t-il, dans certaines circonstances, obligation, pour le bureau, qui statue bien ou mal, de joindre au procès-verbal les bulletins sur lesquels une contestation a porté ? » M. Bozérian conclut, au nom de la loi, à l'invalidation de M. Lesueur. Mais le Sénat, conformément aux conclusions du rapporteur, prononça l'admission de M. Lesueur par 146 voix, contre 110. M. Lesueur *s'abstint* sur l'ensemble de la loi militaire et vota en dernier lieu : *pour* le rétablissement du scrutin d'arrondissement (13 février 1889), *pour* le projet de loi Lisbonne restrictif de la liberté de la presse, *pour* la procédure à suivre devant le Sénat contre le général Boulanger.

LESURE (NICOLAS-RÉMY), député en 1789, né à Vouziers (Ardennes) en 1743, exécuté à Paris le 15 décembre 1793, exerçait l'office de lieutenant général civil du bailliage de Sainte-Menehould. Le bailliage de Vitry-le-François le nomma, le 21 mars 1789, député du tiers aux États-généraux, par 166 voix (294 votants). Lesure ne se fit point remarquer dans l'assemblée. Après la session, il retourna dans son pays natal et devint juge de paix à Sainte-Menehould. Arrêté et détenu comme suspect sous la Terreur, il fut condamné à mort, sous l'inculpation de conspiration, par le tribunal révolutionnaire de Paris, et exécuté le 15 décembre 1793.

LETAILLEUR (JEAN-ÉTIENNE), député en 1791, né à Brémontier-Merval (Seine-Inférieure) le 28 octobre 1758, mort à une date inconnue, était cultivateur à Elbeuf, près Gournay. Élu député de la Seine-Inférieure à l'Assemblée législative, le 7 septembre 1791, il opina, sans paraître à la tribune, avec la majorité.

LÉTANG (GEORGES-NICOLAS-MARC, BARON DE), sénateur du second Empire, né à Mealan (Seine-et-Oise) le 2 mai 1788, mort à Ath (Belgique) le 10 septembre 1864, entra à l'École militaire de Fontainebleau, sortit sous-lieutenant au 10e chasseurs à cheval en 1807, et fut envoyé en Espagne où il se distingua à Océana et à Talavera, où il fut blessé. Il prit part, comme capitaine au 21e chasseurs, à la campagne de Saxe, assista à Dresde et à Leipsig, et tomba entre les mains des alliés. Promu chef d'escadron au 7e dragons le 15 mai 1814, il ne fit point la campagne de Belgique et continua à servir sous la seconde Restauration. Colonel du 2e chasseurs le 27 novembre 1829, il fut envoyé en Afrique avec son régiment, et fut blessé à l'expédition de Mascara (1832-1833). Maréchal de camp le 31 décembre 1835, il fit l'expédition de Kabylie, devint lieutenant-général en 1845, inspecteur de cavalerie, puis commandant des 10e et 19e divisions militaires. Après l'élection présidentielle du 10 décembre 1848, il entra au comité de cavalerie, fut nommé grand-officier de la Légion d'honneur (mars 1851), et sénateur le 31 décembre 1852. Admis dans le cadre de réserve l'année suivante, il eut à remplir, en 1854, une mission auprès de l'empereur d'Autriche à propos des événements d'Orient. Il n'occupa depuis cette époque aucune autre fonction, et se confina, au Sénat, dans l'étude des questions militaires.

LETELLIER (François), député en 1789, né à Caen (Calvados) le 6 juin 1726, mort à une date inconnue, était curé de Bonneuil, quand il fut élu, le 27 mars 1789, député du clergé aux États-Généraux par le bailliage de Caen. Il s'occupa d'abord de questions de finances et proposa un mode de liquidation des offices ministériels ; il se déclara ensuite pour la conservation des privilèges de son ordre, refusa de prêter serment à la constitution civile du clergé, et signa les protestations des 12 et 15 septembre 1791. Émigré en 1793, il mourut à l'étranger peu de temps après.

LETELLIER (François-Michel), député au Corps législatif de l'an XIII à 1810, né à Bayeux (Calvados) le 21 juillet 1740, mort à Bayeux le 14 mars 1812, « fils de Jean-Baptiste-Michel Letellier, sieur de la Bertinière, et de demoiselle Marie-Françoise Fossey », était avocat à Bayeux. Devenu successivement procureur-syndic de la commission intermédiaire provinciale, juge au tribunal civil de Bayeux, officier municipal et administrateur du district, conseiller général du département, inspecteur des hospices de Bayeux, il fut désigné par le Sénat conservateur, le 4e jour complémentaire de l'an XIII, pour représenter au Corps législatif le département du Calvados. Letellier siégea dans l'assemblée impériale jusqu'en 1810.

LETELLIER (Alfred-Ferdinand-Sévère), député depuis 1881, né à Alger (Algérie) le 16 mars 1841, étudia le droit à Paris, fut secrétaire de Crémieux, collabora au *Courrier du Dimanche*, et revint à Alger où il créa le *Journal des Colons* et le *Bulletin judiciaire de l'Algérie*. Défenseur au barreau d'Alger, conseiller général, membre de la commission départementale, délégué au Conseil supérieur du gouvernement, il fut élu, sur un programme républicain, le 21 août 1881, député de la 1re circonscription d'Alger, par 2,606 voix 5,073 votants, 9,090 inscrits) contre 2,183 à M. Gastu, opportuniste, député sortant : M. Letellier s'inscrivit à l'Union républicaine et prit une part active aux débats parlementaires. Il parla dans la discussion de la proposition de loi relative au taux de l'intérêt de l'argent, proposa la nomination d'une commission de 22 membres chargée des affaires algériennes, soutint le projet de loi sur le rétablissement du divorce, intervint (1883) dans la controverse soulevée par les projets de réforme judiciaire, s'occupa du budget de l'agriculture, de celui des cultes, de l'achèvement du palais

de justice d'Alger 1884, etc., et vota le plus souvent avec les radicaux de la Chambre. Inscrit, le 4 octobre 1885, sur la liste républicaine du département d'Alger, il eut à lutter contre deux autres listes, de nuances différentes, et fut élu, le 1er sur 2, par 7,809 voix 15,045 votants, 22,153 inscrits). Il reprit sa place dans le groupe avancé de la majorité républicaine, et se mêla encore, dans la législature, à un certain nombre de discussions importantes, notamment à l'interpellation (1886) de M. de Mun sur les événements de Châteauvillain, au débat sur la procédure en matière de divorce et de séparation de corps, dont il fut rapporteur), à l'examen du budget, etc. Il adressa (1888) une question au ministre de la Justice au sujet du décret relevant M. Vigneau, compromis par ses interrogations téléphoniques dans l'enquête sur les décorations importantes, de ses fonctions de juge d'instruction au tribunal de la Seine, fut élu membre de la commission de surveillance de la Caisse des dépôts et consignations, soutint le ministère Floquet, et se prononça, à la fin de la session, *pour le rétablissement du scrutin d'arrondissement* (11 février 1889), *contre l'ajournement indéfini de la révision de la Constitution, pour les poursuites contre trois députés membres de la Ligue des patriotes, pour le projet de loi Lisbonne restrictif de la liberté de la presse, pour les poursuites contre le général Boulanger.*

LETELLIER DE SOUVRÉ. — *Voy.* Louvois (MARQUIS DE).

LETELLIER DU HUTREL (Jean-Pierre-David), député en 1791, né à Saint-Lô (Manche) le 3 janvier 1732, mort à Paris le 18 mars 1818, était procureur-syndic du district de Saint-Lô, quand il fut élu, le 10 septembre 1791, député de la Manche à l'Assemblée législative, le 9e sur 12, par 286 voix (516 votants). Son rôle parlementaire n'a pas laissé de traces.

LETELLIER-VALAZÉ (Charles-Romain), représentant en 1873, sénateur de 1875 à 1876, né à Argentan (Orne) le 18 avril 1812, mort à Paris le 11 octobre 1876, entra à l'École de Saint-Cyr le 18 novembre 1831, puis à l'École d'application d'état-major, d'où il sortit le 1er. Lieutenant au 2e léger, il passa en Afrique où il prit part à la première expédition de Constantine en 1836. Blessé, le 25 mai 1837, il assista au second siège de cette ville, fut blessé de nouveau en tête d'une des colonnes d'assaut, cité à l'ordre du jour de l'armée, et nommé chevalier de la Légion d'honneur (11 novembre), en même temps que Caarobert et Saint-Arnaud. Promu capitaine le 10 janvier 1840, il devint sous-secrétaire d'État à la guerre dans le cabinet Thiers, et resta attaché à cet homme d'État, qui le prit comme collaborateur pour la partie militaire de l'*Histoire du Consulat et de l'Empire*. De retour en Afrique, sous le ministère Guizot, il se signala encore à l'expédition de Médéah, puis rentra en France où il devint officier d'ordonnance du roi Louis-Philippe (1846). En 1848, Changarnier, devenu gouverneur de l'Algérie, le prit comme aide-de-camp; ils assistèrent ensemble aux journées de juin, mais durent se séparer quand Changarnier fut relevé de son commandement. Chef d'escadron d'état-major (30 janvier 1849), M. Letellier-Valazé fut attaché en 1851 à l'état-major de la 15e division militaire à Rennes, puis de la 2e à Rouen. Sur la recommandation du maréchal Saint-Arnaud, il devint lieutenant-colonel le 1er janvier 1854, et fit la guerre de Crimée comme chef d'état-major de la 2e division du 1er corps de l'armée d'Orient. Il se distingua devant Sébastopol, fut cité à l'ordre du jour de l'armée, et promu officier de la Légion d'honneur, et colonel, le 22 mars 1856. De retour à la division de Rouen, il y resta jusqu'au moment de la guerre d'Italie. Chef d'état-major de la division Bazaine du 1er corps, il se signala encore à Melegnano et à Solférino. Quelques jours avant cette dernière bataille, il avait été promu commandeur de la Légion d'honneur. Lorsqu'on décida l'expédition du Mexique, M. Letellier-Valazé demanda et obtint les fonctions de chef d'état-major. Rentré en France général de brigade (14 mars 1863), il prévint l'empereur des dangers et des embarras de l'expédition du Mexique; ses conseils ne furent point écoutés et, tombé dans une sorte de disgrâce, il alla commander des subdivisions dans les Pyrénées-Orientales, la Somme et la Seine-Inférieure. En 1870, il reçut le commandement de la 1re brigade de la 1re division du 2e corps de l'armée du Rhin, et se battit à Spickeren et à Gravelotte, où il fut blessé. Général de division en 1871, il fut choisi par M. Thiers devenu chef du pouvoir exécutif, sous-secrétaire d'État à la Guerre, et travailla à la réorganisation de l'armée régulière contre les troupes de la commune de Paris. Commandant de la 2e division (Rouen) en juin 1871, grand-officier de la Légion d'honneur (22 mars 1873), il fut élu, le 16 novembre suivant, représentant de la Seine-Inférieure à l'Assemblée nationale, en remplacement de M. Vitet décédé, par 82,953 voix (132,628 votants, 193,577 inscrits), contre 48,780 à M. Desgenetais, conservateur. Il siégea au centre gauche et vota pour l'admission à titre définitif des princes d'Orléans dans l'armée, contre le ministère de Broglie, pour les lois constitutionnelles. Le 25 décembre 1875, l'Assemblée nationale le nomma sénateur inamovible, le 47e sur 75, par 348 voix (676 votants); il s'assit au centre gauche de la Chambre haute et mourut moins d'un an après.

LETERME-SAULNIER (Jean-François), député au Conseil des Cinq-Cents, né à Laval (Mayenne) le 28 février 1761, mort à Paris le 22 juillet 1840, était négociant en vins à Angers au moment de la Révolution. Partisan des idées nouvelles, il fut nommé officier municipal à Angers, puis membre du bureau de conciliation en 1792, et se démit de ces fonctions le 28 juillet 1793, pour faire partie du premier comité révolutionnaire. Membre de l'administration du département le 16 octobre suivant, en vertu d'un arrêté des représentants en mission, il en devint président en l'an IV, et fut élu, le 25 germinal an VII, député de Maine-et-Loire au Conseil des Cinq-Cents, par 170 voix (275 votants, 294 inscrits). Il n'y joua qu'un rôle effacé et devint, le 3 floréal an VIII, conseiller de préfecture de Maine-et-Loire, poste qu'il occupa jusqu'à la première Restauration. Au retour de l'île d'Elbe, il fut nommé sous-préfet d'Angers, le 10 juin 1815. Resté ensuite quelque temps sans emploi, il devint juge au tribunal de commerce en 1818, et rentra, le 18 mai 1819, au conseil de préfecture d'Angers, dont il se trouva être le doyen en 1830. A cette époque, il eut à remplacer provisoirement le préfet et sut maintenir l'ordre. Admis à la retraite, comme conseiller de préfec-

ture, le 23 janvier 1840, il mourut quelques mois après.

LETISSIER (Pierre-Hippolyte), député de 1820 à 1831, né à Rennes (Ille-et-Vilaine) le 3 juin 1767, mort à une date inconnue, fut administrateur de l'armée du Rhin sous le Directoire et se lia avec Moreau. Sans emploi sous le premier Empire, il salua avec joie le retour des Bourbons, qui le nommèrent chevalier de la Légion d'honneur. Riche propriétaire, maire de Vouvray, il fut élu, le 13 novembre 1820, député du collège de département d'Indre-et-Loire, par 143 voix (234 votants, 270 inscrits); il siégea à l'extrême droite et fut successivement réélu, dans le 1er arrondissement électoral d'Indre-et-Loire (Tours), le 9 mai 1822, par 301 voix (493 votants, 583 inscrits)) contre 154 à M. le comte de Goué de la Benardière; et, le 25 février 1824, par 266 voix (453 votants, 512 inscrits), contre 124 à M. Dupin ainé et 62 au baron Bacot. Au moment des élections générales de 1827, il publia une brochure dans laquelle il s'engageait à demander le renvoi des ministres, et à ne jamais accepter de fonctions lucratives du gouvernement. Il échoua cependant, le 17 novembre, dans son arrondissement avec 140 voix contre 265 à l'élu, M. Calmelet d'Aën, et 44 à M. Juge notaire; mais il fut élu au collège du même département, huit jours après (24 novembre), par 103 voix (203 votants, 231 inscrits), et réélu, le 19 juillet 1830, par 142 voix (234 votants, 255 inscrits). M. Letissier siégea toujours au côté droit de la Chambre et vota constamment avec la majorité ministérielle.

LE TONNELIER. — Voy. Breteuil (comte de).

LETOURNEUR (Charles-Louis-François-Honoré), député en 1791, membre de la Convention, député au Conseil des Anciens, membre du Directoire, né à Granville (Manche) le 15 mars 1751, mort à Laeken (Belgique) le 4 octobre 1817, était capitaine du génie en 1789. Il adhéra aux principes de la Révolution, et se fit élire, le 8 septembre 1791, député de la Manche à l'Assemblée législative, le 8e sur 13, par 400 voix (527 votants). Il vota avec la majorité, prit une part très active aux délibérations militaires, fit ordonner une revue générale des officiers de marine, rendre un décret sur les travaux de Cherbourg, et voter la fondation et l'organisation d'un camp sous Paris. Réélu, le 5 septembre 1792, député de la Manche à la Convention, il devint un des principaux membres du comité de la guerre, donna son avis sur plusieurs questions d'organisation et d'armement, obtint la création de plusieurs régiments de chasseurs à cheval et d'une légion américaine, la conservation du traitement aux officiers prisonniers de guerre, le paiement de fonds destinés aux corps des éclaireurs républicains, etc. Dans le procès du roi, il opina ainsi : « Lorsque la Convention a mis en question si le ci-devant roi serait jugé par elle, j'ai voté contre; mais la majorité a prononcé. J'avais pensé ensuite que l'appel au souverain pouvait seul réparer cette faute. La majorité a rejeté cet appel; je me soumets à sa décision, je suis donc obligé de juger sommairement: comme juge, la loi, toutes les considérations s'évanouissent devant elle. Je vote pour la mort. » Il seconda souvent Carnot dans ses opérations et remplit plusieurs missions, notamment à l'armée des Pyrénées, qu'il réorganisa et à laquelle il fit reprendre l'offensive; il exposa, en juillet 1793, un plan qui n'indique pas des talents militaires exceptionnels et qui consistait « à réunir à Saint-Gaudens une armée pour percer la chaîne par son centre et faire replier l'invasion aux deux extrémités ». A son retour, il proposa et fit voter plusieurs décrets relatifs à la garde nationale de Paris, présenta un long rapport sur l'organisation du génie, fut élu président de la Convention, puis fut envoyé à l'armée navale de la Méditerranée, d'où il écrivit pour rendre compte du combat de l'*Alceste* contre le *Berwick*. Ennemi de Robespierre et des Jacobins, il s'associa aux mesures de réaction qui suivirent le 9 thermidor, fut chargé de diverses opérations contre les « terroristes », et délégué près le camp sous Paris et à la direction de la force armée de la capitale. Il dénonça Escudier, Lanot et autres, combattit, d'autre part, les royalistes au 13 vendémiaire, et fit décréter alors que quiconque sortirait de sa commune avec un passeport des sections serait considéré comme un de leurs agents et puni de mort. En mission à Toulon en l'an III, il demanda par lettre en date du 29 germinal, qu'on « débaptisât tous les navires dont les noms rappelaient les jours désastreux du terrorisme.» Le 21 vendémiaire an IV, il fut élu député de la Manche au Conseil des Anciens, par 275 voix sur 461 votants. Le même jour, il était également élu par huit autres départements. Nommé, à la même époque, membre, puis président du Directoire exécutif, il fit peu parler de lui dans cette haute fonction. « Dans tous les temps, écrivait de lui la Révellière à cette occasion, on rencontre de tels parvenus, sans qu'on puisse dire comment ils sont arrivés. » Letourneur prononça un discours à l'ouverture de l'Institut national, et quitta le pouvoir au bout de quelques mois (prairial an V). On a dit que, séduit par les dédommagements que ses collègues lui offraient, il voulut bien consentir à ce que le sort, qui devait faire rentrer l'un d'eux dans la vie privée, Le Tourneur fut. Il fut en effet promu, le 21 prairial an V, maréchal de camp et inspecteur général de l'artillerie; peu après, le gouvernement l'envoya comme ministre plénipotentiaire, pour négocier la paix avec l'Angleterre. Au 18 fructidor, ses relations avec Carnot le firent rappeler et mettre, comme militaire, en non-activité. Après le 18 brumaire, Bonaparte lui confia, le 11 ventôse an VIII, les fonctions de préfet de la Loire-Inférieure. Letourneur occupa ce poste jusqu'à l'établissement de l'Empire, fut nommé plus tard maître des comptes, perdit cette place à la première Restauration, qui lui alloua une pension de 8,000 francs à titre de dédommagement, la reprit pendant les Cent-Jours, et, destitué de nouveau en 1815, fut de plus banni comme régicide par la loi du 12 janvier 1816. Il se réfugia en Belgique et mourut l'année suivante à Laeken, près Bruxelles.

LE TOURNEUR (Emmanuel-Pierre), membre de la Convention, né à Bonnétable (Sarthe) le 16 janvier 1755, mort à Paris le 17 mars 1830, marchand drapier au Mans, était président du district de cette ville, quand il fut élu, le 8 mai 1792, 1er député suppléant de la Sarthe à la Convention « à la pluralité des voix » sur 525 votants. Condorcet, le septième, ayant déjà opté pour l'Aisne, Le Tourneur fut immédiatement admis à siéger. Il vota la mort dans le procès du roi, et remplit à l'armée du Nord une mission au cours de laquelle il

ordonna l'arrestation de plusieurs officiers, et signa avec Cochon et Delbrel (6 août) l'ordre d'arrêter le général Hoche. Le 16 août suivant, on donna lecture à l'assemblée de diverses lettres du conseil général de la commune de Cambrai, inculpant la conduite de Le Tourneur et l'accusant, ainsi que ses collègues Delbrel et Colombel, d'avoir abandonné précipitamment la ville. L'affaire fut renvoyée au comité de salut public. Le 9 septembre suivant, la Convention rappela Le Tourneur et le remplaça par Bar. Sous le Directoire, Le Tourneur obtint une place d'inspecteur de la loterie.

LETOURNEUX (François-Sébastien), ministre et député au Conseil des Anciens, né à Saint-Julien-de-Concelles (Loire-Inférieure) en 1752, mort à Saint-Julien-de-Concelles en 1814, était avocat avant la Révolution. En 1791, il devint procureur-général syndic du département de la Loire-Inférieure. Letourneux n'avait pas d'autres antécédents politiques, et n'était même jamais venu à Paris, lorsque, le 28 fructidor an V, il fut appelé au ministère de l'Intérieur; il occupa cette fonction jusqu'au 30 messidor an VI. Il rédigea plusieurs circulaires assez importantes: sur la reproduction des bois, sur la nécessité d'organiser les institutions républicaines, sur l'emploi des nouveaux poids et mesures, sur l'instruction publique, sur la célébration de la fête de l'agriculture, sur les fêtes nationales en général, etc. Il se montra d'ailleurs, dans ces hautes fonctions, assez gauche et fort emprunté. Les mémoires du temps rapportent que sa femme disait: «Nous mangeons le fricot dans de la poterie de Sèvres. » Placé ensuite dans l'administration de l'enregistrement et des domaines, il la quitta en mars 1799, et fut élu à cette époque (27 germinal an VII) député de la Loire-Inférieure au Conseil des Anciens. Il y vota le rejet de la résolution sur la liberté civile et politique, appuya celle qui avait trait aux émigrés naufragés à Calais, fit fixer les dépenses du ministère de l'Intérieur pour l'an VIII, fit appliquer à la Loire-Inférieure la loi des otages et donna des détails sur l'attaque de Nantes par les Chouans. Son opposition au coup d'État du 18 brumaire l'empêcha de faire partie du nouveau Corps législatif; mais il se rallia vite au fait accompli et fut nommé, le 12 floréal an VIII, juge au tribunal d'appel du département d'Ille-et-Vilaine, titre qu'il échangea, le 14 avril 1811, contre celui de conseiller à la cour impériale de Rennes. « Letourneux, écrivaient les auteurs de la *Biographie nouvelle des Contemporains*, est un homme de mérite dont la conduite politique a été constamment sage et mesurée, et qui a laissé les souvenirs les plus honorables dans ses différents emplois. » Si l'on en croit les biographies et les journaux de l'époque, cet ancien ministre aurait été pendant longtemps, par ses naïvetés, le sujet des conversations des premiers cercles de la capitale. Dînant un jour chez le citoyen Talleyrand, alors comme lui ministre du Directoire, Talleyrand, qui savait que ce jour même son collègue avait été visiter le jardin des Plantes, lui demanda s'il avait vu Lacépède, qui dans ce temps y était logé comme administrateur de l'établissement. « Non, répondit naïvement le ministre de l'Intérieur, mais j'ai vu la girafe. » Des éclats de rire apprirent au bon Letourneux l'étrange erreur dans laquelle il était tombé. Ce fait est fort plaisant sans doute, mais malheureusement il est controuvé. Les savants et les gens de lettres se vengèrent par le ridicule, de l'indifférence que le ministre des sciences et des arts affectait pour cette brillante partie de la gloire française. »

LETOURNEUX (Jean-Baptiste-Paul), député de 1834 à 1848, né à Mortain (Manche) le 25 novembre 1795, mort à Fougerolles (Manche) le 1er août 1869, étudia la médecine à Paris, fut reçu docteur en 1819, et se fixa dans la Mayenne où il devint conseiller général et président de la Société d'agriculture. Ses travaux agronomiques et sa méthode d'assolements lui valurent une médaille d'or de la Société royale d'agriculture de Paris. Connu pour ses opinions libérales et son esprit conciliant, M. Letourneux brigua les suffrages des électeurs du 4e collège de la Mayenne le 21 juin 1834, et fut élu député par 177 voix (259 votants, 395 inscrits), contre 71 à M. de Vaucelle. Son mandat lui fut renouvelé le 4 novembre 1837, par 207 voix (307 votants, 469 inscrits); le 2 mars 1839, par 206 voix (310 votants); le 9 juillet 1842, par 220 voix (296 votants, 492 inscrits), contre 36 à M. de Beauchêne et 34 à M. Noël de la Touche; le 1er août 1846, par 190 voix (297 votants, 510 inscrits), contre 105 à M. Parran. M. Letourneux siégea au centre gauche et vota toutes les mesures libérales proposées par l'opposition, notamment *contre* les lois de disjonction, *contre* l'adresse de 1839, *pour* les fortifications de Paris, *pour* les incompatibilités, *pour* l'adjonction des capacités, *contre* la dotation du duc de Nemours, *contre* l'indemnité Pritchard, *pour* la proposition Rémusat. Il rentra en 1848 dans la vie privée, et reprit l'exercice de la médecine.

LETRONE (Edme), député en 1839, né à Bonnétable (Sarthe) le 4 juillet 1804, mort à Bonnétable le 4 novembre 1839, exerça pendant plusieurs années la profession de notaire. Propriétaire à Bonnétable, il fut élu, le 2 mars 1839, député du 6e collège de la Sarthe (Mamers) par 221 voix sur 274 votants et 359 inscrits. Il prit place dans les rangs du tiers-parti. Décédé le 4 novembre de la même année, il fut remplacé, le 15 décembre suivant, par M. Gustave de Beaumont.

LETUTOUR (Olivier), député en 1791, né au Cogno en Pluméliau (Morbihan) en 1750, mort à Baud (Morbihan) vers 1800, était cultivateur avant la Révolution. Ayant fait des études pour entrer au séminaire, il fut délégué en 1790 à l'assemblée fédérative de Pontivy, fut un des secrétaires de cette assemblée, et devint, en juin, membre du directoire du département du Morbihan. Partisan des idées de la Révolution, il fut élu, le 30 août 1791, député du Morbihan à l'Assemblée législative, le 1er sur 8, par 197 voix sur 389 votants, et se borna à voter silencieusement avec la majorité. Il recueillit encore des voix dans son département lors des élections de septembre 1792 à la Convention, mais ne fut pas élu. M. R. Kerviler, qui a donné l'unique notice parue jusqu'ici sur ce législateur, croit, d'après une tradition locale, qu'il fut nommé par la suite juge de paix de son canton.

LEULLION. — *Voy.* Thorigny (DE).

LEURENT (Jules-Joseph-André), représentant en 1871, député de 1876 à 1877, né à Roncq (Nord) le 17 octobre 1813, mort à Halluin (Nord) le 30 juin 1883, étudia la médecine, se fit recevoir docteur et exerça cette profession pendant une dizaine d'années, puis il entra dans l'industrie. Devenu filateur de lin et de coton à Tourcoing, il fut membre du conseil municipal de cette ville (1848), membre de la chambre consultative des Arts et Manufactures, plusieurs fois conseiller général du Nord pour le canton de Tourcoing-sud, et afficha des opinions nettement protectionnistes. Pendant cinq ans, il appartint au comité central de la sucrerie indigène et il joua un rôle important dans toutes les enquêtes qui eurent lieu durant cette période devant le conseil d'État, le conseil supérieur du commerce, et devant les commissions des douanes au Corps législatif. Décoré de la Légion d'honneur en 1867, il fut porté, le 8 février 1871, sur la liste conservatrice du Nord, et elu représentant à l'Assemblée nationale, le 10e sur 28, par 207,871 voix (262,927 votants, 326,440 inscrits). M. Leurent siégea à droite et vota : *pour* la paix, *pour* les prières publiques, *pour* l'abrogation des lois d'exil, *pour* le pouvoir constituant de l'Assemblée, *pour* la chute de Thiers au 24 mai, *pour* le septennat, *pour* la loi des maires, *pour* l'état de siège, *pour* le ministère de Broglie, *contre* les amendements Wallon et Pascal Duprat, *contre* des lois constitutionnelles. Il prit part à plusieurs discussions économiques, fit partie de la commission du budget en 1871 et en 1872, parla sur l'impôt des matières premières (1872), et se fit fréquemment le champion des idées protectionnistes. Le 2 juillet 1873, d'une proposition d'ajournement de l'examen des lois constitutionnelles, il déclara qu'on pouvait attendre, et que « le pays avait plus de confiance dans l'avenir en voyant sa situation améliorée depuis le 24 mai ». L'*Echo du Nord* fit remarquer, à cette occasion, que la filature de M. Leurent, à Halluin, fermée depuis le 1er janvier 1872, n'avait point rouvert depuis la chute de Thiers. En février 1875, M. Leurent proposa un amendement aux lois constitutionnelles en discussion, portant que « les fonctionnaires de l'ordre administratif ne pourraient pas être nommés sénateurs dans les départements où ils exerçaient leurs fonctions ». Candidat « conservateur constitutionnel » aux élections du 20 février 1876, M. Leurent fut élu député de la 6e circonscription de Lille par 5,775 voix (10,546 votants, 12,824 inscrits), contre 4,656 à M. Desurmont. Il reprit sa place à droite et se prononça, avec la minorité monarchiste, pour le gouvernement du 16 mai, contre les 363. Il rentra dans la vie privée aux élections du 14 octobre 1877.

LEUSSE (Louis-Paul, comte de), député au Corps législatif de 1869 à 1870, né à Paris le 28 avril 1835, était maire de Reichshoffen et membre du conseil général du Bas-Rhin, lorsqu'il fut élu, le 24 mai 1869, député de la 4e circonscription de ce département au Corps législatif, par 18,898 voix, sur 29,606 votants et 35,838 inscrits, contre 9,670 à M. Adolphe de Turckheim et 954 à M. Becquet. Il siégea dans la majorité dynastique. En juillet 1870, au moment où l'on croyait la guerre évitée, il déposa avec M. Clément Duvernois une demande d'interpellation « sur les garanties stipulées par le cabinet pour éviter le retour des complications successives avec la Prusse ». Le cabinet crut voir dans cette interpellation la pensée de l'empereur, et se hâta d'exiger des garanties qui aboutirent à une rupture. M. de Leusse vota *pour* la déclaration de guerre à la Prusse. Le 4 septembre le rendit à la vie privée. Après l'annexion, il opta pour la France. Depuis

1886, M. de Leussé a entrepris une campagne en faveur d'une union douanière agricole des nations centrales de l'Europe; cette idée, qu'il a défendue dans des brochures et dans la presse, a été mise à l'étude par la Société des agriculteurs de France. Chevalier de la Légion d'honneur.

LEVAILLANT (Charles-Maurice-Eugène), député au Conseil des Cinq-Cents, né à Oisy (Pas-de-Calais) le 17 septembre 1754, mort à une date inconnue, cultivateur à Oisy, fut, le 26 germinal an VII, élu député du Pas-de-Calais au Conseil des Anciens par 307 voix sur 400 votants; il y siégea obscurément. Il ne doit pas être confondu avec Vaillant, député du Pas-de-Calais à l'Assemblée constituante de 1789, puis aux Anciens en l'an IV.

LEVAILLANT (Louis-Marie-Alexandre), député de 1831 à 1837, né à Carentoir (Morbihan) le 21 mai 1783, mort à Ancenis (Loire-Inférieure) le 4 juillet 1845, fit sa carrière dans la magistrature comme juge-suppléant au tribunal civil d'Ancenis, puis comme président de ce tribunal (1831). Le 5 juillet 1831, il fut élu député du 4e collège de la Loire-Inférieure (Ancenis), par 67 voix sur 86 votants et 150 inscrits. Il appartint à l'opposition dont il signa le Compte-rendu en 1832, fut du nombre des députés qui déclarèrent s'abstenir, le 16 avril 1835, lors du procès intenté au journal la Tribune, obtint sa réélection le 21 juin 1834, par 66 voix (85 votants, 150 inscrits), contre 10 à M. Thiers, et siégea jusqu'en 1837 parmi les libéraux.

LEVAILLANT. —Voy. Douet (du).

LEVAILLANT DE BOVANT (Adrien-Louis-Mathieu, chevalier), député de 1827 à 1831, né à Lons-le-Saulnier (Jura) le 16 mars 1777, mort à Paris le 8 février 1859, entra dans l'administration des forêts, et fut inspecteur à Beauvais. Propriétaire à Méru (Oise), il fut élu, le 17 novembre 1827, député du 1er arrondissement de ce département (Beauvais) par 210 voix (354 votants, 376 inscrits), contre 139 à M. Borel de Brétizel. M. Levaillant de Bovant soutint la politique du ministère Martignac, combattit le cabinet Polignac et fut des 221. Réélu, le 23 juin 1830, par 278 voix (416 votants, 448 inscrits), contre 128 à M. Borel de Brétizel, il adhéra au gouvernement de Louis-Philippe, et opina avec la majorité conservatrice jusqu'en 1831. Officier de la Légion d'honneur, chevalier de l'Empire du 22 novembre 1808.

LEVALLOIS (Joseph-Jean-Baptiste), député au Conseil des Cinq-Cents, né à Rochefort (Charente-Inférieure) le 14 décembre 1760, mort à Saint-Jean-d'Angély (Charente-Inférieure) le 12 octobre 1840, était avocat à Rochefort au moment de la Révolution. Il fut nommé administrateur du district de Rochefort (juillet 1790), et membre du directoire du département en 1791, situation qu'il garda jusqu'au fonctionnement de la Constitution de l'an III. Elu député de la Charente-Inférieure au Conseil des Cinq-Cents, le 23 vendémiaire an IV, il s'y montra assez modéré, proposa de faire juger par voie administrative la validité des prises maritimes, et, l'année suivante, s'éleva contre le projet qui soumettait à l'influence du Directoire exécutif le résultat des prochaines élections. Réélu au même Conseil par le même département, le 26 germinal an VII, il y parla sur l'état de la marine et sur la lamentable situation financière

des hospices, et, au moment du coup d'État de brumaire, appuya énergiquement la proposition de Jourdan de déclarer la patrie en danger. Néanmoins, il ne fut pas inquiété après le 18 brumaire, et ne tarda pas d'ailleurs à se rallier au fait accompli. Le gouvernement consulaire le nomma, en 1800, recevenr des finances de l'arrondissement de Saint-Jean-d'Angély, fonctions qu'il occupa jusqu'au 8 avril 1829; à cette date, il donna sa démission en faveur de son fils cadet, ancien capitaine du génie.

LEVASSEUR (Antoine-Louis), député en 1791, membre de la Convention, député au Conseil des Cinq-Cents, né à Sarrebourg (Meurthe) le 15 juin 1746, mort à Bruxelles (Belgique) en 1820, ancien membre de l'administration provinciale des Trois-Evêchés et procureur du roi de la juridiction, fut élu, en 1790, procureur-syndic du district de Toul, et le 1er septembre 1791, député de la Meurthe à l'Assemblée législative, le 5e sur 8, par 236 voix (400 votants). Il s'y fit peu remarquer, et fut réélu député du même département à la Convention (4 septembre 1792, le 3e sur 8, par 259 voix (508 votants). Dans le procès de Louis XVI, il s'exprima ainsi, au 2e appel nominal : « C'est par respect pour la souveraineté du peuple, et pour lui rendre un hommage sincère et non dérisoire, que je veux remplir le principal vœu de mon mandat, de faire, selon ma conscience et mes lumières, ce qui sera le mieux pour son salut : je dis non. » Et au 3e appel nominal : « Je vote pour la peine de mort, comme la seule qui doive être appliquée aux conspirateurs. » En mars 1793, il fut envoyé en mission dans la Meurthe et la Moselle, et, au mois de juin suivant, s'opposa à la mise hors la loi du général Wimpfen. Nommé secrétaire de l'assemblée après le 9 thermidor, il devint membre du comité de sûreté générale et fut chargé de plusieurs missions, dont une relative à l'armement de 300,000 hommes. En 1795, il fit rendre un décret sur l'organisation de l'ordre judiciaire. Sorti de la Convention, il fut appelé, le 21 floréal an IV, à siéger au Conseil des Cinq-Cents, par une résolution de ce Conseil, pour remplacer un membre des deux tiers des conventionnels réélus. Mais cette résolution fut rejetée par le Conseil des Anciens. Levasseur fut alors nommé secrétaire rédacteur du Conseil des Cinq-Cents. Administrateur des hospices de Paris en 1799, il resta, sous le gouvernement impérial, secrétaire-rédacteur du Corps législatif, puis il quitta ce poste en 1814, et obtint une pension de retraite; mais, atteint par la loi de 1816 contre les votants, il passa en Belgique, où il mourut en 1820.

LEVASSEUR (René), membre de la Convention, né à Sainte-Croix (Sarthe) le 27 mai 1747, mort à Mans (Sarthe) le 18 septembre 1834, était chirurgien-accoucheur au Mans, et avait acquis dans sa profession une certaine renommée. Partisan de la Révolution, il fut nommé, en 1791, administrateur du district du Mans, et fut élu, le 6 septembre 1792, membre de la Convention par le département de la Sarthe, le 6e sur 10, à la pluralité des voix sur 525 votants; il siégea à la Montagne, donna son opinion sur les subsistances, et vota pour la mort de Louis XVI, sans appel ni sursis. Ardent jacobin, il se montra l'adversaire implacable du parti girondin, proposa, le 9 mars 1793, l'établissement, qui fut voté, d'un tribunal extraordinaire chargé de juger les prévenus sans appel ni recours; fit décréter la peine de mort contre quiconque proposerait la loi agraire; dit, à propos de l'assassinat de Lepelletier, qu'il fallait raser la maison où un attentat serait commis contre un député; appuya le maintien du décret qui cassait la commission des Douze; annonça une trahison à l'armée des Pyrénées-Orientales; discuta le projet de Constitution, et dénonça plusieurs de ses collègues qu'il suspectait de modérantisme. Levasseur fut secrétaire de la Convention. Il prit une part active aux délibérations de l'assemblée, fut envoyé en mission à Gonesse, y ordonna plusieurs arrestations, et, de retour à son siège de député, provoqua les sévérités de la majorité contre Defermon et Coustard opposants au 31 mai, et contre les habitants de Sedan, qui, après le 10 août, avaient fait arrêter des représentants par ordre de La Fayette. René Levasseur embrassa le parti de Robespierre et le défendit contre Philippeaux et autres. Envoyé en mission dans l'Oise en novembre 1793, il fit mettre « à un régime paternel et commun » les suspects détenus dans le château de Chantilly : « Ces messieurs, écrivait-il, craignant de ne pas vivre assez longtemps, accaparaient tous les œufs, le beurre, le sucre et le café que l'on trouvait à 3 ou 4 lieues à la ronde. » La Convention décréta la mise en vigueur générale de son arrêté, et imposa, dans les maisons d'arrêt, « une nourriture frugale et la même pour tous, le riche payant pour le pauvre ». Dévoué sans réserve aux idées de la Révolution, Levasseur prononça, le 18 décembre 1793, aux Jacobins, l'éloge de Marat, à qui il attribua une part dans la victoire de Toulon. Il appuya la mise en liberté de Vincent et de Rousin, fit décréter l'abolition de l'esclavage, défendit Chasles, inculpa Westermann, et se joignit énergiquement aux accusateurs de Danton. Du Nord, où il avait été envoyé, il adressa, sur les opérations de nos armées, diverses communications importantes à la Convention. Après le 9 thermidor, René Levasseur resta fidèle aux opinions qu'il avait précédemment soutenues. En septembre 1794, il s'éleva aux Jacobins contre la mise en liberté des aristocrates, et dénonça Lecointre, Tallien et leurs amis. « Ce n'est pas, dit-il, pour l'amour de la liberté que certains personnages ont attaqué le *tyran*; c'était pour lui succéder. » Il opina pour la déportation des prêtres et des nobles, jura guerre à mort aux ennemis du patriotisme, repoussa le projet de réglementer les sociétés populaires, et attaqua les Vendéens, les restes de la Gironde et tous les « modérés ». Impliqué dans les événements de germinal an III, il fut décrété d'arrestation, et l'assemblée lui enjoignit de se constituer prisonnier dans les vingt-quatre heures, sous peine d'être déporté. Il obéit, et bénéficia de l'amnistie du 4 brumaire suivant. Il retourna alors au Mans et y reprit sa profession de chirurgien. En août 1815, les Prussiens, qui passaient par là sous les ordres de Blücher, l'arrêtèrent et l'envoyèrent à Paris, puis à Coblentz, où, après être resté quelque temps détenu, on lui rendit la liberté. S'étant alors fixé dans les Pays-Bas, il y exerça son art avec succès et fut reçu en 1819 membre de l'université de Louvain. La révolution de 1830 lui permit de revenir en France : il y pratiqua encore la chirurgie et mourut au Mans en 1834. On a publié sous son nom les *Mémoires de René Levasseur (de la Sarthe), ex-conventionnel* (1829). Cet ouvrage fut poursuivi et condamné comme outrageant « les principes de la monarchie et la religion ». Il fut reconnu au procès que l'auteur en était Achille Roche, ancien secrétaire de Benjamin

Constant. Personnellement, René Levasseur publia à Bruxelles, en 1822, une *Dissertation sur la nymphytéotomie et sur l'enclavement*.

LEVASSEUR (POLYCARPE-ANNE-NICOLAS), sénateur du second Empire, né à Beaugency (Loiret) le 26 juin 1790, mort à Paris le 10 novembre 1867, entra à l'école militaire de Fontainebleau en 1806, fit la campagne de Pologne et la guerre d'Espagne, devint lieutenant en 1809, capitaine le 1er mars 1812, fut blessé à Kuln, fait prisonnier à Dresde, rentra en France le 11 juin 1814, fut attaché, en 1815, au 4e corps sous les ordres de Gérard, et licencié après Waterloo. Il était alors chevalier de la Légion d'honneur. Incorporé (septembre 1815) dans la légion de l'Aisne, où devint le 2e de ligne. n'eut pas d'avancement sous la Restauration puis, après la révolution de 1830, il prit part à l'expédition de Belgique qui lui valut le grade de colonel du 22e de ligne (janvier 1838), se distingua en Afrique (1839-1840), et devint maréchal de camp le 16 novembre de cette dernière année. Il prit part au combat de Sétif, fut blessé quelque temps après, au cours d'une expédition en Kabylie (1841). Rappelé en France en 1846, il commanda la subdivision des Côtes-du-Nord, et retourna en Afrique où il fut nommé général de division par le général Cavaignac, le 17 août 1848. Admis à la retraite comme divisionnaire, il fut nommé sénateur le 31 janvier 1855; à la Chambre haute, il siégea jusqu'à sa mort dans la majorité dynastique.

LEVASSEUR. — *Voy.* VILLEBLANCHE (DE).

LE VASSOR. — *Voy.* TOUCHE-TRÉVILLE (COMTE DE LA).

LEVAVASSEUR (PIERRE-LÉON), député en 1791, né à Rouen (Seine-Inférieure) le 9 mars 1756, mort à Paris le 18 juillet 1808, entra dans le corps d'artillerie des colonies et devint lieutenant en second le 22 juillet 1781, capitaine en second le 1er novembre 1784, capitaine en premier à la 3e compagnie d'ouvriers, et chef des constructions du port à Toulon, avec rang de lieutenant-colonel, le 1er juillet 1792. Il avait été élu, le 7 septembre 1791, député de la Seine-Inférieure à l'Assemblée législative, le 16e et dernier, à la pluralité des voix. Adjoint à la direction générale de l'artillerie de marine le 23 pluviôse an IV, il fut successivement nommé général de brigade le 9 pluviôse an VIII, général de division le 7 ventôse an XI, commandant de la Légion d'honneur le 25 prairial an XII, inspecteur général de l'artillerie de marine. Admis à la retraite an 15 ventôse an XIII.

LEVAVASSEUR (PIERRE-JACQUES-AMABLE), membre du Sénat conservateur, né à Rouen (Seine-Inférieure) le 29 avril 1726, mort à Paris le 8 août 1802, appartenait à une famille de négociants. Adonné lui-même au commerce, Levavasseur, « qui, d'après un biographe, avait fait preuve de talent dans diverses occasions », fut nommé administrateur des hospices civils, échevin, membre de la chambre de commerce et président de la juridiction consulaire. Il s'acquitta avec zèle de ces fonctions et reçut récompense des lettres de noblesse. Au début de la Révolution, il devint électeur, officier municipal, administrateur du département de la Seine-Inférieure, et président du tribunal de commerce. Le 4 nivôse an VIII, Levavasseur fut appelé au Sénat conservateur. Il mourut à Paris en 1802.

LEVAVASSEUR (CHARLES), député de 1842 à 1848, représentant en 1848 et en 1849, député au Corps législatif de 1852 à 1857, parent du précédent, né à Rouen (Seine-Inférieure) le 31 mars 1804, propriétaire dans cette ville et armateur, manifesta, sous Louis-Philippe, des opinions libérales, et fut plusieurs fois, dans son département, candidat de l'opposition constitutionnelle à la Chambre des députés. Il échoua une première fois, le 31 juin 1834, dans le 8e collège de la Seine-Inférieure (Dieppe), avec 77 voix contre 156 à l'élu, M. Aroux, et 75 à M. Debreauté; puis, le 9 juillet 1842, dans le 2e collège du même département (Rouen) avec 264 voix contre 303 à l'élu, M. Toussin. Mais, le 12 novembre 1842, après la mort de M. Bérigny, M. Levavasseur fut élu, à sa place, député de Dieppe par 228 voix sur 425 votants. Il prit place dans la gauche dynastique, avec laquelle il vota le plus souvent. notamment *contre* l'indemnité Pritchard et *pour* la proposition relative aux députés fonctionnaires. Il parut plusieurs fois à la tribune, pour y défendre les intérêts de la marine marchande. Réélu le 1er août 1846, dans le 2e collège de la Seine-Inférieure (Rouen), avec 329 voix (475 votants, 522 inscrits), contre 105 à M. Baudon, tandis qu'il échouait à Dieppe avec 221 voix contre 268 à l'élu, M. Rouland, il combattit la politique de Guizot et prit part au mouvement réformiste. La révolution de février le rejeta dans les rangs du parti conservateur. Elu, le 23 avril 1848, représentant de la Seine-Inférieure à l'Assemblée constituante, le 7e sur 19, avec 133,675 voix, il siégea à droite, fut du comité extra-parlementaire de « la rue de Poitiers », appartint, dans l'Assemblée, au comité de l'Algérie, et vota : *pour* le rétablissement du cautionnement et de la contrainte par corps, *pour* les poursuites contre Louis Blanc et Caussidière, *contre* l'amendement Grévy, *contre* le droit au travail, *pour* la proposition Rateau, *pour* les crédits de l'expédition de Rome, *contre* l'amnistie, etc. Il prit la parole, le 8 septembre 1848, pour combattre toute espèce de fixation d'un nombre réglementaire d'heures de travail pour les ouvriers. M. Levavasseur fut réélu, le 13 mai 1849, représentant du même département à la Législative, le 5e sur 16, par 93,166 voix (146,223 votants, 213,301 inscrits); il appartint à la majorité monarchiste et catholique avec laquelle il opina : *pour* l'expédition de Rome, *pour* la loi Falloux-Parieu sur l'enseignement, *pour* la loi du 31 mai restrictive du suffrage universel, etc. Rallié à la politique du coup d'Etat, il fut choisi par L.-N. Bonaparte pour faire partie de la Commission consultative. Puis il fut élu, comme candidat du gouvernement, le 29 février 1852, député de la 2e circonscription de la Seine-Inférieure au Corps législatif, par 12,791 voix (18,855 votants, 35,420 inscrits), contre 3,832 à M. Achille Lemasson. M. Levavasseur s'associa au rétablissement de l'Empire, parla, avec une certaine verve grondeuse, sur les chemins de fer, sur les douanes, sur les travaux des ports, et vota le plus souvent avec la majorité dynastique jusqu'aux élections de 1857. Ayant perdu le bénéfice de la candidature officielle, il échoua

alors dans la même circonscription, avec 2,357 voix seulement contre 9,083 à M. Pouyer-Quertier, candidat officiel, élu, et 5,144 à M. Lemasson. Il se représenta encore, sans succès, le 1er juin 1863, et n'obtint que 1,766 voix contre 10,907 à M. Pouyer-Quertier, député sortant, et 8,114 à M. Desseaux. On cite de M. Levavasseur quelques brochures sur la question des sucres (1837), la question coloniale (1839), la race noire (1841), etc.

LE VAVASSEUR (LOUIS - FRANÇOIS - GUSTAVE), député en 1876 et 1877, et de 1878 à 1885, né à Breteuil (Oise) le 24 octobre 1826, propriétaire, devint conseiller général de l'Oise pour le canton de Breteuil, et se présenta comme candidat républicain conservateur à l'Assemblée nationale le 8 novembre 1874, en remplacement de M. Perrot décédé : il obtint 18,974 voix contre 52,632 à M. le duc de Mouchy, bonapartiste élu, et 19,063 à M. André Rousselle, radical. M. Le Vavasseur fut plus heureux aux élections législatives du 20 février 1876, et devint député de l'arrondissement de Clermont par 10,642 voix (21,185 votants, 24,696 inscrits), contre 10,191 à M. Labitte, ancien représentant. Sa profession de foi disait : « Je me présente à vos suffrages avec mon passé, et je veux aujourd'hui le maintien de la constitution qu'en 1874 j'appelais de mes vœux. Notre premier devoir à tous est de la respecter : réviser n'est pas détruire. Je n'admets pas qu'on retienne de la constitution le droit de la renverser. » Et plus loin : « L'ordre et la stabilité sont indispensables au développement du commerce et de l'industrie, à la prospérité de notre féconde agriculture ; vous savez que je suis un homme d'ordre avant tout. » M. Le Vavasseur s'inscrivit au centre gauche et fut des 363. Après la dissolution de la Chambre, il ne réunit (14 octobre 1877), dans la même circonscription, que 10,735 voix contre 11,408 à M. Labitte, candidat officiel, élu. Mais, cette élection ayant été invalidée, l'arrondissement de Clermont donna, le 3 mars 1878, une majorité de 11,619 voix à M. Le Vavasseur (20,259 votants, 25,206 inscrits), contre M. de Chatenay, qui obtint 8,029 suffrages. Il reprit sa place au centre gauche, soutint le ministère Dufaure, et vota *pour* l'article 7, *contre* l'amnistie plénière, *pour* l'invalidation de Blanqui, etc. Réélu en 1881, au second tour de scrutin, le 4 septembre, par 11,576 voix (15,382 votants, 24,807 inscrits), il se montra, par ses votes, le défenseur constant de la politique opportuniste, repoussa l'abrogation du Concordat, l'élection des magistrats par le peuple, vota les crédits de l'expédition du Tonkin, la surtaxe sur les céréales, et fut inscrit, le 4 octobre 1885, sur la liste républicaine de l'Oise : il n'y obtint plus que 19,498 voix sur 91,643 votants, et se retira avant le scrutin de ballottage.

LÉVÊQUE (PIERRE), député en 1789, né le 4 mai 1740, mort à une date inconnue, curé de Tracy-Bocage en Normandie, fut élu, le 26 mars 1789, député du clergé aux Etats-Généraux par le bailliage de Caen. Il passa inaperçu dans la Constituante.

LÉVÊQUE (PIERRE), CHEVALIER DE SAINT-CYR, député au Conseil des Anciens, né à Nantes (Loire-Inférieure) le 3 septembre 1746, mort au Havre (Seine-Inférieure) le 16 octobre 1814, manifesta de bonne heure du goût pour les mathématiques. Il s'engagea comme mousse pour apprendre la navigation et fut professeur de mathématiques à Mortagne et à Nantes. Dans cette dernière ville, il obtint, en 1772, la chaire d'hydrographie, et devint, en 1786, examinateur de la marine. Ses travaux sur les aérostats et sur les machines à vapeur lui méritèrent d'autre part le titre d'ingénieur. Pendant la Révolution, il continua d'exercer ses fonctions de professeur, et fut élu député de la Loire-Inférieure au Conseil des Anciens, le 28 germinal an V, par 163 voix (184 votants). Il ne se fit remarquer que par sa modération. Proscrit au 18 fructidor, il se consacra exclusivement à l'étude de l'astronomie et de la navigation, devint examinateur à l'Ecole polytechnique, membre de l'Institut le 5 germinal an IX, membre de la Légion d'honneur le 4 frimaire an XII, et fut créé chevalier de l'empire le 3 mai 1809. La mort de son fils, officier du génie, les malheurs de la France, et le retour des Bourbons l'affectèrent douloureusement. Il mourut d'une attaque d'apoplexie foudroyante au Havre, où il était venu faire passer l'examen des élèves de la marine. On a de lui : *Guide du navigateur* (Nantes, 1779).

LÉVÊQUE (Pierre-Jean), député au Corps législatif de l'an VIII à 1806, né à Caen (Calvados) en 1755, mort à une date inconnue, fut d'abord professeur, puis remplit des fonctions administratives dans le département du Calvados. Désigné par le Sénat conservateur, le 4 nivôse an VIII, pour représenter ce département au Corps législatif, il y siégea jusqu'en 1806.

LÉVÊQUE (Henri-Frédéric), représentant en 1871, député de 1876 à 1889, né à Léry (Côte-d'Or) le 8 août 1829, étudia le droit, se fit recevoir avocat, puis docteur, et s'inscrivit au barreau de Dijon. Conseiller d'arrondissement depuis 1859, conseiller municipal et adjoint au maire de Dijon depuis 1865, il fut nommé, par le gouvernement de la Défense nationale, procureur de la République (8 septembre 1870) ; la population lui sut gré de son attitude énergique en présence de l'invasion, attitude qui le fit interner par l'ennemi à Epinal ; pris comme otage, le 31 octobre 1870, pour garantie de l'acceptation du traité de capitulation par les habitants et le conseil municipal de Dijon, il réussit à s'échapper le 16 janvier 1871, et se présenta, comme républicain, en remplacement de Garibaldi démissionnaire, aux élections complémentaires du 2 juillet 1871, pour l'Assemblée nationale : élu représentant de la Côte-d'Or, par 41,917 voix (73,218 votants, 116,808 inscrits), il siégea au groupe de la gauche républicaine, dont il fut secrétaire. Il fit partie de nombreuses commissions, notamment de celle du classement des bureaux de tabac, et vota *contre* le pouvoir constituant de l'Assemblée, *pour* la dissolution, *pour* le gouvernement de Thiers et *contre* sa chute au 24 mai, *contre* le septennat, l'état de siège, la loi des maires, le ministère de Broglie, *pour* les amendements Wallon et Pascal Duprat, *pour* l'ensemble des lois constitutionnelles. Le 8 octobre 1871, il avait été élu conseiller général de la Côte-d'Or par le canton de Saint-Seine-l'Abbaye. Réélu, le 20 février 1876, député de la 2e circonscription de Dijon, par 10,276 voix (18,209 votants, 23,200 inscrits), contre 7,723 à M. Lejéas, M. Lévêque reprit sa place à gauche et fut des 363. Il obtint, comme tel, le renouvellement de son mandat, le 14 octobre 1877, avec 11,100 voix (19,577 votants, 23,081 inscrits), contre 8,415 à M. Lejéas, candidat officiel du gouvernement du Seize-Mai, et s'as-

socia, dans les rangs de la majorité républicaine, à la plupart de ses votes : *pour* les invalidations des députés de la droite, *pour* le ministère Dufaure, *pour* l'article 7, *pour* l'élection de M. Grévy à la présidence de la République, *au* Congrès, *pour* l'invalidation de Blanqui, *pour* l'amnistie partielle, *pour* les lois nouvelles sur la presse et le droit de réunion ; un décret du 29 août le nomma sous-gouverneur du Crédit foncier. Réélu, le 21 août 1881, par 11,131 voix 13,153 votants, 23,081 inscrits , député de Dijon, il fit partie de la commission du phylloxera, soutint de ses votes la politique opportuniste, repoussa l'élection des magistrats par le peuple, la séparation de l'Eglise et de l'Etat, et vota *pour* les crédits de l'expédition du Tonkin. Porté, en octobre 1885, sur la liste républicaine modérée de la Côte-d'Or, il fut élu, au second tour de scrutin, le 18 octobre, grâce au désistement de la majorité, le 6e et dernier, par 54,431 voix (91,997 votants, 113,471 inscrits). M. Lévêque vota pour les ministres Rouvier et Tirard, *pour* l'expulsion des princes, et, dans la dernière session, *pour* le rétablissement du scrutin d'arrondissement (11 février 1889), *pour* l'ajournement indéfini de la revision de la Constitution, *pour* les poursuites contre trois députés membres de la Ligue des patriotes, *pour* le projet de loi Lisbonne restrictif de la liberté de la presse, *pour* les poursuites contre le général Boulanger. M. Lévêque est président de la Société d'horticulture et de viticulture de la Côte-d'Or.

LEVERDAYS (Jean-Germain), député de 1831 à 1832, né à Mortain (Manche) le 30 août 1772, mort à Mortain le 11 avril 1849, exerçait la médecine dans cette localité. Le 5 juillet 1831, il fut élu député du 7e collège de la Manche (Mortain), par 145 voix sur 195 votants et 274 inscrits, contre 89 à M. Costaz, ancien membre du Tribunat. M. Leverdays siégea dans la majorité conservatrice. Démissionnaire l'année d'après, il fut remplacé, le 27 décembre 1832, par M. Legrand.

LE VERRIER (Urbain-Jean-Joseph), représentant du peuple en 1849, sénateur du second empire, né à Saint-Lô (Manche) le 11 mars 1811, mort à Paris le 23 septembre 1877, fit ses études à Saint-Lô, à Caen et au collège Louis-le-Grand à Paris, puis entra à l'Ecole polytechnique, en sortit dans les premiers et choisit l'administration des tabacs. Mais il s'adonna principalement à la chimie, étudia les combinaisons du phosphore, et découvrit un mode de préparation de l'oxyde de phosphore pur. Il s'occupa en même temps de mathématiques transcendantes, et obtint une place de répétiteur à l'Ecole polytechnique pour le cours de géodésie, cours dont il devint titulaire en 1839, après la mort de Savary. Les leçons qu'il professait confinaient à la mécanique céleste, et il se préoccupa des inégalités séculaires des révolutions des planètes. En 1839, il présenta deux mémoires à l'Académie des sciences sur les éléments astronomiques et les conditions de stabilité de notre système ; ces mémoires fixèrent l'attention du monde savant et spécialement d'Arago, qui conseilla au jeune mathématicien d'appliquer ses calculs et ses méthodes à la détermination de l'orbite de Mercure encore mal définie. Le Verrier exécuta ce travail avec une grande habileté, et, l'année suivante, il présenta une théorie nouvelle des comètes périodiques de 1770 et 1843. Cette théorie devait plus tard être complétée par

M. Schiaparelli. Ces différents travaux lui ouvrirent les portes de l'Académie des sciences où il fut élu, le 19 janvier 1846, en remplacement du comte Cassini. Cette même année, Le Verrier fit la découverte qui le rendit surtout célèbre. Étudiant les inégalités de la planète Uranus, il conclut, de ses calculs, que les éléments astronomiques connus ne pouvaient en expliquer l'amplitude et que, par conséquent, il devait exister, dans une région du ciel qu'il détermina, un corps encore à découvrir qui influençait la marche d'Uranus. Il put calculer d'avance la masse, l'orbite et les positions de ce corps céleste, et annonça, le 1er juin 1846, à l'Académie des sciences, le point du ciel où on le rencontrerait au premier janvier de l'année suivante. Le 23 septembre, M. Galle, astronome allemand, découvrit la nouvelle planète à la place indiquée et lui donna le nom de *Neptune*. Cette découverte fit beaucoup de bruit. Les sociétés savantes étrangères inscrivirent M. Le Verrier au nombre de leurs membres; M. de Salvandy, ministre de l'instruction publique, commanda son buste, rêvant, comme il le disait aussi, de faire la conquête politique d'un savant aussi illustre, et le roi Louis-Philippe envoya à l'astronome la croix d'officier de la Légion d'honneur, le titre d'astronome adjoint au Bureau des longitudes, et fit créer pour lui une chaire d'astronomie à la Sorbonne. Pourtant une polémique assez vive ne tarda pas à s'engager sur la priorité de la découverte : un mathématicien anglais, M. Adams rappela qu'en 1841 il avait publié de longs calculs sur la cause des perturbations d'Uranus, calculs dont M. Le Verrier s'était servi. Malgré cette réclamation, on fut assez unanime à reconnaître que la plus grande partie sinon toute la gloire de la découverte de Neptune devait revenir à notre compatriote qui avait déterminé les éléments astronomiques de la nouvelle planète. Un travail complet sur cette nouvelle planète quelque temps appelée planète Le Verrier, parut dans la *Connaissance des temps* (1849). M. Le Verrier, devenu célèbre, entra dans la politique. Il se mêla au mouvement de 1848, dans le parti démocratique, et fut élu, le 13 mai 1849, représentant de la Manche à l'Assemblée législative, le 13e et dernier, par 56,674 voix (94,481 votants, 163,192 inscrits). Il prit place à droite, soutint la politique du prince-président et s'occupa principalement des questions d'enseignement. En 1850, il fut chargé du rapport sur l'établissement des nouvelles lignes télégraphiques électriques, et du rapport sur la réorganisation des écoles militaires, et demanda, en cette qualité, la suppression du décret du 19 juillet 1848, qui en établissait la gratuité. Il prit part à la discussion sur la réorganisation de l'École polytechnique, et proposa de l'installer à Meudon pour « en fermer l'accès aux passions politiques ». L'assemblée se contenta de voter la gratuité. Membre de la commission chargée de rédiger le programme de l'enseignement professionnel, il acquit, dans ces discussions, une véritable autorité sur l'assemblée. Partisan du coup d'État, il fut nommé sénateur le 26 janvier 1852, et, peu après, devint inspecteur général de l'enseignement supérieur. Il tenta de réformer l'instruction dans un sens pratique et proposa un plan de réforme de l'École polytechnique, dont il était membre du conseil de surveillance ; mais ses projets rencontrèrent une résistance sérieuse chez ses collègues, particulièrement chez Arago. D'un caractère difficile l'un et l'autre, ils

eurent ensemble de vives discussions : c'est alors que M. Le Verrier fonda grâce à ses relations avec les savants de l'Europe, une association scientifique dont il devint le centre et qui lui permit de recueillir les indications astronomiques utiles à ses travaux. Malgré ses occupations politiques, il ne les avait pas délaissés, et, de 1849 à 1853, il publia plusieurs mémoires sur les irrégularités planétaires, sur le mouvement apparent du soleil et sur l'ensemble du système des astéroïdes entre Mars et Jupiter. A la mort d'Arago, il devint astronome titulaire du Bureau des longitudes, et, dans la nouvelle organisation, dont il était le promoteur, fut nommé directeur de fait de l'Observatoire, le 30 janvier 1854. Des difficultés ne tardèrent pas à s'élever entre lui et ses collaborateurs, difficultés causées par son caractère despotique. De toutes parts, des plaintes s'élevèrent : on parla du « monopole de l'astronomie », et, en 1867, M. Duruy, ministre de l'Instruction publique, dut nommer une commission d'enquête. La situation ne s'améliora pas et la polémique qu'eut M. Le Verrier avec le directeur du *Temps*, M. Nefftzer mars 1868, est restée célèbre et n'est peut-être pas toute à l'honneur du journaliste, qui cherchait à atteindre le bonapartiste beaucoup plus que le savant. Après les séances orageuses de l'Institut provoquées par les travaux de Foucault, séances au cours desquelles les académiciens se départirent de leur courtoisie habituelle, le gouvernement se décida à révoquer M. Le Verrier, le 5 février 1870. Au Sénat, M. Le Verrier avait soutenu le gouvernement impérial, et pris part, le 6 mars 1861, à la discussion de l'adresse, en s'associant à l'amendement du duc de Padoue en faveur du pouvoir temporel du pape. Après sa révocation comme directeur de l'Observatoire, il reprit son cours d'astronomie à la Sorbonne, et, à la mort de M. Delaunay, fut renommé, le 13 février 1873, directeur de l'Observatoire, où un comité de surveillance, composé de 6 membres de l'Académie, fut chargé de tempérer ses prétentions autoritaires. Cette nomination ne souleva chez les républicains aucune protestation, parce que M. Le Verrier, tour à tour orléaniste, bonapartiste, ne leur semblait pas incapable d'une nouvelle évolution. Il acheva, en 1873, son grand travail sur la théorie des planètes et reçut, en 1875, de la Société royale de Londres, la médaille d'or. Commandeur de la Légion d'honneur du 14 août 1863, il fut membre et président du conseil général de la Manche. Après sa mort, ses admirateurs songèrent à lui élever un monument ; mais le conseil municipal de Paris, en refusant le terrain demandé, empêcha la réalisation de ce projet. On a de lui : *Mémoire sur la détermination des inégalités séculaires des planètes* (1841) ; *Théorie du mouvement de Mercure* (1845) ; *Recherches sur les mouvements de la planète Herschel (Uranus)* (1846) ; *Mémoires sur les variations séculaires des orbites pour les sept planètes principales* (1867) ; *Annales de l'Observatoire de Paris : Mémoires* (1856-1869) ; *Observations* (1858-1869).

LEVERT (CHARLES-ALPHONSE), représentant en 1872, député de 1876 à 1889, né à Lens (Pas-de-Calais) le 11 juin 1825, fit ses études au collège Sainte-Barbe, se déclara républicain en 1848, et entra dans l'administration comme secrétaire de M. Émile Ollivier commissaire général du gouvernement provisoire dans les Bouches-du-Rhône. Conseiller de préfecture à Arras, il se rallia à la politique de L.-N. Bonaparte, qu'il servit avec le plus grand zèle, fut nommé, lors du coup d'Etat, sous-préfet de Saint-Omer grâce à son oncle Carlier, le préfet de police du coup d'Etat, et se fit remarquer par ses rigueurs contre les républicains. L'Empire lui donna de l'avancement : sous-préfet de Valenciennes, préfet de l'Ardèche, préfet d'Alger (1860) où il eut à lutter contre l'opposition extrémement vive que lui faisait dans la presse locale M. Clément Duvernois (V. ce nom), préfet de la Vienne (1861), de la Loire (1864), du Pas-de-Calais et enfin des Bouches-du-Rhône, il tenta de résister, à Marseille, lors de la révolution du 4 septembre 1870, lorsqu'une foule de 5,000 personnes envahit la préfecture. Blessé grièvement, il resta caché pendant douze heures, réussit à s'échapper, et gagna la Belgique, d'où il se rendit à Wilhemshohe près de Napoléon III. Bonapartiste militant, il rentra en France après la conclusion de la paix et se présenta à la députation avec un programme impérialiste, le 7 janvier 1872, pour succéder, comme représentant du Pas-de-Calais, au général Faidherbe démissionnaire. M. Levert fut élu par 74,629 voix (132,906 votants, 207,721 inscrits), contre 57,248 à M. Lenglet, républicain. A l'Assemblée nationale, il prit place dans le groupe de l'Appel au peuple à côté de M. Rouher, et s'associa à toutes les manifestations de ses amis politiques. Ce fut lui qui provoqua un jour un incident orageux par cette menace lancée à ses collègues de la gauche : « Nous vous imposerons silence plus tard ! » Il vota : pour la démission de Thiers au 24 mai, s'abstint dans le scrutin sur le septenat, et se prononça pour l'état de siège, pour la loi des maires, contre le ministère de Broglie le 16 mai 1874, pour la dissolution, contre l'amendement Wallon, pour l'amendement Pascal Duprat, et contre l'ensemble des lois constitutionnelles. Candidat, le 30 janvier 1876, aux premières élections sénatoriales dans le Pas-de-Calais, il échoua avec 388 voix (1,004 votants). Les légitimistes, pour faire élire trois des leurs sur quatre, et faire échec aux bonapartistes, s'étaient alliés, au 3e tour, avec les républicains contre la liste Levert. Celui-ci fut élu député, le 20 février suivant, dans la 2e circonscription de Saint-Omer, par 7,567 voix (12,885 votants, 16,102 inscrits), contre 4,150 à M. de Saint-Just et 1,068 à M. Liot. Il suivit la même ligne politique que précédemment, se montra peu empressé à soutenir le gouvernement du Seize-Mai, et s'abstint lors du vote de défiance des 363 contre le cabinet de Broglie-Fourtou. Son influence personnelle dans le département du Pas-de-Calais, dont il se flattait d'être le grand électeur, assura d'ailleurs sa réélection, le 14 octobre 1877, par 9,682 voix (13,540 votants). Il ne cessa de combattre à la Chambre les institutions républicaines, opina contre le ministère Dufaure et contre les cabinets qui suivirent, contre l'amnistie, contre l'article 7, etc., et fut encore réélu député de Saint-Omer, le 21 août 1881, par 6,541 voix (13,006 votants, 16,547 inscrits), contre 6,402 à M. Brémart. Adversaire de la politique intérieure et extérieure des ministères Gambetta et J. Ferry, il se prononça contre les crédits du Tonkin, puis, et fut porté sur la liste conservatrice du Pas-de-Calais, le 4 octobre 1885 : élu, le 3e sur 12, par 102,011 voix (180,439 votants, 216, 227 inscrits), il continua d'opiner dans le sens de la droite, avec le groupe impérialiste ; il s'est prononcé, en dernier lieu, contre le rétablisse-

ment du scrutin d'arrondissement (11 février 1889), pour l'ajournement indéfini de la revision de la Constitution, contre les poursuites contre trois députés membres de la Ligue des patriotes, contre le projet de loi Lisbonne restrictif de la liberté de la presse, contre les poursuites contre le général Boulanger. Commandeur de la Légion d'honneur du 14 août 1867, il a obtenu, en 1874, comme ancien préfet, une pension annuelle de 6,000 francs, avec payement de plus de 18,000 francs d'arrérages : cette faveur provoqua alors dans la presse démocratique de très vives réclamations.

LÉVESQUE (Louis-Hyacinthe-Nicolas), député de 1824 à 1827 et de 1830 à 1831, né à la Roche-Bernard (Morbihan) le 21 janvier 1774, mort à Paris le 5 février 1840, négociant et maire d'Angers, chevalier de la Légion d'honneur, fut élu, le 26 février 1824, député du 1er arrondissement électoral de la Loire-Inférieure (Nantes), par 305 voix (602 votants, 630 inscrits), contre 286 à M. Rousseau de Saint-Aignan. Il ne s'occupa guère que des intérêts commerciaux de sa région et de questions industrielles et vota souvent avec les ministériels, sans soutenir la politique de M. de Villèle. Les élections du 17 novembre 1827 lui furent défavorables : il échoua avec 140 voix contre 346 à l'élu, M. de Saint-Aignan. Il rentra au parlement comme député du 2e arrondissement du même département (Saint-Philbert), le 23 juin 1830, avec 123 voix (240 votants, 254 inscrits), contre 110 au député sortant, M. de Saint-Aignan, et siégea parmi les ministériels jusqu'à la dissolution de la Chambre en 1831. M. Lévesque était conseiller général de la Loire-Inférieure et membre du conseil des manufactures et du commerce.

LÉVESQUE DE POUILLY (Pierre-Elisabeth), représentant à la Chambre des Cent-jours, député en 1815 et 1816 et de 1830 à 1834, né à Reims (Marne) le 5 décembre 1766, mort à Soissons (Aisne) le 23 février 1855, petit-fils du célèbre moraliste et critique Levesque de Pouilly (1691-1750) et fils de « messire Jean-Simon Levesque, écuyer, seigneur de Pouilly, conseiller du roi et lieutenant général au bailliage de Vermandois, siège royal et présidial de Reims et de Marianne-Julie Hocquet », était propriétaire à Soissons, et commandant de la garde nationale. Elu, le 7 mai 1815, représentant de l'arrondissement de Soissons à la Chambre des Cent-Jours, par 44 voix sur 67 votants et 155 inscrits, contre 17 à M. Collard, il parut plusieurs fois à la tribune dans la courte législature de cette assemblée, et proposa notamment que les chefs et les majors des légions fussent invités à se rendre auprès les représentants, et que l'on réglât, par une loi, la suspension momentanée de la Constitution dans quelques parties du territoire, le maintien de l'ordre public l'exigeant alors impérieusement. Lévesque de Pouilly fut réélu, le 22 août 1815, par le collège de département de l'Aisne, avec 76 voix sur 135 votants et 266 inscrits. Il fit partie, dans la Chambre introuvable, de la minorité ministérielle. Il reparut à la Chambre de 1830, ayant été élu, le 3 juillet, par le grand collège de l'Aisne, avec 170 voix sur 286 votants et 322 inscrits, adhéra au gouvernement nouveau, et fut réélu, le 5 juillet 1831, dans le 2e collège de la Marne (Reims), par 140 voix (214 votants, 274 inscrits), contre 49 à M. Hémart. Il vota avec la majorité conservatrice jusqu'en 1834, et quitta alors la vie politique.

LEVET (Nicolas-Henry), représentant en 1848 et en 1849, né à Montbrison (Loire) le 26 décembre 1798, mort à Montbrison le 12 mars 1869, d'une famille influente, fut nommé, en 1835, conseiller de préfecture, puis secrétaire général de la Loire. Les opinions libérales qu'il professait sous Louis-Philippe le firent élire, après la révolution de février, le 23 avril 1848, représentant de la Loire à l'Assemblée Constituante, le 10e sur 11, par 34,796 voix. M. Levet prit place parmi les conservateurs, fit partie du comité de la rue de Poitiers, et vota, avec la droite, *pour* le rétablissement du cautionnement et de la contrainte par corps, *pour* les poursuites contre Louis Blanc et Caussidière, *contre* l'abolition de la peine de mort, *contre* l'amendement Grévy, *contre* la présidence, *contre* le droit au travail, *contre* la réduction de l'impôt du sel. Absent au moment du vote sur la proposition Rateau (le 12 janvier 1849), il écrivit au *Moniteur* qu'il avait quitté la séance parce que sa femme était souffrante; présent, il eût voté *contre* les conclusions du comité, c'est-à-dire *pour* la proposition. Il se prononça encore *contre* l'amnistie, *pour* l'interdiction des clubs, *pour* les crédits de l'expédition romaine, etc. Réélu, le 13 mai 1849, dans le même département, à la Législative, le 3e sur 9, par 37,045 voix (75,232 votants, 118,427 inscrits), il suivit la même politique, opina avec la droite monarchiste *pour* toutes les lois de répression, sans se rallier à la politique du coup d'Etat, et fut, le 29 février 1852, candidat indépendant au Corps législatif dans la 1re circonscription de la Loire : il y réunit 1,591 voix seulement, contre 17,514 à l'élu officiel, M. Bouchetal-Laroche. Il rentra alors au barreau de sa ville natale et fut admis à la retraite, comme sous-préfet, le 3 août 1861. On a de M. Levet : *Observations sur le transfert de la préfecture de la Loire à Saint-Etienne* (1834); *Conséquences du déplacement projeté de la préfecture de la Loire à Saint-Etienne* (1849).

LEVET (Jean-Georges-Auzel), député depuis 1879, fils du précédent, né à Montbrison (Loire) le 13 avril 1834, entra à l'Ecole polytechnique en 1853, puis à l'Ecole des mines, mais n'accepta pas de fonctions publiques. Colonel des mobilisés de la Loire pendant la guerre franco-allemande, maire de Montbrison (1870), conseiller général de la Loire et vice-président du conseil général, il se porta comme candidat républicain à l'élection partielle du 6 avril 1879, dans la 1re circonscription de Montbrison, en remplacement de M. Chavassieu, nommé sénateur, et fut élu par 7,551 voix (8,477 votants, 17,884 inscrits), contre 621 à M. Bernard. Inscrit au groupe de l'Union républicaine, partisan de la politique opportuniste, il soutint le gouvernement, et obtint sa réélection, le 21 août 1881, par 7,469 voix (11,897 votants, 18,205 inscrits), contre 4,415 à M. du Chevalard, monarchiste. Il revint siéger dans la majorité qui défendit de ses votes les cabinets Gambetta et J. Ferry, fut le promoteur de la loi sur la liberté de fabrication des armes de guerre, fut membre de la commission de l'armée, appuya le service de trois ans et l'abolition du volontariat, et se prononça *contre* la séparation de l'Eglise et de l'Etat et *pour* les crédits du Tonkin. Porté, le 4 octobre 1885, sur la liste opportuniste de la Loire,

il fut élu député, au second tour de scrutin, après le désistement de la liste radicale-socialiste, le 2e sur 9, par 65,384 voix (116,857 votants, 151,072 inscrits). Il reprit sa place à l'Union républicaine, soutint les ministères Rouvier et Tirard, vota *pour* l'expulsion des princes, et, en dernier lieu, *pour* le rétablissement du scrutin d'arrondissement (11 février 1889), *pour* l'ajournement indéfini de la revision de la Constitution, *pour* les poursuites contre trois députés membres de la Ligue des patriotes, *pour* le projet de loi Lisbonne restrictif de la liberté de la presse, *pour* les poursuites contre le général Boulanger. Officier d'académie.

LEVICOMTE. — *Voy.* Blangy (comte de).

LEVIEUX (Antoine-Simon-Pierre), député au Corps législatif de l'an XII à 1807, né à Rouen (Seine-Inférieure) le 31 août 1731, mort à Rouen le 6 janvier 1807, « fils de M. Pierre Levieux, marchand en cette ville, et de demoiselle Marthe Jore », négociant à Rouen, juge-consul, et procureur-syndic de la chambre de commerce, joignait encore à ces titres celui de commissaire du gouvernement près l'atelier monétaire de Rouen, lorsque le Sénat conservateur le désigna, le 2 fructidor an XII, pour représenter le département de la Seine-Inférieure au Corps législatif. Levieux siégea dans l'assemblée impériale jusqu'à sa mort, survenue en 1807.

LÉVIS (Gaston-Pierre-Marc, duc de), député en 1789 et pair de France, né à Paris le 7 mars 1764, mort à Paris le 15 février 1830, d'une des plus anciennes maisons de France, dont les ancêtres se prétendaient cousins de la Vierge qui appartenait à la tribu de *Lévi*, était fils de François-Gaston, duc de Lévis, maréchal de France (1720-1787). Grand bailli de Senlis, il se rallia d'abord aux idées nouvelles, et, élu, le 21 mars 1789, député de la noblesse aux Etats-Généraux par son bailliage, il opina au début dans le sens des réformes. Il parla sur la Déclaration des droits qu'il jugeait inutile, sur la liberté de la presse dont il prit la défense, présenta des observations contre Palissot, proposa d'autoriser le comité des recherches à s'occuper de l'affaire de Favras, donna son opinion sur le recours à exercer contre les auteurs de détentions arbitraires, sur le droit de paix et de guerre, etc., et fit la motion de déclarer que la France n'entreprendrait rien contre les droits d'aucun peuple. Mais bientôt, cédant aux traditions de sa famille, il revint au parti de l'ancien régime et émigra pour aller servir à l'armée des princes (1792). Blessé à Quiberon, le duc de Lévis réussit à se rembarquer pour l'Angleterre et ne revint en France qu'après le 18 brumaire. Il s'occupa alors, non sans succès, de travaux littéraires : *Maximes et réflexions sur différents sujets* (1808); *l'Angleterre au commencement du dix-neuvième siècle* (1814), etc. — Nommé pair de France par Louis XVIII, le 4 juin 1814, il fut fait, en 1815, membre du conseil privé, et entra à l'Académie française par ordonnance royale en 1816. Il se montra, dans la Chambre haute, le zélé soutien du parti aristocratique, selon les privilèges de la législation anglaise qu'il avait approfondie, et vota pour la mort dans le procès du maréchal Ney. Il parla principalement sur les matières de finances, qu'il avait traitées dans plusieurs ouvrages : *Considérations morales sur les*

Finances 1816 ; *Des Emprunts* (1818), etc. Il fut promu maréchal de camp le 10 mars 1815. Chevalier de la Légion d'honneur.

LÉVIS (Guy-Henri-Joseph-Thérèse, marquis de), pair de France, né à Pamiers (Ariège) le 6 septembre 1757, mort à Paris le 14 août 1828, d'une branche de la maison de Lévis issue vers 1630 d'Henri de Lévis, était fils de Joseph-Chrysante de Lévis, marquis de Gaudiez et de Louise-Victoire de Lévis-Leran. Maréchal des camps et armées du roi, chevalier de l'ordre de Saint-Louis, il épousa Mlle Terray et émigra avec ses deux fils. Retraité avec le grade de maréchal de camp le 17 février 1819, il fut nommé pair de France le 5 novembre 1827, siégea à la Chambre haute parmi les partisans de la politique ultra-royaliste, et mourut en 1828.

LÉVIS (Leo-Guy-Antoine, marquis de), député de 1828 à 1829, pair de France, né à Toulouse (Haute-Garonne) le 30 août 1786, mort à Changy (Loire) le 13 janvier 1870, parent des précédents, appartint aux armées du roi. Lieutenant-colonel, il fut, le 28 avril 1828, élu député du collège de département de la Loire par 70 voix sur 123 votants et 185 inscrits, contre 52 à M. de Vougy, en remplacement de M. de Fournas, décédé. M. de Lévis siégea à droite, et, le 24 juin 1829, fut nommé pair de France. Il appartint à la Chambre haute jusqu'à la révolution de 1830 et se retira alors pour ne pas prêter serment au gouvernement de Louis-Philippe.

LÉVIS (Gaston-François-Christophe, duc DE Ventadour et de), pair de France, né à Richmond (Angleterre) le 10 avril 1794, mort à Venise (Italie) le 9 février 1863, fils de Gaston-Pierre-Marc duc de Lévis (*v. p. haut*) et de Mlle Charpentier d'Ennery, reçut, sous l'Empire, un brevet de sous-lieutenant, devint aide-de-camp du duc d'Angoulême en 1814, et prit part, en 1823, à la guerre d'Espagne, comme chef de bataillon, et, en 1828, à l'expédition de Morée, comme colonel. Nommé, à son retour, officier de la Légion d'honneur, il fut appelé, dans les derniers jours de la Restauration, à succéder comme pair de France à son père, mort le 15 février 1830. Il refusa de siéger pour rester fidèle à la branche aînée qu'il accompagna dans l'exil, en Ecosse et en Allemagne. Il fut longtemps un des principaux conseillers du comte de Chambord et mourut à Venise, le 9 février 1863. Marié en 1821, avec Mlle de la Feuillade, il n'en a pas eu d'enfant.

LÉVIS-MIREPOIX (Marc-Antoine, comte DE), député en 1789, né à Lugny (Saône-et-Loire) le 7 février 1739, exécuté à Paris le 4 mai 1794, de la même famille que les précédents, descendait de Gui Ier de Lévis, célèbre par ses exploits dans les croisades contre les Albigeois et qui reçut, en récompense, le château et la baronnie de Mirepoix. Colonel aux armées du roi et chevalier de Saint-Louis, il fut élu, le 7 avril 1789, député de la noblesse aux Etats-Généraux par le bailliage de Dijon. Il opina avec la droite de la Constituante, fut arrêté sous la Terreur, incarcéré, condamné à mort et exécuté à Paris le 4 mai 1794.

LÉVIS-MIREPOIX (Charles-Marie-Gaston-Philibert, comte DE , député en 1789, né à Saint-Martin-d'Estréaux (Loire) le 9 novembre 1755, exécuté à Paris le 27 mai 1794, suivit la

carrière des armes, et obtint successivement les grades de mestre-de-camp, lieutenant en second du régiment colonel-général-infanterie (1er mars 1778), colonel du régiment de Turenne (1784), chevalier de l'ordre de Saint-Louis, et maréchal de camp (1er mars 1791). Elu, le 9 mai 1789, député de la noblesse aux Etats-Généraux par la ville de Paris, il siégea parmi les partisans de l'ancien régime, donna son opinion sur le choix des membres du comité des rapports et vota la conservation des banalités conventionnelles. Arrêté et incarcéré sous la Terreur, il fut condamné à mort et périt sur l'échafaud le 27 mai 1794.

LÉVIS-MIREPOIX (Athanase-Gustave-Charles-Marie, marquis DE), pair de France, né à Aix-la-Chapelle (Prusse) le 27 mars 17.., mort à Paris le 7 juin 1851, fils du précédent et de « haute et puissante dame, madame Alexandrine-Marie-Julie-Félicité de Montboissier Lévis, comtesse de Mirepoix, » était gentilhomme ordinaire de la chambre du roi, aide-de-camp du duc de Reggio et commandeur de la Légion d'honneur, lorsqu'il fut, le 5 novembre 1827, nommé pair de France. Il soutint ses votes, au Luxembourg, le gouvernement de Charles X et rentra dans la vie privée en 18..

LÉVIS-MIREPOIX (Adrien-Charles-Félix, vicomte DE), député depuis 1885, né à Paris 1er mai 1841, entra à l'Ecole de Saint-Cyr, sortit officier de cavalerie, et donna peu après sa démission. Il fit la campagne de 1870 15e corps (armée de la Loire et armée de l'Est), puis s'occupa d'agriculture dans ses propriétés de l'Orne. Maire d'Origny, il se présenta à plusieurs reprises à la députation, comme candidat monarchiste. Le 6 mars 1881 (il s'agissait de remplacer M. Dugué de la Fauconnerie démissionnaire), M. de Lévis-Mirepoix obtint, dans la 1re circonscription de Mortagne, 5,... voix contre 6,659 à l'élu républicain, M. Lhuissart des Bois. Il échoua encore au renouvellement général du mois d'août suivant, avec 5,876 voix contre 6,537 au député sortant. Porté en octobre 1885, sur la liste conservatrice de l'Orne, il fut élu, au second tour de scrutin, 6e et dernier, par 45,479 voix (88,704 votants, 107,583 inscrits). M. de Lévis-Mirepoix prit place à la droite monarchiste et vota *contre* la loi sur l'enseignement primaire, *contre* la nouvelle loi militaire, *contre* les divers ministères de la législature et, en dernier lieu, *contre* le rétablissement du scrutin d'arrondissement (11 février 1889), *pour* l'ajournement indéfini de la révision de la Constitution, *contre* les poursuites contre trois députés membres de la Ligue des patriotes, *contre* le projet de loi Lisbonne restrictif de la liberté de la presse, *contre* les poursuites contre le général Boulanger.

LÉVISTE DE MONTBRIAN (Jacques-Gabriel-Marie-Suzanne, comte), député de 1830, né à Trévoux (Ain) le 24 mars 1..., mort à Fareins (Ain) le 31 janvier 1854, propriétaire, conseiller général, chevalier de la Légion d'honneur, fut élu, le 13 novembre 1820, député du collège de département de l'... par 97 voix (139 votants, 154 inscrits). Il place à droite, vota avec une certaine indépendance, et fut successivement réélu le 13 novembre 1822, dans le 2e arrondissement électoral de l'Ain (Trévoux), par 93 voix (166 votants, 187 inscrits), contre 71 à M. L... le 25 février 1824, par 105 voix (147 votants, 193 inscrits), contre 41 à M. Dupac de

guées : le 24 novembre 1827, au collège du département de l'Ain, par 59 voix 114 votants,
124 inscrits). M. Léviste de Montbrian continua
de voter silencieusement sans s'inféoder à aucun parti : il soutint cependant le cabinet Polignac, et ne fut pas réélu aux élections de
juillet 1830.

LEVRAULT (François-Benjamin, député de
1831 à 1834, né à Barbezieux (Charente) le
7 août 1774, mort à Paris le 5 octobre 1855,
étudia la médecine, se fit recevoir docteur et
exerça sa profession à Paris. Élu, le 5 juillet
1831, par 165 voix (318 votants, 569 inscrits),
contre 147 à M. Ganivet, député du 2e collège
de la Charente (Barbezieux), il prit place dans
la majorité conservatrice avec laquelle il vota
jusqu'en 1834. Le 21 juin de cette année, il
échoua, dans sa circonscription, avec 123 voix
contre 152 à M. Tesnières, élu.

LEVREY (Jean-Baptiste), député de 1885 à
1889, né à Lure (Haute-Saône) le 24 janvier
1832, étudia la médecine et se fit recevoir docteur en 1869. Il se fixa alors à Lure, et s'occupa d'agriculture. Aux élections d'octobre
1885, M. Levrey, porté sur la liste républicaine
opportuniste de la Haute-Saône, fut élu député
de ce département, au second tour de scrutin
(le 18 octobre), par 38,279 voix (73,595 votants,
87,095 inscrits), le 3e sur 5. Il prit place dans
la majorité de gauche, soutint les ministères
Rouvier et Tirard, et se prononça, en dernier
lieu, *pour* le rétablissement du scrutin d'arrondissement (11 février 1889), *pour* l'ajournement
indéfini de la révision de la Constitution, *pour*
les poursuites contre trois députés membres de
la Ligue des patriotes, *pour* le projet de loi
Lisbonne restrictif de la liberté de la presse,
pour les poursuites contre le général Boulanger.

LEWAL (Jules-Louis), ministre, né à Paris
le 13 décembre 1823, petit-fils d'un conseiller
à la cour des Comptes, entra à Saint-Cyr le
24 avril 1841, en sortit dans l'état-major avec
le numéro 2 et le grade de sous-lieutenant.
(1er avril 1843.) et fut classé premier, avec le
grade de lieutenant, à la fin des études à
l'École d'État-major, le 12 janvier 1846. Capitaine au choix (19 décembre 1848, il fut envoyé
en Algérie, devint, en 1854, premier adjoint à
la direction des affaires indigènes, et chef du
bureau militaire de Blidah. Blessé, le 26 juin
1854, pendant l'expédition de la Grande Kabylie et fait à cette occasion chevalier de la Légion d'honneur (29 juillet 1854, il passa, en
1856, au commandement du cercle de Dellys,
puis de Soukha'ras, et, durant les combats
qui eurent lieu sur la frontière tunisienne, les
16 et 17 août, fut cité à l'ordre du jour de l'armée. Rappelé au moment de l'expédition d'Italie,
chef d'escadron d'état-major (10 mai 1859, au
début de la campagne, il assista à Solférino,
et, après Villafranca, resta à l'état-major de
l'armée d'occupation, et fut membre et secrétaire de la commission de délimitation des
nouvelles frontières austro-sardes. A son retour
d'Italie, en 1860, il publia, dans la *Revue contemporaine*, des études littéraires remarquées
sur l'Italie classique et moderne : *Mantoue et
Virgile, Le lac de Côme et Pline-le-Jeune,
Catulle à Sermione, Annibal et Mayenta*. Au
moment de l'expédition du Mexique, en 1862,
M. Lewal fut attaché à l'état-major du corps
expéditionnaire, et devint lieutenant-colonel le
13 août 1863, et officier de la Légion d'honneur
le 24 août 1863, après le siège de Puebla, au-

quel il avait pris une grande part. Peu après
chef d'état-major de la 1re division de l'armée
française au Mexique, il eut à diriger les expéditions sur le Texas et sur Guayamos de Sonora,
et mérita d'être cité à l'ordre du jour de l'armée. Rentré en France le 4 avril 1867, et,
pendant quelques mois, chef d'état-major de la
1e division Châlons-sur-Marne, il fut ensuite
appelé au corps expéditionnaire de Rome,
comme sous-chef d'état-major. Au mois de février 1868, le maréchal Niel, ministre de la
Guerre, le rappela à Paris, et lui confia la direction du 2e bureau du dépôt de la guerre, avec
ordre d'organiser un service spécial sur le modèle du grand état-major de Berlin. Le colonel
s'y employa de son mieux, et inaugura des
conférences militaires. Celle qu'il fit sur la
Marche rationnelle d'un corps d'armée fut
particulièrement remarquée. Colonel le 10 avril
1868, il eut sans doute mené à bien les réformes
urgentes qu'il avait entreprises, si la mort du
maréchal Niel ne fut venue troubler l'œuvre
de la réorganisation de notre armée. En 1870,
le général Lewal fut attaché à l'état-major de
l'armée du Rhin, placé après les échecs de
Spickeren et de Frœschwiller, sous les ordres
de Bazaine. Il y eut un rôle difficile à remplir;
son activité et sa science militaire s'accommo-
daient mal de l'inaction forcée que le maréchal
Bazaine imposait à son état-major, et que le
général Jarras, major général de cette armée,
n'était point désireux de rompre, en raison des
relations tendues qu'il avait avec le général
en chef. Lors des grandes batailles à l'ouest
de Metz, Rezonville et Saint-Privat, le colonel
Lewal fut chargé de reconnaître les positions
en arrière d'Amonvillers. Durant le blocus, il
fut indirectement mêlé, en sa qualité d'officier
supérieur de l'état-major général, aux négociations de Regnier, et protesta avec énergie contre
la capitulation ; sa déposition lors du procès
Bazaine en fait foi. Au retour de la captivité,
il fut nommé commandeur de la Légion d'honneur, le 20 avril 1871, et, à l'organisation des
corps d'armée, devint chef d'état-major du
15e corps (Marseille), le 18 octobre 1873. Bien
que nommé général de brigade le 24 août 1871,
il conserva ses fonctions au 15e corps et concourut d'une manière spéciale à la préparation
des grandes manœuvres que ce corps exécuta
en 1875. Il eut ensuite à s'occuper de la création et de l'organisation de l'École supérieure
de guerre, dont il fut nommé directeur le
17 septembre 1877. Sous son impulsion, les
études sur le terrain prirent une importance
considérable et justifiée. Général de division le
12 février 1880, il reçut le commandement de
la 33e division (17e corps), devint grand officier
de la Légion d'honneur (11 juillet 1882), et
commandant en chef du 17e corps le 13 mars
1883. Au cours des grandes manœuvres de 1884,
il appliqua pour la première fois sa *tactique des
marches*. Son système du *point initial* et des
haltes simultanées parut, aux officiers,
supérieur à l'*ordre de rendez-vous* encore
aujourd'hui en usage dans l'armée allemande.
Ces manœuvres attirèrent sur lui l'attention
publique plus encore que ses livres tactiques,
empreints pourtant d'une profonde science militaire. Lorsque le général Campenon abandonna le ministère de la Guerre en 1885,
M. Lewal fut appelé à le remplacer. Il exerça
ces fonctions du 17 octobre 1885 au 5 avril 1886.
Malheureusement, il arrivait à un moment
fâcheux ; on espérait beaucoup de ses talents et
de son patriotisme. Les nécessités de la politique
courante l'empêchèrent de les manifester comme

on y comptait. Il prit à cœur l'expédition du Tonkin et prononça à cette occasion un mot malheureux qui souleva contre lui d'unanimes protestations. Le désastre de Lang-Son emporta le ministère Ferry et M. Lewal, maladroitement compromis dans cette politique. Il devint alors commandant du 10e corps, fut atteint par la limite d'âge en 1888 et mis à la retraite en 1889; il reçut la médaille militaire à cette occasion. M. Lewal a publié : *Organisation de 1788*, *de Guibert* (brigades et divisions) dans le *Moniteur de l'armée* (1869); la *Réforme de l'armée* (1871); *Études de guerre*, partie organique (1873); *Tactique de mobilisation et tactique de combat* (1875); *Tactique de marche* (1876); *Tactique de stationnement* (1879); *Tactique de renseignements* (1881-1882). — Membre de l'Académie militaire de Stockholm.

LEYDET (Victor), député depuis 1881, né à Aix (Bouches-du-Rhône) le 3 juillet 1845, fils d'un ouvrier, fit ses classes au collège d'Aix et fut attaché ensuite, en qualité de commis, à diverses maisons de commerce. Devenu lui-même chef d'un important établissement d'huiles du Midi, conseiller municipal (1870) adjoint au maire de sa ville natale (1876-1882), conseiller général des Bouches-du-Rhône pour le canton de Peyrolles (1880), juge au tribunal de commerce, il se présenta à la députation, lors de l'élection complémentaire du 4 décembre 1881, dans la 1re circonscription d'Aix, vacante par suite de l'option de M. Lockroy. M. V. Leydet fut élu député, au second tour de scrutin, le 18 décembre, par 4,919 voix (9,843 votants, 15,882 inscrits), contre 4,870 à M. Pautrier. Il siégea à la gauche radicale et vota *contre* les ministères Gambetta et J. Ferry, *contre* les crédits de l'expédition du Tonkin, *pour* la séparation de l'Église et de l'État, etc., déposa une proposition de loi tendant à donner aux conseils généraux, d'arrondissement et municipaux, le droit d'émettre des vœux politiques (1882), et une autre proposition (1883) ayant pour objet d'établir un impôt sur le revenu proportionnel et progressif. Il parla sur la loi municipale, sur le budget, sur l'organisation du Sénat et les élections des sénateurs, etc. Porté, le 5 octobre 1885, sur la liste républicaine radicale des Bouches-du-Rhône, M. V. Leydet fut élu au second tour, le 3e sur 8, député de ce département, par 55,750 voix (93,426 votants, 139,346 inscrits). Il appartient au groupe de l'extrême gauche, combattit les ministères Rouvier et Tirard, intervint plusieurs fois dans la discussion des lois de finances, parla sur la conversion des rentes, sur le tarif des douanes, sur la réforme de la législation des faillites, sur la loi militaire, en faveur de la liberté de fabrication des allumettes, pour la réduction de l'impôt des cercles, et fut rapporteur de la convention franco-grecque. Dans la dernière session, il s'est prononcé *contre* le rétablissement du scrutin d'arrondissement (11 février 1889), *contre* l'ajournement indéfini de la revision de la Constitution, *pour* les poursuites contre trois députés membres de la Ligue des patriotes, *contre* le projet de loi Lisbonne restrictif de la liberté de la presse, *pour* les poursuites contre le général Boulanger. M. Leydet a collaboré au *National* d'Aix, dont il a été, en 1871, un des fondateurs; il a été président de la classe 69 à l'Exposition universelle de 1889.

LEYGUES (Jean-Claude-Georges), député depuis 1885, né à Villeneuve-sur-Lot (Lot-et-Garonne) le 28 octobre 1856, se fit inscrire, ses études de droit achevées, au barreau de sa ville natale. Adjoint au maire, il fonda le journal républicain *l'Avenir du Lot-et-Garonne*, devint membre actif de la Ligue des patriotes, et publia entre temps plusieurs volumes de vers, notamment *Coffret brisé* (1880) et *La lyre d'airain* (1884) couronnés par l'Académie française. Porté, aux élections générales du 4 octobre 1885, sur la liste opportuniste du Lot-et-Garonne, il fut élu député, au second tour (18 octobre), le 4e sur 5, par 44,084 voix sur 86,457 votants et 101,598 inscrits. Il prit place à gauche, fut membre (1889) de la commission du budget, et rapporteur du budget du ministère de l'Intérieur, soutint les ministères Rouvier et Tirard, vota *pour* l'expulsion des princes, et, dans la dernière session, *pour* le rétablissement du scrutin d'arrondissement (11 février 1889), *pour* l'ajournement indéfini de la revision de la Constitution, *pour* les poursuites contre trois députés membres de la Ligue des patriotes, *pour* le projet de loi Lisbonne restrictif de la liberté de la presse, *pour* les poursuites contre le général Boulanger. Officier d'académie.

LEYMARIE (Léonard), député en 1789, né à Martel (Lot) en 1729, mort à une date inconnue, était curé de Saint-Privat. Élu, le 25 mars 1789, député du clergé aux États-Généraux par la sénéchaussée du Quercy, il siégea à la droite de l'Assemblée constituante, signa les protestations des 12 et 15 septembre 1791 contre les actes de l'Assemblée, et disparut de la scène politique après la session.

LEYRAUD (André), représentant à la Chambre des Cent-Jours, député de 1831 à 1848, représentant du peuple en 1848, né à Guéret (Creuse) le 25 janvier 1786, mort à Guéret le 7 janvier 1865, avocat à Guéret et poète, fut le premier à arborer le drapeau blanc à Guéret en 1814. Élu représentant à la Chambre des Cent-Jours par l'arrondissement de Guéret, le 10 mai 1815, avec 53 voix (103 votants), contre 29 à M. Dumarest et 18 à M. Fayolle, il figura avec le même enthousiasme parmi les membres de la majorité, et, à la séance du 22 juin 1815, essaya en vain de sauver la dynastie impériale. La seconde Restauration ne lui en garda pas rancune, et le nomma maire de Guéret (1815); il occupa ce poste jusqu'en 1834, tout en se faisant une place au barreau. Il ne manqua pas de composer une ode sur la naissance du duc de Bordeaux en 1820; la même année, il se fit affilier à la Société « Aide-toi, le Ciel t'aidera », dont, à l'avènement du ministère Polignac (29 août 1829), il était devenu le président pour son département. Cet éclectisme lui valut les sympathies du gouvernement de juillet, et Dupont de l'Eure le nomma procureur du roi à Guéret; mais il résigna bientôt ces fonctions pour se présenter à la députation. Déjà, le 24 novembre 1827, il avait brigué les suffrages des électeurs du collège de département de la Creuse, mais il avait échoué avec 24 voix contre 38 à l'élu, M. Voysin de Gartempe. Il fut plus heureux le 5 juillet 1831, et fut élu député du 1er collège de la Creuse (Guéret), par 134 voix (161 votants, 230 inscrits). Il prit place au centre gauche, ne fit plus de vers, et vota pour le gouvernement. Successivement réélu le 21 juin 1834, par 126 voix (157 votants, 230 inscrits), contre 18 à M. Péronneau; le 4 novembre 1837, par 132 voix (143 votants, 226 inscrits); le 2 mars 1839, par 140 voix (153 votants) ; il se prononça *pour* la loi sur les crieurs publics, *contre* les associations. *pour* l'état de siège, *contre* l'hérédité de la pairie, *pour* les lois de septembre, *contre* la loi de disjonction et la loi d'apanage. Au moment de l'attentat de Fieschi (1835), il était à Guéret, et, à cette occasion, il adressa à la garde nationale une harangue chaleureuse terminée par le cri de : Vive le Roi! Un des soldats citoyens ayant répondu : Vive la Charte! M. Leyraud se précipita pour le saisir au collet : mais l'autre croisa la baïonnette, et l'intervention des spectateurs put seule empêcher un conflit. Nommé, par le ministère Soult (12 mai 1849), directeur des affaires civiles au ministère de la Justice, il dut se représenter devant ses électeurs, et fut réélu, le 4 décembre 1839, par 165 voix (187 votants). Son mandat lui fut renouvelé, le 9 juillet 1842, par 166 voix (194 votants, 263 inscrits). Comme il avait conservé sa place sous le ministère du 1er mars, il vota avec le parti de la cour *contre* les incompatibilités et *contre* l'adjonction des capacités; mais, sous le ministère de « la paix à tout prix », il vota *contre* l'indemnité Pritchard et *pour* la proposition sur les députés fonctionnaires. De nouveau réélu, le 1er août 1846, par 163 voix (283 votants, 300 inscrits), contre 114 à M. Cuvillier-Fleury, il dénonça à la Chambre les manœuvres employées par le gouvernement contre son élection, et fit de l'opposition au ministère Guizot, contre lequel il fonda dans la Creuse, en 1843, l'*Éclaireur de la Creuse et de l'Indre,* que dirigèrent ensuite George Sand et Pierre Leroux. Le 23 avril 1848, les électeurs de la Creuse l'envoyèrent à l'Assemblée constituante, le 3e sur 7, par 21,203 voix (69,820 inscrits); il fit partie du comité de la Justice, et vota presque toujours avec la droite, *pour* le bannissement de la famille d'Orléans, *contre* l'abolition de la peine de mort, *contre* l'impôt progressif, *contre* l'incompatibilité des fonctions. *contre* l'amendement Grévy, *contre* la sanction de la Constitution par le peuple, *pour* l'ensemble de la Constitution, *pour* la proposition Rateau, *pour* l'interdiction des clubs, *pour* l'expédition de Rome. Il ne se rallia point à la politique de l'Élysée, et, après le coup d'État, posa sa candidature d'opposition au Corps législatif dans la 1re circonscription de la Creuse, le 29 février 1852; il échoua avec 12,456 voix, contre 12,831 à l'élu officiel, M. Ed. Delamarre. Il ne fut pas plus heureux, le 22 juin 1857, dans le même arrondissement, et n'obtint que 6,374 voix, contre 12,248 à l'élu, M. Delamarre, député sortant. Son âge et son état de santé lui interdirent désormais de nouvelles tentatives. Chevalier de la Légion d'honneur (1837).

LEYRIS (Augustin-Jacques), député en 1791, membre de la Convention, député au Conseil des Cinq-Cents, né à Alais (Gard) en 1762, mort à Paris vers 1840, homme de loi avant la Révolution, se montra partisan des idées nouvelles, fut élu, en 1790, vice-président du district d'Alais, et, le 11 septembre 1791, député du Gard à l'Assemblée législative, le 8e et dernier, par 217 voix (354 votants). Il s'y fit peu remarquer, et opina avec la majorité réformatrice. Réélu par le même département membre de la Convention, le 3 septembre 1792, le 1er sur 8, avec 348 voix (488 votants), il vota pour la mort dans le procès du roi, se rendit en mission dans les Pyrénées-Orientales (mai 1793) signala de là à la Convention le mauvais état des armées, devint, au retour, secrétaire de l'assemblée (an II , et fit partie, en l'an VI, du Conseil des Cinq-Cents, où le renvoya le département du Gard (25 germinal) par 140 voix sur 178 votants. Leyris fit prendre un arrêté sur l'examen des opérations des assemblées primaires et communales scissionnaires, défendit un projet de Bailleul pour le rétablissement de l'impôt sur le tabac, et se montra attaché aux institutions républicaines. Exclu de la représentation nationale par le coup d'État de Bonaparte, il vécut dès lors dans la retraite; atteint, en janvier 1816, par la loi contre les régicides, il se réfugia à Bruxelles.

LEYRIS-D'ESPONCHEZ (Antoine-Félix), député en 1789, né à Alais (Gard) le 21 décembre 1750, massacré à Versailles (Seine-et-Oise) le 9 septembre 1792, se destina à l'état ecclésiastique et devint licencié en théologie. Chapelain des obits de l'église royale et collégiale de Saint-Frambourg, puis vicaire-général du diocèse de Senlis, il fut appelé ensuite au siège épiscopal de Perpignan, et fut sacré en 1788. Élu député du clergé aux États-Généraux par la viguerie de Perpignan, le 21 avril 1789, il s'opposa à la suppression des dîmes et des autres privilèges de son ordre. Des troubles ayant éclaté à Perpignan, la municipalité de cette ville l'accusa d'en être le fauteur. Sur cette dénonciation (12 février 1791), il fut arrêté, et traduit devant la Haute-Cour d'Orléans. Transféré à Versailles, il périt dans le massacre des prisonniers devant la grille de l'Orangerie, le 9 septembre suivant.

LEYVAL (Augustin-Louis-Henry-César Dauphin de), député de 1824 à 1831, né à Clermont-Ferrand (Puy-de-Dôme) le 4 octobre 1780, mort au château de Saint-Fargeol (Allier) le 23 janvier 1845, était propriétaire dans son département, maire de Cisterne-la-Forêt, et membre du conseil d'arrondissement de Riom, lorsqu'il fut élu, comme royaliste constitutionnel, le 6 mars 1824, député du Puy-de-Dôme, au grand collège, par 200 voix (240 votants, 303 inscrits). Il prit place au centre gauche et combattit la politique du ministère Villèle. Réélu, le 17 novembre 1827, dans le 2e arrondissement du Puy-de-Dôme (Riom), par 131 voix (221 votants, 273 inscrits), contre 88 à M. de Chabrol de Volvic, il reprit sa place dans l'opposition et fit un discours remarqué, le 13 février 1828, en réponse à M. de Curzay qui, « pour justifier, écrit un biographe, la conduite arbitraire de la dernière administration, s'était élevé contre les trames d'un prétendu comité directeur libéral. » M. de Leyval s'écria : « On parle de troubles et de révolution. Ah! sans doute, j'ai en horreur le despotisme et l'anarchie, ils m'ont ravi mes parents, ma fortune; mais s'il m'en est resté des impressions profondes, elles ne m'offusquent point le sens et la raison : ces fantômes hideux ne sont pour moi que des fantômes. Cette révolution où donc est-elle? La Charte a tué le monstre, et ce n'est qu'en tuant la Charte qu'on peut le faire revivre. Il est des temps où les peuples veulent de l'anarchie, et peut-être ont besoin d'anarchie, il en est d'autres où ils ont besoin de raison, et ne veulent que la raison ; les voici venus pour la France. Tant de vicissitudes dans les événements, tant de bonnes et de mauvaises fortunes, tant de joies étouffées à leur naissance, de triomphes suivis d'une prompte défaite, ont dissipé les fumées de l'ivresse politique. L'aménité naturelle de nos mœurs, nos habitudes bienveillantes et polies ont rapproché des hommes ennuyés de se haïr. Dans leurs rapports, plus confiants et plus faciles, les opinions se sont par degré adoucies et confondues, et que dirai-je enfin? *le royalisme est devenu libéral et le libéralisme est devenu monarchique.* » M. Augustin de Leyval soutint le ministère Martignac, vota contre M. de Polignac avec les 221, et obtint sa réélection à Riom, le 23 juin 1830, par 132 voix (255 votants, 272 inscrits), contre 119 à M. de Chabrol de Volvic. Il adhéra à la monarchie de Louis-Philippe, puis rentra dans la vie privée en 1831. Chevalier de la Légion d'honneur.

LEYVAL (PIERRE-FÉLIX-CÉSAR-ROBERT DAUPHIN DE), député de 1827 à 1830 et de 1831 à 1834, frère du précédent, propriétaire, entra dans la vie parlementaire le 24 novembre 1827, comme député du collège du département du Puy-de-Dôme, élu par 101 voix sur 203 votants et 265 inscrits. D'opinions « constitutionnelles », il siégea, comme son frère Augustin, au centre gauche, et fut des 221. Non réélu en 1830, il reparut à la Chambre après l'avènement de Louis-Philippe, le 5 juillet 1831, ayant obtenu, dans le 2e collège du Puy-de-Dôme (Clermont-Ferrand), 95 voix 152 votants, 350 inscrits), contre 56 à M. Dessaigne. Il appartint jusqu'en 1834 à la majorité conservatrice. A cette époque, il échoua le 21 juin, avec 100 voix, contre 147 à l'élu, M. Jouvet.

LÉZARDIÈRE (JOSEPH-ALEXIS ROBERT, BARON DE), député de 1815 à 1816, né à Challans (Vendée) le 20 août 1765, mort à Nantes (Loire-Inférieure) le 11 avril 1858, appartint à l'armée sous l'ancien régime, en sortit avec le grade d'officier. Élu, le 22 août 1815, député de la Vendée, au collège de département, par 92 voix (143 votants, 204 inscrits), il siégea dans la majorité de la Chambre introuvable et ne fut pas réélu en 1816.

LÉZARDIÈRE EUTROPE-CHARLES-ATHANASE-BENJAMIN ROBERT, VICOMTE DE), député de 1824 à 1827 et de 1830 à 1831, né au château de la Proutière, commune de l'oiroux (Vendée) le 1er mai 1777, mort au même lieu le 31 octobre 1866, d'une des plus anciennes familles nobles du Poitou, était le petit-neveu de Mlle Marie-Charlotte-Pauline de Lézardière, l'auteur célèbre de la *Théorie des lois de la monarchie française.* Libéral par tradition, il demanda, avant la Révolution, une égale répartition des impôts, et ne crut pas déroger en exploitant l'ocre dont il avait découvert les gisements dans sa terre de la Vérie. Retiré à Choisy-le-Roi pendant la Terreur, il vit massacrer un de ses frères dans les journées de septembre 1792, suivit le procès de Louis XVI à côté de Malesherbes, et, en 1794, revint à pied en Vendée. Le château paternel avait été brûlé; M. de Lézardière se rendit au quartier général de Charette, le 15 septembre 1794, resta auprès de lui en qualité d'aide-de-camp, se battit à Freligné, resta dans le pays après le traité de la Jaunais, reprit les armes avec Charette l'année suivante, et fut fait prisonnier par les républicains. Traduit, aux Sables-d'Olonne, devant un conseil de guerre, il allait être condamné, lorsqu'un grenadier présent, nommé Théodore, déclara tout haut « que c'est un bon brigand, et qu'il lui doit la vie ». Le récit de Théodore émut les juges, et M. de Lézardière ne fut condamné qu'à la déportation. Comme il était blessé, il fut admis, avant le départ, à l'hôpital de Rochefort, puis transféré à l'île de

Ré; ayant été accusé à ce moment d'avoir émigré, l'ordre de suspendre le départ fut donné, et le prisonnier fut envoyé à Fontenay devant une commission militaire. Grâce au dévouement de sa sœur, qui vint de Paris témoigner avec pièces à l'appui en sa faveur, il fut sauvé encore une fois, fut transféré, toujours malade, à l'hôpital de Caen, d'où il s'évada pour rejoindre son père en Allemagne. Rentré en France sous le Consulat, il vécut, pendant la durée de l'Empire, autant en Vendée qu'à Paris, fréquentant la société polie et littéraire, et partisan des grands principes de la Révolution sous une monarchie constitutionnelle. La Restauration ne lui valut que la croix de Saint-Louis et le grade de chef d'état-major des gardes nationales de la Vendée. Nommé, en 1824, président du collège électoral des Sables-d'Olonne, il fut élu, le 25 février, député de cet arrondissement électoral (le 3e de la Vendée), par 121 voix sur 172 votants et 208 inscrits. Il prit place parmi les monarchistes constitutionnels, exposa à la tribune les doléances de l'agriculture, et demanda la réduction de l'impôt foncier et des droits protecteurs (7 juillet 1824). Membre (14 janvier 1825) de la commission chargée de l'examen du projet de loi sur le milliard des émigrés, il proposa de confier le travail de répartition à des commissions départementales (rejeté); il fut rapporteur (24 mars) du projet de loi sur les communautés religieuses, parla sur le budget, combattit le ministère, réclama la franche application des institutions constitutionnelles (16 mai 1826), recueillit, la même année, des voix pour la vice-présidence de la Chambre, fut nommé membre de la commission du budget (28 février 1827), s'éleva vivement contre la censure en matière de presse dans la discussion de « la loi d'amour, accusa (9 mai) le ministère de désaffectionner le pays de la monarchie, et, à la dernière séance de la session, constata « l'inquiétude générale, et les menaces de coups d'État. » Aux élections qui suivirent (17 novembre), le vicomte de Lézardière ayant refusé d'accepter un compromis qui lui eût donné les voix de l'opposition, échoua avec 63 voix contre 100 à l'élu, M. de Kératry. Mais, le ministère Villèle étant tombé, le nouveau cabinet, présidé par M. de Martignac, appela M. de Lézardière à la préfecture de la Mayenne (12 novembre 1828). Le cabinet Polignac le destitua (février 1830) de ses fonctions, et, aux élections du 13 juillet 1830, le 1er arrondissement électoral de la Mayenne (Laval) l'élut député avec 199 voix sur 359 votants et 386 inscrits, contre 158 voix au député sortant, M. Léon Leclerc. Quoique hostile aux Ordonnances de juillet, il essaya vainement de défendre les intérêts de la branche aînée : « De grands crimes ont été commis, dit-il ; les indignes conseillers de la couronne ont légitimé peut-être les événements. Mais je crois que la France est menacée d'interminables malheurs si le droit de détrôner le roi, de changer la forme du gouvernement établi, devient notre droit public : c'est une désorganisation sociale. » Il ne fit pas d'ailleurs au gouvernement une opposition systématique, parla sur l'organisation des gardes nationales, combattit la loi d'exil portée contre les Bourbons de la branche aînée (31 mars 1831). Il quitta le parlement aux élections générales qui suivirent, refusa de Louis-Philippe la préfecture du Nord, et se retira dans ses terres de Vendée. Nommé conseiller général du canton de Talmont en 1848, il présida quelque temps l'assemblée départementale, puis rentra définitivement dans la vie privée. On a de lui: *la Ven-dée en 1832.*

LEZAUD Pierre-Albert, député de 1877 à 1878, né à Limoges (Haute-Vienne) le 22 juillet 1835, mort à Paris le 26 novembre 1882, propriétaire, fut porté candidat, pour la première fois, aux élections législatives de 1876, dans l'arrondissement de Rochechouart, par les conservateurs-monarchistes: il échoua avec 3,683 voix, contre 5,083 à l'élu républicain, M. Codet. Ayant obtenu, après la dissolution de la Chambre, l'appui officiel du gouvernement du Seize-Mai, il se présenta dans l'arrondissement de Bellac, et fut proclamé élu, le 14 octobre 1877, par 8,092 voix (15,336 votants, 22,141 inscrits), contre 7,191 à M. Lavignère. M. Lezaud prit place à droite. Mais la majorité de la Chambre prononça l'invalidation de l'élection pour faits de pression officielle, et, M. Lezaud s'étant représenté, le 21 avril 1878, échoua définitivement avec 6,803 voix, contre 8,621 à l'élu républicain. M. Labuze.

LEZAY-MARNÉZIA (Claude-François-Adrien, Marquis de), député en 1789, né à Metz (Moselle) le 24 août 1735, mort à Paris le 9 novembre 1810, d'une famille de vieille noblesse de Savoie qui s'est illustrée dans l'armée et dans l'Eglise, embrassa de bonne heure la carrière des armes, fut capitaine au régiment du roi, et, mécontent de certains règlements nouveaux, prit son congé pour vivre dans ses terres au château de Saint-Julien (Jura), où il s'occupa d'agriculture, de sciences et de littérature. Il composa un *Essai sur la minéralogie du bailliage d'Orgelet*, puis le *Bonheur dans les campagnes* (1785), ensuite un poème en cinq chants: *Essai sur la nature champêtre* (1787), un ballet, des élégies, etc. Associé de l'Académie de Lyon en 1774, il ambitionna toute sa vie d'être de l'Académie française; dans ce but, il réunissait à son château de Mouthomé les lettrés influents de l'époque, Chamfort, Fontanes, Cerutti dont il publia à ses frais le *Mémoire pour le peuple français* (1788), etc. Economiste de l'école de Turgot, il abolit les corvées dans ses terres et demanda l'égale répartition des impôts. Le 16 avril 1789, la noblesse du bailliage d'Aval l'élut député aux Etats-Généraux. Il siégea à gauche parmi les partisans des réformes, se réunit au Tiers-Etat dès le 25 juin, s'opposa (24 décembre) à l'éligibilité des comédiens au nom des doctrines de J.-J. Rousseau, et, bientôt découragé dans ses visées philanthropiques, donna sa démission (26 mai 1790) et résolut d'aller fonder en Amérique une colonie avec tous les proscrits d'alors. Catholique avant tout, il n'exigea de ses compagnons de colonisation que des billets de confession et des certificats de mariage, et les futurs colons de Gallipolis s'embarquèrent, fin mai 1790, sur un brick trop étroit et mal aménagé. Après neuf mois d'une traversée rendue doublement pénible par l'imprévoyance de l'organisation et la composition du personnel, ils abordèrent dans la baie de Chesapeack, et débarquèrent vingt lieues plus loin, sur le Potomac, à Alexandrie de Virginie, pour gagner un vaste territoire au confluent de l'Ohio et du Scioto. Après avoir salué Washington à Philadelphie, les colons gagnèrent les Montagnes-Bleues dont la traversée fut pleine de dangers; en arrivant à Pittsbourg, ils apprirent que les Indiens, encore maîtres du territoire concédé, venaient de repousser victorieusement une expédition diri-

gée contre eux. A cette nouvelle, la plupart des colons désertèrent: le marquis et ses compagnons restés fidèles hivernèrent dans des blockhaus à Marietta. Au printemps, ils décidèrent de se fixer près de Pittsbourg où ils achetèrent un domaine qu'ils appelèrent « Asylum »: mais ils durent bientôt le revendre faute de ressources, et, sans dix mille livres qui lui furent avancées par un Italien de Philadelphie, le comte Andreani, le marquis allait être jeté en prison pour dettes. Ses affaires arrangées, M. de Lezay-Marnézia gagna l'Angleterre (mai 1792), puis Paris (20 juin), et son château de Saint-Julien. Bien qu'il y vécût fort retiré, M. de Lezay, devenu suspect sous la Terreur, fut emprisonné pendant onze mois à Besançon, jusqu'au 9 thermidor. Son fils, Adrien, qui fut plus tard préfet du Rhin-et-Moselle, puis du Bas-Rhin, ayant été proscrit au 18 fructidor, M. de Lezay crut prudent de se réfugier en Suisse, dans le canton de Vaud, où il reçut de Necker le meilleur accueil; il rentra en France sous le Consulat. Outre les ouvrages déjà cités, on a de lui des *Lettres* à quelques hommes célèbres de son temps, des poésies; il collabora aussi à l'*Encyclopédie.*

LEZAY-MARNÉZIA (Albert-Magdelaine-Claude, comte de), député de 1816 à 1820, pair de France, sénateur du second empire, né au château de Mouthomé, près Sézéria (Jura) le 6 juin 1772, mort à Blois (Loir-et-Cher) le 4 septembre 1857, était fils du précédent et de dame Marie-Claudine, marquise de Nettancourt. Placé à sept ans comme pensionnaire chez les moines de Belley, il s'y instruisit tant bien que mal jusqu'à l'âge de quinze ans, époque à laquelle l'influence de sa famille lui obtint un brevet d'officier dans les dragons d'Orléans. En 1790, il suivit son père en Amérique; il en partit avec lui, en mai 1792, après de nombreuses et décevantes aventures, et, de retour dans son pays natal, dut bientôt le quitter, sur l'ordre de son père dont les malheurs avaient aigri le caractère. Arrivé à Paris sans ressources, il fut accueilli par M. de Fontanes, ancien ami de sa famille, fut reçu chez Joséphine de Beauharnais, sa parente, et se rendit à Bruxelles (1793) pour écouler une petite pacotille qu'on avait pu lui acheter. Trompé par un agent d'affaires, il revint à Paris plus pauvre qu'auparavant. On était en pleine Terreur; M. de Lezay dut s'enfuir avec son frère à Forges-les-Eaux, chez un ami, M. Livron, qui leur fit fréquenter les clubs, rimer des chansons patriotiques, et même composer un opéra de circonstance: *Le Siège de Maubeuge.* Appelé par la conscription sous les drapeaux, M. de Lezay le fit inscrire sous le nom d'Albert, et rejoignit à Lille un régiment de carabiniers. Il assista aux sièges d'Ypres, de l'Ecluse, d'Anvers et de Bréda; son frère, qui était rentré à Paris après thermidor, obtint pour lui un emploi dans les vivres de l'armée, qui le fit appeler à Amsterdam, auprès des munitionnaires généraux. Un amour contrarié l'obligea de quitter cet emploi; il partit avec un négociant de la ville, visita Madère, les Açores, le Portugal, se créa à Lisbonne de belles relations, et, renonçant au projet de rentrer en France à la nouvelle du coup d'Etat de fructidor, retrouva des fonctions d'employé en Hollande, chez un riche négociant d'Amsterdam, M. Couderc. Le mariage du général Bonaparte avec Mme de Beauharnais fit rentrer à Paris M. de Lezay, rayé des premiers de la liste des émigrés. Mais, en butte aux tracasseries de la police, il crut prudent de se retirer dans le Jura. Il s'y occupa d'agriculture, se maria en 1808, et parvint à se refaire une petite fortune et une existence heureuse. Il était maire de son village, lorsque le roi l'appela à la préfecture du Pas-de-Calais (mars 1815) : cette faveur était due à la mort de son frère, préfet du Bas-Rhin, par suite d'un accident de voiture dans une visite où il accompagnait le duc de Berry. Le retour de l'île d'Elbe ne permit pas à M. de Lezay de se rendre à sa préfecture ; il se retira en Suisse, et, à la seconde Restauration, fut nommé préfet du Lot (septembre 1815). Il administra avec zèle ce département, favorisa la culture du tabac, institua des primes pour les meilleures cultures, et fut élu, le 4 octobre 1816, par le collège de son département, député du Lot, avec 105 voix sur 188 votants et 242 inscrits. Des nécessités politiques le firent nommer, quelques jours après, préfet de la Somme. A la Chambre, lié avec Royer-Collard, il se borna à la tribune et soutint la monarchie constitutionnelle. Le 1er octobre 1817, il demanda et obtint la préfecture du Rhône : Lyon venait d'être agité par des troubles graves ; le nouveau préfet prit à tâche de soulager la misère, de donner de l'essor à l'industrie, d'embellir la ville, et sut se concilier ainsi les sympathies de la population. Mais l'avènement du ministère Villèle amena sa destitution (9 janvier 1822). N'ayant pas été réélu à la Chambre, au renouvellement de 1820, il se retira de nouveau dans son domaine de Saint-Julien (Jura), et y resta six ans. Le ministère Martignac le rappela aux affaires, le 18 octobre 1828, en lui confiant la préfecture de Loir-et-Cher ; à la nouvelle des journées de juillet 1830, il donna sa démission, puis la reprit sur les instances de ses administrés, et refusa, pour rester à Blois, les préfectures du Nord, d'Eure-et-Loir et du Doubs. Le 11 septembre 1835, le roi le promut à la pairie. Il était encore préfet à Blois à la révolution de 1848. Il donna sa démission, puis ne refusa pas ses services au prince Louis-Napoléon. Membre de la Commission consultative créée après le coup d'État de 1851, il fut nommé sénateur le 26 janvier 1852, fit partie de la majorité dynastique, et mourut en 1857, âgé de 86 ans. Par autorisation spéciale, et conformément au vœu du conseil municipal de Blois, son corps fut inhumé dans l'église de Saint-Nicolas. On a de lui des comédies : *le Nouveau Misanthrope* (1801) ; *Une Journée d'élections* (1837) ; *Souvenirs* (1854), etc.

LÉZIART DE LAVILLORÉE (Louis-Jean-Pierre-Charles), député en 1848, né le 12 janvier 1810, mort à Fougères (Ille-et-Vilaine) le 23 mai 1871, avait appartenu à l'administration comme sous-préfet, lorsqu'il fut élu, le 29 janvier 1848, député du 4e collège du Finistère (Morlaix), par 217 voix sur 446 votants et 531 inscrits, contre 204 à M. de Kerhorre. M. Léziart de Lavillorée remplaçait M. du Dresnay, décédé. Mais il eut à peine le temps de se rendre à Paris et de prendre place dans la majorité conservatrice, la révolution de février 1848 étant venue terminer presque aussitôt sa carrière parlementaire. Chevalier de la Légion d'honneur.

LEZURIER DE LA MARTEL (Louis-Geneviève, baron), député au Corps législatif de 1810 à 1815, né à Rouen (Seine-Inférieure) le 25 mai 1765, mort au Val de la Haye (Seine-Inférieure) le 22 janvier 1852, « fils de M. Pierre-Louis Lezurier, ancien juge-consul, officier des

bourgeois, négociant, et de demoiselle Anne Françoise Le Bouvier », était un des principaux négociants de sa ville natale. Créé chevalier de l'Empire le 10 septembre 1808, et baron le 14 avril 1810, il fut élu, le 10 août 1810, par le Sénat conservateur, député de la Seine-Inférieure au Corps législatif, où il siégea jusqu'en 1815. Il vota en 1814 la déchéance de Napoléon et prit part à la discussion du budget et à celle de la loi sur les douanes. Officier de la Légion d'honneur.

LHERBETTE (Amant-Jacques), député de 1831 à 1848, représentant en 1848 et en 1849, né à Paris le 16 septembre 1791, mort à Paris le 28 mai 1864, étudia le droit et exerça la profession d'avocat. Il prit part avec les libéraux aux luttes politiques de la Restauration, et fut nommé par Dupont (de l'Eure), à la révolution de 1830, procureur du roi à Bernay ; mais il ne tarda pas à donner sa démission, parce qu'il désapprouvait la marche du nouveau gouvernement. Il se présenta, avec la recommandation d'Odilon Barrot, le 5 juillet 1831, comme candidat à la députation dans le 6e collège de l'Aisne (Soissons). M. Lherbette fut élu député par 192 voix (341 votants, 402 inscrits), contre 143 à M. de Bussières. Il prit place dans les rangs de la gauche dynastique dont il signa, en 1832, le *Compte-rendu*, et fut un des membres les plus actifs de l'opposition constitutionnelle. Successivement réélu pendant toute la durée du règne de Louis-Philippe : le 14 mai 1834, par 192 voix (358 votants, 424 inscrits), contre 165 à M. de Bussières ; le 4 novembre 1837, par 287 voix (549 votants, 614 inscrits), contre 2 à M. Paillet ; le 2 mars 1839, par 302 voix (5 votants) ; le 9 juillet 1842, par 324 voix (638 votants, 683 inscrits), contre 313 à M. Paillet ; le 1er août 1846, par 404 voix (726 votants, 7 inscrits), contre 312 à M. de Révocet, il aborda à la tribune, un grand nombre de questions, multiplia les interpellations aux ministres, se fit surtout remarquer dans les discussions auxquelles donnèrent lieu l'hérédité de la pairie, les fonds secrets, les fortifications de Paris, liste civile, la dotation, les apanages, etc. passait, avec M. de Cormenin, pour le plus infatigable éplucheur de budgets. Il appuya tous les projets de réforme électorale et vota contre l'indemnité Pritchard. Un biographe lui disait de lui : « Ce fut à la persévérance de ses efforts que la Chambre dut la communication et l'impression de tous les documents propres à faire apprécier les nécessités de la nouvelle liste civile. M. Lherbette est un des adversaires les plus vifs de la fusion de la gauche et du centre gauche. » Partisan de l'adjonction des capacités au cens électoral, il assista à plusieurs des banquets de 1847 et y prit la parole, fut un des signataires de la proposition de mise en accusation du ministère Guizot. Le gouvernement provisoire le nomma liquidateur de la cienne liste civile ; mais il refusa cet emploi, rallia le parti conservateur de l'Aisne à sa candidature (23 avril 1848) à l'Assemblée constituante : M. Lherbette fut élu représentant, 1er sur 14, par 124,892 voix (130,363 votants, 154,878 inscrits). On lit dans la *Biographie des représentants du peuple de 1848* : « C'est de lui que Boileau aurait pu dire qu'il marche

Comme un recteur suivi des quatre facultés.

» Rien n'égale, en effet, la raideur et l'empesé de son port, excepté pourtant le hérissement de sa coiffure, rejetée en arrière. A ces signes physionomiques ajoutez un air toujours soucieux un front toujours plissé, des yeux enfoncés dans leur orbite, une parole sèche et brève, et vous aurez l'homme physique. Une indépendance à toute épreuve, une diction irrégulière et quelquefois diffuse, une persistance assez maladroite dans ses interpellations, un patriotisme toujours en éveil, un courage que les orages du centre n'ont pu jadis ébranler : voilà le député ; ajoutez-y l'habitude de porter de superbes éperons et de monter à cheval, une assiduité religieuse aux séances du Jockey-Club, les émotions de la bouillotte et un remarquable discernement dans le choix des cosmétiques les plus propres à entretenir les mèches de sa chevelure dans leur fière et glorieuse attitude. » Le même biographe écrivait plus loin : « M. Lherbette a toujours été et sera toujours républicain. » Néanmoins, l'attitude du représentant de l'Aisne à la Constituante fut presque constamment hostile aux institutions républicaines. Avec la droite il se prononça : *pour* les poursuites contre Louis Blanc et Caussidière, *contre* l'amendement Grévy, *contre* l'abolition du remplacement militaire, *contre* le droit au travail, *pour* l'ordre du jour en l'honneur de Cavaignac, *pour* la proposition Rateau, *contre* l'amnistie, *pour* l'interdiction des clubs, *pour* les crédits de l'expédition de Rome, etc. Il parla, le 25 septembre 1848, *contre* l'impôt progressif, auquel il attribua, en 1793 l'emprunt forcé d'un milliard, en l'an IV l'emprunt forcé de 600 millions, en l'an VI un troisième emprunt de 100 millions. « Dans la première révolution, s'écria-t-il, quelques hommes avaient dit : Guerre aux châteaux ; paix aux chaumières ! Aujourd'hui bien des hommes voudraient aller plus loin. Pour obtenir l'égalité entre toutes les fortunes, on décapiterait les grandes au profit des petites ; ensuite les petites deviendraient objet de jalousie pour ceux qui ne possèdent rien. Alors, par une conséquence forcée, après avoir ravi au riche son domaine, on ravirait au pauvre son champ et sa chaumière : toute propriété serait à la merci, serait la proie des fainéants, des vagabonds, des malfaiteurs... etc.» Réélu, le 13 mai 1849, dans le même département, représentant à l'Assemblée législative, le 1er sur 12, par 71,929 voix (112,795 votants, 160,698 inscrits), il reprit sa place à droite et vota : *pour* l'expédition de Rome, *pour* la loi Falloux-Parieu sur l'enseignement, *pour* la loi restrictive du suffrage universel. Il ne soutint pas la politique particulière de l'Elysée, vit avec regret se produire le coup d'Etat du 2 décembre 1851, et se tint dès lors à l'écart des affaires publiques.

LHERMINIER (Charles), représentant en 1871, né à Alençon (Orne) le 22 juillet 1818, fit son droit, s'inscrivit au barreau de sa ville natale et se fit connaître par ses opinions libérales. Nommé, en 1848, sous-commissaire du gouvernement provisoire dans l'Orne, il fit plus tard de l'opposition à l'empire. A l'élection complémentaire du 2 juillet 1871, il fut élu représentant de l'Orne à l'Assemblée nationale, en remplacement de M. Thiers qui avait opté pour Paris, par 24,954 voix (65,261 votants, 121,251 inscrits), contre 13,997, à M. Donon, 13,964 à M. Des Montis, et 10,763 à M. de Vigneral. M. Lherminier prit place dans le groupe le plus avancé de l'Union républicaine et vota *contre* la pétition des évêques, *contre* le pouvoir constituant de l'Assemblée, *pour* le service de trois ans, *contre* la démission de Thiers, *contre* le septennat, *contre* le ministère de Broglie, *pour* la dissolution, *pour* l'amendement Pascal Duprat, *pour* les lois constitutionnelles. Il était conseiller général du canton-est d'Alençon depuis le 8 octobre 1871. Candidat radical aux élections du 20 février 1876, il n'obtint, dans l'arrondissement d'Argentan, que 600 voix contre 15,991 afl'élu, le baron de Mackau, et 312 à M. Gévelot. Il échoua encore dans le même arrondissement, le 14 octobre 1877, avec 4,969 voix contre 16,572 à l'élu, député sortant, M. de Mackau, et ne fut pas plus heureux le 4 octobre 1885, avec 7,073 voix sur 88,704 votants.

LHOMEL (de). — *Voy.* Delhomel.

LHOMME. — *Voy.* Pinsonnière (de la).

LIADIÈRES (Pierre-Chaumont), député de 1834 à 1848, né à Pau (Basses-Pyrénées) le 28 septembre 1792, mort à Paris le 17 août 1858, fit ses études à Pau et à Paris, entra à l'Ecole polytechnique en 1810, en sortit en 1812 dans le génie, fit la campagne de Saxe, assista à la bataille de Leipsig, fut nommé lieutenant en 1813, et fait prisonnier en 1814 à la capitulation de Goreum. Durant les Cent-jours, il servit à l'armée du Nord, puis, à la seconde Restauration, resta quelque temps sous la surveillance de la haute police. Remis en activité, en 1818, avec le grade de capitaine du génie, il fut successivement employé à Bayonne, à Grenoble, à Saint-Omer et à Amiens ; il occupait alors ses loisirs à composer des tragédies et des pièces de vers dont quelques-unes ornèrent les arcs de triomphe d'Amiens, lors de la visite de Charles X dans cette ville. Il était en garnison à Paris, quand éclata la révolution de 1830 ; il se déclara contre les Ordonnances, se battit sur les barricades, fut nommé officier d'ordonnance de Louis-Philippe, et, très bien vu à la cour, fut élu, le 4 mars 1834, député du 5e collège des Basses-Pyrénées (Orthez), en remplacement de M. Lestapis démissionnaire, par 102 voix (118 votants, 189 inscrits). Il représenta à la Chambre le « parti de la cour », prit fréquemment la parole sans ménager ses épigrammes aux ministres et à l'opposition, et fut réélu, jusqu'à la fin du règne : le 21 juin 1834, par 105 voix (108 votants, 184 inscrits) ; le 4 novembre 1837, par 116 voix (118 votants, 231 inscrits) ; le 2 mars 1839, par 160 voix (162 votants ; le 9 juillet 1842, par 143 voix (188 votants, 257 inscrits), contre 45 à M. Planté ; le 1er août 1846, par 257 voix (258 votants, 321 inscrits). Il fit partie d'un grand nombre de commissions, qualifia le projet d'adresse de 1839 de « respectueusement insolent et académiquement révolutionnaire », et vota *pour* la dotation du duc de Nemours, *pour* les fortifications de Paris, *pour* le recensement, *contre* les incompatibilités, *contre* l'adjonction des capacités, *pour* l'indemnité Pritchard. Officier de la légion d'honneur en 1837, chef de bataillon du génie en 1841, conseiller d'Etat en service extraordinaire le 10 juillet 1846, admis à la retraite comme chef de bataillon du génie le 4 septembre de cette même année, il resta, après la révolution de février, fidèle au gouvernement tombé et se consacra exclusivement à la littérature et à la poésie. On a de lui des tragédies : *Conradin et Frédéric* (1820) ; — *Jean sans Peur* (1821) ; *Jane Shore* (1824) ; — *Walstein* (1829) ; — un poème : *Dioclétien aux catacombes de Rome*, (1824) ; une comédie en vers : La *Tour de Babel* (1815), qui, jouée sans succès au Théâtre Français sous le pseudonyme d'Anatole Brunet, fut même attribuée à Louis-Philippe ; divers ouvrages politiques : *Dix-huit mois et dix-huit ans* 1849 ; *Souvenirs historiques et parlementaires* (1855), etc. Ses *Œuvres complètes* ont été publiées (1843-1851). M. Liadières brigua sans succès à l'Académie française, en 1856, la succession du comte Molé.

LIAIS (ADRIEN), député de 1885 à 1889, né à Caen (Calvados) le 18 août 1839, étudia le droit et entra dans la magistrature. Successivement juge suppléant à Coutances, substitut à Pont-l'Évêque, à Lisieux et à Alençon, il était procureur de la République à Avranches lorsqu'il donna sa démission au moment de l'exécution des décrets contre les congrégations. Il s'occupa alors d'agriculture, voyagea en Algérie et en Europe, et fut porté, aux élections législatives du 4 octobre 1885, sur la liste conservatrice de la Manche. M. Liais, élu député de ce département, le 7e sur 8, par 57,005 voix (109,795 votants, 139,724 inscrits), prit place à droite et vota : *contre* les divers ministères qui se succédèrent au pouvoir, *contre* l'expulsion des princes, *contre* la nouvelle loi militaire, et, en dernier lieu, *contre* le rétablissement du scrutin d'arrondissement (11 février 1889), *pour* l'ajournement indéfini de la revision de la Constitution, *contre* le projet de loi Lisbonne restrictif de la liberté de la presse, *contre* les poursuites contre le général Boulanger ; il était absent par congé lors du scrutin sur la demande en autorisation de poursuites contre trois députés membres de la Ligue des patriotes.

LIANCOURT. — *Voy.* LA ROCHEFOUCAULD.

LIBERT (JACQUES-FRANÇOIS), député de 1834 à 1836, né à Alençon (Orne) le 6 mai 1792, mort à Alençon le 21 novembre 1836, étudia la médecine, fut reçu docteur et exerça sa profession dans sa ville natale. Le collège électoral d'Alençon (le 1er de l'Orne), le nomma député, le 21 juin 1834, par 110 voix (220 votants, 244 inscrits), contre 107 à M. Mercier. M. Libert fit partie de la gauche dynastique, vota *contre* les lois de septembre 1835, se récusa lors du procès du *Réformateur*, et mourut en 1836, avant la fin de la législature.

LIBERT (MARCEL-FRANÇOIS-JEAN-BAPTISTE), membre du Sénat, né à Alençon (Orne) le 8 octobre 1828, fils du précédent, étudia la médecine à Paris, s'y fit recevoir docteur en 1859 et se fixa dans sa ville natale. Décoré de la Légion d'honneur le 17 juin 1871, comme ayant rempli les fonctions de médecin-major de la garde mobile de l'Orne pendant la guerre franco-allemande, il fut élu, le 8 octobre de la même année, conseiller général de ce département pour le canton de Passais, et constamment réélu. Candidat conservateur, M. Libert fut nommé, le 6 janvier 1885, sénateur de l'Orne par 485 voix (946 votants), contre 454 à M. Gévelot et 5 à M. Lherminier, en remplacement de M. de Flers, décédé. Il siégea à droite, vota *contre* l'expulsion des princes, *contre* la nouvelle loi militaire, et, en dernier lieu, *contre* le rétablissement du scrutin d'arrondissement (12 février 1889), *contre* le projet de loi Lisbonne restrictif de la liberté de la presse, *contre* la procédure à suivre devant le Sénat contre le général Boulanger.

LIBOREL (GUILLAUME - FRANÇOIS - JOSEPH, BARON DE), député du Conseil des Anciens, né à Saint-Omer (Pas-de-Calais) le 29 octobre 1739,

mort à Paris le 22 avril 1829, était connu, avant la Révolution, comme un des meilleurs avocats au conseil d'Artois ; ce fut lui qui présenta Robespierre au serment. Désigné, en 1791, comme président du directoire du district d'Arras, où déjà il avait exercé les fonctions d'échevin, il fut appelé ensuite à présider le tribunal du district de Saint-Omer, puis, à la création des tribunaux des départements, il fit partie de celui du Pas-de-Calais. Élu, le 24 vendémiaire an IV, député de ce département au Conseil des Anciens, par 211 voix (453 votants), il y prit quelquefois la parole sur des matières de législation. Dans la journée du 18 fructidor, Liborel était un des secrétaires de l'assemblée que présidait Lafon de Ladébat ; il siégea jusqu'en l'an VII. Après le coup d'État de Bonaparte, il fut nommé 11 germinal an VIII juge au tribunal de cassation ; il conserva ses fonctions pendant quinze années, se vit chargé de plusieurs rapports importants sur des affaires difficiles, et présida souvent la section civile. Au mois de février 1815, il obtint le titre de conseiller honoraire et celui de baron avec institution de majorat. Il était membre de la Légion d'honneur du 4 frimaire an XII, et chevalier de l'Empire du 26 avril 1808.

LIDON (BERNARD-FRANÇOIS), né à Brive (Corrèze) le 23 mars 1752, mort à la Géronie (Corrèze) le 3 septembre 1793, « fils naturel et légitime de François Lidon, marchand, de Brive, et de Jeanne Reynal », était lui-même négociant à Brive. Il devint président du directoire de département de la Corrèze, qui l'élut, le 4 septembre 1792, le 5e sur 7, membre de la Convention, « à la pluralité des voix ». Il prit plusieurs fois la parole, se montra l'adversaire déterminé de la Montagne et des Jacobins, combattit les adresses des sections de Paris, et, lors du procès de Louis XVI, s'exprima ainsi : « Vous avez décrété que vous jugeriez Louis XVI, les pièces trouvées au château des Tuileries prouvent ses crimes. Vous voulez aujourd'hui prononcer sur la peine qu'il mérite : je crois qu'il mérite la mort ; mais j'engage la Convention à prendre en considération l'amendement de Mailhe. » Lidon s'opposa à l'envoi aux départements du compte rendu par le maire de Paris, et défendit l'arrêté de l'administration de la Haute-Loire pour la formation d'une garde départementale. Il eut des luttes assez vives avec Marat, qui le dénonça avec insistance, et avec Robespierre qu'il appela « un factieux et un calomniateur ». Il attaqua aussi violemment Bouchotte, ministre de la Guerre, et l'accusa d'incapacité. Ami des Girondins, il fut décrété d'arrestation le 2 juin 1793, avec Vergniaud, Gensonné, Brissot, Guadet, etc., puis déclaré traître à la patrie et mis hors la loi, ainsi que Chambon, son collègue de la Corrèze. Il s'échappa, se tint caché quelque temps dans son département, puis, sur le point d'être découvert, il se brûla la cervelle à la Géronie (Corrèze). Dans la séance du 18 brumaire an II, Convention reçut à ce sujet la communication suivante :

« Brive, département de la Corrèze, le 14 brumaire l'an IIe.

« Citoyen président, nous prévenons la Convention que Lidon, député de notre ville, mis hors de la loi pour sa coalition avec le parti de la Gironde, poursuivi d'un côté par les démarches de Lakanal, et décelé du nôtre par une lettre de lui, par laquelle il demandait à un citoyen, membre de notre comité, des chevaux pour se réfugier dans nos murs, s'est détruit lui-même et a abandonné le sol de la liberté en se tirant un coup de pistolet. Les bons citoyens de Brive ont reçu cette nouvelle avec l'enthousiasme que prennent les hommes libres lorsqu'il s'agit d'exterminer les traîtres. Nous sommes après les expéditions des procès-verbaux dressés sur ces lieux. Nous vous les ferons passer par le courrier prochain et vous verrez toutes les démarches que nous avons faites pour nous assurer de ce traître à l'unité de la République. En attendant, regardez-nous toujours comme de sincères amis de la liberté, et soyez intimement convaincus que nous ne prendrons de repos que lors que nous nous serons assurés de tous les ennemis de la République une et indivisible.

« Les membres du Comité de surveillance de la ville de Brive :

« BESDOT, *président* ; DESPRÉS, *secrétaire* ; MARBEAU.

« P.-S. La femme, le frère et la maîtresse de ce traître sont en arrestation. »

LIECHTENBERGER (LOUIS), représentant du peuple en 1848, né à Ribeauvillé (Haut-Rhin) le 16 août 1789, mort à Lille (Nord) le 20 décembre 1879, fils du bailli de Ribeauvillé, fit son droit, s'inscrivit au barreau de Strasbourg, et acquit de la réputation dans les causes politiques. Lors de la tentative bonapartiste de Strasbourg, ce fut lui qui défendit le colonel Caron. Au moment du procès d'avril 1834, Godefroy Cavaignac eut recours à son éloquence et à son habileté. Du reste, M. Liechtenberger parut à son tour, cette même année, sur les bancs de la cour d'assises, comme inculpé d'avoir formé une association pour empêcher la perception de l'impôt sur les boissons et le sel, et fut acquitté. A la révolution de 1848, le Gouvernement provisoire le nomma commissaire-général du Bas-Rhin; mais il garda peu de temps ces fonctions et donna sa démission le 15 avril; quelques jours plus tard, le 23, il fut élu représentant du Bas-Rhin à l'Assemblée constituante, le 1er sur 15, par 118,501 voix (123,968 votants, 132,186 inscrits). Il fit partie du comité de la Justice, et, républicain modéré, vota *pour* le bannissement de la famille d'Orléans, *contre* les poursuites contre Louis Blanc et Caussidière, *pour* l'abolition de la peine de mort, *contre* l'impôt progressif, *contre* l'incompatibilité des fonctions, *contre* l'amendement Grévy, *contre* la sanction de la Constitution par le peuple, *pour* l'ensemble de la Constitution, *contre* la proposition Rateau, *contre* l'interdiction des clubs. Non réélu à la Législative, le 13 mai 1849, il se représenta dans une élection partielle qui eut lieu dans le Bas-Rhin, le 9 juin 1850, mais il n'obtint que 13,057 voix, contre 37,566 à l'élu, M. de Girardin, et 29,539 à M. Ch. Muller. Il reprit alors sa place au barreau de Strasbourg. Après l'annexion de l'Alsace (1871), il se fixa à Lille, auprès de son fils juge de paix dans cette ville.

LIÉGEARD (FRANÇOIS-STÉPHEN-EMILE), député au Corps législatif de 1867 à 1870, né à Dijon (Côte-d'Or) le 29 mars 1830, fit de bonnes études au lycée de cette ville, puis suivit les cours de la faculté de droit et se fit recevoir docteur; au concours du doctorat il remporta une médaille d'or. Inscrit au barreau de Dijon, il entra, en 1856, dans l'administration impériale comme conseiller de préfecture de la Drôme, et fut successivement nommé sous-préfet de Briey (Moselle), de Parthenay (Deux-Sèvres), de Carpentras (Vaucluse). M. Sté-

phen Liégeard s'était fait connaître par une monographie sur le *Partage* (1851) et par un poème : *les Abeilles d'or*, en l'honneur de l'empire et de l'empereur (1859), lorsqu'il fut désigné, le 24 mars 1867, comme candidat officiel au Corps législatif dans la 2e circonscription de la Moselle, qui l'élut député, en remplacement de M. de Wendel, démissionnaire, par 17,090 voix (33,937 votants, 38,753 inscrits), contre 9,629 à M. de Gargan et 7,114 à M. d'Hunolstein. M. Stéphen Liégeard siégea dans la majorité dynastique et parut plusieurs fois à la tribune. Réélu, avec l'appui officiel du gouvernement, aux élections générales du 24 mai 1869, par 26,616 voix (29,963 votants, 34,574 inscrits), contre 400 à M. Barral, il signa la demande d'interpellation des 116, et fut du « tiers parti libéral. » Il opina pour le choix des maires dans les conseils municipaux, pour la révision de la législation sur la presse, pour la responsabilité ministérielle, vota contre les emprunts dé guisés, et traita les questions de la réorganisation de l'armée, de l'instruction primaire, etc. Il réclama un contrôle plus sérieux des budgets, un abaissement des tarifs de chemins de fer, et fit adopter un amendement au budget de 1868, tendant à l'augmentation du traitement des facteurs ruraux, et un second amendement accordant une subvention de cent mille francs à Gustave Lambert pour son expédition au pôle Nord. Rendu à la vie privée le 4 septembre, M. S. Liégeard revint dans la Moselle, puis se fit inscrire au barreau de Dijon. Membre de l'académie de cette ville et de l'académie de Clémence Isaure, il a publié encore : le *Verger d'Isaure* (1870); *Une Visite aux monts Maudits* (1872); *La Côte d'Azur* (1889), etc., deux brochures politiques : *Le Crime du 4 Septembre* (1871), et *Trois ans à la Chambre* (1873). Ancien conseiller général de la Moselle, chevalier de la Légion d'honneur (12 août 1866) et de Saint-Grégoire.

LIÉNART (ANTOINE-MARIE-RODOLPHE), député en 1789, né à Montdidier (Somme) le 28 juin 1748, mort à Montdidier le 18 mars 1834, avocat, fut élu, le 5 avril 1789, député-suppléant du tiers aux Etats-Généraux par le bailliage de Péronne et Montdidier. Admis à siéger le 11 décembre 1789, en remplacement de M. de Bussy démissionnaire, il vota obscurément avec la majorité.

LIGERET DE BEAUVAIS (SÉBASTIEN), député au Conseil des Anciens, né le 5 juillet 1756, mort le 11 novembre 1797, avocat à Dijon, fut autorisé à changer son nom de Damien en celui de Ligeret. Au moment de la Révolution, il possédait une charge de secrétaire en la chancellerie du parlement de Bourgogne. Il ne fut pas inquiété pendant la Terreur, et devint accusateur public après le 9 thermidor. Elu député de la Côte-d'Or au Conseil des Anciens, le 24 vendémiaire an IV, par 288 voix (326 votants), il ne s'y occupa que de questions judiciaires, fit plusieurs rapports sur ces matières et devint secrétaire de l'assemblée. Il mourut l'année suivante, avant la fin de la législature.

LIGERET DE CHAZEY (FRANÇOIS), représentant à la Chambre des Cent-Jours, né à Athie (Côte-d'Or) le 28 octobre 1759, mort à une date inconnue, neveu du précédent, et « fils de M. Jacques Ligeret de Chazey et de dame Huguette Sirugue », était, à l'époque de la Révolution, avocat au parlement de Dijon.

Après la suppression de ce corps, il devint juge au tribunal de district de Semur, et, au mois de septembre 1791, procureur-général-syndic du département de la Côte-d'Or, qui l'élut aussi (1792) député-suppléant à la Convention, où il ne fut pas appelé à siéger. Accusateur public (1793) près le tribunal criminel de Dijon, il obtint, en 1799, la place de receveur particulier à Semur, et fut appelé, le 3 mars 1809, à la sous-préfecture de Tonnerre. Il occupait encore cet emploi lorsqu'il fut élu, en mai 1815, représentant du département de l'Yonne à la Chambre des Cent-Jours. Ligeret de Chazey fut arrêté par ordre ministériel après le second retour du roi, et remis en liberté au bout de quelque temps. Depuis lors, il vécut à l'écart des fonctions publiques.

LIGNÈRES (Bernard), représentant à la Chambre des Cent-Jours, né à Toulouse (Haute-Garonne) le 22 septembre 1769, mort à Toulouse le 23 mai 1847, manufacturier dans cette ville, fut élu, le 16 mai 1815, représentant du « commerce et de l'industrie » à la Chambre des Cent-Jours, par le département de la Haute-Garonne, avec 23 voix (37 votants, 250 inscrits). Il ne fit pas partie d'autres législatures.

LIGNIER (Nicolas-Joseph-Ferdinand-Alphonse), représentant en 1848 et en 1871, né à Moslins (Aube) le 6 septembre 1809, mort à Pougy (Aube) le 20 janvier 1874, se fit recevoir avocat sous la Restauration, s'inscrivit au barreau de Troyes et fut, jusqu'en 1848, un des chefs du parti démocratique et libéral dans sa région. Nommé, en février, commissaire de la République, il fut élu, le 23 avril, représentant de l'Aube à l'Assemblée constituante, le 1er sur 7, par 61,484 voix. M. Lignier prit place dans les rangs de la majorité qui soutint le général Cavaignac au pouvoir, fit partie du comité de l'administration, et vota, tantôt avec la droite, tantôt avec la gauche : *pour* le rétablissement du cautionnement, *pour* les poursuites contre Louis Blanc et Caussidière, *contre* l'abolition de la peine de mort, *contre* l'amendement Grévy, *contre* le droit au travail, *pour* l'ordre du jour en l'honneur de Cavaignac, *pour* la suppression de l'impôt du sel, *contre* la proposition Rateau, *contre* l'amnistie, *contre* l'interdiction des clubs, etc. Appelé, en 1849, au conseil d'État, il fut, en outre, membre du conseil général de l'Aube jusqu'au coup d'État du 2 décembre 1851. Rentré alors dans la vie privée, il se présenta à plusieurs reprises, comme candidat indépendant au Corps législatif, et échoua successivement dans la 2e circonscription de l'Aube : le 8 décembre 1861, avec 11,025 voix contre 16,361 à l'élu officiel, M. de Plancy, et 5,958 à M. Armand (il s'agissait de remplacer M. de Maupas, décédé) ; le 1er juin 1863, avec 13,767 voix, contre 10,380 au député sortant, M. de Plancy, et, le 24 mai 1869, avec 16,039 voix, contre 18,715 à M. de Plancy, encore réélu. La révolution du 4 septembre fit M. Lignier préfet de l'Aube ; il se démit de ses fonctions en janvier 1871 pour se présenter à l'Assemblée nationale, et fut élu, le 8 février, représentant de l'Aube, le 5e et dernier, par 25,810 voix (56,484 votants, 82,271 inscrits). Il fit partie du groupe de la gauche républicaine, avec lequel il vota : *pour* la paix, *contre* le pouvoir constituant de l'Assemblée, *pour* le gouvernement de Thiers, etc. L'état de sa santé l'obligea, peu après, à donner sa démission (1873) et il mourut le 20 janvier 1874.

Il avait été réélu, en octobre 1871, conseiller général de l'Aube.

LIGNIVILLE (René-Charles-Elisabeth, baron de), député au Corps législatif en l'an X, né à Herbéviller (Meurthe) le 22 février 1760, mort au château de Raucourt (Meuse) le 15 septembre 1813, embrassa la carrière des armes. Sous-lieutenant aux gardes du corps de M. de Beauveau en 1779, il fut, sur la recommandation de sa tante, Mme Helvétius, nommé aide-de-camp de d'Estaing, qui commandait les flottes combinées de France et d'Espagne en 1780. Colonel en second au régiment de Roussillon en 1783, colonel au régiment de Condé en 1791, maréchal de camp en 1792, il fut envoyé à l'armée de La Fayette et désigné pour commander la place de Montmédy. Il défendit énergiquement cette ville contre les Autrichiens de Clairfayt, ne cessa de fatiguer l'ennemi par ses sorties, et eut la joie d'assister à la levée du siège et à la retraite des alliés. Nommé général de division en récompense de sa valeureuse conduite, il passa à l'armée de la Moselle sous les ordres de Dumouriez, fut arrêté comme suspect au mois d'avril 1793, et relâché peu de temps après. Il vécut éloigné des affaires jusqu'au 18 brumaire. Bonaparte, qui l'avait connu chez Mme Helvétius, le nomma, le 12 ventôse an IX, préfet de la Haute-Marne. Le 6 germinal an XI, il fut élu par le Sénat conservateur député de la Haute-Marne au Corps législatif. Membre de la Légion d'honneur (11 friuaire an XII), commandeur de l'ordre (25 prairial), il devint inspecteur général des haras le 14 juillet 1806, et fut créé baron de l'Empire le 28 janvier 1809.

LILAAR (François-Joseph Van), député au Corps législatif de 1811 à 1814, né à Amersfort (Hollande) le 15 avril 1737, mort à Amersfort le 8 novembre 1820, « fils de Théodore van Lilaar et de Geertruyt van Dobre », fut maire d'Amersfort en 1795, et, en 1796, représentant à l'Assemblée nationale de Hollande pour le district de Montfort. Rallié à l'empire, il fut nommé, par un décret de Napoléon 1er en date du 19 février 1811, sur une liste dressée par le préfet du nouveau département du Zuydersée, député de ce département au Corps législatif. Il en sortit aux traités de 1814 qui séparèrent la Hollande de la France.

LILIA DE CROSSE (Joseph-Bernard), député en 1789, né à Montréal (Ain) le 6 septembre 1739, mort à Montréal le 16 août 1804, avocat à Montréal, fut élu, le 28 mars 1789, député du tiers aux États-Généraux par le bailliage de Bugey et Valromey. Son rôle parlementaire n'a pas laissé de traces au *Moniteur*.

LIMAIRAC (Charles-Antoine-Gabriel de), député de 1815 à 1824, né à Toulouse (Haute-Garonne) le 1er avril 1770, mort à Toulouse le 10 janvier 1847, riche propriétaire, entra, en avril 1811, dans l'administration comme conseiller de préfecture, et se rallia aux Bourbons. Sous-préfet de Toulouse le 22 juillet 1814, et officier de la Légion d'honneur, il fut élu député, le 22 août 1815, par le collège de département de la Haute-Garonne, avec 102 voix (183 votants, 261 inscrits). Il vota, dans la Chambre introuvable, avec la majorité et présenta au roi (2 mai 1816) avec MM. de Villèle et de Puymaurin l'adresse de la garde nationale à cheval de Toulouse qui offrait à Louis XVIII 3,000 francs pour être distribués aux soldats vendéens. Réélu, le 4 octobre 1816, par 111 voix 202 votants, 252 inscrits , il siégea constamment au côté droit, et occupa plusieurs fois la tribune. Lors de la discussion sur le recrutement, il demanda que les conseillers généraux fussent chargés de la répartition, et exprima le vœu que l'on supprimât les registres de réforme. « proposition, dit un biographe, qui ne parut pas obtenir l'assentiment général. » Il intervint aussi dans l'examen du budget, et à l'article *Boissons*, exposa que, pendant trois semaines, il s'était vu obligé d'ajourner le projet qu'il avait de déménager, parce que le directeur de son département voulait lui faire payer un droit de circulation; il demanda que par la suite la loi prévînt cet inconvénient. A l'article *Finances* il s'opposa à ce que le ministre fût autorisé à renouveler avec les banquiers français, à quelque condition que ce fût, le traité relatif au paiement des intérêts de la dette publique, avant qu'il eût été statué de nouveau sur cette disposition par la puissance législative. Les journaux, en 1819, avaient annoncé la mort de M. de Limairac : mais l'honorable député démentit cette nouvelle inexacte en reparaissant à la Chambre, où il se prononça (1820) *pour* les lois d'exception et *pour* le nouveau système électoral. Réélu, le 1er octobre 1821, député du 2e arrondissement de la Haute-Garonne (Toulouse), par 237 voix (430 votants, 487 inscrits), contre 174 à M. Cassaing, négociant, il reprit sa place à droite, fut nommé, le 23 mars 1822, préfet de Tarn-et-Garonne, quitta la Chambre en 1824, et devint, le 18 juillet 1827, préfet de Vaucluse. Il fut admis à la retraite le 8 février 1829.

LIMAIRAC (Charles-Jean-Edmond de), représentant en 1849, né à Passy-sur-Marne (Aisne) le 21 mars 1804, mort à Toulouse (Haute-Garonne) le 7 février 1860, fils du précédent, étudia le droit, et appartint à la magistrature de la Restauration en qualité de substitut. Avocat au barreau de Toulouse sous Louis-Philippe, il ne cessa de manifester des opinions royalistes, et fut élu, le 13 mai 1849, par le parti conservateur légitimiste de la Haute-Garonne, représentant de ce département à l'Assemblée législative, le 9e sur 10, avec 56,209 voix (94,485 votants, 130,605 inscrits). M. de Limairac siégea dans la majorité monarchiste et vota: *pour* l'expédition de Rome, *pour* la loi Falloux-Parieu sur l'enseignement, *pour* la loi restrictive du suffrage universel, etc. Il ne se rallia pas à la politique personnelle du prince président, et rentra dans la vie privée au coup d'État de 1851.

LIMAIRAC (André-François-Jules de), représentant en 1871, sénateur en 1876, né au château de Latrousse, commune de Ocquerre (Seine-et-Marne) le 24 janvier 1806, mort à Montauban (Tarn-et-Garonne) le 25 septembre 1876, frère du précédent, était secrétaire de son père, préfet à Avignon sous la Restauration, quand éclata la révolution de 1830. Cet événement brisa la carrière administrative de M. de Limairac, rentré dans la vie privée, se consacra à l'industrie et à l'agriculture. Adversaire du régime impérial, il se présenta comme candidat indépendant au Corps législatif, aux élections du 24 mai 1869, et échoua avec 3,195 voix contre 21,507 à M. Prax-Paris, élu. Le 8 février 1871, il fut élu représentant de Tarn-et-Garonne à l'Assemblée nationale, le 3e sur 4, par 31,013 voix (53,345 votants, 74,336 inscrits). Il siégea à l'extrême-droite, fit partie

du cercle des Réservoirs, et vota *pour* la paix, *pour* l'abrogation des lois d'exil, *pour* la pétition des évêques, *pour* le pouvoir constituant de l'Assemblée, *pour* le service de trois ans, *pour* la démission de Thiers, *pour* le septennat, *contre* le ministère de Broglie, *contre* les lois constitutionnelles. Après la législature, les électeurs de Tarn-et-Garonne l'envoyèrent siéger au nouveau Sénat, le 30 janvier 1876, par 165 voix (249 votants) ; il mourut au mois de septembre suivant et fut remplacé, le 17 décembre de la même année, par M. Delbreil.

LIMAYRAC (Léopold-Pierre), représentant en 1871, né à Castelnau-de-Montratier (Lot) le 29 août 1819, mort à Castelnau-de-Montratier le 6 décembre 1887, fils de Jean-Pierre Limayrac, docteur-médecin, et de dame Guillemet e-Raymonde de Cresseil, cousin-germain de l'aulin Limayrac rédacteur en chef du *Constitutionnel*, s'occupa d'agriculture, d'archéologie, et collabora à des journaux locaux. Maire de sa ville natale (1854), conseiller général du Lot (1856), il fut élu, le 8 février 1871, représentant du Lot à l'Assemblée nationale, le 1er sur 6, par 42,382 voix (71,438 votants, 91,760 inscrits). Partisan très convaincu de la décentralisation, il ne manqua, à la Chambre, aucune occasion de développer ses idées à ce sujet. Il prit place au centre droit, parla sur la loi des conseils généraux, sur les impôts nouveaux, sur l'assistance publique dans les campagnes, sur la loi municipale, proposa sans succès, en 1874, un projet d'impôt sur la rente, et déposa, en février 1875, lors de la discussion sur les lois constitutionnelles, un amendement tendant à rendre le vote obligatoire pour les électeurs sénatoriaux, sous peine de 10 francs d'amende. Il vota *pour* l'abrogation des lois d'exil, *pour* la pétition des évêques, *pour* le pouvoir constituant de l'Assemblée, *pour* le service de trois ans, *pour* la démission de Thiers, *pour* le septennat, *pour* le ministère de Broglie, *pour* les lois constitutionnelles. Il n'a pas fait partie d'autres assemblées. Président du conseil général du Lot en 1875; chevalier de la Légion d'honneur (15 août 1867).

LIMBURG-STIRUM (Otton-Ernst-Gelder), député au Corps législatif de 1811 à 1814, né le 29 décembre 1752, mort le 21 juillet 1826, d'une famille distinguée de Hollande, était sous-préfet d'Arnheim, ville des Pays-Bas annexés à la France, lorsque, le 19 février 1811, il fut nommé directement par l'empereur député au Corps législatif, sur une liste au choix présentée par le préfet de l'Yssel-Supérieur. Limburg-Stirum représenta ce département dans l'assemblée impériale jusqu'en 1814. Il siégeait encore au Corps législatif, quand, le 17 novembre 1813, il se mit à la tête de l'insurrection qui éclata à la Haye, et qui était le contre-coup de celle d'Amsterdam. Limburg-Stirum prit alors le titre de gouverneur pour le prince d'Orange, dont il arbora les couleurs, et poussa le zèle jusqu'à forcer le général Bouvier des Eclats, qui, plein de confiance, était resté sans aucune force militaire, à se réfugier dans le château de Binenhorf, d'où il ne put sortir que par une capitulation. Le roi des Pays-Bas donna, en 1815, à Limburg-Stirum le grade de lieutenant-général et le grand-cordon de l'ordre militaire de Guillaume.

LIMOGES (Antoine), député au Conseil des Cinq-Cents, né à Terrasson (Dordogne) le 10 décembre 1764, mort à Bordeaux (Gironde) en 1819, « fils à Guillaume Limoges et à demoi-

11

selle Gabrielle Segerol, du village de Lintignac », était avocat à la Bugue, en Périgord, à l'époque de la Révolution. Devenu accusateur public près le tribunal criminel de la Dordogne, il fut élu, le 26 germinal an VI, député de ce département au Conseil des Cinq-Cents, par 221 voix 263 votants. Réélu, le 25 germinal an VII, au même Conseil, il se montra favorable au coup d'État de Bonaparte, et fut nommé, le 11 prairial an VIII, juge au tribunal d'appel de Bordeaux.

LIMON François-Julien, député au Conseil des Cinq-Cents, né à Quintin (Côtes-du-Nord) le 22 octobre 1742, mort à Quintin le 16 janvier 1807, était administrateur du département des Côtes-du-Nord, lorsqu'il fut élu député de ce département au Conseil des Cinq-Cents, le 23 germinal an V, par 290 voix (334 votants). Il s'opposa au projet tendant à autoriser le Directoire à envoyer des agents à Saint-Domingue, et soutint le projet sur les finances présenté par Gibert-Desmolières. Son élection ayant été annulée au 18 fructidor comme entachée de royalisme, il rentra dans la vie privée.

LIMOUSIN (Jean), député en 1791, et au Corps législatif de l'an XII à 1810, né à Ribérac (Dordogne) le 4 mars 1751, mort à une date inconnue, « fils de Jean Limousin, avocat, et de demoiselle Marie Durif ». était avocat à Ribérac. Élu, le 10 septembre 1791, député de la Dordogne à l'Assemblée Législative, le 6e sur 10, « à la pluralité des voix », il opina avec les modérés du parti constitutionnel et, dans la séance du 20 juillet 1792, lorsque plusieurs membres proposèrent le décret d'accusation contre La Fayette qui avait quitté son poste devant l'ennemi pour présenter à l'assemblée un vœu politique, il prit la parole en faveur du général. « Du moment, dit-il, où La Fayette a été placé à la tête d'une de nos armées, la malveillance l'a poursuivi. Cependant, quoiqu'on ne lui eût confié que des soldats sans instruction militaire, et la plupart fortement prévenus contre lui, il est parvenu en peu de temps à en composer une véritable armée, disciplinée et courageuse... La pétition qu'il vous a présentée a été l'objet d'inculpations dégoûtantes *sic*; tout cependant y respire la pureté des principes, le respect des autorités constituées et l'attachement à la Constitution. » Il conclut en demandant que M. de La Fayette fût honorablement acquitté par l'assemblée et que l'objet de sa pétition fût pris en très grande considération ». Devenu juge de paix en l'an III, commissaire du gouvernement dans la Dordogne en l'an IV et en l'an V, puis sous-préfet de Ribérac le 5 floréal an VIII, Limousin fut désigné par le Sénat conservateur, le 29 thermidor an XII, pour représenter la Dordogne au Corps législatif, où il siégea jusqu'en 1810.

LIMPÉRANI (Joseph-Antoine), député de 1831 à 1837, et de 1838 à 1842, né à la Porta (Corse) le 22 juillet 1798, mort à Bastia (Corse) le 2 décembre 1884, étudia le droit et entra dans la magistrature. Le gouvernement de Louis-Philippe, auquel il était dévoué, le fit conseiller à la cour royale de Bastia, poste qu'il occupa jusqu'en 1842. Parent et protégé des Sébastiani, il aborda, sous les auspices de cette famille, la carrière parlementaire, et fut élu, le 12 octobre 1831, député du 2e collège de la Corse (Bastia), par 99 voix (101 votants, 160 inscrits). M. Limpérani remplaçait précisé-

ment M. Tiburce Sébastiani, qui avait opté pour Ajaccio. Il prit place dans la majorité conservatrice et vota toutes les mesures proposées par le pouvoir. Réélu, le 5 juin 1834, par 101 voix 193 votants, 163 inscrits, donna son suffrage aux lois de septembre, aux lois de disjonction et d'apanage, etc., n'obtint pas le renouvellement de son mandat en 1837. Mais il fut plus heureux le 13 juin 1838. M. Sébastiani de la Porta, ayant été élu à Ajaccio et à Bastia en même temps, lui demanda dans ce dernier collège la candidature de M. Limpérani et la fit triompher par 95 voix (94 votants, 156 inscrits). M. Limpérani reprit sa place parmi les plus zélés partisans de « l'ordre de choses », vota notamment contre les projets de réforme électorale et parlementaire, et fut réélu, le 6 mars 1839, par 98 voix (159 votants), contre 52 à M. Mottet. Il ne cessa de soutenir de ses votes le gouvernement jusqu'en 1842. Chevalier de la Légion d'honneur.

LIMPÉRANI (François-Mathieu-Léonard), représentant en 1871, né à Bastia (Corse) le avril 1831, fils du précédent, étudia le droit, fut reçu avocat en 1853. Inscrit au barreau de sa ville natale, il s'y fit bientôt remarquer, devint un des chefs du parti républicain modéré dans l'île, et fit une vive opposition au gouvernement impérial. En 1869, il contribua à fonder le journal la *Revanche*, dont M. Paschal Grousset fut un des principaux rédacteurs et qui devait, par ses polémiques, entraîner de graves incidents qui aboutirent au meurtre de Victor Noir. Lors des élections du 8 février 1871, M. Limpérani se présenta comme candidat républicain, et fut élu représentant de la Corse à l'Assemblée nationale, le 5e et dernier, par 16,608 voix (42,637 votants, 74,498 inscrits). Il siégea au centre gauche avec les partisans de la paix, pour l'abrogation des lois d'exil, pour le retour de l'assemblée à Paris, pour le gouvernement de Thiers, contre sa chute au 24 mai, contre le septennat, contre l'état de siège, contre la loi des maires, contre le ministère Broglie, pour l'amendement Wallon, pour la constitution du 25 février 1875. Il prit plusieurs fois la parole, proposa d'abroger la loi qui fixe l'intérêt de l'argent, intervint dans les débats sur la loi municipale, sur le cautionnement des journaux, sur les conseils généraux, etc., et protesta vivement contre une pétition qui demandait la séparation de la Corse d'avec la France. Élu, en octobre 1871, membre du conseil général de la Corse, il en devint le président le 3 novembre, malgré les efforts des bonapartistes, qui portaient M. Gavini, se fit remarquer par son énergie dans les orageuses discussions que provoquèrent au sein du conseil les partisans du prince Napoléon Jérôme, lorsque celui-ci donna sa démission de conseiller général. En 1872, il combattit la candidature de M. Rouher. Après avoir refusé d'être porté par les gauches comme sénateur inamovible, il se présenta aux élections législatives du 20 février 1876, dans l'arrondissement de Corte, et échoua avec 4,078 voix contre 6,804 à M. Gavini, impérialiste, élu. M. Gavini, invalidé, reparut devant ses électeurs, et obtint, le 14 mai 1876, le renouvellement de son mandat par 6,849 voix contre 4,876 à M. Limpérani. Nommé conseiller à la cour de Bastia le 24 juin 1876, M. Limpérani fut procureur général à la même cour, le 11 février 1879. Depuis 1877, il a cessé de représenter au conseil général de la Corse le canton de Vescovato. Chevalier de la Légion d'honneur (1879).

LINARD (Désiré-Adolphe), député depuis 1888, né à Givet (Ardennes) le 29 octobre 1839, entra à l'École des arts et métiers de Châlons-sur-Marne, et s'établit fabricant de sucre à Saint-Germain-Mont (Ardennes), au centre d'une vaste exploitation agricole; il possède aussi la raffinerie d'Ecly dans le même département et celle d'Auffray (Seine-Inférieure). A l'élection partielle du 9 décembre 1888, motivée dans les Ardennes par l'entrée de M. Neveux au Sénat, M. Linard se présenta, comme candidat républicain anti-revisionniste, et fut élu député des Ardennes par 36,770 voix sur 67,712 votants et 87,311 inscrits, contre 29,227 à M. Auffray, candidat boulangiste. Il a pris place à gauche, s'est prononcé *pour* le rétablissement du scrutin d'arrondissement, s'est abstenu sur l'ajournement indéfini de la révision de la Constitution, et a voté *pour* les poursuites contre trois députés membres de la Ligue des patriotes, *pour* le projet de loi Lisbonne restrictif de la liberté de la presse, *pour* les poursuites contre le général Boulanger. Chevalier du Mérite agricole.

LINATI (Philippe), député au Corps législatif de 1808 à 1812, né à Parme (Italie) le 11 février 1757, mort à une date inconnue, membre de la commission des hospices de Parme, fut élu, le 21 septembre 1808, par le Sénat conservateur, député au Corps législatif pour y représenter le département du Taro. Linati cessa de figurer, après 1811, à l'*Almanach impérial*, sur la liste des membres du Corps législatif.

LINDET (Robert-Thomas), député en 1789, membre de la Convention, député au Conseil des Anciens, né à Bernay (Eure) le 14 novembre 1743, mort à Bernay le 10 août 1823, était fils de Thomas Lindet, marchand de bois, et de Marie-Anne Jouvin. Il fut d'abord professeur au collège de Bernay, puis il alla à Paris faire ses études théologiques au séminaire de Saint-Sulpice, prit ses degrés en Sorbonne, en sortit docteur, et fut nommé vicaire d'une des paroisses de Paris. Vers 1776, il devint curé de Sainte-Croix à Bernay. L'abbé Lindet était, suivant l'expression de l'époque, un prêtre *à portion congrue*, c'est-à-dire, à qui la dîme avait été enlevée et qui recevait seulement une indemnité des bénéficiers. « Il est malheureux, dit-il dans un discours à l'assemblée générale de sa paroisse, le 4 novembre 1781, que la fabrique pour son entretien, et le clergé pour sa subsistance, n'aient d'autres ressources qu'une espèce d'impôt qui semble avilir, aux yeux du peuple, les fonctions et les cérémonies de l'Eglise, en les mettant à prix d'argent. » Thomas Lindet exposait dans le même discours divers projets de travaux d'intérêt public, de nature à favoriser les bas quartiers de Bernay et la population qui les habitait; la plupart de ces travaux ont été exécutés depuis. Elu, le 27 mars 1789, député du clergé du bailliage d'Evreux aux Etats-Généraux, il siégea au côté gauche parmi les réformateurs, vota avec les plus avancés, adopta la constitution civile du clergé et fut, en mars 1791, élu évêque constitutionnel de l'Eure. En novembre 1792, il fut le premier évêque qui se maria (le premier prêtre marié avait été l'abbé Jean Bernard, vicaire de Ste-Marguerite, à Paris). La cérémonie nuptiale de Lindet fut célébrée par un curé père de famille. Réélu, le 4 septembre 1792, membre de la Convention par le département de l'Eure, le 2e sur 11, avec 407 voix (584 votants), il prit place à la Montagne. Vers

la même époque, il sembla sinon justifier, du moins excuser les massacres de septembre, dans une lettre à ses diocésains, qui contenait ce passage : « On vous a parlé de crimes dont on a noirci les couleurs; on les a séparés des circonstances effrayantes qui, *sans les justifier*, les ont excusés et les ont fait regarder comme les inconvénients et les suites, presque nécessaires, d'une grande agitation populaire... Je suis loin de regarder comme des monstres et forcenés ceux qui, dans des moments aussi terribles, ont cru qu'il fallait sauver la patrie à quelque prix que ce fût, et que l'ennemi du dedans devait être immolé avant d'aller au devant de l'ennemi extérieur. » A la Convention, dont il fut élu secrétaire, il vota ainsi dans le procès de Louis XVI : « Je ne puis voir des républicains dans ceux qui hésitent à frapper un tyran. Je vote pour la mort. » Après avoir demandé la suppression d'une partie des vicaires généraux, il demanda un rapport sur les administrations rebelles, renonça à l'épiscopat dans la séance du 7 novembre 1793, et lut à la Convention les lettres de plusieurs ecclésiastiques d'Evreux qui avaient suivi son exemple. Lorsque Robert Lindet, son frère, fut dénoncé comme ayant pris part à l'insurrection de l'an III, Thomas le défendit courageusement. Le 22 vendémiaire an IV, il fut élu député de l'Eure au Conseil des Anciens, par 117 voix (307 votants). Il y combattit une résolution relative aux commissaires de la trésorerie, parla contre l'emprunt forcé, et donna son opinion sur la contrainte par corps en matière civile. Il sortit du Conseil en 1793, pour devenir commissaire du Directoire dans son département. Attaché aux institutions républicaines, il rentra dans la vie privée lors du coup d'Etat de Bonaparte. En 1816, après le second retour des Bourbons, Thomas Lindet fut exilé comme régicide. Il séjourna quelque temps en Suisse et en Italie, fut autorisé à rentrer en France et se fixa dans sa ville natale où il mourut. « Il se laissait rarement voir, a écrit M. A. Goujon (*Histoire de Bernay et de son canton*); il avait une petite maison, près des Monts, sur l'ancienne route de Lisieux, qu'on appelait l'*Evêché*: elle existe encore; il y allait souvent et rentrait chez lui en passant la rivière de Cosnier sur un petit pont à son usage particulier, qui le mettait directement dans la rue de Saint-Vincent-de-Paul, où il habitait la maison paternelle, et sans qu'il eût besoin de traverser la ville. » Il mourut le 10 août 1823 et fut enterré auprès d'une chapelle qu'il avait fait bâtir en 1784.

LINDET (Jean-Baptiste-Robert), député en 1791, membre de la Convention, député au Conseil des Cinq-Cents et ministre, frère du précédent, né à Bernay (Eure) le 2 mai 1746, mort à Paris le 14 février 1825, fit ses études au collège de sa ville natale. Il était avocat à Bernay lors de la Révolution. Elu, le 3 février 1790, maire de cette ville, il prêta serment, le 22 du même mois, sur la place de l'Abbatiale, à la tête du conseil municipal, en disant: « Citoyens, la patrie nous demande un gage de civisme, jurons que nous demeurerons fidèles à la nation, à la loi et au roi, et que nous maintiendrons de tout notre pouvoir la Constitution décrétée par l'Assemblée nationale et acceptée par le roi. » Puis, Robert Lindet devint procureur syndic du district, et, le 30 août 1791, fut élu, dans la cathédrale d'Evreux, député de l'Eure à l'Assemblée législative, le 1er sur 11, par 325 voix (545 votants). Il montra d'abord des opinions « constitutionnelles », mais, entraîné par le mouvement, il se rangea bientôt parmi les adversaires de la monarchie. Réélu, le 4 septembre 1792, député du même département à la Convention, le 3e sur 11, par 532 voix (593 votants), il prit une part active aux travaux de l'assemblée, siégea à la Montagne, défendit le comité de liquidation au sujet des pensions de la liste civile, et fut chargé de rédiger et de présenter l'acte d'accusation contre Louis XVI. Ce rapport fut déposé le 10 décembre ; la conclusion déclarait le roi coupable de connivence avec l'étranger et de trahison envers l'État. Le 18 janvier, Robert Lindet, avec quatre autres conventionnels de l'Eure, Buzot, Bouillerot, Duroy et Thomas Lindet, vota la peine de mort sans appel ni sursis. « J'éprouve, dit-il, ce sentiment pénible, naturel à un homme sensible, qui est obligé de condamner son semblable ; mais je crois qu'il serait imprudent de vouloir exciter la compassion en faveur de Louis. L'expérience n'a-t-elle pas prouvé que l'impunité ne fait qu'enhardir les tyrans? Je vote pour la mort. » Le 10 mars 1793, il proposa un projet d'organisation du tribunal révolutionnaire : d'après ce projet les juges ne devaient être soumis à aucunes formes dans l'instruction des procès, le tribunal ne devait point avoir de jurés et était chargé de poursuivre « tous ceux qui par les places qu'ils avaient occupées sous l'ancien régime, rappelaient des abus ou des prérogatives usurpées. » Robert Lindet se déclara avec force contre les Girondins et contribua aux événements du 31 mai. Membre du comité de salut public, il y fut particulièrement chargé des subsistances, et l'activité qu'il déploya dans cet emploi produisit d'heureux résultats. Envoyé plusieurs fois en mission (juin et juillet 1793), dans les départements du Rhône, du Calvados, de l'Eure, après la défaite des fédéralistes et du Finistère, il s'y conduisit avec une certaine modération ; dès le 5 janvier 1793, Robert Lindet, devant le tribunal révolutionnaire de l'Eure, avait, au risque de sa popularité et de sa tête, plaidé la cause des officiers municipaux de Conches et leur avait sauvé la vie. De nombreux proscrits lui durent également leur salut. Après avoir rendu compte de ses missions à l'assemblée, Robert Lindet fut élu président de la Convention. Il se montra assez réservé à l'égard de Robespierre dont il n'était point partisan, et ne prit point parti dans la lutte engagée au 9 thermidor. Mais lorsque les thermidoriens attaquèrent Collot-d'Herbois, Barère et Billaud-Varennes, il jugea que tous les membres des anciens comités de gouvernement étaient menacés, et il se leva pour prendre leur défense. Le 2 germinal an III (22 mars 1795), Robert Lindet prononça un long et habile discours dans lequel il énumérait éloquemment les services rendus à la nation par ces comités, en leur opposant la conduite de ceux qui leur avaient succédé. Il fit un parallèle entre la situation de la République au 9 thermidor et son état actuel, compara le taux des matières d'or et d'argent à ces deux époques, et attribua au système suivi naguère le succès des approvisionnements et l'aisance du peuple à la loi du maximum. Il conclut en disant : « Le rapport de votre commission est insuffisant, il isole du gouvernement quelques-uns de ses membres, et c'est le gouvernement tout entier que vous devez juger. Je demande qu'il vous soit fait un rapport général qui embrasse tout le gouvernement, qui sépare bien les opérations qui tiennent au malheur des temps, à sa nécessité, de celles dont on ne pourrait inférer que des accusations personnelles. Jamais on ne m'arrachera un honteux désaveu, une rétractation qui n'est pas dans mon cœur. Mes écrits, mes discours, mes actes, je soumets tout à la censure ; on y trouvera toujours la même constance dans les principes, la même fermeté dans la résolution de défendre la liberté de mon pays ; on verra que jamais je n'ai conseillé les mesures violentes et sanguinaires ; ces mesures n'entraient ni dans mon caractère ni dans ma pensée... » La réaction thermidorienne poursuivit Robert Lindet à son tour. Dénoncé, le 1er prairial an III, comme un des auteurs de l'insurrection de cette journée, il fut défendu par son frère ; mais huit jours après (28 mai 1795), l'assemblée le décréta d'accusation, comme ayant pris part aux mesures de la Terreur. Le Hardy, Dubois-Crancé, Gouly avaient été les plus acharnés à réclamer sa mise en jugement, qui fut votée, malgré les observations de Clauzel, Dubois-Dubais, et Doulcet de Pontécoulant. Lindet fut compris dans l'amnistie du 4 brumaire an IV ; mais, le 21 floréal suivant, il se trouva compromis de nouveau dans l'affaire des baboeuvistes. La Haute-Cour prononça d'ailleurs son acquittement, l'accusateur public ayant reconnu que les griefs étaient peu sérieux. Le 25 germinal an VI, Robert Lindet fut envoyé au Conseil des Cinq-Cents par le département de l'Eure, avec 180 voix (204 votants). En floréal an VII, le Directoire l'appela au ministère des Finances qu'il garda jusqu'au coup d'État de Bonaparte (18 brumaire an VIII). A partir de cette époque il vécut à Paris, en exerçant la profession d'avocat ; il y mourut en 1825. Il avait épousé mademoiselle Mesnil, de Caen.

LINGUA DE SAINT-BLANQUAT (ARNAUD, CHEVALIER), député de 1821 à 1831, né à Saint-Lizier (Ariège) le 11 juin 1779, mort en 1864, entra dans l'administration le 30 août 1816, comme conseiller de préfecture à Foix. Successivement élu député du 1er arrondissement électoral de l'Ariège (Foix), le 29 septembre 1821, par 82 voix (92 votants, 169 inscrits : le 25 février 1824, par 99 voix (139 votants, 173 inscrits), contre 27 à M. Fornier de Savignac ; le 17 novembre 1827, par 64 voix (127 votants, 164 inscrits), contre 59 à M. de Tersac ; le 23 juin 1830, par 101 voix (161 votants, 172 inscrits), contre 34 à M. Ruffié père, M. Lingua de Saint-Blanquat siégea parmi les ministériels et ne prit jamais la parole. Chevalier de la Légion d'honneur et chevalier de Malte, il avait été nommé préfet du Gers le 1er septembre 1824, et préfet de la Dordogne le 12 novembre 1828. Les élections du 5 juillet 1831 lui furent défavorables : il échoua dans le 3e collège électoral de l'Ariège (Saint-Girons) avec 36 voix contre 92 à M. Pagés, et rentra dans la vie privée.

LINIÈRE (ANTOINE-FRANÇOIS GUICHARD, COMTE DE LA), député en 1789, né au Vigan (Gard) le 6 février 1724, mort à une date inconnue, était maréchal de camp, lorsqu'il fut élu député de la noblesse aux États-Généraux par la sénéchaussée de Nîmes, le 31 mars 1789. Le Moniteur dit seulement de lui qu'il fut l'un des membres chargés d'implorer la clémence du roi en faveur des individus compromis dans des troubles populaires.

LINTZ (CHRÉTIEN-JOSEPH), député au Corps législatif en l'an IX, dates de naissance et de mort inconnues, fut, de 1769 à 1789, « bailif, ce-veur général et conseiller de règne de la maison de Salm. » Trésorier général de Trèves, directeur de la chambre des finances et conseiller intime, puis juge au tribunal de révision dans la même ville, il devint, sous la domination française, juge suppléant au tribunal de première instance de Coblentz. Élu, le 18 frimaire an IX, par le Sénat conservateur, député du département de la Sarre au Corps législatif, il fut nommé, le 2 avril 1811, conseiller à la cour impériale de Trèves.

LION (Pierre-Joseph), membre de la Convention, député au Conseil des Cinq-Cents, né à la Pointe-à-Pitre (Guadeloupe) le 19 mars 1737, mort à une date inconnue, fut élu, le 28 octobre 1792, premier député suppléant de la Guadeloupe à la Convention. Appelé à remplacer Guillermin, mort en route, il ne prit séance qu'après le jugement de Louis XVI, se fit peu remarquer dans l'assemblée, et entra de droit, comme ex-conventionnel des colonies, au Conseil des Cinq-Cents, le 4 brumaire an IV. Il en sortit en 1797.

LIOUVILLE (Joseph-Adolphe), représentant du peuple en 1848, né à Saint-Omer (Pas-de-Calais) le 24 mars 1806, mort à Paris le 8 septembre 1882, entra en 1825 à l'École polytechnique et en sortit dans les ponts et chaussées. Mais il renonça bientôt à la carrière d'ingénieur pour se consacrer exclusivement aux mathématiques. Docteur ès-sciences, professeur adjoint à l'École polytechnique en 1831, il obtint, en 1837, la chaire de mécanique rationnelle à la Sorbonne et, peu après, celle d'analyse au collège de France. Chevalier de la Légion d'honneur (29 avril 1838), membre de l'Académie des sciences (1839) en remplacement de l'astronome Lalande, connu pour ses opinions démocratiques, il se mêla, en 1848, au mouvement politique, et fut élu, le 2e sur 11, par 96,687 voix (100,120 votants). Il siégea parmi les membres du parti démocratique modéré, fit partie du comité des finances, et vota *pour* le bannissement de la famille d'Orléans, *contre* les poursuites contre L. Blanc et Caussidière, *pour* l'abolition de la peine de mort, *contre* l'impôt progressif, *contre* l'incompatibilité des fonctions, *contre* l'amendement Grévy, *pour* l'ensemble de la Constitution, *contre* la proposition Rateau, *contre* l'expédition de Rome. Non réélu à la Législative, il reprit ses travaux, et fut nommé successivement officier de la Légion d'honneur (13 août 1861), membre du bureau des longitudes (26 mars 1862), commandeur de la Légion d'honneur (4 août 1875). M. Liouville a publié un grand nombre de mémoires dans les recueils de l'Académie des sciences; il a donné une excellente édition de la *Géométrie* de Monge, et a fondé le *Journal des mathématiques pures* plus communément appelé *Journal de Liouville*.

LIOUVILLE (Henri), député de 1876 à 1887, né à Paris le 17 août 1837, mort à Paris le 20 juin 1887, neveu du précédent, beau-frère d'Ernest Picard, et fils de l'ancien bâtonnier des avocats à la cour de Paris, étudia avec succès la médecine, fut un élève distingué de Velpeau, de Grisolle et de Vulpian, fut interne des hôpitaux de 1865 à 1869, et se fit recevoir docteur (17 février 1870). Après une mission à l'étranger (1864), où il visita les ambulances austro-prussiennes et danoises de la campagne du Sleswig, les nouvelles installations hospita-

lières et les universités de la Russie, de l'Allemagne, de l'Italie et de la Suisse, il aida à l'organisation des laboratoires annexés aux cliniques, et le premier de ces centres d'enseignement dont fut doté l'Hôtel-Dieu, près de la clinique du professeur Béhier, lui fut confié Il y fit d'intéressantes recherches, qui lui valurent un prix à l'Institut pour ses découvertes sur le curare, appréciées dans un rapport de Claude Bernard, et le titre de vice-président de la société anatomique, à la tête de laquelle ont été Cruveilhier et M. Charcot. Il fut envoyé, en 1866, par l'administration de l'Assistance publique, à Amiens, lors du choléra qui venait de frapper trois médecins de la ville. Il reçut des ouvriers de Saint-Pierre, où il prodigua ses soins nuit et jour, un témoignage touchant de reconnaissance, de la ville le droit de porter ses armes, et du gouvernement une médaille d'honneur. En 1870, il vint s'enfermer dans la ville de Toul, la veille même de l'investissement, y resta pendant toute la durée du bombardement et fut, pour sa belle conduite, cité à l'ordre du jour. Après la prise de la ville, M. Liouville rejoignit l'armée de la Loire en qualité de chef d'ambulance. Chef de laboratoire à l'Hôtel-Dieu (1872), agrégé de la faculté de médecine (1875) et médecin des hôpitaux attaché au bureau central, il se présenta, le 20 février 1876, comme candidat républicain, à la députation dans l'arrondissement de Commercy, d'où sa famille était originaire, et fut élu par 10,593 voix (19,145 votants, 23,102 inscrits), contre 8,365 à M. Buffet, alors ministre et qui avait été, au début de sa carrière, secrétaire de Liouville père. M. H. Liouville prit place à la gauche républicaine et fut des 363. Réélu à ce titre, le 14 octobre 1877, par 11,252 voix (19,924 votants, 23,267 inscrits), contre 8,484 à M. Joba, candidat officiel, il reprit sa place dans la majorité, approuva les invalidations des députés de la droite, et vota *pour* l'article 7, *pour* l'amnistie partielle, *pour* les lois nouvelles sur la presse et le droit de réunion, etc. Il se montra, sans prendre personnellement une très grande part aux délibérations, un des partisans les plus fidèles de Gambetta et de sa politique, et fit partie d'importantes commissions. M. Liouville obtint sa réélection, le 21 août 1881, avec 13,243 voix (15,689 votants, 22,892 inscrits), soutint les ministères Gambetta et Ferry, et vota *pour* les crédits du Tonkin. Porté, le 4 octobre 1865, sur la liste républicaine de la Meuse, il fut élu député de ce département, le 5e et dernier, par 37,559 voix (70,523 votants, 83,103 inscrits). Il ne cessa d'appartenir à la majorité opportuniste. M. Henri Liouville fut deux fois choisi comme rapporteur du budget du ministère de l'Intérieur et, dans les deux rapports qui furent approuvés par le vote de la Chambre, il fit, pour la première fois, figurer parmi les réformes qu'il proposait au parlement, la nécessité d'une direction générale de la santé publique. Décédé en juin 1887, il fut remplacé, le 31 juillet suivant, à la Chambre, par M. Poincarré. On a de lui ses thèses de doctorat et d'agrégation : *De la généralisation des anévrismes militaires* (1871); *De l'abus en thérapeuthique* (1875), et un assez grand nombre de notices et de mémoires dans les recueils spéciaux. Conseiller général de la Meuse. M. Liouville avait épousé la belle-fille du docteur Charcot.

LIQUIER (André), député en 1789, né à une date inconnue, mort à Paris le 13 juin 1789 négociant à Marseille, fut élu, le 4 avril 1789, députe du tiers aux États-Généraux par la sénéchaussée de Marseille. Il eut à peine le temps de se rendre à Versailles et mourut le 13 juin suivant.

LISBONNE (Eugène, député de 1876 à 1881, membre du Sénat, né à Nyons [Drôme] le 2 août 1818, étudia le droit à Paris, et, reçu avocat, s'inscrivit au barreau de Montpellier. D'opinions démocratiques, il fut nommé, en 1848, procureur de la République à Béziers; mais, après l'élection présidentielle du 10 décembre, il fut destitué de cette fonction. Activement mêlé aux luttes du parti républicain dans l'Hérault à l'époque du coup d'État de 1851, il fut arrêté et déporté en Algérie par décision des commissions mixtes. De retour à Montpellier, il reprit sa place au barreau et acquit bientôt, comme avocat et comme adversaire du gouvernement impérial, une certaine notoriété: il soutint et fit triompher, en 1869, la candidature indépendante d'Ernest Picard à Montpellier. L'avènement au pouvoir de ses amis politiques, le 4 septembre 1870, l'éleva à la préfecture de l'Hérault: il conserva ce poste jusqu'au 23 avril 1871. A cette époque, se trouvant en opposition d'idées absolue avec les représentants monarchistes que le département avait élus à l'Assemblée nationale, il refusa la préfecture de l'Isère que lui offrait M. Thiers, et préféra donner sa démission, pour rentrer dans la lutte. Conseiller général (octobre 1871) de l'Hérault pour le 2e canton de Montpellier, il combattit énergiquement, après le 24 mai 1873, les préfets du gouvernement de «l'ordre moral», fut élu président du conseil général, et se trouva ainsi désigné aux suffrages des électeurs républicains. Il se présenta et fut élu, le 20 février 1876, dans la 2e circonscription de Montpellier, par 10,914 voix (21,177 votants, 26,310 inscrits), contre 5,769 à M. Dubois et 4,435 à M. Doumet. Il avait précédemment échoué, le 30 janvier, comme candidat au Sénat dans l'Hérault, avec 195 voix (416 votants). Il siégea dans le groupe de l'Union républicaine, parut plusieurs fois à la tribune, fut chargé de nombreux rapports et ne tarda pas à occuper dans la majorité de la Chambre une place importante: il fut des 363. Réélu à ce titre, le 14 octobre 1877, par 11,845 voix (22,175 votants, 27,126 inscrits), contre 10,055 à M. Dubois, il revint siéger dans la majorité, soutint les ministères républicains de la législature et la politique opportuniste, et fit preuve d'une grande activité parlementaire. On lui dut plusieurs propositions et projets de loi modifiant les art. 336 et 340 du code d'instruction criminelle (résumé des présidents d'assises), restituant aux conseils généraux la vérification des pouvoirs de leurs membres, modifiant l'article du code civil relatif à la restitution des frais en matière de successions, modifiant l'article 1094 du code civil, réglant l'application de l'article 463 du code d'instruction criminelle, etc. M. Lisbonne fut, en 1881, le rapporteur de la loi nouvelle sur la presse dont la discussion commença à la Chambre le 24 janvier. D'accord avec le gouvernement sur le principe de la liberté de la presse, la commission avait rencontré de nombreuses difficultés à régler certains points de détail. Elle supprima en somme les mesures préventives qui s'opposaient à la publication d'un journal ou d'un article: déclaration préalable, autorisation, timbre, censure et cautionnement; puis, pensant qu'en matière de délits de presse, la juridiction naturellement compétente n'est pas

la magistrature, mais le jury qui représente l'opinion, elle établit, pour tous les cas autres que les contraventions, la juridiction du jury. Enfin, elle supprima quelques-uns des *délits d'opinion* admis par la législation en vigueur: notamment l'excitation à la haine des citoyens les uns contre les autres, l'outrage à la morale publique ou religieuse, l'apologie de faits qualifiés crimes, la fausse nouvelle pure et simple, etc.; elle laissait subsister le délit d'outrage envers la République, le Sénat et la Chambre des députés, le délit de fausse nouvelle publiée de mauvaise foi et de nature à troubler la paix publique, de pièces falsifiées, fabriquées ou mensongèrement attribuées à des tiers, et le délit d'outrages aux bonnes mœurs. Elle maintenait la législation existante sur la diffamation, fixait à trois mois la prescription de l'action publique et, pour garantir le payement des amendes, admettait le principe de la responsabilité civile des propriétaires. Le gouvernement se montra plus restrictif sur bien des points, principalement quant aux voies de répression et à l'énumération des délits. La discussion générale se limita à un commentaire du projet de loi par le rapporteur, M. Lisbonne, et la Chambre vota presque sans discussion et avec quelques rares modifications tous les articles relatifs à la publication des journaux. Le débat le plus vif et le plus intéressant eut lieu sur les délits de presse. MM. Floquet, Allain-Targé, Ribot, Goblet, Ballue, Madier de Montjau, Marcou, Clémenceau, Freppel, de Cassagnac y prirent part. Un amendement de M. Floquet, proposant pour la presse le régime du droit commun, fut repoussé par M. Lisbonne; toutefois M. Floquet réussit à introduire dans la loi quelques atténuations. Jusqu'à la fin de la discussion, le rapporteur fut sur la brèche pour défendre l'œuvre de la commission, qui reçut dans ses parties essentielles la sanction du vote de la Chambre: 444 voix se prononcèrent en faveur de la loi; la majorité de la droite s'abstint: quatre membres intransigeants de l'extrême gauche votèrent *contre*, pour rester fidèles au principe de la liberté absolue. M. Lisbonne ne fut pas réélu député aux élections générales de 1881. Il rentra au parlement, le 5 janvier 1888, ayant été élu sénateur de l'Hérault par 441 voix (810 votants). Il prit place à gauche dans la Chambre haute, combattit, en février suivant, le projet Bozérian contre les abus de la liberté de la presse, ce qui ne l'empêcha pas, quelques mois plus tard, de proposer lui-même une restriction aux principes libéraux de la loi de 1881 sur la presse. Ce fut l'objet de la «proposition Lisbonne» demandant à rendre justiciables des tribunaux de police correctionnelle les délits d'injure publique prévus par l'article 33, paragraphe 1er, de la loi du 23 juillet 1881 sur la liberté de la presse. Cette proposition, qui enlevait au jury pour la rendre aux tribunaux correctionnels l'appréciation de certains délits de presse, fut adoptée au Sénat, le 18 février 1889, par 207 voix contre 82, mais rejetée à la Chambre, le 2 avril suivant, par 306 voix contre 236. En dernier lieu, M. Lisbonne a voté *pour* le rétablissement du scrutin d'arrondissement, et *pour* la procédure à suivre devant le Sénat contre le général Boulanger.

LISLE DE SIRY (Joseph-Charles-Edouard, marquis de), sénateur du second Empire, né à Paris le 20 décembre 1807, mort à Paris le 30 avril 1884, entra dans la carrière diplomatique et devint, sous Louis-Philippe, secrétaire de légation à Mexico, puis ministre plénipotentiaire à Lisbonne. Admis à la retraite avec ce dernier titre, grand officier de la Légion d'honneur, il fut appelé, le 22 janvier 1867, à faire partie du Sénat impérial, où il soutint de ses votes le gouvernement de Napoléon III, jusqu'au 4 septembre 1870.

LITTARDI (Nicolas-Thomas, chevalier), député au Corps législatif de 1806 à 1809, né à Port-Maurice (Italie) le 23 juillet 1743, mort à une date inconnue, propriétaire à Port-Maurice, fut membre du directoire exécutif ligurien et sénateur. Le 15 messidor an XIII, il reçut la décoration de la Légion d'honneur, et, le 22 février 1806, il fut désigné par le Sénat conservateur pour représenter au Corps législatif le département de Montenotte. Réélu, le 3 octobre 1808, il siégea dans l'assemblée impériale jusqu'en 1809, et fut créé chevalier de l'Empire le 3 janvier 1813.

LITTÉE (Janvier), membre de la Convention, député au Conseil des Cinq-Cents, né à Saint-Pierre (Martinique) en 1753, mort à Paris le 5 mars 1820, fut élu, le 28 octobre 1792, membre de la Convention par la colonie de la Martinique, le 4e et dernier. Son élection ne fut validée que le 5 septembre 1793, et il ne prit séance que le 18 à la Convention, où il n'eut qu'un rôle effacé. Entré de droit au Conseil des Cinq-Cents, comme les ex-conventionnels des colonies, le 4 brumaire an IV, il en sortit en l'an VI, sans s'être fait remarquer par aucun acte important.

LITTRÉ (Maximilien-Paul-Emile), représentant en 1871, sénateur de 1875 à 1881, né à Paris le 1er février 1801, mort à Paris le 2 juin 1881, fit de brillantes études classiques, fut un des lauréats du concours général, et embrassa l'étude de la médecine, qu'il poussa jusqu'à l'internat, mais qu'il se contenta de servir par des travaux scientifiques de premier ordre sans y chercher une profession. En même temps il se livrait à des recherches approfondies de philologie et d'histoire : le grec, le sanscrit, l'arabe et les principaux idiomes anciens et modernes lui furent bientôt aussi familiers que la langue et la littérature françaises. On doit à cette première période de sa vie une édition et une traduction des *Œuvres d'Hippocrate* accompagnées d'un commentaire, publication qui, dès le début, fut jugée assez remarquable pour lui ouvrir, le 22 février 1839, les portes de l'Académie des Inscriptions. La partie faible de ce grand ouvrage était la reconstitution du texte, tâche à laquelle Littré n'avait peut-être pas apporté toute la rigueur des principes qui fait loi aujourd'hui. Républicain dès 1830, Emile Littré s'était distingué parmi les combattants de juillet; il entra, sous Louis-Philippe, à la rédaction du *National*, dont il resta, jusqu'en 1851, un des principaux rédacteurs. Il avait quarante ans lorsqu'il fit la connaissance d'Auguste Comte et de ses ouvrages : séduit par le caractère scientifique et méthodique de la doctrine de l'auteur de la *Philosophie positive*, il l'embrassa avec ardeur et se livra tout entier, sauf les réserves qu'il fit plus tard relativement à la « seconde phase » de Comte et aux idées religieuses que celui-ci essaya d'ajouter à son système. Littré n'hésita pas alors à regarder cette partie de l'œuvre du maître comme indépendante de la première et comme l'effet d'un état mental pathologique nettement caractérisé. Mais, à part cette dis-

tinction, d'ailleurs fondée en fait, Littré se proclama toujours hautement disciple de la doctrine et fidèle de l'« église » positiviste. Il écrivait en 1843 : « Aujourd'hui il y a plus de vingt ans que je suis sectateur de cette philosophie, et la confiance qu'après de longues méditations et plus d'une reprise elle m'inspira, ne s'est pas dès lors démentie. Elle suffit à tout, ne me trompe jamais et m'éclaire toujours. » En effet, Littré fut toute sa vie un *positiviste* convaincu. « Le nom seul l'indique, écrivait-il encore, ce qui est commencement et fin des choses ne tombe pas sous l'expérience. » Sous le titre d'*Analyse raisonnée des cours de Philosophie positive*, Littré avait donné, en 1845, un résumé lucide et habile des idées d'Auguste Comte. Il accueillit avec joie la révolution de 1848, et accepta les fonctions non rétribuées de conseiller municipal de Paris; mais il ne tarda pas à donner sa démission, et, voyant la marche des événements, refusa le ruban de la Légion d'honneur qui lui était offert, et se remit au travail avec une ardeur nouvelle. Pendant toute la durée de l'Empire, il se tint à l'écart de la politique, se consacrant uniquement aux labeurs littéraires et scientifiques qui ont fait de lui un des savants éminents de ce temps. Il reprit le cours de ses recherches sur la médecine, et le *Dictionnaire* si connu *de Médecine et de chirurgie*, qui n'avait dû être au début qu'un remaniement du travail de Nysten, devint peu à peu, entre les mains de Littré et de son collaborateur Robin (V. ce nom), un ouvrage essentiellement original et personnel. Il continua aussi de s'adonner avec passion à l'étude des langues et principalement à l'histoire de la langue française. Les deux volumes qu'il publia sur ce sujet en 1862 étaient un recueil d'articles qui avaient paru originairement dans la *Revue des Deux-Mondes*, le *Journal des Débats* et le *Journal des Savants*, auquel Littré collaborait depuis 1854. La critique littéraire y touche à la linguistique. Membre de la commission chargée de poursuivre l'*Histoire littéraire de la France*, il fut un des auteurs des tomes XXI, XXII, XXIII. Mais son travail capital et son principal titre, c'est incontestablement le *Dictionnaire de la langue française*, dont il avait conçu de bonne heure le projet. C'est en 1841 qu'il l'avait fait accepter au chef de la maison Hachette, son condisciple et son ami : mais il ne reçut un commencement d'exécution que six ans après. La rédaction dura de 1847 à 1865 et l'impression, commencée le 27 septembre 1859, fut terminée en novembre 1872, après une interruption d'environ neuf mois en 1870-71. On peut se rendre compte du travail qu'exigea ce *Dictionnaire* par les chiffres suivants : « La copie (sans le *Supplément*) comptait 415,636 feuillets. Il y a en 2,242 placards de composition. Les additions faites sur les placards ont produit 292 pages en trois colonnes. Si le *Dictionnaire* (toujours sans le *Supplément*) était composé sur une seule colonne, cette colonne aurait 37,525m,28. » (Littré, *Etudes et Glanures*.) Le Dictionnaire de Littré est le plus grand travail lexicographique entrepris jusqu'ici sur notre langue, et on ne sait ce qu'on doit le plus admirer dans l'œuvre de ce savant, de la sûreté de sa méthode, de la merveilleuse sagacité de ses jugements, ou de la patience de ses recherches, de son infatigable activité dans un âge avancé, au milieu des plus vives angoisses patriotiques. Les matériaux du Dictionnaire, formant 240 paquets de chacun 1,000 feuillets, avaient été renfermés dans huit caisses en bois blanc. Ces caisses étaient déposées dans la cave de la maison de campagne de Littré, à Mesnil-le-Roi, et on le tirait au fur et à mesure de l'impression. Au mois d'août 1870, en prévision d'opérations militaires aux environs de Paris, Littré fit transporter à Paris les caisses qui restaient, et dut les placer dans le sous-sol de la maison Hachette pour les mettre hors de la portée des obus. Fondateur en 1867, avec M. G. Wyrouboff, de la revue la *Philosophie positive*, M. Littré y publia, en 1870, sous ce titre : *Des origines organiques de la Morale*, un article qui fit sensation et fournit de nombreux arguments aux théoriciens catholiques qui accusaient Littré d'athéisme. La même année, il soutenait Mme veuve Comte dans son procès contre les exécuteurs testamentaires de son mari, et s'opposait à la publication des dernières œuvres d'Auguste Comte, comme indignes de lui. Au moment de l'investissement de Paris, Littré fut nommé par Gambetta, alors en province, professeur d'histoire et de géographie à l'Ecole polytechnique (7 janvier 1871). Bientôt après, il rentra dans la vie politique, mais sans renoncer à ses travaux de philologie, d'histoire et de philosophie.

Elu, le 8 février 1871, représentant de la Seine à l'Assemblée nationale, le 33e sur 43, par 87,868 voix (328,970 votants et 547,858 inscrits), il prit place à gauche et vota constamment avec les républicains modérés, par exemple *contre* le pouvoir constituant de l'Assemblée, *pour* la dissolution, *contre* la chute de Thiers au 24 mai, *contre* le septennat, la loi des maires, l'état de siège, *pour* les amendements Wallon et P. Duprat et *pour* l'ensemble des lois constitutionnelles. Lors du renouvellement des conseils généraux, il fut nommé (15 octobre 1871) membre du conseil général de la Seine pour le canton de Saint-Denis, et cette assemblée le choisit pour son vice-président. Dans la séance du 30 décembre 1871, il fut élu en remplacement de Villemain, membre de l'Académie française, qui, précédemment, en 1863, avait repoussé sa candidature à l'instigation de l'évêque d'Orléans. Devant le succès de Littré, l'évêque d'Orléans, qui, cette fois encore, avait fait les plus grands efforts contre son élection, crut devoir donner avec éclat sa démission d'académicien. A l'Assemblée nationale, Littré, éloquent seulement la plume à la main, ne prit aucune part aux débats parlementaires, et ne parut jamais à la tribune. Mais il n'en fut pas moins très assidu aux séances. « Tous les arrangements de ma vie, a-t-il dit en parlant de l'année 1872, pour me procurer la plus grande somme de temps disponible étaient bouleversés. Membre de l'Assemblée nationale, j'assistais régulièrement aux séances. N'ayant pu prendre résidence à Versailles, à cause de mes livres et de tout ce qu'à Paris j'avais sous la main, j'étais obligé de faire chaque jour le voyage. De la sorte, le milieu des journées m'était enlevé tout entier; il ne me restait que les matinées, les nuits, les dimanches et les vacances de l'Assemblée. Ces heures dérobées aux devoirs publics, on imaginera sans peine avec quel soin jaloux je les employai, et combien je me réjouis quand je vis qu'elles me suffisaient. » Au mois d'avril 1873, Littré, qui avait fait adhésion à la « République conservatrice », protesta par une lettre adressée au *Temps* contre la candidature radicale de M. Barodet. Le 15 décembre 1875, il fut élu par l'Assemblée nationale sénateur inamovible, le 52e sur 75, par 343 voix (676 votants). La même année, les francs-maçons avaient donné une grande so-

lennité à sa réception par le Grand Orient France (juillet), et une grande publicité discours que le savant prononça le jour de initiation. Littré siégea à la Chambre hau dans les rangs de la gauche modérée. Il vo *contre* la dissolution de la Chambre en 1 se montra l'adversaire du gouvernement Seize-Mai, le partisan du ministère Dufaure favorable à la plus large tolérance en mati religieuse, il *s'abstint* volontairement, de mê que ses collègues MM. Cherpin, Eymard-vernay, Faye, Joseph Garnier, Issartier, l' et l'amiral Fourichon, dans le scrutin (mars 1 sur l'article 7 de la nouvelle loi sur l'enseig ment supérieur. Il s'éteignit à Paris le 2 ju 1881. Suivant sa volonté expresse, aucun d cours ne fut prononcé sur sa tombe.

Si Littré, comme philosophe, s'interdisait parti pris les solutions, ce n'était pas qu'il insensible à la grandeur des problèmes, joignait à une vive intelligence un caracté d'une parfaite droiture et une âme pleine sentiment. Il a publié, à la fin de son volu *Littérature et Histoire*, quelques pièces poésie qui montrent qu'il avait aussi ses heu de rêverie. Parmi les rares épanchements times auxquels il s'est livré, un des p curieux fut le morceau inséré par lui en 1 dans la *Philosophie positive*, sous ce titre *Pour la dernière fois*. Il y faisait comme s examen de conscience et écrivait : « Certain âmes pieuses se sont intéressées à mes dispo tions intimes. Il leur a semblé que, n'éta point un contempteur absolu du christianism et lui reconnaissant avec insistance des gra deurs et des bienfaits, il y avait en moi ce des cordes qui pourraient vibrer... » A c sollicitations qui l'ont touché, Littré répo avec simplicité, sans humeur et sans faiblesse ne cherchant ni à blesser les convictions qu ne partage pas, ni à leur laisser admettre qu pourrait s'en rapprocher. Non seulement il croit pas, mais il n'éprouve pas de ces dési de croire, de ces désespoirs en se sentant inc pable de foi, dont quelques incrédules ont e primé tragiquement l'angoisse. « Je me su interrogé en vain, je n'éprouve rien de qu'ils ont éprouvé. Il m'est, comme à eux, im possible d'accepter la conception du mon telle que le catholicisme l'impose à ses fidèl croyants; mais je suis sans regret d'être dehors de ces croyances, et ne puis découvr en moi aucun désir d'y rentrer. » Toutefois, fit, au moment de mourir, aux sentiments c tholiques de Mme et de Mlle Littré cette co cession suprême de consentir à recevoir l sacrements, y compris ceux du baptême et d mariage. Parmi les autres travaux de Littré, faut citer une brochure sur le *Choléra orient* (1832), publiée avant l'invasion de ce fléau Paris, sa collaboration au *Journal hebdom daire de médecine et de chirurgie*, la créatio avec M. Dezeimeris de l'*Expérience*, revu (1837-1846); une traduction de l'*Histoire nat relle* de Pline l'Ancien; *Application de la ph losophie positive au gouvernement des sociét* (1849); *Conservation, révolution et positivism* (1852); *Médecine et médecins* (1871); la *Scien au point de vue philosophique* (1873); *Frag ments de philosophie positive et de sociolog contemporaine* (1876); une traduction de Vie de Jésus de Strauss, et une édition de *Œuvres complètes* d'Armand Carrel.

LIVOIS (Eugène), député de 1877 à 1881, à Boulogne-sur-Mer (Pas-de-Calais) le 25 févri 1815, mort à Boulogne-sur-Mer le 14 août 188 étudia la médecine et fut reçu docteur en 1850. Établi à Boulogne, il devint maire de cette ville. Aux élections législatives du 14 octobre 1877, M. Livois fut désigné par le gouvernement du Seize-Mai comme candidat officiel, et élu député de la 1re circonscription de Boulogne-sur-Mer par 8,980 voix (14,978 votants. 19,006 inscrits), contre 5,949 à M. Henry, républicain. Il siégea dans le groupe de l'appel au peuple, vota *contre* les invalidations des députés de la droite, *contre* le mini-tère Dufaure, *contre* l'article 7 de la loi sur l'enseignement supérieur, *contre* l'amnistie, etc. Il ne fut pas réélu en 1881. Chevalier de la Légion d'honneur.

LIVRÉ (EUSTACHE), député en 1789, né au Mans (Sarthe) le 11 avril 1728, mort au Mans le 15 janvier 1804, était échevin de la ville du Mans, quand il fut élu député suppléant du tiers aux États-Généraux par la sénéchaussée du Maine, le 1er juillet 1789. Admis à siéger le 11 juillet suivant, en remplacement de M. Héliand, décédé, il devint secrétaire de l'assemblée, et fit rendre un décret qui maintenait en vigueur les règlements concernant la pharmacie. Après la session, M. Livré devint juge suppléant au tribunal criminel du Mans.

LIZOT (PIERRE-JEAN-CHARLES-LAURENT), député de 1815 à 1827, né à Brionne (Eure) le 4 novembre 1768, mort à Paris le 30 janvier 1827, entra dans la magistrature et fut procureur impérial sous le premier Empire. Les sentiments royalistes qu'il montra aux Cent-Jours et sous la Restauration le firent maintenir au poste de procureur du roi à Bernay. Élu, le 22 août 1815, député de l'Eure, au collège de département, par 109 voix (211 votants, 269 inscrits), il siégea dans la minorité ministérielle de la Chambre introuvable. Réélu, le 4 octobre 1816, par 115 voix (214 votants, 262 inscrits), il vota avec la droite, se prononça pour les lois d'exception, fut promu, le 26 mars 1817, juge de paix du 5e arrondissement de Paris, et obtint sa réélection comme député, le 4 novembre 1820, dans le 3e arrondissement de l'Eure (Bernay), par 223 voix (438 votants, 498 inscrits), contre 212 à Dupont (de l'Eure); puis, le 25 février 1824, par 254 voix (386 votants, 421 inscrits), contre 127 au même concurrent. Il soutint le ministère Villèle ; son rôle politique inspira à un biographe parlementaire de 1826 cette appréciation : « M. le juge de paix du 5e arrondissement de Paris est un des plus fidèles amis du ministère actuel, comme il l'a été de ceux qui l'ont précédé, et comme il le sera de ceux qui lui succéderont ; il est vrai qu'il a quelque part un fils substitut, et que lui-même ne désespère pas d'arriver à quelque chose dans les hautes dans la magistrature. Leurs Excellences ne peuvent, au surplus, répandre leurs faveurs sur un homme qui leur ait donné plus de gages que cet ex-procureur impérial, puisqu'à l'occasion d'une attaque contre le ministre de la police, on l'entendit, un jour, s'écrier à la tribune : « Un ministre est l'homme du roi ; sous ce rapport, je respecte tous les ministres... C'est une extrême inconvenance que d'avancer que les ministres ne peuvent se soutenir sans avoir la majorité ; s'il en était autrement, ce ne serait pas le roi qui gouvernerait, ce serait nous... » On voit que M. Lizot entend parfaitement le gouvernement représentatif. » Un écrivain a dit de lui : « Cet honorable membre est connu par l'inaltérable constance de ses sentiments en faveur des ministres, la fixité de sa position centrale, l'inflexibilité de ses principes ministériels, qui résistent à tous les chocs, à toutes les variations, à tous les changements de système ; le soleil cessera d'être au centre du monde, avant que M. Lizot cesse d'être au centre de la Chambre... » M. Lizot mourut au cours de la session, le 30 janvier 1827.

LIZOT (PIERRE-GUSTAVE), membre du Sénat, né au Havre (Seine-Inférieure) le 13 avril 1831, parent du précédent, fit ses études de droit à Paris, fut reçu docteur en 1852, et entra dans la magistrature comme substitut au tribunal de Rouen. Conseiller général (1860) de la Seine-Inférieure pour le canton de Saint-Romain, il fut promu, en 1864, substitut du procureur général à Rouen. Après les événements de 1870, M. Lizot fut appelé par le gouvernement de Thiers au poste de préfet de la Seine-Inférieure (mars 1871) : à cette époque le département était encore occupé par les troupes allemandes. Préfet du Nord en 1876, M. Lizot fut, sur sa demande, replacé, pendant la période du Seize-Mai, à la tête du département de la Seine-Inférieure, où il favorisa de tout son pouvoir la politique des conservateurs. Révoqué en décembre 1877, à la suite de la victoire électorale des républicains, il rentra dans la vie privée. Les monarchistes de la Seine-Inférieure le portèrent candidat au Sénat le 8 janvier 1882, et l'élurent sénateur par 496 voix au 869 votants. M. Lizot prit place à droite, fit rejeter (juin 1883), par des raisons d'économie budgétaire, le projet tendant à établir des classes personnelles pour les préfets et sous-préfets, et se prononça *contre* la réforme de la magistrature, *contre* le rétablissement du divorce, *contre* les crédits de l'expédition du Tonkin, *contre* l'expulsion des princes, *contre* la nouvelle loi militaire, et, en dernier lieu, *pour* le rétablissement du scrutin d'arrondissement, *contre* le projet de loi Lisbonne restrictif de la liberté de la presse, *contre* la procédure à suivre devant le Sénat contre le général Boulanger. Officier de la Légion d'honneur (1874).

LLUCIA (FRANÇOIS-XAVIER DE), député en 1791, né à Perpignan (Pyrénées-Orientales) le 2 décembre 1752, mort à Paris le 25 mai 1794, fils d'Assiscle de Llucia citoyen noble de Perpignan, ou « bourgeois honoré », anobli en 1750, et de Thérèse Tabariès, fut procureur-syndic du tiers-état à l'assemblée provinciale du Roussillon. Comme on l'attaquait à propos de ces fonctions de représentant du tiers, il répondit que, « fils d'un père nouvellement anobli, toute gloriole sur ce point eût été de sa part pour le moins ridicule », et se déclara fier d'un titre qu'il devait au suffrage de ses concitoyens. Partisan modéré de la Révolution, Llucia fut élu, le 26 mai 1790, procureur général-syndic du département des Pyrénées-Orientales, puis, le 30 août 1791, député de ce département à l'Assemblée législative, le 1er sur 5, « à la pluralité des voix ». Comme procureur-syndic, il prit diverses mesures contre le clergé réfractaire à la Constitution civile ; à l'assemblée, il siégea parmi les réformateurs, et se lia avec les principaux Girondins. Revenu en Roussillon, il fut nommé maire de Perpignan à la place de Guiter qui venait d'être élu à la Convention nationale. Son attitude à l'égard de l'Espagne, qui préparait son armée d'invasion, fut à la hauteur des circonstances. Les lettres qu'il écrivit en 1793 au ministre de la Marine, et à Lacuée, pour les éclairer sur la situation et pour réclamer des secours, témoignent de sa clairvoyance. Son rôle personnel fut des plus actifs et il contribua puissamment à la résistance. Llucia mourut à Paris en 1794.

LOAISEL (GABRIEL-MATHURIN-JOSEPH), député en 1789, né à Sérent (Morbihan) le 2 décembre 1747, mort à Redon (Ille-et-Vilaine) le 6 mai 1825, fils d'un sénéchal de Malestroit, entra dans les ordres. Vicaire de la paroisse de Saint-Gilles de Malestroit, il devint « vicaire perpétuel » de Redon le 12 mars 1777, son oncle ayant résigné ces fonctions en sa faveur. Le 18 avril 1789, il fut élu député du clergé de la sénéchaussée de Vannes aux Etats-Généraux. Partisan des réformes, il se réunit, dès le 14 juin, au tiers-état, « quoiqu'il n'eût aucun mandat à cet effet, pour satisfaire au cri de sa conscience. » Mais le mouvement de la Révolution dépassa bientôt ses prévisions, et il donna sa démission le 11 juillet 1790. De retour à Redon, et déjà remplacé à l'Assemblée, il écrivit au président pour savoir s'il ne pouvait pas revenir sur sa démission : la réponse fut négative. Loaisel émigra en 1791, et se réfugia en Angleterre. Il revint en Bretagne en l'an VIII, devint curé de Redon au Concordat, quitta le ministère actif en 1816, et vécut désormais dans la retraite. Le *Moniteur* a confondu Loaisel avec Loysel (Julien) député d'Ille-et-Vilaine au Conseil des Cinq-Cents.

LOBAU (COMTE DE) — *Voy.* MOUTON.

LOBINHÈS (LOUIS), membre de la Convention, député au Conseil des Anciens, né à Villefranche (Aveyron) le 7 mars 1739, mort à Villefranche le 27 janvier 1815, négociant et maire de cette ville, fut élu, le 6 septembre 1792, membre de la Convention par le département de l'Aveyron, le 3e sur 9, avec 281 voix (522 votants). Il prit place à droite et vota, dans le procès de Louis XVI, « pour la détention et l'exil ». Réélu, le 23 vendémiaire an IV, député du même département au Conseil des Anciens, par 172 voix (296 votants), il obtint le même jour la majorité dans le Lot. Lobinhès fut exclu comme royaliste en l'an V, date à laquelle son nom ne figure plus à l'*Almanach national*.

LOBJOY (FRANÇOIS), député en 1791 au Conseil des Anciens et au Corps législatif en l'an VIII et en 1807, né à Brancourt (Aisne) le 25 septembre 1743, mort à Colligis (Aisne) le 6 septembre 1807, « fils de François Lobjois marchand mercier à Brancourt et de Marie-Jeanne Jacquemin, » s'adonna à la littérature, et manifesta un grand enthousiasme pour la Révolution. Maire de Colligis en 1790, il fut élu, le 8 septembre 1791, député de l'Aisne à l'Assemblée législative, le 8e sur 14, par 568 voix (589 votants). Il présenta un rapport ayant pour but d'obtenir du ministre des relations extérieures la communication au comité diplomatique des pièces officielles. Après la session, il devint, de 1792 à l'an II, vice-président de son district, se tint à l'écart pendant la Terreur, et ne reparut sur la scène politique qu'à l'époque du Directoire. Elu, le 22 germinal an V, député de l'Aisne au Conseil des Anciens, par 183 voix (205 votants), il adhéra au coup d'Etat de brumaire, et fut nommé par le Sénat conservateur député du même département au nouveau Corps législatif, le 4 nivôse an VIII. Ce mandat lui fut renouvelé le 17 février 18[..] Président du Corps législatif en l'an X, il prononça un discours en faveur de la paix d'Amiens, et fut chargé, quelque temps après, de féliciter Napoléon lors de la découverte de la conspiration de Georges Cadoudal et de Pichegru. Membre de la Légion d'honneur du 4 frimaire an XII. Le nom de ce législateur est orthographié de diverses manières : l'état civil écrit *Lobjois* et le procès-verbal d'élection *Lobgeois*; le *Moniteur* porte *Lobjoy* conformément à la signature constante de ce député.

LOCKROY (EDOUARD-ETIENNE SIMON, dit) représentant en 1871 et en 1873, député de 187[.] à 1889, et ministre, né à Paris le 17 juillet 18[..] fils de Joseph-Philippe Simon dit Lockroy acteur puis auteur dramatique, fit ses études [à] Paris et se destina d'abord à la peinture mais il interrompit presque dès le début de[s] travaux commencés à l'Ecole des Beaux-Art[s] sous M. Eug. Giraud, pour accompagne[r] Alexandre Dumas en Italie, et prendre part [à] la campagne de Garibaldi en Sicile (1860). [De] retour en France, M. Edouard Lockroy s'attach[a] à M. Ernest Renan, qu'il suivit en Orient e[n] qualité de secrétaire, et surtout de dessinateu[r] Après avoir séjourné plus de trois ans en Judé[e] et en Phénicie, il entra, ce second voyag[e] achevé, dans le journalisme parisien, écriv[it] successivement au *Figaro* et au *Diable [à] quatre* des articles remarqués, d'un styl[e] piquant et personnel, et collabora, vers la fin d[e] l'Empire, au *Rappel*, dont il resta très long[-] temps le collaborateur assidu, et où sa « petit[e] guerre » quotidienne contre l'Empire ne tard[a] pas à lui attirer les rigueurs du parquet. Co[n]damné à quatre mois d'emprisonnement et [à] 3,000 francs d'amende, il était un des publiciste[s] les plus en vue du parti démocratique, e[t] s'était essayé, d'autre part, au vaudeville, dan[s] une pochade intitulée : *Le Zouave est en ba[s]* lorsque survint la révolution du 4 septembre Chef du 226e bataillon de la garde national[e] pendant le siège de Paris, il en commanda le[s] compagnies de guerre, se trouva à Champign[y] et à Buzenval, et eut, dans cette dernièr[e] affaire, son père blessé à ses côtés. Le 8 févri[er] 1871, M. Edouard Lockroy fut élu représentan[t] de la Seine à l'Assemblée nationale, le 15e su[r] 43, par 134,583 voix (328,970 votants, 547,85[.] inscrits). Il se rendit à Bordeaux, prit place [à] l'extrême-gauche et vota contre les préliminair[es] de paix. Il parla sur l'incident soulevé pa[r] l'élection de Garibaldi et déposa une propositio[n] de loi relative à l'organisation de la garde na[-] tionale. Au lendemain de l'insurrection com[-] munaliste du 18 mars, il signa la proclamatio[n] des maires de Paris et des représentants de l[a] Seine acceptant les élections municipales fixée[s] au 26 par le comité central, et prit une par[t] assez active aux tentatives de « conciliation entre Paris et Versailles; après avoir constat[é] l'inutilité de ses efforts, il donna, dès l'ouver[-] ture des hostilités, sa démission de député qu'i[l] confirma par la lettre suivante :

« Versailles, avril 1871. Hôpital civil.

« Monsieur le président,

« Ma démission, paraît-il, ne vous est poin[t] encore parvenue; j'étais donc encore député lorsque j'ai été conduit en prison. Comme mo[i] monsieur le président, vous verrez, je l'espèr[e] avec douleur, combien ce titre est peu respect[é] aujourd'hui. J'ai l'honneur de vous donner m[a] démission de membre de l'Assemblée nationale

Veuillez agréer, monsieur le président, l'assurance de mon profond respect et de ma considération la plus parfaite. »

Signé : ÉDOUARD LOCKROY. »

Quelques jours auparavant, M. Lockroy avait été arrêté à Vanves, et conduit à Versailles ; de là il fut transféré à Chartres où il demeura emprisonné jusqu'au mois de juin. Remis en liberté sans jugement, il revint à Paris et se fit élire, le 23 juillet, membre du conseil municipal pour le quartier de la Roquette (11e arrondissement). Il siégea dans les rangs des radicaux, s'associa à leurs manifestations ; en même temps il continuait de collaborer au *Rappel*. Il devint, en mai 1872, rédacteur en chef du *Peuple souverain*, journal populaire politique à 5 centimes, et fut poursuivi (juin) devant la cour d'assises pour un article intitulé *Mort aux traîtres* : le jury prononça l'acquittement. Bientôt après, il comparaissait en police correctionnelle à la suite d'un duel retentissant qu'il avait eu avec M. Paul de Cassagnac ; tous deux furent condamnés à huit jours de prison juillet, et l'on remarqua à ce propos que c'était la première fois qu'en pareille affaire le blessé était poursuivi et surtout condamné. Le 28 mars 1873, un nouvel article : la *Libération du territoire*, valut à M. Éd. Lockroy un mois de prison et 500 francs d'amende. Tandis qu'il subissait sa peine, les électeurs républicains radicaux des Bouches-du-Rhône posèrent sa candidature à l'Assemblée nationale, en remplacement de M. Heiriès, décédé ; M. Lockroy fut élu représentant par 55,830 voix (74,334 votants, 137,706 inscrits). Il s'inscrivit à l'extrême-gauche (Union républicaine), vota *contre* la chute de Thiers au 24 mai, *contre* le septennat, la loi des maires, l'état de siège, le ministère de Broglie, *pour* les amendements Wallon et P. Duprat, *pour* l'ensemble des lois constitutionnelles, et parut plusieurs fois à la tribune : pour combattre l'état de siège, pour réclamer contre les nouveaux impôts, etc. Dans la discussion du budget de 1874, il prononça un discours qui souleva de très vives protestations de la part de la majorité conservatrice. Aux élections législatives de 1876, M. Éd. Lockroy fut candidat à la fois dans le 17e arrondissement de Paris et dans la 1re circonscription d'Aix ; élu à Paris, au premier tour de scrutin, le 20 février, par 10,171 voix (15,472 votants, 19,703 inscrits), contre 3,883 à M. Puteaux, et 720 à M. de Carbonnel, et, au second tour, le 5 mars, dans la 1re circonscription d'Aix avec 5,396 voix (5,336 votants, 16,064 inscrits), il opta pour Aix et fut remplacé à Paris, le 16 avril suivant, par M. Pascal Duprat. M. Lockroy prit place dans le groupe de l'extrême-gauche et fut notamment *pour* l'amnistie plénière, qu'il soutint à la tribune (mai), en se fondant principalement sur ce fait que 100,000 ouvriers, proscrits après la Commune, étaient allés porter à l'étranger leur savoir-faire et leur main-d'œuvre. Il fut des 363. Le 3 avril 1877, il épousa Mme veuve Charles Hugo. Réélu, après la dissolution de la Chambre, le 14 octobre, député d'Aix, par 7,514 voix (12,509 votants, 16,531 inscrits), contre 4,921 à M. Rigaud, il reprit sa place à l'avant-garde de la majorité républicaine, combattit la politique de résistance conseillée au maréchal, et fut désigné, dans une réunion générale des gauches, pour faire partie du comité directeur, dit comité des Dix-huit. Il appuya la proposition de nommer une commission d'enquête parlementaire, prit encore plusieurs fois la parole, fut de ceux qui réclamèrent une

accentuation de la politique gouvernementale dans le sens républicain, vota encore *pour* l'amnistie plénière, se prononça *pour* la mise en accusation des ministres du Seize-Mai, réclama (décembre 1880) la laïcisation immédiate du personnel de l'enseignement primaire, en dénonçant l'hostilité des congréganistes aux projets Ferry sur l'enseignement, et parla (juillet 1881) en faveur de la suppression du budget des cultes. M. Lockroy avait voté les projets et s'était associé à la campagne *pour* l'application des lois aux congrégations non autorisées. Le 21 août 1881, il obtint sa réélection à Aix par 5,285 voix 8,067 votants, 15,974 inscrits), contre 2,314 à M. Peautrier. Le même jour, il était élu également dans la 2e circonscription du 11e arrondissement de Paris, par 8,591 voix 15,665 votants, 19,654 inscrits), contre 4,421 à M. Mathé, radical, et 1,551 à M. Allemane, possibiliste. Il opta cette fois pour Paris et eut pour successeur à Aix, le 18 décembre, M. V. Leydet. Les opinions de M. Éd. Lockroy, qui, dans la Chambre précédente, avait fait partie tout ensemble des deux groupes de l'extrême-gauche et de l'Union républicaine, s'étant de plus en plus nuancées d'opportunisme, le député de Paris observa, dans cette législature, une attitude intermédiaire qui le porta à voter tantôt avec les modérés, tantôt avec les intransigeants, et qui commença de faire de lui un député « ministrable ». M. Éd. Lockroy déposa janvier 1882), avec M. Barodet, une proposition de révision illimitée de la Constitution, et prit la parole (février) pour la soutenir contre M. de Freycinet, président du conseil. Il intervint aussi (28 juillet 1882) dans la discussion soulevée par la politique extérieure du cabinet, et critiqua vivement notre politique sur les affaires égyptiennes. En janvier 1883, il proposa avec M. Ballue la radiation immédiate des princes d'Orléans des cadres de l'armée. En juillet, il se prononça *pour* le rachat des chemins de fer, qu'il s'efforça de justifier par des raisons stratégiques. Il prit encore une part active à la discussion de la loi sur les syndicats professionnels et à celles des diverses lois d'intérêt économique, et se prononça avec plusieurs membres de la gauche radicale, dont il faisait partie, contre la politique coloniale de M. Jules Ferry : c'est ainsi qu'il se refusa, en novembre 1884 et en janvier 1885, à voter les crédits de l'expédition du Tonkin. Mais il se rallia au ministère H. Brisson, et le soutint sans réserves jusqu'aux élections générales de 1885. Porté, en octobre, sur un grand nombre de listes opportuno-radicales et même sur quelques listes radicales-socialistes dans le département de la Seine, il fut élu député de ce département au premier tour de scrutin, le 1er de la liste (sur 38), par 272,650 voix (434,011 votants, 564,338 inscrits). Dès l'ouverture de la session, le « premier élu de Paris » tenta (10 novembre 1885), mais sans succès, d'opérer la suppression des groupes républicains : il prit à cet effet l'initiative d'une grande réunion plénière des gauches qui eut lieu au Grand-Orient, mais ne donna pas les résultats qu'il en espérait. M. Éd. Lockroy se fit alors réinscrire à la gauche radicale. En décembre 1885, converti à la politique coloniale, il appuya à la tribune la demande de crédits formée pour le Tonkin par le cabinet Brisson, ne voulant pas, dit-il, au moment où la période de conquête était achevée, voter l'évacuation. Le nom de M. Lockroy avait été plusieurs fois déjà mis en avant dans des combinaisons ministérielles, lorsque, le 7 janvier 1886, M. de Freycinet, ayant entrepris la constitution d'un cabinet de « concentration républicaine », appela le député de Paris à y prendre le portefeuille du Commerce et de l'Industrie (les syndicats ouvriers avaient été, sur la demande de M. Lockroy, transférés au ministère du commerce). Comme ministre, il eut à diriger les opérations premières de l'Exposition universelle de 1889, à en choisir l'emplacement et à constituer la société financière chargée des dépenses. En mai 1886, il présenta aux Chambres un projet de loi sur l'arbitrage entre patrons et ouvriers en cas de grève, puis il déposa un autre projet sur les accidents du travail. Il conserva son portefeuille dans le cabinet Goblet (11 décembre 1886). Le 14 février 1887, il répondit, par une lettre qui fut diversement appréciée, à la protestation des artistes contre la construction de la tour Eiffel. Le 30 mai 1887, il fut remplacé par M. Dautresme dans le cabinet Rouvier; il reprit alors sa place dans la gauche radicale, qui le nomma son président le 14 décembre 1887. Le 3 avril 1888, M. Floquet confia à M. Lockroy le portefeuille de l'Instruction publique et des Beaux-Arts. Le discours qu'il prononça en cette qualité, le 30 juillet 1888, fut très remarqué parce que le ministre y abordait la grave question de l'enseignement secondaire. Il venait de mettre à l'étude la réforme des programmes des écoles de droit, qu'il voulait diviser en deux sections parallèles, l'une juridique, l'autre administrative, lorsqu'il donna sa démission avec les autres membres du cabinet Floquet, le 22 février 1889. M. Lockroy, écrivain incisif et orateur piquant, a publié plusieurs volumes formés surtout de ses articles de journaux : la *Petite Guerre*, le *Sénatus-consulte* (1869); *les Aigles du Capitole* (1869); *A bas le Progrès* (1870); *la Commune* et *l'Assemblée* (1871); *l'Ile révoltée* (1877). Il a donné en 1881, sous le titre de *Journal d'une bourgeoise pendant la Révolution*, une série de lettres intimes dues à la plume de son arrière-grand'mère, et en 1888, une étude historique : *Ahmed le boucher; la Syrie et l'Egypte au XVIII° siècle*.

LOCQUET (Augustin-René), député de 1837 à 1839, et de 1844 à 1848, né à Arras (Pas-de-Calais) le 25 octobre 1790, mort à Paris le 1er octobre 1852, termina ses études en 1808 et devint commerçant comme son père. Imbu d'idées libérales, il fut rayé des listes électorales en 1824, sous le ministère Villèle. Cette affaire fit alors quelque bruit dans les journaux de l'opposition. Au mois de juillet 1830, il fit partie de la réunion qui se tint, le 27, dans les bureaux du *Temps*, et figura, le lendemain, parmi les combattants. Nommé adjoint au maire du 9e arrondissement de Paris, le 15 septembre 1831, puis maire de cet arrondissement le 30 avril 1832, il obtint la croix de la Légion d'honneur, après l'insurrection du cloître Saint-Merri. Deux ans plus tard, lors des émeutes d'avril 1834, il se signala encore à la bienveillance du gouvernement, en marchant contre les insurgés à la tête de la garde nationale de son arrondissement. Elu, le 4 novembre 1837, député du 9e arrondissement de Paris, par 316 voix (493 votants, 615 inscrits), contre 175 à M. Magendie, il fit partie de la majorité ministérielle et fut secrétaire du comité des 221, fidèles à M. Molé. Les élections du 2 mars 1839 ne lui furent pas favorables, dans le même arrondissement; il échoua avec 253 voix contre 305 à l'élu, M. Galis, et ne fut pas plus heureux, le 9 juillet 1842, avec 259 voix contre 320 au député sortant réélu, M. Galis. Mais

M. Galis ayant donné sa démission, il se représenta avec l'appui du gouvernement, fut élu, le 12 avril 1844, par 391 voix (583 votants, 683 inscrits), contre 235 à M. de Sivry et 34 à M. Considérant, et encore réélu, le 1er août 1846, par 262 voix (502 votants, 565 inscrits), contre 239 à M. Portalis. Toujours dévoué à la politique ministérielle, il avait obtenu, en 1838, la place de censeur de la caisse d'épargne et, en 1843, celle de directeur. Il rentra dans la vie privée à la révolution de 1848.

LOCQUET. — *Voy.* Grandville (de).

LOCQUEYSSIE (Joseph-Eugène-Albert-Lachaud de), député de 1877 à 1881, né à Montauban (Tarn-et-Garonne) le 1er octobre 1848, fut capitaine des mobiles des Basses-Alpes pendant la guerre franco-allemande, et fut blessé, le 26 novembre 1870, à l'attaque de Dijon. D'opinions bonapartistes, il profita de l'opinion de son oncle, M. Prax-Paris, pour la 1re circonscription de Montauban, et se présenta dans la 2e circonscription de cette ville, le 23 avril 1876; il y réunit 5,981 suffrages conservateurs contre 6,487 à M. Pagès, élu. Mais le scrutin du 14 octobre 1877 envoya M. de Locqueyssie à la Chambre; candidat officiel du gouvernement du Seize-Mai dans le même collège, il fut élu par 7,772 voix (12,877 votants, 14,588 inscrits), contre 3,998 à M. Bassouls. Il prit place dans le groupe de l'Appel au peuple, fit partie, comme secrétaire d'âge, du bureau provisoire à l'ouverture de la session, et vota avec la droite *contre* les invalidations des membres de la minorité, *contre* le cabinet Dufaure, *contre* l'article 7, *contre* les lois Ferry sur l'enseignement, *contre* l'amnistie, *contre* la politique intérieure et extérieure du gouvernement. M. de Locqueyssie se représenta avec le programme impérialiste, le 21 août 1881, dans la 2e circonscription de Montauban : il échoua avec 5,680 voix contre 5,853 à l'élu républicain, M. Pagès.

LODIN-LALAIRE (Gilles-Anne), député au Conseil des Cinq-Cents, né à Rennes (Ille-et-Vilaine) en 1746, mort à une date inconnue, juge au tribunal de district de Rennes, fut élu, le 26 germinal an VI, député d'Ille-et-Vilaine au Conseil des Cinq-Cents; il se montra favorable au coup d'Etat de Bonaparte, et devint, le 12 floréal an VIII, président du tribunal civil de Rennes. Il exerça ces fonctions jusqu'à la fin de l'Empire.

LOEDON DE KEROMEN (Nicolas-Joseph), député en 1789, né à Quimper (Finistère) en 1738, mort en émigration en Espagne en 1794, fils de Nicolas Loëdon, miseur de la communauté de la ville de Quimper, et de Marie-Joseph Morice, entra dans les ordres, et fut nommé recteur de Gouriu (Morbihan) (1772). Le 25 avril 1789, le clergé de la sénéchaussée de Quimper et Concarneau l'élut député suppléant aux Etats Généraux, où il fut appelé à siéger dès le début, en remplacement de l'abbé Hervé non-acceptant. Loëdon de Keromen fut des premiers à se réunir au tiers-état; mais la question des biens de l'Eglise refroidit son enthousiasme; il signa la protestation d'avril 1790, et l' « Exposition des principes » d'octobre suivant. Il prêta pourtant, le 3 janvier 1791, le serment civique; mais, dès le 5, il rétracta son serment et signa la lettre adressée dans le même but par plusieurs de ses confrères au président de la Constituante. Déporté en Espagne (1792), il se fixa à Bilbao, puis à Gênes, où il eut, écrivait-il le 8 septembre 1793, « peu d'agrément et beaucoup d'incommodités. Les Messieurs prêtres du pays nous plaignent, mais voilà où se borne leur charité; nous n'en avons reçu aucune politesse. Je ne compte pas y demeurer longtemps et avant que vous ayez reçu ma lettre, je serai probablement de retour à Bilbao, où j'aurai ma pension chez mon ancienne hôtesse, à vingt-cinq sous. » Il mourut l'année suivante.

LOFFICIAL (LOUIS-PROSPER), député en 1789, membre de la Convention, député au Conseil des Cinq-Cents, né à Montigné (Maine-et-Loire) le 28 novembre 1751, mort à Paris le 10 juillet 1815, était lieutenant-général au bailliage de Vouvent (Vendée), quand il fut élu, le 27 mars 1789, député du tiers-état du sénéchaussée du Poitou aux Etats-Généraux. Il fit partie du comité de législation, appuya la résistance du tiers, prêta le serment du Jeu de paume, et prit quelquefois la parole, notamment le 7 novembre 1789, pour demander l'insertion au procès-verbal du rappel à l'ordre de l'abbé Maury. Nommé juge au tribunal de Parthenay après la session, il fut élu, le 7 septembre 1792, par le département des Deux-Sèvres, député à la Convention, le 6e sur 7, par 206 voix sur 368 votants. Il siégea parmi les modérés, et, dans le procès du roi, répondit au 3e appel nominal: « Si j'avais à émettre mon vœu comme juge, je voterais pour la mort: mais je n'ai point ce pouvoir. Mes commettants m'ont envoyé pour faire des lois et non pour juger. Je vote pour la détention et le bannissement. » Ce fut lui qui alla chercher Duchastel malade (Voy. ce nom), pour avoir une voix de plus dans le même sens. Lofficial se tint à l'écart des questions brûlantes pendant la Terreur, et s'occupa de l'organisation des archives. Il fut un des accusateurs de Carrier, fut envoyé en mission aux armées de l'Ouest en brumaire an III, pour porter le décret d'amnistie, fit mettre en liberté à Nantes un certain nombre de suspects encore en prison, écrivit (26 germinal) que l'ordre et le commerce étaient rétablis dans la Vendée, fut rappelé le 29 prairial, et, le 22 thermidor, donna connaissance à la Convention des dénonciations de la ville d'Angers contre Hentz et Francastel. Le 27 vendémiaire an IV, il fut élu député au Conseil des Cinq-Cents par trois départements: dans l'Eure, par 145 voix sur 316 votants; dans la Marne par 222 voix sur 282 votants; dans la Somme par 207 voix sur 315 votants. A la séance du 23 brumaire, il dénonça le général Turreau pour sa conduite dans la Vendée et demanda son renvoi devant les tribunaux ordinaires. Sorti du Conseil en l'an VII, il fut nommé par le gouvernement consulaire juge au tribunal d'Angers (1801), titre qu'il échangea, le 2 avril 1811, lors de la réorganisation des cours et tribunaux, contre celui de conseiller à la cour impériale.

LOGEROT (FRANÇOIS-AUGUSTE), ministre de la Guerre, né à Noyers (Loir-et-Cher) le 1er février 1825, fut élève de l'Ecole militaire de Saint-Cyr, et fit en Afrique une grande partie de sa carrière. Il y fut tout d'abord envoyé en 1846 avec le 32e régiment d'infanterie dont il partagea la brillante et périlleuse fortune jusqu'en 1864. Il prit part dans ses rangs à l'expédition de Rome, puis à celle de Crimée,

et fut blessé, le 8 septembre 1855, à l'assaut de Sébastopol. Promu chef de bataillon, après onze ans de grade de capitaine, il fut envoyé à Sétif où tenait garnison le 16e de ligne. En 1870, le lieutenant-colonel Logerot organisa le 2e zouaves de marche, avec lequel il assista à tous les combats de la première armée de la Loire, sous le commandement du général d'Aurelle de Paladines. Il fut nommé colonel dix jours avant la bataille de Coulmiers, où il mena au feu son régiment, malgré une blessure à la jambe reçue à Chambord quelques jours auparavant. Général de brigade à titre provisoire le 13 décembre 1870, il prit, en 1871, le commandement du 14e de ligne et, l'année suivante, celui du 80e qui était à Bone, en Algérie. Trois ans après, il fut promu général de brigade, le 3 mai 1875, et désigné pour commander la subdivision de Batna. Après la campagne de Tunisie dans laquelle il se distingua, le général Logerot fut fait divisionnaire, succéda bientôt au général Forgemol à Tunis dans le commandement de la division d'occupation, fut appelé de là à la tête du 8e corps d'armée à Bourges, et le quitta pour prendre, le 12 décembre 1887, dans le cabinet Tirard, le portefeuille de la Guerre. Comme ministre, M. Logerot répondit (février 1888) à M. Keller, qui se plaignait de l'insuffisance des effectifs dans les compagnies d'infanterie, et obtint de la Chambre un crédit de 75.000 francs pour la création de cinq nouveaux inspecteurs généraux de corps d'armée. Mais ce projet n'eut pas de suite. M. le général Logerot ayant quitté le ministère en avril suivant, à la chute du ministère Tirard (3 avril 1888) il fut appelé, le 7 juin, au commandement du 7e corps d'armée à Besançon, et fut promu (28 décembre) grand officier de la Légion d'honneur.

LOGEROTTE (JULES-BENOIT), député de 1876 à 1881, né à Chalon-sur-Saône (Saône-et-Loire) le 19 février 1823, mort à Louhans (Saône-et-Loire) le 9 avril 1884, étudia le droit et fut reçu avocat. Il s'inscrivit au barreau de Louhans et se fit connaître comme républicain. Propriétaire dans le département, dont il fut conseiller général pour le canton de Cuiseaux (1872-1884), il débuta dans la vie parlementaire lors des élections législatives du 20 février 1876, qui l'envoyèrent à la Chambre, comme député républicain de Louhans, avec 10,915 voix (17,601 votants, 23,616 inscrits), contre 6,640 à M. de Truchys, maire de Lays-sur-le-Doubs, monarchiste. Il siégea au groupe de la gauche républicaine, et fut des 363. Réélu, le 14 octobre 1877, par 12,236 voix (18,732 votants, 24,102 inscrits), contre 6,450 à M. Guillabert, M. Logerotte reprit sa place dans la majorité républicaine, soutint les diverses ministères de gauche, et vota pour l'article 7, pour l'amnistie partielle, pour les lois nouvelles sur la presse et le droit de réunion, etc. Partisan de la politique opportuniste, il obtint encore sa réélection, le 21 août 1881, par 10,617 voix (16,781 votants, 24,214 inscrits), contre 6,007 à M. Puvis de Chavanne, monarchiste. Il se prononça dans la législature : pour les cabinets Gambetta et J. Ferry, contre la séparation de l'Eglise et de l'Etat, et pour les crédits de l'expédition du Tonkin. A la suite de l'interpellation (1882) de M. Jules Delafosse sur la politique du gouvernement français en Egypte, il présenta, de concert avec MM. Sadi Carnot et Langlois, un ordre du jour motivé qui fut adopté par la Chambre. Rapporteur, la même année, du budget des Beaux-Arts et du projet de loi relatif à l'isolement et à l'agrandissement des bâtiments de la Bibliothèque nationale, il fut nommé, le 19 août 1882, sous-secrétaire d'État au ministère de l'Instruction publique et des Beaux-Arts dans le cabinet Duclerc, et se retira en février 1883, lors de la formation du cabinet Jules Ferry. Il mourut avant la fin de la législature (avril 1884). On a de lui : *De Palerme à Turin* (1864).

LOGRAS (BERTRAND-DOMINIQUE-JOACHIM, MARQUIS DE), député en 1789, né à Saint-Jean-Pied-de-Port (Basses-Pyrénées) en 1756, mort à une date inconnue, fut, sous l'ancien régime, conseiller au parlement de Navarre. La noblesse de cette province l'élut, en mars 1789, député aux États-Généraux. Le marquis de Logras tint pour l'ancien régime et n'eut qu'un rôle parlementaire effacé.

LOISEAU (JEAN-FRANÇOIS), membre de la Convention, né à Châteauneuf-en-Thimerais (Eure-et-Loir) le 23 janvier 1751, mort à Paris le 16 décembre 1822, fils de François Loiseau, messager, et de Marie-Louise Plisson, était cultivateur, aubergiste et maître de poste dans son pays natal. Dévoué aux idées de la Révolution, il fut nommé juge de paix de Châteauneuf en 1790, et fut élu, le 6 septembre 1792, membre de la Convention par le département d'Eure-et-Loir, le 6e sur 9, avec 230 voix (335 votants). Il siégea à la Montagne et s'exprima ainsi lors du procès de Louis XVI : « Je vote pour la mort et pour la prompte exécution du jugement. » Loiseau fit citer au tribunal révolutionnaire Choiseau, entrepreneur des charrois. Lors de la famine de 1793, il fut au nombre des membres de la Convention chargés d'assurer l'approvisionnement de la capitale; il s'acquitta de cette tâche difficile de façon à mériter les éloges de l'assemblée. Il se fit envoyer en mission à Essonnes en novembre 1793 « pour le besoin qu'il avait de prendre l'aire (*sic*) de la campagne »; il fut chargé d'y surveiller la fabrication du papier des assignats, et constata que « le modérantisme le plus révoltant dominait dans cette papeterie ». Après la session conventionnelle, le Directoire le nomma commissaire extraordinaire dans Eure-et-Loir; c'était à l'époque où les chauffeurs terrorisaient le pays chartrain. Loiseau contribua énergiquement à la dispersion de ces malfaiteurs. Opposé au 18 brumaire, il rentra dans la vie privée.

LOISET (ALEXANDRE-BENOIT), représentant en 1848 et en 1849, né à Valenciennes (Nord) le 18 février 1797, mort à Lille (Nord) le 29 septembre 1858, d'une famille d'ouvriers, entra à l'École d'Alfort, en fut un des meilleurs élèves, et fut nommé en 1819 vétérinaire du département du Nord. Bientôt après, il devint président de la Société des sciences, arts et agriculture de Lille. Membre du conseil central de salubrité depuis sa fondation, membre fondateur de la Société centrale de médecine du département, de l'École préparatoire de médecine de Lille, correspondant de diverses sociétés savantes, il se fit connaître par la publication de nombreux mémoires sur les questions relatives à sa profession, et reçut plusieurs médailles d'or et d'argent de la Société centrale d'agriculture de Paris. Ses opinions libérales le firent élire, le 23 avril 1848, représentant du Nord à l'Assemblée constituante, le 13e sur 28, par 170,919 voix (234,867 votants, 278,352 inscrits). M. Loiset siégea à la gauche modérée,

fit partie du comité de l'agriculture et Crédit foncier, et vota : *contre* le rétablissement du cautionnement, *contre* les poursuites contre Louis Blanc et Caussidière, *contre* l'abolition de la peine de mort, *contre* l'amendement Grévy, *contre* le droit au travail, *pour* l'ordre du jour en l'honneur de Cavaignac, *contre* la proposition Rateau, *contre* l'interdiction des clubs, *pour* l'amnistie des transportés. Il se rapprocha de la droite pour voter *pour* l'expédition de Rome, et *s'abstint* volontairement dans le scrutin (11 mai 1849) sur la mise en accusation du président et de ses ministres. Réélu, 13 mai 1849, représentant du même département à l'Assemblée législative, le 16e sur 20, par 85,782 voix (183,521 votants, 290,196 inscrits), il fut atteint du choléra, et les journaux annoncèrent même sa mort; mais il se releva et reprit ses travaux législatifs et scientifiques. Membre de la minorité républicaine, il se prononça *contre* la loi Falloux-Parieu sur l'enseignement, *contre* la loi restrictive du suffrage universel, *pour* le maintien de la Constitution et quitta la vie politique après le coup d'État du 2 décembre. Aux élections du 22 juin 18.. pour le Corps législatif, M. Loiset fut candidat indépendant dans la 1re circonscription du Nord; il réunit 11,652 voix contre 12,257 à M. Pierre Legrand, élu. Outre des articles importants insérés dans les *Mémoires de la Société royale des sciences de Lille*, M. Loiset a fait paraître un *Résumé analytique des faits de police médicale et des observations de médecine vétérinaire*, recueillis dans le département du Nord en 1839; un *Rapport sur les travaux du conseil de salubrité du département du Nord pendant les années 1841 et 1842*: enfin des Mémoires sur : l'*Affection typhoïde de l'espèce chevaline dans ses rapports avec la fièvre typhoïde de l'homme* (1853); l'*Euzootie foudroyante, attaquant toutes les espèces herbivores dans le Nord de la France* (1854), etc.

LOISON (FRANÇOIS), député en 1789, né à Azannes-et-Soumazannes (Meuse) le 21 décembre 1745, mort à une date inconnue, « fils de Noël Loison et à Marie-Anne Pierson, ses père et mère, mariés ensemble, fermiers de la casse Montaubé », fut prévôt à Damvillers. Élu, 12 décembre 1789, député suppléant du tiers aux États-Généraux par le bailliage de Verdun, il fut admis à siéger le 19 août 1790, en remplacement de M. de Pouilly, démissionnaire, se montra partisan des réformes. Devenu successivement, après la session, juge au tribunal son district, puis juge de paix, il fut nommé le 22 prairial an VIII, juge au tribunal civil Bar-le-Duc.

LOISSON DE GUINAUMONT (CLAUDE-MARIE-LOUIS), député de 1820 à 1827, né à Mairy-sur-Marne (Marne) le 10 février 1773, mort à Châlons-sur-Marne (Marne) le 2 mars 18.., propriétaire et maire dans sa ville natale, fut élu député du collège de département de Marne, le 13 novembre 1820, par 157 voix (296 votants, 296 inscrits). Il siégea au centre ministériel et fut successivement réélu, le 10 octobre 1821, par 154 voix (252 votants, 313 inscrits) et le 6 mars 1824, par 116 voix (228 votants, 272 inscrits). Dévoué au pouvoir et au gouvernement des Bourbons, il fut surnommé par ses adversaires politiques le « Père sournois électoral » en raison du succès imprévu de ses candidatures, et « l'Oison de Guinaumont » parce qu'il ne parlait pas à la Chambre.

LOLIER (ÉTIENNE), député en 1789, né à Aurillac (Cantal) le 1er juillet 1724, mort à Aurillac le 8 janvier 1804, fils de Joseph Lolier de Brouzadil et de Geneviève Cambfort, fit de brillantes études au collège Fortet (réuni aujourd'hui au lycée Louis-le-Grand), à Paris, comme boursier d'une des quatre bourses établies par le fondateur. Pierre Fortet, en faveur des membres de sa famille : il était son cousin au 9e degré. Reçu docteur en théologie, il fut ordonné prêtre en 1758. Il était curé de Notre-Dame d'Aurillac, lorsqu'il fut élu, le 27 mars 1789, député du clergé de Saint-Flour aux États-Généraux. Il ne fut pas des derniers à se réunir au tiers-état, mais il refusa de prêter le serment à la Constitution civile du clergé, et fut emprisonné pendant quelques mois sous la Terreur. Au rétablissement du culte, l'évêque de Saint-Flour le nomma curé des deux paroisses d'Aurillac; mais l'année suivante, M. Lolier donna sa démission pour raison de santé.

LOLIVIER (JEAN-BAPTISTE), député en 1791, né à Bar-le-Duc (Meuse) le 22 mai 1747, mort à une date inconnue, administrateur de son département, fut élu député de la Meuse à l'Assemblée législative, le 7 septembre 1791, le 4e sur 8, par 423 voix. Le *Moniteur* est muet sur le rôle politique de ce législateur.

LOMBARD (CLAUDE, BARON), député de 1815 à 1824, et pair de France, né à Lyon (Rhône) le 15 décembre 1760, mort à Saint-Symphorien-d'Ozon (Isère) le 15 janvier 1846, « fils de sieur Lombard, marchand de soie, et de demoiselle Jeanne Ponteau », était propriétaire à Saint-Symphorien et maire de cette ville. Royaliste constitutionnel, il fut élu, le 22 août 1815, député de l'Isère, au collège de département, par 142 voix (237 votants, 396 inscrits) et siégea dans la minorité ministérielle. Réélu, le 4 octobre 1816, par 198 voix (210 votants, 314 inscrits), M. Lombard prit place au centre gauche, et parla, dans la session de 1818-1819, en faveur du projet de loi relatif à l'exportation et à l'importation des grains : il vota l'adoption du projet et l'amendement de la commission. Il ne fut pas réélu à l'expiration de son mandat. M. Lombard se rallia au gouvernement de Louis-Philippe, qui, le 3 octobre 1837, l'éleva à la pairie. — Chevalier de la Légion d'honneur.

LOMBARD (ALFRED-PIERRE-VICTOR), député de 1879 à 1885, né à Orchamps (Jura) le 9 août 1825, étudia la médecine, se fit recevoir docteur en 1853 et exerça sa profession à Dôle. Républicain opportuniste, il devint membre et vice-président du conseil général du Jura et, lorsque M. Jules Grévy eut été nommé président de la République, il se présenta pour lui succéder comme député de Dôle. Élu, le 6 avril 1879, par 11,845 voix (13,967 votants, 20,500 inscrits), contre 829 à M. Picot d'Aligny, il siégea dans le groupe de l'Union républicaine, avec lequel il soutint la politique de M. Jules Ferry. Réélu en 1881, le 4 septembre, au second tour de scrutin, par 10,151 voix (16,074 votants, 20,166 inscrits), il reprit sa place dans la majorité et se prononça : *contre* l'élection des juges par le peuple, *pour* les crédits de l'expédition du Tonkin, *contre* la séparation de l'Église et de l'État, etc. Aux élections du 4 octobre 1885, M. Lombard fut porté sur la liste opportuniste du Jura, et n'obtint que 18,392 voix (68,240 votants).

LOMBARD (Lo... ...), député depuis 1885, né à Vienne (Isère) le 21 mai 1851, se fit inscrire au barreau de sa ville natale, dont il devint conseiller municipal en 1877, et conseiller général, pour le canton sud, en 1882. Président du comité central des républicains radicaux de Vienne, il fut porté, le 4 octobre 1885, sur la liste républicaine de l'Isère comme candidat à la députation, et fut élu, au second tour de scrutin (18 octobre), le 9e et dernier, par 71,733 voix sur 77,372 votants et 161,561 inscrits. Sans se faire inscrire à aucun groupe, il vota, le plus souvent, avec l'Union républicaine, *pour* l'expulsion des princes, *pour* la surtaxe sur les céréales, et, dans la dernière session, *pour* l'ajournement indéfini de la revision de la Constitution, *pour* les poursuites contre trois députés membres de la Ligue des patriotes, *pour* le projet de loi Lisbonne restrictif de la liberté de la presse, *pour* les poursuites contre le général Boulanger.

LOMBARD-BUFFIÈRE (JEAN-JACQUES-LOUIS, BARON), député de 1834 à 1839 et de 1846 à 1848, né à Lyon (Rhône) le 15 juillet 1800, mort à Lyon le 26 juillet 1875, était substitut du procureur général à la cour royale de Lyon, quand il fut élu député du 3e collège de l'Isère (Vienne), le 21 juin 1834, par 142 voix (242 votants, 323 inscrits), contre 89 à M. Couturier, député sortant. Réélu, le 4 novembre 1837, par 145 voix (274 votants, 344 inscrits), il appartint à la majorité, et fut l'un des 221 qui votèrent, en 1839, pour le ministère Molé. Éliminé de la Chambre aux élections générales de cette même année, il redevint député du même collège, le 1er août 1846, par 216 voix (384 votants, 423 inscrits), contre 167 à M. Bertholon, candidat de l'opposition démocratique ; il continua de soutenir les ministres, et quitta le parlement à la révolution de 1848 : M. Lombard-Buffière était conseiller général du Rhône.

LOMBARD-LACHAUX (PIERRE), membre de la Convention, né à Beaufort (Drôme) le 4 juin 1744, mort à Crest (Drôme) le 16 août 1807, était ministre protestant lors de la Révolution, dont il adopta avec ardeur les principes. Maire d'Orléans en 1792, il fut élu par le département du Loiret, le 6 septembre, avec 201 voix (381 votants), et le 5e sur 9, membre de la Convention. Il siégea parmi les plus avancés, renonça à ses fonctions religieuses, et, lors du jugement de Louis XVI, répondit en ces termes au 3e appel nominal : « Il en coûte sans doute beaucoup à un cœur sensible de prononcer la mort de son semblable ; mais ici l'homme disparaît, et je ne trouve qu'un grand coupable ; j'étouffe en moi le gémissement de la nature pour n'écouter que la voix de la justice et celle des victimes immolées à la rage du tyran. » Comme la loi doit être égale pour tous, comme il importe de donner un grand exemple, comme cette troisième question est inséparable de la première, de sorte qu'il ne nous est pas permis de faire grâce à un homme déclaré coupable, je vote pour la peine de mort. » En l'an II, il fit indemniser les théâtres qui avaient « joué de par et pour le peuple ». En l'an III, il prit la défense de Robert Lindet. Après la session, le Directoire confia à Lombard-Lachaux plusieurs missions extraordinaires ; mais il fut révoqué en vendémiaire an V, obtint alors un intérêt dans les fournitures des hôpitaux de la République, et fut nommé, après le coup d'État de brumaire (18 germinal an VIII), conseiller de préfecture de la Drôme.

LOMBARD-LATUNE (Paul-René-Elisabeth), représentant à la Chambre des Cent-Jours, né à Crest (Drôme) le 2 avril 1765, mort à Crest le 15 novembre 1829, était négociant à Crest. Élu, le 21 mai 1815, représentant à la Chambre des Cent-Jours par l'arrondissement de Die avec 40 voix sur 66 votants, contre 26 à M. Jullien notaire, il se fit peu remarquer pendant cette courte législature, et n'appartient pas à d'autres assemblées.

LOMBARD-TARADEAU (Jacques-Athanase), député en 1789, et au Corps législatif de l'an X à 1807, né à Draguignan (Var) le 2 mai 1750, mort à Paris le 16 janvier 1821, était, depuis 1776, lieutenant-général de la sénéchaussée de Draguignan. Le 27 avril 1789, il fut élu député du tiers aux États-Généraux par cette sénéchaussée. Lombard-Taradeau fit peu parler de lui dans l'Assemblée constituante, et se borna à opiner avec le côté droit. Après la session, il resta à l'écart des affaires publiques jusqu'en 1797, époque à laquelle il devint secrétaire de l'entreprise des hôpitaux militaires. Nommé ensuite, le 5 frimaire an VIII, membre de la commission dite de radiation des émigrés, il fut appelé au poste de secrétaire général du ministère de la police sous Fouché, et fut élu, le 6 germinal an X (1802), par le Sénat conservateur, député du Var au Corps législatif, où il siégea jusqu'en 1807. Il obtint alors la place d'archiviste du ministère où il avait été employé, et la conserva jusqu'à sa suppression (mai 1813).

LOMET (François), député en 1789, né à Moulins (Allier) le 5 octobre 1726, mort à Moulins le 22 janvier 1802, était avocat dans sa ville natale lorsque éclata la Révolution. Élu, le 26 mars 1789, député du tiers aux États-Généraux par la sénéchaussée de Moulins, avec 133 voix (212 votants), il opina avec la majorité. Il fut nommé, le 11 floréal an VIII, conseiller général de l'Allier. — Son neveu, Antoine-François Lomet, baron de Foucaux (1759-1826), fut un savant ingénieur et un physicien distingué.

LOMONT (Claude-Jean-Baptiste), député en 1791, membre de la Convention et député au Conseil des Anciens, né à Caen (Calvados) le 28 octobre 1748, mort à Coutances (Manche) en 1830, fut, sous l'ancien régime, avocat au bailliage et siège présidial de Caen, « officier communal de la maison de sa Majesté », et procureur du roi près la monnaie de Caen. Partisan très décidé des idées nouvelles, il fut nommé administrateur du Calvados en 1791, et élu, le 8 septembre 1791, député du Calvados à l'Assemblée législative, le 3e sur 13, par 219 voix (396 votants). Il s'y fit peu remarquer. L'année d'après (5 septembre 1792), le même département l'envoya à la Convention, le 3e sur 13, par 593 voix (610 votants). Lomont siégea parmi les modérés, et s'exprima ainsi dans le procès du roi. Au premier appel nominal : « Tous les efforts qu'on a faits, même à cette tribune, pour me faire croire que nous pouvons cumuler tous les pouvoirs, ne m'ont paru que des sophismes ; ils ne m'ont pas convaincu ; ils ne m'ont pas persuadé que nous pouvons faire des lois, et les appliquer, et cumuler les fonctions de légis-

lateurs et de juges. Je ne crois pas Louis innocent, je le crois coupable ; mais je ne puis prononcer comme juge ». Au 3e appel nominal : « Je vote pour la réclusion ». Après le 9 thermidor, il entra au comité de sûreté générale, et poursuivit de tout son pouvoir les débris du parti jacobin : il proposa de maintenir la destitution de Lalande (de la Manche), dénonça Caille, procureur-syndic du Calvados, et demanda la révocation du sursis accordé à des républicains de Besançon, poursuivis judiciairement. Compromis, en l'an IV, dans la correspondance de l'agent royaliste Lemaître, il fut accusé en outre d'avoir pris part à l'insurrection du 13 vendémiaire contre la Convention, et, sur le rapport de Hardy, décrété d'arrestation. Mais il fut mis en liberté presque aussitôt et put siéger au Conseil des Anciens, où sept départements l'avaient élu, le 23 vendémiaire an IV. Il compta parmi les plus zélés réactionnaires, fut encore impliqué dans la conspiration de Brottier et autres, et, arrêté au 18 fructidor, fut déporté à l'île d'Oléron, d'où le gouvernement ne le rappela qu'en décembre 1799. Il se retira alors à Coutances, dont il devint maire, et où il mourut.

LOMPRÉ (Claude-Bénigne), député en 1789, né à Champlitte (Haute-Saône) le 19 décembre 1745, mort à Dôle (Jura) le 10 novembre 1823, était chanoine de Champlitte, quand il fut élu député du clergé aux États-Généraux, le 11 avril 1789, par le bailliage d'Amont. Partisan des réformes, il fut l'un des premiers à se réunir aux communes et fit à cette occasion (10 juin 1789) la déclaration suivante : « Nous venons enfin, Messieurs, rendus à nos vœux les plus chers, paroître au milieu des représentants de la nation, y produire le titre honorable qui nous associe à leur travail et à leur zèle, et reconnoître ceux à qui elle a confié ses plus grands intérêts, l'ouvrage immortel de son bonheur.

« Nous aurions peut-être dû plutôt, Messieurs, donner l'essor au patriotisme qui nous anime, nous hâter de le confondre avec celui de nos concitoyens, sûrs de trouver parmi eux la lumière et des guides, cet attrait puissant devoit doubler notre ardeur ; notre empressement plus tardif, Messieurs, n'en était pas moins réel. Dans les premiers il a été un sentiment ardent qui n'a pu se contenir et se deffendre, celui qui mesurant sa marche a cherché à se communiquer et à se répandre, celui qui a combiné sa force pour mieux en assurer l'effet, celui qui regrettant dans les liens de la confraternité ne pouvoir entraîner avec lui tous les esprits et tous les cœurs, n'en est pas moins digne de vous être offert. » Il parla à plusieurs reprises sur les contributions, vota la constitution civile du clergé et prêta le serment civique. Après la session, il disparut de la scène politique.

LONCLE DES ALLEUX (René-Charles), membre de la Convention, né à Loudéac (Côtes-du-Nord) le 27 décembre 1753, mort à la Braise en Hénon (Côtes-du-Nord) le 4 mars 1794, était l'aîné des onze enfants « de noble homme Arthur-Charles Loncle des Alleux et d'Elisabeth-Marie-Victoire Tremereue » ; la date de leur mariage est du 15 mai 1753. Juge à Loudéac, il devint maire de Moncontour en 1790, et fut élu, le 10 septembre 1792, député des Côtes-du-Nord à la Convention nationale, le 7e sur 8, par 272 voix (459 votants). Il opina pour la mort de Louis XVI, sans appel ni sursis, en disant : « J'ai déclaré que Louis était jugeable par la Conven-

qu'il est coupable; je le condamne aujourd'hui à la mort. » Décédé en mars 1794, il fut remplacé, le 5 floréal an III, par Toudic.

LONG (PIERRE), député en 1789, né à Beaumont de Lomagne (Tarn-et-Garonne) le 22 mai 1746, mort à une date inconnue. était procureur du roi à Beaumont, quand il fut élu, le 24 avril 1789, député du tiers aux Etats-Généraux par le pays et jugerie de Rivière-Verdun. Il prit plusieurs fois la parole à la Constituante, notamment pour réclamer un tribunal composé de magistrats et de jurés, pour discuter l'organisation des municipalités, pour combattre l'article qui modifiait les conditions d'éligibilité, pour exposer quelles commutations de peine devaient être accordées aux détenus par lettres de cachet, et pour approuver la fabrication des assignats de 50 livres. Après la session, il rentra dans la vie privée.

LONGUÈVE (DE). — *Voy.* HENRY.

LONNÉ-CANTAU (JACQUES), député en 1791 et au Conseil des Cinq-Cents, né à Donzacq (Landes) en 1751, mort à une date inconnue, était maire de Donzacq et administrateur du département des Landes, lorsqu'il fut élu député des Landes à l'Assemblée législative, le 5 septembre 1791, le 6e et dernier, par 128 voix (243 votants). Il s'y fit peu remarquer, et passa également inaperçu au Conseil des Cinq-Cents, où il siégea, comme député des Landes, du 26 germinal an VII jusqu'au coup d'Etat du 18 brumaire an VIII.

LONQUEUE (LOUIS), membre de la Convention, né à une date inconnue, mort à Paris le 1er décembre 1794, était professeur au collège de Chartres. Elu, le 9 septembre 1792, quatrième suppléant à la Convention par le département d'Eure-et-Loir, il fut admis à siéger le 14 juillet 1793, en remplacement de Pétion, condamné à mort. Son rôle parlementaire fut court et peu important.

LOOZ-CORSWAREN (JOSEPH-ARNOULD, PRINCE DE RHEINNE-WELBECK, DUC DE), député au Corps législatif de 1813 à 1814, né le 23 septembre 1770, mort le 30 octobre 1827, propriétaire, fils cadet de l'ancienne maison de Looz, d'origine allemande, et dont la dernière branche existante s'était fixée en Belgique, recueillit à la mort de son père, en 1803, le majorat de sa maison, à la place de son frère aîné, le duc Charles de Looz-Corswaren, déshérité pour cause de mésalliance. Conseiller général et maire de la ville de Rheinne (Belgique), il fut nommé directement par l'empereur, le 2 février 1813, député au Corps législatif français, sur une liste au choix dressée par le préfet du nouveau département de la Lippe. Le duc de Looz-Corswaren siégea jusqu'en 1814.

LOPEZ-DUBEC (SALOMON-CAMILLE), représentant en 1849, né à Bordeaux (Gironde) le 23 mai 1808, mort à Bordeaux le 11 décembre 1860, fils d'un négociant de Bordeaux, se fit recevoir avocat, et quitta le barreau en 1835, pour entrer dans la maison de commerce de son père. Juge au tribunal de commerce de 1841 à 1847, adjoint au maire, il fut élu, par les conservateurs monarchistes de la Gironde (13 mai 1849), représentant à l'Assemblée législative, le 9e sur 13, par 68,824 voix (125,001 votants, 179,161 inscrits). M. Lopez-Dubec siégea à droite et vota avec la majorité, *pour* l'expé-

dion de Rome, *pour* la loi Falloux-Parieu sur l'enseignement, *pour* la loi restrictive du suffrage universel, etc. Il n'appartint pas à d'autres assemblées.

LORAIN (PIERRE-CHARLES-EUGÈNE), député de 1830 à 1831, né à Lille (Nord) le 4 juillet 1795, mort à Lille le 28 septembre 1837, fils d'un magistrat, suivit la carrière paternelle. Il était juge au tribunal de Lille, lorsqu'il fut élu, au collège de département, le 28 octobre 1830, député du Nord, par 819 voix (1,258 votants, 2,895 inscrits), en remplacement de M. Potteau d'Haucardie, démissionnaire. Il fit partie jusqu'en 1831 de la majorité conservatrice. M. Lorain mourut en 1837, vice-président du tribunal de Lille et chevalier de la Légion d'honneur.

LORANCHET (JEAN), député de 1883 à 1889, né à Gergy (Saône-et-Loire) le 21 août 1845, étudia la médecine et fut reçu docteur en 1871. Conseiller général républicain de Saône-et-Loire pour le canton de Verdun-sur-le-Doubs depuis 1879, maire de Gergy depuis 1878, il se présenta à la députation, avec un programme radical, sous le patronage de M. Boysset, dans la 2e circonscription de Chalon-sur-Saône, en remplacement de M. Daron, décédé. M. Loranchet fut élu député, au second tour de scrutin, le 23 septembre 1883, par 4,666 voix (11,745 votants, 20,810 inscrits), contre 4,118 à M. l'abbé Sanvert, républicain indépendant, et 2,847 à M. Louis Mathey. Il siégea dans le groupe de la gauche radicale et se prononça *pour* la séparation de l'Eglise et de l'Etat et *contre* les crédits de l'expédition du Tonkin. Porté, en octobre 1885, sur la liste radicale de Saône-et-Loire, M. Loranchet, qui s'était prononcé dans ses déclarations pour la réforme du Sénat, l'abolition du Concordat, l'élection de la magistrature et l'impôt proportionnel, fut élu, au second tour de scrutin, le 18 octobre, le 5e sur 9, par 80,275 voix (140,510 votants, 174,124 inscrits). Il reprit sa place dans les rangs des radicaux de la Chambre, vota *contre* les ministères Rouvier et Tirard, soutint le cabinet Floquet, et, dans la dernière session, s'abstint sur le rétablissement du scrutin d'arrondissement (11 février 1889), et vota *contre* l'ajournement indéfini de la revision de la Constitution, *pour* les poursuites contre trois députés membres de la Ligue des patriotes, *pour* le projet de loi Lisbonne restrictif de la liberté de la presse, *pour* les poursuites contre le général Boulanger. Chevalier de la Légion d'honneur depuis 1871.

LORAS (LOUIS-CATHERIN, MARQUIS DE), député en 1789, né à Lyon (Rhône) le 24 avril 1725, mort à Lyon le 6 décembre 1793, appartint aux armées du roi. Retiré avec le grade de capitaine, il fut élu, le 29 mars 1789, député de la noblesse aux Etats-Généraux par la ville et sénéchaussée de Lyon. Le marquis de Loras tint pour l'ancien régime, vota avec la droite de la Constituante, fut arrêté et incarcéré sous la Terreur, et exécuté à Lyon le 6 décembre 1793.

LORDAT (MARIE-LOUIS-CHARLES, MARQUIS DE), député de 1877 à 1878, né à Toulouse (Haute-Garonne) le 20 août 1829, « fils de Anne-Louis-Auguste vicomte de Lordat, chevalier de Malte, et de Joséphine-Mathilde de Villeneuve, » était sans antécédents politiques, lorsqu'il se présenta, pour la première fois, comme candidat conservateur-monarchiste, à la Chambre des députés dans l'arrondissement de Castelnaudary, aux élections de 1876: il échoua, le 5 mars, au second tour, avec 5,850 voix contre 5,907 à l'élu républicain, M. Mir. Devenu, après la dissolution de la Chambre, candidat officiel du gouvernement du Seize-Mai, M. de Lordat se représenta dans le même arrondissement, le 14 octobre 1877, et fut proclamé élu par 6,830 voix (12.643 votants, 14,588 inscrits), contre 4,813 à M. Mir, député sortant. Mais la majorité de la Chambre invalida l'élection, pour faits de pression officielle, et M. de Lordat échoua, le 7 avril 1878, avec 5,778 voix contre 6,638 à l'élu, M. Mir. Une nouvelle tentative, lors des élections de 1885 dans l'Aude, ne fut pas plus heureuse : M. de Lordat n'obtint, sur la liste conservatrice, le 4 octobre, que 28,983 voix (71.159 votants).

LORETTE (JOSEPH-AMBROISE), représentant du peuple en 1848, né à Anet (Eure-et-Loir) le 23 mars 1810, mort à Lanbron (Sarthe) le 17 décembre 1874, propriétaire et agriculteur, fut maire d'Anet et conseiller général sous Louis-Philippe. Le 4 juin 1848, il fut élu, comme candidat des républicains modérés, représentant de la Sarthe à l'Assemblée constituante par 31,125 voix, en remplacement de M. Armand Marrast qui avait opté pour la Haute-Garonne. M. Lorette vota en indépendant, tantôt avec la droite, tantôt avec la gauche, *pour* les poursuites contre Louis Blanc et Caussidière, *pour* l'abolition de la peine de mort, *contre* l'impôt progressif, *contre* la sanction de la Constitution par le peuple, *pour* l'ensemble de la Constitution, *pour* la proposition Rateau, *contre* l'interdiction des clubs. Il se rallia à la politique du prince Louis-Napoléon après l'élection présidentielle du 10 décembre 1848. Partisan du coup d'Etat de 1851, il entra dans l'administration impériale comme sous-préfet de Montélimar, fut ensuite successivement préfet de Tarn-et-Garonne, des Deux-Sèvres et de Lot-et-Garonne, et fut admis à la retraite, comme préfet, le 20 juillet 1871. M. Lorette était chevalier de la Légion d'honneur du 9 février 1852 et officier du 13 août 1865.

LORGERIL (JEAN-FRANÇOIS-TOUSSAINT, COMTE DE), député de 1815 à 1816, né à Dinan (Côtes-du-Nord) le 6 novembre 1751, mort à une date inconnue, « fils de monsieur Louis-François-Nicolas de Lorgeril de Chalonge, ancien lieutenant de vaisseau, et de dame Louise-Julienne de Saint-Germain », servit dans la marine française et parvint au grade de capitaine de vaisseau. Propriétaire à Parigny (Manche), et dévoué au gouvernement royal, il fut, le 22 août 1815, élu député de la Manche, au collège de département, par 143 voix (196 votants, 276 inscrits). M. de Lorgeril siégea dans la majorité de la Chambre introuvable et n'appartint pas à d'autres législatures.

LORGERIL (LOUIS-FRANÇOIS-MARIE, COMTE DE), député de 1828 à 1830, né à Pleugueneuc (Ille-et-Vilaine) le 22 janvier 1778, mort à Orléans (Loiret) le 13 avril 1843, fils du précédent, propriétaire à Rennes et maire de cette ville, fut élu, le 21 février 1828, député du 2e arrondissement d'Ille-et-Vilaine (Rennes), par 237 voix (454 votants, 489 inscrits), contre 214 à M. Defermon, constitutionnel. M. de Lorgeril remplaçait à la Chambre M. de Corbière, ex-ministre de l'Intérieur, nommé pair de France. Royaliste ardent, il fut admis par la Chambre, non sans quelques contestations soulevées par l'oubli de certaines formalités dans les opéra-

tions électorales, et prit place au centre droit. Il soutint de ses votes le gouvernement de Charles X, et tenta, en mars 1830, sous l'inspiration de M. de Martignac, d'atténuer, dans la fameuse adresse des 221, la phrase du « refus de concours » ; mais le patronage de M. de Martignac fit échouer cet essai de conciliation. M. de Lorgeril ne fut pas réélu aux élections de juin-juillet 1830.

LORGERIL (HIPPOLYTE-LOUIS, VICOMTE DE), représentant en 1871, sénateur de 1875 à 1888, né au château de Chalonge-Tréhédan (Côtes-du-Nord) le 24 mai 1811, mort au même lieu le 5 juillet 1888, fit de bonnes études au petit séminaire de Dinan et aux collèges de Rennes et de Nantes, visita le midi de l'Europe, et s'adonna à la littérature. En 1845, il fonda *l'Impartial de Bretagne*, journal légitimiste, et, l'année suivante, alla à Belgrave-Square présenter ses hommages au duc de Bordeaux. Conseiller général du canton de Plélan-le-Petit (1848), il ne s'occupa guère que de littérature durant l'empire et devint conseiller général du canton de Jugon (Côtes-du-Nord) le 8 octobre 1871. Le 8 février précédent, il avait été élu représentant des Côtes-du-Nord à l'assemblée nationale, le 9 sur 13, par 68,304 voix (105,899 votants, 163,398 inscrits). Il prit place à l'extrême-droite, parmi les légitimistes intransigeants, fit partie des réunions des Réservoirs et des chevau-légers, signa l'adresse des députés syllabistes, demanda la nomination d'une commission d'enquête sur les actes de la délégation de Bordeaux, fut l'un des onze députés qui, le 30 janvier 1872, refusèrent de continuer leur confiance à M. Thiers, réclama et obtint que le repos du dimanche fût observé par les employés de l'Etat et des départements, demanda la suppression de l'Ecole normale supérieure, de l'Ecole des Hautes-Etudes et de l'Ecole d'Athènes parce qu'on « avait suffisamment examiné les monuments de cette petite ville », combattit le crédit de 3 millions destiné à la liquidation des comptes du nouvel Opéra, et vota *pour* la paix, *pour* l'abrogation des lois d'exil, *pour* la pétition des évêques, *pour* le pouvoir constituant de l'Assemblée, *contre* le service de trois ans, *pour* la démission de Thiers, *pour* le septennat, *contre* le ministère de Broglie, *contre* les lois constitutionnelles. Dans l'assemblée, il se fit remarquer surtout par l'ardeur de ses attaques contre Thiers, par la fréquence de ses interruptions et par la forme excentrique de ses discours. Lors de l'élection des sénateurs inamovibles, il fit partie de la coalition avec la gauche et fut élu sénateur inamovible par l'Assemblée nationale, le 15 novembre 1875, le 56e sur 75, avec 340 voix (676 votants). Il continua de siéger à l'extrême-droite, et vota, le 23 juin 1877, la dissolution de la Chambre demandée par M. de Broglie. Très critiqué comme poète, notamment pour la longueur inusitée de certains de ses vers, il a publié : *Une étincelle; La chaumière incendiée; Ballades; L'Art de parvenir*, poème satirique. *A monsieur Adolphe Thiers*, pièce en vers (1872) ; il a collaboré à la *Revue de Bretagne et de Vendée*.

LORGES (JEAN-LAURENT DE DURFORT-CIVRAC, DUC DE), pair de France, né à la Mothe-Montravel (Dordogne) le 7 juillet 1746, mort à Rambouillet (Seine-et-Oise) le 4 octobre 1826, fut admis très jeune à la cour de Louis XV et devint l'un des « menins » du dauphin, plus tard Louis XVI. Il suivit ensuite la carrière des armes, servit dans la maison du roi, et passa colonel du régiment de Royal-Piémont, puis maréchal-de-camp (1787). Le roi, qui n'avait cessé de lui témoigner une confiance particulière, compta sur son dévouement au moment de la Révolution, et lui fit dire de le rejoindre, avec son ancien régiment, dans la nuit du 5 au 6 octobre 1789. Le duc de Lorges remplit sa mission, mais le roi, au lieu de se retirer à Metz, suivit le peuple à Paris. Le duc de Lorges se rendit alors en Gascogne, émigra en 1791, gagna Limbourg où il tenta d'organiser un corps de gentilshommes, et fit avec l'armée des princes la campagne de 1792. Retiré en Angleterre en 1794, il sollicita en vain du service dans l'armée britannique. L'année suivante, il fit partie de la petite armée qui devait débarquer en France. Revenu en Angleterre, auprès des princes, il obtint de Monsieur, depuis Louis XVIII, le titre de gouverneur de Gascogne, titre purement nominal, puisque M. de Lorges ne rentra en France qu'en 1814. Louis XVIII le nomma pair de France le 4 juin, et lieutenant-général le 12 octobre. En apprenant le débarquement de l'empereur au golfe Juan, le duc de Lorges se rendit, le 20 mars 1815, à Bordeaux, auprès de la duchesse d'Angoulême, qui le chargea d'aller en Angleterre solliciter des secours du régent. Membre du grand conseil d'administration des Invalides le 10 janvier 1816, admis à la retraite en 1817, il fut nommé gouverneur du château de Rambouillet le 5 novembre 1822, et mourut dans cette charge, quelques années plus tard.

LORGES (GUY-EMMERIC-ANNE DE DURFORT-CIVRAC, DUC DE), pair de France, né à Paris le 25 juin 1767, mort à Foutpertuis (Loiret) le 6 octobre 1837, fils du précédent, suivit lui aussi la carrière militaire et parvint au grade de maréchal-de-camp. Admis, le 30 janvier 1827, par droit héréditaire, à siéger à la Chambre des pairs en remplacement de son père décédé, il prit rang parmi les plus zélés royalistes. Ayant refusé, après la révolution de juillet, de satisfaire à la loi du 31 août 1830, qui prescrivait le serment au nouveau roi, il fut considéré comme démissionnaire.

LORIER (LOUIS-PIERRE-ANNE), député au Conseil des Cinq-Cents, né à Beaufort (Maine-et-Loire) le 25 septembre 1756, mort à Beaufort en 1834, se déclara dès le début partisan de la Révolution, devint procureur de la commune de Beaufort en février 1790, juge au tribunal du district au mois de décembre suivant, et fut réélu, en 1792, aux mêmes fonctions. Nommé juge suppléant du tribunal civil d'Angers le 26 vendémiaire an IV, il refusa ces fonctions, et fut élu député de Maine-et-Loire au Conseil des Cinq-Cents, le 23 germinal an V, par 143 voix (239 votants, 256 inscrits). Son nom n'est pas cité au Moniteur. Juge au tribunal d'appel d'Angers le 9 floréal an VIII, il devint, sous la Restauration, procureur à Angers (17 février 1816), et conseiller à la cour royale de cette même ville le 1er juillet 1818.

LORIMIER (PÉLAGE-ADÉLAÏDE DE), député de 1826 à 1831, né à Carentan (Manche) le 5 octobre 1788, mort à Caen (Calvados) le 20 février 1835, appartenait à l'armée comme chef d'escadron d'artillerie de la garde royale. Chevalier de Saint-Louis, officier de la Légion d'honneur, il se présenta, le 11 décembre 1826, dans le 1er arrondissement de la Manche (Saint-Lô), pour remplacer M. Yver, décédé, et fut élu député de ce collège par 178 voix (256 vo-

tants, 346 inscrits, contre 73 à M. de Bellefond. M. de Lorimier siégea au centre et vota silencieusement pour le ministère. Il n'obtint pas, le 17 novembre 1827, sa réélection à Saint-Lô, n'ayant réuni que 118 voix, contre 176 à l'élu, M. Enouf; mais il fut élu, huit jours plus tard, au collège de département, par 139 voix (259 votants, 357 inscrits). Il soutint de ses votes, jusqu'au bout, le gouvernement de Charles X, et ne fut pas des 221. Après avoir échoué de nouveau à Saint-Lô, le 23 juin 1830, avec 118 voix contre 210 au député sortant, M. de Lorimier fut réélu, le 3 juillet, par le grand collège, avec 179 voix (339 votants, 392 inscrits). Il siégea jusqu'en 1831, fut admis à la retraite, comme officier d'artillerie, le 14 mars 1833, et fit encore, le 21 juin 1834, une tentative infructueuse comme candidat dans l'arrondissement de Saint-Lô : il n'eut pas des 32 voix contre 136 à l'élu, M. Enouf, et 62 à M. Vieillard.

LORMAND (JACQUES TAURIN DE), député de 1815 à 1820, né à Bayonne (Basses-Pyrénées) le 4 septembre 1762, mort à Bayonne le 24 janvier 1847, avait appartenu à la magistrature de l'ancien régime comme conseiller au parlement de Pau. Il fut élu, le 22 août 1815, député du collège de département des Basses-Pyrénées, par 68 voix (128 votants, 226 inscrits, et appartint à la majorité de la Chambre introuvable. Réélu, le 4 octobre 1816, par 76 voix (123 votants, 215 inscrits), il fut rapporteur de plusieurs pétitions, et présenta sur le budget diverses observations de détail : il proposa par exemple d'ajouter à l'exception qui permettait aux académiciens et autres hommes de lettres, attachés à l'instruction publique, de cumuler leurs pensions jusqu'à concurrence de 6,000 fr., une autre exception en faveur des vicaires-généraux et des chanoines jusqu'à concurrence de 2,500 francs. Non réélu en 1820, M. de Lormand rentra dans la vie privée.

LORMET (MARIE-NICOLAS-ALFRED VINCENT DE), député au Corps législatif de 1852 à 1857, né à Bourg (Ain) le 18 décembre 1799, mort à Bourg le 19 novembre 1872, était propriétaire dans cette ville. Il obtint, aux élections du 29 février 1852 pour le Corps législatif, l'appui du gouvernement dans la 1re circonscription de l'Ain, et fut élu député par 17,781 voix (19,125 votants, 31,028 inscrits), contre 1,116 à M. Bochard, ancien représentant. Sa notoriété était des plus restreintes, à en juger par les quelques lignes que lui consacra l'auteur des Grands Corps politiques de l'Etat (1852) : « Ce député est un petit propriétaire, homme nouveau, si nouveau, que vous demanderiez à vingt habitants du pays ce qu'il est, avant d'obtenir une réponse. Nous pouvons dire en tout cas ce qu'il a été, et prévoir ce qu'il sera : un symbole de nullité. C'est plus qu'il n'en faut pour les besoins du moment. » M. de Lormet s'associa au rétablissement de l'Empire et appartint à la majorité dynastique jusqu'en 1857.

LOROIS (EDOUARD), député de 1876 à 1885, né à Laëken (Belgique) le 8 juin 1819, mort à Paris le 18 décembre 1885, était fils de M. Edouard-Louis Lorois (1792-1863) qui fut sous-préfet de Châteaubriant aux Cent-Jours, banni par les Bourbons, avocat à Bruxelles où il épousa la fille de M. Raucel, ancien ministre des finances, préfet du Morbihan sous Louis-Philippe, et conseiller d'Etat en service extraordinaire. M. Edouard Lorois entra dans l'administration sous Louis-Philippe (1842) comme conseiller de préfecture puis comme secrétaire général des Côtes-du-Nord. Sous-préfet de Savenay de 1845 à 1848, il rentra dans la vie privée à la révolution de février, se retira dans ses propriétés de Muzillac, fut élu, le 8 octobre 1871, conseiller général du Morbihan pour le canton de Muzillac, fut secrétaire et vice-président de ce conseil, et fut porté, aux élections du 20 février 1876, comme candidat conservateur, dans la 2e circonscription de Vannes. Dans sa profession de foi il promettait, « sans aliéner son indépendance, au concours énergique au gouvernement du Maréchal dans l'essai loyal de la Constitution, et dans la défense des grands principes conservateurs. » Il fut élu au second tour de scrutin (5 mars), par 8,264 voix sur 14,424 votants et 18,177 inscrits), contre 6,104 voix à M. de Pioger, ancien représentant légitimiste. Il prit place à droite, et soutint le ministère de Broglie-Fourtou contre les 363. Réélu, après la dissolution de la Chambre, le 14 octobre 1877, par 11,907 voix sur 14,813 votants et 18,439 inscrits, contre 2,060 voix à M. Simon, républicain, et 788 à M. de Camar, bonapartiste, il appuya le cabinet du 16 mai, et vota contre les ministères républicains qui le remplacèrent. Les électeurs de Vannes lui renouvelèrent son mandat, le 22 août 1881, par 9,847 voix sur 12,523 votants et 19,041 inscrits, contre 2,456 voix à M. Juhel; dans cette législature, il combattit la politique scolaire, coloniale, religieuse et financière des opportunistes au pouvoir. Porté, aux élections du 4 octobre 1885, sur la liste conservatrice du Morbihan, il passa, le 7e sur 8, avec 60,112 voix sur 95,198 votants et 130,336 inscrits; il mourut à l'ouverture de la session, et fut remplacé par son frère (Voy. plus bas).

LOROIS (Léon-Paul), député de 1877 à 1878 et de 1885 à 1887, né à Paris le 13 octobre 1837, cousin du précédent, fit son droit à la faculté de Paris, et fut attaché en 1860 au ministère des Affaires étrangères, où il fut décoré en 1875 de la Légion d'honneur, et qu'il quitta, après les élections de 1877, avec le grade de consul de 1re classe. Candidat monarchiste à la députation dans l'arrondissement de Quimperlé, aux élections qui suivirent la dissolution de la Chambre par le cabinet du 16 mai, il fut élu, le 14 octobre 1877, par 5,333 voix, sur 9,916 votants et 12,052 inscrits, contre 4,652 voix à M. Corentin Guyho, député sortant, et l'un des 363. La majorité de la nouvelle Chambre invalida M. Lorois, qui avait été nommé l'un des secrétaires du conseil général du Finistère dans la seconde session de 1877. Les électeurs de l'arrondissement de Quimperlé, convoqués à nouveau le 5 mai 1878, donnèrent la majorité à M. Guyho par 5,681 voix contre 3,970 à M. Lorois. Celui-ci échoua une seconde fois aux élections du 21 août 1881, avec 4,819 voix, contre 4,891 à M. Guyho, député sortant. Mais, porté sur la liste conservatrice du Finistère, aux élections du 4 octobre 1885, M. Lorois fut élu, par 60,932 voix, sur 121,956 votants et 167,617 inscrits. Il prit place à la droite royaliste, et vota contre les ministères républicains, contre l'expulsion des princes, pour les droits protecteurs sur les céréales et les bestiaux, et, à la fin de la législature, contre le rétablissement du scrutin d'arrondissement (11 février 1889), pour l'ajournement indéfini de la révision de la Constitution, contre les poursuites contre trois députés membres de la Ligue des patriotes, contre le projet de loi Lisbonne restrictif de la liberté de la presse. contre les poursuites contre le général Boulanger.

LOROIS (Paul-Emile), député depuis 1 né à Vannes (Morbihan) le 29 septembre 18 frère de M. Edouard Lorois (Voy. plus haut cousin du précédent, se fit recevoir avocat Paris, fut nommé par M. Thiers secrétaire néral de la Haute-Garonne, et successivem préfet de l'Aude, de Loir-et-Cher, de la D dogne, de la Lozère, de la Creuse et de l'Av ron. Mis en disponibilité sur sa demande a la chute du cabinet du 16 mai (1877), décoré la Légion d'honneur, membre fondateur l'Association départementale de la presse tholique et monarchique, il brigua la députa après la mort de son frère, dans le départem du Morbihan, et fut élu, le 14 mars 1886, 55,088 voix, sur 61,976 votants et 128,862 i crits. Il prit place à la droite royaliste. v contre les ministères républicains, pour droits protecteurs sur les céréales et su bestiaux, et se prononça, en dernier lieu, co le rétablissement du scrutin d'arrondissem (11 février 1889), pour l'ajournement indé de la révision de la Constitution, contre poursuites contre trois députés membres de Ligue des patriotes, contre le projet de Lisbonne restrictif de la liberté de la pres contre les poursuites contre le général B langer.

LORRIN (Antoine-André), député de 183 1831, né à Thoissey (Ain) le 23 décembre 17 mort à Juliénas (Rhône) le 7 octobre 18 entra dans la magistrature et fut, sous le p mier Empire, avocat général près la cour Lyon. Il quitta ces fonctions en 1814, fit l'opposition à la Restauration, et se présen une première fois à la députation, comme c didat constitutionnel, le 13 novembre 18 dans le 2e arrondissement de l'Ain (Trévou il réunit alors 72 voix, contre 93 à l'élu, M. viste de Montbrian. Après la révolution juillet, dont il s'était rendu partisan, il élu (21 octobre 1830) député du même arr dissement, en remplacement de M. Rod démissionnaire, par 105 voix (157 votan contre 52 à M. Léviste de Montbrian. Il siég dans la majorité conservatrice et ne fut réélu en 1831.

LORTAL (François), député en 1791, né Villefranche (Aveyron) le 2 juin 1752, mor Villefranche le 10 décembre 1816, homm loi dans sa ville natale, puis procureur-syn de l'Aveyron, fut élu, le 9 septembre 1791, puté de ce département à l'Assemblée légis tive, le 6e sur 9, par 236 voix (377 votan Lortal opina avec la majorité, sans prendr parole. Il fut nommé, le 24 vendémiaire an haut juré de l'Aveyron et, le 8 prairial an VI président du tribunal civil de Villefranche. exerça ces dernières fonctions pendant to la durée du premier Empire.

LORTAL (Louis-Joseph-Bruno), représe tant en 1871, né à Villefranche (Aveyron) 8 avril 1802, mort à Villefranche le 28 janv 1888, fils du précédent, exerça dans cette vil dont il fut maire, la profession d'avoué. le 8 février 1871, représentant de l'Aveyron l'Assemblée nationale, le 7e sur 8, par 56, voix (65,273 votants, 118,224 inscrits), M. L tal prit place à droite et vota, avec les cons vateurs monarchistes, pour la paix, pour prières publiques, pour le pouvoir constitu de l'Assemblée, *contre* la dissolution, *pour* la chute de Thiers au 24 mai. *pour* le septennat, *pour* la loi des maires, *pour* l'état de siège, *contre* les amendements Wallon et Pascal Duprat, *contre* l'ensemble des lois constitutionnelles. M. Lortal prit la parole en 1873, sur la proposition de loi relative au conseil supérieur de l'enseignement. Après la législature, il rentra dans la vie privée.

LORTET (Pierre), représentant du peuple en 1848, né à Saint-Etienne (Loire) le 4 juin 1792, mort à Oullins (Rhône) le 12 mars 1868, fut reçu docteur en médecine à Paris en 1819, et alla s'établir à Lyon où il se mêla assez activement de politique. Sous la Restauration, il collabora au *Précurseur* et à l'*Indépendant*, journaux libéraux de Lyon, et fut secrétaire du comité philhellénique. Nommé administrateur des hospices de Lyon en 1836, et commandant de la garde nationale (26 février 1848), il fut élu, le 23 avril suivant, représentant du Rhône à l'Assemblée constituante, le 4e sur 14, par 83,664 voix, siégea à peine, et donna sa démission de représentant du peuple le 6 juin; il fut remplacé le 17 septembre par M. Rivet. Le Dr Lortet fonda à Lyon, en 1854, la Société protectrice des animaux. On lui doit deux traductions de l'allemand : *Essai historique sur les mœurs, la littérature, la nationalité allemandes*, de John (1825) ; *De l'idée d'une guerre légitime*, de Fichte (1831) ; il a aussi collaboré à la *Revue allemande*, au *Journal de Heidelberg* et à la *Revue du Lyonnais*.

LOSTALOT (Armand), député en 1791, né à Morlaas (Basses-Pyrénées) en 1752, mort à une date inconnue, juge au tribunal du district de Pau en 1791, fut élu, le 11 septembre de la même année, député des Basses-Pyrénées à l'Assemblée législative, le 5e sur 6, par 168 voix (273 votants). Il s'y occupa surtout de questions militaires et interpella, en 1792, le ministre de la Guerre, qu'il rendit responsable de l'émigration en masse des officiers du régiment de Soissonnais. Au mois d'avril suivant, il dénonça l'*Ami du peuple*. Après la session, il devint (1793) président du tribunal criminel de Pau.

LOUBENS (Augustin), représentant à la Chambre des Cent-Jours, né à Auch (Gers) le 16 décembre 1760, mort à une date inconnue, était président du tribunal d'Auch, lorsqu'il fut élu, le 14 mai 1815, représentant de cet arrondissement à la Chambre des Cent-Jours, par 44 voix (73 votants, 129 inscrits). Il ne fit pas partie d'autres assemblées.

LOUBERS (Louis-Marie-Raymond), représentant à la Chambre des Cent-Jours, né à Toulouse (Haute-Garonne) le 23 août 1754, mort à Toulouse le 10 mars 1834, « fils de Louis Loubers, marchand, et d'Antoinette Teulade », appartint à la magistrature impériale. Conseiller doyen de la cour de Toulouse, il fut élu représentant de l'arrondissement à la Chambre des Cent-Jours, le 13 mai 1815, par 48 voix (60 votants, 205 inscrits). Son rôle parlementaire prit fin avec cette courte législature.

LOUBET (Émile), député de 1876 à 1885, membre du Sénat, né à Marsanne (Drôme) le 31 décembre 1838, étudia le droit, se fit recevoir docteur et inscrivit au barreau de Montélimar, dont il devint maire et conseiller général de la Drôme. Républicain modéré,

il se présenta avec succès à la députation. le 20 février 1876, dans son arrondissement, et fut élu par 13,295 voix (14,336 votants, 21,413 inscrits). Il siégea à gauche et fut des 363. Il obtint sa réélection, à ce titre, le 14 octobre 1877, avec 11,012 voix (18,065 votants, 21,107 inscrits), contre 7,006 à M. de Lacroix-Saint-Pierre, bonapartiste, ancien député, reprit sa place dans la majorité, soutint le ministère Dufaure, et se prononça *pour* l'article 7, *pour* l'invalidation de l'élection de Blanqui, *contre* l'amnistie plénière, *pour* les lois nouvelles sur la presse et le droit de réunion. Il prit en 1880 une part assez active à la discussion du projet de loi relatif à l'établissement du tarif général des douanes, à celle du projet de réforme judiciaire, et à celle qui eut trait à la gratuité absolue de l'enseignement primaire. Réélu député, le 21 août 1881, par 11,201 voix (12,681 votants, 20,849 inscrits), il siégea encore dans la majorité opportuniste, soutint les ministères Gambetta et J. Ferry, et vota *contre* la séparation de l'Eglise et de l'Etat et *pour* les crédits des expéditions de Tunisie et du Tonkin. Il fut lui-même (1882) le rapporteur des crédits pour les frais de la première expédition. Il parla aussi sur le budget, en faveur des conventions avec les grandes compagnies de chemins de fer (juillet 1883), et déposa, avec M. Thomson, une proposition relative au cadre des auditeurs au conseil d'Etat. En 1884, il défendit le budget des colonies et prit part à la discussion du budget général des dépenses et des recettes. Le 25 janvier 1885, il quitta le Palais-Bourbon, ayant été élu sénateur de la Drôme par 407 voix sur 757 votants. Il s'assit à la gauche modérée de la Chambre haute, soutint les divers ministères de la législature, présenta plusieurs rapports, parla (1886) sur la proposition de loi de M. Labitte relative à la chasse, fut rapporteur (décembre 1886) de la loi sur les douzièmes provisoires, obtint le rejet de l'article incident qui réduisait le taux d'intérêt des caisses d'épargne, et fut élu, le 11 janvier 1887, secrétaire du Sénat. Rapporteur du budget, ainsi que des crédits en faveur des victimes de l'incendie de l'Opéra-Comique, il parut plusieurs fois à la tribune, et fut nommé, le 12 décembre 1887, ministre des Travaux publics dans le cabinet Tirard. Comme tel, il prit part à la discussion du projet de loi portant modification des articles 105 et 108 du code de commerce, fit adopter (janvier 1888) le projet autorisant la ville de Paris à déverser ses eaux d'égout dans la plaine d'Achères (Seine-et-Oise); combattit (février) le texte modifié de l'article 1780 du code civil sur le louage de services; exposa (mars) les restrictions apportées, par suite des exigences budgétaires, au programme de construction des chemins de fer, et refusa (avril) d'entrer dans le nouveau cabinet Floquet dont il n'approuvait pas le programme révisionniste. En décembre 1888, M. Loubet exposa à la tribune la nécessité de signer de nouvelles conventions avec les compagnies de chemins de fer, pour alléger la charge croissante qui incombe au Trésor du chef de la garantie d'intérêts; il a voté, dans la dernière session, *pour* le rétablissement du scrutin d'arrondissement (13 février 1889), *pour* le projet de loi Lisbonne restrictif de la liberté de la presse, *pour* la procédure à suivre devant le Sénat contre le général Boulanger.

LOUCHET (Louis), membre de la Convention, né à Longpré (Somme) le 21 janvier 1753, mort le 15 janvier 1815, était professeur à Rodez et homme de lettres au moment de la Révolution. Il se déclara partisan des idées nouvelles, fut élu administrateur de l'Aveyron où il résidait, puis, le 9 septembre 1792, député de ce département à la Convention, le 8e sur 9, par 312 voix (417 votants). Il prit place à la Montagne, et, après avoir insisté pour la mise en accusation de Louis XVI, vota la mort du roi sans appel ni sursis, en disant: « Nous avons unanimement déclaré Louis XVI convaincu de haute trahison.

« Quelle peine doit-il subir? La même que ceux de ses complices qui sont déjà tombés sous la hache de la justice nationale. Je me croirais indigne de concourir à la fondation d'une république, si j'étais assez lâche pour voter une exception à la loi commune envers un roi parjure, traître et assassin de la nation française. Mais l'homme libre ne connaît que les principes, comme il ne craint ni les poignards, ni les dictateurs, ni les tyrans.

« Législateur, je n'aime que ma patrie, je n'ai consulté que son salut et la loi dans l'opinion que je vais énoncer sur la peine due aux forfaits de Louis XVI. J'acquitte ce que je dois à ma conscience; j'acquitte ce que je dois à la justice et à l'humanité; j'acquitte ce que je dois à l'égalité des droits et à l'intérêt du peuple dont je suis mandataire, en votant pour la mort du tyran, et en demandant qu'il la subisse dans les vingt-quatre heures.

« Si l'opinion de ceux qui votent pour la détention ou le bannissement venait à prévaloir, j'appuierais la motion faite par Fréron, pour qu'on emporte d'ici l'image de Brutus. »

En mission dans les départements de la Somme et de la Seine-Inférieure, il fit arrêter d'Epresménil et l'envoya au tribunal révolutionnaire de Paris, prit un arrêté contre les signes et les monuments de la féodalité, et annonça la découverte d'une somme importante dans le château de l'abbé Carrey, émigré. De retour à la Convention, il dénonça le tribunal de l'Aveyron comme coupable de ne point frapper avec assez de vigueur les ennemis de la République. Adversaire acharné de Robespierre, Louchet fut, le 9 thermidor, un des plus ardents et le premier, à demander contre lui le décret d'arrestation. Bien que, selon l'expression de Tallien, les conjurés fussent convenus « d'en finir », aucun d'eux n'avait encore osé prononcer le mot décisif, et ce fut Louchet qui le jeta au milieu du bruit. Lozeau, l'ayant appuyée par ce motif que « Robespierre avait été dominateur », on cria de toutes parts : Aux voix! aux voix!... Robespierre vaincu et exécuté, Louchet se hâta de prononcer (le 19 août 1794) un long discours tendant à mettre plus que jamais la Terreur à l'ordre du jour; seulement lorsque, cet instrument redoutable étant passé aux mains des réactionnaires, les thermidoriens se virent sur le point d'être frappés à leur tour, il proposa de substituer, dans les cas graves, la déportation à la peine de mort. Le 13 vendémiaire an IV, Louchet parut encore à la tribune pour accuser le général Menou de trahir la République et de favoriser les insurgés de l'Ouest. Il ne fut pas du nombre des conventionnels réélus en l'an IV. Le Directoire le choisit pour un de ses commissaires, et le gouvernement consulaire le nomma receveur général de la Somme. Destitué par les Bourbons, il mourut fou, en janvier 1815.

LOUIS (JEAN-ANTOINE), membre de la Convention, député au Conseil des Cinq-Cents, né à Bar-le-Duc (Meuse) le 10 mars 1742, mort le 19 août 1796, était commis de bureau à l'intendance d'Alsace en 1789. Il adopta avec ardeur les idées de la Révolution, devint administrateur du Bas-Rhin, et fut élu, le 5 septembre 1792, membre de la Convention par le département du Bas-Rhin, le 5e sur 9, par 368 voix (565 votants). Louis siégea à la Montagne et répondit dans le procès du roi, au 3e appel nominal : « J'ai consulté les fastes de la Révolution. J'ai vu Louis constamment en insurrection contre la nation. Le code pénal prononce la mort; je vote pour la mort. » Il se prononça aussi contre le sursis et contre l'appel au peuple. Envoyé en mission (avril 1793) à l'armée du Rhin, il écrivit à la Convention que le recrutement était facile en Alsace, et prévit, le 19 mai, qu'un bon nombre de sous-officiers ne sachant ni lire, ni écrire, étaient incapables de remplir leurs fonctions. Membre du comité de sûreté générale en 1793, il fit rapporter le décret qui ordonnait aux comités révolutionnaires de rendre compte des motifs des arrestations. Il montra plus d'indulgence à l'égard des officiers municipaux de Neuf-Brisach, accusés d'avoir refusé d'obéir aux réquisitions militaires de Le Bas et Saint-Just, les fit mettre en liberté. Le 24 nivôse an II, il attesta la falsification d'un décret attribué à Fabre d'Eglantine. Président de la société des Jacobins, il présida aussi la Convention en messidor an II. L'année d'après, il fit décréter la formation d'une compagnie pour chaque section de Paris. Après le 9 thermidor, il parut à la tribune pour prendre la défense des membres des comités de sûreté générale et de salut public, violemment attaqués par les thermidoriens. Lors des affaires de prairial an III, il défendit Carnot. Le 23 vendémiaire an IV, Louis fut élu député du Nord au Conseil des Anciens, par 298 voix (561 votants). Il y siégea peu de temps et mourut en août 1796. On a de lui quelques brochures sur des matières de politique ou de finance.

LOUIS (JOSEPH-DOMINIQUE, BARON), député de 1815 à 1824, de 1827 à 1832, ministre et pair de France, né à Toul (Meurthe) le 13 novembre 1755, mort à Bry-sur-Marne (Seine-et-Marne) le 26 août 1837, « fils de monsieur Louis, avocat au parlement, et de dame Marianne Royer », reçut les ordres mineurs avant la Révolution, puis acheta, en 1779, une charge de conseiller clerc au parlement de Paris, où l'on remarqua bientôt ses aptitudes en matière financière. Membre, en 1788, de l'assemblée provinciale de l'Orléanais, il se prononça alors en faveur des réformes. Le 14 juillet 1790, lors de la première fédération, il assista l'évêque d'Autun, en qualité de diacre, à la messe célébrée au Champ-de-Mars sur l'autel de la patrie. Bientôt après, il fut chargé par Louis XVI de diverses missions diplomatiques et particulièrement de négociations avec la Suède; désapprouvant la marche des événements, il passa en Angleterre après le 10 août 1792. L'abbé Louis y étudia le système financier du célèbre Pitt, revint en France au lendemain du coup d'Etat de brumaire an VIII, et fut successivement nommé chef de bureau au ministère de la Guerre (1800), puis à la chancellerie de la Légion d'honneur (1806); il entra au conseil d'Etat en qualité de maître de requêtes, à la présidence du conseil de liquidation établi en Hollande (1810), enfin dans les bureaux du Trésor public sous le ministre Mollien; il était chargé du contentieux.

Baron de l'Empire du 9 décembre 1809, il présenta, le 11 mars 1813, au Corps législatif un projet de loi pour la vente des biens des communes, mesure qui valut plus tard, sous la Restauration, les plus vifs reproches au gouvernement impérial. Mais le baron Louis était alors chargé de la défendre, et il dit à ce propos : « Si quelque chose peut ajouter à la reconnaissance des Français envers le restaurateur de la monarchie, ne serait-ce pas cet ordre invariable, cette économie sévère portée dans les moindres détails de l'administration? Rien n'échappe à la vigilance de l'empereur; rien de trop petit pour l'occuper, lorsqu'il en peut résulter un bien. Nous le voyons, comme Charlemagne, ordonner la vente des herbes inutiles des jardins, lorsque sa main distribue à ses peuples les richesses des nations vaincues... » Ce panégyrique n'empêcha point, douze mois après, son auteur, non seulement de faire partie du gouvernement provisoire, mais encore de provoquer les événements qui amenèrent la chute de Napoléon. Son ami Talleyrand le chargea en effet, le 1er avril 1814, du portefeuille des Finances, qu'il conserva, cette fois, jusqu'au 20 mars 1815, et qu'il reprit encore, plus tard, à cinq reprises différentes. Durant ce premier passage aux affaires, le baron Louis donna, suivant l'expression d'un biographe royaliste, les « conseils les plus énergiques », et poussa de tout son pouvoir au rétablissement de la royauté. Les services publics étaient alors sans ressources et sans direction, les départements de l'Est pressurés par l'étranger. L'abbé Louis ne trouva d'abord que 100,000 écus dans les caisses sur lesquelles le Trésor avait encore action. Confirmé dans ses fonctions de ministre des Finances par le roi Louis XVIII (3 mai 1814), il s'occupa de fonder le système auquel il doit sa réputation, et qu'il développa devant les Chambres pendant la session de 1814; ce système avait pour moyen, en présence d'un budget de dépenses pour 1815 s'élevant à 1 milliard 445 millions, de créer des bons royaux portant 8 p. 100 d'intérêt, d'aliéner les biens des communes et les bois de l'Etat. Le 22 juillet 1814, les députés l'entendirent, non sans quelque étonnement, se livrer à une violente critique de l'administration financière de l'Empire, dont il avait fait partie. Ces attaques provoquèrent un échange de pamphlets entre lui et l'ancien ministre Gaudin, duc de Gaëte. La querelle s'échauffait, lorsque le débarquement de Napoléon vint mettre obstacle aux dispositions financières qu'avait consacrées la loi du 23 septembre 1814. De plus, le ministre avait fait maintenir, par une autre loi, la plupart des droits réunis. Pendant les Cent-Jours, il suivit Louis XVIII à Gand. La seconde Restauration lui rendit son portefeuille le 9 juillet 1815; il le céda à Corvetto le 15 septembre de la même année. Dans l'intervalle, il fut élu, le 22 août 1815, député de la Meurthe (au grand collège), par 128 voix (193 votants, 276 inscrits), et le même jour, député de la Seine, par 102 voix (190 votants, 231 inscrits). La situation financière était plus délicate que jamais. On a dit que l'abbé Louis réussit à soustraire à l'avidité des généraux alliés les encaisses cachées par quelques comptables dévoués, et qu'il obtint, dans ce moment critique, des secours du commerce et des receveurs généraux. Il imagina aussi un emprunt forcé, dont le prélèvement ne fut pas exempt de difficultés; mais il n'hésita pas à prendre des mesures de rigueur et à menacer les récalcitrants de vendre leurs meubles; l'emprunt fut d'ailleurs exactement remboursé plus

tard à tous les réclamants. Après avoir concédé au parti des ultras un grand nombre de destitutions, Louis refusa de marcher d'accord sur tous les points avec la majorité de la Chambre introuvable, et quitta le pouvoir en septembre. Réélu député, le 4 octobre 1816, par le grand collège de la Meurthe, avec 113 voix (194 votants, 271 inscrits), il prit place au centre gauche et opina avec les royalistes « modérés ». Il se mêla surtout aux discussions financières, combattit les idées de M. de Villèle, et entra à maintes reprises dans des détails techniques qu'il possédait à fond, mais qu'il exprimait mal, n'étant pas doué au point de vue oratoire. Le ministère Decazes, auquel il s'était montré constamment favorable, le rappela aux affaires, en lui confiant pour la 3e fois (30 décembre 1818), le département des Finances. Le poids des dépenses publiques était encore lourd à supporter. Louis provoqua, de la part des receveurs généraux, par certaines combinaisons de banque, de nouvelles avances de fonds, en leur donnant un intérêt direct dans les bénéfices qu'ils procuraient au Trésor. Il fit établir dans chaque département des livres auxiliaires du Grand-Livre de la dette publique, destinés à recevoir les fonds des habitants des provinces. Cette mesure fut vivement attaquée par l'opposition d'extrême droite comme pouvant avoir pour effet de propager par toute la France les jeux de bourse et l'agiotage. Pendant la session de 1818-19, en proposant un projet de loi relatif au monopole des tabacs, il fit un pompeux éloge de la régie, « dont les formes, dit-il, s'adoucissent de jour en jour, et avec laquelle les habitués se familiarisent de plus en plus. » Un murmure général accueillit ces paroles. Lors de la discussion de la loi de finances pour 1819, un député, M. Roy, ayant représenté au baron Louis que l'article concernant la dette flottante ne pouvait être réuni à un autre projet de loi parce que la proposition royale devait être mise en délibération telle qu'elle avait été présentée à la Chambre : « Eh bien! nous la changerons! » s'écria le ministre, et cette boutade excita l'hilarité générale. Louis se déclara partisan de l'augmentation de la dette consolidée de 42 millions de rente. Lorsque le ministère se trouva partagé en deux fractions dont l'une voulait le maintien de la loi des élections et de ses conséquences « libérales », Louis, qui était de cet avis, et qui représentait au pouvoir les royalistes constitutionnels, dut résigner son portefeuille le 19 novembre 1819, en même temps que Dessolle et Gouvion Saint-Cyr. Toutefois il resta ministre d'Etat et membre du conseil privé jusqu'à l'avènement du cabinet Villèle, c'est-à-dire jusqu'au 21 décembre 1821. Réélu député le 1er octobre de cette année, par le 1er arrondissement de la Meurthe (Nancy), avec 227 voix sur 403 votants et 482 inscrits, en même temps que par le 1er arrondissement du Puy-de-Dôme (Clermont-Ferrand), avec 231 voix (441 votants, 540 inscrits), contre 190 à M. André d'Aubières, il opta pour Nancy, fut remplacé à Clermont-Ferrand le 24 janvier 1822, par M. de Trenquelay, et reprit sa place au centre gauche de la Chambre. « M. Louis, écrivait un biographe parlementaire, n'est pas de ces financiers vulgaires qui pensent qu'un Etat puisse faire fortune comme un particulier. Sully n'était, en finance, qu'un fesse-mathieu, et il ne s'est fait qu'une réputation d'économies de bouts de chandelles; mais M. Louis a bien une autre portée! Il est impossible de développer plus de fécondité dans la science de l'impôt, plus de fini dans le talent des recouvrements, plus de grâce et de moelleux dans l'art du garnisaire. Ses rivaux se sont traînés sur des routines. M. Louis a toujours créé des moyens inconnus; il a fait jaillir de la douane des pensées neuves; la direction des droits réunis lui a fourni des tours imprévus, et le Grand-Livre des conceptions originales. Il a trouvé le secret d'être brillant dans la sommation et sublime dans la contrainte... » Et plus loin : « Il s'est toujours montré vif, entêté, tranchant, irascible. Il querellait naguère un conseiller d'État dans son salon comme autrefois un garçon de bureau dans les corridors de la rue de Varennes. Livrée à ces fréquents moments d'impatience, Son Excellence jette sa tête dans ses deux mains insuffisantes pour dérober un mot qui a plus que la longueur ordinaire. Sa voix devient alors perçante et rude ; elle atteint au *fa* des pianos les plus élevés... » Le baron Louis se prononça *contre* les lois d'exception et *contre* le ministère Villèle, qui parvint à faire échouer sa candidature à Nancy, le 25 février 1824, avec 112 voix contre 322 à l'élu, M. Dubois de Riocourt. Il se retira alors à Bercy, où il possédait de vastes terrains et des constructions, et fut renvoyé à la Chambre, le 17 novembre 1827, par le 2e arrondissement de la Meurthe (Lunéville), avec 110 voix (145 votants, 174 inscrits), contre 33 au baron Saladin. Le même jour, il échouait à Château-Salins (même département) avec 80 voix, contre 83 à l'élu, M. Jankowics, député sortant ; mais il obtenait d'autre part, dans le 8e arrondissement de Paris, 254 voix (496 votants), contre 229 au baron Leroy. Il opta pour Paris, siégea à la Chambre parmi les adversaires du cabinet Polignac, fut des 221, et, après avoir été réélu, le 23 juin 1830, député de Château-Salins par 125 voix (189 votants, 202 inscrits), contre 60 au député sortant, M. Jankowics, il prit une part active au renversement de Charles X et à l'établissement de la monarchie de Louis-Philippe. Le 30 juillet, il fut rappelé au ministère des Finances. La commission municipale, puis le roi Louis-Philippe, ayant ratifié ce titre, le baron Louis dut recommencer la pénible carrière qu'il avait déjà parcourue ; mais l'âge n'avait pas plus amorti en lui l'activité que l'ambition. Ses efforts furent couronnés de succès ; la marche des rentrées ne fut point interrompue, le service des dépenses ne souffrit aucun retard. Ministre du 30 juillet au 10 août, puis du 11 août au 1er novembre 1830, il dut s'éloigner momentanément avec Guizot, de Broglie et Molé, parce que sa politique avait été jugée trop rétrograde par les partisans du « mouvement », mais il occupa encore le pouvoir, pour la dernière fois, du 13 mars 1831 au 10 octobre 1832. Il se déclara contre le séquestre des biens de Charles X et de sa famille, approuva (1832) l'état de siège, et après s'être fait réélire comme député, le 23 septembre 1831, par le 4e collège de la Marne (Sézanne), en remplacement de Casimir Périer optant pour Paris, avec 170 voix (242 votants, 342 inscrits), contre 60 à M. de Guéhenneuc, il fut appelé par Louis-Philippe à la Chambre des pairs, le 11 octobre 1832. Il y siégea jusqu'à sa mort, y soutint constamment les mesures les plus conservatrices, et parla plusieurs fois sur les questions de finances. Il avait été fait par Louis XVIII grand-croix de la Légion d'honneur.

LOUIS-BAZILE (Jean-Baptiste-Charlemagne), député de 1827 à 1834 et de 1852 à 1863, né à Montfey (Aube) le 31 mai 1786, mort à Dijon (Côte-d'Or) le 22 avril 1866, fut orphelin de bonne heure ; au sortir du collège, il entra dans l'industrie et devint maître de forges a Châtillon-sur-Seine. Capitaine de la garde nationale en 1815, il appartint, sous la Restauration, à l'opposition constitutionnelle, et fut élu député, le 17 novembre 1827, par les libéraux du 3e arrondissement de la Côte-d'Or (Châtillon-sur-Seine), avec 160 voix (239 votants, 284 inscrits), contre 73 à M. de Framery. M. Louis-Bazile siégea à gauche, fut des 221, et obtint sa réélection, le 25 juin 1830, par 164 voix (252 votants, 278 inscrits), contre 64 à M. de Framery. Il prit part à l'établissement de la monarchie de Louis-Philippe, fut nommé colonel de la garde nationale, juge et président du tribunal de commerce de Châtillon-sur-Seine, et siégea à la Chambre dans la majorité qui soutint, à partir de 1830, la politique conservatrice. Réélu, le 5 juillet 1831, par 125 voix (144 votants, 171 inscrits), il ne se représenta pas en 1834. Candidat aux élections du 1er août 1846, il échoua à Châtillon-sur-Seine, avec 103 voix contre 161 à l'élu, M. Nisard. Rallié, après 1848, au gouvernement présidentiel de L.-N. Bonaparte, il adhéra au coup d'État, et fut élu, avec l'appui officiel de l'administration, le 29 février 1852, député de la 3e circonscription de la Côte-d'Or au Corps législatif, par 27,914 voix (28,671 votants, 38,727 inscrits). M. Louis-Bazile s'associa au rétablissement de l'Empire qu'il soutint constamment de ses votes jusqu'en 1863, ayant obtenu le renouvellement de son mandat, le 22 juin 1857, par 18,023 voix (26,550 votants, 36,767 inscrits), contre 6,611 à M. A. Lévy, et 1,785 à M. Louis Philippon. Officier de la Légion d'honneur le 12 août 1863. M. Louis-Bazile était le frère de M. Charles Louis, ancien adjoint au maire du 5e arrondissement de Paris, et le beau-père de M. de Maupas, député de l'Aube.

LOUIS XVIII (Louis-Stanislas-Xavier, comte de Provence), pair de France et roi, né à Versailles (Seine-et-Oise) le 17 novembre 1755, mort à Paris le 16 septembre 1824, petit-fils de Louis XV et frère puîné de Louis XVI, porta d'abord le titre de comte de Provence, épousa en 1771 Marie-Joséphine-Louise de Savoie, et, à l'avènement de Louis XVI, prit, suivant les usages de la monarchie, le titre de *Monsieur* dévolu au frère aîné du roi. Il profita, mieux que ses frères, de l'éducation littéraire assez étendue qu'il reçut sous la direction de M. de La Vauguyon, devint le lettré de la famille, un lettré qui n'était pas exempt de quelque pédantisme, et déplut à Marie-Antoinette par le ton de dédaigneuse supériorité qu'il affectait à la cour. Sous le règne de son frère, il réunissait chez lui une société de littérateurs et de publicistes et se faisait le centre d'un petit groupe de frondeurs et d'opposants. Membre de la première assemblée des notables (1787), il eut la présidence de l'un des sept bureaux, et contribua à la chute de Calonne. Dans son bureau, le deuxième, il se prononça pour la double représentation du tiers aux États-Généraux et refusa de signer la protestation des princes contre la convocation de ces États. Cette conduite lui valut une certaine popularité. Resté en France après le 14 juillet, il prodigua à la famille royale des conseils qui ne furent pas toujours bien accueillis, fut nommé secrètement, après les journées d'octobre, lieutenant général du royaume, et fit, auprès du conseil de la commune de Paris, pour se défendre d'avoir trempé dans la conspiration de Favras, une démarche qui flatta au plus haut point les sentiments de la bourgeoisie parisienne, mais qui excita la colère des émigrés. Le prince de Condé écrivait, à ce sujet, le 6 janvier 1790, à Larouzière : « Est-il possible que le sang des Bourbons s'avilisse à ce point et qu'il coule dans les veines d'un homme, si c'en est un, qui se permet une démarche évidemment dictée par la peur et par la bassesse ? » Et, le 9 : « Il est donc dans la boue au point qu'il y en a qui disent qu'il ne serait pas étonnant qu'il fût obligé de se sauver. Le peuple fouillait toutes les voitures qui sortaient du Luxembourg, pour voir si Monsieur ne se sauvait pas en cachette. Il n'y a que les enragés de l'Assemblée qui aient été chez lui au jour de l'an. » Le comte de Provence protesta à maintes reprises contre les projets d'émigration qu'on lui prêtait, et quitta cependant le palais du Luxembourg, sa résidence, dans la nuit du 20 au 21 juin 1791, en même temps que la famille royale s'échappait des Tuileries : plus heureux que celle-ci, Monsieur atteignit Bruxelles au moyen d'un vieux passe-port anglais qu'il avait gratté de sa propre main, se rendit de là à Coblentz, s'y établit, reçut de Louis XVI de pleins pouvoirs pour agir comme lieutenant général du royaume, fut un des instigateurs de la déclaration de Pilnitz, et contribua dès lors, par ses sollicitations auprès des princes étrangers, à allumer la guerre contre la Révolution : il prit même avec le comte d'Artois, son frère, quelque part aux opérations de l'armée de Condé. Quand les troupes de l'émigration furent licenciées, Monsieur se retira en Westphalie ; prit le titre de régent du royaume après la mort de Louis XVI, et proclama devant quelques émigrés le dauphin roi de France, sous le nom de Louis XVII. Après avoir consciencieusement rempli son rôle de régent *in partibus*, il fut lui-même, à la mort du jeune prisonnier du Temple, reconnu « roi de France et de Navarre » par ses partisans, et eut une maison civile et militaire. Bien que soutenu par les subsides de l'Angleterre, de la Russie et des autres puissances coalisées, il se vit réduit, durant la période révolutionnaire, à changer plusieurs fois de résidence et il implora, sans pouvoir toujours l'obtenir, de diverses villes telles que Venise, Blankenbourg dans le duché de Brunswick, Mittau en Courlande, et Varsovie, une hospitalité que les victoires de la République rendaient infiniment précaire. En 1803, il refusa, non sans dignité, les singulières propositions que lui fit faire le premier Consul de renoncer pour lui et sa famille à la couronne de France, en échange d'une riche compensation pécuniaire et d'indemnités territoriales en Italie. Puis il protesta, lors de la proclamation de l'Empire, contre cette usurpation de « ses droits » ; transporta, après la paix de Tilsitt, sa royauté nomade en Angleterre, et chercha à se faire reconnaître comme roi de France par les Anglais ; mais il ne fut jamais, officiellement, pour eux, que le « comte de Lille », nom sous lequel il avait voyagé. Il résida d'abord à Gosfield, jusqu'à la mort de la princesse sa femme, puis au château de Hartwelt, attendant que les fautes de Napoléon lui rouvrissent les portes de la France. Les événements de 1813 et de 1814 lui rendirent quelque espoir. En janvier 1814, le duc d'Angoulême, le duc de Berry et le comte d'Artois partirent secrètement pour agir dans différentes parties de la France au moment de l'entrée des armées étrangères. L'opinion libérale ne pardonna jamais à Louis XVIII d'être rentré à Paris au milieu d'un état-major anglais, russe et prussien, d'avoir fait Wellington maréchal de France, d'avoir nommé un étranger, le baron

Muffling, gouverneur de sa capitale, de n'avoir pas empêché le pillage du Musée par les Prussiens, d'avoir accordé aux alliés la dissolution de l'armée de la Loire, etc. Appelé au trône par une décision du Sénat impérial, il débarqua, à Calais, et reçut, à Saint-Ouen, un projet de « déclaration » ainsi rédigé par Talleyrand : « Pénétré de la nécessité de conserver autour de nous ce Sénat, aux lumières duquel nous reconnaissons devoir en partie notre retour dans notre royaume... Tels sont les principes sur lesquels sera établie la Charte que nous jurerons et ferons jurer d'observer dès qu'elle aura été consentie par les corps représentatifs et acceptée par le peuple français. » Mais, à cette rédaction, Louis XVIII substitua la suivante : « Après avoir attentivement lu le plan de Constitution proposé par le Sénat, nous avons reconnu que les bases en étaient bonnes, mais qu'un grand nombre d'articles portant l'empreinte de la précipitation avec laquelle ils ont été rédigés, ils ne peuvent, dans leur forme actuelle, devenir lois fondamentales de l'Etat, etc. » Puis le roi convoquait le Sénat et le Corps législatif pour le 10 juin, et promettait de maintenir le gouvernement représentatif en deux corps, Sénat et Chambre des députés des départements. Quand le Sénat se présenta pour lui offrir ses hommages, Louis XVIII répondit : « Je suis sensible à l'expression des sentiments du Sénat », et il donna congé. Le 4 juin, il octroya la Charte, datée de la dix-neuvième année de son règne. Vis-à-vis des princes alliés, il sut montrer une dignité et une fermeté qui rendirent moins onéreuses les charges de l'occupation et les exigences des vainqueurs. Ces difficultés aplanies, il accepta son rôle de roi constitutionnel, et, avec le fonds de scepticisme que devaient laisser, chez un prince qui se piquait de philosophie, des fortunes si diverses, il ne sembla le plus souvent chercher dans la politique que l'occasion d'un bon mot ou d'une citation littéraire, dont il était prodigue. Ne prenant aux affaires publiques qu'une part assez restreinte, il amusait ses loisirs à composer des petits vers, à osciller entre les partisans d'une monarchie « tempérée » et les émigrés qui *n'avaient rien oublié ni rien appris* et qui réclamaient impérieusement le rétablissement de leurs privilèges. Il essaya à peine de résister lorsqu'il apprit le débarquement de Napoléon sur la côte de Provence, gagna la frontière et attendit à Gand l'issue des événements. Rentré encore avec les étrangers, il laissa marquer le début de cette seconde Restauration par des réactions et des vengeances principalement dirigées contre les personnages qui avaient fait défection pendant les Cent-Jours, et organisées avec le concours de Fouché, l'ancien régicide ; il permit d'exécuter les condamnations à mort de Ney, de Labédoyère, de Mouton-Duvernet, des frères Faucher, etc. Il goûtait peu, cependant, les violences des « ultras » dont la « Chambre introuvable » fut en majorité composée, et ce fut d'après la volonté expresse du roi que le ministre de ses préférences, Decazes, prononça, le 5 septembre 1816, la dissolution de la Chambre des députés. Cependant la faction des ultras, qui avait le comte d'Artois pour chef, continua de lutter dans l'assemblée nouvelle, même contre le roi, qui dut, après l'attentat de Louvel contre le duc de Berry (1820), se séparer de son ministre favori. A dater de ce jour, fatigué des luttes qu'il avait tenté de soutenir avec peu de succès contre le parti féodal, et d'ailleurs devenu souffrant, Louis XVIII resta de plus en plus étranger au gouvernement. Bientôt, au ministère du duc de Richelieu succéda le cabinet Villèle, appuyé sur la droite. Pendant le cours des événements, plusieurs complots et tentatives insurrectionnelles avaient été étouffés avec rigueur, comme celles des frères Lallemand et de Lefèvre-Desnouettes (1814), la conspiration dite de Didier à Grenoble (1816), celle dite des *patriotes*, à Paris, la même année, le complot de Lyon (1816), celui de 1820 à Paris, les affaires de Colmar et de Belfort (1822), des sergents de la Rochelle, etc. La guerre d'Espagne en faveur de l'absolutisme fut le dernier événement important du règne, dont l'expulsion de Manuel de la Chambre, de nouvelles élections défavorables à la gauche (1825), une indemnité de 1 milliard accordée aux émigrés, enfin la prise de possession du pays par la Congrégation marquèrent la fin. M. Achille de Vaulabelle a écrit: « Arrivé au trône à l'âge de soixante ans, après vingt-cinq années d'un exil souvent pénible et presque toujours troublé, Louis XVIII se montra plutôt tel qu'on l'avait vu sur le sol étranger, c'est-à-dire soumis aux événements, et docile aux influences de son entourage. Condamné à l'immobilité par des infirmités cruelles, son ignorance des affaires et son aversion pour les soins et les soucis du gouvernement lui firent constamment chercher le calme nécessaire à ses habitudes d'esprit et à ses maux, dans une sorte de tutelle intime qui le dirigea vers les partis opposés... La nature lui avait refusé la puissance virile; toutes ses ardeurs étaient dans le cerveau; aussi se complaisait-il dans les conversations *galantes* et sa mémoire était-elle un répertoire inépuisable de licencieuses anecdotes. Il serait aussi difficile d'accuser les vices de Louis XVIII que de louer ses vertus: facile, prodigue même envers ceux qui possédaient momentanément son affection, il se montrait oublieux plutôt qu'ingrat envers les hommes dont il avait reçu le plus de services. On ne peut dire qu'il fût humain; lui appliquer le nom d'impitoyable serait injuste; il était indifférent. »

LOUIS-PHILIPPE Ier, DUC D'ORLÉANS, pair de France, roi des Français, né à Paris, au Palais-Royal, le 6 octobre 1773, mort au château de Claremont, comté de Surrey (Angleterre), le 26 août 1850, fils de Louis-Philippe-Joseph d'Orléans, plus tard Philippe-Egalité, et de Louise-Marie-Adélaïde de Bourbon-Penthièvre, eut pour parrain Louis XVI et pour marraine Marie-Antoinette, et reçut, en naissant, le titre de duc de Valois. A trois ans, on lui remit les provisions de gouverneur du Poitou; à cinq ans, il fut confié aux soins du chevalier de Bonnard, et, à neuf ans, son père plaça ses frères et lui sous la direction de Mme de Genlis, qui, favorable aux théories de Rousseau, les fit instruire dans les langues modernes, et les habitua à « mépriser toute sorte de mollesse ». « Le duc de Valois, disait-elle, a un bon sens naturel; il aime la raison comme les autres enfants aiment les contes frivoles. » Devenu duc de Chartres en 1785, il reçut alors le brevet de colonel du 14e dragons. Préparé par une éducation philosophique, comme on l'entendait à la fin du XVIIIe siècle, à sympathiser au mouvement d'idées qui allait amener la Révolution, il en adopta avec enthousiasme les principes, applaudit des fenêtres de la maison de Beaumarchais, à la prise de la Bastille, et se présenta, le 9 février 1790, en

uniforme de garde national, au district de Saint-Roch pour prêter le serment civique; il signa, sur le registre, *citoyen de Paris*; il brigua le grade de commandant du bataillon de ce district : on lui préféra un boucher. Puis, comme son père, il se fit recevoir aux Jacobins. Présenté, le 22 octobre 1790, par M. de Sillery, il fut admis le 1er novembre : « J'ai été reçu hier aux Jacobins, écrit-il, j'ai témoigné ma reconnaissance de l'accueil plein de bonté qu'on voulait bien me faire, et j'ai assuré que je ne m'écarterais jamais des devoirs sacrés de bon patriote et de bon citoyen. » Le 6 juin 1791, il rejoignit le 14e dragons à Vendôme, reçut de la municipalité une couronne civique (10 août) pour avoir tiré du Loir un sous-inspecteur de ponts et chaussées qui se noyait, et fut envoyé (14 août) à Valenciennes comme commandant de place. Quand la guerre éclata, au printemps de 1792, il entra en campagne sous les ordres de Biron, et reçut le baptême du feu à Boussu « de la manière la plus brillante et la plus tranquille », écrivit le général en chef. Nommé maréchal-de-camp (7 mai) après les affaires de Quérignon et de Quiévrain, il prit part à la prise de Courtray à la tête d'une brigade de cavalerie, fut promu lieutenant-général le 11 septembre, puis, le 20, commanda la seconde ligne de Kellermann à Valmy, et le 6 novembre le centre, à Jemmapes, sous Dumouriez. Déjà depuis le 10 août, il ne s'appelait plus qu'EGALITÉ; la Convention qui venait de bannir tous les membres de la famille des Bourbons, avait fait une exception pour son père et pour lui. Après Jemmapes, il reçut l'ordre de se rendre à Strasbourg; il vint à Paris pour réclamer contre cette décision, et, dans l'antichambre du ministre de la Guerre, rencontra Danton, avec lequel il eut une curieuse entrevue et qui lui conseilla de se rendre à son poste, en lui disant amicalement : « Soyez raisonnable ou gare à vous! » Pendant ce voyage, il ne put décider son père à partir pour l'Amérique. Il retourna à l'armée, se battit vaillamment à Nerwinden (18 mars 1793) où il soutint la retraite, et bientôt, proscrit comme son général en chef, se rendit (4 avril) au quartier général du prince de Cobourg : Marat avait demandé qu'on mit sa tête à prix, et la Convention avait décrété d'arrestation son père et toute sa famille. Il se réfugia en Suisse; là, ses ressources épuisées, en septembre 1793, il dut entrer comme professeur de géographie et de mathématiques dans un pensionnat de Reichenau, où il resta huit mois sous le nom de Chabaud-Latour : les habitants le nommèrent même leur député à l'assemblée cantonale de Coire. Après l'exécution de son père, il quitta Reichenau et se rendit à Bremgarten, auprès du général de Montesquiou, qui le garda auprès de lui jusqu'en 1794, sous le nom de Corby, et comme un de ses anciens aides-de-camp. Il gagna alors Hambourg, pour passer aux Etats-Unis; mais n'ayant pu exécuter ce dessein, il visita le nord de l'Europe, et alla jusqu'en Laponie. De retour à Hambourg en janvier 1796, s'embarqua pour l'Amérique en septembre, arriva à Philadelphie le 21 octobre : le Directoire avait fait de ce nouvel exil la condition de la mise en liberté de sa mère et de ses frères et le ministre de France à Hambourg avait facilité son départ. Ses frères le rejoignirent aux Etats-Unis, et rentrèrent avec lui en Angleterre en janvier 1800. Il y eut, à ce moment, une réconciliation entre les deux branches de la maison de Bourbon; la lettre de Louis XVIII, datée du 27 juin 1799 à Mittau, « acceptait le aveux et la soumission du jeune p ince que son peu d'expérience avait livré aux suggestions d'un père monstrueusement criminel. » Le duc d'Orléans se fixa à Twickenham, près de Londres; il perdit ses deux frères, l'un en janvier 1807, l'autre en juin 1808, et se rendit à la cour de Palerme. Une de ses lettres au comte d'Antraigues, réfugié à Londres, montre combien l'inaction lui pesait : il conseillait aux Anglais de s'emparer des îles Ioniennes occupées alors par les Français, se proposait pour cette expédition, et envoyait des plans pour combattre « Buonaparte sur qui il faut concentrer toutes les forces ». Le voyage de Palerme avait pour objet un mariage avec la fille de Ferdinand IV, la princesse Marie-Amélie; cette union fut célébrée le 25 novembre 1809. C'est à Palerme que le duc d'Orléans reçut, le 22 avril 1814, la nouvelle de l'abdication de Napoléon. Le 17 mai, il se présentait devant Louis XVIII. Le roi lui maintint son titre de lieutenant-général, le nomma colonel-général des hussards, grand-croix de Saint-Louis, et lui rendit ses biens. Installé avec sa famille au Palais-Royal, il conquit assez vite, grâce au libéralisme qu'on lui prêtait, une inquiétante popularité. Déjà un complot noué par Drouet d'Erlon, Lefebvre-Desnouettes et les frères Lallemand, s'ébauchait pour le porter au trône, quand Napoléon débarqua de l'île d'Elbe. A cette nouvelle, le duc d'Orléans fut envoyé à Lyon pour arrêter la marche de l'empereur; mais, voyant que toute résistance serait inutile, il revint à Paris, et fut appelé au commandement des départements du Nord, qu'il remit (23 mars) au maréchal Mortier, en s'embarquant pour l'Angleterre. Il rentra en même temps que le roi, après Waterloo. Membre de droit de la Chambre des pairs en vertu d'une ordonnance royale, il fut nommé (3 juillet 1816) grand-croix de la Légion d'honneur. Ayant parlé avec modération, à la Chambre haute, contre les tendances réactionnaires qui se faisaient jour, lors de la discussion de l'adresse, il éveilla de nouveaux soupçons, et résolut de ne plus paraître au Luxembourg. Mais Louis XVIII lui fit comprendre l'opportunité d'un nouveau séjour en Angleterre, d'où il n'obtint l'autorisation de revenir qu'en février 1817. Bien que son nom fût souvent mêlé aux complots de l'époque, son attitude circonspecte ne donna prise à aucun reproche. Après la mort de Louis XVIII, Charles X lui rendit le titre d'*Altesse royale*. Ses relations avec les chefs du parti libéral, l'éducation en commun qu'il faisait donner à ses fils, les vertus privées de sa famille, lui assuraient les sympathies de la bourgeoisie, ce fut elle qui, sans qu'il l'eût cherché ni souhaité, le porta au trône aux journées de juillet; Louis-Philippe était plus soucieux de conserver sa fortune retrouvée qu'ambitieux de la couronne, et il accepta l'une plutôt que de renoncer à l'autre : « Qu'on fasse de mon frère, disait Madame Adélaïde, un président, un garde national, tout ce qu'on voudra, pourvu qu'on n'en fasse pas un proscrit. » On sait ses hésitations au lendemain des Ordonnances; il fallut aller le chercher à Neuilly : « On me suppliait d'accepter, écrivit-il plus tard; la République allait être proclamée. Je croyais que c'était le plus grand malheur qui pût frapper la France, je me résignai. » Il accepta donc, le 31, la lieutenance générale que lui offrait la Chambre des députés, à laquelle, de son côté, Charles X l'appela le lendemain. Pendant que le nouveau lieutenant général faisait sanctionner ses pouvoirs à l'Hôtel de Ville, Charles X abdi-

quait, et le chargeait de faire proclamer Henri V. Mais, le 3 août, le lieutenant général ouvrait les Chambres, la Charte était révisée, et le 7 août, sur 252 députés présents, 219 proclamaient Louis-Philippe roi des Français. Le même jour, et avant d'accepter la couronne, Louis-Philippe faisait une donation universelle de ses biens à ses enfants, l'aîné excepté, sous la seule réserve d'usufruit. Roi constitutionnel, c'est à la biographie de chacun de ses ministres qu'on retrouvera l'histoire du règne : et cependant Louis-Philippe ne fut jamais esclave de la formule constitutionnelle : le roi règne et ne gouverne pas. Il se mêla toujours ouvertement à la marche des affaires; très laborieux, il travaillait une partie des nuits, surtout quand, avec Guizot, il avait fait triompher son système personnel. « Plein de bravoure personnelle, a dit de lui ce ministre, mais timide en politique, il préférait l'adresse à la force et s'étudiait à tourner les obstacles au lieu de les attaquer de front. » Ce règne de dix-huit ans eut quatre phases distinctes : de 1830 à 1831, le roi dut céder au mouvement qui l'avait placé au pouvoir; mais, après le sac de l'archevêché, il appuya l'avènement de la politique de résistance personnifiée dans Casimir Périer, et qui fut suivie jusqu'au ministère Thiers (22 février 1836); le trône affermi, le roi entra en lutte sourde avec le pouvoir parlementaire; cette lutte dévora plusieurs cabinets, et finit par le triomphe du système personnel du roi, à l'avènement du ministère Guizot (27 octobre 1840); à partir de cette date, jusqu'en 1848, le roi et le pouvoir parlementaire combattirent ensemble les revendications libérales, les réformes réclamées, et furent vaincus tous les deux le 24 février 1848. A l'extérieur, Louis-Philippe subordonna modestement sa politique au principe de « la paix à tout prix ». M. Renan a dit assez justement : « Flottant entre le roi élu et le roi légitime, Louis-Philippe se vit entraîné à des démarches indécises. Il se prêta d'abord à l'idée d'une origine toute populaire, plus tard il se rattacha à une autre théorie; mais il ne sortit jamais de ce dilemme fatal : faible quand il était fidèle à ses origines, blessant quand il ne l'était pas, il se laissait arracher comme des concessions les actes que l'opinion dont il avait reçu l'investiture réclamait comme des droits. » Le 24 février 1848, pendant que la garde nationale de la place du Carrousel criait : Vive la réforme! le roi, pressé par les siens et par quelques amis, signa son abdication en faveur du comte de Paris. Puis il partit à la hâte, en fiacre, empruntant de l'argent à Versailles pour continuer son voyage, et arriva à Dreux. Le 25, à la nouvelle que la République était proclamée, il ne songea plus qu'à quitter la France, et, après de réels dangers, il put s'embarquer avec la reine à Honfleur; ils abordèrent en Angleterre le 3 mars, et se fixèrent au château de Claremont, qui appartenait à leur gendre le roi des Belges. Le roi laissait en partant près de 28 millions de dettes, que l'on finit d'acquitter intégralement en 1850. Dans sa nouvelle résidence, Louis-Philippe s'occupa de continuer ses *Mémoires*; mais les événements récents avaient ébranlé sa santé, et il mourut, le 26 août 1850, à 76 ans, avec les suprêmes consolations de l'Eglise.

LOURIOU (JEAN-FÉLIX-AUGUSTE), représentant en 1849, né à Grez (Belgique) le 16 décembre 1804, mort à Clermont (Oise) le 10 janvier 1879, étudia le droit et s'établit à Bourges comme avocat. Il se distingua au barreau de cette ville et dut à ses déclarations républicaines d'être porté, par le parti avancé, comme candidat dans le Cher aux élections du 13 mai 1849 pour l'Assemblée législative : élu représentant du peuple, le 4e sur 6, par 32,648 voix (61,469 votants, 82,313 inscrits), M. Louriou prit place à la Montagne, appuya l'interpellation de Ledru-Rollin sur l'expédition de Rome, et se trouva compromis dans l'affaire des Arts et Métiers (13 juin), bien que son rôle personnel n'y eût pas été bien nettement établi. Des poursuites ayant été autorisées contre lui par la majorité de l'Assemblée, M. Louriou se constitua lui-même prisonnier et comparut devant la haute cour de Versailles. « Sa présence au Conservatoire dans la journée du 13, lit-on dans l'acte d'accusation, est constatée par les fragments de sa carte de représentant, qui ont été trouvés dans le jardin près de la porte qui ouvre du côté de la rue du Vert-Bois. En rassemblant ces débris, on recompose complètement la syllabe iou, et l'on voit que la carte a dû être déchirée avec les dents. » M. Louriou au cours de son interrogatoire, déclara qu'il n'avait pas signé personnellement les divers manifestes de la Montagne, et qu'il n'avait connu ces proclamations que par les journaux où son nom avait été ajouté aux autres. A cette question du président : « Etes-vous allé au Conservatoire le 13 juin? » il répondit : « L'accusation le prétend, mais c'est au moyen d'une induction. Je lui demande de me le prouver. Elle tire cette induction d'un fragment de carte sur laquelle on retrouve trois lettres se rapportant à mon nom; il faudrait établir que ce fragment de carte provient de la carte qui m'appartenait; et ce ne serait pas encore assez, il faudrait que l'accusation démontrât que ce fragment avait été apporté par moi, le 13 juin, au Conservatoire. Or, ce fragment m'a été présenté, et je dis devant MM. les jurés ce que j'ai dit dans mon interrogatoire, c'est que je ne sais pas si ce fragment de carte appartient ou non à ma propre carte. » M. Louriou bénéficia du caractère ambigu de sa situation et fut acquitté par la haute cour. Il donna alors sa démission de représentant, et reprit à Bourges l'exercice de sa profession d'avocat, qu'il continua d'exercer pendant toute la durée de l'Empire, s'occupant aussi d'études historiques et archéologiques. Après le 4 septembre 1870, M. Louriou fut nommé préfet du Cher; il eut pour successeur dans cette fonction, en 1871, M. Camescasse, qui fut plus tard préfet de police et député. Il fut quelque temps membre du conseil général du Cher pour le canton de Sancoins, et se fixa à Versailles dans les dernières années de sa vie. Atteint de paralysie, M. Louriou mourut dans une maison de santé à Clermont (Oise), le 10 janvier 1879.

LOURTIES (Victor-Christophe-Gabriel), membre du Sénat, né à Aire-sur-l'Adour (Landes) le 21 juillet 1844, étudia la médecine, se fit recevoir docteur et se fixa à Aire dont il devint maire et conseiller général. Elu, le 5 janvier 1888, sénateur des Landes par 397 voix sur 708 votants, il prit place à gauche et vota avec les opportunistes de la Chambre haute. Il parla sur la loi organique militaire, appuya le contre-projet de MM. de Carné et Alfred Biré tendant à simplifier les opérations du conseil de revision, intervint (13 novembre 1888) dans la discussion du projet de loi ayant pour but la réorganisation d'une école de service de santé militaire. et vota, en dernier lieu,

pour le rétablissement du scrutin d'arrondissement (13 février 1889), pour le projet de loi Lisbonne restrictif de la liberté de la presse, pour la procédure à suivre devant le Sénat contre le général Boulanger.

LOUSMEAU-DUPONT (Aimé-Marguerite), député en 1789, né à Lyon (Rhône) le 11 novembre 1741, mort à une date inconnue, curé de Saint-Didier de Chalaronne (Ain), fut élu, le 28 mars 1789, député du clergé aux Etats-Généraux par la sénéchaussée de Trévoux. Il n'eut qu'un rôle parlementaire sans importance et n'appartint pas à d'autres assemblées.

LOUSTALOT (Gustave), représentant en 1871, député de 1876 à 1877, de 1878 à 1885, et de 1886 à 1889, né à Dax (Landes) le 4 janvier 1826, fit de bonnes études de droit et devint un avocat distingué du barreau de sa ville natale. Quatre fois bâtonnier de l'ordre, il fut élu conseiller municipal de Dax, et se fit remarquer par l'ardeur avec laquelle il combattit le gouvernement impérial dans plusieurs journaux démocratiques du Midi. Sous-préfet de Dax au 4 septembre, il se présenta, le 2 juillet 1871, comme candidat à l'Assemblée nationale, lors de l'élection complémentaire motivée dans les Landes par l'option de trois représentants, et fut élu, le 3e de la liste républicaine, par 28,741 voix (55,536 votants, 84,844 inscrits). Le 8 octobre suivant, le canton de Dax nomma M. Loustalot conseiller général. A l'assemblée, il fit partie de la gauche républicaine et vota contre la pétition des évêques, contre le pouvoir constituant, pour le service militaire de trois ans, pour la dissolution, contre la chute de Thiers au 24 mai, contre le septennat, contre l'état de siège, contre la loi des maires, contre le ministère de Broglie, pour les amendements Wallon et Pascal Duprat, et pour l'ensemble des lois constitutionnelles, dont il se montra un des partisans les plus résolus. Un amendement, dont il était l'auteur, devint l'article 31 de la loi organique des conseils généraux : aux termes de cet article, dans chaque département, le compte rendu officiel des séances du conseil général est mis à la disposition de tous les journaux. M. Loustalot se représenta, le 20 février 1876, dans la 1re circonscription de Dax, et obtint 5,211 voix seulement contre 5,606 à l'élu conservateur, M. de Cardenau, et 233 à M. Sourigues; mais l'élection de M. de Cardenau ayant été invalidée notamment pour des distributions de secours faites la veille du scrutin à de « faux inondés », M. Loustalot affronta de nouveau le scrutin et fut élu, le 21 mai 1876, par 6,066 voix (12,061 votants, 14,434 inscrits), contre 5,946 au député sortant. Il fut un des 363 adversaires du gouvernement du Seize-Mai, et échoua, après la dissolution de la Chambre, le 14 octobre 1877, dans la même circonscription, avec 5,869 voix contre 6,526 au candidat officiel, son ancien concurrent, M. de Cardenau élu. Une nouvelle invalidation de ce dernier remit pour la quatrième fois les deux adversaires en présence, et M. Loustalot redevint député de Dax, le 7 avril 1878, par 6,592 voix (12,518 votants, 15,001 inscrits), contre 5,866 à M. de Cardenau. Avec la majorité républicaine, il soutint les ministères de gauche qui occupèrent le pouvoir, et se prononça pour l'article 7, pour l'amnistie partielle, pour la validation de l'élection de Blanqui, pour les lois nouvelles sur la presse et le droit de réunion. Il parut assez fréquemment à la tribune et présenta diverses propositions, parmi lesquelles il faut citer son projet (mai 1880), tendant à modifier le mode de nomination des conseillers généraux et à les faire élire en nombre proportionnel à la population du canton. Ce projet fut, au Palais-Bourbon, l'objet d'un intéressant échange d'observations entre MM. Niel, Savoye, de Marcère, Durfort de Civrac, Loustalot et Constans. Finalement, la Chambre décida que les cantons d'une population de 20,000 habitants et au-dessus nommeraient deux conseillers généraux au lieu d'un. Mais la proposition de M. Loustalot trouva moins de faveur au Sénat où elle fut rejetée sans discussion, sur le rapport de M. Robert de Massy. Réélu député, le 21 août 1881, par 8,478 voix (9,533 votants, 15,128 inscrits), M. Loustalot appuya de ses votes la politique opportuniste des cabinets Gambetta et J. Ferry, et se prononça *contre* la séparation de l'Eglise et de l'Etat, *pour* les crédits de l'expédition du Tonkin, etc. Il fut inscrit, le 4 octobre 1885, sur la liste républicaine des Landes, et ne réunit que 33,242 suffrages sur 71,339 votants. Mais les élus conservateurs ayant été invalidés en bloc par la nouvelle Chambre, M. Loustalot bénéficia d'un nouveau scrutin, et l'emporta, le 14 février 1886, le 4e sur 5, avec 37,960 voix (72,400 votants, 83,105 inscrits). Il reprit alors sa place à gauche, soutint les ministères Rouvier et Tirard, et fit de nouveau adopter à la Chambre (juillet 1886), par 302 voix contre 205, une loi donnant 2 conseillers généraux aux cantons de plus de 20,000 habitants, loi que le Sénat repoussa une seconde fois; il vota, à la fin de la législature, *pour* le rétablissement du scrutin d'arrondissement (11 février 1889), *pour* l'ajournement indéfini de la revision de la Constitution, *pour* les poursuites contre trois députés membres de la Ligue des patriotes, *pour* le projet de loi Lisbonne restrictif de la liberté de la presse, *pour* les poursuites contre le général Boulanger.

LOUVEAU (JOSEPH-PIERRE), député au Conseil des Cinq-Cents, né en 1747, mort à Paris le 18 avril 1812, fut procureur au Châtelet de l'aris. Il fut élu (23 germinal an V) député de la Mayenne au Conseil des Cinq-Cents, par 79 voix (98 votants), siégea jusqu'en l'an V, et devint, le 9 floréal an VIII, juge au tribunal d'appel d'Angers, titre qu'il échangea, le 2 avril 1811, contre celui de conseiller à la cour impériale d'Angers.

LOUVEL DE MONCEAUX (FRANÇOIS-ARMAND-BONAVENTURE), député de 1822 à 1830, né à Coutrières (Manche) le 4 mai 1768, mort le 6 août 1843, était officier d'artillerie sous l'ancien régime. Il émigra à la Révolution, servit à l'armée des princes et commanda l'armée royale de l'ouest par intérim. Chevalier de Saint-Louis à la Restauration, il fut élu, le 13 novembre 1822, député du 3e arrondissement électoral de la Manche (Coutances), par 226 voix (294 votants, 422 inscrits), contre 52 au vicomte de Blangy, et siégea au centre ministériel. Réélu, le 25 février 1824, par 223 voix (230 votants, 339 inscrits) et, le 17 novembre 1827, par 138 voix (184 votants, 296 inscrits), contre 40 à M. Cahouet, il continua de siéger au centre, vota le milliard des émigrés, les lois sur le sacrilège, sur le droit d'aînesse, sur la conversion des rentes et contre la liberté de la presse. Il soutint également le ministère Polignac contre les 221, et ne fut pas réélu aux élections de juin 1830. Les biographies du temps rapportent ce-

pendant que M. Louvel n'était ministériel qu'à la Chambre et que, dans sa commune, il ne négligeait aucune occasion de blâmer les ministres et leur système.

LOUVET (PIERRE-FLORENT, CHEVALIER), député en 1791, membre de la Convention, député au Conseil des Cinq-Cents et au Corps législatif de l'an VIII à 1815, représentant aux Cent-Jours, né à Laucourt (Somme) le 20 novembre 1757, mort à Paris le 20 mai 1818, « fils de Joseph-Antoine Louvet, laboureur à Laucourt, et de Henriette Debout », était avocat avant la Révolution. Il devint, en 1790, juge au tribunal de district de Montdidier. Elu, le 3 septembre 1791, député de la Somme à l'Assemblée législative, le 10e sur 12, par 279 voix (336 votants), il opina avec la majorité réformatrice et prit plusieurs fois la parole, sur la suppression des apanages des princes émigrés, sur la suppression des droits casuels, fit rendre un décret pour accélérer les jugements de la Haute-Cour, défendit le marquis de Saint-Huruge qui venait d'être arrêté à Péronne, fit prohiber l'exportation des matières d'or et d'argent, etc. Le 9 septembre 1792, il fut envoyé à la Convention par le même département, le 8e sur 13, avec 296 voix (442 votants). Dans le procès du roi, Florent Louvet, dont les opinions se rapprochaient de celles des Girondins, exprima l'avis suivant : « Je vote pour la réclusion pendant la guerre, et pour le bannissement à perpétuité après la paix. Telle est mon opinion, j'en ai donné les motifs, ils sont imprimés, je m'y réfère. J'ai peut-être été dans l'erreur; mais j'avais pour moi les réflexions que me font naitre les circonstances où nous vivons, et celles où nous vivrons probablement encore longtemps; j'avais pour moi les leçons de l'histoire, les exemples des temps anciens, ceux des temps modernes, et l'exemple célèbre du premier des Brutus, dont l'image, M. le président, est au-dessus de vous, comme pour nous rappeler ce généreux exemple. Mon opinion ne me parait pas devoir être celle qui prévaudra; mais je n'en ai pas moins dû vous l'énoncer, puisque je l'ai crue et la crois encore la plus utile. Puisse au surplus le génie tutélaire de la République garantir mon pays des malheurs qui, je le dis avec un profond sentiment de douleur, me paraissent menacer la liberté française. » Il combattit le système d'établissement des grandes communes, protesta contre l'arrestation de ses collègues au 31 mai, vota contre Robespierre au 9 thermidor, et intervint dans plusieurs discussions intéressant l'armée, les contributions, les écoles, etc. Député de la Somme au Conseil des Cinq-Cents, le 23 vendémiaire an IV, avec 302 voix (315 votants), il obtint, le 24 germinal an VI, le renouvellement de ce mandat. Il se montra favorable au 18 brumaire, et, le 4 nivôse an VIII, fut appelé par le Sénat conservateur à représenter la Somme au nouveau Corps législatif, où il siégea jusqu'en 1815, ayant été réélu de nouveau le 25 vendémiaire an XIV, puis le 4 mai 1811. Le 6 octobre 1810, il fut créé chevalier de l'empire. Le chevalier Louvet fit encore partie de la Chambre des Cent-Jours, où il représenta (11 mai 1815), avec 53 voix sur 53 votants, l'arrondissement de Montdidier.

LOUVET (CHARLES), représentant en 1848 et 1849, député au Corps législatif de 1852 à 1870 et ministre, né à Saumur (Maine-et-Loire) le 22 octobre 1806, mort à Paris le 2 mars 1882, d'une famille de négociants, étudia le droit, entreprit ensuite plusieurs voyages, et s'établit banquier à Saumur. Dévoué au gouvernement de Louis-Philippe, il fut nommé, en 1837, conseiller général de Maine-et-Loire pour le canton de Montreuil-Bellay, et, en 1845, maire de sa ville natale. Après le 24 février 1848, M. Louvet fut élu (23 avril) représentant de Maine-et-Loire à l'Assemblée constituante, le 7e sur 13, par 86,842 voix. Il fit partie du comité des finances, et vota constamment avec la droite : *pour* le rétablissement du cautionnement et de la contrainte par corps, *pour* les poursuites contre Louis Blanc et Caussidière, *contre* l'abolition de la peine de mort, *contre* l'amendement Grévy, *contre* le droit au travail, *contre* la réduction de l'impôt du sel, *pour* la proposition Rateau, *contre* l'amnistie, *pour* l'interdiction des clubs, *pour* les crédits de l'expédition romaine, etc. Rallié à la politique de l'Elysée, il la soutint à l'Assemblée législative, où le département de Maine-et-Loire le renvoya, le 5e sur 11, par 83,193 voix (104,313 votants, 151,062 inscrits). Il appartint à la majorité monarchiste, et s'associa à toutes les mesures proposées par le gouvernement. M. Ch. Louvet applaudit au coup d'Etat du 2 décembre 1851, et, candidat officiel, le 29 février 1852, dans la 3e circonscription de Maine-et-Loire, fut élu député au Corps législatif par 18,920 voix (22,395 votants, 34,300 inscrits), contre 1,360 à M. Tessié de la Motte, ancien représentant, 1,780 à M. Aubelle et 105 à M. de Contades. Il vota pour le rétablissement de l'empire et siégea jusqu'à la fin du règne de Napoléon III dans la majorité dynastique. Réélu député, toujours avec l'appui du gouvernement, le 22 juin 1857, par 11,806 voix (12,626 votants, 33,382 inscrits); le 1er juin 1863, par 18,632 voix (20,976 votants, 33,019 inscrits), contre 2,137 à M. Defos; et le 24 mai 1869 par 17,980 voix (25,205 votants, 33,802 inscrits), contre 7,135 à M. Allain-Targé, il se mêla surtout aux discussions financières, fit un rapport sur les caisses d'épargne, combattit la loi de dotation de l'armée et demanda que les crédits extraordinaires fussent soumis au Corps législatif dès l'ouverture des sessions. En juillet 1869, il prit part à la formation du nouveau tiers-parti libéral, et signa un des premiers la demande d'interpellation des 116. Après avoir été nommé, en septembre de la même année, membre de la commission de surveillance des caisses d'amortissement et des dépôts et consignations, il fut choisi par M. Emile Ollivier pour entrer, avec le portefeuille de l'Agriculture et du Commerce, dans le cabinet du 2 janvier 1870 : M. Louvet resta ministre jusqu'au renversement du ministère (août 1870). Il rentra dans la vie privée au 4 septembre. M. Louvet s'était occupé de littérature, et, outre un *Dialogue sur la liberté du commerce* (Saumur, 1835), on lui doit une édition des œuvres posthumes de Charles Dovalle, jeune poète tué en duel à vingt-deux ans, et divers articles insérés dans les revues. Chevalier de la Légion d'honneur en 1850, officier en 1860, commandeur en 1865.

LOUVET (ATHANASE), représentant en 1871, né à Paris le 16 juillet 1809, mort à Paris le 11 février 1876, d'une famille de commerçants, prit en 1830 la direction de la maison paternelle (passementeries pour meubles et équipements militaires), et obtint des récompenses à l'Exposition universelle de 1855. Juge-suppléant en 1854, juge en 1857 et président en 1860 du tribunal de commerce de la Seine, il fut nommé, en 1865, maire du 2e arrondissement et donna sa démission trois ans après, par suite de conflits avec la préfecture de la Seine. Il fut membre et rapporteur du jury à l'Exposition de 1867. Aux élections complémentaires du 2 juillet 1871, il fut, à Paris, le candidat de l'Union parisienne de la presse, et fut élu, le 4e sur 21, représentant de la Seine à l'Assemblée nationale, par 126,417 voix (290,823 votants, 458,774 inscrits). Il prit place au centre gauche, avec lequel il soutint la politique « républicaine conservatrice », et vota *contre* la chute de Thiers au 24 mai, *contre* le septennat, *contre* la loi des maires, *contre* l'état de siège, *contre* le ministère de Broglie, *pour* l'amendement Wallon, *pour* l'ensemble des lois constitutionnelles, etc. Il mourut en février 1876. Chevalier de la Légion d'honneur (1863), officier (30 juin 1867).

LOUVET DE COUVRAY (JEAN-BAPTISTE), membre de la Convention, député au Conseil des Cinq-Cents, né à Paris le 12 juin 1764, mort à Paris le 25 août 1797, fils d'un papetier de la rue Saint-Denis, reçut une éducation incomplète, y suppléa par la précoce vivacité de son intelligence et de ses passions, et, dédaignant le métier paternel, entra, à 17 ans, comme secrétaire auprès du savant minéralogiste Philippe-Frédéric de Dietrich. Quelque temps après, il devint commis à la librairie Prault, où il trouva, dans la lecture des livres mis en vente, l'inspiration des *Aventures du chevalier de Faublas* (1787-1788), son premier ouvrage, qui obtint un vif succès de scandale. Il se retira alors à Nemours, où il fut rejoint par Mme Cholet, sa maîtresse, femme d'un riche bijoutier du Palais-Royal, et qui a servi de modèle à la Lodoïska de *Faublas*. Louvet l'épousa à Vire, en 1793, après l'avoir fait divorcer. Partisan de la Révolution, il revint à Paris après la prise de la Bastille, publia une apologie des journées des 5 et 6 octobre sous le titre de *Paris justifié* (janvier 1790), fréquenta assidûment le club des Amis de la Constitution et y manifesta des opinions républicaines. Un nouveau roman, sorti de sa plume à cette époque : *Emilie de Valmont*, fut un plaidoyer en faveur du divorce et du mariage des prêtres. Etroitement lié avec les principaux membres du parti de la Gironde, dont les qualités brillantes séduisaient son imagination, il devint le rédacteur d'une feuille politique qui parut sous leurs auspices : la *Sentinelle*, et qui dirigeait contre la cour d'incessantes attaques. Le 26 décembre 1791, Louvet se présenta à la barre de l'Assemblée législative au nom du club des Jacobins et demanda la mise en accusation des princes émigrés : un décret conforme à cette motion fut rendu, le 2 janvier 1792, sur le rapport de Guadet. Mêlé à la journée du 10 août, Louvet s'attacha à Roland, lorsque celui-ci revint au ministère; et ce fut sous le patronage de Roland et de sa femme qu'il se fit élire, le 8 septembre 1792, membre de la Convention par le département du Loiret, le 8e sur 9, avec 323 voix (359 votants). Il ne tarda pas à se placer au rang des orateurs les plus passionnés du parti girondin, et des plus hostiles aux vues de la Montagne; dès les premières séances, il attaqua Danton, Marat, Robespierre, ce dernier surtout, à qui il ne pouvait pardonner de l'avoir fait expulser des Jacobins à cause de l'immoralité de ses écrits. Louvet résolut donc de démasquer «l'ambitieux tribun » et, le 29 octobre 1792, il entama hardiment la lutte. Roland venait de présenter un mémoire à la Convention. Une des pièces annexées à ce mémoire, où l'état des choses était vivement décrit, désignait un parti auquel Vergniaud, Buzot, Guadet, Lasource, Roland, Brissot, déplaisaient fort et qui « ne voulait entendre parler que de Robespierre, comme du seul homme capable de sauver la patrie ». Robespierre vit dans ce passage le dessein arrêté par ses ennemis de le rendre odieux et de le perdre. Il demanda la parole, l'obtint avec peine et essaya de répondre; mais des murmures systématiques étouffèrent sa voix. « Quoi! s'écria-t-il, lorsqu'ici il n'est pas un homme qui osât m'accuser en face...! » A ces mots, Louvet s'élance à la tribune et s'écrie : « C'est moi, moi qui t'accuse! » — « Alors, écrit Louis Blanc, parut un homme, petit, fluet, négligé dans sa mise, mais au front noble et dont l'œil bleu lançait des éclairs. Une rumeur s'éleva, où la curiosité se mêlait à la bienveillance : « Voilà Faublas! » Louvet commença ainsi : « Une grande conspiration publique avait un instant menacé de peser sur toute la France, et avait trop longtemps pesé sur la ville de Paris : vous arrivâtes... » Et l'orateur continua. en sommant la Convention de décréter Robespierre d'accusation, sur l'heure, parce qu'il occupait trop fréquemment la tribune des Jacobins. parce que des intrigants subalternes le déclaraient le seul homme vertueux de la France. parce qu'après avoir vanté la souveraineté du peuple il ajoutait qu'il était peuple lui-même : ruse dont s'étaient servis tous les usurpateurs; parce qu'il importait qu'on ne substituât pas à l'amour de la patrie l'idolâtrie d'un homme; parce que, deux jours avant le 10 août, Robespierre avait accepté le titre d'officier municipal; parce que, la veille du jour des égorgements de septembre, il avait accusé des représentants du peuple d'avoir vendu la France à Brunswick; enfin parce que, « par l'intermédiaire du comité de surveillance », il était de ceux qui avaient invité toutes les communes de France à l'assassinat des individus et à l'assassinat de la liberté. Le discours de Louvet, animé, brillant, coloré par la haine, fut applaudi chaleureusement et à diverses reprises, et l'orateur put se croire victorieux lorsque, arrivé au terme de sa péroraison dont chaque phrase commençait par cette formule : « Robespierre, je t'accuse... » il descendit de la tribune au milieu des acclamations d'une partie de l'Assemblée. Robespierre, convaincu qu'un examen plus calme détruirait l'effet de l'éloquence de son adversaire, demanda huit jours pour sa réponse; le 25 novembre, ce fut son tour. Prenant un à un tous les faits articulés contre lui, il s'attacha à faire ressortir ce que les uns avaient de puéril et les autres avaient de mensonger. « De quel droit, dit-il à son accusateur, feriez-vous servir la Convention à venger les disgrâces de votre amour-propre? Soyez au moins aussi généreux qu'un roi, imitez Louis XII et que le législateur oublie les injures de M. Louvet. » Louvet voulut répondre; mais le cri: l'ordre du jour! l'en empêcha. L'ordre du jour pur et simple fut voté par l'Assemblée. Louvet sortit de la séance, abattu, découragé, se plaignant d'avoir été abandonné par ses amis, leur reprochant comme une faute énorme d'avoir laissé jouir Robespierre de l'impunité physique, et rentré dans sa maison, il dit à sa chère Lodoïska : « Il faut de loin nous tenir prêts à l'échafaud ou à l'exil. » (Mémoires de Louvet.) Le 6 décembre, Louvet appuya fortement la proposition tendant à expulser du territoire français tous les membres de la famille royale. Dans le procès de Louis XVI, il opina pour l'appel au peuple, puis pour la mort, mais différée jusqu'à l'acceptation de la Constitution républicaine. Il s'exprima d'ailleurs en ces termes. au 2e appel nominal : « Parce que si, comme on le dit, et comme je le crois, il arrive en France beaucoup de guinées anglo-ministérielles, elles sont plus redoutables dans une assemblée de sept cent quarante-cinq membres qu'au milieu d'un peuple composé de vingt-cinq millions d'hommes; parce que je ne suis que mandataire; parce que la nation seule est souveraine; parce que je ne veux pas que Louis Capet soit remplacé par Philippe d'Orléans (on murmure dans une des extrémités de la salle). ni par aucun autre, parce que ce n'est point un jugement que vous renvoyez au peuple, puisque déjà vous avez déclaré le fait et que vous appliquerez la peine, mais seulement une mesure de sûreté générale : oui. » Au 3e appel nominal : « Représentants, déjà mon opinion vous est connue : je vous l'ai dit, nulle puissance au monde ne peut m'inspirer l'audace de méconnaître la représentation nationale et de l'usurper. Vous avez rejeté la sanction du souverain : ainsi, vous-mêmes m'imposez le devoir de ne plus appliquer, sans un amendement devenu nécessaire, la peine rigoureuse que le coupable a méritée, mais qui, étant irréparable en définitive. me conduirait à prononcer souverainement sur une question politique de la plus haute importance, et dont la décision suprême appartient à la nation. Quand l'opinion de l'exécution soudaine d'un jugement irréparable vient à prévaloir, puisse du moins le génie tutélaire de ma patrie détourner loin d'elle les maux qu'on lui prépare! puisse sa main toute-puissante vous retirer de l'abime incommensurable où quelques ambitieux auront contribué à vous précipiter! puisse sa main vengeresse écraser les nouveaux tyrans qu'on nous garde!.....

« Citoyens, je voterai la mort, mais à cette condition, que le jugement ne pourra s'exécuter qu'après que le peuple français aura accepté la constitution que vous êtes chargés de lui présenter. Et ne me dites pas que je représente en d'autres termes l'appel déjà rejeté. Pour vous déterminer à rejeter cet appel, que moi aussi je proposais, qu'a-t-on allégué? Qu'on ne pourrait actuellement assembler le peuple, sans risquer d'allumer la guerre civile. Eh bien! dans la nouvelle mesure que j'adopte, le peuple ne s'assemble pas actuellement; et, à l'époque que j'indique, rien ne peut empêcher qu'il s'assemble; car vous-mêmes vous avez décrété qu'il n'y aurait de constitution que celle qu'il aurait acceptée. Je sais bien qu'alors tous les aristocrates, dont au reste le nombre n'est plus aussi grand que vous le dites, se réuniront pour tâcher de détruire en sa naissance le gouvernement républicain. Mais, en cette hypothèse, ce serait encore une question à examiner que celle de savoir si l'existence d'un ci-devant roi très criminel ne deviendrait pas plus nuisible que favorable aux projets du rétablissement de la monarchie. En effet, s'il ne vit plus, manquera-t-il de se présenter quelque intrigant dévoré du désir de lui succéder, avide du pouvoir suprême, et plus redoutable, parce que ses forfaits moins connus ne l'auraient pas aussi complètement avili?

« Au reste, je vous le déclare, parce que j'en suis fortement convaincu, quelque parti que vous preniez dans cette circonstance trop solennelle, les dangers de la République deviennent immenses et pressants. Cependant son salut est encore dans vos mains. Gardez-vous de presser vos pouvoirs; rendez hommage aux droits de ceux qui vous ont envoyés; portez un religieux respect à la souveraineté nationale; et si, pour avoir rempli vos devoirs, vous devez tomber sous le poignard des factieux (*murmures de l'extrémité*), vous tomberez du moins dignes de regrets, dignes d'estime. Vos départements s'armeront, et pour vous venger et pour venger la liberté. Vous serez morts, mais vous conserverez le précieux dépôt de la représentation nationale, mais vous aurez sauvé la République : il n'y a point à balancer.

« D'ailleurs, les principes sont là. Citoyens, les hommes, les temps, les circonstances peuvent changer. Les principes ne varient pas, et je ne varierai pas plus que les principes.

« Je vote pour la mort de Louis, mais à cette condition expresse; et je déclare formellement que mon opinion est indivisible; à cette condition, dis-je, que le jugement ne pourra recevoir son exécution qu'après que le peuple français aura accepté la constitution qu'il vous a chargés de lui présenter. »

Revenant à la charge contre les Jacobins, Louvet les dénonça encore, les 20 avril et 18 mai 1793, comme préparant, avec la Commune de Paris, une insurrection contre la Convention. Sur le point d'être arrêté, il se réfugia à Caen, fut, le 2 juin, décrété d'arrestation avec 21 de ses collègues, et déploya une activité fiévreuse pour tenter de créer une armée départementale sous les ordres du général Wimpfen. Mis hors la loi le 28 juillet, il se retira en Bretagne après la dissolution des fédéralistes réunis en Normandie, passa ensuite dans la Guienne avec Guadet, Barbaroux, Buzot et autres, et se tint caché à Saint-Emilion, dans un souterrain où l'on descendait par un puits de trente pieds; mais, le 12 novembre, les proscrits, découverts, durent chercher un autre refuge. Louvet prit alors une résolution qui le sauva : il revint directement à Paris, et fut assez heureux pour y rester caché [jusqu'au 9 thermidor. Il ne fut rappelé à la Convention que le 28 ventôse an III. Dès le lendemain, il prit la parole pour prononcer un éloge des députés frappés au 31 mai, et demanda que l'assemblée décrétât que ceux qui s'étaient armés contre la Montagne « avaient bien mérité de la patrie ». Il reprit, mais sans succès, la publication de la *Sentinelle*, répondit le 2 germinal à Robert Lindet, opina, après le 1er prairial, pour que les députés compromis ne fussent pas traduits devant une commission extraordinaire, devint président de la Convention le 1er messidor an III, et membre du comité de salut public le 15 du même mois, parut bientôt effrayé des progrès de la réaction, et demanda la répression des assassinats commis dans le Midi. Il fut un des onze membres de la commission qui rédigea la Constitution de l'an III. Dans les jours qui précédèrent l'insurrection royaliste du 13 vendémiaire an IV, Louvet publia un placard périodique intitulé *Front!* appelant la force militaire à résister aux entreprises des sections. Après le succès de la Convention, il désigna Rovère et Saladin comme les instigateurs du mouvement insurrectionnel et proposa leur arrestation. Elu, le 23 vendémiaire suivant, député au Conseil des Cinq-Cents par 19 départements, il opta pour la Haute-Vienne et se montra attaché au maintien des institutions républicaines. Louvet se vit en butte à l'hostilité violente du parti royaliste. Il avait ouvert un magasin de librairie dans les galeries de bois du Palais-Royal, et sa femme, qu'on appelait *Lodoïska* du nom de l'héroïne de Faublas, y était l'objet des insultantes provocations de la *jeunesse dorée* : Louvet dut se transporter ailleurs. Compris dans première organisation de l'Institut, il avait été placé dans la section de grammaire, ce qui fit ressortir davantage son défaut d'instruction classique; poussé à bout par les brocards qui tombaient sur lui, il écrivit un jour sa fameuse réponse *M. Perge sequar!* Il avait pris pour un nom propre ces deux mots latins qui terminaient un violent article dont Suard était l'auteur. Sorti du Conseil des Cinq-Cents, le 1er prairial au V (20 mai 1797), Louvet mourut peu après le 25 août, accablé d'ennuis et abreuvé de dégoûts.

LOUVIGNY (PIERRE-FRANÇOIS-HENRI BOUVET, COMTE DE), député de 1815 à 1827, né à Bellême (Orne) le 30 décembre 1773, mort à Louvigny (Sarthe) le 28 juin 1854, ancien officier au régiment du roi-infanterie, maire et propriétaire à Louvigny, fut successivement élu député du collège de département de la Sarthe : le 22 août 1815, par 75 voix (134 votants, 228 inscrits); le 4 octobre 1816, par 99 voix (111 votants, 219 inscrits); le 20 novembre 1822, par 216 voix (264 votants, 343 inscrits); le 6 mars 1824, par 205 voix sur 251 votants et 335 inscrits. Légitimiste et ministériel, il parla et vota en faveur de l'indemnité des émigrés et de la conversion des rentes, et quitta la vie politique aux élections générales de 1824.

LOUVOIS (AUGUSTE-MICHEL-FÉLICITÉ LE TELLIER DE SOUVRÉ, MARQUIS DE), pair de France, né à Paris le 3 décembre 1783, mort à Paris le 3 avril 1844, arrière-petit-fils du marquis de Louvois, ministre de Louis XIV, suivit sa mère en émigration, voyagea en Suisse et en Allemagne, et rentra en France en 1800. Sa mère l'y retrouva bientôt, grâce à l'intervention de Caulaincourt. Peu de temps après, il épousa la fille puînée du prince de Monaco. En 1809, l'empereur, voulant se l'attacher, lui envoya le brevet de sous-lieutenant de cuirassiers; mais M. de Louvois prétexta de son mauvais état de santé et sollicita la permission de rester quelque temps à Nice. Napoléon le nomma un de ses chambellans, et le créa comte de l'empire le 10 avril 1811. M. de Louvois continua de se plaindre de ne pouvoir pas supporter le climat de la capitale; mais il fut l'un des plus empressés, le 31 mars 1814, à arborer, à Paris, sur la place Louis XV, la cocarde blanche. Attaché à l'état-major de la garde nationale de Paris, puis nommé sous-lieutenant aux gardes du corps, dans la compagnie de Luxembourg, il accompagna le roi à Armentières, comme officier d'escorte, quand Napoléon revint de l'île d'Elbe. A la seconde Restauration, il devint pair de France, le 17 août 1815; son rôle fut assez actif à la chambre haute; il vota pour la mort dans le procès du maréchal Ney, s'éleva, en 1816, contre le projet de loi qui mettait les journaux sous la dépendance de la police, et s'opposa à la vente des biens non vendus du clergé et à l'aliénation des biens appartenant à l'Etat. Il s'occupait en même temps de perfectionner l'industrie du fer et le traitement des limonites ou minerais d'alluvions, et obtint, en 1823, une médaille d'argent à l'exposition des produits de l'Industrie. Il avait fondé, à Ancy-le-Franc dont il était maire depuis 1818, plusieurs verreries et hauts fourneaux qui prospérèrent rapidement. En 1830, il prêta serment de fidélité au gouvernement de Louis-Philippe, continua de siéger la Chambre des pairs et devint conseiller général de l'Yonne en 1833. A partir de cette époque, M. de Louvois ne s'occupa plus de politique et se consacra exclusivement aux soins de ses propriétés et de ses entreprises industrielles.

LOUVOT (CLAUDE-ETIENNE-JOSEPH, BARON), député au Conseil des Cinq-Cents, représentant à la Chambre des Cent-Jours, né à Besançon (Doubs) le 7 août 1750, mort à Paris le 18 juin 1824, « fils de sieur Jean-Baptiste Louvot, marchand, et de demoiselle Jeanne Humbert-Arnaux, » était avocat avant la Révolution. Il devint, en 1791, juge au tribunal de son district. Elu député du Doubs au Conseil des Cinq-Cents, le 22 vendémiaire an IV, par 161 voix (172 votants), il s'éleva, dans cette assemblée, contre l'envoi des garnisaires pour le paiement des contributions, et proposa un projet de liquidation des créances de la nation sur les biens d'émigrés possédés par indivis. Il fut plusieurs fois dénoncé, et faillit être sérieusement compromis comme parent d'émigré. Rallié au 18 brumaire, il fut nommé juge au tribunal d'appel de Besançon, le 28 floréal an VIII, devint président du tribunal à la réorganisation de la magistrature, et membre de la Légion d'honneur le 25 prairial an XII. Premier président à la cour impériale de Besançon le 19 mai 1810, et créé baron de l'empire le 19 juin 1813, il fut élu représentant à la Chambre des Cent-Jours, par le département du Doubs, avec 51 voix (68 votants), le 12 mai 1815. A la seconde Restauration, il resta quelque temps sans emploi, puis devint conseiller à la cour royale de Riom en juillet 1818, et président à cette même cour le 7 juillet 1819.

LOYAU (LOUIS), député au Conseil des Anciens et au Corps législatif de l'an VII à 1806, né à une date inconnue, mort à Bazoges-en-Pareds (Vendée) en 1818, exerçait la médecine dans cette dernière localité. L'assemblée primaire de Mouilleron (Vendée) le délégua (29 juin 1790) à l'élection des membres du directoire du département de la Vendée. Il devint ensuite juge de paix à Fontenay-le-Comte. Elu, le 23 germinal an VI, député de la Vendée au Conseil des Anciens, il se montra favorable au coup d'Etat de Bonaparte et entra, le 4 nivôse an VIII, au nouveau Corps législatif, où l'avait appelé le choix du Sénat conservateur. Loyau sortit de l'assemblée en 1806.

LOYER (YVES), député de 1831 à 1832, né à Saint-Connan (Côtes-du-Nord) le 14 novembre 1772, mort à Paris le 16 avril 1832, exerça la profession de notaire, puis celle d'avocat. Maire de la ville de Guingamp, il fut, le 5 juillet 1831, élu député du 4e collège des Côtes-du-Nord (Guingamp), par 125 voix (209 votants, 254 inscrits), contre 83 à M. Baslay; il prit place dans l'opposition constitutionnelle et vota avec elle : *contre* l'ordre du jour Ganneron, qui exprimait la « satisfaction » de la majorité relativement à la situation extérieure; *contre* l'emploi de la dénomination inconstitutionnelle de *sujets*, etc. Il mourut au cours de la législature (avril 1832).

LOYER (JEAN-MARIE-YVES), représentant du peuple en 1848, né à Duault (Côtes-du-Nord) le 7 août 1802, notaire à Glomel, maire de cette localité de 1830 à 1834, démissionnaire à cette époque, conseiller général de 1834 à 1848,

connu pour ses opinions libérales, fut élu, le 23 avril 1848, représentant des Côtes-du-Nord à l'Assemblée constituante, le 8e sur 16, par 83,147 voix (144,377 votants, 167,673 inscrits). Indépendant et très obstiné dans ses idées, il vota *pour* le bannissement de la famille d'Orléans, *contre* les poursuites contre L. Blanc et Caussidière, *pour* l'abolition de la peine de mort, *pour* l'impôt progressif, *contre* l'incompatibilité des fonctions, *pour* l'amendement Grévy, *contre* la sanction de la Constitution par le peuple, *pour* l'ensemble de la Constitution, *pour* la proposition Rateau, *contre* l'interdiction des clubs, *contre* l'expédition de Rome; il faisait partie du comité des finances. Après l'élection présidentielle du 10 décembre, il fut l'adversaire de la politique du prince Louis-Napoléon. Il ne fut pas réélu à la Législative. Le 20 février 1852, il posa sa candidature d'opposition dans la 3e circonscription des Côtes-du-Nord, et échoua avec 1,214 voix contre 10,815 à l'élu officiel, M. Le Gorrec, 4,123 à M. de Saisy, 1,772 à M. Glais-Bizoin et 1,757 à M. de Botmiliau. Il ne reparut plus, après cet échec, sur la scène politique.

LOYER (EUGÈNE-EMILE), représentant en 1848 et en 1849, né à Versailles (Seine-et-Oise) le 23 octobre 1807, mort au Houlme (Seine-Inférieure) le 7 mars 1880, fils d'un modeste artisan, fit ses études à Sainte-Barbe, puis à la faculté de droit à Paris, aux frais d'un de ses oncles, et fut reçu docteur en droit en 1832. Avocat au barreau de Rouen, il y plaida pendant quelques années non sans succès, puis ayant épousé la fille de son oncle, entra dans la filature de coton que possédait ce dernier, dans la vallée d'Houlme. Juge au tribunal de commerce de Rouen, conseiller municipal de cette ville, il se mêla assez activement aux événements de 1848, comme républicain modéré. Il ne fut pas candidat aux élections du 23 avril 1848; mais, lorsqu'il fallut pourvoir, dans la Seine-Inférieure, au remplacement de trois représentants qui avaient opté pour d'autres départements, M. Loyer se présenta et fut élu représentant de ce département, le 4 juin 1848, le 2e sur 3, par 55,946 voix. Il fit partie du comité de commerce et vota *pour* les poursuites contre L. Blanc et Caussidière, *contre* l'abolition de la peine de mort, *contre* l'impôt progressif, *contre* l'incompatibilité des fonctions, *contre* l'amendement Grévy, *contre* la sanction de la Constitution par le peuple, *pour* l'ensemble de la Constitution, *pour* la proposition Rateau, *pour* l'interdiction des clubs, *pour* l'expédition de Rome, *contre* la demande de mise en accusation du président et des ministres. D'abord partisan du général Cavaignac, il se rallia, après le 10 décembre 1848, à la politique du prince Louis-Napoléon, et fut réélu par le même département, le 13 mai 1849, représentant à l'Assemblée législative, le 6e sur 16, par 92,708 voix (146,223 votants, 213,301 inscrits). Il continua de siéger avec la majorité, approuva le coup d'Etat du 2 décembre, et fut nommé maître des requêtes au conseil d'Etat, puis préfet de l'Indre pendant quelques mois, et enfin conseiller d'Etat. — Officier de la Légion d'honneur du 15 août 1865.

LOYEUX (NICOLAS), député en 1791, né à Liancourt (Somme) le 3 août 1750, mort à Devise (Somme) en 1833, propriétaire cultivateur au Catelet, commune de Cartigny, et maire de cette commune, fut élu, le 1er septembre 1791,

13

député de la Somme à l'Assemblée Législative, le 6e sur 12, par 225 voix (441 votants). Il ne siégea pas longtemps ; le 3 décembre suivant, « un de MM. les secrétaires annonça que M. Loyeux, nommé député à l'Assemblée par le département de la Somme, envoyait sa démission à cause de la faiblesse de sa santé. » Cette faiblesse ne l'empêcha pas de parvenir jusqu'à l'âge de 83 ans.

LOYNES (François-Célestin de), cheva-lier de la Coudraye, député en 1789, né à Fontenay-le-Comte (Vendée) le 25 mai 1743, mort à Copenhague (Danemark) en 1818, d'une famille originaire de la Sologne, dont une branche s'était fixée au château de la Marzelle, paroisse de Longeville, près de Luçon, entra dans la marine. Il était, à la Révolution, lieutenant de vaisseau et chevalier de Saint-Louis, et s'était déjà fait connaître par des travaux estimés, tels que *Théorie des vents* et *Théorie des ondes*, qui lui avaient valu deux prix à l'académie de Dijon, et une mention ho-norable à la Société royale de Copenhague. Le 27 mars 1789, il fut élu député de la noblesse de la sénéchaussée du Poitou aux Etats-Gé-néraux. Le lendemain de l'élection, on faisait circuler dans Poitiers les couplets suivants :

FONCTIONS DES DÉPUTÉS DE LA NOBLESSE
DU POITOU

Air : *O filii, et filiæ.*

Luxembourg les présentera,
Le bon Creuzé les nourrira,
Et la Châtre les défendra.
Alleluia !
La Coudraye se justifiera,
Le d'Iversay dissertera,
Et Villemort s'enhardira.
Alleluia !
De Lambertie se ruinera,
La Roche du Maine attendra,
Bazoges de tout jugera.
Alleluia !
Puis Filleau d'éloges jouira,
Personne ne travaillera.
Tout pour le mieux se passera.
Alleluia !

Le chevalier de Loynes de la Coudraye avait été un des 28 rédacteurs, et le plus influent, du cahier des doléances de la noblesse du Poitou. Ce cahier portait notamment que « les nobles du Poitou s'engagent à élever les lois à une telle hauteur qu'elles dominent sur tous sans exception ; à faire connaître de nouveau et pro-clamer en états-généraux que la nation seule a le droit de consentir l'impôt ; à assurer la liberté de l'homme, qui est la première de ses propriétés, par l'abolition de toute lettre close, lettre d'exil et autre espèce d'ordres arbitraires ; à faire statuer que toute loi générale et perma-nente quelconque ne soit établie à l'avenir qu'au sein des états-généraux et par le con-cours mutuel de l'autorité du roi et du consen-tement de la nation ; dans le cas où les états-généraux seraient dissous sans le consentement exprès des trois ordres, à arrêter que tous les tribunaux seront tenus, à peine d'en être res-ponsables envers la nation, de poursuivre comme concussionnaire toute personne qui s'in-gérerait à lever taxes ou impôts quelconques ; à supporter les charges pécuniaires dans une parfaite égalité en proportion des fortunes et propriétés, etc. » A la Constituante, le cheva-lier de la Coudraye parla sur les questions re-latives à la marine, notamment, le 14 janvier 1791, sur un projet de décret déterminant les règles d'admission des élèves et des aspirants de la marine, et les règles de l'avancement ; le 15 avril, il vota pour l'entretien d'un corps d'officiers de marine. Il opina d'ailleurs avec la minorité hostile aux réformes, et émigra en 1791 pour se rendre à l'armée des princes, où il servit en 1792, comme volontaire à la 4e compagnie d'infanterie. Après le licenciement, il se retira à Saint-Pétersbourg, où il publia *La rém-pression des cahiers du Poitou* (1790-1798), et, plus tard, un *Dictionnaire de la Marine* (1812), et une *Réponse aux réflexions de M. le baron d'Eggers sur la nouvelle noblesse héréditaire de France* (1813). Rentré en France à la première Restauration, il lança (1814) un pamphlet : *Les vérités éternelles qui constituent les empereurs et les rois*. Louis XVIII, qui avait annoté de sa main le cahier de la noblesse du Poitou, et qui n'avait pas pardonné au principal rédacteur « ses diatribes et ses déclamations contre des abus peut-être, mais qui sont à toute monarchie ce que l'agaric est au chêne », reçut très froide-ment le chevalier de la Coudraye. En raison de cet accueil, celui-ci quitta de nouveau la France, et alla finir ses jours à Copenhague.

LOYNES (Alphonse-Denis de), député de 1839 à 1848, né à Paris le 22 mai 1803, mort à Paris le 28 avril 1876, conseiller général, che-valier de la Légion d'honneur, sous-préfet de Pithiviers sous Louis-Philippe, fut élu, le 2 mars 1839, député du 1er collège du Loiret (Pi-thiviers), comme candidat de l'opposition mo-dérée, par 267 voix (475 votants). Comme il n'y avait pas encore six mois que M. de Loynes avait quitté ses fonctions administratives, cette élection fut annulée ; mais les électeurs lui confirmèrent son mandat législatif, le 11 mars 1839, par 240 voix (444 votants), contre 96 à M. Lejeune et 57 à M. Dumesnil. Successive-ment réélu, le 9 juillet 1842, par 311 voix (466 votants, 547 inscrits), contre 99 à M. Le-jeune, et, le 1er août 1846, par 257 voix (505 vo-tants, 551 inscrits), contre 181 à M. l'boix et 67 au comte de Gervillier, il ne tarda pas, quoique élu d'abord comme candidat des gauches, à devenir un fidèle ministériel. Il vota en effet pour l'indemnité Pritchard, *contre* la proposi-tion relative aux députés fonctionnaires, et com-battit la proposition sur les annonces judiciaires et celle de M. Odilon Barrot destinée à mettre un frein à la corruption électorale. La révo-lution de 1848 rendit M. de Loynes à la vie privée.

LOYS (Jean-Baptiste), député en 1789, né à Sarlat (Dordogne) en 1740, mort à Sarlat en 1805, était avocat et premier consul dans sa ville natale, quand il fut élu, en mars 1789, député du tiers aux Etats-Généraux par la sé-néchaussée de Périgord. Bien que l'un des ju-risconsultes à qui la Constituante confia le soin de rédiger les lois, il ne joua pas un rôle po-litique considérable. Il demanda en 1791 que le *Moniteur* fût poursuivi pour avoir publié un article sur les négociations pendantes entre la France et l'Autriche, et disparut de la scène po-litique après la session.

LOYSEL (Pierre), député en 1791, membre de la Convention, député au Conseil des An-ciens, né à Saint-James (Manche) le 5 avril 1751, mort à Paris le 29 juin 1813, descendait du célèbre avocat français Antoine Loysel (1536-1617). Avocat à Saint-Gobain, dans l'Aisne, il adopta les principes de la Révolution, nommé, en 1790, vice-président du directoire de l'Aisne, et, le 7 septembre 1791, député de ce département à l'Assemblée législative, le 3e sur 12, par 375 voix (597 votants). Pierre Loysel siégea dans la majorité, s'opposa à l'aliénation des forêts nationales, et demanda la démolition de la porte Saint-Denis. Réélu, le 6 septembre 1792, député de l'Aisne à la Convention, il vota la mort de Louis XVI sans appel ni sursis, fut envoyé comme commissaire dans le département du Nord et s'occupa surtout, dans l'assemblée, des questions relatives aux assignats et aux monnaies; il fit décréter la fabrication d'une petite monnaie de cuivre, de pièces de cinq décimes et d'assignats métalliques. Le 23 vendémiaire an IV, P. Loysel passa au Conseil des Anciens, comme député de la Manche, avec 285 voix sur 423 votants. Il prit part à un certain nombre de discussions touchant les finances, les poudres et salpêtres, les salines, les frais en matière criminelle, etc. Après sa sortie du Conseil, il fut nommé (1798) administrateur de l'enregistrement; puis il devint successivement préfet de Maëstricht et de Turin, et, en 1809, conseiller-maître à la cour des Comptes. On a de lui quelques écrits sur la circulation du numéraire et un *Manuel du receveur de l'enregistrement.*

LOYSEL (Gilbert-Jean-François), député au Conseil des Anciens, né à Caen (Calvados) en 1746, mort à Caen en 1825, fut juge, puis président du tribunal criminel de son département. Elu député de la Manche au Conseil des Anciens, le 23 vendémiaire an IV, par 290 voix (455 votants), il ne s'y occupa que de questions administratives et judiciaires. Renommé juge au tribunal criminel de la Manche, le 22 germinal an VIII, il échangea ce titre, le 12 mai 1811, contre celui de conseiller à la cour impériale de Caen, fonctions qu'il conserva sous le gouvernement des Bourbons jusqu'en 1823. Il fut mis à la retraite à cette date.

LOYSEL (Julien-Jean-François), député au Conseil des Anciens, représentant à la Chambre des Cent-Jours, né à Fougères (Ille-et-Vilaine) le 21 novembre 1751, mort à une date inconnue, « fils de monsieur Jean-François Loysel, sieur de Courtoux, avocat à la cour, et de dame Renée-Françoise Crosnier, » fut, au début de la Révolution, commissaire près la municipalité de Fougères. Elu, le 25 germinal an VI, député d'Ille-et-Vilaine au Conseil des Anciens, il en fut secrétaire, ne se montra pas hostile au coup d'Etat du 18 brumaire, et fut nommé, le 12 floréal an VIII, président du tribunal de première instance, fonction qu'il conserva pendant toute la durée du régime consulaire et impérial. Le 11 mai 1815, il fut élu par l'arrondissement de Fougères représentant à la Chambre des Cent-Jours, avec 17 voix sur 30 votants; il quitta la vie politique après cette courte législature.

LOYSEL (Charles-Joseph-Marie), représentant en 1871, sénateur de 1876 à 1879, né à Rennes (Ille-et-Vilaine), le 14 février 1825, mort à Paris le 5 mars 1889, entra à Saint-Cyr en 1845, puis à l'Ecole d'état-major. Lieutenant d'infanterie en 1850, capitaine en 1853, il fit les campagnes de Crimée et d'Italie et resta assez longtemps en Algérie. Il avait été fait chevalier de la Légion d'honneur après la bataille de l'Alma, le 21 octobre 1854. Chef d'escadron, le 26 août 1863, il fut envoyé peu de temps après au Mexique et y devint l'aide-de-camp de l'empereur Maximilien; lieutenant-

colonel le 10 avril 1868, il fit partie, en 1870, de l'armée du Rhin, assista à Gravelotte, à Saint-Privat et aux batailles sous Metz, et, prisonnier en vertu de la capitulation, parvint à s'échapper, et revint offrir ses services au gouvernement de la Défense nationale. Colonel depuis le 15 septembre 1870, il reçut le grade provisoire de général de brigade, grade qui fut confirmé le 16 septembre 1871, et fut chargé de couvrir la Normandie avec quelques troupes. Elu, le 8 février 1871, représentant d'Ille-et-Vilaine à l'Assemblée nationale, le 4e sur 12, par 92,820 voix (109,672 votants, 142,751 inscrits), il resta indépendant des différents groupes politiques, vota quelquefois avec le centre gauche, repoussa les préliminaires de la paix et l'amendement Wallon, mais accepta le septennat et la constitution de 1875. Il prit part aux discussions relatives à l'organisation de l'armée et au service de trois ans, et fut rapporteur de la proposition de loi sur la mise à la retraite des officiers ayant 25 ans de service. Il proposa aussi de porter à 25 ans l'âge des élections municipales. Le général Loysel fut élu, le 30 janvier 1876, sénateur d'Ille-et-Vilaine par 280 voix (459 votants); il prit place à droite, se mêla à la discussion de la loi sur l'état-major et vota, le 23 juin 1877, la dissolution de la Chambre demandée par le ministère de Broglie. Il échoua au renouvellement triennal du Sénat, le 5 janvier 1879, dans l'Ille-et-Vilaine, avec 211 voix sur 452 votants. Officier de la Légion d'honneur depuis le 1er novembre 1864, commandeur de l'ordre en 1881, M. Loysel fut promu général de division le 24 juillet 1889, et mis à la retraite peu après.

LOZEAU (Paul-Augustin), membre de la Convention, député au Conseil des Cinq-Cents, né à Soubise (Charente-Inférieure) le 11 avril 1758, mort à Marennes (Charente-Inférieure) le 14 octobre 1798, était négociant dans cette dernière ville lors de la Révolution. Partisan des réformes, il fut nommé, en 1791, procureur-syndic du district de Marennes, et fut élu, en septembre, député suppléant de la Charente-Inférieure à l'Assemblée législative où il ne fut pas appelé à siéger. Réélu, le 6 septembre 1792, membre de la Convention, par le même département, le 8e sur 11, par 349 voix (572 votants), il vota en ces termes pour la mort de Louis XVI : « Si je considère les crimes de Louis, il mérite la mort; si j'examine mes pouvoirs, je puis le condamner à la mort. Que Louis subisse donc la peine de mort. » Attaché au comité d'aliénation, il fit annuler la plupart des engagements ou échanges opérés par les rois et obtint l'envoi devant le tribunal révolutionnaire des administrateurs du département de la Moselle, qui furent condamnés à mort « pour avoir favorisé l'émigration, empêché la vente des biens cléricaux et correspondu avec les Prussiens » (27 germinal an I). Il entretint une correspondance politique avec la « Société des amis de la liberté et de l'égalité » de Saint-Pierre-d'Oléron. Au 9 thermidor, Lozeau se prononça contre Robespierre et appuya vivement la motion de Louchet (*V. ce nom*) tendant à décréter l'arrestation du chef des Jacobins. Puis il devint secrétaire de la Convention, discuta le projet relatif aux inscriptions sur le Grand Livre, et fit adopter une interprétation de la loi du *maximum* et rendre un décret sur la vente des domaines nationaux. Il demanda aussi l'exclusion de tous les fonctionnaires publics des sociétés populaires. Passé, le 21 vendémiaire an IV, au Conseil des Cinq-

Cents, comme député de la Charente-Inférieure, avec 164 voix sur 304 votants, il en sortit en mai 1797, et mourut à Marennes l'année d'après.

LOZERAN DE FRESSAC (François), député en 1791, né à Vebron (Lozère) le 5 août 1753, mort à Vebron le 6 juillet 1824, d'une famille protestante, appartint, sous l'ancien régime, aux armées du roi. Garde du prince de Conti en janvier 1767, mousquetaire noir de la garde du roi (1772), il devint, à la Révolution, commandant de la garde nationale de Vebron (1789), maire de cette ville (janvier 1790), et juge de paix (avril de la même année) du canton de Florac. Elu, le 6 septembre 1791, député de la Lozère à l'Assemblée législative, le 2e sur 5, « à la pluralité des voix, » il opina avec le parti constitutionnel. Suspect pendant la Terreur, il fut arrêté et incarcéré à Marvejols du 17 floréal au II au 16 vendémiaire an III, fut nommé, le 17 frimaire suivant, agent national de sa commune, et, le 1er thermidor, administrateur du département de la Lozère. Lozeran de Fressac se rallia aux Bourbons et fut nommé, en juillet 1815, préfet provisoire de la Lozère, puis préfet en titre le 19 février 1816. Il fut admis à la retraite en août 1817. On a de lui, en manuscrit, un *Mémoire sur la culture du châtaignier.*

LUBBERT (Marie-Augustin), représentant en 1848, né à Hambourg (Allemagne) le 10 mars 1803, s'embarqua très jeune, fit plusieurs voyages à bord de navires marchands, et, après avoir subi de brillants examens en hydrographie, devint capitaine au long cours. D'opinions libérales, un peu exalté et très indépendant, il publia, au moment de la révolution de février, une brochure adressée aux Bordelais : *Lubbert à ses concitoyens*, qui lui valut d'être élu, le 23 avril 1848, représentant de la Gironde à l'Assemblée Constituante, le 3e sur 15, par 117,822 voix (146,606 inscrits). Il vota *pour* le bannissement de la famille d'Orléans, *pour* les poursuites contre L. Blanc et Caussidière, *contre* l'amendement Grévy, *contre* la sanction de la Constitution par le peuple, *contre* l'ensemble de la Constitution, et donna sa démission le 26 décembre 1848.

LUBERSAC (Jean-Baptiste-Joseph, baron de), député en 1789, né à Limoges (Haute-Vienne) le 15 avril 1740, mort à Paris le 30 août 1822, entra dans les ordres, fut pourvu de bénéfices importants, devint grand vicaire de l'archevêque d'Arles, aumônier du roi par quartier en 1768, puis aumônier de Madame Sophie tante du roi, et fut nommé à l'évêché de Tréguier en 1775. Ce fut là qu'il fit la connaissance de Sieyès qu'il nomma chanoine et grand vicaire. Il passa à l'évêché de Chartres en 1780. Elu, le 19 mars 1789, député du clergé aux Etats-Généraux par le bailliage de Chartres, avec 302 voix, il se réunit des premiers aux représentants des communes, et, dans la nuit du 4 août, demanda l'abolition du droit de chasse, et y renonça pour lui-même, « heureux, dit-il, de pouvoir donner à tous les propriétaires du royaume cette leçon d'humanité et de justice. » En 1790, il refusa d'adhérer à la constitution civile du clergé et il signa la déclaration du 3 avril 1790 et l'adresse du 15 mars 1791. Peu après, il émigra, se démit de son évêché, et, rentré en France à l'époque du Concordat, fut nommé chanoine de Saint-Denis le 21 mars 1806, et fut créé baron de l'empire le 1er juin 1808.

LUBONIS (Louis-Ignace-Clément), député au Corps législatif de 1860 à 1869, né à Nice

(Alpes-Maritimes) le 9 août 1815, étudia le droit à Turin où il fut reçu docteur en 1837, et devint répétiteur à l'Ecole de droit de cette ville. Nommé substitut du procureur général près la cour de Nice en 1850, puis conseiller à cette cour et procureur général, il devint, en 1860, gouverneur du comté, vota pour l'annexion, et fut mis à la retraite le 12 janvier 1861. Commandeur des SS. Maurice et Lazare et de la Légion d'honneur (27 mai 1860), il fut élu, par la circonscription unique des Alpes-Maritimes, député au Corps législatif, le 9 décembre 1860, par 11,444 voix (16,168 votants, 32,772 inscrits), contre 4,657 à M. le comte d'Avigdor. Le 9 décembre, au moment de l'ouverture du scrutin, on publia la dépêche suivante : « Le préfet est invité à faire connaître que M. d'Avigdor n'a pas le droit d'invoquer d'augustes relations, et que M. Lubonis est le seul candidat du gouvernement. Faites le savoir à l'évêché. » Lors de la vérification des pouvoirs, M. Brame invoqua cette dépêche (5 mars 1858) pour réclamer l'invalidation en s'appuyant également sur de nombreuses irrégularités. Mais la majorité valida M. Lubonis, qui fut réélu, le 1er juin 1863, par 16,228 voix (16,318 votants, 30,657 inscrits), dans la 1re circonscription des Alpes-Maritimes, nouvellement créée. Il fit partie de la majorité favorable à l'empire, donna sa démission en 1868, pour devenir directeur de la succursale de la Banque de France à Nice, et fut remplacé comme député par M. Malausséna.

LUCAS (Jean-Baptiste-Joseph), député en 1789 et en l'an VIII, né à Taxat-Senat (Allier) le 19 mars 1737, mort à Paris le 25 décembre 1800, était procureur du roi à Gannat quand il fut élu député suppléant du tiers aux Etats-Généraux par la sénéchaussée de Moulins, le 28 mars 1789. Il prêta, avec d'autres députés suppléants, le serment du Jeu-de-Paume, et fut admis à siéger le 1er décembre 1789, en remplacement de M. Coiffier de Breuille démissionnaire. Il prit la parole pour demander que chaque député fît, séance tenante, sa déclaration pour la contribution patriotique, pour réclamer l'impression de la liste des députés absents, et demanda qu'aucun d'eux ne pût s'absenter pendant le mois de juillet (1790); il parla encore sur la compétence des juges de paix, sur la nécessité de mettre un terme aux interruptions de certains députés, sur l'urgence d'envoyer des commissaires dans le Lot, sur la résidence constitutionnelle du roi, et contre l'admission des députés des colonies. Après la session, il se tint à l'écart jusqu'au 18 brumaire. Rallié à la nouvelle forme du gouvernement, il fut élu par le Sénat conservateur député de l'Allier au nouveau Corps législatif, le 4 nivôse an VIII, et mourut quelques mois plus tard.

LUCAS (Julien), député en 1789, né à Saint-Fiacre (Côtes-du-Nord) en 1750, mort à Saint-Fiacre en 1792, entra dans les ordres et devint (1778) principal du collège de Tréguier. Démissionnaire pour raison de santé, il passa prêtre habitué, et siégea, au chapitre de la cathédrale, à côté de Sieyès. Recteur du Minihy-Tréguier en 1785, il présida, en 1789, l'assemblée électorale du clergé de l'évêché de Tréguier, et fut élu, dans cette circonscription, député de son ordre, le 21 avril. Partisan des réformes, comme son collègue Sieyès, il se réunit dès le 16 juin au tiers état, et, le 23, s'exprima en ces termes sur le traitement des évêques : « Témoin de la misère de nos provinces, chargé de la faire connaître ici, je dois payer cette dette aussi sacrée que celles sur lesquelles on veut vous intéresser. Quoi! vous accorderez à des titulaires inutiles des sommes énormes, et ils iront insulter à la misère, en les dévorant dans le faste, à côté d'un malheureux qui n'aura pas 24 sous de rente! Je demande au nom de la patrie qu'on mette aux voix l'avis du comité. » Mais les événements dépassèrent vite les aspirations réformatrices de l'abbé Lucas: il se mit du parti de la résistance, signa l'*Exposition des principes*, et, le 4 janvier 1790, lors de la prestation du serment civique, réclama l'appel nominal des ecclésiastiques, et vota avec les restrictions de M. de Bonal, évêque de Clermont. Les électeurs du Minihy l'avaient élu maire (1790); il donna sa démission en mars de l'année suivante. De retour à Saint-Fiacre après la session de la Constituante, il mourut l'année d'après.

LUCAS (FRANÇOIS), député en 1791, au Conseil des Cinq-Cents, représentant à la Chambre des Cent-Jours, né à Carville (Seine-Inférieure) le 13 janvier 1745, mort à une date inconnue, fils de François Lucas et de Anne Lepicard, fut avocat à Saint-Clair, et remplit dans son district et son département des fonctions administratives au début de la Révolution. Elu (17 septembre 1791) député de la Seine-Inférieure à l'Assemblée législative, le 2e sur 6, « à la pluralité des voix », il appartint à la majorité. Il représenta le même département au Conseil des Cinq-Cents, où il fut envoyé, le 27 vendémiaire an IV, par 403 voix (454 votants); il obtint, le 26 germinal an VII, le renouvellement de son mandat. Il fut encore élu, le 10 mai 1815, par 63 voix sur 73 votants, représentant de l'arrondissement d'Yvetot à la Chambre des Cent-Jours, et ne fit pas partie d'autres assemblées.

LUCAS (PIERRE), député au Corps législatif de 1813 à 1815, né à Saint-Bonnet-de-Rochefort (Allier) le 2 avril 1763, mort à Gannat (Allier) le 12 février 1850, « fils de Gilbert-Antoine Lucas, bourgeois de Saint-Bonnet, et de dame Marie Debard », était avocat à Gannat. Après avoir occupé, sous le gouvernement consulaire et impérial, le poste de président du tribunal de première instance de cette ville, il fut élu, le 6 janvier 1814, par le Sénat conservateur, député de l'Allier au Corps législatif. Il adhéra à la déchéance de Napoléon Ier, et servit successivement, comme président du tribunal de Gannat, les gouvernements de Louis XVIII, de Charles X et de Louis-Philippe. Il mourut en 1850, à l'âge de 87 ans, officier de la Légion d'honneur.

LUCAS-CHAMPIONNIÈRE (PIERRE-SUZANNE), député de 1827 à 1828, né à Nantes (Loire-Inférieure) le 25 septembre 1769, mort à Nantes le 22 novembre 1828, habitait au Plessis au moment de la Révolution. Il prit une part active aux guerres de Vendée, et, après la dispersion de l'armée de Charette, revint à Nantes, où il passa dans la retraite les temps troublés de la Révolution. Il a relaté dans des *Mémoires*, restés manuscrits, mais largement utilisés par M. Pitre-Chevalier dans sa *Bretagne et Vendée*, les événements auxquels il avait été personnellement mêlé. A la Restauration, il fut nommé chevalier de Saint-Louis, maire de Brains et conseiller général, et fut élu député du 2e arrondissement électoral de la Loire-Inférieure (Saint-Philbert), le 17 no-

vembre 1827, par 80 voix (135 votants, 192 inscrits), contre 39 à M. de Cornulier. Il siégea dans la contre-opposition, et mourut un an après cette élection. Il fut remplacé, le 12 janvier 1829, par M. Auguste de Saint-Aignan.

LUCAS DE BOURGEREL (JEAN-JOSEPH), député en 1789, né à Béganne (Morbihan) le 20 novembre 1732, mort à Vannes (Morbihan) le 5 juin 1806, fils de Joseph-Pierre-Lucas de la Championnais et de Vincente-Renée Michelot, fut reçu avocat au parlement, et exerça d'abord à la Roche-Bernard, puis à Vannes, où il se fit une place importante au barreau. Il fut député aux Etats de Bretagne en 1772, avocat et procureur de la communauté en 1778, procureur-fiscal du comté de Largouët, lieutenant de la maîtrise de l'amirauté, sénéchal de l'île d'Arz, et doyen des avocats du barreau de Vannes, dont ses deux fils faisaient également partie. Partisan des réformes, défenseur zélé des intérêts du tiers aux Etats de Bretagne en décembre 1788 et en février 1789, il fut, en avril, un des rédacteurs du cahier des plaintes et doléances du tiers-état de la sénéchaussée de Vannes, et fut élu, le 18 avril, député du tiers de cette sénéchaussée aux Etats-Généraux. Il prit place dans la majorité réformiste avec laquelle il vota silencieusement, et entretint avec ses électeurs une correspondance suivie qui a été récemment publiée; on y voit qu'il prit une grande part à l'élection de l'évêque constitutionnel du Morbihan (février 1791). Après la session, il fut élu juge au tribunal de district de Rochefort (Morbihan), puis (29 décembre 1791) juge pour un semestre au tribunal criminel de Vannes. En juillet 1793, il se laissa nommer membre, puis président du comité révolutionnaire, dans l'espoir de rendre quelques services aux détenus, dit M. R. Kerviler, qui a publié sur ce député une notice très complète. En cette qualité, Lucas de Bourgerel rendit en effet plusieurs arrêts d'élargissement. En l'an VII, il présida l'administration municipale de Vannes. Le gouvernement consulaire l'appela (21 germinal an VIII) aux fonctions de conseiller de préfecture du Morbihan, puis (12 floréal an VIII) à celles de juge suppléant au tribunal civil de Vannes.

LUCAS DE BOURGEREL (JOSEPH-MARIE-PRUDENT, CHEVALIER), député au Conseil des Cinq-Cents, représentant aux Cent-Jours, né à Pluherlin (Morbihan) le 4 août 1762, mort à la Rochelle (Charente-Inférieure) le 7 mars 1847, « fils du précédent, et de dame Jeanne-Thérèse Chaignard », avocat à Vannes, devint, en 1783, membre de la communauté de la ville de Vannes, et, de novembre 1791 à octobre 1793, administrateur du département. Destitué et incarcéré d'octobre 1793 à novembre 1794, par ordre de Prieur de la Marne, comme fédéraliste, il fut appelé, le 30 décembre 1795, aux fonctions d'accusateur public près le tribunal criminel du Morbihan, et resta à ce poste jusqu'en avril 1796. Elu député du Morbihan au Conseil des Cinq-Cents, le 24 germinal an VI, il n'y prit la parole que pour combattre le projet de Delbreil relatif à l'annulation des congés et des exemptions militaires. Eliminé au 18 fructidor, il adhéra au coup d'Etat de brumaire, et fut nommé commissaire près le tribunal civil de Vannes le 12 floréal an VIII, puis, en l'an XI, commissaire du gouvernement près le tribunal criminel du Morbihan. Membre de la Légion d'honneur le 25 prairial an XII, procureur impérial à Vannes, il fut créé chevalier de l'Empire le 23 juin 1810, et nommé, à la réorganisation des cours et des tribunaux, substitut près la cour et le parquet de Rennes, le 14 avril 1811. Le collège de département du Morbihan l'élut représentant à la Chambre des Cent-Jours, le 12 mai 1815, par 46 voix (91 votants). A la seconde Restauration, il rentra dans la vie privée.

LUCAT (Bernard), député en 1791, dates de naissance et de mort inconnues, médecin à Dax et maire de cette ville, fut élu, le 4 septembre 1791, député des Landes à l'Assemblée législative, le 2e sur 6, par 170 voix (273 votants). Il siégea dans la majorité et n'eut qu'un rôle sans importance.

LUCET (Jacques-Marcel), représentant en 1871, sénateur de 1876 à 1883, né à Limouzis (Aude) le 21 octobre 1816, mort à Saint-Cloud (Seine-et-Oise) le 10 juillet 1883, était avocat à Toulouse en 1848. Secrétaire du commissaire de la République en février, il se présenta aux élections du 23 avril, à l'Assemblée constituante, mais il échoua avec un petit nombre de voix. Il fit ensuite, après le 10 décembre, une vive opposition au prince Louis-Napoléon, se livra à quelques manifestations hostiles au moment du 2 décembre, et fut arrêté et condamné à l'exil par une commission mixte. Il resta cinq ans en Italie, puis se fixa à Constantine en qualité d'avocat; il s'y occupa aussi de questions d'agriculture et de colonisation. Nommé préfet de Constantine le 6 septembre 1870, il fut élu, le 1er février 1871, représentant de Constantine à l'Assemblée nationale, le 1er sur 2, par 4,363 voix (11,522 inscrits). Il prit place à la gauche républicaine, et vota *contre* la paix, *contre* la démission de Thiers, *contre* le septennat, *pour* le retour à Paris, *pour* l'amendement Pascal Duprat, *pour* les lois constitutionnelles. Il fit aussi partie de plusieurs commissions et fut le rapporteur de la loi relative à l'émigration des Alsaciens-Lorrains en Algérie. Elu sénateur de Constantine le 30 janvier 1876, par 42 voix (71 votants) contre 26 au général de Lacroix, et réélu, au renouvellement triennal du Sénat, le 5 janvier 1879, par 41 voix (77 votants), contre 36 à M. du Bouzet, il continua de siéger à gauche, repoussa la dissolution de la Chambre demandée, le 23 juin 1877, par le ministère de Broglie, et s'associa constamment aux votes de la fraction républicaine avancée. Il mourut au mois de juillet 1883 et fut remplacé, le 7 octobre suivant, par M. Forcioli.

LUCHAIRE (Barthélemy - Bernard - Louis), représentant aux Cent-Jours, né à Lodève (Hérault) le 18 décembre 1764, mort à une date inconnue, « fils du sieur Bernard Luchaire, marchand, et de demoiselle Marie Senard-Pacquier», était propriétaire à Olmet (Hérault), lorsqu'il fut élu, le 15 mai 1815, représentant à la Chambre des Cent-Jours, par l'arrondissement de Lodève, avec 62 voix (78 votants) ; il rentra dans la vie privée après cette courte législature.

LUCQUES ET PIOMBINO. — *Voy.* Bacciochi (prince de).

LUCY (Adrien-Jean-Alexandre chevalier), député en 1791 et en l'an XIV, né à Chevreville (Oise) le 6 décembre 1753, mort à Paris le 10 février 1824, « fils de maitre Jean Lucy,

conseiller du roi à l'élection de Crépy, et receveur de la terre de Chevreville, et de Marie-Anne Dupré », était avocat au moment de la Révolution, dont il embrassa les principes avec modération. Devenu administrateur du département de l'Oise en 1790, il fut élu, le 2 septembre 1791, député de ce même département à l'Assemblée législative, le 4e sur 12, par 286 voix (444 votants). Il n'y prit que rarement la parole; cependant, le 23 mai 1792, il accusa Clavière de s'être rendu coupable d'un abus de pouvoir en destituant le directeur des postes; mais cette réclamation ayant été mal accueillie par l'Assemblée, Lucy s'emporta et rappela aux députés que, quelques jours auparavant, ils avaient accepcté à la légère les dénonciations dirigées contre les ministres Bertrand de Molleville et de Montmorin. Il ne reparut ensuite à la tribune que pour lire un rapport sur les droits féodaux, et, après la session, vécut pendant quelques années dans la retraite. Il ne rentra sur la scène politique qu'après le 18 brumaire. Nommé juge à Meaux le 14 germinal an VIII, il fut élu, le 2 vendémiaire an XIV, par le Sénat conservateur, député de l'Oise au Corps législatif. Devenu conseiller à la cour impériale de Paris le 9 décembre 1810, il conserva ces fonctions jusqu'à sa mort. Lucy avait été créé chevalier de l'Empire le 20 juin 1811.

LUDIÈRE (Pierre), député en 1789, né à Tulle (Corrèze) le 5 juin 1752, mort à une date inconnue, exerçait, en 1789, la profession d'avocat. Elu, le 22 mars, député du tiers aux Etats-Généraux par la sénéchaussée de Tulle, il se montra, dans la Constituante, très attaché à la monarchie et aux institutions de l'ancien régime, et protesta, le 30 mars 1791, contre le décret portant que «si le roi sortait du royaume et si, après avoir été invité par une proclamation du corps législatif, il ne rentrait pas en France il serait censé avoir abdiqué la couronne. Le 29 juin de la même année, il renouvela ses protestations contre les actes de la majorité Enfin il ne tarda pas à déclarer qu'il ne prendrait plus part aux délibérations qui n'auraient pas pour objet l'amélioration du sort de la famille royale. Après la session de l'Assemblée il se retira dans son pays, et se fit oublier durant le régime révolutionnaire. Le gouvernement impérial le remit en évidence. Procureur impérial au tribunal de première instance de Tulle, il conserva ces fonctions à la Restauration, fut décoré en 1814 de la Légion d'honneur, et reçut de Louis XVIII des lettres de noblesse le 21 novembre 1816.

LUDOT (Antonin-Baptiste-Nicolas), membre de la Convention, député au Conseil des Cinq-Cents, né à Arcis-sur-Aube (Aube) le 4 juillet 1760, mort en 1822, de la famille du savant Jean-Baptiste Ludot (1703-1771), était avocat à Arcis-sur-Aube. Partisan modéré des idées nouvelles, il fut élu, le 7 septembre 1792, 2e député suppléant de l'Aube à la Convention par 250 voix sur 380 votants. Le 21 août 1793, l'arrestation de Rabaut-Saint-Etienne le appeler à siéger comme titulaire dans l'assemblée. Il s'y fit peu remarquer, et ne prit la parole que pour développer un projet relatif aux écoles vétérinaires. Elu, le 23 vendémiaire an IV, député du Pas-de-Calais au Conseil des Cinq-Cents, il se mêla plus activement aux délibérations, proposa des mesures pour la surveillance des étrangers à Paris, parla sur les transactions sociales, sur les « abus de la presse», amenda le projet de Daunou sur la calomnie, appuya celui de Parisot sur la comptabilité arriérée, et celui de Favard sur le divorce, et donna encore son opinion sur la contrainte par corps, et sur diverses questions de procédure civile et criminelle, etc. Ludot obtint sa réélection, le 24 germinal an VI, par 87 voix (199 votants). Il ne se montra pas hostile au coup d'État du 18 brumaire an VIII, et fut nommé, le lendemain, membre de la Commission intermédiaire du Conseil des Cinq-Cents. Le 4 nivôse, Bonaparte l'appela à siéger au Tribunat, qu'il quitta en l'an X, pour occuper le poste de grand juge à Saint-Domingue.

LUDRE (CHARLES-LOUIS-MARIE-YVES, COMTE DE), député de 1831 à 1834 et représentant du peuple en 1848, né à Port-sur-Seille (Moselle) le 1er novembre 1790, mort à Art-sur-Meurthe (Meurthe) le 28 juin 1884, entra dans l'armée, sous la Restauration, en qualité d'officier de cavalerie. Mais il donna bientôt sa démission et s'occupa d'agriculture. Les événements de 1830 le jetèrent dans la politique. Élu, le 5 juillet 1831, député du 4e collège de la Meurthe (Château-Salins), par 130 voix (240 votants, 261 inscrits), contre 99 à M. le baron Louis, il siégea à l'extrême-gauche et fit une opposition constante au gouvernement de Louis-Philippe. A la séance du 12 mars 1832, il déposa une proposition demandant la formation d'une commission chargée d'aviser aux moyens d'empêcher le président de la Chambre de substituer sa volonté au règlement. Le président, qui était alors M. Girod de l'Ain, refusa de faire inscrire la proposition au procès-verbal. Compromis en 1834, le 16 avril, dans la tentative d'insurrection des maréchaux des logis de cuirassiers, Thomas, Bernard et Tricotel, à Lunéville, il fut condamné par défaut à la déportation par la Chambre des pairs (1836). Il avait pu se réfugier en Suisse où il resta jusqu'à l'amnistie. De retour en France, il s'occupa principalement d'œuvres charitables et de la propagation de la société de Saint-Vincent de Paul. Nommé, en 1848, commissaire du gouvernement provisoire dans la Meurthe, il fut élu, le 22 avril, représentant de la Meurthe à l'Assemblée constituante, le 3e sur 11, par 93,268 voix (100,120 inscrits). Il fit partie du comité de la guerre et vota tantôt avec la droite tantôt avec la gauche, *pour* les poursuites contre Louis Blanc et Caussidière, *contre* l'abolition de la peine de mort, *pour* l'impôt progressif, *contre* l'incompatibilité des fonctions, *contre* l'amendement Grévy, *contre* la sanction de la Constitution par le peuple, *pour* l'ensemble de la Constitution, *contre* la proposition Rateau, *contre* l'interdiction des clubs, *contre* l'expédition de Rome. Non réélu à la Législative, il représenta, en 1849, la France à Berlin, et rentra ensuite dans la vie privée.

LUDRE DE FROLOIS (CHARLES-LOUIS, COMTE DE), député en 1789, né à Nancy (Meurthe) le 25 août 1739, mort à Munich (Bavière) en 1798, appartenait à une ancienne famille française, branche cadette de la maison des premiers ducs souverains de Bourgogne, établie en Lorraine depuis le treizième siècle. Il servit aux armées du roi et parvint au grade de maréchal-de-camp. Élu, le 6 avril 1789, député de la noblesse aux États-Généraux par le bailliage de Nancy, il vota constamment avec la minorité, se montra l'ennemi des réformes, et signa les protestations des 12 et 15 septembre 1791. Puis il émigra et mourut en Bavière en 1798.

LUGAT (ANNE-CLAUDE DE), député de 1827 à 1830, né à Agen (Lot-et-Garonne) le 17 février 1769, mort à Agen le 30 janvier 1854, propriétaire dans son pays natal, maire de la ville et conseiller général du département, fut élu, le 17 novembre 1827, député du 1er arrondissement de Lot-et-Garonne par 213 voix (378 votants, 484 inscrits), contre 157 à M. Teulon d'Aiguillon. M. de Lugat avait dû son succès aux efforts combinés de la « contre-opposition » et des libéraux. Il vota en royaliste indépendant, et échoua, le 23 juin 1830, avec 204 voix, contre 239 à l'élu, M. Teulon.

LUILLIER (ADRIEN), BARON DE ROUVENAC, député en 1789, né à Rouvenac le 8 janvier 1729, mort à une date inconnue, propriétaire à Rouvenac, fut élu, le 26 mars 1789, député de la noblesse aux États-Généraux par la sénéchaussée de Limoux. Il siégea dans la minorité, et opina contre le vote par tête. A ce sujet il adressa la déclaration suivante à l'Assemblée : « Le soussigné, député aux États-Généraux pour la noblesse de la sénéchaussée de Limoux en Languedoc, déclare que mon cahyer ne me permet, dans aucun cas, de voter autrement que par ordre séparé, et que je suis obligé de m'abstenir de donner aucun avis jusqu'à ce que mes commettants m'auront donné des pouvoirs plus étendus. Je demande acte de ma déclaration, pour instruire mes commettans de mon exactitude à me conformer à leurs instructions, pour le maintien des droits de la noblesse et de la Constitution de la monarchie.

« A Versailles, le 30 juin 1789.

« LE BARON LUILLIER-ROUVENAC. »

Il disparut de la scène politique après la session.

LUMINAIS (MICHEL-PIERRE), député au Conseil des Cinq-Cents et au Corps législatif de l'an VIII à 1803, né à Bouin (Vendée) le 22 décembre 1752, mort à Bouin le 17 juin 1812, « fils de Michel Luminais, ancien procureur du roi à la juridiction de Bouin, et de dame Anastasie Rolland », était avocat sous la Révolution. Élu, le 26 vendémiaire an IV, député de la Vendée au Conseil des Cinq-Cents, par 44 voix (80 votants), puis réélu, le 23 germinal an VII, il prit plusieurs fois la parole : pour déposer un projet de résolution sur le faux témoignage ; pour voter un dégrèvement des contributions arriérées en faveur des départements de l'Ouest ; pour appuyer l'exclusion des nobles des fonctions publiques, etc. Il parla aussi sur l'instruction publique (écoles secondaires, écoles centrales), et combattit l'impôt du sel. Après le coup d'État de brumaire, dont il s'était montré partisan, Luminais fut appelé (4 nivôse an VIII) par le choix du Sénat à siéger au nouveau Corps législatif ; il en fit partie jusqu'en 1803.

LUMINAIS (RENÉ-MARIE), député de 1830 à 1834, représentant du peuple en 1848, né à Bouin (Vendée) le 7 mars 1788, mort à Nantes (Loire-Inférieure) le 2 janvier 1870, fils du précédent et de dame Marie-François Josnet de la Navarrière, propriétaire, s'occupa de vastes entreprises agricoles, et notamment dessécha et mit en exploitation de grands étangs aux environs de Château-la-Vallière (Indre-et-Loire). Connu pour ses opinions avancées, il fut élu, le 13 novembre 1830, député du collège de département de la Loire-Inférieure par 135 voix (251 votants), et fut réélu, le 5 juillet 1831, dans le 3ᵉ collège de la Loire-Inférieure (Pont-Rousseau), par 129 voix (190 votants, 371 inscrits) contre 43 à M. Chaillou. Il siégea sur les bancs de l'opposition, et quitta la vie politique aux élections de 1834. Cette même année, il porta, à un banquet, un toast patriotique, qu'il rappela, dans sa profession de foi, lorsqu'il se présenta, comme candidat à l'Assemblée constituante, dans l'Indre-et-Loire. Il fut élu, le 23 avril 1848, représentant de ce département, le 4ᵉ sur 8, par 49,822 voix. Il fit partie du comité de l'agriculture, et vota en général avec la majorité, *pour* le bannissement de la famille d'Orléans, *pour* les poursuites contre L. Blanc et Caussidière, *contre* l'impôt progressif, *contre* l'incompatibilité des fonctions, *contre* l'amendement Grévy, *contre* la sanction de la Constitution par le peuple, *pour* l'ensemble de la Constitution, *pour* la proposition Rateau. Non réélu à la Législative, il rentra dans la vie privée.

LUNEAU (YVES-JACQUES), représentant à la Chambre des Cent-Jours, né à Ancenis (Loire-Inférieure) le 29 octobre 1754, mort à Ancenis le 8 septembre 1836, « fils de noble homme Jacques Luneau de la Grasserie, procureur du roi des traites et gabelles, et de dame Anne Isnon », avait été successivement président du tribunal de district d'Ancenis, directeur des mines de Montrelais et sous-préfet d'Ancenis, lorsqu'il fut élu représentant de cet arrondissement à la Chambre des Cent-Jours, le 13 mai 1815, par 27 voix (36 votants, 91 inscrits). Il ne fit pas partie d'autres assemblées.

LUNEAU (SÉBASTIEN-DÉSIRÉ-ARMAND-FIDÈLE-AIMÉ-CONSTANT), député de 1831 à 1848, représentant du peuple en 1848, né à Bouin (Vendée) le 21 juin 1800, mort à Bouin le 21 mars 1880, fils du précédent, étudia le droit à Paris et exerça, sous la Restauration, la profession d'avocat aux Sables-d'Olonne. Ses idées libérales le firent successivement élire député du 5ᵉ collège de la Vendée (les Sables-d'Olonne), le 5 juillet 1831, par 101 voix (169 votants, 334 inscrits), contre 64 voix à M. de Kératry; le 4 juin 1834, par 136 voix (176 votants, 335 inscrits), contre 30 à M. Cormier; le 4 novembre 1837, par 166 voix (199 votants, 385 inscrits); le 2 mars 1839, par 155 voix (218 votants, 378 inscrits), contre 54 à M. Auguste Travot; le 9 juillet 1842, par 162 voix (189 votants, 399 inscrits), contre 25 à M. Ocher; le 1ᵉʳ août 1846, par 183 voix (213 votants, 437 inscrits), contre 16 à M. Ocher. M. Luneau siégea constamment dans l'opposition. Dès son arrivée à la Chambre, il fit adopter une réduction considérable sur le traitement des hauts dignitaires ecclésiastiques; demanda (15 mars 1832), dans la discussion du budget, que les dispositions de la loi sur le cumul fussent appliquées aux maréchaux de France « qui, par suite de fonctions civiles ou militaires, se trouveraient cumuler deux traitements sur le budget de l'État » (rejeté à une faible majorité); signa le compte-rendu de 1832, et vota *contre* les lois de septembre, *contre* la dotation du duc de Nemours, le recensement et l'indemnité Pritchard, *pour* les incompatibilités, *pour* l'adjonction des capacités, *pour* la proposition relative aux députés fonctionnaires. Au moment des événements de 1848, il fut nommé commissaire du gouvernement provisoire en Vendée, puis sous-préfet. Conseiller municipal de Bouin et conseiller général, il fut élu, le 23 avril 1848,

représentant de la Vendée à l'Assemblée constituante, le 7ᵉ sur 9, par 40,940 voix (86,221 votants, 104,486 inscrits). Il fit partie du comité des finances, et vota *pour* le bannissement de la famille d'Orléans, *pour* les poursuites contre L. Blanc et Caussidière, *contre* l'abolition de la peine de mort, *contre* l'impôt progressif, *contre* l'incompatibilité des fonctions, *contre* l'amendement Grévy, *contre* la sanction de la Constitution par le peuple, *pour* l'ensemble de la Constitution, *pour* la proposition Rateau, *pour* l'interdiction des clubs, *pour* l'expédition de Rome, *contre* la demande de mise en accusation du président et des ministres. Il ne fut pas réélu à la Législative et se retira à Bouin, où il devint président de l'association syndicale des propriétaires des marais desséchés. On a de lui : *Documents sur l'île de Bouin*, précédés d'une notice historique (Nantes, 1874).

LUPPÉ (JEAN-PHINÉE-SUZANNE DE), BARON DE TAYROSC, député en 1789, né à Tayrosc (Gers) le 7 décembre 1749, mort en 1831, d'une ancienne famille de Gascogne, propriétaire et chevalier de Saint-Louis, fut élu, le 3 avril 1789, député de la noblesse aux États-Généraux par la sénéchaussée d'Auch. Il tint pour l'ancien régime et vota avec la droite de la Constituante. On a de lui une *Protestation* écrite contre les décrets des 19 et 20 juin 1790.

LUPPÉ (JOSEPH-CLÉMENT-IRÉNÉE, COMTE DE), représentant du peuple en 1848 et en 1849, né à Tonneins (Lot-et-Garonne) le 23 mai 1803, mort au château de Bréau (Seine-et-Marne) le 19 septembre 1854, petit-fils du précédent, fut élève à Pontlevoy, et se livra dans sa propriété du Mas-d'Agenais (Lot-et-Garonne) à d'importants travaux agricoles. Candidat légitimiste aux élections législatives du 9 juillet 1842, dans le 3ᵉ collège du Lot-et-Garonne (Marmande), il échoua avec 79 voix, contre 462 à l'élu, M. de Richemont, et 23 à M. Balsalou; mais, après la révolution de février, pour laquelle il montra quelques sympathies, il fut élu, le 23 avril 1848, représentant du Lot-et-Garonne à l'Assemblée constituante, le 5ᵉ sur 9, par 42,323 voix (88,758 votants, 94,809 inscrits). Il prit place à droite, fit partie du comité de l'administration, et vota *contre* le bannissement de la famille d'Orléans, *pour* les poursuites contre L. Blanc et Caussidière, *pour* l'abolition de la peine de mort, *contre* l'impôt progressif, *contre* l'incompatibilité des fonctions, *contre* l'amendement Grévy, *contre* la sanction de la Constitution par le peuple, *pour* l'ensemble de la Constitution, *pour* la proposition Rateau, *pour* l'interdiction des clubs, *pour* l'expédition de Rome, *contre* la demande de mise en accusation du président et des ministres. Membre actif du comité de la rue de Poitiers, il fut réélu, par le même département, à l'Assemblée législative, le 13 mai 1849, le 3ᵉ sur 7, avec 47,858 voix (90,297 votants, 107,493 inscrits); il continua de siéger à la droite monarchique, vota *pour* la mise en accusation des représentants qui avaient pris part à l'affaire du 13 juin 1849, et se fit remarquer par l'élégante netteté de sa parole. Hostile à la politique du prince Louis-Napoléon, il fut arrêté au coup d'État du 2 décembre, à la mairie du 10ᵉ arrondissement, fut remis en liberté quelques jours après, et, aux élections du 29 février 1852, posa sa candidature d'opposition légitimiste au Corps législatif dans la 2ᵉ circonscription du Lot-et-Garonne; mais il échoua avec 1,099 voix, contre 24,060 à l'élu officiel, M. Laffitte.

LUPPÉ (Joseph-Louis, comte de), député de 1877 à 1878, et de 1885 à 1889, né à Corbères (Basses-Pyrénées) le 7 septembre 1837, propriétaire dans son département où il s'occupait d'agriculture, fit partie du conseil général de 1871 à 1880. Aux élections législatives du 20 février 1876, il se présenta pour la première fois, comme candidat conservateur monarchiste, dans la 1re circonscription de Pau où il n'obtint que 4.992 voix contre 6.920 à l'élu républicain, M. Barthe. Il fut plus heureux après la dissolution de la Chambre par le cabinet du 16 mai, et, soutenu officiellement par le gouvernement, il fut proclamé, le 28 octobre 1877 au second tour de scrutin, député de la même circonscription avec 6.862 voix (13.343 votants, 16.450 inscrits), contre 6.419 au député sortant. Mais la majorité républicaine invalida l'élection, et M. de Luppé ne réunit plus, le 7 juillet 1878, que 5.805 voix, contre 6.574 à M. Barthe, élu. Inscrit sur la liste conservatrice des Basses-Pyrénées le 4 octobre 1885, M. de Luppé devint, dès le premier tour, député de ce département, le 4e sur 5, avec 45.573 voix (86.573 votants et 106.345 inscrits). Il prit place sur les bancs de la droite, avec laquelle il vota : *contre* la loi sur l'enseignement primaire, *contre* la nouvelle loi militaire, *contre* les divers ministères de la législature et, en dernier lieu, *contre* le rétablissement du scrutin d'arrondissement (11 février 1889), *pour* l'ajournement indéfini de la revision de la Constitution, *contre* les poursuites contre trois députés membres de la Ligue des patriotes, *contre* le projet de loi Lisbonne restrictif de la liberté de la presse, *contre* les poursuites contre le général Boulanger.

LUR-SALUCES (Ferdinand-Eugène, comte de), député de 1815 à 1816, et de 1824 à 1830, né à Paris le 22 octobre 1780, mort à Bordeaux (Gironde) le 28 mai 1867, était issu de la vieille famille de Lur, originaire de Franconie, dont la branche de Lur-Saluces, seule existante aujourd'hui, a pour tige Pierre II de Lur qui vivait au xve siècle. Quatrième fils de Claude Henry-Hercule de Lur-Saluces, qui périt sur l'échafaud en 1793, Ferdinand-Eugène contribua en 1814 et 1815 au mouvement royaliste de Bordeaux. Nommé chef d'escadron au 3e hussards, il quitta ce régiment en 1820, pour entrer comme officier supérieur dans les gardes du corps. Élu député de la Gironde, au grand collège, le 22 août 1815, il siégea dans la majorité de la Chambre introuvable. Plus tard, le 25 février 1824, il revint au Palais-Bourbon comme député du 5e arrondissement de la Gironde (La Réole), élu par 173 voix (270 votants, 333 inscrits), contre 48 à M. du Hamel. Il reprit alors sa place parmi les plus zélés royalistes de la Chambre, mais son état de santé le tint souvent éloigné des séances. Réélu, le 17 novembre 1827, par 124 voix (201 votants), contre 54 à M. J. Bosc, il fut secrétaire de la Chambre en 1828, et, en 1829, fut porté par 75 voix sur la liste de présentation au roi pour la présidence. Le comte de Lur-Saluces obtint encore le renouvellement de son mandat le 25 juin 1830, avec 133 voix (233 votants), contre 90 à M. Élie Gautier. Mais il s'en démit aussitôt après la révolution de 1830 par la lettre suivante :

« Paris, 23 août 1830.

« Monsieur le Président,

« Au moment d'être privé par la force d'un mandat dont je ne me démets point, que je tiens de la confiance de mes compatriotes, je me dois d'établir mes principes d'une manière nette.

« La Chambre est violemment sortie de toute règle en intervertissant l'ordre de successibilité au trône. Elle répond devant la France de tous les malheurs qui en résulteront. En ma qualité de député, je proteste contre un acte dont le moindre vice est l'illégalité et m'abstiens de voter, me refusant à un serment qui, selon ma conscience, est un parjure.

« Veuillez, monsieur le Président, communiquer une lettre à la Chambre et la faire insérer au procès-verbal de la séance.

« J'ai l'honneur, etc.

« Le comte E. de Lur-Saluces. »

Son refus de serment le priva de sa solde de colonel en disponibilité. À la Chambre, M. de Lur-Saluces fut remplacé, le 28 octobre 1830, par M. Galos.

LUR-SALUCES (Louis-Alexandre-Eugène, comte de), député de 1820 à 1824, frère du précédent, et second fils de Claude-Henry-Hercule de Lur-Saluces, né à Paris le 30 août 1774, mort à Bordeaux (Gironde) le 25 avril 1842, émigra en 1791 et fit la campagne de 1792 sous les ordres du maréchal de Broglie. Après le licenciement de l'armée des princes, il résida en Angleterre, puis en Espagne où il devint capitaine au régiment de Bourbon-Cavalerie, et rentra en France en 1804. Ardent royaliste, il déploya le drapeau blanc à l'Hôtel de Ville de Bordeaux le 12 mars 1814, et, le lendemain, fit partie du conseil du duc d'Angoulême. Commissaire du roi dans la Gironde pendant les Cent-Jours, promu, à la seconde Restauration, colonel de cavalerie et chevalier de Saint-Louis, il fut élu, le 13 novembre 1820, député de la Gironde, au grand collège, par 364 voix (582 votants, 660 inscrits). Il siégea à droite et vota, jusqu'en 1824, avec les royalistes les plus accentués.

LUR-SALUCES (Bertheraud-Romain, comte de), pair de France, né à Bordeaux (Gironde) le 19 août 1810, mort au château de Filhot, près Saint-Mariens (Gironde), le 7 mai 1867, n'avait pas d'antécédents politiques, quand il fut nommé, par M. de Villèle, le 5 novembre 1827, membre de la Chambre des pairs, sans avoir encore l'âge requis pour y siéger. Entré à l'École de Saint-Cyr en 1829, il refusa le serment au gouvernement de Louis-Philippe, et renonça par là même au droit d'entrer à la Chambre haute.

LUR-SALUCES (Thomas-Joseph-Henry, comte de), député de 1876 à 1879, et membre du Sénat, né à la Réole (Gironde) le 11 décembre 1808, fils du comte Ferdinand-Eugène de Lur-Saluces (*V. p. haut*), suivit d'abord la carrière militaire, entra à Saumur en 1825, et fut nommé sous-lieutenant au 14e chasseurs en 1829. Démissionnaire le 10 septembre 1831, il tenta une première fois, sous Louis-Philippe, d'aborder la carrière politique en se présentant, le 1er août 1846, à la députation dans le 9e collège de la Gironde (La Réole) : il y obtint 206 voix contre 214 à l'élu, M. Mazet. Maire de Preignac de 1838 à 1841, membre du conseil municipal de Bordeaux de 1841 à 1846, chef d'escadron de l'artillerie de la garde nationale de Bordeaux en 1848, membre du conseil général de la Gironde pour le canton de Podensac (1860-1874), il fit, sous l'Empire, de l'opposition au gouvernement dans le conseil général, et se présenta, le 1er juin 1863, comme candidat indé-

pendant au Corps législatif dans la 3ᵉ circonscription de la Gironde, où il réunit 5,982 voix,
contre 18,651 à l'élu officiel, M. Emile Péreire;
puis, le 24 mai 1869, dans la 6ᵉ circonscription
du même département qui lui donna 5,305 voix,
contre 19,097 à l'élu officiel, M. Jérôme David.
Rallié au gouvernement républicain, M. de Lur-
Saluces, qui est un des grand propriétaires de
la Gironde, avait déclaré en 1874 se retirer de
la vie publique, en donnant sa démission de
conseiller général, lorsque les républicains de
la 4ᵉ circonscription de Bordeaux le déterminèrent à accepter la candidature, le 20 février 1876 :
il fut élu député par 10,917 voix (20,211 votants
et 27,334 inscrits), contre 9,311 à M. de Carayon-
Latour, légitimiste, représentant sortant. M. de
Lur-Saluces siégea à gauche et fut des 363.
Réélu, après la dissolution de la Chambre, au
second tour de scrutin, le 18 octobre 1877, par
12,519 voix (23,105 votants, 28,454 inscrits), contre 6,945 à M. de Carayon-Latour et 3,551 à
M. Gras, bonapartiste, il reprit sa place dans
la majorité, soutint le ministère Dufaure, et,
le 5 janvier 1879, quitta le Palais-Bourbon
pour le Luxembourg, étant devenu sénateur de
la Gironde, par 347 voix sur 667 votants. Il se
fit inscrire au groupe de la gauche républicaine
de la Chambre haute, et vota *pour* l'article 7,
pour les lois Ferry sur l'enseignement, *pour* la
modification du serment judiciaire, *pour* la réforme du personnel de la magistrature, *pour*
le divorce, *pour* les crédits de l'expédition du
Tonkin, *pour* les ministères de gauche qui se
succédèrent au pouvoir. Réélu sénateur, le
5 janvier 1888, par 700 voix sur 1,262 votants,
il se prononça *pour* la nouvelle loi militaire, et,
en dernier lieu, *pour* le rétablissement du
scrutin d'arrondissement (13 février 1889), *pour*
le projet de loi Lisbonne restrictif de la liberté
de la presse, *pour* la procédure à suivre devant
le Sénat contre le général Boulanger.

LUR-SALUCES (Amédée-Eugène, marquis
de), représentant en 1871, né au château de
Commarin (Côte-d'Or) le 5 juillet 1839, entra à
l'Ecole de Saint-Cyr en 1868, devint sous-lieutenant au 7ᵉ lanciers et donna sa démission en
1867. Conseiller général de la Gironde pour le
canton de Langon en 1870, il fut nommé (décembre) commandant du 3ᵉ bataillon des mobilisés de Bazas. D'opinions légitimistes, il fut élu,
le 8 février 1871, représentant de la Gironde à
l'Assemblée nationale, le 4ᵉ sur 14, par 99,457
voix (132,340 votants, 207,101 inscrits). Il prit
place à droite et vota : *pour* la paix, *pour* les
prières publiques, *pour* l'abrogation des lois
d'exil, *pour* le pouvoir constituant de l'Assemblée, *pour* la chute de Thiers au 24 mai, *pour*
le septennat, *pour* l'état de siège, *pour* la loi
des maires, *contre* l'amendement Wallon et
contre l'ensemble des lois constitutionnelles.
M. de Lur-Saluces ne se représenta que le 21
août 1881, à Bazas, où il échoua avec 6,204
voix, contre 7,085 à l'élu, M. Laroze; il ne fut
pas plus heureux aux élections du 4 octobre
1885; porté sur la liste conservatrice de la
Gironde, il échoua avec 72,385 voix sur 162,286
votants. Après la mort de M. J. de Carayon-
Latour, il a été appelé à la direction du parti
royaliste dans la Gironde.

LURO (Bertrand-Victor-Onésime), représentant en 1871, membre du Sénat, né à Ville-
comtal (Gers) le 17 octobre 1823, fit ses études
à Auch, son droit à Paris, et prit une part assez
active aux événements de 1848, dans les rangs
de la démocratie. En 1849, il échoua comme
candidat à l'Assemblée législative, bien qu'il

eût vivement attaqué le parti socialiste et les
doctrines de Louis Blanc. Peu après, il prit la
charge de M. Pascalis comme avocat au conseil
d'Etat et à la cour de Cassation; ayant eu
à défendre les pourvois des condamnés du coup
d'Etat du 2 décembre, il plaida l'incompétence
des conseils de guerre. Sorti du barreau en
1866, il se retira dans le Gers où il devint conseiller général du canton de Miélan. Elu, le
8 février 1871, représentant du Gers à l'Assemblée nationale le 4ᵉ sur 6, par 58,739 voix
(74,830 votants, 98,233 inscrits), il siégea au
centre droit, fit partie du groupe Lavergne, et
vota *pour* la paix, *pour* l'abrogation des lois
d'exil, *pour* la pétition des évêques, *contre* le
service de trois ans, (en congé lors du scrutin sur
la démission de Thiers), *pour* le septennat, *contre* le ministère de Broglie, *pour* l'amendement
Wallon, *pour* les lois constitutionnelles. Ces
derniers votes le firent inscrire sur la liste des
gauches, lors de l'élection des sénateurs inamovibles, et, le 13 décembre 1875, il fut élu sénateur inamovible par l'Assemblée nationale,
au 4ᵉ tour de scrutin, le 39ᵉ sur 75, avec 347
voix (689 votants). Il vota le plus souvent avec
le parti républicain et repoussa, le 23 juin 1877,
la demande de dissolution de la Chambre présentée par le cabinet du 16 mai. L'année précédente, il avait été renommé conseiller général du Gers. M. Luro a soutenu depuis lors,
à la Chambre haute, la politique des ministères
républicains; il s'est prononcé, en dernier lieu,
pour le rétablissement du scrutin d'arrondissement (13 février 1889), *pour* le projet de loi
Lisbonne restrictif de la liberté de la presse,
pour la procédure à suivre devant le Sénat
contre le général Boulanger. On a de M. Luro :
*Du travail et de l'organisation des industries
dans la liberté* (1848), *Marguerite d'Angoulême, reine de Navarre, et la renaissance* (conférence faite à Pau en 1866), et des articles
dans les journaux du Gers.

LUSIGNAN (Armand-Jean-Jacques du Lau,
marquis de), député en 1789, né au château
de Xaintrailles (Lot-et-Garonne) en 1725, mort
à Paris le 19 septembre 1793, se rattachait à
la vieille famille des Xaintrailles et était le fils
aîné d'Armand-Joseph de Lusignan, et de Gabrielle de Montesquiou. Il servit d'abord dans
les mousquetaires de la garde du roi, 2ᵉ compagnie, jusqu'en 1756. L'année d'après, il
entra, comme capitaine, au régiment de Berry-
cavalerie; en 1759, dans celui de Lusignan, et,
en 1761, dans Royal-Roussillon. En 1764, il fut
fait mestre de camp de cavalerie, et en 1780,
brigadier des armées du roi. Il était, de plus,
chevalier de Saint-Louis. Elu (mars 1789) député de la noblesse aux Etats-Généraux par la
sénéchaussée de Condom, il se montra, par la
déclaration suivante, opposé au vote par tête :
« Le soussigné, député de la sénéchaussée du
Condomois, déclare que lui étant enjoint par
les instructions de ne délibérer que par ordre,
il ne pourra prendre part aux délibérations de
la présente assemblée des Etats-Généraux jusqu'à ce qu'il ait reçu de nouveaux pouvoirs et
ses commettants et a demandé acte de la présente déclaration.

« A Versailles, en Etats-Généraux, le 30 juin
1789.

     « Le marquis de Lusignan,
       « *député du Condomois.* »

Une légende d'une gravure du temps donne
au marquis de Lusignan un rôle assez actif
dans la démolition de la Bastille : « Le ven-

droly, 17 juillet 1789, jour à jamais mémorable par l'auguste confiance de Louis XVI envers sa bonne ville de Paris, MM. les députés de la noblesse, au nombre desquels était M. le marquis de Lusignan, se transportèrent sur les Plates-Formes de la Bastille dont on avait déjà démoli les Créneaux des tours et les petites cahuttes des terrasses. Ces généreux citoyens soulevèrent eux-mêmes plusieurs pierres, et, secondés par les ouvriers, ils les jettèrent dans les décombres, en invitant le peuple français à continuer la démolition de cette horrible prison. » Cet enthousiasme dura peu. M. de Lusignan protesta dans l'Assemblée contre la conservation de la noblesse héréditaire (séance du 8 août 1791), déclara adhérer sur ce point à l'opinion de M. d'Harambure, et signa les protestations générales des 12 et 15 septembre. Il mourut à Paris, sans avoir émigré, le 19 septembre 1793. Il avait épousé Marie-Madeleine de Galabert d'Aumont, veuve de M. de Puget, président à mortier au parlement de Toulouse et fille de Jean-Samuel de Galabert, procureur général à la cour des aides de Montauban.

LUSIGNAN (ARMAND-FRANÇOIS-MAXIMILIEN, DU LAU, MARQUIS DE), député de 1831 à 1839 et pair de France, né à Toulouse (Haute-Garonne) le 30 août 1783, mort à Paris le 5 avril 1844, fils du précédent, servit, dans les guerres du premier Empire, comme aide-de-camp du maréchal d'Albuféra, qui le chargea d'une mission de confiance auprès de Napoléon Ier, pendant que l'empereur se battait en Champagne contre l'Europe coalisée. Commandeur de la Légion d'honneur, propriétaire à Nérac, M. de Lusignan fut élu, après la révolution de juillet, le 5 juillet 1831, député de cet arrondissement (le 4e collège de Lot-et-Garonne), par 154 voix (304 votants et 459 inscrits), contre 144 au comte de Digeon. Il vota quelquefois avec l'opposition constitutionnelle, fut réélu, le 21 juin 1834, par 181 voix (284 votants, 446 inscrits), contre 98 au comte de Digeon, puis, le 4 novembre 1837, par 277 voix (384 votants, 498 inscrits), et, le 2 mars 1839, par 282 voix (377 votants, 502 inscrits). Il fut appelé, par une ordonnance du 7 novembre 1839, à siéger dans la Chambre des pairs, où il soutint la monarchie constitutionnelle jusqu'en 1844, date de son décès. Conseiller général de Lot-et-Garonne.

LUSSY (AUGUSTE-CHARLES-BERNARD-FRANÇOIS-XAVIER DE), député de 1827 à 1830, né à Maubourguet (Hautes-Pyrénées) le 19 novembre 1784, mort à Pau (Hautes-Pyrénées) le 15 mars 1860, d'une vieille famille du Bigorre, fit ses études à Sorèze, puis entra dans la magistrature et devint avocat général près la cour royale de Pau. Le 17 novembre 1827, le grand collège des Hautes-Pyrénées l'élut député par 72 voix sur 140 votants et 169 inscrits. M. de Lussy prit place à droite et soutint de ses votes le gouvernement de Charles X et la politique du cabinet Polignac. Réélu, le 23 juin 1830, par 72 voix (142 votants, 153 inscrits), il donna sa démission pour ne pas prêter le serment à Louis-Philippe et fut remplacé, comme député, par M. Dintrans. Il quitta en même temps la magistrature.

LUYNES (DUC DE). — *Voy.* ALBERT.

LUXEMBOURG (DUC DE). — *Voy.* MONTMORENCY.

LUZE DE LÉTANG (PIERRE DE), député en

1789, né à Contras (Gironde) le 25 mars 1734, mort à une date inconnue, appartenait à la branche catholique d'une vieille famille de Guienne, dans la branche protestante, après s'être fixée en Suisse à la révocation de l'édit de Nantes, revint à Bordeaux après la Révolution. Notaire à Coutras, il fut élu, le 8 avril 1789, député du tiers aux Etats-Généraux par la sénéchaussée de Bordeaux. Il fut adjoint au doyen des communes, prêta le serment du Jeu de paume, et vota obscurément avec la majorité.

LUZERNE (CÉSAR-HENRI, COMTE DE LA), ministre, né à Paris le 23 février 1737, mort à Bernau, près Wels (Autriche) le 24 mars 1799, « fils de César-Antoine de la Luzerne et de Marie-Elisabeth de Lamoignon-Blancmesnil », et neveu de Malesherbes par sa mère, suivit la carrière des armes, fit la guerre de Sept ans, et devint lieutenant général des armées du roi. Nommé, en 1786, gouverneur des Iles-sous-le-Vent, il fut appelé au ministère de la Marine le 24 décembre 1787. Le 12 juillet suivant, il donna sa démission comme les autres, ministres, et ne la reprit que sur l'ordre formel de Louis XVI. Durant son ministère, M. de la Luzerne fut en butte aux plus violentes attaques. M. de Gouy d'Arcy l'accusa de causer la ruine et la perte des colonies, et M. de Menou, rapporteur du comité, lui imputa les troubles qui avaient éclaté à Brest parmi les équipages de la flotte; il proposa même à l'assemblée de faire décréter que le ministre de la Marine avait perdu la confiance de la nation. M. de la Luzerne s'occupa cependant d'augmenter la flotte et de surveiller l'armement de Toulon. Mais, se sentant impuissant devant des attaques réitérées, il donna sa démission (23 octobre 1790), et, en septembre 1791, partit pour voir son frère, ancien ambassadeur de France à Londres, qui était malade à Southampton, et pour recevoir son dernier soupir (14 septembre). Le règlement des affaires de son frère l'ayant retenu quelque temps en Angleterre avec sa femme et ses deux filles, il fut porté comme émigré. Craignant alors de revenir en France, il se retira en Autriche, où il mourut. M. de la Luzerne était un lettré. On lui doit une traduction de la *Retraite des dix mille* de Xénophon, parue à Paris en 1786, et la *Constitution des Athéniens*, parue à Londres en 1793.

LUZERNE (CÉSAR-GUILLAUME, DUC DE LA), député en 1789 et pair de France, né à Paris le 7 juillet 1738, mort à Paris le 22 juin 1821, petit-fils par sa mère de M. de Lamoignon-Malesherbes, fit ses études au collège de Navarre, entra dans les ordres et fut nommé vicaire général de l'évêque de Narbonne. Agent général du clergé en 1765, évêque de Langres en 1770, il prononça, à Notre-Dame, en 1774, l'oraison funèbre de Louis XV. Membre de l'assemblée des notables en 1787, il fut élu député du clergé aux Etats-Généraux, le 27 mars 1789, par le bailliage de Langres. Dans un mandement du mois de janvier précédent, il avait offert de consacrer la moitié de son revenu au soulagement de l'Etat. Le 11 mai, il fit distribuer aux députés du clergé un *Mémoire* demandant la permanence de la distinction des trois ordres par l'établissement de deux Chambres. Mirabeau réfuta vivement cette idée de Chambre haute et de Chambre basse, la première étant une menace ou une défense contre la seconde. Battu sur ce point, M. de la Luzerne demanda d'accorder 300 députés de plus à la noblesse et autant au clergé. Cette proposition ne fut pas mieux accueillie, et Mirabeau la combattit encore dans ses *Lettres à mes commettants*. M. de la Luzerne présida l'assemblée en août 1789 ; mais, attaché aux priviléges de son ordre, il se retira dans son diocèse après les événements des 5 et 6 octobre. Malade et fort troublé de tout ce qu'il prévoyait, il envoya sa démission le 2 décembre 1789, par la lettre suivante :

« Clairvaux, le 2 décembre 1789.

« Monsieur le président, retenu depuis six semaines par une maladie douloureuse, affaibli par la violence de mes maux, incertain de leur terme, perdant l'espérance d'être de longtemps en état d'aller reprendre mes fonctions, je me détermine enfin avec une peine bien sensible à me démettre de la commission aux Etats-Généraux qui m'avait été donnée par le bailliage de Langres ; je vous supplie de présenter à l'Assemblée nationale mes regrets bien vifs de ne pouvoir plus coopérer à ses travaux et ma respectueuse reconnaissance des bontés dont elle m'a honoré.

« Je suis avec respect, Monsieur le président, votre très humble et obéissant serviteur,

† L'ÉV. DUC DE LANGRES. »

Quelque temps après, il émigra, alla en Suisse, puis en Italie et se fixa à Venise. Là, en visitant et en soignant les prisonniers de guerre français dans les hôpitaux, il contracta le typhus et faillit en mourir. Rentré en France en 1800, il donna, au Concordat, sa démission d'évêque de Langres, se consacra à l'étude et à la retraite et prêcha plusieurs fois avec un grand succès. A la première Restauration, Louis XVIII l'appela auprès de lui, le nomma pair de France le 4 juin 1814, lui restitua, au retour de Gand, son titre de duc et son évêché, et obtint pour lui le chapeau de cardinal le 28 juillet 1817. M. de la Luzerne a publié un grand nombre de discours et d'ouvrages dont les plus importants sont : *Oraison funèbre de Charles-Emmanuel III, roi de Sardaigne* (1773) ; *Oraison funèbre de Louis XV* (1774) ; *Dissertation sur la liberté de l'homme* (1808) ; *Dissertation sur les églises catholique et protestante* (1816) ; *Sur la différence de la Constitution française et de la Constitution anglaise* (1816) ; *Sur la responsabilité des ministres* (1816) ; *Explication des Evangiles* (1816). On lui doit aussi des brochures politiques de circonstance et quelques articles de journaux.

LUZIGNEM (HUGUES-THIBAULT-HENRI-JACQUES, MARQUIS DE), député en 1789, né à Paris le 22 décembre 1749, mort à Paris le 10 février 1814, appartenait aux armées du roi, et était colonel de Flandres-infanterie, lorsqu'il fut élu, le 16 mai 1789, député de la noblesse aux Etats-Généraux par la ville de Paris. Il ne se montra pas l'adversaire systématique des idées nouvelles, se réunit au tiers-état, et opina avec les partisans d'une monarchie constitutionnelle. Le 19 mai 1790, il fut promu maréchal de camp. Appelé en Angleterre pour ses affaires, il partit le 11 juillet 1792, avec un passeport de la municipalité de Paris. De retour le 17 octobre, il se fixa à Abbeville. Inscrit pendant son absence sur la liste des émigrés de Paris, il dut s'expatrier pour éviter les conséquences de la loi du 23 octobre 1793. Il demanda sa radiation au ministre de la po-

lice le 12 février 1800, l'obtint, et revint à Paris où il vécut dans la retraite.

LUZINES (LOUIS-XAVIER DE), député de 1815 à 1820, né à Versailles (Seine-et-Oise), 15 novembre 1768, mort le 5 juillet 1827. « fils de Claude Deluzines (sic), ancien officier du régiment du Vexin, écuyer, valet de chambre du roi et commis de la marine, et d'Anne Marguerite Gillet », était propriétaire à Paire-le-Sec (Vienne). Elu, le 22 août 1815, député de la Vienne, au grand collège, par 105 voix (193 votants, 246 inscrits), il appartint à la majorité de la Chambre introuvable. Réélu, le 4 octobre 1816, par 118 voix (198 votants, 23 inscrits), il prit place au côté droit (première section), et vota constamment avec les royalistes. Lors de la discussion du budget de 1817), il demanda qu'il fût fixé un *maximum* de 3 ou 400 francs au-dessous duquel les communes pussent voter sur les dépenses qui leur sont nécessaires. Il rentra dans la vie privée en 1820.

LUZY-PELISSAC (LOUIS-HENRI-FRANÇOIS MARQUIS DE), député au Corps législatif de 1863 à 1869, sénateur du second empire, né à Miribel (Drôme) le 13 août 1797, mort à Roybon (Isère) le 24 mai 1869, entra dans l'armée sous la Restauration. Parvenu au grade de colonel du 7e régiment d'infanterie légère le 14 avril 1844, il prit part à quelques expéditions en Kabylie. Général de brigade le 10 juillet 1848, il commanda d'abord une brigade à l'armée des Alpes puis fut mis à la tête de la subdivision de Constantine. Général de division le 26 janvier 1854, il était à la tête d'une division à Lyon quand il fut désigné, lors de la campagne d'Italie, pour faire partie du 4e corps d'armée ; il se distingua particulièrement à Solférino et fut promu, le lendemain, grand-officier de la Légion d'honneur (25 juin 1859). Devenu ensuite membre du comité consultatif d'infanterie, il fut admis dans le cadre de réserve en 1862. Conseiller général du canton de Romans, il fut élu, le 31 mai 1863, député au Corps législatif, comme candidat du gouvernement, par la 2e circonscription de la Drôme, avec 18,344 voix (18,524 votants 30,840 inscrits). Il ne s'y fit pas remarquer, et fut nommé sénateur le 6 mai 1869. Quelques jours plus tard, il fut subitement emporté par une attaque d'apoplexie.

LYAUTEY (HUBERT-JOSEPH), sénateur du second empire, né à Villefaux (Haute-Saône) le 13 juillet 1789, mort à Paris le 26 décembre 1867, entra à l'Ecole polytechnique en 1806, puis à l'Ecole de Metz en 1807, en sortit lieutenant au 5e d'artillerie à cheval, fit en cette qualité la campagne de 1809, se distingua à Wagram, fut ensuite envoyé en Espagne, et, au moment de la guerre de Russie, passa dans l'artillerie de la garde. Fait chevalier de la Légion d'honneur à Moscou, il conquit le grade de chef d'escadron pendant la campagne de Saxe et, en 1814, se battit à Montereau. Il conserva son grade sous la Restauration ; lieutenant-colonel en 1823, il prit part à la guerre d'Espagne comme directeur des ponts ; attaché à l'état-major de la garde royale, puis directeur du matériel de l'artillerie, il fut promu colonel, le 11 août 1830, et envoyé comme directeur à Brest. Officier de la Légion d'honneur peu de temps après et commandant du 12e régiment d'artillerie, maréchal de camp le 16 novembre 1840, il alla en Algérie comme commandant général de l'artillerie, fit les campagnes de 1841 et 1842, et, à son retour, devint directeur de l'école de Vincennes, de 1843 à 1844. A la même époque, il entrait au comité d'artillerie. Promu général de division le 12 juillet 1848, il fut placé dans le cadre de réserve en 1854, et nommé sénateur le 19 juin de la même année. Grand-officier de la Légion d'honneur depuis le 26 décembre 1852.

LYLE-TAULANNE (EDOUARD-HONORÉ, MARQUIS DE), député de 1821 à 1830, né à Grasse (Var) le 18 septembre 1779, mort au château de Taulanne (Basses-Alpes) le 18 août 1858, propriétaire à Grasse, d'opinions royalistes, fut nommé, sous la Restauration, maire de la Martre, et élu, le 20 octobre 1821, député du Var, au grand collège, par 112 voix (119 votants, 155 inscrits). Il siégea à droite, soutint le ministère Villèle, et fut réélu, le 6 mars 1824, avec 67 voix (106 votants), puis, le 24 novembre 1827, avec 76 voix (95 votants, 147 inscrits). « On assure qu'il est député, écrivait un biographe, et qu'il vote en faveur des ministres. Nous disons *on assure*, parce que le public n'en sait rien. Cependant il est certain que M. de Lyle-Taulanne remplit légalement toutes les conditions de sa place; il se lève et il s'assied; il répond quand on fait l'appel nominal, il va porter sa boule dans l'urne quand on vote au scrutin; il regarde quelquefois au banc des ministres, et il va dîner quand cinq heures sonnent. » M. de Lyle-Taulanne approuva les actes du cabinet Polignac et ne fut pas des 221. Il obtint encore sa réélection, le 3 juillet 1830, par 83 voix (100 votants, 175 inscrits), mais il refusa de reconnaître le gouvernement de Louis-Philippe et donna sa démission de député par la lettre suivante :

« 11 septembre 1830.

« Monsieur le Président,

« La nature du mandat que j'ai reçu ne me permet pas de participer aux délibérations de la Chambre. Je la prie de recevoir ma démission des fonctions qui m'avaient été confiées.

« Je me permettrai d'ajouter les vœux que je ne cesserai de former pour le bonheur et la gloire de la France.

« LYLE TAULANNE. »

Il fut remplacé, le 28 octobre 1830, par M. Aubernon.

LYNCH (THOMAS-MICHEL), député au Conseil des Cinq-Cents, né à Bordeaux (Gironde) le 6 mai 1754, mort à Bordeaux le 13 août 1840, frère cadet du suivant, servit dans les chevau-légers de la maison du roi, et, lors du licenciement de ce corps, se retira à la campagne où il s'occupa de littérature et d'agriculture. Le 23 germinal an VI, les électeurs de la Gironde l'élurent député au Conseil des Cinq-Cents par 258 voix sur 324 votants. Il vota silencieusement avec le parti royaliste et fut exclu du Conseil au 18 fructidor. Il passa alors en Angleterre et ne rentra en France qu'au moment du Consulat. Nommé, le 1er thermidor an VIII, conseiller général de la Gironde, il reprit ses travaux agricoles, et mourut à 86 ans.

LYNCH (JEAN-BAPTISTE, COMTE), pair de France, né à Bordeaux (Gironde) le 3 juin 1749, mort à Donzac (Gironde) le 15 août 1835, « fils de messire Thomas Lynch, écuyer, et de dame Pétronille Drouillard, » appartenait à une très ancienne famille catholique de Galway (Irlande) réfugiée à Bordeaux au milieu du XVIIe siècle par suite de persécution. Thomas Lynch, son

père, obtint de Louis XV des lettres de naturalisation et des lettres de reconnaissance de noblesse en 1755. Reçu conseiller au parlement de Bordeaux en 1771, Jean-Baptiste Lynch épousa, en 1776, la fille du premier président, Mlle Le Berthon, et devint ensuite président aux enquêtes. Ses opinions royalistes le firent emprisonner sous la Terreur; ses biens furent séquestrés. Mis en liberté après la chute de Robespierre, il refusa d'être, dans la Gironde, candidat au Conseil des Cinq-Cents, et accepta du gouvernement consulaire le titre de conseiller général de son département. L'empereur le nomma maire de Bordeaux en 1808, et le créa (2 octobre 1810) comte de l'Empire et chevalier de la Légion d'honneur. Toujours attaché à la famille des Bourbons, le comte Lynch eut à Paris, en 1813, des conférences secrètes avec l'agent de Louis XVIII, Taffard de Saint-Germain, et, lorsque les troupes anglaises s'approchèrent de Bordeaux, en mars 1814, il jeta son écharpe tricolore, prit une écharpe blanche, et ouvrit la ville au maréchal Beresford, au cri de : Vive le Roi! Le 12, dans une proclamation restée célèbre, il disait : « Ce n'est pas pour assujettir nos contrées à une domination étrangère que les Anglais, les Espagnols et les Portugais y apparaissent. Ils se sont réunis dans le Midi, comme d'autres peuples au Nord, pour détruire le fléau des nations et le remplacer par un monarque père du peuple. » Le même jour, le duc d'Angoulême entrait à Bordeaux. Lorsque Louis XVIII fut de retour aux Tuileries, il y reçut le comte Lynch avec faveur et le nomma grand-croix de la Légion d'honneur. Au retour de l'île d'Elbe, Lynch reconduisit à Pauillac, à bord du sloop anglais le *Wanderer*, la duchesse d'Angoulême, puis il s'embarqua lui-même et passa en Angleterre. Il rentra à la seconde Restauration, fut nommé pair de France le 17 septembre 1815, et, en même temps, maire honoraire de Bordeaux. A la Chambre haute, il vota pour la mort dans le procès du maréchal Ney, et soutint la politique ministérielle. Sans donner sa démission de pair à la révolution de 1830, il se retira dans sa terre de Donzac en Médoc, ne parut à la Chambre des pairs que lors du procès des ministres de Charles X, et fut l'un des trois pairs qui se prononcèrent en leur faveur. Il mourut, comme son frère, à 86 ans. On a de lui : *Correspondance au sujet des événements qui ont eu lieu à Bordeaux, dans le mois de mars 1814* (août 1814); — *Simple vœu* (1831); — *Quelques considérations politiques* (1833), dans lesquelles on lit : « Louis-Philippe donnerait, par une généreuse abdication, l'exemple d'un désintéressement si sublime, qu'il en imposerait à cette multitude de prétentions qui désolent la France depuis quarante ans. »

LYNDEN VAN LUNENBERG (JEAN-HANDRICK, BARON), député au Corps législatif de 1811 à 1814, né à Utrecht (Hollande) le 20 septembre 1765, mort à Utrecht le 10 janvier 1854, issu d'une ancienne famille noble de la province de Gueldre, fut fait par Napoléon Ier commandeur de la Légion d'honneur et, le 19 février 1811, député du Zuyderzée au Corps législatif impérial, où il siégea jusqu'en 1814.

LYON (LAURENT-MARC-ANTOINE, MARQUIS DU), député de 1822 à 1828, né à Mont-de-marsan (Landes) le 26 juillet 1762, mort à Paris le 21 juillet 1828, entra très jeune au service, et devint officier aux gardes-françaises le 26 avril 1778. Pendant la Révolution, il se tint à l'écart et ne parut sur la scène politique qu'après le 18 brumaire. Maire de Campet (messidor an VIII), puis de Mont-de-Marsan (janvier 1808), conseiller d'arrondissement et conseiller général des Landes, il fut fait chevalier de Saint-Louis à la Restauration, et entra dans l'administration, comme conseiller de préfecture des Landes. Successivement élu député du 1er arrondissement électoral de ce département (Mont-de-Marsan), le 13 novembre 1822, par 137 voix (218 votants, 287 inscrits), contre 41 au général Lamarque et 37 à M. Poyféré de Cère; le 25 février 1824, par 162 voix (190 votants, 297 inscrits), contre 23 au général Lamarque; le 17 novembre 1827, par 105 voix (175 votants, 255 inscrits) contre 65 au général Lamarque, il siégea au centre, fut compté au nombre des amis du duc de la Rochefoucauld-Doudeauville, et ne prit la parole que pour lire un rapport sur un projet de loi tendant à aliéner divers terrains de Paris destinés à la construction de nouvelles casernes. M. de Lyon mourut en juillet 1828, et fut remplacé, le 12 décembre suivant, par le général Lamarque.

LYONNAIS (ANDRÉ), député de 1885 à 1889, né au Creusot (Saône-et-Loire) le 30 avril 1842, entra dès l'âge de treize ans à l'usine du Creusot, où il occupa plus tard les fonctions de chef de comptabilité des approvisionnements généraux et ensuite des aciéries. En 1873, il quitta le Creusot pour aller au Havre, en qualité de chef comptable de la Société anonyme des constructions navales, et ce fut à partir de cette époque qu'il commença à s'occuper des questions ouvrières. Il organisa un certain nombre de chambres, et eut un rôle important dans les travaux du Congrès ouvrier du Havre en 1880. Se séparant nettement des collectivistes et des révolutionnaires, M. A. Lyonnais se montra, dans ses rapports et dans ses discours, le partisan de la politique de transactions recommandée par Gambetta, et fut très vivement attaqué, depuis lors, par le parti intransigeant et socialiste qui lui reprocha notamment ses relations étroites avec le ministère de l'Intérieur (bureau des sociétés professionnelles). Conseiller municipal du Havre depuis 1877, M. Lyonnais vint s'établir à Paris en 1881, et fut comptable-caissier d'une grande maison de tapisserie. Il fit, aux élections

générales du 21 août de cette année, une tentative infructueuse comme candidat « républicain progressiste » dans le 17e arrondissement de Paris, où il n'obtint qu'un très petit nombre de voix. Il avait donné une série de conférences à la salle Lévis et à l'Elysée-Montmartre sur l'organisation ouvrière, et avait publié diverses brochures de propagande, lorsque, porté, le 4 octobre 1885, sur la liste opportuniste de la Seine-Inférieure, il fut élu député de ce département, le 12e et dernier, par 76,877 voix (149,54 votants, 195,467 inscrits). M. Lyonnais siégea à l'Union républicaine, prit quelquefois la parole sur des questions économiques, attaqua (mars 1887) le projet de surtaxe sur les céréales, fi (juin suivant) l'apologie du service de trois ans, et vota avec la majorité pour les ministères Rouvier et Tirard; à la fin de la législature, il s'abstint sur le rétablissement du scrutin d'arrondissement (11 février 1889), et se prononça *contre* l'ajournement indéfini de la révision de la Constitution, *pour* les poursuites contre trois députés membres de la Ligue des patriotes, *pour* le projet de loi Lisbonne restrictif de la liberté de la presse, *pour* les poursuites contre le général Boulanger.

LYOTTIER (GASPARD) représentant à l Chambre des Cent-Jours, né à Paris le 7 septembre 1756, mort à Paris le 16 avril 183 « fils de Jean Lyottier, sculpteur, et de Marie Marguerite Deligny, » était propriétaire à Piscop (Seine-et-Oise). Le 11 mai 1815, il fu élu représentant à la Chambre des Cent-Jours par le grand collège de Seine-et-Oise, avec 45 voix (82 votants, 226 inscrits). Il n'eut qu'un rôle parlementaire peu important qui prit fin avec la législature.

LYS (PARFAIT-HONORÉ), député en 1834, né à Clarbec (Calvados) le 11 mai 1794, mort à une date inconnue, étudia le droit, fut reçu avocat et se fixa à Bernay, dont il devint maire. Élu, le 2 mars 1834, député de cette circonscription (la 4e de l'Eure), par 132 voix sur 255 votants et 369 inscrits, contre 113 à M. Le Prévost, en remplacement de Dupont de l'Eure démissionnaire, il siégea dans la majorité, mais pour peu de temps, car il n'obtint pas sa réélection au renouvellement général de la même année, et fut remplacé par M. Le Prévost. Chevalier de la Légion d'honneur.

M

MAC-CARTHY (DENIS-CHARLES-JEAN-MARIE DE), député de 1815 à 1820, né au Cap-Français (Saint-Domingue) le 17 avril 1757, mort à une date inconnue, issu d'une famille irlandaise, servit dans les armées du roi comme capitaine de dragons, et devint, sous la Restauration, conseiller général de la Charente-Inférieure. Le 22 août 1815, il fut élu député de ce département (grand-collège), par 115 voix (149 votants, 296 inscrits), siégea dans la majorité de la Chambre introuvable, obtint sa réélection le 4 octobre 1816, avec 87 voix (165 votants, 279 inscrits), reprit sa place au côté droit (seconde section) et quitta la vie parlementaire en 1820.

MAC-CARTHY-LÉVIGNAC (ROBERT-JOSEPH, COMTE DE), député de 1816 à 1820, né à Toulouse (Haute-Garonne) le 30 juin 177 mort à Lyon (Rhône) le 11 juillet 1827, « fils de Justin Mac-Carthy de Springhouse, originaire d'Irlande, maintenu dans la noblesse et nom et d'armes par arrêt du conseil d'Etat du roi du 4 août 1769, et de dame Marie Winifrède de Tint, » suivit la carrière militaire, émigra en 1791, fit plusieurs campagnes à l'armée des princes en qualité d'aide de camp du prince de Condé. Il ne rentra en France qu'à la Restauration, et fut nommé, le 4 juin 181 maréchal de camp de cavalerie. Elu, le 4 octobre 1816, député du collège de département la Drôme, par 66 voix (115 votants, 177 inscrits), il prit place au côté droit, défendit les intérêts du clergé, et attaqua le projet relatif à la liberté de la presse comme produisant les plus grands abus, sous prétexte de les prévenir : « Je le répéterai, dit-il, je ne veux point de la licence de la presse; mais enfin la liberté de publier nos opinions nous est garantie par la Charte; qu'on ne nous en montre pas les bienfaits comme les fruits de la terre promise, auxquels il était défendu de toucher. » M. de Mac-Carthy prit part à la discussion du budget, vota pour la conservation des forêts nationales, pour la restitution des biens non vendus appartenant au clergé et à l'ordre de Malte, et prononça, à la Chambre des députés, un éloge funèbre du prince de Condé, dont la majorité ordonna l'impression. On y remarquait ce passage : « Si ce prince se montra grand pendant la guerre, on le vit, au sein de la paix, s'attacher à d'autres genres de gloire. Il cultiva les lettres avec succès, protégea les savants et se distingua comme poète et écrivain. Son amour pour les sciences ne lui fit pas négliger cependant l'étude de l'art de la guerre, et la révolution le trouva propre à tout et presque dans la force de l'âge. Aussitôt qu'elle éclata, M. le prince de Condé se fit voir tel qu'il a toujours été, fidèle à son Dieu et à son Roi. Je ne vous montrerai point cet illustre guerrier à la tête d'une armée faible en nombre, mais forte en valeur, je ne citerai point les lieux témoins de ses victoires : vous connaissez comme moi ce qui s'est passé depuis 1789 jusqu'en 1814... » etc. M. de Marc-Carthy échoua, le 13 novembre 1820, avec 51 voix contre 74 à l'élu, M. de Cordoue. Il avait fait partie, en juin 1816, du conseil de guerre qui jugea le général Bonnaire. « Le conseil, rapporte un biographe, était présidé par M. le duc de Maillé; mais M. de Maillé, plus exercé aux travaux de la guerre qu'au talent de la parole, laissa M. de Mac-Carthy conduire les débats et faire les honneurs de la séance. Il s'acquitta de cette fonction avec beaucoup de grâce, de facilité et surtout de politesse envers l'accusé. » Le même biographe ajoutait : « M. de Mac-Carthy n'a pas justifié comme député les espérances qu'il avait données comme juge. »

MAC-CURTAIN DE KAINLIS (FLORIMOND-BENJAMIN, député au Conseil des Cinq-Cents, né à Savennières (Maine-et-Loire) le 29 juillet 1764, mort à une date inconnue, était commissaire des guerres, quand il fut élu député de la Loire-Inférieure au Conseil des Cinq-Cents, le 28 germinal an V. Membre du club de Clichy, il fut condamné à la déportation au 18 fructidor; mais il put s'échapper et rejoindre les Chouans, avec lesquels il fit les campagnes dans la haute-Bretagne et le bas-Anjou, sous le nom de Kainlis, en qualité de major-ordonnateur. Sous le Consulat, il fut autorisé à rentrer dans ses foyers, et demeura éloigné des affaires publiques jusqu'au retour des Bourbons. Nommé sous-intendant militaire le 4 octobre 1820, il fut mis à la retraite le 7 juin 1834.

MAC-MAHON (CHARLES-LAURE MARQUIS DE), pair de France, né à Autun (Saône-et-Loire) le 5 mai 1752, mort à Paris le 26 août 1837, « fils de haut et puissant seigneur messire Jean-Baptiste Mac-Mahon, chevalier seigneur suzerain et absolu des villes, pays, châteaux et terres de Seenish, d'Inisch, d'Arevan, d'Ylan-Magrath, d'Ing, situés dans le comté de Clare et l'isle de Fymes, de la ville et pas de Ryen-canagh, et plusieurs autres terres dans le comté de Limerick, comte d'Eguilly, et de dame Madame Charlotte Le Belin, comtesse d'Eguilly, » descendait d'une ancienne famille irlandaise qui se réfugia en Bourgogne à la chute des Stuarts. Il suivit la carrière militaire, émigra avec les princes, et fut nommé maréchal de camp (1814) à la première Restauration. Dévoué au gouvernement royal, il fut appelé à la pairie le 5 novembre 1827, lors de la nomination des « soixante-seize ». Un biographe écrivait à cette occasion : « Il nous a été impossible de nous procurer les renseignements sur son compte, et même de savoir si son généralat fut obtenu avant ou après la révolution, en deçà ou au delà du Rhin.» Le marquis de Mac-Mahon soutint, jusqu'en 1830, le gouvernement de Charles X. Démissionnaire pour refus de serment à la révolution de juillet, il rentra dans la vie privée.

MAC-MAHON (MARIE-EDME-PATRICE-MAURICE COMTE DE), DUC DE MAGENTA, sénateur du second Empire, président de la République française, né à Sully-sur-Loire (Saône-et-Loire) le 13 mai 1808, neveu du précédent, et l'un des sept enfants de Maurice-François comte de Mac-Mahon, lieutenant général en 1827, et de Mlle Pélagie-Edmée de Riquet de Caraman, fut d'abord destiné à la carrière ecclésiastique, et entra au petit séminaire d'Autun. Mais il en sortit bientôt pour venir à Versailles dans une institution préparatoire à l'Ecole militaire, et fut reçu, en 1825, à l'Ecole militaire de Saint-Cyr. Sorti avec le n° 4, il devint sous-lieutenant d'état-major, prit part à l'expédition d'Alger (1830) et au siège d'Anvers en qualité d'aide-de-camp du général Achard, et fut nommé lieutenant la même année. Capitaine en 1833, il retourna en Afrique, où il se signala dans divers engagements, notamment au col de la Mouzaïa, à la bataille de Staoüéli et au siège de Constantine : il fut blessé à la poitrine devant cette ville, le 10 novembre 1837. Chef de bataillon au 10e chasseurs (1840), lieutenant-colonel au 2e régiment de la légion étrangère (1842), colonel du 41e de ligne (1845), général de brigade (1848), commandant la subdivision de Tlemcen, commandeur de la Légion d'honneur (1849), il fut promu général de division en 1852, et grand-officier de la Légion d'honneur en 1853. Ce rapide avancement se justifiait par la part très active que M. de Mac-Mahon avait prise à plusieurs campagnes et, en dernier lieu, à l'expédition faite au sud de Biskra. En avril 1855, il fut rappelé en France, placé à la tête d'une division de l'armée du Nord, et de là envoyé en Crimée (août), pour y prendre le commandement de la 1re division du général Bosquet. Posté devant Sébastopol, sur le point le plus culminant du parapet, il dirigea, le 8 septembre 1855, à la tête de ses troupes, l'assaut contre Sébastopol, entra dans Malakoff et fut promu (22 septembre) grand-croix de la Légion d'honneur. Le général de Mac-Mahon fut nommé membre du Sénat (24 juin 1856). Il n'eut pas un rôle parlementaire important, les divers commandements dont il fut investi l'ayant empêché de suivre assidûment les séances; toutefois on remarqua et on commenta son opposition isolée, dans la Chambre haute, à la loi de sûreté générale, proposée par le général Espinasse, alors ministre de l'Intérieur. En 1857, M. de Mac-Mahon retourna en Afrique et commanda, sous les ordres du maréchal Randon, la 2e division, dans la grande expédition de Kabylie. Puis il fut, lors de l'organisation nouvelle de l'Algérie, par décret du 31 août 1858, investi du commandement supérieur des forces de terre et de mer de la colonie. En 1859, il fut mis à la tête du 2e corps, destiné à prendre part à la guerre d'Italie, et, le 2 juin, il franchit le premier le Tessin, à la hauteur de Turbigo. Le 4 juin, il eut la plus grande part à la victoire de Magenta, et passa pour avoir, ce jour-là, par son sang-froid sauvé une partie de l'armée et Napoléon III menacé d'être fait prisonnier avec toute sa garde. Le 5, M. de Mac-Mahon fut fait maréchal de France et duc de Magenta sur le champ de bataille. Quelques jours après, il se distingua encore à Solférino. En novembre 1861, il représenta l'Empereur à Berlin aux fêtes du couronnement de Guillaume III, roi de Prusse. De retour en France, il reçut le commandement du 3e corps d'armée à Nancy (octobre 1862), et, le 1er septembre 1864, il fut nommé gouverneur général de l'Algérie. Partisan du régime militaire, il fut chargé d'appliquer le nouveau système, dont les résultats provoquèrent certaines protestations; entre le maréchal de Mac-Mahon et M. Lavigerie, archevêque d'Alger, un conflit s'éleva, qui retomba sur le tapis l'institution du régime civil en Algérie. Cette institution ayant repris faveur, même dans le conseil des ministres, à l'avènement au pouvoir de M. Emile Ollivier, M. de Mac-Mahon prononça à ce sujet au Sénat, le 21 janvier 1870, un discours où, répondant à M. Michel Chevalier, il exprima sa confiance dans l'avenir de la colonie, sans penser qu'il fût nécessaire de recourir à de nouvelles mesures. Puis il donna à deux reprises, en mars et en juin, sa démission de gouverneur général, qui fut refusée.

Lorsque la guerre eut été déclarée à la Prusse, le maréchal de Mac-Mahon fut appelé à Paris, et désigné pour commander le 1er corps d'armée (juillet 1870). Envoyé en Alsace avec 32,000 hommes, il prit son quartier général à Strasbourg; le 4 août, son avant-garde, commandée par le général Abel Douay, fut battue à Wissembourg, et, deux jours plus tard, écrasé à son tour par le nombre, le maréchal essuya une sanglante défaite à Reichshoffen. Forcé de battre en retraite, après avoir perdu 4,000 prisonniers, 36 pièces de canon, 2 drapeaux, il revint à Châlons, où une nouvelle armée, forte de 120,000 hommes, lui fut confiée; là, il reçut, le 23 août, du ministre Palikao, l'ordre de se porter au secours de Bazaine. Le maréchal, opposé personnellement, a-t-on dit, à ce plan de campagne, consentit cependant à l'exécuter; le 23 août, il commença le mouvement fatal qui devait conduire l'armée à Sedan, et marcha sur Reims et Rethel. Le 27 août, il proposa de revenir vers Paris; mais on lui ordonna de poursuivre la marche en avant; le 28, il arriva à Mouzon, et, le 31, il concentra ses troupes sur la rive droite de la Meuse. Le 1er septembre, vers cinq heures du matin, s'engagea une terrible bataille. Deux heures plus tard, le maréchal de Mac-Mahon, grièvement blessé à la cuisse, remettant au général Ducrot le commandement en chef que prit peu après le général de Wimpffen. Prisonnier sur parole, M. de Mac-Mahon fut transporté à Pouen-aux-Bois, sur la frontière belge, puis, sa blessure guérie, se rendit à Wiesbaden, en Allemagne, où il fut interné. Revenu en France (mars 1871), il accepta de Thiers, chef du pouvoir exécutif, le commandement de l'armée de Versailles, chargée de combattre le gouvernement communaliste et de reprendre Paris. Vainqueur,

après les sanglantes journées de mai, il rétablit l'état de siège, et resta maître de la ville jusqu'au 1er juillet, époque où le général Ladmirault fut investi des fonctions de gouverneur. Il rentra alors dans la vie privée, après avoir refusé, à plusieurs reprises, une candidature à l'Assemblée nationale, que lui offrirent, à plusieurs reprises, les conservateurs de la Seine et de la Charente-Inférieure; il refusa encore la succession éventuelle de Thiers à la présidence de la République, et, lorsqu'à la suite du vote du 20 janvier 1872, le chef du pouvoir donna sa démission, le maréchal se rendit auprès de lui pour lui demander, au nom de l'armée, de conserver ses fonctions. Mais les événements du 24 mai 1873 vinrent modifier ces sentiments. En attendant que la majorité monarchiste pût s'entendre sur le choix d'un roi, M. de Mac-Mahon fut élu, dans la séance du soir du 24 mai, président provisoire de la République par 390 voix. Il accepta, après quelque hésitation, les fonctions que M. Buffet vint lui offrir au nom du parlement, et, dans une lettre à l'Assemblée, il déclara qu'il continuerait avec elle « l'œuvre de la libération du territoire et du rétablissement de l'ordre moral dans notre pays. » Le lendemain il constitua son ministère, formé des principaux chefs de la coalition des droites : MM. de Broglie, Batbie, Ernoul, Beulé, de la Bouillerie, etc. Le 26 mai, M. de Broglie, chef du nouveau cabinet, vint lire à l'Assemblée un message du nouveau président qui s'y traçait le rôle personnel le plus modeste, se bornant à considérer le poste où il était placé « comme celui d'une sentinelle qui veille, disait-il, au maintien de l'intégrité de votre pouvoir souverain. » Le maréchal se tint à l'écart de tout débat de la Chambre, laissant son ministère organiser, par les moyens qu'il jugea convenables, ce gouvernement « de l'ordre moral », qui réunit contre lui, à l'Assemblée et dans le pays, toutes les nuances du parti républicain. On trouvera à d'autres articles (Broglie, Buffet, etc.) le détail des événements qui signalèrent la présidence du Maréchal: parmi les actes qui parurent répondre plus particulièrement à sa pensée intime rarement exprimée, on a cité : le décret promulguant la reconstruction de la colonne Vendôme (1er juin 1873), la réorganisation du chapitre de Saint-Denis (29 juin), le payement jusqu'à de l'indemnité de guerre (5 septembre), la création de dix-huit corps d'armée régionaux et d'un corps d'armée distinct pour l'Algérie (30 septembre).

Le 6 novembre suivant, lors de la rentrée de l'Assemblée, M. de Mac-Mahon lui ayant demandé par un nouveau message de donner au régime actuel plus de stabilité et d'autorité, une proposition tendant à assurer au maréchal un pouvoir de dix années fut immédiatement déposée par le général Changarnier. Tandis qu'elle soulevait de vifs débats au sein de la commission parlementaire, des pourparlers, auxquels le Maréchal semble être resté personnellement étranger, se poursuivaient pour le rétablissement de la « monarchie légitime ». Ces pourparlers ayant échoué, le Maréchal signa un second message, dans lequel il abaissait de dix ans à sept ce la durée de pouvoirs qu'il demandait : la loi du septennat fut votée le 19 novembre par 378 voix contre 310. Elle prescrivait, en outre, l'élection, dans les trois jours qui suivaient sa promulgation, d'une commission de trente membres chargée de l'examen des lois constitutionnelles. Vers la même époque, M. de Mac-Mahon usa de sa droit de grâce pour commuer en vingt ans de réclusion la peine de mort infligée par le conseil de guerre à son ancien compagnon d'armes Bazaine. Evitant de se mêler directement aux luttes parlementaires, M. de Mac-Mahon fit entendre, dans une visite au tribunal de commerce, le 4 février 1874, des paroles qui déplurent très vivement à la droite légitimiste, et dont la conséquence fut la chute du cabinet de Broglie, le 16 mai suivant. Le maréchal appela alors au pouvoir MM. de Cissey et Tailhand, sans s'écarter d'ailleurs de la politique précédemment suivie. A la proposition de M. de la Rochefoucauld-Bisaccia en faveur du rétablissement de la monarchie, il répondit, le 9 juillet, par un message dans lequel il réclamait des « institutions régulières propres à assurer au pays le calme, la sécurité, l'apaisement ». Le 10 juillet 1874, un remaniement ministériel appela M. de Chabaud-Latour à remplacer M. de Fourtou, et M. Mathieu-Bodet à succéder à M. Magne. Pendant les vacances parlementaires, le maréchal parcourut les départements de l'Anjou, de la Bretagne et du Nord, et fit appel, dans maints discours, aux conservateurs de toutes nuances, sans en excepter, semblait-il, les plus modérés des républicains. Désireux de voir voter les lois constitutionnelles par l'Assemblée, il l'invita à discuter du moins la loi sur la création du Sénat, « institution que paraissent réclamer le plus impérieusement les intérêts conservateurs. » Le 21 janvier 1875, la loi sur les pouvoirs publics vint en délibération; elle fut votée définitivement, comme on sait, le 25 février suivant. Après ce vote, le maréchal confia le soin de former un ministère à M. Buffet, dont l'insuffisante popularité valut à la politique qu'il représentait un quadruple échec électoral, le 20 février 1876; le maréchal se tourna alors vers le centre gauche. M. Dufaure, président du conseil, admit l'élément républicain dans le ministère qu'il dirigea, et dont firent successivement partie M. Ricard, puis M. de Marcère. Cependant monarchiste du Sénat se montrait systématiquement hostile aux dernières tentatives ae conciliation du chef du pouvoir : cette hostilité s'accentua encore, après que M. Jules Simon eut succédé (12 décembre 1876), comme président du conseil, à M. Dufaure. Certains mandements d'évêques ayant donné lieu, le 4 mai 1877, à un ordre du jour « anti-clérical » de M. Leblond, ordre du jour que votèrent les gauches après une ardente discussion, le maréchal fut nettement invité par les chefs du parti conservateur et catholique à se séparer de M. Jules Simon, dont l'abstention dans certains débats était compromettante. Peu de jours après, le 16 mai, le maréchal adressait au président du conseil une lettre qui contenait ce passage : « L'attitude du chef du cabinet fait demander s'il a conservé sur la Chambre l'influence nécessaire pour faire prévaloir ses vues. Une explication à ce sujet est indispensable, car, si je ne suis pas responsable comme vous envers le parlement, j'ai une responsabilité envers la France, dont, aujourd'hui plus que jamais, je dois me préoccuper. » La démission collective du ministère suivit immédiatement ce document, et MM. de Broglie, de Fourtou, Brunet, Paris, Caillaux et de Meaux furent appelés aussitôt avec MM. le général Berthaut et Decazes, membres du ministère précédent, à constituer un cabinet de lutte contre la majorité républicaine de la Chambre; celle-ci répondit, après une prorogation d'un mois, par le vote célèbre de l'ordre du jour de

défiance et de blâme, dit des 363. A l'instigation des hommes politiques de la droite, M. de Mac Mahon obtint du Sénat la dissolution de la Chambre, et alors commença une nouvelle période de crises, où des essais de compression administrative se heurtèrent à la résistance légale du parti républicain tout entier. La personnalité du Maréchal se trouvant découverte en quelque sorte par ses derniers actes, le chef des « 363 », Gambetta, le mit en demeure, dans son discours de Lille, d'avoir à « se démettre ou à se soumettre ». M. de Mac-Mahon s'efforça pourtant d'échapper à ce dilemme. Une nouvelle série de voyages officiels, à Bourges, à Evreux, à Caen, à Cherbourg, à Angoulême, à Poitiers, à Tours, etc., lui fournit plusieurs occasions de protester contre certaines interprétations données à sa politique ; de vives manifestations en faveur de la République accueillirent chacun de ses discours. Rentré à Paris, il signa le décret de convocation pour les élections générales, se défendit, dans un manifeste au peuple français contre-signé par M. de Fourtou, de « vouloir renverser la République », et déclara en même temps que son devoir grandissait « avec le péril », il resterait pour défendre, avec l'appui du Sénat, les intérêts conservateurs. Bien que le gouvernement du Maréchal eût soutenu officiellement, dans chaque circonscription électorale, les candidats de la droite, cette campagne n'eut pas le résultat que les monarchistes en attendaient. Les 363 furent en grande majorité réélus, et l'opposition obtint une majorité de 120 voix. Le cabinet de Broglie-Fourtou n'en resta pas moins à son poste, jusqu'à ce que, l'appui des « constitutionnels » lui faisant défaut, il dut se retirer pour laisser place au cabinet extra-parlementaire présidé par le général de Rochebouët (23 novembre). L'opinion y vit une menace de coup d'Etat. La Chambre ayant manifesté aussitôt son refus d'entrer en communication avec le nouveau ministère, le maréchal de Mac-Mahon songea à donner sa démission, puis se décida, non sans hésitation, à faire appeler M. Dufaure, et à lui confier, le 13 décembre, la mission de constituer un ministère pris, cette fois, dans les rangs de la majorité. Un message, d'un ton et d'un style bien différents de ceux qui l'avaient immédiatement précédé, fit connaître au pays que le président de la République n'entendait pas « ériger en système de gouvernement l'exercice du droit de dissolution ». A partir de ce moment, le maréchal de Mac-Mahon se renferma dans l'accomplissement discret et silencieux du mandat qu'il tenait de la Constitution. On considéra cependant comme son œuvre à peu près personnelle le discours qu'il prononça le 1er mai 1878, jour de l'ouverture de l'Exposition universelle ; ce discours se terminait par un appel à « l'esprit de concorde, au respect absolu des lois, à l'amour ardent et désintéressé de la patrie. » Mais les secrètes préférences du Maréchal n'étaient ni pour la république, ni surtout pour les républicains. Trois semaines après le premier renouvellement partiel du Sénat, renouvellement qui fit passer la majorité à gauche, M. de Mac-Mahon saisit le prétexte d'un dissentiment avec ses ministres, sur le projet de loi concernant les grands commandements militaires, pour donner sa démission (30 janvier 1879). Le jour même, M. Jules Grévy fut proclamé, par le Congrès, président de la République. Le maréchal de Mac-Mahon, rentré dans la vie privée, est resté, depuis cette époque, absolument étranger aux affaires publiques. On a de lui un *Rapport* sur les opéra-

14

-tions de l'armée de Versailles en mai 1871. M. de Mac-Mahon est haut dignitaire des principaux ordres étrangers.

MACAIRE DE ROUGEMONT (Julien-Vincent), député au Conseil des Cinq-Cents et au Corps législatif, né à Redon (Ille-et-Vilaine) le 10 mars 1759, mort à Vannes (Morbihan) le 26 octobre 1831, fils unique de « Julien-Nicolas Macaire, sieur de Rougemont, docteur-médecin en la faculté de Montpellier, résidant à Redon, et de Marie-Françoise Le Clerc, » était vérificateur des domaines dans la juridiction de Morlaix, lorsqu'il épousa, le 30 mai 1791, à Quintin (Côtes-du-Nord), Marie-Charlotte Guesnon de l'enanster. Il fut élu, grâce à l'influence de cette famille, député des Côtes-du-Nord au Conseil des Cinq-Cents, le 15 vendémiaire an IV, par 197 voix (379 votants). Une réclamation qu'il adressa à ses collègues de la commission des inspecteurs (22 pluviôse an V) fournit d'assez curieux détails sur les moyens de communication alors existant entre les provinces de l'Ouest et la capitale : « Je partis, y est-il dit, de chez moi le 1er brumaire an IV, et arrivai à Saint-Brieuc le même jour. Tout le pays, jusqu'à Laval, était occupé par les Chouans, le courrier de la malle n'arrivait que tous les 20 jours, et les diligences passaient à peine une fois chaque mois. Je dus donc m'embarquer pour Saint-Malo ; mais, contrarié par les vents, je fus retenu 4 jours à Saint-Brieuc ; arrivé à Saint-Malo, le contre-amiral Cornic me fit donner, vu l'absence de navire pour le service du port, au bout de cinq jours, passage à bord d'une chaloupe canonnière pour Granville où je dus attendre deux jours une voiture d'occasion pour Caën. A Caën, toutes les places étant retenues dans la voiture publique pour quinze jours, je dus acheter la place d'un particulier et l'indemniser de ses frais de retard. » Enfin, le 19 brumaire, il arriva à Paris. Il prit plusieurs fois la parole au Conseil, notamment pour proposer d'en acquitter les seules dépenses de l'administration par la trésorerie, pour faire allouer des fonds spéciaux au ministère de la Justice, et sur la rééligibilité des ex-membres de la Convention. A l'expiration de son mandat, il fut nommé, le 23 floréal an VII, directeur de l'enregistrement et des domaines à Chartres (Eure-et-Loir). Lié d'une étroite amitié avec ses compatriotes Jaazé et Defermon, avec lesquels il avait fait ses études de droit, il fut élu par le Sénat conservateur, le 14 vendémiaire an XII, député des Côtes-du-Nord au Corps législatif. Il renonça plus tard à la carrière politique, et revint occuper à Vannes la place de directeur dans son ancienne administration.

MACAYE (Pierre-Nicolas Haraneder, vicomte de), député en 1789, né à Saint-Jean-de-Luz (Basses-Pyrénées) en 1758, mort à une date inconnue, propriétaire dans sa ville natale, fut élu député de la noblesse aux Etats-Généraux par le bailliage de Labour (Ustaritz), le 23 avril 1789. Il se mêla d'abord aux novateurs, demanda l'abolition des privilèges, et proposa, lors des troubles de Nîmes, de faire mander à la barre de l'Assemblée les signataires de la protestation des soi-disant catholiques. Mais, effrayé de la marche des événements, il passa bientôt dans la minorité, et signa les protestations des 12 et 15 septembre 1791, contre les décrets de la Constituante. Il disparut ensuite de la scène politique.

MACDONALD (Jacques-Etienne-Joseph-Alexandre), duc de Tarente, pair de France à Sedan (Ardennes) le 17 novembre 1765, mort à Courcelles (Seine-et-Oise) le 25 septembre 1840, issu d'une famille écossaise qui suivit Jacques II en France, servit d'abord dans la légion irlandaise, puis dans le régiment de Dillon et fit ses premières armes en Hollande en 1785 sous le comte de Maillebois. Bien qu'à la Révolution tous les officiers de son régiment eussent émigré, il resta en France, fut attaché à l'état-major de Beurnonville, puis à celui de Dumouriez, se distingua à Jemmapes, et devint peu après colonel de l'ancien régiment de Picardie. Général de brigade en 1795, il contribua à la prise de la flotte hollandaise en forçant le passage du Wahal sur la glace et sous le feu des ennemis. Général de division l'année suivante, il se signala à l'armée du Rhin, puis à celle d'Italie ; au moment de la paix de Campo-Formio, il passa sous les ordres de Berthier, et fut nommé gouverneur de Rome en 1798. Une grande agitation régnait alors dans les Etats pontificaux, à la nouvelle que l'armée napolitaine marchait sur Rome. Macdonald dut réprimer énergiquement l'effervescence, puis il évacua la ville avec ses troupes, poursuivi par Mack, qui, malgré la supériorité du nombre, fut battu à Otricoli. Macdonald et Championnet envahirent à sa suite le royaume de Naples, et s'emparèrent de Capoue. Championnet ayant été arrêté par ordre du Directoire en mars 1799, Macdonald le remplaça dans le commandement de l'armée, et s'efforça de mener à bien la soumission des territoires occupés. Mais les insuccès de Schérer le forcèrent de remonter vers le nord. Sur la Trebbia, il rencontra l'armée austro-russe de Souwarow et lui livra pendant trois jours un si furieux combat que le général russe, quoique victorieux, s'écria : « Encore un semblable succès et nous aurons perdu la Péninsule ! » Macdonald voulait encore livrer une dernière bataille, mais le conseil de guerre s'y opposa ; il battit donc en retraite, et put faire près de Gênes sa jonction avec Moreau. Rentré peu après en France, par suite de son état de santé, il aida au 18 brumaire, fut appelé par Moreau au commandement de l'aile droite de l'armée du Rhin, et devint, après Marengo, général en chef de l'armée de réserve (24 août 1800). Après avoir péniblement traversé le massif du Splügen, il pénétra dans le Trentin, menaçant ainsi les flancs de l'Autriche, quand la convention de Trévise mit fin à ces brillantes opérations. Chargé d'une mission extraordinaire en Danemark, il fut nommé, à son retour, grand-officier de la Légion d'honneur le 25 prairial an XII. Ayant pris la défense de Moreau lors de son procès, il tomba en disgrâce, ne fut point nommé maréchal et ne reçut aucun commandement actif. Le 1er décembre 1805, il écrivait de Grand-Pré (Ardennes) à un ami : « Dès mon enfance jeté dans la carrière des armes, j'ai le regret de la terminer à une époque où l'étude, la raison et l'expérience pouvaient me faire mettre à profit un art que j'ai tant étudié. Ce qui adoucit pourtant mes regrets et me résigne à la fois, c'est une conscience pure, sans tache et à l'abri de tout reproche. » Il ne fut rappelé à l'activité qu'en 1809, au moment de la campagne du Danube. Il força l'Isongo, s'empara de Laybach, où il trouva d'immenses approvisionnements, et, après la victoire de Raab à laquelle il contribua, fit jonction avec l'empereur près de Vienne. A Wagram, il enfonça le centre de l'ennemi et fut blessé à la jambe. Au grand quartier impérial, où l'on l'amena, Napoléon l'embrassa et lui dit : « Oublions le passé, soyons amis! je vous fais maréchal et duc, vous l'avez mérité ». —«Oh! sire, s'écria Macdonald, désormais entre nous c'est à la vie, à la mort. » Il reçut son bâton de maréchal le 7 juillet 1809 et le titre de duc de Tarente le 9 décembre suivant. Nommé gouverneur de Gratz, il fut appelé, au mois d'avril 1810, au commandement du corps d'Augereau en Espagne. Après la prise de Figuières en 1811, le maréchal laissa ses troupes sous les ordres du général Decaen, et prit, au moment de la campagne de Russie, le commandement du 10e corps, principalement formé du contingent prussien. Sa mission était d'observer les côtes de la Baltique; mais, à la nouvelle des désastres de Moscou et de la retraite des Français, les Prussiens firent défection et eut beaucoup de peine à ramener à Kœnigsberg les 7,000 hommes qui lui restaient. En Saxe, en 1813, il commanda le 11e corps, battit les Prussiens à Mersebourg, se distingua à Lutzen et à Bautzen, mais fut battu en Silésie par Blücher. A Leipzig, où il lutta héroïquement, il était de l'autre côté de l'Elster lorsque le pont sauta, mais il put se sauver à la nage, plus heureux que Poniatowski, qui commandait avec lui l'arrière-garde de l'armée. Se battit à Hanau, fut envoyé à Cologne pour y organiser la défense, mais dut bientôt rentrer en France, où il eut à résister aux attaques de Blücher, notamment à Nangis (17 février 1814). Le 11 avril, il porta avec Caulaincourt aux souverains alliés l'acte d'abdication de Napoléon, et fut le dernier des maréchaux à adhérer à la déchéance. L'empereur lui avait remis en souvenir le sabre de Mourad-bey. A la Restauration, Macdonald fut nommé membre du conseil de guerre, créé chevalier de Saint-Louis (2 juin), promu pair de France (4 juin 1814), et gouverneur de la 21e division militaire. Lors de la discussion sur la restitution des biens des émigrés, il proposa un nouveau plan d'indemnité qui fut accueilli avec faveur par la Chambre haute. Au retour de l'île d'Elbe, il accompagna à Lyon le comte d'Artois; mais, après la défection des troupes, il revint à Paris, escorta le roi jusqu'à la frontière et refusa tout emploi durant les Cent-Jours; il servit comme simple grenadier dans la garde nationale. Après Waterloo, il fut chargé du licenciement des troupes. Nommé grand-chancelier de la Légion d'honneur, il conserva ces fonctions jusqu'en 1831. Sous la Restauration, il prit encore une part assez active aux débats de la Chambre des pairs et fut l'un des quatre maréchaux chargés du commandement des troupes de la garde en service auprès du roi. Après 1830, il se retira en sa terre de Courcelles où il mourut. Napoléon a dit de lui à Sainte-Hélène : « Macdonald avait une grande loyauté. »

MACDONALD (LOUIS-MARIE-ALEXANDRE), DUC DE TARENTE, député au Corps législatif de 1852 à 1869, sénateur du second Empire, né à Paris le 6 août 1824, mort à Paris le 6 avril 1881, « fils du précédent et de Mlle de Bourgoing », eut pour parrain le roi Charles X et pour marraine Mme Dauphine. Il resta éloigné des affaires pendant la durée du règne de Louis-Philippe; mais, à l'avènement de Napoléon III, il devint chambellan de l'empereur et fut nommé chevalier de la Légion d'honneur. Elu député au Corps législatif dans la 2e circonscription du Loiret, le 29 février 1852, par 27,461 voix (29,436 votants, 43,695 inscrits), contre 270 à

M. de Prémorvan; puis, le 22 juin 1857, par 10,072 voix (12,424 votants, 24,462 inscrits), contre 1,920 à M. Péreira, républicain; et, le 1er juin 1863, par 11,838 voix (17,806 votants, 25,526 inscrits), contre 5,874 à M. Péreira, il vota silencieusement avec la majorité dynastique du Corps législatif dont il fut quelque temps secrétaire. Conseiller général du Loiret, officier de la Légion d'honneur en 1855, il fut nommé sénateur le 6 mai 1869. Au 4 septembre 1870, il rentra dans la vie privée.

MACÉ (JEAN-FRANÇOIS), membre du Sénat, né à Paris le 22 août 1815, d'une famille d'ouvriers, entra au collège Stanislas, qu'il quitta en 1835, ses études terminées, pour y revenir l'année suivante en qualité de maître-répétiteur. Bientôt après, il fut nommé maître de conférences au collège Henri IV; de 1842 à 1845, il servit au 1er léger et devint caporal. Racheté du service par un de ses anciens professeurs, Théodose Burette, il fut pris par lui comme secrétaire et conserva ce titre jusqu'à la mort de son protecteur (1847). M. Macé se fit alors journaliste. Au lendemain de la révolution de février, qu'il avait saluée avec joie, il collabora à la *République*, fondée par le citoyen Eugène Bareste. Le coup d'État du 2 décembre 1851 éloigna de Paris M. Macé qui alla chercher un asile en Alsace, à Blebenheim, dans un pensionnat de jeunes filles appelé le *Petit Château*, où les hasards de la propagande politique l'avaient conduit l'année précédente. Il y donna des leçons d'histoire naturelle, de géologie, d'histoire, de littérature, etc., et y conçut l'heureuse idée de composer des ouvrages de vulgarisation scientifique à l'usage des enfants. Le premier qu'il publia, l'*Histoire d'une bouchée de pain, lettres à une petite fille sur nos organes et leurs fonctions* (1861), obtint un succès retentissant et eut plusieurs éditions. Il donna successivement dans le même ordre d'idées : *les Contes du Petit Château* (1862); *le Théâtre du Petit Château* (1862); *l'Arithmétique du grand-papa* (1863); *les Serviteurs de l'estomac*, *le Génie et la Petite ville* (1868); *l'Anniversaire de Waterloo* (1868); *le Premier livre des petits enfants* (1869), etc. En même temps, il écrivait des articles dans les revues, dans les journaux, et s'occupait activement de propager l'instruction populaire. Il fonda la Société des bibliothèques communales du Haut-Rhin (1863), après avoir organisé la bibliothèque communale du Blebenheim; créa en 1864, avec l'éditeur J. Hetzel, le *Magasin d'éducation et de récréation*, et, deux ans plus tard (1866), jeta les bases de l'œuvre à laquelle son nom est resté attaché : la *Ligue de l'enseignement*, qui compte aujourd'hui près de 30,000 adhérents et qui a eu une si grande part au développement de l'instruction primaire, gratuite et obligatoire. La législation impériale apportait à l'extension de cette Société certaines entraves dont le gouvernement républicain lui a permis de s'affranchir. M. Jean Macé est aujourd'hui encore le président de la Ligue, dont il a exposé le but et les tendances dans deux ouvrages intitulés : *la Séparation de l'Eglise et de l'Ecole* (1870) ; *et la Demi-Instruction* (1872). Républicain de la veille, M. Jean Macé se confina d'abord, après le 4 septembre dans le cercle de ses occupations littéraires et de propagande ; puis, avant adhéré à la politique « opportuniste » recommandée et suivie, depuis 1879, par les hommes du gouvernement, il accepta, le 8 décembre 1883, la candidature que lui offraient les gauches du Sénat, au siège de sénateur inamovible laissé vacant par le décès de M. Jules de Lasteyrie : il fut élu par 134 voix sur 207 votants. M. Jean Macé prit place à gauche, dans les rangs de la majorité. Il intervint, en 1886, dans la discussion du projet de loi relatif au monopole des inhumations, et dans celle de la loi sur l'organisation de l'enseignement primaire. En 1887, il parla sur la création d'une école normale d'institutrices à Châteauroux ; en 1888, il déposa une proposition de loi sur la préparation militaire de la jeunesse française. M. J. Macé s'associa à la plupart des votes de la gauche sénatoriale et opina, en dernier lieu, *pour* le rétablissement du scrutin d'arrondissement (13 février 1889), *pour* le projet de loi Lisbonne restrictif de la liberté de la presse, *pour* la procédure à suivre devant le Sénat contre le général Boulanger. Outre les ouvrages déjà cités, on a de M. Jean Macé : *Morale en action* (1865 ; *Lettres d'un paysan d'Alsace sur l'Instruction obligatoire; Une carte de France: le Gulf-Stream; les Idées de Jean-François* (1872-1873); *la Grammaire de Mlle Lili* (1878), etc.

MACHAULT (Louis-Charles de), député en 1789, né à Paris le 29 décembre 1737, mort au château d'Arnouville (Seine-et-Oise) le 13 juillet 1820, « fils de Jean-Baptiste de Machault, chevalier, garde des sceaux de France, ministre d'Etat, commandeur des ordres du roi, comte d'Arnouville en vertu des lettres patentes registrées au parlement le 11 mai 1757, et de Madame Geneviève-Louise Rouillé du Coudray », entra dans les ordres, fut abbé de Saint-Jean-d'Angely, vicaire général et archidiacre d'Anuis, et fut sacré évêque *in partibus* d'Emopée le 15 mars 1772, et nommé coadjuteur de M. De La Mothe, évêque d'Amiens, qu'il remplaça presque aussitôt. Le 15 août 1778, il organisa à l'évêché un « Bureau de charité » pour secourir les pauvres à domicile et pour procurer du travail aux ouvriers. Il établit, dix ans plus tard, à Amiens, une assurance mutuelle contre l'incendie entre tous ses prêtres, et, en 1790, créa une caisse de secours contre les incendies pour tous ses diocésains. Au moment des élections pour les Etats-Généraux, il demanda une représentation plus nombreuse et spéciale de l'épiscopat, « les évêques étant seuls juges de la foi, matière que l'on a quelquefois traitée dans ces assemblées. » Elu, le 7 avril 1789, député du clergé du bailliage d'Amiens et Ham aux Etats-Généraux, il fit partie de la minorité de l'Assemblée, protesta contre la réunion des trois ordres, contre l'abolition des privilèges, contre la constitution civile du clergé, et signa les protestations générales des 12 et 15 septembre 1791. Il émigra après la session. En 1792, Viard l'accusa d'entretenir des relations avec certains ci-devant nobles dans le but de favoriser le retour des anciens abus. Retiré à Paderborn (Allemagne), il adhéra par lettre au Concordat, et put rentrer en France peu de temps après. Louis XVIII le nomma chanoine de Saint-Denis (11 juillet 1818), deux ans avant sa mort.

MACHAULT(Charles-Henri-Louis de)comte d'Arnouville, pair de France, né à Paris le 22 avril 1747, mort à Paris le 23 février 1830, frère du précédent, entra au service comme capitaine de dragons, et fit la guerre de Sept ans. Maréchal de camp au moment de la Révolution, il émigra en 1791, se rendit à l'armée des princes, ne rentra en France qu'en 1814 et fut alors promu lieutenant-général et commandeur de Saint-Louis. Nommé pair de France à la seconde Restauration, le 17 août 1815, il se fit remarquer, à la Chambre haute, comme un royaliste intransigeant, vota *pour* la mort dans le procès du maréchal Ney, et siégea à l'extrême-droite de la Chambre haute jusqu'à sa mort.

MACHÉCO (Claude-Palamède-Louis Préaux, comte de), député de 1815 à 1816, né à Dijon (Côte-d'Or) le 12 juin 1773, mort au château d'Alleray (Côte-d'Or) le 3 décembre 1848, « fils de Chrétien-Gaspard de Machéco, chevalier-seigneur de Préaux, la Chaume, Sargeume, et autres lieux, conseiller au parlement de Bourgogne, et de dame Madeleine-Nicolle de Bouillé », appartint aux armées du roi et parvint au grade de maréchal-de-camp. Pendant les Cent-Jours, il se fit remarquer à la tête des volontaires royaux du département de la Haute-Loire, et se porta au secours des royalistes de la Corrèze. Elu, le 22 août 1815, député de la Haute-Loire, au grand collège, par 126 voix (155 votants, 216 inscrits), il siégea dans la majorité. En 1816, le comte d'Artois, en lui envoyant l'ordonnance royale qui accordait aux gardes nationaux de la Haute-Loire certaines faveurs et privilèges, lui écrivit : « Cette ordonnance consacre et honore les services des gardes nationales de la Haute-Loire : le Puy, Meryeaux, Saugues; vos villes, vos campagnes se sont armées pour le roi : leur dévouement a effrayé les rebelles, quand la force les a repoussés de leurs foyers. Elles ont soutenu avec un courage égal la persécution. Au retour du roi, rien n'a pu les empêcher de déployer l'antique couleur des Français. etc. » Le comte de Machéco reçut alors le titre d'inspecteur général des gardes nationales de la Haute-Loire.

MACKAU (Ange-René-Armand, baron de), député de 1830 à 1831, pair de France, ministre, sénateur du second Empire, né à Paris le 17 février 1788, mort à Paris le 13 mai 1855, d'une ancienne famille irlandaise qui suivit en France le roi Jacques II, petit-fils de la sous-gouvernante des sœurs de Louis XVI, entra à seize ans dans la marine comme novice, sous les auspices de Jérôme Bonaparte dont il avait été le condisciple. Il fit quelques campagnes avec celui-ci sur le *Vétéran*, devint aspirant de 1re classe en 1808, après un brillant examen à Rochefort et fut appelé au commandement d'une station de gardes-côtes où il eut d'honorables engagements avec la croisière anglaise. Sous-adjudant du contre-amiral Baudin, qu'il suivit à l'escadre de la Méditerranée, il était, en 1810, comme enseigne, second du brick *l'Abeille*. Le 26 mai 1811, il rencontra le brick anglais *Alacrity*, d'une force supérieure, ne l'hésita pas à l'attaquer, et s'en empara. En récompense, il fut nommé lieutenant de vaisseau et chevalier de la Légion d'honneur. Capitaine de frégate en 1812 après des croisières heureuses et la prise de plusieurs navires marchands, il reçut le commandement de l'escadre française chargée de protéger les côtes de Toscane. En cette qualité, au mois de décembre suivant, il participa à la défense de Livourne, et put ramener, en 1813, dans le port de Toulon, tous ses vaisseaux ainsi que les nombreux approvisionnements tirés de Livourne et de Gênes. La Restauration lui ayant conservé son grade, il devint, en 1816, second à bord de la frégate *l'Eurydice*; en 1818, il commanda le *Golo*, et fit campagne dans presque toutes les mers du globe, en même temps qu'il participa à d'importants travaux hydrographiques.

Capitaine de vaisseau le 1er septembre 1819, il fut envoyé en mission au Sénégal où l'on cherchait à fonder de vastes établissements. Après enquête, il conclut à l'abandon de ce projet et au seul maintien du comptoir existant. Selon lui, le Sénégal ne pouvait être qu'une colonie d'échanges et non d'exploitation agricole. Gentilhomme de la chambre du roi à son retour en France, puis, commandant de la *Clorinde*, frégate de 58 canons, en juin 1821, il eut à conduire diverses négociations avec le Chili et le Pérou; en 1825, il se rendit devant Haïti porteur d'une ordonnance royale qui spécifiait la reconnaissance de l'indépendance de l'île en même temps que certains avantages pour la France. Après d'assez longs pourparlers il obtint que l'ordonnance fût entérinée. Contre-amiral le 1er septembre 1825, membre du conseil d'amirauté en 1828, directeur du personnel de la marine le 17 septembre 1829, il eut à préparer en partie l'expédition d'Alger, et, président du collège électoral de Lorient, fut élu député du 2e arrondissement électoral du Morbihan (Lorient), le 23 juin 1830, par 102 voix (201 votants, 228 inscrits), contre 98 à M. Fruchard. Il prêta serment au gouvernement de Louis-Philippe, renonça aux fonctions de directeur du personnel, et obtint, en 1833, le commandement de l'escadre française chargée du blocus des ports hollandais. Peu de temps après, commandant de la station des Antilles, il alla à Carthagène demander réparation de l'insulte faite à M. Barrot, consul de France, brutalement emprisonné. Les premières négociations traînant en longueur, bien que M. Barrot eût été remis en liberté, M. de Mackau força la passe de Boca-Chica, menaça de bombarder Carthagène et obtint enfin satisfaction. En 1836, commandant en chef des forces de terre et de mer aux Antilles et gouverneur de la Martinique, il eut à se préoccuper, au cours de ses fonctions, du mouvement anti-esclavagiste qui naissait alors. Il s'efforça de maintenir l'ordre dans la colonie et d'améliorer le sort des noirs. Vice-amiral le 30 mai 1837 et, de nouveau, membre du conseil d'amirauté, il alla, en 1860, à la tête de 43 vaisseaux de guerre, faire d'énergiques démonstrations devant Rio de la Plata, démonstrations à la suite desquelles il conclut une convention avec Rosas, dictateur de la République Argentine (29 octobre 1840). Pair de France du 20 juillet 1842, il commandait l'escadre de la Méditerranée, quand il fut appelé au ministère de la Marine et des Colonies le 24 juillet 1843, en remplacement de l'amiral Roussin. Durant son ministère, il réorganisa le service du contrôle et de la comptabilité, proposa les lois des 18 et 19 juillet 1845 qui préparaient l'abolition de l'esclavage, et celle du 3 juillet 1846, qui consacrait 93 millions à l'achèvement de notre flotte de guerre. Mais des procès scandaleux vinrent éclairer l'opinion sur les abus et le désordre qui régnaient dans l'administration de la marine; M. de Mackau s'efforça en vain d'y remédier, et accepta l'enquête demandée par la Chambre. D'un autre côté, le parlement jugeait insuffisantes les mesures qui avaient été prises contre l'esclavage, et les centres votèrent eux-mêmes la proposition de M. Ledru-Rollin. (*Voy. ce nom.*) Mis en échec sur une question dont le cabinet refusa de se déclarer solidaire, il donna sa démission de ministre le 8 mai 1847. Grand croix de la Légion d'honneur du 29 octobre 1845, M. de Mackau fut nommé amiral le 23 décembre 1847, resta à l'écart durant les événements de 1848, et entra de droit au Sénat du second Em-

pire, en qualité d'amiral, le 26 janvier 1852. Il mourut trois ans plus tard, après avoir vainement demandé, lors de la guerre d'Orient, un commandement que l'état de sa santé ne lui eût d'ailleurs pas permis d'exercer.

MACKAU (Anne-Frédéric-Armand, comte de), député de 1866 à 1870 et de 1876 à 1889, né à Paris le 29 novembre 1832, fils du précédent, fit son droit à Paris, devint auditeur de deuxième classe au conseil d'État en 1853, de première classe en 1860, fut attaché au ministère de l'Intérieur et fut membre du conseil du sceau. Conseiller général du canton de Vimoutiers, chevalier de la Légion d'honneur quelques mois plus tard (14 août 1866), il fut élu, le 21 janvier 1866, député au Corps législatif par la 2e circonscription de l'Orne, en remplacement de M. David-Deschamps décédé, par 15,992 voix (30,968 votants, 37,177 inscrits), contre 14,859 à M. d'Audiffret-Pasquier, candidat de l'opposition. Réélu, le 24 mai 1869, par 15,824 voix (24,074 votants, 27,786 inscrits), contre 8,250 à M. d'Audiffret-Pasquier, il siégeait silencieusement dans la majorité, quand (juin 1869) l'empereur lui adressa la lettre qui mettait fin aux espérances libérales entretenues par M. de Girardin dans la *Presse* : « Les concessions de principes ou les sacrifices de personnes, y était-il dit, sont toujours inefficaces en présence des mouvements populaires, et un gouvernement qui se respecte ne doit céder ni à la passion, ni à l'entraînement, ni à l'émeute. » C'était à la suite des tentatives de troubles qui avaient eu lieu à Paris sur les boulevards. M. de Mackau vota pour la guerre contre la Prusse, se retira dans ses propriétés à la chute de l'Empire, et resta quelque temps en dehors de la politique. Il y rentra le 20 février 1876, comme député de l'arrondissement d'Argentan, élu par 15,991 voix (18,632 votants, 26,958 inscrits), contre 600 à M. Lherminier, radical, et 312 à M. Gévelot, républicain centre gauche. Il se fit inscrire au groupe de l'appel au peuple ainsi qu'au centre constitutionnel, et vota pour le ministère de Broglie, contre les 363. De nouveau élu, le 14 octobre 1877, par 16,572 voix (21,710 votants, 27,396 inscrits), contre 4,969 à M. Lherminier, il appuya les essais de résistance du cabinet du 16 mai, et vota contre les ministères républicains qui lui succédèrent. Son mandat lui fut renouvelé, le 21 août 1881, par 14,917 voix (20,884 votants, 27,080 inscrits), contre 5,813 à M. Aug. Marais. Il continua de siéger à droite, commença à jouer dans la minorité un rôle important, et combattit la politique coloniale, scolaire et religieuse des ministres opportunistes, notamment la loi sur l'enseignement supérieur. Porté sur la liste conservatrice de l'Orne, le 4 octobre 1885, il fut réélu, le 1er sur 6, par 45,605 voix (88,704 votants, 107,583 inscrits). Il avait signé, avant les élections, le manifeste des droites et l'appel aux électeurs catholiques. Nommé président de l'Union conservatrice, puis de l'Union des droites, il eut, en plusieurs circonstances, à prendre la parole au nom de la minorité; en février 1886, il reprocha au gouvernement son « incapacité diplomatique » dans l'affaire de Madagascar; à la chute du ministère Goblet (mai 1887), on attribua à la démarche personnelle qu'il fit auprès de M. Grévy, président de la République, l'échec de la combinaison Floquet, et la constitution du ministère Rouvier, qu'il soutint de ses votes en plusieurs occasions. Lors du mouvement boulangiste, M. de Mackau se rallia au général pour suivre avec lui

« les chemins que la Providence prendra pour nous conduire vers l'avenir nouveau que chacun pressent » (discours au banquet d'Alençon, 7 octobre 1888). M. de Mackau a voté, à la fin de la législature, *contre* le rétablissement du scrutin d'arrondissement (11 février 1889), *pour* l'ajournement indéfini de la revision de la Constitution, *contre* les poursuites contre trois députés membres de la Ligue des patriotes, *contre* le projet de loi Lisbonne restrictif de la liberté de la presse, *contre* les poursuites contre le général Boulanger. On a de lui : *Commentaire de la loi du 18 juillet 1868 sur les chemins vicinaux ;— Le projet de loi Ferry devant les conseils généraux* (1879).

MACKÉ (FRANÇOIS-CONRAD-BERTRAND-IGNACE), député au Corps législatif de 1813 à 1814, né à Krantheim-sur-Montagne (Mont-Tonnerre) le 3 juillet 1756, mort à Krantheim le 17 mars 1844, « fils de M. François-Wolfgang Frédéric Macké, secrétaire du grand bailliage de Krantheim, et de dame Marie-Éléonore Kahn », maire de Mayence (Prusse), fut fait chevalier de la Légion d'honneur par Napoléon le 14 brumaire an XIII, et appelé, le 6 janvier 1813, par le choix du Sénat conservateur, à représenter au Corps législatif le département du Mont-Tonnerre. Il siégea jusqu'en 1814, date de la séparation de ce département de la France.

MACQUEREL DE QUESMY (CHARLES-FRANÇOIS-LOUIS-ALEXANDRE), seigneur de PAR-PEILLE, député en 1789, né à Noyon-Quesmy (Oise) le 30 septembre 1738, mort à une date inconnue, propriétaire à Ham et chevalier de Saint-Louis, fut élu, le 23 mars 1789, député de la noblesse aux Etats-Généraux par le bailliage de Vermandois, avec 103 suffrages. Il se montra attaché à l'ancien régime et opina avec la droite de la Constituante.

MADESCLAIRE (PIERRE-AUGUSTE), représentant du peuple en 1848 et en 1849, né à Tulle (Corrèze) le 22 mars 1803, mort à Tulle le 20 décembre 1885, fils d'un employé à la trésorerie, entra dans le commerce et fonda une brasserie qui prospéra. Commandant de la garde nationale de Tulle sous Louis-Philippe, et conseiller municipal, il fit constamment partie de l'opposition radicale. Le 23 avril 1848, il fut élu représentant de la Corrèze à l'Assemblée constituante, le 2e sur 8, par 25,188 voix. Il prit place à la Montagne, fit partie du comité de l'intérieur, et vota *pour* le bannissement de la famille d'Orléans, *contre* les poursuites contre L. Blanc et Caussidière, *pour* l'abolition de la peine de mort, *pour* l'impôt progressif, *pour* l'incompatibilité des fonctions, *pour* l'amendement Grévy, *contre* la sanction de la Constitution par le peuple, *pour* l'ensemble de la Constitution, *contre* la proposition Rateau, *contre* l'expédition de Rome, *pour* la demande de mise en accusation du président et des ministres. Très hostile à la politique de l'Elysée, et réélu, le 13 mai 1849, par le même département, à l'Assemblée législative, le 6e sur 7, avec 34,475 voix (56,045 votants, 84,363 inscrits), il combattit la loi du 31 mai et la revision de la Constitution, et essaya d'organiser la résistance contre le coup d'Etat du 2 décembre. Après la guerre de 1870-1871, il tenta de nouveau la fortune électorale, mais il échoua, comme candidat républicain à l'Assemblée nationale, dans la Corrèze, le 8 février 1871, avec 12,157 voix sur 54,642 votants, et rentra dans la vie privée.

MADET (CHARLES), représentant du peuple en 1848 et en 1849, né à Couleuvre (Allier le 6 janvier 1803, mort à Ygrande (Allier) le 11 septembre 1874, fils d'un hôtelier, fit ses études au collège de Moulins et fut ensuite envoyé à Paris pour y étudier le droit. Mais il s'occupa principalement de politique, entra dans les sociétés secrètes, et conspira avec son ami Mathé; moins heureux que ce dernier, il fut arrêté et condamné à trois mois de prison. Remis en liberté, il retourna dans sa famille, où une jeune femme, qui lui avait témoigné pendant sa captivité le plus grand dévouement, vint le retrouver. Devenu père peu après, M. Madet légitima cette liaison, et se consacra alors exclusivement aux soins de sa famille. Il était agriculteur à Ygrande, quand la révolution de février éclata; il fut élu, le 23 avril 1848, représentant de l'Allier à l'Assemblée constituante, le 7e sur 8, par 47,895 voix (72,233 votants, 89,404 inscrits). Il prit place à l'extrême-gauche, fit partie du comité de l'Algérie, et vota *pour* le bannissement de la famille d'Orléans, *contre* les poursuites contre Louis Blanc et Caussidière, *pour* l'impôt progressif, *pour* l'incompatibilité des fonctions, *pour* l'amendement Grévy, *contre* la sanction de la Constitution par le peuple, *pour* l'ensemble de la Constitution, *contre* la proposition Rateau et *pour* la demande de mise en accusation du président et des ministres. Adversaire de la politique de l'Elysée, et réélu, le 13 mai 1849, par le même département à l'Assemblée législative, avec 40,475 voix (65,506 votants, 90,096 inscrits), il vota avec la gauche, contre les partis monarchiques. Un moment inquiété lors du coup d'Etat du 2 décembre, il rentra ensuite dans la vie privée.

MADIER DE MONTJAU (NOEL-JOSEPH), député en 1789 et au Conseil des Cinq-Cents, né à Bourg-Saint-Andéol (Ardèche) le 16 mars 1755, mort à Pierrelatte (Drôme) le 21 juin 1830, fils de Charles Madier, marchand drapier, et de Marie Sibour, grand'tante de l'archevêque de Paris, étudia le droit à Toulouse, fut reçu avocat, et remplit les fonctions de consul et de maire dans sa ville natale. Propriétaire foncier, « seigneur de Méas et de Montjau », il assista à l'assemblée générale des trois ordres du Vivarais, tenue à Privas le 18 décembre 1788, puis il fut, le 3 avril 1789, élu député du tiers aux Etats-Généraux par la sénéchaussée de Villeneuve-de-Berg, avec 224 voix (413 votants). Madier de Montjau siégea au côté droit de la Constituante et se montra très attaché à l'ancien régime. Il se signala par de vives apostrophes contre Mirabeau, figura comme témoin dans l'enquête faite sur la journée du 6 octobre 1789, et vota toutes les protestations de la minorité contre les décrets de la Constituante, notamment contre « les entreprises exercées sur l'autorité royale». Obligé de se cacher sous le régime révolutionnaire, il fut considéré comme émigré, reparut après le 9 thermidor, obtint sa radiation et fut, le 25 vendémiaire an IV, élu député de l'Ardèche au Conseil des Cinq-Cents, par 111 voix (206 votants). Il y fut un des membres les plus actifs du parti de Clichy, parla contre l'expulsion d'Aymé, demanda compte des sommes accordées au Directoire, réclama contre les mesures de rigueur dont les prêtres et les nobles étaient l'objet, et, inscrit, à la suite du 18 fructidor an V, sur les listes de déportation, échappa aux recherches de la police en se réfugiant à Barcelone, où il resta jusqu'au 18 brumaire an VIII. Pendant le consulat et l'empire, Madier de Montjau vécut dans la retraite et s'adonna à l'agriculture. Le 24 septembre 1814, Louis XVIII le fit chevalier de la Légion d'honneur et chevalier de Malte en 1815: il le nomma conseiller à la cour royale de Lyon. Lorsqu'en 1820, son fils, Paulin Madier de Montjau (*V. p. bas*) fut cité par les ministres devant la cour de cassation pour répondre de sa conduite, il voulut l'assister dans sa défense, et publia alors : *Madier de Montjau père, chevalier de Malte, aux juges de son fils.* Madier mourut en 1830, ainsi qu'en témoigne l'extrait mortuaire suivant:

« L'an mil huit cent trente et le vingt-deux du mois de juin. Par devant nous, l'au¹ Emile d'Allard, maire et officier de l'état-civil de la commune de Pierrelatte, canton de idem, département de la Drôme, sont comparus M. Guillaume Husson, âgé de cinquante ans, et Baptiste Taillade, âgé de quarante-quatre ans, tous deux propriétaires et voisins du décédé demeurant à Pierrelatte. Lesquels nous ont déclaré que M. Noël-Joseph Madier de Montjau, âgé de septante-six ans, chevalier des ordres de Malte et de la Légion d'honneur, conseiller en retraite à la cour royale de Lyon, mari de dame Agathe-Catherine Julien, demeurant à Pierrelatte, y est décédé hier à onze heures du matin audit lieu, et ont les déclarants signé avec nous le présent acte. »

« Suivent les signatures. »

MADIER DE MONTJAU (Joseph-Paulin), député de 1831 à 1837, né à Bourg-Saint-Andéol (Ardèche) le 11 février 1785, mort aux Prés-Saint-Gervais (Seine) le 10 mai 1865, fils du précédent et de Catherine-Agathe Julien, étudia le droit, fut reçu avocat en 1809, et fut nommé par Napoléon auditeur au conseil d'Etat (1810), puis inspecteur général des droits réunis (1811). En 1813, il entra à la cour impériale de Nîmes avec le titre de conseiller. Lors de la Restauration, il dut aux opinions qu'il manifesta et surtout à celles qu'avait manifestées son père, d'être maintenu en fonctions par le gouvernement royal, et nommé (1818) chevalier de la Légion d'honneur. En 1819, il adressa à la Chambre des députés une pétition dans laquelle il dénonçait les actes violents de la réaction dans le Midi et signalait un gouvernement occulte qui tendait à dominer l'administration pour ramener l'ancien régime. Cette initiative lui créa, dans le parti « constitutionnel », une réputation de libéralisme, d'énergie et d'intégrité. La pétition de M. Madier de Montjau eut en son temps un grand retentissement, tant à cause de la situation de son auteur qu'en raison des débats passionnés qu'elle excita dans le parlement : le magistrat fut, pour l'avoir signée, traduit devant la cour de Cassation, qui le censura parce qu'il s'était refusé à révéler les noms des individus coupables des excès dénoncés. Candidat du parti libéral, il fut élu le 23 juin 1830, député du 1er arrondissement de l'Aude (Castelnaudary), par 273 voix (526 votants, 587 inscrits). Il ne prit part à aucune des réunions des députés, se prononça après la victoire pour l'établissement de la monarchie nouvelle, et prit place dans la majorité conservatrice. Nommé procureur général à Lyon, il dut se représenter le 21 octobre, devant les électeurs, qui le renommèrent député par 294 voix (403 votants, 592 inscrits), contre 76 à M. Teisseire-Dejean. Les premiers actes législatifs de M. Madier de Montjau furent de protéger le maintien du régime de la magistrature et de soutenir la proposition tendant à insérer dans la Charte que la

religion catholique était professée par la majorité des Français. Ami de Dupin, il suivit en général les inspirations de cet homme politique, fut désigné par la Chambre pour soutenir l'accusation contre les ex-ministres de Charles X, et se représenta, au renouvellement du 5 juillet 1831, dans le 4e collège de l'Ardèche (Largentière), qui le nomma par 54 voix (99 votants, 150 inscrits), contre 41 à M. Fournery. Ce 4e collège était de création récente. M. Madier de Montjau fut appelé, la même année (décembre), aux fonctions de conseiller à la cour de Cassation, continua de se faire remarquer à la Chambre par la vivacité de ses opinions conservatrices, demanda le secret pour le vote sur l'hérédité de la pairie, et se montra favorable à l'état de siège. « Un des discours les plus remarquables de M. Madier, écrivait ironiquement la *Biographie des hommes du jour*, est celui qu'il prononça à l'occasion de la destitution de M. Dubois (de la Loire-Inférieure). Il monta à la tribune, courba sa tête dans ses mains jusque sur le marbre, et après être resté quelques instants immobile dans le recueillement le plus profond, se relevant de toute sa hauteur, il commença ainsi :

« A la première nouvelle de l'événement (*On « rit*) qui a mis l'agitation dans toute la Cham« bre, je me suis imposé la loi de dire mon opi« nion ; mais comme j'ai craint les dangers de « l'improvisation, je viens vous demander la « permission de lire un discours écrit. » (*Rire « universel*.)

« Il tira alors de sa poche un fort épais manus« crit et continua : « Une opposition obstinée est « toujours déplacée ; elle est coupable chez un « fonctionnaire... L'opposition des fonction« naires publics doit être secrète. (*Vive inter« ruption.*) Laissez-moi continuer la lecture de « mon manuscrit. Les fonctionnaires peuvent « combattre les ministres dans leurs votes, « mais non à la tribune. (*Oh! oh!*) Je soutiens « qu'un député fonctionnaire ne doit jamais se « trouver parmi les orateurs du gouvernement. « (*Rumeur.*) Laissez-moi continuer la lecture de « mon manuscrit. »

« Les rires et les interruptions furent si énergiques que Madier descendit de la tribune sans pouvoir terminer la lecture de son manuscrit. L'hilarité fut telle qu'il fallut longtemps pour rétablir le calme. »

Lors de la loi sur les associations, il combattit les amendements de l'opposition ; puis il parla sur les pensions militaires. M. Madier de Montjau, à qui les journaux du temps reprochaient vivement de négliger ses fonctions de conseiller à la cour de Cassation, au point que le président de la section des requêtes avait dû dénoncer au garde des sceaux les absences de son subordonné, montrait plus de zèle, à en croire le biographe cité plus haut, dans l'accomplissement de « négociations diplomatiques, fort difficiles et d'un genre tout à fait relevé. On cite entre autres la glorieuse mission dont il fut chargé par M. Thiers, ministre de l'Intérieur, auprès du père de l'*excellence lilliputienne*. Ce bon M. Thiers père avait fait trembler son fils par son indécente prétention de vouloir assister aux noces du ministre avec la belle demoiselle Dosne, sinon il refusait son autorisation. Aux grands maux les grands remèdes. M. Madier de Montjau fut appelé, et négocia l'acquisition de cette autorisation avec un talent et une adresse dignes de M. de Talleyrand ; aussi fut-il une seconde fois chargé d'éloigner le digne M. Thiers de Paris. Cette fois, il en coûta un peu plus cher ; mais il y a des circonstances où il faut savoir faire des sacrifices, et pour le ministre de l'Intérieur, il n'y en a pas de pire que la présence de son cher papa à Paris. » M. Madier de Montjau se représenta sans succès aux élections générales de 1834. Mais son concurrent heureux, M. Mathieu, retenu par la maladie, ne s'étant pas rendu assez vite à son poste, la Chambre lui accorda un délai pour justifier de son éligibilité, et le *surlendemain*, avant d'avoir pu connaître la réponse de l'intéressé, elle annula l'élection. Cette mesure permit à M. Madier de Montjau de se représenter, le 22 septembre, dans le même collège : il fut alors élu, sans contestation, par 84 voix (89 votants, 165 inscrits). Il reprit sa place au centre et vota comme précédemment avec le ministère, tout en se montrant peu assidu aux séances de la Chambre. « Le jour d'un vote important, le ministère, craignant la paresse de son fidèle, lui fit écrire par M. Fulchiron pour l'engager à être plus exact. M. Madier de Montjau se trouva fort heureux de ce billet, il s'empressa de l'adresser au président de la cour de Cassation pour se dispenser de siéger, et il répondit à M. Fulchiron que ses occupations au palais l'empêcheraient de se rendre à la Chambre avant quatre heures. La chronique dit que M. Madier de Montjau ne se leva ce jour-là qu'à trois heures et demie. » (*Biographie des hommes du jour*.) Lors de la discussion de la loi de 1835 contre la presse, le député de Largentière prit le premier la parole. Il attaqua Lamartine, éleva la voix contre les « carlistes » et les républicains, fit l'éloge de la Chambre des pairs comme juridiction politique et donna son assentiment aux mesures préventives préparées. Il quitta en 1837 la vie parlementaire, mais non la politique. Converti subitement à l'opposition, il prit la plume en 1841, pour signaler au pays les tendances réactionnaires du pouvoir, déclarant qu'il se repentait de les avoir encouragées par ses votes; il pencha alors vers le parti légitimiste, et qualifia le gouvernement de juillet « d'épouvantable abus de pouvoir. » Rédacteur de l'*Esprit public* (1846), organe des oppositions réunies, il attaqua jusqu'en 1848 le gouvernement de Louis-Philippe, ne se rallia pas à la République en février, et, pour protester contre les atteintes portées par le gouvernement provisoire au principe de l'inamovibilité des juges, se démit avec éclat de sa charge de conseiller à la cour suprême. Dès lors il vécut dans la retraite. En 1849, il adressa au *Mémorial Bordelais* une lettre dans laquelle il regrettait la part qu'il avait prise à l'établissement de la royauté de juillet. Arrêté un moment à la suite du coup d'État, il fut presque aussitôt relâché. Il se fixa alors auprès de Paris et mourut en 1865. On a de lui : *Pétition adressée à la Chambre des députés par Madier de Montjau, suivie de considérations constitutionnelles par A. Jay* (1820); *Réponse de M. Madier aux insultes de la Quotidienne;—Lettre de M. Madier de Montjau à M. le comte de Portalis, ministre de la Justice* (1820); *Lettre à M. Lainé* (1820); *Lettre à M. Pasquier, ministre des Affaires étrangères* (1820); *Du gouvernement occulte, de ses agents et de ses actes* (1820); *Plaidoyer et réplique de M. Madier de Montjau, suivis des conclusions et de l'arrêt* (1820).

MADIER DE MONTJAU (NOEL-FRANÇOIS-ALFRED), représentant en 1850, député de 1874 à 1889, né à Nîmes (Gard) le 1er août 1814, fils aîné du précédent, étudia le droit, s'inscrivit comme avocat à la cour de Paris en 1838, et

plaida, non sans talent, plusieurs causes politiques. Il accueillit avec joie la révolution de 1848, fut, sans succès, candidat à la Constituante dans la Seine et le Pas-de-Calais, défendit devant les conseils de guerre un certain nombre de compromis de juin, et fut l'avocat ordinaire du journal *le Peuple*. Républicain ardent, il fut le candidat des démocrates avancés à l'Assemblée législative, le 10 mars 1850, lors de l'élection partielle destinée à compléter la représentation de Saône-et-Loire, où six sièges étaient devenus vacants par suite de l'affaire du 13 juin 1849. M. Madier de Montjau fut élu le 1er sur 6, par 61,412 voix (105,573 votants, 157,148 inscrits.) La majorité de l'Assemblée annula le scrutin; mais les électeurs, convoqués à nouveau le 28 avril suivant, renommèrent M. Madier de Montjau, le 1er sur 6, par 75,101 voix (120,162 votants, 154,015 inscrits). Il prit place à la Montagne, vota constamment avec la minorité démocratique, se mêla aux tentatives de résistance qui eurent lieu à Paris lors du coup d'État du 2 décembre, fut expulsé de France par décret présidentiel du 9 janvier 1852, et passa en Belgique, où il fit des conférences remarquées. M. Madier de Montjau appartint, pendant toute la durée de l'empire, à la fraction la plus irréconciliable de l'opposition démocratique, et il refusa, en 1869, la candidature indépendante au Corps législatif que lui offrait un groupe d'électeurs du Gard. Après avoir réuni, le 8 février 1871, à Paris, 35,500 suffrages seulement sur 328,000 votants, M. Madier de Montjau ne rentra dans la vie politique qu'en 1874 : le 8 novembre de cette année, la démission de M. Dupuy ayant déterminé une vacance dans la députation de la Drôme, il accepta cette fois la candidature républicaine radicale intransigeante dans ce département, fit des déclarations très hostiles à la politique de compromis suivie et recommandée par Gambetta, et, ayant été élu par 41,995 voix (69,678 votants, 95,891 inscrits), alla siéger à l'extrême-gauche, à côté de Louis Blanc. Il refusa, comme lui, de s'associer au vote de la Constitution du 25 février 1875, déposa, avec plusieurs de ses amis, une proposition de dissolution et une proposition d'amnistie, et prononça, pendant les vacances parlementaires, à Romans, un discours qui eut un grand retentissement; peu après, il menait, de concert avec M. Alfred Naquet, une campagne des plus vives contre « l'opportunisme » auquel se résignait de plus en plus la majorité du parti républicain. Réélu, le 20 février 1876, député de la 1re circonscription de Valence par 12,794 voix (17,415 votants, 23,211 inscrits) contre 4,485 à M. Dugas, candidat constitutionnel, M. Madier de Montjau reprit sa place à l'avant-garde de la majorité républicaine. La profession de foi qu'il avait adressée à ses électeurs contenait ce passage : « Je ne hais pas moins l'empire que le cléricalisme, s'efforçant de détruire l'œuvre de 1789 et le code civil, pour leur substituer l'ancien régime et le droit canon. Il me trouvera, comme la royauté et l'empire, devant lui, en toute occasion, vigilant et inflexible. Je veux la liberté, l'ordre, la paix, et pour les assurer, la clémence. » M. Madier de Montjau fit preuve d'une véritable éloquence dans plusieurs discussions auxquelles il prit part : celles du régime de presse, pour laquelle il revendiqua la liberté absolue; de l'amnistie qu'il réclama pleine et entière; du traitement des aumôniers militaires dont il proposa la suppression; du budget des cultes qu'il fut également d'avis de supprimer

mer. etc. Après avoir voté l'ordre du jour Le-blond contre les menées « ultramontaines », le 4 mai 1877, il fut un des adversaires les plus décidés du gouvernement du Seize-Mai. Réélu, le 14 octobre, par 14,363 voix 19,552 votants, 23,793 inscrits), contre 5,422 à M. Forcheron, candidat officiel et monarchiste, il continua la lutte avec la même ardeur, fit partie du comité des Dix-Huit, appuya vivement le projet d'une commission d'enquête sur les actes du 16 mai, et se montra, sous le ministère Dufaure, le partisan d'une politique plus accentuée dans le sens républicain; en 1879, il adressa à ce sujet au cabinet une interpellation dont l'objet était de réclamer, comme conséquence des élections sénatoriales du 5 janvier, une application sincère et sans arrière-pensée des principes démocratiques. Peu satisfait de l'article 7 de la loi Ferry sur l'enseignement supérieur, il lui opposa, au nom de quelques radicaux et au sien, un amendement qui tendait à rendre la loi plus rigoureuse à la fois et plus efficace à l'égard des congrégations, auxquelles le député de la Drôme prétendait refuser le droit d'enseigner. Ce système n'eut pas seulement contre lui la droite et la majorité modérée de la Chambre : il n'obtint pas non plus l'agrément de ceux des membres de l'extrême-gauche qui, fidèles au principe de la liberté d'association, n'admettaient pas qu'il y fût porté atteinte. A dater de ce jour, M. Madier de Montjau, dont les tendances « autoritaires » étaient visibles, se sépara en mainte occasion du groupe intransigeant de l'extrême-gauche, dont il avait été un des premiers adhérents; par exemple, il prit la parole avec une extrême vivacité pour combattre la validation de l'élection de l'inéligible Blanqui, au nom du « respect dû à la loi » (juin 1879). L'influence personnelle de Gambetta, et certaines paroles flatteuses adressées au député radical par le chef de la majorité n'avaient pas faiblement contribué à cette évolution, qu'un incident retentissant rendit définitive : pendant les vacances parlementaires qui avaient précédé la législature de 1879, Gambetta, en rentrant de Suisse par le Dauphiné, s'était arrêté à Romans, chez M. Madier de Montjau, y avait prononcé un véritable discours-programme de l'opportunisme accueilli par des applaudissements auxquels l'intransigeant de la veille ne se contenta pas de s'associer : il alla jusqu'à donner publiquement à Gambetta une accolade enthousiaste. Adversaire de la candidature radicale-socialiste de M. Alphonse Humbert à Orange, lorsque M. Gent, démissionnaire à la suite de sa nomination comme gouverneur de la Martinique, se représenta devant ses électeurs, M. Madier de Montjau acheva de rompre avec ses anciens amis, et à l'ouverture de la session suivante (janvier 1880), il fut nommé questeur de la Chambre. Il occupa encore cette fonction dans la législature suivante, ayant été réélu député, le 21 août 1881, par 12.415 voix (13,538 votants, 23,760 inscrits). Il aborda fréquemment la tribune et parla notamment : en 1882, sur l'enseignement secondaire privé; sur le projet de loi relatif aux victimes du coup d'État du 2 décembre; sur l'envoi des troupes en Egypte; sur le budget des affaires étrangères; en 1883, sur le projet de loi relatif aux membres des familles qui avaient régné en France; sur la revision de la Constitution; sur une apposition de scellés à l'abbaye de Solesmes; sur les conventions avec les grandes compagnies; en 1884, sur l'enseignement primaire, sur la revision, sur le budget, etc.; et en 1886, sur

la modification de la loi électorale. Toujours réélu questeur de la Chambre, il soutint le ministère Gambetta, puis vota tantôt avec les radicaux, tantôt avec les opportunistes. Il combattit, dans un discours célèbre, l'institution du Sénat, et demanda avec insistance la suppression du budget des cultes et de l'ambassade de France auprès du pape. Aux élections d'octobre 1885, porté sur la liste républicaine du département de la Drôme, il y obtint 43,083 voix (74,089 votants, 95,343 inscrits, et fut élu député, le 3e sur 5. En même temps, il avait engagé la lutte dans le Gard, où il fut élu au second tour, comme radical, le 4e sur 6, par 58,079 voix (110,923 votants et 133,886 inscrits); dans l'Ardèche, où il n'obtint que 2,403 voix (88,137 votants, 111.845 inscrits), et dans le Rhône où il réunit 18,599 voix sur 136,430 votants. M. Madier de Montjau opta pour la Drôme, et, redevenu questeur comme précédemment, vota le plus souvent avec la majorité; il parla sur les pensions à accorder aux blessés de février 1848, sur le tarif des douanes, etc., s'étant attiré, par son attitude peu conciliante, des difficultés avec la presse parlementaire, il fut amené à donner (1888) sa démission de questeur, qu'il maintint, bien qu'il eût été réélu encore à la suite de cet incident. M. Madier de Montjau s'est prononcé, à la fin de la législature : pour le rétablissement du scrutin d'arrondissement (11 février 1889), pour l'ajournement indéfini de la revision de la Constitution, pour les poursuites contre trois députés membres de la Ligue des patriotes, contre le projet de loi Lisbonne restrictif de la liberté de la presse, pour les poursuites contre le général Boulanger.

MADIEU (Antoine-Amable), représentant à la Chambre des Cent-Jours, né à Thiers (Puy-de-Dôme) le 18 novembre 1766, mort à Dorat (Puy-de-Dôme) le 9 avril 1834, « fils de sieur Antoine Madieu, marchand négociant de cette ville, et de demoiselle Marie Charbonet, » était avocat à Thiers. Procureur-syndic du district en 1792, puis juge de paix, commissaire près le tribunal de police correctionnelle, et enfin procureur impérial à Thiers, il fut élu, le 12 mai 1815, représentant à la Chambre des Cent-Jours par l'arrondissement de Thiers, avec 42 voix (67 votants), contre 18 à M. Baudet-Lafarge. Il rentra dans la vie privée après la session.

MADIGNIER (Pierre), membre du Sénat, né à Saint-Etienne (Loire) le 2 juillet 1831, était maire de cette ville et conseiller d'arrondissement, lorsqu'il fut élu, le 2 janvier 1887, sénateur de la Loire, par 516 voix (933 votants), contre 403 à M. de Rochetaillée. Il prit place à gauche, obtint sa réélection le 5 janvier 1888, par 486 voix (942 votants), et vota, sans paraître à la tribune, avec la majorité, pour les ministères républicains de la législature et, en dernier lieu, pour le rétablissement du scrutin d'arrondissement (13 février 1889), pour le projet de loi Lisbonne restrictif de la liberté de la presse, pour la procédure à suivre devant le Sénat contre le général Boulanger.

MAËS (Josse-Léonard), député au Conseil des Cinq-Cents, né à Courtray (Belgique) le 20 décembre 1760, mort à une date inconnue, « fils de Jacques Maës et d'Anne-Caroline-Rose Lefébure », appartint à la magistrature. Le 22 germinal an VII, il fut élu député au Conseil des Cinq-Cents par le département de la Lys, et, s'étant montré favorable au coup d'Etat du

18 brumaire, fut appelé (17 messidor an VIII), au poste de commissaire près le tribunal civil de Courtray, titre qu'il échangea plus tard contre celui de procureur impérial.

MAES (Pierre-Joseph), député de 1830 à 1831, et de 1834 à 1837, né à Saint-François (Guadeloupe) le 31 décembre 1787, mort à Nantes (Loire-Inférieure) le 4 mai 1873, était négociant dans cette ville. Partisan de la révolution de 1830, il fut nommé, après juillet, colonel de la garde nationale : puis la démission de M. de Saint-Aignan lui ouvrit les portes de la Chambre des députés. Elu, le 21 octobre 1830, par le 1er arrondissement de la Loire-Inférieure (Nantes), avec 462 voix (647 votants, 717 inscrits), il prit place au centre gauche et opina généralement avec le tiers-parti. Il obtint sa réélection, le 21 juin 1834, dans le 6e collège de la Loire-Inférieure (Paimbœuf), avec 63 voix (109 votants, 150 inscrits), contre 25 à M. de Grandville, et suivit la même ligne politique jusqu'en 1837. A cette époque, il échoua (le 4 novembre), avec 52 voix contre 55 à l'élu, M. Cossin. Il se présenta, sans plus de succès, aux renouvellements du 2 mars 1839 et du 9 juillet 1842.

MAGGI (Jean-Baptiste-Vincent-Louis-Antoine-Marie), député au Corps législatif de 1808 à 1814, né à Plaisance (Italie) le 20 juin 1764, mort à une date inconnue, « fils de M. Vincent Maggi et de Josèphe Andrei », était homme de loi à Plaisance. Le 21 septembre 1808, le Sénat conservateur l'appela à représenter au Corps législatif le département du Taro. Maggi y siégea jusqu'en 1814.

MAGHELLA (Antoine), député au Corps législatif de 1806 à 1811, né à Varese (Italie) le 2 décembre 1766, mort à une date inconnue, occupa dans son pays natal, avant la domination française, le poste de sénateur, puis celui de ministre de la Guerre. Membre de la Légion d'honneur le 15 messidor an XIII, il remplit, sous Napoléon, diverses fonctions administratives, et fut élu par le Sénat, le 22 février 1806, député du département de Gênes au Corps législatif. Maghella obtint le renouvellement de ce mandat le 3 octobre 1808, pour le département des Apennins, et fit partie de l'assemblée impériale jusqu'en 1811.

MAGLIONE (Augustin, chevalier), député au Corps législatif en 1806, né à Laignelia (Italie) le 21 juin 1744, mort à une date inconnue, négociant, fut fait membre de la Légion d'honneur le 15 messidor an XIII, et fut désigné, en 1806, par le Sénat, pour faire partie, comme député de Montenotte, du Corps législatif impérial, qu'il quitta l'année d'après. Le 15 juillet 1810, Maglione fut créé chevalier de l'Empire.

MAGNAN (François-Joseph de), député en 1830, né aux Mées (Basses-Alpes) le 7 avril 1781, mort à une date inconnue, entra dans la magistrature et fut nommé par la Restauration avocat général, puis conseiller près la cour royale d'Aix. Elu, le 23 juin 1830, député des Basses-Alpes, au grand collège, par 91 voix (171 votants, 194 inscrits), M. de Magnan se rallia au gouvernement de Louis-Philippe, mais quitta la Chambre avant les élections générales de 1831, et conserva ses fonctions de magistrat.

MAGNAN (Bernard-Pierre), représentant en 1849, sénateur du second Empire, né à Paris le 7 décembre 1791, mort à Paris le 29 mai 186? fit ses études de droit et débuta comme cle de notaire; puis il s'engagea (1809) dans l 66e de ligne, fit la guerre d'Espagne et de l'o: tugal, assista à plusieurs batailles, et fut prom sous-lieutenant en 1811, et capitaine aux t railleurs de la garde en 1813. Il se distin gua l'année suivante au blocus de Soissons assista à Waterloo, et servit le gouverneme: de la Restauration qui le nomma adjudan major dans la garde royale. La protection d Gouvion-Saint-Cyr l'aida à parvenir aux grade supérieurs : chef de bataillon en 1817, lieute nant-colonel lors de la guerre de 1823 e Espagne, colonel en 1827, il prit part (1830) l'expédition d'Alger, puis fut rappelé en Franc Ayant reçu l'ordre de marcher sur Lyon, où ur insurrection venait d'éclater, le colonel Magna essaya d'entrer en pourparlers avec les ou vriers, fut accusé par le pouvoir d'avoir ma qué d'énergie et mis en disponibilité. Il pas alors en Belgique, où il prit du service avec grade de général de brigade, command, corps d'avant-garde de l'armée de Flandr investit Maëstricht, puis reçut le command ment de la division militaire de Gand. En 183 il revint en France, fut maintenu dans so grade, et, complètement rentré en grâce, f chargé, peu de temps après, du commandeme: du département du Nord. Sollicité, dans c poste, par les émissaires de Louis Bonapart qui préparait l'échauffourée de Boulogne, il fu soupçonné de n'être pas resté indifférent à leur ouvertures; après l'arrestation du prétendan il protesta d'ailleurs contre toute idée de cor plicité. Des soulèvements ouvriers à Lille et Roubaix, cette fois rigoureusement réprim par lui, lui valurent le grade de général division (1845). Lorsque éclata la révolution février 1848, le général Magnan mit à disposition de Louis-Philippe pour march contre le peuple, puis il accompagna la duches d'Orléans à la Chambre des députés. Le go vernement de la République le plaça à la tê d'une division de l'armée des Alpes, qu'il co duisit en sept jours à Paris lors des journées juin 1848; il remplaça ensuite le maréchal B geaud comme commandant en chef de la mé armée. En cette qualité il se rendit à Ly l'année suivante, et, après une lutte acharné il comprima avec rigueur les troubles 15 juin 1849. Le prince-président donna alo au général Magnan la croix de grand offici de la Légion d'honneur (23 juin) et le comma dement de la division de Strasbourg. Le 8 juil suivant, dans une élection partielle motiv par les options ou démissions de 11 représe tants, Magnan, porté candidat par les cons vateurs-monarchistes du comité de la rue Poitiers, fut élu représentant de la Seine l'Assemblée législative, le 3e sur 11, par 124, voix (234,588 votants, 373,800 inscrits). Il siég à droite et vota avec la majorité hostile a institutions républicaines. Le 15 juillet, il re le commandement de l'armée de Paris. A ce époque, le président de la République, qui m ditait son coup d'Etat, avait complèteme gagné à sa politique personnelle le géné Magnan. Celui-ci, malgré les réclamations l'Assemblée, laissa se produire et provoq même, à l'occasion de revues qui eurent lie Satory et au Champ de Mars, des manifes tions en faveur du chef du pouvoir. M. Magn donna alors sa démission de représentant et remplacé, le 30 novembre 1851, par M. Devin Avec MM. de Morny, de Persigny et Sai Arnaud, il prépara et exécuta l'acte du 2 cembre; L.-N. Bonaparte le récompensa de son zèle en le nommant successivement grand-croix de la Légion d'honneur (11 décembre 1851), sénateur (26 janvier 1852), maréchal de France (2 décembre 1852), et grand-veneur (1854). Le maréchal Magnan était commandant de l'armée de Paris au moment où eut lieu la guerre d'Italie (1859). Sa nomination comme grand-maître de la franc-maçonnerie (1862) souleva de vives protestations parmi les membres du Grand-Orient de France. Il mourut à Paris en 1865, laissant beaucoup de dettes pour lesquelles son fils ne « sollicita » pas en vain « la haute intervention de Sa Majesté ».

MAGNE (Pierre), député de 1843 à 1848, représentant en 1850, sénateur du second Empire, né à Périgueux (Dordogne) le 3 décembre 1806, mort au château de Montaigne (Dordogne) le 17 février 1879, débuta modestement à la préfecture de sa ville natale en qualité d'expéditionnaire ; il était protégé par le maréchal Bugeaud. Il étudia le droit à Toulouse, se fit recevoir avocat et s'inscrivit ensuite au barreau de Périgueux. Après avoir appartenu quelque temps à l'administration comme conseiller de préfecture de la Dordogne, alors que le célèbre mystificateur Romieu était préfet du département, il songea à briguer, le 19 août 1843, le mandat de député du 1er collège de la Dordogne, vacant par suite de la démission de M. de Marcillac nommé préfet. Élu par 201 voix (358 votants, 395 inscrits), contre 111 à M. Dusolier, M. Magne prit place dans les rangs de la majorité conservatrice, présenta plusieurs *Rapports* sur les crédits de l'Algérie et se montra particulièrement dévoué au maréchal Bugeaud, son protecteur. « Le nouveau député, écrivait un biographe parlementaire, fut nommé l'année dernière rapporteur du projet de loi sur les crédits extraordinaires de l'Algérie ; il eut occasion de défendre ses conclusions à la tribune, et accomplit cette tâche avec assez de bonheur. Le parti conservateur, qui n'est pas riche en capacités, fonda aussitôt le plus brillant espoir sur le jeune député de la Dordogne, qui fut ensuite nommé rapporteur du budget des recettes. Depuis cette époque, il n'est question que du magnifique avenir réservé à M. Magne. » Réélu député le 1er août 1846, par 219 voix (391 votants, 460 inscrits), contre 166 à M. Aug. Mie, il reprit sa place parmi les soutiens du pouvoir et ne tarda pas à être appelé au poste de directeur du contentieux au ministère des Finances, puis à celui de sous-secrétaire d'État au ministère de la Guerre, en remplacement de M. Martineau des Chenez. En raison de cette dernière promotion, il dut se représenter devant ses électeurs, et obtint le renouvellement de son mandat, le 18 décembre 1847, par 286 voix (399 votants), contre 73 à M. Dezeimeris et 38 à M. Moyrand. La révolution de février rendit M. Magne à la vie privée. Mais, s'étant rallié à la politique présidentielle de L.-N. Bonaparte, il revint bientôt aux affaires. Sous-secrétaire d'État (novembre 1849) au département des Finances, il fut désigné pour prendre, dans le cabinet du 9 janvier 1851, le portefeuille des Travaux publics. Le 6 juillet suivant, il fut élu représentant de la Dordogne, en remplacement de M. Ducluzeau décédé, par 40,043 voix sur 43,962 votants et 105,215 inscrits. Il conserva son portefeuille sans interruption jusqu'au 26 octobre suivant, ayant été confirmé dans ses fonctions lors du remaniement du 24 janvier ; et le reprit au lendemain du coup d'État, le 3 décembre

suivant. M. Magne s'en démit, il est vrai, à l'occasion du décret du 22 janvier 1852 confisquant les biens de la famille d'Orléans ; mais cinq mois après, il en fut de nouveau chargé. Il fut nommé sénateur le 31 décembre 1852. En 1854, il passa au ministère des Finances, qu'il dirigea jusqu'à la fin de novembre 1860. Il fut remplacé par M. de Forcade de la Roquette et prit alors le titre de ministre sans portefeuille. En cette qualité, il assista aux délibérations du Sénat relatives à un sénatus-consulte qui avait trait à la reproduction par les journaux des débats législatifs (22 janvier 1861). S'étant trouvé en conflit et en opposition d'idées avec M. Fould, M. Magne donna sa démission et fut nommé par l'empereur membre du conseil privé (1er avril 1863). Un décret du 13 novembre 1867 le rappela au ministère des Finances. Son premier acte fut de présenter, le 27 janvier 1868, un rapport favorable à la préparation d'un nouvel emprunt de 440 millions, que le montant des rentes de la dotation de l'armée devait porter à plus de 700 millions. Cet emprunt fut couvert plus de trente-quatre fois, et le gouvernement impérial s'en applaudit comme d'un éclatant triomphe politique, tandis que la Bourse de Paris y trouvait une source d'embarras graves et prolongés (août 1868). Dans ses appréciations confidentielles sur les candidats possibles au poste de ministre de l'Intérieur à la fin de 1868, M. Rouher reprochait à M. Magne un peu de faiblesse de caractère et de népotisme ; mais « sa faiblesse ne serait à craindre qu'en face d'une émeute, et alors la question serait militaire. Quant au népotisme, ajoutait-il, je crois la matière épuisée, et, par conséquent, les occasions rares pour l'avenir. » M. Magne fit encore partie de la combinaison ministérielle qui suivit le message du 12 juillet 1869, et fut de ceux qui tentèrent, d'accord avec les chefs du tiers-parti, de réaliser les promesses « libérales » de l'Empire parlementaire. Après l'échec de ces tentatives, il se retira avec ses collègues, le 27 décembre 1869, devant le cabinet de M. Émile Ollivier, qui eût voulu, d'ailleurs, le conserver comme collaborateur ; mais au dernier moment une des personnalités les plus en vue du tiers-parti, M. Buffet, fut préférée à M. Magne (3 janvier 1870). Une combinaison nouvelle, datant du 10 août suivant, rendit à M. Magne, pour peu de temps cette fois, l'administration des finances : il contresigna la loi relative au cours légal des billets de banque, et présida à la souscription de l'emprunt de 750 millions. Tombé du pouvoir, le 4 septembre, M. Magne se présenta, le 2 juillet 1871, comme candidat à l'Assemblée nationale dans le département de la Dordogne, en remplacement de Thiers, qui avait opté pour la Seine ; il fut élu par 44,526 voix (86,256 votants, 143,837 inscrits), contre 34,307 à M. Montagut, républicain radical. Il siégea au centre droit, vota avec les conservateurs monarchistes, notamment *pour* la chute de Thiers au 24 mai, fit partie de plusieurs commissions financières et redevint ministre des Finances dans le premier cabinet de Broglie (du 25 mai 1873 au 16 mai 1874). Il fut maintenu en fonctions dans le cabinet présidé par M. de Cissey, le 22 mai 1874. M. Magne prit part, comme ministre, à plusieurs discussions spéciales, eut à effectuer le payement du dernier milliard de la contribution de guerre, et se montra partisan de l'impôt du sel, ainsi que de diverses augmentations d'impôts indirects. L'assemblée ne l'ayant pas suivi dans cette voie, il donna sa démission le 15 juillet 1874. Il vota *pour* l'amendement Wallon et pour l'ensemble des lois constitutionnelles. Au cours des vacances parlementaires d'août 1875, il parla, dans un discours à Périgueux, du « respect dû par tous les bons citoyens aux lois constitutionnelles tant qu'elles ne seront pas revisées ». Élu, le 30 janvier 1876, sénateur de la Dordogne, le 1er sur 3, par 470 voix (683 votants), M. Magne prit place sur les bancs du groupe de l'Appel au peuple, et opina, quand il vint siéger, avec les conservateurs monarchistes, notamment *pour* la dissolution de la Chambre (juin 1877), et *pour* le gouvernement du Seize-Mai ; mais, éloigné le plus souvent des séances de la Chambre haute par la maladie, il mourut en son château de Montaigne, où il s'était retiré, le 17 février 1879.

MAGNEVAL (Gabriel-Barthélemy de), député de 1815 à 1821, né à Lyon (Rhône) le 24 août 1751, mort à Paris le 14 novembre 1821, propriétaire à Lyon et ardent royaliste, fut élu, le 22 août 1815, député du grand collège du Rhône par 93 voix (179 votants, 228 inscrits). Il fit partie de la majorité de la Chambre introuvable. Réélu, le 4 octobre 1816, par 115 voix (174 votants, 223 inscrits), M. de Magneval prit place au côté droit, avec lequel il vota constamment, et fut nommé (novembre 1816) membre de la commission du budget pour le 2e bureau. M. de Villèle a dit de lui : « Homme capable et excellent. » Il obtint encore sa réélection le 21 septembre 1817, par 681 voix (1,317 votants, 1,735 inscrits). Quelques membres ayant reproché aux ministres de la Justice et de la police générale de n'avoir point fait traduire devant les tribunaux les auteurs des troubles de Lyon, M. de Magneval, chargé de présenter le rapport sur la « conspiration », s'exprima ainsi : « Il a existé une conspiration contre le gouvernement, une conspiration très étendue dans le département du Rhône ; Lyon en a été le foyer, et le département le théâtre ; nier ce fait, ce serait nier l'évidence ; chercher à en établir la preuve devant vous, serait méconnaitre votre sagacité et vos lumières. Les magistrats, par leur vigilance et leur fermeté, ont déjoué cette conspiration ; je déclare qu'ils ont des droits à la reconnaissance publique. Je l'appelle, cette reconnaissance, sur le chef militaire digne de la confiance du roi, qui a fait triompher ses armes avec autant de modestie que de bonheur ; je l'appelle sur le premier magistrat du département, qui sait unir ce calme et cette modération étrangers aux passions, à cette énergie, à cette fermeté nécessaire dans les moments de danger ; je l'appellerai sur ce magistrat citoyen à qui on a reproché d'avoir manqué de précautions lorsqu'il a fait porter les forces militaires sur les différents points où la cérémonie du jour devait attirer le plus d'affluence ; lorsqu'informé que des assassins nombreux devaient attenter à ses jours, il assure d'abord la vie de ses citoyens, reste isolé, et n'oppose aux méchants que l'intrépidité de l'homme de bien... » M. de Magneval s'efforça ensuite de réfuter les appréciations émises sur les arrêts de la cour prévôtale de Lyon par le colonel Fabvier (*Voy. ce nom*) et conclut en ces termes : « L'intégrité des magistrats, indignement attaquée, trouvera des garants et des vengeurs. » Lors de la discussion du budget, il adopta l'avis de la commission qui proposait une réduction de 2,881,700 francs. Il observa qu'il fallait faire abstraction du montant de la dette qui flottait à l'époque du mois de janvier 1819 ; « con-

tractée pendant le cours de l'exercice 1818, le budget de cette année, dit-il, lui a déjà assigné les fonds qui feront face aux intérêts qu'elle peut réclamer, et le tableau, qui s'élève à 175,674,213 fr. 36 cent., nous apprend quelle somme nous avions à rembourser, mais ne nous fournit pas d'éléments pour le calcul que nous avons à faire en ce moment. » M. de Magneval expliqua l'origine et l'accroissement de la dette flottante, legs de « l'usurpation », et présenta pour l'avenir un tableau plus consolant. Décédé le 14 novembre 1821, le député du Rhône fut remplacé à la Chambre, le 28 janvier 1822, par M. Couderc.

MAGNIEN (Gabriel-Adolphe), député depuis 1885, né à Chalon-sur-Saône (Saône-et-Loire) le 5 janvier 1836, se fit inscrire au barreau d'Autun, servit comme volontaire pendant la guerre de 1870 dans l'armée de Garibaldi, qui le nomma président de la cour martiale, puis acheta une étude d'avoué à Autun, dont il devint maire (1876-1879). Conseiller général d'Autun en 1878, président de la Société de secours mutuels, il fut porté, aux élections du 14 octobre 1885, sur la liste radicale de Saône-et-Loire, et fut élu, au second tour, le 9e et dernier, par 79,293 voix sur 140,510 votants et 174,124 inscrits. Il fit partie de la gauche radicale et de l'extrême-gauche, vota avec ce groupe, fut membre de plusieurs commissions, et s'occupa surtout des questions d'organisation judiciaire. Il s'est prononcé *pour* l'expulsion des princes, et, dans la dernière session, *pour* le rétablissement du scrutin d'arrondissement (11 février 1889), *contre* l'ajournement indéfini de la revision de la Constitution, *pour* les poursuites contre trois députés membres de la Ligue des patriotes, *contre* le projet de loi Lisbonne restrictif de la liberté de la presse, *pour* les poursuites contre le général Boulanger. M. Magnien a épousé Mlle Gudin du Pavillon, fille de l'ancien député de la Nièvre.

MAGNIER (Marie-Jean-Baptiste-Balthazar) député de 1841 à 1842, né à Ribeauvillé (Haut-Rhin) le 7 janvier 1792, mort à Saverne (Bas-Rhin) le 15 novembre 1849, suivit la carrière militaire et parvint au grade de lieutenant-colonel de gendarmerie. Conseiller-général du Bas-Rhin, chevalier de la Légion d'honneur, il fut élu, le 9 octobre 1841, député du 4e collège du Bas-Rhin (Saverne), par 168 voix (226 votants, 325 inscrits) en remplacement de M. Saglio, décédé. Il siégea jusqu'à la fin de la législature (1842) dans la majorité conservatrice et quitta alors la vie politique. Le 19 juillet 1849, il fut admis à la retraite comme colonel de cavalerie.

MAGNIER DE MAISONNEUVE (Marie-Maximilien), député de 1840 à 1844, né à Strasbourg (Bas-Rhin) le 25 mars 1797, mort à Paris le 28 août 1844, propriétaire, fut élu député du 1er collège du Bas-Rhin (Strasbourg), le 12 décembre 1840, en remplacement de M. Carl appelé aux fonctions de procureur du roi, par 243 voix (397 votants); il siégea dans la majorité ministérielle. Réélu, le 9 juillet 1842, par 254 voix (395 votants), il fut nommé directeur au ministère du Commerce, et dut se représenter devant ses électeurs, qui lui renouvelèrent son mandat, le 17 juin 1843, par 288 voix (314 votants). Il continua de soutenir le ministère Guizot. Décédé au mois d'août 1844, il fut remplacé, le 28 septembre suivant, par M. de Hell.

MAGNIER-GRANDPREZ (Jean-Charles), député de 1815 à 1820, né à Belval (Marne) le 16 mai 1767, mort à une date inconnue, entra dans l'administration des douanes et y remplit les fonctions d'inspecteur. Il était directeur des domaines à Strasbourg et conseiller d'arrondissement du Bas-Rhin, lorsqu'il fut élu, le 22 août 1815, député de ce département, au grand collège, avec 83 voix (161 votants, 269 inscrits). Il appartint à la minorité ministérielle. Réélu député, le 4 octobre 1816, par 70 voix (129 votants, 217 inscrits), il prit place au centre près de la gauche, et vota jusqu'en 1820 avec les « royalistes modérés ». Il fut membre de la commission du budget (novembre 1816), intervint assez fréquemment dans les questions économiques et financières, et proposa, au sujet des impôts indirects, d'envoyer chaque année dans les départements deux ou trois administrateurs, chargés spécialement de s'assurer des « bons principes » que professent les employés : « car, dit-il, il faut, avant tout, être fidèle au roi et à sa dynastie légitime ». Sur les douanes, il prononça d'importants discours, demanda l'ajournement de la révision du tarif, parla contre les prohibitions, etc. Il combattit le monopole du tabac, soutint les réclamations des marchands de vin d'Alsace, fut rapporteur d'un grand nombre de pétitions relatives aux contributions indirectes, éleva la voix en faveur de l'agriculture, et fit ressortir l'avantage qu'offrait, selon lui, l'impôt indirect sur l'impôt foncier. Magnier-Grandprez quitta la vie politique en 1820.

MAGNIEZ (Antoine-Guillain), membre de la Convention, né à Bertincourt (Pas-de-Calais) en 1737, date de mort inconnue, était propriétaire-cultivateur à Bertincourt avant la Révolution. Partisan des idées nouvelles, il devint, en 1790, administrateur du district de Bapaume, et fut élu, par le Pas-de-Calais, membre de la Convention, le 8 septembre 1792, le 10e sur 11, avec 532 voix (750 votants). Lié avec le parti de la Gironde, il vota, dans le procès du roi, pour la détention pendant la guerre et le bannissement après; puis, effrayé de la marche des événements et de l'arrestation des Girondins, il donna sa démission. Arrêté lui-même le 22 juin 1793, il fut remplacé le 1er juillet, par Joseph Le Bon, 2e suppléant du Pas-de-Calais; sa conduite fut blâmée par ses commettants. Mis en liberté par le 9 thermidor, il fut réintégré à la Convention le 10 thermidor an III; la fin de la session le fit rentrer dans ses foyers, et il ne figura plus sur la scène politique.

MAGNIEZ (Émile), représentant du peuple en 1848, né à Vélu (Pas-de-Calais) le 3 mai 1799, mort à Itres (Somme) le 6 octobre 1865, petit-fils du précédent, propriétaire agronome à Itres, connu pour ses opinions libérales, fut élu représentant de la Somme à l'Assemblée constituante, le 23 avril 1848, le 6e sur 14, par 130,431 voix. Il fit partie du comité de l'agriculture et y vota en général avec la droite, pour le bannissement de la famille d'Orléans, pour les poursuites contre L. Blanc et Caussidière, contre l'abolition de la peine de mort, contre l'impôt progressif, contre l'amendement Grévy, contre la sanction de la Constitution par le peuple, pour l'ensemble de la Constitution, pour la proposition Rateau, pour l'interdiction des clubs, pour l'expédition de Rome, contre la demande de mise en accusation du président et des ministres. Non réélu à la Législative, il rentra dans la vie privée.

MAGNIEZ (Victor-Henri-Émile), représentant en 1871, député de 1876 à 1882 et sénateur de 1882 à 1889, né à Itres (Somme) le 9 septembre 1835, mort à Péronne (Somme) le 6 avril 1890, fils du précédent, propriétaire-cultivateur à Itres, maire de cette commune, conseiller d'arrondissement, et conseiller général de la Somme pour le canton de Combles (1864), fut élu, le 8 février 1871, représentant de la Somme à l'Assemblée nationale, le 5e sur 11, par 96,299 voix (123,345 votants, 167,374 inscrits). Il prit place au centre gauche, soutint la politique « républicaine conservatrice » de Thiers, et se prononça : pour la paix, contre le pouvoir constituant de l'Assemblée, pour le retour à Paris, contre la chute de Thiers au 24 mai, contre le Septennat, contre l'état de siège, contre la loi des maires, contre le ministère de Broglie, pour l'amendement Wallon, pour l'ensemble des lois constitutionnelles. Après avoir échoué comme candidat républicain aux élections sénatoriales du 30 janvier 1876 dans la Somme, avec 422 suffrages, il se porta, le 20 février, aux élections législatives dans la 2e circonscription de Péronne, et fut élu député par 8,121 voix (13,620 votants, 16,653 inscrits), contre 3,370 à M. Jolibois fils et 1,820 à M. Cattiaux. Il reprit sa place au centre gauche et fut des 363. A ce titre, il obtint sa réélection, le 14 octobre 1877, par 8,088 voix (14,429 votants, 16,813 inscrits), contre 6,235 à M. Jolibois. M. Magniez soutint le ministère Dufaure, vota pour l'article 7, pour le retour du parlement à Paris (au Congrès), contre l'amnistie plénière, pour l'invalidation de l'élection de Blanqui, etc. Il obtint encore le renouvellement de son mandat législatif le 21 août 1881, avec 8,571 voix (13,428 votants, 16,749 inscrits), contre 4,723 à M. Jolibois; candidat sénatorial dans la Somme moins de cinq mois après, il fut élu sénateur, le 8 janvier 1882, par 504 suffrages sur 923 votants. Au Sénat comme à la Chambre, il opina avec la fraction la plus modérée du parti républicain, se prononça pour la réforme du personnel de la magistrature, pour le rétablissement du divorce, pour les crédits du Tonkin, pour la nouvelle loi militaire, et, en dernier lieu, pour le rétablissement du scrutin d'arrondissement (13 février 1889), pour le projet de loi Lisbonne restrictif de la liberté de la presse, pour la procédure à suivre devant le Sénat contre le général Boulanger.

MAGNIN (Pierre-Joseph), député de 1863 à 1870, représentant en 1871, membre du Sénat, ministre, né à Dijon (Côte-d'Or) le 1er janvier 1824, fils du suivant, s'adonna à l'industrie du fer et succéda à son père comme maître de forges. Conseiller général de la Côte-d'Or en 1861, conseiller municipal de Dijon en 1865, membre de la chambre de commerce, président du tribunal de commerce, il se présenta, le 22 juin 1857, comme candidat d'opposition au Corps législatif dans la 1re circonscription de la Côte-d'Or, où il échoua avec 5,615 voix, contre 22,779 au candidat officiel élu, M. Vernier, député sortant. Les élections du 4 juin 1863 ne lui furent pas plus favorables, avec 11,249 voix, contre 20,261 au député sortant réélu, M. Vernier; mais, ce dernier ayant été nommé conseiller d'État, les électeurs de Dijon, convoqués le 13 décembre 1863, élurent pour député M. Magnin, par 18,712 voix sur 33,988 votants et 42,378 inscrits, contre 15,214 au candidat officiel, M. Jules Saunac. M. Magnin alla grossir le petit groupe de l'opposition, se fit une spécialité des questions de finances, et, à la session de 1865, défendit l'amendement de la gauche réclamant, en présence de l'accroissement constant des budgets, « que le gouvernement restituât à la Chambre le principe fondamental de la spécialité dans le vote des finances. » Réélu, aux élections générales du 24 mai 1869, par 23,531 voix sur 37,879 votants et 44,073 inscrits, contre 14,281 à M. Lombart, bonapartiste, M. Magnin continua de siéger dans l'opposition, qui le porta au bureau comme secrétaire. En cette qualité, il ne quitta pas le président, M. Schneider, le 4 septembre 1870, et reçut sa part des injures qui ne furent pas ménagées à ce dernier. Membre du gouvernement de la Défense nationale le lendemain, il accepta le portefeuille de l'Agriculture et du Commerce, et la charge de pourvoir à l'approvisionnement de Paris; dans ce but, il fit rentrer le plus qu'il put de céréales et de bestiaux, installa des moulins à vapeur, et, après la capitulation, à la signature de l'armistice, alla en province et parvint à ravitailler Paris. Au cours de cette mission, M. Magnin fut élu, le 8 février 1871, représentant de la Côte-d'Or à l'Assemblée nationale, le 2e sur 8, par 63,967 voix sur 73,216 votants et 116,813 inscrits. Il remit sa démission de ministre à l'ouverture de l'Assemblée de Bordeaux (11 février), prit place à gauche et vota *pour* la paix, *contre* la pétition des évêques, *contre* le pouvoir constituant de l'Assemblée, *pour* le service militaire de trois ans, *contre* la démission de Thiers, *contre* le septennat, *contre* le ministère de Broglie, *pour* l'amendement Wallon, *pour* les lois constitutionnelles. Il avait été réélu conseiller général de la Côte-d'Or le 8 octobre 1871, pour le canton de St-Jean-de-Losne, et il a, depuis cette époque, présidé l'assemblée départementale qui, en août 1890, l'a chargé pour la 20e fois de diriger ses délibérations. Le 16 décembre 1875, l'Assemblée nationale l'élut sénateur inamovible, le 63e sur 75, par 324 voix sur 590 votants. Il devint directeur politique du *Siècle* (il était déjà membre du comité de surveillance), quand M. Jules Simon fut appelé à la présidence du conseil des ministres (janvier 1877). Au Sénat, il prit place à gauche, montra une compétence particulière dans les discussions financières, et fut nommé (29 décembre 1879) ministre des Finances dans le premier cabinet Freycinet. En cette qualité, il répondit (janvier 1880) à M. Lenglé qui réclamait la conversion de la rente, que cette opération appartenait à la seule initiative du gouvernement; déposa (juin suivant) un projet de dégrèvement des sucres; tomba avec le ministère le 22 septembre, mais reprit son portefeuille, le lendemain, dans le premier cabinet J. Ferry. En décembre il fit à la tribune un remarquable exposé de la situation financière. Accusé par M. Dréolle (mai 1881) d'avoir favorisé les gros capitalistes par les conditions de l'emprunt en 3 0/0 amortissable, il obtint le vote d'un ordre du jour de confiance à l'unanimité de 352 votants. M. Magnin quitta le ministère des Finances à la chute du cabinet, le 13 novembre 1881. Au Sénat, il soutint la politique coloniale et scolaire des ministères au pouvoir. Il a été nommé gouverneur de la Banque de France le 18 novembre 1881, et il est vice-président du Sénat depuis 1884. En dernier lieu, il s'est prononcé *pour* le rétablissement du scrutin d'arrondissement (13 février 1889), *pour* le projet de loi Lisbonne restrictif de la liberté illimitée de la presse, *pour* la

procédure à suivre devant le Sénat contre le général Boulanger.

MAGNIN-PHILIPPON (Jean-Hugues), représentant en 1848, né à Salins (Jura) le 19 août 1793, mort à Dijon le 28 mars 1856, appartenait à une famille d'artisans de Salins qui avait reçu droit de bourgeoisie en cette ville le 31 janvier 1636. Son père, élu commandant en second du bataillon du Jura à la Révolution, fut blessé grièvement au siège de Mayence et revint mourir à Salins en 1793. La « municipalité citoyenne » envoya une délégation à ses obsèques (15 avril) en « reconnaissance, écrivit-elle à sa veuve, du dévouement de votre deffunt pour la deffense de la patrie ». Orphelin en naissant, Jean-Hugues Magnin, grâce à l'aide généreuse d'un oncle, fit de brillantes études au collège de Juilly, entra dans l'industrie et devint maître de forges. Il se signala par un ensemble de mesures libérales; c'est ainsi qu'en 1845 il éleva spontanément de 0,50 c. par jour le salaire de ses ouvriers. De 1829 à 1852, il fit partie du tribunal de commerce de Dijon comme juge-suppléant, juge et président. En 1830, il fut élu membre du conseil municipal de Dijon, où il siégea jusqu'en 1848, et de nouveau en 1850 et 1851 jusqu'au 2 décembre. En 1842, le canton ouest de Dijon le choisit pour le représenter au conseil général; il y resta jusqu'en 1848. Candidat libéral à la députation, le 1er août 1846, dans le 1er collège de la Côte-d'Or (Dijon), il échoua au 3e tour de scrutin, à un petit nombre de voix, 295, contre 366 au député sortant, M. Saunac, réélu. Après la révolution de février, dont il se déclara partisan, M. Magnin-Philippon fut envoyé par le département de la Côte-d'Or, le 23 avril, comme représentant du peuple à l'Assemblée constituante, le 5e sur 10, par 57,271 suffrages. Il siégea à gauche, fit partie du comité des finances, et vota *contre* le rétablissement du cautionnement, *contre* les poursuites contre Louis Blanc et Caussidière, *contre* le rétablissement de la contrainte par corps, *pour* l'amendement Grévy *contre* l'abolition du remplacement militaire, *pour* la suppression de l'impôt du sel, *pour* l'amnistie, *contre* l'interdiction des clubs, *contre* les crédits de l'expédition romaine, *pour* la demande de mise en accusation du président et de ses ministres, etc. Il fut le promoteur de la proposition qui ne devait aboutir qu'en 1889 tendant à faire rentrer en France les cendres de Lazare Carnot. Il échoua aux élections pour l'Assemblée législative. Après le coup d'Etat, il refusa le serment comme président du tribunal de commerce de Dijon et fut révoqué des fonctions d'administrateur du bureau de bienfaisance, qu'il remplissait avec dévouement depuis 1830. Il rentra dans la vie privée, tout en continuant de faire une vive opposition à l'Empire.

MAGNONCOUR (Césaire-Emmanuel-Flavien Henrionstaal, baron de), député de 1834 à 1842, de 1844 à 1846 et pair de France, né à Dôle (Jura) le 24 décembre 1800, mort à Paris le 29 décembre 1875, « fils de François Gabriel Henrionstaal, propriétaire demeurant à Dôle, et d'Alexandrine-Désirée-Melchiorine Froissard, » suivit la carrière des armes, servit aux gardes du corps du roi sous la Restauration et donna sa démission vers 1830. Maire de Besançon après les événements de juillet, grand propriétaire, agriculteur distingué, il fut successivement élu député du 1er collège électoral de

Doubs (Besançon), le 21 juin 1834, par 139 voix (247 votants, 297 inscrits), contre 52 à M. Gréa, député sortant ; le 4 novembre 1837, par 185 voix (292 votants, 359 inscrits); le 2 mars 1839, par 190 voix (312 votants). Il siégea au centre droit, fut l'un des 213, déposa une proposition tendant à supprimer ou à améliorer la vaine pâture (rejetée), et vota *pour* la dotation du duc de Nemours, *pour* les fortifications de Paris, *pour* le recensement, *contre* les incompatibilités, *contre* l'adjonction des capacités. De 1842 à 1844, M. de Magnoncour se tint éloigné des affaires publiques ; mais, réélu député de Besançon, le 20 juillet 1844, en remplacement de M. Maurice décédé, par 175 voix (325 votants), contre 148 à M. Convers, il fut nommé pair de France le 21 juillet 1846, et rentra dans la vie privée à la révolution de 1848.

MAHUL (Jacques-Alphonse), député de 1831 à 1834, et de 1846 à 1848, né à Carcassonne (Aude) le 31 juillet 1795, mort au château de Villardonnel (Aude) le 25 août 1871, fut élevé au lycée de Toulouse, étudia le droit et vint de bonne heure se fixer à Paris, où il entra, avec son compatriote et ami Barthe, dans la charbonnerie, et fut même enfermé quelque temps à la Force par suite d'une dénonciation. Il contribua à la propagande libérale par un certain nombre de brochures : *Notices sur les erreurs des Dictionnaires historiques* (1818) ; le *Curé de village* (1819), etc., et devint en même temps un des plus actifs rédacteurs de la *Revue encyclopédique* (1819), des *Tablettes universelles* (1820-1824) et du *Temps*. Il avait entrepris, sous le titre d'*Annuaire nécrologique* (1820-1827), une publication biographique rédigée avec beaucoup de soin, lorsqu'il l'interrompit pour s'adonner entièrement aux affaires publiques. Elu, le 5 juillet 1831, député du 2e collège de l'Aude (Carcassonne) par 219 voix sur 302 votants et 428 inscrits, contre 75 à M. Fargues, il prit place, à la Chambre, parmi les partisans les plus résolus de la politique de Casimir Périer ; dans la séance du 12 novembre 1831, il émit cette opinion: « Que les fonctionnaires d'ordre politique étaient *la chair de la chair et les os des os* du ministère. » Il s'associa, par ses votes, à toutes les mesures de répression et approuva notamment l'état de siège de 1832. Ayant échoué, le 21 juin 1834, dans le 1er collège de l'Aude, avec 86 voix contre 138 au député sortant, réélu, M. Teissère, il se présenta, sans plus de succès, le 10 janvier 1835, dans le 5e collège du même département (Narbonne) pour remplacer François Arago, optant pour Perpignan : il n'obtint que 188 voix contre 300 à M. Espéronnier élu. M. Mahul entra alors comme maître des requêtes au conseil d'Etat, et fut nommé, l'année suivante, préfet de la Haute-Loire, d'où il passa à la préfecture de Vaucluse. Il administrait le département de la Haute-Garonne, lorsqu'au mois de juillet 1841, à l'occasion du recensement, éclatèrent les troubles de Toulouse; après avoir essayé vainement des moyens de répression, M. Mahul, sur l'avis unanime des fonctionnaires supérieurs de l'ordre civil et militaire, dut se retirer précipitamment pour éviter une collision imminente entre la garde nationale et l'armée. Il fut alors révoqué pour avoir abandonné son poste. Réélu député de Carcassonne, le 1er août 1846, par 230 voix (455 votants, 530 inscrits), contre 123 au général Rambaud et 102 à M. Fargues, il soutint jusqu'au bout la politique ministérielle et gouvernementale. On lit, à ce sujet, dans la *Bio-graphie satirique des députés* (1847): « M. Mahul, l'os des os et la chair de la chair de sir Guizot, est très connu par sa fuite précipitée en 1841. Il parodia à Toulouse le mot célèbre : C'est l'instant de nous montrer, cachons-nous ! » La révolution de février 1848 le rendit définitivement à la vie privée. On a encore de lui : *Tableau de la constitution politique de la monarchie française* (1838) ; *Explication de M. Mahul, ex-préfet de la Haute-Garonne, sur les derniers événements de Toulouse* (1841) ; *Considérations sur l'économie et la pratique de l'agriculture* (1846) ; *Cartulaire et archives des communes de l'ancien diocèse et de l'arrondissement administratif de Carcassonne* (1857-1862), et une traduction des *Œuvres de Macrobe*, qui fait partie de la *Collection des auteurs latins* de M. Nisard.

MAHY (François-Césaire de), représentant en 1871, député de 1876 à 1889 et ministre, né à Saint-Pierre (île de la Réunion) le 22 juillet 1830, étudia la médecine en France et, reçu docteur, retourna à la Réunion pour y exercer sa profession. Sous l'Empire il collabora au *Courrier de Saint-Pierre*, et se distingua par ses opinions libérales et par son ardeur à réclamer le droit commun pour la colonie. Il accueillit avec joie la révolution du 4 septembre 1870, et, les électeurs des colonies ayant été convoqués dès la fin même de l'année par le gouvernement de la Défense pour l'élection de la future Assemblée nationale, M. de Mahy fut élu, dès le 25 novembre, le 2e et dernier, représentant de l'île de la Réunion, par 12,109 voix (14,218 votants, 31,650 inscrits). Ce scrutin fut considéré comme valable pour l'Assemblée issue du scrutin du 8 février 1871, et M. de Mahy y siégea dans les rangs de la gauche modérée. Il vota *contre* la paix, *contre* l'abrogation des lois d'exil, *contre* la pétition des évêques, *pour* le service militaire de trois ans, *contre* le pouvoir constituant, *pour* le gouvernement de Thiers, *contre* sa chute au 24 mai 1873, *contre* le septennat, *contre* l'état de siège, *contre* la loi des maires, *contre* le ministère de Broglie, *pour* les amendements Wallon et Pascal Duprat, et *pour* l'ensemble des lois constitutionnelles. Plusieurs fois désigné, pendant les vacances de l'Assemblée, pour siéger dans la commission de permanence, il fut un des membres les plus actifs de cette commission, où il signala, avec un zèle particulier, comme hostiles aux institutions républicaines, les actes de certains fonctionnaires. A l'Assemblée, il intervint dans un assez grand nombre de questions budgétaires et coloniales, dans le débat sur le régime des sucres, etc. Réélu député de l'île de la Réunion, le 9 avril 1876, sans concurrent, par 11,095 voix (11,179 votants, 34,269 inscrits), il appartint à la majorité des 363 et lutta contre le gouvernement du Seize-Mai. Après la dissolution de la Chambre, il obtint sa réélection, le 18 novembre 1877, avec 10,899 voix (12,823 votants, 34,237 inscrits), contre 1,894 à M. Cornil. Il reprit alors sa place à gauche, soutint le ministère Dufaure et les cabinets républicains qui suivirent, et fut choisi pour questeur (1878) après la mort du colonel Denfert-Rochereau. Réélu député, le 25 novembre 1881, dans le 2e collège de l'île de la Réunion (en vertu d'une modification des circonscriptions de la colonie), par 5,944 voix, sur 8,792 votants et 20,364 inscrits, contre 2,751 à M. l'abbé Legall, il suivit la même ligne politique que précédemment, et entra, le 30 janvier 1882, dans le ministère présidé par M. de

Freycinet, avec le portefeuille de l'Agriculture. Il fut maintenu à ce poste dans les cabinets Duclerc et Fallières, c'est-à-dire sans interruption jusqu'au 20 février 1883; il représenta au pouvoir les théories protectionnistes. Démissionnaire avec ses collègues, sur la question de l'expulsion des princes, M. de Mahy reprit sa place à gauche, et fut mêlé à plusieurs discussions relatives à l'agriculture et aux questions maritimes et coloniales. En juillet 1885, il présida la commission des crédits pour Madagascar, et défendit cette expédition contre les critiques de l'extrême-gauche. Candidat républicain aux élections du 11 octobre 1885, il fut réélu député de la Réunion, le 1er sur 2, au second tour de scrutin, par 9,703 voix, sur 12,693 votants, contre Mgr Fava, évêque de Grenoble, qui avait habité vingt ans la colonie, et M. de Villele, petit-fils du ministre de la Restauration. Il reprit sa place à gauche, fut nommé questeur, critiqua (février 1886) comme insuffisant le traité conclu le 17 décembre 1885 avec la reine de Madagascar, présida (juin 1887) la commission de la loi militaire en remplacement de M. Laisant démissionnaire, et fut appelé dans le cabinet Tirard, premier ministère constitué par M. Carnot lors de son élection à la présidence de la République, à prendre le portefeuille de la Marine et des Colonies (12 décembre 1887). Mais il s'en démit peu après (janvier 1888), ne voulant pas accepter un sous-secrétaire d'État aux Colonies. En octobre, à la suite d'un dissentiment entre le bureau de la Chambre et le syndicat des journalistes parisiens, le bureau ayant donné sa démission, M. de Mahy fut élu vice-président de la Chambre en remplacement de M. Anatole de la Forge; il a été, depuis, maintenu dans ces fonctions, à l'élection du bureau du 8 janvier 1889. Dans la dernière session, M. de Mahy a été rapporteur de la commission des travaux pour la défense des côtes, s'est prononcé *pour* le rétablissement du scrutin d'arrondissement (11 février 1889), s'est abstenu sur l'ajournement indéfini de la revision de la Constitution, et a voté *pour* les poursuites contre trois députés membres de la Ligue des patriotes, *pour* le projet de loi Lisbonne restrictif de la liberté de la presse, *pour* les poursuites contre le général Boulanger.

MAICHAIN (FRANÇOIS-PHILIPPE-DÉSIRÉ), député de 1846 à 1848, représentant en 1848, né au château de Cenan, près Saint-Pompain (Deux-Sèvres) le 25 décembre 1810, mort à Niort (Deux-Sèvres), le 10 août 1857, fit ses études à Niort et suivit les cours de la faculté de médecine à Paris. Il prit part, avec d'autres étudiants, à la révolution de 1830 et refusa la croix de juillet. Élève chirurgien au Val-de-Grâce, il passa, en 1831, à l'hôpital militaire de Strasbourg, fut attaché, deux ans après, à l'hôpital militaire du Gros-Caillou, et fut envoyé presque aussitôt, comme sous-aide-major, dans les Pyrénées-Orientales. Docteur en juin 1835, il venait d'occuper le poste d'aide-major à l'hôpital militaire de Lyon, quand la mort de son père lui fit donner sa démission (25 mars 1836). De retour dans son département, il fit de la médecine gratuite, et manifesta des opinions libérales. Le 1er août 1846, les électeurs du 1er collège des Deux-Sèvres (Niort) l'envoyèrent siéger à la Chambre, comme candidat d'opposition, par 382 voix sur 725 votants et 822 inscrits, contre 339 à M. Ferdinand David. Il prit place à l'extrême-gauche, vota contre le ministère Guizot, assista, avec Dupont de

l'Eure, au banquet réformiste du 12e arrondissement, et, à la révolution de février, fut envoyé comme commissaire de la République dans son département. Élu, le 23 avril suivant, représentant des Deux-Sèvres à l'Assemblée nationale, le 1er sur 8, par 59,726 voix sur 78,335 votants, il siégea à gauche, fit partie du comité de l'administration, et vota *pour* le bannissement de la famille d'Orléans, *contre* le rétablissement du cautionnement, *contre* les poursuites contre Louis Blanc et Caussidière, *pour* l'abolition de la peine de mort, *contre* l'impôt progressif, *pour* l'amendement Grévy, *pour* la suppression de l'impôt du sel, *contre* la proposition Rateau, *contre* le renvoi des accusés du 15 mai devant la Haute Cour, *contre* l'interdiction des clubs, *pour* l'amnistie des transportés, *pour* le blâme de la dépêche Léon Faucher. L'état de sa santé ne lui permit pas de se présenter à l'Assemblée législative; il se retira à la campagne, aux environs de Niort, où il mourut, à 47 ans.

MAIGNE (JULIEN-LOUIS), représentant en 1849, député de 1876 à 1885, né à Brioude (Haute-Loire) le 25 août 1816, professeur à Paris avant la révolution de 1848, prit part aux journées de février et fut envoyé par le gouvernement provisoire comme sous-commissaire de la République à Brioude. Après les journées de juin, il revint à Paris, fut un des membres les plus actifs du comité démocratique-socialiste des Écoles, et collabora assidûment au journal révolutionnaire le *Défenseur du Peuple*. Il se signala aussi par plusieurs discours ardents prononcés dans des banquets démocratiques. Élu, le 13 mai 1849, représentant de la Haute-Loire à l'Assemblée législative, le 5 sur 6, par 23,078 voix (43,874 votants, 77,11 inscrits), il siégea à la Montagne, appuya l'interpellation Ledru-Rollin sur l'expédition de Rome, signa les manifestes qui aboutirent à l'affaire du 13 juin, se rendit ce jour-là au Conservatoire des Arts et Métiers, fut poursuivi, arrêté, et condamné par la Haute Cour de Versailles à la déportation, qu'il subit à Doullens, puis à Belle-Isle et en Corse. Déclaré déchu de son mandat le 8 février 1850, fut remplacé, le 10 mars suivant, par son frère M. François Maigne (V. plus bas). M. J. Maigne, compris dans l'amnistie du 15 août 1859, se retira à Genève, et ne prit, jusqu'à la fin de l'Empire, aucune part aux affaires publiques. Candidat à l'Assemblée nationale dans la Haute-Loire, le 8 février 1871, il y réunit, sans être élu, 13,904 voix (48,379 votants). Membre du conseil général de la Haute-Loire pour le canton d'Auzon, il rentra dans la vie parlementaire le 20 février 1876, comme député de l'arrondissement de Brioude, élu par 13,049 voix (16,869 votants, 22,346 inscrits). Il alla siéger à l'extrême-gauche, vota *pour* l'amnistie plénière proposée par Louis Blanc, fit partie de plusieurs commissions, fut le rapporteur de la proposition relative à l'abrogation de la loi de 1814 sur le travail du dimanche, et vota avec les 363. Réélu, le 14 octobre 1877, député de Brioude, par 12,229 voix (17,947 votants, 22,9[..] inscrits), contre 5,600 à M. de Flaghac, ancien représentant et candidat officiel du gouvernement du Seize-Mai, il reprit sa place à l'extrême-gauche, dans les rangs des radicaux intransigeants, obtint de la Chambre nouvelle (1er décembre 1879) l'abrogation de la loi sur le repos du dimanche, et se prononça *pour* l'amnistie pleine et entière, *pour* la séparation de l'Eglise et de l'Etat, *pour* la liberté absolue de réunion, d'association et de presse, fit voter mai 1880) un amendement exemptant les réunions électorales de la présence d'un délégué de l'administration, etc. M. J. Maigne obtint encore le renouvellement de son mandat, le 21 août 1881, par 13,271 voix (13,763 votants, 23,211 inscrits). Adversaire de la politique opportuniste, il vota *contre* les ministères Gambetta et J. Ferry, *pour* l'abrogation du Concordat, *contre* les crédits de l'expédition du Tonkin, etc., et ne se représenta pas aux élections générales de 1885.

MAIGNE (François), représentant en 1850-51, né à Brioude (Haute-Loire) le 5 mai 1814, frère aîné du précédent, étudia la médecine et fut reçu docteur en 1838. Il s'établit à Blesle (Haute-Loire), manifesta, comme son frère Julien, des opinions nettement démocratiques, et, après la condamnation de celui-ci par la haute cour pour l'affaire du 13 juin 1849, fut élu, à sa place, représentant de la Haute-Loire à l'Assemblée législative, par 27,726 voix (49,297 votants, 75,780 inscrits), contre 21,305 à M. de Lagrevol. M. Fr. Maigne siégea à la Montagne, vota constamment avec la minorité républicaine, et protesta contre le coup d'État du 2 décembre 1851. Eloigné de France peu de temps après, il passa en Belgique. Depuis 1870, M. François Maigne, de retour à Blesle, a été nommé conseiller général de la Haute-Loire pour ce canton.

MAIGNEN (François-Anne-René-Marie Le), député au Conseil des Cinq-Cents, né à Avranches (Manche) le 30 juillet 1752, mort à Avranches le 9 avril 1836, « fils de René-Marie Le Maignen et de dame Louise-Alexandrine Mury », occupa les fonctions de régisseur ou procureur du comté de Mortain le 24 mars 1778, puis des domaines de Carentan et de Saint-Lô le 22 décembre suivant, et devint, en septembre 1787, syndic de la noblesse au bureau intermédiaire de Carentan. Partisan de la Révolution, il fut nommé maire de Carentan en janvier 1790, administrateur du département de la Manche en juillet de la même année, et procureur-syndic de Carentan au mois de février 1791. Arrêté comme noble en septembre 1793, il passa devant le tribunal révolutionnaire, fut incarcéré à Sainte-Pélagie, et ne recouvra sa liberté qu'après la chute de Robespierre. Nommé, en 1795, receveur du district de Carentan, il fut élu député de la Manche au Conseil des Cinq-Cents, le 25 vendémiaire an IV, par 256 voix (455 votants); il n'y prit la parole que pour faire suspendre l'aliénation des biens nationaux employés au service militaire. Rallié au 18 brumaire, il fut nommé sous-préfet de Valognes le 21 germinal an VIII, et conserva ces fonctions jusqu'au 23 novembre 1815. Le 28 septembre de cette dernière année, il avait été nommé chevalier de la Légion d'honneur.

MAIGNET (Etienne-Chrysostome), député en 1791, membre de la Convention, représentant à la Chambre de Cent-Jours, né à Ambert (Puy-de-Dôme) le 9 juillet 1758, mort à Ambert le 28 octobre 1834, « fils d'Etienne Maignet, notaire royal de cette ville, et de demoiselle Anne Serindat, » étudia la jurisprudence et fut reçu avocat au parlement de Paris en 1782. La Révolution, dont il adopta avec ardeur les principes, le jeta dans la politique. Membre de l'administration centrale du Puy-de-Dôme (1790), il fut, le 6 septembre 1791, élu, par ce département, député à l'Assemblée législative, le 1er sur 12, avec 519 voix (617 votants). Maignet siégea à gauche et ne prit la parole qu'en qualité de rapporteur du comité des secours, dont il était un des membres les plus actifs. Réélu député du Puy-de-Dôme à la Convention, le 6 septembre 1792, le 3e sur 12, « à la pluralité des voix sur 692 votants », il y vota « la mort » dans le procès du roi, en rejetant l'appel au peuple et le sursis. Envoyé, en avril 1793, près de l'armée de la Moselle, il en surveilla les approvisionnements. Puis, de retour à Paris, il reçut une nouvelle mission, celle de réchauffer le zèle révolutionnaire de ses compatriotes, et de faire mettre à exécution une levée extraordinaire, destinée au siège de Lyon. Dans le Puy-de-Dôme, il prit un arrêté ordonnant aux « ci-devant prêtres qui ont été appelés dans ce département pour y remplir les fonctions du ci-devant culte catholique, de se retirer dans leurs départements respectifs » (26 novembre 1793). Il se rendit ensuite à Lyon, y tint une conduite mesurée qui lui valut, ainsi qu'à Couthon, les dénonciations des Javogues, dénonciations rétractées d'ailleurs peu après par ce représentant. Maignet conserva la confiance du gouvernement révolutionnaire, et fut envoyé encore dans les départements des Bouches-du-Rhône et de Vaucluse, en proie à la guerre civile. Ses actes en Provence soulevèrent plus tard contre lui de graves accusations, bien qu'à son arrivée à Marseille, et sans attendre les ordres du comité de sûreté générale, il eût rendu à la liberté un grand nombre de suspects. Un de ses arrêtés (9 germinal an II) portait : « Considérant que l'homme en paraissant sur la terre y vient sans préjugés, et qu'en la quittant il ne doit laisser aucune trace de ceux qui ont pu l'assiéger pendant sa vie, ordonne d'enlever des cimetières tous tableaux, peintures ou inscriptions capables d'alimenter le fanatisme, et d'inscrire ces seuls mots sur la porte d'entrée : *Silence, ils reposent!* » A Avignon, il changea les administrateurs, et les remplaça lui-même, sous prétexte qu'un « affreux modérantisme paralysait les mesures les plus révolutionnaires » (4 floréal an II). Mais, il eut à lutter contre le fameux Jourdan Coupe-Tête et Rovère, protecteurs ou membres d'une association composée de plus de 500 personnes et dont le but était de se faire adjuger les propriétés nationales à vil prix, au moyen d'une coalition des influences locales et de certaines notabilités. Maignet dénonça ce honteux trafic, dans un mémoire qu'il adressa au comité de salut public, ce qui lui valut, après le 9 thermidor, d'être persécuté par Rovère, devenu un des plus violents soutiens de la réaction. Le bourg de Bédouin ayant été signalé à Maignet comme le foyer de l'agitation et des insurrections antirépublicaines, Maignet, sollicité de recourir à des moyens extrêmes, ne voulut rien prendre sur lui, bien que ses pouvoirs fussent illimités : il soumit l'état des choses au comité de salut public qui répondit par un ordre d'extermination. Maignet, dépositaire des instructions du comité, voulut encore, écrit un biographe, essayer d'en éviter l'effroyable exécution. Il fit faire des sommations aux habitants de Bédouin, les invita à la soumission et à la paix, au nom de leur propre intérêt, et leur déclara que s'ils continuaient de se montrer hostiles à la République, leur village aurait cessé d'exister. Ces exhortations ayant été inutiles, il leur annonça que les vengeances de la République allaient éclater sur l'asile de ses irréconciliables ennemis, et il leur donna néanmoins le temps de se dérober eux-mêmes, avec leur mobilier, aux coups de la foudre révolutionnaire. Six ou sept maisons devinrent la proie des flammes: le reste du village fut préservé par les soins même du chef militaire chargé de cette affreuse expédition. Après la chute de Robespierre, Rovère dirigea contre Maignet des attaques incessantes et parvint à le faire décréter d'accusation, le 15 germinal an III. L'amnistie de brumaire an IV rendit Maignet à la liberté; il retourna dans son pays natal et y exerça la profession d'avocat. Estimé de ses concitoyens, il reçut d'eux, en l'an VI, une offre de candidature, qu'il crut devoir décliner. Il fut alors nommé haut juré, puis maire de la ville d'Ambert. Le 15 mai 1815, cet arrondissement, par 66 voix sur 87 votants, 131 inscrits, l'envoya siéger à la Chambre des représentants. Mais bientôt la loi de 1816 l'obligea à quitter la France. Perclus d'un bras, rongé par la goutte, presque aveugle, il se réfugia en Belgique. En 1818, sa fille ainée, Julie, adressa au roi un recours en grâce, qui fut apostillé par tous les ecclésiastiques de la ville et du canton d'Ambert, ce dont le ministre de la police exprima son grand étonnement à l'évêque de Clermont. Maignet ne revint à Ambert qu'après la révolution de 1830, et y mourut accablé d'infirmités et dans un état voisin de la misère.

MAIGNIEN (François), député en 1791, membre de la Convention, député au Conseil des Anciens, né à Voulgézac (Charente) le 12 mai 1754, mort à Paris le 27 mai 1797, fut receveur des domaines du district de la Châtaigneraye (Vendée), et devint, à la Révolution, membre de l'administration de ce district. Élu, le 3 septembre 1791, député de la Vendée à l'Assemblée législative, le 3e sur 9, par 159 voix (274 votants), il siégea dans la majorité réformatrice. Le 4 septembre 1792, le même département l'envoya à la Convention, le 4e sur 9, avec 201 voix (343 votants). Maignien vota « pour la mort » dans le procès de Louis XVI, et fut envoyé, en l'an III, à l'armée des Pyrénées-Occidentales. Il s'y fit peu remarquer, revint à Paris, et, après la session conventionnelle, fut élu député de la Vendée au Conseil des Anciens, le 21 vendémiaire an IV, par 65 voix sur 98 votants. Il obtint le renouvellement de ce mandat le 22 germinal an V, avec 94 voix sur 109 votants, et mourut peu de temps après.

MAIGNOL (Jacques), député de 1833 à 1839, né à Artonne (Puy-de-Dôme) le 20 août 1780, mort à Artonne le 6 février 1858, fit sa carrière dans la magistrature. Il était conseiller à la cour royale de Riom, lorsqu'il fut successivement élu député du 3e collège du Puy-de-Dôme (Riom), le 8 juin 1833, par 111 voix (208 votants, 299 inscrits), contre 56 à M. Chabrol de Volvic, et 32 à M. Molin, en remplacement de M. Baudet-Lafarge, démissionnaire; le 21 juin 1834, par 125 voix (235 votants, 303 inscrits), contre 80 à M. Chabrol de Volvic; le 4 novembre 1837, par 126 voix (241 votants, 290 inscrits), contre 109 à M. Chabrol de Volvic. M. Maignol siégea au centre gauche, combattit la politique ministérielle, vota *contre* les lois de septembre, d'apanage et de disjonction, *contre* l'adresse de 1839, et obtint le surnom d' « incorruptible » pour l'énergie avec laquelle il résista aux avances dont il fut l'objet de la part des ministres. Aussi le gouvernement mit-il tout en

œuvre pour lui faire échec; il y réussi... M. Maignol échoua successivement dans le même collège, le 2 mars 1839, avec 126 v... contre 132 à l'élu, M. Chabrol de Volvic; le 9 juillet 1842, avec 123 voix contre 1.. au député sortant, M. Chabrol, et, le 8 juin 18..., dans l'élection partielle destinée à pourvoir au remplacement de M. Chabrol de Volvic dé...., avec 129 voix contre 143 à l'élu, M. P.... A partir de ce moment, M. Maignol sa ... de la vie politique.

MAIGRE (André), représentant à la Chambre des Cent-Jours, né à Nîmes (Gard) le 27 juillet 1779, mort à une date inconnue, était négociant à Nîmes. Élu, le 7 mai 1815, représentant du commerce à la Chambre des Cent-Jours, par le grand collège du Gard, avec 49 voix 68 votants), il rentra dans la vie privée après cette courte législature.

MAILHE (Jean-Baptiste), député en 1791, membre de la Convention, député au Conseil des Cinq-Cents, né à Toulouse (Haute-Garonne) en 1754, mort à Paris le 1er juin 1834, était homme de loi dans sa ville natale lors de la Révolution. Procureur général syndic de la Haute-Garonne en 1790, il fut élu, le 4 septembre 1791, député de ce département à l'Assemblée législative, le 1er sur 12, par 347 voix (475 votants). Il fit partie du comité diplomatique, présenta un rapport en faveur des soldats de Châteauvieux; appuya le décret d'accusation contre les ministres Bertrand de Molleville et de Lessart; opina pour qu'il fût demandé positivement à l'empereur s'il entendait rester ami et allié de la France; vota ensuite pour la déclaration de guerre à François II; réclama la suppression sans indemnité des droits féodaux, le licenciement de la garde constitutionnelle du roi, l'organisation d'un corps de douze cents *tyrannicides*; fit rendre un décret qui conservait aux habitants des campagnes la propriété des bois communaux, et proposa que l'émigration fût ajoutée au nombre des causes de divorce. Son ardeur révolutionnaire parut s'atténuer à la Convention, où la Haute-Garonne le renvoya, le 5 septembre 1792, le 1er sur 12, avec 629 voix (688 votants). Membre du comité de législation, il fut chargé du rapport sur la mise en accusation de Louis XVI (7 novembre 1792). Examinant d'abord la question de savoir si le roi pouvait être mis en jugement, il prononça l'affirmative, et déclara insoutenable le dogme de l'inviolabilité constitutionnelle, par ce motif que Louis XVI ne pouvait avoir de juges plus impartiaux, plus désintéressés que les membres de la Convention. Ses conclusions furent que « Louis peut être jugé, qu'il le sera par la Convention, que des commissaires pris dans son sein feront un rapport énonciatif des délits dont Louis XVI sera prévenu, que cet acte sera imprimé et que les originaux des pièces à charge lui seront communiqués; que la Convention fixera le jour où Louis paraîtra devant elle; que Louis XVI présentera, par lui ou par ses conseils, sa défense écrite ou verbale; enfin que le jugement sera porté par appel nominal. » Mailhe ajoutait : « Vous aurez aussi à balancer les destinées du fils de Louis avec l'intérêt de la République. » Il insista pour que la Convention procédât dans cette affaire avec solennité et sans précipitation. Lorsque Louis XVI fut amené, le 11 décembre 1792, à la barre de la Convention, Mailhe, l'un des secrétaires, lut l'acte énonciatif des faits qui constituaient l'accusation. Puis, par suite du roulement qui s'opéra entre les départements pour procéder aux appels nominaux, ayant été appelé le premier à voter dans le procès, Mailhe s'exprima ainsi sur la question de la peine à infliger à Louis XVI : « Par une conséquence qui me paraît naturelle, par une conséquence de l'opinion que j'ai déjà émise sur la première question, je vote pour la mort. Je ferai une simple observation. Si la mort est la majorité, je crois qu'il serait digne de la Convention nationale d'examiner s'il ne serait pas utile de retarder le moment de l'exécution. Je reviens à la question, et je vote pour la mort. » Vingt-six seulement de ses collègues se rattachèrent à cette opinion.

L'appel nominal terminé, Garrau, député de la Gironde, demanda que Mailhe expliquât lui-même un vœu qui paraissait devoir être suivi par plusieurs membres, et dont il importait de connaître la nature. A quoi Mailhe répondit par cette déclaration : « Citoyens, chers et respectables collègues, au point où en sont les choses, il ne m'est possible que de répéter le vœu que j'ai émis hier ; je le répéterai donc sans en changer, pas un mot, mais une seule lettre. Je prie les citoyens qui m'ont entendu d'attester ce que je vais répéter et ce que j'ai prononcé hier. » Et il répéta textuellement son vote de la veille. La Convention jugeant que Mailhe avait abandonné cette réserve, en se bornant à répéter son vote et en esquivant l'explication qu'on lui demandait, comprit les votants de cette catégorie au nombre des votants pour la mort sans condition. Au 3e appel nominal, Mailhe cependant vota pour le sursis. En avril 1793, il remplit une mission temporaire dans la Haute-Garonne. Après les événements du 31 mai, il garda le silence jusqu'au 9 thermidor. Alors il se signala parmi les partisans de la réaction, s'éleva contre les « terroristes », en même temps que contre ceux qui méditaient le rétablissement de la royauté, et, envoyé en mission à Dijon, il y poursuivit les restes du parti jacobin. Le 11 juillet 1795, il dénonça les manœuvres des royalistes, mais, fidèle à sa politique de bascule, il fit décréter, le 23 août, la dissolution des sociétés populaires, qu'il disait influencées tour à tour par les royalistes et les anarchistes. Devenu, le 23 vendémiaire an IV, député au Conseil des Cinq-Cents, élu par neuf départements, il prononça, en mars 1796, un nouveau discours sur la nécessité d'anéantir les sociétés populaires, et essaya de faire comprendre dans la même mesure les réunions religieuses. La même année, il fit un rapport sur les ordres monastiques existant dans les Pays-Bas, et combattit vivement, le 31 octobre, un message du Directoire, qui demandait qu'on limitât la liberté de la presse. Deux jours après, il parla en faveur des parents des émigrés et s'étonna qu'on pût donner des fonctions publiques à des terroristes, « dont les mains, disait-il, étaient pleines de sang », tandis qu'on en écartait des parents d'émigrés contre lesquels on n'avait à opposer que des préventions. Mailhe cessa de faire partie du Conseil le 1er prairial an V. Il rédigeait alors un journal, l'*Ami de la Constitution*, qui semblait s'être donné la tâche d'aplanir les voies au rétablissement de la monarchie. Compris en raison de ces tendances dans la proscription du 18 fructidor an V, il fut transporté à l'île d'Oléron, où il resta environ un an. Mais le gouvernement consulaire le rappela, pour le nommer secrétaire général des Hautes-Pyrénées (floréal an VIII). Il refusa

cet emploi, revint à Paris et fut nommé avoué (avocat) au tribunal de cassation, fonctions qu'il exerça jusqu'au 9 février 1815. En avril 1814, il avait envoyé une adresse au Sénat pour le féliciter d'avoir prononcé la déchéance de Napoléon. La loi de 1816 contre les régicides l'obligea à quitter la France. Il se retira à Bruxelles, puis à Liège, où sa femme et ses enfants vinrent le rejoindre en 1818, et où il se fit avocat consultant. De retour en France après la révolution de juillet, Mailhe mourut à Paris (1834), étranger aux affaires publiques.

MAILHO (Jean-Pierre), député en 1791, né à Castelnau (Hautes-Pyrénées) le 5 janvier 1757, mort à une date inconnue, était homme de loi à Castelnau. Administrateur des Hautes-Pyrénées, puis juge de paix, il fut élu, le 3 septembre 1791, député des Hautes-Pyrénées à l'Assemblée législative, le 6e et dernier, par 103 voix (187 votants). Il siégea obscurément dans la majorité.

MAILLARD (Charles-Jean-Firmin), pair de France, sénateur du second Empire, né à Paris le 2 avril 1774, mort à Paris le 16 janvier 1854, fit ses études au collège d'Harcourt, entra à l'École polytechnique et en sortit dans les ponts et chaussées. Mais il préféra bientôt la carrière administrative et fut nommé, en 1802, sous-préfet à la Louisiane. La cession de cette colonie aux Etats-Unis l'empêcha d'occuper ce poste, et, l'année suivante, il fut appelé à la sous-préfecture de Saint-Jean-d'Angély. Membre du conseil d'Etat en 1809, il fut chargé, en 1810, de recueillir les éléments de la législation des *Polders*, lorsque, par suite de la démission du roi Louis, le royaume de Hollande fut réuni à l'empire français. Maître des requêtes au conseil d'Etat en 1811, et directeur général des *Polders*, il fit adopter les décrets qui en règlent encore aujourd'hui, en bien des points, l'organisation. Il dut abandonner cette direction aux traités de 1814, tout en conservant ses fonctions de maître des requêtes. Conseiller d'Etat en 1825, président du comité de l'intérieur en 1833, il fut nommé pair de France le 7 mars 1839. Les changements de gouvernement n'entravèrent point sa carrière, car, admis à la retraite le 26 décembre 1851, il fut appelé par l'empereur Napoléon III au nouveau Sénat le 31 décembre 1852. M. Maillard mourut un an après.

MAILLARD (Pierre-Marie-Guillaume), député de 1885 à 1889, né à Brive (Corrèze) le 22 août 1823, étudia le droit et se fit inscrire comme avocat, en 1847, au barreau de Paris. D'opinions radicales, il applaudit à la révolution de février 1848, s'attacha à Ledru-Rollin, dont il fut un des secrétaires au ministère de l'Intérieur, et prit une part active aux tentatives de résistance qui eurent lieu à Paris contre le coup d'Etat du 2 décembre. Appartenant sous l'Empire à l'opposition démocratique, il fut impliqué dans le complot de Marseille en 1852 et arrêté après l'attentat d'Orsini. Il plaida dans un grand nombre de procès politiques, notamment dans les affaires de l'Hippodrome et de l'Opéra-Comique. En 1871, il défendit devant les conseils de guerre plusieurs condamnés de la Commune. Après s'être présenté sans succès, comme candidat républicain radical, aux élections législatives du 20 février 1876, dans le 1er arrondissement de Paris, contre M. Tirard, il se fit élire conseiller municipal de cette ville pour le quartier de Gre nelle en 1878; le même quartier le renomma en 1881, puis en 1884. M. Maillard siégea dans la fraction la plus avancée du groupe autonomiste du conseil, et soutint avec ardeur les projets de vœux relatifs à l'amnistie plénière. Porté, le 4 octobre 1885, sur plusieurs listes radicales et socialistes dans le département de la Seine, comme candidat à la Chambre des députés, il obtint, sans être élu, 92,045 voix (434,011 votants). Mais, le 13 décembre suivant, l'élection complémentaire qui eut lieu dans le même département lui ouvrit les portes du Palais-Bourbon : élu. le 2e sur 6, par 160,225 voix (347,089 votants, 561,617 inscrits), au second tour de scrutin, il prit place à l'extrême-gauche de la Chambre avec laquelle il vota *contre* les ministères opportunistes de MM. Rouvier et Tirard, *pour* l'amnistie, etc. Il prit la parole : en faveur de la proposition d'amnistie déposée par M. H. Rochefort, au cours de l'interpellation Camélinat sur les événements de Decazeville ; interpella lui-même le gouvernement à ce sujet et parla encore sur le projet de loi organique militaire, sur la proposition tendant à rendre à diverses catégories de condamnés leurs droits de vote et d'éligilité, sur les désordres survenus à l'enterrement d'Eugène Pottier, sur le budget, et se prononça, à la fin de la législature, *contre* le rétablissement du scrutin d'arrondissement (11 février 1889), *contre* l'ajournement indéfini de la revision de la Constitution, *contre* les poursuites contre trois députés membres de la Ligue des patriotes, *contre* le projet de loi Lisbonne restrictif de la liberté de la presse, *pour* les poursuites contre le général Boulanger.

MAILLARD-ROLLIN (Louis-Paul), député au Conseil des Cinq-Cents, né à Montdidier (Somme) le 21 octobre 1747, mort à une date inconnue, propriétaire à Montdidier, maire de cette ville, fut administrateur du département de la Somme, qui l'élut, le 23 germinal an V, député au Conseil des Cinq-Cents, par 210 voix (278 votants). Son élection fut annulée au 18 fructidor, comme entachée de royalisme ; mais il évita la déportation et disparut de la scène politique.

MAILLART-JUBAINVILLE (Louis-François), député au Conseil des Cinq-Cents, né à Amiens (Somme) en 1751, mort à Paris le 3 janvier 1799, homme de loi à Amiens en 1789, remplit plusieurs fonctions publiques pendant la Révolution. Elu député de la Somme au Conseil des Cinq-Cents, le 23 germinal an V, par 210 voix (275 votants), il se mit du côté des Clichyens, et parla en différentes occasions, pour faire rapporter la loi qui permettait le divorce pour incompatibilité d'humeur, pour engager le Conseil à se préoccuper de la marche des troupes sur Paris, ordonnée par le Directoire, pour provoquer une explication du pouvoir exécutif sur la situation de la République, pour demander que la garde nationale de Paris fût munie de canons, etc. Cette dernière proposition souleva les murmures des partisans du Directoire. Condamné à la déportation au 18 fructidor, Maillard-Jubainville put s'échapper à temps et vécut caché jusqu'à sa mort survenue en l'an VII.

MAILLE (Eugène-Dominique), député de 1827 à 1834, né à Rouen (Seine-Inférieure) le 17 janvier 1771, mort à Rouen le 31 décembre 1840, était négociant dans sa ville natale, quand il fut élu député du grand collège de la Seine-Inférieure, le 24 novembre 1827, 366 voix (657 votants, 911 inscrits). Réélu 19 juillet 1830, par 560 voix 903 votants 1,005 inscrits), il siégea à l'opposition libérale, vota l'adresse des 221, adhéra à la monarchie de juillet, et, son mandat ayant été renouvelé juillet 1831, à la fois dans le 2e collège de la Seine-Intérieure (Rouen) par 195 voix (378 votants, 468 inscrits), contre 107 à M. Auguste Barbe, et dans le 8e collège du même département (Dieppe), par 93 voix (145 votants, 385 inscrits) contre 52 à M. Binet, il opta pour Rouen et fut remplacé à Dieppe, le 6 septembre suivant par M. Aroux. M. Maille vota silencieusement à la nouvelle Chambre avec la majorité ministérielle. Les élections du 21 juin 1834 ne furent pas favorables ; il échoua à Rouen, avec 166 voix contre 212 à l'élu, M. Toussin, et rentra plus dans la vie politique.

MAILLÉ (Charles-François-Armand de Tour Landry, duc de), pair de France, né à Paris le 10 janvier 1770, mort à Paris le 5 janvier 1837, fut, avant la Révolution, premier gentilhomme de la chambre de Monsieur. Il émigra avec les princes, mais dut revenir en France en 1801, pour régler des affaires de famille. Il se tint en dehors de la politique jusqu'à la chute de l'Empire, prit une grande part au mouvement royaliste du 31 mars 1814, et, porteur des dépêches du gouvernement provisoire, se rendit au-devant de Louis XVIII, qu'il rencontra à Vitry. A partir de ce moment, il reprit auprès du roi ses anciennes fonctions. Nommé pair de France 4 juin 1814, et maréchal de camp le 8 août suivant, il eut, en 1815, à accompagner Monsieur, plus tard Charles X, à Lyon, et reçut ensuite l'ordre de se rendre à Besançon, auprès du duc de Berry. Il apprit à ce dernier les événements de Grenoble et concerta un plan d'opération avec le maréchal Ney. Leurs combinaisons n'aboutirent pas, et M. de Maillé suivit Louis XVIII à Gand. Cité comme témoin dans le procès du maréchal Ney, il raconta simplement leur entrevue et la confiance que celui-ci avait su lui inspirer, et s'abstint de prendre part au vote. En 1816, il présida le conseil de guerre qui condamna le général Bonnaire et son aide-de-camp à la peine de mort. A la Chambre haute, M. de Maillé se montra toujours royaliste intransigeant et refusa de prêter serment au gouvernement de juillet.

MAILLÉ (Alexis), représentant en 1874, député de 1876 à 1877 et de 1878 à 1885, né à Angers (Maine-et-Loire) le 13 août 1815, d'abord ouvrier menuisier et acquit une petite fortune qui lui permit de s'occuper de politique. Il concourut en 1860 à la création de la chambre syndicale des entrepreneurs dont il devint le président, fut conseiller municipal d'Angers, juge suppléant au tribunal de commerce, présida, pendant la guerre de 1870, la commission municipale d'Angers, et s'y fit bien venir des ouvriers en s'efforçant de leur procurer du travail. Elu, le premier, aux élections municipales d'Angers de 1871, il fut nommé maire de cette ville et resta en fonctions jusqu'à la démission de M. Thiers. C'est à lui qu'on doit la création d'écoles primaires laïques dans les quartiers pauvres, jusqu'alors privés de toute maison d'enseignement. Conseiller général de Maine-et-Loire pour le canton nord-est d'Angers, il fut élu représentant de ce département à l'Assemblée nationale, le 27 septembre 1874, en remplacement de M. Beulé.

décédé, par 51,461 voix (100,522 votants, 146,685 inscrits), contre 47,651 à M. Bruas. Il prit place à la gauche républicaine, et vota l'amendement Wallon et les lois constitutionnelles. Il échoua, dans la 2e circonscription d'Angers, le 20 février 1876, avec 8,458 voix, contre 8,593 à l'élu, M. Fairé, conservateur; mais cette élection ayant été annulée, il fut élu, le 21 mai 1876, par 9,785 voix (19,451 votants, 24,068 inscrits), contre 9,584 à M. Fairé, et fut l'un des 363 qui refusèrent un vote de confiance au ministère de Broglie. Aux élections qui suivirent la dissolution de la Chambre par le cabinet du 16 mai, il échoua, le 14 octobre 1877, avec 9,708 voix, contre 10,813 à M. Fairé, candidat du maréchal. Cette dernière élection fut encore invalidée, et les électeurs d'Angers, convoqués à nouveau le 7 juillet 1878, donnèrent la majorité à M. Maillé par 9,763 voix (18,836 votants, 24,637 inscrits), contre 8,965 à M. Fairé, député sortant. M. Maillé continua de siéger à la gauche républicaine, soutint la politique coloniale et scolaire des ministères opportunistes, et fut réélu, le 21 août 1881, par 10,410 voix (19,587 votants, 25,120 inscrits), contre 8,627 à M. Fairé et 352 à M. Chabert socialiste. Il reprit sa place à gauche, et fut nommé juge au tribunal de commerce; porté, aux élections du 4 octobre 1885, sur la liste républicaine de Maine-et-Loire, il échoua avec 47,573 voix sur 123,110 votants.

MAILLÉ (ARMAND-URBAIN-LOUIS DE), COMTE DE LA JUMELLIÈRE, représentant en 1871, député de 1876 à 1885, né à Paris le 1er juillet 1816, d'une vieille famille noble de Touraine dont on suit la filiation depuis le xie siècle, se destina d'abord à l'état militaire. Il entra à l'École de Saint-Cyr, servit quelque temps, puis s'occupa d'industrie et devint maître de forges. Riche propriétaire, il commanda les mobiles de Maine-et-Loire en 1870, et fut élu représentant de son département à l'Assemblée nationale, le 8 février 1871, le 7e sur 11, par 99,338 voix (120,174 votants, 151,588 inscrits). Catholique et royaliste, il siégea à droite, fit partie de la réunion Colbert et des Réservoirs, fut membre de la commission d'enquête sur les actes du gouvernement de la Défense nationale et de la commission des grâces, vota contre le retour à Paris, pour le septennat (vote dont ses amis lui gardèrent longtemps rancune), pour la loi des maires, contre l'amendement Wallon, contre les lois constitutionnelles. Chevalier de la Légion d'honneur depuis 1871, il avait été nommé conseiller général du canton de Chemillé, le 8 octobre de la même année. Réélu député de la 1re circonscription de Cholet, le 20 février 1876, par 7,180 voix (13,028 votants, 16,621 inscrits), contre 3,835 à M. Abellard, et 1,983 à M. Formon (candidat que lui avaient opposé les royalistes mécontents), il soutint le ministère de Broglie et la politique du 16 mai, et fut de nouveau réélu, après la dissolution de la Chambre, le 14 octobre 1877, par 9,176 voix (13,694 votants, 17,337 inscrits), contre 4,491 à M. Blauvillain. Il reprit sa place à droite, combattit la politique scolaire et coloniale du gouvernement, et vit son mandat renouvelé, le 21 août 1881, par 9,283 voix (13,548 votants, 17,747 inscrits), contre 4,177 à M. Gazeau de Vautibault. Il continua de soutenir de ses votes la politique conservatrice et catholique. Porté sur la liste de l'Union conservatrice de Maine-et-Loire, aux élections du 4 octobre 1885, il fut élu, le 1er sur 8, par 73,230 voix (123,110 votants, 151,859 inscrits); il vota pour la revision

de la Constitution, contre les lois restrictives de la liberté sur l'enseignement, et, à la fin de la législature, contre le rétablissement du scrutin d'arrondissement, pour l'ajournement indéfini de la revision de la Constitution, contre les poursuites contre trois députés membres de la Ligue des patriotes, contre le projet de loi Lisbonne restrictif de la liberté de la presse, contre les poursuites contre le général Boulanger. Le comte de Maillé préside depuis quelques années le conseil général de Maine-et-Loire.

MAILLIET (MAXIMILIEN-JOSEPH), sénateur de 1876 à 1879, né à Avesnes (Nord) le 30 octobre 1812, entra à l'École polytechnique, en sortit dans le génie, et donna ensuite sa démission pour se livrer à des entreprises industrielles et pour diriger une maison de banque dans sa ville natale. Vice-président du conseil général du Nord et président de la société d'agriculture d'Avesnes, il fut élu, le 30 janvier 1876, sénateur du Nord, le 3e sur 5, par 423 voix (811 votants). Dans une profession de foi conservatrice, il avait déclaré adhérer à la politique du maréchal de Mac-Mahon. Au Sénat, il prit place dans le groupe de l'Appel au peuple, et vota la dissolution de la Chambre demandée par le ministère du 16 mai. Il se représenta au renouvellement triennal du Sénat, le 5 janvier 1879, mais il échoua avec 367 voix (798 votants).

MAILLOT (CLAUDE-PIERRE), député en 1789, né à Toul (Meurthe) le 24 août 1744, mort à Toul le 2 mars 1824, lieutenant-général au bailliage de Toul et procureur du roi, fut élu député du tiers aux États-Généraux, le 7 avril 1789, par le bailliage de Toul et Vic, avec 53 voix sur 95 votants. Le Moniteur dit seulement qu'il demanda qu'on fît mention de la religion dans la déclaration des droits, et qu'on fixât à Toul l'évêché de la Meuse. Son rôle politique n'a pas laissé d'autres traces.

MAILLY-CHATEAURENAUD (ANTOINE-ANNE - ALEXANDRE - MARIE - GABRIEL - JOSEPH - FRANÇOIS MARQUIS DE), député en 1789, membre de la Convention, député au Conseil des Anciens, né à Vesoul (Haute-Saône) le 25 novembre 1742, mort à Franchevelle (Haute-Saône) le 12 juin 1819, d'une ancienne famille française qui descend des comtes de Dijon, fit ses études au collège d'Harcourt à Paris et son droit à Besançon, devint, à 20 ans, secrétaire de Voltaire à Ferney, puis avocat général à la cour des comptes à Dôle. Il était, à l'époque de la Révolution, un des riches propriétaires de la Franche-Comté. Il adopta les idées nouvelles, et fut élu, le 16 avril 1789, député suppléant de la noblesse aux États-Généraux par le bailliage d'Aval. Président du cercle social de la Bouche-de-Fer à Paris en 1790, il fut appelé à siéger, le 20 juin 1790, en remplacement du marquis de Lezay-Marnésia démissionnaire, et vota avec la majorité réformiste de la Constituante. Président de l'administration de la Haute-Saône, puis administrateur (3 septembre 1791) de Saône-et-Loire, il fut envoyé à la Convention par ce dernier département, le 7 septembre 1792, le 9e sur 11. Il ne tarda pas à y prendre rang parmi les plus ardents républicains, et vota « la mort » dans le procès du roi. Le 24 vendémiaire an IV, il passa, toujours comme député de Saône-et-Loire, au Conseil des Anciens, avec 239 voix (393 votants). Il fut secrétaire de cette assemblée, en sortit en septembre 1798, fut nommé, le 9 germinal an VIII, maire de Vesoul (Haute-Saône), et exerça ces fonctions jusqu'à la première Restauration. Une rue de Vesoul porte son nom. Il ne fut pas inquiété, en 1816, parce que, dit un rapport de police, « d'un âge très avancé, et presque en enfance », il n'avait rempli aucune fonction pendant les Cent-jours. Il se retira alors dans sa terre de Franchevelle, où il mourut en 1819. De vingt et un enfants légitimes qu'il eut de deux mariages, sans compter un plus grand nombre d'enfants naturels, cinq de ses fils ainsi qu'un de ses gendres sont morts dans les rangs de l'armée française; le nom est éteint dans la ligue masculine.

MAILLY-NESLE (LOUIS-MARIE-JOSEPH-AUGUSTIN, DUC DE), député en 1789, né à Mailly (Somme) le 28 novembre 1744, mort à Paris le 4 avril 1810, de la même famille, mais d'une autre branche que le précédent, suivit la carrière militaire, fut promu colonel, puis maréchal de camp, et, le 5 avril 1789, fut envoyé aux Etats-Généraux par le bailliage de Péronne, comme député de la noblesse. Très attaché à l'ancien régime, il protesta contre les décisions de la majorité de l'Assemblée, et donna sa démission le 10 octobre 1789. Il émigra et rentra en France après le 18 brumaire.

MAILLY-NESLE (ADRIEN-AUGUSTIN-ALMARIC, COMTE DE), pair de France, né à Mailly-Raineval (Somme) le 19 février 1792, mort au château de la Roche-Mailly (Sarthe) le 1er juillet 1878, « fils du précédent et de Blanche-Charlotte-Marie-Félicité de Narbonne-Pelet», entra à l'Ecole militaire de Saint-Cyr, puis à celle de Saint-Germain, et en sortit sous-lieutenant au 2e régiment de carabiniers en 1811. Il prit part à la campagne de Russie, se battit à la Moskowa, et, attaché au général Durosnel aide-de-camp de l'empereur, fit tous ses efforts pour arrêter l'incendie de Moscou. Il suivit la retraite et fut blessé près de Kalouga, le 12 octobre 1812, en protégeant la marche d'une colonne d'infanterie attaquée par les Cosaques. Nommé chevalier de la Légion d'honneur au début de 1813, il ne put rejoindre son régiment, et devint officier d'ordonnance du général Durosnel, puis du duc de Feltre ministre de la Guerre; il était à Paris, au moment de la capitulation et de l'abdication de l'empereur, et il salua avec enthousiasme le retour des Bourbons. La Restauration le nomma officier de la Légion d'honneur, et le duc de Berry le choisit comme aide-de-camp. M. de Mailly-Nesle ne suivit pas le roi à Gand, lors du retour de l'île d'Elbe, et demeura sans emploi durant les Cent-Jours. A la seconde Restauration, il fut nommé pair de France le 17 août 1815, mais ne fut admis à siéger que le 20 février 1817, à cause de son âge. Promu lieutenant-colonel en 1824, nommé en 1827 président du collège électoral du Mans et conseiller général de la Sarthe, il refusa de prêter serment au gouvernement de Juillet, et cessa de siéger à la Chambre des pairs. Depuis cette époque, il vécut en dehors des affaires publiques.

MAINE DE BIRAN (PIERRE-FRANÇOIS-MARIE GONTHIER), député au Conseil des Cinq-Cents et au Corps législatif, de 1815 à 1824, né à Grateloup près de Bergerac (Dordogne) le 20 novembre 1766, mort à Paris le 20 juillet 1824, fut dans son enfance d'une santé délicate. Destiné à la carrière des armes, il entra aux gardes du corps en 1784, et, bien que partisan des idées nouvelles, n'abandonna le service qu'à l'époque du licenciement de la maison militaire du roi. Il se retira alors en Périgord, à Grateloup, où il ne fut pas sans être inquiété par la Terreur. Néanmoins il put se livrer à la conservation intérieure, et commença, en 1794, un journal « où il notait les impressions fugitives de son âme ». Nommé, en 1795, administrateur du département de la Dordogne, il fut élu, le 24 germinal an V, député de ce même département au Conseil des Cinq-Cents, par 235 voix (278 votants). Il y fit partie du groupe royaliste, et en fut exclu au 18 fructidor. Il retourna alors dans son pays natal, avec sa jeune femme, dont la mort, en 1803, le remplit d'une inconsolable tristesse. Il continua ses études philosophiques; son mémoire : *Influence de l'habitude sur la faculté de penser*, lui mérita, en 1802, un prix de l'Institut, dont il devint correspondant l'année suivante, pour la section des Inscriptions et Belles-Lettres. A Paris, en 1805, il se lia avec Cabanis, malgré la divergence de leurs idées philosophiques, et fut appelé, le 22 ventôse an XIII, aux fonctions de conseiller de préfecture de la Dordogne, qu'il échangea, le 31 janvier 1806, pour celles de sous-préfet de Bergerac. Le 10 février 1810, il alla, au nom du collège électoral de cet arrondissement, féliciter l'empereur après la paix de Vienne, et fut nommé, peu après, membre de la Légion d'honneur. Elu, le 10 août suivant, par le Sénat conservateur, député de la Dordogne au Corps législatif, il fit partie, en 1813, de la commission des cinq, chargée d'informer l'empereur du vœu de la nation et de ses besoins. A la suite de cette démarche, Maine de Biran, mal reçu par Napoléon, sentit renaître en lui ses sentiments royalistes d'autrefois. Ainsi que le dit un de ses biographes : « La chute du gouvernement impérial ne lui parut pas trop chèrement achetée par la victoire des alliés. » Sa foi royaliste ne tarda pas à subir un moment de défaillance : « Je suis puni, écrivait-il à la fin de 1814, par la perte de cette considération personnelle dont je jouissais il y a un an. Quelle distance s'est élevée dans l'opinion entre mon collègue Lainé et moi!... » Malgré ses cinquante ans, il demanda à rentrer dans les gardes du corps; le roi le lui accorda, et lui donna la croix de Saint-Louis; le 11 juin 1814, il fut nommé questeur de la « Chambre des députés des départements. » Aux Cent-Jours, il voulut rejoindre Lainé et la duchesse d'Angoulême à Bordeaux; mais une courte arrestation ne le lui permit pas. Au retour de Gand, il reprit sa place dans les gardes du corps, fut élu député, le 22 août 1815, par le grand collège de la Dordogne, avec 133 voix (201 votants, 274 inscrits), redevint questeur de la Chambre (octobre 1815) et vota avec la minorité ministérielle de la Chambre introuvable. Non réélu en 1816, il fut appelé au conseil d'Etat en service ordinaire le 16 octobre de la même année, et rentra au parlement, comme député du grand collège de la Dordogne, le 20 septembre 1817, par 570 voix (939 votants, 1,463 inscrits), et, comme député du 3e collège de ce département, le 9 mai 1822 (Bergerac), par 156 voix (302 votants, 431 inscrits), contre 84 au général Subervie, 31 à M. Ducheyron du Pavillon et 29 à M. Cazenave de Libersac. A la Chambre, Maine de Biran se montra modéré et également éloigné des ultra-royalistes et des libéraux; il ne prit du reste jamais la parole, car il était fort timide et incapable d'exprimer deux idées de suite. On en avait eu la preuve lorsqu'il avait fondé, quelques années auparavant, un petit cénacle philosophique, dont firent partie Royer-Collard, Ampère, de Gérando, Cuvier, Cousin, Guizot et d'autres. L'intimité de cette réunion ne put triompher de sa timidité et là, pas plus qu'à la Chambre, il ne lui fut possible de prendre la parole. On a de lui : *Sur la décomposition de la pensée*, couronné par l'Institut en 1805; *Sur la perception immédiate*, couronné par l'Académie de Berlin en 1807; *Sur les rapports du physique et du moral de l'homme*, couronné à Copenhague en 1811; *Examen des leçons de philosophie de Laromiguière* (1817); la partie philosophique du *Leibniz* de la *Biographie universelle* (1819). Décédé en juillet 1824, Maine de Biran fut remplacé à la Chambre, le 22 novembre suivant, par M. Delpit. M. Cousin a fait paraître en 1841 les *Œuvres philosophiques de Maine de Biran*, et M. E. Noville a publié en 1859 ses *Œuvres inédites*.

MAINGOVAL (FÉLIX-GUILLAUME MERLIN, BARON DE), député de 1842 à 1848, né à Douai (Nord) le 8 décembre 1803, mort au château de Glaignes (Oise) le 21 juillet 1889, ancien officier, propriétaire à Valenciennes, fut élu député du 10e collège du Nord (Valenciennes), le 9 juillet 1842, par 361 voix (715 votants, 774 inscrits), contre 351 à M. Boulanger, et fut réélu, le 1er août 1846, par 438 voix (866 votants, 942 inscrits), contre 188 à M. Portalis et 110 à M. Boulanger. M. de Maingoval siégea au centre, dans la majorité ministérielle, vota *pour* l'indemnité Pritchard, et repoussa toutes les propositions libérales. La révolution de février le rendit à la vie privée.

MAIRE (ANTOINE-MARIE-JOSEPH), dit MAIRE-NEVEU, représentant du peuple en 1848, né à Montbard (Côte-d'Or) le 30 novembre 1804, mort à Montbard le 10 juin 1857, était négociant et commissionnaire en marchandises à Montbard. Conseiller général de son département, connu pour ses opinions avancées, il fut élu, le 23 avril 1848, représentant de la Côte-d'Or à l'Assemblée constituante, le 2e sur 10, par 74,540 voix. Il fit partie du comité des finances, et vota presque constamment avec la gauche, *pour* le bannissement de la famille d'Orléans, *contre* les poursuites contre L. Blanc et Caussidière, *contre* l'impôt progressif, *pour* l'incompatibilité des fonctions, *pour* l'amendement Grévy, *contre* la sanction de la Constitution par le peuple, *pour* l'ensemble de la Constitution, *contre* la proposition Rateau, *contre* l'interdiction des clubs, *contre* l'expédition de Rome, *pour* la demande de mise en accusation du président et des ministres. Non réélu à la Législative, il reprit ses occupations commerciales.

MAISON (NICOLAS-JOSEPH, MARQUIS), pair de France et ministre, né à Epinay (Seine) le 19 décembre 1771, mort à Paris le 13 février 1840, fils d'un laboureur, fut destiné par ses parents au commerce, et reçut une assez bonne éducation. Mais, le 22 juillet 1792, il s'enrôla dans un bataillon de volontaires, devint promptement capitaine, et se distingua à Jemmapes, en ralliant ses hommes en en reprenant à l'ennemi le drapeau du bataillon. Destitué comme suspect par les représentants en mission, il redevint simple soldat, mais n'en continua pas moins à servir brillamment; il se battit à Fleurus, fut blessé sous Maubeuge, et laissé pour mort sur le champ de bataille devant Mons. Blessé en conduisant ses troupes à l'assaut

d'une batterie, à Ehrenbreitstein, il fut de nouveau promu capitaine, s'empara du pont de Limbourg, et y reçut une blessure qui faillit lui coûter la vue. Jourdan le nomma alors chef de bataillon. Il fit, avec ce grade, la campagne de 1796 en Allemagne, et celle de 1797 en Italie, dans la division de Bernadotte; blessé à Wurtzbourg, il fut nommé adjudant général à la paix de Campo-Formio. Bernadotte, ministre de la Guerre, l'envoya en mission à l'armée du Rhin, puis à l'armée de Hollande où il assista à la bataille d'Alkmaïr. Il y fut blessé grièvement. Commandant du département du Tanaro, à la paix d'Amiens, il alla en Hanovre rejoindre Bernadotte, prit part à la campagne de 1805, et fut nommé général de brigade après Austerlitz. Il fit aussi la campagne de Prusse et la campagne de Pologne, dans le corps d'armée du prince de Ponte-Corvo, se distingua à Setlitz, à Halle, à la prise de Lubeck, devint chef d'état-major de son corps d'armée, et assista à Friedland. Il passa alors en Espagne avec le maréchal Victor et contribua à la victoire d'Espinosa. Il avait été créé baron de l'Empire le 2 juillet 1808. Il rejoignit Bernadotte en Hollande en 1809, après le débarquement des Anglais à l'île Walcheren, et y exerça divers commandements, puis fut appelé à la direction d'une division d'infanterie qu'il eut à instruire et à discipliner. En 1812, il fut attaché au 2e corps de la grande armée, se signala, le 18 août, à Polotzk et au passage de la Bérésina, où, quoique blessé, il resta à surveiller la marche de ses troupes. Il reçut en récompense le grade de général de division et, après la campagne de 1813, durant laquelle il prit une part glorieuse aux batailles de Lutzen, de Bautzen et de Leipsig, où il fut de nouveau blessé, fut créé comte de l'Empire (14 août 1813). Au moment de la campagne de France, Napoléon désigna le général Maison pour commander l'armée du Nord et défendre la Belgique. Malgré les faibles ressources dont il disposait, il garda ses positions, résista aux attaques de trois corps alliés et les battit à Courtrai le jour même où Paris capitulait. Il concentrait ses troupes victorieuses pour opérer sur le flanc droit de l'ennemi une puissante diversion, quand il apprit l'abdication de Fontainebleau; alors seulement il conclut une armistice, et donna son adhésion au retour des Bourbons, adhésion que, jusqu'à ce moment, les promesses d'argent et d'honneurs, même le bâton de maréchal et un «établissement proportionné à sa haute fortune» proposés par Louis XVIII, n'avaient pu lui arracher. Nommé grand-cordon de Saint-Louis et de la Légion d'honneur, gouverneur de Paris, pair de France le 4 juin 1814, il se retira dans ses terres au retour de l'île d'Elbe, et ne voulut accepter aucune charge de l'empereur. A la seconde Restauration il fut successivement gouverneur de la 1re division militaire en 1815, commandant de la 8e en 1816, et de nouveau commandant de la 1re en 1819. A la Chambre des pairs, il siégea dans le parti constitutionnel, fut membre du conseil de guerre qui devait juger le maréchal Ney et se déclara pour l'incompétence; il reçut, le 31 août 1817, le titre de marquis. En 1828, il accepta le commandement en chef de l'expédition de Morée, et signa une convention avec Ibrahim-Pacha; mais la convention n'ayant pas été assez promptement exécutée, il s'empara de la citadelle de Navarin et du château de Morée, et s'occupa d'organiser la défense du pays. Il reçut en récompense le bâton de maréchal de France le 22 février 1829. En 1830, il accepta de Louis-Philippe la mission d'engager Charles X à quitter la France et à ne pas prolonger une lutte inutile. Le 2 novembre suivant, il entra dans le ministère Laffitte, comme ministre des Affaires étrangères, mais il céda son portefeuille, le 16 novembre, au général Sébastiani. Ambassadeur à Vienne de 1831 à 1833, ambassadeur à Saint-Pétersbourg de 1833 à 1835, il fut appelé, le 30 avril de cette année, au ministère de la Guerre, qu'il quitta le 6 septembre de l'année suivante. Il était aux côtés du roi lors de l'attentat de Fieschi. Durant son passage aux affaires, il réorganisa le service de l'intendance, le service de santé, et l'administration de nos possessions africaines. Rentré ensuite dans la vie privée, il continua de siéger parmi les membres libéraux de la Chambre des pairs, et mourut presque subitement.

MAISONFORT (Antoine-François-Philippe Dubois-Descours, marquis de la), député de 1815 à 1816, né à Bitry (Nièvre) le 30 juillet 1778, mort à Lyon (Rhône) le 2 octobre 1827, était, au moment de la Révolution, sous-lieutenant dans les gardes du corps, à la compagnie de Gramont. Il émigra avec ses compagnons d'armes, fit la campagne de 1792, et, après le licenciement de l'armée des princes, fonda une imprimerie avec Fauche-Borel à Brunswick, puis remplit des missions politiques en Russie et en Angleterre. Rentré en France au début du Consulat, il fut arrêté et interné à l'île d'Elbe d'où il s'échappa; il prit alors du service dans l'armée russe. Il revint à Paris avec les Bourbons qui le firent chevalier de Saint-Louis et de la Légion d'honneur, maréchal de camp et conseiller d'État. Il suivit le roi à Gand, et, au retour, fut élu, le 22 août 1815, député du grand collège du Nord, par 117 voix (194 votants, 298 inscrits). Nommé questeur de la Chambre (octobre 1815), il vota d'abord avec la majorité ultra-royaliste, proposa divers amendements à la loi d'amnistie, et finit par rentrer dans la minorité ministérielle. Après la session, il fut chargé de la direction du domaine extraordinaire de la couronne, puis fut appelé aux fonctions de ministre plénipotentiaire à Florence; il mourut d'apoplexie en regagnant son poste. M. de la Maisonfort avait acquis une certaine célébrité comme auteur de romances. En outre on a de lui : *Lettres sur la mythologie* (1798); *Dictionnaire biographique et historique des hommes marquants de la fin du dix-huitième siècle, et plus particulièrement de ceux qui ont figuré dans la Révolution française* (Hambourg 1800); *Tableau politique de l'Europe depuis la bataille de Leipsig jusqu'au 13 mars 1814;* une comédie héroïque en prose, *le Duc de Monmouth* (1796), etc.

MAISONNEUVE (François), député en 1789, né à Saint-Etienne-de-Montluc (Loire-Inférieure) le 9 septembre 1744, mort à Nantes (Loire-Inférieure) le 29 septembre 1813, l'un des neuf enfants de François Maisonneuve, marchand à Saint-Etienne-de-Montluc, et de Gillette Maignan, entra dans les ordres. Docteur en théologie de l'Université de Nantes, il fut nommé curé de Trans, puis, en 1788, recteur de Saint-Etienne-de-Montluc. Le 22 avril 1789, il fut élu député du clergé de la sénéchaussée de Nantes et Guérande aux États-Généraux. Il fut des premiers de son ordre qui se réunirent au tiers-état; mais son adhésion aux idées nouvelles n'alla pas jusqu'à approuver les événements qui suivirent, et il donna sa démission le 1er octobre 1789, dans les termes suivants :

« Monsieur le président,

« Parti de Versailles pour raison de santé, craignant d'ailleurs de priver trop longtemps le clergé de Nantes d'un de ses représentants, je crois devoir à ses intérêts de me démettre purement et simplement de la députation dont il m'avoit honoré.

« Veuillez, Monsieur le président, présenter et faire agréer à l'Assemblée ma démission; je supplie qu'elle veuille bien recevoir M. Méchin suppléant qui m'a été désigné.

« J'ai l'honneur d'être avec un profond respect, Monsieur le président, votre très humble et très obéissant serviteur.

« Maisonneuve.
Recteur de Saint-Etienne-de-Montluc.

« Nantes, ce 1er octobre 1789. »

Il fut en effet remplacé par l'abbé Méchin. Déporté, pour refus de serment, en Espagne d'où il ne revint qu'en l'an X, il fut nommé, à son retour, curé de la paroisse de Sainte-Croix à Nantes, où il mourut en 1813. Le célèbre docteur Maisonneuve, chirurgien de l'Hôtel-Dieu de Paris, descend d'un frère de ce législateur.

MAISSE (Marius-Félix), membre de la Convention, député au Conseil des Cinq-Cents, né à Forcalquier (Basses-Alpes) le 17 mars 1756, mort à Forcalquier le 18 février 1806, « fils de Jean-Joseph Maisse, avocat en la cour, et de dame Anne Jonval », homme de loi avant la Révolution, devint, en 1791, procureur-syndic de Forcalquier, et fut élu, le 4 septembre 1792, député des Basses-Alpes à la Convention, le 4e sur 6, par 163 voix (300 votants). Il y vota la mort de Louis XVI, puis se rallia au parti girondin et fut l'un des 73 députés décrétés d'arrestation. Il rentra à la Convention avec ses collègues le 18 frimaire an III. Envoyé, en 1795, en mission à l'armée d'Italie, il fut élu, la même année (23 vendémiaire an IV), député des Basses-Alpes au Conseil des Cinq-Cents, par 77 voix (124 votants). Il en sortit le 20 mai 1797, fut commissaire du Directoire dans son département, puis procureur impérial à Forcalquier, où il mourut en 1806.

MAISSIAT (Jacques-Henry-Marie), représentant du peuple en 1848 et en 1849, né à Nantua (Ain) le 28 mars 1805, mort à Nantua le 26 mars 1878, fit ses classes à Nantua, commença ses études médicales à Lyon, les continua à Montpellier et les acheva à Paris, où il fut reçu docteur en février 1838 et agrégé l'année suivante. En 1847, Orfila l'appela au poste de conservateur adjoint des collections de la faculté, titre qu'il échangea, en 1852, contre celui de conservateur titulaire. Un biographe de l'époque raconte de lui : « Le 24 février 1848, M. Maissiat rencontre M. L'Héritier (de l'Ain) qui lui dit : « Nous le tenons donc enfin cette république! — Vous voilà bien avec vos utopies, répondit M. Maissiat en lui tournant le dos. Ce n'était que le lendemain que M. Maissiat criait bien fort : Vive la République! » Il le cria du moins assez fort pour se faire élire, le 23 avril 1848, représentant de l'Ain à l'Assemblée constituante, le 9e et dernier, par 37,220 voix. Il fit partie du comité de l'instruction publique, et vota en général avec la droite, *pour* le bannissement de la famille d'Orléans, *pour* les poursuites contre Louis Blanc et Caussidière, *contre* l'abolition de la peine de mort, *contre* l'impôt progressif, *contre* l'incompatibilité des fonctions, *contre* l'amendement Grévy, *contre* la sanction de la Constitution par le peuple, *pour* l'ensemble de la Constitution, *pour* la proposition Rateau, *pour* l'interdiction des club , et *pour* l'expédition de Rome. Rallié à la politique de l'Elysée, il fut réélu, le 13 mai 1849, dans le même département, représentant à l'Assemblée législative, le 7e et dernier, par 26,645 voix (82,754 votants, 102,031 inscrits). Il était le seul élu de la liste monarchiste du département. Il continua de voter avec la droite; mais, après le 2 décembre 1851, il se renferma exclusivement dans ses fonctions à la faculté de médecine. C'est à lui que l'on doit l'organisation et la classification du musée d'anatomie comparée (musée Dupuytren). Chevalier de la Légion d'honneur depuis 1845. On a de lui : *Etudes de physique animale* (1843); *Lois générales de l'optique* (1843); *Notions statistiques sur la Bresse* (1851); *Jules César en Gaule* (1866, tome I); *Recherches historiques sur les guerres des Gaulois contre les Romains* (1874).

MAITRET (FRANÇOIS-ALEXANDRE), député de 1876 à 1878, né à Brienne-le-Château (Aube) le 20 février 1809, mort à Paris le 30 mars 1878, fit ses études au petit séminaire de Troyes, et, son droit terminé, se fit inscrire au barreau de Chaumont, dont il devint plus tard bâtonnier. Conseiller municipal de Chaumont en 1844, adjoint au maire en 1848, conseiller général en 1851, il se montra hostile au gouvernement du prince Louis-Napoléon et fut proscrit au 2 décembre. De retour à Chaumont à l'amnistie de 1859, il se tint à l'écart de la politique jusqu'à la fin de l'empire. De nouveau maire de la ville après le 4 septembre 1870, il fit preuve, pendant l'occupation allemande, de patriotisme et d'énergie. Révoqué, au 24 mai, par le ministère de Broglie. il reprit ses fonctions d'avocat et redevint bâtonnier de l'ordre. Le 20 février 1876, l'arrondissement de Chaumont l'élut député par 10,347 voix (20,473 votants, 24,685 inscrits), contre 9,753 à M. de Beurges, ancien représentant, conservateur. Il prit place au centre gauche, repoussa l'amnistie pleine et entière et la proposition Gatineau, et fut l'un des 363 députés qui refusèrent l'ordre du jour de confiance au ministère de Broglie. Il fut réélu, après la dissolution de la Chambre, le 14 octobre 1877, par 10,909 voix (21.607 votants, 24,565 inscrits), contre 10,527 à M. de Beurges, candidat du maréchal. Décédé en 1878, il fut remplacé, le 5 mai suivant, par M. Mongeot.

MAIZIÈRES (TOUSSAINT), député en 1791, né à Fontette (Aube) en 1747, mort à Bar-sur-Aube (Aube) le 31 juillet 1829, habitant Proverville (Aube) au moment de la Révolution. Partisan des idées nouvelles, il devint juge de paix du canton de Bar-sur-Aube, et fut élu, le 7 septembre 1791, député de l'Aube à l'Assemblée législative, le 2e sur 9, par 211 voix (325 votants). Il prit place parmi les constitutionnels et vota pour La Fayette le 8 août 1792. Au sortir de cette séance, il fut attaqué, rue du Dauphin, par une bande d'exaltés, saisi au collet et frappé par une femme, le lendemain, s'en plaignit vivement à l'Assemblée, qui, sous la menace des tribunes, passa à l'ordre du jour. Maizières disparut de la scène politique après la Législative, et vécut dans la retraite. A la fin de l'empire, il devint agent forestier. Très partisan de l'enseignement mutuel suivant la méthode Lancaster,

M. Maizières fonda à Bar-sur-Aube une école sur ce modèle.

MAJOU (LOUIS-JACQUES-LUC), représentant à la Chambre des Cent-Jours, né à Mouilleron (Vendée) le 11 novembre 1764, mort à Sainte-Hermine (Vendée) le 25 février 1832, avait appartenu à l'armée comme colonel d'infanterie, lorsqu'il fut élu (11 mai 1815) représentant de l'arrondissement de la Rochelle (Charente-Inférieure) à la Chambre des Cent-Jours, par 42 voix (70 votants, contre 28 à M. Rivaud de la Raffinière). Il ne fit pas partie d'autres assemblées.

MALAKOFF (DUC DE). — *Voy.* PÉLISSIER.

MALALESTRE DE BEAUFORT (JEAN), député en 1789, né le 7 juin 1733, mort à une date inconnue, était curé de Montastruc en Quercy, lorsqu'il fut élu, le 26 mars 1789, député du clergé aux Etats-Généraux par la sénéchaussée d'Agen. Attaché aux idées de l'ancien régime, il vota avec la droite de l'Assemblée Constituante, puis donna sa démission le 28 mars 1790. Le 30 avril 1791, la municipalité de Montastruc le dénonça à l'Assemblée Constituante, qui ne donna pas suite à l'affaire.

MALARDIER (PIERRE), représentant en 1849, né à Brassy (Nièvre) le 4 février 1818, était instituteur dans la Nièvre. Il manifesta, avant et après la révolution de février 1848, des opinions démocratiques qui le firent élire, le 13 mai 1849, par les républicains de son département, représentant du peuple à l'Assemblée législative, le 6e sur 7, par 36,132 voix (65,811 votants, 88.114 inscrits). Il siégea à la Montagne, fut poursuivi, sur la dénonciation du préfet conservateur de la Nièvre, M. Petit de la Fosse, et avec autorisation de l'Assemblée, pour la publication d'une brochure socialiste, et fut condamné à un an de prison. Il s'associa aux diverses manifestations de la minorité républicaine, et se trouva avec Baudin, lors du coup d'Etat, sur la barricade de la rue Saint-Antoine. Expulsé de France, il alla résider en Belgique, puis en Angleterre, et enfin en Suisse jusqu'à l'amnistie de 1859, qui lui permit de rentrer. Le 24 mai 1869, sa candidature démocratique au Corps législatif dans la 2e circonscription de la Nièvre réunit 6,439 voix contre 19,822 à l'élu officiel, M. de Bourgoing. Il fut encore, le 8 février 1871, un des candidats du parti républicain avancé dans la Nièvre; il obtint 18,898 voix (64,512 votants), sur une liste où étaient portés avec lui MM. Ferdinand Gambon, Adolphe Robert, Massé, Turigny, Gravier et Coquart. Bientôt après, le 19 avril, impliqué par le préfet de la Nièvre, M. Tenaille-Saligny, par le maire de Cosne, faisant fonctions de sous-préfet, M. Limet, et par le général du Temple, dans une affaire de conspiration en faveur de la Commune de Paris, M. Malardier fut arrêté à Cosne avec treize autres républicains et traduit devant la cour d'assises du Loiret, qui le condamna à 15 années de détention. Il subit cette peine à Port-Louis, à Clairvaux, à Thouars, fut rendu à la liberté un peu avant l'amnistie de 1879, et resta dès lors étranger à la politique militante.

MALARET (JOSEPH-FRANÇOIS-MAGDELAINE, BARON DE), représentant aux Cent-Jours, député de 1830 à 1831, de 1835 à 1837 et pair de France, né à Toulouse (Haute-Garonne) le 8 août 1770, mort à Toulouse le 10 janvier 1846, « fils de messire Joseph de Malaret, lieutenant-colonel d'infanterie du régiment de Piémont, chevalier de l'ordre royal et militaire de Saint-Louis, baron de Fonbeausard, d'ici absent étant à Calais, où son régiment est en garnison, et de dame Rose-Françoise de Beynaguet de Saint-Pardoux », émigra à la Révolution, rentra en France sous le Consulat, et devint membre du conseil d'administration des hospices de Toulouse. Maire de cette ville, il fut élu, le 16 mai 1815, représentant du grand collège de la Haute-Garonne à la Chambre des Cent-Jours, par 30 voix (54 votants, 250 inscrits). Il y passa inaperçu et se tint à l'écart de la vie politique sous la Restauration. D'opinions libérales, il se présenta à la députation, le 23 juin 1830, dans le 2e arrondissement électoral de la Haute-Garonne (Toulouse) où il échoua avec 185 voix contre 224 à l'élu, M. de Montbel. Il fut plus heureux, le 6 novembre suivant, dans le 1er arrondissement du même département (Toulouse intra-muros), et fut élu par 242 voix (255 votants, 516 inscrits). Il siégea avec une certaine indépendance dans la majorité ministérielle. Les élections du 5 juillet 1831 ne lui furent pas favorables ; il n'obtint que 116 voix contre 338 à l'élu, M. le général Pelet. Mais il fut réélu, le 24 septembre 1835, dans le 3e collège de la Haute-Garonne (Grenade), en remplacement de M. Bastid d'Izard, par 145 voix (204 votants, 333 inscrits). Il prit place parmi les membres de la majorité, fut appelé à la pairie le 7 novembre 1839, et siégea jusqu'à sa mort parmi les ministériels de la Chambre haute.

MALARTIC (Ambroise-Eulalie de Maurès, vicomte de), député en 1789, né à Montauban (Tarn-et-Garonne) le 27 juillet 1737, mort à Hambourg (Allemagne) le 17 février 1796, fils de Pierre-Hippolyte-Joseph de Maurès de Malartic, comte de Montricoux, seigneur d'Artigues et de Saint-Geniès en Agenois et en Quercy, lieutenant aux gardes-françaises, et de dame Antoinette-Charlotte de Savignac, fut d'abord destiné à l'état ecclésiastique et nommé chanoine de Billom en Auvergne ; mais il préféra l'état militaire, entra au service le 1er novembre 1755, en qualité de lieutenant au régiment de Vermandois, passa capitaine le 24 juin 1759, fit la campagne de Minorque, prit part au siège et à l'assaut du fort Saint-Philippe-de-Mahon, et fut envoyé avec son régiment aux Iles-sous-le-Vent, où il remplit les fonctions de major. Nommé major du régiment provincial de Montauban le 24 février 1774, il devint, quelques années après, lieutenant-colonel commandant du bataillon de garnison du Poitou, et fut appelé, le 23 juillet 1780, au commandement de l'île d'Aix. Il avait épousé, le 20 juin 1774, Eugénie-Françoise Claessen, veuve de Pierre-Henri de Régnier, écuyer, seigneur de Périgny et de la Rochebarangère en Aunis, et fille de l'ancien directeur de la Compagnie des Indes. Maire de la ville de la Rochelle le 12 juillet 1775, il eut la plus grande part au maintien du pain à un prix raisonnable lors des disettes de 1785 et de 1789, fut membre et second secrétaire perpétuel de l'académie de cette ville, et fut élu, le 26 mars 1789, député de la noblesse de la sénéchaussée de la Rochelle aux États-Généraux. Il fut secrétaire de la chambre de la noblesse, soutint à l'Assemblée constituante les privilèges de son ordre et protesta en ces termes contre la réunion des trois ordres : « Le député de la noblesse de la Rochelle forcé, par l'instruction particulière de ses commet-

tants, de ne jamais se départir du droit de délibérer par ordre sur tous les objets qui ne concernent pas l'impôt ou la répartition, déclare qu'il ne peut participer en rien aux délibérations de l'assemblée jusqu'à ce que ses commettants ayent pris, dans leur sagesse, le parti qu'ils jugeront convenable ; en conséquence, d'après l'obtention de nouvelles lettres de convocation pour assembler la noblesse de la sénéchaussée de la Rochelle, le dit député fait toute réserve contre toute décision qui pourrait être prise dans ladite assemblée, et il en demande acte.

« A Versailles, le 30 juin 1789.
« Malartic. »

Il reçut du comte de Chatelaillon une lettre des plus flatteuses lui exprimant, au nom de l'ordre de la noblesse d'Aunis, sa satisfaction sur sa conduite à l'Assemblée :

« L'ordre de la noblesse m'a prié, Monsieur, de vous témoigner sa satisfaction du zèle et de la sagesse que vous faites paraître dans la place que ses suffrages vous ont déférée. L'expérience lui fait voir qu'il ne pouvait mieux placer la confiance et ses intérêts. La délicatesse de vos sentiments, la pureté de vos intentions et l'activité infatigable de vos lumières, laissent au moins à vos commettants, dans le bouleversement inimaginable où sont aujourd'hui les choses et les esprits, l'espoir énergique et vivifiant de ne jamais perdre l'honneur.

« J'ai l'honneur d'être
« Votre très humble et très obéissant serviteur,
« Signé : LE COMTE DE CHATELAILLON,
« grand sénéchal. »

Nommé maréchal de camp aux armées du roi le 1er mars 1791, M. de Malartic émigra après la session et mourut en Allemagne. Il était chevalier de Saint-Louis et membre des académies de Montauban et de Montpellier.

MALARTIC (Amable-Pierre-Hippolyte-Joseph de Maurès, comte de), député de 1824 à 1828, né à Montauban (Tarn-et-Garonne) le 21 août 1765, mort au château de Tôtes (Seine-Inférieure) le 19 août 1828, « fils de Amable-Gabriel-Louis-François de Maurès de Malartic, chevalier, comte de Montricoux, vicomte de Saint-Antonin, seigneur de Saint-Geniès, conseiller du roi en ses conseils, premier président de la cour des aides et finances de Montauban, et de Elisabeth de Faventines », était, avant la Révolution, conseiller au conseil souverain du Roussillon (26 janvier 1789). En 1791, il émigra en Espagne, prit du service dans les dragons, où il devint chef d'escadron, puis aide-de-camp du marquis de Saint-Simon, gouverneur de Madrid. Rentré en France en 1804, il se fixa en Normandie par son mariage avec Mlle Fiquet d'Ausseville. Conseiller général de la Seine-Inférieure en 1808, et maire de Tôtes, il fut créé chevalier de Saint-Louis à la première Restauration. Le 15 février 1824, il fut élu député du 5e arrondissement de la Seine-Inférieure (Dieppe) par 198 voix (301 votants, 373 inscrits), et fut réélu, le 17 novembre 1827, par 186 voix (345 votants, 377 inscrits), contre 151 voix à M. Duvergier de Hauranne. M. de Malartic fit partie de la majorité ministérielle et fut membre d'un certain nombre de commissions. Décédé en août 1828, il fut remplacé, le 26 décembre suivant, par M. Bérigny. Chevalier de la Légion d'honneur (1824).

MALARTIE (Jean), député en 1789, dates de

naissance et de mort inconnues, était curé de Saint-Denis-de-l'Ille, en Guienne. Député du clergé aux États-Généraux pour la sénéchaussée de Castelmoron d'Albret (17 mars 1789), il fut un des ecclésiastiques qui se joignirent au tiers pour appuyer ses revendications; il prêta le serment civique le 3 janvier 1791, le rétracta le lendemain, et disparut de la scène politique après la session.

MALARTRE (François-Florentin), représentant en 1871, député de 1876 à 1885, né à Dunières (Haute-Loire) le 29 novembre 1834, fils unique de l'importateur de l'industrie du moulinage des soies dans la Haute-Loire, succéda à son père que sa sollicitude pour les travailleurs avait fait surnommer le « Père des ouvriers ». Conseiller général du canton de Montfaucon-de-Velay depuis 1867, il fut élu, le 8 février 1871, représentant de la Haute-Loire à l'Assemblée nationale, le 3e sur 6, par 33,350 voix sur 48,379 votants et 84,079 inscrits. Il prit place à droite, fut membre de la commission de liquidation des dépenses de la Défense nationale, parla sur le taux de l'intérêt de l'argent, sur les matières premières, sur les traités de commerce, et vota *pour* la paix, *pour* l'abrogation des lois d'exil, *pour* la pétition des évêques, *pour* le pouvoir constituant de l'Assemblée, *pour* la démission de Thiers, *pour* le septennat, *pour* le ministère de Broglie, *contre* l'amendement Wallon, *contre* les lois constitutionnelles. Réélu, le 20 février 1876, député de l'arrondissement d'Yssingeaux par 8,547 voix sur 17,057 votants et 22,223 inscrits, contre 7,363 à M. Binachon et 1,182 à M. Experton, il reprit sa place à droite, mais son élection fut la première invalidée par la nouvelle Chambre, à une seule voix de majorité (20 mars), pour cause d'erreur dans le recensement des votes. Les électeurs d'Yssingeaux, convoqués à nouveau le 21 mai suivant, renvoyèrent M. Malartre à la Chambre par 9,393 voix sur 17,680 votants et 22,519 inscrits, contre 7,775 à M. Binachon, et 380 à M. Experton. M. Malartre prit part aux débats sur les questions financières et ouvrières, et fit voter le chemin de fer de Firminy à Annonay qui fut inauguré en 1885. Il soutint le cabinet du 16 mai contre les 363, et fut réélu, après la dissolution de la Chambre, le 14 octobre 1877, par 10,050 voix sur 17,400 votants et 22,646 inscrits, contre 7,301 à M. de Lagrevol. La majorité de la Chambre nouvelle invalida cette élection, et, au nouveau scrutin du 16 février 1879, M. Malartre n'obtint plus que 9,071 voix contre 9,383 au candidat républicain élu, M. Binachon. Il regagna son siège aux élections du 21 août 1881, avec 9,207 voix sur 17,430 votants et 24,253 inscrits, contre 8,159 au député sortant, M. Binachon. Il se fit inscrire à l'Union des droites, combattit la politique scolaire et coloniale des ministères républicains, et se prononça pour les droits protecteurs et pour la revision de la Constitution. Porté, le 4 octobre 1885, sur la liste conservatrice de la Haute-Loire, il échoua avec 35,095 voix sur 70,169 votants; le dernier élu de la liste républicaine, M. Rumillet-Chartier avait obtenu 35,316 voix. M. Malartre ne fut pas plus heureux au renouvellement sénatorial du 5 janvier 1888, dans la Haute-Loire; il ne réunit que 329 voix sur 703 votants.

MALASPINA (Carbonara-Charles), député au Corps législatif de 1808 à 1810, né à Bobbio (Italie) le 10 juillet 1767, mort à une date inconnue, propriétaire et conseiller général du département de Gênes, fut élu, le 3 octobre 1808, par le Sénat conservateur, député de ce département au Corps législatif impérial où il siégea jusqu'en 1810.

MALASSIS (Romain-Nicolas), député en 1791, né à Brest (Finistère) le 14 avril 1757, mort à une date inconnue, était fils d'un imprimeur de Brest; il succéda à son père dans la même profession et s'intitulait imprimeur de la marine. Il entra dans l'administration municipale en 1790, et fut élu, le 23 septembre 1791, député du Finistère à l'Assemblée législative, le 8e et dernier, par 224 voix sur 428 votants. Il fit partie du comité de la marine, et ne figure au *Moniteur* que pour avoir fait décréter (5 mai 1792), au nom de ce comité, le paiement de l'arriéré de la solde des matelots de Brest. Après la session, il devint maire de Brest. Mêlé en cette qualité aux luttes de la Gironde et de la Montagne (Brest avait envoyé des fédérés à l'armée de Wimpffen), il fut mandé, le 9 août 1793, à la barre de la Convention, et fut placé à Paris sous la surveillance du comité de salut public qui ne le libéra que le 26 vendémiaire an III. En nivôse suivant, les représentants en mission dans le Finistère le nommèrent membre de la commission administrative de Brest; en vendémiaire an IV, ses concitoyens l'élurent en tête des officiers municipaux; mais il refusa, cette fois, d'accepter, « ayant été dans les administrations depuis le commencement de la Révolution. » Il devint cependant assesseur du juge de paix en 1797. On perd sa trace à partir de ce moment. Cette notice est la seconde qui ait été publiée sur ce législateur; nous en devons les éléments à la première notice parue, due à M. René Kerviler.

MALAUSSENA (Étienne-François), député au Corps législatif de 1868 à 1870, né à Levens (Alpes-Maritimes) le 18 août 1814, mort à Nice (Alpes-Maritimes) le 13 janvier 1882, remplit à Nice, avant et après l'annexion, des fonctions administratives, fut syndic, maire de cette ville, conseiller général des Alpes-Maritimes, et fut élu, le 17 octobre 1868, en remplacement de M. Lubonis, démissionnaire, et avec l'appui officiel du gouvernement impérial, député de la 1re circonscription de son département au Corps législatif, par 23,544 voix (23,579 votants, 32,886 inscrits). Il appartint à la majorité dynastique, obtint sa réélection, le 24 mai 1869, par 24,450 voix (24,535 votants, 29,869 inscrits), vota *pour* la déclaration de guerre à la Prusse, et rentra dans la vie privée au 4 septembre 1870. Officier de la Légion d'honneur.

MALBEC-MONJOÉ. — *Voy.* Briges (de).

MALBOIS (Jean-Pierre-Marie-Gaudens de), représentant en 1848 et en 1849, né à l'Isle-en-Dodon (Haute-Garonne) le 19 mai 1787, mort à l'Isle-en-Dodon le 7 janvier 1864, entra à l'École polytechnique, mais fut obligé d'en sortir le 24 juin 1807, ayant été appelé comme vélite dans les chasseurs à cheval de la garde. Il fit les campagnes de 1808 à 1811, en Allemagne et en Espagne. Lieutenant au 3e chasseurs en 1811, il prit part aux dernières guerres de l'Empire, ne servit pas sous la Restauration et s'occupa de travaux agricoles. Propriétaire à l'Isle-en-Dodon, il fut maire de cette commune de 1817 à 1827, puis conseiller-général de la Haute-Garonne et membre de la Société d'agriculture de Toulouse. Il appartint, sous Louis-Philippe, à l'opposition constitutionnelle. Nommé, après la révolution de février de 1848, président de la commission municipale de son canton, il fut élu, le 23 avril, représentant de la Haute-Garonne à l'Assemblée constituante, le 9e sur 12, par 44,960 voix. M. de Malbois fit partie du comité de l'agriculture, et vota avec la droite: *pour* le rétablissement du cautionnement et de la contrainte par corps, *pour* les poursuites contre Louis Blanc et Caussidière, *contre* l'abolition de la peine de mort, *contre* l'amendement Grévy, *contre* la réduction de l'impôt du sel, *pour* l'interdiction des clubs, *pour* les crédits de l'expédition romaine, *contre* l'amnistie, *contre* l'abolition de l'impôt des boissons. Réélu, le 13 mai 1849, représentant de la Haute-Garonne à l'Assemblée législative, le 7e sur 10, par 57,934 voix (94,485 votants, 139,605 inscrits), il soutint d'abord la politique de l'Elysée, appuya vivement le ministère Odilon Barrot, et se prononça *pour* l'expédition romaine, et *pour* la loi Falloux-Parieu sur l'enseignement; puis, lors de la scission entre la Présidence et la majorité royaliste parlementaire, il se rapprocha du tiers-parti constitutionnel. Opposé au coup d'Etat, M. de Malbois accepta cependant, le 18 octobre 1852, la croix de la Légion d'honneur. Il ne reparut depuis dans aucune assemblée politique, et resta seulement, jusqu'en 1860, membre du conseil général de la Haute-Garonne.

MALENS (César-Jules-Antoine), représentant en 1871, sénateur de 1876 à 1885, né à Anneyron (Drôme) le 17 janvier 1829, mort à Grenoble (Isère) le 2 février 1888, fit son droit à Dijon, puis se fixa à Valence comme avocat: il s'y occupa aussi de politique, fit de l'opposition au second empire, et devint rédacteur en chef de l'*Indépendance de la Drôme*, journal libéral. Orateur des réunions publiques, il se trouvait à la tête du parti avancé de Valence au moment du 4 septembre 1870. Membre, à cette époque, de la commission chargée d'administrer provisoirement le département, il fut élu, le 8 février 1871, représentant de la Drôme à l'Assemblée nationale, le 4e sur 6, par 35.857 voix (64,809 votants, 109,516 inscrits): il prit place à la gauche républicaine dont il fut l'un des présidents, et vota *contre* la paix, *contre* l'abrogation des lois d'exil, *contre* la pétition des évêques, *contre* le pouvoir constituant de l'Assemblée, *pour* le service militaire de trois ans, *contre* la démission de Thiers, *contre* le septennat, *pour* l'amendement Wallon, *pour* les lois constitutionnelles. Il avait été nommé, le 8 octobre 1871, conseiller général du canton de Saint-Paul-Trois-Châteaux. Au moment des élections sénatoriales du 30 janvier 1876, il signa une profession de foi nettement républicaine, et fut élu sénateur de la Drôme par 253 voix (437 votants). Il siégea encore à la gauche républicaine de la Chambre haute qui le choisit pour secrétaire, vota, le 23 juin 1877, *contre* la dissolution de la Chambre demandée par le cabinet du 16 mai, et soutint la politique scolaire et coloniale des ministères républicains au pouvoir. M. Malens ne fut pas réélu au renouvellement sénatorial du 25 janvier 1885. Il avait présidé le conseil général de la Drôme.

MALEPRADE (François-Bernard), député en 1791, né à Clairac (Lot-et-Garonne) le 7 juillet 1748, mort à une date inconnue, propriétaire à Laffitte, devint, à la Révolution, président du directoire du département de Lot-et-Garonne, qui le nomma, le 3 septembre 1791, député à l'Assemblée législative, le 7e sur 9, avec 182 voix (350 votants). Il siégea obscurément dans la majorité.

MALÈS (Gabriel), député en 1789, au Conseil des Anciens et au Conseil des Cinq-Cents, membre du Tribunat, né à Brive (Corrèze) le 23 décembre 1755, mort à Brive le 15 avril 1837, était avocat et substitut du procureur du roi à l'élection de Brive, quand il fut élu député du tiers aux Etats-Généraux par la sénéchaussée de Tulle, le 21 mars 1789. Partisan des idées nouvelles, il vota les réformes réclamées par son ordre, mais ne se signala directement que par son rapport sur les troubles de Pamiers. Après la session, il retourna dans son département et y vécut fort retiré. Ses concitoyens le rendirent à la vie politique, en le nommant député de la Corrèze au Conseil des Anciens, le 23 vendémiaire an IV, par 164 voix (234 votants). Secrétaire de ce Conseil, il eut, à propos du projet financier de M. Gilbert-Desmolières, une violente altercation avec son collègue Delahaye. Au 18 fructidor, qu'il approuva, il entra au comité des finances, proposa un impôt particulier sur le sel, et fit différents rapports sur le recouvrement des contributions. Président du même Conseil en 1798, il prononça, le 22 septembre, un discours pour célébrer l'anniversaire de la fondation de la République. Réélu député au Conseil des Cinq-Cents par le même département, le 23 germinal an VII, il combattit le projet par lequel les membres sortants du corps législatif étaient exclus du Directoire et, au nom de la commission des finances, déposa, le 9 pluviôse an VII, un rapport constatant que le budget de l'an VII s'élevait à 575 millions en dépenses, et en recettes à 525 millions seulement, d'où un déficit de 50 millions. Pour le combler, il proposa la rectification du tarif des douanes et de l'impôt sur le tabac un projet d'impôt sur le sel à raison d'un sou par livre pesant; ce dernier impôt fut adopté. Favorable au 18 brumaire, Malès devint membre du Tribunat, à sa création (4 nivôse an VIII). Il présida cette assemblée en l'an X, et en fut aussi secrétaire en 1804 à sa dissolution (1807). Membre de la Légion d'honneur du 25 prairial an XII, il fut nommé, à la suppression du Tribunat, conseiller-maître à la cour des Comptes (28 septembre 1807). Il adhéra à la déchéance de l'empereur en avril 1814, et, en mars 1815, signa la délibération favorable à Napoléon. Maintenu par la Restauration au nombre des 6 conseillers-maîtres à la cour des Comptes, il ne fut admis à la retraite, en cette qualité, que le 22 mai 1836.

MALET (Jean, baron de), député au Corps législatif de 1810 à 1815, né à Allemans (Dordogne) le 30 mai 1753, mort à Bordeaux (Gironde) en 1849, « fils de monsieur Bertrand Malet lieutenant particulier au sénéchal de Périgueux et de demoiselle Marie-Anne Descombes», fut, sous l'ancien régime, conseiller au parlement de Bordeaux. Maire de Sorges (Dordogne), puis président de canton, membre du collège électoral de son département, il fut créé baron de l'Empire le 29 septembre 1809, et fut appelé le 10 août 1810, par le choix du Sénat conservateur, à représenter la Dordogne au Corps législatif, où il siégea jusqu'en 1815. A la réorganisation des cours et des tribunaux, il fut nommé (avril 1811) conseiller à la cour impériale de Bordeaux; il conserva ce poste sous la

Restauration. Chevalier de l'ordre de la Réunion.

MALET DE COUPIGNY (Valentin-Charles-Hubert, baron), député de 1815 à 1816, et de 1821 à 1827, né à Hulluch (Pas-de-Calais) le 18 juillet 1771, mort à Aire (Pas-de-Calais, le 17 avril 1844, « fils d'Aimable-François-Hubert-Marie Malet de Coupigny, baron de Coupigny, seigneur de Ruinart et autres lieux, chevalier, ancien officier au régiment de la vieille marine infanterie, et de dame Valentine-Charlotte du Cardail », suivit la carrière militaire et appartint aux armées du roi. Il avait le grade de colonel, et était maire de Fiefs et conseiller général du Pas-de-Calais, lorsque le grand collège de ce département le nomma (22 août 1815) membre de la Chambre des députés, par 123 voix (229 votants, 303 inscrits). Il vota avec la majorité et ne fut pas réélu en 1816. Mais il redevint député le 1er octobre 1821, ayant obtenu, dans le 3e arrondissement du même département, 235 voix sur 424 votants et 618 inscrits, contre 143 à M. de Boisgérard. Il siégea à droite, appuya le ministère, et fut réélu, le 25 février 1824, par 319 voix (443 votants, 554 inscrits), contre 89 à M. Vanichont-Robichez (de Saint-Omer). Le 29 octobre 1826, le baron Malet de Coupigny fut promu au grade de maréchal de camp. On lit dans un recueil de biographies parlementaires publié la même année : « Une dame fort aimable, qui assiste fréquemment aux séances, nous a déclaré qu'il lui était impossible d'envisager M. de Coupigny sans se rappeler ces deux vers d'une pièce du Gymnase :

Et du bouder la pommade exilée
Se réfugie au dos des postillons.

« Il est juste de dire que la coiffure du député du Pas-de-Calais absorbe une énorme quantité de cosmétique, et que la forme et la dimension de sa *queue* exciteraient la jalouse admiration des *farauds* de la Courtille. C'est dans tout l'éclat de cette parure que M. de Coupigny se montra l'été dernier au bal donné par la ville de Boulogne à une auguste princesse. Pour figurer au quadrille d'honneur, il se donna presque autant de peines que pour son élection; mais les commissaires de la fête ayant jugé à propos de passer à l'ordre du jour sur sa demande, il sortit d'aussi mauvaise humeur qu'un orateur dont on vient de rejeter l'amendement, en déclarant qu'il allait ôter son habit parlementaire pour revenir danser en simple particulier. Depuis on ne l'appelle plus à Boulogne que « le simple particulier ». La vie tout entière des hommes célèbres appartient à la postérité presque dans ses plus minutieuses particularités. Nouveaux Plutarques, nous avons donc été contraints de rappeler cet épisode de la vie du héros de cet article; mais c'est avec peine que nous nous y sommes déterminés; car M. de Coupigny possède tout le charme de cette bonhomie qui désarmerait la plus audacieuse malignité. Dans le village picard qu'il habite, ses rustiques voisins ne le désignent que sous le titre affectueux de *Ch'Baron*; il visite leurs champs, caresse leurs marmots, s'informe de leurs affaires, apaise leurs différends, et exerce par le fait une espèce de *basse-justice* dans le canton. » Dans les derniers temps de la législature, M. Malet de Coupigny s'était séparé du ministère Villèle. Il se représenta, sans succès, le 17 novembre 1827, et n'obtint que 85 voix contre 166 à M. Le Sergeant de Bayenghem, élu; puis, il échoua encore, le 28 juillet 1828, au collège de département, avec 120 voix contre 126 à l'élu M. Allent (il s'agissait de remplacer M. de Bryas décédé), et enfin, le 23 juin 1830, dans le 4e arrondissement (Hesdin), avec 84 voix contre 189 au député sortant, réélu, M. Degouve-Denuncques. Il resta depuis lors étranger à la politique.

MALETESTE (Jean-Joseph-Louis, marquis de), député de 1815 à 1816, né à Paris le 24 mars 1781, mort à Florence (Italie) le 26 février 1861, était secrétaire général de l'administration des contributions indirectes, lorsqu'il fut élu, le 22 août 1815, député du grand collège de la Côte-d'Or, par 127 voix (162 votants, 260 inscrits). Il siégea dans la majorité ultra-royaliste de la Chambre introuvable. Son rôle politique prit fin avec la session.

MALEVILLE (Jacques, marquis de), député au Conseil des Anciens, membre du Sénat conservateur et pair de France, né à Domme (Dordogne) le 19 juin 1741, mort à Domme le 22 novembre 1824, « fils de monsieur Pierre de Maleville et de dame Louise-Anne de Molènes », était avocat à Bordeaux avant la Révolution. En 1789, il prit parti pour les idées nouvelles, devint membre puis président du directoire du département de la Dordogne (1790), et entra ensuite au tribunal de cassation (1791). Le 26 vendémiaire an IV, député de la Dordogne au Conseil des Anciens, par 280 voix (405 votants), ami de Portalis et de Barbé-Marbois, il s'opposa constamment aux mesures de violence, attaqua la loi du 9 floréal an III, qui semblait vouloir forcer les citoyens d'élever leurs enfants dans les idées royalistes, appuya la proposition d'abroger la loi du 3 brumaire an IV, et s'éleva contre l'ingérence du Directoire dans les affaires, et contre les innovations que l'on voulait introduire dans le code d'instruction criminelle. Quoique du parti clichyen, il échappa aux proscriptions du 18 fructidor, demanda (21 nivôse an VI) que la nomination des membres des tribunaux criminels restât attribuée aux assemblées électorales, et parla en faveur du rétablissement de la contrainte par corps et contre les nouvelles dispositions de la loi qui accordait des avantages excessifs aux enfants illégitimes. Réélu au Conseil des Anciens, son élection fut annulée en floréal an VII. Il adhéra au 18 brumaire et fut rappelé, le 11 germinal an VIII, au tribunal de cassation, dont il présida peu après la section civile, en remplacement de Tronchet. Le 24 thermidor suivant (an X), il fut spécialement chargé, avec Portalis et Tronchet, de préparer le projet du code civil. Membre de la Légion d'honneur (4 frimaire an XII), président de la cour de Cassation (29 floréal suivant), il fut créé comte de l'empire le 26 avril 1808. Il vota, en avril 1814, la déchéance de l'empereur et le retour des Bourbons, qui le nommèrent pair de France, le 4 juin 1814. Là, il se prononça contre la censure, et, lors du procès du maréchal Ney, vota pour la déportation. Grand-officier de la Légion d'honneur en 1817, il cessa presque entièrement, à partir de 1820, de s'occuper des affaires publiques, en raison de son état de santé. M. de Maleville a publié : *Du divorce et de la séparation de corps* (1801 et 2e édition 1816); *Analyse raisonnée de la discussion du code civil au conseil d'Etat* (4 volumes, 1804-1805 et 3e édition 1822); *Défense de la Constitution* par un ancien magistrat (1814).

MALEVILLE (Pierre-Joseph, marquis de),

représentant à la Chambre des Cent-Jours, pair de France, né à Domme (Dordogne) le 12 juillet 1778, mort à Paris le 12 avril 1832, fils du précédent, fut d'abord avocat, puis, par l'influence de son père, entra dans l'administration impériale et fut sous-préfet de Sarlat de 1804 à 1811. Nommé, à cette époque, conseiller à la cour impériale de Paris, il se prononça, comme son père, pour le retour des Bourbons. Élu représentant à la Chambre des Cent-Jours, le 18 mai 1815, par le collège de département de la Dordogne, avec 45 voix (78 votants), il y défendit la liberté de la tribune et de la presse, s'éleva contre la sévérité des peines édictées contre les délits politiques, et s'opposa, le 23 juin, à ce que le roi de Rome fût reconnu empereur. Sa proposition souleva des murmures dans la Chambre; on parla de le mettre en jugement. A la seconde Restauration, il reprit ses fonctions de conseiller, devint premier président à la cour royale de Metz le 7 juillet 1819, à celle d'Amiens le 9 juillet de l'année suivante, et fut admis, le 31 janvier 1825, à siéger à la Chambre des pairs, à titre héréditaire, en remplacement de son père décédé. Il prit part à quelques discussions, notamment à celles qui avaient trait au droit civil ou public, et soutint toujours le principe de la monarchie constitutionnelle. Entre temps, il s'occupait d'archéologie et de littérature orientale. On a de lui : *Discours sur l'influence de la réformation de Luther* (Paris, 1804); *Adresse au Sénat* (1814); *Les Benjamites rétablis en Israël* (1816); poème allégorique, en prose, où il prêchait la concorde à ses concitoyens; enfin il a laissé un manuscrit (*Fables sacrées et mystères des différentes nations*), où il traite de la mythologie comparée et de l'évolution des cultes.

MALEVILLE (GUILLAUME-JACQUES-LUCIEN, MARQUIS DE), député de 1837 à 1846, pair de France, représentant en 1871, sénateur de 1875 à 1889, né à Sarlat (Dordogne) le 30 août 1805, mort à Paris le 25 décembre 1889, fils du précédent et de dame Justine Libmel, fit sa carrière dans la magistrature. Il était conseiller à la cour de Bordeaux, lorsqu'il fut élu, le 4 novembre 1837, député du 7e collège de la Dordogne (Sarlat), par 187 voix (373 votants, 471 inscrits), contre 179 à M. Taillefer. Il prit place dans la majorité ministérielle et fut successivement réélu, le 2 mars 1839, par 240 voix (407 votants) contre 162 à M. de Liancourt, et, le 9 juillet 1842, par 242 voix (269 votants, 508 inscrits) contre 21 à M. Taillefer. Il vota *pour* la dotation du duc de Nemours, *contre* les incompatibilités, *contre* l'adjonction des capacités, *pour* l'indemnité Pritchard, etc. Chevalier de la Légion d'honneur (12 mars 1839), il fut nommé, à la fin de 1843, conseiller à la cour royale de Paris, et dut se représenter, le 27 janvier 1844, devant ses électeurs, qui lui renouvelèrent son mandat. Nommé pair de France le 21 juillet 1846, il resta fidèle à la famille d'Orléans après les événements de 1848, et ne voulut pas se rallier au second empire. Admis à la retraite comme conseiller à la cour, le 28 avril 1863, il posa sa candidature d'opposition, le 1er juin de la même année, au Corps législatif, dans la 4e circonscription de la Dordogne, mais il échoua avec 6,459 voix contre 17,012 à l'élu officiel, M. Taillefer, et 2,974 à M. Gibiat. Il échoua de nouveau, dans la même circonscription, le 2 mai 1868, lors de l'élection partielle motivée par le décès de M. Taillefer, avec 10,700 voix contre 17,423 à l'élu officiel,

M. de Bosredon. Les événements de 1870 lui permirent de rentrer au parlement. Élu, le 8 février 1871, représentant de la Dordogne à l'Assemblée nationale, le 8e sur 10, par 75,241 voix (97,443 votants, 142,476 inscrits), il fit d'abord partie de la majorité monarchiste, et se fit inscrire à la réunion Saint-Marc Girardin; mais il se sépara nettement de la droite après le 24 mai 1873, et prit place au centre gauche. Il vota *pour* la paix, *pour* l'abolition des lois d'exil, *pour* la pétition des évêques, *pour* le pouvoir constituant de l'Assemblée, *contre* le service militaire de trois ans, *contre* la démission de Thiers, *contre* le septennat, *contre* le ministère de Broglie, *pour* l'amendement Wallon, *pour* les lois constitutionnelles. Le 21 décembre 1875, il fut élu sénateur inamovible, par l'Assemblée nationale, le 75e et dernier, avec 310 voix (610 votants). Il s'assit au centre gauche de la Chambre haute, repoussa la demande de dissolution de la Chambre en juin 1877, le retour de Paris (8 juin 1879), vota contre l'article 7 de la loi sur l'enseignement supérieur le 9 mai 1880. Il soutint avec certaines restrictions la politique républicaine des ministres au pouvoir; en dernier lieu, il s'abstint sur le rétablissement du scrutin d'arrondissement (13 février 1889), sur le projet de loi Lisbonne restrictif de la liberté de la presse, et vota *pour* la procédure à suivre devant la haute cour contre le général Boulanger. A sa mort (décembre 1889), il était depuis longtemps maire de Domme et conseiller honoraire de la cour de Paris.

MALEVILLE (FRANÇOIS-JEAN-LÉON DE), député de 1834 à 1848, représentant en 1848 et en 1849, ministre, représentant en 1871, sénateur de 1875 à 1879, né à Montauban (Tarn-et-Garonne) le 8 mai 1803, mort à Montauban le 28 mars 1879, étudia le droit à Paris et fut reçu avocat. Attaché comme secrétaire à M. Hennequin, il remplit ensuite, vers la fin de la Restauration, auprès de son oncle M. de Preissac, préfet du Gers, les fonctions de chef de cabinet. M. de Preissac donna sa démission à l'avènement du ministère Polignac, puis rentra dans l'administration, comme préfet de la Gironde, après la révolution de 1830. M. Léon de Maleville fut alors secrétaire général du même département jusqu'en 1833. A cette époque il songea à briguer les suffrages des électeurs du 2e collège de Tarn-et-Garonne (Caussade); et, ayant été élu député de cette circonscription, le 21 juin 1834, par 198 voix (369 votants, 499 inscrits), contre 167 à M. Garrisson, il prit place au centre gauche de la Chambre, dont il était le plus jeune membre. Il vota *contre* les lois de septembre 1835, se rallia au cabinet du 22 février 1836, et rentra dans l'opposition lors de la formation du ministère Molé, qu'il combattit avec beaucoup de vivacité. Réélu député, le 4 novembre 1837, par 342 voix (445 votants, 591 inscrits), contre 202 au docteur Émile Constantin, puis le 2 mars 1839, par 441 voix (475 votants), il fut appelé, en 1840, à faire partie comme sous-secrétaire d'État au département de l'Intérieur, de la combinaison du 1er mars. Cette nomination l'obligea à solliciter le renouvellement de son mandat qui lui fut confirmé, le 28 mars 1840, par 403 voix (410 votants). Le 23 octobre, quelques jours avant la chute du ministère Thiers, M. de Maleville reçut la croix d'officier de la Légion d'honneur. Il ne cessa, dès lors, de combattre, dans les rangs du tiers-parti, la politique doctrinaire de Guizot. Réélu député, le 9 juillet 1842, par 280 voix (555 votants, 612 inscrits), contre 273 à M. Chalret-Durieux, et, le 1er août 1846, par 426 voix (712 votants, 771 inscrits), contre 246 au même concurrent, il se prononça contre l'indemnité Pritchard, dénonça plusieurs faits de corruption électorale, parla un jour à la tribune du « tarif des consciences que le ministère s'était attachées », et remporta plusieurs succès de tribune grâce au ton courtois et spirituel de ses discours. En 1846, les centres appuyèrent sa candidature à la vice-présidence de la Chambre. M. de Maleville s'associa, l'année suivante, au mouvement réformiste, et fut (février 1848) un des signataires de la proposition de mise en accusation du ministère Guizot. A la séance du 8 février 1848, dans son discours à propos des banquets, il cita le mot de Bolingbroke à Swift : « C'est par des calamités nationales qu'une corruption nationale doit se guérir. » Mais la proclamation de la République rejeta M. de Maleville dans le parti de la résistance. Elu, le 23 avril 1848, représentant de Tarn-et-Garonne à l'Assemblée constituante, le 1er sur 6, par 43,310 voix (60,142 votants, 74,168 inscrits), il siégea à droite et ne tarda pas à faire adhésion au comité de la rue de Poitiers. M. de Maleville vota : pour le rétablissement de la contrainte par corps, contre l'abolition de la peine de mort, contre l'amendement Grévy, contre le droit au travail, pour la proposition Rateau, contre l'amnistie, pour l'interdiction des clubs, pour les crédits de l'expédition romaine, etc. Le 20 décembre 1848, le président L.-N. Bonaparte lui confia le portefeuille de l'Intérieur. Mais le nouveau titulaire ne le garda pas longtemps ; fidèle aux traditions du gouvernement parlementaire, il ne se trouva pas d'accord, sur plusieurs points importants, avec le chef du pouvoir exécutif, et, dès le 29 décembre, il abandonna son portefeuille à M. Léon Faucher. On attribua la retraite de M. de Maleville à une demande du prince-président relative à la remise des dossiers concernant les affaires de Strasbourg et de Boulogne, et le ministre démissionnaire dut s'en expliquer à la tribune. Non réélu à la Législative par son département, il y fut envoyé, le 8 juillet 1849, par celui de la Seine, lors du scrutin complémentaire motivé par onze options ou décès. M. de Maleville, candidat des conservateurs-monarchistes de la « rue de Poitiers », fut élu, le 4e sur 11, par 123,271 voix (234,588 votants, 373,809 inscrits). Il continua d'appartenir à la majorité hostile aux institutions républicaines, et se prononça notamment pour l'expédition de Rome, pour la loi Falloux-Parieu sur l'enseignement, pour la loi restrictive du suffrage universel. Mais il se rapprocha de la gauche pour tenter de s'opposer aux projets personnels du prince-président, et il protesta vivement contre le coup d'Etat du 2 décembre. Rentré dans la vie privée sous l'Empire, il n'en sortit qu'aux élections générales du 8 février 1871 ; élu représentant à l'Assemblée nationale par le département des Landes, le 4e sur 6, avec 34,382 voix (54,902 votants, 84,409 inscrits), et par le département de Tarn-et-Garonne, le 1er sur 4, avec 37,858 voix (53,345 votants, 74,336 inscrits), il opta pour Tarn-et-Garonne, siégea au centre-gauche et soutint dès le début la politique de Thiers, son ami personnel, tenant à l'« essai loyal de la République ». Vice-président de l'Assemblée, M. L. de Maleville vota pour la paix, pour l'abrogation des lois d'exil, contre la chute de Thiers au 24 mai, protesta, en septembre 1873, contre les projets de restauration monarchique, présida la réunion du centre-gauche en 1874, combattit le minis-

tère de Broglie, et, après le rejet de la proposition Casimir Périer sur l'organisation des pouvoirs publics (6 septembre 1874, déposa (23 juillet) la proposition suivante : « L'Assemblée nationale, considérant que l'état de division des partis dans l'Assemblée est un obstacle insurmontable à l'organisation des pouvoirs publics et à la constitution définitive du gouvernement ; que, dans cette situation, il est nécessaire que le pays soit consulté, décrète : Les élections pour la prochaine Assemblée auront lieu le 6 septembre prochain. » Appuyée par toutes les gauches, cette proposition fut repoussée par 369 voix contre 340. M. de Maleville se prononça ensuite pour l'amendement Wallon et pour l'ensemble des lois constitutionnelles. Elu sénateur inamovible par l'Assemblée nationale (10 décembre 1875), le 13e sur 75, avec 353 voix (690 votants), il prit place au centre gauche de la Chambre haute, mais n'eut que peu de part aux travaux parlementaires. Il vota contre la dissolution de la Chambre en juin 1877, et mourut (mars 1879) près de Montauban. M. de Maleville a laissé un curieux souvenir de sa carrière administrative : c'est une petite comédie politique, publiée par lui en 1828, sans nom d'auteur, sous ce titre : Les Tribulations de M. le Préfet (scènes électorales). M. de Maleville y met en scène un préfet de la Restauration, qu'il appelle M. de Laureauce, aux prises avec divers candidats qui sollicitent son appui, et ne sachant auquel entendre au milieu des instructions contradictoires qui lui parviennent du ministère, de la Congrégation, etc.

MALÉZIEUX (FRANÇOIS - ADRIEN - FERDINAND), député au Corps législatif de 1863 à 1870, représentant en 1871, député de 1876 à 1885, membre du Sénat, né à Petit-Fresnoy près Gricourt (Aisne) le 3 janvier 1821, fit de brillantes études de droit à Paris, se fit inscrire au barreau de Saint-Quentin, dont il devint bâtonnier en 1863, puis renonça à sa profession pour s'occuper d'agronomie. Après plusieurs voyages d'études en Suède, en Angleterre, en Allemagne, il collabora, de 1852 à 1858, aux Annales de l'agriculture française où ses travaux furent remarqués, et publia plusieurs brochures, entre autres La question chevaline, sur des matières d'économie rurale. D'opinions libérales, il se présenta, en 1863, comme candidat indépendant au Corps législatif dans la 2e circonscription de l'Aisne, et fut élu député, au second tour, par 16,712 voix (28,950 votants, 33,817 inscrits), contre 12,015 au candidat officiel, M. Georges. M. Malézieux siégea dans les rangs de l'opposition modérée, et vota avec la minorité. Ce fut lui qui, en 1863, eut le premier l'idée du vote sous enveloppe, afin de permettre aux électeurs d'échapper à la pression administrative des candidatures officielles ; idée reprise, en février 1889, par le parti radical. Réélu, le 24 mai 1869, par 22,046 voix (30,439 votants, 34,786 inscrits) contre 8,337 à M. Desains, candidat officiel, il signa, en octobre 1869, le manifeste de la gauche, et se prononça (1870) contre la déclaration de guerre. Maire de Saint-Quentin après le 4 septembre, il se signala lors de la belle défense de cette ville, et seconda les patriotiques efforts du préfet de l'Aisne, M. A. de la Forge. Le 8 février 1871, il fut élu représentant de ce département à l'Assemblée nationale, le 1er sur 11, par 73,743 voix (87,823 votants, 157,845 inscrits). Inscrit au centre gauche et à la gauche républicaine, il fut membre du comité de direction de ce dernier groupe et vota : contre l'abrogation des lois d'exil, contre le pouvoir constituant, pour le retour à Paris, contre la chute de Thiers au 24 mai, contre le septennat, la loi des maires, l'état de siége, pour les amendements Wallon et Pascal Duprat et pour l'ensemble de la Constitution. M. Malézieux fut mêlé à un certain nombre de discussions. Membre de la commission des chemins de fer, il alla étudier leur fonctionnement en Angleterre, et publia, au retour, un rapport qui est un véritable traité sur la matière. Aux élections législatives du 20 février 1876, il fut réélu député de la 2e circonscription de Saint-Quentin, par 12,252 voix (13,262 votants, 18,634 inscrits); il appartint à la majorité des 363. Réélu à ce titre, le 14 octobre 1877, par 11,275 voix (15,697 votants, 18,664 inscrits) contre 4,284 à M. Manduit, il soutint le ministère Dufaure et les cabinets républicains qui suivirent, prit une part importante aux travaux de la commission des tarifs des douanes qu'il présida (1879), intervint dans plusieurs débats économiques, et vota pour l'article 7, pour l'amnistie partielle, pour l'invalidation de l'élection de Blanqui, etc. Conseiller général du canton de Vermand, il obtint encore sa réélection comme député, le 21 août 1881, avec 11,667 voix (12,932 votants, 19.054 inscrits), appuya de ses votes la politique opportuniste des cabinets Gambetta et J. Ferry et se prononça : contre la séparation de l'Église et de l'Etat, pour les crédits du Tonkin, etc. Le 6 janvier 1885, M. Malézieux fut élu sénateur de l'Aisne, par 1,014 voix (1,374 inscrits). Il siégea à la gauche du Sénat, vota avec la majorité pour les divers ministères qui se succédèrent au pouvoir, pour la nouvelle loi militaire, et, en dernier lieu, pour le rétablissement du scrutin d'arrondissement (13 février 1889), pour le projet de loi Lisbonne restrictif de la liberté de la presse, pour la procédure de la Haute-Cour contre le général Boulanger. M. Malézieux est vice-président du conseil général de l'Aisne.

MALGAIGNE (JOSEPH-FRANÇOIS), député de 1847 à 1848, né à Charmes-sur-Moselle (Vosges) le 14 février 1806, mort à Paris le 17 octobre 1865, fit de bonnes études classiques et s'appliqua fort jeune encore aux études scientifiques. A 19 ans, il rédigea le Spectateur de la Lorraine que le préfet fit supprimer la première année, en raison de sa nuance libérale. Arrivé à Paris en 1826, il collabora à plusieurs journaux et recueils médicaux, et eut un prix de la Société médicale d'émulation en 1828, et entra en 1829, au Val-de-Grâce; mais il donna sa démission quand on voulut l'envoyer dans un régiment. Il alla en Pologne, où il devint chirurgien de la 6e division militaire et assista en cette qualité à l'assaut de Varsovie. Reçu docteur en médecine en 1831, sa thèse : Paradoxe de médecine théorique et pratique, fit quelque bruit. Il s'installa alors comme médecin à Paris, suivit les leçons de Dupuytren, et publia en 1834 : Manuel de médecine opératoire fondée sur l'anatomie normale et pathologique, qui contribua à établir sa réputation. Reçu agrégé en 1835, il fut nommé peu après chirurgien du bureau central, publia en 1839 un Traité d'anatomie chirurgicale et de chirurgie expérimentale, et, en 1840 : Œuvres complètes d'Ambroise Paré (3 volumes), qui lui valut, l'année suivante, la croix de la Légion d'honneur. Il eut, en 1845, un procès, qu'il plaida lui-même avec beaucoup de verve, contre le Dr Jules Guérin dont il critiquait les théories. Devenu, en 1845, chirurgien de l'hôpital Saint-Louis, nommé, en 1846, membre de l'Académie de médecine, il

accepta de se porter comme candidat de l'opposition dans le 4e arrondissement de Paris le 1er août 1846, mais il échoua avec 343 voix contre 530 à l'élu, M. Gauneron, député sortant Il fut plus heureux le 28 juin 1847, et fut élu dans ce même arrondissement, en remplacement de M. Gauneron décédé, par 499 voix (816 votants, 1,039 inscrits), contre 301 voix à M. Bertrand. Son rôle à la Chambre fut très effacé. Cette même année, du reste, il avait écrit son beau Traité des fractures et des luxations (2 volumes). Nommé professeur titulaire de médecine opératoire à la faculté de Paris en 1850, et officier de la Légion d'honneur le 28 décembre 1854, il quitta l'année suivante l'hôpital Saint-Louis pour passer à la Charité. Après avoir publié, en 1862, ses Leçons d'orthopédie, il fut admis à la retraite comme professeur de la faculté de médecine de Paris, le 24 octobre 1865. M. Malgaigne fonda en 1843 le Journal de chirurgie, devenu, en 1847, la Revue médico-chirurgicale.

MALHERBE (JOSEPH-ANNE-ROBERT), député au Conseil des Cinq-Cents, membre du Tribunat, représentant à la Chambre des Cent-Jours, né à Rennes (Ille-et-Vilaine) le 20 octobre 1758, mort à Rennes le 2 mai 1841, « fils d'un noble maître Julien-Mathurin Malherbe de Loutsaide, avocat au parlement, et de dame Angélique-Jaquette Legaudu », fut reçu, en 1777, avocat au parlement de Bretagne, embrassa avec ardeur la cause de la Révolution et, au moment de l'organisation des municipalités, devint substitut du procureur de la commune à Rennes, puis, peu après, procureur. Procureur-syndic du département le 10 février 1791, il s'efforça de maintenir l'ordre et sauva même au péril de sa vie, un aristocrate que le peuple voulait pendre à la lanterne. Très lié avec Lanjuinais, il fut un des adversaires de la Montagne. prit une part active à l'insurrection fédéraliste de l'Ouest, prêcha la résistance, fit envoyer à Caen un bataillon à la solde et l'entretien duquel furent affectées les contributions publiques d'Ille-et-Vilaine. Lorsque la Gironde eut succombé, Carrier ordonna, le 24 septembre 1793, l'arrestation de Malherbe. Mais Billaud-Varennes avait déjà obtenu de la Convention, le 9 juin précédent, le même décret; il en résulta un conflit qui sauva la vie à Malherbe. On l'envoya en effet à Paris, où il resta emprisonné au Luxembourg jusqu'au 9 thermidor qui lui rendit la liberté. De retour à Rennes, il se trouva sans ressources, ses biens ayant été mis sous séquestre. Il obtint pour vivre, une place de commis dans l'administration des vivres de l'armée. Peu après, devint avocat d'office au tribunal de la ville, membre du jury. Elu, le 27 germinal an VI député d'Ille-et-Vilaine au Conseil des Cinq-Cents, rallié au 18 brumaire et nommé, le 4 nivôse an VIII, membre du Tribunat, il fut secrétaire de cette assemblée en l'an IX et l'an X, membre de la section de législation, et, comme tel, concourut à la rédaction du code civil; ce fut lui qui présenta et défendit le titre du Domicile. Officier de Légion d'honneur en l'an XII et chancelier de la 13e cohorte, conseiller, puis président élu à la cour d'appel de Rennes, confirmé dans les fonctions de conseiller par le gouvernement impérial le 14 avril 1811, il fut éliminé à la première Restauration. Elu, le 12 mai 1815, représentant à la Chambre des Cent-Jours, par le collège de département d'Ille-et-Vilaine, avec 47 voix (86 votants), se trouva de nouveau sans emploi au retour

Gand, devint bâtonnier des avocats à Rennes, et fut réintégré, en 1819, dans les fonctions de conseiller à la cour royale de Rennes, sous le ministère de Serre.

MALHERBE (RAYMOND, COMTE DE), sénateur de 1876 à 1879, né à Marçon (Sarthe) le 31 décembre 1826, ancien officier de cavalerie et conseiller général, administra Beauvais, pendant l'occupation allemande, avec beaucoup d'énergie et de dévouement. Le 30 janvier 1876, il fut élu sénateur de l'Oise, le 1er sur 3, par 555 voix (783 votants). Il prit place au centre comme conservateur constitutionnel, et parut disposé à se rallier à la République. Il vota cependant pour la dissolution de la Chambre, et ne se représenta pas au renouvellement triennal du Sénat, le 5 janvier 1879.

MALHES (PIERRE), membre de la Convention, né à Aurillac (Cantal) le 20 avril 1748, mort à Aurillac le 22 octobre 1829, négociant dans sa ville natale, adopta avec enthousiasme les idées de la Révolution. Le 4 août 1791, il s'engagea à entretenir deux gardes nationaux à raison de 20 sols par jour, et l'Assemblée constituante lui accorda une mention honorable. Élu, le 6 septembre 1792, premier suppléant du Cantal à la Convention, « à la pluralité des voix » sur 314 votants, il fut admis à siéger le 7 octobre 1793, en remplacement de son frère Joseph Malhes non acceptant, et n'eut qu'un rôle parlementaire peu important. Il était « absent par maladie » lors du procès du roi. Il fit partie, sous le Directoire, de l'administration municipale d'Aurillac, et présida le tribunal de commerce de cette ville en 1814 et en 1821. Nous avons adopté pour ce législateur l'orthographe conforme à sa signature; mais son acte d'état civil, que nous avons sous les yeux, porte MAILHES.

MALIBRAN (JEAN-BAPTISTE-ANTOINE-MARIE, député au Conseil des Cinq-Cents, né à une date inconnue, mort à Bessan (Hérault) le 12 juin 1820, embrassa la cause de la Révolution, devint administrateur du département de l'Hérault, et fut élu par ce même département député au Conseil des Cinq-Cents, le 23 vendémiaire an IV. Il y insista sur la nécessité de maintenir la vente des biens nationaux et d'en assurer la possession aux nouveaux propriétaires, proposa de célébrer une fête funèbre en l'honneur du général Hoche, et, en octobre 1797, au moment de la paix de Campo-Formio, demanda que le faubourg Saint-Marceau s'appelât désormais faubourg d'Italie, et que le général Bonaparte reçût, en outre de sa solde, une indemnité de 300,000 francs à titre de récompense. Conseiller général de l'Hérault le 23 nivôse an X, M. Malibran devint plus tard chef de la légion de la garde nationale et maire de Bessan.

MALIDE (JOSEPH-FRANÇOIS DE), député en 1789, né à Paris le 12 juillet 1730, mort à Londres, en émigration, le 2 janvier 1812, dut à son père, capitaine aux gardes mort durant son service à Versailles, la protection de Louis XV. Destiné à l'état ecclésiastique, il reçut du roi l'abbaye de Belval, et fut envoyé en Italie en 1753, pour y perfectionner son instruction canonique. Peu après, M. de Rochechouart, évêque de Laon, le prit pour vicaire-général; c'est en cette qualité et comme promoteur que M. de Malide assista à l'Assemblée du clergé en 1765. Nommé, l'année suivante, évêque d'Avranches, et peu après, appelé au siège épiscopal de Montpellier, il fut élu député du clergé aux Etats-Généraux par la sénéchaussée de Montpellier, le 20 mars 1789, et se rangea d'abord parmi les partisans des idées nouvelles. Après la démarche de Mounier (Voy. ce nom) (7 mai 1789), il fut délégué avec l'évêque de Nîmes près de la chambre du tiers « pour leur témoigner le zèle et l'attachement dont les membres du clergé étaient pénétrés pour eux, et pour conférer ensemble et se concerter sur leur proposition. » A l'Assemblée, M. de Malide demanda la création et l'organisation de milices patriotiques, et proclama, dans la nuit du 4 août, le droit de la nation à la propriété des biens ecclésiastiques. Il refusa cependant d'adhérer à la constitution civile du clergé, et signa les protestations des 12 et 15 septembre 1791. Peu après il émigra, alla en Angleterre, refusa de donner sa démission d'évêque à l'époque du Concordat, et fut maintenu par Bonaparte sur la liste des émigrés.

MALLARD DE LA VARENDE (LÉON-GABRIEL-JACQUES-MARIE), député de 1827 à 1830, né à Sap (Orne) le 1er avril 1765, mort au château de Bonneville (Eure) le 9 décembre 1849. « fils de Jacques-Louis Mallard, chevalier-seigneur de la Varende et la Saussaye, seigneur et patron des Anthieux, et de dame Elisabeth-Françoise du Moulin de la Buterne », émigra à la Révolution, et, au retour des Bourbons, devint conseiller général de l'Eure et chevalier de Saint-Louis. Propriétaire riche et influent, il fut élu, le 31 mars 1827, député du 3e arrondissement électoral de l'Eure (Bernay), par 180 voix (335 votants), contre 155 voix à M. Bignon, en remplacement de M. Lizot décédé. Réélu le 24 novembre de la même année, par le grand collège du même département, avec 161 voix (309 votants, 406 inscrits), il ne se fit pas remarquer à la Chambre, où il siégea au centre, parmi les ministériels muets. Un de ses biographes lui appliqua les deux vers suivants :

> « Je vois tout, je ne dis rien :
> Ma cuisine va toujours bien. »

Les élections du 12 juillet 1830 lui furent défavorables : il échoua à Bernay, avec 87 voix contre 236 à l'élu, M. Dupont de l'Eure, et rentra dans la vie privée.

MALLARMÉ (FRANÇOIS-RENÉ-AUGUSTE), député en 1791, membre de la Convention, né à Nancy (Meurthe) le 25 février 1755, mort à Richemont (Seine-Inférieure) le 25 juillet 1835, était avocat lors de la Révolution. Partisan des idées nouvelles, il fut nommé, en 1790, procureur-syndic du district de Pont-à-Mousson, et élu, le 31 août 1791, député de la Meurthe à l'Assemblée législative, le 2e sur 8, par 344 voix (469 votants). Il siégea dans la majorité réformatrice, et fit fixer (1792) le droit de patente des maîtres d'hôtels garnis et marchands de bois de Paris. Nommé, en 1791, suppléant du tribunal de Cassation, il fut réélu, le 4 septembre 1792, député du même département à la Convention, le 2e sur 8, par 352 voix (505 votants); il opina, dans le procès du roi, pour la mort sans appel ni sursis, en disant : « Louis a été cent fois parjure; le glaive de la justice s'est promené trop longtemps sur sa tête sans le frapper, il est temps que les représentants de la nation française apprennent aux autres nations que nous ne mettons aucune différence

entre un roi et un citoyen: je vote pour la mort. »
Il fit rendre plusieurs décrets relatifs à des questions d'administration et de finances, devint secrétaire, puis président de la Convention, et dirigea les débats lors de la proscription des Girondins. Envoyé (nivôse an II) en mission dans les départements de la Moselle et de la Meurthe, il y ordonna de nombreuses arrestations, entre autres celle des jeunes filles de Verdun, coupables d'avoir offert des fleurs et des fruits au roi de Prusse. Il poursuivit aussi les prêtres, surtout « les prêtres dits constitutionnels, qui n'ont feint de s'enchaîner au char de la liberté et de la Révolution que pour satisfaire leurs intérêts et leurs passions » (germinal an II). En floréal, il accompagna Saint-Just et Lebas à l'armée de Rhin et Moselle, se trouva en désaccord avec ces représentants, et fut rappelé. Au 9 thermidor, il se prononça contre Robespierre; mais il essaya, peu après, de lutter contre les thermidoriens, et s'éleva contre ceux qui « avilissaient les députés par la multitude de leurs dénonciations ». Dénoncé, à la suite des événements du 1er prairial an III, « pour avoir fait des proclamations qui ne respirent que le sang, pour avoir fait périr un grand nombre d'innocents, pour avoir arraché aux femmes et aux filles leurs croix d'or sous prétexte de fanatisme, pour avoir mis en réquisition tout ce qui lui plaisait pour sa table et pour ses autres besoins sans avoir jamais rien payé, etc. » il fut décrété d'arrestation, et ne recouvra la liberté que par l'amnistie du 4 brumaire (25 octobre 1795). Commissaire du Directoire près du tribunal du département de la Dyle, il remplit encore les mêmes fonctions à Namur, puis à Mayence, puis fut employé par le gouvernement consulaire à l'organisation du département du Mont-Tonnerre. Juge au tribunal d'appel d'Angers en 1800, Mallarmé entra, en 1811, dans l'administration des droits réunis, comme receveur principal à Nancy. La Restauration le révoqua. Appelé, pendant les Cent-Jours (29 mars 1815), au poste de sous-préfet d'Avesnes, il lutta bravement contre l'invasion, et fut enlevé par les Prussiens et enfermé dans la citadelle de Wesel, sous l'accusation d'avoir soustrait à Nancy 35,000 francs de la caisse municipale; mais les Prussiens cherchaient, en réalité, à venger les arrestations et les supplices de Verdun. Rendu enfin à la liberté six mois après, Mallarmé tomba sous le coup de la loi de 1816 contre les régicides, partit de Lille le 18 janvier 1816, et se retira à Courtray (Belgique); il ne revit la France qu'après la révolution de juillet 1830. En 1839, son fils Gabriel-Georges-Louis était employé dans la maison d'arrêt de Saint-Lazare, comme surveillant.

MALLARMÉ (CLAUDE-JOSEPH, BARON), député au Conseil des Cinq-Cents, membre du Tribunat, né à Nancy (Meurthe) le 3 avril 1758, mort à une date inconnue, frère du précédent, fut avocat au parlement de Nancy, de 1778 à 1784, puis (1784) substitut du procureur du roi au même parlement. Partisan des idées nouvelles, il fut nommé procureur-syndic du district de Nancy en juillet 1790, puis, le 5 décembre 1793, président de l'administration du district de la même ville; il conserva ces fonctions jusqu'au 25 pluviôse an II. Maire de Nancy, de brumaire an III au 1er floréal de la même année, il fut élu, le 13 vendémiaire an IV, député de la Meurthe au Conseil des Cinq-Cents, à la pluralité des voix sur 275 votants. Il s'y occupa surtout de questions juridiques, établit, avec une grande compétence, le mode de procéder

dans les tribunaux civils en cas de par d'opinion, parla sur la révision des jugements en cassation, et fit un rapport sur l'établissement d'une échelle particulière de dépréciation papier-monnaie. Réélu, le 23 germinal an V par le même département au même Co il fut, après le coup d'Etat de brumaire, approuva, délégué des consuls dans le Bas-et le Haut-Rhin, le 29 brumaire an VIII. C de Strasbourg qu'il envoya, par la lettre suivante, son adhésion à la nouvelle Constitution :

« Strasbourg, le 2 nivôse an VIII de la République française, une et indivisible.

« Claude-Joseph Mallarmé, Représentant du peuple, Délégué des Consuls de la République dans les départements du Haut-Rhin et Bas-Rhin,

« Aux Représentants du peuple composant la commission des inspecteurs du Palais des Cinq-Cents.

« J'ai l'honneur de vous adresser, citoyens collègues, un procès-verbal de l'administration municipale de Strasbourg qui constate que 30 du mois dernier, je me suis transporté au lieu de ses séances, et y ai déclaré que j'acceptais la Constitution décrétée le 22 du même mois de frimaire.

« Je vous prie d'annexer ce procès-verbal au registre que vous avez ouvert pour recevoir les déclarations des représentants du peuple.

« Salut et fraternité,

« MALLARMÉ. »

Nommé membre du Tribunat à sa création le 4 nivôse an VIII, il fut rapporteur de la section de législation, développa, en 1806, vant le Corps législatif, les motifs d'adoption du code de procédure civile, et, en 1807, fendit le projet de loi sur la contrainte par corps en matière de commerce à l'égard des étrangers. Le 25 prairial an XII, il avait été fait membre de la Légion d'honneur. Appelé, après la dissolution du Tribunat, à la préfecture de la Vienne le 3 novembre 1807, il ne quitta ce poste que 6 avril 1815, pour occuper la préfecture de l'Indre. Créé chevalier de l'Empire le 22 novembre 1808, baron le 31 janvier 1810, il resta fidèle à l'empereur. La seconde Restauration laissa sans emploi et l'admit à la retraite comme préfet, le 19 janvier 1820.

MALLEIN (JEAN-BAPTISTE-ABRAHAM), député au Conseil des Anciens et au Corps législatif, né à Grenoble (Isère) le 12 août 1743, mort à Grenoble le 19 décembre 1815, mort avant la Révolution. Elu juge de paix du canton de sa ville natale en 1792, il fut destitué par Petit-Jean en l'an II, puis entra comme juge au tribunal civil du département. Devenu procureur général à la cour criminelle de l'Isère, fut élu, le 22 germinal an V, député de ce département au Conseil des Anciens, par 231 voix (308 votants). Il ne s'y fit point remarquer, adhéra au coup d'Etat de brumaire, et fut choisi par le Sénat conservateur, le 4 nivôse an VIII, comme député de l'Isère au nouveau Corps législatif. Membre de la Légion d'honneur (25 prairial an XII), M. Mallein fut nommé juge, puis conseiller à la cour impériale de Grenoble le 17 avril 1811, et maintenu par la Restauration dans ces dernières fonctions.

MALLET (CHARLES-PHILIPPE), membre de la Convention, né à Marcoing (Nord) le 4 janvier 1734, mort à une date inconnue, administrateur à Marcoing, fut élu, le 27 septembre 1792, par mier suppléant à la Convention par le département du Nord : à la pluralité des voix. Admis à siéger comme titulaire, le 5 avril 1793, par suite de la démission de Focheley, il i eut dans l'assemblée qu'un rôle effacé.

MALLET (JACQUES, COMTE), député de 1831 à 1842, sénateur du second Empire, né à Dieppe (Seine-Inférieure) le 28 avril 1787, mort à Paris le 22 mai 1864, entra à l'École polytechnique en 1806, en sortit en 1808 dans les ponts et chaussées, et, ingénieur ordinaire à Paris, termina, sous la direction de M. Lamandé, la construction du pont d'Iéna. Au moment de l'invasion en 1814, il était capitaine du génie de la garde nationale : il prit part, en cette qualité, à la défense de Paris, et, durant les Cent-Jours, travailla à pacifier Belleville. Il avait été fait chevalier de la Légion d'honneur quelque temps auparavant. En 1824, il dirigea la construction du pont et du port de Grenelle, devint ingénieur en chef en 1829, et fut alors envoyé dans le Loiret, puis dans la Seine-Inférieure où il acheva le pont de pierre de Rouen. Rappelé à Paris, peu après, il s'y occupa de la distribution de l'eau à domicile, se mêla au mouvement politique de 1830, et fut successivement élu député du 11e collège de la Seine-Inférieure (Saint-Valery), le 5 juillet 1831, par 159 voix (175 votants, 274 inscrits) ; le 21 juin 1834, par 132 voix (211 votants, 331 inscrits), contre 71 à M. Bignon ; le 4 novembre 1837, par 146 voix (266 votants, 329 inscrits) ; et le 2 mars 1839, par 151 voix (283 votants). M. Mallet ne cessa de faire partie de la majorité ministérielle, et vota *pour* la dotation du duc de Nemours, *pour* les fortifications de Paris, *pour* le recensement, *contre* l'adjonction des capacités. Nommé, en 1842, inspecteur divisionnaire, il ne brigua plus les suffrages des électeurs, et se consacra exclusivement à ses occupations techniques. Inspecteur-général des ponts et chaussées en 1850, vice-président du conseil des ponts et chaussées de 1854 à 1857, il fut mis à la retraite au commencement de cette dernière année, et nommé sénateur le 9 juin suivant. A la Chambre haute, il fut membre de la commission de l'isthme de Suez. Il était commandeur de la Légion d'honneur du 1er avril 1843, grand-officier du 14 août 1862, et médaillé de Sainte-Hélène. On a de lui : *Notice historique sur le projet de distribution générale d'eau à domicile à Paris* (1830).

MALLET (PIERRE-AUGUSTIN-GÉDÉON), député de 1876 à 1878, né à Bagnols (Gard) le 26 novembre 1815, mort à Bagnols le 8 décembre 1878, étudia la médecine et obtint, à peine âgé de vingt ans, le titre de chirurgien de la marine militaire. Il s'embarqua à bord de la *Fortune*, et, lors de la prise de Constantine, en 1837, par le général Vallée, participa au rapatriement des blessés dans les hôpitaux de Toulon. L'année suivante, il fut envoyé au Mexique et assista au bombardement de Saint-Jean d'Ulloa et de la Vera-Cruz par l'amiral Baudin. De retour dans son pays natal, le docteur Mallet exerça gratuitement la médecine pour les indigents ; en 1868, il se rendit à ses frais en Asie-Mineure, pour rechercher les races de vers à soie qui peuvent le mieux s'approprier à notre zone méditerranéenne. Conseiller général républicain du Gard pour le canton de Bagnols (1871), il se présenta la députation le 20 février 1876, dans l'arrondissement d'Uzès, et fut élu par 11,233 voix (21,795 votants, 26,634 inscrits), contre 7,920 à M. Baragnon et 2,581 à M. Jacquet. M. Mallet siégea à gauche

et fut des 363. Aux élections qui suivirent la dissolution de la Chambre par le cabinet du 16 mai, il échoua, le 14 octobre 1877, avec 10,202 voix, contre 12,408 au candidat officiel du gouvernement du Seize Mai. M. Baragnon, élu ; mais, l'élection de ce dernier ayant été invalidée, M. Mallet regagna son siège le 7 juillet 1878, avec 11,118 suffrages (21,180 votants, 26,911 inscrits), contre 9,666 au député sortant. Décédé le 8 décembre suivant, il eut pour successeur à la Chambre M. Bose, le 16 février 1879.

MALLEVERGNE (MICHEL-FABIEN-AIMÉ), représentant en 1871, né à Juillac (Corrèze) le 9 mai 1804, mort à Paris le 16 décembre 1877, fit ses études à Limoges et son droit à Paris, puis revint à Limoges exercer la profession d'avocat. Il y fonda, avec M. de Peyramont, un journal libéral qui fit une vive opposition au ministère Polignac. Rallié au gouvernement de 1830, il devint, cette même année, substitut du procureur général à Limoges, et épousa, peu après, la nièce de Vergniaud, l'orateur de la Gironde. Président de chambre en 1847, il donna sa démission lorsqu'on suspendit l'inamovibilité de la magistrature, et ne reprit ses fonctions que lorsque l'inamovibilité fut rétablie. Il se mêla peu de politique sous le second Empire. Élu, le 8 février 1871, représentant de la Haute-Vienne à l'Assemblée nationale, le 2e sur 7, par 43,786 voix (62,174 votants, 87,375 inscrits), il siégea au centre droit et se prononça *pour* la paix, *pour* l'abrogation des lois d'exil, *pour* la pétition des évêques, *pour* le pouvoir constituant de l'Assemblée, *contre* le service militaire de trois ans, *pour* la démission de Thiers, *pour* le septennat, *pour* le ministère de Broglie, *pour* les lois constitutionnelles. Admis à la retraite, comme président de chambre, le 31 juillet 1873, il ne fit pas partie d'autres assemblées.

MALLEVIALLE (JEAN-BAPTISTE-VINCENT-HENRI), député de 1881 à 1885, né à Coupiac (Aveyron) le 4 avril 1836, étudia la médecine, fut reçu docteur, devint maire de Belmont et se porta, comme candidat républicain, aux élections du 14 octobre 1877, dans l'arrondissement de Saint-Affrique, où il échoua avec 4,787 voix, contre 8,940 au député sortant, soutenu par l'administration, M. Barascud. M. Mallevialle fut plus heureux le 21 août 1881 : élu député de Saint-Affrique par 7,799 voix (14,312 votants, 17,660 inscrits), contre 6,496 à M. Barascud, il alla prendre place à gauche, dans la majorité opportuniste, soutint les ministères Gambetta et J. Ferry, et se prononça *pour* les crédits de l'expédition du Tonkin. Il ne fit pas partie d'autres législatures. Membre pour le canton de Belmont et vice-président du conseil général de l'Aveyron.

MALLYE (PIERRE), député de 1831 à 1837 et de 1839 à 1846, né à Vic-le-Comte (Puy-de-Dôme) le 6 février 1781, mort à Brioude (Haute-Loire) le 7 janvier 1858, était juge de paix à Brioude, lorsqu'il fut élu, le 1er octobre 1831, député du 2e collège de la Haute-Loire (Brioude), en remplacement de M. Georges de la Fayette, qui avait opté pour Coulommiers, par 85 voix (160 votants, 237 inscrits), contre 31 à M. Pascon, président du tribunal. Il prit place à gauche, dans l'opposition constitutionnelle, et fut réélu, le 21 juin 1834 par 133 voix (212 votants, 250 inscrits), contre 77 à M. Salveton. Les élections du 4 novembre 1837 ne lui furent pas favorables : il échoua avec 108 voix, contre 139 à l'élu, M. Salveton; mais il fut réélu à Brioude, le 2 mars 1839, par 133 voix (258 votants) contre 123 voix au député sortant, M. Salveton, et, le 9 juillet 1842, par 174 voix (313 votants, 311 inscrits), contre 139 voix à M. Lamotte. M. Mallye continua de siéger à gauche et fit une opposition constante au gouvernement ; il vota *pour* les incompatibilités, *pour* l'adjonction des capacités, *contre* l'indemnité Pritchard, et soutint la proposition hostile aux députés fonctionnaires. Il échoua, le 1er août 1846, avec 66 voix contre 199, à l'élu, M. Salveton, et 94 à M. Rabusson-Lamothe.

MALO (THOMAS-GASPARD), représentant du peuple en 1848, né à Dunkerque (Nord) le 22 février 1804, mort à Dunkerque le 7 septembre 1884, fils d'un des plus vaillants corsaires de la mer du Nord durant les guerres de la République, entra d'abord dans la marine marchande, fit quelques voyages, devint capitaine au long cours, et s'établit à Dunkerque comme constructeur de navires et armateur. Associé avec son frère imbu comme lui d'idées libérales, il mit à la disposition des constitutionnels portugais, alors en révolte contre l'absolutisme de dom Miguel, deux navires qui transportèrent à Oporto des troupes et des munitions de guerre. Dom Pedro, empereur du Brésil, étant venu au secours de sa fille, dona Maria, dans sa lutte contre son oncle dom Miguel, Malô et son frère s'engagèrent dans les troupes constitutionnelles sous les ordres du général français Solignac. Ils furent tous deux blessés au siège d'Oporto, puis, après la fuite de dom Miguel à Coïmbre, revinrent à Dunkerque à la tête de leur maison. M. Malô fut décoré d'ordres portugais et brésiliens, mais ne reçut point de dom Pedro, souverain économe, les indemnités stipulées. Il eut du moins à exécuter d'importantes commandes pour le compte du gouvernement français. Il n'en protesta pas moins énergiquement contre la politique de M. Guizot, et assista, en 1847, au banquet réformiste de Lille. Élu représentant du Nord à l'Assemblée constituante, le 23 avril 1848, le 11e sur 28, par 174,527 voix (234,867 votants, 278,352 inscrits), il fut membre du comité de la marine, et vota en général avec le parti Cavaignac, *pour* le bannissement de la famille d'Orléans, *pour* les poursuites contre L. Blanc, *contre* les poursuites contre Caussidière, *contre* l'abolition de la peine de mort, *contre* l'impôt progressif, *pour* l'incompatibilité des fonctions, *contre* l'amendement Grévy, *contre* la sanction de la Constitution par le peuple, *pour* l'ensemble de la Constitution, *contre* la proposition Rateau, *contre* l'interdiction des clubs, *contre* l'expédition de Rome, *pour* la demande de mise en accusation du président et des ministres. Après l'élection présidentielle du 10 décembre, il s'était montré hostile à la politique de l'Élysée. Non réélu à la Législative, il vint reprendre à Dunkerque la direction de son importante maison.

MALON (BENOIT), représentant en 1871, né à Précieux (Loire) le 23 juin 1841, d'une famille de modestes journaliers, perdit son père à deux ans, et, dès l'âge de sept ans, dut gagner sa vie. Tour à tour gardeur de dindons, berger, bonvier, laboureur, il resta dans son village jusqu'à l'âge de 19 ans, privé de l'école, sans autre maître que la nature, puisant dans cette existence au milieu des champs et de ses chères

bêtes, la notion de solidarité universelle, est l'âme de sa sociologie. A 19 ans, une cr[...] de fatigue et de délabrement, aggravée par l[...] effets d'une transformation physiologique [...] dive, le força à se retirer chez son frère [...] instituteur dans un village voisin. Reçu av[...] bonté, il s'alita, et, bientôt convalescent, dé[...] alphabets et livres. Ayant lu, dans une [...] chure qu'il épelait, cette idée : « Il est de stri[...] justice que la société soit responsable de l'ex[...] tence de tous les individus qui la composent, [...] « Ah! cela sera ! » s'écria-t-il. Et quelques [...] maines après, le bâton de voyage à la main[...] partit pour la capitale. Exténué par qui[...] jours de marche, et sans un sou en poche[...] arriva à Paris en septembre 1863, et se pla[...] à Puteaux comme homme de peine, puis comm[...] aide-teinturier. Il passait ses nuits à lire. L[...] grèves de 1865 et 1866 lui donnèrent l'occasi[...] de défendre les intérêts de ses compagnons. A[...] filié ensuite par Tolain à l'Internationale, do[...] Blanqui disait qu'il y avait « du bonapartis[...] dans l'affaire », il fut l'un des fondateurs de [...] 2e section dans la Seine, et, en 1868, fut condam[...] à 3 mois de prison ; à Sainte-Pélagie, il put co[...] pléter son instruction rudimentaire. Il organi[...] ensuite, avec l'aide de Varlin, la fédération d[...] sociétés ouvrières, fut secrétaire de la secti[...] des Travailleurs réunis de Puteaux, se rendit a[...] congrès de Bâle en qualité de délégué, et y so[...] tint les théories internationalistes. Au mois [...] février 1870, il fut l'un des promoteurs de [...] grève du Creuzot qui prit rapidement d'inqui[...] tantes proportions. Il était alors rédacteur à [...] *Marseillaise*; sa correspondance avec Varl[...] ayant été saisie, il passa, en juin 1870, deva[...] la cour d'assises qui le condamna à un an [...] prison. Remis en liberté après le 4 septembr[...] il se montra l'adversaire du gouvernement [...] la Défense nationale, fut élu, après le 31 o[...] tobre, adjoint au maire du 17e arrondissem[...] prit part à la tentative d'insurrection du 22 ja[...] vier 1871 contre l'Hôtel-de-Ville, et fut élu, [...] 8 février suivant, représentant de la Seine [...] l'Assemblée nationale, le 15e sur 43, par 117,4[...] voix (328,970 votants, 547,858 inscrits). Il vo[...] à Bordeaux *contre* les préliminaires de la pai[...] donna sa démission avec Rochefort, Ranc [...] quelques autres, et vint reprendre aux Ba[...] gnolles ses fonctions municipales. Après [...] 18 mars, il se rallia au Comité central, a[...] prouva les élections du 26, et fut élu memb[...] de la Commune de Paris, par le 17e arrondi[...] sement, avec 4,100 voix (26,574 inscrits). Me[...] bre du comité du travail et d'échange, il vo[...] la validation des élections complémentaires [...] la majorité absolue des suffrages, repoussa [...] création d'un comité de salut public, et sign[...] avec la minorité, une déclaration d'abstenti[...] politique qui lui valut d'être dénoncé. A [...] rentrée des troupes, il fut caché par deux ami[...] Mais, ayant reparu dans son ancien quartie[...] il fut reconnu, place Rochechouart, par un ha[...] bitant des Batignolles, qui ne le dénonça pa[...] Malon avait encore dans sa poche l'échar[...] rouge des membres de la Commune. Il se réf[...] gia ensuite à Genève, où il fut successiveme[...] vannier, typographe, fardelier, et où il rédige[...] avec Eudes, Lefrançais et Razoua, la *Revanch[...]* dont le gouvernement helvétique interdit la p[...] blication en 1872. Rentré en France à l'amnisti[...] Malon s'occupa de socialisme technique, fon[...] la *Revue socialiste*, et publia entre autres o[...] vrages *Histoire du socialisme*, la *Morale social[...] L'Agiotage de 1815 à 1870*, les traductions [...] *Capital et Travail* de Lassalle, *Quintessen[...] du socialisme* de Schaffer; il a donné récemme[...]

la première partie de : *Le Socialisme intégral* (février 1890).

MALOUET (Pierre-Victor, baron), député en 1789 et ministre, né à Riom (Puy-de-Dôme) le 11 février 1740, mort à Paris le 7 septembre 1814, étudia le droit, cultiva la poésie, puis entra dans l'administration au département de la marine et des colonies. Pendant cinq ans, il resta à Saint-Domingue comme sous-commissaire, puis comme commissaire, et fut ensuite envoyé en mission à Cayenne par M. de Sartines : il reçut en récompense de ses services, en 1789, l'intendance de la marine à Toulon. C'est là que le trouvèrent les événements qui marquèrent le début de la Révolution. Le tiers état de la sénéchaussée de Riom l'élut, le 21 mars 1789, député par acclamation. Cette élection, faite sans scrutin, fut d'abord assez mal accueillie lors de la vérification des pouvoirs ; on trouvait des inconvénients à admettre un député nommé par la forme tumultueuse et équivoque d'une acclamation ; mais, aucune réclamation ne s'étant produite, Malouet fut validé par 439 voix contre 43. Il fit partie du comité de la marine, et se fit vite remarquer par la fermeté de ses convictions royalistes, tout en votant pour la réunion des ordres et pour l'aliénation des biens du clergé. A plus d'une reprise, il dénonça Marat et Camille Desmoulins, dont les journaux entretenaient l'excitation populaire, et demanda qu'ils fussent mis en jugement. Il obtint même contre le dernier un décret d'accusation, qui n'eut d'ailleurs pas de suite. Avec Cazalès, il réclama pour le roi une sorte de pouvoir dictatorial, et fonda un club monarchique pour contrebalancer l'influence des sociétés populaires et du club des Jacobins. Il entra, peu après, au conseil privé du roi ; mais il s'aperçut bientôt de l'inutilité de ses efforts et, après la journée du 10 août, il passa en Angleterre. A la fin de 1792, par l'entremise du chargé d'affaires de France à Londres, il fit demander à la Convention l'autorisation de venir à sa barre défendre le roi. On ne répondit qu'en inscrivant Malouet sur la liste des émigrés. D'accord avec un certain nombre d'émigrés, il demanda ensuite au gouvernement anglais de lui laisser prendre possession de Saint-Domingue, afin de fonder là-bas une nouvelle France ; le cabinet anglais refusa. Malouet rentra en France à l'époque du Consulat, et fut replacé dans l'administration de la marine, grâce à l'intervention du premier Consul qui estimait ses talents et sa loyauté. En 1803, il fut nommé commissaire général à Anvers, fut chargé d'y établir des chantiers, d'achever l'arsenal, de construire des vaisseaux, etc. Il contribua aussi, par ses énergiques mesures de défense, à l'échec des Anglais sur l'Escaut ; sa mauvaise santé le força de rentrer à Paris. Nommé conseiller d'État, créé baron de l'Empire le 31 janvier 1810, et officier de la Légion d'honneur le 16 mai de la même année, il devint, en 1812, suspect de royalisme et fut exilé en Lorraine par ordre de l'Empereur. Malgré le précaire état de sa santé, il accepta du gouvernement provisoire, en 1814, les fonctions de commissaire au département de la Marine, dont Louis XVIII, à sa rentrée, lui remit le portefeuille ministériel. Mais il ne put résister au travail et aux préoccupations qu'imposait cette charge, et il mourut à la tâche, le 7 septembre suivant. Il n'avait aucune fortune ; le roi pourvut aux frais de ses funérailles. M. Malouet a publié : *Mémoire sur l'esclavage des*

nègres (1788) ; *Mémoire sur l'administration de la marine* (1790) ; *Défense de Louis XVI* (1792) ; *Considérations historiques sur l'empire de la mer chez les anciens et les modernes* (Anvers, 1810) ; *Les Quatre parties du jour à la mer* (1768), poème ; *Épitre en vers au prince de Condé, sur ses victoires en Allemagne*, etc.

MALOUET (Louis-Antoine-Victor, baron), pair de France, né à Paris le 21 mars 1780, mort à Paris le 13 octobre 1842, fils du précédent, entra, comme son père, dans l'administration de la marine en l'an IX, en qualité d'attaché au port de Rochefort, qu'il quitta pour les bureaux du ministère de l'Intérieur. Secrétaire général de la préfecture de la Creuse le 1er germinal an XI, il devint sous-préfet de Villeneuve-d'Agen le 7 février 1808, et préfet de l'Aisne le 12 février 1810, situation qu'il garda jusqu'à la première Restauration. Il avait été nommé chevalier de la Légion d'honneur le 30 janvier 1811, et créé baron de l'Empire le 18 mai suivant. En 1814, en allant rejoindre l'Empereur près de Laon, il fut pris par les Russes et envoyé prisonnier dans la Frise. Revenu en France à la paix, il devint maître des requêtes au conseil d'État le 6 juillet 1814, et officier de la Légion d'honneur le 18 août suivant. Révoqué aux Cent-Jours, il fut de nouveau nommé préfet de l'Allier le 9 juillet 1815, puis préfet du Pas-de-Calais le 14 juillet de cette même année. Dénoncé, peu après, par les royalistes intransigeants pour avoir influencé les élections de son département dans le sens strictement constitutionnel, il fut cependant maintenu à son poste. Préfet de la Seine-Inférieure le 15 juillet 1818, et destitué par le parti *ultra* alors au pouvoir, il fut appelé à la préfecture du Bas-Rhin le 19 juillet 1820, et destitué encore une fois, en 1822, par le ministère Villèle qui le jugeait tiède. Le ministère Martignac le fit entrer à la commission du sceau de France et le promut commandeur de la Légion d'honneur. Après la révolution de juillet, il passa à la cour des Comptes, et fut nommé pair de France le 11 octobre 1832. Il siégea jusqu'à sa mort parmi les partisans du nouveau régime.

MALRIC (Gabriel), représentant à la Chambre des Cent-Jours, né à Sigean (Aude) le 20 février 1775, mort à Sigean le 12 novembre 1837, « fils du sieur Etienne Malric, propriétaire, et de demoiselle Théodore Hue, » était propriétaire et maire de Sigean. Il fut élu, le 15 mai 1815, représentant de l'arrondissement de Narbonne à la Chambre des Cent-Jours, par 28 voix (44 votants, 110 inscrits), contre 16 à M. Berthomieu, professeur, et rentra dans la vie privée après cette courte législature.

MALRIC (Joseph), député de 1881 à 1885, né à Sigean (Aude) le 19 août 1852, petit-fils du précédent, exerça dans son pays natal la profession de notaire. Maire de Sigean, conseiller général du canton, il se présenta aux élections législatives de 1881, comme candidat radical à la députation, dans l'arrondissement de Narbonne, et fut élu député au second tour de scrutin, le 4 septembre, par 9,752 voix (17,979 votants, 29,408 inscrits), contre 8,074 à M. Emile Digeon, socialiste-révolutionnaire. M. Malric siégea à l'extrême-gauche, avec laquelle il vota le plus souvent, notamment *contre* les crédits de l'expédition du Tonkin et *pour* la séparation de l'Eglise et de l'Etat. Il rentra dans la vie privée après la législature.

MALRIEU (Jean-Pierre), député en 1789, né à Plagnol (Aveyron) le 19 novembre 1710, mort à une date inconnue, prieur-curé de Loubons, fut élu, le 24 mars 1789, député du clergé aux Etats-Généraux par la sénéchaussée de Villefranche-de-Rouergue. Il vota pour la vérification en commun des pouvoirs; son rôle parlementaire n'a pas laissé de traces au *Moniteur*.

MALUQUER (Jean-Pierre), député au Conseil des Cinq-Cents, né à Pau (Basses-Pyrénées) le 24 mars 1755, mort à une date inconnue, appartint à l'armée et fut promu capitaine, puis chef d'escadron de gendarmerie. Elu, le 24 vendémiaire an IV, député des Basses-Pyrénées au Conseil des Cinq-Cents, par 158 voix (286 votants), il y siégea obscurément jusqu'en l'an VIII.

MALUS DE MONTARCY (Antoine-Charles), député en 1791, né à Paris en 1736, mort à Lille (Nord) en 1820, était receveur des tailles à Guerchy (Yonne) au moment de la Révolution. En 1790, il devint administrateur du département de l'Yonne, et fut élu, le 2 septembre 1791, député à l'Assemblée législative, le 8e sur 9, par 186 voix (435 votants). Sans monter à la tribune, il prit une part assez active aux travaux des comités de l'agriculture et du commerce. Non réélu à la Convention, il ne fut pas inquiété durant la Terreur, et applaudit au coup d'Etat du 18 brumaire. Nommé directeur des droits réunis dans les Ardennes le 5 germinal an XII, il cessa ses fonctions avant la chute de l'Empire.

MAME (Charles-Ernest-Auguste), député au Corps législatif de 1859 à 1869, né à Angers (Maine-et-Loire) le 4 novembre 1805, mort à Tours (Indre-et-Loire) le 8 février 1883, neveu et gendre du fondateur de l'imprimerie Mame, dirigea avec lui sa maison de 1833 à 1845. Nommé maire de Tours en 1849, membre, pendant 16 ans, et président de la chambre de commerce, conseiller général du département, chevalier de la Légion d'honneur en 1852, et officier le 14 juin 1856, en récompense du dévouement dont il avait fait preuve au moment des inondations de la Loire, il fut élu député, le 25 octobre 1859, comme candidat officiel dans la 3e circonscription d'Indre-et-Loire, en remplacement de M. Desbassyns de Richemont nommé sénateur, par 15,224 voix (20,975 votants, 33,843 inscrits), contre 5,701 à M. de Bridieu. Réélu, le 1er juin 1863, par 18,461 voix (24,802 votants, 35,665 inscrits), contre 6,208 à M. Luzarche, il siégea dans la majorité dynastique. Il donna sa démission de maire en 1865 lors des élections municipales, et ne se représenta pas aux élections du 24 mai 1869. Il vécut ensuite en dehors des affaires publiques pendant quelques années; mais, après la dissolution de la Chambre par le cabinet du 16 mai, il se représenta, le 14 octobre 1877, comme candidat du maréchal, dans la 1re circonscription de Tours, où il échoua avec 7,472 voix, contre 12,006 à l'élu, M. Belle, républicain.

MANCHAND (Claude), député en 1791, né le 4 avril 1739, mort à une date inconnue, était notaire à Clermont (Meuse). Nommé procureur-syndic de ce district, il fut élu, le 6 septembre 1791, député de la Meuse à l'Assemblée législative, le 2e sur 8, par 282 voix. Il vota, sans paraître à la tribune, avec la majorité.

MANESCAU (Jean), représentant en 18[..] né à Pau (Basses-Pyrénées), le 30 novembre 1791, mort à Pau le 15 mars 1875, étudia le droit, fut reçu avocat, et s'occupa d'agricultu[..] dans son pays natal, où il possédait des propriétés. Elu, le 13 mai 1849, représentant des Basses-Pyrénées à l'Assemblée législative, le 5e sur 10, par 39,329 voix (71,463 votants, 117,931 inscrits), il prit place à droite et enfin l'expédition de Rome, *pour* la loi Falloux, Parieu sur l'enseignement, *pour* la loi restrictive du suffrage universel, etc. Il ne fit pas partie d'autres assemblées.

MANGIN (Jean-Nicolas), député en 178[..] né à Varennes-en-Argonne (Meuse) le 16 janvier 1744, mort à Mouzon (Ardennes) le 20 novembre 1809, maire de cette ville, fut élu, le 30 mars 1789, député suppléant du tiers aux Etats-Généraux par le bailliage de Sedan. Admis à siéger, le 3 décembre 1789, en remplacement de Dourthe, démissionnaire, il n'eut qu'un rôle parlementaire sans importance, ayant presque toujours été en congé.

MANGIN (Jean-Pierre), député en 1791, né à Longuyon (Moselle) en 1761, mort à une date inconnue, homme de loi à Longuyon avant la Révolution, devint administrateur du district et fut élu député de la Moselle à l'Assemblée législative, le 6 septembre 1791, le 8e et dernier, par 253 voix (421 votants). Son rôle politique fut très effacé. Le *Moniteur* dit seulement qu'il fit un rapport sur les comptes de Cahier de Gerville.

MANGIN D'OINS (Antoine-Joseph-Fréderic), député de 1831 à 1842, né à Versailles (Seine-et-Oise) le 25 avril 1780, mort à Paris le 26 août 1844, ancien officier et capitaine d'état-major sous la Restauration, était conseiller général de son département, lorsqu'il fut élu, le 5 juillet 1831, député du 2e collège d'Ille-et-Vilaine (Rennes), par 59 voix (99 votants, 150 inscrits), contre 26 à M. Fénigan, avocat général. Réélu successivement, le 21 juin 1834, par 70 voix (86 votants, 144 inscrits), contre 15 à M. Gaudon des Alliers; le 6 novembre 1837, par 60 voix (68 votants, 151 inscrits); le 2 mars 1839, par 62 voix (67 votants), il soutint d'abord le gouvernement, puis vota contre le ministère du 15 avril, contre la loi de disjonction et *contre* l'adresse de 1839. Il donna sa démission au commencement de 1840, et fut remplacé, le 20 mars de la même année, par M. Jollivet.

MANGINI (Louis-Lucien), député au Corps législatif en 1870, représentant en 1871, sénateur de 1876 à 1882, né à Lyon (Rhône) le 18 octobre 1833, sortit de l'Ecole centrale avec le diplôme d'ingénieur civil, et devint membre du conseil d'administration puis président de la Compagnie des chemins de fer de Lyon aux Dombes, et du Sud-Est. Chevalier de la Légion d'honneur, propriétaire d'usines importantes à la Bui[..], conseiller général du Rhône depuis 1866, fut élu, le 10 avril 1870, député de la 3e circonscription de ce département, en remplacement de M. Perras décédé, par 15,348 voix (24,807 votants, 33,019 inscrits), contre 7,825 à M. de Fonville, et 1,356 à M. de Saint-T[..] vier. Il y prit place au centre gauche, signa la demande d'interpellation des 116, et vota pour la guerre. Réélu, le 8 février 1871, représentant du Rhône à l'Assemblée nationale, le 9e sur 1[..]

par 60,226 voix (117,523 votants, 185,131 ins-crits), il siégea à gauche, parla sur les questions de travaux publics, et vota *pour* la paix, *contre* l'abrogation des lois d'exil, *contre* la pétition des évêques, *pour* le service militaire de trois ans, *contre* la démission de Thiers, *contre* le septennat, *pour* l'amendement Wallon, *pour* les lois constitutionnelles. Porté, aux élections sénatoriales du 20 janvier 1876, sur la liste de l'union conservatrice dans le Rhône, il fut élu sénateur de ce département par 168 voix (329 votants), ne se fit inscrire à aucun groupe, vota en général avec la gauche, et repoussa la dissolution de la Chambre demandée par le ministère de Broglie. Il ne se représenta pas au renouvellement triennal du Sénat en 1882.

MANGON (CHARLES-FRANÇOIS-HERVÉ), député de 1881 à 1885, ministre, né à Paris le 31 juillet 1821, mort le 17 mai 1888, entra à l'École polytechnique en 1840, en sortit ingénieur des ponts et chaussées en 1842, et passa ingénieur en chef en 1865. Appelé, peu après, aux fonctions de professeur de génie rural, de travaux agricoles au Conservatoire des arts et métiers, et d'hydraulique agricole à l'École des ponts et chaussées, il entra à l'Institut (Académie des sciences) le 2 janvier 1872, et se présenta comme candidat républicain, le 14 octobre 1877, aux élections législatives dans l'arrondissement de Valognes, où il échoua avec 5,349 voix, contre 11,354 à M. Le Marois, candidat officiel, élu. M. Hervé Mangon fut nommé, par décret du 17 février 1880, directeur du Conservatoire des arts et métiers en remplacement du général Morin. S'étant représenté à la députation, le 21 août 1881, dans la même circonscription, il y obtint 8,482 voix (14,862 votants, 20,918 inscrits), contre 6,264 à M. du Mesnildot, et fut élu. Il donna alors sa démission de directeur du Conservatoire et vint siéger dans l'Union républicaine, avec laquelle il vota : *pour* les cabinets Gambetta et J. Ferry, *pour* les crédits du Tonkin, etc. Après la chute du cabinet Ferry (31 mars 1885), il accepta, le 6 avril, le portefeuille de l'Agriculture dans le cabinet H. Brisson. Il ne garda ces fonctions que jusqu'au 10 novembre de la même année. N'ayant pas été réélu député, le 4 octobre précédent (il n'avait obtenu sur la liste opportuniste de la Manche que 50,130 voix, contre 57,001 au dernier élu des conservateurs, M. du Mesnildot), il quitta la vie politique. Commandeur de la Légion d'honneur du 20 octobre 1878. On a de lui : *Instructions sur le drainage et les irrigations* (1869); *Mécanique agricole* (1875); il a collaboré, comme directeur, aux *Annales des Ponts et Chaussées*.

MANGOURIT DU CHAMP-DUGUET (MICHEL-ANGE-BERNARD), ministre, né à Rennes (Ille-et-Vilaine) le 21 août 1752, mort à Paris le 17 février 1829, était, en 1782, lieutenant criminel au présidial de Rennes. Obligé de quitter cet emploi à cause de la publication de trois brochures intitulées : les *Gracches français* (1787); le *Tribun du peuple* (1787); le *Pour et le Contre au sujet des grands bailliages* (1787), qui furent condamnées au feu par arrêt du parlement de Bretagne, il se rendit à Paris, y publia, à la veille de la Révolution, un journal appelé : *Le Héraut de la Nation*, qui prenait pour thème : « Point d'ordres privilégiés, point de parlements, la nation et le roi, » obtint la protection de personnages considérables tels que le cardinal de Brienne et M. de Lamoignon, et se déclara le zélé partisan des

idées nouvelles. Après avoir été consul à Charlestown, il fut proposé, le 13 brumaire an III, à la Convention nationale par Richard, pour remplir le poste de commissaire des Relations extérieures; il ne l'occupa que jusqu'au 18 du même mois. Résident de la République dans le Valais (1798), secrétaire de légation à Naples, il revint en France, fut employé dans diverses missions secrètes et contribua de tout son pouvoir à la propagation de la franc-maçonnerie. Il eut part également à la fondation de l'ancienne Académie Celtique, qui forma le noyau de la Société des Antiquaires de France. Il publia, en 1801, une notice sur La Tour d'Auvergne: *Le Premier grenadier de nos armées*; en 1802, le récit de la *Défense d'Ancône et des départements romains par le général Monnier*; son *Voyage en Hanovre*; des *Projets de soirées, lectures dramatiques et musicales*, etc. (1815), et divers mémoires d'archéologie. Il mourut à Paris le 17 février 1829. Mangourit du Champ-Duguet était commandeur de la loge maçonnique du Mont-Thabor. « Conformément à ses dernières volontés, écrivit le *Constitutionnel* au moment de sa mort, une somme de cinq cents francs a été distribuée aux pauvres de son arrondissement, et sa dépouille mortelle a été transférée directement et sans station de sa maison, rue de Bourbon, 55, au cimetière de Vaugirard, sur le corbillard des pauvres. L'exécution de cette dernière disposition testamentaire a éprouvé quelques difficultés de la part de l'administration des pompes funèbres qui refusa les douze voitures de deuil demandées pour les nombreux amis du défunt. Douze citadines ont formé le cortège. M. Félix Lepeletier de Saint-Fargeau a prononcé sur la tombe de son vieil ami un discours dans lequel il a retracé rapidement la vie politique et privée de M. de Mangourit, qui s'est toujours montré fidèle à la liberté et à son pays. »

MANHAVAL (JEAN-JOSEPH), député en 1789, né au Bez (Tarn) le 13 février 1736, mort le 16 décembre 1813, propriétaire à Lanuéjols (Lozère), fut élu, le 24 mars 1789, député du tiers aux Etats-Généraux par la sénéchaussée de Villefranche-de-Rouergue. Il prêta le serment du Jeu de Paume, accompagna le roi à Paris le 16 juillet 1789, fit partie du comité des domaines, et ne joua qu'un rôle effacé.

MANIÈRES (PIERRE), député au Corps législatif de l'an XII à 1806, né à Domme (Dordogne) le 4 septembre 1770, mort à Paris le 3 février 1806, « fils de M. Pierre Manières, bourgeois, et de demoiselle Forgues, » étudia le droit, servit en l'an II et en l'an III dans les armées de la République, devint (ans IV et V) commissaire du gouvernement dans son canton, fut nommé, le 5 floréal an VIII, premier sous-préfet de Sarlat, et le 29 thermidor an XII, fut appelé par le choix du Sénat conservateur à représenter la Dordogne au Corps législatif où il siégea jusqu'à sa mort (1806).

MANSORD (CHARLES-ANTOINE), député au Conseil des Cinq-Cents et au Corps législatif, né à Chambéry (Savoie) le 14 juin 1756, mort à Chambéry le 10 janvier 1832, était avocat au Sénat de la Savoie avant la Révolution. Député suppléant de Chambéry à l'assemblée des Allobroges, il fut nommé maire de Chambéry lors de la réunion de la Savoie à la France, et fut élu, le 25 germinal an VI, député du Mont-Blanc au Conseil des Cinq-Cents. Jurisconsulte distingué, il prit une part active aux débats parlementaires, fit partie de plusieurs commissions, et parla sur les testaments militaires (prairial an VI), contre le projet relatif au nouveau calendrier (12 messidor), contre le projet de Chénier sur la formation du département du Mont-Blanc, en fondant son opposition sur le texte de la Constitution « qui, dit-il, permet bien de rectifier les limites d'un canton ou d'un département, mais ne permet pas de disloquer un département tout entier, et de lui enlever la presque totalité de son territoire (13 messidor) » ; sur des points de procédure (24 messidor), sur l'École centrale de Nice (22 fructidor), sur la nomination des greffiers des tribunaux correctionnels 13 frimaire an VII), sur les fonds départementaux (12 brumaire), sur le partage des communaux (9 nivôse); le 18 nivôse, il fit le rapport relatif aux naufragés de Calais, et conclut à leur détention outre-mer ; le 27 janvier, il déposa un projet relatif à la publication des comptes annuels des ministres. Il était secrétaire du Conseil depuis le 2 messidor an VI. La session suivante le vit encore souvent à la tribune comme rapporteur du projet sur les droits successoraux des enfants des émigrés (30 prairial an VII), et comme orateur sur les questions relatives aux récompenses militaires (4 vendémiaire an VIII), à la poste aux lettres, aux finances, aux maisons de prêts, etc. Favorable au coup d'État de brumaire, Mansord fut choisi par le Sénat conservateur, le 4 nivôse an VIII, comme député du Mont-Blanc au nouveau Corps législatif; il en sortit en l'an XI, se retira à la campagne, et parut encore quelquefois au barreau pour ses amis ou pour des indigents. Nommé, en 1808, juge à la cour criminelle du Mont-Blanc, il perdit ces fonctions lors des traités de 1815, et redevint avocat au Sénat de Savoie. On a de lui : *Traité du droit d'aubaine et des étrangers en Savoie* (1819). Il mourut à soixante-seize ans.

MANUEL (Louis-Pierre), membre de la Convention, né à Montargis (Loiret) en 1751, mort à Paris le 17 novembre 1793, fils du portier du collège des Doctrinaires à Montargis, reçut une bonne éducation dans cet établissement qu'il quitta pour se rendre à Paris, où le banquier Tourton le prit comme précepteur de son fils. Un pamphlet, qu'il publia quelque temps après, lui valut une détention de trois mois à la Bastille ; aussi Manuel figura-t-il, au début, parmi les plus ardents ennemis de l'ancien régime, et parmi les orateurs les plus véhéments de la société des *Amis de la Constitution* ; bientôt les électeurs parisiens le nommèrent (1791) procureur de la Commune. En 1792, il écrivit à Louis XVI une lettre qui commençait par ces mots : « Sire, je n'aime pas les rois, etc. » Au 20 juin, il eut, ainsi que Pétion, un rôle actif dans les événements, et fut, comme lui, suspendu de ses fonctions par l'administration départementale ; mais l'Assemblée le rendit le 13 juillet. Il se fit de nouveau remarquer, le 10 août, par son activité et son ardeur, et présida à la formation de la commune qui prit le nom de cette fameuse journée. Il conserva, en conséquence, le poste de procureur-syndic. Le 12, il demanda la translation de la famille royale au Temple, sa proposition ayant été adoptée, il fut chargé lui-même de veiller à son exécution. Il avait déjà réclamé, dans la société des Jacobins, l'emprisonnement de la reine au Val-de-Grâce jusqu'à la cessation des hostilités. Le 30 août, il s'exprima ainsi à la barre de

l'Assemblée législative, pour justifier les mesures que la municipalité avait prises à la suite de la journée du 10 : « Le peuple a dit aux représentants de la Commune: Allez en mon nom, agissez, et j'approuve tout ce que vous avez fait. Le peuple a sanctionné notre mission : le peuple nous a dit : Vous avez sauvé la patrie. » Le 21 août, il ordonna à Levasseur de faire enlever les statues de bronze qui étaient sur les places publiques pour en faire des canons. Sa conduite pendant les massacres de septembre fut purement négative : il se borna à suivre Pétion et Robespierre auprès de Danton pour obtenir de lui des explications et réclamer des mesures d'ordre ; mais leur démarche resta sans résultat. Toujours est-il que Manuel usa de son influence pour sauver Beaumarchais, son ennemi personnel. On prétend qu'il avait reçu de l'argent pour sauver la princesse de Lamballe ; mais il n'osa ou ne put tenir ses engagements. Le 3 novembre, il déclara à la tribune des Jacobins que « les massacres de septembre avaient été la Saint-Barthélemy du peuple, qui s'était montré aussi méchant qu'un roi, et que tout Paris était coupable pour avoir souffert ces assassinats. » Le 7 septembre 1792, il avait été élu membre de la Convention par le département de Paris, le 4e sur 24, avec 626 voix (653 votants). Dès la première séance, il proposa de loger le président de l'Assemblée dans le palais des Tuileries et de l'environner de toute la pompe convenable à sa dignité : « Représentants du peuple souverain, s'écria-t-il, la mission dont vous êtes chargés exigerait et la puissance et la sagesse des dieux. Lorsque Cinéas entra dans le Sénat de Rome, il crut voir une assemblée de rois : une pareille comparaison serait pour vous une injure ; il faut voir ici une assemblée de philosophes occupés à préparer le bonheur du monde ; il faut que tout ici respire un caractère de dignité et de grandeur qui en impose à l'univers. Je demande que le *président de la France* soit logé dans le palais des Tuileries, que toujours il soit précédé du signe de la loi et de la force publique, et que partout il porte le respect. Je demande que toutes les fois qu'il ouvrira la séance, les citoyens se lèvent par respect..., etc. » Cette motion, combattue par Chabot et Tallien, comme indigne des représentants du peuple, qui ne devaient pas se préoccuper d'un vain cérémonial, fut rejetée à une grande majorité. Son auteur reparut à la tribune dans la même séance pour engager vivement ses collègues à aborder avant tout la question de la royauté: « parce qu'il est impossible, dit-il, que vous commenciez une Constitution en présence d'un roi. » Cette seconde proposition eut plus de succès que la première. Couverte d'applaudissements, elle aboutit à l'établissement de la République. Quelques jours après, Manuel, rendant compte au conseil général de la Commune d'une visite qu'il avait faite au Temple, appela Louis XVI « Louis de la Tour. » Le 5 décembre suivant, le nom de Mirabeau s'étant trouvé compromis dans le dépouillement des pièces trouvées dans l'armoire de fer, Manuel, admirateur constant du célèbre orateur, et qui avait été l'éditeur de ses *Lettres à Sophie*, entreprit de le défendre : « Citoyens, fit-il, Mirabeau a dit lui-même à cette tribune qu'il n'y avait pas loin du Capitole à la Roche Tarpéienne : mais quand il l'a dit, il ne parlait que des vivants ; il ne pensait pas qu'un jour on proposerait de faire descendre le bourreau dans les tombes pour y flétrir les cendres des morts. » Il demanda qu'un comité fût spécialement chargé de l'examen de sa vie. La Convention en décida ainsi, et, en attendant, elle fit voiler les bustes ou effigies de Mirabeau qui se trouvaient dans la salle des séances. Manuel commença par professer, à l'égard du jugement de Louis XVI, les opinions les moins favorables à l'accusé : « Il fut roi, disait-il, il est donc coupable : car ce sont les rois qui ont détrôné les peuples. Sans ces Mandrins couronnés, il y a longtemps que la raison et la justice domineraient la terre. Un roi mort n'est pas un homme de moins. » Le 11 décembre, il interrompit vivement les débats qui s'étaient élevés à l'occasion de l'acte énonciatif des griefs imputés au roi, et s'écria qu'il fallait en finir avec des discussions oiseuses. Mais, brusquement, un changement s'opéra dans ses actes et dans ses opinions : le 27 décembre, il demanda que la défense du roi et les pièces du procès fussent imprimées, que la discussion fût ajournée, etc. Toutes ces motions furent, d'ailleurs, écartées par la question préalable. Lors du vote, Manuel opina *pour* l'appel au peuple et *pour* la détention, en s'exprimant ainsi : au 2ᵉ appel nominal : « Citoyens, je reconnais ici des législateurs, je n'y ai jamais vu de juges : car des juges sont froids comme la loi, des juges ne murmurent pas, des juges ne s'injurient pas, ne se calomnient pas : jamais la Convention n'a ressemblé à un tribunal ; si elle l'eût été, certes elle n'aurait pas vu le plus proche parent du coupable n'avoir pas, sinon la conscience, du moins la pudeur de se récuser. (On murmure. — *Le président* : Il ne doit pas y avoir de personnalité ; Manuel, je vous rappelle à l'ordre.) C'est autant par délicatesse que par courage, autant pour honorer que pour sauver le peuple que je demande sa sanction ; je dis oui. » Au 3ᵉ appel nominal : « Législateurs, je ne suis pas juge. La preuve dernière de la dégradation morale d'un peuple serait de feindre des sentiments qu'il n'a pas, parce qu'il les croit des vertus.

« Nous sommes Français, et des Français doivent, avec leurs lumières, être plus que des Romains.

« Bons, quand nous étions esclaves, nous ne devons pas être moins bons, parce que nous sommes libres.

« Des lois de sang ne sont pas plus dans les mœurs que dans les principes d'une République.

« La peine de mort était à supprimer le jour même où une autre puissance que la loi l'a fait subir dans les prisons.

« Le droit de mort n'appartient qu'à la nature. Le despotisme le lui avait pris ; la liberté le lui rendra.

« Si Louis, comme le vouliez, avait été jugé par les tribunaux, il aurait porté cette peine qu'infligent encore les tribunaux, parce que vous n'avez pas encore eu le temps de changer le code de la justice.

« Mais Louis s'est jeté lui-même devant les fondateurs d'une République, dont le plus digne moyen, pour se venger de la monarchie, est de la faire oublier.

« Louis est un tyran ; mais ce tyran est couché par terre. Il est trop facile à tuer pour que je le frappe. Qu'il se relève et alors nous nous disputerons l'honneur de lui ôter la vie. Je jure que j'ai le poignard de Brutus, si jamais un César se présente dans le Sénat.

« Mais, en homme d'Etat qui consulte la morale et la politique, je demande, comme mesure de sûreté générale dans les circonstances où se trouve ma patrie, que le dernier des rois soit conduit avec sa famille prisonnière, d'ici à vingt-quatre heures, dans un de ces forts où les despotes gardaient eux-mêmes leurs victimes, jusqu'à ce qu'il ne manque plus au bonheur public que la déportation d'un tyran, qui alors pourra chercher une terre où les hommes n'aient pas de remords. »

Dès que la condamnation à mort fut prononcée, Manuel donna sa démission par une lettre ainsi conçue : « Il est impossible à la Convention, telle qu'elle est composée, de sauver la France, et l'homme de bien n'a plus qu'à s'envelopper de son manteau. » Il retourna ensuite dans son pays natal, et fut grièvement blessé dans une émeute à Montargis, pour avoir voté en faveur de Louis XVI. Accusé, après le 31 mai, d'avoir pactisé avec le roi et ses partisans, et d'avoir abusé du pouvoir que lui donnaient ses fonctions, il fut arrêté et traduit devant le tribunal révolutionnaire, en vertu d'un mandat d'arrêt lancé le 22 brumaire an II par Fouquier-Tinville. On lui reprocha d'avoir traité de « cannibales » ceux qui votaient la mort du roi, et on lui nomma d'office un défenseur. Il reconnut qu'il aurait préféré que « Louis fût exilé en Amérique plutôt qu'envoyé à l'échafaud, » puis il rappela sa carrière révolutionnaire et termina en disant : « Non, le procureur de la Commune du Dix-Août n'est pas un traître ! je demande qu'on grave sur ma tombe que c'est moi qui fis cette journée ! » Condamné à mort, Manuel fut exécuté le 17 novembre 1793. On a de lui : *Essais historiques, critiques littéraires, philosophiques* (1783) ; *Coup d'œil philosophique sur le règne de saint Louis* (1786) ; *Lettre à un censeur royal sur la liberté de la presse* (1789 ; *La Bastille dévoilée* ; *Voyages de l'opinion dans les quatre parties du monde* (1790) ; *la Police de Paris dévoilée* (1791). S'étant emparé du manuscrit des *Lettres de Mirabeau à Sophie Ruffey, marquise de Monnier*, lors de la prise de la Bastille, il les avait publiées en 1792, malgré la famille, qui dirigea vainement des poursuites contre lui.

MANUEL (JACQUES-ANTOINE), représentant aux Cent-Jours, député de 1818 à 1824, né à Barcelonnette (Basses-Alpes) le 10 décembre 1775, mort au château de Maisons (Seine-et-Oise) le 20 août 1827, s'engagea, à 17 ans, dans les volontaires de 1792, où il devint bientôt capitaine d'infanterie. Blessé dans plusieurs rencontres, il quitta l'armée après la paix de Campo-Formio, et entra chez un de ses parents avocat à Digne. Ses études de droit terminées, il se fit inscrire au barreau d'Aix où il acquit rapidement de la réputation. Aux Cent-Jours, les électeurs d'Aix lui offrirent la députation, il la refusa ; mais le 10 mai, le grand collège des Basses-Alpes l'élut représentant, par 14 voix sur 24 votants contre 7 à M. Roux (Pascal) ; le même jour, il était également élu par l'arrondissement de Barcelonnette. Manuel ne parut à la tribune qu'après Waterloo. Le 23 juin, il fit voter un ordre du jour motivé portant que Napoléon II était devenu empereur des Français, et son discours lui valut cette appréciation de Cambon : « Ce jeune homme commence comme Barnave a fini. » Le 27, il fit prévaloir l'urgence de la discussion de la Constitution et du budget ; le 3, il présenta un projet d'adresse qui fut trouvé trop vague et qu'il défendit en protestant bien haut qu'il croyait le bonheur incompatible avec le retour des Bourbons ; le 5, il demanda, en présence des propositions théoriques de Garat, qu'on mit dans la Constitution plus de « positif » et moins d' « idéologie ». Le 7, à la nouvelle que les alliés s'étaient engagés à replacer Louis XVIII sur le trône, il s'éleva contre un acte qui blessait « notre liberté et nos droits », en rappelant l'apostrophe de Mirabeau : « Nous sommes ici par la volonté du peuple... etc. » Il signa le lendemain, avec 52 députés, une protestation contre la dispersion de la Chambre par la force armée, et, pour ne pas retourner en Provence ensanglantée alors par la guerre civile, demanda son inscription au barreau de Paris. Elle lui fut refusée par le conseil de l'ordre, et il ouvrit un cabinet d'avocat consultant. Les électeurs parisiens songèrent à le renvoyer à la Chambre en 1817; il y rentra, le 20 octobre 1818, élu à la fois dans le grand collège du Finistère par 390 voix sur 745 votants et 947 inscrits, et dans le grand collège de la Vendée par 421 voix sur 658 votants et 938 inscrits; il opta pour la Vendée, et s'assit à la gauche de la Chambre. Improvisateur de premier ordre, il aborda toutes les questions avec un égal talent, dont la dialectique acquise doublait la véhémence naturelle : il attaqua les majorats, s'opposa à l'exclusion de Grégoire, parla contre les douzièmes provisoires, contre la nouvelle loi électorale, etc. Sa présence à la tribune avait le don d'exciter les colères et les apostrophes du centre et de la droite, qui ne lui ménagèrent les manifestations ni lorsqu'il parla contre la loi suspensive de la liberté de la presse, ni lorsqu'il voulut exprimer au roi, dans un projet d'adresse, l'inquiétude publique et dénoncer l'alliance du ministère avec les pires ennemis de la monarchie. Quoique déjà malade, il prit, à la discussion de la nouvelle loi électorale, une part considérable, et s'efforça en vain de prévenir les transactions qu'une partie de l'opposition crut pouvoir accepter. A la fin de cette session de 1820, les électeurs libéraux de la Vendée firent frapper une médaille en l'honneur de leurs trois députés : Esgonière, Manuel et Perreau. La session de 1821 ne fut pas moins laborieuse pour Manuel; en 1822, il souleva de nouveau les murmures violents de la majorité, en disant, dans la discussion de la loi sur les délits de presse, que la France, en 1814, « avait vu les Bourbons avec répugnance. » Réélu député, le 13 novembre 1822, dans deux arrondissements électoraux de la Vendée, dans le 2ᵉ (Fontenay-le-Comte) par 101 voix, et dans le 3ᵉ (les Sables-d'Olonne) par 193 voix, il opta pour les Sables-d'Olonne. La discussion sur la guerre d'Espagne (février 1823) fournit bientôt à la majorité l'occasion de satisfaire sa longue rancune. Manuel avait à répondre (27 février) au magnifique discours par lequel Chateaubriand, alors ministre des Affaires étrangères, avait défendu l'expédition, et qui avait excité dans la Chambre un indescriptible enthousiasme. Appréciant le gouvernement de Ferdinand VII, qu'il s'agissait d'aller rétablir, le député de la Vendée dit que ce gouvernement avait été *atroce* de 1815 à 1819; à ce mot, des cris nombreux de : *à l'ordre!* se firent entendre, mais le président se refusa d'y obtempérer. Manuel, examinant alors les conséquences de l'invasion française pour ce monarque, s'écria : « Auriez-vous donc oublié que, dès le moment où les puissances étrangères envahirent le territoire français, la France révolutionnaire sentant le besoin de se défendre par des formes et par une énergie nouvelles... » A ces mots, une explosion de cris partis de la droite interrompit l'orateur : *à la porte, à bas, c'est la justification du régicide!* En vain, Manuel demande qu'on lui laisse terminer sa phrase. « *Non, nous ne voulons plus l'entendre,* » crie la

droite, et M. Forbin des Issarts s'élance à la tribune pour réclamer l'expulsion de Manuel. Le président esquiva cette motion embarrassante en levant la séance. Le lendemain, M. de la Bourdonnaye renouvela dans les bureaux, puis à la tribune, la demande d'expulsion. Admis, à grand'peine, à se défendre, Manuel s'exprima ainsi : « Il paraît, messieurs, que le peu de mots que j'ai à vous dire trompent l'impatience de quelques-uns de mes honorables adversaires. Cette impatience pourrait donner lieu à d'étranges rapprochements. Mais je ne viens point ici pour rappeler des jours de terrible mémoire : ce qu'il m'importe qu'on sache au moment où je parais à cette tribune, c'est que je n'y suis monté ni dans l'espoir, ni avec le désir de conjurer l'orage qui gronde sur ma tête. Je ne prends la parole que pour établir et constater, autant qu'il dépendra de moi, que la mesure qu'on vous propose est un acte de tyrannie sans prétexte, sans excuse, comme sans justice ». Il termina sa justification par ces paroles : « Vous voulez m'éloigner de cette tribune, c'est là seulement ce qui vous importe. Eh bien! prononcez votre arrêt. Je sais qu'il faut que les passions aient leur cours... Je serai votre première victime, puissé-je être la dernière! Je n'emporterai aucun ressentiment; mais si je pouvais être animé de quelque désir de vengeance, victime de vos fureurs, je confierais à vos fureurs le soin de me venger. » Ce discours ne fit qu'irriter davantage ses adversaires, la proposition fut renvoyée aux bureaux. Le 28, le président ayant donné la parole à Manuel pour continuer son discours de l'avant-veille, la majorité refusa de l'entendre. Le 1ᵉʳ mars, M. de la Bourdonnaye, rapporteur de la commission, déposa son rapport concluant à l'expulsion. La discussion fut fixée au 3 mars. Le général Foy, M. de Girardin, M. de Saint-Aulaire, Royer-Collard s'élevèrent, à des points de vue différents, contre les conclusions du rapport; le ministère, interpellé, refusa de « se mêler d'une question d'ordre intérieur »; Manuel se défendit encore : « Arrivé, dit-il, dans cette Chambre par la volonté de ceux qui m'y avaient envoyé, je ne dois en sortir que par la violence de ceux qui n'ont pas le droit de m'en exclure, et si cette résolution peut appeler sur ma tête de plus graves dangers, je me dis que le champ de la liberté a été quelquefois fécondé par un sang généreux. » Le président lut alors la proposition ainsi amendée : « M. Manuel sera exclu des séances de la Chambre pendant toute la durée de la présente session. » Le centre droit et la droite se levèrent *pour*; à la contre-épreuve, la gauche et le centre gauche quittèrent la salle : le président prononça l'expulsion.

Le lendemain, 4 mars, à l'ouverture de la séance, on vit entrer solennellement Manuel suivi de toute la gauche. Le président lui ayant ordonné de se retirer, en vertu du vote de la veille, le député de la Vendée répondit : « Monsieur le président, hier j'ai annoncé que je ne céderais qu'à la violence. Aujourd'hui je viens tenir parole. » La séance fut suspendue, la gauche restant en séance, la droite se retirant dans les bureaux. Au bout d'une heure, le chef des huissiers vint lire à Manuel un ordre du président portant que « s'il en est besoin, les huissiers pourront se faire assister par la force armée. » — « L'ordre dont vous êtes porteur est illégal, répondit Manuel, je n'y obtempérerai pas. » Alors se présenta un piquet de gardes nationaux; mais devant les protestations de Casimir Périer et de La Fayette, l'officier se

trouble, le sergent, requis de faire son devoir, reste immobile, et le piquet se retire aux cris de « Vive la garde nationale! » Alors intervint un détachement de gendarmes conduits par le colonel de Foucault. Sommé de sortir au nom de la loi, Manuel répondit : « C'est en violation de la loi. » — « Gendarmes, faites votre devoir », dit M. de Foucault : les gendarmes saisirent Manuel, qui, sans résistance, descendit escorté de toute la gauche. Le lendemain, 62 députés protestèrent contre l'expulsion dans une lettre adressée au président et dont la droite refusa d'entendre la lecture; devant cette attitude, la gauche quitta la salle et ne reparut plus pendant la session ; le centre gauche siégea, mais ne prit part ni aux débats ni aux votes. Manuel, résigné à votre ami, ainsi qu'à moi, le désagrément d'un refus que je serais obligé de faire.

santé eût bientôt rendue nécessaire, s'aperçut encore que les passions politiques, aussi vives dans le pays qu'à la Chambre, ne désarmaient jamais. Appelé, en novembre 1823, à être le parrain du fils d'un de ses amis, à la Ferté-sous-Jouarre, on ne put procéder au jour dit à la cérémonie, le père de l'enfant ayant reçu du curé de sa paroisse la lettre qui suit :

« La Ferté-sous-Jouarre, le 8 novembre 1823.

« Monsieur,

« Informé que M. Manuel doit se présenter demain à mon église, pour être parrain de votre enfant, je crois devoir vous prévenir que, d'après une lettre de Mgr l'évêque de Meaux, en date du 4 avril dernier, je ne pourrais l'admettre. Je me flatte que vous voudrez bien épargner à votre ami, ainsi qu'à moi, le désagrément d'un refus que je serais obligé de faire.

« Agréez, monsieur, l'assurance de ma considération.

Signé : CAUVIN,
curé doyen et chanoine-honoraire. »

Le baptême se fit deux jours plus tard dans l'église d'une commune voisine, et sans incident.

Manuel passa dans la retraite les dernières années de sa vie, et mourut chez son ami Laffitte, au château de Maisons. Son corps fut transporté au Père-Lachaise suivi d'une foule immense; malgré les précautions prises par la police, qui n'avait accordé le passage que par les boulevards extérieurs, ce ne fut qu'à grand'peine qu'on put éviter des troubles sérieux.

MANUEL (JACQUES-ANDRÉ), député de 1838 à 1848, représentant en 1848 et en 1849, sénateur du second Empire, né à Nevers (Nièvre) le 8 juin 1791, mort à Nevers le 9 janvier 1857, appartenait à une famille de commerçants. Il fit ses études au collège de Nevers, puis il suivit la carrière militaire et entra à l'École de Saint-Cyr en 1809. Il en sortit en 1811, et fut incorporé au 105e régiment de ligne; l'année suivante, il se trouvait avec son bataillon à Thorn, sur la Vistule, au moment de la retraite de Russie. Il fit alors partie de la division du général Gérard. Envoyé à Wittemberg, il prit part, sous les ordres du général Lapoype, à la défense de cette place. Il passa ensuite à Hambourg, fut nommé adjudant-major, assista, le 12 septembre 1813, à un engagement près de Magdebourg, y fut grièvement blessé, et resta sur le champ de bataille, prisonnier de guerre; il reçut la décoration de la Légion d'honneur. A Waterloo, il eut un cheval tué sous lui et ses habits traversés par deux balles. Démissionnaire en 1815, il s'occupa d'affaires sous la Restauration, et

dirigea une maison de banque dans sa ville natale. En 1819, le gouvernement le nomma capitaine dans la légion du Pas-de-Calais. Mais, il refusa pour rester indépendant : il professait alors des opinions nettement libérales, et faisait une guerre assez vive au pouvoir des Bourbons. Après la révolution de juillet, il fut appelé à faire partie de la commission municipale qui administra la ville pendant quelque temps, puis fut nommé conseiller de préfecture de la Nièvre. Le 4 novembre 1837, il se présenta pour la première fois à la députation dans le 1er collège de la Nièvre (Nevers) : il y obtint 186 voix contre à l'élu, M. Boigues, député sortant. Mais il devint député de la même circonscription, à la mort de M. Boigues, le 15 décembre 1838, élu par 269 voix (432 votants), contre 155 à M. Mater. M. Manuel prit place au centre gauche et vota le plus souvent avec le *tiers-parti*. Il combattit le ministère Molé, fut réélu député, le 2 mars 1839, par 284 voix 489 votants, contre 205 à M. Deschamps, préfet de la Creuse, soutint la politique de Thiers, se prononça contre Guizot, et obtint encore sa réélection : le 9 juillet 1842, par 335 voix (407 votants, 568 inscrits), contre 46 à M. Boucaumont; et le 1er août 1846, par 348 voix (408 votants, 599 inscrits), contre 18 à M. Boucaumont. Il appuya parfois les motions de l'opposition dynastique, et vota, en 1845, *contre* l'indemnité Pritchard. Après la révolution de février 1848, M. Manuel fut élu (23 avril) représentant de la Nièvre à l'Assemblée constituante, le 2e sur 8, par 42,195 voix (75,213 votants, 88,295 inscrits). Il siégea à droite, fit partie du comité de l'administration, et vota avec les conservateurs : *pour* le rétablissement du cautionnement et de la contrainte par corps, *pour* les poursuites contre Louis Blanc et Caussidière, *contre* l'abolition de la peine de mort, *contre* l'amendement Grévy, *contre* le droit au travail, *pour* la proposition Rateau, *contre* l'amnistie, *pour* l'interdiction des clubs, *pour* les crédits de l'expédition romaine, etc. Non réélu à la Législative, en mai 1849, il y entra deux mois plus tard, le 8 juillet à la faveur d'une élection partielle, motivée par l'option de Félix Pyat pour le Cher ; candidat des « anciens partis », il fut élu par 18,483 voix contre le colonel Mouton, démocrate-socialiste, candidat des républicains, qui n'en obtint que 16,264. Il appartint à la majorité, se prononça *pour* la loi Falloux-Parieu sur l'enseignement, *pour* les lois répressives et restrictives de la liberté, et, vers la fin de la législature, se rallia pleinement à la politique particulière du prince-président. Aussi fit-il partie, après le coup d'État du 2 décembre 1851, des premiers sénateurs nommés (26 janvier 1852). Il soutint de ses votes le gouvernement impérial jusqu'à sa mort. Officier de la Légion d'honneur.

MAQUILLÉ (CHARLES-ANDRÉ DUBOIS, COMTE DE), député de 1815 à 1816, de 1824 à 1827 et pair de France, né à Angers (Maine-et-Loire) le 8 novembre 1783, mort à Paris le 6 mai 1849, « fils de Messire Antoine-Séraphin Dubois de Maquillé, chevalier, seigneur de Maquillé et de la Buronnière, et de dame Charlotte-Amélie Louit », était sans antécédents politiques, lorsqu'il fut élu, le 22 août 1815, député du collège de département de Maine-et-Loire, par 101 voix (198 votants, 276 inscrits); il fit partie du bureau comme secrétaire provisoire, étant un des plus jeunes membres de la Chambre, et siégea dans la minorité ministérielle. En 1817, il reçut le commandement de la garde nationale d'Angers, devint conseiller municipal de cette ville en 1823, et président du collège électoral de Maine-et-Loire l'année suivante. Élu, le 25 février 1824, député du 1er collège électoral de ce même département (Angers), par 270 voix (538 votants, 583 inscrits), contre 243 au général Foy, il prit une part assez active à la préparation du code forestier et de la loi sur la presse (1825). Nommé pair de France le 5 novembre 1827, il ne siégea que jusqu'en 1830, ayant refusé le serment au gouvernement de Juillet. M. de Maquillé avait été conseiller général de Maine-et-Loire et secrétaire de ce conseil de 1815 à 1830.

MARANDAT D'OLIVEAU (CHARLES), député en 1789, né à Nevers (Nièvre) le 30 octobre 1742, mort en 1808, maire de Mars (Nièvre), avocat subdélégué de l'intendance, fut élu, le 25 mars 1789, député du tiers aux Etats-Généraux par le bailliage du Nivernais et Donziois. Il prêta le serment du Jeu de l'aume, accompagna le roi à Paris le 16 juillet 1789, vota avec la majorité réformatrice, prit la parole contre les agents du clergé, fit partie du comité féodal, et disparut de la scène politique après la session.

MARANDE (JEAN-FRANÇOIS-LOUIS-AUGUSTE), député de 1845 à 1846, né à Barr (Bas-Rhin) le 29 août 1799, mort le 8 février 1854, fit sa carrière dans la magistrature. Conseiller à la cour de Colmar sous Louis-Philippe, il fut, le 27 septembre 1845, élu député du 1er collège du Haut-Rhin (Colmar), par 130 voix (250 votants), contre 117 à M. Gloxin. Il appartint à la majorité conservatrice, et échoua aux élections générales du 1er août 1846 avec 26 voix seulement, contre 191 à l'élu, M. Struch. Chevalier de la Légion d'honneur.

MARANDET (ALEXANDRE-LÉOPOLD, BARON DE), député de 1815 à 1816, né à Thann (Haut-Rhin) le 28 novembre 1770, mort à Hambourg (Allemagne) le 19 septembre 1825, ne parut sur la scène politique qu'à la seconde Restauration. Riche propriétaire à Thann, il fut élu, le 22 août 1815, député du grand collège du Haut-Rhin, par 64 voix (123 votants, 199 inscrits), fit partie de la minorité de la Chambre introuvable, et fut membre de la commission du budget et de la commission de la nouvelle loi électorale (janvier 1816). Ami personnel de M. Decazes, il fut chargé, à la fin de la session de 1815, d'offrir la pairie à M. de Villèle, qui n'accepta pas. Nommé, en avril 1816, ministre plénipotentiaire à Stuttgard, il remplit aussi une mission auprès du grand-duc de Mecklembourg, puis auprès du roi de Suède, fut créé baron le 16 janvier 1818, et devint, la même année, chargé d'affaires de France à Hambourg, où il mourut.

MARANT (JOSEPH), député en 1791, né à Bulgnéville (Vosges) le 17 juin 1755, mort à Bulgnéville le 2 janvier 1843, négociant à Bulgnéville au moment de la Révolution, devint, en 1790, administrateur du district de Neufchâteau, et fut élu, le 2 septembre 1791, député des Vosges à l'Assemblée législative, le 6e sur 8, par 226 voix (413 votants). Il n'y prit que deux fois la parole : le 12 juin 1792, pour demander une loi répressive de la liberté de la presse; et, le 5 juillet suivant, pour dénoncer son collègue Torné, qui lui avait confié les projets de dictature de l'assemblée. Après la session, il vécut en dehors de la politique, et remplit seulement les fonctions de maire et de conseiller général de Bulgnéville.

MARAS (CLAUDE-JULIEN), membre de la Convention, député au Conseil des Cinq-Cents, et au Corps législatif de l'an VIII à l'an XI, né à Chartres (Eure-et-Loir) le 7 janvier 1764, mort à une date inconnue, devint, à la Révolution, procureur général syndic dans sa ville natale, puis commissaire près l'administration centrale d'Eure-et-Loir, et fut élu, le 8 septembre 1792, second suppléant à la Convention pour ce département, avec 170 voix sur 325 votants. Admis à siéger le 23 nivôse an II, il se fit peu remarquer dans l'assemblée. Maras fut encore député d'Eure-et-Loir au Conseil des Cinq-Cents, élu, le 24 germinal an VI, par 143 voix (184 votants). S'étant montré favorable au coup d'État du 18 brumaire, il fut appelé (4 nivôse an VIII) par le Sénat conservateur, à siéger dans le nouveau Corps législatif; il y représenta son département jusqu'en l'an XI.

MARAT (JEAN-PAUL), membre de la Convention, né à Boudry (Suisse) le 24 mai 1743, mort à Paris le 14 juillet 1793, était l'aîné des 5 enfants de Jean-Paul *Mara* et de Louise Cabrol, de Genève. Sa famille paternelle, d'origine espagnole, était venue se fixer à Cagliari (Sardaigne) où son père était médecin, et d'où il dut partir après s'être converti au calvinisme; il se réfugia à Genève où il se maria. Le jeune Jean-Paul étudia à son tour la médecine, vint en France, et ajouta un *t* à son nom, sans doute pour lui donner une tournure française. Il avait reçu une instruction étendue, était doué d'une rare mémoire et d'une grande aptitude pour l'étude des langues : il savait le français, l'anglais, l'italien, l'espagnol, l'allemand, le hollandais, le grec et le latin. De l'âge de seize ans à trente et un, il mena une existence cosmopolite et voyagea un peu partout : « J'ai vécu deux années à Bordeaux, écrivit-il plus tard, dix à Londres, une à Dublin, une à La Haye, à Utrecht, à Amsterdam, dix-neuf à Paris et j'ai parcouru la moitié de l'Europe. » (Le *Publiciste*, no 147). C'est pendant son séjour à Londres qu'il fut condamné pour vol de médailles; les pièces du procès ont été publiées tout récemment, et ne laissent plus aucun doute sur ce fait longtemps contesté. Divers ouvrages, qu'il publia avant 1789, obtinrent un vif succès. Le premier en date, les *Chaînes de l'Esclavage*, pamphlet politique, fut d'abord écrit en anglais (*The Chains of slavery*), et parut à Edimbourg (1774). L'auteur donnait alors, dans cette ville, des leçons de français; il traduisit lui-même, dix-neuf années plus tard, cet ouvrage en français et l'accompagna d'une notice où il s'exprimait ainsi : « Citoyen du monde dans un temps où les Français n'avaient point encore de patrie, chérissant la liberté dont je fus toujours l'apôtre et quelquefois le martyr, tremblant de la voir bannie de la terre entière, jaloux de concourir à son triomphe dans une île qui paraissait son dernier asile, je résolus de lui consacrer mes veilles et mon repos. » Et plus loin : « Un parlement décrié pour sa vénalité touchait à sa fin, le moment d'élire le nouveau approchait; sur lui reposaient toutes mes espérances. Il s'agissait de pénétrer les électeurs de la Grande-Bretagne de la nécessité de faire tomber leur choix sur des hommes éclairés et vertueux; le seul moyen praticable était de réveiller les Anglais de leur léthargie, de leur peindre les avantages inestimables de la liberté, les scènes d'épouvante et d'effroi de la tyrannie; en un mot de faire passer dans leur âme le feu sacré qui dévorait la mienne. » Son second ouvrage fut : *De l'homme, ou des principes ou des lois de l'influence de l'âme sur les corps, et du corps sur les âmes* Amsterdam, 1775. Voltaire qui, sur la demande du duc de Praslin, fournissait quelques articles à la *Gazette littéraire*, en envoya un sur cet ouvrage. Dans un discours préliminaire, Marat esquissait à grands traits la critique des principaux ouvrages qui se sont occupés de l'homme ; puis il s'attachait à montrer pourquoi toutes les recherches antérieures avaient été sans fruit. Le premier livre traitait de l'anatomie du corps humain; le second, des facultés de l'âme; le troisième, de l'influence réciproque du corps sur l'âme et de l'âme sur le corps. Marat publia encore successivement : *Découvertes sur le feu, l'électricité et la lumière, constatée par une suite d'expériences nouvelles* (1779); *Recherches physiques sur le feu* (1780); *Recherches sur l'électricité médicale* (1784); *Notions élémentaires d'optique* (1784); les *Charlatans modernes ou Lettres sur le charlatanisme académique* (1791). Marat n'avait pas craint de s'attaquer ouvertement à Newton, et de révoquer en doute ses théories. Bien qu'établi médecin à Paris, il songeait, en 1783, à se fixer en Espagne : « J'ai mis mon bonheur, écrivait-il à un de ses amis de Madrid, à porter les sciences exactes et utiles au plus haut point qu'elles peuvent prétendre. J'ai besoin pour réussir de la protection d'un grand roi et je serais au comble de mes vœux si je puis consacrer mes talents au bien d'une nation que j'aime et respecte. » La protection ne vint pas, et Marat accepta les fonctions de médecin des gardes-du-corps du comte d'Artois. Il s'était surtout occupé d'études et de publications scientifiques, lorsqu'un succès médical le mit tout à coup en vue. Appelé à donner ses soins à une dame de la cour, la marquise de Laubespine, phtisique au dernier degré et abandonnée par les plus célèbres médecins de l'époque, il la sauva, et, en journaliste habile, se fit faire à cette occasion, dans la *Gazette de santé* notamment, une série d'adroites réclames. L'*Eau factice anti-pulmonique de M. Marat* devint vite à la mode, et son inventeur se fit bientôt une nombreuse et noble clientèle ; il habitait alors rue de Bourgogne un appartement élégant, et Brissot dit qu'on lui payait jusqu'à 36 livres la visite. Mais la tournure de son esprit le portait bien plus vers les spéculations que vers la pratique de son art, qu'il déclarait d'ailleurs « une profession de charlatan indigne de lui ». La Révolution vint détourner alors le cours de ses idées. Dès le premier moment, il se montra le partisan enthousiaste des idées nouvelles. Son premier écrit révolutionnaire fut un discours au tiers état de France, qu'il intitula *Offrande à la patrie*; puis il fonda un journal sous le titre *Le Moniteur patriote ;* mais il n'en publia qu'un seul numéro. Plus tard, il rédigea le *Publiciste parisien*, et échangea enfin cette dernière dénomination contre celle de l'*Ami du peuple*, à laquelle son nom fut tellement identifié dans la suite qu'on le désignait luimême par le titre de son journal. Domicilié dans le quartier Saint-André-des-Arts, ce fut dans les assemblées populaires de cette section qu'il se fit bientôt remarquer par l'extrême vivacité de ses motions. Danton, qui venait d'ouvrir le club des Cordeliers, y appela Marat, qui se fit bientôt par son journal le propagateur de toutes les idées émises dans le club. Cette

feuille avait paru aussitôt que les trois ordres furent réunis en une seule assemblée. Marat ne se montra point le partisan de la Constituante, et on le considéra dès lors comme un enfant perdu du parti démocratique. Dès le mois d'août 1789, il déclara qu'il fallait pendre huit cents députés à huit cents arbres du jardin des Tuileries, et il plaça Mirabeau en tête de sa liste, pour avoir proposé de dissoudre l'armée et de la réformer sur un nouveau plan. Malouet le dénonça et demanda qu'il fût livré à la justice; mais l'Assemblée passa à l'ordre du jour. Marat se trouva encore en butte à l'hostilité de la municipalité de Paris qu'il avait dénoncée en 1790, et d'où « le patrouillotisme, disait-il, chassait le patriotisme ». Poursuivi par La Fayette, il fut dérobé aux recherches par Danton et par le boucher Legendre: plusieurs fois les caves du couvent des Cordeliers lui servirent d'asile; enfin la comédienne Fleury lui donna l'hospitalité. Il ne resta pas longtemps chez elle; craignant de la compromettre, il se réfugia à Versailles, chez Bassal, curé de la paroisse de Saint-Louis, qui, plus tard, devait être son collègue à la Convention. La violente opposition qu'il rencontrait ne fit que l'exciter davantage et son journal, qui ne discontinua pas un jour de paraître, n'en devint lui-même que plus violent. Marat ne vit dans ses persécuteurs que des traîtres dont il fallait faire justice. Convaincu qu'il était appelé à sauver le peuple, et que le sang des ennemis de la Révolution pouvait seul régénérer la France et l'arracher à la fois aux ennemis du dedans et à ceux du dehors, il provoqua les mesures les plus sanglantes. L'arrestation de Louis XVI à Varennes donna un nouvel aiguillon à son énergie et à son activité. Les Girondins entraînaient, selon lui, la France dans un abîme; il fut le premier à les attaquer; aussi sur la proposition de Guadet et de Lasource, l'Assemblée législative fit ce qu'avait fait avant elle la Constituante, elle décréta de prise de corps l'*Ami du peuple*. Ce fut encore Legendre qui le cacha chez lui; et Marat était au fond de quelque cave, rêvant de théories impitoyables, quand la journée du Dix-Août renversa la monarchie et vint ouvrir une nouvelle carrière aux ardeurs révolutionnaires. Danton, nommé ministre de la Justice, fit entrer Marat comme administrateur adjoint au comité de surveillance et de salut public qui venait d'être créé. Les prisons regorgeaient de suspects, l'ennemi était à nos portes. Marat eut part aux actes du conseil général de la commune et du ministère de la Justice dans les terribles journées de septembre; il en accepta, du reste, la responsabilité, en signant la lettre adressée par le comité de surveillance aux municipalités de province, où, après avoir annoncé la mise à mort des conspirateurs, le comité exprime le vœu que la nation entière s'empresse d'adopter ce moyen si nécessaire de salut public. Marat continua, avec plus d'emportement que jamais, à lancer des dénonciations, des écrits incessants, qui, placardés sur les murs de Paris, entretenaient dans les masses une agitation violente. Roland, ministre de l'Intérieur, accusé par lui dans un de ces placards, crut devoir se défendre publiquement par une lettre adressée *aux Parisiens*. Le nom de Marat avait acquis de la sorte une popularité redoutable et chacun tremblait devant la puissance mystérieuse de cet homme qui se faisait gloire de n'appartenir à aucun parti. Logicien inflexible, impatient des résultats, ennemi de toute transaction, ardent dans ses attaques et dans ses haines, croyant qu'avec des réformateurs tels que lui la société pouvait être régénérée en un jour, rude et véhément dans son style, il plaisait à la multitude. Cependant aucun des hommes politiques surgis de la Révolution ne trouvait grâce devant sa verve cinglante et grossière; il reprochait à Danton trop de nonchalance; il accusait Chaumette de modérantisme et Robespierre de tiédeur. Au fond, il n'avait guère d'autre système politique que l'extermination des traîtres.

Élu, le 9 septembre 1792, membre de la Convention par le département de Paris, le 7ᵉ sur 24, avec 420 voix (758 votants), sa présence excita sur un grand nombre de bancs une répugnance et une terreur invincibles. Seul, sans amis, à la tribune comme partout, il déploya du calme et du courage. Fabre d'Églantine, le jugeant comme orateur, l'a apprécié en ces termes : « Jamais, dit-il, je ne l'ai vu, dans les orages même les plus violents, sans une présence d'esprit rare et constante. Dans ses desseins, dans leur exécution, dans ses opinions, sa haine patriotique, rien ne le faisait dévier, rien ne le faisait fléchir. » (*Portrait de Marat*, par P. F. N. Fabre d'Églantine). Accusé par Louvet d'avoir réclamé la dictature en faveur de Robespierre, loin de démentir son accusateur, il s'attacha à démontrer la nécessité d'une dictature momentanée; mais le dictateur devait être, suivant lui, enchaîné à la patrie, et traîner, comme symbole de cette servitude, un boulet au pied. « Que ceux qui ont fait revivre aujourd'hui le fantôme de la dictature, ajouta-t-il, se réunissent à moi; qu'ils s'unissent à tous les bons patriotes, et qu'ils pressent l'assemblée de marcher vers les grandes mesures qui doivent assurer le bonheur du peuple, pour lequel je m'immolerais tous les jours de ma vie. » Vergniaud qui succéda à la tribune à « l'Ami du peuple », ne trouva pour lui répondre que des paroles de vengeance. La lecture d'un écrit de Marat, par le député Boilleau, souleva des transports d'indignation et de colère, on proposa de le décréter d'accusation. Mais Marat parvint à détourner l'orage : « Je puis répondre, dit-il, de la pureté de mon cœur; mais je ne puis changer mes pensées; elles sont ce que la nature des choses me suggère... Votre fureur est indigne d'hommes libres; mais je ne crains rien sous le soleil. » Et tirant à ces mots un pistolet de sa poche, puis l'appuyant sur son front, il déclara que si le décret d'accusation était lancé contre lui, il se brûlerait la cervelle à la tribune. Marat pressa autant qu'il put le jugement de Louis XVI, signala des omissions dans le rapport de Lindet, s'opposa à ce que le roi pût se choisir un conseil, apostropha « la faction rolandine », et, lors du procès du roi, s'exprima en ces termes : au 2ᵉ appel nominal : « Je rends hommage à la souveraineté du peuple, et je suis le premier qui ait rappelé l'Assemblée constituante à ses devoirs, en lui rappelant tant de fois que, sans la sanction du peuple, sa souveraineté était illusoire; mais le seul cas où le peuple puisse exercer ces actes de souveraineté doit être restreint à la déclaration des droits. Or la seule mesure convenable à prendre pour que le législateur ne puisse jamais y porter atteinte, c'est de statuer sur l'avant-dernier article de cette déclaration, que tout décret qui blesserait ces droits soit déclaré nul, illégitime, attentatoire et tyrannique, et qu'il sera licite de s'opposer à son exécution, même à main armée. Étendre la sanction du peuple à tous les décrets est chose impossible; l'appliquer aux décrets importants est chose impraticable. Ce serait arracher le marchand, l'artiste, l'artisan, le laboureur, à leur état pour en faire des législateurs, ce serait renverser l'ordre des choses, bouleverser l'État, et en faire un désert. Renvoyer à la ratification des assemblées populaires un jugement criminel qu'ont décidé des raisons politiques bien approfondies, c'est vouloir métamorphoser en hommes d'État des artisans, des laboureurs, des ouvriers, des manœuvres; cette mesure est le comble de l'imbécillité, pour ne pas dire de la démence. Elle n'a pu être proposée que par des complices du tyran, qui ne voyaient d'autre moyen de le soustraire au supplice que d'exciter la guerre civile. Ne voulant point concourir à ces projets désastreux, je prends acte à cette tribune de mes efforts pour m'y opposer; en conséquence, je vote *non*. » Au 3ᵉ appel nominal : « Dans l'intime conviction où je suis que Louis est le principal auteur des forfaits qui ont fait couler tant de sang le 10 août, et de tous les massacres qui ont souillé la France depuis la révolution, je vote pour la mort du tyran dans les vingt-quatre heures. » Le 4 avril, il réclama la formation d'un comité de sûreté générale pour arrêter les suspects. Lors de la défection de Dumouriez, il demanda que la tête de ce général et celle du jeune duc de Chartres fussent mises à prix. Cependant, lorsqu'il fut question de statuer sur le sort du duc d'Orléans, Marat, sans paraître prendre sa défense, soutint que l'assemblée ne pouvait se permettre une mesure aussi contraire à l'inviolabilité des représentants, et il prétendit qu'avant de prononcer l'arrestation du citoyen *Égalité*, il fallait savoir ce dont on l'accusait. La Convention n'eut point d'égard à ces observations. Aux approches du 31 mai, ayant signé une adresse dans laquelle le peuple était provoqué à l'insurrection, Marat fut dénoncé à l'assemblée par plusieurs députés, et traduit devant le tribunal révolutionnaire; mais ce tribunal le reçut plutôt en triomphateur. Les jurés le déclarèrent le véritable ami du peuple, et il fut acquitté à l'unanimité. On le chargea de couronnes civiques, et il fut porté en triomphe jusqu'à la Convention. Il eut personnellement une grande part à la journée du 31 mai, et à la chute des Girondins, qu'il n'avait cessé de réclamer; mais il s'opposa ensuite à la proscription d'un certain nombre de membres qu'il était question de poursuivre. Atteint, peu après, d'une maladie inflammatoire, il ne parut que rarement à la Convention; mais, quoique obligé de garder le lit, il ne cessa pas d'écrire et de prendre part aux actes de l'assemblée. On sait comment il périt assassiné, le 14 juillet 1793, par Charlotte Corday. La mort de Marat fut considérée par les révolutionnaires comme un malheur public; plusieurs sections se présentèrent le lendemain même à la barre de la Convention pour demander vengeance. Son corps fut embaumé et exposé aux yeux de tous. David le peignit à ses derniers moments, et ce tableau fut placé dans le lieu des séances. L'assemblée entière assista à ses funérailles; enfin les cendres de l' « Ami du peuple » furent portées en grande pompe au Panthéon le jour même où celles de Mirabeau en étaient exclues. Un décret du 8 février 1795 en chassa à leur tour, et elles furent jetées dans l'égout Montmartre, « comme si, dit un historien, toute cendre humaine n'était pas également respectable, comme si les passions des hommes avaient le droit de fouiller les tombeaux! » Marat fut, de la part de deux femmes, une amie dévouée, Simonne Evrard, et sa sœur, Albertine Marat, l'objet d'une inaltérable affection. Plus de vingt-cinq ans après la Révolution, elles vivaient ensemble d'une petite rente de 560 francs sur l'Etat et du travail de leurs mains. Simonne Evrard mourut le 24 février 1824; Albertine Marat s'éteignit, à l'âge de quatre-vingt-trois ans, le 6 novembre 1841, dans un grenier de la rue de la Barillerie, en proie à une profonde misère.

MARBOS (François), membre de la Convention, député au Conseil des Cinq-Cents, né au Péage (Isère) le 24 février 1739, mort à Valence (Drôme) le 27 février 1825, était curé de Bourg-lès-Valence au moment de la Révolution. Napoléon Bonaparte, alors lieutenant d'artillerie à Valence (1786), s'était lié particulièrement avec lui. Marbos se montra partisan enthousiaste des idées nouvelles, et fut nommé, en février 1791, évêque constitutionnel de la Drôme, et sacré à Paris le 3 avril suivant. Le 7 septembre 1792, il fut élu membre de la Convention par son département, le 5e sur 9, par 278 voix (477 votants). Il s'y prononça, avec les modérés, pour la détention de Louis XVI pendant la guerre et pour son bannissement à la paix, suivit les inspirations de la Gironde, et signa la protestation du 6 juin 1793 contre les événements du 31 mai précédent. Compris dans les 73 membres décrétés d'arrestation, il échappa aux poursuites dirigées contre lui, et fut réintégré à la Convention le 18 frimaire an III. Après la session, la Drôme le renvoya siéger au Conseil des Cinq-Cents, par 102 voix (213 votants). Le même jour, il était élu également par l'Ardèche par 121 voix (198 votants). Marbos abandonna ses fonctions d'évêque, et disparut de la scène politique, à sa sortie du Conseil des Cinq-Cents, en l'an VI.

MARBOT (Jean-Antoine), député en 1791 et au Conseil des Anciens, né à Altillac (Corrèze) le 7 décembre 1754, mort à Gênes (Italie) le 19 avril 1800, entra dans les gardes du corps du roi qu'il quitta au moment de la Révolution. Partisan des idées nouvelles, il fut nommé, en 1790, administrateur du département de la Corrèze, et fut élu, le 3 septembre 1791, député de ce département à l'Assemblée législative, le 6e sur 7, par 206 voix (361 votants); il siégea obscurément dans la majorité, reprit l'usage du service, se battit dans la Cerdagne espagnole, resta à l'armée des Pyrénées occidentales durant les campagnes de 1794 et 1795, avec le grade provisoire de général de division, fut destitué par les représentants en mission (1795), puis réintégré, le 25 prairial an III, à titre définitif. Elu député de la Corrèze au Conseil des Anciens, le 23 vendémiaire an IV, par 121 voix (236 votants), il y combattit le parti de Clichy, approuva le 18 fructidor, fut deux fois président du Conseil, et demanda que la responsabilité des ministres devînt enfin effective. En 1799, il remplaça Joubert à la tête du gouvernement de Paris (17e division militaire), puis, suspect au Directoire, fut envoyé à l'armée d'Italie, quelque temps avant le 18 brumaire. Frappé de l'épidémie régnante, il mourut à Gênes, au début du siège.

MARBOT (Jean-Baptiste-Antoine-Marcelin, baron), pair de France, né au château de la Rivière, près d'Altillac (Corrèze) le 18 août 1782, mort à Paris le 16 novembre 1854, fils du précédent et de « dame Marie-Louise Dupuy

de Certain, habitants du village de la Rivière Altillac », s'engagea comme volontaire au 1er hussards en 1799, fut nommé lieutenant un mois après, et assista au siège de Gênes, pendant lequel son père mourut. Il fit la campagne de 1805 comme officier d'ordonnance d'Augereau, et se signala à Austerlitz; capitaine en 1807, il fut gravement blessé à Eylau en portant un ordre; il passa, en 1808, dans l'état-major du maréchal Lannes, en 1809 dans celui du corps de Masséna, et fit les deux premières campagnes d'Espagne où il fut blessé, à Agreda et à l'assaut de Saragosse. Créé chevalier de l'Empire le 12 novembre 1811, colonel du 23e chasseurs à cheval l'année suivante, il prit part à la guerre de Russie, s'y distingua à plusieurs batailles, et fut chargé, avec les débris de ses troupes, de protéger le passage de la Bérézina. Deux fois blessé de coups de lance à Jacobowo, il le fut encore à Leipzig et à Hanau. Au retour de l'île d'Elbe, il avait arboré, à Valenciennes, le drapeau tricolore, et forcé le gouverneur, qui voulait livrer la ville aux Anglais, à s'enfuir précipitamment. La veille de Waterloo, il fut nommé général de brigade par l'empereur, et fut blessé une dernière fois en chargeant les carrés anglais à la tête de son ancien régiment. Compris sur la liste des bannis le 24 juillet 1815, il se retira en Allemagne, ne rentra en France qu'en 1819, et reçut alors le commandement du 8e chasseurs à cheval. Napoléon lui légua 100,000 francs par testament. Il fut choisi pour diriger l'éducation militaire du duc de Chartres, puis placé, comme aide de camp, auprès du comte de Paris. Les événements de 1830 favorisèrent singulièrement son avancement; promu maréchal de camp, il prit part au siège d'Anvers, puis passa en Afrique, où il assista, en 1835, à l'expédition de Mascara, puis à celle des Portes de fer en 1839, et enfin à la prise de Mouzaïa en 1840. Promu lieutenant-général le 4 octobre 1838, il entra en 1844 au comité de cavalerie, et fut nommé pair de France le 6 avril 1845. Mis d'office à la retraite, le 8 juin 1848, il vécut dès lors fort retiré. M. Marbot a publié : *Remarques critiques sur l'ouvrage de M. le lieutenant-général Rogniat, intitulé : Considérations sur l'art de la guerre* (1820); *De la nécessité d'augmenter les forces militaires de la France et moyen de le faire au meilleur marché possible* (1825). Il a en outre écrit l'article *Cavalerie* de l'*Encyclopédie moderne* et collaboré au *Spectateur militaire*.

MARC. — Voy. Saint-Pierre (vicomte de).

MARCASSUS. — Voy. Puymaurin (baron de).

MARCELLUS (Marie-Louis-Auguste, de Martin du Tyrac, comte de), député de 1815 à 1823, pair de France, né au château de Marcellus (Lot-et-Garonne) le 2 février 1776, mort à Marcellus le 15 décembre 1841, « fils de André-Joseph de Martin de Marcellus, et de Suzanne-Thérèse-Angélique de Piis » fille du baron de Piis député à la Constituante et mort sur l'échafaud en 1794, fut chevalier de Malte, étant encore enfant. Sa mère périt sur l'échafaud le 19 juillet 1794, et lui-même fut condamné à la prison jusqu'à la paix. Déporté en Espagne au 18 fructidor, il rentra en France à la fin du Directoire, et vécut dans la plus profonde retraite jusqu'au 12 mars 1814. Il alla rejoindre alors à Bordeaux le duc d'Angoulême, qui l'appela à son conseil. Durant les Cent-Jours, il fit une vive opposition à l'empe-

reur. Elu, le 22 août 1815, député du collège
de département de la Gironde, par 105 voix
(188 votants, 258 inscrits), il fit partie de la
majorité de la Chambre introuvable et fut successivement réélu, le 4 octobre 1816, par 169
voix (192 votants, 262 inscrits); et, le 4 novembre
1820, dans le 5ᵉ arrondissement électoral de la
Gironde (La Réole), par 224 voix (300 votants,
385 inscrits), contre 72 à M. de Brézets. Il y
siégea dans la majorité ultra royaliste, présenta, en 1816, un rapport tendant à la suppression des pensions accordées aux prêtres
mariés ou qui avaient abandonné le sacerdoce,
demanda la restitution des biens non vendus
de l'ordre de Malte, combattit, en 1817, l'admission des Français qui payaient 300 francs
de cens à l'élection des députés, proposa de
diminuer la taxe du sel, parla (mars 1817) sur
l'aliénation des biens du clergé, et s'appuya à
cette occasion sur une loi de Charlemagne qui
lui permit d'appeler les partisans de l'aliénation des « voleurs sacrilèges », fut membre de
la commission chargée du rapport sur le nouveau Concordat, et à ce sujet écrivit secrètement au pape pour avoir l'avis de S. S. sur
certains points discutés. Le pape répondit par
un bref qui récusait la compétence de la
Chambre, et repoussait le texte proposé comme
contraire à l'indépendance de la doctrine et aux
lois de l'Eglise (janvier 1818). Cet incident fit
ajourner la discussion. A la session du 25 janvier 1822, il demanda une aggravation de la
loi de 1819 contre la presse : « On nous parle,
dit-il, de l'intérêt des lettres, mais les lettres
ne sont pas les premiers besoins d'une nation,
ni une condition essentielle de son existence.
On peut être heureux sans littérature; des
vertus valent mieux pour un peuple que les
talents. » Nommé pair de France, le 28 décembre 1823, il continua de défendre, à la
Chambre haute, la monarchie et la religion, et
fut nommé, le 9 septembre 1829, sous-secrétaire
d'Etat au ministère des Affaires étrangères;
mais sa nomination ne parut pas au *Moniteur*. Il cessa de siéger, en 1830, à l'avènement
de Louis-Philippe, par suite de refus de serment. Il se retira alors en son château de Marcellus où il s'occupa de littérature et d'œuvres
pies. Possédant à fond l'hébreu, le grec, le
latin, l'anglais, l'italien et l'espagnol, et d'une
grande érudition, il a publié : *Vie de M. de
Bonnefond* (Bordeaux, 1810); *Odes sacrées*,
idylles, *poésies diverses* (Paris, 1825); *Voyage
dans les Hautes-Pyrénées*, en prose et en vers
(1826); *Cantates sacrées*, tirées de l'Ancien et
du Nouveau Testament (1829); *Cantique des
Cantiques*, traduction en vers; *Vêpres et Com-
plies*, également en vers (Lyon 1836); *Bucoli-
ques* de Virgile, traduction en vers (1840), etc.

MARCÈRE (Emile-Louis-Gustave Deshayes
de) représentant en 1871, ministre, député de
1872 à 1884, membre du Sénat, né à Domfront
(Orne) le 16 mars 1828, d'une ancienne famille
de Normandie, étudia le droit à Caen, et fut un
des lauréats de cette faculté. Attaché quelque
temps au ministère de la Justice, il entra dans
la magistrature sous l'Empire, et devint successivement substitut à Soissons (12 novembre 1853)
et à Arras (1ᵉʳ janvier 1856), procureur à Saint-
Pol (1861), président du tribunal d'Avesnes (1863)
et conseiller à la cour impériale de Douai
(1865). En 1871, au moment des élections de
l'Assemblée nationale, il publia une *Lettre aux
électeurs à l'occasion des élections pour la
Constituante de 1871*, qui le fit entrer dans la
vie politique. Elu, le 8 février 1871, le 18ᵉ sur

28, par 204,588 voix (262,927 votants, 326,449
inscrits), représentant du Nord à l'Assemblée
nationale, il se rallia à la forme républicaine,
siégea au centre gauche, groupe dont il fut un
des fondateurs, vota *pour* la paix, soutint la
politique de Thiers, prit plusieurs fois la parole
au nom de son groupe, se prononça *contre* la
chute de Thiers au 24 mai, se montra attaché
aux idées de décentralisation, et, dans une
brochure intitulée: *La République et les conservateurs*, déclara que le maintien des institutions
républicaines était indispensable au salut du
pays. « Si les Français, écrivait-il, veulent conserver et reconstituer l'héritage d'honneur et
de puissance que nos pères nous ont laissé, il
faut qu'ils consentent à vivre sous l'empire des
institutions républicaines. Il faut que le parti
conservateur se donne tout entier, sans réserve,
et qu'il consente à accepter jusqu'au nom de républicain, de telle sorte qu'il ne soit plus vrai
de dire qu'on fonde la République sans républicains, ce que M. Gambetta appelait naguère
une impertinente théorie politique. » On remarqua les discours prononcés par M. de Marcère, en 1871, sur les élections municipales,
sur la mise à la retraite des magistrats, sur
l'exercice du droit de grâce, sur l'organisation
des conseils généraux, sur la fête des écoles à
Lyon, sur l'absence des princes d'Orléans à
l'Assemblée; en 1872, sur le projet de loi qui
interdit aux députés les fonctions salariées, sur
l'organisation de la magistrature, sur la loi ré-
primant l'ivrognerie, sur le droit de réunion
pour l'élection aux conseils généraux, sur le
budget de l'instruction publique; en 1873 sur
les conclusions de la commission des Trente, etc.
Le 27 février 1873, il fit une fois de plus, à la
tribune, une formelle adhésion à la République,
en disant : « Dans un pays de démocratie et de
suffrage universel, la République *est seule possible*. » Au mois de mai 1874, M. de Marcère
fut chargé du rapport sur le projet de loi relatif à la prorogation des conseils municipaux
et en attaqua habilement les dispositions : son
rapport, imprimé aux frais des gauches, fut
répandu à profusion dans les départements. Il
vota *contre* le septennat, *contre* la loi des maires
et contribua (mai 1874) au renversement du
cabinet de Broglie. En juillet, il se prononça
pour les propositions Périer et Maleville; puis
il vota (1875) l'amendement Wallon et l'ensemble des lois constitutionnelles. Il fut alors
nommé membre de la troisième commission des
Trente, chargée d'élaborer les lois constitutionnelles complémentaires. Peu après, il opina
contre la loi sur l'enseignement supérieur; puis
il défendit avec talent le scrutin de liste, et
prononça, lors de la discussion de cette loi, un
remarquable discours.

Aux élections générales du 20 février 1876,
M. de Marcère fut élu député de la 2ᵉ circonscription d'Avesnes (Nord), par 10,202 voix (17,413
votants, 20,782 inscrits), contre 7,169 à M. Bottieau, ancien représentant. Il avait dit dans sa
profession de foi : « Aujourd'hui, la République
est fondée; il faut la garder. Tout changement
serait une cause de révolutions nouvelles et
successives. » Il reprit sa place au centre gauche, et, lors de la formation du premier ministère républicain, fut nommé sous-secrétaire
d'Etat au ministère de l'Intérieur (11 mars). Il
seconda activement M. Ricard, rédigea
plusieurs des circulaires adressées par ce ministre aux fonctionnaires du gouvernement,
et se vit désigné à la mort de ce dernier
pour le remplacer au département de l'Intérieur (15 mai 1876). Malgré de nombreuses dif-

ficultés venues en partie de l'entourage du maréchal, M. de Marcère tenta quelques modifications dans le personnel de l'administration départementale. Il aborda fréquemment la tribune, parla notamment sur la révocation des maires pris en dehors des conseils municipaux; sur l'intention du gouvernement de laisser la plus grande liberté dans les élections (7 juillet); sur la nomination de certains maires (22 juillet), etc. Au mois d'août, pendant les vacances parlementaires, il se rendit à Domfront; là, il prononça une harangue qui eut du retentissement et dans laquelle il renouvela ses déclarations républicaines, ce régime étant le seul qui « s'adapte exactement à l'état social, aux intérêts, aux idées issues de la Révolution française », le seul qui « donne la sécurité aux classes possédantes, l'espérance d'un meilleur sort aux classes ouvrières, etc. » Ce langage produisit un grand effet dans le pays : les républicains en furent en majorité satisfaits; les conservateurs monarchistes s'en irritèrent, et M. de Marcère se trouva dès lors en butte à de violentes attaques. Dans un nouveau discours qu'il prononça à Maubeuge (octobre 1876), le ministre répondit indirectement à ces attaques. Bientôt un incident relatif aux obsèques de Félicien David, à qui l'autorité militaire avait refusé de rendre les honneurs parce qu'il était enterré civilement, provoqua de la part de la gauche une interpellation et décida le ministère à présenter un projet de loi relatif aux honneurs militaires. Ce projet, très combattu dans les bureaux, n'ayant aucune chance d'être adopté, M. de Marcère le retira le 2 décembre. Alors M. Laussedat proposa à la Chambre un ordre du jour motivé, demandant que le principe de l'égalité de tous devant la loi fût rigoureusement maintenu, et M. de Marcère déclara se rallier à cet ordre du jour. La droite se récria; on accusa M. de Marcère d'avoir agi sans consulter ses collègues, et le ministre de l'Intérieur dut donner sa démission. Il fut remplacé par M. Jules Simon le 12 décembre 1876. A quelques jours de là, le centre gauche choisit M. de Marcère pour son président. Le député d'Avesnes soutint le gouvernement de ses votes, se prononça, le 4 mai 1877, pour l'ordre du jour contre les « menées cléricales », et se montra l'adversaire déclaré de la politique inaugurée le 16 du même mois. Le 18, comme président du centre gauche, il la combattit dans un discours énergique. Le 19, il proposa à la Chambre, de concert avec les présidents des autres groupes républicains, MM. Devoucoux, de la gauche, et Louis Blanc, de l'extrême-gauche, le célèbre ordre du jour de défiance qui fut voté par les 363. Après la dissolution de la Chambre, M. de Marcère se représenta devant les électeurs d'Avesnes, et fut réélu, le 14 octobre 1877, par 9,526 voix (18,748 votants, 22,283 inscrits), contre 8,945 à M. Bottieau, candidat officiel. Nommé, dès la rentrée, membre du comité directeur des gauches (comité des dix-huit), il contribua en cette qualité à faire adopter la formation d'une commission d'enquête parlementaire sur les agissements de l'administration du 16 mai (15 novembre). Il interpella (24 novembre) le cabinet Rochebouët, et exposa que ce cabinet ne représentait que le pouvoir personnel, et qu'il n'était pas une solution, mais une menace. Lorsque le maréchal de Mac-Mahon se fut décidé à modifier sa politique, M. de Marcère rentra aux affaires (13 décembre 1877), avec le portefeuille de l'Intérieur, dans la combinaison parlementaire à laquelle présida M. Dufaure. Il se remit alors à l'œuvre,

remplaça, dès le 18 décembre, 83 préfets installés par le gouvernement du 16 mai, et manifesta l'intention d'aller « non jusqu'au bout de la légalité, mais jusqu'au bout de la liberté. » Ses instructions aux fonctionnaires placés sous ses ordres, relativement aux élections municipales et aux élections complémentaires de la Chambre des députés, furent empreintes d'un esprit vraiment libéral. Il modifia également le personnel des maires dans le sens républicain; puis, il appuya devant le parlement, avec ses collègues, les trois projets de loi sur les délits de presse, le colportage et les atténuations à apporter au régime de l'état de siège. Il conserva son portefeuille dans le cabinet Waddington (4 février 1879). Mais il eut à répondre à deux interpellations dans lesquelles les bonnes intentions de la gauche à son égard parurent se démentir : l'une, à propos du vote par le conseil municipal d'un crédit de 100,000 francs pour les amnistiés : le ministre répondit que cette délibération était inspirée par un sentiment d'humanité, mais qu'il se voyait forcé de l'annuler comme illégale; cette réponse provoqua diverses protestations. L'autre difficulté naquit de la révélation par le journal la Lanterne de certains actes de la préfecture de police : un procès intenté à ce journal, quoique ayant abouti à une condamnation, mit au jour plusieurs abus des plus graves. M. de Marcère nomma une commission d'enquête, que réclamait le préfet de police lui-même, M. Gigot; mais les travaux de la commission furent à peu près nuls, la plupart des fonctionnaires cités par elle s'étant retranchés derrière le secret professionnel. Le 1er mars 1879, M. Lisbonne interpella le ministre, et, au cours d'une discussion où M. Clemenceau intervint, la Chambre vota l'ordre du jour pur et simple au lieu de l'ordre du jour demandé par M. de Marcère. Le ministre donna sa démission (3 mars 1879) et fut remplacé par M. Lepère. Il revint siéger au centre gauche et se mêla encore à plusieurs discussions. Au mois de février 1881, il prit la parole comme rapporteur en faveur de la proposition de rétablissement du divorce. Le 21 août suivant, M. de Marcère fut réélu député par 10,173 voix (16,007 votants, 22,598 inscrits), contre 5,012 à M. Lecomte, radical. Il vota avec les opportunistes les plus modérés, fut, en 1882, rapporteur du projet d'organisation municipale, dirigea pendant quelque temps le journal le Soir, et, le 28 février 1884, fut élu, par le Sénat, sénateur inamovible, en remplacement de M. Gauthier de Rumilly décédé, par 130 voix (167 votants), contre 7 à M. Leroy-Beaulieu, et 18 bulletins blancs. M. Lecomte lui succéda comme député le 6 avril 1884. Dans la Chambre haute, M. de Marcère, devenu président du centre gauche, suivit la même ligne politique que précédemment; il fut (juin 1885) rapporteur du traité conclu avec la Chine, et (juin 1886) du projet Loustalot sur l'augmentation du nombre des conseillers généraux. Bien que favorable à la politique générale des ministres républicains, il a voté (juin 1886), contre l'expulsion des princes; en dernier lieu, il s'est prononcé pour le rétablissement du scrutin d'arrondissement (13 février 1889), pour le projet de loi Lisbonne restrictif de la liberté de la presse, pour la procédure à suivre devant le Sénat contre le général Boulanger; le 12 avril 1889, il a été élu, le 6e, par 187 voix, membre de la commission sénatoriale des Neuf chargée de l'instruction et de la mise en accusation dans le procès Boulanger devant la haute cour.

MARCHAIS (JEAN), député en 1789, né à la Rochefoucauld (Charente) le 14 février 1746, mort à la Rochefoucauld le 18 mai 1814, était avocat au parlement et assesseur de la justice ducale de la Rochefoucauld, lorsqu'il fut élu député du tiers aux Etats-Généraux, le 24 mars 1789, par le bailliage d'Angoulême. Il prêta le serment du Jeu de Paume, fut l'un des membres chargés de représenter la Constitution au roi, et fut assez longtemps absent pour maladie. Il devint haut-juré dans la Charente, le 24 germinal an V.

MARCHAL (JOSEPH-ANSELME-LOUIS), représentant à la Chambre des Cent-Jours, né à Strasbourg (Bas-Rhin) le 31 mars 1776, mort à Strasbourg le 27 mai 1854, étudia la médecine, fut reçu docteur et exerça son art à Strasbourg. Le 12 mai 1815, il fut élu représentant de cet arrondissement à la Chambre des Cent-Jours, par 45 voix (88 votants, 116 inscrits), contre 42 à M. Mathieu-Faviers (Michel). Il ne fit pas partie d'autres assemblées.

MARCHAL (PIERRE-FRANÇOIS), député de 1827 à 1834, de 1837 à 1845, représentant du peuple en 1848, né à Nancy (Meurthe) le 8 avril 1785, mort à Nancy le 1er novembre 1864, fit ses études de droit à Paris, puis acheta une étude de notaire dans sa ville natale. Riche et d'opinions libérales, il fut élu député du 1er arrondissement électoral de la Meurthe (Nancy), le 17 novembre 1827, par 246 voix (407 votants, 450 inscrits), contre 140 à M. de Metz. Il prit place à gauche, vota avec l'opposition libérale, dénonça (3 mai 1828) les « odieuses menées » de la Congrégation, et se prononça pour l'adresse des 221. Réélu, le 23 juin 1830, par 276 voix (422 votants, 452 inscrits), contre 137 à M. Saladin, il prit part aux journées de juillet, s'empara du télégraphe que le gouvernement nouveau utilisa immédiatement pour assurer son triomphe, et vit son mandat renouvelé, le 5 juillet 1831, par 327 voix (470 votants, 524 inscrits), contre 139 à M. de Metz. Il avait reçu la croix de juillet et la place de directeur des télégraphes. Mais il ne resta pas longtemps à ce poste; ses idées indépendantes le firent destituer. Il signa le compte-rendu de 1832, et, aux élections du 21 juin 1834, il échoua, dans le 6e collège de la Meurthe (Sarrebourg), avec 41 voix contre 71 à l'élu, M. Chevandier. Réélu successivement, dans ce dernier collège, le 4 novembre 1837, par 82 voix (163 votants, 184 inscrits), le 2 mars 1839, par 73 voix (151 votants); et, le 9 juillet 1842, par 84 voix (145 votants), il siégea dans l'opposition, combattit le ministère Molé, parla sur les finances, protesta contre la dénomination de *marine royale*, et demanda alors qu'on dît la *dette royale* au lieu de *dette nationale*, demanda des secours pour l'agriculture, vota *pour* les fortifications de Paris, *pour* les incompatibilités, *pour* l'adjonction des capacités, *contre* la dotation du duc de Nemours et *contre* le recensement. Il donna sa démission en 1845, pour se porter comme candidat d'opposition contre M. Lacoste-Duvivier qui venait d'être promu maréchal de camp par faveur et soumis de ce chef à la réélection; mais il échoua, le 29 novembre, avec 85 voix contre 236 à l'élu ministériel. Il prit part aux banquets réformistes de 1847, fut nommé, à la révolution de 1848, maire de Nancy par la commission municipale provisoire, et fut élu représentant de la Meurthe à l'Assemblée constituante, le 23 avril, le 1er sur 11, par 97,856 voix (100,120 votants). Il fit partie du comité des finances, et vota *pour* le bannissement de la famille d'Orléans, *pour* le poursuites contre L. Blanc et Caussidièr, *contre* l'impôt progressif, *contre* l'incompatibilité des fonctions, *contre* l'amendement Grévy, *contre* la sanction de la Constitution par le peuple, *pour* l'ensemble de la Constitution, *contre* la proposition Rateau, *contre* l'interdiction des clubs, *contre* l'expédition de Rome, *pour* la demande de mise en accusation du président et des ministres. Depuis l'élection du 10 décembre, il était devenu l'adversaire de la politique de l'Elysée. Non réélu à la Législative, il rentra dans la vie privée.

MARCHAND (LOUIS-ETIENNE), député en 1791, dates de naissance et de mort inconnues, était juge de paix du canton de Marolles (Loir-et-Cher) et membre du directoire du département, lorsqu'il fut élu, le 2 septembre 1791, député du Loir-et-Cher à l'Assemblée législative, le 3e sur 7, « à la pluralité des voix ». Il vota obscurément avec la majorité.

MARCHAND (JEAN-GABRIEL, COMTE), pair de France, né à l'Albenc (Isère) le 10 décembre 1765, mort au château de Saint-Laumer, commune de Saint-Ismier (Isère) le 12 novembre 1851, « fils de sieur Jacques Marchand, et à demoiselle Catherine Clément », fut d'abord avocat au parlement de Grenoble et ami de Barnave, dont il épousa la cousine. Il s'engagea en 1794, fut élu capitaine au 4e bataillon de volontaires de l'Isère le 13 mai, et prit part aux campagnes des armées d'Italie et du Rhin. Adjoint à l'état-major comme capitaine le 22 floréal an II, il fut nommé chef de bataillon le 3 nivôse an IV, après Loano, se distingua encore au combat de la Madona della Coronna où il reçut une grave blessure, passa à la 4e demi-brigade d'infanterie légère le 1er brumaire an V, fut fait prisonnier et immédiatement échangé par ordre du général Bonaparte qui avait été témoin de son intrépidité, devint chef de brigade le 11 nivôse an V, puis commanda, avec le grade de colonel, la 14e demi-brigade le 18 prairial an V, la 11e le 8 brumaire an VI, et se rendit alors dans les Etats romains avec Gouvion-Saint-Cyr. Lorsque Joubert appelé au commandement de l'armée d'Italie, il devint son aide-de-camp (30 fructidor an VII), et assista à Novi, il se trouvait aux côtés du général en chef lorsqu'il fut tué. Promu général de brigade le 21 vendémiaire an VIII, grand aigle de la Légion d'honneur (19 frimaire an XII), Marchand fut envoyé au camp de Boulogne, puis, au moment de la rupture de la paix d'Amiens, attaché à la division Dupont, avec laquelle il prit une part glorieuse aux combats d'Haslach et d'Albeck. A Austerlitz, il enfonça le centre de l'armée russe et fut fait général de division peu de jours après (23 décembre 1805). Il resta cantonné en Allemagne, assista à Iéna et à Friedland, contribua à la prise de Magdebourg, et fut créé comte de l'empire le 26 octobre 1808. L'année suivante, reçut une dotation de 20,000 francs en Hanovre. Cette même année, il passa à l'armée d'Espagne dans le 6e corps, se battit à Burgos, prit part à la poursuite de l'armée anglaise et à l'occupation de la Galice, assista au siège de Ciudad Rodrigo, et manœuvra contre les lignes de Torrès-Vedras et l'armée de Wellesley. Rappelé en France quelque temps avant la campagne de Russie, il devint, en 1812, chef d'état-major de l'aile droite de la grande armée, puis fut mis à la tête de la division wurtembergeoise. Il se signala à plus d'une reprise durant cette campagne et coopéra énergiquement à la prise de la grande redoute de la Moskowa. Durant la retraite, il se tint toujours à l'arrière-garde et sut protéger les colonnes en marche contre les attaques des Cosaques. Les fatigues de cette expédition l'empêchèrent de se signaler au cours de la campagne de Saxe. En 1814, il reçut le commandement du département de l'Isère, y organisa la levée en masse, chassa les Autrichiens de Chambéry, les tint bloqués dans Genève, mais dut abandonner la Savoie quand Augereau battit en retraite. A la première Restauration, Louis XVIII lui conserva le commandement de la 7e division militaire. Quand Marchand apprit le débarquement de l'empereur au golfe Juan, il mit Grenoble en état de défense et adressa une proclamation aux habitants pour les engager à résister à l'empereur. Mais La Bédoyère ayant entraîné le 7e de ligne, tous les autres régiments suivirent, et Napoléon n'eut qu'à se présenter devant la ville pour que les portes lui en fussent ouvertes. Abandonné de tous, Marchand quitta l'armée. La deuxième Restauration lui restitua le commandement de sa division et le nomma en outre président du collège électoral du département du Mont-Blanc. Mais les ultra-royalistes trouvèrent sa conduite, en 1815, pleine de mollesse et d'indécision, et obtinrent, le 25 juin 1816, sa comparution devant le conseil de guerre de Besançon, qui l'acquitta. Mis d'abord en disponibilité, puis à la retraite le 1er décembre 1824, il ne fut rétabli dans le cadre de l'état-major général qu'après la révolution de juillet, le 7 février 1831. De nouveau admis, et définitivement cette fois, à la retraite, le 1er mai 1832, conformément à l'ordonnance du 5 avril précédent, il fut nommé pair de France le 3 octobre 1837, ne prit qu'une faible part aux débats de la Chambre haute, et vécut dans la retraite à partir de 1848.

MARCHAND (Jacques-François-Adolphe), représentant en 1871, né à Chirat (Charente) le 16 février 1820, n'avait aucun antécédent politique lorsqu'il fut élu représentant de la Charente à l'Assemblée nationale, le 8 février 1871, le 7e et dernier, par 33,566 voix (70,607 votants, 114,376 inscrits). Il prit place dans la majorité monarchiste, et vota *pour* la paix, *pour* l'abrogation des lois d'exil, *contre* la pétition des évêques, *pour* le pouvoir constituant de l'Assemblée, *contre* le service militaire de trois ans, *pour* la démission de Thiers, *pour* le septennat, *pour* le ministère de Broglie, *contre* l'amendement Wallon, *contre* les lois constitutionnelles. Conseiller général du canton de Saint-Claud (Charente) le 8 octobre 1871, il échoua ensuite successivement à la députation dans l'arrondissement de Confolens, le 20 février 1876, avec 3,014 voix, contre 7,230 à l'élu, M. Duclaud, républicain, et 3,062 à M. Boreau-Lajanalde, et, le 14 octobre 1877, avec 6,673 voix, contre 7,765 à l'élu M. Duclaud, député sortant et l'un des 363. M. Marchand n'a pas reparu depuis sur la scène politique.

MARCHAND-COLLIN (François), député de 1824 à 1830, né à Etain (Meuse) le 27 juillet 1772, mort à une date inconnue, était receveur particulier des finances à Briey, et chevalier de la Légion d'honneur, lorsqu'il fut élu, le 25 février 1824, député du 1er arrondissement de la Moselle (Briey) par 110 voix (119 votants, 137 inscrits). Réélu, le 17 novembre 1827, par 77 voix (105 votants, 120 inscrits), contre 27 à M. Bouchotte, capitaine d'artillerie, il siégea à l'extrême-droite, s'associa à toutes les mesures

de la majorité dévouée à M. de Villèle, et soutint le ministère Polignac contre les 221. Les élections du 23 juin 1830, où il n'obtint que 44 voix, contre 68 à l'élu, M. Milleret, l'éloignèrent de la vie politique.

MARCHANGY (Louis-Antoine-François de), député de 1822 à 1824, né à Saint-Saulge (Nièvre) le 25 août 1782, mort à Paris le 2 février 1826, fils d'un huissier, fit de bonnes études classiques et fut choisi par le directoire du département de la Nièvre pour être envoyé comme boursier à l'école de législation de Paris. Reçu avocat, il entra dans la magistrature, et ne cessa en même temps de cultiver assidûment les lettres. Juge-suppléant (1808) au tribunal de première instance de Paris, il publia en 1813 la première livraison, c'est-à-dire les deux premiers tomes de l'ouvrage qui devait le plus contribuer à sa réputation d'écrivain : *la Gaule poétique* ou *l'Histoire de France considérée dans ses rapports avec la poésie, l'éloquence et les beaux-arts*. Ce livre singulier est formé d'une suite de récits intéressants, souvent déclamatoires, sans lien précis, dans le dessein de fournir aux artistes et aux poètes des motifs de composition sur l'histoire nationale; il eut six éditions, de 1813 à 1826. Tandis que la *Gaule poétique* faisait une si brillante fortune, l'avancement de l'auteur n'était pas moins rapide. D'admirateur enthousiaste de Napoléon, il était devenu royaliste fervent. Substitut du procureur impérial près le tribunal de la Seine en 1810, il fut nommé en 1814 aux mêmes fonctions près la cour royale. Il acquit, dès ses débuts, une grande réputation, bien qu'il n'improvisât pas et qu'il rédigeât même ses répliques. La pureté de son élocution n'était pas exempte d'emphase; mais son raisonnement était serré, sa logique passionnée, et le gouvernement appréciait hautement ses services. La première cause qui fixa sur lui l'attention fut celle de Vigier, le fondateur des bains sur la Seine, lequel était en butte à une accusation capitale. Marchangy fit preuve de talent et d'habileté dans plusieurs autres causes intéressantes : celle de la *Biographie universelle*, en 1811, celle de Revel, mari outragé, celle du testament du prince d'Hennin et des héritiers du maréchal Lannes en 1816, etc. Mais c'est surtout dans les causes politiques qu'il se distingua; ses conclusions dans le procès de deux écrivains royalistes, Fiévée en 1818, et Bergasse en 1821, furent loin de réunir tous les suffrages. La *Biographie Michaud*, très favorable à Marchangy, reconnaît qu'elles « marquèrent l'origine de ce système interprétatif en vertu duquel un accusateur, habile phraséologue, peut faire dire à un écrivain ce qu'il n'a ni écrit ni pensé. » Le parti libéral accusa Marchangy d'avoir suivi le même système, lors du procès de Féret, rédacteur de l'*Homme gris* et du *Père Michel*, dans celui des quatre sergents de la Rochelle, dans les procès intentés à Béranger, etc. Son impitoyable réquisitoire contre les sergents de la Rochelle lui valut les fonctions d'avocat général à la cour de Cassation. Le 20 novembre 1822, il se présenta, avec l'appui des ultra-royalistes, comme candidat à la députation dans le grand collège de la Nièvre, et fut élu par 100 voix (134 votants, 171 inscrits). Le même jour il était également nommé député du Nord, par 455 suffrages (500 votants, 738 inscrits). Son admission souleva beaucoup de difficultés: il n'avait pas payé depuis un an accompli le cens exigé par la loi. La question fut très débattue, le ministère n'osant pas se prononcer, Marchangy mit fin à la discussion en déclarant qu'il était de bonne foi quand il avait acheté une propriété qui lui donnait le droit d'être élu; mais que deux sessions ayant été annulées dans une année, ses calculs avaient été dérangés et l'économie de ses dispositions déconcertée, et que c'était, selon lui, une sorte d'effet rétroactif que de faire porter la peine d'une mesure extraordinaire et inattendue à celui qui avait compté sur la loi fondamentale et sur un usage constant. L'affaire fut renvoyée aux bureaux et un ajournement fut prononcé; finalement la double élection de Marchangy fut annulée. Le 17 avril 1823, il fut remplacé dans la Nièvre par M. de Pracomtal; mais, le même jour, le département du Nord le renvoyait à la Chambre par 295 voix (310 votants, 727 inscrits). Cette fois, il prit séance et vota avec l'extrême-droite, mais il ne trouva pas l'occasion de briller à la Chambre, où son passage fut d'ailleurs de courte durée. Réélu, le 25 février 1824, dans le premier collège du Haut-Rhin (Altkirch), par 125 voix (129 votants, 201 inscrits), il vit encore une fois son élection annulée, et, le 2 août suivant, M. Kuopff fut nommé à sa place. Un refroidissement emporta Marchangy le 2 février 1826, à la suite de la cérémonie commémorative du 21 janvier. Marchangy avait fait partie, en 1818, du conseil privé du comte d'Artois. « Dans les occasions les plus indifférentes, écrit un biographe, il témoignait hautement de son zèle pour des Bourbons. C'est ainsi que lors d'un banquet d'électeurs royalistes qui eut lieu au mois de mai 1822 à la Chaumière, il porta le toast suivant par allusion à la naissance du duc de Bordeaux : « A celle qui nous a réconciliés avec l'espérance! A celle qui a fait mentir le crime!» On a de lui, outre la *Gaule poétique* : le *Bonheur de la campagne*, poème en quatre chants ; le *Siège de Dantzig en 1813* (1814); *Mémoires historiques pour l'ordre souverain de Saint-Jean de Jérusalem* (1816); *Tristan le voyageur, ou la France au quatorzième siècle* (1825-1826), etc.

MARCHANT (Antoine-Philibert), député de 1838 à 1846, représentant du peuple en 1849, sénateur du second empire, né à Maubeuge (Nord) le 27 janvier 1796, mort à Amiens (Somme) le 11 novembre 1859, fit ses études de droit, s'établit notaire dans sa ville natale, et se mêla au mouvement politique. Il fit de l'opposition au gouvernement des Bourbons, devint conseiller municipal de Maubeuge après les événements de juillet 1830, puis, en 1834, conseiller général, fonctions qu'il garda jusqu'à sa mort. Élu, le 3 février 1838, député du 4e collège du Nord (Avesnes), en remplacement de M. Taillandier, qui avait opté pour Cambrai, par 384 voix (631 votants, 755 inscrits), il siégea au centre, et fut successivement réélu, le 2 mars 1839, par 283 voix (550 votants, 755 inscrits) ; et, le 9 juillet 1842, par 387 voix (645 votants, 758 inscrits), contre 248 voix à M. Crapez. Il s'occupa surtout des intérêts commerciaux de sa région, et vota *contre* l'adjonction des capacités, *pour* la dotation du duc de Nemours, *pour* l'indemnité Pritchard. Il échoua, le 1er août 1846, dans le même collège, avec 324 voix contre 418 à l'élu, M. Béhic, et ne rentra au parlement qu'en 1849, élu représentant du Nord à l'Assemblée législative, le 13 mai 1849, le 22e sur 24, par 77,487 voix (183,521 votants, 290,196 inscrits). Il vota avec la majorité monarchiste, soutint la politique du rince-président, et fut nommé sénateur le

26 janvier 1852. Il fut l'un des membres du Sénat chargés par l'empereur d'une enquête sur l'esprit et les besoins des départements. Chevalier de la Légion d'honneur.

MARCHEGAY DE LOUSIGNY (Félix-Pierre), député de 1820 à 1824, de 1827 à 1830, et de 1831 à 1832, né à Saint-Germain de Prinçay (Vendée) le 20 avril 1776, mort à Lousigny (Vendée) le 1er décembre 1853, riche propriétaire, fut élu, le 13 novembre 1820, député du grand collège de la Vendée, par 136 voix (148 votants, 201 inscrits). Il prit place dans l'opposition libérale et vota avec son collègue Manuel. Les élections de 1824 ne lui furent pas favorables, mais il revint à la Chambre, le 24 novembre 1827, élu par le même collège, avec 101 voix (204 votants, 231 inscrits). Il fut des 221, ne se représenta pas en 1830, mais fut réélu, le 5 juillet 1831, dans le 1er collège de la Vendée (Luçon), par 142 voix (188 votants, 245 inscrits), contre 43 voix à M. O. Barrot. Il donna sa démission en 1832, et fut remplacé, le 27 décembre suivant, par M. Isambert.

MARCHOUX (Jean-François-Nicolas), député au Conseil des Cinq-Cents, né à Daubenton (Ardennes) le 23 août 1754, mort à une date inconnue, « fils de Jean Marchoux et d'Hélène Bonneville », procureur au parlement de Paris avant la Révolution, devint commissaire près le tribunal de district de Vouziers, et fut élu député des Ardennes au Conseil des Cinq-Cents, le 22 vendémiaire an IV, par 146 voix (189 votants). Il ne s'y fit point remarquer. Le *Moniteur* dit seulement qu'il y lut plusieurs rapports sur des élections. Rallié au 18 brumaire, il devint président du tribunal civil de Vouziers, le 28 floréal an VIII.

MARCILLAC (Arnaud Combret de), député au Corps législatif de 1807 à 1811, né à Marcillac-la-Croisille (Corrèze) le 28 novembre 1751, mort à une date inconnue, « fils de Monsieur Pierre de Combret, gendarme de la garde du roy et de dame Marianne d'Arfeuille », fut lieutenant de la maréchaussée, puis capitaine de gendarmerie, commandant le département de la Corrèze. Élu, le 17 février 1807, par le Sénat conservateur, député de la Corrèze au Corps législatif, il siégea jusqu'en 1811.

MARCILLAC (Léger Combret de), député de 1837 à 1846, né à Gimel (Corrèze) le 18 août 1789, mort à Périgueux (Dordogne) le 12 janvier 1866, fils du précédent, était chevalier de la Légion d'honneur, conseiller général et maire de Périgueux depuis 1830, lorsqu'il se présenta à la députation dans le 1er collège de la Dordogne (Périgueux), le 21 juin 1834 ; il échoua avec 133 voix contre 152 à l'élu, M. Périn. L'élection du 4 novembre 1837 dans le même collège lui fut plus favorable : il fut élu député par 174 voix (298 votants, 361 inscrits), et fut successivement réélu, le 2 mars 1839, par 165 voix (306 votants), contre 138 à M. Soult de Dalmatie, et, le 9 juillet 1842, par 169 voix (294 votants). De la majorité ministérielle, il prit rarement la parole à la Chambre ; c'est à lui que la veuve du général Daumesnil dut sa pension ; il vota *pour* la dotation du duc de Nemours, *pour* le recensement, *contre* les fortifications de Paris, *contre* l'adjonction des capacités, *contre* les incompatibilités. Nommé préfet en 1843, M. de Marcillac donna alors sa démission de député et fut remplacé à la Chambre, le 19 août de la même année, par M. Magne.

MARCK (Louis-Gustave), représentant en 1871, né à Cayenne (Guyane française) le 1er août 1811, ancien notaire à Cayenne et conseiller privé suppléant de la Guyane en 1860 et 1870, fut élu, le 27 août 1871, représentant de la Guyane à l'Assemblée nationale, en remplacement de M. Schœlcher, qui avait opté pour la Martinique, par 2,088 voix (3,473 votants, 5,476 inscrits), contre 986 voix à M. Ursleur. Il prit place à gauche, et vota *pour* le service militaire de trois ans, *contre* la démission de Thiers, *contre* le septennat, *contre* la loi des maires, *pour* les lois constitutionnelles. M. Marck n'a pas fait partie d'autres assemblées.

MARCK-TRIPOLI. — *Voy.* Panisse (de).

MARCOMBE (Gédéon-Florentin de), député de 1831 à 1834 et de 1837 à 1839, né à Angers (Maine-et-Loire) le 29 septembre 1795, mort à Angers le 28 mars 1866, se mêla à la vie politique sous la Restauration, prit une part active à l'organisation des comités électoraux, se signala par ses tendances libérales, et, après juillet 1830, fit partie de la municipalité provisoire d'Angers. Elu, le 8 février 1831, député du collège de département de Maine-et-Loire, par 540 voix (690 votants, 1,609 inscrits), il soutint le nouveau régime, et fut appelé, par ordonnance du roi, au conseil général du département, qu'il présida pendant 15 ans et qu'il ne quitta qu'en 1852. Les élections du 5 juillet 1831 ne lui furent pas favorables; il échoua dans le 6e collège de Maine-et-Loire (Saumur), avec 50 voix contre 92 à M. Bodin, élu; mais il entra au parlement comme député du 7e collège du même département (Segré), le 4 novembre 1837, élu par 148 voix (167 votants, 302 inscrits), contre 11 voix à M. Robineau. Il siégea au centre, et fut l'un des 221 qui soutinrent M. Molé contre la coalition. Il échoua de nouveau, le 2 mars 1839, avec 94 voix contre 111 à l'élu, M. Jouneaulx, candidat de l'opposition. A partir de cette époque, M. de Marcombe se consacra presque exclusivement à la direction politique du *Journal de Maine-et-Loire*.

MARCORELLE (Jean-François-Joseph, baron), député au Corps législatif de l'an VIII à 1815, né à Toulouse (Haute-Garonne) le 21 juin 1760, mort à Fronton (Haute-Garonne) le 26 avril 1825, « fils à Joseph Marcorelle et à dame Perrette-Hortense Colomès », fut consul à Barcelone, et fut nommé, le 4 nivôse an VIII, par le choix du Sénat, député de la Haute-Garonne au Corps législatif. Réélu par le même corps politique et pour le même département, le 4e jour complémentaire de l'an XIII, puis le 4 mai 1811, Marcorelle siégea pendant toute la durée de l'empire. Il adhéra à la déchéance de Napoléon, qui l'avait fait membre de la Légion d'honneur le 4 frimaire an XII, chevalier de l'Empire le 3 juin 1808, et baron le 30 août 1811, et fut promu officier de la Légion d'honneur par la Restauration le 2 novembre 1814.

MARCOU (Jacques-Hilaire-Théophile), représentant en 1873, député de 1876 à 1885, membre du Sénat, né à Carcassonne (Aude) le 18 mai 1813, étudia le droit, se fit recevoir avocat et s'inscrivit au barreau de sa ville natale. Zélé partisan des doctrines démocratiques, il se lia d'amitié avec son compatriote Armand Barbès, fit une guerre des plus vives au gouvernement de Louis-Philippe et à la po-

litique présidentielle de L.-N. Bonaparte, et, poursuivi lors du coup d'État du 2 décembre, fut condamné par coutumace à la déportation. M. Marcou s'était réfugié en Espagne, où il séjourna jusqu'en 1867. A son retour, il prit la direction d'un journal républicain, la *Fraternité* de Carcassonne, se fit inscrire au barreau de cette ville, devint plus tard bâtonnier, fut mêlé activement aux dernières luttes de l'opposition démocratique, fut nommé maire de Carcassonne le 22 août 1870, y proclama la République le 4 septembre, et fut confirmé dans ses fonctions de maire. Candidat républicain radical, le 8 février 1871, dans le département de l'Aude, il obtint, sans être élu, 11,886 voix sur 54,560 votants; il n'entra à l'Assemblée nationale que le 15 décembre 1873, comme représentant de l'Aude, élu par 36,285 voix (62,327 votants, 88,362 inscrits), en remplacement de M. Brousses, décédé. Sa candidature, comme celle de M. Bonnel, élu le même jour que lui dans le même département, avait été appuyée par toutes les nuances du parti républicain. M. Marcou prit place à l'Union républicaine, dans les rangs des radicaux les plus avancés, et se vit bientôt très vivement attaqué par la droite, et en particulier par M. de Gavardie, sur ses antécédents politiques. On accusait le nouvel élu d'avoir favorisé le mouvement communaliste à Carcassonne, au 18 mars. M. Marcou répondit : « Je suis depuis fort longtemps entouré de l'estime publique dans mon pays; et lorsque le mouvement du 18 mars éclata à Paris, mes amis et la masse populaire s'adressèrent à moi pour me demander s'il y avait lieu de suivre l'exemple de Paris. Je fus vivement pressé, sollicité par quelques personnes, de proclamer la Commune. Cela m'était facile, j'étais maire de la ville de Carcassonne depuis le 22 août 1870, c'est-à-dire avant le 4 septembre, et par parenthèse j'ajouterai que je le suis encore à l'heure qu'il est. La Commune ne fut pas proclamée à Carcassonne. Et c'est précisément parce que je contins certains éléments dans Carcassonne, que la Commune, cédant à la pression de certaines individualités impuissantes dans le chef-lieu du département, c'est précisément grâce à mon intervention et à mon influence que ces éléments, forcés de se déplacer, se transportèrent à Narbonne et que la Commune y fut proclamée. » Il parla, la même année (1874), contre la loi municipale, vota *contre* le gouvernement du Seize Mai, se prononça *pour* l'amendement Wallon, mais s'abstint, avec Louis Blanc, Edgar Quinet et M. Peyrat, lors du vote sur l'ensemble des lois constitutionnelles. Réélu, le 20 février 1876, député de l'arrondissement de Carcassonne, par 13,503 voix (20,956 votants, 28,786 inscrits), contre 6,815 à M. Laperrine, monarchiste, M. Marcou fit partie du groupe de l'extrême-gauche, soutint et vota l'amnistie plénière, et réclama (juillet 1876) des poursuites contre « les auteurs et complices du coup d'Etat du 2 décembre 1851 ». Il fut des 363. Le 14 octobre 1877, il obtint sa réélection par 12,720 voix (23,887 votants, 29,792 inscrits), contre 10,960 à M. Airolles. Il se déclara contre la politique opportuniste, et s'associa aux premières manifestations du petit groupe « intransigeant » de la Chambre des députés. En 1878, il fut avec Louis Blanc un des organisateurs du centenaire de Jean-Jacques Rousseau, célébré avec une grande solennité le 14 juillet, au cirque Myers, à Paris, place du Château-d'Eau. Il vota *contre* le ministère Dufaure, et déposa, le 28 janvier 1879, une proposition d'amnistie pour les crimes et délits de droit commun présentant une connexité avec les crimes et délits politiques. Il vota *pour* la séparation de l'Eglise et de l'Etat, et *pour* la liberté absolue de réunion. Sur le projet de loi sur la presse, M. Marcou tenta vainement, par un amendement qui fut rejeté et que M. Clemenceau combattit au nom de l'extrême-gauche, d'y faire introduire des dispositions rigoureuses visant le délit « d'outrage à la République » (janvier 1881). Réintégré dans ses fonctions de maire de Carcassonne, dont il avait été destitué après le 24 mai 1873, M. Marcou, qui faisait partie du conseil général de l'Aude, fut réélu député, le 21 août 1881, par 13,497 voix (14,695 votants, 30,398 inscrits). Il déposa (1882) une proposition de loi tendant à exiger des garanties de capacité des directeurs et des professeurs dans les établissements libres de l'enseignement secondaire, et une autre ayant pour objet d'exiger des candidats aux baccalauréats des certificats d'études universitaires. Chargé du rapport (janvier 1883) du projet de loi modifié par le Sénat, sur la situation des membres des familles ayant régné en France, il donna sa démission de rapporteur, lorsqu'il apprit que le gouvernement se ralliait au projet Fabre ; ce dernier lui succéda comme rapporteur. M. Marcou, qui, durant sa carrière politique, a toujours déclaré que le Sénat était inutile et devait disparaître, parla encore dans la discussion du projet de loi sur les récidivistes, insista vainement (1884) pour l'adoption de sa proposition relative aux certificats d'études universitaires. Séparé, par plusieurs de ses votes, de la majorité opportuniste, et fut élu, le 6 janvier 1885, sénateur de l'Aude par 439 voix (760 votants.) Il siégea dans le petit groupe de l'extrême-gauche sénatoriale, et vota avec lui. En juin 1888, il interpella le garde des sceaux, M. Ferrouillat, sur la disgrâce infligée au substitut de Carcassonne qui avait fait arrêter M. Jourdanne, maire socialiste de cette ville, afin de lui faire purger une condamnation à l'emprisonnement pour fraudes électorales. Le Sénat vota un ordre du jour « regrettant la mesure frappant un magistrat couvert par les ordres réitérés de ses chefs ». L'affaire n'eut pas d'autres suites. En dernier lieu, M. Marcou s'est prononcé *pour* le rétablissement du scrutin d'arrondissement (13 février 1889), s'est abstenu sur le projet de loi Lisbonne restrictif de la liberté de la presse, et sur la procédure à suivre devant le Sénat contre le général Boulanger. Président du conseil général de l'Aude.

MARCOZ (JEAN-BAPTISTE-PHILIPPE), membre de la Convention, député au Conseil des Cinq-Cents, né à Jarrier-en-Maurienne (Savoie) le 18 août 1759, mort à Lyon (Rhône) le 5 novembre 1834, destiné par sa famille à entrer dans les ordres comme ses trois autres frères, fit ses études au collège de Saint-Jean-de-Maurienne tenu par des prêtres, mais alla ensuite étudier la médecine à Turin, où il fut reçu docteur à vingt-trois ans. De retour dans son pays, il se livra à l'étude de la botanique et des mathématiques, et fut nommé membre correspondant de l'Académie des sciences de Turin. Le 17 février 1793, il fut élu membre de la Convention par le département du Mont-Blanc, le 5e sur 7, avec 439 voix sur 574 votants. Il siégea à la Montagne, vota silencieusement avec la majorité, essaya de sauver Condorcet, et fit partie du comité du calendrier républicain. Après la session, le département du Mont-Blanc

l'envoya siéger au Conseil des Cinq-Cents, le 22 vendémiaire an IV, par 199 voix sur 311 votants ; il s'y occupa de l'organisation du système métrique, et sortit du Conseil en germinal an V. Les études scientifiques qu'il avait poursuivies à Paris avec Lagrange, Volney et autres, lui valurent d'être nommé professeur de mathématiques à la nouvelle Ecole centrale de Chambéry. Il donna sa démission au coup d'Etat de brumaire, et se retira au Petit-Barberaz, près de Chambéry, où il s'occupa d'astronomie. Il mourut à Lyon des suites d'une opération de la pierre. Par testament, il légua tous ses biens à la ville de Chambéry, à la charge par elle d'établir une école d'astronomie, ou, en cas d'impossibilité, un cours de dessin linéaire. Il légua aussi son corps à l'Ecole d'anatomie de Chambéry, mais ce dernier legs ne fut pas rempli ; Marcoz fut enterré à Lyon, où il avait succombé, par les soins de son frère, chanoine en cette ville. On a de lui : *Remarques critiques sur l'histoire de l'astronomie ancienne de Delambre* (1819) ; *l'Astronomie solaire d'Hipparque* (1823) ; *l'Erreur des astronomes et des géomètres d'avoir admis l'accélération séculaire de la lune* (1833), etc.

MAREAU (THÉODORE-PASCAL), représentant du peuple en 1848 et en 1849, né à Cholet (Maine-et-Loire) le 28 mars 1807, mort à Laval (Mayenne) le 3 avril 1873, fonda une importante filature de lin à Mortagne (Vendée) en 1839, et s'efforça d'importer en France, avec les procédés de culture du lin pratiqués en Russie, les procédés de filage usités en Angleterre. Dévoué à l'amélioration du sort des classes laborieuses, d'opinions légitimistes, il fut élu, le 23 avril 1848, représentant de la Vendée à l'Assemblée constituante, le 3e sur 9, par 45,689 voix sur 86,221 votants et 104,486 inscrits. Il siégea à droite, fit partie du comité du commerce et de l'industrie, et vota *pour* le bannissement de la famille d'Orléans, *contre* la proposition Proudhon, *pour* le rétablissement du cautionnement des journaux, *pour* les poursuites contre Louis Blanc et Caussidière, *contre* l'abolition de la peine de mort, *contre* l'impôt progressif, *contre* l'amendement Grévy, *contre* le droit au travail, *pour* la proposition Rateau, *pour* le renvoi des accusés du 15 mai devant la haute cour, *pour* le rejet d'une proposition d'amnistie, *pour* l'interdiction des clubs, *contre* l'amnistie des transportés, *contre* l'abolition de l'impôt des boissons. Le même département le réélut représentant à l'Assemblée législative, le 13 mai 1849, le 8e et dernier, par 39,282 voix sur 61,522 votants et 103,432 inscrits. M. Mareau reprit sa place à droite, et vota avec la majorité monarchique, *pour* l'expédition de Rome, *pour* la loi Falloux-Parieu sur l'enseignement, *pour* la loi du 31 mai restrictive du suffrage universel, mais n'adhéra pas à la politique personnelle du prince-président. Sa haute compétence industrielle lui valut en 1849, 1850 et 1851, des missions du gouvernement dans le but d'étudier la culture et la préparation du lin en Hollande, en Belgique et en Angleterre ; à la même époque, il publia un traité complet sur l'industrie linière, résumé de ses observations et de ses expériences personnelles. Il protesta contre le coup d'Etat de décembre 1851, et revint prendre la direction effective de sa filature à Mortagne ; une médaille d'argent en 1851, une médaille d'or en 1852, et une médaille de 2e classe à l'Exposition universelle de 1855 vinrent récompenser ses efforts. On lui doit l'introduction en France de la culture du lin à fleur blanche.

En 1861, sans renoncer, au moins théoriquement, aux études de toute sa vie, M. Mâreau se retira à Laval (Mayenne), où l'une de ses filles avait épousé M. le Bourdais des Touches et l'autre M. V. du Lavouër.

MAREC (PIERRE), membre de la Convention, député au Conseil des Cinq-Cents, né à Brest (Finistère) le 31 mars 1759, mort à Paris le 23 janvier 1828, était, lors de la Révolution, commis au contrôle de la marine à Brest. Il devint, en 1790, substitut du procureur de la commune, puis secrétaire général du département, et fut élu, le 14 septembre 1791, député suppléant du Finistère à l'Assemblée législative, où il ne fut pas appelé à siéger. Réélu, le 7 septembre 1792, député du Finistère à la Convention, le 4e sur 8, par 351 voix (422 votants), il siégea parmi les modérés, fit rendre un décret sur les dépenses du département de la marine, et traita avec compétence plusieurs questions techniques. Dans le procès du roi, il opina en ces termes *pour* l'appel et *contre* la peine de mort. Au 2e appel nominal : « La décision que vous allez porter sur Louis Capet doit avoir la même influence sur le peuple que la Constitution que vous préparez pour son bonheur ; quoique vous ayez des pouvoirs illimités, vous avez déclaré que cette Constitution n'aurait d'effet qu'autant qu'elle serait acceptée par le peuple ; je trouve que le jugement que vous porterez contre Louis ne pourra avoir d'exécution que par la ratification. Je vote *pour oui*. » Au 3e appel nominal : « Je vote pour la réclusion de Louis pendant la guerre et pour son exil perpétuel après. » Il fit partie du comité des finances et de celui des colonies et de la marine, et prit plusieurs fois la parole, notamment sur les matières commerciales. Au 9 thermidor, il se prononça contre Robespierre, entra ensuite au comité de salut public, et fit mettre en liberté la duchesse d'Orléans, le prince de Conti et d'autres suspects. Il se distingua au 1er prairial parmi les adversaires de l'insurrection, dénonça Laignelot, et parla contre l'établissement d'un nouveau *maximum*. Réélu au Conseil des Cinq-Cents, le 22 vendémiaire an IV, par les trois départements suivants : 1o Saône-et-Loire, avec 234 voix (393 votants) ; 2o la Seine, avec 443 voix (678 votants) ; 3o Seine-et-Oise, avec 170 voix (311 votants), il continua à s'occuper des réformes à apporter dans le recrutement maritime, fit proroger l'exécution du code hypothécaire, présenta un projet sur le droit de sortie des vins, etc. Sous l'Empire, il fut nommé inspecteur du port de Gênes qu'il dut remettre aux étrangers par suite de la convention du 23 avril 1814. Nommé, aux Cent-Jours, inspecteur du port de Bordeaux (avril 1815), il ne se rendit pas à son poste. La Restauration le mit à la retraite (1818), et lui donna (1820) la croix de Saint-Louis. Son fils, Théophile-Marie-Finistère Marec (1792-1851), fut directeur du personnel de la marine en 1848.

MARÉCHAL (ÉTIENNE), représentant du peuple en 1848 et en 1849, né à Beaune (Côte-d'Or) le 8 septembre 1797, mort à Bligny-sur-Beaune le 7 mars 1869, avocat sous la Restauration, fit à ce gouvernement de l'opposition libérale. Après la révolution de juillet, il fut successivement nommé substitut du procureur du roi à Châtillon-sur-Seine, à Chaumont et à Dijon. Il donna sa démission en 1834, pour conserver son indépendance, et reprit sa place au barreau de Beaune, où il fit preuve d'un esprit très vif servi par une parole facile. Élu, le 23 avril 1848,

représentant de la Côte-d'Or à l'Assemblée constituante, le 8e sur 10, par 44,838 voix, il fit partie du comité de l'instruction publique, et vota d'abord avec la gauche constitutionnelle, *pour* le bannissement de la famille d'Orléans, *pour* les poursuites contre Caussidière, *contre* l'abolition de la peine de mort, *contre* la sanction de la Constitution par le peuple, *pour* l'ensemble de la Constitution, *pour* la proposition Rateau et *pour* l'interdiction des clubs. Rallié à la politique de l'Élysée depuis l'élection présidentielle du 10 décembre, il fut réélu, le 13 mai 1849, représentant du même département à l'Assemblée législative, le 3e sur 8, par 53,460 voix (92,695 votants, 118,563 inscrits) ; il vota avec la majorité, et, au 2 décembre, rentra dans la vie privée.

MARÉCHAL (ALEXIS-MARIE-RAOUL), député de 1877 à 1881, né à Dreux (Eure-et-Loir) le 13 août 1837, fils d'un ancien sous-préfet de Dreux avant la révolution de 1848, petit-fils, par son mariage, de Paul Dupont (*Voy. ce nom*), maire de Saint-Astier et conseiller général de la Dordogne pour ce canton, se présenta pour la première fois à la députation, le 20 février 1876, dans la 1re circonscription de Périgueux ; il échoua avec 5,510 voix, contre 6,314 à M. Montagut, ancien représentant, élu. Aux élections qui suivirent la dissolution de la Chambre, il fut, avec l'appui officiel du gouvernement du Seize-Mai, élu député du même collège, au second tour de scrutin, le 18 octobre 1877, par 7,383 voix, contre 5,987 à M. Montagut, républicain, des 363. Il siégea à droite ; mais, la Chambre ayant prononcé son invalidation, il dut se représenter devant ses électeurs, qui le renvoyèrent à la Chambre, le 5 mai 1878, par 7,102 voix (13,436 votants, 16,816 inscrits), contre 6,242 à M. Montagut. M. Maréchal vota avec les conservateurs jusqu'à la fin de la législature, notamment : *contre* l'article 7, *contre* l'amnistie, *contre* les divers ministères de gauche, et échoua aux élections du 21 août 1881, avec 6,500 voix, contre 6,955 à l'élu républicain, M. Theulier.

MARESCAL (JULIEN-GUSTAVE), représentant du peuple en 1848, né à Chartres (Eure-et-Loir) le 28 avril 1800, mort à Chartres le 2 février 1862, avocat dans sa ville natale, et très apprécié par son talent et ses idées libérales, fut porté à la députation comme candidat d'opposition, dans le 1er collège d'Eure-et-Loir (Chartres), le 9 juillet 1842 ; mais il échoua avec 344 voix, contre 474 à l'élu ministériel, M. Chasles, député sortant. Il continua de se mêler au mouvement politique et à l'agitation entretenue contre le gouvernement de Louis-Philippe. Il était à Chartres le voisin du préfet, avec lequel il vivait en assez mauvaise intelligence et qui reçut fort mal, à la révolution de 1848, la nomination de M. Marescal comme commissaire du gouvernement provisoire dans l'Eure-et-Loir. Quelques jours plus tard, le 23 avril, M. Marescal fut élu représentant d'Eure-et-Loir à l'Assemblée constituante, le 1er sur 7, par 70,042 voix (72,675 votants, 87,002 inscrits). Il fit partie du comité de législation et vota tantôt avec la droite et tantôt avec la gauche, *pour* le bannissement de la famille d'Orléans, *contre* les poursuites contre L. Blanc, mais *pour* les poursuites contre Caussidière, *pour* l'abolition de la peine de mort, *contre* l'impôt progressif, *pour* l'incompatibilité des fonctions, *contre* l'amendement Grévy, *pour* la sanction de la Constitution par le peuple, *pour* l'ensemble de la Constitution, *pour* la proposition Rateau, *contre* l'interdiction des clubs, *pour* la demande de mise en accusation du président et des ministres. Non réélu à la Législative, il reprit sa place au barreau de Chartres.

MARESCOT (ARMAND-SAMUEL COMTE DE), pair de France, né à Tours (Indre-et-Loire) le 1er mars 1758, mort à Saint-Quentin (Loir-et-Cher) le 4 novembre 1832, « fils de Messire Samuel de Marescot, seigneur de la Noue, chevalier de l'ordre militaire de Saint-Louis, brigadier des gardes du corps du roy, et de dame Anne-Elisabeth Colas de Malmusse », destiné à la carrière des armes, entra au collège de la Flèche, puis à l'Ecole militaire de Paris; il était lieutenant du génie à l'époque de la Révolution. Capitaine hors cadre en 1792, il reçut l'ordre d'accompagner le général Dillon de Lille sur Tournai, dont il avait fait la reconnaissance; au moment de la panique dont les troupes furent frappées, il se vit sur le point d'être massacré; il réussit à regagner Lille où il fut, durant le siège, le seul officier du génie. Il concourut à la défense de cette place avec le général Champmorin, qu'il accompagner ensuite comme aide-de-camp, après la levée du siège par les Autrichiens. Il passa peu après sous les ordres de Miranda et assista au siège d'Anvers. Le général Dumouriez essaya en vain de l'entraîner dans sa défection; il resta à Lille, dont il organisa la défense d'une manière remarquable. Dénoncé par un club révolutionnaire de cette ville, il dut se rendre à Paris, où il n'eut pas de peine à se justifier, et obtint de Bouchotte, son ami, alors ministre de la Guerre, le grade de chef de bataillon. Envoyé à Toulon, il y fit la connaissance de Bonaparte, dirigea les travaux d'approche, et fut blessé à l'avant de la redoute anglaise dont la prise livra la ville à l'armée républicaine. Lorsque Bonaparte fut nommé commandant des côtes de Toulon, Marescot refusa de lui remettre les pièces, documents et mémoires concernant Toulon, en invoquant les règlements militaires qui n'autorisaient le déplacement des papiers des places qu'en faveur des gouverneurs de province. Il trancha la difficulté en rédigeant un mémoire qu'il lui remit. En 1794, il fut rappelé dans le Nord pour défendre Maubeuge que les Autrichiens menaçaient; après Wattignies, il dirigea les opérations contre Charleroi, mais dut bientôt lever le siège (juin 1794). Arrêté sur l'ordre de Saint-Just commissaire de la Convention, il fut remis en liberté, grâce au général Jourdan qui intervint énergiquement en sa faveur, reprit le siège de Charleroi et concourut brillamment à la victoire de Fleurus. Il fut alors chargé de l'attaque de Landrecies, qui, malgré les faibles moyens dont il disposait, se rendit après sept jours de tranchées. Il reçut en récompense le grade de chef de brigade. Après la prise du Quesnoy, de Valenciennes et de Condé, auxquelles il participa, il fut promu général de brigade, dirigea en cette qualité le siège de Maëstricht, et devint, après la reddition de cette place, général de division (8 novembre 1794). Malgré les services rendus, M. Marescot fut porté sur la liste des émigrés et ses biens furent mis en vente. Carnot dut user de toute son influence pour obtenir sa radiation, son maintien à l'activité, et son envoi à l'armée des Pyrénées orientales, où il fut chargé du commandement des territoires conquis. Après avoir participé, en 1796, à la défense de Landau, il fut employé, en 1797 et 1798, à l'armée du Rhin, et devint, en 1799, gouverneur de Mayence. Cette même année, il fut

candidat des modérés au Directoire, mais sans succès. Après le 18 brumaire, il reçut le titre d'inspecteur-général du génie, alla reconnaître le passage du Grand-Saint-Bernard, et assista aux côtés de Bonaparte, à la campagne de Marengo. En l'an X, il fut chargé de l'inspection des côtes nord-ouest de l'Océan, de la mer du Nord, et de la place d'Anvers, puis du commandement des troupes du génie à l'armée de Boulogne. Grand-aigle de la Légion d'honneur (19 frimaire an XII), il fit la campagne de 1805 et celle de 1806, et fut créé comte de l'Empire le 19 mars 1808. Chargé la même année d'une mission militaire en Espagne, et de l'inspection des places fortes, il se trouva dans le corps du général Dupont, à raison de ses relations avec Castanès, fut l'un des négociateurs de la capitulation de Baylen. A son retour en France, Napoléon le destitua de ses grades et de ses dignités, et l'exila à Tours (1812), où il resta jusqu'à la chute de l'Empire. La première Restauration lui rendit ses grades, le nomma en outre commissaire du roi dans la 20e division militaire et grand-croix de Saint-Louis. Pendant les Cent-Jours, il fut inspecteur du génie dans l'Argonne et les Vosges; à la seconde Restauration, il présida le comité de défense, fut mis à la retraite, comme lieutenant-général, le 1er juillet 1818, et nommé pair de France le 5 mars 1819. En 1831, il refusa de se faire réintégrer dans le cadre de réserve. M. de Marescot, qui était membre de l'Institut, publié : *Relation des principaux sièges faits ou soutenus en Europe, par les armées françaises depuis 1792* (Paris, 1806); *Mémoires sur la fortification souterraine* (Journal de l'Ecole polytechnique, 1802).

MARESCOT-PÉRIGNAT (BERNARD-FRANçois), député au Corps législatif de 1807 à 1811, né à Bessé (Sarthe) le 20 avril 1767, mort à une date inconnue, frère du précédent, suivit la carrière militaire et appartint à l'arme du génie. Il était lieutenant-colonel du génie à Vendôme, lorsqu'il fut élu, le 18 février 1807, par le Sénat conservateur, député de Loire-et-Cher au Corps législatif, où il siégea jusqu'en 1811.

MARET (BERNARD-HUGUES), DUC DE BASSANO, pair des Cent-Jours, pair de France, ministre, né à Dijon (Côte-d'Or) le 22 juillet 1763, mort à Paris le 13 mai 1839, fils d'un médecin, était avocat au parlement de Bourgogne, quand il vint en 1788 à Paris, pour acheter une charge au conseil du roi. Mais les événements modifièrent sa résolution; il s'intéressa au mouvement révolutionnaire, assista assidûment aux séances de la Constituante, et eut l'idée d'en publier un résumé fidèle sous le nom de *Bulletin de l'Assemblée*. Panckoucke, peu après, lui proposa d'exécuter ce travail, plus étendu et plus complet, pour le *Moniteur*; ce fut l'origine du *Journal officiel*. C'est dans son bureau de rédaction, rue Saint-Thomas-du-Louvre, qu'il fit connaissance de Bonaparte, logé comme lui à l'hôtel de l'Union. Jusqu'au 17 juillet 1791, Maret fit partie de la Société des Amis de la Constitution ou des Jacobins; il la quitta, après l'affaire du Champ de Mars, et contribua à fonder le club des Feuillants. Lebrun étant devenu ministre des Relations extérieures, Maret eut une place d'adjoint dans ses bureaux; puis fut chargé d'aller à Londres, au moment du rappel de l'ambassadeur, pour obtenir la neutralité de l'Angleterre. Cette mission n'eut pas de succès. Destitué momentanément de ses fonctions sous la Terreur, il fut nommé ambassadeur à Naples en juillet 1793. Il se rendait à son poste, avec M. de Sémonville nommé à Constantinople, quand ils furent l'un et l'autre arrêtés en Piémont par les Autrichiens. Conduits à Mantoue, puis à Brunn, ils furent compris, au bout de trente mois de captivité, dans l'échange contre la fille de Louis XVI. Maret reçut une ovation à son retour dans le Conseil des Cinq-Cents, mais il resta quelque temps sans emploi. Il s'occupa alors de journalisme, et mit la dernière main à quelques ouvrages de littérature qu'il avait commencés en captivité. En 1797, il fut chargé, de concert avec Letourneur et l'amiral le Pelley, de négocier à Lille les conditions de paix avec lord Malmesbury. Au 18 fructidor, il fut de nouveau sans emploi; il se trouvait même dans un état voisin de la misère, quand la République cisalpine lui fit don de 150,000 francs de biens nationaux, en indemnité des pertes qu'il avait subies pendant son emprisonnement. Maret revit Bonaparte au retour d'Egypte; les anciennes relations se renouèrent, il devint secrétaire du général, et, après le 18 brumaire, secrétaire général des consuls. Jusqu'en l'an X, il partagea les secrets de Bonaparte avec Bourienne; mais, après le disgrâce de ce dernier, il cumula les fonctions de secrétaire d'Etat et de chef du cabinet. Membre de la Légion d'honneur le 9 vendémiaire an XII, grand-officier de l'ordre le 25 prairial suivant, grand-aigle le 2 février 1805, Maret accompagna l'Empereur en Allemagne et en Pologne, prit part à la rédaction des traités de Vienne et de Presbourg, et aux conférences de Tilsitt, d'Erfürt et de Bayonne. Créé comte de l'Empire, le 3 mai 1809, duc de Bassano le 15 août de la même année, il remplit l'année suivante une mission en Belgique, devint ministre des Affaires étrangères le 17 avril 1811, et, au moment de la rupture avec la Russie, fut chargé de négocier avec la Prusse et l'Autriche un traité d'alliance offensive et défensive. En Pologne, il s'occupa de l'organisation éventuelle du duché, suivit la retraite depuis Moscou, et rédigea, en 1813, les ordonnances qui réglaient l'organisation de la garde-nationale et la levée de 350,000 hommes. Le 19 novembre 1813, le duc de Bassano perdit le portefeuille des Affaires étrangères (l'opinion le jugeait hostile à la paix), mais il demeura néanmoins le confident intime de l'Empereur, qu'il accompagna durant la campagne de 1814 et qu'il ne quitta qu'à Fontainebleau. Sans emploi à la première Restauration, il reprit, aux Cent-Jours, ses fonctions de ministre d'Etat, fit exécuter la capitulation conclue par le duc d'Angoulême avec le général Gilly, fut nommé pair de France le 2 juin 1815, et ne quitta pas l'Empereur jusqu'à la seconde abdication. Au retour de Gand, il fut compris dans l'article 2 de l'ordonnance du 24 juillet 1815, et se retira à Lintz, puis à Gratz, où il s'occupa d'œuvres littéraires. A cette même époque, il fut exclu de l'Académie française, dont il faisait partie depuis 1803. Le duc de Bassano ne revint à Paris qu'en 1820, et ne reparut sur la scène politique qu'après les événements de 1830. Louis-Philippe, qui s'appuyait sur les grands noms de l'Empire, le nomma pair de France le 19 novembre 1831. Lors de la crise ministérielle de novembre 1834, le roi le chargea de former un ministère, avec la présidence du conseil. Mais le ministère était à peine constitué qu'une nuée de créanciers vint pratiquer des saisies-arrêts sur son traitement. Cet incident et les événements politiques abrégèrent la durée du cabinet Bassano, qui ne vé-

cut que trois jours; le duc de Bassano ne se mêla plus de politique active.

MARET (NAPOLÉON-JOSEPH-HUGUES), DUC DE BASSANO, sénateur du second Empire, né à Paris le 3 juillet 1803, fils du précédent, entra dans la vie publique après la Révolution de 1830. Il s'engagea comme simple volontaire au moment de la campagne de Belgique, assista au siège d'Anvers et y gagna la croix de la Légion d'honneur. Aussitôt après, il fut nommé secrétaire d'ambassade en Belgique, assista aux dernières négociations du mariage du prince Léopold de Saxe-Cobourg avec la fille aînée de Louis-Philippe, et passa ensuite en Espagne. Appelé, en 1847, aux fonctions de ministre plénipotentiaire à Cassel, puis à celles de ministre plénipotentiaire et envoyé extraordinaire près du grand-duc de Bade en 1849, il reçut du prince-président, au commencement de 1852, la même situation auprès du roi des Belges, et entra au Sénat après la proclamation de l'Empire, le 31 décembre 1852. Peu après, le duc de Bassano abandonna la diplomatie pour devenir grand chambellan de Napoléon III, et reçut, le 30 décembre 1855, la plaque de grand-officier de la Légion d'honneur. Après les événements de 1870, M. Maret de Bassano se retira dans ses propriétés, et ne s'occupa plus des affaires publiques.

MARET (HENRY), député depuis 1881, né à Sancerre (Cher) le 4 mars 1838, de la famille des précédents, fils d'un percepteur de Sancerre, fit de brillantes études classiques au séminaire de Bourges, puis se rendit tout jeune à Paris où la protection du duc de Bassano, son parent, le fit admettre dans les bureaux de la préfecture de la Seine; il s'y lia avec MM. Gabriel Guillemot et Henri Rochefort. Sa détestable écriture, son peu d'assiduité, et une vocation décidée pour la littérature interrompirent bientôt sa carrière administrative. M. Henry Maret collabora à plusieurs journaux et recueils littéraires, publia dans l'*Illustration* une série d'articles qui furent remarqués sous ce titre : le *Tour du monde parisien* (1862), donna des romans à l'*Opinion nationale*, au *Temps*, etc., fut rédacteur du *Charivari* et de la *Vie parisienne*, et ne commença à s'occuper de politique que vers la fin de l'Empire. Il appartint alors, comme chroniqueur, à la rédaction de plusieurs journaux républicains, où il publiait aussi des articles de critique dramatique; il écrivit successivement dans la *Presse libre*, à la *Réforme*, au *Rappel*, critiqua vivement, pendant le siège de Paris, le gouvernement de la Défense nationale, et, pendant la Commune, fonda avec M. Henri Rochefort le journal le *Mot d'Ordre*; il s'y prononça contre la démolition de la colonne Vendôme, mais attaqua, d'autre part, l'Assemblée de Versailles dans divers articles qui le firent traduire, après la victoire du gouvernement, devant le même conseil de guerre que son rédacteur en chef. M. H. Maret fut condamné à cinq ans de détention; mais l'état de sa santé et les actives démarches de sa famille lui valurent sa mise en liberté au bout de quelques mois. Il collabora depuis, tantôt sous son nom, tantôt sous les pseudonymes de *Henry Tram*, *Yorick*, *Horatio*, aux journaux radicaux que dirigea M. Ed. Portalis de 1871 à 1873 : la *Constitution*, le *Corsaire*, l'*Avenir national*. Il quitta cette dernière feuille, en même temps que MM. Tony Révillon, Gabriel Guillemot, Cantagrel, etc., à la suite de l'adhésion donnée, sans son aveu, à la politique du prince Napoléon, par un rédacteur du journal, M. Pierre Denis. La finesse de ses polémiques et la distinction de son talent avaient mis M. Henry Maret au premier rang des publicistes républicains, lorsque, après avoir collaboré encore à la *Marseillaise* de M. A. Duportal, il devint le principal rédacteur politique du nouveau *Mot d'Ordre* (1878). On y remarqua beaucoup les articles incisifs dans lesquels il attaqua, au nom de la liberté et des principes « intransigeants», la politique opportuniste de Gambetta et de ses partisans. Au mois d'octobre 1878, il fut élu conseiller municipal de Paris pour le quartier des Épinettes (17e arrondissement), après une lutte des plus vives où il eut pour adversaire M. Risler, républicain modéré; il obtint sa réélection en janvier 1881. En 1879 et en 1880, M. Henry Maret, presque seul dans la presse de gauche, mena avec indépendance une campagne très remarquée contre l'article 7 de la loi Ferry et contre les décrets relatifs aux congrégations religieuses. Partisan de la liberté absolue d'association, il se trouva, sur la « question cléricale », en désaccord avec ses collaborateurs, dut quitter le *Mot d'ordre* en octobre 1880, et accepta de M. Ed. Portalis la rédaction en chef de la *Vérité*. Il y continua, avec le même talent, sa lutte contre « l'opportunisme autoritaire »; puis, au mois d'août 1881, peu de jours avant les élections législatives, il fonda le journal le *Radical* dont il n'a cessé d'être, depuis, le rédacteur en chef. Candidat de l'extrême gauche, le 21 août, à la Chambre des députés dans le 17e arrondissement de Paris (2e circonscription), il obtint 3,216 voix au premier tour de scrutin, et fut élu député, au scrutin de ballottage du 4 septembre, par 4,608 voix (10,751 votants et 16,681 inscrits), contre 2,348 à M. le colonel Martin, opportuniste. Il avait demandé dans son programme la revision intégrale de la Constitution, l'autonomie communale, et l'obligation pour le gouvernement de consulter la nation avant de déclarer la guerre. A la Chambre, M. Henry Maret s'assit à l'extrême-gauche, où il fut quelque temps le « leader », avec M. de Lanessan, d'un petit groupe « libertaire », qui se sépara, en quelques circonstances, du chef parlementaire des radicaux, M. Clemenceau. Après avoir combattu de tout son pouvoir le ministère de Gambetta, qu'il appela un jour « Vitellius » en pleine séance de la Chambre, M. Henry Maret fut du nombre des députés intransigeants qui crurent devoir prêter leur appui au cabinet « libéral » de M. de Freycinet. Il déposa une proposition tendant à établir au chef-lieu de chaque département un jury pour statuer sur les contestations civiles relatives à la réparation des dommages causés par accidents. En 1882, il combattit, d'accord avec M. Gaillard (de Vaucluse), comme attentatoire à la liberté de la presse, un projet de loi ayant pour objet la répression des outrages aux bonnes mœurs, et déposa (juin) un amendement à la loi du divorce portant abrogation de l'article 298 du code civil qui interdit le mariage entre le conjoint adultère et son complice. En 1883, après l'affaire de Montceau-les-Mines, il demanda l'amnistie pour tous les crimes et délits politiques. En 1884, il intervint dans la discussion de l'interpellation Langlois sur la politique économique du gouvernement, et dans celle qui eut trait à la responsabilité des patrons dans les accidents des ouvriers. Il vota *pour* l'élection de la magistrature par le peuple, *pour* la séparation de l'Église et de l'État, et *contre* les crédits de l'expédition du Tonkin. Adversaire décidé de la « politique coloniale », il la combattit sans relâche, tant à la Chambre que dans son journal. Aux élections générales d'octobre 1885, M. Henry Maret fut porté à la fois sur la plupart des listes radicales de la Seine et sur la liste socialiste du Cher, où figuraient également Félix Pyat et M. Ed. Vaillant; s'étant laissé porter, dans le même département, sur une autre liste moins avancée, formée par M. Eugène Brisson, maire de Bourges, il dut à l'appoint de quelques voix modérées d'arriver au premier tour, avec une minorité plus forte que celle de ses compagnons de la liste socialiste; il fut, en conséquence, accepté sur la liste opportuniste qui resta seule au second tour, en présence des conservateurs monarchistes, et fut élu au ballottage, député du Cher, le 5e sur 6, par 43,712 voix (82,866 votants, 101,195 inscrits). En même temps, la liste radicale de la Seine, au premier tour de scrutin, 194,562 suffrages, et avait été définitivement au second tour, par 286,763 voix (416,886 votants, 564,338 inscrits). M. H. Maret opta pour le Cher. Il reprit sa place à l'extrême gauche, se prononça, en juin 1886, *contre* la proposition Duché relative à l'expulsion des princes, après l'avoir combattue dans le *Radical*, en 1887 sur le budget de l'Opéra-Comique et conclut favorablement, en 1888, comme rapporteur, à l'entreprise du canal de Panama pour laquelle le concours du gouvernement était sollicité. Il se prononça un des premiers contre la politique du général Boulanger. Dans les derniers temps de la législature, l'intransigeance de M. Henry Maret parut subir d'assensibles atténuations : les nécessités de l'union contre le « péril boulangiste » le déterminèrent, d'une part, à renoncer à toute campagne en faveur de la revision constitutionnelle, l'autre à s'associer à certains votes restrictifs de la liberté, tels que celui du nouveau projet Lisbonne sur la presse. M. Henry Maret vota encore : *contre* le rétablissement du scrutin d'arrondissement (11 février 1889), *pour* l'ajournement indéfini de la revision de la Constitution, *pour* les poursuites contre trois députés membres de la Ligue des patriotes, *pour* les poursuites contre le général Boulanger. On a de lui, outre les ouvrages cités, une pièce jouée en 1864 au théâtre de Bordeaux : le *Baiser de la reine*, en collaboration avec M. Lacœur; un roman, les *Compagnons de la Majolaine*, etc.

MAREUIL (JOSEPH-ALEXANDRE-JACQUES DURANT, COMTE DE), représentant à la Chambre des Cent-Jours et pair de France, né à Paris le 6 novembre 1769, mort au château d'Anet (Marne) le 13 janvier 1855, « fils de André-Anne Durant et de Marie-Julie Challay, entra dans la diplomatie et devint secrétaire de la légation de France à Stuttgard. Au moment de la levée en masse, en 1793, il fut envoyé à l'armée du Rhin comme adjoint du génie, fit, en cette qualité, la campagne de Wissembourg, et assista à la victoire de Geisberg. En 1794, il rentra dans le service diplomatique, alla à Copenhague comme premier secrétaire de la légation, puis revint à Paris en 1796, comme chef de la division politique au ministère des Relations extérieures, fonction qu'il exerça jusqu'en 1805. A cette époque, envoyé à Dresde comme ministre de France, il passa ensuite à Stuttgard, et de là à Naples. Il avait été créé baron de l'Empire le 24 février 1809. A Naples, il eut, le 1er janvier

1812, une altercation assez vive avec le prince Dolgorowski, ministre de Russie, qui avait essayé de prendre, à la réception officielle, le pas sur M. de Mareuil. Il y eut échange de témoins. L'affaire fit du bruit en Europe et fut en quelque sorte le prélude de la rupture avec le tzar. M. de Mareuil fut du reste approuvé, et le prince Dolgorowski rappelé par son gouvernement. Le ministre de France dut quitter Naples en janvier 1814, à la défection du roi Murat ; en gagnant le territoire de l'empire, il fut attaqué par des brigands qui lui volèrent beaucoup d'objets précieux. A la première Restauration, il géra provisoirement, de concert avec M. de Laforest, le département des Affaires étrangères, puis, aux Cent-Jours, fut élu représentant, le 15 mai 1815, par l'arrondissement d'Epernay, avec 41 voix (75 votants). A la seconde Restauration, il devint conseiller d'Etat, et, en 1820, fut nommé envoyé extraordinaire et ministre plénipotentiaire près le roi des Pays-Bas. Il reçut ensuite une mission en Amérique, puis en Portugal. Mais son séjour à Lisbonne se trouva interrompu par l'usurpation de dom Miguel. Il allait partir pour le Brésil, accrédité auprès de dom Pedro, quand survinrent les événements de 1830. Il fut alors envoyé en Hollande, puis à Londres, où il géra l'ambassade en l'absence de M. de Talleyrand, et signa les derniers protocoles relatifs aux affaires de Belgique. Nommé pair de France le 11 octobre 1832, et grand cordon de la Légion d'honneur le 30 mars 1834, M. de Mareuil fut envoyé à Naples en qualité d'ambassadeur. Mais, après dix-huit mois de séjour, il fut brusquement rappelé et mis à la retraite, sans qu'on ait jamais su le véritable motif de cette disgrâce. Il vécut alors retiré dans ses terres de Champagne.

MAREUX (ANTOINE), député en 1789, né à Lalluin (Orne) le 15 mars 1741, mort à une date inconnue, cultivateur à Tricot, en Normandie, ut élu, le 3 avril 1789, député du tiers aux Etats-Généraux par le bailliage de Péronne. Il ne siégea pas longtemps, ayant donné sa démission dès le 12 décembre suivant.

MAREY-MONGE (NICOLAS-JOSEPH), membre de la Convention, né à Nuits (Côte-d'Or) le 22 novembre 1760, mort à Pomard (Côte-d'Or) le 9 décembre 1818, s'appelait Marey et était négociant à Nuits, quand éclata la Révolution. Elu, le 4 septembre 1791, député suppléant de la Côte-d'Or à l'Assemblée législative, il ne fut pas appelé à y siéger, et fut réélu, le 6 septembre 1792, député de la Côte-d'Or à la Convention, le 7e sur 10, par 303 voix (500 votants). Il siégea parmi les modérés, et, lors du procès du roi, répondit au 3e appel nominal :

« Plus les crimes de Louis m'inspirent d'horreur, plus je dois me mettre en garde contre les effets tumultueux de l'indignation qu'ils excitent, imposer silence à tout ce qui pourrait me faire oublier mes devoirs, et renoncer en quelque sorte à moi-même pour n'écouter que le cri de ma conscience.

« On peut considérer le coupable ou comme un citoyen, et sous l'aspect d'une justice rigoureuse, ou comme un roi convaincu de trahison contre sa patrie, et sous un point de vue politique. Citoyen, il doit être jugé comme tous les autres citoyens, par les tribunaux ordinaires; il a le droit à toutes les formes dont la loi investit l'accusé pour opérer le triomphe de la justice ou celui de l'innocence : formation de jury, récu-

sation d'une partie de ses membres, scrutin secret, etc.; mais la Convention a pensé qu'un roi ne saurait être regardé comme un simple citoyen, par ses rapports avec ses complices nationaux et étrangers; elle n'a donc considéré Louis que comme un roi traître à son souverain, et, à ce titre, et sous un point de vue politique, elle a pu s'ériger elle-même en jury, mais pour juger le crime, et non pour punir le criminel.

« Comme membre du jury national, j'ai déclaré que je crois Louis coupable.

« Toute représentation n'exerce qu'une volonté provisoire. Porter sur Louis un jugement définitif est, dans mon sens, un attentat à la volonté définitive de la nation; prononcer la mort est une usurpation du droit du souverain. Je devais donc voter pour l'appel. Je l'ai fait. L'appel a été rejeté. J'obéis au vœu de la majorité.

« La cumulation des fonctions de juré, de juge, de législateur, me paraît monstrueuse, tyrannique, subversive de tout ordre social. Mon devoir à l'égard de Louis se borne à une simple mesure de sûreté publique. Je ne veux point être juge; je ne puis ni ne dois l'être.

« Mais la Convention eût-elle reçu un mandat spécial pour juger le ci-devant roi, ce n'est pas dans le code pénal qu'elle devrait chercher la peine due à ses crimes. Pourrait-elle, sans violer les droits sacrés de la justice et de l'égalité, user de toute la rigueur de la loi envers le coupable, après lui avoir refusé la protection des formes conservatrices; et l'intérêt général n'est-il d'aucun poids dans la balance des législateurs? L'existence de la république naissante est attachée à l'existence de Louis. Si sa tête tombe, nous aurons à combattre et la fureur étrangère et la pitié nationale. Louis vivant et méprisé écarte tous les aspirants à la royauté; gardé comme otage, sa liberté deviendrait le gage de la paix. Louis, mort et regretté, laisse une place au premier ambitieux hardi qui osera l'envahir. L'expulsion des Tarquins enfanta la république, et la mort de César le triumvirat.

« Représentants du peuple, vous avez tué le despote, laissez vivre l'homme; enseveli dans l'oubli, flétri de la réprobation nationale, assiégé par le remords, qu'il traîne dans la captivité une vie rampante et déshonorée. Je n'ai plus qu'un mot à vous dire. Vous êtes dépositaires de l'honneur français. L'Europe vous contemple, la postérité s'avance. Elle vous jugera, et sa voix perce les siècles.

« Je vote, comme mesure de sûreté générale, pour la détention du ci-devant roi pendant tout le temps de la guerre, et l'expulsion un an après que les despotes coalisés contre la France auront posé les armes et reconnu la république. »

Inscrit plus tard sur la liste des émigrés, Marey obtint sa radiation. Il épousa une fille de l'illustre Monge, et eu eut sept enfants, dont six fils. De là lui vint le nom de *Marey-Monge*, qu'il porta jusqu'à sa mort (1818).

MAREY-MONGE (GUILLAUME-FÉLIX-ALPHONSE), député au Corps législatif de 1861 à 1870, né à Pomard (Côte-d'Or) le 1er septembre 1818, mort à Pomard le 29 mai 1877, sixième fils du précédent et de la fille de Monge, entra au ministère des Affaires étrangères, en 1843, dans les consulats, fut attaché puis secrétaire d'ambassade aux Etats-Unis, et envoyé en mission en Chine avec M. de Jancigny en 1841, et avec M. de Lagrené en 1843. Ce fut lui qui rapporta au gouvernement français la convention qui ouvrait les ports chinois à notre commerce. Il reçut alors la croix de chevalier de la Légion d'honneur (juillet 1845). Partisan de la dynastie napoléonienne, conseiller d'arrondissement, puis conseiller général du canton de Gevay en 1861, il fut, à l'élection du 18 août 1861, motivée par le décès de M. Ouvrard, le candidat du gouvernement dans la 2e circonscription de la Côte-d'Or, et fut élu député par 16,544 voix (23,189 votants, 35,665 inscrits), contre 6,563 à M. Auguste Boullenot. Réélu, le 4 juin 1863, par 21,252 voix (25,165 votants, 36,157 inscrits), contre 3,837 à M. Pelletau, candidat de l'opposition; et, le 24 mai 1869, par 19,477 voix (30,548 votants, 35,757 inscrits), contre 10,967 à M. Joigneaux, ancien représentant, candidat de l'opposition, M. Marey-Monge siégea dans la majorité dynastique jusqu'à la révolution du 4 septembre 1870. Officier de la Légion d'honneur depuis 1867. A la chute de l'empire il se retira dans ses terres, et vécut éloigné de la scène politique.

MAREY-MONGE (GUILLAUME-STANISLAS), COMTE DE PÉLUSE, sénateur du second empire, né à Nuits (Côte-d'Or) le 17 février 1796, mort à Pomard (Côte-d'Or) le 13 juin 1863, petit-fils de Gaspard Monge, dont il fut autorisé à prendre le titre par décret de décembre 1840, entra à l'Ecole polytechnique en 1814, et en sortit dans l'artillerie. Lieutenant en premier (1824), capitaine adjudant-major en 1826, il publia douze mémoires qui attirèrent l'attention du comité de son arme, et fut désigné pour faire partie de l'expédition d'Alger. Il permuta au dernier moment, devint chef d'escadron aux chasseurs d'Afrique, et se distingua à Sidi-Ferruch, à Blidah et à Bouffarick. Peu après, il eut à organiser les spahis, fut promu lieutenant-colonel en 1834, et nommé agha, ou commandant des forces auxiliaires indigènes. Blessé en 1835, au désastre de la Macta, il devint colonel de spahis en 1837, puis, en 1839, regagna la France pour y prendre le commandement du 1er cuirassiers. Il n'y resta que fort peu de temps et retourna en Algérie à la tête du 3e chasseurs, fut promu maréchal de camp en 1843, général de division en 1848, et exerça par intérim le gouvernement général, du 20 juin au 4 novembre de la même année. Rappelé en France, il eut successivement le commandement de la 5e division de l'armée des Alpes à Dijon, de la 13e division à Clermont-Ferrand, et enfin de la 3e à Metz. En 1857, désigné pour prendre part à l'expédition de la Kabylie, il devint ensuite inspecteur général de cavalerie. Admis dans le cadre de réserve de l'état-major en 1861, il fut nommé sénateur le 7 mai 1863, il mourut peu de jours après. M. Marey-Monge était grand-croix de la Légion d'honneur du 9 août 1851. On a de lui : *Notes sur la régence d'Alger* (1834); *Mémoire sur les armes blanches* (1841); une traduction des *Poésies* d'Abd-El-Kader, sur les règlements militaires (1848); etc.

MARGADEL (LOUIS-JOSEPH, CHEVALIER DE), député de 1815 à 1816 et de 1820 à 1830, né à Xivray (Moselle) le 13 juillet 1771, mort au château de Grasdor (Morbihan) le 9 juillet 1838, « fils de Louis-François de Margadel, chevalier, et de dame Marguerite-Charlotte de Bourgongne », était garde du corps du roi au moment de la Révolution. Il émigra en 1791, servit à l'armée des princes, devint major à l'armée royale d'Anjou, fit partie de l'expédition de Quiberon, revint ensuite en Bretagne où il

se maria, et se tint à l'écart durant le premier Empire. Chevalier de Saint-Louis à la première Restauration, il fut nommé conseiller de préfecture à Vannes le 25 janvier 1815, prit part au mouvement insurrectionnel qui se manifesta dans l'Ouest au retour de l'île d'Elbe, puis, à la seconde Restauration, fut élu, le 22 août 1815, député du collège de département du Morbihan par 114 voix (179 votants, 260 inscrits). Il s'associa aux mesures réactionnaires votées par la majorité ultra-royaliste et, après la session, fut fait chevalier de la Légion d'honneur et chef d'escadron de gendarmerie à Rennes (1816). Conseiller général du Morbihan, il fut de nouveau élu député du collège du département, le 13 novembre 1820, par 124 voix (18 votants, 194 inscrits); réélu dans le 1er arrondissement électoral du même département (Vannes), le 25 février 1824, par 272 voix (29 votants, 322 inscrits); et, le 17 novembre 1827, par 145 voix (226 votants, 258 inscrits), contre 61 voix au général Fabre, M. de Margadel siégea dans la majorité ministérielle, ne se fit remarquer que par le laconisme de ses interruptions, fut secrétaire de la Chambre et soutint le ministère Polignac contre les 221. Il ne se représenta pas en 1830.

MARGAINE (HENRI-CAMILLE), représentant en 1871, député de 1876 à 1888, membre du Sénat, né à Sainte-Menehould (Marne) le 4 septembre 1829, entra à l'Ecole de Saint-Cyr, servit dans l'infanterie jusqu'au grade de capitaine, et fit campagne en Afrique dans le 5e de ligne (1858-1866). Rentré dans la vie privée en 1861, il se maria et s'associa avec son beau-père fabricant de tuiles mécaniques. Conseiller municipal, puis maire de Sainte-Menehould, conseiller d'arrondissement et conseiller général de la Marne, il occupa les fonctions de maire pendant l'invasion, résista avec énergie aux exigences prussiennes, et reçut la décoration de la Légion d'honneur. Elu, le 8 février 1871, représentant de la Marne à l'Assemblée nationale, le 1er sur 8, par 59,158 voix (68,852 votants, 112,180 inscrits), il alla siéger à gauche et vota avec la minorité républicaine : contre les préliminaires de paix, contre l'abrogation des lois d'exil, contre le pouvoir constituant, contre la chute de Thiers au 24 mai, contre le septennat, l'état de siège, la loi des maires, contre le ministère de Broglie, pour les amendements Wallon et Pascal Duprat, et pour l'ensemble des lois constitutionnelles. Ses interruptions pleines de verve eurent parfois les honneurs du Journal officiel, notamment celle qu'il lança dans la discussion relative aux commissions permanentes des conseils généraux : « Mais c'est tout simplement, dit-il, une casserole attachée à la queue des préfets. » Il publia aussi, dans le XIXe Siècle, des lettres remarquées sur la politique courante. Aux élections législatives du 20 février 1876, il fut réélu député de l'arrondissement de Sainte-Menehould par 4,676 voix (8,029 votants, 9,584 inscrits). Il reprit sa place à gauche, et fut des 363. Il obtint à ce titre sa réélection, le 14 octobre 1877, avec 4,360 voix (8,298 votants, 9,561 inscrits) contre 3,892 à M. Varin d'Epensival. Nommé en 1876, questeur de la Chambre nouvelle, fut confirmé dans ce poste en 1877, ainsi que dans les législatures suivantes jusqu'en 1887. Il se prononça pour les ministères de gauche qui succédèrent au cabinet Dufaure, fut rapporteur (juin 1880) de la loi sur l'intendance militaire, vota pour l'article 7, pour les lois

Ferry sur l'enseignement, *pour* l'amnistie partielle. *pour* l'invalidation de l'élection de Blanqui, appuya la politique opportuniste, et fut réélu député, le 21 août 1881, par 5,079 voix (7,769 votants, 8,470 inscrits). Partisan des cabinets Gambetta et J. Ferry, il donna son suffrage aux crédits de l'expédition du Tonkin, se prononça *contre* la séparation de l'Eglise et de l'Etat, et prit une part active aux discussions des lois sur l'armée; il déposa (avril 1884) un contre-projet maintenant les dispositions de la loi de 1872 sur la durée du service et fondant les dispenses sur la justification d'une instruction militaire reçue avant le tirage au sort; il retira d'ailleurs ce contre-projet. Il fut porté, aux élections d'octobre 1885, sur la liste républicaine modérée dans la Marne, et fut élu, le 1er au 6, député de ce département, par 54,185 voix (94,874 votants, 117,802 inscrits). M. Margaine suivit la même ligne politique que précédemment, vota l'expulsion des princes, critiqua (janvier 1887) la nouvelle loi militaire, et, le 5 janvier 1888, fut élu sénateur de la Marne par 688 voix (1,000 votants). Le 26 février suivant, il fut remplacé comme député par M. Léon Bourgeois. Au Sénat comme à la Chambre, M. Margaine opina avec la majorité gouvernementale, parla (avril 1888) contre la réduction du service militaire et contre la suppression presque complète des dispenses conditionnelles, et vota, en dernier lieu, *pour* le rétablissement du scrutin d'arrondissement (11 février 1889), *pour* le projet de loi Lisbonne restrictif de la liberté de la presse, *pour* la procédure à suivre devant le Sénat contre le général Boulanger.

MARGONNE (François-Hippolyte), député en 1789, né à Lorient (Morbihan) le 25 septembre 1755, mort à Paris le 4 novembre 1790, négociant à Nogent-le-Rotrou, fut élu, le 9 avril 1789, député du tiers aux Etats-Généraux par le bailliage du Perche. Il signa le serment du Jeu de Paume, demanda un congé le 27 novembre 1789, fut nommé maire de Nogent-le-Rotrou le 25 février 1790, et n'eut qu'un rôle parlementaire sans importance qui prit fin en 1790, date de sa mort à Paris, pendant la session.

MARGUE (Guillaume-Léon), député de 1876 à 1885, né à Salornay-sur-Guye (Saône-et-Loire) le 14 juillet 1828, mort à Salornay le 13 septembre 1888, fils d'un ancien notaire depuis juge de paix, étudia le droit et s'inscrivit au barreau de Mâcon. Républicain, il fit de l'opposition à l'Empire, plaida avec un certain talent plusieurs procès politiques dans le département du Rhône, et fut interné à Paris après le coup d'Etat de 1851. Secrétaire d'Alexandre Dumas de 1858 à 1860, il collabora au journal l'*Alliance républicaine de Saône-et-Loire*, et se présenta, comme candidat indépendant au Corps législatif, le 24 mai 1869, dans la 5e circonscription de Saône-et-Loire, qui ne lui donna que 1,897 voix, contre 12,893 au candidat officiel élu, M. Lacroix, 3,199 à M. Ballard, 2,402 à M. Boysset et 1,434 à M. André. Le 8 février 1871, il obtint encore, comme candidat à l'Assemblée nationale, 47,594 voix, sans être élu. Conseiller général du canton de Cluny (1873-1880), il tenta de nouveau la fortune électorale aux élections législatives du 20 février 1876, et fut élu député de la 1re circonscription de Mâcon, par 10,803 voix (13,625 votants, 17,630 inscrits). Il siégea à gauche, parmi les radicaux, vota *pour* la proposition d'amnistie plénière de Raspail et, après

qu'elle eut été repoussée, en émit une autre, différente dans les termes, et à peu près équivalente au fond : elle eut le même sort. Adversaire du gouvernement du Seize-Mai. M. Margue fut des 363. Réélu comme tel, le 14 octobre 1877, par 11,127 voix (14,169 votants, 17,689 inscrits), il se rapprocha de la majorité modérée, et appuya les ministères républicains de la législature. M. Margue vota *pour* l'article 7, *pour* l'amnistie, *pour* l'invalidation de l'élection de Blanqui, *pour* les lois nouvelles sur la presse et le droit de réunion, etc. Il prit part à un grand nombre de discussions parlementaires, mais un certain renom lui vint surtout d'un bruyant incident de séance. On l'entendit distinctement un jour, au milieu d'un tumulte soulevé par plusieurs députés de la droite, traduire à haute voix son impression par un mot, un seul, celui qu'avait déjà illustré le général Cambronne. Ce mot ne nuisit pas à sa fortune politique. Réélu député, le 21 août 1881, par 9,740 voix (10,697 votants, 17,780 inscrits), M. Margue fut nommé, lors de la constitution du cabinet Gambetta (14 novembre 1881), sous-secrétaire d'Etat au ministère de l'Intérieur. Il s'associa aux actes du chef de l'opportunisme, quitta les affaires avec lui le 29 janvier 1882, se prononça *contre* le ministère Freycinet, revint au pouvoir comme sous-secrétaire d'Etat à l'Intérieur sous le ministère Ferry (du 27 février 1883 au mois de mai 1884), prit encore quelquefois la parole, vota tantôt avec l'Union républicaine, tantôt avec la gauche radicale, et, porté, le 4 octobre 1885, sur la liste opportuniste de Saône-et-Loire, échoua avec 31,527 voix (135,611 votants, 174,124 inscrits). Il se désista au second tour, et fut nommé conseiller à la cour de Paris. « M. Margue, écrivit un journal au lendemain de sa mort, n'était pas un adversaire terrible, bien que son profil aigu lui donnât un faux air de Robespierre. Cependant, avocat de terroir, imprégné du jus de Thorins, à l'accent coloré comme le vin de Fleury, il avait du tempérament et de la fougue; sa verve bourguignonne, qui n'était certes pas de première cuvée, avait du ton néanmoins, et un reflet rubicond accentué. Ajoutons que comme orateur il n'était pas sans talent, bien que sa fameuse charge de Waterloo ait pu faire croire qu'il ne connaissait qu'un mot dans toute la langue française. » M. Margue était le beau-frère du critique estimé M. Henri de La Pommeraye.

MARGUERITTES (Jean-Antoine Teissier, baron de), député en 1789, né à Nîmes (Gard) le 30 juillet 1744, exécuté à Paris le 20 mai 1794, « fils de Jean-Joseph-Marie-Augustin-Christophe Teissier, chevalier, baron de Marguerittes, seigneur de Roquecombre, la Gainé, Coulons, etc., titulaire d'un office de secrétaire du roi, et de Marie de Salles », riche propriétaire, s'était occupé de littérature, et était membre des Académies de Nîmes, de Lyon, de Montauban, lorsqu'il fut élu, le 31 mars 1789, député de la noblesse aux Etats-Généraux, par la sénéchaussée de Nîmes et de Beaucaire. Il protesta contre la réunion des ordres, contre l'abolition des privilèges et contre les décrets de l'Assemblée. A l'organisation des municipalités, il fut maire de Nîmes (1er février 1700). Peu de temps après, il offrit à la garde nationale nîmoise un banquet qui fut suivi de scènes de désordre et de cris réactionnaires et où la cocarde blanche fut arborée. Il dut venir se justifier à la barre de l'Assemblée (11 mai 1790), et fut autorisé à reprendre son siège. En 1793, il fut de nouveau dénoncé par Voulland, arrêté comme suspect, traduit devant le tribunal révolutionnaire de Paris, condamné et exécuté. On a de lui : *La Révolution de Portugal*, tragédie (1775) ; *Discours sur l'avènement du roi Louis XVI à la couronne* (1775) ; *Instruction sur l'éducation des vers à soie* ; *Clémentine ou l'ascendant de la vertu*, drame, et des brochures politiques.

MARHALLACH (Jean-Félix du), député de 1815 à 1822 et de 1827 à 1830, né à Plonéour (Finistère) le 28 décembre 1772, mort à Quimper (Finistère) le 9 octobre 1858, « fils de Jacques-Charles du Marhallach, chef de ses noms et armes, chevalier, seigneur de Tréouron, Kerraoul, Lauvern, etc., et de dame Jeanne-Françoise Enzenou de Kersalaun », était officier d'artillerie au moment de la Révolution. Il émigra en 1790, et servit quelque temps dans l'armée de Condé, puis rentra en France sous l'Empire, et devint maire de Ploumelin et membre du conseil général du Finistère, qu'il présida pendant plusieurs années sous la Restauration. Chevalier de Saint-Louis et chevalier de la Légion d'honneur au retour des Bourbons, conseiller de préfecture à Quimper le 27 décembre 1814, il fut élu député du collège de département du Finistère, le 22 août 1815, par 93 voix (172 votants, 244 inscrits) ; il siégea dans la majorité de la Chambre introuvable, et fut réélu, le 4 octobre 1816, par 82 voix (157 votants, 232 inscrits). Il ne se présenta pas en 1822, et revint à la Chambre aux élections du 17 novembre 1827, comme député du 4e arrondissement électoral du Finistère (Quimper), élu par 111 voix (173 votants, 195 inscrits), contre 60 voix à M. de Mauduit. En 1828, il refusa une préfecture que lui offrait le ministère Martignac, et il soutint le cabinet Polignac contre les 221. Réélu, le 23 juin 1830, par 109 voix (176 votants, 194 inscrits) contre 75 à M. Bastard de Kerguifinnec, il donna sa démission, à la révolution de juillet, par la lettre suivante :

Paris, 18 août 1830.

« Monsieur le Président,

« Élu député sous l'empire de la Charte constitutionnelle ; convaincu que mes concitoyens n'avaient ni la volonté ni le droit de me conférer d'autres pouvoirs que ceux qui m'étaient accordés par cette Charte, je regarde comme un devoir imposé par ma conscience de donner ma démission.

« J'ai l'honneur, etc.

« Du Marhallach,
« député du Finistère. »

Il revint en Bretagne, et ne se mêla plus à la vie politique.

MARHALLACH (Auguste-François-Félix du), représentant en 1871, né à Quimper (Finistère) le 6 septembre 1808, fils du précédent, entra au séminaire à 43 ans, après avoir perdu sa femme et ses enfants, et devint vicaire général de l'évêché de Cornouailles et de Léon. En 1870, il partit comme aumônier d'un bataillon de mobiles, assista au combat de l'Hay (30 novembre 1870), fut cité à l'ordre du jour de l'armée pour sa belle conduite, et décoré, quelques jours plus tard, de la Légion d'honneur. Élu représentant du Finistère à l'Assemblée nationale, le 8 février 1871, le 11e sur 13, par 55,123 voix (76,088 votants, 162,667 inscrits), il n'assista pas à Bordeaux au scrutin sur la paix, vota à Versailles *contre* le retour à Paris, et donna sa démission au commencement de 1872.

MARIANI (Joseph-Louis-Thomas-Maurice Jérôme, baron), député au Corps législatif de 1857 à 1863, né à Corte (Corse) le 8 août 1817, mort à Paris le 24 juin 1890, appartint à l'armée et fut aide-de-camp du prince Jérôme-Napoléon. Le 29 juin 1857, il se présenta, avec l'appui officiel du gouvernement, comme candidat au Corps législatif dans la 2e circonscription de la Corse. Le 17 mai précédent, il avait reçu de l'Empereur la lettre suivante, destinée à la publicité : « Mon cher commandant, le ministre de l'Intérieur a dû vous dire que vous seriez en Corse le candidat du gouvernement. Vous pouvez donc le proclamer hautement, car je serai très heureux que la confiance des électeurs vous amène à la Chambre.

« Croyez à mes sentiments d'amitié,

« Napoléon. »

Tuileries, le 17 mai 1857.

Il fut élu député par 23,945 voix (24,298 votants, 29,223 inscrits) ; contre 335 à M. Barnouf, siégea dans la majorité dynastique, et se représenta le 1er juin 1863 ; mais il échoua avec 10,663 voix contre 12,602 à l'élu, M. Sampiero Gavini, candidat bonapartiste non-officiel. M. Mariani reçut alors, comme dédommagement, la sous-préfecture de Corte, qu'il administra jusqu'à la chute de l'Empire.

MARIBON DE MONTAUT (Louis), député en 1791, membre de la Convention, né à Montaut (Gers) le 22 octobre 1754, mort au château de Montaut le 12 juillet 1842, appartint à l'armée comme mousquetaire ; il devint, à la Révolution, lieutenant-colonel de la garde nationale de Condom et administrateur de ce district. Élu, le 5 septembre 1791, député du Gers à l'Assemblée législative, le 7e sur 9, par 163 voix (314 votants), il siégea dans la majorité réformatrice, fit rejeter quelques articles du projet de loi sur les passeports, fit décréter d'accusation trois habitants de Clermont-Ferrand prévenus d'embauchage pour les émigrés, proposa que tous les anciens drapeaux fussent brûlés à la tête des régiments, et, en présence des officiers municipaux, dénonça les « Chevaliers du poignard » et fit voter, au 10 août, un appel nominal pour jurer, au nom de la nation, de maintenir la liberté et l'égalité ou de mourir à son poste. Réélu, le 3 septembre 1792, député du même département à la Convention, le 2e sur 9, par 494 voix (508 votants), Maribon de Montaut prit place à la Montagne et partagea les idées politiques des Jacobins. Il fut membre du comité de sûreté générale. Dans le procès du roi, il s'exprima en ces termes : « Citoyens, je ne crains pas de le dire, sous le masque de la sensibilité, quelques-uns de nos collègues voudraient commuer la peine de mort en une détention perpétuelle ou en bannissement. Mais, je le demande, cette sensibilité, l'ont-ils eue ? J'ouvre le code pénal, j'y lis la peine de mort contre les traîtres et les conspirateurs. Louis est coupable de conspiration. Je lis encore, dans la Déclaration des droits de l'homme : « La loi doit être égale pour tous, soit qu'elle protège, soit qu'elle punisse. » Je condamne le tyran à la mort. » Envoyé en mission à l'armée de la Moselle (avril 1793), il annonça à l'assemblée la capitulation de Mayence, reprocha au conseil défensif d'avoir rendu cette place avant la brèche ouverte, et demanda la punition des officiers ainsi que des commissaires Merlin de

Thionville et Rewbell. De retour à la Convention, il se prononça avec force contre les Girondins ; ce fut sur sa motion que l'on vota la translation dans les maisons d'arrêt de tous les individus accusés sur le rapport d'Amar. Devant le tribunal révolutionnaire, il déposa contre Brissot et ses coaccusés. Devenu président de la société des Jacobins, il prit une part active aux travaux de ce club, et intervint encore à la Convention dans plusieurs débats politiques importants. Il dénonça un certain nombre de ses collègues comme suspects de modérantisme, et resta attaché au parti jacobin après le 9 thermidor. Comme Duhem était menacé d'être envoyé à l'Abbaye, il déclara que si l'on persistait, il voulait y être enfermé avec lui. Violemment accusé lui-même par Legendre, Bourdon (de l'Oise) et autres, il ne tarda pas à être décrété d'arrestation par la majorité thermidorienne (2 prairial an III). L'amnistie du 4 brumaire an IV le rendit à la liberté. Il ne semble pas qu'il ait joué depuis aucun rôle politique. Frappé par la loi du 12 janvier 1816 contre les régicides, il quitta le Gers en 1816, et se réfugia à Bâle. Rentré à Paris, à ses risques et périls, avec Descamps, le 9 janvier 1822, il se rendit dans le Gers le 21 suivant, et ne fut pas inquiété, n'ayant accepté aucune fonction ni signé l'Acte additionnel pendant les Cent-Jours. Il mourut dans son château de Montaut (Gers) à 88 ans.

MARIE (JOSEPH), député en 1791, né à Nantes (Loire-Inférieure) le 26 mars 1743, mort à une date inconnue, administrateur de la Loire-Inférieure, fut élu député de ce département, le 3 septembre 1791, le 4e sur 8, par 231 voix (318 votants). Il n'eut qu'un rôle politique sans importance, son nom ne figure pas au *Moniteur*.

MARIE (JOSEPH), député en 1791, né à Prades (Pyrénées-Orientales) en 1750, mort à une date inconnue, remplissait dans son district des fonctions administratives, quand il fut élu, le 30 août 1791, député des Pyrénées-Orientales à l'Assemblée législative, le 2e sur 5, à la pluralité des voix sur 140 votants. Le *Moniteur* est muet sur son rôle parlementaire.

MARIE (ALEXANDRE-PIERRE-THOMAS-AMABLE MARIE DE SAINT-GEORGES, dit), député de 1842 à 1848, membre du gouvernement provisoire, ministre, membre de la Commission exécutive, représentant en 1848, député de 1863 à 1869, né à Auxerre (Yonne) le 15 février 1795, mort à Paris le 28 avril 1870, fit de bonnes études au collège de sa ville natale, et vint étudier le droit à Paris. Inscrit au barreau en 1819, il se distingua de bonne heure comme avocat et prit part aux luttes du parti libéral sous la Restauration. Plusieurs causes criminelles avaient mis en évidence le jeune stagiaire qui songea un instant à la carrière de l'enseignement du droit; mais ses opinions républicaines le firent échouer, dit-on, au concours pour une chaire de la faculté. Il se consacra tout entier à sa profession et réussit surtout dans les procès politiques. Défenseur des accusés de juin 1832, il plaida, l'année suivante, pour M. Cabet, député, poursuivi à cause de son livre sur la *Révolution de 1830*, et mérita par son talent les encouragements de Dupont (de l'Eure). Il assista aussi le complice de Fieschi, Pépin. Le 9 juillet 1842, M. Marie, dont les opinions étaient celles de la gauche dynastique, se présenta avec succès dans le

5e arrondissement de Paris, où il fut élu député par 719 voix (1,138 votants, 1,357 inscrits), contre 349 à M. Adolphe Blanqui et 85 à M. Griolet. Il siégea dans les rangs de l'opposition, mais combattit par ses votes plus que par ses discours la politique ministérielle. « M. Marie, lit-on dans la *Biographie des députés de 1842 à 1846, par deux journalistes*, n'a pas trouvé l'occasion de développer à la tribune le beau talent dont il a donné tant de preuves; mais il est homme à prendre un jour une revanche éclatante. » Réélu, le 1er août 1846, par 547 voix (914 votants, 1,111 inscrits), contre 354 à M. Ad. Blanqui, il continua de s'associer aux opinions de la gauche, combattit les doctrinaires, déclara illégale, dans la séance du 24 février 1848, la régence proposée, et mit en avant la nomination d'un gouvernement provisoire, dont il devait faire lui-même partie, comme membre de la majorité modérée. Dans la répartition des portefeuilles, M. Marie reçut celui des Travaux publics. Un de ses principaux actes fut d'organiser les ateliers nationaux, création faussement attribuée à Louis Blanc, et qui fut imaginée, au contraire, par les adversaires de ses théories pour faire avorter les manifestations socialistes. Elu, le 23 avril 1848, représentant de la Seine à l'Assemblée constituante, le 6e sur 34, par 225,776 voix (267,888 votants, 399,191 inscrits), en même temps que de l'Yonne, le 1er sur 9, par 85,947 voix, M. Marie prit place dans les rangs de la majorité, où dominait le parti dit du *National*. Il eut pour successeur aux Travaux publics M. Trélat, fut nommé membre de la Commission exécutive par 702 suffrages, et tomba avec elle lors de l'insurrection de juin. Dans cet intervalle, il soutint (7 juin 1848) la loi sur les attroupements, qui fut adoptée par 478 voix contre 82, et déclara, à ce sujet, que « la République voulait toutes les libertés, mais, avant toutes les libertés, l'ordre public. » Il eut une grande part aux actes comme aux délibérations qui précédèrent immédiatement l'insurrection. Quand la dissolution des ateliers nationaux eut été décidée, ce fut lui qui reçut, à la Commission exécutive, les délégués ouvriers dont Pujol était l'orateur. Daniel Stern (Mme d'Agoult) a raconté en ces termes leur entrevue : « Pujol, introduit devant M. Marie, l'aborde d'un ton hautain. « Citoyen, dit-il, avant la révolution de février... — Pardon, interrompt M. Marie, mais il me semble que vous remontez un peu haut; souvenez-vous que je n'ai pas de temps à perdre. — Votre temps n'est pas à vous, citoyen, il est au peuple, dont vous êtes le représentant... — Citoyen Pujol, dit M. Marie, avec un geste de menace, nous vous connaissons depuis longtemps; nous avons l'œil sur vous. Ce n'est pas la première fois que nous nous rencontrons; vous avez parlementé avec moi, le 15 mai, après avoir, un des premiers, franchi la grille de l'Assemblée. — Soit! dit Pujol, mais sachez que du jour où je me suis voué à la défense des libertés du peuple, j'ai pris, vis-à-vis de moi-même, l'engagement de ne reculer devant aucune menace, vous me menacez donc inutilement. » M. Marie, se tournant alors vers l'un des délégués qui accompagnaient Pujol : « Je ne puis, dit-il, reconnaître un organe du peuple dans un homme qui a fait partie de l'insurrection du 15 mai; parlez, vous, exposez vos griefs, je vous écoute. — Nul ici ne parlera avant moi, dit Pujol, en étendant le bras entre M. Marie et les délégués. — Non, non! s'écrient-ils. — Etes-vous donc les esclaves de cet homme? » reprend

M. Marie avec indignation. Un murmure prolongé accueille ce mot. « Vous insultez les délégués du peuple, » s'écrie Pujol. — Savez-vous, lui dit M. Marie en le prenant par le bras, que vous parlez à un membre du pouvoir exécutif? — Je le sais, dit Pujol en dégageant son bras, mais je sais aussi que vous me devez le respect, car si vous êtes membre du pouvoir exécutif, je suis, moi, délégué du peuple. » En ce moment plusieurs officiers qui étaient dans la salle voisine, entendant ce bruit de voix, entrèrent et entourèrent les délégués en silence. « Puisque vous ne voulez pas nous entendre, dit Pujol à M. Marie en les voyant entrer, nous nous retirons. — Puisque vous voilà, parlez, dit M. Marie. — Citoyen représentant, reprit Pujol avec beaucoup d'assurance, avant la révolution de février, le peuple des travailleurs subissait la funeste influence du capital. Pour se soustraire à l'exploitation de ses maîtres, il fit des barricades, et ne déposa les armes qu'après avoir proclamé la République démocratique et sociale, qui devait pour toujours l'arracher à la servitude. Aujourd'hui, les travailleurs s'aperçoivent qu'ils ont été indignement trompés ; c'est vous dire qu'ils sont prêts à faire tous les sacrifices, même celui de leur vie, pour le maintien de leurs libertés. — Je vous comprends, dit M. Marie, eh bien, écoutez : si les ouvriers ne veulent pas partir pour la province, nous les y contraindrons par la force, par la force, entendez-vous ? — Par la force, c'est bien, nous savons maintenant ce que nous voulions savoir. — Et que vouliez-vous savoir ? — Que la Commission exécutive n'a jamais voulu sincèrement l'organisation du travail. Adieu, citoyen. » Le lendemain Paris se couvrait de barricades. Aussitôt après la victoire, l'Assemblée choisit M. Marie pour son président, en remplacement de M. Sénart, appelé par le général Cavaignac au ministère de l'Intérieur. Bientôt après, M. Marie était appelé lui-même par le dictateur au ministère de la Justice (15 juillet), qu'il occupa jusqu'à l'élection présidentielle. A la Constituante, il appuya les diverses demandes de poursuites contre Louis Blanc et Caussidière, et déclarant renoncer, suivant son expression (séance du 11 août), « à des idées plus chevaleresques que réelles », il se prononça : contre l'abolition de la peine de mort, contre l'amendement Grévy, contre le droit au travail, etc. Il vota ensuite, tantôt avec la droite, tantôt avec la gauche, pour l'ordre du jour en l'honneur de Cavaignac, contre la proposition Rateau, contre l'interdiction des clubs, contre la mise en accusation du président et de ses ministres, contre l'abolition de l'impôt des boissons. Au début, il se montra favorable à l'expédition romaine ; mais il désapprouva le siège de Rome. Dans les derniers mois de la session, il fit à la politique de L.-N. Bonaparte une opposition modérée. Non réélu à la Législative, M. Marie reprit sa place au barreau de Paris ; il fut plusieurs fois nommé membre du conseil de l'ordre, dont il avait été bâtonnier pendant les années 1841 et 1842. Désigné, aux élections du 1er juin 1863, comme candidat de l'opposition au Corps législatif, dans la 4e circonscription des Bouches-du-Rhône, il fut élu député par 6,570 voix (12,986 votants, 22,752 inscrits), contre 6,282 à M. Canaple, succès dû à la coalition des républicains modérés et des légitimistes. De 1863 à 1869, M. Marie fit partie de la gauche de l'Assemblée ; mais l'état de sa santé ne lui permit que de prendre très rarement part aux discussions. Aux élections du 24 mai 1869, il ne put

obtenir le renouvellement de son mandat, et ne réunit, au premier tour de scrutin, que 4,526 voix sur 21,542 votants, il se retira avant le ballottage et fut remplacé par un républicain radical, M. Esquiros. D'une santé fortement ébranlée, Marie, qui brilla peu dans les assemblées parlementaires, plaida, pour ainsi dire, jusqu'au dernier jour, notamment pour l'éditeur des Mémoires du maréchal Marmont accusé de diffamation contre le prince Eugène. « A voir sa haute taille, a dit de lui M. Rousse, son geste énergique, cette tête antique, fine et dégagée, ces traits austères ; à entendre cette voix émue, fatiguée, solennelle, il semblait que ce fût un vieux Romain des beaux temps de Rome. Ce républicain était l'ami le plus fidèle de Berryer. Pendant quarante ans, ils ont vécu l'un près de l'autre, dans la même maison, et la simplicité de cette illustre demeure faisait honte au luxe moderne qu'affichaient tant de petites gens. » M. Marie collabora à la Revue municipale, à l'Encyclopédie du droit, et à plusieurs journaux judiciaires.

MARIE (LOUIS-JEAN), représentant du peuple en 1848, né à Etables (Côtes-du-Nord) le 17 mai 1783, mort à Saint-Brieuc (Côtes-du-Nord) le 5 novembre 1853, armateur à Saint-Brieuc, et connu pour ses idées libérales, se présenta comme candidat d'opposition dans le 2e collège des Côtes-du-Nord (Saint-Brieuc), le 1er août 1846, et échoua avec 98 voix contre 138 à l'élu ministériel, M. Armez, député sortant. La révolution de 1848 lui ouvrit les portes du parlement ; élu représentant des Côtes-du-Nord, à l'Assemblée constituante, le 23 avril 1848, le 12e sur 16, par 69,744 voix (144,377 votants, 167,673 inscrits), il siégea parmi les républicains modérés, fit partie du comité du commerce et de l'industrie, et vota contre le bannissement de la famille d'Orléans, pour les poursuites contre L. Blanc et Caussidière, contre l'abolition de la peine de mort, contre l'impôt progressif, contre l'incompatibilité des fonctions, contre l'amendement Grévy, contre la sanction de la Constitution par le peuple, pour l'ensemble de la Constitution, contre la proposition Rateau, contre la demande de mise en accusation du président et des ministres. Non réélu à la Législative, il reprit à Saint-Brieuc la direction de sa maison.

MARIE (AUGUSTE-ALPHONSE), représentant du peuple en 1848, né à Caen (Calvados) le 11 juin 1803, mort à Auch (Gers) le 20 mai 1882, était fils d'un ancien domestique d'une dame Desroziers, qui fit donner à celui-ci un peu d'instruction, et lui facilita les moyens de s'établir mercier à Caen. Marie père entra ensuite dans les bureaux de la préfecture, où il devint chef de bureau, puis ouvrit une maison de banque. Ses opinions libérales le firent nommer en 1830 secrétaire-général de la préfecture. Son fils, Auguste-Alphonse, lui succéda comme banquier. En 1843, il figura à un quadrille d'honneur au bal offert par la ville de Caen à la duchesse de Nemours de passage dans cette ville, et donna la main à la princesse. La révolution de 1848 réveilla en lui des sentiments libéraux ; il fut nommé commissaire du gouvernement provisoire dans son département, consacra son traitement à des œuvres patriotiques, et fut élu, le 23 avril, représentant du Calvados à l'Assemblée constituante, le 7e sur 12, par 61,653 voix. Il fit partie du comité de l'instruction publique, et vota en général avec le parti du *National. pour* le bannissement de la famille d'Orléans, *contre* les poursuites contre Louis Blanc et Caussidière, *pour* l'incompatibilité des fonctions, *contre* l'amendement Grévy, *contre* la sanction de la Constitution par le peuple, *pour* l'ensemble de la Constitution, *contre* la proposition Rateau, *contre* l'interdiction des clubs, *contre* l'expédition de Rome, *pour* la demande de mise en accusation du président et des ministres. Non réélu à la Législative, il rentra dans la vie privée.

MARIE-D'AVIGNEAU (ALEXANDRE-ANDRÉ-THOMAS), député en 1791, né à Ratilly (Yonne) le 18 janvier 1755, mort en 1818, lieutenant général du bailliage d'Avesnes sous la Révolution, devint président de l'administration du département de l'Yonne, puis fut élu, le 1er septembre 1791, député à l'Assemblée législative par ce même département, le 2e sur 9, avec 267 voix (454 votants), Il prit place parmi les constitutionnels, s'opposa aux lois de proscription, aux mesures contre les prêtres réfractaires et les nobles émigrés, et réclama la tolérance en matière religieuse. Ses idées modérés le forcèrent à émigrer après la session. On ignore l'époque à laquelle il rentra en France. La seconde Restauration se rappela ses services passés et le nomma (1er mai 1816) président du tribunal de première instance de Château-Chinon. Il mourut deux ans après.

MARIETTE (JACQUES-CHRISTOPHE-LUC), membre de la Convention, député au Conseil des Cinq-Cents, né à Caen (Calvados) le 15 décembre 1760, mort à Paris le 7 janvier 1821, était avocat au parlement de Rouen en 1789. Devenu juge de paix dans cette ville, il fut élu, le 9 septembre 1792, membre de la Convention par le département de la Seine-Inférieure, le 12e sur 16, « à la pluralité des voix. » Partisan modéré des idées révolutionnaires, il se prononça, dans le procès du roi, pour l'appel au peuple, pour la détention et pour le bannissement à la paix, en disant : « Ce n'est point comme juge que j'opine ; mes commettants ne m'ont point délégué cette qualité, et elle me répugne ; comme législateur, je vois en Louis un grand coupable, digne du dernier supplice ; mais l'expérience des peuples me fait craindre que sa mort n'ait des dangers. Je vote donc pour sa détention pendant la guerre et le bannissement ensuite. » Muet à son banc jusqu'au 9 thermidor, Mariette fut alors chargé d'une mission dans le midi de la France ; cette mission, relative en apparence aux subsistances et au commerce, fut en réalité une mission politique, dont le représentant de la Seine-Inférieure s'acquitta de manière à s'attirer les accusations les plus vives de la part des républicains de la région, qui lui reprochèrent d'avoir toléré des vengeances contre le parti jacobin dans les principales villes de Provence. Mais Mariette obtint gain de cause auprès de la majorité thermidorienne, fut élu secrétaire de l'assemblée et fit partie du comité de sûreté générale. Réélu membre du Conseil des Cinq-Cents par ses collègues de la Convention, le 3 brumaire an IV, il y fut poursuivi par les dénonciations des « patriotes » du Midi, fut défendu par Guérin et Rouyer, réussit encore à se justifier, et sortit du Conseil en 1797. Il remplit successivement les fonctions de juge au tribunal d'appel de Rouen (1800), de prévôt des douanes à Anvers (1811), et de commissaire de police à Paris. Destitué en 1815, il vécut désormais dans la retraite.

MARIN (JACQUES-AUGUSTIN-LAMBERT), député en 1791, né à Lunéville (Meurthe) le 31 août 1755, mort à une date inconnue, homme de loi à Saar-Union, puis juge au tribunal de Bitche, fut élu, le 4 septembre 1791, député de la Moselle à l'Assemblée législative, le 3e sur 8, par 256 voix (415 votants). Il siégea silencieusement dans la majorité, remplit, après la session, le poste de commissaire près le tribunal civil de la Meurthe, puis celui de juge au tribunal criminel de Nancy (22 prairial an VIII), et présida encore le tribunal militaire de l'armée de la Moselle.

MARIN (ANTHELME), membre de la Convention, député au Conseil des Cinq-Cents, né à Chambéry (Savoie) le 12 mai 1763, mort à Chambéry en 1825, fils d'un sénateur au Sénat de Savoie, et neveu du célèbre capucin P. Ange de la Bâthie, fit ses études de droit, fut reçu docteur à l'université de Turin en 1779, avocat en 1784, se fit inscrire au barreau de Chambéry en 1789, fut nommé conservateur des apanages des princes en 1791, puis substitut de l'avocat-général au Sénat de Savoie en 1791. Epris des idées de la Révolution, il préconisa, en octobre 1792, à la Société des jacobins de Chambéry, la réunion de la Savoie à la France, et son discours, répandu dans toutes les communes, le mit en évidence ; la ville de Chambéry le députa à l'assemblée des Allobroges, dont il fut un des secrétaires suppléants, et où il fut membre du comité de législation. Elu, le 1er février 1793, membre de la Convention pour le département du Mont-Blanc, le 2e sur 8, par 327 voix sur 562 votants, il siégea silencieusement à la Montagne, et ne se mêla à la politique active qu'après la chute de Robespierre. Membre du comité des travaux publics, et membre des commissions qui conclurent aux poursuites contre Carrier et Lebon, il fut, en prairial an III, un des délégués de la Convention auprès des sections soulevées ; signala, le 12 floréal, les intelligences des prêtres déportés avec les ennemis de l'intérieur, et demanda leur déportation ; discuta (messidor) le projet de Constitution ; s'opposa sans succès à l'annulation du décret rendu contre le général de Montesquiou, sous prétexte qu'il aurait pu cerner l'armée piémontaise ; parla sur la loi des successions, sur les biens communaux, et entra au comité des inspecteurs. Le 22 vendémiaire IV, le département du Mont-Blanc l'élut député au Conseil des Cinq-Cents par 234 voix sur 311 votants. Il s'y occupa de l'organisation de l'Ecole centrale du Mont-Blanc, et demanda (1er nivôse an VI) le prompt achèvement du Muséum central des arts. Sorti du Conseil en germinal an VI, il fut nommé, en l'an VII, professeur de littérature à l'Ecole centrale de son département, en l'an IX professeur de droit, et, en l'an XIII, juge au tribunal criminel de la Meurthe. Il quitta ce poste lors de la réorganisation des cours et tribunaux (1811), s'occupa de botanique et d'agriculture, devint secrétaire perpétuel de la Société d'agriculture de sa ville natale, et réunit une collection d'insectes et un herbier dont il fit don au musée scolaire de Chambéry. Il publia, en 1814, une brochure qui rappela sur lui l'attention publique : *Les Alpes sont les limites naturelles et nécessaires du territoire français*. Aux Cent-Jours, l'empereur le nomma (17 mars 1815) conseiller de préfecture de Chambéry. En le destituant de ces fonctions, la seconde Restauration le rendit à ses études et à sa palette, car il avait un réel talent comme peintre de fleurs.

MARION (Jean-Louis), représentant du peuple en 1848, né à Saint-Malo (Ille-et-Vilaine) le 12 avril 1801, mort à Pleudihen (Côtes-du-Nord) le 7 octobre 1870, se fit recevoir avocat, mais s'occupa de l'exploitation de ses propriétés. Conseiller d'arrondissement, d'opinions libérales, il fut élu, le 23 avril 1848, représentant d'Ille-et-Vilaine à l'Assemblée constituante, le 4e sur 14, par 93,706 voix (132,609 votants, 152,985 inscrits). Membre du comité de la marine, il vota, avec la droite, contre le bannissement de la famille d'Orléans, pour les poursuites contre L. Blanc et Caussidière, contre l'abolition de la peine de mort, contre l'impôt progressif, contre l'incompatibilité des fonctions, contre l'amendement Grévy, pour la sanction de la Constitution par le peuple, pour l'ensemble de la Constitution, pour la proposition Rateau, pour l'interdiction des clubs, pour l'expédition de Rome. Il rentra ensuite dans la vie privée, et n'accepta plus que le mandat de conseiller général d'Ille-et-Vilaine et de maire du Grand-Fougeray.

MARION DE FAVERGES (André-Louis-Joseph), député de 1839 à 1848, représentant du peuple en 1848, né à Grenoble (Isère) le 11 juin 1796, mort à Grenoble le 1er février 1867, fils d'un avocat général dévoué à la branche aînée, devint, par la protection de M. de Peyronnet, conseiller à la cour royale de Grenoble. Libéral sous le gouvernement de Louis-Philippe, il fut élu, le 2 mars 1839, au 6e collège de l'Isère (La Tour-du-Pin), par 171 voix (312 votants): il prit place au centre-gauche et vota avec l'opposition constitutionnelle. Réélu, le 9 juillet 1842, par 210 voix (347 votants, 383 inscrits), contre 133 à M. Prunelle, et, le 1er août 1846, par 233 voix (454 votants, 487 inscrits), contre 212 voix à M. Nadaud, il repoussa l'indemnité Pritchard, et soutint la proposition relative aux députés fonctionnaires. Son opposition s'accentua encore; il combattit le ministère Guizot, et applaudit à la révolution de février. Le gouvernement provisoire l'ayant nommé commissaire dans le département de l'Isère, on fit courir cette chanson :

> A tout parti, moi j'fais la nique.
> Etre toujours placé, voilà surtout mon fait,
> Et, conseiller royal de mons de Peyronnet,
> J'suis commissair' d'la République!

M. Marion fut élu, le 23 avril suivant, représentant de l'Isère à l'Assemblée constituante, le 3e sur 15, par 124,103 voix (136,486 votants, 159,723 inscrits). Il fit partie du comité de législation, et vota en général avec la droite, pour le bannissement de la famille d'Orléans, pour les poursuites contre L. Blanc et Caussidière, contre l'impôt progressif, contre l'amendement Grévy, contre la sanction de la Constitution par le peuple, pour l'ensemble de la Constitution, pour l'interdiction des clubs, pour l'expédition de Rome, contre la demande de mise en accusation du président et des ministres. Rallié à la politique du prince Louis-Napoléon après l'élection du 10 décembre, il devint, sous le second empire, président de chambre à la cour de Grenoble et fut retraité comme tel, le 30 janvier 1867, deux jours avant sa mort.

MARION DE FAVERGES (Joseph-Edouard), député au Corps législatif de 1869 à 1870, député de 1876 à 1885 et membre du Sénat, né à Grenoble (Isère) le 17 décembre 1829, mort à Tain (Drôme) le 3 décembre 1890, fils du précé-

dent, fit son droit à Paris, fut reçu avocat et acheta une charge d'agent de change à Marseille, puis à Paris. En 1861, il se retira au château de Faverges pour s'occuper d'agriculture et spécialement d'élevage. Conseiller général du canton de Morestel, il présenta sa candidature d'opposition démocratique, dans la 4e circonscription de l'Isère, aux élections de 1869, et fut élu député, le 24 mai, par 15,410 voix (26,532 votants, 31,824 inscrits), contre 7,732 à M. de Vaulserre et 3,338 à M. Michal-Ladichère. Il protesta, avec M. de Kératry, contre la durée inconstitutionnelle de la prorogation de la nouvelle Chambre ; mais son élection fut invalidée par la majorité. Il se représenta devant ses électeurs, le 6 février 1870, et fut réélu par 18,069 voix (23,954 votants, 31,632 inscrits), contre 2,688 à M. Gayet, 2,359 à M. de Marnas et 722 à M. Brillier. Il reprit sa place à gauche, demanda (juillet 1870) qu'on donnât connaissance à la Chambre des documents relatifs aux difficultés avec la Prusse, et vota contre la guerre. Après le 4 septembre, M. Marion fut nommé commissaire du gouvernement dans l'Isère, et commandant des mobilisés du département avec le grade de général. Maire des Avenières, il se tint à l'écart de la politique pendant la durée de l'Assemblée nationale, et fut révoqué de ses fonctions de maire par le ministère de Broglie (1874). Candidat aux élections du 20 février 1876, dans la 2e circonscription de la Tour-du-Pin, il fut élu par 7,994 voix (12,764 votants, 15,939 inscrits), contre 4,518 à M. de Quinsonas, représentant sortant. Il prit place au groupe de l'Union républicaine et fut l'un des 363 députés qui refusèrent un vote de confiance au ministère de Broglie. Successivement réélu, le 14 octobre 1877, par 9,276 voix (13,240 votants, 16,361 inscrits), contre 3,869 à M. Baboin; et, le 21 août 1881, par 9,099 voix (10,059 votants, 17,020 inscrits), il continua de siéger à l'Union républicaine, appuya de ses votes les différents ministères républicains, vota pour la loi Ferry sur l'enseignement supérieur, etc. Le 25 janvier 1885, il fut élu sénateur de l'Isère, par 624 voix (1,231 votants), en remplacement de M. Michal-Ladichère décédé. A la Chambre haute, il a pris place à la gauche républicaine, a voté l'expulsion des princes, et s'est prononcé, en dernier lieu, pour le rétablissement du scrutin d'arrondissement (13 février 1889), pour le projet de loi Lisbonne restrictif de la liberté de la presse, pour la procédure de la Haute-Cour contre le général Boulanger.

MARISCOTTI (François-Marie-Gaspard-Pierre-Vincent-Camille-Philippe), député au Corps législatif de 1811 à 1814, né à Marco (Italie) le 4 juillet 1771, mort à une date inconnue, officier de la garde municipale à Rome, fut élu, le 23 février 1811, par le Sénat conservateur, député au Corps législatif; il y représenta jusqu'en 1814 le département de Rome, son mandat lui ayant été renouvelé le 14 janvier 1813.

MARLIAVE (Augustin-Gustave-Joseph-Marie), représentant du peuple en 1848, né à la Fenasse (Tarn) le 27 août 1806, propriétaire à Saint-Louis-la-Fenasse (Tarn), fut élu, le 26 novembre 1848, représentant du Tarn à l'Assemblée constituante, en remplacement de M. Gisclard démissionnaire, par 17,967 voix (37,832 votants, 102,428 inscrits). Il vota avec la droite, pour la proposition Rateau, pour l'interdiction des clubs, pour l'expédition de Rome, contre la demande de mise en accusation du président et des ministres. Non réélu à la Législative, il rentra dans la vie privée.

MARMIER (PHILIPPE-GABRIEL, DUC DE), représentant à la Chambre des Cent-Jours, député de 1828 à 1845, né à Gray (Haute-Saône), le 20 juin 1783, mort à Paris, le 8 juillet 1845, « fils posthume de messire Charles-Philippe-Emmanuel-Appolinaire, comte de Marmier-Ray, mestre-de-camp en second au régiment de cavalerie Royal-Lorraine, et de dame Madame Gabrielle-Marie-Elisabeth Constantin, marquise de la Lorie », gendre du duc de Choiseul, émigra à la Révolution avec sa famille, rentra en France à l'époque du Consulat, devint chambellan de l'empereur et fut créé comte de l'Empire le 22 octobre 1810. Le 12 mai 1815, il fut élu représentant à la Chambre des Cent-Jours, par l'arrondissement de Gray, avec 96 voix (108 votants), contre 8 voix à M. Quirot; mais il donna peu après sa démission, ayant été nommé pair le 2 juin 1815. La seconde Restauration le laissa d'abord sans emploi. En février 1819, il devint colonel de la 1re légion de la garde nationale de Paris et conseiller-général de la Haute-Saône. Royaliste modéré, avec des idées libérales, il fit une opposition discrète au gouvernement des Bourbons, et, candidat à la députation dans le 1er arrondissement électoral de la Haute-Saône (Gray), le 25 février 1824, il échoua avec 84 voix contre 177 à l'élu, M. Brusset, et ne fut pas plus heureux le 17 novembre 1827, avec 102 voix, contre 118 à l'élu député sortant, M. Brusset; huit jours plus tard, le 24 novembre, il échoua encore au grand collège du département, avec 49 voix, contre 62 à M. Joseph de Villeneuve-Bargemon. Il ne fut élu que le 21 août 1828, dans le collège de département des Vosges, par 210 voix (262 votants, 303 inscrits), lors de l'élection partielle motivée par l'invalidation en bloc de tous les élus des 17 et 24 novembre 1827. Il fit de l'opposition au ministère Polignac, vota l'adresse des 221, et fut réélu, dans le même collège, le 23 juin 1830, par 211 voix (255 votants). Il se rallia au nouveau pouvoir, et vit son mandat successivement renouvelé dans le 2e collège de la Haute-Saône (Jussey), le 5 juillet 1831, par 104 voix (162 votants, 190 inscrits), contre 56 à M. Genoux; le 21 juin 1834, par 92 voix (156 votants, 199 inscrits), contre 50 voix à M. Bésenet, candidat légitimiste; le 4 novembre 1837, par 118 voix (182 votants, 217 inscrits); le 2 mars 1839, par 119 voix (180 votants, 221 inscrits); le 9 juillet 1842, par 121 voix (183 votants, 225 inscrits). Il ne cessa de faire partie des majorités ministérielles, approuva les lois de septembre et de disjonction, soutint le ministère du 15 avril, vota *pour* la dotation du duc de Nemours, *pour* les fortifications de Paris, *pour* le recensement, *contre* les incompatibilités, *contre* l'adjonction des capacités, *pour* l'indemnité Pritchard. Il mourut en juillet 1845, et fut remplacé, le 9 août suivant, par son fils, M. Alfred de Marmier. Le duc de Marmier était commandeur de la Légion d'honneur.

MARMIER (ALFRED-PHILIPPE-CLAUDE-GABRIEL-FERDINAND-ETIENNE, DUC DE), député de 1845 à 1848, de 1863 à 1869 et en 1870, représentant en 1871, fils du précédent et de dame Jacqueline-Béatrice-Gabrielle-Stéphanie de Choiseul-Stainville, entra au conseil d'Etat, où il devint maître des requêtes, fut nommé chevalier de la Légion d'honneur (6 mai 1838), conseiller d'Etat, puis conseiller d'Etat honoraire en 1847. Candidat à la députation dans le 2e collège de la Haute-Saône (Jussey) le 9 août 1845, en remplacement de son père décédé, il fut élu par 134 voix (260 votants), contre 106 voix à M. Amédée Thierry, et réélu, le 1er août 1846, par 162 voix (305 votants, 318 inscrits), contre 140 à M. Thierry. Il siégea au centre sans se faire remarquer. Rentré dans la vie privée en 1848, il devint maître de forges à Seveux et conseiller général du canton de Dampierre. Aux élections du 1er juin 1863, il se présenta comme candidat de l'opposition au Corps législatif dans la 3e circonscription de la Haute-Saône, et fut élu par 11,241 voix (20,277 votants, 24,461 inscrits), contre 8,949 voix au député sortant, M. Lélut. Mais les élections suivantes lui furent défavorables, il échoua le 14 mai 1869, avec 8,067 voix, contre 9,866 à l'élu officiel, M. le baron Gourgaud, 2,131 à M. Dufournel et 384 à M. Lélut. Cette élection ayant été invalidée, les électeurs, convoqués à nouveau le 17 janvier 1870, donnèrent à M. de Marmier 11,387 voix (20,573 votants, 23,467 inscrits), contre 8,845 au député sortant, le baron Gourgaud, et 286 à M. Perron. M. de Marmier adhéra à la demande d'interpellation des 116, et à la guerre contre la Prusse. Elu, encore, le 8 février 1871, représentant de la Haute-Saône, à l'Assemblée nationale, le 4e sur 6, par 2,828 voix (34,563 votants, 93,897 inscrits), il prit place au centre droit, vota *pour* les préliminaires de la paix, *pour* l'abrogation des lois d'exil, *pour* la pétition des évêques, *pour* le pouvoir constituant de l'Assemblée, *contre* la démission de Thiers, et s'abstint sur le service militaire de trois ans. Il avait été nommé, de nouveau, le 8 octobre 1871, conseiller général du canton de Dampierre. Il mourut en août 1873 et fut remplacé, le 8 février 1874, par M. Hérisson.

MARMONT (AUGUSTE-FRÉDÉRIC-LOUIS, VIESSE, DUC DE RAGUSE, pair de France, né à Châtillon-sur-Seine (Côte-d'Or) le 20 juillet 1774, mort à Venise (Italie) le 2 mars 1852, fils d'un capitaine au régiment de Hainaut, fut destiné par sa famille à la magistrature. Il préféra la carrière des armes, entra au service à quinze ans, dans l'infanterie, puis, après un brillant examen, fut reçu, en janvier 1792, sous-lieutenant-élève à l'Ecole d'artillerie de Châlons. Son père l'avait élevé dans les principes de la monarchie constitutionnelle; mais ayant fait la connaissance à Châlons d'une jeune femme dont le mari avait émigré, il fut bien près d'être converti à l'intransigeance royaliste. Il affirme du reste, dans ses *Mémoires*, que, dès cette époque, il éprouvait pour la personne du roi « une espèce de respect religieux ». Envoyé à l'armée des Alpes à sa sortie de l'Ecole, il prit part, en qualité de lieutenant d'artillerie, au siège de Toulon, où il connut Bonaparte. Ils se lièrent étroitement et, quand le nouveau général revint à Paris, Marmont l'y suivit et partagea même un moment sa disgrâce. L'année suivante, il reprit du service à l'armée du Rhin et, après le déblocus de Mayenne, exerça, quoique simple capitaine, le commandement de l'artillerie d'avant-garde. Il quitta cette situation pour devenir aide-de-camp de Bonaparte, d'abord à l'armée de l'intérieur, après le 3 vendémiaire, puis à l'armée d'Italie. Sa brillante conduite à Lodi (10 mai 1796) lui valut un sabre d'honneur; il se distingua aussi à Castiglione (5 août), puis à Saint-Georges, devant Mantoue. Bonaparte le chargea de porter au Directoire les 22 drapeaux pris à l'ennemi. Il revint de Paris avec le grade de chef de brigade, tout en restant attaché à l'état-major du général en chef. En 1797, il prit part à l'expédition des Romagnes. Envoyé, l'année suivante, à l'armée d'Égypte, il s'empara à Malte du drapeau de l'Ordre; des auteurs affirment qu'il l'acheta à un sergent pour cinq pièces d'or. Général d'artillerie le 16 juillet 1798, il assista à la prise d'Alexandrie et à la bataille des Pyramides, et, quand Bonaparte dirigea une expédition sur la Syrie, il reçut le commandement d'Alexandrie. Malgré la peste et la famine qui décimaient les troupes, il défendit la ville avec vigueur contre les entreprises des Anglo-Turcs. Il revint en France en même temps que Bonaparte et contribua par ses relations mondaines à faire accepter le 18 brumaire dans les salons de Paris: il commandait alors l'artillerie de l'École militaire; il passa ensuite conseiller d'État, section de la guerre. Lors de la création de la nouvelle armée d'Italie, il fut chargé de réunir à Auxonne, dans le plus grand secret, le matériel nécessaire à la traversée des Alpes et à la future campagne. Il s'acquitta de cette tâche avec zèle, et se vanta même, dans ses *Mémoires*, d'avoir indiqué au premier Consul un passage ignoré, praticable aux voitures. A Marengo, il canonna vigoureusement, à la reprise de la bataille, les colonnes de Zoch, en marche sur Plaisance; après la convention d'Alexandrie, il fut nommé général de division. A la reprise des hostilités, il passa sous les ordres de Brune, en qualité de commandant de l'artillerie, assista aux passages du Mincio, de l'Adige et de la Brenta et, au moment de l'armistice de Trévise, fut chargé d'en négocier les conditions avec le prince de Hohenzollern. Nommé, à la paix de Lunéville, inspecteur général de l'artillerie, c'est à son initiative que l'on dut l'organisation militaire du train. Envoyé en Hollande en 1803, il fit élever à Zeist, à la gloire des armées françaises, une haute pyramide qui fut solennellement inaugurée deux ans plus tard. Grand-officier de la Légion d'honneur (9 vendémiaire an XII), colonel-général des chasseurs à cheval, il reçut l'ordre, au moment de la rupture de la paix d'Amiens, de rejoindre la grande armée sur le Mein, avec ses 21,000 hommes destinés à former le 2e corps. Il contribua, en se portant rapidement sur la rive droite de l'Iller, à enfermer Mack dans Ulm, puis se mit à la poursuite de l'armée autrichienne, occupa Munich et Oberndorf, et se signala dans différents combats en Styrie et à Gratz. Au moment du traité de Presbourg, il fut appelé au commandement supérieur de la Dalmatie, fit sommer (en septembre 1806) l'amiral russe Symavine d'abandonner le siège de Raguse et les autres positions qu'il occupait avec des contingents monténégrins, et, ne recevant aucune réponse satisfaisante, marcha, avec quelques bataillons seulement, contre l'ennemi, le battit à Castelnuovo, le 30 octobre, et le força de se rembarquer. Il fit construire des routes et transforma si bien le pays, que les Dalmates disaient : « Les Autrichiens pendant huit ans ont discuté des plans de route sans les exécuter; Marmont est monté à cheval et, quand il en est descendu, elles étaient terminées ». Lorsqu'en 1818 l'empereur d'Autriche visita la Dalmatie avec le prince de Metternich, il dit à ce dernier : « Il est bien fâcheux que le maréchal Marmont ne soit pas resté en Dalmatie deux ou trois ans de plus. » Nommé duc de Raguse le 29 juin 1808, avec des dotations considérables en Illyrie, Marmont, qui vivait sur un pied royal, ne sut pas se concilier les sympathies des habitants. Il était trop hautain, trop infatué de lui-même, et Napoléon l'a peint d'un mot en l'appelant : *Marmont premier*. Occupé en Illyrie, le duc de Raguse ne prit aucune part aux campagnes de Prusse et de Pologne. En 1809, il reçut l'ordre de joindre ses troupes à l'armée d'Italie pour la nouvelle campagne sur le Danube. Il annonça ce rappel à ses soldats dans un ordre du jour énergique où il leur disait : « Napoléon le Grand vous regarde! » En Croatie, la lenteur de ses mouvements faillit amener un échec; il opéra enfin sa jonction avec le prince Eugène, et participa à la prise de Gratz. Le 9 juillet 1809, après Wagram, il rencontra une arrière-garde ennemie qui voulut s'opposer à son passage; il la battit et continua sa marche. Arrivé sur les hauteurs de Znaïm, il chassa encore l'ennemi de cette position. Le 12 juillet, l'empereur le nomma Marmont maréchal de France et lui accorda, le 1er août, une dotation de 25,000 francs de rente en Hanovre. Ainsi qu'il le déclare lui-même dans ses *Mémoires*, il ne fut point autrement flatté de cette haute distinction, en voyant Berthier, Masséna, Davoust devenir princes, alors que lui-même ne l'était pas encore. A la paix de Vienne, il devint gouverneur général de l'Illyrie où, après une rapide et heureuse expédition contre les Croates, il mena une vie de faste et de plaisir. Il s'en excusa du reste en disant : « J'ai toujours eu une manière de magnificence. » Venu à Paris pour les fêtes données à l'occasion de la naissance du roi de Rome, il ne retourna pas à son gouvernement. Napoléon lui confia le commandement de l'armée de Portugal le 7 mai 1811, en remplacement de Masséna qui venait de subir une série d'échecs. Le 18 juin, Marmont passa sur la Guadiana à proximité du duc de Dalmatie, que Napoléon lui avait enjoint de rallier; le 14 septembre, il força l'armée anglo-portugaise à lui abandonner le siège de Ciudad-Rodrigo et peu après de Badajoz. Mais ses succès s'arrêtèrent là. Ayant reçu d'importants renforts, Wellington prit l'offensive dans les premiers jours de 1812 contre l'armée trop disséminée du duc de Raguse, et s'empara de Ciudad-Rodrigo (18 janvier) et de Badajoz (6 avril). Sans attendre Joseph qui accourait à son secours, Marmont attaqua Wellington aux Arapiles, près de Salamanque, le 22 juillet; mais, blessé au bras dès le début de l'action, il ne put conserver la direction du combat; son armée fut battue, et dut se replier sur l'Ebre. Quelques jours plus tard, les Anglais entraient à Madrid. Napoléon jugea sévèrement la conduite du maréchal : « On est fondé à penser, écrivit-il à Clarke, que le duc de Raguse a craint que le roi ne participe au succès et qu'il a sacrifié à la vanité la gloire de la patrie. » Les explications, qu'il lui fit demander par le duc de Feltre, furent assez vagues. L'empereur d'ailleurs lui pardonna, parce qu'il avait pour lui une affection particulière, et, dès qu'il fut guéri, lui confia (en 1813) le commandement du 6e corps. Marmont se distingua à Lutzen, à Bautzen, à Wurtzschen. A Dresde, il repoussa, avec Saint-Cyr, les efforts du centre de Schwartzemberg; à Leipzig, dans la journée du 16 octobre, il tint tête, avec 20,000 hommes seulement, aux 60,000 hommes de l'armée de Silésie; à Schœnfeld, le 18, il résista aux tentatives répétées de Bernadotte et de Blücher, grâce aux secours que Ney lui amena. Il fut blessé de voir Napoléon attribuer le mérite de l'affaire au prince de la Moskowa, et il écrivit le lendemain à l'empereur : « Sire, après l'humiliation et le danger plus grand encore d'être sous les ordres d'un homme tel que le prince de la Moskowa, je ne vois rien de pire que de se voir aussi complètement oublié en pareille circonstance. » Placé, lors de la retraite sur le Rhin, à la tête d'un corps de 25,000 hommes chargé de défendre les frontières de Coblentz à Mannheim, il voulut retirer des redoutes élevées à l'embouchure de la Lahn les canonniers et l'artillerie, et il se replia assez vivement sur Metz où il laissa une faible garnison, puis sur Saint-Dizier. Or, ce fut précisément au point abandonné que l'armée russe franchit la frontière. Marmont se battit à Brienne, à la Rothière, à Champaubert et à Vauchamps; puis, lorsque l'empereur se porta sur Montereau, il dut, de concert avec le duc de Trévise, contenir l'armée de Blücher; en plusieurs rencontres, il le fit éprouver des pertes considérables aux alliés et s'empara même d'Athis; mais, ayant négligé de se couvrir, il fut attaqué de nuit et mis en déroute. « Vous m'envoyez des lettres de Marmont qui ne signifient rien, écrivait Napoléon à Clarke. Il est toujours méconnu de tout le monde; il a tout fait, tout conseillé. Il est fâcheux qu'avec quelque talent, il ne puisse pas se débarrasser de cette sottise ou du moins se contenir de manière que cela ne lui échappe que rarement. » Les faibles corps de Marmont et de Mortier, peu à peu repoussés vers Paris, ne reculaient qu'en disputant pied à pied le terrain. Le 29 mars 1814, ils arrivaient à Paris par la rive gauche de la Marne, et occupaient immédiatement les hauteurs des Buttes-Chaumont et de Belleville, de la Villette et de Saint-Ouen. Dans Paris, Moncey commandait la garde nationale et quelques bataillons de ligne. C'est avec ces faibles ressources, 20,000 hommes au plus, que les trois maréchaux allaient avoir à lutter contre 180,000 alliés. La bataille commença le 30 mars, à 4 heures du matin. Marmont d'abord repoussa Barclay-de-Tolly au plateau de Romainville sur Pantin et Noisy. Les gardes russe et prussienne, troupes d'élite aguerries dans cent combats, vinrent se briser contre l'héroïque résistance de nos soldats de dix-huit ans. A midi, les coalisés épuisés firent quelques instants trêve. Mais Marmont avait déjà prévenu le roi Joseph qu' « il était impossible de prolonger la résistance au delà de quelques heures et qu'on devait préserver Paris des malheurs irréparables d'une occupation de vive force ». Le roi Joseph lui envoya alors l'autorisation de conclure la capitulation, qui fut signée à 5 heures du soir, chez un marchand de vin, à l'enseigne du *Petit Jardinet*, dans le faubourg de la Villette. Aussitôt, les soldats crièrent à la trahison; les dragons d'Ordener, brandissant leur sabre, demandaient à se battre encore. Dejean pleurait, devant les officiers russes, et disait en face à Marmont: « Capituler, c'est trahir! » Lavalette survenait à son tour, annonçant l'arrivée de l'empereur, suppliant qu'on attendît quelques heures encore; les soldats ne voulaient pas partir. Marmont fut inflexible, et rédigea une convention qui fut signée en son nom par les colonels Denys et Fabvier, ses aides de camp. Puis, il envoya un aide de camp à l'empereur pour le prévenir de la capitulation et lui annoncer « que les étrangers étaient reçus avec enthousiasme à Paris, et que s'il voulait rentrer de vive force dans la capitale, il devait s'attendre à la voir tout entière s'armer contre lui ». Le lendemain, 1ᵉʳ avril, il fut reçu par Napoléon qui le complimenta sur sa défense de Paris et ne lui fit aucun reproche relativement à la

capitulation; son petit corps d'armée eut pour mission d'occuper Essonne, position d'avant-garde. En confiant ce poste au duc de Raguse, Napoléon dit, non sans une pointe d'ironie: « Essonne, c'est là que viendront s'adresser toutes les intrigues, toutes les trahisons; aussi y ai-je placé Marmont, mon enfant élevé sous ma tente. » Et, en effet, après la nomination d'un gouvernement provisoire et la déchéance de Napoléon, « on vit affluer à Essonne, dit Savary, une foule d'hommes qui, tout couverts des bienfaits de l'empereur, n'insistaient pas moins vivement auprès du maréchal pour s'en détacher... Ils firent agir ceux des magistrats qui pouvaient exercer quelque influence sur lui, et lui dépêchèrent quelques-uns de ses amis. » Enfin, vivement sollicité par les généraux Beurnonville et Dessoles, le duc de Raguse engagea, le 2 avril, des pourparlers avec Schwartzenberg à Chevilly, mais ne se décida que dans la nuit du 3 au 4 avril à lui écrire ce qui suit: « Je suis prêt à quitter avec mes troupes l'armée de l'empereur aux conditions suivantes dont je vous demande la garantie par écrit: 1° Toutes les troupes françaises qui quitteront les drapeaux de Napoléon Bonaparte pourront se retirer librement en Normandie avec armes, bagages et munitions, et avec les mêmes égards et honneurs militaires que se doivent des troupes alliées; 2ᵉ si, par suite de ce mouvement, les événements de la guerre faisaient tomber entre les mains des puissances alliées la personne de Napoléon Bonaparte, sa vie et sa liberté lui seraient garanties, dans un espace de terrain et dans un pays circonscrit, au choix des puissances alliées et du gouvernement français ». Schwartzenberg se hâta d'accepter ces conditions, car au même moment, Ney, Macdonald et Caulaincourt, chargés par l'empereur de plaider auprès du Tzar la cause du roi de Rome, avaient parlé avec tant de chaleur, qu'Alexandre était ébranlé et allait céder. Mais le bruit se répandit tout à coup que le 6ᵉ corps, celui du duc de Raguse, venait de passer à l'ennemi. L'expression était inexacte: les troupes restèrent fidèles, et, lorsqu'on voulut les conduire au milieu des alliés, elles se mutinèrent. Marmont dut accourir précipitamment à Versailles; il était beau parleur, il flatta les hommes, insulta les officiers, promit dans un ordre du jour (5 avril) de bons cantonnements et des soins paternels, et parvint à faire prendre aux troupes impuissantes la route de Normandie. Ce ne fut pourtant pas sans résistance de la part de ses officiers qu'il obtint ce résultat; il eut notamment à essuyer les reproches sanglants d'Ordener. Marmont, dans ses *Mémoires*, prétend cependant qu'il avertit de sa résolution les officiers sous ses ordres; mais, dans la *Réponse* qu'il publia en 1815, il avoue qu'il en avait eu seulement l'intention. Pour lui, il revint à Paris où il fut fêté chez Talleyrand et « à l'enthousiasme des ennemis de son maître, dit M. de Lamartine, il dut reconnaître la triste réalité de sa défection ». A la nouvelle du départ du 6ᵉ corps, Napoléon resta atterré: « Marmont m'a porté le dernier coup, » dit-il. Le lendemain, dans la proclamation qu'il adressa à ses troupes, il dit: « L'empereur remercie l'armée pour l'attachement qu'elle lui témoigne... Le soldat suit la fortune et l'infortune de son général; son honneur est sa religion... Le duc de Raguse n'a point inspiré ce sentiment à ses compagnons d'armes; il a passé aux alliés. L'empereur ne peut accepter la condition sous laquelle il a fait cette démarche; il ne peut accepter la vie et la liberté de la main d'un sujet. » Quand les

Bourbons rentrèrent à Paris, Marmont affecta de garder la cocarde tricolore, et conseilla au nouveau gouvernement de maintenir les institutions impériales. Cet avis ne fut pas suivi, mais Louis XVIII nomma Marmont commandant de la 6e compagnie des gardes du corps, créée exprès pour lui, puis chevalier de Saint-Louis et pair de France, le 4 juin 1814. « Les royalistes purs, dit Rapetti, eussent rougi de devoir à la reconnaissance à une trahison… Les hommes de l'empire les mieux reconciliés avec le nouvel ordre de choses tenaient à éloigner toute comparaison entre une trahison et leur ralliement, et ils affichaient leurs soins à se préserver du voisinage de M. de Raguse. Quant à l'opinion populaire, elle demeurait implacable. Dans les rues, on disait *raguser* pour tromper. Marmont, qui avait rêvé un grand rôle politique, se trouva réduit à l'isolement, à l'impuissance. » Sa compagnie des gardes du corps ne put jamais arriver à être complète, malgré la devise que le roi avait composée pour le maréchal : *Patrice totus et ubique.* Lorsque Louis XVIII partit pour Gand, Marmont reçut 450,000 francs de l'intendant de la maison royale, le duc de Blacas, et suivit le roi en qualité de commandant de la maison militaire.

Dans l'une des proclamations que Napoléon adressa au peuple à son retour de l'île d'Elbe, il dit : « Soldats, nous n'avons pas été vaincus. Deux hommes sortis de nos rangs (Marmont et Augereau) ont trahi nos lauriers, leur pays, leur prince, leur bienfaiteur. » Il excepta Marmont du décret d'amnistie signé à Lyon le 12 mars. Le duc de Raguse publia une *Réponse à la proclamation datée du golfe Jouan le 1er mars 1815.* Après Waterloo, il revint à Paris où il reprit sa place à la Chambre des pairs. Il s'y prononça, en 1816, pour le maintien du chiffre de 300 francs pour l'électorat et de l'âge de 40 ans pour l'éligibilité. L'année précédente, en sa qualité de président du collège électoral de la Côte-d'Or, il avait présenté une adresse au roi. Sa compagnie de gardes du corps ayant été supprimée, il devint l'un des majors généraux de la garde royale, commandeur de Saint-Louis (3 mai 1816), et membre libre de l'Académie des sciences. Après s'être interposé inutilement en faveur de Lavalette, il fut envoyé, en 1817, comme lieutenant du roi à Lyon où sévissait la terreur blanche. Il y rétablit l'ordre, fit mettre en liberté les détenus pour cause politique, et, à son retour, fut nommé, en témoignage de satisfaction, ministre d'État par le roi, le 4 novembre. Dans l'affaire du colonel Fabvier, qui avait été l'année précédente son chef d'état-major à Lyon, il prit parti pour le colonel, et écrivit en sa faveur au duc de Richelieu, président du conseil des ministres. Cette démarche le fit tomber en disgrâce. Une lettre du ministre de la Guerre, du 14 juillet 1818, l'avisa de s'abstenir de paraître à la la cour jusqu'à nouvel ordre. Il rentra en grâce en 1820, fut nommé conseiller général de la Côte-d'Or le 17 juillet, membre de la commission chargée de la mise en accusation des conspirateurs du 19 août, grand-croix de Saint-Louis le 24 août, chevalier-commandeur du Saint-Esprit le 30 septembre, et gouverneur de la 1re division militaire le 29 août 1821. Aimant le luxe et les plaisirs, il dépensait des sommes considérables ; des entreprises industrielles compromirent la fortune de sa femme, mademoiselle Perregaux, qui réclama la séparation de biens devant les tribunaux. Bonaparte, alors premier consul, avait fait faire ce mariage et n'avait obtenu le consentement de M. Perregaux qu'en donnant,

sur sa fortune personnelle qui n'excédait guère un million, 500,000 francs de dot à son ami Marmont. Le duc de Raguse était en outre en butte aux persécutions de ses créanciers ; il devait à la munificence de Napoléon près de 500,000 francs de rentes en dotations, en Illyrie, en Hanovre, en Westphalie, ainsi qu'en font foi les mémoires d'avocats publiés au moment de son procès avec la maréchale ; mais ces dotations avaient pris fin à la chute de l'empire. Il se trouvait alors aux abois, bien qu'il eût emprunté 200,000 francs à Louis XVIII, et que l'empereur d'Autriche, en considération des services qu'il avait rendus aux alliés, lui eût spontanément garanti la restitution de sa dotation et le paiement des arrérages échus. Ce fut en 1819 qu'il obtint à Vienne le règlement de ces comptes et de sa pension. En 1826, il fut chargé de représenter Charles X au couronnement du nouveau czar, Nicolas. Remplacé en 1828 par M. de La Ferronnays, il rentra en France et prit part aux travaux de la Chambre des pairs : le 14 août 1829, il dénia aux Chambres le droit de fixer les dépenses et l'emploi des revenus publics ; il ne leur accordait que le droit de voter l'impôt. Ses affaires privées lui donnèrent encore beaucoup de soucis ; il dut déléguer une partie considérable de ses traitements et de ses pensions à la caisse hypothécaire ; cette même année, sa femme obtint contre lui une séparation de biens ; l'année suivante, 1829, ses immeubles à Châtillon-sur-Seine furent saisis et vendus judiciairement. « C'est à cette époque, dit un de ses biographes, qu'il commença d'écrire ses *Mémoires.* » Au moment de la publication des Ordonnances, le 25 juillet 1830, Marmont était major général de la garde royale et gouverneur de la 1re division militaire (Paris). Il fut averti, le 26, par une lettre du prince de Polignac, de prendre les mesures nécessaires à leur exécution. Le 27, il reçut ses lettres de service du roi et se rendit à l'état-major, place du Carrousel. Le mouvement insurrectionnel était déjà commencé, les boutiques des armuriers avaient été pillées, le peuple avait envahi l'arsenal et les corps de garde, désarmé les fusiliers sédentaires, arboré le drapeau tricolore au haut des tours de Notre-Dame, élevé des barricades. Le combat s'engagea dans la matinée du 28. La gendarmerie et la garde royale se battaient bravement ; mais des gardes nationaux se montraient dans les rangs des insurgés et la ligne faiblissait manifestement. Puis les soldats étaient trop peu nombreux ; ceux du général de Saint-Chamans ne purent enlever les barricades de la rue Saint-Antoine ; ceux du général de Quinsonnas furent cernés au marché des Innocents ; en vain le duc de Raguse faisait supplier Charles X de retirer les Ordonnances et M. de Polignac de faire entendre des paroles de paix. Un vieux royaliste vint dire à ce moment au duc de Raguse : « Maréchal, voulez-vous sauver le roi, le peuple de Paris et votre nom ?… Arrêtez les ministres, tous les signataires, tous les conseillers des Ordonnances ; faites-les porter à Vincennes, liés, garrottés comme des criminels, comme les seuls coupables. Le peuple, satisfait, apaisé par vous, posera les armes ; le roi, qui ne se trouvera plus en présence d'une révolte, pourra faire des concessions… Vous, vous serez exilé ; mais on pardonne aisément à qui nous tire d'un mauvais pas ; vous nous reviendrez bientôt le sauveur, le pacificateur, l'homme de la royauté, de la liberté ». Marmont répondit : « Vous avez raison peut-être, mais je ne puis pas. » Cependant les députés réunis chez

Andry de Puyravault envoyèrent auprès de Marmont, aux Tuileries, Casimir Périer, Laffitte, Mauguin, Lobau et Gérard. Arago était déjà chez le duc de Raguse; il lui représentait Paris en feu, le sang coulant de toutes parts et la terrible responsabilité qu'il encourait dans cette lutte cruelle. « Faut-il tout vous dire, s'écria Arago, j'ai recueilli dans la foule, sur mon passage, des paroles sinistres : On mitraille le peuple, c'est Marmont qui paie ses dettes! » Le maréchal sauta sur son épée, puis ferma les yeux et laissa échapper son arme. On vint annoncer la députation sortie de chez Audry de Puyravault. Sur l'ordre de M. de Polignac, Marmont avait remis à M. de Foucault, colonel de gendarmerie, l'ordre d'arrestation de Lafayette, Laffitte, Mauguin, Gérard, Audry de Puyravault, etc. Il s'émut à la pensée de faire arrêter ceux qui venaient se confier à lui, fit courir après M. de Foucault, reprit l'ordre d'arrestation et le déchira. Laffitte lui parla au nom du peuple, le somma au nom de l'honneur de faire cesser le carnage : « L'honneur militaire est l'obéissance », répliqua tristement Marmont. — « Et l'honneur civil, répondit Laffitte, ne vous ordonne-t-il pas de respecter le sang des citoyens? » Mais le maréchal ne consentit qu'à entendre leurs propositions. Elles furent du reste repoussées par M. de Polignac. Le lendemain 29, le Louvre et les Tuileries furent attaqués, et Marmont dut battre en retraite par le jardin des Tuileries, les Champs-Elysées et le Bois de Boulogne. A la barrière, le dauphin vint se mettre à la tête des troupes. Offensé de se voir dépouiller de son commandement, dit M. Véron, le duc de Raguse crut devoir conserver, comme major général, le commandement supérieur des régiments de la garde et continua de prendre directement les ordres du roi. Ayant obtenu de Charles X une gratification de 2 mois de solde pour les soldats qu'il dirigeait, il l'annonça dans un ordre du jour et ordonna aux officiers-payeurs de se présenter chez l'intendant de la liste civile. L'intendant, qui n'avait pas d'argent, vint se plaindre au dauphin d'un ordre du jour qui le mettait dans l'embarras. Déjà irrité contre Marmont, le dauphin s'indigna qu'on ne l'eût pas consulté; il fit mander le maréchal : « Vous oubliez, lui dit-il, que je commande! Vous méconnaissez donc l'ordonnance qui m'a nommé généralissime? — Non monseigneur, j'ai pris les ordres du roi. — Ah! vous me bravez. Pour vous prouver que je vous commande, je vous envoie aux arrêts. » Surpris et irrité, Marmont haussa les épaules. Le dauphin ajouta: « Est-ce que vous voulez faire avec nous comme avec l'autre? » C'est alors que le duc de Raguse, s'accusant lui-même, répondit : « Prince, sans les traîtres, vous n'auriez jamais régné. » Le dauphin fit arrêter Marmont, mais le roi envoya le duc de Luxembourg rendre son épée au maréchal. Celui-ci refusa et demanda à être jugé par un conseil de guerre; sur les instances du duc, il consentit à se rendre auprès du roi et à se réconcilier avec le dauphin. Il suivit ensuite à Rambouillet, puis en Angleterre, Charles X qui lui remit à Spithead, le 18 août, « l'épée qu'il portait toujours lorsqu'il était avec les troupes françaises. » Depuis cette époque, Marmont fut étranger à la France. D'Amsterdam, le 22 août 1830, il écrivit un Mémoire pour justifier sa conduite aux yeux de l'Europe. En 1830, il envoya son serment de fidélité à Louis-Philippe, mais ne figura plus sur la liste officielle des maréchaux de France. Il voyagea ensuite en Orient, puis

se fixa Vienne et enfin à Venise où il mourut. On a de lui : Mémoire à l'empereur Napoléon sur les régiments frontières, dans la Revue rétrospective de 1835; Rapport sur l'ouvrage de M. Charles Dupin ayant pour titre Voyage en Angleterre; Voyage en Hongrie, en Transylvanie, dans la Russie méridionale, en Crimée et sur les bords de la mer d'Azoff, à Constantinople, dans quelques parties de l'Asie Mineure, en Syrie, en Palestine et en Egypte (Paris, 1837, 4 volumes); Esprit des institutions militaires (1845). En mourant et par testament, il ordonna que ses Mémoires fussent publiés « sans y apporter aucun changement, même sous prétexte de correction de style; sans souffrir ni augmentation dans le texte, ni diminution, ni suppression quelconque. » Ces Mémoires du duc de Raguse, de 1792 à 1832, parurent à Paris, chez Perrotin, en 1856 (8 volumes). Ils donnèrent lieu à de nombreuses réclamations, sanctionnées par les tribunaux. Un auteur impartial les a appréciés ainsi : « Les Mémoires du duc de Raguse, dit M. Cuvillier-Fleury, ne sont pas seulement le monument de l'orgueil, c'en est le triomphe; et je ne sais rien de plus déconcertant pour la sagesse humaine, de plus décourageant pour la modestie, de plus corrupteur qu'un pareil livre. »

MARMONTEL (JEAN-FRANÇOIS), député au Conseil des Cinq-Cents, né à Bort (Corrèze) le 11 juillet 1723, mort à Saint-Aubin-sur-Gaillon (Eure) le 31 décembre 1799, issu d'une famille obscure, fut destiné à l'état ecclésiastique. Un prêtre lui enseigna les humanités et l'envoya chez les jésuites de Mauriac, puis chez ceux de Toulouse. Il s'adonna à la littérature, et, de temps après, écrivit, pour les Jeux floraux, une ode sur l'Invention de la poudre à canon qui ne fut pas couronnée. Il éprouva beaucoup de dépit de cet insuccès et s'en ouvrit à Voltaire qui, plein de sollicitude pour les jeunes, lui envoya un exemplaire de ses œuvres à titre de dédommagement et le pressa de se rendre à Paris où, prétendait-il, il ne pouvait manquer de réussir. Ayant obtenu un prix à l'académie de Toulouse, il se décida à partir, à peine âgé de 23 ans, avec quelques écus en poche, et, durant le long voyage, traduisit la Boucle de cheveux enlevée de Pope. La vente de cette traduction, à son arrivée à Paris, le fit vivre quelque temps, mais il se trouva bientôt presque sans ressources. Il avait cependant fondé, avec Bauvin, l'Observateur littéraire, qui ne se vendit guère, car, comme il le dit lui-même, « nous n'avions ni fiel ni venin. » En 1745, l'Académie mit au concours : La gloire de Louis XIV perpétuée dans le roi son successeur; Marmontel y prit part et vit son œuvre couronnée. Voltaire, dit-on, se chargea de vendre ce poème et, après un séjour à la campagne, rapporta à son protégé « un chapeau plein d'écus ». Ce dernier, en reconnaissance, publia, en 1776, une édition très soignée de la Henriade, avec variantes et préface. Sur le conseil de Voltaire, il travailla ensuite pour le théâtre, et fit représenter Denys le Tyran en 1748, Aristomène en 1749, et Cléopâtre en 1750, tragédies en vers qui n'eurent qu'un succès médiocre. L'aspic automate de Vaucanson, « clou » remarquable pour l'époque, ne put même sauver cette dernière pièce. La Guirlande et Acante et Céphise opéras, en 1751, les Héraclides et Egyptus tragédies, en 1752 et 1753, ne réussirent pas mieux, non plus du reste que Lysis et Délée et les Sybarites, dont Rameau pourtant avait écrit la musique. Le poème sur l'Eta-

blissement de l'Ecole militaire et les *Vers sur la convalescence du Dauphin*, passèrent également presque inaperçus. Marmontel cependant était admis chez la marquise de Pompadour, et corrigeait en secret les ouvrages de l'abbé de Bernis; il fréquentait Quesnay et les beaux esprits. Mais on ne payait guère ses services et il s'en plaignait amèrement. Il éprouva d'autres déboires. A propos du *Venceslas* de Rotrou qu'on l'avait chargé de retoucher, il eut avec l'acteur Le Kain une altercation violente. Sollicité alors par Boissy, pauvre écrivain qui venait d'obtenir le privilège du *Mercure*, il se décida à écrire ses *Contes moraux*. Il se trouva que cette publication, sur laquelle il ne comptait guère, excita un engouement subit; Marmontel devint l'auteur à la mode, et désormais les soirées de Mme de Brionne et de Mme Geoffrin se disputèrent la primeur de ses petites histoires. Ce fut du reste pour peu de temps; son nouvel opéra : *Hercule mourant*, avait assez piteusement échoué, en 1761, quand il s'avisa d'envoyer à l'Académie: *Les charmes de l'étude, Epître aux poètes* ; Boileau y était fort maltraité et Virgile s'y voyait préférer l'auteur de la *Pharsale*. Le travail de Marmontel fut cependant couronné, et l'auteur songeait déjà à poser sa candidature à l'un des fauteuils vacants, lorsqu'une lettre de cachet l'envoya à la Bastille. Le duc d'Aumont lui attribuait une satire imitée de *Cinna*, qui ridiculisait d'une façon piquante le gentilhomme de la Chambre, mais dont en réalité Marmontel n'était pas l'auteur. C'était un certain Cuny, intendant des Menus-Plaisirs, qui lui était bien connu; mais il se garda de le dénoncer, et ce bel exemple de discrétion, que Morellet estimait à l'égal de son meilleur ouvrage, lui coûta cependant le privilège du *Mercure*, qu'il avait obtenu après la mort de Boissy; or, ce privilège rapportait 15,000 livres de rentes. Redevenu libre, Marmontel fit paraître la *Poétique française* (1763), qui lui ouvrit enfin les portes de l'Académie, où il fut reçu le 22 décembre de la même année. En 1766, il donna une traduction de la *Pharsale*, commencée à la Bastille, et *Bélisaire*, en 1767. Cet ouvrage acheva de fixer sur lui l'attention publique; il fut traduit dans toutes les langues. La Sorbonne s'émut, protesta contre les tendances du livre, et finit par y découvrir un nombre considérable d'hérésies. Cet incident donna lieu à une pluie d'épigrammes, à laquelle le gouvernement royal mit un terme en nommant Marmontel historiographe de France. Cette situation ne lui fut probablement jamais à charge, car il ne publia qu'en 1775 la seule œuvre de toute sa vie qui puisse s'y rattacher, la *Lettre sur le sacre de Louis XVI*. Il était occupé ailleurs, et avait composé des opéras comiques qui réussirent assez bien, notamment le *Huron* et *Zémire et Azor* pour Grétry, *Pénélope* pour Piccini, *Demophoon* pour Chérubini. Il s'intéressait aussi à la querelle sur la musique qui divisait alors les salons et il publia, en 1777, un *Essai sur les révolutions de la musique en France*, qui souleva de vives protestations. Il remania aussi divers ouvrages de Quinault. Peu de temps après, les *Incas*, poème en prose, dédié à Gustave III, roi de Suède, avec lequel l'auteur entretenait une correspondance, firent quelque bruit, sans attirer, comme il l'avait espéré, l'attention de la censure ecclésiastique. Cet ouvrage, cousacré à la défense de la liberté religieuse, précéda de peu de temps les *Eléments de littérature* parus en 1787, formés des articles revus, corrigés et augmentés que Marmontel avait jadis écrits pour

l'Encyclopédie. Quelques rares critiques, Morellet entre autres, mettent ses *Eléments* au-dessus du *Cours* de Laharpe. Marmontel, qui avait été nommé, en 1783, secrétaire perpétuel de l'Académie française, en remplacement de D'Alembert, s'intéressa au mouvement politique de la Révolution. En 1789, il fut membre de l'assemblée électorale de Paris, mais sa candidature échoua alors contre celle de Sievès. Pendant la Terreur, il vécut caché dans l'Eure, composant pour se distraire une nouvelle série de *Contes moraux*. Sous le Directoire, il participa aux secours accordés aux artistes et gens de lettres, et prononça, à l'Académie, des discours à propos des prix de vertu. Elu, le 23 germinal an V, député au Conseil des Anciens par le département de l'Eure, avec 303 voix (324 votants), il prit place parmi les modérés, et devint secrétaire du Conseil; mais, suspect de royalisme, il vit son élection annulée au 18 fructidor ; il avait été, en effet, compromis dans la conspiration de Brothier, dont la pièce n° VIII contient l'éloge de ce « cher Marmontel ». Il achevait les *Mémoires d'un père pour servir à l'instruction de ses enfants*, quand il succomba aux suites d'une attaque d'apoplexie. En outre des nombreux ouvrages déjà cités, on a encore de lui : une édition de ses *Œuvres* (Paris, 1786-1787); des *Œuvres posthumes* qui contiennent : les *Nouveaux contes moraux*; les *Mémoires* et les *Leçons d'un père*, et les *Mémoires sur la régence du duc d'Orléans*. Enfin l'abbé Morellet possédait une copie d'un poème lascif de Marmontel : la *Neuvaine de Cythère*, qui ne fut imprimé qu'en 1820.

MARMOTTAN (PIERRE-JOSEPH-HENRI), député de 1876 à 1885, né à Valenciennes (Nord) le 30 août 1832, étudia la médecine à Paris, tenta, au coup d'État de décembre 1851, de soulever les étudiants, et en 1858, travailla à l'évasion d'Orsini. Reçu docteur en 1857, il exerça sa profession à Passy jusqu'en 1866, tout en s'occupant spécialement d'études d'histoire naturelle. Nommé, après le 4 septembre 1870, adjoint au maire du 16e arrondissement, il fut élu, en mars 1871, membre de la Commune de Paris, par les républicains modérés de son quartier, n'accepta point ce mandat, et ne vint siéger à l'Hôtel de Ville qu'en juillet suivant, comme membre du conseil municipal où l'avait élu le quartier des Bassius. Il prit jusqu'en 1876 une part assez importante aux délibérations, fut rapporteur des propositions sur l'instruction publique, la levée de l'état de siège, etc., et présida le conseil en 1875. Elu, le 20 février 1876, député du 16e arrondissement de Paris, par 3,899 voix (6,653 votants, 7,993 inscrits), contre 2,579 à M. Dehaynin, il donna sa démission de conseiller et se fit inscrire à la gauche modérée. Il fut des 363. Réélu, le 14 octobre 1877, par 4,269 voix (7,190 votants, 8,327 inscrits), contre 2,868 à M. Faye, bonapartiste, il reprit sa place dans la majorité et se prononça avec elle : contre les ministères de gauche qui se succédèrent au pouvoir, *pour* l'article 7, *pour* les lois Ferry sur l'enseignement, *pour* l'invalidation de l'élection de Blanqui, *pour* les lois nouvelles sur la presse et le droit de réunion, etc. Réélu, le 21 août 1881, par 5,007 voix (7,212 votants, 10,026 inscrits), contre 2,066 à M. Calla, conservateur, il soutint les cabinets Ferry et Gambetta, et donna sa démission de député, le 19 mars 1883, après la mort de son frère, M. Jules Marmottan, trésorier-payeur général à Bordeaux. Porté, le 4 octobre 1885, sur la liste républicaine du département du Pas-de-

Calais, il échoua avec 75,076 voix (135,439 votants).

MARNAS (Louis-François-Gabriel-Ange Chabanacy de), sénateur du second Empire, né à Lyon (Rhône) le 20 mars 1809, mort à Villefranche-sur-Mer (Alpes-Maritimes) le 8 juin 1871, étudia le droit et fit sa carrière dans la magistrature. Parvenu au poste de procureur général à la cour de Lyon, et tout dévoué au gouvernement impérial, il fut nommé, le 16 mars 1864, conseiller d'État en service extraordinaire, et fut appelé, le 22 janvier 1867, à siéger au Sénat. M. de Marnas y soutint le pouvoir dès les votes jusqu'au 4 septembre 1870, qui le rendit à la vie, privée. Il avait été admis à la retraite, comme procureur-général, le 30 juillet précédent.

MAROLLES (Claude-Eustache), député en 1789, né à Saint-Quentin (Aisne) le 4 avril 1753, mort à Soissons (Aisne) le 27 avril 1794, était curé de la paroisse de Saint-Jean-Baptiste à Saint-Quentin, quand il fut élu député du clergé aux États-Généraux par le bailliage de Saint-Quentin, le 13 mars 1789; il fut des premiers de son ordre à se réunir aux communes, et se présenta, le 15 juin 1789, à la chambre du tiers, à 9 heures du matin, en s'exprimant ainsi :

« Messieurs,

« Depuis l'ouverture des États-Généraux mon cœur est au milieu de vous; dans une chambre qui s'est séparée, j'ai combattu pour vos intérêts nécessairement unis aux nôtres et à ceux de la nation entière. Je viens ici, messieurs, professer hautement cette vérité, et reconnaître la nécessité indispensable de la vérification commune des pouvoirs d'une Assemblée nationale. Je soumets les miens à votre examen, c'est dans cet acte que vous trouverez le titre de votre coopération dans l'œuvre importante de la régénération de l'état ; dans ma conduite vous trouverez les principes et la tendre affection d'un frère. Si cet exemple n'est pas suivi par le plus grand nombre, vous ne désapprouverez pas sans doute mon retour dans la chambre du clergé, où la défense de votre cause exigera ma présence. »

Le 17 juin 1790, il sollicita l'augmentation du traitement des curés de campagne, demandant qu'on le fixât à 1500 livres au lieu de 1200, chiffre de la commission qui fut adopté; le 27 décembre de la même année, il prêta, à la tribune de l'Assemblée, le serment civique avec 60 autres prêtres, devint secrétaire de la Constituante et, en février 1791, évêque constitutionnel de l'Aisne. Mais il ne conserva pas longtemps cette dignité, car il renvoya à la Convention, le 15 novembre 1792, ses lettres de prêtrise, et annonça en même temps qu'il renonçait à toute espèce de fonction ecclésiastique. Il se consacra ensuite exclusivement aux soins des malades et contracta ainsi un mal auquel il succomba.

MARQUETTE DE FLEURY (Mathieu-Louis-Nicolas), député au Corps législatif de l'an X à 1815, né à Laon (Aisne) le 22 février 1748, mort à une date inconnue, « fils de M. Louis Marquette, écuyer, conseiller du roi, lieutenant criminel au présidial de Laon, seigneur de Villers-lès-Guide, et de dame Marie-Madeleine-Renée des Cleves de Cerny », et maître de forges à Poissons (Haute-Marne) et conseiller général de ce département. Élu, le 6 germinal an X, par le Sénat conservateur, député de la

Haute-Marne au Corps législatif, il vit son mandat renouvelé successivement le 18 février 1807, puis le 6 janvier 1813, et siégea jusqu'en 1815. Chevalier de la Légion d'honneur.

MARQUEZY (André-Toussaint), député au Conseil des Cinq-Cents, né à Toulon (Var) le 31 octobre 1761, mort à Toulon le 3 avril 1836, riche propriétaire, embrassa les principes de la Révolution et, au moment de l'organisation des municipalités, devint commissaire près l'administration municipale de Toulon. Membre actif des sociétés patriotiques, il s'opposa en vain aux menées qui livrèrent Toulon aux Anglais en 1793. Élu député du Var au Conseil des Cinq-Cents, le 23 germinal an VI, il siégea à la gauche avancée, et créa avec Antonelle le *Journal des Hommes libres*, où il attaqua à la fois, dans le style du *Père Duchesne*, les royalistes et le Directoire. En l'an VII, il demanda la mise en accusation des « traitres » et des « dilapidateurs », visant ainsi certains généraux et des membres du Directoire, protesta énergiquement contre le 18 brumaire, et fut exclu du Conseil. Compromis, l'année suivante, dans l'affaire de la machine infernale de la rue Saint-Nicaise, il fut condamné à la déportation, mais put s'enfuir à l'étranger. Il ne rentra en France qu'à la Restauration, et ne fut pas inquiété jusqu'à sa mort.

MARQUIS (Jean-Joseph, chevalier), député en 1789, membre de la Convention, député au Conseil des Cinq-Cents, et au Corps législatif de 1811 à 1815, né à Saint-Mihiel (Meuse) le 14 août 1747, mort à Saint-Mihiel le 7 juin 1822, « fils de monsieur Joseph Marquis, conseiller au bailliage de cette ville, et de demoiselle Anne-Gabrielle Toussaint », exerçait la profession d'avocat dans sa ville natale lors de la Révolution. Élu, le 16 mars 1789, député du tiers aux États-Généraux par le bailliage de Bar-le-Duc, il signa le serment du Jeu de paume, vota, pendant la session de la Constituante, avec la majorité réformatrice, et fit partie des comités des finances et de liquidation. Devenu juge au tribunal de cassation pour la Meuse, le 20 avril 1791, et grand juge à la haute cour nationale d'Orléans, il fit un don patriotique pour l'entretien des volontaires (14 juillet 1791). Marquis fut envoyé par le département de la Meuse à la Convention, le 3 septembre 1792, le 2e sur 8, avec 250 voix (271 votants). Le même jour, il était élu premier député suppléant du Loiret à la Convention ; il y siégea comme député de la Meuse. Appelé à émettre son vote dans le procès du roi, il répondit au 3e appel nominal : « Comme juge, je n'hésiterais pas à prononcer la peine de mort, puisque cette peine barbare souille encore notre code; mais, comme législateur, mon avis est que Louis soit détenu provisoirement comme otage, pour répondre à la nation des mouvements intérieurs qui pourraient s'élever pour le rétablissement de la royauté et des nouvelles hostilités et invasions des puissances étrangères. » Il opina *pour* l'appel au peuple et *pour* le sursis. Après la session conventionnelle, il passa (4 brumaire an IV) au Conseil des Cinq-Cents, et y siégea jusqu'au 14 ventôse an V, date à laquelle il donna sa démission. Le 24 germinal an VI, il fut élu haut-juré de la Meuse. En l'an VII, le Directoire le désigna pour organiser, en qualité de commissaire du gouvernement, les quatre départements de la rive gauche du Rhin, récomment incorporés à la République. Préfet de la Meurthe le 3 mars 1800, Marquis devint, le 4 mai 1811, député de ce département au Corps législatif, en vertu du choix du Sénat conservateur. Il y siégea jusqu'en 1815. Comme préfet, il avait été remplacé par M. Riouffe; son administration toute paternelle laissa, dit-on, de vifs regrets aux habitants du département et on trouva un jour à la porte de la préfecture un écriteau où on lisait que « le *baron* Riouffe, son successeur, pourrait bien devenir *comte*, mais qu'il ne serait jamais *marquis*. » Membre de la Légion d'honneur du 25 prairial an XII.

MARQUIS (Donatien), député de 1843 à 1848, représentant en 1848, né à Chambly (Oise) le 27 décembre 1789, mort à une date inconnue, fils d'un négociant, entra à l'Ecole polytechnique en 1809, et en 1811 à l'Ecole d'application de Metz, fit, en qualité d'officier d'artillerie, la campagne de Saxe et la campagne de France, fut maintenu en activité à la Restauration, assista à la guerre d'Espagne en 1823, comme capitaine, et donna sa démission en 1826; il se retira alors à Chambly où il s'occupa de la culture de ses propriétés. Devenu, après 1830, conseiller général de l'Oise, il fut élu, le 11 février 1843, député du 1er collège de l'Oise (Beauvais), en remplacement de M. de Mornay, qui avait opté pour le 2e collège (Beauvais extra-muros), par 239 voix (412 votants, 477 inscrits), contre 166 à M. Didelot. Il siégea dans l'opposition dynastique, et fut réélu dans le même collège, le 1er août 1846, par 290 voix (454 votants, 491 inscrits), contre 163 à M. Lequesne, maire de Beauvais. Il fit partie et fut rapporteur de plusieurs commissions financières et administratives, vota contre l'ingérence du gouvernement dans les élections, et combattit le ministère Guizot. Elu, le 23 avril 1848, représentant de l'Oise à l'Assemblée constituante, le 2e sur 10, par 82,323 voix, il fut membre du comité de l'administration, et vota presque toujours avec la droite, *pour* le bannissement de la famille d'Orléans, *pour* les poursuites contre L. Blanc, *contre* les poursuites contre Caussidière, *contre* l'abolition de la peine de mort, *contre* l'impôt progressif, *contre* l'incompatibilité des fonctions, *contre* l'amendement Grévy, *contre* la sanction de la Constitution par le peuple, *pour* l'ensemble de la Constitution, *contre* la proposition Rateau, *pour* l'interdiction des clubs, *pour* l'expédition de Rome, *contre* la demande de mise en accusation du président et des ministres. Non réélu à la Législative, il exerça les fonctions de maire de Chambly de 1849 à 1878.

MARQUIS (Henri-Etienne), membre du Sénat, né à Thiaucourt (Meurthe) le 22 septembre 1834, étudia le droit, se fit recevoir avocat, devint membre et vice-président du conseil général de Meurthe-et-Moselle où il représenta le canton de Thiaucourt, et se porta comme candidat républicain à une élection sénatoriale partielle de son département, motivée par le décès de M. Bernard : il fut élu, le 18 novembre 1883, par 424 voix (660 votants), contre 237 à M. Welche, ancien préfet, candidat monarchiste. M. Marquis prit place à gauche, vota *pour* le rétablissement du divorce, *pour* les crédits de l'expédition du Tonkin, *pour* l'expulsion des princes, etc., fut réélu, le 5 janvier 1888, par 699 voix (947 votants), et se prononça, en dernier lieu, *pour* le rétablissement du scrutin d'arrondissement (13 février

1889), *pour* le projet de loi Lisbonne restrictif de la liberté de la presse, *pour* la procédure de la Haute-Cour contre le général Boulanger.

MARQUISET (Jean-Gaston), député de 1878 à 1889, né à Saint-Loup (Haute-Saône) le 4 novembre 1826, mort à Paris le 18 juillet 1889, étudia le droit et entra dans la magistrature sous l'Empire; il fut substitut au tribunal de Gray. Rallié au gouvernement républicain, il se présenta pour la première fois comme candidat à l'Assemblée nationale, le 8 février 1871, dans le département de la Haute-Saône, où il obtint, sans être élu, 11,567 voix (34,563 votants). Il échoua encore, le 14 octobre 1877, dans la 2e circonscription de Lure, avec 7,212 voix, contre 7,456 à M. Ricot, conservateur, élu. Mais M. Ricot ayant été invalidé, M. Marquiset l'emporta, au nouveau scrutin du 27 janvier 1878, avec 8,190 voix, contre 6,325 à M. Ricot. Il siégea à la Chambre sur les bancs de la gauche républicaine, soutint le ministère Dufaure, vota *pour* l'article 7, *contre* l'amnistie plénière, *pour* les lois nouvelles sur la presse et le droit de réunion, etc., et fut réélu, le 21 août 1881, par 7,217 voix (13,924 votants, 17,980 inscrits), contre 6,576 à M. Ricot. Il soutint les ministères Gambetta et J. Ferry, et vota pour les crédits du Tonkin. Porté, le 4 octobre 1885, sur la liste opportuniste de la Haute-Saône, il fut réélu député de ce département, le 2e sur 5, par 35,716 voix (71,568 votants, 87,067 inscrits); il reprit sa place à gauche, soutint les divers cabinets modérés de la législature, vota *contre* l'expulsion des princes, et, en dernier lieu, *pour* le rétablissement du scrutin d'arrondissement (11 février 1889), *pour* les poursuites contre trois députés membres de la Ligue des patriotes, *pour* le projet de loi Lisbonne restrictif de la liberté de la presse, *pour* les poursuites contre le général Boulanger ; il était absent par congé lors du scrutin sur l'ajournement indéfini de la revision de la Constitution. Chevalier de la Légion d'honneur.

MARRAGON (Jean-Baptiste), membre de la Convention, député au Conseil des Anciens, né à Luc-sur-Aude (Aude) le 10 juillet 1741, mort à Bruxelles (Belgique) le 1er avril 1829, travaillait en qualité de commis chez le directeur général du canal du Languedoc au moment de la Révolution. Il épousa la fille de son chef, se déclara partisan des idées nouvelles, devint membre du conseil de département de l'Aude, et se fit élire, le 5 septembre 1792, membre de la Convention, le 5e sur 8, par 184 voix (363 votants). Marragon se prononça *pour* l'appel au peuple dans le procès du roi, puis *pour* la mort et *contre* le sursis. Au 3e appel nominal (application de la peine), il répondit : « Une nation outragée, opprimée, une nation contre la liberté et la sûreté de laquelle on a conspiré, a le droit de punir le conspirateur quel qu'il soit, et, dans ce cas-là, elle peut se prescrire des règles particulières et de circonstance, sans avoir égard aux lois positives, s'il en existait. Il est donc absurde de dire que les formalités ont été violées.

« J'ai voté hier pour la ratification par le peuple ; j'avais considéré que cette ratification par la nation entière était la mesure la plus imposante à opposer aux puissances de l'Europe. Je crois même, dans ce moment-ci, qu'il est nécessaire au moins d'avoir une sanction tacite et présumée, qui produirait le même effet.

« Louis a été convaincu de conspiration contre la liberté et la sûreté de la nation française. Ce crime chez tous les peuples est puni de la peine capitale; fidèle à mon devoir de mandataire, persuadé qu'il n'appartient qu'au souverain de commuer la peine ou de faire grâce, je vote pour la mort. » Il hésita longtemps à se prononcer entre les différents partis qui divisaient la Convention, et sembla s'être fait une règle de ne jamais lutter contre le parti dominant. Occupé dans les comités d'agriculture et de travaux publics, il y rendit des services, se mêla peu aux questions purement politiques, et présenta à l'assemblée des plans, qui parurent habilement conçus, sur les moyens de faire prospérer la navigation intérieure. La Convention l'envoya, en 1795, en mission au Havre. Entré, le 4 brumaire an IV, au Conseil des Anciens, par le choix de ses anciens collègues de la Convention, il y fit un rapport à la suite duquel les droits de la maison Riquet-Caraman sur le canal du Languedoc furent annulés au profit de la République. Président du Conseil en 1797, Marragon quitta cette assemblée en 1798, pour succéder à Roberjot (11 prairial an VI), comme ministre plénipotentiaire près les villes anséatiques. De retour en France, il fut désigné par le Directoire pour remplir les fonctions de commissaire près la direction des canaux de l'intérieur de la République (19 floréal an VII). Enfin le gouvernement consulaire le nomma (9 vendémiaire an VIII) receveur général du département de l'Hérault. Il avait transmis ce haut poste à son fils, au bout de quelques années, pour venir vivre paisiblement à Paris dans une opulente retraite, lorsque la loi de 1816 le força à quitter la France. Il partit de Paris le 31 janvier 1816, et se réfugia à Bruxelles où il mourut.

MARRANNES (NORBERT-FÉLICIEN-JACQUES), député au Conseil des Anciens, né à Furnes (Belgique) à une date inconnue, mort à Furnes le 31 mai 1807, homme de loi à Furnes, fut élu, le 21 germinal an V, par 146 voix (184 votants), député du département de la Lys au Conseil des Anciens. Il y siégea jusqu'en l'an VIII, et devint ensuite vice-président du tribunal d'appel de Bruxelles.

MARRAST (MARIE-FRANÇOIS-PASCAL-ARMAND), membre du gouvernement provisoire et représentant en 1848, né à Saint-Gaudens (Haute-Garonne) le 5 juin 1801, mort à Paris le 10 mars 1852, était encore en bas âge, lorsqu'il perdit son père, avoué à Saint-Gaudens. Sa mère dut prendre la direction d'une maison d'éducation de demoiselles à Saint-Sever (Landes), où Armand, son aîné, la suivit. Ses études terminées sous la direction de l'abbé Lodès, il fut nommé régent au collège de Saint-Sever, entra en relations avec le général Lamarque, dont le neveu était dans sa classe, professa quelque temps (1824) la classe de quatrième au collège de Pont-Levoy (Loir-et-Cher) dont Germain Sarrut était le directeur, puis se rendit à Paris pour y chercher une situation meilleure. Le patronage de Kératry, de Laromiguière et de Lamarque le fit entrer, comme maître d'études, au collège de Louis-le-Grand, où il se livra pendant quelque temps aux pratiques d'une dévotion austère, tout en prenant les grades de licencié et de docteur ès lettres, avec une thèse latine : *De veritate*, et une thèse en français : *Est-ce aux poètes ou aux prosateurs qu'appartient la gloire d'avoir le plus contribué à former et à perfectionner la langue*

française? Chargé de la conférence de philosophie au lycée, il commença de montrer des idées libérales à l'avènement du ministère Martignac, et compromit sa carrière en prononçant un discours chaleureux (21 août 1827) sur la tombe de Manuel, et en prenant aussi une part active, avec la jeunesse des écoles, à la cérémonie des obsèques du célèbre député : il fut révoqué. Il tenta de rentrer dans le professorat par la voie de l'agrégation; mais on refusa de l'y admettre. Il occupait les fonctions de précepteur du fils de M. Aguado, lorsque la révolution de juillet éclata. Marrast s'associa au mouvement; escomptant sans retard son dévouement, on dit qu'il sollicita alors une place de maître des requêtes au conseil d'État, ou de chef du secrétariat, puis de lecteur du roi Louis-Philippe. De hautes influences y mirent obstacle. Armand Marrast quitta alors la maison de M. Aguado, écrivit dans la *Tribune*, organe démocratique récemment fondé, des articles de littérature, ouvrit à l'Athénée des Arts un cours de philosophie, donna des leçons à l'École de commerce, rédigea un journal grammatical, et publia, jour par jour, une réfutation du cours de V. Cousin, dont l'influence n'avait pas été étrangère à ses mécomptes de candidat fonctionnaire. Il passa bientôt de la rédaction littéraire de la *Tribune* à la rédaction politique, et se signala par de vives attaques contre le gouvernement; les nombreuses poursuites qui lui furent intentées rendirent son nom populaire. En 1833, la *Tribune* ayant qualifié de « prostituée » la Chambre des députés, l'Assemblée cita à sa barre M. Lionne, gérant, MM. Armand Marrast et Godefroy Cavaignac, rédacteurs. Les deux écrivains soutinrent hardiment devant la Chambre les opinions qu'ils avaient émises la plume à la main, et Marrast s'écria en terminant sa défense : « On nous a beaucoup accusés, nous, d'avoir des principes subversifs... Subversifs de quoi?... De ces choses, par exemple, que la France déteste. Oui, sans doute, c'est notre honneur, notre force et nos espérances! Si, comme on l'a dit, nous étions purement et simplement des anarchistes, on ne nous aurait pas proclamés redoutables. Mais parce qu'on sait que nous nous appuyons sur des sentiments nationaux, on nous craint et on a raison; on nous calomnie, et on a raison encore, car, si le pays connaissait bien exactement nos intentions, le pouvoir nous craindrait bien plus encore. Mais patience!... » Ses derniers mots furent : « Si c'est une guerre contre la *Tribune* seule, elle est puérile; si c'est contre la presse, vous y périrez! » Les débats fermés, on procéda à l'appel nominal pour le vote au scrutin secret : un certain nombre de députés libéraux et légitimistes se récusèrent, et finalement par 204 voix contre 50, le gérant de la *Tribune* fut condamné à trois ans de prison et à dix mille francs d'amende. L'année suivante (1834), impliqué dans le procès d'avril, Marrast fut arrêté et mis au secret à Sainte-Pélagie. Il parvint à s'évader avec vingt-sept de ses codétenus et passa en Angleterre, où il épousa miss Fitz-Clarence, petite-fille naturelle du roi George IV. « Ce mariage singulier d'un coryphée de la République avec une femme de royale origine, quoique du côté gauche, ne surprit point ceux qui connaissaient les ressources de son esprit insinuant... », écrivait un biographe conservateur. Après son mariage, il visita les principales villes d'Angleterre et d'Espagne; il était à Barcelone lors du soulèvement contre Marie-Christine. De là, il rentra en France, quoique non gracié, et fut appelé, après la mort d'Armand Carrel, à la direction du *National;* il la partagea d'abord avec Bastide, qui la lui abandonna entièrement en 1841, avec la responsabilité de l'appui que ce journal crut devoir prêter à la politique de Thiers sur la question des forts détachés. Cette attitude fut sévèrement jugée par la fraction la plus avancée du parti démocratique. Publiciste moins serré peut-être que Carrel, Marrast était plus fin et plus brillant. La révolution de février 1848, dont il ne fut pas le moins surpris, fit de Marrast un membre du gouvernement provisoire, où il eut d'abord, comme Louis Blanc, Flocon et Albert, le titre de secrétaire. Le 1er mars, il fut chargé de l'administration des biens de la liste civile, qu'il avait fait mettre sous séquestre. Le 9 mars, en remplacement de Garnier-Pagès, nommé ministre des Finances, il reçut les fonctions de maire de Paris, dans lesquelles le confirma, le 11 mai suivant, la Commission exécutive, et qu'il exerça jusqu'au 19 juillet. Dans les conseils du gouvernement, Armand Marrast fut un des membres les plus influents et les plus actifs de la majorité « modérée » et anti-socialiste. Comme maire de Paris, il modifia l'organisation des bureaux de l'Hôtel de Ville, défendit les propriétaires contre les réclamations des locataires pauvres, et combattit les insurrections de mai et de juin. Élu, le 23 avril 1848, représentant à l'Assemblée constituante par quatre départements : la Haute-Garonne, avec 57,629 voix; la Sarthe, avec 70,338 voix (114,212 votants); les Basses-Pyrénées, avec 59,357 voix (90,262 votants, 116,890 inscrits) ; et la Seine, avec 229,166 voix (267,888 votants, 399,191 inscrits), il opta pour la Haute-Garonne et s'assit sur les bancs de la gauche non-socialiste. Il fut membre et rapporteur du comité de Constitution. La majorité de l'Assemblée l'appela, le 12 juillet, à la présidence, à la place de Marie. Il dirigea, avec esprit et habileté ,les travaux de la Constituante, proclama solennellement la Constitution, le 19 novembre 1848, sur la place de la Concorde, et, dans la séance du 20 décembre, déclara que « le citoyen Charles-Louis-Napoléon Bonaparte était élu président de la République française, depuis le présent jour jusqu'au deuxième dimanche du mois de mai 1852. » Il ajouta: « Aux termes du décret, j'invite le citoyen président de la République à vouloir bien se transporter à la tribune pour y prêter serment. » Il donna ensuite lecture de la formule du serment, et L.-N. Bonaparte ayant répondu en levant la main: « Je le jure ! » A. Marrast ajouta: « Nous prenons Dieu et les hommes à témoin du serment qui vient d'être prêté ; l'Assemblée nationale en donne acte, ordonne qu'il sera transcrit au procès-verbal, inséré au *Moniteur,* publié et affiché dans la forme des actes législatifs. » Ce fut Marrast qui prononça la clôture de la session de l'Assemblée constituante (28 mai 1849), et qui installa le bureau provisoire de la Législative, dans les rangs de laquelle il ne fut point appelé à siéger. Il avait voté: *contre* le rétablissement du cautionnement, *pour* les poursuites contre Louis Blanc et Caussidière, *contre* le rétablissement de la contrainte par corps, *contre* l'abolition de la peine de mort, *pour* l'amendement Grévy, *contre* le droit au travail, *pour* l'ordre du jour en l'honneur de Cavaignac, *contre* la proposition Rateau, *contre* l'interdiction des clubs, etc. Armand Marrast, sorti de la vie politique, mourut trois ans plus tard à Paris dans une situation de fortune des plus modestes. « On l'accusait, a dit M. Jules Simon, d'avoir les allures et les goûts d'un marquis de l'ancien régime. Le mar-

quis mit ses nippes dans une malle, la laissa sur un fiacre avec l'aide de son unique servante, et alla se cacher dans un petit appartement pour y apprendre à vivre de rien. » Ses amis durent se cotiser pour lui élever un tombeau. Esprit léger, incisif, caustique, Marrast apporta dans l'exercice des fonctions les plus graves un fonds de « gaminerie » qui ne le quitta jamais. Peu de jours après la révolution de février, lors de l'imposante cérémonie du défilé des gardes nationales et des régiments de l'armée de Paris devant les membres du gouvernement provisoire, rangés sur une estrade qui avait été dressée devant l'Arc de Triomphe de l'Étoile, ses collègues ne furent pas médiocrement scandalisés de l'entendre, comme la fête se prolongeait outre mesure à son gré, s'écrier en donnant les marques *extérieures* d'un enthousiasme brûlant : *Pas ez vite, s..... canailles!* Et la foule, abusée par le lyrisme de son geste, répondit par de nouvelles acclamations. Les articles écrits par le directeur du *National* avec une verve mordante n'ont pas été réunis en volumes; outre sa collaboration au *National* et à la *Tribune,* A. Marrast avait fourni des articles à *Paris révolutionnaire,* etc. Il est le principal auteur de la *Galerie des Pritchardistes* (1846).

MARRAST (François), représentant en 1848 et en 1849, député au Corps législatif de 1852 à 1863, né à Bayonne (Basses-Pyrénées) le 12 novembre 1799, mort à Saint-Sever (Landes) le 13 mai 1880, n'était pas parent du précédent. Il entra au service sous la Restauration, parvint au grade d'officier, donna sa démission, et alla guerroyer contre les Espagnols dans l'Amérique du Sud. De retour en France sous Louis-Philippe, il s'occupa d'agriculture dans l'arrondissement de Saint-Sever ; puis il se présenta après la révolution de février, comme républicain du nouveau monde, aux suffrages des électeurs des Landes qui l'élurent, le 23 avril 1848, représentant de ce département à l'Assemblée constituante, le 5e sur 7, par 33,940 voix. Il fit partie du comité de l'intérieur, et vota avec la droite: *pour* le rétablissement du cautionnement et de la contrainte par corps, *pour* les poursuites contre Louis Blanc et Caussidière, *contre* l'abolition de la peine de mort, *contre* l'amendement Grévy, *contre* le droit au travail, *pour* l'ordre du jour en l'honneur de Cavaignac, *pour* la proposition Rateau, *pour* l'interdiction des clubs, *pour* les crédits de l'expédition d'Italie, *contre* l'amnistie, etc. Réélu représentant des Landes à l'Assemblée législative, le 13 mai 1849, le 6e et dernier, par 20,946 voix (49,762 votants, 82,019 inscrits), il suivit la même ligne politique, soutint le ministère Odilon Barrot et le gouvernement présidentiel et se rallia à la politique du coup d'État. Candidat officiel, il fut envoyé au Corps législatif, le 29 février 1852, par la 1re circonscription des Landes, avec 23,033 voix (23,707 votants, 41,650 inscrits), contre 222 à M. Pascal Duprat. M. François Marrast s'associa au rétablissement de l'Empire ainsi qu'à tous les votes de la majorité dynastique, obtint sa réélection, le 22 juin 1857, avec 22,581 voix (29,690 votants, 40,509 inscrits), contre 7,109 à M. Armand Dulamon, siégea jusqu'en 1863, et fut décoré de la Légion d'honneur le 14 août 1865.

MARROT (Jean), député de 1881 à 1885, né à Fouqueure (Charente) le 27 septembre 1841, étudia le droit et s'inscrivit comme avocat au barreau d'Angoulême, qui le désigna plusieurs fois pour son bâtonnier. D'opinions républicaines, il fut nommé, après la révolution de février 1848, substitut du procureur de la République : il conserva ce poste jusqu'en 1851, et reprit, lors du coup d'État de décembre, sa place au barreau. Il fit à l'Empire une opposition assez vive, devint maire d'Angoulême au 4 septembre 1870, se vit confirmer dans ses fonctions le 4 juin 1871, et donna sa démission en février 1874, sous le gouvernement du 24 mai. M. Jean Marrot avait fait déjà plusieurs tentatives infructueuses comme candidat à la députation: le 8 novembre 1868, dans la 1re circonscription de la Charente, où il s'agissait de remplacer M. Gellibert des Séguins, député au Corps législatif, décédé, il avait réuni, au premier tour de scrutin, 4,848 voix (28,386 votants), puis il s'était désisté avant le ballottage en faveur de M. Mathieu-Bodet. Le 2 juillet 1871, il avait échoué aux élections de l'Assemblée nationale, dans la Charente, avec 18,120 voix (62,546 votants), et s'était encore présenté sans succès le 20 février 1876, dans la 2e circonscription d'Angoulême : il avait obtenu, cette fois, 5,621 voix, contre 9,193 à l'élu conservateur, M. Ganivet, Nommé préfet de la Corrèze le 5 janvier 1877, et révoqué après le 16 mai, il fut, le 14 octobre suivant, comme l'année précédente, le candidat des républicains à Angoulême, et réunit 6,682 suffrages, contre 9,158 à M. Ganivet, député sortant, réélu. Le 30 juillet 1878, il reçut la croix de la Légion d'honneur. Ce ne fut qu'aux élections du 21 août 1881 qu'il devint député de la 2e circonscription d'Angoulême, élu par 8,002 voix (15,853 votants, 19,897 inscrits), contre 7,724 à M. Ganivet. Il prit place à gauche, soutint la politique opportuniste des ministères Gambetta et J. Ferry, vota *pour* les crédits de l'expédition du Tonkin, et *contre* la séparation de l'Église et de l'État, et échoua, comme candidat au Sénat, le 6 janvier 1885, avec 363 voix sur 865 votants. Porté aux élections législatives d'octobre 1885, sur la liste républicaine de la Charente, il obtint, sans être élu, 39,420 voix (88,972 votants).

MARSANNE (Jean-Louis-Charles-François), comte de Fontjulianne, député en 1789, né à Montélimar (Drôme) en 1732, mort à Montélimar le 19 septembre 1815, officier d'infanterie, donna sa démission quelque temps avant la Révolution, pour s'occuper de l'exploitation de ses propriétés. Élu député aux États-Généraux par la noblesse du Dauphiné, le 5 janvier 1789, il se réunit aux communes, vota l'abolition des priviléges, et contribua à faire rendre à leurs anciens possesseurs (10 juillet 1790) les biens des protestants fugitifs encore aux mains de la Régie. Il avait été élu, le 7 août 1789, colonel de la garde nationale de Montélimar; il dut son salut à cette situation, quand, au mois d'octobre de la même année, il fut assailli et maltraité par le peuple. Devant la marche croissante du mouvement révolutionnaire, il émigra; mais les officiers de l'armée de Condé ne le jugèrent assez royaliste pour le recevoir parmi eux. Après un séjour à l'étranger, il rentra en France. Il était adjudant des transports de la République à Lyon, quand il demanda et obtint, le 11 brumaire an X, d'être rayé de la liste des émigrés.

MARSAY (Georges de), député en 1789, né à Poitiers (Vienne) le 20 avril 1743, date de mort inconnue, entra dans les ordres. Il était curé de Nueil-sur-Dive (Vienne), quand le clergé du bailliage de Loudun l'élut député aux États-

Généraux (20 mars 1789). Favorable aux réformes, il vota pour la vérification des pouvoirs en commun, et parla, le 8 mai 1789, en faveur du délai pour la nomination des commissaires chargés de négocier avec le tiers, « ce qui nous surprit, dit Jallet dans son *Journal*; il paraît en bien des occasions faire sa cour aux évêques, bien qu'il se dise dans les principes des curés. » M. de Marsay s'en tint d'ailleurs à ce début, car l'*Almanach des députés* de 1790 dit de lui : « C'est un de ces députés qui sont à l'Assemblée incognito. » Il fit partie du comité des recherches (3 septembre 1789). Le *Moniteur* ne parle de lui que pour constater qu'il prêta le serment civique le 27 décembre 1790; son rôle politique n'a pas laissé d'autres traces.

MARTAINVILLE (Adrien-Charles Deshommets, marquis de), député de 1824 à 1827, né à Rouen (Seine-Inférieure) le 5 mai 1783, mort à Sassetot-le-Mauconduit (Seine-Inférieure) le 17 octobre 1847, propriétaire à Rouen, fut membre de la commission des hospices de Rouen en 1813, membre du conseil général du département en 1816, et président de ce conseil de 1825 à 1830. Maire de Rouen depuis 1821, il fut élu, le 25 février 1824, député du 4e arrondissement électoral de la Seine-Inférieure (Yvetot), par 280 voix (455 votants, 520 inscrits). Il ne se fit point remarquer à la Chambre et siégea parmi la majorité royaliste et ministérielle. Aux élections du 17 novembre 1827, il échoua dans le même arrondissement, avec 173 voix, contre 298 à l'élu, M. Bignon. M. de Martainville avait été créé marquis le 3 août 1816. Membre de l'Académie de Rouen depuis 1820, de la Société d'agriculture du département depuis 1821, et chevalier de la Légion d'honneur (même année).

MARTEL (Pourçain), membre de la Convention et député au Conseil des Cinq-Cents, né à Saint-Pourçain (Allier) le 25 avril 1748, mort à Paris le 25 avril 1836, était notaire à Saint-Pourçain à la Révolution. En 1790, il joignit à ces fonctions celles de juge de paix, et fut élu, le 5 septembre 1792, membre de la Convention pour le département de l'Allier, le 3e sur 7, « à la pluralité des voix ». Il vota dans le procès du roi « pour la mort dans les vingt-quatre heures ». Il avait repoussé l'appel au peuple en disant : « Citoyens, je consulte la raison, la justice et l'humanité; je réponds que je ne crois pas devoir renvoyer au peuple la mission qu'il m'a donnée, parce que la désobéissance est attentatoire à la souveraineté du peuple; d'ailleurs j'ai pensé que l'appel au peuple n'était qu'une mesure pusillanime. Je dis *non*. » Après la session, il devint député de l'Allier au Conseil des Anciens, par 71 voix (161 votants). Il en sortit en 1798. Employé comme commissaire à la comptabilité intermédiaire, il conserva cet emploi jusqu'à la suppression de la commission, et fut nommé dans les contributions indirectes. Ayant voté l'Acte additionnel en 1815, il fut atteint par la loi du 12 janvier 1816 contre les régicides, partit de Paris le 9 mai suivant, et se retira à Liège, où il vécut dans l'indigence, sa retraite d'employé des contributions indirectes ayant été supprimée. En 1820, son banquier Humann et M. Dalphonse, député, demandèrent qu'on lui rendît sa pension de 972 francs. Il rentra en France après la révolution de 1830, et mourut à Paris, « au jour et à l'heure, dit le *Journal des Dé-*

bats du 1er mai 1836, où il accomplissait sa 88e année. »

MARTEL (Louis-Joseph), représentant en 1849, député au Corps législatif de 1863 à 1870, représentant en 1871, ministre et membre du Sénat, né à Saint-Omer (Pas-de-Calais) le 13 septembre 1813, se fit recevoir avocat et docteur en droit, puis entra dans la magistrature. Il était juge au tribunal de Saint-Omer, lorsque, le 13 mai 1849, les électeurs du Pas-de-Calais l'envoyèrent siéger à l'Assemblée législative, le 10e sur 15, par 77,516 voix (129,691 votants, 194,088 inscrits). Il donna sa démission de magistrat, prit place à droite, et vota avec la majorité hostile à la République : *pour* l'expédition de Rome, *pour* la loi Falloux-Parieu sur l'enseignement, *pour* la loi restrictive du suffrage universel, etc. Il ne soutint pas, dans les derniers temps de la législature, la politique particulière de l'Elysée, et, après avoir protesté contre le coup d'Etat, il rentra dans la vie privée, et reprit sa profession d'avocat à Saint-Omer. Pendant dix ans, M. Martel se tint à l'écart de la politique. Il y rentra en 1861, comme conseiller général du Pas-de-Calais, et, le 4 juin 1863, se présenta au Corps législatif dans la 5e circonscription de ce département, avec le programme de l'opposition orléaniste : il fut élu député par 13,860 voix (25,955 votants, 32,888 inscrits), contre 12,045 à M. Le Sergeant de Monnecove, député sortant, candidat officiel. Il alla siéger à la Chambre dans le petit groupe du centre qui suivait la direction politique de Thiers, et prit une part assez active aux discussions ; on remarqua les discours dans lesquels il réclama la juridiction des tribunaux ordinaires pour la presse, l'abolition du timbre en faveur des journaux et brochures traitant de matières économiques et sociales, l'examen par la Chambre des budgets ordinaire et extraordinaire de la ville de Paris ; il fut un des fondateurs du groupe des 46, noyau du *tiers-parti*. Réélu, le 24 mai 1869, par 21,950 voix (22,084 votants, 29,775 inscrits) sans compétiteur, il acquit dans l'Assemblée une réelle influence, signa la célèbre demande d'interpellation des 116, et devint, à trois reprises, secrétaire du Corps législatif. Il sembla, après l'avènement au pouvoir de M. Emile Ollivier, s'être sensiblement rapproché du gouvernement et, lors de la discussion (2 juin 1870) de la pétition des princes d'Orléans demandant l'autorisation de rentrer en France, il déclara, au nom du centre gauche, qu'il ne voterait pas la loi d'exil si on la présentait, mais qu'il ne l'abrogerait pas non plus, si le gouvernement jugeait cette mesure dangereuse. Mais les événements qui marquèrent la fin du règne modifièrent son attitude : avec Thiers, il se prononça *contre* la déclaration de guerre à la Prusse. Il se montra comme lui très réservé à l'égard du gouvernement de la Défense nationale, et ne rentra en scène que lors des élections à l'Assemblée nationale (8 février 1871), où le Pas-de-Calais l'envoya siéger, le 1er sur 15, par 147,867 voix (149,532 votants, 206,432 inscrits). Elu comme conservateur sur une liste de protestation contre la politique et les décrets de la délégation de Bordeaux, M. Martel prit place au centre droit, et, jusqu'au mois de novembre 1872, vota constamment avec la majorité, *pour* les préliminaires de paix, *pour* l'abrogation des lois d'exil, *pour* le pouvoir constituant de l'Assemblée, *contre* le retour à Paris, *contre* la dissolution. Dès la première constitution du bureau, il avait été élu vice-président de l'Assemblée

nationale. Le chef du pouvoir exécutif l'avait nommé, d'autre part, vice-président du conseil supérieur de l'agriculture, du commerce et de l'industrie, et, après la répression de la Commune, président de la commission des grâces. Très attaché à la personne et aux idées de Thiers, il se sépara de la majorité de l'Assemblée, dès que celle-ci manifesta l'intention de renverser le chef de l'Etat ; le 29 novembre 1872, il soutint le gouvernement dans la commission des Trente, dont il faisait partie. Après la démission de M. Grévy comme président de la Chambre, il fut porté candidat à la présidence par les gauches et par le ministère ; mais la coalition des droites le repoussa, et élut M. Buffet (5 avril 1873). Le mois suivant, Thiers voulut faire appel à M. Martel, alors éloigné de Paris, pour lui offrir un portefeuille ; mais n'ayant pas reçu de réponse en temps utile, il dut s'adresser à un autre député. Lors de la reconstitution du bureau le 20 mai, M. Martel fut encore une fois le candidat du gouvernement à la présidence, mais il échoua de nouveau, et ce ne fut même qu'au troisième tour de scrutin qu'il fut réélu vice-président. Le 24 mai, il vota *contre* la chute de Thiers, puis il se montra l'adversaire du cabinet de Broglie. Après s'être prononcé *contre* le septennat, *contre* la loi des maires, *pour* les propositions Périer et Maleville, *pour* l'amendement Wallon, *pour* la Constitution de 1875, il repoussa la loi sur l'enseignement supérieur. Il était encore vice-président de la Chambre, lorsque les gauches le portèrent sur leur liste aux élections des sénateurs inamovibles : il fut élu par l'Assemblée nationale, le 8 décembre 1875, au 1er tour de scrutin, le 2e sur 75, par 344 voix (687 votants). A la première réunion de la Chambre haute, M. Martel fut élu vice-président. Il donna son appui au cabinet Dufaure puis il fut appelé lui-même, le 12 décembre 1876 à prendre, dans le ministère Jules Simon, le portefeuille de la Justice et des Cultes. Il se déclara contre les magistrats qui avaient appartenu aux commissions mixtes, adressa (mai 1877) une circulaire aux évêques pour appeler leur attention sur la permission donnée à des orateurs laïques de faire des conférences dans les églises, et partagea, le 16 mai 1877, la disgrâce et la chute de M. Jules Simon. M. Martel s'assit alors au centre gauche du Sénat, et vota le 23 juin suivant, *contre* la dissolution de la Chambre des députés. Le 19 novembre, il se prononça *contre* l'ordre du jour Kerdrel hostile à l'attitude de la majorité du Palais-Bourbon et ne cessa jusqu'en 1879 d'opiner avec la minorité républicaine. Le renouvellement partiel du 5 janvier 1879 ayant donné la majorité aux gauches, M. Martel remplaça au fauteuil de président du Sénat, M. d'Audiffret-Pasquier. En cette qualité, il présida le Congrès le 30 janvier suivant, lors de l'élection présidentielle de M. Grévy, et le 18 juin, lors du retour des Chambres à Paris. Mais au bout de quelques mois, l'état de sa santé, assez gravement atteinte le força d'abandonner la direction des débats et de se retirer dans le Midi ; sa démission de président, d'abord unanimement refusée par le Sénat, fut acceptée sur son insistance, le 25 mai 1880 ; il eut alors pour successeur M. Léon Say. Longtemps éloigné du Luxembourg par la maladie, M. Martel s'est prononcé en dernier lieu, *pour* le rétablissement du scrutin d'arrondissement (13 février 1889), *pour* le projet de loi Lisbonne restrictif de la liberté de la presse, *pour* la procédure à suivre devant le Sénat contre le général Boulanger.

MARTELL (Theodore-Auguste), député de 1828 à 1837, de 1838 à 1842, pair de France, né à Cognac (Charente) le 22 janvier 1784, mort à Paris le 9 juin 1860, « fils de Frédéric-Gabriel Martell et de Marie-Anne-Marthe Broussard de l'ommarais, de Cognac », négociant en vins et eaux-de-vie, l'un des fondateurs de la maison Martell et Cie, propriétaire dans le Bordelais, riche, et d'opinions libérales, fut élu député du 4e collège de la Gironde (Libourne), le 28 avril 1828, en remplacement de M. Beaupoil de Saint-Aulaire, qui avait opté pour Verdun, par 165 voix (272 votants, 323 inscrits); il siégea dans l'opposition, vota l'adresse des 221 et fut réélu, dans le même collège, le 23 juin 1830, par 194 voix (311 votants), contre 113 voix à M. d'Haussez. Il contribua à l'établissement du gouvernement de Louis-Philippe, et vit renouveler son mandat dans le même collège, le 5 juillet 1831, par 355 voix (413 votants, 614 inscrits), contre 13 voix à M. Jay, et 19 à M. Evariste Dumoulin, et, le 21 juin 1834, par 305 voix (417 votants, 613 inscrits), contre 70 voix à M. Janvier et 33 à M. Ducos. Il siégea dans la majorité ministérielle. Aux élections du 4 novembre 1837, les électeurs lui préférèrent M. Thiers. Mais celui-ci ayant été également nommé à Aix, opta pour ce dernier collège, et M. Martell le remplaça à Libourne, le 14 février 1838, élu par 372 voix (582 votants). Il fut encore réélu, le 2 mars 1839, par 396 voix (622 votants), continua de figurer dans la majorité dévouée au pouvoir, approuva l'adresse de 1839, soutint le ministère Molé, et vota pour la dotation du duc de Nemours, pour les fortifications de Paris, pour le recensement, contre les incompatibilités, contre l'adjonction des capacités. Les élections du 9 juillet 1842 ne lui furent pas favorables : il échoua avec 335 voix contre 415 à l'élu, M. Feuillade-Chauvin; mais le gouvernement le dédommagea de cet échec en le nommant pair de France, le 13 avril 1845. Les événements de 1848 le rendirent à la vie privée.

MARTELL (Jean-Gabriel), député de 1846 à 1848, né à Cognac (Charente) le 13 juillet 1789, mort à Cognac le 15 février 1887, frère du précédent, négociant en eaux-de-vie et maire de la ville, se présenta pour la première fois à la députation, le 9 juillet 1842, dans le 3e collège électoral de la Charente (Cognac), et y obtint 243 voix contre 273 à M. Lemercier élu. Il fut plus heureux le 1er août 1846, dans la même circonscription, et fut élu par 393 voix (699 votants, 737 inscrits), contre 303 à M. Lemercier. Conservateur, il soutint jusqu'à la révolution de février le ministère Guizot. Depuis, il cessa de s'occuper de politique.

MARTELL (Constantin-Jean-Edouard), représentant en 1871, né à Cognac (Charente) le 17 février 1834, fils du précédent, négociant en eaux-de-vie à Cognac, riche propriétaire et grand viticulteur, fut élu représentant de la Charente à l'Assemblée nationale, le 8 février 1871, le 1er sur 7, par 55,807 voix (70,607 votants, 114,376 inscrits). Il prit place au centre droit, se déclara républicain conservateur, se fit inscrire à la réunion Feray, et vota pour la paix, pour l'abrogation des lois d'exil, pour la pétition des évêques, pour le pouvoir constituant de l'Assemblée, contre le service militaire de troisans, pour la démission de Thiers, pour le septennat, pour le ministère de Broglie, pour les lois constitutionnelles. Il avait été élu, le 8 octobre 1871, conseiller général du canton de Cognac. Aux élections du 20 février 1876, il échoua au second tour, le 5 mars, comme candidat constitutionnel, dans l'arrondissement de Cognac, avec 1,278 voix contre 8,318 à M. Cunéo-d'Ornano, bonapartiste.

MARTENOT (Charles-Auguste), représentant en 1871, sénateur de 1876 à 1885, né à Ancy-le-Franc (Yonne, le 11 décembre 1827, fut reçu ingénieur civil des mines en 1851, et fut attaché, en qualité d'ingénieur, à la compagnie des forges de Châtillon et Commentry. Il devint, en 1865, directeur de la section du Châtillonnais, où déjà il avait eu à lutter contre la crise qui menaçait les établissements métallurgiques de la Bourgogne à la suite de la nouvelle législation commerciale inaugurée en 1860. En 1863, il échoua au Corps législatif comme candidat bonapartiste non officiel, car il avait été combattu par M. de Persigny. A la mort de son père, en 1870, il retourna à Commentry, dont il devint maire après le 4 septembre, et où il sut maintenir l'ordre malgré l'excitation des esprits. Elu représentant de l'Allier à l'Assemblée nationale, le 8 février 1871, le 1er sur 7, par 51,381 voix (76,640 votants, 106,359 inscrits), il se fit inscrire dans le groupe de l'Appel au peuple, et vota pour la paix, pour l'abrogation des lois d'exil, pour la pétition des évêques, contre le service militaire de trois ans, pour la démission de Thiers, pour le septennat, contre les lois constitutionnelles. Il avait été nommé conseiller général du canton de Commentry le 8 octobre 1871. Le 30 janvier 1876, il fut élu sénateur de l'Allier par 208 voix (385 votants); il siégea de nouveau parmi les membres de l'Appel au peuple, et vota la dissolution de la Chambre demandée, le 23 juin 1877, par le ministère de Broglie. Il échoua au renouvellement triennal du Sénat, le 6 janvier 1885, avec 286 voix (835 votants). Sa fille a épousé le petit-fils du baron Evain, pair de France sous Louis-Philippe.

MARTENOT (Auguste), député de 1876 à 1877, né à Saint-Seine-sur-Vingeaune (Côte-d'Or) le 26 septembre 1817, frère du précédent et son associé, ingénieur civil, administra les forges de Châtillon et Commentry, et fonda une importante usine métallurgique à Ancy-le-Franc, dont il fut maire pendant la guerre, et devint ensuite conseiller général. L'énergie et le patriotisme dont il fit preuve pendant l'invasion attirèrent sur lui l'attention de ses concitoyens, qui l'élurent, le 20 février 1876, député de l'arrondissement d'Auxerre, par 5,866 voix (11,394 votants, 12,846 inscrits), contre 5,432 à M. Rathier, républicain. M. Martenot siégea à droite, soutint la politique du 16 mai, et fut l'un des 158 députés qui votèrent l'ordre du jour de confiance demandé par le ministère de Broglie. Il échoua dans le même arrondissement, le 14 octobre 1877, après la dissolution de la Chambre, avec 5,477 voix contre 6,527 à l'élu, M. Rathier. Porté, en 1885, sur la liste de l'union conservatrice de l'Yonne, il échoua encore, le 4 octobre, avec 31,098 voix sur 86,690 votants.

MARTHA-BECKER (Félix-Victor), comte de Mons, député de 1846 à 1848, né à Strasbourg (Bas-Rhin) le 13 juillet 1808, mort à Clermont-Ferrand (Puy-de-Dôme) le 14 octobre 1885, neveu du général Becker, dont il fut autorisé à porter le nom, entra à l'Ecole polytechnique, en sortit parmi les premiers, dans les mines, et coopéra à la carte géologique de France sous la direction de Dufrénoy et d'Elie de Beaumont. Il donna peu de temps après sa démission d'ingénieur des mines, et se retira en Auvergne, où il devint, en 1840, conseiller général du canton d'Aigueperse, en remplacement de son oncle, le général Becker; il fut secrétaire de ce conseil à plusieurs reprises. Elu, le 1er août 1846, député du 2e collège du Puy-de-Dôme (Clermont-Ferrand), par 219 voix (414 votants, 476 inscrits), contre 195 à M. Bertrand, il prit place parmi les conservateurs, et se mêla aux discussions relatives aux caisses d'épargne et aux monts-de-piété. Il venait d'être rapporteur des crédits supplémentaires, quand les événements de février 1848 le rendirent à la vie privée. Rallié à la politique du prince-président, il rentra, en 1852, au conseil général du Puy-de-Dôme, en redevint secrétaire et fut membre de presque toutes les commissions administratives. Officier de la Légion d'honneur, vice-président de l'Académie des sciences, belles-lettres et arts de Clermont, M. Martha-Becker a publié : *Relation sur la mission du général Becker auprès de Napoléon depuis la seconde abdication jusqu'au passage à bord du Bellérophon* (1841); *Le général Desaix*, étude historique (1852).

MARTIGNAC (Jean - Baptiste - Sylvère Gaye, vicomte de), député de 1821 à 1832, et ministre, né à Bordeaux (Gironde) le 20 juin 1778, mort à Paris le 3 avril 1832, était fils d'un ancien lieutenant au régiment de Flandre qui devint avocat à Bordeaux, bâtonnier de l'ordre, membre de la jurade, conseiller général, et, en 1816, conseiller à la cour royale. Destiné au barreau, Jean-Baptiste-Sylvère préféra une vie moins sédentaire : en 1792, il était secrétaire de Sieyès ambassadeur de la République française à Berlin. Quelques années plus tard, il entrait dans l'armée, et écrivait en même temps des vaudevilles pour les théâtres de Paris. De retour à Bordeaux au début du Consulat, il se fit recevoir avocat, et, suppléant aux fortes études qui lui manquaient par une extrême vivacité d'esprit et par une diction incomparable, acquit rapidement une brillante réputation. En 1814, il accueillit sans enthousiasme le retour des Bourbons; en avril 1815, il fut chargé des négociations de la reddition de Bordeaux au général Clausel qui venait au nom de l'empereur, et protégea le départ de la duchesse d'Angoulême. Dévoué désormais à la famille royale, il fut nommé, en 1818, avocat général à Bordeaux et chevalier de la Légion d'honneur, et passa procureur général à Limoges l'année suivante; dans ces postes difficiles, sa réputation ne fit que grandir. Le 1er octobre 1821, le 2e arrondissement électoral du Lot-et-Garonne (Marmande) l'élut député par 216 voix sur 301 votants et 544 inscrits, contre 84 voix à l'amiral de Lacrosse. Il prit place dans la majorité de M. de Villèle, en devint un des orateurs écoutés, et fut rapporteur du projet de loi sur la presse qu'il fit adopter. Il entra au conseil d'Etat en juin 1822, fut nommé vice-président de la Chambre en 1823, et contribua pour la plus grande part au vote des crédits pour la guerre d'Espagne. Attaché au duc d'Angoulême dans cette expédition en qualité de commissaire civil du roi, il montra un esprit de justice et de modération qui lui valut la grand'croix de l'ordre de Charles III, et une tabatière ornée du portrait de Ferdinand VII encadré de diamants, ce qui lui faisait dire : « Avouez qu'on a bien tort de dire que le roi d'Espagne est mal entouré. » Au retour, Louis XVIII le nomma ministre d'Etat, puis directeur général de l'enregistrement et des domaines, et le créa vicomte (1824). Réélu, aux élections du 25 février de la même année, député de Marmande, par 257 voix (345 votants, 473 inscrits) contre 56 voix à M. Suriray et 30 à M. Drouilhet de Sigalas, il prit à la Chambre un rôle plus actif, appuya l'admission de Benjamin Constant, la loi sur le milliard des émigrés, mais se montra très réservé sur la loi du sacrilège et sur la loi contre la liberté de la presse. Lorsque les élections du 17 novembre 1827, qui le renvoyèrent à la Chambre par 190 voix (248 votants, 380 inscrits) contre 52 à M. Delong, eurent amené la retraite du ministère Villèle, il se trouva désigné au choix du roi tant par son attitude à la Chambre que par la recommandation même du ministre tombé, pour entrer dans la nouvelle combinaison ministérielle, où il prit le portefeuille de l'Intérieur (4 janvier 1828), et où son talent oratoire le mit bientôt au premier rang. « J'ai entendu un jour Dupont de l'Eure, a dit M. Guizot, lui crier doucement de sa place, en l'écoutant : Tais-toi, sirène ». Il n'en fallait pas moins pour se maintenir dans la situation délicate que lui faisaient la faveur à peine dissimulée du roi, hostile à son libéralisme, et la suspicion réciproque que lui témoignaient à l'envi la gauche et la droite de la Chambre. Il supprima le cabinet noir, remplaça à la préfecture de police M. Delavau par M. de Belleyme, abolit la censure et l'autorisation préalable, abaissa le chiffre du cautionnement, et put faire signer au roi les ordonnances du 16 juin 1828, qui enlevaient le droit d'enseigner aux congrégations non autorisées; mais les libéraux ne lui pardonnèrent pas l'échec de leur demande de mise en accusation du ministère Villèle, et la droite, irritée des quelques mesures libérales qu'il avait fait aboutir, ne chercha plus que l'occasion de le renverser. La présentation du projet de loi destinée à rendre électifs les conseils généraux et d'arrondissement fournit le prétexte attendu : repoussé par la gauche qui ne le trouvait pas assez démocratique, et par la droite qui voulait élever le cens d'éligibilité, le projet dut être retiré par le ministre, qui remit au roi sa démission (31 juillet). Huit jours après, le ministère Polignac était constitué, et M. de Martignac recevait, avec la grand'croix de la Légion d'honneur, une pension de 12,000 francs. Il reprit sa place à la Chambre, et vota l'adresse des 221. Réélu, le 23 juin 1830, député de Marmande, par 287 voix (308 votants, 390 inscrits), il ne prit aucune part à l'établissement du gouvernement de juillet, prêta serment au nouveau roi et siégea à droite. Lors du procès des ministres de Charles X, M. de Polignac le choisit pour défenseur devant la cour des pairs, et M. de Martignac mit au service de son ancien adversaire politique ce qui lui restait de forces et son immense talent. A la Chambre, il protesta contre l'exil de la branche aînée, et fut réélu, le 1er octobre 1831, par 285 voix (530 votants, 740 inscrits), contre 219 à M. A. Suriray. Il eut encore l'occasion (4 novembre) de défendre Charles X qu'on accusait de cruauté; il mourut six mois après, laissant la réputation d'un homme politique plein de droiture, plus dilettante qu'ambitieux, sans vues profondes ni suivies, mais d'un orateur incomparable. « Pendant que son regard animé, a écr

Cormenin, parcourait l'assemblée, il modulait sur tous les tons sa voix de sirène, et son éloquence avait la douceur et l'harmonie d'une lyre. » Une statue de bronze a été élevée à sa mémoire à Miramont en 1845. En 1858, Napoléon III accorda à sa veuve une pension de 6,000 francs « pour services rendus à l'État par son mari ». On a de M. de Martignac : *Ésope et Xantus*, comédie-vaudeville (1801); *Essai historique sur la révolution d'Espagne et l'intervention de 1823* (1832); *Bordeaux en mars 1815* (1830), etc.

MARTILLIÈRE (DE LA). — *Voy.* FABRE.

MARTIMPREY (EDMOND-CHARLES, COMTE DE), sénateur du second Empire, né à Meaux (Seine-et-Marne) le 16 juin 1808, mort à Paris le 24 février 1883, entra à l'Ecole militaire de Saint-Cyr. Capitaine d'état-major en 1835, il fit campagne en Afrique, parvint au grade de lieutenant-colonel, combattit dans les rues de Paris l'insurrection de juin 1848, et y gagna le grade de colonel (10 juillet). Favorable à la politique du prince-président, il fut promu général de brigade en 1852, général de division en 1855, remplit, pendant la guerre de Crimée, les fonctions de chef d'état-major de l'armée, et fut placé ensuite à la tête de la division d'Oran. Chef d'état-major général de l'armée d'Italie en 1859, il se vit encore appelé, par la faveur du chef de l'Etat, au commandement supérieur des troupes de terre et de mer en Algérie, puis fut nommé sous-gouverneur de la colonie; il remplit par intérim, à la mort du maréchal Pélissier, les fonctions de gouverneur. Il fit plusieurs campagnes en Algérie et contribua pour une grande part à la répression très vigoureuse (1864) des mouvements insurrectionnels des Arabes. Le 1er septembre 1864, un décret impérial l'appela au Sénat. Gouverneur des Invalides le 27 avril 1870, il fut membre (1871) du conseil d'enquête sur les capitulations de Strasbourg et de Metz. Grand-croix de la Légion d'honneur (30 décembre 1863), il est mort à Paris, en 1883, gouverneur des Invalides. Conformément au décret du 29 juin 1863, portant règlement sur l'institution et l'organisation de l'hôtel des Invalides, les obsèques du général eurent lieu en l'église Saint-Louis des Invalides, aux frais du ministère de la Guerre.

MARTIMPREY (EDMOND-LOUIS-MARIE, COMTE DE), député de 1885 à 1889, né à Paris le 2 septembre 1849, fils du précédent et gendre de M. Jules Brabant représentant du Nord en 1871, se destina à la carrière des armes. Sorti de l'Ecole de Saint-Cyr en 1870, il fut envoyé dans un régiment de cavalerie à l'armée de Metz, prit part aux combats de Gravelotte et de Saint-Privat, fut fait lieutenant sur le champ de bataille, et, prisonnier en Allemagne en vertu de la capitulation, revint en France après six mois de captivité. Après avoir été capitaine d'état-major du général de la Hayrie à Reims, il rentra dans la vie civile, et, en 1876, s'associa avec son beau-père dans la direction d'un grand établissement de blanchisserie à Cambrai. Porté, aux élections générales du 4 octobre 1885, sur la liste conservatrice du département du Nord, il fut élu député, le 10e sur 20, par 161,840 voix sur 292,696 votants et 348,224 inscrits. Il prit place à droite, combattit la politique scolaire et coloniale des ministères républicains, vota *contre* l'expulsion des princes, *pour* la surtaxe des

céréales et des bestiaux, parla (juin 1887) contre la loi militaire, demanda (mars 1889) des explications au gouvernement sur les accidents des torpilleurs 102 et 110, et se prononça, dans la dernière session, *contre* le rétablissement du scrutin d'arrondissement (11 février 1889), *pour* l'ajournement indéfini de la revision de la Constitution, *contre* les poursuites contre trois députés membres de la Ligue des patriotes, *contre* le projet de loi Lisbonne restrictif de la liberté de la presse, *contre* les poursuites contre le général Boulanger. Chevalier de la Légion d'honneur.

MARTIN (JEAN-JACQUES), député en 1789, né à Béziers (Hérault) le 16 septembre 1740, mort à Béziers le 16 octobre 1824, curé de la paroisse de Saint-Aphrodise de Montpellier, fut élu, le 27 mars 1789, député du clergé de la sénéchaussée de Béziers aux Etats-Généraux, par 186 voix (310 votants). Il vota la vérification en commun des pouvoirs, accompagna le roi à Paris le 6 octobre 1789, fit partie du comité des rapports (18 novembre), et n'eut qu'un rôle parlementaire effacé.

MARTIN (FRANÇOIS, BARON), député en 1789, né à Dampierre-sur-Salon (Haute-Saône) le 26 septembre 1729, mort à Gray (Haute-Saône) le 29 mai 1814, avocat, fut élu, le 13 avril 1789, député suppléant du tiers aux Etats-Généraux par le bailliage de Besançon. Admis à siéger comme titulaire, le 29 juillet, en remplacement de Blanc (Denis-Ferréol) décédé, il prit place dans la majorité réformatrice. Le gouvernement consulaire le nomma maire de Gray (9 germinal an VIII); il exerça cette fonction jusqu'en 1805 époque à laquelle son fils (*V. plus bas*) lui succéda. François Martin fut créé baron de l'Empire le 16 décembre 1810.

MARTIN (ETIENNE) dit MARTIN-LE-JUSTE, député en 1791, dates de naissance et de mort inconnues, négociant et maire de Marseille, fut élu, le 30 août 1791, député des Bouches-du-Rhône à l'Assemblée législative, le 1er sur 10, par 574 voix (591 votants). Il fit partie des monarchistes constitutionnels et prit quelquefois la parole; le 28 octobre 1791, il fit lecture d'un extrait d'une lettre de Marseille, d'où il résultait que cette ville était alors livrée « à la fureur des soldats et des officiers du régiment d'Ernest », à la suite d'une querelle survenue entre deux maîtres d'armes, l'un soldat suisse, l'autre garde national. Etienne Martin obtint alors un vote d'éloges pour la municipalité de Marseille. La municipalité suivante ayant, en juillet 1792, fait parvenir à l'Assemblée une adresse où plusieurs parties de la Constitution monarchique étaient vivement attaquées, Martin parut à la tribune et, au milieu des murmures des tribunes, dit que l'adresse « était audacieusement criminelle », et qu'elle suffirait « pour déshonorer à jamais la commune de Marseille ». Il ne tarda pas d'ailleurs à quitter l'Assemblée, et envoya sa démission de député le 2 août suivant.

MARTIN (GABRIEL), député en 1791, né à une date inconnue, mort le 1er juin 1792, était juge au tribunal de Cognac, lorsqu'il fut élu, le 4 septembre 1791, député de la Charente à l'Assemblée législative, le 5e sur 9, par 273 voix (380 votants); il prit peu de part aux travaux parlementaires, étant mort le 1er juin 1792.

MARTIN (PIERRE), député en 1791, né en 1751.

mort à une date inconnue, homme de loi à Loches avant la Révolution, devint administrateur d'Indre-et-Loire, tout en restant « domicilié à Loches », et fut élu, le 30 août 1791, député de ce département à l'Assemblée législative, le 4ᵉ sur 8, par 192 voix (351 votants). Il vota avec la majorité sans jouer aucun rôle en vue.

MARTIN (Roger), député au Conseil des Cinq-Cents et au Corps législatif, né à Estadens (Haute-Garonne) en 1741, mort à Toulouse (Haute-Garonne) le 18 mai 1811, destiné par sa famille à l'état ecclésiastique, reçut les ordres mineurs, puis abandonna la prêtrise pour devenir professeur de physique. Partisan des idées de la Révolution, il exerçait des fonctions municipales, quand il fut élu député de la Haute-Garonne au Conseil des Cinq-Cents, le 25 vendémiaire an IV, par 187 voix (363 votants). Il s'y prononça contre le parti de Clichy, soutint la politique du Directoire, approuva le 18 fructidor, fit plusieurs rapports sur les contributions, et parla contre la liberté de la presse qui n'était utile qu'aux ennemis du gouvernement. Deux fois secrétaire des Cinq-Cents, rallié au 18 brumaire, il fut élu, le 4 nivôse an VIII, par le Sénat conservateur, député de la Haute-Garonne au Corps législatif, où il siégea jusqu'à sa mort.

MARTIN (Joseph), député au Conseil des Cinq-Cents, né à Saint-Béat (Haute-Garonne) le 6 janvier 1753, mort à Toulouse (Haute-Garonne) en 1815, était négociant à Toulouse au moment de la Révolution. Elu capitaine au 3ᵉ bataillon de la Haute-Garonne le 12 janvier 1790, il fut envoyé à l'armée des Pyrénées-Orientales où, le 30 frimaire an II, les représentants du peuple en mission le nommèrent provisoirement général de brigade. Officiellement confirmé dans ce grade par le comité de salut public le 25 prairial an III, il fut élu député de la Haute-Garonne au Conseil des Cinq-Cents, le 25 germinal an V, par 213 voix (254 votants). Il n'y parla que deux fois : pour présenter un projet sur les moyens de pourvoir aux besoins de la maison nationale des Invalides, et pour faire prendre une résolution sur la retenue de 2 centimes par franc à exécuter sur les dépenses de la guerre. Après le 18 brumaire, il fut nommé préfet des Pyrénées-Orientales le 13 nivôse an IX, et membre de la Légion d'honneur le 25 prairial an XII.

MARTIN (Alexandre-François-Joseph, baron), dit Martin de Gray, député en 1807 et de 1816 à 1822, né à Besançon (Doubs) le 25 avril 1773, mort à Gray (Haute-Saône) le 8 février 1864, « fils du sieur François Martin, avocat au parlement, et de madame Anne-Josèphe Pérelict[de Montrutier », étudia le droit, se fixa comme avocat à Gray, et ne tarda pas à acquérir une certaine influence. Maire de la ville en 1805, il fut porté comme candidat au Corps législatif par le collège électoral de la Haute-Saône, et nommé par le Sénat conservateur député de ce département, le 18 février 1807. Il conserva dans cette assemblée une réelle indépendance et ne cessa de réclamer pour elle plus d'initiative et de liberté. En 1815, il fut renommé maire de Gray et sut en imposer aux alliés par sa fermeté. Après la dissolution de la Chambre introuvable, il fut élu député du collège de département de la Haute-Saône le 4 octobre 1816, par 95 voix (183 votants, 252 inscrits). Il siégea dans la minorité libérale, soutint la loi électorale et la loi sur le recrutement, et demanda la suppression des cours prévôtales et des lois restrictives de la liberté individuelle. Réélu, 20 octobre 1818, par 307 voix (425 votants, 5? inscrits), il fit de l'opposition au ministère Decazes, et l'accentua sous le second ministère du duc de Richelieu. Bien que malade et menacé de perdre la vue, il monta plusieurs fois à la tribune pour défendre la liberté individuelle et la liberté de la presse et pour combattre la loi du double vote. Il reprocha au gouvernement des Bourbons de ressusciter le despotisme de Bonaparte et de tromper la nation en faussant la Charte. Découragé et presque aveuglé, il ne se représenta pas aux élections suivantes et vécut dès lors dans la plus profonde retraite.

MARTIN (Jacques), représentant à la Chambre des Cent-Jours, né à Couches (Saône-et-Loire) en 1761, mort à une date inconnue, exerçait la médecine à Couches et était maire de cette ville, lorsqu'il fut élu, le 13 mai 1815 représentant de l'arrondissement d'Autun à la Chambre des Cent-Jours, par 37 voix (64 votants), contre 25 à M. Brochot, inspecteur forestier à Autun. Il rentra dans la vie privée après cette courte législature.

MARTIN (Louis-Nicolas), député de 1828 à 1831, né à Rouen (Seine-Inférieure) le 17 avril 1782, mort à Rouen le 20 mars 1831, fabricant de rouenneries dans cette ville, fut élu, le 26 avril 1828, député du 1ᵉʳ arrondissement électoral de la Seine-Inférieure (Rouen), en remplacement de M. Bignon, qui avait opté pour Yvetot, par 770 voix (998 votants, 1,227 inscrits. Il prit place dans l'opposition libérale, vota l'adresse des 221, et combattit le ministère Polignac. Réélu, le 12 juillet 1830, par 994 voix (1,218 votants, 1,317 inscrits), contre 209 à M. de Martainville, M. Martin coopéra à l'établissement de la monarchie de juillet, et mourut quelques mois après.

MARTIN (Nicolas-Ferdinand-Marie-Louis-Joseph), dit Martin du Nord, député de 1830 à 1847 et ministre, né à Douai (Nord) le 29 juillet 1790, mort au château de Lormois (Nord) le 12 mars 1847, étudia le droit à Paris, se fit recevoir docteur, et débuta avec succès au barreau de Douai. Il se prononça d'abord, avec un empressement qui lui fut plus tard vivement reproché par ses adversaires, en faveur du gouvernement de la Restauration; mais il se rallia, dès le lendemain des journées de juillet, à la monarchie de Louis-Philippe. « Jeune, écrivait l'auteur de la *Galerie des Pritchardistes* (1846), il suça le lait de la Muse, et la Muse lui inspira la chanson. Le vieux temps était revenu, il chanta comme les chevaliers, *son Dieu, son roi, sa dame*; il excella dans la poésie des fêtes royales et des transparents :

> Accepte, ô légitimité,
> L'envoi de ma fidélité!

Sa fidélité avait les ardeurs de l'amour et la religion des reliques. Louis XVIII passait à Cambrai et daigna laisser tomber de son nez auguste quelques grains de tabac que M. Martin (du Nord) recueillit précieusement dans un chaton tout parfumé de royalisme. Quinze ans n'attiédirent pas la foi qu'il portait à ce scapulaire, et, à la première nouvelle de l'insurrection parisienne, l'avocat Martin, transporté hors de lui, se précipite au palais de justice: il assemble ses co-robins : « Messieurs, le populaire s'est soulevé... Charles X ne rendra pas son épée. Nous sommes enfants du drapeau sans tache. » La harangue fut superbe; mais il fallait lui donner un corps. L'orateur prend la plume, il écrit comme le volcan fume. il rédige la plus éloquente protestation, il la signe, il la fait circuler. Elle allait partir ! Le courrier de Paris arrive pavoisé du drapeau tricolore ! L'avocat Martin le voit et tombe consterné. On le cherche, on veut lui adresser de touchantes condoléances ; les légitimistes sincères voulaient pleurer avec lui ; il ne pleurait plus, il s'était dérobé ; la solitude plait aux nobles âmes et aux grandes douleurs. M. Martin (du Nord) y cacha la sienne et s'en vint paisiblement auprès de son protecteur, M. *D.-D.* (Deforest de Quartdeville, premier président de la cour), lui demander de l'aider à prouver son dévouement à ce drapeau tricolore, la gloire de notre patrie, à ces nobles couleurs pour lesquelles son cœur patriotique avait conservé un culte d'autant plus ardent qu'il était plus contenu... Nous aimons à reproduire ces débuts du héros ; quand le fleuve coule dans son lit majestueux, on aime à remonter jusqu'à la source modeste d'où s'échappent ses eaux bienfaisantes... » Nommé successivement conseiller municipal, juge-suppléant, administrateur et vice-président des hospices de Douai, il brigua, le 28 octobre 1830, le mandat de député, et le grand collège du Nord l'envoya à la Chambre par 571 voix (1,258 votants, 2,895 inscrits). M. Martin siégea dans la majorité conservatrice, dont il ne tarda pas à devenir un des membres les plus en vue. Il se fit remarquer notamment dans la discussion générale du projet de loi sur la composition des cours d'assises et sur les déclarations du jury (6 janvier 1831). Le 12 mars, il fut rapporteur de la commission chargée d'examiner le projet de loi concernant la procédure pour les délits de presse. Peu de jours après (14 mars), il fit rejeter un amendement de M. Humann, qui proposait d'appliquer à tous les travaux d'utilité publique entrepris par le gouvernement les dispositions exceptionnelles du projet sur l'expropriation temporaire des propriétés privées. Réélu, le 5 juillet 1831, député du 5e collège du Nord (Douai), par 91 voix (128 votants, 152 inscrits), contre 35 à M. Honoré, avocat, il signala sa rentrée par un rapport considérable sur la loi de l'avancement dans l'armée (8 octobre). En février 1832, il présenta le rapport de la commission chargée d'examiner le projet de loi pour autoriser la ville de Paris à créer un emprunt dont le chiffre fut fixé à 40 millions. A cette époque, un sieur Kessner, caissier général du trésor public, disparut, laissant un déficit de plusieurs millions. Rapporteur de la commission d'enquête, M. Martin (du Nord) passa pour avoir atténué dans cette affaire certaines responsabilités, pour en avoir dissimulé d'autres. Violemment attaqué à ce sujet par la presse opposante, il fut nommé, le 6 août 1833, avocat-général près la cour de Cassation. Il obtint à cette occasion sa réélection comme député, par 93 voix (109 votants, 151 inscrits), fut un des secrétaires de la Chambre, présenta le rapport du projet de loi sur les associations adopté le 26 mars 1834, et fut promu, le 5 avril suivant, procureur-général près la cour d'appel de Paris, en remplacement de Persil, devenu garde des sceaux. Le 15 du même mois, Louis-Philippe le désignait pour remplir les fonctions de procureur-général près la cour des pairs, convoquée à l'effet de juger le fameux procès d'avril. Réélu, en raison de sa récente promotion, député du Nord, le 10 mai 1834, par 105 voix (170 votants); puis, le 21 juin de la même année, au renouvellement général, par 109 voix (113 votants, 172 inscrits), il fut appelé, le 8 août suivant, dans la nouvelle Chambre, aux fonctions de

vice-président. Mais bientôt les travaux de la cour des pairs en 1835 et en 1836, le procès des accusés d'avril, l'attentat de Fieschi, l'affaire d'Alibaud, celle du complot de Neuilly, empêchèrent M. Martin (du Nord) de suivre assidument les débats du Parlement. En 1835 notamment, il s'acquitta avec un zèle tout particulier de la mission exceptionnelle dont l'avait investi le gouvernement. Son réquisitoire contre les accusés d'avril, succédant devant la cour des pairs au rapport de M. Girod (de l'Ain), occupa quatre séances ; il se terminait par des conclusions tendant à la mise en accusation de 318 prévenus, tant comme auteurs d'un attentat, préparé, concerté, arrêté et commis sur divers points du royaume, dans le but de détruire ou de changer le gouvernement, d'exciter les citoyens ou habitants à s'armer contre l'autorité royale, etc., que comme complices de ce même attentat à divers titres. M. Martin (du Nord) soutint avec ardeur l'accusation, et prit la parole à plusieurs reprises. Son dernier réquisitoire fut prononcé en juillet. Le procureur-général entra en matière, après avoir brièvement exposé dans un préambule que, malgré le silence calculé des accusés, malgré leur système d'empêcher les débats, la vérité avait pu être établie avec évidence et certitude et que les éléments de conviction ne manquaient pas. Puis il aborda la cause. L'accusation de complot n'avait pas été sérieusement discutée aux débats, et les prévenus compris dans la catégorie de Lyon n'avaient, pour la plupart, à répondre que de faits matériels d'insurrection. Ce fut cependant à constater l'existence d'un complot que s'attacha exclusivement Martin (du Nord). Reproduisant l'acte d'accusation dans ses bases et dans ses formes, il rattacha les unes aux autres les associations républicaines de Paris et des diverses parties de la France, de Lyon particulièrement, et s'efforça de prouver, par leurs actes, par les publications émanées d'elles, par les articles des journaux dévoués à leur cause, qu'elles avaient été en complot flagrant et permanent contre le gouvernement. L'orateur suivait ensuite la marche des associations républicaines à Lyon ; il les montrait se rapprochant peu à peu des associations industrielles, s'y mêlant, exerçant sur elles une influence de plus en plus marquée, et finissant par les envahir, par les dénaturer. Plus le moment de la crise avait approché, plus les associations républicaines avaient déployé de vigueur et d'activité, plus les associations industrielles étaient devenues républicaines. Depuis la loi sur les associations, le parti républicain avait hautement proclamé la nécessité de la révolte, de l'insurrection ; la fusion entre les associations politiques et les associations industrielles était alors complète ; le même mot d'ordre, *association, résistance, courage*, était adopté par la Société des Droits de l'homme et par celle des mutuellistes. Le procureur-général s'indignait ensuite de l'accusation de provocation qu'on élevait contre le gouvernement ; il ne s'indignait pas moins des accusations de violence et de cruauté dirigées contre les chefs de l'armée ; enfin il terminait ainsi son discours :

« Ce grand procès, qui offre un spectacle pénible, a été une nécessité devant laquelle il n'était pas permis de reculer ; toutefois, il faut le reconnaître, il en est sorti des lumières nouvelles et d'utiles enseignements. La Société des droits de l'homme, ce foyer du républicanisme, est dévoilée par ses actes, par ses écrits ; elle ne peut les démentir ; il n'est plus possible d'abuser personne sur ses doctrines, sur ses desseins. On sait comment elle entend l'ordre social, c'est l'insurrection; comment elle entend le droit de propriété, c'est l'arbitraire. Tous ceux qui possèdent (et grâce au travail, le nombre en est immense) savent quelles sûretés leur donne le code de Robespierre. La menace d'un tel avenir n'est pas l'un des moindres appuis de notre monarchie constitutionnelle. Pour vous, messieurs, vous avez donné comme juges une grave et importante leçon. Des hommes qui, comme citoyens, avaient commis le plus grand crime qu'ils pussent commettre, s'étaient flattés de conquérir l'impunité par leur résistance. Vous avez maintenu à la loi sa toute-puissance. Il serait étrange en effet que, lorsque tous les citoyens se courbent devant elle, des accusés prétendissent la dominer. Inébranlables aux outrages, vous avez eu la dignité du calme et la puissance de la modération; la justice a puisé une force nouvelle dans votre fermeté. Souffrez que notre voix vous le dise en finissant : dans ces longs débats la France vous regarde avec reconnaissance; vous avez bien mérité de la patrie! » M. Chégaray (*V. ce nom*), avocat général, prit la parole à son tour; puis vinrent les plaidoiries et le jugement.

M. Martin (du Nord) voyageait en Suisse, au mois de septembre 1836, lorsqu'il fut appelé à Paris pour faire partie du cabinet nouvellement constitué; une ordonnance du 20 septembre lui avait confié le portefeuille des Travaux publics, de l'Agriculture et du Commerce; mais la maladie l'empêcha jusqu'au 16 octobre de remplir ses fonctions. Comme député, il fut réélu, le 29 octobre 1836, puis le 4 novembre 1837, par 116 voix (119 votants, 179 inscrits) ; et, le 2 mars 1839, par 108 voix (129 votants). Comme ministre, il présenta des lois pour l'achèvement de routes royales, de ports maritimes, de canaux, pour l'établissement de chemins de fer, pour l'amélioration de différentes rivières navigables, etc. Il déposa en outre le projet de loi sur l'application exclusive du système métrique, une autre loi sur les vices rédhibitoires des animaux domestiques, fit lever la prohibition des fils de laine à l'étranger, et abaisser les droits sur les houilles étrangères, augmenta les encouragements à l'agriculture, etc. Il tenta aussi une réorganisation du Conservatoire des Arts et Métiers et créa plusieurs bourses à l'École centrale des Arts et Manufactures. Enfin, il dut s'occuper de l'établissement des grandes lignes de chemins de fer, mais ses projets ne furent pas goûtés. Le 1er avril 1839, il résigna son portefeuille, et se retira avec ses collègues du cabinet dit *du 15 avril* 1838, dans lequel il avait été maintenu. Appelé de nouveau par la Chambre au fauteuil de la vice-présidence, il reçut bientôt, dans la combinaison ministérielle du 29 octobre 1840, un nouveau portefeuille, celui de la Justice et des Cultes. Il le garda jusqu'au 15 janvier 1847. Durant cette période, le collège de Douai ne cessa de le réélire : le 5 décembre 1840, par 137 voix (140 votants); le 9 juillet 1842, par 173 voix (177 votants, 235 inscrits); le 1er août 1846, par 172 voix (173 votants, 231 inscrits). Le 22 septembre 1841, le garde des sceaux crut devoir adresser aux procureurs-généraux deux circulaires : l'une avait pour objet la ferme et rigoureuse exécution de la loi « sur les associations illicites », l'autre était relative aux délits de presse. Ces deux circulaires furent le sujet de vives attaques de la part de l'opposition démocratique. Parmi les lois qu'il présenta aux Chambres, il faut citer celles sur les ventes judiciaires des immeubles, sur la responsabilité

des propriétaires de navires, sur les ventes aux enchères de marchandises neuves, sur la police de la chasse, sur le conseil d'État, sur la restauration de la cathédrale de Paris, etc. Il s'occupa aussi de la réforme du régime hypothécaire, présenta à la Chambre des pairs un projet de loi sur le noviciat judiciaire, et prépara un projet de modifications à apporter au code d'instruction criminelle. Ministre des cultes, il avait dû lutter contre les tendances les plus opposées et ménager les défiances les plus contraires; il s'en était tiré par d'adroites négociations avec les jésuites et avec le Saint-Siège. Le 15 janvier 1847, une ordonnance royale enleva le ministère de la Justice à M. Martin (du Nord) pour « raison de santé ». Cette destitution à peine déguisée eut pour motif véritable, d'après la rumeur publique, certains faits scandaleux auxquels M. Martin (du Nord) aurait participé dans une maison interlope. L'ancien ministre mourut brusquement deux mois après. Il fut remplacé comme garde des sceaux par M. Hébert. On a de lui : *Discours prononcé à l'audience solennelle de la cour royale de Paris du 3 novembre 1835; — Expulsion des Jésuites* (1845).

MARTIN (Édouard), dit MARTIN DE STRASBOURG, député de 1837 à 1842, représentant en 1848, né à Mulhouse (Haut-Rhin) le 7 juin 1801, mort à Paris le 21 décembre 1858, fils d'un pharmacien de Mulhouse, fit son droit et se fixa comme avocat à Strasbourg. Connu pour ses idées libérales, il fut élu, le 4 novembre 1837, député du 2e collège du Bas-Rhin (Strasbourg), par 181 voix (349 votants, 375 inscrits). Il prit place à l'extrême-gauche, parmi les membres de l'opposition avancée, fit partie (1838) avec Arago, Laffitte et Dupont de l'Eure, du « comité de réforme électorale », combattit avec la coalition le ministère Molé, repoussa l'adresse des 339, et, réélu, le 2 mars 1839, par 185 voix (344 votants), vota *contre* la dotation du duc de Nemours, *contre* le recensement, *pour* les incompatibilités, *pour* l'adjonction des capacités. En 1838, il avait acheté une charge d'avocat à la cour de Cassation. Non réélu en 1842, il échoua de nouveau à l'élection partielle du 26 juillet 1845, avec 135 voix, contre 200 à l'élu, M. Renouard de Bussières; il n'en continua pas moins son opposition au gouvernement de Louis-Philippe, prit part aux banquets réformistes et, à la révolution de 1848, fut chargé de présider la commission qui devait fournir un travail complet sur l'organisation judiciaire, et dans laquelle figuraient de Cormenin, Baroche, Faustin-Hélie, Jules Favre et Portalis. Élu représentant du Bas-Rhin à l'Assemblée constituante, le 23 avril 1848, le 5e sur 15, par 85,661 voix (123,968 votants, 132,186 inscrits), il fit partie du comité de Constitution, et vota *pour* l'abolition de la peine de mort, *contre* l'impôt progressif, *contre* l'incompatibilité des fonctions, *contre* l'amendement Grévy, *contre* la sanction de la Constitution par le peuple, *pour* l'ensemble de la Constitution, *contre* la proposition Rateau, *contre* l'interdiction des clubs. Le 28 juin 1848, il avait déposé la proposition suivante : « L'Assemblée nationale confie le pouvoir exécutif au général Cavaignac, qui prendra le titre de président du conseil et nommera les ministres. » Il combattit, après l'élection présidentielle du 10 décembre, la politique de l'Élysée. Non réélu à la Législative, il vendit sa charge d'avocat au conseil d'État et à la cour de Cassation pour ne pas prêter serment à l'empereur, et se fit inscrire au barreau de Paris.

MARTIN (Jean-Louis), député de 1837 à 1846, né à Tullins (Isère) le 22 juin 1793, mort à une date inconnue, avocat puis avoué à Saint-Marcellin, fut successivement élu député du 5e collège de l'Isère (Saint-Marcellin), le 4 novembre 1837, par 140 voix (271 votants, 317 inscrits); le 2 mars 1839, par 175 voix (280 votants); le 9 juillet 1842, par 205 voix (314 votant, 358 inscrits), contre 103 voix à M. de Bérenger. Il prit place parmi les libéraux, combattit le ministère Molé, vota contre la dotation du duc de Nemours, contre les fortifications de Paris, contre le recensement, pour les incompatibilités, pour l'adjonction des capacités, pour la proposition relative aux députés fonctionnaires. Il rentra dans la vie privée aux élections de 1846.

MARTIN (Christophe), député de 1842 à 1848, né à Châtillon-sur-Chalaronne (Ain) le 21 octobre 1791, mort à Lyon (Rhône) le 19 janvier 1866, fit sa carrière dans la magistrature et devint conseiller à la cour royale de Lyon. Il avait été maire de cette ville et était conseiller général du département, lorsqu'il fut élu, le 9 juillet 1842, député du 2e collège du Rhône (Lyon), par 624 voix (970 votants, 1,382 inscrits), contre 344 voix à M. Jars. Réélu, le 1er août 1846, par 623 voix (1,126 votants, 1,362 inscrits), contre 335 voix à M. Dervieux et 108 à M. Bonnet, il siégea au centre ministériel, vota l'indemnité Pritchard et repoussa toutes les mesures réclamées par l'opposition. Il quitta la vie politique à la révolution de 1848, et mourut à 75 ans, conseiller honoraire de la cour de Lyon.

MARTIN (Dominique-Gérard-Rose-Adolphe), député de 1844 à 1848. né à Saint-Béat (Haute-Garonne) le 9 février 1798, mort à Toulouse (Haute-Garonne) le 10 octobre 1865, était président de chambre à la cour royale de Toulouse, chevalier de la Légion d'honneur et conseiller général de son département, lorsqu'il fut élu député du 6e collège de la Haute-Garonne (Villefranche), le 9 avril 1844, en remplacement de M. Saubat décédé, par 228 voix (421 votants, 666 inscrits), contre 191 voix à M. Georges de Caraman. Réélu, le 1er août 1846, par 329 voix (557 votants, 666 inscrits), contre 177 voix à M. de Caraman et 47 à M. Pagès, il siégea parmi les plus fervents ministériels, vota l'indemnité Pritchard, et repoussa la proposition sur les députés fonctionnaires et toutes les mesures libérales réclamées par l'opposition. Les événements de 1848 le rendirent à la vie privée.

MARTIN (François-Marie-Emile), représentant du peuple en 1848, né le 20 juillet 1794, mort à Lagarade (Bouches-du-Rhône) le 23 juillet 1871, entra à l'Ecole polytechnique en 1812, à l'Ecole d'application de Metz en 1814, en sortit officier d'artillerie, et donna sa démission en 1820, pour prendre la direction des usines de Fourchambault, avec la commandite de M. Borgue, fondateur de cet établissement. Sous son administration, ces usines prirent une extension considérable, s'ouvrirent de nouveaux débouchés, et reçurent d'importantes commandes du gouvernement français ; ses produits furent plusieurs fois honorés de récompenses exceptionnelles. Le gouvernement le nomma officier de la Légion d'honneur le 27 avril 1846. Bien que les princes d'Orléans, et spécialement le duc de Montpensier, lui témoignassent une estime particulière, M. Martin n'en conserva pas moins son indépendance, et plusieurs fois s'éleva contre les mesures réactionnaires des ministres de Louis-Philippe. Elu représentant de la Nièvre à l'Assemblée constituante, le 23 avril 1848, le 4e sur 8, par 33,114 voix (75,213 votants, 88,295 inscrits), il fit partie du comité des travaux publics, et vota tantôt avec la droite, tantôt avec la gauche, contre le bannissement de la famille d'Orléans, pour les poursuites contre Louis Blanc et Caussidière, contre l'abolition de la peine de mort, contre l'impôt progressif, contre la sanction de la Constitution par le peuple, pour l'interdiction des clubs, contre l'expédition de Rome, contre la demande de mise en accusation du président et des ministres. Peu favorable à la politique de l'Elysée, et non réélu à la Législative, il revint prendre à Fourchambault la direction des usines.

MARTIN (Louis-Alexandre), représentant du peuple en 1848 et en 1849, né à Rouen (Seine-Inférieure) le 5 août 1805, mort à Passy (Seine) le 2 mars 1863, fils d'un député de Rouen ami de Dupont de l'Eure, fit ses études au lycée de Rouen, et partit en 1830 pour Paris avec quelques volontaires rouennais pour prendre part à la révolution. Sa famille ayant été en partie ruinée par la crise qui venait d'avoir lieu, il s'installa, en 1834, comme négociant à Orléans, où ses affaires ne tardèrent pas à prospérer. Connu pour ses opinions libérales, il fut nommé adjoint au maire de cette ville, et fit une constante opposition au gouvernement de Louis-Philippe. En 1848, il fut désigné pour aider dans ses fonctions le commissaire de la République; il devint maire d'Orléans, et fut élu, le 23 avril, représentant du Loiret à l'Assemblée constituante, le 3e sur 8, par 67,173 voix (73,249 votants, 88,900 inscrits). Il prit place à l'extrême-gauche, fit partie du comité des travaux publics, et vota contre les poursuites contre Louis Blanc et Caussidière, pour l'abolition de la peine de mort, pour l'incompatibilité des fonctions, contre l'amendement Grévy, contre la sanction de la Constitution par le peuple, pour l'ensemble de la Constitution, contre l'interdiction des clubs, contre l'expédition de Rome. Après l'élection du 10 décembre, il combattit la politique du prince Louis-Napoléon. Réélu à la Législative, le 13 mai 1849, dans le même département, le 2e sur 7, par 33,897 voix (65,037 votants, 92,506 inscrits), il continua de voter avec la gauche. Il protesta contre la loi du 31 mai et contre la revision de la Constitution. Sous l'Empire, il se présenta comme candidat d'opposition au Corps législatif dans la 1re circonscription du Loiret, le 23 juin 1857, et échoua avec 575 voix, contre 16,805 à l'élu, M. Nogent-Saint-Laurens, candidat officiel.

MARTIN (Bon-Louis-Henri), représentant en 1871, sénateur de 1876 à 1883, né à Saint-Quentin (Aisne) le 20 février 1810, mort à Paris le 13 décembre 1883, fut élevé par son père qui était juge au tribunal civil, et puisa dans la lecture assidue des livres d'une riche bibliothèque léguée par un parent, le goût de l'histoire. Il alla comme externe au lycée de Saint-Quentin et, ses classes achevées, fut destiné au notariat. Mais ses goûts l'appelaient ailleurs. Le mouvement romantique de 1830 l'attira, et il publia quelques romans historiques sur la Fronde, sans grand succès. Il entra alors en relation avec Paul Lacroix. Ils commencèrent ensemble la publication d'une *Histoire de France par les principaux historiens*, dont Mame fut l'éditeur et dont le 1er volume parut en 1833. Mais cette publication, reprise depuis par M. Charton et tout récemment par M. Zeller, n'eut pas de suite, les collaborateurs de M. H. Martin, et Paul Lacroix lui-même, l'ayant peu à peu abandonnée. Il conçut alors ce projet sous une forme plus personnelle, et, à l'aide des matériaux qu'il put recueillir dans la bibliothèque de son ancien collaborateur, il composa son *Histoire de France* (1833-1836, 15 volumes). Peu après, il publiait en collaboration avec Paul Lacroix une *Histoire de la ville de Soissons* (1837, 2 volumes). M. H. Martin ne tarda pas à s'apercevoir des nombreuses lacunes de son premier ouvrage, et il entreprit de le refaire presque complètement à l'aide de données plus complètes. Ce travail, qui dura 17 ans, aboutit à la publication d'une nouvelle édition de l'*Histoire de France* (1837-1854, 19 volumes), d'un mérite bien supérieur à la précédente; à l'histoire des rois et des guerres, il mêla l'histoire du peuple, de la nation même. Ce travail lui mérita de hautes récompenses. Son livre : *Les guerres de religion* (tomes X et XI) fut couronné par l'Académie des sciences morales en 1844, et celui du *Règne de Louis XIV* (tomes XIV, XV et XVI) obtint, en 1851, le second prix Gobert, et, en 1856, après la mort d'Augustin Thierry, le premier prix. Une nouvelle édition de l'*Histoire de France* (1855-1860, 16 volumes) lui valut encore le grand prix biennal de 20,000 francs. En 1848, Carnot, ministre de l'Instruction publique, l'avait chargé du cours d'histoire moderne à la Sorbonne; M. H. Martin qui venait de passer son doctorat ès lettres, prit pour sujet : la *Politique extérieure de la Révolution*, cours que les événements interrompirent. Pendant toute la durée de l'Empire, il s'occupa fort activement de questions historiques, et publia un certain nombre d'ouvrages relatifs aux événements contemporains, notamment *Daniel Manin* (1859); *L'unité italienne et la France* (1861); *Pologne et Moscovie* (1863); *La Russie et l'Europe* (1866). Chose à remarquer, M. H. Martin, qui peut compter parmi les adversaires de l'Empire (V. son livre *Les Napoléons et les frontières de la France* (1874), défendit néanmoins la politique extérieure de ce gouvernement, notamment en ce qui concerne la question d'Orient et la campagne de 1859; à la vérité, il ne la défendit pas ouvertement, mais ses arguments d'historien influencèrent ses idées de politicien. Il ne parut sur la scène parlementaire qu'après les événements de 1870. Maire du 16e arrondissement de Paris pendant le siège, il fut élu, le 8 février 1871, représentant de l'Aisne, à l'Assemblée nationale, le 5e sur 11, par 63,595 voix (87,823 votants, 157,845 inscrits), et de la Seine, le 12e sur 43, avec 139,420 voix (328,970 votants, 547,858 inscrits). Il opta pour l'Aisne, mais siégea peu à l'assemblée de Bordeaux. Il protesta contre la tentative communaliste du 18 mars à Paris, et s'associa aux essais de résistance dont la mairie du 2e arrondissement fut le théâtre. Il combattit dans le *Siècle* les idées fédéralistes, et, à la rentrée des troupes, reprit possession de l'administration de son arrondissement. Il se rendit ensuite à l'Assemblée nationale à Versailles, où il devint président de la gauche républicaine, et vota *pour* la paix, *contre* l'abrogation des lois d'exil, *contre* la pétition des évêques, *contre* le pouvoir constituant, *contre* le service militaire de trois ans, *contre* la démission de Thiers, *contre* le septennat, *contre* le ministère de Broglie, *pour* les lois constitutionnelles. Élu, le 30 janvier 1876, sénateur de l'Aisne, par 717 voix (921 votants),

il vota, le 23 juin 1877, *contre* la dissolution de la Chambre demandée par le ministère de Broglie, et, en 1879, soutint la proposition Charton qui avait pour but de faire élever à Versailles un monument commémoratif de l'Assemblée nationale de 1789. Membre de l'Académie des sciences morales et politiques, en remplacement de Pierre Clément, depuis le 29 juillet 1871, il fut élu membre de l'Académie française, le 13 juin 1878, en remplacement de M. Thiers. Sa réception, fixée au 2 juin 1879, souleva un incident. M. Émile Ollivier, chargé de lui répondre, ne voulut point modifier son discours dans le sens que réclamait l'Académie. Sur la proposition de M. Mézières, ce fut M. X. Marmier qui répondit, le 13 novembre 1879, à M. H. Martin. Membre de la commission des Monuments historiques, président de l'Orphelinat de la Seine, conseiller général de Saint-Quentin, M. H. Martin s'occupa aussi de questions archéologiques et anthropologiques. Mais son mémoire sur *Les peuples bruns et les peuples blonds de l'Europe occidentale* souleva de nombreuses objections. En outre des ouvrages déjà cités, il a publié : *De la France, de son génie, de ses destinées* (1867); *Jeanne d'Arc* (1856); *Dieu dans l'Histoire*, traduit de J. Bunsen (1867).

MARTIN (Charles), dit Martin de Chanteloup, représentant en 1871, né à Corbigny (Nièvre) le 27 mars 1815, étudia le droit et entra dans la magistrature. Procureur impérial à Château-Chinon, juge au tribunal de Nevers, puis conseiller à la cour de Bourges, il fut inscrit, le 8 février 1871, sur la liste conservatrice de la Nièvre, et élu représentant de ce département, le 4e sur 7, par 33,910 voix (64,512 votants, 97,485 inscrits). M. Ch. Martin prit place à droite et vota : *pour* la paix, *pour* les prières publiques, *pour* l'abrogation des lois d'exil, *pour* le pouvoir constituant, *contre* la dissolution, *pour* la chute de Thiers au 24 mai, *pour* le septennat, l'état de siège, la loi des maires, le ministère de Broglie, *contre* les amendements Wallon et Pascal Duprat et *contre* l'ensemble des lois constitutionnelles. Admis à la retraite, comme magistrat, le 27 août 1881. M. Ch. Martin tenta de rentrer dans la vie politique aux élections législatives de 1885 : il réunit, au second tour de scrutin, le 18 octobre, sans être élu, 39,181 voix conservatrices dans la Nièvre (83,419 votants.)

MARTIN (Joseph-Ange-Marie) dit Martin d'Auray), représentant en 1872, député de 1881 à 1889, né à Auray (Morbihan) le 5 octobre 1832, riche marchand drapier à Auray, fut élu, le 21 octobre 1872, représentant du Morbihan à l'Assemblée nationale, en remplacement de M. Joffre démissionnaire, par 43,062 voix (78.093 votants, 117,641 inscrits), contre 34,928 à M. Beauvais, républicain. Il prit place à l'extrême-droite, signa la proposition relative au rétablissement de la monarchie et l'adresse au pape des députés partisans du Syllabus, vota *pour* la démission de Thiers, *pour* le septennat, *contre* le ministère de Broglie, *contre* les lois constitutionnelles. Il ne se représenta pas en 1876, ni en 1877. Le 4 septembre 1881, il fut élu, au second tour, député de la 2e circonscription de Lorient, par 8,028 voix (15,537 votants, 21,426 inscrits), contre 7,615 à M. Trottier, républicain. Il continua de siéger à la droite légitimiste, combattit les différents ministères opportunistes et, à l'approche des nouvelles élections, signa le manifeste de l'Union des droites.

Porté sur la liste conservatrice du Morbihan, il fut réélu, le 4 octobre 1885, le 5e sur 8, par 60,282 voix (95,198 votants, 130,336 inscrits . Il reprit sa place à la droite monarchiste, combattit la politique intérieure et extérieure des cabinets républicains, et se prononça, à la fin de la session, *contre* le rétablissement du scrutin d'arrondissement (11 février 1889). *pour* l'ajournement indéfini de la revision de la Constitution, *contre* les poursuites contre trois députés membres de la Ligue des patriotes, *contre* le projet de loi Lisbonne restrictif de la liberté de la presse, *contre* les poursuites contre le général Boulanger.

MARTIN (JEAN-FRANÇOIS-FÉLIX), député de 1884 à 1885, né au Creuzot (Saône-et-Loire) le 18 juillet 1840, étudia la médecine, se fit recevoir docteur, et exerça sa profession dans sa ville natale. Élu, le 8 juin 1884, député de la 2e circonscription d'Autun, en remplacement de M. Reyneau, par 4,674 voix (5,123 votants, 17,770 inscrits), il siégea dans la majorité opportuniste, et vota *pour* l'adoption des crédits de l'expédition du Tonkin. Le 4 octobre 1885, il réunit, sans être élu, dans le département de Saône-et-Loire, 33,634 voix (135,611 votants); comme ses compagnons de liste, il se désista au second tour en faveur de la liste radicale.

MARTIN (MARIE-HIPPOLYTE-GEORGES), membre du Sénat, né à Paris le 19 mai 1845, étudia la médecine, puis interrompit ses études en 1866, pour s'engager comme volontaire dans les troupes de Garibaldi. Après Mentana, il rentra en France, reprit ses cours à Montpellier et fut reçu docteur. Il prit part aux dernières luttes de l'opposition républicaine contre l'Empire, et s'installa comme médecin à Sceaux. Pendant le siège de Paris, il fut attaché comme chirurgien au fort d'Issy. Après avoir, en 1871, refusé la candidature municipale à Paris dans le quartier de la Gare (13e arrondissement), il l'accepta en 1874 et fut élu. Au conseil municipal, il se déclara partisan de l'autonomie communale et fut un des fondateurs du groupe qui porta ce nom; il rédigea des rapports remarqués sur l'administration centrale, la préfecture de police, l'assistance publique, etc., et fit adopter la proposition de ne pas loger le préfet de la Seine à l'Hôtel de Ville. Réélu plusieurs fois conseiller par son quartier, il était président du conseil municipal, lorsque la démission du commandant Labordère détermina une vacance parmi les sénateurs de la Seine. Le parti radical autonomiste adopta la candidature de M. Georges Martin, qui fut élu, le 25 janvier 1885, membre du Sénat, par 344 voix (643 votants); au premier tour, il avait réuni 177 voix contre 277 à M. Spuller, opportuniste, et 172 à M. Gatineau, radical, qui se retira. M. Georges Martin prit place dans le petit groupe de l'extrême-gauche sénatoriale avec lequel il vota constamment. Il parut à la tribune en quelques occasions, principalement pour revendiquer les libertés municipales de Paris, et fut, à ce propos, fréquemment interrompu par la droite et par la majorité opportuniste; il fut rapporteur (février 1888) du projet de loi sur la séparation du conseil général de la Seine et du conseil municipal de Paris. Il soutint de ses votes le ministère Floquet et se prononça, en dernier lieu, *pour* le rétablissement du scrutin d'arrondissement (13 février 1881), s'abstint sur le projet de loi Lisbonne restrictif de la liberté de la presse, et vota

pour la procédure à suivre devant la haute-cour contre le général Boulanger.

MARTIN (EMMANUEL-LÉON), député de 1885 à 1889, né à Paris le 2 mars 1835, agriculteur, propriétaire et maire d'Ermenonville, président de la société d'agriculture de Senlis et membre du comité de défense agricole, fut porté sur la liste conservatrice de l'Oise, aux élections du 18 octobre 1885, et fut élu député, au second tour, le 4e sur 6, par 51,461 voix (91,643 votants, 110,761 inscrits). Il se fit inscrire à l'Union des droites, vota *contre* la politique scolaire et coloniale du gouvernement, *pour* les droits protecteurs de l'agriculture, et, dans la dernière session, *contre* le rétablissement du scrutin d'arrondissement (11 février 1889), *contre* les poursuites contre trois députés membres de la Ligue des patriotes, *contre* le projet de loi Lisbonne restrictif de la liberté de la presse, *contre* les poursuites contre le général Boulanger; il s'abstint sur l'ajournement indéfini de la revision de la Constitution.

MARTIN. — *Voy.* ALBERT.

MARTIN. — *Voy.* AYGUEVIVES (COMTE D').

MARTIN. — *Voy.* CAMPREDON (BARON DE).

MARTIN. — *Voy.* CHASSIRON (BARON DE).

MARTIN. — *Voy.* MENTQUE (DE).

MARTIN-BERGNAC (ANNE-PIERRE-DONNAT), député au Corps législatif de l'an XIII à 1810, né à Toulouse (Haute-Garonne) le 5 août 1758, mort à une date inconnue, « fils de maitre Anne Martin, avocat au parlement, et de dame Marie-Anne Gramont », fut, avant la Révolution, conseiller au présidial de Toulouse. Devenu juge de paix dans cette ville, procureur syndic du district, commissaire du Directoire près l'administration municipale, et conseiller général du département, il fut élu, le 4e jour complémentaire de l'an XIII, par le Sénat conservateur, député de la Haute-Garonne au Corps législatif, où il siégea jusqu'en 1810. Il fut nommé président du tribunal civil de Toulouse, et se rallia à la Restauration, qui le confirma dans ce poste le 13 mars 1816. La veille (12 mars), il avait été désigné comme président de la cour prévôtale de Toulouse.

MARTIN-DAUCH (JOSEPH), député en 1789, né à Castelnaudary (Aude) le 26 mai 1741, mort à Castelnaudary le 5 juillet 1801, était licencié ès-lois lors de la Révolution. Il fut élu, le 26 mars 1789, député du tiers aux Etats-Généraux par la sénéchaussée de Castelnaudary. Il assista, au Jeu de paume, à la prestation du serment, et seul, parmi les assistants, protesta contre l'enthousiasme de l'assemblée. Cette protestation isolée excita de violentes réclamations; mais Bailly, qui présidait la réunion, invita la majorité à respecter son indépendance, et dit avec calme : « Que son opposition soit consignée; elle rendra témoignage de la liberté des opinions. » Martin-Dauch signa donc, comme opposant, le procès-verbal de la séance du Jeu de paume. Il ne cessa ensuite de voter avec la minorité de la Constituante, signa les protestations des 12 et 15 septembre 1791, se prononça la même année *contre* l'indemnité proposée en faveur de Latude, et se fit oublier après la session. Il mourut dans son pays en 1801.

MARTIN DES PALLIÈRES (BERNARD-CHARLES-ELISABETH), député au Corps législatif de l'an IX à 1810, né à Saint-Domingue le 8 octobre 1767, mort à Bayeux (Calvados) le 17 février 1848, propriétaire à Saint-Domingue, vint en France et fut élu, le 4 brumaire an IX, député de la Vendée au Corps législatif. Ce mandat lui fut renouvelé le 2 vendémiaire an XIV. Il le remplit jusqu'en 1810, et fut questeur de l'assemblée. Chevalier de l'Empire du 14 juin 1810.

MARTIN DES PALLIÈRES (CHARLES-GABRIEL-FÉLICITÉ), représentant en 1871, né à Courbevoie (Seine) le 22 novembre 1823, mort à Palaiseau (Seine-et-Oise) le 10 novembre 1876, fils du précédent, entra à l'école de Saint-Cyr en 1841, en sortit en 1843 comme sous-lieutenant dans l'infanterie de marine, prit part à l'expédition de Mogador, fut promu lieutenant le 7 juin 1847, passa au Sénégal, et devint capitaine le 4 décembre 1852. Envoyé en Crimée, il eut le cou traversé par une balle à l'attaque du Mamelon Vert, reçut le grade de chef de bataillon le 27 juillet 1855, et celui de lieutenant-colonel le 24 février 1860, commandant les tirailleurs sénégalais. Il fit partie de l'expédition de Cochinchine et fut fait colonel en 1864. Général de brigade en 1868, M. Martin des Pallières fut appelé, lors de la guerre de 1870, à prendre le commandement d'une brigade dans le 12e corps: il soutint contre les Prussiens, à Bazeilles, une lutte désespérée, reçut une grave blessure dans le combat, et fut évacué par l'ennemi sur Mézières. A peine guéri, il se rendit à Tours, se vit confier par Gambetta le commandement, à titre auxiliaire, d'une division de l'armée de la Loire, et, après le succès de Coulmiers, auquel il avait participé, obtint le commandement du 15e corps d'armée (14 novembre 1870). Mais lors du retour offensif des Prussiens, M. Martin des Pallières, accusé de négligence, perdit son commandement, et resta en disponibilité jusqu'à la fin de la guerre. Conservateur-monarchiste, il fut élu représentant de la Gironde à l'Assemblée nationale, le 8 février 1871, le 6e sur 14, par 98,402 voix (132,349 votants, 207,101 inscrits). Choisi, dès le début de la session, comme questeur, et constamment réélu depuis, il prit place à droite, parmi les membres du parti royaliste. Il se prononça *pour* la paix, *pour* les prières publiques, *pour* l'abrogation des lois d'exil, *contre* la dissolution, *pour* la chute de Thiers, *pour* le septennat, la loi des maires et l'état de siège, *contre* les amendements Wallon et Pascal Duprat et *contre* la Constitution de 1875. Il parut rarement à la tribune: en 1871, il présenta un projet de réorganisation militaire et, lors de la discussion de la loi sur l'armée, il soutint la nécessité d'un an au moins et de quatre ans au plus de présence sous les drapeaux (17 juin 1872). On a de lui: *Réorganisation de l'armée française* (1871, et *Orléans* (1872), ouvrage dirigé contre la dictature de Gambetta pendant la Défense nationale. Le général Martin des Pallières se retira à Palaiseau après la session de l'Assemblée, et mourut en 1876. Commandeur de la Légion d'honneur depuis le 14 août 1867.

MARTIN DE VILLERS (HENRI-LOUIS BARON), député de 1824 à 1827, représentant en 1849, né à Eu (Seine-Inférieure) le 21 juillet 1780,

mort à Rouen (Seine-Inférieure) le 7 novembre 1855, fils d'un maréchal de camp, émigra avec sa famille en 1790, mais revint en France, en janvier 1793, pour sauver les débris de sa fortune. Il vécut dans la retraite jusqu'à l'établissement du gouvernement consulaire; ses parents rentrèrent, et Martin de Villers acheva son éducation à Paris, où il fit la connaissance de Berton. Il salua avec joie le retour des Bourbons, devint maire de Neufchâtel en 1817 et conseiller général de la Seine-Inférieure en 1822. Elu député, le 25 février 1824, dans le 6e arrondissement électoral du même département (Neufchâtel), par 235 voix (364 votants, 437 inscrits), il fit, le 22 février 1825, un discours contre les dispositifs de la loi du milliard des émigrés et, le 29 mai suivant, fit partie de la députation qui assista au sacre de Charles X. Il prit aussi part à la discussion sur la dette flottante et défendit la subvention du Conservatoire de musique. En 1827, il protesta contre la loi sur la presse. Partisan de la monarchie légitime et de la Charte, il échoua, dans le même arrondissement, le 17 novembre 1827, avec 149 voix contre 329 à l'élu M. Hély d'Oissel, et ne fut pas plus heureux, le 12 juillet 1830, avec 95 voix contre 308 à l'élu, M. Hély d'Oissel, député sortant. Adversaire du gouvernement issu de la révolution de 1830, il échoua encore, le 21 juin 1834, dans le 7e collège du même département (Dieppe), avec 77 voix contre 167 à l'élu, M. Bérigny. Il s'occupa alors de musique et d'archéologie, devint membre de l'Académie de Rouen et président de la Société philharmonique; il composa une ouverture qui fut jouée à l'Institut en 1836. Elu, le 13 mai 1849, représentant de la Seine-Inférieure à l'Assemblée législative, le 14e sur 16, par 85,830 voix (146,223 votants, 213,101 inscrits), il fit partie de la majorité monarchique, ne fut point hostile à la politique du prince Louis Napoléon, et quitta la vie politique au coup d'État de 1851.

MARTIN-FEUILLÉE (FÉLIX), député de 1876 à 1889, et ministre, né à Rennes (Ille-et-Vilaine) le 25 novembre 1830, fit son droit à la faculté de sa ville natale et fut reçu licencié, puis docteur (1854), avec une thèse sur l'*Action paulienne*. Inscrit au barreau de Rennes, il s'y distingua, prit part, comme engagé volontaire puis comme capitaine des mobiles d'Ille-et-Vilaine, à la guerre franco-allemande et à la défense de Paris pendant le siège, et fut décoré de la Légion d'honneur pour faits militaires. M. Martin-Feuillée fut, pour la première fois, candidat républicain à l'Assemblée nationale dans le département d'Ille-et-Vilaine, le 8 février 1871: il réunit, sans être élu, 21,264 voix sur 109,672 votants. Président du conseil général d'Ille-et-Vilaine depuis le 8 octobre 1871, il échoua de nouveau, le 30 janvier 1876, aux élections sénatoriales, avec 186 voix (459 votants). Mais, le 20 février suivant, il fut élu député de la 2e circonscription de Rennes, par 10,770 voix (11,005 votants, 17,243 inscrits). Il siégea à gauche et ne tarda pas à devenir un des membres les plus actifs de la majorité. Des 363, il obtint sa réélection, le 14 octobre 1877, par 8,681 voix (15,410 votants, 17,994 inscrits), contre 6,957 à M. de Piré, ancien député, candidat officiel et bonapartiste. M. Martin-Feuillée reprit sa place à gauche, soutint le cabinet Dufaure, opina *pour* les invalidations de députés de la droite, et fut nommé, le 4 mars 1879, sous-secrétaire d'Etat au ministère de l'Intérieur, d'où il passa, avec la même qualité le 29 décembre suivant, au ministère de la Justice. Comme tel, il parut plusieurs fois à la tribune de la Chambre et du Sénat. Ayant conservé ce poste dans le cabinet Ferry (1880), il eut à intervenir, au nom du gouvernement, en faveur du projet relatif aux associations professionnelles. Il fut encore sous-secrétaire d'État à la Justice dans le cabinet Gambetta ; après avoir été réélu député, le 21 août 1881, par 10,038 voix (10,896 votants, 17,963 inscrits), il ne quitta momentanément les affaires qu'à la chute de ce dernier (en janvier 1882). Vers la même époque, il élabora un projet de loi considérable sur la réforme judiciaire, dont il saisit la Chambre le 2 février. M. Humbert (v. ce nom), le nouveau garde des sceaux, présenta un autre projet sur la même matière, le 16 du même mois. La proposition Martin-Feuillée consacrait trois réformes principales : l'extension de la compétence civile et correctionnelle des juges de paix, la création des assises correctionnelles, la réduction du nombre des cours et tribunaux. Mais, tout en accordant aux juges de paix une grande extension de compétence, M. Martin-Feuillée conservait à ces magistrats l'amovibilité ; il se contentait de poser, comme conditions à leur nomination, trente ans d'âge et le grade de licencié en droit, ou dix ans d'exercice d'une profession juridique (notaire, avoué, greffier, huissier). De longues discussions, qui ne devaient pas aboutir, s'engagèrent devant la commission et devant la Chambre. M. Martin-Feuillée y fut fréquemment mêlé. Il reprocha à la commission de ne point aborder la réforme par ses grands côtés, et soutint que le principal était de rendre la justice moins coûteuse ; or, le seul moyen d'atteindre ce résultat était, selon lui, d'accroître la compétence des juges de paix dans de plus larges proportions que ne le faisaient le projet du gouvernement et celui de la commission. Il voyait dans l'amovibilité, telle qu'on proposait de l'organiser, un asservissement de la magistrature au gouvernement, et il exprima la crainte que l'élection, qu'on laissait entrevoir comme solution finale, ne fît de la magistrature un troisième pouvoir, égal et souvent supérieur à l'exécutif et au législatif. M. Pierre Legrand, rapporteur, répondit au nom de la commission, et M. Humbert, garde des sceaux, au nom du gouvernement. Devenu lui-même ministre de la Justice le 21 février 1883, dans le second cabinet Ferry, M. Martin-Feuillée présenta, dès le mois de mars, un nouveau projet de réforme judiciaire. A proprement parler, il y avait trois projets distincts : l'un créant des assises correctionnelles, le second étendant la compétence des juges de paix, le troisième visant la réforme du personnel inamovible. Le gouvernement avait fait la disjonction des trois projets, pour que la question du personnel, celle qui tenait le plus à cœur à la majorité, fût réglée avant les autres. Les deux premiers ne vinrent pas même en discussion ; le dernier seul retint l'attention du parlement. Aucune cour, aucun tribunal n'était supprimé ; on se contentait de réduire à cinq le nombre des conseillers dont la présence est nécessaire dans les délibérations des cours, et de diminuer le nombre des chambres dans les cours et tribunaux insuffisamment occupés. Le gouvernement demandait trois mois pour réorganiser le personnel sur ces nouvelles bases, avec faculté de faire porter le remaniement sur l'ensemble des magistrats ; en fait, et quoique cela ne fût pas formulé, l'inamovibilité était suspendue pendant ce délai de trois mois. Pour

l'avenir, le gouvernement aurait le droit de déplacer un magistrat sur l'avis conforme d'un conseil supérieur composé de 5 membres de la cour de Cassation, de 5 membres des cours d'appel et de 5 conseillers d'État. Plusieurs articles sur la retraite des magistrats éliminés, l'élévation des traitements, la réduction du nombre des classes et les conditions de capacité à exiger des candidats aux fonctions judiciaires, complétaient le projet. La commission spéciale en adopta tous les principes et n'y introduisit que trois modifications notables ; elle porta de 453 à 664 le nombre des sièges supprimés, réduisit de moitié environ l'élévation des traitements proposée par le gouvernement, puis, comme pour mieux marquer le caractère presque exclusivement politique de la loi, elle décida que le conseil supérieur ne comprendrait que des membres de la cour de Cassation, dont le premier-président, membre de droit, 4 conseillers élus par leurs collègues, mais que 5 membres seraient élus par le Sénat et 5 autres par la Chambre. M. Jules Roche fut nommé rapporteur. Le débat public, ouvert le 24 mai, occupa la Chambre jusqu'au 4 juin. M. Goblet, M. Ribot critiquèrent le projet ; le premier reprocha au garde des sceaux d'avoir abandonné la proposition plus large qu'il avait présentée en 1882, et M. Ribot soutint que la réforme du personnel ne pouvait s'accomplir qu'à la faveur d'une réforme de l'organisation judiciaire. M. Camille Pelletan défendit, sans succès, le système de l'élection des juges. La Chambre n'introduisit dans le projet gouvernemental que des modifications de détail, et l'adopta dans son ensemble. M. Martin-Feuillée intervint la même année, à la Chambre haute, pour réclamer l'adoption de la loi sur l'élection de juges consulaires. Le 5 mai, il fut questionné au Sénat par M. Batbie sur l'application qu'il comptait faire de la doctrine du conseil d'État, qui venait de se prononcer en faveur du droit pour le gouvernement de suspendre ou de supprimer les traitements des titulaires ecclésiastiques. Enfin, il eut à défendre au Sénat son projet de réforme du personnel judiciaire contre les attaques très habiles de MM. Jules Simon, Batbie, Buffet, etc. M. Tenaille-Saligny, rapporteur, joignit ses efforts à ceux du garde des sceaux ; MM. Michel, Lamorte, Ninard, Brunet, Baragnon, Dauphin, Bardoux, Wallon, Ribière, Lacaze, Emile Labiche, Allou, etc., prirent successivement la parole. Le projet fut sévèrement critiqué. Enfin, après un discours de M. J. Ferry, président du Conseil, le Sénat sanctionna la loi, le 31 juillet 1883, par 144 voix contre 129. A peine sorti de cette difficulté, M. Martin-Feuillée eut encore à répondre à l'interpellation de M. Gaillard sur le cas d'un substitut du tribunal d'Orange qui avait été mis en demeure d'opter entre son siège et la candidature au conseil général dans le Gard. Le ministre déclara que, contrairement aux prescriptions des circulaires ministérielles, le fonctionnaire en question n'avait point sollicité l'autorisation de ses chefs pour poser sa candidature. Finalement, un ordre du jour de confiance fut voté. Mais l'année ne se termina pas sans une question de M. Denormandie (au Sénat) sur l'application de la loi de réforme judiciaire : ce sénateur manifesta son étonnement de ce que le gouvernement eût retardé la promulgation de la loi, et qu'il n'eût pas achevé la réduction du personnel avant la rentrée des cours et tribunaux, laissant ainsi la menace de révocation suspendue sur les magistrats. En 1884, M. Martin-Feuillée s'efforça vainement de faire adopter par la Chambre un projet tendant à réprimer les manifestations de la rue. Il prêta avec plus de succès son appui au projet de rétablissement du divorce, vivement combattu au Sénat par MM. Jules Simon et Allou: l'abrogation de la loi de 1816 fut votée par 154 voix contre 114. Dans les questions politiques, le garde des sceaux s'associa à tous les actes de ses collègues, partagea la responsabilité de l'expédition du Tonkin, et se montra fidèle à la tactique opportuniste. Il donna sa démission, lors de la chute de M. Jules Ferry (5 avril 1885). Porté, aux élections d'octobre suivant, sur la liste républicaine d'Ille-et-Vilaine, il fut élu député de ce département, au second tour de scrutin (le 18), par 63,963 voix (124,652 votants, 153,125 inscrits). Il siégea, comme précédemment, dans la majorité, soutint les cabinets Rouvier et Tirard, combattit (7 juin 1887) l'article 49 de la loi militaire autorisant le renvoi, après deux ans, des soldats suffisamment instruits, et vota: *contre* l'expulsion des princes (juin 1886), et, dans la dernière session, *pour* le rétablissement du scrutin d'arrondissement (11 février 1889), *pour* l'ajournement indéfini de la revision de la Constitution, *pour* les poursuites contre trois députés membres de la Ligue des patriotes, *pour* le projet de loi Lisbonne restrictif de la liberté de la presse, *pour* les poursuites contre le général Boulanger.

MARTIN-REY (PIERRE-ROSE), représentant du peuple en 1848, né à Lyon (Rhône) le 13 mai 1813, mort à Villeurbanne (Rhône) le 24 novembre 1874, fit ses études au collège de Lyon, son droit à Paris, fut reçu avocat en 1837, fut admis à l'Ecole des Chartes, et, sur les instances de sa famille, s'associa, à Mâcon, avec ses cousins Rey, négociants dans cette ville. Il collabora aux journaux de la région, dans lesquels il publia des articles d'archéologie locale et de numismatique, devint membre de l'Académie de Mâcon, publia aussi des contes, une romance: *la Feuille et le Sarment*, et écrivit dans la *Revue indépendante* et dans la *Revue du Progrès*. En 1835, il s'entremit en faveur des accusés d'avril qui étaient de Lyon, et accepta, après la révolution de 1848, la candidature que ses concitoyens lui offrirent, à l'élection complémentaire du 4 juin 1848. Elu représentant de Saône-et-Loire à l'Assemblée constituante, le 3e et dernier, en remplacement de trois représentants qui avaient opté pour d'autres départements, par 24,696 voix (62,863 votants, 141,000 inscrits), il prit place à gauche, fit partie du comité de législation, et vota *contre* les poursuites contre L. Blanc et Caussidière, *pour* l'impôt progressif, *pour* l'incompatibilité des fonctions, *contre* l'amendement Grévy, *contre* la sanction de la Constitution par le peuple, *pour* l'ensemble de la Constitution, *contre* la proposition Rateau, *contre* l'interdiction des clubs, *contre* l'expédition de Rome, *pour* la demande de mise en accusation du président et des ministres. Adversaire de la politique de l'Elysée, et non réélu à la Législative, il rentra dans la vie privée après la session, et se consacra à des travaux historiques et littéraires.

MARTIN-SAINT-JEAN (HUGUES-HÉLÈNE-JOSEPH), député au Corps législatif de 1807 à 1815, né à Villefranche (Haute-Garonne) le 31 décembre 1766, mort à Castelnaudary (Aude) le 10 décembre 1850, « fils de monsieur Antoine Martin, avocat au parlement, habitant de Castelnaudary, et de dame Jeanne-Marie Dichy », fut avocat à Castelnaudary, devint maire de cette ville, et fut élu, le 17 février 1807, par le Sénat conservateur, député de l'Aude au Corps législatif. Il y siégea jusqu'en 1815, ayant obtenu, le 5 janvier 1815, le renouvellement de son mandat: se rallia à la déchéance de Napoléon, parla, en 1814, dans la « Chambre des députés des départements », en faveur du projet de loi sur l'exportation des grains, et proposa divers amendements à l'effet de rendre la mesure plus générale et plus efficace. Puis il cessa d'exercer les fonctions de maire et rentra dans la vie privée. Il mourut à Castelnaudary à un âge très avancé. La *Biographie nouvelle des Contemporains* l'a confondu avec Martin-Dauch (*V. p. haut*) qui fut député en 1789 et mourut en 1801.

MARTIN-SAINT-PRIX (JEAN-BAPTISTE), membre de la Convention, né à Morvillers-Saint-Saturnin (Somme) le 12 juin 1734, mort à une date inconnue, propriétaire à Saint-Romain, fut élu, le 7 septembre 1791, premier député suppléant de la Somme à l'Assemblée législative, par 116 voix (224 votants), sans être appelé à siéger. Le 11 septembre 1792, il fut réélu, par le même département, membre de la Convention, le 10e sur 13, par 316 voix (465 votants). Il vota « pour la réclusion » dans le procès du roi, signa une protestation contre le 31 mai, et fut, de ce chef, dénoncé le 24 juin 1793, par la commune d'Amiens; mais l'affaire n'eut pas de suite. Il se fit oublier pendant le reste de la législature, et revint ensuite dans la Somme, où il fut président du canton de Poix.

MARTINEAU (LOUIS-SIMON), député en 1789, né à Villeneuve-le-Roi (Yonne) le 28 octobre 1733, mort à Paris en 1810, était avocat dans cette dernière ville au moment de la Révolution. Elu député du tiers aux Etats-Généraux par la ville de Paris, le 14 mai 1789, avec 193 voix, il demanda, le 18 juillet suivant, qu'on organisât dans toutes les villes des milices bourgeoises pour rétablir le calme dans les campagnes, et fut rapporteur (8 juin 1790), au nom du comité ecclésiastique, du projet de décret sur « l'organisation de l'ordre ecclésiastique. » A la fin de cette dernière année, il réclama l'augmentation de nos forces de terre et de mer et attaqua vivement l'Angleterre. Elu secrétaire de l'Assemblée, il réclama pour les juifs les droits politiques dont jouissaient les autres Français, et, en 1791, lorsqu'on adressa à l'Assemblée une pétition demandant l'abolition de la royauté, il protesta contre cette démarche, qu'il qualifia d'attentat, et réclama même l'arrestation des signataires. Rentré dans la vie privée après la session, il ne joua plus aucun rôle politique.

MARTINEAU (LOUIS), député en 1791, membre de la Convention, député au Conseil des Cinq-Cents, né à Châtellerault (Vienne) le 26 septembre 1754, mort à Châtellerault le 23 mai 1835, était homme de loi avant la Révolution. Nommé, en 1790, juge au tribunal de Châtellerault, il fut élu, le 2 septembre 1791, député de la Vienne à l'Assemblée législative, le 2e sur 8, par 172 voix sur 256 votants. Il siégea dans la majorité, sans prendre la parole, et fut réélu, par le même département, le 4 septembre 1792, membre de la Convention, le 4e sur 8, avec 244 voix sur 388 votants. Il prit place à la Montagne, et, dans le procès de Louis XVI, répondit, au 3e appel nominal: la mort. Il vota en outre pour l'appel et contre le sursis. En 1793, il présida la Société des Jacobins de Châtelle-rault. Le 21 floréal an IV, inscrit par le Conseil des Cinq-Cents au nombre des sept conventionnels qui devaient compléter ce Conseil, il ne fut pas agréé par le Conseil des Anciens, fut nommé juge au tribunal de district de Châtellerault, puis, presque aussitôt, commissaire du Directoire près le même tribunal, fonctions qu'il exerça, sous le titre de procureur impérial et de procureur du roi, jusqu'au 23 décembre, 1815. Frappé par la loi du 12 janvier 1816 contre les régicides, il se retira à Aran (Suisse), et, à la sollicitation de son neveu, M. Laurence, receveur des finances à Châtellerault, obtint en 1819 l'autorisation de rentrer en France. Il quitta Aran le 3 février 1819, et revint dans sa ville natale où il vécut dans la retraite.

MARTINEAU (Etienne-Benjamin), représentant aux Cent-Jours, né le 19 juin 1765, mort à une date inconnue, étudia la médecine et l'exerça à Saint-Fulgent (Vendée). Le 12 mai 1815, il fut élu représentant de l'arrondissement de Napoléon-Vendée à la Chambre des Cent-Jours, par 25 voix (37 votants). Martineau rentra dans la vie privée après la courte session de cette assemblée.

MARTINEAU (Louis), député de 1831 à 1837, né à Châtellerault (Vienne) le 10 juillet 1772, mort à Châtellerault le 5 avril 1838, fils de Martineau (Louis) (Voy. ci-dessus), était notaire à Châtellerault et commandant de la garde nationale, lorsqu'il fut élu, le 5 juillet 1831, député du 2e collège de la Vienne (Châtellerault), par 108 voix (212 votants, 258 inscrits). « Sa profession de foi, dit un journal du temps (l'Echo du peuple), semblait promettre monts et merveilles; c'était un patriote de 91, un volontaire de la République. Riche, sans enfants, il n'avait rien à demander au gouvernement; aussi l'a constamment soutenu le ministère. » Le 18 juin 1831, un mois avant les élections, il prenait en effet l'engagement formel de « ne jamais rien solliciter du gouvernement pour lui, ni pour aucun membre de sa famille »; mais son frère fut nommé adjoint peu après, un neveu fut promu lieutenant de vaisseau et décoré. Réélu, le 21 juin 1834, par 99 voix (206 votants, 274 inscrits), contre 97 à M. Drault, il continua de soutenir de ses votes la monarchie de Louis-Philippe jusqu'aux élections de 1837, qui le rendirent à la vie privée.

MARTINECOURT (Jean-Etienne de), député en 1791, né à Selongey (Côte-d'Or) le 23 février 1755, mort à une date inconnue, notaire et juge seigneurial avant 1789, fut nommé, au début de la Révolution, membre du directoire du district de Selongey, et, le 3 septembre 1791, élu député de la Côte-d'Or à l'Assemblée législative, le 7e sur 10, par 171 voix (333 votants). Il n'eut qu'un rôle parlementaire effacé. Devenu suspect sous la Terreur, il dut se dérober aux poursuites qui le menaçaient, devint, en l'an III, commissaire du pouvoir exécutif à Selongey, membre du bureau de bienfaisance, et fut nommé maire de sa commune en l'an VIII, puis premier suppléant du juge de paix en 1807.

MARTINEL DE VISAN (Joseph-Marie-Philippe), membre de la Convention, député au Conseil des Cinq-Cents, député au Corps législatif de l'an VIII à 1803, né à Rousset (Drôme) le 14 novembre 1762, mort à Avignon (Vau-cluse) le 21 février 1833, était homme de loi au moment de la Révolution. Il en adopta les principes, devint (1791) administrateur du département, et fut élu, le 10 septembre 1792, premier suppléant à la Convention par le département de la Drôme, avec 248 voix (421 votants). Admis à siéger le 18 octobre suivant, en remplacement de Rigaud non acceptant, il prit place parmi les modérés. Dans le procès de Louis XVI, il opina pour l'appel au peuple en disant : « Je réclame contre un décret monstrueux, extorqué plutôt par la vengeance que rendu par la sagesse; la République ne peut exister que quand le peuple l'aura fondée: je fais appel au peuple de ces décrets, et je dis oui. » Il vota ensuite pour la détention du roi, et pour le sursis. Désigné, à la fin de 1794, pour faire partie de la commission chargée d'examiner la conduite de Carrier, il se prononça contre lui. Envoyé au Conseil des Cinq-Cents par le même département, le 22 vendémiaire an IV, avec 184 voix (213 votants), il avait été élu en même temps par les départements de l'Aisne et de Vaucluse), il contribua au succès de la journée du 18 fructidor an V, et fut nommé membre de la commission des inspecteurs. Réélu, le 23 germinal an VI, député de la Drôme au Conseil des Cinq-Cents, par 179 voix (221 votants), il présenta diverses motions tendant à l'épurement des tribunaux civils et criminels, à la fixation du costume des représentants du peuple, et fut secrétaire de l'assemblée. Après le coup d'Etat de brumaire, il fut appelé (4 nivôse an VIII), par le Sénat conservateur, comme député de la Drôme au Corps législatif; il y siégea jusqu'en 1803. Il se fixa alors à Avignon, où il vécut dans la retraite jusqu'en 1833.

MARTINET (Louis-François), député en 1789, né à Epernay (Marne) le 19 avril 1753, mort à Paris le 30 mai 1830, curé génovéfain de Daon, prieur de la congrégation et chanoine régulier de France, fut élu député du clergé aux Etats-Généraux par la sénéchaussée d'Anjou, le 27 mars 1789. Son nom n'est pas cité au Moniteur. Il signa la protestation du 12 septembre 1791 contre les actes de la Constituante, et disparut de la scène politique après la session.

MARTINET (Pierre-François), député de 1837 à 1842, né à Nouatre (Indre-et-Loire) le 6 février 1783, mort à Châtellerault (Vienne) le 18 mars 1866, avocat à Châtellerault et conseiller municipal de cette ville, fut élu, le 14 novembre 1837, député du 2e collège de la Vienne (Châtellerault), par 166 voix (308 votants, 360 inscrits). Réélu, dans le même collège, le 2 mars 1839, par 156 voix (283 votants), il siégea dans les rangs de l'opposition libérale, combattit le ministère Molé, et vota pour les incompatibilités, pour l'adjonction des capacités, pour les fortifications de Paris, contre la dotation du duc de Nemours, contre le recensement. Ayant échoué, le 9 juillet 1842, avec 134 voix contre 204 à l'élu, M. Proa, M. Martinet vécut dès lors en dehors des affaires publiques.

MARTINET (Pierre-René), député de 1846 à 1848, né à Château-Gontier (Mayenne) le 29 décembre 1768, mort à Paris le 22 mai 1840, maire de Château-Gontier et conseiller général de la Mayenne, se présenta une première fois à la députation, le 9 juillet 1842, dans le 5e collège de ce département (Château-Gontier); il échoua avec 210 voix contre 270 à M. Dubois-Fresney, élu. M. Martinet fut plus heureux dans la même circonscription, le 1er août 1846; élu par 301 voix (531 votants, 587 inscrits), contre 195 au général de Lamoricière et 32 à M. Dufougerais, il siégea dans la majorité conservatrice et soutint jusqu'en 1848 le ministère Guizot. Il était chevalier de la Légion d'honneur.

MARTINETZ (HIPPOLYTE), représentant du peuple en 1848, né en 1803, mort à Paris le 12 mai 1863, était ouvrier mécanicien à Graville, et d'opinions républicaines, lorsqu'il fut élu (23 avril 1848) représentant de la Seine-Inférieure à l'Assemblée constituante, le 17e sur 19, par 103,040 suffrages. Il donna presque aussitôt sa démission par une lettre dont le président Buchez fit lecture à la séance du 15 mai 1848, et qui était ainsi conçue:

« Citoyen président,

« La haute mission qui m'a été confiée par le peuple exigeant, dans les circonstances présentes, des travaux dont je me sens incapable de supporter le poids, j'ai l'honneur de déposer dans vos mains ma démission de membre de l'Assemblée nationale.

« Salut et fraternité.

« MARTINETZ, ouvrier mécanicien,
. « représentant de la Seine-Inférieure. »

MARTINEZ (FRANÇOIS-GEORGES), représentant à la Chambre des Cent-Jours, né à Saverne (Bas-Rhin) le 25 mars 1769, mort à Saverne le 18 octobre 1843, avocat, devint commissaire du gouvernement près le tribunal de Saverne, juge au même tribunal, puis conservateur des hypothèques. Elu, le 10 mai 1815, représentant de l'arrondissement de Saverne à la Chambre des Cent-Jours, par 81 voix (103 votants), il quitta la vie politique après cette courte législature.

MARTINI (HENRI-BERNARD), député au Corps législatif de 1811 à 1814, né le 30 août 1768, mort le 16 décembre 1848, ancien intendant des domaines de Brabant, était receveur de la marine à Bois-le-Duc. Le 19 février 1811, l'empereur le désigna, sur une liste dressée par le préfet des Bouches-du-Rhin, pour représenter ce département au Corps législatif. Martini siégea jusqu'en 1814.

MARTINIÈRE (EDOUARD-MARIE TIREL DE LA), député de 1885 à 1889, né à Rennes (Ille-et-Vilaine) le 17 février 1849, fit ses études de droit à Paris, fut, en 1870, lauréat de la faculté, et, au moment de la guerre, s'engagea dans les gardes mobiles de la Manche où il fut nommé capitaine. Docteur en droit après la guerre, il entra au conseil d'Etat en février 1873, ayant été reçu auditeur au concours, le 6e sur 20. Nommé, deux mois après (avril), chef du cabinet du sous-secrétaire d'Etat au ministère de l'Intérieur, il passa bientôt chef-adjoint du cabinet du ministre, chargé de la direction du personnel, et échangea ces fonctions, le 16 avril 1874, contre celles de chef du cabinet du vice-président du conseil des ministres. Rentré au conseil d'Etat en mars 1875, il devint, en 1877, substitut du procureur de la République près le tribunal de la Seine, jusqu'à sa révocation (juillet 1879). Nommé, peu après, maire de Vindefontaine (Manche), puis président du comice agricole de la-Haye-du-Puits et de Leffay, il se porta candidat à la députation aux élections du 4 octobre 1885, sur la liste conservatrice de la Manche, et fut élu, le 2e sur 8, par 58,067 voix sur 109,795 votants et 139,724 inscrits. Il prit place au centre droit, combattit la politique intérieure

et extérieure des ministres républicains, se pro-nonça contre l'expulsion des princes, et, dans la dernière session, contre le rétablissement du scrutin d'arrondissement (11 février 1889), pour l'ajournement indéfini de la révision de la Constitution, contre les poursuites contre trois députés membres de la Ligue des patriotes, contre le projet de loi Lisbonne restrictif de la liberté de la presse, contre les poursuites contre le général Boulanger.

MARTINON. — Voy. SAINT-FERRÉOL (DE).

MARTY (BERNARD-GABRIEL), député de 1876 à 1877, né à Lavaur (Tarn) le 28 décembre 1830, d'abord avoué, puis avocat, était adjoint au maire de Lavaur, lorsqu'il fut élu, le 5 mars 1876, au deuxième tour de scrutin, député de l'arrondissement de Lavaur, par 4,988 voix (12,917 votants, 16,170 inscrits), contre 4,128 à M. Daguilhon-Pujol et 3,756 à M. Daguilhon-Laselve. Il prit place à gauche, vota contre l'amnistie pleine et entière, contre la proposition Margue, pour la proposition Gatineau, pour l'augmentation du traitement des desservants, et fut l'un des 363 députés qui refusèrent l'ordre du jour de confiance au ministère de Broglie. Après la dissolution de la Chambre, il échoua, le 14 octobre 1877, dans le même arrondissement, avec 5,048 voix contre 8,273 à l'élu conservateur, M. Daguilhon-Pujol.

MARTY (JEAN-ANTOINE), député depuis 1885, né à Carcassonne (Aude) le 31 janvier 1838, fut reçu docteur en droit, et se fit inscrire au barreau de Carcassonne, dont il devint bâtonnier. Il fit de l'opposition libérale à l'Empire, adhéra, en 1869, au manifeste antiplébiscitaire et devint maire de Carcassonne après le 4 septembre. Porté, aux élections du 4 octobre 1885, sur la liste républicaine de l'Aude, il fut élu au second tour, le 1er sur 5, par 44,741 voix sur 74,159 votants et 97,053 inscrits. Il siégea à l'Union des gauches, dont il fut vice-président, fit partie de plusieurs commissions, fut rapporteur de quelques-unes, soutint la politique scolaire et coloniale du gouvernement, et vota dans la dernière session, pour le rétablissement du scrutin d'arrondissement (11 février 1889), pour l'ajournement indéfini de la revision de la Constitution, pour les poursuites contre trois députés membres de la Ligue des patriotes, pour le projet de loi Lisbonne restrictif de la liberté de la presse, pour les poursuites contre le général Boulanger.

MARUÉJOULS (PIERRE-STANISLAS), membre de la Convention, né en 1731, mort à une date inconnue, était propriétaire à Montans (Tarn). Administrateur du district de Gaillac, il fut élu le 5 septembre 1792, membre de la Convention par le département du Tarn, le 5e sur 9, par 220 voix (432 votants). Maruéjouls opina, dans le procès du roi, pour « la détention et le bannissement », et n'eut qu'un rôle parlementaire très effacé.

MARVAUD-BAUDET (MICHEL), député au Conseil des Cinq-Cents, né à Angoulême (Charente) le 8 juin 1744, mort à une date inconnue, propriétaire à Mérignac, était commissaire du Directoire exécutif près l'administration centrale du département de la Charente, lorsqu'il fut élu, le 24 germinal an VI, député de ce même département au Conseil des Cinq-Cents par 177 voix (190 votants). Il se contenta de fournir quelques renseignements sur l'esprit public dans la Charente, et de prononcer un discours pour célébrer les victoires des armées républicaines. Il ne fit pas partie d'autres assemblées.

MAS (Antoine-Victorin-Edouard), député de 1876 à 1885, né aux Boriés (Aveyron) le 25 novembre 1830, se fit recevoir docteur en médecine en 1855, et se fixa à Millau. Il se présenta, comme candidat républicain, aux élections du 20 février 1876, et fut élu, le 5 mars, au second tour de scrutin, député de l'arrondissement de Millau, par 8,139 voix (14,781 votants, 18,522 inscrits). Il prit place à la gauche républicaine, vota *contre* l'amnistie pleine et entière, *pour* la proposition Gatineau, *contre* l'augmentation de traitement des desservants, et fut l'un des 363 députés qui refusèrent l'ordre du jour de confiance au ministère de Broglie. Réélu, le 14 octobre 1877, par 8,097 voix (15,802 votants, 19,313 inscrits) et, le 21 août 1881, par 8,593 voix (15,529 votants, 19,958 inscrits), contre 6,863 à M. Henri Calvet-Rogniat, il vota constamment avec le parti opportuniste, et appuya le projet de loi Ferry sur l'enseignement supérieur. Porté sur la liste républicaine de l'Aveyron, aux élections du 4 octobre 1885, il échoua avec 39,903 voix (94,179 votants, 118,271 inscrits).

MASCON (Jean-Baptiste, comte de), député en 1789, né au château de Ludesse (Puy-de-Dôme) en 1737, mort à Clermont-Ferrand (Puy-de-Dôme) le 30 août 1811, embrassa la carrière des armes, et servit dans la maison du roi comme mousquetaire noir jusqu'à la suppression. Par édit royal daté de Versailles en mai 1787 et portant création d'assemblées provinciales, il fut choisi, le 16 août de la même année, pour représenter la noblesse d'Auvergne à l'assemblée de Clermont. Elu, le 27 mars 1789, député de la noblesse aux Etats-Généraux par la sénéchaussée de Riom, avec 186 voix, il protesta contre la réunion des trois ordres, et voulut donner sa démission après la prise de la Bastille; mais cette démission n'ayant pas été acceptée, il siégea peu, émigra en 1791, et ne rentra en France qu'à l'époque du Consulat.

MASSA (Ruffin-Castus), membre de la Convention, député au Conseil des Cinq-Cents et au Corps législatif de l'an VIII à 1803, né à Menton (Alpes-Maritimes) le 4 septembre 1742, mort à Nice (Alpes-Maritimes) le 28 octobre 1829, exerçait à Menton la profession d'homme de loi. Elu, en 1793, député du département des Alpes-Maritimes à la Convention, et admis à siéger le 23 mai suivant, il soutint les Girondins, protesta contre le 31 mai, et fut décrété d'arrestation. Rappelé à l'assemblée le 18 frimaire an III, il fut élu par ses collègues, le 4 brumaire an IV, député au Conseil des Cinq-Cents. Il y siégea jusqu'en l'an VII, se montra favorable au 18 brumaire, et fut appelé, le 4 nivôse an VIII, par le Sénat conservateur, à représenter au Corps législatif le département des Alpes-Maritimes. Massa appartenait à l'Institut, comme membre-associé, pour la section de « Science sociale et législative ». Il rentra dans la vie privée en 1803. Membre de l'Académie des Inscriptions et Belles-Lettres depuis le 15 messidor an VIII.

MASSA (duc de). — *Voy.* Regnier.

MASSABIAU (François-Léon), député de 1852 à 1863, né à Villefranche (Aveyron) le 8 décembre 1795, mort à Toulouse (Haute-Garonne) le 8 février 1870, étudia la médecine, et, reçu docteur, se fixa à Toulouse. Candidat du gouvernement au Corps législatif, le 29 février 1852,

dans la 3e circonscription de la Haute-Garonne, il fut élu député par 23,952 voix (24,596 votants, 33,074 inscrits). Le même jour, il réunissait, dans la 1re circonscription du même département, 415 voix concurremment avec M. de Tauriac, élu par 19,301 suffrages. M. Massabiau prit part au rétablissement de l'Empire et s'associa aux votes de la majorité dynastique. Le 22 juin 1857, il obtint sa réélection, toujours comme candidat officiel, par 24,614 voix (25,670 votants, 33,247 inscrits), contre 909 à M. Abolin. Il soutint de ses votes le régime impérial jusqu'en 1863, et ne se représenta plus.

MASSÉ (Jean-Baptiste-Alfred), sénateur de 1879 à 1888, né à Germigny (Cher) le 9 mars 1817, exerça la profession de notaire avant 1848; puis il vendit sa charge et devint maire de la Charité-sur-Loire. Républicain de nuance très modérée jusqu'en 1851, il fut cependant compris dans les arrestations préventives opérées, quelques semaines avant le coup d'Etat, dans le Cher et dans la Nièvre. M. Massé fut conduit à la prison de Bourges; condamné à l'exil par les commissions mixtes, il se rendit à Nice, où il séjourna quelque temps. De retour dans la Nièvre, il se fixa à Pougues, devint maire de cette commune, soutint de son influence, en 1869, la candidature d'opposition de M. Malardier à Cosne contre celle du baron de Bourgoing, remplit, après le 4 septembre 1870, les fonctions de sous-préfet de Cosne, et réunit, aux élections du 8 février 1871, dans la Nièvre, sur une liste républicaine, 18,565 voix sur 64,512 votants, comme candidat à l'Assemblée nationale. A l'avènement de Thiers au pouvoir, à Bordeaux, il donna sa démission de sous-préfet, et, le 20 février 1876, fut de nouveau, sans succès. le candidat des républicains dans l'arrondissement de Cosne : il échoua avec 8,583 voix, contre 9,047 à l'élu bonapartiste, M. de Bourgoing. Conseiller général de la Nièvre pour le canton de Pougues depuis 1871, il se présenta, le 5 janvier 1879, aux élections sénatoriales dans la Nièvre, sur la même liste que M. Tenaille-Saligny, opportuniste, et fut élu sénateur par 190 voix (378 votants). Il siégea dans le groupe de l'Union républicaine, entra, dès sa fondation, dans le petit groupe de l'extrême-gauche, vota avec la majorité sénatoriale *pour* l'article 7, favorisa, dans le Cher et dans la Nièvre, aux élections législatives de 1881, les candidats radicaux, se prononça au Sénat *pour* le divorce, *pour* l'expulsion des princes, etc., et se représenta, le 8 janvier 1888, au renouvellement partiel du Sénat; il réunit, au premier tour de scrutin, 240 suffrages (748 votants); au second tour 288 (749 votants) et échoua définitivement au troisième, avec 325 voix (747 votants). M. Massé était alors soutenu par le parti radical. Son échec fut attribué à la persistance que mirent les « modérés » à maintenir la candidature opportuniste de M. Tenaille-Saligny.

MASSÉNA (André), duc de Rivoli, prince d'Essling, député au Corps législatif en l'an XI, pair des Cent-Jours, né à Nice (Alpes-Maritimes) le 6 mai 1756, mort à Paris le 4 avril 1817, fils de Jules Masséna, propriétaire à Levens, et de Catherine Fabre, fut d'abord mousse à bord d'un bâtiment de commerce commandé par un de ses oncles. Après avoir fait deux campagnes, il prit, en 1775, du service dans le régiment Royal Italien, et devint promptement sous-officier, mais ne put atteindre au grade de sous-lieutenant, n'étant pas noble. Il obtint alors son congé et se maria. A la Révolution, il s'enthousiasma pour les idées nouvelles, s'engagea dans les volontaires du Var, devint adjudant-major puis chef du 3e bataillon, et, en cette qualité, rendit, en 1792, de grands services au général Anselme, lieutenant de Montesquiou, pour la conquête du comté de Nice, puis à Biron, successeur d'Anselme, qui le fit nommer général de brigade le 22 août 1793, et, quelques mois après, le 20 décembre suivant, général de division. Durant la campagne de 1794, il se distingua en différentes circonstances, surtout à Loano et à Saorgio, puis, l'année suivante, à l'affaire du col de Borghetto. Quand Schérer succéda à Kellermann, il chargea Masséna de rédiger le plan des opérations offensives et de l'exécuter : la victoire de Loano en fut la conséquence. A la reprise de la campagne du printemps, cette fois sous les ordres de Bonaparte, Masséna, qui connaissait le pays, reçut, après Millesimo, le commandement des compagnies de grenadiers réunies en corps et, à leur tête, franchit le pont de Lodi, entra le premier dans Milan, et assista à Roveredo, à Castiglione, à Arcole, à Rivoli, à la Favorite, où il mérita d'être appelé par le général en chef : l'enfant chéri de la Victoire. Chargé de porter au Directoire les drapeaux pris à l'ennemi, il fut à Paris l'objet d'enthousiastes manifestations ; on lui donna à l'Odéon une grande fête, et le Directoire songea un moment à l'opposer à Bonaparte qui l'inquiétait. Après le 18 fructidor, Masséna fut porté sur la liste des candidats au Directoire exécutif en remplacement de Carnot et de Barthélemy, mais il ne fut pas nommé. Revenu en Italie porteur de la ratification des préliminaires de Léoben, il remplaça Berthier à Rome ; mais cette nomination fut mal accueillie par l'armée, qui accusait Masséna de connivence dans les déprédations commises par certains agents français ; elle refusa de le reconnaître pour chef, et la population romaine, profitant de ce désaccord, se souleva ; mais Masséna réprima énergiquement l'émeute, sans parvenir à gagner la confiance de ses troupes qui lui signifièrent, le 25 février 1798, qu'elles ne reconnaissaient d'autre commandant que Berthier. Masséna remit alors ses pouvoirs au général Dallemagne. Puis affecté par ces incidents, il s'en plaignit à Bonaparte, à qui il demanda une ambassade, désireux de ne pas rentrer en France ; celui-ci, à la veille de s'embarquer pour l'Egypte, ne fit rien pour lui. Rappelé de Rome, Masséna vécut en disponibilité à Paris dans une situation assez précaire, jusqu'à ce que la sécurité de nos frontières compromise le fit appeler, en février 1799, au commandement de l'armée d'Helvétie, puis, après sa tentative sur Feldkirch (21-23 mars) défendue par le général Hotze, à celui des armées combinées du Danube et du Rhin, que Jourdan et Bernardotte avaient quittées pour venir se justifier de leurs revers auprès du Directoire. Masséna ne disposait guère alors, malgré les renforts qu'il reçut, que de 40,000 hommes contre 100,000 Autrichiens sous l'archiduc Charles, Bellegarde et Hotze. Il prit position sur la Limmat, ayant trois divisions à droite sur les Alpes, quatre au centre sur la Limmat même, et deux à gauche sur le Rhin, fit franchir, le 25 septembre, la Limmat, au-dessous de Zurich, à quatre divisions, en tout 37,000 hommes, et attaquer Korsakoff, qui, isolé des Autrichiens, ne disposait plus que de 25,000 hommes. Après deux jours de lutte, les Russes battirent en retraite vers le Rhin, ayant 13,000 hommes hors de combat. Pendant ce temps, Soult et Vandamme avaient

passé la Limmat au-dessus de Zurich et battu Hotze. Souwaroff à ce moment débouchait à la vallée de la Reuss, poussant lentement devant lui la division Lecourbe ; le 26 septembre il arriva à Altorff ; mais au lieu de trouver l'armée française aux prises, il se vit en face des troupes victorieuses et supérieures en nombre. Il dut rétrograder en toute hâte, abandonner ses canons, ses voitures, ses traînards, et n'arriva qu'après des efforts inouïs à Coire, avec 10,000 hommes seulement. La coalition était dissoute. Après le 18 brumaire, Bonaparte confia à Masséna le commandement de l'armée d'Italie, campée sur les Apennins et les Alpes maritimes, couvrant Gênes à droite, Savone au centre, à gauche Nice et le Var. Cette armée ne comptait guère plus de 35,000 hommes, tandis que le baron Mélas disposait de 120,000 Autrichiens. Celui-ci attaqua nos lignes le 5 avril 1800, et, grâce à sa supériorité numérique, après une lutte acharnée, rejeta Suchet sur le Var et Masséna sur Gênes. Assiégé par les Autrichiens du général Ott, bloqué sur mer par les Anglais, Masséna opposa pendant deux mois une résistance héroïque ; pas un seul jour ne se passa sans combat ; mais bientôt la garnison et les habitants furent réduits à vivre d'herbes et de pain d'amidon ; les soldats mêmes n'avaient plus la force de porter leur fusil. Masséna consentit alors à capituler et obtint le droit de se retirer sur le Var avec le reste de ses troupes, pour y rejoindre Suchet. En signant la reddition, il dit aux officiers autrichiens et anglais : « Je vous donne ma parole d'honneur qu'avant vingt jours je serai devant Gênes. » En effet, en tenant en échec les troupes de l'Empire et en attirant sur lui l'attention de Mélas, il avait favorisé la réussite du plan d'invasion de Bonaparte. Après Marengo il garda le commandement de l'armée d'Italie qu'il dut cependant abandonner bientôt à Brune en raison de ses déprédations, qui avaient mécontenté le premier Consul. Il s'était montré peu favorable au coup d'Etat de brumaire, et n'avait voté que le consulat à vie. Elu, le 9 thermidor an XI, par le Sénat conservateur, député de la Seine au Corps législatif, il s'y montra très indépendant et se prononça ouvertement en faveur de Moreau. Nommé maréchal d'empire le 29 floréal an XII, grand-aigle de la Légion d'honneur le 10 pluviôse an XIII, et chef de la 14e cohorte, il revint, de nouveau, en 1805, à la tête de l'armée d'Italie, s'empara de Vérone le 18 octobre, et attaqua, les 30 et 31, les positions de Caldiero, sans pouvoir les forcer. Après le traité de Presbourg, il fut chargé, avec Regnier et Saint-Cyr, de conquérir le royaume de Naples ; en quelques jours, il dispersa les Napolitains et les Anglais, s'empara de Gaëte et occupa les Calabres.

En 1807, il rejoignit la grande armée en Pologne, où il eut pour mission d'empêcher les Russes de tourner la droite de l'armée française et de tenir en respect les Autrichiens. Le 19 mars 1808, en récompense de ses services, il fut créé duc de Rivoli, et reçut une dotation considérable. Quelque temps après, à une partie de chasse, il fut éborgné par la maladresse de Berthier. Cet accident ne l'empêcha pas de prendre part à la campagne du Danube, en 1809. Il y commanda la droite de l'armée, se distingua à Landshut et à Eckmühl, et enleva le château d'Ebersdorff ; après la capitulation de Vienne, il reçut l'ordre, ainsi que Lannes, de passer sur la rive gauche du Danube, où il eurent à lutter contre des forces supérieures. Il montra dans cette circonstance (mai 1809) au

:ant de sang-froid que de courage, son corps d'armée ayant été coupé deux fois, par suite de la rupture du grand pont de l'île Lobau, et sur le point de manquer de vivres et de munitions. Six semaines plus tard, l'armée française, revenue sur la rive gauche, gagnait la bataille de Wagram. Masséna y commanda la gauche qui eut à supporter les efforts de l'armée autrichienne. Contusionné par une chute de cheval, le duc de Rivoli assista dans une calèche aux émouvantes péripéties de la bataille, et quelques jours après, dégagea Marmont à Znaïm. Créé prince d'Essling le 31 janvier 1810, il reçut, au mois de février suivant, le commandement de l'armée de Portugal. Réunie à la fin de mai à Salamanque et composée des corps de Ney, Junot, Regnier, Drouet d'Erlon, cette armée s'empara, le 10 juillet, de Ciudad-Rodrigo, le 28 août d'Almeïda, mais fut repoussée, le 27 septembre, par les Anglo-Portugais à Busaco. Masséna chercha alors à tourner les positions de l'ennemi, et entra à Coïmbre, le 1er octobre; le 12, il dut s'arrêter devant les lignes de Torrès-Vedras, défendues par 100,000 Anglais, Portugais et Espagnols sous les ordres de Wellesley, et par 700 canons. Trop faible pour attaquer ces lignes formidables, mal secondé par Ney, Junot et Regnier, il resta cinq mois immobile en face de ces positions, attendant les secours de Soult. Enfin, manquant de vivres et de munitions, et désespérant de recevoir des renforts, il se mit en retraite le 5 mars 1811. Wellesley le poursuivit et le battit à Sabugal, le 3 avril. Pour ravitailler Almeïda, Masséna reprit l'offensive, et livra, le 3 mai, l'indécise et sanglante bataille de Fuentès-de-Onoro. Disgracié par l'empereur à la suite de ces insuccès, il abandonna son commandement au maréchal Marmont et revint en France. Il resta en disponibilité pendant les campagnes de 1812 et de 1813, et devint gouverneur de la 8e division militaire. A la rentrée des Bourbons, le roi lui conserva ces dernières fonctions, le nomma commandeur de Saint-Louis, et lui accorda des lettres de grande naturalisation. A Marseille, lors du retour de l'île d'Elbe, Masséna chercha à seconder le duc d'Angoulême; puis, il se tint à l'écart, bien que Napoléon lui eût écrit : « Prince, arborez sur les murs de Toulon le drapeau d'Essling et suivez-moi. » L'empereur ne l'en nomma pas moins, le 2 juin 1815, pair des Cent-Jours : mais Masséna ne vint pas siéger. La seconde Restauration lui confia le commandement de la garde nationale de Paris. Membre du conseil de guerre chargé de juger le maréchal Ney, il se récusa en raison des démêlés qu'il avait eus avec Ney en Espagne. Dénoncé bientôt pour sa conduite au 20 mars 1815, il dut publier un mémoire justificatif, et mourut de chagrin, peu de temps après. « Tous les vieux soldats qu'une police ombrageuse n'avait pas éloignés de Paris, dit un de ses biographes, se pressèrent autour de son cercueil. » Napoléon a dit de lui : « Le bruit du canon éclaircissait ses idées, et lui donnait de l'esprit, de la pénétration et de la gaieté. »

MASSÉNA (Victor), duc de Rivoli, prince d'Essling, député au Corps législatif de 1863 à 1870, né à Paris le 14 janvier 1836, « fils de François-Victor Masséna, prince d'Essling, duc de Rivoli, et de Anne Débelle, grande maîtresse de la maison de l'impératrice », petit-fils du précédent, ancien officier, chevalier de la Légion d'honneur, fut élu, comme candidat officiel, député au Corps législatif par la 2e circonscription des Alpes-Maritimes, le 1er juin 1863, avec

11,954 voix (18,142 votants, 24,628 inscrits), contre 6,174 voix à M. Maure, ancien représentant. Réélu, dans la même circonscription, le 24 mai 1869, par 12,843 voix (20,746 votants, 25,240 inscrits), contre 7,860 voix à M. Méro, maire de Cannes, il siégea dans la majorité dynastique, et vota pour la guerre contre la Prusse. Après 1870, il se désintéressa des affaires publiques, et se présenta sans succès, en 1879, au conseil général des Alpes-Maritimes.

MASSENET (Pierre-Jean), député en 1791, né à Gravelotte (Moselle) le 25 février 1748, mort à une date inconnue, était cultivateur à Helligenstein (Bas-Rhin), lorsqu'il fut élu, le 30 août 1791, député du Bas-Rhin à l'Assemblée législative, le 5e sur 9, par 332 voix (605 votants). Son rôle parlementaire fut peu important. Il remplit, par la suite, les fonctions d'inspecteur des écoles primaires de l'arrondissement de Schlestadt, et celles de professeur d'histoire à l'École centrale du Bas-Rhin.

MASSEY (Pierre-François), député en 1791, né à Amiens (Somme) le 2 janvier 1754, mort à Amiens le 6 février 1819, fils de Pierre Massey et de Françoise Ribeaucourt, était manufacturier à Amiens, lorsqu'il fut élu, le 4 septembre 1791, député de la Somme à l'Assemblée législative, le 11e sur 16, par 187 voix (289 votants). Il ne s'y occupa que de questions industrielles et présenta divers projets relatifs à la sortie des matières premières et à l'exportation des cotons. Membre de la chambre de commerce de Picardie depuis 1791, juge au tribunal de commerce à la même date, et président de ce tribunal de 1798 à 1801, il devint membre de la commission des hospices le 8 nivôse an III, conseiller municipal d'Amiens en 1801, et conseiller d'arrondissement.

MASSEY (Pierre-Vast-Vite), député de 1830 à 1837, et de 1842 à 1846, né à Amiens (Somme) le 8 février 1783, mort à Amiens le 15 septembre 1860, fils du précédent et de Marie-Françoise-Angélique Anselin, était négociant à Amiens et adjoint au maire, lorsqu'il fut élu, le 28 octobre 1830, député du collège du département de la Somme, en remplacement de M. de Castéja démissionnaire, par 467 voix (861 votants, 1,829 inscrits), contre 385 voix à M. Tattegrain. Réélu, par le 2e collège du même département (Amiens), le 5 juillet 1831, avec 202 voix (291 votants, 508 inscrits), contre 84 voix à M. Boullet, vice-président à la cour royale d'Amiens, et, le 21 juin 1834, par 205 voix (384 votants, 550 inscrits), contre 108 voix à M. Blin de Bourdon, il siégea au centre et appuya toutes les propositions ministérielles. Les élections du 4 novembre 1837 et celles du 2 mars 1839 lui furent défavorables; mais il rentra au parlement, le 9 juillet 1842, comme député du 1er collège de la Somme (Amiens intra-muros), avec 501 voix (866 votants, 1,047 inscrits), contre 347 à M. Creton. Partisan et admirateur de Guizot, il vota l'indemnité Pritchard et soutint le ministère du 29 octobre 1840. Il échoua de nouveau, le 1er août 1846, avec 307 voix contre 508 à l'élu, M. Creton, et rentra dans la vie privée.

MASSIET DU BIEST (Emile-Louis-Lucien), député de 1876 à 1877, sénateur de 1879 à 1888, né à Hazebrouck (Nord), le 2 novembre 1823, mort à Hazebrouck le 16 juillet 1888, d'une vieille famille flamande, fils d'un ancien juge de paix, fut lui-même juge de paix à Hazebrouck de 1855 à 1871, maire de cette ville, et conseiller général du canton sud d'Haze-brouck. Candidat constitutionnel aux élections du 25 février 1876, il fut élu, au second tour (5 mars), député de la 1re circonscription d'Hazebrouck, par 9,451 voix (9,978 votants, 14,629 inscrits). Il siégea au centre gauche et fut des 363 qui refusèrent le vote de confiance au ministère de Broglie. Son état de santé ne lui permit pas de se représenter aux élections du 14 octobre 1877; mais il rentra au parlement en 1879, élu sénateur du Nord, le 5 janvier, par 423 voix (798 votants). Il prit place au contre gauche du Sénat, soutint la politique des ministères républicains, et vota *pour* l'expulsion des princes. Il mourut en 1885.

MASSIEU (Jean-Baptiste), député en 1789, membre de la Convention, né à Pontoise (Seine-et-Oise) le 17 septembre 1743, mort à Bruxelles (Belgique) le 6 juin 1818, fut précepteur des Lameth. Il était curé de Sergy, près de Pontoise, lorsqu'il fut élu, le 21 mars 1789, député du clergé du bailliage de Senlis aux Etats-Généraux, par 159 voix sur 300 votants. Il se joignit un des premiers à ses collègues du tiers, dont il appuya les revendications, siégea à la gauche de l'Assemblée, fut envoyé à Poissy, sur sa demande, pour apaiser les troubles (juillet 1789), et, reçut les remerciements de l'Assemblée. Nommé secrétaire (22 décembre 1789), il fit partie du comité ecclésiastique, et prêta, en décembre 1790, le serment prescrit par la constitution civile du clergé. En février 1791, il fut nommé évêque constitutionnel de l'Oise (22 février 1791). Le 4 septembre 1792, ce département l'envoya siéger à la Convention, le 3e sur 12, par 315 voix (627 votants). Massieu se prononça, dans le procès du roi, *contre* l'appel au peuple, *pour* la mort et *contre* le sursis. Il répondit au 2e appel nominal : « Je crains aussi non seulement les guinées anglaises, mais les florins d'Allemagne et les piastres d'Espagne; je crains la guerre civile, et je dis *non*. » Et au 3e appel nominal : « J'ai réfléchi, autant qu'il était en moi, au devoir redoutable et pénible à mon cœur que j'ai à remplir. Je croirais manquer à la justice, à la sûreté présente et future de ma patrie, si, par mon suffrage, je contribuais à prolonger l'existence du plus cruel ennemi de la justice, des lois, de l'humanité; en conséquence, je vote pour la mort. » Ayant résigné (1793) ses fonctions épiscopales, J.-B. Massieu épousa la fille du maire de Givet, et fut envoyé en mission dans les Ardennes, où il resta dix mois, jusqu'en germinal an II, et dans la Marne, où il menaça de faire de Reims une nouvelle Lyon, et fit multiplier les arrestations. Il avait inauguré le temple de la Raison à Sedan, et dénoncé les « égoïstes, les modérés et les fédéralistes, » ennemis des patriotes de cette commune. De retour à la Convention, il prononça plusieurs discours sur des matières politiques, sur l'instruction publique, etc. Fidèle au parti des Jacobins, il fut, après thermidor, dénoncé par André Dumont comme terroriste, « pour avoir porté la terreur et la désolation dans les Ardennes, y avoir prêché publiquement les maximes les plus incendiaires et les plus destructives de la morale publique, avoir envoyé à l'échafaud trente-deux fonctionnaires compromis avec La Fayette et couverts par un décret d'amnistie, etc. » Décrété d'arrestation, le 9 août 1795, il bénéficia, peu après, de la loi d'amnistie du 4 brumaire an IV (26 octobre suivant). Rendu à la liberté, il fut nommé archiviste du bureau de la guerre, fonctions qu'il conserva jusqu'en 1815, et qu'il cumula un

moment, en 1797, avec celles de professe... à l'Ecole centrale de Versailles. Ayant vot... l'Acte additionnel en 1815, il dut quitter l... France en 1816, frappé par la loi contre les r... gicides ; il se retira à Bruxelles, vivant d'u... modique retraite, et demanda à rentrer e... France le 15 mai 1818; sa femme l'avait rejoi... dans l'exil le 9 avril précédent. Sa demand... appuyée par le duc de Richelieu et par le com... Lanjuinais, allait être accueillie, quand il mo... rut, le 18 juin, à 75 ans. Massieu avait publi... une traduction estimée des *Œuvres de Luci...* (1781-1787).

MASSIP (Hugues-Marie-Arnaud), déput... de 1881 à 1885, né à Moissac (Taru-et-Garonn... le 2 juillet 1842, mort à Foix (Ariège) le 13 se... tembre 1885, appartint quelque temps à l... presse et fut rédacteur du *Journal officie...* Conseiller d'arrondissement de Foix, il se pr... senta, le 21 août 1881, comme candidat rép... blicain, dans cet arrondissement, et fut élu d... puté par 8,997 voix (16,156 votants, 24,298 i... crits), contre 6,919 à M. de Bellissen, dép... sortant. M. Massip siégea à l'Union répub... caine, vota le plus souvent avec la majorité... fit un rapport sommaire sur une proposition d... loi concernant l'église du Sacré-Cœur de Mo... martre (1882). Il mourut le 13 septembre 188...

MASSON (Victor-Alexandre), député d... 1824 à 1827, né à Paris le 23 mars 1778, mo... à Paris le 16 avril 1858, était maître des requê... au conseil d'Etat, lorsqu'il fut élu, le 25 févri... 1824, député du 1er arrondissement électoral d... l'Aube (Troyes), par 190 voix (362 votant... 379 inscrits), contre 149 à M. Vernier-Guéra... député sortant. Il siégea dans la majorité roy... liste, et échoua, le 17 novembre 1827, av... 106 voix, contre 197 à l'élu, M. Casimir Péri... A partir de cette époque, il se consacra uniqu... ment à ses fonctions de maître des requêtes... fut retraité, comme tel, le 28 mai 1852.

MASSON DE MORFONTAINE (Jean-Ba... tiste-Hippolyte), sénateur de 1876 à 1885, n... à Bar-sur-Aube (Aube) le 13 octobre 1796, mo... à Bar-sur-Aube le 30 janvier 1887, s'engage... en 1814 comme simple soldat, fit la campagn... de France et la campagne de Belgique en 181... assista à Fleurus et fut blessé à Waterloo... resta dans l'armée sous la Restauration, pr... part, en 1823, à la guerre d'Espagne comm... lieutenant, et, en 1830, à l'expédition d'Alge... après laquelle il fut promu capitaine. Officie... de la Légion d'honneur du 19 août 1850, il pr... sa retraite la même année, comme chef d'es... dron, et vécut dans la retraite sous l'Empir... Maire de Bar-sur-Aube le 4 septembre 1870... rendit de grands services à ses compatrio... pendant l'occupation allemande et, bien qu'à... de soixante-quatorze ans, fit preuve d'une ra... énergie. Conseiller général de l'Aube (8 octob... 1871), vice-président de ce conseil, il fut é... le 30 janvier 1876, sénateur de l'Aube, p... 308 voix (519 votants). Il prit place à gauch... repoussa la dissolution de la Chambre dema... dée, le 23 juin 1877, par le ministère de Brog... et appuya la politique du gouvernement. Il n... se représenta pas au renouvellement trien... du Sénat, le 6 janvier 1885. Officier de la L... gion d'honneur (19 août 1850).

MASSOT (Paul), député de 1876 à 1877, s... nateur de 1877 à 1881, né à Perpignan (Pyr... nées-Orientales) le 15 août 1800, mort à l'â... le 27 mars 1881, fut reçu docteur en médeci... en 1823, et s'établit dans sa ville natale o... devint chirurgien de l'hôpital civil. Il s'occ...

aussi de politique et se fit remarquer comme un des chefs du parti démocratique avancé. Conseiller général de Céret en 1848, il donna sa démission l'année suivante, lors du vote tendant à conférer à Louis-Napoléon la présidence de la République pendant dix ans. Au coup d'Etat du 2 décembre, il fut expulsé de France, resta en exil pendant quelques mois, et, revenu chez lui, se tint à l'écart de la politique jusqu'à la fin de l'Empire. Elu, le 20 février 1876, député de l'arrondissement de Céret, par 5,289 voix (5,524 votants, 11,161 inscrits), il se fit inscrire à la gauche républicaine, vota *contre* l'amnistie pleine et entière et *pour* la proposition Margue, et fut l'un des 363 députés qui refusèrent le vote de confiance au ministère de Broglie. Réélu, le 14 octobre 1877, par 5,222 voix (8,058 votants, 11,470 inscrits), il quitta bientôt la Chambre, ayant été élu, le 2 décembre 1877, sénateur des Pyrénées-Orientales, en remplacement de M. Pierre Lefranc décédé, par 164 voix (275 votants), contre 111 à M. Charles de Lazerme, conservateur. Il prit place à la gauche républicaine, et mourut en mars 1881.

MASURE (Gustave-Louis), député de 1876 à 1885, né à Lille (Nord) le 17 juin 1836, mort au Mans (Sarthe) le 15 octobre 1886, entra dans la presse politique, devint conseiller municipal de Lille en 1865, et fonda, en 1867, le *Progrès du Nord*, dans lequel il combattit le gouvernement impérial. En 1858, le marquis d'Havrincourt, député et chambellan, l'attaqua en diffamation. Il fut défendu par Gambetta à Lille et devant la cour de Douai, et condamné à deux mois de prison. En 1869, il fut de nouveau poursuivi pour sa participation à la souscription Baudin; Gambetta plaida encore pour lui devant le tribunal correctionnel de Lille, et devant la cour de Douai : M. Masure fut condamné à l'amende et à la prison. Le 15 septembre 1870, M. Masure fut délégué, par les préfets de la région du Nord, près de la délégation de Tours, et, en octobre, fut nommé, par Gambetta, directeur général adjoint du personnel au ministère de l'Intérieur. Après avoir rempli ses fonctions à Tours et à Bordeaux, il donna sa démission en février 1871, quand Gambetta se retira, et alla reprendre à Lille la direction de son journal. Lors de la visite des légitimistes au comte de Chambord à Anvers, il fut attaqué par ceux-ci, comme responsable, en raison de ses articles dans le *Progrès du Nord*, des désordres qui accompagnèrent à Lille le retour des visiteurs, et fut acquitté après une plaidoirie de Clément Laurier. Le 16 avril 1876, il fut élu député de la 2e circonscription de Lille, par 6,710 voix (11,437 votants, 15,858 inscrits), contre 2,350 à M. Vrau et 2,106 à M. Dutilleul. Il s'agissait de remplacer Gambetta, qui avait opté pour le 20e arrondissement de Paris. M. Masure s'inscrivit à l'Union républicaine et fut des 363. Réélu comme tel, le 14 octobre 1877, par 9,835 voix (12,870 votants, 15,399 inscrits), contre 2,865 à M. Lefebvre, il opina avec la majorité républicaine, *pour* les invalidations des députés de la droite, *pour* les ministères républicains de la législature, *pour* l'amnistie partielle, *pour* les lois nouvelles sur la presse et le droit de réunion, etc., et obtint encore sa réélection, le 21 août 1881, avec 9,244 voix (12,811 votants, 16,570 inscrits), contre 2,008 à M. Bernard et 1,353 à M. Giard, radical. Il soutint la politique opportuniste des cabinets Gambetta et Ferry, se prononça *contre* la séparation de l'Eglise et de l'Etat, et *pour* les crédits de l'expédition du Tonkin. Il ne se repré-

senta pas en 1885, fut nommé, l'année suivante, entreposeur des tabacs au Mans, et y mourut presque aussitôt, le 15 octobre suivant.

MASUYER (Claude-Louis), député en 1791, membre de la Convention, né à Bellevèvre (Saône-et-Loire) le 21 octobre 1759, exécuté à Paris le 19 mars 1794, « fils de maître Pierre Masuyer, avocat à la cour, bailli de Bellevèvre, et de dame Louise-Antoinette Dunoyer », était lui-même avocat dans sa ville natale avant 1789. Nommé juge au tribunal de district de Louhans, il fut élu, le 30 août 1791, député de Saône-et-Loire à l'Assemblée Législative, le 5e sur 11 (le procès-verbal de l'élection ne mentionne que le chiffre des votants, 678). Il opina généralement avec les modérés et dénonça comme ennemi de la Constitution M. de Brissac, commandant de la garde constitutionnelle du roi. Réélu, le 5 septembre 1792, député de Saône-et-Loire à la Convention nationale, le 2e sur 11, il s'y porta l'accusateur de la municipalité de Paris, et se prononça avec vivacité contre la Montagne. Son opinion dans le procès de Louis XVI fut imprimée avant le jugement. Il répondit au 3e appel nominal : « Je ne trouve pas en lui un citoyen, il a toujours été hors de notre contrat social, et je ne crois pas qu'on puisse lui en appliquer les lois. Si vous vouliez les lui appliquer en vertu de l'article de la déclaration des droits qui dit que la loi doit être la même pour tous, soit qu'elle punisse, soit qu'elle protège, je demanderais aussi que vous suivissiez à son égard les lois communes à tous les citoyens, relatives aux formes des procédures criminelles. Mais considérez-le plutôt comme un homme qui seul avait des rapports politiques avec les nations étrangères ; il faut alors agir avec lui par le droit des nations. Les nations ont le droit de la vengeance, mais il leur est pas toujours utile de l'exercer, mais il n'est pas toujours possible de l'exercer ; il est des fanatiques de la royauté, comme il en est de la religion. La tête de Louis à bas, je vois son fils lui survivre, qui n'étant pas, comme le père, chargé de crimes, couvert d'opprobres et de mépris, sera plus intéressant, et donnera beaucoup plus d'action et de moyens à ses partisans. Je vois une minorité royaliste demander un régent, et se faire d'un enfant un moyen de réchauffer les cabales. La correspondance de Dumouriez avec les princes, saisie par l'armée des Ardennes, nous a appris que la cour de Berlin travaillait à donner la régence à Monsieur, frère du roi ; que la cour de Vienne voulait la donner à la reine. Peut-être cette division a-t-elle une cause de nos succès ; mais vous voyez que nos ennemis ne soupirent qu'après une minorité. Je suis convaincu qu'ils s'intéressent fort peu à la personne même de Louis, et que nous les servirions en abattant sa tête. Ce qui serait au contraire un grand exemple pour les peuples, et ce qui épouvanterait bien plus les rois, ce serait de faire de Louis et de sa famille des émissaires de révolution. Je voudrais que, si les événements le permettaient, on pût, dès demain, les emballer et les conduire de Varennes loin du territoire de la République ; je voudrais que, couverts d'opprobre et de misère, ils montassent dans tous les pays que les rois ne sont rien quand les nations ne veulent pas qu'ils soient quelque chose. Je voudrais que nos ennemis eux-mêmes en fussent embarrassés et qu'en leur envoyant notre ci-devant roi, nous missions à leur charge l'équivalent de la dépense de cinq ou six régiments. Mais, dirait-on, à peine sorti de France, il se fera proclamer généralissime des armées combinées. Terrible Brunswick, à peine verrai-je en lui un homme de plus à combattre : un roi chassé n'est jamais rentré. Si, au contraire, vous le gardiez dans sa prison, il suffirait d'une émeute populaire pour lui rendre tous les moyens de nuire; car les ennemis intérieurs seront toujours les plus dangereux. Mais il ne suffit pas de renvoyer Louis, il faut expulser tout ce qui tient à cette dynastie, qui depuis longtemps fait le malheur de la nation. Je vote pour le bannissement. » Le 1er mai 1793, il renouvela ses attaques contre la commune de Paris, et, après les journées qui virent la chute du parti girondin, favorisa l'évasion de Pétion et de Lanjuinais. Il fut décrété d'arrestation, mis hors la loi, arrêté et condamné à mort le 29 ventôse an II, par le tribunal révolutionnaire, et exécuté. Après le 9 thermidor, une pension fut accordée à son père; la Convention décida en outre, sur la motion d'Oudot, que l'indemnité qu'il aurait reçue comme représentant serait payée, jusqu'à la fin de la session, à ses héritiers, à la charge par eux d'acquitter ses dettes. On a de lui quelques écrits politiques : *Organisation de l'instruction publique et de l'éducation nationale en France* (1793).

MATER (CLAUDE-DENIS), député de 1839 à 1848, né à Viarmes (Seine-et-Oise) le 30 septembre 1780, mort à Bourges (Cher) le 25 février 1862, fils d'un tapissier, commença par être apprenti chez son père et n'apprit à lire qu'à l'âge de douze ans. Ayant terminé ses études classiques, il apprit le droit, appartint quelque temps à l'administration des droits réunis, et fut nommé avoué d'appel à Bourges le 8 vendémiaire an XII (1er octobre 1803). Il n'y avait alors que des avoués en titre comme hommes de loi. La même année, il publia, sous le voile de l'anonyme, un *Recueil de poésies* et deux volumes intitulés : *Amours secrètes et politiques du cardinal de Richelieu*, d'après deux manuscrits du XVIIe siècle. Licencié en droit le 16 septembre 1806, il prêta serment d'avocat à la cour de Bourges le 6 novembre 1815. Bonapartiste ardent, il combattit la politique de la Restauration dans les rangs du parti libéral, et s'attira les rigueurs du gouvernement royal. Il avait pris un rang distingué au barreau de Bourges quand éclata la révolution de 1830. M. Mater n'hésita pas à faire adhésion au gouvernement de Louis-Philippe, et fut promu d'emblée premier président de la cour royale. Amateur d'art et de littérature, il fut, avec un artiste de Bourges, M. Charmeil, le fondateur (1833) du musée de cette ville. En septembre 1834, il devint membre correspondant de l'Institut historique présidé par l'académicien Michaud. Enfin il aborda la carrière parlementaire aux élections du 2 mars 1839 : élu député du 1er collège du Cher (Bourges), par 133 voix (231 votants), il appartint à la majorité conservatrice de la Chambre, et vota *pour* la dotation du duc de Nemours, *pour* le projet sur les fortifications de Paris, *pour* le recensement, *contre* les motions de la gauche tendant à l'adjonction des capacités, etc. Réélu, le 9 juillet 1842, par 144 voix (285 votants, 309 inscrits), contre 103 à M. Mayet-Genetry maire de Bourges, il soutint la politique doctrinaire de Guizot, et se prononça notamment *pour* l'indemnité Pritchard et *contre* la proposition Rémusat sur les députés fonctionnaires. On lit dans la *Galerie des Pritchardistes*, publiée en 1846 par le *National*: « Comme l'espace consacré à cette galerie commande d'être sobres, nous ne savons trop comment parler de M. Mater. Sa vie devrait être écrite par une plume exaltée et avec toute l'ivresse du succès. Il débuta modestement dans les droits réunis, et ses fonctions lui commandaient de visiter les caves. Il s'est élevé de là à la dignité de premier président de la cour royale de Bourges. La Restauration le persécuta, 1830 le vit fougueux démocrate; ex-avoué, simple avocat, mais toujours excité par cette fermentation intérieure qui pousse à toutes les hardiesses, il ne demanda rien moins que la première place à la cour; cette prétention trébucha un instant : le vénérable Dupont (de l'Eure) se défiait des entraînements de M. Mater. Cependant il fut nommé. Les efforts réunis de la coalition le firent triompher en 1839 de M. Mayet-Genetry, maire de Bourges, et en racontant ce jour de gloire qui l'envoyait à la Chambre, M. Mater disait naïvement : « Oh! ce jour-là, j'en ai vu de toutes les couleurs! » Tant que M. Joubert resta près de lui pour tempérer ses ardeurs et guider ses pas, M. Mater se soutint assez bien, penchant tantôt vers le ministère, tantôt vers l'opposition, ne tombant pas toutefois. Mais, depuis que M. Joubert a quitté la vie politique, M. Mater n'a plus mis de mesure dans ses égarements; il a épuisé la coupe du ministérialisme, et si épaisse que fût la lie de Pritchard, il l'a bue sans hésiter comme le breuvage le plus pur.» M. Mater obtint encore sa réélection. le 1er août 1846, par 171 voix (330 votants, 355 inscrits). Il soutint jusqu'au bout le gouvernement de Louis-Philippe, et rentra dans la vie privée en 1848. Rallié au gouvernement présidentiel de L.-N. Bonaparte, puis à l'Empire, il fut promu, le 24 juin 1852, conseiller à la cour de Cassation, et fut admis à la retraite, en cette dernière qualité, le 15 janvier 1856. Bien qu'il eût alors plus de soixante-quinze ans, M. Mater éprouva de sa mise à la retraite un dépit et une irritation qu'il exhalait volontiers, dans les dernières années de sa vie, en imprécations inattendues contre le gouvernement et la personne de l'empereur. Commandeur de la Légion d'honneur.

MATHAN (GEORGES, MARQUIS DE), pair de France, né à Caen (Calvados) le 17 août 1771, mort à Vanves (Seine) le 27 juillet 1840, « fils de messire Louis, marquis de Mathan, ancien capitaine de vaisseau, et de noble dame Anne-Angélique-Louise de Savary, » fut élevé au collège de Juilly et eut ensuite l'abbé Delorme pour précepteur. A peine âgé de 14 ans, il entra à l'école des chevau-légers de la garde du roi de Versailles, et, peu après, devint enseigne aux gardes-françaises avec rang de capitaine. Lorsque éclata la Révolution, il dut abandonner son régiment, émigra et fut promu lieutenant aux gardes dans l'armée des princes. A la dissolution de cette armée, il retrouva son précepteur qui avait abandonné ses travaux littéraires pour se mettre à sa recherche. Mais leur réunion fut de peu de durée; tandis que l'abbé Delorme retournait à Londres, M. de Mathan rentrait en France et s'installait à Caen. On était au lendemain du 18 brumaire. En 1804 il fut mis à la tête de la garde nationale de la ville, et chargé, en 1811, d'organiser la 1re compagnie des gardes d'honneur du Calvados. L'Empereur fut si satisfait de la rapidité et de la solidité de cette organisation, qu'il appela M. de Mathan auprès de lui en qualité de chambellan. Le nouveau dignitaire fit la guerre de Russie, au cours de laquelle il reçut la croix de chevalier de la Légion d'honneur, assista à Leipsig et à Hanau comme colonel-major d'

1ᵉʳ régiment des gardes d'honneur, et fit, comme colonel-commandant du 1ᵉʳ régiment de ces mêmes gardes, la campagne de 1814. La première Restauration le nomma maréchal de camp et chevalier de Saint-Louis. Sans emploi aux Cent-Jours, il fut fait, au retour de Gand, officier de la Légion d'honneur, et nommé pair de France (17 août 1815); il vota *pour* la mort dans le procès du maréchal Ney. Il commanda, en 1816, le département du Calvados, fut président du collège électoral de ce département, et reçut, la même année, le titre d'inspecteur général de cavalerie. Il cessa ces fonctions en 1821, et fut promu commandeur de la Légion d'honneur. À la Chambre des pairs, M. de Mathan siégea parmi les ultra-royalistes; il n'en prêta pas moins serment au gouvernement de Louis-Philippe.

MATHÉ (Antoine-Amédée-Félix), représentant en 1848 et en 1849, né à Cosne-sur-l'Œil (Allier) le 18 mai 1808, mort à Moulins (Allier) le 5 mars 1882, fit ses études classiques au collège de Moulins, suivit ensuite les cours de la faculté de droit de Paris, fut au nombre des combattants de juillet 1830, resta dans l'opposition républicaine sous Louis-Philippe, et subit plusieurs condamnations politiques, en 1831 pour détention d'armes, en 1833 pour coalition d'ouvriers. Impliqué dans l'affaire d'avril 1834, il passa quelques années en Belgique, puis il revint en France, s'établit à Moulins, s'occupa du commerce des bois et y fit fortune. Le gouvernement provisoire le nomma, après février, commissaire de la République dans l'Allier. M. Félix Mathé fut élu, le 23 avril suivant, représentant de l'Allier à l'Assemblée constituante, le 5ᵉ sur 8, par 51,989 voix (72,233 votants, 89,404 inscrits). Il siégea à la Montagne, fit partie du comité des affaires étrangères, et vota avec les démocrates les plus avancés : *contre* le rétablissement du cautionnement et de la contrainte par corps, *contre* les poursuites contre Louis Blanc et Caussidière, *pour* l'abolition de la peine de mort, *pour* l'amendement Grévy, *pour* la sanction de la Constitution par le peuple, *pour* le droit au travail, *contre* la proposition Rateau, *contre* les crédits de l'expédition romaine, *pour* l'amnistie, *pour* la mise en accusation du président et de ses ministres. Absent, le 25 novembre 1848, il écrivit au *Moniteur* que, présent, il eût voté *contre* l'ordre du jour en l'honneur du général Cavaignac. Réélu, le 13 mai 1849, représentant du même département à l'Assemblée législative, le 1ᵉʳ sur 7, avec 40,529 voix (65,506 votants, 90,096 inscrits), M. Félix Mathé reprit sa place à l'extrême-gauche. Il se joignit à ses amis pour protester, avec Ledru-Rollin, contre l'expédition de Rome, et, lorsque, le lendemain de l'affaire du 13 juin, dite du Conservatoire des Arts et Métiers, plusieurs représentants, parmi lesquels MM. Pascal Duprat, le général Rey, Guizard, Vignes, Delavallade, Sartin, Rantian, Richard (du Cantal), Duché, crurent devoir désavouer leurs signatures apposées au bas de l'appel aux armes qui motiva le réquisitoire du procureur général Baroche, M. F. Mathé eut une attitude toute différente. « Citoyens, dit-il, je ne viens pas protester contre la pièce sur laquelle M. le procureur-général a fait des réserves dans son réquisitoire; je viens, au contraire, dire qu'il est temps de mettre un terme aux protestations inutiles et plus ou moins dignes qui ont été produites à cette tribune... » Au surplus, il ne fut pas poursuivi. Après avoir constamment opiné avec la minorité démocratique, il se montra l'adversaire déterminé du coup d'État du 2 décembre 1851, et se réfugia en Belgique ayant été expulsé de France. Le 1ᵉʳ juin 1863, 907 voix de l'opposition radicale se comptèrent sur son nom dans la 1ʳᵉ circonscription de l'Allier. Le 8 février 1871, il obtint dans le département de l'Allier, sans être élu, 26,391 suffrages.

MATHÉ (Jules), député de 1877 à 1884, né à Val-de-Mercy (Yonne) le 6 juin 1824, mort à Paris le 24 septembre 1884, était négociant à Avallon sous l'Empire. Il fit de l'opposition à ce gouvernement dans les rangs des républicains, fut nommé conseiller municipal en 1866, maire d'Avallon le 18 septembre 1870, et, ayant refusé énergiquement à l'ennemi le paiement d'une contribution de guerre de près de 100,000 francs, vit la ville d'Avallon livrée au pillage, et ses magasins entièrement dévastés. Membre du conseil général de l'Yonne en 1871, M. J. Mathé fut révoqué de ses fonctions de maire par le gouvernement du 24 mai, mais fut réintégré en 1876. La même année, il se présenta à la députation de l'arrondissement d'Avallon, où il obtint, au second tour (5 mars), 4,625 voix, contre 6,271 à M. Garnier, bonapartiste, élu. Mais, le 14 octobre 1877, M. Mathé, candidat des républicains, devint député du même collège, avec 5,863 voix (11,423 votants, 13,272 inscrits), contre 5,508 au député sortant. Le gouvernement du Seize Mai l'avait encore révoqué comme maire. M. Mathé siégea à l'Union républicaine de la Chambre, et vota *pour* les invalidations des députés de la droite, *pour* l'article 7, *pour* l'invalidation de l'élection de Blanqui, *pour* les lois nouvelles sur la presse et le droit de réunion, etc. Il obtint encore sa réélection, le 26 août 1881, par 7,219 voix (8,159 votants, 13,415 inscrits), soutint les ministères Gambetta et J. Ferry, et, décédé en septembre 1884, fut remplacé, le 24 octobre, par M. Garnier, ancien député.

MATHÉ (Henri), député de 1885 à 1889, né à Moulins (Allier) le 27 mai 1837, neveu de Félix Mathé représentant en 1848 et 1849 (*v. p. haut*), commença ses études à Paris en 1847, et accompagna, en 1851, son oncle exilé après le coup d'État. Il rentra en France en 1858, et passa trois ans à l'École supérieure du commerce. Républicain, il fit de l'opposition à l'Empire, accueillit avec joie la révolution du 4 septembre 1870, fit pendant le siège, du 57ᵉ bataillon de la garde nationale, et fonda, après 1871, un comité de secours aux familles des détenus politiques, comité dont il fut le secrétaire-trésorier. En 1874, M. Henri Mathé fut élu conseiller municipal de Paris pour le quartier de la Roquette, en remplacement de M. Lockroy. Il siégea parmi les radicaux, fut membre de plusieurs commissions importantes, et devint, en 1879, président du conseil général de la Seine; il présida aussi, à deux reprises successives, le conseil municipal. Vers la même époque, il fut activement mêlé à la formation et aux travaux du comité central d'aide aux amnistiés. Il se présenta une première fois, le 21 août 1881, comme candidat radical-socialiste, dans la 2ᵉ circonscription du 11ᵉ arrondissement de Paris, et y obtint 4,424 voix contre 8,501 à l'élu, M. Lockroy, et 1,555 à M. Allemane, collectiviste. Mais, aux élections d'octobre 1885, inscrit sur plusieurs listes radicales, M. H. Mathé fut élu, au second tour, député de la Seine, le 15ᵉ sur 34, par 286,144 voix (416,886 votants, 564,338 inscrits). Il prit place à l'extrême-gauche, combattit les ministères Rouvier et Tirard, soutint le cabinet Floquet, se prononça nettement contre la politique « boulangiste », et vota, en dernier lieu, *pour* le rétablissement du scrutin d'arrondissement (11 février 1889), *contre* l'ajournement indéfini de la revision de la Constitution, *pour* les poursuites contre trois députés membres de la Ligue des patriotes, *contre* le projet de loi Lisbonne restrictif de la liberté de la presse, *pour* les poursuites contre le général Boulanger.

MATHÉ (Pierre-Félix), député depuis 1885, né à Moulins (Allier) le 20 novembre 1837, neveu de M. Félix Mathé (*Voy. plus haut*), resta étranger à la politique sous l'Empire, et s'occupa, lors de la guerre franco-allemande, de l'organisation de la défense dans son département. Elu conseiller municipal de Moulins en 1881, il fut porté, aux élections du 4 octobre 1885, sur la liste républicaine de l'Allier, et fut élu député, le 2e sur 6, par 51,441 voix, sur 94,228 votants et 120,068 inscrits. Il prit place à la gauche radicale, et vota le plus souvent avec ce groupe, notamment, dans la dernière session, *contre* le rétablissement du scrutin d'arrondissement (11 février 1889), *contre* l'ajournement indéfini de la revision de la Constitution, *pour* les poursuites contre trois députés membres de la Ligue des patriotes, *contre* le projet de loi Lisbonne restrictif de la liberté de la presse, *pour* les poursuites contre le général Boulanger.

MATHÉI. — *Voy.* Valfons (de).

MATHEY (Charles), député de 1846 à 1848, représentant du peuple en 1848, né à Thurey (Saône-et-Loire) le 12 septembre 1794, mort à Chalon-sur-Saône (Saône-et-Loire) le 5 février 1851, fit son droit à Paris. Etudiant en 1815, il s'enrôla dans le bataillon des Ecoles pour se battre contre les alliés. Notaire à Chalon en 1822 et 1824, conseiller municipal en 1832, conseiller général de Montret puis de Saint-Germain-du-Bois de 1833 à 1839, il se présenta à la députation, dans le 3e collège de Saône-et-Loire (Chalon-ville), aux élections du 1er août 1846, et fut élu par 205 voix (404 votants, 504 inscrits), contre 192 voix à M. Burignot de Varennes; il prit place à gauche et se fit notamment remarquer par son assiduité aux séances. Il assista, avec 17 autres députés, au banquet réformiste du 12e arrondissement de Paris, et signa la mise en accusation du ministère Guizot. A la révolution de 1848, le gouvernement provisoire le nomma commissaire en Saône-et-Loire (4 mars) ; le 23 avril suivant, il fut élu représentant à l'Assemblée constituante par son département, le 4e sur 14, avec 126,451 voix (131,092 votants, 136,000 inscrits). Il fit partie du comité de l'intérieur, et vota en général avec la gauche, *pour* le bannissement de la famille d'Orléans, *contre* les poursuites contre Caussidière, *pour* l'abolition de la peine de mort, *pour* l'impôt progressif, *contre* l'incompatibilité des fonctions, *pour* l'amendement Grévy, *contre* la sanction de la Constitution par le peuple, *pour* l'ensemble de la Constitution, *pour* la proposition Rateau, *contre* l'interdiction des clubs, *contre* l'expédition de Rome. Non réélu à la Législative, il rentra dans la vie privée.

MATHEY (René-Charles-Alfred), membre du Sénat, né à Chalon-sur-Saône (Saône-et-Loire) le 23 septembre 1819, fils du précédent,

étudia le droit à Paris et s'inscrivit au barreau. Rédacteur au *National* (1846), et d'opinions républicaines modérées, il devint, après février 1848, capitaine d'artillerie de la garde nationale, et préfet des Ardennes sous la dictature de Cavaignac. Il quitta ce poste en 1849, et vécut, sous l'Empire, en dehors des affaires publiques, s'occupant spécialement de viticulture. Membre (1871-1885) et président (1883-1886) du conseil général de Saône-et-Loire, pour le canton de Saint-Gengoux-le-Royal, maire d'Ameugny (1871), il fut élu, le 5 janvier 1879, sénateur de Saône-et-Loire, le 1er sur 2, par 541 voix (675 votants). Il remplaçait M. Rolland décédé; il fut encore réélu, au renouvellement triennal du 8 janvier 1882, par 549 voix sur 679 votants. M. Alfred Mathey siégea dans le groupe de la gauche républicaine, et opina avec la majorité, *pour* l'article 7, *pour* les lois Ferry, *pour* la réforme du personnel judiciaire, *pour* le divorce, *pour* les crédits de l'expédition du Tonkin, *pour* les ministères opportunistes, *pour* l'expulsion des princes, *pour* la nouvelle loi militaire, et, en dernier lieu, *pour* le rétablissement du scrutin d'arrondissement (13 février 1889), *pour* le projet de loi Lisbonne restrictif de la liberté de la presse, *pour* la procédure à suivre devant le Sénat contre le général Boulanger.

MATHIAS (Antoine), député en 1789, né à Issoire (Puy-de-Dôme) le 2 décembre 1753, mort à Pont-du-Château (Puy-de-Dôme) le 4 mai 1828, entra dans les ordres en 1776, et fut nommé curé de l'Eglise-Neuve (Puy-de-Dôme). Elu, le 26 mars 1789, député du clergé aux Etats-Généraux par la sénéchaussée de Riom, il vota la vérification des pouvoirs en commun, et fit partie du comité des recherches; puis il protesta contre les décrets de l'Assemblée nationale, émigra et se mit en relations avec les princes. Présenté à Monsieur, plus tard Louis XVIII, il fut chargé d'une importante mission auprès du comte d'Antraigues, alors à Venise. Rentré en France en 1809, il fut appelé à la cure de Pont-du-Château qu'il occupa jusqu'à sa mort.

MATHIEU (Claude), député en 1791, date de naissance et de mort inconnues, était cultivateur à Aulezy, en Nivernais, quand la Révolution éclata. Il en adopta modérément les principes, et devint, en 1790, juge de paix, puis, en 1791, administrateur du département de la Nièvre, qui l'élut, le 7 novembre de la même année, député à l'Assemblée législative, le 5 sur 7, par 199 voix (286 votants). Il n'eut qu'un rôle effacé et prit seulement la parole pour demander, le 16 juin 1792, le rapport du décret qui ordonnait, sans autre indemnité, la suppression des droits féodaux casuels.

MATHIEU (François-Jacques-Antoine), député en 1791, né à Strasbourg (Bas-Rhin) le 4 janvier 1755, mort à Toulouse (Haute-Garonne) le 8 octobre 1825, fut nommé, en 1790, procureur-syndic du Bas-Rhin, puis, le 28 août 1791, député de ce département à l'Assemblée législative, le 1er sur 9, par 418 voix (591 votants). Il siégea parmi les modérés. Employé en 1804 dans l'affaire des indemnités d'Allemagne, « il y montra, dit un biographe, des connaissances très étendues dans le droit public. »

MATHIEU (Pierre-Henri), député de 1834 à 1848 et représentant en 1848, né à Langogne (Lozère) le 9 février 1793, mort à Largentière

(Ardèche) le 26 juillet 1872, avocat à Largentière, acquit de l'influence dans le parti libéral. Nommé, après 1830, président du tribunal civil de Largentière, il fut élu, le 21 juin 1834, député du 4e collège de l'Ardèche (Joyeuse), par 100 voix (110 votants, 169 inscrits); mais cette élection fut cassée parce qu'il ne payait pas le cens d'éligibilité exigé par la loi. Le même collège le réélut successivement : le 4 novembre 1837, par 135 voix (187 votants, 234 inscrits), contre 48 voix à M. Duparquet; le 2 mars 1839, par 140 voix (145 votants); le 9 juillet 1842, par 142 voix (174 votants, 248 inscrits), contre 29 voix à M. de Beaumefort; le 1er août 1846, par 185 voix (187 votants, 289 inscrits). M. Mathieu ne cessa de lutter avec l'opposition libérale, combattit le ministère Molé, vota *pour* les fortifications de Paris, *pour* les incompatibilités, *pour* l'adjonction des capacités, *contre* la dotation du duc de Nemours, *contre* le recensement, appuya le ministère Thiers qui le nomma chevalier de la Légion d'honneur, repoussa l'indemnité Pritchard, prit part à la campagne réformiste, et fut réélu, le 23 avril 1848, représentant de l'Ardèche à l'Assemblée constituante, le 7e sur 9, par 30,841 voix. Il fit partie du comité de législation, et vota avec la droite, *pour* le bannissement de la famille d'Orléans, *pour* les poursuites contre L. Blanc et Caussidière, *contre* l'abolition de la peine de mort, *contre* l'impôt progressif, *contre* l'incompatibilité des fonctions, *contre* l'amendement Grévy, *contre* la sanction de la Constitution par le peuple, *pour* l'ensemble de la Constitution, *pour* la proposition Rateau, *pour* l'interdiction des clubs, *pour* l'expédition de Rome, *contre* la demande de mise en accusation du président et des ministres. Non réélu à la Législative, il reprit ses fonctions de magistrat à Largentière, et fit de l'opposition à l'Empire. Candidat d'opposition aux élections du 1er juin 1863 au Corps législatif, il échoua dans la 2e circonscription de l'Ardèche, avec 5,401 voix, contre 16,104 à l'officiel, M. de Rochemure. Il fut mis à la retraite, comme président de tribunal, le 6 juillet de la même année.

MATHIEU (CLAUDE-LOUIS), député de 1835 à 1837 et de 1838 à 1848, représentant du peuple en 1848, né à Mâcon (Saône-et-Loire) le 25 novembre 1783, mort à Paris le 5 mars 1875, fils d'un menuisier, reçut de l'abbé Sigorgne les premières leçons de mathématiques, suivit les cours de Lacroix et de Delambre, entra à l'Ecole polytechnique en 1803, en sortit en 1805 dans les ponts et chaussées, devint peu après secrétaire du Bureau des Longitudes, et fut adjoint à Biot lorsque celui-ci se rendit sur les bords de la Méditerranée pour faire des expériences sur le pendule. A son retour à Paris, il fut nommé astronome adjoint à l'Observatoire. En 1809 et en 1812, il avait obtenu le prix Lalande à l'Académie des Sciences, et était devenu, quelques années plus tard, professeur suppléant d'astronomie au Collège de France et répétiteur à l'Ecole polytechnique. Il entra à l'Académie des Sciences en 1817, en remplacement de Meissier, édita, en 1827, l'ouvrage de Delambre: *Histoire de l'Astronomie au xviiie siècle*, et fut décoré de la Légion d'honneur en 1829. Ses relations avec Arago, dont il était le beau-frère, le firent entrer dans la politique, après les événements de juillet 1830. Candidat aux élections du 21 juin 1834, dans le 1er collège de Saône-et-Loire (Mâcon-ville), il échoua avec 121 voix contre 170 à l'élu, M. de Lamartine; il fut plus heureux dans ce même collège

le 10 janvier 1835, et fut élu en remplacement de M. de Lamartine qui avait opté pour Dunkerque, par 168 voix (291 votants, 369 inscrits), contre 60 voix à M. Aubel, 40 à M. Pellorce et 16 à M. Bonnetain. Il siégea à l'extrême-gauche, auprès d'Arago, ne s'occupa que des questions de sa compétence et notamment des questions de chemins de fer. Les élections du 4 novembre 1837 ne lui furent pas favorables. Il échoua de nouveau, avec 160 voix contre 171 à l'élu, M. de Lamartine; mais il rentra au parlement comme député du 2e collège du même département (Mâcon-arrondissement) le 2 mars 1839, élu par 185 voix (365 votants, 420 inscrits), contre 175 voix à M. Delacharme, ancien député. Le même collège le réélut, le 9 juillet 1842, par 241 voix (397 votants, 448 inscrits), contre 105 voix à M. Delacharme et 48 à M. Ochier, médecin; et, le 1er août 1846, par 295 voix (353 votants, 486 inscrits) contre 31 voix à M. Delacharme. Il avait aussi échoué, le 9 juillet 1842, dans le 1er collège du même département, avec 61 voix contre 245 à l'élu, député sortant, M. de Lamartine. M. Mathieu siégea constamment à l'extrême-gauche, combattit les mesures réactionnaires proposées par les ministères, attaqua à plusieurs reprises la politique de M. Molé et de M. Guizot, repoussa l'indemnité Pritchard et fit, sur l'établissement définitif du système décimal des poids et mesures, des rapports remarqués. Elu représentant de Saône-et-Loire à l'Assemblée constituante, le 23 avril 1848, le 2e sur 14, par 127,042 voix (131,092 votants, 136,000 inscrits), il continua de siéger à gauche, fit partie du comité des travaux publics, et vota *pour* le bannissement de la famille d'Orléans, *contre* les poursuites contre L. Blanc et Caussidière, *pour* l'abolition de la peine de mort, *pour* l'impôt progressif, *contre* la sanction de la Constitution par le peuple, *contre* la proposition Rateau, *contre* l'interdiction des clubs, *contre* l'expédition de Rome. Il était en congé au moment du vote sur l'ensemble de la Constitution. Ayant échoué à la Législative, le 13 mai 1849, dans le département de Saône-et-Loire, avec 15,608 voix sur 109,200 votants, il se consacra désormais à ses travaux scientifiques. Examinateur à l'Ecole polytechnique, fonctions qu'il abandonna par démission en 1863, professeur à cette même Ecole, officier de la Légion d'honneur le 14 novembre 1856, membre titulaire du Bureau des longitudes le 26 mars 1862, commandeur de la Légion d'honneur le 16 août 1863, M. Mathieu fit partie du jury de l'Exposition universelle de Paris en 1855, et fut membre, puis président du comité international pour l'unification des poids et mesures en 1867 et en 1872. Il a en outre collaboré à la *Connaissance du Temps* et à *l'Annuaire du Bureau des longitudes*.

MATHIEU (ANTOINE-PHILIPPE), dit MATHIEU DE LA DRÔME, député en 1848 et en 1849, né à Saint-Christophe-et-le-Laris (Drôme) le 7 juin 1808, mort à Romans (Drôme) le 16 mars 1865, lutta de bonne heure pour l'opposition libérale dans son département. Après 1830, il fonda à Romans un *Athénée de belles-lettres*, où il enseigna l'économie politique et que l'autorité fit bientôt fermer. « Comme il ne pouvait plus, dit un de ses biographes, appeler à lui les habitants par son élocution facile et animée, il fonda pour, à ses risques et périls, une revue, qu'il intitula la *Voix d'un solitaire*. Dans cette revue, des articles spéciaux traitaient des devoirs et de la science du citoyen; c'était une sorte de catéchisme politique emproint d'un savoir profond; mais l'administration de Romans et des villes voisines s'y trouvait vivement attaquée; l'auteur y stigmatisait aussi les dilapidations, l'abaissement, la ruine que subissait la France sous le gouvernement déchu. Aussi rencontra-t-il une opposition ouverte dans les fonctionnaires inhabiles et paresseux, dont l'incurie, l'ignorance et le mauvais vouloir étaient palpables; faites arriver les coterie répandit sur ses opinions et ses vues les bruits les plus absurdes. » M. Mathieu assista, en 1847, au banquet réformiste de Romans et y prononça un discours où il disait : « On corrompt des individus, on ne corrompt pas des masses, on corrompt, on empoisonne un verre d'eau, on n'empoisonne pas l'Océan. Appelez donc la grande majorité de la nation à voter, au lieu d'une imperceptible minorité; faites arriver les flots populaires dans les collèges électoraux, et ces flots en laveront toutes les souillures... Oui, le peuple! que ce mot ne vous effraie point! » Favorable aux doctrines socialistes, M. Mathieu salua avec joie la proclamation de la République en février 1848, et fut élu, le 23 avril, représentant de la Drôme à l'Assemblée constituante, le 2e sur 8, par 37,868 voix (76,005 votants, 92,501 inscrits). Il prit place à la Montagne, et parut plusieurs fois à la tribune : notamment pour défendre Louis Blanc contre la demande en autorisation de poursuites, pour réclamer le rachat des chemins de fer par l'Etat, et pour présenter, le 25 septembre 1848, un amendement, qu'il retira d'ailleurs, et qui était ainsi conçu : « Les impôts sont progressifs en raison de la fortune des citoyens. » Il vota contre le rétablissement du cautionnement et de la contrainte par corps, contre les poursuites contre Louis Blanc et Caussidière, pour l'amendement Grévy, pour le droit au travail, contre l'ordre du jour en l'honneur de Cavaignac, contre la proposition Rateau, pour la mise en accusation du président et des ministres, pour l'amnistie. Dans les dernières semaines de la législature, il est porté absent par congé. Réélu, le 13 mai 1849, représentant de la Drôme à l'Assemblée législative, le 4e sur 7, par 42,762 voix (67,889 votants, 94,136 inscrits), il fut en même temps nommé représentant du Rhône, le 6e sur 11, par 70,659 voix (110,722 votants, 154,740 inscrits). Il opta pour le Rhône et fut remplacé dans son département d'origine, le 8 juillet 1849, par M. Morin. Il tint la même ligne de conduite que précédemment, siégea à l'extrême-gauche, vota constamment avec la minorité démocratique, et s'associa aux protestations des républicains avancés contre l'expédition de Rome, contre la loi électorale du 31 mai et contre les demandes de revision de la Constitution. Il ne cessa de se déclarer hautement le partisan du socialisme, qui selon lui, « loin d'être un ennemi, devait purifier les sources de la propriété ». Adversaire déterminé de la politique de l'Elysée, il fut arrêté dans la nuit qui précéda le coup d'Etat de décembre et, par décret du 1er janvier 1852, expulsé du territoire français. Il se retira alors en Belgique, d'où il passa en Suisse. Revenu en France, il se consacra à la publication d'une série d'almanachs, destinés à faire concurrence aux double et triple Liégeois de Mathieu Laensberg : il les intitula : Le double et le triple Mathieu de la Drôme. On lui doit aussi un ouvrage sur la Prédiction du temps.

MATHIEU (Louisy), représentant du peuple en 1848, né à la Guadeloupe le 17 juin 1817, homme de couleur, était ouvrier typographe dans une imprimerie de la Pointe-à-Pître, lorsque les événements de 1848 et l'émancipation des esclaves le firent choisir comme représentant de sa race. Elu, le 22 août 1848, représentant suppléant de la Guadeloupe à l'Assemblée nationale, par 11,632 voix (33,734 votants), il fut admis à siéger, en remplacement de M. Schœlcher qui avait opté pour la Martinique. Il prit place à l'extrême-gauche, fit partie du comité de l'Algérie et des colonies, et vota pour le droit au travail, pour l'ensemble de la Constitution, contre la proposition Rateau, contre l'interdiction des clubs, contre l'expédition de Rome, pour la déclaration en l'honneur du général Cavaignac, et s'abstint lors du vote sur la demande de mise en accusation du président et des ministres, « par reconnaissance pour les membres du cabinet qui avaient lutté vingt ans en faveur de l'abolition de l'esclavage ». Non réélu à la Législative, il retourna à la Guadeloupe.

MATHIEU (Adrien-Jacques-Marie-Césaire), sénateur du second Empire, né à Paris le 20 janvier 1796, mort à Besançon (Doubs) le 9 juillet 1875, fils d'un agent d'affaires, commença par étudier le droit, puis alla gérer dans les Landes les propriétés de M. de Montmorency, dont la protection lui facilita l'accès de la carrière et des hautes dignités ecclésiastiques. Entré au séminaire de Saint-Sulpice, M. Mathieu fut ordonné prêtre, fut attaché comme secrétaire à l'évêque d'Evreux (1823), et devint un des grands vicaires de Mgr Quélen, archevêque de Paris. Il fit alors de vives efforts pour amener un rapprochement entre l'abbé Grégoire, l'ex-conventionnel, et l'Eglise catholique, et fut pendant quelque temps curé de l'Assomption à Paris. Promu évêque de Langres (1833), et, l'année suivante, archevêque de Besançon, il fut nommé cardinal le 30 septembre 1850, et entra de droit au Sénat, le 26 janvier 1852. « Son élévation au cardinalat est récente, écrivait alors l'auteur des Profils critiques et biographiques des sénateurs, etc., il s'est fait peu connaître et sa réputation n'a pas franchi la limite de ses diocèses. » Mais bientôt, il prit, comme sénateur, une part importante à plusieurs discussions, et se distingua parmi les chefs du parti catholique dont il sépara maintes fois de la majorité. Le 5 juillet 1852, il appuya une pétition des officiers supérieurs de l'armée de terre contre la retraite pour limite d'âge; son discours, dans lequel il solidarisait les intérêts de l'armée et du clergé, lui valut au Sénat, le surnom de « cardinal des armes » et fut le premier discours sénatorial intégralement reproduit par le procès-verbal. En janvier 1865, il fut l'objet d'un appel comme d'abus formé devant le conseil d'Etat pour avoir contrairement aux instructions gouvernementales, donné lecture de l'Encyclique du pape du 8 décembre 1864 : l'abus fut prononcé par décret du 8 février 1865. Le cardinal archevêque de Besançon se signala encore par ses attaques fréquentes contre l'Université, l'esprit d'examen et les progrès de la science moderne. On a de lui plusieurs brochures politiques et religieuses, notamment : le Pouvoir temporel des pape justifié par l'histoire (1863). Membre de l'Académie de Besançon, commandeur de la Légion d'honneur (16 juin 1856).

MATHIEU (Auguste), député au Corps législatif de 1863 à 1870, né à Avize (Marne) le 24 novembre 1814, mort à Paris le 4 janvier

1888, fit ses études à Epernay et son droit à Paris, puis se perfectionna dans la jurisprudence et la procédure chez un avoué d'Épernay. Inscrit au barreau de Paris en 1837, il devint secrétaire de M. Delangle, alors bâtonnier de l'ordre, et ne tarda pas à plaider dans des affaires importantes, notamment pour le baron Commaille contre le duc de Brancas en 1840, pour le général Woronzof contre le prince Dolgorouski en 1851, pour M. Legouvé contre Mlle Rachel, à propos de la représentation de *Médée* en 1854; il défendit aussi Rudio, l'un des complices de l'attentat d'Orsini en 1858. Candidat républicain en Seine-et-Marne (avril 1848), lors des élections à l'Assemblée constituante, il ne fut pas élu. Membre du conseil de l'ordre des avocats depuis 1849, et conseiller-général d'Avize, il se rallia à l'Empire, et fut élu, le 1er juin 1863, député de la 2e circonscription de la Corrèze, avec l'appui du gouvernement, par 25,166 voix (33,327 votants, 43,380 inscrits), contre 8,083 à M. de Jouvenel. Il prit place dans la majorité, fut rapporteur (1867) de la nouvelle loi sur la presse, et proposa un amendement portant que tout article de polémique serait déposé au ministère de l'Intérieur, ou à la préfecture dans chaque département, à la sous-préfecture dans chaque arrondissement, vingt-quatre heures avant sa publication, afin que le gouvernement pût y répondre : la réponse paraîtrait parallèlement à l'article, en mêmes caractères, a peine de 500 à 5,000 francs d'amende. Cet amendement fut rejeté. Réélu député, le 24 mai 1869, par 24,796 voix (32,182 votants, 43,386 inscrits), contre 4,589 à M. de Latrade, 2,278 à M. de Cosnac, et 374 à M. Le Cherbonnier, il vota *pour* la guerre contre la Prusse. Après les événements de 1870, M. Mathieu rentra au barreau de Paris. Officier de la Légion d'honneur (14 août 1866).

MATHIEU (Adrien-Alexandre-Augustin), député au Corps législatif de 1869 à 1870, né à Camblain-l'Abbé (Pas-de-Calais) le 1er janvier 1807, mort à Camblain-l'Abbé le 7 avril 1884, fut élu député au Corps législatif, le 24 mai 1869, comme candidat officiel du gouvernement impérial, dans la 6e circonscription du Pas-de-Calais, par 11,110 voix (28,715 votants, 31,736 inscrits), contre 7,828 à M. de Partz de Pressy, candidat indépendant. Il soutint de ses votes le régime impérial, vota *pour* la déclaration de guerre à la Prusse, et rentra dans la vie privée en 1870.

MATHIEU (Claude-Ferdinand), représentant en 1871, député de 1876 à 1877, né à Coblentz (Allemagne) le 19 mars 1819, de parents français, mort à Paris le 4 janvier 1878, alla à l'Ecole centrale, entra comme ingénieur au Creuzot, et devint directeur des ateliers de construction, puis ingénieur en chef. On lui dut, notamment, pour les ponts métalliques, pour les machines hydrauliques et pour les canons, des innovations remarquables qui lui valurent de nombreuses récompenses, la croix de la Légion d'honneur (1849), et la rosette d'officier (1862). Elu, le 8 février 1871, représentant de Saône-et-Loire à l'Assemblée nationale, le 8e sur 12, par 67,658 voix, il vota en général avec la droite, *pour* la paix, *pour* l'abrogation des lois d'exil, *pour* la pétition des évêques, *pour* la démission de Thiers, *pour* le septennat, *pour* le ministère de Broglie, *pour* les lois constitutionnelles. Aux élections du 20 février 1876, les électeurs d'Autun offrirent la candidature à M. Henri Schneider; celui-ci refusa, et présenta, à sa place M. Mathieu, qui

fut élu, dans la 2e circonscription d'Autun, par 7,903 voix (12,493 votants, 16,565 inscrits), contre 3,525 voix à M. Ch. Merandon, avocat à Autun, et 1,056 à M. Robert, ancien instituteur. Il prit place au centre parmi les conservateurs libéraux, et vota l'ordre du jour de confiance au ministère de Broglie, le 23 juin 1877. Après la dissolution de la Chambre, il échoua, le 14 octobre 1877, dans la même circonscription, avec 5,722 voix, contre 8,447 à l'élu, M. Émile Reyneau, républicain.

MATHIEU (Edouard-Léon-Napoléon), député de 1880 à 1885, né à Paris le 15 octobre 1830, était conseiller général du Morbihan pour un des cantons de Lorient, et d'opinions républicaines, lorsqu'il se présenta, après le décès de M. Ratier, le 6 juin 1880, comme candidat à la députation dans la 1re circonscription de Lorient, et fut élu député, au second tour de scrutin, par 6,254 voix (11,281 votants, 20,553 inscrits), contre 4,835 à M. Léonce Boy, républicain de nuance plus modérée. M. Mathieu prit place à gauche et obtint sa réélection, le 21 août 1881, par 7,819 voix (12,453 votants, 21,003 inscrits), contre 3,367 à M. Fernand Carnoy, légitimiste, et 1,149 à M. Boy. M. Mathieu vota avec la gauche radicale, le plus souvent dans le sens de la majorité.

MATHIEU-BODET (Pierre), représentant en 1848, en 1849, et en 1871, ministre, député de 1876 à 1877, né à Saint-Saturnin (Charente) le 16 décembre 1816, d'une famille de cultivateurs, étudia le droit à Paris et se fit recevoir licencié, puis docteur (1842). En 1846, il acheta une charge d'avocat à la cour de Cassation. Membre du conseil général de la Charente depuis 1845, il fut élu, le 23 avril 1848, représentant de la Charente à l'Assemblée constituante, le 6e sur 9, par 37,567 voix (92,994 votants), sur une profession de foi républicaine. Il siégea parmi les conservateurs, fit partie du comité des finances, vota *pour* le rétablissement du cautionnement, *pour* les poursuites contre Louis Blanc et Caussidière, *contre* l'abolition de la peine de mort, *contre* l'amendement Grévy, *contre* le droit au travail, *pour* l'ordre du jour en l'honneur de Cavaignac, *pour* la proposition Rateau, *contre* l'amnistie, *pour* l'interdiction des clubs ~~~~ les crédits de l'expédition de Rome, etc. Après avoir obtenu sa réélection à l'Assemblée législative, le 13 mai 1849, dans le même département, le 1er sur 8, avec 50,418 voix (79,163 votants, 114,411 inscrits), M. Mathieu-Bodet suivit la politique de l'Elysée, fit partie de la majorité, appuya l'expédition de Rome, la loi Falloux-Parieu sur l'enseignement, fut membre de plusieurs commissions, et (1850) rapporteur de la commission du budget. A la suite du coup d'Etat du 2 décembre, il fut inscrit sur la liste des membres de la Commission consultative; mais, désapprouvant les décrets du 22 janvier 1852, relatifs aux biens des princes d'Orléans, il donna sa démission. Il réunit, le 29 février, suivant, comme candidat au Corps législatif, dans la 1re circonscription de la Charente, 2,292 voix, contre 23,783 au général Gellibert des Séguins, élu. Il reprit ses travaux d'avocat à la cour de Cassation, et devint, en 1863, président de son ordre. De nouveau candidat au Corps législatif, après la mort de M. Gellibert des Séguins, comme bonapartiste indépendant, nuancé d'orléanisme, il obtint (8 novembre 1868) 13,705 voix, contre 17,876 à l'élu officiel, M. Laroche-Joubert. M. Mathieu-Bodet ne rentra dans la vie parlementaire qu'aux élections pour l'Assemblée nationale : le 8 février 1871, il fut nommé représentant de la Charente, le 3ᵉ sur 7, par 51,165 voix (70,607 votants, 114,376 inscrits). Il prit place au centre droit, vota *pour* la paix, *pour* les prières publiques, *pour* l'abrogation des lois d'exil, *pour* la pétition des évêques, contre le service militaire de trois ans, *contre* la politique de Thiers, *pour* sa chute au 24 mai. Plusieurs fois membre de la commission du budget, il s'occupa d'affaires plus que de politique pure, parla spécialement sur les matières économiques, et fut appelé, le 20 juillet 1874, à prendre la succession de M. Magne, comme ministre des Finances; il conserva ce portefeuille jusqu'au 10 mai 1875; sa situation ministérielle avait été quelque peu ébranlée par une demande de crédit de 303,000 francs (15 février 1875) pour pensions de retraite à d'anciens fonctionnaires de l'Empire, qui n'avaient ni soixante ans d'âge, ni trente ans de services, mais qui invoquaient des infirmités contractées dans l'exercice de leurs fonctions, alors que la plupart joignaient à une santé florissante des occupations largement rétribuées. Il avait aussi adressé au président de la République (janvier) un long rapport, qui fut très remarqué, sur la situation financière, la nécessité d'impôts nouveaux et la revision du cadastre. M. Mathieu-Bodet se rapprocha des républicains modérés sur la fin de la législature; il se fit inscrire au nouveau groupe Lavergne, *s'abstint* lors du vote sur l'amendement Wallon, mais vota *pour* l'ensemble des lois constitutionnelles. Élu, le 20 février 1876, député de l'arrondissement de Barbezieux, par 5,776 voix (9,190 votants, 15,257 inscrits), contre 2,249 à M. Planat, il n'appartint à aucun groupe de la Chambre, vota généralement avec les « constitutionnels », et fut un des *onze* députés qui *s'abstinrent* dans le scrutin d'où sortit le vote de blâme et de défiance contre le ministère de Broglie-Fourtou (juin 1877).M.Mathieu-Bodet resta neutre pendant la période dite du « Seize-Mai », et ne se représenta pas aux élections du 14 octobre. En 1879, il fut, à deux reprises différentes, candidat au Sénat dans la Charente: le 16 février, il ne réunit, en remplacement de M. André décédé, que 28 suffrages contre 308 à M. de Brémond d'Ars élu, et 151 à M. Bellamy; le 9 novembre, en remplacement de M. Hennessy décédé, il n'en obtint 44, contre 314 au maréchal Canrobert élu, et 126 à M. Bellamy. M. Mathieu-Bodet avait été réélu, le 8 octobre 1871, membre du conseil général de la Charente pour le canton d'Hiersac; il avait été secrétaire de ce conseil de 1863 à 1870, et président de 1871 à 1874; il est aujourd'hui administrateur du Crédit Foncier. Chevalier de la Légion d'honneur (12 août 1864). Il a collaboré à plusieurs revues de jurisprudence et notamment au *Répertoire* de Dalloz.

MATHIEU DE LA REDORTE (David-Maurice-Joseph, comte), pair de France, né à Saint-Affrique (Aveyron) le 20 février 1768, mort à Paris le 1ᵉʳ mars 1833, descendant d'une famille protestante du Rouergue, entra, en 1783, comme cadet dans le régiment suisse de Meuron, devint ensuite sous-lieutenant dans le régiment de Luxembourg, et fut envoyé aux Indes, où il resta jusqu'à la Révolution. En 1789, de retour en France, il fut promu lieutenant au Royal-Dragons, et, en 1790, capitaine au corps. Attaché alors à l'armée du Rhin, il participa aux campagnes de 1792 à 1796. Adjudant-général cette dernière année, et versé

à l'état-major de Macdonald, il suivit le général en Hollande, puis à l'armée de Sambre-et-Meuse, alla ensuite en Italie où il se distingua particulièrement dans les expéditions de Rome et de Naples, d'abord à la prise de Terracine, à la suite de laquelle il fut nommé général de brigade, puis à la victoire d'Ottricoli, qui décida de la retraite de l'armée napolitaine; il fut nommé peu de temps après, à la fin de 1799, général de division. Appelé au commandement de la 11ᵉ division militaire (Bordeaux), il fut fait grand-officier de la Légion d'honneur (19 frimaire an XII), fit la campagne de 1805 à la tête d'une des divisions du corps d'armée d'Augereau, et celles de Prusse et de Pologne, en 1806 et en 1807, où il fut plusieurs fois cité à l'ordre du jour de l'armée. Au moment de la guerre d'Espagne, il fut attaché au corps de Moncey, se signala à Tudela, où il enfonça le centre des troupes espagnoles et décida la victoire, prit part à la poursuite de Castanos, le battit de nouveau à Alacuha, puis passa sous les ordres de Ney qui le nomma gouverneur commandant de Barcelone. Créé comte de l'Empire le 26 avril 1810, il secourut, en 1812, le fort de Belaguer, et fit lever le siège de Tarragone, reçut, le 3 avril 1813, la grand'croix de l'ordre de la Réunion, et rentra en France, en 1814, avec les débris de son armée, tenant toujours tête à l'ennemi. Lors des Cent-Jours, il eut le commandement de la 10ᵉ division militaire; après le retour de Gand, il se retira dans ses terres d'Houdowe. Il ne reprit du service qu'en 1817, fut nommé à cette époque commandant de la 18ᵉ division militaire à Lyon, obtint, la même année, le droit de joindre à son nom celui de la Redorte, et fut nommé pair de France le 5 mars 1819, et grand'croix de la Légion d'honneur le 20 août 1820. Mis en disponibilité en 1823, il fut admis à la retraite, comme lieutenant-général, le 26 juin 1831, et mourut peu d'années après. Il avait épousé Mlle Clary, belle-sœur du roi Joseph Bonaparte.

MATHIEU DE LA REDORTE (Joseph-Charles-Maurice, comte), député de 1834 à 1841, pair de France, représentant du peuple en 1849 et en 1871, né à Paris le 20 mars 1803, mort à Paris le 21 janvier 1886 fils du précédent, entra à l'École polytechnique, en sortit dans l'artillerie, fit la campagne de Morée à la suite de laquelle il reçut la croix de la Légion d'honneur, et devint, en 1833, officier d'ordonnance du duc d'Orléans, avec le grade de capitaine, donna, peu de temps après, sa démission pour s'occuper de politique active, et fut successivement élu député du 2ᵉ collège de l'Aude (Carcassonne), le 21 juin 1834, par 185 voix (328 votants, 441 inscrits), contre 112 à M. Fargues; le 4 novembre 1837, par 324 voix (356 votants, 492 inscrits); le 2 mars 1839, par 328 voix (351 votants). Il vota en général avec l'opposition libérale, combattit la loi d'apanage et le ministère Molé, et fit partie de la coalition. Nommé ambassadeur à Madrid par le cabinet du 1ᵉʳ mars (Thiers), il dut se représenter devant ses électeurs qui lui renouvelèrent son mandat, le 18 juillet 1840, par 207 voix (323 votants). Le roi l'éleva à la pairie le 20 juillet 1841. Après les journées de février, le comte Mathieu de la Redorte ne se présenta pas à l'Assemblée constituante; mais il fut élu, le 13 mai 1849, représentant de l'Aude à l'Assemblée législative, le 1ᵉʳ sur 6, par 37,697 voix (70,434 votants, 88,291 inscrits). Il vota presque constamment avec la droite, sans hostilité contre la politique de l'Élysée. Rentré dans la vie privée après le coup d'Etat du 2 décembre, il ne reparut sur la scène politique qu'après la guerre de 1870; élu, le 8 février 1871, représentant de l'Aude à l'Assemblée nationale, le 6ᵉ et dernier, par 25,277 voix (54,560 votants, 92,276 inscrits), il prit place au centre droit, vota *pour* la paix, *pour* l'abrogation des lois d'exil, *pour* la démission de M. Thiers, *pour* le septennat, *pour* le ministère de Broglie, *pour* la pétition des évêques, *contre* le service militaire de trois ans, *contre* l'amendement Wallon, *contre* les lois constitutionnelles. Il ne fit pas partie d'autres assemblées.

MATHIEU-FAVIERS (JEAN-MICHEL), député au Corps législatif de l'an XI à 1815, né à Strasbourg (Bas-Rhin) le 11 novembre 1753, mort à Strasbourg (Bas-Rhin) le 20 novembre 1841, était fils d'un des premiers magistrats de la ville de Strasbourg et appartenait à une famille qui fut appelée du parlement de Metz à la cour souveraine de Colmar, à l'époque de la réunion de l'Alsace à la France. Jean-Michel Mathieu-Faviers fut, en 1790, procureur de la commune de Strasbourg; en l'an IV maire de cette ville, de l'an VIII à l'an X inspecteur des subsistances militaires, puis commissaire du gouvernement près le tribunal criminel du Bas-Rhin. Elu, le 9 thermidor an XI, par le Sénat conservateur, député du Bas-Rhin au Corps législatif, il obtint le renouvellement de ce mandat le 18 février 1808, et siégea jusqu'en 1815. Il mourut à Strasbourg, le 20 novembre 1841, conseiller à la cour de Colmar et chevalier de la Légion d'honneur.

MATHIEU-FAVIERS (PHILIPPE-GAÉTAN, BARON), député de 1815 à 1816, pair de France, né à Strasbourg (Bas-Rhin) le 11 décembre 1761, mort à Paris le 29 mars 1833, « fils de Pierre-François Mathieu, et de Elisabeth Lechasseur », prit du service dans l'administration de l'armée, franchit successivement tous les grades, commissaire des guerres le 1ᵉʳ octobre 1791, ordonnateur provisoire le 29 novembre 1794, ordonnateur titulaire le 13 juin 1795, commissaire général à l'armée d'Helvétie et du Danube en 1799, et contribua à la victoire de Zurich. L'année suivante, il exerça les mêmes fonctions à l'armée du Rhin, sous Moreau, assista à la bataille d'Hohenlinden, puis fut nommé inspecteur général aux revues. Commandeur de la Légion d'honneur (15 prairial an XII), il fit la campagne d'Austerlitz, puis celle de Prusse, et, après Eylau, dut faire vivre la grande armée avec les seules ressources des magasins d'Elberg et de la Nogat. Il reçut, en témoignage de satisfaction, le titre d'ordonnateur en chef de la grande armée. Après la paix de Tilsitt, il alla en Espagne, le 4 octobre 1810, avec le même titre, et, sur l'ordre de l'Empereur, notifié par le major-général, il fut rappelé à la grande armée, comme ordonnateur en chef le 30 août 1811. Nommé chevalier de Saint-Louis en 1814, il fut mis en non-activité en 1816, à la création des intendants militaires, ce corps ne comportant pas de grade équivalent au sien. Elu, le 22 août 1815, député du grand collège du Bas-Rhin, par 90 voix (175 votants, 269 inscrits), il siégea dans la minorité de la Chambre introuvable, fut créé baron le 24 décembre 1817, et admis à la retraite, le 10 octobre 1821, comme commissaire ordonnateur en chef. Il vécut ensuite en dehors de la politique. Le 20 avril 1831, il fut élevé à la dignité de grand-officier de la Légion d'honneur.

MATHIEU - MIRAMPAL (JEAN-BAPTISTE-

CHARLES), membre de la Convention, député au Conseil des Cinq-Cents, membre du Tribunat, né à Compiègne (Oise) le 3 octobre 1763, mort à Condat (Gironde) le 31 octobre 1833, « fils de Charles-Nicolas Mathieu, receveur des domaines du roy, et de Marie-Louise Devin », rédigeait, depuis 1789, le *Journal de l'Oise*, et était juge à Paris, lorsqu'il fut élu, le 4 septembre 1792, député de l'Oise à la Convention, le 5ᵉ sur 12, « à la pluralité des voix. » Il proposa, au début de la session, de jurer « par la force du sentiment » d'établir la liberté et l'égalité. Il se prononça pour la mort de Louis XVI, sans appel ni sursis. Le 5 mars 1793, il prit la parole sur les mesures à l'égard des émigrés, et fit décréter que les jeunes filles, à partir de l'âge de quatorze ans, n'en seraient pas exceptées. Envoyé à Bordeaux et dans la Dordogne après le 31 mai, il en fut rappelé comme suspect de modérantisme. Membre du comité de sûreté générale en 1794, il provoqua l'organisation d'une commission administrative de police. En février 1795, il se distingua par son zèle à poursuivre les terroristes, et fut l'auteur d'un rapport dirigé contre les amis de Babeuf et contre les clubs jacobins. Il eut une part directe aux décrets dont furent frappés les auteurs de l'insurrection du 12 germinal an III. Il entra ensuite à la commission créée pour préparer les lois organiques de la Constitution. Le 15 avril, il vota la restitution des biens des condamnés; le 8 mai, il parla sur les massacres de Lyon. Président de la Convention peu de temps après le 1ᵉʳ prairial an III, il fut élu, le 22 vendémiaire an IV, député au Conseil des Cinq-Cents par le département de l'Oise, avec 104 voix sur 265 votants, en même temps que par cinq autres départements; il obtint une nouvelle élection dans l'Oise le 25 germinal an VI, après avoir rempli les fonctions de commissaire près l'administration centrale de la Seine. Il s'attacha d'abord au parti directorial, puis se rallia à Bonaparte, fut membre (19 brumaire an VIII) de la Commission intermédiaire, et fut nommé, le 4 nivôse an VIII, membre du Tribunat, où il siégea jusqu'en 1802. Du 5 germinal an XII à 1815, il exerça les fonctions de directeur des droits réunis dans la Gironde puis dans la Marne. Lors de la loi du 12 janvier 1816 contre les régicides, Mathieu-Mirampal prit peur et quitta bénévolement la France, bien que cette loi ne lui fût pas applicable, puisqu'il n'avait accepté aucune fonction pendant les Cent-Jours. Il rentra en mai 1819, vécut désormais dans la retraite, et mourut subitement à 70 ans.

MATHIS-CACCIORNA (CHARLES-JOSEPH-BERNARD, CHEVALIER), député au Corps législatif de 1808 à 1812, né à Bra (Italie) le 20 août 1749, mort à une date inconnue, propriétaire à Bra (Italie), fut élu, le 28 septembre 1808, par le Sénat conservateur, député du département de la Stura au Corps législatif. Le 23 juin 1810, il fut créé chevalier de l'Empire. Il siégea jusqu'en 1812.

MATHON DE FOGÈRES (HENRI-NAPOLÉON), député de 1846 à 1848, né à Bourg-Argental (Loire) le 5 mai 1806, mort à Lyon (Rhône) le 21 novembre 1864, d'une famille de robe, fit ses études à Saint-Chamond et son droit à Paris. Reçu avocat en 1829, il s'occupa bientôt de politique, et, après plusieurs échecs électoraux, fut élu, le 1ᵉʳ août 1846, député du 2ᵉ collège de la Loire (Saint-Chamond), par 334 voix (374 votants, 639 inscrits), contre 33 voix à M. Smith. Il siégea dans les rangs de l'opposition, et combattit le ministère Guizot. Il rentra dans la vie privée à la révolution de 1848. On a de lui : *Essai d'économie sociale ou recherches sur les moyens d'améliorer le sort du peuple* (1839); *Lettre, en vers, sur la vie privée et publique* (1844). M. Mathon de Fogères était membre de la société des Monuments historiques de France et d'autres sociétés savantes.

MATTEI (FÉLIX-JOSEPH-VITAL-THOMAS, CHEVALIER), député au Corps législatif de l'an XII à 1814, né à Asti (Italie) le 26 février 1759, mort à une date inconnue, « fils du sieur Jean-Antoine Mattei et de la dame Hyacinthe », fut avocat au bureau de l'avocat général des pauvres avec agrément du roi de Sardaigne, et devint successivement secrétaire de légation près la cour de Berlin, président du collège électoral de l'arrondissement d'Asti, conseiller général, et enfin député au Corps législatif impérial (2 fructidor an XII) par le choix du Sénat conservateur. Il y représenta le département du Tanaro jusqu'au 4 mai 1811, obtint alors le renouvellement de son mandat, et siégea jusqu'en 1814; de 1811 à 1814, il était devenu député du département de Marengo. Membre de la Légion d'honneur (14 floréal an XIII).

MATTEI (DOMINIQUE), député au Corps législatif de 1809 à 1814, dates de naissance et de mort inconnues, avait fait sa carrière dans l'armée. Ancien lieutenant-général, ancien gouverneur de Livourne (Italie), général du corps des chasseurs volontaires, il fut nommé par l'empereur, le 5 juillet 1809, député du département de la Méditerranée au Corps législatif, sur une liste de présentation dressée par le préfet du département. En 1813, le conseil municipal de Livourne ayant voté une adresse à l'impératrice Marie-Louise, M. Mattei fut l'un des trois délégués choisis pour aller porter « aux pieds du trône de S. M. les hommages des habitants de Livourne ». Il refusa cette mission, et l'affaire prit sans doute une certaine importance, puisque le préfet de la Méditerranée adressa au ministre de l'Intérieur la lettre confidentielle qui suit, et que nous donnons exceptionnellement, à titre de curiosité administrative :

« Monseigneur,

« M. Mattei, de qui j'ai déjà eu l'honneur d'entretenir Votre Excellence, est nul par sa capacité, par la faiblesse de son caractère, par des vues excessivement bornées, par la déconsidération où l'a jeté son gouvernement de Livourne sous la reine-régente d'Etrurie. Il n'est pas sans biens, mais son existence aisée dépend de la place qu'il occupe de député au Corps législatif et d'une assez grosse pension qu'il a conservée comme employé supprimé. Son fils sert à la grande armée.

« M. Mattei est lié avec ce qu'il y a de plus obscur, jamais on ne le voit en bonne compagnie, il aime *la canaille;* il en est entouré, il l'écoute, et je ne puis douter que l'on ne doive attribuer à ses *(mot illisible)* la protestation qu'il vient de me faire qu'il est impossible d'accepter sa nomination. Il est vrai qu'il m'a assuré qu'il était atteint d'une maladie secrète qui l'empêchait de se rendre à Paris, et d'accepter la nomination. Je n'ai pas osé faire vérifier par un chirurgien la réalité de cette impossibilité comme j'en aurais agi avec un conscrit. M. Mattei s'est présenté à moi avec un aspect de santé si brillante que je doute fort de l'impossibilité qu'il allègue. Il se présente avec noblesse, avec aisance; je le jugeais convenable pour la présidence de la députation, j'ajouterai même, que seul à Livourne, et quoique sans moyens, il pourrait être mis en avant si un mouvement, d'ailleurs très improbable, avait lieu. Il serait certainement étranger à ce mouvement, mais il serait mené et conduit à l'aveugle là où il n'irait pas volontairement; sa résistance me déplaît donc, j'en réfère à Son Altesse, et j'aurai l'avantage de rendre compte à Votre Excellence du parti que je prendrai de son aveu.

« Le préfet de la Méditerranée,

« *Signé :* DE GOYON.

« Livourne, 23 octobre 1813. »

Ce conflit n'empêcha pas M. Mattei de siéger au Corps législatif jusqu'en 1814, c'est-à-dire jusqu'à la réduction de la France à ses anciennes limites.

MATTEREL. — *Voy.* SAINT-MAIXENT (MARQUIS DE).

MAUBEC (LOUIS-GABRIEL PLANELLI DE MASCRANY DE LA VALLETTE, MARQUIS DE), député en 1789, né à Lyon (Rhône) le 13 janvier 1744, mort à Grenoble (Isère) le 18 décembre 1832, suivit la carrière militaire et appartint aux armées du roi. Enseigne aux gardes-françaises en 1766, capitaine en 1788, mestre-de-camp en 1786, il fut élu, le 23 avril 1789, député-suppléant de la noblesse aux Etats-Généraux par le bailliage de Rouen. Admis à siéger le 21 avril 1790, en remplacement de M. de Mortemart démissionnaire, il soutint l'ancien régime et appartint à la minorité de l'Assemblée constituante. La Restauration le nomma maréchal-de-camp (20 mars 1816).

MAUBLANC. — *Voy.* CHISEUIL (BARON DE).

MAUBOUSSIN (PIERRE-DIEUDONNÉ), député au Corps législatif de l'an X à 1809, né à Château-du-Loir (Sarthe) le 21 avril 1749, mort à Château-du-Loir le 29 novembre 1832, fut reçu avocat le 26 juillet 1774, et devint, le 7 octobre 1775, lieutenant en la maîtrise des eaux et forêts de Château-du-Loir. Il remplit dans son département natal, durant la période révolutionnaire, diverses fonctions administratives et judiciaires. Successivement officier municipal, membre du directoire du département de la Sarthe, juge au tribunal du district, juge au tribunal criminel, juge de paix, il occupa ensuite un siège au tribunal d'appel d'Angers. Le 6 germinal an X, Mauboussin fut désigné par le Sénat conservateur pour représenter la Sarthe au Corps législatif. Il y siégea jusqu'en 1809.

MAUCHE (MATHIEU), député en 1791, dates de naissance et de mort inconnues, était juge de paix à Tarascon, lorsqu'il fut élu, le 2 septembre 1791, député des Bouches-du-Rhône à l'Assemblée législative, le 7e sur 10, par 325 voix (611 votants); il opina avec la majorité. Le gouvernement impérial le nomma juge au tribunal d'appel d'Aix, titre qu'il échangea, lors de la réorganisation des cours et tribunaux, contre celui de conseiller à la cour impériale (1er juin 1811). Il fut fait, le 25 prairial an XII, membre de la Légion d'honneur.

MAUCLERC (Jean-Charles), député au Corps législatif de l'an XII à 1808, né à Varennes (Meuse) le 6 novembre 1754, mort à une date inconnue, appartint à la magistrature de la Révolution, de l'Empire et de la Restauration. Président du district de Sainte-Menehould (26 novembre 1790), il fut nommé, le 1er février 1801, magistrat de sûreté dans la même localité, devint juge au tribunal le 24 janvier 1808, et fut confirmé dans ses fonctions par le gouvernement royal le 6 mars 1816. Il siégea au Corps législatif comme député de la Marne, de l'an XII à 1808.

MAUD'HUY (Pierre-Charles-Thérèse), député de 1821 à 1824, né à Metz (Moselle. le 25 mars 1774, mort à Metz le 12 septembre 1843, s'occupa d'agriculture durant la Révolution et l'Empire. Il salua avec enthousiasme le retour des Bourbons, et fut nommé chevalier de Saint-Louis en 1815 et conseiller de préfecture le 16 juin 1819. Élu, le 15 mars 1821, député du grand collège de la Moselle, par 226 voix (442 votants, 499 inscrits), contre 195 à M. Milleret, il siégea au centre, prit la parole pour demander le remplacement du droit d'entrée sur les boissons par un droit de circulation perçu sur tous les consommateurs, et fut membre de la commission des pétitions. Rendu à la vie privée en 1824, il fit partie de l'Académie de Metz.

MAUDUYT (François-Pierre-Ange), membre de la Convention, né à la Grande-Paroisse (Seine-et-Marne) le 23 mars 1760, mort à Paris le 4 juillet 1835, « fils du sieur François-Pierre Mauduyt, bourgeois de Paris, écuyer, conseiller du roi, contrôleur ordinaire des guerres, sieur de Travers, demeurant ordinairement à Paris, rue des Marmousets, en sa maison, paroisse Sainte-Marie-Madeleine, en la Cité, et actuellement en ladite maison de Travers, et de dame Marie-Caroline David », était homme de loi avant la Révolution. Partisan des idées nouvelles, il fut élu, le 6 septembre 1792, membre de la Convention par le département de Seine-et-Marne, le 1er sur 11, avec 180 voix (400 votants). Il vota généralement avec la Montagne, notamment « pour la mort » dans le procès du roi. Il refusa, après la session, d'entrer au Conseil des Cinq-Cents, et remplit les fonctions de commissaire du Directoire près l'administration de son canton jusqu'en l'an VII. Rentré dans la vie privée sous l'Empire, bien qu'ayant perdu toute sa fortune en 1812, il accepta, aux Cent-Jours, le poste de sous-préfet à Parthenay (18 juin 1815). Révoqué le 17 juillet suivant, au retour de Gand, il fut frappé par la loi du 12 janvier 1816 contre les régicides, et se réfugia à Constance où sa femme le rejoignit en juin 1818. Atteint d'une hernie inguinale du côté gauche, il demanda à rentrer en France (7 juillet 1817) pour se faire opérer avec plus de sécurité; sa demande fut accueillie, et il revint à Paris, où il vécut désormais dans la retraite.

MAUGENEST (François), député au Conseil des Cinq-Cents et au Corps législatif de l'an VIII, né en 1749, mort à une date inconnue, était avocat à Montluçon au moment de la Révolution. Très attaché aux idées nouvelles, il devint, en 1790, procureur-syndic du district de Montluçon, et fut élu, le 21 germinal an V, député de l'Allier au Conseil des Cinq-Cents, par 140 voix (184 votants). Il s'éleva contre le projet d'exclure les ci-devant nobles des fonctions publiques, s'occupa des questions d'enseignement, fit plusieurs rapports sur ce sujet, donna son opinion sur l'emprunt proposé par le commerce de Paris, et appela l'attention de l'assemblée sur le partage des biens communaux. Favorable au 18 brumaire, il fut élu, le 4 nivôse an VIII, par le Sénat conservateur, député de l'Allier au Corps législatif, où il siégea jusqu'en l'an XIII.

MAUGER (Emile-Valentin-Anthime), député de 1881 à 1885, né à Paris le 2 février 1842, entra à l'Ecole centrale des Arts et manufactures, en sortit avec le diplôme d'ingénieur, passa quelque temps chez un entrepreneur de travaux publics, et obtint la concession du chemin de fer de Caen à la mer. Il se présenta pour la première fois à la députation, le 14 octobre 1877, dans la 2e circonscription de Caen, comme candidat républicain, et échoua avec 4,042 voix contre 6,832 à l'élu conservateur, candidat officiel, M. Joret des Closières. L'élection de ce dernier ayant été invalidée, M. Mauger se représenta au scrutin du 5 mai 1878, mais il échoua encore avec 4,892 voix contre 5,914 à M. Desloges, bonapartiste, élu. Il fut plus heureux aux élections générales du 21 août 1881 dans la même circonscription, avec 5,693 voix (10,968 votants, 15,385 inscrits), contre 5,220 à M. Desloges, député sortant; il alla siéger à la gauche de la Chambre, et vota avec la majorité opportuniste, pour les ministères Gambetta et J. Ferry, et pour les crédits du Tonkin. Le 4 octobre 1885, M. Mauger, porté sur la liste républicaine du Calvados, n'obtint que 34,828 voix sur 89,064 votants.

MAUGUIN (François), député de 1827 à 1848, représentant en 1848 et en 1849, né à Dijon (Côte-d'Or) le 28 février 1785, mort à Saumur (Maine-et-Loire) le 4 juin 1854, fils d'un procureur au parlement, fut destiné au barreau. Ses études juridiques terminées à l'académie de législation, puis à l'Ecole de droit de Paris (1804), il débuta comme avocat sous le premier Empire. Labédoyère, condamné à mort par le conseil de guerre, le chargea (1815) de ses intérêts devant le conseil de révision : Mauguin ne sauva pas son client, mais la plaidoirie qu'il prononça fonda d'emblée sa réputation d'orateur. Depuis lors, il porta la parole avec succès dans plusieurs causes politiques : il fit acquitter en cours d'assises le domestique de Lavalette, accusé d'avoir favorisé l'évasion de son maître, plaida pour Pleignier, dans l'affaire « des patriotes de 1816 », et obtint encore un acquittement pour les chevaliers de la Table-Noire. Ses conclusions en faveur des éditeurs de la *Bibliothèque historique* eurent un grand retentissement et fixèrent la jurisprudence. En 1819, les procès du colonel Fabvier et de Senneville, accusés de diffamation par le général Canuel, lui valurent un surcroît de renommée. Vers cette époque, une maladie du larynx le tint quelque temps éloigné du barreau; il y rentra avec éclat en 1823, et fut définitivement classé parmi les sommités du palais. Libéral ardent, il brigua bientôt la députation, et deux collèges électoraux l'envoyèrent à la Chambre, le 17 novembre 1827 : le 2e arrondissement de la Côte-d'Or (Beaune), par 267 voix (411 votants, 474 inscrits), contre 131 à M. Fouquerand, député sortant, et le 2e arrondissement des Deux-Sèvres (Niort), par 241 suffrages (377 votants, 421 inscrits), contre 112 au député sortant, M. Chebrou de Roulière. Ayant opté pour Beaune, il fut remplacé à Niort, le 8 avril 1828, par M. Tonnet-Hersant. Mauguin siégea dans le groupe le plus avancé de l'opposition constitutionnelle, combattit le cabinet Polignac et fut des 221. Adversaire résolu des Ordonnances, on le vit, un des premiers, conseiller la résistance et faire cause commune avec le peuple insurgé. Le 25 juin 1830, il avait obtenu sa réélection à Beaune, par 297 voix (422 votants, 484 inscrits), contre 118 à M. Fouquerand. Tandis que la plupart des députés présents à Paris discouraient dans le salon de Casimir Périer, Mauguin les adjura de protester, à l'exemple des journalistes, contre ces Ordonnances qui les désarmaient. Cependant la lutte s'était engagée sur plusieurs points de Paris; à la réunion tenue chez Audry de Puyravault, les fenêtres ouvertes, sous l'œil du peuple bruyant et animé qui remplissait la cour de l'hôtel, Mauguin reprit la parole : « C'est une révolution que nous avons à conduire : entre la garde royale et le peuple nous avons à choisir. » Alors Guizot se leva pour donner lecture d'un projet de protestation qui fut diversement accueilli. Mauguin était de ceux qui avaient peine à comprendre qu'on parlât de « fidélité au roi » et de « conseillers trompant les intentions du monarque », alors que le sang coulait dans Paris. Aux objections de Sébastiani, de Casimir Périer et autres partisans de « l'ordre légal », il répondait : « Nous conspirons comme conspire le peuple, et avec lui. » Quand la révolution fut victorieuse, il se montra partisan de la formation d'un *gouvernement provisoire*; mais Guizot obtint qu'il serait créé seulement une commission municipale, dont Mauguin, d'ailleurs, fit partie, avec Casimir Périer, Lobau, de Schonen et Audry de Puyravault. Il n'exerça sur ses collègues qu'un faible ascendant; entre lui et Odilon Barrot existait une dissidence d'opinions très marquée, entretenue par une sourde rivalité. Pourtant ce fut Mauguin qui fit nommer M. Bavoux préfet de police et M. Chardel directeur des postes, et qui rédigea une proclamation mettant sous la protection du peuple les monuments français, ainsi que diverses circulaires ayant pour but de pourvoir aux besoins le plus urgents. La commission municipale reçut les envoyés de Charles X, mais refusa de traiter avec eux; elle admit aussi une députation populaire, qui insista, sans succès, sur la nécessité de consulter la nation et de ne pas constituer le pouvoir avant d'avoir stipulé et arrêté des garanties pour les libertés publiques. Enfin la commission ordonna une levée de vingt bataillons de garde mobile, proclama la déchéance de Charles X, et organisa l'expédition de Rambouillet. « Jamais autorité, dit Mauguin, ne fut obéie aussi ponctuellement que la nôtre. Jamais peuple ne se montra aussi docile, aussi courageux, aussi ami de l'ordre que celui de Paris en 1830. » A la Chambre, Mauguin prit part à la discussion de la Charte nouvelle; mais il ne resta pas longtemps d'accord avec la monarchie de juillet, et il devint, en concurrence avec son rival Odillon Barrot, l'un des deux chefs reconnus de l'opposition dynastique. Lors du procès des ex-ministres de Charles X, la Chambre ayant eu à nommer des commissaires pour les interroger dans leur prison de Vincennes, Mauguin fut désigné, avec MM. Bérenger et Madier de Montjau. « Ils apportaient, a dit Louis Blanc (*Histoire de Dix Ans*), dans l'exercice de leurs nouvelles fonctions des qualités diverses : M. Bérenger, beaucoup de sang-froid et de gravité; M. Madier de Montjau, un grand fonds de tolérance combiné avec une certaine sévérité de maintien; M. Mauguin, au contraire, sous les manières aimables de

l'homme du monde, l'inflexibilité d'un tribun. » Mauguin eût voulu surtout que l'accomplissement de leur mission fût entouré d'un appareil imposant et que le voyage de Paris à Vincennes se fit avec pompe. « Malheureusement, M. Mauguin n'exerçait aucun empire sur ceux qui le connaissaient bien. Il avait beaucoup d'esprit et manquait de tact. Supérieur à presque tous ses collègues par l'intelligence, il le leur laissait trop apercevoir. La médiocrité, dans aucun cas, ne pardonne au talent, mais elle le respecte lorsqu'il s'efface, et alors elle se résigne à le subir. Mauguin perdait le fruit des facultés les plus éminentes par un légitime mais indiscret contentement de lui-même. Il éloignait la confiance avec tout ce qui ordinairement la captive. La mobilité de ses impressions passait pour du scepticisme. La bienveillance naturelle de son regard était altérée par une finesse qui en détruisait l'effet. La grâce de ses manières se faisait aisément remarquer, mais n'attirait pas; et il y avait dans l'aménité de son langage je ne sais quoi de protecteur dont on se sentait blessé... Dans son projet de jeter de l'éclat, d'agrandir le rôle de la Chambre, d'exprimer aux yeux de tous sa souveraineté, MM. Madier de Montjau et Bérenger ne voulurent voir qu'un étroit calcul d'ambition personnelle. Sans combattre ouvertement les vues de leur collègue, ils s'appliquèrent à les déjouer. » Au cours de l'interrogatoire des anciens ministres, il donna des signes fréquents d'émotion. Il avait jadis obtenu de M. de Peyronnet une amnistie pour des Français réfugiés en Espagne; il avait connu M. de Guernon-Ranville, et plus intimement encore M. de Chantelauze. Quand ce dernier, pâle et malade, se présenta tout à coup à lui, il ne put s'empêcher de lui tendre la main et fondit en larmes; il eut soin de tempérer par beaucoup d'égards la sévérité de sa mission. M. de Polignac lui dut de recevoir la visite de la duchesse de Guiche. Réélu député de Beaune, le 5 juillet 1831, par 487 voix (662 votants, 815 inscrits), contre 104 à M. Stanislas Marey-Monge, il obtint le renouvellement de son mandat pendant toute la durée du règne : le 21 juin 1834, par 326 voix (623 votants, 777 inscrits), contre 241 à M. Michaud-Moreil; le 4 novembre 1837, par 311 voix (613 votants, 839 inscrits); le 2 mars 1839, par 394 voix (772 votants); le 9 juillet 1842, par 443 voix (760 votants, 947 inscrits), contre 230 à M. Michaud-Moreil, et le 1er août 1846, par 412 voix (738 votants, 987 inscrits), contre 411 à M. Marey-Monge. Dans la Chambre nouvelle, Mauguin se fit le centre du parti militaire; soutenu par le général Lamarque, il suivait sur la carte d'Europe les expéditions militaires et les marches savantes, se plaisait à dévoiler les artifices de la diplomatie, et portait au pouvoir des coups redoutables. « Il se sentit pris tout à coup, a écrit Cormenin, de la même fièvre belliqueuse que le général Lamarque. Il faisait beau les voir, comme feu M. de Marlborough, s'en aller tous deux en guerre. Les voilà partis, ils entraînent sur leurs pas, et déploient les bataillons de la Grande Armée. A leur ordre, Toulon vomit ses flottes qui vont bloquer Ancône et soulever l'Adriatique, tandis qu'une expédition de nos meilleures troupes, longeant le littoral d'Alger, ira renouveler sur les plages du Nil les prodiges de Bonaparte. Le Rhin est franchi, la Belgique s'insurge, Vienne capitule, Cracovie ouvre ses portes et, grossie des phalanges de la Courlande et de la Bessarabie, la propagande victorieuse se fraie une large voie jusqu'au Tanaïs. Là, même arrivé, M. Mauguin ne se reposait pas... Je crois en vérité que si on l'eût laissé faire, il nous eût menés tambour battant, à travers champs, jusqu'aux grandes Indes. » En effet, dès le 13 novembre 1831, Mauguin avait mis sur le tapis la politique extérieure, par une demande retentissante d'interpellation aux ministres. Dans son discours, il montra l'Europe partagée entre deux principes, la France seule d'un côté, mais traînant le monde à sa suite, lui communiquant son repos, ou l'agitant quand elle s'agite. Passant aux choses du moment, il releva avec surprise et amertume ces mots du dernier discours prononcé par le roi d'Angleterre : « Je suis déterminé avec mes alliés à maintenir les traités généraux en vertu desquels le système politique de l'Europe a été établi. » — « Quels sont ces traités? s'écria l'orateur. Ceux de 1814? Mais ils assurent la possession de la Belgique à la maison d'Orange. Nous voilà conduits logiquement à prendre le parti du Hollandais contre le Belge... Triste position où nous a placés une politique imprévoyante : ou compromettre la paix de l'Europe, ou combattre nos voisins les plus chers. » Après avoir fait allusion, avec une indignation contenue, à la conduite du gouvernement à l'égard des réfugiés espagnols, et manifesté quelques craintes sur les vues de l'administration relativement à la conservation d'Alger : « Sommes-nous enchaînés par les traités de 1814, dit-il en se résumant? que faisons, que ferons-nous dans la question belge? Quelle est notre position à l'égard de l'Espagne? Est-il vrai que les Français ne jouissent plus dans la péninsule de la protection qui leur est due? Est-il vrai que l'armée espagnole ait violé notre territoire? Enfin, que veut-on faire de la partie de l'Afrique que notre jeune armée a conquise?» Cette harangue souleva une vive agitation. Mauguin signa le *Compte rendu* de l'opposition (1832). Mais la mort du général Lamarque lui fit négliger un peu le service de la guerre pour le département des colonies. Ce ne fut pas sans quelque surprise que les démocrates virent avec quelle ardeur il soutint, contre tout projet d'abolition de l'esclavage, les idées et les sentiments des colons propriétaires. Mais son caractère, plus encore que sa politique, finit par l'isoler dans la Chambre : on remarqua qu'il se faisait une position à part dans toutes les questions et l'on put dire que « s'il était un adversaire dangereux, il n'était pas un ami commode ». Plus d'une fois, sa parole incisive et mordante souleva des orages parlementaires, et il eut avec M. Viennet, le 14 décembre 1831, un duel d'ailleurs inoffensif. Dans les dernières années du règne, certaines de ses opinions semblaient s'être modifiées; il était devenu partisan de l'alliance franco-russe. Adversaire du ministère Guizot, comme de tous ceux qui s'étaient succédé au pouvoir, il avait cependant perdu une grande partie de son influence lorsque la révolution de février 1848 éclata. On lui reprochait d'avoir mêlé son nom et compromis sa dignité dans des affaires obscures, des spéculations équivoques, d'avoir fait un usage inexpliqué des fonds secrets des colonies, dont il avait été un des délégués, d'avoir acheté, dans des vues personnelles, puis revendu au prince Louis Bonaparte, le journal le *Commerce*. « C'est une parole enchaînée, disait de lui un biographe, c'est un mandat électoral paralysé, annulé. » Ce mandat, il le reçut encore, le 23 avril 1848, des électeurs de la Côte-d'Or, qui l'envoyèrent à la Constituante, le 3e sur 10, par 71,497 voix. Il y fit partie du

comité des affaires étrangères et, nommé rapporteur de la commission sur l'impôt des boissons, il conclut à l'abolition de cet impôt. Mauguin vota le plus souvent avec la droite : *pour* le rétablissement du cautionnement et de la contrainte par corps, *pour* les poursuites contre Louis Blanc et Caussidière, *contre* l'abolition de la peine de mort, *contre* l'amendement Grévy, *contre* le droit au travail, *contre* l'amnistie, *pour* les crédits de l'expédition romaine, etc. Réélu, le 1er sur 8, représentant de la Côte-d'Or à l'Assemblée législative, le 13 mai 1849, par 54,469 voix (92,695 votants, 118,563 inscrits), il parut disposé à reprendre un rôle parlementaire plus actif, en ce qui concernait surtout les affaires étrangères. Après avoir approuvé la marche de l'expédition de Rome, il proposa (juin 1849) un ordre du jour motivé pour appeler l'attention du gouvernement sur les mouvements et les complications militaires qui se produisaient en Europe; l'Assemblée adopta l'ordre du jour pur et simple. Il eut encore quelques velléités d'opposition. Mais, le 27 décembre 1850, les poursuites d'un créancier, M. Chéron, vinrent porter le préjudice le plus grave à sa carrière d'homme d'État : arrêté par un garde du commerce, et conduit à la prison de la rue de Clichy, il y fut maintenu provisoirement, par une décision du tribunal civil de la Seine, jusqu'à ce que l'Assemblée, émue de cette atteinte portée à l'inviolabilité d'un de ses membres, eut pris la résolution de requérir un bataillon de ligne et de faire procéder de force à l'élargissement du représentant incarcéré. Mauguin fut rendu à la vie privée par le coup d'État du 2 décembre 1851. Il se retira alors chez sa fille, la comtesse de Rochefort, et mourut à Saumur en 1854. Cormenin, qui ne l'aimait pas, faisait le plus grand cas de son éloquence : « Excellent orateur, qui a l'écrit de lui, quelquefois à l'égal des plus grands; toujours plein, lucide, concis, ferme, incisif; esprit à ressources, étendu, pénétrant, flexible, calculateur, serein dans l'orage, maître de ses passions, moins pour les réprimer que pour les conduire, et ne suspendant ses impatiences que pour mieux affiler et relancer les traits amortis qu'on lui jetait; homme de grâce et de séduction, un peu présomptueux, avide de louanges, et qu'on ne pouvait, pour tout dire en un mot, aimer fortement ni haïr. » Mauguin a laissé des mémoires judiciaires, dont un pour Ouvrard sur les affaires d'Espagne (1836), divers rapports parlementaires, et des plaidoyers imprimés séparément.

MAUGUIN (ALEXANDRE), député de 1881 à 1885, membre du Sénat, de la famille du précédent, né à Allerey (Côte-d'Or) le 30 janvier 1838, s'établit comme imprimeur à Blidah et devint maire de cette ville et membre du conseil général du département d'Alger, qui le choisit pour vice-président. Candidat républicain, le 21 août 1881, dans la 2e circonscription d'Alger, il fut élu député par 3,596 voix (6,634 votants, 10,118 inscrits), contre 2,675 à M. Gastu, député sortant. M. Mauguin opina avec la majorité, notamment *pour* les crédits de l'expédition du Tonkin. Le 25 janvier 1885, il fut élu sénateur d'Alger par 130 voix (236 votants), contre 105 au sénateur sortant, M. Lelièvre. Il appartint à la majorité républicaine de la Chambre haute, appuya la politique du gouvernement, et vota, en dernier lieu, *pour* le rétablissement du scrutin d'arrondissement (13 février 1889), *pour* le projet de loi Lisbonne restrictif de la liberté de la presse, *pour* la procédure à suivre devant le Sénat contre le général Boulanger. M. Mauguin est le plus grand des sénateurs actuels : sa taille mesure 2ᵐ,10.

MAULDE-LOIZELLERIE (PIERRE-JACQUES), député à la Législative en 1792, membre de la Convention, député au Conseil des Cinq-Cents, né à Angoulême (Charente) le 3 septembre 1758, mort à la Pallue (Charente) le 26 juin 1811, remplit, au début de la Révolution, des fonctions municipales, et fut élu, le 7 septembre 1791, deuxième suppléant à l'Assemblée législative par la Charente, avec 131 voix (152 votants). Admis à siéger le 22 août 1792, en remplacement de Lafaye des Rabiers démissionnaire, il fut, le mois suivant (6 septembre), désigné par le même département, comme 1ᵉʳ député-suppléant à la Convention nationale, avec 282 voix (520 votants). Maulde-Loizellerie siégea de suite, en remplacement de Carra, qui avait opté pour un autre département. Il opina avec les modérés, et vota ainsi dans le procès de Louis XVI : au 2ᵉ appel nominal : « Braver tous les dangers, toutes les menaces, oublier que je suis père, oublier mes plus chères affections, pour me rappeler que nous allons bientôt exercer l'importante fonction de représentant du peuple, est une loi pour moi : eh bien ! cette loi m'ordonne de le consulter sur la question qui nous occupe, à laquelle son bonheur ou son malheur sont attachés, et laissant volontiers les lauriers du moment pour ceux qui adoptent la négative, oui, j'émets mon vœu avec fermeté et courage : je dis *oui*. » Au 3ᵉ appel nominal : « Je vois dans Capet un tyran, un factieux, un traître à la nation ; je l'ai déclaré coupable. Si aujourd'hui j'avais à émettre mon vœu comme citoyen privé, je voterais la mort, mais, prononçant comme législateur, je vote pour la détention perpétuelle, sauf à prendre d'autres précautions lorsque la Constitution sera présentée à l'acceptation du peuple. » Passé au Conseil des Cinq-Cents, le 21 vendémiaire an IV, comme député de la Charente, avec 153 voix, il sortit de cette assemblée en 1797, et abandonna la vie politique.

MAULÉON (HENRY-NICOLAS-FRANÇOIS, VICOMTE DE), député de 1827 à 1830, né à Gimont (Gers) le 9 novembre 1780, mort à une date inconnue, était propriétaire et maire à Gimont, quand il fut élu, le 25 novembre 1827, député du grand collège du Gers, par 84 voix (136 votants, 220 inscrits). Il siégea obscurément au centre, et ne fit pas partie d'autres législatures.

MAULETTE (FRANÇOIS PETEAU, CHEVALIER DE), député en 1789, né à Maulette (Seine-et-Oise) le 26 janvier 1742, mort en 1809, ancien officier aux mousquetaires du roi, fut élu, le 28 mars 1789, député de la noblesse aux Etats-Généraux par le bailliage de Montfort-l'Amaury. Il fut l'un des premiers de son ordre à se réunir aux députés du tiers et vota presque toujours avec eux. Il ne parut à la tribune que pour demander que l'on choisît un projet de déclaration des droits. Après la Constituante, il rentra dans la vie privée.

MAUNOURY (JACQUES-HIPPOLYTE-PAUL), député de 1876 à 1889, né à Chartres (Eure-et-Loir) le 30 juin 1824, fut d'abord avocat à Chartres, et y devint substitut du procureur de la République en 1848. Candidat à l'Assemblée législative, dans l'Eure-et-Loir, le 8 juillet 1849, il échoua avec 2,828 voix contre 22,792 à l'élu, M. Briffault, 1,141 à M. Raimbault et 422 à M. Ropton. Il donna sa démission de substitut après le coup d'Etat du 2 décembre, alla en Egypte, où il fut, de 1863 à 1867, avocat-conseil de la compagnie du canal de Suez. Secrétaire de Nubar-Pacha, il prit une part importante à la réorganisation judiciaire de l'Egypte et à l'introduction dans ce pays des lois et de la jurisprudence françaises. En 1870, au moment de la guerre, il se fit nommer secrétaire général de la préfecture d'Eure-et-Loir. Après la paix, il retourna en Egypte et représenta le gouvernement égyptien devant la commission internationale du Caire et devant celle de Constantinople. De retour en France en 1874, après la chute de Nubar-Pacha, il entra dans la politique. Elu député, le 20 février 1876, par la 2ᵉ circonscription de Chartres, par 7,623 voix (13,019 votants, 16,229 inscrits) contre 5,236 à M. de Gouvion Saint-Cyr, il siégea à la gauche républicaine et fut l'un des 363 députés qui refusèrent de voter l'ordre du jour de confiance demandé par le ministère de Broglie. Réélu le 14 octobre 1877, par 8,399 voix (13,922 votants, 16,355 inscrits), contre 5,382 voix à M. le comte de Maleyssie, et, le 21 août 1881, par 8,443 voix (12,471 votants, 16,461 inscrits), contre 3,799 à M. Roussille, il appuya de ses votes les ministères républicains. Porté sur la liste républicaine d'Eure-et-Loir aux élections du 4 octobre 1885, il fut élu, au second tour (18 octobre), par 37,664 voix (63,940 votants, 81,439 inscrits). Il reprit sa place à gauche, approuva la politique scolaire et coloniale du gouvernement, vota *pour* l'expulsion des princes, et, dans la dernière session, *pour* le rétablissement du scrutin d'arrondissement (11 février 1889), *contre* l'ajournement indéfini de la revision de la Constitution, *pour* les poursuites contre trois députés membres de la Ligue des patriotes, *pour* le projet de loi Lisbonne restrictif de la liberté de la presse, *pour* les poursuites contre le général Boulanger.

MAUPAS (MEMMIE-ROSE), dit DE MAUPAS, député au Corps législatif de 1852 à 1861, né à Brienne-la-Vieille (Aube) le 3 juin 1799, mort à Bar-sur-Aube (Aube) le 30 mai 1861, possesseur d'une grande fortune provenant des acquisitions de biens nationaux faites par son père, ne s'était guère occupé de politique avant le rétablissement de l'Empire. Membre du conseil général de l'Aube, il ne fit d'opposition ni au gouvernement de Louis-Philippe ni à la seconde République, et s'attacha facilement à l'Empire à qui son fils (*V. plus bas*) devait sa fortune politique. M. Maupas, que l'on appela dès lors, ainsi que son fils, *M. de Maupas*, fut élu, le 29 février 1852, avec l'appui officiel de l'administration, député de la 2ᵉ circonscription de l'Aube, par 30,066 voix (34,691 votants, 40,106 inscrits), contre 4,263 à M. A. de Plancy. Il vota constamment avec la majorité dynastique, fut réélu, le 22 juin 1857, par 26,944 voix (28,398 votants, 38,826 inscrits), et mourut en mai 1861. Il fut remplacé comme député, le 8 décembre, par M. de Plancy. Chevalier de la Légion d'honneur.

MAUPAS (CHARLEMAGNE-EMILE DE), sénateur du second Empire, né à Bar-sur-Aube (Aube) le 8 décembre 1818, mort à Paris le 19 juin 1888, fils du précédent, fit ses classes à Paris, étudia le droit, publia, en 1841, une brochure intitulée : *Considérations sur le système des impôts*.

et entra dans l'administration, en 1845, comme sous-préfet d'Uzès. Nommé, en 1847, sous-préfet de Beaune, il fut rendu à la vie privée par le gouvernement provisoire de 1848. Il s'attacha étroitement au parti bonapartiste et ne tarda pas à devenir un des hommes de confiance de L.-N. Bonaparte, qui, après l'avoir nommé successivement sous-préfet à Boulogne-sur-Mer (1849), préfet de l'Allier (1849) et préfet de la Haute-Garonne (1850), l'appela, au mois de novembre 1851, à remplacer Carlier à la préfecture de police. « *M. de Maupas, fils de M. Maupas,* » comme affectait alors de le répéter, dans ses articles du *Propagateur de l'Aube,* M. Louis Ulbach, fut admis dans les conciliabules secrets où l'exécution du coup d'Etat fut décidée et préparée avec le prince-président. Ce fut lui qui, de concert avec M. de Morny, mais, avec beaucoup moins de décision que lui, se chargea de veiller aux mesures qui devaient assurer le succès de l'entreprise : il invita, dans une première proclamation, les habitants de Paris à ne point tenter de résistance, sous peine « de se briser immédiatement contre une inflexible répression », et fut chargé de veiller à l'arrestation nocturne des représentants jugés les plus hostiles par le pouvoir. Les dépêches publiées par le docteur Véron, dans ses *Mémoires d'un bourgeois de Paris,* montrent que, dans cette opération délicate, M. de Maupas manqua précisément de confiance et de sang-froid. Après le coup d'Etat, M. de Maupas fut placé à la tête du « ministère de la police générale » rétabli tout exprès (22 janvier 1852), si l'on s'en tient aux intentions officiellement exprimées, « pour faire parvenir jusqu'au prince la vérité, qu'on s'efforce trop souvent de tenir éloignée du pouvoir ». Cette mission de surveillance fut accomplie avec un zèle tout particulier par le titulaire, qui, appliqua rigoureusement aux journaux le décret du 17 février, multiplia les « avertissements », et fit arrêter (1853) vingt-et-une personnes, dont plusieurs publicistes, qu'il se disposait à transporter en Afrique, quand les protestations de M. de Girardin firent échouer ce projet. Il étendit la juridiction des commissaires de police à toutes les communes de leurs cantons. Après la suppression de l'institution du ministère de la police (10 juin 1853), M. de Maupas fut appelé (21 juin) à siéger au Sénat; puis il fut envoyé à Naples en qualité d'ambassadeur. Il y resta seulement jusqu'en avril 1854, et revint siéger au Luxembourg, où il se fit remarquer par l'ardeur de ses sentiments conservateurs et dynastiques. A la fin de septembre 1860, il fut « chargé de l'administration des Bouches-du-Rhône » en remplacement du préfet M. Besson, et fut relevé de ses fonctions sur sa demande en décembre 1866. Il prit plusieurs fois la parole au Sénat, toujours pour soutenir la politique la plus autoritaire, et on le vit, en 1868, refuser la qualité de rapporteur de la loi sur le droit de réunion, afin de pouvoir attaquer avec plus de liberté cette loi, jugée par lui trop libérale. La loi nouvelle sur la presse l'eut également pour adversaire, et, le 5 février 1869, il adressa au ministère une vive interpellation sur ce sujet et prétendit que la liberté parlementaire était sacrifiée à la liberté de la presse. Il demandait la responsabilité ministérielle, pour amortir les coups portés au souverain. A quoi M. Rouher lui répondit qu'il voulait ramener l'Empire au « régime funeste » du parlementarisme. Le 4 septembre 1870 rendit M. de Maupas à la vie privée. Il toucha, depuis, une pension de 6,000 francs, pour infir-

mités contractées dans l'exercice de ses fonctions. Candidat impérialiste, le 20 février 1876, puis candidat officiel du gouvernement du Seize-Mai, le 14 octobre 1877, dans l'arrondissement de Bar-sur-Seine (Aube), il échoua la première fois, au scrutin de ballottage, contre M. Rouvre, et, la seconde fois, contre le même concurrent, des 363, avec 6,607 voix contre 7,379. M. de Maupas est mort à Paris le 19 juin 1888, après avoir fait à la politique « boulangiste » une adhésion qui fut très commentée. Grand-croix de la Légion d'honneur le 28 décembre 1866, et décoré de plusieurs ordres étrangers. On a de lui : *Mémoires du second Empire* (1884-1885).

MAUPASSANT (Louis-Charles-César,. député en 1789, né à Saumur (Maine-et-Loire) le 25 avril 1750, massacré à Machecoul (Loire-Inférieure) le 11 mars 1793, était bourgeois-agriculteur à Nort (Loire-Inférieure) et marguillier de sa paroisse, lorsqu'il fut élu, le 15 avril 1789, député suppléant du tiers-état de la sénéchaussée de Nantes aux Etats-Généraux. Il fut nommé, en mars 1790, membre de l'administration de la Loire-Inférieure, et fut admis à siéger à la Constituante, le 5 septembre suivant, en remplacement de Pellerin démissionnaire. Il prit place dans la majorité réformatrice, s'opposa (11 septembre) à ce que Necker sortit de France, présenta une motion (17 juillet 1791) contre les prêtres réfractaires, et demanda (3 septembre) que « celui qui sera chargé de porter la parole au roi, communique préalablement son discours à l'Assemblée. » Le 10 septembre 1791, le département l'élut 2e député suppléant à la Législative. En mars 1793, le directoire du département l'ayant envoyé à Marchecoul pour organiser la défense du pays menacé, il fut tué d'un coup de pique, dans la première attaque des paysans insurgés.

MAUPETIT (Michel-René), député au Conseil des Anciens et au Corps législatif, représentant à la Chambre des Cent-Jours, né à Claye (Seine-et-Marne) le 18 janvier 1742, mort à Laval (Mayenne) le 31 mars 1831, « fils de maître Michel Maupetit, notaire royal à Claye, et de Marguerite Sollier », était avocat fiscal du duché de Mayenne avant la Révolution. Le 25 mars 1789, il fut élu député du tiers aux Etats-Généraux par la sénéchaussée du Maine. Gravement malade le 20 juin 1889, il se fit transporter à la salle du Jeu de paume dans une chaise à porteurs, pour prêter le serment. Il prit la parole sur la fixation du siège épiscopal de la Mayenne. Rentré dans la vie privée après la session, il revint au parlement après l'établissement de la Constitution de l'an III. Elu député de la Mayenne au Conseil des Anciens, le 23 vendémiaire an IV, avec 72 voix (131 votants), et réélu au même Conseil, le 23 germinal an VII, il fut nommé secrétaire de l'assemblée. Rallié au 18 brumaire, il fut choisi par le Sénat conservateur, le 4 nivôse an VIII, comme député de la Mayenne au nouveau Corps législatif. Le 11 messidor an VIII, il souscrivit pour une somme de 25 francs au monument à élever à la mémoire du général Desaix. Le Sénat lui renouvela son mandat législatif le 1er mars 1809 : il était, depuis le 12 pluviôse an XII, secrétaire général de la préfecture de la Mayenne. Le collège de ce département le choisit, le 12 mai 1815, pour représentant à la Chambre des Cent-Jours, par 76 voix (105 votants, 242 inscrits). Son grand âge (74 ans) ne lui permit pas de faire partie d'autres assemblées.

MAURAT-BALLANGE (Jean-Baptiste), député de 1839 à 1848, représentant du peuple en 1848, né à la Croix (Haute-Vienne) le 13 mai 1796, mort à Bellac (Haute-Vienne), le 24 juin 1868, était avocat à Bellac, conseiller général, et connu pour ses opinions libérales, lorsqu'il fut élu député du 3e collège de la Haute-Vienne (Bellac), le 2 mars 1839, par 152 voix (294 votants). Il prit place au centre gauche et vota avec l'opposition dynastique. Successivement réélu, le 9 juillet 1842, par 164 voix (308 votants, 348 inscrits), contre 94 voix à M. Tascher, et, le 1er août 1846, par 165 voix (310 votants, 346 inscrits), contre 95 voix à M. de Flers et 48 à M. de Montbron, il passa à l'extrême-gauche, parla sur la réalisation des promesses de la Charte, sur le soulagement des classes pauvres, sur l'embrigadement des gardes champêtres, et vota *contre* la dotation du duc de Nemours, *pour* les incompatibilités; *pour* l'adjonction des capacités, *contre* l'indemnité Pritchard. Il présida le banquet réformiste de Rochechouart. Le gouvernement provisoire le nomma commissaire dans la Haute-Vienne, mais il ne remplit ces fonctions que quelques jours, et se fit élire, le 23 avril 1848, représentant de la Haute-Vienne à l'Assemblée Constituante, le 2e sur 8, par 43,511 voix, (61,130 votants, 82,272 inscrits). Il fit partie du comité de la justice, et vota presque constamment avec la droite, *pour* le bannissement de la famille d'Orléans, *pour* les poursuites contre Louis Blanc et Caussidière, *contre* l'impôt progressif, *pour* l'incompatibilité des fonctions, *contre* l'amendement Grévy, *contre* la sanction de la Constitution par le peuple, *pour* l'ensemble de la Constitution, *pour* la proposition Rateau, *contre* la demande de mise en accusation du président et de ministres. Il ne fut pas porté candidat à la Législative, et quitta la vie politique.

MAURE (Nicolas-Sylvestre), membre de la Convention, né à Auxerre (Yonne) le 31 décembre 1743, mort à Paris le 4 juin 1795, était marchand épicier à Auxerre lorsque éclata la Révolution. Il en embrassa avec ardeur les principes, fut nommé administrateur de l'Yonne, et (5 septembre 1792) député de ce département à la Convention, le 1er sur 9, par 290 voix (537 votants). Membre du club des Jacobins, il siégea à la Montagne et vota, dans le procès de Louis XVI, la mort sans appel ni sursis. Il répondit au 1er appel nominal: « En mon âme et conscience, je vote oui. » Au 2e appel nominal: « Lorsque mes commettants m'ont envoyé, ils m'ont dit: Va, venge-nous du tyran, fais-nous de bonnes lois; et, si tu nous trahis, ta tête en répond. J'ai promis, et je tiendrai ma parole; ainsi je dis *non.* » Au 3e appel nominal: « Louis est coupable; quand il aurait mille vies, elles ne suffiraient pas pour expier ses forfaits. Je vote pour la mort. » Envoyé en mission dans les départements d'Eure-et-Loir et du Loiret, il donna (1793) des détails sur l'assassinat de Michel Lepeletier et sur ses derniers moments, combattit le projet d'enlever les cloches dont les rebelles se servent pour sonner le tocsin, observant qu'elles sonnent aussi celui de la liberté; il signala aux Jacobins le général Hesse (prince de la maison de Hesse au service de la République), et écrivit « que ce pourrait être un fort honnête homme, s'il n'était pas gentilhomme. » Il passa de là en Seine-et-Marne,

puis dans l'Yonne, où il se déclara l'apôtre de la Raison: « Bientôt, écrivait-il le 29 brumaire an II, le Créateur ne recevra les hommages directs des hommes que sous la voûte hardie qu'il a construite.» Son collègue Calon constatait « que son ton pur et persuasif purgeait les bons patriotes de la vermine aristocratique qui les souillait encore. » Il remplit une dernière mission dans l'Aube (messidor an II) pour procéder à l'épuration des autorités constituées. A la Convention, il fit prononcer l'arrestation de Lauze du Perret, accusé de complicité avec Charlotte Corday, prit encore la parole sur plusieurs questions importantes, et passa pour avoir été l'ami de Marat qui, dit-on, l'appelait « son fils ». Cependant il fut l'objet d'accusations contradictoires: tandis que les uns lui reprochaient son modérantisme et le dénonçaient comme ayant, le 23 juin 1793, fait acquitter de Maulde, agent diplomatique français accusé de trahison à l'extérieur, d'autre part il fut violemment dénoncé, après thermidor, par Fréron qui lui prêta, dans son *Orateur du peuple*, les propos les plus révolutionnaires. Impliqué dans l'insurrection du 1er prairial an III, il fut signalé par Le Hardy comme un ancien partisan de Robespierre: on rappela aussi que Maure, le 31 mai 1793, avait pris Couthon dans ses bras et l'avait porté à la tribune pour qu'il fit plus aisément la motion de proscrire ses collègues, les Girondins. Cette accusation, prise en considération, fut renvoyée au comité de législation. Maure, qui ne se faisait pas d'illusion sur le sort qui l'attendait, se donna la mort à Paris le 4 juin 1795.

MAURE (Jean-François-Paul-Fortuné), député de 1846 à 1848, représentant en 1849 et en 1871, né à Saint-Césaire (Alpes-Maritimes) le 10 octobre 1796, mort à Grasse le 24 août 1880, étudia la médecine et l'exerça à Saint-Césaire. Élu, le 1er août 1846, député du 4e collège du Var (Grasse), par 301 voix (301 votants, 387 inscrits), il siégea dans la majorité conservatrice jusqu'en 1848. Après février, M. Maure, en qualité de candidat conservateur, fut envoyé, le 13 mai 1849, comme représentant du Var à l'Assemblée législative, le 4e sur 7, par 27,542 voix (101,516 inscrits). Il opina généralement avec la majorité monarchiste, mais ne fit pas adhésion à la politique particulière de l'Élysée, et protesta contre le coup d'État du 2 décembre 1851. Sous l'Empire, il fut, le 1er juin 1863, candidat de l'opposition au Corps législatif dans la 2e circonscription des Alpes-Maritimes, où il échoua avec 6,174 voix contre 11,954 à l'élu officiel, M. Masséna, duc de Rivoli. Il ne rentra dans la vie parlementaire qu'aux élections complémentaires de l'Assemblée nationale, le 2 juillet 1871: il s'agissait de pourvoir au remplacement de Garibaldi démissionnaire, et de Marc-Dufraisse, qui avait opté pour la Seine. M. Maure, rallié à la République, fut élu, le 1er sur 2, représentant de Alpes-Maritimes, par 15,868 vois (30,319 votants, 57,583 inscrits). Le 8 octobre suivant, il fut nommé conseiller général du département pour le canton de Saint-Vallier. A l'Assemblée, M. Maure vota avec les républicains modérés: *pour* le gouvernement de Thiers, *contre* sa chute au 24 mai; *contre* le septennat, la loi des maires, l'état de siège, le ministère de Broglie, *pour* l'amendement Wallon, et *pour* l'ensemble de la Constitution. Il ne fit pas partie d'autres assemblées.

MAUREINS (de). — *Voy.* Innocens (des).

MAUREL (JEAN-FRANÇOIS), membre de la Convention, député au Conseil des Cinq-Cents, né le 3 février 1741, mort à une date inconnue, était chirurgien à Bain, lorsqu'il fut élu, le 7 septembre 1792, premier député suppléant du département d'Ille-et-Vilaine à la Convention, « à la pluralité des voix ». Il siégea immédiatement, en remplacement de Tardiveau non-acceptant, et n'eut qu'un rôle parlementaire effacé. Au 3e appel nominal, dans le procès du roi, il répondit : « Comme mesure de sûreté générale, je vote pour la détention jusqu'à la paix. » Il ne fit pas partie d'autres assemblées.

MAUREL (JACQUES-JEAN-RAYMOND), député au Corps législatif en 1809, né à Grenoble (Isère) le 10 novembre 1758, mort à Grenoble le 31 mai 1812, « fils de M. Raymond-Antoine Maurel, avocat au parlement de Paris et du Dauphiné, et de dame Françoise Dupré », était avocat au parlement de Grenoble au moment de la Révolution. A l'époque du Consulat, il fut nommé conseiller de préfecture à Grenoble. Élu, le 2 mai 1809, par le Sénat conservateur, député de l'Isère au Corps législatif, il devint président de chambre à la cour de Grenoble le 17 avril 1811, et fut confirmé dans ces fonctions par Louis XVIII le 22 mars 1816. En 1830, il fut mis à la retraite en cette qualité. Dans les derniers temps de sa vie, M. Maurel prit le titre de « baron de Rochebelle ». Il s'occupa aussi de littérature, traduisit en vers français des églogues de Virgile, et publia : *De l'influence de la poésie sur le bonheur public et privé* (1814); *Pétition adressée à la Chambre des pairs* (1831).

MAUREL (MARCELLIN), représentant du peuple en 1848, né à Vence (Alpes-Maritimes) le 16 mai 1807, mort à Vence le 24 mars 1877, riche propriétaire, avocat et maire de Vence, d'opinions libérales, fut élu, le 23 avril 1848, représentant du Var à l'Assemblée constituante, le 1er sur 9, par 52,279 voix (87,328 votants, 96,216 inscrits). Il fit partie du comité des travaux publics, et vota presque toujours avec la droite, *pour* le bannissement de la famille d'Orléans, *pour* les poursuites contre L. Blanc et Caussidière, *contre* l'abolition de la peine de mort, *contre* l'impôt progressif, *contre* l'incompatibilité des fonctions, *contre* l'amendement Grévy, *contre* la sanction de la Constitution par le peuple, *pour* l'ensemble de la Constitution, *contre* la proposition Rateau, *pour* l'interdiction des clubs, *pour* l'expédition de Rome. Non réélu à la Législative, M. Maurel se retira dans sa ville natale.

MAUREL (AUGUSTE-BAPTISTIN), député de 1881 à 1888, né à Toulon (Var) le 16 juillet 1841, commença ses études classiques à Toulon et les termina à Paris. Il fit son droit, fut reçu avocat, et fut attaché, jusqu'en 1866, à une étude d'avoué à Paris. A cette date, il revint dans le Var, et s'établit avoué à Toulon. Républicain, il fut appelé, après le 4 septembre 1870, aux fonctions de sous-préfet de Toulon. Il donna sa démission au bout de trois mois, et fut nommé secrétaire général de la préfecture du Var ; mais il quitta l'administration presque aussitôt (mars 1871) pour se fixer au Luc, où il possède des vignobles importants. Membre du conseil municipal de Toulon, M. Maurel ne négligea pas la politique; il fit une active propagande républicaine dans le département, combattit vivement le gouvernement du 24 mai 1873, puis celui du 16 mai 1877, et devint conseiller géné-

ral du Var pour le canton de Collobrières. En 1878, il fut nommé sous-préfet de Lodève, mais, ayant reçu chez lui, à la sous-préfecture, Louis Blanc, son ami personnel, de passage dans cette ville, il se vit menacé de destitution par le ministère opportuniste. Il ne tarda pas à donner sa démission, et se présenta, comme candidat radical, aux élections législatives du 21 août 1881, dans la 2e circonscription de Toulon : il fut élu député par 5,840 voix (9,915 votants, 20,091 inscrits), contre 1,903 à M. Heckel, 1,590 à M. Bonis et 207 à M. Decugis. Il s'assit à l'extrême-gauche, devint secrétaire de ce groupe, et prit quelquefois la parole, notamment dans les questions intéressant la marine. Il vota *contre* les ministères Gambetta et Ferry, et *contre* les crédits de l'expédition du Tonkin. Porté, le 4 octobre 1885, sur la liste radicale du Var, il fut réélu, le 1er sur 4, par 34,103 voix (54,669 votants, 81,487 inscrits), député de ce département. M. Maurel parut alors se rapprocher, en quelques circonstances, de la majorité opportuniste. Étant sur le point d'être nommé gouverneur d'une de nos colonies, il donna sa démission de député, ne fut pas nommé gouverneur, et fut remplacé, comme député, le 9 décembre 1888, par M. Cluseret. Au sujet de cette promotion manquée, un échange de démentis, suivi d'un duel, eut lieu la même année entre M. Maurel et M. Clémenceau.

MAURÈS. — *Voy.* MALARTIC (COMTE DE).

MAURICE (JEAN-BAPTISTE-AUGUSTIN), député de 1842 à 1844, né à Besançon (Doubs) le 8 décembre 1793, mort à Besançon le 15 juin 1844, fit sa carrière dans la magistrature, et devint conseiller puis président de chambre à la cour royale de Besançon. Il était, d'autre part, conseiller général du Doubs, lorsque, le 9 juillet 1842, il fut élu député du 1er collège de ce département (Besançon), par 196 voix (298 votants). M. Maurice siégea dans la majorité conservatrice qui soutint le gouvernement de Louis-Philippe. Décédé en juin 1844, il fut remplacé, le 20 juillet suivant, par M. de Magnoncourt.

MAURICE (NICOLAS-JULES), représentant en 1871, sénateur en 1876, né à Valenciennes (Nord) le 20 juin 1808, mort à Douai (Nord) le 20 mars 1876, maire de Douai sous l'empire, obtint l'installation d'une faculté des lettres dans cette ville. Le 8 février 1871, il fut élu représentant du Nord à l'Assemblée nationale, le 11e sur 28, par 206,498 voix (262,927 votants, 326,440 inscrits); il prit place à droite, fut l'un des 94 signataires de la proposition contre l'exil des Bourbons, vota *pour* la paix, s'abstint sur l'abrogation des lois d'exil, et se prononça *pour* la pétition des évêques, *contre* le service de trois ans, *pour* la démission de Thiers, *pour* le septennat, *contre* le retour à Paris, *contre* les lois constitutionnelles. Nommé conseiller général du canton de Douai-sud le 8 octobre 1871, il fut en outre élu, le 30 janvier 1876, sénateur du Nord, par 436 voix (811 votants). Il n'eut pas le temps de siéger, étant mort moins de deux mois après.

MAURICE (JULES-LOUIS-LÉON), député de 1885 à 1889, né à Douai (Nord) le 2 février 1834, mort le 23 mars 1890, fit son droit dans sa ville natale et fut reçu avocat. Juge suppléant au tribunal civil de cette ville en 1859, substitut du procureur impérial au même tribunal il fut nommé, en 1871, substitut du procureur général et, en 1874, conseiller à la cour de Douai; il fut révoqué de ces dernières fonctions en 1883, lors de la réforme de la magistrature. Maire d'Attiches, propriétaire influent, membre de la société d'agriculture de Douai, il avait échoué aux élections du 14 octobre 1877, comme candidat du Maréchal, dans la 1re circonscription de Douai, avec 5,660 voix contre 6,671 à l'élu, M. Merlin, député sortant. Porté, aux élections du 4 octobre 1885, sur la liste conservatrice du Nord, il fut élu, le 8e sur 20, par 161,942 voix (292,696 votants, 348,224 inscrits). Il prit place à droite, soutint (juin 1886) les revendications des raffineurs, défendit (février 1887) la surtaxe sur les céréales, combattit la politique scolaire et coloniale du gouvernement, et se prononça dans la dernière session, *contre* le rétablissement du scrutin d'arrondissement (11 février 1889), *pour* l'ajournement indéfini de la revision de la Constitution, *contre* les poursuites contre trois députés membres de la Ligue des patriotes, *contre* le projet de loi Lisbonne restrictif de la liberté de la presse, *contre* les poursuites contre le général Boulanger.

MAURIET DE FLORY (JEAN), député en 1789, né à Villeneuve (Landes) le 24 janvier 1755, mort à une date inconnue, «fils de Pierre Mauriet et de Jeanne Glize», avocat et trésorier des États de Marsan avant la Révolution, fut élu, le 3 avril 1789, député du tiers par la ville de Mont-de-Marsan. Il prêta le serment du Jeu de paume, vota en général avec le parti avancé, mais parut très rarement à la tribune, et fut élu secrétaire de l'Assemblée le 4 juin 1791. Après la session, il resta quelque temps dans la retraite, puis devint commissaire du gouvernement près le tribunal de Mont-de-Marsan. Nommé, le 5 germinal an XII, directeur des droits réunis dans les Landes, il remplit ces fonctions jusqu'en 1815, et passa à cette époque, comme directeur, dans la Haute-Vienne.

MAURY (JEAN-SIFFREIN), député en 1789, né à Valréas (Vaucluse) le 26 juin 1746, mort à Rome (Italie) le 11 mai 1817, était fils d'un cordonnier, ce qu'un biographe exprime à l'aide de cette périphrase : « Si l'on en croit la renommée, né dans une condition inférieure encore à celle du cardinal Dubois, et même du cardinal Albéroni, ce prince de l'Église, ainsi que J.-B. Rousseau, eut pour père un de ces artisans qui, dit Voltaire,

Viennent de ma chaussure
Prendre à genoux la forme et la mesure.

On dit même que cet artisan ne travaillait pas en neuf. » Envoyé au collège, Maury fut destiné de bonne heure à l'état ecclésiastique, et entra au séminaire de Saint-Charles d'Avignon, puis à celui de Sainte-Garde. Avant l'âge de vingt ans, fixé à Paris, il se plaça d'abord comme précepteur dans une famille, mais, plus soucieux de ses propres succès que des progrès de son élève, il composa et publia, dès 1766, un *Éloge funèbre du Dauphin* et un *Éloge de Stanislas*, œuvres de jeunesse assez médiocres. Un an après, il concourut pour l'*Éloge de Charles V* et pour les *Avantages de la paix*, sujets de prix proposés par l'Académie française : l'accueil favorable fait à ces deux pièces encouragea Maury, qui, étant entré dans les ordres, s'adonna à l'éloquence sacrée. Admis bientôt à prononcer, devant l'Académie, le panégyrique de saint Louis, puis celui de saint Augustin

devant l'assemblée du clergé de France, l'abbé Maury ne tarda pas à devenir le prédicateur à la mode. Il brilla dans diverses chaires de Paris et fut appelé à Versailles pour prêcher, devant le roi, l'Avent et le Carême. A un réel talent, Maury joignait une habileté de conduite qui contribua puissamment à son élévation : son adresse à plaire en même temps aux prélats dont il avait besoin pour arriver aux dignités de l'Église, et aux philosophes qui lui étaient utiles pour parvenir aux dignités littéraires, lui valut une abbaye sur la recommandation de l'Académie, et une place à l'Académie par le crédit de quelques abbés ; l'abbé de Boismont, entre autres, qui fut son collaborateur pour les *Lettres secrètes sur l'état actuel du clergé*, et pour la *Religion en France*, ne cessa de le protéger : il lui résigna le riche prieuré de Lions en Picardie, bénéfice de 20,000 livres de rentes. « Du vivant même de son bienfaiteur, auquel il espérait succéder aussi à l'Académie, Maury rassemblait, écrit un biographe, les matériaux de son éloge; l'abbé de Boismont s'en aperçut un jour aux questions multipliées que Maury lui faisait sur les circonstances de sa vie, antérieures à leur liaison : L'abbé, lui dit-il gaiement, vous prenez ma mesure ! » Mais ce fut du fauteuil de Le Franc de Pompignan que Maury hérita, le 27 janvier 1785 : son discours de réception débutait par un exorde d'une insinuante habileté et qui contenait un éloge pompeux de Louis XIV et de son règne. Comblé d'honneurs et de bénéfices, l'abbé Maury, lors de la convocation des États-Généraux, vit une carrière nouvelle et plus vaste s'ouvrir à son ambition. Élu, le 3 avril 1789, député du clergé par le bailliage de Péronne, il se voua tout entier à la défense de l'ancien régime et de la monarchie, et partagea avec Cazalès, dans l'Assemblée constituante, la direction de la minorité de droite. « Fortement constitué, a dit de lui son collègue Thibaudeau, l'air mâle, hardi, c'était un vrai grenadier politique; avec cela, profonde érudition, éloquence brillante, imagination, vigueur, présence d'esprit. » Dès les premières séances, il saisit avec un audacieux empressement toutes les occasions de manifester ses sentiments hostiles à l'égard de la Révolution, et plus d'une fois son zèle pensa lui devenir funeste. « Cœur froidement agité, figure où se peignaient, a dit Carlyle, tous les péchés canaux, » il provoqua un jour cette apostrophe menaçante, tombée du haut des tribunes : « Messieurs du clergé, on vous rase. Si vous vous remuez trop, vous vous ferez couper. » Le 14 juillet, le sang ayant coulé dans Paris, l'abbé Maury, qui avait plus d'audace que d'intrépidité, crut pouvoir quitter son poste. La cocarde en tête, l'uniforme sur le dos, protégé par les couleurs de la révolution qu'il combattait, il sortait du royaume quand, reconnu à Péronne sous ce déguisement, il fut arrêté. Son titre de député le sauva. Réclamé par l'Assemblée, il revint sain et sauf à Paris reprendre ses fonctions. Il eut une part active aux délibérations, et parla notamment : contre la vérification commune des pouvoirs, contre les arrêtés du 4 août, contre la motion de saisir les biens du clergé, sur le traitement des religieux, contre la suppression des lettres de cachet, etc. Il demanda la conservation du privilège exclusif de la Compagnie des Indes, se fit plusieurs fois censurer, et intervint dans la plupart des débats importants, sur les événements du 6 octobre, sur les assignats, sur l'organisation judiciaire, etc. Il prit la défense de Barmont, de Mirabeau le jeune, des ministres, nia le principe de la souveraineté du peuple, opina contre la réunion à la France du comtat d'Avignon, et protesta à maintes reprises contre les entreprises exercées sur l'autorité royale. Mais ce fut surtout dans la discussion de la constitution civile du clergé que Maury se montra le plus ardent et qu'il appela toute sa verve à son aide. Lorsque, le 25 juin 1790, le duc de la Rochefoucauld vint proposer, au nom des comités des domaines et des finances réunis, que l'aliénation de l'ensemble des domaines nationaux fût décrétée, l'abbé Maury se fit avec une grande vivacité l'organe des ressentiments du clergé, appela la vente des domaines nationaux une « impure manœuvre d'agiotage », Talleyrand, évêque d'Autun, « un complice des maltôtiers de la rue Vivienne », et se mit en devoir de défendre la tribune comme il aurait pu faire d'une ville assiégée. Le duc de la Rochefoucauld se présentant pour lui répondre, il porta rudement la main sur lui, le repoussa au risque de le renverser, et provoqua les protestations de la gauche en s'écriant : « Avant d'aliéner les biens du clergé, il est indispensable de connaître la dette publique. Eh bien, je tiens d'un membre du comité de liquidation qu'elle monte à sept milliards! » « Antagoniste bien plus que rival de Mirabeau, il revenait continuellement à la charge pour se faire battre. Il finit néanmoins par trouver dans son opiniâtreté une protection contre les conséquences que semblait provoquer son imprudence. On riait de le voir s'obstiner à chercher des coups; et, dans cette guerre où il s'illustra surtout par ses défaites, c'est à son esprit qu'il dut peut-être son inviolabilité. Aussi gai que ses agresseurs étaient furibonds, c'est par des traits heureux qu'il se tira plus d'une fois de peine. — *Y verrez-vous plus clair?* répondit-il à la foule qui le poursuivait en criant: *l'abbé Maury à la lanterne!* — *Envoyons-le dire la messe à tous les diables!* disait-on un autre jour. — *Soit, mais vous viendrez me la servir,* répliqua-t-il, et montrant deux pistolets: *voilà mes burettes!* » Il ne demeurait pas en reste avec les dames de la halle. Une d'elles lui ayant fait entendre, en termes qui ne peuvent trouver place ici, que les aristocrates... n'auraient pas le dessus: « *Mesdames,* fit-il, *vous savez bien qu'on ne meurt pas!* » Ces saillies et l'attitude martiale qu'il avait sous le petit manteau, lui avaient acquis à la longue une espèce de popularité. Après la séparation de l'Assemblée constituante, l'abbé Maury se rendit en Allemagne, auprès des chefs de l'émigration, qui le félicitèrent de n'avoir pas désespéré de leur cause. Il partit ensuite pour Rome, où de nouvelles dignités l'attendaient. Pie VI ne crut pas pouvoir trop récompenser l'orateur qui, dans maintes circonstances, et surtout quand il avait été question de réunir le Comtat à la France, avait si chaudement défendu les prérogatives du Saint-Siège. Nommé archevêque *in partibus* de Nicée, en 1792, Maury fut envoyé, peu après, en qualité d'ambassadeur de la cour de Rome, à Francfort pour y assister à l'élection de l'empereur François II. Là, brusque et indiscret comme à la tribune, il prouva que les talents diplomatiques n'étaient pas les siens. Il n'en fut pas moins doté, à son retour, de l'évêché de Montefiascone et de Corneto, et nommé cardinal en 1794. Les événements n'altéraient point sa bonne humeur : de Rome, il écrivait, le 17 mai 1793, à la marquise d'Osmond : « Le bulletin de la France ressemble assez à plus d'une femme en couche : le malade va aussi bien qu'on puisse le désirer. » Maury vécut tranquille, tantôt à Rome, tantôt dans son diocèse, jusqu'en 1798,

époque où les armées de la Révolution vinrent l'y rejoindre. Échappé aux commissaires du Directoire, il se réfugia d'abord à Sienne, puis à Venise, déguisé en charretier. De Venise, il passa à Saint-Pétersbourg, et revint à Venise pour assister au conclave qui se tint dans cette ville, en 1799, après la mort de Pie VI. Ramené dans Rome par le nouveau pape, il y présida, avec le caractère d'ambassadeur de Louis XVIII qui habitait alors Mittau. Cependant, Napoléon était devenu empereur. Maury n'hésita pas à lui écrire (1804) pour lui exprimer son admiration et son dévouement; ayant obtenu la permission (1806) de faire un voyage à Paris, il finit par y rester avec le titre singulier d'aumônier du prince Jérôme. Déclaré cardinal français, Maury fut dès lors un des courtisans les plus assidus de l'empereur, qui le nomma encore membre de l'Institut, et lui confia (14 octobre 1810), à la place du cardinal Fesch, l'administration provisoire du diocèse de Paris. Le cardinal eut de fréquentes difficultés avec son chapitre, qu'il fatiguait par de continuelles tracasseries. Quant au spirituel, il n'appela guère l'attention sur lui que par la prédication, et ce ne fut pas avec succès. Dans la chaire comme à l'Académie, il se montra au-dessous de sa réputation; ses mandements, où il se croyait obligé de rendre compte des opérations de l'armée, semblaient moins sortir du cabinet d'un prélat que d'un bureau d'état-major. De nouveaux sujets de discorde s'étant élevés entre Napoléon et le Pape au sujet de l'institution des évêques de France, le pape, enlevé de Rome, avait été conduit d'abord à Savone, où il fut transféré à Fontainebleau. De là, le chef de l'Église adressa un bref au cardinal Maury pour lui ordonner de quitter l'administration du diocèse de Paris. Maury n'en fit rien. Aussi Napoléon ne fut pas plus tôt tombé (1814), que, dépouillé par le chapitre de Paris de ses fonctions d'administrateur métropolitain, l'archevêque nom institué reçut ordre de quitter le palais archiépiscopal. Repoussé par les Bourbons, il alla chercher un asile à Rome; il y trouva une prison. Enfermé six mois dans le château Saint-Ange, Maury passa de là dans une maison de lazaristes, d'où il ne sortit, au bout de six autres mois, qu'après avoir donné sa démission du siège de Montefiascone et de Corneto. Il se réconcilia pourtant avec le pape; mais une affection scorbutique l'emporta, dans la nuit du 10 au 11 mai 1817. Cette maladie avait tellement décomposé ses traits, que, pour l'exposer sur le lit de parade comme l'usage l'exige, on dut lui recouvrir le visage d'un masque. Ses ouvrages les plus remarquables comme orateur sacré sont : 1º un *Essai sur l'Éloquence de la chaire;* 2º un *Panégyrique de saint Louis* (1772); 3º un *Panégyrique de saint Augustin* (1775); 4º un *Discours préliminaire, pour servir de préface à la première édition des Sermons de Bossuet;* comme orateur profane : un *Éloge de Fénelon* (1771); son *Discours de réception à l'Académie française* (1786); le *Panégyrique de saint Vincent-de-Paul.* Le 3 avril 1813, Maury avait été fait grand-croix de l'ordre de la Réunion.

MAUSSION (THOMAS-ANTOINE-JEAN DE), député de 1827 à 1830, né à Paris le 13 avril 1764, mort à Arrancy (Aisne) le 1er février 1839, était magistrat en 1784. Il resta en dehors des affaires publiques jusqu'au 18 brumaire, et devint ensuite maire d'Arrancy, conseiller d'arrondissement de Laon, et conseiller général du département Élu, le 24 novembre 1827, député du grand collège de l'Aisne, par 127 voix (245 votants, 297 inscrits), il assista quelques jours après à un banquet offert aux élus de son département, et y déclara qu'il voulait, comme ses collègues, le maintien du trône constitutionnel, de la Charte et des libertés publiques. Il rentra, en 1830, dans la vie privée.

MAUVAIS (Félix-Victor), représentant du peuple en 1848, né à Maiche (Doubs) le 7 mars 1809, mort à Paris le 22 mars 1854, fit ses études au séminaire de Besançon, aux frais de la ville. Il alla ensuite à Paris, où il devint répétiteur de mathématiques à l'institution Barbet, et se lia avec l'académicien Droz qui le présenta à Arago. La protection de ce dernier le fit entrer, en 1836, à l'Observatoire, comme élève-astronome, spécialement chargé des observations météorologiques. En 1843, il devint membre du Bureau des Longitudes et conserva ces fonctions jusqu'en 1854. Le 21 novembre 1843, Mauvais fut élu membre de l'Académie des sciences en remplacement de Bouvard. Élu, le 23 avril 1848, représentant du Doubs à l'Assemblée Constituante, le 4e sur 7, par 39.073 voix (67,322 votants, 78,670 inscrits), il siégea à gauche, fit partie du comité de l'instruction publique, et vota *pour* le bannissement de la famille d'Orléans, *contre* l'abolition de la peine de mort, *contre* l'impôt progressif, *contre* l'incompatibilité des fonctions, *contre* l'amendement Grévy, *contre* la sanction de la Constitution par le peuple, *pour* l'ensemble de la Constitution, *contre* la proposition Rateau, *pour* l'interdiction des clubs, *pour* l'expédition de Rome, *contre* la demande de mise en accusation du président et des ministres. Non réélu à la Législative, Mauvais se consacra exclusivement à ses travaux scientifiques. Le 2 mars 1854, parut le décret qui séparait complètement l'Observatoire du Bureau des Longitudes. En conséquence il dut quitter ce dernier établissement. Il en éprouva une peine si vive qu'il fut atteint quelques jours plus tard d'une fièvre cérébrale au cours de laquelle il se donna la mort. Il a publié quelques articles d'astronomie technique dans les *Mémoires de l'Académie des sciences* et dans l'*Annuaire du Bureau des Longitudes*.

MAYAUD (Paul), représentant en 1871, né à Saumur (Maine-et-Loire) le 15 mars 1814, mort au Tremblay (Maine-et-Loire) le 21 décembre 1881, riche industriel, fut élu, le 8 février 1871, représentant de Maine-et-Loire à l'Assemblée nationale, le 10e sur 11, par 96,920 voix (120,174 votants, 151,588 inscrits). Il siégea à droite, fit partie de la réunion des Réservoirs, fut l'un des 94 signataires contre l'exil des Bourbons, et vota *pour* les préliminaires de paix, *pour* l'abrogation des lois d'exil, *pour* la pétition des évêques, *contre* le service de trois ans, *pour* la démission de Thiers, *pour* le septennat, *pour* le ministère de Broglie, *contre* le retour à Paris, *contre* les lois constitutionnelles. Il avait été en outre élu, le 8 octobre 1871, conseiller général du canton de Montfaucon (Maine-et-Loire). M. Mayaud rentra, en 1876, dans la vie privée.

MAYER (Pierre-François), député en 1789, né et mort à des dates inconnues, avocat et propriétaire de la verrerie de Creutzwall, fut élu, le 30 mars 1789, député du tiers aux États-généraux par le bailliage de Sarreguemines. Il prêta le serment du Jeu de paume, vota constamment avec la majorité de son ordre, ne prit

la parole qu'une fois, le 7 mai 1791, pour lire un rapport, au nom des comités de l'agriculture, du commerce et de la marine, sur les moyens de rendre navigables les bouches du Rhône, et donna sa démission le 21 janvier 1791.

MAYET (Jean-Marie-Félix), député en 1789, né à Lyon (Rhône, le 18 mai 1751, mort à Lyon le 21 novembre 1835, curé de Rochetaillée (Rhône) et bachelier en théologie, fut élu député du clergé aux États-généraux, le 28 mars 1789, par la sénéchaussée de Lyon. Il vota la vérification des pouvoirs en commun, fit partie des comités des finances et de santé, et parla sur les troubles de Lyon. Sa vie parlementaire n'a pas laissé d'autres traces.

MAYET (Daniel-Henri), député de 1876 à 1885, né à Bourg-Saint-Maurice (Savoie) le 18 juillet 1815, était procureur au tribunal de Moutiers en 1843. Après l'annexion, il fut avoué au même tribunal, et vendit sa charge peu de temps après (1863). Directeur, sans appointements, de l'établissement thermal de Brides-les-Bains, il fut nommé juge de paix à Bozel au mois de décembre 1870, et renonça à ces fonctions pour s'occuper de politique. Conseiller municipal de Moutiers, conseiller d'arrondissement, vice-président du comice agricole, il fut élu, le 20 février 1876, député de l'arrondissement de Moutiers, comme républicain constitutionnel, par 3,759 voix (7,152 votants, 8,810 inscrits) contre 3,375 à M. Louis Bérard; il prit place à la gauche républicaine et fut l'un des 363 députés qui refusèrent le vote de confiance au ministère de Broglie; réélu successivement, le 14 octobre 1877, par 3,934 voix (7,644 votants, 8,891 inscrits, contre 3,690 à M. Bérard, et, le 21 août 1881, par 4,311 voix (4,764 votants, 8,845 inscrits), il continua de siéger dans la majorité républicaine, et ne fut pas réélu en 1885.

MAYET-GENETRY (Florent-Philibert), député de 1837 à 1839, né à Paris le 3 octobre 1783, mort à Paris le 8 septembre 1855, étudia le droit et, reçu avocat, se fixa à Bourges, où il plaida avec succès. La révolution de 1830 le fit maire de Bourges. Membre du conseil général du Cher, chevalier de la Légion d'honneur, il brigua la députation le 5 juillet 1831. Après avoir échoué à cette date, avec 49 voix contre 91 au député sortant, M. Devaux, élu, puis le 21 juin 1834, avec 53 voix contre 103 à M. Devaux, réélu, M. Mayet-Genetry réussit à se faire élire député du 1er collège du Cher, le 4 novembre 1837, par 116 voix (222 votants, 231 inscrits). Il prit place dans les rangs de la majorité et soutint le ministère Molé. Il se représenta le 2 mars 1839; mais il eut alors pour concurrent M. Mater (V. ce nom), dont l'influence à Bourges était rivale de la sienne, où qu'il rencontra plus d'une fois comme compétiteur : M. Mayet-Genetry échoua avec 97 voix contre 135 à M. Mater, élu. Il échoua encore, le 9 juillet 1842, avec 103 voix contre 144 au député sortant, M. Mater, ainsi que le 1er août 1846, avec 153 voix contre 171 au même concurrent, réélu. M. Mayet-Genetry exerça jusqu'en 1848 les fonctions de maire de Bourges. Il renonça alors à la vie politique, et se retira à Paris où il mourut (1855), officier de la Légion d'honneur.

MAYEUVRE DE CHAMPVIEUX (Étienne), député au Conseil des Cinq-Cents, né à Lyon (Rhône) le 11 janvier 1743, mort à Lyon le

9 janvier 1812, ho mme de lettres dans sa ville natale, très favorable à la Révolution, fut élu, le 24 vendémiaire an IV, député du Rhône au Conseil des Cinq-Cents, par 147 voix (243 votants). Il prit place parmi les modérés, s'occupa principalement de questions financières, parla sur le projet de création d'une inspection des contributions, et demanda l'ajournement des projets budgétaires de Gibert-Desmolières; en l'an V, il s'opposa à la mise en état de siège de Lyon sous prétexte de mouvement royaliste, et réclama la formation d'une commission pour au cas où la mesure serait adoptée. Membre du club de Clichy, il fut condamné à la déportation au 18 fructidor, mais put se cacher, et, rallié au 18 brumaire, devint juge au tribunal d'appel de Lyon, le 19 germinal an VIII.

MAYNARD DE LA CLAYE (AUGUSTE-BONA-VENTURE-ADOLPHE), député de 1881 à 1889, né à Saint-Florent-des-Bois (Vendée) le 29 juin 1845, riche propriétaire, fut élu, comme candidat royaliste, le 21 août 1881, député de la 1re circonscription de la Roche-sur-Yon, par 9,144 voix (17,955 votants, 22,955 inscrits), contre 8,433 au républicain, M. Jenty, député sortant. Il siégea à l'extrème-droite et vota constamment avec la minorité monarchiste : *contre* les ministères qui se succédèrent au pouvoir, *contre* les crédits du Tonkin, etc. Porté, le 4 octobre 1885, sur la liste conservatrice de la Vendée, il fut réélu, le 3e sur 7, par 51,739 voix (92,162 votants, 120,430 inscrits). Il reprit sa place à droite, vota, comme précédemment, contre le gouvernement républicain, et se prononça en dernier lieu, *contre* le rétablissement du scrutin d'arrondissement (11 février 1889), *pour* l'ajournement indéfini de la révision de la Constitution, *contre* les poursuites contre trois députés membres de la Ligue des patriotes, *contre* le projet de loi Lisbonne restrictif de la liberté de la presse, *contre* les poursuites contre le général Boulanger.

MAYNEAUD-BISFRANC DE LAVEAUX (ETIENNE), député au Conseil des Anciens, et de 1820 à 1824, né à Digoin (Saône-et-Loire), le 8 août 1751, mort à Cormatin (Saône-et-Loire) le 12 mai 1828, appartint aux armées du roi, fut capitaine de dragons avant 1789, chef d'escadron en 1790, et conseiller général de Saône-et-Loire la même année. Lieutenant général en 1793, il entra, le 22 vendémiaire an IV, au Conseil des Anciens, comme député de Saint-Domingue. Il présida (1798) cette assemblée, où le département de Saône-et-Loire le réélut, le 24 germinal an VII, à l'unanimité de 248 votants. Commissaire du Directoire à la Guadeloupe et son agent à Saint-Domingue en 1799, il reparut, le 4 novembre 1820, à la Chambre des députés, comme l'élu du 1er arrondissement de Saône-et-Loire (Mâcon), qui lui avait donné 346 voix (583 votants, 695 inscrits), contre 161 à M. Doria, 54 à M. Febvre, conseiller de préfecture, et 12 à M. Benon-Lacombe. Il siégea au côté gauche, vota avec l'opposition constitutionnelle, et se fit rappeler à l'ordre dans une discussion où il « défendait avec énergie, dit un biographe libéral, les droits de l'ancienne armée ». Il rentra dans la vie privée en 1824.

MAYNEAUD DE PANCEMONT (JEAN-BAP-TISTE-FRANÇOIS, BARON), représentant à la Chambre des Cent-Jours, né à Digoin (Saône-et-Loire) le 5 septembre 1755, mort au château de Génelard (Saône-et-Loire) le 23 février 1836, frère du précédent, appartint à la magistrature sous l'ancien régime, comme président à mor-

tier au parlement de Dijon. De 1797 à 1804, il remplit les fonctions de juge de paix de Palinges. Napoléon le fit membre de la Légion d'honneur le 25 prairial an XII, et le nomma, en 1806, premier président du tribunal d'appel de Nîmes : il fut confirmé dans les mêmes fonctions en 1811, lors de la nouvelle organisation judiciaire. Baron de l'Empire le 31 décembre 1809, et maître des requêtes au conseil d'Etat, Mayneaud de Pancemont se rallia à la première Restauration, fut maintenu, en 1814, à la tête de la cour royale de Nîmes, et de plus, fut nommé, le 4 juillet de la même année, maître des requêtes au conseil du roi. Le 12 mai 1815, l'arrondissement de Charolles, par 65 voix (97 votants), l'envoya siéger à la Chambre des représentants, dite des Cent-Jours. Il y fit le rapport du projet de loi relatif aux mesures de salut public. Ayant conservé, durant cette période, ses fonctions de magistrat, il en fut privé lors du second retour du roi; mais il reçut (17 février 1816) le titre de premier président honoraire, et fut fait comte le 14 avril 1829.

MAYRAN (CASIMIR-ANTONIN), membre du Sénat, né à Espalion (Aveyron) le 4 mars 1818, alla très jeune à Paris où il dirigea une importante maison de commerce; après avoir réalisé une grosse fortune, il retourna à Espalion en 1853, se livra à l'agriculture, devint conseiller général de l'Aveyron et vice-président du conseil, puis président du comité vinicole de son arrondissement (Espalion), et reçut plusieurs récompenses aux expositions. Chevalier de la Légion d'honneur en 1857, officier le 7 août 1869, il fut élu, le 30 janvier 1876, sénateur de l'Aveyron, par 237 voix (380 votants), siégea à droite, et vota la dissolution de la Chambre demandée par le ministère de Broglie, le 23 juin 1877. Réélu, le 25 janvier 1885, au renouvellement triennal, par 492 voix (839 votants), il reprit sa place à droite, combattit la politique du gouvernement, et se prononça, en dernier lieu, *contre* le rétablissement du scrutin d'arrondissement (13 février 1887), *contre* le projet de loi Lisbonne restrictif de la liberté de la presse, *contre* la procédure à suivre devant le Sénat contre le général Boulanger.

MAZADE-PERCIN (JULIEN-BERNARD-DORO-THÉE DE), membre de la Convention, député au Conseil des Anciens, né à Montech (Tarn-et-Garonne) le 28 mars 1750, mort à Castelsarrazin (Tarn-et-Garonne) le 23 mai 1823, fils de Louis de Mazade-Percin, procureur du roi à Castelsarrazin, et de Anne-Marcelle de Pradal, fut reçu, le 11 juillet 1775, avocat au parlement de Toulouse. Procureur du roi à l'île de la Réunion en 1781, greffier en chef (juin 1782) à la sénéchaussée et amirauté de l'île de France, sénéchal à l'île Bourbon (1785), commissaire des colonies (juillet 1786) à la résidence de Saint-Domingue, ordonnateur de la partie Nord (21 octobre 1789, il remplit encore les fonctions de membre du Conseil supérieur de l'assemblée provinciale du nord de Saint-Domingue (1er janvier 1790). De retour en France, il se fixa à Toulouse, fut nommé commissaire du gouvernement près du tribunal de Castelsarrazin, et fut élu, le 7 septembre 1791, député suppléant de la Haute-Garonne à l'Assemblée législative, sans être appelé à y siéger. Le 8 septembre 1792, il fut élu député au même département à la Convention, le 12e et dernier, par 400 voix (661 votants). Il siégea à droite, et, dans le procès de Louis XVI, opina en ces termes: « Je déclare que je ne me crois pas le pouvoir de juger. Je vote, comme législateur, la réclusion perpétuelle. » Mazade-Percin fut secrétaire de la Convention. Envoyé en mission sur les côtes de l'Océan en mars 1793, il visita les armées, de Nantes à Bayonne, et fut chargé de la surveillance de ces côtes. Réélu par ses collègues de la Convention (4 brumaire an IV), député au Conseil des Anciens (il avait alors sept enfants), il demanda bientôt un congé, qu'il obtint, pour se rendre à Toulouse; de cette ville il écrivit à l'assemblée pour se plaindre des insultes qu'il disait avoir éprouvées « de la part des prétendus républicains. Une vive discussion s'engagea à ce sujet, et la lettre de Mazade fut communiquée au Directoire. De retour à Paris, il prêta « le serment de haine à la royauté et à l'anarchie », confirma de vive voix ce qu'il avait écrit sur les républicains de Toulouse, et quitta l'Assemblée en l'an VI. Il exerça alors la profession d'avocat, et devint, en l'an IX, juge à Castelsarrazin. Il mourut en 1823 juge honoraire. M. Charles de Mazade, son petit-fils, est un des principaux rédacteurs de la *Revue des Deux-Mondes*, et membre de l'Académie française.

MAZANCOURT (GABRIEL-AUGUSTE, MARQUIS DE), député en 1789, né à Viviers (Aisne) le 26 mars 1725, mort à Breslau (Silésie) le 31 mars 1809, entra au service en 1747, comme cornette au régiment de cavalerie qui, sous le nom de Noé, fut incorporé dans le régiment de Bourbon en 1761. Capitaine de cavalerie en mars 1754, il fit les campagnes de Flandre, jusqu'en 1760. Il reçut, en février 1764, le brevet de mestre-de-camp, passa lieutenant-colonel au régiment de Bourbon-cavalerie au mois de novembre suivant, et fut fait brigadier des armées du roi le 16 avril 1767. Commandeur de l'ordre de Saint-Louis, il fut promu au grade de maréchal de camp le 1er mars 1780. M. de Mazancourt fut nommé par le roi président des assemblées provinciales du Valois. Le 30 mars 1789, la noblesse du bailliage de Villers-Cotterets le choisit comme député suppléant aux Etats-Généraux. Appelé à siéger le 5 avril 1790, par suite de la démission de M. de Barbançon, il opina avec la minorité, émigra en 1791, et alla rejoindre le prince de Condé, avec lequel il fit la campagne de 1792, comme commandant en chef des « chasseurs nobles ». Licencié en 1801, il resta à l'étranger jusqu'à sa mort survenue à Breslau, en Silésie (1809). Il avait été fait, en 1795, grand-croix de Saint-Louis.

MAZE (ALEXANDRE-LOUIS-HIPPOLYTE), député de 1879 à 1885, et membre du Sénat, né à Arras (Pas-de-Calais) le 5 novembre 1839, fils d'un officier supérieur, fit ses études au lycée St-Louis à Paris, entra en 1859 à l'Ecole normale supérieure, fut reçu agrégé d'histoire en 1863, et fut successivement chargé de cours aux lycées de Douai, de Cahors et d'Angers, puis professeur titulaire (1866) au lycée de Versailles. M. Maze s'était fait connaître, d'autre part, par quelques publications : *La France du XVIIe au XIXe siècle* (1864); *La République des Etats-Unis d'Amérique* (1869); *Kléber* (1869); par l'appui qu'il donna à la candidature de Jules Favre contre Rochefort en 1869, et par son opposition au plébiscite, lorsqu'il fut désigné par le gouvernement de la Défense nationale pour le poste de préfet des Landes (6 septembre 1870). M. Maze remplit ces fonctions jusqu'au 8 avril 1871, et quitta l'administration pour reprendre sa chaire à Versailles. En 1873, il soutint, dans les journaux, la candidature de M. de Rémusat contre

celle de M. Barodet. Nommé, en 1875, professeur d'histoire au lycée Fontanes à Paris, il se présenta à la députation, comme candidat républicain modéré, le 21 décembre 1879, dans la 2e circonscription de Versailles, en remplacement de M. Journault, décédé. Il fut élu député par 4,625 voix (6,913 votants, 12,026 inscrits), contre 1,302 à M. H. Buffenoir, républicain socialiste. M. Maze siégea sur les bancs de la gauche républicaine, fit inscrire (décembre 1880) l'instruction morale et civique au nombre des matières enseignées dans les écoles primaires, et vota avec la majorité opportuniste. Réélu, le 21 août 1881, par 5,289 voix (8,410 votants, 12,123 inscrits), contre 1,462 à M. Edmond Lepelletier, il soutint les cabinets Gambetta et J. Ferry, et parla fréquemment sur les questions d'enseignement primaire et secondaire, En 1882, il déposa une proposition de loi sur les sociétés de secours mutuels, et en fut le rapporteur (mars 1883). Il intervint encore dans les débats sur l'expédition du Tonkin (1884), et fut nommé membre de la commission de surveillance de la caisse d'amortissement et de la caisse des dépôts et consignations. Aux élections du 4 octobre 1885, porté sur la liste opportuniste de Seine-et-Oise, il échoua avec 25,431 voix (119,995 votants). Mais il profita de l'élection sénatoriale complémentaire du 4 avril 1886, motivée par le décès de M. Gilbert-Boucher, pour se faire élire sénateur de Seine-et-Oise, par 752 voix (1,369 votants), contre 594 à M. Sainte-Beuve, 317 à M. Hèvre, radical, et 63 à M. Deroisin. M. Maze suivit au Sénat la même ligne politique qu'à la Chambre; il s'est fait une sorte de spécialité des questions de mutualité, qu'il a souvent traitées à la tribune parlementaire. Il a voté, en dernier lieu, *pour* le rétablissement du scrutin d'arrondissement (13 février 1889), *pour* le projet de loi Lisbonne restrictif de la liberté de la presse, *pour* la procédure à suivre devant le Sénat contre le général Boulanger. M. Maze est gendre de l'économiste Adolphe Blanqui et membre de la Société d'économie politique.

MAZÉ-LAUNAY (CHRISTIAN-JOSEPH-MARIE), représentant en 1849, né au Conquet (Finistère) le 14 décembre 1794, mort à Brest (Finistère) le 1er août 1853, négociant dans cette dernière ville, fut élu, le 13 mai 1849, représentant du Finistère à l'Assemblée législative, le 5e sur 13, par 55,700 voix (86,649 votants, 150,165 inscrits). Il siégea à droite, dans les rangs des conservateurs, et s'associa à tous les votes de la majorité. Il rentra dans la vie privée en 1851.

MAZEAU (CHARLES-JEAN-JACQUES), représentant en 1871, membre du Sénat et ministre, né à Dijon (Côte-d'Or) le 1er septembre 1825, fit ses études de droit et fut reçu docteur dans sa ville natale. Il remplit à Paris auprès de Me Paul Fabre les fonctions de secrétaire, et acheta, en 1856, la charge de Martin (de Strasbourg) avocat au conseil d'Etat et à la cour de Cassation. Il collabora à plusieurs journaux judiciaires, au *Dictionnaire général de la politique*, entra dans le conseil de son ordre en 1865, et en devint le secrétaire (1866) et le premier syndic (1873). Membre du conseil général de la Côte-d'Or, pour le canton de Gevrey-Chambertin, depuis novembre 1869, il obtint sa réélection au même conseil le 8 octobre 1871. Le 2 juillet précédent, il avait été élu représentant de la Côte-d'Or à l'Assemblée nationale, le 2e et dernier, par 39.775 voix (73.216 votants. 116.813 inscrits), en remplacement de M. Tridon démissionaire. Républicain modéré, il siégea à la gauche républicaine, fit partie de nombreuses commissions dont il fut parfois rapporteur, parla sur les questions d'administration et d'affaires (notamment sur l'organisation du conseil d'Etat), soutint le gouvernement de Thiers, et vota *pour* l'amendement Barthe, *contre* le pouvoir constituant, *contre* la chute de Thiers au 24 mai, *contre* le septennat, *contre* l'état de siège, *contre* la loi des maires, *pour* les amendements Wallon et Pascal Duprat, *pour* l'ensemble des lois constitutionnelles. Candidat heureux, le 30 janvier 1876, aux élections sénatoriales, il fut sénateur de la Côte-d'Or, par 457 voix (795 votants), siégea comme précédemment à gauche, combattit le gouvernement du Seize-Mai, et opina *contre* la demande de dissolution de la Chambre (juin 1877). Il se prononça ensuite *pour* le ministère Dufaure et les cabinets qui suivirent, *pour* l'article 7 de la loi sur l'enseignement supérieur, *pour* la réforme du personnel de la magistrature, *pour* le divorce, *pour* les crédits de l'expédition du Tonkin, etc. Réélu, le 6 janvier 1885, par 793 voix (998 votants), il suivit la même ligne de conduite, appuya la politique opportuniste, vota *pour* l'expulsion des princes, et entra, le 30 mai 1887, dans le cabinet Rouvier avec le portefeuille de la Justice. Interpellé, le 10 novembre 1887, par MM. de Douville-Maillefeu et Pion qui demandaient si une information judiciaire était ouverte sur les révélations produites à l'audience dans le procès Caffarel-Limouzin contre M. Wilson (*Voy.* ce nom), M. Mazeau, après quelques tergiversations, donna au procureur-général l'ordre d'informer immédiatement. La crise présidentielle étant ouverte à la suite de ces incidents, M. Mazeau donna sa démission, avec ses collègues du cabinet, le 30 novembre; le *Journal officiel* du 1er décembre refusa la démission des ministres à l'exception de celle de M. Mazeau, dont la retraite était irrévocable. Il reprit sa place au Sénat, continua de voter avec la majorité, et se prononça, en dernier lieu, *pour* le rétablissement du scrutin d'arrondissement (13 février 1889), *pour* le projet de loi Lisbonne restrictif de la liberté de la presse, *pour* la procédure à suivre devant le Sénat contre le général Boulanger.

MAZENOD (CHARLES-JOSEPH-EUGÈNE DE), sénateur du second Empire, né à Aix (Bouches-du-Rhône) le 1er août 1782, mort à Marseille (Bouches-du-Rhône) le 21 mai 1861, issu d'une famille provençale de noblesse de robe, étudia la théologie au séminaire de Saint-Sulpice, entra dans les ordres en 1811, et dirigea ce séminaire pendant deux ans. De retour à Aix, il fonda une congrégation de missionnaires, qui fut reconnue par le pape en 1826. Grand-vicaire de son oncle évêque de Marseille (1829), il provoqua, sous le gouvernement de Louis-Philippe, un long conflit entre l'autorité civile et l'autorité ecclésiastique pour avoir été sacré (1832) évêque *in partibus* d'Icosie par Grégoire XVI, sans l'autorisation du gouvernement. Cette querelle dura plus d'un an, et un grand nombre d'évêques prirent le parti de M. de Mazenod, qui séjourna quelque temps à Tunis comme vicaire apostolique. Louis-Philippe, ayant reçu son serment, le nomma (1837) évêque de Marseille. En 1844, M. de Mazenod publia une *Réclamation*

adressée au roi, à son conseil et aux Chambres législatives, au sujet de la loi sur l'instruction secondaire. Un décret impérial du 24 juin 1856 l'appela au Sénat, où il siégea, dans le parti catholique, jusqu'à sa mort (mai 1851). Officier de la Légion d'honneur.

MAZERAT (LOUIS-FRANÇOIS), représentant en 1871, né à Nontron (Dordogne) le 22 septembre 1817, mort à Périgueux (Dordogne) le 2 mai 1881, avocat, sportsman distingué, d'opinions libérales, se présenta comme candidat d'opposition au Corps législatif, dans la 3e circonscription de la Dordogne, le 22 juin 1857: il échoua avec 6.974 voix, contre 14.967 à l'élu officiel, M. Dusolier; il ne fut pas plus heureux le 1er juin 1863, avec 6.446 voix, contre 14.685 à l'élu officiel, M. Welles de Lavalette, député sortant, et 2.801 à M. de Belhade. Vice-président du conseil général de la Dordogne, il entra au parlement le 8 février 1871, comme représentant de la Dordogne à l'Assemblée nationale, élu, le 2e sur 10, par 77.545 voix (97.443 votants, 142.476 inscrits). Il siégea au centre droit et vota *pour* la paix, *pour* l'abrogation des lois d'exil, *pour* la pétition des évêques, *contre* le service de trois ans, *pour* la démission de Thiers, *pour* le septennat, *pour* le ministère de Broglie, *contre* les lois constitutionnelles. Il n'a pas fait partie d'autres législatures.

MAZERON (LOUIS-MARIE-GABRIEL), député de 1882 à 1885, né à Auzances (Creuse) le 9 octobre 1847, étudia le droit, et se fit recevoir avocat. Le décès de M. Fourot ayant déterminé une vacance dans la 1re circonscription d'Aubusson (Creuse), M. Mazerat fut élu député à sa place, le 11 juin 1882, par 4.655 voix (9.321 votants, 15.201 inscrits), contre 4.182 à M. Gardavaux, ancien sous-préfet, et 395 à M. Girodias. Il prit place à gauche, déposa (février 1884) un amendement à la loi municipale relatif au vote des électeurs absents (rejeté), fit partie jusqu'à la fin de la législature de la majorité opportuniste, et ne fut pas réélu aux élections de 1885.

MAZET (ÉTIENNE-MARIE-AMÉDÉE), député de 1846 à 1848, né à Sainte-Croix-du-Mont (Gironde) le 7 novembre 1800, mort à la Réole en 1876, étudia le droit à Poitiers, et se fit inscrire au barreau de cette ville en 1826. Il entra dans la magistrature en 1832 comme juge de paix à la Réole, fut nommé, en 1843, juge au tribunal de première instance de cette ville, et fut élu, le 1er août 1846, député du 9e collège de la Gironde (la Réole) par 214 voix (425 votants, 498 inscrits), contre 206 à M. Henri de Lur-Saluces. M. Mazet siégea dans la majorité conservatrice jusqu'à la révolution de février. Le gouvernement de L. Napoléon lui confia, en 1849, les fonctions de juge d'instruction à la Réole; en 1866, M. Mazet devint président du même tribunal et, le 30 août 1871, il fut admis à la retraite, en cette qualité, avec le titre de président honoraire.

MAZULINE (VICTOR PETIT-FRÈRE), représentant du peuple en 1848, né à Port-Royal (Martinique) le 21 juillet 1789, mort à Paris le 28 janvier 1854, homme de couleur, né de père et mère esclaves, quitta son île natale en 1802, avec son maître, M. Mottet, chef d'escadron de gendarmerie, et le suivit aux Etats-Unis, puis en France où cet officier mourut dans la misère au Val-de-Grâce. Mazuline resta quelque temps sans place et finit par entrer au service de M. Henrion de Pansey qui l'attacha spécialement à la personne de sa fille. Cette dernière ayant épousé le vicomte de Pernety, pair de France, Mazuline suivit sa jeune maîtresse, à laquelle il ne cessa de donner des preuves d'attachement et de fidélité. Il épousa la femme de charge du vicomte de Pernety, une blanche, qui lui donna une petite fille. Grâce à la bienveillance de ses maîtres, celle-ci fit d'assez bonnes études, passa ses examens de capacité à l'Hôtel de Ville et alla enfin fonder un pensionnat à la Martinique. Plus tard, elle contribua beaucoup, dit-on, à l'élection de son père. Ce dernier, qui avait quitté le service de M. de Pernety et était devenu rentier à Paris, fut en effet élu, le 23 avril 1848, représentant suppléant de la Martinique à l'Assemblée constituante, par 18,504 voix (20,698 votants) ; M. Schœlcher ayant opté pour la Guadeloupe, Mazuline fut admis de suite à siéger à sa place. Il vota *contre* la sanction de la Constitution par le peuple, *pour* l'ensemble de la Constitution, *contre* la proposition Rateau, et, ayant obtenu un congé, ne prit aucune part aux votes ultérieurs. Il ne fut pas réélu à la Législative. Mazuline avait acquis une certaine notoriété dans le quartier du Luxembourg, grâce à sa couleur et aux dimensions de ses boucles d'oreilles d'or.

MAZURE (François-Antoine-Napoléon), représentant en 1871, né à Niort (Deux-Sèvres) le 6 août 1802, mort au château du Frasne (Deux-Sèvres) le 18 avril 1889, fils d'un chef de bureau de la préfecture à Niort, entra à l'Ecole polytechnique en 1822, passa à l'Ecole d'application de Metz, et fut nommé lieutenant dans les pontonniers à Strasbourg. Lieutenant au 1er d'artillerie de Douai (1832), il fit la campagne de Belgique avec le grade de capitaine, fut cité à l'ordre du jour, décoré, placé au comité d'artillerie à Paris, et devint (1838) aide-de-camp du général directeur. Détaché à Vincennes (1842), il fut envoyé au 4e d'artillerie à Lyon, fut promu chef d'escadron au 5e d'artillerie (1846), lieutenant-colonel au 9e (1851), puis chargé du commandement de l'artillerie de Vincennes. Colonel (24 février 1854) et directeur de la comptabilité des arsenaux, il dirigea le parc de siège en Crimée, revint deux mois en France en convalescence du choléra, reprit son poste devant Sébastopol deux jours avant la prise de la ville (9 septembre), et fut nommé général de brigade. Il commanda l'artillerie à Douai en 1856, l'Ecole d'application de Metz en 1857, entra au comité d'artillerie en 1859, et fut appelé en mai aux fonctions de chef d'état-major de l'artillerie de l'armée d'Italie, où il resta, après la paix, comme commandant de l'artillerie du corps d'occupation à Rome. De retour en France en 1861, il devint inspecteur général de son arme, organisa l'arsenal de Bourges, et fut porté au cadre de réserve en 1867. Lors de la guerre franco-allemande, il offrit son épée au gouvernement de la Défense nationale qui le plaça (13 septembre 1870) à Lyon, à la tête de la 19e division militaire. Il se trouva bientôt en conflit d'attributions avec le préfet, M. Challemel-Lacour, qui le fit enfermer en mai aux la préfecture, puis à la prison de Saint-Joseph ; il ne fut délivré, en octobre, que sur l'ordre exprès de Gambetta, qui le chargea d'organiser la défense de la place de Bourges. Le 8 février 1871, le général Mazure fut élu représentant des Deux-Sèvres à l'Assemblée nationale, le 6e sur 7, par 40,315 voix sur 56,073 votants et 100,005 ins-

crits. Il siégea à droite, fut rapporteur de plusieurs commissions, coopéra aux tentatives de restauration monarchique, parla sur les questions militaires et contre le transfert des pontonniers de l'artillerie au génie, et vota *contre* la paix, *pour* l'abrogation des lois d'exil, *pour* la pétition des évêques, *contre* le service militaire de trois ans, *pour* la démission de Thiers, *pour* le septennat, *pour* le ministère de Broglie, *contre* l'amendement Wallon, *pour* les lois constitutionnelles. Le général Mazure ne se représenta pas après cette législature. Officier de la Légion d'honneur (1855), commandeur (mai 1859), grand officier (1866).

MAZURIÉ DE PENNARECH (Pierre-Louis), député en 1789, né à Landerneau (Finistère) le 9 avril 1732, mort à une date inconnue, était négociant-armateur à Morlaix avant la Révolution. Maire de Morlaix en 1782, et premier juge-consul en 1788, député de Morlaix aux Etats de Bretagne en février 1789, il fut élu, le 14 avril 1789, député du tiers-état des sénéchaussées de Lannion et de Morlaix aux Etats-Généraux. Il prêta le serment du Jeu de paume, siégea silencieusement dans la majorité, et fut en congé depuis le 6 mai 1790.

MÉALLET. — *Voy.* Fargues (comte de).

MÉAUDRE (Charles-Adrien), député au Conseil des Cinq-Cents, représentant à la Chambre des Cent-Jours, député de 1822 à 1827, né à Saint-Germain-Laval (Loire) le 4 septembre 1755, mort à une date inconnue, « fils de noble Jacques Méaudre, conseiller au bailliage de Montbrison, résidant audit Saint-Germain, et de dame Françoise Pirot », fut membre de l'assemblée provinciale de Rhône-et-Loire. Partisan de la Révolution, il devint procureur-syndic du district de Roanne, et fut élu, le 23 vendémiaire an IV, député de la Loire au Conseil des Cinq-Cents, par 117 voix (214 votants) ; il ne s'y fit point remarquer. Après le 18 brumaire, il fut nommé conseiller de préfecture de la Loire (22 germinal an VIII), et exerça ces fonctions pendant une grande partie de la durée de l'Empire. Le 11 mai 1815, il fut envoyé à la Chambre des Cent-Jours comme représentant du grand collège de la Loire, par 47 voix sur 51 votants. A la seconde Restauration, il fut successivement élu député par le 2e arrondissement électoral de la Loire (Roanne), le 15 février 1822, avec 117 voix (223 votants, 239 inscrits), contre 100 voix à M. de Pradt, archevêque, en remplacement de M. l'opule, démissionnaire ; le 13 novembre 1822, par 169 voix (181 votants, 279 inscrits) ; le 25 février 1824, par 139 voix (228 votants, 270 inscrits), contre 53 voix à M. Berchoux-Monceau et 18 à M. Dumarais. Il siégea constamment dans la majorité royaliste.

MÉAULLE (Jean-Nicolas, chevalier), membre de la Convention, député au Conseil des Cinq-Cents, né à Saint-Aubin-du-Cormier (Ille-et-Vilaine) le 16 mars 1751, mort à Gand (Belgique) le 10 octobre 1826, était d'une famille originaire de Normandie ; son père, riche agriculteur, avait acquis, vers 1777, une partie de l'ancien château de Saint-Aubin, ancienne propriété des ducs de la Trémoille. Ses études juridiques terminées à Rennes, il s'établit comme avocat à Châteaubriant, et conquit au barreau un rang distingué. Très populaire dans le pays, il fut, à la Révolution, successivement élu commandant de la garde nationale, juge, président du tribunal de Châteaubriant, et administrateur du département. Élu député suppléant à la Législative, il ne fut pas appelé à y siéger. Le 5 septembre 1792, le département de la Loire-Inférieure l'envoya, le 1er sur 8, à la Convention nationale, par 256 voix (476 votants). C'était lui qui avait conseillé aux électeurs de nommer aussi l'oratorien Fouché, dont la notoriété était alors toute locale. Méaulle prit place à la Montagne. Il se prononça *contre* l'appel au peuple et *contre* le sursis, dans le procès du roi. et, sur la peine, il répondit : « Je ne puis soustraire le plus grand des coupables à la peine qu'il a méritée; je vote pour la mort. » Adversaire personnel de Marat, il imputa à ses conseils les pillages commis le 25 février 1793, pillages dont Robespierre, le lendemain 26, attribua la responsabilité aux royalistes, et fit adopter un décret chargeant le ministre de la Justice de faire poursuivre « les auteurs et les instigateurs de ces délits ». Marat désavoua comme faux cinq des numéros incriminés de l'*Ami du peuple*, et fut acquitté. Dans l'orageuse séance du 16 mai suivant, Méaulle s'éleva contre diverses arrestations. La veille du 31 mai, il fut élu secrétaire de la Convention avec Ducos et Durand-Maillanne; et son nom figure comme membre du bureau, parmi les sept signatures qui sont au bas de la déclaration des *Droits de l'homme et du citoyen*. Le 14 juin, à propos de l'article 9 de la Constitution, il opina contre l'institution des députés suppléants; il intervint encore sur le chapitre XIII intitulé « du Conseil exécutif », articles 2 et 3. Élu membre du comité de sûreté générale le 16 juin, il prit peu de part à ses délibérations; ayant été envoyé en mission, le 24, dans les départements de l'Ouest, il suivit la marche de l'armée républicaine, à la poursuite des Vendéens dans leur retraite sur Granville. Puis, un arrêté du 9 nivôse an II désigna Méaulle pour remplacer Collot-d'Herbois dans les deux départements du Rhône et de la Loire; il adressa de Lyon plusieurs lettres à la Convention. Mais bientôt, sur sa demande, il reçut une nouvelle mission, dans l'Ain; là il fit mettre plus de deux cents personnes en liberté, tout en demandant qu'on jugeât rapidement par des commissions populaires. Il parcourut encore les départements de la Drôme, de l'Ardèche, de la Lozère, et, de retour à Paris, fut, pour la seconde fois, membre du comité de sûreté générale. Aux premiers symptômes de la réaction qui suivit le 9 thermidor, Méaulle tenta de combattre dans la Convention les tendances nouvelles; comme beaucoup de ses collègues, il se trouva en butte aux accusations et aux dénonciations du parti dominant alors, mais il se justifia avec talent et avec succès. Réélu, le 22 vendémiaire an IV, député de la Loire-Inférieure au Conseil des Cinq-Cents, par 128 voix (232 votants), il sortit de cette assemblée en l'an V, et fut envoyé dans la Meuse en qualité de commissaire du gouvernement. L'année suivante, il fut nommé par ce département juge au tribunal de cassation, et, le 17 messidor an VIII, il devint commissaire près le tribunal criminel de Gand. Il resta dans la magistrature pendant toute la durée de l'Empire comme procureur général à la cour de Bruxelles. En 1814, il quitta Hambourg avec le corps d'armée du prince d'Eckmühl, et, sous des habits de chef de bataillon, gagna Gand où il resta jusqu'aux Cent-Jours. Rentré alors en France, il fut nommé conseiller à la cour de Rennes, mais refusa ces fonctions. Proscrit comme régicide par la loi du 12 janvier 1816, il revint se fixer

à Gand. Son fils, Hyacinthe Méaulle, alors avocat à Rennes, demanda un passeport pour l'y rejoindre, le 29 février 1816; le préfet d'Ille-et-Vilaine écrivait à cette occasion : « Je crois qu'il est plutôt bon que fâcheux que le sieur Méaulle quitte la France. » Revenu à Rennes, le fils demanda en vain 5 janvier 1819, le retour de son père, qui mourut à Gand à 75 ans. Membre de la Légion d'honneur le 25 prairial an XII, et chevalier de l'Empire le 29 août 1809.

MÉAULLE (Hyacinthe-Charles), représentant du peuple en 1848, né à Paris le 7 juillet 1795, mort au château des Rouxières (Ille-et-Vilaine) le 28 mars 1890, fils du précédent, se fit inscrire en 1820 au barreau de Rennes. où il ne tarda pas à acquérir de la réputation et dont il fut plusieurs fois bâtonnier. On le remarqua surtout dans l'affaire du capitaine Bellot, accusé d'avoir fait la traite des nègres sur les côtes d'Afrique, et dans celle du professeur Sarget, diffamé par un journal local. Dans ses plaidoiries, il attaqua la politique de M. Guizot, blâma ses complaisances pour les ministres anglais, et combattit ce qu'on appelait alors la liberté d'enseignement. Il devint ainsi l'un des chefs les plus écoutés du parti libéral. Le 24 février 1848, il forma, dans le conseil municipal de Rennes, un comité révolutionnaire qui s'empara de la préfecture, proclama la République et administra la ville. Élu représentant d'Ille-et-Vilaine à l'Assemblée constituante, le 4 juin 1848, en remplacement de M. de Lamartine qui avait opté pour la Seine, par 37,436 voix (72,691 votants, 151,768 inscrits), M. Méaulle fit partie du comité des affaires étrangères, et vota en général avec le parti Cavaignac, *pour* les poursuites contre L. Blanc, *contre* les poursuites contre Caussidière, *contre* l'abolition de la peine de mort, *contre* l'impôt progressif, *pour* l'incompatibilité des fonctions, *contre* l'amendement Grévy, *contre* la sanction de la Constitution par le peuple, *pour* l'ensemble de la Constitution, *contre* la proposition Rateau, et *pour* l'interdiction des clubs. Après l'élection présidentielle du 10 décembre, il avait fait une opposition discrète au prince-président. Non réélu à la Législative, il retourna reprendre sa place au barreau de Rennes. Marié, en 1820, avec Mlle Constance Divel, il a célébré en 1880 ses noces de diamant. Chevalier de la Légion d'honneur en 1888, il est mort deux ans après, à 95 ans; il était, depuis cinquante ans, maire de Châtillon-en-Vendelais (Ille-et-Vilaine).

MEAUX (Camille-Augustin de), député de 1815 à 1816, de 1824 à 1830, né à Montbrison (Loire) le 15 juillet 1771, mort à la Trappe d'Aiguebelle (Savoie) le 15 juin 1849, d'une famille de vieille noblesse, branche de la maison de Coucy, propriétaire, maire de Montbrison et conseiller général du département, fut élu, le 22 août 1815, député du collège de département de la Loire, par 89 voix (171 votants, 234 inscrits). Il siégea dans la majorité ultra-royaliste de la Chambre introuvable, ne se représenta pas l'année suivante, et resta éloigné pendant quelques années de la scène politique. Candidat aux élections du 25 février 1824, il échoua dans le 1er arrondissement électoral de la Loire (Montbrison), avec 44 voix, contre 81 à l'élu, M. Battault de Pommerol; mais il fut élu huit jours après, le 6 mars, par le grand collège du même département, avec 77 voix (114 votants, 208 inscrits), et fut réélu, le 24 novembre 1827, par

82 voix (114 votants et 189 inscrits). M. de Meaux ne cessa de voter avec la majorité ministérielle et fut des 300 fidèles de M. de Villèle. Un de ses biographes remarque que, pour ne pas laisser de doute sur ses opinions, M. de Meaux avait été se loger, rue de l'Université, à l'*Hôtel des Ministres*. Il soutint le ministère Polignac contre les 221, et ne fut pas réélu en juin 1830. Il renonça dès lors à la politique pour se consacrer à des œuvres religieuses.

MEAUX (MARIE-CAMILLE-ALFRED, VICOMTE DE), représentant en 1871, membre du Sénat et ministre, né à Montbrison (Loire) le 18 septembre 1830, de la famille du précédent, gendre de Montalembert, collabora dans sa jeunesse au *Correspondant*, puis s'occupa de politique et se présenta, le 1er juin 1863, comme candidat de «l'opposition libérale» au Corps législatif dans la 3e circonscription de la Loire; il échoua, avec 7,553 voix contre 17,853 à l'élu officiel, M. Bouchetal-Laroche, et ne fut pas plus heureux le 24 mai 1869, avec 10,402 voix, contre 16,858 au député sortant, M. Bouchetal-Laroche, réélu. Conseiller municipal de Montbrison, il signa, en septembre 1870, une proclamation aux habitants qui adhérait à la République, et fut élu, le 8 février 1871, représentant de la Loire à l'Assemblée nationale, le 8e sur 11, par 48,088 voix (89,275 votants, 143,320 inscrits). Il prit place au centre droit, devint secrétaire de l'Assemblée, fut rapporteur des préliminaires de paix, du projet pour la suppression de la garde nationale, du projet d'enquête sur le 18 mars, de la loi sur la municipalité de Lyon (c'est à cette occasion que M. Le Royer (*voy. ce nom*) employa le mot « bagage » qui amena la démission de M. Grévy), vota *pour* la paix, *pour* l'abrogation des lois d'exil, *pour* la pétition des évêques, *contre* le service de trois ans, *pour* la démission de Thiers, *pour* le septennat, *pour* la loi des maires, et, membre de la commission des lois constitutionnelles, les repoussa (25 février 1875). Ce ne fut donc pas sans un certain étonnement qu'on le vit entrer, le 10 mars suivant, dans le cabinet chargé de les appliquer, avec le portefeuille de l'Agriculture et du Commerce; dans un discours qu'il prononça à la chambre de commerce de Saint-Étienne, un mois après, il parut du moins se résigner au gouvernement de fait; aussi la droite refusa-t-elle de le porter sur la liste des sénateurs inamovibles. Il fut élu sénateur de la Loire, le 30 janvier 1876, par 205 voix (393 votants). Lors des élections législatives du 20 février suivant, il recommanda, par une circulaire, à tous les agents sous ses ordres, de respecter et de faire respecter la liberté des suffrages. Il quitta le ministère le 8 mars suivant, et, au Sénat, prit place à l'extrême-droite. Après l'acte du 16 mai, il reprit son portefeuille dans le ministère de Broglie-Fourtou jusqu'au 22 novembre 1877, et, cette fois, recommanda à ses agents de soutenir de tout leur pouvoir les candidats du Maréchal. Conseiller général de Saint-Georges-en-Couzan (Loire), M. de Meaux échoua au renouvellement triennal du Sénat, le 5 janvier 1879, avec 117 voix sur 390 votants. Le 4 octobre 1885, porté sur la liste conservatrice de la Loire, il échoua avec 49,734 voix sur 116,857 votants. Il a publié : *la Révolution et l'Empire 1789-1815* (1867 et 1868); *Les luttes religieuses au XVIe siècle* (1879).

MÉCHIN (ANTOINE-ALEXANDRE), député en 1789, né à Bouin (Vendée) le 13 janvier 1746, mort à Machecoul (Loire-Inférieure) le 11 mars 1793, entra dans les ordres, et fut nommé, en 1786, curé de Brains (Loire-Inférieure). Les députés suppléants du clergé de la sénéchaussée de Nantes ayant refusé de remplacer les députés démissionnaires, on procéda à de nouvelles élections le 25 septembre 1789, et l'abbé Méchin fut élu député-suppléant du clergé aux États-Généraux; le dernier titulaire élu, Maisonneuve, ayant encore donné sa démission, l'abbé Méchin fut appelé à siéger à la Constituante (28 octobre 1789). Il prêta le serment civique le 3 janvier 1791, mais il le rétracta deux jours après, et, comme on avait refusé de l'entendre, il publia dans le *Journal ecclésiastique* sa lettre de rétractation. De retour à Brains après la session, il prêta de nouveau serment pour rester curé constitutionnel, et reçut un certificat de civisme. On a raconté que trois habitants du pays, pris par les insurgés des environs de Machecoul en mars 1793, rachetèrent leur vie en livrant l'ancien curé schismatique de Brains; quoi qu'il en soit de cette tradition, M. Méchin périt massacré à Machecoul dans une des rues de la ville.

MÉCHIN (ALEXANDRE-EDME, BARON), député de 1819 à 1831, né à Paris le 18 mars 1772, mort à Paris le 20 septembre 1849, était fils d'un commis au ministère de la Guerre. Partisan de la Révolution, jacobin en 1790, il se lia avec les Girondins, fut proscrit au 31 mai 1793, rentra après le 9 thermidor, et accompagna Fréron dans sa mission du Midi (an III). Au retour, il fut nommé chef du cabinet de Bénézech, ministre de l'Intérieur, fut envoyé à Malte (juillet 1798) en qualité de commissaire du Directoire en remplacement de Regnault de Saint-Jean-d'Angely; mais, étant passé par l'Italie pour se rendre à son poste, il fut arrêté à Viterbe dans une émeute, avec sa femme, « une des plus belles personnes de son temps », remarque un biographe. Il revint en France, fut nommé préfet des Landes (an IX), de la Roër (an X), de l'Aisne (au XIII), du Calvados (1810), et créé baron de l'Empire le 31 décembre 1809. Révoqué à la Restauration, il fut, aux Cent-Jours, préfet d'Ille-et-Vilaine (6 avril 1815), jusqu'au retour des Bourbons. En 1816, il ouvrit une maison de banque, et, le 11 septembre 1819, fut élu député du grand collège de l'Aisne, par 573 voix sur 1,089 votants et 1,495 inscrits. Il prit place à la gauche, dont il devint un des orateurs les plus mordants et les plus actifs, vota *pour* l'admission de Grégoire, *contre* les lois d'exception, *contre* la nouvelle loi électorale, etc. Réélu, le 25 février 1824, dans le 4e arrondissement électoral de l'Aisne (Soissons) par 208 voix sur 404 votants et 443 inscrits, contre 195 à M. Nicolaï, il reprit son opposition contre le ministère Villèle, combattit (avril 1824) le projet de conversion des rentes, et vit son mandat renouvelé, le 17 novembre 1827, par 195 voix sur 295 votants et 343 inscrits, contre 73 à M. Morel, président de tribunal, et 18 au comte de Labédoyère. Le baron Méchin signa l'adresse des 221 contre le ministère Polignac, et fut réélu, le 23 juin 1830, par 251 voix sur 344 votants et 388 inscrits, contre 68 au comte de Chamisso. Il coopéra à l'établissement du gouvernement de juillet, qui le nomma préfet du Nord; soumis de ce chef à la réélection, il vit son mandat confirmé, le 20 décembre 1830, par 268 voix sur 342 votants. Il ne revint pas à la Chambre aux élections de 1831, fut nommé conseiller d'État, comme tel, et mis à la retraite, comme tel, le 12 mai 1840. On a de lui des brochures politiques et une traduction en vers de *Juvénal* (1827).

MÉDAL Etienne-Joseph-Auguste, représentant du peuple en 1848, député de 1876 à 1881, né à Sonnac (Aveyron) le 15 octobre 1812, propriétaire et agriculteur à Sonnac, arrondissement de Villefranche, était en même temps inscrit au barreau de cette dernière ville. Ses opinions libérales le firent élire représentant de l'Aveyron à l'Assemblée constituante, le 23 avril 1848, le 10e et dernier, par 30,111 voix (90,119 votants, 105,448 inscrits). Il prit place à l'extrême-gauche, fit partie du comité de l'intérieur, combattit la politique de Louis-Napoléon, et vota *pour* le bannissement de la famille d'Orléans, *contre* les poursuites contre L. Blanc, s'abstint sur les poursuites visant Caussidière, *pour* l'abolition de la peine de mort, *contre* l'impôt progressif, *pour* l'incompatibilité des fonctions, *pour* l'amendement Grévy, *contre* la sanction de la Constitution par le peuple, *contre* la proposition Rateau, *contre* l'interdiction des clubs, *contre* l'expédition de Rome, *pour* la demande de mise en accusation du président et des ministres. Il était en congé lors du vote sur l'ensemble de la Constitution. Non réélu à la Législative, M. Médal retourna à Villefranche, où il se tint longtemps en dehors de la politique active. Il ne reparut sur la scène politique qu'après la législature de 1871-1876. Conseiller général du canton d'Asprières, il se porta candidat au Sénat, le 30 janvier 1876, dans l'Aveyron, où il échoua avec 125 voix sur 380 votants; mais il fut élu, le 20 février suivant, député de la 2e circonscription de Villefranche, par 7,828 voix (12,959 votants, 16,555 inscrits), contre 5,043 à M. le duc Decazes. Il prit place à gauche et vota *contre* l'ordre du jour de confiance demandé par le ministère de Broglie. Réélu, le 14 octobre 1877, comme l'un des 363, par 8,344 voix (12,604 votants, 16,959 inscrits), contre 4,166 à M. Lala, il continua de siéger à gauche, mais repoussa cependant, au mois de juillet 1879, le projet de loi Ferry sur l'enseignement supérieur. Il ne se représenta pas aux élections de 1881.

MÉDECIN (Gaspard-Laurent-Florian), représentant en 1874-76, né à Monaco (Alpes-Maritimes) le 22 septembre 1823, était maire de Menton et conseiller général des Alpes-Maritimes, lorsqu'il fut élu, le 18 octobre 1874, représentant de ce département à l'Assemblée nationale, par 18,223 voix (35,506 votants, 55,235 inscrits), en remplacement de M. Piccon, démissionnaire. Républicain, il siégea à gauche, et vota *pour* l'amendement Wallon et *pour* l'ensemble des lois constitutionnelles. M. Médecin ne fut pas réélu en 1876.

MEDING (Werner de), député au Corps législatif de 1812 à 1814, né à Lunebourg (Allemagne) en 1747, mort à une date inconnue, fut conseiller provincial dans son pays et membre de la commission de liquidation de Lunebourg. Le 2 avril 1812, l'empereur le choisit, sur une liste dressée par le préfet des Bouches-de-l'Elbe, pour représenter ce département au Corps législatif. En 1813, il fut l'un des chefs de l'insurrection de Hambourg, et fut nommé membre de la Commission provisoire du gouvernement. Werner de Meding siégea jusqu'aux traités de 1814.

MEERMAN VAN DALEM ET WAUREN (Jean, comte), membre du Sénat conservateur, né à la Haye (Hollande) le 1er novembre 1753, mort à la Haye le 19 août 1815, d'une famille de la Flandre hollandaise, dont une branche se fixa à Bordeaux à la fin du xve siècle, et y est encore représentée dans le haut commerce, était fils unique du baron Gérard Meerman 1722-1771), érudit Hollandais et membre du Sénat de Rotterdam. Il reçut une solide instruction: à peine âgé de dix ans, il achevait, avec l'aide de son précepteur, une traduction du *Mariage forcé* de Molière, imprimée à Rotterdam en 1764. Ses études terminées à l'école latine, il fut admis à l'Université de Leipsig, puis à celles de Gœttingue et de Leyde. Docteur en droit, il visita les principales contrées de l'Europe, et se livra avec ardeur à la culture des lettres; il publia d'abord le supplément du *Thesaurus juris civilis et canonici* (1780), obtint en 1784 un prix de l'Académie française des inscriptions pour un mémoire sur cette question: *Comparer ensemble la Ligue des Achéens, celle des Suisses en 1307, et la Ligue des Provinces-Unies en 1579*, et commença la publication de l'*Histoire de Guillaume, comte de Hollande et roi des Romains* (1783-1797). Ambitieux de jouer un rôle politique, il tenta vainement à plusieurs reprises de devenir représentant de la Frise, réussit à se faire nommer membre de la régence de Leyde, et, attaché au parti aristocratique, combattit avec violence les principes de la Révolution française. Dans son aversion pour les idées démocratiques, il quitta son pays en 1797, pour ne pas assister au triomphe de la France, et fit un assez long séjour dans le Nord. Rallié un peu plus tard au gouvernement du roi Louis Bonaparte, qu'il alla recevoir à la frontière, Meerman fut nommé chambellan du prince, directeur général des arts et des sciences du royaume, et, après l'annexion de la Hollande à l'empire français, accepta le titre de comte et les fonctions de membre du Sénat conservateur (10 décembre 1810). « Dans cette nouvelle position, écrit un biographe, il ne sut garder ni son indépendance ni sa dignité. » On a de lui un poème sur *Montmartre* (Paris, 1812), recueil de flatteries serviles à l'égard de Napoléon. Il revint habiter la Haye en 1814. Meerman a laissé encore un assez grand nombre d'ouvrages parmi lesquels: *Relations de la Grande-Bretagne et de l'Irlande* (1787); *Relations sur les monarchies de Prusse, d'Autriche et de Sicile* (1789); *Relations sur le nord et le nord-est de l'Europe* (1804-1805); *Des preuves de la sagesse divine fournies par l'histoire* (1806); *Parallèle de Josué, Antonin le Pieux et Henri IV* (1807), etc.

MEFFRAY. — *Voy.* Césarges (de).

MÈGE (Jean-Jacques-Michel-Hippolyte), représentant du peuple en 1848 et en 1849, né à Sibiril (Finistère) le 5 janvier 1808, mort à Morlaix (Finistère) le 4 février 1889, prit, à Roscoff, la suite de la maison de son père armateur et banquier, et se retira des affaires en 1824. Conservateur libéral, il fut élu, le 23 avril 1848, représentant du Finistère à l'Assemblée constituante, le 11e sur 16, par 62,645 voix. Il fit partie du comité du commerce, et vota *pour* les poursuites contre L. Blanc et Caussidière, *contre* la sanction de la Constitution par le peuple, *pour* l'ensemble de la Constitution, *pour* la proposition Rateau, *pour* l'interdiction des clubs, *pour* l'expédition de Rome, *contre* la demande de mise en accusation du président et des ministres. Réélu, le 13 mai 1849, dans le même département, à l'Assemblée législative, le 6e sur 13, par 55,568 voix (86,649 votants, 150,165 inscrits), il se montra hostile à la politique de l'Elysée et protesta contre le 2 décembre. Le 29 février 1852, il posa sa candidature d'opposition au Corps législatif dans la 3ᵉ circonscription du Finistère où il échoua avec 4,528 voix, contre 12,800 au candidat officiel élu, M. de Tromelin. Resté en dehors de la politique pendant la durée de l'empire et pendant le septennat, il se représenta de nouveau à la députation le 21 août 1881, dans la 1ʳᵉ circonscription de Morlaix, et échoua avec 5,793 voix, contre 6,948 à l'élu, M. Rousseau, républicain.

MÈGE (Jacques-Philippe), député au Corps législatif de 1863 à 1870, ministre et sénateur, né à Riom (Puy-de-Dôme) le 15 septembre 1817, mort à Clermont-Ferrand (Puy-de-Dôme) le 27 janvier 1878, fut reçu docteur en droit à Paris en 1844, puis se fit inscrire au barreau de Clermont-Ferrand. Juge suppléant au tribunal l'année suivante, il reprit au bout de quelque temps ses fonctions au barreau, et fut bâtonnier de l'ordre en 1862. Cette même année, il fut nommé maire de la ville et conseiller général du département. Ami de M. Rouher, il fut le candidat officiel au Corps législatif dans la 1ʳᵉ circonscription du Puy-de-Dôme, le 1ᵉʳ juin 1863, fut élu par 20,986 voix (23,935 votants, 31,477 inscrits) contre 2,959 à M. de Chazelles, et fut réélu, le 24 mai 1869 par 21,466 voix (24,744 votants, 32,820 inscrits), contre 3,139 voix à M. de Doubet. Un des membres les plus influents du parti conservateur jusqu'en 1869, il prit place, à cette époque, dans le tiers-parti libéral et signa la demande d'interpellation des 116. Vice-président du Corps législatif, il faillit être appelé au ministère de l'Instruction publique, au moment de l'évolution de l'Empire libéral, et reçut effectivement ce portefeuille du 13 mai au 9 août 1870, date de la constitution du ministère Palikao. Rentré dans la vie privée, il ne reparut sur la scène politique qu'en 1876. Le 30 janvier de cette dernière année, il fut élu sénateur du Puy-de-Dôme, par 291 voix (569 votants), siégea dans le groupe de l'Appel au peuple, et vota la dissolution de la Chambre demandée par le ministère de Broglie. Chevalier de la Légion d'honneur depuis 1862, officier depuis le 4 août 1867, il mourut en janvier 1878.

MEIFFREN. — *Voy.* Laugier de Chartrouse.

MEIFRUN (Pierre-Joseph), député en 1789, é à Toulon (Var) en 1723, mort à Toulon le 7 mai 1814, propriétaire et consul dans cette ville, fut élu, le 6 avril 1789, par cette sénéchaussée, député du tiers aux États-Généraux. Il s'y fit peu remarquer, rentra dans ses foyers après la session, et devint maire de Toulon. Il remplissait encore cette magistrature municipale « lorsque, sous les auteurs d'un recueil biographique imprimé en 1806, la municipalité et les administrateurs livrèrent, en 1793, cette ville aux Anglais. » On perd sa trace depuis cette époque.

MEILHEURAT (Barthélemy-Paul), député de 1831 à 1834, né à Gannat (Allier) le 18 novembre 1792, mort à Paris le 29 septembre 1841, propriétaire et membre du conseil général de l'Allier, fut élu, le 24 septembre 1831, député du 2ᵉ collège de l'Allier (la Palisse) par 168 voix sur 256 votants et 320 inscrits, en remplacement de M. de Tracy, qui avait opté pour Moulins. Il prit place dans la gauche dynastique, dont il signa le *compte rendu* en 1832, et avec laquelle il vota jusqu'en 1834, époque où il quitta la vie politique.

MEILHEURAT (Pierre-Antoine-Philippe-Joseph), député de 1837 à 1848, né à Gannat (Allier) le 26 mai 1791, mort à Moulins (Allier) le 4 avril 1864, frère du précédent, s'occupa d'abord de littérature, et fit représenter à l'Odéon, en 1812, une coméd e en trois actes et en vers, le *Fat en province*, qui eut du succès. Il entra en suite dans l'administration des ponts et chaussées, où il resta 4 ans, et devint officier du génie dans la garde nationale; très royaliste sous la Restauration, il fut appelé aux fonctions de substitut près le tribunal de première instance de Moulins, puis à celui de procureur du roi en 1823, pour une ode composée à l'occasion de la naissance du duc de Bordeaux. En 1830, il se lança dans le mouvement révolutionnaire, se déclara pour Louis-Philippe et conserva ses fonctions judiciaires, grâce à la protection de Dupont de l'Eure. Chevalier de la Légion d'honneur en 1833, conseiller à la cour royale de Riom en 1834, il fut élu député du 1ᵉʳ collège de l'Allier (Moulins), le 4 novembre 1837, par 251 voix (410 votants, 599 inscrits), contre 154 voix à M. Labrousse, et réélu, le 2 mars 1839, par 260 voix (474 votants). Il prit place parmi les ministériels, et vota *pour* la dotation du duc de Nemours, *pour* le recensement, *contre* l'adjonction des capacités, *contre* les incompatibilités. Ayant été nommé directeur des affaires criminelles et des grâces au ministère de la Justice, il dut se représenter devant ses électeurs, qui lui renouvelèrent son mandat, le 30 novembre 1841, par 288 voix (517 votants) contre 111 voix à M. Bureaux de Puzy et 109 à M. Durye, et le réélirent successivement ensuite : le 9 juillet 1842, par 248 voix (485 votants, 643 inscrits), contre 126 voix à M. de Tracy, et, le 1ᵉʳ août 1846, par 259 voix (489 votants, 649 inscrits), contre 179 voix à M. Tourret. Fidèle à la politique des ministères, il vota *pour* l'indemnité Pritchard et repoussa toutes les mesures libérales proposées par l'opposition. Durant son passage au ministère de la Justice, il eut à s'occuper de la demande en restitution des biens confisqués sur Lesurques, demande formulée par les héritiers. Avant de procéder à cette restitution, M. Lacave-Laplagne, ministre des Finances, fit demander au garde des sceaux un rapport sur cette affaire. M. Meilheurat, chargé du rapport, conclut au rejet ; il avait dit à Madame d'Anjou, fille de la victime, qu'il n'avait pas la conviction de l'innocence de son père ; cette malheureuse femme se noya de désespoir. M. Meilheurat rentra dans la vie privée à la révolution de 1848.

MEILLAN (Arnaud-Jean), membre de la Convention et député au Conseil des Anciens, né à Bayonne (Basses-Pyrénées) le 6 décembre 1748, mort à Bayonne le 28 juin 1809, négociant et échevin dans cette ville avant la Révolution, administrateur du département depuis 1791, fut élu, le 5 septembre 1792, député des Basses-Pyrénées à la Convention. Le 5ᵉ sur 6, par 163 voix (334 votants), il vota, dans le procès du roi, *pour* l'appel au peuple, et répondit au 3ᵉ appel nominal : « Je ne répéterai point ce qui a été dit contre la cumulation des fonctions de législateur, de juré et de juge; la plus fausse mesure, selon moi, est celle qui ferait tomber une tête qui peut être un jour utile. Je vote pour la réclusion et le bannissement après la guerre. » Les opinions contre-révolutionnaires de Meillan le firent, à la suite des événements du 31 mai, déclarer traître à la patrie et mettre hors la loi; ses biens furent confisqués. Il échappa d'ailleurs aux poursuites, et donna sa démission dans les premiers jours d'août 1793. Après le 9 thermidor, il fut question de le rappeler, et, non sans quelque hésitation, la nouvelle majorité s'y décida (1795). Envoyé en mission à l'armée des Pyrénées-Occidentales, il rendit compte de l'acceptation de la Constitution par cette armée. Il fut réélu, le 4 brumaire an IV, par ses collègues de la Convention, membre du Conseil des Anciens, en devint secrétaire, attaqua vivement la résolution assimilant aux émigrés les individus qui s'étaient soustraits à la déportation, et, sorti du Conseil des Anciens, se retira à Bayonne, où il mourut, membre de la chambre de commerce.

MEINADIER (Pierre-Jacques-Ernest), membre du Sénat, né à Saint-André de Valborgne (Gard) le 16 juillet 1812, entra à l'Ecole polytechnique en 1829, et prit part avec ses camarades aux journées de juillet, où il fut blessé sur une barricade. Classé dans l'artillerie à sa sortie, il n'eut pas un avancement rapide : vingt-trois ans après, il n'était encore que capitaine, au moment de la guerre de Crimée. Il assista à cette campagne, puis à celle d'Italie comme chef d'escadron d'artillerie, devint officier de la Légion d'honneur le 18 septembre 1859, et fut promu peu après lieutenant-colonel et adjoint au commandant de l'artillerie de la 19e division à Bourges. Colonel en 1868, et directeur de l'artillerie à Strasbourg, il fut mis à la retraite le 24 juin 1870. Conseiller général de Saint-André-de-Valborgne le 8 octobre 1871, il fut élu sénateur du Gard, le 30 janvier 1876, par 225 voix (430 votants). Il se fit inscrire à la gauche républicaine, vota *contre* la dissolution de la Chambre demandée par le ministère de Broglie, prit part aux discussions militaires, notamment à celles sur la loi relative à l'état-major, fut rapporteur (juin 1881) du projet sur l'avancement dans l'armée, et fit voter à cette occasion une commission de classement; en juin 1879, il s'était prononcé contre le retour des Chambres à Paris. Il fut réélu, au renouvellement triennal du Sénat, le 6 janvier 1885, par 581 voix (846 votants). Il reprit sa place à gauche, déposa (avril 1888) un amendement destiné à atténuer les inconvénients techniques du service de trois ans, et se prononça, en dernier lieu, *pour* le rétablissement du scrutin d'arrondissement (13 février 1889), *pour* le projet de loi Lisbonne restrictif de la liberté de la presse, *pour* la procédure à suivre devant le Sénat contre le général Boulanger.

MEISSAS (Pierre-Alexandre-Antoine-Gabriel-Nicolas de), député au Conseil des Cinq-Cents, né à Serres (Hautes-Alpes) le 28 novembre 1765, mort à Serres le 25 février 1840, « fils de M. Gabriel de Meissas et de dame Madeleine Brachet», fut chirurgien aux armées durant la période révolutionnaire. Administrateur des Hautes-Alpes, il représenta ce département au Conseil des Cinq-Cents, du 24 germinal an VII jusqu'au 18 brumaire an VIII, ne se montra pas hostile au coup d'Etat de brumaire, et fut nommé, le 14 germinal an VIII, sous-préfet d'Embrun.

MEISSONNIER. — *Voy.* Chateauvieux (de).

MÉJANSAC (Jacques), membre de la Convention et député au Conseil des Cinq-Cents, né à Pierrefort (Cantal) le 27 septembre 1750, mort à Moissac (Cantal) le 14 octobre 1837,

était avocat à Aurillac avant la Révolution. Procureur général du département, il fut élu, le 4 septembre 1792, député du Cantal à la Convention, le 3e sur 8, par 235 voix (364 votants). Il prit place à droite, et, dans le procès du roi, vota *pour* l'appel au peuple, puis *pour* la réclusion pendant la guerre et le bannissement à la paix. Il ne put prendre part à la délibération sur le sursis, étant retenu par une grave indisposition. Devenu, le 22 vendémiaire an IV, membre du Conseil des Cinq-Cents, toujours comme député du Cantal, il s'y fit peu remarquer, et en sortit en 1798. Il remplit ensuite les fonctions d'inspecteur des contributions, et celles de juge au tribunal civil de Saint-Flour, qu'il conserva sous la Restauration.

MÉLINE (Félix-Jules), représentant en 1871, député de 1876 à 1889, ministre, né à Remiremont (Vosges) le 20 mai 1838, fit à Paris ses études de droit et s'inscrivit au barreau de la cour d'appel. D'opinions républicaines modérées, il devint, après le 4 septembre 1870, adjoint au maire du 1er arrondissement. Il s'associa à la politique du gouvernement de la Défense nationale, et, en mars 1871, fut élu membre de la Commune par les républicains conservateurs de son arrondissement : M. Méline n'accepta pas ce mandat. Le 8 février précédent, il avait réuni dans les Vosges, comme candidat à l'Assemblée nationale, sans être élu, 20,063 voix (58,175 votants). Il n'entra au parlement qu'à la faveur d'une élection partielle, le 12 octobre 1872, en remplacement de M. Steinhell, avec 32,160 voix (55,143 votants, 112,184 inscrits), contre 25,868 à M. Mougeot, monarchiste. M. Méline appartint, dans l'Assemblée, aux groupes de la gauche et de l'Union républicaine. Il soutint le gouvernement de Thiers, prit quelquefois la parole et vota: *pour* le service de trois ans, *contre* la chute de Thiers au 24 mai, *contre* le septennat, *contre* l'état de siège, *contre* le ministère de Broglie, *pour* l'amendement Wallon, *pour* l'ensemble des lois constitutionnelles. Il se représenta, le 20 février 1876, dans l'arrondissement de Remiremont, qui l'envoya siéger à la Chambre des députés, par 8,071 voix (9,430 votants, 17,960 inscrits). Membre du conseil général des Vosges pour le canton de Portieux, fondateur du journal le *Mémorial des Vosges* publié à Epinal, M. Méline suivit, dans la Chambre nouvelle, la même ligne de conduite que précédemment. Il opina avec la fraction la plus modérée de la majorité républicaine, proposa (août 1876) un amendement transactionnel en faveur des aumôniers militaires demandant leur maintien là seulement où il y aurait 2,000 hommes rassemblés, et se prononça *contre* la proposition d'amnistie plénière. Dans le cabinet du 13 décembre 1876 (cabinet Jules Simon), il fut nommé sous-secrétaire d'Etat au ministère de la Justice. Il resta en fonctions jusqu'au 16 mai 1877, et fut au nombre des 363 adversaires du gouvernement qui prononça la dissolution de la Chambre. Réélu, après cette dissolution, le 14 octobre 1877, par 9,750 voix (15,387 votants, 18,987 inscrits), contre 5,519 à M. Krantz, candidat officiel, frère du sénateur républicain, il reprit sa place à gauche, soutint le cabinet Dufaure et les cabinets qui suivirent, vota *pour* l'article 7, *pour* les lois Ferry sur l'enseignement, *contre* l'amnistie plénière, *pour* l'invalidation de l'élection de Blanqui, et, membre de la commission du tarif général des douanes, fut un des principaux rapporteurs du projet (1880);

en cette qualité, il affirma ses théories protectionnistes, à l'encontre des tendances libre-échangistes du ministre du Commerce d'alors. Ayant obtenu le renouvellement de son mandat, le 21 août 1881, par 8,956 voix (10,842 votants, 19,443 inscrits), M. Méline continua de soutenir en politique le système opportuniste, en matière économique le système protectionniste; il donna son suffrage au ministère Gambetta, et, lors de la constitution du second cabinet présidé par M. J. Ferry (21 février 1883), il accepta le portefeuille de l'Agriculture, le département du Commerce étant confié à M. Hérisson. M. Méline donna libre cours à ses idées protectionnistes: parmi les lois d'affaires dont il obtint le vote en 1884, la première place appartint à la loi sur le régime des sucres; cette loi n'était pas seulement une réforme fiscale de l'assiette de l'impôt, elle marquait encore le début d'une ère nouvelle dans la politique économique: d'une part, en effet, la loi relevait les droits sur les sucres qui avaient été abaissés en 1880, de l'autre elle renfermait certaines dispositions dont le sens «prohibitionniste» était conforme aux promesses faites, en diverses circonstances, aux intérêts ruraux par le ministre de l'Agriculture. M. Méline saisit aussi la Chambre d'un projet relevant les droits d'entrée sur les bestiaux et les céréales: ce projet donna lieu à d'ardents polémiques au Palais-Bourbon et dans la presse, et le ministre et ses amis, qualifiés de partisans du «pain cher», furent de la part des radicaux l'objet de vives attaques. M. Méline quitta le pouvoir en même temps que M. J. Ferry, le 5 avril 1885, après avoir créé une décoration spéciale pour les agriculteurs, le *Mérite agricole*. Il avait, avec ses collègues, partagé la responsabilité de l'entreprise du Tonkin. Porté, le 4 octobre 1885, sur la liste opportuniste des Vosges, il fut élu député de ce département, le 1er sur 6, par 47,292 voix (87,635 votants, 108,400 inscrits). Il donna son voile à la politique suivie par MM. Rouvier et Tirard, tout en se montrant fidèle à ses principes économiques: en mars 1887, il défendit la surtaxe des céréales, et en juin, il combattit le projet relevant les taux légaux de rendement des betteraves prises en charge, et fut rapporteur, en décembre, du projet de prorogation à six mois du traité de commerce avec l'Italie. Lorsque M. Floquet, président de la Chambre, fut appelé à prendre la présidence du conseil, ce fut M. Méline qui lui succéda au fauteuil, élu, le 3 avril 1888, au 3e tour de scrutin, à égalité de voix et seulement au bénéfice de l'âge, contre M. Henri Brisson. Mais sa voix trop faible, l'autorité insuffisante de sa parole dans les débats orageux, firent généralement trouver trop lourdes pour lui ces hautes fonctions qu'il a exercées néanmoins jusqu'à la fin de la législature. Selon l'usage, M. Méline n'a pas pris part aux votes de la Chambre tant qu'il a occupé le fauteuil de la présidence.

MELLINET (François-Anne), membre de la Convention, né à Nantes (Loire-Inférieure) le 29 août 1741, mort à Paris le 19 juin 1793, fils d'un apothicaire établi à Nantes, se destina d'abord au commerce. Il réussit dans cette carrière, fonda des manufactures à Nantes, et se rendit populaire dans la région en faisant dessécher les marais de la Chézine, pour y édifier un entrepôt des cafés. Plusieurs fois délégué par les populations bretonnes pour présenter les vœux généraux de la province, il adhéra avec modération aux idées nouvelles, et fut élu, le 6 septembre 1792, membre de la Convention par le département de la Loire-Inférieure, le 4e sur 8, avec 248 voix (452 votants). Il prit place parmi les modérés et parut quelquefois à la tribune. Le 4 janvier 1793, il présenta un projet «sur les moyens de faire cesser le trouble habituel des séances». Il proposa de constituer un *comité censorial*; mais sa motion fut rejetée. Lors du procès de Louis XVI, il vota pour l'appel au peuple, et répondit au 3e appel nominal: «Comme législateur, le sort de l'État doit seul déterminer ma conscience; c'est d'après cela que je vote pour la réclusion pendant la guerre et le bannissement après la paix.» Il parla encore sur la répression des désordres qui troublaient les provinces riveraines de la Loire, réclama l'envoi d'une grande armée comme le seul moyen de prévenir une invasion des Anglais, et succomba (juin 1793, à une congestion cérébrale.

MELLINET (Émile), sénateur du second Empire, né à Nantes (Loire-Inférieure) le 1er juin 1798, fils d'un général du premier Empire et petit-fils du précédent, reçut les épaulettes de sous-lieutenant en 1815, et fut blessé sous Metz, la même année. Il prit part, en qualité de lieutenant, à la guerre d'Espagne en 1823, et se signala pendant le siège de Saint-Sébastien, où il fut de nouveau blessé. Chef de bataillon en 1840, envoyé en Afrique l'année suivante, il assista à l'expédition du Chéliff en 1842, et à celle de Mostaganem en 1845, où il défit Bou-Maga sous les murs de cette ville. Colonel en 1846, et commandant de la subdivision de Sidi-bel-Abbès, il contribua à la fondation de cette ville, fut rappelé en France après 1848, promu général de brigade le 2 décembre 1850, envoyé à Lyon, à l'état-major de Castellane, puis appelé au commandement d'une brigade de voltigeurs lors de la création de la garde impériale. Au mois d'avril 1855, il rejoignit l'armée d'Orient, fut blessé à la première attaque de Malakoff (18 juin), et promu, en récompense de sa bravoure, général de division quatre jours après (22 juin). A son retour en France, il fut mis à la tête d'une division de la garde impériale, et nommé, en 1856, grand-officier de la Légion d'honneur. Dans la guerre d'Italie, il se distingua à Magenta et à Solférino. Grand-croix de la Légion d'honneur le 17 juin 1859, il fut appelé, le 23 octobre 1863, au commandement supérieur de la garde nationale de la Seine, entra au Sénat le 15 mars 1865, et, en juin suivant, fut élu grand-maître de la franc-maçonnerie en remplacement du maréchal Magnan. Il donna sa démission de la garde nationale en 1869 et de sa dignité dans la franc-maçonnerie l'année suivante, et fut admis à la retraite, comme général de division, le 1er septembre 1878. Le général Mellinet, qui se piquait de dilettantisme, donna ses soins à l'amélioration des musiques militaires et à l'organisation des sociétés chorales.

MELLON. — *Voy.* CACQUERAY (DE).

MELLOT (Pierre-Paul-Fortuné), député de 1885 à 1889, né à Sainte-Gemme (Cher) le 25 septembre 1850, était notaire à Vailly-sur-Sauldre (Cher), maire de cette commune, et avait été successivement élu conseiller d'arrondissement et conseiller général du canton, lorsqu'il obtint de la faveur de M. Henri Brisson son inscription sur la liste opportuniste du Cher aux élections d'octobre 1885. Grâce au désistement de la liste républicaine-socialiste, M. Mellot fut élu député, au second tour de scrutin, le 18 octobre, par 43,861 voix (82,866 votants, 101,195 inscrits), le 3e sur 6. Il prit place à gauche, vota le plus souvent avec la majorité modérée, s'abstint quelquefois, et, après avoir vainement sollicité du gouvernement une situation dans les finances, fit, en 1889, dans les derniers temps de la session, une brusque adhésion au boulangisme, par une lettre que les journaux insérèrent. M. Mellot appartint alors au comité dit « républicain national » et, en dernier lieu, s'abstint sur le rétablissement du scrutin d'arrondissement (11 février 1889), et se prononça *contre* l'ajournement indéfini de la révision de la Constitution, *contre* les poursuites contre trois députés membres de la Ligue des patriotes, *contre* le projet de loi Lisbonne restrictif de la liberté de la presse, *contre* les poursuites contre le général Boulanger.

MELON DE LA BALLANGE (Antoine), député en 1789, né à Tulle (Corrèze) le 2 novembre 1755, mort à une date inconnue, fut, avant la Révolution, lieutenant général de la sénéchaussée de Tulle et membre du conseil provincial de Limoges. Le 21 mars 1789, il fut élu député du tiers aux Etats-Généraux par la sénéchaussée de Tulle. Il prêta le serment du Jeu de paume, opina avec la majorité de la Constituante, et fut nommé commissaire à la caisse de l'extraordinaire (4 juin 1791). Maire de Tulle (1792), président du département de la Corrèze (1793), procureur général syndic en l'an IV, il fut encore membre du jury de l'instruction publique, conseiller général de la Corrèze, inspecteur de l'hospice de Tulle, et président du collège électoral de l'arrondissement d'Ussel.

MELON DE PRADOUX (Martial), député en 1789, dates de naissance et de mort inconnues, entra dans les ordres et fut prieur-curé de Saint-Germain-en-Laye. Il avait été reçu docteur en Sorbonne le 15 juin 1785. Élu (3 avril 1789) député du clergé aux Etats-Généraux par la prévôté et vicomté de Paris, il accompagna le roi à Paris le 6 octobre 1789, et n'eut dans l'Assemblée Constituante qu'un rôle effacé, dont le *Moniteur* n'a gardé aucune trace.

MELSHEIM (Julien-Charles-Auguste), représentant en 1871, né à Rosheim (Bas-Rhin) le 12 août 1828, s'établit comme avoué à Schlestadt. Républicain, il fut élu, le 8 février 1871, représentant du Bas-Rhin à l'Assemblée nationale, le 4e sur 12, par 67,934 voix (101,741 votants, 145,183 inscrits). M. Melsheim se rendit à Bordeaux, prit place à gauche, vota *contre* les préliminaires de paix le 1er mars, et, quand ces préliminaires eurent été adoptés par l'Assemblée, s'associa à la protestation de ses collègues du Haut et du Bas-Rhin, et donna comme eux sa démission de représentant.

MELUN (Armand-Marie-Joachim, baron de), représentant en 1849, né à Brumetz (Aisne) le 24 septembre 1807, mort à Paris le 24 juin 1877, « fils de Anne-Joachim-François, vicomte et comte de Melun, auditeur au conseil d'Etat, brigadier de la 1re compagnie des mousquetaires de la garde royale, et de Amélie de Faure », était issu d'une famille noble d'où sont sortis des guerriers, des prélats, et de hauts officiers de la couronne. Riche propriétaire, il fut élu, le 13 mai 1849, représentant d'Ille-et-Vilaine à l'Assemblée Législative, le 6e sur 12, par 73,789 voix (106,407 votants, 154,958 inscrits). « Homme honnête, plein de préjugés », écrit un biographe, M. de Melun siégea à droite et vota constamment des conservateurs-monarchistes de la majorité, *pour* l'expédition romaine, *pour* la loi Falloux-Parieu sur l'enseignement, *pour* la loi restrictive du suffrage universel, etc. Il rentra dans la vie privée en 1851.

MELUN (Anatole-Louis-Joachim-Joseph, vicomte de), représentant en 1849 et en 1871, né à Brumetz (Aisne) le 24 septembre 1807, mort à Brumetz le 17 janvier 1888, frère jumeau du précédent, propriétaire, conseiller général, fut élu par les conservateurs-monarchistes du Nord, le 13 mai 1849, représentant à l'Assemblée législative, le 21e sur 24, avec 77,979 voix (183,521 votants, 290,196 inscrits). Il opina avec la majorité, rentra dans la vie privée après le coup d'Etat, et redevint représentant du Nord à l'Assemblée nationale, le 8 février 1871, le 17e sur 28, avec 204,908 suffrages (262,927 votants, 326,449 inscrits.) M. de Melun vota *pour* la paix, *pour* les prières publiques, *pour* l'abrogation des lois d'exil, *pour* le pouvoir constituant, *pour* la chute de Thiers au 24 mai, *pour* le septennat, *pour* la loi des maires, *pour* l'état de siège, *contre* les amendements Wallon et Pascal Duprat, *contre* les lois constitutionnelles, et rentra dans la vie privée après la législature.

MELVIL-BLONCOURT (Suzanne, vicomte), représentant en 1871, né à la Pointe-à-Pitre (Guadeloupe) le 23 novembre 1823, mort à Paris le 9 novembre 1880, fit ses études au collège Louis-le-Grand à Paris et suivit ensuite les cours de l'Ecole de droit. Etant étudiant, il contribua, avec Ferdinand Gambon et plusieurs autres de ses camarades, à la fondation du *Journal des Ecoles*, organe radical de la jeunesse démocratique. Il fut aussi un des promoteurs de la conférence Montesquieu (1846), où se discutaient des questions de législation et d'économie sociale. Après avoir pris une part active, comme représentant des écoles, à la campagne réformiste, il se mêla au mouvement révolutionnaire de 1848, collabora à divers journaux républicains avancés, la *Vraie République*, le *Peuple*, la *Voix du Peuple*, et commença (1850) la publication d'une vaste encyclopédie de la tribune française de 1789 à nos jours sous le titre la *France parlementaire*. Mais ce recueil fut supprimé par le coup d'Etat de 1851, et son auteur, arrêté, subit quelques jours de détention à la Conciergerie. Etranger, sous l'Empire, à la politique militante, M. Melvil-Bloncourt se consacra spécialement à l'étude des questions coloniales; en même temps, il fournissait de nombreux articles à la *Biographie générale* de Didot, au *Dictionnaire universel* de M. Lachâtre, au *Dictionnaire* de Larousse, au *Dictionnaire des communes de France* de Joanne. Candidat, le 9 avril 1871, à l'Assemblée nationale, pour la colonie de la Guadeloupe, il en fut élu représentant, le 1er sur 2, par 3,322 voix (5,620 votants, 20,722 inscrits). Mais, au lieu de prendre séance à Bordeaux et à Versailles, M. Melvil-Bloncourt accepta de la Commune de Paris la direction des engagements pour les bataillons de marche et d'artillerie; il conserva ses fonctions jusqu'au 15 mai. L'insurrection vaincue, il alla siéger à l'extrême-gauche de l'Assemblée nationale, et vota *contre* le pouvoir constituant, *pour* la dissolution, *contre* le gouvernement du 24 mai, *contre* le septennat, etc. Il pensait avoir échappé aux poursuites exercées contre les auteurs de l'insurrection communaliste, lorsqu'une lettre du général du Barrail, ministre de la Guerre, fit part (5 février 1874) à l'Assemblée nationale du rôle joué en 1871 à Paris par le député de la Guadeloupe. A cette lettre était jointe une demande en autorisation de poursuites formulée par le général de Ladmirault, gouverneur de Paris. « Je crois devoir appeler votre attention, écrivait le g néral, sur les faits suivants, desquels il résulte qu'un membre de l'Assemblée nationale est assez sérieusement compromis dans l'insurrection de la Commune pour qu'il puisse être l'objet de poursuites devant un conseil de guerre... . M. Melvil Bloncourt a prêté son concours à la Commune dans les conditions suivantes : 1° le 5 avril 1871, il fut chargé, par décision du membre de la Commune délégué à la guerre, de la direction des engagements pour les bataillons de marche et d'artillerie ; 2° ce même jour, il a pris possession de son poste au ministère de la Guerre, pavillon du ministre, et 23 pièces, — dont 16 revêtues de sa signature, — certifient qu'il a réellement exercé jusqu'au 16 mai 1871 inclus les fonctions de chef du service des enrôlements ; ces pièces portent presque toutes comme en tête : « Ordre du citoyen Cluseret, délégué à la guerre... » L'autorisation de poursuivre fut votée le 27 février 1874, par 532 voix contre 61. M. Melvil-Bloncourt, qui était parti pour Genève quelques jours auparavant, fut condamné par contumace à la peine de mort (5 juin 1874) et déchu de son mandat de représentant le 9 décembre suivant, par un vote de l'Assemblée. Il vécut dès lors obscurément en Suisse, et revint mourir à Paris après l'amnistie (1880).

MEMBRÈDE (André-Charles, chevalier), député au Conseil des Cinq-Cents et au Corps législatif de 1807 à 1814, né à Maëstricht (Hollande) le 4 novembre 1758, mort à une date inconnue, « fils de très savant monsieur Jean-Pierre Membrède, échevin de Maëstricht, et de dame Anne-Elisabeth Limpens, » était avocat dans sa ville natale, et y avait plaidé avec succès, quand éclata la révolution de Belgique. Il s'en déclara partisan, devint bourgmestre de Maëstricht et, après la conquête du pays par les armées françaises, fut élu administrateur du département de la Meuse-Inférieure. Élu par ce même département, le 23 germinal an VI, député au Conseil des Cinq-Cents, il fut plusieurs fois secrétaire de l'assemblée, parla sur la réduction des cantons et sur les impositions, et protesta contre la mise en état de siège de Vanloo et de Maëstricht. D'abord hostile au 18 brumaire, il ne fut point appelé à faire partie du nouveau Corps législatif, mais il se rallia vite au fait accompli, fut nommé président du tribunal criminel de Maëstricht (16 messidor an VIII) et, le lendemain, 17 messidor, juge au tribunal d'appel du département. Membre de la Légion d'honneur (25 vendémiaire an XII), il fut choisi par le Sénat conservateur, comme député de la Meuse-Inférieure au Corps législatif, le 7 mars 1807, et confirmé dans ce mandat le 6 janvier 1813. L'empereur le créa chevalier de l'Empire le 28 mai 1809, et l'éleva aux fonctions de président de chambre à Liège, à la réorganisation des tribunaux, le 24 avril 1811. Lorsque l'invasion de 1814 détacha les provinces belges de la France, Membrède retourna dans son pays, et offrit ses services au nouveau roi des Pays-Bas, Guillaume d'Orange, qui les accepta. Appelé à la seconde chambre des Etats-Généraux, il s'y fit remarquer par son dévouement au ministère hollandais, dont il défendit plusieurs fois avec talent les mesures oppressives contre les Belges, ce qui lui valut du roi le titre de président de la seconde chambre aux Etats-Généraux des Pays-Bas.

MÉMINEAU (Jean-Baptiste), représentant à la Chambre des Cent-Jours, né à Confolens (Charente) le 3 juin 1746, mort à Latrouderie (Charente) le 28 juin 1845, « fils de Charles Mémineau et de Marie Barrier », était notaire à Confolens. Administrateur du directoire du département, procureur général syndic, puis sous-préfet de Confolens (10 germinal an VIII), il fut, le 14 mai 1815, élu représentant de cet arrondissement à la Chambre des Cent-Jours, par 46 voix (81 votants), contre 32 à M. de Landrevie. Il ne fit pas partie d'autres législatures.

MÉNAGER (Antoine-Jean-François, baron), député en 1789, et de 1816 à 1824, né à Germigny-l'Evêque (Seine-et-Marne) le 17 janvier 1756, mort à Germigny-l'Evêque le 1er avril 1826, fils de François Ménager, marchand, et de Anne-Denise Collinet, était négociant à Coulommiers, lorsqu'il fut élu, le 21 mars 1789, député suppléant du tiers aux Etats-Généraux par le bailliage de Meaux. Admis à siéger le 19 mai 1790, en remplacement de M. Desescoutes démissionnaire, il fut chargé de veiller à la fabrication des assignats ; son nom n'est pas cité au *Moniteur*. Conseiller général en 1808, il fut créé chevalier de l'Empire le 17 février 1812. A la Restauration, il fut élu, le 4 octobre 1816, député du grand collège de Seine-et-Marne, par 92 voix (163 votants, 237 inscrits), et réélu, le 20 octobre 1818, par 598 voix (878 votants, 1,381 inscrits). Il prit place au centre, vota en faveur des lois d'exception, et quitta la vie politique aux élections de 1824. Le 11 juin 1819, il avait été créé baron par Louis XVIII.

MENAND (Emiland-Anne-Marie), représentant en 1848 et en 1849, né à Moroges (Saône-e-Loire) le 22 septembre 1784, mort à Mellecey (Saône-et-Loire) le 23 décembre 1871, étudia le droit et exerça à Chalon-sur-Saône la profession d'avocat. Il était établi depuis cinq ans dans cette ville, lorsqu'il se mit (1814) à la tête des corps francs qui combattirent les alliés. Pendant les Cent-Jours, il fut membre du conseil municipal ; puis il fit une opposition active à la Restauration, se vit plusieurs fois poursuivi par le pouvoir royal, salua avec joie la révolution de 1830, et fut nommé, par Dupont (de l'Eure), procureur du roi à Chalon : mais ses opinions démocratiques le firent bientôt destituer (1831). Commandant de la garde nationale, il fut suspendu en 1832, à la suite d'une harangue adressée à sa légion. Conseiller général de Chalon-sud (1833-1836), il ne cacha point, lors de l'insurrection de Lyon, en 1834, ses sympathies républicaines, et fut compris dans les poursuites devant la Chambre des pairs. Condamné à dix ans de déportation, il sut se dérober aux recherches, d'abord sans quitter le département, puis en parcourant l'Allemagne, la Pologne et la Suisse, fut amnistié en 1838, revint à Chalon, et fut réélu commandant de la garde nationale et membre du conseil municipal. Après la révolution de février, le gouvernement provisoire le nomma commissaire en Saône-et-Loire ; le 23 avril 1848, il fut élu représentant de ce département à l'Assemblée constituante, le 11e sur 14, par

77,994 voix (131,602 votants, 136.000 inscrits). M. Menand prit place à la Montagne, fit partie du comité de la justice, et vota : *contre* le rétablissement du cautionnement et de la contrainte par corps, *contre* les poursuites contre Louis Blanc et Caussidière, *pour* l'amendement Grévy, *pour* le droit au travail. Il *s'abstint* dans le scrutin sur l'ensemble de la Constitution, et se prononça encore : *contre* la proposition Rateau, *contre* les crédits de l'expédition romaine, *pour* l'amnistie des transportés, *pour* la mise en accusation du président et de ses ministres, etc. Réélu, le 13 mai 1849, représentant du même département à la Législative, le 2e sur 12, par 75,367 voix (109,200 votants, 152,441 inscrits), M. Menand reprit sa place à la Montagne, appuya l'interpellation de Ledru-Rollin sur les affaires de Rome, et, ayant participé à la journée du 13 juin, fut impliqué dans les poursuites dirigées contre plusieurs représentants et traduit devant la Haute Cour qui se réunit à Versailles. Il échappa à l'arrestation qui le menaçait et se réfugia à Genève. La Haute Cour le condamna par contumace à la déportation.

MENANTEAU (PIERRE-LOUIS), représentant à la Chambre des Cent-Jours, né à Olonne (Vendée) le 12 juillet 1755, « fils du sieur Pierre-André Menanteau et de dame Antoinette Grangié », avocat, devint magistrat de sûreté, conseiller général de la Vendée, sous-préfet des Sables-d'Olonne (5 germinal an XII), et fut élu, le 13 mai 1815, représentant de cet arrondissement à la Chambre des Cent-Jours, par 32 voix (47 votants). Il n'appartint pas à d'autres assemblées.

MÉNARD (JEAN-FRANÇOIS-XAVIER), député en 1791, né à Sumène (Gard) le 9 septembre 1756, mort à Villiers-le-Bel (Seine-et-Oise) le 19 juin 1831, était officier avant la Révolution. Il en adopta les principes, devint en 1791 membre du directoire du département, et fut élu, le 8 septembre 1791, député du Gard à l'Assemblée législative, le 3e sur 8, par 353 voix (423 votants). Il vota obscurément avec la majorité et quitta la vie politique après la session. Rallié au 18 brumaire, il devint préfet de la Manche le 19 pluviôse an IX, mais occupa peu de temps ce poste. Général de brigade le 22 thermidor an X, puis commandeur de la Légion d'honneur en l'an XII, il fut mis à la retraite le 4 septembre 1815.

MÉNARD DE LA GROYE (FRANÇOIS-RENÉ-PIERRE, BARON), député en 1789, et au Conseil des Cinq-Cents, né au Mans (Sarthe) le 16 octobre 1742, mort à Angers (Maine-et-Loire) le 12 août 1813, était conseiller au présidial du Mans avant la Révolution. Elu, le 15 mars 1789, député du tiers aux Etats-Généraux par la sénéchaussée du Maine, il prêta le serment du Jeu de paume, et siégea dans la majorité sans s'y faire remarquer. Rentré dans la vie privée après la session il fut nommé, le 28 vendémiaire an IV, juge au tribunal de la Sarthe. Il exerçait encore ces fonctions quand il fut élu, le 25 germinal an VI, député de la Sarthe au Conseil des Cinq-Cents. Il prit place parmi les modérés, combattit le projet de Briot contre les prêtres que la loi soumettait à la déportation, proposa de prélever un droit sur chaque nouveau-né, et devint secrétaire du Conseil. Rallié, au coup d'Etat de brumaire, il fut appelé aux fonctions de vice-président du tribunal d'appel d'Angers (9 floréal an VIII), fut nommé membre

de la Légion d'honneur (25 prairial an XII) et chevalier de l'Empire (5 août 1809). A la réorganisation des tribunaux, il devint, le 2 avril 1811, premier président à la cour impériale d'Angers ; il exerçait encore ces fonctions au moment de sa mort. Baron de l'Empire du 25 février 1813.

MÉNARD-DORIAN (PAUL-FRANÇOIS-MARIE-ANTOINE), député de 1877 à 1889, né à Lunel (Hérault) le 26 avril 1846, un des grand industriels métallurgistes de son département, directeur des aciéries d'Unieux (Loire), épousa la fille de Dorian, ancien ministre des Travaux publics, dont il ajouta le nom au sien, collabora depuis 1869 à la *Liberté de l'Hérault*, devenue la *République du Midi* depuis 1871, fut nommé (1874) conseiller général de Lunel, et fut élu, le 14 octobre 1877, comme candidat républicain, député de la 1re circonscription de l'Hérault, par 12,233 voix (19,926 votants, 25,930 inscrits), contre 7,611 à M. de Montvaillant, candidat officiel du gouvernement du Seize-Mai. Il prit place à l'extrême-gauche, fut nommé (1878) secrétaire de la Chambre, et s'associa à la plupart des votes des radicaux, notamment pour l'amnistie plénière. Réélu, le 21 août 1881, dans la même circonscription, par 9,991 voix (12,986 votants, 24,453 inscrits), contre 2,002 à M. Brousse, socialiste, il déposa (1882) une proposition tendant à supprimer le privilège des charges d'agents de change, fut rapporteur d'une proposition de réorganisation judiciaire, et parla (1884) sur diverses questions coloniales et maritimes; en plusieurs circonstances, il se rapprocha de la majorité opportuniste. Le 4 octobre 1885, il fut porté sur la liste radicale de l'Hérault, et élu député de ce département, le 4e sur 7, par 51,457 voix (98,202 votants, 134,909 inscrits). Il siégea à gauche, opina tantôt avec les radicaux, tantôt avec les opportunistes, intervint dans un certain nombre de discussions sur la marine et les travaux publics, fit partie de la commission du budget, déposa (juin 1887) un ordre du jour de défiance contre le cabinet Rouvier, ordre du jour qui fut voté par 357 voix contre 111, et, dans la dernière session, s'abstint sur le rétablissement du scrutin d'arrondissement (11 février 1889), et se prononça *contre* l'ajournement indéfini de la revision de la Constitution, *pour* les poursuites contre trois députés membres de la Ligue des patriotes, *contre* le projet de loi Lisbonne restrictif de la liberté de la presse, *pour* les poursuites contre le général Boulanger.

MENGIN (JOSEPH), député en 1791, né à Saint-Dié (Vosges) le 15 février 1750, mort à Saint-Dié le 10 juin 1821, était vice-président du directoire de Saint-Dié, lorsqu'il fut élu député des Vosges à l'Assemblée législative, le 30 août 1791, le 1er sur 8, par 241 voix (415 votants). Il opina généralement avec la majorité. Conseiller de préfecture des Vosges le 9 germinal an VIII, il s'établit comme notaire à Fraize (même département) le 18 brumaire an IX.

MÉNIER (EMILE-JUSTIN), député de 1876 à 1881, né à Paris le 18 mai 1826, mort au château de Noisiel (Seine-et-Marne) le 16 février 1881, s'occupa d'abord de chimie, suivit à Paris les cours d'Orfila, de Pelouze et de Balard, et entra ensuite dans la manufacture de chocolat de son père à Noisiel. Devenu seul propriétaire de cette importante maison en 1853, il lui donna une grande extension, créa les laboratoires de Saint-Denis, puis, en 1862, la colonie agricole du Nicaragua pour la culture du cacao, installa à Londres une usine de chocolat, et organisa à Roye (Somme) une importante raffinerie. A la fois armateur, producteur et négociant, soutenu par une immense publicité, membre du jury aux Expositions de Londres en 1862, et de Paris en 1867 et 1878, commissaire-général des républiques du Nicaragua et Costa-Rica en 1867, membre de la chambre de commerce de Paris (1872), il obtint les plus hautes récompenses pour ses produits. En 1859, il fonda le *prix Ménier* de 500 francs, à l'Ecole de pharmacie, plus tard un autre prix de même valeur qui devait être décerné par la Ligue de l'enseignement, et, en 1864, concourut à l'établissement des cours de chimie pratique au Muséum. Il resta étranger à la politique tant que dura l'Empire. Pendant la guerre de 1870-1871, il organisa des ambulances à Noisiel et à Paris; il se présenta, le 8 février 1871, comme candidat républicain à l'Assemblée nationale dans le département de Seine-et-Marne, où il échoua avec 10,719 voix sur 43,606 votants. Conseiller général de Meaux (8 octobre 1871), membre de la Société des Agriculteurs de France et de la Société d'horticulture de Meaux, il avait déjà paru sous son nom quelques publications économiques, dues à la plume de M. Yves Guyot, alors son secrétaire, lorsqu'il se représenta à la députation, le 20 février 1876, dans l'arrondissement de Meaux avec une profession de foi nettement républicaine. Il fut élu par 11,853 voix (20,434 votants, 25,179 inscrits), contre 7,734 voix à M. Jozon. Il siégea à l'extrême-gauche, vota l'amnistie pleine et entière, proposa un impôt unique et général sur les capitaux fixes, et demanda, à titre d'essai, une taxe de 1 pour 1,000, qu'il défendit devant la Chambre au mois d'octobre 1876. Il repoussa, en 1877, l'ordre du jour de confiance demandé par le ministère de Broglie, donna 100,000 francs pour la propagande républicaine contre le 16 mai, et intenta à M. de Fourtou un procès à propos d'un entrefilet inséré dans le *Bulletin des Communes :* le tribunal de Versailles se déclara incompétent. Lorsque le procès revint en appel, le 21 juillet 1878, M. de Fourtou rejeta la responsabilité de l'article « sur un subalterne trop zélé ». Réélu, comme un des 363, le 14 octobre 1877, avec 15,619 voix (22,237 votants, 25,862 inscrits), contre 6,407 voix à M. André, M. Ménier prit une part active à la discussion du tarif des douanes, comme libre-échangiste, et ne laissa échapper aucune occasion d'exposer et de défendre ses idées économiques. Il mourut en 1881, et fut remplacé, le 10 avril de la même année, par M. Dethomas. M. Ménier était chevalier de la Légion d'honneur du 14 août 1861, et officier du 20 octobre 1878. A l'occasion de cette dernière nomination, ses ouvriers lui offrirent son buste par Carrier-Belleuse. Il a publié : *Des indemnités aux victimes de la guerre* (1871); *De l'impôt sur le capital* (1872); *Réponse aux objections sur l'impôt sur le capital; La réforme fiscale* (1872); *Les travaux dans Paris par l'impôt sur le capital* (1873); *L'unité de l'étalon monétaire* (1873); *Théorie et application de l'impôt sur le capital* (1874); *Economie rurale* (1875); *L'avenir économique* (1875); *Atlas de la production de la richesse* (1875); M. Ménier fonda en 1875 la *Réforme économique*, et fut propriétaire du journal le *Bien public*, qui cessa de paraître en 1878. L'ouvrage de M. Yves Guyot : *La science économique,* contient un résumé des doctrines de M. Ménier.

MENJOT-DELBENNE (Georges-Joseph-Augustin), député au Conseil des Cinq-Cents, né à Blois (Loir-et-Cher) le 15 novembre 1748, mort à la Chapelle-Saint-Remy (Sarthe) le 17 décembre 1829. « fils de Charles-Paul-Antoine Menjot, chevalier. vicomte de Champfleur et Groustel, seigneur de Boismargot, Couléan, etc. et de dame Marie-Louise-Suzanne Courtin », suivit la carrière militaire. Lieutenant au régiment d'artillerie d'Auxonne, il passa ensuite dans l'infanterie, franchit tous les grades jusqu'à celui de lieutenant colonel, et fut élu. le 23 germinal an V, par 183 voix (254 votants), député de la Sarthe au Conseil des Cinq-Cents. Il en sortit en l'an VII, sans s'y être fait remarquer. Chevalier de Saint-Louis et du Saint-Sépulcre.

MENNESSIER (Joseph-Louis), député au Conseil des Cinq-Cents et au Corps législatif de l'an VIII à l'an XI, né à Chennegy (Aube) le 8 avril 1756, mort à Troyes (Aube) le 12 mars 1808, propriétaire à Chennegy, était administrateur de l'Aube depuis le 23 vendémiaire an IV, lorsque ce département le nomma (25 germinal an VII) député au Conseil des Cinq-Cents. Il se prononça en faveur du coup d'Etat de Bonaparte, et fut compris, comme député de l'Aube, le 4 nivôse an VIII, sur la liste des membres du nouveau Corps législatif, où il siégea jusqu'en l'an XI.

MENNESSIER (Louis-François-Dominique), député de 1815 à 1816, né à Metz (Moselle) le 17 mai 1765, mort à une date inconnue, fut, sous la Convention, commissaire du pouvoir exécutif dans le département de l'Eure, avec mission de déjouer les complots fédéralistes. Devenu ensuite membre de l'administration de la police, il fut compromis dans le procès de Babœuf et condamné par contumace à la déportation par la Haute-Cour de Vendôme. De nouveau compromis dans l'attentat de la rue Saint-Nicaise, il ne put rentrer en France qu'à la Restauration, qui le nomma receveur des contributions à Metz. Elu, le 22 août 1815, député du grand collège de la Moselle, par 104 voix (165 votants, 318 inscrits), il siégea dans la majorité de la Chambre introuvable, et ne fit pas partie d'autres assemblées.

MENNESSON (Jean-Baptiste-Prosper), membre de la Convention, né à Château-Porcien (Ardennes) le 1er août 1761, mort à Hautvillers (Marne) le 15 août 1807, était avoué avant la Révolution. Administrateur du district de Rethel, il fut élu, le 6 septembre 1792, le 3e sur 8, député des Ardennes à la Convention, par 163 voix (292 votants). Il vota dans le procès du roi en faveur de l'appel au peuple et du sursis, après avoir prononcé un discours dont le but était de démontrer que le droit de juger Louis XVI n'appartenait point à la Convention et que le peuple seul devait décider directement. Au 3e appel nominal (application de la peine), il répondit : « Républicain sévère et mandataire fidèle, je veux considérer ce qu'exigent les principes et ce que m'ordonnent les intérêts de mes commettants; en conséquence, je vote, comme mesure de sûreté générale, pour l'expulsion prompte de la race conspiratrice et machiavélique des Bourbons. Je déclare, dans ma conscience, que je redoute plus le membre de cette famille qui est représentant temporaire de la nation que celui à qui il ne reste plus de l'hérédité que ses crimes; et que si vous continuez d'admettre un prince à voter dans le Sénat, c'en est fait de la république. Je vote pour la mort de Louis; mais à la condition expresse de l'expulsion actuelle de toute la famille. Mon opinion est indivisible. » Mennesson ne joua plus ensuite à la Convention qu'un rôle effacé : démissionnaire le 5 juin 1793, après l'arrestation des Girondins, il fut remplacé par Piette, second suppléant.

MENNESSON (Félix Joseph-Louis), député de 1885 à 1889, né à Reims (Marne) le 22 juillet 1846, avocat, docteur en droit, adjoint au maire de Reims, vice-président du comité républicain, posa sa candidature à la députation dans la 1re circonscription de Reims, aux élections de 1881, et échoua, le 4 septembre, au second tour, avec 5,874 voix contre 8,017 à l'élu, M. Courmeaux, 1,959 à M. Lelièvre et 175 à M. Pédrou. Porté sur la liste opportuniste de la Marne, le 4 octobre 1885, il fut élu député, le 6e et dernier, par 52,244 voix 94,871 votants. 117,802 inscrits). Il se fit inscrire à l'Union républicaine, soutint la politique scolaire et coloniale du gouvernement et vota, dans la dernière session, *pour* le rétablissement du scrutin d'arrondissement (11 février 1889), *pour* l'ajournement indéfini de la revision de la Constitution, *pour* les poursuites contre trois députés membres de la Ligue des patriotes, *pour* le projet de loi Lisbonne restrictif de la liberté de la presse, *pour* les poursuites contre le général Boulanger.

MÉNONVILLE (DE). — *Voy.* Thibault.

MENOU (Jean-François de), baron de Boussay, député en 1789 et membre du Tribunat, né à Boussay (Indre-et-Loire) le 13 septembre 1756, mort à la villa Arneso (Italie) le 13 août 1810, issu d'une famille d'ancienne noblesse, entra très jeune au service, sur le désir de son père capitaine aux grenadiers du roi, et devint maréchal de camp (1781). Partisan des principes de la Révolution, il fut élu, le 29 mars 1789, député de la noblesse aux Etats-Généraux par le bailliage de la Touraine; il fut un des premiers de son ordre à se réunir au tiers, demanda (fin 1789) que les citoyens versassent un impôt volontaire destiné à remplacer les anciens impôts, réclama la suppression du costume distinctif du clergé, et opina (1790) pour que la religion catholique fût reconnue religion nationale. Membre du comité de la guerre, il s'occupa particulièrement de l'organisation et du recrutement de l'armée : il fut le promoteur de la conscription pour tous les jeunes gens en âge de porter les armes, avec remplacement facultatif. Le 28 février 1790, il proposa une augmentation de la solde militaire, vota (4 mars) la suppression du parlement de Bordeaux, et demanda (16 mai) de conférer à l'Assemblée nationale le droit de paix et de guerre. Après la protestation de la minorité de la noblessse, protestation qui, à son avis, avait suscité beaucoup de troubles, il en sollicita la rétractation; émit ensuite l'avis que le commandement des armées régulières et de la garde nationale fût confié au roi, et parla en faveur de Bouillé, lors de la révolte de Nancy. Au mois de janvier 1791, il proposa que le service dans la garde nationale fût assimilé au service actif, vota la suppression de l'hôtel des Invalides (16 avril), fit adopter une levée de 100,000 hommes, et la motion qui ordonnait que les drapeaux, étendards, guidons et fanions de l'armée fussent désormais aux trois couleurs. La fuite de Varennes le mécontenta, et, devenu royaliste constitutionnel, il contribua à la fondation du club des Feuillants. A la même époque, il faisait (30 avril) à l'Assemblée un rapport sur la réunion du Comtat Venaissin à la France, rapport dont l'abbé Maury empêcha la sanction immédiate. Il donna ensuite lecture d'un rapport relatif à l'organisation en regiments de ligne de la garde nationale soldée de Paris. Elu administrateur du département d'Indre-et-Loire le 6 septembre 1791, il fut appelé en 1792 au commandement en second du camp sous Paris. Accusé par Chabot d'avoir dirigé la résistance des Tuileries dans la nuit du 9 au 10 août, il fut obligé d'écrire une lettre explicative à l'Assemblée, qui passa à l'ordre du jour. Envoyé ensuite en Vendée, il fut battu par la Rochejaquelein en 1793, dénoncé aussitôt par Robespierre, traduit à la barre de la Convention, défendu par Barère, et acquitté. Général de division après le 9 thermidor, il fut placé à la tête des troupes chargées de réduire, le 2 prairial an III, l'insurrection du faubourg Saint-Antoine, et réussit dans cette mission, tout en s'opposant à ce que l'on démolît et incendiât ce quartier comme les commissaires du gouvernement en avaient fait la proposition. Devenu général en chef de l'armée de l'intérieur, Menou manqua de décision lors de l'insurrection de la section Lepeletier, le 12 vendémiaire an IV. Il tergiversa, n'osa pas marcher contre la garde nationale, et, comme l'émeute devenait inquiétante, fut dénoncé, destitué, accusé par Barras de faire cause commune avec les insurgés et traduit devant une commission militaire. Grâce à Bonaparte qui, nommé à sa place, avait dissipé le tumulte avec quelques coups de canon, Menou fut remis en liberté. Il vécut dans la retraite jusqu'au moment de l'expédition d'Egypte, reçut alors le commandement d'une division de l'armée, débarqua au Marabout près d'Alexandrie, fut blessé à l'assaut de cette ville, et établit son quartier général à Rosette. Peu de temps après, il épousa la fille d'un riche Egyptien, propriétaire d'un établissement de bains, et se convertit à l'islamisme, sous le nom d'*Abdallah*. Après s'être signalé par sa bravoure à la seconde bataille d'Aboukir, il devint commandant en chef de l'armée d'occupation, lors de l'assassinat de Kléber, comme le plus ancien des généraux de division (19 fructidor an VIII). Dans cette situation où son courage personnel ne suppléait pas aux qualités du commandement, il ne se montra pas à la hauteur de sa tâche, perdit la confiance de l'armée, et eut avec quelques généraux de vives altercations. Le général Regnier, qui avait dû regagner la France, se fit l'écho du mécontentement de l'armée d'Egypte, qu'accrut encore l'impéritie du général en chef lors de la seconde affaire d'Aboukir. Au lieu de masser ses troupes pour marcher contre les Anglais, il les dissémina, et ne se présenta devant Canope qu'avec un petit nombre d'hommes; il fut repoussé dans Alexandrie. Bientôt la capitulation signée par le général Belliard le 25 juin 1801, en vertu de laquelle ses troupes devaient être transportées à Toulon, permit à l'ennemi d'investir Alexandrie. Menou résista quelques mois, mais fut obligé, le 2 septembre 1801, de capituler aux mêmes conditions que Belliard. Il rentra en France au commencement de l'année suivante et se présenta aussitôt devant le premier Consul qui, malgré les preuves évidentes de son incapacité, lui donna raison contre le général Regnier. Le duc de Raguse, dans ses *Mémoires*, explique cette condescendance singulière de Bonaparte par ce fait que Menou avait été l'un de ses premiers et de ses plus dévoués partisans. Nommé membre du Tribunat le 27 floréal an X, Menou devint, peu après, administrateur de la 27ᵉ division militaire (Piémont), membre de la Légion d'honneur (19 frimaire an XII) et grand-officier de l'ordre (15 prairial suivant). Chevalier de la Couronne de fer le 23 décembre 1807, il avait été nommé quelque temps auparavant gouverneur de Venise; il mourut dans ces dernières fonctions.

MENTION (CHARLES-JOSEPH), député de 1876 à 1881, né à Paris le 28 janvier 1828, fit son droit, et se fixa à Douai comme avocat. Il fit de l'opposition à l'Empire, fut nommé sous-préfet de Douai le 5 septembre 1870, donna sa démission lorsque Gambetta quitta le ministère de l'Intérieur (février 1871), fut replacé par Thiers, et révoqué au 24 mai 1873. Candidat républicain constitutionnel aux élections du 20 février 1876, il fut élu député de la 2ᵉ circonscription de Douai par 8,338 voix (10,110 votants, 15,004 inscrits). Il prit place au centre gauche et fut l'un des 363 députés qui refusèrent le vote de confiance au ministère de Broglie. Conseiller général d'Arleux, il fut réélu député, le 14 octobre 1877, par 8,103 voix (10,860 votants, 15,172 inscrits), se prononça *contre* le retour à Paris, *contre* la loi Ferry sur l'enseignement supérieur, et vota généralement d'ailleurs avec la majorité ministérielle. L'état de sa santé l'empêcha de se représenter aux élections générales de 1881.

MENTOR (ETIENNE-VICTOR), député au Conseil des Cinq-Cents, né à Saint-Pierre (Martinique) le 26 décembre 1771, mort à une date inconnue, était adjudant-général, lorsqu'il fut élu député de l'île de Saint-Domingue, le 22 germinal an V, au Conseil des Cinq-Cents, par 56 voix (74 votants). Il ne fut pas admis sans quelques difficultés et, à peine validé, il prononça un discours sur l'attachement des nègres à la République et sur leur fidélité inviolable à la Constitution de l'an III. Il reprit assez souvent la parole : le 30 juillet 1798 pour réclamer le paiement des sommes dues aux colons réfugiés ou déportés ; le 16 octobre pour manifester en faveur de l'abolition de la traite et demander la suppression des créances relatives aux ventes d'esclaves ; le 28 avril 1799 pour dénoncer Perrotin, député de Saint-Domingue, qui avait appelé les Anglais dans l'île. Il vota, à l'approche du coup d'État de brumaire, la motion sur la « patrie en danger », et fut exclu du corps législatif au 18 brumaire. Exilé de Paris, il obtint l'autorisation de se rendre aux colonies, et, en 1801, s'embarqua à Brest. Au cours de ce voyage, il sauva un matelot tombé à la mer. Il revint en France en 1803, et put y séjourner à la condition de rester à trente lieues de Paris. De retour à Saint-Domingue en 1804, il devint aide-de-camp de Dessalines, puis passa sous les ordres de Pétion. On perd sa trace à partir de cette époque.

MENTQUE (PIERRE-PAUL-EDOUARD, MARTIN DE), sénateur du second Empire, né à Paris le 11 avril 1808, mort à Saint-Germain-en-Laye (Seine-et-Oise) le 2 septembre 1878, entra dans l'administration sous Louis-Philippe, et fut successivement sous-préfet de Boulogne, préfet de la Haute-Marne, préfet de la Haute-Vienne, etc. L'Empire le plaça à la tête du département de la Gironde, puis l'appela (7 mai 1863) à siéger au Sénat, où M. de Mentque soutint de ses votes le gouvernement de Napoléon III. A la dernière séance du Sénat impérial (4 septembre 1870), il insista pour que le Sénat se tînt en permanence. Mais M. Rouher ayant fait observer qu'aucune force ne menaçait le Sénat, ou protesta « contre la violence dont l'autre assemblée était victime ». et l'on se sépara. M. de Mentque avait été admis à la retraite, comme préfet, le 2 septembre 1863. Grand officier de la Légion d'honneur.

MENU DE CHOMORCEAU (JEAN-ETIENNE), député en 1789, né à Villeneuve-le-Roi (Yonne) le 23 mai 1724, mort à Villeneuve-le-Roi le 30 septembre 1802, était lieutenant-général honoraire du bailliage de Villeneuve-le-Roi, lorsqu'il fut élu, le 24 mars 1789, député du tiers aux Etats-Généraux par le bailliage de Sens. Il fut, en raison de son âge, nommé adjoint du doyen des communes, puis doyen, prêta le serment du Jeu de paume, accompagna le roi à Paris le 16 juillet 1789, fut nommé maire de Villeneuve-le-Roi en mai 1790, fit partie de la députation qui assista à la translation des cendres de Voltaire à Sainte-Geneviève (9 juillet 1791), et ne joua qu'un rôle effacé à la Constituante. Un poème héroïque imité du Tasse, *Renaud* (1784), lui avait fait une certaine réputation d'écrivain ; il y met en scène, sur une trame légendaire, ses parents, ses voisins et ses amis, « inspiré, dit-il, par le désir d'illustrer tout ce qu'il aimait ». Il publia aussi des vers dans le *Mercure*, et commença un *Dictionnaire de chevalerie*.

MENUAU (HENRI), député en 1791, membre de la Convention, député au Conseil des Anciens, né à Saint-Maixent (Deux-Sèvres) le 19 mars 1748, mort à une date inconnue, fils de François Menuau et d'Elisabeth Lamoureux, exerçait, à l'époque de la Révolution, la profession d'avocat. Il devint juge au tribunal de district de Vihiers, et fut nommé, le 18 septembre 1791, député de Maine-et-Loire à l'Assemblée législative, le 10ᵉ sur 11, par 228 voix (428 votants, 663 inscrits). Il opina avec la majorité réformatrice. Désigné, le 6 septembre 1792, par le même département, comme 2ᵉ député-suppléant à la Convention, par 255 voix (509 votants, 645 inscrits), il ne prit séance dans cette assemblée que le 28 septembre 1793, en remplacement de Leclerc démissionnaire. Etranger, par conséquent, au jugement de Louis XVI, il se tint, dans l'assemblée, éloigné des partis extrêmes, fut chargé, en 1794, d'une mission dans l'Ouest, et, de retour à Paris, proposa, au nom du comité de secours dont il était membre, d'accorder des indemnités aux patriotes des départements qui avaient été exposés aux invasions de l'ennemi. Le 4 germinal an IV, Menuau fut élu membre du Conseil des Anciens par 223 voix (303 votants). Il s'y fit peu remarquer dans les discussions, devint secrétaire de l'assemblée en l'an VI, et la quitta pour remplir, la même année (26 prairial), le poste de substitut du commissaire du pouvoir exécutif à l'administration des postes.

MÉPLAIN (ETIENNE-ARMAND), représentant en 1871, né au Donjon (Allier) le 28 janvier 1824, était avocat à Moulins, lorsqu'il fut élu, le 8 février 1871, représentant de l'Allier à l'Assemblée nationale, le 2ᵉ sur 7, par 51,183 voix (76,640 votants, 106,359 inscrits). Il siégea au centre droit, fut membre de la réunion Feray, et vota *pour* la paix, *pour* la pétition des évêques, *contre* le service de trois ans, *pour* la démission de Thiers, *pour* le septennat, *pour* la loi des maires, *contre* le retour à Paris, *contre* l'amendement Wallon. Lorsqu'en février

1875, le vote des lois constitutionnelles parut sérieusement compromis. M. Méplain fut chargé, au nom des droites, de soumettre au maréchal de Mac-Mahon un plan de septennalisation de l'Assemblée, avec renouvellement partiel, et attribution au pouvoir exécutif des droits de dissolution et de veto; le maréchal répondit que tout espoir n'était pas perdu d'arriver au vote de la Constitution, qui obtint en effet une majorité d'une voix. M. Méplain et ses amis votèrent *contre* les lois constitutionnelles. En octobre 1871, M. Méplain avait échoué au conseil général de Maine-et-Loire; il ne fit pas partie d'autres assemblées.

MERCERET (Claude-René), député en 1789, né à Fontaine-lès-Dijon (Côte-d'Or) le 26 octobre 1725, mort à Dijon (Côte-d'Or) le 5 octobre 1802, curé de Fontaine-lès-Dijon, fut élu, le 7 avril 1789, député du clergé aux Etats-Généraux par le bailliage de Dijon. Le 19 juin 1789, il parla, dans la chambre du clergé, en faveur de la réunion des trois ordres, et répondit vertement à l'abbé Maury qui s'y opposait. M. Merceret parut ensuite assez hésitant; il vota quelque temps avec la minorité de son ordre, puis rétracta sa signature au bas de l'adresse de la minorité (7 juillet 1790), fut félicité de ce chef par la municipalité de Dijon, et prêta le serment civique (27 décembre 1790). On le perd de vue après la session.

MERCEY (Philibert-Ignace-Remy-Boniface-Gabriel Raclet, baron de), député en 1789, né en 1757, mort à une date inconnue, abbé de Montmirey (Jura), fut élu, le 12 avril 1789, député suppléant de la noblesse aux Etats-Généraux par le bailliage d'Amont, et admis à siéger, le 3 mars 1790, en remplacement de M. de Toulongeon démissionnaire. Le *Moniteur* le signala seulement comme ayant réclamé contre l'appel nominal relatif au renvoi des ministres. Prévenu d'émigration sous la Terreur, il obtint sa radiation en l'an VII.

MERCIER (Louis-Sébastien), membre de la Convention et député au Conseil des Cinq-Cents, né à Paris le 6 juin 1740, mort à Paris le 25 avril 1814, se voua de bonne heure à la littérature, où il débuta par quelques héroïdes, genre alors en vogue, mais dont l'insuccès le dégoûta de la poésie; il résolut de ne plus écrire qu'en prose. « La prose est à nous, dit-il quelque part; sa marche est libre; il n'appartient qu'à nous de lui imprimer un caractère plus vivant. Les prosateurs sont les vrais poètes; qu'ils osent, et la langue prendra des accents tout nouveaux. » Il resta dès lors fidèle à ce dessein et se montra le détracteur obstiné des poètes et de leurs ouvrages. Après la suppression des jésuites, il occupa pendant quelque temps une chaire de rhétorique au collège laïcisé de Bordeaux, où il eut Garat pour élève; de retour à Paris, il concourut pour les prix d'éloquence proposés par l'Académie, et travailla pour le théâtre. Ses premières pièces, imitées de l'anglais et de l'allemand, n'obtinrent qu'un médiocre succès : il écrivit alors un *Essai sur l'art dramatique*, où il exposait ses idées personnelles. En 1771, il publia, sous le titre de l'*An 2440*, un écrit ingénieux et piquant qui tendait à prouver qu'une révolution était nécessaire et inévitable en France : l'autorité interdit le livre, mais sans poursuivre l'auteur. En 1781, il fit paraître, sous le voile de l'anonyme, les deux premiers volumes du *Tableau de Paris*, qui n'eut pas moins de douze volumes, et dont le succès fut très vif,

principalement en province et à l'étranger; mais le public parisien goûta moins le style parfois déclamatoire de Mercier, et les néologismes dont il était rempli : « C'est un ouvrage pensé dans la rue et écrit sur la borne, » disait durement Rivarol. Comme le *Tableau de Paris* contenait des vérités hardies et la satire de plusieurs abus, Mercier, apprenant que son ouvrage était attribué à différents auteurs, se présenta chez le lieutenant de police Lenoir et s'en déclara courageusement le père; il partit alors pour la Suisse, et c'est à Neuchâtel qu'il termina son *Tableau de Paris*. De retour en France au moment où la Révolution allait éclater, il se vanta de l'avoir efficacement préparée par ses écrits. Partisan modéré des idées nouvelles, il publia un journal, les *Annales patriotiques*, de concert avec Carron, et, quelque temps après, une autre feuille, la *Chronique du mois*, dans laquelle il ne cessa de signaler aux jacobins comme les ennemis les plus redoutables du système constitutionnel. Elu, le 14 septembre 1792, député de Seine-et-Oise à la Convention nationale, le 11e sur 14, par 423 voix (673 votants), et premier député suppléant par le département du Loiret, Mercier siégea à droite, et, dans le jugement de Louis XVI, se prononça contre la peine de mort et pour la détention. Au 3e appel nominal il répondit : « Comme juge national, je dis que Louis a mérité la mort; comme législateur, l'intérêt national parle ici plus haut que ses forfaits, et je dois, pour l'intérêt du peuple, voter une peine moins sévère. Qu'est-ce ici que commande la justice? C'est la tranquillité de la nation. Or je dis qu'un arrêt de mort, qui aurait son exécution immédiate, serait impolitique et dangereux. Louis est un otage : il est plus, il sert à empêcher tout autre prétendant de monter sur le trône; il protège, il défend votre jeune république, il lui donne le temps de se former. Si sa tête tombe, tremblez! Une faction étrangère lui trouvera tous les jours un successeur. Louis n'est plus roi, il n'a pas plus que son fils et ses frères des droits à la couronne; mais le fantôme nous sert ici merveilleusement: oui, nous devons marcher avec ce fantôme, avec le temps qui est aussi un législateur : ne précipitons pas une mesure irrévocable. Je vote pour la détention de Louis à perpétuité. » Il combattit ceux de ses collègues qui proposaient de repousser tout traité avec les ennemis tant qu'ils auraient un pied sur le territoire français : « Avez-vous fait, s'écria-t-il, un pacte avec la victoire? » Apostrophe qui donna lieu à cette réponse de Bazire : « Nous en avons fait un avec la mort. » Signataire des protestations contre le 31 mai, il fut emprisonné avec les 72 autres députés protestataires. Il reparut à l'assemblée le 18 frimaire an III, favorisa la réaction antijacobine et, le 23 vendémiaire an IV, passa au Conseil des Cinq-Cents comme l'élu de deux départements : 1° des Côtes-du-Nord, qui lui donnèrent 235 voix (369 votants), 2° du Nord, avec 302 voix (561 votants). Mercier prit la parole contre le décret qui décernait à Descartes les honneurs du panthéon, et se prononça pour le rétablissement des loteries, dont il avait, dans ses écrits antérieurs, provoqué la suppression; bien plus, il accepta une place de contrôleur de la caisse de la loterie en 1797. Ces contradictions lui attirèrent des quolibets et des épigrammes. « Depuis quand, répondait-il à ceux qui le raillaient d'avoir changé d'opinion à cet égard, depuis quand n'est-il plus permis de vivre aux dépens de l'ennemi? » A sa sortie du Conseil des Cinq-Cents, il fut nommé professeur d'histoire à l'École centrale. Membre de l'Institut à sa création, il ne se rallia qu'à demi à l'Empire, et ne renonça à écrire que vers les dernières années de sa vie. Il mourut à Paris en 1814, âgé de 74 ans, malade et infirme, et « ne vivant plus, disait-il lui-même, que par curiosité ». Écrivain fécond, d'une imagination vagabonde et d'une originalité qui allait jusqu'à la bizarrerie, il avait refait à sa façon le système du monde, et, rejetant avec dédain ceux de Copernic et de Newton, « il prétendait, écrit un biographe, que la terre était ronde et plate, et qu'autour de ce plateau le soleil tournait comme un cheval au manège. » Parmi les nombreux ouvrages de Mercier, qui avait appelé lui-même le plus grand *ferrier* de France, on peut citer encore : *L'Homme sauvage*, traduit de l'allemand, (1767); *Songes et visions philosophiques* (1768); *Théâtre* (1778-1784); *Mon bonnet de nuit* (1784); *Portraits des Rois de France* (1783); *Fragments de politique, d'histoire et de morale* (1793); *Le nouveau Paris* (1797); *Néologie ou vocabulaire de mots nouveaux* (1801); *Satire contre Racine et Boileau*, etc.

MERCIER (JACQUES, BARON), représentant en 1815, député de 1827 à 1834, de 1836 à 1848 et de 1852 à 1858, né à Paris le 28 avril 1776, mort à Paris le 5 mars 1858, fils d'un riche propriétaire dont la fortune avait, dit un de ses biographe, « une origine assez bizarre et qui donna fort à causer aux commères normandes », était négociant-manufacturier en toiles et dentelles à Alençon, maire de la ville, président du tribunal de commerce, chevalier de la Légion d'honneur, baron de l'Empire du 15 septembre 1811, lorsqu'il fut élu représentant à la Chambre des Cent-Jours, le 15 mai 1815, par le collège de département de l'Orne, avec 47 voix (91 votants). Après le retour de Gand, il vécut quelques années éloigné de la politique. Ses idées libérales le désignèrent, au renouvellement quinquennal du 9 mai 1822, au choix de ses concitoyens; mais il échoua, dans le 1er arrondissement électoral de l'Orne (Alençon), avec 129 voix contre 164 à l'élu, M. Thiboult-Dupuisact. Il fut plus heureux aux élections du 17 novembre 1827, et fut élu député par 131 voix (234 votants, 263 inscrits), contre 99 voix à M. Château-Thierry-Dubreuil. Il siégea dans l'opposition constitutionnelle, et vota l'adresse des 221 contre le ministère Polignac. Réélu, le 23 juin 1830, par 145 voix (257 votants, 277 inscrits), contre 112 voix à M. de Chambray; le 5 juillet 1831, par 145 voix (193 votants, 258 inscrits), contre 39 voix à M. le comte de Bonet, il contribua à l'établissement du gouvernement de juillet, vota pour les ministres, et obtint pour sa famille de nombreuses faveurs. Cette attitude le fit échouer aux élections du 21 juin 1834, avec 107 voix contre 110 à l'élu, M. Libert. Le baron Mercier revint alors à l'opposition, et fut de nouveau successivement réélu dans son arrondissement : le 4 novembre 1837, par 135 voix (256 votants, 308 inscrits); le 2 mars 1839, par 137 voix (261 votants); le 9 juillet 1842, par 147 voix (277 votants, 297 inscrits), contre 124 voix à M. Druet-Desvaux; le 1er août 1846, par 194 voix (326 votants, 361 inscrits), contre 130 voix à M. Druet-Desvaux. Il siégea obstinément à gauche, repoussa l'adresse de 1839, combattit le ministère Molé, vota *contre* la dotation du duc de Nemours, *pour* les incompatibilités, *pour* l'adjonction des capacités, *contre* l'indemnité Pritchard. Candidat à l'Assemblée constituante, le 17 septembre 1848, dans une élection partielle dans l'Orne, il échoua avec 4,145 voix, contre 10,619 à l'élu, M. de Vaudoré, 9,734 à Louis-Napoléon Bonaparte, 7,853 à M. Hipp. Passy, et 6,248 à M. Berryer-Fontaine. Il se rallia alors à la politique du prince-président, et fut élu député au Corps législatif, dans la 1re circonscription de l'Orne, avec l'appui officiel, le 29 février 1852, par 25,514 voix (29,483 votants, 45,976 inscrits), contre 2,432 à M. Rœderer et 541 à M. Druet-Desvaux. Ardent impérialiste, il soutint énergiquement le pouvoir, déclara (24 juin 1852) que « si le ministère de la police n'existait pas, il faudrait l'inventer », et répondit un jour au président qui l'interrompait : « Mais laissez-moi donc parler, moi, je ne suis pas de l'opposition. » Réélu, le 22 juin 1857, par 17,909 voix (20,158 votants, 43,428 inscrits), il ne cessa de figurer parmi les fidèles du second empire, mourut en mars 1858, et fut remplacé, le 30 mai suivant, par M. de Chazot. Officier de la Légion d'honneur.

MERCIER (THOMAS-LOUIS, BARON), député au Corps législatif de 1852 à 1870, né à Paris le 16 décembre 1800, mort à Paris le 6 novembre 1882, fut, sous Louis-Philippe, préfet de la Manche et de l'Oise. Mis à la retraite en 1848, conseiller général de la Mayenne, et rallié au gouvernement impérial, il fut successivement élu député au Corps législatif, dans la 2e circonscription de la Mayenne, comme candidat officiel, le 29 février 1852, par 19,418 voix (23,670 votants, 36,840 inscrits), contre 4,164 voix à M. Bigot; le 22 juin 1857, par 20,284 voix (20,650 votants, 34,974 inscrits); le 1er juin 1863, par 20,772 voix (24,293 votants, 35,099 inscrits), contre 2,259 à M. Alfred Letourneux, et 940 à M. Goyet-Dubignon; le 24 mai 1869, par 21,045 voix (21,962 votants, 34,548 inscrits). Il ne cessa de siéger silencieusement dans la majorité dynastique, et rentra dans la vie privée au 4 septembre 1870. Officier de la Légion d'honneur depuis 1862, commandeur du 15 août 1864.

MERCIER (JEAN-THÉODOSE), représentant en 1871, député de 1876 à 1885, membre du Sénat, né à Nantua (Ain) le 10 janvier 1825, entra dans l'enseignement comme professeur au collège de Nantua (1845-1848). Il collabora aux journaux républicains de la région, alla, en 1849, à Paris où il fit son droit, très hostile au pouvoir du prince Louis-Napoléon. Arrêté au 2 décembre, il fut enfermé pendant 2 mois à Mazas et à Bicêtre, revint au barreau de Nantua dont il fut bâtonnier en 1863. Administrateur provisoire de l'arrondissement de Nantua après le 4 septembre 1870, (du 21 octobre au 9 novembre), il devint ensuite maire de la ville, conseiller-général du canton de Châtillon-de-Michaille et vice-président de ce conseil. Candidat aux élections du 8 février 1871 dans l'Ain, il échoua avec 28,843 voix sur 58,804 votants; mais il fut élu, le 2 juillet suivant, en remplacement de M. Tendret démissionnaire, par 28,608 voix (60,215 votants, 106,191 inscrits). Il ne se fit inscrire à aucun groupe, s'assit à gauche, et vota *contre* la pétition des évêques, *contre* le pouvoir constituant, *pour* le service de trois ans, *contre* la démission de Thiers, *contre* le septennat, *contre* la loi des maires, *pour* l'amendement Wallon, *pour* les lois constitutionnelles. Réélu, le 20 février 1876, député de l'arrondissement de Nantua, par 8,800 voix (10,572 votants, 14,158 inscrits), contre 1,741 à M. Jules Bonnet, avec une profession de foi dans laquelle il prenait « l'engagement solennel de maintenir la République », il fut l'un des 363 députés qui refusèrent l'ordre du jour de confiance au ministère de Broglie. Les électeurs lui renouvelèrent son mandat, le 14 octobre 1877, par 9,548 voix (11,602 votants, 14,414 inscrits), contre 2.025 voix à M. Bonnet, et, le 21 août 1881, par 8,513 voix (9,131 votants, 14,359 inscrits). Il continua de siéger à gauche et appuya de ses votes la politique opportuniste. Le 25 janvier 1885, il fut élu sénateur de l'Ain, par 643 voix (905 votants). Il a pris place à gauche dans la Chambre haute, a soutenu la politique scolaire et coloniale du gouvernement, et s'est prononcé, en dernier lieu, *pour* le rétablissement du scrutin d'arrondissement (13 février 1889), *pour* le projet de loi Lisbonne restrictif de la liberté de la presse, *pour* la procédure à suivre devant le Sénat contre le général Boulanger.

MERCIER (JOSEPH-GABRIEL), député depuis 1888, né à Fontenay-le-Château (Vosges) le 18 mars 1836, suivit la carrière militaire et fut capitaine d'artillerie. Ayant quitté l'armée, il devint maire de l'assavant (Haute-Saône), membre du conseil général pour le canton de Vauvillers, et se présenta, comme candidat républicain, le 29 janvier 1888, pour succéder, comme député de la Haute-Saône, à M. Noirot démissionnaire. Il fut élu par 36,641 voix (68,230 votants, 86,188 inscrits), contre 30,862 à M. L. Marquiset, conservateur. M. Mercier siégea à gauche, dans les rangs de la majorité; il s'est prononcé *pour* le rétablissement du scrutin d'arrondissement (11 février 1889), *pour* les poursuites contre trois députés membres de la Ligue des patriotes, *pour* le projet de loi Lisbonne restrictif de la liberté de la presse, *pour* les poursuites contre le général Boulanger; il était absent par congé lors du scrutin sur l'ajournement indéfini de la revision de la Constitution.

MERCIER. — *Voy.* LACOMBE (DE).

MERCIER-VERGERIE (CHARLES-BAZILE), député au Corps législatif en l'an XIV, né aux Sables-d'Olonne (Vendée) le 18 janvier 1762, mort à Paris le 25 mars 1811, « fils de Gilles-Charles-Denis-Louis Mercier de Plantibauld, avocat en parlement, conseiller du roi, et son procureur au siège de l'élection des Sables-d'Olonne, et de dame Marie-Anne Dupont », fut avocat aux Sables-d'Olonne avant 1789, défenseur officieux en la même ville pendant la Révolution, membre de la Légion d'honneur le 25 prairial an XII, et fut élu, le 2 vendémiaire an XIV, par le Sénat conservateur, député de la Vendée au Corps législatif; il y siégea jusqu'à sa mort.

MERCY (MARIE-CHARLES-ISIDORE DE), député en 1789, né au château de Maubec (Isère) le 3 février 1736, mort à Bourges (Cher) le 10 février 1811, puiné d'une famille noble du Dauphiné, fut destiné à l'état ecclésiastique. Des traits distingués et de belles manières lui facilitèrent ses débuts; conclaviste du cardinal de Luynes, il devint successivement vicaire-général et grand-archidiacre de Sens, chanoine de Saint-Pierre de Vannes, et fut nommé, le 17 novembre 1775, à l'évêché de Luçon. Membre, pour l'ordre du clergé, de l'assemblée provinciale du Poitou réunie en vertu de l'édit royal du 12 juillet 1787, membre de l'assemblée d'élection de Fontenay, et spécialement du bureau intermédiaire de cette élection chargé d'administrer, dans l'intervalle des sessions de cette assemblée, il fut élu, le 2 avril 1789, le 6e sur 6, après ballottage avec le célèbre bénédictin dom Mazet, député du clergé de la sénéchaussée du Poitou aux Etats-Généraux. Son collègue Jallet (*V. ce nom* lui reprocha plus tard de s'être fait donner tout pouvoir pour la rédaction des cahiers de son ordre; en tout cas, ces cahiers, fort remarquables, déclaraient le clergé du Poitou « jaloux de la loi de l'église gallicane », réclamaient contre « la portion congrue », demandaient l'amélioration du sort des curés et des vicaires, la suppression du « boisselage » comme « pesant également et dans la même proportion sur le plus pauvre comme sur le plus riche », un meilleur choix des évêques, le vote des impôts, leur unification et leur égale répartition, l'impôt sur les rentes payées par l'Etat, la simplification des lois et surtout de la procédure, la suppression de tous les tribunaux d'exception, la publicité de l'instruction criminelle, etc. A l'Assemblée, l'évêque de Luçon assista régulièrement aux séances, comme les évêques Ballard (*V. ce nom*) adressa une lettre du 4 août 1789; il fit partie du comité ecclésiastique (20 août), alla, au nom de l'A--semblée, féliciter le roi pour sa fête (24 août) et se retira du comité le 6 mai 1790. Il vota avec la minorité de son ordre sans prendre une part personnelle aux discussions, refusa de prêter serment à la constitution civile du clergé, signa « l'Exposition des principes » des évêques orthodoxes, et y donna, le 30 octobre 1790, son adhésion particulière. Le refus de serment l'ayant fait considérer comme démissionnaire, le département de la Vendée élut pour évêque Servant, supérieur de l'Oratoire de Saumur, premier vicaire général d'Angers (février 1791). Le 10 mars, Mgr de Mercy écrivit au nouvel élu pour l'exhorter à refuser, s'il voulait éviter les censures canoniques. Le 30, Servant adressa son refus d'acceptation au département. Cet incident fournit à Jallet une nouvelle occasion de prendre son collègue à partie; il le mit en demeure de prêter le serment, dans sa brochure : *Pourquoi ne jurent-ils pas, puisqu'ils savent jurer?* ou *Lettre de Jallet à M. de Mercy, ci-devant évêque de la Vendée* (5 avril 1791). Mais l'évêque répondit qu'il ne voyait dans les lois nouvelles « qu'une entreprise sacrilège, l'anéantissement de l'autorité de Jésus-Christ, la subversion de la hiérarchie. » Il signa, en septembre, la protestation générale contre les décrets de l'Assemblée; il n'émigra pas immédiatement, ne s'échappa de Paris que le 11 juillet 1792, sous un déguisement, rejoignit sa famille à Chambéry, et, un mois après, à l'entrée de l'armée française en Savoie, gagna Soleure. En avril 1793, il se réunit à sa famille à Chiasso, non loin de Côme, et, le 26 septembre suivant, ils se fixèrent tous à Mindrisio. C'est de là qu'il adressa, le 1er janvier 1794, une instruction pastorale à son clergé, et que, ses ressources s'épuisant, il demanda asile au pape qui lui assigna l'abbaye de Saint-Vital de Ravenne; de là, le 20 janvier 1795, il délégua la plénitude de ses pouvoirs à son grand-vicaire, M. Bruneau de Beauregard. Les victoires de nos armées l'obligèrent encore (mai 1796) à se réfugier à Vicence dans la famille de Talleyrand, puis, en juin, à Venise, et enfin à la riche abbaye de Lilienfeld (Basse-Autriche) (février 1797). Il fut le seul à soutenir dans l'exil l'ancien archevêque de Bordeaux, Champion de Cicé (*V. ce nom*), qui ne lui pardonnait pas son rôle à la Constituante : « Il est toujours, écrivait M. de Mercy à l'abbé d'Auribeau le 4 juin 1796, l'objet de la plus acharnée et de la plus néfaste persécution. » Le coup d'État de brumaire et l'avènement de Bonaparte au pouvoir suprême parurent à M. de Mercy une occasion favorable pour rentrer en France. Il dicta dans ce but, à son mandataire Voyneau, la lettre qui suit :

« Aux Consuls de la République française,

« Au nom de Marie-Charles-Isidore de Mercy, évêque de Luçon, j'ai l'honneur de vous exposer, citoyens Consuls, que, résidant dans cette capitale à l'époque du décret qui ordonnait la déportation du clergé, il n'a pu, sans s'exposer à une mort certaine, après le massacre commis aux Carmes, se présenter à aucun bureau pour faire constater de la sienne. En raison de cette omission involontaire, il a été depuis inscrit sur la liste des émigrés, mais il ose se promettre de votre justice que prenant en considération la force des circonstances et sa lettre pastorale dont cy-joint coppie, vous daignerez, citoyens Consuls, ordonner que son nom soit rayé sur la liste des émigrés, lui permettre d'habiter, comme citoyen français, le sol de la République, et le rendre aux vœux de ses diocésains pour consolider la paix.

« Salut et respect,
VOYNEAU.
« Paris, 21 messidor an 8e. »

La lettre pastorale visée dans cette lettre manque au dossier (*Arch. Nat.*), mais M. de Mercy, qui obtint la permission de rentrer « comme citoyen français », donna un gage de son dévouement au régime nouveau, en écrivant, le 22 août 1802, à M. Macé, curé des Herbiers (Vendée) : « Je n'ai pas été longtemps à reconnaître que ce n'était ni l'amour ni le véritable amour de la patrie qui dirigeaient les soi-disant armées catholiques de la Vendée, mais l'égoïsme et toutes les passions humaines. » M. de Mercy remit sa démission d'évêque de Luçon au moment du Concordat, et fut appelé peu après à l'archevêché de Bourges. Il mourut à ce poste, officier de la Légion d'honneur.

MÉRENTIER (MARIUS-JEAN-ALEXIS), représentant en 1849, né à Marseille (Bouches-du-Rhône) le 8 février 1790, mort à Marseille le 1er avril 1875, était portefaix dans cette ville, syndic de sa corporation, et conseiller municipal. Élu, le 13 mai 1849, représentant des Bouches-du-Rhône à l'Assemblée législative, le 7e sur 9, par 42,955 voix (114,993 inscrits), il prit place à droite, dans les rangs de la majorité, et vota avec les conservateurs monarchistes : *pour* l'expédition de Rome, *pour* la loi Falloux-Parieu sur l'enseignement, *pour* la loi du 31 mai sur le suffrage universel, etc. Il n'appartient pas à d'autres assemblées.

MÉRIC (JEAN-FRANÇOIS), député au Corps législatif, né à Carcassonne (Aude) le 28 mars 1756, mort à Carcassonne le 23 mars 1816, était avocat à Carcassonne avant la Révolution. Président du tribunal criminel de l'Aude, il fut élu, le 22 germinal an V, député du département au Conseil des Anciens, par 153 voix (178 votants). Il devint secrétaire de l'assemblée (1er nivôse an VI), prit rarement la parole, applaudit au coup d'État de brumaire, et fut nommé délégué des consuls dans la 7e division militaire (Grenoble). Il adhéra de là à la nouvelle Constitution par la lettre suivante :

« Grenoble, le 6 nivôse an VIII.

« Le Représentant du peuple délégué des Consuls dans la 7e division militaire,

« Au citoyen président la commission législative du Conseil des Anciens.

« Citoyen président,

« Je vous adresse mon acceptation bien sincère de la constitution décrétée le 29 frimaire dernier, et présentée à l'acceptation du peuple français.

« Salut et fraternité
« MÉRIC. »

Au retour de sa mission, il fut choisi, le 4 nivôse an VIII, par le Sénat conservateur, comme député de l'Aude au Corps législatif, et devint secrétaire de l'Assemblée 16 pluviôse an X), puis président (16 ventôse an XI). Membre de la Légion d'honneur du 4 frimaire an XII, il fut président de nouveau du Corps législatif en 1806. Il en sortit en 1811.

MÉRICAMP (SALOMON), député en 1791, dates de naissance et de mort inconnues, homme de loi avant la Révolution, devint (1790) procureur-syndic du district de Saint-Sever, et fut élu, le 2 septembre 1791, député des Landes à l'Assemblée législative, le 1er sur 6, par 136 voix (265 votants). Son nom ne figure pas au *Moniteur*.

MÉRIGEAUX (MARC-ANTOINE-THOMAS), député en 1789, né à Pézénas (Hérault) en 1755, mort à une date inconnue, exerçait la profession d'avocat dans sa ville natale, lorsqu'il fut élu (1er avril 1789), par la sénéchaussée de Béziers, député du tiers aux États-Généraux, avec 301 voix (443 votants). Il prêta le serment du Jeu de paume, et n'eut qu'un rôle parlementaire effacé.

MÉRILHOU (JOSEPH), député de 1831 à 1834, ministre pair de France, né à Montignac (Dordogne) le 15 octobre 1788, mort à Neuilly (Seine) le 18 octobre 1856, « fils de Jean Mérilhou et à demoiselle Madeleine Desmond », fit ses études classiques à Périgueux. Reçu avocat à la faculté de droit de Paris, il entra dans la magistrature et devint conseiller auditeur à la cour impériale, par un décret daté de Troyes, quartier général de l'Empereur, du 4 février 1814. Quelques semaines plus tard, le 31 mars, l'Empire était renversé. Maintenu provisoirement en fonctions à la cour royale, il siégea à l'une des chambres criminelles lors du procès intenté à Carnot, à l'occasion de son célèbre *Mémoire au roi*; en qualité de rapporteur, il présenta des conclusions tendant à une ordonnance de non-lieu. Pendant les Cent-Jours, il fut nommé (11 mai 1825) substitut du procureur général à la cour impériale de Paris. Aussi la seconde Restauration le comprit-elle sur la liste des magistrats suspendus de leurs fonctions. Obligé de résider quelques mois hors de Paris, M. Mérilhou rentra ensuite au barreau et prit part aux luttes de l'opposition constitutionnelle; il défendit en 1817 MM. Comte et Dunoyer, rédacteurs du *Censeur*, traduits devant le tribunal de police correctionnelle, fut un des fondateurs de la *Société des amis de la liberté de la presse*, plaida encore devant la cour d'assises de Paris pour les frères Duclos, accusés d'avoir fait partie de la conspiration de l'épingle noire, pour Arnold Scheffer, Brissot, Feret, etc.; il s'attachait, dans chacune de ses plaidoiries, à prouver la nécessité de mettre les institutions de la France en harmonie avec l'esprit de la Charte. Le 14 juillet 1819, il gagna la première cause qui, en France, ait été jugée par le jury : celle de Gossuin, auteur de la *Bibliothèque historique*, poursuivi pour avoir mal parlé des Suisses de la garde du roi. Membre du conseil d'administration d'une société qui s'occupait de secourir les familles des citoyens détenus préventivement, il fut inquiété de ce chef; sur une plaidoirie de Dupin aîné, il bénéficia (29 juin 1820) d'un acquittement. Il appartint aussi à la « charbonnerie », comme membre de la haute vente et plus tard de la vente suprême; il défendit la *Tribune de la Gironde*, se chargea (août 1822) de la cause de Bories, dans l'affaire des quatre sergents de la Rochelle, et fut désigné clairement dans cette phrase du réquisitoire de Marchangy : « Ici les véritables coupables ne sont pas nombreux, mais bien sur les bancs des avocats. » Le *Courrier français* l'eut aussi pour avocat en 1825 et en 1829. Il prit part aux attaques de M. de Montlosier contre le « parti prêtre », fut un des signataires de la célèbre consultation du 1er août 1826, publia, en 1827, un *Essai historique sur la vie et les ouvrages de Mirabeau*, fit une très vive opposition au cabinet Polignac, conseilla le refus de l'impôt, protesta contre les Ordonnances de juillet, et fut directement mêlé à tous les conciliabules qui précédèrent et préparèrent l'avènement de Louis-Philippe. Adjoint, le 29 juillet 1830, à la commission municipale, il sortit, deux jours après, de l'Hôtel de Ville, avec le titre et les fonctions de secrétaire général provisoire du ministère de la Justice. Pendant les trois mois qu'il occupa ce poste, il prit diverses mesures importantes, telles que le renouvellement des parquets, des juges de paix, la suppression du ministère d'État et de la caisse du sceau des titres, l'abolition de la loi sur le sacrilège, etc. Conseiller d'État le 20 août 1830, M. Mérilhou fut appelé, le 2 novembre suivant, lors de la formation du cabinet Laffitte, à prendre le portefeuille de l'Instruction publique et des Cultes, avec la présidence du conseil d'État. Mais il ne justifia pas, dans cette situation nouvelle, les espérances qu'avait mises en lui le parti libéral. « M. Mérilhou, lit-on dans la *Biographie des Hommes du jour*, qui pendant quinze années avait fait la guerre aux Jésuites, qui dans toutes les circonstances avait poursuivi et attaqué la congrégation avec la plus grande vigueur, laissa tout en place... » Cependant, il supprima la Société des missions de France et réunit au domaine de l'État la maison du Mont-Valérien qui en était le chef-lieu. Il fit rendre aussi une ordonnance prescrivant, comme conditions d'admissibilité aux diverses fonctions de la hiérarchie ecclésiastique, la possession de grades donnés par l'Université. Après la retraite de Dupont (de l'Eure) et de La Fayette, M. Mérilhou continua de servir la dynastie, et accepta de succéder à son ami Dupont comme ministre de la Justice (27 décembre 1830-7 mars 1831). Il ne tarda pas, d'ailleurs, à donner sa démission à son tour, lorsque M. Persil, procureur général, voulut pousser le pouvoir à des mesures de rigueur contre la presse et destituer M. Comte, procureur du roi. M. Mérilhou se retira avec Laffitte devant le cabinet du 13 mars formé sous la présidence de Casimir Périer. Après avoir refusé un siège à la cour de Cassation, l'ex-ministre fut élu député, le 5 juillet 1831, dans quatre collèges : 1° dans le 5e de la Dordogne (Nontron), avec 155 voix sur 235 votants, 303 inscrits, contre 41 à M. de Verneilhe, et 37 au colonel Lamy; 2° dans le 7e du même département (Sarlat), avec 186 voix (280 votants, 306 inscrits), contre 98 à M. J. Bessière

et 19 à M. Lasserre; 3° dans le 4e de la Haute-Vienne (Saint-Yrieix), avec 88 voix (167 votants, 283 inscrits), contre 74 à M. Sulpicy; 4° dans le 5e de la Gironde (Bazas), avec 125 voix (174 votants, 254 inscrits), contre 30 à M. Lafouta. Il opta pour Sarlat et fut remplacé à Bazas par M. Nicod, à Saint-Yrieix par M. Sulpicy, et à Nontron par M. Lamy. M. Mérilhou prit place dans l'opposition modérée, avec laquelle il vota le plus souvent. Lors de la discussion sur l'hérédité de la pairie, il se prononça contre, et pour l'élection. Après les événements des 5 et 6 juin, il présenta un amendement qui fut rejeté, tendant à fixer les ordonnances sur l'état de siège. Il adhéra au *compte-rendu* de 1832, parla à propos de l'emprunt grec, contre les dangers de l'influence russe, et prononça (1834) un discours contre la loi des associations. Toutefois son opposition modérée lui permit de se raviser et de consentir à siéger (21 avril 1832) comme conseiller à la cour de Cassation : il obtint alors le renouvellement de son mandat législatif à Sarlat, par 180 voix (246 votants, 389 inscrits), contre 64 à M. de Maleville. Non réélu député en 1834, M. Mérilhou fut appelé à la pairie le 3 octobre 1837. Au Luxembourg, ce fut lui qui présenta le rapport dans l'affaire de l'insurrection du 12 mai 1839. Il eut une part active aux travaux de la commission chargée de préparer un nouveau projet de code militaire (1842), et de celle qui s'occupa de la législation de la réforme hypothécaire (1845). Éliminé, en 1848, de la cour de Cassation, il fut appelé à y reprendre ses fonctions l'année suivante. On a de lui un grand nombre d'articles dans les *Annales du barreau français* et l'*Encyclopédie du droit*. Grand-officier de la Légion d'honneur.

MÉRILLON (Pierre-François-Daniel), député de 1885 à 1889, né à Bordeaux (Gironde) le 29 juin 1852, fit son droit, après de bonnes études classiques au lycée de sa ville natale, et prit place au barreau de Bordeaux (1872). Il ne tarda pas à s'y faire remarquer dans les questions d'affaires. Membre du conseil municipal de Bordeaux (1878-1884), adjoint au maire (1881-1884), conseiller général du 4e canton de Bordeaux depuis 1883, membre du conseil départemental de l'instruction publique (1881-1887), il fut porté, en 1885, sur la liste opportuniste de la Gironde, et élu, le 4 octobre, le 9e sur 11, par 88,628 voix (162,286 votants, 203,661 inscrits). Il siégea à gauche (Union républicaine), s'occupa des questions commerciales, combattit, en mars 1887, le projet de surtaxe sur les riz et les maïs, fut rapporteur de la loi sur l'armée (1888), appuya de ses votes les ministères républicains, et se prononça, en dernier lieu, *pour* le rétablissement du scrutin d'arrondissement (11 février 1889), *pour* l'ajournement indéfini de la révision de la Constitution, *pour* les poursuites contre trois députés membres de la Ligue des patriotes, *pour* le projet de loi Lisbonne restrictif de la liberté de la presse, *pour* les poursuites contre le général Boulanger. Fondateur de la Société des anciens élèves du lycée de Bordeaux (1878), administrateur du dépôt de mendicité (1880), M. Mérillon fait en outre partie des sociétés musicales, de gymnastique et de tir de Bordeaux, et a été président de l'Union nationale des sociétés de tir de France (1886). Il est aujourd'hui substitut du procureur général à Paris. On a de lui : *La loi militaire expliquée et commentée* (1890).

MÉRIMÉE (PROSPER), sénateur du second Empire, né à Paris le 28 septembre 1803, mort à Cannes (Alpes-Maritimes) le 3 octobre 1870, était fils du célèbre peintre et chimiste Jean-François-Léonor Mérimée (1757-1836). Il étudia le droit, mais n'entra point au barreau, préféra la carrière administrative et s'occupa surtout de littérature. Ses débuts furent deux ouvrages apocryphes: le *Théâtre de Clara Gazul* et la *Guzla*. Dans le premier, il se donnait comme le simple éditeur et traducteur de petites comédies espagnoles dues à une actrice inconnue, Clara Gazul, personnage imaginaire; la Guzla était un prétendu recueil de chants illyriens attribués à Hyacinthe Maglanowitch. Ces premiers essais marquèrent la célébrité à leur auteur: ils marquent le trait distinctif du talent de Prosper Mérimée, qui est la sobriété poussée jusqu'à l'exagération. Il publia encore, sous le voile de l'anonyme, la *Jacquerie* (1828), suite de scènes féodales, suivie de la *Famille Carrajal*, et la *Chronique du règne de Charles IX*. Il y a moins de sécheresse, plus d'abandon dans ces ouvrages, et surtout dans *Colomba* (1830), qui passe pour son chef-d'œuvre: cette saisissante peinture des vendettas corses est restée populaire. Bientôt après, il signa *Tamango*, la *Prise de la Redoute*, la *Vénus d'Ille*, les *Âmes du purgatoire*, la *Vision de Charles XI*, la *Peste de Tolède*, la *Partie de trictrac*, le *Vase étrusque*, la *Double méprise*, etc., qui le placèrent au premier rang des conteurs. Les brillants succès littéraires de Mérimée ne nuisirent pas à sa carrière administrative. «Vous avez vu probablement, écrivait-il le 29 décembre 1830 à madame Ancelot, comment, moi, soixante millième, j'ai sauvé la patrie, mercredi dernier, de cinq ou six cents gamins, la plupart pâtissiers et bossus, qui voulaient la républicaniser. Pour prix de mon héroïsme, j'ai attrapé ce rhume et ce nez.» Le comte d'Argout, devenu ministre, le choisit pour secrétaire de son cabinet, puis le nomma successivement secrétaire du ministère du Commerce, et chef de bureau au ministère de la Marine. En 1831, Mérimée succéda à M. Vitet comme inspecteur des monuments historiques, fonctions auxquelles le désignaient ses études particulières et son goût très vif pour l'archéologie. Les excursions qu'il fit, en cette qualité, lui fournirent la matière d'ouvrages remarquables, tels que: *Voyage dans le midi de la France* (1835); *Voyage dans l'ouest de la France* (1836); *Voyage en Auvergne et dans le Limousin* (1838); *Voyage en Corse* (1840); *Monuments historiques* (1840); *Peintures de l'église de Saint-Savin* (1845). De plus, il trouva, au cours d'un de ces voyages, l'occasion de se lier avec Mme de Montijo, mère de la future impératrice Eugénie; il ne fut pas étranger, plus tard, aux négociations du mariage de Napoléon III, et ces relations lui valurent d'être reçu aux Tuileries sur le pied de la plus grande intimité. Prosper Mérimée montra encore d'éminentes qualités de narrateur et d'écrivain dans l'*Essai sur la guerre sociale* (1841); la *Conjuration de Catilina* (1844); l'*Histoire de Don Pèdre*, les *Faux Démétrius*. En 1844, il remplaça Charles Nodier à l'Académie française, et, peu après, il fut nommé membre de l'Académie des inscriptions et belles-lettres. En 1848, le gouvernement provisoire le choisit pour l'un des commissaires chargés de l'inventaire des biens de la famille d'Orléans. Quelque temps après, lorsque les tribunaux eurent condamné par contumace M. Libri, inspecteur des bibliothè-

ques, pour détournement de livres et manuscrits, Mérimée, entraîné par un fâcheux attachement, persista à soutenir l'innocence de son ami: deux *Lettres* insérées par lui dans la *Revue des Deux-Mondes*, et où il récriminait contre la chose jugée, lui valurent une condamnation à l'amende et à quinze jours d'emprisonnement. Il fut aussi l'ami dévoué de Stendhal, dont le talent n'était pas sans analogie avec le sien. Mérimée faisait profession de scepticisme et d'athéisme; très éloigné, d'ailleurs, de la république et des républicains, il applaudit au coup d'État du 2 décembre 1851, et fut appelé à faire partie du Sénat par un décret impérial du 23 juin 1853. Il ne cessa de soutenir de son vote, à la Chambre haute, le gouvernement de Napoléon III, et prit quelquefois la parole, notamment dans la session de 1861, pour défendre un amendement qu'il avait signé, et qui réclamait «pour les œuvres de l'intelligence des encouragements plus dignes du règne de Sa Majesté, et du grand empire qu'elle gouverne». L'amendement fut rejeté après un discours de M. Magne, ministre des Finances, qui voulut y voir une critique indirecte des actes du gouvernement. C'était d'ailleurs sous l'inspiration de Mérimée que l'Empereur avait rendu le décret du 5 novembre 1860, qui enlevait l'Institut et les Bibliothèques au ministère de l'Instruction publique, pour les mettre au ministère d'État, et les placer ainsi plus directement sous la protection personnelle du souverain. M. Mérimée était de toutes les réunions intimes des Tuileries, de Compiègne et de Saint-Cloud, et ne dédaignait pas de jouer aux charades et aux petits billets. L'opposition platonique, qui était dans son caractère, ne se faisait jour que dans ses lettres intimes; le 22 mai 1869, il mandait à Panizzi: «Le vent est au parlementarisme, un des plus mauvais gouvernements dans un pays où il n'y a pas une forte aristocratie.» Le 21 août 1870, il écrivait au même: «*Finis Galliæ!* Nous avons de braves soldats, mais pas un général. Je ne vois ici que le désordre et la bêtise.» La chute de l'Empire, la perte des affections auxquelles tenaient ses habitudes de bien-être, lui portèrent un coup mortel; il succomba à Cannes, le 3 octobre 1870, des suites d'une maladie de poitrine. Dans ses dernières années, il s'était occupé de traduire des poètes et des romanciers russes: la *Dame de pique*, les *Bohémiens*, les *Hussards* de Pouschkine; *Fumée*, d'Yvan Tourguéneff, etc. On lui doit encore de nombreux travaux insérés dans la *Revue des Deux-Mondes* et le *Moniteur*, des éditions de Brantôme et d'Agrippa d'Aubigné. Son dernier ouvrage fut une nouvelle: *Lokis* (1868), écrite avec cette singulière concentration de style qui caractérisa son talent. On a publié après sa mort plusieurs écrits inédits sortis de sa plume, notamment les curieuses *Lettres à une Inconnue*, pleines de piquants détails sur les hommes et les mœurs du second empire.

MERLE (MARIE-ANDRÉ), député en 1789, né à Lons-le-Saulnier (Jura) le 27 septembre 1754, mort à Lyon (Rhône) le 6 décembre 1793, était maire de Mâcon, lorsqu'il fut élu, le 29 mars 1789, député du tiers aux États-Généraux par le bailliage de Mâcon. Membre du comité des recherches, il lut plusieurs rapports au nom de ce comité, vota avec la majorité et fut nommé secrétaire de l'Assemblée (8 juin 1791). Élu, le 3 septembre 1791, haut juré de Saône-et-Loire et procureur général syndic de ce même département, il devint suspect l'année suivante, et, compris dans les proscriptions qui suivirent le 31 mai 1793, fut arrêté, transféré à Lyon et condamné à mort le 15 frimaire an II. Du nombre de ceux qui furent mitraillés aux Brotteaux, il eut le poignet coupé par une balle, et parvint à se débarrasser de ses liens et à s'enfuir. Mais il fut saisi par la cavalerie lancée à sa poursuite et massacré à coups de sabre.

MERLE-MASSONNEAU (JEAN-ANTOINE-SAINT-GERMAIN), député de 1830 à 1837, né à Aiguillon (Lot-et-Garonne) le 11 avril 1778, mort à Aiguillon le 12 septembre 1856, propriétaire, conseiller général de Lot-et-Garonne, fut élu, le 3 juillet 1830, député de ce département au grand collège, par 144 voix (276 votants, 324 inscrits). Il prit part à l'établissement de la monarchie de Louis-Philippe, siégea dans la majorité conservatrice, et obtint successivement sa réélection : le 5 juillet 1831, dans le 2e collège de Lot-et-Garonne (Agen), avec 145 voix (235 votants, 395 inscrits), contre 83 au baron Lacuée : et, le 21 juin 1834, avec 160 voix (296 votants, 394 inscrits), contre 133 à M. Laffitte de Lajoannenque. Ayant donné sa démission de député avant la fin de la législature, il fut remplacé, le 19 août 1837, par M. Bouet. Chevalier de la Légion d'honneur.

MERLET (JEAN-FRANÇOIS-HONORÉ, BARON), député en 1791, né à Martigné-Briant (Maine-et-Loire) le 25 septembre 1761, mort à Martigné-Briant le 8 décembre 1830, fit son droit à Angers et se fixa comme avocat à Saumur. Partisan des idées nouvelles, il rédigea les cahiers du tiers, après avoir refusé d'exécuter ce travail en commun avec les autres ordres. En juillet 1789, il devint major de la garde nationale, puis conseiller municipal de Saumur, et, en 1790, procureur-syndic du même district. Élu, le 8 septembre 1791, député de Maine-et-Loire à l'Assemblée législative, le 3e sur 11, par 331 voix (470 votants, 663 inscrits), il fit partie du comité des affaires étrangères et des colonies, défendit les droits des nègres, réclama l'abolition de la traite, demanda la suppression des congrégations séculaires, et devint vice-président de l'Assemblée (26 juillet, puis président, 7 août 1792). Au 10 août, il n'assista pas à la séance à son banc; il prit place à côté du roi. Après la clôture de la session, il retourna à Saumur, ne tarda pas à devenir suspect, et dut se réfugier sur les confins de la Vendée. Après le 9 thermidor, il reprit ses fonctions d'avocat, et, rallié au 18 brumaire, fut nommé conseiller général (thermidor an VIII). Préfet de la Vendée le 9 frimaire an IX, il exerça ces fonctions pendant huit années. Commandeur de la Légion d'honneur en l'an XII, maître des requêtes au conseil d'État le 11 juin 1806, préfet de Maine-et-Loire le 12 février 1809, et préfet de la Roër le 18 février suivant, il n'accepta pas ce dernier poste. Il devint alors président du magistrat du Rhin, fut créé baron de l'empire le 9 septembre 1810, et se démit de ses fonctions administratives en 1812. Conseiller d'État aux Cent-Jours, il rentra dans la vie privée à la seconde Restauration.

MERLET (JULES-MARIE), député de 1885 à 1889, né à Angers (Maine-et-Loire) le 26 novembre 1830, fut d'abord conseiller de préfecture à Angers sous l'Empire, et devint, au 24 mai 1873, préfet de Maine-et-Loire. Remplacé peu de temps après, il se présenta à la

députation, le 14 octobre 1877, dans l'arrondissement de Beaugé, où il échoua avec 9,319 voix contre 9,648 à l'élu, M. Benoist, républicain. Révoqué, peu après, de ses fonctions de maire, il fut porté sur la liste conservatrice de Maine-et-Loire, aux élections du 14 octobre 1885, et fut élu député de Maine-et-Loire, le 4e sur 8, par 73,019 voix (123,110 votants, 151,859 inscrits). Il siégea à droite, combattit la politique du gouvernement républicain, et se prononça, dans la dernière session, contre le rétablissement du scrutin d'arrondissement (11 février 1889), pour l'ajournement indéfini de la revision de la Constitution, contre les poursuites contre trois députés membres de la Ligue des patriotes, contre le projet de loi Lisbonne restrictif de la liberté de la presse, contre les poursuites contre le général Boulanger.

MERLIN (PHILIPPE-ANTOINE, COMTE), dit MERLIN DE DOUAI, député en 1789, membre de la Convention, député au Conseil des Anciens, ministre, membre du Directoire, représentant aux Cent-Jours, né à Arleux (Nord) le 30 octobre 1754, mort à Paris le 21 décembre 1838, fils d'un cultivateur, fit ses études au collège d'Anchin à Douai, d'où lui vint plus tard, pour le distinguer de Merlin de Thionville, son surnom de Merlin de Douai. Il se fit recevoir avocat au parlement de Flandre (1775), et ne tarda pas à y acquérir de la réputation comme jurisconsulte. « Levé à quatre heures du matin, écrit Mignet, il ne quittait son cabinet que pour aller aux audiences du palais et il ne terminait sa journée qu'après avoir achevé tout son travail. Ces habitudes laborieuses, auxquelles il a été fidèle le reste de sa vie, lui permirent d'étudier sérieusement les diverses législations qui régissaient la vieille France. » Collaborateur actif d'un dictionnaire de droit qui se publiait alors sous le titre de *Répertoire universel et raisonné de jurisprudence en matière civile, criminelle, canonique et bénéficiale*, il vit bientôt son renom s'étendre dans toute la France. Avocat, il eut pour clients, dans les deux procès les plus célèbres de cette période, Beaumarchais et le président Dupaty : en 1792, il fut nommé, par le duc d'Orléans, membre de son conseil d'apanage. Partisan de la Révolution, Merlin fut élu, le 4 avril 1789, par le tiers-état du bailliage de Douai, député aux États-Généraux. Il siégea dans la majorité, brilla peu à la tribune de la Constituante, mais n'en joua pas moins un rôle actif dans cette assemblée, surtout comme auteur du rapport sur le régime féodal. Le principe de l'abolition de ce régime était proclamé; mais il restait à poursuivre et à régler ses conséquences, à provoquer, à rédiger les mesures particulières visant chaque province : c'est la tâche que remplit Merlin. Il présenta également la législation nouvelle sur la chasse, fit rendre divers décrets sur le droit de triage, sur la féodalité censuelle, sur la vente des biens nationaux aux particuliers, etc., fut membre du comité de constitution et du comité d'aliénation des biens nationaux, et prit l'initiative de proposer l'application du principe d'égalité aux lois qui régissent la famille. La loi sur les successions *ab intestat* l'eut encore pour rapporteur; il fit voter l'abolition du droit d'aînesse et de masculinité, consacrer le partage égal entre les héritiers du même degré, et admettre la représentation à l'infini en ligne directe et jusqu'aux neveux inclusivement en ligne collatérale; il provoqua la destruction des privilèges appelés droits de bourgeoisie et d'habitation, et retrait lignager, et qui, permettant aux cohéritiers de garder certaines terres, au plus proche parent d'en revendiquer ou d'en racheter d'autres, paralysaient le mouvement des propriétés. En même temps, dans un recueil périodique consacré aux plus hautes matières du droit et de la jurisprudence, Merlin, aussi habile écrivain que savant commentateur, s'attachait à répandre les théories nouvelles, à en expliquer les points délicats, à en démontrer les avantages. Ses rapports à l'Assemblée constituante peuvent être considérés comme de véritables modèles de science, de netteté et de profondeur. En politique, il se montrait plus timide. Attaché au système de la monarchie constitutionnelle, il repoussa toutes les mesures extrêmes proposées par les plus ardents réformateurs dans les discussions orageuses qui suivirent la fuite de Varennes; il combattit aussi avec insistance la motion de Robespierre tendant à rendre les constituants inéligibles à certaines fonctions et à les priver du droit de se faire nommer députés à l'assemblée suivante. Cette motion fut adoptée, malgré un discours de Merlin, qui s'écria : « Je crains qu'une nouvelle législature ne change la Constitution, et que, si elle ne la change pas, elle la laisse périr. » Élu, le 4 septembre 1791, président d'un des tribunaux d'arrondissements de Paris et du tribunal criminel du Nord, Merlin opta pour ce dernier emploi, et l'occupa jusqu'en septembre 1792. Le 18 de ce mois, le suffrage de ses concitoyens du Nord l'envoya, le 1er sur 12, « à la pluralité des voix », siéger à la Convention nationale. Rallié, sans enthousiasme, à la forme républicaine, il adhéra au nouveau gouvernement, qu'il n'avait pas contribué à proclamer, n'étant arrivé à Paris qu'après les premières séances de l'assemblée. Il y fut tout d'abord l'objet d'une accusation qu'il réussit à écarter : on avait trouvé dans l'armoire de fer la preuve que des propositions lui avaient été faites par la cour pour obtenir de lui un rapport favorable sur les chasses du roi. Merlin établit que ces propositions avaient été repoussées par lui, et qu'il avait refusé de faire le rapport. Dans le procès de Louis XVI, il opina avec la majorité. « Je vote pour la mort », dit-il au 3e appel nominal. Bientôt après, il reçut une mission dans la Vendée, d'où il envoya des détails sur le siège de Nantes par les « brigands », et sur l'occupation d'Ancenis par les républicains. A son retour, l'assemblée le choisit pour un de ses secrétaires. Il fit diviser le tribunal révolutionnaire en quatre sections, décréter la peine de mort pour la vente ou l'achat des assignats, et régler le mode d'exécution de la loi des suspects. Le premier projet qu'il avait lu à la tribune, le 31 août 1793, sur cette grave question, avait été improuvé par la Montagne; il en présenta un second qui n'était pas conforme, a-t-on dit, à son opinion particulière, et qui fut converti en loi le 17 septembre. Ses motions, comme membre du comité de législation, relatives à l'institution des jurés, au transport des tribunaux criminels, à la nullité des jugements en matière civile, aux mandats d'amener, aux faux témoins, aux délits militaires, au jugement des contumaces, etc., furent également adoptées. Pourtant, Merlin n'aimait pas le parti montagnard et jacobin, et il concourut avec empressement, de même que son ami et collègue Merlin (de Thionville), à précipiter la chute de Robespierre. Président de la Convention quelques jours après le 9 thermidor, il fut porté par les vainqueurs au comité de salut public, dont il ne cessa presque plus de faire partie jusqu'à la fin de la session.

Il eut la tâche de réorganiser le tribunal révolutionnaire et de dissoudre l'administration de la commune de Paris, et poussa de tout son pouvoir l'assemblée dans les voies de la réaction : dans son zèle thermidorien, il alla jusqu'à annoncer un jour à ses collègues que « le parti et Pitt étaient désespérés de la mort de Robespierre. » Le 20 brumaire il demanda la fermeture du club des Jacobins : l'assemblée ayant passé à l'ordre du jour, Merlin revint à la charge et déclara que si la Convention avait passé à l'ordre du jour, c'était parce que la clôture du club était un acte de gouvernement et non une mesure législative : alors il persuada aux comités assemblés dans la nuit de faire fermer les Jacobins sous leur responsabilité. Il en signa le premier l'ordre, qui fut exécuté une heure après. Il proposa ensuite de réintégrer dans tous leurs droits les 73 députés hostiles au 31 mai. Il exerça aussi, au comité de salut public, une grande influence sur le département des affaires extérieures : il entama des négociations avec la Prusse, l'Espagne et les Pays-Bas, et présenta, sur les bases de paix auxquels ces négociations avaient donné lieu, un rapport qui fut traduit dans toutes les langues. Il fit décréter enfin la réunion à la France de la Belgique, du pays de Liège et de la principauté de Bouillon. Membre du comité des Cinq qui fut chargé, le 13 vendémiaire, de pourvoir à la sûreté de la Convention, il investit Barras et Bonaparte du commandement des troupes. Merlin de Douai eut ensuite, comme rédacteur et rapporteur, la plus grande part au Code des délits et des peines, du 3 brumaire an IV, qui réforma sur plusieurs points la législation criminelle : rédigé en 646 articles, ce code demeura en vigueur jusqu'en 1811, et passa en partie dans la législation impériale, sauf dans ses dispositions libérales, l'Empire ayant rétabli la confiscation, la marque et les peines perpétuelles. Le 23 vendémiaire an IV, vingt-neuf département élurent Merlin au Conseil des Anciens; mais il fut éloigné de l'accomplissement de ce mandat législatif par les fonctions de ministre de la Justice, que lui confia le Directoire (12 brumaire an IV) et qu'il remplit jusqu'au 14 nivôse, pour les occuper de nouveau, du 14 germinal de la même année au 2e jour complémentaire de l'an V. Dans l'intervalle, Merlin avait été chargé de diriger le ministère de la police générale de création récente : mais le mauvais état de sa santé l'obligea à renoncer à des occupations trop fatigantes et à reprendre le portefeuille de la Justice. Les royalistes lui reprochèrent amèrement plus tard d'avoir montré trop de rigueur dans l'exécution des lois contre les émigrés. Au lendemain du 18 fructidor, il fut nommé l'un des cinq directeurs en remplacement de Barthélemy (5 septembre); dans cette haute situation, il perdit, semble-t-il, de son prestige, et partagea avec Treilhard et La Reveillère-Lépeaux la responsabilité de la plupart des actes qui furent le plus vivement reprochés au gouvernement d'alors. La rupture du traité de Campo-Formio, l'assassinat des plénipotentiaires français à Rastadt mirent le comble au mécontentement public : Merlin, de même que ses deux collègues, se vit dans la nécessité de se démettre de ses fonctions de directeur quatre mois avant le coup d'État de Bonaparte. Rentré dans la vie privée depuis le 30 prairial an VII, il fut étranger à la journée du 18 brumaire, et fut d'abord l'objet d'une défaveur marquée de la part du premier Consul. Mais ce malentendu dura peu, et il fut appelé aux fonctions de substitut du commissaire du gouvernement près le tribunal de cassation (19 germinal an VIII), puis à celles de procureur général à la même cour (1801). Là, il se montra digne de sa renommée de jurisconsulte, et, pendant treize ans, servit de régulateur à la cour suprême, préparant, par ses réquisitoires dans les questions les plus difficiles et les plus variées de l'ancien droit ou du droit nouveau, des arrêts qui ne furent le plus souvent que la sanction de ses opinions. Napoléon ne le désigna pas pour être au nombre des rédacteurs de ses codes, mais il le nomma successivement conseiller d'État à vie, chevalier de l'Empire (3 juin 1808), comte (14 avril 1810), membre du comité pour les affaires de la couronne, grand-officier de la Légion d'honneur. La Restauration destitua Merlin de ses fonctions, bien que son nom figurât en tête de l'adresse de la cour de Cassation à Louis XVIII. Rappelé par l'Empereur à la cour de Cassation pendant les Cent-Jours, avec le titre de ministre d'État, il fut élu, d'autre part, le 10 mai 1815, membre de la Chambre des représentants par l'arrondissement de Douai, avec 55 voix (89 votants). Le 24 juillet 1815, il fut compris, lors du second retour des Bourbons, parmi les trente-huit personnes exilées. Il passa en Belgique, d'où le roi des Pays-Bas, « sur les instances des puissances alliées de la France », lui intima l'ordre de sortir ; il se mit alors en devoir de s'embarquer pour les États-Unis avec son fils. Assaillis par une tempête furieuse, ils furent recueillis, avec d'autres passagers, par une chaloupe qui les déposa dans le port de Flessingue : cette circonstance lui valut la faveur d'être autorisé à résider à Harlem, puis à Amsterdam, sous un nom supposé, jusqu'à la révolution de 1830, qui lui permit de rentrer en France. Les portes de l'Institut, dont il faisait partie depuis la fondation, lui furent rouvertes, et il mourut à Paris, âgé de quatre-vingt-quatre ans.

MERLIN (Antoine-Christophe, baron), dit Merlin de Thionville, député en 1791, membre de la Convention, et député au Conseil des Cinq-Cents, né à Thionville (Moselle) le 13 septembre 1762, mort à Paris le 14 septembre 1833, était fils de Christophe Merlin, qui fut procureur au bailliage, puis président du district. Il fit ses études au collège de sa ville natale, puis au séminaire des Lazaristes à Metz, et fut destiné d'abord à l'Église : mais son caractère et aussi, a-t-on dit, certaine aventure romanesque le détournèrent de ce but. Il quitta brusquement les Lazaristes, avant d'avoir terminé sa théologie, malgré la colère de ses parents, et dut se réfugier quelque temps à la Chartreuse du Val Saint-Pierre en Thiérache. Merlin n'avait contracté aucun engagement ecclésiastique et c'est par erreur qu'on appliqua plus tard à lui et à ses amis Bazire et Chabot le sobriquet de *trio cordelier*. Il vint bientôt à Paris pour y chercher une situation, accepta une modeste place de professeur de latin dans une école militaire de la rue de Reuilly, puis rentra dans sa famille l'année suivante, et remplit chez son père l'office de premier clerc. Reçu avocat au parlement de Metz, il chercha, suivant sa propre expression dans les fragments des *Mémoires* qu'on a publiés de lui, à devenir « le successeur des avocats, déjà fort âgés, qui avaient la clientèle des abbayes et des seigneurs justiciers. » Vers 1787, il épousa une jeune fille aveugle, « pour laquelle, écrit un biographe, il montra toujours les attentions les plus soutenues. » Rallié, en 1789, à la cause de

la Révolution, il servit d'abord avec ardeur, fut élu officier municipal de Thionville, et désigné par ses concitoyens pour aller réclamer à Paris le prompt armement de la garde nationale. Le 4 septembre 1791, il fut envoyé par le département de la Moselle, le 2e sur 8, à l'Assemblée législative, avec 215 voix (422 votants). Merlin siégea à gauche, fit de vives motions contre le clergé et la noblesse, se lia étroitement avec Chabot et Bazire, et parut très fréquemment à la tribune pour multiplier les dénonciations et les récriminations contre les émigrés et contre le pouvoir exécutif. Il criait sans relâche à la trahison, accumulait les preuves, apportait à l'assemblée des interrogatoires, des rapports, des correspondances. Aux Jacobins comme à l'Assemblée, Merlin ne tarda pas à devenir un des orateurs les plus populaires : son activité turbulente, l'impétuosité de son attitude et de son langage lui valurent souvent les applaudissements des tribunes. Il s'opposa vivement à ce qu'on envoyât des troupes dans les colonies, de peur que leur conservation, favorable au commerce, ne finit par devenir fatale à la France, en avilissant l'esprit national. « Pour être libre, dit-il, il ne faut pas être riche. » Il vota aussi pour que l'on refusât des secours pécuniaires aux colons, et eut l'initiative de deux grandes mesures réalisées plus tard : l'établissement d'un comité de surveillance (23 octobre 1791), dont il fit partie, et la confiscation totale des biens des émigrés. Il demanda aussi la déportation en Amérique des prêtres qui troubleraient l'ordre (23 avril 1792), proposa de mettre en accusation les princes du sang émigrés (29 novembre 1791), obtint un décret d'arrestation contre un juge de paix de Paris, Étienne Larivière, qui le poursuivait, et hâta la chute de la royauté par ses actes et par ses discours : « Ce n'est plus avec des discours, s'écriait-il, c'est avec du canon qu'il faut attaquer le palais des rois, et le peuple sera libre ! » Il prit une part directe à l'affaire du Dix-Août, et sauva, d'ailleurs, dans cette journée, le duc de Choiseul et quelques officiers suisses : ce fut lui qui entraîna son compatriote Rœderer à toutes les démarches par lesquelles ce dernier parvint à conduire le roi et sa famille à l'Assemblée législative. Quelques jours après, Merlin se présenta pour faire partie de la légion des *tyrannicides*, proposée par Jean Debry : avec ce dernier, il parcourut les départements de Seine-et-Marne, de l'Oise, de l'Aisne et de la Somme. Réélu, le 4 septembre 1792, membre de la Convention par le département de la Moselle, le 1er sur 8, avec 205 voix (330 votants), il le fut également, le lendemain 5, par le département de la Somme, le 3e sur 17, avec 522 voix (560 votants). Il opta pour la Moselle, et vint siéger sur les bancs de la Montagne. Mais il y fut poursuivi par une accusation de l'ex-ministre Narbonne, qui lui imputait d'avoir reçu de l'argent de la cour. Merlin s'en tira en redoublant de violence dans ses discours : c'est ainsi qu'il réclama l'honneur de poignarder de sa main quiconque aspirerait à la tyrannie (24 septembre 1792) ; il traita Louis XVI « d'infâme », pressa tant qu'il son jugement, déclara, le 16 octobre, « que le seul reproche qu'il avait à se faire était de n'avoir pas poignardé Louis XVI dans la tribune même de l'Assemblée le 10 août », demanda la mise en jugement du roi et de la reine, fit nommer une commission de vingt-quatre membres chargée d'instruire le procès et de recevoir les dénonciations, et accusa Roland d'avoir violé le secret des correspondances. Toutefois une opinion singulière qu'il émit (décembre 1792) à propos du décret qui punissait de mort l'expression d'un vœu pour le rétablissement de la royauté, excita contre lui de nouvelles défiances. Il avait proposé d'ajouter au décret ces mots : « à moins que ce ne soit dans les assemblées primaires. » Accablé de reproches, traité de royaliste, il essaya de se justifier en disant : « Certes, je suis loin de supposer au peuple français la pensée de reprendre d'indignes chaines; mais il ne vous appartient pas d'enchaîner de quelque manière que ce soit, par une disposition pénale, sa volonté. » Bientôt après, il sollicita et obtint une mission, qui le dispensa d'assister au jugement de Louis XVI. Merlin arriva, le 17 décembre 1792, avec Rewbell, à l'armée qui occupait Mayence. Il écrivit, d'ailleurs, le 6 janvier 1793, pour presser la condamnation à mort, et signa, avec Haussmann et Rewbell, la lettre où figure cette phrase si souvent citée : « Nous sommes entourés de morts et de blessés, c'est au nom de Louis Capet qu'on égorge nos frères, et nous apprenons que Louis Capet vit encore ! » Merlin demanda que l'armée de Custine fût renforcée de deux ou trois corps isolés, qu'on se portât vigoureusement en pays ennemi, et que Mayence, approvisionnée et fortifiée à l'égal de Strasbourg, servît de pivot à tout un système d'opérations. Mais ce plan ne fut pas favorablement accueilli à Paris, et les ministres de la guerre, Pache et Beurnonville, s'y montrèrent particulièrement opposés. Cependant Mayence était investie à la fin de mars par l'armée prussienne. Les munitions étaient insuffisantes, beaucoup de canons étaient hors de service et, malgré l'intrépidité des 22,000 soldats, presque tous volontaires, qui composaient la garnison, et de leurs chefs Aubert-Dubayet, Decaen, Beaupuy, Kléber, la situation était des plus critiques. Le rôle personnel de Merlin de Thionville dans ces circonstances difficiles a été très discuté. Suivant les uns, il se montra aussi habile que brave, soutint l'esprit des troupes par l'exemple d'un courage invincible, rivalisa d'adresse avec les canonniers pour la manœuvre des pièces, et mérita le surnom de *feuerteufel* (diable de feu) que lui donna l'armée prussienne. Durant six semaines, a dit Kléber, on vécut « sous une voûte de feu ». Vers la fin de juin, la ville, étroitement cernée par des forces considérables, fut battue par 214 pièces d'artillerie, dont 52 mortiers. Les ouvrages de campagne furent perdus l'un après l'autre; bref, on entama des négociations avec le roi de Prusse qui les accueillit favorablement, et Mayence capitula (24 juillet 1793). Suivant d'autres, — et Robespierre fut du nombre, — Merlin (de Thionville) aurait trahi et vendu la place à l'ennemi : cette accusation fut portée contre lui à la Convention; mais, défendu d'abord par Thuriot et Chabot, ses amis, puis par Barère au nom du comité de salut public, il fut absous par l'assemblée, qui décréta que les généraux arrêtés seraient remis en liberté et que la garnison de Mayence avait bien mérité de la patrie. Seuls, Custine et Beauharnais payèrent de leur tête cette capitulation funeste. En septembre suivant, Merlin se rendit en Vendée avec l'armée de Mayence, et suivit surtout une politique de « conciliation ». Il assista aux combats de Torfou, de Saint-Symphorien, de Chollet, réclama contre la destitution des généraux Canclaux et Aubert-Dubayet, proposa de mettre Kléber à la tête de l'armée, et éleva Marceau du grade de chef de bataillon à celui de général de brigade. Enfin il reprit, le 6 novembre 1793, sa place à la Convention.

Le 15 décembre, il fit décréter que les noms des députés suppléants seraient mis dans une urne et tirés au sort à chaque vacance; des départements eurent ainsi les uns plus, les autres moins de députés qu'ils n'en devaient avoir. Jusqu'au 9 thermidor, Merlin évita de s'engager avec aucun parti, sans cesser, pour cela, d'intervenir fréquemment dans les débats de l'assemblée. Il présenta un projet de loi contre les femmes qui suivaient les armées, et demanda la reddition des comptes des percepteurs de taxes révolutionnaires, parla en faveur de Danton, de Chabot, de Bazire, de Westermann, fit célébrer comme une fête nationale la commémoration de la mort de Louis XVI, et, comme membre du comité de la guerre, prit part encore à plusieurs mesures importantes. Au 9 thermidor, il prit ouvertement parti contre Robespierre, et s'acharna contre les Jacobins. Ce fut lui qui, du comité de la guerre, expédia l'ordre aux brigades de gendarmerie de la Seine et de Seine-et-Oise de se masser au plus tôt sur divers points indiqués; ce fut lui également qui fit arrêter Henriot, et mettre la main sur les représentants proscrits et sur les membres de la Commune. Aussi Merlin fut-il bientôt considéré comme un des chefs du parti thermidorien. Membre du comité de sûreté générale (1er août), président de la Convention (17 août), on l'entendit se plaindre amèrement « que les choses n'avaient été faites qu'à demi », et que l'assemblée s'était montrée trop modérée. A plusieurs reprises, il insista pour qu'on fermât le club des Jacobins qu'il appelait « une caverne, un repaire de brigands »; enfin il en obtint la dissolution. Envoyé, par décret du 27 octobre 1794, à l'armée de Rhin-et-Moselle, il contribua à la direction des opérations de cette campagne, marquée par la prise de Manheim, l'occupation du Luxembourg et le siège de Mayence. Le 12 germinal an III, il fut adjoint à Pichegru pour réprimer le mouvement jacobin des faubourgs. Les thermidoriens avaient enregimenté la « jeunesse dorée », et Merlin vint se placer à sa tête vêtu d'une lévite bleue qui traînait sur ses talons, coiffé d'un tricorne avec un énorme panache de plumes tricolores, un sabre de cavalerie à la main. Merlin frayait volontiers avec les gens de plaisir : « C'était un Hercule, dit Dussault, dans les mains duquel on surprenait quelquefois un fuseau à côté d'une massue. » Élu, le 23 vendémiaire an IV, député de la Moselle au Conseil des Cinq-Cents, par 131 voix (285 votants), en même temps qu'il obtenait la majorité dans un très grand nombre d'autres départements, il ne joua plus dans cette nouvelle assemblée qu'un rôle effacé. Au 18 fructidor, il refusa de s'associer à la politique du Directoire, et essaya de détourner contre les démocrates les effets de cette journée : il demanda, par exemple, qu'Amar, Lepeletier et Antonelle fussent compris dans la proscription dont on frappait les royalistes du club de Clichy. Non réélu en 1798, il entra dans l'administration générale des postes et y resta jusqu'aux événements du 30 prairial an VII. Dénoncé de nouveau, à cette époque, comme dilapidateur, il se retira entièrement des affaires publiques, et reçut le surnom de *Calvaire*, à cause de l'acquisition qu'il avait faite de l'ancien couvent du Calvaire, près Paris. En 1814, lors de l'invasion étrangère, Merlin tenta de sortir un instant de l'obscurité, en se présentant pour lever un corps franc, dont la Restauration rendit l'organisation inutile. Cette offre de service au gouvernement impérial ne lui fournit que l'occasion d'adresser le 7 avril au prince de Talleyrand la lettre suivante : « Monseigneur, chargé de lever une légion pour concourir à la défense de mon pays, j'ai du cesser son organisation quand j'ai su que la paix était le fruit des soins du gouvernement provisoire. J'adhère à tout ce qu'a fait ce *gouvernement paternel*, et je m'empresse de lui offrir mes services. » En même temps, il demandait pardon à Louis XVIII et à ses ministres de sa conduite passée : « J'avais vingt-sept ans lorsque j'écrivais de Mayence », j'en ai plus de cinquante aujourd'hui, et mes opinions sont bien changées. Je m'en rapporte à la clémence de S. M. et à sa justice. » On a de Merlin de Thionville un violent libelle paru aussitôt après le 9 thermidor, et intitulé : *Portrait de Robespierre*.

MERLIN (Jean-Pierre-Raymond), représentant aux Cent-Jours et député de 1831 à 1839, né à Sauveterre (Aveyron) le 22 janvier 1767, mort à Rodez (Aveyron) le 29 novembre 1839, « fils de Jean-Antoine Merlin, de Sauveterre, et de demoiselle Jeanne Delpech », était curé de campagne au moment de la Révolution. Il prêta le serment civique, renonça à ses fonctions en 1793, et devint défenseur officieux devant le tribunal de Rodez. Nommé, sous l'Empire, juge au tribunal civil de cette ville, il fut élu, le 15 mai 1815, représentant à la Chambre des Cent-Jours par l'arrondissement de Rodez, avec 29 voix (54 votants, 148 inscrits), contre 13 voix à M. Vergnes, commissaire-ordonnateur, et ne s'y fit point remarquer. Partisan de la révolution de 1830, il fut successivement élu député du 1er collège de l'Aveyron, le 5 juillet 1831, par 108 voix (160 votants, 339 inscrits), contre 48 voix à M. Rodat ; le 21 juin 1834, par 170 voix (283 votants, 339 inscrits), contre 111 voix à M. de Barreau ; le 4 novembre 1837, par 227 voix (307 votants, 433 inscrits), contre 55 à M. Dalauro ; le 2 mars 1839, par 234 voix (299 votants). Marié et divorcé, il se fit remarquer à la Chambre par les discours qu'il prononça contre le rétablissement du divorce. Ministériel dévoué, il soutint tous les cabinets et en particulier celui de M. Molé. Il mourut en novembre 1839, et fut remplacé, le 4 janvier, 1840, par M. de Monseignat du Cluzel.

MERLIN (Antoine-François-Eugène, comte), député de 1834 à 1837 et pair de France, né à Douai (Nord) le 27 décembre 1778, mort à Eaubonne (Seine-et-Oise) le 29 août 1854, fils de Merlin de Thionville (*V. plus haut*) et de Jeanne-Brigitte Dumonceaux, entra au service en 1793, fut attaché à l'état-major du général Cambray, assista, en Vendée, à la défaite de Montaigu, devint sous-lieutenant au 18e hussards, et alla ensuite à l'armée du Nord et à l'armée du Rhin, jusqu'à la paix de Campo-Formio. Capitaine en 1797, et aide-de-camp de Bonaparte durant l'expédition d'Égypte, il assista aux batailles des Pyramides et d'Aboukir, au siège de Saint-Jean-d'Acre, et fut envoyé comme plénipotentiaire auprès de l'amiral Sydney-Smith qui lui remit les journaux contenant le récit de toutes les défaites éprouvées par les armées du Directoire. Il revint avec Bonaparte, et, après Marengo, fut aide-de-camp du général Dupont. Chef d'escadron en 1802, chevalier de la Légion d'honneur, il fit avec son régiment, le 4e hussards, les campagnes d'Autriche, de Prusse et de Pologne, et se signala à la prise de Lubeck. Chevalier de l'empire le 28 juillet 1808, et colonel du 1er hussards en 1810, il fut envoyé à l'armée de Portugal, se distingua au combat de Sabuyal (3 août 1811), en mettant en déroute avec un seul escadron

plusieurs bataillons d'infanterie anglaise, et reçut en récompense la croix d'officier de la Légion d'honneur. Il se signala encore à la bataille des Arapiles, protégea la retraite et, dans un engagement très vif, fit prisonnier sir Paget qui commandait les dragons de la reine, et quelques régiments de cavalerie anglaise. L'année suivante, il rejoignit la grande armée. Après Leipsig, où il montra une rare intrépidité, il devint commandant en second du 1er régiment des gardes d'honneur, puis colonel du 4e régiment de l'arme, et resta bloqué à Mayence en 1814. Mis en non-activité à la première Restauration, il reçut cependant la croix de Saint-Louis en février 1815. Aux Cent-Jours, il s'empara du fort de Vincennes que lui abandonna le marquis de Puyvert, fut fait major des chasseurs à cheval de la garde impériale, et eut à organiser le 2e régiment de l'arme dont il prit ensuite le commandement. Après le licenciement de l'armée de la Loire, il chercha à rejoindre son père en exil ; mais, monté à bord du navire américain l'*Alice*, il fit naufrage à l'embouchure de l'Escaut, le 24 février 1816, et ne rentra en France qu'en 1818. Dénoncé comme complice de la conspiration de Nautil (août 1820), il parvint à échapper au mandat d'arrêt lancé contre lui, et fut acquitté au mois de février 1821 par la Chambre des pairs. Réintégré dans le cadre d'activité après la révolution de 1830, il fut nommé commandeur de la Légion d'honneur le 21 mars 1831, lieutenant général le 30 septembre 1832, fit la campagne de Belgique, assista au siège d'Anvers, et reçut, en 1834, le commandement de la 18e division militaire. Élu, le 21 juin 1834, député du 11e collège du Nord (Avesnes) par 229 voix (427 votants, 539 inscrits), contre 205 voix à M. Taillandier, il siégea parmi les conservateurs. Grand-officier de la Légion d'honneur en 1837, pair de France le 7 novembre 1839, il fut mis à la retraite, comme général de division, le 30 mai 1848.

MERLIN (Charles-Auguste), député de 1876 à 1879, membre du Sénat, né à Lille (Nord) le 22 décembre 1825, descendant de Merlin (de Douai), se fit inscrire au barreau de Douai en 1850, fut deux fois bâtonnier de l'ordre, et fit une opposition modérée au second Empire. Maire de Douai après le 4 septembre, il fut révoqué le 24 mai 1873, et renommé en mai 1876. Le 20 février de cette dernière année, il avait été élu député de la 1re circonscription de Douai, par 7,858 voix (9,386 votants, 14,931 inscrits). Il prit place à la gauche républicaine, et fut l'un des 363 députés qui refusèrent le vote de confiance au ministère de Broglie. Réélu, le 14 octobre 1877, par 6,671 voix (12,735 votants, 15,406 inscrits), contre 5,669 à M. Maurice, ancien représentant, il continua à siéger à gauche, et fut nommé sénateur, le 5 février 1879, par le département du Nord, avec 416 voix (798 votants). Il prit place à gauche dans la Chambre haute, appuya la politique opportuniste, vota pour l'expulsion des princes, et interpella le gouvernement (octobre 1887) sur le décret qui transportait à Lille les facultés de Douai. Réélu sénateur au renouvellement triennal du 5 janvier 1888, par 1,170 voix (2,297 votants), M. Merlin continua à siéger à gauche, et vota, en dernier lieu, *pour* le rétablissement du scrutin d'arrondissement (13 février 1889), *pour* le projet de loi Lisbonne restrictif de la liberté de la presse, *pour* la procédure à suivre contre le général Boulanger. Le 12 avril 1889, il fut élu, le premier, par

195 voix, membre de la commission des Neuf chargée de l'instruction et de la mise en accusation dans le procès du général Boulanger ; il a présidé cette commission.

MERLIN. — *Voy.* MAINGOVAL (BARON DE).

MERLIN DE BEAUGRENIER (RÉGIS - PAR-FAIT-CHRÉTIEN), député de 1822 à 1827, né à Douai (Nord) le 21 janvier 1761, mort à Valenciennes (Nord) le 25 janvier 1840, embrassa la carrière des armes. Capitaine d'artillerie de l'Empire, et chevalier de la Légion d'honneur, il fut mis à la retraite sous la Restauration et nommé chevalier de Saint-Louis. Élu, le 13 novembre 1822, député du 8e arrondissement électoral du Nord (Valenciennes), par 172 voix (253 votants, 274 inscrits), contre 81 voix à M. le comte Dubois, et réélu, le 25 février 1824, par 172 voix (176 votants, 253 inscrits), il fit toujours partie du groupe des ministériels, et obtint une recette particulière à Valenciennes pour son fils, auprès duquel il se retira en 1827.

MERLINO (JEAN-FRANÇOIS-MARIE), membre de la Convention, député au Conseil des Anciens et au Conseil des Cinq-Cents, né à Lyon (Rhône) le 11 décembre 1737, mort à Lyon le 15 décembre 1805, homme de loi à Trévoux avant la Révolution, devint juge au tribunal de cette ville en 1790, et offrit, le 10 août 1791, par une lettre à l'Assemblée constituante, de solder à ses frais, pendant la guerre, deux gardes nationaux, et de leur faire 250 livres de pension s'ils étaient blessés. Élu, le 6 septembre 1792, membre de la Convention par le département de l'Ain, le 6e et dernier, par 237 voix (359 votants), il vota la mort de Louis XVI, sans appel ni sursis. Il répondit au 3e appel nominal : « Vous avez déclaré, à l'unanimité, que Louis Capet était coupable et convaincu de haute trahison et de conspiration envers la nation ; comme juge j'ai ouvert le livre de la loi ; elle m'a indiqué la peine due aux conspirateurs ; fidèle à mes devoirs, fidèle à ma conscience, ami de mes commettants, je vote pour la mort. » Merlino opina tantôt avec les modérés, tantôt avec les Jacobins. En 1793, envoyé en mission avec Amar dans le département du Rhône, il suivit les inspirations de ce dernier, et réclama un secours de trois millions pour les ouvriers de Lyon. En 1795, il parla en faveur des aveugles des Quinze-Vingts, et obtint une pension pour la veuve et les enfants de Joseph Lesne, fusillé à Lyon et reconnu innocent le lendemain. Après le 9 thermidor, l'assemblée repoussa, par l'ordre du jour, plusieurs accusations de terrorisme portées contre lui. Réélu, le 4 brumaire an IV, membre du Conseil des Anciens, par ses collègues de la Convention, il fit adopter (nivôse) une motion dépouillant d'avance les enfants d'émigrés de toute succession qui pourrait leur survenir. Il obtint du département de l'Ain, le 24 germinal an VI, le mandat de député au Conseil des Cinq-Cents ; Merlino siégea jusqu'au 18 brumaire. Il se retira ensuite à Lyon, où il mourut en 1805, étranger à la vie publique.

MERMET (THOMAS), représentant à la Chambre des Cent-Jours, né à Vienne (Isère) le 21 décembre 1780, mort à Vienne le 31 mars 1846, fut d'abord greffier au tribunal de commerce de sa ville natale, puis avocat. Il se rallia au retour des Bourbons, et devint sous-préfet provisoire de Vienne le 23 mars 1814. Élu,

le 13 mai 1815, représentant à la Chambre des Cent-Jours par l'arrondissement de Vienne (55 voix sur 98 votants), il ne s'y fit point remarquer. Après cette courte législature, il consacra à des études d'histoire locale et d'archéologie, devint correspondant du ministère de l'Instruction publique et membre de la Société des antiquaires de France. On a de lui : *Histoire de la ville de Vienne* (1833) ; *Sur les monuments remarquables de l'arrondissement de Vienne* (1829) ; *Ancienne chronique de Vienne* (1845-1846).

MERMILLIOD (GUILLAUME-JULES), député de 1837 à 1844, né à Paris le 13 juillet 1802, mort à Paris le 24 juin 1844, fils d'un officier supérieur, préféra le barreau à la vie militaire, et se fixa comme avocat dans sa ville natale en 1823. Une plaidoirie en faveur du mariage des prêtres, sa collaboration à la *Gazette constitutionnelle des cultes* le mirent en vue, et il fut successivement élu député du 4e collège de la Seine-Inférieure (Le Havre) : le 4 novembre 1837, par 319 voix (606 votants, 759 inscrits) ; le 2 mars 1839, par 433 voix (644 votants) ; le 9 juillet 1842, par 362 voix (502 votants). Il parla sur les questions maritimes, sur la loi des faillites, les chemins de fer, siégea dans la majorité ministérielle, vota l'adresse de 1839, fut l'un des 221 qui approuvèrent la politique de M. Molé, et se prononça *pour* la dotation du duc de Nemours, *pour* les fortifications de Paris, *pour* le recensement, *contre* les incompatibilités, *contre* l'adjonction des capacités. Il mourut en juin 1844, et fut remplacé, le 25 juillet suivant, par M. Dubois. Copropriétaire de la *Gazette des Tribunaux*, il y rédigea des articles de polémique. On a de lui : *Précis des résultats de l'instruction relative à la mort du duc de Bourbon.*

MERMOZ (PAUL-LOUIS-BALTHAZAR), député au Conseil des Cinq-Cents, né à Chambéry (Savoie) le 1er mars 1760, date de mort inconnue, était sans antécédents politiques, lorsqu'il fut élu, le 25 vendémiaire an IV, député du Mont-Blanc au Conseil des Cinq-Cents, par 155 voix sur 307 votants. Son rôle à l'assemblée fut très obscur ; il fit partie de plusieurs commissions d'intérêts communaux, adressa au Conseil, 19 pluviôse an V, sa déclaration de « haine à la royauté et à l'anarchie », et sortit du parlement aux élections de germinal an VII. Le 8 germinal an VIII, le gouvernement consulaire le nomma conseiller de préfecture du Mont-Blanc.

MÉRODE (CHARLES-WERNER-MARIE-GHISLAIN, COMTE DE), député de 1846 à 1848, représentant en 1849, député au Corps législatif en 1852, représentant en 1871, sénateur de 1876 à 1885, né au château de Villersexel (Haute-Saône) le 13 janvier 1816, petit-fils du suivant et fils de Philippe-Félix-Balthasar-Othon-Ghislain, comte de Mérode, marquis de Trelon, célèbre homme d'État de la Belgique, et de Rosalie de Gramont, entra dans la diplomatie sous le gouvernement de Louis-Philippe, comme secrétaire d'ambassade. Le 1er août 1846, il fut élu député du 4e collège du Doubs (Montbéliard), par 137 voix (255 votants, 271 inscrits), contre 116 à M. Saivres. Il prit place dans les rangs de la majorité conservatrice, avec laquelle il vota jusqu'à la révolution de février 1848. Il ne point partie de l'Assemblée constituante ; mais les conservateurs-monarchistes du Nord, où il de grandes propriétés, firent triompher, le 13 mai

1849, sa candidature à la Législative, le 10e sur 24, par 91,969 voix 183,521 votants, 290,196 inscrits). Très dévoué aux intérêts catholiques, M. de Mérode appuya de son vote l'expédition romaine, la loi Falloux-Parieu sur l'enseignement, la loi restrictive du suffrage universel, et suivit d'inspiration de son beau-frère, M. de Montalembert. Comme lui, il fut appelé, après le coup d'État, à siéger dans la Commission consultative; puis, le 29 février 1852, il fut élu, avec l'appui officiel du gouvernement, député de la 8e circonscription du Nord au Corps législatif, par 20,481 voix (20,925 votants, 38.231 inscrits). Mais il refusa son approbation (1853) aux décrets de confiscation des biens de la maison d'Orléans, et donna sa démission de député: il fut remplacé, le 4 septembre 1853, par M. Godard-Desmarets, et se tint à l'écart pendant la durée de l'Empire. Le 8 février 1871, il fut élu représentant à l'Assemblée nationale par deux départements: le Doubs, qui le nomma, le 3e sur 6, par 30,794 voix (53,134 votants, 84,915 inscrits), et le Nord, où il obtint, le 21e sur 28, 202,544 voix (262,927 votants, 326,449 inscrits). Il opta pour le Nord et fut remplacé dans le Doubs, le 2 juillet suivant, par le colonel Denfert-Rochereau. Il fut un des quinze membres de l'Assemblée chargés d'assister Thiers et Jules Favre lors de la discussion des préliminaires de paix. Avec le centre droit, dont il faisait partie, il vota: pour la paix, pour les prières publiques, pour l'abrogation des lois d'exil, pour la chute de Thiers au 24 mai, pour le septennat, pour l'état de siège, pour la loi des maires, pour le ministère de Broglie, contre l'amendement Wallon, mais il se rallia à l'ensemble des lois constitutionnelles. M. de Mérode avait pris, comme membre des commissions du budget et de l'armée, une part active aux travaux de la législature. Il se présenta comme candidat monarchiste au Sénat, le 30 janvier 1876, dans le Doubs; il échoua, cette fois, avec 345 voix sur 706 votants. Mais à la faveur d'une élection partielle, motivée par le décès de M. Monnot-Arbilleur, il devint sénateur de ce département, le 19 novembre suivant, par 395 voix (697 votants), contre 392 à M. Fernier, républicain. Il suivit au Sénat la même ligne politique qu'à la Chambre, siégea dans les rangs de la droite, opina pour la dissolution de la Chambre des députés en juin 1877, soutint le gouvernement du Seize-Mai, combattit les cabinets républicains qui suivirent, se prononça pour l'article 7 et les lois Ferry, contre la réforme du personnel de la magistrature, contre le divorce, contre les crédits du Tonkin, etc., et échoua au renouvellement du 6 janvier 1885, avec 374 voix (889 votants). Vice-président du conseil général du Doubs, où il représente le canton de Maiche.

MÉRODE DE WESTERLOO (Guillaume-Charles-Ghislain, comte de), membre du Sénat conservateur, né à Bruxelles (Belgique) le 16 septembre 1762, mort à Bruxelles le 18 février 1830, « fils de M. Philippe-Maximilien-Werner-Mathias de Mérode, et de Mme Marie-Catherine-Joseph de Mérode de Rubempré », suivit la carrière des armes. Ministre plénipotentiaire auprès des Provinces-Unies lors de la révolution brabançonne, il fut mêlé aux travaux du congrès national et délégué en Hollande pour y négocier une alliance. La Belgique étant rentrée sous la domination autrichienne, il fit don à l'empereur, en 1794, d'une somme de 40,000 florins pour les frais de la guerre contre la République française. Maire de Bruxelles en 1815, membre de la Légion d'honneur, il fut appelé par Napoléon Ier au Sénat conservateur, le 6 mars 1810. Le 28 mai de la même année, il fut créé comte de l'Empire. Au Sénat, M. de Mérode prit la défense du pape Pie VII. Après la chute de Napoléon, il occupa (1815) la charge de grand-maréchal à la cour du roi des Pays-Bas. En 1829, il prit l'initiative d'une importante pétition en faveur de la liberté de l'enseignement.

MERSAN (Denis-François Moreau de), député au Conseil des Cinq-Cents, né à Paris le 20 octobre 1767, mort à Paris le 29 janvier 1818, fils d'un procureur au parlement de Paris, se montra partisan de la Révolution, et devint procureur-général syndic du Loiret en 1790, puis administrateur de ce département. Élu, le 23 vendémiaire an IV, député du Loiret au Conseil des Cinq-Cents, par 135 voix (259 votants), il fut exclu de l'assemblée jusqu'à la paix, l'enquête faite sur son compte ayant démontré qu'il avait approuvé les mouvements populaires dirigés contre la Convention. Il parvint cependant à siéger en mai 1797, il partit du groupe des clichyens, et fut condamné à la déportation au 18 fructidor. Il échappa aux poursuites dirigées contre lui, et, sous le Consulat, obtint une place de commis au ministère de la Guerre. Mais le procès de Sluvenc de Presles l'ayant fait connaître comme un des agents les plus actifs de Monsieur, il dut abandonner sa situation, et ne fut pas inquiété. Sous la Restauration, il n'exerça aucune charge publique; il eut l'occasion de défendre Carnot et protesta contre les accusations formulées sur le compte du ministre de l'Empereur. Il s'occupa aussi d'économie sociale. On a de lui : Essai sur le système politique et commercial de la Hollande depuis l'établissement de la banque d'Amsterdam.

MERVEILLEUX DE MORTAFOND (Jacques), député en 1791, né à Ensigné (Deux-Sèvres) le 3 septembre 1748, mort à Néré (Charente-Inférieure) le 7 novembre 1829, descendant d'une famille neuchâteloise, longtemps représentée dans les compagnies suisses au service de la France, et dont une branche, devenue catholique, était établie depuis quelques générations en Aunis et en Saintonge où plusieurs de ses membres avaient rempli des charges de judicature. Un de ses oncles, Pierre Merveilleux, avait été, à Angers, de 1761 à 1767, conseiller du roi, docteur, professeur, doyen de la faculté de droit, et recteur de l'Université. Avocat au siège présidial de Saint-Jean-d'Angely avant la Révolution, Jacques Merveilleux de Mortafond fut élu, le 23 juin 1790, administrateur du département de la Charente-Inférieure, et, le 30 août 1791, député du même département à l'Assemblée législative, le 7e sur 10, par 410 voix sur 487 votants. Il siégea parmi les partisans de la monarchie constitutionnelle, sans prendre la parole ; le 29 janvier 1792, il adressa au journal de l'Assemblée une lettre empreinte des illusions que les royalistes constitutionnels nourrissaient encore. Il la date de l'an 4 de la liberté, en comptant à partir de 1789, sans aucun rapport avec le calendrier républicain inventé plus tard et auquel personne ne songeait encore : la liberté dont il parle est celle dont Louis XVI avait été déclaré le Restaurateur :

« Paris, le 29 janvier 1792, l'an 4 de la liberté.

« Monsieur, les hommes et les divisions qui

depuis l'organisation des nouveaux pouvoirs avaient affligé la ville de Saint-Jean-d'Angely, département de la Charente-Inférieure, viennent enfin de faire place aux sentiments de la plus douce fraternité : les papiers publics, qui ont annoncé dans le temps les dissensions dont cette ville a été le théâtre, s'empresseront sans doute de publier les heureuses dispositions où les esprits se trouvent aujourd'hui.

« Le rapprochement de tous les partis s'est fait le 25 de ce mois ; il a été accompagné de circonstances qui prouvent combien il était désiré, et qui semblent en garantir la durée. Ce jour-là, les officiers du directoire et des autres corps administratifs de la ville et du canton, cimentèrent leur réunion par un banquet où la gaieté et la décence présidèrent. L'amour de la patrie, qui dirigeait cette fête, ménagea aux convives une situation délicieuse, en même temps qu'elle était pour eux une leçon énergique sur le passé.

« Au second service, une députation de canonniers vint annoncer que leur compagnie se proposait de faire hommage aux convives de deux canons qu'elle avait montés et garnis à ses frais. Elle fut accueillie avec transport, et, sur l'invitation civique qui lui en fut faite, elle prononça le serment de vivre libre ou de mourir, d'un ton qui annonçait autant de franchise que de loyauté.

« Les officiers de cette compagnie furent invités au banquet, et ils étaient à peine placés qu'un détachement, précédé de tambours, et ayant au centre quatre sapeurs qui portaient une branche de chêne ornée de rubans tricolores, entra en marche, fit le tour de la salle et s'arrêta ; alors un petit canonnier, âgé d'environ 12 ans, s'avança vers le président du district, et lui présenta le bouquet comme une récompense du triomphe que les convives avaient remporté sur eux-mêmes.

« Dès ce moment, ce qui n'était d'abord qu'un banquet particulier devint une véritable fête civique, où, au milieu des salves de l'artillerie, la nation, la Constitution, l'Assemblée nationale et le roi furent successivement l'objet des vœux les plus ardents et des hommages de la liberté.

« Témoin, monsieur, des troubles qui ont eu lieu dans cette partie de mon département, la nouvelle de ce retour à la concorde et à la paix m'a causé la joie la plus vive, je n'ai pu me refuser au plaisir de rendre ces détails publics, et j'aime à croire qu'ils ne seront pas indifférents aux bons citoyens.

« MERVEILLEUX,
« *Député du département de la*
« *Charente-Inférieure.* »

Après la session, il revint dans son département. Le 8 juin 1800, le gouvernement consulaire le nomma conseiller-général de la Charente-Inférieure, et, quelques jours après, maire de Néré. Désigné, le 17 mai 1803, pour présider l'assemblée électorale du canton d'Aulnay, il devint, le 3 août 1808, juge de paix de ce canton, fonctions qu'il exerça jusqu'à sa mort. Renommé conseiller général le 22 décembre 1809, il fut placé, en 1811, à la tête du conseil d'arrondissement, qu'il présida pendant quinze ans. Une ordonnance royale du 30 avril 1821 le fit chevalier de la Légion d'honneur.

MERVEILLEUX DU VIGNAUX (FRANÇOIS-CHARLES), représentant en 1871, né à Poitiers (Vienne, le 22 octobre 1828, fils de Pierre-Étienne Merveilleux du Vignaux (successivement conseiller auditeur, avocat général, con-

seiller et président de chambre à la cour de Poitiers), et petit-fils, par sa mère, de François Bréchard avocat distingué du barreau de Poitiers, se fit recevoir docteur en droit en 1849, fut chargé de cours à la faculté de droit de Poitiers en 1853, et entra dans la magistrature comme substitut de cour d'assises à Saintes le 29 octobre de la même année. Procureur impérial à Fontenay-le-Comte, puis à la Roche-sur-Yon, avocat général (1865) et premier avocat général (1868) près de la cour d'Angers, il prononça deux discours de rentrée, l'un (4 novembre 1867) sur l'*Influence des tribunaux sur les progrès de la législation*, l'autre (13 novembre 1869) sur le *Spiritualisme dans le droit*, qui fut publié dans la *Gazette des tribunaux*. Lors de la révocation, au 4 septembre 1870, de M. Chevalier (*Voy. ce nom*) procureur général d'Angers, M. Merveilleux du Vignaux resta momentanément en fonctions pour ne pas désorganiser le service ; mais certains choix faits dans le ressort par M. Crémieux, alors ministre de la Justice, lui ayant paru inacceptables, il donna sa démission motivée sur le sentiment de la dignité de la magistrature. Dix-sept magistrats du parquet, parmi lesquels M. Bigot (*Voy. ce nom*), se démirent en même temps. Ému de cette attitude, M. Crémieux manda M. Merveilleux du Vignaux à Paris, et refusa d'abord de remplacer les démissionnaires ; mais ceux-ci ayant persisté dans leurs protestations, le ministre dut se résoudre à leur donner des successeurs. C'est à la suite de ces incidents que les électeurs de la Vienne choisirent M. Merveilleux du Vignaux pour les représenter à l'Assemblée nationale, le 8 février 1871, le 5e sur 6, par 55,082 voix sur 62,819 votants et 95,858 inscrits. M. Merveilleux du Vignaux prit place à droite, dans les rangs du parti catholique et monarchique, se fit inscrire aux réunions Colbert et des Réservoirs, fut membre de la commission relative à la réintégration des magistrats frappés par M. Crémieux en violation du principe de l'inamovibilité, de la commission relative à l'attribution des délits de presse au jury, de celles relatives à la modification de la surveillance de la haute police, au maintien de l'état de siège en Algérie, et de la commission des grâces élue au scrutin de liste directement par l'Assemblée. Il fit également partie, à plusieurs reprises, de la commission d'initiative parlementaire, de la commission de permanence (notamment pendant les vacances de 1873), de la première commission des lois constitutionnelles qui donna sa démission après le vote du projet Wallon, fut rapporteur de la loi sur l'interdiction du cumul de l'indemnité parlementaire avec un traitement, de la loi sur l'état de siège à Alger, et parla sur la réorganisation de la magistrature, sur le budget du ministère de la Justice, etc. Partisan convaincu de la monarchie traditionnelle, il fut du nombre des députés qui, après la chute de Thiers et la crise du 24 mai 1873, travaillèrent le plus directement à préparer par les voies légales le retour du comte de Chambord, en s'efforçant d'aplanir entre ce prince et la majorité de l'Assemblée les difficultés et les malentendus dont la persistance amena l'échec final des tentatives de restauration. Son frère aîné, qui a été, depuis lors, premier président de la cour d'appel de Poitiers, remplissait à ce moment, près du garde des sceaux, M. Ernoul, les fonctions de secrétaire général du ministère de la Justice. L'opinion publique en France et même à l'étranger (voir la note du *Times*, septembre 1873) attacha une importance particulière au voyage, encouragé par le ministère, que M. Merveilleux du Vignaux et le comte de Sugny firent ensemble à Frohsdorf, au mois de septembre 1873, voyage antérieur de quelques jours à la constitution de la commission des Neuf et à la demande officielle qu'accomplit, au nom de celle-ci, M. Chesnelong. A l'Assemblée, M. Merveilleux du Vignaux vota *pour* la paix, *pour* l'abrogation des lois d'exil, *pour* la pétition des évêques, *pour* le pouvoir constituant de l'assemblée, *contre* le service de trois ans, *pour* la démission de Thiers, *pour* le septennat, *pour* le ministère de Broglie, *contre* les amendements Wallon et Pascal Duprat, *contre* les lois constitutionnelles. Il ne s'est pas représenté aux élections du 20 février 1876. Collaborateur actif de l'organisation de l'enseignement supérieur libre à Paris, il a été un des premiers membres de l'Institut catholique, où il remplit aujourd'hui les fonctions de doyen de la faculté de droit. Chevalier de la Légion d'honneur en août 1870.

MESGRIGNY (LOUIS-MARIE, MARQUIS DE), député en 1789, né à Moussey (Aube) le 21 avril 1744, mort à Troyes (Aube) le 9 août 1822, « fils de messire Pierre-François de Mesgrigny, chevalier, vicomte de Troyes, baron de Villebertin, Moussey, seigneur de Saint-Benoit, la Chapelle-Saint-Luc, Bouilly, la Noue, le Biel et autres lieux, et de dame Marie-Anne-Louise Lefebvre de Saint-Benoist », premier aide-major au régiment des gardes françaises, devint mestre de camp, le 15 novembre 1784. Grand bailli héréditaire de Troyes, il fut élu, le 7 avril 1789, député de la noblesse aux Etats-Généraux, par le bailliage de Troyes, avec 104 voix (175 votants). Hostile à la Révolution, il émigra avec les princes, servit à l'armée de Condé, et ne rentra en France qu'à l'époque du Consulat. Conseiller d'arrondissement de Troyes de 1812 à 1814, il fut créé comte de l'Empire le 14 août 1813. A la Restauration, Louis XVIII le nomma maréchal de camp (4 février 1813). Mis à la retraite quelques années plus tard, il revint finir ses jours dans son pays natal.

MESGRIGNY (ADRIEN-CHARLES-MARIE, BARON DE), député de 1834 à 1848, né à Paris le 4 juin 1778, mort à Paris le 8 mai 1849, fils du précédent et de Anne-Edmée Marchal-Sainsey, entra au service à treize ans, comme sous-lieutenant surnuméraire au régiment d'infanterie du roi, qui fut licencié à la suite de la révolte de Nancy. Sa famille ayant émigré, il fut arrêté comme suspect, et resta onze mois en captivité. Atteint, à sa sortie de prison, par la loi militaire, il fut envoyé en Vendée, dans les volontaires parisiens, où il passa lieutenant peu de temps après. Libéré à l'époque du Consulat, il épousa, en 1802, la fille de M. de Rambuteau, et fut nommé écuyer de l'empereur, qu'il suivit dans presque toutes ses campagnes. Chargé, en 1810, d'aller annoncer à Vienne la grossesse de l'impératrice Marie-Louise, il fut créé baron de l'empire le 19 septembre 1810. Sa femme devint sous-gouvernante du roi de Rome, et accompagna l'impératrice jusqu'à l'abdication de Fontainebleau. M. de Mesgrigny fut ensuite aide-de-camp d'Augereau, et, aux Cent-Jours, reprit auprès de Napoléon ses fonctions de premier écuyer qu'il exerça jusqu'à Waterloo. Il fut destitué à la seconde Restauration, et fut mis, pendant quelques années, sous la surveillance de la police. Maire de Brienne après 1830, et partisan modéré du gouvernement de Louis-Philippe, il fut successivement

élu député du 2e collège de l'Aube (Bar-sur-Seine), le 21 juin 1834, par 148 voix (279 votants, 322 inscrits), contre 128 voix à M. Tramet fils ; le 4 novembre 1837, par 186 voix 330 votants, 380 inscrits ; le 2 mars 1839, par 221 voix (348 votants) ; le 9 juillet 1842, par 213 voix (364 votants, 431 inscrits), contre 78 voix à M. Rambourgt et 61 à M. Gerdy ; le 1er août 1846, par 230 voix (389 votants, 436 inscrits), contre 159 à M. Rambourg. Nommé par M. Thiers inspecteur des haras, M. de Mesgrigny ne soutint que le ministère Thiers, repoussa la loi de disjonction et fut des 213 qui refusèrent leur confiance au cabinet Molé-Montalivet ; il vota *contre* la dotation du duc de Nemours, *contre* le recensement, *pour* les fortifications de Paris, et *contre* l'indemnité Pritchard. La révolution de 1848 l'éloigna de la vie politique.

MESLIN (JACQUES-FÉLIX), député de 1846 à 1848, de 1852 à 1869, sénateur du second Empire, né à Bricquebec (Manche) le 1er mars 1785, mort à Valognes (Manche) le 23 avril 1872, s'engagea en l'an X, passa sous-lieutenant à Essling, se distingua à Wagram, prit une batterie à Polotsk en 1812, fut nommé capitaine, et montra dans la retraite de Russie une énergie qui lui valut le grade de chef d'escadron. En 1813, il fut grièvement blessé à Leipsig. En 1815, à Fleurus et à Waterloo, il chargea l'infanterie anglaise. Licencié à la seconde Restauration, il rentra en activité en 1819, et prit part à la guerre d'Espagne (1823) et notamment au blocus de Saint-Sébastien. Colonel en 1829, il fut attaché à la division Sébastiani au moment de la guerre de Belgique, et, en 1835, devint maréchal de camp et commandant du département de la Manche. Général de division en 1845, il fut admis à la retraite, en cette qualité, le 4 juin 1848. Maire de Valognes et conseiller général de Barneville, il avait été élu, le 1er août 1846, député du 3e collège de la Manche (Cherbourg), par 347 voix (579 votants, 665 inscrits ; il siégea silencieusement dans la majorité ministérielle jusqu'à la révolution de février. Grand officier de la Légion d'honneur (10 septembre 1850), rallié à la politique napoléonienne, il fut successivement élu au Corps législatif, comme candidat du gouvernement, député de la 4e circonscription de la Manche, le 29 février 1852, par 19,801 voix (21,006 votants, 39,329 inscrits) ; le 22 juin 1857, par 22,128 voix (24,348 votants, 38,967 inscrits), contre 1,997 à M. de Gasté ; le 1er juin 1863, par 21,934 voix (23,632 votants, 39,708 inscrits). Il donna sa démission en 1869, pour entrer, le 6 mars, au Sénat impérial, où il fit partie de la majorité dynastique jusqu'au 4 septembre 1870.

MESNARD (CLÉMENT), député en 1789, né à Murs (Maine-et-Loire) le 14 mai 1732, mort à une date inconnue, était curé-prieur d'Aubigny, quand il fut élu, le 27 mars 1789, député du clergé aux Etats-Généraux par la sénéchaussée de Saumur. Il vota la vérification des pouvoirs en commun, prêta le serment constitutionnel le 27 décembre 1790, et n'eut d'ailleurs à l'Assemblée qu'un rôle très effacé.

MESNARD (LOUIS-CHARLES-BONAVENTURE-PIERRE, COMTE DE), pair de France, né à Luçon (Vendée) le 18 septembre 1769, mort à Paris le 15 avril 1842, « fils d'Alexandre-Bonaventure, comte de Mesnard, chevalier, seigneur de Mesnard, Lauboinière, la Godelinière, les Ardies, Guignefole, et autres lieux, maréchal des camps et armées du roy, ancien capitaine colonel des gardes de la porte de Monsieur, chevalier des ordres royal, militaires et hospitaliers de Notre-Dame-du-Mont-Carmel et de Saint-Lazare de Jérusalem, et de celui de Saint-Louis, et de dame Marie-Eléonore-Elisabeth de la Boucherie », fut chevalier de Malte dès l'enfance. Élève de l'École militaire de Brienne, il devint sous-lieutenant aux carabiniers (1786), capitaine en 1789, émigra en 1791 à l'armée des princes, prit part à la guerre de Hollande contre les armées de la République (1794), et à l'expédition de l'île d'Yeu, voyagea à partir de 1797, et se retira à Londres pendant le premier empire, auprès du duc de Berry. Il ne rentra en France qu'à la première Restauration, devint alors aide-de-camp du duc de Berry, puis colonel, et suivit le roi à Gand. En 1826, il alla à Marseille recevoir la nouvelle duchesse de Berry dont il fut nommé premier-écuyer ; il était auprès du duc de Berry au moment où Louvel le frappa d'un coup mortel. Nommé aide-de-camp du duc de Bordeaux et gouverneur du château de Rosny, il fut promu pair de France le 23 décembre 1823, avec une dotation de 12,000 francs, puis commandeur de Saint-Louis et chevalier du Saint-Esprit. Après les journées de juillet, il resta attaché à la duchesse de Berry, fut arrêté avec elle à Nantes lors de la tentative d'insurrection de 1832, et fut acquitté par la cour d'assises de Montbrison. Il rejoignit alors la duchesse, et ne revint en France qu'en 1860. On a de lui : *Souvenirs* (1844).

MESNARD (JACQUES-ANDRÉ), pair de France sénateur du second Empire, né à Rochefort (Charente-Inférieure) le 11 novembre 1792, mort à Paris le 24 décembre 1858, « fils du citoyen Pierre Mesnard, avoué près le tribunal du district de Rochefort, et de Marie-Louise Schiller, » étudia le droit à Poitiers, fut reçu avocat, et s'inscrivit en 1812 au barreau de Rochefort ; il se fit remarquer dans plusieurs affaires qui eurent quelque retentissement, notamment dans celle du capitaine de la *Méduse*, M. de Chaumareix. Réclamé comme défenseur par le général Berton, il ne put obtenir du garde des sceaux l'autorisation, alors nécessaire, de venir plaider à Poitiers. D'opinions libérales sous la Restauration, il applaudit à la révolution de juillet qui lui valut, le 26 août 1830, les fonctions de premier avocat général près la cour royale de Poitiers ; il devint ensuite, le 22 septembre 1832, procureur général près la cour de Grenoble, le 14 octobre 1836 procureur général près la cour de Riom, et, le 12 octobre 1841, conseiller à la cour de Cassation. Louis-Philippe, par une ordonnance du 23 septembre 1845, appela M. Mesnard à siéger à la Chambre des pairs, où il se fit remarquer par sa science du droit. La révolution de 1848, qu'il avait annoncée dans un discours célèbre à la Chambre haute (janvier 1848), interrompit sa carrière politique. Ses qualités d'orateur et la séduction d'un esprit vif et brillant avaient « ensorcelé », comme il le disait lui-même, le prince-président, qui le nomma, en 1851, président de chambre à la cour suprême, et, le 26 novembre 1852, membre du nouveau Sénat. M. Mesnard fut le premier vice-président de la Chambre haute, et, en cette qualité, porta le 7 novembre, à Louis-Napoléon, le sénatus-consulte qui rétablissait l'empire héréditaire. L'état de sa santé ne lui permit pas de conserver ses fonctions à la cour de Cassation ; il s'en consola par la culture des lettres. Une traduction ébauchée de la *Divine Comédie* de Dante avait permis à l'Empereur de le nommer membre de l'Institut (académie des sciences morales et politiques). Grand-officier de la Légion d'honneur du 14 août 1852, il fut admis à la retraite, comme magistrat, le 14 mars 1857.

MESNILDOT (EDOUARD-AUGUSTE-BERNARDIN DE), député de 1885 à 1889, né à Anneville (Manche) le 21 décembre 1833, grand propriétaire et agronome distingué de la Manche, maire d'Anneville, conseiller général du canton de Quettehou depuis 1866, et plusieurs fois président de la commission de la voirie vicinale de ce conseil, se présenta à la députation, comme candidat conservateur, le 21 août 1881, dans l'arrondissement de Valognes, où il échoua avec 6,264 voix contre 8,482 à M. Hervé Mangon, républicain. Porté sur la liste conservatrice de la Manche, le 4 octobre 1885, il fut élu député de ce département, le 8e et dernier, par 57,001 voix (109,795 votants, 139,724 inscrits). Il prit place à la droite monarchiste, combattit la politique scolaire et coloniale du gouvernement, et se prononça, dans la dernière session, *contre* le rétablissement du scrutin d'arrondissement (11 février 1889), *pour* l'ajournement indéfini de la revision de la Constitution, *contre* les poursuites contre trois députés membres de la Ligue des patriotes, *contre* le projet de loi Lisbonne restrictif de la liberté de la presse, *contre* les poursuites contre le général Boulanger.

MÉSONAN (SÉVERIN-LOUIS-MARIE-MICHEL LE DUFF DE), député au Corps législatif de 1852 à 1857, sénateur du second Empire, né à Quimper (Finistère) le 10 octobre 1781, mort à Paris le 22 août 1872, entré en 1800 dans la marine comme quartier-maître au 37e bataillon, et prit rang, en 1809, dans l'armée de terre comme lieutenant au 45e de ligne. Compris, un mois plus tard, dans la capitulation de Flessingue, il resta sur les pontons anglais jusqu'en 1814. Mis en demi-solde à la Restauration, il fut affecté, en 1819, à l'état-major, et fit la guerre d'Espagne (1823) comme aide-de-camp du général Bourke. Chef d'escadron d'état-major en 1831, et retraité comme tel en 1837, il s'attacha, après la tentative de Strasbourg, à Louis-Napoléon, et s'efforça de lui gagner des partisans dans l'armée. Compromis dans l'affaire de Boulogne, il fut condamné à quinze ans de détention par la Chambre des pairs, et ne recouvra la liberté qu'après la révolution de février. Il servit alors avec ardeur la politique du prince-président, fut chargé de diverses missions spéciales auprès des généraux, et coopéra au coup d'État du 2 décembre. Membre et vice-président du conseil général du Finistère, il fut élu, le 29 février 1852, comme candidat officiel, député au Corps législatif par la 3e circonscription du Finistère, avec 16,870 voix (17,311 votants, 37,793 inscrits). L'Empereur le nomma sénateur, le 9 juin 1857. Commandeur de la Légion d'honneur du 15 août 1819, grand-officier du 14 août 1868.

MESTADIER (JACQUES), député de 1817 à 1831, né à la Souterraine (Creuse) le 4 avril 1771, mort à Paris le 3 avril 1856, venait de terminer son droit à Paris quand il fut appelé par le service militaire. Après être arrivé au grade de lieutenant du génie, il quitta le service, se fixa comme avocat à Limoges, s'y fit bientôt une belle clientèle, et s'appliqua à plaider de préférence les causes politiques. Il entra dans la magistrature à la Restauration, fut nommé premier avocat général à Limoges le 8 décembre 1818, président de chambre le 22 février 1821, conseiller à la cour royale de Paris le 27 août de la même année, et conseiller à la cour de Cassation le 5 novembre 1826. Élu, le 20 septembre 1817, député du collège de département de la Creuse, par 211 voix (330 votants. 475 inscrits), et successivement réélu, dans le 1er arrondissement électoral de la Creuse (Guéret), le 9 mai 1822, par 133 voix (151 votants, 226 inscrits); le 25 février 1824, par 167 voix (168 votants, 223 inscrits); le 17 septembre 1827, par 110 voix (148 votants, 182 inscrits); le 23 juin 1830, par 98 voix (168 votants, 194 inscrits), contre 65 voix à M. Voysin de Gartempe, il prit place au centre droit, défendit constamment les prérogatives du roi, combattit l'attribution au jury des délits de presse, et l'abrogation de la loi sur les cris séditieux, parla dans l'affaire Ouvrard, sur le code forestier, sur la loi d'indemnité, fit adopter (14 janvier 1820) l'ordre du jour sur les pétitions collectives, et défendit les libertés de l'église gallicane. Lors de la discussion sur la loi électorale, il combattit l'amendement de Camille Jordan; il prononça aussi plusieurs discours remarquables sur le droit de réponse dans les journaux, sur l'avancement dans la magistrature, etc. Bien que peu favorable au ministère Polignac, il vota contre l'adresse des 221. Président du collège électoral de Guéret en 1830, il fit, après les événements de juillet, une déclaration analogue à celle de son ami, M. de Berbis, et cessa d'être député en 1831. Conseiller général de la Creuse de 1822 à 1847, officier de la Légion d'honneur, M. Mestadier fit partie, après la révolution de février, du tribunal des conflits, et fut admis à la retraite, comme conseiller à la cour de Cassation, le 1er mars 1852. On a de lui : *Opinions sur le projet de la liberté de la presse* (1818).

MESTRE (MATHIAS), député en 1789, né à Saint-André-de-Cubzac (Gironde) en 1733, mort à Saint-André-de-Cubzac en 1802, avocat à Sainte-Foy, fut élu, le 14 mars 1789, député du tiers aux Etats-Généraux par la sénéchaussée de Libourne. Il prêta le serment du Jeu de paume, opina, sans prendre la parole, avec la majorité de la Constituante, et fit partie du comité féodal. Il présida l'assemblée cantonale de Sainte-Foy après la session de la Constituante, et, refusant de s'associer au culte de la Raison, fut exclu du club de cette ville. Son fils fonda la première école mutuelle du département de la Gironde.

MESTREAU (FRÉDÉRIC), représentant en 1871, député de 1876 à 1885, membre du Sénat, né à Saint-Pierre-d'Oléron (Charente-Inférieure) le 15 février 1825, négociant à Saintes, fut de l'opposition républicaine à l'Empire dans son département, fut nommé, le 5 septembre 1870, préfet de la Charente-Inférieure, et fut élu, le 8 février 1871, représentant de son département à l'Assemblée nationale, le 10e et dernier, par 32,201 voix (105,000 votants, 148,277 inscrits). Mais son élection ayant été invalidée, en raison de sa situation de préfet, il donna sa démission le 23 mars, et sans se porter candidat, fut réélu à l'élection complémentaire du 2 juillet suivant, par 35,973 voix (83,986 votants, 148,277 inscrits). Il siégea à la gauche républicaine, et vota *pour* la paix, *contre* le pouvoir constituant, *pour* le service de trois ans, *contre* la démission de Thiers, *contre* le septennat, *pour* l'amendement Wallon, *pour* les lois constitutionnelles. Conseiller

général du canton de Saujon le 8 octobre 1871, il échoua, comme candidat à la députation, le 20 février 1876, dans la 1re circonscription de Saintes, avec 5,415 voix contre 6,662 à M. Echassériaux (bonapartiste); mais il rentra à la Chambre, à l'élection partielle du 12 novembre 1876, élu dans l'arrondissement de Marennes, en remplacement de M. Dufaure nommé sénateur, par 6,182 voix (11,519 votants, 15,144 inscrits), contre 5,265 à M. Omer Charlet. Un des 363 députés qui refusèrent le vote de confiance au ministère de Broglie, il fut réélu, le 14 octobre 1877, par 7,175 voix (12,913 votants, 15,596 inscrits), contre 5,682 à M. de Piolant, et, le 21 août 1881, par 7,886 voix (9,297 votants, 16,069 inscrits); il continua de siéger à la gauche républicaine, appuya les différents ministères républicains, vota les crédits du Tonkin et l'expulsion des princes, et fut élu, le 6 janvier 1885, sénateur de la Charente-Inférieure, par 549 voix (1,036 votants). M. Mestreau a continué de soutenir, à la Chambre haute, la politique républicaine du gouvernement, et s'est prononcé, en dernier lieu, *pour* le rétablissement du scrutin d'arrondissement (13 février 1889), *pour* le projet de loi Lisbonne restrictif de la liberté de la presse, *pour* la procédure à suivre devant le Sénat contre le général Boulanger.

MESUREUR (GUSTAVE), député de 1887 à 1889, né à Marcq-en-Barœul (Nord) le 2 avril 1847, s'établit à Paris, comme dessinateur sur étoffes, et acquit dans le quartier Bonne-Nouvelle, comme industriel et comme républicain, une certaine notoriété. Élu, par ce quartier (2e arrondissement), conseiller municipal de Paris, il appartient au groupe de l'autonomie communale, présenta plusieurs motions, se prononça contre le rétablissement de la garde nationale, pour l'allocation d'une somme de 100,000 francs aux mineurs d'Anzin, et fut chargé d'un rapport sur les changements des noms de plusieurs rues de Paris; ce rapport, où il proposait de débaptiser la plupart des rues portant des noms de saints, lui valut dans la presse des critiques assez vives. Il avait obtenu en 1884 sa réélection comme membre du conseil municipal, dont il devint président, après avoir longtemps rempli les fonctions de syndic. Le 22 mai 1887, une élection partielle ayant eu lieu dans le département de la Seine, en remplacement de M. Cantagrel décédé, M. Mesureur fut élu député par 219,934 voix (297,231 votants, 569,236 inscrits), contre 38,573 au général Boulanger. Il prit place à l'extrême-gauche et vota généralement avec la fraction avancée de ce groupe. En 1887, il adressa au président du conseil une question au sujet du retard apporté à l'exécution d'un certain nombre de travaux de la Ville de Paris, et prit part à la discussion du projet de loi sur les traitements du personnel du service de l'instruction primaire. En 1888, il parla sur le budget des travaux publics et sur la reconstruction de l'Opéra-Comique, fut rapporteur du projet relatif au monument à élever, sur l'emplacement des Tuileries, à la Révolution française, réclama l'augmentation du traitement des instituteurs, appuya l'augmentation des patentes des grands magasins, et (novembre 1888), le jour où M. Wilson (*V. ce nom*) vint reprendre séance à la Chambre, se fit l'interprète du sentiment de ses collègues en demandant une suspension de séance. Dans la dernière session, M. Mesureur s'est abstenu sur le rétablissement du scrutin d'arrondissement (11 février 1889), et a voté *contre* l'ajournement indéfini de la revision de la Constitution, *pour* les poursuites contre trois députés membres de la Ligue des patriotes, *contre* le projet de loi Lisbonne restrictif de la liberté de la presse, *pour* les poursuites contre le général Boulanger.

METTETAL (Pierre - Frédéric), représentant en 1871, né à Glay (Doubs) le 28 septembre 1814, mort le 18 avril 1879, issu d'une famille apparentée à Guizot, entra à la préfecture de police, et devint chef de la 1re division, au service judiciaire, économique et contentieux, vers la fin du règne de Louis-Philippe. L'Empire lui conserva cette situation, sans lui donner d'avancement. Au 4 septembre 1870, il prit la direction de la préfecture de police, et la remit ensuite à M. de Kératry, qui le garda auprès de lui. Mais lorsque M. Antonin Dubost, ancien rédacteur à la *Marseillaise*, devint secrétaire général, il donna sa démission, et se retira dans ses propriétés du Doubs. Elu, comme conservateur libéral, sous le patronage de Thiers, le 8 février 1871, représentant du Doubs à l'Assemblée nationale, le 6e et dernier, par 23,031 voix (53,151 votants, 81,915 inscrits), il prit place au centre droit, fit partie de la réunion Feray, et vota *pour* les préliminaires de paix, *pour* l'abrogation des lois d'exil, *contre* le service de trois ans, *pour* la démission de Thiers, *pour* le septennat. Les journaux bonapartistes l'ayant alors proposé pour la préfecture de police, il répudia les doctrines de ce parti, coopéra aux tentatives de restauration monarchique, et se prononça *contre* l'amendement Wallon et *contre* les lois constitutionnelles. Membre du consistoire de l'Eglise réformée de Paris depuis 1850, il assista en cette qualité au synode général de l'Eglise réformée de France en juin 1872, et soutint l'orthodoxie autoritaire de M. Guizot. Officier de la Légion d'honneur, et décoré de plusieurs ordres étrangers. M. Mettetal échoua, le 30 janvier 1876, comme candidat au Sénat dans le Doubs, avec 312 voix sur 706 votants. Il renonça dès lors à la vie politique.

METZ (François-Ignace-Félix-Joseph), député au Conseil des Cinq-Cents et au Corps législatif, représentant à la Chambre des Cent-jours, député de 1816 à 1819, né à Kogenheim (Bas-Rhin) le 25 mars 1761, mort à Strasbourg (Bas-Rhin) le 5 avril 1819, « fils de Joseph Metz, négociant, et d'Anne-Marie Hürtlerin », fut avocat au conseil souverain d'Alsace, puis secrétaire au magistrat de Strasbourg avant la Révolution. Officier municipal de Strasbourg en 1791, administrateur du district en l'an III, juge au tribunal civil en l'an IV, président du tribunal criminel, commissaire du gouvernement près l'administration centrale, il fut élu, le 22 germinal an V, député du Bas-Rhin au Conseil des Cinq-Cents, par 198 voix (214 votants). Il appartint au groupe des clichyens, protesta contre les moyens employés par le Directoire pour faire perdre au corps législatif la confiance de la nation, et vit son élection annulée au 18 fructidor. Ayant adhéré au 18 brumaire, il fut élu, le 9 thermidor an XI, par le Sénat conservateur, député du Bas-Rhin au Corps législatif, et réélu à la même assemblée le 18 février 1808. Conseiller de préfecture à Colmar le 10 juin 1811, secrétaire général de la préfecture de Strasbourg le 18 février 1813, il perdit ces fonctions à la première Restaura-

tion, et fut élu, le 11 mai 1815, par le collège de département du Bas-Rhin, représentant à la Chambre des Cent-Jours, par 83 voix (139 votants). Le même collège le réélut député, le 22 août 1815, par 136 voix (179 votants, 269 inscrits), et le 4 octobre 1816, par 129 voix (148 votants, 247 inscrits). A la Chambre, il protesta contre les monopoles et contre celui du tabac en particulier. Lors de la discussion de la loi électorale, il proposa un nouveau moyen de choisir les scrutateurs. Il siégea, en 1815, dans la minorité ministérielle, en 1816 et en 1817, dans l'opposition constitutionnelle, et mourut au cours de la législature.

METZ (François-Alexandre-Emmanuel de), député de 1827 à 1831, né à Nancy (Meurthe) le 21 mai 1780, mort à Nancy le 11 juillet 1840, était président de la cour royale de Nancy et chevalier de la Légion d'honneur, lorsqu'il se présenta à la députation, le 17 novembre 1827, dans le 1er arrondissement de la Meurthe (Nancy) ; il échoua avec 140 voix contre 246 à l'élu, M. Marchal ; mais il fut élu huit jours après, par le grand collège du même département, avec 125 voix (186 votants, 203 inscrits), et réélu, le 3 juillet 1830, par 134 voix (199 votants, 211 inscrits). Il défendit avec une certaine indépendance la royauté légitime, et ne vota pas l'adresse des 221. Les élections du 5 juillet 1831 ne lui furent pas favorables ; n'ayant obtenu, dans le 1er collège (Nancy), que 139 voix, contre 327 à l'élu M. Marchal, il renonça à la vie politique.

METZGER (Jean-Ulric), député au Conseil des Cinq-Cents et au Corps législatif de l'an VIII à 1806, né à Colmar (Haut-Rhin) le 26 septembre 1752, mort à Colmar le 25 avril 1836, était administrateur du Haut-Rhin, lorsqu'il fut élu, le 24 germinal an VI, député de ce département au Conseil des Cinq-Cents. Il ne se montra pas hostile au coup d'État de Bonaparte, et fut compris, le 4 nivôse an VIII, sur la liste des membres du nouveau Corps législatif, où il représenta le Haut-Rhin jusqu'en 1806.

MEULNAERE (Pierre-Georges, baron de), député au Corps législatif de l'an XI à 1814, né à Gand (Belgique) le 1er avril 1751, mort au château de Weldenne (Belgique) le 2 juin 1825, fut receveur des vingtièmes à Gand, membre de la chancellerie du Vieux-Bourg, répartiteur de la ville, et fut nommé, le 28 fructidor an XI, par le Sénat conservateur, député du département de l'Escaut au Corps législatif. Il en fit partie jusqu'en 1814, ayant obtenu, le 18 février 1808, le renouvellement de son mandat. M. de Meulnaere fut créé, le 9 mars 1810, chevalier de l'Empire, et, le 3 août, baron.

MEUNIER (Jean-Marceau), député au Corps législatif en 1791, et au Conseil des Cinq-Cents, né à Orléans (Loiret) le 4 septembre 1750, mort à Orléans le 3 mars 1814, remplit, jusqu'à l'établissement de l'assemblée provinciale de l'Orléanais, les fonctions de secrétaire de l'évêché d'Orléans ; il devint ensuite secrétaire des élections d'Orléans et de Beaugency. Après la Révolution, il fut élu, le 6 septembre 1791, député du Loiret à l'Assemblée législative, le 5e sur 8, par 204 voix (268 votants). Il opina avec la majorité. Plus tard, il appartint, comme député du même département, au Conseil des Cinq-Cents, où il siégea du 23 germinal an VI jusqu'au coup d'État du 18 brumaire an VIII. Il adhéra à la

Constitution nouvelle par une lettre ainsi conçue :

« Orléans, 28 frimaire an VIII,

« Le représentant du peuple, Meunier du Loiret, membre du Conseil des Cinq-Cents,

« Au citoyen président de la Commission législative du même conseil.

« Citoyen président,

« La publication de l'acte constitutionnel et de la loi du 23 de ce mois s'est faite dans cette commune le 26, avec toute la pompe qu'on devait attendre du zèle d'une administration municipale recommandable par ses lumières et par la pureté de son patriotisme.

« Je me suis fait un devoir d'assister à cette cérémonie et j'ai partagé l'allégresse de mes concitoyens pour qui ce jour a été un jour de fête solennelle. De suite je me suis empressé de signer le registre d'acceptation, et je joins ici le certificat qui m'en a été délivré. Veuillez, je vous prie, citoyen président, mettre cet acte sous les yeux de la Commission législative.

« Salut et fraternité.

« MEUNIER, du Loiret. »

Le 24 floréal an VIII, Meunier reçut le titre de conseiller de préfecture de son département.

MEURINNE (FRANÇOIS-ANNE-JOSEPH), député en 1789, né à Léglantiers (Oise) le 14 juillet 1742, mort à une date inconnue, cultivateur dans son pays natal, fut élu, le 14 mars 1789, député du tiers aux États-Généraux par le bailliage de Clermont-en-Beauvoisis, avec 162 voix. Il prêta le serment du Jeu de paume, opina silencieusement avec la majorité. et demanda un congé le 22 juillet 1791.

MEUSNIER DU BREUIL (JEAN-BAPTISTE), député en 1789, né à Guéret (Creuse) le 28 avril 1754, mort à une date inconnue, était lieutenant-général au présidial de Mantes, lorsqu'il fut élu, le 14 mars 1789, député du tiers aux États-Généraux par le bailliage de Clermont-en-Beauvoisis. Il prêta le serment du Jeu de paume, fit partie du comité de judicature, et quitta ce comité le 7 février 1791. Le *Moniteur* est muet sur son rôle à la Constituante ; il le signale seulement comme s'étant porté à des voies de fait sur un de ses créanciers.

MÉVOLHON (JEAN-ANTOINE-PIERRE, BARON), député en 1789, né à Sisteron (Basses-Alpes) le 21 janvier 1757, mort à Cachan (Seine) le 16 septembre 1836, « fils de sieur Jean-Pierre Mévolhon, marchand, et de demoiselle Jeanne Mieulle », était receveur à Sisteron, quand il fut élu, le 15 avril 1789, député du tiers aux États-Généraux par la sénéchaussée de Forcalquier. Il prêta le serment du Jeu de paume, vota silencieusement avec la majorité du ban ordre, et partit en congé de novembre 1790 à février 1791. Dénoncé au comité de salut public le 24 prairial an II, par le comité de surveillance de Sisteron, il fut arrêté le 12 messidor ; mais il fit parvenir ses réclamations à la Convention, qui suspendit l'effet de l'arrestation et chargea Barras et Fréron, alors en mission en Provence, de statuer définitivement sur l'affaire, qui n'eut pas d'autre suite. A l'époque du Consulat, M. Mévolhon devint président du tribunal de Sisteron. Chef de légion de la garde nationale, et président de section à Paris, il fut créé baron de l'Empire le 25 mars 1810.

MÉVOLHON (JEAN-JOSEPH-MARIE), représentant à la Chambre des Cent-Jours, né à Cruis (Basses-Alpes) le 11 juin 1760, mort à une date inconnue, « fils du sieur François Mévolhon, maître chirurgien, et de demoiselle Geneviève Gagnaud », appartint à l'enseignement. De 1774 à 1794, il professa les humanités, fit notamment la classe de rhétorique dans divers collèges de la congrégation de l'Oratoire, suivit les cours de l'École normale supérieure en 1795, et fut nommé (1796) professeur d'histoire à l'École centrale d'Aix. Attaché au lycée de Marseille de 1803 à 1810, professeur de littérature française et maître adjoint de rhétorique le 10 octobre 1812, il avait, d'autre part, rempli à Aix, en 1799, des fonctions municipales. Le 16 mai 1815, il fut élu, par 19 voix (32 votants), représentant de l'arrondissement de Forcalquier à la Chambre des représentants. Après cette courte législature, il ne reparut pas sur la scène politique.

MEYER (FRANÇOIS-ANTOINE), député en 1789, né à Kaysersberg (Haut-Rhin) le 29 janvier 1734, mort à une date inconnue, exerçait dans sa ville natale la profession de médecin. Le 31 mars 1789, la province d'Alsace l'envoya siéger, comme député du tiers, aux États-Généraux. Son rôle dans la Constituante n'a pas laissé de traces au *Moniteur*.

MEYER (JEAN-BAPTISTE), membre de la Convention, député aux Conseils des Cinq-Cents et des Anciens, et au Corps législatif de l'an VIII, à 1803, né à Mazamet (Tarn) le 13 octobre 1750, mort à Carcassonne (Aude) le 18 octobre 1830, fils de François Meyer marchand, et d'Élisabeth Marroul, était médecin à Mazamet lors de la Révolution, dont il adopta les principes. Administrateur du département du Tarn, il fut élu, le 1er septembre 1791, deuxième député suppléant à l'Assemblée législative, par 112 voix (202 votants), sans être appelé à y siéger. Envoyé à la Convention, le 7 septembre 1792, par le même département, le 9e et dernier, « à la pluralité des voix » sur 363 votants, il prit place à la Montagne, et vota la mort du roi, sans appel ni sursis. Le 22 vendémiaire an IV, il fut réélu député du Tarn au Conseil des Cinq-Cents, par 127 voix (265 votants). Puis il passa, le 23 germinal an V, à celui des Anciens, accepta le coup d'État de brumaire, et fut compris, le 4 nivôse suivant, par le Sénat conservateur, au nombre des membres du nouveau Corps législatif, où il représenta jusqu'en 1803 le département du Tarn. Il avait repris sa profession à Mazamet, et était conseiller municipal aux Cent-Jours. Ayant signé, en cette qualité, l'Acte additionnel, il fut frappé par la loi du 12 janvier 1816 contre les régicides, bien qu'il eût rétracté sa signature par-devant notaire le 17 novembre 1815. Il se réfugia à Saint Gall (Suisse). Sa femme demanda en vain son rappel le 12 avril 1825, au moment du sacre de Charles X. Lui-même renouvela cette demande le 17 octobre 1829, arguant du délabrement de sa santé. La demande fut alors accueillie et il revint mourir à Carcassonne juste un an après. Les villes de Carcassonne, Vintron Mazamet doivent à ses libéralités testamentaires plusieurs établissements d'enseignement et de bienfaisance.

MEYER (JACQUES-GUILLAUME), député au Conseil des Cinq-Cents et au Corps législatif en l'an VIII, né à Gand (Belgique) en 1760, mort à Ecloo (Belgique) le 16 mai 1805, greffier au tribunal d'Ecloo, puis président de l'administration centrale de Gand, fut élu, le 21 germinal an VI, député au Conseil des Cinq-Cents par le département de l'Escaut, avec 102 voix (135 votants); il prit la parole (nivôse an VII) sur les troubles qui agitaient son département et qu'il attribua à l'influence de l'étranger. Favorable au coup d'Etat de brumaire, il fut choisi, le 4 nivôse an VIII, par le Sénat conservateur, comme député de l'Escaut au nouveau Corps législatif, où il siégea jusqu'en 1803.

MEYNADIER (HENRI-LOUIS-RENÉ, COMTE), député de 1831 à 1847, né à Saint-André (Gard) le 8 février 1778, mort à Paris le 29 juin 1847, entra au service, en 1791, comme volontaire au 1er bataillon du Gard, devint sergent-major un an après, et, attaché aux adjudants-généraux à l'armée des Pyrénées-Orientales, se distingua à Rivesaltes et à Peyretorte où il fut blessé. Fait prisonnier le 4 octobre 1794, il ne rentra en France que l'année suivante, passa alors capitaine au 1er bataillon de la Lozère, et fut nommé par le général Brune adjoint aux adjudants des armées d'Italie et aide-de-camp du général Vignolles. A la rupture de la paix d'Amiens, il fit partie de la grande armée; chef de bataillon après Austerlitz, colonel après Wagram, chef d'état-major de Mortier en 1812, chef d'état-major de la garde impériale pendant la campagne de Saxe, il fut promu général de brigade après Leipsig, où il lutta héroïquement, et passa ensuite au 6e corps d'armée qui eut tant à souffrir durant la campagne de 1814. A la première Restauration, il fut versé, comme lieutenant-commandant, à la 4e compagnie des gardes du corps, et, en mai 1815, en qualité de chef d'état-major de la maison militaire du roi, accompagna Louis XVIII jusqu'à Béthune, où il procéda au licenciement des troupes de la garde royale restées sous ses ordres. Employé à l'armée des Alpes sous Suchet (1815), il commanda l'arrière-garde pendant la retraite sur Lyon, sut contenir les alliés, et battit même les Autrichiens près de Nantua. Créé comte le 23 décembre 1815, il prit part à la guerre d'Espagne en 1823, comme chef d'état-major du 3e corps d'armée, qui, commandé par le prince de Hohenlohe, occupa les provinces basques. Nommé major-général de l'armée d'occupation, il resta en Espagne jusqu'en 1825, devint alors général de division, et fut chargé de nombreuses inspections. En 1827, il commanda la 9e division militaire à Montpellier, et, en 1829, la 19e à Clermont. Il était grand-croix de la Légion d'honneur. Après la révolution de 1830, M. Meynadier entra dans la vie politique. Conseiller général du Gard en 1831, fonctions qu'il conserva jusqu'à sa mort, il fut successivement élu député du 2e collège de la Lozère (Florac), le 6 septembre 1831, en remplacement de M. Pelet de la Lozère qui avait opté pour Toulouse, avec 76 voix (106 votants, 148 inscrits), contre 25 voix à M. Monestier juge; le 21 juin 1834, par 87 voix (123 votants, 151 inscrits), contre 34 voix à M. André; le 4 novembre 1837, par 117 voix (119 votants, 166 inscrits); le 2 mars 1839, par 113 voix (121 votants). Cette élection ayant été annulée, M. Meynadier se représenta devant ses électeurs qui lui renouvelèrent son mandat, le 15 juin suivant, par 109 voix (130 votants); invalidé une deuxième fois, il fut encore renommé le 24 août de la même année, par 107 voix (121 votants), puis réélu de nouveau, le 9 juillet 1842, par

95 voix (153 votants, 183 inscrits), contre 58 voix à M. Daudé. M. Meynadier ne cessa pas de faire partie de la majorité ministérielle; il approuva la loi de disjonction et l'adresse de 1839, vota *pour* la dotation du duc de Nemours, *pour* les fortifications de Paris, *pour* le recrutement, *contre* les incompatibilités, *contre* l'adjonction des capacités, *pour* l'indemnité Pritchard, et repoussa les mesures réclamées par l'opposition. Il mourut en juin 1847, et fut remplacé, le 7 août suivant, par M. Daudé.

MEYNARD (FRANÇOIS, CHEVALIER), membre de la Convention, député au Conseil des Cinq-Cents, député au Corps législatif de l'an VIII à 1805, représentant aux Cent-Jours, député de 1815 à 1817, et de 1820 à 1827, né à Vauxains (Dordogne) le 20 août 1756, mort à Paris le 25 août 1828, « fils de M. Christophe Meynard, garde du roi, et de demoiselle Thérèse Gérard », était avocat à Périgueux lors de la Révolution. Il devint vice-président du district, maire de Vanxains, accusateur public au tribunal criminel du département, et fut élu, le 8 septembre 1792, membre de la Convention par le département de la Dordogne, le 9e sur 10, avec 372 voix (657 votants). Dans le procès de Louis XVI, Meynard, qui siégeait parmi les modérés, répondit au premier appel nominal : « Appelé avec vous pour poser les fondements d'une constitution dont les bases soient la liberté et l'égalité, en qualité de représentants du peuple, nous devons prendre toutes les mesures de sûreté générale nécessaires à son salut. Je suis d'avis de la détention, tant que durera la guerre, et qu'alors la Convention, si sa session existe encore, ou la législature, prononce la déportation, dans le cas où elle croirait qu'elle peut le faire sans exposer la sûreté de l'Etat. Je suis en outre de l'avis de l'appel au peuple. » Et au 3e appel nominal : « Je crois difficilement aux dangers dont on nous dit individuellement menacés. Peut-être n'en suis-je pas assez frappé, d'après les récits alarmants qu'on nous fait chaque jour sur notre sûreté personnelle. Je pourrais avoir d'autres craintes; mais je déclare que je ne croirai jamais à la peur qu'on chercherait à m'inspirer pour forcer ma volonté.

« Si quelque considération avait pu me séduire, je l'avouerai, citoyens, ce serait de voir le vœu unanime de la députation dont je me trouve faire partie, se réunir pour la même opinion. Sans doute est plus sage que la mienne, puisqu'elle paraît être celle de la majorité de cette assemblée; mais la conscience qui commande parle encore plus fort que la sagesse qui conseille : je respecte celle-ci, j'ai dû céder à la première.

« Elle me dit, de concert avec ma raison, que je ne puis pas faire et appliquer la loi. Ma raison me dit que je ne peux pas détruire l'effet de la loi, pour lui substituer ma volonté. Un principe du droit naturel, consacré dans la déclaration des droits de l'homme et du citoyen, me dit que la loi étant égale pour tous, il n'est pas juste d'en faire deux lots inégaux, pour attribuer l'un à l'accusé, celui qui punit; et pour le dépouiller de l'autre qui établissait des formes salutaires à la défense. Ma raison me dit que la confusion des pouvoirs est trop arbitraire pour convenir au régime d'un peuple jaloux de sa liberté. Elle me dit qu'une représentation nationale doit surtout se garantir de l'attrait que le despotisme a pour tous les hommes, et qui devient d'autant plus dangereux pour elle qu'elle se trouve revêtue.

d'une grande puissance. L'expérience m'apprend qu'un roi qui meurt par la vengeance du peuple, quelque juste qu'elle puisse être, n'a fait trop souvent qu'aplanir, par sa chute ensanglantée, le chemin qui conduit son successeur au trône. Elle m'apprend qu'un roi proscrit, humilié, ne fut jamais dangereux pour la nation qui voulut faire régner la liberté à la place du despotisme. Mais ma raison et mon devoir me disent aussi que je dois prendre toutes les mesures de salut public qui se trouvent déterminées par la nature des pouvoirs qui nous ont été délégués, et que c'est à un tribunal à faire le reste. Vous ne l'avez pas pensé de même, citoyens ; je respecte cette détermination ; et si je forme des regrets, c'est que lorsque je dois croire à sa sagesse, je ne pourrais cependant, sans crime, trahir ma conscience, et faire le sacrifice de l'opinion qu'elle s'est formée.

« Je persiste donc dans la déclaration que j'ai faite, et que je remis hier, signée de moi, sur le bureau.

« Elle consiste à décréter, comme mesure de sûreté générale, que Louis sera détenu pendant tout le temps que durera la guerre, sauf à déterminer à la paix, par la Convention ou la législature, les mesures ultérieures qui pourraient être prises sans inconvénient pour la tranquillité et le salut de la République. »

Il parut rarement à la tribune. En mission (1795) près les armées du Nord et de Sambre-et-Meuse, il félicita la majorité de la Convention de sa victoire lors de l'insurrection de prairial, et applaudit aux mesures de répression qui suivirent. Le 22 vendémiaire an IV, Meynard fut réélu député de la Dordogne au Conseil des Cinq-Cents, par 413 voix (439 votants) ; le même jour il était également nommé par trois autres départements. Il fit rétablir dans l'administration de leurs biens les ecclésiastiques condamnés précédemment à la réclusion, sortit du Conseil en 1798, et fut nommé par le Directoire (28 germinal an VI) agent politique à Francfort, où il resta jusqu'au coup d'État de Bonaparte. Appelé alors par le Sénat conservateur (4 nivôse an VIII), à faire partie, comme député de la Dordogne, du nouveau Corps législatif, il y siégea jusqu'en 1805, devint, en 1811, vice-président du tribunal civil de Périgueux, et fut élu, le 17 mai 1815, représentant de l'arrondissement de Ribérac à la Chambre des Cent-Jours, par 34 voix (61 votants, 140 inscrits) contre 27 à M. Lamarque. Mais il ne prit pas séance dans cette assemblée, et resta définitivement fidèle à la royauté. Le 22 août de la même année, il fut envoyé à la Chambre introuvable par le grand collège de la Dordogne, qui lui donna 170 voix (201 votants, 274 inscrits). Meynard opina avec la majorité, obtint sa réélection, le 4 octobre 1816, par 98 voix (187 votants, 272 inscrits), quitta la Chambre en 1817 pour accepter les fonctions de juge au tribunal de première instance de la Seine, et rentra au parlement le 13 novembre 1820, toujours en qualité de député de la Dordogne, avec 197 suffrages (259 votants, 346 inscrits). Il continua de voter avec la droite, fut encore réélu, le 9 mai 1822, par le 2e arrondissement de la Dordogne (Ribérac), avec 150 voix (265 votants, 348 inscrits), contre 112 à M. Dureclus de Mareuil, puis, le 25 février 1824, avec 180 voix (209 votants, 317 inscrits), contre 17 à M. Froidefond de Belleisle ; il renonça à la vie politique en 1827, et mourut l'année suivante. Chevalier de la Légion d'honneur.

MEYNARD (Jean-Jacques), député de 1831 à 1848, né à Orange (Vaucluse) le 15 décembre 1784, mort à une date inconnue, était négociant à Avignon, conseiller municipal de la ville et conseiller d'arrondissement, lorsqu'il fut élu député du 2e collège de Vaucluse (Orange), le 5 juillet 1831, par 75 voix (149 votants, 189 inscrits), contre 72 voix à M. Auguste de Gasparin. Successivement réélu, le 21 juin 1834, par 95 voix (169 votants, 216 inscrits), contre 67 voix à M. de Gasparin ; le 4 novembre 1837, par 182 voix (234 votants, 286 inscrits), contre 48 à M. de Siber ; le 2 mars 1839, par 161 voix (167 votants, 272 inscrits) ; le 9 juillet 1842, par 184 voix (194 votants, 292 inscrits) ; le 1er août 1846, par 204 voix (262 votants, 333 inscrits), contre 49 voix à M. Vincenty, M. Meynard siégea dans la majorité ministérielle et appuya la plupart des mesures proposées par le gouvernement. Lors de la discussion relative à l'article 23 de la Charte, il proposa de faire rentrer les archevêques et les évêques dans la catégorie des personnes parmi lesquelles le roi pouvait choisir les membres de la Chambre des pairs. Il s'opposa à l'acte de bannissement de Charles X, mais appuya la loi de disjonction, soutint le ministère Molé, approuva l'adresse de 1839, vota pour la dotation du duc de Nemours, pour les fortifications de Paris, pour le recensement, contre les incompatibilités, contre l'adjonction des capacités, et pour l'indemnité Pritchard. Il soutint le ministère Guizot jusqu'à la révolution de février qui mit fin à sa carrière politique.

MEYNIEL (Jean), député en 1789, né à Caumont (Gers) le 17 mai 1734, mort à une date inconnue, était avocat à Caumont. Il appartint obscurément à la majorité de la Constituante, ayant été élu, le 10 mars 1789, député du tiers aux Etats-Généraux par la sénéchaussée de Condom.

MEYNIER DE SALINELLES (Etienne-David), député en 1789, né à Nîmes (Gard) le 21 août 1729, exécuté à Paris le 15 mai 1794, ancien négociant vivant bourgeoisement à Nîmes, fut élu, le 31 mars 1789, député du tiers aux Etats-Généraux par la sénéchaussée de Nîmes et Beaucaire. Nommé adjoint du doyen des communes et président du comité de l'agriculture et du commerce, il fut désigné, en 1790, comme commissaire du roi dans le département du Gard, pour y préparer l'organisation des nouvelles administrations. En juillet 1791, il fut chargé de présenter un rapport sur la franchise du port de Marseille ; le 26 septembre 1791, il fit hommage à l'Assemblée d'un ouvrage : *Maximes du droit naturel sur le bonheur*. A l'expiration de son mandat, il devint président de l'administration du département du Gard ; mais, quelques mois plus tard, le corps électoral, réuni à Beaucaire, déclara qu'il avait perdu la confiance publique, ce qui ne l'empêcha pas d'être élu, peu après, maire de Nîmes. Compromis ensuite dans les complots fédéralistes, il fut destitué le 7 septembre 1793, par les représentants Rovère et Poultier, en mission dans le Gard. Arrêté à Montudon, chez le citoyen Blachère, le 30 pluviôse an II, il fut incarcéré à Nîmes le 5 ventôse, et traduit par ordre du comité de sûreté générale devant le tribunal révolutionnaire de Paris. Après avoir subi, le 2 floréal, un interrogatoire préliminaire à Nîmes, il partit, le 8, pour Paris, comparut le 26 du même mois, et fut condamné à mort et exécuté.

MEYRAUD. — Voy. LAGOY (DE).

MÉZIÈRES (ALFRED-JEAN-FRANÇOIS), député depuis 1881, né à Réhon (Moselle) le 19 novembre 1826, fils d'un ancien recteur de l'académie de Metz, fit ses études au lycée de cette ville, entra à l'Ecole normale en 1845, à l'Ecole d'Athènes en 1850, fut professeur de rhétorique au lycée de Toulouse en 1853, et soutint sa thèse de doctorat ès lettres. Sa thèse française : *Etudes sur les œuvres politiques de Paul Parrata* et sa thèse latine : *De fluminibus inferorum* attirèrent l'attention des érudits. Chargé du cours de littérature étrangère à la faculté des lettres de Nancy en 1854, il fut appelé, en 1861, à la Sorbonne, comme suppléant de la même chaire, dont il devint professeur titulaire le 18 juin 1863. En cette qualité, il représenta l'université de France au jubilé de Shakespeare en 1864, et au jubilé de Dante en 1865. C'est du reste à ces deux hommes illustres que M. Mézières consacra la plupart de ses travaux littéraires. Membre de l'Académie française le 29 janvier 1874, en remplacement de Saint-Marc-Girardin, ce fut sur sa proposition que cette compagnie, jugeant toute conciliation impossible avec M. E. Ollivier, chargea M. X. Marmier de répondre au discours de M. Henri Martin, le 13 novembre 1879. Membre et vice-président du conseil général de Meurthe-et-Moselle, M. Mézières avait été souvent sollicité d'accepter un mandat politique. Conseiller général du canton de Longwy depuis 1874, il se présenta à la députation, le 14 octobre 1877, dans l'arrondissement de Briey, où il échoua avec 7,142 voix contre 7,860 à M. de Ladoucette, conservateur; mais il fut plus heureux le 21 août 1881, dans le même arrondissement, et fut élu par 11,657 voix (13,118 votants, 17,469 inscrits). Il siégea dans le groupe opportuniste, vota les crédits du Tonkin, présida la commission de l'armée, fut membre de la commission d'enquête sur la situation des ouvriers, et de la commission d'étude du régime douanier de l'Algérie et des colonies, demanda en vain (juin 1888), lors de la discussion de la loi militaire, le maintien du volontariat sous des conditions plus sévères que celles de la loi de 1872, et protesta (juin 1885), dans une interpellation, contre le système des acquits, à-caution à l'équivalent pour l'admission temporaire des fers. Il avait été nommé président de l'association des journalistes parisiens et vice-président de la Ligue des patriotes, dont il se sépara, quand cette ligue prit parti dans les luttes politiques du jour. Porté sur la liste républicaine de Meurthe-et-Moselle, aux élections du 4 octobre 1885, M. Mézières fut élu, le 1er sur 6, par 48,308 voix (88,011 votants, et 111,226 inscrits); il reprit sa place à la gauche opportuniste, parla sur l'instruction publique, *contre* l'expulsion des princes, interpella le gouvernement (février 1880) sur les modifications apportées à l'organisation de l'Ecole forestière de Nancy, et se prononça, en dernier lieu, *pour* le rétablissement du scrutin d'arrondissement (11 février 1889), *pour* l'ajournement indéfini de la revision de la Constitution, *pour* les poursuites contre trois députés membres de la Ligue des patriotes, *pour* le projet de loi Lisbonne restrictif de la liberté de la presse, *pour* les poursuites contre le général Boulanger. Président du conseil général de Meurthe-et-Moselle, administrateur du Crédit foncier, M. Mézières est chevalier de la Légion d'honneur du 12 août 1865, et officier du 9 août 1877. Il a publié : *Shakespeare, ses œuvres, ses critiques* (1861); *Prédécesseurs et contemporains de Shakespeare* (1863) : *Contemporains et successeurs de Shakespeare* (1864); *Dante et l'Italie nouvelle* (1865); *Pétrarque* (1867); *La société française* (1869); *Récits de l'invasion* (1871); *Gœthe, ses œuvres expliquées par sa vie* (1872-73); *En France XVIIIe et XIXe siècles* (1883); *Hors de France* (*Angleterre, Italie, Grèce moderne*) (1883); *Education morale et instruction civique* à l'usage des écoles primaires (1883); il est le collaborateur assidu de la *Revue des Deux-Mondes* et du *Temps.*

MEZZERI (ANGE-ANTOINE), député au Corps législatif de 1809 à 1814, né le 1er août 1748, mort à une date inconnue, riche banquier de Florence et président de la chambre de commerce de cette ville, fut appelé le 5 juillet 1809, par le choix de l'empereur, à qui le préfet de l'Arno avait soumis une liste de candidats, à représenter ce département au Corps législatif; Mezzeri siégea jusqu'en 1814.

MICHAL-LADICHÈRE (FRANÇOIS-ALEXANDRE), représentant en 1871, sénateur de 1876 à 1884, né à Saint-Geoire (Isère) le 3 novembre 1807, mort à Grenoble (Isère) le 16 octobre 1884, se fit inscrire au barreau de Grenoble (1830) et collabora aux journaux républicains le *Dauphinois* et le *Patriote*. Nommé avocat général à la cour de Grenoble avant la révolution de 1848, et conseiller général de l'Isère, il donna sa démission de magistrat en 1849, et sa démission de conseiller général et de conseiller municipal en 1851, pour protester contre la politique du prince Louis-Napoléon. Il rentra alors au barreau et fut plusieurs fois bâtonnier de l'ordre. Candidat d'opposition au Corps législatif, dans la 4e circonscription de l'Isère, le 24 mai 1869, il échoua avec 3,338 voix contre 15,410 à l'élu, M. Marion, et 7,732 à M. de Vaulserre. Procureur général à la cour de Grenoble le 10 septembre 1870, il donna sa démission le 12 janvier 1871, pour se présenter à l'Assemblée nationale, où il fut élu, le 8 février suivant, représentant de l'Isère, le 2e sur 12, par 62,467 voix (92,816 votants, 162,174 inscrits) ; il prit place à la gauche républicaine, et vota *pour* la paix, *contre* l'abrogation des lois d'exil, *contre* la pétition des évêques, *contre* le pouvoir constituant, *contre* le service de trois ans, *contre* la démission de Thiers, *contre* le septennat et *pour* les lois constitutionnelles. Membre du conseil général de l'Isère le 8 octobre 1871, pour le canton de Saint-Geoire, et président de ce conseil, il fut nommé sénateur de l'Isère, le 30 janvier 1876, par 400 voix (657 votants), prit place à gauche dans la Chambre haute, et vota contre la dissolution de la chambre demandée le 23 juin 1877 par le ministère de Broglie. Il fut réélu sénateur, au renouvellement triennal du 5 janvier 1879, avec 568 voix (642 votants), et mourut au cours de la législature.

MICHAUD (CHARLES-FRANÇOIS-JOSEPH), député en 1789, né à Calais (Pas-de-Calais) le 10 février 1752, exécuté à Arras le 17 avril 1794, était curé de Bonny, lorsqu'il fut élu, le 24 avril 1789, député du tiers aux Etats-Généraux par la province d'Artois. Partisan de la constitution civile du clergé, il répondit, dans un écrit paru le 9 janvier 1791, à une instruction d'Asseline, évêque du ci-devant diocèse de Boulogne, et voulut démontrer que l'Assemblée nationale en faisant la constitution civile du clergé ne faisait que ramener l'Eglise à l'observation de ses anciens canons. Il avait des relations étroites avec Robespierre qui lui écrivait : « Je ne finirais pas si je voulais vous exprimer tous les sentiments que m'inspire votre zèle infatigable pour la cause du peuple et de la liberté. » Le 29 mai 1791, dans l'assemblée électorale du district de Saint-Omer réunie sous la présidence de Carnot cadet, capitaine du génie, Michaud fut élu curé de Saint-Bertin par 49 voix sur 76 votants. Il prit possession de l'église de l'abbaye, logea au quartier abbatial, et fit démolir le jubé de l'église afin que les fidèles pussent le voir officier. Le Bon, dans une assemblée des sections réunies à Saint-Omer (Morin-la-Montagne, comme on disait alors), demanda, le 21 novembre 1793, que Michaud fût déclaré suspect parce qu'il s'opposait à la descente des cloches. Michaud protesta : il fut conduit à Arras, et fut accusé, peu après, de s'être emparé de pièces d'argenterie, galons, linge, boiseries et autres effets appartenant à son église. Il essaya de se justifier, mais il fut condamné à mort et exécuté vingt-quatre heures après.

MICHAUD (Jean-Baptiste), député en 1791, membre de la Convention, député au Conseil des Cinq-Cents et au Conseil des Anciens, né à Pontarlier (Doubs) le 17 avril 1759, mort à Monthey (Suisse) le 29 novembre 1819, appartenait à une famille qui possédait la seigneurie du Doubs ; son père avait été pendant neuf ans maire de Pontarlier. Jean-Baptiste fit ses études au collège de sa ville natale, et suivit les cours de droit de l'Université de Besançon. Reçu avocat au parlement le 24 juillet 1777, il exerça, avant la Révolution, la profession d'homme de loi, devint, après 1789, administrateur du Doubs, et, partisan des idées nouvelles, fut élu, le 30 août 1791, député du Doubs à l'Assemblée législative, le 2e sur 6, par 232 voix (323 votants). Il opina avec la majorité réformatrice. Réélu, le 4 septembre 1792, membre de la Convention par le même département, le 2e sur 6, avec 200 voix (332 votants), Michaud vota, dans le procès du roi, *pour* la mort sans appel ni sursis, fut secrétaire de l'assemblée, et applaudit à la journée du 9 thermidor, au succès de laquelle il adhéra par la lettre suivante (il était alors en mission à l'armée du Rhin) :

« Au quartier général à Neustadt, le 14 thermidor, l'an 2e de la République française, une et indivisible.

« Citoyens représentants, l'armée du Rhin reçoit, avec l'ordre du jour, votre proclamation sur la découverte inattendue de la plus affreuse des conspirations. Plus la réputation des scélérats qui la tramaient était grande, et plus le service que vous avez rendu à la liberté, à la patrie, est inappréciable. Continuez à veiller sur l'intérieur, à désorganiser les trahisons, à déjouer les intrigues, à renverser les factions, à punir les conspirateurs, à faire respecter la vertu et la probité : de notre côté, nous saperons les trônes ; nous abattrons les tyrans, nous disperserons leurs esclaves, et nous écraserons leurs satellites. L'armée n'aura jamais qu'un cri de guerre : *la République et la victoire.*

« Salut et fraternité,

« Michaud. »

En mission dans les Vosges en novembre 1793, il traqua les aristocrates et les prêtres, et prit, entre autres, l'arrêté suivant (16 novembre) : « Considérant qu'il importe au maintien de la tranquillité publique de réprimer les sourdes agitations du fanatisme expirant,

arrête : les corps administratifs et judiciaires, dans chaque chef-lieu de district, se rendront avec assiduité, les jours de décade, au temple dédié à l'Etre suprême, avec la décoration attribuée à chaque fonction publique. » Il passa dans l'Indre au commencement de 1794, ne toléra des prêtres que dans les chefs-lieux du canton, et, de retour à la Convention, dénonça, le 29 décembre 1794, les persécutions endurées par les patriotes, et demanda qu'il fût décrété que les sociétés populaires avaient bien mérité de la patrie. En mai 1795, il fut un des commissaires chargés d'examiner la conduite de Joseph Le Bon à Arras. Le 4 brumaire an IV, Michaud fut désigné par ses collègues de la Convention pour siéger au Conseil des Cinq-Cents, d'où il passa (24 germinal an VI) à celui des Anciens. Il fut ensuite président du tribunal criminel du Doubs, et refusa tout emploi après le coup d'Etat de brumaire. Ayant adhéré (1815) à l'Acte additionnel, « sous la pression, écrivait-il depuis, des troupes françaises qui occupaient ma maison », il fut atteint, l'année suivante, par la loi contre les régicides, et se retira en Suisse, à Monthey, où il vécut ignoré avec deux de ses anciens collègues, Descamps et Montaut, exilés comme lui. Sa fille, Elisa Michaud, réclama du roi son rappel, le 24 mai 1818. Cette grâce fut refusée, et Michaud mourut à Monthey le 20 novembre 1819, d'une péritonite aiguë.

MICHAUD (Joseph-François), député de 1815 à 1816, né à Albens (Savoie) le 19 juin 1767, mort à Paris (Seine) le 30 septembre 1839, fut élève au collège ecclésiastique de Bourg, et, à dix-neuf ans, devint commis en librairie à Lyon. A cette époque il publia : *Voyage au Mont-Blanc*, et *De l'Origine politique des mines d'or et d'argent*, conte oriental. Ayant été présenté à la comtesse Fanny de Beauharnais qui aimait sa tournure d'esprit, et qui lui promit sa protection, il se rendit à Paris. Il était alors le disciple de Voltaire et de Rousseau, et se montrait plein d'enthousiasme pour les idées nouvelles. Mais ses relations modifièrent peu à peu ces sentiments, il prit parti pour la cour, et collabora avec Cérisier à *la Gazette universelle* et avec Esmenard au *Postillon de la guerre*. Puis ses idées subirent un nouveau changement sous l'influence des événements qui s'accomplissaient ; il écrivit dans le *Courrier républicain*, et publia, en 1794, un petit poème : *l'Immortalité de l'âme*, dans lequel on lit ces vers :

« Ah ! si jamais des rois et de la tyrannie
Mon cœur républicain subit le joug impie,
La tombe me rendra mes droits, ma liberté...
Oui, si le despotisme opprime encor les hommes,
Retire-moi, grand Dieu, de la terre où nous sommes... »

Il publia ensuite, *Ermenonville ou le tombeau de Jean-Jacques Rousseau*, œuvre médiocre et tout à fait dans le goût du jour. Mais, après le 9 thermidor, il revint aux idées royalistes et collabora assidûment à la *Quotidienne* fondée par M. de Coutouly. Au 13 vendémiaire, il marcha contre la Convention avec les sections royalistes, et se fit si bien remarquer par son exaltation qu'il dut prendre la fuite. Arrêté à Orléans par Bourdon de l'Oise, il parvint à s'échapper et fut condamné à mort par contumace. Il se réfugia d'abord en Suisse, puis vint s'installer dans l'Aisne, chez des parents, où il vécut caché en faisant de la littérature. Il publia, en 1803, *le Printemps d'un proscrit*. Son frère étant devenu imprimeur à Paris, il conçut le projet de faire avec lui la *Biographie moderne*, ouvrage considérable, mais d'un parti-pris évident, et dont le premier volume parut en 1806. Une nouvelle édition de cet ouvrage fut donnée, de 1842 à 1865, en 45 volumes. Il écrivit aussi, pour Mme Cottin, une préface à son roman : *Mathilde*. Ayant eu à ce propos l'occasion d'étudier l'histoire des croisades dans les vieux auteurs et sur certains documents originaux, il se passionna pour ce travail. L'esquisse qu'il donna alors : *Tableau historique des trois premières croisades*, fut le germe de son *Histoire des croisades*. Mais cet ouvrage subit beaucoup de modifications et de corrections avant de devenir ce qu'il est présentement, et de fonder sa réputation d'historien. Quoique Michaud ait été accusé d'avoir entretenu une correspondance secrète avec Monsieur, depuis Louis XVIII, il se rallia à l'empire, auquel il donna des gages dans son poème, (le *Treizième chant de l'Énéide ou le Mariage d'Énée et de Lavinie* (1810), allégorie sur le mariage de l'empereur, et dans ses vers dithyrambiques sur la naissance du roi de Rome. En 1812, il fut décoré de la Légion d'honneur, et entra à l'Académie française, en 1813, en remplacement de Cavailha. La mobilité de ses opinions politiques trouva une nouvelle occasion de s'exercer au retour des Bourbons. Son ardeur royaliste ne connut plus de bornes, et lui valut de Louis XVIII les fonctions de censeur royal. Après les Cent-Jours, durant lesquels Michaud se retira en Saône-et-Loire, il fut élu, le 22 mai 1815, député du grand collège du département de l'Ain, par 135 voix (205 votants, 291 inscrits) ; il siégea dans la majorité ultra-royaliste, proposa de voter des remerciements à ceux qui avaient suivi et défendu le roi pendant les Cent-Jours, et se montra favorable au cumul des traitements du moins pour les gens de lettres. En 1817, il devint rédacteur en chef de la *Quotidienne*, qui fut, après les événements de 1830, le moniteur officiel de la légitimité. M. Michaud mourut à ce poste sans avoir donné à ses détracteurs la joie d'assister à une nouvelle évolution de ses convictions politiques. En outre des ouvrages déjà cités, on a encore de lui : *Histoire de la chute de l'empire de Mysore, sous Hidder-Aly et Tippoo-Saïb ; Histoire des quinze semaines ou le dernier règne de Bonaparte; Lettres d'Orient*, en collaboration avec M. Poujoulat, ainsi que : *Collection des mémoires pour servir à l'histoire de France depuis le XIIIᵉ siècle jusqu'au XVIIIᵉ* (1836-44, 32 volumes).

MICHAUT (ADRIEN-JOSEPH), représentant en 1849, né à Ogéviller (Meurthe) le 14 juillet 1797, mort à Nancy (Meurthe) le 1ᵉʳ mars 1873, était juge de paix à Lunéville, et d'opinions conservatrices, lorsqu'il fut élu, le 13 mai 1849, représentant de la Meurthe à l'Assemblée législative, le 5ᵉ sur 9, par 39,061 voix (85,081 votants, 122,416 inscrits). M. Michaut siégea à droite et appartint à la majorité qui vota *pour* l'expédition de Rome, *pour* la loi Falloux-Parieu sur l'enseignement, *pour* la loi du 31 mai sur le suffrage universel, etc. Il rentra dans la vie privée lors du coup d'État du 2 décembre 1851.

MICHAUT (PAUL), député de 1877 à 1881, né à Lunéville (Meurthe) le 29 juillet 1827, ancien élève de l'École centrale, administrateur de la cristallerie de Baccarat, prit une grande part au développement de cette importante manufacture. Grâce à ses soins, elle put travailler pendant la durée de la guerre de 1870. Les Allemands cependant n'épargnèrent aucune persécution à M. Michaut, qui fut retenu comme otage, emprisonné, et assista impuissant au pillage de ses magasins. Conseiller général après la guerre, maire de Baccarat en 1871, il créa en faveur des nombreux ouvriers qu'il employait un grand nombre d'institutions philanthropiques, et pourvut ses usines d'asiles, d'écoles, de cours d'adultes, de pensionnats d'apprentis, de caisses de prévoyance et de retraite pour les ouvriers malades, vieux ou infirmes. Candidat au Sénat le 30 janvier 1876, dans le département de Meurthe-et-Moselle, il échoua avec 296 voix (667 votants); il se présenta à la députation, le 20 février suivant, dans l'arrondissement de Lunéville, et ne fut pas plus heureux avec 2,525 voix contre 11,988 à l'élu, M. Cosson, républicain, et 483 à M. Brissac. Il entra au parlement, le 14 octobre 1877, avec l'appui du cabinet du 16 mai, comme député de Lunéville, élu, par 12,248 voix (23,087 votants, 26,643 inscrits), contre 10,635 voix au député sortant, l'un des 363. Invalidé, M. Michaut se représenta, le 3 mars 1878, devant ses électeurs, qui le réélurent par 11,967 voix (22,518 votants, 26,316 inscrits), contre 10,403 voix à M. Cosson. Il prit place à droite, et vota constamment avec la minorité conservatrice. Il ne se représenta pas en 1881. Chevalier de la Légion d'honneur du 7 mars 1876.

MICHAUX (HUBERT-ERNEST), sénateur de 1883 à 1885, né à Vaux-Montreuil (Ardennes) le 12 janvier 1822, mort à Paris le 21 juillet 1888, entra sous Louis-Philippe dans les bureaux du ministère de la Marine et des Colonies, devint chef de bureau du régime pénitentiaire à la direction des colonies, puis sous-directeur, chargé spécialement des questions de colonisation, et directeur des colonies, le 18 janvier 1877, en remplacement de M. Benoist d'Azy. Officier de la Légion d'honneur du 11 mars 1868, commandeur du 14 janvier 1879, il fut admis à la retraite en 1882. Les sympathies qu'il avait su se créer aux colonies le firent nommer, le 1ᵉʳ avril 1883, sénateur de la Martinique, en remplacement de M. Allègre invalidé, par 40 voix (56 votants), contre 16 à M. Thibaudin. Il siégea obscurément au centre gauche de la Chambre haute, donna sa démission en 1885, et fut remplacé, le 1ᵉʳ mars de la même année, par M. Isaac. On a de lui : *Étude sur la question des peines* (1872 et 1875).

MICHEL (GUILLAUME), membre de la Convention, député au Conseil des Anciens, né à Corbeville, commune de Saint-Martin-des-Champs (Seine-et-Oise), le 29 décembre 1736, mort à Lorient (Morbihan) le 14 juin 1811, s'était établi comme négociant dans cette dernière ville. Secrétaire de la municipalité de Lorient en 1792, et porté, au procès-verbal d'élection, archer de la marine, il fut élu, le 9 septembre de la même année, par le département du Morbihan, membre de la Convention, le 7ᵉ sur 8, à la pluralité des voix (408 votants). Il opina des modérés, notamment, dans le procès du roi, « pour la réclusion pendant la guerre et pour le bannissement à la paix. » Devenu (21 vendémiaire an IV) député du même département au Conseil des Anciens, à la pluralité des voix sur 125 votants, il se fit peu remarquer dans cette assemblée. G. Michel fut plus tard inspecteur des contributions.

MICHEL (PIERRE), membre de la Convention, et député au Conseil des Anciens, né à

Senones (Vosges) le 4 mars 1745, mort à une date inconnue, était juge au tribunal de Château-Salins, lorsqu'il fut élu, le 5 septembre 1792, député de la Meurthe à la Convention, le 7e sur 8, par 306 voix (458 votants). Il n'eut qu'un rôle parlementaire sans importance, tant dans cette assemblée, où il se prononça pour « la détention et le bannissement de Louis XVI », que dans le Conseil des Anciens, où la Meurthe l'envoya siéger, le 21 vendémiaire an IV, à la pluralité des voix sur 292 votants. Il en sortit en l'an VI.

MICHEL (Louis), dit MICHEL DE BOURGES, député de 1837 à 1839, représentant en 1849, né à Pourrières (Var) le 30 octobre 1797, mort à Montpellier (Hérault) le 16 mars 1853, était fils d'un vieux républicain massacré par les royalistes en 1798. Michel fit de brillantes études au collège d'Aix, et annonça dès l'enfance un goût prononcé pour l'art oratoire. En 1815, âgé de dix-huit ans, il se battit contre les verdets du Midi, et, pour se soustraire aux poursuites qui le menaçaient, s'engagea dans un régiment de ligne. Une occasion s'offrit bientôt à lui de mettre à profit ses dispositions pour le barreau. Chargé de défendre, devant le conseil de guerre de Marseille, un soldat accusé d'une faute grave, il arracha des larmes à l'auditoire, fit acquitter l'accusé, et fut ramené en triomphe par les militaires présents à l'audience. L'effervescence royaliste calmée, Michel se fit remplacer, et vint étudier le droit à Paris, où il retrouva Thiers, son condisciple au collège d'Aix, qui, souriant de son éloquence enflammée et de son exaltation tribunitienne, l'appelait plaisamment le *Bridaine de la Révolution*. En 1820, il prononça l'oraison funèbre du jeune Lallemand tué par un soldat de la garde royale : la police l'inquiéta à ce sujet, et l'École lui fit perdre plusieurs inscriptions. Mêlé à tous les conciliabules des libéraux, il se lia d'amitié, durant son séjour à Paris, avec les républicains avancés, parmi lesquels M. Brisson, plus tard avoué à Bourges, et père de M. Henri Brisson (*voy. ce nom*). Cet ami le décida à fixer sa résidence à Bourges, où Michel se rendit (1826), après s'être fait recevoir avocat. « M. Michel, écrit un biographe, ne fut pas apprécié sur-le-champ. L'emploi des déductions philosophiques qui le plaçaient toujours dans l'esprit de la loi, son dédain pour les fins de non-recevoir et pour cette mauvaise guerre des petits moyens légués par le régime des procureurs, parurent nouveaux à ses confrères, MM. Mater et Mayet-Génetry » (*voy. ces noms*). Cependant son talent finit par être reconnu. Mais, à la suite d'une discussion avec M. Moray, procureur général, le jeune avocat rompit avec l'opposition, trop timide à son gré, dont M. Mater et le *Journal du Cher* étaient alors les organes à Bourges. Une série d'*Observations sur le code militaire du 12 mai 1793*, publiée par lui en 1827, servit à fixer la réputation de son auteur comme dialecticien. Bientôt il fonda un recueil mensuel intitulé la *Revue du Cher*, qu'il fit précéder d'une profession de foi nettement démocratique : la *Revue* fut traduite en police correctionnelle par le parquet de Bourges pour « excitation à la haine et au mépris du gouvernement du roi. » Michel se défendit lui-même avec chaleur, et fut acquitté. Les journées de juillet le trouvèrent à la tête du mouvement libéral à Bourges. Il tint en respect le général Canuel, commandant de la 15e division militaire, qui avait mandé les cuirassiers et la garnison de Nevers, fit arborer le drapeau tri-

colore, contribua à la nomination de M. Mater comme premier président de la cour royale de Bourges, et, ressuscitant la *Revue du Cher*, en fit un journal quotidien. Il parut au barreau de Paris au mois d'avril 1831, pour prêter son concours à M. Danton, l'un des dix-sept jeunes gens emprisonnés lors des troubles occasionnés par le procès des ministres de Charles X : sa plaidoirie produisit un grand effet. Après avoir rappelé les actes de la Restauration acharnée contre le parti libéral, il termina par ces mots : « Les Ordonnances de juillet parurent, et le peuple eut son jour ! Laissez-moi croire, messieurs, qu'ils versent des larmes de sang, ceux qui ont eu le malheur d'attacher leurs noms à ces fatales condamnations, qu'ils pleurent la chute de la monarchie accélérée par de sanglantes exécutions, et cette jeunesse pleine d'espérances et de sentiments généreux, et cruellement immolée aux exigences des partis ; laissez-moi croire enfin que vous n'exposerez pas le gouvernement aux conséquences des condamnations politiques, et vous-mêmes à des regrets éternels. » Quelques mois après, il obtint un nouveau triomphe dans un procès analogue, en faisant acquitter deux étudiants arrêtés pour avoir formé un « rassemblement armé », en faveur de la Pologne. De retour à Bourges, il voulut, avec quelques « patriotes » de cette ville, planter un arbre de la liberté, le 27 juillet 1831 ; l'arbre orné de drapeaux tricolores avait été préparé ; le maire, M. Mayet-Genetry, défendait la plantation sur une des places, mais l'autorisait dans un champ appartenant à un particulier, M. Deséglise, qui réclamait cette faveur. On venait de s'y rendre, quand le général Petit survint avec des gendarmes et des officiers de son état-major, et fit charger la foule : l'arbre fut abattu, coupé en morceaux, et huit personnes furent mises en état d'arrestation : Michel lui-même subit un mois de détention. Une affaire plus importante l'appela bientôt à Paris : ce fut le procès dit *des fusils Gisquet*, intenté au journal la *Tribune*, à la suite de révélations faites par cette feuille. Michel assistait Armand Marrast. Il s'écria dans sa péroraison : « Encouragez donc, au lieu de les punir, les écrivains courageux qui vivent d'abnégation et de sacrifices, qui se dévouent à la patrie et qui flétrissent partout où ils l'aperçoivent cette corruption qui avilit, qui dégrade, qui éteint l'homme dans ses plus nobles facultés. Et vous aussi, messieurs, écrasez-la, cette corruption ; faites appel à votre conscience, à votre probité, que parmi nous se réveillent enfin les vertus patriotiques ; que par elles notre France redevienne noble, forte, grande, généreuse ! C'est son lot, c'est sa gloire ; n'allez donc pas frapper ceux qui combattent pour lui assurer de hautes destinées ! » Néanmoins le rédacteur de la *Tribune* fut condamné à six mois d'emprisonnement, trois mille francs d'amende et vingt-cinq francs de dommages-intérêts. Me Michel rentra à Bourges, défendit son propre journal, la *Revue du Cher*, poursuivi pour vingt-quatre de ses articles, et le fit acquitter (mai 1832). Vers la même époque, se trouvant insulté par un article du *Journal du Cher*, il eut un duel au pistolet avec le rédacteur en chef. Sa réputation d'avocat grandit encore avec le procès dit des vingt-sept (procès de la société des *Droits de l'homme*), où il assistait Rouet, ancien élève de l'École polytechnique. Après douze audiences consacrées aux débats, tous les accusés furent acquittés. Mais il restait pour la cour une décision à prendre contre trois des avocats, MMes Dupont, Pinard et Michel, qui avaient argué de falsifications de pièces de la part des magistrats accusateurs, pour engager l'accusé Kersausie à ne point répondre aux questions du président. Les explications présentées par Michel de Bourges débutèrent par cette singulière exclamation : « Messieurs, *je suc* en me levant ! » Et, après un temps, il reprit : « Mais ce n'est pas de honte ; je suc de colère et d'indignation. Vous pouvez me condamner ; mais l'avocat du roi ne fera jamais de moi ni un accusé ni un coupable !... Eh quoi ! les avocats sont-ils donc les esclaves des gens du roi ! Connaissez-nous mieux ; il est possible que vous nous suspendiez : tout est possible dans ce temps de malheur ; mais vous ne me réduirez pas à la misère, je ne tendrai pas la main, et si je la tendais jamais à tous ceux dont j'ai sauvé la vie ou l'honneur, je serais encore plus riche que les gens du roi, malgré les munificences du pouvoir !... » Michel fut condamné à six mois de suspension. La veille, il avait obtenu l'acquittement de Voyer d'Argenson, appelé à répondre à une accusation d'excitation à la guerre civile, que le ministère public avait cru reconnaître dans une brochure intitulée : *Boutade d'un riche à sentiments populaires*. De toutes ses plaidoiries, c'était celle que Michel estimait la meilleure. Enfin, lors du procès des accusés d'avril 1834 devant la cour des pairs, s'étant déclaré avec M. Trélat, par une lettre rendue publique, l'auteur et le publicateur de la *Lettre aux prisonniers d'avril*, portant la signature de 91 défenseurs, et dénoncée à la Chambre haute par M. de Montebello, il s'entendit condamner à un mois de prison et 11,000 fr. d'amende. A l'expiration de sa peine, il se retira à Bourges, et fut nommé membre du conseil général du Cher. Il avait fait déjà, d'autre part, plusieurs tentatives infructueuses pour entrer à la Chambre, et avait échoué le 5 juillet 1831, dans le 2e collège du Cher (Bourges), avec 76 voix contre 94 à l'élu, M. de La Rochefoucauld ; et le 21 juin 1834, dans le même collège, avec 75 voix contre 96 à M. de La Rochefoucauld, réélu. Il se représenta encore le 4 novembre 1837, et n'obtint que 100 suffrages contre 135 au même concurrent. Mais le parti libéral du 1er collège des Deux-Sèvres (Niort) fit, le même jour, triompher sa candidature, avec 285 voix (545 votants, 726 inscrits), contre 254 à M. F. David. Michel de Bourges s'effaça à la Chambre, où il appartint à la gauche dynastique ; il y parla, plus en avocat qu'en homme d'État, dans une question de propriété à propos de mines. « Il n'a trouvé que rarement, écrit un biographe parlementaire, l'occasion d'apporter au service de l'opposition radicale la puissance de cette mâle éloquence dont il a donné tant de preuves ailleurs. » Il entra dans la coalition contre le ministère Molé, et ne fut pas réélu député des Deux-Sèvres, ayant échoué, le 2 mars 1839, avec 243 voix contre 310 à M. Arnaudet, élu, puis le 9 juillet 1842, avec 268 voix contre 342 à M. David. Au surplus, Michel semblait, dans les dernières années du règne de Louis-Philippe, s'être de plus en plus rapproché du pouvoir, et, à la veille de la révolution de février 1848, il avait même accepté de plaider à Nevers pour le préfet de la Nièvre poursuivant civilement des réparations contre un publiciste démocrate, M. Ulysse Pic, lorsque la chute du trône de Louis-Philippe fit de lui le commissaire général du gouvernement provisoire dans le département du Cher. Ledru-Rollin l'avait nommé, ignorant encore son évolution toute récente. Mais, en ayant été informé par George Sand, il révoqua au bout de quel-

ques semaines Michel, qui avait maintenu à leur poste la plupart des fonctionnaires et notamment les maires du régime précédent, et désigna pour le remplacer Félix Pyat avec des pouvoirs illimités. Porté, par les républicains modérés, à l'Assemblée législative, Michel fut élu, le 13 mai 1849, dans le Cher, par 33,617 voix (61,469 votants, 82,313 inscrits). Élu en même temps représentant de la Haute-Vienne, il opta pour le Cher, et prit place sur les bancs de la Montagne, dont il fut un des principaux orateurs et qui le porta plusieurs fois à la vice-présidence de l'Assemblée. Il vota *contre* l'expédition de Rome, *contre* la loi Falloux-Parieu sur l'enseignement, *contre* la loi du 31 mai contre le suffrage universel, et ne fut pas compris dans les poursuites de l'affaire du 13 juin 1849, mais assista les accusés, comme défenseur, devant la haute cour de Versailles. On remarqua particulièrement son discours sur la révision de la Constitution, ainsi que celui qu'il prononça le 13 novembre 1851, contre la loi du 31 mai. Lors de la discussion de la proposition dite des questeurs, tendant à mettre l'armée à la disposition de la Chambre, il repoussa cette proposition : « Il s'agit, dit-il, de périls théoriques. Savez-vous quand vous les avez découverts ? Vous les avez découverts le 4 novembre quand on a retiré la loi du 31 mai : voilà le péril. Le péril c'est que la monarchie est menacée, c'est que la République commence à être inaugurée. Vous avez peur de Napoléon Bonaparte et vous voulez vous sauver par l'armée. L'armée est à nous, pour nous, quoi que vous fassiez, si le pouvoir militaire tombait dans vos mains, de faire un choix qui fasse qu'aucun soldat vienne ici pour vous contre le peuple. » Il croyait que la proposition d'abrogation de la loi du 31 mai était une avance faite par le prince-président à la gauche démocratique, et, peu de jours avant le coup d'État, il répétait à tout venant en parlant du prince : « C'est mon homme ! » Il en voulait aux républicains de leur opposition systématique à l'Élysée, et un jour il disait à un journaliste en lui montrant le sommet de la gauche : « Qui sait ce qui va descendre aujourd'hui de ce Sinaï de la démence ? » Il protesta d'ailleurs contre l'acte du 2 décembre, et fut, avec Victor Hugo, Jules Favre et d'autres, membre du comité de résistance qui tenta de soulever le peuple de Paris. Mais le gouvernement, qui le redoutait peu, ne l'inquiéta pas. « Je déjeunais habituellement à Bruxelles, a écrit Victor Hugo (*Histoire d'un crime*), dans un café appelé le café des Mille Colonnes que fréquentaient les proscrits. Le 19 janvier, j'avais invité à déjeuner Michel de Bourges, et nous étions assis à la même table. Le garçon m'apporta le *Moniteur français* ; j'y jetai un coup d'œil. —Ah ! dis-je, c'est la liste de proscription. Je la parcourus du regard, et je dis à Michel de Bourges : — J'ai à vous annoncer une mauvaise nouvelle. — Michel de Bourges devint pâle. J'ajoutai : — Vous n'êtes pas sur la liste. — Son visage rayonna. » Michel avait une autre faiblesse : c'était sa passion pour le jeu. Il passa les dernières années de sa vie à Montpellier, où il mourut en 1853.

MICHEL (DÉSIRÉ-ANSELME), représentant du peuple en 1848, né à Dinan (Côtes-du-Nord) le 22 mai 1793, mort à Dinan le 17 mai 1850, était entrepreneur de travaux publics à Dinan, conseiller municipal, commandant de la garde nationale, et connu pour ses opinions libérales et pour l'intérêt qu'il portait aux classes laborieuses, lorsqu'il fut élu, le 23 avril 1848, représentant des Côtes-du-Nord à l'Assemblée constituante, le 1er sur 16, par 110,045 voix (141,377 votants, 167,673 inscrits). Il fit partie du comité des travaux publics, et vota *pour* le bannissement de la famille d'Orléans, *pour* les poursuites contre L. Blanc et Caussidière, *contre* l'abolition de la peine de mort, *contre* l'impôt progressif, *contre* l'incompatibilité des fonctions, *contre* la sanction de la Constitution par le peuple, *pour* l'ensemble de la Constitution, *contre* la proposition Rateau, *pour* l'interdiction des clubs, *contre* la demande de mise en accusation du président et des ministres. Non réélu à la Législative, il quitta la vie politique.

MICHEL (JOSEPH-EUGÈNE), représentant en 1871, sénateur de 1876 à 1885, né à Seyne (Basses-Alpes) le 23 juillet 1821, mort à Digne (Basses-Alpes) le 13 mars 1885, fit son droit et se fit inscrire au barreau de Digne. Sans antécédents politiques, il fut élu, le 8 février 1871, représentant des Basses-Alpes à l'Assemblée nationale, le 1er sur 3, par 15,906 voix (25,739 votants, 43,511 inscrits). Il prit place au centre gauche, dont il se sépara quelquefois, fut membre du groupe Lavergne, et vota *pour* la paix, *contre* l'abrogation des lois d'exil, s'abstint sur la pétition des évêques et sur la démission de Thiers, et se prononça *pour* le septennat, *pour* le ministère de Broglie, *pour* l'amendement Wallon, *pour* les lois constitutionnelles. Membre du conseil général pour le canton de Seyne et président de ce conseil, il fut élu, le 30 janvier 1876, sénateur des Basses-Alpes, par 196 voix (326 votants). Il siégea au groupe constitutionnel qui vota souvent avec la droite, se prononça *pour* la dissolution de la Chambre des députés demandée par le ministère de Broglie; mais, après l'échec du 16 mai, il devint l'adversaire des essais de résistance du cabinet du 16 mai. En juillet 1883, il combattit l'article 7 du projet de réforme de la magistrature portant suppression d'un certain nombre de tribunaux. Il échoua au renouvellement triennal du Sénat, le 6 janvier 1885, avec 151 voix sur 439 votants.

MICHEL (ALFRED), député depuis 1885, né à Saint-Hippolyte (Gard) le 7 mars 1848, était représentant de commerce; il devint conseiller municipal de Carpentras en 1873, adjoint au maire en 1881, maire en 1886, fut toujours mêlé activement aux agitations électorales de son arrondissement, et s'occupa beaucoup des questions d'enseignement. Inscrit, le 4 octobre 1885, sur la liste républicaine radicale de Vaucluse, il fut élu, le 3e sur 4, par 33,247 voix (62,052 votants, 77,730 inscrits), et alla prendre place à l'extrême-gauche. Il vota avec les radicaux *contre* les ministères Rouvier et Tirard, et, lorsque la députation de Vaucluse se partagea en deux camps sur la question boulangiste, M. Michel refusa, de même que M. J. Gaillard, de suivre MM. Laguerre et Saint-Martin dans leur évolution. Il fit partie de la commission des sucres, de la commission de revision de la loi électorale, vota l'expulsion des princes, soutint le ministère Floquet, et se prononça, dans la dernière session, *pour* le rétablissement du scrutin d'arrondissement (11 février 1889), *contre* l'ajournement indéfini de la revision de la Constitution, *pour* le projet de loi Lisbonne restrictif de la liberté de la presse; il était absent par congé lors du scrutin sur les poursuites contre trois députés membres de la Ligue des patriotes, et s'abstint sur les poursuites contre le général Boulanger.

MICHEL. — *Voy.* PUIZARD (DE).

MICHEL DE LA MORVONNAIS (FRANÇOIS-JULIEN), député en 1791, né à Pleudihen (Côtes-du-Nord) le 24 octobre 1754, mort à Saint-Malo (Ille-et-Vilaine) le 20 mai 1815, homme de loi dans cette ville avant la Révolution, y fut nommé procureur-syndic en 1790, et, le 1er septembre 1791, fut envoyé, comme député d'Ille-et-Vilaine à l'Assemblée législative, le 10e et dernier, à la pluralité des voix. Son nom ne figure pas au *Moniteur*.

MICHEL DE SAINT-ALBIN (JOSEPH-LOUIS-ALBIN, BARON), député de 1827 à 1830, né à Lyon (Rhône) le 18 avril 1784, mort à Passy (Seine) le 4 mars 1858, était receveur général à Metz, lorsqu'il fut élu, le 17 novembre 1827, député du 4e arrondissement électoral de la Moselle (Sarreguemines), par 71 voix (105 votants, 132 inscrits), contre 34 voix au baron Sémellé. Il siégea silencieusement dans la majorité ministérielle, et échoua aux élections générales du 23 juin 1830, dans le même arrondissement, avec 58 voix contre 68 à l'élu, M. Paixhans. Il ne rentra plus dans la vie politique.

MICHELET DE ROCHEMONT (FRANÇOIS-LAURENT, CHEVALIER), député au Corps législatif de l'an XI à 1815, né à Charlieu (Loire) le 15 novembre 1756, mort le 6 décembre 1828, « fils de M. François-Laurent Michelet, négociant à Charlieu, et de dame Jeanne Haguenau », fut reçu avocat au parlement de Paris. Subdélégué de M. de Flesselles, puis subdélégué de M. Terray intendant de la généralité du Lyonnais, il remplit encore, sous l'ancien régime, les fonctions de commissaire du roi aux États particuliers du Mâconnais (1787). Suspect sous le régime révolutionnaire, il fut arrêté et détenu en 1793. Mais il se vit bientôt appelé aux postes d'administrateur de la Loire, de président de canton, de conseiller de préfecture. Le 9 thermidor an XI, le Sénat conservateur le désigna pour représenter au Corps législatif le département de la Loire. Son mandat lui ayant été renouvelé le 28 septembre 1808, Michelet de Rochemont siégea jusqu'en 1815. Il s'était rallié à la déchéance de Napoléon, qui l'avait fait chevalier de l'Empire le 11 juillet 1810.

MICHELET DE VILLEMONTEIL (LOUIS-LÉONARD), député de 1815 à 1822, né à Chavanat (Creuse) le 25 janvier 1761, mort à Guéret (Creuse) le 30 décembre 1823, « fils de monsieur François Michelet de Villemonteil, et de demoiselle Anne Tixier », homme de loi avant la Révolution, devint successivement administrateur du département, et, le 14 germinal an VIII, conseiller de préfecture. Élu, le 22 août 1815, député du grand collège de la Creuse, par 98 voix (153 votants, 204 inscrits), il fit partie de la majorité de la Chambre introuvable, demanda (28 octobre 1815), dans la discussion de la loi sur les cris séditieux, que les prévenus, acquittés en cour d'assises, passassent en police correctionnelle, et combattit les amendements à la loi d'amnistie. Réélu, le 4 octobre 1816, par 84 voix (139 votants, 190 inscrits), contre 61 voix à M. Gerbaud, il reprit sa place au côté droit et vota presque toujours avec le parti ultra, jusqu'au renouvellement quinquennal de 1822, date à laquelle il quitta la vie politique; il mourut l'année suivante.

MICHELIN (Joseph-Henri), député de 1885 à 1889, né à Paris le 3 mai 1847, étudia le droit, fut reçu à Paris licencié, puis docteur, et se consacra à l'enseignement libre du droit. Républicain, il soutint, aux élections législatives de 1869, la candidature de d'Alton-Shée contre celles de Thiers et de Dewinck, et mena une vive campagne contre le plébiscite de 1870. Pendant la guerre, il fit partie de la garde mobile. Adjoint au maire, puis maire (1881-1882) du 7ᵉ arrondissement de Paris, M. H. Michelin se présenta, avec le programme radical-socialiste, aux élections municipales dans le quartier de la Folie-Méricourt, qui le choisit pour conseiller le 2 juillet 1882; il obtint sa réélection le 4 mai 1884; quatre fois secrétaire du conseil municipal, deux fois vice-président, il en fut nommé président le 20 mai 1884. Il avait pris une part très active aux travaux de l'assemblée communale, avait présenté un grand nombre de rapports au nom de la commission du budget et de celle de l'assistance publique, présidé la commission du travail, et pris l'initiative de plusieurs motions radicales et autonomistes. M. Michelin fut délégué au Congrès de la Haye (1884), puis à Londres (visite aux hôpitaux (1885), et à Bruxelles, au congrès d'hygiène (même année). Il se trouva mêlé à la constitution et aux opérations du « comité central » qui arrêta un programme et dressa une liste de candidats intransigeants pour les élections législatives d'octobre 1885, puis le département de la Seine, fut lui-même au nombre des candidats présentés par ce comité, et, soutenu par la presse radicale, fut élu, au second tour de scrutin, le 18 octobre, député de la Seine, le 28ᵉ sur 34, par 283,195 voix (415.886 votants, 564,338 inscrits). Il prit place à l'extrême-gauche de la Chambre, dans le groupe intransigeant, se prononça contre les ministères opportunistes de MM. Rouvier et Tirard, demanda (février 1886) une enquête sur les origines et les responsabilités de l'expédition du Tonkin (rejetée par 254 voix contre 149); interpella (avril 1886) sur la grève de Decazeville; réclama (juillet 1886) l'abolition du Concordat; proposa (décembre) au cours de la longue crise ministérielle, la réunion du Congrès à Versailles pour reviser la Constitution, reprocha (mai 1887) au nouveau cabinet Rouvier de diviser la gauche, et reprit (octobre 1887) l'amendement Daynaud réclamant la conversion de la rente 4 0/0. Partisan de la revision de la Constitution, M. Michelin donna son adhésion au parti boulangiste. Il fit partie du « comité républicain national », s'associa à la plupart des actes des directeurs du parti, et le quitta un moment, pour y rentrer presque aussitôt. A la fin de la législature, il s'est abstenu sur le rétablissement du scrutin d'arrondissement (11 février 1889), et s'est prononcé *contre* l'ajournement indéfini de la revision de la Constitution, *contre* les poursuites contre trois députés membres de la Ligue des patriotes, *contre* le projet de loi Lisbonne restrictif de la liberté de la presse, *contre* les poursuites contre le général Boulanger. M. Michelin a dirigé en 1886, à Paris, un journal politique quotidien : l'*Action*, avec M. Alph. Humbert pour rédacteur en chef.

MICHELON (Gilbert), député en 1789, né à Montmarault (Allier) le 30 août 1740, mort à Montmarault le 4 février 1897, était procureur du roi à Montmarault, quand il fut élu, le 25 mars 1789, député du tiers aux Etats-Généraux par la sénéchaussée de Moulins, avec 123 voix (213 votants). Le *Moniteur* dit seulement lui qu'il fit insérer au procès-verbal un acte de civisme de Joly.

MICHELON DU MASBAREAU (Léonard), député en 1791, dates de naissance et de mort inconnues, procureur-syndic du district de Saint-Léonard, fut élu, le 31 août 1791, député de la Haute-Vienne à l'Assemblée législative le 6ᵉ sur 7, à la pluralité des voix. Son nom ne figure pas au *Moniteur*.

MICHET (Antoine), membre de la Convention, né à Villefranche (Rhône) le 7 mai 1746, mort à Villefranche le 4 avril 1809, homme de loi avant la Révolution, devint (1791) juge au tribunal de Villefranche, et fut élu, le 7 septembre 1792, député du département de Rhône-et-Loire à la Convention, le 9ᵉ sur 15, par 522 voix (847 votants). Dans le procès de Louis XVI, il opina pour l'appel au peuple et pour la détention. Au 2ᵉ appel nominal il répondit : « S'il existait une loi qui pût être appliquée à Louis XVI, la Convention nationale ne s'occuperait pas de la faire; c'est le silence de la loi, ou plutôt le défaut de la loi, qui limite les pouvoirs qui nous ont été transmis; ces pouvoirs sont très illimités; mais, dans tout ce qui n'est pas fondé sur une loi existante, il faut la sanction du peuple; le peuple ne jugera pas, mais s'expliquera pour savoir si les pouvoirs qu'il nous a transmis nous autorisaient à aller jusqu'au jugement de Louis. Il ne peut y avoir d'inconvénients; et si vous en trouviez ce même prétexte irait attaquer dans toutes les circonstances la souveraineté du peuple; ainsi je dis *oui*. » Au 3ᵉ appel nominal : « J'ai déclaré que Louis m'a paru coupable de crime de conspiration et de trahison.

« J'ai voté pour que le décret qui statuera sur son sort fût soumis à la ratification du peuple parce qu'il n'est aucune loi écrite qui ne m'ait paru muette à son sujet, et parce que, si les crimes dont il est déclaré coupable peuvent être déterminer une condamnation à mort, des raisons d'Etat et de bien public peuvent exiger la détention.

« Obligé de m'expliquer définitivement, je vote pour la détention à perpétuité. »

Modéré, il soutint les Girondins, fut décrété d'arrestation avec 72 de ses collègues, et fut réintégré à l'assemblée le 18 frimaire an III. Après la session, il se retira à Villefranche où il mourut.

MICHIELS (Joseph), député au Conseil des Anciens, à une date inconnue, mort à Maëstricht (Hollande) le 16 février 1812, fut, en 1792, accusateur public près le tribunal criminel de Maëstricht, et élu, le 23 germinal an VI, député au Conseil des Anciens par le département de la Meuse-Inférieure. Il y prononça un discours sur la réunion de la Belgique à la France dont l'assemblée vota l'impression, devint secrétaire en l'an VII, proposa de célébrer les victoires de nos armées à Rome et de déclarer que l'armée batave avait bien mérité de la patrie. Rallié au 18 brumaire, il fut nommé, le 16 messidor an VIII, commissaire près le tribunal criminel de Maëstricht, et, le 25 prairial an XII, membre de la Légion d'honneur.

MICHON. — *Voy.* Dumarais.

MICHON. — *Voy.* Vougy (de).

MICHOT-BOUTET (Jules-François), représentant en 1848 et en 1849, né à Saint-Sauveur Yonne) le 18 décembre 1815, d'une famille peu aisée, fit son service militaire, quitta l'armée comme brigadier de lanciers, et se fixa comme ouvrier-menuisier à Gien. Républicain, il fut élu, le 23 avril 1848, représentant du Loiret à l'Assemblée constituante, le 7e sur 8, par 36,758 voix (73,249 votants, 88,000 inscrits); il prit place à gauche, fit partie du comité du travail, et vota *contre* le rétablissement du cautionnement et de la contrainte par corps, *contre* les poursuites contre Louis Blanc et Caussidière, *pour* l'amendement Grévy, *pour* l'abolition du remplacement militaire, *pour* l'ensemble de la Constitution, *pour* l'ordre du jour en l'honneur de Cavaignac, *contre* la proposition Rateau, *pour* l'amnistie, *contre* l'interdiction des clubs, *contre* l'expédition de Rome, *pour* l'abolition de l'impôt des boissons. Réélu, le 13 mai 1849, représentant du même département à la Législative, le 7e et dernier, par 27,309 voix (65,037 votants, 92,006 inscrits), il siégea à la Montagne, avec laquelle il se prononça *contre* le siège de Rome, *contre* la loi Falloux-Parieu sur l'enseignement, *contre* la loi restrictive du suffrage universel, et *contre* la politique du coup d'État, qui mit fin à sa carrière politique.

MICHOU (Casimir-Laurent, député depuis 1881, né à Tonnerre (Yonne) le 29 décembre 1824, remplit les fonctions d'instituteur jusqu'au coup d'État de 1851. Il donna alors sa démission, étudia la médecine à Paris, fut interne des hôpitaux, docteur en 1860, et s'établit à Essoyes (Aube), dont il devint conseiller municipal. Candidat républicain aux élections législatives de 1881 dans l'arrondissement de Bar-sur-Seine, au second tour, le 21 août, 5,949 suffrages, et fut élu au scrutin de ballottage (4 septembre), par 7,756 voix (12,326 votants, 15,236 inscrits), contre 4,321 à M. Ferlet, républicain. M. Michou fut un des instigateurs du groupe de la gauche radicale qu'il abandonna, la trouvant trop avancé; il resta indépendant tout en votant avec l'Union républicaine, et soutint la politique opportuniste des ministères Gambetta et J. Ferry. Il parla dans la discussion de la proposition de loi tendant à accorder des secours aux familles nécessiteuses des soldats de la réserve et de la territoriale, dans celle du projet d'organisation municipale, sur le régime des boissons. Porté, le 4 octobre 1885, sur la liste républicaine opportuniste de l'Aube, il fut réélu, au second tour, le 18 octobre, le 3e sur 4, par 39,755 voix (66,086 votants, 78,207 inscrits). M. Michou reprit sa place dans la majorité, donna son avis sur les projets relatifs aux familles ayant régné en France, sur les questions d'enseignement primaire et sur le budget de l'instruction publique. Il vota pour les cabinets Rouvier et Tirard et, en dernier lieu, *pour* le rétablissement du scrutin d'arrondissement (11 février 1889), *contre* l'ajournement indéfini de la révision de la Constitution, *pour* les poursuites contre trois députés membres de la Ligue des patriotes, *pour* le projet de loi Lisbonne restrictif de la liberté de la presse, *pour* les poursuites contre le général Boulanger.

MICHOUD (Jean-Claude-Luc), député en 1791, né à Brangues (Isère) le 6 octobre 1752, mort à Brangues le 4 mai 1825, négociant dans sa ville natale et maire en 1790, embrassa la cause de la Révolution, et devint administrateur du département de l'Isère. Élu, le 1er septembre 1791, député de l'Isère à l'Assemblée législative, le 8e sur 9, par 359 voix (502 votants), il s'y prononça contre l'admission des soldats révoltés de Châteauvieux aux honneurs de la séance (9 avril 1792), et s'opposa à la mise en accusation de La Fayette (8 août 1792). Après la session, il occupa les fonctions de juge de paix à Morestel et de conseiller général du département de l'Isère. En 1808, il fut nommé conseiller auditeur à la cour impériale de Grenoble, et, en 1811, conseiller titulaire.

MICHOUD (Jean-Claude-Luc), député de 1827 à 1828, né à Brangues (Isère) le 23 septembre 1781, mort à Brangues le 13 mars 1828, fils du précédent, fit sa carrière dans la magistrature. Conseiller à la cour de Grenoble, il présida notamment la cour d'assises de la Drôme, où furent jugés quelques fauteurs de la terreur blanche dans le Midi, et demanda énergiquement leur condamnation : « N'oubliez pas, messieurs les jurés, dit-il dans son résumé, que, sous quelque bannière qu'il soit, le crime doit être puni. » Il fut élu, le 16 novembre 1827, député du 3e arrondissement électoral de l'Isère (Crémieux), par 110 voix (213 votants, 245 inscrits), contre 101 à M. Emmanuel de Quinsonas. Il prit place au centre gauche, et mourut peu après l'ouverture de la session. Il fut remplacé, le 8 mai 1828, par M. de Césarges.

MIE (Louis-Augustin), représentant en 1848 et en 1849, né à Périgueux (Dordogne) le 18 octobre 1801, mort à Saint-Mandé (Seine) le 18 décembre 1885, étudia le droit et se fit recevoir avocat. D'opinions démocratiques, il fut activement mêlé aux événements de 1830, ainsi qu'aux luttes des républicains contre la royauté de juillet. S'étant établi imprimeur à Paris, il mit ses presses à la disposition du *National*, du *Globe*, de la *Tribune*, et subit, sous Louis-Philippe, vingt-cinq procès en cours d'assises et cinq en police correctionnelle. Il fut ensuite impliqué dans le procès d'avril, et « cette dernière circonstance, écrit un biographe, bouleversa complétement sa position commerciale. » Il réussit à la relever, contribua à la propagande démocratique, et se présenta pour la première fois à la députation, le 1er août 1846, dans le 1er collège de la Dordogne (Périgueux), où il obtint 166 voix contre 219 à l'élu, M. Magne. Mais, après la révolution de février, M. Aug. Mie fut élu (le 4 juin, en remplacement de M. de Latrade) représentant de la Dordogne à l'Assemblée constituante, par 17,385 voix (53,024 votants, 141,397 inscrits). Il fit partie du comité des finances, et vota avec la gauche, *contre* le rétablissement du cautionnement et de la contrainte par corps, *contre* les poursuites contre Louis Blanc et Caussidière, *pour* l'abolition de la peine de mort, *pour* l'amendement Grévy, *pour* le droit au travail, *pour* l'ensemble de la Constitution, *contre* la proposition Rateau, *pour* l'amnistie, *contre* les crédits de l'expédition romaine, *pour* la mise en accusation du président et de ses ministres, *pour* l'abolition de l'impôt des boissons. Réélu, le 13 mai 1849, représentant de la Dordogne à l'Assemblée législative, le 4e sur 10, par 61,110 voix (105,677 votants, 145,779 inscrits), il reprit sa place à gauche, dans les rangs de la minorité, avec laquelle il vota constamment contre le gouvernement présidentiel et contre la politique du coup d'État. Rentré dans la vie privée sous l'Empire, il resta fidèle à ses convictions républicaines, et fut, le 1er juin 1863, candidat de l'opposition radicale au Corps législatif dans la 1re circonscription de la Dordogne : il y obtint 1,129 voix contre 14.570 à l'élu officiel, M. Paul Dupont, 4,690 à M. Bugeaud, 3,047 à M. Maigne, 2,695 à M. Prévost Paradol et 347 à M. de Valbrune. M. Aug. Mie fit une nouvelle tentative, le 8 février 1871, et réunit dans la Dordogne 17,963 voix républicaines sur 97,443 votants. Il se retira ensuite à Saint-Mandé, où il mourut.

MIE (JEAN-BAPTISTE-LOUIS-PHILIPPE), député en 1877, fils du précédent, né à Tulle (Corrèze) le 28 février 1831, mort le 31 octobre 1877, fut élevé par son père dans des principes démocratiques, fit ses études à Périgueux, puis à Angoulême, suivit les cours de l'école de droit de Poitiers, y fonda un cercle républicain d'étudiants (1849), et se fit recevoir licencié. Au commencement de 1853, il s'inscrivit comme avocat au barreau de Périgueux, s'occupa activement de politique, et s'efforça de reconstituer dans cette ville le parti républicain. Plusieurs fois, sous l'Empire, la candidature lui fut offerte par l'opposition démocratique, mais il la déclina, s'effaçant devant son aîné, l'ancien représentant, M. Chavoix. En 1863, il prononça au congrès de Lausanne un discours sur la formation des États-Unis d'Europe. De retour à Périgueux, il reprit son œuvre de propagande : voyages, discours, plaidoyers, brochures, tout lui servit pour combattre le régime impérial. Après la révolution du 4 septembre 1870, M. Louis Mie fonda un journal démocratique radical, la *République de la Dordogne*, et se rendit à Tours, où il organisa une garde civique, chargée de protéger le gouvernement. Au mois de décembre, il eut à défendre des journaux un des principaux accusés du crime de Hautefaye, dont avait été victime M. de Moneys, et il saisit cette occasion pour faire avec vigueur le procès de l'Empire. Pendant la Commune, il fut délégué à Paris pour essayer de mettre un terme à la guerre civile; le 8 octobre 1871, les électeurs de Périgueux le nommèrent membre du conseil général. Sa réputation d'orateur et d'avocat politique ayant grandi, il fut appelé, sur divers points de la France, à plaider pour les républicains poursuivis: il présenta notamment la défense des journaux le *Républicain de l'Aveyron*, la *Tribune* de Bordeaux, la *République républicaine* de Lyon, le *Réveil de Lot-et-Garonne*, etc. En 1873, l'inauguration de la statue de Daumesnil à Vincennes et à Périgueux lui fournit encore le thème de deux discours. Après avoir, à plusieurs reprises, refusé la candidature au Corps législatif et à l'Assemblée nationale, il l'accepta aux élections de 1876, mais il ne réunit, le 5 mars, au second tour de scrutin, comme radical, dans la 2e circonscription de Bordeaux, que 4,907 voix contre 7,745 à l'élu, M. Sansas, modéré. Il fut plus heureux après la mort de ce dernier, et fut appelé à lui succéder, le 27 mars 1877, par 7,271 voix (13,717 votants, 24,530 inscrits), contre 6,128 à M. Caduc, opportuniste. Il siégea à l'extrême gauche de la Chambre, et fut des 363. Réélu, le 18 octobre 1877, par 13,580 voix (16,909 votants, 24,544 inscrits), contre 3,241 à M. Taudonnet, il mourut avant d'avoir pu reprendre son siège au parlement, des suites d'une maladie de poitrine. Le 27 janvier 1878, M. Cadac le remplaça comme député. M. Louis Mie, déjà souffrant, avait quitté le barreau en 1874, en expliquant, dans une brochure intitulée: *Tu ne défendras plus*, les raisons de sa détermination. Outre ses plai-

doyers, ses discours et de nombreux articles de journaux, on lui doit encore divers écrits parmi lesquels: la *Franc-maçonnerie et l'évêque de Périgueux* (1869); *Le soldat sait mourir; Le peuple doit payer* (1869); *La République par la loi* (1870), etc.

MIEULLE (JOSEPH-FRANÇOIS DE), député au Conseil des Cinq-Cents, de 1822 à 1827 et en 1830, né à Sisteron (Basses-Alpes) le 18 mars 1769, mort à Angers (Maine-et-Loire) le 2 février 1840, exerçait la profession d'avocat dans sa ville natale, quand il fut élu, le 21 germinal an V, député des Basses-Alpes au Conseil des Cinq-Cents, par 115 voix (154 votants). Il ne s'y fit pas remarquer, se rallia au 18 brumaire, puis à l'empire, et devint receveur général des Alpes-Maritimes. La Restauration lui enleva ces fonctions, puis le renomma quelque temps après receveur général des finances du département de Maine-et-Loire. Il était encore à ce poste quand il fut élu député du grand-collège des Basses-Alpes, le 13 novembre 1822, par 112 voix (152 votants, 233 inscrits). Réélu, le 25 février 1824, par 119 voix (158 votants, 206 inscrits), il fut un des fidèles du pouvoir, et appuya de son vote silencieux toutes les propositions ministérielles. Président du collège électoral des Basses-Alpes, il échoua aux élections de 1827; mais il fut réélu, le 23 juin 1830, par 92 voix (171 votants, 194 inscrits). Cette élection ayant été invalidée, M. de Mieulle fut remplacé, le 28 octobre suivant, par M. Gravier.

MIGEON (JEAN-BAPTISTE), député de 1827 à 1831, né à Braux (Ardennes) le 15 octobre 1768, mort à Paris le 28 décembre 1845, maître de forges et maire de Mézières, se présenta à la députation, le 17 novembre 1827, dans le 3e arrondissement électoral du Haut-Rhin (Belfort), où il échoua avec 44 voix contre 56 au député sortant, M. Haas. Mais huit jours après, le 24 novembre, il fut élu député du grand collège du Haut-Rhin, par 103 voix (140 votants, 159 inscrits). Il prit place dans les rangs de l'opposition constitutionnelle, et vota l'Adresse des 221 contre le ministère de Polignac. Réélu, le 23 juin 1830, dans l'arrondissement électoral de Belfort, par 80 voix (130 votants, 137 inscrits), contre 17 voix à M. Haas, député sortant, il contribua à l'établissement de la monarchie de juillet, et quitta la vie politique aux élections de 1831.

MIGEON (JULES), représentant en 1850, député au Corps législatif de 1852 à 1859, né à Mézière (Haut-Rhin), le 7 février 1815, mort à Zug (Suisse) le 26 mars 1868, termina à Paris ses études classiques, commencées dans son pays natal. En 1844, il débuta dans la littérature par quelques nouvelles données au journal le *Pionnier*, puis il publia un roman intitulé: *Louise*. Ensuite, il se fit connaître par des travaux d'histoire et d'économie politique: *La France et ses institutions* (1846). Publiciste conservateur, M. J. Migeon fut porté, par les monarchistes du Haut-Rhin, candidat à l'Assemblée législative, lors de l'élection partielle du 10 mars 1850, motivée par la déchéance de trois représentants du Haut-Rhin, condamnés pour l'affaire du 13 juin. Il fut élu représentant, le 3e et dernier, par 43,763 voix (89,791 votants, 121,053 inscrits), prit place à droite, dans les rangs de la majorité, et appuya le gouvernement de l'Élysée. Après le coup d'État, il obtint le patronage officiel, et fut envoyé, le 29 février

1852, au Corps légi latif par la 3e circonscription du Haut-Rhin, avec 25,846 voix (27,429 votants, 37,294 inscrits). Là encore, il appartient à la majorité, s'associa au rétablissement de l'Empire, et opina d'abord avec la droite dynastique. Mais ayant perdu l'appui de l'administration aux élections du 22 juin 1857, ce fut contre elle qu'il engagea la lutte et qu'il se fit réélire par 17,025 voix (27,862 votants, 35,963 inscrits), contre 10,596 à M. Nizole, avocat à Belfort. Le gouvernement ordonna sur cette élection une enquête administrative et judiciaire. On accumula contre M. Migeon un grand nombre d'accusations: fausses nouvelles, fausses promesses d'emplois, atteinte à la considération des fonctionnaires, usurpation du titre de comte, port illégal de la Légion d'honneur. Il fut poursuivi devant le tribunal correctionnel de Colmar et condamné à deux mois de prison. Il donna alors sa démission de député, se représenta et obtint la confirmation de son mandat législatif, le 16 mai 1858, par 16,020 voix (30,794 votants, 36,759 inscrits), contre 14,592 à M. Keller. Cette nouvelle élection fut annulée par la Chambre, et, le 26 mars 1859, M. Migeon, qui s'était représenté encore devant ses électeurs, ne réunit plus que 10,978 voix contre 18,509 à M. Keller, élu. Il fit une dernière tentative, également infructueuse, le 1er juin 1863: il recueillit alors 12.309 voix contre 13,829 à l'élu officiel, M. West. M. Migeon était conseiller général du Haut-Rhin et comte romain.

MIGNOT DE LA MARTINIÈRE (Julien), représentant à la Chambre des Cent-Jours, né à Machecoul (Loire-Inférieure) le 4 août 1769, mort à une date inconnue, négociant à Brest, fut élu, le 16 mai 1815, représentant de cet arrondissement à la Chambre des Cent-Jours, par 45 voix (72 votants, 131 inscrits). Il rentra dans la vie privée après la courte session de cette assemblée.

MILANGES (Claude-Amable-Joseph), député au Conseil des Cinq-Cents, né à Riom (Puy-de-Dôme) le 4 avril 1765, mort en 1814, « fils de François Milanges, conseiller du roi, lieutenant particulier à la sénéchaussée, et de dame Marie Mordefroid », embrassa les idées de la Révolution, et devint, en 1790, administrateur du district de Riom. Remplacé dans ces fonctions par Chapsal en 1792, il fut élu, le 23 germinal an V, député du Puy-de-Dôme au Conseil des Cinq-Cents, par 272 voix (297 votants). Son élection fut annulée au 18 fructidor comme entachée de royalisme. Rallié au 18 brumaire, il devint, le 5 germinal an XII, directeur des droits réunis à Mons, département de Jemmapes.

MILANOIS (Jean-Jacques-François), député en 1789, né à Lyon (Rhône) le 22 octobre 1749, exécuté à Lyon le 5 décembre 1793, ancien avocat du roi à la sénéchaussée de Lyon, fut élu, le 30 mars 1789, député du tiers aux Etats-Généraux par le bailliage de Lyon. Il fut adjoint au doyen des communes, prêta le serment du Jeu de paume, fit partie du comité de liquidation, et vota constamment avec la majorité en faveur des réformes. Mais, après la session, il chercha à entraver à Lyon le mouvement révolutionnaire, et, durant le siège de la ville en 1793, servit dans l'artillerie. Après le triomphe des troupes de la Convention, il fut traduit devant le tribunal révolutionnaire, condamné à mort et exécuté.

MILET DE MUREAU Louis-Marie-Antoine Destor (baron), député en 1789 et ministre, né à Toulon (Var) le 26 juin 1751, mort à Paris le 6 mai 1825, « fils de monsieur Jean-Denis-Raymond Milet, ingénieur ordinaire, capitaine réformé dans le régiment d'Auvergne, et de dame Claire-Françoise Brun », entra à 15 ans dans le service militaire du génie, et fut capitaine en 1779, puis chevalier de Saint-Louis. Elu, le 6 avril 1789, député suppléant de la noblesse aux Etats-Généraux par la sénéchaussée de Toulon, il fut admis à siéger, le 15 avril 1790, en remplacement de M. de La Poype de Vertrieux démissionnaire. Il fit partie des comités d'agriculture et des monnaies, vota plus d'une fois contre les réformes proposées par l'Assemblée, combattit l'organisation des états-majors, proposa de faire imprimer aux frais de la nation les manuscrits de La Pérouse, et parla (20 février 1791) sur la fabrication des monnaies avec le métal des cloches. Après la session, il reprit du service et, en 1792 et 1793, fut adjudant-général à l'armée d'Italie. Il coopéra, en cette qualité, à l'occupation de Nice, et revint ensuite à Paris pour veiller à la publication des papiers de La Pérouse, qui parurent sous le titre de: Voyage de La Pérouse autour du monde pendant les années 1785-1788 4 volumes, Paris, an V. Nommé général de brigade le 17 nivôse an IV, Milet de Mureau devint ensuite, avec l'appui de Barras, général de brigade (nivôse an IV), puis directeur de l'artillerie et du génie au département de la guerre, qu'il dirigea du reste, comme ministre, en remplacement de Schérer, du 3 nivôse au 14 messidor an VII. Le jour où il céda son portefeuille à Bernadotte, il reçut le grade de général de division. C'est à lui que Masséna dut de réorganiser son armée, et d'être à même de remporter la victoire de Zurich. Du 28 fructidor au 5e jour complémentaire de l'an VII, il fit l'intérim du ministère de la Guerre. Mis à la réforme au 18 brumaire, il sollicita en vain de faire partie de l'expédition de Saint-Domingue. Appelé aux fonctions de préfet de la Corrèze le 8 floréal an X, membre de la Légion d'honneur le 25 prairial an XII, créé chevalier de l'Empire le 2 juillet 1808, et baron le 18 juin 1809, il abandonna, l'année suivante, ses fonctions administratives, et vécut dans la retraite jusqu'à la première Restauration; la protection du duc d'Angoulême lui valut alors le poste de directeur du dépôt de la guerre. Mis à la retraite en 1816, en vertu de la loi sur la réorganisation de l'état-major, il obtint en échange, le 10 janvier 1816, de faire partie du conseil d'administration des Invalides.

MILHAU (Pierre), représentant à la Chambre des Cent-Jours, né à Caux (Hérault) le 12 novembre 1744, mort à une date inconnue, « fils de Pierre Milhau, régent du lieu de Caux, et d'Anne Fabre », appartint à la magistrature. Président du tribunal civil de Béziers, il fut élu, le 13 mai 1815, représentant de l'arrondissement de Béziers à la Chambre des Cent-Jours, par 42 voix (43 votants). Milhau n'appartint pas à d'autres législatures.

MILHAUD (Edouard-Jean-Baptiste, comte membre de la Convention, né à Arpajon (Cantal) le 18 novembre 1766, mort à Aurillac (Cantal) le 8 janvier 1833, fut reçu, en 1788, élève au corps du génie de la marine, et passa l'année suivante, sous-lieutenant au régiment des colonies. Il fut nommé, en 1791, commandant de la garde nationale d'Arpajon, et, le 3 septembre

1792, fut élu député du Cantal à la Convention, le 2e sur 8, par 232 voix (354 inscrits). Dans le procès du roi. il se prononça en ces termes *contre* l'appel au peuple et *pour la* mort : au 2e appel nominal : « On aurait dû écarter de nous toute idée de soumettre à la sanction du peuple le jugement du ci-devant roi. La souveraineté de la nature est au-dessus de la souveraineté du peuple ; les peuples n'ont pas le droit de faire grâce aux tyrans ; et quand même l'impunité de la tyrannie serait autorisée par une déclaration nationale, la nature conserverait à chaque citoyen le droit de Brutus. La voix pusillanime des tribunes ne serait pas entendue ; oser soutenir qu'une faction quelconque peut s'élever sur les débris du trône, c'est insulter à la souveraineté et à la majesté nationale, qui veut la république ou la mort ; oser recourir à la souveraineté du peuple pour le jugement d'un roi, c'est abuser de la souveraineté du peuple ; je suis donc d'avis d'écarter l'appel, et je dis *non.* » Au 3e appel nominal : « Je n'ose croire que de la vie ou de la mort d'un homme dépende le salut d'un État. Les considérations politiques disparaissent devant un peuple qui veut la liberté ou la mort. Si on nous fait la guerre, ce ne sera pas pour venger Louis, mais pour venger la royauté. Je le dis à regret, Louis ne peut expier ses forfaits que sur l'échafaud. Sans doute des législateurs philanthropes ne souillent point le code d'une nation par l'établissement de la peine de mort ; mais pour un tyran, si elle n'existait pas, il faudrait l'inventer. Je déclare que quiconque ne pense pas comme Caton n'est pas digne d'être républicain. Je condamne Louis à la mort ; je demande qu'il la subisse dans les vingt-quatre heures. » Envoyé aux armées des Ardennes et du Rhin, il fit exécuter les mesures ordonnées par les comités ; à son retour, il fut successivement employé dans les comités des secours, de sûreté générale, des finances et militaire. Membre du club des Jacobins, il y fit, le 19 décembre 1793, la motion d'expulser du sol de la patrie tous les contre-révolutionnaires. Il eut à sévir contre les administrateurs de la Meurthe, et prit également contre les « ari-tocrates » des Pyrénées-Orientales des décisions rigoureuses. Il transmit à la Convention les détails de la prise du fort Saint-Elme, de Port-Vendres et de Collioure. En mission dans l'Aude (en février 1794), il réquisitionna un jour les habitants pour décharger des fourrages militaires. N'ayant trouvé au travail « aucun muscadin ni aucune muscadine, » il imposa les riches de cent mille livres à payer de suite, sous peine de prison. De retour à Paris, il faillit être arrêté sur la proposition de Girard (de l'Aude), dans la journée du 12 germinal an III ; mais l'assemblée passa à l'ordre du jour. Cependant la majorité thermidorienne le poursuivit fréquemment de ses accusations : on lui reprochait notamment d'avoir écrit aux Jacobins qu'il rivalisait d'énergie avec Saint-Just et Lebas dans les départements du Rhin. Après la session, Milhaud reprit du service. Successivement capitaine au 14e régiment de chasseurs à cheval et chef d'escadron au 20e, il passa à l'armée d'Italie commandée par Bonaparte, et fut nommé, le 5 pluviôse an IV, chef de brigade au 5e dragons. Il se distingua dans plusieurs affaires, notamment à la Brenta, où il coupa la retraite à 3,000 Autrichiens, les força à déposer les armes, et s'empara de 8 pièces de canon, de 15 caissons et de 2 drapeaux. A Bassano, il culbuta un bataillon hongrois ; à Saint-Michel, à Saint-Martin, près de Vérone, il se

comporta vaillamment. On l'employa ensuite l'armée de réserve sous les ordres des généra en chef Hédouville et Brune. Favorable au co d'État de brumaire an VIII, Milhaud f nommé général de brigade le 15 nivôse suiva et reçut une mission diplomatique dans royaume de Naples et la Toscane. Peu apr il obtint le commandement de la ville de Ma toue, et, en 1803, celui de Gênes, qu'il quit en 1805 pour passer à la grande armée. donna de nouvelles preuves de ses talents m litaires dans la campagne de Prusse, et f promu, le 30 décembre 1806, général de divi sion. En 1808, étant en Espagne, il obtint croix de grand-officier de la Légion d'honne (il était commandeur de l'ordre depuis 25 prairial an XII), et le titre de comte l'Empire. Appelé en 1813 à l'armée d'Allemagn il se signala pendant la retraite à la tête de cavalerie du 14e corps, passa au 5e corps pen dant la campagne de France, et se battit br vement à Saint-Dizier, à Brienne et à Nang Ayant donné son adhésion à la première Re tauration, il fut nommé inspecteur général cavalerie (1814) dans la 14e division militair et chevalier de Saint-Louis. Il revint à Nap léon pendant les Cent-Jours, et assista à la b taille de Ligny, à la tête des grenadiers à ch val de la garde : c'est dans la belle charg qu'il exécuta que le général Blücher fut re versé de cheval et ne dut sa liberté qu'au h sard. Après le désastre de Waterloo, il se re tira avec l'armée derrière la Loire, et fut un d premiers à adresser sa soumission à Louis XVII Compris dans la loi d'exil du 12 janvier 181 il obtint du roi un sursis indéfini, confirm par l'ordonnance royale du 28 décembre 181 qui lui laissa ses pensions et son grade da la Légion d'honneur ; à la même date, cessa d'être sous la surveillance de la police Marié, en 1822, à une riche marchande de no veautés du Palais-Royal, il ne s'occupa plus politique, et mourut dans sa propriété d'Arp jou, près d'Aurillac, à 66 ans.

MILHET DE BELLE-ISLE (PIERRE), dépu en 1789, dates de naissance et de mort incon nues, avocat, fut élu, le 27 mars 1789, dépu du tiers aux États-Généraux par la sénéchaussé d'Agen. Son rôle parlementaire fut très effac

MILHET-FONTARABIE (JEAN), sénateur d 1882 à 1889, né à Eymet (Dordogne) le 22 novem bre 1828, mort à Paris le 5 juillet 1890, fut reç docteur et s'établit à la Réunion. Il fit parti du conseil général de cette colonie pour canton de Saint-Paul et en fut le vice-présiden Après la mort de M. Robinet de la Serve, séna teur de la Réunion, il se présenta à sa plac comme candidat républicain, et fut élu, 9 juillet 1882, membre du Sénat pour la colo nie, par 28 voix (50 votants), contre 14 à M. Du four-Brunet et 8 à M. Ruben de Couder M. Milhet-Fontarabie siégea à gauche et sou tint la politique opportuniste. Il vota notam ment *pour* le rétablissement du divorce, et parl sur la loi municipale, les crédits du Tonki dont il se déclara partisan, la loi des récidi vistes, les incompatibilités parlementaires, etc Réélu sénateur de l'île de la Réunion, le 1er mar 1885, par 89 voix (172 votants), contre 82 M. Drouhet, autre candidat républicain, il re prit sa place dans la majorité de la Chambr haute, et intervint plusieurs fois dans les dé bats parlementaires, sur les affaires de Mada gascar pour lesquelles il demanda (août 1884 une attitude plus énergique que celle adopté par le gouvernement, sur l'organisation des résidences, sur les services maritimes postaux, sur le budget des colonies : il vota, en dernier lieu, *pour* le rétablissement du scrutin d'arrondissement (13 février 1889), *pour* le projet de loi Lisbonne restrictif de la liberté de la presse, et s'abstint sur la procédure à suivre devant le Sénat contre le général Boulanger. Chevalier de la Légion d'honneur.

MILHOUX (Gabriel-Timothée), représentant du peuple en 1848, né à Genappe (Belgique) le 24 janvier 1798, mort à Chaumont (Haute-Marne) le 20 avril 1862, vint en 1811 se fixer à Chaumont avec sa famille. Il se fit naturaliser Français après les traités de 1815, fut reçu avocat en 1821, et se fit inscrire au barreau de Chaumont. Il s'occupa aussi de questions agricoles, et fut délégué au congrès de Paris, en 1846 et en 1847, par le comice agricole de Chaumont. Conseiller de préfecture de la la Haute-Marne en 1830, il donna sa démission six mois après, lorsque Dupont (de l'Eure) quitta le pouvoir. Commandant de la garde nationale de Chaumont en 1840, et républicain modéré, il fut élu, le 23 avril 1848, représentant de la Haute-Marne à l'Assemblée constituante, le 6e sur 7, par 30,084 voix (67,200 votants, 78,579 inscrits). Il fit partie du comité de l'agriculture, et vota en général avec la droite, *pour* le bannissement de la famille d'Orléans, *pour* les poursuites contre L. Blanc et Caussidière, *contre* l'abolition de la peine de mort, *contre* l'impôt progressif, *contre* l'incompatibilité des fonctions, *contre* l'amendement Grévy, *contre* la sanction de la Constitution par le peuple, *pour* l'ensemble de la Constitution, *pour* la proposition Rateau, *pour* l'interdiction des clubs, *pour* l'expédition de Rome, *contre* la demande de mise en accusation du président et des ministres. Il ne fut pas réélu à la Législative et quitta la vie politique.

MILLARD (Charles-Denis), membre de la Convention, né à Chalon-sur-Saône (Saône-et-Loire) le 7 avril 1754, mort à une date inconnue, « fils de Denis Millard, marchand-commissionnaire, et de Marguerite Lafonge », était officier municipal, conseiller général de Givry et commissaire du pouvoir exécutif près le tribunal criminel de Saône-et-Loire, lorsqu'il fut élu, le 9 septembre 1792, quatrième suppléant à la Convention par ce département. Admis à siéger le 16 vendémiaire an II, en remplacement de Claude Jacob qui, nommé receveur du district de Marcigny, avait quitté son siège le 16 septembre précédent, Ch. Millard fit partie du comité d'agriculture, présenta un rapport concluant à la suspension de l'exploitation des bois, et vota avec les plus avancés. En correspondance avec ses commettants, il fut accusé par les habitants de Chalon (messidor an II) d'avoir fait, dans ses lettres, « l'apologie des assassinats journaliers de la guillotine révolutionnaire ». Il disparut de la scène politique après la session.

MILLARD (Jean-Auguste), représentant du peuple en 1848, né à Troyes (Aube) le 1er janvier 1802, mort à Paris le 18 octobre 1884, succéda à son père comme négociant à Troyes et quitta le commerce en 1840. Sous la Restauration, il s'était fait remarquer par ses idées libérales ; il prit une part active aux événements de 1830, mais ne tarda pas à s'éloigner du nouveau gouvernement et combattit dans l'Aube la candidature de Casimir Périer. Fixé ensuite à Paris pour l'éducation de ses enfants, il se mêla à l'agitation réformiste, fut l'un des souscripteurs du banquet du XIIe arrondissement (22 février), et, après la révolution, fut élu, le 23 avril 1848, représentant de l'Aube à l'Assemblée constituante, le 2e sur 7, par 46,368 voix. Il fit partie du comité de l'Instruction publique, et vota *pour* le bannissement de la famille d'Orléans, *pour* les poursuites contre L. Blanc et Caussidière, *contre* l'abolition de la peine de mort, *contre* l'impôt progressif, *contre* l'incompatibilité des fonctions, *contre* l'amendement Grévy, *contre* la sanction de la Constitution par le peuple, *pour* l'ensemble de la Constitution, *contre* la proposition Rateau, *contre* l'interdiction des clubs, *contre* la campagne de Rome, *pour* la demande de mise en accusation du président et des ministres. Depuis l'élection présidentielle du 10 décembre, il était l'adversaire décidé de la politique de l'Elysée ; le 14 mai, il fit infliger un blâme au ministre de l'Intérieur, M. Faucher, qui, dans une dépêche aux préfets, avait accusé les adversaires de l'expédition de Rome de provoquer à l'émeute. Non réélu à la Législative, M. Millard ne reparut plus sur la scène politique.

MILLAUD (Edouard), représentant en 1871, député de 1876 à 1880, membre du Sénat, né à Tarascon (Bouches-du-Rhône) le 7 septembre 1834, de parents israélites, fit son droit à Paris, et fut inscrit en 1856 au barreau de Lyon. Il collabora aux journaux républicains, et, le 10 septembre 1870, fut nommé premier avocat général à Lyon. Il remplit par intérim les fonctions du procureur général, mais il donna sa démission au mois de mai 1871, après avoir refusé de poursuivre des journaux républicains. Aux élections complémentaires du 2 juillet suivant, il fut élu représentant du Rhône à l'Assemblée nationale, en remplacement du général Trochu qui avait opté pour un autre département, par 61,238 voix (114,632 votants, 186,639 inscrits) ; il prit place à l'extrême-gauche, fit partie de l'Union républicaine, déposa une proposition tendant à la vente et à la saisie des biens de Napoléon III pour payer les frais de guerre, et vota *contre* la pétition des évêques, *contre* le pouvoir constituant, *pour* le service de trois ans, *contre* la démission de Thiers, *contre* le septennat, *contre* le ministère de Broglie, *pour* les lois constitutionnelles. Conseiller général du canton de Thizy (8 octobre 1871), M. Millaud se présenta comme candidat au Sénat, dans le Rhône, le 30 janvier 1876 ; il échoua avec 156 voix sur 329 votants ; mais il fut réélu député, le 20 février 1876, dans la 1re circonscription de Lyon, par 14,871 voix (18,719 votants, 22,855 inscrits), contre 3,727 à M. Gillet. Vice-président de l'extrême-gauche, il vota *pour* l'amnistie plénière, fit partie des 363 députés qui refusèrent le vote de confiance au ministère de Broglie, et fut réélu, en cette qualité, le 14 octobre 1877, par 15,942 voix (19,753 votants, 23,990 inscrits). Cette même année, il fut secrétaire de la commission du budget. Elu sénateur du Rhône, le 14 mars 1880, en remplacement de M. Edouard Valentin décédé, par 239 voix (316 votants), et réélu, au renouvellement triennal du Sénat du 8 janvier 1882, par 239 voix (323 votants), il prit place à gauche, parla (mars 1885) contre la surtaxe des céréales et des bestiaux, fut rapporteur du budget des travaux publics (juin 1885), remplit par intérim du ministère des Travaux publics, le 4 novembre 1886, après la démission de M. Baïhaut, et devint titulaire de ce portefeuille, le 11 décembre suivant, dans le cabinet Goblet-Boulanger. Ce cabinet étant tombé sur la question des économies à réaliser sur le budget de 1888, M. Millaud donna sa démission en même temps que ses collègues, le 17 mai 1887, et continua d'expédier les affaires courantes de son département jusqu'au 29 mai suivant. M. Millaud s'est prononcé, en dernier lieu, *pour* le rétablissement du scrutin d'arrondissement (13 février 1889), *pour* le projet de loi Lisbonne restrictif de la liberté de la presse, *pour* la procédure à suivre devant le Sénat contre le général Boulanger. Un des fondateurs de la Société d'économie politique de Lyon, libre-échangiste, il a publié: *Étude sur l'orateur Hortensius* (1859); *Daniel Manin, jurisprudence réunie, lois et coutumes de Venise* (1867); *De la réorganisation de l'armée* (1867); *Le soufflet: Devons-nous signer la paix?* (1871). On a encore de lui des brochures de propagande républicaine.

MILLERAND (ALEXANDRE), député de 1885 à 1889, né à Paris le 10 février 1859, étudia le droit et, reçu avocat, s'inscrivit (1882) au barreau de Paris. Membre de la conférence Molé, il se lia avec M. Georges Laguerre, collabora, comme lui, au journal la *Justice*, et plaida, à ses côtés, dans un certain nombre de procès retentissants, notamment dans celui des grévistes de Montceau-les-Mines. Il contribua aussi à organiser à Paris et en province les conférences de l'*Union de la jeunesse républicaine*. Élu, en 1884, sur un programme républicain-radical, conseiller municipal du 16e arrondissement de Paris pour le quartier de la Muette, il appartint au groupe autonomiste du conseil, et se fit remarquer dans ses discussions. Aux élections législatives du 4 octobre 1885, M. Millerand fut porté candidat dans le département de la Seine sur plusieurs listes républicaines, notamment sur celle du comité de la presse radicale; n'ayant réuni, au premier tour, que 94,950 voix sur 434,011 votants, il se retira de la lutte avant le ballottage. Mais, lors des élections complémentaires du 13 décembre suivant, motivées par l'option de six députés pour d'autres départements, M. A. Millerand fut proposé de nouveau comme candidat radical, et cette fois fut élu député, le 3e sur 6, par 159,957 voix (347,089 votants, 561,611 inscrits). Il siégea à l'extrême-gauche et fut un des lieutenants de M. Clemenceau. Il prit part à un grand nombre de discussions de politique générale, tout en s'occupant particulièrement des questions de réforme pénitentiaire, qu'il traita à fond dans un rapport très remarqué, et de la réforme de la législation des faillites qu'il contribua largement à faire aboutir. Après être intervenu, en 1886, dans le débat sur la proposition Henri Rochefort relative à l'amnistie, dans l'interpellation Maillard sur les événements de Decazeville, après avoir interpellé lui-même le gouvernement sur les faits qui s'étaient passés à Vierzon le 6 octobre de la même année, il ne cessa de combattre les ministères Rouvier et Tirard, prit part (1887) à la discussion du budget de l'instruction publique, proposa la suppression des aumôniers, pasteurs et rabbins dans les lycées nationaux, fut nommé membre de la commission du budget, appuya l'interpellation Julien et Barodet sur la politique générale du cabinet Rouvier, auquel il reprocha vivement de s'appuyer sur la droite, se mêla à la délibération sur le projet de la loi organique militaire, fut entendu sur la demande en autorisation de poursuites

contre M. Wilson, se consacra, durant l'année 1888, à l'examen et à la discussion de certaines questions économiques (travail des enfants et des femmes dans les établissements industriels), et déposa (9 mars 1889) à l'occasion du décret autorisant le duc d'Aumale à rentrer en France, une proposition d'amnistie pour les condamnés des dernières grèves (rejetée par 325 voix contre 153). Adversaire déclaré de la politique «boulangiste», M. Millerand se sépara de M. G. Laguerre, dont il avait été l'ami, se prononça, dans la dernière session, *contre* le rétablissement du scrutin d'arrondissement (11 février 1889), *contre* l'ajournement indéfini de la revision de la Constitution, *contre* les poursuites contre trois députés membres de la Ligue des patriotes, *contre* le projet de loi Lisbonne restrictif de la liberté de la presse, et s'abstint sur les poursuites contre le général Boulanger. Comme avocat M. Millerand a porté la parole avec succès dans des affaires politiques importantes. Outre celle de Montceau-les-Mines citée plus haut, il a assisté à Bourges les accusés de Vierzon (1886), ceux du procès Duc-Quercy et Roche (1886), etc.

MILLERET (JACQUES DE), député de 1830 à 1831, né à Reims (Marne) le 15 juin 1779, mort à Paris le 12 août 1864, «fils de Jean-Jacques-Philippe de Milleret, receveur général du Luxembourg et maire de Thionville, et de Marie-Marguerite-Louise-Sophie Berthaud de Dammery», était chevalier de la Légion d'honneur du 18 août 1819. Élu, le 23 juin 1830, député du 1er arrondissement de la Moselle (Briey), par 68 voix (112 votants, 122 inscrits) contre 44 à M. Marchand-Collin, député sortant, M. de Milleret adhéra au gouvernement de Louis-Philippe, qui le nomma receveur général des finances. Il sollicita le renouvellement de son mandat, en raison de cette promotion et l'obtint, le 21 octobre suivant, par 104 voix (118 votants, 129 inscrits). Mais il donna bientôt sa démission de député, et fut remplacé, le 27 mars 1831, par M. de Rigny.

MILLET (NOËL-CHARLES), député en 1789, né à Dreux (Eure-et-Loir) le 28 janvier 1737, mort à Paris le 2 septembre 1792, était curé de la paroisse de Saint-Pierre de Dourdan lorsqu'il fut élu, le 27 mars 1789, par le clergé du bailliage de cette ville, député aux États Généraux. Très attaché à l'ancien régime, il opina constamment avec la droite de la Constituante. Arrêté après la session, et enfermé dans la prison de Saint-Firmin, il fut victime des massacres des 2 et 3 septembre 1792.

MILLET (JEAN-BAPTISTE-PIERRE), député au Corps législatif de 1852 à 1870, né à Orange (Vaucluse) le 16 janvier 1796, mort à Orange le 17 mars 1883, fut d'abord avocat dans sa ville natale, et procureur du roi sous Louis Philippe. Il quitta l'administration pour l'industrie, devint manufacturier, conseiller général du canton ouest d'Orange, maire de la ville, se rallia à la politique napoléonienne, et fut successivement élu député au Corps législatif dans la 2e circonscription de Vaucluse comme candidat officiel, le 29 février 1852, par 20,967 voix (22,552 votants, 39,266 inscrits) contre 1,389 à M. L. de Laborde; le 22 juin 1857, par 17,661 voix (23,585 votants, 39,266 inscrits); contre 5,036 à M. Adrien Meynard négociant, et 815 à M. Reynaud-Lagardette; le 1er juin 1863, par 22,458 voix (22,582 votants,

40,312 inscrits ; le 24 mai 1869, dans la 1re circonscription du même département. par 17,542 voix (33,326 votants, 43,610 inscrits , contre 15,506 voix à M. Alphonse Gent, ancien représentant. M. Millet ne cessa pas de figurer parmi les membres de la majorité dynastique. Chevalier de Légion d'honneur du 30 août 1865.

MILLET DE LA MAMBRE (JEAN-FRANÇOIS , député en 1789, né à Sedan (Ardennes) le 4 février 1736, mort à Mézières ,Ardennes) le 3 décembre 1815, remplit à la Révolution les fonctions de juge de district (1765). puis celles de lieutenant-général au bailliage de Sedan, qui le nomma, le 30 mars 1789, député du tiers au Etats-Généraux. Il prêta le serment du Jeu de paume, fit partie du comité de l'agriculture et du commerce, et fut le plus souvent en congé. Il devint plus tard conseiller général des Ardennes, puis (25 floréal au VIII) juge au tribunal civil de Charleville. Il conserva ce poste durant le premier Empire et le perdit à la seconde Restauration.

MILLIARD (VICTOR-EDOUARD), député de 1887 à 1889, né aux Andelys (Eure) le 19 décembre 1844, étudia le droit et se fit recevoir avocat. Après avoir échoué, le 8 février 1871, comme candidat républicain à l'Assemblée nationale, dans le département de l'Eure, avec 13.615 voix (59,749 votants), puis, le 14 octobre 1877, dans l'arrondissement des Andelys, avec 6,405 voix contre 8,171 à M. Louis Passy, candidat du gouvernement du maréchal, il fut élu, le 17 avril 1887, député de l'Eure (en remplacement de Raoul Duval décédé), par 41,019 voix (80,185 votants, 107,452 inscrits), contre 38,255 au candidat conservateur, M. Mettais-Cartier. M. Milliard siégea à gauche et vota avec la majorité, notamment, dans la dernière session, *pour* le rétablissement du scrutin d'arrondissement (11 février 1889), *pour* l'ajournement indéfini de la revision de la Constitution, *pour* le projet de loi Lisbonne restrictif de la liberté de la presse, *pour* les poursuites contre le général Boulanger ; il s'était abstenu sur les poursuites contre trois députés membres de la Ligue des patriotes.

MILLIÈRE (JEAN-BAPTISTE), représentant en 1871, né à la Marche-sur-Saône (Côte-d'Or) le 13 décembre 1817, fusillé à Paris le 25 mai 1871, fils d'un ouvrier tonnelier, ne reçut qu'une instruction primaire incomplète et devint, à treize ans, apprenti dans l'atelier où travaillait son père. Mais il se mit en devoir d'acquérir tout seul les connaissances qui lui manquaient, réussit à se faire recevoir bachelier, suivit les cours de la faculté de droit de Dijon et conquit le grade de docteur. Puis il débuta, non sans succès, comme avocat. La révolution de février 1848 lui ouvrit la carrière politique. Il se rendit à Paris, mit une grande ardeur au service de la cause républicaine socialiste, collabora au *Courrier français*, au *Peuple constituant* de Lamennais, et rédigea, en 1849, l'*Éclaireur républicain* de Clermont-Ferrand, et un journal intitulé le *Prolétaire*. Il prit une part active, à Paris, aux tentatives de résistance contre le coup d'État du 2 décembre 1851, et se rencontra avec le représentant Baudin dans les conciliabules des députés de la gauche laissés libres. « J'ai assisté, a écrit Victor Hugo (*Histoire d'un crime*) au serrement de main de ces deux spectres. » Condamné par la commission mixte du Puy-de-Dôme à la déportation, il fut conduit en Algérie, et n'en revint qu'à l'amnistie de 1859. Il obtint alors

une place de chef du contentieux dans la compagnie d'assurances contre l'incendie *le Soleil*. et se tint quelque temps à l'écart de la politique militante. Mais il y rentra lors des élections générales de 1869, et n'hésita pas à sacrifier sa situation pour mener contre le gouvernement impérial, dans la presse et dans les réunions publiques, une campagne des plus ardentes. Rédacteur et administrateur de la *Marseillaise* (novembre 1869), dont M. Henri Rochefort était le rédacteur en chef, il fut impliqué par le pouvoir dans plusieurs affaires de complots contre la sûreté de l'État, et ce fut entre deux gendarmes qu'on le mena déposer comme témoin dans le procès du prince Pierre Bonaparte à Tours. Peu après, il fut relaxé (17 mai 1870) par un arrêt de non-lieu. Millière salua avec joie la chute de l'Empire. Devenu chef du 108e bataillon de la garde nationale, il fit une vive opposition au gouvernement de la Défense nationale, fut, le 31 octobre, au nombre des envahisseurs de l'Hôtel de Ville, et se trouva porté par le peuple sur la liste du nouveau gouvernement qui devait faire procéder aux élections communales. Mais, ce mouvement comprimé, Millière fut révoqué de son grade de commandant et poursuivi ; il venait d'être nommé (7 novembre) adjoint au maire du XXe arrondissement. Il réussit à se soustraire au mandat d'arrêt lancé contre lui, et, lors des élections du 8 février 1871 pour l'Assemblée nationale, fut élu représentant de la Seine le 41e sur 43, par 73,121 voix (328,970 votants, 547,858 inscrits). Il se rendit à Bordeaux, prit place à l'extrême-gauche, et vota *contre* les préliminaires de paix. Il ne donna pas sa démission de représentant après le 18 mars, bien qu'il fût favorable à l'insurrection communaliste, et, continuant à remplir son mandat à Versailles, il parla sur la loi relative aux loyers et sur la loi des échéances. Il se prononça contre l'exécution sommaire des généraux Clément Thomas et Lecomte, et chercha sans succès, à jouer le rôle de conciliateur entre Versailles et Paris. Lorsque la guerre civile eut éclaté définitivement, il resta à Paris, sans donner toutefois sa démission de député, ne prit point part à la lutte, et se retira, pendant la « semaine de mai », chez son beau-père, le cordonnier Fourès, qui demeurait rue d'Ulm. Là, il fut découvert et arrêté par les troupes versaillaises. Conduit, le 26 mai, devant le capitaine Garcin, il fut fusillé sans jugement, sur les marches du Panthéon, et tomba en criant : Vive l'humanité ! Outre des articles de journaux, on doit à Millière : *Le 31 octobre, compte-rendu au 208e bataillon de la garde nationale* (1871).

MILLIN. — *Voy.* DUPERREUX (BARON).

MILLION (LOUIS), député depuis 1882, né à Lyon (Rhône) le 18 septembre 1829, d'une ancienne famille du Beaujolais, fit ses études de droit et fut inscrit au barreau de Lyon. Maire de Quincié (Rhône) depuis 1870, conseiller général de Beaujeu (1874-1886), président de la commission administrative de l'asile des aliénés de Brou, membre du conseil supérieur d'agriculture de Paris, président du comité de vigilance du Rhône contre le phylloxera, il fut élu, le 12 mars 1882, au deuxième tour de scrutin, député de la 1re circonscription de Villefranche, par 7,713 voix (13,691 votants, 24,180 inscrits), contre 5,843 à M. E. Thiers. Il se fit inscrire en même temps à l'Union républicaine et à l'Union démocratique, et vota les crédits du Tonkin, le maintien de l'ambassade française près du pape et le budget des cultes. En 1885, porté d'abord sur la liste du comité départemental des républicains radicaux, puis, au second tour, sur la liste de concentration opportuniste, il fut élu, le 18 octobre, député du Rhône, le 4e sur 11, par 86,736 voix (136,430 votants, 178,887 inscrits), ne se fit inscrire à aucun groupe, siégea à gauche, soutint la politique du gouvernement, et se prononça, dans la dernière session, *pour* le rétablissement du scrutin d'arrondissement (11 février 1889), *pour* l'ajournement indéfini de la revision de la Constitution, *pour* les poursuites contre trois députés membres de la Ligue des patriotes, *pour* le projet de loi Lisbonne restrictif de la liberté de la presse, *pour* les poursuites contre le général Boulanger. Officier d'académie. On a de lui : *Manuel des juges de paix ; Traité sur le contrat d'apprentissage ; Répertoire des greffiers de justice de paix*, etc.

MILLON (CLAUDE), député au Corps législatif de 1860 à 1870, né à Bar-le-Duc (Meuse) le 13 octobre 1828, mort à Merchines (Meuse) le 21 juillet 1887, fit son droit, fut reçu avocat, mais s'occupa surtout d'agriculture. Maire de Bar-le-Duc, président de la Société d'agriculture de cette ville, conseiller général du canton de Vaubécourt, il fut élu, le 19 août 1860, député au Corps législatif, dans la 1re circonscription de la Meuse, en remplacement de M. Collot décédé, par 19,554 voix (27,253 votants, 35,882 inscrits), contre 7,450 voix à M. Sainsère, et 114 à M. Hallez. Réélu, toujours comme candidat officiel, le 1er juin 1863, par 25,764 voix (26,339 votants, 35,300 inscrits) ; et, le 24 mai 1869, par 22,361 voix (28,728 votants, 35,899 inscrits), contre 6,059 à M. Ernest Picard, il signa, en juillet 1869, la demande d'interpellation des 116, et vota la guerre contre la Prusse. Il resta conseiller général de la Meuse après la chute de l'Empire. Officier de la Légion d'honneur du 14 août 1868.

MILLON DE MONTHERLANT (FRANÇOIS), député en 1789, né à Wassigny (Aisne) en 1726, exécuté à Paris le 23 juin 1794, avocat et syndic de Beauvais au moment de la Révolution, fut élu, le 19 mars 1789, député du tiers aux Etats-Généraux par le bailliage de Beauvais. Il ne s'y fit point remarquer et, après la session, devint receveur du district de Chaumont. Arrêté en 1794, pour avoir donné asile à un émigré, il fut traduit devant le tribunal révolutionnaire de Paris, condamné à mort et exécuté.

MILLORI (PIERRE-JOSEPH), député de 1831 à 1834, né à Coussay (Vienne) le 25 mai 1774, mort le 30 août 1858, était juge de paix, lorsqu'il fut élu, le 5 juillet 1831, député du 4e collège de la Vienne (Loudun), par 120 voix (177 votants, 214 inscrits), contre 52 à M. Guichard-d'Orfeuille. Il siégea dans la minorité, vota constamment contre le ministère, combattit les gros traitements, et quitta le parlement aux élections générales de 1834.

MILLOT (PIERRE-PHILIPPE), député en 1789, né à Besançon (Doubs) le 15 mai 1739, mort à Besançon le 22 juillet 1817, chanoine de la paroisse de Sainte-Madeleine dans cette ville, fut élu, le 15 avril 1789, député du clergé aux Etats-Généraux par le bailliage de Besançon. Il vota la vérification en commun des pouvoirs, donna sa démission dès le 1er août 1789, et fut remplacé par Demandre.

MILLOTTE (LOUIS-EMILE), représentant du peuple en 1848 et en 1849, né à Lure (Haute-Saône) le 4 juin 1810, mort à Lure le 17 avril 1854, entra à l'Ecole polytechnique en 1829, prit part avec ses camarades à la révolution de 1830, et fut décoré de juillet. Il fit sa carrière dans l'artillerie, où il était parvenu au grade de capitaine, quand il fut élu, le 23 avril 1848, représentant de la Haute-Saône à l'Assemblée constituante, le 3e sur 9, par 54,817 voix. Il fit partie du comité de la marine, et vota *pour* le bannissement de la famille d'Orléans, *contre* les poursuites contre L. Blanc et Caussidière, *contre* l'abolition de la peine de mort, *contre* l'impôt progressif, *contre* l'incompatibilité des fonctions, *contre* l'amendement Grévy, *contre* la sanction de la Constitution par le peuple, *pour* l'ensemble de la Constitution, *contre* la proposition Rateau, *contre* l'interdiction des clubs, *contre* l'expédition de Rome, *pour* la demande de mise en accusation du président et des ministres ; il s'était montré, après l'élection présidentielle du 10 décembre, hostile à la politique de l'Elysée. Réélu, le 13 mai 1849, par le même département, à l'Assemblée législative, le 3e sur 7, par 30,705 voix (63,844 votants, 98,904 inscrits), il siégea dans la minorité républicaine et quitta la vie politique au coup d'Etat de 1851.

MILLS (JEAN-BAPTISTE), membre de la Convention, député au Conseil des Anciens, né au Cap français (Saint-Domingue) en 1749, mort à une date inconnue, était huissier audiencier de l'amirauté. Le 24 septembre 1783, la colonie l'élut, le 5e et dernier, à la pluralité des voix, membre de la Convention. Il prit séance en pluviôse an II, et n'eut qu'un rôle très effacé.

MILOCHAU (NARCISSE-EMILE), député depuis 1885, né à Béville-le-Comte (Eure-et-Loir) le 15 mars 1846, agriculteur dans la Beauce, fut secrétaire du comice agricole de Chartres de 1868 à 1882, et vice-président l'année suivante. Pendant la guerre de 1870, il exerça les fonctions de sous-préfet à Châteaudun, nommé par le gouvernement de la Défense nationale. Devenu maire de Béville-le-Comte, il fut porté, aux élections législatives du 4 octobre 1885, sur la liste opportuniste d'Eure-et-Loir, et fut élu député, le 1er sur 4, par 34,857 voix (63,202 votants, 81,439 inscrits). Il prit place à gauche, fit partie de la commission du tarif des douanes dont il fut rapporteur, parla sur la question des droits sur les bestiaux, défendit en vain la surtaxe sur les maïs, soutint la politique scolaire et coloniale du gouvernement, et se prononça, dans la dernière session, *pour* le rétablissement du scrutin d'arrondissement (11 février 1889), *pour* l'ajournement indéfini de la revision de la Constitution, *pour* les poursuites contre trois députés membres de la Ligue des patriotes, *pour* le projet de loi Lisbonne restrictif de la liberté de la presse, *pour* les poursuites contre le général Boulanger.

MILSCENT (MARIE-JOSEPH), député en 1789 et au Corps législatif, né à Saulgé-l'Hôpital (Maine-et-Loire) le 29 septembre 1752, mort à Angers (Maine-et-Loire) le 6 juillet 1821, était lieutenant au présidial d'Angers, lorsqu'il fut élu, le 20 mars 1789, député du tiers aux Etats-Généraux par la sénéchaussée de l'Anjou. Il prêta le serment du Jeu de paume, fit partie du comité de judicature, s'occupa surtout de questions judiciaires, fit une motion contre les intermédiaires entre le roi et les communes, demanda compte aux ministres des mesures prises pour prévenir la disette, proposa que la durée de la judicature fût fixée à 10 ans et que le roi ne pût nommer au ministère public. puis donna sa démission, et fut remplacé le 21 octobre 17 0), par J.-B. Leclerc. Au 18 brumaire, il devint président du tribunal d'appel d'Angers le 9 floréal an VIII, et fut élu, le 6 germinal an X, par le Sénat conservateur, député de Maine-et-Loire au Corps législatif. A la réorganisation des tribunaux, le 2 avril 1811, il se vit confirmé dans ses fonctions de président de chambre à la cour d'Angers, et fut nommé président de chambre honoraire le 1er juillet 1818.

MIMAUD (André-Jules), député de 1837 à 1840, né à Ruffec (Charente) le 1er février 1797, mort à une date inconnue, président du tribunal de Ruffec, fut élu, le 4 novembre 1837, député du 5e collège de la Charente Ruffec), par 117 voix (210 votants, 268 inscrits). Réélu, le 2 mars 1839, par 128 voix (203 votants), il vota constamment avec la majorité ministérielle et appuya le cabinet Molé. Nommé conseiller à la cour royale de Bordeaux, il dut se représenter devant ses électeurs, qui, le 12 décembre 1840, donnèrent la majorité à M. Ernest de Girardin.

MIMEREL (Pierre-Auguste-Remy, comte), représentant du peuple en 1849, sénateur du second empire, né à Amiens (Somme) le 1er juin 1786, mort à Roubaix (Nord) le 16 avril 1871, manufacturier, créateur d'une des plus importantes filatures de coton du département du Nord, fut successivement président du conseil des prud'hommes en 1827, président de la chambre consultative des manufactures en 1828, conseiller municipal de Roubaix en 1830, chevalier de la Légion d'honneur en 1834, conseiller général du Nord en 1837, président de ce conseil en 1839, président du conseil général des manufactures à Paris en 1840, et officier de la Légion d'honneur en 1846. Le 1er août de cette dernière année, il échoua à la députation, dans le 3e collège du Nord (Lille), avec 491 voix contre 529 à l'élu, M. de Villeneuve-Bargemon. Les événements de février 1848 ne le surprirent pas et il y adhéra aussitôt; il ne se présenta pas cependant à la Constituante; mais, président, en 1849, de l'association pour la défense du travail national, il fut élu, le 13 mai de la même année, représentant du Nord à l'Assemblée législative, le 7e sur 24, par 92,982 voix (183,521 votants, 290,196 inscrits). Il y soutint la politique du prince-président, fit partie de la Commission consultative nommée après le coup d'Etat, et entra au Sénat le 26 janvier 1852. Il siégea dans la majorité dynastique jusqu'à la révolution du 4 septembre 1870, et soutint les principes protectionnistes en matière commerciale. Commandeur de la Légion d'honneur en 1852, et grand-officier en 1863, M. Mimerel a été, en 1852 et 1855, membre du jury des Expositions internationales.

MINAL (Pierre-Frédéric), représentant du peuple en 1848, né à Héricourt (Haute-Saône) le 31 août 1789, mort à une date inconnue, fils d'un filateur, suivit la carrière des armes, servit depuis 1803, commanda un bataillon de chasseurs à pied de la vieille garde, fut fait chevalier de la Légion d'honneur en 1812 et officier le 14 octobre 1814. Après Waterloo, privé de l'usage de la main droite par suite de ses blessures, il prit sa retraite pour ne pas servir les

Bourbons. travailla dans la filature de son père, et fit de l'opposition à la Restauration et au gouvernement de Louis-Philippe. Elu, le 23 avril 1848, représentant de la Haute-Saône à l'Assemblée constituante, le 5e sur 9. par 35.848 voix, il fit partie du comité de la guerre, et vota avec la droite pour le bannissement de la famille d'Orléans, pour les poursuites contre L. Blanc et Caussidière, contre l'abolition de la peine de mort, contre l'impôt progressif, contre l'incompatibilité des fonctions, contre l'amendement Grévy, contre la sanction de la Constitution par le peuple, pour l'interdiction des clubs, pour l'expédition de Rome, contre la demande de mise en accusation du président et de ses ministres; il s'était montré favorable à la politique de Louis-Napoléon. Non réélu à la Législative, il ne se mêla plus aux affaires publiques.

MINGASSON (Ernest-Timoléon-Gabriel), député de 1877 à 1885, né à Eguzon Indre) le 14 octobre 1830, propriétaire-viticulteur dans le Sancerrois, fut élu conseiller d'arrondissement du canton de Sancerre, et se présenta comme républicain aux élections législatives du 14 octobre 1877 : l'arrondissement de Sancerre (Cher) l'envoya à la Chambre des députés par 10,896 voix (19,814 votants, 22,807 inscrits), contre 8,793 à M. de Chabaud-Latour, ancien député conservateur-monarchiste. M. Mingasson siégea à gauche, à l'Union républicaine, et vota avec la majorité : pour les invalidations des députés de la droite, pour l'article 7, pour les lois Ferry sur l'enseignement, contre l'amnistie plénière, pour l'invalidation de l'élection de Blanqui. Réélu, le 21 août 1881, député du même arrondissement, par 12,148 voix (19,616 votants, 24,073 inscrits), contre 7,300 à M. Cassier, républicain centre-gauche, et dont les conservateurs avaient soutenu la candidature, M. Mingasson reprit sa place à l'Union républicaine, et n'eut d'ailleurs, comme précédemment, qu'un rôle parlementaire effacé. Sans paraître à la tribune, il soutint régulièrement de ses votes la politique opportuniste, se prononça contre la séparation de l'Eglise et de l'Etat, pour les crédits de l'expédition du Tonkin, et se montra tout dévoué, dans le Cher, aux intérêts électoraux de M. Henri Brisson, avec lequel il figura, le 4 octobre 1885, sur la liste opportuniste; mais M. Mingasson ne réunit pas, au premier tour de scrutin, un nombre de voix suffisant pour être maintenu sur la liste définitive, et rentra dans la vie privée.

MINOT (Jean-Louis-Toussaint), député en 1830, né à Tallud (Deux-Sèvres) le 29 mars 1772, mort à Saint-Pierre-de-l'Ile (Charente-Inférieure) le 8 février 1837, fut admis à dix-sept ans dans l'administration des ponts-et-chaussées où il resta jusqu'au 15 avril 1789. En 1791, il s'engagea comme volontaire au 1er bataillon des Deux-Sèvres, fut promu lieutenant le 26 septembre 1792, et capitaine trésorier le 25 mai 1793, fit campagne, pendant deux années, à l'armée du Nord, et reçut une blessure grave au siège de Valenciennes. Envoyé en Vendée en l'an II, il passa, le 9 nivôse an III, à la 112e demi-brigade qui faisait alors partie de l'armée de Sambre-et-Meuse, et fut fait prisonnier à Wurtzbourg le 3 fructidor an IV. Remis en liberté le 15 vendémiaire an V, il rejoignit son régiment à l'armée d'Italie, assista à la capitulation de Mantoue et au passage du Tagliamento, et se distingua à Gradisca. Attaché ensuite à l'armée d'Egypte, il fut grièvement blessé à la bataille d'Héliopolis (19 mars

1800, devint aide de camp du général Silly le 1er vendémiaire an IX, fut encore blessé devant Alexandrie, dans l'attaque du camp anglais, et passa chef de bataillon le 7 floréal an IX. Rentré en France le 1er nivôse au X. il fut envoyé au camp de Saint-Omer, puis promu major au 84e de ligne le 30 frimaire an XII, et nommé membre de la Légion d'honneur le 15 pluviôse de la même année. Attaché ensuite au camp d'Utrecht et provisoirement versé dans l'armée gallo-batave, il rejoignit la grande armée en 1806, fit la campagne de Prusse, et devint colonel du régiment des Albanais au service de la France le 15 novembre 1807. Il exerça les fonctions de gouverneur de Corfou de 1808 à 1813, et reçut, cette dernière année, le grade de général de brigade. Commandant de la Charente-Inférieure le 23 juin 1814, il fut décoré de Saint Louis par le roi Louis XVIII le 1er août suivant. Pendant les Cent-Jours, il fit partie du 6e corps à l'armée du Nord. Mis en demi-solde par la seconde Restauration, il passa dans la disponibilité le 1er avril 1820, et fut mis à la retraite le 1er décembre 1824. Peu favorable aux Bourbons, il fut élu, le 3 juillet 1830, député du collège de département de la Charente-Inférieure, par 149 voix (260 votants, 316 inscrits); mais il échoua dans le 3e collège du même département (Saint-Jean-d'Angely), le 5 juillet 1831, par 47 voix contre 204 à l'élu, M. de Beauséjour, 30 à M. Jouanneau et 29 à M. Saint-Blancard. Remis en activité de service après les événements de 1830, il fut appelé au commandement militaire du département du Tarn le 17 mars 1831, fut nommé officier de la Légion d'honneur le 22 mars suivant, et fut admis définitivement à la retraite, comme maréchal de camp, le 7 juin 1834, conformément à l'ordonnance du 5 avril 1832.

MINVIELLE (JACQUES-PIERRE-AGRICOL), membre de la Convention, né à Avignon (Vaucluse) le 6 septembre 1764, exécuté à Paris le 31 octobre 1794, « fils de Pierre-Laurent Minvielle et de Marie-Thérèse Fontaine », était négociant à Avignon. Compromis dans les massacres de la Glacière, il fut arrêté, et il allait passer en jugement, lorsque l'amnistie du 14 mars 1792 le rendit à la liberté. Élu, le 9 septembre 1792, quatrième député-suppléant à la Convention par le département des Bouches-du-Rhône, avec 522 voix (609 votants), il fut admis à siéger le 30 octobre 1793, en remplacement de Rebecqui condamné à mort. Arrêté de nouveau, à son arrivée à la Convention, sur une dénonciation de Duprat, qui lui reprochait d'avoir voulu l'assassiner, il fut défendu par les Girondins et relâché; mais, lors de l'arrestation de ces derniers, il fut accusé d'être le complice de Barbaroux et de correspondre avec les fédéralistes du Midi. Compris dans la proscription des Girondins, il fit partie des 21 députés qui comparurent, le 3 brumaire an II, devant le tribunal révolutionnaire, fut condamné et exécuté avec eux le 9 brumaire. Il chanta la Marseillaise en allant à l'échafaud et mourut avec courage.

MIORCEC DE KERDANET (DANIEL-NICOLAS), député de 1815 à 1816, né à Lesneven (Finistère) le 11 juin 1752, mort à Lesneven le 24 septembre 1836, fut reçu avocat au parlement de Rennes le 15 avril 1776. Imbu des idées philosophiques d'alors, il prit part au mouvement qui prépara la Révolution, et, en 1788, fut député par les trois ordres de Bretagne auprès de Louis XVI. Il refusa cependant de faire partie de la Constituante, fut nommé maire de Lesneven, et ne tarda pas à protester contre certaines réformes de l'Assemblée nationale. Accusé de correspondre avec les nobles, d'avoir refusé pour son fils le baptême d'un curé constitutionnel, d'avoir assisté aux réunions tenues par eux aux châteaux de Kerzéan et de la Villeneuve, il fut arrêté. Relâché peu après, il devint maire et commissaire du roi à Lesneven en 1791 et 1792; de nouveau emprisonné comme suspect de royalisme, à la fin de cette dernière année, arrêté pour la troisième fois, le 18 nivôse an II, envoyé au château de Brest et traduit devant le tribunal révolutionnaire, comme coupable d'avoir envoyé des fonds aux émigrés et de chercher à discréditer les assignats, il fut encore acquitté et remis en liberté le 15 floréal suivant. Après le 9 thermidor, il devint administrateur du district de Lesneven, puis administrateur du Finistère, fut élu juré de la haute cour nationale le 15 germinal an V, fut destitué de ces fonctions en l'an VI, comme trop favorable aux émigrés auxquels il facilitait la restitution de leurs biens au détriment des nouveaux propriétaires, et vécut éloigné des affaires publiques jusqu'en 1806. A cette époque, il devint président du conseil général de son département. A la première Restauration, Louis XVIII, en récompense des services rendus aux émigrés, lui accorda des lettres de noblesse. Après le retour de Gand, M. Miorcec de Kerdanet fut élu, le 22 août 1815, du collège de département du Finistère par 91 voix (171 votants, 244 inscrits). Il siégea dans la majorité, parla sur les domaines congéables, sur le cadastre, sur l'impôt foncier, et retourna, après la session, à Lesneven où il s'établit comme avocat consultant; il ne reparut plus sur la scène politique.

MIOT (ANDRÉ-FRANÇOIS), COMTE DE MÉLITO, membre du Tribunat, né à Versailles (Seine-et-Oise) le 9 février 1762, mort à Paris le 5 janvier 1841, entra dans l'administration militaire et devint chef de bureau au ministère de la Guerre. En 1788, il fut envoyé au camp de Saint-Omer, comme commissaire des guerres, revint à Paris, passa chef de division et, partisan d'une monarchie constitutionnelle, se fit recevoir au club des Feuillants. Après le 10 août, il fut décrété d'arrestation; mais il se cacha à Versailles, accepta ensuite une place de contrôleur des convois militaires, fut rétabli par Beurnonville dans son emploi de chef de division, et obtint les fonctions de secrétaire général aux Relations extérieures sous le ministre Deforgues. C'est aux soirées de ce dernier que Miot fit la connaissance des membres les plus en vue de la Convention, Robespierre, Danton, Camille Desmoulins, Fabre d'Eglantine. Deforgues ayant été remplacé le 16 germinal an II par Herman, puis, le 29, par Buchot qu'on ne rencontrait plus souvent au billard du café Hardy qu'au ministère, Miot eut en réalité la direction du ministère avec le titre de commissaire des relations extérieures. En 1795, il fut envoyé comme ministre de la République à Florence, après la paix conclue avec la Toscane. Les succès de Bonaparte, avec qui il eut une entrevue à Nice en 1796, facilitèrent sa tâche. Celui-ci le chargea d'aller à Rome surveiller l'exécution de l'armistice conclu avec la cour pontificale. Miot revint ensuite à Florence, passa de là en Corse comme commissaire du pouvoir exécutif, y réorganisa l'administration, et fut nommé (25 octobre 1796) ministre plénipotentiaire en Piémont. Ce fut au cours de sa mission en Corse qu'il se lia avec Joseph Bonaparte. A Turin, hostile au mouvement révolutionnaire que des agents secrets du Directoire cherchaient à y fomenter, il déplut à la cour et au Directoire qui le rappela au commencement de 1798. Après un an de disgrâce, il fut envoyé en Hollande avec une mission diplomatique. Le 18 brumaire l'y trouva et le surprit désagréablement : « Mais, dit-il, lorsque je reçus un courrier du général Berthier, qui, venant d'être nommé ministre de la Guerre, m'appelait auprès de lui pour remplir cette même place de secrétaire que le patriote Bernadotte m'avait refusée quelques mois auparavant, je me déterminai facilement à accepter cette offre. » Nommé membre du Tribunat le 4 nivôse an VIII, conseiller d'Etat le 5e jour complémentaire de la même année, avec la mission spéciale de procéder aux radiations d'émigrés, il fut appelé, le 17 nivôse an IX, aux fonctions d'administrateur des départements du Liamone (Ajaccio) et du Golo (Bastia), où le régime constitutionnel avait été suspendu par le premier Consul. Accusé de modération, il demanda son rappel qu'il n'obtint que l'année suivante (8 novembre 1802), se disculpa aisément auprès de Bonaparte, et rentra au conseil d'Etat, section de la police générale. Membre de la Légion d'honneur le 9 vendémiaire an XII, commandeur de l'ordre le 21 février 1806, il fut mis, à cette date, à la disposition de Joseph Bonaparte, devenu roi de Naples, qui le nomma ministre de l'Intérieur à Naples, l'emmena en Espagne en 1808, avec le titre d'intendant de sa maison, et le ramena en France après la bataille de Vittoria, en 1813. Miot reprit sa place au conseil d'Etat, fut créé comte de Mélito le 21 février 1814, suivit la régente à Blois, et fut rayé, par la première Restauration, du nombre des conseillers d'Etat. Ce titre lui fut rendu aux Cent-Jours et, bien qu'il déclare dans ses *Mémoires* que le retour de l'île d'Elbe l'avait profondément affligé, il accepta les fonctions de commissaire extraordinaire dans la 12e division militaire (La Rochelle). Le désastre de Waterloo le frappa dans sa situation et dans ses affections : son gendre et son fils y furent tués. Resté pauvre, devenu étranger à la vie publique, il se consacra alors exclusivement à des travaux littéraires. En 1825, il alla voir aux Etats-Unis Joseph Bonaparte; en 1827, il se retira auprès de sa fille, en Wurtemberg, où il commença sa traduction de *Diodore de Sicile* parue en 1835. Il ne revint à Paris qu'en 1831, lorsque son gendre, M. de Fleischmann, général allemand très hostile à Napoléon, y fut nommé ministre plénipotentiaire du roi de Wurtemberg. En 1835, il entra à l'Institut. On a de lui : *Histoire d'Hérodote suivie de la vie d'Homère* (1822, 3 volumes); *Bibliothèque historique de Diodore de Sicile* (traduction française, 1835-38, 7 volumes), et de curieux *Mémoires sur le consulat, l'empire et le roi Joseph*, publiés après sa mort (1858, 3 volumes).

MIOT (JULES-FRANÇOIS), représentant en 1849, né à Moulins-Engilbert (Nièvre) le 14 septembre 1809, mort à Adamville (Seine) le 9 mai 1883, exerçait à Moulins-Engilbert la profession de pharmacien. Il eut fréquemment maille à partir, en raison de ses opinions républicaines, avec les autorités administratives. Après la révolution de février 1848, il s'occupa activement de politique, et fut porté, le 13 mai

1849, par le parti démocratique avancé de la Nièvre, candidat à l'Assemblée législative : il fut élu représentant du peuple, le 2e sur 7, par 42,351 voix (65.811 votants, 88,144 inscrits). M. Miot prit place à la Montagne, et vota constamment avec la minorité républicaine. Il prit peu de part aux délibérations, et attira surtout l'attention par ses fréquentes altercations avec Dupin, comme lui député de la Nièvre, et président de l'Assemblée, et qui ne lui épargnait pas les lazzi. Adversaire de l'expédition de Rome, de la loi Falloux-Parieu sur l'enseignement, de la loi restrictive du suffrage universel, et de la politique de l'Elysée, M. Miot, qui se vantait d'avoir, un jour, dans les couloirs du Palais-Bourbon, donné un coup de poing à L.-N. Bonaparte, fut, au coup d'Etat de 1851, l'objet de mesures rigoureuses : il fut transporté en Algérie, y subit une longue captivité, et fut rendu à la liberté par l'amnistie de 1859. Il revint en France et s'établit pharmacien à Paris, sans cesser de se mêler aux tentatives des républicains militants contre l'Empire. En relation avec plusieurs révolutionnaires, il fut arrêté en 1862, poursuivi comme ayant fait partie d'une société secrète et condamné à un emprisonnement de trois ans. En 1865, il passa en Angleterre, s'affilia à l'Internationale, et, de retour à Paris après la chute de l'Empire, fut de ceux qui combattirent avec le plus d'acharnement le gouvernement de la Défense nationale. Nommé (7 novembre 1870) adjoint au maire du 8e arrondissement, il obtint, le 8 février 1871, dans le département de la Seine, comme candidat à l'Assemblée nationale, 60,164 voix (328,970 votants), sans être élu. Le mouvement communaliste le compta parmi ses partisans : élu, le 26 mars 1871, membre de la Commune, par le 19e arrondissement de Paris, il fit partie de la commission de l'enseignement et de celle des barricades, et siégea dans la majorité de l'assemblée. Ce fut lui qui proposa, le 28 avril, de substituer à la commission exécutive un comité de salut public. Une longue et vive discussion s'ensuivit, à la suite de laquelle 45 membres se prononcèrent en faveur de la création projetée, 23 contre. Ce vote entraîna la retraite collective de la minorité de la Commune, ayant à sa tête M. Ch. Beslay. M. Miot échappa à la répression dans les journées de mai, parvint à quitter la France et se retira en Suisse. L'amnistie de 1880 ayant mis fin à son exil, il passa les dernières années de sa vie dans les environs de Paris, en dehors de la politique active. On a de lui : *Réponse à ses libelles* (1850); *L'heure suprême de l'Italie* (1860).

MIR (BERTRAND-LOUIS-EUGÈNE), député de 1876 à 1885, né à Castelnaudary (Aude) le 14 avril 1843, fils du président du tribunal civil de Castelnaudary, fit son droit à Paris, fut reçu docteur et se fit inscrire au barreau de Paris. Secrétaire de M. Grévy, et de la conférence des avocats, il se fit nommer, après le 4 septembre 1870, sous-préfet de Castelnaudary, puis de Nérac, fonctions qui le dispensèrent du service militaire, et dont il se démit à la paix. Le 20 février 1876, M. Mir se présenta à la députation, à Castelnaudary, et fut élu, au second tour de scrutin, le 5 mars, par 5,907 voix (11,827 votants, 14,338 inscrits); il siégea à la gauche républicaine, et fut l'un des 363 députés qui refusèrent le vote de confiance au ministère de Broglie. Les élections du 14 octobre 1877, qui suivirent la dissolution de la Chambre par le cabinet du 16 mai, ne lui furent pas favorables : il échoua, dans le même arrondissement, avec 4.813 voix contre 6.830 à l'élu, M. de Lordat, candidat du maréchal: mais cette dernière élection fut invalidée par la majorité républicaine de la Chambre nouvelle, et M. Mir fut réélu, le 7 avril 1878, par 6,638 voix (12,487 votants, 14,714 inscrits), contre 5,778 à M. de Lordat. Il reprit sa place à gauche, soutint la politique scolaire et coloniale des ministères opportunistes, et fut réélu, le 21 août 1881, sur un programme républicain progressiste, par 5,312 voix (10,577 votants, 14,738 inscrits), contre 3,201 à M. Alquier, 1,014 à M. Fourès, et 847 à M. Jean. M. Mir continua de voter avec les opportunistes, et ne fut pas réélu en 1885. Marié, en février 1877, à une petite-fille et nièce des Péreire, il est administrateur du Crédit foncier, des chemins de fer du Nord de l'Espagne, président du conseil d'administration des chemins de fer départementaux, etc.

MIRABEAU (HONORÉ-GABRIEL RIQUETTI, COMTE DE), député en 1789, né au château du Bignon (Loiret) le 9 mars 1749, mort à Paris le 2 avril 1791, fils de Victor Riquetti, marquis de Mirabeau, et de Marie de Vassan, faisait lui-même remonter sa famille aux Arighetti, gibelins de Florence chassés de leur patrie en 1268, et réfugiés en Provence, où ils s'occupèrent de commerce. Le père de Mirabeau avait acheté en 1740 la terre de Bignon pour se rapprocher de Paris. Le jeune Mirabeau se trouva, dès son enfance, en butte au caractère despotique de ce père, aigri par les discordes et par les scandales du foyer domestique. Atteint, à trois ans, de la petite vérole, qui laissa sur son visage de profondes cicatrices, « fougueux, incommode, penchant vers le mal avant de le connaître, écrivait son père, mais d'une intelligence, d'une mémoire, d'une capacité qui saisissent, ébahissent, épouvantent », il fut remis aux soins de Poisson, puis de l'abbé Choquard, étudia à tort et à travers, apprit énormément de choses, et, son temps d'études achevé, fut placé dans le régiment du marquis de Lambert. A l'armée comme à l'école, son insatiable curiosité l'intéressa à l'art de la guerre, à l'agronomie, à la science administrative; laid, gauche, il avait la voix dominatrice, le don de la séduction, « l'âme d'un héros dans le corps d'un satyre » dit Dupont de Nemours. Son père en parlait plus net : « Je ne connais que l'impératrice de Russie, écrivait-il, avec laquelle cet homme peut être encore bon à marier. » Supplanté par Mirabeau dans le cœur de la fille d'un archer de Saintes, son colonel, M. de Lambert, se vengea de cet échec sur son subalterne, qui quitta son poste pour se soustraire à ces persécutions. Le marquis de Mirabeau obtint alors contre son fils une lettre de cachet et le fit enfermer à l'île de Ré; celui-ci y écrivit l'*Essai sur le despotisme*. Entré, peu après, au Royal-Comtois, il se conduisit si bien en Corse qu'il allait passer capitaine, quand son père le rappela près de lui, pour « le faire rural ». Il y eut entre eux, à cette époque, une sorte de réconciliation, que parut cimenter (22 juin 1772) le mariage de Mirabeau avec Marie-Emilie de Covet de Marignane, fille de parents séparés, « à qui il faut, disait son beau-père, des odeurs fortes, des mauvais ragoûts, parfois des passe-temps de singes. » Elle avait 18 ans, et pas de dot. Malgré de beaux projets d'économie, le nouveau ménage mena une vie désordonnée; 160,000 livres de dettes, contractées en peu de

temps, provoquèrent l'interdiction de Mirabeau, qui, le jour même du second anniversaire de son mariage, fut enfermé au château d'If. Mme de Mirabeau fit alors la connaissance d'un mousquetaire, et ne revit plus son mari. Transporté au fort de Joux (Jura), Mirabeau, à peu près prisonnier sur parole, fréquenta les salons de Pontarlier, et y rencontra Sophie de Monnier, qui avait épousé, à 17 ans, un vieillard, ancien président de la chambre des comptes de Dôle. La présidente, beaucoup moins farouche que Mirabeau n'a voulu le faire croire « toutes ses vertus sont à elle, a-t-il écrit, toutes ses fautes sont à moi, » abandonna simplement pour lui un sous-officier de la garnison; mais le scandale fut si apparent qu'il fallut bientôt songer à fuir : Sophie « emprunta » 25,000 livres à son mari, et partit avec Mirabeau en Suisse, puis à Amsterdam. Les efforts combinés du père de Mirabeau et du mari de Sophie amenèrent l'arrestation des deux amants; le 8 juin 1777, Mirabeau était enfermé au fort de Vincennes. C'est là que, noyant dans l'encre « ses passions sulfureuses », il écrivit ses *Lettres à Sophie*, un *Traité de Mythologie*, un *Traité de la langue française*, un *Essai de la littérature ancienne et moderne*, un *Essai sur les lettres de cachet et les prisons d'État*, etc. Il sortit de Vincennes en février 1781, revit Sophie dans le couvent de Gien, où elle s'était momentanément retirée, et, quinze jours après, n'y pensa plus. Sophie sortit de sa prison volontaire après la mort de M. de Monnier en 1783, et s'asphyxia avec du charbon, en septembre 1789, en apprenant la mort d'un gentilhomme qui devait l'épouser. Pendant ce temps, Mirabeau plaidait lui-même, à Aix, contre sa femme défendue par Portalis ; la séparation des deux époux devenue définitive, il partit pour Londres, où il publia ses *Considérations sur l'ordre de Cincinnatus* (1784). Il rentra à Paris l'année suivante, reçut de M. de Vergennes une mission pour Berlin, et, s'étant vu refuser la place d'envoyé à Munich, quitta la diplomatie, et vint publier à Paris *La monarchie prussienne sous Frédéric le Grand* (1788). Au moment des élections aux Etats-Généraux, il désira « passionnément », comme il l'écrivait à Cerutti, en faire partie. Repoussé par la noblesse du bailliage d'Aix qui n'admit que les nobles possesseurs de fiefs, il lui lança la célèbre apostrophe : « Ainsi périt le dernier des Gracques de la main des patriciens... », ouvrit une boutique avec cette enseigne : « Mirabeau, marchand de drap », et fut élu, le 6 avril 1789, député du tiers-état de la sénéchaussée d'Aix aux Etats-Généraux, à la pluralité des voix. Arrivé à Paris, il publia le *Journal des Etats-Généraux*, dont la suppression, par arrêt du conseil du roi en date du 6 mai 1789, lui fournit l'occasion d'une éloquente protestation en faveur de la liberté de la presse, dans une lettre à ses commettants. Le 18 mai, il demanda que le bureau du tiers conférât avec le clergé seulement en vue de la réunion des deux ordres, sans s'inquiéter de la noblesse. Le 15 juin, il appuya la motion de Sieyès tendant à la constitution de l'Assemblée en « Assemblée des représentants du peuple »; le 23, après la séance royale, il déclara que « les présents du despotisme étaient toujours dangereux », et protesta contre l'appareil militaire qui environnait les Etats : « Je demande, ajouta-t-il, qu'en vous couvrant de votre dignité, vous vous renfermiez dans la religion de votre serment; il ne nous permet de nous séparer qu'après avoir fait la constitution. » Et comme M. de Dreux-Brézé rappelait les ordres du roi : « Oui, monsieur, répliqua Mirabeau, nous avons entendu les intentions qu'on a suggérées au roi. Je déclare que si l'on vous a chargé de nous faire partir d'ici, vous devez demander des ordres pour employer la force, car nous ne quitterons nos places que par la puissance des baïonnettes. » L'Assemblée continua de délibérer. Mirabeau prit dès lors une part des plus actives aux débats, toujours sur la brèche, s'appropriant habilement les pensées des autres, et ajoutant aux inspirations qu'on lui donnait le prestige d'une irrésistible éloquence. En juillet, il demanda, le 8, l'éloignement des troupes de Versailles, et, le 16, le renvoi des ministres; lors de la nuit du 4 août, il disait à Sieyès : « Voilà bien nos Français : ils sont un mois à discuter sur des syllabes, et, dans une nuit, ils renversent tout l'ancien ordre de la monarchie. » En septembre, il défendit les projets financiers de Necker, et entraîna le vote de l'Assemblée, par l'éloquente évocation de la banqueroute. En novembre, il s'éleva avec une remarquable compétence contre la centralisation de la banque (Caisse d'escompte) à Paris : « Nous avons aboli les privilèges et vous voulez en créer un... » Sur le droit de paix et de guerre à attribuer au roi ou à l'Assemblée, après une lutte mémorable, que le droit resterait au roi, sauf à l'exercer conjointement avec l'Assemblée. Ce fut alors que le parti avancé l'accusa de trahison, d'être vendu à la cour, et fit crier par les rues la grande trahison de Mirabeau. Mirabeau s'était en effet rapproché de la cour, car, « tribun par calcul et aristocrate par goût », selon le mot de Necker, il avait bien voulu, au début, essayer sur la royauté la puissance de ses coups, mais ses préférences secrètes et avouées étaient pour une monarchie constitutionnelle, dont il aurait été le premier ministre et le tuteur nécessaire. Ce fut ce qui l'entraîna dans le parti de la résistance, bien plus que l'argent dont la cour soldait ses services : « Je suis payé, disait-il, mais je ne suis pas vendu. » Il défendit donc énergiquement la sanction royale : « J'ai voulu, disait-il, délivrer les Français de la superstition de la monarchie pour y substituer le culte. » Il s'éleva contre la loi contre les émigrés, « jurant de lui désobéir ». L'ardeur de sa colère dominait l'Assemblée, et Barnave lui-même, son digne adversaire, n'osait protester, quand Mirabeau jetait à la gauche murmurante la dédaigneuse apostrophe : « Silence aux trente voix ! » Nommé membre de l'administration départementale de Paris le 16 janvier 1791, et président de l'Assemblée le 31, il prit encore la parole, le 22 mars, à propos de la régence, et le 27 sur les mines; ce fut son dernier discours. Les fatigues de la tribune jointes aux excès ininterrompus d'une vie de plaisirs avaient ruiné sa robuste constitution. Il tomba malade le 28 mars, et expira le 2 avril, à huit heures et demie du matin, âgé de 42 ans, en murmurant, dit-on, ces dernières paroles : « J'emporte avec moi le deuil de la monarchie; les factieux s'en disputeront les lambeaux. » Sa mort causa dans tous les partis une profonde stupeur; on lui fit d'imposantes funérailles, et ses restes furent déposés dans l'église Sainte-Geneviève qui fut érigée en Panthéon, dont la façade reçut cette inscription : « AUX GRANDS HOMMES LA PATRIE RECONNAISSANTE. » En novembre 1792, la découverte de l'armoire de fer aux Tuileries livra la preuve des subsides qu'il avait touchés de la cour. Son buste, qui ornait encore la salle des Jacobins, fut brisé,

et, le 21 septembre 1794, son cercueil fut chassé du Panthéon, pour faire place à celui de Marat. Un huissier de la Convention s'avança devant la porte du monument, et lut à haute voix le décret qui excluait « les restes d'Honoré Riquetti Mirabeau ». Déposés dans un cercueil de bois, ils furent inhumés, sans aucune marque, dans le cimetière dit de Clamart, au faubourg Saint-Marcel. Des fouilles récentes (1889) entreprises dans le but de les retrouver n'ont donné aucun résultat. Mirabeau a été l'objet des jugements les plus divers. « Capable de tout pour de l'argent, même d'une bonne action », a dit Rivarol ; « laideur éblouissante, figure flétrie, imposante et livide, effronterie de la lèvre se mariant à l'éclair des yeux, il avait l'âme de son visage ». ajoute Louis Blanc. « La calomnie organisée contre Mirabeau, dit au contraire Proudhon, fut une honte pour le parti révolutionnaire de 1789 et une calamité nationale. » Entre ces citations, la vérité est peut-être dans ces deux lignes de Michelet : « Y eut-il corruption ? oui. — Y eut-il trahison ? non. »

MIRABEAU (ANDRÉ-BONIFACE-LOUIS RIQUETTI, VICOMTE DE), dit MIRABEAU-TONNEAU, député en 1789, né à Paris le 30 novembre 1754, mort à Fribourg-en-Brisgau (Allemagne) le 15 septembre 1792, frère du précédent, eut une jeunesse orageuse et semée de scandales, qui, à la vérité, passèrent presque inaperçus au milieu des désordres de son aîné; aussi disait-il plus tard : « Dans toute autre famille, je passerais pour un mauvais sujet et pour un homme d'esprit; dans la mienne, on me tient pour un sot et pour un homme rangé. » Chevalier de l'ordre de Malte dès le berceau, il fut emprisonné à Malte pendant près de trois ans, à la suite d'un esclandre analogue à celui qui avait coûté la vie au chevalier de La Barre. De retour en France (1778), il partit presque aussitôt pour l'Amérique, servit non sans bravoure sous les ordres des amiraux de Guiche et de Grasse, puis dans l'armée de terre comme aide-major général, et se distingua aux combats d'York-Town, de Saint-Eustache et de Saint-Christophe, où il fut grièvement blessé. Le roi lui donna le commandement du régiment de Touraine (infanterie), à la tête duquel il combattit jusqu'en 1792. A cette époque, il se rembarqua pour sa patrie, et, jusqu'à la Révolution, s'abandonna sans retenue à son penchant pour la débauche et l'ivrognerie. On lit dans une biographie, à la vérité peu flattée, intitulée : Vie privée du vicomte de Mirabeau, député du Limousin (à Londres, 1790) : « Perdu dans les sentiers fangeux des cours, participant aux crapules clandestines qui souillèrent si longtemps celle du plus modéré et du plus continent des rois, il reportait dans la société ce goût dépravé pour la débauche. Sa passion pour la table et le vin est tellement connue, qu'on ne le distingue plus du comte son frère que par le titre honteux de Mirabeau-Tonneau. » Élu, le 23 mars 1789, député de la noblesse aux États-Généraux par la sénéchaussée de Limoges, il se déclara, dès le début, un des plus violents partisans de l'ancien régime, s'opposa à la réunion des trois ordres, jura « de rester dans la Chambre de la noblesse, dût-il s'y trouver seul », et ne céda qu'un des derniers. Quoique décoré de l'ordre républicain de Cincinnatus, il ne cessa de harceler le côté gauche de bruyantes interruptions mêlées de sarcasmes parfois spirituels, mais presque toujours d'une grossière inconvenance. Le biographe cité plus haut dit encore : « Il s'est fait le paillasse de l'Assemblée nationale. Il est en possession d'y dire, avec une effronterie qu'il ne peut soutenir qu'à la faveur de l'ivresse continuelle dans laquelle il ne rougit pas de s'y présenter, tout ce que la déraison et la rage peuvent enfanter de plus extravagant. En vain l'Assemblée irritée a été jusqu'à le flétrir dans un de ses décrets, son audace n'en est point ralentie ; et tandis que le révérend père Duval d'Esprémenil dispose ses capucinades perfides, tandis que le Cazalès se prépare à nous étaler toute la fierté puante d'un Espagnol, réunie à celle d'un Ecossais et d'un prince allemand, pour nous donner l'idée de la noblesse d'un gentilhomme français ; tandis que le noir abbé Maury attise dans le silence les armes de sa dialectique adroite et les foudres de son éloquence, le vicomte, à l'instar des plus vils farceurs, se répand, au milieu de l'auguste diète, en balourdises de tout genre.» Il dirigeait de préférence ses quolibets contre son frère, qui, d'ailleurs, a-t-on remarqué, le ménageait toujours et le défendait souvent. L'Assemblée ayant infligé au vicomte de Mirabeau un blâme dans ses procès-verbaux, son frère se rendit chez lui, et lui reprocha son peu de sobriété : «De quoi vous plaignez-vous? répondit le vicomte, de tous les vices de la famille, vous ne m'avez laissé que celui-là. » Il se battit en duel avec le comte de la Tour-Maubourg, et provoqua aussi le duc de Liancourt : il fut blessé dans la première rencontre, et le bruit de sa mort se répandit. A ce sujet, le billet d'enterrement suivant circula dans Paris : «Vous êtes prié d'assister aux convoi, service, et enterrement de très-haut et très-puissant aristocrate, André-Boniface-Louis de Riquetti, vicomte de Mirabeau, colonel du régiment de Touraine, chevalier de l'ordre royal et militaire de Saint-Louis, chevalier d'honneur de l'ordre de Saint-Jean de Jérusalem, membre de la Société de Cincinnatus des Etats-Unis de l'Amérique, qui a commencé par monsieur le marquis de la Tour-Maubourg son collègue, a été achevé par très-haut très-puissant et très-illustrissime démagogue, François-Alexandre-Frédéric de Liancourt, duc héréditaire, maréchal des camps et armées du roi, grand-maître de sa garde-robe, chevalier de ses ordres, et député de la noblesse de Clermont en Beauvoisis, qui a débarrassé la nation de ce pesant ennemi, au milieu du champ de Mars, le 22 décembre 1789, en présence de MM. de Lautrec de Saint-Simon, de Causans et de La Châtre, et est décédé en son hôtel rue de Seine, faubourg Saint-Germain, le 23, à 11 heures du matin. L'enterrement se fera en l'église Saint-Sulpice sa paroisse, le 25, à cinq heures du soir. M. Robespierre mènera le deuil. M. Salomon fera les honneurs de la cérémonie. Le parlement de Rennes y assistera par députation. La chambre des vacations du parlement de Paris y assistera en corps. Le clergé est invité, et l'on a droit de s'attendre à l'y rencontrer, le défunt a pris trop vivement son parti pour n'avoir pas mérité ce tribut de reconnaissance. La noblesse suivra le deuil sans manteau, parce que cela ressemble trop à son ancien costume, mais en pleureuses, M. Barnave ayant prouvé que cette mode était à la portée de tout le monde...» Après avoir proposé de mettre le Décalogue en tête de la Constitution, avoir repoussé le système d'un Sénat, parlé contre la vente des biens du clergé, donné un démenti à Robespierre à propos du parlement de Rennes, prêté le serment avec restrictions, appuyé la motion de déclarer

nationale la religion catholique, blâmé la municipalité de Bordeaux, etc., il apprit (juin 1790) que le régiment de Touraine, en garnison à Perpignan, venait de s'insurger contre ses officiers. Il y courut, essaya d'armer son régiment contre la garde nationale du pays, et n'ayant pu y réussir, repartit, emportant avec lui les cravates des drapeaux. Une grande rumeur s'ensuivit : arrêté à Castelnaudary, cité à la barre de l'Assemblée pour y rendre compte de sa conduite, il parvint à obtenir le vote de l'ordre du jour ; mais ses excentricités devaient lasser ses collègues. Un scandale provoqué par lui au balcon du restaurateur Beauvilliers, au Palais-Royal, d'où il insultait les passants, avait déterminé l'Assemblée à sévir contre Mirabeau-Tonneau, lorsqu'il jugea prudent d'émigrer au delà du Rhin. Il leva cette fameuse *légion de Mirabeau*, connue sous le nom de *hussards de la Mort*, qui fit aux républicains une guerre active d'escarmouches. Le vicomte de Mirabeau mourut à Fribourg (Brisgau) le 15 septembre 1792, à la suite d'une attaque d'apoplexie, et fut inhumé à Salzbach. Le sobriquet que le peuple lui avait donné a été consacré dans de plaisantes gravures de l'époque, où le vicomte est représenté tenant d'une main un verre et de l'autre une bouteille ; ses bras sont des cruches, son corps est un tonneau, ses cuisses sont des barils, ses jambes des bouteilles renversées.

MIRAMON-FARGUES (MARIE-JOSEPH-ANATOLE CASSAGNES DE BEAUFORT, MARQUIS DE), député en 1876, né à Lyon (Rhône) le 9 décembre 1828, propriétaire au Puy (Haute-Loire), et d'opinions monarchistes, fut élu, le 20 février 1876, député de la 1re circonscription du Puy, par 6,052 voix (14,496 votants, 19,012 inscrits) contre 5,705 à M. Guyot-Montpayroux, et 2,746 à M. Victor Robert. Il siégea à droite ; mais la majorité républicaine ayant invalidé son élection, il n'obtint, au nouveau scrutin du 21 mai suivant, que 4,983 voix contre 7,086 à M. Guyot-Montpayroux, républicain, et 2,030 à M. Jouve. M. de Miramon-Fargues se représenta le 14 octobre 1877; il ne recueillit alors, comme candidat officiel du gouvernement du Seize-Mai, que 7,326 voix contre 7,637 à l'élu, M. Guyot-Montpayroux. Au renouvellement du 21 août 1881, il échoua de nouveau avec 5,153 voix contre 7,504 à M. Jouve, élu, et 746 à M. Robert.

MIRANDE (NICOLAS), membre de la Convention, né à Mauriac (Cantal) le 14 juin 1746, mort à Mauriac le 9 décembre 1815, fut reçu avocat au parlement de Paris en 1770, et exerça au bailliage et présidial d'Aurillac. De retour à Mauriac avant 1789, il embrassa les principes de la Révolution, fut nommé, en 1790, membre de l'administration départementale du Cantal, puis juge au tribunal de district séant à Salers. Le 6 septembre 1792, le département du Cantal l'élut 3e député suppléant à la Convention, par 182 voix sur 293 votants. Il ne prit aucune part au procès de Louis XVI, n'ayant été admis à siéger que dix mois après, le 7 octobre 1793, en remplacement de Pierre Malhes démissionnaire. Après la session conventionnelle, il devint messager d'Etat au Conseil des Cinq-Cents ; mais bientôt ses hautes qualités de jurisconsulte le firent appeler (28 floréal an VI) aux fonctions de commissaire du Directoire près le tribunal correctionnel de Mauriac, titre qu'il échangea, en 1805, contre celui de procureur impérial. Tout entier à l'étude et à la pratique du droit, M. Mirande fut confirmé dans ce poste par la première Restauration (1814), et mourut à la fin de 1815, dans l'exercice de ses fonctions, « regretté, dit un biographe, de ses concitoyens dont il avait mérité l'estime et la considération par une probité et un désintéressement sans bornes. » Nicolas Mirande laissa plusieurs enfants et petits-enfants, et plusieurs de ses arrière-petits-fils sont entrés dans la vie publique depuis 1870 : MM. Antoine Mirande, maire d'Aubignac (Cantal); Dominique Mirande, candidat à l'Assemblée nationale en 1871, docteur en droit, actuellement président du tribunal civil de Nantes; Ernest Mirande, officier d'académie, sous-préfet de Brioude; Jules Mirande, sorti de l'École polytechnique en 1854, et mort en 1856, chevalier de la Légion d'honneur, commandant d'artillerie.

MIRANDOL (Antoine-Joseph-Casimir, comte de), député de 1815 à 1831, né à la Chapelle (Dordogne) le 21 décembre 1759, mort à une date inconnue, fils de Jean-Joseph de Mirandol et de Marie-Louise Ladieux, était, avant la Révolution, officier au régiment de cavalerie Royal-Picardie. Il émigra en 1792, fit campagne, l'année suivante, dans le corps des gentilshommes d'Auvergne, et devint capitaine de dragons en 1794. Après le licenciement de 1795, il alla en Angleterre, rentra en France après le 18 brumaire, et vécut fort retiré pendant toute la durée de l'Empire. A la seconde Restauration, chevalier de Saint-Louis et conseiller général de son département, il fut successivement élu député du grand collège de la Dordogne, le 22 août 1815, par 115 voix (201 votants, 274 inscrits); le 4 octobre 1816, par 102 voix (177 votants, 272 inscrits); le 13 novembre 1820, par 184 voix (252 votants, 346 inscrits); le 16 mai 1822, par 170 voix (181 votants, 339 inscrits); le 6 mars 1824, par 124 voix (204 votants, 323 inscrits); le 24 novembre 1827, par 105 voix (201 votants, 309 inscrits); le 3 juillet 1830, par 122 voix (219 votants, 298 inscrits). Huit jours auparavant, le 23 juin, il avait échoué dans le 4e arrondissement électoral de la Dordogne (Sarlat), avec 59 voix contre 94 à l'élu, M. Jules Bessières, député sortant. M. de Mirandol siégea presque toujours au côté droit. En 1816, il exprima le regret qu'on eût supprimé la commission chargée d'examiner la conduite des officiers pendant les Cent-Jours. Il parla aussi en faveur de l'ordre de Malte, lors de la discussion sur l'aliénabilité des forêts et des bois appartenant encore à cet ordre; il protesta aussi contre la diminution d'effectif de la gendarmerie et de la garde royale. A partir de 1820, il parut fort peu à la tribune, mais ne cessa pas d'appuyer de ses votes les différents ministères. Après la révolution de 1830, il fit adhésion au gouvernement nouveau dans les termes suivants :

« 15 septembre 1830.

« Monsieur le Président,

« Quoique je partage entièrement l'opinion et les sentiments de nos honorables amis qui ont cru devoir donner leur démission, je cède néanmoins aux motifs exprimés par plusieurs autres, et par un noble duc dans la séance de la Chambre des pairs du 23 août dernier.

« Je jure fidélité au roi des Français et obéissance à la charte constitutionnelle et aux lois du royaume.

« Je me rendrai dans le sein de la Chambre aussitôt que j'aurai terminé des affaires importantes.

« Comte de Mirandol. »

Il quitta la vie politique aux élections générales de 1831.

MIREMONT (Jean-François-Charles-Alphonse, comte de), député en 1789, né à Reims (Marne) le 11 décembre 1755, mort à Reims le 8 octobre 1815, était capitaine de dragons, lorsqu'il fut élu, le 23 mars 1789, député de la noblesse aux États-Généraux par le bailliage de Vermandois, avec 89 voix. Il fut envoyé en députation chez le roi, le 5 octobre 1789, pour le prier de donner son acceptation pure et simple à la déclaration des *Droits de l'homme*, partit en congé le 2 avril 1790, et donna sa démission le 26 mai suivant.

MIREPOIX (de. — *Voy.* Lévis.

MIRON DE L'ESPINAY (Jacques), député de 1824 à 1827, né à Orléans (Loiret) le 26 août 1782, mort à Paris le 21 novembre 1852, était président de tribunal à Orléans, quand il fut élu, le 6 mars 1824, député du grand collège du Loiret, par 140 voix (260 votants, 322 inscrits), contre 119 à M. Dumesnil, maire de Puiseaux. M. Miron de l'Espinay prit place parmi les ministériels, et devint, en 1826, procureur général près la cour royale d'Orléans et chevalier de la Légion d'honneur. Il quitta la vie politique aux élections générales de 1827.

MISPOULET (Pierre), représentant du peuple en 1848 et en 1849, né à Clairac (Lot-et-Garonne) le 24 avril 1797, d'une famille protestante, était avocat dans sa ville natale; d'opinions libérales, il refusa une place de juge de paix sous la Restauration, fut nommé suppléant après 1830, et élu commandant de la garde nationale. Maire de Clairac en 1832, il donna sa démission en 1835. Après la révolution de février, sans poser sa candidature, il fut élu, le 23 avril 1848, représentant du Lot-et-Garonne à l'Assemblée constituante, le 2e sur 9, par 44,573 voix (88,758 votants, 94,809 inscrits). Il fit partie du comité des cultes, et vota presque toujours avec la droite, *pour* le bannissement de la famille d'Orléans, *contre* l'abolition de la peine de mort, *contre* l'impôt progressif, *contre* l'incompatibilité des fonctions, *contre* l'amendement Grévy, *contre* la sanction de la Constitution par le peuple, *pour* l'ensemble de la Constitution, *pour* la proposition Rateau, *pour* l'interdiction des clubs, *pour* la campagne de Rome, *contre* la demande de mise en accusation du président et des ministres. Réélu, le 13 mai 1849, dans le même département, à l'Assemblée législative, le 7e et dernier, par 47,484 voix (90,297 votants, 107,493 inscrits), il vota avec la majorité et rentra dans la vie privée au coup d'État de 1851.

MISSONNET (Jean-Baptiste-Edme-Henri), député au Conseil des Anciens, né à Nogent-sur-Seine (Aube) en 1750, mort à Nogent-sur-Seine le 28 février 1802, était magistrat avant la Révolution, dont il embrassa les principes avec ardeur. Président du district de Nogent en 1791, il fut élu, le 22 vendémiaire an IV, député de l'Aube au Conseil des Anciens, par 155 voix (231 votants). Il prit la parole pour faire approuver la résolution relative aux frais d'expédition des jugements, et fit un rapport (4 vendémiaire an VII) sur l'établissement d'un poste de douanes au confluent de la Sèvre et de la Vendée. Rallié au 18 brumaire, il devint, le 14 germinal an VIII, président du tribunal de Nogent.

MITCHELL (Isidore-Hyacinthe-Marie-Louis-Robert), député de 1876 à 1881, né à Bayonne (Basses-Pyrénées) le 21 mai 1839, d'un père Anglais et d'une mère Espagnole, eut pour parrain don Carlos, qui lui donna en naissant le grade de capitaine dans l'armée carliste. Il débuta à dix-sept ans, comme journaliste, dans la *Presse théâtrale*, passa à Londres en 1857 comme rédacteur littéraire du *The Atlas*, et entra au *Constitutionnel*, au *Pays* en 1860, au *Nord* de Bruxelles en 1863. Rédacteur à l'*Etendard* en 1866, il remplaça, en 1868, M. Baudrillart, comme rédacteur en chef du *Constitutionnel*, mena une ardente campagne en faveur de l'empire libéral, et se déclara partisan de l'interpellation des 116 et du ministère Ollivier. Il avait rempli, à sa majorité, les formalités nécessaires à l'affirmation de la nationalité française. Ayant combattu les tendances belliqueuses de l'opinion, lors de la déclaration de guerre à la Prusse (juillet 1870), il se vit en butte à quelques manifestations hostiles. Au début de la guerre, il fut nommé chef de bataillon des mobiles des Basses-Pyrénées, mais il donna sa démission pour s'engager dans les zouaves de la garde, rejoignit à Châlons l'armée de Mac-Mahon, fut fait prisonnier à Sedan, et interné d'abord à Kosel, puis à Neisse (Silésie), d'où il fit souscrire, en Italie et en Angleterre, plus de 400.000 francs pour venir en aide à ses compagnons de captivité. Au retour, il fonda le *Courrier de France*, organe républicain-conservateur (décembre 1871), avec Hubert Debrousse et Marius Topin, et attaqua vivement la politique de Thiers, puis entra à la *Presse* (1873) que dirigeait M. de la Guéronnière, y combattit les tentatives de restauration, et défendit le septennat. Au mois de février 1874, il refusa la direction de l'imprimerie et de la librairie au ministère de l'Intérieur, et acheta le *Soir* dont il fit un journal bonapartiste. Élu, le 20 février 1876, député de l'arrondissement de la Réole, par 7,703 voix (13,666 votants, 16,820 inscrits), contre 5,807 à M. Caduc, républicain, il prit place au groupe de l'Appel au peuple dont il fut un des membres les plus actifs, et soutint, contre les 363, le ministère de Broglie. Réélu, le 18 octobre 1877, par 7,962 voix (14,838 votants, 17,177 inscrits), contre 6,771 à M. Dumoulin, il défendit, à la Chambre, les droits du suffrage universel et vit son élection attaquée par M. de Mun. Après la mort du Prince impérial au Zululand, il se rangea parmi les partisans du prince Jérôme-Napoléon, et chercha à s'opposer à la scission entre ce prince et son fils Victor; en novembre 1880, il donna sa démission de membre du groupe de l'Appel au peuple. Il ne se représenta pas en 1881. Porté sur la liste conservatrice de la Gironde, le 4 octobre 1885, il échoua, avec 72,440 voix sur 162,286 votants. Au moment de l'agitation boulangiste, il se rallia au programme du général, et fit en sa faveur une active et brillante campagne. M. Mitchell est conseiller général du canton de Montaigne (Gironde), et chevalier de la Légion d'honneur du 14 août 1863.

MOCQUARD (Jean-François-Constant), sénateur du second Empire, né à Bordeaux (Gironde) le 11 novembre 1791, mort à Paris le 12 décembre 1864, fit de bonnes études au prytanée de Paris et suivit les cours de l'école de droit. Destiné à la diplomatie, il fut envoyé (1812) près du grand-duc de Wurtzbourg comme secrétaire de légation avec le général de Montholon, fut promu chargé d'affaires, re-

prit et termina ses études juridiques, et combattit la Restauration dans les rangs du parti libéral. Stagiaire en 1817, il plaida avec Mérilhou, Maugnin, etc., pour les accusés du prétendu complot de l'*Epingle noire*, et porta encore la parole dans plusieurs autres affaires où les « libéraux » et les bonapartistes de l'époque étaient intéressés, telles que la *Souscription nationale* (1820), les *Sergents de la Rochelle* (1822), etc. Ayant quitté le barreau par suite d'une maladie du larynx en 1826, il se tint à l'écart jusqu'en 1830; profitant alors de l'avènement au pouvoir de ses amis politiques, il accepta le poste de sous-préfet à Bagnères-de-Bigorre (1830), mais il donna sa démission en 1839 et, libre désormais d'engagements envers le gouvernement de Louis-Philippe, se consacra tout entier à la propagande des idées du prince Louis-Bonaparte, avec qui il avait conservé d'amicales relations. Après avoir passé quelque temps auprès de lui en 1840, à Londres, il revint à Paris, prit la direction du journal napoléonien le *Commerce*, continua de défendre le prétendant après l'affaire de Boulogne, et resta fidèle au prisonnier de Ham, qu'il visitait assidûment. Les événements de 1848 ranimèrent l'ardeur de M. Mocquard, qui mit tout en œuvre pour rallier des partisans à son ami, fut un des membres les plus actifs du comité électoral présidé par le général Piat, et fut choisi par L.-N. Bonaparte pour secrétaire particulier. Il conserva ces fonctions intimes après l'élection du 10 décembre, devint un des chefs du cabinet, et fut un des premiers confidents des projets de coup d'Etat. M. Mocquard prit une part importante à l'exécution de cet acte, demeura le secrétaire intime et le secrétaire particulier de l'empereur, le 7 mai 1863, fut appelé à faire partie du Sénat. Il mourut l'année suivante. En 1870, on retrouva dans les *Papiers de la famille impériale* une note de la main de l'empereur témoignant que M. Mocquard, qui avait toute la confiance du souverain, avait à sa disposition des sommes importantes. Sa bienveillance et sa courtoisie étaient très appréciées. Il s'occupait volontiers de littérature : la *Notice* consacrée à la reine Hortense, dans la *Biographie des contemporains*, de Jay, Jouy, Norvins, etc., est de lui. On lui attribua aussi une part de collaboration dans plusieurs drames, tirés des causes célèbres, tels que le *Masque de poix* (1855), la *Fausse adultère* (1856), les *Fiancés d'Albano* (1858), la *Tireuse de cartes* (1859), les *Massacres de Syrie* (1860). Il avait, dit-on, essayé de traduire *Tacite*; en 1871, un roman intitulé *Jessie* parut sous sa signature dans la *Revue contemporaine*.

MOIGNON-SALMON (Louis-Jérome), député au Conseil des Cinq-Cents, né le 16 septembre 1758, mort à une date inconnue, avocat en 1789, remplit successivement, sous la Révolution, les fonctions de juge de paix de Châlons-sur-Marne (1790), de président du département de la Marne (1792), de juge au tribunal de district, de juge (an V) à la cour criminelle de la Marne, et de président de canton pour la ville de Reims. Il fut élu, le 24 germinal an VII, député de la Marne au Conseil des Cinq-Cents; son rôle parlementaire prit fin avec le coup d'État de Bonaparte.

MOISSON-DEVAUX (Gabriel-Pierre-François), député au Conseil des Cinq-Cents, né à Caen (Calvados) le 6 mai 1742, mort à Caen le 8 septembre 1802, fils d'un avocat du roi au siège présidial de cette ville, étudia les sciences naturelles et spécialement la botanique. Après avoir fait, comme lieutenant au régiment de cavalerie dauphin-étranger, les campagnes de 1758 à 1761 en Allemagne, il quitta le service et se livra entièrement à son goût pour les plantes. Au moment de la Révolution, dont il n'était point l'adversaire, il fut nommé président du district de Bayeux. Elu, le 22 germinal an V, député du Calvados au Conseil des Cinq-Cents, par 344 voix (373 votants), il prit place parmi les modérés, et sollicita la reprise des travaux du port de Caen et l'exécution des anciens travaux de jonction de l'Orne à la Loire. Rendu à la vie privée, il parcourut une partie de la France en herborisant, et en étudiant les différentes méthodes agricoles. Le 6 floréal an VIII, il devint maire de Caen et membre du conseil général; il fut aussi vice-président de la société d'agriculture de Caen et membre de l'Académie des sciences, arts et belles-lettres de la même ville.

MOLÉ (MATHIEU-LOUIS, COMTE), pair des Cent-Jours, pair de France, ministre, représentant en 1848 et 1849, né à Paris le 24 janvier 1781, mort au château de Champlâtreux (Seine-et-Oise) le 23 novembre 1855, fils de Molé de Champlâtreux, président au parlement de Paris, mort sur l'échafaud le 1er floréal an II, et de mademoiselle de Lamoignon, parente de Lamoignon de Malesherbes, passa avec sa mère ses premières années en Suisse et en Angleterre, et, de retour en France (1796), termina ses études classiques. Il avait vingt-six ans lorsqu'il débuta (1806) dans la littérature par les *Essais de morale et de politique*, qui eurent deux éditions: la seconde était accompagnée d'une vie de Mathieu Molé, aïeul de l'auteur. Cet ouvrage, qui faisait un pompeux éloge des institutions impériales, fut jugé diversement: Fontanes le traita avec beaucoup de bienveillance dans le *Journal de l'Empire*, depuis *Journal des Débats*, et présenta à Napoléon le jeune écrivain, qui devint successivement auditeur au conseil d'Etat, et maître des requêtes (1806). Rapporteur au conseil d'Etat, en 1806, de la loi d'exception que l'empereur voulait édicter contre les juifs, après les avoir vus à Strasbourg maîtres de presque tous les immeubles de la région par l'hypothèque et par l'usure, M. Molé ne put concilier ces mesures avec les lois égalitaires de la Révolution, et conclut à la reconnaissance officielle de la religion israélite. L'empereur le nomma commissaire impérial au Sanhédrin israélite, puis préfet de la Côte-d'Or (1807), conseiller d'Etat, directeur général des ponts et chaussées (1809), comte de l'Empire (29 septembre de la même année), et commandeur de l'ordre de la Réunion. Le comte Molé montra un réel dévouement pour l'empereur et sa dynastie, et ce fut lui que le gouvernement chargea (12 novembre 1813) de faire au Sénat la proposition d'attribuer à Napoléon par un sénatus-consulte, la nomination du président au Corps législatif sans présentation de candidat, mesure fondée sur ce que « les usages du parlement, écrit un biographe, exigeaient une connaissance particulière des étiquettes et des formes, qui, faute d'être bien connues, pouvaient donner lieu à des méprises et à des lenteurs que les corps interprétaient toujours mal. » Molé succéda, le 20 novembre 1813, à Régnier, duc de Massa, dans les fonctions de ministre de la Justice; il les exerça jusqu'au 2 avril 1814. En sa qualité de « grand

juge », il accompagna, ainsi que tous les autres ministres, l'impératrice Marie-Louise, lorsqu'elle se rendit à Blois. La première Restauration le tint à l'écart des emplois publics. Ce ne fut que comme membre du conseil municipal de Paris qu'il signa, quelques jours avant le 20 mars 1815, la fameuse adresse présentée au roi et dans laquelle se trouvait cette phrase : « Que nous veut cet étranger pour souiller notre sol de son odieuse présence? » A son retour, Napoléon lui laissa, pendant les Cent-Jours, la direction des ponts et chaussées et sa place au conseil d'Etat. Le comte Molé refusa de signer la déclaration du conseil d'Etat du 25 mai contre les Bourbons, il quitta même la séance pour ne pas prendre part à la délibération. Vivement blâmé par l'empereur, il s'excusa en disant « qu'il n'avait pas cru pouvoir s'associer à un manifeste contenant ce blasphème politique : que Napoléon tenait sa couronne du vœu et du choix du peuple français ». Cependant Napoléon le nomma, le 2 juin, pair des Cent-Jours; mais M. Molé partit pour les eaux de Plombières, écrivit-on là pour s'excuser de siéger, et attendit les événements. Revenu à Paris après Waterloo, il fit parvenir à Louis XVIII l'assurance de son « inaltérable fidélité », rentra au conseil d'Etat, fut renommé (9 juillet 1815) directeur général des ponts et chaussées, et, le 17 août suivant, fut promu à la Chambre des pairs. Dans le procès du maréchal Ney, il vota pour la mort; certains biographes affirment qu'il usa ensuite de son influence pour arracher quelques autres victimes à la terreur blanche. Bientôt, le maréchal Gouvion-Saint-Cyr étant passé du ministère de la Marine au ministère de la Guerre, Molé reçut (12 septembre 1817) le portefeuille de la Marine, qu'il garda jusqu'au 28 décembre 1818. Ce fut lui qui, dans la session de 1818, présenta à la Chambre haute le projet de loi sur la liberté de la presse. Il prit d'ailleurs une part active aux mesures qui signalèrent le ministère présidé par le duc de Richelieu, et quitta le pouvoir, avec cet homme politique, lors de la dislocation partielle du cabinet, causée par les élections de La Fayette, de Manuel et de Benjamin Constant. Il siégea dès lors, à la Chambre des pairs, parmi les royalistes constitutionnels, et combattit plusieurs fois à la tribune les opinions des ultras. A la séance du 28 mars 1826, il parla le premier contre le rétablissement du droit d'aînesse, au nom des intérêts moraux de la famille et des intérêts financiers de l'Etat. Après la révolution de juillet, le comte Molé fut appelé, dès le 11 août 1830, par Louis-Philippe, au ministère des Affaires étrangères; il travailla à faire reconnaître le nouveau roi par les puissances étrangères, et adopta, non sans quelque hésitation, le principe pacifique, cher au roi, de la non-intervention. Mais son impopularité et quelques dissentiments avec ses collègues le forcèrent, au 1er novembre suivant, de résigner son portefeuille. Après la crise ministérielle du 6 septembre 1836, il fut chargé de former un nouveau cabinet, et reprit, avec la présidence du conseil (6 septembre 1836-30 mars 1839), le département des Affaires étrangères. Au premier rang des difficultés dont Thiers lui laissait l'héritage, le comte Molé trouva la question suisse et l'affaire Conseil. Persuadé qu'il n'y avait rien de vrai dans la mission d'espionnage attribuée à Conseil, et que les protestations de la diète contre le rôle de la France et de son roi n'étaient que le résultat d'une trame ourdie par les réfugiés pour perdre l'ambassadeur français, le comte Molé n'hésita pas à interrompre toute relation diplomatique avec la Suisse. A la vérité la querelle se trouva apaisée presque aussitôt, la Suisse n'ayant pas persisté dans ses réclamations. Le complot de Louis Bonaparte, les attentats sans cesse renouvelés contre la vie du roi, vinrent susciter bientôt d'autres embarras au cabinet, dont un des premiers actes avait été l'élargissement des prisonniers de Ham, les ex-ministres de Charles X. Il eut enfin à lutter contre la fameuse *coalition*, dont Thiers et Guizot, écartés du ministère le 15 avril 1837, et s'alliant avec la gauche, devinrent les chefs les plus ardents. Cette année 1837 s'était annoncée par de vifs débats parlementaires. Ce fut au sujet de l'Espagne que Thiers engagea la lutte contre le cabinet. Il s'efforça de prouver que le rôle du président du conseil à l'égard de ce pays n'avait ni éclat ni grandeur; que les destins de la monarchie constitutionnelle en France étaient liés à la conservation de la royauté d'Isabelle en Espagne; que l'intervention au delà des Pyrénées contre l'absolutisme de don Carlos nous était commandée par notre alliance avec les Anglais, etc. Molé opposa à ces considérations l'élasticité manifeste des termes dans lesquels le traité de la quadruple alliance était conçu, les inconvénients d'une politique d'aventures, et les hésitations de son rival au pouvoir, dans cette même question espagnole. La Chambre se tint cette fois pour satisfaite. « Un jugement droit, écrit un historien, une élocution sans relief, mais suffisante et sobre, beaucoup de tenue, de la présence d'esprit et du sang-froid, de l'habileté dans le maniement des hommes, tout ce qui donne l'habitude des grandes relations, l'expérience des affaires, une politique apprise à l'école de l'Empire, et par conséquent le goût du despotisme, mais avec cela une facilité singulière à se plier au joug des circonstances, peu d'élévation dans les vues, nulle hardiesse dans l'exécution, un amour-propre inquiet et trop aisément irritable : voilà ce que M. Molé avait apporté aux affaires en qualités et en défauts. » Guizot ne lui pardonnait pas de prétendre avoir le pas sur ses collègues. « M. Molé, devant M. Guizot, c'était la susceptibilité patricienne aux prises avec l'orgueil. Le premier s'irritait d'avoir la suprématie à conquérir, le second affectait, à l'égard de l'homme qui la lui contestait, une sorte d'étonnement dédaigneux dont rien n'égalait l'injure. De là un duel sourd, dans lequel les conceptions législatives, les desseins politiques, l'emploi des agents, les mesures les plus générales en apparence n'entraient que comme des armes à l'usage de la jalousie. » La direction donnée au procès de Strasbourg et l'issue des débats inspirèrent au comte Molé la pensée de faire accorder au ministère le droit d'éloigner arbitrairement de Paris quiconque paraîtrait trop dangereux; le chef du cabinet abandonna son projet, non sans humeur, à la suite d'une démarche de M. Duvergier de Hauranne, et finit par s'arrêter à trois projets de loi inspirés d'ailleurs par les mêmes sentiments. Le premier, dit « de disjonction », portait que lorsque des crimes prévus par certaines lois déterminées auraient été commis en commun par des militaires et des individus appartenant à l'ordre civil, ceux-ci seraient renvoyés devant les tribunaux ordinaires et ceux-là devant les conseils de guerre. Le second demandait qu'on établît à l'île Bourbon une prison destinée à recevoir les citoyens déportés. Le troisième menaçait de la réclusion quiconque ne révélerait pas, en ayant connaissance, les complots formés contre la vie du roi. En même temps, les ministres conviaient la Chambre à constituer au duc de Nemours un riche apanage et à accorder à la reine des Belges une dot d'un million. La première de ces trois lois émut gravement la conscience publique et souleva à la Chambre une très vive opposition : Dupin lui-même l'attaqua avec une verve mordante, qu'appuyèrent MM. Delespaul, de Golbery, Nicod. Lamartine crut devoir défendre le projet; mais MM. Charamaule, Parant, Moreau (de la Meurthe), Persil, Chaix-d'Est-Ange, Berryer, revinrent à la charge, et vainement M. de Salvandy, rapporteur, essaya de justifier son œuvre, on l'écouta à peine et la loi fut rejetée par 211 voix contre 209. Une crise ministérielle paraissait inévitable. Pourtant, le cabinet tint bon, la loi d'apanage fut présentée : la cour, non contente de demander un million pour la dot de la fille aînée du roi, reine des Belges, et un accroissement de revenu d'un million pour l'héritier présomptif le duc d'Orléans, réclamait pour le duc de Nemours le domaine de Rambouillet, en y ajoutant les forêts de Sénonche, de Châteauneuf et de Montécault. Accueillie d'abord sans murmures dans les bureaux de la Chambre, la proposition ne fut pas plus tôt connue du public, que l'irritation des esprits s'accrut : un pamphlet sorti de la redoutable plume de Cormenin vint encore l'attiser. C'est alors que le cabinet fut obligé de se dissoudre. Après quelques semaines passées en essais inutiles de combinaisons, les membres qui représentaient le parti des « doctrinaires » se retirèrent, et Molé resta chargé du soin de constituer un nouveau cabinet qui fut annoncé au *Moniteur* le 15 avril, et dans lequel il conservait avec la présidence du conseil les Affaires étrangères. Le cabinet remanié s'annonça comme un ministère de conciliation : il retira la loi sur la dotation du duc de Nemours ; celles qui concernaient le duc d'Orléans et la reine des Belges furent votées le 22 avril. Le comte Molé négocia, vers la même époque, le mariage du duc d'Orléans. Puis, ne tenant pas pour suffisante la majorité peu nombreuse et peu solide qu'il trouvait à la Chambre, il fit signer au roi, le 30 octobre, une ordonnance qui dissolvait la Chambre et qui convoquait les électeurs pour le 24 novembre. La discussion de l'adresse à la Chambre nouvelle remit sur le tapis l'exécution du traité de la quadruple alliance et amena un nouveau débat entre MM. Thiers et Molé. Les diverses oppositions redoublaient d'ardeur contre le cabinet : une polémique engagée dans la presse les décida à se concerter pour renverser le ministère du 15 avril. La coalition employa toute l'année 1838 à préparer la campagne décisive pour la session de 1839. La discussion de l'adresse fut le champ de bataille où les coalisés attaquèrent le ministère. Devant la Chambre, le combat fut âpre, acharné, surtout entre Guizot et Molé. Un seul trait suffira à donner le ton de la lutte. Guizot accusait son adversaire de n'être qu'un courtisan et lui appliquait le mot de Tacite : *Omnia serviliter pro dominatione.* De son banc, Molé jeta à Guizot cette cruelle réplique : « Monsieur, ce n'est pas des courtisans que Tacite parlait, c'était des ambitieux... » Cette lutte grandit singulièrement le ministre, dont la défense étonna à la fois ses adversaires et ses amis. Bien que l'Adresse, rédigée par les coalisés, ne fût pas adoptée sans modifications, le jour même du vote (8 mars) le comte Molé remit au roi la démission du cabinet, dont la chute devint irrévocable le 30 mars 1839, lorsque fut connu le résultat des nouvelles élections législatives, défavorables aux ministres.

Éloigné dès lors du premier plan de la politique, Molé fut élu, l'année suivante, à l'unanimité moins une voix, membre de l'Académie française. Ce fut lui qui y reçut, le 29 janvier 1846, Alfred de Vigny, et l'on remarqua le ton aigre-doux de sa réponse au discours du récipiendaire dont il avait été auparavant un des protecteurs les plus actifs. En 1844, M. Crémieux ayant fait voter par la Chambre « qu'aucun membre du parlement ne pourrait être adjudicataire ou administrateur dans les compagnies de chemins de fer auxquelles des concessions seraient accordées », M. Molé, qui était président du conseil d'administration de la compagnie de l'Est, se trouva visé : « Je leur jetterai au nez tous les chemins de fer passés, présents et futurs, » écrivait-il à M. de Barante. Son nom fut souvent mis en avant dans plusieurs crises, et, en février 1848, Louis-Philippe le nomma président d'une des dernières combinaisons ministérielles qui ne purent d'ailleurs aboutir. Après la révolution de février, le comte Molé fut porté candidat à l'Assemblée constituante par les « anciens partis », dans le département de la Gironde, en remplacement de Lamartine, qui avait opté pour la Seine : élu représentant, le 17 septembre 1848, par 22,818 voix (45,527 votants, 173,778 inscrits), il siégea dans les rangs de la droite, dont il fut un des chefs ; sans prendre souvent la parole, il n'en eut pas moins d'influence. Il vota *contre* l'amendement Grévy sur la présidence, *contre* le droit au travail, *pour* l'ensemble de la Constitution, *pour* la proposition Rateau, *contre* l'amnistie, *pour* l'interdiction des clubs, *pour* les crédits de l'expédition de Rome, *contre* la demande de mise en accusation du président et de ses ministres. Il avait favorisé ouvertement, en vue de l'élection présidentielle du 10 décembre 1848, la candidature du général Cavaignac. « Il a sauvé la nation, qui ne pourra jamais l'oublier, » déclarait-il à la tribune le 26 octobre. Rallié ensuite au gouvernement de L.-N. Bonaparte, il soutint à l'Assemblée législative, où il fut réélu, le 13 mai 1849, représentant de la Gironde, le 8e sur 13, par 69,635 voix (125,001 votants, 179,161 inscrits), toutes les mesures qui signalèrent l'accord du pouvoir exécutif et de la majorité, appuya l'expédition de Rome, la loi Falloux-Parieu sur l'enseignement, fut membre de la commission des dix-sept qui prépara la loi du 31 mai sur le suffrage universel, mais se sépara du prince-président quand la politique de l'Élysée devint contraire aux intérêts monarchiques. Il se prononça contre le coup d'État, et figura parmi les représentants qui protestèrent, le 2 décembre 1851, à la mairie du 10e arrondissement. Rentré dans la vie privée, il mourut à son château de Champlâtreux, d'une apoplexie foudroyante, le 25 novembre 1855. Le comte Molé avait été conseiller général de Seine-et-Oise. Il était, depuis le 17 octobre 1837, grand-croix de la Légion d'honneur. On a de lui, outre l'écrit cité plus haut, quelques *Mémoires* et un certain nombre de *Discours*.

MOLETTE. — *Voy.* MORANGIÉS (COMTE DE).

MOLIN (JEAN-BAPTISTE-LOUIS), député de 1834 à 1846, né à Riom (Puy-de-Dôme) le 24 août 1789, mort à Paris le 27 avril 1880, propriétaire, affilié à la « charbonnerie » sous la Restauration, et hostile au gouvernement des Bourbons, se présenta à la députation en 1827 ;

il échoua, le 17 novembre, dans le 4e arrondissement électoral du Puy-de-Dôme (Ambert), avec 78 voix contre 91 à l'élu, M. de Riberolles, et ne fut pas plus heureux, le 5 juillet 1831, à Ambert (devenu le 7e collège du Puy-de-Dôme), avec 67 voix contre 71 à l'élu, M. Pourrat. Il entra au parlement comme député du même collège, le 21 juin 1834, élu par 88 voix (172 votants, 190 inscrits), contre 47 voix, au député sortant, M. Pourrat, et vit renouveler son mandat, le 4 novembre 1837, par 106 voix (177 votants, 201 inscrits), contre 38 voix à M. Bastier-Deroure, maire de Cunlhat, et 32 à M. Bravard-Veyrière ; le 13 avril 1839, par 88 voix (175 votants) ; le 2 mars 1839, il avait échoué avec 82 voix contre 86 à M. de Rosamel ; mais ce dernier ayant été nommé pair de France, M. Molin le remplaça. Il fut encore réélu, le 9 juillet 1842, par 114 voix (197 votants, 216 inscrits), contre 89 voix à l'amiral Gombeyre. M. Molin fit constamment partie de la majorité ministérielle, soutint la politique doctrinaire et suivit M. Guizot dans la coalition. Il vota *pour* la dotation du duc de Nemours, *pour* les fortifications de Paris, *pour* le recensement, *contre* les incompatibilités, *contre* l'adjonction des capacités. Ayant échoué, le 1er août 1846, avec 100 voix contre 102 à l'élu, M. Vimal-Dupuy, il rentra dans la vie privée.

MOLINE DE SAINT-YON (ALEXANDRE-PIERRE CHEVALIER), pair de France et ministre, né à Lyon (Rhône) le 29 juin 1786, mort à Bordeaux (Gironde) le 17 novembre 1870, « fils de sieur Honoré Moline de Saint-Yon, écuyer, gouverneur de la ville de Bourg-sur-Mer (sic), et de demoiselle Gabrielle-Antoinette Rivoire », sortit de l'École militaire de Fontainebleau en 1805 avec le grade de sous-lieutenant, fit la campagne de Prusse, et fut ensuite envoyé en Espagne sous les ordres du maréchal Soult. Créé chevalier de l'Empire le 11 juin 1810, il fut blessé à Saint-Jean-de-Luz en 1813, devint chef d'escadron, et rentra en France en même temps que le duc de Dalmatie. Officier d'ordonnance de l'empereur durant la campagne de France, il assista, l'année suivante, à Ligny et à Waterloo. Mis en demi-solde à la seconde Restauration, il se consacra à la littérature, et publia, sous les signer, *Ipsiboé* (1821), opéra représenté à l'Académie royale de musique, *Mathilde ou les Croisades*, puis *François Ier à Chambord*, en collaboration avec M. G. du Fougeroux ; un opéra comique, *Les Époux indiscrets*, qui fut représenté en 1829, sur le théâtre Feydeau, enfin les *Amours de Charles II*, comédie en 5 actes et en vers. La révolution de juillet l'ayant remis en activité, il devint colonel en 1831, maréchal de camp en 1835, lieutenant-général en 1844, directeur du personnel et des opérations au ministère de la Guerre, pair de France le 10 novembre 1845, et, le même jour, ministre de la Guerre. Trois jours auparavant, il avait été fait grand officier de la Légion d'honneur. En désaccord avec la majorité ministérielle, il dut, le 9 mai 1847, céder son portefeuille au général Trézel. Mis d'office à la retraite le 8 juin 1848, comme général de division, il ne reparut plus sur la scène politique. On a de lui : *Guerres de religion en France de 1585 à 1590* (1834) ; *Les deux Minas* (1849) ; *Histoire des comtes de Toulouse* (1859-1861) ; il collabora aussi à différents recueils militaires et écrivit pour le *Panthéon français* la biographie du prince Eugène de Beauharnais.

MOLINIER (Jean-Antoine), député en 1791, né en 1762, mort à Paris le 16 juin 1829, homme de loi avant la Révolution, devint administrateur de l'Aveyron, et fut élu, le 9 septembre 1791, député de ce département à l'Assemblée législative, le 5e sur 9, par 251 voix (417 votants). Il vota silencieusement avec la majorité. Le gouvernement consulaire le nomma, le 8 prairial an VIII, président du tribunal de de Saint-Affrique.

MOLITOR (Gabriel-Jean-Joseph, comte), pair des Cent-Jours et pair de France, né à Hayange (Moselle) le 7 mars 1770, mort à Paris le 28 juillet 1849, « fils de M. Molitor, négociant résidant à Hayange, district de Briey, et de Mme Marianne Poupart », s'engagea comme volontaire au bataillon de la Moselle en 1791, et, nommé capitaine par ses camarades, fit avec ce grade la campagne de 1792; il prit part, comme adjudant général, à la campagne de 1793 et de 1794 à l'armée de la Moselle, fut nommé par intérim au commandement d'une brigade, assista à la bataille de Kaiserslautern, à celle de Wœrth et à la victoire de Geissberg qui sauva Landau. Il passa ensuite successivement sous les ordres de Pichegru, de Moreau et de Jourdan, fut blessé au siège de Mayence, assista au siège de Kehl, et fut nommé définitivement général de brigade le 30 juillet 1799, fut envoyé en Suisse, où il eut de nombreux combats à livrer contre l'armée austro-russe de Souwarow; il se distingua notamment au pont de Nœffels (1er octobre 1799). Affecté à l'armée du Rhin l'année suivante, il franchit ce fleuve le 1er mai, s'empara de Mœskirch et de Feldkirch, et occupa les Grisons. Il reçut le grade de général de division, et, à la paix d'Amiens, commanda la 7e division militaire à Grenoble. Appelé, en 1805, à la tête d'une division de l'armée d'Italie, il contint à Coldiers (29 octobre 1805) l'aile droite des Autrichiens et marcha ensuite sur Vienne. Après le traité de Presbourg, il devint gouverneur de la Dalmatie, repoussa les attaques de la flotte russe, et délivra Lésina et Raguse. En 1807, il fut investi du commandement civil et militaire de la Poméranie, et fut créé, en récompense de ses services, comte de l'Empire le 29 juin 1808. Il était grand officier de la Légion d'honneur depuis le 25 juillet 1806; l'empereur lui accorda en outre une dotation de 30,000 fr. Durant la campagne du Danube, en 1809, il se distingua à Aspern et à Wagram, en 1810 il commanda le cercle hanséatique, en 1811 la Hollande, où il resta jusqu'en 1813, tint tête à l'insurrection et lutta énergiquement contre la marche des alliés; il avait été fait grand-croix de l'ordre de la Réunion le 3 avril 1813. En 1814, il passa sous les ordres de Macdonald, protégea la retraite de l'armée, et commanda le 11e corps d'armée jusqu'à l'abdication de Fontainebleau. Il adhéra au retour des Bourbons, et fut nommé, par le roi, chevalier de Saint-Louis, grand-croix de la Légion d'honneur et inspecteur d'infanterie. Au retour de l'île d'Elbe, l'empereur le plaça à la tête des gardes nationales de l'Alsace et le fit gouverneur de Strasbourg et pair le 2 juin 1815. La seconde Restauration lui retira tous ses emplois; mais le maréchal Gouviou-Saint-Cyr le rappela en 1818, avec le titre d'inspecteur général d'infanterie. Molitor prit part à la campagne d'Espagne en 1823, comme commandant du 2e corps, occupa Valence, Murcie, Grenade, Malaga, Carthagène, battit Ballesteros à Campillo de Arenas, et fut nommé maréchal, puis pair de France le 9 octobre 1823. Il prêta serment au gouvernement de Juillet qui lui confia le commandement des 8e et 9e divisions militaires, et le poste de gouverneur des Invalides en 1847. Après la révolution de février, le prince Louis-Napoléon, devenu président de la République, le fit grand chancelier de la Légion d'honneur le 23 décembre 1848. Le comte Molitor mourut huit mois après.

MOLL (Alexandre-Pierre), représentant à la Chambre des Cent-Jours, député de 1815 à 1822, né à Eschentzwiller (Haut-Rhin) le 22 février 1767, mort à Colmar (Haut-Rhin) le 20 septembre 1841, entra dans l'administration impériale et fut employé par Beugnot dans le grand-duché de Berg. Le 10 mai 1815, l'arrondissement d'Altkirch (Haut-Rhin) l'élut représentant à la Chambre des Cent-Jours par 51 voix (100 votants), contre 52 voix à M. Pflieger. Ce mandat lui fut renouvelé, le 22 août 1815, par le grand collège du Haut-Rhin, avec 78 voix (125 votants, 199 inscrits); et, le 20 septembre 1817, par le même collège, avec 246 voix (451 votants, 552 inscrits). Durant la session de 1815-1816, il prit place dans la minorité ministérielle, puis, l'année suivante, passa au centre, près de la gauche. En 1817, il demanda l'exemption des droits de timbre et d'enregistrement pour les actes relatifs à l'administration des compagnies d'assurance mutuelle contre l'incendie, et vota ensuite *contre* les deux lois d'exception, et *pour* la nouvelle loi électorale. Nommé, en 1818, directeur des contributions à Laval, il quitta la vie politique avec la série sortante de 1822.

MOLLARD (Marie-Philibert), sénateur du second Empire, né à Albens (Savoie) le 13 mai 1801, mort à Nice (Alpes-Maritimes) le 23 juin 1873, suivit la carrière militaire et appartint à l'armée sarde jusqu'en 1860. A cette époque, par suite de l'annexion de la Savoie, M. Mollard entra au service de la France. Général de division, il devint aide-de-camp de l'empereur Napoléon III, et fut appelé par lui au Sénat le 5 mars 1866. Il vota, jusqu'en 1870, dans la chambre haute, conformément aux vœux du pouvoir. Membre du conseil général de la Savoie, le général Mollard était grand officier de la Légion d'honneur, et grand cordon de l'ordre royal italien des SS. Maurice et Lazare.

MOLLERUS (Jean-Henri), député au Corps législatif de 1811 à 1814, né à la Haye (Hollande) le 30 octobre 1750, mort à Utrecht (Hollande) le 22 juin 1834, fils d'un président de la haute cour de justice, suivit la carrière judiciaire, et fut (1784) greffier du conseil d'État. Dévoué à la maison d'Orange, il donna sa démission lors de l'occupation française, en 1802, secrétaire des États provinciaux de la Hollande, puis membre du conseil des colonies d'Asie, membre du conseil d'État (1806), et fut successivement ministre de l'Intérieur et ministre des Cultes. Napoléon l'appela, le 19 février 1811, à siéger dans le Corps législatif impérial, comme député des Bouches-de-la-Meuse, et le nomma, peu après, directeur des ponts et chaussées en Hollande. Il siégea jusqu'en 1814, et remplit quelque temps dans son pays, au retour du stathouder, le poste de ministre de la Guerre. Il rentra la même année au conseil d'État, dont il devint vice-président (1816).

MOLLET (Jean-Luc-Anthelme), membre de la Convention, représentant à la Chambre des

Cent-Jours, né à Belley (Ain) le 23 mai 1752, mort à Belley le 15 mars 1834, « fils de maître Philibert Mollet, procureur au bailliage de Belley, et de demoiselle Sébastienne Muniès », était avocat à Belley avant la Révolution. Il fut élu, le 5 septembre 1792, député de l'Ain à la Convention, le 5e sur 6, par 208 voix (371 votants). Il se prononça, dans le procès du roi, « pour la détention. » Ayant donné sa démission, le 16 août 1793, comme malade d'une fistule hémorroïdale, Mollet fut remplacé par M. Ferrand. Le 13 mai 1815, l'arrondissement de Belley l'élut à la Chambre des Cent-Jours, par 74 voix (75 votants, 133 inscrits). Il rentra dans la vie privée après cette courte législature.

MOLLET (ANTHELME-ROSELLI), dit ROSELLI-MOLLET, né à Belley (Ain) le 12 février 1796, mort à Belley le 15 avril 1886, fils du précédent et de Etiennette Roux, étudia le droit et se fit recevoir avocat. Il exerça cette profession à Belley, fit une vive opposition au gouvernement de Louis-Philippe dans les rangs du parti démocratique, et fut nommé, en 1848, commissaire de la République dans le département de l'Ain. Un conflit s'étant élevé entre lui et les autres commissaires du gouvernement, M. de Champvans resta seul à la tête du département. M. Roselli-Mollet fut élu, comme candidat des démocrates-socialistes, représentant de l'Ain à l'Assemblée législative (13 mai 1849), le 3e sur 8, par 48,000 voix (82,754 votants, 102,031 inscrits). Il prit place à la Montagne et appuya l'interpellation de Ledru-Rollin sur l'expédition de Rome. Bien que son nom figurât au bas des manifestes du 13 juin, il ne fut pas impliqué dans les poursuites exercées à la suite de l'affaire du Conservatoire des Arts et Métiers, s'associa, jusqu'à la fin de la législature, aux votes de la minorité démocratique, *contre* la loi Falloux-Parieu sur l'enseignement, *contre* la loi restrictive du suffrage universel, protesta contre le coup d'Etat de 1851, et rentra dans la vie privée.

MOLLET (LUC-PHILIBERT-EDMOND), dit RoSELLI-MOLLET, député de 1881 à 1883, né à Belley (Ain) le 30 janvier 1842, mort à Magnieu (Ain) le 3 octobre 1883, fils du précédent et de Claudine-Rosalie Lagrange, fut attaché, comme ingénieur, aux chemins de fer de la Suisse, et devint, d'autre part, conseiller général du département de l'Ain. Républicain avancé, il fut compromis dans l'insurrection communaliste de 1871. Puis il se présenta, le 20 février 1876, aux élections de la Chambre des députés dans l'arrondissement de Belley, et obtint 1,403 voix contre 12,945 à l'élu opportuniste, M. Chaley, et 4,456 au candidat conservateur, M. Cottin. M. Roselli-Mollet fut plus heureux le 21 août 1881 : élu, sur un programme radical, par 11,052 voix (17,615 votants, 23,574 inscrits), contre 5,847 au député sortant, M. Chaley, il prit place à l'extrême gauche, vota *contre* les ministères Gambetta et J. Ferry, soutint la politique intransigeante, et mourut au cours de la législature (octobre 1883). Il fut remplacé, le 25 novembre suivant, par M. Giguet.

MOLLEVAUT (ETIENNE), membre de la Convention, député au Conseil des Anciens, au Conseil des Cinq-Cents, et au Corps législatif de l'an VIII à 1807, né à Jouy-sous-les-Côtes (Meuse) le 20 juillet 1744, mort à Nancy (Meurthe) le 10 janvier 1816, était avocat au parlement de Nancy; à l'époque de la Révolu-

tion, il fut élu maire de cette ville. Appelé, en mars 1791, à faire partie du tribunal de cassation, il fut élu, le 4 septembre 1792, député de la Meurthe à la Convention, et siégea parmi les modérés. Il vota, dans le procès du roi, pour la détention et le bannissement à la paix, en motivant ainsi son opinion : « Je déclare que je vais prononcer comme mandataire du peuple; nul décret ne m'en a ôté le titre. Je déclare que je ne suivrai aucun autre motif que celui de l'intérêt du peuple. Je suis convaincu que le jour qui verrait tomber la tête du tyran serait peut-être celui de l'établissement d'une tyrannie nouvelle. Je suis convaincu que la mort de Louis serait pour le peuple français ce que fut celle de Charles Ier aux Anglais. Je vote pour la détention pendant la guerre, et pour le bannissement à la paix. » Du parti de la Gironde, il fut membre et président du comité des douze, et se retira de ce comité le 30 mai 1793 avec ses collègues. Mais, impliqué dans le procès des Girondins, il fut, sur la dénonciation de Bourdon (de l'Oise), décrété d'arrestation et d'accusation (2 juin) et mis hors la loi (28 juillet); il échappa aux conséquences de ces mesures en se cachant en Bretagne chez un ami. Ses biens furent confisqués. Après le 9 thermidor, diverses motions se produisirent en sa faveur; mais il ne fut rappelé à l'assemblée qu'en frimaire an III. Réélu (21 vendémiaire an IV) par neuf départements député au Conseil des Anciens, il opta pour la Meurthe, devint secrétaire du Conseil, puis président, passa au Conseil des Cinq-Cents le 24 germinal an VI, et, s'étant rallié au coup d'Etat de brumaire, fut désigné par le Sénat conservateur (4 nivôse an VIII), pour représenter la Meurthe au nouveau Corps législatif; il siégea jusqu'en 1807. Nommé, en 1809, proviseur du lycée de Nancy, bâtonnier de l'ordre des avocats de Nancy en 1814, il fut chargé, en cette qualité, de complimenter le comte d'Artois, lors de son passage en cette ville.

MOLLIEN (JEAN-JACQUES-FRANÇOIS), député en 1789, né à Mesnil-sur-Blangy (Calvados) le 11 juin 1754, mort en 1821, « fils de François Mollien et d'Anne-Catherine Lecomte », était propriétaire à Pont-l'Evêque. Elu, le 23 avril 1789, député du tiers aux Etats-Généraux par le bailliage de Rouen, il se fit peu remarquer dans l'Assemblée constituante, devint membre du directoire du district de Pont-l'Evêque, chef de bataillon de la garde nationale, et fut plus tard, en raison des relations de son père (*voir plus bas*) avec le premier Consul, appelé (5 floréal an VIII) au poste de sous-préfet de Pont-l'Evêque. Administrateur de la caisse d'amortissement (8 prairial an XII), il reçut, le 6 avril 1813, de Napoléon Ier, le cordon de grand-aigle de la Légion d'honneur.

MOLLIEN (FRANÇOIS-NICOLAS, COMTE), ministre, pair des Cent-Jours et pair de France, né à Rouen (Seine-Inférieure) le 28 février 1758, mort à Paris le 20 avril 1850, « fils de Jacques-Robert Mollien, marchand fabricant, et de Marie-Anne Cotelle, » fit de brillantes études à Paris, entra au ministère des Finances par la protection du duc de Richelieu, y devint bientôt premier commis, et fut chargé, de 1784 à 1786, de la surveillance des fermes générales, dont il augmenta le rendement annuel de quatorze millions. Il obtint en récompense une pension de 3,000 livres jusqu'à la Révolution. Il appuya auprès de M. de Calonne un mémoire de Lavoisier sur les objets de consommation qui échappaient à l'impôt, l'adoption des conclusions de ce mémoire aboutit à la construction des barrières de l'octroi de Paris. A la chute de M. de Calonne, Mollien contribua à la négociation d'un traité de commerce entre la France et l'Angleterre (1786). Au moment de la réorganisation de l'administration des domaines et de l'enregistrement, il fut nommé directeur dans le département de l'Eure. Le 10 août 1792, il donna sa démission. Il s'occupa ensuite d'industrie cotonnière ; mais, en février 1794, sur la dénonciation d'un certain Gaudot, ex-employé des octrois de Paris, que Mollien avait autrefois fait condamner pour vol, il fut déclaré suspect de complicité avec les fermiers généraux, fut emprisonné avec eux, échappa à leur sort, et fut mis en liberté après le 9 thermidor. Il se rendit alors en Angleterre dont il étudia le système financier, et rentra à Paris à l'approche des événements de brumaire. Gaudin, ministre des Finances, confia bientôt à Mollien la direction de la caisse d'amortissement, dont celui-ci améliora la comptabilité. L'année suivante, il fut mandé auprès du premier Consul qui voulait mettre un terme aux fluctuations désordonnées de la Bourse de Paris. Tout en étant partisan de la liberté des transactions, Mollien proposa de soumettre les joueurs à la loi commune des contrats. Le premier Consul prit aussi son avis sur la réorganisation de la caisse d'amortissement, sur la Banque de France, sur le taux du change, sur les emprunts, lui demanda un rapport quotidien sur les dispositions de la Bourse et sur les incidents financiers, et le nomma conseiller d'Etat (1804). Lors de la crise que la Banque de France traversa en 1805, Mollien avait proposé de réduire l'escompte ; son conseil n'avait pas été écouté ; la panique continuait et chaque jour les caisses étaient assaillies par les porteurs de billets. Napoléon, qui venait de terminer la campagne d'Austerlitz, revint à Paris brusquement, le 26 janvier 1806, et convoqua un conseil de finances auquel assistèrent Gaudin, Barbé-Marbois, deux conseillers d'Etat de Fermon et de Crétat, et Mollien. A l'issue de ce conseil, l'empereur retint Mollien et lui annonça qu'il le nommait ministre du Trésor. Mollien exerça ces fonctions du 27 février 1806 au 30 mars 1814. En mai 1806, il adressa à l'empereur un rapport remarquable sur la situation du département qui lui était confié ; il y signalait deux réformes importantes : la création de la caisse de service, qui affranchissait le Trésor de la tutelle des banquiers, et qui permettait de faire rentrer les revenus de l'Etat par anticipation et de la manière la moins onéreuse, et l'adoption du système de comptabilité en partie double, qui permettait l'exacte surveillance et la parfaite régularité de l'administration financière. Il fut cependant l'adversaire de la mesure proposée par Napoléon et tendant à déclarer usuraire tout intérêt supérieur à cinq pour cent. Déjà grand cordon de la Légion d'honneur, Mollien fut créé comte de l'Empire le 26 avril 1808, et reçut plusieurs dotations en Westphalie, en Illyrie et en Hanovre. En 1814, il suivit l'impératrice à Blois et vécut dans la retraite pendant la première Restauration. Le 20 mars 1815, il reprit ses fonctions de ministre à la demande de l'empereur, et fut nommé pair de France le 2 juin 1815. Au retour de Gand, il se retira près d'Etampes, dans sa campagne de Jeurs, qu'il avait achetée en 1807 grâce à une gratification de 300,000 francs que l'empereur lui avait donnée sur les fonds extraordinaires de la grande armée. Mollien fut en effet un des

rares ministres qui eurent l'honneur de rester pauvres. En 1818 et en 1819, il refusa le portefeuille que lui offrirent le duc de Richelieu et le duc Decazes, fut nommé pair de France le 5 mars 1819, fut plusieurs fois chargé, à la Chambre haute, du rapport sur le budget, devint président de la commission de surveillance de la caisse d'amortissement, président de l'Institut agronomique, et s'occupa de la rédaction de ses *Mémoires*. Après 1830, il fut président de la commission chargée de consentir au commerce parisien un prêt de 30 millions, membre du conseil supérieur du commerce, et conseiller général de Seine-et-Oise. Après la révolution de février, il reçut la visite du prince Louis-Napoléon ; il était le dernier survivant des ministres du premier Empire. Il mourut quelques jours après, sans avoir eu d'enfants de son mariage avec Mlle Dutilleul, fille d'un ancien premier commis des finances. Mollien a laissé des *Mémoires* qui n'ont pas été publiés. L'empereur Napoléon III a donné son nom à l'un des pavillons du nouveau Louvre.

MOLLIEN (CHARLES-EUDOXE), député de 1876 à 1879, né à Boves (Somme) le 4 août 1835, mort à Chaulnes (Somme) le 17 janvier 1879, fit ses études de médecine militaire au Val-de-Grâce, et suivit la campagne de 1870, comme médecin militaire, aux armées du Rhin, de la Loire et de l'Est. Retiré à Péronne après la guerre, il y exerça la médecine, devint conseiller général de la Somme en octobre 1871, pour le canton de Chaulnes, secrétaire du conseil en 1873, et fut élu, le 20 février 1876, sur un programme républicain conservateur, député du 1er arrondissement de Péronne, par 5,905 voix (11,236 votants, 13,737 inscrits), contre 2,524 à M. Vasset. Il prit place à gauche, et fut l'un des 363 députés qui refusèrent un vote de confiance au ministère de Broglie. Réélu, comme tel, le 14 octobre 1877, par 6,609 voix (12,135 votants, 14,013 inscrits), contre 5,464 à M. Vasset, il continua de voter avec la gauche. Il mourut au cours de la session, et fut remplacé, le 6 avril 1879, par M. Cadot.

MOLTEDO (JEAN-ANDRÉ-ANTOINE), membre de la Convention, député au Conseil des Cinq Cents, né à Vico (Corse) en 1751, mort vers 1827, appartenait à une ancienne famille *da Mortao, Moltedo* ou *Multedo;* son acte de baptême n'a pu être retrouvé, mais, tandis qu'il signait *Moltedo*, et que ses deux médailles de membre des Cinq-Cents portent également *Moltedo*, son acte de confirmation, du 17 mai 1766, porte : *filius Joseph de Multedis*, et les membres actuels de la famille signent *Multedo* (*V. ce nom*). Jean-André-Antoine entra dans les ordres, fut nommé chanoine, puis vicaire général, et, en 1791, membre de l'administration du département. Elu, le 20 septembre 1792 député de la Corse à la Convention, le 6e et dernier, par 206 voix (394 votants), il se prononça « pour la réclusion du roi », puis réélu par son département, député au Conseil de Cinq-Cents, le 22 vendémiaire an IV ; il parla en faveur de ceux des habitants de la Corse qui, pour se soustraire à la domination anglaise, avaient quitté leur patrie, et demanda pour eux la nourriture et la solde accordées aux défenseurs de la République. Moltedo était dévoué à la France et, en 1796, dans une assemblée séparatiste à Corte, Charles-André Pozzo di Borgo proposa de lui retirer son mandat de député. Le temps n'a pas encore éteint aujourd'hui la haine héréditaire entre les deux familles

Moltedo quitta la vie publique en l'an VI. Le 25 frimaire de la même année, un frère de Jean-André-Antoine Moltedo fut nommé par le Directoire consul de France à Smyrne, d'où il passa presque aussitôt à Rhodes, en la même qualité. En 1793, il se rendit, comme commissaire du gouvernement, près du dey d'Alger qui, sans égard pour son titre, le fit arrêter. Ce ne fut qu'à la suite d'une longue et rigoureuse captivité que Moltedo rentra en France. Il devint alors (5 germinal an XII) directeur des droits réunis du département des Alpes-Maritimes, fut nommé, en 1811, conseiller à la cour impériale d'Ajaccio, et occupa ce poste jusqu'à la seconde Restauration.

MONACO (Honoré-Gabriel Grimaldi, duc de Valentinois, prince de), pair de France, né à Paris le 13 mai 1778, mort à Paris le 2 octobre 1841, prince héréditaire de Monaco, chevalier du Mérite militaire de Wurtemberg, grand-croix du Mérite civil de Bavière, émigra avec sa famille à la Révolution; il rentra en France sous le Consulat. Il se rallia à la cause impériale, devint chevalier de la Légion d'honneur, aide-de-camp de Murat, puis premier écuyer de l'impératrice Joséphine. Le traité de Paris (1814) le remit en possession de sa principauté héréditaire. Il fut nommé pair de France le 4 juin 1814, et se tint à l'écart durant les Cent-Jours. Le 20 novembre 1815, sa principauté fut placée sous la protection du roi de Sardaigne, Emmanuel Ier, qui reconnut, le 8 novembre 1817, la souveraineté d'Honoré V. Ce prince n'est connu que par son ouvrage sur : *Le paupérisme en France et les moyens d'y remédier* (1839), et par une monnaie de billon, frappée à son effigie, qui se répandit si vite dans le midi de la France que Louis-Philippe dut en interdire la circulation. Il mourut sans enfant; ce fut son frère, Ferdinand, qui lui succéda.

MONCEL (Alexandre-Henry-Adéodate, comte du), député de 1815 à 1816, de 1827 à 1830, pair de France, né à Halleville (Manche) le 6 décembre 1784, mort au château de Martinvast (Manche) le 20 octobre 1861, « fils du légitime mariage de haut et puissant seigneur Jean-François, comte du Moncel, brigadier des armées du roy et capitaine au régiment des gardes françaises, et de haute et de puissante dame Marie-Anne du Mérigot de Sainte-Fère », suivit la carrière des armes, entra à l'Ecole polytechnique en 1804, puis à l'Ecole d'application de Metz en 1806, d'où il sortit, l'année suivante, officier du génie. Envoyé d'abord à Cherbourg, il alla à la grande armée au moment de la campagne de 1809, reçut le baptême du feu à Abensberg, assista à Essling, et se distingua à Wagram dans l'état-major de Masséna. En 1810, il fut attaché à l'armée de Hollande, puis renvoyé à Cherbourg, et, en 1812, de nouveau rappelé à la grande armée, et versé dans le génie du 10e corps, sous les ordres de Macdonald. Il assista à la prise de Dunebourg, manœuvra la ligne d'opération de Riga, et suivit la retraite des troupes sur l'Oder après la défection d'York et du contingent prussien. En 1813, il prit part aux batailles de Lutzen et de Bautzen, où il fut nommé chevalier de la Légion d'honneur, devint chef d'état-major du corps de Vandamme, fut nommé chef de bataillon après Kulm, resta à Dresde avec Gouvion-Saint Cyr, et fut compris dans la capitulation que ce général signa le 11 novembre. A la première Restauration, du Moncel devint directeur du génie et fut attaché en cette qua-

lité à la maison militaire du roi. Après les Cent-Jours, il fut élu député, le 22 août 1815, par le collège de département de la Manche, avec 115 voix (171 votants, 276 inscrits); il ne se fit pas remarquer à la Chambre dans la minorité ministérielle, reprit, en 1816, ses fonctions militaires, et fut de nouveau élu député, par le grand collège de la Manche, le 24 novembre 1827, avec 132 voix (239 votants, 357 inscrits). Il appuya le ministère libéral de M. de Martignac, et renonça à la politique après les événements de 1830. Lieutenant-colonel du génie depuis le 1er janvier 1824, il fut, en 1832, appelé par intérim à la direction du génie à Cherbourg, et présenta au roi le nouveau projet de fortification du port. Directeur titulaire et colonel le 31 décembre 1835, maréchal de camp le 9 avril 1843, pair de France le 21 juillet 1846, il fut mis d'office à la retraite, comme général de brigade, le 8 juin 1848. Il se retira alors dans la Manche, et devint, en 1850, directeur de la ferme-école de Martinvast, membre du conseil général de l'agriculture en 1852, et du conseil général du département. Son fils Théodore-Achille-Louis du Moncel s'est fait dans les sciences physiques et dans l'archéologie un nom distingué.

MONCEY (Claude-Marie-Joseph Jeannot, baron de), député au Corps législatif de 1810 à 1815, frère du suivant, né à Besançon (Doubs) le 30 mars 1764, mort à Boulancourt (Seine-et-Marne) le 8 novembre 1828, « fils du sieur François-Antoine Jeannot (Moncey), avocat au parlement, et de dame Marie-Elisabeth Guidaume, » suivit, comme son frère, la carrière militaire. Il avait le grade de chef d'escadron lorsqu'il fut, le 10 août 1810, élu par le Sénat conservateur député du Doubs au Corps législatif, où il siégea jusqu'en 1815. M. Moncey, créé baron de l'Empire le 25 février 1813, se rallia à la déchéance de Napoléon.

MONCEY (Bon-Adrien Jeannot de), duc de Conegliano, pair des Cent-Jours et pair de France, né à Moncey (Doubs) le 31 juillet 1754, mort à Paris le 20 avril 1842, frère du précédent, s'échappa à quinze ans du collège pour s'engager dans le régiment de Conti. Son père acheta son congé, mais, peu de temps après, le 15 septembre 1769, Bon-Adrien s'engagea de nouveau dans les grenadiers du régiment de Champagne et fit la campagne des côtes de Bretagne en 1773. Son père le racheta une seconde fois et le fit venir à Besançon pour étudier le droit; mais son irrésistible vocation l'emporta encore : il s'engagea dans le corps privilégié des gendarmes de Lunéville, passa, le 20 août 1778, avec son grade de sous-lieutenant, dans la légion de Nassau-Siegen, et devint lieutenant, puis capitaine (12 avril 1791). Partisan de la Révolution, il fut nommé, en octobre 1792, chef du bataillon des chasseurs Cantabres à l'armée des Pyrénées occidentales. Il s'y distingua, notamment à l'affaire des Aldudes et à la défense du camp d'Hendaye, et fut légèrement blessé à Roncevaux. Ces brillants faits d'armes lui valurent le grade de général de brigade. Ayant montré, au conseil de guerre tenu en juillet 1794, plus de confiance que le général Muller commandant en chef, il préconisa l'offensive, vit ses idées en partie adoptées, et fut nommé général de division et placé à la tête de l'aile gauche. Il exécuta très heureusement les mouvements qu'il avait conçus, occupa la vallée de Bastan, Fontarabie, Saint-Sébastien, et se distingua à la journée de Tolosa. Le 9 août 1794, il remplaça le général Muller comme commandant en chef; il répondit à cette promotion par la victoire de Villanova qui nous livra la Navarre. L'année suivante, après avoir battu les Espagnols sous Tolosa, à Villaréal et à Eyber, il conclut à Saint-Sébastien un armistice, préliminaire du traité de Bâle. L'année suivante, il commanda l'armée des côtes à Brest, puis la 11ᵉ division militaire à Bayonne (1ᵉʳ septembre 1796). Partisan de Bonaparte, il passa alors à Lyon, à la tête de la 15ᵉ division militaire. Peu de temps après, des rapports de police le signalèrent comme royaliste; les agents des Bourbons le traitaient du moins comme tel et le désignaient, dans leurs rapports, sous le surnom « Laurens 1262 ». Bien qu'il fût étranger à ces menées, le Directoire le destitua (1797). Il vécut deux ans dans une obscure retraite, vint à Paris solliciter la justice qui lui était due, et, à force d'instances, fut rappelé à l'activité le 2 septembre 1799; dans une lettre du 15 novembre suivant, à Berthier, il se plaignait de n'avoir encore reçu ni destination, ni traitement. Cette disgrâce lui fut comptée par les Bourbons en 1814, qui lui en surent autant de gré que s'il l'avait méritée. Au moment de la campagne d'Italie, en 1800, Moncey reçut l'ordre d'amener, à petites journées, 20,000 hommes de l'armée du Rhin par le Saint-Gothard. Après Marengo, il occupa la Valteline, se joignit à l'armée des Grisons, et, à la paix de Lunéville, commanda les départements de l'Oglio et de l'Adda; en 1801, il fut rappelé à Paris pour y exercer les fonctions d'inspecteur de gendarmerie. Après avoir accompagné Bonaparte aux Pays-Bas en 1803, il fut nommé maréchal de France le 19 mai 1804, grand-cordon de la Légion d'honneur le 2 février 1805, et créé duc de Conégliano le 2 juillet 1808. Pendant ce temps, il resta chargé de commandements militaires de seconde ligne. Il prit cependant une part active à la campagne d'Espagne en 1808 et 1809, occupa la province de Valence et se distingua d'une manière particulière à l'assaut de Saragosse où il faillit être tué par un moine. En 1811, il rentra en France où il eut à organiser des divisions de réserve destinées à l'armée du Nord. Il ne participa pas à la campagne de Russie, qu'il n'approuvait pas, mais reçut, le 14 janvier 1814, le commandement en second de la garde nationale de Paris à laquelle l'empereur confiait l'impératrice et le roi de Rome. En cette occasion, en effet, Moncey montra un réel courage. L'adresse qu'il remit à l'empereur au nom de la garde nationale ne fut pas une vaine déclamation; avec les quelques mille hommes dont il disposait, et qu'il disposa sur les hauteurs de Belleville et des Batignolles, il tint aussi longtemps qu'il put contre l'écrasante supériorité numérique des alliés, et combattit avec une bravoure héroïque sur la place Clichy, où se dresse aujourd'hui sa statue. Après la capitulation, il rassembla aux Champs-Elysées les débris des troupes et les conduisit à Fontainebleau, d'où il adressa son adhésion au rappel des Bourbons. Louis XVIII le maintint dans ses fonctions d'inspecteur de la gendarmerie, et le nomma chevalier de Saint-Louis et pair de France (4 juin 1814). Lorsque l'empereur débarqua au golfe Jouan, Moncey adressa aux troupes une proclamation leur rappelant simplement le serment qu'elles avaient prêté au roi; il n'en fut pas moins nommé pair, le 2 juin 1815, accepta cette dignité, mais ne prit aucune part à la campagne de Belgique et n'exerça aucun commandement actif. Au retour de Gand, Louis XVIII le raya de la liste des pairs. Nommé, en août 1815, président

du conseil de guerre chargé de juger le maréchal Ney, il refusa cette fonction par une lettre au roi restée célèbre : « Sire, placé dans la cruelle alternative de désobéir ou de manquer à ma conscience, j'ai dû m'en expliquer à Votre Majesté. Je n'entre pas dans la question de savoir si le maréchal Ney est innocent ou coupable; votre justice et l'équité de ses juges en répondront à la postérité qui pèse dans la même balance les rois et les sujets. Eh quoi ! le sang français n'a-t-il pas déjà assez coulé?... etc. » Ce refus lui valut une disgrâce; suspendu de ses fonctions, il fut enfermé à Ham. Mais le roi ne l'y laissa pas longtemps, le rétablit, le 14 juillet 1816, dans ses honneurs et dignités, et le rappela à la Chambre des pairs le 5 mars 1819. L'année suivante (5 avril 1820), Moncey devint en outre gouverneur de la 9ᵉ division militaire. En 1823, au moment de la guerre d'Espagne, il fut mis à la tête du 4ᵉ corps, envahit la Catalogne, battit plusieurs fois Mina, et s'empara de Barcelone et de Tarragone. Après la campagne, il exerça les fonctions d'inspecteur général. Nommé, en 1833, gouverneur des Invalides, en remplacement du maréchal Jourdan, il occupa ce poste jusqu'à sa mort.

MONCORPS-DUCHESNOY (JEAN-BAPTISTE-LAZARE-RENÉ, COMTE DE), député en 1789, né à Lévis (Yonne) le 12 juillet 1723, mort à une date inconnue, « fils de messire Charles-Lazare de Moncorps, chevalier, seigneur de Lévis et du Chesnoy, et de dame Anne-Renée d'Assigny », était ancien capitaine de dragons, lorsqu'il fut élu, en mars 1789, député de la noblesse aux Etats-Généraux par le bailliage d'Auxerre. Hostile à la Révolution, il protesta contre la délibération par tête par la lettre qui suit :

« Je soussigné le C. de Moncorps, député de la noblesse au bailliage d'Auxere, déclare que par l'article sept de mes cahiers il m'est enjoint d'opiner par ordre et non pas par teste et que d'après ce mandat il ne mest pas permis de prendre par aux délibérations des Etats-Généraux j'usqua ce que mes cometants maie envoisé de nouveaux pouvoirs chose que je leur ait demendé il i a quel que jours je demande acte aux Etats et ma présente déclaration.

A Versaille cebtente juin 1789.

LE C. DE MONCORPS. »

Le comte de Moncorps n'eut qu'un rôle parlementaire très effacé, et le *Moniteur* ne mentionne pas son nom.

MONDÉNARD (ADOLPHE-JOSEPH DE), député de 1885 à 1889, né à Fieux (Lot-et-Garonne) le 26 janvier 1839, fut reçu licencié en droit à Paris, et se mêla, vers 1860, aux tentatives d'opposition de la jeunesse des Ecoles contre l'Empire, dans les journaux le *Quartier-Latin*, la *Jeune France*, la *Voix des Ecoles*, etc. Après le 4 septembre, il dirigea, dans son département, le *Réveil du Lot-et-Garonne*, puis, après la disparition de ce journal (1878), il fonda la *Constitution*, et passa, en 1880, à la rédaction de l'*Indépendant de Lot-et-Garonne*. En cette qualité il contribua à l'organisation du parti opportuniste dans ce département. Conseiller général, conseiller municipal de Fieux, officier d'académie et grand propriétaire, il s'occupa beaucoup de viticulture et favorisa l'emploi des cépages américains, en faveur desquels il a publié : *Petit manuel de viticulture franco-américaine*. Un incendie l'ayant en partie ruiné, il devint recevenr de l'établissement des Jeunes-Aveugles et Sourds-Muets à Paris. Porté, aux élections du 4 octobre 1885, sur la liste opportuniste du Lot-et-Garonne, il fut élu, au second tour, le 18 octobre, député de ce département, le 5e et dernier, par 45,119 voix (86,457 votants, 101,508 inscrits). Il prit place à la gauche radicale, combattit le cabinet Rouvier, vota l'expulsion des princes, et se prononça, dans la dernière session, *pour* le rétablissement du scrutin d'arrondissement (11 février 1889), *contre* l'ajournement indéfini de la revision de la Constitution, *pour* les poursuites contre trois députés membres de la Ligue des patriotes, *pour* le projet de loi Lisbonne restrictif de la liberté de la presse, *pour* les poursuites contre le général Boulanger.

MONESTIER (Pierre-Laurent), député en 1791, membre de la Convention, né à Sévérac (Aveyron) le 25 septembre 1755, mort à Tarbes (Hautes-Pyrénées) en 1800, était, avant la Révolution, homme de loi à Banassac (Lozère). Ce département l'envoya, le 5 septembre 1791, le 1er sur 5, siéger à l'Assemblée législative. Il prit peu de part aux délibérations et vota avec la majorité. Réélu, le 6 septembre 1792, le 5e et dernier, député de la Lozère à la Convention, « à la pluralité des voix sur 219 votants », il prit place parmi les modérés, et exprima, lors du procès de Louis XVI, l'opinion suivante : « J'émettrai mon opinion comme juge et comme législateur. Comme juge, je trouve dans le code pénal la peine de mort contre les conspirateurs ; comme législateur, je vote pour la mort, en demandant que la peine ne soit appliquée qu'à la paix. » Envoyé en mission dans le Lot-et-Garonne, il poursuivit les nobles et porta contre les prêtres l'arrêté suivant (d'Agen, 25 germinal an II) : « A dater de la publication du présent arrêté, tous les ci-devant prêtres et ministres d'un culte quelconque, qui, en public ou en particulier, par des propos, des actions ou de toutes autres manières, exciteront les citoyens au fanatisme, distrairont le peuple du culte de la Raison et de la célébration des décades, seront mis en état d'arrestation et poursuivis. » Après la session, il revint dans la Lozère comme commissaire du Directoire près l'administration du département, fonctions qu'il conserva jusqu'au coup d'Etat de brumaire. Il mourut quelques mois après, à 45 ans.

MONESTIER (Benoît-Jean-Baptiste), membre de la Convention, né à la Sauvetat (Haute-Loire) le 31 octobre 1745, mort à la Saigne (Puy-de-Dôme) le 29 novembre 1820, était, avant 1789, chanoine du chapitre de Saint-Pierre à Clermont. Nommé, en 1791, premier vicaire épiscopal de l'évêque constitutionnel de Clermont, il fut élu, le 7 septembre 1792, député du Puy-de-Dôme à la Convention, le 10e sur 12, à la pluralité des voix (579 votants). Il siégea à la Montagne et se prononça dans le procès du roi, *contre* l'appel au peuple et *pour* la mort sans sursis. Au 2e appel nominal il répondit : « Comme une grande partie de mes commettants ont fait passer à la Convention nationale plusieurs adresses par lesquelles ils vous expriment qu'ils désirent que vous jugiez sans appel au peuple, je dis *non*. » Et au 3e appel nominal : « Mon désir eût été que Louis ne fût pas coupable, mon plaisir serait de lui pardonner. Mon devoir est d'être juste et d'obéir à la loi, je vote pour la mort. » Quelque temps après, il abdiqua une première fois ses fonctions ecclésiastiques à la

tribune de la Société populaire, et une seconde fois, au comité de l'instruction publique, en renonçant au culte catholique et à la retraite que la loi lui accordait ; il chargea son frère de déposer à la maison commune « ses paperasses papistiques ». Adversaire déclaré des Girondins, il s'opposa, après leur chute (31 mai 1793), à ce que l'assemblée prît connaissance de la protestation de Vergniaud arrêté. Envoyé en mission à Tarbes, il y poursuivit avec rigueur les contre-révolutionnaires. Ayant reçu une chanson de la part des femmes détenues dans les prisons de la ville, il eut peur d'être compromis, et prit un arrêté : « Considérant que les politesses qui nous sont adressées et le motif gratuit et tout gratuit de confiance sur lequel ce procédé est basé, pourraient laisser penser à des malveillants et à des calomniateurs que nous avons un seul instant laissé échapper de nos mains montagnardes la massue révolutionnaire... Déclarons que le comité de surveillance est coupable de négligence dans la police des maisons de réclusion... » (mars 1794). Un peu plus tard, il ordonna au maire de Tarbes d'aller, en écharpe, faire ouvrir toutes les boutiques le jour de Pâques (6 avril), « de dissiper tous les groupes de fainéants, de riches, de fanatiques, de citoyens mâles ou femelles, hébétés d'anciennes habitudes,... etc. » Il défendit le régime révolutionnaire même après le 9 thermidor, et devint bientôt suspect à la nouvelle majorité. Décrété d'arrestation le 13 prairial an III, comme « terroriste », pour avoir pris part aux mouvements de prairial contre la Convention, il fut en outre accusé de « s'être entendu avec un agent des fourrages de l'armée, pour dilapider en commun. » Mais l'amnistie du 4 brumaire suivant le rendit à la liberté. Monestier fut nommé président du tribunal criminel du Puy-de-Dôme, puis (1800) exerça les fonctions de notaire qu'il dut cesser en 1814, ayant été frappé de cécité. Lors de la promulgation de la loi du 12 janvier 1816 contre les régicides, le préfet du Puy-de-Dôme délégua le Dr Blatin pour constater la cécité de Monestier, qui d'ailleurs ne fut pas autrement inquiété, étant resté complètement étranger à la politique pendant les Cent-Jours.

MONET (Jules-Alexandre-Cornélie), représentant en 1849, né à Paris le 10 avril 1810, était maire de Nancy, lorsqu'il fut élu, le 13 mai 1849, par les conservateurs-monarchistes de la Meurthe, représentant à l'Assemblée législative, le 6e sur 9, par 37,835 voix (85,081 votants, 122,416 inscrits). M. Monet prit place à droite, et opina avec la majorité : *pour* l'expédition de Rome, *pour* la loi Falloux-Parieu sur l'enseignement, *pour* la loi restrictive du suffrage universel, etc. Il ne soutint pas la politique particulière de l'Elysée, et, lorsque le commandant de gendarmerie Sauceroite envahit l'Assemblée au coup d'Etat de décembre, à la tête des soldats, M. Monet l'avertit de l'attentat qu'il commettait, et lui lut l'article 18 de la Constitution qui qualifiait ce crime de haute trahison. M. Monet renonça dès lors à la vie politique.

MONGE (Gaspard), comte de Péluse, ministre, député au Conseil des Cinq-Cents et au Conseil des Anciens, membre du Sénat conservateur et pair des Cent-Jours, né à Beaune (Côte-d'Or) le 10 mai 1746, mort à Paris le 28 juillet 1818, fils d'un marchand ambulant « qui ne dédaignait pas d'aiguiser les couteaux et les ciseaux des ménagères bourguignonnes », a dit Arago, fit de brillantes études au collège de Beaune où ses maitres l'avaient surnommé *puer aureus*, s'adonna surtout aux applications scientifiques, construisit, à 14 ans, une pompe à incendie supérieure à celles dont on faisait alors usage, et fut appelé à Lyon, par les Oratoriens, pour y professer la physique. On voulait le faire entrer dans l'ordre, mais les conseils de son père le ramenèrent à Beaune. Il y occupa ses loisirs au levé topographique de la ville. Ce travail fut remarqué par le lieutenant-colonel du génie Vignau, qui proposa au jeune Monge de le faire entrer à l'Ecole du génie à Mézières. Il accepta et, peu de temps après, chargé d'un calcul dont les éléments avaient été fournis par les professeurs de l'Ecole, il put présenter au commandant supérieur un travail qui contenait en germe la plupart de ses découvertes en géométrie descriptive. Nommé répétiteur de mathématiques, en remplacement de Bossut, il échangea ces fonctions, en 1772, contre celles du professeur, comme successeur de l'abbé Nollet. Admis à l'Académie des Sciences en 1780, il fut nommé, en 1783, en remplacement de Bezout décédé, examinateur des « gardes du pavillon » (élèves de marine) et publia, jusqu'au moment où contre son gré il entra dans la politique, nombre de travaux importants : *Sur le calcul intégral des équations aux différences partielles* (1784), dans les *Mémoires de l'Académie des Sciences*, un *Traité élémentaire de statique à l'usage des collèges de la marine* (1788), *Sur le système général des poids et mesures* (1789), avec Lagrange et Borda ; enfin les premiers volumes d'un *Dictionnaire de physique de l'Encyclopédie méthodique*... Le 12 août 1792, Monge fut appelé au poste de ministre de la Marine ; il occupa ces fonctions jusqu'au 13 avril 1793, et mit tout en œuvre pour réorganiser les arsenaux et la flotte. Avec Berthollet et Fourcroy, il fit transformer le bronze des cloches en canons, indiqua un moyen pratique de produire l'acier, ordonna de recueillir le salpêtre dans les caves, etc. Il publia : *Description de l'art de fabriquer des canons, fait en exécution de l'arrêt du comité de salut public du 18 pluviôse an II* (1794), et *Avis aux ouvriers en fer sur la fabrication de l'acier*. Après sa sortie du ministère, il recueillit, dans une maison louée à cet effet, quelques élèves destinés au génie civil, à l'armée et à la marine, et leur donna des leçons de mathématiques, de géographie et de physique. Cet établissement devint, le 7 vendémiaire an III, l'Ecole centrale des travaux publics, et plus tard l'Ecole polytechnique. Le 9 brumaire suivant, Monge fut nommé professeur à l'Ecole normale. Après y être resté pendant les années 1794 et 1795, il fit partie de la commission chargée de recevoir et de conserver les monuments recueillis pendant la campagne de 1796. Présenté au général en chef : « Permettez-moi, lui dit Bonaparte, de vous remercier de l'accueil qu'un jeune officier d'artillerie reçut, en 1792, du ministre de la Marine. Cet officier lui a conservé une profonde reconnaissance : il est heureux de vous présenter une main amie. » Depuis cette époque, Monge et Bonaparte se lièrent étroitement, et, en témoignage d'estime particulière, le général en chef de l'armée d'Italie chargea Monge et Berthollet de porter à Paris la ratification du traité de Campo-Formio. Quelques mois plus tard, Monge, Daunou et Florent furent envoyés à Rome pour y appliquer la Constitution de l'an III, et pour choisir les monuments des arts, des sciences et des lettres cédés à la Ré-

publique en vertu de l'armistice du 23 mai 1796. Dans une lettre à sa femme, datée de Rome le 6 fructidor an IV, Monge se plaignait « de la lenteur calculée que mettait le pape à en remplir les conditions, dans l'espoir d'un revers de l'armée française ». A son retour, il dut adresser aux ministres la lettre qui suit : « Citoyens ministres, j'ai été compris sur la liste des émigrés du département des Ardennes, où l'on est sur le point de vendre un petit bien appartenant à ma femme. Comme il est de notoriété publique que, quand la liste a été formée, j'étais ministre de la Marine, je vous prie de prouver que le bien que je possède ne doit pas être considéré comme propriété nationale. » Elu, le 23 germinal an VI, député au Conseil des Anciens par le département des Bouches-du-Rhône, avec 99 voix (123 votants), et, le 27 du même mois, député de la Côte-d'Or au Conseil des Cinq-Cents, par 217 voix (274 votants), il siégea peu, car Bonaparte l'emmena avec lui en Egypte. Chargé de réunir une flottille équipée à Gênes, Monge ne rallia l'armée qu'en vue de Malte. Après la prise d'Alexandrie à laquelle il participa comme un simple soldat, il s'embarqua, avec Berthollet, sur des bateaux qui devaient remonter l'un des bras du Nil. Cette expédition n'était pas sans péril, et l'on essuya plusieurs fois le feu des mamelucks. Le 14 juillet 1799 même, plusieurs barques furent prises et leurs équipages massacrés. Enfin on rejoignit Bonaparte le 21 juillet, le lendemain de la bataille des Pyramides, et Monge et Berthollet furent chargés de recueillir les objets précieux et rares qui se trouvaient au Caire. Peu de jours après, quand Bonaparte fonda l'Institut d'Egypte, Monge fut appelé à le présider. Il publia, en cette qualité, dans le nouveau journal *la Décade égyptienne*, la première explication scientifique du mirage. Il accompagna ensuite le général en chef à la recherche du canal que les Pharaons avaient fait creuser entre le Nil et la mer Rouge, commença même quelques travaux de sondage, et suivit Bonaparte en Syrie. Au cours de cette expédition, Monge contracta une fièvre pernicieuse qui mit ses jours en danger. Le 22 août, il s'embarqua sur le *Muiron* avec Bonaparte, en route pour la France. Pendant la traversée, on crut apercevoir des voiles anglaises ; Bonaparte, ne voulant pas tomber vivant entre les mains de ses ennemis, chargea Monge de mettre le feu aux poudres, si l'on était attaqué. Le 9 octobre 1799, sans autre incident, ils débarquèrent à Fréjus. De retour à Paris, Monge publia l'édition fondamentale de sa *Géométrie descriptive*, qui avait d'abord paru dans le *Journal des séances de l'Ecole normale*. Après le 18 brumaire, il fut nommé membre du Sénat conservateur le 3 nivôse an VIII, puis membre de la Légion d'honneur le 9 vendémiaire an XII, et grand-officier de la même le 25 prairial suivant. Directeur de l'Ecole polytechnique en 1802, créé comte de Péluse le 26 avril 1808, en souvenir de ses travaux dans l'isthme de Suez, Monge fut maintenu sous la première Restauration dans ses honneurs et dignités. Mais il accepta aux Cent-Jours la pairie impériale (2 juin 1815), et Louis XVIII, au retour de Gand, le raya de la liste des membres de l'Institut et du personnel de l'Ecole polytechnique. Monge mourut en 1818. L'aînée de ses deux filles épousa M. Marey, dont le fils fut autorisé par Napoléon III à s'appeler Marey-Monge, comte de Péluse ; une autre se maria avec M. Eschassériaux, député à la Convention et au Corps législatif. En outre des ouvrages déjà cités, Monge a pu-

blié : *Cours de stéréotomie*, dans le *Journal de
l'Ecole polytechnique* (1794) ; *Précis des leçons
sur le calorique et l'électricité* (1805); *Application de l'analyse à la géométrie* (1795 et 1807);
Application de l'algèbre à la géométrie (1809). Il
a aussi collaboré à *la Correspondance polytechnique* et aux *Annales de chimie*.

MONGEZ (ANTOINE), membre du Tribunat,
né à Lyon (Rhône) le 20 janvier 1747, mort à
Paris le 30 juillet 1835, entra dans les ordres
(chanoines réguliers de Sainte-Geneviève), s'occupa activement d'archéologie et eut la garde
d'un cabinet d'antiques. Plusieurs ouvrages et
mémoires dont il fut l'auteur : l'*Histoire de
Marguerite d'Ecosse* (1777), une dissertation
sur les *Noms et les attributions des divinités
infernales*, le *Dictionnaire d'antiquités de
l'Encyclopédie méthodique*, l'explication des
tableaux de la galerie de Florence, l'avaient
mis en relief et lui avaient valu maintes récompenses de l'Institut, quand éclata la Révolution.
Zélé partisan des idées nouvelles, Mongez se
lia avec David, partagea son enthousiasme
révolutionnaire, et fut nommé, en 1792, commissaire de la République auprès de l'administration des monnaies. Ses *Considérations sur
les monnaies* (1796) le firent admettre à l'Institut.
Membre du Tribunat, le 4 nivôse an VIII, il
y siégea jusqu'en 1802, fut confirmé, le 2 vendémiaire an XI, dans le poste de commissaire
près la Monnaie de Paris, reçut le titre d'administrateur des monnaies le 24 frimaire an XII,
et le conserva pendant vingt-trois ans. Il a été un
des promoteurs du nouveau système monétaire.
Eliminé de l'Institut en 1816, il y fut réélu en
1818. Destitué de ses fonctions à la Monnaie par
le ministère Villèle en 1827, il fut réintégré en
1830. On doit à Mongez un très grand nombre
d'écrits : il n'a pas donné moins de quarante-
huit mémoires à l'ancienne et à la nouvelle
collection des mémoires de l'Académie des Inscriptions et belles-lettres.

MONGIN. — *Voy.* MONTROL (DE).

MONIER (JOSEPH-CHARLES-ANDRÉ-HENRI),
représentant en 1871, né à Orange (Vaucluse)
le 3 septembre 1807, mort le 6 septembre 1873,
étudia le droit et exerça dans son pays natal
la profession d'avocat. Républicain modéré,
M. Monier sollicita le 17 septembre 1848, en
remplacement de Perdiguier, qui avait opté
pour la Seine, les suffrages des électeurs de
Vaucluse ; mais il ne réunit que 4,576 suffrages,
contre 12,073 à M. Alph. Gent, républicain de
nuance plus accentuée, élu, et 9,322 à M. de
Raousset-Boulbon, monarchiste. Il se tint à
l'écart sous l'Empire. Après 1870, il songea de
nouveau à se porter candidat ; les opérations
électorales du 8 février 1871 dans Vaucluse ayant
été annulées en bloc, il fut inscrit, le 2 juillet suivant, sur la liste républicaine, et élu
représentant de ce département, le 1er sur 5,
par 34,588 voix (60,637 votants, 80,441 inscrits).
Il siégea à gauche, soutint le gouvernement
de Thiers, se prononça *contre* la pétition des
évêques, *contre* le pouvoir constituant de l'Assemblée, *contre* le retour à Paris, *contre* la
chute de Thiers au 24 mai, et mourut le 6 septembre 1873. Il fut remplacé comme député
par Ledru-Rollin.

MONIER DE LA SIZERANNE (JEAN-PAUL-
ANGE-HENRI), député de 1837 à 1848, et de 1852
à 1863, sénateur du second Empire, né à Tain
(Drôme) le 31 janvier 1797, mort à Nice (Alpes-
Maritimes) le 6 janvier 1878, d'une ancienne
famille du Dauphiné, fut élevé sous les yeux
de sa mère, et, ses études terminées, fut admis
dans les gardes-du-corps du roi (1815). Une
fracture du bras droit l'obligea de renoncer à
la carrière militaire ; il revint à son château
de Beausemblant, près de Tain, et fut nommé
capitaine aide-de-camp du capitaine d'Urre
général inspecteur de gardes nationales de
la Drôme, grade qu'il conserva jusqu'au licenciement des états-majors (30 septembre 1818).
M. Monier de la Sizeranne se dévoua alors aux
intérêts de la région où il possédait de vastes
propriétés, et s'occupa de littérature. En 1817, il
avait fait représenter à Lyon une tragédie en
cinq actes et en vers : *Virginie* ; le 8 février
1826, le Théâtre-Français joua un nouvel ouvrage de lui, en trois actes et en vers, l'*Amitié
des deux âges*, qui fut bien accueilli et, le
23 septembre 1830, une nouvelle pièce, *Corinne*,
qui, avant d'affronter le feu de la rampe, avait
recueilli les suffrages flatteurs du salon de
Mme Récamier. En 1831, les gardes nationaux
de Tain le choisirent pour chef de bataillon : il
fut décoré l'année suivante, pour son dévouement pendant l'épidémie cholérique dans
la Drôme, et élu conseiller général de Tain
en 1836 ; il siégea jusqu'au 4 septembre 1879
dans l'assemblée départementale, qu'il présida pendant trente-cinq ans. Candidat à la
députation, le 21 juin 1834, dans le 1er collège
de la Drôme (Valence), il avait échoué avec
38 voix contre 196 à l'élu, M. Béranger ; mais
il se représenta, avec succès, le 4 novembre 1837,
dans le 3e collège du même département (Die),
et fut élu, par 134 voix sur 210 votants et 234
inscrits ; il prit place au centre-gauche, parla
sur la conversion des rentes, et fut successivement réélu : le 2 mars 1839, par 134 voix sur
211 votants ; le 9 juillet 1842, par 161 voix sur
208 votants et 274 inscrits, contre 43 à M. Cor-
réard ; le 1er août 1846, par 197 voix sur 263
votants et 336 inscrits, contre 64 à M. Thomé.
Il prit une part active aux travaux parlementaires et porta la parole sur le projet d'adresse
de janvier 1840, sur le travail des enfants dans
les manufactures, sur les fortifications de Paris,
sur les incompatibilités, contre les wagons
découverts de 3e classe, pour la proposition
sur les députés fonctionnaires, sur les pensions,
sur les tarifs postaux, etc., fit partie des commissions du budget, des chemins de fer, de la
réforme postale, déposa un amendement en
faveur de la Pologne, etc. Bien qu'hostile à la
politique de Guizot, il refusa de prendre part
au banquet réformiste de Valence en 1847, et
déclina toute candidature à l'Assemblée constituante de 1848. Candidat officiel aux élections
du 29 février 1852 au nouveau Corps législatif,
il fut élu député de la 2e circonscription de la
Drôme, par 19,456 voix sur 21,434 votants et
30,667 inscrits, contre 1,788 à M. Dubouchage.
Il protesta contre la confiscation des biens de
la famille d'Orléans, fut président de la commission et rapporteur de la loi de dotation de
l'armée (mars 1855), du projet de loi sur l'abaissement de la taxe des lettres de Paris pour
Paris, rapporteur du projet de garantie de
l'emprunt ottoman (10 juillet 1855) et décoré à
cette occasion du Medjidié. Réélu, le 22 juin
1857, par 17,706 voix sur 19,775 votants et
31,148 inscrits, contre 2,053 à M. Curnier, ancien
représentant, il s'éleva contre les grands travaux exécutés à Paris avec les ressources de la
France, « quand tant de départements et de villes
sont obligés, faute d'argent, d'ajourner d'urgentes
améliorations », et soutint l'amendement des

qui introduisait dans l'adresse une réserve formelle en faveur du pouvoir temporel du pape. Il demanda aussi qu'on imposât aux compagnies de chemins de fer une troisième voie pour le transport des marchandises ; c'est à ses instantes réclamations que furent dues l'uniformité de la taxe des lettres, l'application du système anglais des timbres-poste et la découpure en pointillé qui permet de les séparer aisément. Elevé, le 7 mai 1863, à la dignité de sénateur (il était alors maire de Tain), il siégea avec indépendance dans la majorité dynastique, réclama un congrès pour régler le conflit entre la papauté et le royaume d'Italie, parla sur le recrutement de l'armée, présida plusieurs commissions, demanda la transformation en une taxe communale du casuel des prêtres, et déclara que le gouvernement était assez fort pour doter le pays d'institutions constitutionnelles. L'empereur lui confia le titre héréditaire de comte par décret du 26 mars 1866, avec les armes des Chastaing de la Sizeranne dont Louis-Philippe l'avait autorisé à relever le nom. La révolution du 4 septembre 1870 rendit à la vie privée M. Monier de la Sizeranne, qui refusa désormais toute candidature, tant au conseil général de la Drôme qu'au Sénat. Ses œuvres complètes ont été publiées en 3 volumes in-8° (1872). M. Monier de la Sizeranne a laissé en portefeuille des notes curieuses sur les personnages et sur l'histoire de son temps.

MONIER DE LA SIZERANNE (LOUIS-FERNAND, COMTE), député au Corps législatif de 1869 à 1870, né à Paris le 9 février 1835, fils du précédent, propriétaire, fut élu, le 24 mai 1869, avec l'appui du gouvernement impérial, député au Corps législatif dans la 2e circonscription de la Drôme : il avait réuni 12,107 voix (26,354 votants, 30,771 inscrits), contre 8,355 à M. Crémieux, 4,379 à M. de Bernon et 1,470 à M. Berger. Il prit place dans la majorité dynastique, vota *pour* la déclaration de guerre à la Prusse, et rentra dans la vie privée en 1870. Depuis lors, il fit, à diverses élections législatives, des tentatives infructueuses : le 20 février 1876, il échoua dans la 2e circonscription de Valence avec 6,497 voix contre 10,367 à l'élu républicain, M. Servan, et 575 à M. de Marcieu. Le 16 septembre de la même année, il réunit, à une élection partielle, 6,731 voix contre 10,196 à l'élu républicain M. Christophle, il s'agissait de remplacer M. Servan, décédé. Le 14 octobre 1877, candidat officiel du Maréchal, il n'obtint que 7,425 suffrages contre 11,394 à M. Christophle, député sortant.

MONIS (ERNEST-ANTOINE-EMMANUEL), député de 1885 à 1889, né à Châteauneuf (Charente) le 23 mai 1846, avocat à Cognac, conseiller municipal de cette ville et conseiller d'arrondissement, se mêla activement à l'organisation du parti républicain dans la Charente, et lutta contre l'influence de M. Cunéo d'Ornano ; dans la période du 16 mai, il plaida plusieurs fois pour les journalistes républicains de la région. Ayant épousé, en 1879, une jeune fille de Bordeaux, il se fixa dans cette ville, s'y fit inscrire au barreau et y acquit de la réputation. Porté, aux élections du 4 octobre 1885, sur la liste opportuniste de la Gironde, il fut élu député de ce département, le 6e sur 11, par 88,872 voix (162,286 votants, 203,661 inscrits). Il prit place à l'Union républicaine, soutint les ministères Rouvier et Tirard, vota l'expulsion des princes, et se prononça, dans la dernière session, *pour*

le rétablissement du scrutin d'arrondissement (11 février 1889), *pour* l'ajournement indéfini de la révision de la Constitution, *pour* les poursuites contre trois députés membres de la Ligue des patriotes : il s'abstint sur le projet de loi Lisbonne restrictif de la liberté de la presse, et il est porté absent par congé lors du scrutin sur les poursuites contre le général Boulanger.

MONJARET DE KERJÉGU (FRANÇOIS-FÉLIX-AIMÉ), député de 1824 à 1830, né à Moncontour (Côtes-du-Nord) le 22 juillet 1781, mort à Saint-Brieuc (Côtes-du-Nord) le 12 janvier 1863, marchand de toiles de sa ville natale, fut élu député du 1er arrondissement électoral des Côtes-du-Nord (Saint-Brieuc), le 25 février 1824, par 197 voix (282 votants, 297 inscrits), contre 49 voix à M. Royer-Collard et 34 à M. Séhert, négociant. Il prit place au centre, fut décoré, et fut réélu, le 17 novembre 1827, par 156 voix (265 votants, 287 inscrits), contre 102 voix à M. Beslay. Il ne se fit point remarquer à la Chambre où il vota toujours avec la majorité royaliste, soutint le ministère Martignac et signa l'adresse des 221. Il rentra dans la vie privée à la dissolution de la Chambre par le ministère Polignac (1830).

MONJARET DE KERJÉGU (FRANÇOIS-MARIE-JACQUES), député au Corps législatif de 1869 à 1870, représentant en 1871, sénateur de 1876 à 1882, fils du précédent, né à Moncontour (Côtes-du-Nord) le 1er mars 1809, mort à Paris le 12 février 1882, prit à Brest (1830) la direction d'une maison de commission qu'il céda en 1872. Conseiller général du canton de Scaër (Finistère) depuis 1843, conseiller municipal de Scaër, agriculteur distingué, président du comice agricole, président, à plusieurs reprises, du tribunal de commerce de Brest, consul de Belgique en cette ville, chevalier de la Légion d'honneur, il fut élu, le 24 mai 1869, député au Corps législatif dans la 3e circonscription du Finistère, par 8,136 voix (18,465 votants, 25,513 inscrits), contre 5,817 à M. Goury de Roslan et 5,015 à M. de Gasté. Il siégea dans le tiers-parti, fut membre de la commission de la marine marchande, signa la demande d'interpellation des 116, et soutint, le 3 septembre 1870, la proposition de M. Thiers relative à la formation d'un conseil de gouvernement. Élu, le 8 février 1871, représentant du Finistère à l'Assemblée nationale, le 10e sur 13, par 55,342 voix (76,088 votants, 162,667 inscrits), il prit place à droite, fit partie des commissions du budget et de décentralisation, fut rapporteur (1871) du budget de l'intérieur, et vota *pour* la paix, *pour* l'abrogation des lois d'exil, *pour* la pétition des évêques, *pour* le pouvoir constituant, *contre* le service de trois ans, *pour* la démission de Thiers, *pour* le septennat, *pour* le ministère de Broglie, *contre* l'amendement Wallon, *contre* les lois constitutionnelles. Le 30 janvier 1876, il fut élu sénateur du Finistère, le 1er sur 4, par 251 voix (380 votants) ; il prit place à droite et vota la dissolution de la Chambre demandée par le ministère de Broglie le 23 juin 1877. Il combattit la loi sur l'enseignement, et la politique coloniale du gouvernement. Décédé en février 1882, il fut remplacé, le 5 novembre suivant, par le contre-amiral Halna du Fretay.

MONJARET DE KERJÉGU (JULES-MARIE-AUGUSTE), représentant en 1875 et sénateur de 1876 à 1880, né à Moncontour (Côtes-du-Nord), le 6 octobre 1816, mort à Paris le 23 mars 1880, frère du précédent, entra à l'École navale en 1831, fut décoré à 16 ans pour faits de guerre, et devint successivement enseigne de vaisseau en 1838, lieutenant de vaisseau en 1845, capitaine de vaisseau le 7 novembre 1860. Il fit les campagnes de la Baltique, où il prit part au bombardement de Kronstadt, celles de Chine et de Cochinchine où il fut blessé, et celle du Mexique. Officier de la Légion d'honneur du 23 juillet 1859, commandeur du 11 mars 1868, contre-amiral du 9 septembre 1872, il se trouvait en disponibilité, quand il fut élu, le 21 février 1875, au second tour, représentant des Côtes-du-Nord à l'Assemblée nationale, en remplacement de M. Flaud, décédé, par 46,956 voix (117,908 votants), contre 41,080 à M. Foucher de Careil, républicain, et 30,816 au duc de Feltre, bonapartiste. Son élection, qui avait été soutenue par le ministère, ne fut cependant validée qu'au mois de juin suivant, après de vifs débats sur les faits de pression électorale qui rappelaient, disaient les républicains, les procédés de l'Empire. Il prit place à l'extrême droite. Le 30 janvier 1876, il fut élu sénateur des Côtes-du-Nord, le 3e sur 4, par 246 voix (483 votants). Il siégea dans le groupe légitimiste et vota la dissolution de la Chambre demandée par le ministère de Broglie. Admis à la retraite le 27 novembre 1879, il mourut en mars 1880 et fut remplacé, le 10 octobre suivant, par M. de Carné.

MONJARET DE KERJÉGU (Louis-Marie-Constant), député de 1876 à 1880, né à Moncontour (Côtes-du-Nord) le 25 juin 1812, mort à Brest (Finistère) le 14 avril 1880, frère des précédents, agriculteur et propriétaire, directeur de la ferme-école de Kerwozech de Saint-Goazec, où il se livrait particulièrement à l'élevage des chevaux, président de la Société d'agriculture de Brest depuis 1840, maire de Saint-Gravé, fut élu, sans concurrent, le 20 février 1876, sur un programme catholique et constitutionnel, député de la 3e circonscription de Brest, par 10,663 voix (11,306 votants, 16,924 inscrits). Il prit place à droite et fut l'un des 158 députés qui votèrent l'ordre du jour de confiance demandé par le ministère de Broglie. Réélu, le 14 octobre 1877, par 9,135 voix (14,462 votants, 17,324 inscrits), contre 5,281 à M. Morvan, il s'occupa principalement des questions d'instruction publique, défendit l'enseignement des congréganistes, combattit le projet sur la collation des grades et interpella le gouvernement au sujet des écoles des Frères de son département. Officier de la Légion d'honneur du 30 mai 1868. Il mourut subitement, en avril 1880, et fut remplacé, le 6 juin suivant, par Mgr Freppel.

MONMAYOU (Hugues-Guillaume-Bernard-Joseph), membre de la Convention, député au Conseil des Cinq-Cents et au Conseil des Anciens, né à Lauzerte (Tarn-et-Garonne) en 1757, mort à une date inconnue, était administrateur du département du Lot depuis le 8 septembre 1791, lorsqu'il fut élu, le 6 septembre 1792, député de ce département à la Convention, le 5e sur 10, « à la pluralité des voix. » Il siégea d'abord à la Montagne et, lors du procès de Louis XVI, motiva ainsi son vote : « Je cherche dans la loi la peine contre les conspirateurs; j'y trouve la mort, je prononce la mort. » Il parla ensuite sur une pétition des anabaptistes, fit une motion en faveur des enfants des condamnés à mort, fut secrétaire de l'assemblée, et fit exclure les nobles et les

prêtres des fonctions publiques. Entré au comité de sûreté générale, il justifia la conduite de ce comité envers Carrier, et intervint encore dans plusieurs questions politiques. Après la session. Monmayou fut élu député du Lot au Conseil des Cinq-Cents, par 97 voix (108 votants); le même jour il obtint la majorité dans les départements du Puy-de-Dôme et de la Haute-Vienne. Il traita spécialement, dans cette assemblée, des matières de finances, et passa, le 25 germinal an VI, au Conseil des Anciens, où il siégea jusqu'au 18 brumaire an VIII. Atteint par la loi du 12 janvier 1816 contre les régicides (il s'était mis à la tête de la fédération dans le Lot pendant les Cent-Jours), il quitta la France le 29 janvier 1816, se dirigeant sur Genève avec sa femme et son fils; il laissait deux filles dont une mariée avec un notaire. Mal accueilli à Genève, il gagna Constance, où il vit mourir d'autres conventionnels réfugiés comme lui, Guvardin, Charrel, Legendre, Dubouchet. Dans l'aisance (il avait pour deux cent mille francs de biens-fonds), mais vieux et malade, il demanda à rentrer en France (5 février 1819). Sa demande ne fut sans doute pas accueillie, car les dossiers de la police n'ont gardé aucune trace de son retour.

MONNECOVE (de). — *Voy.* Le Sergeant.

MONNEL (Simon-Edme), député en 1789, membre de la Convention, député au Conseil des Cinq-Cents, né à Bricon (Haute-Marne) le 27 octobre 1747, mort à Constance (grand-duché de Bade) le 30 novembre 1822, était curé de Valdelancourt en Champagne, lorsqu'il fut élu, le 26 mars 1789, député du clergé au bailliage de Chaumont-en-Bassigny aux États-Généraux, par 233 voix. Un véritable enthousiasme patriotique animait en ce temps, par toute la France, les nouveaux élus. « Je me mis en route, a écrit l'abbé Monnel, peu de jours après ma nomination, et voyageai avec deux hommes, Laloi médecin, et Aubert, curé de Couvignon, que les mêmes fonctions appelaient à Paris et qui, comme moi, étaient impatients d'y arriver les premiers. Laloi réunissait des connaissances assez étendues en histoire et en politique; Aubert avait moins à dire, mais il était homme de bien et modeste, un peu comme même de l'honneur dont il était revêtu. » Monnel se fit peu remarquer dans l'Assemblée dont il fut secrétaire, vota la vérification en commun des pensions, prêta le serment civique le 27 décembre 1790, puis reparut, le 4 septembre 1792, comme député de la Haute-Marne à la Convention nationale, le 2e sur 7, élu par 268 voix (405 votants). Il vota avec la majorité *pour* la mort de Louis XVI, en disant : « Je déclare, au nom du peuple français, que Louis a mérité la mort. » Il remplit encore les fonctions de secrétaire, se prononça contre Robespierre au 9 thermidor, se déclara l'adversaire des comités révolutionnaires, et parut quelquefois à la tribune. Le 21 floréal an IV, il fut un des sept ex-conventionnels désignés pour compléter le Conseil des Cinq-Cents; mais cette décision ne fut pas maintenue par le Conseil des Anciens, et Monnel se retira dans son pays natal, où il fut nommé, au Concordat, curé desservant de Villiers-le-Sec, près de Chaumont. Il exerçait encore son ministère, lorsque la loi du 12 janvier 1816 contre les régicides lui fut appliquée : il avait signé l'Acte additionnel. Obligé de quitter la France, il se rendit à Constance-sur-le-Lac (grand-duché de Bade), et y vécut d'une pension que lui faisait sa famille. Le 14 janvier

1819, les habitants de Villiers-le-Sec, ses anciens paroissiens, adressèrent au roi une supplique en grâce qui ne fut pas accueillie. Monnel resta à Constance, et, un mois avant sa mort (29 octobre 1822), déposa entre les mains de M. Wiehl, préfet du collège de la ville, une rétractation notariée témoignant « son repentir d'avoir voté la mort du roi, et demandant pardon à Dieu et aux hommes de tout ce qu'il avait fait ou dit contre la religion catholique, apostolique et romaine. » A ses funérailles, le curé de la cathédrale de Constance prononça un discours dans lequel il exprima ses regrets et ceux du clergé catholique de la ville. Monnel a laissé, en manuscrit, plusieurs ouvrages sur la religion. Il n'a fait imprimer qu'une brochure intitulée : *Réponse à l'exposition des principes sur la constitution civile du clergé par les évêques députés à l'Assemblée nationale* (1790).

MONNERAYE (CHARLES-ANGE, COMTE DE LA), député au Corps législatif de 1869 à 1870, représentant en 1871, membre du Sénat, né à Rennes (Ille-et-Vilaine) le 3 février 1812, ancien officier d'état-major, conseiller général du canton de Malestroit depuis 1843, se présenta, comme candidat de l'opposition légitimiste, au Corps législatif, aux élections du 24 mai 1869, dans la 1re circonscription du Morbihan ; il fut élu par 15,528 voix (29,915 votants, 39,941 inscrits) contre 13,269 au député sortant, M. Thomas Kercado, candidat officiel, et 1,105 à M. Jules Simon. Il siégea dans le tiers-parti, et vota *pour* la guerre contre la Prusse. Elu de nouveau, le 8 février 1871, représentant du Morbihan à l'Assemblée nationale, le 4e sur 10, par 56,711 voix (72,309 votants, 119,710 inscrits), il prit place à l'extrême-droite, se fit inscrire à la réunion des Réservoirs, signa la demande de rétablissement de la monarchie et l'adresse des députés syllabistes au pape, et vota *pour* l'abrogation des lois d'exil, *pour* le pouvoir constituant, *pour* le service de trois ans, *pour* la démission de Thiers, *pour* le septennat, *contre* le ministère de Broglie, *contre* l'amendement Wallon, *contre* les lois constitutionnelles. Nommé sénateur du Morbihan, le 30 janvier 1876, par 220 voix (335 votants), il vota la dissolution de la Chambre demandée par le ministère de Broglie, combattit les ministères républicains, et fut successivement réélu sénateur, au renouvellement triennal du 5 janvier 1879, par 215 voix (327 votants), et à celui du 5 janvier 1888, par 659 voix (944 votants). Il continua de combattre de ses votes, à la Chambre haute, la politique républicaine ; il s'est prononcé, en dernier lieu, *contre* le rétablissement du scrutin d'arrondissement (13 février 1889), *contre* le projet de loi Lisbonne restrictif de la liberté de la presse, *contre* la procédure à suivre devant le Sénat contre le général Boulanger. On a de lui : *Essai sur l'histoire de l'architecture religieuse en Bretagne pendant la durée des XIe et XIIe siècles.*

MONNERON (CHARLES-CLAUDE-ANGE), député en 1789, né à Antibes (Var) le 15 avril 1735, mort en 1804, appartenait à une famille de riches banquiers français. Il fut longtemps intendant dans la Compagnie des Indes et amassa dans cette fonction une fortune considérable. D'heureuses spéculations auxquelles il se livra à son retour en France l'augmentèrent encore, et ce fut lui qui commandita les frères Montgolfier. Elu, le 25 mars 1789, député du tiers aux Etats-Généraux par la sénéchaussée d'Annonay, avec 104 voix (241 votants), Monneron l'aîné, comme on l'appela, fit partie du comité des subsistances, prêta le serment du Jeu de paume, entra au comité des impositions, et fut en congé du 31 août 1790 au 29 juin 1791. Il ne fut pas réélu aux assemblées qui suivirent. Il obtint en 1791, conjointement avec ses frères (V. p. bas), le droit de frapper une monnaie de cuivre, composée de pièces de deux sous et de cinq sous et qui porta leur nom : *les monnerons*. En 1794, il fit partie d'une commission de commerce et des approvisionnements de la République. Plus tard, on le chargea d'opérer, avec les commissaires anglais, l'échange des prisonniers faits dans les Indes. Il cessa ensuite de s'occuper des affaires publiques.

MONNERON (JEAN-LOUIS), député en 1789, né à Annonay (Ardèche) le 8 septembre 1742, mort en 1805, frère du précédent, fut négociant aux Indes-Orientales qu'il habita longtemps. Elu, le 13 mars 1789, député aux Etats-Généraux par les Indes-Orientales, il fut admis à siéger le 11 novembre 1790, fut membre du comité colonial, et prit souvent la parole dans les discussions relatives aux colonies. Il publia même un *Mémoire* à cet égard, où il refusait de donner aux colons l'initiative des lois applicables dans les colonies, et consacrait la dépendance des hommes de couleur, sans admettre leur émancipation civile. Il parla, le 20 janvier 1791, sur les événements de Chandernagor, et fit un don patriotique (13 août 1791) en faveur de ceux qui allaient aux frontières. Compromis, en 1793, dans la banqueroute de son frère, il fut arrêté mais relâché peu après, sa culpabilité n'ayant pas été établie.

MONNERON (PIERRE-ANTOINE), député en 1789, frère des précédents, né à Annonay (Ardèche) le 1er janvier 1747, mort à Paris en 1801, fut élu, en avril 1789, député aux Etats-Généraux par l'Ile-de-France. Il se fit peu remarquer à la Constituante, où il ne fut admis que le 12 février 1791, fit partie, dès le lendemain, du comité des colonies, et, comme son frère, fit un don patriotique pour les volontaires qui partaient à la frontière. Il fut associé, par la suite, aux opérations commerciales de sa famille.

MONNERON (JOSEPH-FRANÇOIS-AUGUSTIN), député en 1791, né en 1755, mort à une date inconnue, négociant à Paris, fit de l'agiotage et de la spéculation, avec ses frères, et obtint, pendant la Constituante, l'autorisation de faire frapper à son nom des pièces de cuivre de 5 et de 2 sous, qui prirent le nom de *monnerons*, et qu'ils appelèrent « médailles de confiance ». Il en mit une grande quantité en circulation, mais cette monnaie se déprécia rapidement, en raison des nombreuses contrefaçons dont elle fut l'objet. Elu, le 28 septembre 1791, député à l'Assemblée législative par le département de Paris, le 24e et dernier, avec 414 voix (710 votants), il demanda l'organisation des écoles primaires et la punition des prêtres qui refuseraient de se soumettre aux lois. Il vota aussi contre les projets tendant à réprimer l'accaparement des denrées coloniales. Il donna ensuite sa démission et fut remplacé par Kersaint. Nommé, sous le Directoire, directeur de la caisse des comptes courants, il disparut subitement en 1798, en laissant un grand nombre de billets impayés en circulation. Il fut poursuivi devant les tribunaux de la Seine, et acquitté, grâce à l'intervention de Barras, qui était son ami.

MONNET (François), représentant du peuple en 1848, né à Dijon (Côte-d'Or) le 30 avril 1796, mort à Paris le 13 avril 1850, ancien élève de l'École polytechnique, s'établit notaire à Dijon, et devint commandant de la garde nationale. Fils adoptif de Prieur (de la Côte-d'Or), il fut l'adversaire du gouvernement de Louis-Philippe, et présida à Dijon la Société des droits de l'homme. Élu, le 23 avril 1848, représentant de la Côte-d'Or à l'Assemblée constituante, le 1er sur 10, par 75,916 voix, il fit partie du comité de l'administration départementale et communale, et vota, souvent avec la droite, *pour* le bannissement de la famille d'Orléans, *contre* l'abolition de la peine de mort, *contre* l'impôt progressif, *contre* l'amendement Grévy, *pour* l'ensemble de la Constitution, *contre* la proposition Rateau, *contre* l'interdiction des clubs, *pour* l'expédition de Rome, *contre* la demande de mise en accusation du président et des ministres. Non réélu à la Législative, il devint caissier principal à la compagnie du chemin de fer Paris-Lyon-Méditerranée.

MONNET (Alfred), représentant en 1871, sénateur de 1876 à 1882, né à Mougon (Deux-Sèvres) le 1er octobre 1820, mort le 9 juin 1890, était propriétaire à Mougon dont il est maire (1840). Étant venu se fixer à Niort en 1851, il fut nommé conseiller municipal de cette ville (1860), adjoint au maire, maire (1865), conseiller général du 1er canton de la ville (1868), et fut fait chevalier de la Légion d'honneur le 15 août 1869. Le 8 février 1871, il fut élu représentant des Deux-Sèvres à l'Assemblée nationale, le 1er sur 7, par 60,673 voix sur 66,073 votants et 100,005 inscrits. Il siégea à droite, donna, cette même année, sa démission de maire de Niort, interpella le gouvernement (21 août 1871) en faveur de la liberté de l'enseignement compromise par la fête donnée aux écoles par la municipalité lyonnaise, fut membre de la commission des marchés, de celle du régime général des chemins de fer, et de la sous-commission d'enquête sur l'état des arsenaux et du matériel de guerre, et vota *pour* la paix, *pour* l'abrogation des lois d'exil, *pour* la pétition des évêques, *pour* le pouvoir constituant, *contre* le service de trois ans, *pour* la démission de Thiers, *pour* le septennat, *pour* le ministère de Broglie, *contre* l'amendement Wallon, *contre* les lois constitutionnelles. Le 30 janvier 1876, le département des Deux-Sèvres l'élut sénateur, par 225 voix sur 424 votants. Il prit place à la droite de la Chambre haute, vota la dissolution de la Chambre demandée par le ministère de Broglie (juin 1877), et combattit la politique scolaire et coloniale des ministères républicains. Le renouvellement triennal du 8 janvier 1882 ne lui fut pas favorable; il échoua avec 174 voix sur 424 votants, et renonça dès lors aux affaires publiques. On a de lui des brochures sur des questions administratives.

MONNIER (Jean-Charles, comte), pair de France, né à Cavaillon (Vaucluse) le 22 mars 1758, mort à Paris le 29 janvier 1816, s'engagea, en 1789, comme volontaire dans la garde nationale, où il resta jusqu'en 1792. A cette époque, il fut nommé sous-lieutenant au 7e régiment d'infanterie, adjoint à l'état-major et employé dans le camp sous Paris. En février 1793, on l'envoya à l'armée d'Italie, où il se signala à la bataille de Saorgio, puis à Loano,

et enfin avec Bonaparte, à Lodi et à Arcole. Sa brillante conduite à cette dernière affaire lui mérita le grade de général de brigade. Il se distingua ensuite à Rivoli et fit la campagne de 1799 dans le Tyrol. Après la paix de Campo-Formio, il fut nommé commandant d'Ancône, prit part à l'expédition de Naples, s'empara de la forteresse de Civitella (8 décembre), et de celle de Pascara (24 du même mois), défit les Napolitains en plusieurs rencontres, mais fut grièvement blessé à l'attaque du faubourg de la Madeleine, à Naples. Ayant repris peu après son gouvernement d'Ancône, il eut à réprimer une révolte qui ne tarda pas à s'étendre, et contre laquelle, avec les faibles forces dont il disposait, il ne put longtemps lutter. Assiégé dans Ancône, il dut capituler après avoir épuisé toutes ses ressources, et obtint les honneurs de la guerre. Échangé avec le général autrichien Lusignan, il fut nommé, au 18 brumaire, général de division, placé à la tête d'une division de l'armée de réserve, passa le Tessin le 31 mai 1800, s'empara de vive force de Turbigo et se porta sur Milan. Placé sous les ordres du général Desaix, il assista à la bataille de Marengo, où, à Castel-Ceriolo, il lutta contre des forces supérieures; il battit lentement en retraite, en résistant aux attaques réitérées de la cavalerie autrichienne; puis, à 4 heures, après l'arrivée de la division Desaix, reçut l'ordre de se porter en avant, reprit Castel-Ceriolo et poursuivit l'ennemi jusqu'à la Bormida. Il eut ensuite à diriger une expédition contre la Toscane, s'empara d'Arrezzo, puis rejoignit le général Brune sur le Mincio, auquel, après quatre assauts successifs parvint à occuper Pozzolo, et mit le siège devant Vérone. Durant l'empire, auquel il s'était montré fort hostile, il ne fut pas employé. Chevalier de Saint-Louis à la première Restauration, il se réunit, pendant les Cent-Jours, à l'état-major du duc d'Angoulême, quitta la France et n'y rentra qu'après Waterloo. Il fut alors nommé pair de France, le 17 août 1815, et créé comte. Il vota pour la mort dans le procès du maréchal Ney (décembre 1815), et mourut d'apoplexie un mois après.

MONNIER (Jean-Louis), député de 1834 à 1837, né à Jeurre (Jura) le 25 août 1780, mort à Lyon (Rhône) le 16 novembre 1842, était négociant dans cette dernière ville. Le 21 juin 1834, il fut élu député du 4e collège du Jura (Saint-Claude, avec 53 voix (104 votants, 145 inscrits). Il siégea au centre, parmi les partisans du « juste milieu », vota pour les ministres, et quitta la vie parlementaire en 1837.

MONNIER (Jean-Baptiste), représentant en 1849, né à Laugogne (Lozère) le 11 juillet 1795, était propriétaire au Puy, « ce qui ne l'empêche pas, écrivait de lui en 1849 un biographe, d'accepter dans toutes leurs conséquences et de pratiquer, autant qu'il le peut, les principes généraux du socialisme. » Le même biographe ajoutait : « M. Monnier a adopté le programme de la Montagne, et la fermeté de son caractère nous est un sûr garant qu'il ne s'écartera jamais d'une ligne de conduite qu'il a trouvée la seule juste et la seule droite. » Élu, le 13 mai 1849, représentant à la Législative, le 6e et dernier, par 22,654 voix (43,874 votants, 77,111 inscrits), il prit place dans les rangs de la minorité démocratique, avec laquelle il se prononça, *contre* l'expédition de Rome, *contre* la loi Falloux-Parieu sur l'enseignement, *contre* la loi restrictive du suffrage universel. Il protesta contre le coup d'Etat de 1851 et rentra dans la vie privée.

MONNIER (GEORGES), représentant en 1849, né à l'Isle d'Arz (Morbihan) le 29 septembre 1796, mort à Paris le 12 mai 1851, étudia le droit et les humanités, fut reçu avocat et entra dans l'enseignement. Professeur, puis sous-principal au collège de Vannes, il y fut le maître de M. Jules Simon, qui lui a donné place dans les souvenirs personnels publiés par lui sous ce titre : *Mémoire des autres* : « La *philosophie* nous était enseignée par M. Monnier qui était chargé de la rhétorique l'année précédente, et que nous avons vu depuis député à l'Assemblée législative. M. Monnier était un saint, et, malgré cela, un homme d'esprit ; mais il avait le défaut, assez grave pour un homme qui enseignait la philosophie, de ne pas savoir ce que c'était. Il avait entendu parler d'*innovations* faites par les Parisiens.

— Ils ont là-bas un jeune homme nommé Victor Cousin, qui a trouvé moyen de raffiner encore par-dessus les raffinements de La Romiguière.

Ce qu'était cette quintessence de raffinement, il ne s'est jamais donné la peine de le chercher.

— On a fait pour moi, nous disait-il, un petit résumé des inventions de La Romiguière.

Il nous le dictait, c'était fort court, d'une puérilité sans égale.

— Tenons-nous-en à la vieille philosophie de nos pères, disait-il ensuite, c'est la bonne.

Et là-dessus, il nous faisait apprendre les *Cahiers de Lyon*, et argumenter à outrance sur toutes sortes de thèses de métaphysique ou de morale. Il ne m'est resté dans l'esprit que la définition de l'idée ; je la donne ici en passant, pour ceux de nos lecteurs qui ont le malheur de ne pas avoir étudié les «Cahiers de Lyon » : *Idea est representatio mera objecti circa mentem realiter presentis*. Cela veut dire, en français : « une idée est la représentation pure d'un objet réellement présent autour de l'esprit », et, en réalité, cela ne veut rien dire du tout. J'ai retenu aussi les fameuses règles d'argumentation en *baroco*. Je m'en suis tant servi pendant un an ! » Catholique fervent, M. Monnier fut inscrit, le 13 mai 1849, sur la liste conservatrice du Morbihan, et élu représentant de ce département à l'Assemblée législative, le 4e sur 10, par 55,995 voix (86,060 votants, 127,169 inscrits). Il prit place à droite, et opina avec la majorité hostile aux institutions républicaines : *pour* l'expédition de Rome, *pour* la loi Falloux-Parieu sur l'enseignement, *pour* la loi restrictive du suffrage universel. Il mourut avant la fin de la législature.

MONNIN (GEORGES-PIERRE-JOSEPH), député au Conseil des Anciens, né à Thann (Haut-Rhin) le 11 décembre 1739, mort à une date inconnue, était président de l'administration centrale de Thann, lorsqu'il fut élu, le 22 germinal an V, député du Haut-Rhin au Conseil des Anciens par 160 voix (198 votants). Il n'y prit la parole que pour défendre les fugitifs du Haut et du Bas-Rhin. Son élection fut annulée au 18 fructidor comme entachée de royalisme. Arrêté en 1798, aux environs de sa ville natale, il fut remis en liberté peu de temps après et cessa dès lors de s'occuper de politique.

MONNIN-JAPY (LOUIS-AUGUSTE), député au Corps législatif de 1852 à 1857, né à Tavoune (Suisse) le 23 juillet 1799, mort à Paris le 17 mai

1878, voyagea d'abord pour la maison Japy frères et fut chargé d'organiser pour eux à Paris en 1828 une maison de vente. Ses affaires ne tardèrent pas à prospérer ; il devint l'associé des frères Japy, et fut mis à la tête de la maison de Paris ; après les événements de 1848, il fut adjoint puis maire du 6e arrondissement (Paris), et se signala, en juin 1849, en procédant à l'arrestation de Suchet (du Var) qui voulait installer à la mairie du 6e arrondissement un gouvernement révolutionnaire. Membre, la même année, du conseil de surveillance des hôpitaux et de l'assistance publique, il se rallia à la politique napoléonienne, fut, en 1852, membre du Consistoire central des églises réformées de France, et élu, le 26 septembre 1852, député au Corps législatif par la 4e circonscription de la Seine, en remplacement de M. Carnot démissionnaire pour refus de serment, par 11,378 voix (22,755 votants, 41,365 inscrits), contre 10,504 à M. Goudchaux, candidat de l'opposition. Il siégea dans la majorité dynastique et quitta la vie politique aux élections de 1857. Officier de la Légion d'honneur.

MONNOT (JACQUES-FRANÇOIS-CHARLES), député en 1791, membre de la Convention, député au Conseil des Cinq-Cents, né à Besançon (Doubs) en 1743, mort à une date inconnue, était chanoine à Besançon. Président du département, il fut élu, le 29 août 1791, député du Doubs à l'Assemblée législative, le 2e sur 6, par 161 voix (304 votants). Il opina avec la majorité réformatrice. Réélu, le 5 septembre 1792, député du même département à la Convention, le 4e sur 6, par 199 voix (303 votants), il s'exprima ainsi dans le procès du roi : «Louis, conspirateur, a mérité la mort, et comme il est évident pour moi que les prétendants ont toujours eu plus d'obstacles à surmonter que ceux qui sont en titre, je pense que l'intérêt du peuple est ici d'accord avec la justice ; et en conséquence je vote pour la peine de mort.» Secrétaire de l'assemblée, il intervint dans un certain nombre de discussions, fit rendre des décrets relatifs à des matières de comptabilité et de finances, présenta le compte des contributions de la Belgique, fit mettre 320 millions à la disposition des commissions exécutives, parla sur la vente des biens nationaux, obtint une nouvelle émission d'assignats de 1,000 livres, etc. Monnot fit encore partie du Conseil des Cinq-Cents, où ses collègues de la Convention l'élurent le 4 brumaire an IV. Il continua de s'y occuper activement de questions financières, de l'emprunt forcé, des créances hypothécaires, de l'établissement d'une loterie nationale, quitta l'assemblée en l'an VI, et fut nommé, le 4 ventôse an X, conservateur des bois et forêts à Besançon, et plus tard receveur général du Doubs. Il occupait encore ces fonctions, et était conseiller municipal de Besançon, lorsque Napoléon, aux Cent-Jours, le nomma maire de Besançon (18 avril 1815). Atteint de ce chef par la loi du 12 janvier 1816 contre les régicides, il se retira à Bâle ; les nombreuses réclamations de sa famille et de ses amis lui ayant obtenu, le 25 décembre 1818, un sursis indéfini, il rentra à Besançon le 28 janvier 1819, et ne prit plus aucune part aux affaires publiques.

MONNOT-ARBILLEUR (ANTOINE-ALEXIS), représentant en 1871, sénateur en 1876, né à Besançon (Doubs) le 31 mai 1818, mort à Besançon le 20 août 1876, agriculteur, grand propriétaire, et connu pour ses opinions républicaines, fut élu, le 8 février 1871, représentant du Doubs à l'Assemblée nationale, le 4e sur 6, par 29,328 voix (53,134 votants, 81,915 inscrits); il prit place au centre gauche, et vota *pour* la paix, *contre* l'abrogation des lois d'exil, *contre* la pétition des évêques, *pour* le pouvoir constituant, *pour* le service de trois ans, *contre* la démission de Thiers, *contre* le septennat, *pour* l'amendement Wallon, *pour* les lois constitutionnelles. Élu, le 30 janvier 1876, sénateur du Doubs, par 392 voix (706 votants), il ne put siéger en raison de l'état de sa santé, et mourut au mois d'août suivant; il fut remplacé, le 19 novembre, par M. de Mérode.

MONSEIGNAT DU CLUZEL (FÉLIX-HIPPOLYTE-FRÉJUS, CHEVALIER), député au Conseil des Cinq-Cents, au Corps législatif de l'an VIII à 1811, représentant aux Cent-Jours, né à Rodez (Aveyron) le 13 août 1764, mort à Rodez le 4 décembre 1840, « fils de M. Louis-Félix de Monseignat, receveur des domaines du roi en cette ville, et de dame Marie-Anne Hémard », fut reçu avocat en 1786. Président du bureau de conciliation en 1791, commissaire (an VI) près l'administration centrale de l'Aveyron, président, jusqu'au 1er janvier 1812, de la commission de liquidation, il fut élu, le 25 germinal an III, député de l'Aveyron au Conseil des Cinq-Cents. Favorable au coup d'État de Bonaparte, il fut compris par le Sénat conservateur (4 nivôse an VIII) sur la liste des députés de l'Aveyron au nouveau Corps législatif. Ce mandat lui fut renouvelé le 17 février 1807, et il siégea dans l'assemblée impériale jusqu'en 1811. Chevalier de l'Empire le 26 avril 1810, il fut nommé, le 1er juin 1811, conseiller-auditeur à Montpellier, le 19 décembre de la même année conseiller de préfecture à Rodez, et, le 14 mai 1815, représenta l'arrondissement de Saint-Affrique à la Chambre des Cent-Jours, par 32 voix (42 votants, 112 inscrits), contre 9 à M. Grandpradeille, maire de Saint-Affrique. Chevalier de la Légion d'honneur.

MONSEIGNAT DU CLUZEL (FÉLIX-HIPPOLYTE), député de 1840 à 1844, né à Rodez (Aveyron) le 11 décembre 1805, fils du précédent, fut conseiller de préfecture à Rodez après 1830, et fut élu, le 4 janvier 1840, député du 1er collège de l'Aveyron (Rodez), en remplacement de M. Merlin décédé, par 194 voix (346 votants, 425 inscrits), contre 115 voix à M. Villa, candidat légitimiste. Réélu, le 9 juillet 1842, par 208 voix (332 votants), il siégea au centre ministériel, vota l'indemnité Pritchard, et consentit à donner sa démission pour faire une place à M. Michel Chevalier, jusqu'alors candidat malheureux. Ce dernier fut en effet élu, le 25 janvier 1845; M. Monseignat du Cluzel avait été mis à la retraite, comme conseiller de préfecture, le 3 août 1840.

MONSPEY (LOUIS-ALEXANDRE-ÉLYSÉE, MARQUIS DE), député en 1789, né à St-Georges-de-Reneins (Rhône) le 10 août 1733, mort au château de Vallière (Rhône) le 2 mars 1822, d'une famille d'ancienne noblesse, était fils de Joseph-Henri, marquis de Monspey, comte de Vallière, chevalier de Malte et de Saint-Louis, capitaine de dragons au régiment de Bauffremont, et d'Anne Levic de Pontevès d'Agoult. Placé en qualité de page auprès du dauphin fils de Louis XV, qui lui donna une lieutenance dans son régiment de cavalerie, il devint capitaine dans le régiment de Royal-Normandie puis, en 1758, dans celui de

Poly-cavalerie. Il fit les campagnes de la guerre de Sept ans, reçut deux blessures à Minden (1er août 1759), et fut fait chevalier de Saint-Louis. Le dauphin le fit entrer (30 mars 1766), comme officier supérieur exempt, dans les gardes du corps du roi (compagnie écossaise). Brigadier de cavalerie (5 décembre 1782), commandant d'escadron des gardes du corps (décembre 1784), maréchal de camp (9 mars 1788), il fit ses preuves, en décembre de cette dernière année, pour monter dans les carrosses du roi. Membre de l'assemblée provinciale du Lyonnais, président de l'ordre de la noblesse du Beaujolais, il fut élu, le 20 mars 1789, dans cette dernière sénéchaussée, député de son ordre aux États-Généraux. Dans la séance du 5 octobre, il prit la défense des gardes du corps attaqués par Mirabeau et par Pétion, et somma ce dernier de signer sa dénonciation. Le lendemain, 6 octobre, il protégea, avec quelques autres députés de la noblesse, la vie du roi. Après l'arrestation de Louis XVI à Varennes, il donna sa démission (18 juillet 1791), rejoignit l'armée des princes à Coblentz, et reprit le commandement de la compagnie écossaise qui avait émigré presque tout entière. Il fit la campagne de 1792, accompagna, après la retraite des princes, le général Clairfait, obtint, en 1794, le commandement d'un régiment de cavalerie noble composé exclusivement de gardes du corps, et prit part, sous le prince de Condé, aux campagnes de 1795 à 1797. Lorsque l'armée se rendit en Pologne, il présenta à Louis XVIII, alors à Blanckenberg, son fils unique, le comte Louis de Monspey, qui avait fait avec lui les dernières campagnes. Le roi nomma le comte de Monspey capitaine de cavalerie, et remit au marquis le brevet de commandeur de Saint-Louis. Quand l'armée de Condé se joignit au corps de Souvarow (1799), le marquis de Monspey eut un commandement dans la cavalerie noble, sous les ordres immédiats du duc de Berry. Après le licenciement, il rentra en France (1801) où il vécut dans la retraite, refusant au gouvernement impérial un emploi de son grade. Il n'accepta que les fonctions modestes de maire de la commune de Saint-Georges de Reneins, et de membre du conseil général du Rhône, qu'il présida en 1813. À la Restauration, il reprit sa place dans les gardes du corps, mais, en raison de son âge (81 ans), Louis XVIII lui accorda sa retraite avec le titre de lieutenant général (21 juin 1814) et les insignes de grand-croix de Saint-Louis.

MONSSINAT (JEAN-JACQUES), député en 1789, né à Noë (Haute-Garonne) le 23 octobre 1743, mort à Muret (Haute-Garonne) le 7 octobre 1827, était avocat à Toulouse. Élu, le 6 avril 1789, député du tiers aux États-Généraux par la première sénéchaussée du Languedoc (Toulouse), avec 707 voix (837 votants), il ne fit partie de l'Assemblée constituante que jusqu'au 3 avril 1790. À cette époque il donna sa démission, et se retira dans le département de la Haute-Garonne. Il devint, le 4 prairial an VIII, juge au tribunal d'appel de Toulouse et, le 30 avril 1811, conseiller à la cour impériale. La Restauration lui donna, le 29 mars 1816, une nouvelle investiture, et il conserva son siège de magistrat jusqu'à sa mort (1827). Chevalier de la Légion d'honneur.

MONTAGNAC (FRANÇOIS-ANTOINE, MARQUIS DE), député de 1816 à 1821, né à Riom (Puy-de-Dôme) le 29 décembre 1764, mort à Clermont-Ferrand (Puy-de-Dôme) le 3 septembre 1825, émigra à la Révolution et ne rentra en France qu'à l'époque du Consulat. Riche propriétaire à Saint-Saudoux, il fut élu, le 4 octobre 1816, député du grand collège du Puy-de-Dôme, par 159 voix (227 votants, 280 inscrits). Il siégea au côté droit, et, en 1817, à propos de la discussion du budget, prit la parole pour déclarer qu'il partageait l'opinion de M. de Bonald sur les Suisses. L'assemblée ayant voté l'impression de cette phrase de son discours, il fut le seul à s'y opposer. Il quitta la vie politique en 1821.

MONTAGNAC (ANDRÉ - JOSEPH - ELISÉE, BARON DE), député au Corps législatif de 1860 à 1870, né à Pouru-aux-Bois (Ardennes) le 17 août 1808, mort à Charleville (Ardennes) le 17 septembre 1882, issu d'une ancienne famille noble du Limousin, s'installa comme fabricant de drap à Sedan, et devint membre du conseil général pour le canton-nord de cette ville. Industriel estimé, et rallié au second empire, il fut successivement élu député au Corps législatif par la 1re circonscription des Ardennes, le 22 avril 1860, avec 31,217 voix (31,578 votants, 47,738 inscrits, en remplacement de M. Richer nommé conseiller d'Etat; le 1er juin 1863, par 14,223 voix (23,543 votants, 30,781 inscrits), contre 9,204 à M. Poupillier, maître de forges; le 24 mai 1869, par 18,068 voix (25,068 votants, 31,128 inscrits), contre 5,875 à M. Jules Simon et 843 à M. Troyon. Membre de la majorité, il signa cependant l'interpellation des 116, et fit partie du groupe Mège, qui fournit plusieurs ministres à l'empire libéral. Il disparut de la scène politique après les événements de 1870. Comme industriel, il fut l'inventeur d'un velours de laine dit Montagnac, reçut, en 1855, la grande médaille d'honneur à l'Exposition, fut décoré à cette occasion, devint officier de la Légion d'honneur le 30 août 1865, et fut membre du jury à l'Exposition de 1867, et membre de la commission supérieure de l'Exposition de 1878.

MONTAGUT (FRANÇOIS-GUILLAUME-MARC), représentant en 1849, député de 1876 à 1877, né à Excideuil (Dordogne) le 2 avril 1816, s'occupa d'agriculture et de propagande républicaine. Elu, le 13 mai 1849, représentant de la Dordogne à l'Assemblée législative, le 6e sur 10, par 60,289 voix (105,677 votants, 145,779 inscrits), il vota le plus souvent avec la minorité démocratique. Après s'être tenu à l'écart sous l'Empire, M. Marc Montagut se présenta sans succès comme candidat à l'Assemblée nationale dans la Dordogne, d'abord le 8 février 1871: il réunit alors 27,145 voix (97,443 votants); puis, le 2 juillet suivant, en remplacement de Thiers, optant pour la Seine; cette fois il obtint 34,307 voix contre 44,526 à l'élu conservateur, M. Magne. Il échoua encore aux élections sénatoriales du 30 janvier 1876 dans la Dordogne, avec 192 voix (683 votants): mais il fut élu, au second tour de scrutin, le 5 mars 1876, député de la 1re circonscription de Périgueux, par 6,314 voix (11,873 votants, 15,643 inscrits), contre 5,510 à M. Maréchal, conservateur. Sa profession de foi contenait cette phrase: « Pas de guerre, pas de révolution! plus de discordes civiles! conciliation! apaisement! » Il prit place à gauche, fit partie de la majorité républicaine, et fut des 363. Il se représenta, le 14 octobre 1877, mais il n'obtint que 5,987 voix contre 7,383 à l'élu, candidat

officiel, M. Maréchal. L'élection de ce dernier ayant été invalidée, une nouvelle tentative de M. Marc Montagut, le 5 mai 1878, ne lui donna que 6,242 voix contre 7,102 au député sortant, M. Maréchal, réélu.

MONTAGUT-BARRAU (PIERRE-ELISABETH-DENIS, BARON DE), député en 1789, né et mort à des dates inconnues, fut élu, le 22 avril 1789, député de la noblesse aux Etats-Généraux par le pays de Comminges et de Nébouzan. Il vota avec la majorité de la noblesse et protesta contre la réunion des ordres par la lettre suivante:

« Aux Etats-Généraux,

« Nos seigneurs,

« On ne marchande point avec l'honneur; nulle composition n'est permise; le moindre écart luy porte une blessure éternelle.

« J'ay l'honneur de parler aux représentans de la nation française, qui mieux qu'eux jugé le point d'honneur, et apprécier les démarches qu'il me reste à faire pour ne pas le trahir.

« Mes commettans m'ont donné des pouvoirs impératifs auxquels j'ay fait serment de me conformer, je l'ay juré sur mon honneur.

« Alles mon fils dit vers cette auguste assemblée, des representans choisis dans toute les provinces, partages sans distinction avec tous les citoyens les charges de letat; nous vous autorisons à faire labandon des privileges pecuniaires, mais il est des prealables à remplir avant cet abandon: il importe au premier comme au dernier des citoyens, qu'on ait satisfait avant tout, à des objets bien plus importans.

« Ces privileges sont reel dans ma province leur aneantissement va ruiner nos fortunes, les intendans, les subdelegues, les receveurs avoit déjà porté les plus rudes atteintes.

« Nos commettans ont pance que la deliberation par ordre, étoit necessaire au bonheur de tous; ils nous ont fait une loi impérative de la mintenir de toutes nos forces; et dans le cas ou il en seroit jugé diferament ils nous ont imposé lobligation de la retraite; ils ont revoqué nos pouvoirs.

« Je vai avoir l'honneur de vous faire la lecture des articles de mon cahier le plus impérieux.

« Voilà ma position, je le repette, on ne compose point avec l'honneur, il ne nous suffit pas de n'avoir pas à rougir aux yeux du public, il faut que nous soyons dacord avec nos consiances.

« Nous pouvions partir daprès nos mandats, et retourner vers nos commettans, mais la nation pouvoit nous soubconner davoir voulu manquer au devoir qui nous est le plus cher, celuy de concourir au bien general de la nation.

« Dans ces circonstances, je pance devoir demander acte à la nation de la remise, que je fais au greffe de mon cahier qui fera connoitre les obligations qui me sont imposée.

Le Bar. de MONTAGUT-BARRAU
député de la noblesse du pais de Comminges et Nébouzan aux Etats-Généraux.

Versailles, le 30 juin 1789. »

M. de Montagut signa les protestations des 12 et 15 septembre 1791 contre les décrets de la Constituante, et disparut de la scène politique après la session.

MONTAIGNAC DE CHAUVANCE (Louis-

RAYMOND, MARQUIS DE), représentant en 1871, membre du Sénat, ministre, né à Paris le 14 mars 1811, d'une ancienne famille noble de Champagne connue dès le XIᵉ siècle, entra à l'Ecole navale en 1827. Nommé aspirant à la fin de cette même année, il fit le tour du monde sur l'*Artémise*, passa enseigne de vaisseau en 1833, lieutenant de vaisseau en 1840, et fut chargé d'expérimenter l'hélice dont on venait de faire pour la première fois l'application sur l'aviso à vapeur le *Napoléon*. Capitaine de frégate en 1848, officier de la Légion d'honneur le 10 août 1853, capitaine de vaisseau en 1855, il commanda la batterie flottante la *Dévastation* qui participa brillamment à la prise de Kinburn. Commandeur de la Légion d'honneur le 12 août 1860, contre-amiral en 1865, major général de la flotte à Cherbourg en 1867, membre du conseil des travaux et du conseil de perfectionnement de l'Ecole polytechnique en 1869, il fut employé à l'armée de terre pendant la guerre de 1870, et, lors du siège de Paris, commanda le 7ᵉ secteur (Auteuil, Passy, la Muette), dont l'artillerie seconda puissamment la défense des forts d'Issy, de Vanves et de Montrouge. Grand-officier de la Légion d'honneur du 23 janvier 1871, il fut nommé, le 15 juillet 1872, inspecteur de la flotte et des ports de la Manche. Il avait été élu, le 8 février 1871, représentant de l'Allier à l'Assemblée nationale, le 3ᵉ sur 7, par 51,103 voix (76,640 votants, 106,359 inscrits), et, le même jour, représentant de la Seine-Inférieure, le 8ᵉ sur 16, par 78,031 voix (120,899 votants, 218,718 inscrits). Il opta pour l'Allier, siégea au centre droit, fut président de la commission de la marine, vice-président de la commission de réorganisation de l'armée, fut nommé (15 juillet 1872) inspecteur de la flotte et des ports de la Manche, et entra, le 22 mai 1874, comme ministre de la Marine dans le cabinet de Cissey. Il promulgua, le 12 décembre suivant, un décret relatif au cadre normal des officiers de marine, institua la Banque d'Indo-Chine (janvier 1875), combattit le droit accordé aux colonies de nommer leurs députés, et protesta contre les assertions relatives aux mauvais traitements subis par les déportés en Nouvelle-Calédonie. Il vota *pour* la paix, *pour* l'abrogation des lois d'exil, *pour* la pétition des évêques, *contre* le service de trois ans, *pour* la démission de Thiers, *pour* le septennat, *pour* le ministère de Broglie, *pour* les lois constitutionnelles. Ce dernier vote le fit maintenir, le 10 mars 1875, dans le cabinet Buffet-Dufaure. Elu, le 21 décembre 1875, sénateur inamovible par l'Assemblée nationale, le 74ᵉ sur 75, par 323 voix (610 votants), il donna sa démission de ministre le 9 mars 1876, et fut remplacé par le vice-amiral Fourichon. Il reprit sa place au Sénat, et vota la dissolution de la Chambre demandée par le ministère de Broglie le 23 juin 1877. Placé dans le cadre de réserve en 1875, il a été mis à la retraite en octobre 1886. Il a continué de combattre, à la Chambre haute, la politique des ministères républicains, et, en dernier lieu, s'est abstenu sur le rétablissement du scrutin d'arrondissement (13 février 1889), et s'est prononcé *contre* le projet de loi Lisbonne restrictif de la liberté de la presse, *contre* la procédure à suivre devant le Sénat contre le général Boulanger.

MONTALEMBERT (RENÉ-MARC-MARIE-ANNE, MARQUIS DE), pair de France, né à Paris le 10 juillet 1777, mort à Paris le 21 juin 1831, d'une famille de vieille noblesse du Poitou connue dès le XIIᵉ siècle, fils du baron Jean-Charles de Montalembert, qui fut maréchal de camp et mourut à l'île de la Trinité le 20 février 1810, émigra avec sa famille au moment de la Révolution, et commanda à l'armée des princes la légion qui portait son nom. En 1799, il prit du service dans l'armée anglaise, sous les ordres du général Jarry qui avait pour lui une estime particulière; il resta ensuite quatre ans en Egypte et aux Indes (1804-1808), puis fut employé, en Portugal et en Espagne, dans l'état-major de Wellington. Il prit part à l'expédition de l'île de Walcheren, et devint lieutenant-colonel en 1811. En 1814, ce fut lui qui fut chargé par le prince régent d'annoncer à Louis XVIII son avènement au trône. Il accompagna le roi en France, reçut de lui le brevet de colonel, la croix de Saint-Louis et celle de la Légion d'honneur, et fut nommé secrétaire d'ambassade à Londres. Ministre plénipotentiaire à Stuttgard (juillet 1816), puis à Copenhague (1819), pair de France (5 mars 1819), il dut quitter la diplomatie en 1820, sous le ministère du duc de Richelieu, à cause de son indépendance. Il menait d'ailleurs la vie à grandes guides, et sa fortune y sombra. Il assista assidûment aux séances de la Chambre des pairs, parla sur la guerre d'Espagne, sur la nouvelle loi électorale, sur l'indemnité des émigrés, et, en mars 1826, soutint le rétablissement du droit d'aînesse; selon lui, « le code, rédigé dans un esprit anti-monarchique, devait être réformé; la loi républicaine ferait bientôt de la France une vaste garenne où chacun aurait son réduit; la loi nouvelle fonderait, au contraire, une classe intermédiaire, la classe politique, entre l'industrie, classe républicaine, et les fonctionnaires, classe qui pousse au pouvoir absolu. » Nommé ambassadeur à Stockholm, il fut rappelé en France, au mois d'octobre de la même année, par la mort de sa fille. Le gouvernement de Juillet le révoqua (août 1830); il prêta néanmoins serment au nouveau régime, prit part à la discussion de la Charte, et mourut l'année suivante.

MONTALEMBERT (CHARLES-FORBES, COMTE DE), pair de France, représentant en 1848 et 1849, député au Corps législatif de 1852 à 1857, né à Stanmor (Angleterre) le 15 avril 1810, mort à Paris le 13 mars 1870, fils du précédent, et d'Élise-Rosée Forbes, rigide protestante d'Ecosse, fut d'abord confié aux soins de l'abbé de Monnier-Laquanée, ancien oratorien, d'une imagination assez exaltée, puis fut placé au collège Henri IV, où l'abbé Lacordaire était alors aumônier. Il eut un peu plus tard comme directeur spirituel l'abbé de Lamennais, et, sous cette double influence, sa foi profonde chercha de bonne heure à concilier le catholicisme avec le libéralisme. « Il avait, disait-il plus tard, fait de la liberté l'idole de son âme, et ce qu'il combattait c'est la Révolution érigée en principe, en dogme, en idole; la Révolution qui, sous le nom de démocratie, n'est que l'explosion de l'orgueil, insatiable comme la mort, et comme elle implacable, qui prépare les peuples à la tyrannie, qui les rend dignes, qui les contraint surtout à s'y résigner, crainte de pire, » (*Discours de réception à l'Académie française.*) M. de Montalembert compta au début parmi les plus ardents disciples de la doctrine menaisienne, fut un des fondateurs et des rédacteurs principaux du journal l'*Avenir*, et entreprit contre le gouvernement de Louis-Philippe et surtout contre le monopole universitaire une véritable croisade, dans laquelle il fut suivi par une fraction importante du parti catholique. Dans ce dessein, il ouvrit, le 29 avril 1831, avec MM. de Coux et Lacordaire, une *École Libre*, qu'ils persistèrent à vouloir inaugurer malgré l'interdiction dont l'avait frappée l'autorité. Montalembert et ses associés furent traduits de ce chef en police correctionnelle. Mais la mort du père de Montalembert, survenue pendant l'instance, ayant appelé celui-ci à siéger à la Chambre des pairs par droit héréditaire, il réclama et obtint la haute juridiction de l'assemblée dont il allait faire partie. Après des débats qui ne manquèrent ni de solennité ni de grandeur, l'accusé fut condamné à 100 francs d'amende, ce qui équivalait à un acquittement. Il s'était défendu lui-même, avec un rare talent, bien que ce fût son début comme orateur, et avait invoqué l'esprit de la révolution de Juillet par laquelle avaient dû être rompues toutes les entraves de la liberté civile, politique et religieuse. Montalembert, en raison de son âge, ne prit séance à la Chambre des pairs que le 14 mai 1835. Ami et partisan de Lamennais jusqu'à la condamnation du philosophe en cour de Rome, on le vit revenir, à dater de ce moment, à des opinions plus orthodoxes, et se tourner vers l'étude du moyen âge. A cette période de son existence appartient le livre célèbre intitulé : *Vie de sainte Élisabeth de Hongrie* (1836). A la Chambre des pairs, M. de Montalembert siégeait dans l'opposition libérale et catholique à la fois. Il combattit très vivement, en 1842, le projet de M. Villemain sur l'enseignement, et, l'année suivante, profita des discussions soulevées à la Chambre des pairs sur les rapports de l'Église et de l'État pour publier un *Manifeste catholique* qui eut beaucoup de retentissement. Vers le même temps, il épousa Mlle de Mérode, fille d'un ministre belge, et, après un voyage à l'étranger, vint [reprendre son siège au Luxembourg. Trois discours remarquables sur la liberté de l'Église, la liberté d'enseignement et la liberté des ordres monastiques, appelèrent encore l'attention sur ses doctrines : le dernier contenait un magnifique éloge de la Société de Jésus. En 1847, il fonda en faveur du *Sonderbund* (ligue séparative des sept cantons catholiques de la Suisse) un comité qui prit le nom de Société religieuse. En même temps, il se ralliait à la cause des nationalités opprimées et parlait à plusieurs reprises pour la Pologne (1831, 1844, 1848) et pour l'Irlande. Le 10 février 1848, il fit célébrer à Notre-Dame un service funèbre pour honorer la mémoire d'O'Connell. On remarqua beaucoup un passage d'un de ses derniers discours à la Chambre des pairs, dans lequel, ne croyant peut-être pas être si bon prophète, il prédisait l'avènement de la République à trois mois de date.

Montalembert accepta le gouvernement nouveau, et offrit même ses services dans un manifeste qui lui fut souvent rappelé. Toutefois l'auteur de la *Biographie impartiale des représentants du peuple* à l'Assemblée constituante, dans la notice qu'il lui consacre, se borne à écrire à ce sujet : « Il ne s'agit point de savoir si un homme tel que M. de Montalembert s'est rallié ou non à la République. Les électeurs du Doubs ne se sont point bercés de cette idée ; en l'envoyant à l'Assemblée nationale, ils ont seulement rendu un éclatant hommage à son intelligence brillante, à son cœur sincèrement ami de la vertu, de la religion, de la patrie ». Il avait été élu, le 23 avril 1848, représentant du Doubs à l'Assemblée constituante, le 7e et dernier, par 22,543 voix (67,322 votants, 78,670

inscrits). Il prit place à l'extrême droite, fut un des chefs du parti catholique et monarchiste qui combattit les institutions républicaines, et appartint, en dehors de l'Assemblée, au comité électoral conservateur de la rue de Poitiers. Conséquent toutefois avec ses principes libéraux, il vota *contre* le rétablissement du cautionnement des journaux, *contre* les poursuites contre Louis Blanc et *contre* le maintien de l'état de siège pendant la discussion de la Constitution, dont il refusa (4 novembre 1848) d'approuver l'ensemble. Il se montra également opposé à l'admission de Louis Bonaparte, dont il devait, à quelque temps de là, soutenir presque sans réserves la politique présidentielle ; d'autre part, il opina avec la droite *pour* le rétablissement de la contrainte par corps, *contre* l'abolition de la peine de mort, *contre* l'amendement Grévy, *contre* le droit au travail, *pour* la proposition Rateau, *contre* l'amnistie, *pour* l'interdiction des clubs, et *pour* l'expédition de Rome, qu'il loua hautement le gouvernement d'avoir entreprise. Dès la séance du 30 novembre 1848, comme Ledru-Rollin reprochait au ministère présidé par Cavaignac d'être intervenu contre la révolution romaine en faisant embarquer précipitamment des troupes françaises, Montalembert répondit : « Il ne s'agit pas d'une souveraineté ordinaire, il ne s'agit pas d'un État ordinaire, il s'agit de celui qui est le souverain spirituel de 200 millions d'hommes, de l'État qui est le centre de cette souveraineté ; il s'agit de la liberté même de l'idée catholique. Eh bien, je dis que c'est un immense honneur et un immense bonheur pour la République française que d'avoir pu inaugurer en quelque sorte son action dans le monde de la politique, dans les affaires étrangères, en appuyant, en sauvant, en consacrant cette indépendance de l'idée catholique, et je l'en félicite pour ma part du fond de mon cœur. Je la félicite de pouvoir peser du poids de l'admiration et de la reconnaissance sur les cœurs et sur les consciences de tant de millions d'hommes répandus sur la surface du monde. » L'orateur fit ensuite l'apologie de Pie IX, dit que la France venait d'imiter l'exemple de Charlemagne en étendant son épée pour protéger le pape, repoussa toute ressemblance entre la révolution de février et celle de Rome, et termina par un ardent éloge de M. de Rossi, son ancien collègue à la Chambre des pairs. Il parla aussi très longuement en faveur de la proposition Rateau, le 12 janvier 1849, et déclara qu'il se trouvait en présence de trois partis, de trois fractions dans l'Assemblée : « La première est une minorité qui veut à tout prix s'en aller, pour beaucoup de très bonnes raisons, je le sais, et entre autres bonnes raisons, parce qu'elle se croit sûre de revenir. Une seconde fraction, qui est également en minorité, selon moi, ne veut à aucun prix s'en aller, par de très bonnes raisons aussi, je n'en doute pas, et, parmi elles, par une raison personnelle, c'est qu'elle est à peu près sûre de ne pas revenir. Entre ces deux fractions, j'en distingue une troisième qui n'a pas de parti pris sur cette question, qui n'est pas la majorité, mais qui la fera. » Ce jour-là, Montalembert se trouva pleinement d'accord avec Victor Hugo, qui devait, dans l'Assemblée suivante, soutenir contre lui tant et de si brillantes luttes oratoires. Réélu, le 13 mai 1849, représentant du Doubs à l'Assemblée législative, le 3e sur 6, par 32,702 voix (52,664 votants, 81,875 inscrits), et, en même temps, représentant des Côtes-du-Nord, par 67,934 voix (110,201 votants, 164,242 inscrits), Montalembert opta pour le Doubs, fut remplacé dans les Côtes-du-Nord, le 8 juillet suivant, par M. de Largentaye, et prit à la tête de la majorité parlementaire un rôle des plus marquants. Il soutint contre la gauche en général et particulièrement contre l'éloquence rivale de Victor Hugo un long combat politique qui commença à propos du *motu proprio* du pape, et se poursuivit avec une vivacité singulière dans la discussion du projet de loi organique de l'enseignement (loi Falloux-Parieu). Ce fut à propos de cette loi que l'orateur catholique s'écria qu'il fallait entreprendre « une expédition de Rome à l'intérieur! » Lorsque, dans les premiers mois de l'année 1851, la majorité monarchiste commença de se détacher du prince-président, Montalembert s'efforça, au contraire, de soutenir ce dernier contre les défiances de certains parlementaires, déclara, à ce propos, qu'il n'était ni son conseiller, ni son confident, mais son *témoin*, et alla jusqu'à protester contre « une des ingratitudes les plus aveugles et les moins justifiées de ce temps-ci ». Au sujet de la demande d'allocation de 1,800,000 francs au président de la République), il dit : « Je veux le gouvernement représentatif, je veux la tribune parlementaire, et son intervention dans toutes les matières de législation, de politique générale et sociale ; mais je ne veux pas de son intervention taquine, bavarde, quotidienne, omnipotente et insupportable dans toutes les affaires du pays. Exiger cela, c'est selon moi, dans notre temps et dans notre pays, le véritable moyen de l'amoindrir, de l'affaiblir et de la dépopulariser en France et en Europe. » (10 février 1851.) Il se fit charger du rapport sur la loi pour l'observation du dimanche, qui ne fut pas votée. En juin, il porta la parole dans la grande discussion qui s'engagea lors du projet de revision de la Constitution, et se mesura une fois de plus avec Victor Hugo. Lors du coup d'État du 2 décembre, Montalembert s'associa à la protestation des députés de la droite, sans prendre part à la réunion de la mairie du Xe arrondissement. Il accepta d'abord de faire partie de la Commission consultative ; mais il donna sa démission, lors des décrets sur les biens de la famille d'Orléans : « Mon nom, dit-il, est une enseigne ; je ne le laisserai pas plus longtemps sur une boutique dans laquelle on commet de pareilles infamies. » Élu, le 29 février 1852, député du Doubs au Corps législatif, par la 1re circonscription du Doubs au Corps législatif, par 20,139 voix (23,434 votants, 39,652 inscrits), il y représenta à peu près à lui tout seul, remarque un biographe, toute l'opposition. Cette tribune sans écho n'était pas pour lui plaire : « Je combattais en désespéré, écrivait-il plus tard, dans une cave sans air ni lumière. » En 1854, la Chambre vota contre lui une autorisation de poursuites, à l'occasion d'une lettre confidentielle qu'il avait écrite à Dupin aîné, lettre publiée, contre sa volonté, dans les journaux belges ; ces poursuites aboutirent à une ordonnance de non-lieu. Il se représenta dans la même circonscription, aux élections du 22 juin 1857 ; mais il se vit opposer, cette fois, un concurrent officiel, M. de Conégliano, qui fut élu par 17,387 voix, tandis que Montalembert n'en réunissait que 4,359 et le général du Pouëy 7,151. Il se tint dès lors à l'écart de la politique militante, et se consacra à ses travaux de publiciste et d'historien. Un article, publié le 25 octobre 1858 dans le *Correspondant*, revue placée sous son inspiration, et intitulé : *Un débat sur l'Inde au parlement anglais*, le fit condamner en police correctionnelle, le 24 novembre, à six mois de prison et 3,000 francs d'amende.

L'empereur lui fit remise de la peine le 2 décembre ; mais Montalembert, qui avait interjeté appel, refusa la grâce. La cour, par arrêt du 21 décembre, confirma le jugement, en réduisant l'emprisonnement à 3 mois ; un nouveau décret impérial fit encore remise de la peine. Le mauvais état de sa santé écarta définitivement M. de Montalembert des affaires publiques. En butte aux attaques violentes de M. Louis Veuillot et de son journal l'*Univers*, il se consacra aux études historiques, et parut, en 1863, au congrès catholique de Malines. Il salua avec joie l'avénement de l'empire libéral (janvier 1870), et il mourut avant d'en voir la suprême catastrophe. « M. de Montalembert, a dit Ed. Scherer, était une nature d'artiste, de poète, de catholique romantique; comme orateur, il avait la voix, la chaleur, le naturel, je ne sais quoi de distingué et de charmant. » Sainte-Beuve dit aussi : « Jamais, sous prétexte d'avoir mis son humilité une fois pour toutes aux pieds du Saint-Siège, son talent d'orateur ne s'est passé plus en sûreté de conscience ses facultés altières, piquantes et ironiques. » Admis à l'Académie française le 5 février 1852, en remplacement de Droz, il y fut reçu par son ancien adversaire, Guizot. On lui doit, entre autres ouvrages : *Du catholicisme et du vandalisme dans l'art* (1829); *Du devoir des catholiques dans la liberté d'enseignement* (1844); *Trois discours prononcés à la Chambre des pairs* (1844); *Saint Anselme* (1844); *Quelques conseils aux catholiques sur la direction à donner à la polémique actuelle* (1849); *Des intérêts catholiques au XIXe siècle* (1852); *L'Avenir politique de l'Angleterre* (1855); *Pie IX et lord Palmerston* (1856); *Les Moines d'Occident* (1863-1867); *Une Nation en deuil : la Pologne en 1861* (1861); le *Père Lacordaire* (1862); le *Pape et la Pologne*. Rédacteur intermittent de la *Revue des Deux-Mondes* et rédacteur assidu du *Correspondant*, il entreprit, en 1861, une édition générale de ses *Œuvres*.

MONTALEMBERT (DE). — *Voy.* TRYON.

MONTALIVET (JEAN-PIERRE BACHASSON, COMTE DE), ministre, pair des Cent-Jours, et pair de France, né à Sarreguemines (Moselle) le 5 juillet 1766, mort au château de la Grange (Cher) le 22 janvier 1823, fils d'un maréchal de camp commandant la place de Sarreguemines, fut destiné de bonne heure à la carrière des armes, et entra à treize ans dans le régiment des hussards de Nassau (1779), d'où il passa, comme sous-lieutenant, aux dragons de la Rochefoucauld. Mais, à l'instigation de sa famille, il abandonna bientôt l'armée pour l'étude du droit. S'étant fait recevoir avocat au parlement de Grenoble, il devint conseiller à dix-neuf ans (1785) avec une dispense d'âge, et se fit remarquer par son application et par les qualités précoces de son jugement. Exilé, avec ses collègues, sous le ministère Brienne (1788), il fut ensuite privé de sa charge (1796), par application des décrets de l'Assemblée constituante. Il adopta très modérément les idées de la Révolution, et se lia à Valence, en 1789, avec Bonaparte, alors officier d'artillerie : ce fut l'origine de sa fortune politique. Partisan d'une monarchie constitutionnelle, il vit avec regret les progrès de la Révolution, essaya de sauver de l'échafaud son oncle, le comte de Saint-Germain, et dénonça la municipalité de Paris à la tribune des Jacobins. Puis, pour sa sécurité, il s'enrôla comme simple volontaire, combattit jusqu'en

1794, et reçut les galons de caporal. On dit qu'il montrait plus tard avec orgueil son sac de soldat, qu'il avait enveloppé dans son écharpe de ministre. Maire de Valence en l'an III, il contribua à apaiser l'irritation des esprits dans cette ville et à y conjurer la révolte. Le premier consul se souvint de son ancien ami : il lui fit offrir, par le ministre Chaptal, la préfecture de la Manche, et, sans attendre sa réponse, fit paraître sa nomination au *Moniteur* (17 avril 1801). Là, chargé d'arrêter son ancien condisciple, le chevalier de Brulars, qui venait provoquer un soulèvement royaliste, M. de Montalivet le fit échapper, et vint rendre compte de sa conduite à Bonaparte, qui l'approuva. Il fut nommé ensuite préfet de Seine-et-Oise (31 mars 1804), entra (1805) au Conseil d'Etat, et devint (1806) directeur général des ponts et chaussées. Son activité, ses capacités, son zèle, et aussi la bienveillance particulière que Napoléon témoignait à M. et à Mme de Montalivet, déterminèrent l'empereur à lui confier, le 1er octobre 1809, le ministère de l'Intérieur, en remplacement du comte Crétet. L'administration de Montalivet, qui s'exerça dans des circonstances particulièrement difficiles, mit en relief, chez lui, de hautes qualités et une singulière aptitude au travail. Il s'appliqua à favoriser les progrès de l'industrie, dirigea l'emploi de sommes énormes, posa la première pierre des bassins d'Anvers, améliora le port d'Ostende, poursuivit la construction des belles routes qui ont aplani les Alpes, et fit exécuter dans Paris des ouvrages considérables : quais, fontaines, arcs de triomphe, abattoirs, marchés, greniers, entrepôts, etc. Avant de partir pour la Russie, Napoléon s'en remit à M. de Montalivet de l'exécution des mesures destinées à combattre l'imminence de la disette qui menaçait la France. Le dévouement du ministre au chef de l'Etat était absolu, et on lui a même fait le reproche d'avoir poussé ce dévouement jusqu'à l'esclavage de la pensée. Quoi qu'il en soit, M. de Montalivet, qui avait été fait chevalier de l'Empire en juin 1808 et comte le 27 novembre suivant, resta fidèle, en 1814, à la cause bonapartiste. Il voulait défendre Paris jusqu'à la dernière extrémité. L'avis contraire ayant prévalu, il accompagna à Blois l'impératrice Marie-Louise, accepta le titre de secrétaire de la régence, et tenta, par des proclamations, d'intéresser la France à la dynastie. Lors du retour de l'île d'Elbe, il fut appelé (21 mars 1815) à l'intendance générale des biens de la couronne, et le 2 juin de la même année fut nommé pair de France. La deuxième abdication de Napoléon le détermina à se retirer dans ses terres. Il y vécut d'abord étranger aux affaires de l'Etat; mais M. Decazes ayant obtenu pour lui (5 mars 1819) un siège à la Chambre des pairs, M. de Montalivet ne se montra point hostile au régime de la Charte octroyée. Il le soutint de ses votes jusqu'à sa mort.

MONTALIVET (SIMON-PIERRE-JOSEPH BACHASSON, BARON DE), pair de France, né à Paris le 2 mars 1799, mort à Girone (Espagne) le 12 octobre 1823, fils du précédent et de dame Louise-Adélaïde Saint-Germain, suivit la carrière militaire et parvint au grade de lieutenant d'infanterie. Le 23 juin 1823, il fut appelé à siéger à la Chambre des pairs, par droit héréditaire, en remplacement de son père décédé. Il était alors à l'armée d'Espagne, où il mourut, avant d'avoir pu prendre séance. Son frère cadet (*V. p. bas*) lui succéda le 12 mai 1826.

MONTALIVET (MARTHE-CAMILLE BACHASSON, COMTE DE), pair de France, ministre, sénateur de 1879 à 1880, né à Valence (Drôme) le 24 avril 1801, mort au château de la Grange (Cher) le 4 janvier 1880, frère du précédent, fit ses études au collège Henri IV, et entra ensuite à l'Ecole polytechnique, puis à celle des ponts et chaussées, où il fut remarqué par le célèbre Prony. Il se préparait à suivre la carrière du génie civil, lorsque, son père et son frère aîné étant morts tous les deux (1823), M. de Montalivet hérita du titre de comte et de celui de pair; mais il ne fut admis à siéger dans la Chambre haute que le 12 mai 1826, en raison de son âge. Dès la première année de son admission, il se montra le défenseur des idées constitutionnelles, et fit paraître (1827) une brochure intitulée : *Un jeune pair de France aux Français de son âge*. Adversaire, en 1829, du ministère Polignac, il fit campagne pour les 221, et fut un des premiers à se rallier à la monarchie de juillet. Nommé, dès le mois d'août, colonel de la garde nationale, il fut présenté à Louis-Philippe, et, après avoir reçu de lui l'intendance provisoire de la dotation de la couronne (10 octobre), se trouva appelé presque aussitôt (2 novembre) au ministère de l'Intérieur, en remplacement de Guizot. Il s'appliqua à prévenir tout mouvement violent pendant le procès des ministres de Charles X, qu'il protégea lui-même avec une escorte de gardes nationaux et de chasseurs. Lorsque le ministère Laffitte fut ébranlé par la retraite de Dupont (de l'Eure) et par la démission de La Fayette, le roi chargea M. de Montalivet de former un nouveau cabinet dans lequel celui-ci prit (13 mars 1831) le portefeuille de l'Instruction publique et des Cultes. Il y marqua surtout son passage par diverses mesures en faveur de l'instruction primaire. Casimir Périer, devenu président du conseil, le désigna, en mourant, pour son successeur au ministère de l'Intérieur (27 avril 1832). Après avoir mis les départements de l'Ouest en état de siège et tout disposé pour l'arrestation de la duchesse de Berri, le ministre présida aussi à l'exécution des mesures répressives arrêtées contre l'insurrection républicaine des 5 et 6 juin. Mais s'étant trouvé en désaccord avec l'école doctrinaire, représentée au pouvoir par Guizot, il donna sa démission (10 octobre 1832), redevint intendant général de la liste civile, et fut (1834) un des pairs qui procédèrent à l'instruction du procès d'avril. Rappelé pour la troisième fois au ministère de l'Intérieur, du 22 février au 6 septembre 1836, il le quitta de nouveau pour céder la place à Guizot; il y rentra le 15 avril 1837 comme président du cabinet reconstitué. Jusqu'au 30 mars 1839, il soutint, pour sa part comme ministre, l'effort de la fameuse coalition. Les élections surtout fournirent à ses adversaires mainte occasion de l'attaquer, ceux-là lui reprochant d'avoir usé de manœuvres immorales et d'influences illégitimes, ceux-là imputant à crime de s'être montré trop indifférent. Montalivet défendit le système « l'influence pure et désintéressée de l'administration ». En dehors des luttes ardentes à la tribune, il se signala par la présentation de projets de loi sur les aliénés, sur les attributions des conseils généraux, sur l'achèvement de plusieurs monuments publics, sur l'amélioration des Archives, de l'institution des Jeunes Aveugles, sur la réforme des prisons et le système pénitentiaire. Lorsque les progrès de la coalition eurent mis le cabinet dans la nécessité de recourir à une dissolution nouvelle, résultat défavorable entraîna sa démission. Personnellement, M. de Montalivet fut accusé d'avoir fait preuve, durant son passage aux affaires, d'une docilité absolue aux volontés du roi. A dater de cette époque, il parut se renfermer dans les fonctions d'intendant de la liste civile, qu'il occupa jusqu'au 24 février 1848 : il attacha son nom à la création du Musée de Versailles, à l'agrandissement du Musée du Louvre, aux restaurations des châteaux de Fontainebleau, de l'eau et de Saint-Cloud. Après avoir refusé, le 1er février 1847, le portefeuille de l'Instruction publique qui lui était offert, il sembla se rallier, dans les derniers temps du règne, aux idées de réforme électorale : son vœu était que Louis-Philippe, se séparant de Guizot, fit au centre gauche des concessions; il ne put les obtenir. Rentré en 1848 dans la vie privée, il accompagna le roi à sa sortie de Paris, puis s'occupa de soutenir auprès du gouvernement provisoire les intérêts de la famille d'Orléans. En 1851, il défendit la mémoire de Louis-Philippe dans une brochure qu'il publia sur la *Liste civile*. A l'ouverture de la session législative de 1861 (4 février), l'empereur ayant reproché au gouvernement de juillet « peu de sincérité dans les délibérations, peu de stabilité dans la marche des affaires, peu de travail utile accompli », M. de Montalivet répondit à ces attaques, soulignées par la presse officielle, par un volume : *Rien! Dix années de gouvernement parlementaire!* (1862). A la chute de l'Empire (1870), il se rapprocha sensiblement de l'opinion « républicaine conservatrice » que son ami Thiers commençait à préconiser, et, sans rentrer tout d'abord dans la politique active, il ne dissimula point les désillusions que lui causèrent les tentatives de réconciliation du comte de Paris avec le comte de Chambord. Le 17 juin 1874, il écrivait à M. Casimir Périer : « Je conserve le culte de mon dévouement et de mes amitiés personnelles; mais, douloureusement désillusionné par les manifestes royaux de 1872, si contraires à l'établissement d'une monarchie vraiment constitutionnelle, j'ai pensé, comme vous, dès ce jour, que le salut de la France exigeait supérieurement l'acceptation loyale de la république. » En un mot, il resta dévoué aux princes, mais plus au principe, et cette lettre eut une grande influence sur l'évolution du centre droit lors du vote des lois constitutionnelles (février 1875). Cette attitude fut confirmée par l'étude sur Casimir Périer, qu'il donna en 1874 à la *Revue des Deux-Mondes*, et soutenue par les lettres qu'il écrivit au *Journal des Débats*, pendant la période du Seize-Mai. Malgré son grand âge, il se décida, le 14 février 1879, à accepter la candidature que lui offrirent les gauches du Sénat à un siège d'inamovible : il fut élu par 153 voix (154 votants), vota avec la majorité, et mourut le 4 janvier 1880. M. de Montalivet, outre les brochures déjà citées, a publié : *La confiscation sous l'Empire* (1872), et, en 1879 : *Un heureux coin de terre*, histoire du petit pays saucerrois voisin de son château de la Grange. Grand-croix de la Légion d'honneur.

MONTANÉ (MICHEL), député au Corps législatif de 1852 à 1857, né à Beaumont (Tarn-et-Garonne) le 10 mai 1799, était négociant à Bordeaux. Avec le patronage officiel, il se présenta, le 29 février 1852, comme candidat au Corps législatif dans la 1re circonscription de la Gironde, et fut élu député par 10,132 voix (12,752 votants, 32,940 inscrits), contre 524 à M. Lagarde, ancien représentant. M. Montané

fit partie de la majorité qui vota le rétablissement de l'Empire, et s'associa aux opinions de la droite dynastique. Il quitta la vie parlementaire en 1857, ayant échoué, au renouvellement du 22 juin, avec 7.622 voix contre 9.385 à l'élu indépendant, M. Curé.

MONTANÉ (MARC-HÉLÈNE-AMÉDÉE), député de 1878 à 1885, né à Grenade (Haute-Garonne) le 2 juin 1829, conseiller général républicain de ce département, se présenta sans succès aux élections législatives de 1876 et de 1877, dans la 3e circonscription de Toulouse, et échoua la première fois, avec 7,495 voix contre 8,703 à l'élu conservateur M. d'Ayguevives, la seconde avec 8,038 voix contre 9,341 au député sortant, candidat officiel du gouvernement du Seize-Mai. Mais l'élection de M. d'Ayguevives ayant été invalidée, M. Montané se présenta le 7 juillet 1878, réunit 9,530 voix (11,552 votants, 20,472 inscrits), et alla siéger au groupe de la gauche républicaine. Il soutint de ses votes la politique opportuniste, se prononça *pour* l'amnistie plénière, *pour* l'invalidation de Blanqui, et obtint sa réélection, le 21 août 1881, par 7,581 voix (15,007 votants, 20,398 inscrits), contre 6,315 à M. Chapelon-Grasset, autre candidat républicain. Partisan des ministères Gambetta et J. Ferry, il opina *pour* les crédits de l'expédition du Tonkin, *contre* la séparation de l'Eglise et de l'Etat, et ne fut pas réélu en 1885.

MONTARDIER (CHARLES-NICOLAS), député au Conseil des Cinq-Cents, et au Corps législatif de l'an VIII à 1802, né à Chevreuse (Seine-et-Oise) en 1747, mort à Chevreuse le 29 février 1802, avocat, fut président du tribunal de son district et juge suppléant à Versailles. Elu, le 27 germinal an VII, député de Seine-et-Oise au Conseil des Cinq-Cents, il applaudit au coup d'Etat de Bonaparte, et fut désigné (4 nivôse an VIII), par le Sénat conservateur, pour faire partie, comme député de Seine-et-Oise, du nouveau Corps législatif, où il siégea jusqu'à sa mort (1802).

MONTAUDON (NICOLAS), député en 1789, dates de naissance et de mort inconnues, avocat à Limoges, fut élu, le 18 mars 1789, par la sénéchaussée de Limoges, député du tiers aux Etats-Généraux. Il n'eut qu'un rôle parlementaire effacé. En juin 1789, il présidait la chambre du tiers. Le président avait l'habitude d'agiter une sonnette quand l'orateur était trop ennuyeux ou trop long; ayant un jour une communication à faire, il s'en tira si péniblement, qu'instinctivement il agita la sonnette pour lui-même. L'Assemblée se mit à rire, et le remplaça par M. d'Ailly.

MONTAUDON (JEAN-BAPTISTE-ALEXANDRE), député en 1889, né à la Souterraine (Creuse) le 14 février 1818, parent du précédent, entra à l'Ecole de Saint-Cyr et suivit la carrière militaire. Il fit plusieurs campagnes, parvint au grade de général, commanda une brigade d'infanterie à Paris, fut promu général de division vers la fin de l'Empire, puis commandant de la place de Paris, et fut placé successivement à la tête du 1er corps de l'armée de Versailles, et à la tête du 2e corps d'armée. Admis dans le cadre de réserve, le général Montaudon, dont les opinions politiques étaient celles d'un conservateur-monarchiste, se présenta comme candidat, le 6 janvier 1889, pour succéder dans la Somme au général Boulanger, qui avait opté pour le Nord : les boulangistes se rallièrent à sa candidature, sans toutefois l'appuyer ouvertement, et M. Montaudon fut élu député par 60,717 voix (119,345 votants, 158,620 inscrits), contre 53,169 à M. Cauvin, républicain. Il prit place à droite, et vota *contre* le rétablissement du scrutin d'arrondissement (11 février 1889), *pour* l'ajournement indéfini de la revision de la Constitution, *contre* les poursuites contre trois députés membres de la Ligue des patriotes, *contre* le projet de loi Lisbonne restrictif de la liberté de la presse, *contre* les poursuites contre le général Boulanger.

MONTAUT (Bernard-Louis-Célestin), député depuis 1885, né à Paris le 27 août 1823, d'une famille qui se rattache à celle du conventionnel Louis Maribon-Montaut, entra à l'École polytechnique en 1843, en sortit dans les ponts et chaussées, et fut nommé ingénieur à Tarbes, chargé du service hydraulique du département. Il se familiarisa aussi de bonne heure avec les questions agricoles, qu'une mission en Algérie avait eu précédemment pour but de lui faire étudier dans notre colonie. Envoyé dans l'Yonne, il fit des cours publics de drainage à Avallon, Joigny, etc., et, l'un des premiers, popularisa ce puissant moyen d'amélioration des cultures. Il prit part ensuite aux études et aux premiers travaux de percement de l'isthme de Suez, et, pendant son séjour en Égypte, remplit les fonctions de vice-consul de France à Damiette. De retour en France, il fut successivement ingénieur de la navigation et des routes dans les départements du Lot, de l'Eure, et de Seine-et-Marne. C'est dans ce dernier département, qu'au moment de la guerre de 1870, il fut élu commandant de la garde nationale de Coulommiers. Parti avec un détachement de volontaires pour contribuer à la défense de Paris, il fut d'abord officier d'ordonnance du général Tamisier, prisonnier avec lui, le 31 octobre, à l'Hôtel de Ville, et s'enrôla ensuite dans le 9e régiment de marche de Paris avec lequel il prit part aux combats du siège. Ingénieur en chef de l'Allier en 1874, de Seine-et-Marne en 1879, il fut appelé à Paris en 1883. Admis à la retraite le 1er octobre 1885, il fut élu, trois jours après, sur la liste radicale, député de Seine-et-Marne, le 4e sur 5, par 41,972 voix sur 73,741 votants et 98,824 inscrits. Il prit place à la gauche radicale dont il fut vice-président, et vota *pour* l'expulsion des princes (11 juin 1886), *pour* l'impôt sur le revenu (10 février 1887), *pour* l'élection du Sénat par le suffrage universel (27 juin), *pour* la discussion immédiate de l'interpellation sur la politique du cabinet Rouvier (19 novembre, chute de ce ministère), *contre* l'ajournement de la revision (14 février 1889), *contre* le projet de loi Lisbonne restrictif de la liberté de la presse (2 avril), *pour* les poursuites contre le général Boulanger. M. Montaut a reçu plusieurs fois dans sa carrière le mandat de conseiller municipal; il est délégué cantonal du 17e arrondissement de Paris, et administrateur de l'hospice de Melun. Chevalier de la Légion d'honneur, officier d'académie, etc.

MONTAUT DES ILLES (Pierre de), député en 1791, au Conseil des Anciens et au Corps législatif, né à Loudun (Vienne) le 9 mai 1751, mort à une date inconnue, était fils de Charles-Pierre de Montaut des Illes, écuyer, conseiller du roi et son procureur à l'élection de Loudun,

et d'Elisabeth de Rambault, et frère de l'évêque d'Angers, Charles de Montaut. Il suivit la carrière paternelle, et fut nommé, en 1785, conseiller secrétaire du roi en la chancellerie près le parlement de Rouen. Convoqué, en mars 1789, l'assemblée des députés du bailliage de Loudun pour l'élection des députés aux États Généraux, il ne fut pas envoyé à l'Assemblée constituante, mais fut élu, le 2 septembre 1791, député de la Vienne à l'Assemblée législative le 3e sur 8, à la pluralité des voix sur 352 votants. Il ne joua qu'un rôle modéré dans la majorité de l'assemblée, fit partie du comité des assignats et monnaies, et fit adopter, le 4 juin 1792, le décret suivant : « L'Assemblée nationale, après avoir entendu le rapport de l'extraordinaire des finances, considérant que le procédé de numéroter les assignats à l'impression, adopté par décret du 3 avril dernier, retarderait considérablement l'émission de ceux au-dessous de cent sous ; et désirant faire jouir le plus promptement possible les départements du bienfait de cette émission, décrète qu'il y a urgence. » M. de Montaut des Illes quitta momentanément la vie publique après la session. Le 12 brumaire an IV, il fut nommé président de l'administration municipale de Loudun, fonctions qu'il résigna le 15 floréal an V, après avoir été élu, le 22 germinal précédent, député de la Vienne au Conseil des Anciens, par 122 voix sur 183 votants. Son rôle dans cette assemblée fut très effacé ; il adhéra au coup d'État de brumaire an VIII, fut choisi, le 4 nivôse suivant, par le Sénat conservateur, pour représenter la Vienne au nouveau Corps législatif, et fut nommé, le 12 ventôse an VIII, préfet de Maine-et-Loire. Installé en cette qualité à l'hôtel Leutian à Angers, il y resta jusqu'en 1803, et fut appelé, le 3e jour complémentaire de l'an X, au poste de receveur particulier des finances à Loudun. D'autre part, son mandat de député lui fut renouvelé, le 9 thermidor an XI ; il siégea au Corps législatif jusqu'en l'an XIV. Sa petite-fille, Émilie de Montaut des Illes, a épousé le prince Godefroy de la Tour-d'Auvergne qui fut ambassadeur à Rome, à Londres et à Vienne, et ministre des Affaires étrangères sous le second Empire.

MONTBADON. — *Voy.* Lafaurie (de).

MONTBAZON (Charles-Alain-Gabriel de Rohan-Guéménée, duc de Bouillon et de), pair de France, né à Versailles (Seine-et-Oise) le 18 janvier 1764, mort au château de Sechrow (Bohême) le 24 avril 1836, émigra avec son père au moment de la Révolution, prit du service dans l'armée autrichienne, et parvint, à la suite des guerres de la coalition, au grade de feld-maréchal-lieutenant. En 1805, il commandait dans le Tyrol un corps qui fut coupé de l'armée autrichienne par suite de la marche du maréchal Ney. Le duc de Montbazon tenta de défendre les Alpes tyroliennes, pour forcer les lignes françaises ; mais il se heurta à la division Régnier, qui, après l'avoir repoussé, entra avec les fuyards dans Castelfranco. 23 novembre 1805. Le duc dut mettre bas les armes avec 6,000 fantassins, 1,000 chevaux, 12 canons et 6 drapeaux. A la suite de cet échec, il tomba en disgrâce, et ne reçut qu'un commandement secondaire aux frontières de Turquie. Des lettres patentes d'incolat, en date du 27 novembre 1808, reconnurent son origine princière ; mais, ayant refusé de retier en France, il fut condamné à mort, en 1809, par la cour spéciale de Paris, en vertu d'un décret impérial relatif aux Français résidant à l'étranger sans autorisation. Néanmoins, lors de la campagne du Danube, il reparut dans les rangs de l'armée autrichienne et fut blessé à Wagram. A la Restauration, le roi le nomma pair de France le 14 novembre 1814. Le duc de Montbazon ne siégea jamais, et quitta définitivement la France (qu'il habita du reste fort peu) en 1830, pour se fixer en Autriche. Le congrès de Vienne l'avait reconnu duc de Bouillon, titre qui fut confirmé en 1816 par le tribunal de Leipzig. Mais le duc de la Trémoille, le duc de Bourbon et la princesse de Poix obtinrent du tribunal de Liège réformation de ce jugement et restitution des domaines de Bouillon dépendant de cette juridiction.

MONTBEL (Louis-Joseph, comte de), député de 1815 à 1816, et de 1822 à 1827, né à Paris le 2 janvier 1772, mort à Orléans (Loiret) le 26 octobre 1860, émigra et devint à la Restauration premier chambellan de Monsieur, plus tard Charles X. Elu député, le 22 août 1815, par le grand collège de l'Indre, avec 71 voix (128 votants, 181 inscrits), il siégea dans la majorité ultra-royaliste. Président du collège électoral de son département et candidat agréable au gouvernement, il fut ensuite successivement élu, par le même grand collège de l'Indre, le 20 novembre 1822, avec 74 voix (133 votants, 168 inscrits), contre 51 voix à M. Robin-Scévole; le 6 mai 1824, par 98 voix (125 votants, 169 inscrits), contre 19 à M. le comte de Bondy; il échoua le 24 novembre 1827, avec 55 voix contre 69 à M. Crublier de Fougères, et, le 3 juillet 1830, par 57 voix contre 77 à M. Thabaud de Linetière élu. M. de Montbel fut toujours partisan des mesures d'exception et vota toutes les propositions ministérielles.

MONTBEL (Guillaume-Isidore Baron, comte de), député de 1827 à 1830 et ministre, né à Toulouse (Haute-Garonne) le 4 juillet 1787, mort à Frohsdorff (Autriche) le 3 février 1861, n'est pas de la même famille que le précédent. Son père périt sur l'échafaud révolutionnaire. Royaliste ardent, il s'enrôla dans les volontaires royaux en 1815, et fut placé, pendant les Cent-Jours, sous la surveillance de la police impériale. Propriétaire à Toulouse, conseiller municipal de cette ville, il en fut nommé maire par la Restauration, en remplacement de M. de Villèle, son ami particulier, et fut élu, le 17 novembre 1827, député du 2ᵉ arrondissement de la Haute-Garonne, par 281 voix (330 votants, 399 inscrits) contre 108 à M. Cassaing. Il se trouva en quelque sorte, sous le ministère Martignac, le représentant du cabinet précédent. Actif, zélé, tout dévoué à la cause monarchique, doué d'une certaine facilité de parole, il se fit le défenseur résolu des idées de M. de Villèle en matière de politique et de finances, multiplia les propositions et les amendements sans se laisser décourager par l'insuccès, et combattit sans relâche le parti libéral. Membre de la commission chargée d'examiner le projet de loi sur la presse périodique, il se montra l'adversaire de la liberté de la presse, invoqua, à l'appui de sa thèse, l'attentat de Louvel contre le duc de Berry, attentat dont il imputait la responsabilité aux journalistes de l'opposition, et réclama la censure facultative. Candidat de l'extrême droite à la vice-présidence de la Chambre en 1829, il n'obtint que 62 voix.

Le 19 février, comme la majorité paraissait disposer à ajourner la motion de Labbey de Pompières (V. ce nom) relative à la mise en accusation des derniers ministres, il combattit cette tendance, et exposa qu'il était impossible de laisser plus longtemps indécise la position de « pairs de France, d'anciens ministres du roi ». La majorité se rangea à son avis et accepta la discussion. Le 7 avril, M. de Montbel critiqua comme ruineuse et romanesque l'intervention en faveur des Grecs. Lors de la formation du cabinet Polignac, 8 août 1829, il y entra d'abord avec le portefeuille des Affaires ecclésiastiques et de l'Instruction publique qu'il garda pendant trois mois, sans se signaler par aucune mesure importante; il se refusa à signer la suspension des cours de MM. Cousin, Guizot et Villemain, et le 18 novembre suivant, il succéda à M. de la Bourdonnaye démissionnaire, comme ministre de l'Intérieur. Le désir personnel de Charles X l'avait appelé à ce poste. Il commença par investir M. Sirieys de Mayrinhac de la direction de la police générale, et, à la Chambre, essaya plusieurs fois, mais vainement, de pallier, par ses déclarations, l'impopularité du cabinet dont il faisait partie. Il eut une part directe à la discussion de l'Adresse, le 5 mars 1830, lutta contre les attaques du parti constitutionnel, dénonça « cette haine qui alarme, qui place les honnêtes citoyens sous les coups de la diffamation et de la calomnie, et qui empêche les magistrats de faire tout le bien qu'ils désirent ». Puis il s'efforça de faire tourner au profit du gouvernement la campagne électorale. Partisan de l'ingérence du pouvoir, il recommanda aux préfets de lui adresser des « renseignements confidentiels ». Le 19 mai 1830, il succéda à M. de Chabrol comme ministre des Finances. A ce titre il signa les Ordonnances de juillet. Il soutint jusqu'au bout le trône de Charles X, repoussa toute idée de transaction avec l'opposition ou les insurgés, concourut avec M. de Polignac aux mesures de résistance, désavoua les essais de conciliation tentés par MM. de Sémonville et d'Argout, accompagna le roi à Rambouillet et, après que le duc d'Orléans eut été nommé lieutenant-général du royaume, rentra à Paris d'où il se rendit à Vienne, en Autriche. Décrété d'accusation le 28 septembre 1830, par 197 voix contre 69, il fut compris, comme contumace, dans l'arrêt de la cour des pairs qui condamna tous les anciens ministres du roi déchu à la mort civile et à la prison perpétuelle; acte fut donné en outre, aux commissaires de la Chambre, des réserves faites particulièrement contre lui pour le recouvrement sur ses biens d'une somme de 421,000 francs qu'il avait ordonnancée, le 28 juillet, en pleine lutte, pour le ravitaillement des troupes royales. Le ministère Molé l'ayant amnistié, ainsi que ses collègues, il revint en France, et se tint jusqu'à sa mort à l'écart des affaires publiques. Il mourut à Frohsdorff, en visite auprès du comte de Chambord. On a de lui une *Protestation*, publiée en 1831, contre la procédure instruite contre lui devant les pairs; une *Lettre* sur le choléra de Vienne (1852); une notice sur le *duc de Reichstadt* (1833); une relation des derniers moments de Charles X, etc.

MONTBLANC (Augustin-Louis, comte de), pair de France, né à Sausses (Basses-Alpes) le 28 mai 1767, mort à Tour (Indre-et-Loire) le 28 décembre 1841, se destina de bonne heure aux fonctions ecclésiastiques et reçut les ordres peu de temps avant la Révolution. Il émigra en 1790, et alla en Italie, puis en Angleterre, où il obtint le grade de docteur de l'Université d'Oxford. Rentré en France en 1814 avec les Bourbons, il fut sacré évêque de Saint-Dié en 1817, et nommé, en 1821, évêque de Carthage *in partibus*, et coadjuteur de l'archevêque de Tours avec promesse de succession. Chanoine de Saint-Denis, il devint titulaire de l'archevêché de Tours en 1824, et pair de France le 5 novembre 1827. Il conserva cette dignité après 1830 et, en mourant, légua sa fortune, qui était considérable, à des établissements religieux.

MONTBOISSIER - BEAUFORT - CANILLAC

(PHILIPPE-CLAUDE, COMTE DE), député en 1789, né à Paris le 21 décembre 1712, mort à Londres (Angleterre) le 5 avril 1797, fils de M. le marquis Philippe-Claude de Montboissier-Canillac, et de madame Marie-Anne-Geneviève de Maillé, embrassa la carrière des armes et devint chevalier des ordres du roi. Député de son ordre à l'assemblée des notables en 1788, il en fut le président comme doyen d'âge; il fut ensuite élu, le 27 mars 1789, député de la noblesse aux Etats-Généraux par la sénéchaussée de Clermont-Ferrand. Hostile aux réformes, il protesta contre le vote par tête, par la lettre qui suit :

« Le soussigné déclare que le vœu de mes commettans étant de n'opiner que par ordre, je demande acte des efforts que j'ay fait pour faire prévaloir leur opinion, et que je n'ay cédé qu'à la pluralité.

« Fait à la chambre de la noblesse, le 27 juin 1789.

Le comte de MONTBOISSIER

« *Député de la sénéchaussée de Clermont-Ferrand.* »

Il donna sa démission avant la fin de la session, émigra, et reçut, à l'armée des princes, le commandement honoraire des mousquetaires du roi. Son grand âge l'empêcha de prendre part aux opérations actives; il se retira à Londres, à l'époque du licenciement, et y mourut peu de temps après.

MONTBOISSIER - BEAUFORT - CANILLAC

(CHARLES-PHILIPPE-SIMON, BARON DE), député en 1789, né le 30 octobre 1750, mort le 1er octobre 1802, fils du précédent, embrassa, lui aussi, la carrière des armes, et commanda pendant quelques années le régiment Royal-Vaisseaux. Il était maréchal de camp quand il fut élu, le 21 mars 1789, député de la noblesse aux Etats-Généraux par le bailliage de Chartres, avec 97 voix (179 votants). Il protesta contre le vote par tête par la lettre qui suit :

« La noblesse du bailliage de Chartres aiant regardé comme important *que l'état habituel de l'Assemblée fut par ordre*, son député après s'être conformé au vœu de la majorité de la chambre de la noblesse, demande acte de la présente déclaration.

« A Versailles, ce 30 juin 1789

Le baron de MONTBOISSIER. »

Il donna sa démission (18 juillet 1791) après le retour de Varennes, émigra, et mourut à l'étranger.

MONTBOURCHER

(RENÉ-MARIE DE), député de 1827 à 1830, né au château de Brézal commune d'Andouillé (Ille - et - Vilaine) le 15 août 1778, mort au château de Magnagne (Ille-et-Vilaine) le 8 janvier 1849, émigra avec sa famille à la Révolution et ne rentra en France que sous l'Empire. Riche propriétaire à Rennes, marié à une petite-fille de La Chalotais, il fut élu député du collège de département d'Ille-et-Vilaine, le 24 novembre 1827, par 152 voix (249 votants, 297 inscrits), réélu, le 3 juillet 1830, par 163 voix (267 votants, 294 inscrits). Il ne se fit point remarquer à la Chambre, où il ne prit jamais la parole, et soutint de ses votes le cabinet Polignac. Ne voulant pas reconnaître la royauté de juillet, il donna sa démission et fut remplacé, le 28 octobre, par M. de Berthois.

MONTBRETON (DE). — *Voy.* PUCH.

MONTBRON

(JOSEPH CHÉRADE DE), député de 1820 à 1830, né à Grossac (Charente) le 24 juillet 1768, mort à Montagrier (Dordogne) en 1852, d'une famille de noblesse limousine, était officier des armées du roi au moment de la Révolution. Hostile aux idées nouvelles, il émigra et servit dans les dragons nobles de l'armée de Condé, puis passa en Angleterre et prit part à l'expédition de Quiberon en 1795. Fait prisonnier et condamné à mort, il parvint à s'évader, vécut quelque temps caché à Bordeaux où il donna des leçons de dessin pour vivre, et, au Consulat, se fit rayer de la liste des émigrés. Sous l'Empire, il s'occupa de travaux littéraires et d'agriculture dans sa propriété de Mézières (Haute-Vienne), et il fut le premier à acclimater l'alpaga en France. A la Restauration, il reçut la croix de Saint-Louis. Successivement élu député au collège de département de la Haute-Vienne, le 14 novembre 1820, par 161 voix (176 votants, 215 inscrits); le 25 février 1824, par 115 voix (152 votants ; le 24 novembre 1827, par 89 voix (174 votants, 192 inscrits), il prit quelquefois la parole, notamment pour proposer l'impôt progressif, et, lors de la discussion de la nouvelle loi électorale, pour demander que tous ceux qui payaient en 1789 le cens exigé par la loi actuelle fussent électeurs, quelle que fût aujourd'hui leur situation. Il vota d'ailleurs avec le centre ministériel et quitta la vie politique aux élections de 1830. On a de lui : *Les Scandinaves*, poème (1801) ; *Récit de l'évasion d'un officier pris à Quiberon* (1815) ; *Essai sur la littérature des Hébreux*, narrations imitées de l'hébreu (1819, 4 volumes) : il a publié aussi quelques *Nouvelles* dans la *Bibliothèque des romans*.

MONTBRUN

(LOUIS-OUDART DIXMUDE, VICOMTE DE), député de 1815 à 1816 et de 1821 à 1827, né à Boulogne-sur-Mer (Pas-de-Calais) le 30 mai 1762, mort à Montreuil-sur-Mer (Pas-de-Calais) le 13 juin 1838, appartenait à l'armée comme colonel de cavalerie. Elu député le 22 août 1815, par le collège de département du Pas-de-Calais, avec 96 voix (187 votants, 303 inscrits), il fut de la majorité de la Chambre introuvable, et rentra dans la vie parlementaire le 26 mars 1824, avant obtenu, dans la même circonscription, 272 voix (344 votants, 488 inscrits.) Tout dévoué à la politique de M. de Villèle, il fit dire de lui dans la *Petite Biographie des députés* (1826) : « Le vicomte de Montbrun, ministériel sous M. de Villèle, le serait sous M. de la Bourdonnaye. M. le vicomte ne conçoit pas que l'on puisse penser autrement que les hommes qui distribuent à leur gré des places et des rubans. »

Il quitta le parlement en 1827. Conseiller d'arrondissement de Montreuil et chevalier de Saint-Louis.

MONTCALM (Louis-Pierre-Marie-Paulin-Hippolyte-Décadon, marquis de , député de 1815 à 1822, né à Saint-Sulpice (Haute-Garonne) le 10 septembre 1775, mort à Montpellier (Hérault) le 28 février 1857, petit-fils du marquis de Montcalm tué à Québec, et fils du marquis de Montcalm-Gozon député aux États-Généraux de 1789, prit part à différents mouvements royalistes dans le Midi pendant la Révolution. Colonel et chevalier de Saint-Louis à la première Restauration, puis commissaire extraordinaire du roi au moment des Cent-Jours, il fit la campagne du Pont-Saint-Esprit, sous les ordres du duc d'Angoulême, campagne qui aboutit à une capitulation. Après Waterloo, il marcha sur Montpellier, où il fit arborer le drapeau blanc. Élu, le 22 août 1815, député du grand collège de l'Hérault, par 93 voix (166 votants, 232 inscrits), il siégea dans la majorité de la Chambre introuvable, et fut réélu, le 4 octobre 1816, par 86 voix (164 votants, 227 inscrits), et, le 20 septembre 1817, par 612 voix (1,054 votants, 1,919 inscrits). Il garda sa place au côté droit, et se signala par son exaltation royaliste : le 9 novembre 1815, il réclama la peine de mort contre ceux qui arboreraient le drapeau tricolore. Pendant la session de 1816-1817, il demanda que le vote des électeurs pour les députés eût lieu à haute voix, fit partie (novembre 1816) de la commission du budget pour le 3e bureau, parla (décembre) contre la nouvelle loi électorale, se montra partisan de la responsabilité des ministres, et vota toutes les lois d'exception. A sa sortie de la Chambre, il fut fait maréchal de camp (1823), et officier de la Légion d'honneur. Il rentra dans la vie privée après les événements de juillet 1830.

MONTCALM-GOZON (Louis-Jean-Pierre-Marie-Gilbert, comte de), député en 1789, né au château de Caudiac (Gard) le 10 octobre 1738, mort à Montpellier (Hérault) le 27 janvier 1815, neveu du célèbre marquis de Montcalm, était maréchal de camp à l'époque de la Révolution. Élu, le 26 mars 1789, député de la noblesse aux États-Généraux par la sénéchaussée de Carcassonne, il siégea dans la minorité hostile à toute réforme, fit partie du comité des pensions, et signa les protestations des 11 et 15 septembre 1791 contre les actes de l'Assemblée constituante. Il ne reparut dans la vie publique qu'à la première Restauration, fut nommé lieutenant général le 23 août 1814, et mourut 5 mois après.

MONTCALM-GOZON (Jean-Paul-François-Joseph, marquis de), député en 1789, né à Saint-Rome de Tarn (Aveyron) le 18 janvier 1756, mort en Piémont en 1812, fils du célèbre marquis de Montcalm qui fut tué à Québec en 1759, servit dans la marine, devint lieutenant, puis capitaine de vaisseau, fit campagne sous les ordres de d'Estaing et de Suffren, se distingua à l'affaire de l'île de Grenade et au siège de Gibraltar, et devint chevalier de Saint-Louis. Élu, le 27 mars 1789, député de la noblesse aux États-Généraux par la sénéchaussée de Villefranche-de-Rouergue, il s'y occupa surtout de questions financières, fut membre du comité des pensions, et collabora, en cette qualité, à la publication du *Livre rouge*. Il demanda avec instance la réforme des pensions, et proposa de les supprimer ; l'Assemblée adopta sa proposition, en maintenant exceptionnellement les pensions des familles d'Assas et de Montcalm. Il réclama un code pénal pour les

délits des forçats, parla sur la fixation et la répartition de la contribution foncière, et réclama contre la confusion que l'on faisait entre son nom et celui du comte de Montcalm-Gozon (*voy. le précédent*). En 1793, il émigra en Espagne, et alla ensuite en Piémont, où il mourut des suites d'une chute.

MONTD'OR (Charles-Louis, marquis de), député en 1789, né à Rillieu (Ain) le 11 novembre 1741, mort à une date inconnue, avait appartenu, comme officier, aux armées du roi, et était chevalier de Saint-Louis, lorsqu'il fut élu (28 mars 1789) député de la noblesse aux États-Généraux par la ville et sénéchaussée de Lyon. Le marquis de Montd'Or remit ses pouvoirs en faisant des réserves, et, ayant demandé un congé pour raison de santé le 30 juin 1789, ne revint plus siéger.

MONTEBELLO (de). — *voy.* LANNES.

MONTÉGUT (François-Etienne-Sébastien), membre de la Convention et député au Conseil des Cinq-Cents, né à Ille (Pyrénées-Orientales) en 1763, mort à Constance (Suisse) le 3 octobre 1827, « paysan sans instruction », dit un rapport de police de 1822, se déclara partisan de la Révolution, et fut élu, le 3 septembre 1792, député des Pyrénées-Orientales à la Convention, le 4e sur 5, par 58 voix (112 votants). Il se prononça pour la mort dans le procès du roi. Au premier appel nominal il répondit : « Je suis convaincu que Louis est coupable ; il a rempli son château d'hommes armés, et dans sa réponse, il dit qu'il était une autorité constituée, qu'il devait se défendre. Je dis, quand le peuple s'est levé, ce n'était pas pour assassiner, mais pour redemander ses droits. Cependant Louis a rempli son château de Suisses et de soi-disant Suisses, de gardes nationales, ou soi-disant gardes nationales ; il a déchargé ses canons et sa mousqueterie sur les plus purs patriotes ; il a versé le sang innocent : il est plus que coupable du crime de lèse-nation ; je vote pour cet objet. » Et au 3e appel nominal. « Je supporterai la responsabilité sans remords dans ma conscience. Comme cette détermination va décider du bonheur de la patrie, je prie mes collègues, au nom de cette patrie, qu'entre nous finissent toutes dissensions et que nous ne nous occupions que du salut public. Je vote pour la mort. » Il prit part ensuite à la réaction thermidorienne. Réélu, le 21 vendémiaire an IV, député des Pyrénées-Orientales au Conseil des Cinq-Cents par 59 voix (101 votants), il sortit de cette assemblée en l'an VI, et n'occupa plus aucune fonction publique. Atteint par la loi du 12 janvier 1816 contre les régicides, il se réfugia à Constance où il perdit complètement la vue, et d'où il demanda à rentrer en France (août 1822) : il appuya cette demande en prétendant qu'on avait abusé de sa quasi-cécité pour lui faire signer, en 1815, l'Acte additionnel : il avait alors huit enfants. La requête ne fut pas accueillie, et il mourut en exil. Les cartons de la police contiennent une demande de secours adressée au gouvernement, le 7 septembre 1830, par son fils aîné, tombé dans la misère.

MONTEIL (Pierre-Victor), député au Conseil des Cinq-Cents, né à Saint-Chély (Lozère) le 7 juillet 1748, mort à une date inconnue, était juge de paix à Saint-Chély. Élu, le 22 germinal an V, par 84 voix sur 102 votants, député de la Lozère au Conseil des Cinq-Cents, Monteil fut, la séance du 7 pluviôse an VI, dénoncé à l'assemblée comme parent d'émigré : le *Moniteur* dit que l'affaire fut renvoyée à la commission compétente. Monteil siégea jusqu'en l'an VIII.

MONTEIL (Pierre-Augustin), représentant en 1871, né à Bergerac (Dordogne) le 9 décembre 1813, avocat et maire de sa ville natale, chevalier de la Légion d'honneur (octobre 1867), se signala, après le 4 septembre 1870, en empêchant des révolutionnaires d'arborer le drapeau rouge à l'hôtel de ville. Élu, le 8 février 1871, représentant de la Dordogne à l'Assemblée nationale, le 7e sur 10, par 75,277 voix (97,443 votants, 142,476 inscrits), il prit place à droite, et vota *contre* la paix, *pour* l'abrogation des lois d'exil, *pour* la pétition des évêques, *pour* le pouvoir constituant, *contre* le service de trois ans, *pour* la démission de Thiers, *pour* le septennat, *pour* le ministère de Broglie, *contre* l'amendement Wallon, *contre* les lois constitutionnelles. Il n'a pas fait partie d'autres assemblées.

MONTEILS (Amédée-Jean-Baptiste-Marie), député de 1877 à 1881 et de 1885 à 1886, né à Mende (Lozère) le 22 mai 1826, fit sa médecine et fut reçu docteur en 1849. Il devint ensuite médecin en chef de l'hôpital de Mende et conseiller municipal de cette ville, et, le 8 octobre 1871, conseiller général du canton. Chevalier de la Légion d'honneur, il fut élu, le 14 octobre 1877, comme candidat du Maréchal, député de l'arrondissement de Mende, par 7,524 voix (10,785 votants, 13,204 inscrits), contre 3,218 à M. Bourrillon, républicain. Il prit place à droite, mais vota avec une certaine indépendance. Après avoir échoué aux élections de 1881 contre son ancien concurrent républicain, M. Bourrillon, il fut porté aux élections du 4 octobre 1885, sur la liste conservatrice de la Lozère, et fut élu, le 1er sur 3, par 17,421 voix (31,745 votants, 38,719 inscrits). Il reprit sa place dans la minorité conservatrice ; mais, les élections de la Lozère ayant été invalidées en bloc, la liste conservatrice échoua tout entière le 14 février 1886, et M. Monteils ne réunit pour sa part que 15,322 voix, contre 16,333 au dernier élu de la liste républicaine, M. Bourrillon.

MONTÉPIN (Pierre-François-Jules Aymon de), député de 1830 à 1842 et pair de France, né à Autun (Saône-et-Loire) le 19 avril 1786, mort à Autun le 6 septembre 1873, « fils de messire Henry-René Aymon, chevalier de Montépin, seigneur de Trelou et autres lieux, et de madame Marguerite-Andrée de la Colonge », propriétaire, fit de l'opposition modérée au gouvernement des Bourbons. Candidat à la députation dans le 3e arrondissement de Saône-et-Loire (Autun), il échoua successivement, le 17 novembre 1827, avec 77 voix contre 101 à l'élu, M. de Fontenay, et, le 23 juin 1830, avec 83 voix contre 115 à l'élu, M. de Fontenay, député sortant. Il fut plus heureux dans le même collège, le 21 octobre 1830, et fut élu par 174 voix (181 votants, 249 inscrits). en remplacement de M. de Fontenay démissionnaire. Réélu, le 5 juillet 1831 (Autun était devenu 5e collège électoral de Saône-et-Loire), par 195 voix (274 votants, 350 inscrits). contre 76 voix à M. Ménand; le 21 juin 1834, par 198 voix (275 votants, 350 inscrits), contre 67 voix à M. de Burgat; le 4 novembre 1837, par 143 voix (268 votants, 412 inscrits), contre 63 voix à M. Hippolyte Carnot. et 59 à M. Laureau de Thory; le 2 mars 1839,

par 162 voix (323 votants, 396 inscrits), contre 79 voix à M. Rey et 78 à M. Guyton, M. de Montépin vota constamment en faveur des ministres, soutint en particulier le cabinet Molé, et se prononça *contre* les fortifications de Paris, *contre* les incompatibilités, *contre* l'adjonction des capacités, mais *contre* la dotation du duc de Nemours. Il échoua, dans le même collège, le 9 juillet 1842, avec 101 voix contre 225 à l'élu, M. Schneider, et fut dédommagé de cet échec par une promotion à la pairie le 9 juillet 1845. Il rentra dans la vie privée à la révolution de 1848.

MONTERA (Hyacinthe-Silvestre-François de), député de 1885 à 1886, né à Bastia (Corse) le 27 mai 1823, étudia le droit et se fit recevoir avocat. Il entra dans la magistrature, et parvint sous l'Empire au poste d'avocat général. Puis il revint au barreau. Après le 4 septembre 1870, il manifesta des opinions nettement bonapartistes, et plaida dans plusieurs affaires politiques retentissantes, telles que celle du journaliste Saint-Elme, qu'il défendit devant la chambre des appels correctionnels de la cour de Bastia. Porté, aux élections d'octobre 1885, sur la liste impérialiste de la Corse, M. de Montera fut élu, au second tour de scrutin, le 18, le 3e sur 4, par 24,953 voix (59,489 votants, 74,275 inscrits). Mais les opérations du scrutin furent invalidées par la majorité de la Chambre, et M. de Montera, qui s'était fait inscrire à l'union des droites, n'obtint plus, le 14 février 1886, que 24,193 suffrages sur 49,382 votants. La liste républicaine passa alors tout entière.

MONTESQUIOU-FÉZENSAC (Anne-Pierre, marquis de), député en 1789, né à Paris le 17 octobre 1739, mort à Paris le 30 décembre 1798, appartenait à une branche de la vieille famille de Montesquiou, première baronnie d'Armagnac. Le marquis de Montesquiou-Fézensac gagna un procès dans lequel il avait établi sa généalogie depuis Clovis. Élevé à la cour avec les menins des enfants de France, il fut destiné à l'état militaire, entra d'abord aux mousquetaires, et devint, en 1761, colonel du régiment Royal-Vaisseaux. Brigadier des armées du roi en 1768, premier écuyer du comte de Provence en 1771, il obtint, en 1776, par lettres patentes de Louis XVI, le droit de joindre à son nom celui de Fézensac, fut nommé maréchal-de-camp le 1er mars 1780, et reçut le collier de l'ordre du Saint-Esprit en 1784. Il avait pris le goût des lettres dans la compagnie de Monsieur, et, à la mort de l'ancien évêque de Limoges, M. de Coëtlosquet, il brigua sa succession à l'Académie française, quoiqu'il n'eût jamais rien publié. Il n'en fut pas moins admis à la fin de 1784, et, à la séance de réception. à laquelle assistait Gustave III, roi de Suède, Suard lui adressa des éloges un peu hyperboliques à propos d'une comédie de sa composition, le *Minutieux*, jouée dans son salon en 1777. M. de Montesquiou, imbu, comme beaucoup de gentilshommes de son temps, des idées philosophiques à la mode, fut élu, le 16 mai 1789, député de la noblesse aux États-Généraux par la ville de Paris. Des premiers, il se joignit aux représentants des communes, traita surtout les questions financières, et fit, à cette occasion, un certain nombre de rapports, notamment sur la suspension de l'arriéré, la réduction des pensions, la régularité des liquidations, la liberté du commerce de l'or et de l'argent. Il obtint la nomination d'une commission de surveillance du trésor, demanda que les assemblées coloniales fussent appelées à rédiger elles-mêmes le code relatif aux esclaves, et que la liste civile fût fixée par une loi. Rapporteur de la commission des assignats, il en détermina le mode d'émission, et indiqua le moyen d'en éviter le discrédit : il se montra partisan de l'abolition de l'ordre militaire de Saint-Louis et de son remplacement par le mérite militaire. Après l'affaire de Varennes, il envoya au comte de Provence sa démission d'écuyer, accompagnée d'une lettre où il exposait ses idées et les causes de sa rupture avec le parti des princes. Au commencement de 1791, il devint président de la Constituante, fut promu lieutenant-général le 20 mai 1791, et élu, le 29 octobre 1791, après la dissolution de l'Assemblée, administrateur de Paris. En même temps, il fut appelé au commandement de l'armée du Midi. Il se rendit d'abord à Avignon, où avaient eu lieu des scènes de désordre, et y prit les mesures nécessaires à la défense du pays. Quand le roi de Sardaigne se joignit à la coalition, Montesquiou voulut prendre immédiatement l'offensive et pénétra en Savoie. Mais il éprouva beaucoup de difficultés à faire accepter son plan par le comité exécutif, qui le destitua, puis le renomma, et finalement lui laissa toute liberté pour agir. Il entra alors en Savoie le 22 septembre 1792. A son arrivée à Chambéry, le 25, il fut l'objet de la part des habitants les manifestations les plus sympathiques. Une députation des autorités de Chambéry vint le chercher au château de la Marche, où était son quartier général, pour le prier de prendre possession de la ville. « Nous étions, lui dirent-ils, Français de langage et de cœur, nous le sommes à présent par la victoire. » En quelques jours, et sans coup férir, il occupa le pays entier. Sur son ordre, le général Anselme s'établissait dans le comté de Nice. Malgré ces rapides succès militaires, la position du général Montesquiou devenait difficile. Très attaché à la monarchie constitutionnelle, il avait, après le 10 août, fait les plus grands efforts pour rallier à ses idées le parti des Girondins; il avait en, à cette occasion, des entrevues avec Vergniaud, Pétion, Gensonné et Isnard, on le savait à la Convention. Dubois-Crancé appuya, le 9 novembre 1792, un décret d'accusation contre lui, pour avoir compromis la dignité de la République en traitant, sans mandat, avec les magistrats de Genève. l'éloignement des troupes suisses. Prévenu à temps, Montesquiou se réfugia en Suisse, à Bremgarten, dans le canton de Zurich, où il resta jusqu'à la chute de Robespierre. Le 22 juillet 1795, il adressa à Louvet une lettre dans laquelle il disait : « J'ai mérité plus que personne le titre de « constitutionnel », non que j'eusse une passion aveugle pour la Constitution de 1791, mais parce qu'elle était la première digne contre l'abus du pouvoir arbitraire. J'ai haï de tout mon cœur la république de Robespierre, j'eusse préféré de vivre à Constantinople et au Maroc, au malheur d'habiter un pays où l'anarchie avait un code, des principes absolus et autant de bourreaux que de juges. » Il demandait aussi à rentrer. Prévenant la réponse, il rentra aussitôt (fin juillet); mais sa demande ne fut officiellement accueillie que par un décret du 3 septembre 1795. En 1797, il fit partie du « cercle constitutionnel » que le Directoire essaya d'opposer au club de Clichy; il fut aussi question de lui pour le ministère; il mourut l'année suivante. On a de lui : Emilie ou les joueurs, comédie en cinq actes, en vers (1787); Aux trois ordres de la nation (Paris, 1789); Esquisses de l'histoire, de la religion, des sciences et des mœurs des Indiens, traduit de Crawford (Paris, 1791; Mémoire sur les finances du royaume (Paris, 1791; Mémoire sur les assignats (Paris, 1791; Mémoire justificatif 1792; Coup d'œil sur la Révolution française par un ami de l'ordre et des lois (Hambourg, 1794); Correspondance avec les ministres et les généraux de la République pendant la campagne de Savoie et les négociations avec Genève en 1792 (Paris, 1796); Du gouvernement des finances de la France.

MONTESQUIOU-FÉZENSAC (François-Xavier-Marc-Antoine, duc de), député en 1789, pair de France, ministre, député en 1815, né au château de Marsan (Gers) le 13 août 1756, mort au château de Cirey-sur-Blaise (Haute-Marne) le 6 février 1832, entra dans les ordres, obtint en 1782 l'abbaye de Beaulieu, près de Langres, et, en 1786, une autre abbaye de Beaulieu, près du Mans, d'un revenu total de 15,000 livres. Agent du clergé en 1785, il fut élu, le 30 avril 1789, député du clergé aux Etats-Généraux par la ville de Paris, fit partie du comité ecclésiastique et du comité des rapports, s'opposa à la suppression de la dîme, mais se mêla peu aux discussions bruyantes et passionnées, préférant faire entendre, aux moments de calme, avec une suprême courtoisie, les avis qu'il croyait utiles : Mirabeau l'appelait « petit serpent enjôleur ». A l'ouverture des Etats-Généraux, il adhéra aux décisions de la minorité de son ordre, refusa la réunion des trois ordres et le vote par tête, vota toujours avec les partisans de l'ancien régime, et signa, le 12 septembre 1791, la protestation contre la constitution soumise à l'approbation du roi. Deux fois président de l'Assemblée, en janvier et en février 1790, il s'éleva contre le droit que s'arrogeait l'Assemblée de délier les religieux de leurs vœux, se prononça, sur la question du droit de paix et de guerre, en faveur du roi, et attaqua, en répondant à Mirabeau, la constitution civile du clergé. Familier des Tuileries, il émigra en Angleterre après le 10 août, et ne rentra en France qu'après le 9 thermidor. Il fut alors, avec Royer-Collard, Becquey, Clermont-Gallerande et Quatremère de Quincy, membre du comité royaliste à Paris, qui resta en correspondance suivie avec Louis XVIII. Ce fut l'abbé de Montesquiou qui fut chargé de porter au premier Consul la lettre par laquelle Louis XVIII conviait Bonaparte au rôle de Monk. Bonaparte n'en garda pas rancune à l'abbé, mais ce dernier, ayant renouvelé sa démarche, fut exilé à Menton, où il ne fut pas inquiété. Son entrée dans le gouvernement provisoire, en 1814, fit prévoir à tous la solution monarchique qui se préparait. Il fut l'un des commissaires chargés de rédiger le projet de charte constitutionnelle à soumettre au roi; il lutta tant qu'il put contre l'expression du rappel des Bourbons par le vœu national, et conseilla au roi, dans sa correspondance particulière, de repousser la constitution proposée, et de proclamer le droit public de la vieille France. Membre du conseil d'Etat provisoire le 26 avril 1814, il accepta à regret le portefeuille de l'Intérieur, le 13 mai suivant, et exerça ces fonctions jusqu'au 19 mars 1815, avec une bienveillance pour les personnes, dont se louèrent les fonctionnaires de l'Empire, qui furent pour la plupart maintenus. Il eut assez de peine à faire voter (21 octobre) son projet de loi sur la presse, plein de menaces et de restrictions; il tenta aussi la réforme de l'organisation de l'instruction publique, qui était dans les attributions de son ministère ; il proposait la création d'universités dans les principales villes, d'une école normale supérieure et d'un conseil royal où entrèrent Beausset, Delambre, de Bonald, Cuvier et Royer-Collard. Pendant les Cent-Jours, il se retira en Angleterre et refusa dignement les 100,000 francs d'indemnité offerts par Louis XVIII à chacun de ses ministres. A la seconde Restauration, il eut le titre de ministre d'État avec 20,000 francs de pension, fut nommé pair de France le 17 août 1815, et fut élu, cinq jours après (22 août, député du collège du département du Gers, par 137 voix (204 votants, 272 inscrits). Il opta pour la Chambre des pairs, fut nommé officier par Louis XVIII, le 21 mars 1815, membre de l'Académie française, où il ne parut pas, et élu membre de l'Académie des inscriptions, le 12 août de la même année. Créé comte par ordonnance du 12 septembre 1817, puis duc en 1821, il fut autorisé à transmettre la pairie à son neveu, Raymond de Montesquiou, maréchal-de-camp. Le 22 novembre 1818, il écrivait à Madame de Fontanges : « Il faut arrêter les progrès des libéraux, car il est bien prouvé, pour tous les gens raisonnables, que les assemblées ne seront jamais qu'un grand moyen de désordre. » Il continua de siéger à la Chambre haute sous le gouvernement de juillet ; mais il donna sa démission, avec quelques-uns de ses collègues, le 9 janvier 1832, et mourut un mois après. Il a laissé en manuscrit une *Histoire de Louis XV*, une *Histoire de Louis XVI et de Marie-Antoinette* et quelques essais historiques.

MONTESQUIOU-FÉZENZAC (Elisabeth-Pierre, comte de), député au Corps législatif de l'an XIV à 1813, membre du Sénat conservateur, pair en 1814, pair des Cent-Jours et pair de France, né à Paris le 30 septembre 1764, mort à Bessé-sur-Braye (Sarthe) le 4 août 1834, « fils du très haut et très puissant seigneur, Monseigneur Anne-Pierre, marquis de Montesquiou, baron de Montesquiou, seigneur de Dozan, Mouperthuis, colonel du régiment royal des vaisseaux, et gentilhomme de la maison du duc de Berry, et de très haute et très puissante dame, Madame Jeanne-Marie Hocquart », embrassa la carrière des armes, devint sous-lieutenant aux dragons du Dauphin en 1779, lieutenant en 1781, et obtint la charge, en survivance de son père, de premier écuyer du comte de Provence. Il resta en dehors des affaires politiques pendant la Révolution. En 1804, il assista au couronnement de l'empereur comme président de canton. Sans hostilité contre le pouvoir nouveau, il fut choisi, le 2 vendémiaire an XIV, par le Sénat conservateur, comme député du Nord au Corps législatif, et fut réélu, le 8 mai 1811. Il y présida, en 1808, la commission des finances, et succéda à Fontanes, nommé sénateur, comme président du Corps législatif, en 1810, 1811 et 1813. Président du collège électoral du Nord en 1811, candidat au Sénat conservateur dans le département de Seine-et-Marne, il devint membre du Sénat le 5 avril 1813. Maire de Saints (Seine-et-Marne) le 29 janvier 1809, il avait été créé comte de l'empire le 11 février de la même année, et nommé grand chambellan de France, en 1810, à la place de Talleyrand. A la première Restauration, Louis XVIII l'appela à la Chambre des pairs, le 4 juin 1814, le nomma chevalier de Saint-Louis et aide-major général de la garde nationale de Paris. Aux Cent-Jours, M. de Montesquiou reprit auprès de

l'empereur ses fonctions de chambellan, et devint pair des Cent-Jours, le 2 juin 1815. Au retour de Gand, il resta quelque temps sans emploi ; mais Louis XVIII le rappela à la Chambre des pairs le 5 mars 1819. Il ne s'y fit pas remarquer et fut ensuite ministre de France à Dresde.

MONTESQUIOU-FÉZENSAC (Henri, comte de), député au Corps législatif de 1812 à 1815, né à Paris le 3 janvier 1768, mort à une date inconnue, frère du précédent, capitaine-colonel de la compagnie des gardes d'honneur attachée à la personne du comte d'Artois en 1789, ne suivit point les princes en émigration, et se tint à l'écart pendant la Révolution. Après 1804, il fut nommé capitaine-louvetier à Long-Port, créé comte de l'empire le 11 février 1810, et choisi, le 6 janvier 1813, par le Sénat conservateur, comme député de l'Aisne au Corps législatif, où il siégea jusqu'en 1815. Le général Arrighi a épousé une de ses filles.

MONTESQUIOU-FÉZENSAC (Raymond-Emeric-Philippe-Joseph, vicomte de), pair de France, né à Paris le 26 février 1784, mort à Monnaie (Indre-et-Loire), le 18 novembre 1867, neveu de l'abbé de Montesquiou (*voy. plus haut*), s'engagea comme simple soldat, le 6 septembre 1804, au 59e de ligne, qui faisait partie du corps d'armée de Ney, au camp de Montreuil. Sous-lieutenant le 25 mai 1805, il partit comme lieutenant pour la campagne d'Autriche, assista à l'affaire de Gutzbourg (9 octobre 1805), à la capitulation d'Ulm, et aux opérations dans le Tyrol. Devenu aide de camp du maréchal Ney en 1806, il fit avec lui la campagne de Prusse et de Pologne, et se battit à ses côtés à Iéna et à Eylau. Il fut ensuite chargé de diverses missions militaires, et, au cours de l'une d'elles, il fut fait prisonnier par les Russes, qui ne lui rendirent la liberté qu'à la paix de Tilsitt. En 1808, il épousa la fille du général Clarke, ministre de la Guerre, et devint officier d'ordonnance. Mais au moment de la guerre d'Espagne, désireux de reprendre du service actif, il quitta son beau-père, et rejoignit Ney qu'il suivit au siège de Saragosse, à la bataille de Madrid et à la prise de La Corogne. Rentré en France en 1809, il partit pour la grande armée, devint capitaine au 28e de ligne le 25 février 1809, et fit la campagne du Danube en qualité d'aide de camp du major général Berthier. Il se distingua d'une manière particulière à Wagram, fut promu chef de bataillon et créé baron de l'empire le 19 septembre 1809 ; il reçut en même temps une dotation de 4,000 francs de rente en Hanovre. Au commencement de la campagne de 1812, il était encore aide de camp du prince de Wagram ; mais, devenu colonel du 4e de ligne, il passa dans le corps de Ney, après la Moskowa, resta pendant la retraite à la tête de son régiment, dut lutter jour et nuit contre les entreprises des Cosaques, et put enfin ramener les débris de son régiment, réduit à 30 officiers et 200 hommes, des 2,600 combattants qu'il comptait au début de la campagne. Nommé par l'empereur général de brigade, en raison de sa belle conduite, il fut attaché à la division Vandamme, contribua à la prise de Hambourg, assista et échappa au désastre de Kulm, fut enfermé dans Dresde et compris dans la capitulation signée, le 11 novembre, par Gouvion-Saint-Cyr. Rentré en France à la paix, il commanda, en juillet 1814, la première brigade d'infanterie (1er et 2e régiments, dits du roi et de la reine), en garnison à Paris. En disponibilité pendant

les Cent-Jours, il devint, le 8 septembre 1815, aide-major général de la garde royale qu'il eut à organiser, fut nommé lieutenant-général en 1823, et, en 1830, à l'époque de l'expédition d'Alger, reçut le commandement de la division de réserve de l'armée d'Afrique, à Toulon, division qui, en raison de la rapidité des opérations, fut dissoute par le ministère Polignac. Sous le gouvernement de Louis-Philippe, il exerça les fonctions d'inspecteur d'infanterie, fut nommé pair de France le 11 octobre 1832, et devint, en mars 1838, ambassadeur en Espagne, où il resta jusqu'en juillet 1839. Revenu en France, il fut assidu aux séances de la Chambre des pairs, soutint, en 1840, la politique du gouvernement dans les affaires d'Espagne, prit la parole en 1841 au sujet des affaires d'Algérie et des sacrifices financiers que cette colonie nécessitait, demanda la création d'un port à Alger, et repoussa les fortifications de Paris. Nommé grand-croix de la Légion d'honneur le 13 avril 1845, il fut mis d'office à la retraite, comme général de division, le 8 juin 1848, et vécut dès lors en dehors des affaires publiques. On a de lui : *Journal de la campagne de Russie* (1849).

MONTESQUIOU-FÉZENSAC (AMBROISE-ANATOLE-AUGUSTIN, BARON DE), député de 1834 à 1841 et pair de France, né à Paris le 8 août 1788, mort au château de Courtanveaux (Sarthe) le 22 janvier 1878, fils du comte Elisabeth-Pierre (*Voy. plus haut*), entra au service comme simple soldat en 1806; sous-lieutenant de cuirassiers en 1807, décoré de la Légion d'honneur à Essling, capitaine à Wagram, décoré de l'ordre du Mérite militaire de Bavière en 1809, de Léopold d'Autriche en 1810, créé baron de l'Empire le 26 avril 1810, il fit la campagne de Russie et de Saxe, où il fut blessé; sa conduite à Hanau, en 1813, lui mérita le grade de colonel, et les fonctions d'aide de camp de l'empereur, qu'il suivit pendant la campagne de France jusqu'à Fontainebleau. A Champaubert, il s'empara d'un drapeau ennemi. N'ayant pu obtenir d'accompagner Napoléon à l'île d'Elbe, il se retira en Autriche, ce qui lui valut d'être porté par le gouvernement royal sur une liste de bannissement. Mais grâce à l'intervention de l'abbé de Montesquiou, son parent, ministre de l'intérieur, il put rentrer en France, devint aide-de-camp du duc d'Orléans (1816), puis chevalier d'honneur de la duchesse (1823). Candidat à la députation, le 12 juillet 1830, dans le 4e arrondissement électoral de la Sarthe (Saint-Calais), il échoua avec 78 voix contre 149 à l'élu, M. La Goupillière de Dollon. Le gouvernement de juillet le chargea de notifier son avènement aux cours de Rome et de Naples: le 29 avril 1831, le roi le nomma maréchal-de-camp, et grand officier de la Légion d'honneur le lendemain. De nouveau candidat dans le 4e arrondissement électoral de la Sarthe, le 21 juin 1834, il fut élu député par 148 voix (285 votants, 347 inscrits), contre 137 voix à M. Lelong, et réélu, le 4 novembre 1837, par 156 voix (295 votants, 367 inscrits), et, le 4 novembre 1839, par 175 voix (330 votants) contre 155 voix à M. G. de Beaumont. Il siégea dans la majorité ministérielle, appuya la politique du ministère Molé, donna sa démission en 1841, et fut remplacé, le 26 juin de la même année, par M. Napoléon de Montesquiou-Fézensac. Il était conseiller-général de la Sarthe depuis 1834. Nommé pair de France le 20 juillet 1841, grand d'Espagne et marquis en 1847, il fut mis d'office à la retraite, comme général

de brigade, le 8 juin 1848. Il avait suivi Louis-Philippe en exil et ne rentra en France qu'après la mort du roi. Le baron de Montesquiou a collaboré à *La galerie des tableaux du duc d'Orléans*; a traduit les *Sonnets, Canzones et triomphes de Pétrarque* (1843-1845, 3 volumes) ; a publié *Chants divers*, poésies 1843, 2 volumes, et *Moïse*, poème religieux 1850, des drames, des comédies en vers, etc.

MONTESQUIOU-FÉZENSAC (NAPOLÉON-PIERRE-MARIE-LOUIS-ANATOLE, COMTE DE), député de 1841 à 1846, né à Paris le 3 décembre 1810, mort à Paris le 5 mars 1872, fils du précédent, était chevalier d'honneur de la reine Amélie, et propriétaire à Briis-sous-Calais, quand il fut élu, le 26 juin 1841, député du 4e collège de la Sarthe (Saint-Calais), par 192 voix (312 votants), contre 111 voix à M. Victor Thoré, en remplacement de M. Anatole de Montesquiou-Fézensac, son père, démissionnaire. Réélu, le 9 juillet 1842, par 281 voix (390 votants, 416 inscrits), il siégea parmi les ministériels, vota *pour* l'indemnité Pritchard et *contre* la proposition relative aux députés fonctionnaires. Il échoua aux élections du 1er août 1846, avec 121 voix contre 237 à l'élu, M. de Beaumont, et ne reparut plus sur la scène politique.

MONTESQUIOU-FÉZENSAC (PHILIPPE-ANDRÉ-AIMERY-CHARLES, DUC DE), membre du Sénat, né à Paris le 26 septembre 1843, fut élu, comme conservateur-monarchiste, le 14 août 1887, sénateur du Gers, en remplacement de M. Batbie décédé, par 413 voix (785 votants) contre 369 à M. Lannelongue, républicain. Il prit place à droite, opina constamment avec la minorité, et obtint sa réélection, le 5 janvier 1888, au renouvellement triennal, par 422 voix (788 votants) contre 327 à M. Marcel. Par une lettre rendue publique, en date du 6 avril 1889, M. de Montesquiou-Fézensac refusa de siéger comme membre de la Haute-Cour dans le procès du général Boulanger : « Comme élu du suffrage universel, écrivit-il, comme serviteur respectueux de la justice régulière, la seule qui soit une justice, comme adversaire implacable de toute mesure révolutionnaire, je refuse de siéger, ma conscience me le défend. » En dernier lieu, il s'est prononcé *contre* le rétablissement du scrutin d'arrondissement (13 février 1889), *contre* le projet de loi Lisbonne restrictif de la liberté de la presse, *contre* la procédure à suivre devant le Sénat contre le général Boulanger.

MONTESSON (JEAN-LOUIS, MARQUIS DE), député aux Etats-Généraux de 1789, né à Douillet (Sarthe) le 27 juin 1746, mort en Pologne le 12 mai 1802, procureur-syndic de la noblesse du Mans, fut élu, le 27 mars 1789, député de la noblesse aux Etats-Généraux par la sénéchaussée du Maine avec 61 voix. Très attaché à l'ancien régime, il remit ses pouvoirs en faisant des réserves, et donna sa démission le 25 juillet 1789. Il quitta ensuite la France et mourut en émigration.

MONTÉTY (LOUIS-ALBERT-HENRI DE), député depuis 1885, né à Séverac (Aveyron) le 25 novembre 1849, avocat à Rodez, bâtonnier conseiller municipal de cette ville en 1884, fut porté, le 4 octobre 1885, sur la liste conservatrice de l'Aveyron, et fut élu député, le 5e sur 6, par 53,044 voix (94,179 votants, 118.271 inscrits). Il prit place à l'Union des droites, combattit de ses votes la politique scolaire et colo-

niale des ministères républicains, et se prononça, dans la dernière session, *contre* le rétablissement du scrutin d'arrondissement (11 février 1889), *pour* l'ajournement indéfini de la
révision de la Constitution, *contre* le projet de
loi Lisbonne restrictif de la liberté de la presse,
contre les poursuites contre le général Boulanger ; il était absent par congé lors du scrutin sur les poursuites contre trois députés
membres de la Ligue des patriotes.

MONTEYNARD (HECTOR-JOSEPH, MARQUIS
DE), pair de France, né à Paris le 16 mars 1770,
mort au château de Tencin (Isère) le 17 janvier
1845, n'entra dans la vie publique qu'à la première Restauration. Maréchal de camp et
gentilhomme de la chambre du roi, il suivit
Louis XVIII à Gand. Nommé pair de France
le 5 novembre 1827, il prêta serment en 1830
au gouvernement de Louis-Philippe, et siégea
dans la Chambre haute jusqu'à sa mort.

MONTFERRÉ (RAYMOND BANYULS-FOURA-
DES, CHEVALIER DE), député en 1789, né à Perpignan (Pyrénées-Orientales) le 15 juin 1735,
mort à une date inconnue, servit dans les armées du roi, et fut capitaine de cavalerie, au
régiment de Royal-Navarre. Le 30 avril 1789,
la noblesse de la province du Roussillon l'envoya siéger aux États-Généraux. Le chevalier
de Montferré tint pour l'ancien régime et opina
avec la droite de la Constituante.

MONTFERRIER (MARQUIS DE). — *Voy.* DU
VIDAL.

MONTFLEURY (DE). — *Voy.* AMARITHON.

MONTFORTON (AUGUSTE-JEAN GERMAIN,
COMTE DE), pair de France, né à Paris le 8 décembre 1786, mort à Paris le 26 avril 1821, fut
surnuméraire au ministère de l'Intérieur en
1801, et chambellan de l'empereur en 1806.
Après avoir fait la campagne de 1807 comme
officier d'ordonnance de Napoléon, il défendit,
en 1810, le fort de Kufstein (Tyrol), fut créé comte
de l'Empire le 9 novembre 1809, et nommé ministre plénipotentiaire près le grand-duc de
Wurtzbourg en 1813. Il revint à Paris après
Leipsig, devint, au commencement de 1814,
adjudant-commandant de la garde nationale de
cette ville, et se montra, le 31 mars, un des plus
chauds partisans des Bourbons, qui l'appelèrent à
la préfecture de Saône-et-Loire. Sans emploi pendant les Cent-Jours, il fut envoyé, le 14 juillet
1815, comme préfet en Seine-et-Marne. Il s'y
signala par des actes de vengeances politiques
et par sa vive opposition à l'élection de La
Fayette. Nommé pair de France, le 5 mars 1819,
par M. Decazes, il fut destitué de ses fonctions
de préfet à la chute du son protecteur, et siégea
alors assidûment à la Chambre haute. Il n'y
prit pas la parole, mais il vota avec les partisans de la monarchie constitutionnelle. Il avait
épousé, en 1812, Mlle Constance de Houdetot,
sœur de Mme de Barante.

MONTFORTON (LOUIS-AUGUSTE-CONSTANT-
ALBERT GERMAIN, COMTE DE), pair de France,
né à Paris le 5 août 1815, mort à Paris le
22 septembre 1883, fils du précédent, entra
dans la diplomatie sous le gouvernement de
Louis-Philippe et parvint aux fonctions de ministre plénipotentiaire. Admis, le 13 janvier
1842, à siéger à la Chambre des pairs par droit
héréditaire à la mort de son père prédé-
cédé, il ne se fit pas remarquer et rentra dans
la vie privée à la révolution de 1848.

MONTGAZIN (JEAN-BAPTISTE-OLIVIER-PLA-
CINE DE MÉRIC DE), député en 1789, né à Toulouse (Haute-Garonne) le 5 octobre 1726, mort
à Heinsberg (Belgique) le 16 janvier 1793, entra
dans les ordres à Toulouse, se fit recevoir docteur
de la faculté de théologie de Paris, et devint
à Boulogne-sur-Mer, chanoine, archidiacre du
chapitre et vicaire général de l'évêque François-Joseph de Partz de Pressy. Electeur de
l'ordre du clergé comme représentant les dames
religieuses Annonciades, il fut choisi, le
17 mars 1789, pour un des rédacteurs des « représentations et doléances du clergé de la sénéchaussée du Boulonnais », et élu, le lendemain, par 59 voix, député aux Etats-Généraux.
Il fut un des derniers à accepter la fusion des
trois ordres, refusa de prêter serment à la constitution civile du clergé, et signa, le 29 juin 1791,
la déclaration des 290 députés de la droite qui
protestèrent contre les décrets suspendant l'autorité royale. Il émigra ensuite et mourut près
de son évêque dans la province de Liège.

MONTGILBERT (FRANÇOIS-AGNÈS), (l'acte
d'état civil ne porte que le prénom de François),
membre de la Convention, né à Autun (Saône-
et-Loire) le 1er novembre 1747, mort à une date
inconnue, était notaire à Bourbon-Lancy (Saône-
et-Loire). Il se déclara pour la Révolution, fut
élu, le 9 septembre 1792, par son département
premier suppléant à la Convention nationale,
et fut appelé, dès le 27 septembre, à siéger
comme titulaire, en remplacement de Clootz,
qui avait opté pour le département de l'Oise.
Dans le procès du roi, Montgilbert répondit en
ces termes, au 3e appel nominal : « N'ayant
reçu de mes commettants ni la mission, ni le
caractère de juge, je ne puis voter en cette
délibération comme membre du tribunal de
justice ; mais, comme membre du corps politique, je dois et je veux concourir, avec mes
collègues, à prendre, contre l'ennemi de la
liberté de mon pays, les mesures de sûreté
générale, et, sous ce rapport, j'ai rejeté l'appel
au peuple, parce que là où je ne vois point de
jugement, je n'ai pas dû vouloir un appel. Il
s'agit donc pour moi bien moins du sort de
Louis que du salut de ma patrie.

« Or le résultat des considérations politiques
que j'ai pu faire et comparer, et de mes observations sur l'état actuel de la France est : 1° que celui
qui fait la guerre à la société doit en être re-
tranché ; que sa conservation est incompatible
surtout avec une République naissante ; et que,
si, dans cet état de choses, l'un des deux doit
périr, c'est Louis ; 2° que sa mort, dans la position où nous nous trouvons, sous tous les rapports
politiques intérieurs et extérieurs, doit cependant être différée : qu'elle doit l'être pour l'intérêt seulement de la patrie, et qu'elle peut l'être
sans danger pour la liberté.

« En conséquence, mon opinion est que Louis
a mérité la mort comme un ennemi convaincu
de conspiration contre la liberté nationale et
d'attentat contre la sûreté générale de l'État,
mais qu'il doit être sursis à l'exécution du décret de mort que vous rendrez, jusqu'au moment où la République jouira pleinement des
bienfaits de sa nouvelle Constitution, et que la
paix sera solidement établie entre elle et les
ennemis de sa liberté ; époque à laquelle le
peuple fera examiner par ses représentants
qui conviendra le mieux à ses intérêts et à sa
gloire, ou de faire exécuter votre décret, ou
d'aggraver la peine de mort en bannissant le
coupable. (*Une voix* : Aggraver la peine de
mort par le bannissement !) Oui, je dis ag-

graver, car être banni du territoire des Français, c'est, selon moi, une peine plus dure que la mort.

« Je vote enfin pour que, jusqu'à la même époque, Louis reste prisonnier du peuple français, sous la responsabilité des corps administratifs de la ville où il sera détenu ; et que dans le cas d'une nouvelle invasion sur notre territoire des ennemis qu'il a suscités à la République, le décret de mort porté contre lui soit exécuté à la réquisition et sous la responsabilité du pouvoir exécutif. Mon opinion est indivisible. »

Le 12 mars 1793, il demanda, au nom de la ville de Bourbon-Lancy, « qu'il fût permis à cette commune de quitter le nom de Bourbon pour prendre celui de Belle-Vue-les-Bains. » N'ayant été réélu à aucun des Conseils qui remplacèrent la Convention, Montgilbert fut nommé commissaire du Directoire après la session, et ne reparut plus dans les assemblées législatives. Lors de la déclaration d'âge exigée des conventionnels en août 1795, il inscrivit « qu'il avait trois enfants, dont deux à sa femme. » On a de lui : *Des sociétés populaires dans un gouvernement républicain* (an III).

MONTGOLFIER (Auguste de), député de 1885 à 1886, né à Saint-Marcel-lès-Annonay (Ardèche) le 28 août 1828, de la famille de Joseph-Michel et Jacques-Etienne Montgolfier, inventeurs des aérostats à air chaud, fut élève de l'Ecole centrale des arts et manufactures, et s'établit fabricant de papiers dans son département, à Saint-Martin. Maire de cette commune, et d'opinions monarchistes, il fut inscrit, le 4 octobre 1885, sur la liste conservatrice de l'Ardèche, et fut élu député de ce département, le 2e sur 6, par 45,423 voix (88,137 votants, 111,845 inscrits). M. de Montgolfier prit place à droite. Mais l'élection de l'Ardèche fut annulée, et, au nouveau scrutin du 14 février 1886, M. de Montgolfier n'obtint que 45,171 voix (92,766 votants), contre 47,193 au dernier élu de la liste républicaine, M. de Saint-Prix.

MONTGOLFIER-VERPILLEUX (Pierre-Louis-Adrien), représentant en 1871, sénateur de 1876 à 1879, né à Beaujeu (Rhône) le 6 novembre 1831, arrière-neveu de Jacques de Montgolfier, l'inventeur des aérostats, entra en 1851 à l'Ecole polytechnique, en sortit dans les ponts et chaussées, fut nommé, en 1856, ingénieur ordinaire dans le département de la Loire, et chargé en cette qualité d'exécuter, dans les vallées du Furens et de Gien, des barrages contre les inondations. Chevalier de la Légion d'honneur en 1865, ingénieur de 1re classe le 24 décembre 1869, il fut nommé commandant de mobiles en 1870, et, versé dans l'arme du génie, prit part à la défense de Briançon et aux différents combats qui eurent lieu devant cette place. Elu, le 8 février 1871, représentant de la Loire à l'Assemblée nationale, le 3e sur 11, par 49,949 voix (89,275 votants, 143,320 inscrits), il siégea à droite, fut envoyé en mission à Saint-Etienne après l'émeute communaliste qui agita cette ville (1871), fut, à l'Assemblée, rapporteur de la commission des travaux publics, et vota *pour* la paix, *pour* l'abrogation des lois d'exil, *pour* la pétition des évêques, *pour* le pouvoir constituant, *contre* le service de trois ans, *pour* le septennat, *pour* le ministère de Broglie, *contre* l'amendement Wallon, *contre* les lois constitutionnelles. Officier de la Légion d'honneur du 16 mars 1872, directeur de la Compagnie des forges et aciéries de la marine, il fut

élu, le 30 janvier 1876, sénateur de la Loire, par 218 voix (393 votants), prit place à droite, et vota la dissolution de la Chambre demandée par le ministère de Broglie. Après la chute du cabinet du 16 mai, il fut plusieurs fois question de M. de Montgolfier pour le portefeuille des Travaux publics. Le renouvellement triennal du Sénat, le 5 janvier 1879, ne lui fut pas favorable ; il échoua avec 121 voix sur 390 votants.

MONTGUYON (Charles-Gustave-Hardouin, comte de), député de 1830 à 1831 et pair de France, né à Montfermeil (Seine-et-Oise) le 14 octobre 1775, mort à Paris le 7 avril 1847, « fils de messire Claude de Montguyon, chevalier, seigneur de Puiseux en partie, et de dame Jeanne-Gabrielle Du Houx », propriétaire et maire de Buron (Oise), conseiller général, fut créé baron de l'Empire le 28 mai 1809, et devint député de l'Oise, au grand collège, le 3 juillet 1830, avec 159 voix (293 votants, 328 inscrits). Il se déclara partisan de la monarchie de Louis-Philippe et siégea à la Chambre des députés dans la majorité conservatrice jusqu'en 1831. M. de Montguyon fut, le 11 octobre 1832, élevé à la pairie. Il continua, à la Chambre haute, de soutenir de ses votes le gouvernement royal jusqu'à sa mort. Officier de la Légion d'honneur.

MONTHEILLET (Louis), député de 1883 à 1885, né à Ambert (Puy-de-Dôme) le 20 mars 1812, fit ses études de médecine aux facultés de Montpellier et de Paris, et fut admis comme interne à l'hospice de Clermont-Ferrand. Démocrate militant, il prépara, en 1840, un banquet de protestation en faveur de la réforme électorale ; ce banquet fut présidé par Couthon, le fils du conventionnel, et trois mille convives y prirent part. Peu après, il fut condamné à dix ans de détention pour les troubles à l'occasion du recensement. M. Montheillet, qui s'était dérobé aux poursuites, passa cinq années en exil. En 1848, il s'établit comme médecin à Vichy, où il soutint, avec Félix Mathé, la lutte contre le gouvernement présidentiel de L.-N. Bonaparte. La réaction l'obligea à regagner sa ville natale. Déporté en Algérie à la suite du coup d'Etat du 2 décembre 1851, il fut, à sa rentrée, interné à Charly (Rhône), continua de combattre l'empire, devint maire de Charly après le 4 septembre 1870, et fut destitué de cette fonction par le préfet Ducros. Les opinions républicaines qu'il n'avait cessé de manifester le firent choisir comme candidat radical à la députation, le 20 mai 1883, en remplacement de M. Varambon démissionnaire : M. Montheillet fut élu par 5,071 voix (10,066 votants, 19,767 inscrits), contre 4,670 à M. Thévenet, opportuniste. Il prit place à l'extrême-gauche de la Chambre et vota *pour* la séparation de l'Eglise et de l'Etat, *contre* les crédits de l'expédition du Tonkin, et *contre* la politique opportuniste. Porté, le 4 octobre 1885, sur la liste radicale socialiste du Rhône, il échoua avec 17.750 voix (136,430 votants). M. Montheillet fit une nouvelle et inutile tentative, le 8 juillet 1888, pour rentrer à la Chambre des députés : il réunit alors 10,144 voix contre 37,133 à M. Chépié, élu, et 17,147 à M. Vaillant. Il s'agissait de remplacer M. Rochet décédé.

MONTHIERRY (de). — *Voy.* Tréhu.

MONTHOLON (Nicolas de), député au Corps législatif en 1808, né à Paris le 6 décemlire 1736, mort à Paris le 15 mai 1809, d'une ancienne famille de magistrats, « fils de M. Pierre de Montholon, chevalier, enseigne des vaisseaux du roi, et de dame Marguerite Baron », était, à Paris, membre de la commission administrative des hospices, lorsqu'il fut appelé (18 février 1808) par le Sénat conservateur à siéger dans le Corps législatif comme député de la Seine. Il mourut l'année d'après.

MONTHOLON (CHARLES-TRISTAN, COMTE DE), représentant en 1849, né à Paris le 21 juillet 1783, mort à Paris le 20 août 1853, « fils de Mathieu de Montholon, chevalier, colonel des dragons de Penthièvre, et de Angélique-Aimée de Rostaing, » de la famille du précédent, fut destiné de bonne heure à l'état militaire. Elève de marine à bord de la frégate la *Junon*, lors de l'expédition contre la Sardaigne, il entra dans l'armée (1798), et parvint rapidement au grade de chef d'escadron; il se signala, à la journée du 18 brumaire, par son zèle pour les intérêts de Bonaparte. Il servit dans les campagnes d'Autriche, de Prusse et de Pologne, fut blessé à Essling, créé comte après Wagram, et attaché à la personne de Napoléon. Plusieurs missions délicates qu'il eut à remplir, notamment (1811) en qualité de ministre plénipotentiaire près de l'archiduc Ferdinand, à Wurtzbourg, achevèrent de le mettre en évidence. A la suite d'un mémoire qu'il adressa à l'empereur sur la situation intérieure de l'Allemagne et sur les dispositions des princes confédérés, il fut promu général de brigade et nommé commandant du département de la Loire. Resté fidèle à la cause bonapartiste, malgré les sollicitations de Sémonville, son beau-père par son mariage avec sa mère, Mme de Montholon, et de Macdonald, son beau-frère, qui le pressaient de se rallier à la Restauration (1814), il rejoignit Napoléon revenant de l'île d'Elbe dans sa marche sur Paris, fut nommé (1815) adjudant-général, se battit bravement à Waterloo, et, avec sa femme et ses enfants, accompagna l'empereur à Sainte-Hélène. Il assista Napoléon à ses derniers moments, et publia avec le général Gourgaud les manuscrits intitulés : *Mémoires pour servir à l'Histoire de France sous Napoléon, écrits à Sainte-Hélène sous sa dictée* (1823 et années suivantes). L'empereur lui avait laissé deux millions par testament et l'avait nommé un de ses exécuteurs testamentaires. Montholon entreprit alors des spéculations qui furent malheureuses. Menacé de la prison pour dettes, il dut se réfugier en Belgique (1828). Il sollicita, après 1830, sa réintégration dans l'armée, et l'obtint avec peine en raison de son passé commercial; son nom ayant figuré (1840), avec le grade de chef d'état-major au bas de la proclamation de Louis-Napoléon lors de l'échauffourée de Boulogne, il fut condamné par la Chambre des pairs à vingt ans de détention, et enfermé avec le prince au château de Ham; il en sortit après l'évasion de Louis-Napoléon. Dans une lettre du 4 février 1844, à propos d'articles parus à l'occasion de la mort du général Bertrand, il demanda à Degeorges, alors rédacteur du *Propagateur*, de faire savoir par la presse « que la fidélité de Montholon pour Napoléon Ier fut au moins aussi grande que celle de Bertrand. » Une seconde lettre, du 8 février, remercia Degeorges pour son article. M. de Montholon fit imprimer, en 1847, son ouvrage: *Récits de la captivité de Napoléon à Sainte-Hélène*. Après la révolution de février 1848, il fut élu (13 mai 1849), par le département de la Charente-Inférieure, représentant à l'Assemblée législative, le 7e sur 10, avec 40,199 voix (90,799 votants, 142,041 inscrits). Il se borna à voter silencieusement avec la droite, *pour* l'expédition de Rome, *pour* la loi Falloux-Parieu sur l'enseignement, etc., et à appuyer ensuite la politique du coup d'État. Admis à la retraite, comme général, le 17 mai 1850, il fut réintégré après le coup d'État dans son grade de général de brigade; dans une lettre du 26 avril 1852, il se plaignit de cette réintégration, en remarquant que Napoléon lui avait donné les trois étoiles à Sainte-Hélène. Il mourut l'année d'après.

MONTHOLON-SÉMONVILLE (CHARLES-FRANÇOIS-FRÉDÉRIC, MARQUIS DE), sénateur du second Empire, né à Paris le 27 novembre 1814, mort à Rouen (Seine-Inférieure) le 20 avril 1886, de la famille des précédents, suivit la carrière diplomatique et parvint aux fonctions d'envoyé extraordinaire et ministre plénipotentiaire aux Etats-Unis, puis à Lisbonne. Le 11 avril 1870, il fut appelé à faire partie du Sénat, où il soutint le gouvernement de Napoléon III jusqu'au 4 septembre. Grand-officier de la Légion d'honneur.

MONTIGLIO-D'OTTIGLIO (JOSEPH-MARIE, BARON), député au Corps législatif de 1811 à 1814, né à Casal (Italie) le 10 décembre 1768, mort à une date inconnue, « fils de très-illustre monsieur le chevalier Jean-Marie Montiglio, et de la très-illustre dame Marie Mochia », suivit la carrière des armes, et entra, le 27 mai 1783, comme lieutenant au service du roi de Sardaigne. Adjudant-major le 29 juin 1786, lieutenant effectif le 6 avril 1793, lieutenant-capitaine des grenadiers le 14 juin 1794, il devint maire d'Ottiglio en l'an XI, puis président de l'assemblée cantonale de Casal, et fut nommé par le gouvernement français (2 thermidor an XII) sous-préfet de Bobbio. Membre de la Légion d'honneur le 14 floréal an XIII, il fut fait chevalier de l'Empire le 2 mai 1811, et entra au Corps législatif six jours après (8 mai), pour y représenter le département de Gênes. Il siégea jusqu'en 1814.

MONTJALLARD (N.), député en 1789, né à une date inconnue, mort à Paris le 18 août 1791, était curé de Barjols lors de la Révolution. Elu le 7 avril 1789, député du clergé aux Etats-Généraux par la sénéchaussée de Toulon, il se montra d'abord favorable aux idées nouvelles, vota la vérification en commun des pouvoirs; le 28 décembre 1790, prêta le serment civique; mais il revint bientôt aux opinions de la droite et désespéré, a-t-on dit, de son attitude précédente, il se jeta par sa fenêtre le 18 août 1791 et mourut au bout de trois quarts d'heure de souffrances, ainsi que le rapporte un curieux écrit du temps, intitulé : *Détail de la mort tragique d'un député à l'Assemblée nationale, qui s'est tué lui-même rue Saint-Marc, avec la déclaration qu'il a laissée par écrit* (De l'imprimerie de Laurent, rue Traversière, 1791), et dont voici la teneur : « De tous les actes de démence et de frénésie auxquels l'homme peut se porter, le plus effrayant sans doute, le plus douloureux pour l'humanité, est sans contredit le suicide. Cet affreux délire, très peu commun autrefois en France, s'est propagé depuis quelque temps en France, avec les modes d'Angleterre, d'une manière effrayante. Des citoyens de tous les rangs, de toutes les classes, ont imité à l'envi l'horrible exemple que leur donnaient les habitants de Londres.

« Un ecclésiastique, un membre du Corps législatif, vient de renouveler, dans la capitale, ces scènes affligeantes. Ah! pourquoi ne peut-on ensevelir dans un profond oubli cet acte de désespoir! Qu'il est affligeant d'avoir à décrire des scènes semblables! Mais l'explosion faite, il est impossible d'ensevelir dans les ténèbres un événement pareil, et, au contraire, le tableau ne peut qu'en être utile, et les profondes réflexions qu'il doit faire naître peuvent tourner à l'avantage de la morale et de l'humanité.

« M. l'abbé de Montjallard, curé de Barjols, député du département du Var à l'Assemblée nationale, était du nombre de ces représentants de la nation, qui ne dictent des lois que par assis et levé et dont la hausse ou la baisse règlent les mouvements de l'Etat, ou plutôt ne règlent rien, car il était, à ce qu'on prétend, de cette minorité protestante, c'est-à-dire du côté droit, et tout le monde sait que ces messieurs ont peu influé sur les décrets de l'Assemblée. Quoi qu'il en soit, M. l'abbé de Montjallard n'avait rien fait voir jusqu'ici, dans sa conduite ni dans son caractère, qui pût annoncer le dégoût de la vie, au contraire, il passait pour n'avoir pas été ennemi de ses plaisirs, et jamais la noire mélancolie n'avait paru les empoisonner; la veille même de sa mort, il n'a donné aucun signe de désespoir, ni même de tristesse, et son visage n'annonçait que ce mécontentement ordinaire qui figure sur toutes les physionomies aristocratiques.

« Hier matin, vers les onze heures, son perruquier est arrivé chez lui, rue Saint-Marc, nº 8. Après les préliminaires de la toilette, ce barbier, causeur et questionneur de son métier, suivant l'usage, lui a demandé ce que l'on avait fait à l'Assemblée nationale; M. l'abbé de Montjallard ayant répondu froidement à cette question, celui-ci a insisté et désiré savoir quand tout serait fini. — Bientôt, a répondu l'abbé. Oui, j'espère, a-t-il répété, que tout sera bientôt fini. — Et la conversation a cessé. Le perruquier ayant fini sa besogne, a couru chez ses pratiques. Mais à peine était-il sur le seuil de la porte cochère qu'il a vu celui qu'il venait de coiffer étendu à ses pieds et nageant dans son sang. Cet infortuné venait de se précipiter de sa fenêtre. Un instant plus tôt, un garde national qui passait devant la porte, et le perruquier lui-même, eussent été écrasés de sa chute.

« Cet affreux événement a consterné tous les spectateurs. Le malheureux abbé respirait encore et, quoiqu'il eût le corps et la tête brisés, il conservait un reste de connaissance. On l'a aussitôt transporté chez lui, et on s'est hâté de lui porter tous les secours nécessaires. Mais, hélas! c'était bien en vain, il n'y avait aucun espoir, et on a appelé les secours spirituels. L'infortuné a vécu encore une heure, dans les souffrances les plus grandes, au milieu desquelles il a donné de véritables signes de repentir au ministre de la religion, des mains duquel il a reçu l'absolution et l'extrême-onction.

« Il est mort hier jeudi 18 août, à midi et demi, à l'Hôtel-Royal, rue Saint-Marc, où il logeait. Il s'est jeté du troisième étage. Des personnes qui le voyaient assez ordinairement, prétendent avoir remarqué que depuis trois mois il était extraordinairement affecté, et que sa tête s'altérait insensiblement. On dit qu'on a trouvé sur son secrétaire le commencement d'un brouillon de lettre, écrit de sa main et conçu en ces termes : « Je déclare que personne que moi n'a attenté à mes jours... Il m'est impossible de supporter plus longtemps le fardeau d'une si douloureuse vie... Que le ciel me pardonne, comme je pardonne aux hommes... »
« Puisse-t-il être exaucé! »

MONTJOYE-VAUFREY (FRANÇOIS-FERDINAND-FIDÈLE-HAMANN, COMTE DE), député en 1789, né et mort à des dates inconnues, fut élu, le 3 avril 1789, député de la noblesse aux Etats-Généraux par le bailliage de Belfort et Huningue. Il remit ses pouvoirs en faisant des réserves, demanda un congé le 18 juin 1790, et ne paraît pas avoir siégé depuis lors. Il émigra à l'époque de la Terreur et se rendit en Suisse, où il fut signalé, en 1797, à l'ambassadeur du Directoire, Barthélemy, comme tenant à Bâle des réunions secrètes d'émigrés en correspondance avec des personnages influents de Paris. Sur la demande du gouvernement français, les magistrats suisses l'expulsèrent : on perd sa trace depuis cette époque.

MONTJOYEUX (ANTOINE RICHARD DE), député au Corps législatif de 1858 à 1868, sénateur du second Empire, né à Paris le 22 octobre 1795, mort au château d'Annay (Nièvre) le 15 décembre 1874, propriétaire, maire d'Annay (1840), et conseiller général de la Nièvre pour le canton de Cosne (1855), se présenta, le 21 novembre 1858, avec l'appui officiel du gouvernement impérial, dans la 1re circonscription de ce département, comme candidat au Corps législatif, en remplacement de M. Petiet décédé; il fut élu député par 25,654 voix (27,312 votants, 45,074 inscrits), contre 1,353 à M. Bonabeau. M. de Montjoyeux vota avec la majorité dynastique et fut réélu, au même titre que précédemment, le 1er juin 1863, mais cette fois dans la 2e circonscription de la Nièvre, par 17,062 voix (21,271 votants, 30,897 inscrits), contre 3,212 à M. Girard et 906 à M. de Ribérolles. Il reprit sa place dans la majorité, et siégea jusqu'en 1868, époque à laquelle un décret impérial (15 août) l'appela à faire partie du Sénat. Il fut remplacé au Corps législatif, le 19 septembre suivant, par M. de Bourgoing. Le 4 septembre 1870 rendit M. de Montjoyeux à la vie privée. Chevalier de la Légion d'honneur (6 août 1860).

MONTLAUR (EUGÈNE-JOSEPH VILLARDI, MARQUIS DE), représentant en 1871, né à Paris le 1er octobre 1815, issu d'une famille de Toscane, propriétaire et membre de la société d'agriculture de l'Allier, conseiller général du canton d'Escurolles de 1852 à 1870, officier de la Légion d'honneur (9 mai 1868), commanda, en 1870, un bataillon de mobiles du Loir-et-Cher, fut élu, le 8 février 1871, représentant de l'Allier à l'Assemblée nationale, le 7e et dernier, par 49,741 voix (75,640 votants, 106,359 inscrits). Il prit place à droite, fut rapporteur des pétitions demandant l'intervention du gouvernement en faveur du rétablissement du pouvoir temporel du pape, signa l'adresse des députés syllabistes, et vota pour la paix, pour l'abrogation des lois d'exil, pour la pétition des évêques, pour le pouvoir constituant, contre le service de trois ans, pour la démission de Thiers, pour le septennat, pour le ministère de Broglie, contre l'amendement Wallon, contre les lois constitutionnelles. Il quitta la vie politique après cette législature. M. de Montlaur s'occupa surtout d'agriculture et de littérature; on a de lui : Portraits, paysages et impressions (1844); De l'agriculture en France (1845); La question italienne (1846); Giacomo Léopardi (1845); De l'ordre social (1850); De l'Italie et de l'Espagne (1852); La vie et le

rère (1864) ; il collabora aussi au *Courrier
français*.

MONTLOSIER (François-Dominique Reynaud, comte de), député en 1789, pair de France ;
né à Clermont-Ferrand (Puy-de-Dôme) le
16 avril 1755, mort à Clermont-Ferrand le 9 décembre 1838, était le douzième enfant de
« M. Michel-Amable de Reynaud, chevalier seigneur de Coufolan, Beauregard, de Meix et
Bourdelles, et de Mme Marguerite-Agnès de Rigaud ». Sa famille, de vieille noblesse, mais peu
aisée, l'envoya à six ans chez les jésuites de Clermont-Ferrand ; son caractère indiscipliné se
plia cependant aux études méthodiques ; il
s'occupa de préférence de questions scientifiques et historiques. Il épousa une veuve, plus
âgée que lui de 15 ans, mais qui possédait
un ancien château vendu par sa famille : « Je
n'étais amoureux ni d'elle ni de sa fortune,
dit-il dans ses *Mémoires* ; je l'étais de ce lieu un
peu sauvage (Recolène) qui me rappelait les
jours de mon enfance. » C'est là qu'il composa
son *Essai sur les Volcans d'Auvergne*, publié
en 1789. L'étude de l'histoire l'avait aussi mêlé
au mouvement politique, et il fut élu, le 25 juillet 1789, député suppléant de la sénéchaussée
de Riom aux États-Généraux. Admis à siéger,
le 29 septembre 1789, en remplacement de M. de
la Rouzière démissionnaire, il se montra l'un des
plus ardents champions des privilèges de la
royauté, prit souvent la parole et presque toujours contre les réformes demandées par la majorité, s'opposa à l'aliénation des domaines
de la couronne, et demanda que le roi eût seul
le droit de paix ou de guerre. Rappelé à l'ordre
dans cette discussion, pour la violence de son
langage (17 mai 1790), il répondit qu'il avait
d'autres phrases à placer semblables à celles
qui provoquaient ce rappel. Il proposa que les
députés chargés de deux fonctions fussent tenus
d'opter pour l'une d'elles, combattit avec vivacité la constitution civile du clergé et, ayant
excité les protestations des tribunes, réclama
ironiquement pour elles voix délibérative.
A la fin de la session, ayant droit, comme député, de se faire payer des frais de poste de
Paris à Clermont-Ferrand, il jugea « plus franc
et plus gai » de les demander pour Coblentz :
le commis de l'Assemblée nationale trouva l'idée
amusante et paya. M. de Montlosier se rendit
donc à Coblentz aux frais de l'État, fit la campagne de 1792 à l'armée des princes, alla
ensuite à Hambourg, puis à Londres où il publia en français le *Courrier de Londres* avec
Mallet-du-Pan, Malouet et Lally-Tollendal.
Ce journal était d'un ton assez modéré, et à
ce propos, le comte d'Artois lui dit un jour :
« Vous écrivez quelquefois des sottises. — J'en
entends si souvent ! » répliqua Montlosier.
Après le coup d'État de brumaire, le *Courrier
de Londres* défendit la politique du premier
consul. Talleyrand demanda alors à Bonaparte
le rappel de M. de Montlosier ; ce dernier, prévenu de la démarche, rentra aussitôt, mais fut
arrêté à Calais et enfermé au Temple à Paris,
où il ne resta d'ailleurs que quelques heures.
On le renvoya à Londres, d'où il revint en
1803, dûment autorisé cette fois ; il voulut
continuer à Paris la publication de son journal
sous le titre de *Courrier de Londres et de
Paris*, mais la censure le supprima après quelques numéros. Pour l'en dédommager, le premier consul l'attacha au ministère des Affaires
étrangères, et requit sa collaboration pour
le *Bulletin de Paris* où il publia des articles
très vifs contre l'Angleterre. Après la procla-

mation de l'Empire, l'empereur le chargea d'é-
crire une *Histoire de la monarchie française*,
dans laquelle, tout en indiquant les causes
irrémédiables selon lui, de la ruine de la monarchie, Montlosier demandait la restauration
du régime féodal ; aussi l'ouvrage ne parut
pas sous l'Empire, mais seulement sous la Restauration, grâce seulement à une préface des plus
agressives contre Napoléon. Après l'échec de
son mandat d'historien, l'empereur le chargea
de le renseigner sur l'opinion des gens en
vue sur son compte ; mais, Napoléon ayant
oublié un jour dans sa voiture un feuillet de
ces rapports, Montlosier, découvert, refusa de
continuer cette besogne. Il revint alors à ses
études scientifiques, alla visiter les volcans
d'Italie (1812), rentra en France en janvier 1813
et se mit à faire de l'agriculture dans son domaine de Randan (Puy-de-Dôme). Mais ses
ardeurs de polémiste le reprirent bientôt, et
les tourna, cette fois, contre les jésuites et la
congrégation, tant dans son *Mémoire à consulter*, que dans sa pétition à la Chambre
des pairs, dans laquelle, « frappé de l'envahissement du parti prêtre », il dénonce la congrégation, une assemblée pieuse d'anges, un
sénat de sages, un foyer d'intrigues et de dé-
mons. » Les journaux d'alors firent au *Mémoire* un prodigieux succès. Le gouvernement
supprima à l'auteur la pension qu'il tenait de
Napoléon, le fit attaquer par les journalistes à
sa solde, et le poussa finalement dans l'opposition ; en 1830, M. de Montlosier collabora au
Constitutionnel sans renoncer pourtant à son
incurable antipathie contre le nom et les idées
de la Révolution. Nommé conseiller général du
Puy-de-Dôme après les journées de juillet, il fut
appelé à la Chambre des pairs le 11 octobre 1832
et y défendit en maintes occasions, avec une
verve que son grand âge n'avait guère assagie,
la monarchie de juillet. Près de mourir à Clermont-Ferrand, il se vit refuser les secours de la
religion par l'évêque de la ville qui exigea en
vain une rétractation : la population de Clermont se porta en foule à ses funérailles. Il
était, depuis 1825, président de l'Académie de
Clermont. On a de lui : *Essai sur la théorie des
volcans en Auvergne* (1789) ; *De la nécessité
d'une contre-révolution et des moyens de l'o-
pérer* (1791) ; *De la monarchie française depuis son établissement jusqu'à nos jours* (1814) ;
*De la monarchie française depuis le retour
de la maison de Bourbon jusqu'au 1er avril
1815* (1815-1817) ; *Mémoire à consulter contre
les jésuites* (1826, 2 volumes) ; *Mystères de la
vie humaine* (1829) ; *Mémoires sur la Révolution française, le Consulat, l'Empire et la Restauration, 1755-1830* (1830, 2 volumes ; — *Mémoires de M. le comte de Montlosier* (1830,
4 volumes) ; *Du prêtre et de son ministère
dans l'état actuel de la France* (1833).

MONTMORENCY (Anne - Charles - François, duc de), pair de France, né à Paris le
12 juillet 1768, mort à Paris le 25 mai 1846,
entra à dix-huit ans dans les gardes du corps,
puis devint cornette au régiment de dragons
colonel-général. Il émigra en 1790, alla en
Suisse, en Belgique, en Allemagne, fit la campagne de 1794 à l'armée des princes, rentra en
France à l'époque du Consulat, et se fixa au
château de Courtalain en Dunois. Maire de
Courtalain, conseiller général, créé comte
de l'Empire le 17 mai 1810, il fut appelé,
8 janvier 1814, au commandement de la garde
nationale de Paris, et prêta serment de fidélité
à l'empereur le 17 janvier suivant. Lors

l'arrivée des alliés et de la capitulation, il remplaça le maréchal Moncey, et calma les bataillons de la garde nationale qui étaient sur le point d'en venir aux mains. Nommé pair de France, le 4 juin 1814, par Louis XVIII, il se mêla fort peu aux débats parlementaires et se préoccupa surtout d'œuvres de piété. Rallié au gouvernement de juillet, il redevint conseiller général d'Eure-et-Loir en 1833, et siégea à la Chambre haute jusqu'à sa mort. M. de Montmorency était chevalier de la Légion d'honneur et membre de plusieurs sociétés savantes.

MONTMORENCY (DE). — *Voy.* ROBECQ (PRINCE DE).

MONTMORENCY-LAVAL (MATHIEU-JEAN FÉLICITÉ, DUC DE), député en 1789, pair de France, ministre, né à Paris le 10 juillet 1767, mort à Paris le 24 mars 1826, suivit la carrière des armes, et servit en Amérique dans le régiment d'Auvergne commandé par son père ; il se lia avec La Fayette et ne tarda pas à partager ses idées libérales. Colonel au moment de la Révolution et grand bailli de Montfort-l'Amaury, il fut élu, le 28 mars 1789, député de la noblesse de ce bailliage aux Etats-Généraux, fut l'un des premiers à se réunir aux communes, vota avec la majorité, et, dans la nuit du 11 août, fut aussi empressé que MM. d'Aiguillon et de Noailles à demander l'abolition des droits féodaux. Le 19 juin 1790, il appuya le décret qui supprimait la noblesse, et demanda l'anéantissement « de ces distinctions anti-sociales, afin de voir effacer du code constitutionnel toute institution de noblesse, et la vaine ostentation des livrées. » Ces tendances lui attirèrent les attaques et les injures du parti de la cour. Rivarol, dans son *Petit almanach des grands hommes de la Révolution*, le dépeint de la sorte : « Le plus jeune talent de l'Assemblée: il bégaye son patriotisme; il fallait qu'un Montmorency parût populaire pour que la Révolution fût complète, et un enfant seul pouvait donner ce grand exemple. Le petit Montmorency a combattu l'aristocratie sous la férule de l'abbé Sieyès. » M. de Montmorency fit partie, le 12 juillet 1791, de la députation qui assista à la translation des restes de Voltaire, et, le 27 août suivant, vota la proposition d'inhumer J.-J. Rousseau au Panthéon. Après la session, il fut attaché à l'état-major du maréchal Luckner; mais, les événements se précipitant, il émigra au moment du 10 août, et se retira à Coppet, en Suisse, auprès de Mme de Staël. Rentré en France en 1795, il fut arrêté comme émigré le 26 décembre, fut de nouveau inquiété au 18 fructidor, et alors remis enfin en liberté. Il avait également autres soucis; sa liaison avec Mme de Staël avait fait place à une subite passion pour Mme Récamier qui, dans ses *Mémoires*, parle avec attendrissement des galanteries empressées que lui témoignait le duc de Montmorency. Fort occupé de ses amours, M. de Montmorency oublia la politique pendant la durée de l'Empire. Bonaparte l'avait nommé, le 27 nivôse an IX, membre du conseil général d'administration des hospices de Paris. En 1814, M. de Montmorency se rendit à Nancy auprès de Monsieur, dont il devint l'aide de camp. Louis XVIII le nomma ensuite maréchal de camp (13 novembre 1814), et chevalier d'honneur de la duchesse d'Angoulème en 1815. Ayant suivi le roi à Gand pendant les Cent-Jours, il reprit au retour sa place

à la Chambre haute (17 août 1815) et y montra des opinions assez différentes de celles d'autrefois. Il siégea en effet parmi les royalistes ultra, vota *pour* la mort du maréchal Ney, et confessa plus d'une fois à la tribune ses anciennes erreurs. Nommé, le 24 décembre 1821, ministre des Affaires étrangères dans le cabinet Villèle, il poussa énergiquement à la guerre d'Espagne, et, envoyé comme ministre plénipotentiaire au congrès de Vérone, y fit triompher le principe d'une intervention immédiate. Cette initiative déplut à M. de Villèle qui obtint son renvoi du ministère, le 22 décembre 1822. Louis XVIII le nomma membre du conseil privé et ministre d'Etat. En 1825, il fut admis à l'Académie française, situation qui lui valut bien des épigrammes, et devint, le 11 janvier 1826, gouverneur du duc de Bordeaux. Depuis longtemps, il s'était tourné vers la religion et s'adonnait aux pratiques de la piété la plus ardente. Frappé d'une attaque d'apoplexie le jour du vendredi-saint, dans l'église de Saint-Thomas d'Aquin, il mourut sans avoir repris connaissance. Il était fondateur de la Société des Bonnes-Lettres et de celle des Bonnes-Etudes.

MONTMORENCY-LAVAL (ANNE-ALEXANDRE-MARIE-SULPICE-JOSEPH, DUC DE), pair de France, né à Paris le 12 janvier 1747, mort à Paris le 30 mars 1817, maréchal de camp en 1783, émigra à la Révolution. Au retour des Bourbons, il fut nommé pair de France le 4 juin 1814, et lieutenant général, le 8 juin suivant. Il vota pour la mort dans le procès du maréchal Ney.

MONTMORENCY-LAVAL (ANNE-PIERRE-ADRIEN, DUC DE), pair de France, né à Paris le 29 octobre 1768, mort à Paris le 6 juin 1837, fils du précédent, émigra avec sa famille, ne rentra en France qu'avec les Bourbons, et fut admis, le 18 janvier 1820, à siéger à la Chambre des pairs, par droit héréditaire, en remplacement de son père décédé. Il entra ensuite dans la diplomatie, fut ambassadeur en Espagne en 1820, ambassadeur à Rome en juillet 1822, à Vienne le 11 juin 1828, enfin à Londres le 4 septembre 1829. Cette même année, on lui offrit le portefeuille des Affaires étrangères, qu'il refusa. N'ayant pas voulu satisfaire à la loi du 31 août 1830 qui exigeait le serment de fidélité à Louis-Philippe, il cessa de siéger à la Chambre des pairs et rentra dans la vie privée. M. de Montmorency était grand d'Espagne de 1re classe.

MONTMORENCY-LUXEMBOURG (ANNE-CHRISTIAN, DUC DE BEAUMONT ET DE), pair de France, né à Paris le 15 juin 1767, mort à Paris le 14 mars 1821, était, au moment de la Révolution, maréchal-de-camp et capitaine d'une compagnie des gardes du corps de Louis XVI. Il vécut fort retiré pendant la Révolution en raison du mauvais état de sa santé; mais, à la première Restauration, il fut nommé lieutenant général, et pair de France le 4 juin 1814. Il ne se fit point remarquer à la Chambre haute, où il vota pour la mort dans le procès du maréchal Ney.

MONTMORENCY-LUXEMBOURG (ANNE-EDMOND-LOUIS-JOSEPH, DUC DE BEAUMONT, PRINCE DE), pair de France, né à Paris le 9 septembre 1802, mort à Paris le 14 janvier 1878, fut admis, le 26 mars 1828, à siéger à la Chambre des pairs, à titre héréditaire, en remplacement de son père décédé : mais il donna sa démission de membre de la Chambre haute par lettre du 15 novembre 1832.

MONTMORENCY-LUXEMBOURG (ANNE-CHARLES-SIGISMOND DE), DUC DE LUXEMBOURG, COMTE D'OLONNE, né à Paris le 15 octobre 1737, mort à Lisbonne (Portugal) le 13 octobre 1803, était pair de France avant la Révolution. Élu, le 27 mars 1789, député de la noblesse de la sénéchaussée du Poitou aux États-Généraux, il exprima, dans la séance de conciliation des trois ordres (23 mai 1789), l'offre de concourir également à l'impôt au nom de la noblesse, demanda expressément le respect des usages et des formes des États-Généraux de 1664, et manifesta le désir de voir une paix fraternelle régner entre les ordres. Le 12 juin, il fut nommé président de la Chambre de la noblesse ; il déclara, le 27, au nom de son ordre, que « l'ordre de la noblesse avait arrêté ce matin de se rendre dans la salle nationale pour donner au roi des marques de son respect, et à la nation des preuves de son patriotisme » ; et, le 30, adressa, au nom des députés de la noblesse du Poitou, la lettre qui suit, au président de l'Assemblée : « Les députés de la noblesse du Poitou, forcés, par leurs mandats impératifs, de ne jamais se départir du droit de délibérer par ordre, déclarent qu'ils ne peuvent participer en rien aux délibérations de l'Assemblée, jusqu'à ce que leurs commettants aient pris, dans leur sagesse, le parti qu'ils jugeront convenable. En conséquence, et d'après l'obtention de nouvelles lettres de convocation pour assembler la noblesse de leurs sénéchaussées, ils font toutes réserves contre toutes les décisions prises dans cette assemblée et en demandent acte. » A Versailles le 30 juin 1789. » M. Montmorency-Luxembourg reçut ses nouveaux pouvoirs trois semaines après, mais il donna sa démission de député le 20 août suivant, et fut remplacé, le 28, par Irland de Bozoges, premier suppléant. Il émigra en 1791, commanda en second, à l'armée des princes, la brigade de Navarre, puis se retira en Portugal où il mourut en 1803, sans avoir profité de la radiation de la liste des émigrés ordonnée d'office par Bonaparte, en 1801, en faveur des anciens membres de l'Assemblée constituante.

MONTMORENCY LUXEMBOURG (CHARLES-EMMANUEL-SIGISMOND, DUC DE), pair de France, né à Paris le 27 juin 1774, mort à Châtillon-sur-Loing (Loiret) le 5 mars 1861, fils du précédent, était aide-de-camp de son père au moment de la Révolution ; il émigra avec lui, servit à l'armée des princes, puis passa en 1793 en Portugal, où il commanda la cavalerie rouge (d'Évora) ; il fit en cette qualité la campagne de 1801 à l'avant-garde de l'armée portugaise. Il ne rentra en France qu'avec les Bourbons, et devint alors, par la mort de son frère, pair de France le 4 juin 1814. Promu maréchal de camp le 8 août suivant, et capitaine de la 3e compagnie des gardes du corps, il suivit le roi à Gand, et, à la seconde Restauration, devint lieutenant général (15 septembre 1815). Il vota *pour* la déportation dans le procès du maréchal Ney (décembre 1815). L'année suivante, il fut nommé ambassadeur extraordinaire près la cour du Brésil. Il prit part à la guerre d'Espagne en 1823. et, après la prise du Trocadéro, reçut la croix d'officier de la Légion d'honneur et le commandement d'une des quatre compagnies des gardes du corps de Charles X.

A la révolution de 1830, il refusa de prêter serment, abandonna ses titres et dignités, et vécut fort retiré dans son château de Châtillon.

MONTMORENCY-TANCARVILLE (ANNE-LOUIS-CHRISTIAN, PRINCE DE), député de 1815 à 1827, pair de France, né à Neuilly (Seine) le 26 mai 1769, mort à Munich (Bavière) le 25 décembre 1844, « fils de très haut et très illustre seigneur, monseigneur Anne-Léon de Montmorency, duc de Montmorency et de Piney-Luxembourg, premier baron de France et premier baron chrétien, comte de Tancarville Creuilly, marquis de Seignelay, de Blainville, de Lourcy, et autres lieux, maréchal de camp des armées du roi, connétable héréditaire de la province de Normandie, et de très haute et très illustre dame, Mme Anne-Françoise-Charlotte de Montmorency-Luxembourg, duchesse de Montmorency », émigra en 1790 avec sa famille et ne rentra en France qu'avec les Bourbons. Il fut alors successivement élu député du collège de département de la Seine-Inférieure, le 22 août 1815, par 102 voix (200 votants, 248 inscrits) ; le 4 octobre 1816, par 138 voix (191 votants, 233 inscrits) ; le 13 novembre 1820, par 142 voix (188 votants) ; enfin le 6 mars 1824, par 145 voix (189 votants, 238 inscrits). Pendant la session de 1815, il vota avec la majorité puis, dans les sessions suivantes, s'assit au côté droit, vota avec les ministériels, prit très rarement la parole et fut l'un des cinq candidats à la présidence de la Chambre. Ancien inspecteur de la garde nationale de la Seine-Inférieure, conseiller général de ce département, grand d'Espagne, maréchal de camp depuis le 4 septembre 1822, M. de Montmorency-Tancarville fut nommé pair de France le 5 novembre 1827. Après les événements de 1830, il refusa de prêter serment à la nouvelle dynastie et se retira en Bavière où il mourut.

MONTMORIN-SAINT-HÉREM (ARMAND-MARC, COMTE DE), ministre, né à Paris le 13 octobre 1745, massacré à l'Abbaye (Paris) le 2 septembre 1792, appartenait à la branche cadette d'une famille noble d'Auvergne, très attachée à l'ancienne monarchie. Il fut d'abord menin du dauphin, depuis Louis XVI, débuta dans la carrière politique comme diplomate, remplit auprès du roi d'Espagne le poste d'ambassadeur, et reçut de ce prince l'ordre de la Toison d'or. De retour en France, il obtint le cordon de l'ordre du Saint-Esprit, et fut nommé commandant en Bretagne. Membre de l'assemblée des notables en 1787, il fut, la même année (14 février 1787), désigné par Louis XVI pour les fonctions de ministre des Affaires étrangères : il avait encore ce portefeuille lors de la convocation des États-Généraux en 1789. Il évita, au début, de se prononcer nettement pour ou contre les événements et on le vit agir alternativement de concert avec le parti de la cour et en faveur des idées nouvelles. Pourtant il refusa d'adhérer à la déclaration du 23 juin ; renvoyé en conséquence le 12 juillet, il fut rappelé après la journée du 14. Montmorin se fit affilier à la Société des Amis de la Constitution, alors les Constitutionnels, plus tard les Jacobins. Mais bientôt ses tergiversations amenèrent (juin 1791) son exclusion de cette société « comme un traître vendu aux puissances étrangères » ; néanmoins il fut encore chargé, par intérim, du ministère de l'Intérieur. Le roi ayant fait prendre des passeports sous des noms supposés, et s'en étant servi pour se rendre à Varennes, M. de Montmorin fut mandé à la barre de l'Assemblée constituante, où les explications qu'il donna firent juger qu'il avait réellement ignoré le but de ce voyage et les véritables noms de ceux qui devaient faire usage des passeports ; il reprit donc ses fonctions ministérielles. Pendant la session de l'Assemblée législative, il fit connaître aux puissances étrangères l'acceptation de l'acte constitutionnel par Louis XVI, et donna communication des réponses des souverains à cette notification. Dans ces circonstances, la conduite des ministres parut assez équivoque pour que l'Assemblée les fît collectivement comparaître. Montmorin eut une attitude et un langage qui le rapprochèrent des partisans de l'ancien régime. Sorti du ministère le 20 novembre 1791, il forma avec Malouet, Bertrand de Molleville et quelques autres, un conseil mixte que le journal de Carra dénonça sous le nom de *comité autrichien*. Montmorin cita le journaliste devant le juge de paix, comme calomniateur ; cette plainte n'eut pas de suites. Bientôt les événements du 10 août déterminèrent l'ancien ministre à se dérober aux poursuites dont il était menacé : il se réfugia chez une blanchisseuse du faubourg Saint-Antoine où il fut découvert le 24 du même mois. Traduit devant l'Assemblée, il subit un long interrogatoire ; ses réponses n'ayant pas réussi à convaincre les députés de son innocence, il fut emprisonné à l'Abbaye, et périt peu de temps après, dans les massacres du 2 septembre 1792.

MONTOZON (CHARLES-EDOUARD, COMTE DE) député de 1830 à 1845 et pair de France, né à Périgueux (Dordogne) le 28 mai 1788, mort au château de Lalaing (Nord) le 7 décembre 1856, « fils de haut et puissant seigneur messire Jean-Front de Montozon, chevalier, seigneur du Change, Guillomias, Lacoutiffié et autres lieux, capitaine au régiment des chasseurs Duffare, et de haute et puissante dame Marie de Chanal de Montozon », entra dans l'administration sous le premier Empire, devint chef de division dans les préfectures de la Roër et du Pô, auditeur au conseil d'État le 14 janvier 1811, et successivement sous-préfet de Turin le 8 avril 1813, et la même année de Villeto, en 1814 de Péronne, puis de Sarrebourg et enfin de Saint-Quentin (29 septembre 1815). Maire de Lalaing et conseiller général du Nord, partisan de la monarchie constitutionnelle, il fut successivement élu député du 7e arrondissement électoral du Nord (Douai), le 23 juin 1830, par 126 voix (224 votants, 235 inscrits), contre 97 voix à M. Durand d'Elecourt, député sortant ; de la même ville, devenu le 4e collège du Nord, le 5 juillet 1831, par 212 voix (267 votants, 340 inscrits), contre 43 voix à M. Dumoulin ; le 21 juin 1834, par 177 voix (329 votants, 365 inscrits) contre 148 à M. Corne ; le 4 novembre 1837, par 266 voix (371 votants, 433 inscrits) ; le 2 mars 1839, par 198 voix (383 votants) ; le 9 juillet 1842, par 201 voix (375 votants). Il siégea constamment parmi les ministériels, appuya successivement tous les cabinets qui se succédèrent, approuva la politique de Laffitte, de Casimir Périer, de Guizot, de Thiers, de Molé, vota *pour* les lois de septembre et de disjonction, de déportation, d'apanage, *pour* les fonds secrets, la dotation du duc de Nemours, le recensement et l'indemnité Pritchard, et *contre* les fortifications de Paris, les incompatibilités et l'abrogation des capacités. Il s'occupa surtout des intérêts de son département, fit rectifier le tracé de la ligne ferrée du Nord et demanda la restauration des canaux et des levées de la Scarpe. Nommé pair de France le 14 août 1845, et remplacé à la Chambre, le 27 septembre de la même année, par M. Choque, il rentra dans la vie privée à la révolution de 1848.

MONTPELLIER (AMBROISE), député au Conseil des Cinq-Cents, né et mort à des dates inconnues, modeste avocat de l'Aude, fut élu, le 29 germinal an VII, député de ce département au Conseil des Cinq-Cents. Il y fit un rapport sur les dénonciations portées contre l'ex-ministre Schérer et contre les membres remplacés du Directoire exécutif ; il les accusa d'avoir dilapidé les finances et imaginé l'expédition d'Egypte pour *déporter* le général Bonaparte, nos meilleurs généraux et notre plus belle armée. Exclu du corps législatif au 18 brumaire, il rentra dans l'obscurité.

MONTREUIL (ALFRED-EUGÈNE CORDIER, BARON DE), représentant du peuple en 1848, député au Corps législatif de 1852 à 1857, né à Paris le 16 février 1802, mort le 28 août 1866, propriétaire à Paris, agriculteur influent dans l'Eure, connu pour ses tendances libérales, fut élu, le 23 avril 1848, représentant de l'Eure à l'Assemblée constituante, le 4e et dernier, par 37,549 voix (99,709 votants). Il prit d'abord place parmi les républicains modérés, fit partie du comité de l'Algérie, et vota *contre* les poursuites contre Louis Blanc, *pour* les poursuites contre Caussidière, *pour* l'abolition de la peine de mort, *contre* l'impôt progressif, *contre* l'incompatibilité des fonctions, *contre* l'amendement Grévy, *contre* la sanction de la Constitution par le peuple, *pour* l'ensemble de la Constitution, *pour* la proposition Rateau, *pour* l'expédition de Rome. Il déposa aussi un projet de colonisation et de défrichement en grand de l'Algérie. Pleinement rallié, après le 10 décembre, à la politique de l'Elysée, il fut élu, le 29 février 1852, comme candidat officiel, député au Corps législatif dans la 2e circonscription de l'Eure, par 21,827 voix (27,008 votants, 40,060 inscrits), contre 2,983 voix à M. Guillaume Petit ; il ne s'y fit point remarquer. Il échoua ensuite dans la même circonscription, le 22 juin 1857, avec 4,873 voix contre 18,469 à l'élu M. de Blosseville, 1,390 à M. Petit et 812 à M. Dupont de l'Eure fils, et, le 1er juin 1863, par 1,952 voix contre 20,567 à l'élu, M. Petit, et 2,855 au député sortant, M. de Blosseville.

MONTRIEUX (JOSEPH), représentant en 1871, né à Angers (Maine-et-Loire) le 24 décembre 1806, mort à Angers le 27 juillet 1883, industriel et propriétaire, président de la compagnie des ardoisières d'Angers, exerça longtemps des fonctions publiques. Conseiller municipal d'Angers de 1840 à 1870, adjoint au maire de 1845 à 1848 et de 1855 à 1859, membre et président du conseil d'arrondissement de 1847 à 1864 conseiller général de 1864 à 1870, maire d'Angers de 1859 à 1870, il fut élu, le 8 février 1871, représentant de Maine-et-Loire à l'Assemblée nationale, le 4e sur 11, par 100,847 voix (120,174 votants, 151,588 inscrits). Il prit place à droite, et vota *pour* la paix, *pour* l'abrogation des lois d'exil, *pour* la pétition des évêques, *pour* le pouvoir constituant, *contre* le service de trois ans, *pour* la démission de Thiers, *pour* le septennat, *pour* le ministère de Broglie, *contre* l'amendement Wallon, *contre* les lois constitutionnelles. Il quitta la vie politique après cette législature.

MONTROL (FRANÇOIS MONGIN DE), représentaut du peuple en 1848, né à Langres (Haute-Marne) le 17 août 1799, mort à Paris le 18 juin 1862, fils d'un ancien capitaine au régiment de Bourbons qui avait fait la guerre de Vendée sous le général Hoche, entra dès l'âge de 17 ans dans la presse libérale. Après avoir été soldat, il vint étudier le droit à Paris et se consacra à la presse politique. Il écrivit notamment dans le *Constitutionnel*, le *Courrier Français*, le *Mercure du XIXe Siècle*, etc. La vivacité de sa polémique lui attira plusieurs duels, dont il se tira à son honneur. Il fut présenté par La Fayette et B. Constant à la « Société des amis de la liberté de la presse » que présidait M. de Broglie, et publia différents ouvrages : *Histoire de l'émigration*, *Histoire de Champagne*, *Les Mémoires de Brissot*; il avait écrit en collaboration avec M. de Montlosier : *les Mystères de la vie humaine*. Lors de la publication des Ordonnances (juillet 1830), il prit une part active à la révolution, reçut la croix de juillet et fut nommé sous-préfet dans les Basses-Alpes, puis à Langres où il espérait se créer un fief électoral. Mais il ne put s'entendre avec ses compatriotes, donna sa démission, et revint à Paris, où il fonda, avec Laffitte, Arago, Crémieux, Cormenin, Dupont de l'Eure, la *Nouvelle Minerve*, puis la *Renommée*. Entre temps, il publiait l'*Introduction au règne de Charles X*, une *Histoire de la Révolution de 1830*, collaborait à la *Revue de Paris*, à l'*Encyclopédie des gens du monde*, et publiait différents articles dans les *Mémoires de la Société des Antiquaires de France* et les *Bulletins de la Société de Géographie*. Dans cette dernière publication, il prit la défense de Dumont d'Urville contre Arago, ce qui lui mérita l'honneur de voir son nom donné par l'illustre marin à une île de l'océan Atlantique. Il fonda avec Lamartine, de Broglie et de Tocqueville, la Société pour l'abolition de l'esclavage, devint rédacteur en chef du *Temps*, combattit le ministère Thiers et les lois de septembre, et protesta contre la condamnation de Dupoty par la Chambre des pairs. Après avoir échoué à la députation, le 1er août 1846, dans le 3e collège de la Haute-Marne (Chaumont), avec 120 voix contre 168 à l'élu, M. Duval de Fréville, député sortant, il se retira à Bar-sur-Aube, où il composait une *Histoire de la contre-révolution*, quand éclata la révolution de 1848. Nommé commissaire du gouvernement provisoire dans la Haute-Marne, il fut élu, le 23 avril 1848, représentant de ce département à l'Assemblée constituante, le 1er sur 7, par 51,357 voix (67,200 votants, 78,579 inscrits); il fit partie du comité des affaires étrangères, et vota *pour* le bannissement de la famille d'Orléans, *pour* les poursuites contre L. Blanc et Caussidière, *pour* l'abolition de la peine de mort, *contre* l'impôt progressif, *contre* l'incompatibilité des fonctions, *contre* l'amendement Grévy, *pour* la sanction de la Constitution par le peuple, *pour* l'ensemble de la Constitution, *pour* la proposition Rateau, *pour* l'interdiction des clubs, *contre* l'expédition de Rome, *contre* la demande de mise en accusation du président et des ministres. Il proposa l'organisation d'une presse gouvernementale destinée à instruire et à moraliser le peuple, fit partie de la commission d'émancipation des colonies, défendit avec énergie, le 15 mai, l'inviolabilité de la tribune, et obtint que les accusés d'insurrection condamnés à la déportation seraient seulement envoyés en Algérie. Non réélu à la Législative, il quitta la vie politique et s'occupa de l'achèvement de différents travaux historiques.

MONTSAULNIN (JEAN-BAPTISTE-FRANÇOIS COMTE DE), député de 1827 à 1831, né à Bourges (Cher) le 4 janvier 1771, mort à Bourges le 24 janvier 1846, propriétaire, conseiller général se présenta pour la première fois, comme candidat royaliste dans le Cher, le 2 août 1824 : il réunit alors 36 voix contre 59 à l'élu, M. de Fougières. Il fut plus heureux le 4 novembre 1827, et devint député du Cher, au grand collège, par 66 suffrages sur 125 votants et 148 inscrits; il dut son succès à l'alliance des libéraux et des royalistes indépendants. Il prit place dans les rangs de la « contre-opposition ». Un biographe anti-ministériel écrivait de lui (1828) : « Il a été un de ceux dont la nomination a donné le coup de grâce à Peyronnet. Si l'élection de cet honorable député sert en quelque chose, l'expulsion de Sa Grandeur, que les Français aimeront sans doute mieux à Turin qu'à Paris, on lui devra déjà de la reconnaissance avant même qu'il ait siégé. Nous pensons qu'il justifiera à la tribune les espérances qu'a fait concevoir un tel début. » M. de Montsaulnin vota en effet contre le ministère Villèle. Mais il ne se prononça pas contre le cabinet Polignac et ne fut pas des 221. Réélu, le 3 juillet 1830, avec 61 voix (122 votants), il prêta serment à Louis Philippe, tout en restant légitimiste, et quitta la Chambre en 1831.

MONY (CHRISTOPHE-STÉPHANE), député au Corps législatif de 1868 à 1870, né à Paris le 14 février 1800, mort à Moulins (Allier) le 10 mars 1884, frère aîné et utérin d'Eugène Flachat, dont il porta quelque temps le nom, se fit recevoir ingénieur civil, s'éprit des doctrines saint-simoniennes, et fut quelque temps l'hôte de la maison de Ménilmontant. Il fut employé de 1823 à 1830, aux études du canal maritime du Havre à Paris, s'associa ensuite avec son frère Flachat pour la construction du chemin de fer de Saint-Germain à Versailles, et devint en 1854, gérant des houillères de Commentry et des forges et fonderies de Fourchambault, Montluçon et Torteron. Maire de Commentry en 1866, conseiller général de l'Allier en 1867, fut élu, le 11 juillet 1868, député au Corps législatif par la 3e circonscription de l'Allier, en remplacement de M. Ed. Fould, démissionnaire, avec 18,245 voix (19,058 votants, 36,991 votants et réélu, le 24 mai 1869, par 22,762 voix (23,734 votants, 37,718 inscrits). Il s'y fit remarquer par des rapports sur les travaux publics et par la part qu'il prit, le 9 février 1870, à la discussion du budget, et, quelques jours après, à la discussion sur les grèves du Creuzot. Il déposa au mois de juin, une demande d'interpellation au sujet des conséquences que pouvait avoir pour la France le percement du Saint-Gothard. Cette demande d'interpellation fit alors du bruit. Il rentra dans la vie privée à la chute de l'Empire, et reparut un instant sur la scène politique à l'époque du 16 mai; candidat du Maréchal dans la 1re circonscription de Montluçon, aux élections du 14 octobre 1877, échoua avec 5,939 voix contre 9,200 à l'élu, M. Chantemille, l'un des 363. M. Mony était chevalier de la Légion d'honneur depuis 1849 et officier depuis le 15 novembre 1864. On a de lui : *Décentralisation* et *Organisation politique de la démocratie française* (1870).

MORAND (JOSEPH-RENÉ-PIERRE-FRANÇOIS), député en 1791, né à Paimpol (Côtes-du-Nord) le 22 juin 1755, mort à Paimpol le 9 mai 1827, homme de loi, juge de paix du canton, fut élu le 11 septembre 1791, député des Côtes-du-Nord, à l'Assemblée législative, le 8e et dernier, avec 201 voix (393 votants). Il s'y fit peu remarquer et n'appartint pas à d'autres assemblées.

MORAND (René-Pierre-François), député au Conseil des Anciens et au Corps législatif, né à la Commanderie-du-Temple (Deux-Sèvres) en 1744 (le registre le plus ancien d'état civil qui existe dans cette commune est de 1806), mort au château de Boursonne (Aisne) en 1813, fils d'un avocat, se fit recevoir docteur en médecine et exerça sa profession à Niort; il y eut aussi le titre d'inspecteur d'eaux minérales. Partisan de la Révolution, il fut élu officier municipal (1789), secrétaire général de l'administration du département (1791), et (1795) commissaire du Directoire près la même administration. Le 22 germinal an V, le département des Deux-Sèvres le nomma député au Conseil des Anciens par 82 voix; il fit hommage au Conseil (28 ventôse suivant) des *Voyages de Pythagore*, devint secrétaire du Conseil (1er prairial), et fit un rapport (4 prairial) sur les élections du Doubs. Favorable au coup d'État de brumaire, Morand fut choisi par le Sénat conservateur, le 4 nivôse an VIII, pour représenter les Deux-Sèvres au nouveau Corps législatif. Il y siégea jusqu'en 1806, et quitta la vie politique.

MORAND (Charles-Alexis-Louis-Antoine, comte), pair des Cent-Jours et pair de France, né à Pontarlier (Doubs) le 4 juin 1771, mort à Paris le 2 septembre 1835, « fils de monsieur Morand, avocat au parlement, citoyen de Besançon, bourgeois de cette ville, et de dame Jeanne-Claudine-Marie Roussel », fit son droit, embrassa avec enthousiasme la cause de la Révolution, et fut délégué par son district à la fête de la fédération, le 14 juillet 1790. Il s'engagea en 1792 dans les volontaires du Doubs, fut élu capitaine au 7e bataillon, se signala à Hondschoote et à l'armée du Rhin, notamment à Aldenhoven, et passa à l'armée d'Italie, sous les ordres du jeune Bonaparte, qui sut le distinguer pour sa brillante conduite à Roveredo et à Rivoli, et le fit chef de bataillon. Chef de brigade après la bataille des Pyramides, Morand suivit Desaix dans la Haute-Égypte, battit Mourad-Bey en plusieurs rencontres, et fut nommé général de brigade le 18 fructidor an VIII. Commandeur de la Légion d'honneur en l'an XII, il fit partie, en 1805, de la division Saint-Hilaire du 4e corps placé sous le commandement du maréchal Soult; sa part à la victoire d'Austerlitz lui valut le grade de général de division le 24 décembre. Il fit ensuite les campagnes de Prusse et de Pologne, protégea l'empereur à Eylau, lors de la charge de la cavalerie russe, et se couvrit de gloire à Friedland. Créé, le 24 juin 1808, comte de l'Empire avec une dotation de 25,000 francs, il assista, en 1809, à Essling et à Wagram, où il fut blessé. Il était cantonné en Allemagne, à la tête de la 1re division du corps d'observation de l'Elbe, quand la guerre de Russie fut décidée; il passa le Niémen, mit pied à terre à Smolensk, pour conduire ses soldats à l'assaut des redoutes russes qui furent emportées après un combat opiniâtre, et, à la Moskowa, eut la mâchoire brisée par un boulet. Il se battit encore à Lutzen, à Wentscheim et à Dannewitz où il soutint le principal effort de l'ennemi. Enfermé à Mayence, il résista jusqu'à la paix aux attaques des assiégeants, et rentra en France avec les honneurs de la guerre. Louis XVIII le nomma chevalier de Saint-Louis et lui conserva un commandement actif. Au retour de l'île d'Elbe, Morand s'empressa d'accourir au-devant de l'empereur qui le choisit pour aide-de-camp, lui donna le commandement d'une division de la garde, et le nomma pair le 2 juin 1815. Morand assista à Waterloo, et soutint, au milieu des carrés de la garde, les efforts de Wellington et de Blucher. Le 31 mars 1815, il avait adressé à ses troupes une proclamation dans laquelle il disait : « Ne devraient-ils pas être rassasiés, ces traîtres infâmes qui depuis quinze ans agitent parmi nous les brandons de la discorde? N'ont-ils pas livré nos villes, vendu nos vaisseaux, nos arsenaux?... Nobles enfants de la victoire, vous avez vu et vous en avez frémi des traîtres infâmes, des assassins, des voleurs de grand chemin revêtir les marques de l'autorité sur vous, pour humilier les peuples, pour les attacher au joug de quelques nobles avilis! Des nobles! Eh, quoi! tous les Français libres et victorieux ne le sont-ils pas également?... » La seconde Restauration goûta peu cette proclamation et déféra son auteur au conseil de guerre de la Rochelle, qui le condamna, le 29 août 1816, à la peine de mort par contumace. Morand, qui avait pu quitter la France, revint en 1819, et fut acquitté à l'unanimité par le conseil de guerre de Strasbourg. Admis à la retraite, comme lieutenant général, le 17 mars 1825, il fut rappelé en 1830 à l'activité, nommé commandant de la 6e division militaire, grand-croix de la Légion d'honneur, et pair de France le 11 octobre 1832. On a de lui : *De l'armée selon la Charte et d'après l'expérience des dernières guerres* (1829).

MORANGIÈS (Jean-Adam-Guillaume-Gustave Molette, comte de), député de 1841, né à Langogne (Lozère) le 19 avril 1791, mort en août 1841, propriétaire, entra dans la vie politique après les événements de 1830. Candidat à la députation dans le 1er collège de la Lozère (Mende), le 5 juillet 1831, il échoua avec 68 voix contre 79 à l'élu, M. Rivière de Larque, et ne fut pas plus heureux, le 21 juin 1834, avec 78 voix contre 88 à l'élu, M. Rivière de Larque, député sortant. Il ne fut élu député du même collège que le 4 novembre 1837, avec 179 voix (193 votants, 264 inscrits), et fut réélu, le 2 mars 1839, par 130 voix (235 votants); il prit place à droite parmi les légitimistes, vota avec eux, et fut l'un des 213 députés qui refusèrent leur confiance au ministère Molé. Il mourut en août 1841, et fut remplacé, le 2 octobre suivant, par M. Rivière de Larque.

MORARD DE GALLES (Justin-Bonaventure, comte), membre du Sénat conservateur, né à Goncelin (Isère) le 30 mars 1741, mort à Guéret (Creuse) le 23 juillet 1809, prit d'abord du service dans les gendarmes d'ordonnance dits « compagnies rouges », puis quitta l'armée de terre en 1757 pour entrer dans la marine. Enseigne en 1758 à bord de l'*Hermine* qui faisait croisière devant les côtes barbaresques, il se distingua plus tard au bombardement de La-rache (26 juin 1765) et, à son retour en France, fut attaché à la direction des constructions du port de Brest. Lieutenant de vaisseau en 1777, il assista l'année suivante au combat d'Ouessant, sur la *Ville de Paris*, et à ceux des 17 avril, 16 et 19 mai 1780. Second-capitaine en 1781, il se signala au combat de la Praya, en ramenant son navire qui se trouvait isolé parmi les ennemis : il reçut en récompense, du bailli de Suffren, le grade de capitaine de vaisseau. Durant la campagne maritime de 1782, il fut trois fois blessé et se fit remarquer de nouveau aux Indes, particulièrement au siège de Gondelour (20 juin 1783). Rentré en France en 1790, contre-amiral en 1792, et vice-amiral l'année suivante, il subit une courte détention pendant la Terreur, devint commandant d'armes à Brest, et fut mis à la tête d'une des divisions de la flotte chargée d'opérer un débarquement en Irlande. Il appareilla le 15 décembre, mais le mauvais temps le força de rentrer le 17 janvier 1798, sans avoir combattu. Tombé alors en disgrâce, il se rallia au 18 brumaire, et fut nommé membre du Sénat conservateur, le 4 nivôse an VIII; il devint secrétaire de cette assemblée en l'an XI. Membre de la Légion d'honneur le 9 vendémiaire an XII, grand officier de l'ordre le 25 prairial de la même année, créé comte de l'Empire le 26 avril 1808, et titulaire de la sénatorerie de Limoges, il se retira à Guéret où il mourut peu après. La ville de Guéret lui a fait élever un monument.

MORÉ. — *Voy.* PONTGIBAUD (COMTE DE).

MOREAU (ÉTIENNE-VINCENT), député en 1789, né à Saint-Ouen (Indre-et-Loire) le 16 septembre 1733, mort à Tours (Indre-et-Loire) le 11 février 1814, était avocat à Tours quand il fut élu, le 23 mars 1789, député du tiers aux États-Généraux par le bailliage de la Touraine, avec 108 voix (167 votants). Il prêta le serment du Jeu de Paume, et prononça un discours pour demander la réunion d'Avignon à la France. Élu, le 16 mars 1791, juge au tribunal de cassation, fonctions qui lui furent confirmées le 24 vendémiaire an IV, il passa sans encombre le temps de la Terreur, devint juré de la haute cour de Vendôme lors du procès Babeuf, et, rallié au 18 brumaire, fut successivement nommé, le 28 floréal an VIII juge au tribunal d'appel d'Orléans, le 14 nivôse an XI président du tribunal criminel d'Indre-et-Loire, le 25 prairial an XII membre de la Légion d'honneur, et, le 8 mars 1811, président de chambre à la cour impériale d'Orléans. Il fut admis à la retraite, le 24 juillet 1813, et mourut peu de mois après.

MOREAU (EDME), député en 1791, né à Compigny (Yonne) le 4 septembre 1746, mort à Compigny le 5 septembre 1805, était cultivateur à Compigny, lorsqu'il fut élu (2 septembre 1791) député de l'Yonne à l'Assemblée législative, le 9e et dernier, par 204 voix (453 votants). Edme Moreau siégea à droite et suivit les inspirations de M. Hua (*Voy.* ce nom). Dans ses *Mémoires*, celui-ci raconte que Moreau lui disait en souriant : « Monsieur Hua, prenez garde à ce que vous allez faire, car je voterai comme vous. » Un jour, qu'en raison de ses opinions modérées, on lui reprochait son origine modeste, il répondit : « Je ne suis qu'un cultivateur, mais j'étais plus respecté dans mon village que je ne le suis depuis qu'on m'a envoyé législateur à Paris. » Il renonça à la vie politique après la session.

MOREAU (JEAN), député en 1791, membre de la Convention, député au Conseil des Anciens, né à Stainville (Meuse) le 7 septembre 1742, mort à Bar-le-Duc (Meuse) le 2 novembre 1811, fut nommé, en 1790, procureur-syndic de la Meuse, et, le 5 septembre 1791, député de ce département à l'Assemblée législative, le 1er sur 8, par 343 voix (le nombre des votants manque au procès-verbal). Il vota généralement avec la majorité, adhéra aux sentiments exprimés dans l'adresse de la section de la Croix-Rouge, présenta, au mois de juillet 1792, et fit décréter la formation d'une commission chargée d'examiner les dangers dont la patrie était menacée. Réélu, le 3 septembre 1792, député du même département à la Convention, le 1er sur 8, par 190 voix (271 votants), il siégea parmi les modérés, et dans le procès du roi, au 3e appel nominal, répondit en ces termes : « La sûreté de l'État ne me paraît pas commander la destruction de Louis. Je vote pour le bannissement, qui n'aura lieu qu'après la paix. » Puis, jugeant sa mission terminée par l'acceptation de la Constitution, il se démit de son mandat de député le 16 août 1793. Le 21 vendémiaire an IV, Moreau reparut au Conseil des Anciens, comme député de la Meuse, élu par 190 voix (271 votants); il renonça encore, presque aussitôt, aux fonctions législatives (2 prairial an IV). Le 29 août 1809, il fut nommé conseiller de préfecture de la Meuse.

MOREAU (MARIE-FRANÇOIS), membre de la Convention, né à Annecy (Haute-Savoie) en 1764, mort à la Charbonnière (Saône-et-Loire) le 2 juin 1833, fils de Louis-Joseph-Nicolas Moreau, chirurgien-major à Paris, et d'Élisabeth Grimoard de Beauvoir, était ingénieur du canal du Charolais à Chalon-sur-Saône, et administrateur du département, lorsque le département de Saône-et-Loire l'envoya siéger à la Convention, le 8 septembre 1792, le 10e sur 11 (le nombre des voix obtenues ne figure pas au procès-verbal). Moreau parla pour l'expulsion des Bourbons, et, dans le procès du roi répondit au 3e appel nominal : « Celui-là qui sonnerait mal qui dirait : J'ai dans mon jardin une plante vénéneuse; mais je ne veux pas l'arracher, de peur qu'une autre ne revienne à sa place. Vous voulez anéantir la tyrannie; le moyen, ce n'est pas de conserver le tyran, sous le prétexte de l'opposer à ceux qui voudraient le remplacer; c'est au contraire de les détruire tous successivement. Je vote pour la mort. » Démissionnaire le 15 août 1793, il resta néanmoins à son siège, faute de suppléant. Le 8 prairial an III (mai 1795), il fut un des vingt et un commissaires chargés d'examiner la conduite de Joseph Le Bon, et fit partie de la minorité qui demanda la mise hors de cause de l'accusé. Après le 13 vendémiaire an IV, appuya la mise en liberté de Rossignol et de Daubigny. Le gouvernement consulaire le nomma receveur général de Saône-et-Loire (an VIII), fonctions qu'il remplit jusqu'à la première Restauration (1814). Lors de la promulgation de la loi du 12 janvier 1816, le gouvernement crut qu'elle lui était applicable et l'invita à quitter la France. Il argua d'une maladie grave, d'une fièvre rémittente ataxique, dirent les médecins, pour ne pas partir, et, ayant prouvé qu'il n'avait rempli aux Cent-Jours aucun rôle politique, il ne fut plus inquiété.

MOREAU (JOSEPH-MARIE-FRANÇOIS), membre du Tribunat et député de 1816 à 1822, né à Morlaix (Finistère) le 6 octobre 1764, mort à Morlaix le 22 novembre 1849, frère du général Moreau, était avocat dans sa ville natale au moment de la Révolution. Il avait, ainsi que son père, conservé quelques relations avec des émigrés, pour des règlements de comptes. Ils furent l'un et l'autre dénoncés; son père paya sur l'échafaud, lui en fut quitte pour six mois de prison. À peine remis en liberté, il se pré senta, le 5 nivôse an III, à la barre de la Convention, pour demander justice contre ses accusateurs. Commissaire du gouvernement près le tribunal correctionnel de Morlaix en l'an VI, il vit sans déplaisir le coup d'Etat de brumaire, et devint membre du Tribunat le 24 pluviôse an VIII. Il fut le seul à protester contre le rapport du grand-juge qui comprenait le général Moreau, son frère, parmi les coaccusés de Cadoudal, et demanda en vain son renvoi devant ses juges naturels et non devant un tribunal d'exception. Chevalier de la Légion d'honneur le 25 prairial an XII, il quitta la vie politique à la dissolution du Tribunat (1807). La Restauration le nomma administrateur-général des postes, et il fut élu, le 4 novembre 1816, député du grand collège d'Ille-et-Vilaine, par 89 voix (173 votants, 236 inscrits); il siégea dans la majorité. Il devint préfet de la Lozère le 6 août 1817, puis préfet de la Charente. Après la révolution de 1848, il se retira à Morlaix.

MOREAU (CHARLES-LOUIS), député de 1834 à 1848, né à Bar-le-Duc (Meuse) le 3 mars 1789, mort à Nancy (Meurthe-et-Moselle) le 15 février 1872, fut d'abord avocat à Nancy (1810). fit de l'opposition à la Restauration comme membre de la Société *Aide-toi, le ciel t'aidera*. et, après les événements de 1830, entra dans la magistrature comme juge au tribunal. En 1834. il fut élu, le 21 juin, député du 1er collège de la Meurthe (Nancy), par 284 voix (413 votants. 521 inscrits), contre 58 voix à M. Riston, et 54 à M. Alban de Villeneuve. Nommé, le 12 novembre 1835, président de chambre à la cour de Nancy, M. Moreau dut se représenter devant ses électeurs qui lui renouvelèrent son mandat, le 19 décembre 1835, par 296 voix (410 votants); réélu ensuite, dans le même collège, le 4 novembre 1837, par 249 voix (465 votants, 561 inscrits), et, le 2 mars 1839, par 344 voix (494 votants), il fut élevé, le 17 décembre 1836, aux fonctions de procureur général à Metz, et, le 5 août 1840, à celles de premier président de la cour de Nancy. Soumis encore à la réélection, il se représenta devant ses électeurs qui le renommèrent, le 5 septembre 1840, avec 295 voix (378 votants). De nouveau réélu, le 9 juillet 1842, par 313 voix (434 votants, 619 inscrits), contre 98 voix à M. de Saint-Onen, et, le 1er août 1846, par 317 voix (461 votants, 622 inscrits), contre 105 à M. de Saint-Ouen, M. Moreau soutint fidèlement tous les ministères qui se succédèrent; il approuva les lois de disjonction et d'apanage, les fonds secrets et les crédits extraordinaires, défendit le ministère du 15 avril, opina en faveur de l'adresse de 1839, et vota *pour* la dotation du duc de Nemours, *pour* les fortifications de Paris, *pour* le recensement, *contre* les incompatibilités, *contre* l'adjonction des capacités, *pour* l'indemnité Pritchard, *contre* les propositions relatives aux députés fonctionnaires et à la corruption électorale. Il ne montra cependant aucune hostilité au gouvernement de la révolution de 1848, et son dévouement au prince-président lui valut un siège de conseiller à la cour de Cassation, le 10 juillet 1849. Il fut mis à la retraite, en cette qualité. le 10 juillet 1864. Chevalier de la Légion d'honneur (1er mai 1843).

MOREAU (JEAN-BAPTISTE-MARTIN), député de 1835 à 1848 et représentant du peuple en 1848 et en 1849, né à Château-Landon (Seine-

et-Marne) le 21 novembre 1791, mort à Paris le 21 décembre 1873, fils de Jean-Baptiste Moreau, marchand de bois, et de Marie-Anne Lamy, entra dans la carrière du notariat et se fixa à Paris comme successeur de Me Lherbette. Maire du 7e arrondissement 1832), chevalier de la Légion d'honneur, il fut successivement élu député du 7e arrondissement de Paris, le 10 janvier 1835, en remplacement de M. Alexandre de Laborde qui avait opté pour Etampes, par 456 voix (871 votants, 1,072 inscrits), contre 409 au général Bertrand; le 4 novembre 1837, par 501 voix 926 votants) contre 402 à M. Debelleyme: le 9 juillet 1842, par 669 voix (922 votants, 1.211 inscrits), et, le 1er août 1846, par 732 voix (754 votants, 1,031 inscrits). D'abord ministériel centre-gauche, il passa à l'opposition lors de «la coalition», vota *contre* la dotation du duc de Nemours, *contre* le recensement, *contre* l'indemnité Pritchard, *pour* l'adjonction des capacités, *pour* les incompatibilités, *pour* la proposition Rémusat, mais refusa de signer la mise en accusation du ministère Guizot. Porté, après la révolution de 1848, sur le comité de la rue de Poitiers, il fut élu, le 4 juin 1848, aux élections complémentaires représentant de la Seine à l'Assemblée constituante, le 2e sur 11, par 126,889 voix (248,392 votants, 414,317 inscrits). Il prit place à droite, fit partie du comité de l'intérieur, et vota *pour* les poursuites contre L. Blanc et Caussidière, *contre* l'impôt progressif, *contre* l'amendement Grévy, *contre* la sanction de la Constitution par le pe ple. *pour* l'ensemble de la Constitution, *pour* la proposition Rateau, *pour* l'interdiction des clubs, *pour* l'expédition de Rome, *contre* la demande de mise en accusation du président et des ministres. Réélu à la Législative, le 13 mai 1849, par le département de la Seine. le 8e sur 28, avec 118,146 voix (281,140 votants, 378,043 inscrits), il vota *pour* la loi Falloux-Parieu sur l'enseignement, *pour* la loi du 31 mai restrictive du suffrage universel, *pour* la revision de la Constitution, et soutint la politique du prince Louis-Napoléon. Candidat officiel aux élections du 29 février 1852 au nouveau Corps législatif, dans la 4e circonscription de la Seine, il échoua avec 13,511 voix contre 14,744 à l'élu. M. Carnot, candidat de l'opposition, et 1,139 à M. Dubail; il ne conserva de ses fonctions publiques que celles de membre de la commission municipale de la Seine. Chevalier de la Légion d'honneur (1833), officier (10 décembre 1850).

MOREAU (ADOLPHE - VALENTIN), représentant du peuple en 1848, né à Bar-le-Duc (Meuse) le 27 février 1802, mort à Commercy Meuse) le 20 juin 1879, d'une famille de chirurgiens estimés, propriétaire à la Morville (Meuse), conseiller d'arrondissement, maire de Chaville, et agriculteur plusieurs fois médaillé dans les concours, fut élu, le 23 avril 1848, représentant de la Meuse à l'Assemblée constituante, le 3e sur 8, par 44,339 voix. Il fit partie du comité de l'agriculture, et vota en général avec la droite, *pour* le bannissement de la famille d'Orléans, *pour* les poursuites contre L. Blanc et Caussidière, *contre* l'impôt progressif, *contre* l'incompatibilité des fonctions, *contre* l'amendement Grévy, *contre* la sanction de la Constitution par le peuple, *pour* l'ensemble de la Constitution, *pour* la proposition Rateau, *pour* l'interdiction des clubs, *pour* l'expédition de Rome, *contre* la demande de mise en accusation du président et des ministres. Non réélu à la Législative, il reprit ses occupations agricoles.

MOREAU (JEAN-ALEXIS), représentant en 1849, député de 1876 à 1881, né à Menoux (Indre) le 11 janvier 1801, étudia la médecine, et, reçu docteur, exerça sa profession dans le département de la Creuse. Républicain, « médecin des pauvres », comme on l'appelle encore dans son pays, il fut élu, le 13 mai 1849, représentant de la Creuse à l'Assemblée législative, le 2e sur 6, par 18,247 voix (39,471 votants, 73,014 inscrits). Il siégea à la Montagne, vota avec la minorité démocratique, contre l'expédition de Rome, contre la loi Falloux-Parieu sur l'enseignement, contre la loi du 31 mai sur le suffrage universel, et protesta énergiquement contre le coup d'État du 2 décembre 1851. Poursuivi, il fut condamné à la transportation en Algérie, et resta à Mostaganem jusqu'à l'amnistie de 1859. Il revint alors dans la Creuse, et reprit l'exercice à peu près gratuit de la médecine. Très populaire dans la région, il fut avec succès candidat républicain radical, dans l'arrondissement de Guéret, aux élections législatives de 1876, et fut élu député au second tour, le 5 mars, par 12,718 voix (18,377 votants, 26,537 inscrits), contre 5,573 au général de Laveaucoupet, royaliste. M. Moreau s'inscrivit à l'extrême gauche, vota pour l'amnistie plénière et fut des 363. A ce titre, il obtint sa réélection, le 14 octobre 1877, par 12,850 voix (18,254 votants, 26,839 inscrits), contre 5,253 au général de Laveaucoupet devenu candidat officiel. Il reprit sa place dans les rangs avancés de la majorité républicaine et se prononça, avec les radicaux, pour la séparation de l'Église et de l'État, pour la liberté absolue de la presse, de réunion et d'association, etc., et contre la politique opportuniste. Il ne se représenta pas tout d'abord le 21 août 1881; mais, entre les divers tours de scrutin, sa candidature fut produite, et échoua, le 4 septembre, avec 4,169 voix contre 9,735 à l'élu M. Lacôte, également républicain.

MOREAU (HENRI), représentant en 1871, né à Saulieu (Côte-d'Or) le 15 mars 1810, mort à Saulieu le 5 octobre 1890, était, en 1848, notaire à Censerey. Très partisan de la Révolution, ardent républicain, il devint conseiller général du canton de Liernais, maire de Saulieu, et, à la suite du coup d'État de décembre, dut gagner la Belgique pour éviter des poursuites. Il rentra en France peu de temps après. Lors de l'attentat d'Orsini, il fut de nouveau inquiété et arrêté. Mais grâce à d'actives démarches, il obtint de rester en France. Élu, le 8 février 1871, représentant de la Côte-d'Or à l'Assemblée nationale, le 6e sur 8, par 39,802 voix (73,216 votants), 116,813 inscrits), il prit place à gauche, et vota contre la paix, contre l'abrogation des lois d'exil, contre la pétition des évêques, pour le service de trois ans, contre la démission de Thiers, contre le septennat, pour l'amendement Wallon, pour les lois constitutionnelles. Il ne fit pas partie d'autres assemblées. A ses obsèques civiles, à Saulieu (octobre 1890), des discours furent prononcés par MM. Victor Prost, Bizouart-Bert, députés, et Hugot, sénateur.

MOREAU (FERDINAND-LOUIS), représentant en 1871, né à Paris le 20 janvier 1826, mort à Cannes (Alpes-Maritimes) le 26 mars 1884, petit-fils d'un censeur de la Banque de France, fils d'un des principaux agents de change de Paris, fut lui-même syndic de la corporation des agents de change de cette ville et fut nommé, en 1865,

conseiller général d'Indre-et-Loire, où il possède le château historique d'Anet. Le 21 juillet 1871, aux élections complémentaires de la Seine destinées à pourvoir au remplacement de 21 représentants, par suite d'options, de démissions ou de décès, il fut élu représentant de la Seine à l'Assemblée nationale, le 21e et dernier, par 94,873 voix (290,823 votants, 458,774 inscrits). Conservateur libéral, il prit place au centre, fit partie de la commission de permanence, et vota pour la pétition des évêques, pour le pouvoir constituant, contre le service de trois ans, pour le septennat, contre le ministère de Broglie, pour les lois constitutionnelles; il s'était abstenu sur la démission de Thiers. M. Moreau n'a pas fait partie d'autres assemblées. Officier de la Légion d'honneur (1878).

MOREAU. — Voy. BREUIL DE SAINT-GERMAIN (DU).

MOREAU DE DELEMONT (WOLFGANG-SIGISMOND-ALOYSE), député au Conseil des Anciens et au Corps législatif de l'an VIII à 1814, né à Delemont (Suisse) le 22 juin 1746, mort à une date inconnue, « fils de Germain Moreau et de Marie-Anne, conjoints », fut conseiller aulique du prince-évêque de Bâle, faisant fonctions de juge et d'administrateur. Devenu plus tard, dans le département français nouvellement annexé du Mont-Terrible procureur général syndic, puis président du tribunal criminel, fut élu, le 24 germinal an VI, par ce département, député au Conseil des Anciens. Moreau (de Delemont) se montra favorable au coup d'État de Bonaparte, et le Sénat conservateur l'appela (4 nivôse an VIII) à faire partie du nouveau Corps législatif, où il représenta le Mont-Terrible jusqu'en 1814, ayant obtenu successivement le renouvellement de son mandat le 2 vendémiaire an XIV et le 4 mai 1811.

MOREAU DE SAINT-MÉRY (MÉDÉRIC-LOUIS-ÉLIE), député en 1789 né à Port-Royal (Martinique) le 13 janvier 1750, mort à Paris le 28 janvier 1819, d'une famille originaire du Poitou, perdit son père fort jeune et, à 19 ans, se fit admettre dans les gendarmes du roi; il étudia en même temps le droit, fut reçu avocat au parlement, et son congé terminé, revint à la Martinique où l'état de ses affaires, après la mort de sa mère, l'obligea d'aller exercer sa profession au Cap français. Devenu, en 1780, membre du conseil supérieur colonial de Saint-Domingue, il occupa ses loisirs à recueillir des documents sur l'histoire des Antilles, et découvrit le tombeau de Christophe Colomb qu'il fit réparer. Étant allé à Paris pour la publication de ses travaux, il fonda, avec Pilastre de Rozier, le Musée de Paris, auquel collaborèrent la plupart des publicistes de l'époque. Président des électeurs de Paris en 1789, il harangua deux fois Louis XVI, et fut élu, à la fin de cette même année, député de la Martinique aux États-Généraux. A l'Assemblée il parla surtout sur les questions coloniales, et en 1791, fut membre du conseil adjoint au ministère de la Justice. Hostile à la marche de la Révolution, il fut en butte à des tentatives d'assassinat, et, quelques jours avant le 10 août, il reçut une blessure assez grave qui le fit partir pour Forges en Normandie. Arrêté peu après avec le duc de La Rochefoucauld, il ne dut son salut qu'au dévouement d'un de ses gardiens. Il parvint à gagner les États-Unis, où il fonda à Philadelphie une librairie, puis une imprimerie qui servit principalement à la publication de ses ouvrages. Revenu en France, un peu avant le Consulat, il obtint l'emploi d'historiographe de la marine, grâce à la protection de l'amiral Bruix qu'il avait connu aux colonies, et fut nommé conseiller d'Etat le 4 nivôse an VIII. Le 5e jour complémentaire de cette même année, il fut envoyé comme résident de la république à Parme, et, en 1802, devint administrateur général des duchés de Parme, Plaisance et Guastalla. Mais il manqua d'ordre et de fermeté et ne sut pas réprimer la révolte de la milice de Parme qui avait refusé de se rendre au camp de Boulogne; il fut destitué en 1806 et remplacé par Junot. Il perdit aussi sa place de conseiller d'Etat, et, comme l'administration impériale se refusait à lui rendre 40,000 francs qu'il avait dépensés à Parme, il dit à l'empereur : « Sire, je ne vous demande pas de récompenser ma probité ; je demande seulement qu'elle soit tolérée: ne craignez rien, cette maladie n'est pas contagieuse.» Il accepta ensuite une pension que lui fit l'impératrice Joséphine, qui était sa parente. Moreau de Saint-Méry, membre de plusieurs sociétés savantes, reçut de Louis XVIII un secours de 15,000 francs. On a de lui: *Lois et constitutions des colonies françaises de l'Amérique sous le vent de 1550 à 1785* (1784-1790, 6 volumes); *Description topographique et politique de la partie espagnole de l'île de Saint-Domingue* et *Description de la partie française de l'île de Saint-Domingue* (Philadelphie, 1796-1798, 4 volumes); *Idée générale ou Abrégé des sciences et arts* (Philadelphie, 1797). Il a en outre publié divers mémoires et traductions et laissé d'intéressants manuscrits.

MOREAU DE VORMES (JACOB-AUGUSTIN-ANTOINE), député au Conseil des Anciens, né à Châtillon-sur-Sèvre (Deux-Sèvres) en 1750, mort à Paris en février 1806, était président du tribunal criminel de l'Yonne, lorsqu'il fut élu, par ce département, le 24 germinal an VI, député au Conseil des Anciens. Il y prit souvent la parole, fit célébrer au sein du conseil l'anniversaire de la prise de la Bastille, et fit l'éloge de l'armée d'Orient qui venait de prendre Malte, « félicitant la philosophie de s'être emparée de ce dernier retranchement du fanatisme ». Secrétaire du Conseil (2 thermidor an VI), il appuya la proposition qui assimilait les émigrés aux individus qui s'étaient soustraits à la déportation, fut nommé président (30 brumaire an VII), s'opposa à l'envoi à des commissions des procès-verbaux des assemblées électorales, réclama des détails officiels sur l'assassinat des plénipotentiaires français à Rastadt, attaqua la résolution qui suspendait la vente des biens nationaux, défendit l'emprunt de 100 millions, fit un discours en l'honneur des armées de Hollande et d'Helvétie, et appuya la loi des otages (25 messidor an VIII). Moreau fut du nombre des membres des Conseils qui ne furent pas convoqués à la séance du 18 brumaire, et qui furent exclus le lendemain du corps législatif. Son nom fut même inscrit sur une liste de déportation; il en fut rayé par le crédit de M. de Bourrienne, son compatriote, alors secrétaire du premier Consul, et fut nommé, le 14 germinal suivant, membre du conseil des prises, fonctions qu'il exerça jusqu'à sa mort.

MOREL (JEAN-BAPTISTE-THÉOPHILE), député en 1789, dates de naissance et de mort inconnues, cultivateur à Vesaignes en Champagne, fut élu, le 27 mars 1789, député du tiers aux Etats-Généraux par le bailliage de Chaumont en Bassigny, avec 909 voix (931 votants). Il vota avec la majorité de son ordre, donna sa démission dès le 14 août 1789, et fut remplacé par Gombert.

MOREL (JEAN-CHARLES-ANTOINE), député en 1789, né à Dieuze (Meurthe) le 23 septembre 1752, mort à Dieuze le 13 août 1832, avocat à Dieuze, fut désigné, le 28 décembre 1789, comme député suppléant du tiers aux Etats-Généraux, par le bailliage de Sarreguemines. La démission de Mayer l'appela à siéger en janvier 1799. Morel opina avec la majorité et fit une motion contre l'émigration des officiers. Le 22 prairial an VIII, il fut nommé président du tribunal civil de Vic. Il exerça cette fonction pendant toute la durée du régime consulaire et impérial, et fut admis à la retraite le 20 avril 1816.

MOREL (LOUIS-SÉBASTIEN), député en 1791, au Conseil des Cinq-Cents et au Corps législatif, né le 28 août 1758, mort à une date inconnue, était procureur-syndic du district d'Epernay, quand il fut élu, le 1er septembre 1791, député de la Marne à l'Assemblée législative, le 2e sur 10, par 307 voix (485 votants). Il ne prit la parole qu'une fois pour faire rendre un décret sur les taxations héréditaires. Après la session, il resta quelque temps dans ses foyers, devint ensuite commissaire du Directoire près l'administration centrale du département de l'Yonne, et fut élu, le 24 germinal an VII, par le département de la Marne, député au Conseil des Cinq-Cents, où il se fit peu remarquer. Rallié au 18 brumaire, il fut nommé, le 4 nivôse an VIII, par le Sénat conservateur, député du même département au nouveau Corps législatif, où il siégea jusqu'en l'an XII.

MOREL (PHILIPPE-MARTIN-ANTOINE), représentant à la Chambre des Cent-Jours, né à Lisieux (Calvados) le 16 janvier 1756, mort à Falaise (Calvados) le 14 mars 1837, « fils de Philippe Morel, marchand, et de Marie Quesnay », appartenait à la magistrature comme procureur impérial, lorsqu'il fut élu (13 mai 1815) par l'arrondissement de Falaise, représentant à la Chambre des Cent-Jours, avec 47 voix (53 votants), contre 5 à M. Lecouturier. Il quitta la vie politique après cette courte législature.

MOREL (LOUIS-GABRIEL, CHEVALIER), représentant à la Chambre des Cent-Jours, né à Colmar (Haut-Rhin) le 28 août 1769, mort à Colmar le 18 décembre 1842, médecin et maire de Colmar, fut élu, le 15 mai 1815, représentant à la Chambre des Cent-Jours par cet arrondissement, avec 109 voix (141 votants), contre 10 à M. Picquet, inspecteur forestier, et 10 à M. Waeterlé. Son rôle parlementaire, peu important, prit fin avec la session.

MOREL (BENJAMIN-JACQUES), député de 1827 à 1831, né à Dunkerque (Nord) le 27 mars 1781, mort à Dunkerque le 25 août 1860, négociant et capitaine de la garde nationale de Dunkerque, fut élu député du 1er arrondissement électoral du Nord (Dunkerque), le 17 novembre 1827, par 190 voix (339 votants, 394 inscrits), contre 149 à M. Baudon, et fut réélu, le 23 juin 1830, par 214 voix (376 votants, 414 inscrits), contre 159 voix à M. Ferrier, directeur des douanes. Attaché au gouvernement des Bourbons, il donna sa démission en 1830, mais fut réélu le 29 décembre suivant, par 226 voix (248 votants, 449 inscrits); il rentra, l'année suivante, dans la vie privée.

MOREL (Jules), représentant en 1871, né à Villefranche (Rhône) le 29 janvier 1816, mort le 10 avril 1873, négociant, ancien maire de Villefranche de 1862 à 1868, fut élu, le 8 février 1871, représentant du Rhône à l'Assemblée nationale, le 6e sur 13, par 65,667 voix (117,523 votants, 185,134 inscrits). Il prit place à droite, vota *pour* la paix, *pour* les prières publiques, *pour* l'abrogation des lois d'exil, *pour* le pouvoir constituant, et mourut au cours de la législature. Il fut remplacé, le 11 mai 1873, par M. Ranc.

MOREL (Hippolyte-Aimé-Pierre), député de 1876 à 1877 et de 1878 à 1885, né à Saint-Malo (Ille-et-Vilaine) le 9 octobre 1846, entra en 1870 au conseil d'État comme auditeur, et prit part à la guerre de 1870, en qualité d'officier de mobiles. Conseiller général du canton de Saint-James (Manche), il fut élu, le 20 février 1876, député de la 1re circonscription d'Avranches, par 5,432 voix (9,943 votants, 11,734 inscrits), contre 4,446 à M. Bouvattier, bonapartiste. Il prit place au centre gauche, devint secrétaire de ce groupe, signa, le 17 mai 1877, la protestation des députés républicains contre la prorogation de la Chambre, mais, lors du vote des 363, crut devoir s'abstenir. Aux élections du 14 octobre 1877, qui suivirent la dissolution de la Chambre, il échoua avec 3,256 voix contre 5,503 à M. Bouvattier, candidat du maréchal, et 1,793 à M. Sébline, républicain. L'élection de M. Bouvattier ayant été invalidée, la candidature de Morel fut chaudement appuyée par des membres influents du centre gauche, et il fut élu, le 5 mai 1878, par 6,496 voix (8,059 votants, 13,297 inscrits), contre 650 à M. Bouvattier qui ne s'était pas représenté. Réélu de nouveau, le 21 août 1881, par 6,581 voix (9,952 votants, 12,190 inscrits) contre 3,156 à M. d'Avenel. M. Morel siégea constamment au centre gauche et soutint la politique républicaine. Porté aux élections du 4 octobre 1885, sur la liste opportuniste de la Manche, il échoua avec 50,161 voix sur 109,795 votants; le dernier élu de la liste conservatrice, M. du Mesnildot, avait obtenu 57,001 suffrages.

MOREL (Louis-Camille), député de 1878 à 1881, né au Puy (Haute-Loire) le 16 avril 1829, étudia la médecine, se fit recevoir docteur (1858), se déclara républicain, et, devenu maire de sa ville natale, se présenta, après l'invalidation de M. Vinay, à l'élection législative partielle du 7 juillet 1878 dans la 2e circonscription du Puy, qui l'élut député par 7,443 voix (14,539 votants, 18,470 inscrits), contre 7,043 à M. de Kergorlay. Il siégea dans le groupe de la gauche républicaine, et vota *pour* l'article 7, *pour* l'amnistie partielle, *pour* l'invalidation de l'élection Blanqui, *pour* les lois nouvelles sur la presse et le droit de réunion. Il se représenta, le 21 août 1881, mais il n'obtint que 7,271 voix contre 7,948 à l'élu conservateur, M. de Kergorlay.

MOREL (Joseph-François-Marie), député de 1885 à 1889, né à Arras (Pas-de-Calais) le 26 août 1844, venait d'être reçu avocat, lorsqu'il s'engagea, au moment de la guerre de 1870, dans la 1re légion des mobilisés du Nord. Nommé peu de temps après lieutenant, il prit une part active à toute la campagne de l'armée du Nord

et assista à l'affaire de Bapaume. Capitaine au 1er régiment territorial d'artillerie en 1881, maire de Lollaing en 1874, conseiller d'arrondissement de Douai en 1879, et président du syndicat pour le dessèchement de la vallée de la Scarpe, il fut porté, aux élections du 4 octobre 1885, sur la liste conservatrice du Nord et fut élu député, le 11 sur 20, par 161,702 voix 292,696 votants. 348,224 inscrits). Il siégea à droite, combattit la politique scolaire, coloniale et économique des ministères républicains, vota la surtaxe des céréales, et se prononça dans la dernière session, *contre* le rétablissement du scrutin d'arrondissement (11 février 1889), *pour* l'ajournement indéfini de la révision de la Constitution, *contre* les poursuites contre trois députés membres de la Ligue des patriotes, *contre* le projet de loi Lisbonne restrictif de la liberté de la presse. M. Morel déposa sur le bureau de la Chambre un projet de loi sur l'établissement du casier civil; cette proposition, admise par la commission d'initiative parlementaire, ne put venir en discussion avant la fin de la législature. Elle avait attiré l'attention des jurisconsultes français et étrangers, et trouvé dans la presse un accueil élogieux.

MOREL-CORNET (Denis), représentant du peuple en 1848 et en 1849, né à Jumel (Somme) le 18 août 1793, mort à Amiens le 7 juin 1874, fils de François Morel et de Marie-Catherine Dupuis, s'établit comme négociant à Amiens en 1820. Conseiller municipal de cette ville, puis le 29 septembre 1831, adjoint au maire (20 juillet 1837), juge-suppléant au tribunal de commerce (1834), juge (1836), président (1842-1849), membre de la Chambre de commerce (4 juillet 1842), connu pour ses opinions libérales, il fut élu, le 23 avril 1848, représentant de la Somme à l'Assemblée constituante, le 11 sur 14, par 105,835 voix. Il fit partie du comité du commerce et de l'industrie, prit plusieurs fois la parole sur ces questions, et vota avec la droite, *pour* les poursuites contre Louis Blanc et Caussidière, *contre* l'abolition de la peine de mort, *contre* l'impôt progressif, *contre* l'incompatibilité des fonctions, *contre* l'amendement Grévy, *contre* la sanction de la Constitution par le peuple, *pour* l'ensemble de la Constitution, *pour* la proposition Rateau, *pour* l'interdiction des clubs, *pour* l'expédition de Rome *contre* la demande de mise en accusation des ministres. Réélu, le 13 mai 1849, par le même département, à l'Assemblée législative, le 10e sur 12, par 63,022 voix (106,444 votants, 169,322 inscrits), il continua de voter avec la droite, *pour* la loi Falloux-Parieu sur l'enseignement *pour* la loi du 31 mai restrictive du suffrage universel, et quitta la vie politique au coup d'État de 1851.

MOREL DE MONS (Balthazar-Parfait-André-Étienne-Martin, comte), pair de France né à Aix (Bouches-du-Rhône) le 18 avril 1752 mort à Avignon (Vaucluse) le 4 octobre 1836 entra dans les ordres, et devint vicaire général à Paris, puis évêque de Mende le 21 avril 1807. Créé baron de l'empire le 6 juin 1808, il fut promu à l'archevêché d'Avignon en 1821, et fut nommé pair de France par M. de Villèle, le 5 novembre 1827. Il se montra dévoué à la monarchie légitime et mourut deux mois après la révolution de 1830.

MOREL DE VINDÉ (Charles-Gilbert Terray, vicomte), pair de France, né à Paris le 20 janvier 1759, mort à Paris le 19 décembre

1842, conseiller au parlement de Paris depuis 1878, applaudit aux débuts de la Révolution et, en 1790, devint président de l'un des six tribunaux de Paris, celui du quartier des Tuileries. Le 2 juillet 1791, il fut proposé comme précepteur de l'héritier présomptif du trône, ne fut pas agréé, donna sa démission de juge quelques jours après, et s'occupa exclusivement d'agriculture. Ses travaux et ses publications sur les mérinos lui valurent d'être nommé, en 1808, correspondant de l'Institut pour la section d'économie rurale. Il était en outre membre des sociétés d'agriculture de Paris, Versailles, Caen, Lille et Toulouse. Nommé, sous la Restauration, chevalier de la Légion d'honneur le 6 décembre 1814, et pair de France le 17 août 1815, avec le titre de vicomte, il vota pour la mort dans le procès du maréchal Ney et siégea à la Chambre haute jusqu'à sa mort. En 1818, il fut appelé à faire partie du conseil royal d'agriculture et devint membre titulaire de l'Académie des sciences (décembre 1824). En outre de ses nombreuses publications agricoles, on a de lui : *Morale de l'enfance* (1790) ; *Déclaration des droits de l'homme et du citoyen, mise à la portée de tout le monde* (1790) ; *Des révolutions du globe* (1797) ; *Primerose* (1797) ; *Clément de Lautrec* (1798) ; *Zélamire* (1801), romans ; *Essai sur les mœurs de la fin du dix-huitième siècle* (1794) ; etc.

MORELLET (ANDRÉ), député au Corps législatif de 1803 à 1815, né à Lyon (Rhône) le 7 mars 1727, mort à Versailles (Seine-et-Oise) le 12 janvier 1819, « fils de sieur Claude-Joseph Morellet, marchand, et de demoiselle Catherine Gabriel, son épouse », était l'aîné de quatorze enfants. Son père le mit au collège chez les jésuites. Ses humanités finies, le jeune Morellet songeait à entrer dans la société de Jésus, quand ses parents l'envoyèrent à Paris, au séminaire dit des *Trente-trois*. C'est de cette maison, où la discipline était des plus rigoureuses et les études des plus fortes, que Paris tirait ses curés, les évêques leurs grands-vicaires, et l'université ses professeurs. Morellet s'y distingua : ses succès n'eurent toutefois d'autre résultat que de lui ouvrir l'accès de la Sorbonne. Là il se fortifia dans les études théologiques. Après avoir passé cinq ans en Sorbonne, « toujours lisant, toujours disputant, toujours très pauvre, et toujours content, » il en sortit en 1752, philosophe et licencié. Il s'était lié avec plusieurs jeunes gens, qui, alors abbés comme lui, devinrent par la suite des personnages importants : Turgot, l'abbé de Loménie, et autres. Sur la recommandation du supérieur du séminaire des Trente-trois, Morellet fut chargé de l'éducation de l'abbé de la Galaizière, fils du chancelier du roi de Pologne. Dès lors il se trouva à l'abri du besoin. Ayant visité l'Italie avec son élève, il compléta sa propre éducation : c'est pendant son séjour à Rome qu'il tira d'un in-folio intitulé *Directorium inquisitorium*, par Nicolas Eymerick, grand inquisiteur au XIVe siècle, un petit volume qu'il publia sous le titre de *Manuel des inquisiteurs*. C'est à Rome aussi qu'il prit le goût de la musique. De retour à Paris, libre, et, grâce à une pension que le père de son élève lui fit avoir sur une abbaye, n'étant pas obligé d'aliéner sa liberté, peu disposé du reste à vivre de l'autel, il se livra à l'étude du droit public et de l'économie politique, tout en cultivant la philosophie. La tendance de son esprit, la nature de ses opinions le mirent bientôt en rapport avec les hommes les plus influents du mo-

ment, les économistes et les encyclopédistes. Les uns et les autres l'adoptèrent et il compta parmi leurs plus assidus collaborateurs. Pendant soixante ans, il exposa et soutint leurs opinions dans ses ouvrages, où le ton de sa plaisanterie égayait la sévérité de la discussion, parfois même aux dépens des convenances, comme dans ce pamphlet où, se proposant de venger les encyclopédistes des attaques qui leur avaient été portées par Palissot, dans la comédie des *Philosophes*, et attaquant, avec l'auteur même de cette satire, les personnes qui l'avaient applaudie, il allait jusqu'à révéler à une dame, la princesse de Robecq, le secret que lui cachaient les médecins et toute l'intensité du danger où le jetait la maladie incurable dont elle était attaquée. Voltaire lui-même s'éleva contre ce procédé. C'est au sujet de cette pièce, intitulée *Vision de Charles Palissot*, que Morellet fut mis à la Bastille. Sa vie, plus féconde en travaux qu'en événements, ne fut guère remarquable, depuis lors, que par les nombreux écrits qu'il a publiés. Au premier rang se place la traduction de l'ouvrage de Beccaria, le *Traité des délits et des peines*. Puis il donna les *Réflexions sur les préjugés qui s'opposent au progrès et à la perfection de l'inoculation en France*. Apologiste de toutes les découvertes utiles, dénonciateur des abus, il avait dévoilé la jurisprudence du Saint-Office dans le *Manuel des inquisiteurs* ; il ne mit pas moins d'obstination à combattre les opinions de l'abbé Galiani et de Necker sur le commerce des grains. Mais c'est surtout contre Linguet qu'il déploya ses ressources de polémiste. Réunissant les opinions absurdes, contradictoires, ou hasardées, éparses dans les nombreux écrits de ce publiciste, il en composa la *Théorie du paradoxe*, celui de ses ouvrages où il a peut-être le plus multiplié les preuves de son talent. Morellet écrivait fréquemment, à l'invitation des ministres, sur des questions d'économie politique. Les services qu'il leur rendit sont constatés par un arrêt du conseil, qui, en 1773, lui alloua, sur la caisse du commerce, une gratification perpétuelle de 2,000 livres, pour « différents ouvrages et mémoires publiés sur les matières de l'administration. » C'est à son ancien camarade de séminaire, à Turgot, alors ministre, qu'il fut redevable de cette gratification. En 1769, Morellet avait annoncé un *Nouveau dictionnaire du commerce*, que les événements ne lui permirent pas d'entreprendre. Il passa en Angleterre en 1772, parcourut plusieurs contrées de ce pays, se lia avec lord Shelburne, depuis marquis de Lansdown, avec Franklin, Garrick, et l'évêque Warburton. En 1783, le marquis de Lansdown, devenu ministre, et, en cette qualité, négociant la paix entre la France et l'Angleterre, sollicita et obtint de Louis XVI, pour l'abbé Morellet, une pension de 4,000 livres ; on remarqua beaucoup que ce fut à la recommandation d'un étranger et d'un hérétique que le théologien de l'Encyclopédie fut récompensé sur les fonds du clergé de services rendus à la France. Le ministre anglais motivait sa demande sur ce que l'écrivain français avait *libéralisé ses idées*. La fortune de l'abbé Morellet s'accrut encore à la mort de Mme Geoffrin, qui avait placé, tant sur sa propre tête que sur la tête de Morellet, une rente de 1,200 livres, en jouissance de laquelle il entra à la mort de son amie. « Je ne veux pas, lui avait-elle dit en lui annonçant ce placement, que vous dépendiez des gens en place, qui peuvent vous retirer ce qu'ils vous donnent. » Morellet s'acquitta, autant qu'il le pouvait, dans un écrit intitulé : *Portrait de Madame Geoffrin*. Le parti philosophique, que l'abbé Morellet avait constamment servi, le poussa à l'Académie française ; il y fut admis (1765) à la place de l'abbé Millot. S'étant beaucoup occupé de grammaire et d'étymologie, il avait fait une étude approfondie de l'origine et du mécanisme de la langue française ; il contribua, autant qu'aucun de ses confrères, à la confection du Dictionnaire. En 1788, un fort bon bénéfice, le prieuré de Thimers, lui échut en vertu d'un indult dont ce bénéfice avait été grevé vingt ans auparavant par Turgot au profit de l'abbé Morellet. C'était une terre située en Beauce et qui valait 16,000 francs de rente. L'abbé se hâta d'en prendre possession, l'embellit et l'améliora. Mais bientôt survint la Révolution. M. de Brienne eut plus d'une fois recours à sa plume. Morellet soutint, contre une partie de la noblesse, à propos de la double représentation du tiers-état, une opinion qui lui était commune avec M. Necker. Lors des élections, le prieur de Thimers eut un moment l'espérance d'être nommé député de son ordre aux Etats-Généraux. Trompé deux fois dans ses espérances, le candidat en conçut quelque humeur contre les assemblées électorales, et particulièrement contre celle qui s'était tenue à Paris dans l'église de Saint-Roch, et qui lui avait préféré l'abbé Fauchet. Cette déconvenue refroidit son patriotisme ; le décret qui supprimait les dîmes et ordonnait la vente des biens du clergé lui porta le dernier coup. Le philosophe disparut, et on ne vit plus en lui que l'ecclésiastique ; pour lui, la perte de ses revenus le rendit insensible au triomphe de ses principes. Il prit la Révolution en horreur, tandis que le marquis de Lansdown, en l'invitant à chercher dans la considération de l'intérêt public une compensation au dommage subi par son intérêt particulier, lui écrivait : « Vous êtes un soldat blessé dans une bataille que vous avez gagnée. » Mais Morellet, loin de chanter victoire, tonnait contre les vainqueurs : il porta la rancune jusqu'à défendre la Sorbonne dont il s'était publiquement moqué ; sa philosophie lui revint quand il fallut combattre l'adversité. Echappé aux proscriptions, il chercha dans le travail des ressources contre le besoin et se mit à traduire les romans d'Anne Radcliffe et de Régina Maria Roche. Il attaqua de front les théories politiques de Brissot, et s'éleva avec plus de vivacité encore, en 1795, contre la loi qui confisquait les biens des enfants des condamnés : son ouvrage intitulé : le *Cri des familles*, fut le signal du revirement qui se manifesta dans la Convention. Il prit aussi la défense des « pères, mères et aïeuls des émigrés » ; en 1799, il attaqua la loi des otages. Désigné pour occuper la chaire d'économie politique et de législation aux écoles centrales, il ne crut pas devoir accepter cette fonction. Mais le 18 brumaire l'appela de nouveau aux honneurs. Membre de l'Institut réorganisé, il reçut les largesses de la famille Bonaparte, et en particulier celles de Joseph, dont il était le correspondant littéraire. Quand le cardinal Maury prétendit être traité de *Monseigneur* à l'Institut, on fut assez surpris d'entendre Morellet appuyer cette prétention. Le désir qu'il avait de parvenir à la députation fut enfin satisfait en 1808. Agé de quatre-vingt-un ans, il se vit, le 18 février de cette année, porté au Corps législatif, comme député de la Seine, par le choix du Sénat. L'exercice du mandat législatif qu'il conserva jusqu'en 1815 n'a rien ajouté à l'éclat de sa réputation. La Restauration le trouva encore plein de vigueur. L'abbé Morellet était parvenu sans infirmités à l'âge de quatre-vingt-huit ans, lorsqu'une chute qu'il fit, en montant en voiture à la sortie du spectacle, mit ses jours en danger (décembre 1814). S'étant cassé la cuisse, il fut contraint de garder la chambre pendant plus de deux ans. Malgré son extrême affaiblissement, il prenait cependant une part toujours active au travail du *Dictionnaire*: la commission s'assembla longtemps autour de son lit. Il se leva en 181... pour assister à une séance publique de l'Institut : les assistants ne manquèrent pas d'applaudir à cette quasi-résurrection. Doyen de l'Académie française par la mort de Suard, il mourut à Versailles, à quatre-vingt-douze ans. Morellet, qui fut un très laborieux écrivain, a laissé un très grand nombre d'ouvrages parmi lesquels on peut citer : *Préface de la comédie des philosophes* (1760) ; *Remarques critiques et littéraires sur la prière universelle de Pope* (1760) ; *les Si et les Pourquoi* (1760) *Mémoire des fabricants de Lorraine* (1762) *Lettres sur la police des grains* (1764) ; *Mémoire sur la situation actuelle de la Compagnie des Indes* (1769) ; *Théorie du paradoxe* (1775) ; *Pensées libres sur la liberté de la presse à l'occasion d'un rapport du représentant Chénier à la Convention nationale* (1795) ; *le Cri des familles, ou discussion d'une motion faite à la Convention par le représentant du peuple Lecointre, relativement à la révision des jugements des tribunaux révolutionnaires* (1795) ; *la Cause des Pères, ou discussion d'un projet de décret de P.-J. Audouin relatif aux pères et mères, aïeuls et aïeules des émigrés* (1795) ; *Mélanges de littérature et de philosophie du XVIIIᵉ siècle* (1818) ; plusieurs traductions et divers articles insérés dans l'*Encyclopédie*, les *Archives littéraires de l'Empire* et le *Mercure*. Chevalier de la Légion d'honneur du 25 avril 1806.

MORELLET (Marie-Alphonse), représentant en 1849, né à Bourg (Ain) le 4 février 1809 mort à Lyon (Rhône) le 6 juillet 1875, de la famille du précédent, étudia le droit et exerça à Bourg la profession d'avocat (1831). Il plaida avec talent dans un procès de presse et d'associations ouvrières, devint membre de la commission municipale de Lyon en 1848, et président du comité d'organisation du travail dans cette ville, et fut élu, le 13 mai 1849, représentant du Rhône à l'Assemblée législative, le 5ᵉ sur 11, par 70,934 voix (110,722 votants, 154,740 inscrits). M. Morellet prit place à gauche, présenta de nombreux projets de loi sur des matières pénitentiaires et des travaux publics, renouvela, en 1850, la proposition de M. Pézerat (1848) sur « la participation du fermier sortant aux améliorations exécutées par lui sur l'immeuble », et vota avec la minorité républicaine : *contre* l'expédition de Rome, *contre* la loi Falloux-Parieu sur l'enseignement, *contre* la loi restrictive du suffrage universel, etc. Il protesta contre le coup d'État du 2 décembre 1851, quitta la vie politique, et s'inscrivit au barreau de Paris.

MORELLET (Hippolyte-Louis-Marie), membre du Sénat, né à Lyon (Rhône) le 25 mars 1843, fils du précédent, étudia le droit et entra dans la magistrature. Substitut du procureur de la République à Saint-Etienne en 1870, à Draguignan en 1871, remplacé en 1872, il fut réintégré en 1879, en qualité de procureur au tribunal de Vienne, remplit les mêmes fonctions à Valence en 1880, à Bourges en 1881, et devint, en 1883, avocat général à la cour d'appel de Montpellier. Il se présenta, le 13 décembre 1885, dans le département de l'Ain, comme candidat républicain à l'élection sénatoriale partielle motivée par le décès de M. Robin, et fut élu par 642 voix (901 votants), contre 277 à M. Germain. M. Morellet prit place à gauche, et vota avec la majorité républicaine. Il prit plusieurs fois la parole, notamment sur les aliénés, sur diverses propositions de modifications au règlement du Sénat, et sur la proposition Lisbonne tendant à modifier la loi sur la presse. Lors de la nomination de la commission des Neuf (22 avril 1889) chargée de l'instruction du procès et de la mise en accusation du général Boulanger, M. Morellet en fut élu membre, le 9e et dernier, par 169 voix sur 230 votants. En dernier lieu, il s'est prononcé *pour* le rétablissement du scrutin d'arrondissement (13 février 1889), *pour* le projet de loi Lisbonne restrictif de la liberté de la presse, *pour* la procédure à suivre devant le Sénat contre le général Boulanger.

MORELLI (François), membre du Sénat, né à Boscognano (Corse) le 28 février 1833, fut désigné comme candidat républicain modéré, lors de l'élection partielle du 13 janvier 1889, motivée en Corse par le remplacement de M. de Corsi décédé. Il fut élu sénateur par 363 voix (723 votants) contre 356 à M. Pitti-Fessandi. Il prit place au centre gauche, vota *pour* le projet de loi Lisbonne restrictif de la liberté de la presse, et s'abstint sur la procédure à suivre devant le Sénat contre le général Boulanger. Chevalier de la Légion d'honneur.

MORETON. — *Voy.* Chabrillan (COMTE DE).

MORETTI (Antoine-Julien-Félix), député au Corps législatif de 1810 à 1814, né à Ceva (Italie) le 18 juillet 1760, mort à une date inconnue. « fils de M. le médecin Pierre-Antoine Moretti, et de dame Ange-Marie, épouse Moretti », fut nommé lieutenant-juge de Ceva le 29 octobre 1785 ; il exerça cette fonction jusqu'au 2 février 1800. Maire de Ceva (9 thermidor an IX), juge de paix du canton le 27 ventôse an X, président du tribunal le 8 fructidor an XIII, président du conseil général du département de Montenotte le 16 janvier 1809, et président (10 novembre de la même année) du collège électoral de l'arrondissement de Ceva, Moretti fut appelé, le 10 août 1810, par le choix du Sénat conservateur, à représenter le département de Montenotte au Corps législatif impérial. Il y siégea jusqu'en 1814.

MORGAN (Marie-Pierre-Édouard de), député au Corps législatif de 1857 à 1867, né à Amiens (Somme) le 15 août 1803, mort à Paris le 17 juillet 1867, propriétaire-agriculteur, maire de Chormoy-Epagny depuis 1831, se présenta à la députation, dans le 6e collège de la Somme (Montdidier), aux élections du 1er août 1846, et échoua avec 150 voix contre 314 à l'élu M. de Cadeau-d'Acy. Conseiller général d'Ailly-sur-Noye en 1848, il se rallia à la politique du prince Louis-Napoléon, et fut élu député au Corps législatif dans la 3e circonscription de la Somme, le 22 juin 1857, par 14,323 voix (25,380 votants, 30,858 inscrits), contre 10,961 au député sortant, M. Delamarre. Réélu, le 1er juin 1863, par 19,714 voix (23,830

votants, 28,454 inscrits) contre 5,964 à M. de Vigneral, il siégea silencieusement dans la majorité dynastique. Décédé en juillet 1867, M. de Morgan fut remplacé, le 4 janvier 1868, par M. d'Estourmel. Chevalier de la Légion d'honneur.

MORGAN DE BELLOY (Adrien-Marie-Jean-Baptiste-Rose, BARON), député de 1815 à 1824, né à Amiens (Somme) le 30 janvier 1766, mort à Amiens le 9 novembre 1834, « fils de messire Marie-Jean-Baptiste Morgan, chevalier, ancien capitaine d'infanterie au régiment d'Orléans, chevalier de l'ordre royal et militaire de Saint-Louis, et de dame Marie-Joséphine Roussel de Belloy », fut maire d'Amiens de 1808 à 1816, et créé baron le 21 février 1814. Il se rallia aux Bourbons, et fut élu député du grand collège de la Somme, le 22 août 1815, par 122 voix (197 votants), et fut réélu, le 4 octobre 1816, par 163 voix (186 votants, 252 inscrits), et le 13 novembre 1820, par 214 voix (306 votants). Il parla exclusivement et assez fréquemment sur les questions financières. Membre et rapporteur de la commission du budget dans la session de 1815-1816, il demanda, lors de la discussion sur la loi relative aux douanes, des mesures répressives contre la contrebande, et l'extinction des contrebandiers. En 1816-1817, il fut rapporteur du projet de loi sur les douanes, parla de nouveau sur les tarifs, sur les impôts et sur l'équilibre du budget, et demanda que, sur l'excédent des recettes, 26 millions fussent consacrés au dégrèvement de la propriété foncière ; il réclama la suppression du droit d'enregistrement, et, en 1819, demanda des mesures propres à adoucir les charges des contribuables. L'année suivante, il fut encore rapporteur de la loi sur les douanes. Ayant échoué aux élections du 6 mars 1824, avec 142 voix sur 354 votants, et à celles du 17 novembre 1827, dans le 2e arrondissement électoral de la Somme (Amiens), avec 192 voix contre 330 à l'élu M. Caumartin, il ne rentra plus dans la vie politique.

MORGE DE ROUX (Pierre-François DE SALES, COMTE DE), dates de naissance et de mort inconnues, était capitaine aux armées du roi, lorsqu'il fut élu (4 janvier 1789) député aux États-Généraux par la noblesse du Dauphiné. Il tint pour l'ancien régime, refusa d'admettre le vote par tête, et donna sa démission le 14 novembre 1789.

MORHERY. — *Voy.* Robin.

MORILLON (Pierre-Victor-Auguste), représentant à la Chambre des Cent-Jours, né à Villiers-le-Bel (Seine-et-Oise) le 28 février 1757, mort à une date inconnue, « fils de Jean-Baptiste-Victor Morillon, marchand de dentelles, et de Marie-Geneviève Bocquet, son épouse », était propriétaire à Villiers-le-Bel. Commandant du bataillon de la garde nationale de cette commune, puis administrateur du département de Seine-et-Oise, conseiller d'arrondissement, maire de Villiers-le-Bel, il fut, le 13 mai 1815, élu représentant à la Chambre des Cent-Jours, par l'arrondissement de Pontoise, avec 64 voix (91 votants, 156 inscrits). Il ne fit pas partie d'autres législatures.

MORIN (François-Antoine), député en 1789, membre de la Convention, député au Conseil des Cinq-Cents, né à Saint-Nazaire (Aude) le 27 février 1749, mort à Paris le 20 février 1810, était, au moment de la Révolution, avocat dans sa ville natale. Élu, le 26 mars 1789, député du tiers aux États-Généraux par la sénéchaussée de Carcassonne, il combattit le projet de création d'un papier-monnaie, et développa quelques idées générales sur les finances. Le département de l'Aude l'élut, le 5 septembre 1792, membre de la Convention, le 6e sur 8, par 188 voix (372 votants). Dans le procès du roi, Morin répondit au 3e appel nominal : « Je vote pour la réclusion pendant la guerre et le bannissement à la paix. » Après la session conventionnelle, il passa au Conseil des Cinq-Cents (22 vendémiaire an IV), comme l'élu du département de l'Aude, par 107 voix sur 211 votants, en même temps qu'il réunissait dans le Var 132 voix (216 votants). Il occupa peu la tribune, et quitta l'assemblée en 1798.

MORIN (Pierre-Théodore), député de 1830 à 1834, né à Dieulefit (Drôme) le 3 février 1782, mort à une date inconnue, fabricant de draps, et maire de Dieulefit, fut élu, le 23 juin 1830, député du 2e arrondissement de la Drôme (Montélimar) par 115 voix (226 votants, 249 inscrits), contre 12 à M. d'Arbalestier. Partisan de la monarchie de Louis-Philippe, il la soutint dans les rangs de la majorité conservatrice, obtint sa réélection, le 5 juillet 1831, par 119 voix (193 votants, 283 inscrits), contre 66 à M. Théoulle, maire de Pierrelatte, et suivit la même ligne politique jusqu'aux élections de 1834, date à laquelle il quitta la vie politique.

MORIN (Étienne-François-Théodore), représentant du peuple en 1848 et en 1849, député au Corps législatif de 1852 à 1870, né à Dieulefit (Drôme) le 10 novembre 1814, fils du précédent, d'une famille protestante, fit son droit à Aix, et se fixa comme avoué à Montélimar. Conseiller général du canton de Dieulefit en 1846, maire de cette commune en 1847, il fut élu, le 13 avril 1848, représentant de la Drôme à l'Assemblée constituante, le 7e sur 8, par 30,393 voix (76,005 votants, 92,501 inscrits). Il fit partie du comité du travail, et vota en général avec la droite, *pour* le bannissement de la famille d'Orléans, *pour* les poursuites contre L. Blanc et Caussidière, *contre* l'abolition de la peine de mort, *contre* l'impôt progressif, *contre* l'incompatibilité des fonctions, *pour* la proposition Rateau, *pour* l'expédition de Rome. Il était en congé au moment du vote sur l'ensemble de la Constitution. Il échoua aux élections du 13 mai 1849 pour l'Assemblée législative; mais M. Mathieu de la Drôme, un des élus, ayant opté pour le Rhône, il se représenta à sa place et fut élu, le 8 juillet 1849, par 19,966 voix (38,087 votants, 90,289 inscrits) contre 16,339 à M. Jules Favre. Il se rallia à la politique du prince Louis-Napoléon, vota avec la majorité, et, après le 2 décembre, fit partie de la Commission consultative. Candidat du gouvernement au Corps législatif dans la 3e circonscription de la Drôme, le 29 février 1852, il fut élu par 20,424 voix (20,766 votants, 28,428 inscrits), et, réélu le 22 juin 1857, par 20,547 voix (22,893 votants, 33,897 inscrits) contre 2,283 à M. Moutier; le 1er juin 1863, par 17,303 voix (24,278 votants, 33,276 inscrits) contre 6,895 à M. Adrien Dumont; le 24 mai 1869, par 18,056 voix (27,332 votants, 33,298 inscrits), contre 9,161 à M. Crémieux. Il figura constamment dans la majorité dynastique. Réélu conseiller général de la Drôme le 8 octobre 1871, il voulut tenter de nouveau la fortune politique, à l'élection partielle du 8 no-

vembre 1874, comme candidat bonapartiste, à la place de M. Dupuy démissionnaire; il échoua avec 26,583 voix, contre 41,995 à l'élu, M. Madier de Montjau, républicain; il ne fut pas plus heureux, comme candidat du gouvernement du 16 mai, aux élections du 14 octobre 1877 dans l'arrondissement de Die, où il échoua avec 5,283 voix contre 11,055 à l'élu, M. Chevalier, républicain. Chevalier de la Légion d'honneur en 1855, officier du 14 août 1866, et membre du conseil central des églises réformées. On a de lui : *Essai sur l'esprit de la législation municipale en France* (1841); *Essai sur l'organisation du travail et l'avenir des classes laborieuses* (1845).

MORIN (Paul-François), représentant en 1872, sénateur de 1875 à 1879, né à Romorantin (Loir-et-Cher) le 12 septembre 1818, mort à Nanterre (Seine) le 23 janvier 1878, ancien préparateur de chimie au Conservatoire des arts-et-métiers, se lia avec M. Sainte-Claire Deville, et créa, sur les conseils de ce savant, une importante usine à Nanterre, pour la fabrication industrielle du bronze d'aluminium. En 1848, il fut commissaire de la République à Nanterre, ne se rallia pas au second Empire, et, après le 4 septembre 1870, devint maire de sa commune (Nanterre). Porté, aux élections complémentaires du 2 juillet 1871, dans la Seine, sur la liste modérée de l'Union parisienne et de l'Union de la presse républicaine, M. Morin fut élu représentant de la Seine, le 9e sur 2, par 115,537 voix (290,823 votants, 458,774 inscrits). Il siégea à gauche, fit partie de la commission de permanence (août 1872), réclama une indemnité pour les cultivateurs qui avaient reçu l'ordre de brûler leurs récoltes en 1870, vota *contre* la pétition des évêques, *contre* le pouvoir constituant, *contre* le service de trois ans, *contre* la démission de Thiers, *contre* le septennat, *contre* le ministère de Broglie, *pour* les lois constitutionnelles. Il prit aussi une part active aux discussions d'affaires et présenta une proposition tendant à autoriser l'extension des associations syndicales en vue de venir en aide à l'agriculture. Élu, le 15 décembre 1875, par l'Assemblée nationale, sénateur inamovible, le 59e sur 75, avec 339 voix (676 votants), il se fit inscrire à la gauche républicaine, vota contre la dissolution de la Chambre demandée, le 23 juin 1877, par le ministère Broglie, et soutint la politique des ministères républicains. Il mourut au cours de la législature.

MORIN. — *Voy.* Banneville (marquis de).

MORIN-LATOUR (Ernest-Auguste), député de 1885 à 1886, né à Livron (Drôme) le 24 février 1834, d'une famille enrichie dans le commerce de la soie, fit ses études au collège d'Oullins, puis voyagea en Angleterre et en Italie dans l'intérêt de son industrie, que sa famille abandonna d'ailleurs, lors des traités de commerce de 1860, pour s'adonner à la viticulture. Riche propriétaire dans l'Ardèche par son mariage, M. Morin-Latour se fixa à Saint-Martin-de-Valamas dans ce département, et devint conseiller d'arrondissement (1871), conseiller général de ce canton (1873) et maire de sa commune (1884). Porté, aux élections législatives du 4 octobre 1885, sur la liste conservatrice de l'Ardèche, il fut élu député, le 3e sur 6, par 45,310 voix (88,137 votants, 111,845 inscrits). Mais les élections de l'Ardèche ayant été invalidées en bloc, M. Morin-Latour échoua

au nouveau scrutin du 16 février 1886, avec
45,051 voix sur 92,766 votants : la liste républicaine passa tout entière.

MORISOT (Nicolas, baron, député au
Conseil des Cinq-Cents, né à Dijon (Côte-d'Or)
le 23 mars 1754, mort à Dijon le 10 juin 1816,
« fils de Louis-Augustin Morisot, et de Jeanne
Petit, son épouse », était avocat au conseil des
États de Bourgogne. Officier municipal à Dijon,
il fut élu, le 28 germinal an VII, député de la
Côte-d'Or au Conseil des Cinq-Cents ; il s'y
montra favorable au coup d'État de Bonaparte.
et fut nommé (16 prairial an VIII) président
du tribunal criminel de la Côte-d'Or, puis juge
au tribunal d'appel de la même localité, membre
de la Légion d'honneur (25 prairial an XII),
chevalier de l'Empire (20 août 1809), baron
(17 mars 1811), et promu, le 6 avril 1811, lors
de la réorganisation des cours et tribunaux,
président de chambre à la cour impériale de Dijon.

MORISOT-GRATTE-PAIN (Jacques-Philippe), député au Corps législatif de l'an XI à
1807, né à Arthonnay (Yonne) le 30 mai 1755,
mort à Balnot (Aube) le 15 octobre 1823, était
avocat à Paris. Maire de Balnot (Aube), où il
possédait des propriétés, il fut choisi, le 9 thermidor an XI, par le Sénat conservateur, comme
député de l'Aube au Corps législatif. Morisot-
Gratte-Pain siégea dans l'assemblée impériale
jusqu'en 1807.

MORISSET (René-Jacques, baron), député
de 1813 à 1815, et de 1816 à 1822, né à Niort
(Deux-Sèvres) le 21 février 1765, mort à Paris
le 8 janvier 1841, « fils de M. Jacques-Amable
Morisset, commis à l'exercice du greffe de l'élection de Niort, et de dame Jeanne Barre », fut
reçu, en 1786, avocat au parlement de Paris,
et devint, en 1788, lieutenant particulier, assesseur civil et criminel de Niort. L'attachement qu'il montra aux idées nouvelles le fit
élire administrateur du district (1790), puis
maire de la ville (1791), fonctions qu'il ne conserva que sur les instances du conseil général
de la commune, jusqu'à sa nomination (1792) à
celles d'administrateur du directoire du département. Suspendu sous la Terreur, il fut réintégré après le 9 thermidor, passa (an IV) commissaire général du Directoire exécutif dans
les Deux-Sèvres, et fut nommé président du
canton de Beauvais, près Niort. Ces fonctions
publiques ne l'empêchaient pas de se livrer à
un commerce de bois très lucratif, que favorisa
singulièrement le titre d'inspecteur des forêts
de l'État, qu'il cumula bientôt aussi avec ses
dignités administratives. Président de la Société
d'agriculture de Niort, il perfectionna la culture de la vigne dans la région ; au lendemain
du 18 brumaire, il fut nommé, par le gouvernement consulaire, membre et président du
conseil général des Deux-Sèvres. L'empereur
le décora de la Légion d'honneur, et lui permit
de constituer un majorat de baron : cette faveur
mit fin au commerce de bois, et le baron Morisset aspira dès lors au mandat politique. Candidat au Corps législatif en 1812, il fut agréé
par le Sénat conservateur, le 11 mai 1813,
comme député des Deux-Sèvres, prit place au
centre, et, en 1814, adhéra au retour des Bourbons. Candidat à la Chambre des Cent-Jours,
le 11 mai 1815, il échoua avec 37 voix contre
61 à l'élu, M. Chauvin-Hersant. Au retour de
Gand, le roi le nomma président du collège électoral de Melle (août 1815); de nouveau candidat
à Melle et à Niort, le 22 août 1815, il essuya

un nouvel et double échec. Les élections du
4 octobre 1816 lui furent enfin favorables; il
fut élu député du grand collège de département, par 89 voix sur 169 votants et 224 inscrits,
contre 46 à M. Chauvin-Boissavary et 27 à
M. Chebrou de la Roulière, et fut réélu, le
20 septembre 1817, par 488 voix sur 617 votants et 952 inscrits. Il siégea encore au centre :
« C'est le centre du centre, c'est le nombril du
ventre », écrit un biographe du temps. Il se
fit inscrire pour parler en faveur de la loi
sur la presse (1817), commença par se plaindre
que des orateurs inscrits pour aient parlé contre
la loi, et parla lui-même contre la loi, contradiction qui, en ce qui le concernait, n'avait
pour excuse ni les surprises de l'improvisation,
ni l'entraînement de l'éloquence. Membre de la
commission du budget en 1818, il parla sur la
réorganisation de l'armée, et vota avec les plus
purs ministériels. Il ne se représenta pas au
renouvellement quinquennal du 9 mai 1822.
Candidat aux élections générales du 6 mars
1824, il échoua, au grand collège de département, avec 56 voix contre 84 à l'élu, M. d'Ab-
badie, et renonça dès lors à la carrière politique.

MORISSON (Charles-Louis-François-Ga-
briel), député en 1791, membre de la Convention, député au Conseil des Cinq-Cents, né
à Palluau (Vendée) le 16 octobre 1751, mort à
Bourges (Cher) le 16 janvier 1817, était homme
de loi avant la Révolution. Membre du directoire du département de la Vendée (29 juin
1790), il fut élu, le 2 septembre 1791, député de
la Vendée à l'Assemblée législative, le 2e sur 9,
par 196 voix sur 290 votants. Il siégea au côté
droit, demanda (1er janvier 1792) l'ajournement
du décret d'accusation contre les princes français
émigrés, fit partie (8 mars) du comité féodal, et
s'opposa (18 juillet) à l'envoi de commissaires
aux frontières. Élu par le même département
membre de la Convention (5 septembre 1792),
le 7e sur 9, avec 189 voix sur 310 votants, il prit
place parmi les modérés, et fut un des quatre
conventionnels qui, en novembre 1792, protestèrent contre le décret déclarant que Louis
XVI pouvait être jugé et serait jugé par la
Convention. Le 29 décembre, il reprocha aux
Jacobins « de traiter de scélérats tous ceux
qui ne pensaient pas comme eux. Vous citez
toujours Brutus, s'écria-t-il ; mais si César eût
été sans armes et sans puissance, ce Brutus
fût peut-être devenu son défenseur. » Il demanda le bannissement du roi et de sa famille
avec une pension d'un demi-million. Dans
le procès du roi, il répondit au 1er appel
nominal : « Je ne veux pas prononcer sur
aucune des questions posées ; je dirai, si on
l'exige, les motifs de mon refus. » Et, au
3e appel nominal : « J'opinerais sur la question, s'il ne s'agissait que de prendre une
mesure de sûreté générale ; mais l'assemblée
a décrété qu'elle porterait un jugement, et moi
je ne crois pas que Louis soit justiciable. Je
m'abstiens donc de prononcer. » Le 12 août
1793, accusé par Garnier de Saintes de correspondre avec les royalistes, il se défendit ; son
attitude très réservée lui permit de traverser
la Terreur sans autre danger. Après le 9 thermidor, il fut envoyé en mission dans les départements de l'Ouest, à Brest, à Cherbourg
pour aider à la pacification ; le 9 ventôse an III,
il écrivit à la Convention pour annoncer la
soumission des chefs vendéens. Le 23 vendémiaire an IV, dix-sept départements l'élurent
au Conseil des Cinq-Cents : le 10 floréal sui-

vaut, il fit adopter un projet de résolution sur l'application de l'amnistie aux Chouans, et sortit du Conseil le 1er germinal an V. Nommé aussitôt juge au tribunal d'appel à Poitiers, il passa en la même qualité au tribunal d'appel de Bourges en l'an VII, et fut maintenu comme conseiller à la même cour lors de la réorganisation de la magistrature en 1811. Il mourut à ce poste, après avoir vainement (28 octobre 1814), sous la première Restauration, rappelé son attitude pendant la Révolution, pour obtenir d'être conseiller à la cour de Cassation, ou tout au moins à la cour royale de Paris.

MORIVAUX (Anatole-François-Antoine), député en 1791, né à Arbois (Jura) le 17 janvier 1745, mort à Arbois le 18 août 1816, était commissaire du roi près le tribunal de district d'Arbois, lorsqu'il fut élu, le 30 août 1791, député du Jura à l'Assemblée législative, le 4e sur 8, par 252 voix (415 votants). Il siégea obscurément parmi les modérés de la majorité. Compromis par les papiers trouvés dans l'armoire de fer aux Tuileries (novembre 1792), il fut décrété d'accusation et ne dut sa liberté qu'au 9 thermidor. Après le 18 brumaire, auquel il se rallia, il fut nommé juge au tribunal civil d'Arbois (18 floréal an VIII), et fut admis à la retraite sous la Restauration (14 février 1816), quelques mois avant sa mort.

MORLHON (André-Etienne-Antoine, comte de), pair de France, né à Villefranche-de-Panat (Aveyron) le 12 octobre 1753, mort à Auch (Gers) le 14 janvier 1828, entra dans les ordres, et devint vicaire général et official du diocèse de Clermont avant 1789. Il émigra à la Révolution, fut appelé à l'archevêché d'Auch le 13 juillet 1823, et nommé, avec le titre de comte, pair de France, le 5 novembre 1827. Il mourut avant d'avoir pris séance.

MORLOT (Joseph-Charles-Antoine), représentant du peuple en 1848, né au Havre (Seine-Inférieure) le 10 juillet 1792, mort à Paris le 27 janvier 1865, armateur au Havre, membre du tribunal de commerce, conseiller municipal, connu pour ses idées libérales, fut élu, le 23 avril 1848, représentant de la Seine-Inférieure à l'Assemblée constituante, le 4e sur 19, par 142,417 voix. Il présida le comité du commerce et vota souvent avec la droite, *pour* les poursuites contre L. Blanc et Caussidière, *contre* l'abolition de la peine de mort, *contre* l'impôt progressif *contre* l'incompatibilité des fonctions, *contre* l'amendement Grévy, *contre* la sanction de la Constitution par le peuple, *pour* l'ensemble de la Constitution, *pour* la proposition Rateau, *contre* l'expédition de Rome. Non réélu à la Législative, il quitta la vie politique.

MORLOT (François-Nicolas-Madeleine), sénateur du second Empire, né à Langres (Haute-Marne) le 28 décembre 1795, mort à Paris le 29 décembre 1862, appartenait à une famille d'ouvriers. Ses études terminées au collège de Langres, il alla faire sa théologie au grand séminaire de Dijon, et fut quelque temps précepteur chez M. de Saint-Seine, n'ayant pas encore l'âge requis pour la prêtrise. Ordonné prêtre, il devint vicaire de la cathédrale de Dijon, chanoine honoraire (1825), vicaire général (1830) chanoine titulaire (1833), et ne tarda pas à devenir grand vicaire du diocèse de Dijon. Il se montra très attaché

à la branche aînée des Bourbons et se signala, après 1830, par une très vive opposition au nouvel évêque de Dijon, M. Rey, nommé par le gouvernement de Louis-Philippe, qui mit fin à ce conflit en privant M. Morlot de ses fonctions. Simple chanoine, celui-ci continua son opposition, à laquelle le parti légitimiste et certains journaux, tels que l'*Ami de la religion*, firent un accueil empressé, publia, sous le titre de *Remontrance*, une critique sévère des actes de l'évêque, et obligea le prélat attaqué à donner sa démission (1837). Deux ans plus tard, M. Morlot, réconcilié avec le pouvoir, fut nommé évêque d'Orléans (18 août 1839). Il fut décoré à l'occasion du baptême du comte de Paris et fut appelé à l'archevêché de Tours le 28 juin 1842. Créé cardinal le 7 mars 1853, il entra de droit au Sénat impérial où il soutint de ses votes à la fois le gouvernement de Napoléon III et les intérêts de la papauté. Le 24 janvier 1857, Mgr Morlot devint, après une vive résistance de sa part, archevêque de Paris, en remplacement de Mgr Sibour. La même année, il fut nommé grand aumônier de l'Empereur et primicier de Saint-Denis. Membre du conseil privé (1858), grand officier de la Légion d'honneur (14 août 1861), il mourut à Paris en 1862. On a de lui, outre ses *Mandements* et *Circulaires*, une *Explication de la Doctrine chrétienne*, une édition des *Heures choisies* de la marquise d'Andelarre, un *Mémoire* sur un autel votif, présenté à l'Académie de Dijon, etc.

MORNAC (de). — *Voy.* Boscal de Réals.

MORNAY (Auguste - Joseph - Christophe-Jules, marquis de), député de 1830 à 1848, représentant du peuple en 1848 et en 1849, né à Doué (Seine-et-Marne) le 1er juin 1798, mort à Paris le 2 juin 1852, entra au service en 1814, assista à Waterloo comme sous-lieutenant au 1er chasseurs à cheval, devint, sous la Restauration, capitaine de cavalerie dans la garde royale, et, en 1830, aide de camp du maréchal Soult, dont il avait épousé la fille; il donna sa démission en 1832. Il était déjà entré dans la politique depuis près de deux ans, et avait été élu, le 6 novembre 1830, député du 2e arrondissement du Tarn (Castres), en remplacement de M. de Lastours démissionnaire, par 156 voix (349 votants, 738 inscrits) contre 109 voix à M. Mérilhou et 69 à M. Malauriés. Réélu, le 5 juillet 1831, dans le 2e collège du même département (Albi) par 189 voix (303 votants, 392 inscrits), contre 114 voix à M. de Lastours, ancien député, et, le même jour, dans le 2e collège de l'Oise (Beauvais), par 294 voix (388 votants, 474 inscrits), contre 74 à M. Alex. de La Rochefoucauld, il opta pour l'Oise, et fut remplacé à Castres, le 6 septembre suivant, par M. Alby. Réélu successivement à Beauvais, le 21 juin 1834, par 255 voix (397 votants, 561 inscrits), contre 53 à M. Leroy, avocat à Paris, 37 à M. Leduc, et 31 à M. Plé, notaire à Paris, et, le 4 novembre 1837, par 369 voix (419 votants, 693 inscrits), contre 35 voix à M. Leduc (il avait échoué le même jour à Beauvais *intra-muros*, avec 172 voix contre 180 à l'élu, M. Danse), il se représenta, sans plus de succès dans ce dernier collège, le 2 mars 1839, et n'obtint que 156 voix contre 200 à l'élu, M. Danse, député sortant; mais il fut réélu, le même jour, à Beauvais *intra-muros* par 429 voix (540 votants, 729 inscrits), contre 68 à M. Gaudechard-Leroy. Le 9 juillet 1842, il fut élu à la fois dans le 1er collège de

Beauvais (*intra-muros*), par 302 voix (365 votants, 450 inscrits), et dans le 2e (Beauvais *extra-muros*), par 514 voix (558 votants, 879 inscrits), contre 15 voix à M. Didelot. Il opta pour Beauvais *extra-muros*, et fut remplacé, le 11 février 1843, dans le 1er collège, par M. Marquis. Son mandat lui fut encore renouvelé, le 1er août 1846, par les électeurs de Beauvais *extra-muros*, avec 487 voix (517 votants, 977 inscrits), contre 17 voix à M. Merlemont. Bien que gendre du maréchal Soult, M. de Mornay prit, dès 1830, place à gauche, signa le compte-rendu de 1832, vota constamment avec l'opposition, *contre* les lois de septembre et de disjonction, *contre* la dotation du duc de Nemours, *contre* les fortifications de Paris, *contre* l'indemnité Pritchard, *pour* les incompatibilités, *pour* l'adjonction des capacités, *pour* le recensement, *pour* la proposition Rémusat contre les députés fonctionnaires, et soutint de sa parole les mesures libérales réclamées par l'opposition. Le 23 avril 1848, il fut élu représentant de l'Oise à l'Assemblée constituante, le 6e sur 10, par 57,887 voix. Il présida le comité des affaires étrangères, et vota en général avec la droite, *pour* le bannissement de la famille d'Orléans, *contre* l'abolition de la peine de mort, *contre* l'impôt progressif, *contre* l'incompatibilité des fonctions, *contre* l'amendement Grévy, *contre* la sanction de la Constitution par le peuple. *pour* l'ensemble de la Constitution, *pour* la proposition Rateau. Réélu, le 13 mai 1849, représentant du même département à l'Assemblée législative, par 55,038 voix (120,920 inscrits), il se sépara de la politique de l'Elysée avec la majorité conservatrice avec laquelle il siégeait, et protesta contre le coup d'Etat de 1851. Le 29 février 1852, il se présenta, comme candidat d'opposition au Corps législatif, dans la 1re circonscription de l'Oise, mais il ne recueillit que 871 voix contre 24,022 à l'élu, candidat officiel, M. de Mouchy. Il mourut quelques mois après.

MORNAY (CHARLES-HENRI-EDGAR, COMTE DE), pair de France, né à Paris le 4 février 1803, mort à Fresneaux (Oise) le 5 décembre 1878, « fils de Christophe de Mornay, propriétaire, et de Augustine-Louise de Caulaincourt », entra dans la diplomatie, et fut, sous Louis-Philippe, ministre résident à Bade, puis ministre plénipotentiaire à Stockholm. Dévoué à la monarchie de juillet, il fut élevé à la pairie le 13 avril 1845, soutint le gouvernement, et rentra dans la vie privée en 1848. Grand officier de la Légion d'honneur.

MORNAY (AUGUSTIN-NAPOLÉON-PHILIPPE, MARQUIS DE), représentant en 1871, né à Paris le 27 mars 1831, fils du précédent, propriétaire et conseiller général de l'Oise depuis 1861, se présenta à la députation, le 1er juin 1863, comme candidat indépendant au Corps législatif, et obtint 13,834 voix contre 21,461 à l'élu, candidat officiel, M. de Corberon. Elu, le 8 février 1871, représentant de l'Oise à l'Assemblée nationale, le 4e sur 8, par 43,679 voix (73,957 votants, 118,866 inscrits), il prit place à droite, se fit inscrire à la réunion des Réservoirs, fut des 94 signataires de la proposition contre l'exil des Bourbons, devint secrétaire de la commission des marchés et de la commission de réorganisation de l'armée, membre de la commission de permanence (août 1872), et vota pour la paix, *pour* l'abrogation des lois d'exil, *pour*

la pétition des évêques, *pour* le pouvoir constituant, *pour* le service de trois ans, *pour* la démission de Thiers, *pour* l'arrêté contre les enterrements civils, *pour* le septennat, *contre* les lois constitutionnelles. M. de Mornay, qui est président de la Société hippique française, n'a pas fait partie d'autres assemblées.

MORNY (CHARLES-AUGUSTE-LOUIS-JOSEPH, DUC DE), député en 1848, représentant en 1849, ministre, député au Corps législatif de 1852 à 1865, né à Paris le 21 octobre 1811, mort à Paris le 10 mars 1865, fut élevé sous la direction du comte de Flahaut (*Voy. ce nom*) « qui lui portait, écrit un biographe, une tendresse toute paternelle », et par les soins de la comtesse de Souza, mère du comte, remariée et veuve de nouveau, connu par son rang à la cour de l'empereur et par ses succès littéraires. « Pendant que Mme de Souza se ménageait une retraite idéale de vieille femme dans un coin de son salon, entre son piano, sa harpe et quelques livres de choix, son élève, dans lequel elle voyait un petit-fils, rimait près d'elle des pièces de vers qu'il eut le tact de ne pas publier, poussant la littérature jusqu'au vaudeville, en attendant que, comme l'a dit Victor Hugo, il poussât la politique jusqu'à la tragédie. Il composait des romances, paroles et musique, qu'il chantait dans l'intimité, d'une voix de ténor légère, mais bien timbrée ; enfin, il jetait des regards de chérubin enamouré sur les comtesses Almaviva qui fréquentaient cette maison, tout imprégnée encore de l'atmosphère sensuelle du XVIIIe siècle. Il entrait ainsi dans la vie par la porte d'or, et il y entrait gaiement. » (*Portraits et médaillons du second Empire : M. de Morny*, par Corentin Guyho.) Il fit au collège Bourbon, en compagnie de M. Edgar Ney et sous la direction spéciale de Casimir Bonjour, des études classiques qui ne révélèrent en lui rien de supérieur ; mais la vivacité de son esprit fit dire à Talleyrand, chez qui M. de Flahaut l'amenait parfois : « N'avez-vous pas rencontré dans l'escalier un petit bonhomme que M. de Flahaut tenait par la main ? — Oui, prince. — Eh bien, souvenez-vous de ce que je vais vous dire : cet enfant-là sera un jour ministre. » En 1832, M. de Morny, après avoir passé deux ans à l'Ecole d'état-major, en sortit sous-lieutenant au 1er régiment de lanciers, « le corps à la mode de l'époque. » Caserné quelque temps à Fontainebleau, il obtint de faire campagne en Algérie, devint officier d'ordonnance du général Trézel, se distingua dans plusieurs engagements où il fut sérieusement blessé, eut porté à l'ordre du jour, et nommé chevalier de la Légion d'honneur pour avoir sauvé la vie au général Trézel sous les murs de Constantine ; il rencontra pour la première fois, dans cette campagne, le général Changarnier, qui lui témoigna beaucoup de bienveillance. La santé de M. de Morny étant restée ébranlée, il demanda, sans succès, un congé de convalescence. « C'était la première fois, a-t-on dit, qu'on lui refusait quelque chose. » Dépité, il donna sa démission et rentra dans la vie civile. Il ne tarda pas à devenir en France le roi de la mode et acquit sur le Tout-Paris d'alors une dictature incontestée. Mais son esprit, naturellement actif et ambitieux, ne pouvait rester sans aliment. Il se tourna d'abord vers l'industrie. En possession d'une fortune déjà considérable, il se souvint d'avoir tenu un moment garnison à Clermont-Ferrand ; il y entrevit un avenir politique. Avec l'argent prêté par une amie, il acheta des propriétés dans le Puy-de-Dôme, et se mit à raffiner du sucre de betterave. Sa situation industrielle devint rapidement si prépondérante, que, dans un congrès de 400 représentants de sucre colonial, il fut, quoique le plus jeune membre de l'assemblée, élu président par acclamation. La même année, il publia une brochure sur la *Question des sucres* (1838). Le succès de sa première spéculation engagea des capitalistes à le mettre à la tête d'entreprises plus importantes Alors il songea à briguer la députation, à peine âgé de trente et un ans. Sa candidature ne fut d'abord pas prise au sérieux. M. Duchâtel, ministre de l'Intérieur, disait à qui voulait l'entendre : « Morny n'aura pas dix voix! » Mais M. de Morny ne négligea rien pour assurer son succès; dans ses tournées électorales, il déploya auprès des électeurs censitaires toutes les séductions de son esprit, et il fut élu, le 9 juillet 1842, député du 1er collège du Puy-de-Dôme (Clermont-Ferrand), par 251 voix (427 votants, 497 inscrits), contre 176 à M. Jouvet. Il se montra à la Chambre à la fois très libéral en industrie et très autoritaire en politique, et commença par soutenir de ses votes et de ses discours le gouvernement orléaniste. « Il jouait, dit M. Corentin-Guyho, le rôle du terre-neuve parlementaire qui se précipite pour sauver les cabinets compromis. » Avec le centre, il défendit les actes les plus impopulaires du ministère Guizot, et, lors de la discussion sur l'indemnité Pritchard, ce fut lui qui prit l'initiative de l'ordre du jour favorable au pouvoir; d'où les attaques et les railleries d'Armand Marrast qui l'appela dans son journal : « Le plus jeune et le plus chauve des *satisfaits*. » Il traita avec habileté plusieurs questions industrielles spéciales, réclama des améliorations financières, notamment la coupure des billets de banque, et présenta, sur la conversion des rentes, une proposition qui devint la base du système plus tard adopté. Comme orateur, il n'avait qu'un talent de second ordre, s'exprimant sans chaleur et sans gestes, d'un air détaché et dédaigneux, évitant les violences d'expression, et préférant les formes ironiques. Vers 1846, il eut comme la prescience de la chute prochaine de la monarchie constitutionnelle ; toutefois, après avoir obtenu sa réélection, le 1er août 1846, avec 356 voix (501 votants, 588 inscrits), contre 140 à M. de Pontgibaud, il continua à voter pour le gouvernement, sauf à réclamer de celui-ci « une satisfaction raisonnable pour l'opinion »; de ministériel pur, il passait indépendant. Cette attitude nouvelle lui valut les attaques de M. Emile de Girardin : M. de Morny envoya demander des explications au publiciste par le maréchal Bugeaud et le marquis de la Valette ; mais l'affaire s'arrangea. Les sentiments complexes qui animaient alors le député du Puy-de-Dôme se traduisirent dans un article de lui qui parut, le 1er janvier 1847, dans la *Revue des Deux-Mondes* sous ce titre : *Quelques réflexions sur la politique actuelle*. « Nous avons, y était-il dit, de grands et sérieux devoirs à remplir. Nous devons nous appliquer à l'étude, non pas de réformes politiques qui ne constituent, après tout, qu'un besoin factice, mais des questions sociales et matérielles. Sachons entreprendre, en industrie, en commerce, en finances, toutes les réformes qui tendent au bien-être des masses et à améliorer le sort de la classe ouvrière. » Très éloigné d'ailleurs de la démocratie, il s'efforça de prévenir les événements par une intervention officieuse entre le ministère et les chefs de la gauche, au cours de la campagne

des banquets. Il parvint à négocier une transaction que la révolution rendit inutile. Lorsqu'elle éclata, M. de Morny, aristocrate de naissance, d'instincts et d'habitude, se tint d'abord à l'écart de la politique. A demi ruiné, menacé de voir saisir sa célèbre galerie de tableaux, mécontent des hommes et des choses, il ne reprit courage et espoir qu'après la rentrée en France de Louis-Napoléon. Le prince et M. de Morny n'étaient pas seulement de la même famille : il y avait entre eux communauté de sentiments et d'intérêts. En 1849, grâce au concours du Comptoir national d'Escompte, il put reprendre des opérations industrielles et financières qui lui ramenèrent la fortune. Vers la même époque, il rentrait dans la vie publique, sous les auspices du comité électoral conservateur de la rue de Poitiers, et était élu (13 mai 1849) représentant du Puy-de-Dôme à l'Assemblée législative, le 10e sur 13, par 48,635 voix (168,305 inscrits). Tout dévoué à la personne et aux intérêts du prince-président, M. de Morny vota constamment dans le sens de la politique de l'Elysée, et fut, comme on sait, du petit nombre de ceux que L.-N. Bonaparte appela à préparer le coup d'Etat et à l'accomplir. Le mot lancé par lui, la veille du 2 décembre, dans une causerie à l'Opéra-Comique, où avait lieu une première représentation, est bien connu. Une grande mondaine, Mme de Liadières, qui était dans la loge voisine de la sienne, se pencha vers lui en disant : « On assure qu'on va balayer la Chambre; que ferez-vous, monsieur de Morny? — Madame, s'il y a un coup de balai, je tâcherai de me mettre du côté du manche. » Ayant réussi à rassurer, par sa présence tardive dans une lieu frivole, les les partisans de l'Assemblée, Morny se rendit du théâtre à l'Elysée, où allaient se donner les derniers ordres pour fermer la salle des séances et arrêter les représentants du peuple. Il fit preuve, dans cette circonstance, d'une vigueur singulière et d'une étonnante liberté d'esprit. Le général Saint-Arnaud, ministre de la Guerre, n'osait pas, a-t-on dit, contresigner les décrets signés « Napoléon »; Morny, parlementaire sans illusions, membre de toutes les majorités législatives depuis dix ans, n'hésita point : il apposa son nom au bas de la décision qui prononçait la dissolution de la représentation nationale, et s'en alla ensuite prendre possession du ministère de l'Intérieur. Il conserva la même impassibilité pendant les trois journées de décembre. On a su depuis que ce raffiné, cédant à un goût intermittent de grossièreté, avait répondu à un message de M. de Maupas, tremblant dans sa préfecture de police : « *Couchez-vous.* » Lorsque plus de deux cents représentants se réunirent sous la présidence de M. Benoît d'Azy, pour protester à la mairie du Xe arrondissement, Morny prit sous sa responsabilité l'ordre qui fut donné de disperser ou d'arrêter les députés hostiles au coup d'Etat. Toujours railleur, il assura ensuite qu'il avait voulu les sauver de leur propre courage. Parmi les circulaires qui signalèrent son court passage au ministère, il faut citer celle du 4 décembre, enjoignant aux préfets d'exiger de tous les fonctionnaires publics l'adhésion par écrit à l'acte qui venait de s'accomplir; celle du 13, aux commissaires extraordinaires, annonçant la fin de leur mission; et celle du 19 janvier 1852, expliquant le nouveau mécanisme électoral et les vues du gouvernement sur le suffrage universel. Quelques semaines après (22 janvier 1852), M. de Morny se retira du ministère, avec MM. Fould, Magne et Rouher, pour ne pas s'associer aux décrets sur les biens de la famille d'Orléans. Le second Empire apporta à M. de Morny moins de traitements officiels que des affaires fructueuses, qui l'aidèrent à refaire complètement sa fortune. Membre de la plupart des conseils d'administration financiers, il fut de toutes les entreprises, « les bonnes, les douteuses et... les autres. » *Morny est dans l'affaire* : l'expression était devenue courante. Élu, comme candidat du gouvernement, le 29 février 1852, député de la 2e circonscription du Puy-de-Dôme au Corps législatif, par 23,373 voix (25,076 votants, 34,588 inscrits), contre 449 au colonel Charras, il avait obtenu en même temps la presque unanimité dans la 3e circonscription du même département, celle d'Ambert : 19,472 voix (19,578 votants, 34,881 inscrits). Il opta pour Clermont, fut remplacé à Ambert par M. de Pennautier, et reparut en 1854, au premier plan de la scène politique, comme président au Corps législatif.

« Si nous le prenons à cette date, écrit le biographe déjà cité, M. de Morny, déjà chauve à la fleur de l'âge, n'avait plus qu'une touffe de cheveux parsemés de fils blancs, qui frisait de chaque côté de la tête ; le nez était droit et régulier ; les sourcils hauts et dominateurs ; les yeux inégaux, l'un grand ouvert, — indice d'une intelligence toujours en éveil, l'autre, à demi fermé, — signe de sens saturés sans être assouvis, et fatigués plutôt qu'amortis. Une flamme courte jaillissait de temps en temps de prunelles d'ordinaire froides comme l'acier. La moustache et la mouche avaient la pointe cirée à l'imitation de Napoléon III, comme pour constater, par un trait de plus, la ressemblance de famille ; c'était là la même plénitude de joues, la même pâleur exsangue, la même couleur de cire... » Et plus loin : « Le matin, il se tenait le plus possible enfermé dans ses appartements privés du Palais-Bourbon, comme un dieu dans son sanctuaire. Son antichambre voyait affluer pêle-mêle tous ceux qui avaient quelque chose à espérer ou à craindre de l'Empire. Là, s'agitaient, à voix basse, les espoirs et les déconvenues. Pendant que les solliciteurs de tous rangs et de tous pays s'impatientaient à attendre leur tour, le comte, bientôt duc de Morny, centre seul immobile de tout ce mouvement, se tenait au coin d'un grand feu, à demi caché par ses petits paravents, frissonnant toujours, même sous ses fourrures de renard bleu, et prenant plus ou moins la peine de dissimuler son mépris profond des hommes et des femmes elles-mêmes. Or, chose curieuse, c'est de ce mépris surtout que sa force était faite ! » Au fauteuil présidentiel, M. de Morny avait moins de talent oratoire, mais plus d'à-propos que son prédécesseur, M. Billault. M. de Boissieu a dit de lui : « Il était passé maître dans l'art de lâcher et de rassembler les rênes de son attelage parlementaire. Il paraissait aussi habile qu'impartial et aussi ferme que courtois. Il possédait l'art difficile des convenances et rendait à chacun selon ses œuvres et ses discours. Il connaissait le pouvoir d'un joli mot mis en sa place ; les manuscrits revenaient intacts de sa censure, et, s'il laissait à peu près tout dire, c'était moins un droit qu'une faveur accordée. » Les discours qu'il prononça à l'ouverture des sessions eurent une véritable importance politique. Après avoir été le partisan le plus audacieux de l'Empire personnel s'établissant par la violence, il devint peu à peu le précurseur et le conseiller de l'empire « libéral » encore en gestation. C'est ainsi qu'il se déclara partisan de la publicité intégrale des séances du Corps

législatif, et qu'il réchauffa l'ambition naissante de M. Émile Ollivier. De 1856 à 1857, il occupa le poste d'ambassadeur de France en Russie, où il représenta somptueusement l'empire au sacre du czar Alexandre II. Avant de rentrer en France, il épousa la fille d'un seigneur russe d'une des grandes familles du pays. Député, il fut successivement réélu : le 22 juin 1857, par 21,084 voix (21,194 votants et 32,089 inscrits), et, le 1er juin 1863, par 21,432 voix (21,893 votants, 33,373 inscrits). Il se piquait de protéger les lettres et les arts, avait réuni une magnifique collection de tableaux, et, sous le pseudonyme de *M. de Saint-Rémy*, avait donné aux théâtres quelques vaudevilles et opérettes parmi lesquels on cite : *Monsieur Choufleury restera chez lui le...* Grand amateur de sport, il entretenait une écurie célèbre, et, pour avoir une plage à lui, il fonda Deauville, en face de Trouville, en s'y faisant construire un chalet. Cette existence l'épuisa bientôt : « Il n'a plus que de l'eau dans les veines », écrivait Mérimée en 1864. Il voulut mourir « en vrai catholique », et outre les visites de l'empereur et de l'impératrice, il reçut deux fois, à son lit de mort, l'archevêque de Paris. Ses funérailles furent célébrées aux frais du trésor public. La commune de Deauville lui fit élever une statue de bronze, qui fut renversée après la chute de l'empire (septembre 1870). M. de Morny a été le type le plus brillant de la société de son époque. Octave Feuillet l'a peint dans *M. de Camors*, et Alphonse Daudet, dans le *Nabab*, a dit de lui avec raison, « qu'il fut l'incarnation la plus séduisante du second empire. »

MORTARIEU (DE). — *Voy.* VIALETTES.

MORTEMART (VICTURNIEN-JEAN-BAPTISTE MARIE DE ROCHECHOUART, DUC DE), député en 1789, né à Everly (Seine-et-Marne) le 8 février 1752, mort à Paris le 4 juillet 1812, de l'illustre maison de Rochechouart, dont une branche prit, à partir du XIVe siècle, le nom de la baronnie et marquisat de Mortemart (Haute-Vienne) érigé en duché-pairie en décembre 1650, entra, en octobre 1768, à l'École d'artillerie de Strasbourg, fut nommé colonel du régiment de Lorraine-infanterie le 20 mars 1774, brigadier le 1er janvier 1784, et maréchal de camp le 9 mars 1788. Après avoir fait partie de la seconde assemblée des notables, et soutenu au parlement, en sa qualité de pair, les revendications des protestants, il fut élu, le 24 mars 1789, député de la noblesse aux États-Généraux par le bailliage de Sens. Il y soutint les plans de Necker, mais s'opposa aux réformes demandées par la majorité de l'assemblée ; il protesta notamment contre la suppression des droits de péage et de minage, et donna sa démission le 20 avril 1790. Il émigra en 1791, se rendit à l'armée des princes, avec laquelle il fit la campagne en 1792, puis en Angleterre, où George III le reçut avec distinction et lui confia le commandement d'un corps d'émigrés à la solde de l'Angleterre. Son régiment fut envoyé en 1795 à Guernesey, et en janvier 1796 en Portugal, où il resta jusqu'en 1802. Au moment de la paix d'Amiens, ce corps fut licencié. M. de Mortemart rentra alors en France où il vécut paisiblement. Il venait d'être nommé par l'empereur conseiller général de la Seine, le 26 mars 1812, quand il fut brusquement emporté par une fièvre pernicieuse. On a de lui : *Traduction en vers du Paradis perdu de Milton ; Joseph en Egypte*, poème ; des *Contes* et des *Poésies légères* qui ne sont pas sans mérite.

MORTEMART (Victurnien-Bonaventure-Victor de Rochechouart, marquis de), député en 1789 et pair de France, né à Everly (Seine-et-Marne), le 28 octobre 1753, mort à Paris le 16 janvier 1823, frère du précédent, entra à l'Ecole d'artillerie de Strasbourg en 1768, devint ensuite capitaine, puis lieutenant-colonel au régiment de Navarre, fut, en 1778, colonel en second du régiment de Brie, et, en 1784, colonel-commandant du régiment de Navarre. En 1788, il présida l'assemblée de la noblesse du bailliage de Rouen, et fut élu par cette même assemblée, le 23 avril 1789, député de son ordre aux Etats-Généraux. Défenseur des institutions de l'ancienne monarchie, il protesta contre les décisions de l'Assemblée, fit partie du comité de judicature (20 août 1789), fut promu maréchal de camp le 1er mars 1791, et émigra en 1792. Il servit d'abord à l'armée des princes, se retira ensuite à Heidelberg, puis, étant passé en Angleterre en 1794, entra comme lieutenant-colonel dans le régiment commandé par son frère à la solde du gouvernement britannique, tint, l'année suivante, garnison à Guernesey, et, en 1796, alla en Portugal, d'où il revint à la paix d'Amiens. Rentré alors en France, il fut nommé par l'empereur, en 1809, conseiller général de la Seine-Inférieure. A la première Restauration, il fut promu lieutenant-général le 3 mars 1815, et, après les Cent-Jours, devint pair de France le 17 août 1815. Il vota pour la mort dans le procès du maréchal Ney; mais la faiblesse de sa santé l'empêcha de siéger avec assiduité; il mourut subitement en 1823.

MORTEMART (Victor-Louis-Victurnien de Rochechouart, marquis de), pair de France, né à Colmesnil (Seine-Inférieure) le 12 août 1780, mort à Paris le 28 janvier 1834, fils du précédent et de dame Adélaïde-Marie-Céleste de Ragu, suivit son père émigré en Allemagne, où il acheva son éducation. Il revint en France au mois d'avril 1799, pour obtenir sa radiation de la liste des émigrés, et épousa, trois ans après, la sœur du duc de Montmorency. En 1806, Napoléon choisit Mme de Mortemart pour dame d'honneur de l'impératrice, et, en 1808, nomma le marquis de Mortemart gouverneur du palais impérial de Rambouillet, puis chevalier de la Légion d'honneur (1809) et comte de l'Empire. M. de Mortemart se rallia aux Bourbons en 1814, devint conseiller général de la Seine-Inférieure en 1817, président du collège électoral du département en 1819 et 1820, officier de la Légion d'honneur en 1821, et fut admis, le 25 avril 1823, à siéger à la Chambre des pairs, à titre héréditaire, en remplacement de son père décédé. Président du conseil général de son département, commandeur de la Légion d'honneur le 22 mai 1825 et grand officier le 29 octobre 1826, il prêta serment au gouvernement de juillet en 1830, et siégea à la Chambre haute jusqu'à sa mort. Il a laissé des poésies manuscrites, parmi lesquelles une imitation d'*Obéron* de Wieland.

MORTEMART (Casimir-Louis-Victurnien de Rochechouart, prince de Tonnay-Charente, duc de), pair de France, sénateur du second Empire, né à Paris le 20 mars 1787, mort à Néauphle-le-Vieux (Seine-et-Oise) le 1er janvier 1875, cousin du précédent, et fils de Victurnien-Jean-Baptiste-Marie, duc de Mortemart (*Voy. plus haut*) et d'Adélaïde-Pauline-Rosalie de Cossé-Brissac, suivit en émigration sa famille qui le fit élever en Angleterre. Rentré en France en 1801, il s'engagea dans les gendarmes d'ordonnance, devint sous-lieutenant au 1er régiment de dragons en 1806, fit en cette qualité la campagne de Prusse et de Pologne et reçut, après Friedland, la croix de la Légion d'honneur (1er octobre 1807). Lieutenant au 25e dragons en 1809, et aide-de-camp du général Nansouty, il se signala à Ratisbonne, Essling et à Wagram, où il chargea l'infanterie autrichienne, et devint, en 1810, officier d'ordonnance de l'empereur, qui lui confia l'année suivante, une importante mission militaire en Hollande et en Danemark. Au retour, il rejoignit la grande armée à Posen, prit part à la campagne de Russie, se distingua à Borodino, et, pendant la retraite, reçut en récompense le titre de baron de l'Empire (8 avril 1813). Il se battit à Leipsig et à Hanau, fut promu officier de la Légion d'honneur le 30 novembre 1813, et présenta à l'impératrice les drapeaux pris à Champaubert (1814). Il adhéra un des premiers à la déchéance de Napoléon, et, à la première Restauration, fut nommé pair de France le 4 juin 1815, colonel des Cent-Suisses que son grand-père, le duc de Brissac, avait commandés en 1789, et chevalier de Saint-Louis (25 août 1814). Aux Cent Jours, il suivit le roi à Gand, et, au retour, fut nommé major général de la garde nationale de Paris (14 octobre 1815), maréchal-de-camp (22 novembre), capitaine-colonel des gardes du corps à pied et chevalier du Saint-Esprit (30 mai 1825). Au mois d'avril 1828, il fut envoyé comme ambassadeur à Saint-Pétersbourg en remplacement de M. de la Ferronnays, fut promu lieutenant-général le 24 décembre suivant, et revint en France au commencement de 1830. Il allait partir pour les eaux lorsqu'il apprit la publication des Ordonnances. Il se rendit immédiatement auprès de Charles X pour obtenir qu'elles fussent retirées. Mais déjà on se battait dans les rues de Paris, et le roi crut faire une concession suffisante en offrant (29 juillet) à M. de Mortemart la mission de composer un ministère dont il aurait eu la présidence. Le duc ne céda aux instances du roi qu'après avoir l'assurance que les Ordonnances seraient rapportées et les Chambres immédiatement convoquées; mais le temps passé à ces négociations n'avait pas arrêté la marche des événements, et, quand M. de Mortemart se présenta à la réunion des députés, n'obtint de M. Bérard que cette réponse : « Il est trop tard. » Il s'installa néanmoins au Luxembourg; mais devant l'attitude de l'Hôtel de Ville, il fallut bien se rendre à l'évidence et il rejoignit le roi à Saint-Cloud. M. de Mortemart, ayant prêté serment au gouvernement de juillet, continua de siéger à la Chambre haute, fut promu grand-croix de la Légion d'honneur le 8 janvier 1831, et envoyé comme général en inspection. Son adhésion au nouveau régime était raisonnée: « Pour gouverner 32 millions de Français, écrivait-il à un ami le 31 octobre 1833, il faut en satisfaire 31 millions au moins. Charles X n'y a pas pensé, se fiant sur son droit qui a péri comme il avait commencé, par la volonté des masses. Le gouvernement actuel est une nécessité d'existence sociale pour l'Europe. » Le 5 janvier 1833, avait accepté la mission de faire reconnaître le nouveau régime par l'empereur Nicolas, qui ne ménageait pas à la révolution de 1830 ses manifestations antipathiques ; parti à Saint-Pétersbourg comme ambassadeur extraordinaire, le duc de Mortemart y succéda bien comme ambassadeur, au duc de Trévise, et y resta jusqu'en 1833. Il revint ensuite siéger à la Chambre haute où il se montra partisan d'une politique libérale. Admis d'office à la retraite, comme général, le 8 juin 1848, il fut rendu à l'activité par le prince-président qui lui offrit en vain le portefeuille des Affaires étrangères, et qui le nomma commandant de la 19e division militaire (Bourges), puis sénateur (27 mars 1852). Le duc n'assista guère aux séances, se tint également à l'écart de la nouvelle cour, et se consacra aux œuvres de charité. Une seule fois, il se rappela ses rapports avec les hommes du second Empire, lorsqu'il protesta, par une lettre indignée à M. de Persigny, contre la suppression de la Société de Saint-Vincent-de-Paul. On a de lui : *le Château de Meillant sous Louis XIII* (1851).

MORTEMART (Anne-Victurnien-René-Roger de Rochechouart, marquis de), représentant du peuple en 1848, député au Corps législatif de 1852 à 1863, représentant en 1871, né à la Chassagne (Rhône) le 10 mars 1804, petit-neveu du précédent, et fils du duc Victor-Louis-Victurnien (*Voy. plus haut*), devint plus tard chef de la famille et hérita du titre de duc par la mort de son grand-oncle (12 janvier 1873). Entré à Saint-Cyr en 1821, puis à Saumur, il en sortit sous-lieutenant au 17e chasseurs, passa dans les lanciers de la garde royale, y fut nommé capitaine, et donna sa démission en 1827, pour s'occuper d'agriculture. Maire de la Chassagne sous Louis-Philippe, libéral et légitimiste, il fut élu, le 15 janvier 1848, député du 5e collège du Rhône (Villefranche) en remplacement de M. Terme, décédé, par 466 voix (841 votants, 1,008 inscrits). Il eut à peine le temps de siéger, et, après les journées de février, fut réélu, le 23 avril, représentant du Rhône à l'Assemblée constituante, le 6e sur 14, par 71,746 voix. Il prit place à l'extrême-droite, parmi les membres de l'opposition légitimiste, fit partie du comité du travail, et vota *contre* le bannissement de la famille d'Orléans, *pour* les poursuites contre L. Blanc et Caussidière, *contre* l'impôt progressif, *contre* l'incompatibilité des fonctions, *contre* l'amendement Grévy, *contre* la sanction de la Constitution par le peuple, *pour* l'ensemble de la Constitution, *pour* la proposition Rateau, *pour* l'interdiction des clubs, *pour* l'expédition de Rome, *contre* la demande de mise en accusation du président et des ministres. Non réélu à la Législative, il se rallia à la politique de l'Elysée, et obtint la candidature officielle au Corps législatif dans la 4e circonscription du Rhône, qui l'élut député, le 29 février 1852, par 15,595 voix (22,633 votants, 37,621 inscrits), contre 3,480 à M. Suchet et 3,147 à M. d'Albon, et, le 22 juin 1857, par 16,944 voix (21,633 votants, 35,773 inscrits), contre 4,608 à M. Jules Favre. Mais, ayant perdu l'appui de l'administration, il échoua le 1er juin 1863, avec 3,630 voix, contre 20,453 à l'élu, M. Terme, et 1,989 à M. Michaud. Il était conseiller général du Rhône depuis 1848. Pendant la guerre de 1870, M. de Mortemart reprit du service comme colonel et entra dans l'état-major du général Trochu. Elu, le 8 février 1871, représentant du Rhône à l'Assemblée nationale par 57,353 voix sur 117,523 votants et 185,134 inscrits, il siégea à droite, fit partie des réunions Colbert et des Réservoirs, vota *pour* la paix, *pour* l'abrogation des lois d'exil *pour* la pétition des évêques, *pour* le pouvoir constituant, *contre* le service de trois ans, *pour* la démission de

Thiers, *pour* le septennat, *pour* la loi des maires, *contre* l'amendement Wallon, *contre* les lois constitutionnelles. Il ne se représenta pas en 1876. Chevalier de la Légion d'honneur (1856). On a de lui : *L'impôt des boissons* (1851).

MORTEMART (Anne-Henry-Victurnien de Rochechouart, marquis de), représentant en 1849, député au Corps législatif de 1852 à 1856, né à Paris le 27 février 1806, mort à Meillant (Cher) le 17 octobre 1885, frère du précédent, fut page de Louis XVIII, entra à l'Ecole militaire de Saint-Cyr, et servit en qualité d'officier aux grenadiers à cheval de la garde royale. La révolution de 1830 l'écarta des emplois publics. Elu, le 13 mai 1849, comme conservateur royaliste, représentant de la Seine-Inférieure à l'Assemblée législative, le 10e sur 16, par 83,222 voix (146,223 votants, 213,301 inscrits), il siégea à droite, appuya la politique de la majorité conservatrice, et se prononça *pour* l'expédition romaine, *pour* la loi Falloux-Parieu sur l'enseignement ; il ne se montra pas hostile au coup d'Etat du 2 décembre 1851, et fut désigné, le 29 février 1852, comme candidat du gouvernement au Corps législatif, dans la 5e circonscription de la Seine-Inférieure, où l'élut député par 20,498 voix (21,447 votants, 36,583 inscrits). M. de Mortemart se rallia au rétablissement de l'Empire et vota le plus souvent avec la majorité dynastique, jusqu'en mars 1856, époque à laquelle il donna sa démission de député pour des raisons de santé. Il fut remplacé, le 6 avril suivant, par M. de la Bédoyère. On a de lui : *Décentralisation administrative* (1850).

MORTIER (Antoine-Charles-Joseph), député en 1789, né au Cateau (Nord) le 18 août 1730, mort au Cateau le 4 août 1808, « fils du sieur Charles-Mathieu Mortier, et de demoiselle Anne-Marie Deudon, » était cultivateur et « marchand mulequinier » (de *molequin*, sorte d'étoffe) au Cateau, lors de la Révolution. Elu, le 17 avril 1789, député du tiers aux Etats-Généraux par le Cambrésis, il opina silencieusement avec la majorité, et quitta la vie publique après la session.

MORTIER (Adolphe-Edouard-Casimir-Joseph), duc de Trévise, pair de France en 1814, pair des Cent-Jours, député de 1816 à 1819 et pair de France, né à Cateau-Cambrésis (Nord) le 13 février 1768, tué à Paris le 28 juillet 1835, fils du précédent et de Anne-Josèphe Bonnaire, fit ses études au collège des Irlandais à Douai ; mais, au lieu d'entrer dans le commerce, comme le souhaitaient ses parents, il s'engagea en 1789 dans le 1er bataillon des volontaires du Nord, et devint sous-lieutenant de carabiniers en 1791. Capitaine au 1er bataillon du Nord la même année, il eut un cheval tué sous lui à Quiévrain, se distingua à Jemmapes et à Nerwinde et, en récompense de sa conduite à Hondschoote, obtint le grade d'adjudant général (16 octobre 1793). Blessé au déblocus de Maubeuge, il assista à l'affaire de Mons et à la bataille de Fleurus, et prit part au siège de Maëstricht, où il s'empara du fort Saint-Pierre. A l'armée de Sambre-et-Meuse en 1796, il commanda les troupes d'avant-postes, contribua, le 4 juin, à la victoire d'Altenkirchen, passa de vive force la Nidda, et, le 4 juillet, enleva un convoi à Wlidendorff, puis occupa Giessen et repoussa les Autrichiens sur Bemberg. Il eut, le 8 août, à remplacer Richepanse blessé à la tête de la cavalerie, et mérita, au passage de la Redintz, les éloges de Kléber. Il fut ensuite chargé de négocier avec l'électeur l'occupation de Mayence. Après Campo-Formio, il préféra le commandement du 23e de cavalerie au grade de général de brigade qui lui fut offert, et il n'accepta ces dernières fonctions qu'en 1799. Attaché à l'armée du Danube, il assista à toutes les opérations autour d'Offenbourg, fut nommé général de division le 25 septembre suivant, commanda successivement la 4e division de l'armée d'Helvétie, avec laquelle il prit part à la campagne de Zurich, puis la 2e division de l'armée du Danube, et enfin la 16e division militaire à Paris (29 mai 1800). A la rupture de la paix d'Amiens, Mortier eut la direction des troupes envoyées en Hanovre, força le feld-maréchal Walmoden à repasser l'Elbe, et con-clut avec lui, le 2 juin 1803, une convention par laquelle l'armée hanovrienne était pri-sonnière de guerre et le territoire de l'Electo-rat abandonné à la France. Après avoir organisé l'administration, il revint en France, où il fut nommé commandant de l'artillerie de la garde consulaire. Promu à la dignité de maréchal de France le 29 floréal an XII, chef de la 2e cohorte de la Légion d'honneur et grand-aigle de l'ordre le 10 pluviôse an XIII, il fut placé, avec Bessières, à la tête de la garde impériale, lors de la campagne d'Autriche, manœuvra sur le flanc de l'armée russe, dont il coupa les communications avec la Moravie et, à Léoben, le 11 novembre, tint tête avec une seule division à tout le corps de Kutusoff. A l'occasion de ce fait d'armes, la ville du Cateau voulut élever un monument au maréchal Mor-tier qui refusa cet honneur. En 1806, il occupa l'électorat de Hesse-Cassel, et arriva le 19 no-vembre à Hambourg, où il confisqua les pro-priétés anglaises et retint les Anglais prison-niers, mais négligea, à la demande de Bou-rienne, alors ministre plénipotentiaire, de s'emparer, malgré ses instructions, de 80 mil-lions de marks déposés à la banque. Il en-vahit ensuite le Mecklembourg et la Pomé-ranie, et commença le siège de Stralsund que le petit nombre de ses soldats ne lui permit pas de pousser avec vigueur; il battit les Suédois à Auckland et conclut avec leur général une convention en vertu de laquelle les îles d'Usedom et de Volgœst furent remises aux Français. Il rejoignit la grande armée après Eylau et se distingua à Friedland. A la paix de Tilsitt, il devint gouverneur de la Silésie et reçut, le 2 juillet 1808, le titre de duc de Tré-vise, avec une dotation de 100,000 francs de rente en Hanovre. Peu après, il fut appelé au commandement du 5e corps de l'armée d'Es-pagne, assista, en février 1809, au siège de Saragosse, gagna, le 18 novembre, la bataille d'Ocana, se joignit au duc de Dalmatie devant Badajoz, et investit Cadix, où la junte s'était réfugiée. Rappelé pour prendre le commande-ment de la jeune garde partant pour la Russie, il se distingua à Smolensk et à la Moskowa, fut nommé gouverneur du Kremlin, eut ordre de faire sauter les halles après le départ de l'empereur, et fit prisonnier le général Winzin-grode qui se préparait à diriger une attaque contre Moscou en ruines. Il protégea le passage de la Bérézina en soutenant Oudinot qui luttait avec peine contre l'armée russe. Après la re-traite, et à l'aide des nouvelles recrues, il réor-ganisa les troupes de la jeune garde à Franc-fort-sur-le-Mein, et se battit avec elles à Lutzen, à Bautzen, à Dresde, à Leipsig et à Hanau. Rentré en France au commencement de janvier 1814, à la tête d'un faible corps

d'armée, il se vit bientôt séparé de l'empereur, fut poussé par les alliés sous les murs de Paris non sans résister héroïquement, et, à la Fère-Champenoise, à Brie-Comte-Robert, infligea à l'ennemi des pertes sensibles. Il refusa de signer la capitulation consentie par Marmont et sortit de Paris avec armes et bagages. Il envoya (8 avril) son adhésion à la déchéance de l'empereur. Louis XVIII le nomma commandant de la 16e division militaire à Lille, chevalier de Saint-Louis (2 juin, et pair de France (4 juin 1814). Au retour de l'île d'Elbe, Mortier fit prévenir le roi par M. de Blacas que les troupes étaient prêtes à se sou-lever, supplia le roi de sortir de Lille, et l'ac-compagna jusqu'au bas des glacis de la cita-delle. Puis il se rendit à Paris, où Napoléon le nomma pair de France, le 2 juin 1815, et lui confia le commandement des places frontières du Nord et de l'Est. A la seconde Restauration, il fut rayé de la liste des pairs. Désigné pour faire partie du conseil de guerre chargé de juger le maréchal Ney, il se déclara incompé-tent comme ses collègues. Nommé gouverneur de la 15e division militaire (10 janvier 1816), il fut élu, le 4 octobre suivant, député du grand collège du Nord, par 95 voix (168 votants, 25... inscrits); mais il ne siégea que très rarement. Par ordonnance du 5 mars 1819, il fut rappelé à la pairie, puis promu commandeur de Saint-Louis (24 août 1820) et chevalier des ordres du roi (30 mai 1825). Il se rallia au gou-vernement de juillet, qui, le 21 décembre 1830 l'envoya comme ambassadeur à Saint-Péters-bourg, fonctions qu'il conserva jusqu'au 1 sep-tembre 1831. A cette époque, il fut nommé grand-chancelier de la Légion d'honneur. Après le ministère des trois jours et sur les instances du roi, il prit le portefeuille de la Guerre, le 18 novembre 1834, avec la présidence du con-seil, jusqu'au 12 mars 1835. L'amiral de Rigny lui succéda par intérim jusqu'au 30 avril sui-vant, époque à laquelle le maréchal Maison devint titulaire de ce département. La veille de l'anniversaire des journées de juillet, en 1835, sa famille chercha à le dissuader d'assister à la revue du 28, en raison des bruits d'attentat qui circulaient. Sur le boulevard du Temple, on le sollicita de nouveau de se retirer : la chaleur était accablante. Il refusa, et presque au même moment, éclata la machine infernale de Fieschi. Mortellement frappé, il fut transporté dans une salle de billard du jardin Turc où il expira quelques minutes après, en poussant un grand cri: une balle était entrée par l'oreille gauche et était sortie au-dessous de l'oreille droite. Son corps fut inhumé aux Invalides. La ville du Cateau lui a élevé une statue en bronze inaugurée le 16 septembre 1838.

MORTIER (NAPOLÉON), DUC DE TRÉVISE, pair de France, sénateur du second Empire, né à Issy (Seine) le 7 août 1804, mort à Sceaux (Seine) le 30 décembre 1869, fils du précé-dent et de Mme Anne-Eve Himmes, se montra comme son père, dévoué à la monarchie de Louis-Philippe, fut choisi pour cheva-lier d'honneur de la duchesse d'Orléans, et fut nommé pair de France le 13 avril 1845. La ré-volution de février 1848 le rendit à la vie privée. Mais il fut rappelé aux honneurs par Napo-léon III, qui le nomma sénateur le 4 mars 1853 et chambellan en 1862. En outre, il siégea dans la commission municipale (conseil municipal de Paris pour le canton de Sceaux. M. Mortier vota jusqu'à sa mort selon les vœux du pouvoir. Grand officier de la Légion d'honneur du 14 août 1866.

MORTIER (Charles-Henri-Edouard-Hector, comte), pair de France, né au Cateau (Nord), le 25 mars 1797, mort à Paris le 23 mars 1864, « fils de Hector-Auguste-Alexandre Mortier, propriétaire, domicilié dans ladite municipalité du Cateau, faubourg de France, et de Emilie-Catherine-Joseph Triquet, son épouse, » et neveu du maréchal Mortier (*Voy. plus haut*), fit ses études classiques au lycée Bonaparte à Paris et suivit la carrière diplomatique. Premier secrétaire de légation à Berlin en 1830, il fut bientôt, en raison de la faveur dont jouissait son oncle auprès de Louis-Philippe, appelé à de plus hautes fonctions. Successivement ministre plénipotentiaire à Munich, puis à Lisbonne (1833), à La Haye (1835), à Berne (1839), à Parme (1844), il fut associé aux principales manifestations de la politique extérieure du gouvernement de juillet : on remarqua l'appui prêté par lui, en Suisse, aux réclamations du parti catholique, dont il se fit l'écho pour exiger, au nom de la France, le rétablissement des couvents, dont la suppression avait été décidée. Le comte Mortier fut appelé, le 11 septembre 1835, à faire partie de la Chambre des pairs. Il y soutint la monarchie constitutionnelle, sans se montrer d'ailleurs très assidu aux séances, en raison d'une folie tantôt mélancolique, tantôt furieuse : dans un accès (novembre 1846), il voulut même se tuer avec ses deux enfants. La révolution de 1848 l'éloigna de la vie politique. En 1856, le prince Jérôme le choisit comme premier chambellan. Le comte Mortier fut admis à la retraite en qualité d'ambassadeur, le 5 août 1857. Officier de la Légion d'honneur du 24 décembre 1841.

MORTIER-DUPARC (Pierre), député au Conseil des Cinq-Cents, né à la Suze (Sarthe) le 8 septembre 1748, mort à la Suze le 24 avril 1833, était avocat à la Suze au moment de la Révolution. Il remplit des fonctions municipales, et fut élu, le 24 vendémiaire an IV, député de la Sarthe au Conseil des Cinq-Cents, par 146 voix (296 votants). Il prit plusieurs fois la parole sur l'instruction publique, et lut un rapport tendant à envoyer le portrait de Marceau à toutes les autorités. Sorti du Conseil en 1797, il se rallia au coup d'Etat de brumaire, et devint, le 9 floréal an VIII, président du tribunal civil du Mans. Il rentra dans la vie privée avant la fin de l'empire.

MORTILLET (Alexandre-Gallix de), député de 1824 à 1827, né à Châtillon-Saint-Jean (Drôme) le 26 octobre 1764, mort au château d'Alivet (Drôme) en 1834, propriétaire à Renage (Isère), chevalier de la Légion d'honneur et conseiller d'arrondissement de Saint-Marcellin, fut élu, le 25 février 1824, député du 2e arrondissement de l'Isère (Tullins), par 147 voix (227 votants, 250 inscrits). Il ne prit jamais la parole et vota généralement avec les ministériels. Les élections de 1827 l'éloignèrent de la vie politique.

MORTILLET (Louis-Laurent-Gabriel de), député de 1885 à 1889, né à Meylan (Isère) le 29 août 1821, commença ses études chez les jésuites de Chambéry, puis vint à Paris où il travailla au Muséum d'histoire naturelle et dans le laboratoire de M. Péligot, au Conservatoire des arts et métiers. Il s'occupa aussi de politique, collabora à la *Revue indépendante*, et se montra dès cette époque partisan des idées avancées. Ce fut lui qui, dans la nuit du 13 juin 1849, parvint à faire évader du Conservatoire des arts et métiers Ledru-Rollin décrété d'accusation pour sa tentative insurrectionnelle. Condamné quelques mois plus tard à deux ans de prison pour un pamphlet socialiste, il se retira en Savoie; mais, comme il y prêchait l'annexion à la France, le gouvernement sarde le fit expulser. Il alla alors à Genève où il classa les collections du musée d'histoire naturelle, s'occupa de la théorie glaciaire et des paloffites que l'on venait de découvrir à Schweigen et qui ouvraient des horizons nouveaux à l'archéologie préhistorique. En Italie, où il retourna ensuite (1856), il fut employé en qualité d'ingénieur à la construction des chemins de fer et dirigea une exploitation de chaux hydraulique. Il avait aussi, en 1854, réorganisé le musée d'Annecy. De retour en France en 1864, il fonda un recueil périodique sous le titre : *Matériaux pour l'histoire naturelle et positive de l'homme*, et fut chargé, en 1867, d'organiser la salle du préhistorique de l'histoire du travail. En 1868, il fut attaché au musée des antiquités nationales à Saint-Germain-en-Laye, qu'il parvint à protéger contre l'occupation allemande. Nommé conservateur-adjoint à ce musée, membre et président de la Société d'anthropologie (1876), il fonda avec Broca l'Ecole d'anthropologie installée à Paris, et devint professeur d'anthropologie préhistorique. En 1878, il organisa au Trocadéro l'exposition préhistorique de cette école et fut nommé chevalier de la Légion d'honneur la même année. Conseiller municipal et maire de Saint-Germain, il montra dans ces dernières fonctions des tendances autoritaires qui lui occasionnèrent quelques mécomptes. Lié avec Elisée Reclus, le prince Kropotkine, et d'autres notabilités socialistes, il fut porté, aux élections du 4 octobre 1885, sur la liste radicale de Seine-et-Oise, et élu député, au second tour, le 18 octobre, le 9e et dernier, par 55,270 voix (119,995 votants, 153,342 inscrits). Il prit place à l'extrême gauche et, en février 1886, fit voter par 266 voix contre 194, à propos de la loi sur la liberté des funérailles, un amendement qui autorisait le testateur à disposer de son corps dans l'intérêt de la science; c'était une quasi-reconnaissance de la Société d'autopsie mutuelle que M. de Mortillet avait fondée avec quelques autres membres de la Société d'anthropologie. Dans la dernière session, M. de Mortillet s'est abstenu sur le rétablissement du scrutin d'arrondissement (11 février 1889), et s'est prononcé *contre* l'ajournement indéfini de la révision de la Constitution, *pour* les poursuites contre trois députés membres de la Ligue des patriotes, *contre* le projet de loi Lisbonne restrictif de la liberté de la presse, *pour* les poursuites contre le général Boulanger. On a de lui : *Histoire des mollusques terrestres et d'eau douce de la Savoie et du bassin du Léman* (1852-54); *Guide de l'étranger en Savoie* (1856); *Le signe de la croix avant le christianisme* (1866); *Le préhistorique* (1883); *Le Musée préhistorique*; *Origines de la pêche, de la chasse et de l'agriculture* (Tome Ier, 1890). M. de Mortillet a collaboré à la *Revue indépendante* dont il fut même propriétaire en 1847, à la *Revue scientifique*, dans laquelle il a publié : *Les précurseurs de l'homme et les singes fossiles*, à la *Revue archéologique*, aux *Bulletins de la société d'anthropologie*, à la *Revue d'anthropo-*

logie, et a enfin récemment fondé : *L'Homme*, journal des sciences anthropologiques.

MORVAN (AUGUSTIN-MARIE), représentant en 1871, né à Lannilis (Finistère) le 7 février 1819, mort à Douarnenez (Finistère) le 21 juillet 1885, médecin à Lannilis, maire de la commune et conseiller général, fut porté sur la « liste républicaine de l'ordre et de la paix » lors des élections complémentaires du 2 juillet 1871, destinées à pourvoir au remplacement de quatre représentants, et fut élu député du Finistère à l'Assemblée nationale, le 1er sur 4, par 59,609 voix (93,916 votants, 169,980 inscrits). Sa candidature avait obtenu les suffrages des conservateurs libéraux. Il siégea à gauche et vota *contre* la pétition des évêques, *contre* le pouvoir constituant, *contre* le service de trois ans, *pour* la démission de Thiers, *contre* l'arrêté contre les enterrements civils, *contre* le septennat, *contre* le ministère de Broglie, *pour* la prorogation de l'assemblée, *pour* les lois constitutionnelles. Il ne se représenta pas le 20 février 1876, et échoua, le 14 octobre 1877, dans la 3e circonscription de Brest, comme candidat protestataire, avec 5,281 voix contre 9,135 à l'élu, M. Monjaret de Kerjégu, candidat du Maréchal. Il renonça dès lors à la vie politique.

MOSBOURG (JEAN-ANTOINE-MICHEL AGAR, COMTE DE), député au Corps législatif de l'an XII à 1806, député de 1830 à 1837, et pair de France, né à Mercuez (Lot) le 18 décembre 1771, mort à Paris le 8 novembre 1844, « fils de monsieur Pierre Agar, bourgeois, et de madame Marie Guilhon, son épouse », passa une grande partie de sa jeunesse, avec sa famille, à Saint-Domingue, où il fut témoin des troubles de la colonie. Prisonnier des Anglais en juin 1794, il fut rendu, l'année suivante, à la liberté, collabora à quelques journaux, puis étudia le droit et exerça à Cahors la profession d'avocat (1797). Il y enseigna aussi les belles-lettres (1799), ayant obtenu une chaire au concours. La protection de son compatriote Murat lui valut le titre de commissaire près du gouvernement provisoire de Toscane ; il remplit cette fonction jusqu'à la constitution du royaume d'Etrurie (1801), devint conseiller général de son département, et fut appelé par le choix du Sénat, le 2 fructidor an XII, à siéger comme député du Lot au Corps législatif impérial, dont il sortit en 1806. Il accompagna Murat dans la campagne de 1805, sans fonction particulière, et en costume de député, faute de mieux. Murat, nommé en 1806 grand-duc de Berg et de Clèves, l'emmena en qualité de ministre des finances. L'année suivante, M. Agar épousa une des nièces de son protecteur, et obtint, avec le titre de comte, la terre de Mosbourg. De retour à Paris en 1808, il se vit bientôt confier à nouveau les fonctions de ministre des finances de Murat, devenu roi de Naples : son administration fut prospère. Il quitta Naples en 1815, obtint du roi de Prusse sa réintégration dans la propriété de la seigneurie de Mosbourg, et se fixa en France. Adversaire des mesures financières prises par le gouvernement de la Restauration, il attaqua (1824) dans un mémoire adressé à la Chambre des pairs, le projet de conversion des rentes de M. de Villèle, et se présenta, comme candidat de l'opposition libérale, à la Chambre des députés, le 17 novembre 1827, dans le 2e arrondissement de Cahors, où il échoua avec 22 voix contre 62 à l'élu, M. de Folmont. Il continua de combattre

dans des brochures la politique financière du gouvernement, et, de nouveau candidat à la députation, le 21 octobre 1830, dans le même arrondissement, mais cette fois avec l'appui du gouvernement de Louis-Philippe, il fut élu député par 61 voix sur 62 votants (118 inscrits, en remplacement de M. de Flaujac. Il inclina au début vers la fraction la plus modérée de l'opposition constitutionnelle, mais ne tarda pas à prendre rang dans la majorité conservatrice, et obtint sa réélection, le 5 juillet 1831, avec 105 voix (173 votants), puis le 21 juin 1834, avec 109 voix (178 votants, 222 inscrits), contre 63 à M. de Folmont. Il parla sur les questions de finance et demanda notamment (2 avril 1832) 140 millions d'économies sur le budget. Elevé à la pairie le 3 octobre 1837, il continua de soutenir le pouvoir à la Chambre haute, et mourut en 1844. Officier de la Légion d'honneur (1804).

MOSKOWA (PRINCE DE LA). — *Voy.* NEY.

MOSNERON DE LAUNAY (JEAN-BAPTISTE, BARON), député en 1791, et au Corps législatif en l'an VIII, né à Nantes (Loire-Inférieure) le 28 août 1738, mort à Saint-Gaudens (Haute-Garonne) en 1830, d'une riche famille d'armateurs nantais, voyagea en Angleterre et en Hollande, alla à Saint-Domingue sur un navire de son frère, mais, plus épris de littérature que de commerce, revint étudier le droit à Paris où il composa des tragédies, et fit paraître en 1786 une traduction du *Paradis perdu* de Milton, qui eut six éditions. Officier municipal à Nantes en 1789, il fit partie de la députation envoyée à Paris, par l'Assemblée constituante, par le commerce de Nantes, et prononça, le 26 février 1790, à la Société des Amis de la Constitution, un discours sur les colonies et la traite des noirs, dans lequel il demandait que l'Assemblée déclarât « qu'elle n'entendait faire aucune application de ses décrets aux colonies, qui seraient exploitées comme par le passé, sauf à attendre la manifestation de leur vœu ». Elu, le 5 septembre 1791, député de la Loire-Inférieure à l'Assemblée législative, le 8e et dernier, par 150 voix (216 votants), il y défendit les prêtres qui n'avaient pas prêté le serment constitutionnel et demanda que l'autorité ne prît des mesures rigoureuses que contre ceux qui troubleraient réellement l'ordre public ; mais il vota le côté droit et se trouva aux côtés du roi dans la journée du 10 août 1792. Arrêté sous la Terreur, il fut incarcéré au Luxembourg, et mis en liberté après la chute de Robespierre. Favorable au 18 brumaire, il fut choisi, le 4 nivôse an VIII, par le Sénat conservateur, pour représenter la Loire-Inférieure au nouveau Corps législatif, où il resta jusqu'en l'an XI. Il publia, à ce moment, une *Vie du législateur des chrétiens sans lacunes ni miracles*, dont il récusa plus tard la paternité. Il parut alors se consacrer à ses intérêts privés et à la littérature, dans sa retraite de Bagnères-de-Luchon où il s'était marié. C'est de cette époque que datent *La Vie de Milton* (1804) et des romans *Memnon ou le jeune israélite* et *le Vallon aérien*. A la seconde Restauration, il obtint en raison de son attitude à l'Assemblée législative, la croix de la Légion d'honneur, et la direction de l'entrepôt des tabacs à Saint-Gaudens, et, en 1822, le titre de baron, après une vive protestation monarchique de sa part contre la conduite d'un de ses neveux impliqué dans la conspiration de Berton. On a encore de lui

Essai sur l'homme, de Pope, des dissertations sur les langues, etc.

MOSTUÉJOULS (CHARLES-FRANÇOIS-ALEXANDRE, COMTE DE), député de 1820 à 1827, pair de France, né à Mostuéjouls (Aveyron) le 16 janvier 1769, mort à Mostuéjouls le 10 avril 1849, « fils de messire Jean-Pierre de Mostuéjouls, seigneur marquis de Mostuéjouls et autres places, et de dame Marie-Françoise-Adélaïde Le Filleul de la Chapelle, mariés, du lieu et habitant dans le château de Mostuéjouls ». émigra avec sa famille à la Révolution et ne rentra en France qu'à la Restauration. Propriétaire influent et maire de Mostuéjouls, il fut élu député du grand collège de l'Aveyron, le 13 novembre 1820, par 129 voix (243 votants, 290 inscrits). et successivement réélu le 10 octobre 1821, par 144 voix (195 votants, 295 inscrits), et le 25 février 1824, par le 3e arrondissement électoral de l'Aveyron (Millau), avec 192 voix (235 votants, 297 inscrits), contre 39 voix à M. de Nogaret. M. de Mostuéjouls vota constamment avec la majorité monarchique, demanda la parole sur la loi d'indemnité, mais la clôture fut prononcée au moment où il se disposait à monter à la tribune; il parla contre la liberté de la presse avec vivacité. Nommé pair de France le 5 novembre 1827, il défendit à la Chambre haute les idées de M. de Bonald, qu'il avait remplacé à la Chambre en 1824, et fut du nombre des pairs de Charles X dont la nomination fut annulée par l'article 68 de la Charte de 1830.

MOSTUÉJOULS (AMÉDÉE-HIPPOLYTE-MARIE-ANTOINE, VICOMTE DE), député de 1827 à 1830, né au château de Mostuéjouls (Aveyron) le 8 juillet 1777, mort à une date inconnue, frère du précédent, émigra avec son frère à la Révolution. Il fut élu, le 24 novembre 1827, député du grand collège de l'Aveyron, par 56 voix (107 votants, 159 inscrits), siégea parmi les ultra-royalistes, soutint le ministère Polignac et rentra dans la vie privée aux élections de 1830.

MOTTE-ANGO (DE LA). — *Voy.* FLERS (COMTE DE).

MOTTET (AMBROISE-FRANÇOIS-JEAN-BAPTISTE), député de 1835 à 1842 et de 1846 à 1848, né à Aix (Bouches-du-Rhône) le 15 décembre 1792, mort à Aix le 13 janvier 1862, fut avocat, puis notaire, devint maire d'Aix après 1830 et procureur du roi à Marseille peu de temps après. Il entra bientôt dans la vie politique avec l'appui du gouvernement, et fut élu, le 12 décembre 1835, député du 4e collège de Vaucluse (Apt), en remplacement de M. Pons nommé sous-préfet, par 105 voix (128 votants, 175 inscrits). Ayant été appelé aux fonctions de procureur général en Corse, il dut se représenter devant ses électeurs qui lui renouvelèrent son mandat, le 8 juillet 1837, par 104 voix (105 votants). Il fut ensuite réélu, dans le même collège, le 4 novembre 1837, par 155 voix (180 votants, 247 inscrits), contre 16 voix à E. Proal de Zanobis, et le 2 mars 1839, par 139 voix (195 votants, 239 inscrits), contre 53 à M. de Salvandy. Nommé conseiller d'État, il dut encore solliciter les suffrages de ses concitoyens qui confirmèrent son mandat, le 26 décembre 1839, par 137 voix (137 votants, 245 inscrits). Les élections du 9 juillet 1842 lui furent défavorables; mais le collège d'Apt lui rendit son siège de député, le 17 février 1844, en remplacement de M. Teste démissionnaire, par 142 voix (266 votants, 297 inscrits), contre

123 à M. Brémond. et le réélut encore, le 1er août 1846, par 178 voix (270 votants, 330 inscrits), contre 87 voix à M. Murrien. M. Mottet ne cessa d'appartenir à la fraction ministérielle; il appuya l'adresse de 1839, soutint le ministère Molé, vota *pour* la dotation du duc de Nemours, *pour* les fortifications de Paris et *contre* l'adjonction des capacités. Il fut admis à la retraite comme conseiller d'État le 30 mai 1848, et rentra pour quelques années dans la vie privée. Mais, s'étant rallié au second Empire, il accepta de M. Fortoul, en 1854, les fonctions de recteur de l'académie d'Aix, poste qu'il occupait encore au moment de sa mort.

MOTTET DE GÉRANDO (DOMINIQUE), député de 1827 à 1828, né à Valence (Drôme) le 5 avril 1771, mort à Lyon (Rhône) le 14 mars 1828, négociant et membre de la chambre de commerce de Lyon, fut élu, le 24 novembre 1827, député du grand collège du Rhône, par 261 voix (496 votants, 543 inscrits). On lui apprit la nouvelle de son élection dans son lit où le retenait une assez grave maladie. Il siégea à l'opposition libérale, mais sans avoir le temps d'y jouer un jouer un rôle fort actif, car il mourut l'année suivante, et fut remplacé, le 8 mai 1828, par M. Dauphin de Vérna.

MOUCHY (DE). — *Voy.* NOAILLES.

MOUGEOT (JEAN-BAPTISTE FÉLIX), député de 1878 à 1881, né à Chaumont (Haute-Marne) le 18 octobre 1818, étudia la médecine et se fit recevoir docteur. Établi à Chaumont, il devint conseiller général de la Haute-Marne pour ce canton, et, le 5 mai 1878, se présenta, comme candidat républicain, pour succéder à la Chambre des députés à M. Maitret décédé. M. Mougeot fut élu député de l'arrondissement de Chaumont par 12,326 voix (15,486 votants, 24,759 inscrits), contre 1,822 à divers candidats. Il siégea à gauche, dans les rangs de la majorité, soutint le gouvernement de ses votes, opina *pour* l'amnistie partielle, *pour* l'invalidation de Blanqui, *pour* les lois nouvelles sur la presse et le droit de réunion. Candidat dans la même circonscription aux élections du 21 août 1881, il échoua, au premier tour, avec 5,484 voix, et se désista, au second tour, en faveur de M. Dataily, radical, élu par 10,018 voix, contre 9,673 à M. de Beurges, conservateur.

MOUGEOTTE DES VIGNES (PIERRE), député en 1789, représentant aux Cent-Jours, né à Vignes (Haute-Marne) le 7 janvier 1755, mort à Humberville (Haute-Marne) le 22 novembre 1816, « fils de Jean-Maximilien-Pierre Mougeotte, seigneur des Vignes, gendarme de la garde ordinaire du roi, et de dame Pétronille de Curel», appartint à la magistrature de l'ancien régime. Procureur du roi (31 décembre 1778) au bailliage et siège présidial de Chaumont, syndic de l'assemblée de l'élection de Chaumont (27 août 1787), il fut élu, le 27 mars 1789, député du tiers aux États-Généraux par le bailliage de Chaumont en Bassigny, avec 930 voix (942 votants). Mougeotte vota avec la majorité de la Constituante, et signa le serment du Jeu de Paume. Il devint ensuite juge au tribunal de district de Chaumont (1790), président du même tribunal (1792), juge et président de la 1re section du tribunal civil du département de la Haute-Marne (an IV), et fut nommé, après le coup d'État de brumaire, juge de paix de Chaumont (an VIII). Procureur impérial au tribunal de première instance du

Chaumont (1805), conseiller municipal de cette ville (1806), il fit partie, la même année, de la députation chargée d'aller porter à Napoléon une adresse de félicitations, fut nommé conseiller général de la Haute-Marne par décret impérial (1807), et, pendant les Cent-Jours, fut élu (10 mai 1815) membre de la Chambre des représentants par l'arrondissement de Chaumont, avec 75 voix (83 votants). Mougeotte des Vignes rentra dans la vie privée à la seconde Restauration, et mourut presque aussitôt (novembre 1816).

MOUGINS-ROQUEFORT (BONIFACE-ANTOINE), député en 1789, né à Grasse (Alpes-Maritimes) le 21 avril 1732, mort à Grasse le 22 septembre 1793, était curé à Grasse quand il fut élu, le 27 avril 1789, député du clergé aux Etats-Généraux par la sénéchaussée de Draguignan. Il fut l'un des premiers de son ordre à se réunir aux représentants du tiers, et exposa ses sentiments dans les termes suivants (13 juin 1789) :

« Messieurs,

Il me tardoit de me rendre dans la sale nationale pour procéder avec le concours des ordres à la vérification des pouvoirs et travailler de concert à l'œuvre de la régénération publique. Des motifs de prudence, l'espoir de paroître avec tous nos co-députés avoient suspendu mes démarches sans affoiblir mes sentiments, n'y altérer mes résolutions.

Mais il ne m'est plus permis de différer, je dois céder à mon devoir à l'interest de l'Etat.

Ma joye sera à son comble dès que nos pouvoirs, légalement reconnûs, je pourai côme vrai représentant de la nation, m'occuper sans delay des grands objets qui nous rassemblent, et contribuer avec vous Mrs mes frères mes amis, à la gloire du throne, au bonheur de l'Etat, à la félicité générale.

Il me reste un dernier vœu à former, il est digne de l'auguste et sacré ministère que j'exerce.

C'est celuy de l'union générale des sentiments c'est celuy de voir arborer par les classes de touts les citoyens qui composent des Etats-Généraux, l'olivier de la paix et de la concorde.

N'abandonnons jamais, Mrs, ce doux espoir, il serait consolant pour la nation et bien précieux à mon cœur. »

Obligé de demander un congé pour sa santé le 23 septembre 1789, il revint à l'Assemblée le 5 décembre suivant, et vota avec la majorité réformatrice. Il adhéra à la constitution civile du clergé, préta le serment le 27 décembre 1790, et fut secrétaire de la Constituante le 9 avril 1791. De retour à Grasse, il mourut peu de temps après.

MOUGINS-ROQUEFORT (JEAN-JOSEPH), député en 1789, né à Grasse (Alpes-Maritimes) le 1er février 1742, mort à Grasse le 27 septembre 1822, frère du précédent, était procureur du pays aux Etats de Provence, lieutenant-général de police de Grasse et consul de cette ville (1787), lorsqu'il fut élu, le 27 avril 1789, député du tiers aux Etats-Généraux par la sénéchaussée de Draguignan. Il y montra des idées aussi libérales que son frère, et, lorsque celui-ci vint se réunir au tiers, il dit : « Permettez-moi d'applaudir à la démarche du porteur qui vient de vous exprimer son vœu et de se réunir à vous sous l'étendard national. Uni à lui par les liens de la nature, formé du même sang, je partage avec sensibilité et dans toute la joie de

mon cœur ses principes et ses sentiments, » préta le serment du Jeu de Paume, fit partie du comité des rapports (5 octobre 1781) et fut secrétaire de l'Assemblée (18 mars 1790). Il s'occupa spécialement de questions administratives et judiciaires, demanda notamment que les administrateurs fussent choisis dans le département, et que l'on réglât la nomination des municipalités, combattit l'article tendant à attacher l'éligibilité au paiement volontaire de contributions ; parla en faveur de l'ordre de Malte ; vota la conservation des banalités conventionnelles ; ne voulut admettre les jurés qu'en matière criminelle ; réclama la nomination des juges par le peuple avec un mandat n'excédant pas quatre années ; s'opposa à ce que les tribunaux de district fussent juges d'appel les uns à l'égard des autres ; démontra la nécessité de faire élire l'accusateur public par le peuple ; vota l'établissement des avoués ; parla sur la contrainte par corps contre les députés et sur la liberté de la presse, et fit partie de la députation envoyée à la translation des cendres de Voltaire à Sainte-Geneviève (9 juillet 1791). Après la session, il devint président du tribunal de district de Grasse, et ne joua plus aucun rôle politique.

MOULIN (MICHEL), député en 1791, né à Latour-d'Auvergne (Puy-de-Dôme) le 6 février 1745, mort à Clermont-Ferrand (Puy-de-Dôme) le 31 octobre 1811, notaire et bailli de Larodde, avait fait partie des assemblées provinciales des notables sous le ministère Turgot. Il était administrateur du district de Besse, quand il fut élu, le 9 septembre 1791, député du Puy-de-Dôme à l'Assemblée législative, le 6e sur 12, la pluralité des voix sur 405 votants. Il vota avec la majorité, et ne prit qu'une fois la parole pour faire renouveler le serment de « vivre libre ou mourir». Rentré dans la vie privée, pendant quelques années, après la session, il devint plus tard conseiller d'arrondissement d'Issoire, mais il donna sa démission en 1807 et vint habiter Clermont-Ferrand, auprès de son fils qui était secrétaire général de la préfecture.

MOULIN (MARCELLIN), membre de la Convention, né à Montagny (Loire) en 1762, mort à Roanne (Loire) le 19 janvier 1835, était maire de Montagny, lorsqu'il fut élu, le 6 septembre 1792, député de Rhône-et-Loire à la Convention nationale, le 8e sur 15, avec 755 voix (845 votants). Moulin siégea dans la majorité et opina ainsi dans le procès du roi : « Je vote pour la mort, mais seulement après l'expulsion de tous les Bourbons. » Il n'eut qu'un rôle effacé dans l'assemblée, et un biographe l'appelle « un des automates de la fabrique des Montgnards ». L'empire lui donna une place de trésoreur des tabacs à Nérac (Lot-et-Garonne). Lorsque fut promulguée la loi du 12 janvier 1816 contre les régicides, Moulin prit aussitôt un passeport pour la Belgique et se réfugia à Bruxelles où il vécut dans l'indigence. Des démarches ayant été faites en sa faveur, le gouvernement royal l'autorisa à rentrer en France le 1er avril 1818, «en raison, dit l'arrêt, des circonstances atténuantes de son vote contre Louis XVI.» Moulin revint à Paris le 9 mai, demanda le jour même un emploi, qui ne lui fut pas accordé. Il alla mourir dans son pays.

MOULIN (JEAN-FRANÇOIS-AUGUSTE), membre du Directoire, né à Caen (Calvados) le 14 mars 1752, mort à Pierrefitte (Calvados) le 12 mars 1810, fit ses études classiques au collège de jésuites à Caen, fut employé quelque temps dans les généralités de Normandie et de Picardie, et devint ingénieur à l'intendance de Paris; mais la Révolution le détermina à suivre la carrière militaire. Engagé volontaire (juillet 1791) dans un des trois bataillons de Paris, il ne tarda pas à devenir officier d'état-major, puis adjudant-général (1792). Il prit une part active, avec les généraux Dehoux et Menou, à la guerre de Vendée, se comporta bravement à Saumur (10 juin 1793), assura la retraite des bagages après la prise de cette ville par l'armée royale, et tint tête pendant près de six heures, avec une quarantaine d'hommes, aux Vendéens qui poursuivaient l'armée républicaine. Il ne se distingua pas moins à Vihiers et contribua avec Rossignol à la défaite des royalistes au combat de Doué. Promu général de brigade et commandant aux Ponts-de-Cé, puis à Saumur, il fit élever à Saint-Florent-sur-Loire des fortifications dont il traça lui-même les plans, et devint général de division (5 ventôse an IV); mais ayant déplu à Carrier, il fut arrêté sur son ordre et conduit dans une prison de Nantes. Le général Moulin ne dut sa liberté qu'aux réclamations de son corps d'armée et à l'intervention des représentants Bourbotte et Francastel. Peu après, il fut nommé général en chef de l'armée des côtes de Brest, et commanda aussi celle des Alpes (8 octobre 4794). Il remporta de brillants succès au Col-du-Mont, au Mont-Genèvre et au village de Malchaussée. Appelé bientôt au commandement de la 5e division militaire, à Strasbourg, il se porta sur Kehl, contre les Autrichiens, et parvint à ressaisir quelques postes déjà enlevés par l'ennemi: puis il fut placé quelque temps à la tête de la 17e division qui avait Paris pour chef-lieu. Le Directoire lui confia, le 9 octobre 1797, le commandement en chef des troupes françaises en Hollande. Le 8 octobre 1798, il succéda à Kilmaine comme général en chef de l'armée d'Angleterre. Après la journée du 30 prairial, qui exclut du Directoire Treilhard, Merlin de Douai et La Réveillère Lepeaux, il fut désigné pour succéder à ce dernier (20 juin 1799). Le général Moulin se montra, comme son collègue Gohier, fermement attaché aux institutions républicaines et opposé aux vues ambitieuses de Bonaparte, qu'il chercha vainement à éloigner, à son retour d'Égypte. Mais au 18 brumaire, il se trouva isolé et sans moyen d'action. Son rôle se borna à d'inutiles protestations; après avoir refusé, de même que Gohier, de se joindre à l'auteur du coup d'État, il eut l'idée de s'emparer de Bonaparte pour le faire fusiller; il rédigea même une adresse en ce sens aux deux Conseils; mais Bonaparte le fit surveiller de près et garder à vue dans ses appartements par le général Moreau. L'acte du 18 brumaire accompli, Moulin se retira à la campagne. Sous l'Empire, il reprit du service, devint, en 1807, commandant de la place d'Elbing, et, peu après, de celle d'Anvers; mais l'état de sa santé l'obligea de revenir en France vers la fin de 1809.

MOULIN (JEAN), représentant à la Chambre des Cent-Jours, né à Latour-d'Auvergne (Puy-de-Dôme) le 22 août 1772, mort à Clermont-Ferrand le 19 décembre 1833, fils de Moulin (Michel) (*Voy. plus haut*), homme de loi avant la Révolution, occupa, pendant la période révolutionnaire, les fonctions de juge de paix du canton de Latour (Puy-de-Dôme), celle de commissaire du pouvoir exécutif près l'administration municipale de Latour (6 pluviôse

an V), d'administrateur du département (23 germinal an VII), de conseiller de préfecture, (8 floréal an VIII, et de secrétaire général (15 floréal). Il appartint à la Chambre dite des Cent-Jours, comme représentant du grand collège du département du Puy-de-Dôme, qui l'avait élu, le 13 mai 1815, par 84 voix (114 votants). Il rentra ensuite dans la vie privée.

MOULIN (GABRIEL-MICHEL), député de 1845 à 1847, représentant en 1849 et en 1871, né à Clermont-Ferrand (Puy-de-Dôme) le 26 septembre 1810, mort à Clermont-Ferrand le 24 avril 1873, fils du précédent, entra dans la magistrature et fut nommé avocat général à la cour de Riom après 1840. Élu, le 20 septembre 1845, député du 5e collège du Puy-de-Dôme (Issoire), par 259 voix (272 votants), en remplacement de M. Girot de Langlade nommé pair de France, et réélu le 1er août 1846, par 282 voix (288 votants), 383 inscrits), il se montra dévoué aux ministres et fut nommé directeur général de l'administration des cultes en 1847, et conseiller d'État le 20 février 1848. Très attaché à la famille d'Orléans, il perdit ses fonctions à la révolution de 1848, et fut élu, le 13 mai 1849, représentant du Puy-de-Dôme à l'Assemblée législative, le 5e sur 12, par 52,295 voix (168,305 inscrits). Il vota avec la majorité monarchiste, et resta en dehors de la politique militante pendant la durée de l'Empire. Président du conseil général de son département, il fut élu, le 8 février 1871, représentant du Puy-de-Dôme à l'Assemblée nationale, le 4e sur 11, par 74,927 voix (96,009 votants, 170,401 inscrits), prit place à droite, fit partie de la réunion Saint-Marc-Girardin et de celle des Réservoirs, devint président de cette dernière, demanda l'abrogation des lois d'exil, et vota *pour* la paix, *pour* l'abrogation des lois d'exil, *pour* la pétition des évêques, et, fréquemment absent ensuite pour cause de maladie, mourut au cours de la législature.

MOULIN-DEBORD (ALEXIS), député de 1839 à 1842, né à Saint-Gérard-le-Puy (Allier) le 10 octobre 1780, mort à une date inconnue, était président du tribunal de 1re instance de Cusset, lorsqu'il fut élu, le 2 mars 1839, député du 2e collège de l'Allier (La Palisse), par 177 voix (326 votants). Il prit place à gauche et vota *contre* la dotation du duc de Nemours, *pour* les incompatibilités, *pour* l'adjonction des capacités. Non réélu en 1842, il échoua encore, le 1er août 1846, dans le même collège, avec 75 voix contre 165 à l'élu, M. Lelorgne d'Ideville, et 98 à M. Arloing, et ne rentra plus dans la vie politique.

MOULLAND (GABRIEL), député au Conseil des Anciens, et au Corps législatif de l'an VIII à 1802, né à Bayeux (Calvados) le 18 septembre 1756, mort à Huppain (Calvados) le 13 novembre 1823, était commissaire près le tribunal criminel de Bayeux. Élu, le 23 germinal an VI, député au Conseil des Anciens par le département du Calvados, avec 274 voix (304 votants), il se montra partisan du coup d'État de Bonaparte et passa, le 4 nivôse an VIII, au nouveau Corps législatif, où il représenta le Calvados jusqu'en 1802.

MOUNIER (JEAN-JOSEPH), député en 1789, né à Grenoble (Isère) le 12 novembre 1758, mort à Paris le 26 janvier 1806, fils d'un modeste négociant, fut élevé par un curé, son

oncle maternel, qui lui enseigna les éléments
du latin, puis alla au collège de Grenoble
tenu par des prêtres; il n'y obtint que peu de
succès. Ses études achevées, il voulut entrer
dans l'armée, mais l'obscurité de sa naissance
devint un obstacle; il essaya du commerce
sans plus de succès, et aborda alors l'étude du
droit. Reçu bachelier à Orange, puis avocat
en 1779, il dut bientôt renoncer à plaider par
suite de la faiblesse de sa voix, et donna des
consultations. En 1783, quelques années après
son mariage, il acheta une charge de juge
royal. Ayant appris l'anglais, il étudia les institutions politiques de la Grande-Bretagne,
pour lesquelles il s'enthousiasma. Esprit ardent, mais pondéré, « homme passionnément
raisonnable », selon le mot de Mme de Staël,
il débuta dans la carrière politique, lors de la
convocation des notables en 1787. Le parlement de Grenoble s'étant associé à l'opposition du parlement de Paris, et Brienne ayant
rendu l'édit qui exilait les magistrats dans
leurs terres, Grenoble se souleva et le corps
de ville prit sa main l'autorité. Mounier fut
appelé et fit voter la convocation à Grenoble
d'une assemblée des trois ordres du Dauphiné
avec doublement du tiers (15 février 1788).
Le ministre Brienne voulut s'y opposer, mais
une nouvelle délibération du corps de ville fixa
l'assemblée au 20 juillet, dans le couvent où reposaient les restes de Bayard. En fait, la réunion
se tint, au jour dit, dans la salle du jeu de paume
du vieux château des Lesdiguières, à Vizille,
sur l'offre qui en avait été faite par le propriétaire, M. Casimir Périer. Mounier fut nommé par
acclamation secrétaire de l'assemblée, et fit voter la rédaction de son projet de remontrances
au roi. Le 8 août, le roi convoquait les Etats-
Généraux pour le 1er mai 1789. Les gentilshommes de la province ayant constitué encore
une seconde assemblée pour appuyer les doléances des « états de Vizille », chargèrent
Mounier de la rédaction des deux mémoires
qu'ils envoyèrent à Versailles. Ils réclamaient, en
outre de la convocation des Etats-Généraux,
le rétablissement des états de province, qui
seraient considérés comme provisoires jusqu'à
ce que les Etats-Généraux aient décidé de l'organisation nouvelle du royaume. L'assemblée
s'ajourna à Grenoble, au 1er septembre suivant. Mais Brienne ayant décidé que les états
se réuniraient au mois de mai suivant à Romans, Mounier fut chargé de rédiger la protestation des trois ordres; il y fut répondu par
une lettre de cachet que la chute du ministère
rendit nulle. A Romans, Mounier fut de nouveau nommé secrétaire, écrivit au roi et à
Necker, et présenta un projet d'organisation
des états de province. L'exemple fut suivi par
toute la France. Le 1er septembre suivant, les
états du Dauphiné s'ouvrirent et déclarèrent,
« comme règle générale, que les ordres et les
provinces devaient délibérer ensemble, les
suffrages être comptés par tête, et le tiers état
avoir le double des représentants des deux
autres ordres ». Le 2 janvier 1789, ils procédèrent à l'élection des députés de la province, et
Mounier fut élu député du tiers, à l'unanimité des voix moins deux, la sienne et celle
de son père. Au mois de mars suivant, il arriva à Paris avec l'archevêque de Vienne
qui avait présidé les états. Le 7 mai 1789, il se
rendit à la tête d'une députation du tiers à la
chambre du clergé et dit que « l'ordre des
communes désirait faire la vérification en
commun et qu'il venait en son nom inviter
Messieurs du clergé à se rendre dans la salle

commune ». Il proposa de donner aux communes le nom de *majorité délibérant en l'absence de la majorité*; mais celui d'*assemblée
nationale* lui fut préféré. Lorsque la cour,
prise de crainte, fit fermer la salle des états,
et que les députés du tiers se réunirent au Jeu
de paume, ce fut Mounier qui, pour éviter
que Sieyès n'entraînât la majorité à Paris ou
de graves complications étaient à craindre,
proposa aux députés de s'engager par serment
à ne pas se séparer avant d'avoir donné une
constitution à la France. Il protesta, le 23 juin,
après la séance royale, contre les dispositions
des ordonnances qui y avaient été proclamées,
entra, le 6 juillet, au comité de constitution, appuya la proposition de Mirabeau demandant l'éloignement des troupes, fit un rapport favorable au pouvoir royal, et après le
renvoi de Necker, proposa, le 13 juillet, une
adresse pour obtenir le rappel des ministres
disgraciés, mais dans des termes plus mesurés
que ne le voulaient les membres de la gauche.
Malgré Mirabeau, la motion de Mounier fut
adoptée. Dans la nuit du 4 août, Mounier défendit le droit de propriété et, quelques jours
plus tard, donna lecture du rapport du comité
de constitution. Il y insistait principalement
sur la division du corps législatif en deux
chambres, selon le système anglais; le principe d'une chambre unique et permanente fut
voté à une grande majorité, et l'Assemblée
repoussa de même le veto absolu que Mounier réclamait pour le roi. Dès le lendemain,
Mounier quitta le comité de constitution avec
Clermont-Tonnerre, Bergasse et Lally-Tollendal (septembre).

Président de l'Assemblée le 28 septembre, il
refusa, dans les journées des 5 et 6 octobre,
malgré les exhortations de Mirabeau, de quitter
le fauteuil de la présidence, et répondit à ceux
qui lui demandaient du pain : « Le seul moyen
d'obtenir du pain est de rentrer dans l'ordre :
plus vous massacrerez, moins il y aura de
pain. » Puis il se rendit auprès du roi pour
l'engager à sanctionner les décrets de l'Assemblée et à repousser la force par la force. Il se
proposa aussi pour accompagner Louis XVI en
quelque ville où les députés constitutionnels
pourraient se réunir. Le roi accepta, et quand
Mounier revint pour inviter les députés à faire
cortège au roi, Mirabeau lui objecta que cette
démarche compromettait la dignité de l'Assemblée : « Notre dignité, répondit le président, est
dans notre devoir. » Il alla néanmoins presque
seul auprès du roi qu'il ne quitta qu'à trois
heures du matin, quand La Fayette eut mis le
château à l'abri de toute surprise. Le 8 octobre, il envoya sa démission de député et revint en Dauphiné. Un décret de l'Assemblée
ayant interdit comme illégale toute nouvelle
réunion des états, Mounier dut se confiner
dans la retraite et il publia : *Exposé de la
conduite de Mounier dans l'Assemblée nationale et des motifs de son retour en Dauphiné*.
Accusé bientôt de déserter la cause de la Révolution, il chercha un refuge en Suisse, avec sa
famille, en mai 1790. Il y vécut modestement
jusqu'en 1792 et publia à Genève : *Appel au
tribunal de l'opinion publique sur le décret
rendu par l'Assemblée nationale le 3 octobre 1790*, et, deux ans après : *Recherches sur les
causes qui ont empêché les Français de devenir
libres*. Ayant refusé l'argent que lui offraient
les gouvernements étrangers, Mounier décida, par nécessité, à devenir le précepteur du
petit-fils de l'amiral Hawke. En 1795, il se fixa
à Weimar, où il perdit sa femme, et, sur la

proposition du duc régnant, fonda, au château du Belvédère, en 1797, un établissement d'instruction pour les jeunes gens qui se destinaient aux fonctions publiques. Il y professa la philosophie, le droit public et l'histoire, et compta bientôt parmi ses élèves beaucoup de jeunes Anglais et de jeunes Allemands. En 1801, il publia à Tubingue : *De l'influence attribuée aux philosophes, aux francs-maçons et aux illuminés sur la révolution de la France*. Après le 18 brumaire, il obtint sa radiation de la liste des émigrés et se prépara à revenir en France. Le 17 juillet 1801, il écrivit au banquier Perregaux, dont le fils était son élève à Weimar, pour le remercier de l'avoir fait rayer de la liste des émigrés et pour lui annoncer son retour en octobre ; il lui conseillait de ne pas laisser son fils en Allemagne « dont la philosophie actuelle est une philosophie désespérante, qui porte à tout révoquer en doute ». De retour à Grenoble, il songeait à fonder à Lyon une école sur le modèle de celle du Belvédère, quand il se décida à venir à Paris, sur le conseil de ses amis. Bonaparte le nomma préfet d'Ille-et-Vilaine le 23 germinal an X. Mounier contribua à calmer les esprits dans ce département. Nommé membre de la Légion d'honneur le 25 prairial an XII, il fut présenté comme candidat au Sénat conservateur par son département. Mais Napoléon préféra l'appeler, le 11 pluviôse an XIII, au conseil d'Etat. Désormais à l'abri des agitations et des revers, entouré de sa famille, il occupait ses loisirs à revoir ses cours du Belvédère qu'il désirait publier, quand une affection du foie l'enleva dans la force de l'âge, à 48 ans. En outre des ouvrages déjà cités, Mounier a publié : *Considérations sur les gouvernements et principalement sur celui qui convient à la France* (1789) : — *Adolphe ou principes élémentaires de politique et résultats de la plus cruelle des expériences* (Londres, 1795).

MOUNIER (Claude - Philibert - Edouard, baron), pair de France, né à Grenoble (Isère) le 2 décembre 1784, mort à Passy (Seine) le 11 mai 1843, fils du précédent, suivit sa famille en émigration et ne rentra en France qu'après le 18 brumaire. Nommé, en 1806, auditeur au conseil d'Etat, il remplit, de 1807 à 1808, les fonctions d'intendant à Weimar, puis en Silésie, devint, en 1809, secrétaire de cabinet de l'empereur, et baron de l'empire le 31 décembre de la même année avec une dotation de 10,000 francs de rente en Poméranie. Maître des requêtes en 1810, et intendant des bâtiments de la couronne en 1813, il reçut en don de l'empereur une action de 15,000 francs du *Journal de l'Empire* (devenu plus tard le *Journal des Débats*), lorsque ce journal devint la propriété de l'Etat. En 1814, le roi le confirma dans ses fonctions et, en 1815, le collège de Grenoble le porta comme candidat à la députation ; il ne fut cependant pas élu. Il s'était retiré en Allemagne pendant les Cent-Jours. Conseiller d'Etat en 1816, président de la commission mixte de liquidation en 1817, directeur général de l'administration départementale et de la police en 1818, il perdit ces dernières fonctions à la chute du ministère Richelieu, fut nommé pair de France le 5 mars 1819, reprit ses fonctions d'intendant des bâtiments de la couronne, et rentra au conseil d'Etat sous le ministère Martignac. Il abandonna ses fonctions salariées à la révolution de juillet, prêta serment au gouvernement de Louis-Philippe et continua de siéger à la Chambre des pairs. Il remplit à

Londres une courte mission en 1840, et mourut pauvre, trois ans après.

MOURAIN (Pierre), député en 1791, né à Bourgneuf-en-Retz (Seine-Inférieure) le 29 février 1740, mort à Bourgneuf-en-Retz le 24 mars 1793, fils de Pierre Mourain, notaire et procureur au duché de Retz, et de Juliette Rousseau, était avocat à Bourgneuf et contrôleur des actes avant la Révolution. Maire de Bourgneuf en 1789, administrateur du département en 1790, il publia, en janvier 1791, une *Lettre à mes concitoyens des campagnes*, qui n'était que l'apologie de la constitution civile du clergé. L'administration départementale le chargea, en mai suivant, d'obliger les religieuses de la maison des Couëts, à Nantes, à recevoir l'évêque constitutionnel Minée ; mais la supérieure, Mme de la Roussière, lui demanda simplement quelle loi, depuis la liberté des cultes, lui ordonnait de recevoir l'évêque, et l'obligeait à être catholique constitutionnelle. Mourain ne put qu'en référer à ses collègues et ceux-ci à l'Assemblée nationale. Elu, le 1er septembre 1791, député de la Loire-Inférieure à l'Assemblée législative, le 1er sur 8, par 183 voix sur 288 votants, il siégea dans la majorité, parla contre les prêtres non assermentés, et fut membre du comité des assignats et monnaies ; le 3 septembre 1792, il annonça que ses deux fils « n'avaient pu être témoins des dangers de la patrie sans se sentir pressés du besoin de voler à sa défense », et déposa un assignat de 300 livres pour être employé à leur équipement. Après la session, il vivait à Bourgneuf, dont il était toujours maire, quand les insurgés vendéens s'emparèrent de la ville. Mourain fut fusillé par eux.

MOURAUD (Charles-Prosper), représentant du peuple en 1848, né à Bourg (Ain) le 19 janvier 1802, mort à Lyon (Rhône) le 31 juillet 1869, entra en 1823 dans l'administration des ponts et chaussées, dirigea, en 1828, à Lyon-Vaise, la compagnie de la gare, et s'établit en 1841 entrepreneur de travaux publics. Elu, le 23 avril 1848, représentant du Rhône à l'Assemblée constituante, le 10e sur 14, par 59,724 voix, il s'éleva dans sa profession de foi contre le socialisme, et se prononça en faveur de la méthode économique et statistique, dont il attendait le salut et l'amélioration du sort des ouvriers. Il siégea assez irrégulièrement, fit partie du comité des travaux publics, vota *pour* les poursuites contre L. Blanc, *contre* les poursuites contre Caussidière, *contre* l'abolition de la peine de mort, *pour* l'interdiction des clubs, *pour* l'expédition de Rome, *contre* la demande de mise en accusation du président et des ministres. Non réélu à la Législative, il ne reparut plus sur la scène politique.

MOURER (Victor-Nicolas), député au Conseil des Cinq-Cents, né à Abreschewiller (Meurthe) en 1764, mort à Gênes (Italie) le 25 novembre 1809, était commissaire du Directoire exécutif près l'administration centrale de la Meurthe, quand il fut élu, le 24 germinal an VI, député de ce département au Conseil des Cinq-Cents. Il s'y montra modéré, parla sur la répression du vagabondage, demanda des adoucissements au projet de déportation des prêtres, et vota pour la mise en jugement des naufragés de Calais. Il réclama aussi des mesures propres à empêcher les scissions dans les assemblées électorales et la répression des abus que les commissaires du Directoire se permettaient à cet égard dans l'exercice de leurs fonctions. Secrétaire du Conseil des Cinq-Cents, il parla longuement sur la liberté de la presse. Après le 18 brumaire auquel il ne fut pas hostile, il fut nommé, le 15 floréal an VIII, secrétaire général de la préfecture du Haut-Rhin : mais, ayant eu des difficultés avec le préfet, il devint, le 28 floréal suivant, juge au tribunal civil de Metz, puis président de la cour criminelle de la Moselle, et enfin juge à la cour d'appel de Gênes, où il mourut.

MOURGUES (Jacques-Antoine), ministre, né à Marsillargues (Hérault) le 2 juin 1734, mort à Paris le 15 janvier 1818, « fils du sieur Jacques Mourgues et de demoiselle Claudine Mourgues, son épouse », était, au début de la Révolution, directeur des travaux du port de Cherbourg. Lié avec Dumouriez, qui commandait cette place, il fut présenté par lui à Louis XVI, et appelé à succéder à Rolland dans les fonctions de ministre de l'Intérieur (13 juin 1792) ; il ne les garda que cinq jours et s'en démit dès le 18 juin. Il vécut ensuite à l'écart de la politique active et se consacra tout entier à des œuvres philanthropiques. Administrateur du mont-de-piété de Paris, membre du conseil général des hospices civils, il s'appliqua à introduire dans ces établissements de notables améliorations, et exposa le plan d'une caisse de prévoyance pour les ouvriers. On lui doit un grand nombre d'ouvrages traitant de matières politiques et économiques : *Vues d'un citoyen sur la composition des États-Généraux* (1788); *De la France relativement à l'Angleterre et à la maison d'Autriche* (1797); *Plan d'une caisse de prévoyance et de secours présenté à l'administration des hospices et secours à domicile* (1809), et un *Essai de statistique*, contenant des observations sur les naissances, les mariages et les décès, des calculs relatifs aux probabilités de la vie, et des tables météorologiques. Mourgues fut fait chevalier de la Légion d'honneur par Louis XVIII, le 5 août 1814.

MOURGUES (Jean-Scipion-Anne), représentant à la Chambre des Cent-Jours, né à Montpellier (Hérault) le 21 février 1772, mort à Paris le 31 juillet 1860, fils du précédent, entra dans l'administration. Pendant les Cent-Jours, il occupa le poste de secrétaire général au ministère de l'Intérieur. A la même époque (11 mai 1815), il fut envoyé par l'arrondissement de Doullens (Somme), où il était propriétaire, à la Chambre des représentants, avec 35 voix (67 votants), contre 32 à M. Th. de Lameth. Après la nouvelle du désastre de Waterloo, il demanda (22 juin 1815) que la Chambre se déclarât *Assemblée constituante*, proposition que Regnault de St-Jean-d'Angely fit écarter par l'ordre du jour. Préfet de la Dordogne, puis préfet des Hautes-Alpes sous Louis-Philippe, il fut admis à la retraite le 13 septembre 1852.

MOURICAULT (Thomas-Laurent, chevalier), député au Conseil des Cinq-Cents et membre du Tribunat, né à Paris le 19 août 1738, mort à Paris le 11 janvier 1821, était avocat au moment de la Révolution ; il passa sans encombre le temps de la Terreur et, après le vote de la Constitution de l'an III, devint commissaire du Directoire près le tribunal de Cassation. Élu, le 25 germinal an VII, député de la Seine au Conseil des Anciens, il s'y fit peu remarquer, et ne prit la parole que sur

des questions judiciaires d'ordre secondaire. Rallié au 18 brumaire, il fut nommé membre du Tribunat, le 4 nivôse an VIII, et y provoqua, l'année suivante, la réorganisation du tribunal de Cassation. Secrétaire du Tribunat, il alla féliciter, en cette qualité, le premier Consul d'avoir échappé à l'attentat de la rue Saint-Nicaise. Membre de la Légion d'honneur le 2 prairial an XII, conseiller-maître à la cour des Comptes le 28 septembre 1807, créé chevalier de l'empire le 26 avril 1808, il adhéra, en 1814, aux actes du Sénat et à la déchéance de l'empereur. Ayant signé, aux Cent-Jours, l'adresse de la cour des Comptes à Napoléon, il fut destitué de ses fonctions publiques à la seconde Restauration.

MOUROT (Jean-François-Régis), député [en] 1789, né à Pau (Basses-Pyrénées) le 1er avril 1740, mort à Pau le 6 avril 1813, fut d'abord avocat à Nay (Basses-Pyrénées) ; il était professeur de droit français à l'Université de Pau quand il fut élu, le 10 juin 1789, député du tiers aux États-Généraux par la province de Béarn. Il fit partie du comité féodal, défendit les intérêts de sa province (la ville de Pau lui vota à cette occasion de solennels remerciements), et fut en congé du 20 août 1790 au 11 juillet 1791. Sa carrière politique prit fin avec cette session.

MOUSNIER-BUISSON (Jacques), député de 1815 à 1816, et de 1820 à 1830, né à Limoges (Haute-Vienne) le 6 mai 1766, mort à Paris le 28 avril 1831, « fils de M. Michel Mousnier, procureur au présidial, et de dame Marie-Jaquette Crouzaud de la Touche », était avocat à Limoges au moment de la Révolution. Nommé, sous l'Empire, juge suppléant à la cour criminelle de Limoges, il devint, le 5 novembre, président de chambre à la cour royale de cette ville, chevalier de la Légion d'honneur et procureur général à Bourges le 22 février 1821. Il avait été élu député du grand collège de la Haute-Vienne, le 22 août 1815, par 158 voix (178 votants, 218 inscrits), et avait siégé dans la minorité ministérielle. Réélu député, le 4 octobre 1816, par 139 voix (161 votants, 211 inscrits), puis le 4 novembre 1820 dans le 2e arrondissement électoral de la Haute-Vienne (Limoges), par 298 voix (384 votants), le 6 mars 1824, de nouveau dans le grand collège de la Haute-Vienne, par 103 voix (168 votants), il dut à sa fidélité à la politique ministérielle d'être nommé (12 février 1826) conseiller à la cour de Cassation et officier de la Légion d'honneur. Ses électeurs lui renouvelèrent son mandat, le 24 novembre 1827, par 87 voix (171 votants, 192 inscrits), et, après avoir donné sa démission, le 10 juin 1828, par 87 voix (170 votants, 185 inscrits), contre 82 à M. Dumont Saint-Priest. Rapporteur du projet de loi relatif aux dettes des colons de Saint-Domingue, il proposa de prolonger le sursis qui leur avait été accordé ; demanda que les contrebandiers fussent jugés par les tribunaux correctionnels, vota des dispositions favorables aux militaires absents, et proposa l'ordre du jour sur le projet de révision des titres de noblesse. Dans la session de 1817-1818, il appuya l'amendement Claus de Coussergues sur le recrutement, relatif à l'exemption des aînés de famille et des frères des Écoles chrétiennes, et réclama un nouveau sursis pour les colons de Saint-Domingue ; en 1818-1819, il prit la parole dans la discussion sur la liberté de la presse, et demanda, en particulier, que les journaux ne pussent rendre compte des séances secrètes. En 1819-1820, il appuya la pétition demandant que la salle de l'Opéra où avait été assassiné le duc de Berry devînt une chapelle sépulcrale. Il vota aussi les lois d'exception et se montra partisan du nouveau système électoral : mais à partir de 1823, il parut rarement à la tribune, et quitta la vie politique aux élections de juin 1830.

MOUSSAYE (LOUIS-TOUSSAINT, MARQUIS DE LA), député de 1820 à 1830 et pair de France, né à Rennes (Ille-et-Vilaine) le 15 novembre 1778, mort à Paris le 29 mars 1854, « fils de haut et puissant messire Victor-François-Gervais de la Moussaye, chevalier seigneur de la Chesnaye du Pontgamp, etc., et de haute et puissante dame Sainte-Louise des Cognets, dame de la Moussaye », émigra avec son père et son frère, en 1794, dans le régiment de Jersey, et prit part à l'expédition de Quiberon, où son frère fut tué. Ayant pu échapper au massacre, il obtint un brevet de lieutenant dans l'artillerie anglaise. Rentré en France à l'époque du Consulat, il fut autorisé, en 1806, à se rendre à la grande armée, où il figura dans l'état-major du 9e corps, comme officier-adjoint, et assista à la campagne de Prusse et à celle de Pologne. Mais, à la paix de Tilsitt, au lieu du grade qu'il désirait, il se vit nommer, le 12 février 1809, auditeur au conseil d'État, et fut ensuite successivement intendant de la Haute-Autriche le 14 juillet 1809, intendant du cercle de Villach, en Illyrie, le 15 octobre de la même année, intendant de la Carniole le 27 juin 1811, et consul général à Dantzig le 15 mars 1812. Cette dernière fonction avait aux yeux de l'empereur la plus grande importance, car, la guerre avec la Russie étant décidée, M. de la Moussaye devait observer le nord de l'Europe et spécialement les peuples riverains de la Baltique. Au moment de la retraite de Moscou, de la Moussaye fut appelé au grand quartier impérial pour recevoir de nouveaux ordres. Étant allé conférer avec M. de Saint-Marsan, à Berlin, il ne put rentrer à Dantzig déjà cerné par les troupes russes. Il retourna alors à la grande armée, fit la campagne de Saxe, et rentra en France à la fin de 1813. Le 5 janvier 1814, il fut nommé préfet du Léman. La Restauration le fit secrétaire d'ambassade à Saint-Pétersbourg ; il y resta comme chargé d'affaire pendant les Cent-Jours et, après Waterloo, jusqu'au retour du czar dans sa capitale. Il obtint alors un congé, accompagna le duc de Richelieu en Hanovre, et devint ministre plénipotentiaire à Stuttgard en 1817, et à Munich en 1820. Nommé président du collège électoral des Côtes-du-Nord le 13 octobre 1820, il fut élu, le 4 novembre suivant, député du 2e arrondissement des Côtes-du-Nord (Dinan) par 118 voix (179 votants, 188 inscrits), contre 58 voix à M. Ch. Néel, ancien député. Réélu ensuite, le 25 février 1824, par 112 voix (157 votants, 171 inscrits), contre 42 à M. Le Restif des Molons, et, le 24 novembre 1827, par le grand collège du même département avec 117 voix (173 votants, 205 inscrits), il prit place parmi les ministériels, et monta rarement à la tribune. Il fut nommé, en 1827, ambassadeur près le roi des Pays-Bas avec résidence alternative à la Haye et à Bruxelles. Il était dans cette dernière ville, quand, dans la nuit du 25 au 26 août 1830, au sortir d'une représentation de la *Muette de Portici*, les habitants se soulevèrent et déployèrent le drapeau du Brabant. M. de la Moussaye s'efforça de protéger le prince d'Orange, refusa

de laisser arborer à l'hôtel de ville les couleurs françaises et s'opposa également à la proclamation de la réunion de la Belgique à la France. L'opinion publique protesta à Paris contre ces scrupules diplomatiques : M. de la Moussaye fut rappelé et ne reçut à son arrivée que les félicitations de l'ambassadeur d'Angleterre. Quelques années après, le gouvernement l'éleva à la pairie, le 11 septembre 1835 : il siégea obscurément à la Chambre haute jusqu'en 1848.

MOUSTIER (CLÉMENT-ÉDOUARD, MARQUIS DE), député de 1824 à 1827, né à Coblentz (Allemagne) le 2 janvier 1779, mort à Paris le 5 janvier 1830, d'une des plus anciennes familles de la Franche-Comté, fils du marquis de Moustier, diplomate sous l'ancien régime, accompagna son père en différentes missions, et commença ses études à New-York, où son père représenta la France de 1787 à 1789. Il émigra avec lui, et, pour échapper à la loi qui déclarait émigré lui-même tout fils d'émigré ayant atteint l'âge de quatorze ans, il quitta Stuttgard, où il continuait ses études, pour rentrer en France (1793). Il prit part, royaliste, aux journées du 1er prairial an III et du 13 vendémiaire an IV, fut arrêté, ne dut sa mise en liberté qu'à sa grande jeunesse, et quitta la France pour rejoindre son père en Angleterre. Débarqué en Normandie (mars 1796) avec d'autres émigrés, il devint aide-de-camp de M. de Frotté. Blessé dans un combat contre les troupes républicaines, il dut revenir à Londres et ne rentra définitivement dans sa patrie qu'à l'époque du Consulat. La conscription l'envoya dans un régiment de hussards ; mais bientôt il obtint d'entrer dans la diplomatie et devint secrétaire de légation à Dresde en 1804. Il était encore dans cette ville au moment de la campagne de 1806, et ce fut lui qui eut, après Iéna, la garde des prisonniers saxons. En témoignage des égards qu'il leur avait témoignés, le roi de Saxe lui fit présent d'une boîte enrichie de diamants. Il épousa la fille de M. de Laforest, ministre d'État, et fut nommé, par le crédit de son beau-père, ministre plénipotentiaire à Bade, puis au Wurtemberg, et créé comte de l'Empire le 28 janvier 1809. Après la campagne de Russie, il demanda et obtint son congé, se rallia (1814) aux Bourbons qui le firent chevalier de Saint-Louis, officier de la Légion d'honneur, et l'envoyèrent (1820) à Berne, comme ministre. Grand propriétaire et maire de Brie, il fut élu, le 25 février 1824, député du 1er arrondissement électoral du Doubs (Baume-les-Dames) par 166 voix (184 votants, 244 inscrits), contre 12 à M. Clément ; il siégea dans la majorité royaliste, prit quelquefois la parole, remplit, la même année, l'intérim du ministère des Affaires étrangères, que Chateaubriand venait de quitter, et retourna comme ambassadeur en Suisse, d'où il passa, en 1825, à l'ambassade d'Espagne. Les difficultés qu'il éprouva lors de la guerre civile de Portugal à l'occasion de la mort du roi Jean IV, le firent rappeler (1828). Il s'était représenté à la députation, aux élections générales du 4 novembre 1827, dans son arrondissement, mais il avait échoué avec 88 voix contre 93 à l'élu, M. Clément. On a de lui : *Servitudes sur les bords des rivières navigables* (1819).

MOUSTIER (DESLE-MARIE-RENÉ-FRANÇOIS LIONEL, MARQUIS DE), représentant en 1849, sénateur du second Empire et ministre, né à Paris, le 23 août 1817, mort à Paris le 5 février 1839, fils du précédent, fut, sous Louis-Philippe, membre du conseil général du Doubs. Élu, le 13 mai 1849, représentant de ce département à l'Assemblée législative par les conservateurs-monarchistes, avec 23,049 voix (52,664 votants et 81,875 inscrits), sur la même liste que Montalembert son parent par alliance, il siégea à droite, s'associa aux votes de la majorité *pour* l'expédition de Rome, *pour* la loi Falloux-Parieu sur l'enseignement, continua de soutenir la politique de l'Élysée jusqu'après le coup d'État du 2 décembre, fut nommé membre de la Commission consultative, mais donna peu après sa démission. Le 19 mars 1853, il fut appelé au poste de ministre plénipotentiaire à Berlin, et contribua à maintenir la Prusse dans la neutralité lors de la guerre de Crimée. De là, il passa ambassadeur à Vienne (1859), puis à Constantinople (28 août 1861). A la suite des événements d'Allemagne, en 1866, M. de Moustier reçut en remplacement de M. Drouyn de Lhuys (1er septembre), le portefeuille des Affaires étrangères. Il eut à régler durant son passage au pouvoir l'affaire du Luxembourg avec la Prusse, s'efforça, dans la question romaine, de faire respecter la convention du 15 septembre, et opposa aux concessions proposées par le général Menabrea, président du conseil italien, une fin de non-recevoir absolue; toutefois il se montra disposé à soumettre le règlement de la question italienne à un Congrès; mais ce projet n'aboutit pas. Comme ministre, M. de Moustier défendit sa politique au parlement dans un langage élégant et mesuré; au Sénat, il répondit au cardinal de Bonnechose et au baron Dupin que le gouvernement maintiendrait à la fois les droits du pape et l'unité de l'Italie. Sa santé se trouvant assez gravement compromise, il quitta le pouvoir en décembre 1868, et, le 17 du même mois, fut nommé sénateur. Il soutint de ses votes à la Chambre haute le régime impérial, et mourut le 5 février 1869. Le marquis de Moustier avait épousé Mlle de Mérode, nièce du comte de Mérode, homme d'État belge. Il a eu de ce mariage deux filles dont l'une a épousé le marquis de Marmier. Grand-croix de la Légion d'honneur (1867).

MOUTARDIER (Guillaume-Augustin), représentant à la Chambre des Cent-Jours, né à Lesparre (Gironde) le 29 juillet 1756, mort en 1817, « fils du sieur Antoine-Guillaume Moutardier, notaire royal, et de demoiselle Françoise Nolibois, mariés », exerçait à Bordeaux la profession d'avocat, lorsque l'arrondissement de Lesparre le nomma (19 mai 1815), par 24 voix sur 45, représentant à la Chambre des Cent-Jours. Il n'appartint pas à d'autres assemblées.

MOUTIÉ (Marc-Antoine), député en 1789, né à Étampes (Seine-et-Oise) le 6 octobre 1730, mort à Orléans (Loiret) le 21 janvier 1809, entra dans les ordres. Il était grand chantre et chanoine à la cathédrale d'Orléans en 1789. Le 30 mars, il fut élu député du clergé aux États-Généraux par le bailliage d'Orléans. Moutié prêta le serment civique et n'eut qu'un rôle effacé dans l'Assemblée constituante.

MOUTIER (Guillaume-Nicolas-Pantaléon), député en 1789, dates de naissance et de mort inconnues, lieutenant général civil au bailliage de Sézanne en Brie, représenta ce bailliage aux États-Généraux, dont il fut élu membre, le 20 mars 1789, pour le tiers, par 66 voix sur

110 votants. Il prêta le serment du Jeu de Paume, fit partie du comité des rapports, siégea obscurément dans la majorité.

MOUTON (Georges, comte de Lobau), pair des Cent-Jours, député de 1828 à 1833 et pair de France, né à Phalsbourg (Meurthe) le 21 février 1770, mort à Paris le 27 novembre 1838, « fils de monsieur Joseph Mouton, propriétaire et conseiller de l'hôtel de la ville, et de Catherine Charpentier », s'engagea comme simple soldat le 1er août 1792, dans le 9e bataillon de volontaires de la Meurthe, devint lieutenant puis capitaine la même année, et fit la campagne de Belgique, à la suite de laquelle il passa aide de camp du général Meunier (13 octobre 1793). Envoyé, l'année suivante, à l'armée de Sambre-et-Meuse, il fit partie, en 1796, de l'armée d'Italie, se distingua devant Mantoue et, à la paix de Campo-Formio, devint chef de bataillon (30 octobre 1797). Il resta en Italie sous les ordres de Schérer, de Moreau et de Joubert dont il fut l'aide de camp, et reçut dans ses bras, à Novi, ce général tué dès le début de la bataille; Moreau, qui reprit le commandement provisoire de l'armée, nomma Mouton chef de brigade. Au moment de la campagne de 1800, il fut enfermé dans Gênes avec Masséna, par les troupes de Mélas, et prit une part brillante à la défense de cette place. Avec quelques bataillons, il repoussa trois fois l'attaque du général Ott, au fort du Quezzi, et fut laissé pour mort au dernier assaut. Mais ses soldats, par un effort désespéré, parvinrent à le ramener dans la ville. Après Marengo, le premier Consul lui confirma son grade de chef de brigade (colonel) le 21 octobre 1800, et l'envoya, en 1803, au camp de Boulogne. Officier de la Légion d'honneur (29 vendémiaire an XII), général de brigade et aide de camp de l'empereur l'année suivante, il fit la campagne de 1805 dans le grand état-major impérial, et celles de 1806 et de 1807, où il se distingua à Iéna et à Eylau. Commandeur de la Légion d'honneur le 30 mars 1807, il fut promu général de division après Friedland, pour avoir conduit avec une admirable bravoure trois bataillons à l'attaque des ponts de Friedland. Envoyé ensuite en Espagne il servit sous les ordres de Bessières, se signala à la bataille de Medina-del-Rio-Secco, et contribua à la prise de Burgos, à la défaite du marquis de Belvéder. Il fut rappelé à l'armée d'Allemagne, et, à Abensberg (21 avril 1809), franchit au pas de charge le pont déjà en flammes et mit définitivement en déroute la gauche autrichienne. Le 22 mai suivant il se signala de nouveau, à la seconde journée d'Essling, en se battant, l'épée nue, en tête des fusiliers de la garde, et en repoussant le cinquième assaut des grenadiers autrichiens. Quelques jours plus tard, il fut créé par l'empereur comte de Lobau, du nom de l'île, sur le Danube, dans laquelle l'armée française s'était trouvée un moment acculée. Grand officier de la Légion d'honneur le 30 juin 1811, il accompagna l'empereur en Russie, fit la campagne à ses côtés, et le suivit en France. Grand-croix de l'ordre de la Réunion le 30 juin 1813, il assista à la plupart des batailles de la campagne de Saxe, jusqu'à l'investissement de Dresde. Compris dans la capitulation, il fut, au mépris des conventions, considéré comme prisonnier de guerre, et envoyé en Hongrie où il resta jusqu'à la paix. La première Restauration le fit chevalier de Saint-Louis (8 juillet 1814) et inspecteur d'infanterie (30 décembre). Au retour de l'île d'Elbe, Napoléon le nomma commandant de la 1re division militaire le 30 mars 1815, et pair de France le 2 juin suivant. Il fut ensuite mis à la tête du 5e corps de l'armée du Nord; mais, à Waterloo, placé sur le flanc droit avec 10,000 hommes seulement pour contenir Bulow et ses 30,000 hommes, il ne put résister, malgré des prodiges de valeur, à la supériorité numérique de l'ennemi, et dut reculer. Dans le désordre qui suivit, au moment où Mouton cherchait à rallier les débris de ses troupes, il fut entouré, fait prisonnier et mis entre les mains des Anglais. Compris dans l'article 2 de l'ordonnance du 24 juillet 1815, le comte de Lobau, condamné à l'exil, se réfugia en Belgique; il obtint enfin de rentrer en France en 1818. Mis en non-activité le 1er janvier 1819, et en disponibilité le 9 juin suivant, il vivait dans la retraite, quand il fut élu, le 21 avril 1828, député du 2e arrondissement électoral de la Meurthe Lunéville, en remplacement du baron Louis, qui avait opté pour le 8e arrondissement de Paris, par 73 voix (136 votants, 170 inscrits), contre 30 voix au général Haxo. Réélu, le 23 juin 1830, par 152 voix (175 votants, 189 inscrits) contre 18 à M. Godard-Desmarets, il siégea à l'opposition libérale, et, en juillet, fit partie de la commission municipale qui remit le pouvoir au duc d'Orléans. Louis-Philippe le nomma grand-croix de la Légion d'honneur le 19 août suivant, et commandant de la garde nationale parisienne le 26 décembre. Rappelé à l'activité, il fut élevé, le 30 juillet 1831, à la dignité de maréchal de France. Le 5 mai précédent, il avait dissipé les attroupements bonapartistes de la place Vendôme à l'occasion de l'anniversaire de la mort de l'empereur, en faisant pointer sur les manifestants les pompes à incendie de l'état-major de la place, ce qui lui valut une avalanche de caricatures et le consola avec la satisfaction d'avoir évité l'effusion du sang. Réélu député, le 5 juillet 1831, à la fois à Lunéville avec 168 voix (181 votants, 213 inscrits), et dans la 10e arrondissement de Paris, avec 583 voix (1001 votants), il opta pour Lunéville et fut remplacé à Paris, le 1er septembre, par M. Ch. Dupin. Sa promotion à la dignité de maréchal de France l'obligea à se représenter devant ses électeurs, qui lui renouvelèrent son mandat, le 1er septembre, par 137 voix (150 votants, 210 inscrits). Il fut nommé pair de France le 27 juin 1833. La ville de Phalsbourg lui a élevé une statue de bronze.

MOUTON (NAPOLÉON-JOSEPH), représentant du peuple en 1848, né au Cateau (Nord) le 20 janvier 1805, mort à Paris le 10 juin 1875, avocat à Cambrai, bâtonnier de l'ordre, puis directeur d'un comptoir d'escompte à Cambrai, conseiller général et capitaine de la compagnie d'artillerie sédentaire, électeur influent du collège *extra-muros* de Cambrai, démocrate et libéral, fut élu, le 23 avril 1848, représentant du Nord à l'Assemblée constituante, le 25e sur 28, par 114,967 voix (234,840 votants, 278,352 inscrits). Il fit partie du comité des finances et vota *pour* le bannissement de la famille d'Orléans, *pour* les poursuites contre L. Blanc et Caussidière, *contre* l'abolition de la peine de mort, *contre* l'impôt progressif, *contre* l'incompatibilité des fonctions, *contre* l'amendement Grévy, *contre* la sanction de la Constitution par le peuple, *pour* l'ensemble de la Constitution, *contre* la proposition Rateau, *contre* l'expédition de Rome. Adversaire de la politique de l'Élysée, il rentra dans la vie privée après la session.

MOUTON-DUVERNET (RÉGIS-BARTHÉLÉMY, BARON), représentant à la Chambre des Cent-Jours, né au Puy (Haute-Loire) le 3 mars 1769, fusillé à Lyon (Rhône) le 27 juillet 1816, s'engagea à 17 ans dans le régiment de la Guadeloupe, passa en 1793 à l'armée des Alpes, et se distingua au siège de Toulon, en qualité de capitaine adjudant-major. Il y fit la connaissance de Bonaparte qui l'appela à l'armée d'Italie en 1796. Grièvement blessé à Arcole, chef de bataillon à la paix de Campo-Formio, membre de la Légion d'honneur en l'an XII, il resta en Hollande pendant la campagne de 1805, mais assista à Iéna et à Friedland. Sa conduite à cette dernière bataille lui valut le grade de colonel du 63e de ligne (juillet 1807). Créé baron de l'empire le 29 juin 1808, il alla ensuite en Espagne, et s'y distingua à l'assaut d'Uclès (12 janvier 1809), et à la bataille de Medellin. Général de brigade le 21 juillet 1811, et général de division le 4 août 1813, il fit la campagne de Russie et celle de Saxe, et se signala particulièrement à Bautzen et à Dresde. La première Restauration le fit chevalier de Saint-Louis et gouverneur de Valence. Dès qu'il apprit le retour de l'empereur, Mouton-Duvernet se rendit au-devant de lui, fut nommé gouverneur de Lyon, et fut élu, le 12 mai 1815, représentant à la Chambre des Cent-Jours par l'arrondissement du Puy-en-Velay, avec 41 voix (72 votants). Après Waterloo, il demanda aux représentants d'acclamer Napoléon II empereur. « A ce nom, dit-il, il n'y aura pas un Français qui ne s'avance pour défendre l'indépendance nationale... L'armée de la nation se rappelle que, sous Louis XVIII, elle a déjà été profondément humiliée; elle se rappelle qu'on a traité de brigandages les services qu'elle a rendus à la patrie depuis vingt-cinq ans... » Compris, à la seconde Restauration, dans l'ordonnance de proscription du 24 juillet 1815, il fut traduit devant une juridiction militaire pour « avoir trahi le roi et attaqué la France et le gouvernement à main armée avant le 13 mars ». Il resta caché pendant un an chez M. de Meaux, maire royaliste de Montbrison, puis il se constitua prisonnier, comparut, le 15 juillet 1816, devant le conseil de guerre de Lyon, présidé par le général Darmagnac, et fut condamné à mort. En vain on en appela au conseil de revision; en vain sa femme présenta un recours en grâce au comte d'Artois et au duc de Berry, et chercha à implorer Louis XVIII, le roi ne lui répondit que ces paroles : « Je ne peux vous accorder votre demande. » Le 27 juillet, Mouton-Duvernet fut passé par les armes sur le chemin des Étroits. M. Bouchet, dans sa *Notice sur Mouton-Duvernet*, a écrit : « Un banquet eut lieu à Lyon (peu de jours après l'exécution ; des toasts célébrèrent la mort du général et, pour compléter cette odieuse parodie, les convives exigèrent qu'on leur servit un foie de mouton qui fut aussitôt percé de cent coups de couteau. »

MOUTOU (PIERRE), représentant du peuple en 1848, né à Massinguies (Tarn) le 5 octobre 1799, mort à Albi (Tarn) le 3 février 1876, fils de simples cultivateurs, se consacra d'abord à l'enseignement, puis embrassa la carrière ecclésiastique. Chanoine de l'église métropolitaine d'Albi, il devint supérieur du petit séminaire de Castres (Tarn), fit, en 1848, une profession de foi républicaine, et ayant réuni les suffrages des protestants et des catholiques, fut élu, le 23 avril 1848, représent du Tarn à l'Assemblée constituante, le 6e sur 9, par 41,553 voix

(90,456 votants). Il fit partie du comité des cultes, et vota *pour* le bannissement de la famille d'Orléans, *contre* l'impôt progressif, *contre* l'incompatibilité des fonctions, *contre* l'amendement Grévy, *contre* la sanction de la Constitution par le peuple, *pour* l'ensemble de la Constitution, *pour* l'interdiction des clubs, *pour* l'expédition de Rome, *contre* la demande de mise en accusation du président et des ministres. Non réélu à la Législative, il revint à Albi, et fut nommé promoteur de l'officialité métropolitaine.

MOUYSSET (GUILLAUME, BARON), député en 1791, né à Saint-Paul-le-Vieux (Lot-et-Garonne) le 3 juillet 1755, mort à Bagnères (Haute-Garonne) le 12 octobre 1818, était juge au tribunal de district de Villeneuve quand il fut élu, le 1er septembre 1791, député de Lot-et-Garonne à l'Assemblée législative, le 3e sur 9, par 212 voix (327 votants). Il demanda, en février 1792, que les députés se réunissent le soir en des conférences qui auraient pour but l'entente générale; mais cette proposition, qui paraissait concertée avec le ministère, ne fut pas adoptée. M. Mouysset ne reprit pas la parole et, après la session, vécut dans la retraite jusqu'au 18 brumaire. Rallié au nouveau pouvoir, il fut nommé, le 4 prairial an VIII, commissaire près le tribunal d'appel d'Agen, titre qu'il échangea, le 24 avril 1811, pour celui de procureur général impérial à Agen. Membre de la Légion d'honneur (25 prairial an XII), créé chevalier de l'Empire le 22 novembre 1808, et baron le 6 octobre 1810, il perdit ses fonctions officielles à la Restauration.

MOY (CHARLES-ALEXANDRE DE), député en 1791, né à Saint-Mihiel (Meuse) le 7 avril 1750, mort à Saint-Germain-en-Laye en 1834, appartenait à l'ancienne maison de Moy ou Moÿ, établie dans le Vermandois dès le xiie siècle, dont la branche aînée s'est éteinte avec la maison ducale de Lorraine, et qui compta quatre chevaliers de Saint-Michel, au début de l'institution, et quatre chevaliers-commandeurs du Saint-Esprit de 1582 à 1633. Il était le dernier des dix enfants issus du mariage du marquis Charles-Salomon de Moy de Sons avec Jeanne-Gabrielle de Montbéliard, comtesse de Flanquemont et d'Aspremont. Destiné à l'état ecclésiastique dès son enfance, il fut pourvu très jeune d'un canonicat en l'église primatiale de Nancy, puis devint curé de Saint-Laurent, à Paris, en remplacement d'un de ses frères, Louis-Joseph de Moy, nommé trésorier-prélat de la Sainte-Chapelle le 19 janvier 1783. Élu 4e député suppléant de Paris à l'Assemblée législative, le 5 septembre 1791, par 293 voix sur 451 votants, il fut admis à siéger le 17 avril 1792, en remplacement de Gouvion, décédé. Dans la séance du 18 mai 1792, il protesta contre les obligations, inconciliables avec l'indépendance du ministère sacerdotal, que la constitution civile du clergé imposait aux prêtres, et publia, en 1796, sous le titre : *Accord de la religion et des cultes chez une nation libre*, un ouvrage dans lequel il renouvela les mêmes attaques, au point de réclamer la complète liberté des cultes et la séparation de l'Eglise et de l'Etat. L'âge et l'expérience avaient déjà singulièrement adouci l'ardeur de ses opinions, quand de Moy fut nommé, le 30 fructidor an XI, censeur au lycée de Caen, puis, le 14 décembre 1809, professeur de philosophie à la faculté de Besançon. Il s'était retiré depuis quelques années à Saint-Germain-en-

Laye, lorsqu'il mourut, à 84 ans, après avoir rétracté solennellement ses erreurs religieuses et politiques d'autrefois.

MOYNE (JEAN-BAPTISTE), député au Conseil des Cinq-Cents, né à une date inconnue, mort à Paris le 6 mai 1799, était accusateur public près le tribunal criminel de Saône-et-Loire. Elu (22 germinal an VI) député de ce département au Conseil des Cinq-Cents, par 199 voix (386 votants), il siégea sans éclat jusqu'à sa mort.

MOYNE-PETIOT (JEAN-PIERRE-CLAUDE-NICOLAS), député de 1828 à 1830, né à Cuiseaux (Saône-et-Loire) le 6 décembre 1783, mort à Paris le 25 décembre 1853, avocat à Chalon-sur-Saône, avait été élu, le 13 mai 1815, suppléant à la Chambre des Cent-Jours, par l'arrondissement de Chalon-sur-Saône, avec 54 voix (98 votants); mais il ne fut pas admis à siéger. Il continua ses fonctions d'avocat, et fut élu, le 10 avril 1828, député du grand collège de Saône-et-Loire, en remplacement de M. Bernigaud de Chardonnet, dont l'élection avait été annulée, par 136 voix (265 votants, 369 inscrits), contre 127 voix au marquis de Ganay. Il siégea obscurément dans la majorité, fut des 221, et échoua, le 23 juin 1830, avec 165 voix sur 352 votants. Il n'a pas reparu depuis dans les assemblées parlementaires.

MOYON (JOSEPH), député en 1789, né au Pin en Montoir (Loire-Inférieure) le 11 mars 1739, mort à Saint-André-des-Eaux (Côtes-du-Nord) le 13 octobre 1813, fils de Luc Moyon et de Perrine Olivaud, cultivateurs, entra dans les ordres. Nommé vicaire à Saint-Nazaire en 1764, il devint, en 1774, recteur de Saint-André-des-Eaux, et acquit, par sa bienveillance et par les services qu'il y rendit, une popularité qui le fit élire, le 22 avril 1789, député du clergé de la sénéchaussée de Nantes et Guérande aux Etats-Généraux. La marche des événements qu'il désapprouvait lui fit donner sa démission dès le 29 octobre; il fut remplacé par Binot. De retour à Saint-André-des-Eaux, il protesta, avec le clergé du diocèse, contre la constitution civile du clergé, refusa le serment, échappa quelque temps aux poursuites, puis s'embarqua pour l'Espagne (1792). Il ne revint dans sa paroisse qu'en 1805, y reprit avec un nouveau zèle ses œuvres de charité, et y mourut avec une réputation de sainteté entretenue jusqu'à nos jours par la vénération populaire.

MOYOT (ILDUT), député en 1789, né à Lanildut (Finistère) le 10 août 1749, mort à Lanildut le 17 avril 1813, fils de Tanguy Moyot et d'Anne-Gabrielle Léortie, marchands, se livra aussi au commerce, et devint capitaine marchand et armateur. Le 8 avril 1789, il fut élu député du tiers-état de la sénéchaussée de Brest aux Etats-Généraux par 71 voix sur 117 votants. Il prêta, le 20 juin, le serment du Jeu de Paume, fut de ceux qui portèrent au roi, le 24 août, les félicitations de l'Assemblée nationale à l'occasion de sa fête, et joua à la Constituante le rôle le plus effacé. Elu juge de paix de Ploudalmezeau le 20 décembre 1790, il vint remplir ces fonctions après la session, fut président de la commission administrative du Finistère en 1793, et fut nommé, par le gouvernement consulaire, maire de Lanildut (19 vendémiaire an XII), fonctions qu'il remplit jusqu'à sa mort.

MOYSSET (Jean), membre de la Convention et député au Conseil des Anciens, né à Fleurance (Gers) le 7 avril 1726, mort à une date inconnue, fut élu, au début de la Révolution, président du directoire du département du Gers, et, le 6 septembre 1792, député de ce département à la Convention, le 9e et dernier par 208 voix (442 votants). Il siégea parmi les modérés et opina ainsi dans le procès du roi : « Je crois, répondit-il au 3e appel nominal, que la mesure la plus utile à la tranquillité publique est la réclusion jusqu'à la paix, et le bannissement à cette époque. Je vote donc pour la détention provisoire.» Ayant protesté ensuite, avec les Girondins, contre les événements du 31 mai 1793, il fut arrêté et détenu jusqu'après le 9 thermidor. Il rentra à la Convention le 18 vendémiaire an III. Réélu député du Gers au Conseil des Anciens, le 22 vendémiaire an IV, par 219 voix sur 288 votants, en même temps que dans la Lozère par 83 voix sur 130 votants, il fut secrétaire de la nouvelle assemblée et en sortit en l'an VI. Il demeurait à à Paris, « rue du Coq, chez la veuve Morin, libraire ».

MOYZEN (Jean-Joseph), député de 1816 à 1824, né à Espédaillac (Lot) le 20 février 1754, mort en sa terre de La Salle (Lot) le 23 octobre 1840, propriétaire à la Salle-d'Urban, fut élu, le 4 octobre 1816, député du grand collège du Lot, par 103 voix (188 votants, 242 inscrits) ; il siégea dans la majorité ministérielle, et, réélu, le 4 novembre 1820, dans le 3e arrondissement du Lot (Figeac), par 101 voix (155 votants, 223 inscrits), passa au centre gauche, et vota contre les deux lois d'exception et la nouvelle loi électorale. Il rentra dans la vie privée aux élections de 1824.

MUGUET DE NANTHOU (François-Félix-Hyacinthe), député aux Etats-Généraux de 1789, né à Besançon (Doubs) le 20 octobre 1760, mort à Soing (Haute-Saône) le 6 mai 1808, avocat puis lieutenant général du bailliage de Gray, sut, en 1788, calmer les troubles causés dans cette ville par la famine, et fut élu, le 12 avril 1789, député du tiers aux Etats-Généraux par le bailliage d'Amout, avec 327 voix (457 votants). Il prit place à gauche, approuva l'abolition des privilèges et prit souvent la parole. Le 5 octobre il proposa de ne voter aucun impôt avant que le roi eût sanctionné les décrets de l'Assemblée. Membre du comité des rapports, il fit un rapport défavorable à la cour des aides (1er juillet 1790), et fut également rapporteur (21 décembre) de l'enquête sur les troubles de Perpignan, où deux clubs ennemis, l'un royaliste, l'autre jacobin, avaient tiré l'un sur l'autre. Il demanda (28 février 1791) une loi contre les émigrés, et, à propos des troubles de Cuse, accusa de Rossi de les avoir provoqués. Commissaire de l'Assemblée, lors de la fuite de Louis XVI, il fut spécialement chargé de vérifier sur le registre du ministère des Affaires étrangères, si le passeport délivré à la famille royale, le 5 juin 1791, sous le nom de la baronne de Korff, y était enregistré ; il fit un rapport circonstancié sur l'arrestation de Varennes, demanda des récompenses pour ceux qui y avaient contribué, et la mise en accusation du marquis de Bouillé devant la haute cour nationale à Orléans. Il conclut en faveur du roi, qui devait être mis hors de cause, en raison de son inviolabilité et de la non-reconnaissance, par la Constitution, du délit d'évasion, et ajouta que la monarchie héréditaire et l'inviolabilité royale étaient nécessaires à l'intérêt national. Ces conclusions furent adoptées. Quelques jours après, le 18 août, il réclama de nouveau en faveur de ceux qui avaient arrêté le roi à Varennes, l'application du décret relatif aux récompenses. A la fin de 1792, Muguet se retira à Soing où il s'occupa d'agriculture, et fut nommé commandant de la garde nationale de Gray ; arrêté en 1793, mais bientôt remis en liberté, il devint, sous le Directoire, maire de Soing, et, sous le Consulat, conseiller général de son département.

MÜHLENBECK (Laurent), représentant en 1849, né à Ribeauvillé (Haut-Rhin) le 13 mai 1794, mort à Sainte-Marie-aux-Mines (Haut-Rhin) le 1er juin 1852, était maire de cette dernière localité. Elu, le 13 mai 1849, représentant du Haut-Rhin à l'Assemblée législative le 7e sur 10, par 33,777 voix (118,335 votants), il siégea à gauche et vota avec la minorité républicaine, notamment : contre l'expédition de Rome, contre la loi Falloux-Parieu sur l'enseignement, contre la loi restrictive du suffrage universel ; le coup d'Etat du 2 décembre 1851 le rendit à la vie privée.

MULÉ (Bernard), représentant du peuple en 1848, né à Toulouse (Haute-Garonne) le 13 novembre 1803, mort à Toulouse le 26 mars 1888, fils d'un tonnelier, entra à 14 ans dans une maison de commerce, se fit affilier en 1822 à la Charbonnerie, prit une part active à la révolution de 1830, refusa la croix de juillet, devint l'un des agents les plus influents des comités radicaux, et fut l'un des organisateurs du banquet réformiste de Toulouse. Quand il apprit la chute de Louis-Philippe, il réunit quelques amis, se rendit à la tête du peuple au Capitole pour y dissoudre l'ancienne administration et proclamer la République, et fut nommé membre de la municipalité provisoire (25 février). Elu, le 23 avril 1848, représentant de la Haute-Garonne à l'Assemblée constituante le 8e sur 12, par 46,577 voix, il fit partie du comité de l'Algérie et des colonies, et vota constamment avec la Montagne, pour le bannissement de la famille d'Orléans, contre les poursuites contre Louis Blanc et Caussidière, pour l'abolition de la peine de mort, pour l'impôt progressif, pour l'ensemble de la Constitution, contre la proposition Rateau, contre l'interdiction des clubs, contre l'expédition de Rome, pour la demande de mise en accusation du président et des ministres. Après le 2 décembre, contre lequel il avait protesté, il fut interné en Algérie. Rentré en France, il fut encore détenu quelques mois en vertu de la loi de sûreté générale de 1858. Il posa sa candidature d'opposition au Corps législatif dans la 1re circonscription de la Haute-Garonne, le 4 juin 1863, mais il échoua avec 4,872 voix contre 17,905 à l'élu officiel, M. d'Ayguevives, et ne fut pas plus heureux le 24 mai 1869, avec 6,600 voix contre 15,611 à l'élu officiel, M. d'Ayguevives, député sortant, et 4,965 à M. Caze. Il échoua encore, le 8 février 1871, comme candidat à l'Assemblée nationale avec 22,984 sur 122,845 votants. Conseiller général du canton de Toulouse-centre en 1871. Chevalier de la Légion d'honneur le 30 juillet 1878, M. Mulé se démit de ses fonctions publiques en 1879, en raison de son âge.

MULOT (François-Valentin), député en 1791, né à Paris le 29 octobre 1749, mort à

Paris le 9 juin 1804, entra, à 16 ans, comme novice dans l'ordre des chanoines réguliers de Saint-Victor et y devint bibliothécaire, professeur de théologie et prieur. Impliqué très indirectement dans l'affaire du collier, il embrassa les idées de la Révolution, fit partie, en 1789, de la commune provisoire de Paris, y fut maintenu à l'organisation définitive de 1790, se présenta à la barre de la Constituante, au nom de la municipalité, pour réclamer en faveur des juifs la qualité de citoyens, et déposa un mémoire contre les maisons de jeu. Avec Verninhac et Lescène des Maisons, il fut choisi par le roi comme médiateur dans le comtat Venaissin (1er juin 1791). Il resta quelque temps à Courthizon, après le départ de ses collègues, puis à Cavaillon, pour surveiller les agitations et empêcher le retour des troubles; mais, le 16 octobre, il fut le témoin impuissant des massacres de la Glacière, car le général Ferrier refusa de marcher sur la ville où la municipalité prétendit que le calme régnait. Il se chargea néanmoins de transmettre au gouvernement les réclamations des parents et amis des victimes. Rappelé à Paris, il fut élu, le 19 septembre 1791, député à l'Assemblée législative par le département de Paris, le 15e sur 24, avec 381 voix (691 votants); il accusa Rovère, qui lui reprochait d'être l'un des agitateurs d'Avignon, et demanda la suppression des maisons de jeu et du costume ecclésiastique. Arrêté sous la Terreur et mis en liberté après le 9 thermidor, il fit partie de la commission des monuments, s'occupa de sauver les tableaux et les statues des églises, devint commissaire du Directoire à Mayenne et, le 3 messidor an VIII, secrétaire-général de la préfecture de la Seine. Il mourut subitement dans le jardin des Tuileries, d'une attaque d'apoplexie. Pendant la Révolution, il s'était marié avec sa maîtresse et était entré depuis dans la secte des théophilanthropes. Mulot a publié un grand nombre d'ouvrages dont les plus curieux sont: *Le Muséum de Florence, gravé par David, avec des explications françaises* (1788-1795, 6 volumes); *Discours sur le serment civique* (1790); *Compte rendu à l'Assemblée nationale comme commissaire du roi à Avignon, avec supplément et correspondance officielle* (1791); *L'Almanach des Sans-Culottes* (1794); *Joseph, ou la fin tragique de Mme Angot*, bagatelle morale avec l'avort fils; *Essai de poésies légères* (Mayenne, 1798). Il a aussi donné des traductions des *Odes d'Anacréon*, des *Amours de Delphine et Chloé, de Longus* (1782); des *Fables de Lockman* (1785), etc.

MULTEDO (PAUL-MARIE-ALFRED, COMTE), député de 1885 à 1886, né à Bastia (Corse) le 17 mai 1846, arrière-petit-neveu du conventionnel Moltedo, fut élevé à Paris au collège de jésuites de Vaugirard et y fit ensuite ses études de droit. Grand propriétaire d'oliviers et de vignes en Corse, il s'occupa surtout de viticulture et de reboisement. Il fit la guerre de 1870-1871 en qualité d'officier de mobiles, et se signala particulièrement à Avron. Membre du conseil général de la Corse depuis 1871, il y a siégé depuis lors sans interruption, et y a traité principalement des questions de vicinalité et de reboisement. Bonapartiste, catholique, et de sentiments très démocratiques, le comte Multedo fut porté, aux élections législatives du 4 octobre 1885, sur la liste bonapartiste de la Corse, et fut élu député au second tour, le 18 octobre, le 4e et dernier, par 25,787 voix sur 50,489 votants et 74,275 inscrits. Il prit place

dans le groupe de l'Appel au peuple; mais l'élection de la Corse ayant été invalidée en bloc, les électeurs, convoqués à nouveau le 14 février 1886, donnèrent la majorité à la liste républicaine; le comte Multedo n'échoua qu'avec une minorité de 151 voix, ayant obtenu 23,915 voix contre 24,066 au dernier élu de la liste républicaine, M. de Susini, sur 43,145 votants. On a de lui des œuvres littéraires, entre autres un roman d'études de mœurs parisiennes: *l'engeance* (1884).

MUN (JEAN-ANTOINE-CLAUDE-ADRIEN, MARQUIS DE), pair de France, né à Paris le 19 décembre 1773, mort à Paris le 24 avril 1843, « fils de Alexandre-François, comte de Mun, officier supérieur, et de Elisabeth-Charlotte Helvétius (fille du célèbre philosophe) », était à 15 ans, surnuméraire aux gardes du corps; il se tint à l'écart pendant la Révolution. Conseiller-général de Seine-et-Marne sous le Consulat, il fut fait chevalier de la Légion d'honneur en 1811. La Restauration le nomma président du collège électoral de Seine-et-Marne puis pair de France le 17 août 1815. Il vota pour la mort dans le procès du maréchal Ney, prêta serment au gouvernement de Louis-Philippe, et siégea à la Chambre haute jusqu'à sa mort.

MUN (ADRIEN-ALBERT-MARIE, COMTE DE), député de 1876 à 1879 et de 1881 à 1889, né à Lumigny (Seine-et-Marne) le 28 février 1841, petit-fils du précédent et arrière-petit-fils du célèbre philosophe matérialiste Helvétius, suivit la carrière militaire, entra à l'Ecole de Saint-Cyr, devint capitaine adjudant-major au 2e cuirassiers, prit part à la guerre franco-allemande à l'armée de Metz, fut prisonnier en Allemagne, coopéra, au retour, à la répression de l'insurrection communaliste de 1871, et fut officier d'ordonnance du général Ladmirault gouverneur de Paris. Il manifesta des opinions monarchistes et surtout catholiques et se consacra avec un zèle particulier à l'œuvre des *Cercles catholiques d'ouvriers*. Plusieurs de ses discours ayant été vivement critiqués et dénoncés par la presse démocratique comme empreints d'une hostilité marquée contre la société civile et contre les institutions républicaines, et ayant même donné lieu, en 1875, à un incident parlementaire, le ministre de la Guerre invita M. de Mun (1875) à cesser sa propagande. Mais le jeune officier préféra donner sa démission (novembre), et, devenu indépendant, redoubla d'ardeur. Bientôt les élections législatives du 20 février 1876 vinrent lui offrir une occasion nouvelle de défendre ses théories: candidat monarchiste à la Chambre des députés dans l'arrondissement de Pontivy, il reçut, pendant la campagne électorale, les encouragements et la décoration du pape, fut soutenu par l'archevêque de Paris, l'évêque de Vannes et le clergé de Pontivy, et eut à combattre, au premier tour de scrutin, deux compétiteurs différents, le docteur Le Maguet, républicain, et l'abbé Cadoret, bonapartiste. Après avoir réuni 7,6.. suffrages contre 7,087 à l'abbé Cadoret, 4,768 à M. Le Maguet, il se retrouva, au ballotage, par suite du désistement de son concurrent républicain, en présence de l'abbé Cadoret seul, et fut élu, le 5 mars, par 10,725 voix (19,575 votants, 23,232 inscrits), contre 8,7.. Il s'était engagé, dans sa profession de foi, « défendre, avant tout, les principes de la religion catholique ». Il prit place à l'extrême droite de la Chambre. Son élection, qui avait don...

lieu à de violentes polémiques de presse, fut très vivement contestée aussi au Palais Bourbon : la gauche reprocha à l'élu de Pontivy, au « cuirassier mystique », comme l'appelaient les journaux radicaux, l'ingérence du haut clergé dans la lutte, et, lors de la vérification des pouvoirs, la majorité décida, par 307 voix contre 169, qu'une enquête serait faite sur les circonstances de l'élection, qui fut invalidée le 13 juillet 1876. Réélu, le 27 août suivant, par 9,789 voix contre 9,466 à M. Le Maguet, républicain, M. de Mun fut validé le 15 décembre. Il prit place à la tête du parti catholique, vota constamment avec la droite monarchiste, dénonça, le 4 mai 1877, les attaques d'une « certaine presse » contre la religion, et ne laissa échapper aucune occasion de proclamer à la tribune les doctrines dont il était l'éloquent missionnaire. Après l'acte du 16 mai, M. de Mun fut désigné par le ministère de Broglie-Fourtou comme candidat officiel dans l'arrondissement de Pontivy. Réélu, le 14 octobre 1877, par 12,512 voix (21,006 votants, 24,497 inscrits), contre 6,822 à M. Le Maguet, républicain, et 1,678 à M. Lefebvre, M. de Mun vit encore son élection soumise à une enquête, dont le rapport ne fut présenté qu'en novembre 1878. Dans l'intervalle, toujours prêt à combattre la politique du gouvernement en matière religieuse, il s'était élevé (janvier 1878) contre la suppression des bourses des séminaires, et avait opiné contre le ministère Dufaure. A propos de la discussion du rapport concernant son élection, il prononça un discours, d'une forme très étudiée, dans lequel il n'hésitait pas à se déclarer l'ennemi du suffrage universel : une partie de la droite n'osa pas s'associer à cette manifestation, et les députés bonapartistes notamment se séparèrent de l'orateur. Invalidé à nouveau le 16 décembre, M. de Mun se représenta aux élections complémentaires du 2 février 1879; mais il échoua avec 9,870 voix contre 10,392 à l'élu républicain, M. Le Maguet. Rendu momentanément à la vie privée, il continua son active propagande contre les projets de loi sur l'enseignement supérieur, et multiplia sur divers points de la France les réunions et les conférences. Les élections générales du 21 août 1881 le firent rentrer au parlement. Elu député de la 2e circonscription récemment formée dans l'arrondissement de Pontivy, par 4,467 voix (8,018 votants, 9,989 inscrits), M. de Mun suivit la même ligne de conduite que précédemment. En juin 1882, il attaqua la loi sur l'enseignement secondaire privé, déclarant imminente la fermeture des établissements libres, faute de pouvoir réunir le nombre de gradés nécessaire. En mai 1883, il prit la parole dans la discussion de la loi sur les syndicats, et fit une éloquente apologie du régime économique antérieur à la Révolution; il se déclara l'adversaire à la fois du « socialisme d'Etat » et du système du laisser-faire et demanda pour les syndicats mixtes le droit de recevoir des dons et des legs et d'organiser des caisses contre le chômage, la pauvreté, la maladie et la vieillesse. Son « socialisme chrétien », tendant notamment au retour aux « corporations ouvrières » de l'ancien régime, provoqua des discussions passionnées. Le député de Pontivy ne cessa de voter contre les principaux actes du gouvernement républicain. Il combattit, en général, la politique coloniale, et opina contre les crédits de l'expédition du Tonkin; mais il se montra partisan (juin 1884) de la défense des droits de la France à Madagascar. Il protesta à la tribune (mai 1885) contre la désaffectation du Panthéon, et exposa, en mainte occasion, son programme politique et religieux. Porté, le 4 octobre 1885, sur la liste monarchiste du Morbihan, M. de Mun fut élu député du département, le 3e sur 8, par 69.341 voix (95,198 votants, 130,336 inscrits). Comme dans les législatures précédentes, il soutint avec un grand talent les revendications de l'extrême droite catholique et intervint dans la plupart des débats importants. En avril 1886, il reprocha au gouvernement son attitude dans l'incident de Châteauvillain. Adversaire déclaré de l'expulsion des princes, il combattit aussi la loi militaire, et demanda à la Chambre de ne pas sacrifier la solidité de l'armée pour lui donner un plus grand nombre de soldats. On remarqua encore son discours (juin 1888) pour la réglementation du travail des femmes dans les manufactures; dans une harangue extra-parlementaire, prononcée à Romans en octobre de la même année, il adhéra formellement, au nom de son parti, à la politique boulangiste. Il se prononça, en dernier lieu : contre le rétablissement du scrutin d'arrondissement (11 février 1889), pour l'ajournement indéfini de la revision de la Constitution, contre le projet de loi Lisbonne restrictif de la liberté de la presse, contre les poursuites contre le général Boulanger; il était absent lors du scrutin sur les poursuites contre trois députés membres de la Ligue des patriotes. Ses discours et conférences ont été réunis en trois volumes 1888.

MUNIER (Louis-Auguste), membre du Sénat, né à Gex (Ain) le 21 novembre 1821, exerçait à Lyon la profession d'avoué. Conseiller municipal républicain et premier adjoint au maire de Lyon, il soutint la politique opportuniste, et, porté comme candidat aux élections sénatoriales du 8 janvier 1882, fut élu sénateur du Rhône par 168 voix (323 votants). Il prit place à la gauche du Sénat, et opina : pour la réforme du personnel judiciaire, pour le rétablissement du divorce, pour les crédits de l'expédition du Tonkin, pour la nouvelle loi militaire, pour les ministères opportunistes, pour l'expulsion des princes, et, en dernier lieu, pour le rétablissement du scrutin d'arrondissement (13 février 1889), pour le projet de loi Lisbonne restrictif de la liberté de la presse, pour la procédure à suivre devant le Sénat contre le général Boulanger. Lors de la nomination de la commission des Neuf, chargée de l'instruction et de la mise en accusation dans cette dernière affaire, M. Munier en fut élu membre (12 avril 1889), le 5e, par 188 voix sur 230 votants.

MUNIER (Charles-Louis-Marie), député de 1885 à 1889, né à Pont-à-Mousson (Meurthe) le 17 mai 1837, notaire dans sa ville natale de 1863 à 1878, et maire de 1871 à 1885, conseiller général de Meurthe-et-Moselle, membre de la commission des hospices et du conseil académique, fut porté sur la liste opportuniste de son département, aux élections législatives du 4 octobre 1885, et fut élu député, le 4e sur 6, par 46,531 voix (88,011 votants, 111,226 inscrits). Républicain opportuniste, il prit place à gauche, soutint la politique scolaire et coloniale du gouvernement, vota l'expulsion des princes, et se prononça, dans la dernière session, pour le rétablissement du scrutin d'arrondissement (11 février 1889), pour l'ajournement indéfini de la revision de la constitution, pour les poursuites contre trois députés membres de la Ligue des patriotes, pour le projet de loi Lisbonne restrictif de la liberté de la presse, *pour* les poursuites contre le général Boulanger.

MÜNTZ (Philippe-Frédéric), député de 1831 à 1834, né à Soultz-sous-Forêts (Bas-Rhin) le 8 septembre 1783, mort à Drachenbronn (Bas-Rhin) le 25 février 1845, exerçait à Soultz la profession de notaire et était maire de cette commune. Élu, le 5 juillet 1831, député du 6ᵉ collège du Bas-Rhin (Wissembourg), avec 101 voix (130 votants, 149 inscrits), il appartint à la majorité conservatrice jusqu'aux élections de 1834, qui le firent sortir du parlement.

MURAIRE (Honoré, comte), député en 1791, et au Conseil des Anciens, né à Draguignan (Var) le 5 octobre 1750, mort à Paris le 20 novembre 1837, fils de maître Augustin Muraire, avocat à la cour, et de dame Magdeleine Castillon, était un avocat distingué du barreau de sa ville natale au moment de la Révolution. Président, en 1790, du district de Draguignan, il fut élu, le 8 septembre 1791, député du Var à l'Assemblée législative, le 2ᵉ sur 8, par 250 voix (489 votants). Il prit place à droite, fit partie du comité de législation, demanda et obtint que les registres de l'état civil fussent enlevés au clergé (15 février, 18 juin 1792), que les jeunes gens âgés de vingt et un ans fussent autorisés à se marier sans le consentement de leurs parents, fut nommé président de l'Assemblée (18 mai 1792), fit adopter le divorce (20 juin), et demanda (13 juillet) la suppression de Pétion et de Manuel, maire et procureur de la commune de Paris, comme complices de l'envahissement des Tuileries au 20 juin. Rapporteur de la commission instituée pour examiner la conduite de La Fayette, il défendit ce général. Suspect sous la Terreur, il fut enfermé à Sainte-Pélagie et ne dut la liberté qu'au 9 thermidor. Élu, le 23 vendémiaire an IV, député de la Seine au Conseil des Anciens, par 364 voix (176 votants), il prit place parmi les clichyens, présida l'assemblée en fructidor an VI, attaqua les usurpations législatives du Directoire, et parla (fructidor an VII) en faveur des prêtres déportés. Onze jours après, il fut inscrit (18 fructidor) sur la liste des déportés, et interné à l'île d'Oléron. Amnistié par le premier Consul, il fut nommé (11 germinal an VIII) juge au tribunal de Cassation. Le 4 nivôse au IX, il fut chargé par ses collègues de féliciter Bonaparte d'avoir échappé à l'attentat de la rue Saint-Nicaise. Chaudement recommandé par Joseph Bonaparte, il devint successivement chef du tribunal de Cassation en 1801, fonctions qu'il échangea, le 29 floréal an XII, contre celles de premier président de la cour de Cassation, conseiller d'État le 14 floréal an X, membre de la Légion d'honneur le 9 vendémiaire an XII, grand-officier de l'ordre le 25 prairial suivant, comte de l'Empire en 1808, et chevalier de l'ordre de la Réunion le 3 avril 1813. La même année, certaines opérations financières le menacèrent d'une disgrâce que son gendre, M. Decazes, réussit à lui éviter. Le comte Muraire adhéra à la déchéance de Napoléon, et alla, le 20 avril 1814, complimenter le comte d'Artois. Il perdit cependant sa situation (février 1815) qui lui fut rendue aux Cent-Jours, et à laquelle il lui fallut définitivement renoncer à la seconde Restauration. Il était dignitaire de l'ordre maçonnique du rite écossais. On a de lui : *Éloge de Turgot; Éloge du lieutenant général baron Maransin* (1828).

MURARD DE SAINT-ROMAIN (Benoit-Rose), député de 1815 à 1816, né à Saint-Romain-au-Mont-d'Or (Rhône) le 20 octobre 1772, mort au château de Saint-Romain le 4 novembre 1854, propriétaire et conseiller général, ayant rempli plusieurs fois des fonctions municipales, fut élu, le 22 août 1815, député du grand collège de l'Ain, par 138 voix (203 votants, 291 inscrits). Il fit partie de la majorité ultra-royaliste, et fit proposer par la Chambre (fin de la session) une résolution portant que tous les collèges et pensions seraient sous la surveillance immédiate des archevêques et des évêques ; mais la loi n'ayant pu être soumise à la Chambre des pairs avant la fin de la session, ne fut pas représentée. Il accusa aussi le garde des sceaux d'avoir favorisé l'évasion de Lavalette. Rendu à la vie privée aux élections de 1816, il ne reparut plus sur la scène politique.

MURAT (Claude-François de), député en 1789, né au château de la Busardine (Sarthe) le 6 juin 1732, mort à une date inconnue, avait fait les campagnes de la guerre de Sept ans, et était parvenu au grade de maréchal de camp, quand il fut élu, le 24 juillet 1789, député suppléant de la noblesse aux États-Généraux par la sénéchaussée du Maine. Il fut admis à siéger, le 23 avril 1791, en remplacement de M. Lasnier de Vaucenay, démissionnaire. Il ne prit qu'une fois la parole pour protester contre la motion relative au licenciement du corps des officiers, et quitta la vie politique après la session.

MURAT (Joachim, prince), député au Corps législatif en l'an XII et roi de Naples, né à La Bastide-Fortunière (Lot) le 25 mars 1767, fusillé à Pizzo (Italie) le 13 octobre 1815, « fils du sieur Pierre Murat, négociant (aubergiste), et de demoiselle Jeanne Loubières », fit ses études au collège de Cahors où la protection d'une famille noble l'avait fait entrer comme boursier. Destiné par ses parents à l'état ecclésiastique, il se rendit à Toulouse pour étudier la théologie, et il parvint au sous-diaconat; mais une incartade de jeunesse le fit renvoyer du séminaire, et, fort mal reçu par sa famille, il s'engagea brusquement au 12ᵉ chasseurs, qui passait en ce moment à Toulouse. Au bout de deux ans, il était maréchal des logis ; renvoyé pour une mutinerie, il resta quelque temps dans l'auberge paternelle, tout en conservant le goût le plus vif pour la vie militaire. La protection de J.-B. Cavaignac, député du Lot, le fit entrer dans la garde constitutionnelle de Louis XVI. Avant le licenciement du corps, il passa, le 30 mai 1791, avec le grade de sous-lieutenant, au 21ᵉ chasseurs à cheval, qui fit la campagne de Champagne, puis fut envoyé à l'armée des Pyrénées occidentales. Il y prit part à plusieurs affaires, notamment à celle de Bastou, et devint officier d'ordonnance du général d'Hure et chef d'escadron. Enthousiaste de la Révolution, il écrivit d'Abbeville où il était en garnison, aux Jacobins de Paris, lors de l'assassinat de Marat, qu'il voulait changer son nom en celui de Marat : dénoncé pour ce fait, après le 9 thermidor, il réclama une nouvelle intervention de J.-B. Cavaignac, conventionnel du Lot, qui fit rayer la dénonciation sur les registres du comité de salut public. Mais il perdit son grade, resta quelque temps sans emploi, et ne fut réintégré que par Bonaparte (13 vendémiaire an IV) qui, lors de l'insurrection des sections contre la Convention, lui confia la mission de ramener des Sablons, à la pointe du jour, 40 pièces de canon qui furent installées aux Tuileries. La rapide exécution de cette mission lui valut le grade de chef de brigade, en frimaire an IV; en germinal suivant, Bonaparte, devenu général en chef de l'armée d'Italie, le choisit pour aide-de-camp. Murat se distingua à Ceva, à Mondovi, à Chérasco, où il prépara avec Salicetti l'armistice du 15 mai 1796; puis il fut chargé avec Junot de porter au Directoire les drapeaux pris à l'ennemi. Revenu de Paris, et peu après général de brigade (14 pluviôse an V), il prit part aux opérations devant Mantoue, poursuivit, après la bataille de Rivoli, Alvinzi sur Trente, força, le 16 mars 1796, le passage du Tagliamento à la tête de quelques escadrons de cavalerie, et contribua, le 19, au succès de Gradisca. Après la signature des préliminaires de Léoben, il fut quelque temps employé dans la République cispadane. Le 19 mai 1798, il s'embarqua pour l'Égypte avec Bonaparte, assista à la prise d'Alexandrie et à la bataille des Pyramides, commanda la cavalerie lors de l'expédition de Syrie, obtint de monter en tête des colonnes d'assaut à Saint-Jean-d'Acre, fut légèrement contusionné au cou, tua (avril 1799) le fils du pacha de Damas qui venait au secours des assiégés. A Aboukir, en combat singulier, il fit rendre son cimeterre à Mustapha-pacha. Ce fait d'armes est représenté en bas-relief sur l'Arc-de-Triomphe. En récompense, Bonaparte demanda pour lui le grade de général de division, qui lui fut conféré en octobre 1799. Rentré en France avec Bonaparte, Murat accompagna ce général au Conseil des Cinq-Cents, le 18 brumaire. Quelques jours après, le 20 janvier 1800, il épousait Caroline-Annonciade Bonaparte, la plus jeune sœur du premier Consul. Commandant de la garde consulaire, Murat prit part à la campagne de Marengo. Il s'empara de Verceil le 27 mai, occupa Plaisance le 7 juin, rejoignit Lannes à Stradella, soutint à Montebello les efforts de Ott, et, le jour de Marengo, chargea à plusieurs reprises les Autrichiens pour arrêter leur marche en avant. Après la victoire, il reçut de Bonaparte un sabre d'honneur. En janvier 1801, il eut le commandement de l'armée qui chassa les Napolitains des États pontificaux, conclut à Foligno, le 6 février, un armistice qui fut suivi du traité de Florence, et fut chargé de prendre possession de l'île d'Elbe, où il commença le siège de Porto-Ferrajo, qu'interrompit le traité d'Amiens. Nommé, à son retour, président du collège électoral du Lot, puis gouverneur militaire de Paris, il eut en cette qualité à constituer la commission qui jugea le duc d'Enghien; il ne put obtenir de Bonaparte la grâce de Georges Cadoudal. Maréchal de l'empire le 30 floréal an XII, prince, grand amiral (12 pluviôse an XIII), grand-aigle de la Légion d'honneur le lendemain, et chef de la 12e cohorte, il avait été élu, le 2 fructidor an XII, par le Sénat conservateur, député du Lot au Corps législatif. Il n'eut pas le loisir d'y siéger longtemps. Des côtes de la Manche, la grande armée marchait précipitamment vers le Danube, et il y commandait la réserve de cavalerie. Avec Ney et Lannes, il culbuta la division Kienmayer à Donauwerth le 6 octobre 1805, puis remonta la rive droite du Danube jusqu'à Ulm, battit avec les dragons d'Exelmans et les grenadiers d'Oudinot, 12,000 Autrichiens à Westingen (8 octobre), et, après l'affaire d'Elchingen, fit prisonnier à Nordlingen (18 octobre) presque tout le corps de Werneck. Le 13 novembre, il entrait à Vienne

sans combat. Trois jours plus tard, lancé à la poursuite de Kutusow, il se laissa abuser par le prince Bagration qui lui fit croire à l'existence d'un armistice, et qui se laissa cerner à Ollabrümn pour protéger la retraite de Kutusow. A Austerlitz, il appuya la déroute des troupes russes. Créé grand-duc de Berg et de Clèves le 15 mars 1806, il se concilia les sympathies de ses administrés, n'augmenta pas les impôts, repoussa l'introduction de l'enregistrement, le monopole du sel et du tabac, et institua un droit peu élevé et uniforme sur les marchandises qui entraient dans le pays. En octobre 1806, lors de la rupture avec la Prusse, il prit de nouveau le commandement de la cavalerie indépendante et fut chargé du service d'exploration. Six jours avant Jéna, le 8, il écrivait, de son quartier général de Cronach, au général Milhaud, de marcher en avant avec circonspection et ajoutait : « Vous ferez observer à vos troupes la plus sévère discipline: vous ferez respecter les personnes et les propriétés; vous direz aux autorités que nous ne venons point faire la guerre aux Saxons, mais pour les délivrer de la présence des soldats d'une puissance qui, la première, a violé leur territoire. » Après Jéna, il poursuivit avec ses cavaliers les ennemis en fuite sur Weimar, ne cessa de harceler les troupes prussiennes, et, précédant le gros de l'armée, battit Hohenlohe à Zedhenick le 16 octobre, et le força de mettre bas les armes à Prenzlow, le 28 juillet; puis il se rejeta alors sur Blücher, qu'il atteignit aux frontières du Danemark. Durant la campagne de Pologne, en 1807, il fut chargé avec Lannes et Davout de couvrir Varsovie, battit Burhowden à Golgnim, à Eylau, avec 80 escadrons, sabra l'infanterie russe et dégagea l'empereur et le corps d'Augereau. Le 19 juin, après Friedland, il occupa Tilsitt, et ce fut à lui que Bennigsen vaincu s'adressa pour obtenir un armistice. Murat assista à l'entrevue des deux empereurs. Après la paix, et pendant que Junot envahissait le Portugal, Murat, à la tête de 80,000 soldats français, entra en Espagne (novembre 1807). Arrivé à Madrid, il rêva pour lui-même le trône d'Espagne. Mais un mois plus tard, le 2 mai, Madrid se souleva; Murat fit sabrer le peuple en révolte par les mameluks, les lanciers et les chasseurs à cheval de la garde impériale, reçut alors du roi le titre de lieutenant-général du royaume, et, après une explication assez vive avec son beau-frère Napoléon, obtint, le 15 juillet, la couronne de Naples, devenue vacante par le départ de Joseph. Proclamé roi le 1er août sous le nom de Joachim-Napoléon, il s'empara de l'île de Capri et força Hudson Lowe, le futur geôlier de Sainte-Hélène, à capituler. Il se fit bien venir de la population par de sages mesures, interdit toute arrestation arbitraire, affermit les institutions françaises, et porta son armée à 60,000 hommes instruits et disciplinés. Il s'occupa aussi de la marine et fit construire 2 vaisseaux et plusieurs frégates dans les chantiers de Cellamare. Mais des difficultés ne tardèrent pas à surgir entre l'empereur et le nouveau roi de Naples. Au mois de juin 1809, une flotte anglo-sicilienne avait tenté de soulever la Napolitaine. Murat, pour se venger, fit préparer une expédition contre la Sicile, et parvint à réunir sous le feu des Anglais une flotte suffisante au transport de ses troupes. Mais une seule division, celle du général Cavaignac, put débarquer, et Murat attribua l'insuccès de cette opération au mauvais vouloir des Français. Il demanda l'éloignement des troupes françaises et rendit un décret par lequel tous les étrangers de son royaume devaient se faire naturaliser Napolitains ou renoncer à leurs fonctions. Napoléon y répondit par un autre décret : « Considérant que le royaume de Naples fait partie du grand Empire, que le prince qui règne dans ce pays est sorti des rangs de l'armée française, qu'il a été élevé sur le trône par les efforts et le sang des Français, Napoléon déclare que les citoyens français sont de droit citoyens du royaume des Deux-Siciles. » L'orgueil de Murat fut froissé des termes du décret ; il affecta de ne plus porter le grand cordon de la Légion d'honneur et de différer les fêtes à l'occasion de la naissance du roi de Rome. Mais la guerre de Russie mit un terme à ces difficultés. Le roi de Naples accepta de l'empereur le commandement de la cavalerie de la grande armée. Il se distingua à Ostrowo le 16 juillet, et en avant de Smolensk, et fut vainqueur de la division Neweryskoï qui opposa cependant une résistance opiniâtre à nos cavaliers. A la Moskowa, le 7 septembre, il ne montra pas moins d'héroïque bravoure ; il lança les cuirassiers de Caulaincourt sur la grande redoute, qu'il emporta, après un furieux combat. Pendant la retraite, il commanda « l'escadron sacré » qui constituait la garde de l'empereur, et, quand celui-ci quitta l'armée, il reçut le commandement en chef (5 décembre 1812) qu'il remit, le 8 janvier 1813, au prince Eugène, pour retourner précipitamment à Naples. De mystérieuses négociations eurent lieu alors, dit-on, entre le gouvernement napolitain, l'Autriche et l'Angleterre. Quoi qu'il en soit, Murat rejoignit la grande armée à l'ouverture de la campagne de Saxe, et prit une part glorieuse à la victoire de Dresde. Il quitta de nouveau l'empereur sous prétexte d'aller lever de nouvelles troupes en Italie, puis, cédant aux conseils de Fouché et aux instances de la reine Caroline, sa femme, il signa avec l'Autriche et l'Angleterre, les 6 et 11 janvier 1814, deux traités par lesquels il s'engageait à mettre 30,000 Napolitains au service des puissances alliées, qui lui garantissaient en échange la possession de ses États. Alors il se mit en marche, publia à Bologne, le 14 janvier, une proclamation où il disait : « ... L'empereur ne veut que la guerre. Je trahirais les intérêts de mon ancienne patrie, ceux de mes états et les vôtres, si je ne séparais pas sur-le-champ mes armées des siennes pour les joindre à celles des puissances alliées, dont les intentions magnanimes sont de rétablir la dignité des trônes et l'indépendance des nations. » Il s'empara de Reggio et de Plaisance et força le prince Eugène à se retirer avec son armée derrière l'Adige. Napoléon écrivit à sa sœur, la reine Caroline : « Votre mari est très brave sur le champ de bataille ; mais il est plus faible qu'une femme ou qu'un moine quand il ne voit pas l'ennemi. Il n'a aucun courage moral... Il a eu peur et il n'a pas hésité à perdre en un instant ce qu'il ne peut tenir que par moi et avec moi... » L'abdication de l'empereur mit en effet le roi de Naples dans une situation difficile. Les princes de la maison de Bourbon s'opposèrent à sa reconnaissance, et Talleyrand, ambassadeur de Louis XVIII à Vienne, demanda, dit-on, à l'Autriche, le passage d'une armée pour aller combattre l'usurpateur de Naples. Aussi à la nouvelle du retour de l'île d'Elbe, Murat s'empressa-t-il d'envoyer à Napoléon son aide-de-camp, le comte de Bauffremont, pour l'assurer de son dévouement et de sa fidélité. Après avoir ordonné l'organisation de la garde nationale et confié la régence à la reine Caroline, il porta son armée à Ancône. A ce moment le cabinet autrichien lui donna avis des bonnes dispositions de l'Angleterre à son égard et de l'ordre qu'avaient reçu les plénipotentiaires britanniques à Vienne de conclure avec lui un traité définitif. Mais Murat ne s'arrêtait plus ; de son quartier général de Rimini, le 30 mars 1815, il appelait les Italiens à la guerre de l'indépendance et s'emparait de Modène et de Florence ; à Parme, il repoussa de nouvelles avances de l'Autriche, mais, à Bologne il se rendit aux représentations du commissaire anglais, William Bentinck, qui lui demanda de respecter le territoire du roi de Sardaigne, allié de la Grande-Bretagne. Le détour qu'il dut faire pour passer le Pô, le fit battre à Tolentino, le 2 mai, après avoir défendu, pendant trois jours, avec les débris de son armée, le passage du Ronco. Le 18, il rentra à Naples presque seul et fit afficher dans la ville un projet de Constitution; mais une vive effervescence régnait dans cette capitale, et, le 19, Murat se retira à Gaëte. Pendant que Ferdinand IV reprenait possession du royaume de Naples, il s'embarqua, le 21, avec sa famille, à bord d'un navire français qui le déposa à Cannes. Là, il se mit à la disposition de l'empereur, qui ne lui répondit pas, et lui fit interdire l'accès de Paris. Il se rendait à Lyon quand il apprit le désastre de Waterloo. Il retourna alors à Toulon, d'où il écrivit à Wellington, le 15 juillet : « Mylord, un prince malheureux, un capitaine qui n'est pas sans quelque ressource, s'adresse avec confiance à un capitaine aussi généreux qu'illustre pour obtenir un asile en Angleterre. Ne dédaignez pas mon hommage, Mylord, c'est celui d'un militaire d'honneur qui, tout en vous admirant et sans être jaloux de votre gloire, désira longtemps de vous combattre, dans l'espoir d'enrichir son expérience de vos talents militaires. » Cette supplique ne reçut pas de réponse, et c'est alors que des conseillers aventureux le lancèrent à tenter la folle entreprise qui devait lui coûter la vie. Il décida donc de s'embarquer et soudoya le capitaine d'un navire marchand qui allait partir pour le Havre. Mais il fut trahi par son domestique ; la barque qui le portait ne put rejoindre le navire par suite de la violence de la mer. Le lendemain, il apprit par son neveu, le colonel Bonafons, que sa tête était mise à prix. Après huit jours passés dans la cabane d'une vieille femme, il s'embarqua sur un mauvais bateau, et fut reçu à bord de *la Balancelle* qui se rendait à Bastia. En Corse, il fut en butte aux sollicitations d'intrigants, soudoyés par la cour de Naples, qui lui assuraient qu'il n'avait qu'à paraître pour que la Napolitaine saluât son autorité. Malgré les pressants avis du comte Marcirone, son aide-de-camp, qui lui apportait des passeports pour se rendre en Autriche où on lui garantissait la vie sauve en échange d'une abdication pure et simple, il réunit toutes ses ressources, et partit, le 28 septembre, avec 6 barques et 250 hommes, conduit par un nommé Barbara, qui s'était engagé à livrer Murat à la cour de Naples. Les vents dispersèrent la petite flottille En vue des côtes de Calabre, Murat fit jeter à la mer les proclamations qu'il apportait de Corse et ordonna à Barbara de mettre le cap sur Trieste. Mais celui-ci, prétextant de fortes avaries, voulut entrer dans le port du Pizzo Murat eut l'imprudence d'y consentir, tout en prescrivant à Barbara de ne pas s'éloigner pour le cas où il serait forcé de se rembarquer

Trente hommes environ l'accompagnèrent sur la plage; mais, sur la route de Montelleone, un capitaine de gendarmerie, entouré de paysans armés, commanda le feu sur l'escorte. Quand Murat revint au rivage, Barbara avait pris le large à la première fusillade. Fait prisonnier, Murat fut conduit au fort du Pizzo. Traduit devant une commission militaire, présidée par l'adjudant général Joseph Fassulo, et dont tous les membres lui devaient leur grade, il fut condamné à mort le 13 octobre; l'arrêt portait : « Il ne sera accordé au condamné qu'une demi-heure pour recevoir les secours de la religion. » On refusa de lui laisser voir les généraux Franceschetti et Natale et son valet de chambre, Armand. Il écrivit une touchante lettre d'adieux à la reine et à ses enfants, et chargea le lieutenant Frajo, rapporteur du conseil de guerre, de la leur faire parvenir; mais ni cette lettre ni aucun objet ayant appartenu au roi ne fut remis à sa famille. Amené devant le peloton d'exécution, Murat refusa le bandeau et la chaise qu'on lui offrit : « J'ai trop souvent bravé la mort pour la craindre, » dit-il, et il ajouta en s'adressant aux gendarmes: « Sauvez la tête, visez au cœur. » Ses restes reposent, sans signe distinctif, dans le cimetière du Pizzo. « Murat appartient avant tout, a dit Lamartine, au monde de l'imagination et de la poésie; homme de la fable par ses aventures, homme de la chevalerie par son caractère, homme de l'histoire par son époque. L'histoire qui aura de l'enthousiasme et des reproches, aura surtout des larmes pour lui. »

MURAT (NAPOLÉON-CHARLES-LUCIEN, PRINCE), représentant en 1848 et en 1849, sénateur du second Empire, né à Milan (Italie) le 16 mai 1803, mort à Paris le 10 avril 1878, second fils du précédent, passa ses premières années à Naples, et suivit (1815) sa mère en Autriche, où il résida jusqu'en 1822. Il habita ensuite Venise, et s'embarqua, en 1824, pour aller rejoindre aux Etats-Unis son oncle Joseph Bonaparte et son frère aîné. Le navire qu'il montait ayant fait naufrage sur les côtes d'Espagne, il fut retenu prisonnier et obtint sa mise en liberté à grand'peine. En 1827, il épousa une riche Américaine, miss Carolina-Georgina Fraser; mais des revers de fortune obligèrent bientôt Mme Murat à fonder pour vivre un pensionnat de jeunes filles. A deux reprises, en 1839 et en 1844, Murat vint en France; traqué par la police, il ne put y séjourner que peu de temps. La révolution de 1848 lui permit enfin de rentrer: il en profita pour se présenter (23 avril) comme candidat à l'Assemblée constituante dans le département du Lot, qui l'élut représentant, le 3e sur 7, par 42,918 voix. Murat fit partie du comité des affaires étrangères et vota généralement avec la droite : *pour* les poursuites contre Louis Blanc, *contre* le rétablissement de la contrainte par corps, *contre* l'abolition de la peine de mort, *contre* l'amendement Grévy, *contre* l'ordre du jour en l'honneur de Cavaignac, *pour* la proposition Rateau, *pour* l'interdiction des clubs, *pour* les crédits de l'expédition romaine, *contre* l'amnistie des transportés. Bien qu'il eût, dans la journée du 15 mai, pris très vivement parti contre les envahisseurs, il fut, paraît-il, menacé par certains défenseurs de « l'ordre », à cause de sa ressemblance physique avec Caussidière. Partisan résolu de la politique du prince-président, il continua de le soutenir à l'Assemblée législative où le même

département le renvoya, le 13 mai 1849, le 1er sur 6, par 36,258 voix (65.958 votants, 90,045 inscrits). Le même jour, il avait été élu également dans le département de la Seine, le 1er sur 28, par 131.825 voix (281,140 votants, 378,043 inscrits). Il opta pour le Lot, vota avec la majorité conservatrice, et fut nommé, le 3 octobre 1849, ministre plénipotentiaire à Turin. M. Ferdinand Barrot lui succéda dans ce poste en mars 1850. Murat avait été désigné (mars 1849) comme colonel de la 5e légion de la garde nationale de Paris (banlieue). Il fut fait chevalier de la Légion d'honneur le 8 décembre 1849, et officier du même ordre le 17 décembre 1850. Membre de la Commission consultative après le coup d'État, il devint sénateur le 26 janvier 1852, puis membre de la famille civile de l'empereur (21 juin 1853 avec le titre d'Altesse impériale. L'empereur lui accorda en outre 150,000 francs de dotation annuelle, et paya ses deux millions de dettes. Comme les Murat comptaient encore un certain nombre de partisans dans les Deux-Siciles, on parla beaucoup, sous l'Empire, des prétentions du prince à la couronne de Naples. Murat, dans des lettres rendues publiques, déclara décliner toute initiative et vouloir laisser aux Italiens une liberté d'action, qu'il aurait souhaité, à vrai dire, de voir encourager par le gouvernement français; le *Moniteur* dut désavouer officiellement, en août 1860, les espérances que le prince avait pu concevoir; ce désaveu fut renouvelé en mars 1861, Murat ayant affirmé alors, dans une lettre, ses prétentions au trône. Membre et dignitaire des loges maçonniques, Murat appuya cependant, au Sénat, l'amendement favorable au maintien de la puissance temporelle du pape (7 mars 1861). En sa qualité de grand-maître (depuis 1852), il acheta l'hôtel de la rue Cadet pour y installer le Grand-Orient, fit des dépenses considérables aux frais des loges, suspendit un journal maçonnique qui avait critiqué sa conduite politique et, sûr de n'être pas réélu, se démit de cette dignité en 1862. Le prince Lucien Murat soutint de ses votes, jusqu'à la fin du règne, le gouvernement de Napoléon III. Au 4 septembre 1870, il se retira en Italie. Grand-croix de la Légion d'honneur (1856).

MURAT (JOACHIM-JOSEPH-ANDRÉ, COMTE), député au Corps législatif de 1854 à 1870, représentant en 1871, député de 1876 à 1889, né à Paris le 12 décembre 1828, petit-neveu du roi de Naples, entra dans la diplomatie après la révolution de 1848. En 1849, il fut attaché à la mission de M. Walewski à Florence, et, de janvier à juillet 1852, resta chargé d'affaires par intérim dans la même ville. En 1853, il exerça les mêmes fonctions à Stockholm, et, en 1856, accompagna M. de Morny, nommé ambassadeur extraordinaire à Saint-Pétersbourg, à l'occasion du couronnement du tzar. Le comte Murat fit jouer à cette occasion devant la cour de Russie un proverbe de circonstance : *A qui perd gagne*, qui obtint beaucoup de succès. Il publia l'année suivante la relation des cérémonies auxquelles il avait assisté. Il avait été élu, le 5 février 1854, député au Corps législatif dans la 1re circonscription du Lot, en remplacement de M. Lafon de Cayx décédé, par 32,438 voix (32,604 votants, 42,549 inscrits). Secrétaire d'âge jusqu'en 1860, puis par l'élection jusqu'en 1863, il fut successivement réélu, le 22 juin 1857, par 33,990 voix (34,510 votants, 42,421 inscrits), contre 443 voix au général Cavaignac;

le 1er juin 1863, par 35,982 voix (36,174 votants, 42,149 inscrits) ; le 24 mai 1869, par 32,414 voix (37,483 votants, 44,082 inscrits), contre 4,907 à M. Léopold Delord. Il siégea dans la majorité dévouée aux institutions impériales, fit partie de plusieurs commissions, notamment de celle relative à la propriété littéraire, de celle de la décentralisation (1870), parla sur les chemins de fer, signa l'interpellation des 116, et vota pour la guerre contre la Prusse. Secrétaire et vice-président du conseil général du Lot, maire de Cahors (1853), puis de la Bastide-Murat, le comte Murat fut fait officier de la Légion d'honneur le 14 août 1862, et épousa en secondes noces, en 1866, la fille de M. Adolphe Barrot, sénateur. Élu, le 8 février 1871, sans s'être porté candidat, représentant du Lot à l'Assemblée nationale, le 6e et dernier, par 31,874 voix (71,438 votants, 91,769 inscrits), il prit place au groupe de l'Appel au peuple, fut l'un des cinq députés qui protestèrent à l'Assemblée de Bordeaux contre le vote de déchéance de Napoléon III, demanda et obtint le rétablissement de la statue de Napoléon Ier sur la colonne Vendôme, et se prononça *pour* la paix, *pour* l'abrogation des lois d'exil, *contre* le pouvoir constituant, *contre* le service de 3 ans, *pour* la démission de Thiers, *pour* l'arrêté sur les enterrements civils, *contre* le ministère de Broglie, et *contre* les lois constitutionnelles. Réélu, le 20 février 1876, député de la 1re circonscription de Cahors, par 10,027 voix (12,690 votants, 15,353 inscrits), contre 2,461 à M. Thiers, il vota *pour* l'ordre du jour de confiance demandé par le ministère de Broglie, et vit son mandat renouvelé, après la dissolution de la Chambre, le 14 octobre 1877, par 9,313 voix (13,024 votants, 15,961 inscrits), contre 3,647 à M. Capmas, puis le 21 août 1881, par 7,601 voix (12,919 votants, 15,793 inscrits), contre 5,222 à M. Relhié. Il continua de siéger au groupe de l'Appel au peuple et de voter contre les ministères et la politique opportunistes. En 1878, il accompagna le prince impérial dans sa visite aux cours de Stockholm et de Copenhague, et il resta, jusqu'aux événements du Zululand, l'un des représentants officiels à Paris. Porté sur la liste conservatrice du Lot aux élections du 4 octobre 1885, il fut élu député, le 1er sur 4, par 40,443 voix (73,593 votants, 85,762 inscrits). Il reprit sa place dans la droite bonapartiste, vota *contre* la politique scolaire et coloniale des ministères républicains, et se prononça, dans la dernière session, *contre* le rétablissement du scrutin d'arrondissement (11 février 1889), *contre* les poursuites contre trois députés membres de la Ligue des patriotes, *contre* le projet de loi Lisbonne restrictif de la liberté de la presse, *contre* les poursuites contre le général Boulanger ; il s'était abstenu sur l'ajournement indéfini de la revision de la Constitution. Outre le *Couronnement de l'empereur Alexandre, souvenirs de l'ambassade de France* (1856), le comte Murat est l'auteur de plusieurs comédies-proverbes de société. Officier de l'instruction publique, officier de la Légion d'honneur (1862), commandeur de Saint-Joseph de Toscane, de Sainte-Anne de Russie, chevalier de l'Étoile polaire de Suède, etc.

MURAT (Pierre-Gaétan-Nicolas-Ferdinand, comte), député de 1830 à 1831, né à la Bastide (Lot) le 20 septembre 1798, mort au château de la Bastide le 25 décembre 1847, frère du précédent, propriétaire à la Bastide, fut élu, le 28 octobre 1830, député du grand collège du Lot, par 213 voix (370 votants,

599 inscrits), en remplacement de M. Ségu[r] démissionnaire. Bonapartiste, il n'eut qu'un rôle parlementaire sans importance et sa durée, n'ayant pas été réélu en 1831.

MURAT (Géraud-Antoine-Hippolyte, comte de), député de 1829 à 1830, et pair de France, né à Vic-le-Comte (Puy-de-Dôme) 22 juin 1779, mort au château d'Enval (Puy-de-Dôme) le 23 janvier 1854, « fils de haut et puissant seigneur François, vicomte de Murat, chevalier, seigneur d'Enval, chevalier de l'ordre royal et militaire de Saint-Louis, et de haute et puissante dame, Madame Josephe-Jeanne Baptiste-Antoinette de Tinseau », entra dans la vie publique à la seconde Restauration. Successivement sous-préfet de Châtillon-sur-Seine le 2 août 1815, préfet de l'Aveyron le 8 juillet 1818, préfet des Côtes-du-Nord le 19 juillet 1820 du Nord le 9 janvier 1822, de la Seine-Inférieure le 30 mars 1828, chevalier, puis officier de la Légion d'honneur, il fut élu député, le 14 avril 1829, dans le 2e arrondissement électoral du Nord (Hazebrouck), en remplacement de M. de la Basecque démissionnaire, par 157 voix (278 votants, 317 inscrits), contre 117 à M. Dequeux-Saint-Hilaire. Il siégea au centre droit et vota contre l'adresse des 221. Réélu, le 23 juin 1830, par 194 voix (213 votants, 329 inscrits), il vit son élection invalidée. Il se représenta devant ses électeurs, le 21 octobre de la même année ; mais il échoua avec 74 voix contre nombre à l'élu, M. Warein. Il disparut pendant quelques années de la vie politique, et fut nommé pair de France le 15 décembre 1841. Il ne se fit remarquer ni à la Chambre des pairs ni à celle des députés.

MURAT-SISTRIÈRES (Jean-Baptiste-Eugène, comte de), représentant en 1848, 1849 et en 1872, né à Vic-sur-Cère (Cantal) 28 avril 1801, mort le 24 novembre 1880, fils d'un général de la République et de l'Empire, entra en 1817 à l'École polytechnique, en 1819 à l'École d'application de Metz, parvint au grade de capitaine d'artillerie et quitta l'armée 1836, pour se retirer à Vic, dont il était propriétaire. Il avait échoué comme candidat libéral aux élections législatives dans le 2e collège du Cantal (Aurillac), le 5 juillet 1831, avec 131 voix contre 184 à l'élu, M. Bonnefons, puis, 21 juin 1834, avec 103 voix contre 170 au député sortant réélu. Il fit une nouvelle tentative également malheureuse, le 1er août 1846, et obtint cette fois, 150 voix contre 290 à M. Bonnefons élu, et 92 à M. Saphary. La révolution de 1848 ouvrit la carrière politique. Élu, le 23 avril 1848, représentant du Cantal à l'Assemblée constituante, le 3e sur 7, par 23,381 voix (44,104 votants, 61,630 inscrits), il fut membre du comité des finances, et vota : *pour* le rétablissement du cautionnement et de la contrainte par corps, *pour* les poursuites contre Louis Blanc et Caussidière, *contre* l'abolition de la peine de mort, *contre* l'amendement Grévy, *contre* le droit au travail. A partir de cette époque, il est peu ou en congé ou absent. Réélu représentant du même département (13 mai 1849) à l'Assemblée législative, le 2e sur 5, par 20,148 voix (34,... votants, 62,957 inscrits), il se prononça, avec la majorité monarchiste : *pour* l'expédition Rome, *pour* la loi Falloux-Parieu sur l'enseignement, *pour* la loi du 31 mai sur le suffrage universel, ne se rallia pas à la politique particulière du prince-président, et quitta la vie publique lors du coup d'État de 1851 : il ce...

a...:.e d'appartenir au conseil général du Cantal. Après s'être tenu à l'écart pendant toute la durée de l'Empire, il fut élu, le 8 février 1871, représentant de son département à l'Assemblée nationale, le 4ᵉ sur 5, par 14,744 voix 35,107 votants, 59,650 inscrits; rallié à la République conservatrice, il siégea au centre gauche, appuya le gouvernement de Thiers, et vota : *pour* la paix, *contre* l'abrogation des lois d'exil, *contre* la pétition des évêques, *contre* le pouvoir constituant de l'Assemblée, *contre* le service de trois ans, *contre* la chute de Thiers au 24 mai, *contre* le septennat, l'état de siège, la loi des maires, *contre* le ministère de Broglie, *pour* l'amendement Wallon et *pour* l'ensemble des lois constitutionnelles. Il se retira de la vie publique après la législature.

MURET DE BORT (Léonard-Pierre), député de 1834 à 1848, né à Limoges (Haute-Vienne) le 1ᵉʳ avril 1791, mort à Paris le 11 mars 1857, fabricant de draps à Châteauroux, fit de l'opposition libérale au gouvernement de la Restauration, applaudit à la révolution de 1830, et se présenta à la députation le 5 juillet 1831, dans le 1ᵉʳ collège de l'Indre (Châteauroux), où il échoua avec 126 voix contre 155 à l'élu, M. Bertrand. Il fut plus heureux aux élections suivantes, dans le 3ᵉ collège du même département (La Châtre) et fut successivement élu député, le 21 juin 1834, par 81 voix (151 votants, 197 inscrits), contre 56 voix à M. Charlemagne; le 4 novembre 1837, par 99 voix (169 votants, 241 inscrits); le 2 mars 1839, par 105 voix (198 votants). Le 9 juillet 1842, il échoua à la fois dans le 3ᵉ collège de l'Indre, avec 124 voix contre 143 à l'élu, M. Delavau, et dans le 2ᵉ collège (Issoudun), avec 30 voix contre 149 à l'élu, M. Heurtault du Metz; mais il fut élu, ce même jour, dans le 1ᵉʳ collège (Châteauroux) par 206 voix (400 votants, 517 inscrits), contre 91 voix à M. Charlemagne, député sortant. Il fut de nouveau confirmé dans ce mandat le 1ᵉʳ août 1846, par 330 voix (528 votants, 611 inscrits), contre 105 voix à M. Grillon. M. Muret de Bort, qui était un admirateur de M. Guizot, vota le plus souvent avec les ministériels, *pour* les lois de septembre et de disjonction, qu'il défendit à la tribune, fit de l'opposition au ministère du 15 avril, et vota ensuite *pour* les fortifications de Paris, *pour* le recensement, *contre* la dotation du duc de Nemours, *contre* les incompatibilités, *contre* l'adjonction des capacités, *pour* l'indemnité Pritchard et *contre* la proposition Rémusat relative aux députés fonctionnaires. Il prit souvent la parole sur les questions de travaux publics, les routes, les ponts et les chemins de fer. Un de ses biographes en donne la raison suivante : « Son oncle était ingénieur ». Lui-même fut décoré après une importante fourniture au ministère de la Guerre. La révolution de 1848 le rendit à la vie privée.

MURINAIS (Guy-Joseph-François-Louis-Timoléon Auberjon, marquis de), député en 1789, né à Saint-Marcellin (Isère) le 8 novembre 1759, mort au château de Murinais (Isère) le 28 février 1831, lieutenant criminel à Saint-Marcellin, fit partie, en qualité de député de Romans, des états du Dauphiné de 1788, et fut ensuite élu, le 7 janvier 1789, député suppléant de la noblesse aux Etats-Généraux par le Dauphiné. Admis à siéger, le 28 novembre de la même année, en remplacement de M. de Morges démissionnaire, il se montra hostile à toute ré-

forme, combattit la suppression des droits féodaux et des privilèges, traita Robespierre de factieux (7 août 1790) à propos d'un article du code pénal maritime dans lequel ce député voyait une trop grande différence entre la peine infligée à l'officier et celle réservée au soldat : dénonça (28 février 1791) le club des Jacobins comme troublant la tranquillité du royaume; attaqua de nouveau Robespierre (18 juin 1791) pour avoir dénoncé l'émeute de Brie-Comte-Robert, et l'invectiva violemment. M. de Murinais prit aussi la parole en faveur des prêtres non assermentés. Lors de la fuite du roi, il prêta cependant le serment de fidélité à l'Assemblée, et demanda, le 14 août, que le fils aîné du roi conservât le titre de dauphin. Il signa les protestations des 12 et 15 septembre 1791 contre les actes de la Constituante, et émigra. Il ne rentra en France qu'à la fin de l'Empire et ne reparut plus sur la scène politique.

MURINAIS (Antonin-Victor-Augustin Auberjon, comte de), député au Conseil des Anciens, né à Murinais (Isère) le 27 août 1731, mort à Sinnamari (Guyane) le 3 décembre 1797, chevalier de Malte dès l'enfance, puis cornette des chevau-légers de Berry en 1759, enseigne des gendarmes de Bourgogne le 9 février 1760, major au même corps, colonel du régiment du dauphin en 1766, brigadier de dragons le 3 janvier 1770, et maréchal de camp le 1ᵉʳ mars 1780, resta étranger aux événements de la Révolution, et, lors de la fuite du roi à Varennes, prêta le serment civique exigé des généraux. Il ne fut pas inquiété pendant la Terreur, et fut élu, le 21 germinal an V, député de la Seine au Conseil des Anciens, par 485 voix (633 votants). Il se rangea parmi les membres les plus actifs du parti de Clichy. N'ayant été prévenu du coup d'Etat du 18 fructidor qu'en arrivant à l'assemblée, il fut arrêté et déporté à la Guyane, où il mourut. Son éloge fut prononcé par Tronçon-Ducoudray.

MUSART (François), député au Conseil des Anciens, né à une date inconnue, mort à Paris le 10 août 1798, était commissaire du Directoire près l'administration centrale du département de la Côte-d'Or, lorsqu'il fut élu 24 germinal an VI) député de ce département au Conseil des Anciens, par 176 voix (208 votants). Il mourut peu de temps après.

MUSSET (Joseph-Mathurin), député en 1791, membre de la Convention, député au Conseil des Anciens et au Corps législatif de l'an X à 1807, né en Bretagne en 1754, mort en Belgique en 1828, entra dans les ordres. Il était curé de Falleron (Vendée) à l'époque de la Révolution, dont il adopta les principes. Il fut délégué par l'assemblée primaire de la Garnache (Vendée) à l'élection des membres du directoire du département (29 février 1790), prêta le serment ecclésiastique, et fut élu, le 3 septembre 1791, le 4ᵉ sur 9, député de la Vendée à l'Assemblée législative par 152 voix (233 votants). Il vota avec la majorité réformatrice, sans se faire remarquer. Réélu, le 5 septembre 1792, député du même département à la Convention nationale, le 6ᵉ sur 9, par 183 voix (310 votants), Musset prit place à la Montagne, vota, dans le procès de Louis XVI, « pour la peine de mort », et fut chargée, en l'an II, de présenter un rapport sur l'affaire de Gamain, le serrurier de Versailles, constructeur de l'armoire de fer, qui accusait le roi d'avoir voulu l'empoisonner. Musset proposa d'accorder à Gamain une pension de 1,200 livres, et la Convention adopta le décret par acclamation. Le rapport débutait ainsi : « Que ceux qui pensent que Louis ne faisait le mal qu'excité par ses entours, sachent que le crime résidait dans son âme : la pétition que je vais vous présenter en est une preuve..., » il exposait ensuite « que le citoyen Gamain avait exécuté pour le roi une armoire de fer à secrets dans les murs du château des Tuileries, et que ce prince, afin d'ensevelir ce secret, l'avait empoisonné de sa propre main sous prétexte de lui offrir un rafraîchissement ». Mais plus tard Gamain, qui ne mourut qu'en 1800, dans les récits qu'il faisait lui-même de son aventure, accusait non plus le roi, mais la reine. « Il y a donc ici, écrit Louis Blanc à ce sujet, une contradiction qui, à elle seule, suffirait pour démentir le témoignage de Gamain. » Envoyé en mission en Seine-et-Oise (septembre 1793), pour veiller à la levée en masse, Musset sauva les jardins de Versailles des projets de destruction de son collègue Conturier. Après une mission dans la Seine-Inférieure et dans l'Eure avec Legendre et Lacroix, Musset se rallia à la politique thermidorienne, et fut envoyé dans le Puy-de-Dôme, huit mois après la chute de Robespierre. Il s'y montra incertain dans les mesures à prendre, déclamatoire, et assez indulgent ; il consultait le peuple avant de mettre les prisonniers en liberté ; les habitants montraient au doigt « la femme du curé » (il avait épousé la fille d'un serrurier nommé Lecointre, et l'avait emmenée avec lui à Clermont-Ferrand) ; la Convention désapprouva l'arrêté par lequel il avait mis au compte des détenus, en proportion de leur fortune, les frais de réparations et d'entretien des prisons et les salaires des guichetiers, sous prétexte que « toute dépense doit être payée par celui qui y donne lieu ». Musset félicita la Convention de sa victoire sur les insurgés de prairial, lui fit part de l'acceptation de la Constitution de l'an III par la commune de Nantes, et fut maintenu (4 brumaire an IV) au Conseil des Anciens par ses collègues de la Convention. Il en sortit en 1797, remplit les fonctions d'administrateur de la loterie, puis celles de commissaire du Directoire à Turin, chargé de l'organisation des quatre départements formés par le Piémont. Il quitta cette ville au moment de la défaite des Français sur l'Adige et de l'approche de Souvarow (floréal an VII), devint préfet de la Creuse le 11 ventôse an VIII, et fut appelé par le choix du Sénat, le 6 germinal an X, à siéger au Corps législatif, où il représenta le département de la Sarthe jusqu'en 1807. Il se retira alors de la politique et vint habiter Nantes. A la fin de 1815, il vendit ses propriétés du Magny (Seine-et-Oise) et partit de Paris, le 4 décembre 1815, pour Bruxelles. « avec sa femme et une femme de chambre », dit un rapport de police. La loi du 12 janvier 1816 contre les régicides le fit rester à Bruxelles : il avait signé, aux Cent-Jours, l'Acte additionnel. Il demanda à rentrer en France (5 août 1819), se disant très âgé et valétudinaire ; mais sa demande ne fut pas accueillie, et il mourut à l'étranger.

MUSSET (Louis-Alexandre-Marie de), MARQUIS DE COGNERS, député au Corps législatif de 1810 à 1815, né à Cogners (Sarthe) le 14 novembre 1753, mort à Cogners le 17 novembre 1839, d'une ancienne famille du Vendômois, fils de « messire Louis-François de Musset, chevalier, seigneur de la Bonaventure, capitaine des grenadiers au régiment de Chartres,

chevalier de l'ordre militaire de Saint-Louis et de dame Suzanne-Angélique du Tillet, suivit la carrière militaire, entra (décembre 1769) comme sous-lieutenant au régiment d'Auvergne, fut nommé lieutenant en 1776, capitaine le 28 février 1778, et remplit, de 1788 à 1790, les fonctions de président de la commission de l'assemblée provinciale du Maine. En 1790, il devint procureur-syndic du district de Saint-Calais. Conseiller général de la Sarthe sous le régime consulaire, il fut élu, le 10 août 1810, par le Sénat conservateur, député de la Sarthe au Corps législatif ; il y siégea jusqu'en 1815, et se retira ensuite dans sa terre de Cogners. On a de lui de nombreux ouvrages d'ailleurs sans grand mérite, parmi lesquels un roman : *Correspondance d'un jeune militaire, ou Mémoires de Luzigny et d'Hortense de Saint-Just ; De la religion et du clergé catholique en France ; Souvenirs de la mission* (1827), satire en vers contre les Jésuites, etc. Le père du célèbre poëte Alfred de Musset était son cousin germain.

MUTEAU (Jules-Etienne-François), député de 1834 à 1848, né à Dijon (Côte-d'Or) le 23 février 1795, mort au château de Torpes (Doubs) le 3 mai 1869, fils de François Muteau, qui remplit à Dijon pendant la période révolutionnaire, la première République et l'Empire, de nombreuses fonctions électives et municipales, et neveu de Pierre Quantin, général de division, l'un des lieutenants de Hoche, et l'un des pacificateurs de la Vendée, fit sa carrière dans la magistrature. Il était étudiant en droit, lorsqu'en présence de la coalition contre la France, il s'engagea comme volontaire, et fit partie, pendant les Cent Jours, de l'armée de la Loire, où il devint capitaine. Mais la Restauration ayant licencié cette armée, il dut reprendre le cours de ses études juridiques, puis se fit inscrire au barreau de Dijon, où, sous le patronage du célèbre professeur Proudhon, il fonda l'Athénée de jurisprudence, qui forma plusieurs jurisconsultes distingués. Nommé, en 1819, conseiller auditeur à la cour de Dijon, il devint conseiller titulaire à la même cour le 20 mai 1829. Après les journées de juillet 1830, il fit partie de l'administration provisoire du département de la Côte-d'Or et fut élu député du 2ᵉ collège de ce département (Dijon), le 21 juin 1834, par 182 voix sur 338 votants et 457 inscrits, contre 145 à M. Tournouër. Il prit place au centre gauche et fut réélu, le 4 novembre 1837, par 224 voix sur 406 votants et 505 inscrits, contre 179 voix à M. Tournouër. Le 2 mars 1839, il échoua par le même collège contre son ancien concurrent M. Tournouër ; mais, ce dernier ayant été nommé conseiller d'Etat, M. Muteau fut réélu le 26 octobre suivant, par 230 voix sur 428 votants, et siégea à la Chambre jusqu'à la révolution de février 1848, les électeurs lui ayant renouvelé son mandat, le 9 juillet 1842, par 338 voix sur 550 votants, et le 1ᵉʳ août 1846 par 392 voix sur 479 votants. Pendant ces différentes législatures, M. Muteau continua de siéger à la gauche constitutionnelle. Il vota contre l'indemnité Pritchard et contre le ministère Guizot, fit créer le Conservatoire de musique de Dijon, succursale de celui de Paris, et fut l'un des principaux auteurs de l'unification du tarif postal et de la réduction à 0 fr. du port des lettres. Le 24 mars 1848, M. Muteau fut élevé à la première présidence de la cour de Dijon, et prit sa retraite en 1864, comme premier président honoraire. Pendant les seize années que M. Muteau fut à la tête de cette cour, il ne cessa de s'attirer l'estime et la sympathie générale par la fermeté de son caractère et l'indépendance dont il fit preuve en plusieurs circonstances, et notamment à l'occasion du procès du comte de Chambord. « Lorsque nous prononçons sur la fortune, sur la vie, sur l'honneur de nos concitoyens, disait-il en prenant possession de son siège le 1er avril 1848, il n'y a plus qu'un sentiment en nous, l'amour du vrai et du juste; il n'y a plus qu'un intérêt pour nous, celui de notre conscience, ce juge inexorable de toutes nos actions... » Et il ajoutait : « Les passions, quelles qu'elles soient, n'ont pas accès dans cette enceinte, et la politique doit s'arrêter en tout temps sur le seuil du palais. » Ce noble langage, expression loyale et sincère de la pensée qui inspira tous les actes de M. Muteau, fait comprendre la vénération dont il était entouré, et explique la mesure exceptionnelle prise par la cour de Dijon lors de sa retraite. Cette compagnie, en effet, décida de « témoigner par une délibération spéciale, inscrite à ses registres, en quelle haute estime elle tenait le chef qu'elle perdait, et combien étaient grands ses regrets de s'en voir séparer. »

Membre, pendant de longues années, du conseil général de la Côte-d'Or, M. Muteau le présida dix fois de suite. Il faisait en outre partie du conseil académique et de plusieurs sociétés d'assistance. Médaillé de Sainte-Hélène, chevalier de la Légion d'honneur (30 avril 1836), il fut fait officier le 31 octobre 1849, et commandeur le 13 août 1861.

MUY (Jean-Baptiste-Louis-Philippe de Félix-Saint-Maime, comte de), pair de France, né à Ollières (Var) le 25 décembre 1751, mort à Paris le 3 juin 1820, entra, à 18 ans, dans les chevau-légers et, par l'influence du ministre de la Guerre qui était son parent, obtint, en 1775, le commandement du régiment de Soissonnais-infanterie. Il prit part à la guerre d'Amérique, et se distingua au siège d'York-Town. Décoré de Saint-Louis, nommé brigadier, devenu comte du Muy, maréchal de camp (1788), il exerça divers commandements dans le Midi et, en 1792, fut envoyé en mission en Suisse par le ministre de la Guerre. Au cours de cette mission, la Convention rendit un décret qui le destituait de ses fonctions comme émigré. Mais ce décret fut rapporté à la demande du ministre de la Guerre, et M. du Muy fut promu général de division. Employé au siège de Lyon, il dut quitter le service peu de temps après, en raison de la loi qui expulsait les officiers nobles de l'armée. Sous le Directoire, il fut remis en possession de son grade et envoyé à l'armée du Nord; il fit la campagne d'Egypte, organisa la

légion nautique, se distingua à Héliopolis, fut fait prisonnier au retour, et, après son rapatriement, reçut le commandement des 21e et 22e divisions militaires. Membre de la Légion d'honneur le 19 frimaire an XII, commandeur de l'ordre le 25 prairial suivant, il prit part, en 1806, à la campagne de Prusse à la tête d'un corps de cavalerie, se signala par la poursuite vigoureuse qu'il dirigea contre l'ennemi, et devint gouverneur de la Silésie. Créé baron de l'empire le 30 août 1811, il commanda, de 1812 à 1814, la division militaire de Marseille, adhéra avec empressement à la déchéance de l'empereur, et fit mettre en liberté les détenus du château d'If. Il demanda aussi la translation des cendres de Kléber en un lieu digne de ce grand citoyen. Grand-officier de la Légion d'honneur le 29 juillet 1814, commandeur de Saint-Louis le 23 août suivant, il se tint à l'écart pendant les Cent-Jours et fut nommé pair de France le 17 août 1815. Il cessa, à partir de cette époque, d'exercer des fonctions actives, vota pour la mort dans le procès du maréchal Ney, et ne se mêla que fort peu aux discussions de la Chambre haute.

MUYSSART (Jean-Baptiste-Joseph de), député de 1820 à 1827, né à Lille (Nord) le 11 juillet 1753, mort à Lille le 12 juillet 1848, avocat, était, avant la Révolution, l'un des quatre grands baillis des châtellenies de Lille, Douai et Orchies. Nommé, en 1790, président de l'administration du district de Lille, il émigra l'année suivante, alla en Angleterre où il fonda un pensionnat, et ne rentra en France qu'à la fin de l'empire. Maire de Marcq-en-Barœul en 1823, il alla, en 1814, à la première rentrée des Bourbons, féliciter le roi, devint maire de Lille en 1816, et accepta, comme tel, 12,000 francs de traitement qu'avait refusés son prédécesseur, M. de Brigode. Le jour de son installation, il fit brûler, en place publique, en signe de réjouissance, un portrait du premier Consul par David, portrait dont les Belges avaient offert un prix élevé. Président du collège électoral de Lille en 1820, il fut successivement élu député du grand collège du Nord, le 13 décembre 1820, par 395 voix (634 votants, 720 inscrits); le 20 novembre 1822, par 468 voix (509 votants, 738 inscrits); le 6 mars 1824, par 417 voix (431 votants, 715 inscrits). Il siégea parmi les ultra-royalistes. Officier de la Légion d'honneur en 1825, il fit partie de la commission du port de Dunkerque, devint commandeur de la Légion d'honneur le 2 septembre 1829, maire de Lille l'année suivante, donna sa démission de ses fonctions municipales le 2 août 1830, en prétextant du mauvais état de sa santé, et renonça à la vie publique.

N

NACHET (Louis-Isidore), représentant du peuple en 1848, né à Paris le 20 juillet 1802, mort à Paris le 29 décembre 1877, fils d'un professeur à la faculté de médecine de Paris, fut reçu avocat très jeune, obtint, en 1823, une médaille d'or de la Société de la morale chrétienne pour son mémoire sur l'*Abolition de la traite des nègres*, publia, en 1828, les *Mélan-*

ges scientifiques et littéraires de Malte-Brun, donna, l'année suivante, une traduction des *Insurrections irlandaises depuis Henri II jusqu'à l'union* de Thomas Moore, et obtint de nouveau, en 1830, le prix de la Société de la morale chrétienne pour le meilleur travail sur la *Liberté religieuse*. Après la révolution de juillet, il fut secrétaire de la commission municipale du 12ᵉ arrondissement de Paris, et collabora au *Journal de Paris* jusqu'au mois de mars 1831. En août suivant, il acheta la charge de M. Quénault, avocat à la cour de Cassation, Il publia, peu de temps après, lors du procès de l'abbé Dumonteil, un mémoire sur le *Mariage des prêtres*, et plaida pour les méthodistes de Metz et pour l'abbé Levernet, de l'Eglise française. En 1832, il avait protesté, dans une consultation, contre la mise en état de siége de Paris. Candidat à la députation, aux élections du 1ᵉʳ août 1846, dans le 1ᵉʳ collége de l'Aisne (Laon), il échoua avec 264 voix contre 363 à l'élu. M. Debrotonne, fut nommé, à la révolution de 1848, avocat général à la cour de Cassation (3 mars), et fut élu, le 23 avril, représentant de l'Aisne à l'Assemblée constituante, le 5ᵉ sur 14, par 95,202 voix (130,363 votants, 154,878 inscrits). Membre du comité de la justice, il vota *pour* le bannissement de la famille d'Orléans, *pour* les poursuites contre L. Blanc et Caussidière, *contre* l'abolition de la peine de mort, *contre* l'impôt progressif, *contre* l'incompatibilité des fonctions, *contre* l'amendement Grévy, *contre* la sanction de la Constitution par le peuple, *pour* l'ensemble de la Constitution, *contre* la proposition Rateau, *contre* l'interdiction des clubs. Non réélu à la Législative, il fut nommé conseiller à la cour de Cassation le 25 août 1849, conserva ses fonctions pendant toute la durée de l'empire et fut mis à la retraite, le 12 juin 1877, avec le titre de conseiller honoraire. Chevalier de la Légion d'honneur (14 août 1858), officier (23 août 1869), commandeur (3 août 1875).

NADAILLAC (ARNOUL-FRANÇOIS-LÉOPOLD-ODILLE-SIGISMOND DUPOUGET, MARQUIS DE), député de 1815 à 1816, né à la Ferrière (Indre-et-Loire) le 7 janvier 1787, mort à Paris le 23 avril 1837, entra dans l'armée à la fin de l'empire, et parvint au grade de colonel sous la Restauration. Elu, le 22 août 1815, député du grand collége de la Haute-Vienne, par 111 voix (178 votants, 218 inscrits), il siégea dans la majorité de la Chambre introuvable et demanda que les membres de la Légion d'honneur fussent électeurs de droit. Promu maréchal de camp le 30 juillet 1823, au cours de la campagne d'Espagne, il fut admis à la retraite le 7 avril 1837, et mourut quelques jours après.

NADAL DE SAINTRAC (JEAN), député en 1789, dates de naissance et de mort inconnues, fut élu (avril 1789) député de la Guadeloupe aux Etats-Généraux. Admis à siéger le 27 juillet 1790, il se fit peu remarquer dans l'Assemblée, demanda un congé le 6 septembre suivant, et ne siégea plus. Le 16 fructidor an XI, le gouvernement consulaire le nomma juge au tribunal civil de la Pointe-à-Pitre.

NADAUD (MARTIN), représentant en 1849, député de 1876 à 1889, né à Soubrebost (Creuse) le 17 novembre 1815, fils de cultivateurs, se rendit à Paris à l'âge de 16 ans, exerça le métier de maçon, et devint chef d'atelier à 19 ans. Il s'efforça, en même temps, de compléter l'instruction insuffisante qu'il avait reçue, fréquenta les réunions socialistes, s'éprit des doctrines de Cabet, et devint un adepte fervent du communisme. Après la révolution de 1848, il présida le club des habitants de la Creuse à Paris, et commença à se faire connaître. Ses compatriotes, avec lesquels il était resté en relations, l'envoyèrent, le 13 mai 1849,

le 4ᵉ sur 6, à l'Assemblée Législative, par 15,240 voix (39,471 votants, 73,014 inscrits). L représentant de la Creuse ne quitta la truell (il travaillait alors à la mairie du 12ᵉ arrondissement) que le jour de l'ouverture de l session, pour prendre place à la Montagne dans le groupe des républicains socialistes. ne se fit pas faute d'aborder fréquemment l tribune, vota et protesta *contre* l'expédition de Rome, *contre* la loi Falloux-Parieu sur l'enseignement, *contre* la loi restrictive du suffrage universel, et présenta une proposition relative aux expropriations rendues nécessaires par les grands travaux publics. Il demanda aussi, san succès, la modification de l'article 1781 du cod civil, et fit une vive opposition à la politique de L.-N. Bonaparte. Dans les derniers temps de la législature, M. Martin Nadaud avai contribué à former, en dehors du groupe de l Montagne, une réunion parlementaire séparé qui comprenait aussi Baudin, Baune, Boysse Dussoubs, Madier de Montjau, Mathé, etc. A coup d'Etat du 2 décembre 1851, M. Marti Nadaud fut arrêté dans la nuit avec beau coup d'autres, et, par décret du 9 juin suivant, fu expulsé du territoire français, après deux moi de détention. Il se rendit alors en Angleterre où il reprit d'abord son métier de maçon, pui en raison de l'état de sa santé, se fit instituteu à Londres et à Brighton, enseigna de so mieux la langue française à l'Ecole militair de Wimbledon, et se tint, pendant toute l durée de l'empire, à l'écart de la politique mi litante. Le 29 février 1852, il avait réuni su son nom, aux élections du Corps législatif, dan la 2ᵉ circonscription de la Creuse, 707 voi contre 22,266 à l'élu officiel, M. Sallandrouz de la Mornaix. De retour en France, il déclin la candidature démocratique dans la Seine e 1869 (il collaborait alors au *Réveil* de D lescluze), fut, de septembre 1870 à février 187 préfet de la Creuse, et obtint, le 8 février 187 comme candidat républicain radical à l'Assem blée nationale dans son département, 10,464 voi (50,111 votants). Il se présenta de nouveau, san plus de succès, à Paris, aux élections complémen taires du 5 juillet de la même année. En re vanche, il fut élu, le 25 juillet, conseiller muni cipal de Paris par le quartier du Père-Lachais (20ᵉ arrondissement). Il s'occupa surtout des ques tions ouvrières et de travaux publics, opina ave les radicaux du conseil, et entra à la Chambr des députés le 20 février 1876, comme député républicain de l'arrondissement du Bourganou (Creuse), élu par 4,083 voix (8,002 votants 10,717 inscrits), contre 3,275 à M. Coutisson e 493 à M. Bonnin. Il prit place à l'extrême gau che, vota *pour* l'amnistie plénière, et fut de 363. Réélu, à ce titre, le 14 octobre 1877, pa 4,311 voix (7,081 votants, 10,766 inscrits), con tre 2,737 à M. Coutisson, candidat officiel d Maréchal, il reprit sa place dans la majorit parla assez fréquemment sur les questions in téressant le « bâtiment », sur le régime de prisons, soutint l'emprunt de la ville d Paris en 1876, vota *pour* l'article 7, en tout en appuyant, le plus souvent, les reven dications théoriques de l'extrême gauche, mon tra dès lors une tendance assez prononcée à s rapprocher de l'Union républicaine. M. Marti Nadaud ne fit point d'opposition au systèm « opportuniste » préconisé par Gambetta, col labora, vers cette époque, à la *Républiqu française*, obtint sa réélection comme député de Bourganeuf, le 21 août 1881, par 5,177 voi (5,664 votants, 11,154 inscrits), se rallia plu étroitement à la politique gouvernementale, e fut appelé par la majorité de la Chambre nouvelle au poste de questeur. Elle l'y maintint jusqu'à la fin de la législature. Porté, le 4 octobre 1885, sur la liste républicaine de la Creuse, il fut réélu, le 1er sur 4, député de ce département, par 33.020 voix (52.493 votants, 77.888 inscrits). Appelé de nouveau aux fonctions de questeur, il appuya les divers ministères qui se succédèrent au pouvoir, vota l'expulsion des princes, et, en dernier lieu, s'abstint sur le rétablissement du scrutin d'arrondissement (en février 1889), et se prononça *contre* l'ajournement indéfini de la revision de la Constitution, *pour* les poursuites contre trois députés membres de la Ligue des patriotes, *contre* le projet de loi de Lisbonne restrictif de la liberté de la presse, *pour* les poursuites contre le général Boulanger. On a de M. Martin Nadaud une *Histoire des classes ouvrières en Angleterre* (1872), et une brochure sur les *Sociétés ouvrières* (1873).

NAGLE (JEAN-MARIE-AUGUSTE, BARON DE), représentant en 1849, né à Château-Gontier (Mayenne) le 22 mars 1799, mort à la Rochelle (Charente-Inférieure) le 17 décembre 1878, fils du baron Thomas-Patrice de Nagle qui fit toutes les campagnes du premier Empire, et mourut à la Rochelle commandant la 1re subdivision de la 5e division militaire, était commandant de la garde nationale de la Rochelle, et d'opinions conservatrices, lorsqu'il fut élu, le 13 mai 1849, représentant de la Charente-Inférieure à l'Assemblée législative, le 10e et dernier, par 30,207 voix (90,799 votants, 142,041 inscrits). M. de Nagle siégea à droite et vota *pour* l'expédition de Rome, *pour* la loi Falloux-Parieu sur l'enseignement, *pour* la loi restrictive du suffrage universel, soutint jusqu'au coup d'Etat inclusivement la politique de l'Elysée, et ne fit pas partie d'autres assemblées.

NAILLAC (PIERRE-PAUL DE MÉRÉDIEU, BARON DE), ministre, né à Périgueux (Dordogne) le 17 août 1737, mort à une date inconnue, entra dans les armées du roi. Capitaine au régiment de royal-Pologne en 1760, il fut chargé d'une mission en Portugal, se lia avec Dumouriez en 1767, et fut nommé conseiller d'ambassade à Vienne en 1771. Chevalier de Saint-Louis, il fut envoyé comme ministre de France près du duc des Deux-Ponts (7 juin 1792), et, six jours après, fut nommé ministre des Affaires étrangères en remplacement de Dumouriez. Il se rendait à son poste, quand il apprit, en arrivant, qu'il était déjà remplacé par M. de Chambonas. Le 2 juillet suivant il fut nommé ministre de France à Gênes. Une lettre du 14 novembre, adressée au *Moniteur*, l'accusa d'accorder des passeports à des émigrés « travestis les uns en créoles, d'autres en voyageurs pour affaires de commerce ou pour maladie. Ces revenants peuvent faire plus de mal que de peur. Naillac aurait dû s'abstenir d'une facilité très incivique, même en songeant qu'il ne pouvait pas être condamné dans les formes judiciaires ». Remplacé dans ces fonctions, le 12 décembre, par M. de Tilly, il se retira à Marseille, puis, inquiété sous la Terreur, se réfugia en Toscane. Il fut mis à la retraite, comme ministre plénipotentiaire, en l'an XI.

NAIRAC (PIERRE-PAUL), député en 1789, né à Bordeaux (Gironde) le 3 avril 1732, mort à Bordeaux à la fin du premier Empire, « fils de Antoine-Paul Nairac, négociant et raffineur, et de Suzanne-Marguerite Roulland, » était négo-

ciant à Bordeaux, quand il fut élu, le 10 avril 1789, député du tiers aux Etats-Généraux par la sénéchaussée de Bordeaux. Il fit partie du comité des subsistances, prêta le serment du Jeu de paume, entra au comité de la marine, et fit plusieurs rapports au nom du comité des colonies. En 1790, il transmit à l'Assemblée une protestation des gardes nationaux de Bordeaux contre l'affront fait à l'uniforme militaire par les réactionnaires de la Martinique. Il revint à Bordeaux après la session, et fit partie, comme membre résident, de la Société des sciences, arts et belles-lettres de cette ville.

NAIRAC (JEAN-BAPTISTE), député au Conseil des Cinq-Cents et au Corps législatif, né à Bordeaux (Gironde) le 15 décembre 1738, mort à Paris le 27 avril 1817, frère cadet du précédent, vint s'établir à la Rochelle comme négociant. En 1773, il était syndic de la chambre de commerce de la Rochelle. Partisan des idées de la Révolution, il fut élu, le 8 septembre 1791, haut juré de la Charente-Inférieure, et fut confirmé dans ces fonctions le 11 juillet 1792 et le 25 août 1795. Le 24 germinal an V, le département de la Charente-Inférieure l'envoya siéger au Conseil des Cinq-Cents, par 177 voix sur 221 votants. Il n'y joua qu'un rôle très effacé, et, favorable au coup d'Etat de brumaire, fut choisi par le Sénat conservateur, le 4 nivôse an VIII, pour représenter son département au nouveau Corps législatif, où il siégea jusqu'au 28 mai 1803. Quelques mois avant d'en sortir, il fit des démarches pour entrer au Tribunat, et il adressa la note qui suit « au citoyen Le Mercier, sénateur, Palais du Sénat, au Luxembourg : Le citoyen Nairac, membre du Corps législatif, a l'honneur de soumettre au Sénat le vœu qu'il forme pour passer au Tribunat. Il croit que sa qualité de négociant l'y placerait aujourd'hui plus utilement que jamais. Si une longue expérience du commerce, quelque réputation de talent, un nom connu et estimé, quatre députations de commerce, avant et depuis la Révolution, six années de législature n'autorisent point le vœu du citoyen Nairac, ils le justifieront du moins d'indiscrétion auprès du Sénat. » Le Sénat n'accueillit point cette requête empreinte de tant de modestie, et Nairac, à partir de 1803, ne rentra plus dans la vie politique.

NAJEAN (VÉRIDIQUE), représentant du peuple en 1848, né à Mouzon-Meuse (Vosges) le 2 janvier 1795, mort à Neufchâteau (Vosges) le 24 mai 1874, entra dans l'armée en 1812, et fit la campagne de Saxe comme sous-lieutenant dans la garde impériale; il était lieutenant au 1er régiment de la garde à Waterloo où il fut blessé. Mis en demi-solde à la seconde Restauration, il dut s'expatrier en raison de ses opinions bonapartistes, rentra en France peu après (1817), étudia le droit, se fit recevoir avocat, et prit place au barreau de Neufchâteau, où il devint chef de l'opposition libérale. Partisan de la révolution de 1830, puis adversaire du gouvernement de Louis-Philippe, il fut bâtonnier de l'ordre des avocats, conseiller municipal de Neufchâteau, conseiller d'arrondissement, membre de l'administration de la caisse d'épargne et commandant de la garde nationale. Candidat à la députation aux élections du 1er août 1846, dans le 3e collège des Vosges (Neufchâteau), il échoua avec 125 voix contre 156 à l'élu, M. Costé, député sortant. A la révolution de 1848, le gouvernement provisoire le nomma commissaire du gouvernement dans l'arrondissement de Neufchâteau. Il fut élu, le 23 avril suivant, représentant des Vosges à l'Assemblée constituante, le 6e sur 11, par 61,941 voix (85,950 votants, 106,755 inscrits), fit partie du comité de la justice, et vota *pour* le bannissement de la famille d'Orléans, *pour* les poursuites contre L. Blanc et Caussidière, *pour* l'abolition de la peine de mort, *contre* l'impôt progressif, *contre* l'incompatibilité des fonctions, *contre* l'amendement Grévy, *contre* la sanction de la Constitution par le peuple, *pour* l'ensemble de la Constitution, cont e la proposition Rateau, *contre* l'interdiction des clubs, *contre* l'expédition de Rome, *contre* la demande de mise en accusation du président et des ministres. Après le 10 décembre 1848, il fit de l'opposition à la politique de l'Élysée, ne fut point réélu à la Législative, et reprit ses fonctions d'avocat à Neufchâteau.

NALÈCHE (DE). — *Voy.* BANDY.

NANSOUTY (ETIENNE-JEAN-CHARLES CHAMPION, COMTE DE), pair de France, né à Paris le 16 juillet 1803, mort au château d'Orain (Côte-d'Or) le 6 janvier 1865, fils du comte de Nansouty qui fut général de cavalerie sous le premier Empire, entra au service sous la Restauration. Il avait été créé comte le 30 novembre 1816, et était capitaine adjudant-major quand il fut nommé, le 5 novembre 1827, pair de France. Admis à siéger le 29 juillet 1828, il fut du nombre des pairs de Charles X dont la nomination fut annulée par l'article 68 de la Charte de 1830.

NAPOLÉON-BONAPARTE, premier consul, consul à vie, empereur, né, selon la date officielle, à Ajaccio (Corse) le 15 août 1769, mais plus probablement à Corte (Corse) le 7 janvier 1768, mort à Longwood (île de Sainte-Hélène-Afrique) le 5 mai 1821, était fils de Charles-Marie de Buonaparte et de Maria-Lœtitia Ramolino. Son père avait été reconnu noble par arrêt du 18 août 1771; mais, pauvre et chargé de famille, il dut faire d'actives démarches pour placer ses enfants; c'est ainsi qu'il obtint, à la fin de 1778, une entrée gratuite pour l'un d'eux à l'École militaire de Brienne. Cette faveur longtemps attendue ne laissa pas de l'embarrasser alors, car le règlement de l'École en refusait rigoureusement l'entrée après dix ans révolus, et il était difficile d'en faire profiter le seul de ses enfants qui fût alors dans les conditions d'âge requises, Joseph, que son caractère doux et timide réservait à la prêtrise; le tempérament de Napoléon « qui battait l'un, égratignait l'autre », a-t-il dit lui-même à Sainte-Hélène, son éducation « pitoyable, avoue-t-il encore, comme tout ce que l'on faisait en Corse », l'avaient au contraire destiné de tout temps à l'état militaire, dans les desseins de la famille, dont on ne peut que reconnaître, en cette circonstance, la perspicacité. Grâce à une simple substitution d'état civil entre les deux frères, fraude assez facile en ce temps-là, Napoléon, rajeuni d'un an, put entrer à Brienne : l'acte de naissance produit à l'École militaire est en effet le seul qui porte la date du 15 août 1769; un acte de naissance de Napoléon délivré à Corte le 19 juillet 1782, son acte de mariage au registre de la mairie du 2e arrondissement de Paris (19 ventôse an IV) portent la date du 7 janvier 1768; d'autre part, on n'a jamais produit d'acte de naissance de Joseph, qui, bien que reporté à Corte, puisque son frère se disait né à Ajaccio, a toujours déclaré, et

fait affirmer par ses compatriotes, dans les circonstances nécessaires, qu'il était né à Ajaccio.

Napoléon s'embarqua avec son père pour Marseille le 25 décembre 1778. Après trois mois et demi passés au collège d'Autun « où, dit l'abbé Chardon, son professeur, il apprit le français de manière à faire librement la conversation, de petits thèmes et de petites versions », il entra, le vendredi 23 avril 1779, à l'École de Brienne tenue par les Minimes de l'ordre de Saint-Benoît. Sa pauvreté, son air gauche, l'accent fortement italien de son langage et de son nom *Napolione*, dont ses camarades eurent vite fait un sobriquet : « la paille au nez », imposèrent plus d'une humiliation à ce caractère orgueilleux et vindicatif par nature, et l'obligèrent même à écrire à son père, le 5 avril 1781 : « Je suis las d'afficher l'indigence. Arrachez-moi de Brienne, si la fortune se refuse absolument à l'amélioration de mon sort, et donnez-moi, s'il le faut, un état mécanique... » Il resta cependant, et se destina à entrer dans la marine, suivant les conseils de ses professeurs. Mais des combinaisons de famille en décidèrent autrement, et son père choisit pour lui l'artillerie. Sorti de Brienne le 17 octobre 1784, Napoléon entra, le 23, comme cadet-gentilhomme, à l'École militaire de Paris. Il en sortit en août 1785, avec le no 42, et ainsi noté : « Réservé et studieux, il préfère l'étude à toute espèce d'amusement..., hautain, extrêmement porté à l'égoïsme, ambitieux et aspirant à tout, ce jeune homme est digne qu'on le protège. » Le 26 octobre, il reçut, daté du 1er septembre précédent, son brevet de lieutenant en second à la compagnie de bombardiers du régiment de la Fère, en garnison à Valence, aux appointements de huit cents livres, plus cent vingt livres d'indemnité de logement, et deux cents livres de gratification annuelle du roi.

Tour à tour en garnison à Valence, Lyon (15 août 1786), Douai (17 octobre), il ne cessa de vivre à l'écart, sombre et taciturne, s'occupa d'écrire une histoire de la Corse, et en communiqua les deux premiers chapitres à l'abbé Raynal le 5 mai 1821. « Si vous m'encouragez, je continuerai, lui écrivait-il; si vous me conseillez de m'arrêter, je n'irai pas plus avant. » L'abbé l'engagea sans enthousiasme à continuer, sur des documents plus précis; mais les affaires de la famille, qui périclitaient en Corse le rappelèrent auprès des siens. N'ayant pu obtenir de suite le congé qu'il demandait, ennuyé de la vie de garnison, il songea à ce moment au suicide : « Toujours seul au milieu des hommes, écrivait-il, je rentre pour rêver en moi-même et me livrer à toute la vivacité de ma mélancolie. De quel côté est-elle tournée aujourd'hui? Du côté de la mort. » Le congé arriva fin janvier 1787, et Bonaparte rejoignit sa famille en Corse, d'où il ne revint, sauf un voyage à Paris d'octobre à décembre 1787, qu'en mai 1788, pour rejoindre son régiment alors en garnison à Auxonne. Là il mena une vie monotone, et, après les premiers incidents de la Révolution, prévoyant qu'il aurait dans la surexcitation générale, un rôle à jouer en Corse, demanda et obtint un nouveau congé de semestre (15 septembre 1789). Les événements dont l'île fut le théâtre l'y retinrent jusqu'au 1er février 1791; forcé alors de rejoindre son corps sous peine de destitution, revint à Auxonne, et, lors de la réorganisation de l'artillerie, fut nommé lieutenant en premier au 4e régiment, ci-devant Grenoble en garnison à Valence. Lorsque l'Assemblée nationale décréta la formation de quatre bataillons de volontaires corses soldés (août 1791), il demanda d'aller surveiller cette organisation, et obtint un congé de trois mois sans solde; le congé fut prolongé par lui jusqu'au 2 mai 1792: il avait eu le temps de se faire proposer pour le grade de capitaine adjudant-major d'un bataillon corse, et de se faire élire (1er avril 1792) lieutenant-colonel du 2e bataillon à Ajaccio. Mais, sous le coup d'une destitution et d'une accusation de désertion à son corps à Valence, il se décida à se rendre à Paris, où il obtint, à force de démarches, et grâce à l'agitation du moment, d'être réintégré avec le grade de capitaine (brevet du 6 février 1792, délivré le 30 août suivant seulement); il avait vainement demandé d'entrer dans l'artillerie de marine. Quinze jours après, des intérêts de famille le rappelaient de nouveau en Corse. En janvier 1793, il obtint d'être adjoint au corps expéditionnaire chargé d'opérer en Sardaigne, expédition qui ne réussit pas; il revint en Corse (29 février) où il se déclara contre Paoli en lutte avec les représentants envoyés par la Convention, fut nommé provisoirement par l'un d'eux, Salicetti, inspecteur général de l'artillerie de Corse, et quitta l'île (11 juin 1793), après l'insuccès de l'expédition française, avec sa famille proscrite par Paoli. Arrivé en France, il rejoignit sa compagnie à Nice (25 juin), et se fit attacher au service des batteries de côte. Il prit part à l'expédition d'Avignon contre les fédéralistes du Midi, et écrivit au retour (29 juillet 1793) le *Souper de Beaucaire*, curieux exposé de ses idées politiques, et qui fut imprimé aux frais du trésor. Un mois après, Toulon était traîtreusement livré aux Anglais (nuit du 27 au 28 août 1793). A ce moment, Bonaparte demandait à l'armée du Rhin; le ministre le destinait à l'armée de Nice; une blessure du chef d'artillerie Dommartin le fit maintenir par les représentants Gasparin et Salicetti à l'armée chargée de réduire Toulon, avec le grade de chef de bataillon au 2e régiment d'artillerie (19 octobre). Nous n'avons pas à retracer ici la merveilleuse carrière militaire qui commence à la prise de Toulon; l'incontestable génie militaire de Napoléon est en dehors de notre sujet, et, de l'épopée consulaire et impériale, nous n'avons à retenir que le côté politique. Au lendemain de la prise de Toulon, le général Duteil écrivait au ministre de la Guerre : « Je manque d'expressions pour décrire le mérite de Bonaparte : beaucoup de science, autant d'intelligence et trop de bravoure, voilà une faible esquisse des vertus de ce rare officier. C'est à toi, ministre, à les consacrer à la gloire de la République. » Dans la joie du succès de la prise de Toulon, à laquelle le chef de bataillon du 2e d'artillerie avait contribué pour une grande part, Robespierre jeune, en mission à Toulon, le fit passer d'emblée général de brigade (6 février 1794), après l'avoir fait nommer (26 décembre précédent) « inspecteur des côtes depuis les bouches du Rhône jusqu'à celles du Var. » Fin mars, Bonaparte reçut l'ordre de rejoindre à Nice l'armée d'Italie, avec le titre de général commandant l'artillerie et inspecteur général; il ne joua dans cette campagne qu'un rôle secondaire, et séjourna surtout à Nice. Chargé par Robespierre jeune de reviser le premier plan de campagne, il venait d'étudier la situation à Gênes, quand il apprit à Nice le coup d'État du 9 thermidor. Ses relations avec les Ro-

bespierre ne pouvaient plus que le compromettre : « Bonaparte était républicain, écrivait plus tard Mlle de Robespierre, je dirai même qu'il était républicain montagnard, du moins il m'a fait cet effet par la manière dont il envisageait les choses à l'époque où je me trouvais à Nice (1794) ». Robespierre jeune écrivait de son côté à son frère le 5 avril 1794 : « Le général Buonaparte, général chef de l'artillerie d'un mérite transcendant, est Corse, et n'offre que la garantie d'un homme de cette nation, qui a résisté aux caresses de Paoli et dont les propriétés ont été ravagées par ce traître. » Le coup de thermidor avait lourdement retenti partout : les représentants en mission s'empressèrent de dénoncer Bonaparte au comité de salut public, « comme l'homme des Robespierre, leur faiseur de plan auquel il leur fallait obéir. » Suspendu de ses fonctions le même jour (19 thermidor), décrété d'arrestation à Nice le 22, Bonaparte fut emprisonné au fort Carré près d'Antibes. De sa prison, il écrivait à Paris, à Tilly ex-chargé d'affaires de France à Gênes : « J'ai été un peu affecté de la catastrophe de Robespierre le jeune que j'aimais et que je croyais pur; mais fût-il mon frère, je l'eusse poignardé moi-même s'il aspirait à la tyrannie. » On ne pouvait exiger davantage. Remis en liberté provisoire le 3 fructidor, Bonaparte fut nommé, quelques jours après, par Salicetti son compatriote, et l'un des représentants qui l'avaient dénoncé au thermidor, directeur des préparatifs de la nouvelle expédition maritime contre la Corse.

L'île était occupée par les Anglais, qui attendirent la flotte française au passage et la dispersèrent; Bonaparte fut désigné alors pour commander l'artillerie à l'armée de l'Ouest (27 mars 1794). Ses notes de service de cette époque portent cette mention : « Cet officier est général de l'arme de l'artillerie, dans laquelle arme il a des connaissances réelles, mais ayant un peu trop d'ambition et d'intrigue pour son avancement. » De retour à Paris (10 mai), il s'y installa, obtint la permission d'y rester quelque temps, et, ayant été versé, le 13 janvier 1795, dans l'infanterie, résolut de ne pas rejoindre, et se fit délivrer, pour prolonger son séjour, des certificats de complaisance de maladie . « Général, mais sans emploi, disait-il à Sainte-Hélène en rappelant ce temps-là, je fus à Paris parce qu'on ne pouvait rien obtenir que là; je m'attachai à Barras parce que je n'y connaissais que lui, Robespierre était mort; Barras jouait un rôle; il fallait bien m'attacher à quelqu'un et à quelque chose. » Ayant reçu, le 16 août, l'ordre formel de se rendre à son poste, il put, par l'entremise de Barras, se faire attacher au bureau topographique du comité de salut public (21 août). Puis il se mit sur les rangs pour faire partie de la mission militaire envoyée au sultan pour la réorganisation de l'artillerie turque; mais, le jour même (15 septembre) où sa commission était présentée à l'approbation du comité de salut public, celui-ci le destituait, « attendu son refus de se rendre au poste qui lui a été assigné. » Il était sans emploi et presque sans ressources, lorsque, le 2 octobre au soir, il fut mandé par Barras, pour lui servir de second dans le commandement des troupes destinées à défendre la Convention contre les sections (13 vendémiaire). Bonaparte mitrailla les royalistes sur les marches de Saint-Roch, et la Convention, reconnaissante d'avoir été sauvée, le nomma, le 4 octobre, général en second de l'armée de l'intérieur;

douze jours après, il recevait le brevet de général de division, et, quatre jours plus tard, Barras ayant donné sa démission, il le remplaçait comme général en chef de l'armée de l'intérieur. Le 2 mars 1796, le Directoire le plaça, comme général en chef, à la tête de l'armée d'Italie. Le 9, Bonaparte épousa Marie Joséphe-Rose de Tascher de la Pagerie, née le 23 juin 1773 à la Martinique, veuve, depuis le 23 juillet 1794, du vicomte Alexandre de Beauharnais, ancien général en chef de l'armée du Rhin. Les témoins de Bonaparte étaient Calmelet et le général Le Marois, ceux de Joséphine, Barras et Tallien. Quarante-huit heures après la cérémonie civile, Bonaparte quittait sa femme et Paris pour rejoindre son quartier général à Nice. Les victoires de Montenotte, de Millésimo, de Mondovi, de Lodi, de Castiglione, de Roveredo, d'Arcole, dépassèrent les espérances qu'avait données le jeune général, et excitèrent l'envie de ces collègues. Beurnonville écrivait, de Mulheim, à Kléber, le 5 novembre 1796 : « Notre héros de 25 ans qui, avec 30,000 hommes constamment éternels, a déjà détruit quatre armées, pourra avec toutes ses forces, en prenant Mantoue, reprendre ses équipages de siège qu'il n'a pas avoué lui avoir été pris. Par cette mesure, on ne perdra pas deux superbes armées pour conserver la sienne, qui a été au moins mangée trois fois, et qui ressemble à la lame du couteau de Jérôme Pointu, qui a déjà usé trois manches et qui est encore toute neuve. »

Lors des élections royalistes de l'an V aux Conseils des Anciens et des Cinq-Cents, Barras, Rewbell et La Réveillère, trois des cinq directeurs, songèrent à un coup d'Etat militaire et firent des ouvertures à Hoche, à Moreau et à Bonaparte. Celui-ci voulait se faire nommer directeur, aussitôt la paix signée en Italie et, comme il n'avait que 28 ans, et que la Constitution en exigeait 40, il comptait faire proposer aux Cinq-Cents de déclarer éligible le vainqueur d'Italie. Le coup d'Etat de fructidor renversa ses projets, et Bonaparte en montra de l'humeur ; de retour à Paris, après la paix de Campo-Formio, « il parlait, dit La Reveillère, de se retirer à la campagne, ardemment occupé à cultiver son champ ; il se refusait à toutes fonctions. Il y en a une cependant, disait-il, dont le nom seul fait une douce impression sur mon âme, celle du juge de paix. » — « Je savais cependant, disait plus tard Napoléon à Sainte-Hélène, qu'il fallait fixer l'attention pour rester en vue et qu'il fallait pour cela tenter des choses extraordinaires, parce que les hommes savent gré de les étonner. C'est en vertu de cette opinion que j'ai imaginé l'expédition d'Egypte. »

Pendant que Bonaparte promenait ses soldats victorieux des Pyramides au Mont-Thabor, le Directoire achevait de se déconsidérer dans l'opinion. Tout le monde pensait alors ce que le journaliste Suleau écrivait, de Coblentz, dès 1792 : « Le dieu tutélaire que j'invoque pour ma patrie, c'est le despote, pourvu qu'il soit d'ailleurs homme de génie. » Dès le mois de mai 1799, des conscrits et volontaires de Paris attribuaient tout haut nos défaites en Italie à « l'exil » de Bonaparte en Egypte, et, en juillet, Dubois-Dubays, dans un discours aux Cinq-Cents, comparait le général à Miltiade. Bonaparte, qu'inquiétaient aussi des bruits d'une nouvelle guerre continentale, quitta secrètement l'Egypte le 22 août 1799, débarqua à Saint-Raphan (Var) le 9 octobre, et arriva à Paris en soulevant un enthousiasme général.

Sieyès (*Voy. ce nom*) comprit vite le parti qu'on pouvait tirer de ce retour : « Au fameux dîner de Saint-Sulpice, dit Grandmaison (*Mémoires inéd.*), Sieyès présenta aux Français un César et un Pompée, dans Bonaparte et Moreau, qu'il crut sottement pouvoir employer successivement l'un contre l'autre. Des patriotes prédirent dès lors la perte du dernier, et que le général corse réduirait le calotin au silence. » Sieyès fut en effet l'inspirateur du 18 brumaire, et mena sous main la campagne qui conduisit les Conseils à Saint-Cloud. « Bonaparte, dit encore Grandmaison, ne parut d'abord que l'exécuteur et non le chef de la révolution du 18 brumaire ; ce ne fut qu'après le succès qu'il neutralisa et écarta de suite le directeur Sieyès ; il joua avec cet homme vain et lâche le rôle qu'Octave avait joué avec Cicéron. » Bonaparte montra, en effet, dans la salle des Cinq-Cents l'indécision d'un agent qui exécute le plan d'un autre ; son frère Lucien, seul, amena et précipita le dénouement, et ce furent deux grenadiers, Thomas Thouré et Jean-Baptiste Poiret, qui couvrirent le général « de leur corps et de leurs armes, » et le grenadier Suvée qui l'emporta dehors « et le remit à terre, écrivait plus tard ce dernier, la figure blanche comme du linge. » Le 3 nivôse suivant, les Consuls demandèrent et obtinrent pour Thouré et Poiret une pension de 600 livres, en récompense du service rendu le 19 brumaire. L'inspirateur de cette journée, Sieyès, fut nommé l'un des trois consuls provisoires, avec Roger Ducos et Bonaparte, et eut enfin la joie de mettre à l'essai une des nombreuses constitutions qu'il avait élaborées : ce fut la Constitution de l'an VIII. Sieyès ne jouit pas longtemps de sa victoire ; un peu plus d'un mois après, il quittait le pouvoir : Napoléon Bonaparte était premier consul ; on lui adjoignit Cambacérès et Lebrun. La Constitution de l'an VIII n'était d'ailleurs pas pour lui déplaire ; elle neutralisait, à force de les pondérer, les assemblées électives : « L'influence que Bonaparte devait obtenir sur la formation des listes des candidats et le choix du tiers, l'avait rassuré sur les dangers de la parole laissée aux tribuns ; d'ailleurs il fallait ce provisoire pour avoir le temps d'habituer notre nation parleuse à voir défendre ses droits par des hommes qui ne parlaient pas. A la suite de l'expédition d'Egypte par saint Louis, nous avions eu les Quinze-Vingts aveugles ; Bonaparte, après une campagne semblable, trouva peut-être plaisant de nous donner les Quinze-Vingts muets. » (*Ms. Grandmaison.*) Du reste le Tribunat fut supprimé dès qu'il ne sut pas éviter de devenir gênant. Réduit à 50 membres le 4 août 1802, il disparut le 19 août 1807 : « Voilà ma dernière rupture avec la République, » dit Napoléon à cette occasion. La Constitution de l'an VIII subit, au surplus, bien d'autres *revisions*. L'arrivée du premier Consul au pouvoir avait rassuré beaucoup d'intérêts ; la bienveillance témoignée aux émigrés qui rentraient en foule, le désir évident de les rallier au nouveau régime dont ils célébraient d'ailleurs à l'envi la justice et la grandeur (voir toutes les requêtes en radiation aux Arch. Nat.), avaient éveillé d'autres ambitions, et Louis XVIII crut le moment venu de proposer au jeune général la restauration de la vieille monarchie. La réponse de celui-ci, datée du 7 septembre 1800, fut péremptoire : « J'ai reçu, Monsieur, votre lettre. Je vous remercie des choses honnêtes que vous m'avez dites. Vous ne devez pas souhaiter votre retour en France, il vous faudrait marcher sur cent mille cadavres. Sacrifiez votre intérêt au repos et au bonheur de la France. L'histoire vous en tiendra compte. Je ne suis pas insensible aux malheurs de votre famille ; j'apprendrai avec plaisir et contribuerai volontiers à assurer la tranquillité de votre retraite. » Bonaparte n'était alors que sollicité ; lorsqu'il se crut menacé, il fit fusiller le duc d'Enghien dans les fossés de Vincennes ; plus tard encore, au faîte de la puissance, il écrivait à Fouché (30 août 1806): « Il est assez ridicule que le *Journal de l'Empire* nous parle sans cesse de Henri IV et des Bourbons. Défendez que dans les annonces de livres, ni dans aucun article de journal, on cherche à occuper le public de choses auxquelles il ne pense plus. »

Le Concordat du 15 juillet 1801, adopté, les 6 et 8 avril 1802, au Tribunat par 78 voix contre 85. et au Corps législatif par 128 voix sur 249, vint donner à la France la paix religieuse. Bien que Napoléon y eût ajouté de son fait, sous le nom « d'articles organiques », des clauses non consenties par le pape, il n'exigea pas du Saint-Siège tout ce que celui-ci était résigné, paraît-il, à lui accorder : « Puisque je rétablis la religion en France, dit-il à ce propos à M. de Sémonville, c'est pour qu'elle soit honorée et respectée : et, si j'exigeais de telles concessions, je déshonorerais le pape et l'Eglise. »

Il venait d'être nommé (20 janvier 1802) « président de la République italienne » lorsque fut signée la paix d'Amiens (25 mars). On crut un moment que le premier Consul allait se consacrer aux travaux de la paix ; le 26 avril, un sénatus-consulte porta amnistie pour les prévenus d'émigration non encore rayés des listes; le 8, un nouveau sénatus-consulte réélit Napoléon Bonaparte premier Consul de la République pour dix nouvelles années. Dans sa réponse au message sénatorial, le nouvel élu dit: « L'intérêt de ma gloire et celui de mon bonheur sembleraient avoir marqué le terme de ma vie publique au moment où la paix du monde est proclamée. Mais si vous jugez que je dois au peuple un nouveau sacrifice, je le ferai, si le vœu du peuple me commande ce que votre suffrage autorise. » Le 19 mars, il institua l'ordre de la Légion d'honneur ; le 2 août, un sénatus-consulte organique lui conféra le titre de premier Consul à vie, et cette modification de l'acte constitutionnel, soumise au vote de la nation, fut ratifiée par 3,568,885 *oui*, sur 3,577,259 votants; le 4, un nouveau sénatus-consulte modifia à nouveau la Constitution de l'an VIII en ce qui concernait le système électoral, « un enfantillage de l'idéologie, disait Napoléon au conseil d'Etat (mars 1829) ; ce n'est pas ainsi qu'on organise une nation. » La nouvelle organisation des collèges électoraux rendit le premier Consul le « grand électeur de la notabilité », a dit Rœderer. Bonaparte aplanissait peu à peu les derniers obstacles au pouvoir suprême, appuyé sur un Sénat dont il choisissait les membres, sur un Tribunat épuré et réduit à 50 noms, sur un Corps législatif dont les choix du Sénat lui garantissaient la docilité. Il tenta, à son tour, en février 1803, d'obtenir de Louis XVIII une renonciation à la couronne, en échange d'un établissement en Italie ; la démarche n'eut aucun succès, et peut-être l'exécution du duc d'Enghien (mars 1804) ne fut-elle qu'un épilogue, à la manière corse, de l'échec de ces négociations. Il y avait vingt-quatre jours que Pichegru avait été trouvé étranglé dans la

tour du Temple, lorsqu'un tribun, Curée, proposa au Tribunat de confier le gouvernement de la République à un empereur et de déclarer l'empire héréditaire dans la famille du premier Consul Napoléon Bonaparte (30 avril 1804). Dès le 27 mars, le Sénat avait voté une « adresse confidentielle » à Bonaparte où il était dit : « Vous fondez une ère nouvelle, mais vous devez l'éterniser, l'éclat n'est rien sans la durée. Tranquillisez la France entière, en lui donnant des institutions qui cimentent votre édifice et prolongent pour les enfants ce que vous fîtes pour les pères. » Le 25 avril, le premier Consul répondait : « Votre adresse n'a pas cessé d'être présente à ma pensée... Je vous invite donc à me faire connaître votre pensée tout entière. » La motion de Curée survint alors le 30 avril, et, le 4 mai, le Sénat vint affirmer à Bonaparte « qu'il est du plus grand intérêt du peuple français de confier le gouvernement de la République à Napoléon Bonaparte, empereur héréditaire. » Le 18, le nouvel empereur accepta solennellement, au château de Saint-Cloud, « le titre, dit-il, que vous croyez utile à la gloire de la nation ». Le lendemain, il nomma dix-huit maréchaux d'Empire, et reçut, le 27, le serment des corps constitués, parmi lesquels le clergé « se distingua, dit un historien, par les formules les plus expressives de la servitude hébraïque. » Les grandes dignités de l'ancienne cour furent rétablies à peu près sous les mêmes noms, et la noblesse de l'ancien régime, à laquelle le premier Consul avait rouvert les portes de la France, et qui occupait déjà nombre de préfectures et de hautes situations, s'empressa auprès du nouveau César. Le premier Almanach impérial, celui de l'an XIII (1805), porte, au nombre des chambellans, de Mercy-Argenteau, de Brigode, de Bondy, de Lauriston, de Xaintrailles, etc. : Mmes de La Rochefoucauld, de Talhouet, de Lauriston, de Seraut, etc., se partagent les fonctions de dames d'honneur de Joséphine, dont M. de Galard de Béarn est simple chambellan ordinaire ; et, chaque année grossit le nombre et la qualité des courtisans, si bien que l'Almanach impérial de 1813, le dernier, porte une liste de chambellans qui ne contient pas moins de 85 noms, et qui commence par M. d'Aubusson de la Feuillade, pour finir par M. de Montmorency. Le pape vint lui-même sacrer à Notre-Dame « l'élu du ciel » (2 décembre 1804) ; cinq mois après (26 mai 1805), Napoléon fut couronné à Milan, roi d'Italie, et un sénatus-consulte du 9 septembre rétablit l'usage du calendrier grégorien à partir du 1er janvier 1806. Déjà s'ouvrait la campagne contre la troisième coalition, qui se termina glorieusement à Austerlitz 2 décembre 1805), et qui aboutit à la paix de Presbourg (26 décembre). Le 26 janvier 1806, le Sénat décréta l'érection d'un monument à Napoléon le Grand, et, lorsque l'empereur ouvrit, le 2 mars, la session du Corps législatif, il se montra à la hauteur des triomphes qui lui étaient décernés : « Mes armées, dit-il, n'ont cessé de vaincre que lorsque je leur ai ordonné de ne plus combattre... Il m'est doux de déclarer que mon peuple a rempli tous ses devoirs. » Quelques mois plus tard, la quatrième coalition rappelait l'empereur en Allemagne : Iéna, Eylau, Friedland marquèrent victorieusement les étapes de nos armées dont les traités de Tilsitt (7 et 9 juillet 1807) consolidèrent les succès. Le retour à Paris fut pour l'empereur un nouveau triomphe : « Napoléon, lui dit le premier président Séguier, est au delà de l'histoire humaine; il appartient aux temps héroïques ; il est au-dessus de l'admiration; il n'y a que l'amour qui puisse s'elever jusqu'à lui. » Lui s'enivrait volontiers de cet encens: n'avait-il pas écrit à Cambacérès (31 mars 1807) en parlant de Junot, son ancien compagnon d'armes: « Junot m'écrit toujours avec du grand papier de deuil qui me donne des idées tristes quand je reçois ses lettres. Faites-lui donc connaître que cela est contraire à l'usage et au respect, et qu'on n'écrit jamais à un supérieur avec le caratère de deuil d'une affection particulière. » Le 19 août, un nouveau sénatus-consulte organique supprima le Tribunat et exigea pour la députation l'âge de quarante ans accomplis. Cette même année vit commencer la funeste guerre d'Espagne. Le 11 mars 1808, un sénatus-consulte institua les titres héréditaires de prince, duc, comte, baron et chevalier, avec faculté de majorats. L'ouverture de la session nouvelle du Corps législatif eut lieu le 20 octobre; un incident extra-parlementaire rompit seule la docile uniformité de la session. En réponse à une adresse que ce corps lui avait présentée le 13 décembre 1808, l'impératrice Joséphine avait dit : « Le Corps législatif, qui représente la nation... » Dès le lendemain, le *Moniteur* publia ce communiqué : « S. M. l'Impératrice n'a point dit cela. Elle connaît trop bien nos institutions, elle sait trop bien que le premier représentant de la nation, c'est l'Empereur, car tout pouvoir vient de Dieu et de la nation. Dans l'ordre de nos institutions, après l'Empereur est le Sénat; après le Sénat est le conseil d'Etat, après le conseil d'Etat est le Corps législatif. Le Corps législatif, improprement appelé de ce nom, devrait être appelé Conseil législatif, puisqu'il n'a pas la faculté de faire des lois, n'en ayant pas la proposition. Dans l'ordre de notre hiérarchie constitutionnelle, le Conseil législatif a le quatrième rang. Tout rentrerait dans le désordre, si d'autres idées constitutionnelles venaient pervertir les idées de nos constitutions monarchiques. » Ce que devait être, à son gré, le Corps législatif, l'empereur l'avait dit, dans une autre occasion, avec plus de calme : « Le Corps législatif ne doit s'occuper que de l'impôt et des lois civiles générales. La politique intérieure et extérieure ne le regarde pas; le long séjour des députés dans les provinces les rend impropres à ces sortes d'affaires... Je voudrais pour députés des propriétaires âgés qui viendraient tous les ans à Paris, parleraient à l'empereur dans son cercle, et seraient contents de cette petite portion de gloriole jetée dans la monotonie de leur vie. »

Le Corps législatif fut renouvelé en partie l'année suivante, en avril 1809. Talleyrand, vice-grand-électeur, rendit compte à Napoléon, en ces termes, des « opérations électorales »: « J'ai l'honneur d'envoyer à S. M. la liste des nominations du Sénat que j'ai présidé cette semaine, conformément aux ordres de S. M. Je me suis attaché à écarter le nom des personnes qui m'avaient été désignées par le ministre de l'Intérieur, et j'ai eu peu à faire pour remplir sur ce point le devoir de ma charge; il suffisait de faire connaître à quelques personnes les impressions qui m'ont été données et qui ne pouvaient être que des ordres pour tout ce qui a l'honneur d'être serviteur de S. M. » Napoléon était alors aux prises avec la cinquième coalition, qu'il écrasa à Eckmühl, à Wagram, et à laquelle il imposa (14 octobre) la paix de Vienne. Les corps constitués répondaient, en France, à ses victoires par de nouveaux hommages, qui allaient parfois contre leur but, si

l'on en juge d'après cette note curieuse dictée à Duroc par l'empereur, à Schœnbrunn, le 3 septembre 1809 : « L'Institut propose de donner à l'empereur le titre d'Auguste et de Germanicus. Auguste n'a eu que la bataille d'Actium, Germanicus a pu intéresser les Romains par ses malheurs, mais il n'a illustré rien que par des souvenirs très médiocres. » De retour à Paris, Napoléon s'occupa de l'affaire de son divorce qui fut prononcé par le sénatus-consulte du 16 décembre 1809, et par l'officialité diocésaine de Paris le 18 janvier 1810; le 7 février suivant furent signées les conventions du mariage de Napoléon avec Marie-Louise, archiduchesse d'Autriche. Un décret impérial du 3 mars fixa les huit prisons d'Etat destinées aux détenus « qu'il n'est point convenable ni de faire traduire devant les tribunaux, ni de faire mettre en liberté » : la détention était prononcée en conseil privé. Cette même année, l'empire français atteignit sa plus grande extension par l'incorporation de la Hollande, que le ministre des Affaires étrangères, dans son exposé des motifs, appelle « comme une émanation du territoire de la France » (1er juillet); annexion qui fut complétée, le 13 décembre, par celle du Lauenbourg, des villes hanséatiques, etc., et par celle du Valais. Au nom du Sénat, M. de Sémonville pouvait dire dans son rapport: « Le génie le plus extraordinaire qu'ait produit le monde réunit dans ses mains triomphantes les débris de l'empire de Charlemagne. » Ce fut pourtant dans le Corps législatif trié avec tant de sollicitude par M. de Talleyrand, que se manifestèrent (session de 1810) les premiers symptômes d'opposition qui devaient si rapidement grandir. A propos de la refonte du code d'instruction criminelle, un député, M. Lainé, osa proposer d'ouvrir une discussion sur le projet; la majorité s'y refusa, mais, au scrutin, 80 boules noires appuyèrent la motion de Lainé. L'empereur parut alors indifférent à cette manifestation, décora même M. Lainé, mais imposa aux journaux un silence absolu sur l'incident. Sauf la continuation de l'interminable guerre d'Espagne et la naissance du roi de Rome (20 mars), l'année 1811 ne fut marquée que par la convocation à Paris d'un concile national destiné à régulariser, au refus du pape, l'institution canonique des évêques nommés par l'empereur. Sauf trois évêques, qui furent d'ailleurs arrêtés et emprisonnés, l'assemblée se montra docile aux vues de celui qui écrivait (8 octobre 1809) au cardinal Fesch : « Le Saint-Esprit cesserait d'être avec mon clergé, le jour où il tenterait de s'écarter de l'obéissance qu'il me doit. » Tandis que l'année 1812 était marquée à l'extérieur par de brillantes victoires bientôt suivies d'irréparables désastres, à l'intérieur s'accusait tout fortuit de la conspiration Malet révélait à la fois un profond mécontentement et la faiblesse du colosse impérial. Du fond de la Russie, l'empereur revint à Paris presque en fugitif, le 20 décembre; le Sénat ne l'en félicita pas moins, le même jour sur « son heureuse arrivée; » la harangue contenait notamment cette phrase : « le Sénat, premier conseil de l'empereur, et dont l'autorité n'existe que lorsque le monarque la réclame et la met en mouvement... » Le 25, Fontanes, grand maître de l'université, renchérit sur ces adulations : « L'étude des bonnes lettres, dit-il, est fondée sur le bon sens. Le bon sens s'arrête avec respect devant le mystère du pouvoir et de l'obéissance. Il l'abandonne à la religion qui rendit les princes sacrés, en les faisant l'image de Dieu même. » La campagne de Saxe, avec ses alternatives de triomphes et de revers occupa l'année 1813, et amena les armées ennemies presque jusqu'au Rhin. Le Corps législatif était renouvelable en partie en décembre : mais l'empereur, redoutant l'effervescence des esprits dans les collèges électoraux, fit proroger par un sénatus-consulte (15 novembre 1813) les pouvoirs de la série sortante, supprima la liste des candidats à la présidence, et déféra à l'empereur la nomination du président. Puis, la session ayant été ouverte (19 décembre), l'empereur communiqua au Sénat et au Corps législatif les documents relatifs aux négociations entamées avec les puissances coalisées. La commission élue à l'effet d'examiner les pièces communiquées, fut composée de députés indépendants par leur situation et par leur caractère, et, dans le rapport déposé le 30 décembre, elle demanda que « tout en proposant les mesures les plus promptes pour la sûreté de l'État, S. M. fût suppliée de maintenir l'entière et constante exécution des lois qui garantissent aux Français les droits de la liberté, et, à la nation, le libre exercice de ses droits politiques. » L'impression du rapport fut votée par 225 voix contre 32 ; mais le ministre de la police, Savary, fit saisir les épreuves, et les communiqua à l'empereur. Le Corps législatif fut immédiatement ajourné (31 décembre), et, à la réception officielle du lendemain, 1er janvier, Napoléon ne dissimula pas son irritation : « Députés du Corps législatif, leur dit-il, vous pouviez faire beaucoup de bien et vous avez fait beaucoup de mal. Votre rapporteur, M. Lainé, est un méchant homme. Le trône est dans la nation. Quatre fois j'ai été appelé par elle, j'ai un titre et vous n'en avez pas ; vous n'êtes que les députés des départements de l'empire... Il faut laver son linge sale en famille... Vous voulez donc imiter l'Assemblée constituante et recommencer une révolution? Mes victoires écraseront vos criailleries... etc. » Puis il partit pour aller disputer pied à pied le sol de la patrie à l'Europe que son ambition avait unie contre nous. Lutte inégale : l'ennemi arriva bientôt sous les murs de Paris, et ce fut une déclaration de l'empereur de Russie qui convoqua, le 1er avril 1814, le Sénat conservateur. Le Sénat nomma un gouvernement provisoire, et, le lendemain, prononça la déchéance de l'empereur, abolit le droit d'hérédité dans la famille Bonaparte, et délia le peuple et l'armée du serment de fidélité. Soixante-dix-sept députés présents à Paris adhérèrent à l'acte du Sénat. Napoléon, forcé d'abdiquer sans condition, partit, le 20 avril, de Fontainebleau, pour aller régner sur l'île d'Elbe. Le 20 mars 1815, aux Tuileries que Louis XVIII venait de quitter à la hâte ; il avait traversé la France en triomphateur. Le 27, le conseil d'État le releva de sa déchéance, et annula son abdication. Le 22 mai, Napoléon promulgua l'Acte additionnel aux constitutions de l'empire, où se retrouvent plusieurs dispositions de la Charte de 1814, établit le gouvernement représentatif, et institua deux Chambres ; une Chambre de pairs héréditaires et une Chambre de représentants élus à deux degrés, renouvelable en entier tous les cinq ans. En réalité, cet acte, œuvre hâtive de Benjamin Constant, concession arrachée à Napoléon par la force des circonstances, loin d'être *additionnel* aux constitutions de l'empire, en était la complète antithèse. La véritable force de Napoléon à ce moment était dans l'élan patriotique, dans les idées de gloire, de revanche, qu'avait réveillées son retour. L'Acte additionnel n'enthousiasma personne, et satisfit à peine

quelques politiques. L'empereur ouvrit les Chambres en personne le 7 juin : « Aujourd'hui dit-il, s'accomplit le désir le plus puissant de mon cœur, je viens commencer la monarchie constitutionnelle. » L'assemblée le prit au mot dès le début ; elle choisit pour président Lanjuinais, pour vice-présidents La Fayette et Dupont (de l'Eure), qui lui déplaisaient. Cinq jours après, Napoléon alla prendre le commandement de l'armée du Nord, et fut écrasé à Waterloo. Le retour à Paris, l'hostilité des Chambres, la seconde abdication, la fuite, le *Bellérophon*, Sainte-Hélène, aucune humiliation, aucune amertume ne furent épargnées au « captif des rois ». Il succomba à un cancer de l'estomac le 5 mai 1821. Ses restes, ramenés en France par le gouvernement de Louis-Philippe, furent déposés en grande pompe aux Invalides, le 15 décembre 1840.

NAPOLÉON III (CHARLES-LOUIS, PRINCE NAPOLÉON BONAPARTE), représentant en 1848, président de la République et empereur, né à Paris, aux Tuileries, le 20 avril 1808, mort à Chislehurst (Angleterre) le 9 janvier 1873, était le troisième fils d'Hortense de Beauharnais, mariée à Louis-Napoléon Bonaparte, roi de Hollande et frère de Napoléon Ier. Par sa mère il était le petit-fils de l'impératrice Joséphine et de son premier mari, le vicomte de Beauharnais. Sa naissance fut célébrée dans tout l'empire comme celle d'un héritier du trône : la loi de succession des 28 floréal an XII et 5 frimaire an XIII n'attribuait les droits d'hérédité, à défaut des descendants directs de l'empereur, qu'aux fils de Joseph et de Louis, et ni Napoléon ni son frère Joseph n'avaient d'enfants. Le jeune prince fut baptisé le 10 novembre 1810 au palais de Fontainebleau, par le cardinal Fesch : il eut pour parrain l'empereur et pour marraine la nouvelle impératrice Marie-Louise. En 1815, la reine Hortense, séparée de son mari l'ex-roi Louis et exilée par les Bourbons, emmena avec elle ses deux fils (l'aîné, Napoléon-Charles, était mort à La Haye, âgé de cinq ans), et les fit élever sous ses yeux dans le château d'Arenenberg, sur les bords du lac de Constance, où elle demeura presque continuellement depuis 1824, sans que le gouvernement de la Restauration parût en prendre ombrage : précédemment elle avait résidé à Genève, en Savoie, dans le duché de Bade, en Bavière. Louis Napoléon eut pour premier gouverneur l'abbé Bertrand et pour principal précepteur M. Ph. Le Bas, fils du conventionnel. Doué, disait-on, de beaucoup d'aptitude pour les sciences exactes, ainsi que pour l'état militaire, il prit part, en Suisse, aux manœuvres de l'armée fédérale, et se distingua, au camp de Thun, sous la direction du général Dufour. En 1830, de concert avec son frère, Napoléon-Louis, il demanda vainement à Louis-Philippe l'autorisation de revenir en France, puis il entra, à Rome, dans une conspiration contre le gouvernement temporel du pape. En 1831, il se jeta dans l'insurrection des Romagnes, où son frère perdit la vie. Il combattit aussi, la même année, comme volontaire, dans les rangs des insurgés polonais, qui lui promettaient un royaume. Peu de temps après, la reine Hortense, qui se faisait appeler duchesse de Saint-Leu, vint incognito en France et insista auprès du roi pour obtenir l'autorisation d'y rester. Mais ses démarches furent infructueuses ; le gouvernement fit renouveler par les Chambres (1832) la loi de bannissement contre la famille Bonaparte, et, le 11 avril 1832, Louis-Napoléon Bonaparte se fixa définitivement en Suisse. Pendant plusieurs années, il suivit les cours de l'Ecole d'application d'artillerie, fut successivement nommé bourgeois de la commune de Salenstein, citoyen de Thurgovie, président de la société fédérale des carabiniers thurgoviens, capitaine dans le régiment de Berne et membre du grand conseil. Dans une lettre écrite en allemand, adressée par le prince Louis, de Baden, le 14 juillet 1834, à l'avoyer de Berne, pour le remercier de l'envoi de son brevet, il s'exprimait ainsi : « Ma patrie, ou plutôt le gouvernement de ma patrie me repousse parce que je suis le neveu d'un grand homme ; vous êtes plus juste. Je suis fier de pouvoir me compter parmi les défenseurs d'un Etat où la souveraineté du peuple est la base de la Constitution et où tout citoyen est prêt à sacrifier sa vie pour la liberté et l'indépendance de sa patrie. » La mort du duc de Reichstadt (22 juillet 1832) étant venue réveiller ses espérances et son ambition, il se fit connaître par un certain nombre de publications importantes, souvent bien accueillies par la presse républicaine et démocratique. A cette époque de la vie du prince se rapportent : *Rêveries politiques* suivies d'un *Projet de constitution; Deux mots à M. de Chateaubriand sur la duchesse de Berri*, en vers (1833); *Considérations politiques et militaires sur la Suisse*; le *Manuel d'artillerie* (1836), signé : « le prince Louis-Napoléon Bonaparte, capitaine au régiment d'artillerie du canton de Berne. » Cette brochure fut assez estimée des hommes spéciaux pour qu'on l'attribuât au général Dufour. Louis-Napoléon s'était concilié en Suisse la sympathie des classes inférieures ; ses libéralités, ses manières douces, l'hospitalité qu'exerçait à Arenenberg la duchesse de Saint-Leu, le soin extrême qu'elle prenait d'attirer les hommes marquants de tous les partis, disposaient en sa faveur l'opinion publique. « Toutefois, écrit Daniel Stern (*Histoire de la Révolution de 1848*), on ne concevait pas du neveu de l'Empereur une opinion très haute. Son précepteur, le républicain Le Bas, depuis membre de l'Institut, lui trouvait une intelligence médiocre ; les plus bienveillants, en lui donnant des louanges, vantaient surtout son application à l'étude, sa politesse, sa tenue et sa simplicité; mais lui, dans son for intérieur, aspirait à une autre renommée. Tout enfant, il parlait avec une assurance surprenante de son étoile. Simple dans ses manières, modeste pour lui-même, il attachait à son nom un orgueil sans bornes. Depuis la mort de son frère aîné et celle du duc de Reichstadt, il disait ouvertement, sans jamais prononcer le mot d'Empire, qu'il serait un jour le chef de la démocratie française. Ses dédaigneuses prodigalités n'étaient pas d'un particulier riche, mais d'un prince du sang. Bien qu'habituellement réservé, il avait parfois des accents de domination qui le trahissaient. Tacite, Lucain, Machiavel, l'Histoire de Cromwell, étaient ses lectures favorites. Enfin, celui qui l'aurait alors observé avec attention eût découvert en lui, sous la pâleur de sa physionomie presque immobile, sous l'indolence de son langage, sous un flegme incroyable dans une aussi grande jeunesse, la fixité ardente d'une ambition concentrée. » En France, Armand Carrel faisait dans le *National* l'éloge des ouvrages du jeune prince. « Les ouvrages de Louis-Napoléon Bonaparte, disait-il, annoncent une bonne tête et un noble caractère. Il y a de

profonds aperçus qui dénotent de série[u]ses études et une grande intelligence des f[aits] nouveaux. » En 1834, il fut question de mar[ier] le prince. Ce projet, qui n'eut pas de suit[e,] est connu par une lettre du prince à [son] père, l'ex-roi Louis, retiré à Florence : « P[uis]que mon père ne donne pas à mon maria[ge] toute l'approbation qu'il semblait devoir l[ui por]ter, je renonce à me marier pour le momen[t] (d'Arenenberg, le 28 septembre 1834). M. Fia[lin] de Persigny, qui traversait alors la Suisse p[our] se rendre en Allemagne, afin d'y étudier, p[rès] le compte du ministère de la Guerre, l'élèv[age,] l'amélioration de la race chevaline, reçut de la reine Hortense une hospitalité qu'il reconnut livrant aux rêves maternels un aliment n[ou]veau : ses discours, ses exhortations débi[tés] d'une façon spécieuse devant des person[nes] intéressées par leur passion à y donner créa[nce,] furent la première origine du complot de St[ras]bourg. Le prince s'attacha M. de Persigny [en] qualité de secrétaire, noua par lui des relat[ions] avec quelques officiers de l'armée frança[ise] et se lia étroitement avec le colonel Vaud[rey,] qui commandait à Strasbourg le 4e régim[ent] d'artillerie, celui dans lequel l'empereur a[vait] fait ses premières armes. Bientôt, on crut [voir] voir passer d'une idée à un coup de main [la] conspiration de Strasbourg, mal conduite, dissipée en quelques heures, dans la jour[née] du 30 octobre 1836; mais elle ne laissa [pas] d'inquiéter le gouvernement de Louis-Phili[ppe,] car elle avait fait découvrir dans l'armée [des] idées dont on ne soupçonnait pas l'existen[ce] dans le peuple, des souvenirs que l'on cro[yait] effacés, et dans la fraction la moins clairvoy[ante] du parti républicain, une certaine disposit[ion] à s'allier aux bonapartistes. Quelques-un[s des] chefs du mouvement, M. de Persigny en[tre] autres, étaient parvenus à s'évader, mai[s la] justice s'était emparée du plus grand nom[bre,] notamment de la belle Mme Gordon qui a[vait] prêté une sorte d'intérêt romanesque à c[ette] entreprise avortée. Le gouvernement se tr[ou]vait même très embarrassé du principal pri[son]sonnier. Louis-Philippe jugea habile, au [lieu] de grandir le prétendant par l'éclat d'un [pro]cès, de chercher à l'amoindrir et à ridicu[liser] sa tentative. Le prince Louis fut enlevé d[e sa] prison pendant la nuit qui suivit son arre[sta]tion, conduit à Lorient, retenu en mer sur [un] vaisseau de l'Etat pendant cinq mois, p[uis] enfin débarqué sur le territoire des Etats-U[nis] d'Amérique. Défendus par MM. Ferdin[and] Barrot, Parquin, Thierret, Liechtember[ger,] Martin (de Strasbourg), et protégés surtout [par] l'absence de l'auteur principal, les compl[ices] furent tous acquittés par le jury. Une mal[adie] de la reine Hortense, qui devait l'empor[ter le] 5 octobre 1837, rappela en Europe Louis B[ona]parte. A son arrivée à Londres, « mes d[eux] oncles, écrit-il, se sont enfuis, et mon o[ncle] Joseph a refusé absolument de me voir. [Quel] est donc mon crime? C'est d'avoir promen[é un] moment, dans une ville française, le dra[peau] d'Austerlitz. » Pour se rendre auprès de [sa] mère mourante, il demanda à Berlin e[t à] Vienne des passeports qui lui furent refu[sés;] alors, trompant toutes les polices, il se re[ndit] à Arenenberg, où il reçut les derniers sou[pirs] de la reine. Peu de temps après, le lieute[nant] Laity (*V. ce nom*) ayant publié, de l'aveu [du] prince, une relation de l'affaire de Strasbo[urg,] fut poursuivi devant la Chambre des pair[s et] condamné à cinq ans de détention. Dan[s le] même temps, M. Molé, président du con[seil,] après plusieurs insinuations restées sans e[ffet,] faisait remettre par M. de Montebello à la diète helvétique, une note officielle, appuyée par l'Autriche et la Prusse, qui demandait que Louis-Napoléon fût expulsé du territoire suisse. Le ton de la note blessa le gouvernement fédéral, qui résista aux injonctions; le grand conseil, à l'unanimité, déclara la demande de la France inadmissible. Déjà 20 à 25,000 hommes étaient réunis sur nos frontières, quand le proscrit, qui pendant tout le débat s'était tenu dans une attitude expectante, quitta subitement Arenenberg pour se rendre à Londres. Médiocrement accueilli par l'aristocratie anglaise, il vécut dans la société excentrique du comte d'Orsay, de lady Blessington, et de quelques viveurs, fidèles à sa fortune, et qui s'efforcèrent de le pousser à une expédition nouvelle. La comtesse de Walsh, qui avait eu l'occasion de le voir souvent, le jugeait ainsi en 1837 : « Grande instruction, volonté ferme, entêtement dans ses projets, audace et ambition effrénées. Il ne dissimule pas que tout ce qu'il dit au peuple sur la liberté dont on jouirait sous son gouvernement n'est qu'une amorce dont il rit avec ses adeptes. Il écrit parfaitement, s'exprime avec précision, clarté et éloquence, mais il manque de présence d'esprit en parlant; courageux jusqu'à la témérité, menteur comme tous les membres de la famille Bonaparte. » (*Mémoires inédits* de la baronne du M.) Après avoir publié en Angleterre son principal livre : *Des idées napoléoniennes*, qui eut de nombreuses éditions et qui fut traduit dans la plupart des langues de l'Europe, après avoir créé en France un organe nouveau, le *Capitole*, qui aida le *Journal du Commerce*, déjà exclusivement dévoué à sa cause, à répandre ses idées et à rappeler son nom, il profita du retour en France des cendres de Napoléon Ier, pour tenter un second débarquement. Malgré le ridicule attaché au complot de Boulogne, favorisé, a-t-on dit, puis éventé par la police de Thiers, et bien que l'expédition ait échoué plus vite et plus complètement encore que celle de Strasbourg, les personnes initiées à la conspiration affirmèrent qu'elle était mieux ourdie : l'embauchage des troupes avait été pratiqué depuis plus longtemps; un général était à demi gagné; un régiment tout entier devait passer à la cause bonapartiste; le prince avait des armes, des munitions, une espèce de maison militaire; ses proclamations, ses décrets étaient imprimés d'avance. Le 4 août, le prince s'embarqua sur un bateau à vapeur, l'*Edinburg-Castle*, loué à une compagnie commerciale de Londres, sous le prétexte d'une partie de plaisir. Pendant la traversée, il découvrit ses projets à l'équipage et aux passagers. Il lut ses proclamations et son ordre du jour, aux cris de : Vive l'Empereur! on revêtit les uniformes dont les chefs de la conspiration s'étaient munis, on prépara les aigles, on appuya l'épée d'Austerlitz. Alors le prince fit connaître les premiers décrets de son gouvernement, prononçant la déchéance de la dynastie d'Orléans, l'adoption des constitutions impériales et annonçant que M. Thiers était président de son conseil. Entre quatre et cinq heures du matin, le 6 août 1840, on débarqua sur la côte de France, à Vimereux, non loin de Boulogne-sur-Mer. Le lieutenant Aladenise et trois sous-officiers du 42e de ligne attendaient le prince sur la plage et le reçurent au cri de Vive l'Empereur! Ils promirent d'enlever par acclamation les deux compagnies en garnison à Boulogne. Le cortège alors se déploya et s'avança vers la caserne : il était dix heures du matin. Les officiers n'étant pas encore arrivés, Aladenise fit mettre les soldats en bataille, leur annonça que Louis-Philippe avait cessé de régner, et leur présenta le neveu, quelques-uns disent le fils de l'Empereur. Pendant que Louis Bonaparte faisait des promotions et distribuait des croix d'honneur, deux officiers, avertis de ce qui se passait, accoururent le sabre à la main. « On vous trompe! » crient-ils aux soldats. Le prince s'avance alors et veut se faire reconnaître. Une vive altercation s'élève, Louis Bonaparte tire, à bout portant, sur le capitaine Col-Puygellier, un coup de pistolet qui va fracasser la mâchoire d'un soldat. La troupe croise la baïonnette, les conjurés reculent. Le prince veut alors se diriger vers la ville; mais les portes se ferment, le sous-préfet, la garde nationale et la gendarmerie marchent à la rencontre des conjurés qui se débandent et fuient vers le rivage. On se jette dans les canots; le prince essaye de se sauver à la nage; mais il est pris, roulé dans la capote d'un douanier, jeté en prison, puis dirigé de là sur Paris, et enfermé à la Conciergerie. Traduit devant la Chambre des pairs, il fut condamné (9 octobre) à la détention perpétuelle dans une forteresse : 160 voix sur 161 avaient déclaré le prince coupable, 132 avaient prononcé la peine de la détention perpétuelle. Une seule vota pour la peine de mort. L'attitude de l'accusé avait paru embarrassée devant la cour; le président Pasquier l'avait accablé de son dédain. Quoique assisté par Berryer et par M. Ferdinand Barrot, Louis-Napoléon avait voulu lire lui-même, à la première audience (28 septembre), une sorte de manifeste qui n'obtint que peu de succès. Le lendemain, il partait pour le fort de Ham, où il subit une captivité qui dura jusqu'au commencement de 1846, et qui servit mieux que tout le reste la cause napoléonienne. Renonçant en apparence à son rôle de prétendant, le prince entra en correspondance avec plusieurs membres distingués du parti démocratique, et parut ne plus songer qu'aux intérêts du pays et à la prospérité de la France. Les personnes qui l'allaient voir dans sa prison revenaient charmées de son accueil; il souffrait qu'on le questionnât, et il semblait incliner alors vers les idées républicaines et les théories socialistes. Les articles qu'il insérait dans le *Progrès du Pas-de-Calais*, ses *Fragments historiques*, et surtout son livre fameux : *Extinction du paupérisme*, où, abordant directement la question sociale, il proposait l'établissement de colonies dans les régions les plus incultes de la France au moyen de capitaux fournis par l'État, lui valurent les éloges de la presse opposante. Le contraste du triomphe décerné aux restes de Napoléon Ier et de la dure captivité que subissait son neveu saisissait les imaginations. Il se formait peu à peu, de bien des sympathies diverses, de bien des courants d'opinion, autour du nom de Bonaparte, une force considérable. A peu de temps de là, le gouvernement refusa sèchement au prince, malgré une lettre que celui-ci avait adressée directement au roi, malgré les démarches de lord Londonderry et de M. Barrot, l'autorisation d'aller à Florence, où l'appelait son père mourant. L'évasion du prisonnier suivit de près ce refus. Le 25 mai 1846, il s'échappait de Ham, déguisé en ouvrier, une planche sur l'épaule, sous les yeux mêmes des soldats et des gardiens de la citadelle. De là il gagna l'Angleterre.

C'est à Londres qu'il apprit les événements du 24 février 1848. Le 26 au soir, il arriva à

Paris et descendit sans bruit rue de Richelieu, à l'hôtel de Castille. Ayant résolu, sur le conseil de ses amis, d'offrir son dévouement au gouvernement provisoire, il lui adressa une première lettre à laquelle le gouvernement ne répondit qu'en exprimant le désir que Louis-Napoléon quittât la France. Le prince ne fit aucune difficulté d'obtempérer à ce désir. Il repartit donc pour Londres, en exprimant l'espérance qu'on verrait dans ce sacrifice « la pureté de ses intentions et de son patriotisme ». Mais ses amis commencèrent à s'entremettre pour lui, et la propagande bonapartiste se multiplia, en changeant de caractère : il ne fut plus question d'un empereur, mais seulement d'un chef populaire pour la République : on ne parla plus des droits au trône que Louis Bonaparte tirait de sa naissance, mais des devoirs que lui créait son nom envers le peuple ; on vanta sa « loyauté chevaleresque » ; lui seul, assurait-on, pourrait fonder en France une démocratie sans anarchie, et l'on s'efforçait d'amener à cette idée les républicains mécontents de la politique du gouvernement. L'approche des élections concentra les efforts encore épars : on fonda des journaux à bas prix qui furent colportés non seulement dans Paris, mais dans les campagnes, on répandit par milliers des portraits, des médailles, des lithographies qui montraient l'empereur présentant son neveu à la France. M. Émile Thomas favorisa ouvertement dans les ateliers nationaux la candidature du prince et fit placarder une affiche qui proposait ensemble aux électeurs : Louis Bonaparte, Émile Thomas, Émile de Girardin. Pendant qu'ils agissaient sur les classes populaires par cette propagande spéciale, les bonapartistes ne négligeaient pas d'intéresser par d'autres moyens au succès de Louis-Napoléon les partis hostiles à la République. M. de Persigny renouait avec M. de Falloux d'anciennes relations, voyait M. de Girardin, circonvenait M. Carlier. Au scrutin complémentaire du 4 juin 1848, la candidature de Louis Bonaparte apparut à un grand nombre de mécontents politiques comme l'acte d'opposition le plus habile et le plus efficace. Le succès dépassa l'attente : le prince fut élu représentant dans trois départements : 1° dans la Charente-Inférieure, par 23,022 voix (65,179 votants, 136,115 inscrits) ; 2° dans la Seine, le 8e sur 11, par 84,420 voix (248,392 votants, 414,317 inscrits) ; 3° dans l'Yonne, le 2e et dernier par 14,621 voix 57,571 votants, 107,994 inscrits). Le même jour, il obtenait dans la Sarthe, sans être élu, 19,390 voix contre MM. Lorette et Hauréau. Le 18 juin, il l'emporta également dans la Corse, avec 35,903 voix (38,197 votants). L'Assemblée ne parut pas s'émouvoir de ces succès. Dans les discussions soulevées par le décret de bannissement de la maison d'Orléans, les républicains s'étaient presque tous opposés avec vivacité à l'extension de la mesure à la famille Bonaparte. « Cette famille n'a plus qu'une valeur intrinsèque, disait M. Ducoux ; elle n'est plus que la tradition glorieuse d'une époque que personne ne peut avoir la folie de vouloir recommencer. » Le 10 juin, à l'occasion d'une motion de M. Piétri tendant à abroger l'article 6 de la loi du 10 avril 1832, M. Crémieux, ministre de la Justice, vint déclarer à la tribune que la loi de 1832 était virtuellement abolie par la révolution de février. Cependant l'agitation était grande dans Paris, des groupes nombreux se formaient dans les rues, et l'on y parlait à haute voix de mettre Louis-Napoléon à la tête de la République. Au sein de la commission

exécutive on était plus inquiet qu'à l'Assemblée. Entre tous les membres du gouvernement, Lamartine semblait surtout préoccupé de symptômes alarmants pour les destinées de la République. Ayant obtenu de ses collègues un décret de bannissement contre le prince, il résolut de le proposer à l'Assemblée le 12 juin et d'enlever, s'il se pouvait, dans la séance même, le vote favorable. La salle était entourée d'un imposant appareil militaire quand Lamartine monta à la tribune. Pendant une suspension de séance, le bruit se répandit que plusieurs coups de feu venaient d'être tirés « Les coups de feu, reprit Lamartine, ont été tirés au nom de vive l'Empereur ! C'est la première goutte de sang qui ait taché la révolution éminemment pure et glorieuse du 24 février. Gloire à la population, gloire aux différents partis de la République, du moins ce sang n'a pas été versé par leurs mains : il a coulé, non pas au nom de la liberté, mais au nom des souvenirs militaires d'une opinion naturellement, quoique involontairement peut-être, ennemie invétérée de toute république. Lorsque l'audace des factieux est prise en flagrant délit, les mains dans le sang français, la loi doit être votée d'acclamation. » Et Lamartine, malgré les interruptions et les protestations qui partaient de tous les bancs, lut le texte du décret : « La commission du pouvoir exécutif, vu l'article 3 de la loi du 15 février 1816, déclare qu'elle fera exécuter en ce qui concerne Louis Bonaparte, la loi de 1832, jusqu'au jour où l'Assemblée nationale en aura autrement ordonné. » Cette lecture excita une désapprobation générale. On venait d'apprendre qu'il n'y avait rien d'exact dans le récit de Lamartine : sa proposition fut écartée. Le lendemain 13, Louis Bonaparte fut admis conformément aux conclusions du septième bureau, dont le rapporteur était Jules Favre, contrairement à celles du dixième bureau (rapporteur Buchez). M. Vieillard et M. Boujean, amis personnels du nouvel élu, se portèrent garants de la sincérité de ses sentiments ; Louis Blanc déclara qu'il ne voyait dans le fait même de l'élection de Louis Bonaparte aucun danger sérieux pour la République. Ledru-Rollin, au contraire, opina pour l'invalidation, mais en vain. Au surplus, Louis Bonaparte ne voulut pas se prévaloir immédiatement du vote qui lui ouvrait l'enceinte de la représentation nationale : il adressa au président la lettre suivante, qui fut lue dans la séance du 15 juin « Monsieur le président, je partais pour me rendre à mon poste, quand j'apprends que mon élection sert de prétexte à des troubles déplorables et à des erreurs funestes. Je n'ai pas cherché l'honneur d'être représentant du peuple parce que je savais les soupçons injurieux dont j'étais l'objet. Je rechercherais encore moins le pouvoir. Si le peuple m'imposait des devoirs, saurais les remplir ; mais je désavoue tous ceux qui me prêtent des intentions que je n'ai pas. Mon nom est un symbole d'ordre, de nationalité, de gloire, et ce serait avec la plus vive douleur que je le verrais servir à augmenter les troubles et les déchirements de la patrie. Pour éviter un tel malheur, je resterais plutôt en exil. Je suis prêt à tout sacrifier pour le bonheur de la France. » Cette lettre, qui avait dans son renoncement un ton de hauteur singulière, déplut à l'Assemblée : MM. Antony Thouret, Baune, David (d'Angers) signalèrent à l'attention la phrase : « Si le peuple m'imposait des devoirs, je saurais les remplir. » Jules Favre, qui s'était ravisé depuis le 13, demanda que la lettre et l'adresse aux électeurs qui l'acompagnait fussent déposées entre les mains du ministre de la Justice. Un violent orage parlementaire s'ensuivit, et chacun se demandait ce qui allait sortir de l'incident, lorsqu'une nouvelle lettre de Louis Bonaparte au président de l'Assemblée vint apporter un dénouement pacifique. « J'étais fier d'avoir été élu représentant du peuple à Paris et dans trois autres départements, disait-il ; c'était à mes yeux une ample réparation pour trente ans d'exil et six ans de captivité ; mais les soupçons injurieux qu'a fait naître mon élection, mais les troubles dont elle a été le prétexte, mais l'hostilité du pouvoir exécutif, m'imposent le devoir de refuser un honneur qu'on croit avoir été obtenu par l'intrigue. Je désire l'ordre et le maintien d'une République sage, grande, intelligente, et puisque involontairement je favorise le désordre, je dépose, non sans de vifs regrets, ma démission entre vos mains. Bientôt, je l'espère, le calme renaîtra et me permettra de retourner en France comme le plus simple des citoyens, mais aussi comme un des plus dévoués au repos et à la prospérité de mon pays. Louis-Napoléon Bonaparte. » Bien que le ton de cette lettre fût tout autre que celui de la première, l'Assemblée affecta cette fois de la traiter avec dédain, et la renvoya au ministre de l'Intérieur, en se fondant sur ce motif que l'admission du citoyen Louis Bonaparte n'ayant été prononcée que conditionnellement, jusqu'à preuve d'âge et de nationalité, la démission ne pouvait pas être acceptée.

Le prince ne revint en France qu'au mois de septembre, rappelé par une quintuple élection, qui avait eu lieu le 17 : 1º dans la Charente-Inférieure, par 39,820 voix (47,332 votants, 136,174 inscrits) ; 2º en Corse, avec 30,193 voix (32,968 votants, 51,420 inscrits ; 3º dans la Moselle, avec 17,813 voix (36,489 votants, 104,006 inscrits) ; 4º dans la Seine, avec 110,752 voix (247,242 votants, 406,896 inscrits) ; 5º dans l'Yonne, avec 42,086 voix (50,445 votants, 108,477 inscrits). Il avait obtenu en même temps, sans être élu, 2,661 voix dans la Mayenne, contre 24,239 à l'élu, M. Chambolle, et 24,200 à M. de la Broise ; 19,685 voix dans le Nord contre 26,123 à l'élu, général Négrier, et 14,815 à M. de Genoude ; et 4,526 dans le Rhône contre 41,850 à l'élu, M. Rivet et 34,385 à M. Raspail. Il prit séance, et voulut faire partie, dans la Constituante, du comité de l'instruction publique. Il parut d'ailleurs rarement à la tribune, où un fort accent tudesque, dont il ne put jamais se défaire, ajoutait encore à la gêne d'une élocution difficile. Il ne prit la parole que pour remercier le pays de ses sympathies ou pour repousser quelques-unes des plus graves attaques dirigées contre sa personne (26 septembre, 10 et 24 octobre). Sa contribution aux travaux parlementaires fut peu considérable : on ne trouve sous son nom que quatre votes d'une certaine importance : contre l'amendement Grévy, contre les bons hypothécaires, contre l'abolition du remplacement militaire, et pour l'ensemble de la Constitution. A peine entré dans l'Assemblée, sa candidature à la présidence se posa devant le pays et excita des appréhensions parmi ses collègues, qui, toutefois, n'osèrent pas exclure de la magistrature suprême, par un article de la Constitution, les anciennes familles souveraines, et qui même (le 10 octobre) votèrent l'abrogation des lois bannissant la famille Bonaparte. Bientôt Louis-Napoléon engagea ouvertement la lutte comme candidat à la présidence de la République, contre le général Cavaignac, son principal adversaire, Lamartine,

Ledru-Rollin et Raspail. Tandis que la presse bonapartiste, et ceux des journaux monarchistes qui soutenaient le candidat impérial, multipliaient les attaques contre ses compétiteurs, lui, retiré dans une maison de campagne à Auteuil, essayait de gagner tous les hommes influents, recherchant surtout ceux de la droite, en particulier les légitimistes et les ultramontains. L'opinion que les représentants de la droite s'étaient formée de la médiocrité d'esprit du prétendant contribua beaucoup à la préférence qu'ils lui accordèrent sur le général Cavaignac. Au surplus, son manifeste électoral avait de quoi les satisfaire. Il y rassurait les intérêts de « l'ordre, de la religion, de la famille et de la propriété ». condamnait cette « tendance funeste qui entraîne l'État à exécuter lui-même ce que les particuliers peuvent faire aussi bien et mieux que lui », se montrait préoccupé de la dignité nationale, témoignait du respect de la loi établie, et terminait par cette phrase, extraite de sa proclamation de Boulogne : « Quand on a l'honneur d'être à la tête du peuple français, il y a un moyen infaillible de faire le bien, c'est de le vouloir. » Le 10 décembre 1848, jour fixé pour l'élection présidentielle, sur 7,326,345 votants, le général Cavaignac obtint 1,448,107 voix, Ledru-Rollin 370,119, Raspail 36 920, Lamartine 7,910, et Louis Napoléon 5,434,226. Ce furent les départements de Saône-et-Loire, de la Creuse, de la Haute-Vienne, de l'Isère et de la Drôme qui donnèrent au prince le plus grand nombre de voix. Le prestige de son nom lui avait conquis les masses. « Jamais, on peut l'affirmer, écrit à ce sujet Daniel Stern (ouvr. cité) l'homme des campagnes n'avait cru très positivement à la mort de Napoléon, et quand le neveu obscur du grand capitaine vint, après la chute de deux dynasties, revendiquer son droit à gouverner la France, il crut voir apparaître une seconde fois son empereur. L'évocation fut magique, l'identification complète dans sa pensée ; si complète qu'il ne songea seulement pas à demander quelle avait été jusque-là l'existence, quelles étaient les vertus, quel serait le génie de ce nouveau Bonaparte. » Le 20 décembre 1848, le nouveau président de la République prêta devant l'Assemblée le serment solennel dont la formule était : « En présence de Dieu et devant le peuple français, représenté par l'Assemblée nationale, je jure de rester fidèle à la République démocratique, une et indivisible. et de remplir tous les devoirs que m'impose la Constitution. » Puis il demanda la parole et s'exprima ainsi : « Les suffrages de la nation et le serment que je viens de prêter commandent ma conduite future. Mon devoir est tracé. je le remplirai en homme d'honneur. Je verrai des ennemis de la patrie dans tous ceux qui tenteraient de changer, par des voies illégales, ce que la France entière a établi. Entre vous et moi, citoyens représentants, il ne saurait y avoir de véritables dissentiments ; nos volontés, nos désirs sont les mêmes. Je veux, comme vous, rasseoir la société sur ses bases, affirmer les institutions démocratiques et rechercher tous les moyens propres à soulager les maux de ce peuple généreux et intelligent qui vient de me donner un témoignage si éclatant de sa confiance. La majorité que j'ai obtenue, non seulement me pénètre de reconnaissance, mais elle donnera au gouvernement nouveau la force morale sans laquelle il n'y a pas d'autorité. Avec la paix et l'ordre, notre pays peut se relever, guérir ses plaies, ramener les hommes égarés et calmer les passions... » Il conclut en disant : « Nous avons, citoyens représentants, une grande mission à remplir, c'est de fonder une République dans l'intérêt de tous et un gouvernement juste, ferme, qui soit animé d'un sincère amour du progrès, sans être réactionnaire ni utopiste. Soyons les hommes du pays et non les hommes des partis et, Dieu aidant, nous ferons du moins le bien, si nous ne pouvons faire de grandes choses. » A dater de cette époque, la biographie du futur Napoléon III se confond presque avec l'histoire nationale, et il suffira d'en rappeler ici les points saillants en marquant surtout l'intervention du chef de l'Etat dans les destinées du pays et son action sur la marche des affaires. Son premier ministère, composé d'hommes appartenant aux diverses fractions de la majorité de l'Assemblée, réunissait MM. Odilon Barrot, Drouyn de Lhuys, Léon de Maleville (qui se retira presque aussitôt pour faire place à M. Léon Faucher), de Tracy, le général Rullière, Passy, de Falloux et Bixio. L'Assemblée, hostile jusque-là au prétendant, se rapproche de lui, choisit pour vice-président un homme tout dévoué au chef du pouvoir, M. Boulay de la Meurthe; mais, en dépit de ces gages d'union, l'accord ne tarde pas à être troublé par le vote, contraire au vœu des ministres, de la réduction immédiate de l'impôt du sel (1er janvier 1849), par celui de la suppression de l'impôt sur les boissons (18 mai), etc. L'expédition d'Italie, surtout, fut l'occasion de nombreux conflits : la gauche fit entendre de menaçantes protestations. Mais, ayant admis la proposition Rateau, qui avait pour objet de dissoudre l'Assemblée avant la rédaction des lois organiques qu'elle s'était réservé de voter, et de délivrer le pouvoir exécutif de l'opposition qu'il rencontrait chez les républicains même modérés, la Constituante fut remplacée par la Législative (28 mai 1849) dont la majorité devait se montrer, tout d'abord, plus favorable aux vues du prince-président. Dans les premiers jours de la session, trois représentants, du tiers-parti conservateur, MM. Dufaure, de Tocqueville et de Lanjuinais, étaient entrés au ministère. Mais la pensée propre de Louis-Napoléon, relativement aux affaires de Rome, s'étant exprimée dans une sorte de programme politique sous forme de lettre au colonel Edgar Ney (Voy. ce nom), les chefs de la droite en prirent ombrage et l'harmonie entre l'Assemblée et le chef de l'Etat se trouva compromise : le président n'en tint nul compte, et, par son message du 31 octobre 1849, accentua encore davantage sa politique personnelle : le cabinet qui fut constitué sous la présidence de M. Ferd. Barrot, avec MM. d'Hautpoul, de La Hitte, Fould, Bineau, Dumas, de Parieu, Destossés, Rouher, était déjà à peu près exclusivement dévoué à l'initiative présidentielle. Toutefois la majorité parlementaire accorda sans peine au gouvernement le vote des lois de réaction et de répression qu'il lui demanda : le rétablissement de l'impôt sur les boissons (13 décembre 1849) fut suivi de près par la loi qui soumit les instituteurs à l'autorité préfectorale (20 décembre) et par la loi organique du 15 mars 1850 sur l'enseignement. En outre, les progrès du parti socialiste, vainqueur dans plusieurs élections complémentaires, déterminèrent l'Assemblée et le ministère, auquel M. Baroche avait été adjoint, à élaborer la loi dite du 31 mai (1850) qui portait atteinte à l'intégrité du suffrage universel, et à travailler de concert, par plusieurs autres mesures du même ordre, à ce qu'on appelait alors « l'expédition de Rome à l'intérieur. » La loi sur la

déportation à Noukaïva (8 juin), un crédit de 2,560,000 francs pour les frais de la présidence, une loi rigoureuse sur la presse, portant rétablissement du timbre, élévation du cautionnement et obligation de signer les articles (16 juillet), marquèrent cette période de la législature. Les vacances parlementaires (août-novembre) donnèrent le signal de nouvelles agitations : royalistes, démocrates-socialistes, faisaient assaut de manifestations. Le président y répondit par une série de voyages officiels, de banquets, d'inaugurations de chemins de fer, de revues passées au Champ de Mars et à Satory, autant d'occasions pour lui de prononcer des harangues plus que présidentielles et de viser à des acclamations peu en harmonie avec le respect de la Constitution. L'Assemblée s'émut, et d'ardentes discussions prirent naissance, que vint exaspérer la révocation du général Changarnier, le favori de la majorité monarchique, commandant de la 1re division militaire et de la garde nationale. D'autre part, un remaniement ministériel opéré en dehors du parlement (27 janvier 1851) achevait de compromettre Louis-Napoléon vis-à-vis des représentants, qui lui témoignèrent leur mécontentement en rejetant, quelques jours après, le crédit supplémentaire de 1,800,000 fr., destiné aux frais de représentation de la présidence. Les mois qui suivirent furent marqués par de nouveaux dissentiments, et, pour que le cabinet du 10 avril 1851, comprenant MM. Baroche, Fould, Léon Faucher, Buffet, Rouher, Chasseloup-Laubat, de Crouseilhes, le général Randon et Magne, se fît accepter de l'Assemblée, il ne fallut rien moins que la promesse formelle de maintenir la loi du 31 mai. Mais la question de la revision de la Constitution s'ajouta aux autres causes de conflit. Tous les partis la souhaitaient à leur profit; les amis du président s'emparèrent de cette plate-forme, et organisèrent un vaste mouvement de pétitionnement tendant à la prorogation de la présidence : après de longs débats (juillet) la revision fut votée par 446 voix contre 278, majorité insuffisante, car l'article 68 de la Constitution exigeait les trois quarts des voix. Les pétitionnaires redoublèrent d'ardeur et obtinrent l'adhésion de 80 départements. Profitant de la retraite du ministère (14 octobre), le prince-président lui substitua un cabinet formé de MM. de Casabianca, Lacrosse, Fortoul, Giraud, de Thorigny, Daviel, Saint-Arnaud, Turgot, Lefebvre-Duruflé, décidé à braver les colères de l'Assemblée en proposant le rétablissement du suffrage universel et l'abrogation de la loi du 31 mai, comme le seul obstacle à la revision légale; au message présidentiel, conçu dans ce sens, l'Assemblée, irritée, répondit par le rejet du projet gouvernemental (13 novembre), et ses inquiétudes se firent jour dans la célèbre proposition des questeurs sur le droit de réquisition directe de la force armée par le président de l'Assemblée. Cette situation, de jour en jour plus tendue, se dénoua par le coup d'Etat du 2 décembre, dont les principaux acteurs furent M. de Morny, le général Saint-Arnaud et M. de Maupas, et les incidents : la dissolution violente de l'Assemblée, l'arrestation de plusieurs représentants, les mesures prises à Paris et en province contre les chefs du parti démocratique, les tentatives de résistance réprimées par la force, l'inutile protestation de 220 députés réunis à la mairie du 10e arrondissement sous la présidence de M. Benoît-d'Azy. M. de Morny s'était emparé du ministère de l'Intérieur; MM. Rouher et Magne furent rappelés et la nomination de

M. Ducos compléta le ministère. Tandis que les républicains étaient proscrits et déportés sans jugement par les commissions mixtes, le plébiscite des 20 et 21 décembre vint conférer à Louis-Napoléon, avec les pouvoirs constituants qu'il demandait, la présidence pour dix ans.

La nouvelle Constitution fut promulguée le 14 janvier 1852. Quelques jours après, les décrets confisquant les biens de la famille d'Orléans, « ce premier vol de l'aigle », provoquèrent la démission de quatre ministres, qui devaient d'ailleurs ne pas tarder à revenir aux affaires. A l'ouverture de la première session du nouveau Corps législatif (29 mars 1852), le prince-président, après avoir dit que « s'il avait désiré rétablir l'empire, ni les moyens ni les occasions ne lui avaient manqué », ajouta : « Conservons la République, elle ne menace personne, elle peut rassurer tout le monde... La dictature, que le peuple m'avait confiée, cesse aujourd'hui... Pourquoi, en 1814, a-t-on vu avec satisfaction, et en dépit de nos revers, inaugurer le régime parlementaire? C'est que l'empereur, ne craignons pas de l'avouer, avait été, à cause de la guerre, entraîné à un exercice trop absolu du pouvoir. Pourquoi, au contraire, en 1851, la France applaudit-elle à la chute de ce régime parlementaire? C'est que les Chambres avaient abusé de l'influence qui leur avait été donnée, et, que, voulant tout dominer, elles compromettaient l'équilibre général. » Les députés, choisis par le gouvernement, n'eurent garde de tomber dans l'abus reproché au régime parlementaire; trois d'entre eux, le général Cavaignac et Carnot, députés de Paris, et Hénon, député de Lyon, furent déclarés démissionnaires par suite du refus de serment, et la session fut close sans incident le 28 juin suivant. Après la distribution des drapeaux, un voyage triomphal à travers la France, accompagné de quelques cris de : Vive Napoléon III! et la découverte d'une machine infernale à Marseille, le prince, rentrant à Paris, le 16 octobre, fut reçu solennellement par le préfet de la Seine, M. Berger, qui le pressa « de céder aux vœux d'un peuple entier dont la Providence empruntait la voix pour lui dire de terminer la mission qu'elle lui avait confiée en reprenant la couronne de l'immortel fondateur de sa dynastie.» Le lendemain, le Moniteur annonça que les manifestations éclatantes en faveur du rétablissement de l'Empire faisaient un devoir au président de consulter le Sénat. Le Sénat, convoqué le 4 novembre, ratifia ces manifestations, et le suffrage universel consulté approuva « le rétablissement de la dignité impériale, dans la personne de Louis-Napoléon Bonaparte, avec hérédité dans sa descendance directe, légitime ou adoptive », par 7,824,129 oui, contre 253,149 non. Quelques jours après, le Sénat proposait (6 décembre) et le Sénat votait (24 décembre) un sénatus-consulte qui restreignait encore les fonctions si modestes laissées au Corps législatif par la Constitution du 14 janvier 1852, l'empereur reprenait le droit de conclure seul les traités de commerce, d'ordonner par simples décrets les travaux d'utilité publique et les entreprises d'intérêt général, imposait le vote du budget par ministère et non par chapitre, se réservant la faculté de répartir les crédits et d'autoriser les virements ; en échange, les députés, à qui la constitution du 14 janvier n'accordait aucun traitement, recevraient dorénavant une indemnité de 2,500 francs par mois de session. A l'intérieur, le mariage de l'empereur avec Mlle Eugénie de Montijo, les complots de l'Hippodrome et de l'Opéra-Comique, les discours d'ouverture des sessions législatives, qui en constituaient en quelque sorte le programme obligatoire, la naissance du prince impérial : à l'extérieur, la guerre de Crimée, furent les événements marquants des quatre années qui suivirent. Dans la session de 1856, le Sénat, où le président, M. Troplong, avait déjà laissé, « par courtoisie », entr'ouvrir quelques débats, eut la velléité de discuter plus à fond le projet de loi Fortoul sur l'enseignement. Le Moniteur du 21 janvier 1856 lui rappela sèchement qu'il sortait de son rôle constitutionnel pour empiéter sur le terrain législatif. Le Sénat, piqué au jeu, repoussa la taxe des voitures, que lui demandait le gouvernement, « comme dérogeant à l'un des grands principes proclamés en 1789, et qui sont la base du droit public français » (article 1er de la Constitution, au principe d'égalité). Le désaccord dura peu, et, en juillet suivant, un sénatus-consulte organisa la régence. Les élections générales du 22 juin 1857 amenèrent à la Chambre quelques députés de l'opposition, sans modifier les sentiments d'une majorité plus que docile. L'attentat d'Orsini (14 janvier 1858) provoqua la promulgation de la loi de sûreté générale, et la guerre d'Italie (5 mai-7 juillet 1859) vint démontrer une fois de plus, à côté des défectuosités de notre administration militaire, l'intrépidité de nos soldats. L'annexion de Nice et de la Savoie à la France en fut le prix, mais la question romaine embarrassa bientôt notre diplomatie, et les nouvelles élections générales de janvier 1863 se firent au milieu des inquiétudes créées pour la politique extérieure, par l'échec de l'expédition du Mexique, et par les inquiétudes commerciales de la guerre de sécession des Etats-Unis. Malgré les manœuvres les moins dissimulées de l'administration, l'opposition revint à la Chambre plus compacte et plus puissante, avec trente-cinq membres, Thiers en tête. A l'ouverture de la session de 1866, 45 députés de la majorité proposèrent d'ajouter au dernier paragraphe de l'Adresse l'amendement suivant: « La France, fermement attachée à la dynastie qui lui garantit l'ordre, ne l'est pas moins à la liberté qu'elle considère comme nécessaire à l'accomplissement de ses destinées, etc. » L'amendement recueillit 63 voix. Le gouvernement comprit néanmoins qu'il fallait faire quelque chose; le 24 novembre 1860, l'empereur avait rétabli, dans les deux Chambres, le droit d'« Adresse»; il lui substitua, le 19 janvier 1867, le système des « interpellations »; le 25 février, un sénatus-consulte donna au Sénat le droit de discuter et de renvoyer à correction devant le Corps législatif les lois qui lui étaient présentées. L'Exposition universelle de 1867, qui attira à Paris tous les souverains de l'Europe, marqua l'apogée du second Empire ; dès l'année suivante, la souscription Baudin (décembre 1868) ramena le trouble dans les rues et les attaques violentes contre le gouvernement. Les élections du 24 mai 1869 se ressentirent de l'état des esprits. Un certain nombre des nouveaux élus demandèrent, dès l'ouverture de la session extraordinaire convoquée le 28 juin, à interpeller le gouvernement « sur la nécessité de donner satisfaction aux sentiments du pays en l'associant d'une manière plus efficace à la direction des affaires ». Le Corps législatif fut prorogé, et le Sénat, convoqué le 2 août, adopta, le 8 septembre, un sénatus-consulte qui donnait une quasi-satisfaction aux revendications parlementaires, et qui inaugurait « l'Empire libéral », pour la direction duquel l'empereur confia la composition d'un cabinet homogène à M. Emile Ollivier (2 janvier 1870). Mais celui-ci ne put satisfaire les espérances qu'il avait encouragées ; le 22 mars, une lettre de l'empereur invita le président du conseil à lui soumettre un projet de sénatus-consulte destiné à arrêter le désir immodéré de changement qui s'était emparé des esprits. La nouvelle constitution, en 45 articles, votée par le Sénat le 20 avril, fut soumise, le 8 mai, au plébiscite du peuple français qui la ratifia par 7,358,786 oui contre 1,571,939 non. Le rôle personnel de Napoléon III était terminé. Deux mois après, le ministère Ollivier assuma « d'un cœur léger » la responsabilité de la guerre déclarée le 15 juillet 1870 à la Prusse, et à laquelle les autres Etats de l'Allemagne prirent part. Après une série de revers, Napoléon III, pris à Sedan, fut conduit en captivité à Wilhelmshœhe, tandis que sa déchéance était prononcée à Paris dans la journée du 4 septembre : elle fut renouvelée le 1er mars 1871 par l'Assemblée nationale. L'ex-empereur protesta contre cette décision au nom du « droit plébiscitaire ». Il se retira ensuite à Chislehurst. Poursuivi par les accusations élevées, soit dans le parlement, soit dans la presse, contre l'imprévoyance coupable de son gouvernement qui avait follement déclaré la guerre, alors qu'il n'était pas en mesure de la soutenir, il ne répondit qu'en reprochant à ses ministres de l'avoir gravement trompé. Depuis longtemps déjà, Napoléon III souffrait d'une grave maladie de vessie ; son état s'était aggravé, il dut recourir à un traitement qui l'épuisa, et amena sa mort, le 9 janvier 1873. Son testament, rédigé et écrit de sa main aux Tuileries le 21 avril 1865, léguait trois millions à l'eximpératrice et contenait pour le prince impérial, entre autres recommandations, celle de se pénétrer avant tout de la pensée du « captif de Sainte-Hélène ». Napoléon III avait beaucoup écrit, soit avant, soit après son avènement au trône. Aux ouvrages que nous avons cités, il faut ajouter, outre ses *Proclamations* et *Messages* au Corps législatif, une brochure intitulée : *Politique de la France en Algérie* (1865), et une *Histoire de Jules César* (1855-1869), son œuvre principale, à laquelle collabora activement M. Duruy.

NAQUET (ALFRED-JOSEPH), représentant en 1871, député de 1876 à 1877, de 1878 à 1883, et sénateur, né à Carpentras (Vaucluse) le 6 octobre 1834, d'une famille israélite, fit ses études classiques à Aix, y fut reçu bachelier, et suivit les cours de la faculté de médecine de Montpellier. Mais Paris l'attirait. Il y vint de bonne heure avec son ami M. Cazot, plus tard sénateur et ministre, et poursuivit la préparation du doctorat. Il eut alors des commencements difficiles. « C'était en août 1855, écrit un de ses biographes ; un jeune homme, bizarrement vêtu, se promenait mélancoliquement à travers les rues de Lyon ; pantalon et gilet de velours noir usé, houppelande de velours déchirée, chapeau gris à longs poils, en forme de tuyau de poêle, mais extrêmement bas, de longs cheveux incultes tombant au-dessous des épaules, un je ne sais quoi qui tenait à la fois du bohème et du petit vieux. Tel était Alfred Naquet aux environs de la vingtième année, à une fin d'année scolaire parisienne, n'ayant pas de quoi continuer son voyage pour se rendre à Carpentras, et obligé de demeurer en gage, dans une misérable auberge lyonnaise. Notre

étudiant, amené trop tard à Lyon pour p[re]dre le bateau de la concurrence, sur le[quel] avait espéré descendre le Rhin jusqu'à Avig[non] pour la modique somme de deux francs, d[ut ap]dre que l'ami Cazot lui eût envoyé vingt fra[ncs] pour payer son hôtel. Moyennant treize fran[cs] il put prendre le bateau à vapeur et déba[rquer] avec cinq sous en poche à Avignon, où l'h[ôte]lier, connu de M. Naquet père, l'hébergea j[us]qu'à l'arrivée des subsides paternels. Su[r le] bateau se trouvait un montreur de sing[es.] Naquet se mit à l'interroger sur le prix de [ses] bêtes. La glace fut de suite rompue, et l'hom[me] au singe lui dit avec un sentiment de profo[nde] sympathie : « Oh ! nous sommes donc confrèr[es ;] monsieur est comme moi artiste, montreur [de] bêtes. » Reçu licencié ès sciences physiques [en] 1857, et docteur en médecine en 1859, il s'att[a]cha surtout à l'étude de la chimie, écrivit u[ne] thèse remarquée sur l'*Application de l'anal[yse] chimique à la toxicologie*, concourut pour l['a]grégation à la faculté de médecine avec [un] nouveau travail : *De l'allotropie et de l'i[so]métrie*, qui jetait une vive lueur sur des qu[es]tions obscures et controversées ; mais une err[eur] dans l'épreuve pratique lui fit préférer M. L[u]. S'étant représenté en 1863, il remporta ce[tte] fois un succès complet ; sa thèse, *Des suc[res]* était une attaque directe contre certaines id[ées] de Berthelot. M. Naquet fut nommé, à l'un[a]nimité, agrégé à la faculté de médecine. De[ux] fois, en attendant son installation, il exerça [à] l'alerme les fonctions de professeur à l'Insti[tut] technique (1863-1865). Là, il écrivit ses *Pr[in]cipes de chimie fondés sur les théories mod[er]nes*, où il vulgarisait la théorie atomique [de] son maître Wurtz : l'ouvrage fut traduit [en] anglais, en allemand et en russe. Admis, [en] 1866, à professer la chimie organique à [la] faculté de médecine, il continua ses travaux [et] commença, en même temps, de s'occuper de po[li]tique républicaine et révolutionnaire. En 18[67] avec M. Emile Acollas, alors professeur de dr[oit,] il organisa à Genève le *Congrès de la paix*. [« Je] propose au Congrès, s'écria-t-il, de ne passe sé[pa]rer sans un vote de flétrissure à la mémoire [de] Napoléon Ier, le plus grand malfaiteur du siè[cle.]cle. » Impliqué peu après dans une affaire [de] conspiration et de société secrète, M. A. Naqu[et] fut arrêté, avec quelques autres, et traduit en p[o]lice correctionnelle. Il fut défendu par Crémie[ux] et condamné, ainsi que M. Acollas, à qu[inze] mois de prison, cinq cents francs d'amende [et] cinq ans d'interdiction civique, ce qui le pr[i]vait de ses fonctions d'agrégé. Il utilisa sa r[é]tention en collaborant au *Grand Dictionna[ire] universel*, au *Dictionnaire de chimie* de Wur[tz,] au *Moniteur scientifique*, à la *Tribune*, jour[nal] de M. Pelletan, auquel il fournissait un feu[il]leton scientifique, enfin en écrivant un liv[re] qui fit grand bruit et valut à son auteur u[ne] nouvelle condamnation à quatre mois de pri[son :] son : *Religion, propriété, famille*. M. Naqu[et] essayait d'y prouver que la forme sous laque[lle] s'était manifestée jusque-là l'idée socialiste [ne] pouvait plus exister : « Il lui faut, disait-il, u[ne] forme nouvelle, scientifique, en harmonie av[ec] les justes exigences de notre époque. » S'éta[nt] réfugié en Espagne, il envoya de là des. cor[re]respondances au *Réveil* et au *Rappel*, p[rit] part à l'insurrection de l'Andalousie, et ne [re]vint en France qu'à la faveur d'une amnisti[e.] Le 4 septembre 1870, il entra un des premie[rs] au Corps législatif, avec M. Lockroy. Il suiv[it] la délégation du gouvernement à Tours et [à] Bordeaux, en qualité de secrétaire de la com[mission d'étude des moyens de défense

MM. de Pontlevoy, Deshorties, Bousquet, Descombes, Dormoy, Marqfoy, officiers ou ingénieurs, la composaient avec lui. Candidat républicain radical, le 8 février 1871, dans le département de Vaucluse, M. A. Naquet fut élu représentant à l'Assemblée nationale, le 5ᵉ et dernier, par 31,786 voix (63,738 votants, 85,059 inscrits). Il siégea à l'extrême-gauche; mais la majorité invalida l'élection. Il se représenta au scrutin du 2 juillet suivant, et fut confirmé dans son mandat par 31,933 voix (60,637 votants, 80,441 inscrits). Dans l'intervalle, il avait été désigné par le gouvernement communaliste parisien pour le poste de doyen de la faculté de médecine de Paris; mais il ne l'occupa point, se trouvant alors à Avignon où il rédigeait la *Démocratie du Midi*. Il reprit sa place parmi les radicaux de l'Union républicaine, déposa, le 23 janvier 1872, de concert avec M. Millaud, une proposition de loi tendant à déclarer Napoléon III responsable de la guerre contre la Prusse, et à faire saisir et vendre ses biens personnels pour le payement de l'indemnité de guerre. Il prit part aussi à la discussion de la loi sur les conseils généraux, répondit avec habileté aux attaques de la commission des marchés (29 juillet 1872), soutint de sa parole et de son vote les projets de retour de l'Assemblée à Paris et de dissolution, combattit l'établissement du Sénat, se prononça *pour* le scrutin de liste, *pour* l'impôt sur les revenus, *pour* le droit illimité d'association, *pour* le système du *referendum* et du mandat impératif, et fit la guerre au gouvernement du 24 mai. Il proposa une réorganisation de la faculté de médecine, qui fut rejetée, déposa (1875) une demande d'amnistie plénière, et vota l'amendement Wallon ainsi que l'ensemble des lois constitutionnelles. Il ne tarda pas à se rallier à la campagne intransigeante que menèrent alors Louis Blanc et Madier de Montjau contre la politique dite opportuniste, qui venait de prévaloir. Elu, le 5 mars 1876, au second tour de scrutin, député d'Apt, par 7,318 voix (13,481 votants, 17,611 inscrits), contre 6,070 à M. Silvestre, conservateur-royaliste, M. A. Naquet siégea dans le petit groupe de l'extrême-gauche, demanda à la Chambre une enquête sur les opérations du Crédit foncier, l'abrogation des lois sur la presse, et, pour la première fois, le rétablissement du divorce (juin 1876); cette proposition fut alors rejetée par 254 voix contre 132. Il fonda un journal, la *Révolution*, qui ne dura que du 12 novembre au 13 décembre 1876, collabora aux *Droits de l'homme*, et prononça à Nîmes, à Marseille et à Troyes, des discours intransigeants: «Nous aussi, s'écriait-il en faisant allusion à une parole de Gambetta, nous voulons la politique des résultats: des résultats de 92 à thermidor!» Après l'acte du 16 mai 1877 dont il fut l'adversaire, il déclara dans une lettre au *Radical* de Marseille, que «l'union des 363 était l'unique moyen de salut», et engagea la lutte, le 14 octobre 1877, contre son ancien adversaire, M. Silvestre, devenu candidat officiel: il n'obtint que 6,423 voix contre 7,306 à M. Silvestre élu. Mais les opérations électorales d'Apt furent annulées par la majorité républicaine, et M. Alfred Naquet put se faire réélire, le 7 avril 1878, par 8,569 voix sur 8,858 votants et 17,861 inscrits. Il vota d'abord, comme précédemment, avec l'extrême gauche, mais il évolua bientôt vers l'opportunisme, qu'il avait naguère si ardemment combattu, et se sépara des radicaux intransigeants en plusieurs circonstances graves, vers la fin de la législature, notamment

lors des débats auxquels donnèrent lieu les lois nouvelles sur la presse, le droit de réunion et le droit d'association. Il montra plus de constance à l'égard du rétablissement du divorce; sa motion, renouvelée au commencement de 1879, et repoussée par la commission d'initiative, fut prise en considération par la Chambre le 26 mai 1879; mais, malgré l'appui du rapporteur, M. Léon Renault, le divorce fut encore repoussé le 8 février 1881, par 217 voix contre 216. Organisant la plus active propagande sur cette question, M. Naquet multiplia les conférences dans les principales villes de France, et gagna à sa thèse un grand nombre de partisans. Réélu député, le 21 août 1881, par 7,205 voix (7,413 votants, 17,017 inscrits), il dirigea quelque temps un journal opportuno-radical: l'*Indépendant* (11 janvier-15 juin 1882), et présenta pour la troisième fois sa proposition de rétablissement du divorce. Un rapport sommaire de la première commission d'initiative ayant conclu de nouveau à la prise en considération, le rapport définitif conclut à l'adoption, le 14 mars 1882, et, dans les séances des 13, 15 et 17 mai, après une longue et intéressante discussion, la Chambre vota, par 336 voix contre 153, en deuxième lecture, et avec de faibles modifications, le projet du député de Vaucluse. Afin de pouvoir contribuer personnellement au succès définitif de cette réforme devant la Chambre haute, M. A. Naquet sollicita des électeurs sénatoriaux de Vaucluse la succession de M. Elzéar Pin, décédé. Elu sénateur, le 22 juillet 1883, par 107 voix (204 votants), contre 51 à M. Poujade, 25 à M. Armand, 14 à M. Devitte et 5 à M. Millet-Gonzague, il soutint de nouvelles luttes pour le triomphe de la thèse dont il s'était fait le champion, eut à la défendre contre MM. Jules Simon et Allou, et obtint enfin, le 27 juillet 1884, le résultat qu'il sollicitait: le Sénat se prononça pour l'ensemble de la loi, par 153 voix contre 116. En octobre suivant, M. Naquet déposa une proposition tendant à l'élection des sénateurs par le suffrage universel direct. Il revint à la question du divorce en octobre 1886, pour demander que la séparation de corps qui, en vertu de la nouvelle loi, pouvait, après trois ans révolus, être convertie en divorce, le fût de droit; mais, par 127 voix contre 106, le Sénat repoussa cette obligation. Il fut, en avril 1888, le seul des membres de la Chambre haute qui adhéra ouvertement au mouvement boulangiste, et se fit, a-t-on dit, le rédacteur des manifestes lus à la tribune ou publiés dans les journaux par le général Boulanger; cette attitude l'isola singulièrement au Sénat, et, lorsqu'à la séance du 20 décembre 1888, il voulut, par manière de défi, demander l'impression aux frais du trésor du discours prononcé la veille par M. Challemel-Lacour (*Voy. ce nom*), il souleva les plus vives protestations, et dut quitter la tribune et la salle des séances sans avoir pu se faire entendre; à partir de ce moment, il ne prit plus part aux débats ni aux votes de la Chambre haute. Il contribua à amener la Ligue des patriotes, dont il était membre, à servir les vues du général Boulanger; à ce titre, une demande en autorisation de poursuites fut portée contre lui au Sénat, au nom du gouvernement, le 11 mars 1889, et fut votée, le 14, sur un rapport de M. Demôle, par 213 voix contre 116; comme les trois députés poursuivis en même temps que lui pour les mêmes motifs, il fut condamné à 100 francs d'amende. Outre les ouvrages déjà cités, on a de lui: *De l'atomicité* (1868); *Divorce* (1876) il a collaboré à la *Philosophie positive*, à l'*Evènement*, à la *Révolution*, etc.

NARBONNE-LARA (Louis-Marie-Jacques Amalric, comte de), ministre de la Guerre, né à Colorno (duché de Parme) le 24 août 1755, mort à Torgau (Autriche) le 17 novembre 1813, était fils d'une dame d'honneur de la fille de Louis XV, Mme Elisabeth de France, mariée à l'infant don Philippe, et d'un premier gentilhomme de la chambre. La maison de Lara, qui se vantait d'être une des plus anciennes de l'Espagne, avait pour devise : *Nous ne descendons pas des rois, mais les rois descendent de nous*. Toutefois, en dépit de la devise, plusieurs généalogistes se sont plu à donner au plus jeune membre de cette illustre maison une descendance qui faisait précisément mentir la devise : le comte Louis, à les en croire, était fils de Louis XV ; une ressemblance physique assez frappante entre le monarque et le jeune courtisan et les faveurs dont ce dernier fut comblé donnèrent au moins quelque vraisemblance à cette assertion. Ramené en France après la mort de la duchesse de Parme (1760), le comte Louis fut élevé à la cour de Versailles. Sa mère devint dame d'honneur de Mme Adélaïde, à laquelle elle resta attachée jusqu'à sa mort. L'éducation du fils fut achevée au collège de Juilly. Il se distingua dès sa jeunesse par son aptitude aux sciences, obtint ensuite à la cour les plus brillants succès et fit un chemin rapide dans la carrière militaire. Attaché d'abord à l'arme de l'artillerie, successivement capitaine de dragons, guidon de gendarmerie, colonel à 30 ans du régiment d'Angoumois, puis du régiment de Piémont, il commandait ce dernier corps au moment de la Révolution. Son service militaire ne lui avait pas fait négliger l'étude : il suivit avec assiduité les cours d'histoire et de droit public du célèbre professeur Koch à Strasbourg, et apprit les principales langues de l'Europe. Il travailla aussi dans les bureaux du comte de Vergennes, avec l'espoir d'obtenir bientôt une ambassade. Intimement lié avec plusieurs des hommes les plus distingués de l'époque, il adopta, au début, les idées de la Révolution, et se consacra à la défense de la cause constitutionnelle. S'étant rendu, en 1790, à son régiment, alors en garnison à Besançon, il dut à sa réputation de patriotisme d'être nommé commandant en chef de toutes les gardes nationales du département du Doubs. Des troubles sérieux avaient éclaté dans l'ancienne province de la Franche-Comté, les esprits étaient exaspérés et la tranquillité compromise; il parvint à rétablir le calme. Quand il fut revenu à Paris (février 1791), il trouva Mesdames, tantes du roi, décidées à quitter la France pour se rendre à Rome; chevalier d'honneur de Mme Adélaïde, il s'offrit pour accompagner les princesses, et perdit ainsi la popularité qu'il avait acquise. Ses soins d'ailleurs ne furent point inutiles aux tantes du roi ; lorsqu'elles furent arrêtées à Arnay-le-Duc, M. de Narbonne revint aussitôt à franc étrier à Paris et obtint promptement de l'Assemblée constituante un décret qui leur rendait la liberté de continuer leur voyage. Il les accompagna jusqu'à Rome, et revint prendre son rang dans l'armée. Nommé, peu de temps après, maréchal de camp par l'Assemblée, il ne consentit à accepter ce grade que lorsque le roi eut lui-même accepté la constitution. Le 8 décembre 1791, Louis XVI l'appela aux fonctions de ministre de la Guerre. L'Assemblée législative

venait d'ouvrir sa session, et les partisans de la monarchie constitutionnelle avaient poussé à cette nomination, qui déplut à la reine. Dans ses rapports avec l'Assemblée, le nouveau ministre, dès les premières séances, obtint des succès flatteurs. Ses brillantes improvisations à la tribune, ses rapports sur les dispositions des troupes, un voyage qu'il fit aux frontières pour constater l'état des places fortes, le tableau qu'il présenta de la puissance de la France et des ressources militaires qu'elle renfermait et qu'elle déploierait si elle était forcée à une guerre nouvelle, firent la plus vive impression sur les députés. Narbonne annonça encore la formation de trois armées sous les ordres des généraux Rochambeau, Luckner et La Fayette; il sollicita et obtint, pour les deux premiers, le bâton de maréchal de France, et le leur remit lui-même à la tête des troupes, avec tout l'appareil d'une solennité guerrière. Chaque jour il sollicitait l'Assemblée d'aviser aux moyens d'entretenir des forces formidables, prêtes à entrer en campagne. Déjà 150,000 hommes se portaient sur les frontières : tout devait être réuni et les préparatifs achevés dans un mois ; mais, le ministre s'étant trouvé en désaccord avec la majorité sur d'importantes questions de discipline, une ligue d'hommes politiques, d'ailleurs opposés de sentiments, se forma contre lui. Il parut le 23 janvier à l'Assemblée pour lui représenter avec insistance les besoins de son ministère, et pour annoncer qu'il était prêt à la quitter, si on se refusait à ses justes demandes : « Je n'attendrai pas, dit-il, la honte comme ministre, j'irai chercher la mort comme soldat de la Constitution, et c'est dans ce dernier poste qu'il me sera permis de ne plus calculer le nombre et la force de nos ennemis. » Il obtint encore ce jour-là de nombreux applaudissements : ce furent les derniers. Au surplus, c'était dans le conseil du roi que se trouvaient ses plus redoutables adversaires. Bertrand de Molleville, ministre de la Marine, son ennemi personnel, était à leur tête et s'opposait systématiquement à tout ce que proposait son collègue. Les trois généraux en chef des armées, ayant appris la résolution de Narbonne de quitter le ministère, lui écrivirent, chacun de leur côté, de la manière la plus pressante, pour l'engager à ne point abandonner ses fonctions. Leurs lettres, qui furent connues du public, servirent encore d'argument aux ennemis du ministre. Un léger échec qu'il éprouva, quelques jours après, à l'Assemblée, décida le roi à le sacrifier. Un soir, Narbonne, dans la chaleur d'une improvisation, avait dit : « J'en appelle aux membres les plus distingués de cette Assemblée. » Aussitôt plusieurs membres de la majorité se levèrent pour protester, et Chabot déclara que tous les députés étaient également distingués : les autres ministres se hâtèrent d'annoncer au roi que l'ascendant de M. de Narbonne sur le parti populaire n'était plus à redouter ; le lendemain (10 mars 1792), le portefeuille lui fut redemandé. Mais les progrès de la Révolution obligèrent bientôt le roi à renvoyer à leur tour les ennemis de M. de Narbonne, et à proposer lui-même, contre son vœu, la déclaration de guerre à l'Autriche. Narbonne se rendit à l'armée, et assista aux premiers engagements. Rappelé à Paris par le roi, mais trop tard, l'ancien ministre n'y arriva que trois jours avant la journée du 10 août. Il essaya de sauver la cause monarchique, fut décrété d'accusation par la majorité victorieuse de l'Assemblée, et, mis hors la loi par la commune de Paris, parvint à se soustraire à toutes les recherches, grâce à Mme de Staël, qui le cacha dans sa propre maison, et le fit partir en Angleterre, sous la garde d'un jeune Hanovrien, le docteur Bollmann. Pendant le procès du roi, M. de Narbonne réunit chez lui les anciens ministres du roi qui se trouvaient à Londres, et leur proposa de demander à la Convention un sauf-conduit pour être admis à sa barre, afin d'y réclamer, chacun en ce qui le concernait, la responsabilité des actes reprochés au roi. Mais le projet ne fut point goûté par les collègues de Narbonne, qui se trouva seul de son avis; seul aussi, il écrivit à la Convention pour lui demander l'autorisation de défendre le roi : sa demande fut rejetée, et il ne put qu'adresser à l'assemblée un mémoire justificatif pour Louis XVI. Le séjour de M. de Narbonne à Londres ayant déplu au ministre Pitt, il reçut l'ordre de quitter l'Angleterre. Il se réfugia alors en Suisse, puis en Allemagne. Lors de l'établissement du gouvernement consulaire, il lui fut permis de rentrer en France. Napoléon le nomma, en 1809, général de division, et l'employa tant à l'armée que dans des missions diplomatiques. Après l'entrée des troupes françaises à Vienne et les victoires de Raab et de Wagram, il fut nommé gouverneur de la place de R..ab, puis de celle de Trieste, où il retrouva sa mère. Nommé ministre plénipotentiaire près du roi de Bavière, à la paix de Schœnbrunn, il se rendit à Munich où il reçut un accueil empressé. Napoléon l'attacha plus tard à sa personne, et le nomma son aide-de-camp particulier. Il accompagna l'empereur pendant la guerre de Russie et s'y distingua. Au commencement de l'année 1813, il fut nommé ambassadeur à Vienne et se rendit à Prague, où il s'efforça de négocier la paix, avec plus de zèle, d'ailleurs, que de succès. La reprise des hostilités le fit nommer commandant de la place de Torgau, où il mourut d'une chute de cheval, dit le *Moniteur*, ou plutôt du typhus qui ravageait la ville encombrée de malades et de blessés. Narbonne avait épousé Mlle de Montholon, dont il eut deux filles, l'aînée, mariée à M. de Braamcamp et l'autre à M. de Rambuteau, qui fut préfet de la Seine.

NARBONNE-PELET (Raymond - Jacques-Marie, duc de), pair de France, né à Fontanès-de-Lèques (Gard) le 24 juin 1771, mort à Paris le 31 octobre 1855, fils d'un capitaine de vaisseau, émigra avec sa famille en 1791, rentra en France à l'époque du Consulat, et n'exerça, sous l'empire, aucune fonction publique. Nommé pair de France le 17 août 1815, il fut envoyé, en juin 1817, à Naples, comme chargé d'affaires de France, et il y resta jusqu'en 1821. Louis XVIII qui, par lettres patentes du 31 août 1817, l'avait créé duc, le nomma, le 9 janvier 1822, ministre d'Etat et membre du conseil privé. Le 30 mai 1825, Charles X le fit en outre chevalier de ses ordres. Le duc n'ayant pas eu d'enfant de son mariage avec Mlle Émilie de Sérent, ce fut son cousin, François-Raymond-Aimeric, comte de Narbonne-Pelet, qui par ordonnance royale du 28 août 1828, fut substitué dans ses titres et dignité de duc et pair. Après la révolution de 1830, le duc de Narbonne-Pelet refusa de prêter serment au gouvernement nouveau et cessa de siéger à la Chambre haute. On a de lui : *Réflexions adressées par un pair de France aux habitants*

de son département à l'occasion des prochaines élections (1830).

NARET (Jean-Baptiste), député en 1792, né à Mousseaux (Seine-et-Marne) le 16 mai 1753, mort à Provins (Seine-et-Marne) le 27 octobre 1804, était juge de paix dans cette dernière ville, quand il fut élu, le 1er septembre 1791, député de Seine-et-Marne à l'Assemblée législative, le 9e sur 11, par 193 voix (349 votants). Il siégea obscurément dans la majorité, et quitta la vie politique après la session.

NATOIRE (Louis), député au Conseil des Cinq-Cents, né à Limoux (Aude) le 16 avril 1748, mort à Arles (Bouches-du-Rhône) le 31 juillet 1819, avocat à Arles et propriétaire, fut nommé conseiller général des Bouches-du-Rhône le 18 germinal an III, et fut élu, le 24 germinal an VI, député de ce département au Conseil des Cinq-Cents, par 119 voix (173 votants). Il n'y prit la parole que pour désavouer le renouvellement des assassinats commis dans le Midi sur les patriotes, et demanda au Directoire exécutif quelles mesures il comptait prendre pour mettre un terme à ces crimes. Hostile au 18 brumaire, il ne fut pas compris parmi les membres du nouveau Corps législatif, et ne rentra plus dans la vie publique.

NATTES (Pierre-Béranger, marquis de), député au Corps législatif en l'an X, né à Saint-Thibéry (Hérault) le 11 février 1763, mort en 1849, « fils de messire René-Henry de Nattes, ancien capitaine au régiment de Flandre-infanterie, et chevalier de Saint-Louis, et de dame Gabrielle de Goyon », entra à l'Ecole militaire de la Flèche ; il était, en 1789, officier au régiment du Languedoc. Il se déclara partisan modéré des idées nouvelles, et fut envoyé à l'armée du Rhin, où il se distingua particulièrement au siège de Mayence. Adjudant général à l'époque de la Terreur et chef d'état-major de Kléber, il crut devoir donner sa démission pour éviter la proscription. Après le 18 brumaire, il fut nommé conseiller général de l'Aude, et fut élu, le 6 germinal an X, par le Sénat conservateur, député de l'Aude au Corps législatif : il y siégea jusqu'en l'an XIV, et fut créé chevalier de la Légion d'honneur le 4 frimaire an XII. A la Restauration, qu'il parut accueillir favorablement, M. de Nattes fut décoré de la croix de Saint-Louis; mais il ne rentra pas dans la vie publique.

NAU (Jean-Joseph), député en 1791, né à Paris le 3 août 1749, mort à une date inconnue, fut notaire à Paris avant la Révolution. Officier municipal à Abbeville, assesseur du juge de paix et plus tard conseiller général, il fut élu, le 30 août 1791, député de la Somme à l'Assemblée législative, le 2e sur 16, par 346 voix (523 votants). Son rôle politique fut très effacé.

NAU DE BELLE-ISLE (Pierre), député en 1789, né le 5 juillet 1744, mort à une date inconnue; fut reçu avocat au parlement de Bordeaux. Avant la Révolution, il exerça les fonctions d'avocat du roi au sénéchal de Castelmoron, dans l'ancien comté d'Albret, et devint maire de Castelmoron. Le 17 mars 1789, cette sénéchaussée l'élut député du tiers aux Etats-Généraux. Il appartint à la majorité, et fut successivement, après la session, membre du directoire du district de la Réole, juge au tribunal du même district, juge de paix de Castelmoron

:an IV), et juge suppléant au tribunal de première instance de la Réole.

NAU DE CHAMPLOUIS (CLAUDE-ELISABETH, BARON), député de 1830 à 1831 et pair de France, né à Paris le 24 septembre 1786, mort à Paris le 24 février 1850, fit ses études au lycée Napoléon, entra comme employé au secrétariat du ministère de l'Intérieur, puis fut chargé d'une mission à Florence où il resta jusqu'en 1809, comme chef de l'administration départementale et communale. Rentré en France à cette époque, il devint chef des bureaux du 3e arrondissement de la police générale (département de l'Empire au delà des Alpes). La Restauration lui confia, en 1815, le poste de chef de division au secrétariat, et, en 1817, celui de secrétaire de la commission des subsistances qui venait d'être créé. Nommé maître des requêtes en 1821, attaché au comité de l'intérieur, il fut appelé, en 1829, par le ministère Martignac, aux fonctions de préfet des Vosges, mais donna sa démission peu de jours après la chute du ministère libéral. Élu, le 23 juin 1830, député du grand collège des Vosges, par 201 voix (260 votants), il s'y montra fort hostile aux Ordonnances et signa la protestation du 28 juillet. Renommé préfet des Vosges par le nouveau gouvernement, il dut se représenter devant ses électeurs qui lui renouvelèrent son mandat, le 28 octobre suivant, par 238 voix (265 votants). Il ne se représenta pas en 1831, devint préfet du Bas-Rhin où il calma les troubles qui s'étaient produits, et reçut en récompense le titre de conseiller d'État, section de l'intérieur. Appelé en 1833 à la préfecture du Pas-de-Calais, il passa en 1840 à celle de la Côte-d'Or où le trouvèrent les événements de 1848; il avait été nommé pair de France, le 7 mars 1839. Mis à la retraite, comme préfet, le 3 juin 1848, il mourut peu après.

NAURISSART DE FOREST (LOUIS), député en 1789, né à Limoges (Haute-Vienne) en 1745, mort à une date inconnue, était directeur de la monnaie de Limoges quand il fut élu, le 18 mars 1789, député du tiers aux États-Généraux par la sénéchaussée de Limoges. Il s'y occupa principalement de questions financières, approuva les plans de Necker, et déposa, au nom du comité des finances dont il était membre, un projet de décret sur la contribution patriotique et sur la création d'une nouvelle monnaie de billon. Lorsqu'on demanda que les députés de l'Assemblée ne pussent recevoir aucune fonction du gouvernement, Mirabeau réclama une exception en faveur de Naurissart. Ce dernier, nommé peu de temps après directeur des vivres à l'armée du Nord, refusa cette charge pour conserver sa place de député. Il appuya la demande de Necker relative à un nouvel emprunt de 32 millions, défendit le vicomte de Mirabeau accusé d'avoir fait enlever les cravates tricolores des drapeaux de son régiment, et obtint des secours pour la ville de Limoges qu'un incendie venait de détruire en partie. En congé à partir du 3 avril 1790, il donna sa démission de député le 19 mars 1791, et ne rentra plus dans la vie publique.

NAVIER (CLAUDE-BERNARD), député en 1791, né à Dijon (Côte-d'Or) le 22 avril 1756, mort à Paris le 30 avril 1793, se montra partisan modéré de la Révolution. Président du département de la Côte-d'Or en 1790, il fut élu, le 31 août 1791, député de ce même département

à l'Assemblée législative, le 1er sur 10, par 254 voix (344 votants). Il fit partie du comité de législation, fut adjoint à la commission des comptes du ministre de la Guerre, demanda (19 octobre) la suspension des prix d'encouragement aux peintres et sculpteurs, jusqu'à ce qu'on ait établi l'égalité entre les artistes académiciens et ceux qui ne le sont pas, parla (9 novembre) contre la loi contre les émigrés, et se prononça en faveur de la sanction royale pour les débats relatifs à l'organisation de la haute-cour nationale. Il publia dans le journal l'*Indicateur* un exposé de ses principes politiques. Nommé, après la session, juge au tribunal de Cassation, il mourut dans cette charge l'année suivante. Son fils, Claude-Louis-Marie-Henri (1785-1836), fut un ingénieur distingué.

NAYROD (ALEXANDRE-MARIE), député au Conseil des Anciens, né à Plufur (Côtes-du-Nord) le 6 septembre 1756, mort à une date inconnue, avait été notaire et procureur. Devenu, sous la Révolution, agent municipal à Lannion, puis procureur-syndic du district, il y exerça encore la profession d'avoué. Il fut élu, le 22 germinal an V, député des Côtes-du-Nord au Conseil des Anciens, par 293 voix (364 votants). Mais, ayant été atteint, comme royaliste, par la proscription du 18 fructidor, il ne fut pas admis à siéger dans l'assemblée.

NECKER (JACQUES), ministre des Finances, né à Genève (Suisse) le 30 septembre 1732, mort à Coppet (Suisse) le 9 avril 1804, fils cadet de Charles-Frédéric Necker, citoyen de Genève et professeur de droit public, appartenait à une famille protestante d'origine irlandaise, qui avait quitté l'Irlande pour échapper aux persécutions des Tudor. Destiné au commerce dès son enfance, il fut placé dans une des meilleures maisons de banque de sa ville natale. Mais son penchant l'entraînait plutôt vers la poésie, l'histoire et l'éloquence. Il vint à Paris, se lia avec plusieurs hommes distingués, obtint, à l'âge de dix-huit ans, la confiance du banquier Vernet, et reçut de lui, en 1762, un prêt considérable, destiné à l'aider à fonder, avec MM. Thélusson, une maison de commerce qui devint bientôt la première de France. De vastes spéculations sur les grains, dont le commerce venait d'être déclaré libre, et des opérations de crédit avec le gouvernement, furent la source de cette immense fortune, à laquelle Necker dut bientôt une grande situation dans le monde et la confiance de la cour. Devenu le protégé et l'ami de M. de Choiseul, il fut choisi comme administrateur de la compagnie des Indes, et se trouva mêlé en cette qualité à des luttes retentissantes contre le parti des Économistes : il s'y fit remarquer par la modération de ses polémiques et par l'élévation de ses sentiments. D'énormes secours qu'il apporta au trésor royal subvinrent au moment à la pénurie des finances publiques. Riche à quarante ans, fatigué de ses occupations commerciales, entouré de la considération générale, il quitta le négoce, remporta (1773) le prix proposé par l'Académie pour l'*Éloge de Colbert*, continua la lutte contre les Économistes, et développa ses principes dans un ouvrage sur la législation et le commerce des grains : ce livre fut l'objet des plus vives attaques. Necker n'en devenait que plus célèbre chaque jour. Déjà sa maison était le rendez-vous des gens de lettres : on y tenait une sorte de cénacle, où se réunissaient les esprits distingués du temps, et où se discutaient les questions importantes du jour. Les finances étaient délabrées, la guerre avec l'Angleterre imminente, Turgot avait tenté d'inutiles essais, Maurepas gouvernait. Il appela Necker à son secours et l'adjoignit à M. Taboureau, sous le nom de directeur-général du trésor royal. Négociant, étranger et protestant, Necker, placé à la tête des finances, étonna le public, bien plus surpris encore d'apprendre que le nouveau ministre n'avait accepté la place qu'en refusant toute espèce d'émoluments. Ce désintéressement lui nuisit auprès de son protecteur même, M. de Maurepas, que ses amis surnommaient le *Vieux renard*, courtisan rusé, léger et peu sûr, et dont la jalousie fut excitée par les succès de son nouveau collègue. Necker fit de nombreuses suppressions, jeta de la lumière sur les opérations longtemps obscures des finances, et répartit également l'impôt de la taille, qu'il ne pouvait encore supprimer ; mais ses démarches étaient entravées, et « de grandes économies, écrit un de ses biographes, lui suscitèrent une foule innombrable de petits ennemis, et nourrirent contre lui de grandes haines ». Le premier, il perfectionna ou plutôt il établit un système de comptabilité universelle et précise ; il ranima la caisse d'escompte, et facilita les moyens de circulation et de crédit public ; enfin il abolit complètement le droit féodal de main-morte. La suppression des droits de péage et l'établissement des fermes et des régies ne lui firent pas moins d'honneur. Toutes ces réformes avaient obtenu, au début, l'agrément de Louis XVI ; mais bientôt l'inquiétude jalouse de M. de Maurepas se changea en une haine active. A la sollicitation de Necker, l'incapable ministre de la Marine, de Sartines, avait été remplacé par le maréchal de Castries. Violemment dépité par cette preuve de confiance, Maurepas commença à attaquer ouvertement Necker. Le ministre des Finances avait signalé lui-même, dans son célèbre *Compte rendu*, les résultats de ses réformes : le déficit comblé, 500 millions empruntés pour les dépenses de la guerre, sans avoir eu recours à de nouveaux impôts, la somme des revenus annuels dépassant de plus de 8 millions celles des dépenses, les finances soustraites aux caprices et aux habitudes ruineuses du pouvoir, l'économie et la justice introduites dans le système des impôts, les assemblées provinciales établies, les restes du servage abolis. Les financiers s'étant ligués avec les courtisans, Necker fut mis dans l'obligation de se retirer. Sa disgrâce inopinée produisit en Europe une sensation profonde : des étrangers de toutes les classes affluaient chez le ministre. Joseph II, Catherine, le roi de Naples, le roi de Pologne proposèrent à Necker de le placer à la tête de leurs finances. Le roi de Sardaigne lui fit dire qu'il n'osait lui proposer l'administration financière de l'un des royaumes les moins considérables de l'Europe. L'opinion publique, en France, soutenait le ministre tombé : lui, après sa démission, vécut dans une sorte de retraite philosophique et littéraire, et fit imprimer simultanément, à Lausanne et à Lyon, son *Traité de l'administration des finances*. Calonne lui avait succédé aux affaires. Un livre qui mettait dans une aussi vive lumière la mauvaise gestion des deniers publics devait nécessairement être proscrit ; la cour s'irrita, et fit défendre à Necker de venir à Paris ; mais plus de 80 mille exemplaires du livre défendu circulèrent bientôt dans le pays. On venait de convoquer l'assemblée des notables ; Calonne, pour se disculper,

essaya de rejeter sur l'administration de Necker le déficit énorme de 111 millions imputable à son impéritie. Necker riposta dans un mémoire lucide. Exilé par lettre de cachet, il reçut de toutes parts les témoignages de l'estime et de l'admiration publiques. Il eut bientôt sa revanche : Calonne, destitué et banni de France à son tour, alla en Angleterre préparer sa réponse ; elle parut, et le combat, qui s'engagea de nouveau, laissa la victoire à Necker. Mais un livre qu'il publia alors porta la première atteinte à sa popularité. *Le Traité sur l'importance des opinions religieuses* fut jugé peu conforme aux idées de tolérance alors en faveur ; il ne pouvait paraître, en effet, dans un temps moins opportun. Toutefois, la force des choses obligea le roi à rappeler Necker au ministère. Son second ministère seconda le premier éveil de la Révolution. Les transports de la joie publique saluèrent cet événement (29 août 1788). Necker justifia la confiance de la nation, et mit en œuvre toutes les ressources que lui offrait une connaissance approfondie des manœuvres de la banque ; son habileté força l'admiration de ses ennemis les plus acharnés ; luttant contre les impressions de la reine, contre l'indifférence du roi, contre la rancune des financiers, contre la disette dont la France était menacée, le ministre passa à travers tous les dangers. L'assemblée des Etats-Généraux venait de s'ouvrir à Versailles. Le rôle de Necker grandit avec les événements. Il avait été d'avis du doublement du tiers : ce fut assez pour que la cour l'obligeât encore (11 juillet 1789) à donner sa démission. Il se retira, et le peuple irrité crut voir dans sa retraite le renversement de toutes ses espérances. Ce fut une commotion universelle. On improvisa un triomphe au ministre en disgrâce, et les cris de *Vive Necker!* son buste promené dans les rues et sur les places publiques déterminèrent la cour à lui rendre le pouvoir (29 juillet 1789). Les principes qu'il proclama, les généreuses résolutions qu'il exprima lui valurent de nouveaux succès ; mais l'opinion favorable au veto suspensif, qu'il avait cru devoir émettre, l'hostilité de Mirabeau, l'indécision de sa politique anéantirent en peu de temps la confiance que le peuple avait mise en lui. Il ne pouvait suppléer au vide du trésor ; l'emprunt manqua ; l'opinion commença par le soupçonner, et passa rapidement du soupçon à l'outrage. Se reconnaissant impuissant à conduire les événements, Necker remit encore une fois son portefeuille (4 septembre 1790) et se fixa dans sa terre de Coppet, en Suisse. Là, il publia plusieurs ouvrages : *Sur l'administration de M. Necker, par lui-même ; Du Pouvoir exécutif dans les grands Etats ; Réflexions présentées à la nation française*, plaidoyer en faveur de Louis XVI, etc. Un style monotone et lourd a nui au succès de ces divers écrits, où l'originalité de la pensée est souvent gâtée par l'emphase de l'expression. A 70 ans, il rédigea ses *Dernières vues de politique et de finances*, refusa de revenir en France sous Bonaparte, quoiqu'il eût obtenu sa radiation de la liste des émigrés, et mourut à Coppet le 9 avril 1804. En 1794, il avait perdu sa femme, Suzanne Curchod de la Nasse, fondatrice de l'hôpital Necker à Paris, célèbre par son instruction étendue et sa bienfaisance. Leur fille fut la célèbre Mme de Staël-Holstein.

NÉDELLEC (JOSEPH), député de 1876 à 1881, né à Plouyé (Finistère) le 7 octobre 1821, de parents cultivateurs, fit d'abord de l'agriculture, puis acheta une étude de notaire et devint maire de Carhaix. Elu, le 20 février 1876, comme «républicain très modéré » et « catholique », disait-il dans sa profession de foi, députe de la 2e circonscription de Châteaulin, par 5,331 voix (8,346 votants, 10,851 inscrits), contre 3,107 voix à M. de Legge, représentant sortant, il prit place au centre gauche et fut l'un des 363 députés qui refusèrent leur vote de confiance au ministère de Broglie. Réélu comme tel, le 14 octobre 1877, par 5,326 voix (9,505 votants, 11,229 inscrits), contre 4,180 à M. de Saisy, il continua de siéger au centre gauche, appuya de ses votes la politique opportuniste, et ne se représenta pas aux élections de 1881.

NÉDONCHEL (MARIE-ALEXANDRE-BONAVENTURE, BARON DE), député en 1789, né au château de Baralle (Pas-de-Calais) le 24 mai 1741, mort à Valenciennes (Nord) le 13 février 1834, était maréchal de camp et grand bailli d'épée du Quesnoy quand il fut élu, le 19 avril 1789, député suppléant de la noblesse aux Etats-Généraux par le bailliage du Quesnoy. Admis à siéger le 22 janvier 1790, en remplacement de M. de Croy, démissionnaire, il se plaça au côté droit, avec lequel il vota silencieusement, et signa les protestations des 11 et 15 septembre 1791 contre les actes de la Constituante. Retiré de la vie politique après la session, il devint, sous l'Empire, conseiller général du Pas-de-Calais, et obtint, le 10 juillet 1816, le grade de lieutenant général, sans être appelé à un commandement actif.

NÉEL DE LA VIGNE (CHARLES-ROLLAND), député de 1815 à 1820, né à Dinan (Côtes-du-Nord) le 18 novembre 1762, mort à Dinan le 2 septembre 1851, « fils de monsieur Charles Néel et de dame Guillemette Oriou, sieur et dame de la Vigne», étudia d'abord la médecine à Caen et obtint le diplôme de maître-ès-arts; mais ayant peu de goût pour cette profession, il entra dans une maison de commerce à Lorient, puis revint à Dinan où il s'associa avec sa mère. Partisan modéré de la Révolution, il fut successivement président du district de Dinan, président de l'administration municipale, président du canton, et parvint à sauver la ville de la famine. Arrêté sous la Terreur, il ne fut remis en liberté qu'après le 9 thermidor. Nommé maire de Dinan, et confirmé dans ces fonctions le 21 janvier 1801, il devint sous-préfet de Dinan le 19 octobre 1806, et resta à ce poste jusqu'au 29 juillet 1814. A cette époque, il fut destitué à la demande du duc d'Angoulême. La population accueillit mal cette disgrâce, et, pour la réparer, Louis XVIII envoya à Néel de la Vigne des lettres de noblesse. De nouveau sous-préfet de Dinan pendant les Cent-Jours, il fut élu, le 22 août 1815, député du grand collège des Côtes-du-Nord, par 146 voix (231 votants, 289 inscrits), et fut réélu, le 4 octobre 1816, par 111 voix (208 votants, 274 inscrits). Il siégea au centre gauche et protesta contre les lois d'exception. Les élections du 4 novembre 1820 dans le 2e arrondissement électoral des Côtes-du-Nord (Dinan) ne lui furent pas favorables; il échoua avec 58 voix contre 118 à l'élu M. de la Moussaye. A la révolution de 1830, il fut nommé sous-préfet intérimaire de Dinan, et titulaire le 7 août; mais il resta peu de temps en fonctions. Chevalier de la Légion d'honneur du 3 octobre 1832, officier du 18 mars 1846. On a de lui : *Souvenirs de Néel de la Vigne (Charles-Rol-*

land), ancien sous-préfet et officier de la Légion d'honneur (Dinan, 1850).

NÉGRIER (FRANÇOIS-MARIE-CASIMIR), représentant en 1848, né au Mans (Sarthe) le 27 avril 1788, mort à Paris le 25 juin 1848, fit à Paris des études incomplètes, et s'engagea à dix-sept ans au 2e régiment d'infanterie légère. Il assista à la prise de Hameln (1806) et au siège de Dantzig (1807), fut décoré à Friedland, fit les guerres d'Espagne et parvint au grade de chef de bataillon. Remarqué par le maréchal Ney en 1814 et protégé par Subervie, il resta dans l'armée sous la Restauration, et devint en 1825 lieutenant-colonel. Le gouvernement de juillet lui donna de l'avancement. Colonel en 1830, maréchal de camp en 1836, il eut, en l'absence du général Danrémont, le commandement par intérim de l'Algérie, soumit les tribus voisines de Constantine avec trois mille hommes de troupe, dirigea les expéditions sur Milah et sur Stora et fut chargé ensuite d'inaugurer, dans la province de Constantine, un système d'administration conciliante dont le maréchal Valée avait donné le plan. Mais ce système ne donna pas les résultats espérés, et le général Négrier dut ordonner des exécutions sommaires qui furent sévèrement blâmées par l'opinion, et lui firent perdre son commandement. Lieutenant général en 1841, il fut placé successivement à la tête des divisions de Rennes et de Lille. Après la révolution de février, le département du Nord l'envoya (23 avril 1848) siéger à l'Assemblée constituante, le 8e sur 28, avec 178,850 voix (234,867 votants, 278,352 inscrits); il prit place au centre et fut désigné par la majorité pour le poste de questeur. Chargé par Cavaignac de diriger une colonne armée contre l'insurrection de juin 1848, il déboucha, le 25, boulevard Bourdon sur la place de la Bastille et tomba frappé d'une balle au front. Il mourut presque aussitôt. La ville de Lille lui a élevé une statue de bronze, et son nom a été donné à un village de l'arrondissement de Tlemcen (Algérie).

NÉGRIER (ANDRÉ-CHARLES), représentant du peuple en 1848, né à Neuvy-le-Roi (Indre-Loire) le 23 février 1788, mort à Neuvy-le-Roi le 20 juillet 1872, entra en 1806 à l'Ecole polytechnique, et en 1808 à l'Ecole de Metz, sortit dans le génie, et fit les campagnes du Danube, de Russie et de Saxe. Capitaine à la Restauration, il fut maintenu en activité, mais ses tendances bonapartistes nuisirent à son avancement. Chef de bataillon en 1836, lieutenant-colonel en 1838, colonel au 2e régiment du génie en 1842, directeur du génie à Belfort, à Lille, de 1843 à 1848, il venait d'être admis à la retraite, quand il fut élu, le 17 septembre 1848, représentant du Nord à l'Assemblée constituante, en remplacement du général Négrier, blessé mortellement aux journées de juin, par 26,123 voix (58,945 votants, 274,536 crits), contre 19,685 à Louis-Napoléon Bonaparte et 14,815 à M. de Genoude. Membre du comité de la guerre, républicain modéré, il vota *contre* l'incompatibilité des fonctions, *contre* l'amendement Grévy, *contre* la sanction de la Constitution par le peuple, *pour* l'ensemble de la Constitution, *contre* la proposition Rateau, *pour* l'interdiction des clubs, *pour* l'expédition de Rome, *contre* la demande de mise en accusation du président et des ministres. Non réélu à la Législative, il rentra ensuite dans la vie privée. Chevalier de la gion d'honneur depuis 1842, et officier du 27 avril 1847.

NEGRO (Jean-Joseph-Eugène, baron), député au Corps législatif de 1813 à 1814, né à Turin (Italie) le 4 janvier 1755, mort à Turin le 18 mars 1814, « fils de Jacques-Emilien Negro, et de Thérèse Arno, mariés », était maire de sa ville natale, lorsqu'il fut appelé par le choix du Sénat conservateur (6 janvier 1813), à représenter le département du Pô au Corps législatif. Il y siégea jusqu'en 1814. Chevalier de la Légion d'honneur du 16 mai 1810, il fut créé chevalier de l'Empire le 15 juillet suivant et baron le 23 décembre.

NEIGRE (Gabriel, baron), pair de France, né à la Fère (Aisne) le 28 juillet 1774, mort à Villiers-sur-Marne (Seine-et-Oise) le 8 août 1847, « fils de Charles Neigre, sergent au régiment de Metz du corps d'artillerie en garnison à la Fère, et de Françoise Chopilet, » fut d'abord enfant de troupe au 2ᵉ régiment d'artillerie à pied en 1780, et, engagé volontaire le 14 septembre 1790, devint successivement, suivant les états de service fournis par lui-même : sergent au 2ᵉ régiment d'artillerie à pied (31 décembre 1793), capitaine au 1ᵉʳ bataillon du Mont-Terrible (10 janvier 1794), capitaine à la 106ᵉ demi-brigade (21 mars 1796), capitaine au 1ᵉʳ bataillon de pontonniers (4 avril 1797), chef de bataillon attaché à l'état-major de l'artillerie (2 octobre 1802), sous-directeur de l'artillerie de Strasbourg (6 janvier 1803), sous-directeur du parc de campagne de l'artillerie de réserve (9 juillet 1803), chevalier de la Légion d'honneur (14 juin 1804), lieutenant-colonel au 3ᵉ régiment d'artillerie à pied (11 avril 1806), directeur du parc d'artillerie des réserves de cavalerie (14 août 1806), colonel attaché à l'état-major de l'artillerie de réserve (22 janvier 1807), officier de la Légion d'honneur (14 mai 1807), directeur de l'artillerie à Toulouse (23 octobre 1808), commandant de l'artillerie à Dantzig (24 novembre 1808), directeur des parcs d'artillerie de l'armée d'Allemagne (3 juin 1809), baron de l'empire (19 septembre 1809), directeur de l'artillerie à Anvers (1ᵉʳ mars 1810), directeur de l'artillerie à Metz (28 mars 1811), directeur général des parcs d'artillerie de la grande-armée (18 février 1812), général de brigade attaché à l'état-major de l'artillerie (10 janvier 1813), directeur général des parcs d'artillerie de l'armée de l'Elbe (11 mars 1813), général de division commandant l'artillerie de l'armée de l'Elbe (25 novembre 1813), inspecteur général de l'artillerie (21 juin 1814), chevalier de Saint-Louis (29 juillet 1814), commandeur de la Légion d'honneur (9 août 1814), membre du comité central de l'artillerie (10 février 1816), inspecteur du personnel et du matériel à l'armée du Rhin (27 avril 1817), inspecteur général d'artillerie (22 mars 1820), membre du comité consultatif de l'artillerie (13 mars 1822 — 8 janvier 1823), mis en traitement de disponibilité, à compter du 1ᵉʳ janvier 1824 (24 décembre 1823), membre titulaire du comité d'artillerie (22 décembre 1824), grand-officier de la Légion d'honneur (29 octobre 1826), chargé de l'inspection des corps et établissements militaires de la frontière du Nord (19 mars 1831). Nommé pair de France (11 octobre 1832), M. Neigre se distingua particulièrement à Waterloo en cherchant à sauver le matériel d'artillerie confié à ses soins. Rallié aux Bourbons, il présida, en 1816, le conseil de guerre qui acquitta Drouet d'Erlon contumace, et prit

part à la campagne de Belgique et au siège d'Anvers. Maintenu, en 1832, dans le cadre d'activité, il fut nommé, le 22 janvier 1833, directeur des poudres et salpêtres. Il siégea à la Chambre haute jusqu'à sa mort.

NÉLATON (Auguste-Jean-Baptiste), sénateur du second empire, né à Paris le 18 juin 1807, mort à Paris le 14 août 1873, fils d'un tapissier du boulevard des Filles-du-Calvaire, fit sa médecine à Paris où il fut élève de Dupuytren. Reçu docteur en 1836, il fut nommé, en 1838, chirurgien des hôpitaux, agrégé la même année, et professeur de clinique chirurgicale en 1851. Devenu, en 1866, chirurgien ordinaire de l'empereur, il donna, en 1867, sa démission de professeur, et fut alors nommé professeur honoraire. Membre de l'Académie de médecine en 1866, puis de l'Académie des sciences le 3 juin 1867, en remplacement de Jobert de Lamballe, il devint, le 8 juin suivant, grand officier de la Légion d'honneur; il était commandeur de l'ordre depuis le 24 janvier 1863. Nélaton a signalé sa carrière de praticien par des cures remarquables : l'extraction de la balle du pied de Garibaldi après l'insuccès des chirurgiens italiens, anglais et russes, la guérison du prince impérial d'une coxalgie, du roi des Belges, Léopold Iᵉʳ, de la pierre, etc. En outre, il a trouvé le mode de traitement des anévrismes rétro-pelviens par les injections coagulantes, des occlusions intestinales par l'entérotomie, et d'importantes modifications à l'opération de la taille (taille prérectale). Membre du jury de la section française à l'exposition de Londres en 1853, membre du comité technique d'hygiène de l'Exposition universelle de Paris en 1867, il fut nommé sénateur le 15 août 1868. Il laissa une fortune estimée à six millions. Outre un grand nombre de mémoires, M. Nélaton a publié : *Recherches sur l'affection tuberculeuse des os* (thèse 1837); *Traité des tumeurs de la mamelle* (1839); *De l'influence de la position dans les maladies chirurgicales* (1851); *Éléments de pathologie chirurgicale* (1846-1860), dont les derniers volumes ont été publiés par les soins des docteurs Jamain et Jeau. Il concourut aussi avec Velpeau, Denouvilles et Guyon au *Rapport sur les progrès de la chirurgie* (1867). Grand-officier de la Légion d'honneur du 8 juin 1867.

NELL (Christophe-Philippe-Bernard-Hugues), député au Corps législatif de 1808 à 1814, né à Trèves (Sarre) le 14 juillet 1753, mort à une date inconnue, négociant, fut nommé sous la domination française, conseiller municipal de Trèves, et, le 18 février 1808, fut élu, par le Sénat conservateur, député au Corps législatif pour le département de la Sarre. Il quitta cette assemblée en 1814.

NELLI (Vincent-Jean-Nicolas-Louis), député au Corps législatif de 1813 à 1814, né à Rome (Italie) le 22 juin 1764, mort à une date inconnue, négociant à Rome, fut, en raison de sa situation importante dans cette ville, appelé par le choix du Sénat à représenter le département de Rome au Corps législatif. Il y siégea depuis le 14 janvier 1813 jusqu'en 1814.

NEMOURS (Louis-Charles-Philippe-Raphael d'Orléans, duc de), pair de France, né à Paris le 25 octobre 1814, deuxième fils de Louis-Philippe et de la reine Marie-Amélie, suivit les cours du collège Henri IV, et fut lauréat du concours général; il avait été nommé

(17 novembre 1826) par Charles X, colonel du 1er régiment de chasseurs, qui prit son nom. Ce fut à la tête de ce régiment qu'il fit, le 3 août 1830, son entrée à Paris. Le 3 février de l'année suivante, il fut élu roi par le congrès national siégeant à Bruxelles; mais Louis-Philippe lui refusa l'autorisation de monter sur le trône de Belgique, redoutant l'hostilité des puissances européennes. Le roi ne se prêta pas davantage aux avances qui lui furent faites pour placer son fils sur le trône de Grèce. Après avoir pris part, avec son frère aîné, le duc d'Orléans, à la campagne de Belgique et au siège d'Anvers, le duc de Nemours fut promu (1834) maréchal de camp. En 1836, il débuta en Afrique dans la première expédition de Constantine dont l'issue fut malheureuse. De retour à Alger, il prit le commandement de la brigade d'avant-garde qui, le 6 octobre 1837, arriva devant Constantine, fut nommé commandant des troupes assiégeantes qui prirent la ville d'assaut, reçut, le 11 novembre suivant, le grade de lieutenant-général, rentra en France, et commanda le camp de Lunéville en 1838, une division d'infanterie dans les Ardennes et le camp de Fontainebleau en 1839. Deux mois avant son mariage avec la duchesse Victoire-Auguste-Antoinette de Saxe-Cobourg-Gotha, le ministère, que présidait le maréchal Soult, proposa à la Chambre des députés (20 février 1840) de voter au jeune prince une dotation de 500,000 francs; mais la majorité repoussa cette demande, échec qui amena la chute du cabinet. En 1841, le duc de Nemours retourna en Algérie, commanda diverses expéditions contre Abd-el-Kader, les Kabyles, Oran, et fut placé, à son retour en France, à la tête du camp de Compiègne. La mort prématurée du duc d'Orléans, son frère aîné, détermina le gouvernement à faire voter par les Chambres un projet de loi qui attribuait au duc de Nemours la régence pendant la minorité du comte de Paris, en cas de mort de Louis-Philippe (1842); cette mesure fut très mal accueillie par l'opinion publique, qui, à tort ou à raison, voyait dans le second fils du roi un partisan des idées de l'ancien régime. « Le duc de Nemours, écrivait à ce propos Henri Heine, jouit de la très haute disgrâce du peuple souverain. L'air distingué, élégant, réservé et patricien du prince est peut-être le principal grief contre lui. » Pair de France de droit, comme prince du sang, en vertu de l'article 26 de la Charte, le duc de Nemours prit part, pendant les dernières années du règne de son père, aux travaux de la Chambre haute; il fit des voyages officiels dans les départements, où les populations le reçurent froidement. Lorsque éclata la révolution de 1848, il fut placé à la tête des troupes réunies dans la cour du Carrousel; mais il renonça à la résistance, ainsi qu'à ses droits de régent, et accompagna sa belle-sœur, la duchesse d'Orléans, à la Chambre des députés. Puis il rejoignit la famille royale en Angleterre (27 juillet). Pendant la durée du second empire, il résida à Claremont. Le duc de Nemours, plus enclin que les membres de sa famille à accepter la royauté de « droit divin », avait déjà tenté, durant le second empire, un rapprochement entre la branche cadette des Bourbons et le comte de Chambord. Les tentatives officielles de fusion qui marquèrent l'année 1873 lui fournirent une occasion nouvelle de ménager une entente dont le rétablissement de la monarchie serait le but. Il se rendit à Frohsdorf, en septembre 1873, avec son neveu le duc de Chartres. La réconciliation se fit, mais sans aboutir aux résultats politiques espérés. Le duc de Nemours, à qui l'abrogation des lois d'exil avait permis de rentrer en France, avait été réintégré, des 1871, dans son grade de général de division; en 1874, il accepta la présidence de la Société de secours aux soldats blessés et malades. Placé dans le cadre de réserve en 1879, il a été rayé des cadres de l'armée par application de la loi du 22 juin 1886. Il avait perdu la duchesse de Nemours le 10 novembre 1857; de ce mariage sont nés deux fils et deux filles : Louis, comte d'Eu, marié (15 octobre 1834) à la fille de dom Pedro d'Alcantara à alors empereur du Brésil; Ferdinand duc d'Alençon, capitaine d'artillerie dans l'armée française, marié, le 28 septembre 1868, à la princesse Sophie de Bavière, sœur de l'impératrice d'Autriche; Marguerite de Nemours mariée, le 15 janvier 1872, au prince Czartoryski, et Blanche de Nemours née le 28 octobre 1857.

NÉRAT (CHARLES-HENRY), représentant à la Chambre des Cent-Jours, né à Essonnes (Aisne) le 15 février 1760, mort à une date inconnue, « fils de Henry Nérat, notaire royal au bailliage de Château-Thierry, demeurant à Essonnes, et de dame Louise Simon, » appartint à la magistrature du premier Empire comme procureur impérial à Château-Thierry. Le 7 mai 1815, il fut élu représentant de l'arrondissement à la Chambre des Cent-Jours, par 31 voix sur 59 votants et 99 inscrits. Il se fit peu remarquer dans la législature, se rallia ensuite au gouvernement des Bourbons, et devint, le 16 juin 1819, procureur du roi à Château-Thierry.

NESLE (LOUIS-ARMAND-ALEXANDRE CŒURET, MARQUIS DE), député au Corps législatif de 1855 à 1870, né à Caen (Calvados) le 3 mai 1803, mort à Bourges (Cher) le 10 octobre 1869, entra à l'École de Saint-Cyr et devint capitaine au 8e dragons. Il donna bientôt sa démission, et s'occupa d'agriculture et d'élevage dans sa propriété du Berry. Maire de Savigny, conseiller général du canton de Baugy, président du comice agricole de Bourges, lieutenant-colonel de la garde nationale, il fut successivement élu député au Corps législatif dans la 2e circonscription du Cher, le 20 décembre 1855, en remplacement de M. Octave de Barral, nommé sénateur, par 15,889 voix (16,205 votants, 38,313 inscrits); le 22 juin 1857, par 18,768 voix (23,286 votants, 39,029 inscrits), contre 4,214 voix à M. Armand Bazille, candidat de l'opposition démocratique; le 1er juin 1863, par 19,997 voix (29,343 votants, 41,373 inscrits), contre 5,591 voix à M. de Vogüé, 3,388 à M. Armand Bazille, et 321 à M. de Duranti; le 24 mai 1869, par 16,484 voix (27,775 votants, 37,126 inscrits), contre 10,996 à M. Armand Bazille. Favorable à la politique de l'empire, M. de Nesle ne prit la parole au Corps législatif que pour demander la création d'un Crédit foncier spécial aux départements du centre de la France; il mourut au cours de la dernière législature. Chevalier de la Légion d'honneur du 25 juillet 1862.

NÉTIEN (ÉTIENNE-BENOIT), représentant en 1871, né au Val-de-la-Haye (Seine-Inférieure) le 28 février 1820, mort à Rouen (Seine-Inférieure) le 14 janvier 1883, était négociant et maire de Rouen, quand il fut élu, le 2 juillet 1871, représentant de la Seine-Inférieure à l'Assemblée nationale, le 1er ou 4, en remplacement de 4 représentants qui avaient opté pour d'autres départements, par 91,639 voix (115,759 votants, 206,414 inscrits). Il prit place au centre gauche et vota *pour* le pouvoir constituant de l'Assemblée, *contre* le service de trois ans, *contre* le septennat, *contre* la prorogation de l'Assemblée, *pour* les lois constitutionnelles. Candidat au Sénat dans la Seine-Inférieure le 30 janvier 1876, il échoua avec 326 voix sur 867 votants, et ne reparut plus sur la scène politique. Il avait été nommé, le 8 octobre 1871, conseiller général du 1er canton de Rouen, et chevalier de la Légion d'honneur (1872).

NETTEMENT (ALFRED-FRANÇOIS), représentant en 1849, né à Paris le 21 août 1805, mort à Paris le 14 novembre 1869, fit ses études au collège Rollin, et débuta dans la littérature par des articles de critique dans l'*Universel* (1829-1830), et la *Quotidienne*. Lorsque ce journal se transforma pour devenir l'*Union monarchique*, M. Nettement, légitimiste et catholique, continua d'appartenir à la rédaction; mais il s'en sépara par suite d'un dissentiment d'opinion avec ses collaborateurs, à l'occasion de l'abdication de Charles X. Passé à la *Gazette de France*, il travailla en même temps au journal la *Mode*, et se distingua dans ces deux feuilles par des articles d'une piquante vivacité contre les hommes et les institutions de juillet. Rédacteur en chef de la *Jeune France* en 1833, puis fondateur de l'*Opinion publique* en 1848, il y mena d'ardentes polémiques, et se fit élire, comme candidat conservateur royaliste, le 13 mai 1849, représentant du Morbihan à l'Assemblée législative, le 10e et dernier, par 53,065 voix (86,060 votants, 127,169 inscrits). Il siégea à l'extrême-droite et soutint plusieurs fois à la tribune les opinions nettement royalistes. Il fut membre de la commission de permanence et de celle de la loi sur la presse, et vota : *pour* l'expédition de Rome, *pour* la loi Falloux-l'arieu sur l'enseignement, *pour* la loi restrictive du suffrage universel. Il ne se rallia pas à la politique de l'Elysée, protesta contre le coup d'État du 2 décembre 1851, à la mairie du 10e arrondissement, et fut incarcéré à Mazas pendant quelques jours. Son journal l'*Opinion publique* ayant été supprimé, il quitta la politique militante pour s'occuper exclusivement de littérature et d'histoire, fut, de 1852 à 1855, rédacteur de la *Revue contemporaine* et prit, en 1858, la direction de la *Semaine des familles*. M. Alfred Nettement a laissé un grand nombre d'ouvrages parmi lesquels : *Histoire de la révolution de juillet 1830* (1833); *Les Ruines morales et intellectuelles*, méditations sur la philosophie et l'histoire (1836); des *Mémoires sur la duchesse de Berry* (1837), rédigés d'après les notes de M. Lamotte-Langon; *Histoire anecdotique, politique et littéraire du Journal des Débats* (1842); diverses brochures de circonstance, *Henri de France ou Histoire de la branche aînée pendant quinze ans d'exil* (1830-1845); *la Presse parisienne, la Révolution française* (1848); *Histoire de la littérature française sous la Restauration* (1852); *Histoire de la littérature française sous la royauté de juillet* (1854); etc., etc.

NEUVILLE (GABRIEL-HENRI-RENÉ DE), député en 1789, né à Broons (Côtes-du-Nord) le 9 juillet 1744, mort à Saint-Brieuc (Côtes-du-Nord) le 31 décembre 1800, « fils de noble maître Gabriel-Julien Neuville, procureur-fiscal, et de Louise Tavet », se fit recevoir avocat au parlement, devint sénéchal de Jugon en 1778, et fut élu, le 1er avril 1789, député du tiers-état de la sénéchaussée de Saint-Brieuc aux Etats-Généraux. Il signa le serment du Jeu de paume, fit partie (16 juillet 1789) de la députation qui se rendit chez le roi pour lui demander de l'accompagner à Paris, fut membre du comité des rapports (7 juin 1790), et siégea dans la majorité, sans prendre jamais la parole. Membre du conseil général des Côtes-du-Nord (1er juillet 1790), il fut nommé (ventôse an V) juge de paix du canton de Saint-Brieuc, puis, en brumaire suivant, capitaine de la garde nationale. Il mourut en l'an VIII.

NEUVILLE (COMTE DE). — *Voy.* RIOULT.

NEVEU (ETIENNE), membre de la Convention, et député au Conseil des Cinq-Cents, né à Mauléon (Basses-Pyrénées) le 29 mars 1755, mort à Mauléon le 18 octobre 1830, était juge au tribunal de Mauléon, lorsqu'il fut élu, le 6 septembre 1792, 1er député suppléant des Basses-Pyrénées à la Convention, (par 304 voix (439 votants); il siégea parmi les modérés et répondit, au 3e appel nominal, dans le procès du roi : « Vous avez décidé que Louis est coupable; la qualité de juge ne m'appartient pas; je remplis un devoir en votant comme législateur et comme homme d'Etat: je vote pour la réclusion pendant la guerre et le bannissement ensuite. » Il n'eut à l'assemblée qu'un rôle effacé, remplit, en l'an III, une courte mission près des armées de la Moselle et du Rhin, et passa, le 21 vendémiaire an IV, comme député des Basses-Pyrénées au Conseil des Cinq-Cents, élu par 184 voix (284 votants). Il fit partie de plusieurs commissions d'intérêt local, sortit du Conseil le 1er prairial an VI, et reçut du Directoire les fonctions de consul de France à Santander. Il passa les dernières années de sa vie à Mauléon.

NEVEUX (THÉOPHILE-ARMAND), député de 1876 à 1888 et membre du Sénat, né à Séraincourt (Ardennes) le 13 mars 1824, maire de Rocroi sous l'Empire, avait été avoué dans cette ville, et était chevalier de la Légion d'honneur, et vice-président du conseil général des Ardennes, dont il était membre pour le canton de Rocroi, lorsqu'il fut élu, le 20 février 1876, député de l'arrondissement de Rocroi, par 6,562 voix (9,720 votants, 13,397 inscrits), contre 2,989 voix à M. Vidal de Léry. Il prit place à l'Union républicaine et fut l'un des 363 députés qui refusèrent le vote de confiance au ministère de Broglie. Réélu, le 14 octobre 1877, par 6,045 voix (11,442 votants, 13,426 inscrits), contre 5,361 à M. de Liers, il reprit sa place à gauche, soutint la politique opportuniste, et fut réélu, le 21 août 1881, par 6,780 voix (8,039 votants, 13,398 inscrits), sans concurrent. Il continua de siéger à l'Union républicaine et d'appuyer de ses votes les ministres au pouvoir. Porté sur la liste radicale des Ardennes aux élections du 18 octobre 1885, il fut élu député, au second tour, le 1er sur 5, par 42,320 voix (76,120 votants, 87,811 inscrits). Après avoir échoué comme candidat au Sénat dans les Ardennes, le 6 janvier 1885, avec 409 voix sur 853 votants, il fut de nouveau candidat à la Chambre haute dans son département, le 2 août 1888, et fut élu sénateur par 463 voix (863 votants), contre 203 à M. Lamiable. Il a pris place à la gauche du Sénat, et a voté en dernier lieu, *pour* le rétablissement du scrutin d'arrondissement (13 février 1889), *pour* le projet de loi Lisbonne restrictif de la liberté de la presse, *pour* la procédure à suivre devant le Sénat contre le général Boulanger.

NEY (MICHEL), DUC D'ELCHINGEN, PRINCE DE LA MOSKOWA, pair de France en 1814, et pair des Cent-Jours, né à Sarrelouis (Prusse-Rhénane) le 10 janvier 1769, fusillé à Paris le 7 décembre 1815, fils d'un ancien soldat qui s'était établi tonnelier à Sarrelouis, alla, pendant quelques mois seulement, au collège des Augustins, entra, à treize ans, comme petit clerc chez un notaire, et devint clerc au parquet du procureur du roi, puis commis aux écritures et surveillant de la compagnie des mines d'Appenweiler. D'un caractère ardent, il abandonna bientôt cette situation pour s'engager à Metz, le 6 décembre 1788, dans le régiment de hussards colonel-général, où, à la Révolution, il devint brigadier-fourrier (1791), adjudant le 14 juin 1792, passa au 5e hussards comme sous-lieutenant (29 octobre), et fut nommé lieutenant le 5 novembre, à l'armée du Nord pendant la campagne. Aide de camp des généraux Lamarche et Collaud en 1793, il prit part à la bataille de Nerwinde, et retourna, avec le grade de capitaine, à son ancien régiment devenu 4e hussards, le 26 avril 1794; peu de temps après, à l'armée de Sambre-et-Meuse, Kléber lui confia le service d'exploration de sa division : il s'en tira si avantageusement qu'il fut promu adjudant-commandant chef d'escadron le 9 septembre suivant, et adjudant général chef de brigade le 15 octobre, après la bataille d'Aldenhoven. Ney prit part ensuite au siége de Maëstricht et au siége de Mayence où il reçut une grave blessure; il refusa en récompense le grade de général de brigade que lui offrirent Kléber et le représentant Merlin. En 1795, il passa sous les ordres de Jourdan à l'armée de Sambre-et-Meuse, se distingua à Altenkirchen, à Fredberg, à la prise de Wurtzbourg et de Bamberg, et enfin à l'assaut de Forzheim qui lui valut le grade de général de brigade (8 août 1796). Au cours de cette campagne, Ney avait fait un grand nombre de prisonniers parmi lesquels beaucoup d'émigrés; il leur sauva généreusement la vie. L'année suivante, en 1797, il commanda, sous les ordres de Hoche, un corps de cavalerie. Peu de jours avant le 18 fructidor, dans un banquet à l'armée de Sambre-et-Meuse, il montra ses sentiments républicains : « Politiques de Clichy, s'écria-t-il dans un toast, daignez ne pas nous forcer à sonner la charge. » Il se signala à la bataille de Neuwied, mais fut fait prisonnier à Steinberg. Rendu à la liberté peu de jours après, il fut appelé à l'armée d'Angleterre et commanda à Lille la cavalerie de la division Grenier. La seconde coalition le trouva de nouveau à l'armée du Rhin sous Jourdan; après la prise de Manheim, il fut nommé général de division (28 mars 1799). Passé à l'armée de Danube que commandait Masséna, il fut blessé à Winterthur, le 15 mai 1799, et dut se rendre aux eaux de Plombières. Appelé au commandement provisoire de l'armée du Rhin, le 17 septembre 1799, en remplacement de Jourdan, il protégea la retraite de l'armée sur la rive gauche du fleuve, reçut deux blessures en voulant secourir Manheim, et, lorsque Souwarow marcha contre Masséna, fit le long du Rhin d'importantes démonstrations qui empêchèrent l'archiduc Charles de porter secours aux Russes. L'année suivante, il commanda une division d'infanterie de l'armée d'Allemagne, sous Moreau, se battit à Mœskirch et à Hochstedt. A Hohenlinden, il soutint la première attaque des Autrichiens, reprit vite l'offensive, et culbuta l'armée ennemie. A la paix de Lunéville, il vint à Paris; il n'avait témoigné aucun enthousiasme pour le

18 brumaire; mais l'accueil bienveillant que lui fit le premier Consul modifia ses sentiments. Par l'entremise de Bonaparte, il épousa Mlle de Lascous amie intime d'Hortense de Beauharnais. Comme cadeau de noces, Bonaparte lui donna un magnifique cimeterre qui avait apparteuu, dit-on, au pacha de Damas. Ce fut cette arme qui, en 1815, trahit sa retraite et le livra à la police de la Restauration. Nommé, le 17 octobre 1802, ministre plénipotentiaire de France en Suisse, il fit occuper Zurich, proposa au Sénat de Berne la protection de la France et donna au général Brackenau l'ordre de licencier ses troupes. Quelques mois plus tard, les délégués des cantons suisses signaient à Paris un acte de médiation et remettaient à Ney, au nom de leurs concitoyens, une médaille commémorative de la paix. A la rupture de la paix d'Amiens, Ney reçut le commandement du camp de Montreuil (28 décembre 1803). Maréchal de France le 19 mai 1804, grand-aigle de la Légion d'honneur le 10 pluviôse an XIII, et chef de la 7e cohorte, il commanda le 6e corps de la grande armée lors de la marche sur le Danube, culbuta la division Kienmayer à Donauwerth, remonta le Danube par la rive gauche, chassa l'ennemi de Gunzbourg, s'empara d'Elchingen (14 octobre 1805), et occupa, le 15, le plateau de Michelsberg qui domine Ulm au nord. Il se dirigea ensuite vers le Tyrol, en chassa l'archiduc Jean, et se rendit maître d'Inspruck. Durant la campagne de Prusse, il se signala à Iéna, et poursuivit Hohenlohe et Blücher. Au moment où s'ouvrit la campagne d'hiver en Pologne, il occupait Thorn, à la gauche de l'armée française; il s'empara de Soldau, le 26 décembre 1806, après avoir battu le corps prussien de Lestocq, occupa Neidenbourg, battit de nouveau Lestocq à Deppen, Liebstadt et Sporeden, et le poursuivit jusque sur le champ de bataille d'Eylau où son arrivée contraignit les Russes à la retraite. L'ennemi reprit l'offensive au mois de juin suivant, et, vigoureusement attaqué par Guttstadt et Beryfried par toutes les forces de Bennigsen, Ney dut reculer sur Deppen. A Friedland, il commanda la droite, et, à cinq heures du soir, avec Marchand et Dupont, avec l'artillerie de Sénarmont et les dragons de Latour-Maubourg, il enfonça la garde impériale russe, la jetta dans les ravins et les étangs, s'empara de Friedland, taille en pièces le centre et la gauche de Bennigsen, et les refoula sur les corps de Lannes et de Mortier. Le 17 juin, il s'empara à Tutersbourg des magasins de l'armée russe. C'est durant cette campagne que l'armée donna à Ney le surnom glorieux de *brave des braves*. Créé duc d'Elchingen le 6 juin 1808, Ney fut désigné pour faire partie de l'armée d'Espagne. Avec le 6e corps, il occupa Soria le 22 novembre 1808, s'empara des magasins de Boya le 26 et, le 6 janvier 1809, reçut l'ordre d'organiser la Galice. Rallié par le maréchal Soult à Lugo, il envahit les Asturies avec Kellermann, s'empara d'Oviedo, pénétra de nouveau en Galice et battit sir Wilson à Banos, le 12 août 1809. Durant l'expédition de Portugal, il contribua à la prise de Ciudad-Rodrigo (10 juillet 1810), mais dut faire retraite devant les forces supérieures de l'armée anglaise qui ne parvint pourtant pas à l'entamer. Comme il refusait d'obtempérer aux ordres du duc de Rivoli sous le commandement supérieur de qui il était placé, il se vit retirer la direction du 6e corps et, à son retour à Paris, fut vivement blâmé par l'empereur de son indiscipline. Lors de la rupture avec la Russie, Ney commanda le 3e corps. A Smolensk, avec

Davout et Poniatowski, il s'élança, avec sa bravoure accoutumée. à l'assaut des ponts, et fut blessé au cou ; mais, deux jours plus tard, il poursuivit l'ennemi sur Valontina, franchit la Kolondwia et s'empara du plateau après une lutte sanglante. Dans le conseil de guerre qui suivit cette opération, il opina pour que les quartiers d'hiver de l'armée fussent immédiatement établis sur le Dniéper ; mais l'avis de Caulaincourt, qui demandait qu'on marchât sur Moscou, prévalut malheureusement. A la Moskowa, il soutint l'attaque de Davout contre les redoutes qui couvraient la gauche ennemie, s'en empara et, soutenu par Murat, rejeta les Russes sur la hauteur de Semenolowskoïe, qu'il finit par occuper après des prodiges de bravoure, et décida ainsi de la retraite de Bagration et de Kutusow. Le soir même, l'empereur le créa prince de la Moskowa, titre dont les lettres patentes furent enregistrées le 25 mars 1813. Lorsque la retraite de l'armée française fut décidée, il reçut le commandement de l'arrière-garde et eut à lutter contre les incessantes attaques des Cosaques. Séparé bientôt du gros de l'armée, il fut obligé à Katowa, le 18 novembre, de battre en retraite vers Smolensk, tournant le dos à Napoléon. Mais, avant découvert sous la neige le lit d'un ruisseau, il le suivit, abandonna ses canons, et passa le Dniéper sur la glace. Dans la nuit du 20 au 21, il rejoignit l'empereur. A la réorganisation de l'armée en 1813, Ney eut le commandement du 3ᵉ corps, qu'il mena à Weissenfels le 29 avril, à Lutzen le 2 mai, où il fut blessé, à Wurtschen le 21 mai, à Dresde le 27 août ; mais il fut vaincu à Derenewetz le 6 septembre, par Bernadotte et l'armée du Nord, et dut rétrograder sur Torgau. A Schœnefeld, il tint tête à Blücher, et protégea la retraite sur Leipsig après la défection des Saxons et des Wurtembergeois. Nommé provisoirement, le 6 janvier 1814, commandant des voltigeurs de la jeune garde, il assista à Champaubert, à Montmirail, à Craonne, et accompagna l'empereur à Fontainebleau. Chargé, avec Macdonald et Caulaincourt, de plaider près d'Alexandre la cause du roi de Rome, il insista avec tant de vivacité que le tzar en fut ébranlé. Mais la défection du 6ᵉ corps modifia les dispositions de l'empereur de Russie, qui exigea une abdication sans condition. Ney se rallia ensuite aux Bourbons, devint membre du conseil de guerre (8 mai), commandant en chef de la cavalerie de France (20 mai), chevalier de Saint-Louis (1ᵉʳ juin), gouverneur de la 6ᵉ division militaire (2 juin), et pair de France le 4 juin 1814. Retiré à sa terre de Coudrot près de Châteaudun, il reçut, le 6 mars 1815, à la nouvelle du retour de l'île d'Elbe, l'ordre de se rendre en toute hâte à Besançon, chef-lieu de son gouvernement militaire. Il y arriva le 10, et y trouva une dépêche qui le plaçait sous le commandement du comte d'Artois et lui désignait les troupes qu'il aurait sous ses ordres. Le 12, il était à son quartier-général de Lons-le-Saulnier. Au milieu de ses soldats, il vit qu'un élan irrésistible entraînait ses troupes vers l'empereur. Il demanda à ses deux lieutenants, Lecourbe et Bourmont, leur avis sur ce qu'il importait de faire. Lecourbe approuva la résolution de rejoindre l'empereur, Bourmont garda le silence. Ney rassembla alors ses troupes : « Soldats, dit-il, la cause des Bourbons est à jamais perdue... La dynastie légitime que la France a adoptée va remonter sur le trône... C'est à l'empereur Napoléon, notre souverain, qu'il appartient

désormais de régner sur notre beau pays ». Les soldats agitèrent leurs shakos et crièrent :« Vive le maréchal Ney ! Vive l'empereur ! » Le 18, Ney était auprès de Napoléon, à Auxerre. Nommé inspecteur des frontières du Nord, de Lille à Landau, et pair des Cent-Jours, le 2 juin 1815, Ney reçut en outre, le 15 du même mois, le commandement des 1ᵉʳ et 2ᵉ corps d'armée. Aux Quatre-Bras, privé de Drouet-d'Erlon, il livra à Wellington une bataille acharnée. A Waterloo, il fit enlever la Haie-Sainte par l'infanterie de Drouet d'Erlon, puis, à la tête des cuirassiers de Milhaud, des chasseurs et des lanciers de la garde de Lefebvre-Desnouëttes, donna l'assaut au plateau de Mont-Saint-Jean ; deux fois les canons anglais tombèrent entre nos mains ; mais l'infanterie manquant pour soutenir cette charge héroïque, nos cavaliers, épuisés, redescendirent la pente du plateau. « Français, disait Ney à ses cavaliers restés sous la mitraille, tenez ferme, c'est ici que sont les clefs de nos libertés. » — « Toi et moi, disait-il ensuite à d'Erlon, si nous ne sommes pas tués ici, nous serons pendus à Paris ». Il s'élance encore une fois, avec 6 bataillons de grenadiers de la vieille garde ; les soldats de Maitland, les gardes écossaises font feu à bout portant ; Ney perd son quatrième cheval, et est entraîné dans la déroute. De retour à Paris, il dit à la Chambre des pairs : « Il ne nous reste plus, messieurs, qu'à entamer des négociations... Il faut rappeler les Bourbons, et moi je vais prendre le chemin des Etats-Unis. » Ces paroles furent mal interprétées, et il dut s'en expliquer dans une lettre au président du gouvernement provisoire. Il quitta ensuite Paris avec l'intention de se réfugier en Suisse. Il était muni d'un congé régulier, au nom de Reiset, que lui avait délivré le prince d'Eckmühl. A Lyon, le commissaire de police Teste lui apprit que les routes de Suisse étaient sévèrement gardées par les Autrichiens ; sur les instances de sa femme, il se décida alors à se retirer dans le château de Bessonis près d'Aurillac, chez une parente de la maréchale. Le cimetier e dont le premier Consul lui avait fait jadis présent, imprudemment sur une table dans le salon du château, fit découvrir sa retraite. M. Locard, préfet du Cantal, le fit arrêter le 5 août. Arrivé à Paris le 19, il fut mis à l'Abbaye, puis à la Conciergerie, et, en vertu de l'ordonnance du 24 juillet précédent, fut traduit devant un conseil de guerre. Le maréchal Moncey, choisi pour être l'un de ses juges, se récusa. Ney déclina la juridiction du tribunal militaire, qu se déclara incompétent. En qualité de pair de France, le prince de la Moskowa fut déféré à la Chambre des pairs, comme coupable de haute trahison. Il y fut défendu par M. Berryer père et Dupin aîné, assistés de Berryer fils. Le maréchal avait-il abandonné les Bourbons de parti pris et entraîné ses soldats dans la défection, ou bien n'avait-il fait que céder au mouvement irrésistible qui poussait l'armée vers l'empereur ? Les lieutenants du maréchal eussent pu répondre ; mais Lecourbe était mort, et Bourmont prétendit que, depuis 3 mois, Ney était d'accord avec l'empereur. Le maréchal protesta énergiquement : « C'est fâcheux, s'écria-t-il, que Lecourbe soit mort. Mais je l'interpelle contre ce témoignage devant un tribunal plus élevé, devant Dieu qui nous entend, devant Dieu qui nous jugera, vous et moi, monsieur de Bourmont. » Les défenseurs voulurent invoquer le traité du 20 novembre, par lequel Sarrelouis, patrie du maréchal, était enlevé à la France : « Non, non, s'écriait-il avec véhémence, je suis Français, je mourrai Français ». Le 6 décembre, à 11 heures et demie du soir, Ney fut condamné, par 139 voix contre 17, à la peine de mort, aux frais du procès et à la dégradation de la Légion d'honneur. Le lendemain, après une entrevue touchante et suprême avec sa femme, et un entretien avec le curé de Saint-Sulpice, il fut conduit en voiture à la place de l'Observatoire, et, bientôt après, tomba, sous les balles françaises, celui qu'avait respecté la mitraille ennemie et « qui avait gagné cinq cents batailles pour la France, jamais une contre elle ». Au même moment, la maréchale sollicitait par l'entremise du duc de Duras une audience du roi. Après l'avoir fait attendre, le duc ne peut que lui dire : « Madame, l'audience que vous réclamez du roi serait maintenant sans objet. » Le roi Louis-Philippe accorda une pension de 25,000 francs à la maréchale Ney, qui mourut à Paris en 1854 ; le 18 mars 1848, le gouvernement provisoire décréta qu'un monument serait élevé sur le lieu de l'exécution; cette statue ne fut placée que sous Napoléon III, et inaugurée solennellement, le 5 décembre 1853, par l'empereur, entouré des maréchaux de France.

NEY (Joseph-Napoléon), prince de la Moskowa, pair de France, représentant en 1849, et sénateur de second Empire, né à Paris le 8 mai 1803, mort à Saint-Germain-en-Laye (Seine-et-Oise) le 26 juillet 1857, fils aîné du maréchal Ney, entra au service de la Suède en 1824, épousa, en 1828, la fille de Jacques Laffitte, et fut nommé par le gouvernement de juillet capitaine au 5e régiment de hussards (11 août 1831), et pair de France (19 novembre suivant). Cité à l'ordre du jour de l'armée d'Afrique en 1837, il devint chef d'escadron au 8e lanciers le 7 décembre 1838, et prit séance à la Chambre haute le 6 mars 1841, après avoir fait parvenir à l'assemblée une protestation catégorique contre l'arrêt qui avait frappé son père. Dans la séance du 19 juin 1841, le président, duc Pasquier, ayant « cité froidement comme un simple précédent judiciaire » l'exécution du maréchal, Joseph-Napoléon Ney saisit cette nouvelle occasion de dénoncer avec l'indignation de ses collègues « un des faits les plus infâmes d'une époque odieuse au pays, un des actes de cette procédure monstrueuse sous laquelle avait succombé son père. On a osé, dit-il, parler de sa dégradation !... Ah ! ses ennemis, monsieur le duc, ont pu le tuer, mais le déshonorer, jamais ! » Lieutenant-colonel le 10 mars 1844, le prince de la Moskowa, comme on l'appelait alors, mena, jusqu'à la fin du règne de Louis-Philippe, une existence fastueuse, qui le jeta dans d'assez graves embarras financiers. Il fut du petit nombre des pairs qui secondèrent l'agitation réformiste, prit part aux banquets de 1847, et, après la révolution de février, embrassa avec ardeur la cause du prince L.-N. Bonaparte, dont il appuya la candidature à la présidence. Colonel du 7e dragons (1er mai 1849), et officier de la Légion d'honneur (1er octobre 1850), il fut, dans l'intervalle, le 13 mai 1849, élu représentant par deux départements : 1o par l'Eure-et-Loir, le 2e sur 6, avec 26,905 voix (63,593 votants, 84,674 inscrits); 2o par la Moselle, le 1er sur 9, par 58,237 voix (76,540 votants, 115,444 inscrits). Précédemment, il avait obtenu dans la Moselle sans être élu, le 26 novembre 1848, comme candidat à la Constituante, 11,374 voix contre

17,951 à M. Gustave Rolland, élu (il s'agissait de remplacer L.-N. Bonaparte, pour cause d'option). M. Ney de la Moskowa opta pour la Moselle. Il se prononça, avec la droite, pour toutes les lois répressives, soutint ensuite la politique de l'Elysée, applaudit au coup d'Etat du 2 décembre 1851, fut nommé membre de la Commission consultative, et prit place au Sénat le 26 janvier 1852. Il avait obtenu le grade de général de brigade (10 août 1853), lorsqu'il fut mis en disponibilité. Il soutint de ses votes, jusqu'à sa mort (1857), le gouvernement impérial. Membre fondateur du Jockey-Club, renommé par son élégance, et amateur passionné de musique classique, il donnait chez lui des concerts qui sont restés célèbres. On a de lui un certain nombre d'articles publiés dans la *Revue des Deux Mondes*, et plusieurs ouvrages : *Des chevaux de cavalerie et de la régénération de nos races chevalines* (1833); *Des haras et des remontes de la guerre* (1841); *Des régences en France* (1842); *Souvenirs d'une campagne d'Afrique* (1845). Sa fille Eglé-Napoléone-Albine épousa, en 1852, M. de Persigny, ministre de l'Intérieur.

NEY (Michel-Louis-Félix), duc d'Elchingen, député de 1846 à 1848, né à Paris le 22 avril 1804, mort à Gallipoli (Turquie) le 14 juillet 1854, frère du précédent, servit d'abord dans l'armée suédoise (1824-1830), et revint en France à la nouvelle de la révolution de juillet. Nommé alors (20 août 1830) capitaine au 1er régiment de carabiniers, et, peu de temps après, officier d'ordonnance du maréchal Gérard, il fit la campagne de Belgique (1831), assista au siège d'Anvers, et devint aide de camp du duc de Nemours, qu'il accompagna en Afrique. Il se distingua dans les expéditions de Mascara et des Portes de fer, fut promu lieutenant-colonel au 5e dragons le 23 décembre 1841, colonel au 7e régiment de la même arme le 14 avril 1844, aide de camp du jeune comte de Paris, et se présenta, le 1er août 1846, comme candidat conservateur, à la députation dans le 5e collège du Pas-de-Calais (Montreuil-sur-Mer), qui l'élut par 258 voix sur 434 votants et 486 inscrits, contre 176 à M. d'Hérambault. Il prit place au centre et fit partie de la majorité ministérielle. Il se faisait appeler plus volontiers le duc d'Elchingen que le colonel Ney. « Je viens d'apprendre, disait à ce propos un biographe, que M. d'Elchingen était fils du brave maréchal Ney. Je savais bien que le nom d'Elchingen rappelait une grande bataille, mais je ne croyais pas qu'il fût plus glorieux et plus cher à porter que le nom du principal héros de cette bataille. Je pensais aussi, naïveté ! que le nom d'une victoire appartenait exclusivement au vainqueur. Voyez-vous d'ici un fils de M. Bugeaud s'appeler baron d'Isly ou duc de Transnonain ? A tout cela on me répond que Ney est un nom bien court, bien mesquin, bien peuple, tandis que *duc d'Elchingen* est bien plus résonnant, plus excentrique. Et puis, quand on est aide-de-camp d'un enfant, on peut bien être fier, voter pour le système et repousser toutes les mesures libérales et patriotiques. » Général de brigade le 22 décembre 1851, M. Ney fut appelé en cette qualité à commander une brigade de cavalerie à l'armée d'Orient en 1854. Peu après son arrivée à Gallipoli, il mourut du choléra. Il avait réuni d'importants *Documents* inédits sur la bataille de Waterloo, et sur le rôle joué par son père; ils ont été publiés en 1840, et démentent certaines assertions du *Mémorial de Sainte-Hélène*.

NEY (Napoléon-Henri-Edgar), prince de la Moskowa, représentant en 1850 et sénateur du second Empire, né à Paris le 12 mars 1812, mort à Paris le 13 octobre 1882, frère des précédents, entra à l'École de Saint-Cyr, en sortit dans la cavalerie, et servit comme sous-lieutenant au 5ᵉ hussards. Les campagnes de Belgique et d'Afrique lui valurent successivement les grades de lieutenant (1836), de capitaine-adjudant-major (1839), et de chef d'escadron. En décembre 1848, L.-N. Bouaparte, dont il s'était montré le partisan, l'attacha, comme officier d'ordonnance, à sa maison militaire. Puis, M. Ney fut promu lieutenant-colonel (1ᵉ mars 1849), et bientôt chargé d'une mission à Rome, auprès du pape. C'est là que le prince-président lui adressa, le 18 avril 1849, la lettre célèbre qui souleva à l'Assemblée de vives discussions, et dans laquelle L.-Napoléon réclamait, comme conditions de la restauration du pouvoir temporel, l'amnistie générale, la sécularisation de l'administration, l'établissement du code Napoléon, et un gouvernement libéral. Le 3 février 1850, M. Ney fut élu représentant de la Charente à l'Assemblée législative, en remplacement de M. Sazerac de Forge décédé, par 58,750 voix (83,976 votants, 113,446 inscrits), contre 24,297 à M. Babaud-Laribière, ancien représentant républicain. Il prit place à droite, et soutint le gouvernement de l'Elysée. Colonel du 6ᵉ régiment de dragons le 7 janvier 1852, aide-de-camp et premier veneur de l'empereur, général de brigade le 18 mars 1856, il fut promu général de division le 15 août 1863, après avoir pris part à la guerre d'Italie. M. Ney avait été autorisé, à la mort de son frère aîné, à porter le titre de prince de la Moskowa (22 septembre 1857). Il fut admis au Sénat impérial le 16 août 1857, et défendit constamment le régime impérial; il épousa, en 1869, la comtesse de La Bédoyère. Chevalier de la Légion d'honneur (21 juin 1840), officier (2 décembre 1850), commandeur (12 mai 1855). M. Ney de la Moskowa a été retraité, comme général de division, le 17 septembre 1870.

NEYS. — *Voy.* Candau (marquis de).

NIAY (César-Auguste-Alexandre-Joachim), député de 1831 à 1834, né à Sery-les-Mézières (Aisne) le 12 septembre 1782, mort à Ribemont (Aisne) le 29 août 1849, « fils de Jean-Louis Niay et de dame Marie-Anne Vitu », notaire à Ribemont de 1809 à 1823, maire de Ribemont de 1815 à 1822 et conseiller général, fut élu, le 5 juillet 1831, député au 4ᵉ collège de l'Aisne (Saint-Quentin), par 122 voix (198 votants, 213 inscrits), contre 68 voix à M. Alphonse Foy. Il prit place dans la majorité et soutint les ministères Périer et Laffitte. Rentré ensuite dans la vie privée, juge de paix de Ribemont depuis 1831, il exerça ces fonctions jusqu'à sa mort.

NICOD (Joseph-Marie-Frédéric), député de 1831 à 1834 et de 1835 à 1842, né à Saint-Claude (Jura) le 1ᵉʳ octobre 1782, mort à Paris-Passy le 20 juillet 1840, avocat à Saint-Claude, puis à Paris, fut nommé, par le gouvernement de juillet, avocat général à la cour de Cassation, et fut élu, le 6 octobre 1831, député du 5ᵉ collège de la Gironde (Bazas), en remplacement de M. Mérilhou qui avait opté pour Nontron, par 97 voix (134 votants, 254 inscrits),

contre 20 à M. de Châteaubriand. Il siégea dans l'opposition dynastique et signa le compte rendu de 1832. Les élections du 21 juin 1834 ne lui furent pas favorables; il échoua, avec 80 voix contre 106 à M. Bouthier ; mais il fut réélu, le 3 janvier 1835, dans le 7ᵉ collège de la Loire-Inférieure (Savenay), en remplacement de M. O. Barrot qui avait opté pour Laon, avec 81 voix (145 votants, 284 inscrits), contre 64 à M. Sallentin. Il échoua de nouveau dans le même collège, le 4 novembre 1837 ; mais, le 2 mars 1839, il dut aux électeurs de Savenay le renvoyèrent à la Chambre, par 88 voix (123 votants). M. Nicod prit, dès le début, place à gauche, combattit l'état de siège, les projets de loi sur les associations, la cour d'assises et la disjonction et donna, en 1838, sa démission d'avocat général à la cour de Cassation pour reprendre sa place au barreau de Paris. Nommé conseiller à la cour de Cassation le 13 juin 1840, il ne se représenter devant ses électeurs qui lui renouvelèrent son mandat, le 18 juillet 1840, par 130 voix (228 votants). Il mourut deux jours après et fut remplacé, le 5 septembre suivant, par M. Jollau.

NICOD DE RONCHAUD (Joseph-Alexis), député de 1824 à 1827, né à Besançon (Doubs) le 5 mars 1781, mort à Lons-le-Saulnier (Jura) le 16 décembre 1827, conseiller de préfecture depuis le 15 février 1816, chevalier de la Légion d'honneur et conseiller général, fut élu député, le 25 février 1824, par le 1ᵉʳ arrondissement du Jura (Lons-le-Saulnier), avec 150 voix (244 votants, 265 inscrits), contre 78 à M. Jobez, et fut réélu, le 24 novembre 1827, par le collège de département du Jura, avec 62 voix (88 votants, 128 inscrits), contre 20 voix à M. de Lezay-Marnézia. Il siégea au centre et ne se fit remarquer que par la constance de ses votes en faveur des ministères. Décédé en décembre 1827, il fut remplacé, le 5 février 1828, par M. Jobez.

NICODÈME (Paul-Joseph), député en 1789, né à Cambrai (Nord) le 17 mars 1733, mort à Valenciennes (Nord) le 23 janvier 1805, fut, sous l'ancien régime, consul et échevin de cette dernière ville qui l'élut, le 13 avril 1789, député du tiers aux Etats-Généraux. Il prêta le serment du Jeu de paume, fit partie du comité des finances, vota silencieusement avec la majorité, et mourut, en 1805, juge au tribunal civil de Valenciennes.

NICOLAI (Louis-Marie de), député en 1789, né à Montpellier (Hérault) le 8 janvier 1729, mort à Cahors (Lot) en 1791, appartenait à une vieille famille de ce nom, connue dans le Vivarais depuis le xvᵉ siècle, et qui compta parmi ses membres plusieurs magistrats et officiers distingués. Il entra de bonne heure dans les ordres, fut pourvu de bénéfices importants, et fut nommé, en 1776, à l'évêché de Cahors, dont il fut sacré évêque le 9 mars 1777. Le clergé de la sénéchaussée du Quercy le nomma, le 24 mars 1789, député du clergé aux Etats-Généraux. Il tint pour l'ancien régime, opina avec la droite, prit d'ailleurs peu de part aux délibérations, et mourut en 1791, pendant la session.

NICOLAI (Aymard-François-Marie-Christian, comte de), pair des Cent-Jours et pair de France, né à Paris le 23 août 1777, mort à Paris le 14 janvier 1839, fut employé par Napoléon dans diverses missions diplomatiques et créé comte de l'empire le 4 janvier 1811. Chambellan de l'empereur de 1811 à 1813, il fut envoyé comme ministre plénipotentiaire à Bade, puis à Carlsruhe, fut nommé, au retour de l'île d'Elbe, pair des Cent-Jours (2 juin 1815), et fut néanmoins maintenu dans ses fonctions de ministre de France à Carlsruhe jusqu'au 1er juillet 1817; mais il fut rayé de la liste des pairs, et ne rentra à la Chambre haute qu'après la révolution de juillet, le 11 octobre 1832. Il y siégea sans éclat jusqu'à sa mort.

NICOLAI (AYMARD-CHARLES-MARIE-THÉODORE, MARQUIS DE), pair de France, né à Paris le 31 juillet 1782, mort à Genève (Suisse) le 7 juin 1871, ne prit aucune part aux affaires publiques sous l'Empire. En mars 1815, il rejoignit le duc d'Angoulême et fit la campagne du Midi. Nommé pair de France, le 17 août 1815, il s'abstint dans le procès du maréchal Ney, et fut créé marquis par Louis XVIII, le 31 août 1817. Il parla à la Chambre haute sur des questions industrielles et commerciales d'intérêt local. Propriétaire influent à Berny-Rivière (Aisne), il fut, en 1816, membre du conseil de surveillance de l'Ecole polytechnique, et, partisan des Jésuites, auxquels il confiait à l'étranger l'éducation de ses fils, devint un des chefs zélateurs de l'association pour la défense de la religion catholique. Ayant refusé de prêter serment au gouvernement de juillet, il cessa de siéger à la Chambre des pairs, et ne reparut plus dans les assemblées politiques.

NICOLAI (SCIPION-CYPRIEN-JULES-LOUIS-MARTIN-MARIE-ELISABETH, MARQUIS DE), député de 1820 à 1827, né à Avignon (Vaucluse) le 1er septembre 1780, mort au château de Busagny (Seine-et-Oise) le 3 novembre 1843, frère du précédent, fut nommé, en janvier 1810, auditeur au conseil d'Etat, puis attaché à l'administration des forêts dans la section de législation. Il entra ensuite dans l'administration militaire et fut, pendant cinq mois, intendant du gouvernement de Wilna. Après la retraite de Russie, il fut nommé préfet de la Doire (12 mars 1813), de l'Ariège (10 juin 1814), de l'Aisne (10 juillet 1815), et devint, en 1820, président du collège électoral de ce dernier département. Elu, le 13 novembre 1820, député du grand collège de l'Aisne, par 211 voix (365 votants, 410 inscrits), et réélu, le 6 mars 1824, par 151 voix (285 votants, 342 inscrits), il prit place parmi les modérés et ne vota point les lois d'exception. Huit jours avant cette dernière élection, il avait échoué à la fois, dans le 3e arrondissement électoral de l'Aisne (Vervins), avec 109 voix contre 117 à l'élu, le général Foy, et dans le 4e (Soissons), avec 195 voix contre 208 à l'élu, M. Méchin. Aux élections de 1827, il rentra dans la vie privée. Officier de la Légion d'honneur (10 juillet 1825).

NICOLAS (DANIEL-NICOLAS), député de 1846 à 1848, né à Montélimar (Drôme) le 20 mars 1796, mort à Maret (Drôme) le 15 septembre 1863, étudia le droit et fit sa carrière dans la magistrature. Président de chambre à la cour de Grenoble, il se présenta, le 21 juin 1834, comme candidat à la Chambre des députés dans le 4e collège de la Drôme (Montélimar); il y réunit 110 voix contre 121 à l'élu, M. Ailhaud de Brisis. Il fut plus heureux, le 1er août 1846, dans le même collège. Elu par 294 voix (485 votants, 525 inscrits), il siégea au centre gauche et vota généralement jusqu'en 1848 avec le tiers parti. Premier président de la cour de Riom le 28 janvier 1849, il termina sa carrière comme conseiller à la cour de Cassation (2 février 1856), poste qu'il occupa jusqu'à sa mort. Officier de la Légion d'honneur.

NIEL (ADOLPHE), sénateur du second Empire et ministre, né à Muret (Haute-Garonne) le 4 octobre 1802, mort à Paris le 13 août 1869, entra à l'Ecole polytechnique en 1821, puis à l'Ecole d'application de Metz en 1823, en sortit lieutenant du génie en 1827 et devint successivement capitaine en 1831, chef de bataillon (24 décembre 1837), après la prise de Constantine, à laquelle il prit une part glorieuse, lieutenant-colonel en 1842, et colonel, en 1846, pour la part qu'il avait prise aux fortifications de Paris. Attaché, en 1849, au corps expéditionnaire de Rome, comme chef d'état-major du génie, ce fut lui qui dirigea sur la ville les batteries de siège de manière à sauvegarder les monuments historiques. Il contribua efficacement à la prise de la place, et fut promu, deux mois après, général de brigade (13 juillet 1849), et chargé de porter à Gaëte les clefs de la ville au pape. A son retour en France, il devint directeur du génie au ministère de la Guerre, entra, en 1852, au comité des fortifications, puis passa au conseil d'Etat en service extraordinaire. Général de division le 30 avril 1853, il fut, au moment de la guerre avec la Russie, nommé commandant du génie au siège de Bomarsund, et après la reddition de cette forteresse, fut choisi comme aide de camp par l'empereur. En janvier 1855, il alla en Crimée, pour se rendre compte de l'investissement de la place, visita avec soin les tranchées et les abords de Sébastopol, et indiqua Malakoff comme le point vers lequel devaient tendre tous les efforts des assiégeants. Désigné quelques mois après pour remplacer le général Bizot tué à l'ennemi, il dirigea tous les travaux d'approche, eut une entrevue avec le général Todleben, défenseur de Sébastopol, et retarda l'assaut définitif jusqu'au moment où l'artillerie de siège eut fait à Malakoff des dégâts suffisants pour en permettre l'attaque avec chance de succès. Après la prise de la ville, il fut nommé, le 18 septembre 1855, grand-croix de la Légion d'honneur. En 1857, il soutint, comme commissaire du gouvernement, la discussion du code pénal militaire au Corps législatif, repoussa l'admission des circonstances atténuantes demandée par l'opposition, et fut nommé sénateur le 9 juin suivant. En 1858, il se rendit auprès de Victor-Emmanuel, roi de Piémont, pour demander officiellement la main de la princesse Clotilde pour le prince Jérôme-Napoléon Bonaparte, cousin de l'empereur, et il profita de son voyage pour étudier stratégiquement les champs de bataille de la vallée du Pô. Lors de la rupture avec l'Autriche, il reçut, le 23 avril 1859, le commandement du 4e corps et eut la plus grande part à la victoire de Solférino. Nommé, le lendemain, 25 juin 1859, maréchal de France, Niel publia un rapport sur les opérations du 4e corps où il se plaignait du peu de concours que Canrobert lui avait donné. Ce rapport détermina entre les deux maréchaux un échange de vives explications qui eût abouti à une rencontre si une note officielle du *Moniteur* n'y eût mis un terme. Membre et président du conseil général de la Haute-Garonne, il fut appelé, l'année suivante, au commandement du 6e corps territorial, à Toulouse. En janvier 1867, il succéda au maréchal Randon, comme ministre de la Guerre, avec la mission de reconstituer l'armée sur des bases nouvelles et conformément aux principes dont la victoire de Sadowa et la campagne de l'armée prussienne en Bohême avaient démontré la supériorité. Le maréchal Niel s'occupa d'abord de la modification de l'armement et remplaça l'ancien fusil à capsule par le chassepot. Il rédigea ensuite une loi organique militaire dont l'adoption nous eût mis peut-être à l'abri des désastres militaires de 1870; mais l'opposition, au Corps législatif, combattit le projet du ministre qui se révéla à cette occasion orateur de premier ordre, et épuisa en vain tous les arguments. Jules Favre lui cria: «Vous voulez donc faire de la France une caserne?» Niel répondit: «Prenez garde d'en faire un vaste cimetière.» La loi, modifiée et amendée, aboutit au décret du 1er février 1868, qui réduisait de 7 à 5 ans la durée du service dans l'armée permanente, créait la garde nationale mobile et les réserves, et abolissait l'exonération. A la suite du message impérial de juillet 1869, le maréchal Niel donna sa démission, mais il reprit son portefeuille dans le ministère remanié. Malheureusement, une maladie des voies urinaires, aggravée par ses travaux, l'obligea à subir une série d'opérations qui amenèrent sa mort. On a de lui: *Relation du siège de Sébastopol* (1858, avec un atlas).

NIEL (Charles-Louis-Joseph), député de 1877 à 1881, et de 1885 à 1889, né à Muret (Haute-Garonne) le 29 juillet 1837, neveu du précédent, et fils d'un ancien président de chambre à la cour de Toulouse, étudia le droit et entra dans la magistrature. Nommé par le gouvernement impérial substitut du procureur général de Toulouse, il donna sa démission au 4 septembre 1870, devint maire de Muret, conseiller général de la Haute-Garonne, et se présenta pour la première fois, comme candidat impérialiste à l'Assemblée nationale, le 12 octobre 1873, en remplacement de M. d'Auberjon, décédé: il échoua dans la Haute-Garonne, avec 31,396 voix contre 71,042 à l'élu républicain, M. de Rémusat. Une nouvelle tentative, aux élections générales du 20 février 1876, dans l'arrondissement de Muret, ne fut pas plus heureuse; il échoua avec 11,363 voix conservatrices contre 11,521 à M. de Rémusat, élu. Il entra au parlement le 14 octobre 1877: candidat officiel du gouvernement du Seize Mai, M. Niel fut proclamé élu à Muret, par 12,456 suffrages sur 24,232 votants et 27,804 inscrits, contre 11,578 au député sortant, M. de Rémusat. L'élection ayant été invalidée, M. Niel se représenta le 5 mai 1878, mais n'obtint que 11,240 voix contre 13,038 à son ancien concurrent, M. de Rémusat; M. Niel brigua alors la candidature sénatoriale: le 5 janvier 1879, il réunit, dans la Haute-Garonne, 296 voix sur 671 votants, sans être élu; mais, le 20 avril suivant, l'arrondissement de Muret, après deux tours de scrutin, l'envoya à la Chambre des députés, par 11,680 voix (22,177 votants, 28,459 inscrits), contre 10,179 au candidat républicain, M. Penant; il s'agissait de remplacer M. de Rémusat nommé sénateur. M. Niel siégea à droite, dans le groupe de l'Appel au peuple, prit quelquefois la parole pour combattre les opinions de la majorité républicaine, et ne fut pas réélu le 21 août 1881, n'ayant obtenu que 10,418 voix contre 10,979 à l'élu républicain, M. Germain. Le rétablissement du scrutin de liste rendit M. Niel à la vie parlementaire: porté, le 4 octobre 1885, sur la liste conservatrice de la Haute-Garonne, il l'emporta, au premier tour de scrutin, le 1er sur 7, avec 55,246

voix (108,936 votants, 138,226 inscrits). Comme précédemment, il opina avec la droite, combattit les divers ministères de la législature, et se prononça, dans la dernière session, *contre* le rétablissement du scrutin d'arrondissement (11 février 1889), *pour* l'ajournement indéfini de la revision de la Constitution, *contre* les poursuites contre trois députés membres de la Ligue des patriotes, *contre* le projet de loi Lisbonne restrictif de la liberté de la presse, *contre* les poursuites contre le général Boulanger.

NIEUWERKERKE (Alfred-Emilien O'Hara, comte de), sénateur du second Empire, né à Paris le 16 avril 1811, d'une famille noble originaire des Pays-Bas, « fils du sieur Charles O'Hara de Nieuwerkerque, propriétaire, de présent en voyage, et de dame Alexandrine-Aimée-Louise-Albertine Devassau », fut d'abord destiné à l'état militaire, mais une véritable vocation artistique le poussa à visiter les principaux musées de l'Europe, et à s'adonner en amateur à la sculpture, où il ne tarda pas à réussir. Il exposa au Salon de 1843, Guillaume le Taciturne, prince d'Orange, statue équestre destinée à la Haye; en 1846, Descartes, pour la ville de Tours; en 1847, Isabelle la Catholique entrant à Grenade; il fit aussi une statue équestre de Napoléon Ier pour la ville de Lyon et une autre pour la place de la Roche-sur-Yon (Napoléon-Vendée), le marbre de Catinat pour l'église de Saint-Gratien (Seine-et-Oise), le buste de la princesse Murat, la statue du maréchal Bosquet, etc. Son talent, ses façons de grand seigneur, et surtout ses relations avec la famille Bonaparte lui valurent les fonctions de directeur général des musées nationaux le 25 décembre 1849. Nommé, après le 2 décembre 1852, intendant des beaux-arts au ministère de la maison de l'empereur, il devint, le 19 novembre 1853, membre de l'Académie des beaux-arts en remplacement d'Aristide Dumont. Chevalier de la Légion d'honneur du 23 août 1848, officier du 4 juin 1851, médaillé à l'Exposition universelle de 1855, commandeur du 30 décembre de la même année, il eut, en 1863, à présider à la réorganisation de l'Ecole des beaux-arts. Les réformes qu'il voulut introduire, autant que les modifications apportées à l'agencement des musées, provoquèrent de nombreuses réclamations de la presse, de l'Académie et du public. Nommé sénateur le 5 octobre 1864, M. de Nieuwerkerke perdit ses fonctions aux Beaux-Arts à l'avènement du ministère Ollivier, et devint, par décret du 6 janvier 1870, directeur général des musées de France, jusqu'au 4 septembre 1870. Il fut admis à la retraite, le 5 janvier 1874, comme surintendant des musées impériaux. Grand-officier de la Légion d'honneur (14 août 1863).

NINARD (Jean-Baptiste), député de 1876 à 1880, sénateur de 1880 à 1886, né à Bourganeuf (Creuse) le 11 mars 1826, mort à Limoges (Haute-Vienne) le 7 mai 1886, avocat à la cour d'appel de Limoges, quatre fois bâtonnier de l'ordre, conseiller général du canton-nord de cette ville, se présenta à la députation dans la Haute-Vienne, le 7 janvier 1872, pour remplacer M. Charreyron, décédé; il échoua avec 13,485 voix contre 22,836 à l'élu, M. Charreyron, conservateur, et 6,844 à M. Alfred Talandier, radical. Il se représenta comme candidat constitutionnel, aux élections générales du 20 février 1876, dans la 2e circonscription de Limoges, et fut élu par 9,295 voix (12,734 votants,

19,260 inscrits, contre 3,357 à M. Chauffour. Il prit place à la gauche républicaine et fut l'un des 363 députés qui refusèrent le vote de confiance au ministère de Broglie. Réélu, le 14 octobre 1877, par 10,024 voix (14,433 votants, 19,909 inscrits), contre 3,693 à M. Brousseaud et 541 à M. de Peyramont, il continua de siéger à gauche et de soutenir de ses votes les ministères opportunistes. Nommé sénateur de la Haute-Vienne, le 18 avril 1880, en remplacement de M. de Peyramont décédé, par 160 voix (267 votants), contre 87 voix à M. de Mérinville, 48 à M. Lesguillou et 48 à M. Daniel Lamazière, il siégea à gauche dans la Chambre haute, fut réélu, au renouvellement triennal du 8 janvier 1882, par 147 voix (261 votants), combattit (juillet 1883) la suppression des petits tribunaux lors de la discussion sur la réforme de la magistrature, appuya la politique scolaire et coloniale du gouvernement, et mourut au cours de la législature.

NINON (Joseph), représentant à la Chambre des Cent-Jours, né à Moncrabeau (Lot-et-Garonne) le 23 mars 1769, mort à une date inconnue, « fils du sieur Pierre Ninon, marchand, et de demoiselle Marianne Claverie », maire de Moncrabeau, puis conseiller général (an XIII), et sous-préfet de Nérac sous le premier empire, fut élu, le 15 mai 1815, représentant du grand collège de Lot-et-Garonne à la Chambre des Cent-Jours, par 41 voix sur 52 votants. Son rôle parlementaire prit fin avec cette courte législature.

NIOCHE (Pierre-Claude), député en 1789, membre de la Convention, député au Conseil des Anciens, né à Azay-le-Feron (Indre) le 26 janvier 1751, mort à Paris le 13 mai 1828, était avocat au bailliage de Loches. Elu, le 23 mars 1789, député du tiers aux Etats-Généraux par le bailliage de Touraine, avec 99 voix sur 179 votants, il prêta le serment du Jeu de paume, et appartint à la majorité de l'Assemblée Constituante où il fit deux motions, l'une sur le duel et l'autre sur l'abolition de la peine de mort. Le 3 septembre 1791, il fut élu 1er haut juré d'Indre-et-Loire, et juge au tribunal du Loiret. Président de l'assemblée électorale du département, il fut envoyé (4 septembre 1792) comme député d'Indre-et-Loire à la Convention, le 1er sur 8, par 345 voix (444 votants). Dans le procès du roi, il soutint d'abord cette opinion que la Convention, ayant été jury d'accusation, ne pouvait être jury de jugement ; puis il se prononça pour la peine capitale, en ces termes : « Je n'ai plus de vœu à émettre, mais une application de la loi à faire. Louis Capet a été déclaré conspirateur : je prononce comme juge, et je dis qu'il est punissable de mort. » En mai 1793, envoyé en mission avec Dubois de Crancé, Albitte et Gauthier, auprès de l'armée des Alpes, il se rendit, ainsi que Gauthier, à Chambéry, d'où il rejoignit à Lyon ses autres collègues. Accompagné du général Ledoyen, il fit auprès des sections en armes de cette ville de pressantes démarches pour empêcher l'effusion du sang. Mais il fut arrêté, parce qu'il refusait de se prêter aux vues du département, menacé, maltraité et emprisonné jusqu'à ce que le général Kellermann, qui revenait de Paris et se rendait à l'armée des Alpes, eut obtenu sa mise en liberté. Nioche fut encore chargé de plusieurs missions dans le Midi, où il rétablit l'ordre, et eut à surveiller l'approvisionnement de trois départements; lors du siège de Toulon, il reçut de la Convention l'ordre de suivre les expériences proposées par le commissaire des poudres Riffault, pour abréger le temps qu'on employait auparavant à la fabrication de la poudre et remédier aux accidents qui se produisaient dans les moulins employés au battage. Les expériences réussirent, le temps du battage fut abrégé des trois quarts, les produits de la fabrication de la poudre triplèrent. Mais la matière essentielle (la potasse) pour obtenir le salpêtre, était trop rare. Comme le département d'Indre-et-Loire possède en abondance des terres salpêtreuses, le comité de salut public avait résolu de couper une partie des forêts d'Amboise, Loches et Chinon, et de charger Nioche de la direction de cette besogne. Le représentant sauva les forêts en proposant de faire couper de préférence les bruyères, joncs marins, fougères et genêts, qui couvrent des milliers d'arpents dans cette région. Les chimistes Trusson et Nicolas Vauquelin furent adjoints au représentant Nioche, et l'opération fut exécutée dans les conditions les plus satisfaisantes. Elu, le 20 vendémiaire an IV, député d'Indre-et-Loire au Conseil des Anciens, au 3e tour, par 109 voix sur 247 votants, Nioche fut membre des commissions des réformes, de l'arbitrage forcé, des poudres et salpêtres, et sortit du Conseil le 1er prairial an V. Nommé, peu après, à un emploi dans les eaux et forêts, il devint, sous le Consulat, régisseur de l'École d'Alfort, et, fut mis à la retraite à la fin du premier empire. Aux Cent-Jours, afin de lui conserver sa pension de retraite, un de ses fils signa en son nom l'Acte additionnel. Atteint de ce chef par la loi du 12 janvier 1816 contre les régicides, il se réfugia à Bruxelles, vit sa pension suspendue, et demanda à rentrer en France, en s'appuyant sur ce qu'il n'avait pas signé lui-même l'Acte additionnel; il avait deux fils et un gendre, et réclamait la restitution de sa pension, pour ne pas être à leur charge. Le gouvernement royal l'autorisa à rentrer en juillet 1819.

NIOCHE (Pierre-Hercule-Aristide), représentant en 1872, sénateur, né à Loches (Indre-et-Loire) le 8 août 1820, petit-fils du précédent, étudia le droit et fut reçu avocat. Inscrit au barreau de Loches, il se mêla au mouvement libéral sous le règne de Louis-Philippe, fut candidat malheureux aux élections du 23 avril 1848 pour l'Assemblée constituante dans l'Indre-et-Loire, reprit sa place au barreau de Loches, fut nommé sous-préfet de cette ville après le 4 septembre 1870, donna sa démission en février 1871, et se présenta, comme candidat républicain, le 21 octobre 1872, pour remplacer à l'assemblée nationale M. de Bridieu décédé. Il fut élu représentant d'Indre-et-Loire par 31,151 voix (61,000 votants, 95,821 inscrits), contre 29,539 à M. Paul Schneider, conservateur, siégea à gauche, et vota contre la chute de Thiers au 24 mai, contre le septennat, contre l'état de siège, contre la loi des maires, contre le ministère de Broglie, pour les amendements Wallon et Pascal Duprat et pour l'ensemble des lois constitutionnelles. Il ne se représenta pas aux élections du 20 février 1876, et, le 5 janvier 1888, fut élu sénateur par le département d'Indre-et-Loire, au renouvellement triennal, avec 428 voix sur 652 votants, en remplacement de M. Fournier qui ne s'était pas représenté. M. Nioche a pris place à gauche, a soutenu la politique des ministères républicains, et s'est prononcé, en dernier lieu, pour le rétablissement du scrutin d'arrondissement (13 février 1889), pour le projet de loi

Lisbonne restrictif de la liberté de la presse, *pour la procédure à suivre contre le général Boulanger.*

NIOU (Joseph), député en 1791, membre de la Convention, député au Conseil des Anciens, né à Rochefort (Charente-Inférieure) le 6 janvier 1749, mort à Paris le 30 mai 1823, était ingénieur de la marine lors de la Révolution, dont il embrassa la cause avec ardeur. Devenu maire de Rochefort (12 juillet 1790), il fut élu, le 31 août 1791, député de la Charente-Inférieure à l'Assemblée législative, le 8e sur 10, par 276 voix (486 votants). Il fit preuve d'un zèle des plus louables, comme maire de Rochefort, pour la mise en défense de cette place. Comme député, il vota avec les réformateurs les plus avancés, et fut membre des comités de marine et de surveillance. Réélu, le 5 septembre 1792, député du même département à la Convention, le 4e sur 11, par 299 voix (595 votants), Niou siégea à la Montagne, vota la mort de Louis XVI et se prononça contre l'appel au peuple en disant : « Si la Convention nationale, cédant à quelques consciences timorées, fait un appel au peuple du jugement du scélérat Louis XVI, le déchirement de la république sera assuré. » Envoyé en mission dans les départements de l'Ouest et dans ceux du Nord et du Pas-de-Calais, il se trouva éloigné de la Convention lors de la lutte entre la Gironde et la Montagne. Mais une lettre particulière qu'il adressa à un ami, le 30 juillet 1793, porte : « La Convention décida dimanche dernier du sort des députés détenus ou en fuite. La part qu'il est bien évident qu'ils avaient dans la conspiration qui avait pour but de renverser la liberté, doit mettre à portée de juger du civisme de ceux qui ont pris ou qui prennent encore leur parti. Les partisans de ces hommes infâmes pensent-ils, dans aucun temps, mériter la confiance de la nation, et ne sont-ils pas l'opprobre de la société ? » En raison de ses connaissances techniques, Niou avait été chargé de hâter, « par tous les moyens possibles », la construction, le radoub et l'armement des bâtiments de l'État dans les ports de Lorient, Nantes, Rochefort, Bordeaux, Bayonne. Il n'abusa point des pouvoirs illimités qui lui étaient conférés, réussit pleinement dans sa mission de réorganisation de la marine, et fit de vaillants efforts (mai 1893) pour empêcher la trahison qui livra Toulon aux Anglais. En prairial an II, il fut chargé de l'établissement de la poudrerie de Grenelle. Le 4 frimaire an IV, il fut élu, par ses collègues de la Convention, membre du Conseil des Anciens, où il fit partie des commissions de la marine, des appels des tribunaux de commerce, des canaux, dont il fut secrétaire (1er pluviôse an V). Il en sortit le 1er prairial an VI. Il remplit ensuite, sous le Directoire, les fonctions de commissaire à Londres pour l'échange des prisonniers, et, à dater du 24 germinal an VIII, celles de membre du conseil des prises, dont il fit partie jusqu'à la suppression de ce conseil en 1814. Lors de la loi du 12 janvier 1816 contre les régicides, il s'enfuit par peur à Bruxelles : car, n'ayant donné aucune adhésion officielle aux Cent-Jours, il ne tombait pas sous l'application de cette loi. Il revint de Bruxelles à Paris le 25 juin 1817, malade, goutteux, et obtint, après quelques démarches, la restitution de sa pension de retraite sur la caisse de la marine.

NISARD (Jean-Marie-Napoléon-Désiré), député de 1842 à 1848, sénateur du second Empire, né à Châtillon-sur-Seine le 20 mars 1806, mort à Monte-Carlo le 24 mars 1888, était le fils d'un des principaux constructeurs du faubourg Saint-Martin, à Paris, qui avait acheté une charge d'avoué à Châtillon-sur-Seine. Il fit de brillantes études classiques au collège de Sainte-Barbe, et entra de très bonne heure dans le journalisme. « Le jeune Désiré, écrivait en 1889, dans son discours de réception à l'Académie, M. Melchior de Vogüé, traversa toutes les épreuves classiques des vocations contrariées : l'étude d'avoué avec ses grosses menaces, les répétitions données pour vivre, les remontrances chagrines d'un tuteur qui reprochait à son pupille le refus d'une place de commis dans les bureaux de M. de Chabrol. » En 1826, Bertin l'admit au *Journal des Débats*. M. Nisard y fit ses premières armes durant les dernières années de la Restauration. Il s'y montra d'abord favorable à la cause libérale, qu'il défendit même sur les barricades de juillet 1830. Bientôt, il fut attaché au ministère de l'Instruction publique ; puis il quitta le *Journal des Débats* pour passer au *National*. Classique fervent, il avait pris ombrage, a-t-on dit, du bon accueil fait à Victor Hugo dans la famille Bertin, et appréhendé d'être gêné dans l'expression de ses sentiments littéraires. « La séduction personnelle d'Armand Carrel entra pour une bonne part, dit M. de Vogüé, dans la détermination de M. Nisard. La communauté des doctrines resserra entre les deux lettrés des liens affectueux. » Mais la mort du célèbre publiciste rompit les attaches du jeune écrivain avec l'organe de l'opposition. M. Nisard revint à l'Université. Outre ses articles du *National*, il n'avait guère publié qu'un petit roman intitulé *le Convoi de la laitière*, lorsqu'il affirma, dans un livre plus important, les *Poètes latins de la décadence* (1834), les théories littéraires auxquelles il devait rester fidèle : c'est une comparaison prolongée entre la décadence de la littérature latine chez Lucain, et le caractère analogue, suivant lui, de la littérature française, représentée par Victor Hugo. Le livre plut à Guizot, ministre de l'Instruction publique, qui nomma l'auteur maître de conférences à l'École normale supérieure. La situation de M. Nisard grandit rapidement : promu, en 1836, chef du secrétariat au ministère, et, la même année, maître des requêtes au conseil d'État, puis, en 1837, chef de la division des sciences et des lettres à l'instruction publique, il compta dès lors parmi les plus zélés partisans du pouvoir établi. Le 9 juillet 1842, M. Nisard brigua avec succès la députation dans le 5e collège de la Côte-d'Or (Châtillon-sur-Seine), qui l'élut, par 177 voix sur 271 votants, 293 inscrits, contre 92 à M Vallet. Il siégea au centre et vota constamment avec la majorité conservatrice, notamment en 1845, *pour* l'indemnité Pritchard. En 1843, M. Villemain l'appela à remplacer Burnouf, dans la chaire d'éloquence latine au Collège de France. A la Chambre, les luttes de la tribune le tentèrent peu. « Il ne livra jamais son âme aux passions qui jettent de l'éclat sur la profession d'homme politique. » En revanche, il parlait souvent et longuement dans les commissions, et ce fut à la suite d'un de ses discours qu'un de ses collègues s'écriait en se secouant : « Cette pluie fine de Nisard finit tout de même par mouiller. » Docile aux inspirations de son chef de file, Guizot, on le vit rarement toutefois parmi les familiers du château : « Quand j'allais aux Tuileries, raconte-t-il lui-même ingénuement, j'étais peiné de compter beaucoup moins que le moindre parvenu du négoce ou de la finance. J'avais quelque sujet de douter que les vraies lettres y fussent en grand honneur. Personnellement l'excellent roi Louis-Philippe ne me donna pas la satisfaction de croire qu'il ne me prenait pas pour un maitre de forges. Il est vrai que j'avais été nommé par un arrondissement métallurgique. » D'autre part, Sainte-Beuve lui reprochait malignement de faire « de la littérature selon la Charte », et ses anciens collaborateurs du *National* se montraient sévères pour son évolution politique : « Désiré Nisard, né à Châtillon, rue du Pot-au-lait. Plus heureux que Perrette, a réalisé probablement plus qu'il n'a rêvé. Le voilà donc maitre des requêtes, professeur au collège de France, directeur au ministère de l'Instruction publique et député ! Qui nous l'aurait dit, à cette même place où nous écrivons, que lui, Désiré Nisard, deviendrait jamais un homme politique ! que lui, le contempteur de Guizot, deviendrait le courtisan de M. Guizot ! Que cette nature effacée, ce tempérament chlorotique, cet esprit simple et bénin où le travail et l'art n'ont laissé d'autre empreinte que celle-ci : *des mots, des mots, des mots*; que ce pauvre garçon ferait à son tour de l'intimidation, qu'il destituerait des sous-préfets, qu'il tracasserait des fonctionnaires, qu'il voudrait avoir aussi son petit Pritchard et jouer au potentat ministériel ! Il est donc vrai que M. Désiré Nisard se prend au sérieux ? Et nous qui avions pensé que ces vanités extravagantes appartenaient seulement à la littérature romantique ! Le classique votant pour Pritchard ! Il n'y a qu'une excuse : *Le latin brave l'honnêteté.* » Réélu député, le 1er août 1846, par 161 voix (283 votants, 313 inscrits), il suivit la même ligne de conduite que précédemment, vit avec regret, en février 1848, la chute de la monarchie de Louis-Philippe, et accueillit avec joie l'avènement du régime auquel présida Louis-Napoléon Bonaparte. « Mon prédécesseur, fait observer M. de Vogüé dans le discours déjà cité, n'a jamais prétendu aux lumières miraculeuses qui permettent de distinguer, dans le long calendrier de nos révolutions, les mois où le peuple est un juge infaillible, les mois où il n'est qu'un esclave égaré. Il fut un des plus empressés parmi les sept millions d'insurgés qui ratifièrent, en décembre, la déchéance du gouvernement établi par les héroïques insurgés de février sur les ruines de la monarchie relevée par les glorieux insurgés de juillet. » En 1850, la mort de M. de Feletz lui avait ouvert les portes de l'Académie française. Rappelé par l'Empire à de hautes fonctions dans l'Université, inspecteur-général, secrétaire du conseil de l'instruction publique, professeur d'éloquence à la faculté des lettres en remplacement de Villemain, il eut, comme rapporteur, une très grande part dans la réorganisation du système d'études à l'Ecole normale. Vers la même époque (1853), des troubles graves, qui éclatèrent à son cours, donnèrent lieu à un procès retentissant devant la police correctionnelle. M. Nisard, à une soutenance de thèse en Sorbonne, avait pris en quelque sorte la défense de Tibère, l'empereur romain, contre le doyen de la faculté, Victor Le Clerc, et s'était écrié qu'on ne tranchait pas les questions historiques avec une morale déclamatoire. L'auditoire s'émut de cette phrase imprudente et la rapprocha d'une leçon que l'examinateur avait professée, l'année d'auparavant, sur la morale païenne et sur la morale

chrétienne. Ces griefs se résumèrent, pour la jeunesse libérale, dans un mot qui resta : l'homme des « *deux morales* » ne fut jamais populaire au Quartier Latin. A la fin de 1857, sans perdre sa chaire à la faculté, où il fut suppléé par M. Demogeot, il prit, pour la garde, pendant dix ans, la direction de l'Ecole normale. En 1867, il dut résigner ses fonctions, à la suite d'un désordre « qui fit connaitre à Sainte Beuve la douceur des applaudissements juvéniles, au directeur le devoir ingrat de la répression. » La même année (22 janvier 1867), un décret impérial l'appela au Sénat. M. Nisard rentra pour peu de temps dans la vie parlementaire, « augurant mal, dit-il, d'une politique qui rétablissait non pas le contrôle, mais le combat légal contre le gouvernement du pays. Il défendit de ses votes l'Empire autoritaire, évita la tribune, et opina, le 4 septembre 1870, pour que les sénateurs restassent « sur leurs sièges ». La chute de l'empire le rendit à la vie privée. Outre les *Poètes latins de la décadence*, il faut citer de M. Nisard, une *Histoire et description de la ville de Nimes* (1835); des articles dans la *Revue de Paris*, la *Revue des Deux-Mondes* et la *Revue contemporaine*, une publication, qu'il dirigea, des *Classiques latins traduits en français* (1839 et années suivantes); enfin et surtout l'*Histoire de la littérature française*, plusieurs fois rééditée, où l'auteur fait profession d'une admiration à peu près exclusive pour les écrivains du siècle de Louis XIV.

NOAILHAN (JOSEPH-MARIE-AMÉDÉE, COMTE DE), représentant en 1871, né à Mézin (Lot-et-Garonne) le 24 novembre 1802, mort au château de Prat (Ariège) le 30 mai 1880, riche propriétaire et agriculteur distingué, sans antécédents politiques, fut élu, le 8 février 1871, représentant de l'Ariège à l'Assemblée nationale, 3e sur 5, par 29,542 voix (46,250 votants, 72,4 inscrits). Il siégea à droite, fit partie de la réunion des Réservoirs, et vota avec la majorité monarchiste, *pour* la paix, *pour* l'abrogation des lois d'exil, *pour* la pétition des évêques, *contre* le service de trois ans, *pour* la dévolution de Thiers, *pour* le septennat, *pour* le ministère de Broglie, *contre* l'amendement Wallon, *contre* les lois constitutionnelles. Elu conseiller général pour le canton de Saint-Lizier, le 8 février 1871, M. de Noailhan quitta la vie politique à la fin de la législature.

NOAILLE (JACQUES-BARTHÉLEMY, CHEVALIER), député au Conseil des Cinq-Cents, et au Corps législatif de 1807 à 1815, né à Beaucaire (Gard) le 14 avril 1758, mort à Fontenay-Trésigny (Seine-et-Marne) le 26 octobre 1828, « fils de Jacques Noaille, marchand négociant, et de Mlle Louise Fabre », avocat à Toulouse et juge de la maîtrise des ponts de Beaucaire, fut député aux Etats de Languedoc, puis devint, au moment de la Révolution, dont il était receveur, procureur-syndic du district de Beaucaire, commissaire du district et procureur général syndic du Gard. Menacé sous la Terreur, il ne fut cependant pas arrêté, et fut élu, le 22 vendémiaire an IV, député du Gard au Conseil des Cinq-Cents, par 217 voix (242 votants). il s'y montra l'ennemi des Jacobins et du Directoire, parla (8 janvier 1796) en faveur des parents d'émigrés, fut nommé secrétaire le 19 août suivant, et, le 25 du même mois, proposa une amnistie générale pour tous les délits politiques. Après avoir défendu, le 3 décembre, la liberté de la presse, il protesta contre la crétion du *Tachygraphe* qu'il considérait comme un instrument de propagande aux mains du Directoire, vanta les bienfaits de la presse qui avait rendu de grands services à la cause de la Révolution, et atta ua Chénier et Louvet qu'il appela « apostats de la Liberté ». Il dénonça ensuite l'agiotage monstrueux qui se faisait sur la vente des biens nationaux tant en France qu'en Belgique. Déporté au 18 fructidor, et interné à l'île d'Oléron, il fut amnistié après le 18 brumaire, et nommé, le 22 prairial an VIII, juge au tribunal d'appel de Nîmes. Elu par le Sénat conservateur, le 7 mars 1807, député du Gard au Corps législatif, et réélu, le 6 janvier 1813, il y fit partie de la commission de législation, et, en cette qualité, fut, en 1810, rapporteur du 3e livre du code pénal. Créé chevalier de l'empire le 25 mars 1810, président de chambre à la cour impériale de Nîmes le 10 juin 1811, il se rallia avec empressement au gouvernement des Bourbons, et reçut en récompense, de Louis XVIII, le 11 octobre 1814, des lettres de noblesse. Il fut aussi confirmé dans ses fonctions judiciaires. Il fut envoyé à Angers, en 1819, comme procureur général, et passa, en 1823, à Grenoble, comme premier président de la cour royale. Officier de la Légion d'honneur (1813).

NOAILLES (Philippe-Louis-Marie-Antoine de), prince de Poix, duc de Mouchy, député en 1789 et pair de France, né à Paris le 21 novembre 1752, mort à Paris le 15 février 1819, d'une illustre maison du Limousin connue dès le xie siècle, entra, en 1768, dans les carabiniers, devint, en 1770, capitaine au régiment des dragons de Noailles, et colonel en 1771. Il reçut, en 1784, le collier de la Toison d'or, et fut nommé maréchal de camp le 1er janvier 1788. Elu, le 11 avril 1789, député de la noblesse aux Etats-Généraux par le bailliage d'Amiens et Ham, il s'y montra partisan très modéré des réformes, offrit (28 juillet 1789), au nom de la milice bourgeoise de Versailles, une garde d'honneur à l'Assemblée, et, devant la marche inquiétante de la Révolution, donna sa démission le 9 mai 1790. Commandant de la garde nationale de Versailles, il fut toujours fidèle au roi qu'il assista dans les journées des 5 et 6 octobre 1789 et du 10 août 1792. Il émigra ensuite en Angleterre, rentra en France sous le Consulat, mais n'exerça aucune fonction publique jusqu'au retour des Bourbons. Nommé, par Louis XVIII, capitaine des gardes du corps et titulaire de la compagnie de Beauvau (il avait épousé la fille du prince de Beauvau), il fut promu pair de France le 4 juin 1814, et lieutenant-général le 8 août suivant. Il accompagna Louis XVIII à Gand pendant les Cent-Jours. Grand d'Espagne de 1re classe, M. de Noailles se mêla fort peu aux débats de la Chambre des pairs où il ne siégea que rarement; son nom ne figure pas au scrutin dans le procès du maréchal Ney.

NOAILLES (Louis-Marie, vicomte de), député en 1789, né à Paris le 17 avril 1756, mort à la Havane (Cuba) le 9 janvier 1804, fils du célèbre maréchal de Mouchy, passa son enfance au château d'Arpajon, près Paris, entra dans les armées du roi, devint colonel du régiment des chasseurs d'Alsace, grand bailli d'épée, épousa, à 16 ans, sa cousine, Mlle d'Ayen, et prit part à la guerre de l'indépendance américaine comme commandant en second du Royal-Soissonnais : d'Estaing écrivait à la comtesse de

Noailles le 12 juillet 1779 : « Votre fils s'est déjà battu contre les Anglais sur terre et sur mer : un assaut et un combat naval sont un petit délassement dont il a joui en quatre jours de temps. » Revenu en France à la paix, avec La Fayette, son beau-frère (ils avaient épousé les deux sœurs), il fit partie de l'assemblée des notables (février 1787), et fut élu, le 16 mars 1789, député de la noblesse du bailliage de Nemours aux Etats-Généraux. Tout d'abord, dans la chambre de son ordre, il vota contre la vérification en commun des pouvoirs (6 mai); le 30 juin, il déposa ses pouvoirs sur le bureau, en déclarant « qu'il gardera le silence dans l'Assemblée des trois ordres jusqu'à ce qu'il ait reçu de nouveaux pouvoirs de ses commettants ». Le 14 juillet, il annonça à l'Assemblée « la nouvelle désastreuse » de la prise de la Bastille; mais sous l'influence des événements qui suivirent, ce fut lui qui, dans la nuit du 4 août, proposa que l'impôt fût payé par tous dans la proportion du revenu de chacun, que tous les droits féodaux fussent remboursés, que les rentes seigneuriales fussent remboursables, que les corvées, main-mortes et autres servitudes personnelles fussent détruites sans rachat. Membre du comité militaire, il présenta, le 13 août, tout un plan de réorganisation de l'armée, qu'il compléta, les 18 septembre 1789 et 1er février 1790 : « La nécessité, y disait-il, de se reposer sur un seul homme du sort d'un grand nombre d'individus est un des motifs qui doivent rendre aux nations libres l'état de guerre redoutable, parce que, outre la ruine des finances, il mène à la perte de la liberté. Ce fut en rendant les guerres longues et même continues, que les généraux de Rome, despotes de l'armée, parvinrent à se rendre les despotes de la République. » Il parla en faveur de l'égalité civile des juifs, contre le monopole de la compagnie des Indes (31 mars 1790), pour la diminution du traitement des ministres, pour la suppression des titres de noblesse, et eut, à l'occasion de ce débat, un duel avec Barnave. dans lequel il tira en l'air; il se plaignit un jour « d'avoir été forcé à faire une démarche toujours fâcheuse pour un député, et à aller trouver un ministre, qui l'a envoyé valeter dans toutes les antichambres » (16 juin 90). Il marcha à la tête du comité militaire, le jour de la fédération (14 juillet); puis il ne cessa de dénoncer les dispositions hostiles de l'Autriche. Président de l'Assemblée (26 février 1791), il se rendit, quelques jours après, en Alsace, pour calmer l'effervescence populaire. A son retour, il interpella le ministre des Relations extérieures sur les mouvements des armées étrangères, et se plaignit que, malgré ses ambassadeurs, ses agents et ses espions, le gouvernement fût mal renseigné. Le 29 mai 1791, il se rendit de nouveau en Alsace, où il eut à calmer, à Colmar, une importante sédition. Après le départ du roi, le 21 juin, il prêta de nouveau serment de fidélité à la Constitution, protégea, avec M. d'Aiguillon, la reine séparée de son escorte, au retour de la famille royale, et, le 3 septembre, prononça un discours sur la situation politique et militaire de la France, où il conviait tous les citoyens à la concorde et à l'union pour la défense de la patrie. Nommé maréchal de camp (novembre 1791) et gouverneur de Sedan, il se rendit après la session au camp de Valenciennes, d'où il adressa au roi une lettre très ferme pour engager ce prince à sanctionner les décrets sur les émigrés dont les troupes en armes menaçaient de toutes parts la France. Ayant été battu à Gliswell par le duc de Saxe-Teschen (mai 1792), et renonçant à commander à des troupes indisciplinées, il donna sa démission, émigra en Angleterre, et, en avril 1793, passa en Amérique, à Philadelphie, où il trouva, dit un biographe, « d'anciens compagnons d'armes et de belles amies », pendant que sa jeune femme, à 24 ans, montait sur l'échafaud à Paris. Il était parti, en 92, avec un passeport de la commune de Paris, et une permission du ministre de la Guerre, Servan. Cette précaution lui permit de se faire rayer de la liste des émigrés en 1800. Sous le Consulat, il reprit du service dans l'armée française comme général de brigade, et fit partie de l'expédition de Saint-Domingue avec Leclerc et Rochambeau, comme adjoint surnuméraire à l'état-major général. Mais, lors de l'évacuation de l'île, son navire fut attaqué par les Anglais, dans les eaux de Cuba. Blessé à l'épaule par un boulet, il mourut quelques heures après, à la Havane.

NOAILLES (Jean-Louis-Paul-François de), duc d'Ayen, pair de France, né à Paris le 26 octobre 1739, mort à Fontenay (Seine-et-Marne), le 20 octobre 1824, fils de Louis, duc de Noailles, maréchal de France, et de Catherine-Françoise-Charlotte de Cossé-Brissac, qui fut guillotinée à Paris le 22 juillet 1794, fut nommé, en 1755, gouverneur du château de Saint-Germain, et, la même année, colonel du régiment des dragons de Noailles. En 1759, il obtint le commandement par intérim de la compagnie écossaise des gardes du corps, dont il devint propriétaire en 1776. Il fit les quatre dernières campagnes de la guerre de Sept ans, et fut nommé brigadier le 15 juillet 1762. A la paix, il s'occupa d'études scientifiques, publia des mémoires sur des questions de chimie et de physique, et entra à l'Académie des sciences en 1777. Très bien vu à la cour, pour son esprit et pour l'élégance de ses manières, il devint maréchal de camp le 3 janvier 1770, chevalier de la Toison d'or le 23 avril 1780, inspecteur général militaire, commandant en Flandre, et lieutenant général (1er janvier 1784). Membre, en 1781, du conseil de la guerre, il fit apporter d'importantes modifications dans l'habillement et le couchage des troupes. A la Révolution, dont le brusque développement l'inquiéta bientôt, il émigra en Suisse, mais il rentra en France avant le 10 août 1792, pour protéger la famille royale. Il retourna ensuite à Rolle, dans le canton de Vaud. Duc d'Ayen depuis le 24 juin 1766, et duc de Noailles à la mort de son père, le 22 août 1793, il ne rentra en France qu'à la Restauration et fut nommé pair de France le 4 juin 1814. Mais il siégea fort peu, et se retira de nouveau à Rolle, aux Cent-Jours. En 1816, à la réorganisation de l'Institut, il fut désigné pour faire partie de l'Académie des sciences. On a de lui une carte de l'Allemagne, dite de *Chauchard*. Marié en premières noces avec mademoiselle d'Aguesseau, il en eut cinq filles, et épousa, en secondes noces, la comtesse Golofkin, une Russe, dont il n'eut point d'enfant. Son petit-neveu, Paul de Noailles, lui fut substitué dans sa pairie.

NOAILLES (Arthur-Jean-Tristan-Charles-Languedoc de), prince de Poix, duc de Mouchy, plus connu sous le nom de prince de Poix, député de 1815 à 1816 et pair de France, né à Paris le 14 février 1771, mort à Paris le 2 février 1834, servait dans les armées du roi à l'époque de la Révolution; il ne prit aucune part aux événements politiques et, à

la seconde Restauration, fut promu maréchal de camp (1815) et lieutenant général le 17 mai 1816. Le 22 août 1815, il avait été élu député du grand collège de la Meurthe, par 148 voix (176 votants, 276 inscrits). Il siégea dans la majorité de la Chambre introuvable. Capitaine des gardes du corps du roi, chevalier de Saint-Louis et de la Toison d'or, il fut admis à siéger à la Chambre des pairs, le 20 mars 1819, par droit héréditaire, en remplacement de son père décédé ; il siégea parmi les monarchistes constitutionnels, et donna sa démission de pair le 21 avril 1832.

NOAILLES (Alexis-Louis-Joseph, comte de), député de 1815 à 1816, et de 1824 à 1831, né à Paris le 1er juin 1783, mort à Paris le 14 mai 1835, fils du vicomte Louis de Noailles, (*Voy. plus haut*), et de dame Jeanne-Baptiste-Adrienne-Pauline-Louise-Catherine de Noailles, guillotinée à Paris le 22 juillet 1794, fut élevé par sa tante, la duchesse de Duras, dans des sentiments monarchiques et religieux. Arrêté en 1809, pour avoir répandu la bulle d'excommunication de Pie VII contre les auteurs et complices de l'usurpation des Etats romains, il refusa la liberté que Fouché lui offrait à la condition de servir dans l'armée et d'accepter le grade d'aide-de-camp de l'empereur. Pendant ses sept mois de captivité, il connut le général Malet alors détenu, et fut porté par celui-ci sur la liste des membres de son gouvernement provisoire. Mis en liberté en 1810, par l'influence de son frère Alfred, il fut exilé en Suisse, dans le canton de Vaud, d'où Napoléon le fit encore expulser peu après. Il se rendit alors à la cour de Vienne, puis auprès de l'empereur Alexandre, et à la cour de Suède, où Bernadotte lui fit un accueil empressé. Ayant rejoint Louis XVIII en Angleterre, il reçut de celui-ci une mission près de la cour de Russie. En 1813, il entra au service actif et combattit contre les troupes de Napoléon, comme aide-de-camp de Bernadotte, à Grossbeeren et à Leipsig, puis à Brienne et à la Fère-Champenoise, en 1814. Le comte d'Artois le choisit pour aide-de-camp; M. de Noailles accompagna ce prince à Nancy et le précéda à Paris dont la trahison de Marmont avait ouvert les portes. Commissaire du roi dans la 19e division militaire (22 avril 1814), il accompagna ensuite à Vienne le prince de Talleyrand, et fut décoré à cette occasion de la plupart des ordres étrangers. En avril 1815, il porta à Louis XVIII, à Gand, la déclaration de guerre de l'Europe à Napoléon qui l'avait excepté de l'amnistie du 12 mars. Rentré en France après Waterloo, nommé président du collège électoral de l'Oise, il fut élu député, le 22 août 1815, à la fois dans le grand collège de l'Oise, par 102 voix (141 votants, 281 inscrits), et dans le grand collège du Rhône par 113 voix (183 votants, 228 inscrits). Il siégea dans la majorité ultra-royaliste, devint, en 1818 et en 1824, président du collège électoral de la Corrèze, et du conseil général de ce département, fut, le 25 février 1824, élu député du 1er arrondissement électoral de ce même département (Brive), par 229 voix (266 votants, 338 inscrits), et fut réélu, le 17 novembre 1827, par 187 voix (191 votants, 264 inscrits), et, le 23 juin 1830, par 134 voix (238 votants, 272 inscrits), contre 59 à M. Lavialle et 30 à M. de Martignac. D'abord partisan de M. de Villèle, il fut nommé ministre d'Etat, colonel d'état-major, aide-de-camp de Charles X, bien qu'il votât alors avec l'opposition constitutionnelle; il fit, en 1827, un discours en faveur des Grecs, soutint, en 1828, le projet d'adresse du ministère, protesta contre l'épithète de « déplorable » infligée à l'administration de M. Villèle, et s'attira cette vive apostrophe de M. Augustin Perier, député de l'Isère : « Allons, monsieur, il faut opter entre les fonctions de député et le rôle de courtisan. Souvenez-vous qu'il y a six mois à peine, nous fîmes ensemble un voyage dans le Dauphiné, et que vous m'obligeâtes souvent de calmer votre irritation contre le ministère, que vous craignez aujourd'hui de qualifier trop durement. » M. de Noailles n'en resta pas moins rallié à la majorité ultra-royaliste, soutint avec elle le cabinet Polignac, puis prêta serment à Louis-Philippe. Les électeurs ne lui en surent aucun gré, et il échoua successivement à Brive, le 5 juillet 1831, avec 67 voix contre 130 à l'élu, M. Rivet, et, le 21 juin 1834, avec 78 voix contre 116 à l'élu, M. Rivet, député sortant. Il quitta alors la vie politique, et mourut l'année suivante. Le duc René de Noailles avait une connaissance approfondie des lettres anciennes et de la littérature moderne des peuples de l'Europe, dont il parlait les langues avec facilité.

NOAILLES (Antonin - Claude - Dominique - Juste, comte de), prince et duc de Poix, député de 1824 à 1827, né à Paris le 25 août 1777, mort à Paris le 1er août 1846, fils de Louis-Philippe-Marc-Antoine de Noailles (*Voy. plus haut*), et de Anne-Louise-Marie de Beauvau, fut élève au collège des Grassins. Pendant la Révolution qui éprouva si cruellement sa famille, il vécut à Paris avec sa mère dans la plus grande obscurité. Il ne reparut qu'à l'époque du Consulat, épousa, en 1803, une nièce du prince de Talleyrand, et fut présenté, en 1806, à Napoléon, qui le nomma chambellan. Créé comte de l'empire le 27 septembre 1810, il commandait, en 1814, une compagnie de la garde nationale de Paris. Il salua avec joie le retour des Bourbons, mais ne voulut arborer la cocarde blanche qu'après l'abdication de l'empereur. Louis XVIII l'accueillit fort bien à Compiègne et le nomma ambassadeur à Saint-Pétersbourg, où il resta jusqu'en 1819; *persona grata* auprès du czar, il fut le seul des ministres étrangers qui fut admis à la table impériale au dîner solennel du 24 décembre 1814. Revenu en France, il se présenta à la députation, et échoua, le 1er octobre 1821, dans la 2e arrondissement de la Meurthe (Lunéville), avec 51 voix contre 107 à l'élu, M. Laruelle. Nommé président du grand collège de la Meurthe en 1824, il fut élu député, le 6 mars de cette même année, par ce même collège, avec 185 voix (194 votants, 224 inscrits). Il fit preuve, à la Chambre, d'opinions modérées et se rapprocha du parti libéral. Charles X le nomma chevalier du Saint-Esprit le 30 mai 1825. Rendu à la vie privée en 1827, M. de Noailles s'occupa d'œuvres charitables, fut l'un des fondateurs de la Société pour l'amélioration des prisons et présida le conseil d'administration de la Société de prévoyance.

NOAILLES (Paul, duc de), pair de France, né à Paris le 4 janvier 1802, mort à Paris le 30 mai 1885, « fils de Louis-Jules-César de Noailles, propriétaire, et de Pauline-Laurette Lecouteulx », voyagea en Europe pendant son enfance et sa jeunesse et, le 5 février 1827, fut admis à siéger à la Chambre des pairs par droit héréditaire en remplacement de son grand-

oncle décédé, en vertu d'une ordonnance du roi du 6 janvier 1823, autorisant la transmission de la pairie en ligne collatérale. Il prêta, en 1830, serment de fidélité à Louis-Philippe, et parut pour la première fois à la tribune, le 19 avril 1831, pour protester contre la loi de bannissement de Charles X et de sa famille; le 12 janvier 1832, il renouvela ses protestations; il avait défendu l'année précédente l'hérédité de la pairie. Il combattit aussi l'état de siège, se prononça contre la proposition ministérielle de traduire devant la chambre des pairs les insurgés de Paris et de Lyon, ne siégea pas pendant le cours du procès, parla contre les fortifications de Paris et proposa l'alliance russe, bien préférable à ses yeux à l'alliance anglaise. Rendu à la vie privée en 1848, M. de Noailles se consacra à des travaux littéraires et fut élu par « le parti des ducs », membre de l'Académie française, le 11 janvier 1849, en remplacement de Châteaubriand. Nommé, le 3 mars 1871, à l'ambassade de France en Russie, il résigna ces fonctions le 13 juin suivant, par suite de l'état de sa santé. Chevalier de la Toison d'or. On a de lui : *Saint-Cyr, histoire de la maison royale de Saint-Louis* (1843-1856); *Histoire de Madame de Maintenon* (1848), ouvrage qui, par la faute d'un secrétaire, souleva, de la part de M. Lavallée, une accusation de plagiat.

NOAILLES (Charles-Philippe-Henry de), prince de Poix, connu sous le nom de duc de Mouchy, représentant en 1849, député au Corps législatif en 1852 et sénateur du second Empire, né à Paris le 8 septembre 1808, mort à Paris le 25 novembre 1854, arrière-petit-fils du célèbre maréchal de Mouchy (1715-1794), entra à l'Ecole de Saint-Cyr, en sortit le lendemain, prit part à l'expédition d'Alger, à la campagne d'Anvers, et se démit de son grade en 1839 pour vivre dans ses terres. Il se lança alors dans de grandes entreprises industrielles, engagea des capitaux considérables dans divers établissements de crédit et d'industrie, dans des créations de chemins de fer, etc. Propriétaire dans l'Oise et conseiller général, il se présenta à la députation dans la 4e circonscription de ce département, le 9 juillet 1842, et échoua avec 122 voix contre 389 à M. Legrand, député sortant, réélu. Il échoua de nouveau, le 1er août 1846, avec 279 voix contre 453 au même concurrent réélu. Mais, le 13 mai 1849, M. de Mouchy fut élu représentant de l'Oise à l'Assemblée législative, le 8e sur 8, par 42,069 voix (120,920 inscrits). Il vota avec la majorité, appuya l'expédition de Rome, la loi Falloux-Parieu sur l'enseignement, soutint la politique de l'Elysée, fut nommé, après le coup d'Etat, membre de la Commission consultative, et entra, le 29 février 1852, au nouveau Corps législatif, comme député de la 1re circonscription de l'Oise, élu par 24,022 voix (27,147 votants, 40,761 inscrits), contre 872 à M. de Mornay, ancien représentant. Le 31 décembre de la même année, il fut appelé à siéger au Sénat impérial, où il vota, jusqu'à sa mort (1854), avec la majorité dynastique.

NOAILLES (Antoine-Just-Léon-Marie de), connu sous le nom de duc de Mouchy, député au Corps législatif de 1869 à 1870, représentant en 1874, député de 1876 à 1877 et de 1885 à 1889, né à Paris le 19 avril 1841, fils unique du précédent, grand d'Espagne de 1re classe, épousa, le 18 décembre 1865, la princesse Anna Murat. Impérialiste, possesseur d'une très grande fortune et conseiller général de l'Oise, où il habite le château de Mouchy-le-Châtel, il se fit élire, le 24 mai 1869, par 29,864 voix (32,310 votants, 38,521 inscrits), député de la 1re circonscription de l'Oise au Corps législatif. Il appartint à la majorité, signa la demande d'interpellation des 116, et vota *pour* la déclaration de guerre à la Prusse. La révolution du 4 septembre 1870 le rendit à la vie privée. Emprisonné avec tout le conseil général de l'Oise par les Prussiens en 1870, il fit réduire de 12 millions la contribution de guerre dont son département était frappé, et, lors de la mort de M. Perrot, représentant de l'Oise, se fit élire à l'Assemblée nationale, le 8 mai 1874, par 52,632 voix (91,580 votants, 112,562 inscrits), contre 19,063 à M. André Rousselle, radical, et 18,974 à M. Levavasseur, républicain modéré. Il prit place dans le groupe de l'Appel au peuple, et vota *contre* les lois constitutionnelles. Maire de Mouchy, conseiller général de l'Oise, il fut réélu, sur un programme constitutionnel, et comme candidat du « comité national conservateur », député de la 1re circonscription de Beauvais, le 20 février 1876, par 8,224 voix (15,774 votants, 19,086 inscrits), contre 7,184 à M. Boudeville, républicain; il reprit sa place dans la droite bonapartiste, soutint le gouvernement du Seize-Mai contre les 363, et fut, après la dissolution de la Chambre, le candidat officiel du Maréchal; mais, il échoua, le 14 octobre 1877, avec 8,384 voix contre 8,436 à l'élu républicain, M. Boudeville. M. le duc de Mouchy reparut à la Chambre des députés de 1885: réélu, dans l'Oise, le 4 octobre, le 1er de la liste conservatrice, par 48,023 voix (94,002 votants, 110,857 inscrits), il vota, avec la minorité bonapartiste, *contre* les différents ministères qui se succédèrent au pouvoir, *contre* les crédits du Tonkin, et, dans la dernière session, *contre* le rétablissement du scrutin d'arrondissement (11 février 1889), *contre* les poursuites contre trois députés membres de la Ligue des patriotes, *contre* le projet de loi Lisbonne restrictif de la liberté de la presse, *contre* les poursuites contre le général Boulanger; il s'était abstenu sur l'ajournement indéfini de la révision de la Constitution. Chevalier de la Légion d'honneur et grand-croix héréditaire de l'ordre de Malte.

NOAILLY (PIERRE), membre de la Convention, né à Changy (Loire) en 1750, mort à une date inconnue, était médecin à Changy et maire de cette commune, lorsqu'il fut élu, le 10 septembre 1792, 3e député-suppléant à la Convention par le département de Rhône-et-Loire, avec 508 voix (795 votants); il fut admis à siéger comme titulaire, le 13 août 1793, en remplacement de Chasset, décrété d'arrestation comme complice des Girondins. Il prit une part restreinte aux délibérations et, à la fin de la session, présenta, au nom du comité des secours publics, un rapport favorable aux blessés du 13 vendémiaire, « atteints par le feu des rebelles ». Il disparut de la scène politique après la session.

NOBLAT (FRANÇOIS-PIERRE-MARIN), député en 1791, né à Belfort (Haut-Rhin) le 10 juin 1752, mort à Paris le 26 décembre 1827, fut élu, le 31 août 1791, le 6e sur 9, par 330 voix (611 votants), député du Bas-Rhin à l'Assemblée législative. Il donna sa démission dès le 29 septembre suivant et fut commissaire des guerres à Landau. Sa lettre de démission était ainsi conçue : « Je déclare que je me démets de la place de député à l'Assemblée nationale, à laquelle j'avais été nommé par le département du Bas-Rhin; je prie en conséquence celui à qui il appartient, de vouloir bien me faire remplacer par le suppléant. Le 29 septembre 1791. NOBLAT. »

NOBLET (JEAN-BAPTISTE-NICOLAS), député au Conseil des Anciens, né à Rethel (Ardennes) le 13 juin 1755, mort à une date inconnue. « fils de maître Nicolas Noblet, conseiller du roi en l'élection de Réthel, avocat au parlement et au bailliage de la même ville, et de demoiselle Marie-Antoinette Dusautoy », était avocat à Rethel. Partisan de la Révolution, il devint successivement membre de l'administration centrale de son département, procureur général syndic provisoire, commissaire du gouvernement près l'administration centrale, président du conseil de défense de la place de Mézières, président de l'assemblée électorale du département des Ardennes, et fut élu, le 22 germinal an VI, député des Ardennes au Conseil des Anciens, par 114 voix (153 votants). Il fit un rapport sur la vente des biens nationaux, s'opposa à la destitution des commissaires de la trésorerie, parla sur le tarif des droits du canal du centre, fit approuver la taxe relative à l'entretien des routes, demanda un état des dépenses de la comptabilité pour l'an VIII, réclama des détails sur l'assassinat des plénipotentiaires français à Rastadt, et donna lecture à la tribune d'une lettre de Debry sur cet événement. Il avait été élu secrétaire de l'assemblée en l'an VII. Rallié au 18 brumaire, il fut nommé maire de Sedan le 9 germinal an VIII, et sous-préfet de Rethel le 3 floréal suivant.

NOBLET (JACQUES), représentant en 1849, né à Auxonne (Côte-d'Or) le 7 septembre 1785, mort à Auxonne le 25 août 1863, appartint à l'armée, et, après avoir pris sa retraite comme colonel, reçut le même grade dans la garde nationale d'Auxonne. Elu, le 13 mai 1849, représentant de la Côte-d'Or à l'Assemblée législative, le 6e sur 8, par 46,406 voix (92,695 votants, 118,563 inscrits), il appartint à la majorité de droite, opina avec les conservateurs monarchistes *pour* l'expédition de Rome, *pour* la loi Falloux-Parieu sur l'enseignement, *pour* la loi restrictive du suffrage universel, et quitta la vie politique en 1851.

NOBLOT (THÉOPHILE), représentant en 1871 et député de 1883 à 1889, né à Asconvill (Aube) le 11 janvier 1824, manufacturier à Metz, conseiller municipal de cette ville et adjoint pendant la guerre, fut élu, le 8 février 1871, représentant de la Moselle à l'Assemblée nationale, le 5e sur 9, par 47,335 voix (76,63 votants, 89,850 inscrits). Il se rendit à l'Assemblée de Bordeaux, vota *contre* les préliminaires de paix, et s'associa à la protestation des collègues des départements d'Alsace et de Lorraine. Avec eux, il donna sa démission de représentant, puis il resta jusqu'en 1883 à l'écart de la vie parlementaire. Le 26 août de cette année, l'élection de M. Berlet comme sénateur ayant déterminé une vacance dans la 2e circonscription de Nancy, M. Th. Noblot se présenta, et fut élu par 11,902 voix (15,533 votants, 27,312 inscrits), contre 2,910 à M. Ouchar. Il siégea dans la majorité opportuniste et se prononça notamment *pour* les crédits de l'expédition du Tonkin. Porté, le 4 octobre 1885, sur la liste républicaine de Meurthe-et-Moselle, M. Noblot fut élu député de ce département par 46,977 voix (88,011 votants, 111,226 inscrits). Il reprit sa place à gauche, vota l'expulsion des princes, soutint les ministères Tirard et Rouvier, et opina, en dernier lieu, *pour* le rétablissement du scrutin d'arrondissement (11 février 1889), *pour* l'ajournement indéfini de la revision de la Constitution, *pour* les poursuites contre trois députés membres de la Ligue des patriotes, *pour* le projet de loi Lisbonne restrictif de la liberté de la presse, *pour* les poursuites contre le général Boulanger. Chevalier de la Légion d'honneur (1879).

NOBLOT (JEAN-LOUIS-ADOLPHE), membre du Sénat, né à Héricourt (Haute-Saône) le 30 août 1816, fut élève de l'Ecole centrale des arts et manufactures, en sortit en 1837, et s'établit filateur dans sa ville natale. Devenu conseiller général de la Haute-Saône et vice-président du conseil, il obtint, le 30 janvier 1876, sans être élu, 308 voix sur 644, comme candidat républicain au Sénat dans son département : son concurrent conservateur était M. Dufournel, qui fut nommé. Mais, lors du renouvellement triennal du 8 janvier 1882, M. Noblot fut plus heureux ; élu sénateur de la Haute-Saône par 477 voix (640 votants), il vint siéger à gauche, et vota avec la majorité du Sénat, *pour* la réforme du personnel judiciaire, *pour* le divorce, *pour* les crédits du Tonkin, *pour* l'expulsion des princes, *pour* la nouvelle loi militaire, et, en dernier lieu, *pour* le rétablissement du scrutin d'arrondissement (13 février 1889), *pour* le projet de loi Lisbonne restrictif de la liberté de la presse, *pour* la procédure à suivre devant le Sénat contre le général Boulanger. Chevalier de la Légion d'honneur (1880).

NOÉ (LOUIS-PANTALÉON, COMTE DE), pair de France, né à Saint-Domingue le 22 décembre 1728, mort à Paris le 25 février 1816, « fils de Louis de Noë, officier de marine, et de Marie-Anne de Bréda », d'une famille d'ancienne noblesse originaire du Languedoc, entra dans les armées du roi, servit en Amérique, devint brigadier des armées en 1780, et maréchal de camp (1786). Propriétaire du duché d'Antin, il émigra à la Révolution, rentra en France à l'époque du Consulat, et commanda, en 1817, les gardes d'honneur de son département. Nommé pair de France le 17 août 1815, il vota pour la mort dans le procès du maréchal Ney, et mourut l'année suivante.

NOÉ (LOUIS-PANTALÉON-JULES-AMÉDÉE, COMTE DE), pair de France, né au château de l'Ile-de-Noë (Gers) le 28 octobre 1777, mort à Paris le 6 février 1858, fils du précédent, « très haut et très puissant seigneur messire Louis-Pantaléon, comte de Noë, brigadier des armées du roi, seigneur et baron de l'Ile-de-Noë, vicomte d'Estaucarbon-en-Comminges, seigneur et baron de Castelnau, Magnes, Ardens et autres lieux, et de très haute et très puissante dame Charlotte-Louise-Pétrouille de Noë, comtesse de Noë », émigra en 1791, et entra au service de la Compagnie anglaise des Indes ; il fit la campagne du Bengale et fut attaché au corps expéditionnaire dirigé contre l'armée française d'Egypte en 1800. Le 9 avril 1816, admis à siéger à la Chambre des pairs par droit héréditaire, en remplacement de son père décédé, il resta à la Chambre haute jusqu'en 1848, ayant prêté serment au gouvernement de Louis-Philippe. Gentilhomme de la chambre du roi en 1821, grand officier de la Légion d'honneur en 1845, il rentra dans la vie privée à la révolution de 1848. On a de lui : *Mémoires relatifs à l'expédition partie du Bengale en 1800 pour aller combattre en Egypte l'armée d'Orient* (Paris, 1826). Un de ses fils, Amédée, a acquis une brillante réputation de caricaturiste, sous le pseudonyme de *Cham*.

NOEL (JEAN-BAPTISTE), membre de la Convention, né à Remiremont (Vosges) le 24 juin 1727, exécuté à Paris le 7 décembre 1793, était homme de loi et officier principal du chapitre noble des chanoinesses de sa ville natale. Il fit partie de l'assemblée provinciale de Lorraine, fut élu, au début de la Révolution, procureur-syndic du substitut de Remiremont, et, le 4 septembre 1792, fut envoyé à la Convention par le département des Vosges, le 5e sur 8, par 210 voix (366 votants). Attaché à l'ancien régime, il vit avec déplaisir l'établissement de la république, et, dans le procès du roi, fût un des sept députés qui se récusèrent ; il répondit au 1er appel nominal : « J'ai l'honneur d'observer que mon fils était grenadier au bataillon des Vosges ; il est mort en combattant des ennemis que Louis est accusé d'avoir suscités contre nous. Louis est cause première de la mort de mon fils, la délicatesse me force à ne pas voter. » Au 2e appel nominal : « Je me récuse d'après les motifs que j'ai énoncés dans le premier appel nominal. » Il remplit ensuite une mission dans le centre de la France, où il combattit l'influence de Léonard Bourdon, se rallia au parti des Girondins, et fut arrêté peu après leur chute. Traduit devant le tribunal révolutionnaire (18 frimaire an II), il fut condamné à mort, comme ayant conspiré contre l'unité de la République, et exécuté le 7 décembre 1793. Ses biens, qui avaient été confisqués, furent rendus à sa famille le 14 avril 1795.

NOEL (FRANÇOIS-JOSEPH-MICHEL, CHEVALIER), membre du Tribunat, né à Saint-Germain-en-Laye (Seine-et-Oise) le 12 janvier 1756, mort à Paris le 29 janvier 1841, d'une modeste famille de fripiers, fut admis comme boursier au collège des Grassins, puis à Louis-le-Grand, où il fit de brillantes études. Il prit les ordres mineurs, fut chargé, jeune encore, de la chaire de sixième, puis de celle de troisième, et entra dans la vie politique, porté par les événements de la Révolution. Ses goûts littéraires, qui s'étaient révélés d'abord par quelques poésies et par des *Eloges* de Louis XII et de Vauban, que l'Académie française couronna, le portèrent à défendre les idées nouvelles dans un journal intitulé la *Chronique*. Il se démit de sa chaire, et obtint, au mois d'avril 1792, une place de premier commis au département des Relations extérieures. Il avait figuré précédemment sur une liste de candidats dressée par l'Assemblée nationale après la fuite du roi à Varennes, pour le poste de gouverneur du dauphin ; il ne fut pas donné suite à cette présentation. Noël fut, à la suite du 10 août, chargé d'une mission diplomatique à Londres, puis il se rendit à La Haye en qualité de ministre plénipotentiaire, il y fut si mal reçu (février 1793), qu'il fut obligé de rentrer en France. On le mit en état d'arrestation ; mais, sur la recommandation et l'avis favorable de Robespierre, dont il n'avait pas approuvé pourtant la politique, il fut rendu à la liberté et obtint même un certificat de civisme. Vers la même époque, Noël publia un curieux écrit intitulé :

Lettre sur l'antiquité du bonnet rouge comme signe de liberté. Le 11 mai 1793, il reçut une nouvelle mission: ministre plénipotentiaire à Venise, il y resta jusqu'en janvier 1795, et fut nommé alors membre adjoint de la commission exécutive de l'enseignement, à la place de Clément de Ris. Après la conquête de la Hollande par Pichegru, il fut chargé de demander à la nouvelle république 2 millions de florins. Il épousa à Rotterdam Mlle Bogaërt, fille d'un riche banquier (mai 1797), réclama l'expulsion des émigrés français du territoire Latave, et fit part au gouvernement des menées de Louis XVIII. Remplacé, le 20 octobre 1797, par Charles Delacroix, il fut, en 1798, placé au ministère de l'Intérieur, à la tête de l'importante division des prisons, hôpitaux, octrois et secours publics. Au coup d'Etat du 18 brumaire, il fut nommé membre du Tribunat (4 nivôse an VIII); mais il y siégea peu, ayant accepté les fonctions de commissaire général de police à Lyon (5 mars 1800) : son zèle à servir la cause du premier Consul lui valut des éloges particuliers. Préfet du Haut-Rhin (9 frimaire an IX), il devint, l'année d'après, l'un des trois inspecteurs généraux de l'instruction publique (11 juillet 1802). Le 21 décembre 1808, il fut créé chevalier de l'Empire, et promu inspecteur général. Les gouvernements de la Restauration et de Juillet le maintinrent dans ses fonctions. En 1841, l'année même de sa mort, M. Villemain le nomma officier de la Légion d'honneur: Noël était membre de l'ordre depuis le 4 frimaire an XII. Auteur d'un très grand nombre d'ouvrages d'enseignement, dont sa haute situation dans l'Université imposait en quelque sorte l'usage aux établissements d'instruction publique, il a publié, outre un choix intéressant, paru en 1793, de chansons, d'épigrammes et de vers satiriques sur Louis XIV et sa cour, intitulé : *Le nouveau siècle de Louis XIV,* des *Ephémérides politiques, littéraires et religieuses* (1796-1797), un *Dictionnaire de la Fable* (1801), un *Almanach des prosateurs* (1802-1809) *Conciones poeticæ,* ou des discours choisis des poëtes latins anciens (1803), des *Leçons françaises de littérature et de morale* (1804), choix médiocre de morceaux de la littérature française, qui obtint d'ailleurs une grande vogue, et que l'Université a pratiqué pendant plus d'un demi-siècle ; des *Leçons latines anciennes ; des Leçons latines modernes ; des Leçons anglaises; grecques; allemandes,* etc.; un nouveau *Dictionnaire français-latin* (1808), réédité en 1834, un *Gradus ad Parnassum* (1810), *ouvrages* dépassés considérablement par les travaux de l'érudition moderne; la fameuse *Grammaire française,* en collaboration avec Chapsal, livre que les négligences et les erreurs dont il est rempli n'ont pas empêché d'obtenir un long et brillant succès; un *Nouveau Dictionnaire de la langue française;* des *Leçons d'analyse grammaticale,* etc., et plusieurs éditions d'auteurs français, traductions d'auteurs latins, etc.

NOEL-AGNÈS (Nicolas-Jacques), représentant du peuple en 1849, né à Carteret (Manche) le 17 mai 1794, mort à Cherbourg (Manche) le 5 juillet 1866, fit ses études à Cherbourg et à Caen, entra à l'Ecole polytechnique, et en sortit ingénieur géographe militaire. Il prit part, en cette qualité, à la campagne de Saxe en 1813, et donna sa démission en 1815. Retiré à Cherbourg où il s'occupa d'affaires commerciales, il devint membre du tribunal de commerce de cette ville et conseiller municipal.

Après la révolution de 1830, il exerça l fonctions d'adjoint, puis de maire de Cl bourg, fut nommé conseiller général de Manche et fit partie, comme président, comité chargé d'étudier le projet de chem de fer de Paris à Cherbourg. Candidat li ral aux élections du 9 juillet 1842, da le 3e collège de la Manche (Cherbourg), échoua avec 94 voix contre 174 à l'élu M. Bricqueville et 144 au général Meslin ; ma après la révolution de 1848, il fut élu, 13 mai 1849, représentant de la Manche à l' semblée législative, le 8e sur 13, par 65, voix (94,481 votants, 163,192 inscrits). Il v avec la majorité monarchique, et rentra da la vie privée au coup d'Etat de 1851. M. N Agnès était membre de la Société académi de Cherbourg.

NOEL DES VERGERS (Marin), député 1831 à 1834, né à Ervy (Aube) le 19 août 17 mort à Paris le 8 août 1836. d'une ancien famille de Normandie établie depuis de siècles en Bourgogne et dans la noblesse remo au règne de Charles VI, était négociant à P et président de la chambre de commerce. F le 5 juillet 1831, par 150 voix (170 votar 200 inscrits), contre 9 à M. Jacquinot-Pam lune, député du 5e collège de l'Yonne (Tonner il prit place dans les rangs de la majorité servatrice avec laquelle il vota jusqu'en 1 Son fils, Joseph-Marin-Adolphe, s'est distin comme érudit, comme épigraphiste et com archéologue.

NOGARET (Pierre-Barthélemy-Jose baron), député en 1791, au Conseil des C Cents, et de 1828 à 1841, né à Marvejols (Loz le 28 juin 1762, mort à Paris le 31 août 184 fit recevoir licencié ès-lois, dans le but de succe à son père qui était conseiller à la cour aides de Montpellier. Mais la Révolution tro ses desseins. Il en soutint néanmoins les p cipes, fut nommé, en 1790, administrateu membre du directoire de l'Aveyron, et fut le 8 septembre 1791, député de ce départem à l'Assemblée législative, le 4e sur 9, par 248 (411 votants). Il y prit place parmi les co tutionnels, fut membre du comité colonia protesta contre l'ingérence des tribunes les délibérations de l'assemblée; il parla s sur des questions d'ordre judiciaire. Son dérantisme le fit arrêter par la municipalit Saint-Ouen, le 10 août 1792; mais il fut aus remis en liberté. Président de l'administra du district de Séverac en 1792, il se ti l'écart, et, après l'établissement du gouve ment directorial, fut président de l'admini tion municipale de son canton, en l'an IV l'an V, et membre de l'administration cen de l'Aveyron en l'an VI. Elu, le 24 germin cette dernière année, député du même de tement au Conseil des Cinq-Cents, par 154 (196 votants), il s'y fit peu remarquer, et ad au 18 brumaire. Nommé préfet de l'Hérau 11 ventôse an VIII, il conserva ces fonc jusqu'au mois de janvier 1814, et devint maître des requêtes au conseil d'Etat (21 vier suivant). Il avait été créé baron de pire le 14 février 1810. Il quitta la vie pub à la seconde Restauration, se présenta à l putation, le 28 avril 1828, dans le 3e arro sement électoral de l'Aveyron (Millau), en placement de M. Verchette démissionna fut élu par 130 voix (200 votants, 235 insc contre 64 à M. Clausel de Coussergues. le 23 juin 1830, par 117 voix (220 votants, 24 crits), contre 102 à M. Vezin; le 5 juillet 1831, par 165 voix (175 votants, 295 inscrits); le 21 juin 1834, par 151 voix (230 votants, 300 inscrits); le 4 novembre 1837, par 180 voix (318 votants, 426 inscrits), contre 105 à M. de Gaujal; le 2 mars 1839, par 184 voix (235 votants), il siégea, sous la Restauration, à l'opposition libérale; prit d'abord place, sous Louis-Philippe, dans la majorité ministérielle, mais se rapprocha bientôt du groupe de l'opposition dynastique, et repoussa les lois de septembre, de disjonction et de dotation. A partir de 1837, il présida la Chambre, comme doyen d'âge, à l'ouverture des sessions, et mourut en 1841. Il fut remplacé, le 21 septembre suivant, par M. Pons.

NOGENT-SAINT-LAURENS (Edme-Jean-Joseph-Jules-Henri), député au Corps législatif de 1853 à 1870, né à Orange (Vaucluse) le 27 décembre 1814, mort à Paris le 30 janvier 1882, fils d'un magistrat, fit ses classes au collège d'Avignon, son droit à Aix et à Grenoble, fut reçu avocat en 1836, puis se rendit à Paris en 1838, et se fit inscrire au barreau. Il ne tarda pas à s'y faire remarquer par l'élégance et la facilité de sa parole, et plaida plusieurs fois avec succès en cour d'assises. Devant la Chambre des pairs, il défendit l'un des accusés de l'émeute du 12 mai 1839, et, l'année suivante, le colonel Laborde impliqué dans la tentative bonapartiste de Boulogne. Il écrivit aussi de nombreux et brillants articles dans les journaux politiques. Il ne prit aucune part directe aux événements de 1848; mais, après l'élection du 10 décembre, il se rallia à la politique du prince Louis-Napoléon. Partisan de l'Empire, il entra dans la politique militante avec l'appui du gouvernement, et fut successivement élu député au Corps législatif, dans la 1re circonscription du Loiret, le 4 septembre 1853, en remplacement de M. Lacave, démissionnaire, par 18,093 voix (19,245 votants, 47,782 inscrits); le 22 juin 1857, par 16,805 voix (17,777 votants, 36,490 inscrits), contre 575 voix à M. Alexandre Martin, ancien représentant; le 1er juin 1863, par 20,274 voix (26,407 votants, 38,175 inscrits), contre 6,027 à M. Petau, candidat de l'opposition; le 24 mai 1869, par 21,555 voix (31,410 votants, 39,316 inscrits), contre 9,689 voix à M. Robert de Massy, candidat de l'opposition. Il soutint la politique et les institutions impériales, appuya (session de 1858) le projet des grands travaux de Paris: il y voyait « du pain assuré pour dix ans aux ouvriers », et « l'émeute supprimée par la destruction des vieux quartiers. » Il vota pour la guerre contre la Prusse. Rentré dans la vie privée au 4 septembre 1870, il fut élu conseiller général du canton de Valréas en octobre 1871, et brigua de nouveau, en 1876, le suffrage des électeurs d'Orange, mais il échoua, le 20 février, avec 2,623 voix, contre 9,435 à l'élu, M. Gent. Chevalier de la légion d'honneur en 1853, officier le 12 août 1859, commandeur le 14 août 1866. On a de lui: *Traité de la législation et de la jurisprudence des chemins de fer* (1841); *De la législation des théâtres* (1842); *Éloge d'Hennequin*, etc.

NOGUÉ (Joseph-Raymond-Marie-Nazaire), représentant du peuple en 1848, né à Cadix (Espagne), de parents français négociants en cette ville, le 28 juillet 1801, mort à Pau (Basses-Pyrénées) le 5 juillet 1871, fut élevé à Pau, pays d'origine de sa famille, fit son droit à Paris, et revint ensuite à Pau où il acheta une étude d'avoué. Conseiller municipal de la ville, conseiller général, maire de Pau, il se désista de sa charge d'avoué pour se consacrer à ses fonctions municipales, et eut, avec le préfet, sous Louis-Philippe, des démêlés qui aboutirent au déplacement de ce fonctionnaire. Nommé, en 1848, commissaire du gouvernement provisoire dans les Basses-Pyrénées, il fut élu, le 23 avril suivant, représentant des Basses-Pyrénées à l'Assemblée constituante, le 1er sur 11, par 80,029 voix (90,262 votants, 116,890 inscrits). Républicain modéré, membre du comité des finances, il vota pour le bannissement de la famille d'Orléans, pour les poursuites contre L. Blanc et Caussidière, contre la sanction de la Constitution par le peuple, pour l'ensemble de la Constitution, pour la proposition Rateau, contre l'interdiction des clubs, pour l'expédition de Rome, contre la demande de mise en accusation du président et des ministres. Il ne fut pas réélu à la Législative, et ne reparut pas dans les assemblées parlementaires.

NOGUERES (Thomas), membre de la Convention, né à Puymirol (Lot-et-Garonne) le 4 mai 1739, mort à Paris le 8 novembre 1794, était administrateur du district d'Agen, lorsqu'il fut élu, le 7 septembre 1792, membre de la Convention par le département de Lot-et-Garonne, le 9e et dernier, avec 355 voix (479 votants). Il siégea, sans se faire remarquer, parmi les modérés, et vota, dans le procès du roi, contre l'appel au peuple: « L'amour de ma patrie me commande de dire non; je dis non »; et contre la peine de mort: « J'ai interrogé ma conscience, dit-il, elle m'a dit que Louis était coupable. Je l'ai interrogée comme homme d'État; je vote pour la réclusion. » Il mourut un mois après la clôture de la session.

NOGUÈS (Jean-François-Xavier), député au Corps législatif de l'an XIII à 1808, né à Castelnau-Rivière-Basse (Basses-Pyrénées) le 3 décembre 1769, mort au château de Montas (Hautes-Pyrénées) le 9 janvier 1808, « fils de sieur Antoine Noguès, propriétaire, et de Marie Rauson, son épouse », suivit la carrière militaire et parvint au grade de général de division. Il fut aide-de-camp du prince Louis Bonaparte et connétable de l'Empire. Élu, le 4e jour complémentaire de l'an XIII, par le Sénat conservateur, député des Hautes-Pyrénées au Corps législatif, il devint président de cette assemblée le 6 mars 1806. Il avait eu le commandement de Paris après le départ du prince Louis pour l'armée du Nord, en novembre 1805. Le général Noguès siégea au Corps législatif jusqu'à sa mort (1808). Commandeur de la Légion d'honneur.

NOGUIER-MALIJAY (Louis-Maximilien-Toussaint), député au Conseil des Cinq-Cents et au Corps législatif, né à Marseille (Bouches-du-Rhône) le 12 octobre 1743, mort à Marseille le 23 décembre 1808, était receveur général des finances de Provence et trésorier général des terres adjacentes, au moment de la Révolution. Nommé président d'une des assemblées cantonales de l'arrondissement de Marseille, il passa sans encombre l'époque de la Terreur, et fut élu, le 24 vendémiaire an IV, député des Bouches-du-Rhône au Conseil des Cinq-Cents, par 143 voix (280 votants). Il y remplit d'abord les fonctions de commissaire aux archives en remplacement de Daunou, s'occupa ensuite de questions financières et administratives, et fit partie des commissions du mobilier national et des pétitions. Inscrit sans raison sur la liste des émigrés, il obtint sa radiation en l'an V. Partisan du 18 brumaire et de Bonaparte, il fut élu, le 18 frimaire an XII, par le Sénat conservateur, député des Bouches-du-Rhône au Corps législatif où il siégea jusqu'à sa mort.

NOIROT (JEAN-BAPTISTE), représentant du peuple en 1848, né à Vesoul (Haute-Saône) le 14 novembre 1795, mort à Vesoul le 14 avril 1863, fils d'un négociant, se fixa comme avocat dans sa ville natale en 1819. Sous la Restauration et sous le gouvernement de Louis-Philippe, il se fit connaître pour ses idées libérales et démocratiques, et devint l'un des chefs de l'opposition dans son département. Élu, le 23 avril 1848, représentant de la Haute-Saône à l'Assemblée constituante, le 7e sur 9, par 29,599 voix, il fit partie du comité de la justice, et vota *pour* le bannissement de la famille d'Orléans, *pour* les poursuites contre L. Blanc, *contre* les poursuites contre Caussidière, *contre* l'abolition de la peine de mort, *contre* l'impôt progressif, *contre* l'incompatibilité des fonctions, *contre* l'amendement Grévy, *contre* la sanction de la Constitution par le peuple, *contre* la proposition Rateau, *contre* l'interdiction des clubs, *contre* la demande de mise en accusation du président et des ministres. Il était en congé au moment du vote sur l'ensemble de la Constitution. Partisan du général Cavaignac, il combattit la politique de l'Élysée, ne fut pas réélu à la Législative, et reprit ses fonctions d'avocat à Vesoul.

NOIROT (ALPHONSE-XAVIER), député de 1876 à 1889, né à Vesoul (Haute-Saône) le 2 février 1833, mort à Paris le 24 septembre 1889, fils du précédent, étudia le droit et s'établit avocat à Vesoul. Maire républicain de cette ville pendant l'occupation prussienne (1870-71), il montra une fermeté qui lui valut, aux élections du 8 février 1871 pour l'Assemblée nationale, 12,637 voix dans la Haute-Saône sur 34,563 votants. Il fonda, cette même année, l'*Avenir de la Haute-Saône*, journal républicain. De nouveau candidat des républicains à la Chambre des députés dans l'arrondissement de Vesoul aux élections du 20 février 1876, il l'emporta au scrutin de ballottage (5 mars), avec 12,229 suffrages (24,134 votants, 28,650 inscrits), sur son concurrent monarchiste, M. de Courcelles (11,666 voix). Deux autres conservateurs, MM. d'Andelarre et de Saint-Mauris, s'étaient retirés de la lutte après le premier tour de scrutin. M. Noirot siégea sur les bancs de la gauche républicaine et fut des 363. Réélu à ce titre, le 14 octobre 1877, par 12,983 voix (24,444 votants, 29,159 inscrits), contre 11,302 à M. Gevrey, candidat officiel du gouvernement du Seize-Mai, il suivit la même ligne politique que précédemment, et parla sur le budget de la Légion d'honneur, sur le projet de loi relatif au conseil d'Etat, dans la discussion du projet de loi sur la réforme judiciaire. Réélu de nouveau, le 21 août 1881, député de Vesoul, par 14,235 voix (23,553 votants, 28,908 inscrits), contre 8,970 à M. Suchaux, il reprit sa place dans la majorité, soutint la politique opportuniste, intervint dans la discussion du budget des cultes, et fut nommé, le 27 février 1883, sous-secrétaire d'Etat au ministère de la Justice, spécialement chargé du service des cultes. Comme tel, il eut à soutenir à la tribune parlementaire le maintien du budget des cultes (1883). Il s'associa aux divers actes du cabinet Ferry, et donna sa démission de sous-secré-

taire d'Etat à la chute du cabinet, le 31 mars 1885. Porté sur la liste opportuniste de la Haute-Saône en octobre suivant, il fut élu, au second tour de scrutin (le 18 octobre), le 5e et dernier, par 37,245 voix (73,595 votants, 87,09 inscrits). M. Noirot sontint les cabinets Rouvier et Tirard, vota l'expulsion des princes, fut nommé conseiller à la cour des Comptes et fut remplacé à la Chambre, le 29 janvier 1888, par M. Mercier. Secrétaire perpétuel de la Société d'agriculture, sciences et arts de la Haute-Saône.

NOIZET DE SAINT-PAUL (JEAN-FRANÇOIS-GASPARD), député au Corps législatif de 1811 à 1815, né à Hesdin (Pas-de-Calais) le 2 novembre 1749, mort à Paris le 3 août 1837, « fils de messire Antoine-Joseph-Gaspard Noizet de Saint-Paul, chevalier de l'ordre royal et militaire de Saint-Louis, colonel d'infanterie, ingénieur en chef à Hesdin, puis maréchal de camp directeur des fortifications d'Artois et de Picardie, commandeur du fort Saint-Louis-Lille, et dame Marguerite-Rosalie Blin de Barly », entra, après trois années d'études préliminaires, comme lieutenant en second à l'Ecole du génie de Mézières le 1er janvier 1769, devint lieutenant en premier le 1er janvier 1771 et capitaine le 8 avril 1779. Employé dans différentes places frontières (Landau, Brest), pendant les premières campagnes de la Révolution il reçut (vendémiaire an III) le brevet de chef de bataillon, fut promu chef de brigade par les représentants du peuple à l'armée du Nord le 8 ventôse an IV, et fut appelé, le 14 thermidor an VII, au commandement de la direction de la place d'Arras, qu'il conserva jusqu'à sa mise à la retraite. Il avait été détaché pendant quelque temps au comité des fortifications à Paris, puis, en l'an IX, sur les côtes de Bretagne, où il s'était distingué. Rentré dans sa direction, l'année suivante, il reçut, le 19 floréal an XII, la décoration de membre de la Légion d'honneur et celle d'officier du même ordre le 25 prairial suivant. Le 2 mai 1809, Noizet de Saint-Paul fut élu, par le Sénat conservateur, député du Pas-de-Calais au Corps législatif, où il siégea jusqu'en 1815. Il avait été nommé, en 1814, commandeur de l'ordre de Saint-Louis. Le 1er août 1815, il fut admis à la retraite de maréchal de camp, avec jouissance honorifique de ce grade, et se retira dans sa propriété de Barly-Fosseux. Dans le cours de sa carrière militaire, il a publié sur l'art de la fortification deux ouvrages très estimés.

NOLF (PIERRE-LOUIS-JOSEPH), député en 1789, né à Wazemmes (Nord) le 17 mai 1746, mort à une date inconnue, était curé de la paroisse de Saint-Pierre à Lille, quand il fut élu, le 27 avril 1789, député suppléant du clergé aux Etats-Généraux par le bailliage de Lille. Admis à siéger, le 24 août 1789, à la place de l'évêque de Tournay, il prit place dans la majorité réformatrice, fit partie du comité de liquidation, parla sur le traitement des titulaires ecclésiastiques, donna lecture d'une adresse patriotique des jeunes citoyens de Lille, prêta le serment civique (27 décembre 1790), et assista à l'installation (26 mars 1791) de Gobel, évêque constitutionnel de Paris. Après la session, il disparut de la scène politique.

NOLLET. — *Voy.* LAIPAUD (COMTE DE).

NOMPAR. — *Voy.* CAUMONT-LAFORCE (DUC DE).

NOMPÈRE. — *Voy.* CHAMPAGNY (DE).

NORMAND (JEAN-FRANÇOIS-GASPARD, BARON LE), député au Conseil des Cinq-Cents, né à Nantes (Loire-Inférieure) le 21 juin 1772, mort à une date inconnue, servit aux armées de Sambre-et-Meuse et du Nord, où il obtint le grade de chef de brigade. Élu, le 28 germinal an V, député de la Loire-Inférieure au Conseil des Cinq-Cents, par 140 voix (201 votants), il s'y montra l'adversaire du Directoire, proposa de rendre effective la responsabilité des agents du gouvernement, demanda que la garde du Corps législatif ne pût recevoir d'ordre que des Conseils, et que son effectif fût augmenté, et fit un rapport où il démontrait que la marche des troupes sur Paris était un indice des intentions du pouvoir exécutif. Condamné à la déportation au 18 fructidor, ses amis obtinrent sa radiation de la liste, mais son élection fut annulée. Normand se rendit, quelque temps après, à l'armée du Rhin, comme général de brigade, sous les ordres de Moreau avec lequel il se lia. Compromis dans le procès du général, qu'il défendit maladroitement, il fut détenu à Ham, puis obtint sa grâce de Napoléon, qui lui confia le commandement d'une brigade de réserve, et le créa baron de l'empire le 16 août 1810. On le perd de vue à partir de cette époque.

NORMAND (PIERRE-FRANÇOIS-HUBERT), député au Corps législatif de 1852 à 1863, né à Montfort-l'Amaury (Seine-et-Oise) le 12 octobre 1782, mort à Paris le 23 mars 1863, entra à l'Ecole polytechnique, en sortit, en 1803, lieutenant au 5e d'artillerie à pied, et fit campagne en 1805 à l'armée des côtes de l'Océan, et, en 1806, en Prusse et en Pologne. Professeur à l'Ecole d'application de Metz, il se battit pendant la campagne de France (1814), et fut promu chef de bataillon. Colonel à l'ancienneté en 1834, il commanda l'artillerie au camp de Saint-Omer (1838), et fut mis à la retraite par temps après. Conseiller général d'Eure-et-Loir, il fut élu, avec l'appui du gouvernement, le 29 février 1852, député de la 2e circonscription d'Eure-et-Loir au Corps législatif, par 23,694 voix (29,429 votants, 42,062 inscrits), contre 4,100 à M. Desmousseaux de Givré, ancien représentant, et 614 à M. Noël Parfait; il vota *pour* le rétablissement de l'Empire, obtint sa réélection le 22 juin 1857, par 15,488 voix (26,203 votants, 40,489 inscrits), contre 10,416 à M. Henri Bosselet, et siégea jusqu'en 1863, date de son décès, dans les rangs de la majorité dynastique. Commandeur de la Légion d'honneur (13 novembre 1842).

NORMANT (ANTOINE), représentant du peuple en 1848, né à Villefranche-sur-Cher (Loir-et-Cher) le 17 mai 1784, mort à Romorantin (Loir-et-Cher) le 6 septembre 1849, orphelin de bonne heure et l'aîné de sept frères et sœurs, fut d'abord simple ouvrier drapier, puis fonda, en 1809, une importante manufacture de draps qui occupa par la suite à Romorantin près de 2,000 ouvriers. Ce fut lui qui introduisit en 1811 dans cette ville les premières machines à fabriquer le drap. Maire de Romorantin, conseiller général du département, il fonda, de ses deniers, en 1835, une salle d'asile, et aida les malheureux de sa bourse lors de la disette de 1847. Il fut élu, le 23 avril 1848, représentant de Loir-et-Cher à l'Assemblée constituante, le 3e sur 6, par 45,808 voix

(60,934 votants, 66,677 inscrits). Il fit partie du comité du travail, et vota *pour* le bannissement de la famille d'Orléans, *contre* l'abolition de la peine de mort, *contre* l'incompatibilité des fonctions, *contre* l'amendement Grévy, *contre* la sanction de la Constitution par le peuple et *contre* la proposition Rateau. Il était absent lors du vote sur l'ensemble de la Constitution: sa mauvaise santé ne lui permit pas d'ailleurs de siéger assidûment. Non réélu à la Législative, il mourut quelques mois après.

NORMANT-DESSALES (FRANÇOIS-CLET-ACHILLE LE), représentant du peuple en 1849, né à Paris le 5 février 1791, servit dans l'arme du génie. Il prit sa retraite avec le grade de capitaine, devint conseiller général des Côtes-du-Nord, et, le 13 mai 1849, fut élu représentant de ce département à l'Assemblée législative, le 10e sur 13, par 44,909 voix (110,201 votants, 164,242 inscrits). Conservateur monarchiste, il siégea à droite et vota *pour* l'expédition de Rome, *pour* la loi Falloux-Parieu sur l'enseignement, *pour* la loi restrictive du suffrage universel. Il n'appartint pas à d'autres assemblées.

NOSEREAU (GABRIEL), député de 1834 à 1848, né à Loudun (Vienne) le 7 février 1789, mort à Loudun le 11 juin 1874, appartint à l'armée, devint capitaine du génie et remplit les fonctions d'ingénieur de la marine. Élu, le 21 juin 1834, député du 4e collège de la Vienne (Loudun), par 111 voix (185 votants, 217 inscrits) contre 68 à M. Dupetit, il prit place sur les bancs de la gauche, et vota le plus souvent avec l'opposition constitutionnelle. Successivement réélu : le 4 novembre 1837, par 116 voix (121 votants, 217 inscrits); le 2 mars 1839, par 133 voix (178 votants); le 9 juillet 1842, par 130 voix (137 votants, 204 inscrits); et le 1er août 1846, par 154 voix (172 votants, 227 inscrits), M. Nosereau continua d'appuyer de son vote les opinions de la fraction la plus modérée du parti libéral. Il se prononça : *pour* le projet de loi sur les incompatibilités parlementaires, *pour* l'adjonction des capacités au cens électoral, *contre* la dotation du duc de Nemours, et (1845) *contre* l'indemnité Pritchard. Son nom ne figure pas parmi les signataires de la proposition de mise en accusation du cabinet Guizot en 1848. Admis à la retraite le 26 février 1849, comme directeur des constructions navales, M. Nosereau vécut dès lors à l'écart des affaires publiques. Chevalier de la Légion d'honneur.

NOT (JEAN-BAPTISTE), représentant à la Chambre des Cent-Jours, né à Rumigny (Ardennes) le 1er décembre 1752, mort à une date inconnue, « fils de Toussaint Not, laboureur, et de Marie-Anne Dardenne, » était propriétaire à Vervins. Élu, le 8 mai 1815, représentant à la Chambre des Cent-Jours par le grand collège de l'Aisne, avec 55 voix (106 votants, 280 inscrits) il se fit peu remarquer dans cette courte législature, et ne fit pas partie d'autres assemblées.

NOUALHIER (MARTIAL-JOSEPH), député au Corps législatif de 1852 à 1870, né à Limoges (Haute-Vienne) le 1er mai 1803, descendant de la famille des émailleurs limousins célèbres depuis le XVIIe siècle, fut directeur d'une fabrique de porcelaine et d'une exploitation de kaolin, juge au tribunal de commerce de

Limoges de 1840 à 1844, conseiller municipal en 1835, adjoint au maire de 1853 à 1860, maire de la ville et chevalier de la Légion d'honneur. Il fut successivement élu député au Corps législatif, dans la 1re circonscription de la Haute-Vienne, comme candidat du gouvernement, le 29 février 1852, par 21,217 voix (21,711 votants, 40,909 inscrits); le 22 juin 1857, par 13,735 voix (19,783 votants, 35,989 inscrits), contre 5,679 voix à M. Jules Bastide, candidat de l'opposition républicaine et ancien représentant, et 252 à M. Louis Ardant; le 1er juin 1863, par 19,496 voix (26,329 votants, 40,357 inscrits), contre 6,685 à M. Th. Bac, ancien représentant; le 24 mai 1869, par 16,141 voix (31,974 votants, 47,531 inscrits), contre 11,833 à M. J. Simon, 1,793 à M. Ducoux et 2,146 à M. Fontaneau. M. Noualhier défendit constamment les institutions impériales. Membre et vice-président du conseil général de la Haute-Vienne, il rentra dans la vie privée à la révolution du 4 septembre.

NOUBEL (RAYMOND-FRANÇOIS-ABRAHAM), représentant à la Chambre des Cent-Jours, né à Agen (Lot-et-Garonne) le 11 janvier 1762, mort à Agen le 27 mai 1840, « fils du sieur Jean Noubel, imprimeur, et de Mlle Elisabeth Fisse », qualifié homme de lettres à Agen, et conseiller général, fut élu, le 15 mai 1815, représentant de l'arrondissement d'Agen à la Chambre des Cent-Jours, par 17 voix (25 votants). Il rentra dans la vie privée après cette courte législature.

NOUBEL (RAYMOND-HENRI), député au Corps législatif de 1852 à 1870, sénateur de 1876 à 1879, né à Agen (Lot-et-Garonne) le 2 juin 1822 fut d'abord imprimeur et directeur du *Journal de Lot-et-Garonne* où il défendit la politique du prince Louis-Napoléon. Maire d'Agen et conseiller général du 2e canton de cette ville, il fut successivement élu député au Corps législatif par la 1re circonscription de Lot-et-Garonne, comme candidat du gouvernement, le 29 février 1852, avec 18,205 voix (23,759 votants, 34,802 inscrits), contre 5,221 au comte de Beaumont; le 22 juin 1857, par 19,635 voix (21,483 votants, 33,696 inscrits), contre 1,808 à M. Emm. Arago; le 1er juin 1863, par 15,133 voix (25,545 votants, 33,715 inscrits), contre 10,349 à M. Baze, ancien représentant; le 24 mai 1869, par 19,379 voix (28,317 votants, 34,550 inscrits), contre 7,545 à M. Baze et 1,330 à M. P. Duprat. Membre militant de la majorité dynastique, il affirma à la tribune que la France s'était jetée, en 1851, « aux pieds de Louis-Napoléon »; et, comme on protestait : « Pas aux pieds, si vous voulez, répliqua-t-il, mais dans ses bras. » Il fit partie de plusieurs commissions importantes, combattit le ministère libéral du 2 janvier 1870, et vota *pour* la guerre contre la Prusse. Rentré en 1870 dans la vie privée, officier de la Légion d'honneur du 14 août 1868, et officier de l'instruction publique, il se porta comme candidat bonapartiste au Sénat, en 1876, et fut élu, le 30 janvier, dans le Lot-et-Garonne, par 198 voix (392 votants). Il prit place au groupe de l'Appel au peuple, et vota la dissolution de la Chambre demandée par le ministère de Broglie, le 23 juin 1877; il échoua, le 5 janvier 1879, au renouvellement triennal du Sénat, avec 184 voix sur 397 votants. La mort du prince impérial au Zoulouland acheva de l'éloigner de la politique.

NOUGARÈDE DE FAYET (ANDRÉ-JEAN-SIMON, BARON), député au Corps législatif de l'an XII à 1815, né à Montpellier (Hérault) le 20 septembre 1765, mort à Paris le 20 août 1845, « fils de François Nougarède, président trésorier de France de la généralité de Montpellier, et de dame Louise-Thérèse-Anne-Gabrielle de Maupel, » appartenait à une famille noble du Rouergue. La Révolution le trouva conseiller à la cour des aides et finances de Montpellier. Entré dans l'arme du génie après 1789, il y parvint au grade de lieutenant ; mais il quitta le service en l'an XI, pour entrer comme auditeur au conseil d'Etat. Puis le Sénat conservateur l'appela (29 thermidor an XIII) à représenter l'Hérault au Corps législatif, où il siégea pendant toute la durée de l'Empire, ayant obtenu, le 10 août 1810, le renouvellement de son mandat ; il y fut rapporteur du quatrième livre du code pénal. Conseiller à vie de l'Université le 16 septembre 1808, baron de l'Empire le 1er avril 1809, président de chambre à la cour impériale de Paris (8 décembre 1810), et maître des requêtes au conseil d'Etat (14 avril 1813), il adhéra un des premiers à la chute de Napoléon (6 avril 1814), et conserva ainsi toutes ses dignités sous la première Restauration. Mais, étant resté en fonctions pendant les Cent-Jours, il fut révoqué en juillet 1815. On a de lui un assez grand nombre de travaux sur des matières d'histoire et de jurisprudence : *Essai sur l'histoire de la puissance paternelle* (1801); *De la législation sur le mariage et sur le divorce* (1802); *Histoire des lois sur le mariage et sur le divorce depuis leur origine dans le droit civil et coutumier jusqu'à la fin du dix-huitième siècle* (1803); *Jurisprudence du mariage, conférée avec le droit romain, le droit canonique et le droit français* (1817); *Histoire de la Révolution qui renversa la République romaine et qui amena l'établissement de l'Empire* (1820); *Histoire du siècle d'Auguste et de l'établissement de l'empire romain)*1840).

NOUGARÈDE DE FAYET (AUGUSTE, BARON), député au Corps législatif de 1852 à 1853, né à Paris le 6 avril 1811, mort à Montpellier (Hérault) le 18 août 1853, fils du précédent, et petit-fils, par sa mère, de Bigot de Préameneu ancien ministre des cultes, fut élève de l'Ecole polytechnique (1831-1833), et s'adonna à d'intéressants travaux historiques et scientifiques. Il se fit connaître par la publication d'un très grand nombre d'ouvrages sur divers sujets, tels que : *Du duel sous le rapport de la législation et des mœurs* (1838); *De l'électricité dans ses rapports avec la lumière, la chaleur et la constitution des corps* (1839); *Notions générales sur les sciences mathématiques et physiques* (1848); *Essai sur la constitution romaine* (1842); *Des anciens peuples de l'Europe et de leurs premières migrations* (1842); *Notice sur la vie et les travaux de M. le comte Bigot de Préameneu* (1843); *Lettres sur l'Angleterre et la France* (1847-48); *Essai sur les causes mécaniques de la circulation du sang* (1842); *De la constitution républicaine à donner à la France et du danger d'une assemblée unique* (1848); *Du socialisme et des associations entre ouvriers* (1849). Partisan de la politique de Bonaparte, il fut, le 29 février 1852, élu, comme candidat du gouvernement, député au Corps législatif dans la 3e circonscription de l'Aveyron, par 20,382 voix (20,544 votants, 35,094 inscrits). Il prit part au rétablissement de l'Empire et fit partie de la majorité dynastique. Décédé en août 1853, il fut remplacé, le 4 septembre suivant, par M. Aug. Chevalier.

NOURISSON (Jean-Baptiste-Antoine, chevalier), député au Corps législatif de l'an X à 1806, représentant aux Cent-Jours, député de 1822 à 1824, né à Lyon (Rhône) le 22 novembre 1768, mort à Besançon (Doubs) le 23 juillet 1855, était commissaire du gouvernement près le tribunal de Gray, lorsqu'il fut élu, le 6 germinal an X, par le Sénat conservateur, député de la Haute-Saône au Corps législatif; il siégea dans cette assemblée jusqu'en 1806. Substitut du procureur impérial à Besançon en 1811, chevalier de l'Empire le 11 septembre 1813, il reparut à la Chambre des représentants pendant les Cent-Jours, le 13 mai 1815, comme l'élu du grand collège de la Haute-Saône, par 117 voix sur 151 votants et 244 inscrits. Il appartint, sous la Restauration, au parti « constitutionnel », et, après avoir échoué, comme candidat à la Chambre des députés, le 13 novembre 1820, avec 63 voix contre 68 à l'élu, M. Bressand de Raze, puis, le 28 janvier 1822, dans le 2e arrondissement de la Haute-Saône (Vesoul), avec 91 voix contre 115 à l'élu, M. Galuiche, (il s'agissait alors de remplacer M. Martin, démissionnaire), il réussit à devenir député de Gray, le 20 novembre 1822, par 137 voix (259 votants, 310 inscrits) contre 94 à M. Brusset et 25 à M. Garnier, maire de Gray. Il vota avec l'opposition jusqu'en 1824, et quitta ensuite la vie politique.

NOUSSITOU (Vincent), député en 1789 et au Conseil des Cinq-Cents, né à Sarrance (Basses-Pyrénées) le 22 janvier 1765, mort à Pau (Basses-Pyrénées) le 6 mai 1823, était avocat à Pau au moment de la Révolution. Partisan des idées nouvelles, il fut élu, le 10 juin 1789, député du tiers aux Etats-Généraux par le Béarn, et défendit si bien les intérêts de sa province qu'il mérita les félicitations officielles de la ville de Pau. Il vécut ensuite dans la retraite jusqu'à l'établissement du gouvernement directorial, et fut élu, le 24 germinal an V, député des Basses-Pyrénées au Conseil des Cinq-Cents, par 169 voix (198 votants); il ne s'y fit pas remarquer, et le *Moniteur* ne mentionne pas son nom. Rallié au 18 brumaire, il devint juge au tribunal criminel de Pau (4 prairial an VIII), conseiller à la cour impériale de cette même ville (14 juillet 1811), et fut confirmé dans ces fonctions judiciaires par la seconde Restauration, le 13 mars 1816.

NOVION (Jean-Victor, comte de), député en 1789, né à Thionville (Moselle) le 20 novembre 1745, mort le 18 juillet 1825, « fils de François-Victor de Novion, capitaine au bataillon de milice de Laon, et de dame Marguerite du Vigneau, » appartenait à une famille de robe. Destiné à la carrière militaire, il était capitaine d'infanterie en 1789, et chevalier de Saint-Louis. La noblesse du bailliage du Vermandois l'ayant élu, le 23 mars, député suppléant aux Etats-Généraux, par 130 voix, il fut admis à siéger, le 3 août 1790, en remplacement de M. de Miremont, démissionnaire. M. de Novion vota avec le côté droit, demanda un congé indéfini le 28 novembre 1790, émigra, et se rendit à Londres, puis à Lisbonne, où il

organisa un corps de police municipale, et remplit pour le compte du gouvernement portugais, pendant l'occupation française, les fonctions de commandant de place. De retour en France en 1814, il fut nommé par la Restauration, le 7 février 1816, prévôt militaire du département de l'Aisne, et fut admis à la retraite le 21 juillet 1819, avec le grade de maréchal de camp.

NOYELLES (Louis-Séraphin du Chambge, baron de), député en 1789, né le 21 janvier 1732, mort à Oostkerche (Belgique) le 17 janvier 1794, fut élu, le 7 janvier 1789, député de la noblesse aux Etats-Généraux par le bailliage de Lille. Il tint pour l'ancien régime, opina avec la droite et donna sa démission dès le 29 décembre 1789. Il mourut en émigration.

NUGUE (Antoine-Laurent, chevalier), député au Conseil des Cinq-Cents, né à Charvieux (Isère) le 24 juin 1757, mort à Lyon (Rhône) le 15 novembre 1830, était homme de loi à Vienne en 1789. Nommé, en 1791, administrateur de l'Isère, il fut élu, le 24 vendémiaire an IV, député de ce département au Conseil des Cinq-Cents, par 222 voix (347 votants). Il s'occupa surtout des questions financières, fit partie du comité des impôts, et parla sur la régularisation du papier-monnaie et sur la façon de déterminer la purge des hypothèques. Commissaire près le tribunal criminel du Rhône, membre de la Légion d'honneur (25 prairial an XII), il fut créé chevalier de l'Empire, le 30 octobre 1810. Substitut de l'avocat général à Lyon le 2 août 1811, il fut promu, à la seconde Restauration, président de la cour royale de Lyon (25 octobre 1815 .

NUGUES (Saint-Cyr, baron), dit Saint-Cyr-Nugues, pair de France, né à Romans (Drôme) le 16 octobre 1774, mort à Vichy (Allier) le 25 juillet 1842, « fils à sieur Claude-Etienne Nugues, négociant en gros, et à demoiselle Charlotte Enfantin », suivit la carrière militaire et fit les guerres de la République et de l'Empire. Le 18 août 1810, il reçut le titre de chevalier de l'Empire et, le 13 juillet 1811, celui de baron. Il avait, dans l'armée, le grade de lieutenant-général, lorsqu'une ordonnance royale l'appela (25 janvier 1833) à faire partie de la Chambre des pairs, où il siégea parmi les soutiens du pouvoir jusqu'en 1842, époque de son décès. Grand-croix de la Légion d'honneur.

NULLY D'HÉCOURT (Pierre-Georges-Marie de), représentant à la Chambre des Cent-Jours, député de 1817 à 1822, né à Allone (Oise) le 5 janvier 1764, mort à Beauvais (Oise) le 13 juillet 1839, propriétaire dans cette ville, et maire depuis 1802, fut élu, le 10 mai 1815, représentant à la Chambre des Cent-Jours, par le grand collège de l'Oise, avec 49 voix (83 votants). D'opinions libérales, il se représenta avec succès, à la députation; le 20 septembre 1817, et fut élu par le grand collège de l'Oise, avec 386 voix (691 votants, 1,181 inscrits). Nully d'Hécourt prit place au centre gauche et opina avec l'opposition constitutionnelle; il vota cependant la loi électorale. Chevalier de la Légion d'honneur.

O

OBELIN DE KERGAL (MATHURIN-JEAN-FRANÇOIS), membre de la Convention, député au Conseil des Cinq-Cents et au Corps législatif de l'an VIII à 1804, né à Saint-Malo (Ille-et-Vilaine) en 1736, mort à une date inconnue, était juge du district de Saint-Malo, et haut juré pour le département d'Ille-et-Vilaine, lorsqu'il fut élu (7 septembre 1792) membre de la Convention par ce département, le 9e sur 10, « à la pluralité des voix ». Dans le procès du roi, Obelin vota « pour la réclusion pendant la guerre et la déportation à la paix. » Ayant pris, au 31 mai, la défense des Girondins, et s'étant associé à la protestation du 6 juin, il fut du nombre des 73 députés décrétés d'arrestation, et ne recouvra la liberté qu'après le 9 thermidor, Rappelé à la Convention le 18 frimaire an III, il s'y fit peu remarquer. Il obtint sa réélection au Conseil des Cinq-Cents, le 22 vendémiaire an IV, dans trois départements : dans l'Ille-et-Vilaine, « à la pluralité des voix », dans les Côtes-du-Nord, par 204 voix (377 votants), et dans la Somme, par 204 voix (315 votants). Il fit partie de nombreuses commissions et notamment de celle de la comptabilité nationale, fit adopter un projet sur le délai de l'appel des jugements par défaut, en présenta un autre pour la liquidation de la comptabilité arriérée, sortit du Conseil le 1er prairial an V, et fut nommé, en l'an VI, commissaire de la trésorerie nationale. Appelé au nouveau Corps législatif (8 prairial an VIII) par le Sénat conservateur, comme député d'Ille-et-Vilaine, il exerça ce mandat jusqu'en 1804, et fut nommé, le 14 avril 1811, conseiller à la cour impériale de Rennes. Il fut admis à la retraite, comme magistrat, en 1816.

OBERKAMPF (EMILE, BARON), député de 1827 à 1831, né à Jouy-en-Josas (Seine-et-Oise) le 1er novembre 1787, mort à Paris le 10 avril 1837, fils du célèbre industriel allemand, naturalisé français, Guillaume-Philippe Oberkampf (1738-1815), succéda à son père dans la direction de la manufacture de toiles peintes de Jouy. D'opinions libérales, il fut élu, le 24 novembre 1827, par 146 voix (288 votants, 314 inscrits), député de Seine-et-Oise au grand collège. « Les électeurs constitutionnels, écrivait à ce sujet un biographe, ont voulu récompenser en sa personne les services immenses que son vertueux père a rendus à son pays, et prouver que les lettres, les arts, le commerce, la haute propriété, les sciences et tout ce qu'il y a d'honorable en France ont des droits incontestables aux distinctions nationales. » Il siégea auprès du comte de Lameth, vota comme lui avec l'opposition de gauche, fut des 221, et obtint sa réélection le 19 juillet 1830, avec 174 voix (330 votants, 356 inscrits). Il prit part à l'établissement de la monarchie de Louis-Philippe et quitta la vie parlementaire en 1831. Il avait été créé baron le 12 février 1820, et était conseiller général de Seine-et-Oise. Chevalier de la Légion d'honneur.

OBERLIN (EUGÈNE-VALENTIN D'), BARON DE MUTTERSBACH, député de 1830 à 1831, de 1834 à 1837, et pair de France, né à Bouxwiller (Bas-Rhin) le 25 avril 1785, mort au château du Portail (Loir-et-Cher) le 25 octobre 1848, fils d'André d'Oberlin de Muttersbach, colonel général de hussards, et de Louise-Madeleine-Jacob Philippe de Moucheton, » suivit la carrière militaire et parvint au grade de colonel de cavalerie. Chevalier de l'Empire du 25 février 1813, il entra dans la vie politique le 19 juillet 1830, ayant été élu député de Loir-et-Cher, au grand collège, par 83 voix (152 votants, 171 inscrits contre 68 à M. de Salaberry. M. d'Oberlin se montra le partisan zélé de la monarchie de Louis-Philippe et siégea jusqu'en 1831 dans la majorité conservatrice. Les élections du 21 juin 1834 le ramenèrent à la Chambre : élu cette fois dans le 2e collège de Loir-et-Cher (Romorantin), par 99 voix (151 votants, 201 inscrits contre 50 à M. Durand, il continua à soutenir de ses votes le gouvernement. Une ordonnance royale du 25 décembre 1841 l'éleva à la pairie, il appartint à la Chambre haute jusqu'à la révolution de février, et mourut peu après (25 octobre) en son château du Portail (Loir-et-Cher). Il était conseiller général de son département et officier de la Légion d'honneur.

OBISSIER-SAINT-MARTIN (LOUIS-ANTOINE-MARGUERITE), député depuis 1884, né à Guîtres (Gironde) le 26 novembre 1833, étudia le droit, se fit recevoir docteur, et se fixa comme avocat à Libourne. Nommé, après le 4 septembre 1870, sous-préfet de Narbonne, fut révoqué au 24 mai 1873, et rentra dans l'administration en 1876 comme secrétaire général de la préfecture de la Vienne, fonctions qui lui furent encore enlevées par le cabinet du 16 mai. Réintégré en 1878, il passa, au même titre, dans la Loire (1879), puis dans le Rhône (1880), et fut appelé en 1880 à la préfecture de la Vienne. Conseiller général de la Gironde pour le canton de Guîtres (Gironde), il donna sa démission de préfet en 1884, pour se présenter, en remplacement de M. Lalanne, décédé, comme candidat à la députation dans la 2e circonscription de Libourne : il fut élu, le 6 juillet, par 7,658 voix (13,031 votants, 18,302 inscrits), contre 5,272 à M. Troplong, conservateur. M. Obissier-Saint-Martin siégea à l'Union républicaine, soutint la politique opportuniste et vota *pour* les crédits du Tonkin. Porté, 4 octobre 1885, sur la liste républicaine modérée de la Gironde, il fut élu, au second tour de scrutin, le 5e sur 11, député de ce département par 88,954 voix (162,286 votants, 203,661 inscrits). Il reprit sa place dans la majorité, vota l'expulsion des princes, appuya les cabinets Rouvier et Tirard, se montra hostile au mouvement boulangiste, et se prononça, dans la dernière session, *pour* le rétablissement du scrutin d'arrondissement (11 février 1889), *pour* l'ajournement indéfini de la revision de la Constitution, *pour* les poursuites contre trois députés membres de la Ligue des patriotes, *pour* le projet de loi Lisbonne restrictif de la liberté de la presse, *pour* les poursuites contre le général Boulanger. Chevalier de la Légion d'honneur.

(1834), président du comice viticole et agricole de Libourne.

ODIER (ANTOINE), député de 1827 à 1837, et pair de France, né à Genève (Suisse) le 15 mai 1766, mort à Paris le 19 août 1853, « fils d'Antoine Odier, bourgeois, et de Louise Devillas », vint fort jeune en France et devint associé d'une maison de commission. Etabli à Lorient, il entra, à l'époque de la Révolution, dans la municipalité de cette ville, sous le bénéfice de la loi de 1790 qui rendait la qualité de Français aux descendants des réfugiés. Partisan des Girondins, il fut arrêté en 1793, ne recouvra sa liberté qu'au 9 thermidor, voyagea ensuite en Europe, fonda à Wasserling (Haut-Rhin) une fabrique de toiles peintes, et créa une maison de banque à Paris. Membre, puis président du tribunal de commerce de cette ville, censeur de la Banque de France, membre de la commission de surveillance de la caisse d'amortissement et des dépôts et consignations, et du conseil supérieur du commerce en 1819, il fut successivement élu député du collège de département de la Seine : le 24 novembre 1827, par 1,485 voix (1,940 votants, 2,195 inscrits), et le 19 juillet 1830, par 1,707 voix (2,158 votants) ; puis, dans le 3e arrondissement de Paris, le 5 juillet 1831, par 680 voix (1,230 votants), et, le 21 juin 1834, par 642 voix (931 votants, 1,237 inscrits). M. Odier prit place, sous la Restauration, dans les rangs de l'opposition libérale, vota l'adresse des 221, se rallia au gouvernement de juillet, et soutint la politique de M. Laffitte et Casimir Périer. Conseiller général de la Seine en 1831, il fut nommé pair de France le 3 octobre 1837. Il siégea parmi les partisans les plus dévoués du gouvernement jusqu'à la révolution de 1848. La politique du prince Louis-Napoléon ne le satisfit pas. Désigné, après le coup d'État du 2 décembre, pour faire partie de la Commission consultative, il refusa d'y siéger, et mourut l'année suivante.

ODIER-LAPLAINE (PIERRE-AGATHANGE, COMTE), représentant à la Chambre des Cent-Jours, né à Saint-Marcellin (Isère) le 16 octobre 1774, mort à Paris le 8 mars 1825, « fils de Claude-Joseph Odier, procureur au bailliage de Saint-Marcellin, et de Marie-Anne Véron ». fut commissaire des guerres pendant la Révolution, aux armées du Rhin et de Sambre-et-Meuse, puis à l'armée d'Italie, et, sous l'empire, à l'armée d'Allemagne en 1805, 1806 et 1807, puis à l'armée d'Espagne. En 1812, il fut nommé sous-inspecteur aux revues de la garde impériale. Elu, le 11 mai 1815, représentant à la Chambre des Cent-Jours, par l'arrondissement de Saint-Marcellin, avec 40 voix (68 votants), il fut, à la seconde Restauration, nommé, le 15 septembre 1817, sous-intendant de 1re classe, et professeur d'administration à l'école d'état-major. On a de lui : *De la réforme dans l'administration militaire* (1818) ; *Cours d'études d'administration militaire* (1824-25, 7 volumes), ouvrage estimé, etc.

ODOARD DU HAZAY (CHARLES-LÉONARD, CHEVALIER), député de 1815 à 1816, né à Sainte-Barbe-sur-Gaillon (Eure) le 9 septembre 1774, mort à Rouen (Seine-Inférieure) le 20 décembre 1859, était officier des armées du roi et chevalier de Saint-Louis à l'époque de la Révolution. Il quitta l'armée, et vécut dans la retraite jusqu'au retour des Bourbons. Nommé alors colonel honoraire en résidence à Romans, il fut élu, le 22 août 1815, député du grand collège de la Seine-Inférieure, par 96 voix (186 votants,

248 inscrits). Il siégea dans la majorité de la Chambre introuvable, demanda que les chevaliers de Saint-Louis fussent électeurs de droit, réclama le même privilège pour les membres de la Légion d'honneur qui, dit-il, « seront heureux de prouver, après n'avoir défendu que la patrie, qu'ils étaient dignes de défendre aussi les descendants de saint Louis. » M. Odoard s'en tint à ce succès de tribune, et ne fit pas partie d'autres assemblées.

ODOLANT-DESNOS (LATUIN-LOUIS-GASPARD), député au Conseil des Cinq-Cents et au Corps législatif de l'an VIII, né à Alençon (Orne) le 19 janvier 1768, mort à sa terre des Vignes (Orne) le 24 septembre 1807, fils de Pierre-Joseph Odolant-Desnos (1722-1801), médecin et érudit laborieux, qui s'était livré surtout à l'étude des antiquités de la Normandie, du Maine et du Perche, s'occupa comme son père de travaux littéraires et historiques. Elu, le 24 germinal an VI, député de l'Orne au Conseil des Cinq-Cents, il ne se montra pas hostile au coup d'État de brumaire, et passa le 4 nivôse an VIII, au nouveau Corps législatif comme député de l'Orne, en vertu d'une décision du Sénat conservateur. Il y siégea jusqu'à sa mort. On a de lui : *Redites sur les effets des taxes arbitraires en France et en Angleterre par rapport à leurs auteurs* (1808). Il a laissé en manuscrit : *Bizarreries historiques du catholicisme*.

ŒSINGER (CHARLES-FRÉDÉRIC), député de 1834 à 1837, né à Strasbourg (Bas-Rhin) le 1er mai 1794, négociant à Strasbourg, fut, le 21 juin 1834, député du 1er collège du Bas-Rhin (Strasbourg), par 121 voix (227 votants, 205 inscrits), contre 95 à M. Le Voyer d'Argenson. Il siégea dans le tiers-parti, et vota avec ce groupe jusqu'aux élections de 1837, qui l'éloignèrent du parlement.

OGÉ (JEAN), député en 1789, né Saint-Pierremont (Aisne) le 14 avril 1755, mort à Saint-Pierremont le 21 mai 1807, était curé de Saint-Pierremont, lorsqu'il fut élu, le 23 mars 1789, député du clergé aux Etats-Généraux par le bailliage de Vermandois. Dévoué aux principes de la Révolution, il vota pour la vérification en commun des pouvoirs, accompagna le roi à Paris le 16 juillet 1789, et prêta le serment ecclésiastique, le 2 janvier 1791. Il quitta, après la session, la vie politique, et reprit, au Concordat, ses fonctions de curé de Saint-Pierremont.

OGER (VICTOR-UNION), député de 1834 à 1848, né à Avranches (Manche) le 14 novembre 1794, mort à Paris le 23 mai 1860, avoué à Paris et conseiller général des Ardennes, fut successivement élu député du 1er collège de ce département (Mézières), le 21 juin 1834, par 148 voix (291 votants, 339 inscrits), contre 142 à M. Barrachin ; le 4 novembre 1837, par 248 voix (319 votants, 390 inscrits) ; le 2 mars 1839, par 201 voix (359 votants) ; le 9 juillet 1842, par 278 voix (346 votants, 462 inscrits), contre 33 à M. Tirman et 21 à M. Laffitte, le 1er août 1846, par 334 voix (521 votants, 578 inscrits), contre 130 voix à M. Quinette, 29 à M. Piette, 21 à M. Tirman et 20 à M. de la Tour du Pin. M. Oger désespéra par ses votes incohérents les amateurs de catégories politiques. Il défendit la loi de disjonction, combattit les lois de septembre et de dotation, et se prononça *pour* l'adjonction des capacités, *pour* les incompatibilités, *pour* l'indemnité Pritchard. A la suite de ce dernier vote, les électeurs de la 7e légion de la garde nationale de Paris, dont il était colonel, le rayèrent de la liste des dix candidats parmi lesquels le roi devait choisir les colonels et les lieutenants-colonels. Le lendemain, le roi le nomma commandeur de la Légion d'honneur. La révolution de 1848 rendit M. Oger à la vie privée.

OLBERS (HENRI-GUILLAUME-MATHIAS), député au Corps législatif de 1812 à 1814, né à Arbergen (Brême) le 11 octobre 1758, mort à Brême le 2 mars 1840, fils d'un pasteur protestant, se passionna dès sa jeunesse pour l'astronomie, étudia la médecine à Gœttingue de 1777 à 1780, et y suivit les cours de Kœstner, qui lui facilita l'entrée de l'Observatoire royal. Sa thèse de doctorat : *De oculi mutationibus internis*, roulait sur l'hypothèse erronée de l'accommodation de l'œil aux distances. Olbers exerça fort peu la médecine et s'adonna surtout à l'astronomie : en 1779, il calcula l'orbite de la comète de Bode ; en 1781, à Vienne, où il visitait les hôpitaux, il retrouva Uranus qu'Herschel confondait avec une comète ; il publia différents travaux dans l'*Annuaire* de Bode et son ouvrage capital : *Méthode nouvelle pour calculer les orbites des comètes*, en 1797, à Weimar. Il découvrit deux petites planètes, Pallas le 28 mars 1802, et Vesta le 29 mars 1807 et, le 6 mars 1815, la comète qui porte son nom. Il s'occupa aussi d'astronomie stellaire et préconisa l'usage du micromètre annulaire dont il donna une description en 1801 dans la *Correspondance* de Zach. Conseiller municipal de Brême, il fut nommé, le 12 avril 1812, lors de l'incorporation de ce territoire à l'empire français, député du département des Bouches-du-Weser au Corps législatif, choisi expressément par Napoléon sur une liste dressée par le préfet du département. Il siégea peu dans cette assemblée qu'il quitta lors du démembrement de l'empire en 1814. Olbers a publié encore : *Mémoire sur la translucidité des espaces célestes* (1826, dans l'*Annuaire de Bode*) ; *Mémoire sur les aérolithes* (1803), dans la *Correspondance de Zach*) ; une note *Sur l'influence de la lune sur le temps*, dans le *Journal de Lindenau*, note reproduite dans les *Annales de physique et de chimie* (1821) ; deux notices *sur les étoiles filantes* dans l'*Annuaire de Schumacher* (1837-38). A partir de 1824, il fut l'un des principaux rédacteurs des *Archives pour les sciences naturelles* de Kœstner. En 1830, on célébra le jubilé demi-centenaire du doctorat d'Olbers, et la Société du musée de Brême fit frapper des médailles en son honneur. Bessel et Gauss, ses élèves et ses amis, furent chargés de lui remettre les diplômes honorifiques que lui envoyèrent, à la même occasion, plusieurs universités allemandes. Après sa mort, sa bibliothèque, très riche en ouvrages de cométographie, fut achetée par l'observatoire de Powlcova.

OLBRECHTS (PIERRE-JOSEPH), député au Conseil des Anciens, et au Corps législatif de l'an VIII à 1814, né à Bashumbeeck (Belgique) le 7 août 1744, mort à Bruxelles (Belgique) le 15 octobre 1815, « fils de Pierre Olbrechts et de Marie-Thérèse Van den Wyer, conjoints », était négociant à Bruxelles. Officier municipal de cette ville, administrateur du bureau des finances, puis président de l'administration municipale, il fut élu, le 24 prairial an VII, député au Conseil des Cinq-Cents par le département de la Dyle. Son adhésion au coup d'État de brumaire le fit admettre, par le Sénat conservateur, le 4 nivôse an VIII, au nombre des

membres du nouveau Corps législatif, où il siégea, comme député de la Dyle, jusqu'à la fin du régime impérial, ayant obtenu le renouvellement de son mandat, le 4e jour complémentaire de l'an XIII, puis le 4 mars 1811.

OLIVIER (JOSEPH-DAGOBERT, BARON), député de 1830 à 1831, représentant en 1848, né à Longwy (Moselle) le 9 septembre 1792, mort à une date inconnue, fils du général baron Olivier, qui mourut à Lille en 1813, après avoir commandé la 16e division militaire, entra à Saint-Cyr le 1er juin 1809, fit les campagnes de 1812 à 1815, comme sous-lieutenant au 6e régiment de lanciers, reprit du service en 1818, fit la guerre d'Espagne de 1823, avec le grade de capitaine, et se fit mettre ensuite en disponibilité pour gérer lui-même sa propriété de Saint-André-lez-Aire. A la révolution de juillet, il fut nommé commandant de la garde nationale et conseiller municipal de la ville de Saint-Omer où il s'était établi momentanément. Il se présenta avec succès à la députation, le 28 octobre 1830 : élu par le collège de département du Pas-de-Calais, en remplacement de M. Duquesnoy démissionnaire, avec 468 voix (619 votants, 1,734 inscrits), il alla siéger sur les bancs de la gauche, parla en faveur de la Pologne, et vota notamment *contre* l'hérédité de la pairie. Le jour de la mort de Benjamin Constant, député du Pas-de-Calais, M. Olivier prononça une chaleureuse allocution, et déposa sur la tribune une couronne d'immortelles. Aux élections du 5 juillet 1831, il échoua dans le 1er collège du Pas-de-Calais (Arras) avec 67 voix contre 257 à M. Harlé père, élu. Le même jour, il échouait également dans deux autres circonscriptions du même département, notamment dans la 6e (Saint-Omer) avec 79 voix contre 151 à M. le sergeant de Bayengheim élu. « Lorsque la marche incertaine du ministère dans la question étrangère, écrit un biographe, excita la défiance des patriotes, il se forma des associations dans le but de prévenir la France contre la faiblesse des dépositaires du pouvoir. M. Olivier fit partie de ces associations, qui soulevèrent les colères des ministres. » En 1841, il fut un de ceux qui attaquèrent M. de Talleyrand, préfet du Pas-de-Calais, au sujet de la dénonciation dont ils avaient été l'objet de sa part. Ledru-Rollin plaida cette affaire devant le tribunal d'Arras, exalta le patriotisme de M. Olivier et s'écria : « Le premier des conspirateurs, c'est le baron Olivier, ancien officier de notre grande armée. Savez-vous pourquoi et en quelle qualité M. le préfet l'a mis en tête des coupables? Dénonciateurs, c'est l'ami de la Pologne, c'est le défenseur de notre gloire que vous avez calomnié! et lorsque aujourd'hui, il vient publiquement, au grand jour de l'audience, vous demander compte de vos dénonciations souterraines, honte à vous si, au lieu d'accepter le débat, vous fuyez l'audience pour vous envelopper des garanties du privilège ! » Le 23 avril 1848, M. Olivier fut élu, comme républicain, représentant du Pas-de-Calais à l'Assemblée constituante, le 14e sur 17, par 75,105 voix (161,957 votants, 188,051 inscrits). Il siégea à la gauche modérée, fit partie du comité de la guerre, et vota : *contre* le rétablissement du cautionnement, *pour* les poursuites contre Louis Blanc et Caussidière, *pour* l'abolition de la peine de mort, *contre* l'amendement Grévy, *contre* l'abolition du remplacement militaire, *contre* le droit au travail, *pour* l'ordre du jour en l'honneur de Cavaignac, *pour* la suppression de l'impôt du sel,

OLL

513

OLL

contre la proposition Rateau, contre l'interdiction des clubs, contre les crédits de l'expédition
de Rome. Non réélu à la Législative, il abandonna la vie politique.

OLIVIER. — Voy. GÉRENTE (BARON DE).

OLIVIER DE PEZET (ALBERT-JOSEPH-AU-
GUSTIN D'), représentant en 1849, né à Carpentras (Vaucluse) le 7 avril 1792, mort à Avignon
(Vaucluse) le 13 décembre 1867, servit dans
l'arme du génie. Retraité comme capitaine
d'état-major du génie, il fut maire d'Avignon sous
la Restauration, et prit part aux luttes du parti
légitimiste. Sous Louis-Philippe, il fut plusieurs
fois candidat à la Chambre des députés. En remplacement de M. Pertuis de Montfaucon, décédé,
il échoua, le 18 août 1842, dans le 1er collège de
Vaucluse (Avignon), avec 109 voix contre 345 à
M. Cambis d'Orsan, élu ; puis, le 1er août 1846,
avec 196 voix contre 345 au député sortant,
réélu ; et le 25 septembre 1847, après la mort de
ce dernier, avec 198 voix contre 335 à l'élu,
M. Germanès. Il se représenta comme candidat à l'Assemblée constituante, lors du scrutin
complémentaire du 4 juin 1848, motivé par
l'option de M. Perdiguier pour la Seine, et obtint,
sans être élu, 9,415 voix contre 16,259 à l'élu
républicain, M. Alph. Gent, et 2,072 à M. Victor
Courtet. M. d'Olivier de Pezet fut plus heureux
le 13 mai 1849 : porté sur la liste légitimiste de
Vaucluse, il fut élu, le 3e sur 5, représentant
de ce département, par 30,373 voix (58,830 votants, 78,705 inscrits). Il siégea à droite et
vota avec la majorité monarchiste, pour l'expédition de Rome, pour la loi Falloux-Parieu
sur l'enseignement, pour la loi restrictive du
suffrage universel. Il ne se rallia pas à la politique particulière de l'Elysée, et rentra dans
la vie privée au coup d'Etat de 1851.

OLLIVIER (FRANÇOIS-ANTOINE-JOSEPH, CHE-
VALIER), député au Corps législatif de 1820 à
1824, né à Loriol (Drôme) le 21 juin 1762,
mort à Allex (Drôme) le 10 septembre 1839,
« fils de M. maître François-Louis Ollivier,
avocat, et de dame Jeanne Chabuire », fut avocat au parlement de Grenoble, et prit part, en
1787, à l'assemblée de Vizille. Officier municipal en 1790, puis procureur général syndic
de la Drôme en l'an IV, il devint juge au
tribunal civil de Die, puis juge au tribunal
criminel de la Drôme en l'an IX, et fut élu, le
19 thermidor an XII, par le Sénat conservateur, député de la Drôme au Corps législatif, et
réélu, le 8 mai 1811. Il fut secrétaire de cette
assemblée en 1810. Créé chevalier de l'empire
le 11 juillet 1810, nommé substitut du procureur général à la cour impériale de Grenoble le
17 avril 1811, il entra à la cour de Cassation,
le 4 février 1815, dans la section criminelle. Il
fit en cette qualité des rapports sur la naturalisation des habitants des départements enlevés
à la France, l'impôt des boissons, la restitution
des biens des émigrés, la réduction du nombre
des juges de Cassation, etc. Le 4 novembre
1820, le 1er arrondissement électoral de la
Drôme l'envoya siéger à la Chambre des députés, par 152 voix (294 votants, 327 inscrits)
contre 135 au général Pouchalon. M. Ollivier
vota avec la majorité et prit la parole sur la
modification des circonscriptions électorales et
sur l'article 351 du code d'instruction criminelle. Censeur royal en 1827, il fut nommé conseiller honoraire le 31 juillet 1833. Il était le
beau-frère de Paul Didier, exécuté, pour cause
politique, à Grenoble (1816). On a de lui plu-

sieurs articles dans le Répertoire de jurisprudence de Favard de Langlade.

OLLIVIER (AUGUSTIN-CHARLES-ALEXANDRE),
député de 1820 à 1827 et pair de France, né à
Paris le 11 mars 1772, mort à Paris le 29 octobre 1831, fut banquier à Paris et régent de la
banque de France. Conseiller général de la
Seine depuis 1816, chevalier de la Légion d'honneur, membre du conseil supérieur du commerce, vice-président du collège électoral du
département, il fut élu, le 13 novembre 1820,
député du grand collège de la Seine, par
1,037 voix (1,986 votants, 2,206 inscrits), et fut
réélu, le 6 mars 1824, par 1,282 voix (2,297 votants). Il prit place au côté droit, mais vota
avec une certaine indépendance. Nommé pair
de France le 5 novembre 1827, il se signala à
la Chambre haute par sa modération. Il prêta
serment au gouvernement issu des journées de
juillet et mourut peu après.

OLLIVIER (MAURICE), député en 1834, né à
Evron (Mayenne) le 25 janvier 1793, était
maire d'Evron, lorsqu'il fut élu, le 21 juin 1834,
député du 2e collège de la Mayenne (Laval),
par 103 voix (128 votants, 243 inscrits), contre
23 à M. Bidault. Il donna presque aussitôt sa
démission, et fut remplacé, le 2 septembre suivant, par M. Boudet.

OLLIVIER (DÉMOSTHÈNE), représentant en
1848, né à Toulon (Var) le 25 février 1799,
mort à la Motte (Var) le 22 avril 1884, se destina de bonne heure au commerce, et dirigea
à Marseille une importante maison. D'opinions démocratiques, il prit part aux luttes
de son parti contre la Restauration et la
monarchie de Louis-Philippe, devint conseiller
municipal de Marseille en 1836, et éprouva,
comme négociant, des revers de fortune et
une faillite qui compromirent sa situation politique ; mais ayant réussi, grâce à un travail
opiniâtre, à remplir ses engagements et à obtenir sa réhabilitation, il conserva la confiance
de ses concitoyens. Après la révolution de février 1848, M. Démosthène Ollivier fit nommer
commissaire général de la République à Marseille son fils (qui suit) âgé de 23 ans, « et qui
a dû, dit un biographe, ainsi que monsieur son
père, bénir l'heureux avènement de la République, et la chute du despotisme, qui, jusqu'en
février, a empêché les grands hommes sans
barbe d'être préfets ». M. D. Ollivier fut élu
(23 avril) représentant des Bouches-du-Rhône
à l'Assemblée constituante, le 2e sur 10, par
58,706 voix. Dans la séance d'ouverture
(4 mai 1848), il demanda que le serment à la
République fût prononcé individuellement à la
tribune. Cette motion ayant été repoussée, il
dit : « Je demande qu'il soit constaté au procès-
verbal que nos acclamations en faveur de la République ont été faites à l'unanimité. » L'Assemblée tout entière se leva en signe d'assentiment.
Il fit partie du comité du commerce et vota avec
la portion la plus avancée du parti républicain : contre le rétablissement du cautionnement, contre les poursuites contre Louis Blanc
et Caussidière, contre le rétablissement de la
contrainte par corps, pour l'abolition de la
peine de mort, pour l'amendement Grévy,
pour le droit au travail, contre l'ordre du jour
en l'honneur de Cavaignac, pour l'amnistie,
contre l'interdiction des clubs, contre les crédits de l'expédition de Rome, pour l'abolition
de l'impôt des boissons. Adversaire déclaré de
la politique du prince L.-N. Bonaparte, il fut

33

un des signataires de la motion tendant à la mise en accusation du président et de ses ministres, à l'occasion des affaires de Rome. Non réélu à l'Assemblée législative, il continua de lutter, dans son département, pour les idées républicaines et radicales, protesta énergiquement contre le coup d'Etat du 2 décembre 1851, fut arrêté et expulsé de France, et se réfugia en Belgique, puis en Italie. Il résida successivement à Nice et à Florence, et rentra en France en 1860. Bien que les journaux du Midi aient, par erreur, annoncé sa mort à Saint-Tropez, le 7 septembre 1869, M. Démosthène Ollivier a vécu jusqu'au 22 avril 1884. Il habitait alors la Motte (Var).

OLLIVIER (OLIVIER-EMILE), député au Corps législatif de 1857 à 1870 et ministre, né à Marseille (Bouches-du-Rhône) le 2 juillet 1825, fils du précédent, fit ses études au collège Sainte-Barbe, puis se fit inscrire au barreau de Paris un peu avant la révolution de février 1848. Appelé par Ledru-Rollin, qui connaissait son père, aux fonctions de commissaire général de la République dans les Bouches-du-Rhône, il servit, en cette qualité, les intérêts du parti républicain modéré, réprima, en juin, à Marseille une tentative d'insurrection socialiste, fut maintenu comme préfet des Bouches-du-Rhône par le général Cavaignac, et passa de là à la préfecture de la Haute-Marne. En janvier 1849, M. Emile Ollivier quitta l'administration. Au printemps de 1850, il revint faire dans le Var de la propagande républicaine. Un mandat d'amener allait être lancé contre lui, quand il se retira prudemment à Nice. Rentré au barreau, il ne tarda pas à s'y distinguer, plaida quelques procès politiques dans le Midi, et fut, dans les premières années de l'empire, le défenseur d'une cause retentissante : celle de Mme de Guerry contre la communauté de Picpus ; il eut Berryer pour adversaire. Porté comme candidat de l'opposition modérée au Corps législatif dans la 4e circonscription de la Seine, aux élections de 1857, M. Emile Ollivier fut élu, le 5 juillet, au second tour de scrutin, par 11,005 voix (21,319 votants, 35,347 inscrits), contre 10,006 au candidat officiel, M. Varin : sa candidature avait été très vivement appuyée par le *Siècle*, dont l'influence électorale était grande à cette époque. Le nouvel élu prêta sans difficulté le serment exigé des députés et prit place dans le petit groupe des opposants au gouvernement impérial : son talent de parole, d'une pureté et d'une distinction rares, le fit remarquer bientôt dans les discussions importantes, auxquelles il s'empressa de prendre part : la loi de sûreté générale (1858), l'expédition d'Italie (1859), et le régime de la presse (1860) furent de sa part l'objet de critiques brillantes : parmi les *Cinq*, M. E. Ollivier était l'orateur le plus favorablement écouté de la majorité. L'exorde d'une plaidoirie qu'il prononça en faveur de M. Vacherot, poursuivi correctionnellement pour son livre : *La Démocratie*, valut à l'avocat une interdiction de trois mois (30 décembre 1859), confirmée par la cour impériale, puis par la cour de Cassation, malgré les efforts du conseil de l'ordre. M. Emile Ollivier fut réélu député, le 1er juin 1863, par 18,151 voix (29,088 votants, 40,046 inscrits), contre 10,095 à M. Varin, candidat officiel. Mais déjà il semblait à demi converti à une politique de gouvernement; on le vit apporter, dès la première session de cette législature, une singulière réserve dans les observations qu'il présenta à la tribune sur certains projets du ministère, et son rapport sur la loi des coalitions ne fut pas de nature à aliéner les hommes d'Etat au pouvoir ; en revanche, l'opposition parlementaire témoigna à son ancien leader une froideur que la session de 1865 vint encore accentuer : M. Emile Ollivier monta en effet souvent à la tribune, non plus pour combattre, mais pour appuyer les orateurs officiels. Ce fut pendant la session de 1866-1867 que la scission du député de la Seine devint définitive. M. Emile Ollivier prit occasion des promesses libérales de la lettre impériale du 19 janvier pour se rallier pleinement à l'Empire, et les journaux commencèrent à prévoir, annoncèrent même plus d'une fois son entrée au ministère.

Cependant la majorité du Corps législatif ne l'avait pas encore accepté, et certains députés du groupe autoritaire, tels que M. Granier de Cassagnac, repoussaient toute solidarité avec lui : ayant dénoncé, le 21 février 1868, à la Chambre, un article injurieux du *Pays* contre les députés de la gauche, M. Emile Ollivier fut provoqué en duel par son fougueux collègue; mais il ne répondit pas à ces attaques personnelles. Il se montra partisan, la même année, de l'examen, par le Corps législatif, du budget de la ville de Paris, et prit contre M. Pouyer-Quertier la défense des traités de commerce fondés sur le libre-échange. L'approche des élections générales de 1869 fournit à M. Emile Ollivier l'occasion de publier, sous ce titre : *Le 19 janvier*, une sorte de manifeste au pays, où se trouvait racontée et expliquée l'histoire de son évolution récente. Puis, il se présenta, le 24 mai 1869, à la fois dans la 1re circonscription du Var et dans la 3e de la Seine: à Paris, il se heurta aux efforts ardents de l'opposition démocratique, et n'obtint que 12,848 voix contre 22,848 à M. Bancel, radical, élu. Mais il fut élu dans le Var par 16,608 voix (25,529 votants, 37,846 inscrits), contre 8,830 à M. Clément Laurier, candidat indépendant. A la Chambre, tandis que se formait le nouveau tiers-parti libéral, les bruits de l'avènement aux affaires de M. Ollivier prenaient de plus en plus de consistance. Enfin Napoléon III le chargea (27 décembre) de la constitution du premier cabinet par lequel fut inauguré l'empire parlementaire. Ce cabinet, où furent appelés plusieurs membres du centre gauche d'alors, comprenait (2 janvier 1870): MM. de Talhouët, Louvet, Daru, Buffet, Segris, Chevandier de Valdrôme. M. E. Ollivier prenait, avec le portefeuille de la Justice, la direction effective du ministère, qui ne se présenta pas sans quelque appréhension devant une majorité d'où il n'était pas issu. M. Ollivier fut sans cesse sur la brèche, autant pour ranimer les défaillances de la droite, peu empressée à le soutenir, que pour repousser les agressions de la gauche, ardente à l'attaquer. Les premières semaines de l'existence du cabinet furent marquées par divers actes importants: le décret d'amnistie en faveur de Ledru-Rollin (10 janvier), la convocation de la haute cour de justice appelée à juger le prince Pierre Bonaparte, les mesures de police prises le jour de l'enterrement de Victor Noir, les poursuites demandées au Corps législatif et obtenues contre M. Henri Rochefort (12 janvier), et l'arrestation de ce député (8 février); la révocation de M. Haussmann, préfet de la Seine, divers projets de loi déposés sur le régime de la presse, le cumul des fonctions, etc.; enfin et surtout le nouveau projet de constitution destiné à consacrer la transformation de l'Empire autoritaire en Empire libéral: après qu'un sénatus-consulte eut promulgué cet acte, il fut soumis (8 mai 1870) à l'épreuve d'un plébiscite, avec lequel coïncidèrent la découverte d'un complot et d'un attentat contre la sûreté de l'Etat, et la convocation d'une haute cour de justice: le plébiscite donna sept millions de *oui* au gouvernement, et M. Emile Ollivier put s'applaudir, à la tribune du Corps législatif, de cette victoire en l'appelant un « Sadowa français ». Mérimée écrivait à Panizzi, à cette occasion, le 21 mai 1870: « Voilà le plébiscite passé, Dieu merci, mais la situation n'en est pas beaucoup plus belle. Emile Ollivier est persuadé qu'il est le plus grand homme d'Etat de notre temps, et qu'il peut tout faire. Il me rappelle Lamartine en 48, qui se croyait aussi maître de la situation. » Cependant le ministère s'était disloqué, le 25 avril, par la retraite de MM. Daru, Buffet et de Talhouët, adversaires de l'idée du plébiscite: MM. de Gramont, Mège et Plichon les remplacèrent, et le cabinet s'éloigna de plus en plus du programme «libéral» des 116, pour revenir aux traditions du régime personnel. L'empereur était très attaché au chef du cabinet: ou s'en aperçut, quand le *Peuple français*, journal de M. Clément Duvernois, et dont la cassette impériale faisait les frais, fut nettement désavoué à la suite d'attaques violentes contre le premier ministre. Le crédit de M. Ollivier semblait ainsi plus solide que jamais, lorsque l'attention publique s'émut de la candidature Hohenzollern au trône d'Espagne. Le gouvernement impérial chargea le comte Benedetti, notre ambassadeur à Berlin, de demander au roi de Prusse un désaveu formel de la candidature de son parent. Sur ces entrefaites, le prince se retira spontanément et toute complication paraissait écartée: mais l'entourage de l'empereur, qui poussait à la guerre, s'obstina à réclamer des garanties, et M. Benedetti reçut l'ordre de les exiger du roi Guillaume: celui-ci refusa de recevoir l'ambassadeur français, et notifia son refus à toutes les puissances européennes. Ce fut sur cette dépêche que M. Emile Ollivier s'appuya, dans la séance du 15 juillet 1870, pour soutenir que la guerre entre la France et la Prusse était devenue inévitable: il affirma qu'une note injurieuse pour notre pays avait été envoyée par le gouvernement prussien aux cours étrangères; mais il fut reconnu plus tard que la note n'avait jamais existé. La guerre déclarée, M. Emile Ollivier en accepta les conséquences « d'un cœur léger». interdit aux journaux, sous des peines sévères, le compte rendu des opérations militaires, et, bientôt, en présence de l'effervescence publique soulevée par les premières défaites de Wissembourg et de Reichshoffen, dut convoquer extraordinairement, le 9 août, le Sénat et le Corps législatif: en même temps il publiait une proclamation destinée à rassurer le pays. Mais M. Clément Duvernois, l'ennemi personnel du ministre, ayant proposé, dès le début de la séance, un ordre du jour qui déclarait le cabinet incapable de pourvoir à la défense du pays, cet ordre du jour fut adopté au milieu du tumulte, à une très forte majorité, et M. Cousin Montauban, comte de Palikao, fut chargé par l'impératrice régente de former un nouveau ministère. M. Emile Ollivier se retira à Fontainebleau, et passa de là en Italie, où il resta jusqu'en 1873. A cette époque, il revint à Paris pour prendre séance à l'Académie française, dont il avait été élu membre le 7 avril 1870, en remplacement de Lamartine ;

mais certaines expressions de son discours de réception déplurent à l'Académie, et, à la suite de vifs débats entre le récipiendaire et Guizot, un vote de la compagnie ajourna indéfiniment la lecture publique du discours. Candidat à la députation, le 20 février 1876, avec l'appui de M. Rouher, dans l'arrondissement de Brignoles et dans celui de Draguignan. M. E. Ollivier réunit, dans le premier, 3,116 voix contre 9,737 à l'élu républicain, M. Dréo, et dans l'autre, 4,523 voix contre 12,305 à l'élu républicain, M. Cotte. Il fit une autre tentative infructueuse le 14 octobre 1877. De nouveaux conflits avec l'Académie au moment de la mort subite de Thiers (3 septembre 1877), sur la tombe duquel il eût voulu porter la parole, comme directeur trimestriel de la compagnie, puis lors de la réception de Henri Martin, appelé au fauteuil de l'ex-président de la République, et que régulièrement M. Ollivier devait recevoir en séance publique, déterminèrent celui-ci à ne plus paraître aux séances et à ne plus prendre part aux travaux de l'Institut (1879): M. E. Ollivier eut encore, à propos des décrets du 29 mars 1880 sur les congrégations religieuses, une polémique extrêmement vive avec M. Paul de Cassagnac: depuis, diverses communications aux journaux, des lettres écrites de Saint-Tropez, des conférences ont, de temps à autre, rappelé au public le nom et la personnalité de l'ancien ministre de 1870. Outre de nombreux travaux juridiques insérés dans la *Revue pratique de droit français* fondée par lui en 1856 avec MM. Morlon, Demangeat et Ballot, il est l'auteur d'un *Commentaire sur les saisies immobilières et autres* (1859) et d'un *Commentaire de la loi de 1864 sur les coalitions* (1864). Parmi ses publications politiques, il faut citer: *Démocratie et liberté* (1867); *Le 19 janvier* (1869); *Le Ministère du 2 janvier, mes discours* (1875); *Principes de conduite* (1875); *l'Eglise et l'Etat au concile du Vatican* (1879); *M. Thiers à l'Académie et dans l'histoire* (1880). M. Ollivier a été nommé, en 1865, commissaire de surveillance du gouvernement égyptien près la compagnie du canal de Suez à Paris. Il avait épousé en premières noces, à Florence, une fille du célèbre pianiste Lizt, morte en 1862, et il s'est remarié en 1869, avec Mlle Gravier, de Marseille.

OLLIVIER (Auguste-Vincent-Marie), député en 1879 et de 1881 à 1888, né à Guingamp (Côtes-du-Nord) le 17 novembre 1828, conseiller général des Côtes-du-Nord, fut élu, comme candidat monarchiste et catholique, le 14 septembre 1879, député de la 1re circonscription de Guingamp en remplacement de M. Huon, décédé, par 6,409 voix (11,782 votants, 16,306 inscrits), contre 5,330 à M. Yves Le Huéron. Il prit place à droite. Son élection ayant été invalidée, il se représenta, le 21 août 1881, dans le même arrondissement, et fut renvoyé à la Chambre par 6,135 voix (11,193 votants, 16,482 inscrits), contre 4,974 à M. Le Huéron; il vota avec la minorité monarchiste *contre* les divers ministères qui se succédèrent au pouvoir, *contre* les crédits du Tonkin, etc. Porté, le 4 octobre 1885, sur la liste conservatrice des Côtes-du-Nord, il fut élu député du département, le 2e sur 9, par 71,153 voix (113,479 votants, 163,318 inscrits). Il reprit sa place à droite, dans les rangs de la minorité antirépublicaine, se prononça *contre* la politique scolaire et coloniale du gouvernement, et donna sa démission le 25 octobre 1888. Lors de l'élection sénatoriale nécessitée dans son département par l'attribution du siège d'inamovible vacant par le décès de M. Duclerc, il se présenta, le 13 janvier 1889, et fut élu par 845 voix sur 1.265 votants contre 369 à M. Besnier. M. Ollivier a pris place à droite dans la Chambre haute et s'est prononcé *contre* le rétablissement du scrutin d'arrondissement (13 février 1889), *contre* le projet de loi Lisbonne restrictif de la liberté de la presse, *contre* la procédure de la haute cour contre le général Boulanger.

ONYN DE LA CHASTRE (GÉRARD-XAVIER-BERNARD-JOSEPH D'), député au Corps législatif de 1811 à 1814, né à Louvain (Belgique) le 13 avril 1757, mort à Louvain le 27 janvier 1837, « fils de sieur Jacques-François-Joseph d'Onyn, seigneur de la Chastre, Dance, Alerne, et autres lieux, et de dame Marie-Catherine de Herckenrode », fut reçu, en 1781, licencié ès-lois canoniques et civiles et devint avocat au conseil souverain de Brabant et échevin de Bruxelles. En 1789, il était conseiller du tribunal de Louvain et en 1791 aman de Bruxelles. A l'époque du Consulat, il devint conseiller municipal de Bruxelles, conseiller général de la Dyle, président du canton de Louvain, et maire de cette dernière ville en 1808. Elu, le 4 mai 1811, par le Sénat conservateur, député du département de la Dyle au Corps législatif, il siégea jusqu'en 1814. Sous le nouveau gouvernement des Pays-Bas, M. d'Onyn fut membre des états provinciaux de Brabant, bourgmestre de Louvain, président du collège des cantons de l'Université de cette ville, et membre de la 2e chambre des Etats-Généraux. Ses sympathies pour le parti hollandais lui firent abandonner la vie publique à la révolution de 1830.

OPOIX (CHRISTOPHE), membre de la Convention, né à Provins (Seine-et-Marne) le 28 février 1745, mort à Provins le 12 août 1840, « fils de Christophe Opoix, marchand et marguillier de notre paroisse, dit l'acte de baptême, et de Marie-Anne Beauvalet, son épouse », étudia d'abord au collège des Oratoriens de Provins, puis se rendit à Paris pour compléter son instruction. En 1770, il publia une *Dissertation sur les eaux communes* et une *Analyse des eaux minérales de Provins*, où il se révélait comme un chimiste expérimenté. Poursuivant ses travaux scientifiques, il dédia plus tard à ses concitoyens une *Minéralogie de Provins et de ses environs* (1780), qui fut suivie de la *Théorie des couleurs et des corps inflammables et de leurs principes constituants* (1783). Il fit paraître aussi quelques pièces de vers, et, pendant deux années consécutives (1780-81), un *Almanach de Provins, sciences et littérature.* Apothicaire et officier municipal à Provins au moment de la Révolution, Opoix fut élu, le 7 septembre 1792, député de Seine-et-Marne à la Convention, le 9e sur 11, par 202 voix (272 votants). Il siégea parmi les modérés et, dans le procès de Louis XVI, il répondit : « La réclusion jusqu'à la paix, et ensuite le bannissement. » Sur la question de l'appel au peuple, il ne vota l'appel que pour le cas où l'assemblée prononcerait la peine de mort. En l'an 11, le 16 messidor, il avait présenté à ses collègues un *Mémoire sur le moyen de se passer du salpêtre*, qui fut imprimé par ordre du gouvernement. Après la session, Opoix se renferma dans l'exercice de sa profession tout en s'occupant de poésie et d'histoire. Il mourut à 95 ans. On a de lui une dissertation archéologique sur l'*Ancien Provins*

(1818) ; une *Histoire et description de Provins* (1822) ; un écrit philosophique sur l'*Ame dans la veille et le sommeil* (1821) ; des comédies, divers articles insérés dans le *Journal de chimie*, le *Journal de pharmacie*, etc. Son compatriote, Hégésippe Moreau, lui avait adressé une épître où il exprimait le regret que les faveurs du gouvernement de juillet ne fussent pas venues jusqu'à l'ancien conventionnel.

    « Que seule, quand il pleut tant de croix dans l'ornière
    La rose de Provins brille à sa boutonnière. »

O'QUIN (PATRICK), député au Corps législatif de 1852 à 1865, né à Pau (Basses-Pyrénées) le 21 février 1822, mort à Pau le 31 mars 1871, d'une famille d'origine irlandaise, avocat dans sa ville natale, dirigea le *Mémorial des Pyrénées*. Rallié au gouvernement de Louis-Napoléon et conseiller général de son département (1852), il fut successivement élu député au Corps législatif dans la 1re circonscription des Basses-Pyrénées, comme candidat officiel, 29 février 1852, par 25,390 voix (25,855 votants, 39,145 inscrits) ; le 22 juin 1857, par 30,383 voix (30,494 votants, 38,152 inscrits) ; le 1er juin 1863 par 29,772 voix (30,289 votants, 38,478 inscrits) contre 244 voix à M. Pardeilhan-Mézin. Il siégea dans la majorité dynastique dont il fut des membres les plus laborieux, combattit (session de 1856) le projet de taxe sur les chevaux et voitures comme contraire à l'égalité puisque les départements n'y étaient pas soumis, fit partie de plusieurs commissions importantes, notamment de celle du budget dont il fut rapporteur, et fut nommé maire de Pau en 1860, et officier de la Légion d'honneur le 12 août 1863. Il donna sa démission en 1869 pour devenir receveur général à Pau, et fut remplacé, le 4 novembre de la même année par M. Larrabure. Rentré dans la vie privée en 1871, il sembla s'attacher alors aux idées monarchiques, mais ne reparut pas dans les assemblées parlementaires. On lui doit plusieurs brochures sur des questions économiques.

ORAISON (FRANÇOIS-EUSTACHE FULQUE COMTE D'), député de 1846 à 1848, né à Brest (Finistère) le 19 avril 1796, mort à Paris le 22 février 1876, était en 1814 sous-lieutenant au 1er hussards. Il se distingua l'année suivante à Waterloo, puis fut licencié avec l'armée de la Loire. Rappelé à l'activité quelques années après, comme lieutenant aux chasseurs à cheval, puis au corps des dragons royaux, il prit part à la campagne d'Espagne en 1823, fut cité à l'ordre du jour de l'armée et nommé chevalier de la Légion d'honneur. Après avoir épousé, en 1816, la fille du comte Daru, ancien ministre d'Etat de l'empereur Napoléon, il entra, en novembre 1830, dans l'état-major particulier du maréchal Soult, alors ministre de la Guerre, qui le chargea de différentes missions à Anvers, en Algérie et à Lyon, pendant les troubles qui éclatèrent dans cette dernière ville. Il était alors capitaine, officier de la Légion d'honneur. Lieutenant-colonel en 1838, il fut, en 1840, organiser un nouveau régiment de cavalerie, le 9e hussards, dont il prit le commandement avec le grade de colonel. Elu, le 1er août 1846, député du 1er collège des Basses-Alpes (Digne), par 204 voix (326 votants, 372 inscrits), contre 70 voix à M. du Chaffault et 19 à M. Chais, il inclina du côté de l'opposition libérale, combattit, dans la discussion du budget de l'exercice de 1847, la réduction des dépenses de la gendarmerie et, l'année suivante, fut membre de la commission du budget. Mis en non-activité en 1848, il fut appelé, en 1849, au commandement du 8e lanciers par le prince Louis-Napoléon, fut promu général de brigade le 17 juillet 1850, et commanda successivement les subdivisions de l'Aisne et de l'Oise. Membre du comité de gendarmerie depuis 1854, et inspecteur de cette arme, il fut nommé général de division le 12 août 1857, grand officier de la Légion d'honneur en 1860, et admis à la retraite peu de temps après.

ORCEAU. — *Voy.* FONTETTE (COMTE DE).

ORDENER (MICHEL, COMTE), membre du Sénat conservateur, né à l'Hopital (Moselle) le 2 septembre 1755, mort à Compiègne (Oise) le 30 août 1811, servit dans les armées du roi. Enrôlé dans les dragons de Condé le 1er janvier 1773, brigadier (7 novembre 1776), maréchal des logis-chef (1er septembre 1785), adjudant (23 mai 1787), sous-lieutenant (25 janvier 1792), lieutenant (23 mai suivant), il fut envoyé à l'armée de la Moselle, puis à l'armée du Rhin, où il devint capitaine (1er mai 1793), chef d'escadron (25 juillet 1794) et chef de brigade (16 septembre 1796). Il passa alors à l'armée d'Italie où il fit campagne sous les ordres du général Bonaparte. Partisan du 18 brumaire, il fut nommé colonel commandant de la garde consulaire à cheval en messidor an VIII, et général de brigade le 29 août 1803. Ce fut lui que Berthier, ministre de la Guerre, chargea, le 11 mars 1804, de procéder, à Ettenheim, à l'arrestation du duc d'Enghien. Ordener accomplit l'ordre qu'il avait reçu, mais ne prit aucune part à ce qui s'ensuivit. Commandeur de la Légion d'honneur le 19 frimaire an XII, il commanda une brigade de cavalerie à l'armée des côtes, puis en Hollande, et rejoignit la grande armée à l'ouverture de la campagne (octobre 1805). Il se distingua dans la poursuite de l'armée autrichienne et, à Austerlitz, chargea contre la cavalerie de la garde impériale russe. Il y fut grièvement blessé, et reçut le grade de général de division le 25 décembre suivant. Son état de santé l'obligea de rentrer en France. Membre du Sénat conservateur le 20 mai 1806, premier écuyer de l'impératrice le 12 juin suivant, il fut admis à la pension de retraite, le 25 octobre de la même année, et fut créé comte de l'Empire le 21 décembre 1808, et gouverneur du palais de Compiègne. Il mourut dans cette charge.

ORDENER (MICHEL, COMTE), sénateur du second empire, né à Huningue (Haut-Rhin) le 3 avril 1787, mort à Paris le 22 novembre 1862, fils du précédent, entra comme volontaire, le 23 septembre 1802, dans le 11e chasseurs à cheval, et fut admis à l'Ecole de Metz, d'où il sortit sous-lieutenant au 24e dragons, le 8 décembre 1803. Lieutenant aux grenadiers à cheval de la garde consulaire, il devint aide-de-camp de son père, qu'il suivit en Autriche en 1805, puis remplit les mêmes fonctions auprès du général Duroc. Il fit ainsi la campagne de Prusse et de Pologne, puis celle de Portugal. Chevalier de la Légion d'honneur le 14 mars 1806, capitaine après Friedland et la paix de Tilsitt, le 7 août 1807, chef d'escadron le 30 mars 1809, après les opérations en Portugal, il fut appelé à la grande armée, au moment de la rupture avec l'Autriche, se distingua à Essling et à Wagram, et prit part à la guerre de Russie (1812) et à celle de Saxe (1813). Colonel du 30e dragons, il faisait partie, en 1814, du 6e corps commandé par le maréchal Marmont. Il s'opposa autant qu'il put à la capitulation du duc de Raguse, et quand Souham et Bordesoulle conduisirent leur corps d'armée dans les lignes russes qui présentèrent les armes, il répondit fièrement à Bordesoulle, qui ordonnait de rendre le salut : « Si mes dragons tirent le sabre, ce sera pour charger. » A Versailles, les soldats le supplièrent de se mettre à leur tête pour regagner Fontainebleau, où était l'empereur, et lorsque Marmont se présenta, Ordener lui reprocha, en termes des plus vifs, l'ignominie de sa trahison. A Waterloo, il se couvrit de gloire en chargeant à quatre reprises différentes les gardes anglaises. Mis en demi-solde à la seconde Restauration, Ordener ne rentra dans l'activité qu'après la révolution de 1830. Maréchal de camp le 2 avril 1831, commandant du département de Maine-et-Loire, puis inspecteur de cavalerie et membre du comité de son arme, il fut promu lieutenant-général le 22 avril 1846, placé à la tête de la 19e division militaire à Bourges, puis de la 16e à Caen (4 mars 1848), et fut élevé, le 24 octobre suivant, à la dignité de grand officier de la Légion d'honneur. Partisan du prince Louis-Napoléon, il entra au nouveau Sénat le 26 janvier 1852, et fut admis à la retraite, comme général de division, le 3 mai de la même année. Au Sénat, le général Ordener siégea dans la majorité dynastique.

ORDINAIRE (HUBERT-JOSEPH-EDOUARD), député au Corps législatif de 1869 à 1870, né à Besançon (Doubs) le 27 mars 1812, mort à Maizières (Haute-Saône) le 12 mars 1887, étudia la médecine et fut reçu docteur. Républicain, il se présenta, comme candidat de l'opposition démocratique, au Corps législatif, le 24 mai 1869, dans la 1re circonscription du Doubs, et fut élu député par 18,398 voix (36,638 votants, 45,409 inscrits), contre [18,033 à M. de Conégliano, candidat officiel et député sortant. Il prit place dans le petit groupe de la gauche, vota constamment contre l'Empire, et *contre* la déclaration de guerre à la Prusse, et fut, après le 4 septembre 1870, maire de Besançon. Il exerça ces fonctions pendant la campagne franco-allemande et rentra ensuite dans la vie privée. On a de M. Ed. Ordinaire une spirituelle brochure intitulée : *Du perfectionnement de la race préfectorale* (1870).

ORDINAIRE (FRANCISQUE), représentant en 1871, député de 1876 à 1877, né à Saint-Laurent-lès-Mâcon (Ain) le 26 janvier 1844, fils d'un médecin qui fut exilé au coup d'Etat du 2 décembre, suivit son père en Suisse, revint en France terminer ses études au lycée de Mâcon, et se fit recevoir avocat, sans exercer. Un esprit indépendant et son goût pour les aventures trouvèrent bientôt une occasion de se satisfaire : M. Fr. Ordinaire s'engagea dans les chasseurs des Alpes, sous les ordres de Garibaldi, lors de la guerre contre l'Autriche en 1859, et reçut deux blessures pendant cette campagne. Républicain, il se mêla activement, dans les dernières années de l'Empire, aux luttes de l'opposition démocratique, collabora à divers journaux, et parut dans plusieurs réunions publiques électorales. Pendant la guerre, il alla rejoindre, bien que marié et père de famille, la légion formée par Garibaldi, devint capitaine d'état-major, et retourna ensuite à Mâcon, où il dirigea le comité radical. Candidat de l'opinion démocratique avancée dans le département du Rhône, à l'élection complémentaire du 2 juillet 1871, motivée par le remplacement du général Trochu, qui avait opté pour le Morbihan, M. Ordinaire fut élu représentant à l'Assemblée nationale par 60,453 voix (114,632 votants, 186,639 inscrits). Il siégea à l'extrême gauche (Union républicaine), et se prononça *contre* le pouvoir constituant de l'Assemblée. Le 9 décembre 1871, il fut l'objet de la part de la majorité et du bureau, d'une mesure disciplinaire (la censure), pour avoir prononcé incidemment ces paroles : « La commission des grâces est une commission d'assassins. » Au mois de juillet 1872, il eut un duel avec un rédacteur de la *Patrie*, M. Léon Cavalier, et fut blessé. M. Fr. Ordinaire intervint dans plusieurs discussions, notamment dans celle des marchés de Lyon (1er février 1873) : il en profita pour défendre avec ardeur Garibaldi et les garibaldiens contre les attaques du rapporteur, M. de Ségur. Il vota ensuite : *contre* la chute de Thiers au 24 mai, *contre* le septennat, la loi des maires, l'état de siège, *contre* le ministère de Broglie, *pour* les amendements Wallon et Pascal Duprat et *pour* l'ensemble de la Constitution. Le jour où Gambetta, dans la salle des Pas-Perdus de la gare Saint-Lazare, fut frappé par un bonapartiste, M. de Sainte-Croix, M. Fr. Ordinaire se montra un des plus empressés à se porter au secours du chef des gauches. Il obtint sa réélection comme député, le 20 février 1876, dans la 2e circonscription de Lyon, avec 13,452 voix (17,887 votants, 23,261 inscrits), contre 2,730 à M. Tapissier. Mais, à quelque temps de là, ayant pris parti contre l'opportunisme pour la politique intransigeante, il fut personnellement attaqué dans sa vie publique et privée, par la *République française*, journal de Gambetta. M. Ordinaire fut des 363. Aux élections du 14 octobre 1877, il tenta de se représenter dans la même circonscription ; mais un autre candidat intransigeant, M. Bonnet-Duverdier, lui fut opposé, et M. Fr. Ordinaire n'obtint que 1,832 voix contre 15,193 à M. Bonnet-Duverdier, élu, et 2,668 à M. Desgrange. Depuis lors, il fit plusieurs tentatives infructueuses pour rentrer dans la politique active. Porté, le 4 octobre 1885, sur une liste radicale dans le Rhône, il ne réunit que 3,962 voix seulement sur 136,430 votants. Il avait été, le 8 octobre 1871, élu conseiller général du département pour le canton de Neuville.

ORDINAIRE (Louis-Dionys), député de 1880 à 1889, né à Jougne (Doubs) le 10 juin 1826, fut élève de l'Ecole normale supérieure (1848-1851), se fit recevoir agrégé des lettres en 1855, et professa la rhétorique aux lycées d'Amiens et de Versailles. En 1870, il remplit auprès du préfet du Rhône les fonctions de secrétaire particulier. Républicain de la nuance et de l'entourage de Gambetta, il quitta l'Université pour collaborer à la *République française*, devint rédacteur en chef de la *Petite République*, et se porta candidat, le 26 décembre 1880, à la Chambre des députés, dans l'arrondissement de Pontarlier, en remplacement de M. Colin décédé. Il fut élu par 7,391 voix (9,690 votants, 13,894 inscrits), siégea dans le groupe opportuniste de l'Union républicaine, obtint sa réélection, le 21 août 1881, avec 7,355 voix (9,284 votants, 13,973 inscrits), et vota *pour* les ministères Gambetta et J. Ferry, *pour* les crédits de l'expédition du Tonkin, etc. Inscrit, le 4 octobre 1885, sur la liste républicaine du Doubs, il fut élu député de ce département, le 3e sur 5, par 36,292 voix

(64,794 votants, 81,221 inscrits), reprit sa place à gauche, vota *pour* l'expulsion des princes, *pour* les cabinets Tirard et Rouvier, et, dans la dernière session, *pour* le rétablissement du scrutin d'arrondissement (11 février 1889), *pour* l'ajournement indéfini de la revision de la Constitution, *pour* les poursuites contre trois députés membres de la Ligue des patriotes, *pour* le projet de loi Lisbonne restrictif de la liberté de la presse, *pour* les poursuites contre le général Boulanger. On a de lui : *Dictionnaire de mythologie. —Rhétorique nouvelle* (1866). — *Les Régents de collège* (vers) (1873) ; il a également collaboré à la *Revue bleue*.

ORGLANDES (Nicolas-François-Camille-Dominique, comte d'), député de 1815 à 1823 et pair de France, né à Argentan (Orne), le 10 février 1767, mort à Paris le 14 avril 1857, « fils de Nicolas-Charles-Camille d'Orglandes, chevalier, titré comte de Briouze, seigneur et patron haut-justicier du Mesnil, Cramesnil, Echalon, seigneur et patron du Mesnil-Jean, Sainte-Marie-le-Robert, etc., et de dame Marguerite-Etienne-Françoise-Louise Dufour de Cuy », fit ses études au collège du Plessis. A 24 ans, il épousa Mlle d'Andlau, et, le jour du départ du roi pour Varennes, il fut arrêté ainsi qu'une partie de sa famille. Mis en liberté peu de temps après, il forma, avec quelques amis, le projet de délivrer Louis XVI dans le trajet du Temple à la place de la Concorde. Mais au dernier moment cette tentative échoua. Retiré, en 1794, en Normandie, M. d'Orglandes fut nommé, après le 18 brumaire, conseiller général de l'Orne, fonctions qu'il conserva du 29 pluviôse an IX au mois de juillet 1830 ; il présida ce conseil de 1815 à 1827. En 1814, il était inspecteur-général des gardes nationales de son département. Il se rallia avec empressement à la Restauration et fut successivement élu député du grand collège de l'Orne, le 22 août 1815, par 108 voix (189 votants, 255 inscrits) ; le 4 octobre 1816, par 129 voix (171 votants, 252 inscrits) ; le 20 septembre 1817, par 424 voix (834 votants, 1,387 inscrits) ; le 9 mai 1822 dans le 2e arrondissement électoral de l'Orne, par 176 voix (339 votants, 464 inscrits, contre 158 voix au général Grouchy. Il ne parut que très rarement à la tribune, et seulement pour défendre l'évêque et le clergé du diocèse de Séez, avec qui il avait eu des démêlés sous l'Empire. Ami de M. de Bonald, admirateur de M. de Villèle, il fut nommé pair de France le 23 décembre 1823. Plusieurs fois président du collège électoral de l'Orne, gentilhomme de la chambre de Charles X, il prêta serment à la monarchie de juillet, mais donna sa démission de pair le 5 janvier 1832, et alla, en 1833, rendre visite aux Bourbons en exil. Il maria sa fille au neveu de M. de Châteaubriand qui composa à l'occasion de cette union une épithalame dont voici les premiers vers :

Chér orphelin, l'image de ta mère,
Puisse le ciel t'accorder ici-bas
Les jours heureux retranchés à ton père
Et les enfants que ton oncle n'a pas...

ORILLARD. — *Voy.* Villemanzy (comte de).

ORLÉANS (Louis-Philippe-Joseph, duc d') dit Philippe-Egalité, député en 1789, membre de la Convention, né au château de Saint-Cloud (Seine-et-Oise) le 13 avril 1747, exécuté à Paris le 6 novembre 1793, arrière-petit-fils du régent, et fils du duc Louis-Philippe d'Orléans (1725-1785) et de Louise-Henriette de Bourbon

Conti, reçut d'abord le titre de duc de Montpensier, puis, à la mort de son aïeul (1752), celui de duc de Chartres. Confié aux soins du comte Pons de Saint-Maurice, il montra de bonne heure du goût pour le plaisir, le mépris de l'étiquette, emprunta ses façons de vivre aux clubmen de Londres, ses façons de penser aux républicains d'Amérique, et entra dans la franc-maçonnerie. Ayant refusé de siéger dans le parlement Maupeou, en guise de protestation contre les actes de ce ministre, il dut se retirer pendant quelque temps dans ses terres (1771). Comme on l'avait destiné à la marine, il demanda, lors de la guerre entre la France et l'Angleterre, la survivance de la charge de grand-amiral de France exercée alors par le duc de Penthièvre, dont il avait épousé la fille le 5 avril 1769. Le roi refusa, mais le nomma lieutenant général des armées navales. A Ouessant, sous le duc d'Orvilliers, dont il commandait l'arrière-garde (27 juillet 1778), le duc de Chartres se conduisit bravement selon les uns, lâchement selon les autres. Quoi qu'il en soit, Paris le reçut avec enthousiasme à son retour (2 août); mais la reine obtint qu'il ne serait pas replacé dans la flotte, et on le nomma, en compensation, colonel général des hussards. Le duc ne pardonna jamais à Marie-Antoinette cette disgrâce; il bouda Versailles, et se fit une cour de tous les mécontents; pour réparer les brèches faites à sa fortune, il commença à faire construire (1779) les galeries du Palais-Royal, pour les louer au commerce. On prétend que Louis XVI, qui goûtait peu cette spéculation, lui aurait dit un jour: « Maintenant que vous tenez des boutiques, on ne vous verra plus que le dimanche. » En novembre 1787, le roi étant venu au parlement pour faire enregistrer un impôt sur le timbre et un emprunt, le duc demanda si la séance était une délibération libre ou un lit de justice. Louis XVI ayant répondu que c'était une séance royale, le duc protesta, disant que les États-Généraux seuls pouvaient voter les impôts. Exilé à Villers-Cotterets pour cette incartade, il s'y ennuya vite, fit solliciter le roi et même la reine de le laisser revenir à Paris, et y revint, pardonné, en mars 1789. L'opposition qu'il avait faite aux projets ministériels, comme président du 3e bureau de l'assemblée des notables en 1788, l'avait mis encore en vue; le « parti d'Orléans » rallia alors les plus ardents partisans des réformes, et son chef se prépara à siéger aux États-Généraux. La noblesse du bailliage de Crépy-en-Valois désirait avoir pour député le colonel Le Pelletier de Glatigny, et avait même pris des engagements en ce sens; au moment du scrutin, le duc d'Orléans réclama pour lui, à titre d'hommage féodal, la nomination, et promit verbalement, mais officiellement, de ne pas accepter, et de laisser siéger le colonel Le Pelletier. Le duc fut nommé, mais il accepta. La majorité de la noblesse signa une énergique protestation qu'elle remit au conseil, mais qui ne fut pas agréée lors de la vérification des pouvoirs: l'Assemblée, jugeant que la forme importait le fond, valida l'élection. Le duc d'Orléans maintint, aux États-Généraux, son attitude opposante. A la procession solennelle qui précéda l'ouverture des États (4 mai), il affecta de se mêler aux députés du tiers. Le 28 mai, il protesta, dans la Chambre de la noblesse, contre le vote par ordre, refusa (2 juillet) la présidence de l'Assemblée, et vota (6 juillet) la suppression des capitaineries royales. Le 12, son buste fut promené par le peuple dans les rues de Paris à côté de celui de Necker. Lors des événements des 5 et 6 oc-

tobre à Versailles, La Fayette obtint du roi l'éloignement du duc, qui reçut une mission pour Londres (14 octobre). Le 18 février 1790, le duc envoya de Londres son serment civique à l'Assemblée. Pendant ce temps, le Châtelet informait, par ordre du roi, sur les événements d'octobre, et l'on sut bientôt qu'il en faisait porter la responsabilité sur le duc d'Orléans et sur Mirabeau. Le 6 juillet, le duc écrivit qu'il comptait reprendre son siège à l'Assemblée: le 11, il était de retour, et venait à la barre, renouveler son serment civique, aux applaudissements de la majorité. Le 7, l'enquête du Châtelet fut rendue publique: elle concluait à la mise en accusation du duc d'Orléans et de Mirabeau; l'un et l'autre se défendirent, et la majorité trouva la défense suffisante. Après la fuite de Varennes (juin 1791), on attribua, non sans raison, à l'inspiration du duc d'Orléans, la pétition portée au Champ de Mars, pour demander la déchéance du roi. Le 24 août, le duc combattit, à l'Assemblée, l'article qui privait des droits politiques les membres de la famille royale, et déclara que, s'il était voté, il renoncerait à ses droits au trône. Peu après, il se rapprocha du roi qui avait signé sa nomination comme vice-amiral. Bertrand de Molleville assure, dans ses Mémoires, qu'il ménagea alors une entrevue secrète entre le roi et le duc, et qu'ils furent réciproquement satisfaits l'un de l'autre. Mais, fort mal reçu à la cour, le dimanche suivant (janvier 1792), par les amis de la reine, il partit fort irrité, et se jeta ouvertement dans le parti révolutionnaire. N'ayant pu obtenir aucun commandement, il alla retrouver ses deux fils à l'armée du Nord; mais le parti de la cour, redoutant ses intrigues, le fit rappeler. Ce fut sur sa demande formelle que la commune de Paris prit, le 15 septembre 1792, cet arrêté: « Le conseil général arrête: 1° Louis-Philippe-Joseph et sa postérité porteront désormais pour nom de famille ÉGALITÉ; 2° Le jardin, connu jusqu'à présent sous le nom de Palais-Royal, s'appellera désormais Jardin de la Révolution: 3° Louis-Philippe-Joseph Égalité est autorisé à faire faire, soit sur les registres publics, soit sur les actes notariés, mention du présent arrêté; 4° Le présent arrêté sera imprimé et affiché. » Quatre jours après, Égalité était élu membre de la Convention par le département de Paris, le 24e et dernier, par 297 voix sur 592 votants. Il prit place à la Montagne, protesta, en ce qui le concernait, contre la motion de Lanjuinais qui réclamait l'exil de tous les Bourbons, et réussit à obtenir l'ajournement. Dans le procès du roi, n'écoutant que la vengeance ou la peur, il répondit au 2e appel nominal: « Je ne m'occupe que de mon devoir, je dis non, » et au 3e appel: « Uniquement occupé de mon devoir, convaincu que tous ceux qui ont attenté ou attenteront par la suite à la souveraineté du peuple méritent la mort, je vote pour la mort. » Le Moniteur ajoute: quelques rumeurs s'élèvent dans une partie de la salle. « Égalité était peut-être, a dit Robespierre, le seul membre qui pût se récuser. » Le 6 avril, la Convention ordonna l'arrestation de tous les membres de la famille des Bourbons comme otages. Arrêté, le lendemain, Égalité écrivit, du poste, à la Convention: « Citoyens mes collègues, il est venu chez moi deux particuliers, l'un se disant officier de paix, l'autre inspecteur de police; ils m'ont présenté un réquisitoire signé Pache, pour me rendre à la mairie; je les ai suivis; on m'a exhibé un décret de la Convention qui ordonne l'arrestation de la famille des Bourbons. Je les ai requis d'en suspendre l'effet à mon égard. Invinciblement attaché à la République, sûr de mon innocence, et désirant voir approcher le moment où ma conduite sera examinée et scrutée, je n'aurais pas retardé l'exécution de ce décret si je n'eusse cru qu'il compromettait le caractère dont j'étais revêtu. PHILIPPE-ÉGA-LITÉ. » Pour toute réponse, la Convention le fit transporter à Marseille où il fut enfermé au fort de Notre-Dame de la Garde. « Il n'a pas dû, lit-on dans un journal du temps, se louer eaucoup des témoignages d'estime que le euple lui a donnés pendant son trajet. Il a été placé dans une chambre sans aucune décoration; l a pu remarquer que, sur les murs de sa pri-on, étaient des emblèmes sinistres, ouvrages des prisonniers qui l'ont précédé dans cet asyle. Il paraît affecté de sa nouvelle situation, mais personne ne le plaint. » Décrété d'accusation le 3 octobre, il fut ramené à Paris, enfermé à la Conciergerie, et traduit devant le tribunal révolutionnaire, comme coupable d'avoir aspiré à la royauté (6 novembre 1793). Condamné à mort, il fut exécuté dans la soirée. S'il faut en croire l'abbé Lothringer, Fouquier-Tinville lui écrivit pour porter à Égalité les derniers secours de la religion. Le prêtre se rendit à cette prière, et reçut la confession générale du pri-sonnier, qui témoigna du plus profond repentir.

ORLÉANS (FERDINAND - PHILIPPE - LOUIS-CHARLES-HENRI-JOSEPH, DUC D'), pair de France, né à Palerme (Sicile) le 3 septembre 1810, mort à Paris le 13 juillet 1842, fils aîné du roi Louis-Philippe, vint en France en 1814, re-partit pour l'étranger pendant les Cent-Jours et fut ramené par sa famille à Paris en 1817. Ses études terminées avec succès au collège Henri IV, il fut nommé (1824) colonel du 1er ré-giment de hussards, fit, peu de temps après, un voyage en Écosse (1829), et tint garnison à Joigny, où le surprirent les événements de 1830. Il donna la cocarde tricolore à ses trou-pes, prit le titre de duc d'Orléans lors de l'avè-nement de son père au trône (il s'était appelé jusque-là duc de Chartres), et se rendit à Lyon à deux reprises différentes : la première fois avec la mission de distribuer des drapeaux tri-colores aux gardes nationales et à l'armée, la seconde fois (novembre 1831), à la suite de l'insurrection qui venait d'éclater dans cette ville ; il usa de modération et évita les mesu-res de rigueur. A la fin de 1832, il prit part à la campagne de Belgique, concourut, avec le commandement de la brigade d'avant-garde, aux opérations qui amenèrent la prise d'Anvers, et fut promu maréchal de camp, et lieutenant général (1er janvier 1834); puis il passa en Afrique (1835), fut blessé au combat d'Habrech, et revint malade en France. Le 30 mai 1837, il épousa à Paris la princesse Hélène de Mecklem-bourg. Membre, de droit, de la Chambre des pairs depuis 1830, il se distingua par une atti-tude relativement libérale qui lui valut quel-que popularité. Dans une séance, le marquis de Dreux-Brézé l'ayant blâmé d'avoir épousé une princesse protestante, le duc d'Orléans répondit: « J'ai vu inscrite dans notre code fondamental, à la première ligne, la liberté religieuse comme la plus précieuse de toutes celles accordées aux Français; je ne vois pas pourquoi la famille royale serait seule exclue de ce bienfait, qui est entièrement d'accord avec les idées qui règnent aujourd'hui au sein de la société française. » Il retourna en Algé-rie (1839), commanda une division sous les ordres du maréchal Clauzel, se signala au pas-

sage des Portes de fer, et fit encore une bril-lante campagne l'année suivante, accompagné de son jeune frère, le duc d'Aumale. Peu après, il revint à Paris, et s'occupa dès lors exclu-sivement de l'organisation et de l'inspec-tion des troupes: les *chasseurs de Vincennes* furent désignés à l'origine sous le nom de chas-seurs d'Orléans. Il revenait des eaux de Plom-bières où il était allé conduire sa femme, et se disposait à se rendre au camp de Saint-Omer, lorsque, en allant faire à Neuilly une visite à sa famille, les chevaux de sa voiture s'empor-tèrent en face de la porte Maillot. Il voulut s'élancer à terre pour les retenir, tomba la tête en avant sur le pavé et se brisa la colonne vertébrale. Transporté dans une maison voi-sine, il expira au bout de quelques heures, le 13 juillet 1842. Le duc d'Orléans avait de nombreuses sympathies parmi les gens de lettres et les artistes, dont il partageait les goûts et dont il aimait la société. En politique il passait pour libéral. On a souvent cité le passage suivant de son testament : « Que le comte de Paris soit un de ces instruments bri-sés avant qu'ils aient servi ou qu'il devienne l'un des ouvriers de cette régénération sociale qu'on n'entrevoit encore qu'à travers tant d'obs-tacles; qu'il soit roi ou qu'il demeure défen-seur inconnu et obscur d'une cause à laquelle nous appartenons tous, il faut qu'il soit avant tout un homme de son temps et de la nation, serviteur passionné exclusif de la France et de la Révolution. » De son mariage avec la princesse Hélène, le duc d'Orléans avait eu deux fils, Louis-Philippe-Albert, comte de Paris, et Robert-Philippe-Louis- Eugène-Fer-dinand, duc de Chartres.

ORMESSON DE NOYSEAU (ANNE - LOUIS-FRANÇOIS-DE-PAULE-LEFÈVRE D'), député en 1789, né à Paris le 26 février 1753, exécuté à Paris le 20 avril 1794, fils d'un premier prési-dent au parlement de Paris, entra au même parlement comme conseiller (6 septembre 1770), et devint président à mortier le 15 mars 1779. Elu, le 7 mai 1789, député de la noblesse aux États-Généraux par la prévôté et vicomté de Paris, avec 113 voix (200 votants), il fit partie du comité ecclésiastique, accompagna le roi à Paris le 6 octobre 1789, se montra par-tisan du vote par tête, hostile à l'abolition des droits féodaux, et signa les protestations des 12 et 15 septembre 1791 contre les actes de l'Assemblée constituante. Il avait succédé à Lenoir, en 1790, comme bibliothécaire du roi (Bibliothèque nationale), et était membre de l'Académie des Inscriptions depuis 1792, en qualité d'helléniste distingué, et de la com-mission des monuments publics, quand il fut arrêté comme royaliste avec Bochard de Saron traduit devant le tribunal révolutionnaire, et condamné à mort, pour avoir signé une pro-testation contre la suppression des parlements protestation qui fut trouvée dans les papiers de Lepeletier de Rosambo, ex-président à mortier quand il fut arrêté chez Malherbes chez son beau-père, le défenseur de Louis XVI Lefèvre d'Ormesson fut exécuté avec vingt et un autres magistrats des parlements de Paris et de Toulouse, le 1er floréal an II.

ORNANO (MICHEL-ANGE), député au Corps législatif de l'an VIII à l'an XII, né à Ajacci (Corse) le 24 septembre 1771, mort à Ajacci le 16 mai 1859, appartenait à la famille des comte souverains de Corse, ducs de Mittiliano, princes de Montlaur et de Cistria, qui a fourni plusieurs personnages célèbres à la France, à la Corse et à l'Italie. Allié aux Bonaparte, M. A. Ornano, qui avait servi comme officier, fut, le 4 nivôse an VIII, appelé par le Sénat conservateur à siéger dans le Corps législatif comme député du département du Liamone (Corse). Il en fit partie jusqu'en l'an XII.

ORNANO (Philippe-Antoine, comte d', pair de France, représentant en 1849 et sénateur du second empire, né à Ajaccio (Corse) le 17 janvier 1784, mort à Paris le 13 octobre 1863, « fils de Louis Ornano et de la dame Isabelle Bonaparte », entra au service à 16 ans, en qualité de sous-lieutenant au 9e dragons, fit les campagnes de Marengo et du Tyrol, et fut attaché à l'expédition de Saint-Domingue comme aide-de-camp du général Leclerc dont il ramena les restes en France. A son retour, il fut nommé capitaine dans l'état-major de Berthier ministre de la Guerre, puis commandant du bataillon des chasseurs Corses ; il fit la campagne de 1805, où il se distingua à Austerlitz, celle de 1806, où il prit une part glorieuse à la bataille d'Iéna et à la prise de Lubeck, et gagna la croix d'officier de la Légion d'honneur et le grade de colonel. Comte de l'empire le 22 novembre 1808, il fut mis à la tête du 25e dragons, fit la campagne de Pologne, et passa ensuite à l'armée d'Espagne, sous les ordres de Ney, où il se signala au passage de la Novia (26 juin 1809), au combat d'Alba-de-Tormès, au siège de Ciudad-Rodrigo et à la bataille de Puentès de Oñoro (5 mai 1811), où il fut nommé général de brigade. Rappelé à la grande armée au moment de la rupture avec la Russie, il commanda la cavalerie légère du 4e corps, fut un des premiers à franchir le Niémen en juin 1812, combattit brillamment à Mohiloff et à Ostrowno, et fut fait général de division le 8 septembre 1812, deux jours avant la bataille de la Moskowa où sa contre-attaque, à la tête de 30 escadrons de cavalerie contre les Cosaques de Platow, décida en partie de la victoire ; grièvement blessé à Krasnoë, il ne dut la vie qu'à la bienveillance de l'empereur qui lui donna une place dans sa voiture. Commandant des dragons de l'impératrice le 21 janvier 1813, il fut mis, après la mort de Bessières, à la tête de la cavalerie de la garde impériale et assista à Dresde, à Leipsig, et à Hanau. En 1814, à la tête de la garde, il participa à la défense de Paris. A la première Restauration, il conserva le commandement du corps royal de dragons, fut nommé chevalier de Saint-Louis, ne put assister à Waterloo, en raison d'une blessure reçue au début de la campagne de Belgique. Arrêté à la seconde Restauration, conduit à l'Abbaye, compromis dans le procès du maréchal Ney, il fut exilé en Belgique, d'où il ne revint qu'en 1818. En 1828, il fut nommé inspecteur de cavalerie, président du jury d'admission à Saint-Cyr en 1829, et, rallié au gouvernement issu de la révolution de 1830, passa lieutenant général, commandant de la 4e division militaire (Tours), et pair de France le 11 octobre 1832. Révoqué en 1848, il refusa le commandement de la 14e division militaire, et fut élu, le 7 janvier 1849, représentant de l'Indre-et-Loire à l'Assemblée constituante, en remplacement de M. César Bacot démissionnaire, par 17,771 voix (33,003 votants, 90,406 inscrits). Il vota *pour* l'interdiction des clubs, *pour* l'expédition de Rome, et *contre* la demande de mise en accusation du président et des ministres. Dévoué à la politique du prince Louis-Napoléon, il fut réélu, le 13 mai 1849, par le même département, à l'Assemblée législative, le 1er sur 6, par 36,008 voix (61,973 votants, 92,573 inscrits). Grand-croix de la Légion d'honneur le 9 août 1850, membre de la Commission consultative après le 2 décembre, sénateur le 26 janvier 1852, grand chancelier de la Légion d'honneur le 13 août suivant, gouverneur de l'hôtel des Invalides le 24 mars 1853, il fut élevé à la dignité de maréchal de France le 2 avril 1861, comme premier et plus ancien divisionnaire de l'armée, à l'occasion de la translation des cendres de Napoléon Ier de la chapelle Saint-Jérôme sous le dôme des Invalides. Il avait épousé, en 1816, la comtesse Marie Leczinska, veuve du comte Colonna Waleski, et mère de M. Waleski (*Voy. ce nom*).

ORNANO (Rodolphe-Auguste-Louis, comte d'), député au Corps législatif de 1853 à 1865, né à Liège (Belgique) le 9 juin 1817, mort au château de la Branchoire (Indre-et-Loire) le 14 octobre 1865, fils du précédent, fit ses études à Louis-le-Grand, entra à Saint-Cyr, et débuta dans la carrière diplomatique comme attaché à la légation de France à Dresde, puis à l'ambassade de Londres, où ses relations avec le prince Louis-Napoléon le forcèrent de donner sa démission. Il se retira alors en Lorraine, où il publia divers recueils de poésies, et collabora aux *Français peints par eux-mêmes*. Après la révolution de 1848, il se montra un des plus ardents prosélytes de la politique bonapartiste, et, quelques jours avant le 2 décembre, fut nommé préfet de l'Yonne, où il eût à mettre un terme aux troubles qui avaient eu lieu à Clamecy, à l'occasion du coup d'État. Une note confidentielle de 1852 dit de lui : « Dévoué, accès facile, mais ne se doutant pas de ce qu'est l'administration, manquant de tact, d'expérience, aucune consistance dans son département. » L'empereur lui fit donner sa démission en 1853, le nomma chambellan, maître des cérémonies de la cour, commandeur de la Légion d'honneur, et le fit présenter à la députation le 4 septembre 1853, dans la 1re circonscription de l'Yonne, en remplacement de M. Larabit, nommé sénateur. M. d'Ornano fut élu par 15,381 voix (17,876 votants, 37,940 inscrits), *contre* 2,119 au baron Chaillou des Barres, et fut réélu le 1er juin 1863, par 21,258 voix sur 30,613 votants et 38,179 inscrits, contre 9,169 au candidat libéral, M. Rampont-Léchin. Il siégea dans la majorité dynastique et parla (1857) *contre* les jeux de Bourse. Membre et vice-président du conseil général de l'Yonne pour le canton de Saint-Florentin. On a de lui : *Histoire de l'ordre de Malte ; — Étude de l'administration de l'empire.*

ORNANO (Cunéo d'). — *Voy.* Cunéo d'Ornano, avec cette rectification : ce n'est pas dans sa profession de foi lors des élections du 14 octobre 1877, mais dans un article de journal, que M. Cunéo d'Ornano promit de faire bientôt « de la République et des républicains une pâtée dont les chiens ne voudraient pas ». Dans cette même session, il vota *pour* les lois nouvelles sur la presse et non pas *contre*.

ORTALLE (Philippe-Louis), député au Conseil des Cinq-Cents et au Corps législatif de l'an VIII à 1803, né à Tournay (Belgique) le 27 mars 1757, mort à une date inconnue, fut élu, le 23 germinal an VII, député du département de Jemmapes au Conseil des Cinq-Cents.

Il ne se montra pas hostile au coup d'Etat de Bonaparte, et fut admis, le 4 novembre an VIII, par le Sénat conservateur, à représenter jusqu'en 1803 le même département au Corps législatif.

ORVILLIERS (JEAN-LOUIS, TOURTEAU-TORTOREL, MARQUIS D'), pair de France, né à Paris le 28 janvier 1759, mort à Paris le 30 avril 1832, était maître des requêtes de l'hôtel à l'époque de la Révolution. Il émigra en 1791, et rentra en France avec les Bourbons. Nommé pair de France le 17 août 1815, il vota pour la mort dans le procès du maréchal Ney, devint conseiller d'Etat honoraire l'année suivante, et se signala à la Chambre haute par son intolérance royaliste. Il fit quelques rapports sur des questions financières et fut l'un des promoteurs de la loi sur le milliard des émigrés. Il prêta serment au gouvernement de Louis-Philippe et siégea à la Chambre haute jusqu'à sa mort.

OSMOND (RENÉ-EUSTACHE, MARQUIS D'), pair de France, né à Saint-Domingue le 17 décembre 1751, mort à Paris le 22 février 1838, « fils de messire Charles-Eustache d'Osmond, marquis dudit lieu, et de dame Elisabeth Cavelier de la Garenne », prit du service en 1767, et devint, en 1776, colonel en second du régiment de cavalerie d'Orléans, et, en 1784, colonel du régiment de Barrois. En juin 1788, il fut nommé ambassadeur à la Haye où la Révolution le surprit. Appelé à l'ambassade de Saint-Pétersbourg en 1791, il donna sa démission avant d'avoir rejoint ce poste, et émigra. Rentré en France à l'époque du Consulat, il accepta de l'empereur diverses missions diplomatiques, et fut créé comte de l'Empire le 6 juin 1808. Il salua avec joie le retour des Bourbons, fut nommé lieutenant-général le 22 juin 1814, et ambassadeur à Turin au mois d'octobre suivant. Sa correspondance diplomatique relative aux premiers événements des Cent-Jours, ayant été interceptée par les agents de l'empereur, fut publiée dans le *Moniteur* du 18 avril 1815. A la seconde Restauration, il fut nommé pair de France le 17 août 1815, puis ambassadeur à Londres le 29 novembre suivant, vota pour la mort dans le procès du maréchal Ney, se démit de ses fonctions diplomatiques le 2 janvier 1819. Il siégea ensuite régulièrement à la Chambre des pairs où il fit preuve d'un libéralisme modéré, et prêta serment, en 1830, au gouvernement de Louis-Philippe.

OSMONT (FRANÇOIS-XAVIER-FERDINAND-BONAVENTURE), député de 1847 à 1848, représentant du peuple en 1848, né à Bacqueville (Seine-Inférieure) le 6 juin 1800, mort à Paris le 18 août 1883, était banquier et armateur à Dieppe, quand il fut élu, le 13 novembre 1847, député du 8e collège de la Seine-Inférieure (Dieppe), par 236 voix (430 votants), contre 194 voix à M. Lebobe, en remplacement de M. de Chasseloup-Laubat décédé. Il prit place à gauche, combattit le ministère Guizot, et fut réélu, le 23 avril 1848, représentant de la Seine-Inférieure à l'Assemblée constituante, le 6e sur 19, par 138,886 voix. Il fit partie du comité du commerce, et vota *contre* le bannissement de la famille d'Orléans, *pour* les poursuites contre L. Blanc et Caussidière, *contre* l'impôt progressif, *pour* l'incompatibilité des fonctions, *pour* l'amendement Grévy, *contre* la sanction de la Constitution par le peuple, *pour* l'ensemble de la Constitution, *pour* la proposition Rateau, *pour* l'interdiction des clubs, *pour* l'expédition de Rome, *contre* la demande de mise en accusation du président et des ministres. Non réélu à la Législative, il ne reparut dans aucune autre assemblée.

OSMOY (CHARLES-FRANÇOIS-ROMAIN LEBŒUF, COMTE D'), représentant en 1871, député de 1876 à 1885 et sénateur, né à Osmoy (Eure) le 19 août 1827, d'une ancienne famille de Normandie maintenue noble à la réformation de 1667, fils de Charles-Henri Lebœuf, comte d'Osmoy, garde du corps de Charles X, et de Caroline-Geneviève de Guiry, resta en dehors de la politique sous le gouvernement de juillet, fit représenter quelques pièces à l'Odéon, au Palais-Royal, au Gymnase, et s'occupa du soin de ses propriétés. Sous l'Empire, il fonda la ligue d'enseignement populaire dans l'Eure, en devint président, fut nommé (1862), en remplacement de son père, conseiller général du canton de Quillebœuf qu'il a toujours représenté depuis lors, et se porta candidat indépendant à la députation aux élections du 24 mai 1863, dans la 3e circonscription de l'Eure, où il échoua avec 8,212 voix contre 14,826, au candidat officiel, député sortant, réélu, M. d'Arjuzon, et 1,541 à M. Edmond Adam. Il s'engagea, lors de la guerre de 1870, dans les éclaireurs de la Seine, où il devint capitaine au 1er régiment, et fut décoré de la Légion d'honneur. Le 8 février 1871, il fut élu représentant de l'Eure à l'Assemblée nationale, le 3e sur 8, par 46,461 voix sur 59,749 votants et 122,706 inscrits. Il prit place au centre gauche, parla, avec compétence sur les questions de beaux-arts et de théâtres, fut plusieurs fois rapporteur de ce budget spécial, vota *pour* la paix, *pour* l'abrogation des lois d'exil, s'abstint sur la pétition des évêques, et se prononça *contre* le pouvoir constituant de l'Assemblée, *pour* le service de trois ans, *contre* la démission de Thiers, *contre* le septennat, *contre* le ministère de Broglie, *pour* l'amendement Wallon, *pour* les lois constitutionnelles. Candidat républicain aux élections sénatoriales dans l'Eure le 30 janvier 1876, il échoua avec 367 voix sur 785 votants, mais fut réélu député de l'arrondissement de Pont-Audemer, le 20 février suivant par 9,950 voix sur 15,901 votants et 21,097 inscrits, contre 5,763 à M. Hébert, avec une profession de foi dans laquelle il se déclarait partisan d'une « République conservatrice et modérée, qui fait appel à toutes les intelligences et à toutes les bonnes volontés, à toutes les honnêtetés sans exception. » Il reprit sa place à la gauche constitutionnelle, et vota, avec les 363, contre l'ordre du jour de confiance demandé par le ministère du 16 mai (juin 1877). Réélu, le 14 octobre 1877, après la dissolution de la Chambre, par 9,036 voix sur 17,668 votants et 21,185 inscrits, contre 5,046 à M. Hébert et 3,524 à M. Tourangin, il se prononça *pour* l'instruction gratuite et obligatoire, *pour* la protection de l'agriculture, *pour* la dénonciation des traités de commerce, et vit son mandat renouvelé par les électeurs de Pont-Audemer, aux élections générales du 21 août 1881, par 8,222 voix sur 15,385 votants et 20,441 inscrits, contre 7,043 à M. Vauquelin. Candidat sénatorial au renouvellement triennal du 6 janvier 1885, il fut élu sénateur de l'Eure le 1er sur 2, par 537 voix sur 1,064 votants. M. le comte d'Osmoy a pris place au centre gauche de la Chambre haute, s'est prononcé (juin 1886) *contre* l'expulsion des princes, et a voté, en dernier lieu, *pour* le rétablissement du scrutin d'arrondissement (13 février 1889).

pour le projet de loi Lisbonne restrictif de la liberté de la presse, *pour* la procédure à suivre devant le Sénat contre le général Boulanger. Membre du jury des salons annuels et de la section des Beaux-Arts aux Expositions, M. le comte d'Osmoy a publié (1880) un recueil de *Mélodies.*

OSSELIN (CHARLES-NICOLAS), membre de la Convention, né à Paris le 22 novembre 1752, exécuté à Paris le 26 juin 1794, se fit recevoir avocat et publia dans sa jeunesse certains écrits licencieux qui entravèrent sa carrière. Ayant traité d'une charge de notaire, il se vit refuser l'agrément de la compagnie, plaida vainement contre elle, et perdit sa cause devant le tribunal du Châtelet. Il suivit alors la carrière du barreau. Partisan des idées nouvelles, il fut nommé successivement membre de la municipalité parisienne du 14 juillet 1789, et du conseil de la commune du 10 août 1792; il fut ensuite président du tribunal criminel. Le 16 septembre 1792, le département de Paris l'envoya, le 18e sur 24, par 399 voix (629 votants), siéger à la Convention nationale. Il y vota la mort de Louis XVI, sans appel ni sursis, en disant, au premier appel nominal : « Je réponds *oui*, et j'ai en fait qui m'est particulier à faire connaître. Parmi ceux consignés dans l'acte énonciatif, j'ai remarqué l'accusation intentée au ci-devant roi, d'avoir salarié ses gardes après licenciement, quoique la plupart d'entre eux fussent notoirement émigrés. Le défenseur de Louis, sentant l'importance de ce fait, a fait tous ses efforts pour le détruire, et vous a dit que le roi n'avait payé ses gardes jusqu'au 1er janvier 1792. Comme administrateur de la commune de Paris, ayant eu des comptes à faire avec M. Laporte, pour l'acquittement des contributions du ci-devant roi, je déclare que Mme Laporte, à cette époque, c'est-à-dire vers le mois de juillet 1792, m'a compté, en déduction sur les revenus de la liste civile, 1,200,000 livres, pour le paiement des ci-devant gardes du corps, qui étaient bien alors notoirement émigrés. J'ai cru devoir à ma conscience et à mes collègues de donner connaissance de ce fait. » Au 3e appel nominal : « Un décret a jugé Louis coupable de conspiration; l'appel au peuple a été rejeté. Il s'agit de déterminer la peine : j'obéis à la loi, je vote pour la mort. » Membre du comité de sûreté générale, il dénonça la commission des Douze (24 mai 1793), se déclara avec force contre les Girondins et prit une part active aux journées des 31 mai et 2 juin. Mais, le 13 septembre, il encourut la suspicion du club des Jacobins pour avoir fait relaxer plusieurs aristocrates accusés d'intrigues. En revanche, il proposa, le 3 octobre, la mise en accusation en masse des députés signataires de protestations contre les événements du 31 mai; Robespierre combattit cette mesure et la fit rejeter. La conduite politique d'Osselin manqua singulièrement de logique et de fixité. Après avoir provoqué et appuyé comme rapporteur plusieurs des lois qui furent rendues contre les émigrés, il s'efforça soit d'y introduire des exceptions, soit d'en empêcher en partie l'application. C'est lui qui, à l'instigation de Fouquier-Tinville, avait proposé et fait adopter le décret qui autorisait les juges du tribunal révolutionnaire à abréger les débats en se déclarant assez instruits. D'autre part, Osselin profita de sa situation pour soustraire au supplice plusieurs émigrés, et notamment la comtesse de Charry, sa maîtresse, qu'il dénonça ensuite au club de Versailles, quand il se vit

compromis : le 2 frimaire an II, le tribunal révolutionnaire le condamna en effet à la déportation pour avoir « extrait de prison et caché chez son frère, curé à Saint-Aubin, près de Versailles, Charlotte-Félicité de Luppé, dame de Charry, émigrée. » Transféré à Bicêtre en attendant l'embarquement, il fut impliqué, le 8 messidor suivant, dans la conspiration des prisons, et comparut une seconde fois devant le même tribunal. Condamné cette fois à mort, il voulut éviter l'échafaud par le suicide, en se jetant sur un clou fixé dans le mur de sa cellule, mais il ne réussit pas à se tuer, et fut exécuté le 26 juin 1794.

OSTERMANN (JOSEPH-PIERRE-GUSTAVE), représentant en 1871, né à Saverne (Bas-Rhin) le 18 septembre 1825, mort à Saverne le 27 octobre 1875, était maire de Saverne. Le 8 février 1871, il fut élu, comme républicain, représentant du Bas-Rhin à l'Assemblée nationale, le 9e sur 12, par 55,006 voix (101,741 votants, 145,183 inscrits). Il vota et protesta, avec ses collègues des départements annexés, *contre* les préliminaires de paix, donna sa démission de représentant et rentra dans la vie privée.

OSTERMEYER (GUILLAUME), député au Corps législatif de 1812 à 1814, né à Brême (Allemagne) en 1771, mort à une date inconnue, était conseiller de préfecture à Brême, sous la domination française, quand il fut désigné, le 2 avril 1812, par l'empereur, sur une liste de présentation dressée par le préfet, pour représenter au Corps législatif impérial le nouveau département des Bouches-du-Weser. Il siégea jusqu'en 1814.

OTARD (JEAN-BAPTISTE-ANTOINE), député de 1821 à 1824, né à Brives (Charente-Inférieure) le 12 décembre 1763, mort à Bordeaux (Gironde) le 24 mars 1824, fut élevé au collège de Pontlevoy. Il refusa d'émigrer à la Révolution et fut deux fois enfermé, en 1791 et en 1793, à l'abbaye de Saintes. Entre ces deux incarcérations, il avait obtenu la place d'ingénieur cadastral de son canton. Remis en liberté au 9 thermidor, il s'installa à Cognac comme négociant, et resta maire de cette ville pendant près de 30 ans. Officier de la Légion d'honneur, il fut élu député du 3e collège électoral de la Charente (Cognac), le 1er octobre 1821, par 141 voix (237 votants, 385 inscrits), contre 69 voix à M. Guérin du Foncin, banquier à Paris, et fut réélu, le 25 février 1824, par 214 voix (263 votants, 394 inscrits), contre 47 à M. Auguste Martell, négociant. M. Otard prit place à la Chambre parmi les ultra-royalistes, soutint les projets les plus réactionnaires, s'indigna du complot de la Rochelle, et demanda, pour les quatre sergents, la punition qui leur fut en effet donnée; il se plaignit aussi que la Charte de 1814 laissât le roi désarmé en face de la révolution menaçante. Décédé en 1824, M. Otard fut remplacé, le 2 août suivant, par M. Hennessy.

OTRANTE (DUC D'). — *Voy.* FOUCHÉ.

OUDAERT (CHARLES-JOSEPH), député au Corps législatif de l'an XI à 1807, né à Gand (Belgique) le 13 mai 1746, mort à une date inconnue, était homme de loi à Gand. Il appartint à la magistrature et à l'administration, fut membre de l'administration centrale du département de l'Escaut, conseiller de préfecture à Gand, et, le 28 fructidor an XI, député de ce département au Corps législatif, où il siégea jusqu'en 1807.

OUDAILLE (PIERRE), député en 1789, né à Berneuil (Oise) le 17 novembre 1732, mort à une date inconnue, laboureur, fut élu, le 19 mars 1789, député du tiers aux Etats-Généraux par le bailliage de Beauvais. Il ne s'y fit pas remarquer. Le *Moniteur* dit seulement qu'il fit décréter la résiliation des baux à loyer de la régie des traites.

OUDET (ALEXANDRE-GUSTAVE), membre du Sénat, né à Beaufort (Jura) le 4 juillet 1816, étudia le droit et exerça à Besançon la profession d'avocat. En 1848, il fut appelé par le gouvernement provisoire au poste d'avocat général à Besançon ; il donna sa démission en 1849, fit une active propagande républicaine, protesta contre le coup d'État du 2 décembre 1851, et fut arrêté et condamné à la transportation par une commission mixte. Interné à Dijon par commutation de peine, et placé sous la surveillance de la haute police jusqu'en 1854, il ne cessa de combattre le gouvernement impérial et l'administration du préfet Pastoureau, fut nommé, en 1860, conseiller municipal de Besançon et, lors de la guerre de 1870, se consacra à l'organisation des ambulances et des secours aux blessés de l'armée de l'Est. Membre et plus tard président du conseil général du Doubs, maire de Besançon depuis 1871, il fut élu (30 janvier 1876) sénateur du département par 359 voix sur 706 votants. Il prit place à gauche, opina *contre* la dissolution de la Chambre des députés en 1877, lutta contre le gouvernement du Seize-Mai, et soutint ensuite le cabinet Dufaure, non sans réclamer une politique plus fermement républicaine. Il parla (novembre 1883) dans la discussion des modifications du prêt sur gages, combattit (février 1884) le maintien de l'article 416 du code pénal à l'égard des syndicats professionnels, puis, dans la loi municipale, les innovations proposées relativement aux pouvoirs de police des maires, et vota : *pour* l'article 7, *pour* les lois Ferry sur l'enseignement, *pour* la réforme du personnel judiciaire, *pour* le divorce, *pour* les crédits du Tonkin. Il obtint le renouvellement de son mandat, le 6 janvier 1885, par 529 voix sur 889 votants, défendit (février 1888) les intérêts des agriculteurs dans la discussion de l'organisation du crédit agricole, et se prononça *pour* l'expulsion des princes, *pour* la nouvelle loi militaire, et, en dernier lieu, *pour* le rétablissement du scrutin d'arrondissement (13 février 1889), *pour* le projet de loi Lisbonne restrictif de la liberté de la presse, *pour* la procédure à suivre devant le Sénat contre le général Boulanger. Chevalier de la Légion d'honneur (1876).

OUDINOT (CHARLES-NICOLAS), DUC DE REGGIO, député au Corps législatif en l'an XII et pair de France, né à Bar-le-Duc (Meuse) le 25 avril 1767, mort à Paris le 13 septembre 1847, « fils de Nicolas Oudinot, négociant, et de Marie-Anne Adam », était destiné au commerce, quand il s'engagea à 17 ans dans le régiment de Médoc. Au bout de trois ans de service, il revint à Bar pour obéir aux injonctions de son père. Entré dans la garde nationale en 1789, il prit part à la répression du mouvement populaire qui éclata dans cette ville en juillet, et fut nommé, en 1792, commandant du 3e bataillon des volontaires de la Meuse. En 1793, il défendit Bitche contre la

surprise tentée, dans la nuit du 10 au 17 novembre, par un corps prussien, et infligea à l'ennemi de grandes pertes. Il passa ensuite sous les ordres du général Amberi, assista à Kaiserslautern comme chef de la 4e demi-brigade et, débordé à Morlautern, le 24 mai 1794, par des forces supérieures, se fit jour à la baïonnette ; il fut nommé, en récompense, général de brigade le 2 juin suivant. Blessé à Trèves le 6 août 1795, laissé pour mort devant Manheim le 18 octobre, il tomba au pouvoir des Autrichiens, fut échangé, après trois mois de captivité, et envoyé à l'armée du Rhin-et-Moselle. De nouveau blessé à Neubourg (14 septembre 1795), il commanda, en 1797, une brigade de l'armée d'Angleterre, puis une brigade de l'armée d'Helvétie en 1799. Promu général de division le 12 avril 1799, il devint chef d'état-major de Masséna et contribua à la victoire de Zurich en s'emparant, après une lutte opiniâtre, des faubourgs de la ville. D'abord enfermé à Gênes, au début de la campagne de Marengo, il fut chargé de porter à Suchet les dépêches de Masséna et parvint heureusement à échapper à la croisière anglaise. Après Marengo, il passa sous les ordres de Brune, et, au combat de Monzembano, s'empara d'une batterie, et reçut un sabre d'honneur du premier Consul (8 mars 1801). Inspecteur d'infanterie l'année suivante, commandant de la 1re division du camp de Bruges en 1803, membre, puis grand-croix de la Légion d'honneur (25 prairial an XII), il avait été élu, le 8 frimaire précédent, par le Sénat conservateur, député de la Meuse au Corps législatif, où il ne siégea que fort peu. En 1805, il prit le commandement des compagnies de grenadiers détachées de la ligne et réunies à Arras en 10 bataillons ; ce corps d'élite reçut plus tard le nom mérité de grenadiers d'Oudinot. Durant la campagne de 1805, il s'empara des ponts de Vienne, fut blessé à Ollabrün, céda momentanément son commandement à Duroc, puis reparut à la tête des grenadiers, le jour d'Austerlitz, où, d'abord en réserve, il contribua à l'occupation définitive de Protzen lors de la contre-attaque de la garde impériale russe. Gouverneur de Neuchâtel l'année suivante, il mérita l'estime des habitants qui lui décernèrent le titre de bourgeois de la ville et lui offrirent une épée d'honneur. Il prit part à la campagne de Prusse, puis à celle de Pologne, se distingua à Eylau, en protégeant l'empereur contre la cavalerie russe, et à Friedland où il soutint les premiers efforts de Bennigsen. Gouverneur d'Erfurth, créé comte de l'empire le 2 juillet 1808, Oudinot prit encore part à la campagne du Danube en 1809, se signala à Essling où il défendit le village contre l'infanterie de Hohenzollern et les cavaliers de Lichtenstein, et à Wagram où il aborda de front les troupes de l'archiduc Charles, tandis que Davout prenait sa gauche à revers. Blessé à l'île Lobau, il fut nommé, le 12 juillet suivant, maréchal de France. Créé le 14 avril 1810, duc de Reggio avec une dotation considérable, il fut chargé, après l'abdication du roi de Hollande, d'administrer le pays. Appelé en 1812, au commandement du 2e corps de la grande armée et chargé de couvrir la gauche, il battit Wittgenstein à Drissa sur la Dwina (29 juillet), fut blessé à Polotsk le 17 août, et ne rejoignit son corps qu'au moment de la retraite. Placé sous les ordres du duc de Bellune avec lequel il différait d'opinion sur les opérations à exécuter, il battit Pahlen à Lochnitza le 23 novembre, fut blessé le 25 à Borizow, enfermé dans une grange avec quelques hommes, y soutint l'attaque de plusieurs escadrons de cavalerie, passa le 26 la Bérézina, et le 28, avec Ney, contint les efforts de Tchitchatkoff. En 1813, il assista à Lutzen, puis à Bautzen, où à la droite de l'armée, il franchit la Sprée sous le feu des alliés. Mais au nord, il ne réussit pas sur Berlin. Le 18 août, avec 65,000 hommes sous Régnier, Bertrand et Morand, il marcha sur cette capitale par ordre de l'empereur, rencontra, le 23, Bernadotte et l'armée du Nord, et fut battu à Gross-Beeren où 10,000 Bavarois et Saxons en se débandant causèrent la défaite. Il commanda la jeune garde à Leipsig; une attaque de typhus le força de quitter l'armée à la fin d'octobre. En 1814, il prit part, à la tête d'un faible corps de troupes, aux combats de Brienne et d'Arcissur-Aube. Le 4 avril, à Fontainebleau, il reçut les adieux de l'empereur, adhéra aux actes du Sénat, et, dans le conseil provisoire du gouvernement, s'efforça de faire prévaloir des idées modérées. Nommé successivement, par Louis XVIII, ministre d'État, commandant du corps royal des grenadiers et des chasseurs à pied de France (20 mai 1814), pair de France (4 juin), gouverneur de la 3e division militaire à Metz et commandeur de Saint-Louis (24 septembre), il chercha à s'opposer, lors des Cent-Jours, à la marche de Napoléon sur Paris, mais ne put conduire ses troupes plus loin que Troyes. D'abord exilé dans ses terres par l'Empereur, puis autorisé à habiter Montmorency, il fut nommé, au retour de Gand, l'un des majors-généraux de la garde royale (8 septembre 1815), membre du conseil privé (19 septembre), commandant de la garde nationale de Paris (9 octobre), gouverneur de la 3e division militaire (10 janvier 1816), grand-croix de Saint-Louis (3 mai) et chevalier du Saint-Esprit (30 septembre 1820). Lors de la guerre d'Espagne, il commanda le 1er corps d'armée et devint gouverneur de Madrid. Il chercha en 1827 à calmer l'irritation causée dans la population parisienne par le licenciement de la garde nationale, et, en janvier 1830, protesta énergiquement contre le refus du comte d'Apponyi, ambassadeur d'Autriche, de donner aux généraux et maréchaux les titres impériaux dont ils étaient revêtus. Après la révolution de 1830, Oudinot se retira dans ses terres et ne parut que fort rarement à la Chambre des pairs. Il fut cependant nommé chancelier de la Légion d'honneur le 17 mai 1839, et gouverneur des Invalides le 21 octobre 1842. Atteint, vers 1836, d'une paralysie locale qui envahit la joue et la paupière droites, il figura quand même en tête des maréchaux, au retour des cendres de l'empereur (1840). Malgré son grand âge et la rigueur de la saison (décembre), il fit à pied le trajet de Courbevoie aux Invalides « sur ses trois jambes cassées », disait plaisamment la maréchale : il avait eu en effet les deux jambes cassées, et la droite cassée deux fois. La ville de Bar-le-Duc lui a élevé une statue le 24 septembre 1850.

OUDINOT (Nicolas-Charles-Victor), marquis, puis duc de Reggio, député de 1842 à 1848, représentant en 1848 et en 1849, né à Barle-Duc (Meuse), le 3 novembre 1791, mort à Paris le 7 juillet 1863, fils aîné du précédent, entra dans les pages de Napoléon Ier (13 octobre 1805), suivit l'Empereur à Erfurth, et dans la campagne de 1809 contre l'Autriche, et, pendant la nuit qui précéda la bataille de Wagram, l'accompagna pour surveiller le passage des troupes sur les ponts du Danube. Lieutenant au 5e hussards (17 août 1809), il devint, l'année suivante, aide-de-camp de Masséna, et fit, sous la conduite de ce maréchal, les deux campagnes de Portugal et d'Espagne. Trois fois il fut proposé pour la croix d'honneur; mais trois fois Napoléon mit en regard de son nom cette mention : *trop jeune*. Nommé (septembre 1811) lieutenant en premier aux chasseurs à cheval de la garde, il gagna les épaulettes de capitaine dans la campagne de Russie, où il se distingua aux côtés de son père (30 novembre 1812). A Leipsig, il fut blessé au pied par un biscaïen ; à Hanau, la prise d'une batterie d'artillerie lui valut la croix d'officier de la Légion d'honneur ; à Montmirail, il fit mettre bas les armes à un bataillon prussien ; à Craonne, il reçut encore une blessure grave. Chef d'escadron (1er avril 1814), colonel du 8e régiment de chasseurs (27 du même mois), il fut placé presque aussitôt, par le gouvernement royal, à la tête du 1er régiment de hussards (hussards du roi). Il servit alors la cause des Bourbons, leur resta fidèle pendant les Cent-Jours, fut chargé par la seconde Restauration d'organiser les hussards du Nord (4e hussards), et reçut le grade de commandeur de la Légion d'honneur (1er juin 1820) et le titre d'écuyer cavalcadour (26 novembre suivant). Colonel du 1er régiment de grenadiers à cheval de la garde (1822), et, le 12 juin de la même année, maréchal de camp, il eut à réorganiser (1824) l'école de cavalerie de Saumur et resta fidèle en politique au parti royaliste. Il crut devoir résigner ses fonctions en 1830, et ne fut rappelé à l'activité qu'en octobre 1835 ; il reçut alors le commandement d'un corps expéditionnaire en Algérie, chargé de venger l'échec éprouvé à la Macta. Au combat de l'Halbra, il eut la cuisse traversée, blessure qui l'obligea à rentrer en France. Promu lieutenant général (31 décembre 1835), puis inspecteur général de cavalerie, il fut élu député, le 9 juillet 1842, dans le 5e collège de Maine-et-Loire (Saumur), par 224 voix (384 votants, 423 inscrits), contre 137 à M. Benjamin Delessert. Le général Oudinot siégea à la Chambre parmi les indépendants, et prit la parole dans les questions touchant aux intérêts de l'armée, à l'Algérie, aux haras et au code pénal militaire. Il vota contre l'indemnité Pritchard. Réélu, le 1er août 1846, député du même collège, par 255 voix (287 votants, 409 inscrits), contre 10 à M. B. Delessert et 7 à M. Louvet, il continua d'opiner le plus souvent avec l'opposition modérée. Après la révolution de février, le gouvernement provisoire le désigna comme membre de la commission de défense nationale instituée le 7 mars 1848. Elu, le 23 avril suivant, représentant de Maine-et-Loire à l'Assemblée constituante, le 6e sur 13, par 103,535 voix, il prit peu de part à ses travaux : il est porté au *Moniteur*, jusqu'au mois de novembre 1848, *absent par congé*. Il vota avec la droite *pour* l'ordre du jour en l'honneur de Cavaignac, *contre* la réduction de l'impôt du sel, *pour* la proposition Rateau, *pour* l'interdiction des clubs, etc. Le 29 janvier 1849, M. Odilon Barrot, ministre de la Justice, président du conseil, étant venu, sous forme de communication du gouvernement, faire part à l'Assemblée de certaines mesures d'ordre que l'on avait dû prendre par rapport au licenciement de la garde mobile, un vif débat s'engagea à ce sujet pendant plusieurs jours : un certain nombre de représentants demandèrent une enquête dont l'urgence fut rejetée. Ils dénoncèrent aussi un bulletin émané du ministre de l'Intérieur et qu'ils jugeaient offensant pour l'Assemblée. Le général Oudinot intervint en proposant un ordre du jour de conciliation, qui fut voté, le 5 février, par 461 voix contre 359. Cet ordre du jour était ainsi conçu : « L'Assemblée nationale, adoptant les conclusions de la commission, et considérant que le bulletin offensant pour l'Assemblée nationale a été désavoué formellement par le ministre, passe à l'ordre du jour. » Dès que l'organisation de l'armée des Alpes avait été résolue, Oudinot en avait reçu le commandement en chef (avril 1848) ; mais il résigna ce poste en faveur du maréchal Bugeaud (janvier 1849) après avoir refusé le portefeuille de la Guerre, que lui offrait le prince-président. Peu de temps après (20 avril 1849), il fut nommé commandant en chef du corps expéditionnaire de la Méditerranée, destiné à protéger le pape, à combattre la république romaine et à occuper les Etats de l'Eglise : les instructions données au général Oudinot et la marche des opérations furent, à l'Assemblée, dans les derniers temps de la session, l'objet d'une discussion passionnée. Débarquée le 25 avril à Civita-Vecchia, l'armée française parut le 30 devant Rome. Le siège de la ville commença le 4 juin, et Rome capitula le 1er juillet : deux jours après, nos troupes y faisaient leur entrée. Dans l'intervalle, les représentants de la Montagne à l'Assemblée législative n'avaient cessé de protester contre le siège de Rome et l'attitude du gouvernement français : l'affaire du 13 juin au Conservatoire des arts et métiers, fut précisément motivée par la politique dont le général Oudinot était l'exécuteur. Lui-même avait été réélu, le 13 mai 1849, représentant de Maine-et-Loire à l'Assemblée législative, le 1er sur 11, par 86,764 voix (104,313 votants), 151,062 inscrits, et représentant de la Meuse, le 4e sur 7, par 34,949 voix sur 52,869 votants, et 92,490 inscrits ; il opta pour Maine-et-Loire, et, de retour à Paris, il siégea dans la majorité, avec laquelle il opina constamment, sans se rallier à la politique du coup d'Etat. Il était, paraît-il, désigné pour le maréchalat, lorsque, le 2 décembre 1851, les 220 membres réunis à la mairie du 10e arrondissement pour protester contre l'acte du prince-président l'investirent, inutilement d'ailleurs, du commandement des troupes de la 1re division militaire et de la garde nationale. Il tenta vainement de se faire obéir du général Forey et de ses hommes, fut arrêté comme ses collègues, et conduit à la caserne d'Orsay, puis détenu jusqu'au 16 décembre à Vincennes. Peu de jours après, un décret, contre les considérants duquel protesta le général Oudinot, éleva Forey au maréchalat. Le général Oudinot passa dans la retraite les années qui suivirent : il avait, comme ancien général ayant commandé en chef devant l'ennemi, été maintenu sur les cadres d'activité. Grand-croix de la Légion d'honneur du 4 mars 1851. On a de lui : *Aperçu historique sur la dignité de maréchal de France* (1833) ; *Considérations sur l'emploi des troupes aux grands travaux d'utilité publique* (1833) ; *De l'Italie et de ses forces militaires* ; *Précis historique et militaire de l'expédition française en Italie en 1849* (1849), etc. Il a été l'un des créateurs du journal le *Spectateur militaire*.

OUDOT (François), député en 1789, né à Savigny-en-Revermont (Saône-et-Loire) le 12 septembre 1740, mort à Savigny-en-Revermont le 27 avril 1798, était curé de Savigny quand il fut élu, le 1er avril 1789, député du clergé aux Etats-Généraux par le bailliage de Cha-

lon-sur-Saône. Il vota pour la vérification en commun des pouvoirs, fut des premiers de son ordre à se réunir aux députés du tiers, parla sur l'éligibilité des vicaires à l'épiscopat, prêta le serment ecclésiastique le 27 décembre 1790, et fut secrétaire de l'Assemblée (2 janvier 1791). Conseiller général de Saône-et-Loire en 1792 et 1793, il fut emprisonné quelque temps à Louhans sous la Terreur, et ne fit plus partie d'assemblées politiques.

OUDOT (Charles-François, chevalier), député en 1791, membre de la Convention, député au Conseil des Cinq-Cents et au Conseil des Anciens, né à Nuits (Côte-d'Or) le 4 avril 1755, mort à Paris le 12 avril 1841, étudia le droit et se destina à la magistrature. Substitut du procureur général au parlement de Dijon (1777), il devint, en 1790, commissaire du roi près le tribunal de Beaune, et fut élu, le 1er septembre 1791, député de la Côte-d'Or à l'Assemblée législative, le 3e sur 10, par 233 voix (358 votants). Il fut de la majorité, fit partie du comité des décrets, parla en faveur de l'adoption, et donna son opinion sur le mode de constater l'état civil. Réélu, le 5 septembre 1792, membre de la Convention par le même département, le 4e sur 10, avec 401 voix (516 votants), il siégea à la Montagne, demanda que Louis XVI fût jugé, et, dans le procès, vota en ces termes (3e appel nominal) :

« Citoyens, si j'ai vu des passions personnelles, des intérêts d'amour-propre, quelques haines de coterie dans cette discussion, je n'ai cependant jamais cru à l'existence des prétendus partis qui ne peuvent avoir, quant à présent, de prétexte ni d'appui dans l'intérieur de la République. Le calme et l'attention avec lesquels j'ai suivi cette affaire m'ont aussi fait voir dans ces débats une masse imposante d'hommes cherchant avec bonne foi la vérité, et mettant à soutenir leurs opinions le zèle et l'intrépidité qu'exige le vœu du salut de la patrie.

« Quant à moi, pénétré de ce sentiment, j'ai trouvé des preuves évidentes du crime de Louis dans sa conduite publique, des preuves matérielles dans les pièces qui nous ont été mises sous les yeux ; et parmi celles qui m'ont le plus frappé, je dois rappeler notamment les ordonnances données par Louis pour le paiement de ses gardes à Coblentz signées de lui, le 28 janvier 1792, postérieurement à la lettre ostensible du mois de novembre précédent, invoquée en sa faveur ; j'ai enfin trouvé la conviction de Louis dans ses réponses et ses aveux.

« Citoyens, vous devez un grand exemple aux peuples et aux rois. Je pense que la justice éternelle, les raisons d'Etat, l'intérêt de la nation française, celui de l'humanité, me commandent également de voter la mort de Louis. »

Secrétaire de la Convention, il parla sur plusieurs matières de législation et de politique, sur le divorce, l'état civil, les saisies, les biens des suspects, fit proroger les pouvoirs des membres du tribunal révolutionnaire, remplit une mission dans le Calvados, et présenta, à son retour, comme rapporteur, le travail de revision de la loi contre les accaparements : la loi du 2 avril 1794 consacra les nouvelles dispositions qu'il proposait. Il prit la défense des anciens membres du comité de salut public attaqués par la majorité thermidorienne, et demanda la création d'un tribunal indépendant du corps législatif et qui connaîtrait des accusations de crimes d'Etat portées contre les représentants du peuple. Réélu, le 23 vendémiaire an IV, député au Conseil des Cinq-Cents par le département du Puy-de-Dôme, avec 224 voix (433 votants), il prit une part importante aux débats de cette assemblée, fit partie des commissions judiciaire et de législation, présenta un rapport sur l'arbitrage forcé et les tribunaux de famille, un projet concernant l'organisation judiciaire civile, appuya l'idée d'exclure les nobles des fonctions publiques, et, nommé secrétaire, fit adopter l'emploi de la sténographie pour la fidèle reproduction des séances. Passé au Conseil des Anciens, le 24 germinal an VI, cette fois comme député de la Côte-d'Or, avec 303 voix (382 votants), Oudot se mêla encore à plusieurs discussions et quitta l'assemblée pour occuper le poste de juge au tribunal de Cassation, poste dans lequel il fut confirmé le 11 germinal an VIII. Exclu de la cour suprême par la Restauration, il reprit son siège pendant les Cent-Jours, et, atteint par la loi de 1816, se retira à Bruxelles. Ses fils demandèrent vainement son rappel en 1819, en alléguant que leur père n'avait fait que continuer, aux Cent-Jours, de siéger à la cour de Cassation. Oudot ne revint en France qu'après la révolution de 1830. Son *Projet d'organisation judiciaire civile*, présenté au Conseil des Cinq-Cents, au nom de la commission de la classification des lois, a été imprimé à part. On lui doit aussi une *Théorie du jury*, qui fut publiée après sa mort (1843), par les soins d'un ami.

OUDOUL (JEAN-JULES), député de 1876 à 1881, né à Murat (Cantal) le 6 janvier 1833, se fit inscrire en 1858 au barreau de Saint-Flour. Bâtonnier de l'ordre, maire de Saint-Flour, et membre du conseil général, qu'il présida, il conserva ses fonctions municipales après le 4 septembre 1870, et fut révoqué le 17 janvier 1874, pour avoir manifesté publiquement ses sympathies pour Thiers, renversé du pouvoir le 24 mai 1873. Élu, le 20 février 1876, député de l'arrondissement de Saint-Flour, par 6,891 voix (9,127 votants, 12,404 inscrits), contre 2,305 à M. de Vaissière, il prit place à gauche et fut l'un des 363 députés qui refusèrent un vote de confiance au ministère de Broglie. Réélu, comme tel, le 14 octobre 1877, par 6,923 voix (10,443 votants, 12,617 inscrits), contre 3,491 à M. de La Rochefoucauld-Doudeauville, il continua de siéger à gauche, parla sur la création de chaires d'histoire dans les collèges communaux, sur l'organisation d'une caisse de prévoyance pour l'agriculture, et appuya de ses votes la politique républicaine. Les élections du 21 août 1881 ne lui furent pas favorables : il échoua avec 4,578 voix contre 4,850 à l'élu, M. Amagat. Cette élection ayant été invalidée, M. Oudoul se représenta de nouveau devant ses électeurs, le 29 janvier 1882, mais il ne recueillit que 3,630 voix contre, 6,704 à l'élu, M. Amagat. Il renonça alors à la politique pour entrer dans la magistrature, fut nommé conseiller à la cour de Riom le 14 octobre 1882, président de chambre à la même cour le 17 septembre 1883, et fut décoré de la Légion d'honneur (10 juillet 1885). Par son mariage avec la fille du petit-fils de Clavière, greffier de la cour d'assises du Cantal, il est arrière-petit-fils de Clavière, député aux Cinq-Cents et au Corps législatif.

OUNOUS D'ANDURAND (JACQUES-HENRI-ELÉONOR D'), député de 1820 à 1831, né à Sabarat (Ariège) le 26 mai 1778, mort à Saverdun (Haute-Garonne) le 2 juillet 1852, propriétaire dans sa ville natale, chevalier de la Légion d'honneur, président du collège électoral de son département, fut successivement élu député du grand collège de l'Ariège, le 13 novembre 1820, par 51 voix (80 votants, 89 crits) contre 27 à M. Cassaing ; le 6 mars 1824, par 56 voix (60 votants, 90 inscrits ; le 24 novembre 1827, par 56 voix (58 votants, 87 inscrits) ; et le 3 juillet 1830, par 69 voix (74 votants, 89 inscrits). M. d'Ounous ne vota que rarement avec le ministère, protesta contre l'épithète de ministériel qu'on lui avait mal à propos appliquée, et signa l'adresse des 221. Il contribua à l'établissement de la monarchie de Louis-Philippe, et rentra dans la vie privée aux élections de 1831.

OUTREPONT (CHARLES-LAMBERT, CHEVALIER D'), député au Conseil des Cinq-Cents, né à Hervé (Belgique) le 16 septembre 1746, mort à Paris le 5 mars 1809, avocat au conseil souverain de Brabant (1770), prit part à la révolution brabançonne, devint ensuite professeur de législation à l'école centrale du département de la Dyle, et représenta de ce département au Conseil des Cinq-Cents, où il fut envoyé le 24 germinal an VI, par 44 suffrages sur 61 votants. D'Outrepont se montra favorable au coup d'État de Bonaparte, fut nommé, le 11 germinal an VIII, juge au tribunal de Cassation, membre de la Légion d'honneur le 25 prairial an XII, et reçut le titre de chevalier de l'Empire le 2 juillet 1808. On a de lui : *Essai historique sur l'origine des dîmes* (1780) ; — *Discours sur l'autorité du droit romain dans les Pays-Bas* (1782), et quelques ouvrages de législation, tous mis à l'index.

OUTTERS (AUGUSTE-HENRI-ALPHONSE), député de 1881 à 1885, né à Hondschoote (Nord) le 13 juin 1849, exerçait la profession de notaire à Steenwoorde (Nord). Conseiller général du Nord, il se présenta à la députation, comme candidat républicain, le 21 août 1881, dans la 1re circonscription d'Hazebrouck : « Je siégerai, disait-il dans sa profession de foi, étant votre élu, parmi les hommes modérés de la Chambre, au centre gauche. » Il fut élu député par 6,632 voix (12,865 votants, 15,129 inscrits), contre 6,139 à M. de Lagrange, monarchiste, député sortant. M. Outters siégea à gauche et vota : *pour* les crédits du Tonkin, *contre* la séparation de l'Eglise et de l'Etat, *contre* l'élection de la magistrature. Il n'a pas été réélu aux élections générales de 1885.

OUVRARD (JULIEN), député au Corps législatif de 1852 à 1861, né à Haute-Fontaine (Oise) le 3 octobre 1798, mort à Paris le 22 juin 1861, fils du célèbre banquier, fit ses études au lycée Napoléon, entra en 1822 au ministère de l'Intérieur, mais en sortit en 1824, à l'époque où son père eut des démêlés avec le gouvernement. Propriétaire du Clos-Vougeot, il s'adonna alors à la viticulture. En 1830, il publia une brochure sur la *Conversion des Rentes*, collabora pendant quelque temps à la *Presse* et fut nommé colonel de la garde nationale de Nuits. Conseiller général de la Côte-d'Or de 1840 à 1848, il se rallia, après la révolution de février et l'élection présidentielle du 10 décembre, à la politique du prince Louis-Napoléon, fut élu, comme candidat du gouvernement, député de la 2e circonscription de la Côte-d'Or, le 29 février 1852, par 18,847 voix (23,630 votants, 36,875 inscrits), contre 1,976 à M. de Vergnette-Lamothe, 1,511 à M. Benoît-Champy et 672 à M. Albert Guyot, et fut réélu, le 22 juin 1857, par 19,723 voix (24,602 votants, 35,743 inscrits), contre 4,898 à M. Carnot. A la Chambre, il fit partie de la commission du budget et de la commission des crédits supplémentaires, et fut rapporteur du projet de loi relatif à la caisse de retraites pour la vieillesse. Décédé en juin 1861, il fut remplacé, le 18 août suivant, par M. Maroy-Monge.

OZENNE (Louis-Ferdinand), représentant à la Chambre des Cent-Jours, né le 1er octobre 1751, mort à une date inconnue, appartenait à l'armée et était sous-directeur de l'Ecole polytechnique, lorsqu'il fut élu, le 11 mai 1815, par le grand collège de Loir-et-Cher, représentant à la Chambre des Cent-Jours, avec 28 voix (49 votants, 181 inscrits). Après la législature, il rentra dans la vie privée.

OZENNE (Jules-Antoine-Sainte-Marie), ministre, né à Louviers (Eure) le 8 décembre 1809, mort à Torcy (Seine-et-Marne) le 2 mars 1889, fit ses études classiques au collège Rollin et entra, comme employé, au ministère du Commerce. Après avoir franchi tous les degrés de la hiérarchie administrative, il fut appelé, en 1860, à la direction du commerce extérieur. Dévoué au gouvernement impérial, M. Ozenne fut nommé (octobre 1864) conseiller d'Etat en service extraordinaire. Il prit part, en cette qualité, comme commissaire du gouvernement, aux travaux du Corps législatif, notamment lors de la discussion de la loi sur la marine marchande (mai-août 1866). Il était depuis peu secrétaire général du ministère de l'Agriculture et du Commerce, lorsque survint la journée du 4 septembre 1870. Chargé par Thiers de missions importantes, comme de préparer et de rédiger les traités de commerce avec l'Angle-

terre (novembre 1872) et avec la Belgique (1873). M. Ozenne sembla éviter, jusqu'en 1877, de se mêler à la politique des partis en lutte. Il accepta cependant, du gouvernement du Seize Mai, dans le cabinet Rochebouët (23 novembre 1877) le portefeuille de l'Agriculture et du Commerce, et ne resta que peu de temps ces fonctions, ce ministère s'étant retiré presque aussitôt devant l'hostilité déclarée de la majorité parlementaire. Il reprit alors ses anciennes fonctions, s'en démit le 14 mars 1879, et fut admis à la retraite le 1er juillet suivant. Grand officier de la Légion d'honneur du 31 janvier 1873.

OZUN (Jean-Antoine), député au Conseil des Cinq-Cents, né à Sarrancolin (Hautes-Pyrénées) en 1769, mort à Bourg (Ain) le 26 mai 1802, était administrateur des Hautes-Pyrénées, quand il fut élu par ce département, le 24 vendémiaire an IV, député au Conseil des Cinq-Cents, avec 80 voix (155 votants). Il prit une part assez active aux débats de l'assemblée, fit partie de plusieurs commissions d'administration et de finances, demanda que le président donnât l'accolade aux députés prisonniers de l'Autriche, présenta un projet relatif aux employés supprimés, interpella Tallien, dénonça les « nouveaux réacteurs », fut élu secrétaire (1er fructidor an IV), rendit compte des mouvement séditieux de Toulouse, demanda le rétablissement des rentes foncières, proposa la révision des élections de juges faite en l'an VI, amenda le projet d'impôt sur le sel et quitta le Conseil en l'an VIII, pour devenir préfet de l'Ain. Il mourut dans ces fonctions en 1802.

P

PACCARD (Antoine-Marie), député en 1789 et de 1816 à 1820, né à Chalon-sur-Saône (Saône-et-Loire) le 10 avril 1748, mort à Chalon-sur-Saône le 9 mai 1826, fils de François-Louis Paccard et de Jeanne Vincent, était avocat dans sa ville natale, quand il fut élu, le 5 avril 1789, député du tiers aux Etats-Généraux par le bailliage de Chalon-sur-Saône, avec 190 voix (245 votants). Il vota contre les réformes et siégea parmi les modérés de son ordre. Conseiller général de Saône-et-Loire de 1804 à 1826, il fut anobli par Louis XVIII, nommé chevalier de la Légion d'honneur et de Saint-Jean-de-Jérusalem, vice-président du tribunal de Chalon (le 21 février 1816), président de la cour prévôtale huit jours après (28 février), et fut élu, le 4 octobre 1816, député du grand collège de Saône-et-Loire, par 95 voix (186 votants, 267 inscrits). Il fit partie (novembre 1816) de la commission du budget, et siégea dans la contre-opposition. Les élections du 13 novembre 1820, où il n'obtint que 202 voix sur 449 votants, l'éloignèrent de la vie politique.

PACHE (Jean-Nicolas), ministre de la Guerre, né à Paris en 1746, mort à Thin-le-Moutier (Ardennes) le 18 novembre 1823, était le fils du concierge de l'hôtel de Castries, d'origine suisse. Il resta chez le maréchal de Castries en qualité de précepteur de ses en-

fants, et obtint ensuite, grâce à cette protection, l'emploi de premier secrétaire au ministère de la Marine. Attaché à l'intendance de la marine à Toulon, il devint munitionnaire général des vivres, puis contrôleur de la maison du roi et des dépenses diverses sous le ministère Necker. Mais il ne put allier ces fonctions, où il avait montré de rares aptitudes administratives, avec ses goûts simples et son amour de l'indépendance : il les quitta, en faisant remise au roi des brevets de ses pensions, montant à la somme de 11,000 francs, pour aller vivre en Suisse avec sa famille. Devenu veuf, il revint en France au moment de la Révolution, fut présenté par un ami commun, Gilury, à Roland, qui venait d'être appelé au ministère de l'Intérieur, et, admis dans ses bureaux, le déchargea du fardeau des affaires courantes : « Pache, écrit Mme Roland, se rendit chez Roland, dans le cabinet duquel il arrivait tous les matins à sept heures, avec son morceau de pain dans la poche, et demeurait jusqu'à trois, jusqu'il fût possible de lui faire jamais rien accepter. » Pache passa des bureaux du ministère de l'Intérieur dans ceux du ministère de la Guerre, à la demande de Servan, et rendit à ce dernier les mêmes services, avec le même zèle. Sorti du ministère avec les Girondins (12 juin 1792), il parut fréquemment dans les clubs, où il appuya les motions du parti démocratique, refusa, après le 10 août, de revenir aux affaires avec Roland, et proposa à sa place Faypoult qui fut agréé. Il refusa encore une place d'intendant général du garde-meuble, se chargea, à la sollicitation de Monge, son ami, d'une mission patriotique dans les départements du Midi, et accepta enfin, à son retour, en remplacement de Servan, le ministère de la Guerre (18 octobre 1792). Il prit alors hardiment la direction des affaires militaires, et, cessant de suivre l'impulsion de Roland et des Girondins, se déclara nettement pour la Montagne et pour les Jacobins contre le parti modéré. Il ne tarda pas dès lors à être en butte aux attaques de ses anciens amis, qui allèrent jusqu'à le dénoncer à la tribune comme un dilapidateur : Biron et d'autres se firent les interprètes de ces accusations, que plus tard la Convention reconnut fausses ; mais la Gironde avait alors la majorité dans l'Assemblée. Malgré les protestations de Marat, qui s'était fait le défenseur de Pache, elle demanda et obtint une commission d'enquête contre le ministre de la Guerre, et, le 2 février 1793, elle fit décréter son remplacement, à la suite d'un rapport présenté par Barère, encore attaché au parti de la Plaine, qui votait alors avec le côté droit. Comme ministre, Pache avait eu plusieurs fois à prendre la parole devant l'Assemblée, pour lui faire part des succès de Custine, pour transmettre divers dépêches, pour rendre compte des fournitures, pour s'expliquer sur les plaintes de Dumouriez et en démontrer l'injustice, pour provoquer la résiliation de certains marchés irréguliers, pour répondre personnellement aux attaques violentes dont il était l'objet. La démocratie parisienne entreprit de venger Pache, renversé par les Girondins : elle envoya des députés à la barre de la Convention, pour faire déclarer qu'il conservait l'estime publique ; mais la motion ne put être adoptée. Plus heureux auprès des assemblées primaires, Pache réunit une grande majorité lorsqu'il s'agit de remplacer Chambon, maire démissionnaire de Paris : ce fut lui qui fit peindre sur les monuments publics la devise proposée par Momoro : *Liberté, Égalité, Fraternité*. Il eut une grande part aux journées des 31 mai et 2 juin et à la chute des Girondins, devenus ses ennemis acharnés. Ses relations avec Chaumette et les Hébertistes faillirent ensuite lui être funestes : ceux-ci l'avaient désigné pour être « le grand juge » du gouvernement qu'ils se proposaient d'établir. Toutefois il ne fut point entraîné dans leur condamnation, le comité de salut public ayant établi une distinction en sa faveur. Remplacé peu de mois après, à la mairie de Paris, par Fleuriot, il resta, jusqu'au 9 thermidor, à l'écart des affaires publiques. A cette époque, les thermidoriens réussirent à le faire passer en jugement, mais ces premières poursuites demeurèrent sans effet. Elles furent reprises après les journées de prairial. Accusé de connivence avec les auteurs de l'insurrection, décrété d'arrestation, il comparut devant le tribunal du département de l'Eure qui le renvoya absous. Malgré cet acquittement, la haine des thermidoriens l'aurait fait déporter à la Guyane, si l'amnistie du 4 brumaire n'était venue le protéger. Sous le Directoire, Pache publia trois *Mémoires apologétiques sur sa conduite pendant la Révolution*. Puis, quittant pour toujours la scène politique, il se retira dans son domaine de Thin-le-Moutier près Charleville, dont le modique revenu constituait toute sa fortune. Il refusa, sous le Consulat, de hautes

fonctions que Monge vint lui offrir de la part du premier Consul, et passa ses dernières années complètement étranger aux événements, ne lisant plus même les journaux, vivant au milieu des campagnards, et se plaisant à donner gratuitement des leçons aux jeunes gens des environs.

PACROS (Benoit-Noel), membre de la Convention, député au Conseil des Cinq-Cents, né à Marsac (Puy-de-Dôme) le 15 décembre 1745, mort à une date inconnue, négociant à Marsac, fut élu, le 7 décembre 1792, quatrième suppléant du Puy-de-Dôme à la Convention, « à la pluralité des voix ». Admis, par la voie du sort, à siéger en titre, le 5 floréal an III, il ne se fit pas remarquer dans l'assemblée, passa, le 22 vendémiaire an IV, au Conseil des Cinq-Cents, comme député du Puy-de-Dôme, élu par 247 voix (437 votants), et fut plus tard conseiller d'arrondissement.

PADOUE (duc de). — *Voy.* Arrighi.

PAGANEL (Pierre), député en 1791, membre de la Convention, né à Villeneuve-d'Agen (Lot-et-Garonne) le 31 juillet 1745, mort à Bruxelles (Belgique) le 20 novembre 1826, fils d'un notaire, entra dans les ordres (1773), et professa la rhétorique au collège d'Agen. M. de Bonac, évêque d'Agen, se l'attacha quelque temps comme secrétaire, et lui fit obtenir (1778) la cure de l'Ardaillan, puis celle de Pujols (1780). Partisan de la Révolution, Paganel fut nommé procureur-syndic de Villeneuve et, le 3 septembre 1791, fut élu député de Lot-et-Garonne à l'Assemblée législative, le 6e sur 9, par 214 voix (318 votants). Il y vota avec la majorité. Réélu, le 5 septembre 1792, député du même département à la Convention nationale, le 3e sur 9, par 288 voix (538 votants), il se prononça, lors du procès du roi, dans un discours imprimé, pour la déchéance de Louis XVI et pour son renvoi devant les tribunaux ordinaires, puis il se rallia à l'opinion de Mailhe, et s'exprima en ces termes :

Au 2e appel nominal : « Parce que j'abhorre la royauté, parce que j'aime mon pays, parce que je crains les intrigues des nobles, parce que je redoute l'influence des prêtres, je dis *non*. »

Au 3e appel nominal : « Les uns se considèrent ici comme juges, d'autres comme législateurs. Tous font dépendre leur opinion de la qualité qu'ils se donnent. Les mots changent-ils donc la nature des choses ? Je ne vois, moi, que la plénitude de mes pouvoirs, les droits de la nation, la souveraineté que je représente, le devoir que nous nous sommes imposé de fonder la République, et le besoin de sauver la patrie.

« J'ai publié mon opinion sur le procès du ci-devant roi ; j'ai cherché la vérité dans les écrits de mes collègues. Un décret de la Convention m'a fait l'arbitre des destinées de Louis, en réservant à elle seule le jugement de ce grand coupable. Un seul motif m'a fait balancer un moment entre la sévère justice qui commande à ma raison, et une politique indulgente qui a presque séduit mon cœur. Ce motif, c'est la crainte de servir, par mon opinion, une faction conspiratrice ou l'ambition liberticide de quelques chefs de parti. Mais l'horreur qu'inspirent le caractère et les sentiments de ceux que la renommée désigne, et l'exécration imprimée d'avance à toute sorte de tyrannie, ont vaincu ce scrupule si légitime. Je n'ai pu sacrifier à cette considération ma conviction intime, ni la voix puissante de la justice aux rumeurs vagues de la pusillanimité. Louis est coupable de conspiration contre la sûreté générale et contre la liberté : qu'il expie ses crimes et nos infortunes. L'inviolabilité des rois est la source de toutes les misères publiques. Composer avec elle, ce serait rendre hommage à cette funeste erreur, et retarder l'affranchissement des nations, à qui nous devons la vérité tout entière, comme nous leur devons une entière justice. Les rois ne peuvent plus être utiles que par leur mort. Je désire que le supplice du ci-devant roi soit le dernier qui souille le territoire de notre République. J'appuie la motion de Maille. »

Après le 31 mai, Paganel fut envoyé en mission à Bordeaux ; mais ses collègues Tallien et Dartigoyte lui retirèrent ses pouvoirs. A Agen (octobre 1792), il fit fondre les cloches, rasa les châteaux, emplit les prisons de suspects, érigea (17 novembre) le tribunal criminel en tribunal révolutionnaire, « parce que, disait-il, les formes auxquelles sont assujettis les tribunaux criminels ne doivent ni arrêter ni même ralentir la marche révolutionnaire adoptée par la Montagne et par la Convention. » Dans le Lot, il vint « régénérer les autorités; » en mars 1794, il parcourut le Tarn, l'Aveyron et la Haute-Garonne, et y établit le gouvernement révolutionnaire. Il fut appelé fréquemment à rendre compte de ses actes devant le comité de salut public, qui approuva sa conduite. Il prit peu de part aux luttes intérieures de la Convention, et, après la session, fut nommé successivement chef du contentieux au ministère des Relations extérieures, secrétaire général du même ministère, et, en 1803, chef de division à la Légion d'honneur. Exilé en 1816 comme régicide, il résida à Liège, puis à Bruxelles. Malade et infirme, il demanda, le 23 juin 1819, à rentrer en France, et fit appuyer sa requête par son ancien collègue, Boissy-d'Anglas : « pour six mois seulement, écrivait-il ; avant ce terme il sera probablement, du moins il le croit, retiré dans un monde meilleur, où son repentir et ses infortunes auront touché le juge suprême des simples citoyens et des rois, et obtenu sa miséricorde. » Sa famille (il s'était marié en 1793) fit aussi dans le même sens de pressantes démarches, notamment à l'occasion de la fête du roi (25 août), mais ne put rien obtenir. Paganel vécut encore sept ans, et mourut en exil. Fondateur, en 1776, avec Lacépède et Lacuée, de la Société d'agriculture, siences et arts d'Agen, il a laissé divers écrits, entre autres un *Essai historique et critique sur la Révolution française* (1810), qui fut saisi par la police impériale.

PAGANEL (CAMILLE-PIERRE-ALEXIS), député de 1834 à 1846, né à Paris le 26 août 1795, mort à Paris le 17 décembre 1859, fils du précédent, achevait son droit au moment des événements de 1815. Il s'engagea dans les volontaires royalistes, mais ne figura à aucune affaire, et se fit recevoir avocat l'année suivante. Hostile à l'intransigeance royaliste, il se rallia à la révolution de 1830, fut nommé juge suppléant au tribunal de 1re instance de la Seine, maître des requêtes au conseil d'État (6 avril 1832), et fut élu, le 15 mai 1834, député du 5e collège du Lot-et-Garonne (Villeneuve-d'Agen), en remplacement de M. de Lacuée-Saint-Just décédé, par 201 voix (338 votants, 627 inscrits), contre 135 voix à M. de Bourrau.

Successivement réélu, le 21 juillet 1834, par 253 voix (463 votants, 625 inscrits), contre 208 à M. Murat; le 4 novembre 1837, par 282 voix (531 votants, 792 inscrits) ; le 2 mars 1839, par 302 voix (566 votants); le 9 juillet 1842, par 530 voix (692 votants, 792 inscrits), contre 135 à M. de Lesseps, il siégea constamment au centre ministériel, vota *pour* les lois de disjonction, *pour* la dotation du duc de Nemours, le recensement et les fortifications de Paris, *contre* les incompatibilités, *contre* l'adjonction des capacités et *pour* l'indemnité Pritchard. Secrétaire général du ministère de l'Agriculture et du Commerce (1er novembre 1840), conseiller d'État en service extraordinaire, puis directeur des haras, il échoua à la députation le 1er août 1846, avec 382 voix contre 454 à l'élu, M. de Lesseps. Les événements de 1848 le rendirent à la vie privée. Commandeur de la Légion d'honneur. Membre de plusieurs sociétés savantes, M. Paganel a publié : *Abrégé de l'histoire romaine de Floras* (1823); *Le tombeau de Marc Botzaris* (1826); *Histoire de Frédéric le Grand* (1830-1842, 2 volumes ; *Essai sur l'établissement monarchique de Napoléon* (1836); *Histoire de Joseph II, empereur d'Allemagne* (1843-1852); *Histoire de Scanderberg* (1855), etc.

PAGÈS (JEAN-PIERRE), député de 1831 à 1842, de 1847 à 1848, représentant du peuple en 1848, né à Seix (Ariège) le 9 septembre 1784, mort à Banières (Tarn) le 3 mai 1866, fut placé par un de ses oncles, qui était prêtre, à l'École centrale de Toulouse, fit son droit à la faculté de cette ville, et fut reçu, à 20 ans, avocat au barreau. Membre de l'Académie de cette ville, il publia dans les *Mémoires* de cette Académie des études intéressantes de géologie et d'archéologie, fut nommé procureur impérial à Saint-Girons en 1811, donna sa démission après Waterloo, et fut placé à Angoulême sous la surveillance de la police. A Paris, où il se reudit en 1816, il se lia avec La Fayette, Benjamin Constant, Laffitte, collabora à *la Minerve*, au *Constitutionnel*, au *Courrier français* et à la *France chrétienne*, publia (1817 sur les *Principes généraux du droit politique* un ouvrage estimé, dirigea (1818) l'*Encyclopédie moderne*, et fit paraître (1822) son *Histoire de l'Assemblée constituante*. De retour à Toulouse en 1827, il y fonda le journal *la France méridionale*, dans lequel il combattit le gouvernement de la Restauration. Après la révolution de 1830, à laquelle il prit une part assez active, il fut successivement élu député du 3e collège de l'Ariège (Saint-Girons), le 5 juillet 1831, par 92 voix (130 votants, 151 inscrits), contre 36 à M. Lingua de Saint-Blanquat; le 21 juin 1834, par 86 voix (132 votants, 150 inscrits); le 2 mars 1839, par 88 voix (134 votants). Il ne se présenta pas en 1842 mais fut réélu, le 30 juillet 1847, dans le 1er collège de la Haute-Garonne (Toulouse, par 346 voix (670 votants) contre 322 à M. Bories, en remplacement de M. Cabanis décédé. M. Pagès siégea constamment à gauche, parut souvent à la tribune où il fit des discours assez violents contre la politique des ministres, notamment lors de la discussion de la loi de 1834 sur les associations : « Jo désobéirai votre loi, dit-il, *pour* obéir à ma conscience. En même temps, il collaborait au *Temps*, et fondait *la Patrie*, alors journal du soir de l'opposition. Il vota *contre* les lois de septembre, *pour* disjonction et de dotation et *pour* les mesures réclamées par la gauche. Elu, le 13 avril 184.

représentant de la Haute-Garonne à l'Assemblée constituante, le 1er sur 12, par 103,644 voix, il fit partie du comité de constitution, ne parut pas à la tribune, et vota *pour* le bannissement de la famille d'Orléans, *pour* l'incompatibilité des fonctions, *pour* la proposition Rateau, *contre* l'interdiction des clubs; il était en congé lors du vote sur l'ensemble de la Constitution. Hostile, après l'élection présidentielle du 10 décembre, à la politique du prince Louis-Napoléon, il ne se présenta pas à la Législative, protesta contre le coup d'État du 2 décembre, et posa sa candidature d'opposition au Corps législatif dans la 1re circonscription de la Haute-Garonne, le 22 juin 1857; mais il échoua avec 2,750 voix contre 19,871 voix à l'élu, M. de Tauriac, candidat officiel. Outre les ouvrages déjà cités, on a de lui : *De la responsabilité ministérielle* (1818); *Nouveau manuel des notaires* (1818-1822); *De la Censure* (1827); *Annales de la session de 1817 à 1818*, avec B. Constant; il a collaboré au *Dictionnaire de la conversation*.

PAGÈS (GASPARD-ANTOINE), député de 1843 à 1848, né à Riom (Puy-de-Dôme) le 11 août 1793, mort à Riom le 21 février 1864, fit son droit et fut reçu avocat en 1813. Substitut au tribunal civil en 1819, procureur du roi à Brioude en 1826, substitut (même année) du procureur général à la cour de Riom, conseiller à cette cour en 1829, président de chambre en 1834, décoré de la Légion d'honneur en 1837, président des assises du Puy-de-Dôme en 1842, après les troubles causés par le recensement, M. Pagès fut élu, le 8 juin 1843, député du 3e collège du Puy-de-Dôme (Riom), en remplacement de M. Chabrol de Volvic décédé, par 143 voix (275 votants) contre 129 à M. Maignol. Nommé premier président de la cour de Riom le 18 août 1844, il dut se représenter devant ses électeurs qui le renommèrent, le 21 septembre 1844, par 181 voix (275 votants), contre 94 à M. Desperouzes. Réélu de nouveau, le 1er août 1846, par 203 voix (294 votants, 351 inscrits), contre 73 à M. Cathol du Deffart, il siégea constamment parmi les ministériels, et vota *pour* l'indemnité Pritchard et *contre* la proposition Rémusat sur les députés fonctionnaires. Il quitta la vie politique en 1848.

PAGÈS (FRANÇOIS-LÉON), député de 1876 à 1877 et de 1881 à 1885, né à Caylus (Tarn-et-Garonne) le 18 mars 1810, mort à Montauban (Tarn-et-Garonne) le 20 février 1887, avocat à Saint-Antonin et conseiller municipal de cette ville depuis 1836, maire en 1863, membre du conseil général puis président de ce conseil en 1871, refusa le 17 février 1876, la candidature aux élections sénatoriales de Tarn-et-Garonne, et se présenta à la députation, le 20 février suivant, dans la 2e circonscription de Montauban, où il échoua avec 5,788 voix contre 5,892 à M. Prax-Paris, bonapartiste. Ce dernier, élu également dans la 1re circonscription de Montauban, ayant opté pour celle-ci, M. Pagès fut élu, le 23 avril suivant, dans la 2e, par 6,487 voix (12,536 votants, 14,778 inscrits), contre 5,981 à M. de Locqueyssie, bonapartiste. Il prit place au centre gauche et fut l'un des 11 députés qui s'abstinrent sur l'ordre du jour de confiance demandé par le ministère de Broglie (juin 1877). Il ne se représenta pas aux élections de 1877, mais il fut réélu à Montauban, aux élections générales du 21 août 1881, par 5,853 voix (11,646 votants, 14,318 inscrits), contre 5,680 à M. de Locqueyssie, député sortant.

Nommé chevalier de la Légion d'honneur le 21 février précédent, M. Pagès siégea de nouveau à la gauche modérée, ne se mêla que fort peu aux débats, et refusa de se représenter aux élections générales de 1885.

PAGÈS-DUPORT (PIERRE-ANTOINE-SIMON-JUDE), représentant en 1871, né à Albas (Lot) le 25 octobre 1823, mort à Paris le 12 mars 1884, ancien rédacteur à la *Quotidienne* et à l'*Union*, dévoué à la branche aînée des Bourbons, fut mis au secret à Mazas pendant un mois, en 1853, comme correspondant du comte de Chambord. Il s'occupa ensuite d'affaires de bourse, et fut élu, le 8 février 1871, représentant du Lot à l'Assemblée nationale, par 42.162 voix (71,438 votants, 91,760 inscrits). Il prit place à l'extrême droite, se fit inscrire à la réunion des Réservoirs, et vota *pour* la paix, *contre* le retour à Paris, *pour* la pétition des évêques, *contre* le service de trois ans, *pour* la démission de Thiers, *pour* le septennat, *pour* le ministère de Broglie, *contre* la prorogation de l'Assemblée, *contre* l'amendement Wallon, *contre* les lois constitutionnelles. Il échoua, dans la 2e circonscription de Cahors, le 20 février 1876, avec 3,552 voix contre 11,177 à l'élu, M. de Valon, bonapartiste, et 1,533 à M. Limayrac, et ne fut pas plus heureux, le 14 octobre 1877, avec 1,325 voix contre 11,658 à l'élu, député sortant, M. de Valon, et 3,882 à M. Béral. Il renonça dès lors à la vie politique.

PAGÉZY (DAVID-JULES), député au Corps législatif de 1863 à 1869, sénateur de 1876 à 1879, né à Montpellier (Hérault) le 28 septembre 1802, mort à Montpellier le 30 décembre 1882, se fit connaître par des publications d'économie rurale et spécialement viticole, fut nommé conseiller général de Castries en 1845, maire de Montpellier (1862) et fut élu, le 1er juin 1863, comme candidat du gouvernement, député au Corps législatif par la 1re circonscription de l'Hérault, avec 19,631 voix (29,798 votants, 39,814 inscrits), contre 4,944 à M. Doumet, 3,116 à M. Charamaule, et 1,902 à M. Brives. Il siégea dans la majorité dynastique, défendit à la Chambre les intérêts de la viticulture, et échoua, au second tour, dans la même circonscription, aux élections générales du 24 mai 1869, avec 13,067 voix contre 15,798 à l'élu, M. Ernest Crozat, candidat de l'opposition. En minorité à Montpellier, il donna sa démission de maire et se retira des affaires publiques. Il avait été nommé commandeur de la Légion d'honneur le 4 août 1867. Candidat sénatorial de l'Union conservatrice aux élections du 30 janvier 1876, il fut élu sénateur de l'Hérault, par 230 voix (416 votants), prit place dans le groupe de l'Appel au peuple, et vota la dissolution de la Chambre demandée par le ministère de Broglie. Il ne s'est pas représenté au renouvellement triennal de 1879. On a de lui : *Mémoires sur le port d'Aigues-Mortes* (1879).

PAGNERRE (LAURENT-ANTOINE), représentant en 1848, né à Saint-Ouen-l'Aumône (Seine-et-Oise) le 25 octobre 1805, mort à Saint-Ouen-l'Aumône le 29 septembre 1854, fils d'un aubergiste, d'autres disent d'un marchand de porcs, fut d'abord clerc de notaire, puis clerc d'avoué, vint à Paris, en 1824, dans une maison d'imagerie, et, après avoir quelque temps cherché sa voie, s'établit libraire; l'édition des pamphlets de Cormenin, dont ce dernier faisait d'ailleurs les frais, et qui se vendaient à grand nombre, le mirent en vue. Combattant de juillet 1830, il fut de ceux qui pressèrent vainement La Fayette de proclamer la République et de convoquer une Assemblée constituante. Lorsque Louis-Philippe se rendit avec des intentions toutes différentes, à l'Hôtel de Ville, Pagnerre saisit la bride de son cheval, essaya même de lui faire rebrousser chemin, devint bientôt, sous la monarchie constitutionnelle, le libraire et l'éditeur attitré des écrivains du parti démocratique, collabora lui-même à un ouvrage qui fit un certain bruit: *Paris révolutionnaire*, et publia l'*Histoire de Dix ans*, de Louis Blanc, les pamphlets de La Mennais, les recueils de biographies parlementaires rédigés sous les auspices de la gauche dynastique, etc. A plusieurs reprises, il fut poursuivi et condamné pour les écrits qu'il éditait ; mais il ne cessa de se mêler très activement aux luttes de l'opposition, fut membre de la Société *Aide-toi, le Ciel t'aidera*, président de la Société républicaine pour l'éducation du peuple, commissaire de diverses sections de la Société des Droits de l'homme, secrétaire de l'Association pour la liberté de la presse, et organisateur (1845) du comité central des électeurs de la Seine, puis de la plupart des banquets réformistes : c'est à lui qu'est due la fondation du Comptoir d'Escompte et du Cercle de la Librairie. En relation avec les principaux membres du parti républicain, surtout avec les hommes du *National*, dont il partageait les idées, il fut, au lendemain de la révolution de février 1848, nommé adjoint au maire de Paris par son ami, Garnier Pagès, puis maire du 10e arrondissement, et (1er mars) secrétaire général du gouvernement provisoire. Il contresigna en cette qualité plusieurs décrets importants du gouvernement. Le 9 mars, il fut placé à la tête du Comptoir national d'escompte, dont il resta jusqu'à sa mort un des administrateurs. Les élections du 23 avril 1848 envoyèrent M. Pagnerre à l'Assemblée constituante, comme l'élu de deux départements : la Seine, qui le nomma, le 10e sur 34, par 136,117 voix (267,888 votants, 399,191 inscrits), et Seine-et-Oise, qui le désigna, le 9e sur 12, avec 55,612 voix. Il opta pour Seine-et-Oise, prit place au centre parmi les républicains modérés, devint secrétaire général de la Commission exécutive, contribua à la répression de l'insurrection de juin, et vota : *contre* le rétablissement du cautionnement, *pour* l'abolition de la peine de mort, *contre* l'amendement Grévy, *contre* l'abolition du remplacement militaire, *pour* le droit au travail, *pour* la proposition Rateau, *pour* l'interdiction des clubs, *pour* les crédits de l'expédition romaine, *contre* la mise en accusation du président et des ministres. Il ne fit qu'une opposition réservée à la politique présidentielle de L.-N. Bonaparte. Rentré dans la vie privée, après avoir refusé les fonctions de directeur de l'Imprimerie nationale, il reprit la direction de sa librairie.

PAIGIS (FRANÇOIS-PIERRE-MARIE-ANNE), député en 1791, né à Azé (Mayenne) le 7 juillet 1760, mort à Château-Gontier (Mayenne) le 23 février 1855, était médecin à Gennes à l'époque de la Révolution. Nommé conseiller général de la Mayenne en mai 1790, il fut élu, le 28 août 1791, député de la Mayenne à l'Assemblée législative, le 3e sur 8, par 202 voix (382 votants); il ne s'y fit pas remarquer. Après la session, il retourna exercer la médecine à Gennes. En l'an XII, il devint conseiller d'arrondissement du canton de Bierné, et remplit

ce mandat jusqu'en 1840, bien que plusieurs fois dénoncé par le sous-préfet de Château-Gontier, notamment en 1823, comme un révolutionnaire redoutable.

PAIGNARD (JEAN-JACQUES), député en 1791, né à Bellême (Orne) le 18 mars 1751, mort à une date inconnue, négociant à Bellême, devint administrateur de son district, et fut élu, le 8 septembre 1791, député de l'Orne à l'Assemblée législative, le 5e sur 10, par 238 voix (382 votants). Il opina avec la majorité, et n'eut plus, après la session, aucun rôle politique.

PAILLARD-DUCLÉRÉ (CONSTANT), député de 1817 à 1824, et de 1828 à 1839, né à Laval (Mayenne) le 17 novembre 1776, mort à Laval le 27 avril 1839, maître de forges à Ollivet (Mayenne), maire de cette commune et l'un des plus riches propriétaires de la région, n'entra dans la vie politique qu'à la seconde Restauration, ayant été élu député du grand collège de la Mayenne, le 20 septembre 1817, par 460 voix (824 votants, 1,273 inscrits), contre 324 à M. de Hercé. Réélu, le 11 septembre 1819, par 610 voix (970 votants, 1,367 inscrits), il siégea d'abord au côté gauche, puis vota avec la droite *pour* les nouvelles lois contre la liberté de la presse et la liberté individuelle, et *pour* la réforme électorale. Le 2e arrondissement électoral de la Mayenne (Château-Gontier) le renvoya à la Chambre, le 10 juin 1828, en remplacement de M. de Farcy décédé, par 125 voix (246 votants, 275 inscrits), contre 101 voix au marquis de Préaulx, et lui renouvela successivement son mandat, le 13 juillet 1830, par 140 voix (264 votants, 284 inscrits), contre 118 au marquis de Préaulx ; le 5 juillet 1831, par 132 voix (243 votants, 373 inscrits), contre 108 à M. Urbain Chartier ; le 21 juin 1834, par 162 voix (317 votants, 391 inscrits), contre 75 à M. de Chateaubriand, et 61 à M. Lavalette ; le 4 novembre 1837, par 238 voix (503 votants, 458 inscrits); le 2 mars 1839, par 209 voix (301 votants). Après avoir prêté serment au gouvernement de Louis-Philippe, M. Paillard-Ducléré approuva les lois de septembre et de disjonction, et soutint surtout le ministère du 15 avril 1839, dont son gendre, M. de Montalivet, faisait partie, contre la coalition. Décédé en avril 1839, il fut remplacé, le 8 juin suivant, par M. Poupart-Duplessis.

PAILLARD-DUCLÉRÉ (CONSTANT-LOUIS), député de 1838 à 1848, né à Laval (Mayenne) le 24 janvier 1808, mort à Paris le 1er avril 1879, fils du précédent, propriétaire à Ollivet, fut successivement élu député du 3e collège de la Sarthe (Le Mans), le 27 janvier 1838, en remplacement de M. Lelong qui avait opté pour la Flèche, par 153 voix (276 votants) ; le 2 mars 1839, par 155 voix (276 votants) ; le 9 juillet 1842, par 216 voix (358 votants, 446 inscrits), contre 139 à M. Horace Say ; le 1er août 1846, par 232 voix (367 votants, 433 inscrits), contre 133 à M. Cohin. Beau-frère de M. de Montalivet, M. Paillard-Ducléré se montra aussi ministériel que son père, et vota *pour* le ministère Molé (les 221), *pour* la dotation du duc de Nemours, *pour* les fortifications de Paris, *pour* le recensement, *contre* les incompatibilités, *contre* l'adjonction des capacités. Son dévouement aux ministres ne l'empêcha pas toutefois de voter *contre* l'indemnité Pritchard. Il quitta la vie politique à la révolution de 1848.

PAILLARD-DUCLÉRÉ (Constant-Jules), député de 1881 à 1889, né à Paris le 2 octobre 1844, fit son droit à Paris, entra, comme archiviste, au ministère des Affaires étrangères en 1866, et passa à la direction politique en 1868. Secrétaire d'ambassade le 11 septembre 1877, il se présenta à la députation, comme candidat républicain, le 14 octobre 1877, dans la 2e circonscription du Mans, et échoua avec 9,280 voix contre 11,201 à l'élu M. Haentjens, bonapartiste. Devenu sous-chef de cabinet le 14 décembre 1877, il fut attaché, en qualité de secrétaire, à la mission française au congrès de Berlin en juin 1878. Chevalier de la Légion d'honneur le 30 juillet suivant, et mis en disponibilité à son retour, maire de Montbizot et conseiller général du canton de Ballon (Sarthe), il fut élu député du Mans, le 21 août 1881, par 9,511 voix (19,082 votants, 23,892 inscrits), contre 9,489, à M. Haentjens, député sortant. Cette élection ayant été invalidée (M. Paillard-Ducléré n'avait pas obtenu la majorité absolue des suffrages exprimés), les deux concurrents se représentèrent, le 26 février 1882, devant leurs électeurs. M. Paillard-Ducléré échoua avec 9,720 voix contre 10,053 à l'élu M. Haentjens. Il rentra au parlement le 25 mai 1884, élu, en remplacement de M. Haentjens, décédé, par 11,617 voix (13,244 votants, 24,020 inscrits). Porté, aux élections générales du 4 octobre 1885, sur la liste opportuniste de la Sarthe, il fut élu, le 4e sur 7, par 53,905 voix (107,837 votants, 127,345 inscrits). Il a repris sa place à la gauche, a soutenu les ministères opportunistes, s'est prononcé cependant *contre* l'expulsion des princes, et, en dernier lieu, *pour* le rétablissement du scrutin d'arrondissement (11 février 1789), *pour* l'ajournement indéfini de la revision de la Constitution, *pour* les poursuites contre trois députés membres de la Ligue des patriotes, *pour* le projet de loi Lisbonne restrictif de la liberté de la presse, *pour* les poursuites contre le général Boulanger.

PAILLART (Nicolas-Pierre), député au Conseil des Anciens et au Corps législatif de l'an VIII à 1803, né à Chartres (Eure-et-Loir) le 3 février 1754, mort à Chartres le 26 octobre 1842, fut élu, le 22 germinal an VII, député d'Eure-et-Loir au Conseil des Anciens. Favorable au coup d'Etat du 18 brumaire, il fut compris par le Sénat conservateur (4 nivôse an VIII) sur la liste des députés au nouveau Corps législatif. Il y représenta le département d'Eure-et-Loir jusqu'en 1803, et remplit ensuite les fonctions de directeur de l'enregistrement à Chartres.

PAILLET (Jean-Joseph), député en 1791, au Conseil des Anciens, et au Corps législatif de 1809 à 1815, né à Verdun (Meuse) le 25 février 1748, mort à Verdun le 20 avril 1836, « fils de maître Jean-Joseph Paillet, chauffe-cire en la chancellerie établie près le présidial de Verdun et procureur au bailliage royal au même siège de la dite ville, et de demoiselle Anne-Marie Labeville, sa femme, » suivit d'abord la carrière militaire (du 5 avril 1765 à l'année 1773). Devenu plus tard juge au tribunal du district de Verdun, commissaire près le tribunal criminel de la Meuse, juge de paix du canton de Verdun-sur-Meuse, il fut élu, le 7 septembre 1791, député de la Meuse à l'Assemblée législative, le 3e sur 8, par 402 voix ; il s'y fit peu remarquer. Il entra au Conseil des Anciens, le 23 vendémiaire an IV, comme député du même département, élu par 135 voix (254 votants), en sortit en l'an VIII, et fut appelé, le 2 mai 1809, par le choix du Sénat. à siéger dans le Corps législatif impérial jusqu'en 1815. Chevalier de la Légion d'honneur.

PAILLET (Alphonse-Gabriel-Victor), député de 1846 à 1848, représentant du peuple en 1849, né à Soissons (Aisne) le 17 novembre 1796, mort à Paris le 6 novembre 1855, fils d'un notaire, fit ses études au lycée Charlemagne, travailla chez un avoué de Soissons et se fit recevoir avocat au barreau de cette ville. Il alla ensuite exercer sa profession à Paris, où la défense de l'assassin Papavoine, les affaires Séguin, Lafarge, Quéuisset, Fieschi, etc., mirent en évidence sa parole claire, sincère et passionnée, et sa dialectique serrée, et lui valurent une brillante clientèle. Membre du conseil de l'ordre, bâtonnier (1839), membre du conseil de la Banque de France, avocat du contentieux de la couronne, il se porta candidat à la députation, aux élections générales du 9 juillet 1842, dans le 6e collège de l'Aisne (Soissons), et échoua avec 313 voix contre 324 à l'élu M. Lherbette, député sortant ; conseiller général de l'Aisne en 1844, il fut élu député, le 1er août 1846, à la fois dans le 7e collège de l'Aisne (Château-Thierry), par 190 voix (368 votants, 494 inscrits), contre 167 à M. de Tillancourt, et dans le 1er collège de la Charente-Inférieure (la Rochelle), par 191 voix (368 votants, 401 inscrits), contre 173 voix à M. Rasteau. Il opta pour Château-Thierry et fut remplacé à la Rochelle, le 10 octobre 1846, par M. Bethmont. M. Paillet ne prit qu'une part peu importante aux débats de la Chambre, où il défendit la politique de Guizot. Après la révolution de 1848, il fut élu, le 13 mai 1849, représentant de l'Aisne à l'Assemblée législative, le 6e sur 12, par 59,859 voix (112,795 votants, 169,698 inscrits), fit plusieurs rapports sur des questions juridiques, et vota avec la majorité monarchiste de l'assemblée, sans se rallier à la politique du prince Louis-Napoléon. Au coup d'Etat de 1851, il rentra au barreau, fut chargé, en janvier 1852, des intérêts de la famille d'Orléans contre le décret présidentiel qui les dépouillait de leurs biens, et mourut d'une attaque d'apoplexie, quelques années après, au moment où il allait prendre la parole devant la première chambre du tribunal de la Seine. Il a laissé, par testament, 10,000 francs à son ordre pour encouragements aux stagiaires. La ville de Soissons lui a élevé une statue par souscription (juillet 1863). On a de lui : *Manuel de droit français* (1812) ; *Législation et jurisprudence des successions* (1816) ; *Droit public français* (1822).

PAILLOT DE LOYNES (Victor), député de 1815 à 1820, né à Troyes (Aube) le 16 novembre 1767, mort à Troyes le 20 avril 1842, avocat dans sa ville natale, maire de Troyes de 1800 à 1803, membre du conseil général en 1804, conseil qu'il présida pendant vingt ans, s'occupa avec une grande sollicitude des intérêts de la région et demanda à l'empereur l'établissement du canal de la haute Seine. Il adhéra avec empressement au retour des Bourbons, fut élu, le 22 août 1815, député du grand collège de l'Aube, par 81 voix (161 votants, 215 inscrits), et fut réélu, le 4 octobre 1816, par 72 voix (142 votants, 213 inscrits). A la Chambre, il se montra le défenseur courageux des bonapartistes ou républicains de son département que l'intransigeance royaliste voulait éliminer de leurs emplois, se plaignit de l'indifférence dont les régions les plus éprouvées par l'invasion étaient victimes, obtint 1,440,000 francs d'indemnités pour réparer les désastres de la guerre, et fut le promoteur de la création d'une chambre de commerce à Troyes. Secrétaire de la Chambre et de la commission du budget, il fut nommé préfet de la Mayenne le 1ᵉʳ juin 1817, refusa ce poste, mais accepta la préfecture de l'Aube le 6 septembre 1820. Aux élections législatives du 13 novembre suivant, le grand collège de ce département ne lui donna que 74 voix contre 83 à l'élu, M. Pavée de Vandœuvre; il n'avait pas été plus heureux, huit jours auparavant, dans le 1ᵉʳ arrondissement du même département (Troyes) avec 150 voix contre 189 à l'élu, M. Vernier-Guérard. M. Paillot conserva ses fonctions de préfet jusqu'à la révolution de 1830. Il donna alors sa démission et renonça à la vie politique.

PAIN (Michel-Louis-François), député en 1789, né à Torigni-sur-Vire (Manche) le 1ᵉʳ mai 1738, mort à une date inconnue, était conseiller-auditeur au bailliage de Torigni-sur-Vire, lorsque le bailliage de Caen l'élut, le 25 mars 1789, député du tiers aux Etats-Généraux. Pain prêta le serment du Jeu de paume, opina avec la majorité réformatrice, et rentra dans la vie privée après la session.

PAIN (François-Théophile-Agéxor), député de 1881 à 1889, né à Romagne (Vienne) le 16 juillet 1830, mort à Paris le 8 février 1889, exerça la profession de notaire, qu'il quitta pour s'occuper du commerce des biens. D'opinions conservatrices, il fut élu, le 21 août 1881, député de la 2ᵉ circonscription de la Vienne, par 7.300 voix (14,609 votants, 18,349 inscrits) contre 7,199 à M. Marquet. M. Pain prit place à droite; mais, son élection ayant été invalidée, il dut se représenter devant ses électeurs le 2 juillet 1882 : il obtint alors, par 7,921 voix (15,156 votants, 18,617 inscrits), contre 7,135 à M. Marquet, le renouvellement de son mandat. Il revint s'asseoir dans les rangs de la minorité monarchiste, et se prononça *contre* le gouvernement républicain, *contre* les crédits de l'expédition du Tonkin, etc. Porté, le 4 octobre 1885, sur la liste conservatrice de la Vienne, M. Pain fut élu, le 3ᵉ sur 5, par 42,763 voix (80,919 votants, 101,883 inscrits). Il suivit la même ligne politique que précédemment, ne prit jamais la parole, et ne combattit que de ses votes la politique scolaire, coloniale et économique des ministres au pouvoir. Il mourut avant la fin de la législature.

PAINE (Thomas), membre de la Convention, né à Thetfort (Angleterre) le 29 janvier 1737, mort à New-York (Etats-Unis) le 8 juin 1809, fils d'un quaker fabricant de corsets à Thetfort, passa quelque temps à Londres, puis voulut tenter la fortune sur mer et s'embarqua sur un corsaire avec plusieurs amis de son âge. Mais après deux campagnes, pendant lesquelles il se distingua par son courage, cédant aux vives instances de son père, il revint à Thetfort, et s'établit ensuite comme fabricant de corsets à Sandwich, où il épousa, à l'âge de 23 ans, la fille d'un employé de l'accise. Il eut bientôt lui-même un emploi subalterne dans cette administration; au bout d'un an, il s'en dégoûta, et retourna à Londres, où il devint sous-maître dans une école. Il en profita pour compléter son instruction, étudia les mathématiques et l'astronomie, et s'occupa en même temps de poésie avec succès. Un meilleur emploi dans l'accise lui ayant été offert, il l'accepta et alla l'exercer à Lewes en Sussex. Ses talents littéraires firent du bruit dans toute la province, et

bientôt ses collègues, les employés de l'accise qui demandaient une augmentation de salaire le choisirent pour plaider leur cause auprès du parlement britannique. Paine, dans un mémoire très habilement rédigé, démontra la nécessité de mettre tout fonctionnaire public à l'abri de la tentation de gagner sa vie par des voies illicites. Ayant perdu sa femme, il se remaria avec la fille d'un marchand de tabac de Lewes (1771), prit la direction de la maison de son beau-père, fit faillite, et, ne trouvant point de bonheur dans cette union, se sépara de sa nouvelle épouse, et alla s'établir à Londres, où il fut cherché par plusieurs hommes distingués, Goldsmith, Franklin surtout, qui l'engagea fort à se rendre en Amérique et à consacrer sa plume à la défense des colons opprimés. Paine s'embarqua pour Philadelphie, et y publia dans le *Pensylvanian Magazine* des travaux qui eurent un vif succès. Ses réflexions sur l'administration du gouvernement anglais dans l'Inde, sur la vie et la mort tragique du fameux lord Clive, furent particulièrement citées comme un tableau historique tracé de main de maître. Il eut bientôt à s'occuper de matières plus importantes. La mission de Franklin à Londres en 1774 n'avait obtenu aucun résultat : le gouvernement anglais résolut d'user envers les colonies des moyens les plus rigoureux. Paine lança alors (1776) son fameux pamphlet : *The common sense* (le sens commun), dont le retentissement fut considérable. Dès lors il se dévoua entièrement à la cause de la liberté : il combattit à l'armée dans les rangs des soldats de l'indépendance et composa une suite de brochures et de feuilles périodiques sous le titre *The Crisis*, la Crise. Rappelé de l'armée en 1779, pour occuper un poste de confiance, il fut choisi pour secrétaire du comité des affaires étrangères, où il travailla pendant deux ans; mais, ayant mécontenté certains personnages influents, il dut donner sa démission. Le Congrès le chargea, vers la fin de 1781, de se rendre en France avec le colonel Lawrence, pour y solliciter un emprunt. Il retrouva à Paris son ami Franklin, qui seconda de tout son crédit cette mission, et contribua à la faire réussir. De retour en Amérique, il fut l'objet des plus grandes faveurs de la part du Congrès des Etats-Unis, qui lui fit don de 3,000 dollars : l'Etat de New-York joignit une concession de 300 acres de terre avec une habitation; enfin l'Etat de Pensylvanie lui donna 5,000 livres sterling. Paine se livra avec une nouvelle ardeur à l'étude des sciences et des arts mécaniques. L'Université de Philadelphie le nomma maître ès-arts, et la Société philosophique américaine l'admit au nombre de ses membres. Revenu en Angleterre, il s'associa avec un maître de forges du Yorkshire afin d'exécuter des projets dont il était l'auteur pour la construction des ponts en fer; mais des embarras d'argent s'opposèrent à la réalisation de cette entreprise. Vers le même temps, sa réputation d'écrivain s'affirma encore par de nouveaux écrits, dans lesquels il annonçait les grands événements qui allaient s'accomplir. Lié avec les philosophes français, il adopta avec ardeur les principes de la Révolution, répondit par ses fameux *Droits de l'homme* imprimés à Londres en 1791, aux philippiques de Burke contre la France, et fut traduit à ce chef devant le tribunal du banc du roi : il eut pour défenseur l'avocat Thomas Erskine. Condamné, Paine se hâta d'aller jouir en France des honneurs extraordinaires qui venaient de lui être décernés. L'Assemblée nationale le avait conféré le titre et les droits de citoyen français. Aux élections du 5 septembre 1792, pour la Convention nationale, quatre départements l'élurent pour leur représentant : 1° l'Aisne, le 4e sur 12, par 365 voix (610 votants), 2° l'Oise, le 9e sur 12, par 241 voix (345 votants); 3° le Puy-de-Dôme, le 11e sur 12, à la pluralité des voix sur 538 votants; 4° le Pas-de-Calais, le 5e sur 11, avec 418 voix (767 votants). Paine opta pour le Pas-de-Calais, fut reçu avec enthousiasme en France, et, à son arrivée, publia une adresse au peuple français, pour le remercier de sa confiance. Il ne joua d'ailleurs qu'un rôle secondaire à la Convention où il ne put s'exprimer que par interprète. Dans le procès de Louis XVI, il se prononça, dans un discours lu par un de ses collègues, *contre* la mort, *pour* le bannissement après la paix, *pour* l'appel au peuple et *pour* le sursis : « Tuer Louis, dit-il, n'est pas seulement de l'inhumanité, mais de la démence; sa mort accroîtra le nombre de vos ennemis. Si je pouvais parler comme un Français, je descendrais en suppliant à cette barre pour vous prier, au nom de tous mes frères d'Amérique, de ne pas envoyer Louis au supplice. » Dès le 20 novembre 1792, il avait demandé que Louis XVI fût jugé, dans une longue lettre adressée à la Convention : *« Je pense qu'il faut faire le procès de Louis XVI*; non que cet avis me soit suggéré par un esprit de vengeance, car rien n'est plus éloigné de mon caractère, mais parce que cette mesure me semble juste, légitime, et conforme à la saine politique. Si Louis est innocent, mettons-le à portée de prouver son innocence; s'il est coupable, que la volonté nationale détermine si l'on doit lui faire grâce ou le punir. Mais, outre les motifs personnels à Louis XVI, il en est d'autres qui nécessitent son jugement. Je vais développer ces motifs dans le langage qui me paraît leur convenir, et non autrement. Je m'interdis l'usage des expressions équivoques ou de pure cérémonie. Il s'est formé entre les brigands couronnés de l'Europe une conspiration qui menace non seulement la liberté française, mais encore celle de toutes les nations; tout porte à croire que Louis XVI fait partie de cette horde de conspirateurs; vous avez cet homme en votre pouvoir, et c'est jusqu'à présent le seul de la bande dont on se soit assuré. Je considère Louis XVI sous le même point de vue que les deux premiers voleurs arrêtés dans l'affaire du Garde-meubles; leur procès vous a fait découvrir la troupe à laquelle ils appartenaient. Nous avons vu les malheureux soldats de l'Autriche, de la Prusse et des autres puissances qui se sont déclarées nos ennemies, arrachés à leurs foyers, et traînés au carnage ainsi que de vils animaux, pour soutenir, au prix de leur sang, la cause commune de ces brigands couronnés. On a surchargé d'impôts les habitants de ces régions, pour subvenir aux frais de la guerre. Tout cela ne s'est pas fait uniquement en vue de Louis XVI; quelques-uns des conspirateurs ont agi à découvert; mais on a sujet de présumer que la conspiration est composée de deux classes de brigands : ceux qui ont levé des armées, et ceux qui ont prêté la leur cause de secrets encouragements et des secours clandestins; et il est indispensable de faire connaître tous ces complices à la France et à l'Europe entière.

« Louis XVI, considéré comme individu, n'est pas digne de l'attention de la République; mais envisagé comme faisant partie de cette bande de conspirateurs, comme un accusé dont le procès peut conduire toutes les nations du monde à connaître et à déserter le système désastreux de la monarchie, les complots et les intrigues de leurs propres cours, il faut que son procès lui soit fait.

« Si les crimes dont Louis XVI est prévenu lui étaient absolument personnels, sans relation avec des conspirations générales, et bornés aux affaires de la France, on aurait pu alléguer en sa faveur, avec quelque apparence de raison, le motif de l'inviolabilité, cette folie du moment. Mais il est prévenu non seulement envers la France, mais d'avoir conspiré contre toute l'Europe; elle doit user de tous les moyens qu'elle a en son pouvoir pour découvrir toute l'étendue de cette conspiration. La France est maintenant une République; elle a terminé sa révolution, mais elle n'en peut recueillir tous les avantages, aussi longtemps qu'elle est environnée de gouvernements despotiques. Leurs armées et leur marine l'obligent d'entretenir aussi des troupes et des vaisseaux. Il est donc de son intérêt immédiat que toutes les nations soient aussi libres qu'elle-même, que les révolutions soient universelles; et puisque Louis XVI peut servir à prouver, par la scélératesse des gouvernements en général, la nécessité des révolutions, elle ne doit pas laisser échapper une occasion aussi précieuse.

« Les despotes européens ont formé des alliances pour maintenir leur autorité respective et perpétuer l'oppression des peuples; c'est le but qu'ils se sont proposé en faisant une invasion sur le territoire français. Ils craignent l'effet de la Révolution de France au sein de leur propre pays; et dans l'espoir de l'empêcher, ils sont venus essayer d'anéantir cette Révolution avant qu'elle eût atteint sa parfaite maturité; leur tentative n'a pas eu de succès. La France a déjà vaincu leurs armées; mais il lui reste à sonder les détails de la conspiration, à découvrir, à placer sous les yeux de l'univers ces despotes qui ont eu l'infamie d'y prendre part; et l'univers attend d'elle cet acte de justice.

« Tels sont mes motifs pour demander que Louis XVI soit jugé; et c'est sous ce seul point de vue que son procès me paraît d'une assez grande importance pour fixer l'attention de la République.

« A l'égard de l'inviolabilité, je voudrais que l'on ne fît aucune mention de ce motif. Ne voyant plus dans Louis XVI qu'un homme d'un esprit faible et borné, mal élevé comme tous ses pareils, sujet, dit-on, à de fréquents excès d'ivrognerie, et que l'Assemblée constituante rétablit imprudemment sur un trône pour lequel il n'était point fait, si on lui témoigne par la suite quelque compassion, elle ne sera point le résultat de la burlesque idée d'une inviolabilité prétendue. »

Son adhésion à la politique des modérés lui aliéna la Montagne et le parti Jacobin : le département du Pas-de-Calais écrivit à la Convention que Paine avait perdu la confiance de ses commettants : Robespierre le fit exclure de l'assemblée, comme étranger et ennemi de l'égalité et de la liberté, et incarcérer au Luxembourg. De sa prison, il rédigea un *Mémoire* (10 septembre 1794) pour réclamer sa mise en liberté; il y déclare que ce n'est point comme quaker, mais par humanité qu'il n'a pas voté la mort du roi. Mis en liberté en novembre suivant par l'intervention du ministre des Etats-Unis, Munroë, il reprit sa place à la Convention le 8 décembre, fit hommage à l'assemblée d'un nouvel écrit *Sur les premiers principes du gouvernement* (1795), se prononça, par interprête, pour l'établissement d'une nouvelle Constitution, fit encore un discours sur la division départementale de la France, et termina, avec la session, sa carrière législative. Après avoir publié en France un traité *Sur les Finances d'Angleterre*, un autre *Sur la justice agraire opposée aux lois agraires*, et un important ouvrage intitulé *L'âge de la raison*, dans lequel il se prononce contre les religions révélées, il quitta l'Europe pour retourner en Amérique (1802), faillit être assassiné par un inconnu, dans sa maison de New-Rochelle (Etat de New-York), et mourut le 8 juin 1809. Les quakers refusèrent de recevoir son corps, et il fut enterré, suivant son désir, dans sa ferme de New-Rochelle. Ses restes ont été transportés en Angleterre par les soins des radicaux de ce pays en 1817, et ses amis d'Amérique lui ont élevé un monument sur l'emplacement de sa tombe, en 1839.

PAIXHANS (Henry-Joseph), député de 1830 à 1831 et de 1832 à 1848, né à Metz (Moselle) le 22 janvier 1783, mort à Jouy-aux-Arches (Moselle) le 19 août 1854, entra à l'École polytechnique, puis à l'École d'application de Metz, et en sortit lieutenant d'artillerie lors de la campagne de 1805. Il assista à Austerlitz, à Iéna et à Eylau et fut décoré de la Légion d'honneur après la bataille de Friedland. Durant la campagne de Russie, où il fut attaché au corps d'armée de Ney, il se distingua à la Moskowa, puis, en 1813, à Dresde, à Leipsig et, en 1814, commanda, avec le grade de capitaine, l'artillerie qui défendit les hauteurs des Buttes-Chaumont et de Belleville, lors de la bataille de Paris. Lieutenant-colonel aux Cent-Jours, il fut mis en disponibilité par la seconde Restauration, occupa ses loisirs à des travaux et à des expériences de pyrotechnie, et fut replacé dans le service actif avec le grade de lieutenant-colonel en 1825. Candidat à la députation, le 23 juin 1830, dans le 4e arrondissement électoral de la Moselle (Sarreguemines), il fut élu par 68 voix (127 votants, 147 inscrits), contre 58 à M. Michel de Saint-Albin, protesta contre les Ordonnances, et se rallia au gouvernement de Louis-Philippe. Nommé colonel d'artillerie en septembre 1830, il dut se représenter devant ses électeurs qui lui renouvelèrent son mandat, le 6 novembre suivant, par 88 voix (115 votants, 152 inscrits), contre 23 à M. Réder, propriétaire; il proposa un amendement relatif à la réélection des députés nommés à des fonctions publiques, et ne fut pas réélu aux élections générales de 1831. Il rentra à la Chambre l'année suivante, lors de l'élection partielle motivée, dans le 1er collège de la Moselle (Metz), le 27 mai 1832, par le décès de M. Chédeaux, ayant été élu par 111 voix (201 votants, 247 inscrits), contre 69 à M. Toussaint; il parla sur les pensions des vainqueurs de la Bastille, sur la création d'une école d'artillerie à Lyon, fut rapporteur des projets de lois sur l'état des officiers et sur l'augmentation des effectifs, et fut réélu, le 21 juin 1834, par 120 voix (231 votants, 266 inscrits), contre 85 voix à M. Toussaint et 23 à M. Mennessier. Les travaux du port de Boulogne, la législation des places fortes, la dotation de la reine des Belges, les questions de navigation intérieure et de chemins de fer l'amenèrent encore à la tribune. Son mandat lui ayant été renouvelé, le 4 novembre 1837, par 130 voix (248 votants, 288 inscrits), et le 9 mars 1839, par 133 voix (257 votants), il appuya le projet des fortifications de Paris, fit

partie de la commission des travaux de défense de la capitale, défendit l'extension du droit de propriété des œuvres littéraires et artistiques, la protection à l'étranger des produits du commerce national, fut nommé maréchal de camp le 16 novembre 1840, se représenta devant ses électeurs qui le réélirent, le 21 décembre suivant et le renvoyèrent encore à la Chambre, le 9 juillet 1842, par 182 voix (313 votants, 346 inscrits), contre 121 voix à M. Billaudel. Promu lieutenant général, le 12 janvier 1845, et réélu à cette occasion, le 19 février suivant, par 208 voix (369 votants), et, le 1er août 1846, par 202 voix (325 votants, 421 inscrits), contre 182 à M. Maréchal, il fut successivement attaché au ministère de la Guerre, à la direction des armes, fit partie du comité d'artillerie, et inventa le mortier qui porte son nom. A la Chambre, il siégea dans la majorité ministérielle, et vota *pour* les lois de disjonction, *pour* la dotation du duc de Nemours, *pour* les fortifications de Paris, *pour* le recensement, *pour* l'indemnité Pritchard, *contre* l'adjonction des capacités, *contre* les incompatibilités. Admis à la retraite, comme général de division, le 8 juin 1848, il vécut ensuite fort retiré. On a de lui : *Considérations sur l'état actuel de l'artillerie des places et sur les améliorations dont [elle parait susceptible* (1815) : *Observations sur la loi de recrutement et d'avancement de l'armée française* (1817); *Expériences faites par la marine française sur une arme nouvelle* (1825), ouvrage dans lequel il préconise l'emploi des plaques de blindage pour les batteries flottantes ; *Force et faiblesse militaire de la France* (Paris et Bordeaux, 1830); *Fortifications de Paris, ou Paris doit-il être fortifié et quels seront les moyens de défense.* (1834).

PAJOL (Pierre-Claude, comte), pair des Cent-Jours et pair de France, né à Besançon (Doubs) le 3 février 1772, mort à Paris le 19 mars 1844, fils d'un avocat au parlement se mêla, tout jeune encore, au mouvement de 1789, et assista, dit-on, à la prise de la Bastille. Engagé, en 1791, dans le 1er bataillon des volontaires du Doubs, sous-lieutenant le 12 janvier 1792, il assista à Valmy, prit part au siège de Mayence, et passa à l'armée de Sambre-et-Meuse où il devint l'aide-de-camp du général Kléber. Capitaine en 1795, et chef de bataillon l'année suivante (9 février), il assista à l'occupation de Francfort, puis de Wurtzbourg, passa à l'armée du Rhin sous Moreau, et prit part aux batailles d'Alten-Kirschen et de Biberach. Il fit la campagne de 1797 sous Hoche, comme officier d'état-major, puis, à la seconde coalition (1799), fut envoyé à l'armée d'Helvétie commandée par Masséna, qui le nomma chef de brigade le 25 mai 1799. Il se distingua à Zurich et dans la poursuite de Souwarow; l'année suivante, fit la campagne du Rhin avec Moreau, et assista à Hohenlinden. Membre de la Légion d'honneur (19 frimaire an XII) et mis à la tête du 4e hussards, il fit la campagne de 1805 en Autriche, se signala à Ulm, aux ponts de Vienne et à Austerlitz, puis en 1806, à Iéna, dans le corps du grand-duc de Berg. Général de brigade après Eylau, le 10 mars 1807, créé baron de l'Empire après Essling le 28 juin 1809, général de division après l'occupation de Witepsk le 7 août 1812, il fut blessé à Krasnoë, pendant la retraite et n'en resta pas moins à la tête de ses cavaliers avec lesquels il combattit encore à Bautzen à Dresde et à Hanau. Blessé grièvement

Wachau, il fut laissé pour mort sur le champ de bataille, puis, à peine rétabli, commanda l'armée d'observation de l'Yonne (1814): il défendit si brillamment le pont de Montereau (17 février) que l'empereur le fit grand officier de la Légion d'honneur, le 19 février, et lui dit en l'embrassant : « Si tous les généraux m'avaient servi comme vous, l'ennemi ne serait pas en France. » Louis XVIII le nomma comte et lui donna le commandement d'une division de cavalerie à Orléans. Au retour de l'île d'Elbe, Pajol amena ses troupes à Napoléon, qui le nomma pair de France le 2 juin 1815, et le plaça, au début de la campagne de Belgique, à l'avant-garde de l'armée. Il fit sa dernière charge à Waterloo. Mis à la retraite le 3 juin 1816, le comte Pajol voyagea, revint à Paris, le 29 juillet 1830, à la nouvelle des Ordonnances, prit la direction'de l'insurrection, organisa la défense sur la route de Saint-Cloud, et commanda en second l'armée de Paris. Charles X était encore à Rambouillet avec 12,000 hommes et du canon, lorsque, le 3 août, Pajol se mit à la tête d'une quinzaine de mille hommes, « élèves de l'Ecole polytechnique, étudiants, anciens soldats, gardes nationaux, bourgeois, ouvriers, affublés des plus bizarres costumes, et portant des armes de toutes sortes, à pied, à cheval, en voiture », et se dirigea vers Rambouillet. « Les Parisiens, harassés de fatigue en arrivant à Rambouillet, se couchèrent en désordre sur les routes, dans les foins, les blés et les bois ». La garde royale eût eu facilement raison de cette troupe, mais Charles X, découragé, partit pour Cherbourg. Grand cordon de la Légion d'honneur le 31 août 1830, commandant de la 1re division militaire le 26 septembre, et pair de France le 10 novembre 1831, Pajol se montra reconnaissant envers Louis-Philippe de si particulières faveurs, et réprima énergiquement l'émeute du 14 février 1831, celle des 5 et 6 juin 1832 et du 13 avril 1834. A la Chambre haute, votant constamment pour le gouvernement, fut mis à la retraite le 29 octobre 1842, et mourut peu après. La ville de Besançon lui a élevé une statue, due au ciseau de son fils, le comte Charles-Pierre-Victor Pajol.

PAJOT (Jules-Isidor-Bernard-Fidèle), représentant en 1871, et membre du Sénat, né à Paris le 1er février 1809, fut notaire à Paris de 1837 à 1867, et président de la chambre des notaires. Il se retira ensuite à Lille où il devint conseiller municipal, et membre de plusieurs associations religieuses et charitables. Elu, le 8 février 1871, représentant le Nord à l'Assemblée nationale, le 23e sur 23, par 202,076 voix (262,927 votants, 326,440 inscrits), il prit place à droite et fit partie de la réunion des Reservoirs. Chargé du rapport sur la pétition des évêques demandant l'intervention de la France en faveur du pape, il conclut à une intervention limitée d'ailleurs, pour le moment, à une simple démarche auprès du roi d'Italie. Le rapport fut l'objet d'un débat très vif, et aboutit à un vote platonique de renvoi au ministre des Affaires étrangères. M. Pajot vota *pour* l'abrogation des lois d'exil, *contre* le retour à Paris, *pour* la pétition des évêques, *pour* la démission de Thiers, *pour* le septennat, *contre* le ministère de Broglie, *contre* les lois constitutionnelles. Admis dans l'accord conclu entre la gauche et certains membres de la droite pour l'élection des sénateurs inamovibles, M. Pajot fut élu comme tel, le 11 décembre 1875, par l'Assemblée nationale, le 29e

sur 75, avec 348 voix (690 votants). Il a pris place à droite, a combattu de ses votes la politique scolaire, coloniale et économique des ministères républicains, et, en dernier lieu, s'est abstenu sur le rétablissement du scrutin d'arrondissement (13 février 1889), et s'est prononcé *contre* le projet de loi Lisbonne restrictif de la liberté de la presse et *contre* la procédure de la Haute Cour contre le général Boulanger.

PAJOT (François-Christophe), député de 1885 à 1889, né à Ainay-le-Vieil (Cher) le 30 juin 1834, exerçait à Saint-Amand-Montrond la profession de vétérinaire. Il s'occupa en même temps de politique et prit part à la fondation de sociétés de libres-penseurs. Grâce à l'appui de M. Girault, député, puis sénateur du Cher, qui le recommanda au corps électoral, il devint membre du conseil municipal de Saint-Amand (1872-1885), puis du conseil général du Cher pour le même canton (1885). Lors des élections législatives d'octobre 1885, porté dans le Cher sur la liste opportuniste en tête de laquelle figurait M. Henri Brisson, il fut élu, au second tour de scrutin, le 18 octobre, après le désistement des candidats républicains socialistes, le 6e et dernier, par 43,379 voix (82,866 votants, 101,195 inscrits). M. Pajot siégea à l'Union républicaine et vota d'abord avec la majorité. Puis il se rapprocha des radicaux et opina avec eux en plusieurs circonstances. Il n'eut d'ailleurs qu'un rôle parlementaire effacé ; il s'est prononcé, dans la dernière session, *pour* le rétablissement du scrutin d'arrondissement (11 février 1889), *contre* l'ajournement indéfini de la revision de la Constitution, *pour* les poursuites contre trois députés membres de la Ligue des patriotes, *contre* le projet de loi Lisbonne restrictif de la liberté de la presse, *pour* les poursuites contre le général Boulanger.

PALASNE DE CHAMPEAUX (Julien-François), député en 1789 et membre de la Convention, né à Saint-Brieuc (Côtes-du-Nord) le 21 mars 1736, mort à Brest (Finistère) le 2 novembre 1795, était fils d'un marchand de Saint-Brieuc, receveur des finances ordinaire de cette ville, et référendaire de la chancellerie près le parlement de Bretagne. Il se fit recevoir avocat, fut nommé sénéchal de sa ville natale, se mit à la tête du parti réformiste au moment de la Révolution, siégea aux Etats de Bretagne en février 1789, et, le 13 avril suivant, fut élu député du tiers-état de la sénéchaussée de Saint-Brieuc aux Etats-généraux. Adjoint au doyen des communes, il prêta le serment du Jeu de paume, fit partie du comité de rédaction, accompagna le roi à Paris (16 juillet), fut nommé président du 16e bureau (4 août), vice-président du comité des rapports (5 octobre), membre du comité des recherches (24 décembre), membre et rapporteur du comité des pensions (14 janvier 1790), secrétaire de l'Assemblée (24 avril), et fut envoyé en mission à Douai (1791) pour y rétablir l'ordre. Il travailla beaucoup dans les comités, parut rarement à la tribune, et vota avec la majorité. Nommé colonel d'honneur des volontaires de Saint-Brieuc, il revint dans son pays après la session, et fut élu président du tribunal du district, et, peu après, président du tribunal criminel des Côtes-du-Nord. Le 7 septembre 1792, les électeurs des Côtes-du-Nord, dont il présidait l'assemblée, l'envoyèrent siéger à la Convention, le 2e sur 8, par 320 voix sur 449 votants. Palasne de Champeaux prit place parmi les modérés, et, dans le procès de Louis XVI, répondit au 3e appel nominal : « Après avoir rempli les fonctions d'accusateur, de juré d'accusation, on veut me faire juge. Mes commettants m'ont envoyé pour faire des lois et non pour remplir les fonctions judiciaires. Je ne proposerai donc que des mesures de sûreté générale. La réclusion détruit les espérances des intrigants, les tentatives du factieux, et sert de barrière sur les frontières ; c'est sur ces considérations qu'est appuyé mon avis pour la réclusion, et à la paix la déportation. » Devenu suspect sous la Terreur en raison des sentiments favorables à la Gironde et hostiles à la Montagne qu'il ne dissimulait guère dans sa correspondance avec le conseil général de Saint-Brieuc, il put se justifier, concourut à la chute de Robespierre le 9 thermidor, et fut envoyé à Brest huit mois après pour aider à la pacification. Lors de la déclaration d'âge exigée des membres de la Convention destinés à entrer dans l'un ou l'autre des Conseils institués par la Constitution de l'an III, il adressa, de Brest, la lettre suivante :

« Brest, le 20 fructidor an III de la République française une et indivisible

« *Le Représentant du peuple délégué près les ports et côtes de Brest et de Lorient.*

« Aux représentants du peuple composant le comité des procès-verbaux et archives de la Convention nationale.

« Quoique je n'aie reçu officiellement, citoyens collègues, ni la loi constitutionnelle ni celle du 5 de ce mois, et que je ne connaisse ses dispositions que par les papiers publics, je m'empresse, pour ce qui me concerne, de remplir le vœu de celle du cinq en vous déclarant, citoyens collègues,

« 1° Que je suis âgé de 59 ans, étant né le 21 mars 1736 à Port-Brieuc, sur la paroisse Saint-Michel ;

« 2° Que je suis marié, et que de mon mariage avec Thérèse Raby j'ai eu onze garçons dont six sont encore vivants, quatre d'entre eux sont au service de la République dans différentes armes et les deux autres trop jeunes n'attendent que le moment où il leur sera permis de suivre l'exemple de leurs frères ;

« 3° En 1765 je fus pourvu de l'office de sénéchal et président de la sénéchaussée ci-devant royale de Saint-Brieuc, Cesson et ressort de Gouelo. J'ai occupé cette place jusqu'au moment de sa suppression ;

« 4° En 1788, je fus nommé par les communes de la ci-devant province de Bretagne, réunies à Rennes aux États provinciaux, député près du dernier de nos Tyrants (sic) pour réclamer et soutenir leurs droits contre les deux ci-devants ordres de la noblesse et du clergé. En 1789 je fus nommé membre de l'Assemblée constituante. Pendant la législature, j'ai rempli les fonctions de président du tribunal criminel du département des Côtes-du-Nord auxquelles j'avais été appelé par le peuple, et, en 1792, je fus nommé à la Convention nationale ;

« Je possède et j'ai reçu de mes parents pour succession des propriétés foncières dont je jouis depuis leur mort.

« Voilà, citoyens collègues, ma déclaration et je crois qu'elle me place parmi ceux que la loi appelle pour former le Conseil des Anciens, si toutefois je suis réélu.

« Amitié, salut et fraternité,

Jean-François PALASNE-CHAMPEAUX. »

Il mourut subitement à Brest trois semaines après.

PALHIER DE SILVABELLE (JEAN-FRANÇOIS-MARIE), député au Conseil des Cinq-Cents, né à Simiane (Basses-Alpes) en 1750, mort à une date inconnue, était homme de loi dans sa ville natale au moment de la Révolution. Élu, le 24 vendémiaire an IV, député des Basses-Alpes au Conseil des Cinq-Cents par 87 voix (124 votants) il fut inquiété pour ses opinions et publia la déclaration suivante qui donne, sur ses états de service, des détails circonstanciés.

« Paris, 19 brumaire an IV de la République française une et indivisible.

« Je déclare que, depuis le commencement de la révolution, dont j'ai été constamment l'un des plus zélés défenseurs, *j'ai toujours rempli des fonctions publiques au choix du peuple,* soit comme administrateur du département, soit comme maire ou commandant de la garde nationale. J'étais maire de ma commune le 31 mai. Le mois de septembre suivant, d'Herbès-Latour mon ennemi personnel, sans aucune mission du gouvernement, vint dans mon département ; en décembre, il signa un mandat d'arrêt contre moi, sous le prétexte de fédéralisme, et je fus obligé de me cacher pour me dérober aux gens armés qui venaient me saisir. Je cherchai un asile dans le département de la Drôme, et trois mois après je produisis, aux termes de la loi, mon certificat de résidence.

« Un retard de huit jours, occasionné par les pluies, me fit mettre sur la liste des émigrés. Mon épouse se pourvut de suite et dans le mois pour me faire rayer, sa demande fut accueillie par le département des Basses-Alpes, d'après l'avis du district de Forcalquier. Il n'existait pas alors de loi qui obligeât d'obtenir ma radiation définitive de la part du comité de législation. Dès que cette loi fut rendue, je m'y soumis, et le district, ainsi que le département, ayant pris en ma faveur un second arrêté, ce dernier me fit passer mes papiers au comité ; ils y sont depuis plusieurs mois. Je n'avais chargé personne de presser cette opération ; et le comité, surchargé de travail, a perdu de vue ma réclamation. Je continuai, pendant le temps de mon exil, à produire tous les trois mois mes certificats de résidence. Gauthier arriva ; il me rendit *ma liberté, mes biens en séquestre, et me nomma chef de légion.* Je préférai ma place de maire, et je l'ai occupée jusqu'au moment où, appelé par le vœu de mes concitoyens à la place honorable de représentant du peuple, je suis parti pour me rendre à mon poste. Cet exposé simple et fidèle *appuyé au besoin de pièces justificatives et les plus authentiques,* suffira pour convaincre toute personne de bonne foi que je ne dois pas être confondu dans la classe de ceux qui peuvent être suspects à la représentation nationale, que je suis décidé à soutenir avec zèle, si je ne puis le faire par mes talents.

Signé : PALHIER. »

Palhier n'en fut pas moins suspect de royalisme au coup d'État de fructidor, et condamné à la déportation. Il put se cacher chez son ami, le savant égyptologue Millin, qui, en cas de visite domiciliaire, lui prépara une cachette dans le cercueil d'une momie. Palhier devint conseiller général à l'époque du Consulat, et disparut ensuite de la scène politique.

PALIKAO (COMTE DE). — *Voy.* COUSIN-MONTAUBAN.

PALISSOT DE MONTENOY (Charles), député au Conseil des Anciens, né à Nancy (Meurthe) le 3 janvier 1730, mort à Paris le 15 juin 1814, fils d'un conseiller du duc de Lorraine, fut reçu bachelier en théologie à 14 ans, puis membre de la congrégation de l'Oratoire, qu'il quitta en 1748 pour se marier et pour s'adonner à la littérature. *Ninus II* fut sa tragédie de début au théâtre; mais n'ayant pas réussi à son gré, il fit des comédies, *les Tuteurs*, *le Barbier de Bagdad*, qui n'eurent qu'un succès médiocre. Il partit alors en guerre contre les philosophes dans diverses pièces, entre autres le *Cercle*, joué à Lunéville le 16 novembre 1755. J.-J. Rousseau, qui y était particulièrement visé, se contenta de réconcilier l'auteur avec le roi Stanislas, qui voulait le chasser de son académie. Les *Petites lettres contre de grands philosophes* (1757) s'en prirent à Diderot; et la comédie des *Philosophes*, qui eut du succès, attaqua tous les encyclopédistes. La *Dunciade ou guerre des sots* (1764) n'eut d'abord que trois chants. Mais Voltaire, à qui Palissot envoya cet ouvrage, ayant eu la malheureuse idée de le qualifier de « petite drôlerie », l'auteur se hâta d'ajouter 7 nouveaux chants à son poème; il l'augmenta encore après la Révolution, en y joignant des diatribes contre les hommes de 93. Ami du duc de Choiseul et adulateur envers des maîtresses de Louis XV, il avait obtenu, en 1756, la recette générale des tabacs d'Avignon, ce qui lui permit de faire fortune, malgré une faillite qui lui fit perdre 50,000 livres. Il embrassa la cause de la Révolution, fut, jusqu'à sa mort, administrateur de la bibliothèque Mazarine, membre correspondant de l'Institut le 13 février 1796, disciple fervent des théophilanthropes, fut même élu, le 29 germinal an VI, député de Seine-et-Oise au Conseil des Anciens, où il ne se fit pas remarquer, et où il siégea jusqu'au 18 brumaire. On a de lui: *Histoire des rois de Rome* (1753); *Mémoires sur la littérature* (1771); quelques comédies : l'*Homme dangereux* (Amsterdam 1770); *les Courtisanes* (1775); *Questions importantes sur quelques opinions religieuses* (1791); *Voltaire apprécié dans tous ses ouvrages* (1806); *Œuvres complètes* (1809, 6 volumes).

PALLIERI (Joseph-Hyacinthe), député au Corps législatif de l'an XII à 1806, né à Asti (Italie) le 3 septembre 1758, mort à une date inconnue, étudia le droit et se fit recevoir docteur (1780) à l'Université de Turin. Administrateur des hospices (1782), conseiller municipal d'Asti, secrétaire (an II) de la congrégation générale provinciale de la Charité, membre (au VII) de la direction centrale des finances, puis juge au tribunal civil et criminel du département du Tanaro, commissaire du gouvernement piémontais (an VIII), conseiller de préfecture du Tanaro en l'an IX, il fut désigné par le Sénat conservateur, le 27 fructidor an XII, pour représenter son département au Corps législatif français. Pallieri siégea jusqu'en 1806 et fut nommé alors président du tribunal de Casal (Marengo).

PALLUEL (Joseph-Ferdinand), député au Corps législatif de 1862 à 1866, né à Chambéry (Savoie) le 10 avril 1796, mort à Albertville (Savoie) le 7 juillet 1866, avocat à Chambéry, conseiller municipal, quatre fois député au parlement sarde, dont il fut vice-président, devint, en 1860, membre pour le canton de Bourg-Saint-Maurice, et président du conseil général du nouveau département de la Savoie, et fut élu, le 23 mars 1862, député au Corps législatif,

comme candidat du gouvernement, dans la 2e circonscription de la Savoie, en remplacement de M. Greyfié de Bellecombe, démissionnaire, par 12,722 voix (20,169 votants, 32,875 inscrits), contre 7,370 à M. Brunier. Il siégea dans la majorité dynastique, et fut réélu, le 1er juin 1863, par 20,237 voix (22,002 votants, 33,437 inscrits), contre 1,692 à M. Grange; il continua de soutenir la politique impériale, et fut nommé chevalier de son département en 1864. Décédé au cours de la session, il fut remplacé, le 9 septembre suivant, par M. Bérard.

PALLY (Jean-Baptiste-Marie-Louis), député de 1885 à 1888, né à Marseille (Bouches-du-Rhône) le 7 janvier 1843, mort à Cannes (Alpes-Maritimes) le 27 janvier 1888, étudia le droit, et acheta à Marseille une étude d'avoué qu'il ne tarda pas à céder pour se faire inscrire au barreau. Conseiller municipal de Marseille (1871), conseiller général des Bouches-du-Rhône (1883), et d'opinions républicaines, il se présenta à la députation, le 4 octobre 1885, sur la liste radicale de son département, et fut élu, au second tour, le 5e sur 8, par 54,808 voix (93,426 votants, 139,346 inscrits). M. Pally siégea à l'extrême-gauche, et, sans prendre une part active aux travaux parlementaires, opina avec les radicaux de la Chambre, vota *contre* l'expulsion des princes, *contre* les ministères Rouvier et Tirard, etc. Décédé à Cannes en janvier 1888, il fut remplacé, le 25 mars suivant, par Félix Pyat.

PALOTTE. — Voy. JACQUES-PALOTTE.

PALMAERT (Martin-Liévin), député en 1789, né à Pitgam (Nord) le 12 novembre 1757, mort à Dunkerque (Nord) le 21 décembre 1840, était curé desservant de Mardick (Nord), lorsqu'il fut élu, le 10 avril 1789, député suppléant du clergé aux Etats-Généraux par le bailliage de Bailleul. Admis à siéger, le 14 janvier 1790, en remplacement de M. Vanden-Bavière démissionnaire, il ne prit la parole que pour prêter le serment ecclésiastique le 13 février 1791. Il quitta la vie politique après la session.

PAMARD (Paul-Antoine-Marie), député au Corps législatif de 1861 à 1870, né à Avignon (Vaucluse) le 24 août 1802, mort à Avignon le 14 février 1872, « fils de Jean-Baptiste-Antoine Pamard, chirurgien », fit ses études médicales à Paris et fut reçu docteur en 1825. Il alla s'établir dans sa ville natale, où il devint chirurgien de l'Hôtel-Dieu et professeur de clinique chirurgicale. Maire d'Avignon, conseiller général du canton sud de cette ville et officier de la Légion d'honneur, il fut élu député au Corps législatif dans la 1re circonscription de Vaucluse, le 8 septembre 1861, en remplacement de M. de Verclos décédé, par 18,058 voix (22,176 votants, 36,335 inscrits), contre 4,044 voix à M. de Gaillard, candidat légitimiste. Il siégea dans la majorité dynastique, et fut réélu, le 1er juin 1863, par 16,225 voix (25,367 votants, 39,983 inscrits), contre 9,006 à M. Thourel. Cette fois, l'opposition contesta son élection, parce que le préfet l'avait présenté aux électeurs comme « candidat impérial »; mais le rapporteur déclara que l'intervention du gouvernement « moralisait l'élection », et M. Pamard fut validé. Ses électeurs lui renouvelèrent son mandat, le 24 mai 1869, par 17,109 voix (29,787 votants, 40,536 inscrits), contre 12,367 à M. Taxile Delord, candidat de l'opposition: il ne fut élu, cette fois, qu'au second tour. M. Pamard ne cessa pas de faire partie de la majorité et vota *pour* la guerre contre la Prusse. Chirurgien distingué, il a réalisé quelques progrès dans la lithotritie, l'opération de la cataracte, et la ligature des grosses artères.

PAMPELONNE (Antoine-Jacques Guyon de Geis de), député en 1789, et au Corps législatif de l'an VIII à 1804, né à Saint-Martin-l'Inférieur (Ardèche) en 1750, mort à Paris en 1820, d'une ancienne famille du Vivarais, était archidiacre et chanoine de la cathédrale de Viviers. Elu, le 6 avril 1789, député-suppléant du clergé aux Etats-Généraux par la sénéchaussée de Villeneuve-de-Berg, il fut appelé, dès le 1er juillet suivant, à remplacer comme titulaire, M. Savine, évêque de Viviers, démissionnaire pour raisons de santé. Comme son évêque, l'abbé de Pampelonne prêta le serment ecclésiastique, et abandonna bientôt ses fonctions religieuses. Il vota avec la gauche de l'Assemblée constituante, et prit un assez long congé. Rentré dans son département, il fit parvenir, le 20 brumaire au II, aux administrateurs du département de l'Ardèche, sa « renonciation patriotique » : « Antoine Pampelonne aux citoyens administrateurs du département de l'Ardèche : J'ai exercé la profession de marchand dès 1790; je n'ai jamais reçu de pension de la nation; je ne possédais rien du tout, quand j'ai pris le parti conforme à mon opinion et à mon goût pour l'indépendance. Mon vœu était écrit sur ma conduite. Je n'ai donc plus à remplir que les formalités d'une renonciation entière. Je la fais aujourd'hui dans les mains des administrateurs : ainsi papiers ecclésiastiques, arrérages de pension, pension elle-même, tout se confondra dans la masse de l'intérêt commun. Je vous prie, citoyens, de consigner cet abandon dans votre procès-verbal, et de vouloir bien m'en faire donner copie certifiée.

« Signé : Antoine Pampelonne. »

L'assemblée du conseil général du département de l'Ardèche, présidée par le « citoyen » Savine, l'ancien évêque, applaudit aux sentiments exprimés dans cette lettre, et décida d'adresser un extrait de sa délibération à la Convention nationale. — Pampelonne dirigea ensuite une fonderie de canons à Lyon, puis à Valence. En 1794, la Convention l'envoya à Constantinople. Le 4 nivôse an VIII, le Sénat conservateur le choisit comme député du département de l'Ardèche au Corps législatif, où il siégea jusqu'en 1804. Chef de division (1806) des hôpitaux au ministère de la Guerre, chevalier de la Légion d'honneur, il fut nommé, le 6 décembre 1814, administrateur des monnaies. Il mourut à Paris, dans cette fonction, en 1820.

PANAT (Dominique-François Brunet de Castelpers, marquis de), député en 1789, né à Albi (Tarn) le 30 août 1752, mort à Londres (Angleterre) en 1795, servit dans les armées du roi, et parvint au grade de maréchal de camp. Très attaché à l'ancien régime, il fut, le 7 avril 1789, élu député de la noblesse aux Etats-Généraux par la 1re sénéchaussée du Languedoc (Toulouse). Il opina avec la droite, quitta bientôt l'Assemblée pour se rendre en émigration, et mourut à Londres en 1795.

PANAT (Armand-Jean-Simon-Elisabeth Brunet de Castelpers de), député en 1789, né à Albi (Tarn) le 18 août 1753, mort le 15 octobre 1811, frère du précédent, entra dans les

ordres et se fit recevoir docteur en théologie. Il était prieur commendataire des prieurés de Saint-Sauveur-de-Tornac et de Saint-Jean-Mont, ordre de Cluny, archidiacre du pays de Caux en l'église métropolitaine de Rouen, et vicaire général du diocèse de Rouen, lorsqu'il fut élu (20 mars 1789) député du clergé aux Etats-généraux par le bailliage de Chaumont-en-Vexin. M. de Panat siégea parmi les partisans de l'ancien régime et donna presque aussitôt sa démission (4 août 1789), pour ne pas s'associer aux actes de la majorité de l'Constituante.

PANAT (Dominique-Samuel-Joseph-Philippe Brunet de Castelpers, vicomte de), député de 1827 à 1831, de 1839 à 1846, représentant en 1848 et 1849, né à Toulouse (Haute-Garonne) le 21 mars 1787, mort à Toulouse le 25 juin 1860, débuta dans l'administration sous l'Empire, comme auditeur de 1re classe au conseil d'Etat (le 19 janvier 1810), fut chargé, le 19 novembre suivant, d'une mission dans les colonies hollandaises des Indes orientales, fut attaché, le 28 mai 1812, à l'ambassade de France à Varsovie, remplit une mission auprès des généraux Régnier et Dombrowski, et fut envoyé, le 4 janvier 1814, comme commissaire impérial, à l'armée des Pyrénées. M. de Panat adhéra avec empressement au retour des Bourbons, s'enrôla dans les volontaires royaux, à Bordeaux, sous les ordres de La Rochejaquelein et y servit pendant les mois d'avril, mai et juin 1814. Nommé, le 13 août suivant, secrétaire de légation en Sicile et chevalier de la Légion d'honneur, il s'embarqua en grande hâte à Palerme, à la nouvelle du retour de l'empereur, pour rejoindre en Provence l'armée du duc d'Angoulême. Il n'y arriva que pour assister à la capitulation du prince. Premier secrétaire d'ambassade à Naples, de 1815 à 1818, chargé d'affaires de France près la même cour, d'août 1817 à septembre 1818, il donna en 1819, sa démission de ses fonctions diplomatiques, et se retira dans le Gers où il devint conseiller général. Nommé sous-préfet de Bayonne le 22 septembre 1824, il fut ensuite élu, le 25 novembre 1827, député au grand collège du Gers, par 63 voix (111 votants, 223 inscrits). Il siégea à droite, fut nommé préfet du Cantal le 30 mars 1828, soutint le ministère Polignac, et vota contre l'adresse des 221. Non réélu, en juin 1830, il donna sa démission de préfet, à la révolution de juillet, et se retira dans le Gers, où il devint capitaine de la garde nationale. Candidat à la députation dans le 5e collège du Gers (Lombez), le 5 juillet 1831, il échoua avec 86 voix contre 99 à l'élu, M. Persil, et ne fut pas plus heureux le 10 janvier 1835, avec 98 voix contre 128 à l'élu, M. Troy. Il rentra au parlement comme député du même collège, le 2 mars 1839, par 137 voix (244 votants), contre 106 à M. Brucas, et fut réélu, le 9 juillet 1842, par 139 voix (277 votants, 314 inscrits), contre 133 à M. Léonce de Lavergne. Il y siégea dans l'opposition légitimiste, vota *contre* la dotation du duc de Nemours, *contre* le recensement, *contre* les fortifications de Paris, *pour* les incompatibilités, *pour* l'adjonction des capacités, *contre* l'indemnité Pritchard, etc. Les élections du 1er août 1846 ne lui furent pas favorables; il échoua avec 160 voix contre 162 à l'élu, M. Léonce de Lavergne. La révolution de 1848 le ramena au Palais-Bourbon; élu, le 4 juillet 1848, représentant du Gers à l'Assemblée constituante, en remplacement du général Subervie, qui avait opté pour l'Eure-et-Loir, par 29,367 voix, il prit place à droite, parla sur des questions de finances et d'administration, et vota *pour* les poursuites contre L. Blanc et Caussidière, *contre* l'abolition de la peine de mort. *contre* l'impôt progressif, *pour* l'incompatibilité des fonctions, *contre* l'amendement Grévy, *pour* la sanction de la Constitution par le peuple, *pour* l'ensemble de la Constitution, *pour* l'interdiction de clubs, *pour* l'expédition de Rome, *contre* la demande de mise en accusation du président et des ministres. Hostile à la politique de l'Élysée, mais favorable à une restauration monarchique dont il espérait que le prince Louis-Napoléon serait l'instrument, il fut réélu par le même département à l'Assemblée législative, le 13 mai 1849, le 3e sur 7, par 31,320 voix (70,087 votants, 96,572 inscrits); il fit partie de la majorité monarchiste de l'Assemblée, fut nommé questeur, et, en cette qualité, s'associa à la proposition des questeurs qui réclamait pour le président de la Chambre le droit de disposer de la force publique pour sauvegarder l'indépendance des représentants. Arrêté dans la nuit du coup d'État (2 décembre), M. de Panat fut enfermé à Vincennes et remis en liberté quelques jours après. Il n'a plus reparu sur la scène politique.

PANETIER DE MONTGRENIER (LOUIS-MARIE, COMTE DE), député en 1789, dates de naissance et de mort inconnues, fut élu, le 28 mai 1789, député de la noblesse aux États-Généraux par la vicomté de Couserans, aujourd'hui dans le département de l'Ariège. Le comte de Panetier de Montgrenier opina avec les partisans de l'ancien ordre de choses, demanda un congé le 17 juin 1790, et ne revint plus siéger.

PANGE (MARIE-JACQUES THOMAS, MARQUIS DE), pair de France, né à Paris le 29 août 1770, mort au château de Pange (Moselle) le 2 octobre 1850, « fils de Jean-Baptiste Thomas de Pange, trésorier général de l'extraordinaire de la guerre, et de dame Jacques-Philippe-Renée Depinoy », entra au service en 1786, dans les gendarmes du roi. Il était capitaine aux hussards de Bercheny quand il émigra, en 1791. Il fit campagne à l'armée des princes, et rentra en France à l'époque du Consulat. Chambellan de l'empereur, il fut appelé, en 1813, au commandement d'un régiment de gardes d'honneur, et prit part à la campagne de Saxe, où il se distingua à Leipsig et à Hanau, et à celle de 1814. A la Restauration, il devint lieutenant aux mousquetaires noirs, puis maréchal de camp. Sans emploi durant les Cent-Jours, il reçut, au retour de Gand, le commandement du département de l'Ardèche, en 1816 celui du Gard, et en 1817 celui de la subdivision du Gard, Ardèche et Lozère. Nommé pair de France le 5 mars 1819, et président du collège électoral du Gard en 1821, il prêta serment au gouvernement de juillet, et fut mis à la retraite, comme officier supérieur, peu de temps avant la révolution de 1848.

PANICHOT (JEAN-NICOLAS-ALEXANDRE), député au conseil des Cinq-Cents, né à Ruppes (Vosges) en 1765, mort à Neufchâteau (Vosges) le 27 septembre 1819, était juge au district de Neufchâteau, quand il fut élu, le 22 germinal an VI, député des Vosges au Conseil des Cinq-Cents, où il fit peu remarquer. Le 22 prairial an VIII, il devint commissaire près le tribunal civil de Neufchâteau; le gouvernement de la Restauration le confirma (20 mars 1816)

dans ces dernières fonctions qu'il exerça jusqu'à sa mort.

PANIS (ÉTIENNE-JEAN), membre de la Convention, né en Périgord en 1757, mort à Paris le 22 août 1832, fit ses études à Paris et s'y fit recevoir avocat. Il épousa la sœur de Santerre, et devint, avec son beau-frère, l'un des partisans les plus actifs de la Révolution. Le 20 juin 1792, il contribua à soulever le faubourg Saint-Antoine, se plaça, dans la journée du 10 août, à la tête des rassemblements qui envahirent les Tuileries, et prit une part importante à l'établissement de la municipalité parisienne, connue sous le nom de « Commune du Dix-Août ». Il devint un des administrateurs de police et fit partie de la commission que la Commune choisit dans son sein, et où siégèrent avec lui Marat, Jourdheuil, Duplain, Sergent: il signa comme eux la circulaire qui tendait à justifier les massacres de septembre; mais plus tard, il désavoua cet acte, et s'efforça d'ailleurs vainement par son attitude de gagner la confiance des modérés. Élu, le 12 septembre 1792, député du département de Paris à la Convention nationale, le 11e sur 24, par 457 voix sur 697 votants, il prit place à la Montagne, fut l'objet de vives attaques de la part des Girondins, qui lui demandèrent compte de sa gestion municipale, et répondit dans le procès du roi, au 2e appel nominal : « Aux puissants motifs développés par les meilleurs républicains que je connaisse, j'ajouterai que les Richelieu, les Breteuil, les Sartine, tous ces grands hommes d'État, suppôts du despotisme, auraient proposé l'appel au peuple pour désorganiser la République : je dis *non*. », et au 3e appel nominal : « La réclusion pourrait égorger la liberté naissante. La loi, la justice, la patrie, voilà mes motifs : je vote *pour* la mort. » Membre du comité de sûreté générale, Panis s'associa d'abord aux mesures prises par le gouvernement révolutionnaire ; puis il se tourna contre les Jacobins, et contribua au succès de la journée du 9 thermidor an II. Le 8, il avait directement interpellé Robespierre et lui avait demandé de lui déclarer s'il l'avait aussi porté sur la liste des proscrits. Il faillit être, d'ailleurs, en dépit de ses efforts, une des victimes de la réaction thermidorienne. La nouvelle majorité l'impliqua, sur la proposition d'Auguis, dans les poursuites exercées contre plusieurs représentants, après les journées de prairial an III, et Panis ne recouvra la liberté que par l'amnistie du 4 brumaire an IV. Employé dans l'administration des hospices de Paris, sous le Directoire, il y resta peu de temps, vécut dans l'obscurité, mécontent : « Je n'ai été, disait-il, qu'un citron dont on a exprimé le jus et qu'ensuite on a rejeté. » Il aurait appartenu ensuite, s'il faut en croire un biographe étranger, à la police secrète de l'Empire. Ayant perdu sa fortune à la Révolution, il avait reçu du Directoire une pension de 300 francs par mois. Aux Cent-Jours, il signa l'Acte additionnel, et tomba ainsi sous le coup de la loi du 12 janvier 1816 contre les régicides. Il obtint un sursis indéfini et resta chez lui, 19, rue de Sèvres, « où il lit Horace », dit un rapport de police : mais sa pension fut réduite à 100 francs par mois. Il réclama, le 16 novembre 1817, près du ministre, par une lettre curieuse dans laquelle il disait : « Je fus le jeune ami de Rousseau, du duc de Nivernais, du duc d'Ormesson et d'une foule de cœurs semblables, etc. » Mais ses réclamations, auxquelles se joignirent (12 octobre 1824) celles de sa femme, restèrent vaines, et il végéta jusqu'à sa mort.

PANIS (Etienne-François), député de 1831 à 1837, né à Paris le 1er mars 1791, mort à Paris le 7 octobre 1852, fils du précédent, s'occupa de commerce et s'établit marchand de bois à Paris. Juge au tribunal de commerce de la Seine, chef de bataillon de la garde nationale, il fut, le 24 septembre 1831, élu député du 12e arrondissement de Paris, par 292 voix (421 votants), contre 123 à M.Chardel, en remplacement de Fr.Arago, qui avait opté pour l'Perpignan. Dévoué aux idées conservatrices, il siégea à la Chambre dans les rangs de la majorité et vota avec le tiers-parti. Il obtint sa réélection, le 21 juin 1834, avec 318 voix (457 votants, 609 inscrits), suivit la même ligne politique que précédemment, et échoua aux élections du 4 novembre 1837, avec 185 voix contre 334 à M. Cochin, élu.

PANISSE-PASSIS (Pierre-Léandre de), comte de Mark-Tripoli, pair de France, né à Aix (Bouches-du-Rhône) le 19 février 1770, mort à sa terre de Villeneuve (Var) le 8 avril 1842, « fils de messire Henri de Mark-Tripoli, marquis de Panisse-Passis, chef de brigade de gendarmerie, et de dame Jeanne-Charlotte d'Albertas », était conseiller général des Bouches-du-Rhône. Il fut compris, le 5 novembre 1827, dans l'ordonnance par laquelle M. de Villèle introduisit à la Chambre des pairs 76 partisans de sa politique. M. de Panisse-Passis siégea jusqu'à la révolution de juillet 1830 parmi les soutiens dévoués du trône, et quitta la Chambre haute en vertu de l'article 68 de la Charte de 1830 qui annula les créations de pairs faites sous le règne de Charles X.

PANNEBOETER (N.), député au Corps législatif de 1811 à 1814, dates de naissance et de mort inconnues, maire de Roosandael, fut nommé par l'empereur, le 19 février 1811, député au Corps législatif français, sur une liste au choix dressée par le préfet des Deux-Nèthes. Panneboeter y représenta ce département jusqu'aux traités de 1814, qui ramenèrent la France à ses anciennes limites.

PANON. — *Voy.* Desbassyns de Richemont.

PANTIN (Alexandre-Ambroise), député en 1791, dates de naissance et de mort inconnues, propriétaire-cultivateur à Gaillarbois (Eure), fut élu, le 2 septembre 1791, député de l'Eure à l'Assemblée législative, le 11e et dernier, par 232 voix (461 votants). Il siégea obscurément dans la majorité.

PAPIAU DE LA VERRIE (Anselme-François-René), député de 1816 à 1820, né à Angers (Maine-et-Loire) le 6 juillet 1770, mort à Angers le 20 avril 1856, embrassa avec ardeur les principes de la Révolution. Capitaine de la garde nationale en 1789, substitut de la commune d'Angers l'année suivante, il devint officier municipal le 5 messidor an VIII. Nommé maire d'Angers par décret impérial du 25 mars 1813, maintenu dans ces fonctions par la Restauration, et décoré de la Légion d'honneur le 3 janvier 1815, il resta à son poste pendant les Cent-Jours, approuva le pacte des fédérés, et montra autant d'énergie que de dévouement lors de l'occupation prussienne. Élu, le 22 août 1815, député du grand collège de Maine-et-Loire, par 120 voix (213 votants, 276 inscrits), et réélu, le 4 octobre 1816, par 118 oix (224 votants, 269 inscrits), il se fit remarquer par sa

modération. Le 12 septembre 1816, le conseil municipal d'Angers lui offrit une épée d'honneur en témoignage d'estime et de reconnaissance. Il échoua aux élections de 1820, et renonça dès lors à la vie politique.

PAPIN (Léger), député en 1789, né à Paris le 2 octobre 1742, mort à Paris le 2 février 1821, était curé-prieur de Marly-la-Ville quand il fut élu, le 2 mai 1789, député du clergé aux États-généraux par la prévôté et vicomté de Paris. Il se montra partisan des idées nouvelles, demanda que les évêques et les curés fussent tenus de remplir leurs fonctions en personne, protesta contre l'infamie qui pèse sur les familles des condamnés, fut nommé commissaire à la fabrication des assignats, prêta le serment ecclésiastique (27 décembre 1790) après avoir déposé son serment civique sur les registres de la municipalité de Paris, fit décréter la fabrication d'un papier spécial pour les assignats, et se plaignit des attaques que lui attirait sa conduite politique. Après la session, il disparut de la vie publique.

PAPIN (Louis-François), député en 1791, né à Ancenis (Loire-Inférieure) le 14 novembre 1738, mort à Ancenis le 25 mars 1814, fils d'un procureur fiscal d'Ancenis, se fit recevoir avocat au parlement de Rennes, et devint sénéchal du comté de Sérent et de la baronnie de Montrelais. Député d'Ancenis aux États de Bretagne en 1788, partisan de la Révolution, il devint, en 1790, administrateur du département de la Loire-Inférieure, secrétaire de l'assemblée électorale de Nantes, et rédigea, en cette qualité, une adresse à Louis XVI. Élu, le 3 septembre 1791, député de la Loire-Inférieure à l'Assemblée législative, le 6e sur 8, par 143 voix (179 votants), il fit partie du comité des monnaies et assignats, vota avec les modérés, et déposa sur le bureau de l'Assemblée (février 1792) un travail sur les banques de secours. Après la session, il revint à Ancenis, fit partie (juillet 1793) du comité d'approvisionnement de l'armée royaliste, et, à la reprise de la ville par les républicains, fut condamné à mort. Mais une maladie grave, dont il était alors atteint, lui valut un sursis, qui le sauva. Le gouvernement consulaire le nomma président du tribunal civil d'Ancenis, fonctions qu'il remplit jusqu'à sa mort.

PAPIN (Jean-Baptiste), comte de Saint-Christau, député au Conseil des Anciens, au Corps législatif en l'an VIII, et membre du Sénat conservateur, né à Aire (Landes) le 10 décembre 1756, mort à Paris le 3 février 1809, « fils de sieur Louis Papin et de demoiselle Marie Lafaille », avocat à Aire, puis receveur des finances, fut élu, le 22 germinal an V, député des Landes au Conseil des Anciens, par 142 voix (196 votants). Il ne s'y occupa que d'affaires locales. Rallié au 18 brumaire, il fut nommé, le 4 nivôse an VIII, par le Sénat conservateur, député des Landes au Corps législatif, et entra au Sénat conservateur le 12 pluviôse an XIII. Il ne se fit remarquer dans aucune de ces assemblées et vota silencieusement avec la majorité.

PAPINAUD (Pierre-Louis-Clovis), député de 1883 à 1888, né à Cuxac-d'Aude (Aude) le 10 mars 1844, fut d'abord ouvrier tonnelier. D'opinions républicaines, il se présenta, le 5 août 1883, comme candidat à la députation dans l'arrondissement de Narbonne, en remplacement de M. Malric démissionnaire, et fut élu par 12,046 voix (17,220 votants, 32,066 inscrits), contre 3,700 à M. Lamothe-Théret et 1.254 au docteur David. Il prit place à la gauche radicale, se rapprocha en quelques circonstances des opportunistes, et, porté, en octobre 1885, sur la liste dite de concentration républicaine de l'Aude, fut élu député, au second tour de scrutin, le 4e sur 5, par 43,813 voix (74,159 votants, 97,053 inscrits). M. Papinaud, qui avait rempli précédemment plusieurs missions diplomatiques temporaires, sollicita et obtint, au cours de la nouvelle législature, le poste de gouverneur de Nossi-Bé. Il donna, en conséquence, sa démission de député, et fut remplacé, le 8 avril 1888, par M. Ferroul, socialiste.

PAPON (ALEXANDRE), député de 1876 à 1889, né à Evreux (Eure) le 5 septembre 1821, riche négociant en dentelles dans sa ville natale, fit de l'opposition au pouvoir du prince Louis-Napoléon. Déporté le 2 décembre, il rentra en France à l'amnistie de 1859, continua sa campagne d'opposition contre l'empire, et eut des démêlés célèbres avec le préfet, M. Janvier de la Motte. Juge au tribunal de commerce, conseiller général du canton de Nonancourt, il fut candidat malheureux à la députation aux élections du 8 février 1871; mais il fut élu, le 20 février 1876, député de la 2e circonscription d'Evreux (7,555 voix (13,270 votants, 16,738 inscrits), contre 5,512 à M. de Barrey. Il prit place à gauche et fut l'un des 363 députés qui refusèrent le vote de confiance au ministère de Broglie. Réélu, le 14 octobre 1877, par 7,465 voix (14,257 votants, 16,815 inscrits), contre 4,039 voix à M. Ambroise Janvier et 2,669 à M. Morice-Gonord, il soutint les ministères républicains, vit son mandat renouvelé, le 21 août 1881, par 7,438 voix (13,229 votants, 16,860 inscrits), contre 5,679 à M. A. Janvier, appuya la politique scolaire et coloniale des ministres au pouvoir, soutint spécialement le ministère Gambetta, et, porté, aux élections du 4 octobre 1885, sur la liste républicaine de l'Eure, fut élu député, au second tour, le 6e et dernier, avec 5 autres élus conservateurs, par 40,544 voix (81,771 votants, 106,651 inscrits). Il reprit sa place à gauche, soutint les ministères Rouvier et Tirard, vota l'expulsion des princes, et se prononça dans la dernière session, *pour* le rétablissement du scrutin d'arrondissement, *pour* l'ajournement indéfini de la révision de la Constitution, *pour* les poursuites contre trois députés membres de la Ligue des patriotes, *pour* le projet de loi Lisbonne restrictif de la liberté de la presse, *pour* les poursuites contre le général Boulanger. On a de lui : *Le coup d'État dans le département de l'Eure.*

PAPORET (ANTOINE-PIERRE), député de 1815 à 1820, né à Paris le 5 mars 1765, mort le 2 juin 1836, « fils de maître Antoine Paporet, avocat au parlement, conseiller secrétaire du roy, maison et couronne de France, et de ses finances, et de demoiselle Françoise-Elisabeth Duquesnelle ». fit ses études à Paris. Au moment de la Révolution, il était conseiller à la cour des aides. Il se retira peu de temps après dans l'Aisne, où il devint, en 1792, officier municipal, puis maire de sa commune. Conseiller général après le 18 brumaire, il fut élu, en 1805 et 1806, par son département, comme candidat au Corps législatif, mais ne fut point nommé. La Restauration l'appela aux fonctions de juge au tribunal de 1re instance de Saint-Quentin. Le 22 août 1815, il fut élu député du grand

collège de l'Aisne, par 76 voix (135 votants, 266 inscrits), et fut réélu, le 4 octobre 1816, par 132 voix (184 votants, 293 inscrits). Il siégea dans la majorité de la Chambre introuvable, puis, en 1816, passa au centre ministériel. Non réélu aux élections de 1820, il reprit ses fonctions de magistrat.

PARADIS (BONIFACE), CHEVALIER DE JONCREUX, député au Conseil des Anciens, né à Auxerre (Yonne) le 8 septembre 1751, mort à Auxerre le 31 mars 1823, avocat dans sa ville natale, embrassa le parti de la Révolution et fut officier municipal à Auxerre. Elu, le 23 vendémiaire an IV, député de l'Yonne au Conseil des Anciens, par 212 voix (284 votants), il se rangea du côté des clichyens. Secrétaire, puis président du Conseil, il protesta contre la loi qui excluait les parents d'émigrés de toute fonction publique, fit approuver la résolution relative aux tribunaux de famille, combattit le projet sur le complément du corps législatif, indiqua une façon de soumissionner la vente des biens nationaux, désapprouva la création du *Tachygraphe*, parla en faveur de la résidence exigée pour voter dans les assemblées primaires de canton, proposa une motion concernant le service et les fonctions de la garde nationale, et demanda la fermeture de toutes les sociétés politiques. Déporté au 18 fructidor, il fut interné à l'île d'Oleron, malgré les démarches de sa femme, et fut rappelé, après le coup d'État de brumaire, par le gouvernement consulaire qui le nomma président de la cour criminelle de l'Yonne. Décoré de la Légion d'honneur, il devint, en 1811, substitut du procureur général à la cour impériale de Paris, et fut destitué, en 1816, à la seconde Restauration.

PARANDIER (AUGUSTE-NAPOLÉON), député de 1845 à 1846, né à Arbois (Jura) le 14 avril 1804, entra à l'Ecole polytechnique en 1823, et en sortit le second dans les ponts et chaussées. Nommé ingénieur ordinaire du Doubs, il organisa, en 1830, des ateliers de charité, s'efforça de procurer du travail aux ouvriers et fut nommé conseiller municipal de Besançon. Il procéda ensuite à la canalisation du Doubs, et étudia le tracé d'un canal de la Marne au Rhin. Ingénieur de 1re classe en 1839, il fut nommé, le 24 juin 1842, ingénieur en chef des ponts et chaussées à Dijon, et y dirigea les travaux du chemin de fer de Dijon à Châlons. Il venait d'en terminer les travaux d'art et les terrassements, quand il fut élu, le 2 août 1845, député du 4e collège du Doubs (Montbéliard), en remplacement de M. Tourangin démissionnaire, par 119 voix (148 votants). Il soutint, à la Chambre, le tracé de chemin de fer de Dijon à Mulhouse par la vallée du Doubs, projet qui fut repoussé. Partisan de la politique de Guizot, il vota constamment avec la majorité ministérielle et combattit la réforme électorale. Non réélu en 1846, il surveilla les travaux du canal de Bourgogne, revint, en 1848, à Besançon comme ingénieur en chef, et obtint, en 1853, l'exécution du chemin de fer de Mulhouse par la vallée du Doubs. En témoignage de reconnaissance, les habitants de cette région lui offrirent une coupe en argent massif qui figura à l'Exposition de 1855. Conseiller général d'Arbois de 1854 à 1870, inspecteur général des ponts et chaussées dans la 4e circonscription (région de l'Est) en 1863, il fut promu en 1868 à la première classe de son grade, et admis à la retraite, comme inspecteur général, le 20 janvier 1875. Chevalier de la Légion d'honneur en

1842, officier le 12 août 1854, commandeur le 9 mars 1874.

PARANQUE (Fabricius), député de 1837 à 1839, né à Marseille (Bouches-du-Rhône) le 2 juin 1794, mort à Marseille le 3 décembre 1862, était un des principaux fabricants de savons de sa ville natale, quand il fut élu, le 4 novembre 1837, député du 3e collège des Bouches-du-Rhône (Marseille), par 262 voix (520 votants, 625 inscrits). Il ne se fit pas remarquer à la Chambre, où il prit place à droite et vota le plus souvent pour le ministère. Il ne se représenta pas aux élections du 2 mars 1839, ni à celles du 9 juillet 1842, mais, de nouveau candidat dans son ancien collège le 1er août 1846, il échoua avec 293 voix contre 396 à M. Reybaud, et renonça dès lors à la politique.

PARANT (Narcisse), député de 1831 à 1842, et ministre, né à Metz (Moselle) le 5 février 1794, mort à Paris le 4 mars 1842, se fit inscrire au barreau de sa ville natale où il plaida avec succès. Partisan du gouvernement issu de la révolution de 1830, il fut nommé procureur général à Metz la même année, puis à Bourges le 17 avril 1831, et fut élu député du 2e collège de la Moselle (Metz), le 5 juillet suivant, par 216 voix (306 votants, 342 inscrits), contre 86 au colonel Bouchotte. Nommé avocat général à la cour de Cassation le 16 août 1832, il dut se représenter devant ses électeurs, qui lui renouvelèrent son mandat, le 29 septembre, par 175 voix (270 votants, 344 inscrits), contre 89 à M. Poncelet. Réélu, le 21 juin 1834, par 180 voix (306 votants, 363 inscrits), contre 72 à M. Lalicmand, il fut nommé sous-secrétaire d'Etat au ministère de la Justice le 21 mai 1837, et dut se représenter de nouveau devant ses électeurs qui le renommèrent, le 1er juillet, par 188 voix (260 votants) contre 38 à M. Kellermann de Valmy. De nouveau réélu le 2 mars 1839, par 190 voix (252 votants, 338 inscrits), et nommé conseiller à la cour de Cassation le 12 mars 1839, il reçut quelques jours après, dans le cabinet du 31 mars, le portefeuille de l'Instruction publique, qu'il garda jusqu'au 12 mai suivant. La veille (11 mai) son mandat lui avait été renouvelé pour la sixième fois par 154 voix (244 votants). M. Parant vota constamment avec le parti de la cour, *pour* les lois de septembre, de disjonction et de dotation, et combattit les incompatibilités et l'adjonction des capacités. Il a publié: *Tableau des villes, bourgs, villages de la Moselle* (1825); *Loi de la presse en 1836, ou Législation actuelle sur l'imprimerie et la librairie* (1836).

PARCEVAL-DESCHÊNES (Alexandre-Ferdinand), sénateur du second Empire, né à Paris le 27 novembre 1790, mort à Paris le 10 juin 1860, fils d'un receveur général des finances, s'engagea dans la marine en 1804, à Toulon, où commandait alors son parent, l'amiral La Touche-Tréville. A bord du *Bucentaure*, il assista à la prise du fort Diamant à la Martinique, à la bataille navale du cap Finistère et à celle de Trafalgar où il ne put à grand'peine échapper à la destruction de son navire. Promu aspirant le 2 avril 1807, il prit part sur l'*Italienne* au combat des Sables-d'Olonne; enseigne de vaisseau le 18 juillet 1841, il passa à bord de la *Dryade* en 1813, et fit campagne à l'escadre du Levant. Après les Cent-Jours, il reçut le commandement d'un aviso avec lequel il exécuta, sous les ordres de Beautemps-Beaupré, des sondages et des études

hydrographiques sur les côtes de Bretagne. Nommé commandant de la *Sauterelle*, il se rendit à la Guyane où, pendant deux ans, il dirigea la station navale. Lieutenant de vaisseau le 1er septembre 1819, chevalier de la Légion d'honneur en 1822, capitaine de frégate le 5 avril 1827, il commanda successivement la *Bayadère*, corvette-école des élèves de la marine, l'*Euryale* lors de l'expédition d'Alger, l'*Armide* en mission dans l'Adriatique, enfin la *Victoire* lors de l'expédition contre Bougie. Cette dernière opération lui valut le grade de capitaine de vaisseau (26 octobre 1833). Avec l'*Iphigénie*, il prit part ensuite au blocus de Vera-Cruz, à l'expédition contre Rosas et au bombardement d'Ulloa. Commandeur de la Légion d'honneur le 10 février 1839, et commandant de l'*Océan*, contre-amiral le 30 avril 1840, il fut appelé aux fonctions de major de la flotte à Toulon, puis de préfet maritime de Cherbourg en 1841, fonctions qu'il quitta pour prendre le commandement de la division navale du Levant, puis, par intérim, de l'escadre de la Méditerranée. Grand-officier de la Légion d'honneur le 24 septembre 1844, vice-amiral le 15 juillet 1846, puis préfet maritime de Toulon, commandant en chef de l'escadre de la Méditerranée, membre du conseil de l'amirauté le 8 septembre 1851, président du comité de travaux maritimes, il fut appelé, le 26 janvier 1852, au Sénat impérial. Lors de la rupture avec la Russie, il commanda l'escadre française de la flotte combinée de l'amiral Napier, bloqua les ports de la Baltique, et bombarda Bomarsund. Il reçut en récompense la grand-croix de la Légion d'honneur (30 août 1854) et la dignité d'amiral (2 décembre de la même année). Il mourut quelques années après.

PARCEY (Simon-Pierre-Emile Rigollier, vicomte de), député de 1839 à 1848, né à Dijon (Côte-d'Or) le 1er janvier 1795, mort à Villette (Jura) le 30 octobre 1861, riche propriétaire, maire de Dôle en 1837, conseiller général, fut successivement élu député du 1er collège du Jura (Dôle), le 2 mars 1839, par 140 voix (210 votants); le 9 juillet 1842, par 187 voix (272 votants, 336 inscrits), contre 69 à M. de Vaulchier; le 1er août 1846, par 246 voix (368 votants, 416 inscrits), contre 99 à M. Pivot d'Aligny et 15 à M. Michou. M. de Parcey figura constamment parmi les membres dévoués au pouvoir, vota *pour* les fortifications de Paris, *contre* les incompatibilités, *contre* l'adjonction des capacités, *pour* la dotation du duc de Nemours, *pour* l'indemnité Pritchard, et *contre* la proposition Rémusat. En 1840, il prit part à la discussion sur les nouvelles circonscriptions électorales et, en 1842, parla sur les grandes lignes de chemins de fer. La révolution de 1848 le rendit à la vie privée.

PARCHAPPE (Charles-Jean-Baptiste), député au Corps législatif de 1852 à 1866, né à Epernay (Marne) le 4 avril 1787, mort à Paris le 4 janvier 1866, entra à l'Ecole de Fontainebleau en 1804, devint sous-lieutenant en 1806, et fut envoyé à l'armée d'Italie. En janvier 1807, il prit part, sous les ordres de Mortier, à l'invasion de la Poméranie suédoise et au blocus de Stralsund. Durant la campagne de 1809, il fut fait lieutenant à Ratisbonne, chevalier de la Légion d'honneur à Essling, et reçut à Wagram une blessure grave. Capitaine en 1812, il assista à presque toutes les grandes batailles de la campagne de Russie. Chef de bataillon, en 1814, il se distingua à Montmirail. Mis en demi-solde à la rentrée des Bourbons, il fit, en 1815, la campagne de Belgique et se battit à Ligny. La seconde Restauration le plaça en non-activité, puis lui permit de reprendre du service en 1819. Il fit la guerre d'Espagne en 1823, organisa, lors des journées de juillet, la défense de l'Hôtel de Ville, de la Banque et de la Bourse, fut promu colonel au mois d'août suivant, assista au siège d'Anvers, et commanda la subdivision du Nord. Général de brigade en 1838, et commandant de la place de Lyon, il fut envoyé, l'année suivante, en Algérie où, sous les ordres du maréchal Valée, il prit part à l'expédition des Portes de fer et au combat du col de la Mouzaïa (12 mai 1840). Général de division en 1848, il commanda la division militaire de Marseille, fut appelé dans les bureaux de la guerre comme directeur de l'administration de l'armée, et passa inspecteur d'infanterie (1851) et grand-officier de la Légion d'honneur. Rallié au gouvernement du prince Louis-Napoléon, il fut successivement élu député au Corps législatif, dans la deuxième circonscription de la Marne, le 29 février 1852, par 22,203 voix (27,584 votants,35,679 inscrits), contre 4,540 à M. Bourbon de Sarty; le 22 juin 1857, par 23,112 voix ·24,192 votants, 34,276 inscrits), contre 731 à M. Leblond ; et, le 1er juin 1863, par 24,305 voix (28,602 votants, 34,841 inscrits), contre 4,143 à M. Leblond. Le général Parchappe vota avec la majorité dynastique. Décédé en janvier 1866, il fut remplacé, le 24 février suivant, par M. Ch. Perrier.

PARDESSUS (Jean-Marie), député en 1807, de 1815 à 1816 et de 1820 à 1830, né à Blois (Loir-et-Cher) le 11 août 1772, mort à Vineuil (Loir-et-Cher) le 27 mai 1853, « fils du sieur Jean-Thomas Pardessus, avocat au parlement et au conseil supérieur, et de dame Catherine Bergevin », d'une famille attachée à l'ancienne monarchie, eut, en 1793, son frère fusillé en Vendée et son père emprisonné à Orléans. Défenseur officieux dans sa ville natale, il plaida, en l'an IX, pour le principal accusé dans l'affaire Clément de Ris. Juge à la cour criminelle de Loir-et-Cher, maire de Blois en 1806, il fut élu, le 18 février 1807, par le Sénat conservateur, député de ce département au Corps législatif, où il prit part aux délibérations juridiques. Nommé, le 24 août 1810, après un brillant concours, professeur de droit commercial à la faculté de Paris, il obtint dans sa chaire un succès mérité. Ayant adhéré au retour des Bourbons, il fut nommé, le 22 août 1815, député du grand collège de Loir-et-Cher, par 80 voix (137 votants. 160 inscrits), siégea à droite, tout en conservant une certaine indépendance : « Les électeurs de mon département, disait-il, m'ont dit : Servez le roi. Ils ne m'en ont pas dit autant du ministère. » Membre de la commission de la caisse d'amortissement (8 mai 1816), conseiller à la cour de Cassation (1821), il rentra au parlement, le 13 novembre 1820, comme député du grand collège de Loir-et-Cher, par 129 voix (173 votants, 210 inscrits), contre 30 à M. de la Géraudière, et fut réélu successivement, par le grand collège des Bouches-du-Rhône, le 6 mars 1824, avec 186 voix (227 votants, 317 inscrits); le 24 novembre 1827, par 177 voix (222 votants, 316 inscrits); le 3 juillet 1830, par 190 voix (292 votants, 364 inscrits). M. Pardessus continua de siéger à droite, et finit par se ranger parmi les membres les plus intransigeants de ce côté de la Chambre. Ayant refusé, en 1830, de prêter serment au nouveau gouvernement, il fut destitué de ses

fonctions de professeur et de conseiller à la cour de Cassation, et rentra dans la vie privée où il s'occupa de travaux de législation et d'histoire. Membre de l'Académie des Inscriptions et Belles-Lettres depuis 1828, M. Pardessus a publié : *Traité des servitudes* (Blois, 1806); *Traité du contrat et des lettres de change* (Paris, 1809), 2 volumes); *Cours de droit commercial* (1813-1817, 4 volumes); *Collection des lois maritimes antérieures au dix-huitième siècle* (1828-1845, 6 volumes); *Tableau du commerce antérieurement à la découverte de l'Amérique* (1834); *Sur l'origine du droit coutumier en France* (1839); *Us et coutumes de la mer* (1847, 2 volumes); *Les diplômes mérovingiens* (Tomes I et II, 1843-1846); Tomes IV, V et VI de la *Table chronologique des Chartes et diplômes;* Tome XXI des *Ordonnances des rois de France;* une bonne édition de la *Loi salique* (1843), etc.

PARDIEU (Gui-Félix, comte de), député en 1789, né à Saint-Domingue en 1758, mort au château de Vadencourt (Aisne) le 13 novembre 1799, ancien officier en résidence à Vadencourt, fut élu, le 10 mars 1789, député de la noblesse aux États-Généraux par le bailliage de Saint-Quentin, avec 29 voix sur 43 votants. L'un des premiers de son ordre, il se réunit au tiers (27 juin 1789), et s'exprima ainsi :

« Messieurs,

« Vivement pressé par le sentiment intime de ma conscience de venir me placer parmi les membres de cette auguste Assemblée, je ne me permettrais cependant pas cette démarche si je ne croyais répondre aux vœux des gentilshommes que j'ai l'honneur de représenter. Je ne puis voir, Messieurs, sans attendrissement le tableau majestueux et touchant de la réunion si désirable de la plus grande partie des représentants de cette nation dont le bonheur futur fait votre unique ambition. C'est avec la joie la plus vive que je me plais à penser que bientôt tous les ordres animés du même désir, et réunis par les mêmes sentiments, n'auront plus qu'un même vœu. C'est cette époque que tout citoyen patriote attend avec la plus grande impatience, comme le seul moyen de donner au roi les marques les plus tendres de notre amour et de payer à la nation le tribut qu'elle a droit d'attendre de nous.

» Le comte de Pardieu. »

Il accompagna le roi à Paris le 16 juillet 1789, présida le comité des rapports, fut nommé commandant de la garde nationale de Saint-Quentin, et demanda et obtint un congé pour en surveiller l'organisation. De retour à la Constituante, il fit décréter qu'on n'entendrait plus de nouvelles motions sur les finances, fit partie du comité des recherches, et fut élu secrétaire de l'Assemblée (6 juin 1790). Le 12 septembre 1791, il devint administrateur du département de l'Aisne, et se retira des fonctions publiques sous la Terreur.

PARÉ (Jules-François), ministre de l'Intérieur, né en Champagne à une date inconnue, mort à Paris le 29 juillet 1819, fils d'un charpentier, ne reçut qu'une éducation primaire. Il entra chez Danton, alors avocat aux conseils du roi, en qualité de maître-clerc, adopta avec modération les principes de la Révolution, et fut élu (1793) secrétaire du conseil exécutif provisoire, grâce à la protection de Danton, Ministre de l'Intérieur le 20 août 1793, en remplacement de Garat, il se montra au-dessous de sa tâche, rédigea une circulaire sur les sub-sistances, et fut dénoncé comme « un nouveau Roland », par Hébert et Vincent, et comme un dantoniste par Couthon. Le 5 avril 1794 (16 germinal an II), Paré dut remettre son porte-feuille, et se tint prudemment à l'écart. Nommé en l'an IV commissaire du Directoire près le département de la Seine, puis administrateur des hôpitaux militaires, il vécut, sous l'Empire, dans une petite propriété qu'il possédait dans son pays natal, et resta éloigné des affaires publiques.

PAREL-DESPEYRUT (JEAN-JOSEPH), VICOMTE DE LA CHATONIE, député de 1820 à 1830, né à Treignac (Corrèze) le 1er janvier 1755, mort au château de Fonbac (Corrèze), le 16 juillet 1843, « fils de messire Joseph Parel de la Chatonie, écuyer lieutenant au regiment royal-Artillerie, et de dame Marie-Charlotte de la Grange », servit dans les armées du roi. Chevalier de Saint-Louis et conseiller général de son département, il fut successivement élu député du grand collège de la Corrèze, le 13 novembre 1820, par 117 voix (122 votants, 149 inscrits); le 13 novembre 1822, dans le 1er arrondissement de la Corrèze (Brive), par 193 voix (261 votants, 332 inscrits); le 6 mars 1824, dans le grand collège du même département, par 84 voix (86 votants, 132 inscrits); le 24 novembre 1827, par 42 voix (82 votants, 102 inscrits), contre 40 à M. Chadabeth, procureur du roi à Tulle. M. Parel-Despeyrut partagea ses votes entre le parti ministériel et les royalistes ultras, se prononça contre l'Adresse des 221, soutint le ministère Polignac, et ne fut pas réélu aux élections de juin 1830.

PARENT (NICOLAS-EUGÈNE), représentant en 1871, député de 1876 à 1880, sénateur de 1880 à 1889, né à Sallanches (Haute-Savoie) le 21 mars 1817, mort à Chambéry (Savoie) le 18 avril 1890, fils d'un ancien député au parlement sarde, fit son droit à Turin, fut reçu docteur en 1841 et se fit inscrire au barreau de Chambéry (1844), où il fonda le *Patriote savoisien*, qui demandait, en 1848, la réunion de la Savoie à la France, et la *Feuille des paysans*, tous les deux hostiles à la politique du 2 décembre; il publiait dans chaque numéro un extrait des œuvres de Louis-Napoléon, et ses journaux durent disparaître devant les menaces d'état de siège du ministère sarde, sous la pression diplomatique du gouvernement français. M. Parent rentra alors au barreau. Les deux journaux reparurent pendant quelques jours, lorsque M. Parent posa sa candidature d'opposition au Corps législatif dans la 1re circonscription de la Savoie, en mai 1869. Il échoua du reste, le 24, avec 7,734 voix contre 20,641 à l'élu, député sortant, M. de Boigne, candidat officiel. Le 8 février 1871, il fut élu représentant de la Savoie à l'Assemblée nationale, le 3e sur 5, par 19,493 voix (38,375 votants, 66,544 inscrits); il fut, à l'Assemblée de Bordeaux, un des fondateurs de la gauche républicaine et vota la paix, *pour* le retour à Paris, *contre* la pétition des évêques, *pour* le service de trois ans, *contre* la démission de Thiers, *contre* le septennat, *contre* le ministère de Broglie, *pour* l'amendement Wallon, *pour* les lois constitutionnelles. Il prit aussi une part assez active à la discussion des impôts et du budget, et déposa des projets de loi sur la suppression des logements accordés aux fonctionnaires, sur la suppression de l'inspectorat des eaux minérales, sur la simplification de la pro-

cédure en matière de faillite, sur l'extension de la compétences des juges de paix, sur la mise en adjudication des bureaux de tabac, etc. Candidat sénatorial dans la Savoie, le 30 janvier 1876, il échoua avec 196 voix sur 399 votants, et fut élu, le 20 février suivant, député de la 1re circonscription de Chambéry, par 9,478 voix (15,911 votants, 18,724 inscrits), contre 6,373 à M. Goybet. Il reprit sa place à gauche, fut l'un des 363 députés qui refusèrent le vote de confiance au ministère de Broglie, et fut réélu, le 14 octobre 1877, par 10,135 voix (16,595 votants, 19,009 inscrits), contre 6,428 à M. de Boigne. Elu sénateur de la Savoie, à l'élection partielle du 13 juin 1880, en remplacement de M. Dupasquier décédé, par 291 voix (391 votants), contre 96 à M. Armigon et 4 à M. Tochon, il siégea à la gauche de la Chambre haute, soutint les ministres opportunistes, et fut réélu au renouvellement triennal du 8 janvier 1882, par 310 voix (397 votants). M. Parent a voté l'expulsion des princes, et s'est prononcé en dernier lieu, *pour* le rétablissement du scrutin d'arrondissement (13 février 1889), *pour* le projet de loi Lisbonne restrictif de la liberté de la presse, *pour* la procédure à suivre devant la Haute Cour contre le général Boulanger.

PARENT DE CHASSY (LOUIS-NICOLAS), député en 1789, né à Vignol (Nièvre) en 1728, exécuté à Paris le 2 février 1794, était avocat aux conseils du roi à Paris et maire de Vignol patrie du célèbre Ramponneau, cabaretier de la Courtille. Il fut élu, le 25 mars 1789, député du tiers aux Etats-Généraux par le bailliage du Nivernais et Donziois. Il opina avec la majorité de la Constituante, prêta le serment du Jeu de paume, accompagna le roi à Paris le 16 juillet 1789, et présida le comité de domaines. Devenu suspect, à cause de son « modérantisme », il fut arrêté à Paris, condamné à mort et exécuté le 2 février 1794.

PARENT-RÉAL (NICOLAS-JOSEPH-HONORÉ-MARIE), député au Conseil des Cinq-Cents, membre du Tribunat, né à Ardres (Pas-de-Calais) le 30 avril 1768, mort à Paris le 28 avril 1834, entra en 1780 au collège Saint-Bertin à Saint-Omer, et y fit de bonnes études classiques qu'il termina à Boulogne-sur-Mer chez les Oratoriens, au collège de Sainte-Barbe. Licencié en droit le 5 janvier 1790, il obtint, le 5 février suivant, le titre d'avocat au parlement de Paris. La même année, la garde nationale d'Ardres le députa à la confédération générale des département du Pas-de-Calais, de la Somme et du Nord qui allait se réunir à Lille. Il exerçait la profession d'avocat au tribunal du district récemment établi à Saint-Omer, lorsque les administrateurs du district de Calais lui confièrent la charge de secrétaire en chef de leurs bureaux. Après son mariage avec Mlle Réal, Parent quitta cette fonction et revint à Ardres, où il fut nommé juge de paix (1794). Commissaire (1795) auprès de l'administration municipal du canton d'Ardres, puis auprès de celle de Saint-Omer, il ne négligea pas, en même temps, sa profession d'avocat. Successivement commissaire du pouvoir exécutif près de l'administration départementale du Pas-de-Calais établie à Arras (septembre 1797), puis membre et président de cette administration, il se montra dans ces divers postes beaucoup d'activité et prononça de nombreux discours d'une élégance emphatique suivant la rhétorique de l'époque. En racontant les fêtes de la Révolution qu'il presque toutes organisées et présidées dans le Pas-de-Calais, ses adversaires rendent hommage à ses ressources d'orateur infatigable. Elu, le 26 germinal an VII (15 avril 1799), député du Pas-de-Calais au Conseil des Cinq-Cents, il n'eut pas le temps de prendre une part très active aux discussions de cette assemblée. Le coup d'Etat de brumaire an VIII, dont il se déclara le partisan, le fit, le 4 nivôse suivant, membre du Tribunat. Mais les velléités d'opposition constitutionnelle manifestées par Parent-Réal à l'égard du gouvernement du premier Consul déplurent à Bonaparte, qui le comprit, en 1802, dans la première élimination de 25 membres de ce corps politique. Pourvu, en 1803, d'une charge d'avoué à la cour de Cassation, Parent-Réal prit, en 1806, le titre d'avocat à cette même cour et au conseil d'Etat. En 1819, il entra au barreau de la cour royale de Paris, et eut à plaider plusieurs causes importantes. Lié avec Chénier, Lanjuinais, Lacretelle aîné, il fut chargé (1823) d'enseigner les belles-lettres à l'Athénée de Paris, dont il était un des fondateurs. Après un nouveau séjour à Ardres vers la fin de la Restauration, il termina sa carrière d'avocat à Paris, où il mourut subitement le 28 avril 1834. On a de Parent-Réal des plaidoyers, des discours et des rapports au Conseil des Cinq-Cents et au Tribunat, des articles insérés dans divers recueils biographiques et encyclopédiques, des brochures sur différents sujets politiques et littéraires. Daunou, membre de l'Institut, a publié en 1839 une notice sur sa vie et ses ouvrages.

PARENTEAU (Henri-Armand), représentant du peuple en 1848, né à Luçon (Vendée) le 4 novembre 1800, mort à Paris le 5 mars 1875, d'une famille de bourgeoisie libérale, fit son droit à Poitiers, puis se maria à Sainte-Hermine (Vendée), où il s'occupa d'agriculture sans exercer aucune fonction publique jusqu'en 1830. Après la révolution de juillet, ses opinions lui valurent d'être nommé conseiller municipal, suppléant du juge de paix, et adjudant-major du bataillon cantonal de la garde nationale: en cette qualité, il fit plusieurs sorties contre les Chouans. En 1846, il refusa la candidature à Luçon, où M. Isambert, dont il était l'ami, se portait candidat. Elu, le 23 avril 1848, représentant de la Vendée à l'Assemblée constituante, le 9e et dernier, par 39,093 voix (86,221 votants, 104,486 inscrits), il fit partie du comité de l'Algérie et des colonies, et vota en général avec la droite, pour le bannissement de la famille d'Orléans, pour les poursuites contre L. Blanc, contre les poursuites contre Caussidière, contre l'abolition de la peine de mort, contre l'impôt progressif, contre l'incompatibilité des fonctions, contre l'amendement Grévy, contre la sanction de la Constitution par le peuple, contre la proposition Rateau, pour l'interdiction des clubs, contre la demande de mise en accusation du Président et des ministres. Il ne prit pas part au vote sur l'ensemble de la Constitution. Non réélu à la Législative, il ne rentra plus dans la vie politique.

PARÈS (Théodore-Pierre), député de 1837 à 1848, né à Rivesaltes (Pyrénées-Orientales) le 19 avril 1796, fut d'abord avocat dans sa ville natale. Il se montra en 1815 partisan fanatique des Bourbons et tira publiquement des coups de fusil contre un buste de l'empereur. Avocat général à la cour de Montpellier après 1830, il fut élu, le 6 novembre 1837, député du 3e collège des Pyrénées-Orientales (Prades), par

104 voix (185 votants, 293 inscrits). Nommé procureur général à la cour de Cassation en 1838, il dut se représenter devant ses électeurs qui lui renouvelèrent son mandat, le 1er juillet suivant, par 115 voix (196 votants), contre 81 voix à M. Lacroix. Puis il fut réélu dans le même collège, le 2 mai 1839, par 105 voix (179 votants); le 9 juillet 1842, par 108 voix (194 votants, 220 inscrits), contre 85 à M. Meynier; le 1er août 1846, par 108 voix (186 votants, 218 inscrits), contre 76 à M. Arago. M. Parès siégea parmi les ministériels, fut l'un des 221 qui soutinrent le ministère Molé, et vota pour la dotation du duc de Nemours, pour le recensement, pour l'indemnité Pritchard, contre les incompatibilités, contre l'adjonction des capacités, contre la proposition Rémusat. La révolution de 1848 le rendit à la vie privée.

PARETO (Jean-Benoit-Antoine-François-Marie, baron), député au Corps législatif de 1811 à 1814, né à Gênes (Italie) le 13 juin 1768, mort à une date inconnue, « fils de très illustre sieur Laurent-Antoine Pareto et de la très illustre dame Angéline-Marie-Thérèse-Catherine Balbi », était propriétaire à Gênes. Sa situation importante dans cette ville le fit désigner, le 8 mai 1811, par le Sénat conservateur, pour représenter le département de Gênes au Corps législatif impérial, où il siégea jusqu'en 1814. Le 18 mai 1811, il avait été fait baron de l'Empire.

PARFAIT (Noël), représentant en 1849, en 1871, député de 1876 à 1889, né à Chartres (Eure-et-Loir) le 30 novembre 1813, était étudiant à Paris lorsque la révolution de 1830 éclata. Malgré ses dix-sept ans, il y prit une part active, et reçut la décoration de juillet. Il n'en resta pas moins, sous Louis-Philippe, dans les rangs de l'opposition démocratique, s'affilia à la Société des droits de l'homme, réclama, dès 1832, le suffrage universel, et ne cessa, par la parole et par la plume, de combattre la royauté: il fut traduit trois fois en cour d'assises pour ses pamphlets: Les Philippiques (1832-1834). Ardemment mêlé aux polémiques de la presse républicaine, il comparut de nouveau (septembre 1833) devant la cour d'assises, comme auteur d'un poème intitulé: L'Aurore d'un beau jour, qui contenait une apologie de l'insurrection; il fut condamné à deux ans de prison et 500 francs d'amende. Vers la même époque, il fut impliqué dans le procès des vingt-sept, qui donna lieu à la célèbre plaidoirie de Michel de Bourges et à l'acquittement de tous les accusés. Entré à la Presse en 1836, il y rédigea pendant cinq ans le feuilleton dramatique avec Théophile Gautier; il collabora également au Siècle et au National, écrivit quelques drames : Fabio le novice (1843), Un Français en Sibérie (1843), avec Ch. Lafont, la Juive de Constantine (1846), avec Th. Gautier, des poésies, etc. Sa vie parlementaire commença après la révolution de 1848, qu'il avait saluée avec joie. Il fut commissaire du gouvernement provisoire à Chartres, et fut élu, le 13 mai 1849, représentant du peuple à l'Assemblée législative par le département d'Eure-et-Loir, le 3e sur 6, avec 22,870 voix (63,593 votants, 84,674 inscrits); il prit place à la Montagne, vota avec la minorité démocratique : contre l'expédition de Rome, contre la loi Falloux-Parieu sur l'enseignement, contre la loi restrictive du suffrage universel, protesta avec force contre le coup d'Etat du 2 décembre 1851, fut compris au nombre des représentants expulsés, et se réfugia en Belgique, où il se consacra à des travaux littéraires. Sans avoir posé sa candidature, il réunit, le 29 février 1852, lors des élections au Corps législatif, 236 voix dans la 1re circonscription d'Eure-et-Loir, et 614 dans la 2e circonscription du même département. Il ne rentra en France qu'après l'amnistie de 1859, fut attaché à la librairie de Michel Lévy, comme correcteur, et se tint jusqu'à la fin de l'Empire à l'écart de la politique. En 1863, il refusa la candidature que lui offraient un grand nombre d'électeurs d'Eure-et-Loir. « Je voudrais, leur écrivit-il, pouvoir répondre à votre pressant appel, qui m'a fait tressaillir, moi, vieux lutteur politique, comme un appel de clairon. Mais le serment préalable imposé à tout candidat est à mes yeux un obstacle invincible : je l'ai bien mesuré, et je déclare que je ne puis le franchir. » Quelques mois plus tard, sur la tombe de son ami Bocage, il prononça ces paroles : « Patriote pur jusqu'à l'austérité, Bocage, pour qui sa foi politique était une religion, se montrait moins cruellement affecté de la perte de sa fortune que du désastre de nos libertés. Il portait au fond du cœur le deuil de sa cause vaincue. Il se consumait en de saintes indignations contre les défaillances et les lâchetés, contre les trahisons et les parjures dont notre époque offre l'affligeant spectacle. Il ne pouvait se résigner aux malheurs d'un temps où semblent se perdre de plus en plus les notions du bien et du juste, où une sorte de nuit se fait dans la conscience publique, où règnent partout le mensonge et la duplicité, où le dévouement est traité de folie, l'héroïsme de rébellion... Et il s'en est allé, l'honnête homme ! » Lors des élections du 8 février 1871 pour l'Assemblée nationale, M. Noël Parfait fut élu représentant d'Eure-et-Loir, le 6e et dernier, par 22,466 voix (54,301 votants, 85,164 inscrits). Il s'inscrivit au groupe de la gauche républicaine, vota contre la paix, contre l'abolition des lois d'exil, pour la dissolution de l'Assemblée, contre la chute de Thiers au 24 mai, contre le septennat, la loi des maires, l'état de siège, le ministère de Broglie, pour les amendements Wallon et Pascal Duprat et pour l'ensemble des lois constitutionnelles. Il prit plusieurs fois la parole, notamment pour combattre le projet de loi de M. Depeyre sur la librairie, et le projet qui tendait à imposer aux journaux le compte-rendu officiel des séances du parlement, et fit partie de plusieurs commissions, de permanence, de comptabilité, etc. Réélu, le 20 février 1876, député de la 1re circonscription de Chartres, par 8,792 voix (11,541 votants, 14,970 inscrits), M. Noël Parfait reprit sa place à gauche et fut des 363. Comme tel, il obtint le renouvellement de son mandat, le 14 octobre 1877, par 8,992 voix (12,725 votants, 15,287 inscrits), contre 3,835 à M. G. de Bassoncourt, candidat officiel. Sa circulaire contenait le passage suivant : « Devant ce déchaînement de passions réactionnaires et de fureurs noires, le pays a gardé un calme admirable ; indigné, mais patient, il attendait son heure : elle est enfin venue ! Électeurs, les assises populaires vont s'ouvrir, préparez-vous à rendre votre verdict. Par le grand et décisif scrutin auquel vous êtes conviés comme arbitres suprêmes, vous prouverez que les abus d'autorité et les actes de violence des revenants du 24 mai ne vous ont point intimidés. Vous déclarerez qu'il est temps de faire rentrer dans l'ordre ces fauteurs de trouble qui, depuis sept ans, se mettent en travers du courant national ; ces hommes funestes qui se donnent le titre de conser-

vateurs, quand ils ne songent qu'à détruire ce qui existe, dussent-ils, en rouvrant l'ère des révolutions, attirer de nouveaux malheurs sur la patrie ! » M. Noël Parfait suivit la même ligne que précédemment, donna son adhésion à la politique opportuniste, et vota pour l'article 7, pour l'invalidation de l'élection de Blanqui, contre la liberté absolue de réunion et d'association, etc. Il fut encore réélu dans la même circonscription, le 21 août 1881, par 7,774 voix (10,828 votants, 15,740 inscrits). contre 2,008 à M. Delalaude, soutint les ministères Gambetta et J. Ferry, et se prononça pour les crédits de l'expédition du Tonkin. Aux élections d'octobre 1885, porté sur la liste républicaine d'Eure-et-Loir, il fut élu, au second tour de scrutin, le 4e et dernier, par 37,33. voix (63,940 votants, 81,439 inscrits). Il continua d'opiner avec la majorité, soutint les ministères Rouvier et Tirard, vota cependant contre l'expulsion des princes, et se prononça, dans la dernière session, pour le rétablissement du scrutin d'arrondissement (11 février 1889), pour l'ajournement indéfini de la révision de la Constitution, pour les poursuites contre trois députés membres de la Ligue des patriotes, pour le projet de loi Lisbonne restrictif de la liberté de la presse, pour les poursuites contre le général Boulanger. Outre des ouvrages déjà cités, on a de lui : Notice biographique sur Sergent, député de Paris à la Convention (1848).

PARIEU (MARIE-LOUIS-PIERRE-FÉLIX ESQUIROU DE), représentant en 1848 et en 1849, ministre, sénateur de 1876 à 1885, né à Aurillac (Cantal) le 13 avril 1815, fils du suivant, commença ses études au collège de Lyon et les termina au collège de Juilly ; puis il fit son droit à Paris et à Strasbourg, et s'occupa d'économie politique. Reçu docteur, il épousa (1841) Mlle Durant de Juvisy, une descendante de Pascal, et se fit inscrire au barreau de Riom où il acquit une brillante réputation. Étranger à la vie politique jusqu'en 1848, il se déclara en faveur de la République, et prit une part active aux discussions des clubs démocratiques d'Aurillac. Élu, sur une profession de foi nettement républicaine, le 23 avril 1848, représentant du Puy-de-Dôme à l'Assemblée constituante, le 2e sur 7, par 24,854 voix (44,10. votants, 61,630 inscrits), il siégea d'abord au centre, puis se rapprocha de la droite, et, après avoir approuvé le bannissement à perpétuité de la famille d'Orléans, se prononça : pour le rétablissement du cautionnement, pour les poursuites contre Louis Blanc et Caussidière, pour le rétablissement de la contrainte par corps, contre l'abolition de la peine de mort, contre l'amendement Grévy, contre le droit au travail, contre la suppression de l'impôt du sel, contre l'amnistie, pour l'interdiction des clubs, pour les crédits de l'expédition de Rome. Tout en repoussant l'amendement Grévy, « citoyen Parieu », comme l'appelle le Moniteur, demanda pourtant, le 5 octobre 1848, que le président de la République fût nommé par l'Assemblée et non par le suffrage universel. En empruntant ses arguments à l'histoire, il s'attacha à démontrer que nulle part les nations à république n'ont nommé leur président au suffrage universel direct : « Les Américains, dit-il, ne pensèrent pas que ce fût le suffrage universel direct qui dût présider d'une manière normale à la nomination du président de la République ; ils portèrent leurs regards plus loin, et ce fut par l'élection à deux degrés appelant des hommes placés à des points de vue élevés, discernant les nécessités politiques du pays, nécessités souvent si délicates, ce fut par l'élection à deux degrés qu'ils organisèrent l'élection du président de la République. Voilà, messieurs, ce que nous apprend le passé de la seule République dont on ait cru devoir interroger l'histoire dans cette enceinte... Voyez la Suisse, par exemple : là, toujours le pouvoir exécutif a été déféré par l'élection des membres du corps législatif. Je vous rappellerai aussi qu'en Hollande même, où le pouvoir était presque héréditaire, où il était viager, presque absolu, c'étaient encore les Etats-Généraux et non le pays qui proclamèrent plus d'une fois le stathouder. » Il fut rapporteur de plusieurs commissions, notamment de celles sur l'impôt progressif, sur l'impôt sur le revenu, sur l'apprentissage. Réélu, le 13 mai 1849, représentant du Puy-de-Dôme à l'Assemblée législative, le 1er sur 5, par 20,890 voix (31,568 votants, 62,957 inscrits), il se sépara définitivement des républicains modérés pour adhérer à la politique de la majorité monarchiste. Il appuya l'expédition de Rome, vota *pour* les poursuites contre les représentants compromis dans l'affaire du 13 juin, et fut appelé, le 31 octobre 1849, à prendre le portefeuille de l'Instruction publique et des cultes. Il servit, dans cette situation, les intérêts du parti catholique, prit des mesures rigoureuses à l'égard des instituteurs qui s'étaient montrés partisans de la République et du socialisme, et présenta à l'Assemblée la fameuse loi sur l'enseignement qui fut votée le 15 mai 1850, et qui, en réorganisant complètement la hiérarchie universitaire, plaçait en fait les recteurs et les conseils d'académies départementaux sous la dépendance du clergé et des évêques. Cette loi causa dans le personnel enseignant de l'Etat une émotion des plus vives. M. de Parieu quitta le ministère le 24 janvier 1851, après avoir pris, de même que M. de Falloux, une très grande part aux discussions que cette loi provoqua devant l'Assemblée. Il reprit alors sa place dans les rangs de la majorité, mais il se rallia aux projets personnels du prince-président, approuva le coup d'Etat du 2 décembre, fut nommé membre de la Commission consultative, puis appelé, en récompense de son zèle, au poste de conseiller d'Etat (1852) et aux fonctions de président de la section des finances. A ce titre, il prit part, comme commissaire du gouvernement, aux discussions du Corps législatif. « A ce moment, remarque un biographe, tout fut aux Auvergnats sous le second Empire. O Vercingétorix, qu'eût dit ta grande âme si, ressuscitant, tu avais vu tous tes fils servir sous César? » Le même biographe caractérise ainsi l'éloquence de M. de Parieu : « flot tiède et limpide, mais sans saveur. » Vice-président au conseil d'Etat en 1865, il resta toujours au second plan des grands rôles politiques; consulté par l'empereur sur ses aptitudes ministérielles, son compatriote, M. Rouher, avait répondu : «N'a, à aucun degré, aucune des qualités voulues pour ces fonctions.» Vice-président de la commission monétaire lors de l'Exposition de 1867, il fut, à l'avènement du ministère Ollivier (2 janvier 1870), élevé au rang de ministre président le conseil d'Etat, et il conserva ce titre jusqu'à la chute de l'Empire. M. de Parieu vivait depuis deux ans dans la retraite, et n'avait fait que prendre part aux travaux du conseil général de son département, lorsque, de son consentement, la commission de l'Assemblée nationale chargée de présenter les candidats au conseil d'Etat l'ins-

crivit juillet 1872) sur la liste. Mais, après réflexion, M. de Parieu écrivit à l'Assemblée que «des scrupules» le forçaient à retirer sa candidature. Il préféra se porter candidat au Sénat dans le Cantal, le 30 janvier 1876, et fut élu par 188 voix (324 votants). Il alla siéger à droite, sur les bancs de l'Appel au peuple, et vota avec le groupe de la Chambre haute, notamment (juin 1877) pour la dissolution de la Chambre des députés. Après avoir prêté son appui au gouvernement du Seize Mai, il combattit le cabinet Dufaure et ceux qui suivirent, parut plusieurs fois à la tribune du Sénat, pour y traiter soit des questions économiques et monétaires, soit des matières relatives à l'instruction publique, se montra très opposé aux lois Ferry et à l'article 7, et vota encore: *contre* la réforme du personnel de la magistrature, *contre* la modification du serment judiciaire, *contre* le divorce, *contre* les crédits de l'expédition du Tonkin. Il échoua, au renouvellement du 6 janvier 1885, avec 225 voix sur 579 votants. Il avait cessé, dès 1877, de siéger au conseil général, où il représentait depuis vingt-six ans le canton d'Aurillac-nord. Grand-croix de la Légion d'honneur du 14 août 1869, M. de Parieu a été fait membre de l'Institut (Académie des sciences morales et politiques), par décret impérial de 1856; il était également membre des académies de Toulouse et de Clermont-Ferrand; il est décoré d'un grand nombre d'ordres étrangers. Indépendamment des articles publiés dans le *Journal des Economistes*, la *Revue contemporaine*, la *Revue européenne*, etc., on lui doit les ouvrages suivants : *Etudes historiques et critiques sur les actions possessoires*(1848); *Essai sur la statistique agricole du département du Cantal* (1853); *Histoire des impôts généraux sur la propriété et le revenu* (1856); *Traité des impôts considérés sous le rapport historique, économique et politique, en France et à l'étranger* (1862-1864); *Principes de la science politique* (1870); la *Politique monétaire en France et en Allemagne* (1872); *Histoire de Gustave-Adolphe, roi de Suède* (1875), etc.

PARIEU (Jean-Hippolyte Esquirou de), député au Corps législatif de 1852 à 1869, né à Aurillac (Cantal) le 11 novembre 1791, mort à Aurillac le 21 février 1876, père du précédent, était maire d'Aurillac depuis la Restauration, et conseiller d'arrondissement. Le 29 février 1852, il fut élu, avec l'appui officiel du gouvernement, député de la 1re circonscription du Cantal au Corps législatif, par 18,587 voix (19,144 votants, 30,357 inscrits), contre 343 à M. Murat-Sistrières ancien représentant. Il siégea dans la majorité, vota le rétablissement de l'Empire, et appartint jusqu'en 1869 à la droite dynastique, ayant été réélu successivement : le 22 juin 1857, par 20,199 voix (20,278 votants, 30,825 inscrits), et le 1er juin 1863, par 12,894 voix (22,481 votants, 31,118 inscrits), contre 9,560 au candidat de l'opposition, M. Bastid. Lors des élections du 24 mai 1869, M. de Parieu obtint, au premier tour de scrutin, 10,874 voix contre 10,159 à M. Bastid, et 3,250 à M. Cabanes. Au second tour, il se retira, avec 494 voix contre 19,017 à l'élu de l'opposition, M. Bastid. Officier de la Légion d'honneur.

PARIGOT (Louis-Félix), représentant en 1871, né à Troyes (Aube) le 25 octobre 1804, mort à Troyes le 12 août 1875, fit ses études à Troyes, et entra chez un notaire, dont il acheta bientôt l'étude qu'il dirigea de 1830 à 1841. Conseiller municipal de sa ville natale en 1848, administrateur des hospices l'année suivante, adjoint au maire en 1847, il fut nommé maire de Troyes (1852-1859) par le prince-président. Chevalier de la Légion d'honneur en 1855, M. Parigot faisait encore partie du conseil municipal en 1870; il rendit, lors de l'invasion allemande, des services signalés à ses concitoyens. Elu, le 8 février 1871, représentant de l'Aube à l'Assemblée nationale, le 3e sur 5, par 58,484 voix (56,484 votants, 82,271 inscrits), M. Parigot prit place au centre droit et vota *pour* la paix, *contre* le retour à Paris, *contre* l'amendement Barthe, *pour* le pouvoir constituant de l'Assemblée, *contre* le service de trois ans, *pour* la démission de Thiers, *pour* l'arrêté sur les enterrements civils, *pour* le septennat, *pour* le ministère de Broglie, *contre* l'amendement Wallon, *contre* les lois constitutionnelles. Il ne se représenta pas aux élections de 1876.

PARIS (AUGUSTE-JOSEPH), représentant en 1871, sénateur de 1876 à 1882 et de 1885 à 1889, né à Saint-Omer (Pas-de-Calais) le 12 novembre 1826, étudia le droit, se fit recevoir docteur (1855) avec une thèse intitulée : *De la puissance paternelle*, et s'inscrivit au barreau d'Arras, où il se distingua par l'ardeur de ses sentiments conservateurs et monarchistes. Quelques ouvrages empreints de cet esprit, notamment une *Histoire de Joseph Le Bon* (1864), *Louis XI et la ville d'Arras* (1868), le firent admettre à l'Académie de cette ville. Inscrit, le 8 février 1871, sur la liste monarchiste du Pas-de-Calais, il fut élu, le 6e sur 15, par 138,368 voix (149,532 votants, 206,432 inscrits), représentant à l'Assemblée nationale. Sa notoriété politique s'établit assez rapidement. Assis à droite, il appartint à plusieurs groupes, manifesta surtout des tendances orléanistes, et vota : *pour* la paix, *pour* les prières publiques, *pour* l'abrogation des lois d'exil, *pour* le pouvoir constituant de l'Assemblée, *contre* le retour à Paris. Il combattit la politique de Thiers, contribua à sa chute au 24 mai 1873 et donna son concours empressé au ministère de Broglie. M. Paris fut l'auteur d'un projet de loi, adopté le 6 juin 1873, relatif aux conseillers généraux, d'arrondissement ou municipaux qui auraient refusé de remplir leurs fonctions. Après l'échec des tentatives de restauration monarchique, il se rallia à la demande de prorogation des pouvoirs du maréchal Mac-Mahon et vota *pour* le Septennat. Il parut très fréquemment à la tribune au nom de la droite, fit de nombreux rapports, parla sur les impôts, sur le régime des sucres, sur la loi relative à la municipalité de Lyon, sur les huiles, sur la loi électorale municipale, sur la demande de déchéance, qu'il appuya, des députés Ranc et Melvil-Bloncourt, sur la légitimation des enfants hors mariage, etc. En 1874, il soutint jusqu'au bout le cabinet de Broglie, se montra fidèle au Septennat, proposa à cet égard un amendement qui obtint l'adhésion du ministère, mais non l'agrément de la Chambre, (8 juillet), et se prononça *contre* les propositions Périer et Maleville. Vers la même époque, il remplaça M. de Ventavon comme rapporteur de la commission des Trente, et fit, au sujet de la revision de la Constitution, cette déclaration significative : « Nous entendons formellement que toutes les lois constitutionnelles dans leur ensemble pourront être modifiées, que *la forme même du gouvernement* pourra être l'objet d'une

revision; il ne peut, il ne doit y avoir à cet égard aucune équivoque. » Sous le bénéfice de cette réserve expresse, M. Paris et plusieurs de ses amis acceptèrent l'ensemble des lois constitutionnelles. En juin 1875, il prit une part active à la discussion de la loi sur la « liberté de l'enseignement supérieur », se prononça *pour* le scrutin d'arrondissement, et fut rapporteur du projet de dissolution de l'Assemblée, adopté le 30 décembre 1875. Après la séparation de l'Assemblée nationale, M. Paris fut candidat au Sénat dans le Pas-de-Calais, et fut élu, le 30 janvier 1876, le 1er sur 4, par 609 voix (1,004 votants). Dans sa profession de foi, il avait déclaré que le gouvernement du maréchal de Mac-Mahon pouvait compter sur son concours et qu'on le trouverait au premier rang des conservateurs sur le terrain de la légalité constitutionnelle. Il reprit sa place à droite, et continua de se montrer un des membres les plus militants du parti monarchiste dans la Chambre haute. Les nombreuses interpellations qu'il adressa au ministère furent très remarquées, ainsi que ses rapports contre la proposition d'amnistie déposée par Victor Hugo, *pour* le maintien de la collation des grades par les jurys mixtes, et son obstination à réclamer de nouvelles poursuites pour les faits insurrectionnels de 1871. Dans le rapport sur la collation des grades, il s'exprimait ainsi en substance : « Tout le temps que les grades conserveront le caractère professionnel qui leur est attribué, il est naturel que l'Etat seul les confère ; garant, dans une certaine mesure, de la capacité du médecin et de l'avocat vis-à-vis du public, c'est à lui qu'il appartient de délivrer le certificat qui atteste cette capacité ; en ce qui concerne les fonctions publiques, il est juste que l'Etat apprécie le mérite des agents qu'il emploie et dont il est responsable. Mais la délégation n'entraîne par elle-même aucune abdication des droits de l'Etat et l'on accuse à tort le législateur de 1875 d'avoir méconnu ces droits en établissant une délégation qui tient à la nature même des choses. Aujourd'hui que la liberté de l'enseignement supérieur est devenue une réalité, que la liberté appelle la concurrence et que la concurrence exige, à son tour, une certaine égalité, il est conforme à cette situation nouvelle que l'Etat, tout en se réservant la collation des grades, cesse de déléguer exclusivement aux professeurs de l'Université le droit d'examiner les élèves des facultés libres, et fasse leur part à ces facultés. » Son rapport résumait tous les arguments techniques que les partisans des jurys mixtes pouvaient faire valoir ; aussi les orateurs de droite se bornèrent-ils à le représenter sous des formes diverses. Après l'acte du 16 mai 1877, M. Paris accepta le portefeuille des Travaux publics dans le cabinet de Broglie-Fourtou. A ce titre, il s'associa à toutes les mesures auxquelles ce cabinet eut recours dans l'intérêt de sa politique. Le 18 juin, il prononça à la Chambre des députés un important discours où il s'efforçait de justifier la nouvelle ligne de conduite suivie par le chef de l'Etat. S'attachant principalement à répondre à ce que Gambetta avait dit du « trouble jeté dans les affaires » par l'acte du 16 mai, il prononça ces paroles : « Sans doute la situation n'est pas florissante, mais il est inexact de dire que la gêne est la conséquence de l'acte du 16 mai, ni qu'elle est spéciale à la France. Je ne l'imputerai certainement pas à la forme actuelle du gouvernement, mais je constate qu'il y a en France, en Europe, dans le monde entier, depuis 1876, une gêne dans les affaires. En 1874, notre commerce avait un excédent considérable de l'exportation sur l'importation. En 1876, c'est la contraire, et aussi dans le premier trimestre de 1877. La gêne était donc préexistante à l'acte du 16 mai. Aujourd'hui, il y a, au contraire, dans certaines branches du commerce et de l'industrie une tendance à se relever. Mais le débat a surtout un caractère politique : il a son point de départ dans la façon dont a été votée la Constitution et dont a été organisée la République. » M. Paris s'associa, en ce qui le concernait, à la pratique du système des candidatures officielles, et, dans ce dessein, il adressa à ses agents de tous grades une série de circulaires comminatoires, où il chargeait, par exemple, les employés des compagnies de chemins de fer de la police électorale. Après avoir pris en outre diverses mesures tendant à modifier l'organisation du ministère des Travaux publics, et, après s'être prononcé, comme ses collègues, en faveur de la résistance, à la suite des élections républicaines d'octobre, il quitta le ministère avec eux, le 22 novembre suivant, pour reprendre à droite sa place de sénateur. Il combattit le ministère Dufaure, se montra l'adversaire déterminé de l'article 7 et des 'ois Ferry sur l'enseignement; en 1881, il réussit à faire introduire dans la loi qui rendait l'instruction primaire obligatoire et laïque un amendement supprimant l'examen de fin d'année pour les enfants qui reçoivent l'instruction dans leurs familles, ainsi que l'envoi des enfants dans une école publique ou privée au choix des parents lorsque des examens auraient prouvé qu'une instruction suffisante ne leur est pas donnée, ces mesures étant remplacées par une citation devant le juge de paix, avec une amende de 11 à 15 francs pour toute sanction. Le 6 janvier 1882, M. Paris échoua, au renouvellement triennal du Sénat, avec 499 voix sur 1,001 votants. Mais il rentra au Sénat le 6 janvier 1885, ayant obtenu, dans le Pas-de-Calais, 1,044 voix sur 1,759 votants. Il s'adonna alors avec un nouveau zèle à la défense de la politique conservatrice, parla, en février, en faveur de la surtaxe des céréales, combattit (décembre) la loi sur les délégués mineurs, soutint (janvier 1887) la capacité légale de la femme séparée, s'opposa (juin) au relèvement du taux des betteraves prises en charge, se prononça (décembre) contre la prolongation à six mois du traité de commerce avec l'Italie, appuya (février 1888) le maintien des livrets ouvriers, défendit (avril) les dispenses militaires accordées par la loi de 1872, et vota, en dernier lieu, *contre* le rétablissement du scrutin d'arrondissement (13 février 1889), *contre* le projet de loi Lisbonne restrictif de la liberté de la presse, *contre* la procédure à suivre devant le Sénat contre le général Boulanger.

PARIS (PHILIPPE), représentant de 1872 à 1874, né à Secqueville-en-Bessin (Calvados) le 31 mars 1814, mort à Caen (Calvados) le 20 février 1874, étudia le droit, fut reçu avocat, exerça cette profession à Caen, devint bâtonnier de l'ordre, et fut nommé conseiller général du Calvados. Après avoir échoué, sur une liste républicaine, le 8 février 1871, comme candidat à l'Assemblée nationale dans le Calvados, avec 38,022 voix (86,564 votants), il fut élu représentant de ce département (en remplacement de M. Balleroy, décédé), le 20 octobre 1872, par 28.773 voix sur 64,478 votants et 124,657 inscrits, contre 17,891 à M. de Fournès, 15,346 à M. Joret-Desclosières, et 2,085 à M. de Colbert. Il prit place au centre gauche,

appuya la politique de Thiers, se prononça contre sa chute au 24 mai 1873, et combattit le ministère de Broglie. Décédé en février 1874, il fut remplacé, le 6 août suivant, par M. Le Provost de Launay.

PARISIS (PIERRE-LOUIS), représentant en 1848 et 1849, né à Gien (Loiret) le 12 août 1795, mort à Arras (Pas-de-Calais) le 5 mars 1866, fit de bonnes études au lycée d'Orléans, entra au grand séminaire, y fut professeur, et fut ordonné prêtre le 18 septembre 1819. Après avoir occupé les postes de vicaire de Saint-Paul à Orléans (1822), et de curé de Gien (1828), il fut nommé, le 28 août 1834, évêque de Langres, et sacré le 8 février 1835. Plusieurs de ses écrits, comme prélat, eurent un grand retentissement dans le monde politique et religieux. Il avait publié notamment : *Le député père de famille ou les affaires impossibles* (1844); *Cas de conscience à propos des libertés exercées ou réclamées par les catholiques* (1847); *La démocratie devant l'enseignement catholique* (1847 et 1849), et une suite de brochures relatives à la *Liberté de l'Eglise* et à la *Liberté de l'enseignement* (1844-1846), lorsqu'il fut élu, par les conservateurs monarchistes du Morbihan, le 23 avril 1848, représentant à l'Assemblée constituante, le 8e sur 12, par 60,640 voix (105,877 votants, 123,200 inscrits). Président du comité des cultes, l'évêque de Langres défendit avec zèle les intérêts du parti catholique, et se prononça avec la droite : *pour* le rétablissement du cautionnement, *contre* l'amendement Grévy, *contre* le droit au travail, *pour* l'ordre du jour en l'honneur de Cavaignac, *contre* la réduction de l'impôt du sel, *pour* l'interdiction des clubs, *pour* les crédits de l'expédition de Rome. Réélu, le 13 mai 1849, représentant du Morbihan à l'Assemblée législative, le 5e sur 10, par 55,544 voix (86,060 votants, 127,169 inscrits), il continua de voter avec la droite, et appuya de sa parole (21 septembre) la loi sur la liberté de l'enseignement tout en dégageant la responsabilité de l'Eglise dans sa rédaction. Il fut promu évêque d'Arras le 12 août 1851, et, après le coup d'Etat du 2 décembre, se retira de la scène politique. On remarqua l'ardeur avec laquelle il se fit, en mainte occasion, le défenseur du pouvoir temporel du pape, dans ses mandements, lettres pastorales, etc. Mgr Parisis a beaucoup contribué à favoriser l'extension en France du rite romain : on lui doit plusieurs livres de piété et de liturgie. Comte romain depuis le 4 juin 1842, il fut fait officier de la Légion d'honneur le 10 janvier 1853.

PARISOT (JEAN-NICOLAS-JACQUES, CHEVALIER), député en 1789, né aux Riceys (Aube) le 5 janvier 1757, mort aux Riceys le 21 décembre 1838, fut avocat aux Riceys, puis procureur fiscal. Le 24 mars 1789, il fut élu député du tiers aux Etats-Généraux par le bailliage de Bar-sur-Seine, avec 30 voix. Il fit partie de la majorité de la Constituante. Nommé, le 23 vendémiaire an IV, président du tribunal criminel de l'Aube, puis, après le coup d'Etat de Bonaparte, président du tribunal civil de Troyes (14 germinal an VIII), il fut créé chevalier de l'Empire le 12 novembre 1809.

PARISOT (JACQUES), député au Conseil des Cinq-Cents, né aux Riceys (Aube) le 22 mai 1747, mort à Paris le 30 avril 1816, était avocat au parlement avant la Révolution et employé à l'administration des fermes générales. En 1789, il devint capitaine dans la garde constitutionnelle de Louis XVI, et, bien que ce corps eût été licencié, prit part à la défense des Tuileries le 10 août. Il y fut blessé et ne dut son salut qu'au dévouement de quelques grenadiers de la section des Filles-Saint-Thomas qui l'emportèrent. A cette époque, il témoigna beaucoup de dévouement à la famille royale : dans quelques mots tracés avec une épingle, Madame Élisabeth lui en témoigna sa reconnaissance. Il émigra en 1793, pour échapper aux poursuites qui le menaçaient, et ce fut un de ses homonymes, *Pariseau*, qui fut arrêté à sa place et exécuté. Rentré en France après la chute de Robespierre, Parisot fut élu, le 13 vendémiaire an IV, député de la Haute-Marne au conseil des Cinq-Cents, par 136 voix (225 votants). Il prit place parmi les modérés, fut mêlé à différents complots royalistes, mais parvint cependant à échapper à la proscription du 18 fructidor. Hostile au 18 brumaire, il fut exclu du corps législatif le lendemain. Nommé en 1814, à la Restauration, chevalier de la Légion d'honneur et de Saint-Louis, il fit ensuite partie du conseil de la duchesse douairière d'Orléans.

PARMENTIER (CHARLES-JOSEPH, BARON), représentant à la Chambre des Cent-Jours, né à Lunéville (Meurthe) le 6 novembre 1765, mort à Phalsbourg (Meurthe) le 2 février 1843, « fils de M. Jean-François Parmentier, conseiller du roy, avocat en ses conseils et à la cour souveraine, et de demoiselle Catherine Adrian, son épouse », fut maire de Phalsbourg sous l'Empire. Membre de la Légion d'honneur, il fut créé baron, le 13 mars 1813, et fut élu (9 mai 1815) représentant à la Chambre des Cent-Jours par l'arrondissement de Sarrebourg, avec 41 voix (78 votants), contre 37 à M. Bicqueley. Parmentier n'appartient pas à d'autres législatures.

PARMENTIER (LOUIS), député au Corps législatif en 1852, né à Montpellier (Hérault) le 29 avril 1800, mort à Montpellier le 7 mars 1852, propriétaire, et maire de sa ville natale, fut élu, le 29 février 1852, comme candidat du gouvernement, député au Corps législatif par la 1re circonscription de l'Hérault, par 12,701 voix (15,008 votants, 39,836 inscrits), contre 1,041 voix inconstitutionnelles. M. Parmentier, qui s'était montré partisan du prince Louis-Napoléon, n'eut pas le temps de se faire remarquer à la Chambre, car il mourut le 7 mars 1852, et fut remplacé, le 19 septembre suivant, par M. Doumet.

PAROLETTI (VICTOR-MODESTE), chevalier, député au Corps législatif de 1807 à 1814, né à Turin (Italie) le 12 février 1767, mort à Turin le 15 décembre 1834, étudia le droit, se fit recevoir docteur, s'occupa de science et d'archéologie, et devint membre de l'Académie de Turin. Après avoir été, dans son pays, secrétaire général du gouvernement provisoire (1799), membre de la consulta (1800), conseiller de l'administration générale (1802), il fut choisi (13 avril 1807), par le Sénat conservateur, comme député du département du Pô au Corps législatif, où il y parla en faveur des encouragements donnés aux beaux-arts. Son mandat lui ayant été renouvelé le 6 janvier 1813, Paroletti siégea jusqu'en 1814. Il fut fait, le 19 juin 1813, chevalier de l'Empire. Établi à Paris, il obtint,

de la Restauration, des lettres de naturalisation, et retourna dans sa patrie en 1825. On a de lui : *Recherches sur l'influence de la lumière sur la propagation du son* (1805) ; — *Turin, ses curiosités* (1808) ; — *Voyage romantique et pittoresque dans les provinces occidentales de l'Italie* (1828), etc. Son frère, entré au service de la France, était général de brigade en 1813.

PAROY (GUY LEGENTIL, MARQUIS DE), député en 1789, né à Paroy (Seine-et-Marne) le 20 juillet 1728, mort à Fontainebleau (Seine-et-Marne) le 24 mai 1807, servit dans les armées du roi en qualité d'officier des gardes françaises. Grand bailli d'épée de Provins, il fut élu, le 27 mars 1789, député de la noblesse de son bailliage aux États-Généraux. Le marquis de Paroy opina, dans l'Assemblée Constituante, avec la droite, accompagna le roi à Paris le 16 juillet 1789, demanda un congé le 13 avril 1790, donna sa démission en mai 1791 et fut remplacé, le 17, par Billy. Il ne reparut plus sur la scène politique.

PARRY (EUGÈNE-ALEXANDRE), député de 1876 à 1885, membre du Sénat, né à Saint-Julien-le-Châtel (Creuse) le 2 mai 1822, agriculteur, propriétaire, maire de Parsac (Creuse) (1871), révoqué après le 24 mai 1873, membre pour le canton de Jarnages, et vice-président du conseil général de la Creuse, fut élu, le 20 février 1876, sur un programme nettement dévoué à la Constitution de 1875, député de l'arrondissement de Boussac, par 5,641 voix (8,628 votants, 10,531 inscrits), contre 2,473 à M. Lezaud et 501 à M. Desainothorent. Il prit place à la gauche républicaine et fut l'un des 363 députés qui refusèrent le vote de confiance au ministère de Broglie. Réélu de nouveau après la dissolution de la Chambre, le 14 octobre 1877, par 5,739 voix (8,113 votants, 10,927 inscrits), contre 2,348 à M. Desfossé Lagravière, il combattit les dernières tentatives de résistance des ministres du 16 mai, soutint le cabinet Dufaure qui les remplaça, partie de la commission de la loi sur l'instruction primaire, et vit son mandat renouvelé, 21 août 1881, par 4,589 voix (6,755 votants, 11,224 inscrits), contre 2,046 à M. Cousset, radical. Il continua de siéger à gauche, soutint la politique scolaire et coloniale du gouvernement, et fut élu aux élections triennales du 6 janvier 1885, sénateur de la Creuse, par 437 voix (616 votants). M. Parry a appuyé de ses votes, à la Chambre haute, les ministères opportunistes, a voté l'expulsion des princes, s'est prononcé, en dernier lieu, *pour* le rétablissement du scrutin d'arrondissement (13 février 1889), *pour* le projet de loi Lisbonne restrictif de la liberté de la presse, *pour* la procédure à suivre devant le Sénat contre le général Boulanger.

PARSY (EDOUARD-CASIMIR-DÉSIRÉ), représentant en 1874, député en 1876, né à Cambrai (Nord) le 18 octobre 1829, mort à Cambrai le 17 août 1876, neveu de M. Brabant (*Voy. nom*), avait été négociant, juge au tribunal de commerce de Cambrai, conseiller municipal de cette ville ; il était maire de la ville depuis le 4 septembre 1870, lorsque, à la chute de Thiers (mai 1873), le gouvernement lui demanda sa démission. Mais personne n'ayant voulu le remplacer dans ces fonctions, il continua de les remplir comme premier conseiller municipal. Candidat républicain à la députation dans son département, lors de l'élection partielle motivée par le décès de M. de Brigode, il fut élu, le 8 novembre 1874, représentant du Nord à l'Assemblée nationale par 119,356 voix (224,753 votants, 322,897 inscrits), prit place au centre gauche, et s'associa aux derniers votes de l'Assemblée, notamment *pour* la Constitution du 25 février 1875. Réélu, le 20 février 1876, avec le patronage de Thiers, député de la 2e circonscription de Cambrai, par 13,279 voix (15,960 votants), il reprit sa place dans la gauche modérée : décédé le 17 août suivant, il fut remplacé, le 12 octobre, par M. Bertrand-Milcent.

PARTARIEU-LAFOSSE (Pierre), député au Corps législatif de l'an XI à 1807, né à Auros (Gironde) le 16 novembre 1756, mort à Paris le 23 juin 1853, « fils de M. Jean Partarieu, procureur d'office et de demoiselle Marguerite Fontenel », fit ses études à Condom, son droit à Bordeaux, vint à Paris sous les auspices d'un de ses parents, l'abbé Carrière, janséniste, et entra dans l'administration comme contrôleur de la marine au Sénégal (8 octobre 1786), fonctions qu'il cumula avec celles de commissaire des guerres. L'assemblée électorale de Saint-Louis (Sénégal) le nomma (24 juillet 1790) député à la Constituante, où il ne siégea pas. De retour en France, il devint commandant de la garde nationale d'Auros (29 juillet 1792), l'un des administrateurs de la Gironde (novembre suivant), et fut délégué par ses collègues près des volontaires envoyés contre la Vendée ; il se battit avec eux, et courut même à Fontenay de réels dangers. Secrétaire de la commission populaire de Bordeaux (juin 1793), il fit partie du conseil de préfecture au Consulat, fut envoyé à Lyon, près de Bonaparte (janvier 1802), pour le prier de visiter Bordeaux, fut fait chevalier de la Légion d'honneur, et fut élu, le 9 thermidor an XI, par le Sénat conservateur, député de la Gironde au Corps législatif, où il siégea jusqu'en 1808. Les tentatives d'opposition qu'il fit dans cette assemblée et certaines excentricités de langage lui retirèrent, à cette époque, la faveur du pouvoir ; il rentra dans la vie privée. Membre de l'Académie de Bordeaux (1807).

PARTARIEU-LAFOSSE (Jean-Isidore), député en 1837, né à Paris le 14 décembre 1797, mort à Paris le 29 septembre 1862, fils du précédent, étudia le droit et fit sa carrière dans la magistrature. Sous le gouvernement de Louis-Philippe, il fut élu, le 4 novembre 1837, député du 9e collège de la Gironde (La Réole), par 131 voix (197 votants, 339 inscrits). Ayant donné presque aussitôt sa démission, M. Partarieu-Lafosse fut remplacé, le 3 février 1838, par M. Dussaulx. Il est mort à 85 ans, conseiller honoraire à la cour impériale de Paris.

PARTOUNEAUX (Louis, comte), député de 1821 à 1830, né à Rouilly-sur-Seine (Aube) le 26 septembre 1770, mort à Menton (Alpes-Maritimes) le 14 janvier 1835, fit ses études au collège Louis-le-Grand, et s'engagea en 1791 dans un bataillon de grenadiers volontaires. Sous-lieutenant, puis capitaine à l'armée des Alpes, sous le général Anselme, il fut blessé devant Toulon en 1793, et nommé adjudant-général. Il se signala à la prise de Savone (24 septembre 1794), et y gagna le grade de général de brigade. Après avoir commandé les îles Sainte-Marguerite, il rejoignit, en 1796, l'armée d'Italie sous les ordres de Bonaparte, et se battit courageusement à Rivoli, à Klagen-

furth et à Neumarck ; en 1799, il était à Vérone, lorsque Schérer perdit la bataille de Magnano ; blessé et fait prisonnier à Novi, il reçut, après son échange, le commandement de quelques bataillons en Hollande. Général de division le 27 août 1803, commandeur de la Légion d'honneur le 9 frimaire an XII, il fut employé à l'armée d'Angleterre, puis à l'armée d'Italie où il commanda une division mixte, et contribua, avec Gardanne et Molitor, à la victoire de Caldiero (30 octobre 1805). L'année suivante, lorsque, par suite de la convention séparée conclue par la reine Caroline avec les coalisés, Joseph Bonaparte marcha sur Naples, Partouneaux fit partie de cette armée, et, placé sous les ordres de Régnier, s'empara du fort de Reggio (24 juillet 1806). En 1809, à Scylla, il força les Anglo-Siciliens à se rembarquer précipitamment (22 juillet). Il resta en Napolitanie jusqu'en 1812 ; à cette époque, il prit, à la grande armée, le commandement de la 1re division du 9e corps, placé sous les ordres du duc de Bellune. Lors de la retraite, il fut posté à Borizow pour tromper l'ennemi, et permettre à l'armée de franchir la Bérésina. Dans la nuit du 27 au 28 novembre, il fut attaqué à l'est par les cosaques de Platow, au nord par Wittgenstein, à l'ouest par Tchitchakof ; il avait négligé de se couvrir et, acculé contre la Bérésina par des forces supérieures, n'ayant lui-même que 2,000 hommes, il dut mettre bas les armes. Dans le 29e bulletin de la grande armée qui annonçait à la France les désastres de la campagne, Napoléon flétrit cette capitulation. Rendu à la liberté en 1814, Partouneaux s'empressa de protester contre cette flétrissure, mais inutilement. La seconde Restauration le nomma commandant de la 8e division militaire (Marseille), puis de la 10e (Toulouse), le fit comte le 15 mars 1817, commandant de la 1re division d'infanterie de la garde royale en 1820, et commandeur de Saint-Louis le 1er mai 1821. Élu député du grand collège du Var, le 20 octobre 1821, par 66 voix (105 votants) ; réélu, le 6 mars 1824, par 107 voix (117 votants), et le 24 novembre 1827, par 80 voix (95 votants, 147 inscrits), il siégea parmi les royalistes intransigeants, parla sur les questions militaires, et montra une irréconciliable animosité contre l'empire, dont, disait-il, il avait à se plaindre. Grand-croix de la Légion d'honneur le 14 août 1823, il fut mis à la retraite, comme lieutenant-général, le 13 août 1832, et mourut peu après d'une attaque d'apoplexie. On a de lui : *Adresse et rapports sur l'affaire du 27 au 28 novembre 1812, qu'a eue la 1re division du 9e corps de la grande armée au passage de la Bérésina* (1815) ; *Lettre sur le compte-rendu par plusieurs historiens de la campagne de Russie et par le 29e bulletin, de l'affaire du 27 au 28 novembre 1812* (1817).

PARTOUNEAUX (Antoine-Adolphe, vicomte), député au Corps législatif de 1852 à 1855, né à Menton (Alpes-Maritimes) le 31 mai 1801, mort le 2 septembre 1855, fils du précédent, étudia le droit, et fut reçu licencié le 7 juillet 1821. Surnuméraire au ministère de l'Intérieur le 3 janvier 1822, il suivit la carrière administrative, et devint, le 14 mai 1826, sous-préfet de Tonnerre. Il quitta l'administration en 1830. Rallié, plus tard, à la politique présidentielle de L.-N. Bonaparte, il se présenta, avec l'appui du gouvernement, comme candidat au Corps législatif, dans la 1re circonscription du Var, et fut élu député, le 29 février 1852 par 16,352 voix (16,662 votauts, 34,693 inscrits), contre 226 à M. Conte, ancien représentant. Il prit part au rétablissement de l'Empire, vota avec la majorité dynastique, et, décédé en septembre 1855, fut remplacé, le 20 octobre suivant, par M. Lescuyer-d'Attainville.

PARTZ DE PRESSY (Adolphe-Charles-Marie, marquis de), représentant en 1871, député de 1876 à 1881 et de 1885 à 1889, né à Équirres (Pas-de-Calais) le 3 juillet 1819, riche propriétaire du département, se présenta pour la première fois, comme candidat monarchiste indépendant, aux élections du 24 mai 1869 pour le Corps législatif, dans la 6e circonscription du Pas-de-Calais; il échoua avec 7,828 voix contre 11,110 données à l'élu officiel, M. Mathieu. Après la chute de l'Empire, M. de Partz de Pressy fut porté sur la liste conservatrice, dans le Pas-de-Calais, et élu, le 8 février 1871, représentant de ce département à l'Assemblée nationale, le 3e sur 15, par 141,029 voix (149,532 votants, 206,432 inscrits). Il prit place à droite, parmi les légitimistes, fit partie du cercle des Réservoirs, signa la proposition tendant au rétablissement de la monarchie, et vota : *pour* la paix, *pour* les prières publiques, *pour* l'abrogation des lois d'exil, *contre* le retour de l'Assemblée à Paris, *pour* le pouvoir constituant, *pour* le septennat, *pour* l'état de siège, *pour* la loi des maires, *contre* le ministère de Broglie, *contre* l'amendement Wallon et *contre* l'ensemble des lois constitutionnelles. Conseiller général du Pas-de-Calais pour le canton d'Heuchin, il refusa, en 1876, la candidature au Sénat, et se présenta avec succès aux élections législatives du 20 février, qui le firent député de l'arrondissement de Saint-Pol, par 9,003 voix (17,974 votants, 22,464 inscrits), contre 6,884 au bonapartiste, M. Thuillier. Il siégea dans la minorité conservatrice, fut, à la suite de l'acte du 16 mai 1877, au nombre des députés qui appuyèrent la politique du cabinet de Broglie, et, candidat officiel du gouvernement après la dissolution, il obtint sa réélection le 14 octobre 1877, par 10,627 voix (19,955 votants, 22,565 inscrits), contre 7,195 à M. Graux et 2,057 à M. Thuillier. M. de Partz de Pressy combattit le ministère Dufaure, vota *contre* l'article 7, *contre* les lois sur l'enseignement, *contre* le retour du parlement à Paris, *contre* l'amnistie, etc., et échoua au renouvellement du 21 août 1881, avec 8,595 voix contre 10,687 à l'élu républicain, M. Graux. Il rentra, grâce au scrutin de liste, dans la vie parlementaire; ayant été porté, le 4 octobre 1885, sur la liste monarchiste du Pas-de-Calais, il fut élu député, le 10e sur 12, par 101,030 voix (180,439 votants, 216,227 inscrits). Il se prononça, dans la législature, *contre* les divers ministères qui se succédèrent au pouvoir, *contre* la nouvelle loi militaire, *contre* la loi sur l'enseignement primaire, et, dans la dernière session, *contre* le rétablissement du scrutin d'arrondissement (11 février 1889), *pour* l'ajournement indéfini de la revision de la Constitution, *contre* les poursuites contre trois députés membres de la Ligue des patriotes, *contre* le projet de loi Lisbonne restrictif de la liberté de la presse, *contre* les poursuites contre le général Boulanger.

PAS DE BEAULIEU (Jean-Baptiste-Pierre, baron), député de 1827 à 1830, né à Saint-Affrique (Aveyron) le 16 juin 1787, mort à Savigny-sous-Beaune (Côte-d'Or) le 24 décembre 1858, appartint à l'armée qu'il quitta, le 7 avril 1824, avec le grade de lieutenant-colo-

nel d'infanterie. Administrateur de l'hospice civil de Valenciennes, il fut élu, le 17 novembre 1827, député du 8e arrondissement du Nord (Valenciennes), par 116 voix (179 votants, 210 inscrits), contre 59 au baron de Grouard. M. Pas de Beaulieu soutint de ses votes le gouvernement de Charles X, ne fut pas des 221, et se représenta devant les électeurs de son arrondissement le 23 juin 1830 : il échoua avec 98 voix contre 115 à l'élu, M. de Vatimesnil; mais il se fit élire, huit jours après (3 juillet), député du Nord, au grand collège, par 312 voix (585 votants, 687 inscrits). A la révolution de 1830, il envoya sa démission de député dans les termes suivants :

« Paris, 11 août 1830.

« Monsieur le président,

« D'après une déclaration faite à la tribune, dans la séance du 7 de ce mois, je me crois obligé de vous adresser ma démission, que je vous prie de vouloir bien soumettre à la Chambre.

« Comme député, je dois compte de tous mes actes à mes commettants. Je ne sais s'ils m'approuveraient, et dans le doute je m'abstiens.

« Comme citoyen, ami de mon pays, j'obéirai aux lois et au roi des Français.

« J'ai l'honneur d'être... etc.

« Baron Pas de Beaulieu,
(député du Nord). »

Il se retira ensuite dans la Côte-d'Or où il finit ses jours.

PASCAL (Alexandre-Charles), député au Corps législatif en l'an X et en 1809, né à Grenoble (Isère) le 9 juin 1751, mort à Grenoble de 1er décembre 1818, « fils de M. Charles Pascal, conseiller du roi, référendaire en la chancellerie, et de demoiselle Hélène Coquet », avait été négociant à Voiron (Isère), et administrateur du département de la Corrèze, et était conseiller général de l'Isère, lorsqu'il fut élu, le 6 germinal an X, par le Sénat conservateur, député de ce dernier département au Corps législatif. Réélu, le 2 mai 1809, il ne se fit pas remarquer dans cette assemblée où il siégea jusqu'à la chute de l'Empire.

PASCAL (Louis-Jean-François), représentant du peuple en 1848, né aux Arcs (Var) le 28 décembre 1812, mort à Genève (Suisse) le 3 août 1867, fit son droit à Aix et se fixa comme avocat dans cette ville où il plaida surtout des procès politiques. Il alla ensuite habiter Marseille où il fonda en 1840 l'*Ere nouvelle*, journal radical, qui fut bientôt supprimé, mais qui reparut à la révolution de 1848. Sa candidature radicale ayant été soutenue par les comités républicains et démocratiques de Marseille, M. Pascal fut élu, le 23 avril 1848, représentant des Bouches-du-Rhône à l'Assemblée Constituante, le 10e et dernier, par 30,581 voix. Il prit place à l'extrême gauche, fit partie du comité de législation, prit plusieurs fois la parole à la tribune et dans les commissions, défendit la liberté de la presse et vota *pour* le bannissement de la famille d'Orléans, *contre* les poursuites contre L. Blanc et Caussidière, *pour* l'amendement Grévy, *pour* la sanction de la Constitution par le peuple, *pour* l'ensemble de la Constitution, *contre* la proposition Rateau et *contre* l'interdiction des clubs. Très hostile à la politique de l'Elysée, il ne fut pas réélu à la Législative, et reprit sa place au barreau d'Aix

PASCAL (Pierre-Marie s-Frédéric), représentant en 1849, né à Marseille (Bouches-du-Rhône) le 28 octobre 1801, mort à Marseille le 1er mai 1862, était banquier dans cette ville. Il avait succédé à son père, M. Pierre Pascal, ancien président du tribunal de commerce. M. Frédéric Pascal fut à son tour membre de la chambre de commerce, conseiller municipal, juge et président du tribunal de commerce de Marseille. Conservateur-monarchiste, il fut élu, le 13 mai 1849, représentant des Bouches-du-Rhône à l'Assemblée législative, le 9e et dernier, par 37,651 voix (114,293 inscrits). Il siégea à droite, vota avec la majorité, *pour* l'expédition de Rome, *pour* la loi Falloux-Parieu sur l'enseignement, *pour* la loi restrictive du suffrage universel, et ne fit pas partie d'autres assemblées. Chevalier de la Légion d'honneur.

PASCALIS (Jacques-Joseph), député de 1837 à 1848, né à Barcelonnette (Basses-Alpes) le 30 novembre 1793, mort à Bougival (Seine-et-Oise) le 26 mars 1872, se fit inscrire au barreau d'Aix (1817). Favorable à la révolution de juillet, il devint procureur du roi à Marseille, puis procureur général à Amiens, maître des requêtes au conseil d'Etat et enfin chef de division aux affaires civiles et des sceaux au ministère de la Justice. Elu, le 4 novembre 1837, député du 5e collège du Var (Brignoles), par 190 voix (289 votants, 343 inscrits), contre 73 à M. de Clappiers, il fut nommé, au commencement de 1838, avocat général à la cour de Cassation, et dut se représenter devant les électeurs qui lui renouvelèrent son mandat, le 1er septembre de la même année, par 161 voix (162 votants, 343 inscrits). Il fut ensuite successivement réélu, le 2 mars 1839, par 175 voix (239 votants, 344 inscrits), contre 62 voix à M. de Clappiers; le 9 juillet 1842, par 169 voix (176 votants, 377 inscrits); le 1er août 1846, par 189 voix (358 votants, 405 inscrits), contre 166 voix à M. de Fabry. M. Pascalis vota constamment avec le centre, fit partie de la coalition contre le ministère Molé, approuva la dotation du duc de Nemours, les fortifications de Paris et l'indemnité Pritchard, et repoussa les incompatibilités, l'adjonction des capacités et la proposition relative aux députés fonctionnaires. Officier de la Légion d'honneur du 4 mai 1844, M. Pascalis fut destitué en 1848, et acheta alors une charge d'avocat au conseil d'Etat et à la cour de Cassation. Nommé conseiller à la cour de Cassation en 1850, président de la chambre civile en 1860. et commandeur de la Légion d'honneur le 14 août 1863, il fut admis à la retraite en 1868.

PASQUIER (Etienne-Denis, duc) député de 1815 à 1821, pair de France et ministre, né à Paris le 21 avril 1767, mort à Paris le 5 juillet 1862, « fils de Étienne Pasquier et de Anne-Thérèse-Nicole Gauthier », appartenait à une famille de robe qui comptait parmi ses membres Estienne Pasquier, l'auteur des *Recherches sur la France*. Son père, le 14e sur 29 de la liste des parlementaires traduits au tribunal révolutionnaire le 1er floréal an II, sous cette mention: « Etienne Pasquier, âgé de 58 ans, ex-noble, ci-devant conseiller de grand-chambre au parlement de Paris », fut condamné à mort et guillotiné le même jour. Etienne-Denis fit ses études au collège de Juilly et devint, avec dispense d'âge, conseiller au parlement de Paris en 1787, presque à la veille de la suppression de ces corps judiciaires. Sous la Terreur, il épousa

la veuve du comte de Rochefort, fut arrêté, resta deux mois incarcéré à Saint-Lazare, et ne recouvra la liberté qu'après le 9 thermidor. Eloigné pendant quelques années des affaires publiques, il se rallia à l'empire, et, par la protection de Cambacérès, fut nommé maître des requêtes au conseil d'Etat le 11 juin 1806, baron de l'empire le 29 novembre 1808, conseiller d'Etat le 8 février 1810, et procureur du sceau des titres. Le 10 octobre de la même année, il remplaça Dubois à la préfecture de police. Quelque temps auparavant, il avait été nommé officier de la Légion d'honneur. Lors de la conspiration du général Malet, il fut arrêté, conduit à la Force, et ne fût remis en liberté que grâce à l'intervention du général Hulin. Malgré cet incident, il fut maintenu en fonctions, et servit l'empereur avec zèle. En 1814, il entra en pourparlers avec M. de Nesselrode, au moment de l'entrée des alliés à Paris, prit les mesures d'ordre que comportait la situation, et n'adhéra au gouvernement provisoire que le 14 avril. Il donna sa démission de préfet de police, et fut appelé, le 21 mai, à la direction générale des ponts et chaussées. L'empereur le laissa sans emploi aux Cent-Jours, bien que M. Pasquier crût à l'avenir de l'empire restauré (lettre du 15 avril 1815), et qu'il fût décidé à prêter serment à l'Acte additionnel (lettre au comte d'Hauterive du 15 avril). La seconde Restauration, qui s'en tint au fait plus qu'aux sentiments, le dédommagea de la disgrâce de l'empereur en le nommant garde des sceaux et ministre de l'Intérieur par intérim, dans le cabinet Fouché-Talleyrand (9 juillet 1815). Dans cette importante fonction, il sut montrer autant d'habileté que de courage, résista aux extravagantes réclamations de Blücher et de Müffling, et prit des mesures pour que la dissolution de l'armée de la Loire n'occasionnât aucun trouble. Il blâma, dit-on, la réaction royaliste, les excès de la terreur blanche, l'assassinat de Brune, l'exécution de Labédoyère et de Ney, et s'efforça de faire prévaloir des idées modérées. Il quitta le pouvoir avec Talleyrand, le 25 septembre 1815, fut promu, le 28 du même mois, grand-croix de la Légion d'honneur, et nommé ministre d'Etat et membre du conseil privé. Elu, le même jour (22 août 1815), député du grand collège de la Sarthe, par 153 voix (166 votants, 228 inscrits), et du grand collège de la Seine, par 98 voix (183 votants, 230 inscrits, il opta pour la Seine, et fut réélu dans ce dernier collège, le 4 octobre 1816, par 102 voix (183 votants, 228 inscrits) et, le 20 septembre 1817, par 3,874 voix (7,378 votants, 9,677 inscrits). Après avoir dirigé, en 1816, les travaux de la commission des créances étrangères, il fut appelé, la même année, à la présidence de la Chambre, qu'il conserva jusqu'au moment où il entra (19 janvier 1817) dans le ministère Richelieu en qualité de garde des sceaux, ministre de la Justice. Il approuva la loi Lainé relative au nouveau mode électoral, la loi Gouvion-Saint-Cyr sur le recrutement, la suppression des cours prévôtales. Cependant les résultats de la nouvelle loi électorale, au renouvellement de 1818, amenèrent la retraite du cabinet et de M. Pasquier, le 18 décembre 1818. Celui-ci refusa de reprendre un portefeuille dans le ministère Dessolle-Decazes, et crut devoir provoquer une révision nécessaire de la loi électorale du 5 février 1817. Cette question divisa le ministère. M. Decazes appuya M. Pasquier, mais les autres ministres, Gouvion-Saint-Cyr, Dessolle et Louis, donnèrent leur démission. M. Pasquier hérita du portefeuille des

Affaires étrangères (19 novembre 1819), dans le cabinet remanié. Il resta ministre après l'assassinat du duc de Berry, dans le nouveau ministère Richelieu, se signala par l'habileté avec laquelle il défendit les mesures qui suspendaient la liberté individuelle et la liberté de la presse, et mettaient les futures élections entre les mains des 10 ou 12,000 gros propriétaires royalistes. « Oui, je demande l'arbitraire, déclara-t-il, parce que quand on sort de la légalité ce ne peut être que pour un but important, pour un grand objet à remplir. Les lois d'exception n'appartiennent qu'aux gouvernements libres et eux seuls ont le droit d'en avoir. » Ces idées triomphèrent. Les élections partielles de 1821 consolidèrent la majorité ultra-royaliste, et, après la discussion de l'Adresse, et le vote de la phrase : « Nous vous félicitons, sire, de vos relations constamment amicales avec les puissances étrangères, dans la juste confiance qu'une paix si précieuse n'est point achetée par des sacrifices incompatibles avec l'honneur de la nation et la dignité de la couronne », phrase dont Louis XVIII se montra fort blessé, M. de Richelieu donna sa démission, et M. Pasquier l'imita (13 décembre 1821). Le 24 septembre précédent, il avait été nommé pair de France ; il fut admis à la pension de retraite, comme ministre des Affaires étrangères, le 13 février 1822. A la Chambre haute, il se rapprocha de l'opposition constitutionnelle, vota contre le droit d'aînesse, contre le sacrilège, contre la loi de tendance, contre la conversion de la rente ; ses improvisations, d'une abondante facilité, il faisait preuve d'une rare présence d'esprit, et d'un sang-froid dédaigneux de toutes les attaques. En 1828, il refusa d'entrer dans le ministère Martignac, et se rallia, en 1830, au gouvernement de Louis-Philippe : il aurait dit à cette occasion : « Le serment politique est une contremarque pour rentrer au spectacle. » Nommé président de la Chambre des pairs le 3 août 1830, fonctions qu'il occupa jusqu'à la révolution de février 1848, M. Pasquier dirigea en cette qualité les procès des ministres de Charles X, des insurgés d'avril, de Fieschi, de Barbès, du prince Louis-Napoléon Bonaparte après la tentative de Boulogne, des ministres Teste et Cubières; en cette dernière circonstance, Victor Hugo prétend que M. Pasquier fut au-dessous de sa tâche : « Il avait 82 ans, dit-il, et, à 82 ans, on n'affronte ni une femme, ni une foule. » M. Pasquier n'avait alors en réalité que quatre-vingts ans. Il soutint la politique personnelle du roi, et, lors de la coalition de 1839, fut du côté de M. Molé. Grand-chancelier de France en 1837 (titre que le roi fit revivre en son honneur), et créé duc le 14 décembre 1844, il avait désiré être de l'Académie française, comme « ami des lettres » : il en fut élu membre le 27 février 1842, à la place de M. de Frayssinous, et de préférence à Alfred de Vigny. La révolution de 1848 mit fin à cette carrière politique si remplie. Deux ans avant sa mort, le duc Pasquier disait avec vérité : « Je suis l'homme de France qui ait le plus connu les divers gouvernements qui se sont succédé chez nous : je leur ai fait à tous leur procès. » Son petit-neveu, Edme-Armand-Gaston d'Audiffret-Pasquier, aujourd'hui sénateur, a hérité de son titre de duc. On a du duc Pasquier : *Discours et opinions* (1842, 4 volumes).

PASQUIER. — *Voy.* BOIS-ROUVRAY (CHEVALIER DE).

PASQUIER. — *Voy.* FRANCLIEU (MARQUIS DE).

PASSERAT DE SILANS (MARIE-AUGUSTIN-FRANÇOIS), député de 1813 à 1815 et de 1817 à 1820, né à Seyssel (Ain) le 28 janvier 1770, mort à Seyssel en 1852, « fils de messire Anthelme-Melchior Passerat de Silans et de Eléonore Montanier de Vens », fit ses études chez les oratoriens de Tournon: au moment de la Révolution, il émigra à Lausanne, où il fut obligé pour vivre de travailler dans une maison de banque. Rentré en France et rayé de la liste des émigrés sous le gouvernement consulaire, il devint maire de sa commune, conseiller général du canton de Seyssel, chevalier de la Légion d'honneur, et fut élu, le 6 janvier 1813, par le Sénat conservateur, député de l'Ain au Corps législatif. Il en sortit en 1815, rallié aux Bourbons, et fut réélu député du grand collège de l'Ain, le 20 septembre 1817, par 208 voix (301 votants, 636 inscrits) contre 66 à M. Durand. Il prit place parmi les constitutionnels, et, non réélu au renouvellement quinquennal de 1820, fut nommé conseiller à la cour des Comptes.

PASSY (HIPPOLYTE-PHILIBERT), député de 1830 à 1843, pair de France, ministre, représentant en 1849, né à Garches (Seine-et-Oise) d'une famille originaire de Gisors (Eure), le 25 octobre 1793, mort à Paris le 1er juin 1880, était fils « du citoyen Louis-François Passy, ancien commis aux exercices de la recette générale de Soissons, âgé de trente-quatre ans environ, et de dame Hélène-Pauline-Jacquette Daure ». Son père, emprisonné par la Terreur, sauvé par le 9 thermidor, fut receveur général du département de la Dyle (Bruxelles) sous le premier empire. Destiné à l'état militaire, Hippolyte-Philibert entra, en 1809, à l'école de Saumur, devint lieutenant de hussards en 1822, prit part aux dernières campagnes de Napoléon, et donna sa démission après Waterloo. Hostile au gouvernement royal, il partit pour la Louisiane et les Antilles, lut en mer le livre d'Adam Smith: *La richesse des nations*, et prit goût à l'économie politique. De retour en France, il se retira près de Gisors, s'occupa d'agriculture, et aussi de politique, et collabora aux journaux d'opposition, notamment au *National*, à sa création. Le 28 octobre 1830, le grand collège du département de l'Eure, appelé à réélire ses trois députés par suite de refus de serment, élut M. Passy par 201 voix, sur 365 votants et 420 inscrits. Il siégea dans les tiers-parti, fut rapporteur du budget de 1831, et fut successivement réélu, le 5 juillet 1831, dans le 5e collège de l'Eure (Louviers) par 169 voix sur 306 votants et 379 inscrits, contre 83 à M. Germain Petit et 35 à M. Dupont de l'Eure ; et, le 21 juin 1834, par 239 voix sur 304 votants et 419 inscrits, contre 52 à M. de Bois-Guilbert. Il devint l'économiste du centre gauche, fut encore, en 1832, rapporteur du budget, parla sur les questions financières, et accepta, le 10 novembre 1834, le portefeuille des Finances dans le court ministère Bassano, qui ne dura que quatre jours. Ce passage au pouvoir l'obligea à se représenter devant ses électeurs qui lui renouvelèrent son mandat, le 6 décembre 1834, par 259 voix sur 280 votants et 468 inscrits; il fut appelé en même temps à la vice-présidence de la Chambre qu'il conserva, sauf pendant ses ministères, jusqu'en 1839. Ami de Thiers, il défendit avec lui les lois de septembre, et accepta, dans son ministère, le portefeuille du Commerce (22 février 1836) ; à cette occasion, ses électeurs le réélurent, le 19 mars, par 301 voix sur 319 votants. Il tomba avec le cabinet (25 août), sur la question des affaires d'Espagne, combattit le ministère Molé qui vint après, fut réélu député, le 4 novembre 1837, par 276 voix sur 302 votants et 522 inscrits, et, lors du triomphe de la coalition, reçut du roi (janvier 1839) la mission de constituer un ministère. Il ne put aboutir, et fut encore réélu, à Louviers, le 2 mars 1839, par 339 voix sur 439 votants et 546 inscrits. Nommé ministre des Finances dans le cabinet présidé par le maréchal Soult (12 mai 1839), son mandat de député lui fut confirmé, le 8 juin suivant, par 254 voix sur 264 votants. Comme ministre, il proposa à la Chambre 20 février 1840) d'accorder au duc de Nemours une dotation annuelle de 500,000 francs; l'échec de la proposition entraîna la chute du cabinet (1er mars), et M. Passy reprit sa place de député sur les bancs de la Chambre. Réélu, le 9 juillet 1842, par 261 voix sur 267 votants, il fut appelé à la pairie le 16 décembre 1843, fut rapporteur de la loi de finances, et nommé commandeur de la Légion d'honneur le 24 avril 1845. Il avait succédé en 1838, comme membre de l'Académie des sciences morales et politiques, à M. de Talleyrand. Bien que non élu à l'Assemblée constituante, il entra, le 20 décembre 1848, comme ministre des Finances, dans le premier cabinet du prince Louis-Napoléon, présidé par Odilon Barrot; en cette qualité, il s'opposa à la réduction de l'impôt du sel, proposa, pour équilibrer le budget de 1850, une surtaxe sur les successions et donations, sur les biens de main-morte, un impôt de 1 pour 100 sur le revenu, et le rétablissement de l'impôt des boissons. Le 13 mai 1849, il fut élu représentant du peuple à l'Assemblée législative, dans deux départements : dans l'Eure, le 1er sur 9, par 57,854 voix sur 93,065 votants et 125,952 inscrits, et dans la Seine, le 9e sur 28, par 117,138 voix, sur 281,140 votants et 378,043 inscrits. Il opta pour l'Eure, et resta dans le cabinet Odilon Barrot, remanié le 2 juin suivant, jusqu'au 31 octobre. Il appuya le gouvernement présidentiel jusqu'au coup d'État de décembre exclusivement. Retiré alors de la vie publique, il se consacra à des travaux économiques. Il était un des fondateurs de la Société d'économie politique (1845). On a de lui : *Des systèmes de culture et de leur influence sur l'économie sociale* (1853); *Les causes de l'inégalité des richesses* (1849); *Les formes de gouvernement ;* il collabora aussi au *Journal des Economistes*, à la *Revue de législation*, etc.

PASSY (François-Antoine), député de 1837 à 1848, né à Garches (Seine-et-Oise), le 23 avril 1792, mort à Gisors (Eure) le 10 octobre 1873, frère du précédent, fut référendaire à la cour des Comptes sous la Restauration, devint préfet de l'Eure le 5 août 1830, et donna sa démission en 1837, pour se présenter à la députation ; il fut élu, le 4 novembre suivant, dans le 3e collège de l'Eure (Les Andelys), par 309 voix (374 votants, 515 inscrits), et fut réélu, le 2 mars 1839, par 351 voix (363 votants). Nommé, par le cabinet dont son frère faisait partie, directeur de l'administration départementale et communale au ministère de l'Intérieur, il dut se représenter devant ses électeurs qui lui renouvelèrent son mandat, le 15 juin 1839, par 273 voix (277 votants). Destitué par le ministère Thiers, le 1er mars 1840, il accepta, le 29 octobre suivant, dans le cabinet Guizot, le poste de sous-secrétaire à l'Intérieur, fonctions qu'il exerça

jusqu'en 1848. Il dut encore, de ce chef, se représenter, en 1840, devant ses électeurs qui le réélurent, le 12 décembre, par 239 voix (280 votants); son mandat lui fut en outre renouvelé, le 9 juillet 1842, par 278 voix (480 votants, 594 inscrits), contre 186 voix à M. de Montreuil, et, le 1er août 1846, par 463 voix (611 votants, 686 inscrits). M. Passy vota *pour* la dotation du duc de Nemours, *contre* les incompatibilités, *pour* l'indemnité Pritchard, rendu à la vie privée par la révolution de février, s'occupa d'agronomie. Il a été nommé à ce titre membre de l'Académie des sciences. On a de lui : *Carte géologique du département de l'Eure* (1857).

PASSY (Louis-Charles-Paulin), représentant en 1871, député de 1876 à 1889, né à Paris le 4 décembre 1830, fils du précédent, fut élève de l'Ecole des Chartes (1850), puis de l'Ecole de droit. Archiviste paléographe et docteur en droit (1857), membre de la société des Antiquaires de France, il s'occupa de travaux de législation, d'économie politique, d'histoire littéraire, collabora à la *Revue des Deux Mondes*, au *Journal des Economistes*, à la *Bibliothèque de l'Ecole des Chartes*, et publia. outre ses thèses et un travail sur Corneille, *Frochot, préfet de la Seine* (1867). M. Louis Passy, qui appartenait, sous l'Empire, à l'opposition orléaniste, se présenta, le 1er juin 1863, comme candidat indépendant au Corps législatif dans la 1re circonscription de l'Eure : il réunit 9,081 voix contre 17,702 au candidat officiel élu, M. Suchet d'Albuféra. Le 24 mai 1869, les circonscriptions du département ayant été modifiées, il se porta candidat à la fois dans la 1re et dans la 4e, et obtint, sans être élu, dans l'une 5,872 voix contre 14,403 à M. d'Albuféra, député sortant réélu, et 4,533 à M. Alexis Papon, de l'opposition démocratique, et, dans l'autre 7,219 voix. Conseiller municipal de Gisors lors de la guerre de 1870, il défendit courageusement contre les exigences des ennemis les intérêts de ses concitoyens, et entra à l'Assemblée nationale, comme représentant de l'Eure, le 8 février 1871, élu, le 2e sur 8, par 49,201 suffrages sur 59,749 votants et 122,706 inscrits. Il prit place au centre droit, fut membre de la commission du budget et rapporteur du projet relatif aux indemnités à accorder aux départements envahis, et vota *pour* la paix, *pour* les prières publiques, *pour* l'abrogation des lois d'exil. Il soutint d'abord la politique de Thiers, puis signa la déclaration Target, et le 24 mai 1873, se prononça *pour* la démission de Thiers, *contre* le vote du septennat, à celui de la loi des maires, de l'état de siège, etc. Nommé, le 2 août 1874, sous-secrétaire d'Etat au ministère des Finances, il contribua à la réforme postale, à la réorganisation des services financiers de la ville de Paris, à l'établissement du bureau de législation et de statistique au ministère des Finances, et conserva ses fonctions sous les ministères qui se succédèrent jusqu'au 16 mai 1877. Absent lors du scrutin sur l'amendement Wallon, il se rallia, le 25 février 1875, au vote des lois constitutionnelles. Candidat conservateur constitutionnel à la Chambre des députés, le 20 février 1876, dans l'arrondissement des Andelys, il fut élu par 8,122 voix (14,203 votants, 17,290 inscrits), contre 5,871 à M. Besnard, siégea comme précédemment au centre droit, opina avec la minorité monarchiste, et se montra partisan de l'acte du 16 mai 1877, après lequel il résigna cependant son poste au ministère des Finances. En revanche, le gouvernement du maréchal l'ayant désigné comme son candidat officiel aux Andelys, le 14 octobre 1877, M. Louis Passy fut réélu député par 8,171 voix (14,847 votants, 17,701 inscrits), contre 6,405 à M. Milliard, républicain. Il continua d'opiner avec la droite, vota *contre* les ministères républicains de la législature, intervint dans les discussions économiques, et obtint le renouvellement de son mandat, le 21 août 1881, par 7,591 suffrages (13,899 votants, 17,250 inscrits), contre 3,880 à M. Bougrand et 2,352 à M. de Molen. Adversaire des cabinets Ferry et Gambetta, il se prononça *contre* les crédits du Tonkin. Aux élections du 4 octobre 1885, il fut inscrit sur la liste conservatrice de l'Eure, et élu député du département, le 1ᵉʳ sur 6, par 64,111 voix (86,584 votants, 106,598 inscrits). Il parut encore plusieurs fois à la tribune, soutint les intérêts de la minorité monarchiste, et se prononça, dans la dernière session, *contre* le rétablissement du scrutin d'arrondissement (11 février 1889), *pour* l'ajournement indéfini de la révision de la Constitution, *contre* les poursuites contre trois députés membre de la Ligue des patriotes, *contre* le projet de loi Lisbonne restrictif de la liberté de la presse, *contre* les poursuites contre le général Boulanger. M. Passy est administrateur du Crédit foncier.

PASSY (FRÉDÉRIC), député de 1881 à 1889, né à Paris le 20 mai 1822, fils d'un conseiller maître à la cour des comptes, et neveu du précédent, fit ses études aux collèges Louis-le-Grand et Bourbon, se fit recevoir avocat, publia une brochure sur la réforme de l'enseignement secondaire, et entra comme auditeur au conseil d'État en 1846. Il en sortit en 1848, se livra aux études économiques, collabora à la *Revue Contemporaine*, au *Journal des Economistes*, au *Correspondant*, et publia notamment la *Question des Octrois*, l'*Ancien régime et la Révolution*, l'*Assistance intellectuelle*, etc. A partir de 1860, il fit des cours et conférences d'économie politique successivement à Montpellier, à Bordeaux, à Nice, et à l'Association philotechnique de Paris. Au moment de l'affaire du Luxembourg (1867), il provoqua la fondation de la *Ligue internationale et permanente de la paix*, d'où sortit plus tard la *Société française pour l'arbitrage entre nations*, dont M. Passy est aujourd'hui le président; il a également fondé et présidé la Société pour la propagation de l'instruction parmi les femmes. Candidat aux élections législatives dans les Bouches-du-Rhône, le 27 avril 1873, pour remplacer M. Heiriès décédé, il échoua avec 17,197 voix, contre 55,830 à l'élu, M. Lockroy. Il était conseiller général de Seine-et-Oise depuis 1874, lorsqu'il fut élu, le 4 septembre 1881, au second tour de scrutin, député du 8ᵉ arrondissement de Paris, par 4,738 voix sur 9,434 votants et 16,228 inscrits, contre 4,682 à M. Godelle, député sortant, conservateur. Il prit place à gauche, parla sur les syndicats professionnels, sur la réglementation des heures de travail, sur les colonies, défendit les doctrines du libre-échange, réclama la suppression des octrois, et soutint la politique scolaire et coloniale du gouvernement. Porté, aux élections du 4 octobre 1885, sur la liste opportuniste de la Seine, il ne passa pas au premier tour et, admis, au second tour, sur la liste de concentration républicaine, fut élu, le 14ᵉ sur 38, par 287,172 voix sur 416,886 votants et 564,338 inscrits, M. Passy reprit sa place à gauche, com-

battit l'expulsion des princes, continua à prendre part avec une compétence incontestée aux discussions économiques, et vota, dans la dernière session, *pour* le rétablissement du scrutin d'arrondissement (11 février 1889), *pour* l'ajournement indéfini de la révision de la Constitution, *pour* les poursuites contre trois députés membres de la Ligue des patriotes, *contre* le projet de loi Lisbonne restrictif de la liberté de la presse, *pour* les poursuites contre le général Boulanger. Membre de l'Académie des sciences morales et politiques (3 février 1877), chevalier de la Légion d'honneur (1880). On a de lui, outre les ouvrages cités plus haut : *De la souveraineté temporelle des papes* (1860); *La Question des jeux* (1872); *La solidarité du travail et du capital* (1875), etc.

PASTORET (CLAUDE - EMMANUEL - JOSEPH-PIERRE, MARQUIS DE), député en 1791, au Conseil des Cinq-Cents, membre du Sénat conservateur, pair de France, né à Marseille (Bouches-du-Rhône) le 24 décembre 1755, mort à Paris le 28 septembre 1840, fils d'un lieutenant général de l'amirauté de Provence, fit ses humanités chez les Oratoriens de Lyon, son droit à Aix, voyagea en Italie, et, en 1781, devint conseiller à la cour des aides de Paris. Peu après publia ses Mémoires : *Quelle a été l'influence des lois maritimes des Rhodiens sur la marine des Grecs et des Romains?* (1784), *Zoroastre, Confucius et Mahomet comparés comme sectaires, législateurs et moralistes* (1787) qui lui méritèrent d'entrer à l'Académie des inscriptions. Maître des requêtes l'année suivante (1788), puis directeur général des travaux politiques sur la législation et l'histoire, se montra favorable à la Révolution, fut trois fois président des assemblées électorales de Paris, refusa à la fin de 1790 les portefeuilles de la Justice et de l'Intérieur que Louis XVI lui offrit, et fut élu, en 1791, procureur général syndic du département de Paris. En cette qualité, il demanda à la Constituante, au nom de la députation de Paris qu'il représentait, la transformation de l'église Sainte-Geneviève en Panthéon patriotique. Elu, le 3 septembre 1791, député du département de Paris à l'Assemblée législative, le 3ᵉ sur 24, par 458 voix (814 votants), il présida l'Assemblée le 3 octobre suivant, siégea à droite, parmi les constitutionnels, et prit souvent la parole avec une autorité qui le faisait écouter des membres les plus turbulents de la gauche. Le 31 décembre, le département de Paris ayant demandé à être admis le lendemain à l'Assemblée pour lui présenter ses hommages, Pastoret s'éleva contre un cérémonial « indigne d'hommes vrais », et fit voter qu'on ne recevrait plus, à l'avenir, aucune félicitation au jour de l'an. Il demanda des mesures répressives contre les émigrés, l'abolition de l'adresse à la couronne au renouvellement de l'année, la suppression des désignations purement honorifiques, vota pour la suppression de l'Université de Paris et fit un long discours pour proposer d'élever une statue de la Liberté sur les ruines de la Bastille. Mais dès qu'il s'aperçut que les réformes qu'il avait été le premier à réclamer menaçaient de plus en plus l'autorité royale, il s'employa à la protéger. Plusieurs fois il monta à la tribune pour séparer la cause de Louis XVI de celle de ses conseillers, et il protesta contre le 20 juin. Après le 10 août, il dut pourvoir à sa propre sûreté, s'enfuit en Provence, puis en Savoie, d'où il ne revint qu'après la chute de Robespierre. Elu, le 24 vendémiaire an IV député du Var, au Conseil des Cinq-Cents, par 136 voix (215 votants), et appelé, quelques jours plus tard (6 décembre), à l'Institut, il prit place au Conseil parmi les modérés, parla en faveur de la liberté de la presse, des prêtres fugitifs et des parents d'émigrés, défendit les royalistes Brottier et Lavillheurnois, demanda que les restes de Montesquieu fussent transférés au panthéon, proposa la fermeture des Sociétés populaires et accusa les directeurs Barras, Rewbell et La Revellière de fomenter des troubles et d'attirer la haine du peuple sur l'assemblée. Condamné à la déportation au 18 fructidor, il put échapper aux poursuites. Après avoir parcouru la Suisse et l'Italie il rentra en France sous le gouvernement consulaire, resta quelques mois à Dijon en surveillance, puis fut nommé membre du conseil des hôpitaux en 1801, professeur de droit au collège de France en 1804, membre de la Légion d'honneur (26 frimaire an XII), chevalier de l'Empire (27 juillet 1808), professeur de philosophie à la faculté des lettres (1er juillet 1809), et comte de l'Empire le 9 janvier 1810. Deux fois candidat de la Seine au Sénat conservateur, il vit ce choix ratifié par Napoléon le 14 décembre 1809. Pastoret ne s'y fit pas remarquer. Secrétaire du Sénat en 1814, il refusa de participer aux actes qui amenèrent la déchéance de l'empereur. Louis XVIII le chargea de rédiger la charte constitutionnelle, et l'appela à la pairie le 4 juin 1814. M. de Pastoret se tint à l'écart pendant les Cent-Jours, reçut du roi le titre de marquis en 1817, et fut nommé membre de l'Académie française le 24 août 1820, en remplacement de Volney. Vice-président de la Chambre des pairs, grand-officier de la Légion d'honneur le 1er mai 1821, grand-croix le 19 août 1823, ministre d'Etat et membre du conseil privé en 1826, il fut appelé aux fonctions de chancelier de France en 1829 à la place de M. Dambray. En 1830, il fut destitué de toutes ses fonctions publiques pour refus de serment, et devint, en 1834, tuteur des enfants du duc de Berry, charge à laquelle il s'employa avec beaucoup de dévouement malgré son grand âge. Louis XVIII lui avait donné pour devise: *Bonus semper et fidelis*, par allusion aux deux chiens qui supportaient ses armes. M. de Pastoret a publié : *Eloge de Voltaire* (1779); *Des lois pénales* (1790, 2 volumes); *Rapport fait au conseil général des hôpitaux* (1816) ; *Histoire de la législation* (1817-1837, 11 volumes); il a en outre collaboré aux *Archives littéraires de l'Europe*, à l'*Histoire littéraire de la France*, aux *Ordonnances des rois de la troisième race*, dont il a publié les tomes XV à XX.

PASTORET (NICOLAS, CHEVALIER), député au Corps législatif de l'an XIII à 1810, né à Arlon (Luxembourg) le 16 septembre 1739, mort le 30 juin 1810, « fils d'Antoine Pastoret et d'Anne-Dorothée Delahaye », fut reçu avocat en 1762, devint, en 1777, membre du conseil souverain de l'impératrice Marie-Thérèse à Luxembourg, et, en 1787, membre du conseil d'appel de l'empereur Joseph II. Sous la domination française, il fut nommé (an III) président du tribunal supérieur provisoire au nom de la République, puis président du tribunal civil à Luxembourg. Président du tribunal criminel de Luxembourg (28 floréal an VIII), il fut choisi par le Sénat conservateur, le 4e jour complémentaire de l'an XII, pour représenter le département des Forêts au Corps législatif où il siégea jusqu'en 1810. Chevalier de l'Empire du 5 août 1809.

PASTORET (AMÉDÉE-DAVID, MARQUIS DE), sénateur du second Empire, né à Paris le 2 janvier 1791, mort à Paris le 18 mai 1857, fils du marquis de Pastoret (*voy. plus haut*), fit ses études au lycée Napoléon, fut envoyé à Rome, en 1809, comme secrétaire général du ministre de l'Intérieur du gouvernement provisoire, devint auditeur au conseil d'Etat (décembre de la même année), passa à la section du service étranger, et administra en cette qualité, comme intendant de l'empereur, la Russie-Blanche en 1812, et les pays allemands au delà de l'Elbe en 1813. Sous-préfet de Corbeil le 7 avril 1813, puis de Chalon-sur-Saône en janvier 1814, il se rallia au gouvernement des Bourbons, remplit une mission extraordinaire dans l'Est en 1814, et devint successivement maître des requêtes (même année), commissaire du roi au sceau de France (1817), gentilhomme de la chambre (1820), membre du conseil général de la Seine (1822), membre libre de l'Académie des Beaux-Arts (1823), commandeur de la Légion d'honneur (1824), et conseiller d'Etat en service extraordinaire (1825). Il refusa, en 1830, comme son père, de prêter serment à Louis-Philippe, et se mêla alors assez activement aux menées légitimistes. On l'accusa même d'avoir trempé dans le complot des tours de Notre-Dame. [Le comte de Chambord, dont il était l'ami, le chargea, en 1840, d'administrer ses biens en France. Après la révolution de février, M. de Pastoret se montra sympathique au gouvernement du prince Louis-Napoléon, qui le nomma sénateur le 31 décembre 1852, grand officier de la Légion d'honneur en 1853, et membre de la commission municipale de Paris en 1855. On a de lui : *Les Troubadours*, poème (1813) ; *Des moyens en usage par Henri IV pour s'assurer la couronne* (1815 et 1819) ; — *Les Normands en Italie ou Salerne délivrée*, poème (1818) ; — *Sur Monseigneur le duc de Berry* (1820) ; — *Récits historiques* (1826); — *Histoire de la chute de l'empire grec, 1400-1480* (1829); — enfin quelques romans historiques, dont l'un, *Le duc de Guise à Naples* (1825), fut vivement attaqué dans le journal *Le Globe*.

PASTURE (CHARLES-HENRI, CHEVALIER DE LA), député de 1815 à 1816, et de 1820 à 1827, né à Montreuil-sur-Mer (Pas-de-Calais) le 10 août 1773, mort à Vernon (Eure) le 12 avril 1854, « fils de messire Pierre-Antoine-François de la Pasture de Kerchocq, chevalier seigneur de Kerchocq, Wioves et autres lieux, ancien mousquetaire du roi, et de dame Marie-Catherine-Agathe d'Acary de la Rivière », était ancien capitaine de vaisseau, chevalier de Saint-Louis, conseiller général et maire d'Irreville (Eure), lorsqu'il fut élu député, le 22 août 1815, par le collège de l'Eure, avec 122 voix (203 votants, 260 inscrits). Il siégea dans la majorité, proposa d'améliorer le sort des ecclésiastiques et prit part à la discussion du budget. Réélu, le 4 novembre 1820, dans le 1er arrondissement électoral de l'Eure (Evreux), par 248 voix (423 votants, 558 inscrits), contre 171 à M. Dumeilet, et, le 25 février 1824, par 245 voix (394 votants, 442 inscrits), contre 145 à M. Dumeilet, il continua de figurer dans la majorité royaliste, et quitta la vie politique aux élections de 1830.

PATAILLE (ALEXANDRE-SIMON) député de 1827 à 1837, né à Dijon (Côte-d'Or) le 24 décembre 1781, mort à Maxilly-sur-Saône (Côte-d'Or) le 21 août 1857, entra dans la magistrature sous l'empire, et fut nommé, le 9 avril 1806, substitut du procureur général à la cour impériale de Gênes, avocat général à la même cour en 1811, puis, aux Cent-Jours, avocat général à Nîmes. Révoqué le 1 juin 1815, il devint maire de Saint-Christol (Hérault), et fut replacé comme procureur du roi près le tribunal de première instance de Nîmes, le 27 janvier 1819; mais ayant refusé de s'associer, avec l'énergie requise, à la répression des complots bonapartistes dans le Midi, il fut de nouveau destitué en 1822, et se fit inscrire au barreau de Nîmes. Élu, le 17 novembre 1827, député du 1er arrondissement électoral de l'Hérault (Montpellier), par 308 voix (599 votants, 680 inscrits), il prit place parmi les indépendants, vota l'adresse des 221, et ne fut pas réélu aux élections du 13 juin 1830, n'ayant obtenu que 221 voix contre 400 à l'élu, M. Durand-Fajon, et 106 à M. Renouvier. Après les journées de juillet, M. Pataille adhéra au gouvernement nouveau, fut nommé par Dupont de l'Eure procureur général à la cour d'Aix le 10 août 1830, premier président de la même cour le 30 août suivant, et fut élu député, le 28 octobre de la même année, dans le grand collège des Bouches-du-Rhône, par 324 voix (547 votants, 1,529 inscrits), en remplacement de M. Pardessus, dont l'élection avait été annulée. Réélu, le 5 décembre 1831, dans le 1er collège des Bouches-du-Rhône (Marseille), par 60 voix (119 votants, 256 inscrits), contre 58 à M. Amédée Jaubert, en remplacement de M. Arnavon démissionnaire, il se montra hostile aux mesures libérales, et demanda la suppression de toutes les associations patriotiques. Il échoua, le 21 juin 1834, dans le 5e collège du Var (Brignoles), avec 120 voix contre 122 à l'élu, M. de Pontevès, député sortant; mais il fut élu, dans ce dernier collège, le 6 septembre de la même année, par 129 voix (242 votants, 292 inscrits), contre 110 au député sortant, M. de Pontevès, dont l'élection avait été invalidée. M. Pataille vota les lois de septembre et de disjonction, prit fréquemment la parole et s'attira, par l'ardeur de son dévouement à M. Guizot, les attaques des journaux libéraux. Nommé conseiller à la cour de Cassation le 17 octobre 1841, il siégea, sous la seconde République, dans les hautes cours de Bourges et de Versailles, et fut mis à la retraite le 9 mai 1857, avec le titre de conseiller honoraire. Officier de la Légion d'honneur (29 août 1846).

PATISSIER (Sosthène, représentant en 1871, député de 1876 à 1878, né à Bresson (Allier) le 4 février 1827, avocat à Moulins, conseiller général de l'Allier, fut élu, le 8 février 1871, représentant de l'Allier à l'Assemblée nationale, le 6e sur 7, par 50.359 voix (76,640 votants, 106,359 inscrits). Il prit place au centre gauche, vota pour la paix, pour l'amendement Barthe, contre le retour à Paris, contre le service de trois ans, contre la démission de Thiers, contre le septennat, contre la loi des maires, pour l'amendement Wallon, pour les lois constitutionnelles. Candidat républicain au Sénat, dans l'Allier, le 30 janvier 1876, il échoua avec 188 voix sur 385 votants; mais il fut élu, le 20 février suivant, député de la 2e circonscription de Moulins, par 8,427 voix (11,058 votants, 18,253 inscrits), contre 2,076, à M. Léon Riant. Il continua de siéger à la gauche modérée, et fut l'un des 363 députés qui refusèrent le vote de confiance au ministère de Broglie. Réélu, le 14 octobre 1877, après la dissolution de la Chambre, par 9,135 voix (15,259 votants, 18,754 inscrits), contre 5,884 voix à M. Thomas, il soutint

la politique scolaire, coloniale et économique des ministères républicains, et posa sa candidature aux élections du 21 août 1881; mais sa conduite politique ayant été blâmée par ses électeurs dans une réunion publique préparatoire (9 août), il se retira avant le scrutin.

PATRAS. — *Voy.* CAMPAIGNO (COMTE DE).

PATRIN (Eugène-Louis-Melchior), membre de la Convention, né à Lyon (Rhône) le 3 avril 1742, mort à Saint-Vallier (Rhône) le 15 août 1815, étudia les sciences naturelles, fit des voyages en Allemagne, en Pologne, en Hongrie, visita la Sibérie (1780-1787), et rapporta de cette excursion une collection de minéraux du plus grand prix. Élu, peu après son retour à Paris, le 7 septembre 1792, député du département de Rhône-et-Loire à la Convention nationale, il vota en ces termes dans le procès du roi : « Louis a mérité mille fois la mort; mais si son existence est utile à la république, qu'il soit condamné à vivre. Oui, son existence est utile, puisque sa mort est dangereuse. Louis mort, son fils devient formidable par ses malheurs et son innocence. Je vote pour la réclusion. » Suspect sous le régime révolutionnaire, il fut arrêté en juillet 1793, et remis en liberté peu de temps après. Attaché en qualité de surveillant à la manufacture d'armes de Saint-Étienne, puis (1804) bibliothécaire de l'École des mines à laquelle il avait fait don de sa collection minéralogique, il se fit encore connaître par un ingénieux système sur l'organisation du globe, et sur l'origine des volcans et des matières qu'ils rejettent. On a de lui de curieux ouvrages de science, entre autres, une *Histoire naturelle des minéraux* (1801).

PATRON DE LESCOUT. — *Voy.* AUX-LALLY (MARQUIS D').

PATURLE (Jacques), député de 1830 à 1837, et pair de France, né à Lyon (Rhône) le 24 mai 1779, mort au château de Lormois (Nord) le 21 juin 1858, « fils du sieur Pierre Paturle, orfèvre, et de demoiselle Jeanne Ducros, son épouse », était négociant à Paris, lorsqu'il fut élu, le 28 octobre 1830, député du Nord, au grand collège, par 1,141 voix (1,446 votants, 2,895 inscrits). Il soutint de ses votes la monarchie de Louis-Philippe, devint député du 8e arrondissement de Paris, le 24 septembre 1831, en remplacement de Daunou, qui avait opté pour Brest, par 334 voix sur 665 votants, fut encore réélu député, le 21 juin 1834, par 376 suffrages sur 647 votants et 850 inscrits, contre 137 à M. Bouvattier et 126 à M. Daunou, prêta son appui à toutes les mesures favorables au gouvernement, et fut appelé, le 3 octobre 1837, à siéger dans la Chambre des pairs. La révolution de 1848 le rendit à la vie privée. Officier de la Légion d'honneur.

PAUL DE CHATEAUDOUBLE (Jean - Antoine-Emmanuel), député de 1815 à 1831, né à Castellane (Basses-Alpes) le 25 décembre 1774, mort à Paris le 12 octobre 1846, émigra à la Révolution, servit à l'armée de Condé et ne rentra en France qu'à la fin de l'empire. Il salua avec joie le retour des Bourbons, qui le firent chevalier de Saint-Louis. Quand il apprit le débarquement de l'empereur au golfe Jouan, il voulut faire marcher la garde nationale du

Var, dont il était major, contre Napoléon; mais ses hommes ayant crié : Vive l'Empereur! il se hâta de les quitter. Il rejoignit le général Loverdo après Waterloo, et devint officier d'état-major. Remis à la tête des gardes nationales du Var, il fut nommé sous-préfet de Toulon par le duc d'Angoulême le 17 juillet 1815, puis préfet provisoire du Var, marcha sur Draguignan où il fit arborer le drapeau blanc, et fut replacé dans ses fonctions de sous-préfet par ordre du commissaire du roi, le 13 novembre 1815. Il y resta jusqu'en 1818 : il avait été fait chevalier de la Légion d'honneur après les Cent-Jours. Successivement élu député du grand collége du Var, le 22 août 1815, par 66 voix (115 votants, 230 inscrits) ; et, le 4 octobre 1816, par 78 voix (126 votants, 232 inscrits) ; puis dans le 3ᵉ arrondissement électoral du Var (Toulon), le 1ᵉʳ octobre 1821, par 82 voix (149 votants, 234 inscrits) ; et dans le 1ᵉʳ arrondissement électoral du même département (Brignoles), le 25 février 1824, par 188 voix (205 votants, 212 inscrits) ; le 17 novembre 1827, par 105 voix (125 votants, 193 inscrits) contre 17 voix à M. Fauchet ; et, le 23 juin 1830, par 132 voix (169 votants, 214 inscrits), contre 31 à M. Rimbaud, M. Paul siégea dans la majorité de la Chambre introuvable, fit de la contre-opposition au ministère Decazes, combattit l'impôt sur les huiles, soutint le ministère Villèle, fit partie, comme membre et comme rapporteur, des commissions de pétitions, appuya le ministère Polignac, et vota toutes les lois d'exception. Il ne fut pas réélu aux élections de juin 1830. Il avait été nommé, le 12 septembre 1821, sous-directeur de la Caisse d'amortissement.

PAULHIAC DE LA SAUVETAT (PIERRE-FRANÇOIS), député en 1789, né à la Sauvetat (Lot-et-Garonne) le 16 avril 1739, mort en 1808, était avocat, quand il fut élu (mars 1789) député du tiers aux Etats-Généraux par la sénéchaussée du Périgord. Il appartint, obscurément, à la majorité de la Constituante, prêta le serment du Jeu de paume, et disparut de la scène politique après la session.

PAULIAN (YON-JOSEPH), dates de naissance et de mort inconnues, fut élu, le 5 frimaire an V, et fut admis à siéger, le 28 pluviôse an V, au Conseil des Cinq-Cents comme député de Saint-Domingue. Son rôle parlementaire fut très effacé.

PAULIAT (LOUIS), membre du Sénat, né à Sancerre (Cher) le 13 janvier 1845, fit son droit à Paris, collabora au journal de *Paris* (1868-1869), et y publia sur la question monétaire, le libre-échange, le projet de code rural, des articles remarqués. Après la guerre, il traita les questions ouvrières dans le *Rappel*, le *Peuple souverain*, la *Tribune*, publia, en 1873, un volume : *Associations et chambres syndicales ouvrières*, qui eut du succès, et fut, en 1876, un des organisateurs du premier Congrès national ouvrier de France à Paris. Après quelques années de repos nécessité par l'état de sa santé, M. Pauliat donna à la *Nouvelle Revue* et à la *Revue politique et littéraire* des études de politique et d'histoire littéraire ou sociale, suivies d'articles sur la situation politique, sur Madagascar, sur la politique coloniale sous l'ancien régime, etc. Il fut aussi chargé par le ministre des Affaires étrangères de plusieurs missions à la suite desquelles il

fut décoré. Le 15 mai 1887, les électeurs du Cher l'élurent sénateur, au 3ᵉ tour de scrutin, par 348 voix sur 715 votants, contre 334 à M. de Vogüé, et 33 à divers ; ce département avait été désigné par le sort, pour pourvoir au remplacement de M. Corne, sénateur inamovible décédé. M. Pauliat a pris place à l'extrême-gauche de la Chambre haute, a soutenu la politique des ministères républicains, et s'est prononcé, en dernier lieu, *pour* le rétablissement du scrutin d'arrondissement (13 février 1889), *pour* le projet de loi Lisbonne restrictif de la liberté de la presse, *pour* la procédure à suivre devant le Sénat contre le général Boulanger.

PAULINIER DE FONTENILLES (PIERRE-FRANÇOIS-ANTOINE), député de 1815 à 1816, né à Florensac (Hérault) le 5 septembre 1775, mort à Saint-Apolis (Hérault) le 14 février 1841, ancien officier, secrétaire général du ministère de l'Intérieur, fut élu, le 22 août 1815, député du grand collège de l'Hérault, par 106 voix (162 votants, 232 inscrits). Il siégea dans la majorité, mais ne s'y fit pas remarquer. Il fut admis à la retraite, le 3 juin 1832, comme lieutenant-colonel du génie.

PAULLIAN (LOUIS), représentant du peuple en 1848, né à Lyon (Rhône) le 6 août 1795, fit son droit à Dijon et se fit inscrire au barreau de Saint-Etienne. Ses opinions libérales le firent nommer, en juillet 1830, capitaine de la garde nationale. Peu de jours après, il abandonna le barreau et se retira à Francheville (Rhône), dont il fut maire de 1830 à 1844, et où il s'occupa d'agriculture. Hostile à la politique du gouvernement de juillet, il donna, en 1844, sa démission de maire, et contribua à fonder le *Censeur de Lyon*, journal libéral. Elu, le 23 avril 1848, représentant du Rhône à l'Assemblée constituante, le 8ᵉ sur 14, par 64,057 voix, il fit partie du comité des cultes, et vota *pour* le bannissement de la famille d'Orléans, *contre* les poursuites contre L. Blanc et Caussidière, *contre* l'abolition de la peine de mort, *contre* l'impôt progressif, *contre* l'incompatibilité des fonctions, *contre* l'amendement Grévy, *contre* la sanction de la Constitution par le peuple, *pour* l'ensemble de la Constitution, *pour* la proposition Rateau, *contre* l'interdiction des clubs, *pour* l'expédition de Rome. Non réélu à la Législative, il quitta la vie politique.

PAULMIER (CHARLES-PIERRE-PAUL), député de 1846 à 1848, représentant en 1849, député au Corps législatif de 1865 à 1870, sénateur de 1876 à 1885, né à Paris le 21 octobre 1811, mort à Bretteville-sur-Laize (Calvados) le 16 décembre 1887, fit de brillantes études au lycée Charlemagne, obtint le 1ᵉʳ prix de philosophie au concours général de 1830, se fit inscrire au barreau de Paris en 1833, plaida plusieurs procès politiques devant la Chambre des pairs, notamment pour Barbès en 1840, et collabora à la *Gazette des tribunaux*. Elu, le 1ᵉʳ août 1846, député du 4ᵉ collège du Calvados (Falaise) par 242 voix (484 votants, 524 inscrits), contre 239 à M. Leclerc, il fut rapporteur de la pétition du roi Jérôme Bonaparte demandant à être autorisé à rentrer en France, et conclut en faveur de la demande. Après avoir échoué aux élections pour la Constituante, le 23 avril 1848, il devint (même année) membre du conseil général du Calvados, et fut élu, le 13 mai 1849, représentant du Calvados à l'Assemblée législative, le 1er sur 10, par 60,567 voix (86,996 votants, 137,851 inscrits). Il prit place dans la majorité monarchiste et ne se montra pas hostile à la politique du prince Louis-Napoléon. Après le 2 décembre, il reprit ses fonctions au barreau, fut nommé chevalier de la Légion d'honneur le 31 décembre 1853, et fut élu député au Corps législatif par la 4e circonscription du Calvados, comme candidat du gouvernement, le 19 mars 1864, en remplacement de M. de Caulaincourt, décédé, par 15,802 voix (26,426 votants, 35,068 inscrits), contre 10,547 à M. Lenormand. Il siégea dans la majorité dynastique, devint président du conseil général de son département (1865), et fut réélu député, le 24 mai 1869, par 17,908 voix (24,515 votants, 32,431 inscrits), contre 6,511 à M. André Pasquet; il prit place dans le tiers-parti et signa l'interpellation des 116. Il resta quelque temps en dehors de la politique après la chute de l'empire, reprit sa place au conseil général (8 octobre 1871), en redevint président, et se présenta, comme candidat constitutionnel, dans le Calvados, aux élections sénatoriales du 30 janvier 1876 : il fut élu, bien que combattu par les bonapartistes, par 665 voix (861 votants). Inscrit au groupe constitutionnel, il vota avec les républicains modérés, accorda la dissolution de la Chambre demandée par le ministère de Broglie, mais, après l'échec du 16 mai, soutint les cabinets républicains qui arrivèrent au pouvoir. Le 6 janvier 1885, au renouvellement triennal du Sénat, il n'obtint que 565 voix sur 1,175 votants, et rentra dans la vie privée. Chevalier de la Légion d'honneur (1855), officier du 4 août 1867. On a de lui : *De la misère et de la mendicité* (1845) ; *Traité de la législation et de la jurisprudence des théâtres* (1883).

PAULMIER (CHARLES-ERNEST), député de 1885 à 1889, né à Caen (Calvados) le 2 avril 1848, fils du précédent, servit pendant la guerre de 1870 comme officier dans un bataillon de mobiles, fut ensuite reçu avocat, et se fit inscrire au barreau de Paris où il exerça jusqu'en 1878. De retour dans le Calvados, il devint maire de Bretteville-sur-Laize, conseiller d'arrondissement en 1874, et conseiller général en 1883. Candidat à la députation, le 2 août 1881, dans l'arrondissement de Falaise, il échoua avec 5,231 voix contre 6,226 à l'élu, M. Esnault, républicain. Porté, le 4 octobre 1885, sur la liste conservatrice du Calvados, il fut élu, le 6e sur 7, par 51,695 voix (89,064 votants, 117,207 inscrits). Il prit place à droite, défendit les intérêts de l'agriculture, parla en faveur de la surtaxe des céréales, du privilège des bouilleurs de cru, se prononça *contre* la politique scolaire et coloniale du gouvernement, et vota, dans la dernière session, *contre* le rétablissement du scrutin d'arrondissement (11 février 1889), *pour* l'ajournement indéfini de la revision de la Constitution, *contre* les poursuites contre trois députés membres de la Ligue des patriotes, *contre* le projet de loi Lisbonne restrictif de la liberté de la presse, *contre* les poursuites contre le général Boulanger.

PAULON (JACQUES-ANDRÉ), député de 1880 à 1884, né à Volonne (Basses-Alpes) le 23 novembre 1824, fut élu, comme candidat républicain, le 29 octobre 1880, député de l'arrondissement de Sisteron (Basses-Alpes) par 2,779 voix (5,506 votants, 6,636 inscrits), contre 2,704 à M. Bontoux, en remplacement de M. Thourel, décédé. Il vota avec la majorité de gauche, et

se représenta, le 21 août 1881 : mais il échoua avec 2,618 voix contre 3,073 à l'élu, M. Bontoux. Aux élections d'octobre 1885, M. Paulon réunit encore, sans être élu, 9,836 voix sur 26,700 votants.

PAULTRE (CHARLES-ÉMILE), représentant en 1871, né à Sancoins (Cher) le 19 août 1809, mort à Dampierre-sous-Bouhy (Nièvre) le 29 octobre 1872, exerça la profession de notaire. Élu, le 8 février 1871, sur la liste conservatrice, le 6e sur 7, représentant de la Nièvre à l'Assemblée nationale, par 32,110 voix (64,512 votants, 97,485 inscrits), il prit place au centre droit, vota *pour* la paix, *pour* les prières publiques, *pour* l'abrogation des lois d'exil, et mourut en 1872.

PAULTRE DE LA VERNÉE (JEAN-LOUIS), représentant à la Chambre des Cent-Jours, né à Saint-Sauveur (Yonne) le 29 août 1777, mort à Saint-Sauveur le 13 mars 1852, parent du précédent, « fils de M. Louis-Zacharie Paultre, propriétaire en cette ville, et de dame Anne Trémeau », appartint à l'armée et parvint au grade d'officier supérieur. Élu, le 13 mai 1815, représentant de l'arrondissement d'Auxerre, à la Chambre des Cent-Jours, par 46 voix (84 votants), contre 31 à M. Bernard d'Héry, il ne fit pas partie d'autres législatures.

PAULTRE DES ÉPINETTES (LOUIS), député en 1789, né à Gien (Loiret) le 29 décembre 1747, mort à Saint-Sauveur (Yonne) le 4 mai 1797, « bourgeois-négociant à Auxerre » fut élu, en mars 1789, député du tiers aux Etats-Généraux par le bailliage d'Auxerre. Il vota avec la majorité réformatrice, prêta le serment du Jeu de paume, fut le plus souvent en congé, et disparut de la scène politique après la session.

PAULZE D'IVOY (JACQUES-CHRISTIAN), pair de France, né à Paris le 6 février 1788, mort au château de Courtiras (Loir-et-Cher) le 9 décembre 1856, entra dans l'administration et fut, sous Louis-Philippe, préfet des départements de la Vendée et de la Nièvre. Admis à la retraite le 28 février 1845, il fut nommé pair de France le 23 septembre suivant. M. Paulze d'Ivoy siégea à la Chambre haute jusqu'en 1848, parmi les dévoués partisans du gouvernement. Officier de la Légion d'honneur. Son fils a été préfet du Cher sous le second empire.

PAUTRIZEL (JEAN-BAPTISTE-LOUIS-THIRUS), membre de la Convention, né à l'île de Ré (Charente-Inférieure) le 25 août 1754, mort à une date inconnue, propriétaire à la Basse-Terre (Guadeloupe), fut élu, le 28 octobre 1792, député de la Guadeloupe à la Convention, à la pluralité des voix. Il ne prit séance que le 9 fructidor an II, après le procès du roi. Il demanda la liberté de Lacrosse, s'opposa à l'envoi de représentants aux colonies, réclama la création d'un conseil exécutif provisoire et fut dénoncé à la Convention comme ayant observé, dans la journée du 1er prairial an III, une attitude séditieuse. Pautrizel demanda vainement que l'examen de sa conduite fût renvoyé au comité de législation : décrété d'arrestation pour avoir proposé l'abolition de la peine de mort le jour de l'assassinat du député Féraud (6 prairial), il fut détenu jusqu'à l'amnistie du 4 brumaire an IV.

PAUWELS (Antoine), député de 1839 à 1846, né à Paris le 13 avril 1796, mort à Paris le 26 juillet 1852, commença d'abord des études médicales, puis s'engagea en 1813, fut fait prisonnier à Leipsig, et, pendant sa captivité, fut employé comme aide-pharmacien. A son retour en France, Louis XVIII le décora, mais il ne porta jamais la croix. Peu de temps après, il fonda à Paris une fabrique de produits chimiques, étudia les propriétés éclairantes de l'hydrogène et des gaz de la houille et, par l'entremise de Manuel et du duc d'Orléans, installa à la Chapelle la première usine à gaz. En 1821, il appliqua son système au Luxembourg et dans le quartier de l'Odéon. Cette opération ayant réussi, il installa deux nouvelles usines à Ivry et à Saint-Germain, s'occupa de la construction des machines à vapeur, et livra les premiers bateaux à aube qui firent le service de la Seine entre le Havre et Rouen. Maire de la Chapelle (Seine), il fut élu député du 1er collège de la Haute-Marne (Langres), le 14 décembre 1839, par 103 voix (203 votants) contre 89 à M. Bardonant, en remplacement de M. de Vaudeul, nommé pair de France, et prit place parmi les ministériels. Réélu, le 9 juillet 1842, par 105 voix (206 votants), contre 100 à M. de Pommeroy, il vit son élection annulée, et, s'étant représenté, échoua contre M. de Pommeroy, le 10 juin 1843 ; il ne fut pas plus heureux le 1er août 1846, avec 115 voix contre 171 au député sortant réélu, M. de Pommeroy. A la Chambre, M. Pauwels avait voté *pour* les fortifications de Paris, *pour* le recensement, *contre* la dotation du duc de Nemours, *contre* les incompatibilités, *contre* l'adjonction des capacités. Quelque temps avant sa mort, il fut chargé de missions en Belgique pour le compte du gouvernement français.

PAVÉE. — *Voy.* Vandeuvre (baron de).

PAVÉE DE VILLEVIEILLE (Etienne-Joseph de), député en 1789, né au château de Villevieille (Gard) le 31 décembre 1739, mort au couvent de Saint-Oliva (Espagne) en 1795, appartenait à une famille d'ancienne noblesse du Bas-Languedoc, apparentée aux princes de Condé et aux Montmorency, et était le troisième fils de Joseph-Raymond de Pavée, marquis de Villevieille, baron de Montredon, capitaine dans le régiment du roi, commandant pour le roi dans la ville et château de Sommières, et de Françoise-Mélanie de la Fare-Montclar. Reçu docteur en Sorbonne, l'abbé de Villevieille fut doté de la seigneurie de Maraze et fut nommé auditeur de rote. Puis, il devint vicaire général du diocèse d'Albi, et fut nommé, en novembre 1783, évêque de Bayonne. Elu, en mars 1789, par le clergé de la Navarre aux Etats-Généraux, il soutint de ses votes les privilèges de son ordre, et fut des derniers à accepter la vérification en commun des pouvoirs et la réunion avec le tiers-état. Il refusa de prêter le serment exigé par la constitution civile du clergé, adressa sur ce point d'énergiques instructions à ses prêtres, passa quelque temps en Espagne (1790), puis rentra dans son diocèse, où il protesta contre les actes de juridiction de l'évêque constitutionnel, dom Sanadon, bénédictin. Menacé de poursuites, M. de Villevieille reprit le chemin de l'Espagne (1791), et mourut, deux ans après, au monastère des bernardins d'Oliva où il s'était retiré. Son frère, Philippe-Charles, maréchal de camp,

littérateur de talent, fut ami de Voltaire, qui le cite fréquemment dans sa correspondance. Ce fut lui qui certifia, avec le marquis de Villette, la demande des derniers secours de la religion faite par Voltaire au curé de Saint-Sulpice.

PAVETTI (Jacques, chevalier), député au Corps législatif de l'an XII à 1808, né à Romano (Italie) le 11 février 1772, date de mort inconnue, homme de loi, fut, en l'an VII, membre de la division centrale des finances, puis membre du tribunal de haute police d'Ivrée. Entré au service militaire la même année, il parvint au grade de chef de bataillon (an VIII), fut nommé, lors de la retraite de l'armée d'Italie, régent du bureau de la guerre en Piémont (an IX), et passa (an XII) chef du 55e escadron de gendarmerie nationale, en même temps que juge au tribunal criminel spécial séant à Turin. Elu, le 22 thermidor an XII, par le Sénat conservateur, député du département de la Doire au Corps législatif, il siégea dans l'assemblée impériale jusqu'en 1808. — Chevalier de l'Empire du 28 janvier 1809.

PAVIE (Nicolas-Jean-Baptiste), député au Conseil des Cinq-Cents, né à Bec-Hellouin (Eure) en 1755, mort en 1832, était avocat à Evreux, lorsqu'il fut élu, le 23 germinal an V, député de l'Eure au Conseil des Cinq-Cents, par 261 voix (304 votants). Il se rangea dans le parti de Clichy, vota en faveur de la liberté des cultes, prit la défense de la religion catholique, demanda que les presbytères devinssent la propriété des communes, et appuya la proposition contre la violation du secret des lettres. Condamné à la déportation au 18 fructidor an V, il parvint à se cacher, fut gracié après le 18 brumaire, et ne reparut plus sur la scène politique.

PAVY (Joseph-Marie), député de 1820 à 1827, né à Lyon (Rhône) le 17 octobre 1766, mort à Lyon le 27 janvier 1839, fabricant de soieries, président du tribunal de commerce de Lyon et chevalier de la Légion d'honneur, se présenta à la députation, le 25 mars 1819, dans le grand collège du Rhône, où il échoua avec 528 voix contre 746 à l'élu, M. de Corcelles, et 138 au baron Rambaud. Il fut plus heureux dans le même collège, le 13 novembre 1820, où il fut élu député par 216 voix (417 votants, 457 inscrits). Membre de la majorité royaliste, il fut réélu, le 16 mai 1822, par 295 voix (463 votants, 532 inscrits), et le 6 mars 1824, par 261 voix (474 votants, 533 inscrits). Il soutint (avril 1824) le projet Villèle sur la conversion des rentes, approuva la loi du milliard des émigrés et, le 21 mars 1825, fit un discours en faveur de la réduction des rentes. Non réélu en 1827, il revint à Lyon, et fut salué par les cris : «A bas Peyronnet! à bas Pavy!» Il écrivit à M. de Villèle pour lui conseiller de faire une fournée de 200 pairs pris dans les conseillers généraux, et de rétablir la censure « provisoire pour l'obtenir définitive. Il faut, ajoutait-il, redonner la vie et le mouvement au roi, qui est mort dans l'opinion publique. » Il ne revint plus d'ailleurs aux affaires.

PAYEN (Charles-Marie), député en 1789, né à Saint-Léger (Pas-de-Calais) le 15 septembre 1738, exécuté à Cambrai (Nord) le 19 juin 1794, propriétaire cultivateur à Boiry-Becquerelle en Artois, fut, le 24 avril 1789, élu député du tiers aux Etats-Généraux par l'assemblée des

États d'Artois. Un pamphlet de Fourdrin fait ainsi son portrait : « 3e Écurie. 1. Payen le campagnard, excellent cheval pour le labourage, mais nullement muni, n'ayant ni bouche ni éperon; d'ailleurs sans vice et sans défaut. » Le *Moniteur* est muet sur le rôle parlementaire de ce législateur. Rentré dans la vie privée, Payen fut hostile aux mesures révolutionnaires et s'opposa à l'exécution des lois sur les prêtres non assermentés. Il fut arrêté, conduit à Cambrai, condamné à mort par le tribunal révolutionnaire, et exécuté.

PAYEN DE BOISNEUF (Jean), député en 1789, né et mort à des dates inconnues, exploitait lui-même les vastes propriétés qu'il possédait à Pernay quand il fut élu, le 24 mars 1789, député du tiers aux États-Généraux par le bailliage de Touraine, avec 99 voix sur 162 votants. Le rapport adressé par l'intendant au ministre à cette occasion le qualifie « Américain très riche ». Il prêta le serment du Jeu de paume, fit partie du comité colonial, de celui des recherches, prit un assez long congé, et assista, le 26 mars 1791, à l'installation de l'évêque constitutionnel de Paris, Gobel. Le 3 septembre 1791, il fut nommé 2e haut-juré d'Indre-et-Loire, et ne fit partie d'aucune autre assemblée politique.

PAYER (Jean-Baptiste), représentant en 1848 et 1849, né à Asfeld (Ardennes) le 3 février 1818, mort à Paris le 5 septembre 1860, fit ses études au collège Saint-Louis à Paris, suivit ensuite, pour complaire à sa famille, les cours de la faculté de droit, et entra comme clerc dans une étude de notaire, qu'il quitta bientôt pour s'occuper de sciences; il fut reçu, en 1840, à la fois licencié en droit et docteur ès-sciences naturelles. La même année, il obtint, avec dispense d'âge, le titre d'agrégé de facultés, et fut nommé (4 octobre 1840) professeur de géologie et de minéralogie à Rennes. En 1841, il devint maître de conférences à l'École normale supérieure, et suppléa quelque temps M. de Mirbel dans sa chaire de la Sorbonne. Il se fit encore recevoir, vers cette époque, docteur en médecine, et maître en pharmacie. Républicain très modéré, M. Payer fut attaché par Lamartine, après la révolution de février, au ministère des Affaires étrangères comme chef de cabinet. Il fut élu (23 avril 1848) représentant des Ardennes à l'Assemblée constituante, le 2e sur 8, par 46,646 voix (72,152 votants, 85,403 inscrits). M. Payer vota le plus souvent avec la droite : *pour* le rétablissement du cautionnement et de la contrainte par corps, *pour* les poursuites contre Louis Blanc et Caussidière, *contre* l'abolition de la peine de mort, *contre* l'amendement Grévy, *contre* le droit au travail, *pour* la suppression de l'impôt du sel, *contre* l'amnistie, *pour* l'interdiction des clubs. Réélu, le 13 mai 1849, représentant du même département à l'Assemblée législative, le 4e sur 7, par 31,661 voix (64,318 votants, 89,708 inscrits), il opina en général avec le tiers-parti, et déposa (juillet 1851) un projet de revision de la Constitution dans le sens républicain, projet qui ne fut pas voté. En 1852, il fut appelé à la faculté des sciences, en remplacement d'Auguste Saint-Hilaire, à la chaire d'organographie végétale, qui devint, après la mort d'Adrien de Jussieu, et par la réunion des deux cours, la chaire de botanique, et où M. Payer se fit remarquer par une rare facilité de parole et une élégante précision. Membre de l'Académie

des sciences (1854), M. Payer a publié : *Organogénie de la fleur* (1859); *Botanique cryptogamique*, etc.

PAYN (Alexandre-Claude), représentant à la Chambre des Cent-Jours, né à Moussey (Aube) le 6 juin 1760, mort à Prunay-Saint-Jean (Aube) le 24 septembre 1842, « fils d'Edme Payn, laboureur à Moussey, et de Jeanne Berthelin », était avocat à Troyes au moment de la Révolution. Il acheta plus tard une charge d'avoué, fut nommé adjoint au maire sous l'Empire, puis remplit par intérim les fonctions de maire, du 19 juillet 1809 au 15 février 1810. Ayant, lors de l'invasion, montré autant de courage que de dévouement, et sauvé la ville du pillage dont les Prussiens la menaçaient, il reçut, de ses concitoyens, une épée d'honneur (13 novembre 1814). Élu, le 8 mai 1815, représentant à la Chambre des Cent-Jours par le collège de département de l'Aube, avec 65 voix (123 votants), il rentra dans la vie privée à la seconde Restauration, reprit la direction de l'administration municipale aux journées de juillet, et fut de nouveau maire de Troyes du 16 novembre 1830 au 15 février 1835. On a de lui : *L'Homme et la femme*, poésies (Troyes, 1836); *Dictionnaire de pensées, maximes, sentences et réflexions*, etc.

PAZAT (Louis-Childebert), membre du Sénat, né à Mont-de-Marsan (Landes) le 8 février 1839, étudia le droit et se fit recevoir avocat. Bâtonnier de l'ordre, maire de Mont-de-Marsan, vice-président de la Société landaise d'encouragement à l'agriculture, il se présenta pour la première fois à la députation comme candidat républicain, le 20 février 1876, dans la 2e circonscription de Mont-de-Marsan : il obtint 1,645 voix contre 5,043 à l'élu, M. Victor Lefranc, 2,108 à M. Pidoux, et 456 à M. Pascal Duprat. Il fut encore candidat après la dissolution de la Chambre, le 14 octobre 1877, cette fois dans la 1re circonscription de Mont-de-Marsan : il réunit 4,542 voix contre 8,676 à l'élu, candidat officiel, M. de Guilloutet, et ne fut pas plus heureux, le 21 août 1881, avec 5,573 voix contre 7,201 au député sortant, réélu, M. de Guilloutet. Les élections sénatoriales du 5 janvier 1888 lui ouvrirent les portes du parlement : élu sénateur des Landes par 417 voix sur 708 votants, il prit place à gauche, fut rapporteur (décembre 1888) de la loi sur l'ajournement de l'élection de la Cochinchine après l'invalidation de M. Ternisien, vota avec la majorité républicaine, et se prononça en dernier lieu *pour* le rétablissement du scrutin d'arrondissement (13 février 1889), *pour* le projet de loi Lisbonne restrictif de la liberté de la presse, *pour* la procédure à suivre devant le Sénat contre le général Boulanger.

PAZZI (François-Alamanno), député au Corps législatif en 1809, dates de naissance et de mort inconnues, fut nommé par l'empereur, le 5 juillet 1809, député de l'Arno au Corps législatif, sur une triple liste au choix dressée par le préfet de ce département. Son rôle parlementaire n'a pas laissé de traces.

PÉAN (Sébastien-Pierre), député de 1832 à 1834, né à Blois (Loir-et-Cher) le 2 décembre 1786, mort à Blois le 18 février 1846, avocat et maire de Blois, se présenta pour la première fois à la députation, le 5 juillet 1831, dans le 1er collège de Loir-et-Cher (Blois); il y obtint

230 voix seulement, contre 341 à l'élu, M. Pelet de la Lozère, député sortant. Mais le décès de M. Crignon-Bonvalet ayant déterminé une vacance dans le 3e collège du même département ·Vendôme), M. Péan s'y porta candidat et fut élu, le 27 mai 1832, par 196 voix (355 votants, 446 inscrits), contre 156 à M. Raguet-Lépine. Il vota généralement avec la majorité conservatrice, et quitta la Chambre en 1834, ayant échoué, le 21 juin de cette année, avec 144 voix contre 194 à M. Raguet-Lépine, élu.¡

PÉAN (NICOLAS-LUCIEN-EMILE), représentant en 1848 et 1849, né à Orléans (Loiret) le 9 novembre 1809, mort à Orléans le 16 janvier 1871, étudia le droit, se fit recevoir avocat et acheta (1836) une charge d'avoué à Paris. Républicain, il collabora au *National* sous Louis-Philippe, et fut l'homme d'affaires de l'opposition démocratique. La révolution de 1848 le fit adjoint au maire du 4e arrondissement de Paris. Puis il fut élu (23 avril) représentant du Loiret à l'Assemblée constituante, le 6e sur 8, par 40,263 voix (73,249 votants, 88,000 inscrits). M. Péan fit partie du bureau de l'Assemblée comme secrétaire, fut membre du comité de la justice, et vota en général avec la gauche modérée : *contre* le rétablissement du cautionnement, *pour* les poursuites contre Louis Blanc et Caussidière, *contre* le rétablissement de la contrainte par corps, *pour* l'abolition de la peine de mort, *pour* l'amendement Grévy, *contre* l'abolition du remplacement militaire, *contre* le droit au travail, *pour* l'ordre du jour en l'honneur de Cavaignac, *contre* la proposition Rateau, *pour* l'amnistie, *contre* l'interdiction des clubs, *contre* l'expédition de Rome, *pour* la mise en accusation du président et de ses ministres, *pour* l'abolition de l'impôt des boissons. Le 29 janvier 1849, il avait demandé, en présence des bruits de conspiration et du mouvement des troupes, qu'on entendît à la barre de l'Assemblée les ministres et le général Changarnier, et qu'on confiât la garde de l'Assemblée à Lamoricière avec 50,000 hommes. Réélu, le 13 mai 1849, représentant du Loiret à l'Assemblée législative, le 6e sur 7, par 29,079 voix (65,037 votants, 92,506 inscrits), M. E. Péan prit place dans la minorité républicaine avec laquelle il opina constamment, combattit le gouvernement présidentiel de L.-N. Bonaparte, et fut compris, à la suite du coup d'État du 2 décembre 1851, dans le décret d'expulsion du 9 janvier 1852. Il se réfugia en Belgique, et rentra en France après l'amnistie de 1859.

PÉAN DE SAINT-GILLES (LOUIS-DENIS), représentant à la Chambre des Cent-Jours, né à Paris le 2 janvier 1764, mort à Paris le 7 juin 1829, était agent de change dans cette ville. Membre du collège électoral du département de la Seine sous Napoléon Ier, chevalier de la Légion d'honneur, et maire du 5e arrondissement de Paris, qui comprenait alors les quartiers Bonne-Nouvelle, Montorgueil, du Faubourg-Saint-Denis et de la Porte Saint-Martin, il fut élu, le 7 mai 1815, représentant de la Seine à la Chambre des Cent-Jours, au grand collège, par 82 voix (113 votants, 215 inscrits). Après la courte session de cette assemblée, M. Péan de Saint-Gilles rentra dans la vie privée. Il fut remplacé, comme maire du 5e arrondissement, par M. Walckenaër.

PEAUDECERF (VALENTIN-JACQUES), membre du Sénat, né à Bourges (Cher) le 31 août 1835,

débuta sous l'Empire comme vérificateur des poids et mesures dans le département du Cher: il manifestait alors des opinions bonapartistes, et il mena, en 1870, une ardente campagne plébiscitaire. Rallié, après le 4 septembre 1870, au gouvernement de la République, il sollicita et obtint (1878), grâce à l'influence de son cousin, M. Henri Brisson, le poste de conseiller de préfecture du Cher. Promu secrétaire général du même département en 1880, chevalier de la Légion d'honneur, il prêta le concours le plus dévoué à la politique opportuniste et aux intérêts électoraux de M. Brisson, fut nommé préfet de l'Indre, et se présenta, le 6 janvier 1885, comme candidat aux élections sénatoriales dans le Cher : il fut élu, au second tour de scrutin, par 374 voix (710 votants). M. Valentin Peaudecerf siégea dans les rangs de la gauche du Sénat. Il prit quelquefois la parole sur des questions administratives, sur le code rural, et vota *pour* l'expulsion des princes, *pour* la nouvelle loi militaire, et, en dernier lieu, *pour* le rétablissement du scrutin d'arrondissement (13 février 1889), *pour* le projet de loi Lisbonne restrictif de la liberté de la presse, *pour* la procédure à suivre devant le Sénat contre le général Boulanger.

PÉCHEUR (JEAN-BAPTISTE-PIERRE), député au Conseil des Anciens, né à Luppy (Moselle) le 22 juin 1751, mort à Metz (Moselle) le 21 août 1808, fut procureur au bailliage de Metz en 1773, puis avocat. Il embrassa avec ardeur les principes de la Révolution, fut nommé président du district de Metz, puis procureur général syndic de la Moselle après le 9 thermidor, et fut élu, le 25 vendémiaire an IV, député de ce département au Conseil des Anciens, par 256 voix (288 votants). Le *Moniteur* est muet sur son rôle politique. Président du tribunal d'appel de Metz le 28 floréal an VIII, il devint membre de la Légion d'honneur le 25 prairial an XII.

PÉCONNET (JEAN-BAPTISTE-OTHON), représentant en 1871, né à Limoges (Haute-Vienne) le 15 janvier 1830, mort le 23 mai 1871, entra dans l'administration sous l'Empire et fut nommé préfet de la Charente en 1867. Rendu à la vie privée au 4 septembre 1870, il se présenta, le 8 février 1871, comme candidat impérialiste, à l'Assemblée nationale, dans la Charente, et fut élu représentant, le 6e sur 7, par 36,807 voix (70,607 votants, 114,376 inscrits). M. Péconnet prit place dans le petit groupe bonapartiste, vota *pour* la paix, *pour* les prières publiques, et ne siégea que peu de temps, étant mort trois mois après son élection.

PÉCOUL (FRANÇOIS-AUGUSTIN-MARIE-CHARLES), représentant en 1849, né à la Basse-Pointe (Martinique) le 17 mai 1798, mort à Paris le 6 janvier 1858, était propriétaire à la Basse-Pointe, et d'opinions conservatrices. Élu, le 3 juin 1849, représentant de la Martinique à l'Assemblée législative, le second et dernier, par 13,482 voix (17,328 votants, 29,841 inscrits), il siégea à droite et vota *pour* la loi Falloux-Parieu sur l'enseignement, *pour* la loi restrictive du suffrage universel, ainsi que *pour* toutes les mesures approuvées par la majorité monarchiste. Après le coup d'État du 2 décembre 1851, il renonça à la vie politique.

PÈDRE. — *Voy.* LACAZE.

PÉGOT (Bertrand), député en 1789, né à Saint-Gaudens (Haute-Garonne) le 14 mai 1750, mort à Saint-Gaudens le 20 décembre 1827, négociant, fut élu, le 22 avril 1789, député du tiers aux États-Généraux par Comminges et Nébouzan. Il vota avec la majorité de l'Assemblée constituante, et ne fit pas partie d'autres assemblées. Trois de ses fils se distinguèrent aux armées.

PÉGOT-OGIER (Jean-Baptiste), représentant du peuple en 1848, né à Saint-Gaudens (Haute-Garonne) le 15 août 1795, mort à Toulouse (Haute-Garonne) le 12 juillet 1874, fils de cultivateurs, s'engagea comme volontaire le 10 mars 1812, fit la campagne de Saxe et de France, et se battit à Waterloo comme lieutenant de grenadiers. Mis en demi-solde à la seconde Restauration, il donna sa démission, s'occupa d'agriculture mais surtout de politique, prit part aux complots ourdis contre les Bourbons et Louis-Philippe, fut placé sous la surveillance spéciale de la police et fut même condamné à quelques mois de prison. Membre de la commission départementale de la Haute-Garonne, et commissaire du gouvernement provisoire dans le Gers en 1848, il fut élu, le 23 avril, représentant de la Haute-Garonne à l'Assemblée constituante, le 6e sur 12, par 51,063 voix. Il fit partie du comité des affaires étrangères, et vota *pour* le bannissement de la famille d'Orléans, *contre* les poursuites contre L. Blanc et Caussidière, *pour* l'abolition de la peine de mort, *pour* l'impôt progressif, *pour* l'incompatibilité des fonctions, *pour* l'amendement Grévy, *contre* la sanction de la Constitution par le peuple, *contre* la proposition Rateau, *contre* l'interdiction des clubs, *contre* l'expédition de Rome, *pour* la demande de mise en accusation du président et des ministres; il s'abstint sur l'ensemble de la Constitution. Hostile à la politique de l'Élysée, et non réélu à la Législative, il quitta la vie politique.

PELAUQUE-BERAUT (Jean-Marie), député en 1789, né à Condom (Gers) le 3 avril 1758, mort à Bordeaux (Gironde) le 6 mai 1820, fut reçu avocat (1776) au parlement de Navarre. Conseiller procureur du roi à l'élection de Condom (1778), il fut élu, le 9 mars 1789, député du tiers aux États-Généraux par la sénéchaussée de Condom. Il opina avec la majorité de la Constituante, prêta le serment du Jeu de paume, renonça à la finance de son office (21 septembre 1789), et prit un congé de six mois avant la fin de la session. En l'an VIII, il devint sous-préfet de Lesparre, et, le 2 fructidor an X, secrétaire général de la préfecture de la Gironde. Pelauque-Beraut fut admis à la retraite le 1er mai 1815.

PELET (Jean, comte), dit Pelet de la Lozère, membre de la Convention, député au Conseil des Cinq-Cents, pair de France, né à Saint-Jean-du-Gard (Gard) le 23 février 1759, mort à Paris le 26 janvier 1842, descendait de Pelet, baron de Salgas, qui avait passé 14 ans aux galères, avait été dégradé de la noblesse, avait vu ses biens confisqués et les tours de Salgas rasées pour n'avoir pas abjuré sa foi protestante. Fils du sieur Jean Pelet négociant, et de Marie Castanier, le jeune Jean, reçu avocat au parlement de Provence, et attaché au barreau de Florac, salua avec joie, comme ses coreligionnaires, l'aurore de la Révolution. Président du directoire du département de la Lozère (1791), il fut élu, le 5 septembre 1792

membre de la Convention par son département, le 4e sur 5, à la pluralité des voix sur 215 votants. Il inclina du côté des Girondins, se trouva absent par commission lors du procès de Louis XVI, et prit parti contre Robespierre au 9 thermidor : « Les proscriptions arbitraires qu'ils secondent, dit-il ensuite, sont le comble de la tyrannie; c'était l'arme du monstre dont vous avez purgé la terre, en vouant à l'horreur son exécrable mémoire. Vous réservez au même supplice les hommes pervers, cruels et abominables qui servaient sa rage, et ceux qui tenteraient d'imiter un exemple aussi révoltant. » Il demanda, en conséquence, de ne pas continuer leurs pouvoirs aux membres survivants de l'ancien comité de salut public. Secrétaire de l'assemblée en octobre 1794, il proposa de substituer, en certains cas, le bannissement à la peine de mort, présida l'assemblée (mars-avril 1795), lors de l'émeute de germinal, et, après la séance où fut promenée la tête du député Féraud, il dit : « Vous êtes arrivés à ce point de la Révolution, où il ne vous est plus permis de vous écarter du chemin de la sagesse. Établissons notre république, réalisons les vœux, les espérances de bonheur et de liberté du peuple. Depuis cinq ans, des factions impies ont nourri de vaines promesses notre facile crédulité. N'ajournons plus nos devoirs et nos droits, car l'ambition et le crime, l'ignorance et la famine n'ajourneraient pas leurs ravages. » Envoyé à l'armée des Pyrénées-Orientales, il entama avec l'Espagne les négociations qui aboutirent à la paix de Bâle (1795). Après la session conventionnelle, soixante et onze départements l'élurent député au Conseil des Cinq-Cents, le 23 vendémiaire an IV, parmi lesquels la Lozère par 123 voix sur 129 votants; il présida le Conseil (19 juin 1796), parla en faveur des enfants des émigrés et de la liberté de la presse, et se plaignit « du langage dégoûtant (*sic*) » d'un député, qui comparait les journalistes aux prostituées. Il sortit du Conseil en mai 1797 et se retira dans son pays natal. Après le coup d'État de brumaire, Bonaparte le nomma préfet de Vaucluse (11 ventôse an XIII), puis l'appela au conseil d'État (27 fructidor an X), et, deux ans après, à la direction de la seconde division de la police, embrassant 42 départements du midi de la France. Il occupa ces fonctions jusqu'en 1814, fut fait membre de la Légion d'honneur (9 vendémiaire an XII), commandeur (25 prairial), et comte de l'Empire (18 mai 1808). Il se retira à la campagne au retour des Bourbons, fut nommé, aux Cent-Jours, ministre par intérim de la police générale (23 juin-9 juillet 1815), et se retira de nouveau de la vie publique après Waterloo. Le 5 mars 1819 Louis XVIII le nomma pair de France, avec une pension de 4,000 francs. Le comte Pelet prêta serment à la monarchie de juillet, mais l'état de sa santé ne lui permit de siéger à la Chambre haute qu'à de rares intervalles. Il mourut à 83 ans; il était membre du Consistoire de l'Église réformée de Paris.

PELET (Privat-Joseph-Claramont, comte dit Pelet de la Lozère, député de 1827 à 1837 pair de France et ministre, né à Saint-Jean-du-Gard (Gard) le 12 juillet 1785, mort à Villers-Cotterets (Aisne) le 9 février 1871, fils aîné du précédent et de dame Marie-Antoinette Rodier, entra dans l'administration en l'an VIII comme surnuméraire au ministère de l'Intérieur. En 1806, il fut nommé auditeur au conseil d'État et administrateur des forêts de la couronne

Maître des requêtes en 1811, administrateur du domaine extraordinaire en 1814, il occupa sous la Restauration, du 24 février 1819 à 1823, la préfecture de Loir-et-Cher, et fut destitué par M. de Corbière comme suspect de libéralisme, et aussi, dit-on, comme protestant. Elu, le 17 novembre 1827, député du 1er arrondissement de Loir-et-Cher (Blois), par 195 voix (348 votants, 410 inscrits), contre 148 au comte de Rancogne, et le même jour, dans le 2e arrondissement du même département (Vendôme), par 96 voix (174 votants, 232 inscrits), contre 69 à M. de Laporte, président du collège électoral, il opta pour Blois, fut remplacé à Vendôme, le 21 avril 1828, par M. Crignon-Bonvalet, et prit place au centre gauche de la Chambre, avec lequel il vota contre le cabinet Polignac. Réélu à Blois, le 12 juillet 1830, par 246 voix (394 votants, 432 inscrits), contre 147 au comte de Rancogne, M. Pelet adhéra avec empressement au gouvernement de Louis-Philippe, qu'il soutint de ses votes, tout en opinant parfois avec le tiers-parti. Il obtint sa réélection comme député de Blois, le 5 juillet 1831, avec 341 voix (579 votants, 736 inscrits), contre 230 à M. Péan. Le même jour, il avait également la majorité dans la 2e circonscription de la Lozère (Florac) avec 76 voix sur 137 votants et 152 inscrits, contre 56 à M. André, député sortant. Ayant opté pour Blois, il fut remplacé à Florac, le 6 septembre suivant, par M. Meynadier. Son mandat législatif lui fut encore renouvelé à Blois, le 21 juin 1834, par 366 voix (595 votants, 718 inscrits), contre 115 à M. Leroy, de l'opposition démocratique, et 114 à M. Hennequin, légitimiste. Quand, au mois de février 1835, le cabinet dont le maréchal Mortier était le président fut dissous par suite de divisions intestines, le maréchal Soult, chargé de composer un nouveau ministère, offrit à M. Pelet d'y entrer avec M. Calmon et le baron Ch. Dupin; mais l'influence personnelle du roi fit échouer cette combinaison, et ce ne fut que l'année suivante (22 février 1836) que M. Pelet fut appelé à prendre, dans le cabinet Thiers, le portefeuille de l'Instruction publique. Il le garda jusqu'au 6 septembre suivant; à ce moment, un dissentiment profond à propos de la politique à suivre vis-à-vis de l'Espagne éclata entre le roi et ses conseillers, et le ministère Molé succéda au ministère Thiers. M. Pelet de la Lozère, par suite de son arrivée aux affaires, avait dû se représenter devant ses électeurs qui le confirmèrent dans son mandat, le 30 mars 1836, par 432 voix sur 436 votants. Quand il eut quitté le pouvoir, il devint un des membres les plus importants de la minorité qui combattit les tendances et les actes de la nouvelle administration. Toutefois, celle-ci crut faire acte d'habileté en comprenant (3 octobre 1837) M. Pelet dans une « fournée » de pairs, composée d'hommes du tiers-parti, de députés du juste-milieu et de légitimistes ralliés. M. Pelet suivit au Luxembourg la même politique qu'au Palais-Bourbon, et soutint le pouvoir, non sans s'exprimer en quelques circonstances avec indépendance. Pendant la longue crise ministérielle qui suivit la chute du cabinet Molé, au mois d'avril 1839, il fut le premier à provoquer de la part du gouvernement des explications sur les causes de cette interruption dans le jeu légal des institutions du pays. Quand, au 1er mars 1840, Thiers fut de nouveau appelé à diriger un cabinet pris dans le centre gauche, M. Pelet (de la Lozère) fut chargé par lui du portefeuille des Finances. Mais, le 21 octobre suivant, il donna encore une fois sa démis-sion par suite de la crise des affaires d'Orient. Il parla, au commencement de 1848, sur l'adresse en réponse au discours de la couronne; la révolution de février le rendit à la vie privée. On lui doit un *Précis de l'histoire des Etats-Unis* (1840).

PELET (JEAN-JACQUES-GERMAIN, BARON), député de 1831 à 1837, pair de France, représentant du peuple en 1850, sénateur du second Empire, né à Toulouse (Haute-Garonne) le 15 juillet 1777, mort à Paris le 20 décembre 1858, était, en 1799, élève à l'Ecole des arts et sciences de Toulouse quand il s'engagea. Sergent au 1er bataillon auxiliaire de la Haute-Garonne le 7 pluviôse an VIII, employé aux sections de génie à l'armée d'Italie le 23 vendémiaire an IX, garde du génie de 3e classe à la même armée le 1er pluviôse suivant, sous-lieutenant ingénieur-géographe le 5 juin 1801, lieutenant le 14 avril 1802, il rédigea le *Dictionnaire topographique militaire du théâtre de la guerre en Italie*, et fut chargé par Jourdan de plusieurs reconnaissances dans le Tyrol. Aide-de-camp de Masséna le 8 octobre 1805, il prit part à la campagne d'Italie, fut blessé à Caldiero, se signala au passage de la Brenta, et suivit Masséna dans son expédition contre Naples. Capitaine le 12 février 1807, il fut appelé à la grande armée sur le Danube, devint chef de bataillon après Abensberg (15 mai 1809), se distingua à Essling, à l'île Lobau, à Znaïm, reçut en récompense une dotation en Allemagne, suivit Masséna en Portugal, et fut promu colonel le 10 avril 1811, après l'affaire de Sabugal. Employé comme adjudant commandant à l'état-major de la grande armée le 21 mars 1812, il se battit à Smolensk, à la Moskowa, fut appelé, après l'incendie de Moscou, au commandement du 48e de ligne (10 octobre 1812), et se signala de nouveau à Krasnoë. Promu général de brigade le 12 avril 1813, au début de la campagne de Saxe, et attaché en cette qualité au 6e corps, commandant de la 2e brigade de la 3e division de la jeune garde le 24 août 1813, il prit une part importante à la bataille de Dresde et à celle de Leipsig, et dirigea l'arrière-garde jusqu'à Erfurth, en qualité d'adjudant général de la garde impériale. A la Restauration, il devint major des chasseurs royaux (1er juillet 1814). Major des chasseurs à pied de la garde nationale aux Cent-Jours, il combattit à Charleroi, à Fleurus et à Waterloo, où il défendit la position de Plancenoit contre Bulow. Mis en non-activité le 11 octobre 1815, il fut appelé, le 13 mai 1818, aux fonctions de secrétaire de la commission de défense du royaume, nommé maréchal de camp au corps royal d'état-major le 27 mai suivant, et mis en disponibilité en février 1821. Il ne reprit du service actif qu'en 1830, fut adjoint au comité consultatif d'infanterie le 10 février de cette année, remis en disponibilité le 1er mai, et, après les journées de juillet, placé à la tête de l'Ecole d'état-major le 11 août. Lieutenant général le 19 novembre, directeur du dépôt de la guerre le lendemain 20, grand-officier de la Légion d'honneur le 20 avril 1831, il commanda une division de réserve lors du siège d'Anvers, et se fit surtout remarquer par la réorganisation des services géodésiques et topographiques de l'armée, l'impulsion qu'il sut donner à la section des travaux historiques, et le soin qu'il prit à classer méthodiquement la correspondance militaire de Napoléon. Il hâta aussi le levé topographique de nos possessions algériennes et commença la publication de la *Carte de France de l'état-major*, dont il présenta les premières feuilles à Louis-Philippe en 1833. Il avait été élu, le 5 juillet 1831, député du 1er collège de la Haute-Garonne (Toulouse), par 358 voix (482 votants, 754 inscrits) contre 116 à M. de Malaret. Réélu, le 21 juin 1834, par 392 voix (501 votants, 702 inscrits; contre 74 voix à M. de Châteaubriand et 21 à M. Caze, il fut blessé lors de l'attentat de Fieschi, et nommé pair de France le 3 octobre 1837. A la Chambre, il avait voté en général avec l'opposition, et demandé le rappel des membres de la famille impériale ; à la Chambre des pairs, il prit part aux discussions relatives au recrutement de l'armée, à la réorganisation du corps d'état-major, et fit valoir l'utilité des voies ferrées au point de vue militaire. Appelé au comité consultatif d'état-major en 1841, il fut placé dans la section de réserve en 1845. En 1849, il accepta de présider l'*Union électorale*, et fut élu, le 10 mars 1850, représentant de l'Ariége à l'Assemblée législative, en remplacement de M. Pilhes, condamné pour affaire du 13 juin, par 34,923 voix (53,014 votants, 73,043 inscrits), contre 15.199 à M. Aristide Pilhes, 1,408 à M. Ch. Silvestre et 483 à M. Latheulade. Il siégea dans la majorité, demanda l'érection d'une statue équestre de Napoléon Ier sur l'esplanade des Invalides, se montra partisan de la politique du prince Louis-Napoléon et, après le coup d'État, fit partie de la Commission consultative. Conseiller général de Seine-et-Marne, il entra au nouveau Sénat le 26 janvier 1852. Membre de la commission pour la publication de la correspondance de Napoléon Ier, et membre, par décret impérial, de l'Académie des sciences morales et politiques en 1855, M. Pelet a publié : *Mémoires sur la guerre de 1809* (1824, 4 volumes); *Des principales opérations de la campagne de 1813* (paru dans le *Spectateur militaire* dont il fut l'un des fondateurs); *Introduction aux campagnes de l'Empereur Napoléon en 1805, 1806, 1807 et 1809* (3 volumes); *Mémoires militaires relatifs à la succession d'Espagne sous Louis XIV* (9 volumes et atlas); enfin il a très assidûment collaboré au *Spectateur militaire*.

PELISSE (Frédéric-Gustave), député de 1881 à 1885, et de 1886 à 1889, né à Saint-Chély-d'Apcher (Lozère) le 12 février 1853, étudia le droit et se fit recevoir docteur. Sous-préfet de Florac (1877), il donna sa démission en 1880, et se présenta, le 20 février 1881, comme candidat à la Chambre des députés dans la circonscription de Marvejols, dont le siège était devenu vacant par suite du décès de M. de Chambrun. Elu par 6,636 voix (11,064 votants, 14,124 inscrits), contre 4,416 à M. Brun de Villeret, il prit place à gauche, mais vit son élection invalidée le 23 juillet, comme ayant eu lieu avant l'expiration du délai imposé par la loi à tout fonctionnaire de l'ordre administratif qui aspire à la députation. M. Pelisse se représenta le 21 août 1881 : il fut alors confirmé dans son mandat par 8,071 voix (9,552 votants, 15,476 inscrits). Il siégea à l'union républicaine, et vota avec la majorité opportuniste *pour* les ministères Gambetta et J. Ferry, *contre* la séparation de l'Eglise et de l'Etat, *pour* les crédits de l'expédition du Tonkin. Aux élections du 4 octobre 1885, porté sur la liste républicaine de la Lozère, il échoua avec 8,248 voix (31,382 votants). Mais cette élection fut invalidée et, de nouveau candidat le 14 février 1886, M. Pelisse l'em-

porta définitivement, le 1er de la liste républicaine, par 16,543 voix (31,621 votants, 38,53 inscrits). Il reprit sa place dans la majorité ; il s'est prononcé, dans la dernière session, *pour* le rétablissement du scrutin d'arrondissement (11 février 1889), *contre* l'ajournement indéfini de la revision de la Constitution, *pour* les poursuites contre trois députés membres de la Ligue des patriotes, *pour* le projet de loi Lisbonne restrictif de la liberté de la presse, *pour* les poursuites contre le général Boulanger.

PÉLISSIÉ DE LA MIRANDOLE (Antoine-Joseph), député de 1837 à 1842 et de 1846 à 1848, né à Rouffiac (Lot) le 14 août 1786, mort à Paris le 9 septembre 1850, propriétaire et maire de Mirandol, fut élu, le 4 novembre 1837, député du 2e collège du Lot (Cahors), par 130 voix (205 votants, 262 inscrits), contre 47 à M. Berthon, et fut réélu, le 2 mars 1839, par 158 voix (178 votants). Il prit place au centre gauche et vota contre le ministère Molé, lors de la coalition. Il ne se représenta pas aux élections du 9 juillet 1842; mais, de nouveau candidat à Cahors, le 1er août 1846, il fut réélu par 185 voix (226 votants, 336 inscrits), contre 40 voix à M. Cayx, et parut se rapprocher alors de l'opposition libérale. Il rentra dans la vie privée aux événement de 1848.

PÉLISSIER (Henri-Félix, comte de), député de 1815 à 1816, né à Castres (Tarn) le 8 novembre 1763, mort au château de Jonquières (Tarn) le 23 janvier 1844, entra, le 8 novembre 1778, à 15 ans, comme cadet au régiment d'infanterie du Maine, puis servit en qualité de lieutenant aux dragons de Condé (1er octobre 1779). Il émigra à la Révolution, servit à l'armée des princes avec le grade de capitaine dans la légion de Mirabeau, devint major le 10 décembre 1791, lieutenant-colonel le 28 avril 1792, colonel le 8 septembre 1793, fut blessé à l'attaque des lignes de Wissembourg le 13 octobre suivant, commanda en second, en 1794, la légion de Mirabeau, fut de nouveau blessé à Ober-Ranlach le 13 août 1796, et, en 1798, fut mis à la tête d'une compagnie de la garde noble à pied. Chevalier de Saint-Louis le 26 novembre 1799, il rentra en France en 1801, après le licenciement définitif de l'armée de Condé, resta sans emploi sous l'Empire, mais obtint, après l'abdication, en 1814, de la bienveillance du duc d'Angoulême, le commandement provisoire de Toulouse. Promu maréchal de camp le 23 août 1814, et commandant de Saint-Louis le 27 décembre suivant, il était commandant à Nîmes lorsque Napoléon débarqua au golfe de Juan. Il fit d'inutiles efforts pour amener ses troupes à combattre l'empereur, fut arrêté à Montpellier et, rendu à la liberté sur parole, obtint l'autorisation de se retirer dans sa terre de Jonquières. A la seconde Restauration, il se porta candidat à la députation, et fut élu, le 22 août 1815, député du grand collège du Tarn, par 132 voix (175 votants, 245 inscrits); il prit place dans la majorité ultra royaliste de la Chambre introuvable, et fut appelé successivement au commandement militaire du Tarn (15 août 1816), celui de la Vendée (21 avril 1820), et à celui de l'Aube (6 juin 1821). Chevalier de la Légion d'honneur du 18 mars 1820, officier du 23 mai 1825, il fut admis à la retraite le 5 mars 1831.

PÉLISSIER (Amable-Jean-Jacques), duc de Malakoff, sénateur du second Empire, né à Maromme (Seine-Inférieure) le 6 novembre 1794, mort à Alger (Algérie) le 22 mai 1864, fils de modestes agriculteurs, entra en 1814 au Prytanée de la Flèche, et, deux mois après, à l'Ecole de Saint-Cyr. Le 18 mars 1815, il reçut son brevet de sous-lieutenant à l'artillerie de la garde royale, fut envoyé, le 10 avril suivant, au 57e de ligne, à l'armée d'observation du Rhin, fut licencié au mois d'août, puis remis en activité le 25 octobre, dans la légion de la Seine-Inférieure. Admis, en janvier 1819, dans le corps d'état-major, après un brillant examen, lieutenant le 16 août 1820 dans les hussards de la Meurthe, il prit part, comme aide-de-camp du général Gründler, à la campagne d'Espagne, en 1823, où il gagna la croix de chevalier de la Légion d'honneur. Aide-de-camp du général Durrieu, il suivit l'expédition de Morée et fut décoré de la croix de Saint-Louis. Capitaine le 1er avril 1827, il assista à la prise d'Alger, fut promu chef d'escadron le 2 octobre 1830, et, rappelé à Paris l'année suivante, fut attaché, en avril 1832, au dépôt de la Guerre. Aide-de-camp du général Pelet durant le siège d'Anvers, officier de la place à Paris de 1834 à 1837, Pélissier demanda et obtint l'autorisation de retourner en Algérie; lieutenant-colonel le 2 novembre 1839, il fut, pendant trois ans, chef d'état-major de la province d'Oran, prit part à l'expédition du Chéliff et assista à l'affaire de Takedempt, et à la poursuite d'Abd-el-Kader. Colonel le 8 juillet 1842, il commanda une partie de l'aile gauche à la bataille d'Isly. L'année suivante, il dirigea une expédition contre 5 à 600 Arabes de la tribu des Ouled-Rich, qui s'étaient réfugiés dans les grottes de Dahra; Pélissier fit allumer à l'entrée de leur retraite des feux de fascines dont la fumée les étouffa (20 juin 1845). Maréchal de camp le 22 avril 1846, il exécuta diverses opérations dans le Djurjura, au bord de l'Oued-Sahell, fut promu général de division le 15 avril 1850, reçut le commandement de la province d'Oran, et remplit (10 mai 1851) les fonctions de gouverneur général par intérim. A la nouvelle du coup d'Etat du 2 décembre, il mit la colonie en état de siège (7 décembre) puis, à l'arrivée du général Randon, organisa l'expédition de Kabylie qui lui valut la médaille militaire (15 août 1852), s'empara de Laghouat, et soumit les tribus belliqueuses du Sud. Grand-croix de la Légion d'honneur (25 décembre 1854), il reçut, lors de la guerre avec la Russie, le commandement du 1er corps de l'armée d'Orient, succéda comme commandant en chef, le 18 mai 1855, au général Canrobert, et imprima une nouvelle activité aux travaux d'attaque. Il n'avait pas de grandes qualités de tacticien, mais on le savait capable de décisions hardies. Il occupa la ligne de la Tchernaïa, fit enlever d'assaut, le 7 juin, les redoutes du Carénage et du Mamelon vert, et échoua devant Malakoff, le 18 juin. Après la victoire de la Tchernaïa (16 août), qui repoussa l'armée russe de secours, il se décida à donner l'assaut définitif. Au bout de 4 jours de bombardement, Bosquet reçut l'ordre de s'emparer de vive force de la tour Malakoff, centre de la défense. Il fallut cinq heures d'un combat acharné pour occuper la place; et tous les efforts des Russes échouèrent contre l'héroïque résistance de Mac-Mahon. Pélissier fut nommé maréchal de France le 12 septembre 1855, et, après l'évacuation de la Crimée qu'il eut à surveiller, créé duc de Malakoff le 22 juillet 1856, avec une dotation de 100,000 francs de rente (loi du 8 mars 1857). Sénateur de droit depuis sa promotion au maréchalat, grand-croix de l'ordre du Bain (6 juin 1856), vice-président

du Sénat (14 décembre suivant), membre du conseil privé (1er février 1858), il fut nommé ambassadeur à Londres le 23 mars suivant, eut l'occasion d'y présenter ses hommages au duc d'Aumale qu'il avait connu en Afrique, consolida l'alliance anglaise menacée lors de l'attentat d'Orsini, et quitta ce poste le 23 avril 1859, pour prendre le commandement de l'armée d'observation du Rhin, lors de la campagne d'Italie. L'organisation de cette armée avait été nécessitée par les dispositions de la Prusse, dont le régent, dès le mois de juin, avait mobilisé les troupes de campagne et la landwehr. Après l'entrevue de Villafranca, Pélissier quitta cette armée, succéda au duc de Plaisance comme grand-chancelier de la Légion d'honneur le 23 juillet 1859, et fut nommé gouverneur général de l'Algérie le 23 novembre 1860. Il exerça ces importantes fonctions jusqu'à sa mort. Sous une apparence pleine de rudesse, le Pélissier cachait un esprit primesautier et badin; il rimait volontiers des madrigaux et des épigrammes, voire même des chansons légères. L'impératrice Eugénie lui avait fait épouser, en 1858, une jeune et riche Espagnole, fille du marquis de l'aniego.

PÉLISSIER (ADOLPHE-VICTOR), représentant en 1871, né à Mâcon (Saône-et-Loire) le 16 juillet 1811, mort à Chaintré (Saône-et-Loire) le 30 juillet 1884, fils de Jean-Jacques Pélissier, sergent-major, et d'Elisabeth Maurin, entra à l'Ecole polytechnique en 1831, à l'Ecole d'application d'artillerie en 1833, en sortit lieutenant au 8e d'artillerie en 1835, capitaine au 4e en 1841, et fut envoyé en Afrique où il fit campagne sous Bugeaud et Valée (1850-1854). Chef d'escadron d'artillerie en 1859, il dirigea la manufacture de poudre de Saint-Chamas, et l'arsenal de Rennes, et demanda sa retraite en 1864. Il reprit du service lors de la guerre de 1870, fut nommé commandant de la garde nationale sédentaire de Mâcon et chargé, en cette qualité, par le gouvernement de la Défense nationale, d'organiser la légion départementale de la garde nationale mobilisée. Nommé général de brigade dans l'armée auxiliaire (1871), commandant des mobilisés de la Côte-d'Or et du camp de Chagny, il essaya avec Cremer de s'opposer à la marche des Prussiens de Werder dans la vallée de la Saône. Dijon ayant été évacué par les Allemands à la suite des opérations de Bourbaki, Pélissier fut nommé commandant de la Côte-d'Or et gouverneur de Dijon, qu'il eut ordre de défendre jusqu'à la dernière extrémité. En effet, les 21, 22 et 23 janvier 1871, il soutint, avec des troupes inexpérimentées et mal encadrées, un combat inégal, garda ses positions et fut promu au grade de général de division à titre auxiliaire. Quand l'ennemi occupa Dôle, il fut rappelé à Lyon pour prendre le commandement d'un corps de mobilisés de nouvelle formation, destiné à protéger la retraite de Bourbaki. Lorsque l'armée de l'Est eut gagné la Suisse, il se déroba, par une marche, devant les forces supérieures qui le menaçaient, et arriva à Bourg, où il apprit qu'il venait d'être élu, le 8 février 1871, représentant de Saône-et-Loire à l'Assemblée nationale, le 6e sur 12, par 68,613 voix. Il prit place à gauche, fit partie des commissions de la Légion d'honneur, du traité postal avec l'Allemagne, de la réorganisation de l'armée, monta à la tribune pour défendre Garibaldi, pour rappeler les partis à la concorde, pour donner son avis sur la dissolution des gardes nationales, en faveur des aumôniers militaires, et vota *pour* la paix, *contre* l'abrogation des lois d'exil, *contre* la pétition des évêques, *contre* le service de trois ans, *contre* la démission de Thiers, *contre* le septennat, *contre* le ministère de Broglie, *pour* l'amendement Wallon, *pour* les lois constitutionnelles. Après avoir échoué, le 20 février 1876, dans la 1re circonscription de Mâcon, avec 2,751 voix contre 10,803 à l'élu, M. Margue, il renonça à la vie politique. Conseiller général du canton de La Chapelle-de-Guinchay de 1871 à 1880, chevalier de la Légion d'honneur du 16 juillet 1852, officier du 11 septembre 1871. On a de lui : *Conservation des bois* (1842); *Mobilisés de Saône-et-Loire en 1870* (1870). M. Pélissier avait aussi donné des articles militaires au *Républicain alsacien* de Strasbourg en 1848.

PÉLISSIER (FÉLIX-XAVIER), sénateur de 1876 à 1887, né à Vouges (Côte-d'Or) le 4 décembre 1812, mort à Paris le 2 août 1887, frère du maréchal de France, duc de Malakoff, entra à l'École polytechnique en 1833, à l'École d'application le 1er octobre 1835, fut promu lieutenant en 1837, capitaine en 1840, passa alors dans l'artillerie de marine, alla à la Guadeloupe où il resta quatre ans, et fut cité à l'ordre du jour pour le dévouement dont il fit preuve lors du tremblement de terre de la Pointe-à-Pitre. Nommé, en 1847, inspecteur des forges et fonderies de la marine, puis envoyé en Algérie, chef d'escadron en 1852, lieutenant-colonel en 1855, colonel le 12 juin 1856, il prit part à la campagne de Crimée où il dirigea plusieurs batteries de siège devant Sébastopol. Général de brigade le 26 août 1861, puis inspecteur de l'artillerie et des arsenaux de la marine, il était à Brest, au moment de la rupture avec la Prusse, en 1870, et il fut chargé d'organiser le corps d'armée destiné à opérer un débarquement sur les côtes de la Baltique. Les événements ayant entravé ce projet, il revint à Paris où il commanda les batteries d'un secteur au nord de la Seine, fut blessé à Nogent, et fut promu général de division le 12 novembre 1870. Après la paix, on l'envoya au Sénégal où il rétablit l'ordre. Membre du conseil général pour le canton de Bourbonne (Haute-Marne) en 1871, et président de ce conseil en 1875, M. Pélissier y prononça un discours d'adhésion à la République, et fut élu, le 30 janvier 1876, sénateur de la Haute-Marne, par 363 voix (608 votants). Il ne prit séance que l'année suivante, ayant été chargé, cette même année, de l'inspection des troupes coloniales, siégea au centre gauche, repoussa, le 23 juin 1877, la dissolution de la Chambre demandée par le ministère de Broglie, fut nommé questeur du Sénat le 12 janvier 1878, et fut réélu sénateur, au renouvellement triennal du 5 janvier 1879, par 501 voix (587 votants). Il siégea jusqu'à sa mort à la Chambre haute, dans la majorité républicaine. Chevalier de la Légion d'honneur du 26 avril 1845, officier du 15 septembre 1855, commandeur du 31 décembre 1866, grand officier du 27 décembre 1871.

PÉLISSIER. — *Voy.* FÉLIGONDE (DE).

PELISSON DE GÊNES (GUILLAUME-JOSEPH), député en 1789, né à Mamers (Sarthe) le 16 avril 1753, mort à Mamers le 9 février 1832, était, sous l'ancien régime, lieutenant général de police à Mamers. Élu, le 1er juillet 1790, député suppléant aux États-Généraux par la sénéchaussée du Maine, il fut admis à siéger le 23 octobre 1790, en remplacement de Guérin

démissionnaire. Il opina silencieusement avec la majorité. Le gouvernement consulaire le nomma maire de Mamers, le 3 floréal an VIII.

PELLÉ (BON-THOMAS), membre de la Convention, député au Conseil des Cinq-Cents, né à Villamblain (Loiret) en 1733, mort à Orléans (Loiret) le 4 mars 1808, était juge au tribunal de district de Beaugency, lorsqu'il fut élu, le 5 septembre 1792, député à la Convention par le département du Loiret, le 4e sur 9, par 241 voix (408 votants); il siégea parmi les modérés, et répondit au 3e appel nominal : « Non comme juge, mais comme homme d'État, je demande la détention pendant la guerre et l'expulsion perpétuelle ensuite. » Réélu par ses collègues de la Convention, le 4 brumaire an IV, député au Conseil des Cinq-Cents, il se fit peu remarquer dans cette assemblée, d'où il sortit en l'an VI. Le gouvernement consulaire le nomma (28 floréal an VIII) juge au tribunal de Cassation.

PELLÉ (JEAN-CLAUDE), député au Conseil des Anciens et au Corps législatif de l'an VIII à 1804, né à Arpajon (Seine-et-Oise) le 7 janvier 1742, mort à Arpajon le 15 mars 1804, était administrateur de Seine-et-Oise, quand il fut élu député de ce département, le 28 germinal an VI, au Conseil des Anciens. Réélu au même conseil, le 27 germinal an VII, il se rallia au coup d'État de brumaire, et fut admis (4 nivôse an VIII), par le Sénat conservateur, au nombre des membres du nouveau Corps législatif, où il représenta le département de Seine-et-Oise jusqu'à sa mort (1804).

PELLEGRIN (LOUIS-FRANÇOIS-CLAUDE), député en 1789, né à Bourmont (Haute-Marne) le 16 novembre 1732, mort à Bourmont le 9 octobre 1811, était curé de Sommérecourt en Lorraine. Le 1er avril 1789, il fut élu député suppléant du clergé aux États-Généraux par le bailliage de Bar-le-Duc. Admis à siéger le 23 novembre 1789, en remplacement de M. Collinet démissionnaire, il prêta, en 1791, le serment ecclésiastique et opina avec la majorité réformatrice. Après le Concordat, Pellegrin devint curé de Bourmont (Haute-Marne), où il exerça le ministère jusqu'à sa mort.

PELLEPORT (PIERRE, VICOMTE DE), pair de France, né à Montréjeau (Haute-Garonne) le 26 octobre 1773, mort à Bordeaux (Gironde) le 15 décembre 1855, s'enrôla comme soldat, le 24 juin 1793, dans le 8e bataillon de la Haute-Garonne, fit campagne à l'armée des Pyrénées-Orientales, puis à celle d'Italie dans la 18e demi-brigade, se battit à Montenotte, à Lodi, à Arcole, à Rivoli, passa à l'armée d'Égypte, fut nommé capitaine à Aboukir, et suivit la grande armée en Autriche, en Prusse et en Pologne. Nommé chef de bataillon à Iéna (1806), plusieurs fois blessé à Eylau, colonel à Essling (1808), il fut créé baron de l'empire (4 janvier 1810) après Wagram et Znaïm, où il se distingua. Général de brigade à Volontina (1812), il fut blessé à Leipsig, et aux Buttes Chaumont en défendant Paris (1814). Envoyé à l'armée du Midi pendant les Cent-Jours, il se rallia aux Bourbons à la seconde Restauration, se distingua, dans la guerre d'Espagne, à l'attaque de Campillo del Arenas (25 juillet 1823), reçut le titre de lieutenant général (8 août suivant), fit partie du conseil supérieur de la guerre (1818), et fut mis en disponibilité à la révolution de juillet. Commandant supérieur de la garde nationale de Bordeaux en 1831, il rentra dans le service actif en 1834, commanda le camp de Saint-Omer, puis fut placé, en 1839, à la tête de la 21e division militaire (Perpignan). Le 25 décembre 1841, le roi le nomma pair de France, et, l'année suivante, maire de Bordeaux; il refusa ces dernières fonctions. par raison d'âge, et siégea rarement au Luxembourg; il était conseiller général de la Gironde, conseiller municipal de Bordeaux et président des commissions hospitalières. Placé, peu après, dans la réserve de l'état-major général, il fut admis d'office à la retraite, comme général de division, le 30 mai 1848. Paris et Bordeaux ont donné à l'une de leurs rues, et le ministre de la Guerre à une des casernes de Bordeaux le nom du général Pelleport qui comptait soixante-deux ans de service et dix-sept blessures. On a de lui : *Souvenirs militaires et intimes 1793-1853* (1857).

PELLEPORT-BURÈTE (CHARLES-JACQUES-PIERRE-JEAN, VICOMTE DE), né à Bordeaux (Gironde) le 27 décembre 1827, fils du précédent, entra dans l'administration. Secrétaire de la préfecture de la Gironde (1851), il se fit recevoir avocat, fut nommé sous-préfet d'Argelès (1853), et revint à Bordeaux en 1856, où il figura à la tête des principales sociétés de charité et de bienfaisance. Conseiller d'arrondissement de Bordeaux, conseiller de préfecture de la Gironde (1867), il présida (1870) la Société d'encouragement au bien, devint secrétaire du comité girondin de la Société de secours aux blessés militaires, etc. Administrateur du journal *la Guyenne* (1872), maire de Bordeaux (1874), il signala son administration par l'organisation d'un musée à l'Hôtel de Ville, la construction de l'église Saint-Louis, d'importantes améliorations dans le service de l'éclairage, l'attribution d'une subvention au grand théâtre, la répression de la mendicité, la création de la faculté de médecine. Elu, le 30 janvier 1876, sénateur de la Gironde par 388 voix sur 669 votants, M. de Pelleport donna sa démission de maire le 18 mars suivant, lors de la révocation de M. Pascal, prit place à droite dans la Chambre haute, fut nommé questeur, et vota toujours avec la majorité conservatrice. Le renouvellement triennal du 5 janvier 1879 ne lui fut pas favorable; il échoua avec 308 voix sur 667 votants. M. de Pelleport, qui est à la tête d'un très grand nombre d'œuvres d'initiative privée à Bordeaux, est chevalier de la Légion d'honneur (16 août 1863), officier de l'Université, grand officier du Nicham Iftickhar, commandeur de Saint-Grégoire et d'Isabelle-la-Catholique, etc. On a de lui : *Etudes personnelles sur les institutions charitables de Bordeaux.*

PELLERIN (JOSEPH-MICHEL), député en 1789, né à Nantes (Loire-Inférieure) le 27 septembre 1751, mort à Nantes le 29 novembre 1794, d'une famille de judicature, fit ses études chez les Oratoriens de sa ville natale, fut reçu avocat en 1772, et plaida à Rennes d'abord, puis à Nantes où il acquit de la réputation. Dans deux brochures qu'il publia en 1788 : *Idées d'un citoyen sur la réforme de l'administration et de la justice en France*, et *Réflexions sur les Etats-Généraux prochains*, il se montrait partisan des réformes, tout en respectant les droits de la monarchie. Il continua ces publications de mois en mois, et, candidat malgré lui, fut élu, le 18 avril 1789, député du tiers des sénéchaus-

sées de Nantes et Guérande aux Etats-Généraux. Il arriva à Versailles plein d'illusions patriotiques, qui éclatent dans ses nombreuses lettres à ses commettants: le 12 juin, il leur avait déjà envoyé quatorze lettres et ils en réclamaient davantage : « Nous sommes régulièrement, répond-il, cinq ou six heures aux Etats, nous rentrons pour le dîner, et le soir est occupé d'affaires, des assemblées de bureau ou de notre province. C'est à occuper les intervalles de ces séances et le matin qu'il me faut rédiger un journal détaillé, un autre raisonné de nos opinions, votre correspondance et celle de Nantes... Je tiens depuis l'ouverture de l'Assemblée nationale le registre de toutes nos opinions. » Ses commettants de Guérande lui avaient déjà, de leur côté, envoyé onze lettres et sept délibérations ou adresses ; Pellerin ne pouvait pas considérer son mandat comme une sinécure. Lors de la déclaration des droits, il opina pour qu'on y ajoutât une déclaration des devoirs, combattit l'aliénation des biens ecclésiastiques, s'abstint intentionnellement lors de la discussion de la constitution civile du clergé, et fatigué de ces luttes inutiles autant que découragé, demanda à ses électeurs (mai 1790) de le relever de son mandat ; ils refusèrent, mais l'état de sa santé l'obligea à remettre sa démission le 4 septembre suivant. Il revint à Nantes, où, ayant pris la défense des carmélites des Couëts chassées de leur couvent (juin 1791), il fut emprisonné pendant un mois. Il fut ramené en prison, en 1793, comme suspect, et, arrêté une troisième fois par ordre de Carrier, il fit partie des 136 Nantais, conduits de Nantes à Paris pour comparaître devant le tribunal révolutionnaire, emprisonnés à Paris jusqu'au 9 thermidor, et acquittés quelques jours plus tard. Victime de ces événements, Pellerin mourut quatre mois après, âgé seulement de quarante-trois ans.

PELLERIN DE LA BUXIÈRE (LOUIS-JEAN), député en 1789, né à Torbeck (Saint-Domingue) le 13 février 1731, mort à une date inconnue, était propriétaire à Boiscommun près d'Orléans. Le bailliage d'Orléans le nomma, le 26 mars 1789, député du tiers aux Etats-Généraux, par 148 voix (160 votants). Il siégea parmi les réformateurs les plus modérés, se constitua le défenseur des propriétés du clergé établies sur les fondations pieuses, et réclama, en 1791, contre l'insertion de son nom sur la liste des membres du club monarchique. Pellerin de la Buxière ne fit pas partie d'autres législatures.

PELLET (EUGÈNE-ANTOINE-MARCELLIN), député de 1876 à 1885, né à Saint-Hippolyte (Gard) le 4 mai 1849, termina ses études au lycée de Montpellier, se fit inscrire au barreau de Paris et collabora à divers journaux républicains, l'*Indépendant du Midi*, le *Gard républicain*, la *Cloche*, etc. Engagé volontaire, puis officier de mobilisés à l'armée de la Loire en 1870, il fut fait prisonnier à la bataille du Mans. Après la guerre, il publia des études historiques sur la Révolution, fut secrétaire de M. Cazot sénateur, et, sous ses auspices, se présenta, le 20 février 1876, aux élections législatives dans l'arrondissement du Vigan, où il fut élu député par 8,655 voix (16,246 votants, 18,829 inscrits), contre 4,292 à M. de Tarteron, représentant sortant, et 3,252 à M. Ed. André, bonapartiste. Il siégea au groupe de l'Union républicaine et fut des 363. Réélu, comme tel, député du même arrondissement, le 14 octobre 1877, par 8,543 voix (16,858 votants, 19,014 inscrits), contre 8,262 à M. Albert Rivet conservateur, il soutint les ministères républicains et appuya la politique opportuniste. Il obtint encore le renouvellement de son mandat, le 21 août 1881, par 10,570 voix (11,186 votants, 18,733 inscrits), reprit sa place dans la majorité modérée, soutint les cabinets Gambetta et J. Ferry, et se prononça *pour* les crédits de l'expédition du Tonkin, et *contre* la séparation de l'Eglise et de l'Etat. Il ne fut pas réélu aux élections générales de 1885. On a de lui: *Elysée Loustalot et les Révolutions de Paris* (1872); *Un Journal royaliste en 1789:* les *Actes des apôtres* (1873); le *Général Championnet; Variétés révolutionnaires* (1884), etc.

PELLETAN (PIERRE-CLÉMENT-EUGÈNE), député au Corps législatif de 1863 à 1870, membre de la Défense nationale, représentant en 1871, sénateur de 1876 à 1884, né à Royan (Charente-Inférieure) le 29 octobre 1813, mort à Paris le 13 décembre 1884, fils d'un notaire de Royan et descendant d'une famille protestante à laquelle appartint Jarousseau, le pasteur du désert, fit ses études à Poitiers, et vint à Paris pour y suivre les cours de l'Ecole de droit; mais il s'adonna bientôt exclusivement à son goût pour les lettres, l'histoire et la philosophie. Après quelques voyages dans diverses contrées de l'Europe, il débuta (1837) par des articles de critique dans la *Nouvelle Minerve* et dans la *France littéraire*. Puis il fut attaché par Girardin à la rédaction de la *Presse* où il publia, sous le pseudonyme d'*un Inconnu*, des appréciations critiques des livres nouveaux: ses articles furent très remarqués. Ami et admirateur ardent de Lamartine, il acclama comme lui la république en 1848, refusa un emploi qui lui fut offert au ministère des Affaires étrangères, et posa sa candidature à l'Assemblée constituante dans la Charente-Inférieure; mais il se vit préférer M. Baroche. Il devint alors, avec La Guéronnière, le principal rédacteur du *Bien public*, inspiré par Lamartine, et y défendit (1849) la république modérée. Lorsque l'élection de L.-N. Bonaparte à la présidence de la République eut enlevé à ce journal sa raison d'être, M. E. Pelletan rentra à la *Presse*, où il fit une guerre des plus vives aux diverses écoles socialistes; d'autre part, il avait de fréquentes polémiques avec l'*Univers*, notamment à propos du prêt à intérêts. De 1853 à 1855, il collabora au *Siècle*; vers la même époque, il réunit sous ce titre: *Profession de foi du XIXe siècle*, la série de ses principaux articles de la *Presse*, où il rentra d'ailleurs, en 1855, pour y défendre la doctrine du progrès que venait d'abandonner Lamartine dans un de ses *Entretiens*. Les *Lettres à un homme tombé* le séparèrent complètement du grand poète dont il avait été le disciple. Plusieurs fois exclu, par ordre supérieur, des journaux dans lesquels il écrivait, condamné à trois mois de prison et à 2,000 francs d'amende pour un article intitulé *la Liberté comme en Autriche*, M. Pelletan, après avoir donné des articles à l'*Avenir*, au *XIXe Siècle*, au *Courrier de Paris*, resta quelque temps en dehors du journalisme et se mit à publier des journaux et des livres. En 1860, il dirigea contre Béranger une polémique des plus vives, attaquant à la fois l'homme et le poète, et s'attachant à démontrer que son action sur le peuple avait été beaucoup plus funeste qu'utile. Aux élections du 22 juin 1857,

M. Eugène Pelletan avait échoué comme candidat de l'opposition au Corps législatif, dans la 10e circonscription de la Seine, avec 7,249 voix contre 15,416 à l'élu officiel, M. Véron. Il représenta le 1er juin 1863, et fut élu dans la 9e circonscription, par 12,295 voix (24,866 votants, 33,146 inscrits), contre 12,188 au candidat officiel, M. Picard; mais son élection ayant été annulée pour vice de forme, il dut solliciter à nouveau, le 13 décembre suivant, les suffrages des électeurs: son mandat lui fut confirmé par 15,115 voix (25,053 votants, 32,06. inscrits), contre 9,778 à M. Picard. M. Pelletan prit place dans le petit groupe des membres de l'opposition démocratique: il parut plusieurs fois à la tribune et se fit une réputation d'orateur abondant, au style imagé et poétique, plein d'entrain et de passion. Ses principaux discours eurent pour objet: (20 mars 1866) l'état de la société telle que l'Empire l'avait faite, (17 juillet 1867) les bibliothèques populaires, (21 juin 1866) le secret des lettres. Au mois de juin 1868, une tolérance relative ayant été accordée à la presse, M. Pelletan fonda, avec MM. Glais-Bizoin, Lavertujon, Hérold, la *Tribune*, journal hebdomadaire dont il fut le rédacteur en chef. Il prit aussi une part active aux conférences et réunions littéraires et politiques qui se multiplièrent par toute la France à l'approche des élections. Réélu député le 24 mai 1869, par 23,410 voix (33,65. votants, 41,721 inscrits), contre 9,810 à M. Bouley candidat du gouvernement, il n'obtint le même jour que 11,958 voix dans la 3e circonscription des Bouches-du-Rhône contre 12,52. à l'élu officiel, député sortant, M. Laugier de Chartrouse. Il demanda (juillet 1869), lors de la discussion du budget de l'instruction publique, la suppression des subventions théâtrales au nom de la liberté de la concurrence, continua son opposition à l'Empire sous le ministère Ollivier, protesta et vota contre la déclaration de guerre à la Prusse, et fut proclamé dans la journée du 4 septembre 1870, membre du gouvernement de la Défense nationale, sans portefeuille. Il eut à s'occuper spécialement pendant le siège de Paris, des ambulances et de la garde nationale, manifesta, quant à la direction des affaires militaires, une entière confiance dans le général Trochu, qu'il appelait « un caractère tout à fait romain dans sa grandeur » (lettre à M. Mestreau, préfet de la Charente-Inférieure), remplit quelque temps après la capitulation de Paris, l'intérim du ministère de l'Instruction publique et des Cultes, et partit, le 6 février 1871, pour Bordeaux avec MM. Emmanuel Arago et Garnier-Pagès: là, il s'entendit avec M. Jules Simon dont il partageait les vues politiques. Le 8 février 1871, M. E. Pelletan fut élu représentant des Bouches-du-Rhône à l'Assemblée nationale le 1er sur 11, par 63,531 voix (75,803 votants, 140,189 inscrits). Il s'inscrivit au groupe de l'Union républicaine et prit, dans les premiers temps de la législature, une part assez restreinte aux délibérations. Il opina *pour* les préliminaires de paix, *pour* le retour de l'Assemblée à Paris, *pour* la politique de Thiers, dont il écrivit, dans une lettre rendue publique, qu'il était « le cheval de renfort qui ferait monter la côte à la République », *contre* sa chute au 24 mai, *contre* le septennat, l'état de siège, la loi des maires, le ministère de Broglie, *pour* les amendements Wallon et Pascal Duprat et *pour* l'ensemble des lois constitutionnelles. En novembre 1874, il réfuta, comme calomnieuse, une assertion du *Journal de Paris* rappelant qu'

M. E. Pelletan, sous l'Empire, s'était estimé trop heureux de pouvoir acquitter ses dettes avec l'argent de Chantilly. Élu (30 janvier 1876) sénateur des Bouches-du-Rhône, le 1er sur 3, par 96 voix (171 votants), il suivit à la Chambre haute la même ligne politique que dans les assemblées précédentes, fit partie du groupe de l'Union républicaine, se prononça contre la dissolution de la Chambre demandée par M. de Broglie, s'associa à la protestation des gauches contre le gouvernement du Seize Mai, et, pendant un voyage qu'il fit dans les Bouches-du-Rhône durant la période électorale de 1877, se vit en butte, à Aix, aux insultes du commissaire central de police : il réclama avec beaucoup de vivacité, auprès de M. d'Audiffret-Pasquier, président du Sénat, le respect de son inviolabilité parlementaire ; mais le commissaire fut maintenu en fonctions. M. Pelletan repoussa l'ordre du jour de Kerdrel, hostile à la nouvelle majorité républicaine, prononça, en février 1878, un important discours sur la loi du colportage et un autre, en mars, sur l'amnistie des délits de presse, fut appelé (janvier 1879) à la vice-présidence du Sénat, et présenta, vers la même époque, le rapport du projet de loi sur la réorganisation du consistoire de la confession d'Augsbourg. Membre de la commission chargée d'examiner les projets de loi Ferry sur l'enseignement supérieur, il les soutint de son suffrage et de sa parole, vota pour l'article 7 (1880), le reprit à titre d'amendement personnel, lors de la deuxième délibération, après que le Sénat l'eut une première fois rejeté, et eut fréquemment, en l'absence du président, M. Martel, longtemps malade, l'occasion de diriger les débats de la Chambre haute. Il prit encore la parole à propos de la loi sur la presse, fut nommé questeur du Sénat en 1881, donna son vote à la politique opportuniste des cabinets Gambetta et Ferry, approuva l'expédition du Tonkin, fut nommé par 150 voix (203 votants) sénateur inamovible le 24 juin 1884, en remplacement du comte d'Haussonville décédé, et mourut subitement à Paris le 13 décembre suivant. M. Pelletan a publié, outre ses articles, un très grand nombre d'ouvrages : La lampe éteinte (1840) ; Histoire des trois journées de février (1848) ; les Dogmes, le Clergé et l'État, avec MM. Morvonnais et Hennequin (1848) ; les Heures de travail (1854) ; les Morts inconnus, le Pasteur du Désert (1855) ; les Droits de l'homme, les Rois philosophes (1854) ; Une étoile filante (Béranger) (1860) ; Décadence de la monarchie française (1868) ; la Naissance d'une ville (1869) ; la Comédie italienne (1862) ; la Nouvelle Babylone, lettres d'un provincial (1862) ; les Fêtes de l'intelligence (1863) ; les Uns et les autres (1873) ; le 4 septembre.devant l'Enquête (1874) ; Élisée, royage d'un homme à la recherche de lui-même (1877) ; Un roi philosophe, le grand Frédéric (1878). Une pension de 6,000 francs a été accordée, à titre de récompense nationale, à Mme veuve Eugène Pelletan, par une loi du 18 août 1885.

PELLETAN (CHARLES-CAMILLE), député de 1881 à 1889, né à Paris le 23 juin 1846, fils du précédent, fit de bonnes études classiques au lycée Louis-le-Grand, se fit recevoir licencié en droit, fut aussi élève de l'École des Chartes, et obtint (1869) le diplôme d'archiviste paléographe, avec une thèse sur la Forme et la composition des chansons de geste. Une vocation décidée pour la polémique l'entraîna vers le journalisme politique : il débuta dans la Tribune,

la Réforme, la Renaissance, collabora activement au Rappel dès sa fondation, envoya d'Égypte, à l'occasion de l'inauguration de l'isthme de Suez, des correspondances très remarquées, et mena contre l'Empire de vigoureuses campagnes qui lui valurent des poursuites et une condamnation à un mois de prison. Au début de la guerre de 1870, il fut chargé de rédiger pour le Rappel le compte rendu des opérations militaires. Il ne se déclara point partisan de l'insurrection communaliste de 1871 : mais il ne s'associa pas davantage à la politique du gouvernement de Versailles. Il se fit surtout connaître par les Physionomies des séances de l'Assemblée nationale qu'il publia régulièrement pendant toute la durée de la législature, et où il fit preuve d'un réel talent pittoresque. Le 22 juin 1879, il fut candidat républicain à la Guyane, lors d'une élection partielle motivée par le rétablissement d'un siège de député pour cette colonie, siège supprimé depuis 1876 : il obtint 849 voix contre 1,034 à l'élu socialiste, M. Franconie. M. C. Pelletan avait évité de prendre parti dans la lutte engagée entre l'opportunisme et l'intransigeance, lorsque M. Clemenceau, qui fondait (1880) le journal radical la Justice, l'appela aux fonctions de rédacteur en chef de la nouvelle feuille. M. Camille Pelletan accentua aussitôt le ton de ses polémiques, réclama vivement l'amnistie plénière en faveur des condamnés de la Commune, et entreprit la publication d'une série, très documentée, d'articles relatifs à la répression de mai 1871 : ces articles furent réunis par lui, la même année, en un volume intitulé : la Semaine de mai. Le 21 août 1881, M. C. Pelletan se présenta à la députation dans la 1re circonscription du 10e arrondissement de Paris, avec le programme de l'extrême gauche : il fut élu député par 5,918 voix (11,190 votants, 15,587 inscrits), contre 2,207 à M. Hattat, opportuniste, 1,238 à M. E. Hamel, et 499 à M. Faillet, collectiviste. Quinze jours après, le 4 septembre, il obtenait également la majorité, au second tour de scrutin, dans la 2e circonscription d'Aix : 3,517 voix (9,489 votants, 16,620 inscrits), contre 3,456 à M. Fournier et 2,484 à M. Labadié. Il opta pour Aix, fut remplacé à Paris, le 4 décembre 1881, par M. Ernest Lefèvre, et prit place à l'extrême gauche de la Chambre des députés, où il seconda les efforts de M. Clemenceau, son chef de file. Adversaire des cabinets Gambetta, J. Ferry et Freycinet, il aborda fréquemment la tribune parlementaire, et s'y distingua par de brillantes qualités. En 1882, il réclama la suppression pure et simple du droit d'expulsion des étrangers ; il intervint aussi dans le débat sur la guerre de Tunisie, et fit observer que nous nous trouvions placés dans la nécessité de demeurer impuissants et d'annexer la régence. Au début de l'année 1883, à propos de l'expulsion des princes, il se joignit à MM. Floquet, Viette et Madier de Montjau pour se déclarer partisan des mesures les plus énergiques, et pour combattre ce qu'il appela « l'orléanisme républicain ». Cette même question le ramena à la tribune le 13 février, pour engager la Chambre à rejeter tout accommodement avec le Sénat. Il proposa, en mai suivant, dans la discussion de la réforme judiciaire, un article additionnel étendu à la cour de Cassation la suspension temporaire de l'inamovibilité : cet article fut rejeté par 207 voix contre 194. Il se prononça pour le système de l'élection de la magistrature par le peuple, prit aussi une part de plus actives à la discussion générale (juillet) des conventions avec les grandes compagnies, dont il se montra l'adversaire aussi habile que déterminé, soutenant qu'à aucun prix les voies de communication, qui forment le système artériel du pays, ne doivent être administrées dans un intérêt privé, mais seulement dans l'intérêt public. Il ne cessa de s'opposer au vote des crédits de l'expédition du Tonkin, qu'il combattit d'autre part, avec force, dans la *Justice*. Il fit avec verve (février 1884) la critique d'un texte de loi sur les manifestations de la rue, présenté par M. Waldeck-Rousseau, ministre de l'Intérieur; interpella (juin) le gouvernement sur les scènes de violence dont un journaliste intransigeant avait été victime en Corse, soutint la nécessité de la révision intégrale par une Constituante, et se mêla souvent, au nom de l'extrême gauche, aux discussions passionnées que souleva la question coloniale. En avril 1885, il déposa, avec M. Clovis Hugues, une proposition d'amnistie en faveur des condamnés politiques, que la Chambre écarta; en juin il attaqua les procédés tortueux de la politique suivie au Tonkin et à Madagascar. Son opposition s'atténua au début du ministère Brisson, mais elle retrouva une nouvelle vigueur après que M. C. Pelletan, porté sur la liste radicale des Bouches-du-Rhône, eut été élu, le 4 octobre 1885, député de ce département, le 1⁴ sur 8, par 55,278 voix (93,426 votants, 139,346 inscrits). Membre de la commission d'enquête sur les opérations du Tonkin, il présenta un rapport considérable où il examinait en détail les conséquences possibles d'une occupation totale : guerre avec la Chine, troubles en Annam, soulèvements continuels au Tonkin. Il soutint que le Tonkin n'offrait aucun avantage commercial sérieux pour la France et concluten déclarant également funestes l'annexion et le protectorat, et en proposant simplement le vote d'un crédit de provision pour l'entretien des troupes. Il défendit avec talent les conclusions de son rapport, contre MM. Freppel évêque d'Angers, Paul Bert, Ballue, H. Brisson, président du conseil, le général Campenon, ministre de la Guerre, Casimir-Perier, etc. On sait que les crédits ne furent votés qu'à une minime majorité, et que le cabinet Brisson se retira devant ce vote. En 1886, M. C. Pelletan parla sur les tarifs des chemins de fer, sur l'expulsion des princes, qu'il réclama une fois de plus, sur les finances. Il combattit et contribua à renverser les ministères Freycinet, Goblet, Rouvier, invita le gouvernement au nom de la commission du budget à présenter de nouvelles économies, attaqua (1887) la surtaxe sur les céréales, reprocha surtout au cabinet Rouvier ses attaches avec la droite, réclama des réformes fiscales (1888), et déposa avec plusieurs de ses amis de l'extrême gauche, en face aux « menées boulangistes », une nouvelle proposition de révision des lois constitutionnelles. L'urgence ayant été prononcée par 268 voix contre 237, le ministère Tirard fut renversé. M. Floquet, qui lui succéda, compta M. Camille Pelletan parmi les partisans de sa politique. Le député des Bouches-du-Rhône prêta, tout en conservant son indépendance, son appui à la lutte du gouvernement contre le boulangisme, et se prononça, en dernier lieu, *contre* le rétablissement du scrutin d'arrondissement, (11 février 1889), *contre* l'ajournement indéfini de la révision de la Constitution, *pour* les poursuites contre trois députés membres de la Ligue des patriotes, *contre* le projet de loi

Lisbonne restrictif de la liberté de la presse, *pour* les poursuites contre le général Boulanger.

PELLETIER (JACQUES), membre de la Convention, né à Lignières (Cher) en 1750, mort à Bourges (Cher) le 7 janvier 1839, fils d'un procureur fiscal et notaire à Lignières, fut d'abord clerc chez son père, puis vint à Paris où il remplit le même emploi pendant sept ans. Devenu procureur à Bourges, il se fit recevoir, en 1788, avocat au parlement de Paris, et fut pourvu, peu après, de l'office de lieutenant de police à Romorantin. Il adopta les principes de la Révolution, fut nommé, en 1791, procureur de la commune de Bourges, en 1792 juge à Romorantin, puis juge suppléant à Bourges, et, le 7 septembre de la même année, fut désigné par les électeurs du Cher, comme premier député suppléant à la Convention, par 150 voix (296 votants). Il dut cette désignation à l'amitié que lui témoignait Heurtault de Lamerville (*V. ce nom*). L'évêque Torné, avait été élu premier député du Cher à la Convention, n'ayant pas accepté le mandat, Pelletier fut appelé immédiatement à siéger. Il prit place à la Montagne, vota « pour la mort » dans le procès du roi, et appartint à la Société des Jacobins, dont il s'éloigna lors du 9 thermidor, pour prendre parti contre Robespierre. Aussi fut-il envoyé par la nouvelle majorité en mission dans plusieurs départements de l'Est : il y déploya contre les vaincus des mesures de rigueur « qu'il devait regretter amèrement quelques années plus tard », écrit son biographe, M. Th. Lemas (*Études sur le Cher pendant la Révolution*). — « J'ai dissous, faisait-il connaître à la Convention, les sociétés qui ont osé approuver les adresses incendiaires, correspondre avec une société rivale de l'autorité souveraine et se permettre de se rallier autour de la faction que vous avez détruite. » Il rentra à Paris vers le milieu de l'année 1795, devint officier municipal à Bourges, commissaire près le tribunal de cette ville, commissaire près les tribunaux civil et criminel du Cher (frimaire an V — prairial an VIII) et enfin greffier à la cour criminelle, jusqu'en 1810, date à laquelle il s'établit comme avocat consultant. En juin 1812, il demanda la place de commissaire de police à Bourges; mais sa requête, bien qu'appuyée par Lanjuinais, ne fut pas accueillie. Atteint en 1816 par la loi contre les régicides, Pelletier dut s'exiler, à 65 ans, partit pour la Suisse, et se fixa à Constance; atteint de la goutte, il demanda à rentrer en France, et y fut autorisé par l'amnistie partielle du 25 décembre 1818. L'ancien conventionnel revint à Bourges et rouvrit son cabinet d'avocat consultant. Mais « en proie à l'idée fixe de la persécution, sa vie se consumait lente et chagrine. Le rire avait fui de ses lèvres et il ne parlait à personne ». Il mourut à 89 ans.

PELLETIER (AUGUSTE-MARIE-BALTHAZAR-CHARLES), BARON DE LAGARDE, pair de France, né à Aspremont (Hautes-Alpes) le 20 avril 1780, mort à Paris le 5 avril 1834, émigra avec sa famille en 1791, servit en Russie où il devint chambellan de l'empereur Alexandre, rentra en France avec les alliés en 1814, et fut alors nommé maréchal de camp par Louis XVIII. Appelé, en 1815, au commandement du Gard, il voulut faire exécuter les ordres du duc d'Angoulême relatifs à la protection des protestants. En faisant évacuer un temple que la foule mettait au pillage, il fut grièvement blessé d'un coup de pistolet tiré par un complice de Trestaillons, un sergent de la garde nationale, nommé Boivin, dont le crime resta d'ailleurs impuni. Obligé de quitter le service par suite de cette blessure, il fut nommé ministre plénipotentiaire à Munich, puis à Madrid, et fut promu pair de France le 13 février 1823. Il siégea obscurément à la Chambre haute jusqu'à sa mort.

PELLETIER (CLAUDE), représentant en 1848 et en 1849, né à l'Arbresle (Rhône) le 23 avril 1816, mort à New-York (Etats-Unis) le 2 décembre 1880, d'une famille de modestes artisans, apprit un métier manuel et vint à Paris chercher du travail. Réduit aux fonctions d'aide-cuisinier dans la banlieue, il finit par s'établir aubergiste à Tarare (Rhône). Républicain très avancé, il fut élu, le 23 avril 1848, représentant du Rhône à l'Assemblée constituante, le 13e sur 14, par 45,471 voix. M. Pelletier siégea à la Montagne, fit partie du comité de l'Algérie, et vota avec les démocrates-socialistes : *contre* le rétablissement du cautionnement et de la contrainte par corps, *contre* les poursuites contre Louis Blanc et Caussidière, *pour* l'abolition de la peine de mort, *pour* l'amendement Grévy, *pour* le droit au travail, *contre* l'ordre du jour en l'honneur de Cavaignac, *pour* l'amnistie, *contre* les crédits de l'expédition de Rome, *pour* la mise en accusation du président et de ses ministres. Il monta à la tribune dans la séance du 2 novembre 1848, pour appuyer l'amendement Félix Pyat tendant à faire inscrire dans la Constitution le droit au travail. « Je viens, dit-il à ses collègues, vous citer des faits arrivés en 1840, 1841, 1842, où tout était tranquille, où tout allait comme vous voudriez que tout allât aujourd'hui. Eh bien (je suis fâché de vous parler de moi, mais il le faut bien pour vous dire que c'est la vérité), moi j'ai été ouvrier douze ans à Paris, je suis resté à Paris pendant huit mois sans pouvoir trouver d'ouvrage dans ma partie. Je me suis fait marchand d'indiennes, garçon boucher, marchand de livres, commis marchand de vins, cuisinier, compositeur. » *Une voix.* — « Quel a été le résultat de tous ces changements ? » — « C'est qu'heureusement pour moi, j'avais ma sœur qui avait soin de m'envoyer de temps en temps du linge et quelques pièces de cinq francs (*Agitation*), et, après tous ces changements de métiers, il en est résulté que j'ai été obligé de vendre tous les livres que j'avais antérieurement achetés, tous les draps, tout le linge qu'on m'avait envoyés, tous les vêtements que j'avais. » (*Bruit. Interruptions.*) « Et certes vous ne direz pas que je ne voulais pas travailler, puisque je prenais tout ce qui se présentait à moi. Ainsi, messieurs, quand on vient vous dire qu'il y a des ouvriers qui trouvent du travail quand ils veulent, qui se font une position respectable, même aisée, c'est vrai pour quelques-uns, mais pour la grande majorité, cela n'est pas vrai. » (*Bruits divers.*) Il proposa aussi de repousser la loi contre les attroupements, les citoyens devant avoir le droit de s'assembler quand bon leur semble. Réélu, le 13 mai 1849, représentant du Rhône à la Législative, le 3e sur 11, par 71,139 voix (110,722 votants, 154,740 inscrits), M. Pelletier fit partie de la majorité républicaine, combattit le gouvernement présidentiel de L.-N. Bonaparte, et fut expulsé lors du coup d'Etat de 1851. Il se rendit alors en Angleterre et de là en Amérique. Plus heureux que précédemment, il réussit à fonder à

New-York une manufacture de fleurs artificielles, qui prospéra; il gagna une fortune de plusieurs millions, et, sans s'occuper de politique militante, resta fidèle à ses opinions socialistes, qu'il affirma (1879), lors de l'Exposition de Philadelphie, en recevant les délégués ouvriers du Rhône, ses compatriotes. Il mourut à New-York en 1880.

PELLETIER-DULAS (EDME-PHILIBERT-ANTOINE), député de 1840 à 1881, né à Maux (Nièvre) le 24 septembre 1795, étudia le droit, fut reçu avocat, et se fit inscrire au barreau de Bourges. Le 26 décembre 1840, il fut élu député du 2e collège de la Nièvre (Château-Chinon, par 84 voix (159 votants), contre 75 à M. Delangle, en remplacement de M. de la Ferté-Meun démissionnaire. Mais son élection fut annulée, et, le 4 avril 1841, un nouveau scrutin donna la majorité à M. Benoist d'Azy; M. Pelletier-Dulas ne s'était pas représenté.

PELLETIER DE MONTMARIE (LOUIS-FRANÇOIS-ELIE, COMTE), député de 1821 à 1827, né à Boury (Oise) le 12 mars 1771, mort en 1854, lieutenant-général à la Restauration, chevalier de Saint-Louis, commandeur de la Légion d'honneur, et inspecteur d'infanterie, fut créé comte par Louis XVIII le 31 août 1819, et élu, le 6 mars 1824, député du grand-collège du Haut-Rhin, par 114 voix (169 votants, 181 inscrits). Il siégea dans la majorité. Rentré dans la vie privée en 1827, il fut mis à la retraite, comme général de division, le 8 juin 1848. Baron de l'Empire du 26 avril 1810.

PELLICOT (HENRI), député en 1791, né à Aix (Bouches-du-Rhône) le 18 novembre 1745, mort à Aix le 10 janvier 1808, avocat, depuis le 20 juin 1768, au parlement de Provence, devint (1790) administrateur du directoire du département des Bouches-du-Rhône. Procureur-général syndic du même département, il fut nommé, en 1791, avec Garran de Coulon, grand-procurateur à la Haute-Cour d'Orléans. La même année, il avait été élu (31 août) député des Bouches-du-Rhône à l'Assemblée législative; il siégea dans la majorité. Après la session, il accepta les fonctions de juge de paix, puis celles de suppléant au tribunal du district d'Aix, et, le 23 germinal an V, de juge au tribunal de la même ville.

PELLISSIER (ANDRÉ), député en 1789, né à Saint-Rémy (Bouches-du-Rhône) le 26 novembre 1742, mort à Saint-Rémy le 19 mai 1791, étudia la médecine, fut reçu docteur et s'établit à Saint-Rémy. Il fut député aux Etats de Provence (1788). Le 16 avril 1789, la sénéchaussée d'Arles l'envoya siéger aux Etats-Généraux, comme député du tiers, avec 78 voix (114 votants); il opina avec la majorité. En avril 1790, il devint maire de Saint-Rémy, et donna ses soins, comme médecin, à son collègue Mirabeau, conjointement avec Cabanis; atteint lui-même d'une grave maladie de poitrine, il dut demander un congé, et succomba à cette maladie en arrivant à Saint-Rémy. Il était l'auteur d'un *Catéchisme du tiers-état*, qui eut plusieurs éditions et fut très répandu dans le midi de la France.

PELLISSIER (DENIS-MARIE), membre de la Convention, député au Conseil des Cinq-Cents, né à Saint-Rémy (Bouches-du-Rhône) le 25 mai 1765, mort à Nyon (Suisse) le 5 janvier 1829, fils du précédent, exerça lui aussi la médecine à Saint-Rémy. Délégué par la municipalité de cette ville à l'assemblée des municipalités tenue à Brignoles le 17 mai 1790, il s'y fit remarquer par son insistance à réclamer la réunion à la France de la ville d'Avignon et du Comtat-Venaissin. Président de l'administration départementale des Bouches-du-Rhône, il fut nommé député-suppléant à l'Assemblée législative, sans être appelé à y siéger, et fut élu, le 8 septembre 1792, deuxième suppléant du département à la Convention nationale, par 614 voix (678 votants). Admis à siéger, dès le début, en remplacement de Carra qui avait opté pour Saône-et-Loire, il se prononça pour la peine capitale, dans le procès du roi, en disant : « Le grand homme dont je vois d'ici l'effigie terrassa le tyran de Rome, il me donna point de motifs. Je condamne Louis à la mort. » Secrétaire de la Convention, il fut ensuite envoyé en mission dans la Dordogne et le Lot-et-Garonne pour activer les travaux de la manufacture d'armes de Bergerac. A son retour, il fit adopter par l'assemblée deux décrets qui obligeaient les représentants chargés de mission à faire imprimer et distribuer à la Convention l'état de leurs dépenses, et à indiquer en même temps la situation exacte de leur fortune au moment de leur entrée en fonctions. Pellissier se déclara, dans le Midi, l'adversaire des thermidoriens Chambon et Cadroy. Après la session conventionnelle, il fut nommé commissaire du Directoire dans les Bouches-du-Rhône, puis administrateur du département. Réélu, le 23 germinal an VI, député des Bouches-du-Rhône au Conseil des Cinq-Cents, par 96 voix (124 votants), il ne fit point d'opposition au coup d'Etat du 18 brumaire, devint (18 germinal an VIII) conseiller général des Bouches-du-Rhône, vint habiter Romans (1815), et se vit frappé, en 1816, par la loi contre les régicides ; il avait signé l'Acte additionnel. Retiré d'abord à Constance (grand-duché de Bade) (6 février 1816), il demanda au gouvernement royal (13 décembre 1821) l'autorisation de rentrer en France : il était alors père de sept enfants, veuf et infirme. Sa demande, bien qu'appuyée par Boissy-d'Anglas et par Manuel, ne fut pas accueillie ; l'état de sa santé l'obligea alors de se fixer à Nyon (Suisse), où il mourut.

PELOUX (PIERRE), député en 1789, né à Marseille (Bouches-du-Rhône) le 23 octobre 1748, mort à une date inconnue, négociant dans sa ville natale, fut élu, le 14 avril 1789, député suppléant du tiers aux Etats-Généraux par la sénéchaussée de Marseille. Admis à siéger le 17 septembre 1790, en remplacement de Roussier démissionnaire, il opina avec la majorité de la Constituante, prêta le serment du Jeu de paume, et n'eut qu'un rôle parlementaire effacé.

PELTEREAU-VILLENEUVE (RENÉ-ARMAND), député de 1842 à 1848, représentant en 1871, né à Château-Renaud (Indre-et-Loire) le 17 novembre 1806, mort à Donjeux (Haute-Marne) le 9 août 1881, fut nommé juge-auditeur à Reims en 1829. Substitua à Châlons en 1830, puis procureur du roi au même tribunal en 1838, il donna sa démission en 1838, et vint habiter la Haute-Marne où il s'était marié avec la fille d'un maître de forges. Elu, comme candidat indépendant, député du 4e collège de la Haute-Marne (Vassy), le 9 juillet 1842, par 196 voix (335 votants, 370 inscrits) contre 50 voix à M. Berthelin et 33 à M. Michel Chevalier, et réélu, le 1er août 1846, par 251 voix

(374 votants, 411 inscrits), contre 119 à M. de Lespérut, il se rallia à la politique du parti conservateur et vota l'indemnité Pritchard. Maître de forges à Donjoux depuis 1839, membre, pour le canton de Joinville, du conseil général (1844), qu'il présida en 1846 et en 1847, et où il siégea jusqu'en 1871, il se présenta, le 29 février 1852, comme candidat de l'opposition au Corps législatif, dans la 1re circonscription de la Haute-Marne, où il échoua avec 689 voix contre 24,409 à l'élu, M. de Lespérut, candidat du gouvernement. Il ne se représenta que le 8 février 1871, et fut élu représentant de la Haute-Marne à l'Assemblée nationale, le 4e sur 5, par 25,122 voix (50,334 votants, 76,862 inscrits). Il prit place au centre droit, se fit inscrire à la réunion des Réservoirs, fut membre de la commission des grâces, trois fois de celle du budget, rapporteur du budget de l'Algérie, membre de la commission de l'abrogation des lois d'exil, et, en cette qualité, demanda la validation de l'élection des princes d'Orléans. Il vota pour la paix, pour l'abrogation des lois d'exil, pour la pétition des évêques, contre le service de 3 ans, pour la démission de Thiers, se rallia au septennat après la lettre du comte de Chambord du 2 octobre 1874, et se prononça ensuite pour le ministère de Broglie, contre l'amendement Wallon, contre les lois constitutionnelles. Candidat au Sénat, dans la Haute-Marne, le 30 janvier 1876, il échoua avec 269 voix sur 608 votants, et ne fut pas plus heureux au renouvellement triennal du 5 janvier 1879, avec 39 voix sur 587 votants. Chevalier de la Légion d'honneur du 13 août 1863.

PÉLUSE (COMTE DE). — Voy. MONGE.

PELZER (MATHIAS-GOSWIN), député au Corps législatif de l'an XII à 1814, né à Borcett (Allemagne) le 4 avril 1754, mort à une date inconnue, « fils d'Antoine Pelzer et de Barbe Peters », fut premier syndic du Sénat d'Aix-la-Chapelle, directeur de la chancellerie et président de la justice féodale de cette ville. Sous la domination française, il devint conseiller général, président de l'assemblée cantonale (1re section) d'Aix-la-Chapelle, président du collège électoral, et fut désigné, le 2 fructidor an XII, par le Sénat, pour représenter au Corps législatif le département de la Roër. Il siégea jusqu'en 1814, son mandat lui ayant été renouvelé le 10 août 1810.

PÉMARTIN (JOSEPH, CHEVALIER), député en 1789, membre de la Convention, député au Cinq-Cents, et au Corps législatif de l'an VI à 1815, né à Oloron (Basses-Pyrénées) le 19 janvier 1754, mort à Oloron le 25 novembre 1841, « fils de Jean-Baptiste Pémartin, avocat, docteur ès-droits et jurat d'Oloron, et de demoiselle Jeanne-Marie Rodez », se fit recevoir avocat et, partisan des idées nouvelles, fut élu (10 juin 1789) député du tiers aux Etats-Généraux par le Béarn. Il vota avec la majorité réformatrice, et la commune de Pau le remercia de son zèle à défendre les intérêts de la province. Le 5 septembre 1792, il fut envoyé à la Convention nationale par le département des Basses-Pyrénées, le 4e sur 6, par 281 voix (4 votants). Pémartin siégea parmi les modérés et dans le procès du roi, lors du 3e appel nominal, se prononça en ces termes : « Il est des devoirs que les nations civilisées ne peuvent reconnaître, même par leur propre puissance ; législateur, je ne puis prendre qu'une mesu-

politique. Je vote pour la réclusion jusqu'à la paix et le bannissement ensuite. » Il devint secrétaire de l'assemblée en l'an III, membre du comité de sûreté générale, provoqua la mise en jugement de Pache et de Bouchotte comme auteurs du 31 mai, fit un rapport contre les insurgés de germinal, et appuya toutes les mesures de réaction qui marquèrent la fin de la session. Passé, le 21 vendémiaire an IV, au Conseil des Cinq-Cents, comme député des Basses-Pyrénées, avec 271 voix (284 votants) — il était élu aussi par sept autres départements, — il suivit la même ligne politique que précédemment, fit adopter un projet de résolution concernant les professeurs de la ci-devant université de Paris, obtint sa réélection le 26 germinal an VII, adhéra au coup d'État de brumaire, et fut choisi par le Sénat conservateur, le 4 nivôse an VIII, comme député des Basses-Pyrénées au nouveau Corps législatif. Pémartin siégea dans l'assemblée impériale pendant toute la durée du règne, son mandat ayant été renouvelé le 4 fructidor an XII, puis le 10 août 1810. Chevalier de la Légion d'honneur du 4 frimaire an XII, il fut fait chevalier de l'Empire le 1er avril 1809.

PÉMOLIÉ DE SAINT-MARTIN (LOUIS-MARIE-JOSEPH), député de 1810 à 1815, de 1815 à 1816, né à Dax (Landes), le 12 octobre 1758, mort à Paris le 22 septembre 1836, « fils de messire Bertrand-Marie Pémolié de Saint-Martin, écuyer seigneur de Bedorède, Ainis, chevalier de l'ordre royal et militaire de Saint-Louis, et de dame Marie-Anne de Morel », servit dans les armées du roi. Ancien officier d'infanterie, adjoint au maire de Dax, il fut élu, le 10 août 1810, par le Sénat conservateur, député des Landes au Corps législatif, où il siégea jusqu'à la fin du règne. Le 22 août 1815, le grand collège du département des Landes le renvoya à la Chambre des députés, avec 104 voix (150 votants, 224 inscrits). Il siégea silencieusement dans la majorité de la Chambre introuvable, et ne fit pas partie d'autres assemblées.

PENEAU (JACQUES-PHILIPPE), député au Conseil des Anciens, né à Châteauroux (Indre) le 21 mars 1752, mort à une date inconnue, était receveur du district d'Issoudun, quand il fut élu, le 23 vendémiaire an IV, député de l'Indre au Conseil des Anciens, « à la pluralité des voix sur 175 votants ». Il prit la parole sur plusieurs matières de législation et de finances, fit fixer les dépenses de la trésorerie, et termina sa carrière comme receveur général de l'Indre sous l'Empire.

PENET (FÉLIX), député de 1831 à 1837, né à l'Albenc (Isère) le 21 octobre 1782, mort à Grenoble (Isère) le 28 avril 1850, riche commerçant et possesseur de comptoirs à Marseille, à Valence et à Grenoble, se montra de bonne heure ardent bonapartiste. Au retour de l'île d'Elbe, il suivit Napoléon, et devint secrétaire du général Bertrand. En juillet 1815, il défendit Grenoble avec bravoure, fut placé sous la surveillance de la police de la Restauration, et ne tarda pas à se mettre à la tête de l'opposition constitutionnelle dans l'Isère. Juge suppléant, juge, puis président du tribunal de commerce de Grenoble, il fut chargé, en juillet 1830, de l'administration municipale provisoire de cette ville, et empêcha les désordres que la présence d'un régiment suisse en garnison aurait pu provoquer. Maire de Grenoble le 16 août 1830, il alla en députation présenter

les vœux des habitants de la ville à Louis-Philippe qui le décora de la Légion d'honneur. Élu, le 5 juillet 1831, député du 5e collège de l'Isère (Saint-Marcellin), par 103 voix (202 votants, 239 inscrits), contre 77 à M. Saint-Romme, et réélu, le 21 juin 1834, par 122 voix (182 votants, 248 inscrits), contre 54 à M. de Cormenin, il fut chargé, en 1832, par Casimir Périer, de calmer les troubles qui avaient éclaté à Grenoble, et refusa successivement, de ce ministre, une préfecture et une recette générale. Candidat malheureux aux élections générales de 1837, il quitta la vie politique.

PÉNICAUD (JACQUES-RENÉ), député de 1880 à 1885, né à Limoges (Haute-Vienne) le 18 juin 1843, étudia le droit, fut reçu avocat, puis docteur, et exerça avec succès sa profession à Limoges. Le 6 juin 1880, il fut élu député de la 2e circonscription de cette ville par 9,345 voix (9,797 votants, 20,476 inscrits), en remplacement de M. Ninard, nommé sénateur. Il siégea dans la majorité opportuniste, vota pour le service militaire de trois ans, et obtint sa réélection, le 21 août 1881, par 10,202 voix (10,786 votants, 20,845 inscrits). Il soutint les cabinets Gambetta et J. Ferry, et se prononça pour l'expédition du Tonkin, contre la séparation de l'Église et de l'État. Porté, le 4 octobre 1885, sur la liste opportuniste de la Haute-Vienne, il échoua avec 21,102 voix (63,563 votants), contre 40,093 au dernier élu de la liste radicale, M. Planteau.

PÉNIÈRES (JEAN-ANTOINE-AUGUSTIN), représentant en 1848 et en 1849, né à Ussel (Corrèze) le 28 mars 1810, petit-fils du conventionnel Pénières-Delzors, se fit recevoir avocat, exerça sa profession à Ussel, et appartint, sous Louis-Philippe, à l'opposition démocratique. Il accueillit avec joie la révolution de 1848, et fut élu, le 23 avril 1848, par ses concitoyens de la Corrèze, représentant du peuple à l'Assemblée constituante, le 6e sur 8, par 17,784 voix. M. Pénières siégea à la Montagne, fit partie du comité de la guerre, et vota : contre le rétablissement du cautionnement, contre les poursuites contre Caussidière, contre l'abolition de la peine de mort, pour l'amendement Grévy, pour l'ensemble de la Constitution, contre la proposition Rateau, contre les crédits de l'expédition de Rome. Réélu, le 13 mai 1849, représentant de la Corrèze à l'Assemblée législative, le 4e sur 7, par 35,296 voix (56,045 votants, 84,363 inscrits), il se prononça avec énergie contre les opinions de la majorité monarchiste et contre les actes du gouvernement présidentiel. Il fut arrêté au 2 décembre 1851, puis rendu à la liberté, et, renonçant à la politique, il s'occupa dès lors de chimie industrielle.

PÉNIÈRES (RAYMOND-ÉTIENNE-LUCIEN), député de 1881 à 1885, né à Ussel (Corrèze) le 29 mai 1840, fils du précédent, étudia la médecine à Paris, fut reçu docteur en 1869, et agrégé à la faculté de médecine de Montpellier en 1875. Candidat républicain aux élections législatives du 20 février 1876, dans l'arrondissement d'Ussel, il réunit 1,025 voix au premier tour de scrutin, et se retira avant le scrutin de ballottage. Il fut plus heureux le 21 août 1881 : la même circonscription l'envoya à la Chambre par 5,897 voix sur 10,885 votants et 17,118 inscrits, contre 4,420 à M. Laumond, député sortant. M. Pénières opina avec la majorité opportuniste du Palais-Bourbon, notamment pour les crédits de l'expédition du Tonkin, pour les

37

ministères Gambetta et Ferry, *contre* la séparation de l'Église et de l'État. Inscrit sur la liste républicaine opportuniste de la Corrèze aux élections du 4 octobre 1885, il obtint 16,793 voix au premier tour (61,515 votants), et se désista avant le ballottage. On a de lui deux thèses, l'une de doctorat, l'autre d'agrégation, intitulées : *Des résections du genou* (1869) ; *Des progrès que l'histologie a fait faire au diagnostic des tumeurs* (1875).

PÉNIÈRES-DELZORS (JEAN-AUGUSTIN), membre de la Convention, député aux Cinq-Cents, membre du Tribunat, député au Corps législatif de 1807 à 1811, représentant à la Chambre des Cent-Jours, né à Saint-Julien-aux-Bois (Corrèze) le 4 mai 1767, mort à Saint-Augustin (Floride) le 21 août 1821, fils de « monsieur Jean Pénières-Delzors, avocat au parlement et juge de Saint-Julien-aux-Bois, et de demoiselle Marguerite Pougeol, son épouse », était garde du corps avant 1789. Il se fit ensuite recevoir avocat, adopta les principes de la Révolution, devint maire de Saint-Julien, administrateur de la Corrèze, fut nommé député-suppléant de ce département à l'Assemblée législative (septembre 1791) sans être appelé à y siéger, et fut élu, le 6 septembre 1782, député de la Corrèze à la Convention, le 7e et dernier, « à la pluralité des voix ». Pénières vota, en novembre 1792, contre la réunion de la Savoie à la France, et déclara dangereuse toute extension de territoire. Lors du jugement de Louis XVI, il s'exprima en ces termes (3e appel nominal) : « Mon opinion n'était pas que la Convention jugeât Louis XVI ; mais vous en avez décidé autrement, je me soumets à cela. Je prononce contre Louis la peine portée par le code pénal contre les coupables de haute trahison ; mais, après l'exécution de ce jugement, je demande la suppression de la peine de mort. » Pénières se montra très opposé au parti jacobin, et combattit vivement les opinions de Marat, qu'il proposa d'exclure de l'assemblée comme fou. En mai et juin, il prit la défense des Girondins. Acharné à poursuivre, après le 9 thermidor an II, les partisans du régime révolutionnaire, il intervint encore, à l'assemblée, dans plusieurs discussions sur l'agriculture et le commerce. Maltraité dans les rues de Paris lors de l'insurrection du 12 germinal an III, il se réfugia à la Convention et demanda qu'elle se « s'épurât en chassant de son sein les membres qui partageaient les opinions extra-révolutionnaires ». D'autre part, on le vit à la tête des troupes qui soutinrent l'assemblée contre les insurgés royalistes du 13 vendémiaire. Passé, le 21 vendémiaire an IV, au Conseil des Cinq-Cents, comme député de la Corrèze, élu par 134 voix sur 237 votants, en même temps que 14 autres départements lui donnaient aussi la majorité, il opina comme précédemment avec le parti modéré, obtint sa réélection au même Conseil, le 25 germinal an V, par 107 voix (209 votants), appuya le coup d'État de Bonaparte, et fut nommé, le 4 nivôse an VIII, membre du Tribunat. Il en sortit à la première élimination de 1802, et entra, le 17 février 1807, par une décision du Sénat conservateur, au Corps législatif impérial comme député de la Corrèze. Pénières siégea dans cette assemblée jusqu'en 1811. Il représenta encore à la Chambre des Cent-Jours l'arrondissement d'Ussel qui lui avait donné, le 15 mai 1815, 54 voix sur 77 votants. Il y demanda (22 juin) que Napoléon II fût rendu à la France et que les couleurs nationales fussent

mises sous la sauvegarde de l'armée. Pénières était propriétaire de la verrerie de la Valette et maire de Saint-Julien-aux-Bois. Ayant signé l'Acte additionnel, il fut atteint par la loi du 12 janvier 1816 contre les régicides. Un accident qu'il éprouva, le 22 janvier 1816, lui fit accorder un sursis ; il partit, le 1er mars suivant, de Valette (Corrèze) où il habitait, descendit la Dordogne en bateau, et arriva, le 9, à Bordeaux, où il s'embarqua, le 14 avril, sur le navire américain le *Narriot*, pour les États-Unis ; il y termina ses jours.

PENNAUTIER (AMÉDÉE-GUESCLIN DE BEYNAGUET, COMTE DE), député au Corps législatif de 1852 à 1857, né au château de Domaize (Puy-de-Dôme) le 20 novembre 1803, mort à Paris le 15 mai 1857, « fils de Jacques de Beynaguet seigneur de Pennautier, officier d'artillerie, et de Madeleine-Louise d'Aurelle », entra à l'École militaire, et fut, en 1828, attaché comme lieutenant à la commission spéciale de cavalerie. Aide-de-camp du maréchal Molitor et capitaine d'état-major en 1830, puis aide-de-camp du général Grouvet, inspecteur de cavalerie, il accompagna le général Gentil-Saint-Alphonse au siège d'Anvers et donna sa démission en 1833. Conseiller général du Puy-de-Dôme peu de temps après, maire de Domaize en 1844, il se rallia à la politique du prince Louis-Napoléon, et fut élu, comme candidat du gouvernement, le 26 septembre 1852, député de la 3e conscription du Puy-de-Dôme au Corps législatif, en remplacement de M. de Morny qui avait opté pour la 2e circonscription du même département, par 16,615 voix (16,751 votants, 34,331 inscrits). Il siégea dans la majorité dynastique, et mourut à la fin de la session. On lui doit de belles eaux-fortes représentant des paysages d'Auvergne, et dont quelques-unes figurent au musée de Clermont.

PÉPIN (SYLVAIN), membre de la Convention, député au Conseil des Cinq-Cents, né à Argenton (Indre) le 24 août 1746, mort à Argenton une date inconnue, était avocat au bailliage d'Argenton avant la Révolution. Officier municipal en 1791, procureur syndic, puis accusateur public au tribunal du district, il passa (août 1791) avec le même titre au tribunal criminel du département. Élu, le 5 septembre 1792, député de l'Indre à la Convention, le 3e sur 9 par 229 voix (300 votants), « il s'aperçut, dès son arrivée, écrivait-il en 1816, que l'assemblée était composée d'êtres bien hétérogènes, d'une masse nombreuse d'hommes vertueux sans doute, mais faibles et craintifs, d'une autre prétendus patriotes exagérés, frondant tous principes politiques, moraux et religieux. » Il siégea parmi les modérés, et, dans le procès du roi, répondit au 3e appel nominal : « D'après le sentiment de ma conscience, je voterai pour mort, parce que je crois que l'inviolabilité, mettrait à l'abri des peines prononcées par le code pénal contre les conspirateurs précisément celui entre les mains duquel seraient tous les moyens de faire réussir une conspiration, parce que cette inviolabilité, dis-je, serait très distinctive de la liberté, et contraire à la raison pour pouvoir être admise. Mais comme représentant de la nation, chargé seulement de faire des lois et de prendre des mesures de sûreté, je vote pour la déportation, sous peine de mort, et pour la réclusion jusqu'à la fin de la guerre. » Membre du comité de législation, il s'occupa surtout de matières juridiques administratives, fit rendre un décret relatif la déclaration du produit des récoltes, et un autre sur les tribunaux de famille. En mission dans la Haute-Marne après le 9 thermidor, il réorganisa les administrations, et « les purges des terroristes ». Le 23 vendémiaire an IV, le département du Cher l'envoya, par 106 voix (201 votants) siéger au Conseil des Cinq-Cents : il parla sur les co-propriétaires de biens d'émigrés, sur la fixation de l'âge des greffiers municipaux, quitta l'assemblée en l'an VI, et fut nommé juge au tribunal de Cassation. Admis à la retraite le 4 mars 1810, avec une pension annuelle de 1,000 francs, il signa l'Acte additionnel en 1815, et ayant voté *contre* le sursis dans le procès de Louis XVI, fut considéré comme frappé par la loi du 12 janvier 1816 contre les régicides. Il réclama, en alléguant que c'était une erreur de rédaction du secrétaire de la Convention, et que, de plus, son nom était inscrit, mais non signé, sur les registres d'acceptation de l'Acte additionnel. « Agé, faible, pauvre et non méchant », dit le rapport du préfet de l'Indre, il bénéficia d'un sursis indéfini le 15 mai 1816, et ne quitta pas sa ville natale.

PEPIN-LEHALLEUR (Alexandre-Emile), représentant en 1851, né à Paris le 27 mai 1817, mort à Paris le 20 décembre 1879, avocat et propriétaire à Paris, fut élu, le 6 juillet 1851, représentant de Seine-et-Marne à l'Assemblée législative, par 22,979 voix (31,821 votants, 78,385 inscrits), contre 1,448 au général Imbert de Saint-Amand, 753 à M. Henry de Greffülhe, 638 à M. Aug. Portalis, et 395 à M. Luchet, en remplacement de M. Aubergé décédé. Il siégea à droite et vota avec la majorité monarchiste. Le coup d'État mit fin, cinq mois plus tard, à sa carrière parlementaire.

PEPPEN (Jean-François), député au Corps législatif de l'an XII à 1808, né à Malines (Belgique) le 4 février 1750, mort à une date inconnue, « fils de François-Arnauld Peppen et de Pétronille de Tru », était homme de loi à Anvers. Sous la domination française, il fut nommé conseiller de préfecture, et, le 5 nivôse an XII, fut désigné par le Sénat conservateur pour représenter au Corps législatif le département des Deux-Nèthes. Peppen siégea jusqu'en 1808.

PÉRALDI (Marius), député en 1791, dates de naissance et de mort inconnues, propriétaire à Ajaccio, fut élu, le 22 septembre 1791, député de la Corse à l'Assemblée législative, le 6e et dernier, par 173 voix (358 votants). Il appartint à la majorité réformatrice et prit quelquefois la parole, pour faire une motion en faveur des magistrats corses, et pour rendre compte de « la joie du peuple de Soissons et de Reims à la nouvelle du 10 août, joie dont il avait été témoin », ayant été envoyé en mission à l'armée du centre avec Kersaint et Antonelle. Il devint plus tard conseiller général de la Corse.

PÉRALDI (Antoine-François-Marie), député en 1816 et de 1824 à 1827, né à Ajaccio (Corse) le 2 avril 1769, mort à une date inconnue, fut, en 1791, colonel de la garde nationale d'Ajaccio. Membre de la chambre du parlement à Bastia et à Corte (1794), assesseur au tribunal d'Ajaccio le 15 juin 1795, il émigra en 1798, rentra en Corse lors de la première Restauration (1814), dut se réfugier de nouveau en Toscane en mars 1815, rentra à la seconde Restauration, devint, le 15 décembre suivant, conseiller

général, et fut nommé, le 22 février 1816, sous-préfet de Sartène. Le 4 octobre 1816, le grand collège de la Corse l'élut membre de la Chambre des députés par 21 voix 35 votants : mais il resta quelque temps sans prendre séance, et fut compris dans la série sortante en 1817. Réélu, le 5 mars 1824, par 23 voix 36 votants), Péraldi fit partie de la majorité qui soutint le ministère Villèle. Le 20 octobre 1824, il fut fait chevalier de la Légion d'honneur et, le 23 mai 1825, chevalier de Saint-Louis. Les élections de 1827 le rendirent à la vie privée.

PÉRALDI (Nicolas-Joseph), député de 1881 à 1885, membre du Sénat, né à Ajaccio (Corse) le 18 mars 1841, notaire dans cette ville, et président de la chambre des notaires, était maire d'Ajaccio quand le gouvernement du Seize-Mai le révoqua, comme républicain, de ses fonctions municipales. Réintégré en décembre suivant, conseiller général août 1880), il fut élu, le 2 septembre 1881, au second tour de scrutin, député de l'arrondissement d'Ajaccio, par 6,850 voix (12,640 votants, 18,821 inscrits), contre 5,771 à M. Cunéo d'Ornano ; il siégea à gauche, vota constamment avec la majorité opportuniste, *pour* les ministères Gambetta et J. Ferry, *contre* la séparation de l'Eglise et de l'Etat, *pour* les crédits du Tonkin et, le 25 janvier 1885, fut nommé sénateur de la Corse, par 436 suffrages (744 votants). Il suivit dans la Chambre haute la même politique que précédemment, s'abstint sur l'expulsion des princes (juin 1886), et se prononça, en dernier lieu, *pour* le rétablissement du scrutin d'arrondissement (13 février 1889), *pour* le projet de loi Lisbonne restrictif de la liberté de la presse ; il ne prit pas part au scrutin sur la procédure à suivre devant le Sénat contre le général Boulanger. Chevalier de la Légion d'honneur (1879).

PÉRARD (Charles-François-Jean), membre de la Convention, né à Angers (Maine-et-Loire) en 1760, mort à Paris le 6 avril 1833, était avocat à Angers avant la Révolution. Administrateur du district d'Angers, il fut nommé (septembre 1791) député-suppléant de son département à l'Assemblée législative sans être appelé à y siéger. Elu, le 5 septembre 1792, membre de la Convention par le département de Maine-et-Loire, le 9e sur 11, avec 365 voix (600 votants, 645 inscrits), il se prononça, dans le procès du roi, *contre* l'appel au peuple, en disant : « Non, parce que je voterai pour une mesure de sûreté générale, sur laquelle la ratification formelle ne sera pas portée. » Au 3e appel nominal il répondit : « Je vote pour la mort. » Pérard fut envoyé en mission dans l'Aisne et rendit compte de la situation de Beauvais. Il fit partie de la commission des émigrés, et, à la suite des événements de vendémiaire, proposa diverses mesures pour la sûreté de la Convention. Compromis, après la session, dans la conspiration du camp de Grenelle, il se retira à l'hôpital de Saint-Cyr, et fut nommé, quelque temps après, chef de bureau au ministère de la Police. Le gouvernement consulaire l'envoya comme commissaire spécial de police à Toulon (8 fructidor an VIII) ; mais des démêlés avec les autorités locales le firent rappeler, et il resta sans emploi jusqu'en mai 1815. Lorsque l'empereur revint de l'île d'Elbe, Pérard lui envoya, le 21 mars, une adresse ainsi conçue : « Sire, vous voilà donc ! que le génie de la France qui vous a ramené veille sur vous ; disposez de moi, et agréez l'hommage de mon respectueux dévouement. Signé : l'ex-conventionnel Pérard, 6, rue

Rameau, derrière l'Opéra.» Il vota ensuite l'Acte additionnel, et fut envoyé à Dieppe, le 17 mai suivant, comme lieutenant extraordinaire de police. Révoqué à la seconde Restauration, il partit prudemment pour Londres le 27 décembre 1815, et tomba sous le coup de la loi du 12 janvier 1816 contre les régicides. Étant revenu à Rouen en mars suivant, il fut forcé de repartir, et n'en réclama pas moins, de Londres, une pension du gouvernement royal (lettre du 2 mars 1819), en alléguant que « les accidents financiers de la Révolution avaient rendu une fonction publique utile à son existence ». Sa demande ne fut pas accueillie, et Pérard ne rentra en France qu'après la révolution de 1830.

PERCEVAL-WITTENCKOFF (Noël-Jacques de), député de 1816 à 1824, né à Amboise (Indre-et-Loire) le 22 novembre 1769, mort le 18 juin 1848, commissaire-ordonnateur sous l'Empire, fut fait prisonnier en 1813, fut nommé, en 1814, commissaire-ordonnateur de la maison du roi, se porta candidat aux élections législatives du 21 août 1815, dans le collège de Tours, mais ne fut élu qu'aux élections suivantes, le 4 octobre 1816, député du grand-collège d'Indre-et-Loire, par 90 voix (172 votants, 225 inscrits); il avait été nommé, à la fin de 1815, commissaire-ordonnateur de la garde royale. Il siégea au centre droit, parmi les royalistes constitutionnels. De la première série sortante, il fut réélu, le 20 septembre 1817, par 582 voix (796 votants, 1,209 inscrits), puis, le 16 mai 1822, par 135 voix (231 votants, 275 inscrits). En 1816, il siégea à droite. Nommé intendant militaire le 15 septembre 1817, et secrétaire général du ministère de la guerre le 8 décembre 1819, il s'opposa, en 1820, à la réduction du budget de son département. Il ne fut pas réélu aux élections générales de 1824, et ne se représenta plus. Intendant général attaché au ministère de la Guerre le 19 décembre 1821, il fut admis à la pension de retraite le 21 juillet 1831.

PERCIN (Antoine-Louis de), représentant à la Chambre des Cent-Jours, né à Fleurance (Gers) le 25 janvier 1769, mort à Fleurance le 11 février 1850, étudia le droit, fut reçu avocat et devint maire de Fleurance. Le 14 mai 1815, il fut élu par l'arrondissement de Lectoure représentant à la Chambre des Cent-Jours, avec 32 voix (59 votants, 120 inscrits). Il ne fit pas partie d'autres législatures.

PERCY (Pierre-François, baron), représentant à la Chambre des Cent-Jours, né à Montagney (Haute-Saône) le 28 octobre 1754, mort à Paris le 18 février 1825, fils d'un ancien chirurgien-major de régiment, étudia les mathématiques et fut destiné par son père à servir dans l'artillerie; mais son goût l'entraîna vers la chirurgie, et il se fit recevoir docteur à vingt ans. Élève du célèbre Louis, il fut aide chirurgien dans la gendarmerie de Lunéville. Il publia quelques mémoires qui furent remarqués, fut promu (1782) chirurgien-major au régiment de Berry-cavalerie et remporta plusieurs prix proposés par des sociétés savantes. Placé, en 1792, à la tête du service de santé de l'armée du Rhin, ce fut lui qui établit les hôpitaux militaires sous Custine, puis sous Pichegru et Moreau. Il eut encore à former plus tard le premier bataillon de soldats d'ambulance en Espagne. Une ophthalmie grave l'empêcha de prendre part à l'expédition de Russie, ainsi qu'à

la campagne de Saxe en 1813. Après l'entrée des alliés à Paris en 1814, Percy soigna spécialement les malades et blessés russes et prussiens : cette sollicitude lui valut les remerciements de l'empereur Alexandre et les décorations de Sainte-Anne, de l'Aigle rouge de Prusse, et du Mérite de Bavière. Commandeur de la Légion d'honneur, baron de l'Empire du 14 avril 1810, chirurgien en chef des armées, professeur à la faculté de médecine de Paris et membre de l'Institut, il se soumit au gouvernement royal, puis il fut élu, pendant les Cent-Jours, membre de la Chambre des représentants (13 mai 1815), par le grand collège de la Haute-Saône, avec 70 voix sur 131 votants. Il ne put siéger que deux ou trois fois, ne prit la parole que pour plaider la cause des soldats malades, et quitta l'assemblée pour reprendre son service lors de la campagne de Waterloo. La seconde Restauration l'ayant mis à la retraite, le baron Percy alla habiter un domaine qu'il avait acquis près de Meaux : il s'y occupa d'agriculture et donna également ses soins à une magnifique collection d'armes anciennes et modernes, qu'il avait rassemblées et étudiées principalement sous le rapport chirurgical. Percy, qui avait été blessé trois fois sur le champ de bataille, succomba en 1825 aux fatigues éprouvées durant sa longue et laborieuse carrière. Les rapports et mémoires publiés par lui se font remarquer par une érudition choisie, un style pur, et souvent par des traits d'une piquante originalité.

PERDIGUIER (Agricol), représentant en 1848 et en 1849, né à Morières (Vaucluse) le 3 décembre 1805, mort à Paris le 26 mars 1875, était le septième enfant d'un menuisier de campagne qui ne put que l'envoyer peu de temps à l'école. Apprenti menuisier à Avignon dès l'âge de douze ans, il fut témoin des excès de la terreur blanche dans le Midi; à quatorze ans, il commença son tour de France, fut reçu, quatre ans après, compagnon du Devoir libre sous le nom « d'Avignonnais-la-Vertu », franchit tous les degrés de l'ordre du Devoir libre, et en devint dignitaire. Tout en s'occupant activement de son métier, il compléta son éducation littéraire, lut les poètes, et surtout le théâtre de Voltaire, composa des vers, des chansons, vint à Paris en 1829, et exposa l'histoire des corporations ouvrières, l'avenir du compagnonnage et les bienfaits de l'association, dans deux ouvrages qui parurent en 1839, et qu'il intitula : le Compagnonnage, rencontre de deux frères, et le Livre du compagnonnage. Vivement attaqué, traité de faux-frère, il se défendit dans l'Histoire d'une scission, et dans la Biographie de l'auteur (1843). Républicain socialiste, il salua avec joie l'avènement de la République en février 1848, et, avec l'appui de Béranger, de Lamartine, de George Sand à qui il avait servi de modèle pour Compagnon du tour de France, fut élu, le 23 avril, représentant du peuple à l'Assemblée constituante dans deux départements : 1° dans la Seine, le 8° sur 34 par 117,290 voix (267,888 votants, 399,191 inscrits), et dans Vaucluse, le 5° sur 6, par 22,0.. voix (59,634 votants). Il opta pour la Seine, fut remplacé en Vaucluse, le 4 juin, par M. Alph. Gent, et prit place à la Montagne. Il vota avec les démocrates avancés, contre le rétablissement du cautionnement, contre les poursuites contre Louis Blanc et Caussidière, contre le rétablissement de la contrainte par corps, pour l'abolition de la peine de mort, pour l'amendement Grévy, pour le droit au travail, contre l'ordre du jour en l'honneur de Cavaignac, *contre* la proposition Rateau, *contre* l'interdiction des clubs, *contre* les crédits de l'expédition romaine, *pour* l'amnistie des transportés. Il prit la parole, le 8 septembre 1848, sur la réglementation des heures de travail, opposa à MM. Buffet, Ch. Dupin et Léon Faucher, l'autorité de Lamennais, et conclut : « Plus l'ouvrier travaille, moins il gagne; moins il gagne, moins il consomme, plus il souffre ; et plus il souffre, plus nous approchons des révolutions... Dans une circonstance aussi grave que celle où nous nous trouvons et pour conjurer de nouvelles révolutions, l'État doit intervenir, et il le peut directement ou indirectement. Il peut régler la longueur de la journée, il peut supprimer le marchandage, les entrepreneurs généraux, faire en sorte que chacun vive de son métier. » Réélu, le 13 mai 1849, représentant de la Seine à l'Assemblée législative, le 27e sur 28, par 107,838 voix (281,140 votants, 378,043 inscrits), il continua d'opiner avec la minorité démocratique, se prononça *contre* l'expédition de Rome, *contre* la loi Falloux-Parieu sur l'enseignement, *contre* la loi restrictive du suffrage universel, protesta contre le coup d'État du 2 décembre 1851, fut arrêté et incarcéré, puis exilé en Belgique, à Anvers. Il y passa quelque temps, et de là se rendit en Suisse, où il écrivit et publia les *Mémoires d'un compagnon* (1854). Rentré en France en 1857, il s'établit libraire rue Traversière, continua de s'occuper de la fusion de tous les compagnonnages, en réunit un grand nombre en novembre 1861, dans un grand banquet à Vaugirard, et renouvela, tant à Paris qu'en province, ces fêtes pour resserrer la « chaîne d'union », sans aboutir à un grand résultat pratique. On a encore de lui : *Maître Adam, menuisier à Nevers* (1863); *Question vitale sur le compagnonnage* (même année), etc.

PERDRY (Jean-Claude-Alexis-Joseph), dit Perdry cadet, député en 1789, né à Valenciennes (Nord) le 5 mai 1757, mort à Valenciennes le 18 septembre 1812, avocat dans sa ville natale et échevin, fut élu (28 avril 1789) député du tiers aux États-Généraux par la ville de Valenciennes. Il vota avec la majorité, prêta le serment du Jeu de paume, donna son avis sur la formation des municipalités, et ne fit pas partie d'autres assemblées.

PÉRÉ (Antoine-François, comte), député au Conseil des Anciens, membre du Sénat conservateur et pair de France, né à Arcizac-Adour (Hautes-Pyrénées) le 6 septembre 1746, mort à Tarbes (Hautes-Pyrénées) le 9 janvier 1835, était président du tribunal criminel de son département quand il fut élu, le 25 germinal an V, député des Hautes-Pyrénées au Conseil des Anciens, par 77 voix (103 votants). Secrétaire de cette assemblée, il combattit le projet relatif à l'action en rescision, fit un rapport sur les poursuites à exercer contre les individus qui recèlent des déserteurs, un autre sur le traitement des juges, parla sur l'arbitrage forcé, les frais de procédure, le nouveau système monétaire, se montra plus hostile au coup d'État de Bonaparte, fut admis, le 19 brumaire an VIII, à faire partie de la « commission intermédiaire » et, le 4 nivôse suivant, fut appelé au Sénat. Il soutint le régime impérial, se rallia en 1814 à la déchéance de l'empereur qui l'avait fait comte le 26 avril 1808 et commandeur de la Légion d'honneur le 25 prairial an XII, et fut nommé pair de France par une ordonnance royale du 4 juin 1814. Ayant prêté serment en 1830 au gouvernement de Louis-Philippe, il siégea jusqu'à sa mort (1835).

PÉREIRE (Jacob-Émile), député au Corps législatif de 1863 à 1869, né à Bordeaux (Gironde) le 3 décembre 1800, mort à Paris le 6 janvier 1875, d'une famille d'israélites portugais, dont un membre, Jacob-Rodrigues Péreire ou Pereyra, son grand-père, s'établit à Bordeaux, vers 1743, comme instituteur de sourds-muets, se fixa à Paris en 1822 comme courtier d'affaires. Par l'entremise d'Olinde Rodrigues, son parent, il embrassa les doctrines saint-simoniennes (1829 à 1834), et collabora au *Globe*, au *National* et à la *Revue encyclopédique*. En 1835, il fut adjudicataire, avec son frère Isaac (*Voy. plus bas*), du chemin de fer de Saint-Germain, dont les 5 millions de garantie furent faits par MM. de Rothschild, d'Eichtal et quelques autres financiers. Après la réussite de cette opération, il entreprit la construction des chemins de fer du Nord (1845), d'Auteuil, d'Argenteuil, du Midi (1852), de Rhône-et-Loire (1853), de l'État Autrichien et de l'Est de la Suisse (1855), du Nord de l'Espagne (1856), de la Russie, etc. Fondateur, en 1857, de la société générale du Crédit mobilier au capital de 60 millions, il effectua la fusion des compagnies du gaz, des compagnies des omnibus et des petites voitures, créa le grand hôtel du Louvre, le Crédit mobilier espagnol, et administra le Crédit agricole, le Crédit mobilier italien, et la Banque ottomane. Il s'associa ensuite à la Société immobilière; mais la déconfiture des entreprises annexes amena la ruine de cette Société, et M. Émile Péreire dut donner sa démission en octobre 1867. En 1860, il avait soutenu la politique libre-échangiste du gouvernement et contribué à l'élaboration des traités de commerce. Candidat officiel au Corps législatif le 1er juin 1863, dans la 3e circonscription de la Gironde, il fut élu par 18,651 voix (24,749 votants, 33,116 inscrits), contre 5,982 à M. de Lur-Saluces. Il siégea dans la majorité dynastique, et, dans la session de 1864, quand Thiers demanda, pour mettre fin à l'expédition du Mexique, qu'on traitât avec Juarez, il s'écria : « On a assez parlé ici en faveur de l'étranger. » Conseiller général de La Réole, commandeur de la Légion d'honneur du 13 août 1864, il fut nommé, en juin 1868, administrateur de la Compagnie transatlantique. M. Émile Péreire, qui protégeait les arts, prit l'initiative de l'exposition des œuvres de Paul Delaroche au palais des Beaux-Arts. La part qu'il avait eue aux embellissements de Paris, à l'achèvement de la rue de Rivoli, à la percée des boulevards de Sébastopol, Haussmann, Malesherbes, du Prince-Eugène, et à la création du quartier Monceau, a fait donner son nom à un boulevard et à une place du 17e arrondissement. Il ne se représenta pas aux élections de 1869 et quitta la vie politique.

PÉREIRE (Isaac), député au Corps législatif de 1863 à 1870, né à Bordeaux (Gironde) le 25 novembre 1806, mort au château d'Armainvilliers (Seine-et-Marne) le 12 juillet 1880, frère cadet du précédent, fut étroitement mêlé à sa fortune et à toutes ses opérations financières; il fut en outre un des premiers administrateurs du chemin de fer de Lyon, et créa le type des obligations de chemin de fer 3 0/0, adopté depuis par toutes les grandes compagnies. Conseiller général de Perpignan, il fut élu, le

1er juin 1863, député au Corps législatif par l'unique circonscription des Pyrénées-Orientales, avec 28,494 voix 29,148 votants, 47,970 inscrits). Cette élection ayant été invalidée, M. Isaac Péreire fut réélu, le 20 décembre suivant, par 21,322 voix (35,307 votants, 47,712 inscrits), contre 14,869 à M. J. Durand. Il siégea dans la majorité dynastique. Réélu, le 24 mai 1869, dans la 3e circonscription de l'Aude, par 10,293 voix (19,643 votants, 22,886 inscrits), contre 9,183 à M. Louis de Guiraud, candidat indépendant, il fut encore invalidé et, s'étant représenté, échoua, le 6 février 1870, avec 8,804 voix, contre 10,313 à l'élu, M. de Guiraud. Officier de la Légion d'honneur du 13 août 1864. M. I. Péreire a publié : *Rôle de la Banque de France et organisation du crédit en France* (1864); *Budget de 1877* ; *Question financière* ; *La réforme de l'impôt* (1877) ; *La question religieuse* (1879); *Politique financière* (1879). Il donna à la *Liberté*, dont il avait acheté un très grand nombre d'actions en 1875, et qui appartient aujourd'hui à son fils, M. Gustave Péreire, des articles remarqués sur les questions économiques, créa un prix de 100,000 francs pour le meilleur mémoire sur le paupérisme, et, en souvenir de son grand-père, fonda, en 1875, à Paris, une école de sourds-muets.

PÉREIRE (Eugène), député au Corps législatif de 1863 à 1869, né à Paris le 1er octobre 1831, fils du précédent, sortit de l'Ecole centrale en 1852, et fut attaché à l'administration centrale du chemin de fer du Midi. Il alla ensuite en Espagne, fut le promoteur de la création du Crédit mobilier espagnol, dont il devint un des administrateurs, établit, à son retour, la Compagnie générale des omnibus, et fut nommé administrateur de l'Assistance publique à Paris. Il présida également le conseil d'administration de la Compagnie transatlantique. Elu député au Corps législatif, le 1er juin 1863, dans la 2e circonscription du Tarn, par 20,611 voix (27,633 votants, 35,416 inscrits), contre 6,940 à M. de Carayon-Latour légitimiste, il perdit, en 1869, l'appui du gouvernement, et échoua, le 24 mai de cette dernière année, dans la même circonscription, avec 11,963 voix contre 15,453 à l'élu, M. Reille, et 2,651 à M. de Lavergne. Chevalier de la Légion d'honneur du 17 août 1877. On a de lui : *Tables sur les intérêts composés et rentes viagères* (1864); *Tableau de l'intérêt composé* (1865).

PÉRÈS (Joseph-Pierre-Aimé, baron de), député au Corps législatif de 1807 à 1815, né à Gimont (Gers) le 16 novembre 1754, mort à Auch (Gers) le 15 septembre 1822, « fils de noble Pierre de Pérès, chevalier de l'ordre royal et militaire de Saint-Louis, capitaine au régiment de Médoc, et de dame Jaquette de Conquarré de Combret », s'engagea, en 1768, comme volontaire au régiment de Médoc, devint sous-lieutenant le 19 septembre 1769, lieutenant le 9 novembre 1772, lieutenant en premier le 10 septembre 1776, et capitaine le 13 juin 1784. Au début de la Révolution (1789), il fut placé, comme colonel, à la tête de la garde nationale de Toulouse. Ayant émigré en 1791, il tenta de rentrer en France en 1793, fut pris, incarcéré (1794), et ne recouvra la liberté qu'après le 9 thermidor. Candidat au Corps législatif impérial, il fut admis, le 7 mars 1807, par le Sénat conservateur, comme député du Gers, vit son mandat renouvelé le 6 janvier 1813, et fut créé chevalier de l'Empire (11 juillet 1810), et baron (12 avril 1813).

PÉRÈS DE LAGESSE (Emmanuel, baron), député en 1789, membre de la Convention, député au Conseil des Cinq-Cents, et au Conseil des Anciens, né à Boulogne-en-Comminges (Haute-Garonne) le 22 mai 1752, mort à Boulogne le 17 juillet 1833, « fils à M. Ambroise Pérès et à dame Ursule de Manas de Lamezan », étudia le droit, et fut reçu (1772) avocat au parlement de Toulouse. Il exerçait cette profession, lorsqu'il fut (25 avril 1789) élu député du tiers aux Etats-Généraux par les pays et jugerie de Rivière-Verdun. Il opina avec la majorité réformatrice. Maire de Boulogne, il fut élu membre de la Convention (6 septembre 1792) pour le département de la Haute-Garonne, le 4e sur 12, par 615 voix (701 votants), et s'exprima ainsi lors du procès du roi, au 3e appel nominal : « Je vais en peu de mots motiver mon avis, lorsqu'il n'est pas celui des préopinants; je vais le faire en homme libre. Je crois que le tyran nous nuira plus par sa mort que par la continuation de sa honteuse existence. D'un autre côté, nous sommes un corps politique, et non un tribunal. Nous ne pouvons juger sans devenir despotes. Nous avons le pouvoir de prendre une mesure de sûreté générale. Je conclus en législateur, en homme d'Etat, pour la réclusion jusqu'à la paix, et pour le bannissement à cette époque. » Son rôle politique, jusqu'en l'an III, fut d'ailleurs assez effacé. A cette époque, il prit part au mouvement de réaction contre les Jacobins, discuta et présenta un projet sur les formes à suivre dans les dénonciations contre les représentants, et fut envoyé en mission à Bruxelles pour préparer l'annexion de la Belgique avec la France. Réélu, le 23 vendémiaire an IV, député de la Haute-Garonne au Conseil des Cinq-Cents, par 353 voix (370 votants), en même temps qu'il obtenait la majorité dans les départements de l'Ardèche et de la Sarthe, il devint secrétaire d'assemblée (pluviôse an V), fit voter plusieurs mesures relatives à la Belgique, se prononça pour une amnistie générale, accusa les prêtres réfractaires d'avoir fomenté des troubles à Toulouse, et intervint encore dans un certain nombre de discussions. Il demanda la restitution des biens enlevés aux hôpitaux et le maintien de l'exil contre les prêtres ou moines déportés. Le 25 germinal an VI, il passa au Conseil des Anciens, par 384 voix sur 413 votants, comme député de la Haute-Garonne. Secrétaire (thermidor an VI), puis président (brumaire an VII), il prit la parole sur les adjudications des domaines nationaux, sur la défaite des royalistes de la Haute-Garonne, fit arrêter la formule d'imprécation que prononcerait le président contre la maison d'Autriche à propos de l'assassinat de nos plénipotentiaires à Rastadt, et se déclara partisan du coup d'Etat du 18 brumaire. Bonaparte le fit (11 ventôse an VIII) préfet du département de Sambre-et-Meuse, membre de la Légion d'honneur (30 pluviôse au XIII), et baron de l'Empire le 14 février 1810. Il rentra dans la vie privée à la première Restauration.

PERETTI DELLA ROCCA (Charles-Antoine), député en 1789, né au château de Lévie (Corse) en 1750, mort à une date inconnue, était chanoine et grand vicaire d'Atelia. Le 1er juin 1789, il fut élu député du clergé aux Etats-Généraux par l'île de Corse. Il se montra l'adversaire des idées nouvelles, s'avoua l'auteur d'une lettre écrite de Corse contre les décrets de l'Assemblée, et signa les protestations de

12 et 15 septembre 1791. Il émigra en 1792, et ne joua plus aucun rôle politique.

PEREY-LALLIER (Etienne), député de 1834 à 1837, né à Saint-Etienne (Loire) le 3 mars 1780, mort à la Mulatière (Loire) le 29 août 1871, avocat, conseiller général de la Loire et maire de Saint-Etienne, se présenta pour la première fois à la députation le 5 juillet 1831, dans le 1er collège de la Loire (Saint-Etienne) : il y obtint 35 voix contre 139 à l'élu, M. Robert et 68 à M. Baude. Il fut plus heureux dans le même collège, le 21 juin 1834 : élu par 163 voix (310 votants, 354 inscrits), contre 140 à M. Lanyer, il fit partie, à la Chambre, de la majorité conservatrice. Le 4 novembre 1837, il n'obtint plus que 127 voix contre 264 à l'élu, M. Lanyer. Il en réunit encore 76, le 2 mars 1839, contre le même concurrent réélu, et ne se représenta plus.

PÉREZ D'ARTASSEN (François), député en 1789, né à Mont-de-Marsan (Landes) le 5 novembre 1722, mort en émigration à Saint-Sébastien (Espagne) le 6 février 1798, « fils de Fortin Pérez, bourgeois marchand, et de demoiselle Jeanne Duvin », appartint à la magistrature sous l'ancien régime. Conseiller au parlement de Bordeaux lors de la Révolution, il fut élu, le 21 avril 1789, député du tiers aux Etats-Généraux par la sénéchaussée de Mont-de-Marsan. Il montra peu d'enthousiasme pour les idées nouvelles, demanda presque aussitôt un congé illimité pour raisons de santé, et ne tarda pas à donner sa démission par la lettre suivante : « Messieurs, je n'ai aucun compte à rendre à la commune des raisons de mon retour, puisque ce n'est pas d'elle que j'ai reçu ma mission ; mais bien de tous les habitants de la ville et banlieue de Mont-de-Marsan ; ou bien des électeurs qui les représentent légalement. Au reste ces raisons sont assés connues, et Messieurs du bureau de correspondance en sont avertis depuis longtemps. Ce sont des raisons d'âge et de santé, qui ne m'ont pas permis de prolonger plus longtemps mon séjour à Versailles : elles mont obtenu un congé indéfini de l'Assemblée nationale, que vous respecterés sans doute ; et on pourra me faire remplacer, quand on voudra, ou par un suppléant, ou par un autre député. J'ai déjà envoyé ma démission au magistrat qui doit présider l'Assemblée. Ma détermination a été vacillante pendant quelque temps ; mais aujourd'hui elle est entièrement décidée. La bonne volonté ne me manquait pas ; mais bien les forces.

« J'ai l'honneur d'être bien respectueusement, Messieurs,

« Votre très humble et obéissant serviteur,

« PÉREZ D'ARTASSEN.

« A Artassen le 6 décembre 1789. »

Il émigra peu de temps après, et mourut le jour même où il était, sur ses instances, rayé de la liste des émigrés.

PEREZ DU GIEF (Joachim), député en 1789, membre de la Convention, député au conseil des Cinq-Cents, né à Auch (Gers) le 30 avril 1759, mort vers 1822, était avocat à Mirande, lorsqu'il fut élu, le 3 avril 1789, député du tiers aux Etats-Généraux par la sénéchaussée d'Auch. Il n'adopta qu'avec réserve les idées nouvelles, devint haut juré pour le Gers le 9 septembre 1791, et maire d'Auch. Nommé, le 7 septembre 1792, 1er député suppléant à la Convention pour le Gers, par 268 voix sur 449 votants, il fut appelé à siéger le 5 floréal an III. Il se déclara pour les mesures de réaction, dénonça Maribon-Montaut et Dartigoeyte, réclama la revision des décrets rendus sous la Terreur, et passa, le 22 vendémiaire an IV, au Conseil des Cinq-Cents, comme député du Gers, avec 145 suffrages sur 251 votants. Là, il se montra opposé à une amnistie pour les délits politiques, combattit l'institution des maisons de jeu, protesta contre l'application de la loi du 19 fructidor an V, quitta le Conseil en 1798, devint conseiller de préfecture du Gers, et mourut sous la Restauration.

PÉRIÉ-NICOLE (Nicolas-Joseph-Marie-Michel), représentant à la Chambre des Cent-Jours, né à Cahors (Lot) le 1er juin 1775, mort à Cahors le 3 mai 1849, avocat à Cahors, fut élu, le 15 mai 1815, représentant à la Chambre des Cent-Jours par le grand collège du Lot, avec 49 voix (86 votants), contre 37 à M. Siricys de Mayrinhac. Il rentra dans la vie privée après la courte session de cette législature.

PÉRIER (Carles-César), député en 1789, né à Etampes (Seine-et-Oise) le 18 septembre 1748, mort à Etampes le 5 avril 1797, était curé de la paroisse de Saint-Pierre d'Etampes, lorsqu'il fut élu, le 19 mars 1789, député du clergé de ce bailliage aux Etats-Généraux ; il opina d'abord contre la réunion des trois ordres, puis il se rallia à l'opinion opposée, après avoir obtenu de ses commettants des instructions conformes. Il fit connaître à l'Assemblée les motifs de son attitude par la lettre suivante, du 25 juin 1789 : « Messieurs, porteur d'un cahier qui me prescrit le vœu par ordre, qui m'enjoint de déclarer que le clergé du bailliage d'Etampes, que j'ai l'honneur de représenter aux Etats-Généraux, entend demeurer inviolablement uni au premier ordre, de conserver dans son intégrité et protester contre toute scission, j'ai cru de mon devoir et du respect que je dois à mes commettants de rester jusqu'à ce jour et de voter dans la chambre de l'ordre du clergé. De nouvelles instructions changent, en ce moment, ma position. Je viens m'unir à vous et particulièrement à la majorité de mon ordre duquel je ne cesserai jamais de défendre et de soutenir l'existence, les prérogatives et les intérêts.

« PÉRIER, curé de Saint-Pierre d'Etampes. »

Périer accompagna le roi à Paris le 16 juillet 1789, fut envoyé en mission à Poissy, quelques jours après, pour apaiser les troubles, prêta le serment ecclésiastique le 4 janvier 1791, et quitta la vie politique après la session.

PÉRIER (Marie-Gabriel-Louis-François), député en 1789, né à la Framboisière (Eure-et-Loir) le 18 février 1752, mort à une date inconnue, fut notaire au Châtelet de Paris avant la Révolution. Elu, en mars 1789, député du tiers aux Etats-Généraux par le bailliage de Châteauneuf-en-Thimerais, il opina silencieusement avec la majorité.

PÉRIER (Claude), député au Corps législatif en l'an VIII, né à Grenoble (Isère) le 28 mai 1742, mort à Paris le 6 février 1801, riche fabricant toilier à Grenoble et officier municipal de cette ville, adopta avec enthousiasme les principes de la Révolution, et offrit aux Etats du Dauphiné, en 1788, de tenir leurs séances au château de Vizille dont il était propriétaire. Etabli à Paris après la Terreur, il sut, par d'heureuses opérations et par une étroite parcimonie, augmenter sa fortune déjà considérable. Elu, le 4 nivôse an VIII, par le Sénat conservateur, député de l'Isère au Corps législatif, il s'y occupa de questions de finances et rédigea les statuts de la Banque de France dont il fut, à la création, l'un des quinze régents.

PÉRIER (Augustin-Charles), représentant aux Cent-Jours, député de 1827 à 1831, pair de France, né à Grenoble (Isère) le 12 mai 1773, mort à Frémilly-Bouray (Seine-et-Oise) le 2 décembre 1833, fils du précédent, était l'un des plus riches négociants de Grenoble. Ancien élève de l'Ecole polytechnique, conseiller général, président du tribunal de commerce et membre de la chambre consultative des manufactures, arts et métiers de cette ville, il fut élu, le 13 mai 1815, représentant du commerce et de l'industrie à la Chambre des Cent-Jours par le grand collège du Rhône, avec 52 voix (68 votants). Il siégea dans la majorité. De nouveau candidat aux élections du 25 février 1824, dans le 1er arrondissement électoral de l'Isère (Grenoble), il échoua avec 198 voix contre 264 à l'élu, M. Chenevaz; mais il fut élu député du même collège, le 16 novembre 1827, par 219 voix (426 votants, 462 inscrits), contre 199 au député sortant, M. Chenevaz; le même jour, il fut également élu dans le 2e arrondissement du même département, par 100 voix (188 votants, 223 inscrits), contre 83 au marquis de Murinais, et dans le 4e arrondissement, avec 123 voix (198 votants, 231 inscrits), contre 74 à M. de Miremont. Il opta pour le 1er arrondissement et fut remplacé, le 21 avril 1828, par M. Sapey dans le 2e, et par M. Faure dans le 4e. Il siégea au centre gauche, dénonça avec une vivacité de parole remarquable mais difficile à suivre, les actes arbitraires de l'administration lors des élections, apostropha M. Alexis de Noailles en lui disant qu'on ne pouvait être à la fois courtisan et député, fut rapporteur de la commission des comptes, et signa l'Adresse des 221. Elu, le 23 juin 1830, par 295 voix (416 votants, 459 inscrits), contre 115 voix à M. d'Haussez, il contribua à l'établissement du gouvernement de Louis-Philippe, fit partie de la commission chargée de la révision de la Charte, prit part aux discussions des lois municipale et départementale, et s'opposa à l'abaissement du cens à 200 francs. Ayant échoué aux élections suivantes du 5 juillet 1831, dans le 1er arrondissement de l'Isère, avec 172 voix contre 208 à l'élu, M. Réal, il fut nommé pair de France, le 16 mai 1832; M. Périer mourut peu après d'une attaque d'apoplexie.

PÉRIER (Alexandre-Jacques-Pierre), député de 1817 à 1824 et de 1827 à 1831, né à Grenoble (Isère) le 25 décembre 1774, mort à Montargis (Loiret) le 14 décembre 1846, frère du précédent, s'établit comme manufacturier à Montargis où il ne tarda pas à acquérir une grande situation. Elu, le 20 septembre 1817, député du grand collège du Loiret, par 688 voix (726 votants, 1,520 inscrits), il fit aux ministres du roi une opposition silencieuse, et fut réélu, le 9 mai 1822, dans le 2e arrondissement électoral du Loiret (Gien), par 156 voix (293 votants, 366 inscrits), contre 133 voix à M. Henri de Longuève; les élections du 25 février 1824 ne lui furent pas favorables; il échoua avec 100 voix contre 179 à l'élu, M. Henry de Longuève. Il reprit sa place au parlement le 17 novembre 1827, élu par 141 voix (257 votants, 297 inscrits), contre 113 au comte de l'Estrade, et fut également réélu, le 12 juillet 1830, par 192 voix (283 votants, 332 inscrits), contre 90 voix à M. de l'Estrade. Nommé maire de Montargis le 23 juin 1819, membre et président du conseil général du Loiret, il inclina peu à peu vers la majorité ministérielle, vota les deux lois d'exception et la nouvelle loi électorale, et repoussa l'Adresse des 221. Il quitta la vie politique aux élections de 1831.

PÉRIER (Casimir-Pierre), député de 1817 à 1832, et ministre, né à Grenoble (Isère) le 11 octobre 1777, mort à Paris le 16 mai 1832, fit ses études avec ses frères chez les Oratoriens de Lyon, puis à Paris. Atteint par la conscription, il partit en l'an VII pour l'armée d'Italie, fut promu adjoint à l'état-major du génie et se distingua à San-Giuliano, près de Mantoue. Ayant perdu son père en 1801, il se trouva possesseur d'une grande fortune, quitta l'armée, et, avec le concours de son frère Scipion, entreprit de fonder à Paris une vaste maison de banque, qui s'occupait aussi d'armements maritimes, d'opérations sur les propriétés, de créances publiques et particulières, du commerce des bois, des manufactures, etc. Un riche mariage lui permit bientôt de gérer seul cette entreprise. La haute situation financière qu'il ne tarda pas à acquérir lui facilita l'accès des fonctions publiques. Juge au tribunal de commerce, puis régent de la Banque de France, il s'attacha, en cette dernière qualité, à faire établir un comité d'enquête rigoureuse sur la solvabilité des commerçants. Casimir Périer, qui faisait beaucoup d'escompte, était mieux que personne en situation d'apprécier l'utilité de cette précaution. En 1817, il publia deux brochures financières, qui furent très remarquées, contre un emprunt de 300 millions contracté par le gouvernement à l'étranger, à des conditions fort onéreuses. Aux élections générales de la même année (20 septembre), il fut élu député du collège de département de la Seine, par 3,736 voix (7,378 votants, 9,677 inscrits). Il s'abstint tout d'abord de prendre rang dans l'opposition et affecta de se renfermer dans l'étude des questions de finances. En politique, ses sympathies étaient pour la Charte et pour les Bourbons, ses idées n'allaient pas au delà du « constitutionnalisme » le plus modéré: toutefois il se trouva, sur plusieurs points, en contradiction avec les ministres et le côté droit. On lit à son sujet dans la *Biographie pittoresque des députés* (1820): « M. Casimir Périer a été une grande cause de perturbation dans les budgets du ministère. M. Corvetto n'a pu lui paraître qu'un imprudent banquier, maladroitement empressé de chercher les courtiers parmi les étrangers; il a fait main basse sur tous ses comptes, épluché ses chapitres, disséqué ses négociations, sondé ses caisses, et l'a contraint de déposer son bilan. La nation est redevable à M. Casimir Périer de l'habitude investigatrice que les députés ont contractée à l'égard des chapitres du budget. C'est un beau spectacle que l'empressement de ces dignes tuteurs du peuple français à défendre ses deniers contre la dissipation, à exiger un compte détaillé de leur emploi. Les ministres, déshérités des profits d'intendants, sont contraints de s'en tenir à leur salaire de cent cinquante mille francs; il n'est plus possible de faire glisser dans un chapitre des frais de justice la dot d'une fille chérie et le cachemire d'une épouse adorée; dans les dépenses de casernement, le prix d'un somptueux mobilier, le montant d'une petite maison; d'un voyage de plaisance, dans l'article des routes d'étape; enfin l'entretien d'une fille d'Opéra, dans les dépenses des orphelines de la Légion d'honneur. M. Casimir Périer a l'éloquence vive et agressive; les tournures interrogatoires lui sont familières. Il est clair, concis, positif dans ses discours; il va droit au but, ne se laisse arrêter par aucun de ces ménagements, de ces timides réserves qu'impose le ventre et que commande l'estomac. Sa pensée a la rondeur et la franchise des millions.» Réélu député, le 9 mai 1822, dans le 3e arrondissement de Paris, par 824 voix (1,325 votants, 1,464 inscrits), contre 478 à M. Outrequin, il inclina davantage vers le côté gauche, et, après avoir obtenu encore le renouvellement de son mandat, le 17 novembre 1824, par 679 voix (1,302 votants), contre 615 à M. Outrequin, il fit au cabinet Villèle une guerre des plus vives. D'accord avec ses amis et collègues Royer-Collard, Laffitte, Foy, il parut plusieurs fois à la tribune; sa seule apparition suffisait pour soulever parmi les ultra-royalistes un tumulte de cris: *La clôture! Encore du scandale! A l'ordre le factieux!* Mais lui ne se laissait pas aisément troubler: doué d'une énergie opiniâtre et même d'une véhémence qui allait parfois jusqu'à l'emportement, il parlait d'abord sur la question; vaincu, il se retranchait derrière un, deux ou trois amendements, puis il parlait contre la clôture, et retournait enfin à son banc pour recommencer le lendemain. 1,117 voix sur 1,208 votants lui confirmèrent son mandat de député de Paris, le 17 novembre 1827. En même temps, le 1er arrondissement électoral de l'Aube (Troyes) lui donnait 197 voix (324 votants, 350 inscrits), contre 106 à M. V. Masson. Il opta alors pour Troyes, fut remplacé à Paris, le 21 avril 1828, par M. de Salverte, et se rallia au ministère Martignac. On le vit même aux Tuileries figurer au jeu du roi, et il fut question de lui, un moment, pour la présidence de la Chambre, puis pour le ministère des Finances. Aussi garda-t-il, pendant les sessions de 1828 et de 1829, un silence à peu près complet, et une réserve significative. Il ne reparut sur la brèche qu'après l'avènement du ministère Polignac (août 1829). Sa popularité fut ravivée par de nouvelles luttes, et il s'associa à la manifestation des 221. Cependant il ne songeait pas encore au renversement des Bourbons, quoiqu'il fût attiré vers le duc d'Orléans par la communauté des idées et surtout des intérêts. Passionné pour l'ordre matériel, il redoutait par-dessus tout l'inconnu révolutionnaire. Réélu, le 12 juillet 1830, à Troyes, par 239 voix (341 votants, 369 inscrits), contre 98 au baron de Wismes, il n'est pas douteux qu'il fit, à l'approche de l'insurrection et dans les réunions d'hommes politiques et de députés, tous ses efforts pour arrêter le mouvement. Pendant les trois jours, Casimir Périer s'efforça de montrer une neutralité absolue, et laissa sabrer sous ses fenêtres, par les gendarmes, des jeunes gens qui étaient venus lui faire une ovation compromettante. Le 26 juillet, chez M. de Laborde, il préconisa la temporisation, combattit la protestation rédigée par Bérard, mais ne put refuser son salon à la réunion du lendemain. M. de Schonen étant venu annoncer que les barricades commençaient à s'élever rue Saint-Honoré: « Vous nous perdez, s'écria-t-il, en sortant de la légalité. » — « Que voulez-vous faire, répliqua un des assistants, d'un homme qui regarde toujours sa langue dans une glace?» Il consentit seulement à tenter avec quelques députés, auprès du maréchal Marmont, une démarche conciliatrice qui ne réussit pas. La victoire populaire le porta au pouvoir. Nommé membre de la commission municipale faisant fonction de gouvernement provisoire, il commença par accepter le ministère de l'Intérieur, puis il le refusa, et ne se rallia définitivement au duc d'Orléans que lorsque la chute de la branche aînée lui parut consommée. Président de la Chambre des députés, ce fut lui qui, le 9 août, lut la déclaration qui investissait Louis-Philippe de la couronne. Quelques jours plus tard, il fut nommé ministre sans portefeuille, et il obtint sa réélection comme député de Troyes, le 21 octobre, par 241 voix (325 votants). Mais la constitution d'un cabinet Laffitte, dont le libéralisme lui semblait trop accentué, l'obligea à se retirer momentanément. Il attendit, pour rentrer en scène un instant favorable, qui se produisit plus rapidement peut-être qu'il ne l'avait espéré. Le cabinet Laffitte renversé, Casimir Périer fut appelé, le 13 mars 1831, au poste de ministre de l'Intérieur, président du conseil, et se donna la tâche d'inaugurer, avec toute l'énergie dont il était capable, le système du *juste-milieu*. Contraindre à l'intérieur la révolution par la force, accorder au commerce et à la finance les satisfactions les plus larges, favoriser à l'extérieur, conformément aux vues personnelles du nouveau roi, la paix à tout prix: tel fut le programme qu'il exécuta, soutenu par la majorité parlementaire, dont le dévouement et le zèle n'avaient point de bornes. « Il arrivait aux affaires, a écrit Louis Blanc, avec une colère immense, un orgueil sans bornes et je ne sais quelle impatience farouche d'écraser ses adversaires... Bien convaincu que, dans les intérêts de la classe moyenne, c'étaient les siens propres qu'il venait sauver, il apportait dans le combat sa personnalité tout entière. Le trône, il le voulait sauver aussi, et il accourait pour le défendre, mais sans illusion, sans dévouement, sans amour, et tout simplement parce qu'il couvait dans la royauté une institution protectrice de la banque.» Casimir Périer exigea que le conseil des ministres se tînt habituellement chez lui, hors de la présence du roi, et son despotisme s'imposa à tous ce qu'il dans le gouvernement comme à la Chambre et sur le pays. « Je me moque bien de mes amis quand j'ai raison, disait-il: c'est quand j'ai tort qu'il faut qu'ils me soutiennent. » Il exerçait ce que M. Vitet voulut bien appeler « une dictature libérale». Il exigea également que le duc d'Orléans cessât d'assister aux séances du conseil, parce que ce prince passait pour être sympathique à quelques-unes des idées du parti démocratique. A la Chambre, il annonça hautement sa résolution de briser les partis hostiles et d'abandonner les peuples qui, comme la Pologne ou l'Italie, s'étaient soulevés sur la foi des déclarations de la France. Ses premiers et principaux actes furent la loi contre les attroupements, les mesures de rigueur contre la presse, contre les sociétés démocratiques, la répression sans merci des mouvements populaires, et la dissolution d'une Chambre dont la docilité fut jugée par lui insuffisante. Les exigences impérieuses du ministre se traduisaient parfois, dans la pratique quotidienne des affaires, avec une singulière âpreté. Le maréchal Soult, son collègue, ayant excité son mécontentement, il lui écrivit: «Si cela continue, je vous brise comme verre!» Un autre jour, comme M. d'Argout répondait maladroitement à une interpellation, l'érier, furieux, le rappela à son banc par cette apostrophe : « Ici! d'Argout! Ici! » Enfin, dans la fameuse séance où M. de Montalivet fut pris à partie par l'opposition pour avoir fait usage du mot *sujets* en désignant les Français, Casimir Périer exprima son indignation dans les termes suivants : « Montalivet, tenez bon! et le premier qui vous insulte, f... lui votre verre d'eau sucrée à la figure ! » Plus d'une fois, de bienveillants intermédiaires durent atténuer les aspérités de ses rapports avec le roi, à qui il ne faisait communiquer les dépêches télégraphiques qu'après en avoir pris connaissance, et dont il contrôlait soigneusement les notes personnelles destinées au *Moniteur*. Le 5 juillet 1831, il fut réélu député : 1° à Troyes par 239 voix (340 votants, 360 inscrits) ; 2° à Épernay (4e collège de la Marne), par 158 voix (271 votants, 347 inscrits), contre 106 à M. de Férussac; 3° dans le 1er arrondissement de Paris, par 641 voix (1,057 votants). Il opta pour Troyes, et fut remplacé à Epernay par le baron Lorin, et à Paris par M. Debelleyme. Lors de l'ouverture de la session des Chambres, on remarqua que, tandis que le roi lisait le discours de la couronne, le premier ministre, sans aucun souci d'être vu, suivait sur un manuscrit la lecture du discours convenu. Le cabinet du 13 mars s'attira de vives critiques en laissant violer en Italie par les Autrichiens le principe de non-intervention, et en le violant lui-même par son action en Belgique contre la Hollande. Au commencement de 1832, Casimir Périer prit l'initiative hardie d'envoyer une division navale et un corps de troupes occuper Ancône (23 février). Cette audacieuse occupation s'accomplit sans coup férir. Cependant les luttes continuelles du ministre et l'état d'excitation dans lequel il vivait habituellement avaient fini par altérer profondément sa santé. Lorsque le choléra sévit à Paris, il fut décidé à la cour que le duc d'Orléans visiterait les hôpitaux. Casimir Périer accompagna le prince; malade déjà, il rapporta de cette visite une impression telle que la fièvre ne le quitta plus : il dépérit chaque jour davantage, fut obligé de céder ses fonctions (27 avril 1832) à un successeur intérimaire, et, moins d'un mois après, le 16 mai, il expira. L'administration de la Ville de Paris fit élever à Casimir Périer au Père-Lachaise un monument funéraire, orné de bas-reliefs qui représentent l'Eloquence, la Justice et la Force, et que domine la statue en pied de l'homme d'État. Comme député, Casimir Périer fut remplacé, le 2 juillet 1832, par M. Vernier-Guérard.

PÉRIER (CAMILLE-JOSEPH), député de 1828 à 1834, de 1835 à 1837 et pair de France, né à Grenoble (Isère) le 15 août 1781, mort à Paris le 14 septembre 1844, père du précédent, et comme lui « fils de M. Claude Périer (*Voy. plus haut*) et de dame Marie-Charlotte Pascal », fit ses premières études à Tournon, et entra en l'an VIII à l'Ecole polytechnique, d'où il passa en l'an IX à l'Ecole des mines. Nommé, en 1806, surnuméraire au ministère de l'Intérieur, puis, le 12 février 1809, auditeur au conseil d'État, il se rendit, le 4 août de la même année, dans la province de Salzbourg en qualité d'intendant, fut nommé préfet de la Corrèze le 12 février 1810, chevalier de la Légion d'honneur le 30 juin 1811, quitta l'administration en 1814, et y rentra (1819) comme préfet de la Meuse. Il

occupa ce poste jusqu'en 1822, se mêla alors d'affaires commerciales, et se présenta à la députation, le 21 avril 1828, dans le 2e arrondissement de la Sarthe (Mamers), en remplacement de Dupin aîné, qui avait opté pour le collège de la Charité-sur-Loire; il fut élu par 141 voix (188 votants, 263 inscrits), contre 34 à M. de Boisguilbert. Comme ses frères, il fit partie de l'opposition constitutionnelle, combattit la politique du ministère Polignac et fut des 221. Réélu, le 12 juillet 1830, par 170 voix (226 votants, 285 inscrits), contre 53 au colonel d'Arlange, il suivit les inspirations de son frère Casimir, se rallia à Louis-Philippe, et devint le zélé champion des idées conservatrices. Il obtint le renouvellement de son mandat, le 5 juillet 1831, par 109 voix (210 votants, 280 inscrits), contre 95 à M. Mouton, soutint le ministère, et échoua, au renouvellement du 21 juin 1834, avec 86 voix contre 138 à M. Chevalier, élu. Mais il rentra à la Chambre le 10 janvier 1835, comme l'élu du 4e collège de la Corrèze (Ussel), par 135 voix (192 votants, 239 inscrits), contre 49 à M. Château-Dubreuil, en remplacement de M. Persil, qui avait opté pour Condom. Il continua de voter avec le gouvernement, et fut appelé à la Chambre des pairs, le 3 octobre 1837. Il y présenta sur les matières financières plusieurs rapports remarqués, et mourut en 1844.

PÉRIER (ANDRÉ-JEAN-JOSEPH), député de 1832 à 1848, né à Grenoble (Isère) le 28 novembre 1786, mort à Paris le 18 décembre 1868, frère des précédents, banquier à Paris, fut élu, le 15 novembre 1832, député du 4e collège de la Marne (Epernay), en remplacement du baron Louis qui avait opté pour un autre collège, par 106 voix (168 votants, 331 inscrits), contre 61 à M. de Salvandy. « C'est un homme doué d'une qualité précieuse, écrivait de lui une biographe; il compte plus vite un sac de mille francs que pas un des garçons de la Banque ; aussi en est-il régent. » Il appartint constamment à la majorité conservatrice, fut réélu, le 21 juin 1834, par 203 voix (265 votants, 386 inscrits), contre 50 à M. de Férussac, puis, le 4 novembre 1837, par 156 voix (278 votants, 443 inscrits), soutint la politique de Guizot qu'il suivit dans son opposition contre le ministère Molé, obtint encore le renouvellement de son mandat : le 2 mars 1839, par 178 voix (345 votants); le 9 juillet 1842, par 285 voix (429 votants, 590 inscrits), contre 32 à M. Chambry; et le 1er août 1846, par 292 voix (523 votants, 728 inscrits), contre 223 à M. Terray. Il se prononça *pour* l'indemnité Pritchard et *contre* les motions de l'opposition. La révolution de 1848 mit fin à sa carrière politique.

PÉRIER (ALPHONSE), député de 1834 à 1846, né à Grenoble (Isère) le 28 octobre 1782, mort à Grenoble le 11 janvier 1866, de la famille des précédents, fit ses études au collège militaire de Tournon, puis entra dans la maison de commerce de M. Augustin Périer, dont il devint l'associé en 1804. Juge au tribunal de commerce de Grenoble, maire d'Eybens de 1811 à 1831, capitaine de la garde nationale de Grenoble en 1813, chevalier de la Légion d'honneur (octobre 1814), il refusa de l'empereur, aux Cent-Jours, le grade de colonel de la garde nationale, et accepta de Louis XVIII, quelque temps après, les fonctions plus modestes de commandant. Administrateur des hospices de Grenoble en 1830, membre du conseil académique, administrateur de la succursale de la Banque de France, vice-président de la caisse d'épargne, il fut successivement élu député du 1er collège de l'Isère (Grenoble), le 21 juin 1834, par 226 voix (405 votants, 479 inscrits), contre 120 à M. Saint-Romain; le 4 novembre 1837, par 239 voix (412 votants, 523 inscrits); le 2 mars 1839, par 250 voix (443 votants); et le 9 juillet 1842, par 254 voix (352 votants, 465 inscrits), contre 88 à M. Dupont de l'Eure. M. Périer figura constamment parmi les ministériels, et vota *pour* la dotation du duc de Nemours, *pour* le recensement, *contre* l'adjonction des capacités, *pour* les incompatibilités et *pour* l'indemnité Pritchard. Il fut membre de la commission du budget en 1843, et deux fois président de son bureau. Ayant échoué, le 1er août 1846, avec 215 voix contre 221 à M. Roger, il ne se représenta plus.

PÉRIER (Auguste-Casimir-Victor-Laurent), député de 1846 à 1848, représentant en 1849 et en 1871, ministre, sénateur de 1875 à 1876, fils aîné du précédent, né à Paris le 20 août 1811, mort à Paris le 6 juin 1876, entra de bonne heure dans la carrière diplomatique : secrétaire d'ambassade à Londres (1831), à Bruxelles (1833), à la Haye (1836), il fut envoyé ensuite comme chargé d'affaires à Naples (1839), à Saint-Pétersbourg (1841), et comme ministre plénipotentiaire en Hanovre (1843). Du conseil général de l'Aube depuis 1845, il fut élu, le 1er août 1846, par les conservateurs, député du 1er arrondissement de Paris par 750 voix (1,331 votants, 1,686 inscrits). Il se démit alors de ses fonctions diplomatiques, siégea au centre droit, et suivit la ligne politique de Guizot, tout en évitant de se compromettre avec les partisans de la résistance, en se consacrant surtout au travail des bureaux. Après la révolution de février, il se retira dans ses propriétés de l'Aube. Il ne fut pas élu à l'Assemblée constituante; mais les élections du 13 mai 1849 le firent entrer à la Législative. Représentant de l'Aube, le 2e sur 5, par 30,392 voix (60,618 votants, 81,911 inscrits), il se prononça avec la majorité *pour* l'expédition de Rome, *pour* la loi Falloux-Parieu sur l'enseignement, *pour* la loi restrictive du suffrage universel, fit partie de la commission de permanence, vota *pour* la révision de la Constitution, mais se sépara de l'Elysée lors de la formation du ministère qui prépara le coup d'Etat, contre lequel il protesta. Incarcéré pendant quelques jours au Mont-Valérien, il consacra ensuite les loisirs que lui fit le gouvernement impérial à des travaux agricoles et à la publication d'un certain nombre de traités économiques : les *Finances de l'Empire*, le *Budget de 1863*, la *Réforme financière*, les *Finances et la politique*, les *Sociétés de coopération*, etc. Très vivement combattu par les préfets « à poigne » que le gouvernement envoya successivement dans l'Aube, il se porta sans succès candidat à la députation, d'abord en 1863, puis le 24 mai 1869, dans la 1re circonscription de l'Aube, qui ne lui donna que 15,195 voix contre 20,878 au député officiel sortant, réélu, M. Argence, et 2,949 à M. Mocqueris. En 1861, il avait été réélu membre du conseil général de l'Aube par le canton de Nogent-sur-Seine, qu'il avait déjà représenté de 1845 à 1851. L'Académie des sciences morales et politiques l'élut membre libre en 1867. Pendant la guerre franco-allemande, il resta dans ses propriétés de Pont-sur-Seine (Aube), fut arrêté par les Prussiens, envoyé comme otage à Reims, et mis en liberté après l'armistice. Trois départements, le 8 février 1871, l'envoyèrent siéger à l'Assemblée nationale : 1o l'Aube, où il fut élu le 2e sur 5, par 38,548 voix (56,484 votants, 82,271 inscrits); 2o les Bouches-du-Rhône, le 6e sur 11, par 48,776 voix (75,803 votants, 140,189 inscrits); 3o l'Isère, le 11e sur 12, par 52,490 voix (92,816 votants, 162,174 inscrits). Il opta pour l'Aube, prit place au centre droit, et fut choisi, en raison de sa compétence spéciale, comme rapporteur du budget exceptionnel de 1871. La même année, il devint président du conseil général de l'Aube et, le 11 octobre, à la mort de M. Lambrecht, fut appelé par M. Thiers à remplacer ce député au ministère de l'Intérieur. Rallié à la République conservatrice, après avoir voté *pour* la paix, *pour* les prières publiques, *pour* l'abrogation des lois d'exil, il inclina sensiblement vers le centre gauche et se prononça notamment *pour* le retour de l'Assemblée à Paris et *pour* l'impôt sur le revenu. Comme ministre, il s'associa pleinement aux actes du chef de l'Etat, suspendit le *Pays*, journal bonapartiste, réorganisa les bureaux du ministère de l'Intérieur, et créa quatre grandes directions, ainsi qu'une direction des affaires civiles de l'Algérie (18 novembre). Il se retira le 2 février 1872, devant le vote de la Chambre qui refusait de rentrer à Paris. Il s'occupa dès lors activement d'opérer la « conjonction des centres », multiplia les déclarations républicaines, et, en janvier 1873, fonda la réunion dite de la République conservatrice. Après le scrutin du 17 avril, à Paris, qui donna la majorité à M. Barodet, M. Casimir Périer déclara qu'il persévérait « de plus en plus dans son attitude ». Il revint encore sur le même sujet, avec la même netteté, dans un banquet au concours agricole de Bar-sur-Seine (12 mai), et lorsque, à la veille de la journée du 24 mai, Thiers tenta de reconstituer son cabinet en s'appuyant principalement sur le centre gauche, il confia de nouveau (18 mai 1873) le portefeuille de l'Intérieur à M. Casimir Périer. Mais au bout de six jours, le vote de l'ordre du jour Ernoul entraîna tout à la fois la chute du ministère et la démission du président de la République. M. C. Périer reprit sa place au centre, combattit résolument la politique de M. de Broglie, protesta contre les projets de restauration monarchique, et s'efforça d'amener l'Assemblée nationale à se prononcer en faveur de l'établissement définitif des institutions républicaines. Membre des diverses commissions chargées d'examiner les lois constitutionnelles, il prit une part importante à leurs discussions, et attacha son nom à la proposition tendant à l'établissement définitif et à l'organisation de la République : « Le gouvernement de la République française se compose de deux chambres et d'un président, chef du pouvoir exécutif. » Cette proposition fut prise en considération le 16 juin, mais, le 23 juillet, 374 voix contre 333 en prononcèrent le rejet. Après le vote de la Constitution de 1875, auquel il s'associa, M. Casimir Périer fut porté au premier rang sur la liste des candidats des gauches pour les élections des membres inamovibles du nouveau Sénat. Elu, le 10 décembre 1875, le 17e sur 75, par 347 voix (690 votants), il intervint auprès des électeurs de l'Aube lors de l'élection des sénateurs départementaux, par une circulaire très remarquée, où il traçait le programme d'une « République irréprochable, étroitement liée aux intérêts conservateurs, ne séparant jamais la démocratie de la liberté, la liberté de l'ordre. » Il refusa, peu après, de former le premier cabinet constitutionnel dont le maréchal de Mac-Mahon lui offrait la présidence, à cause des conditions restreintes où le pouvoir se présentait à lui, et s'assit au centre gauche de la Chambre haute. Il mourut presque aussitôt, le 6 juillet 1876, des suites d'un refroidissement. « Il y a, écrivait un biographe, dans la grande avenue des Champs-Elysées, à gauche en montant à l'Arc de Triomphe, peu après le rond-point, une construction massive et carrée, de style incertain, mais de forte architecture, avec des pans de murs en brique pleine, et un petit fossé orné de grilles. L'ensemble est médiocrement aristocratique, il manque de légèreté et d'élégance. Cet hôtel-là se montre bourgeois dans sa forme, dans ses murailles, dans ses lignes; mais il ne rappelle en rien les somptuosités folles de la bourgeoisie financière, qui aime à éparpiller ses écus et à les faire reluire sur la devanture de ses édifices; n'y cherchons pas non plus un spécimen de l'architecture millionnaire. Il ne rappelle pas non plus la bourgeoisie épicière qui s'en va faire du faux gothique, planter des donjons, échelonner des tourelles sur les coteaux d'Asnières. Il a sa couleur locale, mais toute moderne et toute particulière. C'est un hôtel centre gauche. Ses lignes droites, sa brique sombre, ses murailles épaisses, tout représente, et cette classe moyenne, qui va croissant chaque jour en influence comme en raison, se développant et s'établissant dans la République, et l'institution nouvelle dont elle a déjà jeté les bases, quelque chose de simple et de solide à la fois, qui ne s'élèvera pas en un jour, mais qui durera des siècles. C'est l'hôtel Casimir Périer. » (Les Portraits de Kel-Kun, 1875.) Grand officier de la Légion d'honneur du 27 avril 1846. On a de lui : Les Sociétés de coopération (1864); L'article 75 de la Constitution de l'an VIII (1867), etc.

PÉRIER (CASIMIR-CHARLES-FORTUNAT-PAUL), député de 1878 à 1889, né à Paris le 18 décembre 1812, second fils de Casimir-Pierre Périer, le ministre de Louis-Philippe, fut armateur au Havre, et resta étranger à la politique active jusqu'en 1877. A cette époque, lors des élections du 14 octobre, les républicains modérés de la 2e circonscription du Havre adoptèrent sa candidature, qui réunit 4,502 voix contre 4,954 à l'élu conservateur, M. Dubois. Mais, après l'invalidation de ce dernier, M. Paul-Casimir Périer se représenta, le 7 juillet 1878, et fut élu par 5,014 voix (8,255 votants, 11,933 inscrits), contre 3,132 au député sortant. Il siégea au groupe de la gauche républicaine, avec lequel il soutint le ministère Dufaure, et vota pour l'invalidation de l'élection Blanqui, et contre l'amnistie plénière. Réélu, le 21 août 1881, par 4,477 voix (8,844 votants, 11,943 inscrits), contre 4,328 à M. Dubois, M. Paul-Casimir Périer se montra favorable à la politique opportuniste des cabinets Gambetta et J. Ferry, et se prononça pour les crédits de l'expédition du Tonkin. Porté, le 4 octobre 1885, sur la liste opportuniste de la Seine-Inférieure, il fut élu, le 1er sur 12, député du département, par 80,949 voix (149,546 votants, 195,467 inscrits), reprit sa place dans la fraction la plus conservatrice de la majorité républicaine, vota contre l'expulsion des princes, appuya les cabinets Rouvier et Tirard, et opina, dans la dernière session, pour le rétablissement du scrutin d'arrondissement (11 février 1889), pour l'ajournement indéfini de la revision de la Constitution, pour les poursuites contre trois députés membres de la Ligue des patriotes, pour le projet de loi Lisbonne restrictif de la liberté de la presse, pour les poursuites contre le général Boulanger.

PÉRIÈS (JACQUES), membre de la Convention, député au Conseil des Cinq-Cents, né à Castelnaudary (Aude) le 22 novembre 1736, mort à une date inconnue, était procureur-syndic à Castelnaudary. Elu, le 6 septembre 1792, membre de la Convention par le département de l'Aude, le 7e sur 8, avec 215 voix (369 votants), il répondit au 3e appel nominal, dans le procès du roi : « J'opine, comme législateur, pour une mesure de sûreté générale et non comme juge, à la réclusion de Louis Capet et de sa famille, pendant tout le temps de la guerre, et à leur déportation, à la paix, hors le territoire de la République. » Attaché au parti girondin, Périès protesta contre le 31 mai, fut décrété d'arrestation et incarcéré. Il rentra à la Convention le 18 frimaire an III. Réélu député de l'Aude au Conseil des Cinq-Cents, le 22 vendémiaire an IV, par 151 voix (211 votants), il prit la parole pour appuyer le projet relatif aux mandats, quitta l'assemblée en l'an VI, et ne reparut plus sur la scène politique.

PÉRIGNON (DOMINIQUE-CATHERINE, MARQUIS DE), député en 1791 et au Conseil des Cinq-Cents, membre du Sénat conservateur pair de France, né à Grenade (Haute-Garonne le 31 mai 1754, mort à Paris le 25 décembre 1818 d'une famille noble, devint, après de bonnes études, sous-lieutenant aux grenadiers de Guyenne et aide-de-camp du comte de Preissac. A la suite d'une injustice dont il fut victime, il abandonna l'état militaire, se retira dans ses foyers, embrassa les principes de la Révolution, fut nommé juge de paix de Montech, et fut élu, le 5 septembre 1791, député de la Haute-Garonne à l'Assemblée législative le 6e sur 12, par 264 voix (502 votants). Il ne tarda pas à donner sa démission pour prendre le commandement d'une légion à l'armée des Pyrénées-Orientales. Général de brigade en 1792, il se distingua à l'attaque du Mas de Serre le 17 juillet 1793, devint général de division le 3 nivôse an II, s'empara peu après du camp des Espagnols devant Perpignan, les battit à la Jonquière et à Bellegarde, et prit une part importante à l'affaire de la Montagne Noire. Il succéda comme général en chef à Dugommier (novembre 1794), gagna la bataille d'Escala, et s'empara de Figuière et de Rosas le 3 février 1795. Devant cette place, il écrivit au comité de salut public, le 5 nivôse an III : « Nos républicains ne mettent point dans les travaux la même ardeur que dans les combats. A la paix de Bâle conclue avec l'Espagne, il devint commandant de l'armée des côtes de Brest et de Cherbourg, et fut élu, le 24 vendémiaire an IV, député de la Haute-Garonne au Conseil des Cinq-Cents, par 215 voix (215 votants); il ne prit part qu'à quelques discussions militaires, refusa du Directoire le ministère de la Guerre, et fut nommé en 1796 ambassadeur à Madrid, où, grâce aux glorieux souvenirs de ses campagnes à l'armée des Pyrénées, il reçut un accueil des plus courtois, put négocier un traité d'alliance offensive défensive avec cette puissance. D'autre part il surveillait de là les émigrés, et était tenu au courant de leurs agissements par une cantinière qu'il avait amenée avec lui, et dont le duc d'Havré, représentant de Louis XVI, était tombé amoureux. En 1798, Pérignon envoyé à l'armée d'Italie; il se distingua à

Trebia et à Novi, fut blessé grièvement à cette dernière affaire, et tomba entre les mains des Russes, qui le gardèrent prisonnier pendant dix-huit mois. Membre du Sénat conservateur le 8 germinal an IX, commissaire extraordinaire du gouvernement pour délimiter les frontières entre la France et l'Espagne en l'an X, grand officier de la Légion d'honneur le 25 prairial an XII, maréchal de France le 29 floréal suivant, grand aigle de la Légion d'honneur le 13 pluviôse an XIII, il ne prit pas une part active aux grandes guerres de l'Empire. Président du collège électoral de la Haute-Garonne, il adressa, en cette qualité, à Napoléon, le 16 floréal an XII, un discours qui débutait ainsi : « O Napoléon, lorsque le monde reste dans le silence de l'admiration en présence de votre renommée.... » Gouverneur des États de Parme et de Plaisance le 18 septembre 1806, commandant en chef de l'armée des Deux-Siciles de 1808 à 1813, créé comte de l'Empire le 6 septembre 1811, Pérignon n'en adhéra pas moins avec empressement à la déchéance de Napoléon. Louis XVIII le nomma pair de France le 4 juin 1814, chevalier de Saint-Louis, commissaire extraordinaire dans la 1re division militaire, et président de la commission chargée de vérifier les titres des anciens officiers de l'armée de Condé. Aux Cent-Jours, de concert avec M. de Vitrolles, Pérignon chercha vainement à organiser la résistance dans le Midi. La seconde Restauration le nomma gouverneur de la 1re division militaire le 10 janvier 1816, commandeur de Saint-Louis le 3 mai suivant, et marquis le 31 mai 1817. Il mourut l'année suivante.

PÉRIGNON (François-Henri, marquis de), pair de France, né à Montech (Tarn-et-Garonne) le 23 janvier 1793, mort à Grenade (Haute-Garonne) le 19 octobre 1841, fils du précédent et de Catherine-Hélène Grenier, devint aide-de-camp de Murat, et accompagna en cette qualité le roi de Naples dans la campagne de Russie. Chef d'escadron, puis lieutenant-colonel de cavalerie à la Restauration, il fut admis à siéger à la Chambre des pairs, le 23 février 1819, par droit héréditaire, en remplacement de son père décédé. Il ne s'y fit pas remarquer. Ayant refusé de prêter serment au gouvernement de juillet, il quitta la vie politique.

PÉRIGNON (Pierre, baron), député de 1815 à 1816, né à Sainte-Menehould (Marne) le 1er avril 1759, mort à Paris le 21 février 1830, était avocat, quand il fut élu, le 22 août 1815, député du grand collège de l'Aisne, par 71 voix (136 votants, 266 inscrits). Il siégea dans la minorité ministérielle et vota pour le projet de loi relatif à la cour des Comptes. La dissolution de la Chambre introuvable, en septembre 1816, mit fin à sa carrière parlementaire.

PÉRIGNON (Pierre-Paul-Désiré-François), député de 1837 à 1848, représentant du peuple en 1848, né à Paris le 8 décembre 1800, mort à Paris le 7 novembre 1855, fils du précédent, entra dans la magistrature assise à la fin de la Restauration. Connu pour ses idées libérales, il fut élu, le 4 novembre 1837, député du 5e collège de la Marne (Sainte-Ménehould), par 127 voix (220 votants, 235 inscrits) ; il prit place au centre gauche, et fut successivement réélu, le 2 mars 1839, par 206 voix (265 votants), contre 24 voix au général Nacquart ; le 9 juillet 1842, par 214 voix (234 votants, 301 inscrits) ; le 1er août 1846, par 246 voix (306 votants, 342 ins-

crits), contre 32 voix à M. Picard et 24 au baron Coster. Il parla généralement sur les questions d'affaires, et vota *contre* la dotation du duc de Nemours, *contre* le recensement, *contre* l'indemnité Pritchard, *pour* l'adjonction des capacités, *pour* la proposition Rémusat. Membre du conseil général de la Marne, il fut élu, le 23 avril 1848, représentant de la Marne à l'Assemblée constituante, le 2e sur 9, par 82,799 voix (93,761 votants, 101,527 inscrits), fit partie du comité des affaires étrangères, et vota en général avec la droite, *pour* les poursuites contre Caussidière, *contre* l'abolition de la peine de mort, *contre* l'impôt progressif, *contre* l'amendement Grévy, *contre* la sanction de la Constitution par le peuple, *pour* l'ensemble de la Constitution, *pour* la proposition Rateau, *pour* l'interdiction des clubs. Rallié, après l'élection présidentielle du 10 décembre, à la politique de l'Elysée, il fut nommé, le 12 avril 1849, membre du conseil d'Etat qui ne siégea que jusqu'au coup d'Etat de décembre 1851. Le gouvernement du prince-président l'appela alors aux fonctions de conseiller à la cour d'appel de Paris. Chevalier de la Légion d'honneur du 18 janvier 1840.

PÉRIGNY (de). — *Voy.* Taillevis.

PÉRIGOIS (Charles), député au Corps législatif de l'an XII à 1814, né à la Châtre (Indre) le 26 novembre 1746, mort en 1814, « fils de maître Guillaume Périgois, élu en l'élection de cette ville, et de dame Marie Pouradier », fut reçu avocat au parlement. Officier de l'élection de la Châtre, puis régisseur du grenier à sel, il devint administrateur de l'Indre. A la Révolution, il fut nommé procureur général syndic du département le 3 septembre 1791, et, plus tard, président du tribunal civil de la Châtre. Il entra au Corps législatif le 29 thermidor an XII, en vertu d'une décision du Sénat conservateur ; ce mandat lui fut renouvelé le 10 août 1810, et Périgois mourut pendant la législature.

PÉRIGOIS (Charles-Edouard-Ernest), député de 1881 à 1885, né à la Châtre (Indre) le 25 avril 1819, petit-fils du précédent, se mêla de bonne heure, dans les rangs du parti républicain, aux luttes politiques dans son département, et fut lié avec George Sand. Le gouvernement de la Défense nationale le nomma, en 1870, secrétaire général de la préfecture de l'Indre. Conseiller général du canton de Châteauroux, il se présenta, comme candidat républicain, aux élections sénatoriales du 5 janvier 1879 dans l'Indre et obtint, sans être élu, 138 voix (300 votants). Le 11 janvier 1880, il fut nommé préfet de la Creuse. Il donna sa démission l'année suivante, pour se porter candidat aux élections législatives, et fut élu, au second tour de scrutin, le 4 septembre 1881, député de la 1re circonscription de Châteauroux, par 8,362 voix (9,306 votants, 19,615 inscrits). Il soutint les cabinets Gambetta et J. Ferry, et vota *pour* les crédits du Tonkin. Porté, le 4 octobre 1885, sur la liste de concentration républicaine de l'Indre, il échoua avec 33,670 voix (69,748 inscrits), contre 35,170 au dernier élu de la liste monarchiste, M. de Bonneval.

PÉRILLIER (Castor-François-Jules), député de 1885 à 1889, né à Nîmes (Gard) le 29 novembre 1841, avocat à Paris, s'engagea au moment de la guerre de 1870, devint capitaine adjudant-major, et passa à l'état-major de la division

Saussier, dont, à l'armistice, il fut chargé d'organiser les cours martiales et le conseil d'enquête. Maire de Varennes (Seine-et-Oise), il fut l'un des organisateurs et le président du comité radical de Seine-et-Oise qui fit échouer, en 1881, les candidatures républicaines modérées. Porté sur la liste radicale de Seine-et-Oise le 18 octobre 1885, il fut élu député au second tour, le 8e sur 9, par 55,654 voix (119,995 votants, 153,342 inscrits), et prit place à l'extrême-gauche. En octobre 1886, il interpella le gouvernement sur l'interdiction faite par la compagnie Paris-Lyon-Méditerranée à ses agents d'accepter aucun mandat électif, vota avec son groupe *pour* l'expulsion des princes, *contre* le cabinet Rouvier, et se prononça, dans la dernière session, *contre* le rétablissement du scrutin d'arrondissement (11 février 1889), *contre* l'ajournement indéfini de la revision de la Constitution, *contre* le projet de loi Lisbonne restrictif de la liberté de la presse, *pour* les poursuites contre le général Boulanger; il était absent par congé, lors du scrutin sur les poursuites contre trois députés membres de la Ligue des patriotes.

PÉRIN (Antoine-Denis), député de 1830 à 1837, né à Paris le 3 août 1767, mort à Excideuil (Dordogne) le 1er septembre 1840, propriétaire à Paris, débuta dans la carrière parlementaire le 23 juin 1830, ayant été élu député du 1er collège de la Dordogne (Périgueux) par 158 voix (312 votants, 357 inscrits), contre 146 à M. de Verneilh-Puyraseau. Il soutint le gouvernement de Louis-Philippe, obtint successivement sa réélection : le 5 juillet 1831, par 173 voix (282 votants, 336 inscrits), contre 84 à M. de Marcillac, et 22 à M. de Verneilh-Puyraseau, puis le 21 juin 1834, par 152 voix (250 votants, 343 inscrits), contre 133 à M. de Marcillac, et ne cessa d'appartenir à la majorité conservatrice.

PÉRIN (Georges-Charles-Frédéric-Hyacinthe), représentant en 1873, député de 1876 à 1889, né à Arras (Pas-de-Calais) le 1er juillet 1838, se fit recevoir avocat à Paris, puis fit le tour du monde en visitant les colonies françaises, et au retour, collabora au *Phare de la Loire*, à la *Tribune*, devint (1869) rédacteur en chef du *Libéral du Centre* à Limoges, qui, plusieurs fois condamné, dut disparaître, collabora à la *Cloche*, et après le 4 septembre 1870, fut nommé préfet de la Haute-Vienne. Envoyé comme commissaire civil au camp de Toulouse le 25 octobre 1870, puis appelé aux fonctions d'inspecteur des camps régionaux, il se présenta comme candidat à l'Assemblée nationale, le 8 février 1871, dans la Haute-Vienne, où il échoua avec 18,024 voix sur 62,174 votants. La mort de M. Saint-Marc-Girardin ayant produit une vacance dans la représentation de ce département, M. Périn fut élu, à sa place, le 11 mai 1873, par 32,508 voix sur 50,330 votants et 84,660 inscrits, contre 17,527 à M. Saint-Marc-Girardin fils. M. Périn se fit inscrire à l'Union républicaine et à l'extrême-gauche, eut quelques duels avec des journalistes bonapartistes, et vota *contre* la démission de Thiers, *contre* le septennat, *contre* l'admission à titre définitif des princes d'Orléans dans l'armée, *contre* le ministère de Broglie, *pour* l'amendement Wallon, *pour* les lois constitutionnelles. Réélu, le 20 février 1876, député de la 1re circonscription de Limoges, par 9,312 voix (12,453 votants, 17,382 inscrits), contre 3,063 à M. Muret de Bort, sur un programme qui réclamait l'am-

nistie, la liberté de la presse, le droit absolu de réunion et d'association, la séparation de l'Eglise et de l'Etat, le service de deux ans obligatoire pour tous, l'impôt sur le revenu, reprit sa place à l'extrême-gauche, demanda une enquête sur la situation des déportés à la Nouvelle-Calédonie, et fut des 363. Les élections qui suivirent la dissolution de la Chambre par le cabinet du 16 mai le renvoyèrent à la Chambre, le 14 octobre 1877, par 11,368 voix (13,888 votants, 18,953 inscrits), contre 2,446 à M. de Lesterpt, candidat du ministère de Broglie-Fourtou. Il continua de siéger avec les radicaux, demanda (janvier 1880), lors de la discussion du projet de loi sur les réunions publiques, la liberté absolue, critiqua (1879) le projet de loi sur la marine marchande, et vit son mandat renouvelé, le 21 août 1881, par 10,614 voix, sur 11,432 votants et 21,243 inscrits. En mai 1883, il combattit la loi sur la relégation des récidivistes ; parla (juin) contre l'expédition de Chine ; critiqua (février 1884) le principe et l'exécution du chemin de fer du Haut-Sénégal; attaqua (juillet 1885) le traité conclu le 9 juin avec la Chine par M. Jules Ferry, et s'éleva également (août) contre le crédit demandé pour l'établissement d'un dépôt de charbon à Obock. Porté le 4 octobre 1885, sur la liste radicale de la Haute-Vienne, il fut élu député, le 1er sur 5, par 42,259 voix, sur 63,563 votants et 94,299 inscrits; il était également candidat dans la Seine qui l'élut, au second tour de scrutin, le 3e sur 34, par 289,210 voix (416,886 votants, 564,338 inscrits). Député de la Haute-Vienne, combattit, toujours à l'extrême-gauche, la politique de temporisation des ministères opportunistes, proposa (janvier 1887), dans la discussion du budget, un impôt unique et progressif sur le revenu (rejeté), vota *pour* l'expulsion des princes, et, dans la dernière session, *contre* le rétablissement du scrutin d'arrondissement (11 février 1889), *contre* l'ajournement indéfini de la revision de la Constitution, *pour* les poursuites contre trois députés membres de la Ligue des patriotes, *contre* le projet de loi Lisbonne restrictif de la liberté de la presse, *pour* les poursuites contre le général Boulanger. On a de lui : *Le camp de Toulouse* (1873), réponse au rapport de M. de Rességuier.

PÉRIN D'AUGNY (Claude-François, baron), membre du Tribunat, né à Metz (Moselle) le 22 novembre 1750, mort à Metz le 17 décembre 1821, exerça d'abord la profession d'avocat. Il embrassa avec ardeur les principes de la Révolution, mais ne remplit de fonctions publiques qu'après la promulgation de la Constitution de l'an III. A cette époque il devint commissaire du gouvernement près le tribunal d'appel de Metz, puis, le 28 prairial an VIII, près le tribunal d'appel de la Moselle. Nommé, le 6 germinal an X, membre du Tribunat, dont il devint secrétaire en 1806, membre de la Légion d'honneur le 25 prairial an XII, il fut, à la réorganisation des tribunaux, en 1811, appelé aux fonctions d'avocat général à la cour impériale de Metz. Créé baron de l'empire le 13 mars 1813, il montra beaucoup de dévouement lors de l'invasion, et, à l'époque de l'occupation bavaroise, dut plus d'une fois s'interposer pour empêcher des rixes sanglantes. Procureur général à la cour royale de Metz le 6 mars 1816, il fut admis à la retraite, comme président de cette même cour, le 15 juillet 1820, et mourut peu de temps après.

PÉRISSE DU LUC (Jean-André), député en

1789, né à Lyon (Rhône) le 4 juillet 1738, mort à une date inconnue, était imprimeur-libraire à Lyon. Le 30 mars 1789, il fut élu député du tiers aux Etats-Généraux par la ville de Lyon. Il opina avec la majorité, prêta le serment du Jeu de paume, fit partie des comités de constitution et de santé, donna son avis sur le droit « de consentir la contribution », appuya le prêt à intérêt, intervint dans plusieurs débats financiers, et fut nommé membre du comité colonial, dont il se retira au bout de quelque temps, puis inspecteur de l'imprimerie nationale (1er février 1790) et commissaire à la fabrication des assignats. Il se tint en dehors des affaires publiques après la session, et rentra dans l'administration, le 21 germinal an VIII, comme conseiller de préfecture du Rhône.

PERNEL (ANTOINE-FRANÇOIS), député en 1789, né à Lure (Haute-Saône) le 29 novembre 1733, mort à Lure le 6 mars 1795, notaire et procureur royal dans sa ville natale depuis 1764, adhéra aux principes de la Révolution, et fut élu, le 11 avril 1789, député du tiers aux Etats-Généraux par le bailliage d'Amont. Adjoint au doyen des communes, il vota avec la majorité, et ne se fit pas autrement remarquer. Il se retira de la vie politique après la session.

PERNETTE (PHILIPPE), sénateur de 1876 à 1878, né à Toulon-sur-Arroux (Saône-et-Loire) le 10 juillet 1819, mort à Autun (Saône-et-Loire) le 14 juillet 1878, avocat à Autun depuis 1846, membre, en 1871, puis vice-président du conseil général pour le canton d'Autun, président de la commission municipale (1870) et conseiller municipal (1874) de cette ville, fut élu, le 30 janvier 1876, sénateur de Saône-et-Loire par 365 voix (697 votants). Il prit place au centre gauche et vota contre la dissolution de la Chambre demandée par le ministère de Broglie. Il mourut l'année suivante.

PERNETY (MARIE-JOSEPH, VICOMTE DE), pair de France, sénateur du second empire, né à Lyon (Rhône) le 19 mai 1766, mort à Paris le 29 avril 1856, « fils de Maurice-Jacques Pernety, receveur général des traites de Lyon, absent pour cause de voyage, et de dame Françoise Gardelle », fit ses études au collège militaire de Tournon, entra à l'école de Metz en 1781, et passa comme lieutenant, en 1783, au régiment d'artillerie de La Fère. Attaché en 1793 à l'armée d'Italie, il se distingua particulièrement au siège de Mantoue et à la bataille de Rivoli, commanda, en 1799, l'artillerie de l'armée d'Irlande, et fut pendant trois mois prisonnier des Anglais. L'année suivante, il prit une part brillante à Marengo, fut nommé colonel en 1802, grand officier de la Légion d'honneur le 19 frimaire an XII, général de brigade en 1805, fit la campagne d'Austerlitz et d'Iéna, et prit part aux sièges de Breslau et de Neiss et aux opérations de l'armée du roi Jérôme en Silésie. Général de division le 11 juillet 1807, il commanda, en 1809, l'artillerie du corps d'armée de Masséna, se distingua à l'île Lobau et à Wagram, et, le 21 novembre 1810, fut créé baron de l'empire avec une dotation de 10,000 fr. de rente. Durant la campagne de 1812, il contribua à la prise des redoutes russes à la Moskowa, fut fait grand-croix de l'ordre de la Réunion le 3 avril 1813, et assista à Lutzen, à Dresde, à Leipsig et à Hanau. A la seconde Restauration, il fut fait chevalier de Saint-Louis, directeur de l'artillerie au ministère de la Guerre (octobre 1815 et août 1816), conseiller d'Etat, vicomte le 12 février 1817, inspecteur et président du comité d'artillerie, membre du comité de la guerre, et grand-croix de la Légion d'honneur le 1er mai 1821. Mis en disponibilité en 1824, admis à la retraite, comme lieutenant-général, le 11 juin 1832, il fut nommé pair de France le 11 septembre 1835. Il ne se fit pas remarquer à la Chambre haute où il siégea assez peu ; il vivait fort retiré lorsqu'il fut nommé sénateur du second empire le 19 juin 1854. On a de M. de Pernety : *Vade-mecum des joueurs de whist* (1839).

PERNOLET (CHARLES-CLAUDE-PHILIBERT-NICOLAS), représentant en 1871, né à Dijon (Côte-d'Or) le 19 février 1814, mort à Paris le 8 avril 1888, ingénieur civil, résidait à Paris où il était fabricant de charbons, et où il avait acquis dans le monde des affaires une certaine notoriété, lorsqu'il fut élu maire du 13e arrondissement pendant le siège, nomination qui fut confirmée par le gouvernement en juillet 1871. Républicain modéré, et catholique, il se présenta (8 février 1871) aux élections de l'Assemblée nationale dans le département de la Seine : il y obtint 44,000 voix sur 328,970 votants, sans être élu. Mais, le 2 juillet suivant, le même département ayant été appelé à élire 21 représentants par suite d'options ou de décès, M. Pernolet, porté sur une liste républicaine très modérée, fut élu, le 3e, par 129,997 voix (290,823 votants, 458,774 inscrits). Il siégea au centre gauche, et se prononça : *pour* le retour de l'Assemblée à Paris, *contre* le pouvoir constituant de l'Assemblée, *pour* le gouvernement de Thiers, *contre* sa chute au 24 mai, *contre* le septennat, *contre* la loi des maires, *contre* l'état de siège, *contre* le ministère de Broglie, *pour* l'amendement Wallon et *pour* l'ensemble de la Constitution de 1875. M. Pernolet n'a pas fait partie d'autres assemblées.

PERNOLET (ARTHUR), député de 1885 à 1889, né à Poullaouen (Finistère) le 14 mars 1845, fut élève de l'Ecole centrale, et en sortit avec le diplôme d'ingénieur. Il s'occupa de questions économiques et industrielles, et entra dans la politique sous les auspices de son ami M. Henri Brisson, dont il soutint la politique personnelle dans le département du Cher, bien qu'il eût été jusque-là complètement étranger à ce département. Elu conseiller général du Cher par le canton de Graçay, il devint secrétaire, puis vice-président du conseil, fut décoré de la Légion d'honneur, et figura (octobre 1885), dans le Cher, sur la liste des candidats opportunistes à la Chambre des députés. Elu au second tour de scrutin, le 18 octobre, grâce au désistement des autres candidats républicains, le 2e sur 6, par 43,913 voix (82,866 votants, 101,195 inscrits), il siégea à l'Union des gauches, combattit (mars 1887) le relèvement des droits sur le riz et le maïs, défendit (janvier 1888) l'industrie du centre de la France lors de l'interpellation Mézières sur l'admission temporaire des fontes, soutint la politique opportuniste, et se prononça *pour* l'expulsion des princes, et, dans la dernière session, *pour* le rétablissement du scrutin d'arrondissement (11 février 1889), *pour* l'ajournement indéfini de la révision de la Constitution, *pour* le projet de loi Lisbonne restrictif de la liberté de la presse, *pour* les poursuites contre le général Boulanger ; il était absent par congé lors du scrutin sur les poursuites contre trois députés membres de la Ligue des patriotes.

PERNON (CAMILLE), membre du Tribunat, né à Lyon (Rhône) le 3 novembre 1753, mort à Sainte-Foy-lès-Lyon (Rhône) le 14 décembre 1808, négociant à Lyon, fut appelé, en raison de sa situation considérable dans le département, à siéger au Tribunat, le 6 germinal an X. Il appartint à ce corps politique jusqu'à sa suppression. Le 1er pluviôse an X, il avait été nommé membre du tribunal de commerce de Lyon. Chevalier de la Légion d'honneur du 25 prairial an XII, il fut nommé, le 16 thermidor an XII, quatrième adjoint au maire de Lyon.

PERNOT DE FONTENOY (LOUIS-GABRIEL-ANGÉLIQUE), député de 1815 à 1816, né à Chalaines (Meuse) le 31 octobre 1772, mort à Agen (Lot-et-Garonne) le 27 avril 1841, inspecteur général du trésor, puis receveur général à Amiens, officier de la Légion d'honneur, fut élu, le 22 août 1815, député du grand collège de la Meuse, par 82 voix (91 votants, 263 inscrits). Il siégea dans la majorité ultra-royaliste, se retira de la politique après la session, et mourut d'un accident à Agen.

PÉRONNE (LOUIS-EUGÈNE), député de 1877 à 1881, membre du Sénat, né à Vouziers (Ardennes) le 20 janvier 1832, exerça à Grandpré les fonctions de notaire. Maire de Vouziers, conseiller général des Ardennes, il se présenta comme candidat républicain aux élections générales du 14 octobre 1877 dans l'arrondissement de Vouziers, et fut élu par 8,029 voix (14,996 votants, 16,817 inscrits), contre 6,751 à M. de Ladoucette, conservateur impérialiste, député sortant. Il s'inscrivit à la gauche républicaine, soutint les ministères modérés de la législature, et se prononça notamment : *contre* l'amnistie plénière, *pour* l'invalidation de l'élection de Blanqui. S'étant représenté le 21 août 1881, il échoua avec 7,069 voix contre 7,237 à l'élu conservateur, M. Etienne de Ladoucette, fils de son ancien concurrent. M. Péronne profita bientôt de la vacance produite dans la représentation sénatoriale des Ardennes par le décès de M. Toupet des Vignes, pour se porter candidat au Sénat dans ce département : il fut élu, le 17 septembre 1882, par 306 voix (577 votants), contre 252 à M. Simon, et 120 à M. Riché-Tirman. Il suivit dans la Chambre haute la même ligne politique qu'au Palais-Bourbon, opina *pour* la réforme du personnel de la magistrature, *pour* le rétablissement du divorce, *pour* les crédits de l'expédition du Tonkin, fut réélu, le 6 janvier 1885, par 472 voix (853 votants), continua d'appuyer la politique opportuniste, et vota, en dernier lieu, *pour* le rétablissement du scrutin d'arrondissement (13 février 1889), *pour* le projet de loi Lisbonne restrictif de la liberté de la presse, *pour* la procédure à suivre devant le Sénat contre le général Boulanger.

PÉROUSE (JACQUES-PHILIPPE), député au Corps législatif de 1857 à 1863, né à Nîmes (Gard) le 26 janvier 1803, mort à Nîmes le 14 octobre 1866, propriétaire à Nîmes et maire de Saint-Gilles (mars 1844), fut chargé, en 1847, d'organiser un syndicat pour protéger la plaine de Beaucaire contre les inondations du Rhône. Conseiller général du Gard en 1848, chevalier de la Légion d'honneur le 3 mai 1849, rallié à l'Empire et maire de Nîmes le 30 décembre 1854, il fut élu, comme candidat du gouvernement, le 18 janvier 1857, député

au Corps législatif par la 1re circonscription du Gard, en remplacement de M. Baragnon, nommé préfet, par 11,200 voix (12,280 votants, 38,367 inscrits). Il siégea dans la majorité dynastique, et fut réélu, le 22 juin 1857, par 13,624 voix (21,416 votants, 38,622 inscrits). Il ne se représenta pas en 1863 et mourut trois ans après.

PERPESSAC (ARMAND-EMILE-JOSEPH DE), député au Corps législatif de 1852 à 1863, né à Fourquevaux (Haute-Garonne) le 30 octobre 1798, avocat, s'occupa surtout d'agriculture, et devint conseiller général de son département en 1846, et maire de Toulouse. Élu député au Corps législatif dans la 2e circonscription de la Haute-Garonne, comme candidat du gouvernement, le 29 février 1852, par 19,971 voix (23,607 votants, 37,386 inscrits), contre 1,199 voix à M. de l'Espinasse et 856 à M. Massabian, il soutint de ses votes les institutions impériales, et fut réélu, le 22 juin 1857, par 17,311 voix (23,234 votants, 35,438 inscrits), contre 5,639 à M. Arago. Il ne se représenta pas aux élections de 1863.

PERRAS (BENOIT-HIPPOLYTE), député au Corps législatif de 1863 à 1870, né à Régny (Loire) le 9 avril 1804, mort à Paris le 9 mars 1870, était avocat à Lyon, quand il fut nommé conseiller de préfecture du Rhône, le 3 février 1838. Révoqué à la révolution de 1848, il se rallia, après le 10 décembre, à la politique du prince Louis-Napoléon, et fut élu, le 15 juin 1863, comme candidat du gouvernement, député au Corps législatif dans la 3e circonscription du Rhône par 13,343 voix (25,558 votants, 36,207 inscrits), contre 12,158 à M. Morin, candidat de l'opposition. Il siégea dans la majorité dévouée à l'empire, et fut réélu, le 24 mai 1869, par 14,684 voix (25,297 votants, 32,498 inscrits), contre 10,306 à M. Esquiros, candidat de l'opposition démocratique. Décédé en mars 1870, il fut remplacé, le 10 avril suivant, par M. Mangini. Officier de la Légion d'honneur du 14 août 1868.

PERRAS (JEAN-CLAUDE-ETIENNE-EDMOND), député de 1876 à 1885, membre du Sénat, né à Cublize (Rhône) le 7 juillet 1835, riche manufacturier à Cublize, membre du conseil municipal et adjoint de cette ville sous l'Empire, était maire de Cublize depuis 1871, quand il fut élu, le 20 février 1876, comme candidat républicain, député de la 2e circonscription de Villefranche (Rhône), par 12,526 voix (18,606 votants, 24,248 inscrits), contre 3,690 voix à M. de Saint-Victor, ancien représentant, et 2,342 à M. Vernhette. Il prit place à la gauche modérée et fut des 363 députés qui refusèrent le vote de confiance au ministère de Broglie. Révoqué de ses fonctions de maire le 13 septembre 1877, il fut réélu député, après la dissolution de la Chambre, le 14 octobre 1877, par 12,841 voix (19,901 votants, 24,408 inscrits), contre 6,960 à M. de Saint-Victor, soutint la politique scolaire et coloniale du gouvernement, et vit son mandat renouvelé, sur un programme républicain et protectionniste, le 21 août 1881, par 7,901 voix (15,731 votants, 25,289 inscrits), contre 5,817 à M. Delage. Il parla (janvier 1884) sur les incompatibilités parlementaires, et fit étendre aux sénateurs les mêmes exceptions qu'aux députés. Avant la fin de la législature, il se présenta comme candidat au Sénat dans son département, le 6 janvier 1885, pour remplacer M. Vallier décédé, et fut élu par 441 voix (7...

votants). Il s'assit à la gauche de la Chambre haute, continua d'appuyer de ses votes la politique des ministres au pouvoir, vota l'expulsion des princes, se prononça, en dernier lieu, *pour* le rétablissement du scrutin d'arrondissement, *pour* la procédure à suivre devant le Sénat contre le général Boulanger, et s'abstint sur le projet de loi Lisbonne restrictif de la liberté de la presse.

PERREAU (Aimé-André), député en 1791, dates de naissance et de mort inconnues, homme de loi à la Loge-Fougereuse (Vendée), remplit sous la Révolution les fonctions de juge de paix du canton de la Châtaigneraie, fut délégué par l'assemblée primaire de sa commune à l'élection des administrateurs du département (29 juin 1797), et fut élu, le 5 septembre 1791, député de la Vendée à l'Assemblée législative, le 8ᵉ sur 9, par 133 voix (227 votants). Il siégea obscurément dans la majorité réformatrice et quitta la vie politique après la session.

PERREAU (Jean-Anne), membre du Tribunat, né à Nemours (Seine-et-Marne) le 17 avril 1749, mort à Toulouse (Haute-Garonne) le 6 juillet 1813, « fils de Simon-Edme Perreau, contrôleur des aides, et de Charlotte-Françoise Gouffreville », fit de bonnes études, et débuta dans la carrière littéraire par un drame intitulé *Clarisse* (1791), assez froidement écrit. Après avoir été gouverneur des enfants de M. de Caraman, il adopta avec modération les idées nouvelles, et fut, en 1791, rédacteur du *Vrai Citoyen*, feuille consacrée à la défense des principes constitutionnels. Lors de la formation des écoles centrales, il enseigna la législation à celle du Panthéon, et devint ensuite professeur suppléant du droit de la nature et des gens au Collège de France. Nommé, le 8 floréal an VIII, membre du Tribunat, en remplacement de Desmousseaux, démissionnaire, il appuya tous les projets du gouvernement, se prononça pour l'établissement des tribunaux spéciaux criminels, et fut un des rapporteurs du code civil pour les titres de l'*Adoption* et de l'*Usufruit*. Secrétaire de l'Assemblée le 20 août 1803, et président le 25 septembre de la même année, il la quitta (10 brumaire an XIII) pour occuper le poste d'inspecteur général des écoles de droit qu'il conserva jusqu'à sa mort. On a encore de lui : *Lettres illinoises* (1772) ; *Éléments de l'histoire des anciens peuples* (1775) ; *Éloge du chancelier de l'Hôpital* (1777) ; *Le Bon Politique en 1789* ; *Études de l'homme considéré dans ses premiers âges* (1798) ; *Principes généraux du droit civil et privé* (1805), etc.

PERREAU (Émile-Jean-Baptiste), représentant du peuple en 1849, né à Épinal (Vosges) le 26 mars 1798, mort à Paris le 17 février 1850, fit son droit à Paris, fut reçu avocat le 26 août 1820, et prit place au barreau de Remiremont, dont il fut plus tard bâtonnier. Conseiller municipal de Remiremont en 1830, puis conseiller d'arrondissement, il fut nommé maire en 1841, et conserva ces fonctions municipales jusqu'au mois d'avril 1848. Élu, le 13 mai 1849, représentant des Vosges à l'Assemblée législative, le 5ᵉ sur 9, par 27,756 voix (71,000 votants, 116,982 inscrits), il vota avec la majorité monarchiste, mourut pendant la session, et fut remplacé, le 24 mars suivant, par M. Guilgot.

PERREAU DU MAGNÉ (Louis-Henri-Aimé), représentant à la Chambre des Cent-Jours, député de 1818 à 1822 et de 1831 à 1834, né à la Châtaigneraie (Vendée) le 15 avril 1775, mort

à la Châtaigneraie le 25 janvier 1838, propriétaire, fut, en 1787, membre de l'élection de Fontenay pour le tiers-état de son district, et exerça les fonctions de maire à la Châtaigneraie de 1805 à 1815. Élu, le 12 mai 1815, représentant de l'arrondissement de Fontenay à la Chambre des Cent-Jours, par 27 voix (47 votants) contre 20 à M. Godet, il opina avec le parti libéral constitutionnel. Réélu, le 20 octobre 1818, au grand collège, député de la Vendée par 413 voix (658 votants, 938 inscrits), il prit place au côté gauche, avec son collègue Manuel. Dans la session de 1818 à 1819, ils inscrivit contre la résolution de la Chambre des pairs, relative à la loi des élections, réclama des explications sur une somme de 150,000 fr. employée pour dépenses secrètes dans l'arriéré des affaires étrangères ; proposa de retrancher, dans la partie du budget relative aux ponts et chaussées, une somme de 450,000 francs portée comme fonds de réserve, et qui lui semblait n'avoir été inscrite que pour former la somme de 30 millions, et demanda que l'entretien des églises cathédrales fût à la charge des communes. Le 19 juin, il fit remarquer, en réponse aux observations du garde des sceaux contre les pétitions en faveur des bannis, que la première pétition parvenue à la Chambre avait été adressée par la ville de Fontenay ; que cette pétition visant le comte de Lapparent (V. *Cochon*) était revêtue des signatures de beaucoup de chevaliers de Saint-Louis et entre autres du « Régulus français », M. Haudendine, dont parle la marquise de la Rochejaquelein dans ses *Mémoires*. Il combattit l'établissement de la caisse de Poissy, et surtout le droit qui s'y percevait au profit de la ville de Paris, comme illégal, inconstitutionnel et contraire à la liberté du commerce. Le 15 avril 1819, il critiqua plusieurs parties des comptes, signala des erreurs, et réclama des éclaircissements. Le 16 juin, il proposa d'employer une partie des fonds du clergé à remplir les succursales vacantes, déclara que l'esprit du clergé catholique n'était point en harmonie avec « les intérêts nouveaux consacrés par la Charte », et termina en demandant comment 24 missionnaires pouvaient coûter à l'État 240,000 francs, sans compter le casuel. Le 26 juin, il proposa, sans succès, une réduction de 124,500 francs sur les pensions, pour les extinctions présumées. Enfin, il exprima le vœu que l'on s'occupât plus promptement de la refonte des vieux écus. Sorti de la Chambre en 1822, Perreau du Magné n'y rentra qu'après la révolution de juillet, dont il se déclara partisan. Il fut, en effet, élu député du 3ᵉ collège de la Vendée (Bourbon-Vendée), le 5 juillet 1831, par 122 voix (158 votants, 231 inscrits), contre 22 à M. Tireau, avocat. Il appartint, jusqu'en 1834, au groupe de l'opposition dynastique, fut, en 1832, un des signataires du fameux *compte rendu*, et quitta la vie politique aux élections de 1834, quatre ans avant sa mort. En 1820, les électeurs libéraux de la Vendée firent frapper une médaille en l'honneur de leurs trois députés : Esgonnière, Manuel et Perreau.

PERRÉE (Louis-Marie), représentant du peuple en 1848, né à Paris le 13 mars 1816, mort à Paris le 16 janvier 1851, petit-fils du suivant, fit son droit à Paris, s'occupa de littérature et de journalisme, traduisit les *Nuits d'Young*, et, en 1840, engagea une partie de sa fortune dans le journal le *Siècle*, dont il devint le directeur gérant. Ce fut l'indiscrétion calculée du *Siècle*, lors de l'affaire Dupoty, que les journaux durent l'interdiction de reproduire le compte rendu des séances de la cour des pairs. Le 19 janvier 1842, M. Perrée fut condamné, par cette même cour, à un mois de prison et dix mille francs d'amende pour délit de presse. A la révolution de février, capitaine dans la 3e légion de la garde nationale, il dégagea le général Bedeau qui avait été cerné par le peuple. Maire du 3e arrondissement de Paris, il fut élu, le 23 avril 1848, représentant de la Manche à l'Assemblée constituante, le 14e sur 15, par 49,770 voix. Il fit partie du comité des finances, chercha aux journées de juin à arrêter l'effusion du sang, et vota *pour* le bannissement de la famille d'Orléans, *pour* les poursuites contre L. Blanc. mais *contre* celles qui visaient Caussidière, *pour* l'abolition de la peine de mort, *contre* l'impôt progressif, *contre* l'incompatibilité des fonctions, *contre* la sanction de la Constitution par le peuple, *pour* l'ensemble de la Constitution, *contre* l'interdiction des clubs, *pour* l'expédition de Rome. Le 3 février 1849, il dénonça à l'Assemblée un bulletin non signé, adressé aux préfets sous le couvert du ministre de l'Intérieur, et encourageant le pétitionnement pour la dissolution de l'Assemblée; l'ordre du jour motivé qu'il déposa à ce propos fut voté par 407 voix contre 387. Il s'était tenu sur la réserve vis-à-vis de la politique de l'Elysée. Il ne fut pas réélu à la Législative et mourut peu de temps après.

PERRÉE-DUHAMEL (Pierre-Nicolas-Jean, chevalier), député en 1789, et au Conseil des Anciens, membre du Tribunat, né à Granville (Manche) le 8 avril 1747, mort à Paris le 16 novembre 1816, était négociant et armateur à Granville quand il fut élu, le 28 mars 1789, député du tiers aux Etats-Généraux par le bailliage de Coutances. Il siégea silencieusement dans la majorité réformatrice, prêta le serment du Jeu de paume, et fit partie du comité de l'agriculture et du commerce. Maire de Granville après la session, il fut encore élu, le 24 vendémiaire an IV, député de la Manche au Conseil des Anciens, y prit souvent la parole, fit ouvrir un crédit de 110 millions au ministère de la Marine, approuva la prohibition des marchandises anglaises, vota pour la contrainte par corps en matière civile, et fit plusieurs rapports sur les douanes. Au 18 fructidor, on fit courir le bruit de son arrestation; mais il fut nommé, peu de jours après, secrétaire de l'assemblée. Il fit ensuite un discours sur la mise en activité de la Constitution de l'an III aux colonies, demanda l'annulation des élections de Saint-Domingue, et combattit les résolutions relatives aux pensions militaires, au timbre et aux prises maritimes. Rallié au 18 brumaire, il entra, le 4 nivôse an VIII, au Tribunat où il siégea jusqu'à sa suppression en 1807. Décoré de la Légion d'honneur (4 frimaire an XII), commandeur (25 prairial suivant), il fut appelé, en 1807, aux fonctions de conseiller à la cour des Comptes, fonctions qu'il remplit jusqu'en 1815. Perrée-Duhamel avait en outre été créé chevalier de l'Empire le 20 juillet 1808.

PERREGAUX (Jean-Frédéric), membre du Sénat conservateur, né à Neuchâtel (Suisse) le 4 septembre 1744, mort à Viry-Châtillon (Seine-et-Oise) le 17 février 1808, « fils de François-Frédéric Perregaux, de Neuchâtel (Suisse) et lieutenant-colonel des milices du département de Vallangui, et de Barbe-Suzanne de Brun », fut d'abord banquier à Neuchâtel, et, ayant étendu ses opérations, fonda à Paris une importante maison de banque. Durant la révolution,

grâce à son crédit, il para autant qu'il put aux dangers de la famine qui menaçait Paris; il n'en fut pas moins inquiété, en décembre 1793, comme complice d'un recel de fonds avec Duchâtelet, condamné pour émigration, et qui avait tenté de corrompre les gendarmes qui le gardaient. Le comité de salut public lança contre Perregaux un mandat d'arrestation, mais on ne trouva chez lui que son associé, et on mit les scellés sur ses livres. Il s'empressa d'accourir, de Neuchâtel, où il se trouvait alors, et parvint à se justifier. Le comité de salut public voulut tirer parti de ses relations et le chargea d'une mission en Suisse à l'effet d'y conclure de nouveaux marchés. Perregaux consacra la plus grande partie de sa fortune à des achats de blés; mais, dénoncé bientôt comme accapareur, il allait, à son retour, être de nouveau arrêté, quand, prévenu par un de ses commis, il attendit en Suisse la révolution du 9 thermidor. De retour en France, il assura au commis qui lui avait sauvé la vie une pension de 6,000 francs, fit des opérations sur les biens d'émigrés, et fut nommé, le 4 nivôse an VIII, membre du Sénat conservateur. Il fut un de ceux que le gouvernement chargea de la création et de l'organisation de la Banque de France. Membre de la Légion d'honneur (9 vendémiaire an XII), commandeur (25 prairial suivant), il garda jusqu'à sa mort la direction de son importante maison. Sa fille épousa Marmont, futur duc de Raguse, et son fils se maria, en 1813, avec une des filles de Macdonald, duc de Tarente.

PERREGAUX (Alphonse-Claude-Charles-Bernardin, comte), pair des Cent-Jours et pair de France, né à Paris le 29 mars 1785, mort à Paris le 9 juin 1841, fils du précédent, entra comme auditeur des finances au conseil d'Etat, remplit ensuite en Prusse, en Autriche et en Espagne, des missions administratives, et fut créé chambellan de l'Empereur, puis comte de l'Empire (21 décembre 1808). Nommé pair aux Cent-Jours, le 3 juin 1815, il resta en dehors de toute fonction publique pendant la Restauration. Officier supérieur de la garde nationale parisienne après les journées de 1830, il fut promu pair de France le 19 novembre 1831, et siégea jusqu'à sa mort dans la majorité gouvernementale.

PERRENET (Pierre), représentant du peuple en 1848, né à Marcilly (Côte-d'Or) le 20 août 1797, mort à Dijon (Côte-d'Or) le 17 décembre 1871, avocat à Dijon, fit de l'opposition libérale au gouvernement de la Restauration, et, après la révolution de 1830, fut nommé procureur du roi près le tribunal civil de Dijon. Démissionnaire lors de la promulgation de la loi contre les associations, conseiller général de la Côte-d'Or et secrétaire de ce conseil depuis 1833, conseiller municipal de Dijon en 1848, fut élu, le 4 juin 1848, représentant de la Côte-d'Or à l'Assemblée constituante, en remplacement de M. de Lamartine qui avait opté pour la Seine, par 18,059 voix (49,442 votants, 115,459 inscrits). M. Perrenet, qui avait refusé de s'engager sur la question de la liberté de l'enseignement en faveur des congrégations, sur le maintien des ordres religieux, fit partie du comité de l'administration, et vota *pour* les poursuites contre L. Blanc et Caussidière, *contre* l'abolition de la peine de mort, *contre* l'impôt progressif, *contre* l'incompatibilité des fonctions, *contre* l'amendement Grévy, *contre* la sanction de la Constitution par le peuple, *pour* l'ensemble de la Constitution, *contre* proposition Rateau, *contre* l'expédition de Rome, *contre* la demande de mise en accusation du président et des ministres. Non réélu à la Législative, il ne reparut plus sur la scène politique.

PERRENEY. — *Voy.* GROSBOIS (MARQUIS DE)

PERRET (JEAN-BAPTISTE, BARON), député en 1791, né à Aurillac (Cantal) le 20 septembre 1762, mort à Aurillac le 7 janvier 1843, était homme de loi dans cette ville lorsqu'il fut élu, le 31 août 1791, député du Cantal à l'Assemblée législative, le 8e et dernier, par 184 voix (291 votants). Il vota avec la majorité réformatrice, devint, sous le Consulat (18 germinal an VIII), adjoint au maire d'Aurillac, et fut créé, le 15 juin 1812, baron de l'Empire.

PERRET (FRANÇOIS-MARIE), CHEVALIER DE LALANDE, député au Conseil des Cinq-Cents, né à Ploërmel (Morbihan) le 3 septembre 1756, mort à une date inconnue, était avocat à Ploërmel au moment de la Révolution. Il en adopta les principes avec modération, fut élu, le 28 mars 1791, premier président du tribunal criminel du Morbihan, et, accusé, en raison de sa modération, de s'être laissé corrompre sous la Terreur, fut destitué et incarcéré par ordre du représentant en mission, Prieur (de la Marne) (1er novembre 1793). Réintégré dans ses fonctions après le 9 thermidor par les nouveaux représentants Guezno et Guermeur, il fut élu, le 24 vendémiaire an IV, député du Morbihan au Conseil des Cinq-Cents, à la pluralité des voix sur 145 votants. Il prit parti pour les fructidoriens, sortit du Conseil en l'an VI, et, s'étant montré partisan du coup d'État de Bonaparte, fut nommé (1er floréal an VIII) juge au tribunal d'appel de Rennes, et, le 12 du même mois, président du tribunal criminel de Vannes. Membre de la Légion d'honneur du 25 prairial an XII, il fut appelé, en 1811, aux fonctions de grand prévôt des douanes à Rennes.

PERRET (PIERRE), représentant du peuple en 1848, né à Gouray (Côtes-du-Nord) le 17 novembre 1794, mort à Gouray le 31 mars 1884, propriétaire cultivateur, maire de Gouray, conseiller général de son département, ne s'était fait connaître que par ses idées libérales, quand il fut élu, le 23 avril 1848, représentant des Côtes-du-Nord à l'Assemblée constituante, le 13e sur 15, par 67,557 voix (144,377 votants, 167,673 inscrits). Il fit partie du comité de l'instruction publique, et vota *pour* le bannissement de la famille d'Orléans, *contre* les poursuites contre Caussidière, *contre* l'abolition de la peine de mort, *contre* l'incompatibilité des fonctions, *contre* l'amendement Grévy, *contre* la sanction de la Constitution par le peuple, *pour* l'ensemble de la Constitution, *contre* la proposition Rateau, *contre* l'interdiction des clubs. Non réélu à la Législative, il ne reparut plus dans les assemblées.

PERRET (JACQUES-MARIE), député au Corps législatif de 1852 à 1857, né à Paris le 1er août 1815, mort à Paris le 4 mars 1877, fils d'un boulanger du Marais, étudia le droit et s'inscrivit au barreau de Paris en 1838. « La considération dont jouissait sa famille, écrit un biographe, le fit nommer, après la révolution de février, chef de bataillon de la garde nationale; puis, en 1849, il fut appelé au poste de maire du 8e arrondissement de Paris. » Il avait épousé la fille d'un riche propriétaire des environs de Sens. Candidat du gouvernement au Corps législatif, le 29 février 1852, dans la 5e circonscription de la Seine, il fut élu député par 13,478 voix (29,182 votants, 38,505 inscrits), contre 12,096 à M. Goudchaux, et 394 à M. Carnot. Il prit part au rétablissement du régime impérial, fit partie, en 1852, de la commission du budget, et montra une certaine indépendance, en appuyant, dans une forme modérée, les demandes d'améliorations et de réformes formulées par M. de Montalembert. « C'était, dit un historien, une petite figure ronde, aux cheveux châtain clair; il passait, à juste titre, pour un des caractères les plus estimables, et, en même temps, les plus gracieux du Corps législatif. » Il vota jusqu'en 1857 avec la majorité dynastique et quitta la vie politique. Chevalier de la Légion d'honneur.

PERRET (JEAN-BAPTISTE), représentant en 1871, sénateur de 1876 à 1882, né à Lyon (Rhône) le 15 avril 1815, mort à Collonges (Ain) le 15 août 1887, directeur d'une importante fabrique de produits chimiques et propriétaire des mines de cuivre et d'azurite de Chessy et de Saint-Bel, juge au tribunal de commerce et membre de la chambre de commerce de Lyon, fut élu, le 8 février 1871, représentant du Rhône à l'Assemblée nationale, le 10e sur 13, par 59,514 voix (117,523 votants, 185,134 inscrits). Il ne se fit inscrire à aucun groupe, siégea au centre droit, et vota *pour* la paix, *pour* l'abrogation des lois d'exil, *pour* la pétition des évêques, *contre* le service de 3 ans, *contre* la démission de Thiers, *pour* le septennat, *pour* le ministère de Broglie, *pour* l'amendement Wallon, *pour* les lois constitutionnelles; il rejeta ensuite la loi sur l'enseignement supérieur. Conseiller général du 7e canton de Lyon (8 octobre 1871), il fut porté sur la liste de l'Union conservatrice du Rhône, aux élections sénatoriales du 30 janvier 1876, et fut élu par 166 voix (329 votants). Il se fit inscrire à la gauche constitutionnelle, vota parfois avec la droite, mais repoussa la dissolution de la Chambre demandée par le ministère de Broglie, le 23 juin 1877. Il soutint la politique républicaine modérée jusqu'au renouvellement triennal du 8 janvier 1882, et rentra alors dans la vie privée. Officier de la Légion d'honneur du 30 juin 1867, à l'occasion de l'Exposition universelle de Paris.

PERRET DE TRÉGADORET (RODOLPHE-CLAUDE), député en 1789, né à Ploërmel (Morbihan) le 10 novembre 1741, mort à Vannes (Morbihan) le 17 décembre 1793, « fils de Charles Perret du Valain, maire de Ploërmel, et d'Elisabeth Quénéau », fut reçu avocat au parlement, et occupa les fonctions municipales de miseur, et de maire de Ploërmel (1778). Élu, le 17 avril 1789, député du tiers-état de la sénéchaussée de Ploërmel aux Etats-Généraux, il siégea silencieusement dans la majorité, prêta le serment du Jeu de paume, et vint en députation à Paris, le 16 juillet 1789, pour y annoncer l'arrivée du roi. Élu, en septembre 1791, après la session, second haut juré pour le Morbihan, il devint juge au tribunal de district de Ploërmel. Il fit acte de civisme en vendant ses biens de famille pour acheter des biens nationaux, et fut nommé (ventôse an IV) président de l'administration du district. Il occupa ces fonctions jusqu'à sa mort. M. Kerviler, qui a publié la seule notice parue jusqu'à présent sur ce constituant, mentionne une lettre de lui, de frimaire an V, demandant une place de commissaire du Directoire; il mourut avant d'avoir pu l'obtenir.

PERRETON (Gabriel), représentant à la Chambre des Cent-Jours, né à Grenoble (Isère) le 20 septembre 1759, mort le 9 février 1836, se fit recevoir, en juin 1780, avocat au parlement de sa ville natale. Favorable aux principes de la Révolution, il devint juge au tribunal de district de Bourgoin en 1790, juge au tribunal civil de l'Isère en l'an IV, président du tribunal civil de Grenoble après le 18 brumaire an VIII, et, quelques mois plus tard, juge au tribunal d'appel de la même ville. A la réorganisation des cours et tribunaux (1811), il échangea ce titre contre celui de conseiller à la cour impériale de Grenoble, et fut élu, le 13 mai 1815, représentant à la Chambre des Cent-Jours par l'arrondissement de Grenoble, avec 38 voix (52 votants). A la seconde Restauration, il fut destitué de ses fonctions de magistrat et ne reparut plus sur la scène politique.

PERRIEN (Joseph-Charles-Bonaventure-Auguste, comte de), député de 1815 à 1816, né à Hennebont (Morbihan) le 27 mars 1764, mort à Hennebont le 8 mars 1832, avait servi comme officier dans les gardes-françaises avant la Révolution, et gagné la croix de St-Louis. Il émigra en 1791, fit campagne à l'armée des princes, rentra en France sous le Consulat, et, propriétaire à Hennebont, fut élu, le 22 août 1815, député du grand collège du Morbihan, par 132 voix (183 votants, 260 inscrits). Il prit place dans la majorité ultra-royaliste avec laquelle il vota silencieusement, et quitta la vie politique après la session. Conseiller général du Morbihan.

PERRIEN (Charles-Louis-Silvestre-Arthur, comte de), représentant du peuple en 1848, né en émigration à Cologne (Allemagne) le 6 octobre 1792, mort à Hennebont (Morbihan) le 14 mars 1852, fils du précédent, entra dans les chevau-légers de la maison du roi en 1814, et devint officier dans un régiment de chasseurs à cheval. En 1830, il se retira dans son château de Lannouan où il s'occupa d'agriculture et de bonnes œuvres. Il succéda à son père comme conseiller général en 1830, ne s'occupa pas de politique sous Louis-Philippe, et fut élu, le 23 avril 1848, représentant du Morbihan à l'Assemblée constituante, le 11e sur 12, par 55,027 voix (105,877 votants, 123,200 inscrits). Il siégea à la droite légitimiste, fit partie du comité des affaires étrangères, et vota *pour* les poursuites contre Louis Blanc et Caussidière, *contre* l'abolition de la peine de mort, *contre* l'impôt progressif, *contre* l'incompatibilité des fonctions, *contre* l'amendement Grévy, *contre* la sanction de la Constitution par le peuple, *pour* l'ensemble de la Constitution, *pour* la proposition Rateau, *pour* l'interdiction des clubs, *pour* l'expédition de Rome, *contre* la demande de mise en accusation du président et des ministres. Après la dissolution de la Constituante, il rentra dans ses propriétés d'Hennebont, et, favorable à la politique napoléonienne, conserva jusqu'à sa mort son mandat de conseiller général.

PERRIEN (Paul-Joseph-François, comte de), député de 1876 à 1881, né à Hennebont (Morbihan) le 12 mai 1827, mort à Paris le 27 novembre 1889, propriétaire, maire de Lan-

devant, conseiller général du canton de Pluvigner depuis le 8 octobre 1871, fut élu, le 20 février 1876, comme candidat conservateur, député de la 2e circonscription de Lorient, par 8,896 voix (13,128 votants, 19,279 inscrits), contre 4,160 à M. Beauvais, candidat républicain. Il siégea à la droite légitimiste et fut l'un des 158 députés qui votèrent en faveur du ministère de Broglie contre les 363. Réélu dans le même arrondissement, comme candidat du maréchal, le 14 octobre 1877, par 10,067 voix (15,582 votants, 20,362 inscrits), contre 5,463 au candidat républicain, M. Trottier, il continua de figurer dans le groupe royaliste et vota avec la minorité conservatrice de la Chambre. M. de Perrien, qui avait épousé la fille de M. Paul de Kerdrel, ne se représenta pas aux élections de 1881.

PERRIER (Jacques-Etienne), représentant à la Chambre des Cent-Jours, né le 8 mai 1765, mort à Noyers, commune de Vernoux (Ardèche) le 2 juin 1853, appartint à magistrature. Il était procureur impérial à Privas, lorsqu'il fut élu, le 12 mai 1815, représentant à la Chambre des Cent-Jours, par le grand collège de l'Ardèche, avec 50 voix (73 votants). Après la courte session de cette assemblée, Perrier rentra dans la vie privée.

PERRIER (Frédéric), député de 1834 à 1848, né à Simandre (Ain) le 31 octobre 1775, mort à Trévoux (Ain) le 6 février 1858, avocat et juge suppléant à Trévoux sous l'Empire, fut destitué à la seconde Restauration. Inscrit alors au barreau, il fit de l'opposition au gouvernement des Bourbons, et devint, en 1832, président du tribunal de Trévoux. Il fut successivement élu député du 3e collège de l'Ain (Trévoux), le 21 juin 1834, par 76 voix (87 votants, 251 inscrits), contre 11 à M. Leviste de Montbrian; le 4 novembre 1837, par 140 voix (206 votants, 306 inscrits); le 2 mars 1839, par 196 voix (205 votants); le 9 juillet 1842, par 131 voix (255 votants, 337 inscrits), contre 53 à M. Margeraud, 43 à M. Laferrière et 22 à M. de Beost; le 1er août 1846, par 206 voix (341 votants, 403 inscrits), contre 128 à M. Margeraud. Candidat libéral au début, M. Perrier ne tarda pas à devenir ministériel; il fut l'un des 221 députés qui approuvèrent la politique de M. Molé, et il vota *pour* la dotation du duc de Nemours, *pour* les fortifications de Paris, *pour* le recensement, *contre* les incompatibilités, *contre* l'adjonction des capacités, *pour* l'indemnité Pritchard et *contre* la proposition sur les députés fonctionnaires. La révolution de 1848 l'éloigna de la vie publique.

PERRIER (Charles-Nicolas), député au Corps législatif de 1866 à 1870, né à Epernay (Marne) le 1er janvier 1813, mort à Epernay le 21 décembre 1878, négociant et maire d'Epernay, fut élu, le 24 février 1866, député de la 2e circonscription de la Marne au Corps législatif, par 18,037 voix (29,210 votants, 35,102 inscrits), contre 7,261 à M. Leblond, 2,027 à M. Louis Maldan et 1,791 au vicomte Delalot. Il remplaçait le général Parchappe. M. Perrier siégea dans la majorité dynastique, fut réélu, le 24 mai 1869, par 22,272 voix (31,031 votants, 36,094 inscrits), contre 8,627 à M. Leblond, vota *pour* la déclaration de guerre à la Prusse et rentra dans la vie privée au 4 septembre 1870.

PERRIER (Eugène), représentant en 1871, né à Châlons-sur-Marne (Marne) le 4 juillet 1810, mort à Châlons-sur-Marne le 3 juin 1879, grand négociant en vins de Champagne, maire de Châlons depuis 1868, fut vivement attaqué, en cette qualité, pour n'avoir opposé qu'une faible résistance aux Prussiens, quand ils se présentèrent devant Châlons en 1870. Ses concitoyens le vengèrent de ces reproches, en le choisissant, le 8 février 1871, comme représentant de la Marne à l'Assemblée nationale, le 7e sur 8, par 33,292 voix (68,852 votants, 112,180 inscrits). Il siégea au centre droit et vota : *pour* le retour de Paris, *contre* le pouvoir constituant de l'Assemblée, *contre* la chute de Thiers au 24 mai, *contre* le gouvernement du 24 mai, *pour* l'amendement Wallon, *pour* l'ensemble des lois constitutionnelles. Le 30 janvier 1876, il échoua au Sénat, dans la Marne, avec 364 voix (752 votants), et ne se représenta plus. Chevalier de la Légion d'honneur (26 novembre 1872).

PERRIN (Antoine-Hyacinthe), député en 1791, né à Lons-le-Saulnier (Jura) le 27 mars 1748, mort à une date inconnue, « fils du sieur Anatole Perrin, procureur au bailliage et présidial de Lons-le-Saulnier, et de demoiselle Pierrette Richard », était avocat à Lons-le-Saulnier. Il devint, sous la Révolution, procureur-syndic du district, puis président du tribunal criminel du Jura, et fut élu, le 31 août 1791,député de ce département à l'Assemblée législative, le 7e sur 8, par 315 voix (399 votants). Son rôle parlementaire fut peu important, et prit fin avec la session.

PERRIN (Pierre-Nicolas), député en 1791, membre de la Convention, né à Vassy (Haute-Marne) en 1752, mort à Toulon (Var) le 5 septembre 1794, était un des plus riches négociants en toiles de Troyes, lors de la Révolution. Maire de cette ville (1790), il fut élu, le 8 septembre 1791, député de l'Aube à l'Assemblée législative, le 9e et dernier, par 164 voix (288 votants). Il opina avec les modérés. Réélu, le 4 septembre 1792, député du même département à la Convention, le 3e sur 9, par 319 voix (391 votants), il se prononça, dans le procès de Louis XVI, pour « la peine de détention jusqu'à la paix et le bannissement à cette époque ». Membre du comité des marchés, il commit l'imprudence de fournir personnellement au gouvernement pour cinq millions de toiles de coton. Dénoncé par Charlier (28 septembre 1793), comme ayant prélevé d'énormes bénéfices sur cette fourniture, il dut descendre à la barre sur la motion de Billaud-Varennes; mais on ne voulut pas l'entendre, et il fut décrété d'accusation, traduit devant le tribunal révolutionnaire, et condamné, le 19 septembre, à douze années de fer et à six heures d'exposition. Il mourut de honte et de chagrin au bagne de Toulon, moins d'un an après. En 1795, sur un rapport de Girot-Pouzol, le jugement qui l'avait condamné fut annulé, sa mémoire réhabilitée, et sa famille reçut une indemnité. Charlier n'en persista pas moins jusqu'au bout dans ses accusations.

PERRIN (Jean-Baptiste), membre de la Convention, député au Conseil des Cinq-Cents, au Conseil des Anciens et au Corps législatif de l'an VIII à l'an XI, né à Damas-Devant-Dompaire (Vosges) le 5 mars 1754, mort à Epinal (Vosges) le 10 mai 1815, était négociant dans cette dernière ville avant la Révolution. Nommé,

en 1791, président du département des Vosges, il fut élu, le 4 septembre 1792, député de ce département à la Convention, le 4e sur 8, par 228 voix (267 votants). Il répondit, dans le procès du roi : « Je prononce la peine de mort, » prit plusieurs fois la parole sur des questions de finances, fut envoyé en mission dans les Ardennes, le Nord, le Pas-de-Calais, le Gard, l'Hérault, l'Aveyron, dénonça (4 septembre 1793) une multitude d'employés inutiles dans l'armée, se montra également l'adversaire des royalistes et des jacobins, fut nommé (15 pluviôse an III) membre du comité de sûreté générale, prit une part active aux mesures de rigueur dont furent l'objet les insurgés de prairial, et fit rendre à la famille du conventionnel Noël (*Voy. ce nom*) ses biens confisqués. Réélu, le 21 vendémiaire an IV, député des Vosges au Conseil des Cinq-Cents, par 203 voix (270 votants), il parla avec autorité sur les matières financières, dénonça les troubles causés dans son département par les prêtres réfractaires, passa au Conseil des Anciens, le 22 germinal an VI, comme député du même département, et fut secrétaire, puis président de cette assemblée. Partisan du coup d'Etat de Bonaparte, il fit partie de la Commission intermédiaire de l'an VIII, puis fut appelé, par une décision du Sénat (4 nivôse suivant), à représenter les Vosges au Corps législatif, dont il fut le premier président et où il siégea jusqu'en l'an XI. Conseiller général des Vosges le 16 floréal an XI, il s'occupa, dans sa région, de la formation de corps francs en 1814, et mourut à Epinal le 10 mai 1815, et non en mars, comme le prétendent plusieurs biographes, qui ajoutent que Perrin « mourut de joie en apprenant le retour de Napoléon ».

PERRIN (Guillaume), député au Conseil des Cinq-Cents, représentant aux Cent-Jours, né à Bordeaux (Gironde) le 27 février 1757, mort à Bordeaux le 18 avril 1836, « fils de sieur Pierre Perrin, négociant, et de Marie Faurès », se fit inscrire au barreau de Bordeaux en 1778. Partisan des idées de la Révolution, il fut nommé, le 6 pluviôse an III, accusateur public près le tribunal criminel du département du Bec-d'Ambès, et fut élu, le 25 germinal an VI, député de la Gironde au Conseil des Cinq-Cents, par 266 voix sur 342 votants. Bernadeau, dans ses *Tablettes manuscrites*, note à cette occasion : « Perrin, accusateur public, homme fort nul, mais bon jacobin. » Un autre biographe dit que le nouvel élu « fit preuve de connaissances en matière de judicature ». Le 7 frimaire an VII, Perrin demanda qu'une commission fût chargée de réviser la législation relative aux directeurs du jury ; le 1er ventôse suivant, il devint secrétaire du Conseil. Favorable au coup d'Etat de brumaire, il fut appelé, le 11 prairial an VIII, aux fonctions de juge au tribunal d'appel de Bordeaux. Le 15 mai 1815, l'arrondissement de Bordeaux le choisit pour représentant à la Chambre des Cent-Jours, par 27 voix sur 43 votants. Il quitta la vie publique après cette courte législature, et mourut à quatre-vingts ans.

PERRIN (Charles), député au Corps législatif en 1808, né à Montiérender (Orne) le 8 décembre 1743, mort à Paris le 17 décembre 1808, « fils du sieur Arnoult Perrin, bourgeois en ce lieu, et de dame Louise Clément », fut pendant vingt ans procureur au parlement de Paris. Devenu propriétaire à Laigle (Orne) et conseiller d'arrondissement, il fut appelé, le 3 octobre 1808, par le choix du Sénat, à représenter le département de l'Orne au Corps législatif, et mourut presque aussitôt, laissant une fortune considérable. Il était membre du conseil d'agriculture de son département et de la commission administrative des hospices.

PERRIN (ROMAIN-YVES), représentant à la Chambre des Cent-Jours, né à Voiron (Isère) le 27 septembre 1777, mort à une date inconnue, avocat et adjoint au maire de Grenoble, fut élu, le 14 mai 1815, représentant à la Chambre des Cent-Jours, par l'arrondissement de la Tour-du-Pin, avec 40 voix (79 votants) contre 39 à M. Michoud. Sa carrière politique prit fin avec cette courte législature.

PERRIN (DOMINIQUE), député de 1837 à 1839, né à Damas-Devant-Dompaire (Vosges) le 28 février 1798, mort à Paris le 10 février 1876, fils de J.-B. Perrin (V. p. haut), exerçait la profession de notaire à Paris, rue Saint-Honoré, 324, lorsqu'il fut élu, le 4 novembre 1837, député du 1er collège des Vosges (Epinal), par 111 voix (218 votants, 234 inscrits). Il vota avec la majorité conservatrice et siégea jusqu'en 1839.

PERRIN. — Voy. BELLUNE (DUC DE).

PERRIN DE ROZIERS (JEAN-FRANÇOIS), député en 1789, né à Viviez (Aveyron) en 1749, mort à Paris le 29 mars 1790, avocat à Villefranche-de-Rouergue. Il opina avec la majorité de la Constituante, et mourut au bout de quelques mois.

PERRIN-LAFARGUES (VALENTIN), député au Conseil des Cinq-Cents, né à Viviez (Aveyron) en 1750, mort à Viviez le 25 mai 1830, homme de loi à Aubin, puis juge de paix de ce canton et plus tard conseiller général, fut élu, le 24 vendémiaire an IV, député de l'Aveyron au Conseil des Cinq-Cents, par 223 voix sur 303 votants. Il se montra favorable au coup d'Etat de Bonaparte, et fut nommé (8 prairial an VIII) juge au tribunal civil de Villefranche.

PERRINON (FRANÇOIS-AUGUSTE), représentant en 1848 et en 1849, né à Saint-Pierre (Martinique), le 28 août 1812, mort à l'Isle-Saint-Martin (Martinique) le 21 janvier 1861, fut envoyé en France par les soins d'un riche planteur, fit ses études au collège de Rouen, entra à l'Ecole polytechnique (1832), puis à l'Ecole d'application de Metz, et servit dans l'artillerie de marine. Il était chef de bataillon, lorsqu'il fut nommé, le 17 avril 1847, sous-directeur de la fonderie de Ruelle. Commissaire général du gouvernement provisoire à la Martinique en 1848, il fut élu, le 22 août 1848, représentant de la Guadeloupe à l'Assemblée constituante, le 1er sur 3, par 16,233 voix (33,734 votants), et fut admis, après vérification de ses pouvoirs, le 20 octobre suivant. Il fut rapporteur du budget de la marine, et vota avec la gauche : *pour* la suppression de l'impôt du sel, *contre* la proposition Rateau, *contre* les crédits de l'expédition de Rome, *pour* l'amnistie, *pour* l'abolition de l'impôt des boissons. Réélu par la Guadeloupe, le 24 juin 1849, représentant à l'Assemblée législative, le 2e et dernier, par 14,093 voix (18,478 votants, 29,375 inscrits), il reprit sa place dans la mi-

norité démocratique. Son élection ayant été annulée pour cause de violences, M. Perrinon fut réélu, le 13 janvier 1850, par 15,166 voix (18,196 votants, 28,520 inscrits), opina comme précédemment avec la Montagne, et se montra l'adversaire des lois restrictives et répressives votées par la majorité. Il donna sa démission d'officier en 1853 pour ne pas prêter serment à l'empire. On a de lui : *Aperçu sur l'artillerie de la marine* (1838) ; *Observations sur les dépenses de la marine* (1849), etc.

PERROCHEL (FERNAND-CLOVIS-LUDOVIC, COMTE DE), député de 1876 à 1881, né à Grandchamp (Sarthe) le 20 mai 1843, mort à Menton (Alpes-Maritimes) le 8 décembre 1881, propriétaire et maire de Grandchamp, conseiller général de la Sarthe pour le canton de Saint-Paterne depuis 1874, fut élu, le 20 février 1876, député de la 2e circonscription de Mamers, par 7,480 voix (13,983 votants, 16,937 inscrits), contre 3,643 à M. de Saint-Albin et 2,780 à M. Gaston Galpin. Il prit place à la droite légitimiste et vota l'ordre du jour de confiance demandé par le ministère de Broglie (juin 1877). Réélu, le 14 octobre 1877, comme candidat du cabinet du 16 mai, par 10,171 voix (13,793 votants, 17,205 inscrits), contre 2,770 à M. Saint-Albin, 360 à M. de Beaumont et 305 à M. Grollier, il soutint le ministère Fourtou-de Broglie dans ses essais de résistance, combattit de ses votes la politique des cabinets républicains qui lui succédèrent, attaqua (juin 1880) le budget des affaires étrangères, en accusant le ministre, M. de Freycinet, de désorganiser les services, et de protéger au dehors les missionnaires qu'il persécutait en France, et vit son mandat renouvelé, le 21 août 1881, par 8,660 voix (13,306 votants, 16,415 inscrits), contre 4,555 à M. de Saint-Albin. Décédé en décembre suivant, il fut remplacé, le 12 février 1882, par M. Caillard d'Aillières.

PERROT (BENJAMIN-PIERRE), député au Corps législatif en 1863, né à Paris le 10 juillet 1791, mort à Villiers-sur-Orge (Seine-et-Oise) le 19 octobre 1865, entra à Saint-Cyr en 1809, fut nommé sous-lieutenant au 16e léger, fit la campagne de Russie où il fut blessé, devint capitaine et chevalier de la Légion d'honneur pendant la campagne de Saxe en 1813, fut contusionné à Leipzig, prit part à la campagne de France en 1814, et reçut une nouvelle blessure à l'affaire de Brienne. A la première Restauration, il passa au 7e léger, et, aux Cent-Jours, fut aide-de-camp du général Paillard, commandant du Doubs. Mis en demi-solde après Waterloo, puis rappelé à l'activité, il commanda, en 1816, une compagnie de la légion départementale de la Moselle, passa à l'état-major en 1818, et devint aide-de-camp du général Loverdo. Officier d'ordonnance du général Fering (1823) il commanda une brigade au 2e corps de l'armée de réserve d'Espagne. Officier de la Légion d'honneur après la campagne, il passa comme aide-de-camp auprès du maréchal Jourdan, sous les ordres duquel il resta jusqu'en 1830. A cette époque, il prit part à l'expédition d'Alger comme chef de bataillon, et fut nommé, en 1831, à l'armée du Nord, où il fut aide-de-camp du général Barrois, son beau-père. Employé, de 1833 à 1836, au dépôt de la guerre, ce fut lui qui rédigea la table méthodique de la correspondance militaire de l'empereur Napoléon. Lieutenant-colonel en 1836, colonel en 1839, commandeur de la Légion d'honneur en 1841, major de la place à Paris de 1836 à 1845, il fut en même temps chef d'état-major du camp de Lunéville en 1838, du camp de Compiègne en 1841, des camps de Bretagne et de Lyon en 1843. Maréchal de camp en 1845, il commanda, en 1847, le département de la Seine et la place de Paris, et fit partie du comité consultatif de l'état-major. Mis en disponibilité d'office en 1848, il devint chef d'état-major de la garde nationale de la Seine après les journées de juin, général de division en 1849, membre du comité d'état-major, commandant de la 4e division militaire (Châlons-sur-Marne) le 20 décembre 1851, grand-officier de la Légion d'honneur en 1854, et fut admis dans la section de réserve de l'état-major général en 1856. Très attaché à Napoléon III, il fut élu député au Corps législatif, comme candidat du gouvernement, dans la 3e circonscription de la Seine, le 25 avril 1858, en remplacement du général Cavaignac, qui avait refusé de prêter serment, par 10,111 voix (18,052 votants, 31,434 inscrits), contre 7,410 à M. Liouville, et 146 à M. Numa Lafont. L'année suivante, M. Perrot fut nommé questeur de la Chambre. Ayant échoué dans la même circonscription, aux élections du 1er juin 1863, avec 6,530 voix contre 17,044 à l'élu M. Ernest Picard, candidat de l'opposition, il quitta sa vie politique.

PERROT (ETIENNE-ULRIC), représentant en 1871, né à Paris le 19 mars 1808, mort à Versailles (Seine-et-Oise) le 15 mai 1874, ancien officier d'artillerie, sans antécédents politiques, fut élu, le 8 février 1871, représentant de l'Oise à l'Assemblée nationale, le 5e sur 8, par 35,636 voix (73,957 votants, 118,866 inscrits). Il fit partie de la réunion Feray, fut des 94 signataires contre l'exil des Bourbons, et vota *pour* la paix, *pour* l'abrogation des lois d'exil, *pour* la pétition des évêques, *contre* le service de trois ans, *pour* la démission de Thiers, *pour* le septennat. Il mourut en mai 1874, et fut remplacé, le 8 novembre suivant, par M. de Mouchy.

PERROTIN. — *Voy.* BARMONT (DE).

PERROY (FRANÇOIS-CLAUDE), député au Conseil des Cinq-Cents, né le 18 septembre 1751, mort à une date inconnue, était homme de loi à Saint-Germain-Lespinasse (Loire) lorsqu'il fut élu, le 25 germinal an VII, député de la Loire au Conseil des Cinq-Cents, par 97 voix (124 votants). Il adhéra au coup d'État de Bonaparte, et devint, le 19 germinal an VIII, président du tribunal de Roanne.

PERSIGNY (JEAN-GILBERT-VICTOR FIALIN, DUC DE), représentant en 1849, sénateur du second Empire et ministre, né à Saint-Germain-Lespinasse (Loire) le 11 janvier 1808, mort à Nice (Alpes-Maritimes) le 13 janvier 1872, fils d'un ancien soldat de la grande armée tué en 1812 à la bataille de Salamanque, fut élevé par un de ses oncles, qui le plaça comme boursier au collège de Limoges. A dix-sept ans, le jeune Victor Fialin s'engagea; admis en 1826 à l'École de Saumur, il en sortit maréchal des logis au 4e hussards dans la compagnie du capitaine Kersausie, républicain et carbonaro; à son contact, il renonça bientôt aux idées royalistes qu'il avait d'abord professées, et prit part, avec lui, à Pontivy, au mouvement insurrectionnel de juillet 1830. Mis en congé de réforme pour insubordination, puis en congé définitif le 4 octobre 1831, il se rendit à Paris, demanda un emploi dans les douanes, collabora au *Temps*, puis à une correspondance légitimiste, et quitta,

vers cette époque, son nom patronymique de Fialin pour prendre le titre et le nom de vicomte de Persigny, qui avait été porté jadis dans sa famille. Il se tourna alors vers les bonapartistes, et fonda, pour les soutenir, une publication enthousiaste, dont le premier et unique numéro parut sous ce titre: *l'Occident français*, en 1834. L'ex-roi Joseph applaudit à la tentative du publiciste et lui donna une lettre d'introduction auprès du prince Louis Bonaparte qui résidait alors avec sa mère à Arenenberg. Accueilli favorablement par le prétendant qui se l'attacha comme secrétaire et comme confident, M. de Persigny se dévoua tout entier au parti impérialiste, s'occupa avec ardeur de lui recruter des adhérents en France et en Allemagne, et fut le principal promoteur et comme le metteur en scène de l'échauffourée de Strasbourg. « Homme de tête et de résolution », ainsi que le qualifia l'acte d'accusation, ce fut lui qui s'empara de la personne du préfet: ayant rejoint le prince devant la caserne, il fut arrêté avec lui, réussit à s'échapper, passa en Allemagne, erra quelque temps dans la Forêt-Noire, longea le Rhin et se rendit en Angleterre, où il écrivit sur l'affaire de Strasbourg une relation apologétique qui parut à Londres en 1837. Il resta l'âme de tous les complots bonapartistes, s'associa encore à l'entreprise de Boulogne (juillet 1840), fut traduit cette fois avec ses co-accusés devant la cour des pairs, et, chargé par le ministère public des accusations les plus graves, il se défendit en arguant de la légitimité de la dynastie napoléonienne, sans chercher à atténuer sa part de responsabilité. « Sous ce rapport, lit-on dans l'acte d'accusation, Persigny ne s'est pas imposé de bornes: il a lui-même pris soin de faire connaître que, dans la scène de la caserne, sans l'intervention de l'un de ses co-accusés, il aurait tué à coups de baïonnette l'un des sous-lieutenants d'abord, et puis après le capitaine du 42e. » La cour des pairs le condamna à vingt années de détention. Enfermé d'abord à Doullens, il fut transporté comme malade à l'hôpital militaire de Versailles, où il ne tarda pas à obtenir l'autorisation de circuler librement. Il publia à cette époque un singulier écrit sur l'*Utilité des pyramides d'Egypte*, où il s'efforce de prouver que ces gigantesques tombeaux étaient édifiés en réalité pour protéger la vallée du Nil contre les sables du désert. La révolution de 1848 rendit l'espoir à M. de Persigny. Il s'entendit avec les membres de la famille Bonaparte, fonda des sociétés impérialistes, des journaux, entra au comité de la rue de Poitiers, et contribua de tout son pouvoir au succès de l'élection de Louis-Napoléon à la présidence de la République, le 10 décembre 1848. Nommé, en récompense de son zèle, aide-de-camp du prince-président, il reçut en même temps un commandement supérieur dans l'état-major de la garde nationale parisienne. Puis il se fit élire (13 mai 1849) représentant à l'Assemblée législative par deux départements : la Loire, qui le nomma, le 7e sur 9, avec 35,483 voix (75,232 votants, 118,427 inscrits), et le Nord qui l'élut, le 6e sur 24, par 93,392 voix (183,521 votants, 290,196 inscrits). M. de Persigny opta pour le Nord et fut remplacé dans la Loire, le 22 juillet 1849, par le général Delmas de Grammont. Il siégea à droite, appuya de son vote la politique gouvernementale, remplit à Berlin, pendant la durée de son mandat, une mission temporaire, dont le succès fut d'ailleurs médiocre, fut initié un des premiers aux projets de coup d'État, prit une part personnelle importante à l'acte du 2 décembre 1851, et occupa lui-même, a la tête du 42e de ligne, aux côtés du colonel Espinasse, la salle des séances de l'Assemblée dissoute. Membre de la Commission consultative, il prit, le 22 janvier 1852, en remplacement de M. de Morny démissionnaire, le portefeuille de l'Intérieur. Il contresigna les décrets confisquant les biens de la famille d'Orléans, ne négligea aucun moyen pour faire triompher aux élections du Corps législatif les candidatures officielles, épousa, le 27 mai 1852, la fille unique du feu prince de la Moskowa, reçut le titre de comte et une dotation de 500,000 francs, fut appelé au Sénat le 31 décembre 1852, et quitta le ministère pour raisons de santé en avril 1854. L'année d'après (mai 1855), il fut envoyé à Londres comme ambassadeur. Il conserva ce poste jusqu'au commencement de 1858, fut remplacé alors par le maréchal Pelissier, et le reprit encore le 18 mai 1859. A la suite des décrets du 24 novembre 1860, l'empereur lui confia de nouveau la direction du ministère de l'Intérieur : son premier soin fut de veiller à l'application du régime auquel la presse venait d'être soumise ; on remarqua sa circulaire du 8 décembre 1860 sur la liberté de la presse en France et en Angleterre, et les nombreux discours et rapports officiels qu'il prononça et rédigea sur le même objet. Cependant, à côté des protestations libérales, les mesures prises contre la Société de Saint-Vincent-de-Paul (16 octobre 1861) et contre la franc-maçonnerie rappelèrent les procédés autoritaires d'autrefois, et des indiscrétions révélèrent que les préfets étaient chargés de préparer des listes « d'hommes dangereux » au cas « où un événement grave et imprévu amènerait la transmission du pouvoir au prince impérial » (circulaire confidentielle du 26 septembre 1861). Au Corps législatif, comme au Sénat, M. de Persigny n'eut pas de peine à faire triompher les vues du gouvernement ; mais le succès relatif des candidats de l'opposition lors des élections de 1863 et surtout l'élection de Thiers entraînèrent la retraite de M. de Persigny. Démissionnaire le 23 juin, il fut fait duc par l'empereur le 13 septembre suivant. Il continua d'intervenir fréquemment dans les débats parlementaires du Sénat dont il était membre, par des discours que la presse commentait avec un empressement d'autant plus grand qu'elle y cherchait l'expression directe de la pensée du chef de l'Etat. On commenta surtout son discours du 12 mars 1867, contre le régime parlementaire. Il se montra d'ailleurs partisan des diverses modifications apportées à la Constitution de 1852 dans le sens « libéral » ; plusieurs lettres de lui, rendues publiques, le prouvent, notamment celle du 3 juin 1869, qu'il adressa à M. Emile Ollivier, et qui contenait une approbation formelle de la nouvelle politique suivie par le pouvoir. Au 4 septembre 1870, il se rendit à Londres, refusa, par lettre, en février 1871, une candidature à l'Assemblée nationale dans la Loire, et, étant venu rétablir sa santé à Nice, mourut dans cette ville l'année suivante. Grand-croix de la Légion d'honneur. On a de lui : *Lettre de Rome* (1865) ; *L'outillage de la France* (1866), etc.

PERSIL (JEAN-CHARLES), député de 1830 à 1839, ministre, et pair de France, né à Condom (Gers) le 13 octobre 1785, mort à Antony (Seine) le 10 juillet 1870, « fils de Jean-Joseph Persil, négociant et bourgeois, et de demoiselle Marie Denux », se destina au barreau, vint de bonne heure à Paris, fit son droit en un an et fut reçu docteur l'année suivante (1806). Un ouvrage qu'il publia (1809) sur le *Régime hypothécaire*, bientôt suivi des *Questions sur les privilèges et les hypothèques* (1812), le mit en évidence. Il songea d'abord à l'enseignement du droit, et concourut inutilement pour une chaire aux facultés de Grenoble et de Paris. Il entra alors au barreau et acquit une solide réputation de jurisconsulte. En même temps, il prenait part aux luttes du parti libéral sous la Restauration, et défendait devant la cour des pairs son ami M. Bavoux. Le 23 juin 1830, il débuta dans la carrière parlementaire, comme député du 2e arrondissement du Gers (Condom), élu par 126 voix (228 votants, 268 inscrits), contre 97 à M. Burosse. Il protesta contre les Ordonnances, accompagna à Neuilly Dupin, chargé d'offrir au duc d'Orléans la lieutenance générale du royaume, et concourut à l'établissement de la monarchie de juillet. Nommé procureur général près la cour royale de Paris, il dut se représenter devant ses électeurs qui lui renouvelèrent son mandat, le 8 novembre 1830, par 188 voix (200 votants, 288 inscrits). Le 5 juillet 1831, ce fut le 4e collège du Gers, celui de Lombez, qui le réélut par 99 voix (190 votants, 226 inscrits), contre 86 à M. de Panat, légitimiste. M. Persil, en sa double qualité de député et de magistrat, ne cessa de donner des gages à la politique conservatrice, et combattit avec une singulière vivacité le parti démocratique et libéral. La Fayette disait de lui qu'il était « furieux de modération ». Il poursuivit sans relâche les clubs, les journaux républicains, dénonça des complots, multiplia les procès, et se montra si rigoureux que, plus d'une fois, le jury refusa de s'associer aux mesures dont il requérait l'application. Appelé par le choix personnel de Louis-Philippe à remplacer M. Barthe au ministère de la Justice et des Cultes (4 avril 1834), il fut réélu député, à la suite de cette promotion, le 15 mai suivant, par 111 voix (203 votants, 244 inscrits), puis, le 21 juin 1834, dans trois circonscriptions : 1o dans le 4e collège de la Corrèze (Ussel), par 98 voix (176 votants, 211 inscrits), contre 59 à M. de Valon ; 2o dans le 2e collège du Gers (Condom), par 184 voix (357 votants, 485 inscrits), contre 165 à M. Pagès ; 3o dans le 4e collège du Gers (Lombez), par 127 voix (213 votants, 244 inscrits), contre 86 à M. Domezon. Il opta pour Condom et fut remplacé à Lombez par M. Troy, et à Ussel par M. Camille Périer. M. Persil conserva son portefeuille jusqu'au 22 février 1836, et le reprit du 6 septembre au 15 avril 1837, dans le cabinet Molé. Ayant donné sa démission, motivée sur le refus de M. Molé de dissoudre la Chambre, il reçut en dédommagement la présidence de la commission des monnaies. Mais, peu de temps après, son entrée dans la coalition et la guerre acharnée qu'il fit au président du conseil forcèrent celui-ci, au commencement de 1839, de le destituer. Comme député, M. Persil fut encore réélu, le 4 novembre 1837, par 249 voix (358 votants, 583 inscrits), puis, le 2 mars 1839, par 308 voix (328 votants). Quelques mois après cette dernière élection, il fut appelé à la pairie (7 novembre 1839). Dans l'intervalle, M. Persil avait adressé au *Journal des Débats* son *meâ culpa* (25 avril), et déclaré qu'il se ralliait plus étroitement que jamais au parti conservateur. Aussi fut-il réintégré presque aussitôt dans ses fonctions lucratives à l'hôtel des monnaies. A cette occasion, le comte Duchâtel avait écrit au président du conseil : « Persil a dû vous voir ; il est très pressé pour son affaire, il demande à grands cris une solution. Il a écrit au roi qui m'a parlé hier et me semble assez disposé à lui rendre la Monnaie. Je crois que ce serait d'un bon effet. Il serait déplorable que Persil reprît sa carrière du barreau; nos adversaires en tireraient grandement parti contre nous. Il m'a dit lui-même qu'il était fort disposé à cette réparation. » M. Persil soutint jusqu'en 1848, de ses votes et de ses discours, le gouvernement de Louis-Philippe, et fut rendu à la vie privée par la révolution de février : toutefois il accepta le poste de conseiller d'État le 31 juillet 1852. Grand officier de la Légion d'honneur depuis le 24 avril 1845. Les sévérités de ce magistrat envers la presse autant que les imperfections physiques de sa personne lui valurent fréquemment les railleries des journaux satiriques : M. Persil était surtout la cible des caricaturistes, qui lui prêtaient un nez gigantesque en forme de scie, avec cette légende : *Le père scie*. Une autre fois, on annonça sa mort, en ces termes : « M. Persil est mort pour avoir mangé du perroquet. »

PERSIL (Joseph-Eugène-Saint-Ange), député de 1839 à 1841, né à Paris le 4 juin 1808, mort à Paris le 18 décembre 1841, fils du précédent, étudia le droit et entra dans la magistrature sous les auspices de son père. Nommé, en 1835, substitut près la cour royale de Paris, il fut élu, le 26 octobre 1839, député du 2e collège du Gers (Condom), par 205 voix (328 votants), en remplacement de son père, nommé pair de France. Il vota constamment avec la majorité conservatrice et mourut pendant la législature (décembre 1841). On doit à M. Eugène Persil quelques ouvrages de jurisprudence, notamment : *Des Sociétés commerciales* (1833); *Traité des assurances terrestres* (1834); *De la lettre de change et du billet à ordre* (1837).

PERSIL (Nicolas-Jules), député de 1842 à 1848, né à Paris le 8 février 1811, mort à Paris le 30 juin 1887, second fils de Jean-Charles Persil (*V. p. haut*), appartint aussi à la magistrature. Le 22 janvier 1842, le 2e collège du Gers (Condom) l'envoya à la Chambre, par 268 voix (497 votants), en remplacement de son frère aîné, décédé. Il siégea et opina avec le ministère. Un biographe écrivait à son sujet : « Le collège de Condom est inféodé à la dynastie des Persil. M. Persil père, en entrant à la Chambre des pairs, céda ce collège à son fils aîné, M. Eugène Persil, qu'une mort prématurée est venue enlever à l'âge de trente-quatre ans; M. Jules Persil, alors substitut du procureur du roi près le tribunal de la Seine, remplaça son frère aîné. M. Jules Persil est devenu, depuis, avocat général à la cour royale de Paris. » Réélu le 9 juillet 1842, par 275 voix (516 votants, 612 inscrits), contre 234 à M. David, il se prononça *pour* l'indemnité Pritchard. Il obtint encore sa réélection le 1er août 1846, par 346 voix (641 votants, 745 inscrits), soutint jusqu'au bout la politique de Guizot, et rentra dans la vie privée en 1848. En 1853, il acheta une charge de notaire à Paris.

PERSON (Félix), représentant en 1848, né à Caen (Calvados) le 3 février 1795, mort à Graye (Calvados) le 6 mars 1876, fils d'un commandant de l'Ecole d'équitation de Caen, fit ses études au lycée de Caen, s'engagea en 1813, devint maréchal des logis dans les gardes d'honneur, refusa, à la Restauration, d'entrer dans la maison militaire du roi, et devint, aux Cent-Jours, officier de la garde nationale active et aide de camp du général Védel, chargé de

repousser la descente des royalistes sur les côtes de Normandie. Licencié après Waterloo, il s'occupa de vastes exploitations agricoles et de l'élevage des chevaux, fit une énergique opposition au gouvernement des Bourbons et à celui de Louis-Philippe, échoua comme candidat à la députation, en 1842, à Caen, prit part aux banquets réformistes, et fut élu, le 23 avril 1848, représentant du Calvados à l'Assemblée constituante, le 9e sur 12, par 53,083 voix. Il fit partie du comité de l'agriculture, et vota *pour* le bannissement de la famille d'Orléans, *pour* les poursuites contre L. Blanc et Caussidière, *contre* l'abolition de la peine de mort, *contre* l'impôt progressif, *pour* l'incompatibilité des fonctions, *contre* l'amendement Grévy, *contre* la sanction de la Constitution par le peuple, *pour* l'ensemble de la Constitution, *contre* la proposition Rateau, *contre* l'interdiction des clubs, *contre* la campagne de Rome. Depuis l'élection présidentielle du 10 décembre, adversaire de la politique de l'Elysée, il combattit particulièrement l'expédition de Rome. Non réélu à la Législative, il reprit à Graye ses exploitations. Membre de la Société des courses, délégué au congrès central d'agriculture, rédacteur et fondateur de la *Normandie agricole*, M. Person a publié un grand nombre de travaux d'économie rurale et d'hippologie parmi lesquels on peut citer : *Les chevaux français* (Caen, 1840) ; *De la loi du roulage en général et surtout dans ses rapports avec l'agriculture* (1845); *Les haras, ce qu'ils ont été, ce qu'ils sont, ce qu'ils devraient être* (1851).

PERSONNE (Jean-Baptiste), membre de la Convention, député au Conseil des Anciens, né à Fiefs (Pas-de-Calais) le 10 avril 1744, mort à Saint-Omer (Pas-de-Calais) le 30 juillet 1812, exerçait, au moment de la Révolution, l'état de procureur à Saint-Omer. Plusieurs missions importantes que lui confia la ville et qu'il remplit avec zèle et désintéressement le firent nommer, le 7 septembre 1792, par le département du Pas-de-Calais, le 6e sur 11, avec 419 voix (792 votants), membre de la Convention. Il se prononça *contre* la mort de Louis XVI en disant : « Si mes commettants m'avaient envoyé à l'effet d'exercer les fonctions de juge, je voterais pour la peine de mort parce qu'elle est inscrite dans la loi; mais comme ils ne m'ont envoyé seulement pour les représenter et pour faire les lois à leur plus grand bien et avantage, je vote pour la détention pendant la guerre, et le bannissement à la paix. » Ayant suivi la politique des Girondins, il fut arrêté et incarcéré comme tel, rentra dans l'assemblée en frimaire an III, et proposa diverses mesures contre-révolutionnaires. Le 22 vendémiaire an IV, il fut réélu député au Conseil des Anciens par le Pas-de-Calais, avec 254 voix sur 420 votants, en même temps que par les départements du Mont-Blanc et de la Seine. Il opta pour son département d'origine, siégea jusqu'en l'an VII, et devint plus tard juge et vice-président du tribunal de Saint-Omer.

PERTUIS DE MONTFAUCON (Louis-Eugène-Gabriel, baron), député de 1840 à 1842, né à Montfaucon (Gard) le 22 juillet 1790, mort au château de Montfaucon le 16 juillet 1842, fut officier de la garde royale sous la Restauration et resta attaché au parti royaliste. Propriétaire à Montfaucon, chevalier de la Légion d'honneur, il fut élu, le 13 juin 1840, député du 1er collège de Vaucluse (Avignon) par 253 voix (466 votants, 545 inscrits), contre 212 à M. de

Cambis d'Orsan, en remplacement de M. Poncet démissionnaire. M. Pertuis de Montfaucon siégea à droite dans le petit groupe de l'opposition légitimiste et vota avec Berryer. Il se prononça *pour* l'adjonction des capacités au cens électoral, *contre* le recensement, *contre* l'incompatibilité des fonctions publiques avec le mandat de député. Il venait d'être réélu député, le 9 juillet 1842, par 318 voix (345 votants, 592 inscrits), lorsqu'il mourut (16 juillet) avant d'avoir pu reprendre séance. Le 13 août, il fut remplacé par M. de Cambis d'Orsan.

PÉRUSSE. — *Voy.* ESCARS (COMTE D').

PERVENCHÈRE (PIERRE-GEORGES-ALFRED-JULIEN RICHARD DE LA), représentant en 1871, né à Nantes (Loire-Inférieure) le 1er mars 1827, mort au château de la Pervenchère, commune de Casson (Loire-Inférieure) le 26 novembre 1881, propriétaire en Bretagne, se présenta comme candidat indépendant au Corps législatif, le 24 mai 1869, dans la 3e circonscription de la Loire-Inférieure, où il échoua avec 9,629 voix contre 15,532 à M. Simon, candidat du gouvernement. Il commanda un régiment de la garde nationale mobilisée pendant la guerre de 1870, et fut élu, le 8 février 1871, représentant de la Loire-Inférieure à l'Assemblée nationale, le 4e sur 12, par 66,531 voix (95,897 votants, 155,400 inscrits). Il prit place à droite, se fit inscrire à la réunion des Réservoirs, et vota *pour* la paix, *pour* l'abrogation des lois d'exil, *pour* la pétition des évêques, *contre* le service de trois ans, *pour* la démission de Tiers, *pour* le septennat, *pour* le ministère de Broglie, *contre* l'amendement Wallon, *contre* les lois constitutionnelles. Il ne se représenta pas aux élections de 1876.

PERVINQUIÈRE (MATHIEU-JOSEPH-SÉVERIN, BARON), député en 1789, au Corps législatif de 1811 à 1815, représentant à la Chambre des Cent-Jours, né à Fontenay-le-Comte (Vendée) le 11 février 1760, mort à Sainte-Radegonde (Vienne) le 24 janvier 1828, « fils de maître André-Antoine-Léon-François Pervinquière, avocat, et de dame Françoise Cochon », était avocat à Fontenay-le-Comte avant la Révolution. Élu, le 27 mars 1789, député du tiers aux États-Généraux par la sénéchaussé de Poitou, il opina avec la majorité de l'Assemblée constituante et devint président de l'administration centrale de la Vendée. Il occupait ces fonctions quand la Vendée royaliste se souleva : avec son collègue Mercier du Rocher, il fut envoyé à Paris pour réclamer de la Convention des mesures de salut. Arrivé le 23 mars, il se présenta le jour même à la barre de la Convention, qui, après avoir écouté attentivement son rapport et son discours, l'admit aux honneurs de la séance et décréta que les administrateurs se rendraient au comité de sûreté générale. Ils se rendirent également au conseil exécutif. Une somme de trois cent mille francs fut mise à leur disposition pour fournir aux dépenses extraordinaires du département de la Vendée, et il fut décidé que le général Berruyer se porterait à Fontenay avec 15,000 hommes et 15 pièces de canon, tandis que la Bourdonnaye irait occuper Rennes, et Beaufranchet-d'Ayat la rive droite de la Loire. Sous le Consulat (9 germinal an VIII), Pervinquière fut nommé maire de Fontenay. Napoléon Ier le créa baron de l'Empire (26 avril 1811) et le nomma, le 19 mai de la même année, président de chambre à la cour impériale de Poitiers. Dans l'inter-

valle, le 4 mai, Pervinquière avait été élu par le Sénat député de la Vendée au Corps législatif. Il y siégea jusqu'à la fin du régime impérial, et fut réélu, le 13 mai 1815, représentant à la Chambre des Cent-Jours par le grand collége de la Vendée, avec 24 voix (42 votants, 190 inscrits). Après la courte session de cette assemblée, il quitta la vie politique.

PERVINQUIÈRE (ANTOINE), représentant en 1849, né à Fontenay-le-Comte (Vendée) le 6 août 1788, mort à Poitiers le 20 septembre 1867, fils du précédent, appartint à l'administration comme sous-préfet, sous la Restauration. Le 13 mai 1849, il fut élu représentant de la Vienne à l'Assemblée législative, le 8e et dernier, par 29,589 voix (55,712 votants, 87,990 inscrits). Il appartint à la majorité monarchiste, vota *pour* l'expédition de Rome, *pour* la loi Falloux-Parieu sur l'enseignement, *pour* la loi restrictive du suffrage universel, et quitta la vie politique après la session.

PESKAY (FRANÇOIS), député au Conseil des Anciens, dates de naissance et de mort inconnues, fut élu, le 24 germinal an V, député de la Dordogne au Conseil des Anciens, par 110 voix (144 votants). Le *Moniteur* ne mentionne pas son nom.

PESSON (ALBERT-ALPHONSE-AUGUSTE), député depuis 1885, né à Châteaurenault (Indre-et-Loire) le 22 juin 1843, mort à Châteaurenault le 21 février 1891, fit ses études au lycée de Tours, et entra à l'Ecole polytechnique en 1862 avec le numéro 5, et à l'Ecole des ponts et chaussées avec le numéro 1. Envoyé en mission au canal de Suez, il parcourut l'Asie Mineure, et reçut une nouvelle mission aux Etats-Unis et au Canada. Ingénieur des ponts et chaussées à Angers en 1870, il prit du service dans l'armée active, devint capitaine du génie, et prit part, dans la 2e armée de Paris. aux opérations du siège. Chef du cabinet du sous-secrétaire d'Etat au ministère de l'Intérieur à la paix, il fut nommé (1872) ingénieur de la navigation de la Seine, et en 1876, ingénieur du service municipal. Le ministère Gambetta le plaça à la tête de la direction des travaux publics des colonies au ministère du Commerce, fonctions qu'il échangea, en octobre, contre celles de directeur du service de la navigation de la haute Seine. Conseiller général du canton de Châteaurenault depuis 1883, il fut porté, le 4 octobre 1885, sur la liste républicaine de ce département, et élu député, le 18e sur 5, par 40,500 voix (77,527 votants, 98,850 inscrits). Il appartint à la majorité opportuniste, fut membre des commissions de la loi militaire, des chemins de fer, des ports maritimes, du canal de Panama, parla sur le budget des travaux publics, sur les conventions avec les grandes compagnies, fut rapporteur du projet d'achèvement des ports de Boulogne et de Calais, du projet d'amélioration de la navigation de la basse Seine, et, sans être inscrit à aucun groupe, vota avec la majorité républicaine, *pour* l'expulsion de princes, *pour* les crédits du Tonkin, *pour* les cabinets Rouvier et Tirard. Dans la dernière session, il s'est abstenu sur le rétablissement du scrutin d'arrondissement (11 février 1889), et sur les poursuites contre trois députés, membres de la Ligue des patriotes, et s'est prononcé *pour* l'ajournement indéfini de la revision de la Constitution ; absent par congé lors des scrutins sur la proposition de loi Lisbonne, et sur les poursuites contre le général Boulanger. Chevalier de la Légion d'honneur (1871).

PETAU-GRANDCOURT (Henri-Gabriel), représentant en 1871, né à Orléans (Loiret) le 6 septembre 1810, mort à Paris le 1er mai 1881, notaire à Orléans de 1837 à 1852, conseiller municipal de cette ville depuis 1848, et conseiller général du canton de Patay depuis 1858, posa sa candidature d'opposition au Corps législatif le 1er juin 1863, dans la 1re circonscription du Loiret, où il échoua avec 6,027 voix contre 20,274 à l'élu, M. Nogent-Saint-Laurens, candidat du gouvernement. Il entra au parlement le 8 février 1871, élu représentant du Loiret à l'Assemblée nationale, le 4e sur 7, par 35,418 voix (59,480 votants, 100,578 inscrits). Il se fit inscrire à la réunion Féray et vota *pour* la paix, *pour* la pétition des évêques, *contre* le service de trois ans, *pour* la démission de Thiers, *pour* le septennat, *pour* le ministère de Broglie, *contre* l'amendement Wallon, *contre* les lois constitutionnelles ; il avait été réélu conseiller général du canton de Patay le 8 octobre 1871. Candidat aux élections sénatoriales du 30 janvier 1876, il échoua dans le département du Loiret, avec 171 voix sur 420 votants, et ne se représenta plus.

PETERSEN (Charles-Louis-Adolphe), député au Corps législatif de 1813 à 1814, né à Bergzabern (Allemagne) le 3 juin 1746, mort à une date inconnue, fils de Georges Petersen et d'Euphrosine Remi, jurisconsulte, remplit les fonctions de conseiller du duc de Saxe-Gotha près le conseil aulique de Vienne, et fut premier syndic de la ville libre de Spire. Maire de Mayence sous la domination française, membre de l'administration centrale du nouveau département du Mont-Tonnerre, puis sous-préfet de Klautern, il fut élu, le 6 janvier 1813, par le Sénat conservateur, député au Corps législatif. Il y représenta le département du Mont-Tonnerre jusqu'en 1814.

PETIET (Claude-Louis), député au Conseil des Anciens et au Conseil des Cinq-Cents, ministre, né à Châtillon-sur-Seine (Côte-d'Or) le 9 février 1749, mort à Paris le 25 mai 1806, « fils de Paul Petiet, lieutenant-général au bailliage de Châtillon et de dame Jeanne Jonard », entra dans les gendarmes du roi et devint commissaire des guerres. Subdélégué de l'intendance de Bretagne de 1774 à 1789, il calma sans effusion de sang les troubles suscités dans cette province par la famine. Partisan de la Révolution, il fut nommé, en 1790, procureur général syndic d'Ille-et-Vilaine, puis commissaire ordonnateur à l'armée de Sambre-et-Meuse, et commissaire ordonnateur en chef à l'armée des côtes de Brest. Il défendit Nantes contre l'armée catholique et royale, qui, l'ayant fait prisonnier, rendit hommage à sa justice et à son intégrité en le remettant en liberté. Élu, le 25 vendémiaire an IV, député d'Ille-et-Vilaine au Conseil des Anciens, par 250 voix (344 votants), il fut appelé, le 8 février 1796 (pluviôse an IV), au ministère de la Guerre, où il resta jusqu'à 4 juillet de l'année suivante, et où il rétablit une comptabilité sévère, ravitailla les troupes, et permit à Moreau sur le Rhin et à Bonaparte en Italie de prendre l'offensive. Mais quelques jours avant le 18 fructidor, le Directoire le remplaça au ministère de la Guerre, comme suspect de roya-

lisme. Élu, le 25 germinal an VII, député de la Seine au Conseil des Cinq-Cents, il se rallia au 18 brumaire, devint conseiller d'État (4 nivôse an VIII), inspecteur aux revues (12 pluviôse suivant), et fut appelé par le premier Consul, après Marengo, au gouvernement de la Lombardie, qu'il exerça deux ans. Membre de la Légion d'honneur le 9 vendémiaire an XII, commandeur le 25 prairial, puis intendant de l'armée du camp de Boulogne, il accompagna l'empereur à Ulm et à Austerlitz, et fut chargé de préparer éventuellement les quartiers d'hiver. Rentré en France à la paix de Presbourg, il mourut des suites de cette campagne, et fut inhumé au Panthéon.

PETIET (Augustin-Louis, baron), député au Corps législatif de 1852 à 1858, né à Rennes (Ille-et-Vilaine) le 19 juillet 1784, mort à Paris le 1er août 1858, fils du précédent, s'engagea à 16 ans, et suivit son père en Italie où il devint, en 1802, sous-lieutenant au 10e hussards. Il prit part aux campagnes de l'Empire, reçut la croix de la Légion d'honneur après Austerlitz, les épaulettes de capitaine après Eylau, et accompagna, comme aide de camp, le maréchal Soult en Espagne ; il y fut grièvement blessé au siège de Badajoz. Il fit la campagne de Russie comme chef d'escadron, se distingua à Krasnoë, puis, l'année suivante, à Dresde, et, colonel, chef d'état-major de la cavalerie légère du 5e corps durant la campagne de 1814, fut deux fois blessé à Nangis. Créé baron par Louis XVIII le 11 novembre 1814, il fit partie, aux Cent-Jours, de l'armée du Nord et, à Waterloo, reçut une nouvelle blessure en portant un ordre de l'empereur. Sans emploi à la seconde Restauration, il rentra dans l'administration de 1823 à 1830, comme directeur des archives au ministère de la Guerre. En 1830, il concourut à l'expédition d'Alger dans l'état-major de M. de Bourmont, fut, à son retour, nommé général de brigade, commandant de l'Hérault (1832-1833), puis du Loiret, membre du comité supérieur de cavalerie, entra comme maître des requêtes au conseil d'État, et fut promu grand officier de la Légion d'honneur le 2 mai 1846. Mis à la retraite en 1848, il se rallia à la politique du prince Louis-Napoléon, et fut élu député au Corps législatif dans la 1re circonscription de la Nièvre, comme candidat du gouvernement, le 29 février 1852, par 29,032 voix (33,871 votants, 48,174 inscrits), contre 4,249 à M. Achille Dufaud. Réélu le 22 juin 1857, par 21,503 voix (28,055 votants, 44,495 inscrits), contre 6,447 à M. Bonabeau, il siégea dans la majorité impérialiste. Décédé en août 1858, il fut remplacé, le 21 novembre suivant, par M. de Montjoyeux. On a de lui : *Journal historique de la division de cavalerie légère d'armée pendant la campagne de 1814 en France* (Paris, 1821); *Journal historique de la 3e division de l'armée d'Afrique* (1830-33); *Souvenirs militaires de l'histoire contemporaine* (1844) ; *Pensées, maximes et réflexions* (1851-1854); il a aussi collaboré à plusieurs journaux militaires, notamment au *Spectateur militaire*.

PETIET (Armand-Isidore-Sylvain, baron), député de 1876 à 1877, né à Napoléon-Vendée le 3 juin 1832, fils de M. Sylvain Petiet ancien officier supérieur de cavalerie et premier page de Napoléon Ier, et petit-fils du précédent, entra au conseil d'État comme auditeur de 2e classe (23 octobre 1856), passa de 1re classe

(31 décembre 1864), refusa, à sa sortie, une sous-préfecture et une inspection générale des postes dans l'Ouest, et se retira dans ses propriétés des Deux-Sèvres. Nommé, quelque temps après, conseiller de préfecture à Nice, puis (5 janvier 1867) auditeur en service extraordinaire, il ne tarda pas à être mis en disponibilité sur sa demande. Après le 4 septembre 1870, il fut nommé conseiller municipal de Niort, conseiller général du canton de Fontenay-Rohan-Rohan, et, aux élections législatives du 20 février 1876, fut élu député de la 2ᵉ circonscription de Niort, par 7,082 voix sur 12,791 votants et 14,747 inscrits, contre 5,595 à M. Ricard, candidat républicain. Il prit place à droite, dans le groupe de l'Appel au peuple, avec lequel il vota pour le cabinet du 16 mai, contre les 363. Aux élections qui suivirent la dissolution de la Chambre, il échoua, le 14 octobre 1877, avec 6,489 voix contre 6,999 à l'élu républicain, M. de la Porte, et ne fut pas plus heureux aux élections qui suivirent : le 26 août 1881, il n'obtint que 5,031 voix contre 7,828 au député sortant réélu, M. de la Porte, et, le 4 octobre 1885, il échoua encore, sur la liste conservatrice des Deux-Sèvres, avec 41,028 voix sur 88,018 votants.

PETINIAUD (Jean-François), député au Conseil des Cinq-Cents, dates de naissance et de mort inconnues, fut élu, le 22 vendémiaire an IV, député de Saint-Domingue au Conseil des Cinq-Cents. Il y fit un discours sur la situation des colonies. Hostile au coup d'État de Bonaparte, il se rallia plus tard à l'empire, et fut nommé, le 1ᵉʳ juin 1811, conseiller à la cour impériale de Limoges. Il avait épousé la fille de M. Jean-Aimé de Lacoste (*Voy. ce nom*).

PETINIAUD (Joseph), député de 1839 à 1842, né à Limoges (Haute-Vienne) le 22 octobre 1788, mort à Limoges le 20 octobre 1848, était ancien négociant et membre de la commission administrative de l'hospice de Limoges, lorsqu'il fut élu, le 2 mars 1839, député du 2ᵉ collège de la Haute-Vienne (Limoges), par 159 voix (300 votants, 355 inscrits). Il siégea dans l'opposition de gauche et vota *contre* la dotation du duc de Nemours, *contre* les fortifications de Paris, *contre* le recensement, *contre* les incompatibilités et *contre* l'adjonction des capacités. Il quitta la vie parlementaire aux élections de 1842.

PÉTION DE VILLENEUVE (Jérôme), député en 1789 et membre de la Convention, né à Chartres (Eure-et-Loir) le 3 janvier 1756, mort à Saint-Émilion (Gironde) le 20 juin 1794, fils de Jérôme Pétion, avocat au bailliage et juge présidial à Chartres, et de Marie-Elisabeth Le Telier, étudia le droit et exerça la profession d'avocat dans sa ville natale. Élu, le 20 mars 1789, député du tiers aux Etats Généraux par le bailliage de Chartres, avec 164 voix, il prit place, dès le début, parmi les partisans de la Révolution, et parmi les orateurs populaires les plus écoutés. Il s'éleva contre les protestations des députés de la droite, réclama le jugement des hommes suspects à la nation, et entra en lutte contre Mirabeau qui contestait l'opportunité d'une déclaration des droits de l'homme. Il émit le vœu que la sanction royale ne fût discutée qu'après l'organisation du pouvoir législatif, vota la permanence et l'unité du corps législatif, refusa au roi le droit d'interpréter les lois, fit une motion en faveur de la circulation de l'argent et du prêt à intérêt,

dénonça les « orgies » des gardes du corps avec des officiers du régiment de Flandre et des dragons, et, proposa de donner au roi le titre de « roi des Français par le consentement de la nation », au lieu de la formule sacramentelle « par la grâce de Dieu ». Membre du comité de revision qui, en septembre 1790, fut adjoint au comité de constitution, il prit encore la parole sur le projet de loi *contre* les attroupements, sur les conditions d'éligibilité, se prononça *pour* l'abolition des ordres religieux, *pour* l'établissement des assignats, *pour* la réforme judiciaire la plus complète, *pour* l'institution des juges de paix, appuya le projet de Mirabeau sur la dette publique, provoqua la réunion du Comtat à la France, et, devenu l'un des membres les plus actifs de la Société des amis des noirs, prit très vivement parti à l'Assemblée *contre* le projet du comité sur les colonies. Il demanda aussi que le droit de paix et de guerre fût exclusivement attribué à la nation. Secrétaire, puis président de l'Assemblée, on le vit peu de temps après provoquer une loi répressive de l'émigration et s'opposer à la proposition de Mirabeau tendant à assurer la revision de l'acte constitutionnel. Pétion était alors avec Robespierre à la tête de la fraction démocratique républicaine qui commençait à prendre un grand ascendant au dehors. Tous les deux jouissaient d'une popularité sans précédent ; leurs portraits recevaient partout l'épithète « d'incorruptible », et des pères demandaient la faveur « d'ajouter au nom de leur fils le beau nom, le nom chéri de Pétion. » Lors de la fuite de Louis XVI et de son arrestation à Varennes, Pétion, qui venait d'être nommé président du tribunal criminel de Paris (fonctions qu'il n'exerça point), fut choisi avec Barnave et Latour-Maubourg pour aller au-devant du roi et le ramener dans la capitale. Il a raconté lui-même avec complaisance les détails de cette mission, sans en rien omettre, et il s'est laissé aller à dire, en parlant de Mme Elisabeth, qui se trouvait près de lui dans la voiture royale : « Je pense que, si nous eussions été seuls, elle se serait abandonnée dans mes bras aux mouvements de la nature. » Il se montra ensuite un des plus ardents promoteurs de la suspension, et même de la déchéance du roi, et, lorsque la société des amis de la Constitution, dite aussi des Jacobins, se renouvela en accentuant sa politique, il présida en quelque sorte à sa réorganisation. Le 13 juillet, il se prononça nettement à la tribune de l'Assemblée nationale pour la mise en cause de Louis XVI à raison de sa fuite, et repoussa en termes énergiques la fin de non-recevoir tirée de l'irresponsabilité royale, consacrée par la Constitution. « Si l'inviolabilité, dit-il, est une heureuse fiction, c'est une cruelle réalité. Pour être inviolable, il faut être impeccable : or, il n'est point d'homme que la nature ait doué de ce beau privilège, et il n'appartient pas aux hommes d'en créer de tels par fiction. Ainsi, en partant de ce beau principe, un roi peut tuer, égorger les hommes comme des troupeaux, porter la flamme et le fer dans son pays..., etc. » Pétion termina en réclamant la mise en jugement du roi. Le 8 août, il appuya l'opinion de Buzot sur la nécessité d'une loi qui garantît expressément la liberté de la presse de toute espèce d'atteinte. Le 25, il revint sur le même sujet et s'exprima en ces termes : « L'homme qui accepte un poste élevé doit savoir qu'il s'expose aux tempêtes, qu'il appelle les regards sur lui, que les rigueurs de la censure poursuivront toutes ses actions ; c'est à lui à interroger son caractère, et à sentir s'il est capable de soutenir les attaques qui lui seront portées, s'il est supérieur aux revers et même aux injustices. » Enfin, le 30 septembre 1791, Pétion partagea avec Robespierre les honneurs d'une ovation populaire, qui signala, pour eux seuls, la clôture des séances de l'Assemblée. Ce fut à la suite de ce triomphe que Pétion, intimement lié avec Mme de Genlis, accompagna à Londres cette dame qui allait y conduire son élève. Mlle Adélaïde d'Orléans. Le 14 novembre suivant. il fut, en remplacement de Bailly, élu maire de Paris, par 6,708 voix sur 10,632 votants. La cour, dit-on, avait appuyé ce choix pour éviter l'élection de La Fayette. Pétion tenta, le 20 juin 1792, d'empêcher l'envahissement des Tuileries et de pénétrer dans les appartements du roi ; mais il ne put y réussir. Le même jour, il parut à la barre de l'Assemblée pour justifier la municipalité qu'on accusait de négligence. Le lendemain il eut avec Louis XVI l'entretien suivant, qu'il rendit public dès que le roi l'eut blâmé hautement de sa conduite : « Eh bien, monsieur le maire, lui dit Louis XVI, le calme est-il rétabli dans la capitale ? — Sire, répondit Pétion, le peuple vous a fait ses représentations, il est tranquille et satisfait. — Avouez, monsieur, que la journée d'hier a été d'un bien grand scandale, et que la municipalité n'a pas fait pour le prévenir tout ce qu'elle aurait pu faire. — Sire, la municipalité a fait tout ce qu'elle a pu et dû faire ; elle mettra sa conduite au grand jour et l'opinion publique la jugera. — Dites la nation entière. — Elle ne craint pas plus le jugement de la nation entière. — Dans quelle situation se trouve en ce moment la capitale ? — Sire,tout est calme. — Cela n'est pas vrai. — Sire... — Taisez-vous. — Le magistrat du peuple n'a pas à se taire quand il a fait son devoir et qu'il a dit la vérité. — La tranquillité de Paris repose sur votre responsabilité. — Sire, la municipalité... — C'est bon, retirez-vous. — La municipalité connaît ses devoirs : elle n'attend pas pour les remplir qu'on les lui rappelle. » Malgré l'aigreur de cette entrevue, Pétion adressa le lendemain une proclamation au peuple de Paris, pour l'inviter à « couvrir de ses armes le roi de la constitution, à respecter sa personne et son asile. » Huit jours après, il publia des Observations sur les événements du 20 juin: elles contenaient une apologie de la municipalité et des patriotes : violemment irrité, le parti de la cour parvint à faire rendre, le 6 juillet, par l'autorité départementale, un décret de suspension contre le maire Pétion et le procureur-syndic Manuel. Mais les sections parisiennes s'armèrent de toutes parts pour réclamer leur maire ; on n'entendait plus que le cri : Pétion ou la mort! et l'Assemblée législative elle-même partagea l'entraînement général : elle leva, par un décret, la suspension des deux fonctionnaires. Presque aussitôt, Pétion fut chargé de venir lire à la barre des représentants une adresse rédigée par les commissaires des 48 sections et par laquelle la ville de Paris demandait la déchéance du roi. Au 10 août, le maire, menacé par les royalistes, resta enfermé dans son hôtel. Maintenu à la tête de la municipalité parisienne, il observa, durant les massacres de septembre, une attitude qui fut diversement interprétée : on croit cependant qu'il tenta, avec Robespierre, d'inutiles démarches auprès de Danton pour aviser aux moyens d'arrêter les exécutions. Le 6 septembre, Pétion rendit compte à l'Assemblée de ce qui s'était passé. Le président Hérault de Séchelles lui répondit « que les représentants de la nation étaient satisfaits de pouvoir opposer à des événements malheureux un homme de bien tel que lui, et qu'ils se reposaient sur sa sagesse. » Élu, la veille (5 septembre), membre de la Convention par le département d'Eure-et-Loir, le 3e sur 9, avec 274 voix (354 votants), il fut unanimement appelé à la présidence de cette assemblée quand elle ouvrit sa session. L'imprudente proposition de son collègue et ami Manuel (V. ce nom), qui voulait donner au président de la Convention le titre de président de la République française, avec une garde d'honneur et un logement aux Tuileries, fit accuser Pétion d'aspirer à la dictature. En même temps, il se sépara de plus en plus de Robespierre, avec qui il avait marché d'accord jusque-là, et se jeta dans les rangs de la Gironde, et parmi les adversaires de la Commune, dont il avait été le chef. Toutefois il ne s'associa pas aux dénonciations dont Robespierre fut l'objet de la part de Rebecqui, de Louvet et d'autres. Dans le procès du roi, Pétion répondit au 2e appel nominal : « Mon avis n'étant pas celui de la majorité, ce que je désirerais le plus pour la tranquillité publique, c'est que les vœux opposés à ceux de la minorité fussent plus nombreux encore qu'ils ne le sont. Mais le décret rendu, il n'est aucun membre de cette assemblée qui ne se fasse un devoir sacré de lui obéir et de le défendre. Je dis oui. (On entend quelques murmures dans les tribunes. — On demande qu'elles soient rappelées à l'ordre.) Et au 3e appel nominal : « Plus j'ai réfléchi sur toutes les opinions énoncées dans cette affaire, plus je me suis convaincu qu'il n'y en a aucune qui ne soit sujette aux inconvénients les plus grands. Voilà pourquoi j'ai tant insisté sur la nécessité de la ratification du jugement par le peuple. L'assemblée en a décidé autrement, et j'obéis. Je vote pour la peine de mort.

« Il est un amendement qu'on a proposé, c'est celui du sursis. J'avoue que je n'ai pas d'opinion faite sur cet amendement. Je demande qu'il soit discuté. Mais dans ce moment, mon vœu est pur et simple pour la mort. » Quand la question du sursis se présenta ensuite, Pétion opina pour l'affirmative. La perte de sa popularité suivit de près ces votes. Un de ses nombreux portraits, commencé pendant son élévation et terminé après sa chute, porte ce quatrain :

En deux mots voici mon histoire :
Dans Paris j'étais adoré.
Tout y retentissait de mon nom, de ma gloire.
Aujourd'hui je suis abhorré.

Après la défection de Dumouriez, Pétion fut attaqué comme ayant été le confident des desseins contre-révolutionnaires de ce général : Pétion n'opposa qu'une défense assez faible à cette accusation, et, partisan des Girondins, se vit atteint par les proscriptions du 31 mai et du 2 juin. Avec Buzot et Barbaroux, il se déroba aux poursuites, se réfugia dans le Calvados, où il tenta inutilement de soulever la Normandie, puis se rendit dans le Finistère d'où il s'embarqua pour Bordeaux avec ses collègues. Arrivés au Bec-d'Ambez, ils durent chercher un asile à Saint-Émilion, d'où ils essayèrent encore de gagner la mer ; mais, faute d'un guide, ils ne purent aller au delà de Castillon,et revinrent à Saint-

Emilion où ils se cachèrent chez le perruquier Troquart. Quand Salles et Guadet eurent été arrêtés dans la maison Bouquey, Pétion et ses collègues quittèrent leur asile en pleine nuit, et, au jour, furent aperçus par un berger dans un bois de pins. Barbaroux se tira un coup de pistolet, pendant que Pétion et Buzot s'enfoncèrent dans un champ de blé où l'on retrouva, quelques jours après, leurs cadavres à moitié dévorés par les loups. Avant de quitter Saint-Emilion, Pétion avait remis à Mme Bouquey ses *Mémoires* et un testament politique qui n'est qu'une emphatique apologie de sa conduite.

PETIOT (JEAN-BAPTISTE-JOSEPH), député en 1789, né à Simard (Saône-et-Loire) le 19 janvier 1751, mort à Chalon-sur-Saône (Saône-et-Loire) le 14 février 1833, était procureur du roi au bailliage de Chalon, quand il fut élu, le 3 août 1789, député du tiers aux Etats-Généraux par le bailliage de Chalon-sur-Saône, avec 193 voix (245 votants). Il opina silencieusement avec la majorité de l'Assemblée constituante, devint sous le Consulat conseiller général de Saône-et-Loire (1800-1816), président de ce conseil (1811-1814), et fut nommé, par l'Empereur, juge, puis président du tribunal civil de Chalon. Chevalier de la Légion d'honneur.

PETIOT-GROFFIER (FORTUNÉ-JOSEPH), député de 1834 à 1842, né à Chalon-sur-Saône (Saône-et-Loire) le 16 septembre 1788, mort à Chatenoy-le-Royal (Saône-et-Loire) le 27 février 1855, fils du précédent et de Marie-Claude Petit de Launare, fit son droit, se fit inscrire au barreau de Chalon, puis se mit à la tête d'une maison de commerce. Juge au tribunal de commerce, il se rallia au gouvernement issu de la révolution de 1830, devint colonel de la garde nationale et maire de Chalon-sur-Saône (1832-1836). Candidat à la députation dans le 3e collège de Saône-et-Loire (Chalonville), le 5 juillet 1831, il échoua avec 87 voix contre 236 à l'élu, le général Thiard, et 32 à M. Hennequin, avocat. Il fut plus heureux dans le même collège, le 21 juin 1834, fut élu par 158 voix (311 votants, 387 inscrits), contre 149 au général Thiard, et fut successivement réélu, le 4 novembre 1837, par 194 voix (365 votants, 460 inscrits) contre 163 au général Thiard, et, le 2 mars 1839, par 203 voix (336 votants, 449 inscrits). Il siégea constamment dans la majorité ministérielle, fut l'un des 221 députés qui votèrent pour M. Molé, mais ne prit aucune part aux votes de la législature de 1839-42, s'étant embarqué pour les Indes à l'ouverture de la session. Les nécessités de son commerce l'empêchèrent de se représenter aux élections suivantes. Chevalier de la Légion d'honneur.

PETIT (ALEXANDRE-FRANÇOIS-AUGUSTIN), député en 1789, né à Magnicourt-sur-Canche (Pas-de-Calais) le 24 février 1754, mort à Maizières (Pas-de-Calais) le 6 décembre 1839, cultivateur à Magnicourt, fut élu, le 27 avril 1789, député du tiers aux Etats-Généraux par la province d'Artois. Les élections de cette province furent très mouvementées. « Dans « chacun des trois ordres, dit un électeur dans « des notes à ses enfants, on ne parvint qu'au « milieu des rixes, des injures et des déclama- « tions les plus despectueuses, à former des « cahiers de doléances et à nommer des dépu- « tés pour assister aux Etats-Généraux du « royaume. »

Dans un pamphlet allégorique écrit par Fourdrin notaire de Frévent, et qui eut en Artois un certain retentissement, Petit est ainsi désigné : « 3e écurie VI : Petit le Butor, cheval entier non dressé, plus propre au tombereau qu'à la selle, mange beaucoup et boit encore mieux. »

Petit prêta le serment du Jeu de Paume et vota obscurément avec la majorité. Le 25 septembre 1790, pendant qu'il était à l'Assemblée, il fut nommé receveur général du district de Saint-Pol pour les revenus des biens ci-devant ecclésiastiques. Il émigra sous la Convention, et rentra en France peu de temps après.

PETIT (LOUIS-MATHIEU), député en 1791, dates de naissance et de mort inconnues, était négociant avant la Révolution. Nommé juge de paix de Chamarande (Seine-et-Oise) en 1790, il fut élu, le 5 septembre 1791, député de Seine-et-Oise à l'Assemblée législative, le 7e sur 14, par 269 voix (456 votants). Son rôle parlementaire n'a pas laissé de traces au *Moniteur*.

PETIT (MICHEL-EDME), membre de la Convention, date de naissance inconnue, mort le 27 janvier 1795, fut élu, le 6 septembre 1792, membre de la Convention par le département de l'Aisne, le 7e sur 12, avec 243 voix (542 votants). Il siégea parmi les modérés, et prit part à plusieurs discussions importantes, notamment, le 18 décembre 1792, à celle de l'enseignement : le discours qu'il prononça à ce sujet était inspiré des théories de Jean-Jacques Rousseau. « Avant de former l'âme de l'enfant, s'écria-t-il, il faut former son corps, il faut lui donner de la santé, de la force, avant de lui donner de la science. Il est un préliminaire indispensable à l'établissement des écoles primaires, c'est une école de républicanisme. C'est à vous, législateurs, c'est à nous, fondateurs de la République, à ouvrir cette grande école. Le local d'enseignement, sera tout le territoire français. Vieillards, jeunes gens, hommes, femmes, ignorants ou savants, nous serons tous élèves : notre maître ce sera la nature et ce que nous avons à apprendre est déjà dans nos cœurs... » Il conclut en disant : « Je veux, lorsqu'il s'agira d'établir les écoles primaires, qu'il existe pour les enfants unité d'instruction, unité de principes dans les maîtres différents auxquels on les confiera. »

Dans le procès du roi, Petit s'exprima en ces termes : « Je vote pour la mort. » Puis il parla sur les plans de Constitution, se montra l'ennemi déclaré de Marat, qu'il traita de « pantin », protesta contre les journées du 31 mai, des 1er et 2 juin 1793, et participa à celle du 9 thermidor. Il mourut au cours de la session.

PETIT (PIERRE-FRANÇOIS), député au Corps législatif de 1807 à 1811 et de 1813 à 1815, né à Château-Landon (Seine-et-Marne) le 21 avril 1766, mort à Meaux (Seine-et-Marne) le 23 janvier 1832, « fils de maître Pierre-François Petit, conseiller du roi, président, prévôt et lieutenant général de police de Château-Landon et de dame Marie-Louise Poiret, » étudia le droit, entra dans les bureaux du ministère de la Justice, fut nommé liquidateur à la liquidation générale des émigrés, et fut appelé par le gouvernement consulaire (1800) à la sous-préfecture de Sancerre (Cher). Le 17 février 1807, il fut désigné par le Sénat conservateur pour représenter le département du Cher au Corps législatif, d'où il sortit en 1811 ; mais un nouvel acte du Sénat l'y rappela le

13 janvier 1813. S'étant rallié à la déchéance de Napoléon et au gouvernement de la Restauration, il fut nommé, par ordonnance royale du 15 juillet 1814, trésorier de la caisse du sceau de France, emploi qu'il occupa jusqu'au 16 mai 1830. Il demanda alors sa retraite qui lui fut accordée le 5 avril 1831. Rentré dans la vie privée, il se retira à Meaux. Chevalier de la Légion d'honneur.

PETIT (Joseph-Auguste-Marie), député de 1831 à 1834, né à Paris le 4 mai 1786, mort à Paris le 30 mars 1852, fils d'un maitre maçon qui avait gagné une belle fortune, fit, dit un biographe, « des études solides quoique peu brillantes », et, son droit terminé, se destina à la carrière du barreau, puis à celle de la magistrature. Membre de l'opposition libérale sous la Restauration, il prit part à la révolution de juillet, adhéra avec empressement à la monarchie de Louis-Philippe, fut nommé vice-président du tribunal civil de la Seine, et, devenu propriétaire du château de La Motte-Beuvron, sollicita les suffrages des électeurs du 2e collège du Loir-et-Cher (Romorantin), par une circulaire où il disait : « Mes principes se réduisent à deux points : l'ordre et l'économie; je voterai donc pour les diminutions d'impôts, la réduction des gros traitements, les améliorations favorables au commerce et à l'agriculture, et les mesures tendant à répandre l'instruction primaire : je voterai contre l'hérédité de la pairie et n'accepterai ni avancement, ni places rétribuées, ni titres, ni décorations. » M. Petit fut élu, le 5 juillet 1831, député de Romorantin, par 135 voix (181 votants, 209 inscrits), contre 44 à M. Bergevin. Mais il prit place dans les rangs de la majorité conservatrice, combattit, le 21 octobre 1832, une proposition de M. Roger sur la liberté individuelle, et s'associa à la dénonciation de M. Viennet contre le journal la Tribune. « Le jury a de la mollesse, s'écria-t-il le 8 avril 1833, il lui faut une exemple salutaire; ses nombreux acquittements sont un fléau pour la société ! » Puis il conseilla à ses collègues de ne pas donner de défenseur à l'accusé. La Chambre ne fut pas de cet avis, et le gérant de la Tribune, M. Lionne, put venir à la barre assisté de deux de ses amis, Armand Marrast et Godefroy Cavaignac. Dans la séance du 20 février 1834, M. Petit monta à la tribune pour s'opposer à la proposition de MM. Taillandier et Devaux relative à l'abolition de la mort civile. Le 13 mars suivant, il parla en faveur du projet ministériel sur les associations. En dépit de son engagement de n'accepter « ni avancement ni place rétribuée », M. Petit fut promu conseiller à la cour royale de Paris, et ne put se faire réélire député en 1834. Chevalier de la Légion d'honneur.

PETIT (Jean-Martin, baron), pair de France, sénateur du second empire, né à Paris le 22 juillet 1772, mort à Paris le 8 juin 1856, s'engagea comme volontaire en 1792, et fit avec Bonaparte la campagne d'Italie et l'expédition d'Egypte où il fut blessé à la prise du Caire et à la seconde bataille d'Aboukir. Chef de bataillon en 1801 et membre de la Légion d'honneur à la création de l'ordre, colonel du 67e de ligne en 1808, il prit part à toutes les guerres de l'empire, et se distingua particulièrement à Iéna, en Portugal et à Wagram où il fut de nouveau blessé. Créé baron de l'empire le 11 juin 1810, général de brigade de la garde impériale le 23 juin 1813, et commandeur de la

Légion d'honneur le 26 février 1814, après l'affaire de Montereau et la prise de Troyes, ce fut lui qui, le 20 avril 1814, commandant des grenadiers de la garde, reçut la dernière accolade de Napoléon aux adieux de Fontainebleau. Le général Petit prêta serment à Louis XVIII qui le nomma chevalier de Saint-Louis. Mais, au retour de l'île d'Elbe, le 20 mars 1815, il se hâta de rejoindre l'empereur qui le promut général de division et le rappela au commandement des grenadiers de la garde. A Waterloo, quand les Anglais furent maitres de la Haie-Sainte et les Prussiens de Planchenoit, et que les corps français commencèrent à plier, Petit et Cambronne firent former la garde en carrés à la ferme de la Belle-Alliance. Mitraillés, sabrés, cernés de toutes parts, les carrés rompus, Petit se mit à la tête des survivants et protégea la fuite de l'empereur. La seconde Restauration refusa de reconnaitre sa nomination au grade de général de division, et le mit en non-activité. Confirmé dans son grade de lieutenant-général par Louis-Philippe en 1831, nommé pair de France le 3 octobre 1837, le général Petit fut retraité comme lieutenant-général le 6 octobre 1840, et appelé, en 1842, au commandement de l'hôtel des Invalides en remplacement du général Fririon. Il se mit, en 1848, à la tête de la société du Dix décembre qui poursuivait la restauration de l'empire, fut nommé grand-croix de la Légion d'honneur le 15 août 1849, et sénateur du second empire le 27 mars 1852. A sa mort, il fut enterré aux Invalides, dont il avait gardé le commandement sous les ordres du prince Jérôme Bonaparte.

PETIT (Jean-Baptiste-Joseph), dit Petit de Bryas, représentant en 1848, né à Magnicourt-sur-Canche (Pas-de-Calais) le 19 avril 1787, mort à Magnicourt-sur-Canche le 18 octobre 1862, neveu de Joseph-Auguste-Marie Petit (Voy. plus haut), fils du président du district de Saint-Pol pendant la Révolution, fut élève de l'Ecole polytechnique, au sortir de laquelle, quoique ayant le brevet d'officier d'artillerie. il préféra se retirer dans ses propriétés et s'adonner à l'agriculture. Il prit du service pendant les Cent-Jours et fut du nombre des défenseurs de la citadelle d'Arras comme capitaine de la garde nationale mobilisée. Maire de sa commune depuis 1818, et conseiller général du Pas-de-Calais de 1830 à 1846, président de la société d'agriculture de Saint-Pol, il fut élu, après la révolution de février, le 23 avril 1848, représentant du Pas-de-Calais à l'Assemblée constituante, le 2e sur 17, par 190,262 voix (161,957 votants, 188,051 inscrits). M. Petit de Bryas vota avec la fraction la plus modérée du parti démocratique, pour le bannissement à perpétuité de la famille d'Orléans, pour le rétablissement du cautionnement et de la contrainte par corps, pour les poursuites contre Louis Blanc et Caussidière, contre l'abolition de la peine de mort, contre l'amendement Grévy, contre le droit au travail, pour l'ordre du jour en l'honneur de Cavaignac, contre la proposition Rateau, contre l'interdiction des clubs, contre l'amnistie des transportés. Il ne fit pas partie d'autres assemblées.

PETIT (Pierre-Guillaume-François), député au Corps législatif de 1863 à 1870, né à Courbevoie (Seine) le 1er septembre 1804, mort à Louviers (Eure) le 7 octobre 1875, manufacturier à Louviers, président de la chambre consultative de commerce et du conseil des prud'hommes de Louviers, conseiller général du canton de cette ville, se présenta à la députation au Corps législatif dans la 2e circonscription de l'Eure, comme candidat bonapartiste indépendant, le 29 février 1852, et échoua avec 2,953 voix contre 21,827 à M. de Montreuil, candidat officiel. Il ne fut pas plus heureux, le 22 juin 1857, avec 1,330 voix contre 18,469 à M. de Blosseville, candidat officiel, 4,873 à M. de Montreuil et 812 à M. Dupont de l'Eure. Mais, devenu candidat du gouvernement dans la 4e circonscription du même département, il fut élu député, le 1er juin 1863, par 20,567 voix (25,447 votants, 29,749 inscrits), contre 2,855 à M. de Blosseville et 1.952 à M. de Montreuil, et fut réélu, le 24 mai 1869, par 13,055 voix (25,816 votants, 32,485 inscrits), contre 7,219 à M. Louis Passy, 2,241 à M. Laya, 1,592 à M. Degouve-Denuncques et 1,387 à M. de Valon. M. Petit se montra partisan de l'empire libéral ; il vota pour la guerre contre la Prusse. La révolution du 4 septembre 1870 mit fin à sa carrière politique. Officier de la Légion d'honneur du 26 décembre 1860.

PETIT (François-Frédéric), membre du Sénat, né à Bussy-les-Daours (Somme) le 3 juin 1836, maire d'Amiens et conseiller général de la Somme, fut élu, le 31 janvier 1886, sénateur de ce département par 736 voix 1,344 votants, contre 585 à M. de Raimneville, ancien représentant, en remplacement de M. Labitte, décédé. Il prit place à gauche et vota avec la majorité de la Chambre haute, pour l'expulsion des princes, pour la nouvelle loi militaire, pour les crédits du Tonkin, et, en dernier lieu, pour le rétablissement du scrutin d'arrondissement (13 février 1889), pour le projet de loi Lisbonne restrictif de la liberté de la presse, pour la procédure à suivre devant le Sénat contre le général Boulanger.

PETIT. — Voy. BEAUVERGER (BARON DE).

PETIT DE LA FOSSE (Aignan-Louis, baron), député au Corps législatif de l'an XII à 1808, né à Orléans (Loiret) le 26 octobre 1756, mort à Paris le 14 janvier 1832, homme de loi avant la Révolution, était président du tribunal d'appel d'Orléans, lorsque le Sénat conservateur (19 vendémiaire an XII) l'élut député du Loiret au Corps législatif. Membre de la Légion d'honneur (25 prairial an XII), il siégea dans l'assemblée impériale jusqu'en 1808. Le 27 juillet de la même année, il fut créé chevalier de l'Empire, et, le 25 février 1813, baron. Le baron Petit de la Fosse poursuivit sa carrière dans la magistrature et fut promu, le 8 mars 1811, premier président de la cour impériale d'Orléans. Le 6 octobre 1819, il fut admis à la retraite avec le titre de président honoraire de la cour royale.

PETITBIEN (Joseph-Théodore), député de 1876 à 1885, né à Blénod-lès-Toul (Meurthe) le 11 mai 1818, coopéra, en qualité de géomètre, aux opérations cadastrales dans la Meurthe, la Meuse et le Doubs. En 1844, il devint, au concours, arpenteur forestier, et dressa, comme tel, la carte des forêts du pays de Bitche. En 1848, il fut choisi comme expert dans les expropriations relatives à la construction du chemin de fer de Paris à Strasbourg, dans la Meuse et la Marne ; il fut en outre chargé de régler les indemnités dues pour les prises d'eau nécessaires à l'alimentation du canal de la Marne au Rhin. Maire de Blénod-lès-Toul et conseiller général, il fut élu, le 1er octobre 1876, député de l'arrondissement de Toul, en remplacement de M. Claude, décédé, par 8,450 voix

(13,401 votants, 18,078 inscrits), contre 4,638 à M. Claude fils. Il se fit inscrire à la gauche républicaine, et fut l'un des 363 députés qui refusèrent au 16 mai de voter l'ordre du jour de confiance au ministère de Broglie. Réélu successivement, le 14 octobre 1877, par 9,641 voix (15,376 votants, 18,286 inscrits), contre 5,601 à M. Collin, et, le 21 août 1881, par 9,881 voix (11,076 votants, 17,976 inscrits), il continua de soutenir la politique scolaire et coloniale des ministères républicains, et se retira de la vie politique aux élections de 1885.

PETITJEAN (Claude-Lazare), membre de la Convention, né à Bourbon-l'Archambault (Allier) le 22 mars 1748, mort à Bourbon-l'Archambault le 8 mars 1794, « fils de Pierre-Lazare Petitjean, notaire et procureur en la chatellenie de Bourbon, et de Anne Fauvre, notaire à Bourbon avant la Révolution, devint, en 1791, membre du directoire de l'Allier, et fut élu, le 5 septembre 1792, député de l'Allier à la Convention, le 4e sur 7. Il prit place à la Montagne, vota dans le procès du roi, pour la « mort dans les vingt-quatre heures, » il rendit un décret sur les certificats de résidence, fut envoyé en mission dans l'Allier et dans la Creuse (mars 1793) au sujet de la levée de 300,000 hommes, et mourut pendant la session.

PETITJEAN-BOUSSIN (Richard-Philippe), représentant du peuple en 1848, né à Loizy (Saône-et-Loire) le 4 février 1785, mort à une date inconnue, juge de paix du canton de Cuisery, conseiller d'arrondissement de Louhans, candidat malheureux au conseil général, en 1833, dans le canton de Cuisery, ami du général Thiard dont il partageait les opinions, fut élu, le 23 avril 1848, représentant de Saône-et-Loire à l'Assemblée constituante, le 9e sur 11, par 88,943 voix (131,092 votants, 136,000 inscrits). Il fit partie du comité de la justice, et vota pour le bannissement de la famille d'Orléans, pour l'abolition de la peine de mort, contre l'impôt progressif, pour l'incompatibilité des fonctions, pour l'amendement Grévy, contre la sanction de la Constitution par le peuple, pour l'ensemble de la Constitution et contre l'interdiction des clubs. Non réélu à la Législative, il ne reparut plus sur la scène politique.

PETITMENGIN (Charles-François), député en 1789, né à Remiremont (Vosges) le 20 avril 1735, mort à Saint-Dié (Vosges) le 25 octobre 1794, était procureur du roi au présidial de Saint-Dié, quand il fut élu (31 mars 1789) député du tiers aux États-Généraux par le bailliage de Mirecourt. Il opina avec la majorité de la Constituante, fut désigné, le 4 septembre 1791, comme 2e haut juré pour les Vosges, et devint maire de Saint-Dié le 18 mars 1794. Il mourut la même année, dans cette ville.

PETITOT DE MONT-LOUIS (Enemond-Alexandre, chevalier), député au Corps législatif de 1808 à 1814, né à Lyon (Rhône) le 1er septembre 1760, mort à une date inconnue, « fils de messire François-Augustin Petitot, écuyer, conseiller en la cour des monnaies de Lyon, et de dame Françoise-Elisabeth Quatrefages de la Roquette », appartenait à une famille distinguée de littérateurs et d'artistes. Choisi, le 21 septembre 1808, par le Sénat, comme député au Corps législatif pour le département du Taro, il vit renouveler son mandat le 8 mai 1811, fut créé chevalier de l'Empire le 15 août de la même année, et siégea jusqu'aux traités de 1814.

PETITPERRIN (Pierre-Eugène-Athanase), député de 1824 à 1827, né à Audelarre (Haute-Saône) le 2 mai 1768, mort à Vesoul (Haute-Saône) le 27 janvier 1832, était procureur impérial à Vesoul sous le premier empire. Il fut confirmé dans ses fonctions par Louis XVIII, et fut élu, le 25 février 1824, député du 2e arrondissement électoral de la Haute-Saône (Vesoul), par 190 voix (261 votants, 306 inscrits), contre 70 à M. de Grammont. Il vota avec les ministériels, sans prendre la parole, et ne fut pas réélu en 1827. Chevalier de la Légion d'honneur.

PETOT (Joseph), député de 1834 à 1842, né à Voulaines (Côte-d'Or) le 26 janvier 1788, mort à une date inconnue, maître de forges et maire de Voulaines, fut successivement élu député du 5e collège de la Côte-d'Or (Châtillon), le 21 juin 1834, par 89 voix (141 votants, 178 inscrits), contre 25 à M. Philippon, le 4 novembre 1837, par 90 voix (162 votants, 227 inscrits), et le 2 mars 1839, par 131 voix (225 votants). Ministériel fidèle, il vota *pour* la dotation du duc de Nemours, *pour* les fortifications de Paris, *pour* le recensement, *contre* l'adjonction des capacités, *contre* les incompatibilités, et quitta le parlement aux élections générales de 1842.

PETOU (Georges-Paul), député de 1824 à 1837, né à Paris le 11 novembre 1772, mort à Elbeuf (Seine-Inférieure) le 20 mai 1849, était fabricant de draps à Louviers et à Elbeuf. Maire de cette dernière ville en 1823, il se présenta à la députation, le 25 février 1824, comme royaliste constitutionnel, dans le 2e arrondissement de la Seine-Inférieure (Rouen). Il résulte d'une correspondance électorale du temps que le parti libéral proprement dit songea à lui opposer la candidature d'Alexandre de Lameth : une réunion préparatoire fut tenue, dans ce dessein, chez l'habitant du boulevard de Crosne à Rouen ; mais la tentative échoua, et M. Petou fut élu député par 354 voix (433 votants, 501 inscrits). Il vota le plus souvent avec les « amis de la monarchie et de la Charte ». Un biographe parlementaire écrivait en 1826 : « Ce qu'il y a de certain, c'est que M. le baron de Vaussay, préfet de la Seine-Inférieure, n'a laissé nommer M. Petou qu'à son corps défendant, et pour cause. Cet honorable manufacturier professe l'indépendance la plus absolue, et, dans aucune circonstance, il ne recule devant les devoirs de député. Nous avons cependant un reproche amical à lui faire : il ne soigne pas assez son débit, et ses brusques intonations excitent parfois l'hilarité de l'assemblée. Ses amis (et il en a beaucoup à Elbeuf) nous diront peut-être qu'un fabricant d'*espagnolettes* n'est pas tenu de faire le Démosthène. La réponse est spécieuse : mais nous sommes devenus exigeants depuis que M. Benjamin Constant a démontré à M. Dudon que des épiciers devaient en savoir plus long que des conseillers d'État. » M. Petou garda rancune aux ministres, demanda de diminuer de moitié le traitement du garde des sceaux, protesta contre les traitements cumulés par M. de Frayssinous, et déclara être prêt à signer la demande de mise en accusation du cabinet. Réélu, le 17 novembre 1827, dans la même circonscription, par 366 voix (471 votants, 506 inscrits) contre 95 à M. Fouquier-Long, M. Petou s'exprima ainsi en mai 1829, à la tribune : « La commission chargée par les ministres d'examiner les mesures que peut nécessiter,

à l'égard des jésuites, l'exécution des lois du royaume, prétend, à la majorité d'une seule voix, nous imposer une Société que la France repousse avec horreur, comme la cause de ses maux présents et futurs. » Il combattit le ministère Polignac, et fut des 221. Il obtint, le 12 juillet 1830, le renouvellement de son mandat, par 451 voix (529 votants, 594 inscrits) contre 66 à M. Dassier, se rallia à la monarchie de Louis-Philippe, et, réélu encore, le 5 juillet 1831, par 580 voix (693 votants, 890 inscrits) contre 84 à M. Beau, puis, le 21 juin 1834, par 421 voix (730 votants, 958 inscrits), contre 233 à M. Grandin, il vota, jusqu'en 1837, avec le tiers-parti : il quitta alors la vie politique. La ville d'Elbeuf a donné son nom à l'une de ses rues.

PEULEVEY (Louis-Armand-Léon), député de 1878 à 1885, né à Cocquinvilliers (Calvados) le 22 février 1815, mort à Vincennes (Seine) le 23 juin 1885, étudia le droit, s'inscrivit au barreau du Havre, devint, en 1865, conseiller municipal de cette ville, et, après le 4 septembre 1870, fut nommé par le gouvernement de la Défense nationale (6 octobre) procureur-général à Rouen. Il occupa ce poste jusqu'au 24 mars 1871, époque à laquelle il fut remplacé par M. Imgarde de Leffemberg. Aux élections du 8 février 1871 pour l'Assemblée nationale, M. Peulevey réunit sur une liste républicaine, sans être élu, 22,057 voix (120,899 votants). Conseiller général d'un des cantons du Havre, il se présenta de nouveau, comme candidat républicain à la Chambre des députés, le 7 avril 1878, dans la 1re circonscription de cet arrondissement, et fut élu par 8,010 voix (11,976 votants, 18,435 inscrits), contre 2,738 à M. Marteau, en remplacement de M. Lecesne décédé. Il se fit inscrire au groupe de l'Union républicaine, soutint la politique opportuniste, vota *pour* le retour des Chambres à Paris, *pour* l'invalidation de l'élection de Blanqui, et obtint sa réélection, le 21 août 1881, par 6,507 voix (13,050 votants, 18,510 inscrits), contre 5,758 à M. Lefebvre. Il reprit sa place dans la majorité, appuya les ministères Gambetta et Ferry, vota pour les crédits du Tonkin, déposa une proposition de loi sur les responsabilités des accidents dont les ouvriers sont victimes, parla sur les enterrements civils, sur le code de commerce, sur le budget des finances, sur la loi municipale (1883), sur le régime douanier des colonies, sur l'organisation de l'enseignement primaire (1884), sur la marine marchande, et mourut avant la fin de la législature (juin 1885).

PEULVÉ (Jules-Théodore), représentant en 1871, né au Havre (Seine-Inférieure) le 21 mars 1812, mort à Paris le 15 mars 1884, était avocat dans sa ville natale, quand il se présenta à la députation, dans la Seine-Inférieure, en 1869, comme candidat d'opposition ; il échoua malgré l'appui qui lui prêta le *Journal du Havre*. Le 8 février 1871, il fut élu représentant de la Seine-Inférieure à l'Assemblée nationale, le 15e sur 16, par 75,428 voix (120,899 votants, 203,718 inscrits). Il prit place au centre droit, fut président du 10e bureau, membre de la commission des marchés, et vota *pour* la paix, *contre* l'abrogation des lois d'exil, *pour* la pétition des évêques, *contre* le service de trois ans, *contre* la démission de Thiers, *pour* le septennat, *pour* le ministère de Broglie et *pour* les lois constitutionnelles. Il ne se représenta pas aux élections suivantes.

PEUPIN (Henri-Alexandre), représentant en 1848 et en 1849, né à Paris le 2 septembre 1809, mort à Paris le 12 décembre 1872, était ouvrier horloger à Paris. Il prit part, sous Louis-Philippe, à la fondation et à la rédaction de l'*Atelier*, feuille néo-catholique, aux tendances républicaines, publiée par un groupe de travailleurs, devint membre du conseil des prud'hommes, et, après la révolution de février 1848, entra dans la vie politique. Démocrate très modéré, adversaire déterminé des idées socialistes, et en particulier de celles que préconisait Louis Blanc, il fut élu, le 23 avril 1848, représentant de la Seine à l'Assemblée constituante, le 23e sur 34, par 131,969 voix (267,888 votants, 399,191 inscrits). Il fut l'un des six secrétaires de l'Assemblée, fit partie du comité du travail, fut rapporteur (9 mai 1848) de la proposition Dornès (*Voy. ce nom*) qui fut votée malgré les conclusions défavorables du rapport, vota plus souvent avec la droite qu'avec la gauche, attaqua à plusieurs reprises le communisme, combattit l'institution d'un ministère du progrès, et se prononça : *contre* le rétablissement du cautionnement, *pour* les poursuites contre Louis Blanc et Caussidière, *contre* l'abolition de la peine de mort, *contre* l'amendement Grévy, *contre* le droit au travail, *pour* l'ordre du jour en l'honneur de Cavaignac, *contre* la proposition Rateau, *contre* l'amnistie, *pour* l'abolition de l'impôt des boissons. Réélu, le 13 mai 1849, par le même département, à l'Assemblée législative, le 23e sur 28, avec 109,560 voix (281,140 votants, 378,043 inscrits), il se rapprocha encore de la majorité conservatrice, s'associa au vote de l'expédition de Rome, à celui de la loi du 31 mai qui restreignait le suffrage universel, se déclara partisan de la revision de la Constitution, et se rallia définitivement à la politique de l'Elysée. Après le coup d'État du 2 décembre, M. Peupin accepta les fonctions de sous-directeur du bureau des dons et secours de la maison de l'empereur ; puis il devint, en 1864, percepteur d'un des arrondissements de Paris.

PEUVERGNE (Guillaume), membre de la Convention, né le 22 octobre 1755, mort à une date inconnue, négociant à Allanche (Cantal), et maire de cette ville, devint juge de paix de son canton (1790) et représenta à la Convention nationale le département du Cantal qui l'élut, le 6 septembre 1792, le 8e et dernier, par 186 voix sur 357 votants. Il répondit au 3e appel nominal, lors du jugement de Louis XVI : « J'ai examiné si la mort de Louis pouvait être utile à la République; ma conscience me dit qu'elle lui serait nuisible. Je vote pour la détention. » Peu de temps après (10 avril 1793), il donna sa démission.

PEYRAMONT (André-Adolphe Duléry de), député de 1839 à 1848, représentant en 1871, sénateur de 1876 à 1880, né à Sauviat (Haute-Vienne) le 5 novembre 1804, mort à Versailles (Seine-et-Oise) le 25 janvier 1880, étudia le droit, fut nommé, au début du règne de Louis-Philippe, substitut du procureur du roi à Limoges, et, en 1831, procureur général à la même cour. Il occupait ce poste lorsqu'il entra dans la vie parlementaire, le 21 mai 1839 : élu député du 3e collège de la Creuse (Bourganeuf), par 67 voix (130 votants), contre 63 à M. Emile de Girardin, dont l'élection avait été annulée. M. de Peyramont prit place au centre, et ne cessa de voter avec la majorité conservatrice.

Avocat général le 30 juin 1842, il obtint un nouveau mandat législatif, le 9 juillet suivant, dans le 2e collège de la Haute-Vienne (Limoges), par 231 voix (303 votants), fut promu procureur général à Angers le 25 mars 1846, se fit réélire encore, le 2 mai 1846, par 240 voix (245 votants, 280 inscrits), puis, le 1er août suivant, par 246 voix (311 votants, 416 inscrits), contre 62 à M. de Lamartine. Il appuya la politique de résistance, prit plusieurs fois la parole, se prononça *contre* les projets de réforme électorale, et vota, en 1845, *pour* l'indemnité Pritchard. On lit à ce propos dans la *Galerie des Pritchardistes* : « M. de Peyramont représente l'idée de la répression. Dans sa conscience, le code pénal résume l'ordre social, et toute nation penche vers sa ruine qui supprime une page, une ligne du sombre livre. M. de Peyramont, c'est le réquisitoire fait homme, c'est la vie en robe rouge. Ne lui demandez ni la tolérance philosophique, ni la charité chrétienne; il n'excuse, ni ne pardonne... Esprit éclairé, intelligence remarquable, M. de Peyramont restera médiocre, parce qu'il est étroit par le cœur. Ce qui fait sa faiblesse, c'est sa passion. Il suffit de le voir à la tribune pour en être convaincu. Il y monte froid et calme en apparence. Son maintien digne, son visage sévère, son élocution facile captivent tout d'abord l'attention. Il parle ; mais bientôt le feu qui gronde sourdement dans sa poitrine illumine son regard, ses pensées bouillonnent, la sueur perle sur son front humide, son accent bref devient strident... le taureau voit rouge, comme on dit en Espagne. Alors, qu'une interruption parte d'un coin de la Chambre, et l'ordre logique dans lequel s'enchaînaient les idées de l'orateur lui échappe : désormais hors de la voie, égaré, perdu, il va au hasard, se heurtant contre tous les obstacles, retournant sur ses pas, bondissant en avant, et, après une lutte furieuse, aveugle, dans laquelle l'auditeur l'a suivi avec angoisse, il finit par tomber, épuisé de fatigue, loin du but qu'il pensait atteindre. A cette heure, il n'a plus conscience de lui-même : la passion l'a vaincu. » La révolution de 1848 rendit à la vie privée, en tant que député, M. de Peyramont qui, nommé procureur général à Limoges le 3 mars 1851, donna sa démission lors du coup d'État du 2 décembre et se tint à l'écart pendant les premières années de l'Empire. Mais il obtint sa réintégration dans la magistrature en 1858, comme conseiller à la cour de Paris, puis passa comme avocat général à la cour de Cassation (1859), et devint conseiller à la même cour (22 novembre 1862). Aux élections du 8 février 1871 pour l'Assemblée nationale, il fut élu représentant à l'Assemblée nationale par les conservateurs-monarchistes de la Haute-Vienne, le 3e sur 7, avec 43,761 voix (62,174 votants, 87,875 inscrits). Il siégea sur les bancs du centre droit, se prononça *pour* la paix, *pour* les prières publiques, *pour* l'abrogation des lois d'exil, *pour* le pouvoir constituant de l'Assemblée, *pour* la chute de Thiers au 24 mai, soutint le gouvernement du 24 mai, et se rallia au vote des lois constitutionnelles (février 1875). Il parut assez fréquemment à la tribune pour y défendre les intérêts du parti orléaniste : en 1871, il s'associa à la flétrissure des commissions mixtes, prononcée par M. Dufaure, garde des sceaux. Candidat aux élections sénatoriales du 30 janvier 1876, dans la Haute-Vienne, il fut élu sénateur par 140 suffrages sur 271 votants, prit place à droite, et opina pour la dissolution de la Chambre demandée par le cabinet du

16 mai. Il combattit ensuite les cabinets de gauche qui se succédèrent au pouvoir, et mourut le 25 janvier 1880. Conseiller général de la Haute-Vienne, chevalier de la Légion d'honneur (1844).

PEYRAT (ALPHONSE, représentant en 1871, et membre du Sénat, né à Toulouse (Haute-Garonne) le 21 juin 1812, mort à Paris le 2 janvier 1891, fit ses études au séminaire de Toulouse; mais, se sentant peu de goût pour l'état ecclésiastique, il suivit quelque temps les cours de l'Ecole de droit et renonça brusquement à la jurisprudence pour venir à Paris (1833), où Armand Marrast, alors rédacteur en chef de la *Tribune*, l'accueillit avec bienveillance: le jeune Peyrat débuta dans ce journal par un article de critique sur les *Mémoires de la révolution de 1830*, publiés par Bérard : l'article, inséré en bonne place, parut tellement agressif au ministère public que le journal fut saisi et Peyrat condamné à trois ans de prison et 10,000 francs d'amende. Attaché dès lors à la feuille démocratique, M. Peyrat fut chargé du compte rendu des séances de la Chambre, jusqu'au mois d'avril 1834, époque à laquelle la *Tribune* suspendit sa publication. Devenu secrétaire du directeur du *National*, M. Charles Thomas, M. Peyrat retourna ensuite à Toulouse, où il rédigea quelque temps la *France méridionale*; puis il revint à Paris, collabora à la *Presse*, visita l'Italie et l'Espagne, et ne cessa de fournir assidûment, jusqu'en 1863, des articles au journal de Girardin. Lorsque, par ordre du général Cavaignac, le rédacteur en chef de ce journal fut incarcéré (juin 1848), M. Peyrat fut à la tête des instigateurs de la protestation que signèrent 68 journalistes et avocats contre cette violation de la liberté. Il s'était fait dans la *Presse* une spécialité des questions de politique extérieure, d'histoire et de critique religieuse. On remarqua surtout ses correspondances d'Angleterre, écrites de Londres en 1857, et une série d'articles sur l'infaillibilité des papes, et, plus tard, sur les affaires de Naples. A la fin de 1857, il venait de prendre, en remplacement de Nefftzer, la rédaction en chef de la *Presse*, lorsqu'elle fut suspendue pour deux mois, à la suite d'un article de M. Peyrat, contenant ce passage : « Il y a depuis quelque temps dans la conscience universelle un vague frémissement. Voici évidemment l'heure des résolutions décisives. Les problèmes qui préoccupent le monde politique se simplifient. Les partis se serrent et se comptent. Il semble que nous ayons tous entendu d'un bout à l'autre de l'Europe une voix qui nous crie : Levez-vous et marchez! Devons-nous, vivant toujours de nos souvenirs et de nos regrets, nous enfoncer de plus en plus dans notre abattement? Le parti révolutionnaire doit-il imiter le parti légitimiste, que l'abstention a conduit à la nullité? Nous nous sommes comptés; nous savons que nous sommes un grand parti dévoué à la Révolution. » Le conseil d'administration du journal renonça alors à la collaboration de M. Peyrat, qui lui intenta un procès et le perdit devant le tribunal de commerce. En 1859, il put rentrer au journal comme rédacteur en chef, mais il dut se renfermer, jusqu'à la fin de 1860, dans la bibliographie et la critique littéraire. Enfin il quitta définitivement la *Presse* pour fonder, trois ans plus tard, l'*Avenir national*, journal qui fit une guerre incessante à l'empire. En novembre 1868, ce fut lui qui prit l'initiative de la souscription Baudin, source de nombreuses poursuites contre lui et un grand

nombre de ses confrères de la presse démocratique. M. Peyrat conserva la direction de l'*Avenir national* jusqu'au commencement de 1872. Elu, le 8 février 1871, représentant de la Seine à l'Assemblée nationale, le 42e sur 43, par 72,480 voix (328,970 votants, 547,858 inscrits), il alla siéger à l'extrême-gauche, dans le groupe radical de l'Union républicaine, vota *contre* les préliminaires de paix, proposa à ses collègues, le 16 mai 1871, de proclamer la République, et prit encore l'initiative, comme président de l'Union républicaine (19 mai 1873), d'une motion tendant à la dissolution de l'Assemblée, dans le délai de quinze jours. Il se prononça *contre* l'abrogation des lois d'exil, *contre* la chute de Thiers au 24 mai, *contre* le septennat, *contre* la loi des maires, l'état de siège, le ministère de Broglie. En 1875, il fut du petit nombre des représentants intransigeants qui, faisant passer le respect des principes démocratiques avant les suggestions de la politique « des résultats », refusèrent de s'associer à l'adoption des lois constitutionnelles : il s'était déjà abstenu lors du vote de la proposition Casimir Périer relative à l'organisation de la République. Porté, le 30 janvier 1876, candidat au Sénat dans le département de la Seine, il fut élu sénateur, le dernier sur cinq, au troisième tour de scrutin, par 114 suffrages sur 204 votants. Il appartint, dans la Chambre haute, au groupe de l'Union républicaine, se prononça *pour* l'amnistie plénière avec Victor Hugo, repoussa juin 1877) la demande de dissolution de la Chambre, et fut désigné, avec MM. Calmon et Hérold, pour diriger le comité de résistance légale et de propagande républicaine qui tint tête au gouvernement du Seize-Mai et prépara les élections qui suivirent. Il n'eut ensuite, au Sénat, qu'un rôle assez effacé. Il vota avec la gauche pour les divers ministères républicains qui se succédèrent au pouvoir, *pour* l'article 7 (1880) et *pour* les lois Ferry, fut réélu sénateur de la Seine, le 8 janvier 1882, par 103 voix sur 202 votants, devint vice-président du Sénat, en remplacement de M. Le Royer, le 9 février suivant, fut confirmé dans les mêmes fonctions le 2 février 1885, et se prononça *pour* la réforme judiciaire, *pour* le divorce, *pour* l'expulsion des princes, *pour* la nouvelle loi militaire, et, en dernier lieu, *pour* le rétablissement du scrutin d'arrondissement (13 février 1889), *pour* la procédure à suivre devant le Sénat contre le général Boulanger; il s'était abstenu sur le projet de loi Lisbonne restrictif de la liberté de la presse. Outre ses nombreux articles comme journaliste, on a encore de lui: *Réponse à l'instruction synodale de l'évêque de Poitiers* (1854); *Un nouveau dogme* (1855); *Critique des hommes du jour* (1855); l'*Empire jugé avec indépendance* (1856); *Histoire et religion* (1858); *Etudes historiques et religieuses* 1863); *Histoire élémentaire et critique de Jésus* 1864), son principal ouvrage; la *Révolution et le livre de M. Quinet* (1866), etc.

PEYRE (LOUIS-FRANÇOIS), membre de la Convention, député au Conseil des Cinq-Cents, né à Mane (Basses-Alpes) le 14 mars 1760, mort à une date inconnue, homme de loi avant la Révolution, devint administrateur des Basses-Alpes en 1791, et fut élu, le 5 septembre 1792, député des Basses-Alpes à la Convention nationale, le 5e sur 6, par 152 voix (301 votants). Il se prononça, dans le procès du roi, *pour* l'appel au peuple et *pour* la mort, « sauf, dit-il, à examiner ensuite la question de sursis ». Du parti de la Gironde au 31 mai, il signa la protestation du 6 juin contre la Montagne, fut compris dans le décret d'arrestation des 73, et n'échappa au jugement qui l'attendait qu'en rétractant sa signature. Sujet à des attaques d'épilepsie, il avait dû être détenu dans un local à part. Réintégré à la Convention en décembre 1794, il se rendit (5 juin 1795) en mission à l'armée de Rhin-et-Moselle, et fut réélu, le 22 vendémiaire an IV, par 59 voix (116 votants), député des Basses-Alpes au Conseil des Cinq-Cents ; il devint secrétaire de cette assemblée, en sortit en l'an VII, et disparut de la scène politique.

PEYRE (Louis-Auguste-Alexis de), député de 1832 à 1848, né à Limoux (Aude) le 4 mars 1797, mort à Limoux le 13 février 1869, étudia le droit et fut inscrit au barreau de Limoux. Dévoué au gouvernement de Louis-Philippe, il se présenta à la députation, comme candidat conservateur, le 5 juillet 1831, dans le 4e collège de l'Aude (Limoux), où il échoua avec 123 voix contre 124 à l'élu, M. Brousses ; mais il fut élu député de la même circonscription (en remplacement de M. Brousses décédé), le 1er mars 1832, par 161 voix (252 votants, 313 inscrits), contre 71 à M. Marc Gaze. M. de Peyre siégea au centre et soutint fidèlement de ses votes la politique gouvernementale. Son mandat lui fut successivement renouvelé : le 21 juin 1834, par 176 voix (268 votants, 300 inscrits), contre 69 à M. de Cauderat ; le 4 novembre 1837, par 203 voix (242 votants, 329 inscrits) ; le 2 mars 1839, par 178 voix (258 votants) ; le 9 juillet 1842, par 216 voix (220 votants), 357 inscrits ; le 1er août 1846, par 259 voix (262 votants, 375 inscrits). Dans l'intervalle de ces deux derniers scrutins (1844), il avait été nommé par le gouvernement conseiller référendaire à la cour des Comptes. Partisan de la politique de Guizot, et contraire à toute idée de réforme électorale, il s'associa (1845) au vote de l'indemnité Pritchard. « M. Peyre, écrivait un biographe, fut maire de Limoux ; il est député de Limoux ; il n'a point inventé la blanquette de Limoux ; il n'a rien inventé. Comment le pays qui produit les liqueurs mousseuses a-t-il engendré quelque chose d'aussi obtus ? La nature est pleine de contrastes. Cependant, comme il fallait bien trouver à placer un ministériel si fidèle, on l'a jeté à la cour des Comptes en qualité de référendaire. Qu'y fait-il ? Qu'y peut-il faire ? Vous êtes trop curieux. Il y est placé. Limoux n'en est pas moins une assez jolie petite ville. » M. de Peyre quitta la vie parlementaire en 1848. Il était encore conseiller référendaire de 2e classe à la cour des Comptes en 1869, date de sa mort. Chevalier de la Légion d'honneur,

PEYRON (Alexandre-Louis-François), membre du Sénat, ministre, né à Marines (Seine-et-Oise) le 21 juin 1823, entra à l'Ecole navale en 1839, en sortit comme aspirant en 1841, fit une première campagne de quatre années autour du monde, assista à la prise de possession des Marquises par Dupetit-Thouars, devint enseigne en 1845, lieutenant de vaisseau en 1852, se distingua à l'attaque de Bomarsund, et fut décoré de la Légion d'honneur le 15 septembre 1854. Il prit part au bombardement de Sweaborg, comme commandant de la canonnière Sainte-Barbe, se rendit ensuite en Cochinchine, et fut promu capitaine de frégate le 26 août 1861. Pendant l'expédition du Mexique, il fut placé à la tête du fort Saint-Jean d'Ulloa (1863). Officier de la Légion d'honneur (1864), capitaine de vaisseau (1867), il remplit les fonctions de chef d'état-major de

l'amiral Jauréguiberry, fut élevé au rang de contre-amiral le 26 avril 1877, nommé major de la flotte à Toulon, et commanda en 1878 la division navale des Antilles. De retour en France, il siégea au conseil d'amirauté, devint chef d'état-major général du ministre de la Marine, reçut en 1881 le titre de vice-amiral, en 1882 le poste de préfet maritime à Toulon, et fut appelé, le 9 avril 1883, à prendre le portefeuille de la Marine, qu'il conserva jusqu'au 6 avril 1885. Comme ministre, l'amiral Peyron s'associa aux actes de ses collègues sur la politique coloniale, et prit plusieurs fois la parole devant les Chambres au nom du gouvernement. Le 24 juin 1884, il fut élu sénateur inamovible par le Sénat, avec 186 voix (203 votants, et 10 bulletins blancs), en remplacement de M. Würtz, décédé. Il siégea au centre gauche, fut nommé questeur du Sénat, et opina pour les crédits du Tonkin, pour les cabinets qui se succédèrent au pouvoir et, en dernier lieu, pour le rétablissement du scrutin d'arrondissement (13 février 1889), pour le projet de loi Lisbonne restrictif de la liberté de la presse, pour la procédure à suivre devant le Sénat contre le général Boulanger. Grand-croix de la Légion d'honneur du 29 octobre 1887. L'amiral Peyron est le frère du docteur Peyron, actuellement directeur de l'Assistance publique.

PEYRONNET (Pierre-Denis, comte de), député de 1820 à 1827, ministre et pair de France, né à Bordeaux (Gironde) le 9 octobre 1778, mort au château de Montferrand (Gironde) le 2 janvier 1854, était « fils de messire Jean-Louis Peyronnet, écuyer, président trésorier de France honoraire au bureau des finances de Guyenne, et de dame Rose Beau, de la paroisse de Puypaulin ». Son père, qui avait acheté peu de temps avant 1789, une charge de secrétaire du roi qui donnait la noblesse, périt sur l'échafaud pendant la Terreur. Le jeune Peyronnet fit ses études de droit chez M. Ferrère (les écoles de droit avaient été abolies par la Révolution), et fut reçu avocat en 1796 « à une époque, dit un biographe libéral de 1826, où l'on recevait tout le monde ». Il brilla peu au barreau de Bordeaux, et se fit plutôt remarquer par son vif amour des plaisirs et par la turbulence de son caractère. « Il faisait du bruit dans la société des crânes, et il était homme de joyeuse compagnie. Petit-maître par amour propre, hautain par caractère, il eut la bravoure de la tête et jamais celle du cœur, et ses intimes intimes d'alors étaient les Duclos les Sterling, les Lercaro, qui étaient la terreur de toute société tranquille, et que leur manie des duels faisait redouter. » M. de Peyronnet se maria fort jeune avec Mlle Perpignan ; mais cette union ne fut pas heureuse et les époux se séparèrent. A l'époque de l'entrée des troupes anglo-espagnoles dans les provinces du Midi, il attira sur lui l'attention par l'exaltation de son zèle royaliste. Pendant les Cent-Jours, il escorta la duchesse d'Angoulême jusqu'au navire qui la ramena en Angleterre. Ce fut l'origine de sa fortune. Le 26 octobre 1815, il fut nommé président du tribunal de première instance de Bordeaux. En 1816, il vint à Paris pour faire valoir auprès du gouvernement les réclamations des marchands de boissons du chef-lieu de la Gironde, et, bientôt après, il fut nommé procureur général à Bourges, où il se transporta avec Mlle Raymonde Perpignan, sa belle-sœur, sa belle-mère et deux de ses filles, et prononça un discours d'installation où il manifesta les sentiments monarchistes les plus accentués.

Désigné par le ministère comme candidat du gouvernement aux élections de la Chambre, il fut élu, le 13 novembre 1820, député du grand collège du Cher, par 93 voix (158 votants, 183 inscrits). M. de Peyronnet partit pour Paris, avec sa belle-sœur et sa belle-mère, et tous trois se logèrent à l'hôtel des Indes, rue Montmartre, puis à l'hôtel du bon La Fontaine, rue de Grenelle-Saint-Germain. En 1821, il eut à soutenir, à la place de Jacquinot de l'ampelune, devant la cour des pairs, l'accusation portée contre les auteurs de la conspiration militaire du 19 août 1820, procès qui se termina par la condamnation à la peine capitale de plusieurs accusés. Pendant que M. de Peyronnet était encore procureur général à la cour de Bourges, Mme du Cayla (*V. ce nom*), qui était séparée de son mari, avait réclamé la tutelle de ses enfants et avait déjà perdu son procès en première instance; elle gagna devant la cour, où les conclusions du parquet lui furent favorables. Peu de temps après, M. de Peyronnet fut nommé procureur général à la cour royale de Rouen, et, le 14 décembre 1821, une ordonnance royale l'appela à prendre le portefeuille de la Justice. Cette élévation soudaine déplut à la haute magistrature. Le nouveau garde des sceaux choisit pour secrétaire général du ministère M. Henri de Vatimesnil, remplaça M. Legraverand, directeur des affaires criminelles, par M. Rives, avocat à la cour de Cassation, et conserva M. Romer comme chef de la comptabilité, et le président de Mailler comme directeur des affaires civiles. Le 2 janvier 1822, M. de Peyronnet parut à la Chambre, pour y présenter le projet de loi sur la liberté de la presse, où se trouvait le fameux mot de *tendance*, et qui aggravait la pénalité des lois de 1819, en enlevant au jury la connaissance des délits de la presse, pour les soumettre au jugement des cours royales; le projet autorisait ces mêmes cours à suspendre provisoirement et même à supprimer entièrement les journaux dont la *tendance* paraîtrait contraire à la paix publique, à la religion de l'État et à l'autorité royale; enfin il en donnait au roi la faculté de rétablir la censure par ordonnance. L'exposé des motifs de la loi développait cette théorie que l'autorité du roi était antérieure et supérieure à la Charte. La discussion des articles souleva dans les Chambres de véritables orages; mais la loi finit par être adoptée. Le 17 août 1822, M. de Peyronnet fut créé comte, plaça dans ses armes une épée, avec la devise : *non solum toga*, et fut nommé, presque aussitôt, officier de la Légion d'honneur. Du 6 septembre au 29 octobre 1822 il remplit l'intérim du ministère de l'Intérieur, et prit une part peu active à la session de 1823. Réélu député du Cher, le 6 mars 1824, par 122 voix (134 votants, 169 inscrits), et député de la Gironde par 308 voix (551 votants, 647 inscrits), il opta pour la Gironde, et fut remplacé dans le Cher, le 2 août 1824, par M. de Fougières. On le vit reparaître à la tribune dans la session de 1825. Il présenta et fit adopter la loi fameuse sur le sacrilège, qui punissait des travaux forcés à perpétuité, de la mort et de la peine du parricide, les vols commis dans les églises et la profanation des objets consacrés aux cultes. Il obtint le rétablissement de la censure, et fut l'auteur principal de la loi dite « de justice et d'amour », qui tendait (1827) à assujettir au dépôt préalable les écrits non périodiques, et au timbre les écrits de cinq feuilles d'impression et au-dessous, à rendre l'imprimeur responsable du délit, et à autoriser le ministère public à poursuivre

la diffamation, malgré le silence de la personne diffamée. Les écrivains de tous les partis furent d'accord pour protester ; l'Académie française intervint ; à la Chambre, Châteaubriand qualifia la loi de *loi vandale*, et M. de la Bourdonnaye, le chef de la contre-opposition royaliste, la combattit avec une grande vivacité. Néanmoins la Chambre l'adopta ; mais le garde des sceaux la retira, le 17 août 1827, devant la Chambre des pairs, qui menaçait de la mettre en échec. M. de Peyronnet occupa encore par intérim le ministère de l'Intérieur, du 9 juillet au 2 août 1825, et du 30 août au 19 septembre 1826. Repoussé aux élections de 1827 par les collèges électoraux de Bordeaux et de Bourges, il fut nommé pair de France le 4 janvier 1828, et quitta momentanément le pouvoir, le lendemain, 5 janvier, ainsi que MM. de Villèle et de Corbière, pour faire place au ministère Martignac. Il fut remplacé comme garde des sceaux par M. Portalis. A la chute du cabinet Martignac, M. de Peyronnet ne fit point partie tout d'abord du nouveau cabinet présidé par M. de Polignac ; mais, le 19 mai 1830, il remplaça M. de Montbel comme ministre de l'Intérieur. Il s'associa aux derniers actes de ses collègues et contresigna les Ordonnances du 25 juillet. Après avoir précipitamment quitté le pouvoir devant l'insurrection, il réussit pendant quelque temps à se dérober aux poursuites prescrites contre les ex-ministres de Charles X. Lorsqu'il comparut avec MM. de Polignac, de Chantelauze et de Guernon-Ranville devant la cour des pairs, sous l'inculpation de haute trahison, il s'efforça d'établir, dans sa défense présentée par M. Hennequin, qu'il était personnellement opposé aux Ordonnances, et qu'il ne les avait signées que par déférence pour l'autorité royale; il exprima même des regrets amers d'avoir pris part à une mesure qui avait fait répandre autant de sang de part et d'autre. Condamné, comme ses collègues, à la prison perpétuelle et à la dégradation civique, il fut enfermé au fort de Ham, et obtint, après six ans de captivité, la remise de sa peine (17 octobre 1836). On a de M. de Peyronnet quelques ouvrages, notamment : *Esquisse politique* (1829) ; *Pensées d'un prisonnier* (1834); *Histoire de France* (1855); *Satires* (1854), etc.

PEYROT (ISAAC-ETIENNE), représentant à la Chambre des Cent-Jours, né à Silhac (Ardèche) le 27 avril 1764, mort à une date inconnue, exerçait à Vernoux (Ardèche) la profession de médecin. Conseiller général du département, il fut élu, le 11 mai 1815, représentant de l'arrondissement de Tournon à la Chambre des Cent-Jours, par 44 voix (82 votants), contre 37 à M. Dayme. Il rentra dans la vie privée après la courte session de cette assemblée.

PEYRUC (PONS), député de 1868 à 1870, né à Toulon (Var) le 10 juillet 1813, négociant dans cette ville, devint président de la chambre de commerce de Toulon, conseiller municipal, et conseiller général du Var. Elu, comme candidat officiel, le 13 septembre 1868, député de la 2ª circonscription du Var au Corps législatif, par 17,476 voix (30,372 votants, 48,544 inscrits), contre 12,892 à M. Dufaure, candidat indépendant, en remplacement de M. de Kervéguen, décédé, M. Pons Peyruc siégea dans les rangs de la majorité dynastique, obtint sa réélection, toujours avec l'appui du gouvernement impérial, dans la même circonscription, le 24 mai 1869, par 18,999 voix (34,010 votants, 52,089 inscrits), contre 11,349 à M. Emm. Arago et 3,441 à

M. Philis, suivit la même ligne politique que précédemment, opina pour la déclaration de guerre à la Prusse, et quitta la vie politique au 4 septembre 1870. Chevalier de la Légion d'honneur.

PEYRUCHAUD (GABRIEL), député en 1789, dates de naissance et de mort inconnues, était avocat à Saint-Sernin-sur-l'Isle, quand il fut élu, le 19 mars 1789, député du tiers aux Etats-Généraux par la sénéchaussée de Castelmoron (Gironde). Il prêta le serment du Jeu de paume, opina avec la majorité réformatrice, et, tant en raison de sa santé que de ses affaires, fut en congé à partir du 30 juillet 1790.

PEYRUSSE (LOUIS-EUGÈNE), député au Corps législatif de 1864 à 1870, né à Lézignan (Aude) le 14 mars 1820, fit ses études et son droit à Toulouse, son stage d'avocat à Paris, où il collabora au *Répertoire général du palais*, puis se fit inscrire (1843) au barreau de Narbonne. Conseiller général de l'Aude en 1848, administrateur des hospices de Narbonne en 1852, maire de Narbonne en 1860, chevalier de la Légion d'honneur le 13 août 1863, il fut élu député au Corps législatif dans la 2e circonscription de l'Aude, comme candidat du gouvernement, le 7 août 1864, en remplacement de M. Dabeaux décédé, par 31,796 voix (31,885 votants, 42,644 inscrits). Il siégea dans la majorité dynastique, discuta des questions de finances, et, en mars 1869, déposa un amendement tendant à ce que la Chambre ne couvrît pas de son silence les irrégularités commises par le préfet de la Seine dans son traité avec le Crédit foncier. Réélu, le 24 mai 1869, par 16,028 voix (24,945 votants, 29,632 inscrits), contre 6,823 à M. Raynal et 1,037 à M. Lambert de Sainte-Croix, il fut secrétaire de la Chambre en juillet 1870, et vota *pour* la guerre contre la Prusse. Il essaya de rentrer dans la vie politique, à l'élection partielle du 14 décembre 1873, motivée dans l'Aude par le décès de MM. de Guirand et Brousses; mais il échoua avec 17,594 voix sur 62,327 votants. Il ne fut pas plus heureux le 20 février 1876, dans l'arrondissement de Narbonne, avec 8,604 voix contre 10,960 à l'élu M. Bonnel républicain; et, le 14 octobre 1877, avec 9,554 voix contre 12,429 à M. Bonnel, député sortant, réélu.

PEYRUSSE (JULES VICTOR), député de 1876 à 1878 et de 1885 à 1889, né à Traversères (Gers) le 21 mars 1831, de la même famille que le précédent, propriétaire, maire de Traversères, et membre du conseil général du Gers pour le canton de Saramon (1863), débuta dans la vie parlementaire en 1876. Il soutint d'abord contre M. Jean David, candidat républicain, une longue lutte électorale que de nombreuses invalidations vinrent renouveler fréquemment. Elu, pour la première fois, comme conservateur-bonapartiste, député de l'arrondissement d'Auch, le 5 mars 1876, au second tour de scrutin, par 7,763 voix (15,065 votants, 17,425 inscrits), contre 7,186 à M. J. David, il vint prendre place dans le groupe de l'Appel au peuple. Mais de nombreuses protestations déterminèrent la majorité de la Chambre à annuler l'élection. M. Peyrusse fut réélu, le 1er octobre suivant, par 8,111 voix (15,704 votants, 18,197 inscrits), contre 7,509 à M. J. David. Il soutint le gouvernement du Seize-Mai dans les 363, fut soutenu à son tour par ce gouvernement, comme candidat officiel le 14 octobre 1877, et obtint sa réélection par 8,253 voix (15,924 vo-

tants et 18,555 inscrits), contre 7,555 à M. Jean David. Invalidé de nouveau, il se représenta le 7 avril 1878, et échoua cette fois avec 7,714 voix contre 8,661 à M. David. Mais le rétablissement du scrutin de liste ramena M. Peyrusse au parlement. Porté, le 4 octobre 1885, sur la liste conservatrice du Gers, il fut élu, le 4e et dernier, par 45,524 voix (73,309 votants, 90,673 inscrits). Il reprit sa place à droite, dans le groupe bonapartiste, vota *contre* les ministères républicains de la législature, déposa et défendit un projet de réforme de l'impôt foncier tendant à en faire un impôt de quotité au lieu d'un impôt de répartition, et se prononça, dans la dernière session, *contre* le rétablissement du scrutin d'arrondissement (11 février 1889), *pour* l'ajournement indéfini de la revision de la Constitution, *contre* les poursuites contre trois députés membres de la Ligue des patriotes, *contre* le projet de loi Lisbonne restrictif de la liberté de la presse, *contre* les poursuites contre le général Boulanger.

PEYRUSSET DE LA ROCHETTE (ANTOINE-ELIE), député de 1815 à 1818, né à la Rochelle (Charente-Inférieure) le 8 novembre 1761, mort à Nantes (Loire-Inférieure) le 31 décembre 1818, armateur à Nantes, fut élu député du grand collège de la Loire-Inférieure, le 22 août 1815, par 84 voix (162 votants, 212 inscrits), et fut réélu, le 4 octobre 1816, par 83 voix (162 votants, 204 inscrits). En 1815, il fit partie de la majorité ultra-royaliste et siégea obscurément au côté de droit 1816 à 1818. Il ne fit pas partie d'autres assemblées.

PEYSSARD (JEAN-PASCHAL-CHARLES), membre de la Convention, né à Périgueux (Dordogne) en 1740, mort à Périgueux en 1804, servit comme officier d'infanterie dans les armées du roi, en Allemagne et en Amérique. Il était garde du corps et chevalier de Saint-Louis, quand éclata la Révolution, dont il embrassa la cause avec ardeur. Nommé maire de Périgueux (1790), il fut élu, le 7 septembre 1792, député du département de la Dordogne à la Convention, le 6e sur 10, par 460 voix (645 votants). Il vota la mort du roi, sans appel ni sursis, en disant : « Je trouve dans ma conscience que Louis a mérité la mort. Je prononce la mort. » Après une mission près de l'armée du Nord, au cours de laquelle il fit procéder à de nombreuses arrestations, il fut choisi pour secrétaire par l'assemblée, fit un rapport sur Ganain, serrurier et constructeur de l'armoire de fer, que Louis XVI était accusé d'avoir empoisonné, se montra dévoué au parti de Robespierre et des Jacobins, et, commissaire près l'Ecole de Mars, tenta de la faire marcher au 9 thermidor contre la Convention. Resté fidèle à la Montagne, il se vit en butte aux dénonciations des vainqueurs. Bourdon de l'Oise et Tallien l'ayant désigné comme un des chefs de l'insurrection de prairial an III, à laquelle il avait applaudi dans la salle même de la Convention, Peyssard fut arrêté et se défendit en alléguant « que ses missions n'avaient encore soulevé aucune plainte, et, qu'à la sévérité commandée par les circonstances, il avait sans cesse allié la pitié et l'humanité qu'il portait toujours dans son cœur. » Condamné à la déportation, il bénéficia de l'amnistie du 4 brumaire. En fructidor an V, il devint administrateur de la Dordogne; mais ses idées avancées le firent bientôt destituer, et il ne prit plus aucune part aux affaires publiques.

PEYTRAL (Paul-Louis), député de 1881 à 1889, ministre, né à Marseille (Bouches-du-Rhône) le 20 janvier 1842, fit ses études au lycée de Marseille, et vint se faire recevoir pharmacien à Paris. De retour dans sa ville natale, il dirigea pendant plusieurs années une importante maison de produits pharmaceutiques, et débuta dans la vie politique comme conseiller municipal républicain de Marseille (1876). Adjoint au maire, il fut révoqué par le gouvernement du Seize-Mai, auquel il fit une vive opposition, devint, en 1880, conseiller général des Bouches-du-Rhône, et se présenta, le 21 août 1881, comme candidat radical à la Chambre des députés dans la Ire circonscription de Marseille, qui l'élut, au second tour de scrutin (4 septembre), par 5,022 voix (9,269 votants, 15,922 inscrits), contre 1,699 à M. Paul Durand, 1,499 à M. Pierre Roux, et 805 à M. François Durand. M. Peytral donna sa démission de conseiller général et s'assit à l'extrême-gauche de la Chambre. Il se prononça avec ce groupe, *contre* la politique de M. J. Ferry, *contre* les crédits du Tonkin, mais traita spécialement les questions de l'ordre économique et financier : c'est ainsi qu'il intervint, dans les discussions sur les céréales et sur le régime des sucres, avec des opinions nettement libre-échangistes. Porté, aux élections du 4 octobre 1885, sur la liste républicaine radicale des Bouches-du-Rhône, il fut élu, au ballottage, député de ce département, le 1er sur 8, par 56,173 voix (93,426 votants, 139,346 inscrits.) Il sembla alors se rapprocher du gouvernement, et se décida à adopter les crédits réclamés pour le Tonkin par le cabinet Brisson. Devenu « ministrable », il fut appelé, le 7 janvier 1886, par M. de Freycinet au poste de sous-secrétaire d'Etat au ministère des Finances, dont M. Sadi Carnot était alors titulaire. A ce titre, M. Peytral prit une part active à un grand nombre de discussions spéciales, obtint du parlement l'augmentation de la pension de retraite des agents du service actif des douanes, et donna sa démission en novembre 1886, son traitement de sous-secrétaire d'Etat n'ayant été voté qu'à une infime majorité. Nommé vice-président, puis président de la commission du budget (1887), il annonça l'intention d'aborder l'étude des réformes fiscales, parut fréquemment à la tribune au cours de la discussion générale de la loi de finances pour soutenir les idées de la commission, et fut bientôt mis à même de les appliquer, comme titulaire du portefeuille des Finances dans le cabinet Floquet (3 avril 1888). Comme tel, il commença par demander au parlement (juin) de reporter le point de départ de l'année financière au 1er juillet ; la Chambre y consentit, mais le Sénat refusa de sanctionner cette décision. Le ministre songea alors à déposer une série de projets de loi spéciaux, tendant à rendre les taxes plus proportionnelles aux charges des contribuables (octobre-novembre) : il réclama en conséquence : 1° la modification de l'assiette des prestations; 2° la modification du régime fiscal en matière de transmission d'usufruit et de nue-propriété, et la limitation au sixième degré de la vacation héréditaire ; 3° la réforme de l'impôt des boissons et l'abolition des droits d'entrée; 4° une répartition nouvelle de la contribution personnelle mobilière ; 5° l'établissement d'un impôt général sur le revenu déterminé d'après les déclarations faites par les contribuables à la mairie et examinées par une commission d'évaluation dans chaque commune, par une commission supérieure dans chaque arrondissement. De ces cinq projets, seul le projet d'impôt sur les boissons fut examiné par une commission spéciale, qui se montra en majorité favorable à son adoption. Mais l'idée d'un impôt sur le revenu souleva une opposition extrêmement vive : la commission compétente fut presque unanime à le rejeter. Le ministre des Finances fit encore approuver par le conseil des ministres un projet rattachant directement la comptabilité de chaque ministère à la direction de la comptabilité publique. Le cabinet Tirard, qui succéda, le 22 février 1889, au cabinet Floquet, ne donna aucune suite aux propositions de M. Peytral. Le député des Bouches-du-Rhône s'est prononcé, dans la dernière session, *pour* le rétablissement du scrutin d'arrondissement (11 février 1889), *contre* l'ajournement de la révision de la Constitution (chute du cabinet Floquet dont il faisait partie), *pour* les poursuites contre trois députés membres de la Ligue des patriotes, *contre* le projet de loi Lisbonne restrictif de la liberté de la presse, *pour* les poursuites contre le général Boulanger.

PEZENAS. — *Voy* Pluvinal (baron de).

PEZERAT (Philibert), représentant du peuple en 1848, né à Pressy-sous-Dondin (Saône-et-Loire) le 13 septembre 1789, mort à Poisson (Saône-et-Loire) le 21 décembre 1871, médecin à Charolles depuis 1811, propriétaire agriculteur, appartint sous le gouvernement de Louis-Philippe à l'opposition radicale. Elu, le 23 avril 1848, représentant de Saône-et-Loire à l'Assemblée constituante, le 8e sur 14, par 104,369 voix (131,092 votants, 136,000 inscrits), il fit partie du comité de l'agriculture et du commerce, déposa une proposition de loi sur la participation du fermier sortant aux améliorations exécutées par lui sur l'immeuble, et vota *pour* le bannissement de la famille d'Orléans, *contre* les poursuites contre L. Blanc et Caussidière, *pour* l'abolition de la peine de mort, *contre* l'impôt progressif, *pour* l'incompatibilité des fonctions, *pour* l'amendement Grévy, *contre* la sanction de la Constitution par le peuple, *pour* l'ensemble de la Constitution, *contre* la proposition Rateau, *contre* l'interdiction des clubs, et *contre* l'expédition de Rome. Conseiller général de Charolles depuis 1848, il ne fut pas réélu à la Législative, et reprit à Charolles ses occupations médicales et agricoles. Condamné à la déportation, en raison de ses opinions républicaines, au coup d'Etat de 1851, il rentra à l'amnistie de 1859, et se présenta comme candidat de l'opposition au Corps législatif. Aux élections du 1er juin 1863, il échoua avec 1,189 voix contre 16,322 à l'élu M. de Chizeuil, et 3,272 à M. La Guiche, et renonça à la vie politique.

PEZOUS (Jean-Pierre), député en 1789, et au Conseil des Anciens, né le 13 août 1758, mort à Albi le 29 décembre 1841, était avocat dans cette ville. Le 20 mars 1789, il fut élu député du tiers aux Etats-Généraux par la sénéchaussée de Castres. Il opina avec les réformateurs les plus modérés. Juge à Albi le 25 vendémiaire an IV, il fut envoyé (25 germinal an VI) au Conseil des Anciens par le département du Tarn; il se montra favorable au coup d'Etat de Bonaparte, fut nommé, le 4 prairial an VIII, juge au tribunal civil d'Albi, conserva ces fonctions pendant toute la durée de l'Empire et reçut de l'avancement sous la Restauration, qui le fit (20 février 1816) président du même tribunal. Il rentra dans la vie privée à la révolution de 1830.

PFLIEGER (Jean-Adam), député en 1789, membre de la Convention, député au Conseil des Cinq-Cents, né à Altkirch (Haut-Rhin) le 21 janvier 1744, mort à Paris le 8 févr'er 1801, était cultivateur, quand il fut élu, le 4 avril 1789, député du tiers aux Etats-Généraux par le bailliage de Belfort et Huningue. Il prêta le serment du Jeu de paume, fit partie du comité des domaines, et vota avec la majorité de la Constituante. Nommé, après la session, maire de sa ville natale, il représenta à la Convention le département du Haut-Rhin qui l'avait élu, le 5 septembre 1792, le 5e sur 7, par 256 voix (387 votants). Il siégea à la Montagne, vota « pour la mort » dans le procès de Louis XVI, fit rendre un décret pour la destruction des loups, et fut envoyé en mission dans les Ardennes (septembre 1793). Il réclama, au nom de la tranquillité publique, contre les mesures prises contre le culte catholique, protesta (27 décembre) contre le nom de Port-de-la-Montagne donné à Toulon après la prise de la ville, « cette dénomination ne devant pas illustrer un repaire rempli de traîtres », et proposa le nom de Port-Affranchi, passa à l'armée du Rhin (février 1794) pour y organiser la cavalerie, inaugura à Châlons-sur-Marne le temple de la Raison, et fit arrêter des hébertistes à Nancy (21 thermidor) comme complices de Robespierre : l'un d'eux avait dit publiquement le 10 thermidor : « Encore deux jours et la bombe éclatera ! » Elu, le 21 vendémiaire an IV, député du Haut-Rhin au Conseil des Cinq-Cents, par 129 voix (249 votants), — il avait obtenu également la majorité dans la Meurthe — Pflieger en sortit le 20 mai 1798, et remplit ensuite les fonctions d'inspecteur général des postes aux chevaux.

PFLIEGER (Jean-Adam), député de 1834 à 1846, né à Altkirch (Haut-Rhin) le 1er décembre 1775, mort à Altkirch le 21 juillet 1846, fils du précédent, s'engagea comme volontaire, en 1793, dans le 1er chasseurs à cheval, et devint sous-lieutenant au 1er dragons et aide de camp du général Bayet à l'armée de la Moselle (25 pluviôse an III). Promu capitaine à l'armée du Rhin, il fut attaché à l'état-major du général Moreau jusqu'à la paix de Lunéville, et quitta alors le service militaire. Propriétaire, dans le Haut-Rhin, de domaines considérables qu'il exploita lui-même avec succès, il fut nommé, en 1807, maire d'Altkirch et conseiller général, doubles fonctions qu'il conserva jusqu'en 1815. Destitué par la seconde Restauration, il fut rendu à la vie publique par la révolution de 1830. De nouveau maire d'Altkirch, conseiller général, administrateur de la caisse d'épargne, ami de Dupont de l'Eure, il fut successivement élu député du 4e collège du Haut-Rhin (Altkirch), le 21 juin 1834, par 144 voix (156 votants, 231 inscrits); le 4 novembre 1837, par 107 voix (203 votants, 249 inscrits) ; le 2 mars 1839, par 167 voix (241 votants); le 9 juillet 1842, par 144 voix (276 votants, 305 inscrits) contre 108 à M. Prudhomme. Il siégea à la gauche constitutionnelle et vota *pour* les incompatibilités, *pour* l'adjonction des capacités, *contre* les fortifications de Paris, *contre* le recensement, *contre* l'indemnité Pritchard ; il était absent pour raisons de santé lors du vote sur la dotation du duc de Nemours. Il mourut dans les derniers jours de la législature.

PFLIEGER (Louis-Charles), représentant

en 1849, né à Altkirch (Haut-Rhin) le 7 novembre 1817, petit-fils du précédent, était horticulteur à Altkirch. Républicain avancé, il fut élu, le 13 mai 1849, représentant du Haut-Rhin à l'Assemblée législative, le 10e et dernier par 33,073 voix (118,335 inscrits) ; il s'associa à la protestation de Ledru-Rollin et de la Montagne contre le siège de Rome, signa l'appel aux armes, et se rendit, dans la journée du 13 juin 1849, au Conservatoire des Arts et Métiers. Il réussit à s'échapper avant l'arrivée de la troupe, gagna Bruxelles en voyageant sous le nom du représentant Prudhomme qui, après lui avoir donné asile quelques instants à Paris, lui avait prêté sa médaille et sa carte, et fut condamné par contumace à la déportation.

PHÉLINES (Louis-Jacques de), seigneur de Villiersfaux, député en 1789, né à Villiersfaux (Loir-et-Cher) le 1er septembre 1747, mort à une date inconnue, « fils de messire Louis de Phélines, écuyer, seigneur de Villiersfaux et autres lieux, et de dame Marie-Michelle-Anne-Charlotte de Saint-Meloir », appartint, sous l'ancien régime, aux armées du roi, comme capitaine au corps du génie. Elu, le 30 mars 1789, député de la noblesse aux Etats-Généraux par le bailliage de Blois, il se sépara un des premiers de la majorité de son ordre, et se réunit au tiers dès la constitution de l'Assemblée nationale. Membre des comités de vérification et des subsistances, il remplaça Target (2 février 1790) au comité de constitution, et fut adjoint au comité d'agriculture. Lors de la fuite du roi à Varennes, il fut envoyé à Landau et dans le Haut et le Bas-Rhin pour mettre les places fortes en état de défense (21 juillet 1791). De retour à l'Assemblée, il fit adopter un projet relatif à l'admission des élèves aux écoles d'artillerie et du génie, obtint diverses modifications à un décret sur le personnel de l'armée, et ne reparut plus sur la scène politique après la session.

PHILIBERT (Thomas), député en 1791, né à Saint-Julien-le-Montagnier (Var) le 10 janvier 1743, mort à Brignoles (Var) le 19 octobre 1804, homme de loi à Saint-Julien avant la Révolution, devint administrateur du département (1791), et fut élu, le 10 septembre de la même année, député du Var à l'Assemblée législative, le 4e sur 8, par 253 voix (485 votants). Il vota avec la majorité, présenta un projet relatif à l'échange des assignats, donna son opinion sur l'émission des billets de confiance, repoussa les inculpations dirigées contre le comité de liquidation, et devint plus tard, après le coup d'Etat de Bonaparte, sous-préfet de Brignoles (6 floréal an VIII). Il mourut dans ces fonctions.

PHILIBERT (Jules-Thomas), représentant du peuple en 1848, né à Saint-Julien-le-Montagnier (Var) le 6 juin 1799, mort à Aups (Var) le 18 janvier 1887, petit-fils du précédent, fit son droit à Aix, puis se fixa à Aups, dont il devint maire. Il y fit construire une salle d'asile, des greniers d'abondance et des écoles primaires. Conseiller général de son canton, républicain modéré, il fut élu, le 23 avril 1848, représentant du Var à l'Assemblée constituante, le 6e sur 9, par 30,466 voix (87,328 votants, 96,216 inscrits). Il fit partie du comité de l'administration, et vota *pour* le bannissement de la famille d'Orléans, *contre* les poursuites contre L. Blanc et Caussidière, *pour* l'abolition de la peine de mort, *contre* l'impôt progressif, *contre* l'incompatibilité des fonctions, *contre* l'amendement Grévy, *contre* la sanction de la Constitution par le peuple, *pour* l'ensemble de la Constitution, *pour* la proposition Rateau, *pour* l'interdiction des clubs, *pour* l'expédition de Rome. Il quitta la vie politique après la session.

PHILIPON (Edouard-Paul-Lucien), député de 1885 à 1889, né à Lyon (Rhône) le 8 janvier 1851, neveu du docteur Bonnet (*V. ce nom*) ancien sénateur de l'Ain, étudia le droit, suivit en même temps les cours de l'Ecole des Chartes, et se fit recevoir avocat puis docteur en droit. Inscrit au barreau de Paris (1880), il collabora au *Progrès de l'Ain*, journal républicain, entra bientôt dans la magistrature et fut successivement substitut du procureur de la République à Amiens (juillet 1880), et substitut du procureur de la République à Lyon (1882). Aux élections législatives du 4 octobre 1885, M. Philipon fut porté sur la liste républicaine opportuniste de l'Ain, et élu député, le 5e sur 6, par 42,733 voix (76,043 votants, 103,649 inscrits). Il siégea à gauche, fut rapporteur d'un projet de loi sur la propriété artistique et littéraire, et vota *pour* la politique scolaire et coloniale du gouvernement, *pour* l'expulsion des princes, et, dans la dernière session, *pour* le rétablissement du scrutin d'arrondissement (11 février 1889), *contre* l'ajournement indéfini de la revision de la Constitution, *pour* les poursuites contre trois députés membres de la Ligue des patriotes, *pour* le projet de loi Lisbonne restrictif de la liberté de la presse, *pour* les poursuites contre le général Boulanger. On a de M. Philipon quelques ouvrages juridiques, des études de philologie et des travaux historiques publiés dans la *Romania* et dans la *Revue de philologie française*, et un traité sur la propriété des modèles et dessins industriels. Membre de la Société littéraire, historique et archéologique de Lyon.

PHILIPPE (François-Jérôme), député au Conseil des Anciens, dates de naissance et de mort, inconnues, fut nommé administrateur du département du Léman, puis commissaire du Directoire exécutif près l'administration du même département, à sa création. Elu, le 23 germinal an VII, député du Léman au Conseil des Anciens, il en fut élu secrétaire (1er thermidor), parla sur l'organisation du notariat, contre le émigrés naufragés à Calais, sur la répression du brigandage, sur le compte décadaire de la situation de la France que devait publier le Directoire, pour l'annulation des élections de St-Domingue, etc. Exclu du Conseil, le 19 brumaire an VIII, au coup d'Etat de Bonaparte, il disparut de la scène politique.

PHILIPPE (Claude-Marie-Joseph), député au Conseil des Cinq-Cents et représentant aux Cent-Jours, né à Annecy (Haute-Savoie) le 23 janvier 1761, mort à Annecy le 26 janvier 1834, « fils de M. Joseph-Marie Philippe et de demoiselle André-Anne Pomel », était avocat à Annecy au moment de la Révolution. Nommé, après l'annexion de la Savoie à la République française, commissaire du pouvoir exécutif près le tribunal correctionnel d'Annecy, il fut élu, le 24 germinal an VII, député du Mont-Blanc au Conseil des Cinq-Cents, par 223 voix sur 301 votants. Philippe tint fidèlement le serment de fidélité qu'il avait prêté à la Constitution de l'an III; mais, affligé de surdité, il ne prit part que par ses votes aux discussions du Conseil. Hostile au coup d'Etat de brumaire, il fut exclu du corps législatif le lendemain, et inscrit pour la déportation. Il réussit à se cacher, et reprit ensuite sa place au barreau d'Annecy. Il y plaidait encore, quand, le 11 mai 1815, l'arrondissement d'Annecy le choisit pour représentant à la Chambre dite des Cent-Jours, par 32 voix sur 46 votants. Il rentra de nouveau au barreau d'Annecy après cette courte législature.

PHILIPPE (Jules-Pierre-Joseph), représentant en 1871, député de 1876 à 1888, né à Annecy (Haute-Savoie) le 30 octobre 1827, mort à Paris le 24 mars 1888, petit-fils du précédent, et petit-neveu d'un volontaire de 1792 tué à Lodi, commença ses études de droit à l'Université de Chambéry, mais les abandonna pour s'occuper de journalisme : il rédigea en 1848 le *National savoisien* qui demandait l'annexion de la Savoie à la France, fonda, en 1850, le *Moniteur savoisien*, et prit la direction d'une imprimerie et d'une librairie, où il publia des travaux historiques. Conseiller municipal d'Annecy de 1854 à 1870, il accueillit l'annexion de la Savoie à l'empire français (1860) sans enthousiasme, et fit, dans ses journaux, de l'opposition républicaine au gouvernement. Inspecteur départemental des établissements de bienfaisance de la Haute-Savoie (1862), il fonda, en 1868, un nouvel journal républicain : *Les Alpes*, et, se présenta, le 24 mai 1869, comme candidat d'opposition au Corps législatif, dans la 1re circonscription de la Haute-Savoie, où il échoua avec 11,450 voix contre 17,344 au député sortant, candidat-officiel réélu, M. Pissard. A la chute de l'Empire, le gouvernement de la Défense nationale le nomma préfet de la Haute-Savoie (6 septembre 1870). Elu, le 8 février 1871, représentant de ce département à l'Assemblée nationale, le 1er sur 5, par 31,078 voix sur 37,302 votants et 76,099 inscrits, M. Philippe se rendit à Bordeaux; mais l'Assemblée paraissant disposée à annuler son élection en raison de ses fonctions préfectorales, il donna sa démission de représentant, et revint à la préfecture d'Annecy, jusqu'à sa révocation au 24 mai 1873. Nommé, quelque temps après, préfet des Pyrénées-Orientales, il n'accepta pas ces fonctions, et il se représenta à la députation, le 20 février 1876, dans l'arrondissement d'Annecy, qui l'élut par 9,456 voix sur 17,285 votants et 22,229 inscrits, contre 6,415 à M. d'Anières et 1,391 à M. Brunier. Il prit place à gauche, et fut des 363. Réélu, comme tel, le 14 octobre 1877, par 11,223 voix, sur 18,709 votants et 22,728 inscrits, contre 7,484 à M. d'Anières, candidat du gouvernement du 16 mai, il reprit sa place à gauche, combattit le cabinet de Rochebouët, soutint le cabinet Dufaure et les ministères républicains qui suivirent, et vit son mandat renouvelé, le 21 août 1881, par 11,679 voix sur 13,817 votants et 22,721 inscrits, contre 700 à M. Dupont-Vieux et 503 à M. R. Girod. Il soutint la politique scolaire et coloniale du gouvernement, vota avec les opportunistes, et, porté le 4 octobre 1885, sur la liste républicaine de la Haute-Savoie, fut réélu député, le 3e sur 4, par 36,949 voix sur 59,651 votants et 77,569 inscrits. Il continua d'appuyer de ses votes les ministres au pouvoir, fut porté absent par congé lors du vote sur l'expulsion des princes, et mourut au cours de la législature. Membre des sociétés savantes de la région, secrétaire de la Société florimontane d'Annecy, M. Philippe a fondé la *Revue savoisienne*, et a publié : *Les gloires de la Savoie; Annecy et ses environs; Notice historique sur l'abbaye de Talloires* (186*9); Chronologie de l'histoire de la Savoie; Les princes-loups de Savoie; Réformez l'éducation; Origine de l'imprimerie en France* (1886), etc. Chevalier des Saints-Maurice et Lazare.

PHILIPPE-DELLEVILLE (Jean-François), membre de la Convention, député au Conseil des Cinq-Cents, né à Bayeux (Calvados) le 22 février 1740, mort à Sainte-Croix-sur-Mer (Calvados) le 31 août 1828, appartenait à la magistrature sous l'ancien régime. Nommé président du tribunal de Bayeux, il fut élu, le 9 septembre 1792, membre de la Convention par le département du Calvados, le treizième et dernier, avec 361 voix (605 votants); il opina avec les modérés, notamment, dans le procès du roi, *pour* la détention pendant la guerre et le bannissement à la paix. Partisan des Girondins, il fut décrété d'arrestation avec les 73. Il ne vint pas à la séance le jour où le décret d'arrestation fut rendu, continua de toucher son indemnité de député, alla voir, après le 9 thermidor, ses collègues enfermés au Luxembourg et aux Carmes, dîna avec Barère, et ne fut pas inquiété. Réintégré à la Convention le 18 frimaire an III, il s'associa à la réaction anti-jacobine, et proposa d'élever un monument « aux victimes de la tyrannie décemvirale ». Élu le 22 vendémiaire an IV, au Conseil des Cinq-Cents, comme député du Calvados, par 273 voix (392 votants), (il avait été élu également par quatre autres départements), il s'opposa au rétablissement de la loterie, fut secrétaire de l'assemblée, parla sur l'organisation de la marine, sur le mode de radiation des émigrés, sur les abus du divorce, fit ajouter au serment de « haine à la royauté », ces mots : « et à l'anarchie », et intervint dans plusieurs débats politiques importants. Il se montra surtout soucieux d'enrayer les mesures proposées contre les prêtres et les nobles, combattit l'institution d'une fête en l'honneur du 18 fructidor, présenta une motion en faveur de l'armée d'Italie, et quitta le Conseil en l'an VII. Président du tribunal du district de Bayeux, il fut promu par Bonaparte, le 22 germinal an VIII, juge au tribunal d'appel de Caen, titre qu'il échangea contre celui de conseiller à la cour impériale; il conserva ses fonctions à la cour royale sous la Restauration. Chevalier de la Légion d'honneur.

PHILIPPE-DELLEVILLE (Auguste-Charlemagne), député au Corps législatif de l'an XIII à 1810, né à Bayeux (Calvados) le 5 octobre 1770, mort à une date inconnue, de la même famille que le précédent, « fils de Thomas-Michel Philippe, chirurgien, et de Marie-Catherine Groult », remplit, en 1794, les fonctions d'agent garde-magasin au port de Morlaix. Réquisitionnaire en subsistances dans la 141e demi-brigade (1796), il devint ensuite conseiller général du Finistère, et fut élu par le Sénat conservateur (quatrième jour complémentaire de l'an XIII) député du Finistère au Corps législatif, où il siégea jusqu'en 1810. Il se rallia plus tard au gouvernement royal, et entra, le 1er février 1815, dans les bureaux du ministère de la Justice. Écarté de son emploi pendant les Cent Jours, il y fut réintégré le 1er juin 1816, fut nommé rédacteur au même ministère le 1er juillet 1821, sous-chef du bureau des cours et tribunaux le 18 janvier 1829, chef du premier bureau de la division du personnel le 9 octobre 1830, et prit sa retraite le 15 février 1837.

PHILLIPPEAUX (Pierre), membre de la Convention, né à Ferrières (Oise) le 9 novembre 1754, mort à Paris le 5 avril 1794, « fils de Pierre Philippeaux, mégissier, et de Marie Magdelaine Belière », était avocat au présidial du Mans avant la Révolution. Nommé, en 1790, juge au tribunal de district du Mans, il fut élu, le 5 septembre 1792, député de la Sarthe à la Convention, le 4e sur 10, par 298 voix (534 votants). Il prit une part active aux délibérations, demanda la rénovation des tribunaux et des administrateurs, l'institution d'un tribunal criminel sans jurés, proposa de décréter que Louis XVI serait jugé « sans désemparer », et, lors du jugement du roi, répondit au 2e appel nominal : « J'ai proposé moi-même au comité de législation le recours au peuple. Je croyais y apercevoir une tranquillité morale et politique ; depuis, la discussion m'a éclairé sur les dangers de cette mesure ; j'ai reconnu qu'elle est capable d'anéantir plutôt que d'affermir la souveraineté du peuple ; je dis non. » Au 3e appel nominal : « Comme juge, comme organe des lois, j'ai eu souvent la douleur de prononcer la peine de mort contre des malheureux qui n'étaient coupables que d'un seul crime que l'on pouvait attribuer aux vices de l'ancien régime. Les crimes de Louis sont beaucoup plus atroces que tous ceux contre lesquels la loi prononce la peine de mort. La seule politique des peuples libres, c'est la justice, c'est l'égalité parmi les hommes ; elle consiste, dans les circonstances actuelles, à effrayer les rois par un grand coup. Je vote *pour* la mort. » Attaché au parti de Danton, il fit la motion d'allouer 300,000 livres à quiconque livrerait Dumouriez, après la trahison de ce général. Il improuva la pétition des sections de Paris sur l'expulsion des 22 girondins, vota ensuite contre ceux-ci, et fut envoyé peu après en Vendée pour y réorganiser les administrations. De concert avec l'état-major de Nantes, il préconisa et inaugura un système de guerre en opposition avec celui des officiers et représentants réunis à Saumur ; c'était le système dit des « colonnes mobiles » destinées à agir à l'improviste et à organiser contre les rebelles une véritable chasse à l'homme. Au contraire, la « cour de Saumur », comme l'appelait ironiquement Philippeaux, recommandait une action plus lente et plus prudente. Le comité de salut public donna la préférence au système des colonnes mobiles; mais les Vendéens redoublèrent d'ardeur et de rapidité dans leurs mouvements, et infligèrent plusieurs échecs aux colonnes, échecs qui provoquèrent le rappel de Philippeaux. Il prétendit alors que ses adversaires, Rossignol et Ronsin, généraux de l'armée de la Rochelle, l'avaient desservi et s'étaient efforcés de faire échouer ses mesures; il se plaignit également des commissaires de la Convention. Dénoncé par les jacobins, poursuivi par les accusations d'Hébert, de Levasseur, de Choudieu, de Vincent, il fut déclaré traître à la patrie par les clubs populaires, et le 30 mars 1794, sur le réquisitoire de Saint-Just, qui l'accusa de trahison, d'avoir écrit en faveur de Roland et de l'appel au peuple, d'avoir demandé le renouvellement de la Convention, il fut arrêté comme complice de Danton. La faction des *Philippeautins* était alors des plus suspectes à la Montagne. Traduit devant le tribunal révolutionnaire, le 5 avril suivant, Philippeaux reconnut qu'il avait dénoncé le comité de salut public et dévoilé les trames des intrigants, et fut condamné à mort comme coupable de complicité « avec d'Orléans, Dumouriez, et autres ennemis de la République ». Il mourut avec courage. Après le 9 thermidor, la nouvelle majorité de la Convention décida, sur la motion de Merlin de Thionville, de réhabiliter sa mémoire (24 janvier 1795), et accorda des secours à sa veuve. Rossignol et Choudieu se sont appliqués l'un et l'autre à réfuter les considérations présentées par Philippeaux dans les *Mémoires historiques* qu'il publia sur la guerre de Vendée (1793).

PHILIPPOTEAUX (Jean-Baptiste-Onésime), représentant à la Chambre des Cent-Jours, né à Donchery (Ardennes) le 27 avril 1759, mort à une date inconnue, fils de Nicolas-Cosme Philippoteaux, et de Jeanne Raisin, négociant, occupa successivement, depuis 1789, les fonctions de conseiller municipal, d'administrateur du district de Sedan (1790), d'administrateur du département des Ardennes (1791), et de président du tribunal de commerce de Sedan (1794 à l'an XI). Le gouvernement consulaire l'appela, le 22 pluviôse an XI, au poste de sous-préfet de Sedan, qu'il conserva pendant toute la durée de l'Empire. Élu, le 10 mai 1815, représentant de l'arrondissement de Sedan à la Chambre des Cent-Jours, par 45 voix sur 76 votants, il renonça à la carrière politique après cette courte législature.

PHILIPPOTEAUX (Auguste), représentant en 1871, député de 1876 à 1885, né à Sedan (Ardennes) le 17 avril 1821, petit-fils du précédent, étudia le droit à Paris et se fit recevoir docteur (1844). Nommé juge suppléant au tribunal de sa ville natale, adjoint au maire (juillet 1852), maire de Sedan (1855), il se rallia en 1870 au gouvernement de la République, qui le confirma dans ses fonctions municipales, eut à faire face, en présence de l'ennemi, à une situation difficile, fut arrêté par ordre de l'autorité prussienne le 15 septembre 1870, placé comme otage sur les trains de chemin de fer, puis relâché peu après, et, le 8 février 1871, fut élu représentant des Ardennes à l'Assemblée nationale, le 4e sur 6, par 28,430 voix (57,130 votants, 90,265 inscrits). M. Philippoteaux prit place au centre gauche, vota *pour* les préliminaires de paix, fut un des signataires de la proposition Rivet qui donnait pour deux ans la présidence de la République à M. Thiers, soutint la politique de cet homme d'État au pouvoir, réclama (18 mars 1872) l'établissement d'un impôt national de 2 1/2 pour cent sur le capital mobilier et immobilier de la France pour la libération du territoire, appuya (7 avril 1873) le vote de 120 millions d'indemnité aux départements envahis, présenta (1873) une motion qui rendait inéligible à l'Assemblée nationale les militaires en activité de service, se prononça *contre* la chute de Thiers au 24 mai, *contre* le septennat, la loi des maires, l'état de siège, le ministère de Broglie, *pour* l'amendement Wallon, *pour* l'ensemble des lois constitutionnelles. Il fit partie de la commission de permanence de 1874 à 1875. Réélu, le 20 février 1876, député de l'arrondissement de Sedan, par 10,426 voix (13,773 votants, 17,447 inscrits), contre 3,168 à M. Prosper Henry, monarchiste,

il reprit sa place au centre gauche, et déposa, lors de la discussion de la proposition d'amnistie, un amendement tendant à établir une prescription particulière de cinq ans pour crimes et délits politiques relatifs à la Commune. Il fut des 363. Comme tel, il obtint le renouvellement de son mandat, le 14 octobre 1877, par 10,316 voix (15,557 votants, 17,602 inscrits), contre 5,188 à M. A. Robert, devint vice-président de la Chambre des députés, soutint les ministères républicains de la législature, se prononça *pour* le retour à Paris, *pour* l'invalidation de l'élection de Blanqui, appuya la politique opportuniste, et fut encore réélu député de Sedan, le 21 août 1881, par 7,768 voix (11,051 votants, 17,801 inscrits), contre 1,563 à M. Paul Dumarest. M. Philippoteaux donna son suffrage aux cabinets Gambetta et Ferry, aux crédits de l'expédition du Tonkin, et ne fut pas réélu aux élections de 1885. Chevalier de la Légion d'honneur (1862), officier (1871), officier d'académie, chevalier de Saint-Grégoire-le-Grand.

PIAT (Jean-Pierre, baron), sénateur du second empire, né à Paris le 6 juin 1774, mort à Paris le 12 avril 1862, s'engagea dans un bataillon de volontaires en 1792, servit à l'armée de Dumouriez, fut blessé à Nerwinde, et passa à l'armée de Sambre-et-Meuse, puis à l'armée d'Égypte, où il fut de nouveau blessé à la bataille d'Alexandrie. Commandeur de la Légion d'honneur le 15 prairial an XII et chef de bataillon, il fit les guerres d'Allemagne et d'Espagne, fut créé baron de l'empire le 16 décembre 1810, assista à la campagne de Russie comme colonel du 85e de ligne, et fut nommé général de brigade en 1813. En disponibilité à la Restauration, il fut mis à la retraite en 1824. Rentré dans le cadre d'activité en 1831, il fut placé à la tête des subdivisions du Var puis des Hautes-Alpes, et se retira à Nogent-sur-Marne en 1837. La tentative de Boulogne d'abord, puis la révolution de 1848, lui firent entrevoir la possibilité d'une restauration bonapartiste qu'il appelait de tous ses vœux. Il se mit aussitôt à l'œuvre et participa à la fondation des journaux populaires : *Le Napoléonien*, *le Petit Caporal*, *la Redingote grise*, destinés à répandre les idées du prince Louis-Napoléon. Il fut en outre le promoteur d'une Société (plus tard Société du Dix-Décembre) où entrèrent le maréchal Exelmans, le prince de la Moskowa, l'abbé Coquereau, Belmontet, Conneau, Ferdinand Barrot, Abbatucci, etc., qui prépara la quadruple élection du prince le 3 juin 1848, dans la Seine, l'Yonne, la Charente-Inférieure et la Corse, la quintuple élection du 17 septembre, et enfin l'élection présidentielle du 10 décembre. Grand-officier de la Légion d'honneur en 1850, le général Piat fut nommé sénateur le 27 mars 1852 : il siégea silencieusement à la Chambre haute jusqu'à sa mort.

PICARD (Jean-Jacques-François), représentant du peuple en 1848, né à Gadencourt (Eure) le 22 juin 1804, mort à Évreux (Eure) le 27 juillet 1849, d'une famille de modestes agriculteurs, fut obligé, orphelin à 15 ans, de gagner sa vie et celle de ses quatre frères et sœurs. Après s'être fait recevoir avocat à Caen, il devint, en 1830, agréé au tribunal de commerce d'Elbeuf, et retourna l'année suivante à Évreux où il acheta une étude d'avoué, qu'il revendit en 1840, pour raison de santé. Conseiller municipal d'Évreux en 1834, secrétaire de la Société d'agriculture, sciences, arts et belles-lettres de l'Eure, il reçut, en 1836, une médaille d'honneur de la Société de l'Industrie agricole de Paris pour son *Mémoire* sur l'*Emancipation agricole*. Il professa, pendant 4 ans, à l'Ecole normale d'Evreux, un cours de droit municipal, devint vice-président de la caisse d'épargne de cette ville, et publia un travail intéressant sur l'*Organisation de la charité publique en France, pour l'extinction de la mendicité*. Hostile à la politique de Louis-Philippe, il assista, avec Dupont de l'Eure, au banquet réformiste de Neubourg, où il prononça un éloquent discours. Nommé, à la révolution de 1848, commissaire du gouvernement provisoire dans l'Eure, il renonça à son traitement en faveur des pauvres et des ouvriers sans travail, et fut élu, le 23 avril 1848, représentant de l'Eure à l'Assemblée constituante, le 4e sur 11, par 75,774 voix (99,709 votants). Il fit partie du comité de la justice, et vota *pour* le bannissement de la famille d'Orléans, *contre* les poursuites contre L. Blanc, *pour* l'abolition de la peine de mort, *contre* l'incompatibilité des fonctions, *contre* l'amendement Grévy, *contre* la sanction de la Constitution par le peuple, *pour* l'ensemble de la Constitution, et donna sa démission le 21 mars 1849. Il mourut quatre mois après.

PICARD (LOUIS-JOSEPH-ERNEST), député au Corps législatif de 1858 à 1870, membre de la Défense nationale, ministre, représentant en 1871, sénateur de 1875 à 1877, né à Paris le 24 décembre 1821, mort à Paris le 13 mai 1877, étudia le droit au sortir du collège Rollin, se fit recevoir licencié (1844), puis docteur (1846), et s'inscrivit au barreau de Paris. Liouville, dont il épousa la fille un peu plus tard, favorisa ses débuts. La facilité de sa parole, la souplesse de son talent lui valurent bientôt une importante clientèle, à laquelle il se consacra entièrement pendant les premières années de l'Empire. Libéral à la façon de la bourgeoisie orléaniste, il manifesta peu de goût pour le régime issu du 2 décembre, se lia avec Havin et les hommes du *Siècle*, devint un des actionnaires de ce journal, fit partie de son conseil de surveillance, et contribua, en 1858, à constituer le comité chargé de désigner à Paris les candidats de l'opposition pour les élections complémentaires au Corps législatif : au refus de M. Peyrat, M. Ern. Picard accepta la candidature indépendante dans la 5e circonscription de la Seine, en remplacement de Carnot, démissionnaire par refus de serment : élu député, le 9 mai, par 10,404 voix (19,526 votants, 30,503 inscrits), contre 8,982 à M. Eck, candidat officiel, M. E. Picard donna aussitôt sa démission de membre du conseil de surveillance du *Siècle*, qui avait montré peu d'empressement à l'appuyer, et alla compléter à l'assemblée le petit groupe des « Cinq ». Il ne tarda pas à attirer par sa verve piquante l'attention de la Chambre et du pays. Le « spirituel député de la Seine », comme on l'appelait, se fit le tirailleur de l'opposition, et s'attacha, dans des discours pleins d'une humeur railleuse et légère qui plaisait surtout aux Parisiens, à traiter spécialement les questions de finance et d'administration. Il s'éleva avec force, en 1859, contre l'annexion de la banlieue à la capitale, et, le 1er juin 1863, fut réélu député par 17,044 voix (23,870 votants, 30,742 inscrits), contre 6,530 au général Perrot. Il maintint sa position à la Chambre, mena d'ardentes campagnes contre M. Haussmann, préfet de la Seine, réclama pour Paris un conseil municipal élu, revendiqua la liberté de la presse, et se sépara de M. Emile Ollivier, son ami personnel, lorsque celui-ci commença son évolution

vers le pouvoir. Multipliant les amendements, les demandes d'interpellation, il se signala aussi en maintes circonstances par la vivacité de ses interruptions. Le 28 mars 1864, M. d'Havrincourt ayant fait à la tribune l'apologie du coup d'Etat, M. Ernest Picard s'écria à sa place : « Le 2 décembre est un crime! » Ces paroles, qui soulevèrent les protestations de toute la droite, furent supprimées du compte-rendu officiel de la séance. M. Picard parla encore sur le choix des maires parmi les conseillers municipaux, sur la politique de l'Empire, sur le droit de réunion, sur le budget et les transformations de Paris, sur la situation faite aux usiniers par l'octroi, etc. En juin 1868, il devint avec son frère, M. Arthur Picard, et M. Ed. Portalis, un des fondateurs du journal l'*Electeur libre*, dont le premier numéro fut saisi. Aux élections du 24 mai 1869, le député de la 5e circonscription de la Seine fut réélu avec une très forte majorité, 24,444 voix (33,097 votants, 42,458 inscrits), contre 7,929 à M. Denière, et 280 à M. Lefrançais. Le même jour il était également élu dans la 1re circonscription de l'Hérault, par 15,798 voix (28,999 votants, 36,039 inscrits), contre 13,067 au député officiel, sortant, M. Pagézy. Il opta pour le département, afin de réserver à un membre de l'opposition l'élection à Paris. Dans la nouvelle Chambre, M. Picard vit diminuer le rôle qu'il avait joué jusque-là. Le Corps législatif se trouva divisé en plusieurs groupes, et l'opposition elle-même ne tarda pas à se partager en deux courants opposés, dont l'un, selon l'expression de M. Picard, voulut rester « l'aile droite de la gauche », admettant la possibilité de s'accommoder de l'Empire, par opposition à un parti irréconciliable qui formait la « gauche fermée ». M. Ernest Picard se fit le chef de la « gauche ouverte » dont les membres ne furent au'au nombre de dix-sept. Vers la même époque, il présenta un amendement important à la loi sur la responsabilité des fonctionnaires (23 mai 1869), amendement qui ne fut repoussé qu'à une majorité de 3 voix, et il demanda instamment la dissolution de la Chambre « issue des candidatures officielles et ne représentant plus l'opinion du pays ». A l'occasion du plébiscite (avril 1870), M. Picard et son groupe refusèrent de délibérer avec la gauche, se réunirent à part, et passèrent dès lors pour aspirer à succéder au pouvoir à M. Emile Ollivier. Le député de l'Hérault vota *contre* la déclaration de guerre à la Prusse. Devenu, au 4 septembre 1870, membre du gouvernement de la Défense nationale, et ministre des Finances, il contresigna, à ce titre, l'abolition de l'impôt du timbre sur les journaux et publications périodiques, non sans avoir protesté, dans le conseil, contre une mesure qui lui semblait contraire aux « intérêts du pouvoir ». Il fit aussi son possible pour que le nouveau gouvernement maintînt en fonctions les maires nommés par l'Empire. Le 7 septembre, il proposa de convoquer les conseils généraux ; le 21, il réclama contre l'allocation de 1 fr. 50 par jour à tous les gardes nationaux. Lorsque, au 31 octobre, les membres du gouvernement furent retenus prisonniers à l'Hôtel de Ville par les chefs du mouvement insurrectionnel, M. Picard parvint un des premiers à s'échapper, se rendit au ministère de la Guerre, fit jouer le télégraphe, organisa la résistance, et contribua à délivrer ses collègues. Le 25 janvier 1871, il accompagna Jules Favre à Versailles auprès de M. de Bismarck, pour traiter de la capitulation ; puis il s'occupa d'obtenir des banquiers de Paris les 200 millions de la contribution de guerre. Au scrutin du 8 février 1871 pour l'Assemblée nationale, M. Ernest Picard échoua à Paris, avec 39,000 voix sur 328,970 votants; mais il fut élu représentant dans deux départements : dans la Meuse, le 5ᵉ sur 6, par 19,914 voix (40,190 votants, 89,314 inscrits); et dans Seine-et-Oise, le 6ᵉ sur 11, par 20,739 voix (53,390 votants, 123,875 inscrits). Il opta pour la Meuse, se rendit à Bordeaux, et donna sa démission de ministre; mais il fut appelé aussitôt par Thiers à prendre le portefeuille de l'Intérieur dans le premier cabinet constitué par le nouveau chef du pouvoir exécutif (19 février 1871). M. Ernest Picard procéda à un remaniement préfectoral considérable, prit une part active aux mesures contre la Commune de Paris, et contre le soulèvement de plusieurs villes de province, et fut attaqué très vivement par le parti républicain avancé, en même temps que les membres royalistes de l'Assemblée nationale, auxquels il s'était efforcé pourtant de donner des gages, par exemple en proposant le rétablissement du cautionnement. Aussi fut-il obligé, après la défaite de la Commune, de donner sa démission de ministre ; il eut pour successeur M. Lambrecht (31 mai). Le 5 juin suivant, un décret de Thiers le nomma gouverneur de la Banque de France en remplacement de M. Rouland ; mais M. Picard refusa, préférant le poste de ministre de France à Bruxelles. Il quitta d'ailleurs fréquemment sa résidence, pour venir assister à Versailles aux séances de l'Assemblée. Membre du centre gauche, il se montra partisan de la politique de Thiers et de l'établissement d'une république constitutionnelle. Au 24 mai 1873, il se démit de ses fonctions de ministre plénipotentiaire, et fut remplacé, le 7 juin, par le baron Baude. Au mois d'août, il fut élu membre du conseil général pour le canton de Montiers-sur-Saulx (Meuse). Hostile à la politique du duc de Broglie, il vota presque constamment contre le ministère de «l'ordre moral », parla contre l'urgence de la loi des maires (8 janvier 1874), et contribua à sa chute. Sous le cabinet Cissey-de Fourtou, il dénonça à la tribune les menées bonapartistes ; puis il se prononça en faveur des propositions Périer et Malleville, vota pour l'amendement Wallon, pour l'ensemble des lois constitutionnelles, et fut membre de la dernière commission des Trente. Elu sénateur inamovible, le 10 décembre 1875, par l'Assemblée nationale, le 16ᵉ sur 75 (348 voix sur 699 votants), il fit partie du centre gauche de la Chambre haute et vota le plus souvent avec la minorité. Il mourut moins de deux ans après, à 56 ans.

PICARD (Eugène-Arthur), député de 1876 à 1885, né à Paris le 8 juillet 1825, frère du précédent, fit ses études au collège Rollin et à Juilly, et fut reçu avocat en 1846. Il dut à sa situation de riche propriétaire dans les départements du Gers, de Seine-et-Oise et des Basses-Alpes, et à la protection de son parent, M. de Persigny, d'être nommé successivement sous-préfet de l'Empire au Blanc (février 1852), à Forcalquier (1854), à la Palisse (1856), et quitta l'administration en 1859, après avoir protesté contre l'application de la loi de sûreté générale. Il contribua, avec son frère Ernest, à la fondation de l'Electeur (1868), brigua sans succès, en 1869, les suffrages des électeurs de la 4ᵉ circonscription de Paris, comme candidat indépendant au Corps législatif, et ne fut pas plus heureux, la même année, aux élections du conseil général dans le canton de Marly-le-Roi. Il

réunit alors le journal l'Electeur au Courrier des Deux Mondes de M. E. Portalis, et en fit un journal quotidien sous le nom d'Electeur libre (24 août 1870). Mais de vifs dissentiments avec M. Portalis l'obligèrent, dès le mois d'octobre suivant, à se séparer de lui. Le journal reparut sous sa direction personnelle jusqu'au 18 mars 1871. M. Picard échoua encore aux élections complémentaires du 2 juillet 1871 pour l'Assemblée nationale, dans les Basses-Alpes, avec 3,755 voix contre 14,212 à l'élu radical, M. Allemand, et 7,412 à M. Paulin Talabot ; il s'agissait de remplacer Thiers qui avait opté pour la Seine. M. Arthur Picard entra au parlement le 20 février 1876, comme républicain modéré, député de l'arrondissement de Castellane, il n'obtint que 2,169 voix (4,227 votants, 6,050 inscrits), contre 2,039 à M. Rabiers du Villars. Il s'inscrivit au centre gauche, et fut des 363. S'étant représenté, le 14 octobre 1877, après la dissolution de la Chambre, il n'obtint que 2,151 voix contre 2,341 à M. Rabiers du Villars, candidat officiel du gouvernement, élu. Mais cette élection fut invalidée, et un nouveau scrutin (27 janvier 1878) renvoya M. A. Picard à la Chambre, par 2,529 voix (4,202 votants, 5,943 inscrits), contre 1,653 à M. Rostand, monarchiste. Il soutint le gouvernement dans les rangs de la majorité opportuniste, fut encore réélu, le 21 août 1881, par 2,266 voix (4,153 votants, 5,845 inscrits), contre 1,807 à M. Rostand, et vota contre la séparation de l'Eglise et de l'Etat, pour les cabinets Ferry et Gambetta, pour les crédits de l'expédition du Tonkin. Candidat sénatorial au renouvellement triennal du 6 janvier 1885 dans les Basses-Alpes, il n'obtint que 55 voix sur 439 votants, et échoua encore aux élections législatives d'octobre suivant, avec une faible minorité.

PICARD (Arsène), député de 1876 à 1877, né à Carville (Calvados) le 23 novembre 1831, entra à l'Ecole polytechnique et en sortit officier d'artillerie ; mais il donna sa démission peu de temps après pour ne pas servir le second empire. Maire de Carville et père de famille, il fit la campagne de 1870 comme capitaine du génie. Conseiller général du canton de Beny-Bocage en octobre 1871, et président de la Société d'agriculture de Vire, il fut élu, le 20 février 1876, sur une profession de foi dans laquelle il se présentait, « par intérêt aussi bien que par conviction, comme défenseur de l'ordre, de la propriété et de la religion », et comme candidat constitutionnel, député de l'arrondissement de Vire par 7,477 voix (14,834 votants, 20,643 inscrits) contre 3,694 à M. Delafosse et 3,628 à M. de Larturière, Républicain modéré, M. Picard prit place au centre gauche, et fut l'un des 363 députés qui refusèrent, au 16 mai, le vote de confiance au ministère de Broglie. Après la dissolution de la Chambre, il échoua, le 14 octobre 1877, avec 8,403 voix contre 8,514 à l'élu, M. Delafosse, candidat du maréchal. Cette élection ayant été invalidée, M. Picard échoua de nouveau, le 7 juillet 1878, avec 8,198 voix contre 8,464 à l'élu, M. Delafosse, député sortant. M. Picard n'a pas reparu depuis dans les assemblées parlementaires.

PICARD DE LA POINTE (Charles), député en 1789, dates de naissance et de mort inconnues, était lieutenant de vénerie du roi à la Charité-sur-Loire, lorsqu'il fut élu, le 22 mars 1789, député du tiers aux Etats-Généraux par le bailliage de Saint-Pierre-le-Moutier (Nièvre). Il prit place dans la majorité de l'Assemblée, mais fut presque constamment en congé. Le *Moniteur* ne mentionne pas son nom.

PICART (ALPHONSE), représentant en 1873, député de 1876 à 1881, né à Bignicourt-sur-Saulx (Marne) le 8 novembre 1829, mort à Vitry-le-François (Marne) le 20 mai 1884, commença ses études au collège de Vitry-le-François, les termina à Paris au lycée Saint-Louis, entra à l'École normale supérieure (section des sciences) en 1850, fut reçu agrégé des sciences mathématiques en 1856 et docteur ès-sciences en 1863. Professeur au lycée Charlemagne, puis, en 1868, professeur de mathématiques spéciales, chargé, en 1872, du cours de calcul différentiel et intégral à la faculté des sciences de Poitiers, il fut élu, le 27 avril 1873, représentant de la Marne, en remplacement de M. Flye-Sainte-Marie démissionnaire, par 14,266 voix (76,518 votants, 111,539 inscrits), contre 25,146 à M. Boissonnet, 6,922 à M. Royer-Collard, et 4.281 à M. Barbat. Dans sa profession de foi, il avait dit : « Je ne suis ni conservateur opiniâtre, ni radical aveugle ; je veux une république sagement progressive. » Il prit place à la gauche républicaine, et vota *contre* la démission de Thiers, *contre* le septennat, *contre* l'admission des princes d'Orléans à titre définitif dans l'armée, *contre* le ministère de Broglie, *pour* les lois constitutionnelles. Réélu, le 26 février 1876, député de l'arrondissement de Vitry-le-François, par 7,130 voix (12,889 votants, 14,978 inscrits), contre 5,661 à M. de Felcourt, il fut l'un des 363 députés qui refusèrent le vote de confiance demandé par le ministère de Broglie. Réélu de nouveau, après la dissolution de la Chambre, le 14 octobre 1877, par 8,224 voix (13,119 votants, 15,154 inscrits), contre 4,796 à M. Léon Morillot, il continua de siéger à gauche, soutint la politique scolaire et coloniale du gouvernement, et ne se représenta pas aux élections de 1881. M. Picart fut admis à la retraite, comme chargé de cours de faculté, le 19 janvier 1882.

PICAS (HIPPOLYTE), représentant du peuple en 1848, né à Perpignan (Pyrénées-Orientales) le 6 décembre 1796, mort à Perpignan le 25 novembre 1861, fils d'un avoué de Perpignan, se fit inscrire au barreau de cette ville et devint conseiller municipal. Sous la Restauration, il défendit Armand Carrel, avec lequel il se lia ; sous Louis-Philippe, il plaida pour l'*Indépendant*, journal libéral avancé, et se fit un nom dans l'opposition libérale. Nommé, en 1848, commissaire du gouvernement provisoire à Perpignan, il calma, par son énergique attitude, une rixe imminente entre paysans et gardes nationaux, et fut élu, le 4 juin 1848, en remplacement de François Arago qui avait opté pour la Seine, représentant des Pyrénées-Orientales à l'Assemblée constituante, par 15,048 voix (17,847 votants) contre 1,106 à M. Victor Arago et 964 à M. de Genoude. Il fit partie du comité de législation, et vota *contre* les poursuites contre L. Blanc et Caussidière, *contre* l'abolition de la peine de mort, *contre* l'impôt progressif, *contre* l'incompatibilité des fonctions, *contre* l'amendement Grévy, *contre* la sanction de la Constitution par le peuple, *pour* l'ensemble de la Constitution, *contre* la proposition Rateau, *contre* l'expédition de Rome, *pour* la mise en accusation du président et des ministres. Depuis l'élection présidentielle du 10 décembre, il avait montré une hostilité particulière contre la politique du prince-président. Non réélu à la Législative, il rentra au barreau de Perpignan.

PICAULT (ANTOINE-AUGUSTE-MICHEL), député au Conseil des Anciens, membre du Tribunat, né à Paris le 15 novembre 1749, mort à Melun (Seine-et-Marne) le 16 février 1828, fils de Auguste-Toussaint Picault, receveur de l'ordre du Saint-Esprit, et de Catherine-Françoise Mesnard, étudia le droit, fut reçu avocat au parlement, et acheta la charge de procureur du roi en l'élection de Rozoy-en-Brie. Il devint juge des seigneuries des Chaumes et d'Armainvilliers, puis subdélégué de l'intendant, commissaire aux impositions. En 1787, lors des assemblées provinciales, il fut secrétaire de l'assemblée de Rozoy. Élu successivement procureur général syndic près l'administration départementale de Seine-et-Marne (1790) et président du tribunal criminel (1792), il fut envoyé, le 24 vendémiaire an IV, par le même département, au Conseil des Anciens, avec 196 voix sur 250 votants. Il devint secrétaire de cette assemblée, parla sur les biens des émigrés, sur diverses questions financières, sur les domaines congéables, et présenta à ses collègues un grand nombre de rapports, où il fit preuve de connaissances juridiques étendues. Réélu aux Anciens, le 26 germinal an VII, il fut envoyé en mission par les consuls dans la 12e division militaire (Charente-Inférieure, Deux-Sèvres, Vendée et Loire-Inférieure). Bonaparte l'admit ensuite au Tribunat (4 nivôse an VIII). Il y combattit (1801), dans certains détails, le projet d'établissement des tribunaux spéciaux, dont il vota le rejet. Au 20 août 1803, Picault fut secrétaire de cette assemblée. Lorsqu'il en sortit, en l'an XII, il fut nommé directeur des droits réunis dans le département de Seine-et-Marne. Démissionnaire en 1815, il devint conseiller de préfecture le 19 août de la même année, et remplit ces fonctions jusqu'à sa mort.

PICCIONI (VINCENT), député au Corps législatif de 1863 à 1870, né à Pino (Corse) le 19 août 1812, d'une ancienne famille de Corse, fit ses études au collège de Sorèze, son droit à Toulouse, et se fixa comme avocat à Bastia (1840). Bâtonnier de l'ordre, il dut se rendre aux îles Saint-Thomas à la sollicitation d'un vieil oncle, qui mourut peu de temps après son arrivée, en lui laissant une importante maison de commerce, dont il prit alors la direction. Il resta près de six ans dans cette colonie danoise, y remplit les fonctions de vice-consul de France, et ne rentra dans sa patrie qu'en 1852. Conseiller général de la Corse, maire de Bastia (1854), il se fixa, en 1861, dans les vastes propriétés qu'il avait achetées dans la Haute-Garonne, devint la même année conseiller général du canton de Revel, et fut élu député de la 3e circonscription de la Haute-Garonne, le 4 juin 1863, avec l'appui officiel, par 21,666 voix (28,913 votants, 36,602 inscrits), contre 6,953 à M. Marie. Réélu, le 24 mai 1869, par 16,523 voix (32,320 votants, 38,321 inscrits), contre 7,730 à M. Calès, 4,147 à M. de Peyre et 3,732 à M. de Brettes-Thurin, il siégea dans la majorité, et vota *pour* la guerre contre la Prusse. Il quitta la vie politique à la révolution du 4 septembre 1870. Chevalier de la Légion d'honneur (5 août 1859).

PICCON (LOUIS), représentant en 1872, né à Nice (Alpes-Maritimes) le 22 février 1804, mort à Nice le 3 mars 1889, étudia le droit, fut avocat, et devint professeur de droit à l'Université de Turin, puis député au parlement sarde. Avocat à Nice, après l'annexion de 1860, il fut nommé conseiller général des Alpes-Maritimes, et fut élu, le 8 février 1871, représentant de ce département à l'Assemblée nationale, le 3ᵉ sur 4, par 13,630 voix (29,928 votants, 61,367 inscrits). Il siégea à la gauche modérée, vota *pour la paix*, *contre* les prières publiques, s'abstint sur l'abrogation des lois d'exil, et se prononça *contre* la pétition des évêques, *contre* le service de trois ans, *contre* la chute de Thiers au 24 mai, *pour* le septennat. Une manifestation séparatiste, à laquelle fut mêlé M. Piccon dans le courant de l'année 1874, ayant vivement ému l'opinion publique, ce représentant fut obligé de donner sa démission, et fut remplacé, le 18 octobre 1874, par M. Médecin.

PICHEGRU (JEAN-CHARLES), député au Conseil des Cinq-Cents, né à Arbois (Jura) le 16 février 1761, mort à Paris le 5 avril 1804, fils de Pierre Pichegru et de Françoise Roumain, cultivateurs, qui le firent élever au collège des Minimes de sa ville natale, fit de bonnes études, devint répétiteur au collège de Brienne tenu par les mêmes religieux, et se destina à entrer dans cette congrégation; mais son ancien maître, le P. Patrault, lui conseilla la carrière militaire, et Pichegru s'engagea (1783) au 1ᵉʳ régiment d'artillerie à pied, où il devint rapidement adjudant. Plein d'ambition, il compta parmi les plus zélés partisans du nouvel ordre de choses, fréquenta les sociétés populaires, devint président du club de Besançon, et fut choisi pour chef par un bataillon des volontaires du Gard, qu'il disciplina avec habileté et à la tête duquel (1792) il rejoignit l'armée du Rhin. Les représentants en mission, frappés de ses qualités militaires, le nommèrent général de division (4 octobre 1793), et bientôt commandant en chef de l'armée. Après avoir fait sa jonction avec Hoche, qui commandait l'armée de la Moselle, il seconda les opérations de ce dernier et contribua aux victoires de Wissembourg, de Gemeinheim, de Spire, de Worms. Après l'arrestation de Hoche, Pichegru obtint le commandement des armées réunies du Rhin et de la Moselle (décembre 1793) et vint peu après à Paris où il fut comblé d'honneurs. Appelé au commandement de l'armée du Nord (7 février 1794), il y obtint de brillants et rapides succès, tournant les alliés, les déconcertant à force d'audace, et rompant par les brillants combats de Cassel, de Courtrai et de Menin une ligne jusque-là impénétrable; le 18 octobre 1794, il franchit la Meuse sans obstacle, à la tête de quarante mille hommes. Vers cette époque, il tomba malade et fut obligé de gagner Bruxelles; mais les opérations de l'armée n'en furent pas ralenties, malgré l'approche de l'hiver, les commissaires de la Convention ayant exigé la prompte exécution des ordres du comité de salut public. Pichegru s'empara de l'île de Bommel (27 décembre 1794), fit, le 19 janvier 1795, une entrée triomphante à Amsterdam, et bientôt la Zélande, les places du Brabant, La Haye, Rotterdam reçurent les troupes françaises. Cette étonnante campagne fut signalée par un véritable prodige : Pichegru avait envoyé dans la Hollande septentrionale des détachements de cavalerie et d'artillerie légère avec ordre de traverser le Texel, alors glacé, de s'approcher des vaisseaux de guerre hollandais qu'il savait y être enfermés, et de s'en emparer. C'était la première fois qu'on parlait de prendre une flotte avec de la cavalerie ; néanmoins cette manœuvre hardie réussit à

souhait. L'armée navale fut faite prisonnière sans combat. Pichegru allait réunir sous ses ordres les armées du Rhin et de la Moselle, lorsque éclata l'insurrection du 12 germinal an III; il se trouvait de passage à Paris : la majorité thermidorienne lui confia le commandement des troupes, et ce fut lui qui réprima l'insurrection. De retour à son poste, il franchit le Rhin, et s'empara de Manheim, mais ce fut le terme de ses succès. Pichegru n'avait pas repoussé des propositions faites au nom du prince de Condé, chef de l'émigration, et on le vit compromettre par une gaucherie inaccoutumée son armée et celle de Jourdan. Battu à Heidelberg, il se renferma dans Manheim, laissa l'ennemi écraser Jourdan, et continua ses négociations personelles par l'intermédiaire de Fauche-Borel et de quelques autres agents du prince, que dirigeait Roques de Montgaillard. Pichegru devait se réunir à l'armée de Condé, avec un corps d'élite, proclamer Louis XVIII et marcher sur Paris. En retour, on lui promettait le gouvernement de l'Alsace, le château de Chambord, un million en argent, 200,000 livres de rente, la terre d'Arbois, douze pièces de canon, le grand cordon rouge de Saint-Louis, celui de Saint-Esprit et la dignité de maréchal. En attendant, on lui envoyait jusqu'à 900 louis par mois. Le signal de l'action décisive devait être donné par une insurrection des sections royalistes de Paris contre la Convention et par une descente du comte d'Artois en Bretagne : l'insurrection parisienne échoua (5 octobre 1795), et le parti royaliste dut ajourner le renouvellement de ses complots. Cependant le Directoire, ayant eu vent de ces négociations, remplaça Pichegru par Moreau. Pichegru refusa l'ambassade de Suède, qui lui était offerte, et se retira à Arbois. Élu, le 23 germinal an V, député du Jura au Conseil des Cinq-Cents, par 283 voix sur 309 votants, il se vit, de la part des contre-révolutionnaires de l'assemblée, l'objet des manifestations les plus sympathiques : son nom fut applaudi à l'appel nominal, et il fut presque aussitôt porté à la présidence. Il provoqua la revision des lois militaires, présenta le plan d'organisation de la garde nationale, combattit la politique du Directoire qu'il accusa de mauvaise foi, présenta un projet sur la garde nationale, le fit adopter, et fut nommé membre de la commission des inspecteurs. Les princes continuaient à lui envoyer de l'argent ; une foule de chouans, d'émigrés rentrés, l'entouraient et le pressaient de tenter un mouvement : Pichegru promit tout, ne fit rien, et, au 18 fructidor, après que les projets de conspiration eurent été dévoilés, se laissa arrêter et remit son épée. Atteint par la loi du 19 fructidor, il fut conduit à Rochefort, embarqué pour Cayenne et relégué à Sinnamari, d'où il parvint à s'évader (juin 1798) à travers mille périls ; il aborda à Surinam, se rendit à Londres, fut bien accueilli par le gouvernement anglais, devint l'âme de tous les projets formés pour favoriser une restauration monarchique, aida de ses avis le général Korsakoff pendant la campagne de 1799, et eut de fréquentes entrevues avec le comte d'Entraigues. Enfin il organisa la conspiration dans laquelle trempèrent, avec Georges Cadoudal, les deux frères de Polignac, Armand et Jules, le marquis de Rivière et nombre d'autres complices subalternes ; trois débarquements successifs amenèrent les conjurés à Paris ; Pichegru vit Moreau et s'efforça de l'entraîner avec lui. Mais la police ne tarda pas à être mise en éveil. Cadoudal avait été pris, Bonaparte fit arrêter Moreau et Pichegru. Celui-ci fut livré pour cent mille écus par son ami intime, nommé Leblanc, et fut enfermé au Temple. Au moment où le procès allait s'ouvrir, on le trouva dans sa prison « le cou serré dans une cravate noire dans laquelle était passé un bâton d'environ quarante-cinq centimètres qui avait servi de tourniquet ; ce bâton avait été arrêté par un bout sur la joue où il faisait une ecchymose. » Le gouvernement annonça un suicide ; beaucoup crurent à un assassinat. A la Restauration, le gouvernement royal fit ériger un tombeau à Pichegru dans le cimetière de Sainte-Catherine (6 novembre 1815), et, le 27 février 1816, Louis XVIII ordonna qu'une statue lui serait élevée à Arbois ; mais on dut renoncer à ce projet, en présence des sentiments hostiles manifestés par les compatriotes du général.

PICHON (Alphonse-Jean-Marie), député de 1885 à 1889, né à Arnay-le-Duc (Côte-d'Or) le 10 août 1857, fit de bonnes études au lycée de Besançon, manifesta dès cette époque ses sentiments politiques en refusant de recevoir des mains du duc d'Aumale un prix de philosophie, et se prépara à l'Ecole normale supérieure ; mais, étant venu à Paris, il ne tarda pas à s'occuper très activement de politique, d'abord dans les cercles et les réunions d'étudiants, puis dans la presse républicaine de la nuance la plus avancée. Collaborateur de la *Commune affranchie*, puis de la *Révolution française*, journal fondé par M. Sigismond Lacroix, il fut, avec M. Clemenceau, en 1880, un des fondateurs de la *Justice*, où ses chroniques parlementaires et ses articles de fond furent remarqués. Il combattit avec talent la politique opportuniste, fut élu (août 1883) conseiller municipal de Paris pour le quartier de la Salpêtrière, et appartint, dans le conseil, au groupe de l'autonomie communale. Il se mêla fréquemment aux débats de l'Assemblée municipale, développa plusieurs interpellations, entre autres celle qui se termina par le vote d'un ordre du jour de blâme contre le préfet de police et ses agents au sujet d'une manifestation socialiste au Père-Lachaise, continua de collaborer régulièrement à la *Justice*, et se trouva désigné, aux élections législatives du 4 octobre 1885, comme un des principaux candidats du parti républicain radical dans le département de la Seine. Il fut élu, au second tour de scrutin (18 octobre), le 30e sur 34, par 281,103 voix (416,886 votants, 564,338 inscrits). M. S. Pichon siégea à l'extrême-gauche et vota constamment avec les membres de ce groupe qui suivirent l'inspiration de M. Clemenceau. Il débuta à la tribune par un élégant discours en faveur de la séparation de l'Eglise et de l'Etat (1886), demanda (janvier 1887) la suppression du budget des cultes, appuya (27 juin) la proposition Labordère tendant à la nomination du Sénat par le suffrage universel, reprit (octobre) la proposition abandonnée par M. Daynaud pour la conversion de la rente 4 0/0, fut rapporteur (février 1888) du budget de l'Intérieur, demanda, à cette occasion, la réduction des fonds secrets de deux millions à huit cent mille francs, défendit le ministère Floquet, prit une part énergique à la campagne antiboulangiste, et fut l'auteur de la proposition adoptée par les Chambres, en vertu de laquelle les candidatures multiples furent interdites pour les élections législatives de 1889. Il se prononça dans la dernière session *pour* le rétablissement du scrutin d'arrondissement (11 février 1889), *contre* l'ajournement indéfini de la revision de la Constitution, *pour* les poursuites contre trois députés membres de la Ligue des patriotes, *pour* le projet de loi Lisbonne restrictif de la liberté de la presse, *pour* les poursuites contre le général Boulanger.

PICOLLET (Claude), député au Corps législatif, de l'an XI à 1800, né à Chambéry (Savoie) le 25 juillet 1746, mort à une date inconnue, fut avocat à Chambéry, puis président du tribunal civil, et devint professeur de législation à l'Ecole centrale du département du Mont-Blanc et maire de Chambéry. Elu, le 27 brumaire an XI, par le Sénat conservateur, député du Mont-Blanc au Corps législatif, il siégea dans cette assemblée jusqu'en 1808. Successivement promu dans la magistrature, commissaire du gouvernement près le tribunal d'appel de Grenoble, et juge à ce tribunal, il échangea ce titre, le 17 avril 1811 contre celui de conseiller à la cour impériale de Grenoble. Il quitta ce poste à la Restauration.

PICOT. — *Voy.* Dampierre (marquis de).

PICOT. — *Voy.* La Peyrouse (de).

PICOT-DESORMEAUX (Marie-Jean-Charles, député de 1819 à 1822, et de 1831 à 1834, né à Parigné-l'Evêque (Sarthe) le 11 juillet 1765, mort à Cherré (Sarthe) le 27 août 1846, propriétaire à Parigné et maire de cette commune, fut élu, le 25 mars 1819, député du grand collège de la Sarthe, par 648 voix (1,051 votants, 1,490 inscrits), et prit place à gauche, parmi les libéraux constitutionnels. Dans la séance du 23 juin 1820, il fut un des dix-huit députés qui se levèrent contre l'ordre du jour proposé sur le rappel des bannis par M. Magniez-Grandpré. « Ce peu de mots mis à côté des noms d'un député, écrivait à ce propos un biographe libéral, ne vaut-il pas à la fois toutes les particules du côté droit ? M. Picot, plutôt petit que moyen, dans les proportions de sa taille, a l'air spirituel et fin. Son œil levé est interrogateur et fixe ; son amabilité a quelque chose d'ironique ; l'expression de sa pensée n'est pas toujours nettement affirmative, alors même qu'il paraît de votre opinion. L'antiphrase est une figure fort appropriée à son langage, et ses réponses équivoques rappellent souvent qu'il est manceau. Il élève rarement au-dessus de la tribune une tête grisonnante, et des cheveux épais qui semblent crêpés. » Sorti de la Chambre en 1822, il y fut rappelé par les élections du 5 juillet 1831, le 2e collège de la Sarthe (le Mans) lui ayant donné 120 voix (162 votants, 200 inscrits), contre 36 à M. Victor Thoré. Il siégea dans la majorité conservatrice avec laquelle il opina jusqu'en 1834 ; puis il rentra dans la vie privée. Membre du conseil général de la Sarthe.

PICOT-LACOMBE (Jacques), député au Conseil des Cinq-Cents, et au Corps législatif, né à Billom (Puy-de-Dôme) le 15 juin 1753, mort à Billom le 29 septembre 1815, « fils de Joseph Picot-Lacombe et de Marguerite Petit », entra en 1771 chez un procureur pour y apprendre le droit. Reçu avocat au parlement de Paris, il revint à Billom, et, partisan de la Révolution, fut nommé, en 1790, procureur-syndic du district. Il donna sa démission en

1793, et se fit, sous la Terreur, le défenseur des détenus politiques. Il sauva ainsi la vie à son beau-frère, M. Huguet de Billom, qu'il défendit avec tant de chaleur devant le tribunal révolutionnaire de Lyon, que le président lui dit : « Tu es un bon b..... d'avocat. » Elu, le 23 germinal an V, député du Puy-de-Dôme au Conseil des Cinq-Cents, par 253 voix sur 301 votants, il vit son élection annulée en fructidor, comme entachée de royalisme. Le gouvernement consulaire le nomma (28 floréal an VIII) commissaire près le tribunal civil de Clermont-Ferrand, titre qu'il échangea, en 1805, contre celui de procureur impérial à Riom. Le 18 février 1808, le Sénat conservateur le choisit comme député du Puy-de-Dôme au Corps législatif, où il siégea jusqu'en 1815. Confirmé dans ses fonctions judiciaires par Louis XVIII et nommé chevalier de la Légion d'honneur, M. Picot-Lacombe mourut peu de temps après, du chagrin que lui causa la perte de son fils tué à Waterloo.

PICQUÉ (JEAN-PIERRE), membre de la Convention et député au Conseil des Cinq-Cents, né à Lourdes (Hautes-Pyrénées) en 1750, date de mort inconnue, était « électeur à Lourdes », lorsqu'il fut élu, le 4 septembre 1792, député des Hautes-Pyrénées à la Convention, le 4e sur 6, par 159 voix (261 votants). Dans le procès du roi, il déclara opiner « pour la mort, après les hostilités cessées ». Il remplit ensuite une mission à l'armée des Pyrénées-Orientales. Réélu, le 22 vendémiaire an IV, député des Hautes-Pyrénées au Conseil des Cinq-Cents, par 86 voix (147 votants), il devint secrétaire de cette assemblée qu'il quitta en l'an VI. Il n'occupa plus dès lors aucune fonction publique, et, bien que ne tombant pas sous le coup de la loi du 12 janvier 1816 contre les régicides, il se hâta, à cette date, de partir pour Bruxelles, d'où l'on perd sa trace.

PICQUET (DENIS-FERDINAND), député en 1789, et au Conseil des Anciens, né à Bourg (Ain) le 26 octobre 1742, mort à Bourg le 21 février 1821, était avocat quand il fut élu, le 3 avril 1789, député du tiers aux Etats-Généraux par le bailliage de Bourg-en-Bresse. Il opina avec la majorité de l'Assemblée Constituante, et entra le 22 germinal an V au Conseil des Anciens comme député de l'Ain, élu par 112 voix (143 votants). Il s'y fit peu remarquer, adhéra au coup d'Etat de Bonaparte, et devint, le 19 germinal an VIII, président du tribunal civil de Bourg. Il remplit ces fonctions jusqu'à sa mort (1821). Chevalier de la Légion d'honneur.

PICTET (MARC-AUGUSTE, CHEVALIER), membre du Tribunat, né à Genève (Léman) le 23 juillet 1752, mort à Genève le 19 avril 1825, d'une famille d'érudits, s'adonna aux sciences naturelles, fut élève de Saussure, et participa aux premiers travaux de la Société des arts de Genève. Appelé (1786) à succéder à son maître dans sa chaire de philosophie, il la conserva jusqu'à sa mort, et fit partie (1798) de la députation chargée de négocier le traité de réunion à la France, d'acquitter les dettes de l'ancien gouvernement, et d'administrer les fonds destinés au culte et à l'instruction publique. Le 6 germinal an X, Bonaparte le nomma membre du Tribunat. Pictet vota pour le consulat à vie et pour l'empire héréditaire, fut nommé (1805-1814) inspecteur général de l'Université, et créé, le

12 août 1808, chevalier de l'Empire. A la chute de Napoléon, il reprit ses travaux scientifiques et ses cours, s'adonna spécialement à la météorologie, nivela une partie des routes de la France, et prit part à la détermination de la mesure du méridien. Il avait formé un riche cabinet de minéralogie qui fut acquis par sa ville natale. On a de lui : *Essai de physique* (1791); *Voyage de trois mois en Angleterre, en Ecosse et en Irlande* (1803), etc.; il avait inauguré en 1816 la publication d'un vaste recueil intitulé : *Bibliothèque universelle*.

PICTET DE SERGY (JEAN-MARC-JULES), dit DIADATI, député au Corps législatif de l'an VIII à 1805 et de 1810 à 1814, né à Genève (Suisse) le 15 juin 1768, mort à Genève le 18 juin 1825, « fils de Pierre Pictet de Sergy, et de Jacqueline-Françoise Buisson », entra dans la magistrature, et fut sous la domination française président du tribunal criminel du Léman. Elu, le 4 nivôse an VIII, par le Sénat conservateur, député de ce département au Corps législatif, il en sortit en 1805, y rentra le 10 août 1810, et siégea jusqu'aux traités de 1814, à laquelle il devint membre du conseil représentatif de Genève.

PIDANCET (JEAN-FRANÇOIS), député de 1845 à 1848, né à Montoy (Moselle) le 20 septembre 1795, mort à Novéant (Moselle) le 26 avril 1870, fit sa carrière dans la magistrature, et fut, sous la Restauration, procureur du roi, puis juge au tribunal de Metz. Conseiller à la cour royale de Metz en 1841, administrateur des hospices et de la caisse d'épargne de cette ville, membre du conseil supérieur de l'instruction publique, conseiller général du département de 1841 à 1846, chevalier de la Légion d'honneur en 1843, il fut élu, le 8 novembre 1845, député du 3e collège de la Moselle (Metz), en remplacement de M. Roux décédé, par 258 voix (426 votants) contre 138 à M. Charpentier, et fut réélu, le 1er août 1846, par 246 voix (406 votants, 467 inscrits), contre 123 au comte de Pange. M. Pidancet prit place parmi les conservateurs ministériels. Il vota contre la proposition sur les députés fonctionnaires. Rendu par la révolution de 1848 à ses fonctions judiciaires, il fut admis à la retraite, comme président de chambre, le 11 novembre 1865.

PIDOUX (MARIE-LOUIS-VICTOR), représentant en 1849, né à Orgelet (Jura) le 20 mars 1807, mort le 25 septembre 1879, étudia le droit et se fit inscrire au barreau de Besançon. D'opinions conservatrices et monarchistes, il fut élu (13 mars 1849), le 6e et dernier, représentant du Doubs à l'Assemblée législative, par 21,501 voix (52,664 votants, 81,875 inscrits). Il siégea à droite et appartint à la majorité qui vota l'expédition de Rome, la loi Falloux-Parieu sur l'enseignement, la loi restrictive du suffrage universel. Rentré au barreau sous le second empire, il se présenta de nouveau à la députation, le 2 juillet 1871, lors du scrutin complémentaire motivée dans le Doubs par l'option de deux représentants pour d'autres départements; mais il n'obtint, comme candidat à l'Assemblée nationale, que 15,188 voix (53,975 votants).

PIÉDOU D'HÉRITOT (LOUIS-FRANÇOIS, COMTE), député au Conseil des Anciens, né à Caen (Calvados) le 28 avril 1742, mort à Caen le 21 décembre 1836, avait appartenu aux armées du roi et avait le grade de chef d'escadron, lorsqu'il fut élu (22 germinal an V) député du Calvados au Conseil des Anciens, par 353 voix (401 votants). Son élection fut annulée au 18 fructidor comme entachée de royalisme, et Piélou d'Hérilot fut arrêté à la suite de cette journée. Mais il fut remis en liberté presque aussitôt par le Directoire, et ne reparut plus sur la scène politique.

PIÉGAY (Jean-François), représentant à la Chambre des Cent-Jours, né à Lyon (Rhône) le 24 mars 1766, mort à une date inconnue, fils d'Antoine Piégay, bourgeois de Lyon, et d'Anne-Marie Reverchon, était fabricant à Saint-Etienne et maire de cette ville. Il avait rempli les fonctions d'administrateur du département de Rhône-et-Loire pendant la période révolutionnaire. Le 16 mai 1815, il fut élu représentant de l'arrondissement de Saint-Etienne à la Chambre des Cent-Jours, par 30 voix (35 votants) contre 5 au baron de Colombier, ex-préfet. Sa carrière politique prit fin avec cette courte session.

PIENNES (Eugène-Emmanuel-Ernest Halwin, marquis de), député au Corps législatif de 1868 à 1870, né à Périers (Manche) le 20 janvier 1825, descendait d'une ancienne famille à laquelle appartint Jeanne de Halluin, demoiselle de Piennes, une des filles d'honneur de Catherine de Médicis. Propriétaire, et maire de Périers, conseiller général de la Manche, il s'attacha au parti bonapartiste, devint chambellan de l'impératrice, et fut élu, avec l'appui du gouvernement, le 7 novembre 1868, député au Corps législatif dans la 3e circonscription de la Manche, par 24,707 voix (24,870 votants, 35,931 inscrits), en remplacement de M. Brohier de Littinière décédé. La validation de cette élection fut combattue (janvier 1869) par M. Bethmont; mais la Chambre décida qu'un chambellan n'était pas un fonctionnaire, parce qu'il ne recevait aucun traitement du trésor. Le marquis de Piennes fit partie de la droite dynastique, obtint sa réélection le 24 mai 1869, par 28,285 voix (28,553 votants, 37,063 inscrits), vota *pour* la déclaration de guerre à la Prusse, et rentra dans la vie privée au 4 septembre. Chevalier de la Légion d'honneur.

PIÉRON (Charles-Philippe René), député de 1834 à 1848, représentant en 1848, né à Arras (Pas-de-Calais) le 27 février 1796, mort à Paris le 4 août 1857, fit ses études aux collèges d'Amiens et de Lille. Reçu avocat en 1821, il entra l'année suivante, dans la magistrature comme conseiller-auditeur à la cour royale de Douai. Substitut du procureur général en 1828, il se trouva à la tête du parquet lors de la révolution de 1830, « le procureur général, les présidents et juges, dit une biographie, ayant soudainement disparu. » L'adhésion de M. Piéron au gouvernement de Louis-Philippe le fit nommer (1833) conseiller à la cour de Douai; peu de temps après, à la mort de son beau-père, M. Degouve-Denuncques, député du 3e collège du Pas-de-Calais (Saint-Pol), il se présenta (7 novembre 1833) pour lui succéder, mais il échoua avec 130 voix contre 168 à l'élu, M. Dussaussoy. Il fut plus heureux aux élections générales du 21 juin 1834, et fut élu député du même collège par 165 voix (320 votants, 398 inscrits) contre 150 au député sortant. Il appartint jusqu'à la fin du règne à l'opposition dynastique, suivit en toute circonstance les inspira-

tions d'Odilon Barrot, vota notamment *pour* la proposition Rémusat sur les fonctionnaires, et obtint successivement sa réélection comme député : le 4 novembre 1837, par 219 voix (410 votants, 481 inscrits); le 2 mars 1839, par 290 voix (395 votants) ; le 9 juillet 1842, par 259 voix (465 votants, 534 inscrits), contre 146 à M. de Ramecourt et 59 à M. Dussaussoy, et le 1er août 1846, par 277 voix (491 votants, 532 inscrits), contre 207 à M. de Ramecourt. Entre temps, il avait été élu membre du conseil général du Pas-de-Calais qu'il présida en avril 1848. Pendant la dernière législature, il représenta seul l'opposition parmi les députés du Pas-de-Calais. Partisan de la réforme électorale, il présida lui-même le banquet réformiste d'Annezin. « Il passait, écrit un biographe parlementaire, pour un des députés de la gauche les plus exacts et les plus sévères dans l'accomplissement de leurs devoirs; c'est à lui qu'on a dû longtemps de connaître les votes de chacun des membres de la Chambre après chaque scrutin important; il en dressait la liste et les livrait à la publicité. » Au lendemain de la révolution de février, Crémieux, ministre de la Justice, appela M. Piéron au poste de conseiller à la cour d'appel de Paris ; mais ce fut grâce à l'appui du parti conservateur qu'il fut élu, le 22 avril 1848, le 1er sur 17, et par 130,207 voix (161,957 votants, 188,051 inscrits), représentant du Pas-de-Calais à l'Assemblée constituante. M. Piéron vota le plus souvent avec la droite de l'Assemblée, *pour* le rétablissement du cautionnement et de la contrainte par corps, *pour* les poursuites contre Louis Blanc et Caussidière, *contre* l'abolition de la peine de mort, *contre* l'amendement Grévy, *contre* le droit au travail, *contre* la réduction de l'impôt du sel, *contre* l'amnistie, *pour* l'interdiction des clubs, *pour* les crédits de l'expédition de Rome. Il avait repoussé avec la gauche la proposition Rateau le 12 janvier 1849. Rallié au gouvernement présidentiel de L.-Napoléon Bonaparte, puis à l'Empire, il conserva jusqu'à sa mort son siège de conseiller à la cour de Paris. Chevalier de la Légion d'honneur.

PIÉRON-LEROY (Jules-Henri-Joseph), député au Corps législatif de 1863 à 1869, né à Arras (Pas-de-Calais) le 18 avril 1802, mort à Arras le 2 mars 1884, industriel dans sa ville natale, se présenta, comme candidat indépendant au Corps législatif, le 4 juin 1863, dans la 1re circonscription du Pas-de-Calais, et fut élu député par 15,444 voix (25,086 votants et 30,231 inscrits) contre 9,550 à M. Plichon, ancien représentant, candidat officiel. Il vota avec le tiers-parti, fit une opposition modérée au gouvernement, et ne fut pas réélu en 1869. Après la chute de l'Empire, il réunit, le 8 février 1871, 36,060 voix seulement sur 149,532 votants, et resta depuis lors étranger à la politique.

PIERRE-ALYPE (Louis-Marie), député de 1881 à 1889, né à Saint-André (île de la Réunion) le 24 février 1846, collabora, jeune encore, à la *Réforme*, à la *Cloche*, au *Siècle*, fit partie du cabinet de Gambetta pendant la guerre, puis devint directeur-fondateur du *Journal d'Outre-mer* (1872), et se signala par son opposition au gouverneur des Indes françaises, M. Drouet. Élu, le 25 septembre 1881, député des Indes par 30,500 voix (31,041 votants, 65,305 inscrits) contre 463 à M. Godin, il siégea à la gauche radicale, parla (mars 1884) en faveur des droits de la France sur Madagascar, appuya (4 mai 1885) le projet de loi sur la relégation des récidivistes, e soutint la politique scolaire et coloniale du gouvernement. Réélu, le 11 octobre 1885, par 26,122 voix (35,926 votants, 63,412 inscrits), contre 9,738 à M. Rouvier, il reprit sa place à l'extrême-gauche, dont il fut secrétaire, soutint les ministères républicains de la législature, vota l'expulsion des princes, parla (29 novembre 1886) en faveur des crédits demandés pour le Tonkin, et se prononça, dans la dernière session, *pour* le rétablissement du scrutin d'arrondissement (11 février 1889), *contre* l'ajournement indéfini de la revision de la Constitution, *pour* les poursuites contre trois députés membres de la Ligue des patriotes, *contre* le projet de loi Lisbonne restrictif de la liberté de la presse, *pour* les poursuites contre le général Boulanger.

PIERRES (ÉTIENNE-STÉPHANE, BARON DE), député au Corps législatif de 1863 à 1870, né à Chinon (Indre-et-Loire) le 7 juin 1818, mort à Bretignolles (Mayenne) le 9 février 1876, était premier écuyer de l'impératrice, conseiller général du canton de Saint-Aignan-sur-Roë et chevalier de la Légion d'honneur, lorsqu'il fut élu, le 1er juin 1863, député au Corps législatif dans la 3e circonscription de la Mayenne, par 11,464 voix (19,634 votants, 26,445 inscrits), contre 8,041 à M. Ernest Guibourg. Il siégea dans la majorité dynastique, fut promu officier de la Légion d'honneur le 16 août 1864, et fut réélu député, le 24 mai 1869, au second tour seulement, par 13,753 voix contre 7,629 à M. Andral (21,497 votants, 26,501 inscrits). Il donna alors sa démission de chambellan, fut nommé chambellan honoraire, vota *pour* la guerre contre la Prusse, et quitta la vie politique à la révolution du 4 septembre 1870.

PIERRET (JEAN-FRANÇOIS), député en 1791, né à Rocquigny (Ardennes) en 1738, mort à Reims (Marne) le 5 février 1796, avait été maire de Reims, quand il fut élu, le 3 septembre 1791, député de la Marne à l'Assemblée législative, le 6e sur 10, par 262 voix (472 votants). Il vota avec la majorité, se fit peu remarquer, et devint (juin 1792) procureur des maîtrises des eaux et forêts nationales. Il mourut quatre ans après.

PIERRET (NICOLAS-JOSEPH), membre de la Convention, député au Conseil des Cinq-Cents, né à Valentigny (Aube) le 15 mars 1758, mort à Brienne-le-Château (Aube) le 19 février 1825, exerça la profession de notaire, devint (1791) administrateur du district de Bar-sur-Aube, et fut élu, le 6 septembre 1792, député de l'Aube à la Convention, le 6e sur 9, « à la pluralité des voix ». Dans le procès du roi, il vota avec la droite, « pour la réclusion pendant la guerre et la déportation à la paix. » Puis, il se fit oublier jusqu'au 9 thermidor. Après la chute des Jacobins, Pierret prit une part active aux mesures de réaction et fut chargé d'une mission dans la Haute-Loire, mission dont il rendit compte à l'assemblée par plusieurs lettres insérées au *Moniteur* : « Citoyens collègues, écrivait-il en janvier 1795, dès les premiers pas que j'ai faits dans le département de la Haute-Loire, j'ai aperçu l'empreinte du terrorisme, et plus j'avance, plus je reconnais, par les traces des cruels ravages, combien il était temps qu'on y fit entendre la voix de la justice avec tout l'appareil de la représentation nationale ; amendes arbitraires, pillages, vexations, dilapidations des biens nationaux, guillotine permanente, incendies, assassinats publics, tout a été commis par des forcenés se disant

patriotes. Je me suis empressé, à mon arrivée, d'annoncer les principes régénérateurs du 9 thermidor, par une proclamation qui a été reçue avec la reconnaissance qui signale le passage de l'oppression à la liberté. » De retour à l'assemblée, Pierret fit décréter l'arrestation de plusieurs députés de la Montagne, parla sur la défense de Le Bon, s'opposa au renvoi de Lacoste devant la commission militaire, appartint au comité de sûreté générale, demanda un rapport sur l'insurrection de prairial, et dénonça plusieurs de ses collègues comme complices de ces journées. Réélu, le 21 vendémiaire an IV, député de l'Aube au Conseil des Cinq-Cents, par 205 voix (230 votants), il s'éleva contre l'aliénation des presbytères, continua d'opiner avec le parti contre-révolutionnaire, sortit du Conseil en germinal an V, reprit un moment les fonctions de secrétaire général du département de l'Aube, puis fut élu (24 germinal an V) juge au tribunal de ce département, et conserva ces fonctions jusqu'en l'an VII.

PIERRET (JOSEPH-LOUIS), représentant en 1848, né à Saint-Omer (Pas-de-Calais) le 17 juillet 1801, mort à Saint-Omer le 31 août 1868, d'une famille de commerçants, étudia le droit à Paris sous la Restauration, et se mêla aux luttes de la jeunesse libérale contre les royalistes et les gardes du corps de Louis XVIII. De retour à Saint-Omer (1825), il y exerça, pendant quinze ans, la profession d'avoué, fut, en 1830, un des premiers à organiser le mouvement populaire et commanda la compagnie d'artillerie dans la garde nationale. Il s'occupait depuis 1840 du commerce des vins, et était membre du conseil municipal de Saint-Omer, lorsqu'il fut élu, le 23 avril 1848, représentant du Pas-de-Calais à l'Assemblée constituante, le 10e sur 17, par 76,972 voix (161,957 votants, 188,051 inscrits). M. Pierret opina généralement avec le parti républicain modéré, *contre* le rétablissement du cautionnement, *contre* les poursuites contre Louis Blanc et Caussidière, *pour* le rétablissement de la contrainte par corps, *pour* l'abolition de la peine de mort, *contre* l'amendement Grévy, *contre* le droit au travail, *pour* l'ordre du jour en l'honneur du général Cavaignac, *pour* la suppression de l'impôt du sel, *contre* les crédits de l'expédition romaine, *pour* l'amnistie, etc. Il ne fit pas partie d'autres assemblées.

PIERRON (JACQUES-JEAN-LOUIS), député en 1791, né à Villers-la-Montagne (Moselle) en 1762, mort à Paris le 7 mai 1794, homme de loi avant la Révolution, fut nommé juge au tribunal civil de Briey, et, le 5 septembre 1791, fut élu député de la Moselle à l'Assemblée législative, le 5e sur 8, par 367 voix (403 votants). Il n'eut qu'un rôle parlementaire effacé, et fut nommé administrateur de son département. Suspect sous la Terreur, il fut incarcéré, condamné à mort et exécuté (7 mai 1794). Il était déclaré convaincu d'une « conspiration qui a existé dans le département de la Moselle contre le peuple français, en suspendant arbitrairement les lois relatives aux biens provenant des religieux, et notamment celles des 2 novembre 1789, 14 et 20 avril 1790 ; en désobéissant spécialement au décret du 14 avril, et sans aucun égard aux décisions des comités d'aliénation, ecclésiastique et diplomatique de l'Assemblée constituante, ni à celles du conseil exécutif ; en usurpant tous les pouvoirs et reconnaissant un ci-devant ministre d'un soi-disant prince étranger ; en favorisant l'émigration d'une grande quantité de contre-révolutionnaires et le vol fait à la nation d'un mobilier considérable; enfin, en provoquant, par des adresses au tyran et par des arrêtés liberticides, l'avilissement et la dissolution de la représentation nationale, des autorités constituées et des Sociétés populaires. »

PIERROT (François), député en 1791, dates de naissance et de mort inconnues, notaire à Auvillers-les-Forges (Ardennes) devint (1791) administrateur du département, et fut élu, le 30 août de la même année, député des Ardennes à l'Assemblée législative, le 2ᵉ sur 8, par 168 voix (308 votants). Il prit la parole contre la permanence des comités, pour dénoncer l'exportation du numéraire, et quitta la vie politique après la session.

PIERROT. — *Voy.* Deseilligny.

PIET (Pierre-François-Jacques), représentant à la Chambre des Cent-Jours, né à Baignes (Charente) le 10 février 1752, mort à une date inconnue, « fils de Pierre Piet, notaire royal, et de Mlle Marie-Magdelaine-Charlotte Poujaud », était maire de Reignac (Charente). Il fut élu, le 15 mai 1815, représentant de l'arrondissement de Barbézieux à la Chambre des Cent-Jours, par 60 voix (93 votants). On perd sa trace après la courte session de cette législature.

PIET-TARDIVEAU (Jean-Pierre), député au Conseil des Cinq-Cents, puis de 1815 à 1819 et de 1820 à 1827, né à Vouvray (Indre-et-Loire) le 11 septembre 1763, mort à Paris le 31 octobre 1848, avocat à Paris, se chargea, sur l'invitation de Louis XVI, de la défense des prisonniers traduits devant la haute cour d'Orléans, qu'il tenta vainement de sauver. Il se tint caché sous la Terreur, parvint en 1795 à se faire nommer maire de Saint-Ouen près du Mans, et conspira pour le rétablissement de la royauté avec le comte de Rochecotte. Élu, le 23 germinal an V, député de la Sarthe au Conseil des Cinq-Cents, par 174 voix (205 votants), il se montra favorable à la contre-révolution, et sortit de l'assemblée en l'an VII. Il se remit alors à conspirer, et fut arrêté et enfermé au Temple. Sous la Restauration, après avoir exercé encore sa profession d'avocat, il rentra dans la vie parlementaire (22 août 1815), comme l'élu du grand collège de la Sarthe à la Chambre des députés, par 93 voix (166 votants, 228 inscrits). Piet siégea dans les rangs de la majorité de la Chambre introuvable et prit plusieurs fois la parole : pour appuyer (9 novembre 1815) la loi contre les cris et écrits séditieux (la peine de mort lui paraissant applicable dans le double cas où le drapeau de la rebellion aurait été arboré, et dans celui de menace, de provocation contre la personne du roi), pour proposer « l'amélioration du sort du clergé », et pour appuyer la proposition Lachèze-Murel, tendant à rendre aux prêtres l'état civil. Il fut nommé, le 8 mai 1816, membre de la commission de la caisse d'amortissement. Réélu député, le 8 octobre 1816, par 89 voix (111 votants, 219 inscrits), il appartint au côté droit comme précédemment, favorisa le parti de la Congrégation, auquel il ouvrit son salon, où les amis du ministère prirent l'habitude de se concerter, et parla sur les établissements ecclésiastiques, sur la loi des élections, sur le projet relatif aux prisonniers pour dettes, et sur le budget. A cet égard, Piet déclara, au milieu des éclats de rire de ses collègues, que « semblable à ces chirurgiens

qui, appelés à faire une amputation cruelle, mais d'où dépend la vie du malade, se bouchent les oreilles et s'arment d'insensibilité, il sondera la plaie de l'État... » Il proposa de réduire le budget de la Chambre des députés à 200,000 fr., « dans l'espérance que la Chambre des pairs imiterait cet exemple, » compara la France à Saturne « qui dévore les ressources des générations futures, » et exposa un système d'après lequel toutes les dépenses de l'État auraient été acquittées avec 486 millions, en retranchant d'abord les 40 millions de la caisse d'amortissement, 3 millions du cadastre, 6 millions de la police générale, 2 millions 800,000 francs pour les deux Chambres; il mêla à son exposé une digression sur Law, sur Louis XVI, le duc de Brissac, les Suisses, le domaine extraordinaire et l'aliénation des bois. Sorti de la Chambre en 1819, il y rentra le 13 novembre 1820, toujours comme député du grand collège de la Sarthe, élu par 210 voix (294 votants, 367 inscrits), opina avec la droite, le 20 novembre 1822, par 209 voix (264 votants, 343 inscrits), puis, le 6 mars 1824, par 234 voix (251 votants, 335 inscrits), soutint le ministère Villèle, et siégea jusqu'en 1827.

PIETRI (François-Marie), député en 1791, dates de naissance et de mort inconnues, était propriétaire à Fozzano (Corse), quand il fut élu, le 18 septembre 1791, député de la Corse à l'Assemblée législative, le 2ᵉ sur 6, par 203 voix (384 votants). Il n'eut qu'un rôle parlementaire sans importance, qui prit fin avec la session.

PIETRI (Pierre-Marie), représentant en 1848 et sénateur du second Empire, né à Sartène (Corse) le 23 mai 1809, mort à Paris le 28 février 1864, fit son droit à Aix, et s'inscrivit en 1831 comme avocat au barreau de Paris. Attaché quelque temps au cabinet de Crémieux, il manifesta des opinions libérales et démocratiques très avancées, prit part à l'insurrection de juin 1832, fut du nombre des avocats qui s'associèrent à la protestation de Ledru-Rollin contre l'état de siège, s'affilia à la Société des droits de l'homme, et conspira contre Louis-Philippe. Ce fut lui qui servit d'agent en France au roi Jérôme, lorsque celui-ci demanda, en 1847, l'autorisation de rentrer en France, et qui s'occupa de rallier des voix à la Chambre en faveur de sa pétition pour l'abrogation des lois d'exil. Après la révolution de février 1848, il se déclara nettement républicain, fut nommé commissaire du gouvernement provisoire en Corse, et se porta candidat à l'Assemblée constituante avec une profession de foi qui contenait ce passage : « Depuis dix-huit ans sur la brèche, écrivait-il, je n'ai pas hésité à prendre part au mouvement populaire qui a renversé la monarchie. Je suis franchement, radicalement républicain. Je présente ma candidature et je demande à tous les patriotes de l'adopter comme une adhésion sans réserve à la République. Républicain par raison, par sentiment, par instinct, je ne transigerai jamais avec mes principes, avec ma conscience; ma vie est au service de ma conviction. » Élu, le 23 avril 1848, représentant de la Corse, le 3ᵉ sur 6, par 18,775 voix (50,947 votants, 58,467 inscrits), il prit place à gauche, fit partie du comité de l'intérieur, et vota d'abord avec les républicains : *contre* le rétablissement du cautionnement et de la contrainte par corps, *contre* les poursuites contre Louis Blanc, qu'il défendit à la tribune (31 mai 1848) et contre Caussidière, *contre* l'état de siège, *pour* l'amendement Grévy, *pour* la réduction des heures de travail, *pour* l'impôt progressif. Mais dès que L.-N. Bonaparte eut posé sa candidature à la présidence, M. Piétri se sépara de la gauche et devint un des partisans les plus zélés du prince. Il s'associa à la proposition Rateau, demanda la suppression des clubs et appuya de son vote l'expédition romaine. Devenu un des familiers de l'Elysée, il fut nommé, en 1849, préfet de l'Ariège, qu'il administra jusqu'à la veille du coup d'Etat. En prévision de cet acte, dont il avait été un des confidents, il s'était vu appelé, dans le courant de novembre 1851, à la préfecture de la Haute-Garonne. Au commencement de 1852, après que M. de Maupas eut pris possession du ministère de la police, Piétri le remplaça comme préfet de police. Dans ce poste nouveau, auquel les circonstances donnaient un caractère particulier, il sut se rendre indispensable au pouvoir, et réussit à faire écarter M. de Maupas, son supérieur. Pourtant, l'attentat du 14 janvier 1858 l'obligea à résigner ses fonctions. Le 9 juin 1857 il avait été fait sénateur. En 1860, il fut envoyé comme commissaire du gouvernement pour organiser l'annexion de la Savoie. Ce ne fut pas sans étonnement qu'à la session de 1862, on l'entendit demander à la tribune de la Chambre haute la liberté individuelle, la liberté de la presse, la sincérité des élections, le rappel du corps d'expédition de Rome, afin de « conjurer les tempêtes formées par la politique de temporisation et d'immobilité. » Il publia, la même année, un ouvrage intitulé: *Politique française et politique italienne*, fut envoyé avec des instructions spéciales comme préfet dans la Gironde (1863), pour préparer les élections, s'acquitta de cette mission à la satisfaction du gouvernement impérial, reçut en récompense la grand-croix de la Légion d'honneur, et mourut l'année suivante.

PIÉTRI (JOSEPH-MARIE), sénateur de 1879 à 1885, né à Sartène (Corse) le 25 février 1820, frère du précédent, étudia le droit à Paris, exerça dans sa ville natale la profession d'avocat, se rallia avec empressement à la révolution de 1848 et au gouvernement républicain, fut nommé sous-préfet à Argentan, puis s'attacha à la fortune de L.-N. Bonaparte, et devint successivement sous-préfet de Brest, préfet de l'Ariège, du Cher et de l'Hérault. Il se fit remarquer par des qualités administratives analogues à celles de son frère, favorisa de tout son pouvoir la politique du coup d'Etat, fut promu préfet du Nord, et fut enfin appelé, le 21 février 1866, à remplacer M. Boittelle comme préfet de police. Le zèle répressif de M. Piétri se donna alors pleine carrière, notamment lors des manifestations qui eurent lieu, le 2 novembre 1867, à la tombe de Baudin, au cimetière Montmartre, et à l'occasion d'une manifestation en l'honneur de Sainte-Beuve qui avait pris au Sénat la défense de M. Renan. M. Piétri passa pour n'avoir pas modéré les violences de ses agents, et l'opposition lui reprocha vivement les termes d'une circulaire adressée par lui (décembre 1867) aux commissaires de police « pour les prémunir contre toute hésitation et toute défaillance ». Il déclarait en même temps, que « la liberté individuelle n'avait été, sous aucun régime, ni mieux garantie, ni mieux respectée ». Les élections générales de 1869 fournirent à M. Piétri une nouvelle occasion de réaliser envers les hommes hostiles au gouvernement l'idéal du « préfet à poigne ». Il profita même de son

crédit pour attaquer dans un rapport adressé (28 novembre 1869) au chef de l'Etat des personnalités aussi puissantes que M. Rouher et M. de Persigny. Après avoir découvert le complot qui fut jugé à Blois (1870), il encouragea les manifestations qui se produisirent à Paris sur les boulevards en faveur de la guerre; un décret du 27 juillet 1870, qui ne parut pas, l'avait nommé sénateur. Il quitta précipitamment la France au 4 septembre et se rendit auprès de Napoléon III. En 1872, il sollicita une pension de retraite du gouvernement de M. Thiers, qui, bien que l'ex-préfet de police n'eût ni les conditions d'âge, ni le temps de service exigé par la loi, fixa, par un décret d'avril 1873, les arrérages de sa pension à 6,000 francs. Il fut ensuite l'un des membres les plus actifs du comité directeur bonapartiste visé dans la déposition de M. Léon Renault, préfet de police (janvier 1875). Conseiller général de la Corse, il entra dans la vie parlementaire le 22 juin 1879, ayant été élu sénateur de ce département, comme impérialiste, par 255 voix (483 votants), contre 227 à M. Tomasi. Il remplaçait M. Tomasi décédé. Il siégea à droite, dans le groupe de l'Appel au peuple, se prononça en 1880 *contre* l'article 7, *contre* l'application des lois aux congrégations religieuses, puis *contre* la modification du serment judiciaire, *contre* la réforme du personnel de la magistrature, *contre* le rétablissement du divorce. Il échoua, au renouvellement du 25 janvier 1885, avec 212 voix (744 votants). Grand officier de la Légion d'honneur (13 août 1867).

PIETTE (JEAN-BAPTISTE), membre de la Convention, député au Conseil des Anciens, né à Rumigny (Ardennes) le 1er août 1747, mort à Rumigny le 2 octobre 1818, « fils de Pierre-Louis Piette, notaire royal, et de Jeanne-Philiberte Boulvert », fit de bonnes études à Charleville et à Paris, et entra, comme volontaire, dans le régiment de dragons commandé par le marquis de La Blache. Il quitta le service sur les instances de sa famille, fit son droit, et fut reçu avocat au bailliage ducal de Rumigny, le 12 décembre 1771. En 1780, il joignit à cette charge celle de notaire royal. Imbu des idées philosophiques du XVIIIe siècle, il applaudit aux débuts de la Révolution, fut élu maire de Rumigny le 31 janvier 1790, et échangea ces fonctions contre celles, également électives, de juge de paix (24 octobre suivant). Le 26 août 1792, il fut le premier des cinq électeurs choisis par l'assemblée primaire de Rumigny pour représenter ce canton à l'assemblée électorale chargée de nommer les députés des Ardennes à la Convention. L'assemblée devait se tenir à Sedan; mais le voisinage de l'armée prussienne ayant jeté une panique dans cette ville, Piette fut délégué pour se rendre compte de la situation. Signalé à l'ennemi, et poursuivi par un peloton de cavalerie, il lança sa voiture dans la Meuse à un endroit guéable, et échappa ainsi aux Prussiens qui n'osèrent pas s'aventurer sur l'autre rive. L'assemblée électorale se réunit à Mézières, le 5 septembre 1792, et Piette y fut élu 2e député-suppléant à la Convention pour le département des Ardennes, à la pluralité des voix. Nommé (janvier 1793) membre du directoire du département des Ardennes, il porta vainement à Paris (mai) les plaintes de l'administration du département contre les mesures révolutionnaires des représentants en mission, Hentz et Laporte, qui, le 24 octobre suivant, destituèrent et emprisonnèrent les plaignants.

Mais, depuis quatre mois, Piette avait été appelé à siéger à la Convention (12 juin), en remplacement de M. Mennesson démissionnaire. Membre des comités des finances, des domaines et d'aliénation, il fut l'instigateur de maintes mesures de clémence, fit sortir trois fois de prison son ancien colonel, le marquis de la Blache, et éveilla par cette attitude les défiances du comité de salut public, qui, le 31 janvier 1794, écrivit à l'administration des Ardennes pour avoir des renseignements sur son compte. La réponse, qui est encore aux archives départementales à Mézières, parle de la résistance de Piette aux arrêtés de Hentz et de Laporte, et, sans vouloir rien préjuger, insinue que « les coups frappants et salutaires que portèrent aux ennemis de la Révolution ces deux estimables représentants, firent jeter les hauts cris par tous ceux qui, sans doute, se sentaient entachés de modérantisme et d'aristocratie, ou attaqués de toute autre maladie contre-révolutionnaire. » M. Piette ne fut pas inquiété, et se mêla peu d'ailleurs aux luttes des partis jusqu'au 9 thermidor. Après cet événement, il fut de ceux qui s'attachèrent à réparer les injustices commises. Le 5 septembre, il fit rendre un décret accordant aux Cent-Suisses l'indemnité qui leur était due, prit la défense (17 février 1795) de plusieurs de ses compatriotes accusés d'avoir tenu des propos inciviques, et fit renvoyer absous les juges d'Attigny accusés de prévarication. En août suivant, il réclama des mesures contre la disette qui régnait alors, en dépit des murmures d'une soixantaine de ses collègues disant qu'il était « impolitique de dévoiler ces misères ». Le 7 mars, il sollicita de la Convention et obtint un secours de 3,000 livres pour Mlle de Sombreuil, qui se trouvait dans un complet dénûment. Le 21 vendémiaire an IV, Piette fut élu député des Ardennes au Conseil des Anciens par 133 voix sur 188 votants. Le 9 nivôse an V, il parla sur la nécessité de maintenir les ventes de biens nationaux, combattit, lors de la discussion de la loi du 18 frimaire sur les patentes, la proposition d'en exempter les peintres et les médecins, attaqua l'avis de la commission favorable au paiement en inscriptions des biens nationaux, fit (3 fructidor) un rapport sur l'ordre dans les successions des prêtres déportés, défendit son collègue Launoy (de Vervins) qu'on voulait exclure du Corps législatif comme frère d'émigré, et fit rejeter (28 floréal an VI) une résolution autorisant la ville d'Issoudun à vendre les croix et les tombes de son cimetière, ce qui ne pourrait se faire, dit-il, « sans troubler le repos des morts et manquer au respect qu'on doit à leurs cendres ». Il sortit du Conseil en germinal an VII, fut nommé (8 thermidor an VII) conseiller municipal de Rumigny, où il s'était retiré, et fut appelé, en 1801, aux fonctions de commissaire du pouvoir exécutif près le tribunal de Rocroi, titre qu'il échangea, en 1805, contre celui de procureur impérial près le même tribunal. Il continua d'habiter Rumigny, et fut forcé, en 1813, de résigner ses fonctions, en raison de l'état de sa santé. Nommé, aux Cent-Jours (juin 1815), maire de Rumigny, il fut révoqué à la seconde Restauration, un mois après, puis fut réintégré, le 25 décembre suivant, dans ces mêmes fonctions, qu'il conserva jusqu'à sa mort. En 1816, c'est chez lui, à la Cour des Prés, près de Rumigny, que Carnot, proscrit, trouva momentanément un asile ; Piette le conduisit lui-même jusqu'à la frontière. Riche en biens-fonds avant la Révolution, il s'appauvrit dans la gestion des affaires publi-

ques. De son mariage (14 juin 1774) avec M[...] Marie-Louise La Caille, nièce du célèbre a[...] tronome, il laissa six enfants ; l'une de[...] arrière-petites-filles a épousé M. Duvaux, a[...] cien ministre.

PIETTE (LOUIS-EDOUARD), député au Cor[...] législatif de 1867 à 1870, né à Vervins (Ais[...] le 9 juillet 1806, mort à Vervins le 17 a[...] 1890, petit-fils du précédent, fit ses étude[...] Vervins et à Reims, et fonda, vers 18[...], Vervins, une maison de banque qu'il dirig[...] jusqu'en 1849. Juge au tribunal de commer[...] (1837), président (19 novembre 1847), conseill[...] municipal, président de la société de patrona[...] de l'école gratuite de dessin industriel, me[...] bre de la Société académique de Laon et de[...] Société des antiquaires de Picardie, il refu[...] (juillet 1852) les fonctions de maire de Vervi[...] que lui offrait le gouvernement, fut élu mem[...] bre du conseil général de l'Aisne pour le can[...] ton d'Aubenton, et se présenta à la députati[...] comme candidat du gouvernement, dans la[...] circonscription de l'Aisne, le 17 mars 1867, [...] remplacement de M. Vilcocq, décédé. Il fut é[...] par 19,046 voix (34,632 votants), 42,916 in[...] crits, contre 6,440 à M. Debrotonne, bonapa[...] tiste indépendant, 5,564 à M. Besson et 3,4[...] à M. Chérubin, prit place dans la majori[...] dynastique, et fut réélu, le 24 mai 1869, p[...] 18,896 voix (35,982 votants), 43,214 inscri[...] contre 12,183 à M. Turquet, de l'oppositio[...] et 4,772 à M. Jules Favre. M. Piette vo[...] *pour* la déclaration de guerre à la Prusse, soutint le gouvernement impérial jusqu'au septembre 1870 : il renonça dès lors à la v[...] politique. Chevalier de la Légion d'honneur.

PIEYRE (JEAN, BARON), député en 1791, représentant aux Cent-Jours, né à Nîm[...] (Gard) le 4 février 1755, mort à Paris le[...] septembre 1839, était le frère du littérate[...] Pierre-Alexandre Pieyre (1752-1830), et appa[...] tenait à une famille protestante originaire [...] la Pieyre, près Vallerangue. Il exerça de 17[...] à 1790 la profession de négociant, tout en s'o[...] cupant d'écrire, pour son agrément, des poés[...] et des comédies qui sont restées inédite[...] Membre du directoire du Gard, il fut élu p[...] ce département, le 10 septembre 1791, dépu[...] à l'Assemblée législative, le 7e sur 8, par 3[...] voix (415 votants). Il opina avec la majori[...] travailla surtout dans les comités, notamme[...] dans celui des assignats et dans celui de l'e[...] traordinaire des finances, et rendit compte d[...] troubles qui avaient éclaté dans le Gard. D'o[...] tobre 1793 au 9 thermidor an II, il fut memb[...] du bureau de conciliation à Nîmes, devint, e[...] l'an III, administrateur et président du dépa[...] tement, et, sous le gouvernement consulai[...] fut appelé (18 ventôse an VIII) à la préfectu[...] de Lot-et-Garonne. Il fut fait chevalier de [...] Légion d'honneur le 25 prairial an XII, res[...] dans l'administration sous le régime impéria[...] fut nommé préfet du Loiret le 21 mars 180[...] et créé chevalier de l'Empire le 27 juillet 180[...] puis baron le 14 février 1810. Il ne servit poi[...] la Restauration. Le 13 mai 1815, le baron Pieyre fut élu, par l'arrondissement du Viga[...] représentant à la Chambre dite des Cent-Jour[...] avec 32 voix (62 votants), contre 30 au géné[...] ral Meynadier ; mais il refusa ce mandat [...] donna sa démission pour rentrer dans la v[...] privée.

PIEYRE (HENRI-ADOLPHE), député de 1832 [...]

1885, né à Nimes (Gard) le 27 août 1848, petit-fils du précédent, s'adonna à la littérature, et publia quelques romans, parmi lesquels : *Débora*, *Gilberte*, *Le bel Achille*, *Les infortunes d'un communard*, etc. Il servit pendant la guerre de 1870-71, fut cité à l'ordre du jour à la reprise de Châteaudun, puis fit campagne en Espagne avec don Carlos, et fut décoré. Le 12 mars 1882, lors de l'élection partielle motivée par le décès de M. Bosc, il fut élu, au second tour, député de l'arrondissement d'Uzès, par 6,756 voix sur 19,444 votants et 26,794 inscrits, contre 6,496 à M. Fernand Roux, et 6,085 à M. Bonnefoy-Sibour. M. Pieyre siégea à droite, parla sur le vinage, sur la politique coloniale, sur la réforme de la magistrature, déposa des projets de loi sur la medaille du Tonkin, sur la pension accordée aux enfants d'Abd-el-Kader, sur la dépopulation des campagnes, sur la dénomination des régiments, etc., et vota *contre* les crédits du Tonkin, *pour* ceux de Madagascar, *contre* la politique scolaire du gouvernement, *contre* la réforme de la magistrature, *pour* la vente des diamants de la couronne avec affectation du produit à une caisse des invalides du travail, *contre* le renouvellement des traités de commerce. Porté, aux élections du 4 octobre 1885, sur la liste conservatrice du Gard, il échoua avec 52,232 voix sur 110,923 votants et 133,886 inscrits ; il ne fut pas plus heureux à une élection partielle, deux mois après (13 décembre), nécessitée par l'option de M. Madier de Montjau pour la Drôme ; il ne recueillit que 40,596 voix contre 50,003 au candidat radical élu, M. Gaussorgues.

PIFFON (Pierre), député en 1789, dates de naissance et de mort inconnues, était curé de Valeyrac en Gascogne. Elu, le 8 avril 1789, député du clergé aux Etats Généraux par la sénéchaussée de Bordeaux, il soutint les priviléges de son ordre, et, le 12 juin 1789, s'opposa « avec attendrissement » à la réunion du clergé aux députés du tiers. « Il nous avait déjà donné la preuve qu'il avait le don des larmes », dit Jallet dans son *Journal*. Il émigra après la session, rentra sous la Terreur, et se fit rayer de la liste des émigrés le 23 nivôse an III. Il vivait encore en 1801, car, à cette date, il publia à Bordeaux : *Réflexions politiques sur le projet de quelques princes d'Allemagne d'établir dans leurs Etats la tolérance générale de religion, et de l'action de cette tolérance sur l'autorité des souverains et sur la liberté du peuple.*

PIGEON (Joseph-Marie), député au Conseil des Cinq-Cents, et au Corps législatif de l'an VIII à 1805, dates de naissance et de mort inconnues, exerçait avant la Révolution la profession d'avocat à Périgueux. Nommé juge au tribunal civil de cette ville, il fut élu, le 26 germinal an VII, député de la Dordogne au Conseil des Cinq-Cents ; il adhéra au coup d'Etat du 18 brumaire, et fut élu par le Sénat (4 nivôse an VIII) au nouveau Corps législatif où il représenta son département jusqu'en 1805.

PIGEON (Victor), représentant en 1848 et en 1849, né à Palaiseau (Seine-et-Oise) le 18 juillet 1816, mort à Bourges (Cher) en 1880, entra à l'Ecole polytechnique (1836), puis à l'Ecole d'application de Metz (1838), en sortit sous-lieutenant d'artillerie et donna sa démission en 1839 pour se livrer à l'agriculture. Républicain modéré, il fut élu, le 23 avril 1848, représentant

de Seine-et-Oise à l'Assemblée constituante, le 1er sur 12, par 75,286 voix. Il prit place au centre, fut secrétaire du comité de l'agriculture, du commerce et du Crédit foncier, et vota : *pour* le rétablissement du cautionnement, *pour* les poursuites contre Louis Blanc et Caussidière, *contre* l'abolition de la peine de mort, *contre* l'amendement Grévy, *contre* le droit au travail, *pour* l'ensemble de la Constitution, *pour* l'ordre du jour en l'honneur de Cavaignac, *pour* la proposition Rateau, *contre* le renvoi des accusés du 15 mai devant la haute cour, *pour* les crédits de l'expédition romaine, et, le 26 mai 1849, *pour* la mise en liberté des transportés, qu'il avait rejetée le 1er février. Après l'élection présidentielle du 10 décembre 1848, il s'était rapproché de la droite. Réélu, le 13 mai 1849, représentant du même département à l'Assemblée législative, le 6e sur 10, par 46,085 voix (96,950 votants, 139,436 inscrits), M. Pigeon opina avec la fraction libérale du parti conservateur, ne se rallia pas à la politique de l'Elysée, et rentra dans la vie privée lors du coup d'Etat du 2 décembre 1851. En 1855, il obtint la fourniture des farines pour l'armée d'Orient, et établit dans ce but des moulins à Constantinople. Il passa les dernières années de sa vie à Bourges, et fut conseiller municipal opportuniste de cette ville.

PIGNATELLI. — *Voy.* Egmont (comte d').

PIGUET (Grégoire), député au Conseil des Cinq-Cents, né à Melisey (Haute-Saône) en 1753, mort à Luxeuil (Haute-Saône) le 2 février 1826, notaire avant la Révolution, était devenu commissaire du Directoire exécutif dans son département, quand il fut élu, le 22 germinal an VI, député de la Haute-Saône au Conseil des Cinq-Cents ; il y siégea jusqu'au coup d'Etat de brumaire an VIII, et ne fit pas partie d'autres assemblées.

PIIS (Charles-Antoine, marquis de), député en 1789, né à Queyssac (Dordogne) le 3 avril 1737, mort à Bordeaux (Gironde) le 4 juin 1794, appartenait à la famille du chevalier de Piis, poète et littérateur célèbre. Il était, lors de la Révolution, grand sénéchal d'épée et gouverneur du Bazadais, seigneur de Puybarban, Bassane, etc. Elu, le 10 mars 1789, député de la noblesse aux Etats-Généraux par la sénéchaussée de Bordeaux, il tint pour l'Ancien régime, opina avec la droite de la Constituante, et donna sa démission de député dès le 28 septembre 1789. Arrêté et incarcéré sous la Terreur, il fut condamné à mort et exécuté à Bordeaux le 4 juin 1794. Sa fille épousa le comte de Marcellus, député et pair de France.

PILASTRE DE LA BRARDIÈRE (Urbain-René), député en 1789, à la Convention, au Conseil des Anciens, au Corps législatif de l'an VIII à 1803, et de 1820 à 1824, né à Cheffes (Maine-et-Loire) le 10 octobre 1752, mort à sa terre de Soudon (Maine-et-Loire) le 24 avril 1830, « fils de messire Urbain Pilastre, sieur de la Brardière, et de demoiselle Renée-Urbaine Samson », fit ses études chez les Oratoriens d'Angers, et voyagea en Europe. Il était qualifié « propriétaire bourgeois à Cheffes », lorsqu'il fut élu, le 21 mars 1789, député suppléant du tiers aux Etats-Généraux par la sénéchaussée de l'Anjou. Il prêta le serment du Jeu de paume et fut admis à siéger le 13 novembre suivant, en remplacement de Rabin, démissionnaire. Il ne parut point à la tribune, fut adjoint au comité des pensions et vota silencieusement avec la majorité de la Constituante. Après la session, il devint (15 novembre 1791) maire d'Angers. Les électeurs de ce département l'envoyèrent, le 5 septembre 1792, siéger à la Convention, le 5e sur 11, par 461 voix (632 votants, 645 inscrits). Pilastre de la Brardière se prononça, dans le procès du roi, « pour la détention jusqu'à la paix et le bannissement à cette époque. » Puis il donna sa démission de représentant le 12 août 1793, pour n'avoir pas pu faire constater sa protestation contre l'arrestation des Girondins, et fut remplacé par Talot. Décrété d'arrestation, il dépista les recherches, en travaillant comme ouvrier menuisier dans les environs de Paris. Réélu député de Maine-et-Loire au Conseil des Anciens, le 20 vendémiaire an IV, par 110 voix (191 votants), il devint secrétaire de l'assemblée, s'y fit peu remarquer, en sortit le 20 mai 1798, fut nommé administrateur des hospices civils de Paris et, ayant adhéré au coup d'Etat du 18 brumaire, se vit appelé par le choix du Sénat conservateur à faire partie (4 nivôse an VIII) du nouveau Corps législatif. Il y représenta le département de Maine-et-Loire jusqu'en 1803. Il s'occupa alors d'agriculture dans ses terres de Soudon, et reparut sur la scène politique, ayant été élu, le 4 novembre 1820, député du 4e arrondissement de Maine-et-Loire (Segré) par 114 voix (215 votants, 238 inscrits), contre 96 à M. d'Andigné. Il vota avec l'opposition constitutionnelle, et échoua, le 6 mars 1824, au grand collège de Maine-et-Loire, avec 23 voix sur 322 votants. On a de lui : *Etat des établissements d'instruction publique du canton d'Angers.*

PILAT (Louis-Joseph), député en 1789, né à Brébières (Pas-de-Calais) le 24 août 1735, mort à une date inconnue, était cultivateur à Douai, quand il fut élu, le 15 avril 1789, député suppléant du tiers aux Etats-Généraux par le bailliage de Douai. Admis à siéger le 23 novembre suivant, en remplacement de Simon de Maibelle démissionnaire, il vota avec la majorité de la Constituante, et disparut de la scène politique après la session.

PILET DES JARDINS (Constant-Lucien), député de 1876 à 1877, né à Bayeux (Calvados) le 9 mars 1831, d'une ancienne famille fixée à Bayeux à la fin du XVIIe siècle, et dont les membres ont occupé des charges municipales, eut pour père un avocat distingué du barreau de Bayeux, qui fut plusieurs fois bâtonnier de l'ordre, adjoint au maire de 1838 à 1851, et qui refusa le serment après le coup d'Etat du 2 décembre. Pilet des Jardins suivit la carrière paternelle ; il vint faire son droit à Paris en 1850, et, reçu avocat, se fit inscrire au barreau de cette ville (25 mars 1854), où il acquit rapidement une clientèle importante. Mêlé au mouvement libéral sous l'empire, il accepta, le 4 septembre 1870, les fonctions de sous-préfet de Bayeux, reprit sa place au barreau de Paris en 1871, fut nommé, l'année suivante, conseiller général de Balleroy (Calvados), et fut élu, le 5 mars 1876, au second tour de scrutin, comme candidat constitutionnel, député de l'arrondissement de Bayeux, par 6,589 voix sur 11,998 votants et 19,097 inscrits, contre 5,293 au candidat conservateur M. Niobey. Il prit place au centre gauche, fit partie de nombreuses commissions, notamment de celles sur l'instruction primaire,

sur les ventes judiciaires, sur les institutrices, appuya la politique conservatrice défendue par Dufaure, et déposa une proposition de loi relative au délai légal des prescriptions et péremptions en matière civile, qui fut prise en considération, mais dont la dissolution de la Chambre par le cabinet du 16 mai empêcha la discussion. Reprise, à la législature suivante, par le garde des sceaux, cette proposition devint la loi du 20 décembre 1879. Une autre proposition de Pilet des Jardins sur le mariage des indigents, acceptée par la commission qui conclut à son adoption, fut mise à l'ordre du jour du 11 mai 1877 : les événements du 16 mai n'en permirent pas la discussion. Pilet des Jardins vota, le 17 mai, l'ordre du jour des gauches, signa, le lendemain, le manifeste des 363, et vota, le 19 juin, l'ordre du jour de défiance contre le cabinet du 16 mai. Aux élections qui suivirent la dissolution de la Chambre, il échoua, le 14 octobre 1877, avec 5,244 voix contre 9,894 à M. Le Provost de Launay, candidat du gouvernement, élu. Il donna immédiatement sa démission de conseiller général, mais le canton d'Isigny le renvoya, dès 1879, à l'assemblée départementale, dont il a toujours fait partie depuis lors, et où il a occupé les fonctions de secrétaire. Nommé juge au tribunal de la Seine le 23 mars 1880, et, peu après, juge d'instruction, il fut promu vice-président au même tribunal en 1882, et conseiller à la cour d'appel de Paris le 7 août 1885. Officier de l'instruction publique en récompense d'un cours gratuit de droit commercial qu'il a professé à Paris de 1863 à 1873, il a publié deux ouvrages estimés : l'un sur le *Droit commercial*, l'autre sur le *Droit usuel.*

PILHES (Victor-Apollinaire-Ferdinand), représentant en 1849, né à Tarascon (Bouches-du-Rhône) le 12 septembre 1817, mort à Paris le 12 novembre 1882, appartint, sous Louis-Philippe, à l'opposition démocratique, collabora à la *Réforme*, et fut nommé, après le 24 février 1848, commissaire du gouvernement provisoire dans l'Ariège. Rédacteur au journal *le Peuple*, il se porta, le 13 mai 1849, candidat du parti avancé à l'Assemblée législative dans l'Ariège, et fut élu représentant de ce département, le 4e sur 6, par 18,692 voix (45,357 votants, 77,191 inscrits). Il siégea à la Montagne, et s'associa à l'interpellation Ledru-Rollin sur les affaires de Rome. Condamné par la Haute-Cour de Versailles pour sa participation à l'affaire du 13 juin, il fut remplacé, le 10 mars 1850, comme représentant, par le général Pelet. Dans les dernières années de sa vie, sous la présidence de M. Grévy, M. Pilhes occupa un emploi à l'Elysée.

PILLAUT (Jean-Pierre), député en 1791, dates de naissance et de mort inconnues, homme de loi avant la Révolution, devint (1790) procureur-syndic du district de Dourdan, et fut élu (5 septembre 1791) député de Seine-et-Oise à l'Assemblée législative, le 8e sur 14, par 348 voix (462 votants). Son rôle parlementaire fut obscur, et prit fin avec la législature.

PILLE (Louis-Antoine, comte), ministre, né à Soissons (Aisne) le 14 juillet 1749, mort à Soissons le 7 octobre 1828, petit-fils de la sœur du poète Racine, était, avant la Révolution, secrétaire général de l'intendance de Bourgogne. Il se prononça pour le nouvel ordre de choses, et, lors de la levée des premiers bataillons de volontaires, fut nommé commandant d'un de ceux qui se formèrent à Dijon. Il passa avec ce corps à l'armée de Dumouriez, se distingua en plusieurs occasions par sa bravoure et ses talents militaires, et obtint, à la fin d'août 1792, le grade d'adjudant général; mais s'étant trouvé plusieurs fois en opposition avec son chef, et fort éloigné d'abord de vouloir seconder ses projets, il fut livré par lui aux Autrichiens et longtemps retenu prisonnier dans la forteresse de Maëstricht. Rendu à la liberté, il fut nommé commissaire général de l'organisation et du mouvement des armées de terre, et fit fonctions de ministre de la Guerre, du 1er floréal an III au 12 brumaire an IV. Puis il fut employé comme général de brigade à l'intérieur, attaché, en 1797, à l'armée d'Italie, et mis successivement à la tête des places de Marseille et de Lille. Après le coup d'État de Bonaparte, le général Pille passa inspecteur aux revues à Paris, occupa ces fonctions jusqu'en 1806, et fut promu général de division. Rallié à la Restauration en 1814, il fut nommé chevalier de Saint-Louis, et reçut, le 23 septembre 1815, le titre de comte. Admis peu après à la retraite, il passa la fin de sa vie à Soissons.

PILLET (JEAN-PIERRE), député au Conseil des Cinq-Cents et au Corps législatif de l'an VIII à 1805, né à l'île d'Yeu (Vendée) le 9 septembre 1746, mort à Nantes (Loire-Inférieure) le 19 mai 1816, était capitaine de navire à Nantes, quand il fut élu, le 28 germinal an VII, député de la Loire-Inférieure au Conseil des Cinq-Cents. Favorable au coup d'État du 18 brumaire, Pillet fut admis (4 nivôse an VIII) par le Sénat conservateur sur la liste des membres du nouveau Corps législatif. Il y siégea jusqu'en 1805.

PILLOT (THÉODOSE-JOSEPH-LOUIS), représentant à la Chambre des Cent-Jours, né à Avesnes (Nord) le 21 novembre 1754, mort à Avesnes le 18 juin 1815, « fils de maître Louis-François-Joseph Pillot, conseiller du roi et lieutenant particulier au bailliage royal d'Avesnes, et échevin de ladite ville, et de dame Marie-Thérèse-Théodore Jammar », fut, avant 1789, subdélégué de l'intendance du Hainaut, membre et commissaire des états de la ville d'Avesnes, administrateur de la pairie de l'office et lieutenant-général au bailliage d'Avesnes. Il devint, à la Révolution, major de la garde nationale, administrateur du district, président de l'administration municipale, puis président de canton et président du conseil d'arrondissement. Il appartint ensuite à la magistrature, et il occupait le poste de procureur impérial près le tribunal civil d'Avesnes, lorsqu'il fut élu (12 mai 1815) représentant de l'arrondissement d'Avesnes à la Chambre des Cent-Jours, par 51 voix (96 votants). Il mourut le 18 juin suivant.

PIMPIE. — *Voy.* GRANOUX (COMTE DE).

PIN (JOSEPH-FRANÇOIS-ELZÉAR), représentant en 1848, en 1871, sénateur de 1876 à 1883, né à Apt (Vaucluse) le 9 août 1813, mort à Paris le 5 mai 1883, s'occupa de littérature, de poésie et d'agriculture à Apt, collabora au *Vert-Vert*, au *Corsaire*, au *Messager de Vaucluse*, à la *Revue Aptitienne*, et publia, en 1839, un volume de *Poèmes et sonnets*, qui fut remarqué. D'opinions démocratiques, il combattit le ministère Guizot, fut nommé, en 1848, sous-commissaire de la République à Apt, et fut élu, le 23 avril, représentant de Vaucluse à l'Assemblée constituante, le 4e sur 6, par 25,485

voix (59,634 votants). Il siégea à gauche, fit partie du comité d'agriculture et vota *contre* les poursuites contre Louis Blanc et Caussidière, *pour* l'abolition de la peine de mort, *pour* l'amendement Grévy, *pour* le droit au travail, *pour* la Constitution, *pour* la suppression de l'impôt du sel, *pour* l'amnistie, *contre* l'interdiction des clubs, *contre* les crédits de l'expédition romaine. Il fit une très vive opposition à la politique de l'Élysée, ne fut pas réélu à la Législative, fut compris, lors du coup d'État du 2 décembre, au nombre des citoyens expulsés du territoire français, et se réfugia en Piémont. Rentré en France après l'amnistie de 1859, il se tint, pendant toute la durée de l'Empire, à l'écart de la politique. Le 8 février 1871, il fut élu représentant de Vaucluse à l'Assemblée nationale, le 1er sur 5, par 32,749 voix (63,738 votants, 85,059 inscrits). Il s'inscrivit au groupe de la gauche républicaine. Mais une enquête ayant été ordonnée sur l'élection de Vaucluse, les représentants de ce département donnèrent leur démission, et, au nouveau scrutin du 2 juillet suivant, M. Elzéar Pin fut réélu, le 2e sur 5, par 34,508 voix (60,637 votants, 80,441 inscrits). Il soutint le gouvernement de Thiers, et vota *contre* sa chute au 24 mai, *pour* la dissolution de l'Assemblée, *contre* l'état de siège, la loi des maires, le ministère de Broglie, *pour* les amendements Wallon et Pascal Duprat et *pour* l'ensemble des lois constitutionnelles. Conseiller général du canton d'Apt depuis le 8 octobre 1871, il fut élu, au scrutin sénatorial du 30 janvier 1876, sénateur de Vaucluse, par 106 voix (209 votants). Il suivit la même ligne politique que précédemment, se prononça, en juin 1877, *contre* la dissolution de la Chambre des députés, combattit le gouvernement du Seize-Mai, soutint le cabinet Dufaure, et vota *pour* l'article 7 de la loi sur l'enseignement supérieur. Réélu sénateur, le 8 janvier 1882, par 163 voix (200 votants), il mourut en mai 1883, et fut remplacé, le 22 juillet suivant, par M. Alfred Naquet. On a encore de lui : *Projet de ferme régionale et d'endiguement de la Durance à Villelaure* (1848) ; *Souvenirs poétiques* (1870).

PINA DE SAINT-DIDIER (JEAN-FRANÇOIS-CALIXTE, MARQUIS DE), député de 1827 à 1830, né à Grenoble (Isère) le 3 août 1779, mort à Grenoble le 30 juillet 1842, « fils de Joachim de Pina, marquis de Saint-Didier, capitaine de cavalerie, et de Marie-Thérèse-Gabrielle de Garagnol », propriétaire, maire de Grenoble (4 septembre 1816 et en 1824), membre et président du conseil général, fut élu, le 24 novembre 1827, député du grand collège de l'Isère, par 131 voix (228 votants, 291 inscrits). Il vota avec la majorité et disparut de la scène politique en 1830. M. Pina de Saint-Didier s'occupa beaucoup et avec succès d'archéologie et de numismatique ; on a de lui : *Leçons élémentaires de numismatique moderne puisées dans l'examen d'une collection particulière.*

PINAC (BERTRAND), représentant à la Chambre des Cent-Jours, né à Pouzac (Hautes-Pyrénées) le 11 décembre 1759, mort à Bagnères-de-Bigorre (Hautes-Pyrénées) le 9 septembre 1836, « fils du sieur Jean Pinac, et de Jeanne Claverie », médecin à Bagnères-de-Bigorre avant la Révolution, devint successivement procureur-syndic du district, président de l'administration municipale de cette ville, président de canton, conseiller municipal de Bagnères, conseiller d'arrondissement, et représenta (16 mai 1815) à la Chambre des Cent-Jours l'arrondissement de Bagnères, qui l'élut par 33 voix (62 votants), contre 26 à M. Lay. Il rentra dans la vie privée après la courte session de cette assemblée.

PINARD (PIERRE-ERNEST), ministre, député au Corps législatif de 1869 à 1870, né à Autun (Saône-et-Loire) le 10 octobre 1822, étudia le droit à Paris et fut reçu docteur. Inscrit au barreau de Paris, secrétaire de la conférence des avocats, il entra bientôt dans la magistrature (2 mars 1849) comme substitut du procureur impérial à Tonnerre; il passa en la même qualité à Troyes (décembre 1851), à Reims (décembre 1852), et à Paris (29 octobre 1853). Substitut du procureur général à Paris en 1859, procureur général à Douai (3 octobre 1861), il fut rappelé à Paris le 5 mai 1866 avec le titre de conseiller d'Etat. Pendant le cours rapide de cette brillante carrière, M. Pinard avait eu à intervenir dans plusieurs causes importantes et s'était signalé par l'ardeur de son zèle pour la dynastie : outre les affaires Doudet, Pescatore, du duc d'Aumale contre Mme de Clerq relativement à la possession de la forêt de Vallée, le procès Mirès (avril 1862), l'affaire de la femme Doize, appelée à si fâcheux retentissement, avaient contribué à mettre en relief le talent du magistrat, que le gouvernement fit chevalier de la Légion d'honneur le 11 novembre 1858, et officier le 12 août 1862. Au conseil d'Etat, M. Pinard s'attacha avec plus d'activité que jamais à servir les intérêts de la politique impériale. Chargé de préparer l'exposé des motifs de la loi sur la revision des arrêts criminels et correctionnels, votée en mai 1867, et celui de la célèbre loi sur la presse qui suivit la lettre du chef de l'Etat en date du 19 janvier, il eut, de plus, à soutenir comme commissaire du gouvernement, devant le Corps législatif, la discussion de la première de ces deux lois : la seconde fut renvoyée à la session suivante. Dans l'intervalle (14 novembre 1867), M. Pinard avait été appelé à prendre, en remplacement du marquis de La Valette, le portefeuille de l'Intérieur, malgré le rapport confidentiel défavorable de M. Rouher à l'empereur. En cette qualité, il défendit au parlement la loi sur la presse dont il était en partie l'auteur (janvier-février 1868), et présenta également une loi sur le droit de réunion (mars et mai 1868). Mais les rigueurs et les tracasseries de son administration dans la mise en pratique des lois votées lui créèrent bientôt une situation difficile : la suppression de l'autorisation préalable avait permis à M. Henri Rochefort de publier son célèbre pamphlet, la *Lanterne*, dont le succès fut immense. M. Pinard eut l'imprudence d'entrer en lutte avec son auteur, lutte qui ne fit qu'augmenter la vogue du pamphlet et l'impopularité du ministre. Ce dernier usa sans profit de tous les moyens que l'administration possédait encore, interdit la vente sur la voie publique du *Courrier français*, feuille démocratique, et multiplia les poursuites contre les journaux indépendants, qui le qualifiaient ainsi : « Petit, mais rageur. » Une autre campagne non moins retentissante fut entreprise par lui contre les manifestations en l'honneur de l'ancien représentant Baudin au cimetière Montmartre (2 novembre 1868), puis contre les souscriptions organisées pour élever un monument à sa mémoire : les groupes qui se rendaient à la tombe furent dissipés par la force, on fit des arrestations ; l'*Avenir*

national, le *Réveil*, la *Revue politique* furent traduits en police correctionnelle, et Gambetta eut l'occasion de prononcer, le 13 novembre, le plaidoyer qui le rendit célèbre. A la même époque, les journaux officieux répandirent le bruit que les républicains se proposaient de faire, le 3 décembre, une manifestation nouvelle à la tombe de Baudin. Ce jour-là, M. Pinard envoya au cimetière toute la garde de Paris ainsi que des régiments mandés de Versailles, de Compiègne, qui attendirent inutilement, l'arme au bras, l'émeute qui ne vint pas. Cet excès de zèle, dont s'égaya l'opposition, mécontenta le gouvernement, et M. Pinard dut donner sa démission (17 décembre 1868). A titre de compensation, l'empereur voulut le nommer sénateur, mais il refusa, se fit inscrire au barreau de Paris, et, le 24 mai 1869, se présenta comme candidat au Corps législatif dans la 7e circonscription du Nord, qui l'élut par 18,006 voix (29,825 votants, 35,939 inscrits), contre 6,310 à M. Chapellier et 4,830 à M. Stiévenard. Sa profession de foi réclamait « l'intime alliance de l'ordre et de la liberté ». Il adhéra à « l'empire libéral », appuya la politique de M. Emile Ollivier, émit, le 9 février 1870, cette opinion qu'une réunion n'est vraiment privée que lorsque les personnes réunies se connaissent entre elles, soutint (23 juin) la nomination des maires par le pouvoir, et vota la guerre contre la Prusse. La révolution du 4 septembre le rendit à la vie privée. Il se retira à Autun. Arrêté dans cette ville au commencement de 1871, sous l'inculpation de menées bonapartistes, il fut transféré à Lyon, resta onze jours en prison, et partit pour Genève. Elu conseiller général d'Autun (1870-1883), il rentra au barreau de Paris, où il n'a pas retrouvé au banc de la défense le succès qu'il avait obtenu comme magistrat. Lors des élections législatives de 1876, M. Pinard rentra, sans être élu, 4,146 voix dans la 1re circonscription d'Autun, sur 11,385 votants. Commandeur de la Légion d'honneur (1868). Ses *Œuvres judiciaires* ont été publiées en 1884.

PINART (ALEXANDRE-FRANÇOIS), député au Corps législatif de 1863 à 1870, né à Paris le 21 février 1800, mort à Paris le 18 février 1878, était maître de forges dans le Pas-de-Calais, président du conseil d'administration des hauts fourneaux de Marquise, maire de Falaise et conseiller général lorsqu'il fut élu, le 4 juin 1863, député de la 3e circonscription du Pas-de-Calais au Corps législatif, par 17,443 voix (30,898 votants, 38,220 inscrits), contre 13,399 à M. Cucheval-Clarigny. M. Pinart avait été officiellement soutenu par le gouvernement. A la Chambre, il vota régulièrement avec la majorité dynastique. Chevalier de la Légion d'honneur en 1865, il fut réélu député, le 24 mai 1869, dans la même circonscription, par 14,585 voix (25,901 votants, 31,701 inscrits), contre 6,094 à M. Cucheval-Clarigny et 5,186 à M. Henry. Il vota *pour* la déclaration de guerre à la Prusse, et rentra dans la vie privée au 4 septembre 1870.

PINAULT (EUGÈNE-MARIE), député de 1876 à 1889, né à Rennes (Ille-et-Vilaine) le 10 mai 1834, fit son droit, fut reçu licencié, et prit la direction d'une tannerie à Rennes. Conseiller municipal de cette ville, conseiller général du canton de Bécherel, juge au tribunal de commerce, il brigua la députation comme candidat constitutionnel, et fut élu, au 2e tour, le 5 mars 1876, député de l'arrondissement de Montfort, par 7,631 voix (12,597 votants, 14,854 inscrits), contre 4,946 à M. de Cintré. Il prit place au centre gauche, et fut l'un des 363 députés qui refusèrent le vote de confiance au ministère de Broglie. Réélu, le 14 octobre 1817, par 7,766 voix (13,726 votants, 15,936 inscrits), contre 5,936 à M. de la Guistière, il se sépara de ses collègues de la gauche pour voter *contre* le retour à Paris (5 juin 1879) et *contre* le projet de loi sur l'enseignement supérieur (9 juillet suivant), fit partie de la commission des patentes et de celle du tarif général des douanes, et fut réélu, le 21 août 1881, par 9,128 voix (9,769 votants, 15,939 inscrits). Il continua de soutenir la politique des ministres opportunistes, et, porté, le 4 octobre 1885, sur la liste républicaine d'Ille-et-Vilaine, fut réélu, le 2e sur 9, par 62,071 voix (123,293 votants, 153,125 inscrits). Il a voté *contre* l'expulsion des princes, et s'est prononcé, dans la dernière session, *pour* le rétablissement du scrutin d'arrondissement (11 février 1889), *pour* l'ajournement indéfini de la révision de la Constitution, *pour* les poursuites contre trois députés membres de la Ligue des patriotes, *pour* le projet de loi Lisbonne restrictif de la liberté de la presse, *pour* les poursuites contre le général Boulanger.

PINCELOUP DE MAURISSURE (Francois-Emmanuel-Judith-Louis), représentant à la Chambre des Cent-Jours, né le 4 janvier 1782, mort à une date inconnue, propriétaire à Nogent-le-Rotrou, fut élu, le 10 mai 1815, représentant à la Chambre des Cent-Jours, par l'arrondissement de Nogent-le-Rotrou, avec 27 voix (39 votants), contre 12 à M. Piason-Mondésir, négociant à Paris. Il n'eut qu'un rôle politique effacé et ne fit pas partie d'autres assemblées.

PINCEPRÉ DE BUIRE (Marie-Louis-Nicolas), député en 1789, né à Péronne (Somme) le 15 février 1730, mort à Paris le 23 avril 1816, appartint sous l'ancien régime aux armées du roi. Il était propriétaire à Buire (Somme), quand il fut élu, le 3 avril 1789, député du tiers aux Etats-Généraux par le bailliage de Péronne et de Roye. Il opina avec la majorité de la Constituante, fit partie du comité des subsistances, et quitta la vie politique après la session.

PINCHINAT (André), député en 1791, né le 29 janvier 1753, mort à une date inconnue, était membre du directoire des Basses-Alpes et maire de Barcelonnette quand il fut élu, le 4 septembre 1791, député des Basses-Alpes à l'Assemblée législative, le 3e sur 6, par 171 voix (294 votants). Il fit silencieusement partie de la majorité réformatrice, et ne fut pas membre d'autres assemblées.

PINEL (Pierre-Louis), membre de la Convention, député au Conseil des Cinq-Cents, représentant à la Chambre des Cent-Jours, né à Saint-James (Manche) le 8 novembre 1761, mort à Avranches (Manche) le 30 novembre 1838, était administrateur du district d'Avranches, lorsqu'il fut élu (4 septembre 1792) député de la Manche à la Convention, le 6e sur 13, par 480 voix (670 votants). Dans le procès du roi, il répondit au 3e appel nominal : « Je ne puis cumuler les fonctions de juge et de législateur; je vote librement pour la détention. » Il s'associa aux actes de la majorité ther-

midorienne, et fut réélu (21 vendémiaire an IV) député de la Manche au Conseil des Cinq-Cents, par 255 voix (461 votants). Il en sortit en l'an V, sans s'y être fait remarquer, fut nommé maire d'Avranches le 21 germinal an VIII, et exerça encore les fonctions de conseiller général de la Manche.

PINELIÈRES (Charles-Jean-Baptiste), député en 1789, né le 12 septembre 1736, mort le 15 janvier 1807, curé de Saint-Martin-de-Ré (Charente-Inférieure), fut élu (26 mars 1789) député du clergé aux Etats-Généraux par la sénéchaussée de la Rochelle, malgré les efforts du haut clergé. Son rôle à l'Assemblée fut d'ailleurs très effacé, et le *Moniteur* ne mentionne pas son nom.

PINELLE (Marin), député en 1789, dates de naissance et de mort inconnues, curé d'Hilsenheim en Alsace, fut élu, le 1er avril 1789, député du clergé aux Etats-Généraux par le bailliage de Colmar et Schlestadt. Il opina avec la droite. Le 25 juillet, il se plaignit à l'Assemblée des violences exercées à Quincey en Franche-Comté par la population « qui avait, dit-il, brûlé, saccagé les chartriers des seigneurs, détruit et démoli différents châteaux et incendié une abbaye de l'ordre de Citeaux ». Il demanda une punition sévère des coupables. Attaché à l'ancien régime, le curé Pinelle s'associa, avec le bailli de Flachslanden et l'abbé d'Eymar, députés d'Haguenau et de Wissembourg, à une protestation contre les actes de l'Assemblée constituante relativement aux maisons religieuses d'Alsace. En congé à partir du 2 août 1790, il ne paraît pas être revenu siéger, et disparut de la scène politique.

PINET (Jacques), député en 1791, membre de la Convention, né à Saint-Nexand (Dordogne) en 1760, mort à Bergerac (Dordogne) le 8 novembre 1844, adopta avec chaleur la cause de la Révolution, devint (1790) administrateur du district de Bergerac, et fut élu, le 9 septembre 1791, député de la Dordogne à l'Assemblée législative, le 3e sur 10, par 426 voix (508 votants). Il siégea dans la majorité. Réélu, le 6 septembre 1792, député du même département à la Convention, le 2e sur 10, par 462 voix (661 votants), il répondit au 3e appel nominal, dans le procès du roi : « Comme je n'ai point deux consciences, je vote pour la mort. » Après le 31 mai, il fut envoyé en mission à l'armée de l'Ouest, puis (octobre 1793) dans les Landes, où il traqua les nobles et les prêtres. Par un arrêté pris à Dax, en mars 1794, il décida « qu'il serait construit à Dax une guillotine, et, qu'elle serait placée en permanence dans le lieu le plus fréquenté par les aristocrates. » Il se rendit aussi dans les Pyrénées-Orientales, où il eut à prendre des mesures de rigueur. Au mois d'avril de la même année, on lui dénonça une conspiration dont le but était d'insurger le département des Landes, pour porter la guerre civile aux derrières de l'armée française, tandis qu'elle serait attaquée de front par les Espagnols. Pinet quitta Bergerac et fit opérer un grand nombre d'arrestations dans les Landes; sur 80 détenus, trois furent condamnés à mort. Rappelé de l'armée après le 9 thermidor, il fut dénoncé par les contre-révolutionnaires de Bayonne comme terroriste; mais la Convention passa à l'ordre du jour. Dénoncé de nouveau, le 11 germinal an III, par Saint-Martin comme « le bourreau de l'Ardèche », il fut décrété d'accusation le soir du 1er prairial an III, comme un des promoteurs de l'insurrection. L'amnistie du 4 brumaire an IV l'ayant rendu à la liberté, il fut nommé administrateur du département de la Dordogne; le Directoire le révoqua de ces fonctions en 1798 : Pinet était accusé d'avoir influencé les élections de ce département. Atteint par la loi du 12 janvier 1816, Pinet fut obligé de quitter la France. Il se réfugia à Constance; mais, infirme et sans fortune, il demanda et obtint (23 juillet 1817), en raison de sa santé, d'aller résider à Lausanne dont le climat est plus doux. Son fils demanda en vain son rappel au gouvernement royal (13 juin 1818). Pinet ne rentra en France qu'après la révolution de 1830, et revint mourir à Bergerac.

PINETON. — *Voy.* CHAMBRUN (COMTE DE).

PINIEUX (CHARLES-AUGUSTE DUBOUEXIC, COMTE DE), député de 1824 à 1830, né à Paris le 4 août 1779, mort au château de Marmousse (Eure-et-Loir) le 16 octobre 1851, émigra à la Révolution. Il vécut fort retiré sous l'Empire, devint, à la Restauration, conseiller général d'Eure-et-Loir, fut élu, le 6 mars 1824, député du grand collège de ce département, par 110 voix (206 votants, 254 inscrits), et fut réélu, le 24 novembre 1827, par 109 voix (199 votants, 242 inscrits). M. de Pinieux ne se fit pas remarquer dans la majorité ministérielle avec laquelle il vota constamment, soutint le ministère Polignac contre les 221, et ne fut pas réélu aux élections de 1830.

PINOT. — *Voy.* DU PETITBOIS (CHEVALIER).

PINS (JEAN-PAUL-GASTON, COMTE DE), pair de France, né à Castres (Tarn) le 8 février 1766, mort à Lyon (Rhône) le 3 novembre 1850, « fils de messire Marc-Claude de Pins, chevalier seigneur de Monségor, et de dame Marguerite du Cabrol », entra dans les ordres, exerça d'abord son ministère dans son département, puis fut nommé, le 8 août 1817, par Louis XVIII, évêque de Béziers. Evêque de Limoges le 15 février 1822, il fut choisi par un bref pontifical du 26 décembre 1823 pour gouverner le diocèse de Lyon, en l'absence du cardinal Fesch, avec le titre « d'administrateur apostolique ». Appelé à la Chambre des pairs par l'ordonnance du 5 novembre 1827, il prêta le concours de ses votes au gouvernement de Charles X, quitta la Chambre haute en 1830, et ne put être nommé archevêque titulaire de Lyon, en raison de sa fidélité à la branche aînée. Après plusieurs années passées à la Grande Chartreuse, dans une retraite absolue, il revint mourir à Lyon.

PINSONNIÈRE (ALEXIS-JACQUES-LOUIS-MARC LHOMME, COMTE DE LA), député de 1830 à 1839 et pair de France, né à Civray (Indre-et-Loire) le 30 juin 1788, mort au château de Civray le 14 août 1869, « fils de messi.e Louis-Claude Lhomme de la Pinsonnière, écuyer, ancien capitaine, chef de bataillon au régiment d'infanterie de Bourbon, chevalier de l'ordre royal et militaire de Saint-Louis, et pensionnaire de sa majesté, et de dame Marie-Françoise-Charlotte Bigot de Freulleville », servit comme officier à la fin de l'empire, et reçut la croix de la Légion d'honneur. Retiré ensuite dans ses propriétés, il s'y occupa d'agriculture. Elu, le 19 juillet 1830, député du grand collège d'Indre-et-Loire, par 123 voix (234 votants, 255

inscrits), il fut successivement réélu, le 5 juillet 1831, dans le 3e collège du même département (Loches), par 131 voix (234 votants, 307 inscrits), contre 96 à M. Le Voyer d'Argenson; le 21 juin 1834, par 151 voix (237 votants, 311 inscrits), contre 76 à M. O. Barrot; le 4 novembre 1837, par 126 voix (228 votants, 319 inscrits). Il appuya de ses votes le gouvernement de Louis-Philippe, opina pour les lois de septembre et de disjonction, et fut membre de la commission de l'Adresse en 1839. Partisan des idées de la minorité de cette commission, il proposa divers amendements qui furent repoussés. Ayant échoué aux élections du 2 mars 1839, avec 126 voix contre 144 à M. Taschereau, il fut nommé pair de France huit jours après (15 mars), siégea silencieusement parmi les ministériels de la Chambre haute, et fut rendu à la vie privée par la révolution de 1848.

PINTEREL DE LOUVERNY (ADAM-PIERRE), député en 1789, né à Château-Thierry (Aisne) le 22 octobre 1742, mort à Château-Thierry le 15 septembre 1810, « fils de Jean-Maurice Pinterel de Louverny, seigneur d'Etampes et Thierry, conseiller du roi, premier président, lieutenant général au siège et bailliage de Château-Thierry, et de dame Anne-Suzanne-Benigne Danré », était, comme son père, lieutenant général du grand bailli de Château-Thierry, lorsqu'il fut élu, le 22 mars 1789, député du tiers-état de ce bailliage aux Etats-Généraux, par 168 voix sur 218 votants. Son grand-père était cousin germain de Racine et sa famille était alliée à celle de Marie Héricart, femme du grand fabuliste La Fontaine. A l'Assemblée constituante, Pinterel de Louverny vota avec la majorité de son ordre, prêta le serment du Jeu de paume, et ne joua d'ailleurs qu'un rôle des plus obscurs. De retour à Château-Thierry après la session, il devint, en 1791, juge au tribunal du district, puis président: en cette qualité, le « citoyen Pinterel » harangua civiquement la foule, le 10 août 1793, pour célébrer le second anniversaire de la déchéance du roi. Le 12 messidor an VIII, le gouvernement consulaire nomma Pinterel de Louverny président du tribunal civil de Château-Thierry, fonctions qu'il remplit jusqu'à sa mort.

PINTEVILLE DE CERNON (JEAN-BAPTISTE, BARON DE), député en 1789, membre du Tribunat, né à Coudray-sur-Seine (Seine-et-Oise) le 15 juillet 1756, mort à une date inconnue, appartient à la magistrature de l'ancien régime. Le 29 mars 1789, la noblesse du bailliage de Châlons-sur-Marne l'élut député aux Etats-Généraux par 65 voix (108 votants). Il siégea parmi les modérés de la majorité, fit partie du comité des finances, et, proposa à ce comité (9 avril 1790) un « plan de libération générale des finances » comprenant la liquidation de la dette, la création d'assignats jusqu'à concurrence de la dette publique, avec cours forcé et privilège pour l'acquisition des biens nationaux. Secrétaire de l'Assemblée (31 juillet suivant), il présenta : 1o un tableau d'ensemble pour connaître les dépenses des départements par districts et cantons; 2o un dictionnaire géographique de toutes les villes, villes et bourgs, travail dont l'Assemblée ordonna l'impression (28 août 1791). Il se tint à l'écart de la politique après la session, et fut appelé (6 germinal an X) par Bonaparte, à siéger au Tribunat. Il en sortit en 1807 pour entrer à la cour des Comptes Membre de la Légion d'honneur du 25 prairial an XII, chevalier de l'Empire du 5 octobre 1808.

PINTEVILLE DE CERNON (FRANÇOIS, BARON DE), député de 1822 à 1827, né à Cernon-sur-Coolé (Marne) le 2 avril 1762, mort à Toul (Meurthe) le 9 avril 1827, « fils de François-Antoine de Pinteville, chevalier baron et chatelain de Cernon, maréchal héréditaire de la comté pairie de Châlons, seigneur de Coupets, Fontaine-Vésigneul, etc., et de dame Marie-Louise-Constance Marquelet de la Noue », entra, en 1780, comme cadet gentilhomme au régiment Royal-Comtois. Lieutenant dans la garde constitutionnelle à pied du roi le 30 novembre 1791, il émigra après le 10 août 1792, et ne rentra en France qu'à la fin du Directoire. Conseiller municipal de Meaux en 1800, commandant de la garde nationale de cette ville en 1802, président de canton et administrateur trésorier du bureau de charité en 1803, membre du jury d'instruction du comité de vaccine, du bureau de bienfaisance, de l'administration du dépôt de mendicité et de la commission des répartitions, administrateur trésorier de la fabrique de la cathédrale de Meaux en 1804, conseiller d'arrondissement, il devint maire de Meaux en 1813. Bien que rallié à l'empire, il accueillit sans enthousiasme les Bourbons. Aussi Louis XVIII ne lui conserva-t-il aucune de ses fonctions, d'ailleurs purement honorifiques. Elu, le 20 novembre 1822, député du grand collège de Seine-et-Marne, par 113 voix (150 votants, 244 inscrits), et réélu le 25 février 1824, dans le 1er arrondissement électoral de Seine-et-Marne (Meaux), par 187 voix (296 votants), il prit place dans l'opposition constitutionnelle et mourut avant la fin de la législature.

PIOGER (AMAND-ALEXANDRE-FRÉDÉRIC DE), représentant en 1848, en 1849 et en 1871, né à Saint-Vincent (Morbihan) le 1er août 1816, d'une famille d'ancienne noblesse de Vannes, fit ses études à Pontlevoy, son droit à Rennes, et fut reçu avocat en 1838. Il ne plaida pas et collabora aux journaux catholiques et légitimistes de la région opposés au gouvernement de Louis-Philippe. Elu, le 23 avril 1848, représentant du Morbihan à l'Assemblée constituante, le 7e sur 12, par 60,903 voix (105,877 votants, 123,200 inscrits), il fit partie du comité de l'instruction publique et vota en général avec la droite *contre* le bannissement de la famille d'Orléans, *pour* les poursuites contre L. Blanc et Caussidière, *contre* l'abolition de la peine de mort, *contre* l'impôt progressif, *contre* l'incompatibilité des fonctions, *contre* l'amendement Grévy, *contre* la sanction de la Constitution par le peuple, *pour* l'ensemble de la Constitution, *pour* la proposition Rateau, *pour* l'interdiction des clubs, *pour* l'expédition de Rome. Après le 10 décembre, il avait soutenu la politique du prince Louis-Napoléon. Réélu par le même département à l'Assemblée législative, le 13 mai 1849, le 7e sur 10, par 55,020 voix (86,060 votants, 127,169 inscrits), il prit place dans la majorité, combattit les idées républicaines, mais resta fidèle à la majorité monarchiste quand le prince-président s'en sépara. Après le 2 décembre 1851, M. de Pioger s'occupa d'agriculture dans sa propriété d'Hennebont, et rentra dans la vie publique le 8 février 1871, élu représentant du Morbihan à l'Assemblée nationale, le 8e sur 10, par 54,652 voix (72,309 votants, 119,710 inscrits). Il prit place à droite, se fit inscrire à la réunion des Réservoirs et vota *pour* la paix, *pour* l'abrogation des lois d'exil, *pour* la pétition des évêques, *pour* la démission de Thiers, *pour* le septennat, *pour* le ministère de Broglie, *contre* l'amendement Wallon, *contre* les lois constitutionnelles. Ayant échoué, le 5 mars 1876, dans la 2e circonscription de Vannes, avec 6,104 voix contre 8,264 à l'élu, M. Lorois, il ne se représenta plus.

PIORRY (PIERRE-FRANÇOIS), député en 1791, membre de la Convention, né à Poitiers (Vienne) le 1er avril 1758, mort à Poitiers le 23 janvier 1827, reçu avocat au parlement de Paris le 3 février 1783, fut, en mai suivant, agrégé de l'ordre des avocats au présidial de Poitiers. Directeur à la faculté de droit de Poitiers (29 décembre 1788), l'un des 24 notables de la commune de cette ville (5 février 1790), il fut nommé (26 mars suivant) secrétaire général pour l'accomplissement de la fédération martiale formée à Poitiers le 12 avril suivant entre toutes les gardes nationales du Poitou et des provinces circonvoisines. Ardent partisan de la Révolution, Piorry fut nommé (juin 1790) l'un des 36 administrateurs du département de la Vienne, et, le même jour, l'un des cinq membres du directoire du département. Elu, le 3 septembre 1791, député de la Vienne à l'Assemblée législative, le 7e sur 8, par 147 voix sur 286 votants, il siégea dans la majorité, fut membre du comité des domaines, adjoint au comité de législation, et, le 21 mai 1792, déposa sur le bureau, « au nom de citoyens pauvres mais vertueux, deux paires de boucles avec cette devise. Elles ont servi à contenir les tirants de mes souliers, sur mes pieds ; elles serviront à réduire, sous eux, avec l'empreinte et le caractère de la vérité, tous les tyrans ligués contre la Constitution. » Le 4 septembre 1792, le département de la Vienne l'élut membre de la Convention, le 1er sur 8, par 186 voix sur 320 votants ; il prit place à la Montagne, et, dans le procès du roi, répondit au 3e appel nominal : « La réclusion, ce serait une peine non proportionnée au délit. Pour satisfaire à la justice, au texte de la loi, je vote pour la mort. » Le 9 mars 1793, il fut nommé commissaire de la Convention dans la Vienne et l'Indre, avec Lejeune, pour hâter le recrutement. Sa mission dans la Vienne fut marquée par de nombreuses visites domiciliaires, l'ouverture des lettres à la poste, l'arrestation, à la demande des « Amis de la liberté et de l'égalité, » de Poitiers, des prêtres, des religieuses et des femmes d'émigrés, « l'anéantissement » des trois corporations religieuses qui soignaient les malades. « Nos prisons, écrivait-il, regorgent de prisonniers qui se sont opposés au recrutement ; il s'agirait de punir les plus coupables qui ne sont que des nobles ; mais le tribunal criminel qui ne veut blesser personne, soit par faiblesse, soit par aristocratie, s'accorde à la loi du 19 mars qui rend le tribunal révolutionnaire compétent des troubles et émeutes relatifs au recrutement. » Un autre jour, il annonça que la statue de Louis XIV, qui occupait encore au 10 août 1792 la place d'armes de Poitiers, avait été renversée depuis, et qu'il y avait fait planter un arbre de la liberté. Le 29 avril, à la Société patriotique de la ville, il donna le baiser de paix à un ex-vicaire épiscopal de Bourges marié, qui « méprisant les criailleries des faux dévots, a suivi la douce impulsion de la nature. » En mai, il quitta précipitamment la ville que menaçait l'armée vendéenne, et se rendit à la Convention pour demander des secours. Il fut membre du comité des marchés. Compromis dans l'insurrection du 1er prairial, il essaya de se justifier, en se représentant lui-même « comme un bon diable qui n'a ni la tournure ni le talent d'un conspirateur », et décrété d'accusation le 22 thermidor an III, bénéficia de l'amnistie du 4 brumaire an IV. Appelé, le 5e jour complémentaire de l'an V, aux fonctions de commissaire du Directoire près les tribunaux civil et criminel d'Anvers, il fut nommé, le 8 brumaire an VIII, juge au tribunal de revision établi à Trèves pour les quatre départements de la rive gauche du Rhin. Il passa, le 27 frimaire an XI, à la cour d'appel de Trèves, et, le 24 ventôse an XIII, à celle de Liège, où il fut maintenu, à la réorganisation de 1811, avec le titre de conseiller. Il abandonna ses fonctions le 18 janvier 1814, à l'arrivée des troupes alliées, résida quelques mois à Givet, et rentra à Liège après les traités du 30 mai 1814. N'ayant rempli aucune fonction pendant les Cent-Jours, il ne fut pas atteint par la loi du 12 janvier 1816, et obtint sans difficulté, en août 1819, le passeport qu'il demanda pour passer quelque temps en France. Il revint mourir dans sa ville natale, à 89 ans.

PIOT (Léon), député de 1876 à 1877, né à Paris le 9 février 1845, se fit inscrire en 1869 avocat au barreau de cette ville. Maire de Lignol (Aube) en 1870, conseiller d'arrondissement de Bar-sur-Aube l'année suivante, il fut, en 1876, candidat du « comité national conservateur » à la députation, et déclara, dans son programme électoral, qu'il « donnerait son concours loyal et sincère à l'illustre maréchal de Mac-Mahon ». Élu, au second tour, le 5 mars 1876, député de l'arrondissement de Bar-sur-Aube, par 5,562 voix (10,573 votants, 12,087 inscrits), contre 4,911 à M. de Roys, républicain, il prit place à droite, soutint le ministère de Broglie et vota contre les 363. Aux élections du 14 octobre 1877, après la dissolution de la Chambre, il échoua dans le même arrondissement, avec 5,423 voix contre 5,506 à l'élu, M. de Roys, et ne fut pas plus heureux, le 21 août 1881, avec 4,294 voix contre 5,472 à l'élu, M. de Roys, député sortant.

PIOU (Jean-Baptiste-Constance), représentant en 1871, né à Saint-Brieuc (Côtes-du-Nord) le 13 août 1800, mort à Paris le 31 mai 1890, fit sa carrière dans la magistrature. Premier président de la cour d'appel de Toulouse à la fin du second empire, il fut mis à la retraite, le 31 octobre 1871, par M. Crémieux. Élu, le 8 février 1871, représentant de la Haute-Garonne à l'Assemblée nationale, le 6e sur 10, par 80,716 voix (122,845 votants, 145,055 inscrits), il fut vice-président de la commission des grâces, membre de la commission de permanence (novembre 71), et vota pour la paix, pour l'abrogation des lois d'exil, pour la pétition des évêques, pour la démission de Thiers, pour le septennat, pour le ministère de Broglie, contre l'amendement Wallon, contre les lois constitutionnelles. Il quitta la vie politique après cette législature.

PIOU (Jacques), député de 1885 à 1889, né à Angers (Maine-et-Loire) le 6 août 1838, fils du précédent, étudia le droit et se fit recevoir avocat. Après avoir plaidé avec talent au barreau de Toulouse, il commanda (1870) les mobilisés de la Haute-Garonne. En 1878, il quitta le barreau, fut élu conseiller général d'un des cantons de la ville de Toulouse, et ne cessa de manifester des opinions monarchistes qui le firent porter (4 octobre 1885) sur la liste conservatrice de la Haute-Garonne : M. Piou fut élu, le 2e sur 7, par 54,496 voix (108,936 votants, 138,226 inscrits). Il prit place à droite, et fit preuve d'un réel talent de tribune, lorsqu'il protesta (juin 1886) contre l'expulsion des princes au nom de la liberté, parla (octobre) contre la loi sur l'enseignement primaire, et demanda (novembre 1887), au nom de la droite, si une information judiciaire était ouverte sur les faits révélés au procès Caffarel-Limouzin (affaire Wilson) ; il se montra disposé à organiser dans le parlement et dans le pays un parti de droite républicaine, et vota le plus souvent avec la minorité, notamment dans la dernière session, contre le rétablissement du scrutin d'arrondissement (11 février 1889), pour l'ajournement indéfini de la revision de la Constitution, contre les poursuites contre trois députés membres de la Ligue des patriotes, contre le projet de loi Lisbonne restrictif de la liberté de la presse, contre les poursuites contre le général Boulanger.

PIQUET (Alexandre-Charles), député de 1815 à 1816, né à Falaise (Calvados) le 23 mai 1755, mort à une date inconnue, « fils de sieur François Piquet, négociant, et de dame Charlotte de Laloë », était avocat général à la cour royale de Caen, quand il fut élu, le 22 août 1815, député du grand collège du Calvados par 151 voix (199 votants). Il vota obscurément avec la majorité, et quitta la vie politique aux élections de l'année suivante.

PIQUET (Hippolyte), représentant en 1848 et en 1849, né à Mortagne (Orne) le 5 juin 1815, fils de commerçants aisés, avocat et maire de Mortagne, fut élu, le 23 avril 1848, représentant de l'Orne à l'Assemblée constituante, le 6e sur 11, par 58,593 voix (98,914 votants, 122,951 inscrits). Il siégea au centre, fit partie du comité de la justice, et vota plus souvent avec la droite qu'avec la gauche : pour les poursuites contre Louis Blanc et Caussidière, pour le rétablissement de la contrainte par corps, contre l'amendement Grévy, contre le droit au travail, pour l'ordre du jour en l'honneur de Cavaignac, contre la réduction de l'impôt du sel, contre l'amnistie, pour l'interdiction des clubs, pour l'expédition de Rome. Réélu, le 13 mai 1849, représentant du même département à l'Assemblée législative, le 6e sur 9, par 39,730 voix (94,068 votants, 126,096 inscrits), M. Piquet appartint à la majorité monarchiste qui se prononça pour l'expédition romaine, pour la loi Falloux-Parieu sur l'enseignement, pour la loi restrictive du suffrage universel. Le coup d'État du 2 décembre 1851 l'éloigna de la vie politique.

PIRÉ (Alexandre-Élisabeth de Rosnyven, marquis de), député au Corps législatif de 1856 à 1870, né à Rennes (Ille-et-Vilaine) le 12 juillet 1809, mort à Rennes le 17 février 1885, fils d'un général de division du premier empire et filleul du prince et de la princesse de Wagram, s'attacha de bonne heure à la cause bonapartiste, voyagea en Italie de 1846 à 1848, y entra en relation avec le futur dictateur Farini, et n'aborda la politique active qu'après le rétablissement de l'Empire. Élu (1853) conseiller général du canton de Janzé (Ille-et-Vilaine), puis (1855) conseiller municipal de Rennes, il devint chevalier d'honneur de la princesse Bacciochi, et se présenta, le 13 avril 1856, comme député au Corps législatif, dans la 1re circonscription d'Ille-et-Vilaine, en remplacement de M. de la Guistière décédé. Sa candidature, chaudement patronnée par l'administration, réunit 19,097 voix (19,176 votants, 33,194 inscrits.. Il siégea à droite, fut un des membres les plus ardents de la majorité à la fois impérialiste et catholique, et sanctionna de ses votes la plupart des mesures proposées par le gouvernement. Toutefois, il conserva dans son langage des allures indépendantes, qui lui valurent bientôt une réputation d'excentricité analogue à celle que M. de Boissy (*V. ce nom*) s'était faite au Sénat. Réélu député, le 22 juin 1857, par 20,168 voix (20,266 votants, 35,615 inscrits), puis le 4 juin 1863, par 21,416 voix (28,933 votants, 37,782 inscrits), contre 7,321 à M. de Léon, il multiplia les interruptions, les boutades, et mêla parfois aux protestations de dévouement les plus vives à l'égard du chef de l'Etat certaines critiques contre les hommes du gouvernement. Un écrivain, faisant allusion au décousu de ses discours, disait de lui : « Il a de l'esprit, mais il en a presque toujours mal à propos et en dehors du sujet... Il ne fait pas à proprement parler de discours. Il se contente d'une espèce d'exorde qui n'est qu'un hors-d'œuvre. Il emploie un quart d'heure à annoncer qu'il parlera pendant dix minutes. Il explique longuement pourquoi il sera bref; il répond aux interruptions par des apartés plus ou moins fréquents, et enfin il descend de la tribune sans avoir dit un traître mot de la question. » Son intervention dans la discussion du budget (1865) fit quelque bruit. Le 1er mars 1866, M. de Piré protesta avec une grande vivacité contre la stipulation du 15 septembre précédent qui, dit-il, lui semblait « l'égorgement pacifique du pouvoir temporel. » Mais chacune de ces harangues fantaisistes était émaillée de contradictions. Après s'être écrié : « Je professe que l'Italie s'appartient à elle-même... Les rois sont faits pour les peuples, les peuples pour les rois », il ajoutait qu'il regrettait « la grande idée de Grégoire VII : l'Italie au pape! » M. de Piré obtint encore sa réélection le 24 mai 1869, par 23,302 voix (29,355 votants, 39,633 inscrits), contre 5,653 à M. Legraverand. Il inclina alors vers le libéralisme, signa l'interpellation des 116, mais ne se rallia pas au ministère Ollivier, et lui fit une guerre acharnée. Le 17 janvier 1870, il se déclara contraire aux poursuites réclamées contre M. H. Rochefort, demanda le rappel des princes de la maison de Bourbon, la levée du séquestre sur les biens de la famille d'Orléans, et vota, d'ailleurs, en 1870, *pour* la déclaration de guerre. Tandis que Thiers combattait à la tribune, le 15 juillet, cette déclaration, M. de Piré lui cria : « Vous êtes la trompette antipatriotique de nos désastres! Allez à Coblentz! » Lors de l'envahissement de la Chambre, au 4 septembre, il rentra le premier dans la salle des séances, et se mit à sa place, le revolver au poing. Rendu à la vie privée par la chute de l'empire, l'original député d'Ille-et-Vilaine tenta vainement d'en sortir le 14 octobre 1877 : candidat officiel du gouvernement du maréchal, il obtint, dans la 2e circonscription de Rennes, 6,957 voix contre 8,681 à M. Martin-Feuillée, élu, et ne se représenta plus.

PISCATORY (Théobald-Emile Arcambal), député de 1832 à 1842, pair de France, représentant en 1849, né à Paris le 6 avril 1800, mort à Paris le 18 novembre 1870, « fils de Fran-

çois-Hyacinthe Arcambal, employé au bureau de la guerre, et de Thérèse-Rosalie-Pélagie Deshayes ». fut adopté le 16 germinal an VIII « par le citoyen Antoine-Pierre Piscatory, citoyen français ». dont il porta dès lors le nom. Il se rendit en Grèce, sous la Restauration, pour y défendre la cause de l'indépendance. Candidat conservateur à la Chambre des députés le 5 juillet 1831, dans le 2e collège d'Indre-et-Loire (Tours), il y réunit 72 voix contre 277 à l'élu, M. Bacot. et 73 à M. Delamardelle. Mais il fut plus heureux le 15 novembre 1832; le 4e collège du même département (Chinon) l'envoya à la Chambre en remplacement de M. Girod (de l'Ain), nommé pair de France, par 192 voix (299 votants, 525 inscrits), contre 63 à M. Lafond, médecin, et 41 à M. Taschereau. M. Piscatory vota avec la majorité conservatrice, fit partie de la commission de l'Algérie, et se prononça énergiquement en faveur du maintien de l'occupation. Réélu, le 21 juin 1834, par 212 voix (318 votants, 526 inscrits), contre 59 à M. Ravez et 42 à M. Taschereau, il continua de soutenir la politique gouvernementale, jusqu'au moment où il entra dans la coalition contre le ministère Molé. Il obtint encore sa réélection, le 4 novembre 1837, par 216 voix sur 396 votants et 599 inscrits, contre 120 à M. Berville; puis, le 2 mars 1839, par 320 voix (453 votants), et siégea comme député jusqu'en 1842. A cette époque, il échoua à Chinon avec 219 voix contre 253 au candidat de l'opposition, M. Crémieux, élu. Appelé au conseil général de l'agriculture, il fut nommé, en 1844, ministre plénipotentiaire en Grèce : il s'y distingua pendant deux ans par l'habileté avec laquelle il contre-balança l'influence anglaise en maintenant le cabinet Coletti au pouvoir, et se montra favorable à l'établissement de l'Ecole d'Athènes. De retour en France, il fut fait pair de France (21 juillet 1846), puis fut nommé, à la place de M. Bresson, ambassadeur en Espagne, le 10 décembre 1847; mais la révolution de février l'empêcha d'occuper ce poste. Le 13 mai 1849, les conservateurs-monarchistes d'Indre-et-Loire l'élurent représentant à l'Assemblée législative, le 4e sur 6, par 30,520 voix (61,973 votants, 92,573 inscrits). M. Piscatory fut un des membres les plus actifs de la majorité, appartint au comité de la rue de Poitiers, appuya l'expédition de Rome, la loi du 31 mars 1850 sur l'enseignement, la loi électorale du 31 mai à l'élaboration de laquelle il prit part comme membre de la commission, la révision de la Constitution, mais ne se rallia pas à la politique du coup d'Etat. Le 2 décembre 1851, il fut au nombre des représentants qui se réunirent, pour protester, à la mairie du Xe arrondissement. Il quitta alors définitivement la vie politique. Commandeur de la Légion d'honneur du 31 août 1846.

PISON DU GALLAND (Alexis-François), député en 1789, au Conseil des Cinq-Cents et au Corps législatif de l'an VIII à l'an X, né à Grenoble (Isère) le 23 février 1747, mort à Grenoble le 31 janvier 1826, était avocat à Grenoble, quand il fut élu, le 2 janvier 1789, député du tiers aux Etats-Généraux par le Dauphiné. Il fut adjoint au doyen des communes, devint secrétaire provisoire de l'Assemblée, coopéra à la réunion et au serment du Jeu de paume, et fit partie des comités de règlement, de judicature et des domaines. A la séance du 16 juin 1789, il demanda que les Etats-Généraux prissent le nom d' « Assemblée active et législative des représentants de la nation française. » Chargé, en 1790 et 1791, au nom du comité des domaines, de différents rapports, il s'en acquitta avec habileté, et présenta le 20 août 1791) un projet de décret sur l'organisation de l'administration forestière destinée à remplacer les maîtrises des eaux et forêts. Juge dans l'Isère le 26 vendémiaire an IV, il représenta ce département au Conseil des Cinq-Cents, ayant été élu, le 24 germinal an V, par 188 voix sur 234 votants. Il devint successivement secrétaire et président de l'assemblée. Appelé, le 7 nivôse an VIII, par le Sénat conservateur comme député de l'Isère au nouveau Corps législatif, il renonça à ce mandat, pour raison de santé, le 5 nivôse an X, et rentra dans la magistrature. La Restauration le fit (22 mars 1816) conseiller à la cour royale de Grenoble.

PISSARD (François-Hippolyte), député au Corps législatif de 1860 à 1870, né à Saint-Julien (Haute-Savoie) le 3 juin 1815, docteur en droit de l'Université de Turin, avocat, ancien député au parlement sarde, prit, lors de la paix de Villafranca, une part importante à l'annexion de la Savoie à la France. Elu, le 9 décembre 1860, député au Corps législatif dans la 1re circonscription de la Haute-Savoie, par 14,611 voix (24,752 votants, 35,273 inscrits), contre 10,141 à M. Levet, il vit son élection invalidée, mais fut réélu, le 14 avril 1861, par 17,745 voix (19,414 votants, 37,062 inscrits), contre 1,664 à M. Levet. Il siégea dans la majorité, parla sur les questions de finances, fut rapporteur de la loi sur les suppléments de crédits de l'exercice 1866, fit partie de la commission du budget, et fut réélu, le 1er juin 1863, par 21,229 voix (21,561 votants, 36,604 inscrits), et, le 24 mai 1869, par 17,344 voix (28,815 votants, 38,865 inscrits), contre 11,450 à M. Philippe. M. Pissard vota la demande d'interpellation des 116, se fit inscrire au tiers-parti libéral et vota *pour* la guerre. Il était conseiller général du canton de Cruseilles. La révolution de septembre 1870 l'éloigna de la vie politique. Chevalier de la Légion d'honneur en 1861, officier du 14 août 1869.

PITOT DU HELLÈS (Jacques-Jean), député de 1837 à 1842, né à Morlaix (Finistère) le 21 décembre 1779, mort à Morlaix le 19 juin 1856, s'engagea en 1790 et prit part aux guerres de la Révolution. Il se retira ensuite dans ses propriétés du Finistère, et il était maire de Morlaix, lorsqu'il fut élu député du 3e collège du Finistère (Morlaix), le 4 novembre 1837, par 179 voix (316 votants, 390 inscrits) et, réélu, le 2 mars 1839, par 188 voix (381 votants). Il siégea dans la majorité ministérielle, vota l'adresse de 1839, et soutint le ministère Molé. Il donna sa démission en 1840, et fut remplacé, le 12 décembre de la même année, par M. Lalande.

PIZIEUX (François-Ursin Durand, comte de), député de 1815 à 1816, né à Coudray (Eure-et-Loir) le 16 février 1765, mort à une date inconnue, « fils de messire René-Ursin Durand, écuyer, seigneur de Pizieux et autres lieux, et de dame Jeanne-Marie Poullain de Brustel », propriétaire à Coudray et ancien officier des dragons du roi, commanda une compagnie de gardes d'honneur, fit la campagne de Saxe, se distingua à Wurtschen, et fut créé baron de l'empire le 19 juin 1813. Chevalier de Saint-Louis à la Restauration, il fut élu, le 22 août 1815, député du grand collège d'Eure-et-Loir, par 76 voix (146 votants, 244 inscrits). Il siégea obscurément dans la majorité de la Chambre introuvable, et ne reparut plus dans les assemblées politiques.

PLAGNAT (François), député au Corps législatif de l'an XII à 1814, né à Morzine (Haute-Savoie) le 1er novembre 1757, mort à une date inconnue, fils d'Antoine Plagnat et d e Josephette Tavernier, homme de loi avant la Révolution, devint membre du directoire de son district, puis administrateur du Léman et sous-préfet de Thonon sous le Consulat. Il fut élu, le 29 thermidor an XII, par le Sénat conservateur, député du Léman au Corps législatif. Ce mandat lui ayant été renouvelé le 10 août 1810, il l'exerça jusqu'en 1815.

PLAICHARD-CHOTTIÈRE (René-François), membre de la Convention, député au Conseil des Anciens, né à Laval (Mayenne) le 10 octobre 1740, mort à Laval le 25 août 1815, exerçait à Laval la profession de médecin à l'époque de la Révolution. Nommé d'abord officier municipal, puis (septembre 1791) député-suppléant de son département à l'Assemblée législative, sans être appelé à y siéger, il fut élu (6 septembre 1792) député de la Mayenne à la Convention, le 6e sur 8, par 287 voix (400 votants). Lors du procès de Louis XVI, Plaichard-Chottière répondit : « Je vote pour la réclusion et pour le bannissement après la guerre. » Il opina constamment avec le parti modéré. Au 13 vendémiaire an IV, il fut retenu prisonnier dans sa section, mais il recouvra presque aussitôt la liberté, quand la Convention eut triomphé. Passé au Conseil des Anciens, comme ex-conventionnel, le 4 brumaire suivant, il fut secrétaire de cette assemblée, la quitta en 1797, et revint dans son département, où il reprit la profession de médecin.

PLAISANCE (duc de). — *Voy.* Lebrun.

PLAN DE SIÉYÉS (Charles-Eléonore François), député de 1843 à 1848, né à Valence (Drôme) le 8 novembre 1812, mort à Fontainebleau (Seine-et-Marne) le 29 avril 1883, avait été officier de marine au service de la Sardaigne. Elu, le 19 août 1843, en remplacement de M. Delacroix, décédé, député du 1er collège de la Drôme, par 299 voix (484 votants, 601 inscrits), il faillit voir son élection invalidée, par le motif que ses services dans la marine sarde lui avaient fait perdre la qualité de Français. Il se défendit lui-même avec une certaine vivacité et obtint gain de cause. Réélu, le 1er août 1846, par 303 voix (531 votants, 607 inscrits), contre 222 à M. Monicault, il prit place parmi les membres de l'opposition légitimiste, et vota *contre* l'indemnité Pritchard et *pour* la proposition sur les députés fonctionnaires. La révolution de 1848 mit fin à sa carrière politique.

www.ingramcontent.com/pod-product-compliance
Lightning Source LLC
Chambersburg PA
CBHW071138270326
41929CB00012B/1789